OK-X128A1 키트

♣ 상품 구성 : 완성품 (Full Set) 판매
PCB 별도 판매

- 저 자 : 윤 덕 용
- 발행처 : OHM사
- 쪽 수 : 1167
- ISBN : 978-89-7101-783-X
- 정 가 : 48,000원

OK-X128A1 KIT의 주요 사양

항 목	사 양	비 고
1. CPU	ATxmega128A1-AU(32 MHz) ☞ 모든 XMEGA A1 패밀리 모델 사용 가능	16MHz 수정 발진자 사용
2. ROM	CPU에 내장된 128KB의 플래시 메모리	프로그램 저장
3. RAM	CPU에 내장된 8KB	사용자 데이터 저장 및 스택
4. 프로그램 입력/실행	1. AVR PDI 다운로드 케이블을 사용하는 방법 2. JTAG 에뮬레이터를 사용하는 방법	1. Atmel사의 AVRISP mkII 2. Atmel사의 JTAGICE mkII
5. I/O	1. CPU 프로그램용 커넥터	
	(1) AVR PDI용 6핀 DIP 커넥터(CN2)	Atmel사의 AVRISP mkII 사용
	(2) JTAG ICE용 10핀 DIP 커넥터(CN3)	Atmel사의 JTAGICE mkII 사용
	2. 기본 입출력 장치	
	(1) 4개의 키입력 스위치(KEY1~KEY4)	
	(2) 4개의 상태표시 LED(LED1~LED4)	
	(3) +5V용 버저, 스피커 사운드 출력(CN6)	
	(4) *TFT-32HX* 3.2인치 TFT-LCD 보드	240×320 픽셀, 터치스크린 내장
	64MB~32GB의 SD 카드	TFT-LCD 보드에 내장
	(5) RS-232 직렬포트(CN7)	
	3. 기타 입출력 장치	
	(1) LM35DZ에 의한 온도센서(ADC4)	0~+100℃
	(2) +5V, +3.3V, +2.5V 전압센서(ADC5~7)	
	(3) 12비트 D/A 컨버터 출력(DAC0~3)	
	(4) 포트B, C의 출력을 관측하는 테스트 단자	
	(5) DS1307 배터리 백업형 리얼타임 클록(U9)	2.4V NiMH 배터리 사용
	(6) TCN75-5.0MOA 반도체 온도센서(U10)	-55~+125℃
	(7) VS1033을 사용한 MP3 플레이어(U11)	CN8에 외장 스피커를 연결 사용
	4. 옵션 기능	
	(1) WIZ812MJ TCP/IP LAN 통신 모듈(MOD1)	http://www.ewizenet.kr/구입
	(2) *USB-UART* USB 통신모듈 (MOD2)	http://www.ohm.co.kr/구입
	(3) UST-SNR-GPS GPS 모듈(MOD2)	http://www.devicemart.co.kr/구입
	(4) myAcce13LV02 3축 가속도 센서 모듈(MOD3)	http://www.devicemart.co.kr/구입
	(5) NT-TS601 초음파 센서 모듈(MOD4)	http://www.devicemart.co.kr/구입
6. 전원	+5V/3A SMPS(CN1)	키트 내부에서 +3.3V, +2.5V 발생
7. PCB 외형	144×106mm 양면 에폭시 기판	

☞ MOD1~MOD4에 장착할 모듈은 선택사양이므로 기본으로 제공되지 않으며 별도로 구입해야 한다.

http://www.ohm.co.kr

Ohm사 · R&C사 홈페이지 안내

OHM사 홈페이지를 방문하시면 보다 많은 정보를 얻을 수 있습니다. 앞으로도 OHM사는 엔지니어들을 위한 학습교재와 최신 기술들을 보급하여 나가는데 최선을 다할 것이며 엔지니어들이 우대받는 세상이 되도록 선도하여 나가겠습니다.

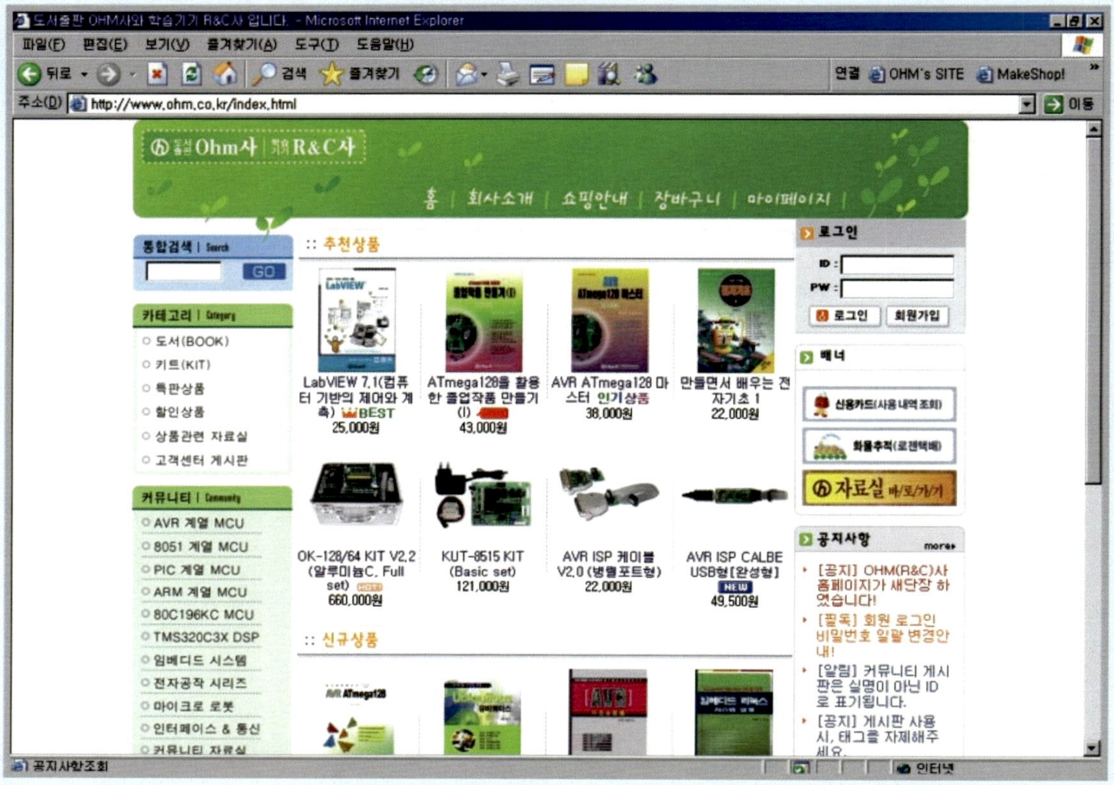

▶ 도서상품

OHM사에서 발행되는 교재를 직접 구매할 수 있으며, 상품에 따라 정해진 마일리지를 적립하여 드리고, 일정 금액이 적립되면 현금과 동일하게 사용할 수 있습니다.

▶ 키트상품

교재와 관련하여, 부설기관인 R&C사에서 교육용 키트를 제작, 그와 관련된 장비 등의 기자재를 함께 판매하고 있습니다.

▶ 특판상품

교재와 함께 그에 관련된 학습용 키트를 한데 모아 특판 상품으로 구성하여 개별 구입시보다 저렴하게 구입할 수 있도록하여 판매하고 있습니다.

▶ 할인상품

교재 및 R&C사에서 제작되는 학습용 키트상품 중 일부 품목의 할인율을 높혀 매우 저렴한 가격에 판매하고 있습니다.

▶ 커뮤니티

교재 및 학습용 키트에 대한 의문점을 분야별로 세분화된 커뮤니티를 통해 저자들과 관련 분야의 전문가들에게 직접 질문하고 상담할 수 있습니다.

▶ 상품관련 자료실

교재 및 R&C사에서 제작되는 학습용 키트상품 관련 예제소스 등의 본사 상품에 관련된 자료을 열람하고 다운로드 하실 수 있습니다.

E-mail : ohm@ohm.co.kr

고성능 AVR 정복 시리즈 ④

AVR
ATxmega 패밀리 정복

(OK-X128A1 키트)

工學博士 尹 德 鏞 著

ATxmega A1/A3/A4 패밀리의 철저한 이해
많은 내장 I/O의 구조와 기능에 대한 이해
외부 메모리 및 I/O 인터페이스 설계

PC에서 PDI를 이용한 프로그램 다운로드
ATxmega128A1의 기본적인 프로그래밍
멀티레벨 인터럽트 프로그래밍 기술
각종 I/O에 대한 제어 프로그래밍 기술
컬러 TFT-LCD 모듈의 한글 디스플레이 기술
다양한 TFT-LCD 모듈 응용 프로그래밍 기술

어셈블리 언어를 사용한 프로그래밍 기술
(AVR Studio에서 매크로 어셈블러 사용)
C언어를 사용한 프로그래밍 기술
(AVR Studio에서 WinAVR 컴파일러 사용)
OK-X128A1 키트의 프로그래밍 실습

***OK-X128A1* 키트 별매**

Ohm사

이 책에서 사용하는 예제 프로그램은 본사와 저자의 인터넷 웹사이트 자료실에 제공합니다. 따라서, 독자 여러분께서는 이를 다운로드하여 퍼스널컴퓨터에 설치, 사용하시기 바랍니다. 이 책에서 필요한 소프트웨어는 다음과 같습니다.

◉ C언어 예제 프로그램 OK-X128A1asm.zip 및 OK-X128A1c.zip
◉ 무료 IDE 및 매크로 어셈블러 AVR Studio
◉ 무료 C컴파일러 WinAVR

이 책의 내용이나 *OK-X128A1* 키트에 관해 기술적인 문의사항이 있으신 분은 본사 또는 저자의 인터넷 웹사이트에 공개적으로 질문하여 주시면 저자가 직접 신속하고 정확하게 답변해 드리겠습니다. 그러나, 어떤 경우에도 이 책이나 키트에 관한 기술적인 문제를 저자에게 개인적으로 전화나 메일을 이용하여 질문하시는 것은 정중히 사절합니다.

◉ 본사 웹사이트 : http://www.ohm.co.kr/
◉ 본사 E-mail : ohm@ohm.co.kr
◉ 저자 웹사이트 : http://cpu.kongju.ac.kr/
◉ 저자 E-mail : yoon3m@kongju.ac.kr

머 리 말

AVR 마이크로컨트롤러의 인기가 하늘을 찌르고 있다. 1997년에 Atmel사에서 처음 발표한 AVR 마이크로컨트롤러가 그 짧은 역사에도 불구하고 오늘날 가장 각광받는 8비트 마이크로컨트롤러로서 확고히 자리를 잡았다.

AVR은 하버드 구조를 가지는 고성능의 8비트 RISC형 마이크로컨트롤러인데, 프로그램용 메모리로서 대용량의 플래시 메모리를 내장하고 있으며 이것을 사용자가 쉽게 여러번 반복적으로 프로그래밍할 수 있는 기능을 가지고 있어서 매우 편리하다. 더구나 이러한 플래시 메모리에 프로그램을 다운로드하는 통신 사양이 공개되어 있고 이에 필요한 다운로드 케이블은 사용자가 쉽고 저렴하게 만들어 사용할 수 있다. 또한 Atmel사에서 IDE 소프트웨어인 AVR Studio와 매크로 어셈블러를 무료로 제공하고 있고, C컴파일러도 역시 무료용인 WinAVR을 사용할 수 있다. 결과적으로 AVR을 사용하는데 필요한 하드웨어 개발장비 및 소프트웨어 개발 툴은 거의 모두 무료로 사용할 수 있다는 것이 큰 매력이며 이는 AVR은 곧 무료라는 등식을 만들어냈다.

Atmel사는 2008년초 ATxmega 패밀리를 발표하여 AVR을 더욱 진화시켰다. 이것은 기존의 ATmega 패밀리와 소프트웨어의 호환성을 유지하고 있으나 시스템 클록을 32MHz까지 높이고 CPU 및 주변장치의 성능과 기능을 대폭 강화하여 32비트 ARM에서나 볼 수 있는 우수한 기능들을 사용할 수 있게 되었다. 이 책에서는 한 차원 더 높아진 고성능 ATxmega 패밀리의 AVR 마이크로컨트롤러를 공부한다.

마이크로컨트롤러를 공부하는데는 절대적으로 실무적인 숙달과정이 중요하다. 책만을 가지고 이 분야의 기술을 배우겠다는 것은 무모한 일이며, 마이크로컨트롤러를 익히는데는 반드시 적합한 교육용 키트를 통한 프로그래밍 연습이 필요하다. 이 책에서는 이를 위하여 교육용 *OK-X128A1* 키트는 물론이고 이와 함께 공부할 수 있는 풍부한 어셈블리 및 C언어의 프로그램 예제를 제공한다. 독자 여러분은 이를 통하여 어셈블리 프로그래밍과 C언어 프로그래밍 기술을 모두 익혀두기 바란다. 어셈블리와 C언어는 어느 하나만을 배타적으로 선택할 수 있는 문제가 아니며, 응용 시스템이나 사용환경에 따라 적절히 선택할 문제이므로 마이크로컨트롤러 응용분야의 엔지니어는 언제나 이 2가지를 모두 구사할 수 있는 기술을 갖추고 있는 것이 바람직하다. 이렇게 트레이닝 키트를 가지고 실습하면서 공부하다보면 자연히 스스로도 이러한 시스템을 설계하고 자유자재로 활용할 수 있는 능력을 갖추게 될 것이다.

어려운 여건 속에서도 이 책을 출판해주신 Ohm사의 곽종학 사장님과 직원 여러분께 감사드리며, 원고를 끝까지 꼼꼼하게 검토하고 교정해주신 경기기계공업고등학교 공동실습소의 정종호 선생님께도 마음 속 깊이 감사드리는 바이다.

2010년 6월　저자 尹 德 鏞 씀

차 례

제1장 ATxmega 패밀리의 구조와 기능

1.1 AVR 마이크로컨트롤러의 개요 ······ 11
1. AVR 마이크로컨트롤러의 탄생 및 특징 ······ 11
2. AVR 마이크로컨트롤러의 종류 ······ 13
3. ATxmega 패밀리에서 달라진 사항 요약 ······ 20

1.2 ATxmega 패밀리의 기본 구조와 기능 ······ 25
1. ATxmega 패밀리의 특징 ······ 25
2. ATxmega 패밀리의 외부 구조 ······ 28
3. ATxmega 패밀리의 내부 구조 ······ 31
4. ATxmega 패밀리의 메모리 구조 ······ 47
5. ATxmega 패밀리의 메모리 프로그래밍 ······ 63
6. ATxmega 패밀리의 외부 버스 인터페이스 ······ 83

1.3 ATxmega 패밀리의 명령 세트 ······ 97
1. ATxmega 패밀리의 데이터 표현 ······ 97
2. ATxmega 패밀리의 어드레싱 모드 ······ 99
3. ATxmega 패밀리의 명령 세트 ······ 108

1.4 ATxmega 패밀리의 기본 하드웨어 ······ 123
1. 시스템 리셋 ······ 123
2. 시스템 클록 ······ 129
3. 전력관리 및 슬립 모드 ······ 142
4. 워치독 타이머 ······ 147
[휴게실] ATxmega 패밀리에서 소비전력 최소화 방법 ······ 152

1.5 ATxmega 패밀리의 인터럽트 처리 ······ 154
1. 인터럽트의 개요 ······ 154

2. ATxmega128A1의 인터럽트 처리 동작 160
[휴게실] 인터럽트 플랙 비트의 클리어 165
3. ATxmega128A1의 인터럽트 벡터 정리 165

1.6 DMA 컨트롤러 및 이벤트 시스템 **168**
1. DMA 컨트롤러 168
2. 이벤트 시스템 178

제2장 ATxmega 패밀리의 내장 I/O 기능

2.1 병렬 I/O 포트 **189**
1. 병렬 I/O 포트의 기본 동작 189
2. 병렬 I/O 포트의 부수적인 동작 195
3. 병렬 I/O 포트의 I/O 제어 레지스터 201
[휴게실] 병렬 I/O 포트와 부수적인 기능을 사용할 때 주의사항 209

2.2 타이머/카운터 **210**
1. 타이머/카운터의 개요 210
2. 타이머/카운터의 동작 212
3. 타이머/카운터의 I/O 제어 레지스터 226
4. 타이머/카운터의 파형 발생 확장 모듈 233
5. 타이머/카운터의 고해상도 확장 모듈 241

2.3 리얼타임 카운터 **243**
1. 리얼타임 카운터의 개요 243
2. 리얼타임 카운터의 동작 245
3. 리얼타임 카운터의 I/O 제어 레지스터 245

2.4 USART 직렬통신 포트 **249**
1. USART 직렬통신 포트의 개요 249
2. USART 직렬통신 포트의 동작 250
3. USART 직렬통신 포트의 I/O 제어 레지스터 261

4. RS-232C 직렬통신 265
[휴게실] ASCII 코드 272
5. IRCOM 모듈 274

2.5 SPI 직렬통신 포트 277
1. SPI 직렬통신 포트의 개요 277
2. SPI 직렬통신 포트의 동작 279
3. SPI 직렬통신 포트의 I/O 제어 레지스터 283

2.6 TWI 직렬통신 포트 285
1. TWI 직렬통신 포트의 개요 285
2. TWI 직렬통신 포트의 동작 289
3. TWI 직렬통신 포트의 I/O 제어 레지스터 302

2.7 A/D 컨버터 309
1. A/D 컨버터의 개요 309
2. A/D 컨버터의 동작 310
3. A/D 컨버터의 I/O 제어 레지스터 327

2.8 D/A 컨버터 335
1. D/A 컨버터의 개요 335
2. D/A 컨버터의 동작 336
3. D/A 컨버터의 I/O 제어 레지스터 341

2.9 아날로그 비교기 346
1. 아날로그 비교기의 개요 346
2. 아날로그 비교기의 동작 347
3. 아날로그 비교기의 I/O 제어 레지스터 349

제3장 *OK-X128A1* 키트 및 개발 툴

3.1 *OK-X128A1* 키트의 구조와 기능 355

1. *OK-X128A1* 키트의 개요 및 사양 ········ 355
2. *OK-X128A1* 키트의 하드웨어 구조 ········ 357
3. *TFT-32HX* 보드의 하드웨어 구조 ········ 366
4. *OK-X128A1* 키트의 조립 및 테스트 ········ 371
5. RS-232C 통신 케이블의 제작 ········ 377

3.2 AVR ISP 다운로드 케이블의 사용 ········ 379
1. 하드웨어 및 소프트웨어 개발 툴 ········ 379
[휴게실] AVR 관련 업체 및 홈페이지 리스트 ········ 385
2. AVRISP mkII 다운로드 케이블 ········ 385
3. AVR Studio에서의 프로그램 다운로드 ········ 387

3.3 AVR Studio와 WinAVR의 설치 ········ 393
1. AVR Studio와 WinAVR의 설치 ········ 393
2. 예제 프로그램의 설치 ········ 399
3. 프로그램 작성 과정의 요약 ········ 399

3.4 AVR Studio의 매크로 어셈블러 ········ 403
1. 매크로 어셈블러의 개요 ········ 403
2. 데이터의 표현과 연산자 ········ 406
3. 매크로 어셈블러의 지시어 ········ 409
4. 매크로 어셈블러의 선행처리기 ········ 421
5. 기본적인 인클루드 파일 ········ 426

3.5 GCC 계열의 WinAVR 컴파일러 ········ 450
1. WinAVR의 개요 ········ 450
2. WinAVR의 주요 기능 요약 ········ 452
[휴게실] WinAVR C컴파일러에서 변수를 사용할 때의 유용한 팁 ········ 463
3. 기본적인 헤더 파일 및 라이브러리 함수 요약 ········ 463
[휴게실] Atmel사의 프로그래밍 힌트 ········ 493
4. 컴파일러 옵션 및 makefile에 대하여 ········ 494
[휴게실] 인텔 HEX 파일의 형식 ········ 504

제4장 어셈블리와 C언어 프로그래밍

4.1 ATxmega128A1 어셈블리 프로그램 기초 ······ 507
4.2 ATxmega128A1 C언어 프로그램 기초 ······ 561
4.3 기본적인 프로그래밍 기법 ······ 609
4.4 TFT-LCD 모듈 영문 ASCII 출력 프로그램 ······ 640
4.5 TFT-LCD 모듈 한글 출력 프로그램 ······ 680
4.6 TFT-LCD 모듈 그래픽 출력 프로그램 ······ 724
4.7 TFT-LCD의 터치 스크린 입력 프로그램 ······ 735
4.8 ATxmega128A1 응용 프로그램 모음 ······ 760
4.9 키입력 및 인터럽트 처리 프로그램 ······ 784
4.10 타이머를 이용한 인터럽트 프로그램 ······ 799
4.11 TV 리모컨 응용 프로그램 ······ 812
4.12 타이머를 이용한 디지털 시계 프로그램 ······ 834
4.13 타이머를 이용한 음악연주 프로그램 ······ 848
4.14 타이머를 이용한 PWM 제어 프로그램 ······ 863
4.15 RS-232C 직렬통신 프로그램 ······ 873
4.16 DS1307 RTC 응용 프로그램 ······ 879
4.17 TCN75 온도센서 응용 프로그램 ······ 913
4.18 A/D 컨버터 응용 프로그램 ······ 924
4.19 D/A 컨버터 응용 프로그램 ······ 948
4.20 TFT-LCD를 이용한 게임 프로그램 ······ 959
4.21 SD 카드를 이용한 전자앨범 프로그램 ······ 991
4.22 MP3 플레이어 프로그램 ······ 1052
4.23 재미있는 응용 프로그램 ······ 1104

〈부록1〉 ATxmega128A1의 데이터 시트 ······ 1133
〈부록2〉 키트 테스트 프로그램 kit_test.c의 소스 ······ 1146

제1장

ATxmega 패밀리의 구조와 기능

1.1 AVR 마이크로컨트롤러의 개요

1.2 ATxmega 패밀리의 기본 구조와 기능

1.3 ATxmega 패밀리의 명령 세트

1.4 ATxmega 패밀리의 기본 하드웨어

1.5 ATxmega 패밀리의 인터럽트 처리

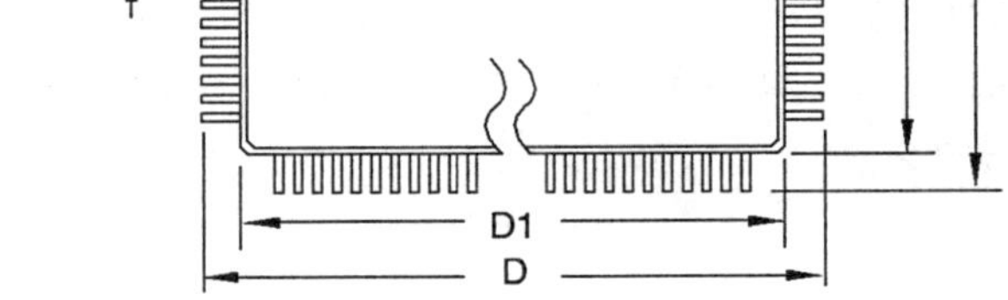

(Unit of Measure = mm)

SYMBOL	MIN	NOM	MAX
A	–	–	1.20
A1	0.05	–	0.15
A2	0.95	1.00	1.05
D	15.75	16.00	16.25
D1	13.90	14.00	14.10
E	15.75	16.00	16.25
E1	13.90	14.00	14.10
B	0.17	–	0.27
C	0.09	–	0.20
L	0.45	–	0.75
e	0.50 TYP		

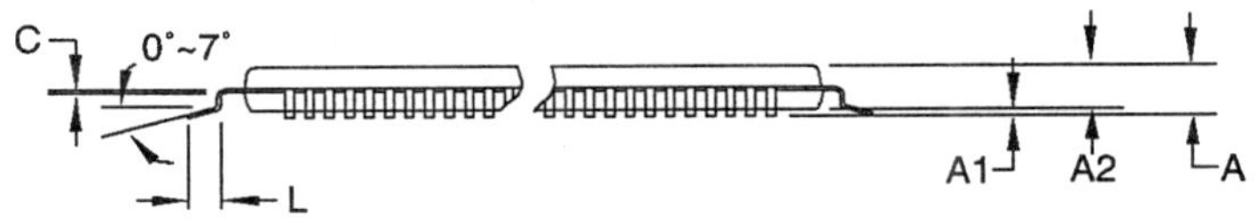

☞

이 장에서는 Atmel사의 AVR ATxmega 패밀리 마이크로컨트롤러의 특징에서 시작하여 외부 및 내부 구조, 주요 기능, 레지스터 및 메모리 구조, 사용하는 데이터 형식이나 명령어, 어드레싱 모드, 인터럽트 처리, DMA 제어기, 이벤트 시스템의 기능 등에 대하여 자세히 공부한다. ATxmega 패밀리를 이용한 하드웨어 시스템을 설계하거나 이를 이용한 제어 프로그램을 작성하는데는 이번 장에서 설명하는 내용을 철저히 이해하는 것이 무엇보다도 중요하다.

ATxmega 패밀리는 매우 다양한 I/O 기능을 내장하고 있는 마이크로컨트롤러인데, 이러한 I/O 기능들에 대하여는 여기서 설명하지 않고 제2장에서 별도로 취급한다.

대부분의 초보자들이 마이크로프로세서 또는 마이크로컨트롤러를 사용하는 기술이 어렵다고 말하는 것은 이러한 가장 기본적인 사항을 소홀히 하는데서 기인한다. 마이크로프로세서 응용기술은 CPU 소자를 포함하는 하드웨어에 관한 기본적인 지식을 바탕으로 소프트웨어를 자유자재로 구사하는 능력에 따라 좌우된다는 사실을 명심하라.

1.1 AVR 마이크로컨트롤러의 개요

이 절에서는 Atmel사 AVR 시리즈 마이크로컨트롤러의 탄생에서부터 발전과정, 종류 및 특징을 알아보기로 한다.

1. AVR 마이크로컨트롤러의 탄생 및 특징

AVR 시리즈 마이크로컨트롤러는 1984년에 창립된 미국의 Atmel사에서 1997년에 처음 발표한 8비트의 제어용 마이크로프로세서로서, 이는 Alf-Egil Bogen과 Vegard Wollan의 진보된 RISC 기술을 기반으로 설계되었다고 하여 이것들의 첫 글자를 따서 AVR이라고 명명된 것으로 알려져 있으며, 혹자는 Advanced Virtual RISC의 약어라고 말하기도 한다.

AVR은 프로그램 메모리와 데이터 메모리를 액세스하기 위한 버스를 독립적으로 사용하는 하버드 구조(Harvard Architecture)와 파이프라인 처리 방식을 기반으로 하는 RISC(Reduced Instruction Set Computer) 기술을 적용하여 매우 빠른 명령처리 속도를 자랑한다. 뿐만 아니라 AVR은 이를 Atmel사의 장점인 플래시 메모리(flash memory) 기술과 접목시켜 칩내에 프로그램 코드용으로 플래시 메모리를 내장하고 여기에 사용자 프로그램을 쉽게 다운로드할 수 있는 ISP(In-System Programming) 방식을 적용하였다. 이러한 장점 때문에 AVR은 가장 늦게 출시되었음에도 불구하고 그 당시 이미 시장을 상당 부분 지배하고 있던 8051 시리즈나 PIC 시리즈 마이크로컨트롤러를 능가하는 인기를 단시간내에 얻게 되었다.

이 때문에 Atmel사에서는 AVR 시리즈 마이크로컨트롤러를 AVR 플래시 마이크로컨트롤러라고 부르기도 하는데, 이것들의 주요 특징을 요약하면 다음과 같다.

① 명령어는 16비트 버스 폭의 하드웨어로 처리되지만, 데이터는 8비트 워드 길이를 기반으로 하는 특이한 8비트 마이크로컨트롤러이다.

② 진보된 RISC 구조와 파이프라인 처리 방식을 사용하여 소비전력이 매우 적으면서도 대부분의 명령을 단일 클록 사이클에 실행한다.

③ 누산기 중심형이 아니라 32개의 범용 레지스터를 가지는 레지스터 중심형 구조이

며, 단순한 어드레싱 모드와 간결한 프로그램 코드 사이즈를 가지도록 하는 등 C언어 프로그램에 매우 유리하도록 설계되었다.

④ 하버드 구조를 사용하여 프로그램 메모리와 데이터 메모리를 동시에 액세스할 수 있으므로 명령처리 성능이 향상되었다.

⑤ 프로그램 메모리는 모델에 따라 1KB에서 256KB를 가지고 있는데, 이것은 모두 MCU 소자에 내장되므로 외부에는 프로그램 메모리를 접속할 수 없다.

⑥ 프로그램용의 내장 플래시 메모리에는 직렬통신 방식의 ISP 기능을 이용하여 사용자가 쉽게 프로그램을 다운로드할 수 있다. 이 플래시 메모리는 10,000번까지 반복하여 다시 프로그래밍하는 것이 가능하다.

⑦ 모델에 따라 64바이트에서 4KB까지 EEPROM을 내장하고 있어서 데이터 백업이 가능하다. 이 EEPROM은 100,000번까지 반복하여 프로그래밍하는 것이 가능하다.

⑧ 모델에 따라 데이터 메모리로서 64바이트에서 8KB까지 비교적 용량이 큰 SRAM을 내장하고 있다.

⑨ 모델에 따라 병렬 I/O 포트, 내장 시스템 클록 발진기, 8비트 타이머, 16비트 타이머, 워치독 타이머, UART 또는 USART, SPI, TWI, 아날로그 비교기, 10비트 A/D 컨버터, PWM 출력, RTC(Real Time Counter), BOD(Brown Out Detector) 등 매우 다양한 I/O 기능을 가지고 있다.

⑩ 외부에 버스를 가지는 모델에서는 이 외부 시스템 버스를 이용하여 데이터 메모리 또는 I/O 디바이스를 확장할 수 있다. 그러나, 프로그램 메모리는 확장하지 못한다.

⑪ 다양한 인터럽트 소스와 인터럽트 처리 기능을 가지고 있다.

⑫ 모델에 따라 약 90~135개 정도의 명령을 가지며, 고성능인 상위 모델에서는 하드웨어 곱셈기를 내장하고 있어서 2 클록 사이클에 실행되는 곱셈 명령을 사용할 수 있다.

⑬ 슬립 모드라고 불리는 여러가지의 파워절약 모드를 가지고 있다.

⑭ 다양한 응용 분야에 적합한 모델을 선택적으로 사용할 수 있도록 기능 및 성능에 따라 ATtiny, AT90, ATmega 등 3가지의 패밀리가 있다.

◀참고▶ AVR 시리즈 마이크로컨트롤러는 지금도 활발하게 개발중인 제품이기 때문에 어느 모델이 갑자기 단종되기도 하고 새로 출시되는 모델도 있다. 또한, 현재 판매되고 있는 모델에서도 사양의 변경이나 데이터 시트의 오류 수정이 매우 빈번하게 이루어지므로 사용자는 Atmel사에서 제공하는 데이터 시트나 기술 문헌을 자주 살펴볼 필요가 있다. 현재는 ATtiny 및 ATmega 패밀리의 2가지 기본 모델에 추가하여 자동차, LCD 구동, 배터리 관리, CAN 통신, 조명제어, 모터제어, USB 통신, 무선통신 등과 같은 특수 응용분야의 모델이 점차로 강화되는 추세이다. 또한, 최근에는 새로 고성능 XMEGA 패밀리를 발표하여 AVR 마이크로컨트롤러 시리즈의 모델 라인업이 훨씬 다양해졌다.

2. AVR 마이크로컨트롤러의 종류

AVR 시리즈 마이크로컨트롤러는 적합한 응용분야에 사용될 수 있도록 기능 및 성능에 따라 크게 3가지의 기본 패밀리(family) 및 특수용으로 나누어진다.

▣ ATtiny 패밀리

이것들은 tiny 패밀리라고도 하며, 모든 모델명이 항상 ATtiny로 시작한다. 내부에 1KB~2KB의 플래시 메모리를 가지고 있으며, 대량으로 생산되는 간단한 응용분야에 사용하는 것을 겨냥하고 있으므로 가격이 낮고 기능이나 성능도 낮다. 따라서, 여기에 해당하는 모델들은 핀수가 8핀에서 28핀 정도이며 외형이 아주 작다. 이렇게 핀수가 적어지면 외부에 시스템 버스를 가지고 있지 않는 경우가 대부분이며, 외부에서 수정 발진자를 접속하는 것도 부담이 되므로 외부에는 클록 입력 단자가 없고 시스템 클록을 발생하는 전체 발진회로를 소자에 내장하는 경우도 있다.

▣ AT90 패밀리

이것들은 classic 패밀리라고도 하며, 모든 모델명이 항상 AT90으로 시작한다. 내부에 1KB~8KB의 플래시 메모리를 가지고 있으므로 고급언어로도 프로그램이 가능한 수준이며, 비교적 큰 512바이트 이하 정도의 EEPROM과 SRAM을 내장하고 있다. 당연히 ATtiny 패밀리에 비하여 규모가 큰 시스템에 적용하는 것을 겨냥하는 모델이며, 여기에 해당하는 모델들은 외형이 대체로 20핀에서 40핀 정도가 된다. 이 패밀리는 나머지 2가지 패밀리에 비하여 특징이나 장점이 뚜렷하지 않고, 따라서 시장성에서 우위를 차지하지 못하는 탓인지 현재는 대부분의 모델이 단종되었다.

▣ ATmega 패밀리

이것들은 MEGA 패밀리라고도 하며, 모든 모델명이 항상 ATmega로 시작한다. 내부에 8KB~256KB의 플래시 메모리를 가지고 있으며, 가장 규모가 크고 성능이 높은 응용분야에 사용하는 것을 겨냥하고 있으므로 28~100핀 정도로 핀수도 많고 기능 및 성능도 높다. 이중에서 성능이 우수한 모델들은 20MHz 클록에서 20MIPS의 명령 처리속도를 갖는다. 여기에 내장하고 있는 플래시 메모리의 용량에 따라 기본 모델이 ATmega8, ATmega16, ATmega32, ATmega64, ATmega128, ATmega256 등으로 발전하여 왔다.

〈표 1.1.1〉 범용 AVR 마이크로컨트롤러의 종류 및 특징 요약

모델명	플래시 (KB)	EEPROM (Bytes)	SRAM (Bytes)	Vcc (V)	Fmax (MHz)	ISP 기능	Self Program Memory	명령 수	Max I/O (Pin)	인터럽트	외부 인터럽트	8비트 타이머	16비트 타이머	워치독
ATtiny4	512B	-	32	1.8-5.5	12	○	-	54	4	11	2	-	1	○
ATtiny5	512B	-	32	1.8-5.5	12	○	-	54	4	11	2	-	1	○
ATtiny9	1	-	32	1.8-5.5	12	○	-	54	4	11	2	-	1	○
ATtiny10	1	-	32	1.8-5.5	12	○	-	54	4	11	2	-	1	○
ATtiny12	1	64	-	4.0-5.5	12	○	-	90	6	6	2	1	-	○
ATtiny13A	1	64	64	1.8-5.5	20	○	○	120	6	9	2	1	-	○
ATtiny2313A	2	128	128	1.8-5.5	20	○	○	120	18	18	2	1	1	○
ATtiny24A	2	128	128	1.8-5.5	20	○	○	120	12	17	3	1	1	○
ATtiny25/V	2	128	128	1.8-5.5	20	○	○	120	6	14	2	2	-	○
ATtiny261A	2	128	128	1.8-5.5	20	○	○	123	16	19	3	10bit	1	○
ATtiny28L/V	2	-	-	1.8-5.5	4	-	-	90	11+9	5	2	1	-	○
ATtiny43U	4	64	256	0.7-5.5	8	○	○	120	16	16	3	2	-	○
ATtiny44A	4	256	256	1.8-5.5	20	○	○	120	12	17	3	1	1	○
ATtiny45/V	4	256	256	1.8-5.5	20	○	○	120	6	14	2	2	-	○
ATtiny461A	4	256	256	1.8-5.5	20	○	○	123	16	19	3	10bit	1	○
ATtiny48	4	64	256	1.8-5.5	12	○	○	123	28	20	6	1	1	○
ATtiny84/V	8	512	512	1.8-5.5	20	○	○	120	12	17	3	1	1	○
ATtiny85/V	8	512	512	1.8-5.5	20	○	○	120	6	14	2	2	-	○
ATtiny861A	8	512	512	1.8-5.5	20	○	○	123	16	19	3	10bit	1	○
ATtiny88	8	64	512	1.8-5.5	12	○	○	123	28	20	6	1	1	○
ATmega48PA	4	256	512	1.8-5.5	20	○	○	131	23	25	5	2	1	○
ATmega8A	8	512	1024	2.7-5.5	16	○	○	130	23	18	2	2	1	○
ATmega88PA	8	512	1024	1.8-5.5	20	○	○	131	23	25	5	2	1	○
ATmega8515/L	8	512	512	2.7-5.5	16	○	○	130	32	16	3	1	1	○
ATmega8535/L	8	512	512	2.7-5.5	16	○	○	130	32	20	3	2	1	○
ATmega16A	16	512	1024	2.7-5.5	16	○	○	131	32	20	3	2	1	○
ATmega162/V	16	512	1024	1.8-5.5	16	○	○	131	35	27	5	2	2	○
ATmega164PA	16	512	1024	1.8-5.5	20	○	○	131	32	31	7	2	1	○
ATmega165P/V	16	512	1024	1.8-5.5	16	○	○	130	53	21	3	2	1	○
ATmega168PA	16	512	1024	1.8-5.5	20	○	○	131	23	25	5	2	1	○
ATmega32A	32	1024	2048	2.7-5.5	16	○	○	130	32	20	3	2	1	○
ATmega324PA	32	1024	2048	1.8-5.5	20	○	○	131	32	31	7	2	1	○
ATmega325P/V	32	1024	2048	1.8-5.5	20	○	○	130	53	22	3	2	1	○
ATmega3250P/V	32	1024	2048	1.8-5.5	20	○	○	130	68	24	5	2	1	○
ATmega328P	32	1024	2048	1.8-5.5	20	○	○	131	23	26	5	2	1	○
ATmega64A	64	2048	4096	2.7-5.5	16	○	○	130	53	34	8	2	2	○
ATmega640/V	64	4096	8192	1.8-5.5	16	○	○	135	86	57	11	2	4	○
ATmega644PA	64	2048	4096	1.8-5.5	20	○	○	131	32	31	7	2	1	○
ATmega645/V	64	2048	4096	1.8-5.5	16	○	○	130	53	22	3	2	1	○
ATmega6450/V	64	2048	4096	1.8-5.5	16	○	○	130	68	24	5	2	1	○
ATmega1284P	128	4096	16384	1.8-5.5	20	○	○	131	32	35	7	2	2	○
ATmega128A	128	4096	4096	2.7-5.5	16	○	○	133	53	34	8	2	2	○
ATmega1280/V	128	4096	8192	1.8-5.5	16	○	○	135	86	57	11	2	4	○
ATmega1281/V	128	4096	8192	1.8-5.5	16	○	○	135	54	48	11	2	4	○
ATmega2560/V	256	4096	8192	1.8-5.5	16	○	○	135	86	57	11	2	4	○
ATmega2561/V	256	4096	8192	1.8-5.5	16	○	○	135	54	48	11	2	4	○

☞ 모델명의 끝이 L인 것은 동작전압이 2.7~5.5V이고 주파수 범위는 기본 모델의 1/2 정도로 낮아짐.

☞ 모델명의 끝이 V인 것은 동작전압이 1.8~5.5V이고 주파수 범위는 기본 모델의 1/2 정도로 낮아짐.

〈표 1.1.1〉 범용 AVR 마이크로컨트롤러의 종류 및 특징 요약(계속)

모델명	UART	SPI	TWI	10비트 A/D (채널)	아날로그 비교기	PWM (채널)	RTC	Brown Out Detector	하드웨어 곱셈기	내장 발진기	패키지
ATtiny4	-	-	-	-	○	2	-	-	-	○	6핀 SOT
ATtiny5	-	-	-	8bit 4	○	2	-	-	-	○	6핀 SOT
ATtiny9	-	-	-	-	○	2	-	-	-	○	6핀 SOT
ATtiny10	-	-	-	8bit 4	○	2	-	-	-	○	6핀 SOT
ATtiny12	-	-	-	-	○	-	-	○	-	○	8핀 DIP, 8핀 SOIC
ATtiny13A	-	-	-	4	○	2	-	○	-	○	8핀 DIP, 8핀 SOIC, 10/20핀 MLF
ATtiny2313A	-	USI	USI	-	○	4	-	○	-	○	20핀 DIP, 20핀 SOIC, 32핀 MLF
ATtiny24A	-	USI	USI	8	○	4	○	○	-	○	14핀 DIP, 14핀 SOIC, 20핀 MLF
ATtiny25/V	-	USI	USI	4	○	4	○	○	-	○	8핀 DIP, 8핀 SOIC
ATtiny261A	-	USI	USI	11	○	5	-	○	-	○	20핀 DIP, 20핀 SOIC, 32핀 MLF
ATtiny28L/V	-	-	-	-	○	-	-	-	-	○	28핀 DIP, 32핀 TQFP, 32핀 MLF
ATtiny43U	-	USI	USI	4	○	4	-	○	-	○	20핀 SOIC, 20핀 MLF
ATtiny44A	-	USI	USI	8	○	4	○	○	-	○	14핀 DIP, 14핀 SOIC, 20핀 MLF
ATtiny45/V	-	USI	USI	4	○	4	○	○	-	○	8핀 DIP, 8핀 SOIC
ATtiny461A	-	USI	USI	11	○	5	-	○	-	○	20핀 DIP, 20핀 SOIC, 32핀 MLF
ATtiny48	-	1	1	8	○	4	-	○	-	○	28핀 DIP, 32핀 TQFP, 32핀 MLF
ATtiny84/V	-	USI	USI	8	○	4	○	○	-	○	14핀 DIP, 14핀 SOIC, 20핀 MLF
ATtiny85/V	-	USI	USI	4	○	4	○	○	-	○	8핀 DIP, 8핀 SOIC
ATtiny861A	-	USI	USI	11	○	5	-	○	-	○	20핀 DIP, 20핀 SOIC, 32핀 MLF
ATtiny88	-	1	1	8	○	4	-	○	-	○	28핀 DIP, 32핀 TQFP, 32핀 MLF
ATmega48PA	1	1	1	8/6	○	6	○	○	○	○	28핀 DIP, 32핀 TQFP, 32핀 MLF
ATmega8A	1	1	1	8	○	3	○	○	○	○	28핀 DIP, 32핀 TQFP, 32핀 MLF
ATmega88PA	1	1	1	8/6	○	6	○	○	○	○	28핀 DIP, 32핀 TQFP, 32핀 MLF
ATmega8515/L	1	1	1	-	○	3	-	○	○	○	40핀 DIP, 44핀 PLCC, 44핀 TQFP ★
ATmega8535/L	1	1	1	8	○	4	○	○	○	○	40핀 DIP, 44핀 PLCC, 44핀 TQFP
ATmega16A	1	1	1	8	○	4	○	○	○	○	40핀 DIP, 44핀 TQFP, 44핀 MLF
ATmega162/V	2	1	-	-	○	6	○	○	○	○	40핀 DIP, 44핀 TQFP, 44핀 MLF ★
ATmega164P/V	2	1	1	8	○	6	○	○	○	○	40핀 DIP, 44핀 TQFP, 44핀 MLF
ATmega165P/V	1	1+USI	USI	8	○	4	○	○	○	○	64핀 TQFP, 64핀 MLF
ATmega168PA	1	1	1	8/6	○	6	○	○	○	○	28핀 DIP, 32핀 TQFP, 32핀 MLF
ATmega32A	1	1	1	8	○	4	○	○	○	○	40핀 DIP, 44핀 TQFP, 44핀 MLF
ATmega324P/V	2	1	1	8	○	6	○	○	○	○	40핀 DIP, 44핀 TQFP, 44핀 MLF
ATmega325P/V	1	1+USI	USI	8	○	4	○	○	○	○	64핀 TQFP, 64핀 MLF
ATmega3250P/V	1	1+USI	USI	8	○	4	○	○	○	○	100핀 TQFP
ATmega328P	1	1	1	8	○	6	○	○	○	○	28핀 DIP, 32핀 TQFP, 32핀 MLF
ATmega64A	2	1	1	8	○	8	○	○	○	○	64핀 TQFP, 64핀 MLF ★
ATmega640/V	4	1	1	16	○	16	○	○	○	○	100핀 TQFP ★
ATmega644/V	2	1	1	8	○	6	○	○	○	○	40핀 DIP, 44핀 TQFP, 44핀 MLF
ATmega645/V	1	1+USI	USI	8	○	4	○	○	○	○	64핀 TQFP, 64핀 MLF
ATmega6450/V	1	1+USI	USI	8	○	4	○	○	○	○	100핀 TQFP
ATmega1284P	1	1	1	8	○	6	○	○	○	○	40핀 DIP, 44핀 TQFP, 44핀 MLF
ATmega128A	2	1	1	8	○	8	○	○	○	○	64핀 TQFP, 64핀 MLF ★
ATmega1280/V	4	1	1	16	○	16	○	○	○	○	100핀 TQFP ★
ATmega1281/V	2	1	1	8	○	9	○	○	○	○	64핀 TQFP, 64핀 MLF ★
ATmega2560/V	4	1	1	16	○	16	○	○	○	○	100핀 TQFP ★
ATmega2561/V	2	1	1	8	○	9	○	○	○	○	64핀 TQFP, 64핀 MLF ★

★는 외부 시스템 버스를 통하여 데이터 메모리 및 I/O를 위한 어드레스 확장이 가능한 모델을 나타냄.

☞ 모델명의 끝이 A인 것은 동작전압이 1.8~5.5V 또는 2.7~5.5V이고 최근에 개선된 모델임.

AVR 시리즈 플래시 마이크로컨트롤러의 주요 모델들과 그것들의 특징을 요약하여 <표 1.1.1>에 보였다. AVR 모델들 중에는 출시되었다가 이미 단종되어 사라진 모델들도 상당히 많은데 이러한 것들은 일일이 이 표에 나타내지 않았다.

▣ 특수용 AVR 패밀리

최근에는 AVR 마이크로컨트롤러가 다양한 분야에 널리 사용되면서 특정 응용 시스템에 적합한 AVR 모델(Application-Oriented Model)들이 많아지고 있다. 이러한 제품에는 자동차용(automotive), 배터리 관리용(battery management), 캔 통신용(CAN networking), LCD 드라이버용(LCD driver), 조명용(lighting application), 모터 제어용(motor control), USB 통신용(USB connectivity), 무선통신용(wireless/ZigBee) 등이 있다.

<표 1.1.2>에는 자동차용으로 적합한 AVR 모델들을 정리하였다. 자동차용 AVR 마이크로컨트롤러에서는 브러시리스 DC 모터 제어기능, 센서 및 액츄에이터 제어기능, CAN(Controller Area Network) 또는 LIN(Local Interconnect Network)과 같은 통신 기능 등이 강조된다.

〈표 1.1.2〉 자동차용 AVR 마이크로컨트롤러의 종류 및 특징 요약

Product	Status (b)	Flash (KB)	EEPROM (Bytes)	RAM (Bytes)	I/O pins	CAN Mess. Obj.	LIN (g)	UART	USART	USI	SPI	8-bit Timers	12-bit Timers	16-bit Timers	PWM (Channel)	10-bit A/D (channel)	Analog Gain Stage	DebugWIRE/OCD	JTAG/OCD	2.7-5.5V @ 16 MHz	1.8-3.6V @ 8 MHz	Package	Pb-free, Green (a)	Temp. Range (c)
ATtiny24	P	2	128	128	12					1	1+USI	1		1	4	8	Y	Y		Y		SOIC14, QFN20	Y	Z
ATtiny25	P	2	128	128	6					1	1+USI	2			4(d)	4	Y	Y		Y	Y	SOIC8, QFN20	Y	Z
ATtiny261	I	2	128	128	16					1	1+USI	1		1	5	11	Y	Y		Y		SOIC8, QFN20	Y	Z, T2
ATtiny44	P	4	256	256	12					1	1+USI	1		1	4	8	Y	Y		Y	Y	SOIC20, QFN32, TSSOP20	Y	D
ATtiny45	P	4	256	256	6					1	1+USI	2			4(d)	4	Y	Y		Y	Y	SOIC8, QFN20	Y	Z, T2
ATtiny461	I	4	256	256	16					1	1+USI	1		1	5	11	Y	Y		Y		SOIC20, QFN32, TSSOP20	Y	Z, D
ATtiny84	P	8	512	512	12					1	1+USI	1		1	4	8	Y	Y		Y		QFN20	Y	Z
ATtiny85	P	8	512	512	6					1	1+USI	2			4(d)	4	Y	Y		Y	Y	SOIC8, QFN20	Y	Z
ATtiny87	I	8	512	512	16		H		1	1	1+USI	1		1	4	11	Y	Y		Y		SOIC20, QFN32, TSSOP20	Y	Z, D
ATtiny861	I	8	512	512	16					1	1+USI	1		1	5	11	Y	Y		Y		SOIC20, QFN32, TSSOP20	Y	Z
ATtiny167	I	16	512	512	16		H		1	1	1+USI	1		1	4	11	Y	Y		Y		SOIC20, QFN32, TSSOP20	Y	Z, D
ATtiny327	I	32	1024	2048	16		H		1	1	1+USI	1		1	4	11	Y	Y		Y		SOIC20, QFN32, TSSOP20	Y	Z, D
ATmega48	P	4	256	512	23		S	1			1+USART	2		1	6	8		Y		Y		TQFP32, QFN32	Y	T, T1, Z
ATmega88	P	8	512	1K	23		S	1			1+ USART	2		1	6	8		Y		Y	Y	TQFP32, QFN32	Y	T, T1, Z ,T2
ATmega164P	P	16	512	1K	32		S	2			1+ USART	2		1	6	8	Y		Y	Y		TQFP44, QFN44	Y	Z
ATmega168	P	16	512	1K	23		S	1			1+ USART	2		1	6	8		Y		Y		TQFP32, QFN32	Y	T, T1, Z, D
ATmega169P	P	16	512	1K	54		S	1		1	1+USI	2		1	4	8			Y	Y		TQFP64, QFN64	Y	T
ATmega16M1	I	16	1K	2K	27	6	H		1		1	1	1	1	6+4(d)	11	Y	Y		Y		TQFP32, QFN32	Y	Z, D
ATmega324P	P	32	1K	2K	32		S	2			1+ USART	2		1	6	8	Y		Y	Y		TQFP44, QFN44	Y	Z
ATmega328P	I	32	1K	2K	23		S	1			1+ USART	2		1	6	8		Y		Y		TQFP32, QFN32	Y	Z
ATmega32M1	I	32	2K	2K	27	6	H		1		1	1	1	1	6+4(d)	11	Y	Y		Y		TQFP32, QFN32	Y	Z, D
ATmega32C1	I	32	2K	2K	27	6	H		1		1	1		1	4	11	Y	Y		Y		TQFP32, QFN32	Y	Z, D
ATmega64M1	I	64	1K	4K	27	6	H		1		1	1	1	1	6+4(d)	11	Y	Y		Y		TQFP32, QFN32	Y	Z, D
ATmega64C1	I	64	1K	4K	27	6	H		1		1	1		1	4	11	Y	Y		Y		TQFP32, QFN32	Y	Z, D
ATmega644P	P	64	2K	4K	32		S	2			1+ USART	2		1	6	8	Y		Y	Y		TQFP44, QFN44	Y	Z
AT90CAN32	P	32	1K	2K	53	15	S	2		1	1	2		2	6+2	8	Y		Y	Y		TQFP64, QFN64	Y	T, T1, Z
AT90CAN64	P	64	2K	4K	53	15	S	2		1	1	2		2	6+2	8	Y		Y	Y		TQFP64, QFN64	Y	T, T1, Z
AT90CAN128	P	128	4K	4K	53	15	S	2		1	1	2		2	6+2	8	Y		Y	Y		TQFP64, QFN64	Y	T, T1, Z

a) Pb-free packaging complies to the European directive for Restriction of Hazardous Substances (RoHS directive). Also Halide free and fully Green.
b) P: Product in Full Production, I: Device under Introduction
c) T: -40°C; +85°C – T1: -40°C; +105°C – Z: -40°C; +125°C D or T2: -40°C; +150°C.
d) One high speed 8-bit timer/counter.
e) Two High Frequency, 250kHz, PWM Outputs.
f) Only 6 ADC in PDIP packages.
g) S: software, H: hardware.

<표 1.1.3>에는 배터리 관리용으로 적합한 AVR 모델들을 정리하였다. 배터리 관리용 AVR 마이크로컨트롤러에서는 1~4개의 Li-ion 배터리를 충전 또는 방전하는데 필

요한 전압검출 기능이나 전압 레귤레이션 기능 등이 강조된다.

〈표 1.1.3〉 배터리 관리용 AVR 마이크로컨트롤러의 종류 및 특징 요약

Product	Status (a)	Li-ion cells	Flash (KB)	EEPROM (Bytes)	SRAM (Bytes)	I/O pins	FET Drive (Channel)	Vgs typ (V)	Battery Protection	12-bit A/D (Channel)	Voltage Measurement Accuracy (mV)(a)	Coulomb Counter	JTAG/OCD	Vcc Range (V)	Clock Speed (MHz)	Package	Pb-free, Green (b)	Temp. Range
ATmega8HVA	F	1-2	8	256	512	6	N	4.5	Y	5	12.5	18-bit	Y	1.8 - 9.0	4	LGA36, TSOP28	Y	-10°C to +85°C
ATmega16HVA	I	1-2	16	256	512	6	N	4.5	Y	5	12.5	18-bit	Y	1.8 - 9.0	4	LGA36, TSOP28	Y	-10°C to +85°C
ATmega406	P	2-4	40	512	2048	18	P	1		10	12.5	18-bit	Y	4.0 - 25	1	LQFP48	Y	-40°C to +85°C
ATmega4HVD	I	1	4	256	512	5	N	4.5	Y	2 (10-bit)	50		Y	2.0 - 5.5	4	DFN18	Y	-40°C to +85°C
ATmega8HVD	I	1	8	256	512	5	N	4.5	Y	2 (10-bit)	50		Y	2.0 - 5.5	4	DFN18	Y	-40°C to +85°C
ATmega16HVB	I	2-4	16	512	1024	18	N	12	Y	10	12.5	18-bit	Y	4.0 - 25	8	TSSOP44	Y	-40°C to +85°C
ATmega32HVB	I	2-4	32	1024	2048	18	N	12	Y	10	12.5	18-bit	Y	4.0 - 25	8	TSSOP44	Y	-40°C to +85°C

a) F: Future product, I: Device under Introduction, P: Product in Full Production.
b) Pb-free packaging complies to the European Directive for Restriction of Hazardous Substances (RoHS directive). Also Halide free and fully Green.

<표 1.1.4>에는 CAN 통신용으로 적합한 AVR 모델들을 정리하였다. 이들 CAN 통신용 AVR 마이크로컨트롤러에서는 CAN V2.0A와 V2.0B를 지원한다.

<표 1.1.4> CAN 통신용 AVR 마이크로컨트롤러의 종류 및 특징 요약

Product	Status (b)	Flash (KB)	EEPROM (Bytes)	RAM (Bytes)	I/O pins	CAN Mess. Obj.	UART/USART	TWI (I2C compliant)	SPI	8-bit Timers	16-bit Timers	PWM (Channel)	10-bit A/D (Channel)	debugWire/OCD	JTAG/OCD	Vcc Range (V)	Clock Speed (MHz)	Package	Pb-free, Green (a)	Temp. Range
ATmega32M1	I	32	2K	2K	27	6	1		1	1	1	6+4	11	Y		2.7 - 5.5	16	TQFP32, QFN32	Y	-40°C to +85°C
AT90CAN32	P	32	1K	2K	53	15	2	1	1	2	2	6+2	8		Y	2.7 - 5.5	16	TQFP64, QFN64	Y	-40°C to +85°C
AT90CAN64	P	64	2K	4K	53	15	2	1	1	2	2	6+2	8		Y	2.7 - 5.5	16	TQFP64, QFN64	Y	-40°C to +85°C
AT90CAN128	P	128	4K	4K	53	15	2	1	1	2	2	6+2	8		Y	2.7 - 5.5	16	TQFP64, QFN64	Y	-40°C to +85°C

a) Pb-free packaging alternative, complies to the European Directive for Restriction of Hazardous Substances (RoHS directive). Also Halide free and fully Green.
b) P: Product in Full Production, I: Device under Introduction.

<표 1.1.5>에는 LCD 드라이버용으로 적합한 AVR 모델들을 정리하였다. LCD 드라이버용 AVR 마이크로컨트롤러에서는 콘트라스트 제어기능을 포함하는 LCD 드라이버나 키보드 인터럽트 기능 등이 강조된다.

<표 1.1.5> LCD 드라이버용 AVR 마이크로컨트롤러의 종류 및 특징 요약

Product	Status (b)	Flash (KB)	EEPROM (Bytes)	RAM (Bytes)	picoPower	I/O pins	LCD Segments	UART/USART	SPI/TWI by USI	SPI	8-bit Timers	16-bit Timers	PWM (Channel)	10-bit A/D (Channel)	JTAG/OCD	Vcc Range (V)	Clock Speed (MHz)	Package	Pb-free, Green (a)	Temp. Range
ATmega169P	P	16	512	1K	Y	54	4x25	1	1	1+USI	2	1	4	8	Y	1.8 - 5.5	8	TQFP64, QFN64	Y	-40°C to +85°C
	P	16	512	1K		54	4x25	1	1	1+USI	2	1	4	8	Y	2.7 - 5.5	16	TQFP64, QFN64	Y	-40°C to +85°C
ATmega329P	P	32	1K	2K	Y	54	4x25	1	1	1+USI	2	1	4	8	Y	1.8 - 5.5	10	TQFP64, QFN64	Y	-40°C to +85°C
	P	32	1K	2K		54	4x25	1	1	1+USI	2	1	4	8	Y	2.7 - 5.5	20	TQFP64, QFN64	Y	-40°C to +85°C
ATmega329	P	32	1K	2K		54	4x25	1	1	1+USI	2	1	4	8	Y	1.8 - 5.5	8	TQFP64, QFN64	Y	-40°C to +85°C
	P	32	1K	2K		54	4x25	1	1	1+USI	2	1	4	8	Y	2.7 - 5.5	16	TQFP64, QFN64	Y	-40°C to +85°C
ATmega3290P	I	32	1K	2K	Y	69	4x40	1	1	1+USI	2	1	4	8	Y	1.8 - 5.5	10	TQFP100	Y	-40°C to +85°C
	I	32	1K	2K		69	4x40	1	1	1+USI	2	1	4	8	Y	2.7 - 5.5	20	TQFP100	Y	-40°C to +85°C
ATmega3290	P	32	1K	2K		69	4x40	1	1	1+USI	2	1	4	8	Y	1.8 - 5.5	8	TQFP100	Y	-40°C to +85°C
	P	32	1K	2K		69	4x40	1	1	1+USI	2	1	4	8	Y	2.7 - 5.5	16	TQFP100	Y	-40°C to +85°C
ATmega649	P	64	2K	4K		54	4x25	1	1	1+USI	2	1	4	8	Y	1.8 - 5.5	8	TQFP64, QFN64	Y	-40°C to +85°C
	P	64	2K	4K		54	4x25	1	1	1+USI	2	1	4	8	Y	2.7 - 5.5	16	TQFP64, QFN64	Y	-40°C to +85°C
ATmega6490	I	64	2K	4K		69	4x40	1	1	1+USI	2	1	4	8	Y	1.8 - 5.5	8	TQFP100	Y	-40°C to +85°C
	I	64	2K	4K		69	4x40	1	1	1+USI	2	1	4	8	Y	2.7 - 5.5	16	TQFP100	Y	-40°C to +85°C

a) Pb-free packaging to the European Directive for Restriction of Hazardous Substances (RoHS directive). Also Halide free and fully Green.
b) P: Product in Full Production, I: Device under Introduction.

<표 1.1.6>에는 조명 제어용으로 적합한 AVR 모델들을 정리하였다. 조명 제어용 AVR 마이크로컨트롤러에서는 HID(High Intensity Discharge) 조명등이나 형광등의 밝기를 제어하기 위한 PWM 제어기능, 역률 제어기능, 아날로그 회로 인터페이스, DALI(Digital Addressable Lighting Interface) 기능 등이 강조된다.

〈표 1.1.6〉 조명 제어용 AVR 마이크로컨트롤러의 종류 및 특징 요약

Product	Status (a)	Flash (KB)	EEPROM (Bytes)	RAM (Bytes)	I/O pins	UART/USART	DALI	SPI	8-bit Timers	12-bit Timers	16-bit Timers	PWM (Channel)	10-bit A/D (channel)	10-bit D/A	DebugWIRE/OCD	Vcc Range (V)	Clock Speed (MHz)	Package	Pb-free, Green (b)	Temp. Range
AT90PWM1	P	8	512	512	19	1		1	1	2	1	7	8		Y	2.7 - 5.5	16	SO24	Y	-40°C to +105°C
AT90PWM2B	P	8	512	512	19	1	Y	1	1	2	1	7	8		Y	2.7 - 5.5	16	SO24	Y	-40°C to +105°C
AT90PWM3B	P	8	512	512	27	1	Y	1	1	3	1	10	11	Y	Y	2.7 - 5.5	16	SO32, QFN32	Y	-40°C to +105°C
AT90PWM81	I	8	512	256	16/20			1			1	4	11	Y	Y	2.7 - 5.5	16	SO20, QFN32	Y	-40°C to +105°C
AT90PWM216	P	16	512	1024	19	1	Y	1	1	2	1	7	8		Y	2.7 - 5.5	16	SO24	Y	-40°C to +105°C
AT90PWM316	P	16	512	1024	27	1	Y	1	1	3	1	10	11	Y	Y	2.7 - 5.5	16	QFN32, SO32	Y	-40°C to +105°C

a) Pb-free packaging complies to the European Directive for Restriction of Hazardous Substances (RoHS directive). Also Halide free and fully Green.
b) F: Future product, I: Device under Introduction, P: Product in Full Production.

<표 1.1.7>에는 USB 통신용으로 적합한 AVR 모델들을 정리하였다. USB 통신용 AVR 마이크로컨트롤러들은 여러가지 USB 통신 기능을 지원하는 USB 통신 모듈을 내장하고 있으며, Atmel에서는 이에 필요한 응용 노트, 개발 툴, 소프트웨어 라이브러리 등을 함께 제공한다.

〈표 1.1.7〉 USB 통신용 AVR 마이크로컨트롤러의 종류 및 특징 요약

Product	Status (b)	Flash (KB)	EEPROM (Bytes)	RAM (Bytes)	I/O pins	UART/USART	SPI	TWI (I2C compliant)	USB 2.0 Host/OTG	USB Full Speed	USB Low Speed	USB DPRAM (bytes)	USB endpoints	8-bit Timers	10-bit HS Timers	16-bit Timers	PWM (channel)	10-bit A/D (channel)	Analog Gain Stage	DebugWIRE/OCD	JTAG/OCD	Vcc Range (V)	Clock Speed (MHz)	Package	Pb-free, Green (a)	Temp. Range
AT90USB82	P	8	512	512	22	1	1			Y		176	4+1	1		1	5					2.7 - 5.5	16	QFN32	Y	-40°C to +85°C
AT90USB162	P	16	512	512	22	1	1			Y		176	4+1	1		1	5					2.7 - 5.5	16	TQFP32, QFN32	Y	-40°C to +85°C
ATmega8U2	I	8	256	128	22	1	1			Y		176	4+1	1		1	2+3		Y	Y		2.7 - 5.5	16	TQFP32, QFN32	Y	-40°C to +85°C
AT mega16U2	I	16	512	512	22	1	1			Y		176	4+1	1		1	2+3		Y	Y		2.7 - 5.5	16	TQFP32, QFN32	Y	-40°C to +85°C
AT mega32U2	I	32	1K	1K	22	1	1			Y		176	4+1	1		1	2+3		Y	Y		2.7 - 5.5	16	TQFP32, QFN32	Y	-40°C to +85°C
ATmega16U4	I	16	1K	1.25K	26	1	1	1		Y	Y	835	6+1	1	1	2	5+3+1	12	Y		Y	2.7 - 5.5	16	QFN44	Y	-40°C to +85°C
ATmega32U4	I	32	1K	2.5K	26	1	1	1		Y	Y	835	6+1	1	1	2	5+3+1	12	Y		Y	2.7 - 5.5	16	TQFP44, QFN44	Y	-40°C to +85°C
ATmega32U6	I	32	1K	2.5K	26	1	1	1		Y	Y	835	6+1	2		2	6+2	8	Y		Y	2.7 - 5.5	16	TQFP64, QFN64	Y	-40°C to +85°C
AT90USB646	P	64	2K	4K	48	1	1	1		Y	Y	832	6+1	2		2	6+2	8	Y		Y	2.7 - 5.5	16	QFN64	Y	-40°C to +85°C
AT90USB647	P	64	2K	4K	48	1	1	1	Y	Y	Y	832	6+1	2		2	6+2	8	Y		Y	2.7 - 5.5	16	TQFP64, QFN64	Y	-40°C to +85°C
AT90USB1286	P	128	4K	8K	48	1	1	1		Y	Y	832	6+1	2		2	6+2	8	Y		Y	2.7 - 5.5	16	QFN64	Y	-40°C to +85°C
AT90USB1287	P	128	4K	8K	48	1	1	1	Y	Y	Y	832	6+1	2		2	6+2	8	Y		Y	2.7 - 5.5	16	TQFP64, QFN64	Y	-40°C to +85°C

a) Pb-free packaging complies to the European Directive for Restriction of Hazardous Substances (RoHS directive). Also Halide free and fully Green.
b) F: Future product, I: Device under Introduction, P: Product in Full Production.

<표 1.1.8>에는 IEEE 802.15.4와 ZigBee 무선통신용으로 적합한 AVR 모델들을 정리하였다. 이러한 무선통신용 AVR 마이크로컨트롤러는 RF 수신칩과 함께 사용되어 시스템을 구성하는데 사용된다. Atmel에서는 무선통신용 AVR 마이크로컨트롤러와 RF 수신칩을 함께 제공하며, 이러한 시스템을 개발하는데 필요한 각종 소프트웨어를 무료로 제공한다.

〈표 1.1.8〉 무선통신용 AVR 마이크로컨트롤러의 종류 및 특징 요약

Product	Status (a)	MCU	RF Device	Flash (KB)	EEPROM (Bytes)	RAM (Bytes)	ISM Band	Bitrate	Sensitivity (dBm)	Output Power (dBm)	Vcc Range (V)	Clock Speed (MHz)	MCU Package
AT86RF230	P		AT86RF230				2,4 GHz	250 kbps	-101	-17 to +3	1.8-3.6V		QFN32
ATmega64RZA	P	ATmega644	AT86RF230	64	2K	4K	2,4 GHz	250 kbps	-101	-17 to +3	1.8-3.6V	10	TQFP44, QFN44, PDIP40
ATmega64RZAP	P	ATmega644P	AT86RF230	64	2K	4K	2,4 GHz	250 kbps	-101	-17 to +3	1.8-3.6V	10	TQFP44, QFN44
ATmega1284RZAP	I	ATmega1284P	AT86RF230	128	4K	16K	2,4 GHz	250 kbps	-101	-17 to +3	1.8-3.6V	20	TQFP44, QFN44
ATmega128RZA	P	ATmega1281	AT86RF230	128	4K	8K	2,4 GHz	250 kbps	-101	-17 to +3	1.8-3.6V	8	TQFP64, QFN64
ATmega128RZB	P	ATmega1280	AT86RF230	128	4K	8K	2,4 GHz	250 kbps	-101	-17 to +3	1.8-3.6V	8	TQFP100, CBGA100
ATmega256RZA	P	ATmega2561	AT86RF230	256	4K	8K	2,4 GHz	250 kbps	-101	-17 to +3	1.8-3.6V	8	TQFP64, QFN64
ATmega256RZB	P	ATmega2560	AT86RF230	256	4K	8K	2,4 GHz	250 kbps	-101	-17 to +3	1.8-3.6V	8	TQFP100, CBGA100

a) I: Device under Introduction, P: Product in Full Production. All products available in Pb-free packaging alternative, compling to the European Directive for Restriction of Hazardous Substances (RoHS directive). Also Halide free and fully Green.

Product	Status (a)	MCU	RF Device	Flash (KB)	EEPROM (Bytes)	RAM (Bytes)	ISM Band	Bitrate (bps)	Sensitivity (dBm)	Output Power (dBm)	Vcc Range (V)	Clock Speed (MHz)	MCU Package
AT86RF231	I		AT86RF231				2,4 GHz	2 Mbps	-101	-17 to +3	1.8-3.6V		QFN32
ATmega644PR231	I	ATmega644P	AT86RF231	64	2K	4K	2,4 GHz	2 Mbps	-101	-17 to +3	1.8-3.6V	10	TQFP44, QFN44
ATmega1280R231	I	ATmega1280	AT86RF231	128	4K	8K	2,4 GHz	2 Mbps	-101	-17 to +3	1.8-3.6V	8	TQFP100, CBGA100
ATmega1281R231	I	ATmega1281	AT86RF231	128	4K	8K	2,4 GHz	2 Mbps	-101	-17 to +3	1.8-3.6V	8	TQFP64, QFN64
ATmega1284PR231	I	ATmega1284P	AT86RF231	128	4K	16K	2,4 GHz	2 Mbps	-101	-17 to +3	1.8-3.6V	20	TQFP44, QFN44
ATmega2560R231	I	ATmega2560	AT86RF231	256	4K	8K	2,4 GHz	2 Mbps	-101	-17 to +3	1.8-3.6V	8	TQFP100, CBGA100
ATmega2561R231	I	ATmega2561	AT86RF231	256	4K	8K	2,4 GHz	2 Mbps	-101	-17 to +3	1.8-3.6V	8	TQFP64, QFN64
AT86RF212	I		AT86RF212				700/800/900 MHz	1 Mbps	-110	-10 to +10	1.8-3.6V		QFN32
ATmega644PR212	I	ATmega644P	AT86RF212	64	2K	4K	700/800/900 MHz	1 Mbps	-110	-10 to +10	1.8-3.6V	10	TQFP44, QFN44
ATmega1280R212	I	ATmega1280	AT86RF212	128	4K	8K	700/800/900 MHz	1 Mbps	-110	-10 to +10	1.8-3.6V	8	TQFP100, CBGA100
ATmega1281R212	I	ATmega1281	AT86RF212	128	4K	8K	7007800/900 MHz	1 Mbps	-110	-10 to +10	1.8-3.6V	8	TQFP64, QFN64
ATmega1284PR212	I	ATmega1284P	AT86RF212	128	4K	16K	700/800/900 MHz	1 Mbps	-110	-10 to +10	1.8-3.6V	20	TQFP44, QFN44
ATmega2560R212	I	ATmega2560	AT86RF212	256	4K	8K	700/800/900 MHz	1 Mbps	-110	-10 to +10	1.8-3.6V	8	TQFP100, CBGA100
ATmega2561R212	I	ATmega2561	AT86RF212	256	4K	8K	700/800/900 MHz	1 Mbps	-110	-10 to +10	1.8-3.6V	8	TQFP64, QFN64

a) I: Device under Introduction, P: Product in Full Production. All products available in Pb-free packaging alternative, compling to the European Directive for Restriction of Hazardous Substances (RoHS directive). Also Halide free and fully Green.

▣ XMEGA 패밀리

Atmel에서는 2008년초 기존의 AVR 마이크로컨트롤러를 다시 한 단계 업그레이드한 고성능 XMEGA 패밀리를 발표하였는데, Atmel에서는 이를 8비트의 구조 및 가격에 16비트의 성능을 갖는 모델이라고 설명한다. 이 XMEGA 패밀리는 모든 모델명이 항상 ATxmega로 시작한다.

XMEGA 패밀리는 내부에 16KB~384KB의 플래시 프로그램 메모리를 가지고 있으며, 16비트급 성능을 지향하므로 44~100핀 정도로 핀수도 많고 시스템 클록 주파수도 32MHz로 높아졌다. 명령어는 어셈블리 레벨에서 기존의 AVR 모델들과 상향 호환성을 유지하며, 32MHz 클록에서 32MIPS의 명령 처리속도를 갖는다. XMEGA 패밀리는 현재 개발 단계에 있으므로 일부 모델만 출시되고 있으며, 100핀짜리 A1 패밀리 모델과 64핀짜리 A3 패밀리 모델, 그리고 44핀짜리 A4 패밀리 모델 등이 있다.

XMEGA 패밀리는 초저전력 소비를 위하여 picoPower 기술을 사용하여 설계하였고, +1.8V와 +3.3V에서 최고 32MHz의 시스템 클록으로 동작할 수 있다. 내부에는 이벤트 시스템과 DMA 컨트롤러, Crypto 엔진이 새로 추가되었고, 고속의 12비트 A/D 컨버터와 D/A 컨버터를 가지고 있으며, 타이머/카운터나 직렬통신 포트들의 성능이

많이 향상되었다.

XMEGA 패밀리에 속하는 AVR 마이크로컨트롤러 모델들의 종류와 특성을 정리하여 보이면 <표 1.1.9>와 같다.

〈표 1.1.9〉 XMEGA 패밀리 AVR 마이크로컨트롤러의 종류 및 특징 요약

Product (a)	Status (b)	Flash (KB)	Boot code (Bytes)	EEPROM (Bytes)	SRAM (Bytes)	picoPower	DMA (Channels)	Event (Channels)	I/O	16-bit Timers	PWM (Channel)	RTC 16-bit	RTC 32-bit (c)	SPI	TWI (I2C)	USART	12-bit A/D (Channel)	12-bit DAC (Channel)	Analog Comp.	Interrupts	Interrupts Ext.	JTAG	PDI	Vcc (V) Range	Clock Speed (MHz)	Package	Temp. Range
ATxmega64A1	P	64	4	2	4	Y	4	8	78	8	24	Y		4	4	8	2x8	2x2	4	122	78	Y	Y	1.6 - 3.6	32	TQFP100, BGA100	-40°C to +85°C
ATxmega128A1	P	128	8	2	8	Y	4	8	78	8	24	Y		4	4	8	2x8	2x2	4	122	78	Y	Y	1.6 - 3.6	32	TQFP100, BGA100	-40°C to +85°C
ATxmega192A1	F	192	8	4	16	Y	4	8	78	8	24	Y		4	4	8	2x8	2x2	4	122	78	Y	Y	1.6 - 3.6	32	TQFP100, BGA100	-40°C to +85°C
ATxmega256A1	F	256	8	4	16	Y	4	8	78	8	24	Y		4	4	8	2x8	2x2	4	122	78	Y	Y	1.6 - 3.6	32	TQFP100, BGA100	-40°C to +85°C
ATxmega384A1	F	384	8	4	32	Y	4	8	78	8	24	Y		4	4	8	2x8	2x2	4	122	78	Y	Y	1.6 - 3.6	32	TQFP100, BGA100	-40°C to +85°C
ATxmega64A3	I	64	4	2	4	Y	4	8	50	7	22	Y		3	2	7	2x8	1x2	4	102	50	Y	Y	1.6 - 3.6	32	TQFP64, QFN64	-40°C to +85°C
ATxmega128A3	I	128	8	2	8	Y	4	8	50	7	22	Y		3	2	7	2x8	1x2	4	102	50	Y	Y	1.6 - 3.6	32	TQFP64, QFN64	-40°C to +85°C
ATxmega192A3	I	192	8	4	16	Y	4	8	50	7	22	Y		3	2	7	2x8	1x2	4	102	50	Y	Y	1.6 - 3.6	32	TQFP64, QFN64	-40°C to +85°C
ATxmega256A3B	I	256	8	4	16	Y	4	8	49	7	22		Y	2	2	6	2x8	1x2	4	102	49	Y	Y	1.6 - 3.6	32	TQFP64, QFN64	-40°C to +85°C
ATxmega256A3	I	256	8	4	16	Y	4	8	50	7	22	Y		3	2	7	2x8	1x2	4	102	50	Y	Y	1.6 - 3.6	32	TQFP64, QFN64	-40°C to +85°C
ATxmega16A4	I	16	4	1	2	Y	4	8	34	5	16	Y		2	2	5	1x12	1x2	2	77	34		Y	1.6 - 3.6	32	TQFP44, QFN44, VFBGA49	-40°C to +85°C
ATxmega32A4	I	32	4	1	4	Y	4	8	34	5	16	Y		2	2	5	1x12	1x2	2	77	34		Y	1.6 - 3.6	32	TQFP44, QFN44, VFBGA49	-40°C to +85°C
ATxmega64A4	F	64	4	2	4	Y	4	8	34	5	16	Y		2	2	5	1x12	1x2	2	77	34		Y	1.6 - 3.6	32	TQFP44, QFN44	-40°C to +85°C
ATxmega128A4	F	128	4	2	8	Y	4	8	34	5	16	Y		2	2	5	1x12	1x2	2	77	34		Y	1.6 - 3.6	32	TQFP44, QFN44	-40°C to +85°C
ATxmega64D3	I	64	4	2	4	Y		4	50	5	18	Y		2	1	3	1x16		2	67	50		Y	1.6 - 3.6	32	TQFP64, QFN4	-40°C to +85°C
ATxmega128D3	I	128	8	2	8	Y		4	50	5	18	Y		2	1	3	1x16		2	67	50		Y	1.6 - 3.6	32	TQFP64, QFN64	-40°C to +85°C
ATxmega192D3	I	192	8	2	16	Y		4	50	5	18	Y		2	1	3	1x16		2	67	50		Y	1.6 - 3.6	32	TQFP64, QFN64	-40°C to +85°C
ATxmega256D3	I	256	8	4	16	Y		4	50	5	18	Y		2	1	3	1x16		2	67	50		Y	1.6 - 3.6	32	TQFP64, QFN64	-40°C to +85°C
ATxmega16D4	I	16	4	1	2	Y		4	34	4	14	Y		2	1	2	1x12		2	55	34		Y	1.6 - 3.6	32	TQFP44, QFN44, VFBGA49	-40°C to +85°C
ATxmega32D4	I	32	4	1	4	Y		4	34	4	14	Y		2	1	2	1x12		2	55	34		Y	1.6 - 3.6	32	TQFP44, QFN44, VFBGA49	-40°C to +85°C

a) Pb-free packaging complies to the European Directive for Restriction of Hazardous Substances (RoHS directive). Also Halide free and fully Green. All products have 32 MHz, 2 MHz and 32 kHz calibrated oscillators and Event System channels.
b) P: Production, F: Future product, I: Device under Introduction. c) Include Battery backup function

XMEGA 패밀리 마이크로컨트롤러 중에서 100핀짜리 A1 패밀리 모델은 64핀짜리 A3 패밀리 모델과 44핀짜리 A4 패밀리 모델의 기능을 모두 포함하고 있으므로 이 책에서는 100핀짜리 A1 패밀리 모델을 중심으로 공부하며, 특히 OK-X128A1 키트에서 사용하는 ATxmega128A1에 초점을 맞추어 설명한다.

3. ATxmega 패밀리에서 달라진 사항 요약

AVR 마이크로컨트롤러의 ATxmega 패밀리가 기존의 ATmega 패밀리에 비하여 달라진 주요 사항을 요약하면 다음과 같다. ATxmega 패밀리는 기존의 AVR 모델들과는 어셈블리 명령 레벨에서 상향 호환성을 가지고 있기 때문에 동일한 AVR 계열로 분류되기는 하지만, 내부의 구조나 기능적으로는 거의 다른 모델이라고 느껴질만큼 많은 사항들이 달라졌다. 특히 여기에 내장된 주변장치의 기능들은 기존의 8비트 AVR이 아니라 32비트 ARM 마이크로컨트롤러에서 사용하던 많은 기능들을 가지고 와서 적용한 것으로 보인다.

▣ CPU 코어 부분

① 기존의 AVR 모델과 어셈블리 언어 명령은 기능적으로 상향 호환성을 유지하고 있으나 각 명령의 실행시간은 많이 달라졌다.

② 정보 보안을 위한 AES(Advanced Encryption Standard) 및 DES(Data Encryption Standard) 암호화 알고리즘을 구현하기 위한 크립토 엔진(Crypto Engine)을 가지고 있으며, 이를 위한 어셈블리 언어 명령 DES가 추가되었다.

③ 기존의 AVR 모델에서는 범용 레지스터 R0~R31이 데이터 메모리의 첫 부분에 위치하였으나, ATxmega 패밀리에서는 이것들이 데이터 메모리 영역에 속하지 않고 독립적으로 분리되었다.

④ 기존의 AVR 모델에서는 16비트 레지스터를 액세스할 때 쓰기 동작은 상위 바이트를 먼저 수행하고 읽기 동작은 하위 바이트를 먼저 수행하였으나, ATxmega 패밀리에서는 16비트 레지스터를 액세스할 때 항상 하위 바이트를 먼저 액세스한다.

⑤ 기존의 AVR 모델은 임시 레지스터를 1개만 가지고 있어서 16비트 레지스터를 액세스하는 도중에 인터럽트가 발생하면 문제가 될 수 있었지만, ATxmega 패밀리에서는 대부분의 모듈이나 주변장치마다 임시 레지스터를 따로 가지고 있어서 16비트 레지스터를 액세스하는데 따르는 이러한 문제가 상당히 완화되었다.

⑥ 기존의 AVR 모델에서는 시스템 클록의 선택과 같은 중요한 시스템 설정 기능을 대부분 퓨즈 바이트로 처리하였으나, ATxmega 패밀리에서는 이러한 기능의 상당수가 사용자 프로그램에서 레지스터 변경으로 설정할 수 있게 되었고 따라서 퓨즈 바이트에서 설정하는 기능 중에는 사용자가 신경을 써야 할 사항이 별로 없어졌다.

⑦ ATxmega 패밀리에는 프로그램 오류나 뜻밖의 사고에 의하여 중요한 I/O 레지스터의 값이 변경되는 것을 방지하기 위한 방법으로 CCP(Configuration Change Protection) 보호기능을 사용하고 있다. 사용자가 중요한 I/O 레지스터 값을 변경하려면 먼저 CCP 레지스터에 지정된 값을 쓰고 나서 4클록 사이클 이내에 변경하기를 원하는 I/O 레지스터에 값을 쓰면 된다.

⑧ 기존의 AVR 모델에서는 외부 어드레스가 16비트로 되어 있어서 데이터 메모리 영역이 64KB로 한정되어 있었으나, ATxmega A1 패밀리에서는 외부 어드레스로 24비트를 사용하여 데이터 메모리 영역이 16MB로 늘어났으며, 외부 데이터 메모리로 SRAM 뿐만 아니라 SDRAM을 사용할 수도 있다.

⑨ ATxmega A1 패밀리에서 EBI(External Bus Interface) 모듈이 외부에 데이터 메모리를 인터페이스할 때는 병렬 I/O 포트 H, J, K를 사용하며, 이들 각 포트에 어드레스 버스와 데이터 버스 및 제어신호들을 할당하는 것은 여러가지 방법이 있다.

⑩ 64KB를 넘어 16MB까지의 데이터 메모리 영역을 24비트 어드레스로 액세스하기 위하여 16비트 어드레스 포인터인 X, Y, Z 레지스터로 간접 지정할 때 상위 8비트의 확장 어드레스를 가리키는데는 각각 RAMPX, RAMPY, RAMPZ 레지스터가 사용된다.(예를 들어 LD R0,X 명령) 그러나, 64KB를 넘는 데이터 메모리를 직접 지정으로 액세스할 때는 상위 8비트의 확장 어드레스를 가리키는데 RAMPD 레지스터가 사용된다.(예를 들어 LDS R0,k 명령)
프로그램 메모리는 기존의 AVR 모델처럼 22비트 어드레스로 최대 4M워드(8MB) 용량의 플래시 메모리를 사용할 수 있으며, EIJMP나 EICALL과 같은 간접 번지지정 명령에서 Z 레지스터의 상위 확장 어드레스에는 EIND 레지스터가 사용된다.

⑪ 기존의 AVR 모델에서는 내부의 데이터 메모리 영역이 모델마다 서로 달랐으나, ATxmega 패밀리에서는 데이터 메모리의 배열이 일정하게 고정되어 있어서 레지스터가 들어가는 I/O 메모리 영역은 항상 0x000000번지에서 시작하고, EEPROM은 항상 0x001000번지에서 시작하며, SRAM은 항상 0x002000번지에서 시작한다.

⑫ ATxmega 패밀리에서는 I/O 레지스터가 크게 증가하였으며, 이것들은 MCU 소자 내부의 하드웨어 모듈 또는 주변장치에 따라 고유한 베이스 어드레스가 지정되어 있어서 해당 베이스 어드레스를 기준으로 하는 오프셋 번지로 배열된다. 사용자 프로그램에서 I/O 레지스터를 액세스할 때는 하드웨어 모듈 또는 주변장치의 이름을 앞에 적고 그 레지스터의 이름을 뒤에 적으며, 그 사이에는 온점(.) 또는 밑줄 문자(_)를 적어 연결하는 방법으로 사용한다.(예를 들어 PORTA.DIR 또는 PORTA_DIR)

⑬ 기존의 AVR 모델에서는 $\overline{\text{RESET}}$, MOSI, MISO, SCK 등 4개의 신호를 사용한 SPI 통신방식의 ISP(In-System Programming)로 사용자 프로그램을 플래시 메모리에 다운로드하였으나, ATxmega 패밀리에서는 PDI_DATA, PDI_CLK 등 2개의 신호를 사용한 PDI(Program and Debug Interface) 방식으로 사용자 프로그램을 플래시 메모리에 다운로드한다. 이를 위해서는 현재 Atmel사에서 판매하는 다운로드 케이블인 AVRISP mkII를 사용하거나, 디버깅 툴 제품인 AVR JTAGICE mkII 또는 AVR ONE!을 사용해야 한다.

⑭ 기존의 AVR 모델에서는 ISP에서 $\overline{\text{RESET}}$ 신호를 사용하였으나, ATxmega 패밀리에서는 PDI에서 기능적으로 $\overline{\text{RESET}}$ 신호를 사용하지 않으며, MCU 내부에서 사용자가 $\overline{\text{RESET}}$ 단자의 리셋신호 입력을 금지시킬 수도 있다.

⑮ 기존의 AVR 모델에는 소프트웨어 리셋 기능이 없었으나 ATxmega 패밀리에서는 사용자 프로그램에서 소프트웨어적으로 시스템을 리셋시키는 기능이 추가되었다.

⑯ 기존의 AVR 모델에서는 시스템 클록의 최고 주파수가 보통 16MHz 또는 20MHz

로 되어 있었으나, ATxmega 패밀리에서는 32MHz로 거의 2배 높아졌고 PLL에 의한 주파수 체배가 가능하다. 또한, 기존의 AVR 모델에서는 시스템 클록 소스를 퓨즈 바이트로만 설정 가능하였으나, ATxmega 패밀리에서는 사용자 프로그램에서 결정하며 프로그램 실행 중에도 필요하면 수시로 클록 소스를 변경할 수 있다.

⑰ 기존의 AVR 모델에서는 인터럽트 우선순위가 하드웨어적으로 고정되어 있었으나, ATxmega 패밀리에서는 3단계의 멀티레벨 인터럽트 우선순위 제어 기능을 가지며, 하나의 인터럽트가 처리되고 있을 때 상태 레지스터의 I비트가 1로 유지된다.

▣ 내장 I/O 부분

① ATxmega 패밀리에는 새로 4채널의 DMA 컨트롤러와 8채널의 이벤트 시스템이 추가되어 CPU를 경유하지 않고 주변장치 사이에 고속의 데이터 처리가 가능하다.

② 기존의 AVR 모델에서는 병렬 I/O 포트에 추가되는 부수적인 기능이 모델별로 달랐으나, ATxmega 패밀리에서는 각 병렬 I/O 포트에 추가되는 부수적인 기능이 일정하게 고정되어 있으며, 따라서 모델에 따라 병렬 I/O 포트가 달라지면 여기에 추가된 부수적인 기능도 함께 달라진다. 모든 병렬 I/O 포트에 비트 단위로 세트 또는 클리어하는 기능이 추가되었다.

③ ATxmega 패밀리에서는 A/D 컨버터의 분해능이 12비트로 향상되고 A/D 변환속도가 빨라졌다. 분해능을 8비트/12비트로 선택하거나 아날로그 신호의 이득을 소프트웨어로 선택하는 등 많은 기능이 향상되었다. (A/D 컨버터 모듈은 병렬 I/O 포트 A, B에 부수적인 기능으로 포함되어 있다.)

④ ATxmega 패밀리에서는 아날로그 비교기가 최대 2개까지 늘어나고 기능이 좋아졌다. (아날로그 비교기는 병렬 I/O 포트 A, B에 부수적인 기능으로 포함되어 있다.)

⑤ ATxmega 패밀리에서는 12비트 분해능의 D/A 컨버터가 새로 추가되었다. (D/A 컨버터 모듈은 병렬 I/O 포트 A, B에 부수적인 기능으로 포함되어 있다.)

⑥ ATxmega 패밀리에서는 타이머/카운터가 최대 8개까지 늘어나고 모두 16비트 구조로 되어 있으며, 주기 레지스터가 새로 생기는 등 기능이 많이 향상되고 단순화되었다. 포트 C, E의 타이머/카운터에는 데드타임이나 고분해능을 처리할 수 있는 AWeX(Advanced Waveform Extension) 기능을 가지고 있다. (타이머/카운터 모듈은 병렬 I/O 포트 C, D, E, F에 각 2개씩 부수적인 기능으로 포함되어 있다.)

⑦ ATxmega 패밀리에서는 USART 직렬통신 포트가 최대 8개까지 늘어나고, IrDA 통신을 위한 IRCOM 모듈을 함께 가지고 있다. (USART 직렬통신 모듈은 병렬 I/O 포트 C, D, E, F에 각 2개씩 부수적인 기능으로 포함되어 있다.)

⑧ ATxmega 패밀리에서는 SPI 직렬통신 포트가 최대 4개까지 늘어나고, 32MHz 시스템 클록의 경우 전송속도가 최저 250kHz에서 최고 16MHz까지 가능해졌다. SPI 통신기능 자체에는 큰 변화가 없다. (SPI 직렬통신 모듈은 병렬 I/O 포트 C, D, E, F에 각 1개씩 부수적인 기능으로 포함되어 있다.)

⑨ ATxmega 패밀리에서는 TWI 직렬통신 포트가 최대 4개까지 늘어나고 사용방법이 훨씬 간편해졌다. 종래에는 START 조건, STOP 조건, ACK/NACK 응답 또는 확인 등을 사용자가 일일이 제어해줘야 하고 이 과정에서 매우 복잡한 상태 레지스터를 사용해야했지만, ATxmega 패밀리에서는 전체적인 제어 순서가 훨씬 단순하고 스마트해졌다. (TWI 직렬통신 모듈은 병렬 I/O 포트 C, D, E, F에 각 1개씩 부수적인 기능으로 포함되어 있다.)

〈표 1.1.10〉 ATxmega 패밀리의 병렬 I/O 포트에 포함되어 있는 부수적인 기능

	ATxmega A1	ATxmega A3	ATxmega A4
포트 A	외부 인터럽트 A/D 컨버터 8채널(ADCA) 아날로그 비교기(ACA) D/A 컨버터 2채널(DACA)	외부 인터럽트 A/D 컨버터 8채널(ADCA) 아날로그 비교기(ACA)	외부 인터럽트 A/D 컨버터 8채널(ADCA) 아날로그 비교기(ACA)
포트 B	외부 인터럽트 A/D 컨버터 8채널(ADCB) 아날로그 비교기(ACB) D/A 컨버터 2채널(DACB) JTAG 인터페이스	외부 인터럽트 A/D 컨버터 8채널(ADCB) 아날로그 비교기(ACB) D/A 컨버터 2채널(DACB) JTAG 인터페이스	외부 인터럽트 A/D 컨버터 4채널(ADCA) D/A 컨버터 2채널(DACB)
포트 C	외부 인터럽트 타이머/카운터 2개(TCC0/1) USART 2개(USARTC0/1) SPI 직렬통신 포트(SPIC) TWI 직렬통신 포트(TWIC) 시스템 클록 및 이벤트 출력	외부 인터럽트 타이머/카운터 2개(TCC0/1) USART 2개(USARTC0/1) SPI 직렬통신 포트(SPIC) TWI 직렬통신 포트(TWIC) 시스템 클록 및 이벤트 출력	외부 인터럽트 타이머/카운터 2개(TCC0/1) USART 2개(USARTC0/1) SPI 직렬통신 포트(SPIC) TWI 직렬통신 포트(TWIC) 시스템 클록 및 이벤트 출력
포트 D	외부 인터럽트 타이머/카운터 2개(TCD0/1) USART 2개(USARTD0/1) SPI 직렬통신 포트(SPID) TWI 직렬통신 포트(TWID) 시스템 클록 및 이벤트 출력	외부 인터럽트 타이머/카운터 2개(TCD0/1) USART 2개(USARTD0/1) SPI 직렬통신 포트(SPID) TWI 직렬통신 포트(TWID) 시스템 클록 및 이벤트 출력	외부 인터럽트 타이머/카운터 1개(TCD0) USART 2개(USARTD0/1) SPI 직렬통신 포트(SPID) 시스템 클록 및 이벤트 출력
포트 E	외부 인터럽트 타이머/카운터 2개(TCE0/1) USART 2개(USARTE0/1) SPI 직렬통신 포트(SPIE) TWI 직렬통신 포트(TWIE) 시스템 클록 및 이벤트 출력	외부 인터럽트 타이머/카운터 2개(TCE0/1) USART 2개(USARTE0/1) SPI 직렬통신 포트(SPIE) TWI 직렬통신 포트(TWIE) 시스템 클록 및 이벤트 출력 타이머/카운터 크리스털 접속	외부 인터럽트 타이머/카운터 1개(TCE0) USART 1개(USARTE0) TWI 직렬통신 포트(TWIE) 시스템 클록 및 이벤트 출력
포트 F	외부 인터럽트 타이머/카운터 2개(TCF0/1) USART 2개(USARTF0/1) SPI 직렬통신 포트(SPIF) TWI 직렬통신 포트(TWIF)	외부 인터럽트 타이머/카운터 1개(TCF0) USART 1개(USARTF0)	
포트 H	외부 인터럽트 외부 버스 인터페이스		
포트 J	외부 인터페이스 외부 버스 인터페이스		
포트 K	외부 인터럽트 외부 버스 인터페이스		
포트 Q	외부 인터럽트 타이머/카운터 크리스털 접속		
포트 R	외부 인터럽트 시스템 클록 크리스털 접속	외부 인터럽트 시스템 클록 크리스털 접속	외부 인터럽트 시스템 클록 크리스털 접속 타이머/카운터 크리스털 접속

1.2 ATxmega 패밀리의 기본 구조와 기능

이 절에서는 AVR 시리즈 마이크로컨트롤러 중에서도 이제부터 우리가 공부하려는 고성능 ATxmega 패밀리의 특징, 외부 및 내부 구조, 전반적인 기능 등에 대하여 설명한다. 이 책에서는 ATxmega 패밀리의 모든 모델을 취급 설명하지만, 특히 이러한 여러가지 모델중에서 ATxmega128A1을 *OK-X128A1* 키트에서 사용하므로 이를 대표 모델로 염두에 두고 설명한다.

1. ATxmega 패밀리의 특징

ATxmega 패밀리에 속하는 AVR 계열 마이크로컨트롤러들의 특징을 요약하면 다음과 같다.

① 8비트 구조에 16비트급의 성능을 갖는 고성능이면서 저소비전력형의 마이크로컨트롤러이다.
② 진보된 RISC 구조를 사용하여 32MHz에서 평균적으로 32MIPS의 명령처리 속도를 나타낸다.
③ 138종의 명령 세트를 가지며, 이것들 중의 대부분은 1클록 사이클에 실행된다.
④ 32개의 8비트 범용 작업 레지스터를 가지며, 이밖에 2사이클에 실행되는 하드웨어 곱셈기와 많은 I/O 제어용 레지스터를 가지고 있다.
⑤ ATxmega 패밀리는 다시 A1(100핀), A3(64핀), A4(44핀)의 3가지 서브 패밀리 모델로 나누어지는데, 각 서브 패밀리는 핀수와 메모리 용량이 다르고 병렬 포트 및 I/O 기능도 다르다.
⑥ 모델에 따라 16KB/32KB/64KB/128KB/192KB/256KB/384KB의 프로그램용 플래시 메모리를 가지고 있으며, 이것은 PDI 인터페이스를 사용하여 10,000번까지 다운로드할 수 있다. PDI 인터페이스를 위한 신호 PDI_DATA, PDI_CLK을 가지고 있다.
⑦ 16비트 어드레스로 액세스할 수 없는 64KB 이상의 프로그램 메모리 영역의 상수를 ELPM/SPM 명령으로 액세스할 때는 상위 8비트 어드레스로 RAMPZ 레지스터를 사용한다. 또한, EIJMP/EICALL 명령으로 64K 워드 이상의 범위로 프로그램의 실행

이 이동되는 경우에는 상위 8비트 어드레스로 EIND 레지스터를 사용한다.

⑧ 모델에 따라 1KB/2KB/4KB의 데이터 저장용 EEPROM을 가지고 있으며, 이것은 100,000번까지 지우고 다시 쓸 수 있다.

⑨ 모델에 따라 2KB/4KB/8KB/16KB/32KB의 데이터 저장용 SRAM을 가지고 있다.

⑩ A1 패밀리 모델은 외부에 데이터 메모리로서 최대 16MB의 SRAM 또는 SDRAM을 인터페이스할 수 있다. ATxmega 패밀리는 memory-mapped I/O 방식을 사용하므로 외부 I/O도 이 데이터 메모리 영역에 접속하여 사용한다.

⑪ 16비트 어드레스로 액세스할 수 없는 64KB 이상의 데이터 메모리 영역을 X, Y, Z 레지스터로 간접 지정하여 액세스할 때는 상위 8비트 어드레스로 각각 RAMPX, RAMPY, RAMPZ 레지스터를 사용한다. 단, 64KB 이상의 데이터 메모리 영역을 직접 지정으로 액세스할 때는 상위 8비트 어드레스로 RAMPD 레지스터를 사용한다.

⑫ 내장 메모리의 프로그래밍과 온칩 디버그 기능을 수행하기 위하여 JTAG 인터페이스 기능을 가진다.

⑬ 시스템 클록을 발생하는 내부 RC 오실레이터 회로를 가지고 있으며, 또한 외부에 크리스털이나 세라믹 레조네이터를 접속할 수 있는 발진회로도 내장하고 있다. 클록 발생회로에는 PLL 기능을 가지고 있으며, 프로그램 실행중에 시스템 클록 소스를 수시로 변경할 수 있다.

⑭ 9개의 8비트 병렬 I/O 포트, 1개의 4비트 병렬 I/O 포트, 1개의 2비트 병렬 I/O 포트를 가지고 있어서 총 78비트의 I/O가 가능하다.

⑮ 각 병렬 I/O 포트에는 고정적으로 부수적인 기능이 포함되어 있으며, A1/A3/A4 패밀리 모델에 따라 병렬 I/O 포트 및 부수적인 I/O 기능이 함께 달라진다.

⑯ 4채널의 DMA 컨트롤러 및 8채널의 이벤트 시스템을 가지고 있다.

⑰ 8개의 16비트 타이머/카운터를 가지고 있으며, 이들 중에 4개는 4개씩의 PWM 출력/캡쳐 기능을 수행하고, 4개는 2개씩의 PWM 출력/캡쳐 기능을 수행한다. 이와 별도로 16비트 리얼 타임 카운터(RTC)를 하나 더 가지고 있다.

⑱ 2개의 8채널 12비트 A/D 컨버터를 가지고 있다.

⑲ 2개의 2채널 12비트 D/A 컨버터를 가지고 있다.

⑳ 4개의 아날로그 비교기를 가지고 있다.

㉑ 8개의 전이중 통신이 가능한 USART 직렬통신 포트를 가지고 있으며, 여기에 추가로 1개의 적외선 통신(IrDA) 모듈 IRCOM을 가지고 있다.

㉒ 4개의 SPI 동기식 직렬통신 포트를 가지고 있다.

㉓ 4개의 I^2C 호환 TWI 동기식 직렬통신 포트를 가지고 있다.

㉔ 22개의 외부 인터럽트를 포함하여 총 122개의 인터럽트 벡터를 가지고 있으며, 이것들은 3단계의 멀티 레벨 인터럽트 우선순위 제어가 가능하다.

㉕ 슬립 모드로서 5가지의 파워 절약 모드를 가지고 있다.

㉖ 파워 온 리셋 기능과 BOD 검출 기능 및 워치독 타이머 기능을 가지고 있다.

㉗ 정보 보안을 위한 데이터 암호화 기능으로 AES 및 DES용 크립토 엔진(Crypto Engine)을 가지고 있다.

㉘ A1 패밀리는 100핀, A3 패밀리는 64핀, A4 패밀리는 44핀의 TQFP(Thin Profile Plastic Quad Flat Package), CBGA(Chip-Array Ball Grid Array Package), 또는 VFBGA(Very-Thin, Fine-Pitch BGA Package) 패키지로 되어 있다.

㉙ 2.7~3.6V의 전원 전압에서 0~32MHz의 시스템 클록으로 동작하며, 1.6~3.6V의 전원 전압에서 0~16MHz로 동작한다.

㉚ 모두 산업용(industrial) 버전으로서 -55℃~+125℃의 온도 범위에서 동작한다.

ATxmega A1/A3/A4 패밀리에 대하여 주요 사양의 차이점을 요약하여 비교하면 <표 1.2.1>과 같다.

〈표 1.2.1〉 ATxmega A1/A3/A4 패밀리의 주요 사양 비교

	ATxmega A1	ATxmega A3	ATxmega A4
명령수	138개	138개	138개
범용 레지스터	32개(R31~R0)	32개(R31~R0)	32개(R31~R0)
패키지	100핀 TQFP/CBGA/VFBGA	64핀 TQFP/CBGA/VFBGA	44핀 TQFP/CBGA/VFBGA
모델	ATxmega384A1 ATxmega256A1 ATxmega192A1 ATxmega128A1 ATxmega64A1	ATxmega256A3 ATxmega192A3 ATxmega128A3 ATxmega64A3	ATxmega128A4 ATxmega64A4 ATxmega32A4 ATxmega16A4
플래시 메모리	384/256/192/128/64KB	256/192/128/64KB	128/64/32/16KB
EEPROM	4/4/2/2/2KB	4/4/2/2KB	2/2/1/1KB
SRAM	32/16/16/8/4KB	16/16/8/4KB	8/4/4/2KB
병렬 I/O 포트	A(8),B(8),C(8),D(8),E(8),F(8), H(8),J(8),K(8),Q(4),R(2)	A(8),B(8),C(8),D(8),E(8),F(8), R(2)	A(8),B(4),C(8),D(8),E(4), R(2)
범용 I/O 핀	78개	50개	34개
A/D 컨버터	2개의 8채널 12비트	2개의 8채널 12비트	1개의 12채널 12비트
D/A 컨버터	2개의 2채널 12비트	1개의 2채널 12비트	1개의 2채널 12비트
아날로그 비교기	4개	4개	2개
타이머/카운터	4개의 4출력 + 4개의 2출력	4개의 4출력 + 3개의 2출력	3개의 4출력 + 1개의 2출력
USART 채널	8개	7개	5개
SPI 채널	4개	3개	2개
TWI 채널	4개	2개	2개
인터럽트	123개	103개	81개

2. ATxmega 패밀리의 외부 구조

ATxmega A1 패밀리 모델은 100핀, A3 패밀리 모델은 64핀, A4 패밀리 모델은 44핀의 TQFP, CBGA, 또는 VFBGA 패키지로 되어 있다. BGA형은 PCB의 면적을 적게 차지하는 것이 장점이지만, 수동으로 납땜해야 하는 아마추어들에게는 아무래도 TQFP형이 적합한데 이것들의 외부 핀 배열은 각각 <그림 1.2.1>, <그림 1.2.2>, <그림 1.2.3>과 같고, 각 핀의 기능을 요약하면 <표 1.2.2>와 같다.

OK-X128A1 키트에서는 100핀짜리 TQFP 패키지인 ATxmega128A1-AU 모델을 사용한다.

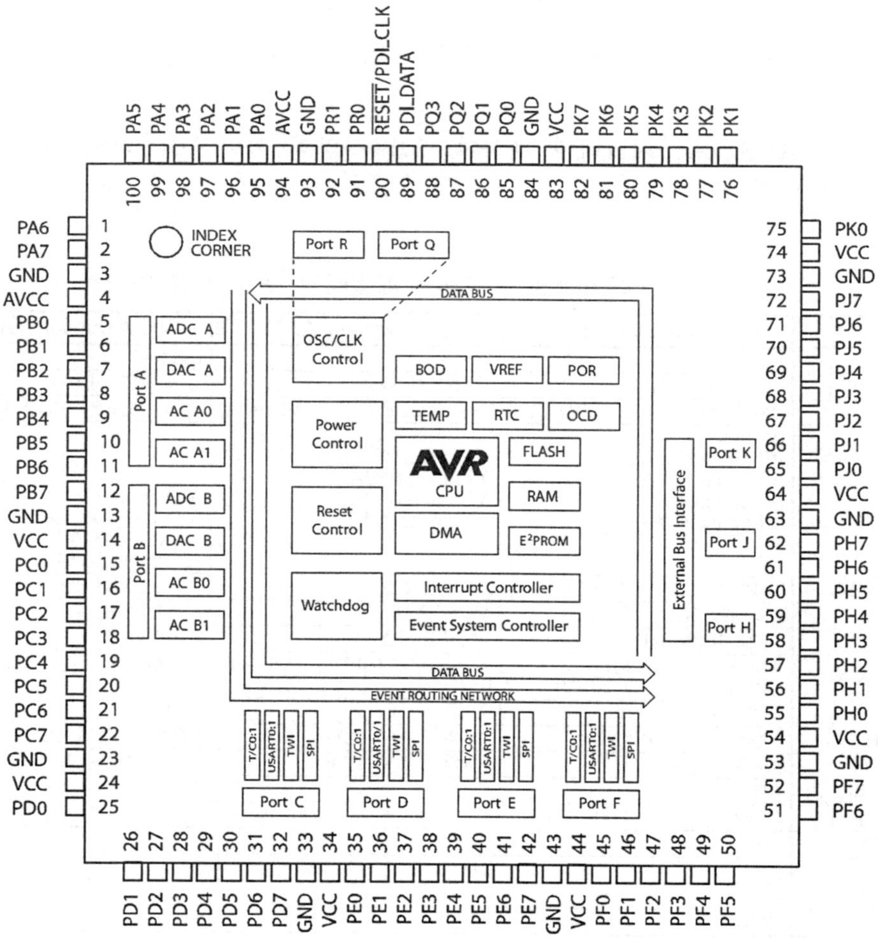

〈그림 1.2.1〉 ATxmega A1 패밀리의 외부 구조(100핀 패키지)

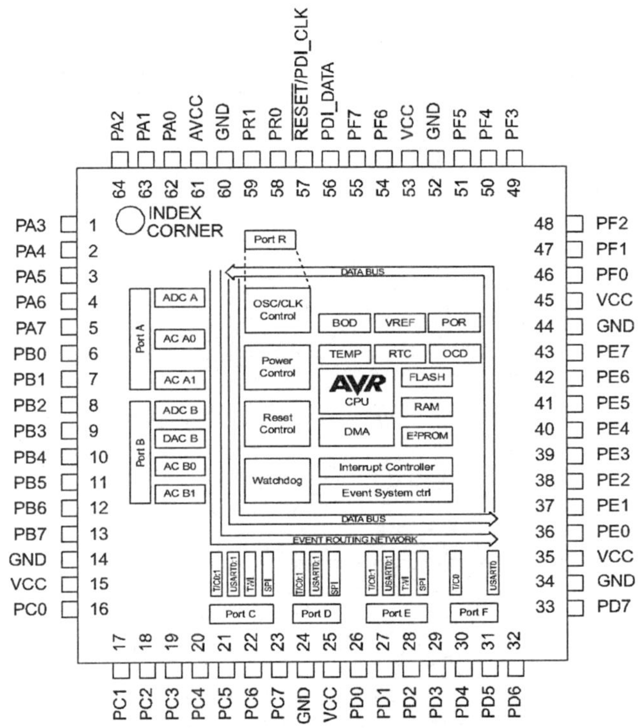

〈그림 1.2.2〉 ATxmega A3 패밀리의 외부 구조(64핀 패키지)

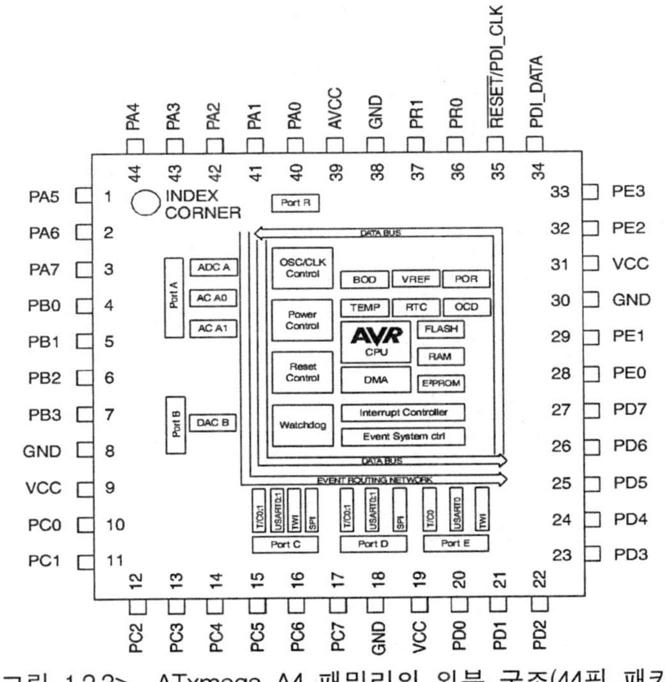

〈그림 1.2.3〉 ATxmega A4 패밀리의 외부 구조(44핀 패키지)

〈표 1.2.2〉 ATxmega 패밀리의 외부 핀 기능 요약

신호 이름	패밀리 구분			기 능
	A1	A3	A4	
VCC AVCC GND	○	○	○	VCC : 소자의 동작 전원. +1.6V～+3.6V의 범위에서 사용할 것. AVCC : 아날로그 회로의 동작 전원. VCC와 동일한 범위의 전압을 사용할 것. GND : VCC 및 AVCC 전원의 접지 단자.
TDI TDO TCK TMS	○	○		TDI : JTAG 인터페이스의 데이터 입력 신호. TDO : JTAG 인터페이스의 데이터 출력 신호. TCK : JTAG 인터페이스의 클록 신호. TMS : JTAG 인터페이스의 모드 선택 신호.
$\overline{\text{RESET}}$ PDI_CLK PDI_DATA	○	○	○	$\overline{\text{RESET}}$: 시스템 리셋 입력 신호. 내부에서 20kΩ의 저항으로 풀업되어 있음. PDI_CLK : PDI 클록 신호. PDI_DATA : PDI 데이터 신호.
PA0～PA7 PB0～PB7	○ ○	○ ○	○ ○	Port A, B : 입출력이 가능한 병렬 I/O 포트 단자. 출력으로는 토템폴, 20kΩ의 저항으로 풀업 또는 풀다운, 오픈 드레인, 오픈 소스형이 있다. 부수적인 기능으로는 인터럽트, A/D 컨버터, D/A 컨버터, 아날로그 비교기 등이 있다.
PC0～PC7 PD0～PD7 PE0～PE7 PF0～PF7	○ ○ ○ ○	○ ○ ○ ○	○ ○ △	Port C, D, E, F : 입출력이 가능한 병렬 I/O 포트 단자. 출력으로는 토템폴, 20kΩ의 저항으로 풀업 또는 풀다운, 오픈 드레인, 오픈 소스형이 있다. 부수적인 기능으로는 인터럽트, 타이머/카운터, USART, SPI, TWI, 주변장치 클록 출력, 이벤트 출력 등이 있다.
PH0～PH7 PJ0～PJ7 PK0～PK7	○ ○ ○			Port H, J, K : 입출력이 가능한 병렬 I/O 포트 단자. 출력으로는 토템폴, 20kΩ의 저항으로 풀업 또는 풀다운, 오픈 드레인, 오픈 소스형이 있다. 부수적인 기능으로는 인터럽트, 외부 버스 확장 등이 있다.
PQ0～PQ3	○			Port Q : 입출력이 가능한 병렬 I/O 포트 단자. 출력으로는 토템폴, 20kΩ의 저항으로 풀업 또는 풀다운, 오픈 드레인, 오픈 소스형이 있다. 부수적인 기능으로는 인터럽트, 32.768kHz의 크리스털 접속 등이 있다.
PR0～PR1	○	○	○	Port R : 입출력이 가능한 병렬 I/O 포트 단자. 출력으로는 토템폴, 20kΩ의 저항으로 풀업 또는 풀다운, 오픈 드레인, 오픈 소스형이 있다. 부수적인 기능으로는 인터럽트, 시스템 클록용의 크리스털 접속 등이 있다.
SYNC ASYNC	○	○	○	SYNC : 주변장치 클록을 사용하여 동기적으로 동작하는 인터럽트 신호. ASYNC : 주변장치 클록을 사용하지 않고 비동기로 동작하는 인터럽트 신호.
ADCn DACn ACn AC0OUT AREF	○	○	○	ADCn : A/D 컨버터에 입력되는 아날로그 신호. DACn : D/A 컨버터에서 출력되는 아날로그 신호. ACn : 아날로그 비교기에 입력되는 아날로그 신호. AC0OUT : 아날로그 비교기 0의 출력 신호. AREF : 아날로그 기준전압 입력.
OCnx $\overline{\text{OCnx}}$	○	○	○	OCnx : 타이머/카운터n의 채널x 비교출력 신호. $\overline{\text{OCnx}}$: 타이머/카운터n의 채널x 비교출력 반전 신호.
TXDn RXDn XCKn	○	○	○	TXDn : USART 채널n의 송신 데이터 신호. RXDn : USART 채널n의 수신 데이터 신호. XCKn : USART 채널n의 동기 클록 신호.
MOSI MISO SCK $\overline{\text{SS}}$	○	○	○	MOSI : SPI 직렬통신의 Master Out Slave In 신호. MISO : SPI 직렬통신의 Master In Slave Out 신호. SCK : SPI 직렬통신의 클록 신호. $\overline{\text{SS}}$: SPI 직렬통신의 슬레이브 선택 신호.
SDA SCL	○	○	○	SDA : TWI 직렬통신의 데이터 신호. SCL : TWI 직렬통신의 클록 신호.
CLKOUT EVOUT	○	○	○	CLKOUT : 주변장치 클록 출력 신호. EVOUT : 이벤트 채널 0의 출력 신호.
XTALn TOSCn	○	○	○	XTALn : 시스템 클록 발진용 크리스털 접속 단자. TOSCn : 주로 RTC를 위한 32.768kHz의 크리스털 접속 단자.
An Dn ALEn $\overline{\text{RE}}$ $\overline{\text{WE}}$ $\overline{\text{CSn}}$ BAn CLK CKE $\overline{\text{RAS}}$ $\overline{\text{CAS}}$ $\overline{\text{DQM}}$	○			An : 어드레스 버스 신호. Dn : 데이터 버스 신호. ALEn : 어드레스 래치 인에이블(Address Latch Enable) 신호. $\overline{\text{RE}}$: 외부 데이터 메모리 리드 인에이블(Read Enable) 신호. $\overline{\text{WE}}$: 외부 데이터 메모리 라이트 인에이블(Write Enable) 신호. $\overline{\text{CSn}}$: 칩선택(Chip Select) 신호. BAn : SDRAM용 뱅크 어드레스(Bank Address) 신호. CLK : SDRAM 클록 신호. CKE : SDRAM 클록 인에이블 신호. $\overline{\text{RAS}}$: SDRAM용 Row Address Strobe 신호. $\overline{\text{CAS}}$: SDRAM용 Column Address Strobe 신호. $\overline{\text{DQM}}$: SDRAM용 Data Mask Signal/Output Enable 신호.

3. ATxmega 패밀리의 내부 구조

(1) CPU 코어 부분

ATxmega 패밀리 마이크로컨트롤러는 하버드 구조를 사용하고 있으므로 내부 버스는 명령 페치용과 데이터 액세스용의 2가지로 구성되어 있다. 그러므로 이 MCU는 외부 버스도 이와 같은 2가지의 버스를 가지고 있어야 하지만, ATxmega 패밀리의 프로그램 메모리는 소자의 내부에만 플래시 메모리로 존재하므로 이를 위한 버스도 소자의 내부에만 있으며, 따라서 ATxmega A1 패밀리처럼 외부에 데이터 메모리를 확장할 수 있는 모델이라도 외부 액세스용의 버스는 데이터 메모리용 1가지만을 가지고 있어서 외부의 핀 수를 절약하였다.

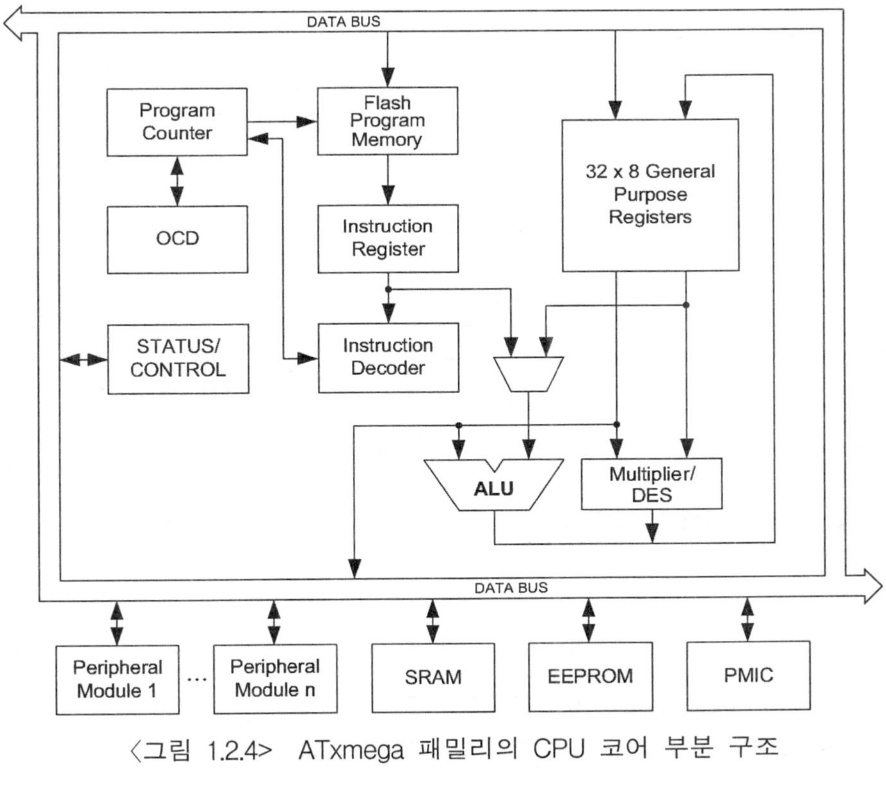

〈그림 1.2.4〉 ATxmega 패밀리의 CPU 코어 부분 구조

ATxmega 패밀리의 내부 구조에서 특히 CPU 코어 부분을 구성 블록도로 보이면 <그림 1.2.4>와 같다. CPU 코어는 ATxmega 패밀리의 핵심 구성 부분으로서 프로그램 카운터(Program Counter)가 지시하는 플래시 프로그램 메모리 번지에서 명령을 인

출하고 해독하는 명령 레지스터(instruction register) 및 명령 해독기(instruction decoder) 부분과 ALU(Arithmetic and Logical Unit), 하드웨어 곱셈기, AES/DES 엔진, 32개의 범용 레지스터, 상태 레지스터, 스택 포인터 등의 명령처리 관련 부분, 그리고 데이터 메모리 및 인터럽트 처리기 등으로 구성된다. 이 그림에서 프로그램 카운터, 플래시 메모리, 명령 레지스터, 명령 해독기로 이어지는 버스가 바로 프로그램 메모리를 액세스하기 위한 명령 페치용 버스에 해당한다.

프로그램 메모리는 8비트씩 2개가 합해져서 기본적으로 1개의 번지가 16비트 단위로 구성되어 마치 16비트 마이크로프로세서인 것처럼 동작하며, 따라서 모든 명령어는 16비트 또는 32비트 길이로 구성되어 있다.

32개의 레지스터는 모두 범용으로 사용되며, 누산기는 따로 없다. 그러나, 32개의 범용 레지스터 중에서 마지막의 6개는 각각 2개씩 합해져서 3개의 16비트 레지스터 X, Y, Z로 사용될 수도 있다.

ALU는 산술연산, 논리연산, 비트 처리 등의 기능을 수행하는데, 대부분의 연산을 1클록 사이클에 처리하며, 강력한 하드웨어 곱셈기를 가지고 있어서 부호있는 정수나 부호없는 정수의 곱셈연산을 2클록 사이클 이내에 빠르게 수행한다.

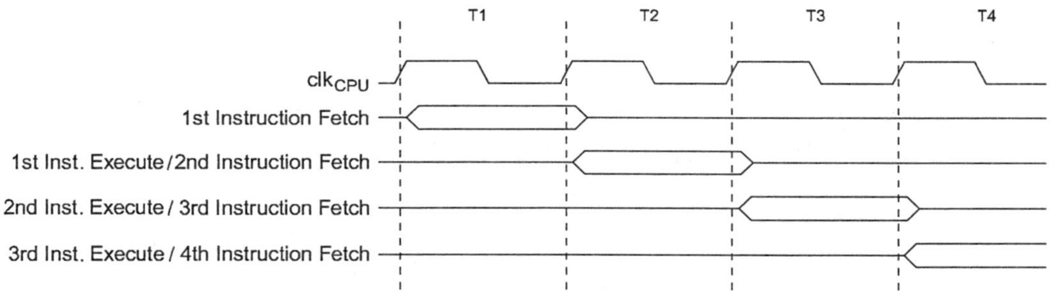

〈그림 1.2.5〉 명령의 인출과 실행을 동시에 처리하는 파이프라인 처리 동작

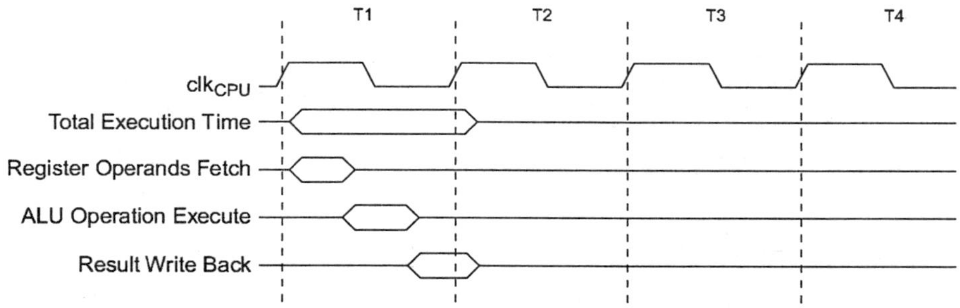

〈그림 1.2.6〉 1사이클에 처리되는 ALU의 동작

ATxmega 패밀리에는 138개의 어셈블리 명령을 가지고 있다. ATxmega 패밀리의 CPU 코어가 RISC(Reduced Instruction Set Computer) 및 하버드 구조와 2단계의 파이프라인 처리방식으로 프로그램 명령을 인출하여 실행하는 동작을 <그림 1.2.5>에 보였다. ATxmega 패밀리의 이러한 진보된 설계 기술은 결국 CPU가 시스템 클록의 1주기에 평균적으로 1개의 명령을 실행하도록 함으로써 시스템 클록 주파수 1MHz당 1 MIPS(Million Instructions per Second)의 처리속도에 해당하는 매우 높은 성능을 발휘하는 것이 가능하도록 하였다.

또한, 1클록 사이클 동안에 1개의 명령에서 2개의 레지스터 오퍼랜드가 사용되는 연산을 수행하고 그 결과를 다시 데스티네이션 레지스터(destination register)에 저장하는 처리과정을 그림으로 보이면 <그림 1.2.6>과 같다.

▣ 범용 레지스터 R0~R31

ATxmega 패밀리는 레지스터 중심형의 진보된 RISC 마이크로프로세서이므로 별도로 누산기(accumulator)를 가지고 있지 않으며 <그림 1.2.7>에 보인 바와 같이 32개의 8비트 범용 레지스터(General Purpose Register File) R0~R31을 가지고 있다.

기존의 AVR에서는 범용 레지스터 R0~R31이 데이터 메모리 영역의 최하위 32번지에 위치하였으나, ATxmega 패밀리에서는 이것들이 데이터 메모리 영역에 속하지 않고 별도로 분리되었다.

이들 32개의 레지스터는 모두 대등한 자격으로 기본적인 사칙연산을 수행할 수 있으며, 즉치 데이터를 사용하는 일부의 연산명령은 R16~R31에서만 수행된다.

32개의 범용 레지스터중에서 마지막의 6개인 R26~R31은 <그림 1.2.8>에 보인 것처럼 각각 2개씩 합해져서 3개의 16비트 레지스터인 X 레지스터, Y 레지스터, Z 레지스터로 사용될 수도 있다. 이러한 16비트 레지스터들은 주로 데이터 메모리의 16비트 어드레스를 간접 지정하는 어드레스 포인터로 사용되며, 만약 데이터 메모리의 어드레스가 64KB를 넘는 영역이라면 X 레지스터, Y 레지스터, Z 레지스터의 상위에는 각각 RAMPX 레지스터, RAMPY 레지스터, RAMPZ 레지스터가 합해져서 24비트의 데이터 메모리 어드레스를 표시하게 된다.(☞ 참고로 데이터 메모리를 직접 지정으로 액세스할 때 데이터 메모리의 어드레스가 64KB를 넘는 영역이라면 직접 번지의 상위에는 RAMPD 레지스터가 합해져서 24비트의 데이터 메모리 어드레스를 표시하게 된다.)

또한, Z 레지스터는 LPM/ELPM/SPM 명령에서 프로그램 메모리 영역의 상수를 액세스하는데 사용되며, ELPM 명령에서는 Z 레지스터의 상위에 RAMPZ 레지스터가 합해져서 24비트 어드레스로 바이트 단위의 프로그램 메모리 번지를 표시하게 된다.

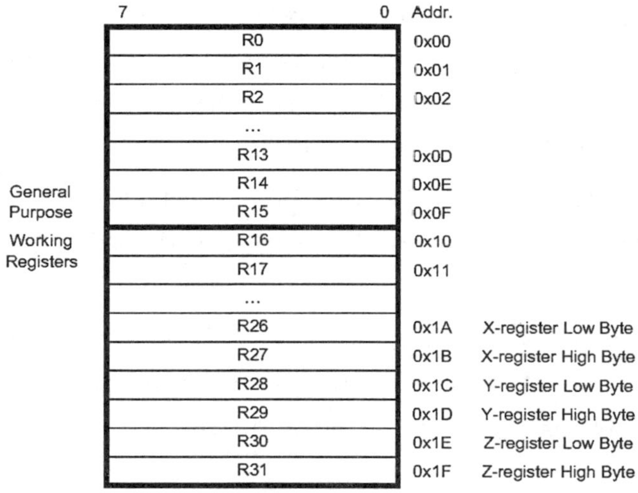

〈그림 1.2.7〉 범용 레지스터 R0~R31

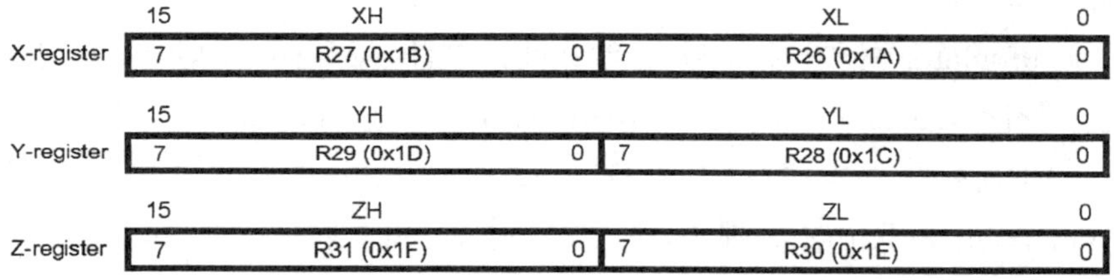

〈그림 1.2.8〉 X, Y, Z 레지스터

(2) ATxmega 패밀리에서 16비트 레지스터의 액세스

AVR은 근본적으로 8비트 데이터 버스를 가지는 8비트 마이크로컨트롤러이므로 데이터 액세스는 1번에 8비트씩 처리하며, 따라서 16비트 레지스터를 리드(read) 또는 라이트(write)하려면 2차례의 액세스 동작을 필요로 한다. AVR에서 16비트의 레지스터들은 상위 바이트와 하위 바이트가 따로 I/O 레지스터 영역을 차지하고 있으며, 상위 바이트 레지스터의 이름에는 마지막에 H자가 붙어 있고, 하위 바이트 레지스터의 이름에는 마지막에 L자가 붙어 있다.

그러나, 16비트 레지스터는 시차를 두고 상위 바이트와 하위 바이트를 액세스할 경우 그 사이에 데이터의 값이 변하여 잘못된 데이터로 처리되는 글리치(glitch) 현상이 발생할 수 있다. 이를 방지하기 위하여 종래의 AVR 모델에서는 특별한 방법을 사용하였다. 즉, 상위 바이트에 임시 레지스터(Temporary Register)를 두어 이 임시 레지스터의 값과 하위 바이트가 동시에 처리되도록 함으로써 사용자는 8비트씩 2차례에서 걸쳐서 순차적으로 이를 액세스하지만 16비트 레지스터의 입장에서는 한번에 병렬로 16비트 데이터를 액세스하는 결과가 되는 것이다.

하지만 이런 방법으로 16비트 레지스터를 액세스할 때는 반드시 읽거나 쓸 때 동작의 순서를 지켜야 하는 문제가 있었다. 즉, 16비트 레지스터를 리드(read)할 때는 반드시 먼저 하위 바이트를 리드하여 이를 CPU가 읽어들이는 동시에 상위 바이트가 임시 레지스터에 저장되고, 이어서 상위 바이트를 리드하면 임시 레지스터에 저장되어 있던 값이 읽혀진다. 반대로 16비트 레지스터에 데이터를 라이트(write)할 때는 반드시 먼저 상위 바이트를 라이트하여 그것이 임시 레지스터에 저장되도록 하고, 이어서 하위 바이트를 라이트하면 이 하위 바이트와 임시 레지스터에 있던 상위 바이트가 동시에 16비트 레지스터에 저장된다. 따라서, 종래의 AVR에서 16비트 레지스터를 리드하려면 반드시 하위 바이트를 먼저 입력해야 하며, 사용자가 16비트 레지스터를 라이트하려면 반드시 상위 바이트를 먼저 출력해야 했는데 이는 사용자들을 자주 헷갈리게 하였다. 더구나, 종래의 AVR에서는 이렇게 사용하는 임시 레지스터가 단 1개에 불과하여 16비트 레지스터 액세스 도중에 인터럽트가 발생하고 인터럽트 처리 루틴에서도 16비트 레지스터를 사용하면 임시 레지스터 값이 변경되어 심각한 문제가 발생하였다. 이런 문제를 방지하려면 16비트 레지스터를 액세스하는 동안에는 잠시 인터럽트를 금지시키는 방법이 필요하였다.

ATxmega 패밀리에서는 이러한 단점을 개선하여 16비트 I/O 레지스터를 액세스할 때는 항상 하위 바이트를 먼저 액세스하고 나중에 상위 바이트를 액세스하도록 하였다. 즉, <그림 1.2.9>에서 설명한 것처럼 ATxmega 패밀리에서 16비트 레지스터를 리드할 때는 반드시 먼저 하위 바이트를 리드하여 이를 CPU가 읽어들이는 동시에 상위 바이트가 임시 레지스터에 저장되고, 이어서 상위 바이트를 리드하면 임시 레지스터에 저장되어 있던 값이 읽혀진다. 반대로 16비트 레지스터에 데이터를 라이트할 때에도 반드시 먼저 하위 바이트를 라이트하여 그것이 임시 레지스터에 저장되도록 하고, 이어서 상위 바이트를 라이트하면 이 상위 바이트와 임시 레지스터에 저장되어 있던 하위 바이트가 동시에 16비트 레지스터에 써진다.

또한, ATxmega 패밀리에서는 대부분의 주변장치마다 임시 레지스터를 따로 두었으므로(이 임시 레지스터는 사용자가 읽거나 쓸 수도 있다.) 이를 액세스할 때마다 인터럽트를 금지시키는 불편을 개선하였다. 하지만, 여기서도 16비트 레지스터를 액세스하는 도중에 인터럽트가 발생하여 동일한 주변장치에 있는 16비트 I/O 레지스터를 액세스하면 문제가 발생하므로 필요할 때는 인터럽트를 금지시키는 조치가 필요하다.

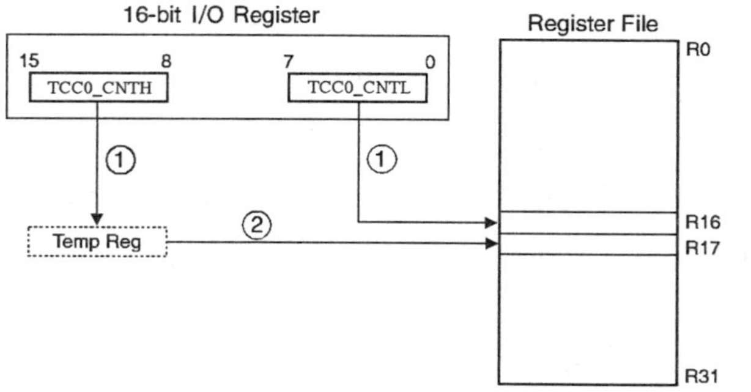

(a) 리드 동작

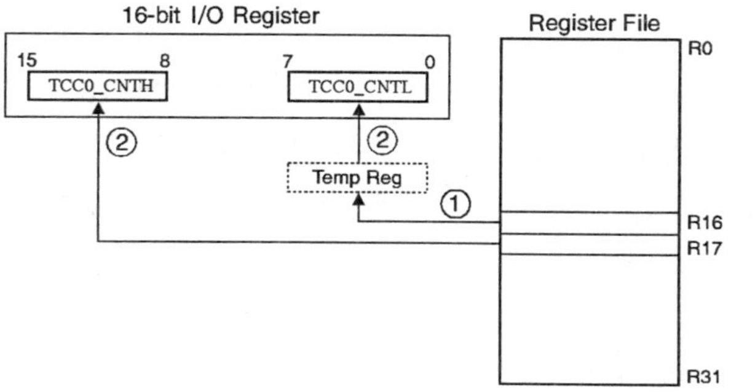

(b) 라이트 동작

<그림 1.2.9> ATxmega 패밀리에서 16비트 I/O 레지스터의 리드 및 라이트 동작

예를 들어서 16비트 타이머/카운터의 값을 읽어서 다른 레지스터에 저장하거나 또는 여기에 10000이라는 초기값을 로드하려면 다음과 같이 하면 된다.

예 16비트 I/O 레지스터 리드 동작의 경우

```
LDS    R16,TCC0_CNT      ; R16 ← TCC0_CNTL(low byte first)
LDS    R17,TCC0_CNT+1    ; R17 ← TCC0_CNTH
```

예 16비트 I/O 레지스터 라이트 동작의 경우

```
LDI    R16,low(10000)    ; R17:R16 ← 10000
LDI    R17,high(10000)
STS    TCC0_CNT,R16      ; TCC0_CNTL ← R16(low byte first)
STS    TCC0_CNT+1,R17    ; TCC0_CNTH ← R17
```

그러나, C언어의 경우에는 16비트 I/O 레지스터에 곧바로 16비트의 값을 지정하면 C컴파일러가 하위 바이트를 먼저 라이트하고 상위 바이트를 나중에 라이트하도록 알아서 번역해준다.

예 TCC0_CNT = 10000; // 16-bit access

그런데, 이렇게 16비트 I/O 레지스터를 액세스하는 도중에 인터럽트가 발생하여 인터럽트 서비스 루틴에서 동일한 임시 레지스터가 사용된다면 나중에 인터럽트가 종료되고 리턴하였을 때 임시 레지스터의 값이 달라져 있게 되므로 프로그램이 정상적으로 처리되지 않는 문제가 발생한다. 이를 방지하기 위해서는 16비트 I/O 레지스터를 액세스하는 동안에 아래와 같이 인터럽트 발생을 금지시켜야 한다.

예 16비트 I/O 레지스터 리드 동작의 경우

```
IN      R18,CPU_SREG      ; store SREG
CLI                       ; disable interrupts
LDS     R16,TCC0_CNT      ; R16 ← TCC0_CNTL(low byte first)
LDS     R17,TCC0_CNT+1    ; R17 ← TCC0_CNTH
OUT     CPU_SREG,R18      ; restore SREG
```

예 16비트 I/O 레지스터 라이트 동작의 경우

```
LDI     R16,low(10000)    ; R17:R16 ← 10000
LDI     R17,high(10000)
IN      R18,CPU_SREG      ; store SREG
CLI                       ; disable interrupts
STS     TCC0_CNT,R16      ; TCC0_CNTL ← R16(low byte first)
STS     TCC0_CNT+1,R17    ; TCC0_CNTH ← R17
OUT     CPU_SREG,R18      ; restore SREG
```

ATxmega 패밀리의 DMA 컨트롤러와 같은 일부 주변장치에서는 24비트 I/O 제어 레지스터를 사용하는데, 이 경우는 2개의 임시 레지스터 TEMPL, TEMPH를 사용하며 16비트 I/O 레지스터의 경우와 마찬가지로 항상 최하위 바이트를 먼저 액세스하고 차례로 상위 바이트들을 액세스해야 한다.

즉, <그림 1.2.10>에서 설명한 것처럼 ATxmega 패밀리에서 24비트 레지스터를 리드할 때는 반드시 먼저 최하위 바이트를 리드하여 이를 CPU가 읽어들이는 동시에 상위의 2바이트가 각각 임시 레지스터 TEMPL, TEMPH에 저장되고, 이어서 상위 바이트를 차례로 리드하면 각 임시 레지스터에 저장되어 있던 값이 읽혀진다. 반대로 24비트 레지스터에 데이터를 라이트할 때에도 반드시 먼저 최하위 바이트를 라이트하여 그것이 임시 레지스터의 하위 바이트(TEMPL)에 저장되도록 하고, 이어서 2번째 바이트를 라이트하면 그것이 임시 레지스터의 상위 바이트(TEMPH)에 저장되며, 마지막으로 3번째인 최상위 바이트를 라이트하면 이 최상위 바이트와 임시 레지스터에 저장되어 있던 하위의 2바이트가 동시에 24비트 레지스터에 써진다.

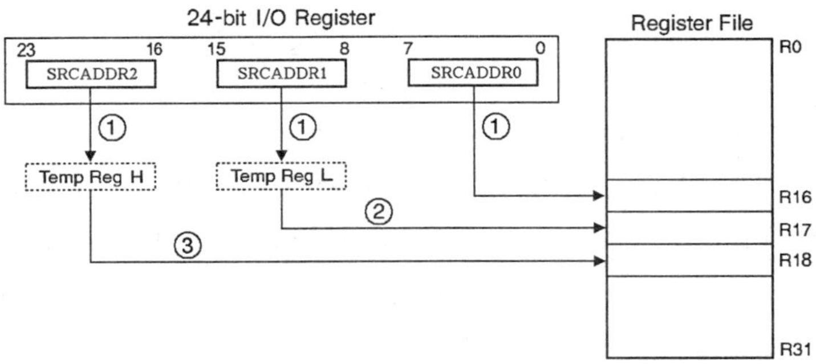

(a) 리드 동작

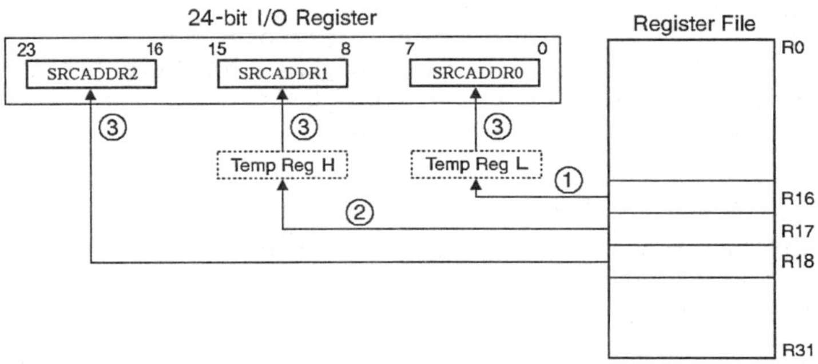

(b) 라이트 동작

〈그림 1.2.10〉 ATxmega 패밀리에서 24비트 I/O 레지스터의 리드 및 라이트 동작

(3) CPU 모듈의 레지스터

ATxmega 패밀리에서는 시스템 레지스터 및 I/O 제어 레지스터의 수가 훨씬 많아졌으므로 이것들을 기존의 AVR 모델에서와 달리 모듈 또는 주변장치별로 나누어 관리하고 있다. 즉, CPU 모듈, 클록발생 모듈, 병렬 I/O 포트 A, SPI 직렬통신 포트처럼 모듈 또는 주변장치별로 레지스터들을 모아서 배열하고 이것들을 각 모듈이나 주변장치의 베이스 어드레스에 대한 오프셋 번지로 액세스한다.

어셈블리 언어나 C언어 프로그램에서 이 레지스터들을 사용할 때도 모듈이나 주변장치의 이름과 레지스터 고유의 이름을 밑줄 문자(_)로 이어서 표시한다. 예를 들어 CPU 모듈에 있는 RAMPX 레지스터는 CPU_RAMPX라고 표시하고, 병렬 I/O 포트 A에 있는 방향 설정 레지스터 DIR은 PORTA_DIR이라고 표시한다.

ATxmega A1, A3, A4 패밀리에 포함되어 있는 모듈이나 주변장치들을 비교 정리하면 <표 1.2.3>과 같다. 앞으로 사용자가 어셈블리 언어나 C언어 프로그램을 작성하려면 레지스터의 이름을 사용하기 위하여 이 표를 자주 참조하게 될 것이다.

<표 1.2.3> ATxmega A1/A3/A4 패밀리의 주변장치 모듈별 베이스 어드레스 요약

베이스 어드레스			주변장치 모듈명	기능 설명
ATxmega A1	ATxmega A3	ATxmega A4		
0x0000	0x0000	0x0000	GPIO	Genenral Purpose IO Registers
0x0010	0x0010	0x0010	VPORT0	Virtual Port 0
0x0014	0x0014	0x0014	VPORT1	Virtual Port 1
0x0018	0x0018	0x0018	VPORT2	Virtual Port 2
0x001C	0x001C	0x001C	VPORT3	Virtual Port 3
0x0030	0x0030	0x0030	CPU	CPU
0x0040	0x0040	0x0040	CLK	Clock Control
0x0048	0x0048	0x0048	SLEEP	Sleep Controller
0x0050	0x0050	0x0050	OSC	Oscillator Control
0x0060	0x0060	0x0060	DFLLRC32M	DFLL for the 32 MHz Internal RC Oscillator
0x0068	0x0068	0x0068	DFLLRC2M	DFLL for the 2 MHz Internal RC Oscillator
0x0070	0x0070	0x0070	PR	Power Reduction
0x0078	0x0078	0x0078	RST	Reset Controller
0x0080	0x0080	0x0080	WDT	Watch-Dog Timer
0x0090	0x0090	0x0090	MCU	MCU Control
0x00A0	0x00A0	0x00A0	PMIC	Programmable Multi-level Interrupt Controller
0x00B0	0x00B0	0x00B0	PORTCFG	Port Configuration
0x00C0	0x00C0	0x00C0	AES	AES Module
0x0100	0x0100	0x0100	DMA	DMA Controller
0x0180	0x0180	0x0180	EVSYS	Event System
0x01C0	0x01C0	0x01C0	NVM	Non Volatile Memory Controller
0x0200	0x0200	0x0200	ADCA	Analog to Digital Converter on Port A
0x0240	0x0240		ADCB	Analog to Digital Converter on Port B
0x0300			DACA	Digital to Analog Converter on Port A
0x0320	0x0320	0x0320	DACB	Digital to Analog Converter on Port B
0x0380	0x0380	0x0380	ACA	Analog Comparator Pair on Port A
0x0390	0x0390		ACB	Analog Comparator Pair on Port B
0x0400	0x0400	0x0400	RTC	Real Time Counter
0x0440			EBI	External Bus Interface
0x0480	0x0480	0x0480	TWIC	Two Wire Interface on Port C
0x0490			TWID	Two Wire Interface on Port D
0x04A0	0x04A0	0x04A0	TWIE	Two Wire Interface on Port E
0x04B0			TWIF	Two Wire Interface on Port F
0x0600	0x0600	0x0600	PORTA	Port A
0x0620	0x0620	0x0620	PORTB	Port B
0x0640	0x0640	0x0640	PORTC	Port C
0x0660	0x0660	0x0660	PORTD	Port D
0x0680	0x0680	0x0680	PORTE	Port E
0x06A0	0x06A0		PORTF	Port F
0x06E0			PORTH	Port H
0x0700			PORTJ	Port J
0x0720			PORTK	Port K
0x07C0			PORTQ	Port Q
0x07E0	0x07E0	0x07E0	PORTR	Port R
0x0800	0x0800	0x0800	TCC0	Timer/Counter 0 on Port C
0x0840	0x0840	0x0840	TCC1	Timer/Counter 1 on Port C
0x0880	0x0880	0x0880	AWEXC	Advanced Waveform Extension on Port C
0x0890	0x0890	0x0890	HIRESC	High Resolution Extension on Port C
0x08A0	0x08A0	0x08A0	USARTC0	USART 0 on Port C
0x08B0	0x08B0	0x08B0	USARTC1	USART 1 on Port C
0x08C0	0x08C0	0x08C0	SPIC	Serial Peripheral Interface on Port C
0x08F8	0x08F8	0x08F8	IRCOM	Infrared Communication Module
0x0900	0x0900	0x0900	TCD0	Timer/Counter 0 on Port D
0x0940	0x0940	0x0940	TCD1	Timer/Counter 1 on Port D
0x0990	0x0990	0x0990	HIRESD	High Resolution Extension on Port D
0x09A0	0x09A0	0x09A0	USARTD0	USART 0 on Port D
0x09B0	0x09B0	0x09B0	USARTD1	USART 1 on Port D
0x09C0	0x09C0	0x09C0	SPID	Serial Peripheral Interface on Port D
0x0A00	0x0A00	0x0A00	TCE0	Timer/Counter 0 on Port E
0x0A40	0x0A40		TCE1	Timer/Counter 1 on Port E
0x0A80	0x0A80		AWEXE	Advanced Waveform Extension on Port E
0x0A90	0x0A90	0x0A90	HIRESE	High Resolution Extension on Port E
0x0AA0	0x0AA0	0x0AA0	USARTE0	USART 0 on Port E
0x0AB0	0x0AB0		USARTE1	USART 1 on Port E
0x0AC0	0x0AC0		SPIE	Serial Peripheral Interface on Port E
0x0B00	0x0B00		TCF0	Timer/Counter 0 on Port F
0x0B40			TCF1	Timer/Counter 1 on Port F
0x0B90	0x0B90		HIRESF	High Resolution Extension on Port F
0x0BA0	0x0BA0		USARTF0	USART 0 on Port F
0x0BB0			USARTF1	USART 1 on Port F
0x0BC0			SPIF	Serial Peripheral Interface on Port F

이중에서 CPU 모듈의 베이스 어드레스는 0x0030이며 이 모듈의 레지스터를 요약하면 <표 1.2.4>와 같다. 따라서, 예를 들어 CCP 레지스터의 물리 번지는 0x0034 번지이며, SREG 레지스터의 물리 번지는 0x003F 번지가 된다.

〈표 1.2.4〉 CPU 모듈의 I/O 레지스터 요약

<table>
<tr><th>오프셋</th><th>레지스터 이름</th><th>비트7</th><th>비트6</th><th>비트5</th><th>비트4</th><th>비트3</th><th>비트2</th><th>비트1</th><th>비트0</th></tr>
<tr><td>+0x00</td><td>(reserved)</td><td>-</td><td>-</td><td>-</td><td>-</td><td>-</td><td>-</td><td>-</td><td>-</td></tr>
<tr><td>+0x01</td><td>(reserved)</td><td>-</td><td>-</td><td>-</td><td>-</td><td>-</td><td>-</td><td>-</td><td>-</td></tr>
<tr><td>+0x02</td><td>(reserved)</td><td>-</td><td>-</td><td>-</td><td>-</td><td>-</td><td>-</td><td>-</td><td>-</td></tr>
<tr><td>+0x03</td><td>(reserved)</td><td>-</td><td>-</td><td>-</td><td>-</td><td>-</td><td>-</td><td>-</td><td>-</td></tr>
<tr><td>+0x04</td><td>CPU_CCP</td><td colspan="8">CCP[7:0]</td></tr>
<tr><td>+0x05</td><td>(reserved)</td><td>-</td><td>-</td><td>-</td><td>-</td><td>-</td><td>-</td><td>-</td><td>-</td></tr>
<tr><td>+0x06</td><td>(reserved)</td><td>-</td><td>-</td><td>-</td><td>-</td><td>-</td><td>-</td><td>-</td><td>-</td></tr>
<tr><td>+0x07</td><td>(reserved)</td><td>-</td><td>-</td><td>-</td><td>-</td><td>-</td><td>-</td><td>-</td><td>-</td></tr>
<tr><td>+0x08</td><td>CPU_RAMPD</td><td colspan="8">RAMPD[7:0]</td></tr>
<tr><td>+0x09</td><td>CPU_RAMPX</td><td colspan="8">RAMPX[7:0]</td></tr>
<tr><td>+0x0A</td><td>CPU_RAMPY</td><td colspan="8">RAMPY[7:0]</td></tr>
<tr><td>+0x0B</td><td>CPU_RAMPZ</td><td colspan="8">RAMPZ[7:0]</td></tr>
<tr><td>+0x0C</td><td>CPU_EIND</td><td colspan="8">EIND[7:0]</td></tr>
<tr><td>+0x0D</td><td>CPU_SPL</td><td colspan="8">SPL[7:0]</td></tr>
<tr><td>+0x0E</td><td>CPU_SPH</td><td colspan="8">SPH[7:0]</td></tr>
<tr><td>+0x0F</td><td>CPU_SREG</td><td>I</td><td>T</td><td>H</td><td>S</td><td>V</td><td>N</td><td>Z</td><td>C</td></tr>
</table>

▣ 상태 레지스터 SREG

상태 레지스터(Status Register)는 가장 최근에 실행된 산술연산 명령의 결과에 따른 상태를 나타내며 SREG라고 표시한다. 여기에 저장된 상태 정보는 조건부 처리명령에 의하여 프로그램의 흐름을 변경하는데 사용될 수 있다. 각 명령을 수행하였을 때 상태 레지스터의 변화는 어셈블리 명령표에 표시되어 있다.

상태 레지스터는 인터럽트를 처리할 때 자동으로 저장되거나 복구되지 않으므로 필요할 경우 사용자가 직접 이를 소프트웨어로 처리해주어야 한다. 상태 레지스터의 각 비트들은 개별적인 기능을 가지고 있는데 이를 요약하면 다음과 같다.

	b7	b6	b5	b4	b3	b2	b1	b0	
옵셋 +0x0F	I	T	H	S	V	N	Z	C	**SREG**
읽기/쓰기 기능	R/W	R/W	R/W	R/W	R/W	R/W	R/W	R/W	
리셋후 초기값	0	0	0	0	0	0	0	0	

〈그림 1.2.11〉 상태 레지스터 SREG

- I : Global Interrupt Enable
  전체적으로 인터럽트를 허용하도록 설정하는 비트. SEI 및 CLI 명령으로 이 비트를 각각 세트 또는 리셋시킬 수 있다. 인터럽트 처리가 시작되면 이 비트는 강제로 클리어되며, 나중에 RETI 명령을 만나면 다시 이 비트가 원상태로 복구된다. 각 인터럽트를 개별적으로 허용하는 것은 인터럽트 마스크 레지스터에 의하여 설정된다.
- T : Bit Copy Storage
  BLD 및 BST 명령을 사용하여 이 비트와 어느 레지스터의 한 비트 사이에 비트 복사가 가능하다.
- H : Half Carry Flag

산술연산의 가산에서 half carry가 발생하거나 감산에서 half borrow가 발생하였음을 나타낸다. 이는 BCD 연산에서 유용하다.

- S : Sign Flag
  플래그 N과 플래그 V의 exclusive OR 로 결정되는 값을 저장한다. 이는 부호없는 정수 및 부호있는 정수들의 대소관계를 판단할 때 유용하다.
- V : Two's Complement Overflow Flag
  2의 보수 연산에서 자리넘침(overflow)이 발생하였음을 나타낸다.
- N : Negative Flag
  산술연산 및 논리연산 결과 최상위 비트가 1로 되었으므로 2의 보수 표현법을 사용하는 경우 연산 결과가 음수라는 것을 나타낸다.
- Z : Zero Flag
  산술연산 및 논리연산 결과 0이 되었음을 나타낸다.
- C : Carry Flag
  산술연산의 가산 및 논리연산 결과 자리올림(carry)이 발생하였음을 나타낸다. 감산에서는 이 비트가 자리내림(borrow)을 나타낸다.

▣ 스택 포인터 SP

스택(stack)은 서브루틴 호출이나 인터럽트 발생시에 복귀주소(return address)를 저장하며, C언어 프로그램에서 지역변수(local variable)를 저장하고 어셈블리 프로그램에서 임시 데이터를 저장하는 용도로도 사용되는 특별한 데이터 메모리이다. 이 메모리가 특별하다는 것은 다른 데이터 메모리처럼 임의접근(random access) 방식으로 처리되지 않고 후입선출(LIFO ; Last-In First-Out) 방식으로 처리되기 때문이다.

스택 포인터(Stack Pointer) SP는 항상 스택의 상단(top of stack)을 가리키는 16비트 레지스터로서 이는 데이터 저장이 가능한 스택 상단의 번지를 나타낸다. PUSH 명령을 사용하면 1바이트의 데이터를 SP가 가리키는 스택 메모리 번지에 저장하고 나서 SP값을 1만큼 감소(post-decrement)시킨다. 반대로 POP 명령을 사용하면 먼저 SP값을 1만큼 증가(pre-increment)시킨 후에 SP가 가리키는 스택 메모리 번지에서 1바이트의 데이터를 꺼낸다.

사용자 프로그램의 서두에서는 항상 SP 레지스터의 초기값을 적절하게 설정해야 한다. 그러나, ATxmega 패밀리에서는 스택 포인터의 값이 디폴트로 내부 RAM의 끝 번지에 해당하는 값으로 자동 지정되므로 여기부터 스택을 사용하고자 하는 경우에는 사용자가 다시 초기화를 해주지 않아도 된다.

	b7	b6	b5	b4	b3	b2	b1	b0	
옵셋 +0x0E	SP15	SP14	SP13	SP12	SP11	SP10	SP9	SP8	**SPH**
읽기/쓰기 기능	R/W	R/W	R/W	R/W	R/W	R/W	R/W	R/W	
리셋후 초기값	0/1	0/1	0/1	0/1	0/1	0/1	0/1	0/1	

	b7	b6	b5	b4	b3	b2	b1	b0	
옵셋 +0x0D	SP7	SP6	SP5	SP4	SP3	SP2	SP1	SP0	**SPL**
읽기/쓰기 기능	R/W	R/W	R/W	R/W	R/W	R/W	R/W	R/W	
리셋후 초기값	0/1	0/1	0/1	0/1	0/1	0/1	0/1	0/1	

〈그림 1.2.12〉 스택 포인터 SP

▣ 확장 X-포인터 레지스터 RAMPX
▣ 확장 Y-포인터 레지스터 RAMPY
▣ 확장 Z-포인터 레지스터 RAMPZ

확장 X-포인터 레지스터 RAMPX(Extended X-Pointer Register)는 LD/LDD/ST/STD 명령을 사용하여 데이터 메모리를 포인터 레지스터 X로 간접 지정하는 경우 16비트 어드레스로 표현 가능한 64KB 범위를 초과하여 16MB 범위까지의 데이터 메모리 영역을 사용하고자 할 때 필요한 24비트의 어드레스 중에 상위 8비트의 추가적인 어드레스를 지정하는 기능을 수행한다.

이와 마찬가지로 Y-포인터 레지스터 RAMPY와 Z-포인터 레지스터 RAMPZ는 각각 포인터 레지스터 Y와 포인터 레지스터 Z의 상위 8비트로 합해져서 24비트의 데이터 메모리 번지를 구성하는 역할을 수행한다.

단, 이중에서 RAMPZ 레지스터는 ELPM 명령 또는 SPM 명령에서 Z 레지스터로 간접 지정하여 플래시 프로그램 메모리의 내용을 읽거나 쓸 때 64KB를 초과하는 영역을 가리키기 위한 24비트 어드레스 중에서 상위 8비트의 어드레스를 지정하는 역할을 수행하기도 한다.(☞ 그러나, LPM 명령에서는 이 RAMPZ 레지스터를 사용하지 않고 Z 레지스터만을 사용하여 하위 64KB 영역만 액세스한다.)

	b7	b6	b5	b4	b3	b2	b1	b0	
옵셋 +0x09	RAMPX[7:0]								RAMPX
읽기/쓰기 기능	R/W	R/W	R/W	R/W	R/W	R/W	R/W	R/W	
리셋후 초기값	0	0	0	0	0	0	0	0	

〈그림 1.2.13〉 확장 X-포인터 레지스터 RAMPX

	b7	b6	b5	b4	b3	b2	b1	b0	
옵셋 +0x0A	RAMPY[7:0]								RAMPY
읽기/쓰기 기능	R/W	R/W	R/W	R/W	R/W	R/W	R/W	R/W	
리셋후 초기값	0	0	0	0	0	0	0	0	

〈그림 1.2.14〉 확장 Y-포인터 레지스터 RAMPY

	b7	b6	b5	b4	b3	b2	b1	b0	
옵셋 +0x0B	RAMPZ[7:0]								RAMPZ
읽기/쓰기 기능	R/W	R/W	R/W	R/W	R/W	R/W	R/W	R/W	
리셋후 초기값	0	0	0	0	0	0	0	0	

〈그림 1.2.15〉 확장 Z-포인터 레지스터 RAMPZ

RAMPX, RAMPY, RAMPZ 레지스터를 사용하여 데이터 메모리를 간접 지정으로 액세스하기 위한 24비트 어드레스 구성을 보이면 <그림 1.2.16>과 같다.

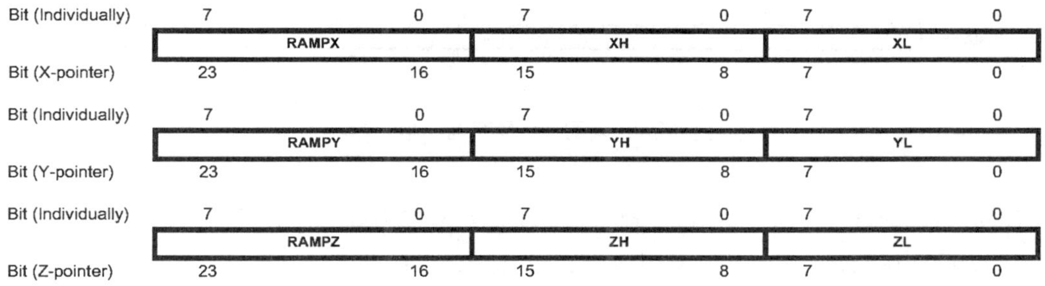

〈그림 1.2.16〉 RAMPX, RAMPY, RAMPZ 레지스터를 사용한 데이터 메모리의 번지

▣ 확장 직접 어드레싱 레지스터 RAMPD

확장 직접 어드레싱 레지스터 RAMPD(Extended Direct Addressing Register)는 LDS/STS 명령을 사용하여 데이터 메모리를 직접 지정하는 경우 16비트 어드레스로 표현 가능한 64KB 범위를 초과하여 16MB 범위까지의 데이터 메모리 영역을 사용하고자 할 때 필요한 24비트의 어드레스 중에 상위 8비트의 추가적인 어드레스를 지정하는 기능을 수행한다.

	b7	b6	b5	b4	b3	b2	b1	b0	
옵셋 +0x08	RAMPD[7:0]								RAMPD
읽기/쓰기 기능	R/W	R/W	R/W	R/W	R/W	R/W	R/W	R/W	
리셋후 초기값	0	0	0	0	0	0	0	0	

〈그림 1.2.17〉 확장 직접 어드레싱 레지스터 RAMPD

RAMPD 레지스터를 사용하여 데이터 메모리를 직접 지정으로 액세스하기 위한 24비트 어드레스 구성을 보이면 <그림 1.2.18>과 같다.

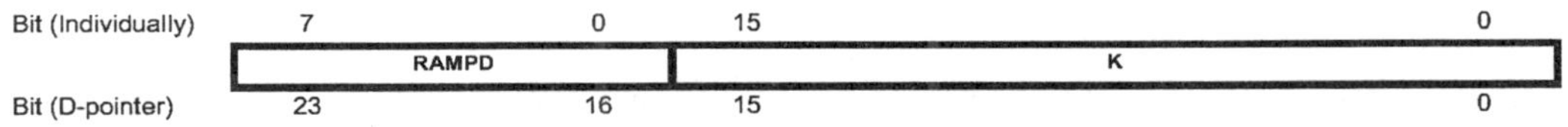

〈그림 1.2.18〉 RAMPD 레지스터를 사용한 데이터 메모리의 번지

▣ 확장 간접지정 레지스터 EIND

확장 간접지정 레지스터 EIND(Extended Indirect Register)는 EIJMP 또는 EICALL 명령을 사용하여 Z 레지스터로 내부의 플래시 프로그램 메모리의 번지를 간접 지정할 때 64K 워드 범위를 넘는 위치로 점프하거나 서브루틴을 호출하기 위하여 24비트 어드레스 중에서 상위 8비트를 지정하는 역할을 수행한다.

	b7	b6	b5	b4	b3	b2	b1	b0	
옵셋 +0x0C	EIND[7:0]								EIND
읽기/쓰기 기능	R/W	R/W	R/W	R/W	R/W	R/W	R/W	R/W	
리셋후 초기값	0	0	0	0	0	0	0	0	

〈그림 1.2.19〉 확장 간접지정 레지스터 EIND

EIND 레지스터를 사용하여 플래시 프로그램 메모리를 간접 지정으로 액세스하기 위한 24비트 어드레스 구성을 보이면 <그림 1.2.20>과 같다.

Bit (Individually)	7 … 0	7 … 0	7 … 0
	EIND	ZH	ZL
Bit (D-pointer)	23 … 16	15 … 8	7 … 0

〈그림 1.2.20〉 EIND 레지스터를 사용한 EIJMP/EICALL 명령의 어드레스 지정

▣ 설정 변경 보호 레지스터 CCP

설정 변경 보호 레지스터 CCP(Configuration Change Protection Register)는 마이크로컨트롤러에서 중요한 기능을 설정하는 I/O 레지스터의 값이 원하지 않는 사고로 인하여 변경되는 것을 방지하기 위한 보호기능으로 사용한다. 즉, CCP 보호기능이 있는 어떤 I/O 레지스터의 값을 변경하려면 반드시

① CCP 레지스터에 지정된 값(signature) 0xD8을 써넣는다.
② 4클록 사이클 이내에 해당 I/O 레지스터에 새로운 값을 써넣는다.

와 같은 절차로 수행하여야 한다. ATxmega 패밀리의 I/O 레지스터 중에서 CCP 보호기능을 가지는 레지스터로는 NVM_CTRLA, NVM_CTRLB, MCU_MCUCR, CLK_CTRL, CLK_LOCK, OSC_XOSCFAIL, RST_CTRL, WDT_CTRL, WDT_WINCTRL, PMIC_CTRL 등이 있다.

또한, CCP 레지스터는 LPM/SPM 명령이 아무 때나 실행되지 않도록 보호하는 목적으로도 사용된다. 즉, LPM/SPM 명령을 실행하려면 반드시

① CCP 레지스터에 지정된 값(signature) 0x9D를 써넣는다.
② 4클록 사이클 이내에 LPM 또는 SPM 명령을 실행한다.

와 같은 절차로 수행하여야 한다.

CCP 보호기능을 수행하기 위하여 일단 CCP 레지스터에 지정된 값을 써넣으면 이후 4클록 사이클 동안에는 NMI를 포함한 모든 인터럽트가 금지 상태로 된다.

	b7	b6	b5	b4	b3	b2	b1	b0	
옵셋 +0x04	CCP[7:0]								CCP
읽기/쓰기 기능	W	W	W	W	W	W	R/W	R/W	
리셋후 초기값	0	0	0	0	0	0	0	0	

〈그림 1.2.21〉 설정 변경 보호 레지스터 CCP

- CCP[7:0] : Configuration Change Protection
  0xD8 = I/O 레지스터에 대한 CCP 보호를 위한 signature 값.
  이 보호기능이 동작중일 때는 CCP[0] 비트가 1로 읽히고 나머지 비트들은 0으로 읽힌다.
  0x9D = LPM/SPM 명령에 대한 CCP 보호를 위한 signature 값.
  이 보호기능이 동작중일 때는 CCP[1] 비트가 1로 읽히고 나머지 비트들은 0으로 읽힌다.

(4) MCU 제어 모듈의 레지스터

ATxmega 패밀리에서 MCU 제어 모듈의 베이스 어드레스는 0x0090이며 이 모듈의 레지스터를 요약하면 <표 1.2.5>와 같다.

〈표 1.2.5〉 MCU 제어 모듈의 I/O 레지스터 요약

오프셋	레지스터 이름	비트7	비트6	비트5	비트4	비트3	비트2	비트1	비트0
+0x00	MCU_DEVID0	DEVID[7:0]							
+0x01	MCU_DEVID1	DEVID[7:0]							
+0x02	MCU_DEVID2	DEVID[7:0]							
+0x03	MCU_REVID	–	–	–	–	REVID[3:0]			
+0x04	MCU_JTAGUID	JTAGUID[7:0]							
+0x05	(reserved)	–	–	–	–	–	–	–	–
+0x06	MCU_MCUCR	–	–	–	–	–	–	–	JTAGD
+0x07	(reserved)	–	–	–	–	–	–	–	–
+0x08	MCU_EVSYSLOCK	–	–	–	EVSYS1LOCK	–	–	–	EVSYS0LOCK
+0x09	MCU_AWEXLOCK	–	–	–	–	–	AWEXELOCK	–	AWEXCLOCK
+0x0A	(reserved)	–	–	–	–	–	–	–	–
+0x0B	(reserved)	–	–	–	–	–	–	–	–

▣ MCU 디바이스 ID 레지스터 DEVID0~2

MCU 디바이스 ID 레지스터 DEVID0~2(MCU Device ID Register)는 마이크로컨트롤러의 모델명을 표시하는 3바이트의 코드값을 나타낸다.

	b7	b6	b5	b4	b3	b2	b1	b0	
옵셋 +0x00	DEVID0[7:0]								DEVID0
옵셋 +0x01	DEVID1[7:0]								DEVID1
옵셋 +0x02	DEVID2[7:0]								DEVID2
읽기/쓰기 기능	R	R	R	R	R	R	R	R	
리셋후 초기값	0/1	0/1	0/1	0/1	0/1	0/1	0/1	0/1	

〈그림 1.2.22〉 MCU 디바이스 ID 레지스터 DEVID0~2

- DEVID0~2[7:0] : Device ID Byte
  MCU의 모델명을 나타내는 디바이스 ID 0, 1, 2의 값을 차례로 표시하면 다음과 같다.

ATxmega64A1 : 0x1E 0x96 0x4E
ATxmega128A1 : 0x1E 0x97 0x4C
ATxmega192A1 : 0x1E 0x97 0x4E
ATxmega256A1 : 0x1E 0x98 0x46
ATxmega384A1 : 0x?? 0x?? 0x??
ATxmega64A3 : 0x1E 0x96 0x42
ATxmega128A3 : 0x1E 0x97 0x42
ATxmega192A3 : 0x1E 0x97 0x44
ATxmega256A3 : 0x1E 0x98 0x42
ATxmega16A4 : 0x1E 0x94 0x41
ATxmega32A4 : 0x1E 0x95 0x41
ATxmega64A4 : 0x1E 0x96 0x46
ATxmega128A4 : 0x1E 0x97 0x46

▣ MCU 버전 번호 ID 레지스터 REVID

MCU 버전 번호 ID 레지스터 REVID(MCU Revision ID Register)는 마이크로컨트롤러의 버전 번호를 코드값을 나타낸다.

	b7	b6	b5	b4	b3	b2	b1	b0	
옵셋 +0x03	–	–	–	–	REVID[3:0]				**REVID**
읽기/쓰기 기능	R	R	R	R	R	R	R	R	
리셋후 초기값	0	0	0	0	0/1	0/1	0/1	0/1	

〈그림 1.2.23〉 MCU 버전 번호 ID 레지스터 REVID

- REVID[3:0] : MCU Revision ID
  MCU의 버전 번호를 0=A, 1=B, 2=C... 의 형식으로 표시한다.

▣ JTAG 사용자 ID 레지스터 JTAGUID

	b7	b6	b5	b4	b3	b2	b1	b0	
옵셋 +0x04	JTAGUID[7:0]								**JTAGUID**
읽기/쓰기 기능	R	R	R	R	R	R	R	R	
리셋후 초기값	0/1	0/1	0/1	0/1	0/1	0/1	0/1	0/1	

〈그림 1.2.24〉 JTAG 사용자 ID 레지스터 JTAGUID

- JTAGUID[7:0] : JTAG User ID
  이 디바이스와 JTAG 에뮬레이터가 일치하는지를 확인하기 위하여 사용하는 사용자 설정 ID 값이다. 사용자가 이 값을 설정하려면 퓨즈 바이트의 FUSEBYTE0에 설정해야 하며, 리셋 직후 퓨즈 바이트의 설정값이 이 레지스터로 로드된다.

▣ MCU 제어 레지스터 MCUCR

	b7	b6	b5	b4	b3	b2	b1	b0	
옵셋 +0x06	–	–	–	–	–	–	–	JTAGD	**MCUCR**
읽기/쓰기 기능	R	R	R	R	R	R	R	R/W	
리셋후 초기값	0	0	0	0	0	0	0	0	

〈그림 1.2.25〉 MCU 제어 레지스터 MCUCR

- JTAGD : JTAG Disable
  이 비트를 1로 설정하면 JTAG 인터페이스 기능이 금지된다. 이것은 CCP 레지스터에 의하여 보호된 비트이다.

▣ 이벤트 시스템 록 레지스터 EVSYSLOCK

	b7	b6	b5	b4	b3	b2	b1	b0	
옵셋 +0x08	–	–	–	EVSYS1LOCK	–	–	–	EVSYS0LOCK	EVSYSLOCK
읽기/쓰기 기능	R	R	R	R/W	R	R	R	R/W	
리셋후 초기값	0	0	0	0	0	0	0	0	

〈그림 1.2.26〉 이벤트 시스템 록 레지스터 EVSYSLOCK

- EVSYS1LOCK : Event System 1 Lock
  이 비트를 1로 세트하면 이벤트 시스템 채널 4~7에 있는 모든 레지스터의 변경을 금지시킨다. 이것은 CCP 레지스터에 의하여 보호된 비트이다.
- EVSYS0LOCK : Event System 0 Lock
  이 비트를 1로 세트하면 이벤트 시스템 채널 0~3에 있는 모든 레지스터의 변경을 금지시킨다. 이것은 CCP 레지스터에 의하여 보호된 비트이다.

▣ AWeX 모듈 록 레지스터 AWEXLOCK

	b7	b6	b5	b4	b3	b2	b1	b0	
옵셋 +0x09	–	–	–	–	–	AWEXELOCK	–	AWEXCLOCK	AWEXLOCK
읽기/쓰기 기능	R	R	R	R	R	R/W	R	R/W	
리셋후 초기값	0	0	0	0	0	0	0	0	

〈그림 1.2.27〉 AWeX 모듈 록 레지스터 AWEXLOCK

- AWEXELOCK : Advanced Waveform Extension Lock for TCE0
  이 비트를 1로 세트하면 포트 E의 타이머/카운터0에 부속되어 있는 AWeX 모듈의 모든 레지스터의 변경을 금지시킨다. 이것은 CCP 레지스터에 의하여 보호된 비트이다.
- AWEXCLOCK : Advanced Waveform Extension Lock for TCC0
  이 비트를 1로 세트하면 포트 C의 타이머/카운터0에 부속되어 있는 AWeX 모듈의 모든 레지스터의 변경을 금지시킨다. 이것은 CCP 레지스터에 의하여 보호된 비트이다.

4. ATxmega 패밀리의 메모리 구조

ATxmega 패밀리의 메모리 구조는 크게 프로그램 메모리와 데이터 메모리로 나눌 수 있다. 종래의 AVR 마이크로컨트롤러에서는 EEPROM이 프로그램 메모리 및 데이터 메모리와 구분되어 별도의 메모리 영역을 차지하였으나 ATxmega 패밀리에서는 EEPROM이 데이터 메모리 영역에 속하는 것으로 변경되었다.

ATxmega 패밀리도 하버드 구조를 채택하고 있기 때문에 외부에 어드레스 버스 및 데이터 버스가 각각 프로그램 메모리용과 데이터 메모리용으로 2가지씩을 가지고 있어야 하지만, 프로그램 메모리는 소자 내부의 플래시 메모리만을 사용하는 구조이므로 외부 버스 인터페이스가 가능한 ATxmega A1 패밀리에서도 실제로 외부에는 데이터 메모리용의 어드레스 버스와 데이터 버스 1가지만을 가지고 있다.

ATxmega 패밀리의 메모리에는 이밖에 독립적인 영역에 퓨즈 바이트, 제품표시용(Production Signature Row) 및 사용자 표시용(User Signature Row) 바이트가 있다.

(1) 플래시 프로그램 메모리

ATxmega 패밀리는 <표 1.2.6>에 보인 것과 같이 내부에 프로그램 메모리로 사용하는 플래시 메모리를 가지고 있으며, 그 용량은 모델에 따라 다른데 각 모델명에 포함되어 있는 숫자는 플래시 프로그램 메모리의 용량을 KB 단위로 나타낸다. 예를 들어 ATxmega128A1은 128KB의 플래시 메모리를 가지고 있으며, ATxmega64A3은 64KB의 플래시 프로그램 메모리를 가지고 있다.

ATxmega 패밀리는 8비트 마이크로컨트롤러지만 이 프로그램 메모리는 각 번지가 16비트 구조로 되어 있어서 각 워드 메모리의 번지수는 KB로 표시된 용량의 1/2이 된다. ATxmega 패밀리의 모든 명령은 16비트 또는 32비트 구조로 되어 있으므로 각 명령은 프로그램 메모리에서 1~2개의 번지를 차지하게 된다.

이 플래시 메모리는 PDI(Program and Debug Interface) 인터페이스를 사용한 ISP (In-System Programming) 기능을 가지고 있어서 사용자가 작성한 프로그램을 쉽게 다운로드하여 프로그램할 수 있다. 플래시 메모리에는 사용자 프로그램을 10,000번까지 재기입하는 것이 가능(reprogrammable)하다. 플래시 메모리에 사용자 프로그램을 다운로드하여 기입하는 것은 PDI 이외에 JTAG 에뮬레이터를 사용하는 방법도 있다.

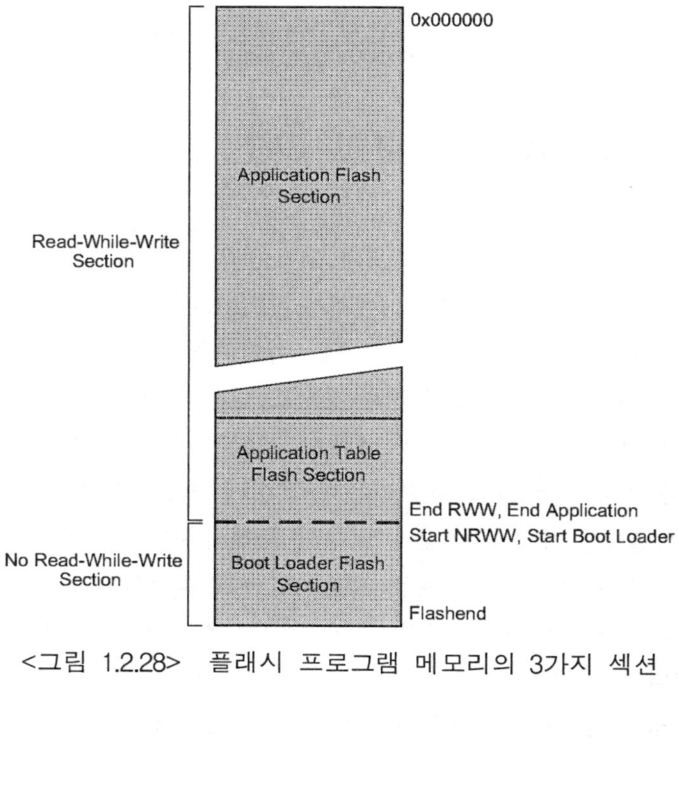

<그림 1.2.28> 플래시 프로그램 메모리의 3가지 섹션

〈표 1.2.6〉 ATxmega 패밀리의 플래시 프로그램 메모리 구조

(a) ATxmega A1 패밀리

	ATxmega64A1	ATxmega128A1	ATxmega192A1	ATxmega256A1	ATxmega384A1
Application Section	0x000000 (64-4)KB 0x0077FF	0x000000 (128-8)KB 0x00EFFF	0x000000 (192-8)KB 0x016FFF	0x000000 (256-8)KB 0x01EFFF	0x000000 (384-8)KB 0x02EFFF
Application Table Section	0x007800 4KB 0x007FFF	0x00F000 8KB 0x00FFFF	0x017000 8KB 0x017FFF	0x01F000 8KB 0x01FFFF	0x02F000 8KB 0x02FFFF
Boot Loader Section	0x008000 4KB 0x0087FF	0x010000 8KB 0x010FFF	0x018000 8KB 0x018FFF	0x020000 8KB 0x020FFF	0x030000 8KB 0x030FFF

(b) ATxmega A3 패밀리

	ATxmega64A3	ATxmega128A3	ATxmega192A3	ATxmega256A3
Application Section	0x000000 (64-4)KB 0x0077FF	0x000000 (128-8)KB 0x00EFFF	0x000000 (192-8)KB 0x016FFF	0x000000 (256-8)KB 0x01EFFF
Application Table Section	0x007800 4KB 0x007FFF	0x00F000 8KB 0x00FFFF	0x017000 8KB 0x017FFF	0x01F000 8KB 0x01FFFF
Boot Loader Section	0x008000 4KB 0x0087FF	0x010000 8KB 0x010FFF	0x018000 8KB 0x018FFF	0x020000 8KB 0x020FFF

(c) ATxmega A4 패밀리

	ATxmega16A4	ATxmega32A4	ATxmega64A4	ATxmega128A4
Application Section	0x000000 (16-4)KB 0x0017FF	0x000000 (32-4)KB 0x0037FF	0x000000 (64-4)KB 0x0077FF	0x000000 (128-8)KB 0x00EFFF
Application Table Section	0x001800 4KB 0x001FFF	0x003800 4KB 0x003FFF	0x007800 4KB 0x007FFF	0x00F000 8KB 0x00FFFF
Boot Loader Section	0x002000 4KB 0x0027FF	0x004000 4KB 0x0047FF	0x008000 4KB 0x0087FF	0x010000 8KB 0x010FFF

ELPM/SPM 명령을 사용하여 ATxmega 패밀리의 플래시 프로그램 메모리를 액세스할 때는 어드레스 포인터로 16비트의 Z 레지스터가 사용된다. 이때 만약 메모리 용량이 64K를 넘는다면 Z 레지스터만으로는 액세스가 불가능하므로 상위 8비트 어드레스에 RAMPZ 레지스터를 추가적으로 사용한다.

또한 EIJMP/EICALL 명령에서 프로그램이 이동할 플래시 프로그램 메모리의 번지를 Z 레지스터로 간접 지정할 때 상위 8비트 어드레스로 EIND 레지스터를 사용한다.

플래시 메모리는 <그림 1.2.28>에 보인 것처럼 응용 프로그램 섹션(Application Section), 응용 프로그램 테이블 섹션(Application Table Section), 부트로더 섹션(Boot Loader Section)으로 나뉘어 사용될 수 있다. 각 영역의 크기는 마이크로컨트롤러 모델에 따라 일정하게 정해져 있으며 그 내역은 <표 1.2.6>에 정리하였다. 이들 각 메모리 영역은 독립적인 메모리 록 비트를 사용하여 보호될 수 있다.

응용 프로그램 섹션은 일반 사용자 프로그램을 저장하기 위한 플래시 메모리 영역이다. 이 영역에 부트로더 코드가 저장되어서는 안되며, 이 영역에서는 SPM 명령이 실행될 수 없다.

응용 프로그램 테이블 섹션은 응용 프로그램 섹션의 일부로서 데이터를 저장하기 위하여 사용된다. 이 영역의 크기는 항상 부트로더 섹션의 크기와 같으며, 만약 데이터 저장의 필요성이 없다면 이 영역을 그냥 응용 프로그램 섹션으로 사용해도 된다.

부트로더 섹션은 부트로더 프로그램을 저장하기 위한 섹션이며, 이 영역에서는 SPM 명령을 사용할 수 있다. 만약 부트로더를 사용하지 않는다면 이 영역을 그냥 응용 프로그램 섹션으로 사용해도 된다.

(2) 데이터 메모리

종래의 AVR 마이크로컨트롤러에서는 전체 데이터 메모리 영역이 64KB로 한정되고 EEPROM이 프로그램 메모리 및 데이터 메모리와 구분되어 별도의 메모리 영역을 차지하였으나, ATxmega 패밀리에서는 데이터 메모리 영역이 16MB로 크게 늘어났고 EEPROM이 데이터 메모리 영역에 속하는 것으로 달라졌다. 또한, 종래의 AVR 마이크로컨트롤러에서는 외부 데이터 메모리에 SRAM이나 I/O 디바이스를 인터페이스할 수 있었지만 ATxmega 패밀리에서는 여기에 추가적으로 SDRAM을 사용할 수 있다.

ATxmega 패밀리의 데이터 메모리는 <그림 1.2.29>에 보인 것처럼 가장 아래 번지에 I/O 레지스터가 들어있는 I/O 메모리부터 내부 EEPROM, 내부 SRAM, 그리고 외부 확장 데이터 메모리 등 크게 4가지 종류가 차례로 위치한다.

〈표 1.2.7〉 ATxmega 패밀리의 데이터 메모리 구조

(a) ATxmega A1 패밀리

주소	ATxmega64A1	ATxmega128A1	ATxmega192A1	ATxmega256A1	ATxmega384A1
0x000000 ~ 0x000FFF	I/O 레지스터 (4KB)	I/O 레지스터 (4KB)	I/O 레지스터 (4KB)	I/O 레지스터 (4KB)	I/O 레지스터 (4KB)
0x001000 ~ 0x0017FF	EEPROM (2KB)	EEPROM (2KB)	EEPROM (2KB)	EEPROM (4KB)	EEPROM (4KB)
0x001800 ~ 0x001FFF	(reserved)	(reserved)	(reserved)		
0x002000 ~ 0x002FFF	내부 SRAM (4KB)	내부 SRAM (8KB)	내부 SRAM (16KB)	내부 SRAM (16KB)	내부 SRAM (32KB)
0x003000 ~ 0x003FFF	외부 SRAM 또는 SDRAM (최대 16MB)				
0x004000 ~ 0x004FFF		외부 SRAM 또는 SDRAM (최대 16MB)			
0x005000 ~ 0x005FFF					
0x006000 ~ 0x006FFF			외부 SRAM 또는 SDRAM (최대 16MB)	외부 SRAM 또는 SDRAM (최대 16MB)	
0x007000 ~ 0x007FFF					
0x008000 ~ 0x008FFF					
0x009000 ~ 0x009FFF					
0x00A000 ~ 0xFFFFFF					외부 SRAM 또는 SDRAM (최대 16MB)

(b) ATxmega A3 패밀리

주소	ATxmega64A3	ATxmega128A3	ATxmega192A3	ATxmega256A3
0x0000 ~ 0x0FFF	I/O 레지스터 (4KB)	I/O 레지스터 (4KB)	I/O 레지스터 (4KB)	I/O 레지스터 (4KB)
0x1000 ~ 0x17FF	EEPROM (2KB)	EEPROM (2KB)	EEPROM (4KB)	EEPROM (4KB)
0x1800 ~ 0x1FFF	(reserved)	(reserved)		
0x2000 ~ 0x2FFF	내부 SRAM (4KB)	내부 SRAM (8KB)	내부 SRAM (16KB)	내부 SRAM (16KB)
0x3000 ~ 0x3FFF				
0x4000 ~ 0x5FFF				

(c) ATxmega A4 패밀리

주소	ATxmega16A4	ATxmega32A4	ATxmega64A4	ATxmega128A4
0x0000 ~ 0x0FFF	I/O 레지스터 (4KB)	I/O 레지스터 (4KB)	I/O 레지스터 (4KB)	I/O 레지스터 (4KB)
0x1000 ~ 0x13FF	EEPROM (1KB)	EEPROM (1KB)	EEPROM (2KB)	EEPROM (2KB)
0x1400 ~ 0x17FF	(reserved)	(reserved)		
0x1800 ~ 0x1FFF			(reserved)	(reserved)
0x2000 ~ 0x27FF	내부 SRAM (2KB)	내부 SRAM (4KB)	내부 SRAM (4KB)	내부 SRAM (8KB)
0x2800 ~ 0x2FFF				
0x3000 ~ 0x3FFF				

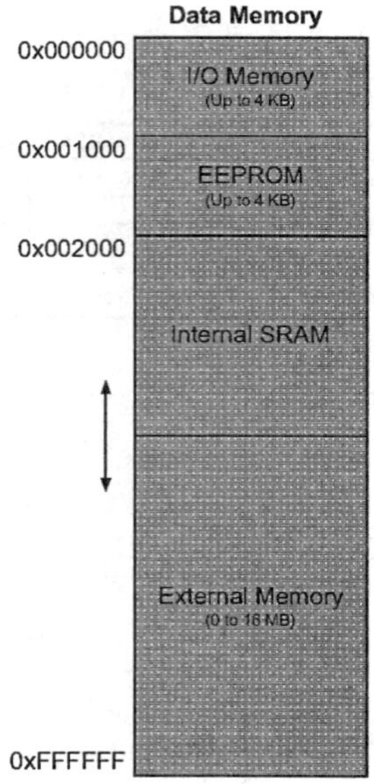

〈그림 1.2.29〉 데이터 메모리 영역의 구성

ATxmega 패밀리의 각 모델별로 데이터 메모리의 용량이 다른데 이를 〈표 1.2.7〉에 정리하였다. 이와 같이 내부 데이터 메모리의 종류별 용량은 마이크로컨트롤러 모델에 따라 다르지만 EEPROM은 항상 0x001000 번지에서부터 시작하고, 내부 SRAM은 항상 0x002000 번지에서부터 시작하며, ATxmega A1 패밀리의 경우에는 내부 SRAM이 끝나는 번지에 바로 이어서 외부 데이터 메모리 영역을 사용할 수 있다.

▣ I/O 메모리

I/O 메모리 영역은 각종 시스템 레지스터 및 I/O 레지스터가 위치하는 0x000000~0x000FFF 범위의 4KB 영역이다. 여기에는 <표 1.2.3>에서 보였던 것처럼 ATxmega 패밀리의 일부 시스템 레지스터와 모든 I/O 레지스터들이 위치하여 CPU 모듈이나 주변장치들을 제어하고 상태를 표시하는 기능을 수행한다.

I/O 영역은 기본적으로 로드 명령 LD/LDS/LDD 및 스토어 명령 ST/STS/STD를 사용하여 직접 지정 또는 간접 지정으로 액세스하지만, 선두의 0x00~0x3F 번지에 있는 64바이트는 특별히 IN/OUT 명령을 사용할 수 있으며, 이중에서 0x00~0x1F 번지의 32바이트는 SBI, CBI, SBIS, SBIC와 같은 비트 어드레싱 명령을 사용할 수 있다. 가장 선두의 GPIO 모듈에는 16개의 범용 I/O 레지스터 GPIOR0~GPIOR15가 위치하는데 이것은 글로벌 변수나 비트 어드레싱이 필요한 플래그을 저장하는데 매우 유용하다.

▣ EEPROM

EEPROM 영역은 항상 0x001000 번지에서 시작하는데 모델에 따라 1/2/4KB의 용량을 갖는다. 이것은 종래의 ATmega 패밀리에서처럼 NVM 컨트롤러 모듈에 있는 I/O 제어 레지스터를 사용하여 액세스할 수도 있고, 데이터 메모리 영역의 어드레스를 사용하여 액세스하는 방법으로 사용할 수도 있다. ATxmega 패밀리의 EEPROM은 바이트 액세스(byte access)와 페이지 액세스(page access)를 모두 지원한다.

▣ 내부 SRAM

내부 SRAM 영역은 항상 0x002000 번지에서 시작하는데 모델에 따라 2/4/8/16/32 KB의 용량을 갖는다. 내부 SRAM은 16비트 번지값을 사용하여 직접지정으로 액세스하거나 또는 X, Y, Z 레지스터를 사용하여 간접지정으로 액세스한다. 여기에 사용되는 명령들은 LD/LDS/LDD 또는 ST/STS/STD 명령 등이다. 직접지정에서 24비트 어드레스의 상위 8비트는 RAMPD 레지스터를 사용하고, 간접지정에서 24비트 어드레스의 상위 8비트는 RAMPX, RAMPY, RAMPZ 레지스터를 사용한다.

내부 SRAM은 프로그램에서 각종 사용자 변수로 사용되며, 스택 영역으로 사용되기도 한다. 사용자가 스택 영역을 액세스할 때는 PUSH 및 POP 명령을 사용한다. 모든 ATxmega 패밀리 모델은 내부 SRAM의 상단으로부터 스택을 사용할 수 있도록 스택 포인터 SP는 디폴트로 내부 SRAM의 최상위 번지를 가리킨다.

▣ 외부 데이터 메모리

내부 SRAM이 끝나는 번지에 바로 이어서 외부 데이터 메모리를 사용할 수 있다. 외부 데이터 메모리는 외부 버스 인터페이스(External Bus Interface) 기능을 갖는 100 핀짜리의 ATxmega A1 패밀리에서만 사용할 수 있는데, 여기서는 병렬 I/O 포트 중에서 포트 H, 포트 J, 포트 K가 추가되어 외부 버스 기능을 수행한다.

종래의 AVR 모델에서는 외부 버스를 사용할 때 어드레스 버스의 하위 바이트는 항상 데이터 버스와 시분할 다중화되어 있어서 ALE 신호와 74LS573 8비트 래치를 사용하여 이것들을 분리하고, 어드레스 버스의 상위 바이트는 별도의 I/O 포트에서 부수적인 기능으로 사용되는 1가지 방식만 가능하였으나, ATxmega A1 패밀리에서는 여러가지의 버스 사용 방법 중에서 사용자가 하나를 선택할 수 있으며 어드레스 버스를 24비트까지 사용하여 총 16MB의 데이터 메모리를 접속할 수 있다.

이들 버스를 통하여 외부에 인터페이스할 수 있는 데이터 메모리는 SRAM(Static RAM), SDRAM(Synchronous Dynamic RAM), I/O 디바이스 등이다. 포트 H, 포트 J,

포트 K에는 어드레스 버스 및 데이터 버스 신호 이외에도 SRAM이나 I/O 디바이스를 인터페이스할 때 필요한 몇가지의 제어신호와 칩선택 신호를 발생할 수 있으며, SDRAM을 인터페이스하는데 필요한 제어신호를 발생할 수도 있다.

외부 데이터 메모리도 내부 SRAM처럼 16비트 번지값을 사용하여 직접지정으로 액세스하거나 또는 X, Y, Z 레지스터를 사용하여 간접지정으로 액세스한다. 여기에 사용되는 명령은 LD/LDS/LDD 또는 ST/STS/STD 등이다. 그러나, 64KB를 넘어 16MB까지의 외부 데이터 메모리 영역을 액세스하려면 24비트 어드레스가 필요하므로 추가적인 상위 8비트 어드레스에 RAMPD, RAMPX, RAMPY, RAMPZ 레지스터를 사용한다.

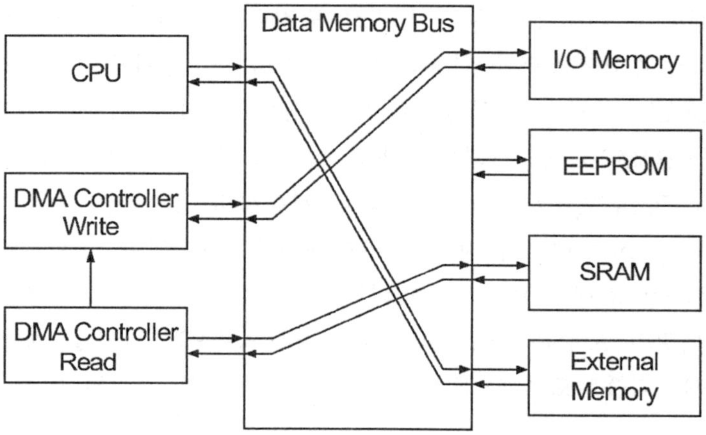

<그림 1.2.30> CPU와 DMA 컨트롤러가 데이터 메모리 버스를 공유하는 동작

이처럼 데이터 메모리에는 4가지의 다른 메모리 영역이 존재하며, CPU와 DMA 컨트롤러는 각각 버스 마스터를 가지고 있어서 서로 버스 사용을 조정하면서 동시에 서로 다른 메모리를 액세스할 수 있다. 예를 들어 <그림 1.2.30>에 보인 것처럼 CPU가 외부 데이터 메모리를 액세스하고 있는 동안 DMA 컨트롤러는 SRAM의 데이터를 읽어서 I/O 메모리 영역으로 전송하는 동작을 수행할 수 있다.

CPU가 I/O 메모리 영역을 읽거나 쓰는데는 1클록 사이클이 필요하다. 그러나, 내부 SRAM을 읽는데는 2클록 사이클이 필요하며, 내부 SRAM을 쓰는데는 1클록 사이클이 필요하다. 또한, EEPROM을 읽는데는 3클록 사이클이 필요하고, EEPROM을 쓰는데는 1클록 사이클이 필요하다. 외부 데이터 메모리를 읽거나 쓰는데는 여러개의 클록 사이클이 요구되는데 이는 메모리의 종류와 버스 인터페이스 방식에 따라 달라지며, 필요하면 사용자가 원하는 만큼의 웨이트 사이클을 추가할 수 있다.

(3) 퓨즈 바이트 및 메모리 록 비트

퓨즈 바이트(Fuse Byte)는 AVR 마이크로컨트롤러의 기본적인 시스템 설정 기능을 수행하는 불휘발성 메모리(NVM ; Non-Volatile Memory)이다. 이것은 프로그램 메모리나 데이터 메모리 영역과 다르게 독립적인 번지를 가지고 있는데, 반드시 JTAG 인터페이스나 다운로드 케이블을 사용하여 외부에서만 이를 읽고 쓸 수 있으며, ATxmega 패밀리에서는 사용자 프로그램에서는 이를 읽는 것이 가능해졌다.

기존의 AVR 모델에서는 시스템 클록 소스의 선택과 같은 중요한 시스템 설정 기능을 대부분 퓨즈 바이트로 처리하였으나, ATxmega 패밀리에서는 이러한 기능의 상당수가 사용자 프로그램에서 레지스터 변경으로 설정할 수 있게 되었으므로 퓨즈 바이트에서 설정하는 기능 중에는 사용자가 신경을 써야 할 사항이 별로 없어졌다.

한편 메모리 록 비트는 퓨즈 바이트의 뒷 번지에 위치하며, 플래시 메모리 프로그래밍이나 EEPROM 액세스에 관련된 보호기능을 설정하는데 사용된다. 여기서 메모리 록 기능은 프로그램 메모리의 내용을 외부에서 읽어볼 수 없도록 보안을 유지하는 것뿐만 아니라 실수로 프로그래밍이 잘못 수행되어 메모리 내용이 변경되는 것을 방지하기 위한 보호기능이다.

퓨즈 바이트나 메모리 록 비트는 모두 프로그램되지 않으면(unprogrammed) 1의 값을 가지며, 해당 기능을 사용하는 것으로 프로그램하면(programmed) 0으로 된다.

〈표 1.2.8〉 퓨즈 바이트 및 메모리 록 바이트 요약

오프셋	레지스터 이름	비트7	비트6	비트5	비트4	비트3	비트2	비트1	비트0
+0x00	FUSEBYTE0	JTAGUID[7:0]							
+0x01	FUSEBYTE1	WDWPER[3:0]				WDPER[3:0]			
+0x02	FUSEBYTE2	–	BOOTRST	–	–	–	–	BODPD[1:0]	
+0x03	(reserved)	–	–	–	–	–	–	–	–
+0x04	FUSEBYTE4	–	–	–	RSTDISBL	STARTUPTIME[1:0]		WDLOCK	JTAGEN
+0x05	FUSEBYTE5	–	–	BODACT[1:0]		EESAVE	BODLEVEL[2:0]		
+0x06	(reserved)	–	–	–	–	–	–	–	–
+0x07	LOCKBITS	BLBB[1:0]		BLBA[1:0]		BLBAT[1:0]		LB[1:0]	

■ NVM 퓨즈 바이트 FUSEBYTE0 - JTAG 사용자 ID 설정

	b7	b6	b5	b4	b3	b2	b1	b0	
옵셋 +0x00	JTAGUID[7:0]								FUSEBYTE0
읽기/쓰기 기능	R/W	R/W	R/W	R/W	R/W	R/W	R/W	R/W	
리셋후 초기값	1	1	1	1	1	1	1	1	

〈그림 1.2.31〉 NVM 퓨즈 바이트 FUSEBYTE0

- JTAGUID[7:0] : JTAG user ID
  JTAG 사용자 ID를 설정하는데 사용한다. 리셋 직후에 이 값이 MCU 모듈의 JTAGUID 레지스터로 로드된다.

▣ NVM 퓨즈 바이트 FUSEBYTE1 - 워치독 설정

	b7	b6	b5	b4	b3	b2	b1	b0	
옵셋 +0x01	WDWPER[3:0]				WDPER[3:0]				FUSEBYTE1
읽기/쓰기 기능	R/W	R/W	R/W	R/W	R/W	R/W	R/W	R/W	
리셋후 초기값	0	0	0	0	0	0	0	0	

〈그림 1.2.32〉 NVM 퓨즈 바이트 FUSEBYTE1

- WDWPER[3:0] : Watchdog Window Timeout Period
  워치독 타이머가 윈도우 모드로 동작할 때 닫힌 윈도우 주기의 초기값을 설정한다. 리셋 직후 이 값이 워치독 타이머 윈도우 모드 제어 레지스터의 WPER[3:0] 비트에 자동적으로 저장된다.
- WDPER[3:0] : Watchdog Timeout Period
  워치독 타이머가 표준 모드로 동작할 때 타임아웃 주기의 초기값 또는 윈도우 모드로 동작할 때 열린 윈도우 주기의 초기값을 설정한다. 리셋 직후 이 값이 워치독 타이머 제어 레지스터의 PER[3:0] 비트에 자동적으로 저장된다.

▣ NVM 퓨즈 바이트 FUSEBYTE2 - 리셋 설정

	b7	b6	b5	b4	b3	b2	b1	b0	
옵셋 +0x02	-	BOOTRST	-	-	-	-	-	BODPD[1:0]	FUSEBYTE2
읽기/쓰기 기능	R/W	R/W	R/W	R/W	R/W	R/W	R/W	R/W	
리셋후 초기값	1	1	1	1	1	1	1	1	

〈그림 1.2.33〉 NVM 퓨즈 바이트 FUSEBYTE2

- BOOTRST : Boot Loader Section Reset Vector
  이 비트를 1로 두면 응용 프로그램 리셋이 되어 리셋 벡터가 0x0000 번지로 되고, 0으로 프로그램하면 부트로더 리셋이 되어 리셋 벡터가 부트로더 섹션의 첫 번째 번지를 가리킨다.
- BODPD[1:0] : BOD operation in Power-Down Mode
  아이들 모드(idle mode)를 제외한 슬립모드에서 BOD의 동작 모드를 설정한다.
  - 00 = (reserved)
  - 01 = sampled mode로 BOD 기능을 enable함
  - 10 = continuously로 BOD 기능을 enable함
  - 11 = BOD 기능을 disable함

▣ NVM 퓨즈 바이트 FUSEBYTE4 - 스타트업 설정

	b7	b6	b5	b4	b3	b2	b1	b0	
옵셋 +0x04	-	-	-	RSTDISBL	STARTUPTIME[1:0]		WDLOCK	JTAGEN	FUSEBYTE4
읽기/쓰기 기능	R/W	R/W	R/W	R/W	R/W	R/W	R/W	R/W	
리셋후 초기값	1	1	1	1	1	1	1	0	

〈그림 1.2.34〉 NVM 퓨즈 바이트 FUSEBYTE4

- RSTDISBL : External Reset Disable
  외부 리셋 단자의 기능을 금지시킨다.
- STARTUPTIME[1:0] : Start-up Time
  리셋 조건이 해제된 후에 시간지연 카운터에 의해 내부적인 리셋이 끝날 때까지의 시간을 1kHz의 ULP 오실레이터 클록수로 설정한다.
  - 00 = 64 사이클
  - 01 = 4 사이클
  - 10 = (reserved)
  - 11 = 0 사이클
- WDLOCK : Watchdog Timer Lock
  이 비트를 0으로 프로그램하면 리셋 후에 워치독 타이머 제어 레지스터에서 CEN=1로 되어 워치독 타이

머가 인에이블되며, 사용자 프로그램에서 워치독 타이머의 설정을 변경하는 것을 금지시킨다. 그러나, 이처럼 워치독 타이머를 록(lock)시키더라도 워치독 타이머 윈도우 모드 제어 레지스터에서 WCEN 비트는 설정을 변경할 수 있다.

- JTAGEN : JTAG Enable
  JTAG 인터페이스를 허용한다. 이 비트를 1로 하면 JTAG의 사용이 금지되므로 PDI 기능으로만 이 디바이스에 대한 액세스가 가능하다.

▣ NVM 퓨즈 바이트 FUSEBYTE5

	b7	b6	b5	b4	b3	b2	b1	b0	
옵셋 +0x05	-	-	BODACT[1:0]		EESAVE	BODLEVEL[2:0]			FUSEBYTE5
읽기/쓰기 기능	R/W	R/W	R	R	R/W	R/W	R/W	R/W	
리셋후 초기값	1	1	1	1	1	1	1	1	

〈그림 1.2.35〉 NVM 퓨즈 바이트 FUSEBYTE5

- BODACT[1:0] : BOD operation in active mode
  디바이스가 정상으로 동작(active mode)하거나 아이들 모드(idle mode)에 있을 때 BOD의 동작 모드를 설정한다.
  00 = (reserved)
  01 = sampled mode로 BOD 기능을 enable함
  10 = continuously로 BOD 기능을 enable함
  11 = BOD 기능을 disable함
- EESAVE : EEPROM memory is preserved through the Chip Erase
  칩삭제 명령은 플래시 메모리, 내부 SRAM, EEPROM의 내용을 모두 삭제하는데, 이 비트를 0으로 프로그램하면 칩삭제 명령이 EEPROM을 삭제하지 않고 현재의 값을 유지하도록 한다.
- BODLEVEL[2:0] : BOD voltage level
  BOD 전압 레벨을 설정한다. 디바이스의 전원 전압이 이 BOD 레벨보다 낮으면 리셋 상태로 유지된다.
  111 = 1.6V　　011 = 2.4V
  110 = 1.8V　　010 = 2.7V
  101 = 2.0V　　001 = 2.9V
  100 = 2.2V　　000 = 3.2V

▣ NVM 메모리 록 비트 레지스터 LOCKBITS

메모리 록 비트는 메모리 프로그래밍에 관련된 보호기능을 설정하는데 사용되므로 보호기능을 완화하는 것으로 값을 수정할 수는 없다. 그러나, 이를 삭제하는 것은 가능하며 반드시 칩삭제 명령을 사용해야 한다.

이 레지스터는 NVM 모듈에도 또 하나가 있는데 이것들은 동일한 레지스터이므로 어느 쪽에서 사용해도 된다.

	b7	b6	b5	b4	b3	b2	b1	b0	
옵셋 +0x07	BLBB[1:0]		BLBA[1:0]		BLBAT[1:0]		LB[1:0]		LOCKBITS
읽기/쓰기 기능	R/W	R/W	R/W	R/W	R/W	R/W	R/W	R/W	
리셋후 초기값	1	1	1	1	1	1	1	1	

〈그림 1.2.36〉 NVM 메모리 록 비트 레지스터 LOCKBITS

- BLBB[1:0] : Boot Lock Bit of Boot Loader Section
  부트로더 섹션의 메모리 록 모드를 설정한다.
  11 = No Lock. LPM/ELPM/SPM 명령을 사용하여 프로그램 메모리의 부트로더 섹션을 액세스하는데 아

무 제한이 없도록 한다.
10 = Write Lock. SPM 명령으로 프로그램 메모리의 부트로더 섹션을 라이트하는 것이 금지된다.
01 = Read Lock. 응용 프로그램 섹션에서 실행되는 LPM/ELPM 명령으로 프로그램 메모리의 부트로더 섹션을 리드하는 것이 금지된다. 만약 응용 프로그램 섹션에 인터럽트 벡터가 위치한다면 부트로더 섹션이 실행되는 동안에 모든 인터럽트는 금지된다.
00 = Read and Write Lock. SPM 명령으로 프로그램 메모리의 부트로더 섹션을 라이트하는 것이 금지되고, 응용 프로그램 섹션에서 실행되는 LPM/ELPM 명령으로 프로그램 메모리의 부트로더 섹션을 리드하는 것이 금지된다. 만약 응용 프로그램 섹션에 인터럽트 벡터가 위치한다면 부트로더 섹션이 실행되는 동안에 모든 인터럽트는 금지된다.

- BLBA[1:0] : Boot Lock Bit of Application Section
  응용 프로그램 섹션의 메모리 록 모드를 설정한다.
  11 = No Lock. LPM/ELPM/SPM 명령을 사용하여 프로그램 메모리의 응용 프로그램 섹션을 액세스하는데 아무 제한이 없도록 한다.
  10 = Write Lock. SPM 명령으로 프로그램 메모리의 응용 프로그램 섹션을 라이트하는 것이 금지된다.
  01 = Read Lock. 부트로더 섹션에서 실행되는 LPM/ELPM 명령으로 프로그램 메모리의 응용 프로그램 섹션을 리드하는 것이 금지된다. 만약 부트로더 섹션에 인터럽트 벡터가 위치한다면 응용 프로그램 섹션이 실행되는 동안에 모든 인터럽트는 금지된다.
  00 = Read and Write Lock. SPM 명령으로 프로그램 메모리의 응용 프로그램 섹션을 라이트하는 것이 금지되고, 부트로더 섹션에서 실행되는 LPM/ELPM 명령으로 프로그램 메모리의 응용 프로그램 섹션을 리드하는 것이 금지된다. 만약 부트로더 섹션에 인터럽트 벡터가 위치한다면 응용 프로그램 섹션이 실행되는 동안에 모든 인터럽트는 금지된다.
- BLBAT[1:0] : Boot Lock Bit of Application Table Section
  응용 프로그램 테이블 섹션의 메모리 록 모드를 설정한다.
  11 = No Lock. LPM/ELPM/SPM 명령을 사용하여 프로그램 메모리의 응용 프로그램 테이블 섹션을 액세스하는데 아무 제한이 없도록 한다.
  10 = Write Lock. SPM 명령으로 프로그램 메모리의 응용 프로그램 테이블 섹션을 라이트하는 것이 금지된다.
  01 = Read Lock. 부트로더 섹션에서 실행되는 LPM/ELPM 명령으로 프로그램 메모리의 응용 프로그램 테이블 섹션을 리드하는 것이 금지된다. 만약 부트로더 섹션에 인터럽트 벡터가 위치한다면 응용 프로그램 섹션이 실행되는 동안에 모든 인터럽트는 금지된다.
  00 = Read and Write Lock. SPM 명령으로 프로그램 메모리의 응용 프로그램 테이블 섹션을 라이트하는 것이 금지되고, 부트로더 섹션에서 실행되는 LPM/ELPM 명령으로 프로그램 메모리의 응용 프로그램 섹션을 리드하는 것이 금지된다. 만약 부트로더 섹션에 인터럽트 벡터가 위치한다면 응용 프로그램 섹션이 실행되는 동안에 모든 인터럽트는 금지된다.
- LB[1:0] : Lock Bits
  이 비트들은 프로그래밍 모드에서 플래시 메모리와 EEPROM의 록 동작을 설정한다. 이 비트들은 JTAG이나 PDI와 같은 외부 프로그래머를 사용해야만 설정이 가능하며, 이를 삭제하려면 칩삭제 명령을 사용해야 한다.
  11 = No Lock. 어떤 메모리 록도 설정되지 않는다.
  10 = Write Lock. JTAG이나 PDI를 사용하여 플래시 메모리와 EEPROM에 라이트하는 것이 금지된다.
  00 = Read and Write Lock. JTAG이나 PDI를 사용하여 플래시 메모리와 EEPROM을 리드하거나 라이트하는 것이 금지된다. 또한, 퓨즈 비트도 리드하거나 라이트하는 것이 금지된다.

(4) 제품 표시용 바이트

ATxmega 패밀리의 불휘발성 메모리에는 프로그램 메모리나 데이터 메모리 영역과 다르게 독립적인 영역으로 제품 표시용(Production Signature Row) 바이트가 있는데, 이는 제조사에서 값을 설정하는 것이므로 사용자는 외부에서 JTAG/PDI를 사용하여 또는 사용자 프로그램에서 이를 단지 읽는 것만 가능하다.

여기에 있는 캐리브레이션 레지스터중에서 내부 오실레이터의 발진주파수 조정용인 RCOSC2M, RCOSC32K, RCOSC32M 등은 리셋 후 자동적으로 해당 모듈의 캘리브레이션 레지스터에 로드되지만, 나머지 레지스터들은 그렇지 않으므로 만약 이것이 필요하다면 사용자 프로그램에서 직접 읽어서 처리해야 한다.

〈표 1.2.9〉 제품 표시용 바이트 요약

오프셋	레지스터 이름	비트7	비트6	비트5	비트4	비트3	비트2	비트1	비트0
+0x00	RCOSC2M	RCOSC2M[7:0]							
+0x01	(reserved)	–	–	–	–	–	–	–	–
+0x02	RCOSC32K	RCOSC32K[7:0]							
+0x03	RCOSC32M	RCOSC32M[7:0]							
+0x04 ~ +0x07	(reserved)	–	–	–	–	–	–	–	–
+0x08	LOTNUM0	LOTNUM0[7:0]							
+0x09	LOTNUM1	LOTNUM1[7:0]							
+0x0A	LOTNUM2	LOTNUM2[7:0]							
+0x0B	LOTNUM3	LOTNUM3[7:0]							
+0x0C	LOTNUM4	LOTNUM4[7:0]							
+0x0D	LOTNUM5	LOTNUM5[7:0]							
+0x0E	(reserved)	–	–	–	–	–	–	–	–
+0x0F	(reserved)	–	–	–	–	–	–	–	–
+0x10	WAFNUM	WAFNUM[7:0]							
+0x11	(reserved)	–	–	–	–	–	–	–	–
+0x12	COORDX0	COORDX0[7:0]							
+0x13	COORDX1	COORDX1[7:0]							
+0x14	COORDY0	COORDY0[7:0]							
+0x15	COORDY1	COORDY1[7:0]							
+0x16 ~ +0x1F	(reserved)	–	–	–	–	–	–	–	–
+0x20	ADCACAL0	ADCACAL[7:0]							
+0x21	ADCACAL1	ADCACAL[15:8]							
+0x22	(reserved)	–	–	–	–	–	–	–	–
+0x23	(reserved)	–	–	–	–	–	–	–	–
+0x24	ADCBCAL0	ADCBCAL[7:0]							
+0x25	ADCBCAL1	ADCBCAL[15:8]							
+0x26 ~ +0x2D	(reserved)	–	–	–	–	–	–	–	–
+0x2E	TEMPSENSE0	TEMPSENSE[7:0]							
+0x2F	TEMPSENSE1	–	–	–	–	TEMPSENSE[11:8]			
+0x30	DACAOFFCAL	DACAOFFCAL[7:0]							
+0x31	DACAGAINCAL	DACAGAINCAL[7:0]							
+0x32	DACBOFFCAL	DACBOFFCAL[7:0]							
+0x33	DACBGAINCAL	DACBGAINCAL[7:0]							

▣ 내부 2MHz 오실레이터 캘리브레이션 레지스터 RCOSC2M

	b7	b6	b5	b4	b3	b2	b1	b0	
옵셋 +0x00	RCOSC2M[7:0]								**RCOSC2M**
읽기/쓰기 기능	R	R	R	R	R	R	R	R	
리셋후 초기값	x	x	x	x	x	x	x	x	

〈그림 1.2.37〉 내부 2MHz 오실레이터 캘리브레이션 레지스터 RCOSC2M

- RCOSC2M[7:0] : Internal 2MHz oscillator calibration value
  제조사의 생산 공정에서 내부 2MHz 오실레이터를 캘리브레이션한 값을 저장한다. 이것은 리셋 직후 자동적으로 2MHz DFLL의 캘리브레이션 레지스터 B에 로드된다.

▣ 내부 32.768kHz 오실레이터 캘리브레이션 레지스터 RCOSC32K

	b7	b6	b5	b4	b3	b2	b1	b0	
옵셋 +0x02	RCOSC32K[7:0]								**RCOSC32K**
읽기/쓰기 기능	R	R	R	R	R	R	R	R	
리셋후 초기값	x	x	x	x	x	x	x	x	

〈그림 1.2.38〉 내부 32.768kHz 오실레이터 캘리브레이션 레지스터 RCOSC32K

- RCOSC32K[7:0] : Internal 32.768kHz oscillator calibration value
  제조사의 생산 공정에서 내부 32.768kHz 오실레이터를 캘리브레이션한 값을 저장한다. 이것은 리셋 직후 자동적으로 32.768kHz 내부 오실레이터 캘리브레이션 레지스터에 로드된다.

▣ 내부 32MHz 오실레이터 캘리브레이션 레지스터 RCOSC32M

	b7	b6	b5	b4	b3	b2	b1	b0	
옵셋 +0x03	RCOSC32M[7:0]								**RCOSC32M**
읽기/쓰기 기능	R	R	R	R	R	R	R	R	
리셋후 초기값	x	x	x	x	x	x	x	x	

〈그림 1.2.39〉 내부 32MHz 오실레이터 캘리브레이션 레지스터 RCOSC32M

- RCOSC32M[7:0] : Internal 32MHz oscillator calibration value
  제조사의 생산 공정에서 내부 32MHz 오실레이터를 캘리브레이션한 값을 저장한다. 이것은 리셋 직후 자동적으로 32MHz DFLL의 캘리브레이션 레지스터 B에 로드된다.

▣ 생산단위 번호 레지스터 LOTNUM0~5

	b7	b6	b5	b4	b3	b2	b1	b0	
옵셋 +0x08	LOTNUM0[7:0]								**LOTNUM0**
옵셋 +0x09	LOTNUM1[7:0]								**LOTNUM1**
옵셋 +0x0A	LOTNUM2[7:0]								**LOTNUM2**
옵셋 +0x0B	LOTNUM3[7:0]								**LOTNUM3**
옵셋 +0x0C	LOTNUM4[7:0]								**LOTNUM4**
옵셋 +0x0D	LOTNUM5[7:0]								**LOTNUM5**
읽기/쓰기 기능	R	R	R	R	R	R	R	R	
리셋후 초기값	x	x	x	x	x	x	x	x	

〈그림 1.2.40〉 생산단위 번호 레지스터 LOTNUM0~5

- LOTNUM0~5[7:0] : Lot Number Byte 0~5
  제조사의 생산공정에서 각 제품에 해당하는 생산단위 번호(lot number)를 저장한다.

▣ 웨이퍼 번호 레지스터 WAFNUM

	b7	b6	b5	b4	b3	b2	b1	b0	
옵셋 +0x10	WAFNUM								**WAFNUM**
읽기/쓰기 기능	R	R	R	R	R	R	R	R	
리셋후 초기값	x	x	x	x	x	x	x	x	

〈그림 1.2.41〉 웨이퍼 번호 레지스터 WAFNUM

- WAFNUM : Wafer Number
  제조사의 생산공정에서 각 제품에 해당하는 웨이퍼 번호(wafer number)를 저장한다.

▣ 웨이퍼 좌표 레지스터 COORDX0 ~ COORDY1

	b7	b6	b5	b4	b3	b2	b1	b0	
옵셋 +0x12	COORDX0[7:0]								**COORDX0**
옵셋 +0x13	COORDX1[7:0]								**COORDX1**
옵셋 +0x14	COORDY0[7:0]								**COORDY0**
옵셋 +0x15	COORDY1[7:0]								**COORDY1**
읽기/쓰기 기능	R	R	R	R	R	R	R	R	
리셋후 초기값	x	x	x	x	x	x	x	x	

〈그림 1.2.42〉 웨이퍼 좌표 레지스터 COORDX0～1,COORDY0～1

- COORDX0～1[7:0], COORDY0～1[7:0] : Wafer Coordinate X/Y Byte 0～1
  제조사의 생산공정에서 각 제품에 해당하는 웨이퍼의 X, Y좌표를 저장한다.

▣ ADCA 캘리브레이션 레지스터 ADCACAL0~1

	b7	b6	b5	b4	b3	b2	b1	b0	
옵셋 +0x20	ADCACAL[7:0]								**ADCACAL0**
옵셋 +0x21	ADCACAL[15:8]								**ADCACAL1**
읽기/쓰기 기능	R	R	R	R	R	R	R	R	
리셋후 초기값	x	x	x	x	x	x	x	x	

〈그림 1.2.43〉 ADCA 캘리브레이션 레지스터 ADCACAL0～1

- ADCACAL[15:0] : ADCA Calibration Byte 0～1
  제조사의 생산 공정에서 A/D 컨버터 A를 캘리브레이션한 값을 저장한다. 이것은 리셋 직후 자동적으로 로드되지 않으므로 사용자 프로그램에서 ADCA의 CALL 및 CALH 레지스터로 로드해야 한다.

▣ ADCB 캘리브레이션 레지스터 ADCBCAL0~1

	b7	b6	b5	b4	b3	b2	b1	b0	
옵셋 +0x24	ADCBCAL[7:0]								**ADCBCAL0**
옵셋 +0x25	ADCBCAL[15:8]								**ADCBCAL1**
읽기/쓰기 기능	R	R	R	R	R	R	R	R	
리셋후 초기값	x	x	x	x	x	x	x	x	

〈그림 1.2.44〉 ADCB 캘리브레이션 레지스터 ADCBCAL0～1

- ADCBCAL[15:0] : ADCB Calibration Byte 0～1
  제조사의 생산 공정에서 A/D 컨버터 B를 캘리브레이션한 값을 저장한다. 이것은 리셋 직후 자동적으로 로드되지 않으므로 사용자 프로그램에서 ADCB의 CALL 및 CALH 레지스터로 로드해야 한다.

▣ 온도센서 캘리브레이션 레지스터 TEMPSENSE0~1

	b7	b6	b5	b4	b3	b2	b1	b0	
옵셋 +0x2E	TEMPSENSE[7:0]								**TEMPSENSE0**
옵셋 +0x2F	–	–	–	–	TEMPSENSE[11:8]				**TEMPSENSE1**
읽기/쓰기 기능	R	R	R	R	R	R	R	R	
리셋후 초기값	x	x	x	x	x	x	x	x	

〈그림 1.2.45〉 온도센서 캘리브레이션 레지스터 TEMPSENSE0～1

- TEMPSENSE[11:0] : Temperature Sensor Calibration Byte 0～1
  제조사의 생산 공정에서 85℃로 설정하고 온도센서를 읽은 값을 저장한다. 이것은 온도센서의 단일 포인트 또는 멀티 포인트 캘리브레이션에 사용될 수 있다.

▣ DACA 오프셋 캘리브레이션 레지스터 DACAOFFCAL

	b7	b6	b5	b4	b3	b2	b1	b0	
옵셋 +0x30	DACAOFFCAL[7:0]								DACAOFFCAL
읽기/쓰기 기능	R	R	R	R	R	R	R	R	
리셋후 초기값	0	0	0	0	x	x	x	x	

〈그림 1.2.46〉 DACA 오프셋 캘리브레이션 레지스터 DACAOFFCAL

• DACAOFFCAL[7:0] : DACA Offset Calibration Byte
제조사의 생산 공정에서 D/A 컨버터 A의 오프셋을 캘리브레이션한 값을 저장한다. 이것은 리셋 직후 자동적으로 로드되지 않으므로 사용자가 DACA의 오프셋 캘리브레이션 레지스터로 로드해야 한다.

▣ DACA 이득 캘리브레이션 레지스터 DACAGAINCAL

	b7	b6	b5	b4	b3	b2	b1	b0	
옵셋 +0x31	DACAGAINCAL[7:0]								DACAGAINCAL
읽기/쓰기 기능	R	R	R	R	R	R	R	R	
리셋후 초기값	0	0	0	0	x	x	x	x	

〈그림 1.2.47〉 DACA 이득 캘리브레이션 레지스터 DACAGAINCAL

• DACAGAINCAL[7:0] : DACA Gain Calibration Byte
제조사의 생산 공정에서 D/A 컨버터 A의 이득을 캘리브레이션한 값을 저장한다. 이것은 리셋 직후 자동적으로 로드되지 않으므로 사용자가 DACA의 이득 캘리브레이션 레지스터로 로드해야 한다.

▣ DACB 오프셋 캘리브레이션 레지스터 DACBOFFCAL

	b7	b6	b5	b4	b3	b2	b1	b0	
옵셋 +0x32	DACBOFFCAL[7:0]								DACBOFFCAL
읽기/쓰기 기능	R	R	R	R	R	R	R	R	
리셋후 초기값	0	0	0	0	x	x	x	x	

〈그림 1.2.48〉 DACB 오프셋 캘리브레이션 레지스터 DACBOFFCAL

• DACBOFFCAL[7:0] : DACB Offset Calibration Byte
제조사의 생산 공정에서 D/A 컨버터 B의 오프셋을 캘리브레이션한 값을 저장한다. 이것은 리셋 직후 자동적으로 로드되지 않으므로 사용자가 DACB의 오프셋 캘리브레이션 레지스터로 로드해야 한다.

▣ DACB 이득 캘리브레이션 레지스터 DACBGAINCAL

	b7	b6	b5	b4	b3	b2	b1	b0	
옵셋 +0x33	DACBGAINCAL[7:0]								DACBGAINCAL
읽기/쓰기 기능	R	R	R	R	R	R	R	R	
리셋후 초기값	0	0	0	0	x	x	x	x	

〈그림 1.2.49〉 DACB 이득 캘리브레이션 레지스터 DACBGAINCAL

• DACBGAINCAL[7:0] : DACB Gain Calibration Byte
제조사의 생산 공정에서 D/A 컨버터 B의 이득을 캘리브레이션한 값을 저장한다. 이것은 리셋 직후 자동적으로 로드되지 않으므로 사용자가 DACB의 이득 캘리브레이션 레지스터로 로드해야 한다.

(5) 사용자 표시용 바이트

ATxmega 패밀리의 불휘발성 메모리에는 프로그램 메모리나 데이터 메모리 영역과 다르게 독립적인 영역으로 사용자 표시용(Production Signature Row) 바이트가 있는데, 이는 사용자 프로그램에서나 JTAG/PDI 등의 외부 프로그래머로 모두 리드 및 라이트가 가능하다.

사용자 표시용 바이트는 1페이지의 플래시 메모리로 구성되며, 캘리브레이션 데이터, 사용자의 시리얼 넘버, ID 번호, 난수 발생을 위한 seed 등을 저장하는데 사용할 수 있다. 이것은 칩삭제 명령으로 지워지지 않으며, 반드시 NVM 제어기에서 전용의 삭제명령을 사용해야만 지울 수 있다.

5. ATxmega 패밀리의 메모리 프로그래밍

ATxmega 패밀리의 마이크로컨트롤러에는 플래시 프로그램 메모리, 사용자 표시용 바이트, 캘리브레이션 바이트, 퓨즈 바이트 및 메모리 록 비트, EEPROM 등과 같은 불휘발성 메모리(NVM ; Non-Volatile Memory)를 가지고 있다. 여기서는 이것들을 프로그램하는 방법에 대하여 설명한다.

이들 불휘발성 메모리를 리드/라이트 액세스하는 방법에는 사용자 응용 프로그램에서 수행하는 셀프 프로그래밍 방법과 PDI나 JTAG과 같은 외부 프로그래머를 사용하는 방법의 2가지가 있다. 어떤 방법을 사용하든지 ATxmega 패밀리 마이크로컨트롤러의 내부에서는 NVM 제어기가 이 기능을 수행한다. NVM 제어기는 불휘발성 메모리에 관련된 기능을 수행할 때 항상 어드레스 레지스터, 데이터 레지스터, 명령 레지스터에 미리 값을 써놓은 상태에서 명령을 트리거시키는 방법으로 수행한다.

사용자 프로그램에서 플래시 메모리나 EEPROM을 리드/라이트하는 것을 셀프 프로그래밍(self-programming)이라고 한다. 셀프 프로그래밍 방법으로는 플래시 프로그램 메모리, 사용자 표시용 바이트, 메모리 록 비트, EEPROM을 리드 및 라이트할 수 있고, 캘리브레이션 바이트와 퓨즈 바이트는 읽는 것만 가능하다. 플래시 메모리에 대해서는 Read-While-Write 기능이 가능하다. 즉, 플래시 메모리를 프로그램하고 있는 동안에 CPU가 플래시 메모리로부터 명령을 인출하여 실행할 수 있다는 것이다.

셀프 프로그래밍에서 응용 프로그램 섹션에 있는 사용자 프로그램으로는 플래시 메모리, 사용자 표시용 바이트, 캘리브레이션 바이트, 퓨즈 바이트를 읽는 것이 가능하고, EEPROM을 읽거나 쓰는 것이 가능하다. 그러나, 부트로더 섹션에 있는 사용자 프로그램으로는 플래시 메모리, 사용자 표시용 바이트, EEPROM을 읽거나 쓰는 것이 가능하고, 메모리 록 비트를 쓰는 것이 가능하다.

외부 프로그래밍 방법으로는 캘리브레이션 바이트를 제외한 모든 불휘발성 메모리에 대하여 리드 및 라이트가 가능하며, 캘리브레이션 바이트는 읽는 동작만 가능하다. PDI나 JTAG은 모두 내부적으로는 PDI로 동작하며, 이것은 ISP(In-System Programming) 방식으로 동작한다.

셀프 프로그래밍이나 외부 프로그래밍 방법은 모두 플래시 메모리에 대하여 자동 CRC(Cyclic Redundancy Check) 기능을 사용할 수 있다. 또한, 불휘발성 메모리에 대하여는 리드 또는 라이트 동작이 불가능하도록 메모리 록 기능을 설정할 수 있다.

(1) NVM 제어기

불휘발성 메모리 액세스에 필요한 모든 기능은 NVM 제어기(NVM Controller)가 수행하는데, 이것은 불휘발성 메모리 액세스에 관한 타이밍이나 권한을 제어하며 불휘발성 메모리의 상태를 표시한다. 불휘발성 메모리의 액세스 동작은 명령에 의하여 이루어지는데, 이를 위해서는 메모리 리드/라이트를 수행하는데 필요한 어드레스 및 데이터를 각각 어드레스 레지스터와 데이터 레지스터에 써넣고 명령 레지스터에 명령을 써넣은 후에 명령을 트리거해야 한다. NVM 명령에는 다음과 같은 3가지의 형태가 있다.

① 동작 트리거 명령(Action Triggered Command) - NVM 제어 레지스터 CTRLA의 CMDEX 비트를 1로 설정하는 것으로 트리거시키는 명령이다.

② NVM 리드 트리거 명령(NVM Read Triggered Command) - NVM 메모리를 리드함으로써 트리거되는 명령이다.

③ NVM 라이트 트리거 명령(NVM Write Triggered Command) - NVM 메모리를 라이트함으로써 트리거되는 명령이다.

NVM 제어기가 현재 어떤 명령을 수행중이면 busy 상태로 되는데, 만약 NVM 상태 레지스터에서 NVMBUSY 플랙이 1이면 NVM 제어 레지스터, 어드레스 레지스터, 데이터 레지스터, 명령 레지스터에 대한 라이트 동작이 금지된다. 만약, NVM에 대한 프로그램이 수행중이라면 NVM에 대한 또 다른 프로그램 동작, 플래시와 EEPROM의 페이지 버퍼에 대한 로드 또는 삭제 동작, 외부 프로그래머를 사용한 NVM 리드 동작, 응용 프로그램 섹션에서의 NVM 리드 동작은 모두 금지된다.

〈표 1.2.10〉 NVM 제어기의 I/O 레지스터 요약

오프셋	레지스터 이름	비트7	비트6	비트5	비트4	비트3	비트2	비트1	비트0
+0x00	NVM_ADDR0	ADDR[7:0]							
+0x01	NVM_ADDR1	ADDR[15:8]							
+0x02	NVM_ADDR2	ADDR[23:16]							
+0x03	(reserved)	–	–	–	–	–	–	–	–
+0x04	NVM_DATA0	DATA[7:0]							
+0x05	NVM_DATA1	DATA[15:8]							
+0x06	NVM_DATA2	DATA[23:16]							
+0x07	(reserved)	–	–	–	–	–	–	–	–
+0x08	(reserved)	–	–	–	–	–	–	–	–
+0x09	(reserved)	–	–	–	–	–	–	–	–
+0x0A	NVM_CMD	–	DATA[6:0]						
+0x0B	NVM_CTRLA	–	–	–	–	–	–	–	CMDEX
+0x0C	NVM_CTRLB	–	–	–	–	EEMAPEN	FPRM	EPRM	SPMLOCK
+0x0D	NVM_INTCTRL	–	–	–	–	SPMLVL[1:0]		EELVL[1:0]	
+0x0E	(reserved)	–	–	–	–	–	–	–	–
+0x0F	NVM_STATUS	NVMBUSY	FBUSY	–	–	–	–	EELOAD	FLOAD
+0x10	NVM_LOCKBITS	BLBB[1:0]		BLBA[1:0]		BLBAT[1:0]		LB[1:0]	

▣ NVM 어드레스 레지스터 ADDR0~2

	b7	b6	b5	b4	b3	b2	b1	b0	
옵셋 +0x00	ADDR[7:0]								ADDR0
옵셋 +0x01	ADDR[15:8]								ADDR1
옵셋 +0x02	ADDR[23:16]								ADDR2
읽기/쓰기 기능	R/W	R/W	R/W	R/W	R/W	R/W	R/W	R/W	
리셋후 초기값	0	0	0	0	0	0	0	0	

〈그림 1.2.50〉 NVM 어드레스 레지스터 ADDR0~2

- ADDR[23:0] : NVM Address Register Byte 0~2
  NVM을 액세스할 때 필요한 어드레스 값을 지정한다.

▣ NVM 데이터 레지스터 DATA0~2

	b7	b6	b5	b4	b3	b2	b1	b0	
옵셋 +0x04	DATA[7:0]								DATA0
옵셋 +0x05	DATA[15:8]								DATA1
옵셋 +0x06	DATA[23:16]								DATA2
읽기/쓰기 기능	R/W	R/W	R/W	R/W	R/W	R/W	R/W	R/W	
리셋후 초기값	0	0	0	0	0	0	0	0	

〈그림 1.2.51〉 NVM 데이터 레지스터 DATA0~2

- DATA[23:0] : NVM Data Register Byte 0~3
  NVM을 액세스할 때 필요한 데이터 값을 지정한다.

▣ NVM 명령 레지스터 CMD

	b7	b6	b5	b4	b3	b2	b1	b0	
옵셋 +0x0A	–	CMD[6:0]							CMD
읽기/쓰기 기능	R	R	R/W	R/W	R/W	R/W	R/W	R/W	
리셋후 초기값	0	0	0	0	0	0	0	0	

〈그림 1.2.52〉 NVM 명령 레지스터 CMD

- CMD[6:0] : NVM Command
  플래시 메모리를 프로그램하기 위한 명령을 지정한다. 비트6은 외부 프로그래머가 사용될 때 1로 표시된다.

▣ NVM 제어 레지스터 CTRLA

	b7	b6	b5	b4	b3	b2	b1	b0	
옵셋 +0x0B	–	–	–	–	–	–	–	CMDEX	**CTRLA**
읽기/쓰기 기능	R	R	R	R	R	R	R	R/W	
리셋후 초기값	0	0	0	0	0	0	0	0	

〈그림 1.2.53〉 NVM 제어 레지스터 CTRLA

- CMDEX : NVM Command Execute
  이 비트에 1을 라이트하면 CMD 레지스터에 있는 명령이 실행된다. 이것은 CCP 레지스터에 의하여 보호된 비트이다.

▣ NVM 제어 레지스터 CTRLB

	b7	b6	b5	b4	b3	b2	b1	b0	
옵셋 +0x0C	–	–	–	–	EEMAPEN	FPRM	EPRM	SPMLOCK	**CTRLB**
읽기/쓰기 기능	R	R	R	R	R/W	R/W	R/W	R/W	
리셋후 초기값	0	0	0	0	0	0	0	0	

〈그림 1.2.54〉 NVM 제어 레지스터 CTRLB

- EEMAPEN : EEPROM Data Memory Mapping Enable
  이 비트를 1로 하면 EEPROM을 데이터 메모리 영역으로 매핑하여 LD/LDS/LDD 및 ST/STS/STD 명령으로 액세스하는 것이 가능해진다.
- FPRM : Flash Power Reduction Mode
  이 비트를 1로 하면 플래시 메모리가 턴오프(turn off)되어 소비전력이 절감되며 마치 슬립 모드에 있는 것처럼 액세스가 불가능해진다. 현재 명령 코드가 응용 프로그램 섹션에서 동작하고 있다면 부트로더 섹션이 턴오프되며, 반대로 현재 명령 코드가 부트로더 섹션에서 동작하고 있다면 응용 프로그램 섹션이 턴오프된다.
- EPRM : EEPROM Power Reduction Mode
  이 비트를 1로 하면 EEPROM이 턴오프되어 소비전력이 절감되며 슬립 모드로 들어간다.
- SPMLOCK : SPM Locked
  이 비트를 1로 하면 SPM 명령의 사용이 금지되어 모든 셀프 프로그래밍이 불가능해진다. 이 비트가 1로 되면 오직 시스템 리셋으로만 클리어할 수 있다. 이것은 CCP 레지스터에 의하여 보호된 비트이다.

▣ NVM 인터럽트 제어 레지스터 INTCTRL

	b7	b6	b5	b4	b3	b2	b1	b0	
옵셋 +0x0D	–	–	–	–	SPMLVL[1:0]		EELVL[1:0]		**INTCTRL**
읽기/쓰기 기능	R	R	R	R	R/W	R/W	R/W	R/W	
리셋후 초기값	0	0	0	0	0	0	0	0	

〈그림 1.2.55〉 NVM 인터럽트 제어 레지스터 INTCTRL

- SPMLVL[1:0] : SPM Ready Interrupt Level
  이 비트는 SPM Ready 인터럽트를 허용하고 인터럽트 우선순위 레벨을 설정한다. 이 인터럽트는 NVM 상태 레지스터 STATUS의 NVMBUSY 플랙이 0으로 될 때 발생한다.
- EELVL[1:0] : EEPROM Ready Interrupt Level
  이 비트는 EEPROM Ready 인터럽트를 허용하고 인터럽트 우선순위 레벨을 설정한다. 이 인터럽트는 NVM 상태 레지스터 STATUS의 NVMBUSY 플랙이 0으로 될 때 발생한다.

▣ NVM 상태 레지스터 STATUS

	b7	b6	b5	b4	b3	b2	b1	b0	
옵셋 +0x0F	NVMBUSY	FBUSY	–	–	–	–	EELOAD	FLOAD	STATUS
읽기/쓰기 기능	R	R	R	R	R	R	R	R	
리셋후 초기값	0	0	0	0	0	0	0	0	

〈그림 1.2.56〉 NVM 상태 레지스터 STATUS

- NVMBUSY : NVM Busy
  이 비트는 플래시 메모리, EEPROM, 메모리 록 비트 등의 NVM이 프로그램 동작중이라서 busy 상태에 있음을 나타낸다. 프로그램 동작이 시작되면 이 비트가 1로 되며, 프로그램이 끝나면 다시 0으로 된다.
- FBUSY : Flash Section Busy
  이 비트는 플래시 메모리의 페이지 삭제 또는 페이지 라이트 동작이 수행되고 있음을 나타낸다. 프로그램 동작이 진행되고 있어서 이 비트가 1일 때는 응용 프로그램 섹션이 액세스되지 않는다.
- EELOAD : EEPROM Page Buffer Active Loading
  이 비트는 EEPROM 페이지 버퍼에 1바이트 이상이 로드되어 있음을 나타낸다. 1바이트의 데이터가 NVM 데이터 레지스터에 들어있고 EEPROM 로드 명령이 수행되면 NVM 데이터 레지스터의 내용이 EEPROM 페이지 버퍼에 써지면서 EELOAD 플랙이 1로 된다. EEPROM 페이지 라이트 명령이 수행되거나 EEPROM 페이지 버퍼 삭제 명령이 수행되면 이 비트는 다시 0으로 된다.
- FLOAD : Flash Page Buffer Active Loading
  이 비트는 플래시 페이지 버퍼에 1바이트 이상이 로드되어 있음을 나타낸다. 1바이트의 데이터가 NVM 데이터 레지스터에 들어있고 플래시 로드 명령이 수행되면 NVM 데이터 레지스터의 내용이 플래시 페이지 버퍼에 써지면서 FLOAD 플랙이 1로 된다. 응용 프로그램 또는 부트로더 페이지 라이트 명령이 수행되거나 페이지 버퍼 삭제 명령이 수행되면 이 비트는 다시 0으로 된다.

▣ NVM 메모리 록 비트 레지스터 LOCKBITS

	b7	b6	b5	b4	b3	b2	b1	b0	
옵셋 +0x07	BLBB[1:0]		BLBA[1:0]		BLBAT[1:0]		LB[1:0]		LOCKBITS
읽기/쓰기 기능	R	R	R	R	R	R	R	R	
리셋후 초기값	1	1	1	1	1	1	1	1	

〈그림 1.2.57〉 NVM 메모리 록 비트 레지스터 LOCKBITS

☞ 이 레지스터는 앞의 <그림 1.2.36>에서 설명한 LOCKBITS와 동일한 레지스터이다. 퓨즈 바이트에 이어져 있는 경우에는 외부 프로그래머에 의하여 이것을 리드/라이트할 수 있지만, NVM 제어 모듈에 있는 경우에는 사용자 프로그램에서 이를 읽는 것만 가능하다.

(2) 플래시 메모리 프로그래밍

플래시 메모리는 항상 페이지 단위로 내용이 업데이트되어야 하며, 이를 위해 플래시 메모리에는 페이지 버퍼를 가지고 있어서 먼저 이 페이지 버퍼에 내용을 채워놓고 이를 지정된 페이지로 라이트하는 방법으로 프로그램한다.

플래시 메모리의 페이지 크기는 ATxmega 패밀리의 각 모델에 따라 다른데 이를 정리하면 <표 1.2.11>과 같다. 이 표에서 FPAGE는 플래시 메모리의 페이지를 지정하는 상위 어드레스 비트(페이지 어드레스)를 나타내고, 또한 FWORD는 각 페이지에서 워드를 표시하는 하위 어드레스 비트(페이지 내부의 오프셋 어드레스)를 나타낸다.

<표 1.2.11> ATxmega 패밀리의 플래시 메모리 페이지 버퍼

(a) ATxmega A1 패밀리

모델명	플래시 메모리 용량(바이트)	페이지 크기(워드)	FPAGE	FWORD	응용 프로그램 섹션		부트로더 섹션	
					크기(바이트)	페이지수	크기(바이트)	페이지수
ATxmega64A1	64K+4K	128	Z[16:8]	Z[7:1]	64K	256	4K	16
ATxmega128A1	128K+8K	256	Z[17:9]	Z[8:1]	128K	256	8K	16
ATxmega192A1	192K+8K	256	Z[18:9]	Z[8:1]	192K	384	8K	16
ATxmega256A1	256K+8K	256	Z[18:9]	Z[8:1]	256K	512	8K	16
ATxmega384A1	384K+8K	256	Z[19:9]	Z[8:1]	384K	768	8K	16

(b) ATxmega A3 패밀리

모델명	플래시 메모리 용량(바이트)	페이지 크기(워드)	FPAGE	FWORD	응용 프로그램 섹션		부트로더 섹션	
					크기(바이트)	페이지수	크기(바이트)	페이지수
ATxmega64A3	64K+4K	128	Z[16:8]	Z[7:1]	64K	256	4K	16
ATxmega128A3	128K+8K	256	Z[17:9]	Z[8:1]	128K	256	8K	16
ATxmega192A3	192K+8K	256	Z[18:9]	Z[8:1]	192K	384	8K	16
ATxmega256A3	256K+8K	256	Z[18:9]	Z[8:1]	256K	512	8K	16

(c) ATxmega A4 패밀리

모델명	플래시 메모리 용량(바이트)	페이지 크기(워드)	FPAGE	FWORD	응용 프로그램 섹션		부트로더 섹션	
					크기(바이트)	페이지수	크기(바이트)	페이지수
ATxmega16A4	16K+4K	128	Z[13:7]	Z[6:0]	16K	64	4K	16
ATxmega32A4	32K+4K	128	Z[14:7]	Z[6:0]	32K	128	4K	16
ATxmega64A4	64K+4K	128	Z[15:7]	Z[6:0]	64K	128	4K	16
ATxmega128A4	128K+8K	256	Z[16:8]	Z[7:0]	128K	256	8K	16

플래시 페이지 버퍼는 로드하기 전에 먼저 지워져야 하며 한번에 1워드씩 채워진다. 플래시 페이지 버퍼에서 로드되지 않은 번지의 내용은 0xFFFF로 되어 있다. 이미 로드된 번지에 또다시 데이터를 로드하면 플래시 페이지 버퍼가 깨진다. 플래시 페이지 버퍼는 시스템 리셋, 플래시 페이지를 라이트하는 명령, 플래시 페이지를 삭제하고 라이트하는 명령, 사용자 표시용 바이트를 라이트하는 명령, 메모리 록 비트를 라이트하는 명령 등에 의하여 지워진다.

플래시 메모리를 페이지 방식으로 프로그램하려면 페이지 버퍼에 내용을 채우고, 플래시 메모리의 해당 페이지를 삭제하며, 이 페이지 버퍼의 내용을 플래시 메모리의 페이지로 라이트해야 한다. 만약, 삭제되지 않은 플래시 메모리 페이지에 프로그래밍을 시도하면 이 페이지의 내용이 깨질 것이다. 플래시 페이지 버퍼를 채우는 것은 플래시 메모리 페이지를 삭제하기 전에 수행해도 되고, 먼저 플래시 메모리 페이지를 삭제하고 나서 플래시 페이지 라이트를 수행해도 된다.

따라서, 플래시 메모리에서 페이지 프로그램을 수행하는 절차는 다음과 같이 3가지 방법이 가능하다.

방법1 : ① 플래시 페이지 버퍼를 채운다.
② 플래시 페이지를 삭제한다.
③ 플래시 페이지 라이트 명령을 수행한다.

방법2 : ① 플래시 페이지 버퍼를 채운다.
② 플래시 페이지 삭제 및 라이트 명령을 수행한다.

방법3 : ① 플래시 페이지를 삭제한다.
② 플래시 페이지 버퍼를 채운다.
③ 플래시 페이지 라이트 명령을 수행한다.

플래시 메모리의 리드나 라이트 동작을 보호하려면 메모리 록 비트를 사용하여 응용 프로그램이나 외부 프로그래머의 접근을 제한하도록 설정하면 된다. 전원 VCC가 최소 동작전압의 범위 이하로 떨어지면 NVM에서 읽은 데이터나 NVM에 라이트한 데이터가 깨질 수 있다. 이러한 사고를 방지하려면 BOD 기능을 설정하여 저전압일 때 시스템 리셋이 걸리도록 하면 된다. 시스템 리셋이 발생하면 프로그래밍 절차는 즉시 중단되며, 나중에 리셋이 해제되면 중단되었던 NVM 프로그래밍 동작을 다시 수행해야 한다.

▣ 플래시 메모리 프로그래밍

부트로더(Boot Loader)는 사용자 프로그램을 매우 편리하게 마이크로컨트롤러의 플래시 메모리에 다운로드할 수 있도록 RWW(Read-While-Write)로 셀프 프로그램하는 것을 가능하게 해준다. 부트로더는 어떤 직렬통신을 사용하든 프로그램 명령 코드를 읽어서 부트로더 섹션이나 응용 프로그램 섹션의 어느 플래시 메모리라도 이를 라이트(write 또는 program)할 수 있다.

부트로더가 응용 프로그램 섹션의 플래시 메모리를 삭제하거나 라이트하는 동안에는 부트로더 섹션으로부터 명령코드를 읽어서 실행할 수 있다. 그러나, 부트로더가 부트로더 섹션의 플래시 메모리를 삭제하거나 라이트하는 동안에는 부트로더 섹션으로부터 명령코드를 읽지 못하고 CPU가 일시적으로 정지해야 한다. 이 때문에 <그림 1.2.58>에 보인 것처럼 응용 프로그램 섹션을 RWW(Read-While-Write) 영역이라고 부르고, 부트로더 섹션을 NRWW(No Read-While-Write) 영역이라고 부른다. 사용자 표시용 바이트 영역도 NRWW 영역에 속한다.

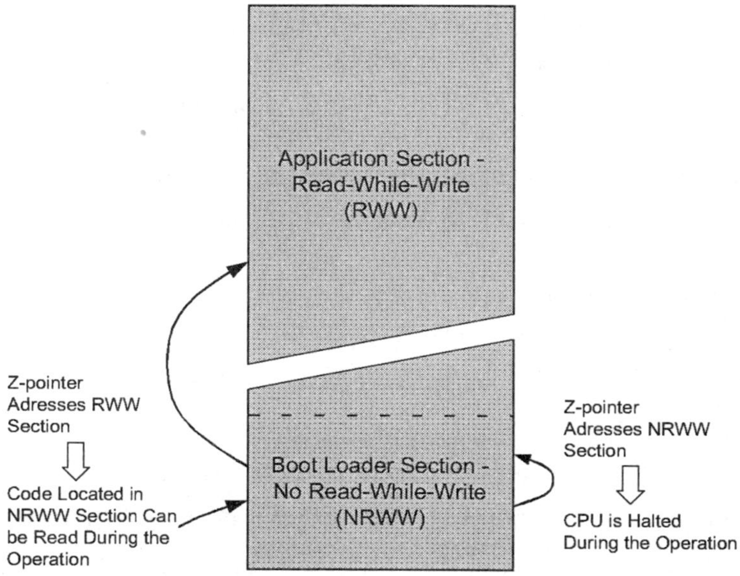

〈그림 1.2.58〉 Read-While-Write 영역과 No Read-While-Write 영역

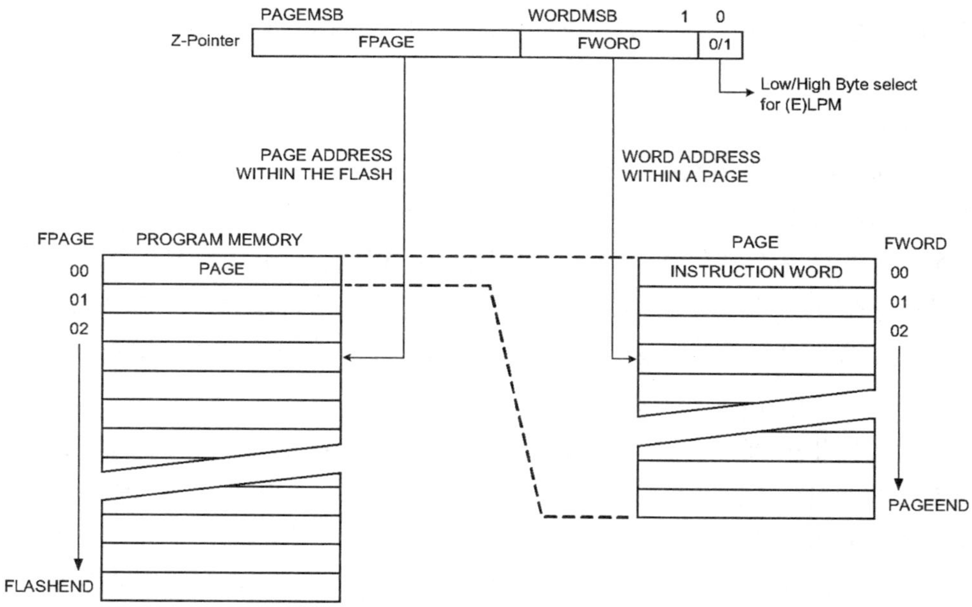

〈그림 1.2.59〉 셀프 프로그래밍에서 플래시 메모리의 어드레스 지정

플래시 메모리를 리드 또는 라이트할 때는 어드레스를 Z 포인터 레지스터로 가리키며, 플래시 메모리가 64KB를 넘는 영역인 경우에는 상위 어드레스에 RAMPZ 레지

스터를 추가로 사용한다. 플래시 메모리는 페이지와 그 내부의 워드들로 구성되기 때문에 이를 어드레싱하기 위한 Z 레지스터도 페이지 어드레스 부분과 워드 어드레스 부분으로 나누어진다. <그림 1.2.59>에 보인 것처럼 Z 레지스터 상위의 FPAGE 부분은 페이지 어드레스를 나타내며, 하위의 FWORD 부분은 페이지 내부에서 워드 어드레스를 나타낸다. 그런데, LPM/ELPM 명령을 사용한 플래시 메모리 리드 동작은 바이트 단위로 이루어진다. 따라서, Z 레지스터의 최하위 바이트는 1개의 워드에서 2개의 바이트를 구분하는 주소로 사용되어, 0이면 하위 바이트를 표시하고 1이면 상위 바이트를 표시한다. FPAGE와 FWORD의 크기는 ATxmega 패밀리의 모델에 따라 다르며 이를 앞의 <표 1.2.11>에서 보인 바 있다.

▣ 플래시 메모리 셀프 프로그래밍 명령

플래시 프로그램 메모리나 사용자 표시용 바이트, 캘리브레이션 바이트 등을 액세스하는 NVM 셀프 프로그래밍 명령은 <표 1.2.12>에 보였으며, 퓨즈 바이트나 메모리 록 비트와 관련된 셀프 프로그래밍 명령은 <표 1.2.13>에 보였다. 이들 메모리의 셀프 프로그래밍에서 동작 트리거 명령은 NVM 제어 레지스터 CTRLA의 CMDEX 비트를 1로 설정하면 트리거되고, 리드 트리거 명령은 CPU의 LPM/ELPM 명령을 실행하면 트리거되며, 라이트 트리거 명령은 CPU의 SPM 명령을 실행하면 트리거된다.

플래시 메모리의 셀프 프로그래밍에서는 프로그램 오류나 기타의 잘못으로 메모리의 내용이 변경되는 것을 방지하기 위하여 CCP 보호기능을 가진다. LPM 또는 SPM 명령으로 트리거되는 셀프 프로그래밍 명령에서 CCP 보호기능을 수행하기 위해서는

① CCP 레지스터에 지정된 값(signature) 0x9D를 써넣는다.
② 4클록 사이클 이내에 LPM 또는 SPM 명령을 실행한다.

의 절차로 수행하면 된다. 그러나, NVM 제어 레지스터 CTRLA의 CMDEX 비트로 트리거되는 셀프 프로그래밍 명령에서 CCP 보호기능을 수행하기 위해서는

① CCP 레지스터에 지정된 값(signature) 0xD8을 써넣는다.
② 4클록 사이클 이내에 CTRLA 레지스터의 CMDEX 비트에 1을 써넣는다.

의 절차로 수행하면 된다.

플래시 메모리의 셀프 프로그래밍 명령들의 자세한 기능이나 사용법에 대하여는 여기서 설명하지 않으므로 XMEGA A Microcontroller Manual을 참조하기 바란다.

〈표 1.2.12〉 플래시 메모리의 셀프 프로그래밍 명령

CMD[6:0]	Group Configuration	Description	Trigger	CPU Halted	NVM Busy	Change Protected	Address pointer	Data register
0x00	NO_OPERATION	No Operation / Read Flash	-/(E)LPM	-/N	N	-/N	-/ Z-pointer	-/Rd
Flash Page Buffer								
0x23	LOAD_FLASH_BUFFER	Load Flash Page Buffer	SPM	N	N	N	Z-pointer	R1:R0
0x26	ERASE_FLASH_BUFFER	Erase Flash Page Buffer	CMDEX	N	Y	Y	Z-pointer	-
Flash								
0x2B	ERASE_FLASH_PAGE	Erase Flash Page	SPM	N/Y(2)	Y	Y	Z-pointer	-
0x02E	WRITE_FLASH_PAGE	Write Flash Page	SPM	N/Y(2)	Y	Y	Z-pointer	-
0x2F	ERASE_WRITE_FLASH_PAGE	Erase & Write Flash Page	SPM	N/Y(2)	Y	Y	Z-pointer	-
0x3A	FLASH_RANGE_CRC(3)	Flash Range CRC	CMDEX	Y	Y	Y	DATA/ADDR(1)	DATA
Application Section								
0x20	ERASE_APP	Erase Application Section	SPM	Y	Y	Y	Z-pointer	-
0x22	ERASE_APP_PAGE	Erase Application Section Page	SPM	N	Y	Y	Z-pointer	-
0x24	WRITE_APP_PAGE	Write Application Section Page	SPM	N	Y	Y	Z-pointer	-
0x25	ERASE_WRITE_APP_PAGE	Erase & Write Application Section Page	SPM	N	Y	Y	Z-pointer	-
0x38	APP_CRC	Application Section CRC	CMDEX	Y	Y	Y	-	DATA
Boot Loader Section								
0x2A	ERASE_BOOT_PAGE	Erase Boot Loader Section Page	SPM	Y	Y	Y	Z-pointer	-
0x2C	WRITE_BOOT_PAGE	Write Boot Loader Section Page	SPM	Y	Y	Y	Z-pointer	-
0x2D	ERASE_WRITE_BOOT_PAGE	Erase & Write Boot Loader Section Page	SPM	Y	Y	Y	Z-pointer	-
0x39	BOOT_CRC	Boot Loader Section CRC	CMDEX	Y	Y	Y	-	DATA
User Signature Row								
0x03	READ_USER_SIG_ROW	Read User Signature Row	LPM	N	N	N	Z-pointer	Rd
0x18	ERASE_USER_SIG_ROW	Erase User Signature Row	SPM	Y	Y	Y	-	-
0x1A	WRITE_USER_SIG_ROW	Write User Signature Row	SPM	Y	Y	Y	-	-
Calibration Row								
0x02	READ_CALIB_ROW	Read Calibration Row	LPM	N	N	N	Z-pointer	Rd

Notes: 1. The Flash Range CRC command used byte addressing of the Flash.
2. Will depend on the flash section (Application or Boot Loader) that is actually addressed.
3. This command is qualified with the Lock Bits, and requires that the Boot Lock Bits are unprogrammed.

〈표 1.2.13〉 퓨즈 바이트 및 메모리 록 비트 관련 셀프 프로그래밍 명령

CMD[6:0]	Group Configuration	Description	Trigger	CPU Halted	Change Protected	Address pointer	Data register	NVM Busy
0x00	NO_OPERATION	No Operation	-	-	-	-	-	-
Fuses and Lock Bits								
0x07	READ_FUSES	Read Fuses	CMDEX	N	N	ADDR	DATA	Y
0x08	WRITE_LOCK_BITS	Write Lock Bits	CMDEX	N	Y	ADDR	-	Y

플래시 프로그램 메모리에 대하여는 자동으로 CRC를 수행하는 것이 가능하다. CRC 기능은 소프트웨어로 수행할 수도 있고 외부 프로그래머로 수행할 수도 있다. 일단 CRC 동작이 시작되면 CRC 동작이 완료되어 체크섬(checksum) 값이 NVM 데이터 레지스터에 저장될 때까지 CPU가 정지(halt)된다. CRC 동작을 수행하는데는 CRC 어드레스 범위에 포함된 1워드당 1클록 사이클이 소용된다.

(3) EEPROM 프로그래밍

EEPROM은 플래시 프로그램 메모리와 유사하게 NVM 제어기에 의하여 액세스할 수도 있고, SRAM처럼 데이터 메모리 영역에 맵핑되어 액세스할 수도 있다. NVM 제어기를 사용하여 EEPROM을 액세스할 때 NVM 어드레스 레지스터와 데이터 레지스터가 사용된다.

EEPROM을 라이트할 때는 바이트 단위나 페이지 단위로 처리하는 것이 모두 가능하며, 리드 동작은 항상 바이트 단위로만 처리된다. 페이지 단위의 라이트 동작을 위해 EEPROM에는 페이지 버퍼를 가지고 있어서 먼저 이 페이지 버퍼에 내용을 채워놓고 이를 지정된 페이지로 라이트하는 방법으로 프로그램한다.

EEPROM의 페이지 크기는 ATxmega 패밀리의 각 모델에 따라 다른데 이를 정리하면 각각 <표 1.2.14>와 같다. 이 표에서 E2PAGE는 EEPROM의 페이지를 지정하는 상위 어드레스 비트(페이지 어드레스)를 나타내고, 또한 E2BYTE는 각 페이지에서 워드를 표시하는 하위 어드레스 비트(페이지 내부의 오프셋 어드레스)를 나타낸다.

〈표 1.2.14〉 ATxmega 패밀리의 EEPROM 페이지 버퍼

(a) ATxmega A1 패밀리

모델명	EEPROM 용량	페이지 크기(바이트)	E2PAGE	E2BYTE	페이지수
ATxmega64A1	2KB	32	ADDR[10:5]	ADDR[4:0]	64
ATxmega128A1	2KB	32	ADDR[10:5]	ADDR[4:0]	64
ATxmega192A1	2KB	32	ADDR[10:5]	ADDR[4:0]	64
ATxmega256A1	4KB	32	ADDR[11:5]	ADDR[4:0]	128
ATxmega384A1	4KB	32	ADDR[11:5]	ADDR[4:0]	128

(b) ATxmega A3 패밀리

모델명	EEPROM 용량	페이지 크기(바이트)	E2PAGE	E2BYTE	페이지수
ATxmega64A3	2KB	32	ADDR[10:5]	ADDR[4:0]	64
ATxmega128A3	2KB	32	ADDR[10:5]	ADDR[4:0]	64
ATxmega192A3	2KB	32	ADDR[10:5]	ADDR[4:0]	64
ATxmega256A3	4KB	32	ADDR[11:5]	ADDR[4:0]	128

(c) ATxmega A4 패밀리

모델명	EEPROM 용량	페이지 크기(바이트)	E2PAGE	E2BYTE	페이지수
ATxmega16A4	1KB	32	ADDR[10:5]	ADDR[4:0]	32
ATxmega32A4	1KB	32	ADDR[10:5]	ADDR[4:0]	64
ATxmega64A4	2KB	32	ADDR[10:5]	ADDR[4:0]	64
ATxmega128A4	2KB	32	ADDR[10:5]	ADDR[4:0]	64

EEPROM 페이지 버퍼는 로드하기 전에 먼저 지워져야 하며 한번에 1바이트씩 채워진다. 이미 로드된 번지에 또다시 데이터를 로드하면 플래시 페이지 버퍼가 깨진다.

EEPROM 페이지 버퍼는 시스템 리셋, EEPROM 페이지를 라이트하는 명령, EEPROM 페이지를 삭제하고 라이트하는 명령, 퓨즈 바이트를 라이트하는 명령, 메모리 록 비트를 라이트하는 명령 등에 의하여 지워진다.

EEPROM을 페이지 방식으로 프로그램하려면 먼저 페이지 버퍼에 내용을 채워야 하며, 그 다음에 EEPROM의 해당 페이지를 삭제하고 나서 이 페이지 버퍼의 내용을 EEPROM의 페이지로 라이트해야 한다. 만약, 삭제되지 않은 EEPROM 페이지에 프로그래밍을 시도하면 이 페이지의 내용이 깨질 것이다. EEPROM 페이지 버퍼를 채우는 것은 반드시 EEPROM 페이지를 삭제하거나 EEPROM 페이지 라이트를 수행하기 전에 해야 한다.

따라서, EEPROM 메모리에서 페이지 방식으로 프로그램을 수행하는 절차는 다음과 같이 2가지 방법이 가능하다.

방법1 : ① EEPROM 페이지 버퍼를 채운다.
② EEPROM 페이지를 삭제한다.
③ EEPROM 페이지 라이트 명령을 수행한다.

방법2 : ① EEPROM 페이지 버퍼를 채운다.
② EEPROM 페이지 삭제 및 라이트 명령을 수행한다.

EEPROM의 리드나 라이트 동작을 보호하려면 메모리 록 비트를 사용하여 응용 프로그램이나 외부 프로그래머의 접근을 제한하도록 설정하면 된다. 전원 VCC가 최소 동작전압의 범위 이하로 떨어지면 NVM에서 읽은 데이터나 NVM에 라이트한 데이터가 깨질 수 있다. 이러한 사고를 방지하려면 BOD 기능을 설정하여 저전압일 때 시스템 리셋이 걸리도록 하면 된다. 시스템 리셋이 발생하면 프로그래밍 절차는 즉시 중단되며, 나중에 리셋이 해제되면 중단되었던 NVM 프로그래밍 동작을 다시 수행해야 한다.

NVM 제어기에서 EEPROM을 페이지 단위로 액세스할 때 NVM 어드레스 레지스터 ADDR은 페이지 어드레스 부분과 워드 어드레스 부분으로 나누어진다. <그림 1.2.60>에 보인 것처럼 ADDR 레지스터 상위의 E2PAGE 부분은 페이지 어드레스를 나타내며, 하위의 E2BYTE 부분은 페이지 내부에서 바이트 어드레스를 나타낸다. 이러한 E2PAGE와 E2BYTE의 크기는 ATxmega 패밀리의 각 모델에 따라 다르며 이를 앞의 <표 1.2.14>에서 보인 바 있다.

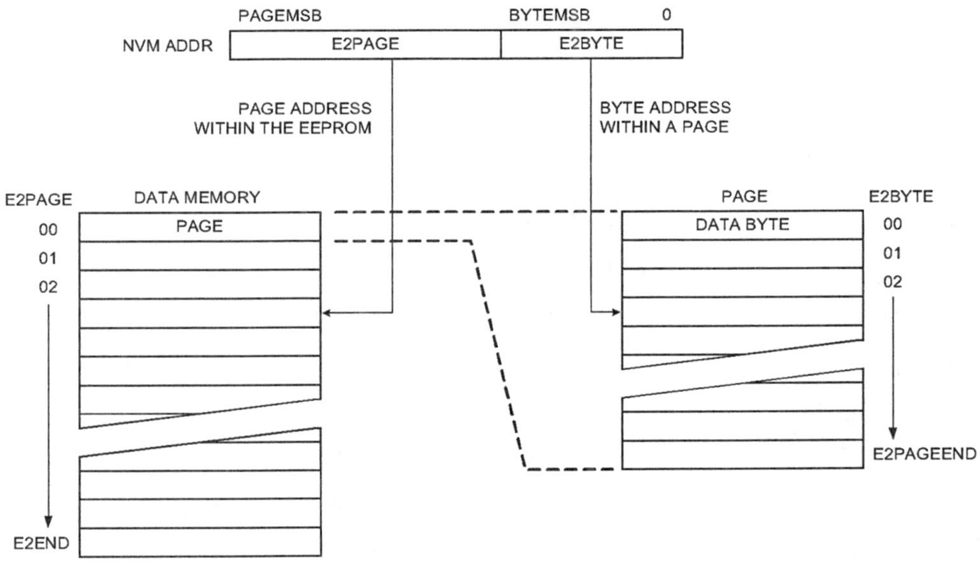

〈그림 1.2.60〉 셀프 프로그래밍에서 EEPROM 어드레스 지정

▣ EEPROM 셀프 프로그래밍 명령

EEPROM을 액세스하는 NVM 셀프 프로그래밍 명령은 <표 1.2.15>에 보였다. EEPROM의 셀프 프로그래밍에서 동작 트리거 명령은 NVM 제어 레지스터 CTRLA의 CMDEX 비트를 1로 설정하면 트리거되는데, 단 EEPROM의 페이지 버퍼를 채우는 LOAD_EEPROM_BUFFER 명령만은 DATA0 레지스터에 값을 쓰는 것으로 트리거된다.

〈표 1.2.15〉 EEPROM의 셀프 프로그래밍 명령

CMD[6:0]	Group Configuration	Description	Trigger	CPU Halted	Change Protected	Address pointer	Data register	NVM Busy
0x00	NO_OPERATION	No Operation	-	-	-	-	-	-
EEPROM Page buffer								
0x33	LOAD_EEPROM_BUFFER	Load EEPROM Page Buffer	DATA0	N	Y	ADDR	DATA0	N
0x36	ERASE_EEPROM _BUFFER	Erase EEPROM Page Buffer	CMDEX	N	Y	-	-	Y
EEPROM								
0x32	ERASE_EEPROM_PAGE	Erase EEPROM Page	CMDEX	N	Y	ADDR	-	Y
0x34	WRITE_EEPROM_PAGE	Write EEPROM Page	CMDEX	N	Y	ADDR	-	Y
0x35	ERASE_WRITE_EEPROM_PAGE	Erase & Write EEPROM Page	CMDEX	N	Y	ADDR	-	Y
0x30	ERASE_EEPROM	Erase EEPROM	CMDEX	N	Y	-	-	Y
0x06	READ_EEPROM	Read EEPROM	CMDEX	N	Y	ADDR	DATA0	N

이들 EEPROM 셀프 프로그래밍 명령은 CCP 레지스터를 사용한 보호기능을 가지는 있는데, 이를 수행하기 위해서는

① CCP 레지스터에 지정된 값(signature) 0xD8을 써넣는다.

② 4클록 사이클 이내에 CTRLA 레지스터의 CMDEX 비트에 1을 써넣는다.

의 절차로 수행하면 된다.

이 명령들의 자세한 기능이나 사용법에 대하여는 여기서 설명하지 않으므로 XMEGA A Microcontroller Manual을 참조하기 바란다.

위에서 설명한 것과 같이 EEPROM을 NVM 제어기의 I/O 제어 레지스터를 사용하여 액세스할 때는 EEPROM이 데이터 메모리 맵에 포함되지 않고 기존의 ATmega 패밀리에서처럼 독립적인 어드레스 영역을 차지한다. 이때는 NVM 제어 레지스터 CTRLB에서 EEMAPEN 비트를 0으로 설정해야 한다. 예를 들어 ATxmega128A1의 경우는 2KB의 EEPROM이 0x0000~0x07FF 번지에 위치하고 11비트의 어드레스값을 갖는다. 만약 이 EEPROM에서 유효 숫자가 11비트를 초과하는 어드레스를 사용하면 어드레스값은 wrap around된다.

그러나, NVM 제어 레지스터 CTRLB에서 EEMAPEN 비트를 1로 설정하면 EEPROM이 데이터 메모리 영역으로 맵핑된다. 예를 들어 ATxmega128A1의 경우는 2KB의 EEPROM이 <표 1.2.7>에서 보인 것처럼 0x001000~0x0017FF 번지에 위치하고 24비트의 어드레스값을 갖는다. 이와 같이 EEPROM이 데이터 메모리 영역에 맵핑되면 LD/LDS/LDD 및 ST/STS/STD 명령으로 액세스하는 것이 가능해진다. 그러나, 이렇게 되더라도 EEPROM을 리드 및 라이트하는 동작에는 여전히 NVM 제어기의 셀프 프로그래밍 명령을 사용해야 하므로 사용자 입장에서는 그다지 유익한 점이 없는 듯하다.

EEPROM을 여러 가지 방법으로 셀프 프로그래밍하는 방법에 대하여는 Atmel사의 응용노트 AVR1315나 제4.8절의 "5. 내부 EEPROM 액세스"예제를 참조하기 바란다.

(4) 외부 프로그래밍

외부의 PDI나 JTAG 장비를 사용하여 PDI 제어기로 플래시 메모리나 EEPROM을 리드/라이트하는 것을 외부 프로그래밍(external programming)이라고 한다. 이와 같이 PDI 제어기와 PDI 버스를 사용하면 ATxmega 패밀리의 모든 불휘발성 메모리(NVM)를 액세스할 수 있다. 이때 모든 프로그램 메모리와 데이터 메모리는 PDI 버스에서 <그림 1.2.61>과 같은 선형 메모리 영역으로 인식된다. PDI는 항상 바이트 단위로 액세스 동작을 수행하므로 이 메모리 영역은 바이트 구조이다.

PDI를 사용한 NVM 프로그래밍은 다음과 같은 절차를 거쳐서 수행해야 한다.

① PDI 제어기의 리셋 레지스터 RESET에 0x59를 로드하여 PDI를 리셋시킨다.
② PDI에 올바른 NVM 키를 로드한다.
③ PDI 상태 레지스터에서 NVMEN 비트가 1로 되기를 기다린다.

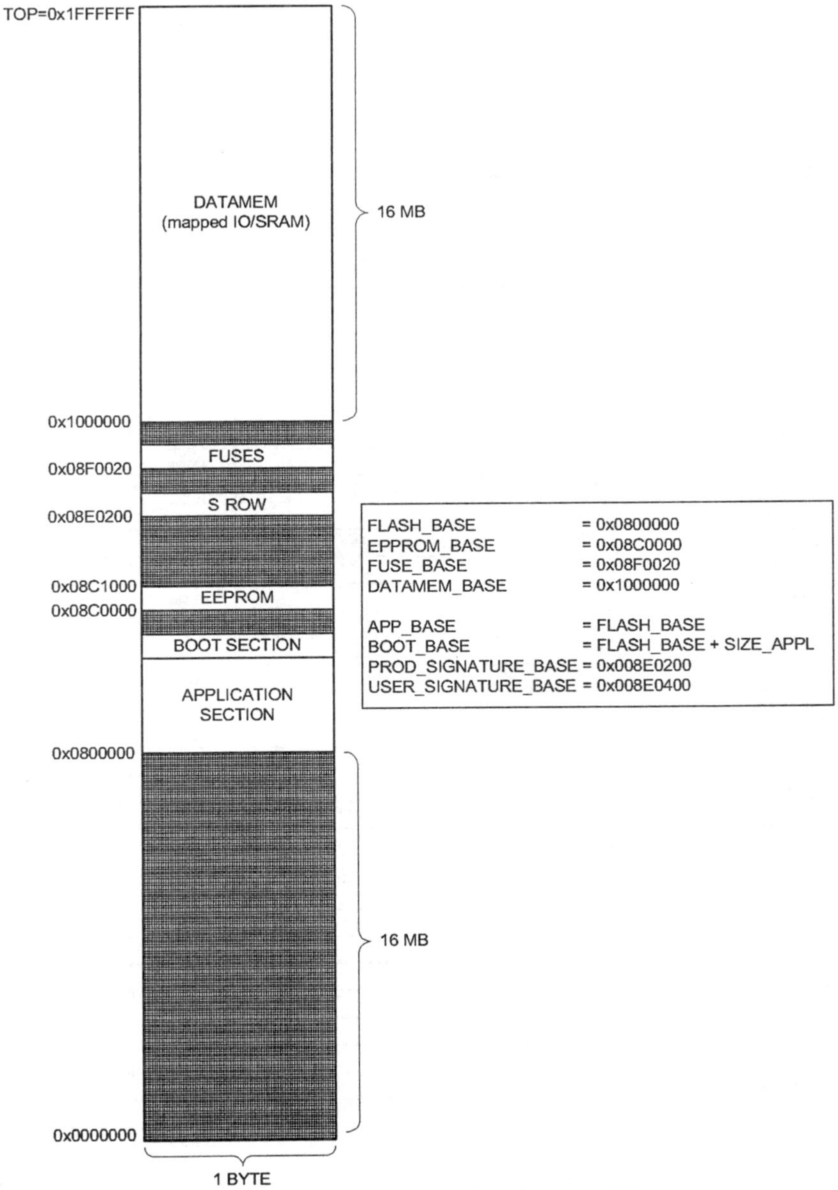

<그림 1.2.61> PDI 액세스를 위한 메모리 영역

이와 같이 하여 PDI 인터페이스가 인에이블되면 ATxmega 패밀리 소자의 모든 메모리는 <그림 1.2.61>에서 보인 바와 같은 PDI 메모리 영역으로 인식된다. PDI로 프로그래밍 동작이 진행되어 NVM이 busy 상태에 있는 동안에는 모든 NVM의 리드가 금지된다.

〈표 1.2.16〉 외부 프로그래밍 명령

CMD[6:0]	Commands / Operation	Trigger	Change Protected	NVM Busy
0x00	No Operation	-	-	-
0x40	Chip Erase(1)	CMDEX	Y	Y
0x43	Read NVM	PDI Read	N	N
Flash Page Buffer				
0x23	Load Flash Page Buffer	PDI Write	N	N
0x26	Erase Flash Page Buffer	CMDEX	Y	Y
Flash				
0x2B	Erase Flash Page	PDI Write	N	Y
0x2E	Flash Page Write	PDI Write	N	Y
0x2F	Erase & Write Flash Page	PDI Write	N	Y
0x78	Flash CRC	CMDEX	Y	Y
Application Section				
0x20	Erase Application Section	PDI Write	N	Y
0x22	Erase Application Section Page	PDI Write	N	Y
0x24	Write Application Section Page	PDI Write	N	Y
0x25	Erase & Write Application Section Page	PDI Write	N	Y
0x38	Application Section CRC	CMDEX	Y	Y
Boot Loader Section				
0x68	Erase Boot Section	PDI Write	N	Y
0x2A	Erase Boot Loader Section Page	PDI Write	N	Y
0x2C	Write Boot Loader Section Page	PDI Write	N	Y
0x2D	Erase & Write Boot Loader Section Page	PDI Write	N	Y
0x39	Boot Loader Section CRC	NVMAA	Y	Y
Calibration and User Signature sections				
0x03	Read User Signature Row	PDI Read	N	N
0x18	Erase User Signature Row	PDI Write	N	Y
0x1A	Write User Signature Row	PDI Write	N	Y
0x02	Read Calibration Row	PDI Read	N	N
Fuses and Lock Bits				
0x07	Read Fuse	PDI Read	N	N
0x4C	Write Fuse	PDI Write	N	Y
0x08	Write Lock Bits	CMDEX	Y	Y
EEPROM Page Buffer				
0x33	Load EEPROM Page Buffer	PDI Write	N	N
0x36	Erase EEPROM Page Buffer	CMDEX	Y	Y
EEPROM				
0x30	Erase EEPROM	CMDEX	Y	Y
0x32	Erase EEPROM Page	PDI Write	N	Y
0x34	Write EEPROM Page	PDI Write	N	Y
0x35	Erase & Write EEPROM Page	PDI Write	N	Y
0x06	Read EEPROM	PDI Read	N	N

Notes: 1. If the EESAVE fuse is programmed the EEPROM is preserved during chip erase.

PDI로 외부 프로그래밍을 위하여 NVM 메모리를 액세스하는 NVM 명령은 <표 1.2.16>에 보였다. 외부 프로그래밍에서 동작 트리거 명령은 NVM 제어 레지스터 CTRLA의 CMDEX 비트를 1로 설정하면 트리거되고, 리드 트리거 명령은 PDI 리드 명령을 수행하면 트리거되며, 라이트 트리거 명령은 PDI 라이트 명령을 수행하면 트리거된다. PDI로 외부 프로그래밍을 수행할 때는 어떤 명령에도 CCP 레지스터에 의한 보호기능이 적용되지 않으나, 명령에 따라서는 메모리 록 비트를 사용한 보호기능을 가지는 것도 있다.

이 명령들의 자세한 기능이나 사용법에 대하여는 여기서 설명하지 않으므로 XMEGA A Microcontroller Manual을 참조하기 바란다.

(5) PDI 및 JTAG

PDI(Program and Debug Interface)는 외부 프로그래밍 및 온칩 디버그 기능을 수행하기 위하여 Atmel사에서 고안한 독자적인 인터페이스 방식이다. PDI는 ATxmega 패밀리의 NVM 제어기와 연계하여 모든 NVM 메모리를 고속으로 프로그래밍할 수 있는 직렬 인터페이스 규격이며, 온칩 디버그 기능을 수행할 때 소자 내부의 어떤 소프트웨어나 하드웨어도 사용하지 않는다.

PDI를 사용한 프로그래밍은 10MHz의 직렬통신과 8개의 자체적인 명령을 사용하여 고속으로 수행되며, 디버깅은 Symbolic Debugging은 물론이고 Go, Stop, Reset, Step into, Step over, Step out, Run-to-Cursor, Hardware Breakpoint, 모든 메모리에 대한 액세스 기능을 통하여 프로그램의 흐름을 완벽하게 감시하고 디버깅할 수 있다.

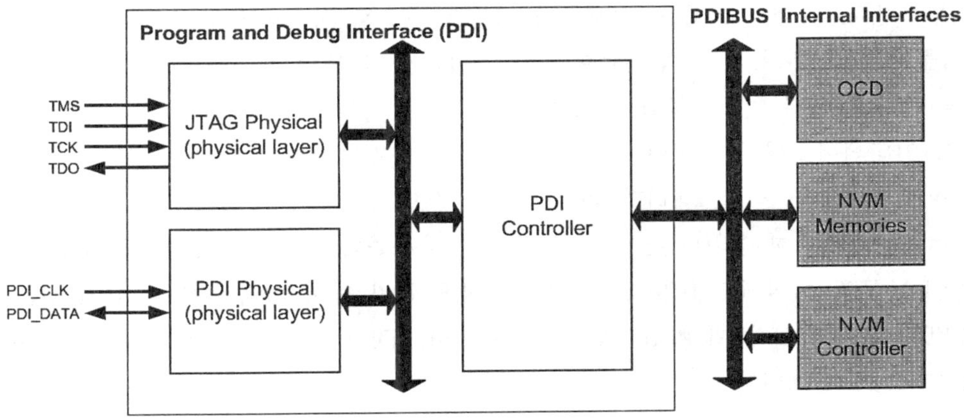

〈그림 1.2.62〉 PDI 및 JTAG 물리 인터페이스를 사용한 PDI 기능

PDI는 <그림 1.2.62>처럼 PDI와 JTAG의 2가지 물리적 인터페이스를 사용할 수 있다. PDI 인터페이스에서는 PDI_CLK 핀과 PDI_DATA 핀을 사용하며, JTAG 인터페이스에서는 IEEE Std. 1149.1 표준의 4가지 신호 TMS, TDI, TCK, TDO를 사용한다.

▣ PDI 인터페이스

PDI의 물리적 인터페이스는 양방향 동기식 반이중 직렬통신으로 동작하는 USRT라고 할 수 있다. 이것은 프레임의 시작 검출(start-of-frame detection), 프레임 에러 검출(frame error detection), 패리티 에러 검출(parity error detection), 데이터 충돌 검출(collision detection) 기능을 포함한다. PDI 인터페이스에서는 리셋 단자 기능을 겸하고 있는 PDI_CLK 핀과 테스트 단자 기능을 겸하고 있는 PDI_DATA 핀을 사용하며, 이외에 VCC와 GND 단자를 추가해야 한다.

PDI 인터페이스를 사용하려면 먼저 이것을 인에이블(enable)해야 하는데, 이를 위해서는 외부 리셋신호의 최소 폭(90ns) 이상 시간동안 PDI_DATA 신호가 하이 레벨로 유지되도록 해야 한다. 그리고 나서 PDI_CLK 신호의 16주기(상승 에지로 동작)동안 PDI_DATA 신호가 하이 레벨로 유지해야 하는데, 이때 첫번째 PDI_CLK 신호는 리셋이 해제되고 나서 적어도 100μs가 경과하기 전에 시작해야 한다.(만약 이러한 조건을 만족하지 못하여 PDI 인에이블에 실패하면 ATxmega 패밀리 소자의 시스템 리셋이 수행되므로 첫번째 단계부터 다시 시작해야 한다.) 이렇게 하여 PDI 인터페이스가 인에이블되면 PDI_DATA 신호는 내부적으로 저항에 의하여 풀다운되며, PDI는 명령 수신대기 상태에 있게 된다.

PDI 인터페이스에서 PDI_CLK 신호는 보통 10MHz 정도를 사용하며 항상 상승 에지로 동작한다. 만약, PDI_CLK 신호를 10kHz 미만으로 사용하면 PDI 인터페이스가 디스에이블(disable)된다. PDI 인터페이스는 언제든지 리셋 신호부터 시작하여 인에이블 과정을 거치면 다시 인에이블될 수 있다.

PDI 인터페이스에서 데이터 문자의 프레임 포맷은 <그림 1.2.63>에 보인 것처럼 스타트 비트, 8데이터 비트, 패리티 비트, 2스톱 비트 등 총 12비트로 고정되어 있다. 패리티 비트는 짝수 패리티(even parity) 방식을 사용한다. 그런데, PDI의 문자에는 이러한 DATA 문자 이외에도 BREAK 문자와 IDLE 문자 등이 있다. 여기서 BREAK 문자는 12비트 길이의 로우 레벨(low level) 신호이며, IDLE 문자는 12비트 길이의 하이 레벨(high level) 신호이다.

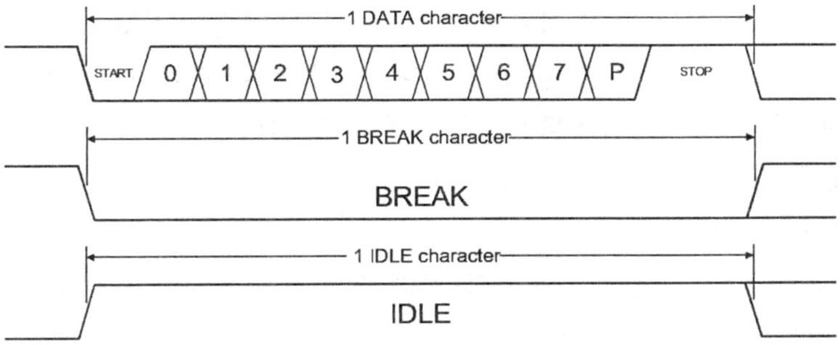

<그림 1.2.63> PDI 인터페이스의 전송 문자

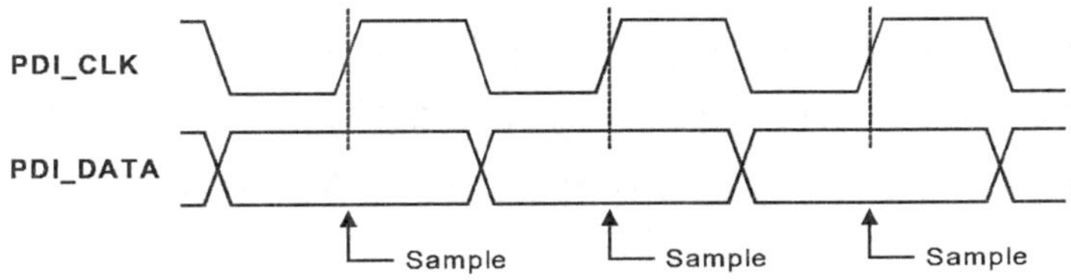

〈그림 1.2.64> PDI 인터페이스의 클록 신호 동작 타이밍

PDI 인터페이스는 송신 모드와 수신 모드 동작이 있는데 디폴트로는 수신 모드 상태에 있게 된다. PDI 장비로부터 PDI_CLK 신호가 공급되면 동기식으로 전송이 이루어지는데, <그림 1.2.64>에 보인 것처럼 PDI_CLK 신호의 하강 에지에서 데이터가 셋업되어야 하고, PDI_CLK 신호의 상승 에지에서 데이터가 샘플링된다. 따라서, PDI 인터페이스에 의한 직렬 데이터 전송의 속도는 전적으로 PDI_CLK 신호의 주파수에 의존한다.

PDI 인터페이스에 의한 직렬 데이터 전송의 보다 자세한 사항에 대하여는 여기서 설명하지 않으므로 XMEGA A Microcontroller Manual을 참조하기 바란다.

▣ JTAG 인터페이스

JTAG의 물리적 인터페이스는 IEEE Standard 1149.1 표준규격으로 정의된 4선식 양방향의 동기식 전이중 직렬통신이다. 이것은 BREAK 검출(BREAK detection)이나 패리티 에러 검출(parity error detection) 기능 등을 포함한다. PDI 인터페이스에서는 4가지 신호 TMS, TDI, TCK, TDO의 핀을 사용하며, 이외에 VCC와 GND 단자를 추가해야 한다.

JTAG 인터페이스를 사용하려면 퓨즈 바이트에서 JTAGEN 비트를 0으로 프로그램하고, MCU 제어 레지스터 MCUCR에서 JTAGD 비트를 0으로 클리어해야 하는데, 디폴트로 이것들은 모두 JTAG 인에이블 상태로 되어 있다. JTAG 명령어 PDICOM이 JTAG 명령 레지스터로 들어오면 JTAG 인터페이스가 외부 프로그래밍 및 온칩 디버그를 위한 PDI 디바이스로 사용되게 된다. JTAG 인터페이스를 디스에이블시키려면 퓨즈 바이트에서 JTAGEN 비트를 1로 하든지 MCU 제어 레지스터 MCUCR에서 JTAGD 비트를 1로 세트하면 된다.

JTAG 인터페이스에서 데이터 문자의 프레임 포맷은 <그림 1.2.65>에 보인 것처럼 8개의 데이터 비트와 1개의 패리티 비트 등 총 9비트로 고정되어 있다. 패리티 비트는 짝수 패리티(even parity) 방식을 사용한다. JTAG 문자에는 3가지의 특별한 문자가 있는데, 여기서는 패리티 에러를 유발하도록 패리티 비트가 반전되어 있다. BREAK 문자는 0xBB의 값을 가지는데, 이는 외부 프로그래머가 PDI에게 다음 동작을 포기하고 특정한 상태로 되도록 한다. DELAY 문자는 0xDB의 값을 갖는데, 이는 프로그래머에게 PDI가 아무 기능도 하지 않고 수신 모드에 있음을 알린다.

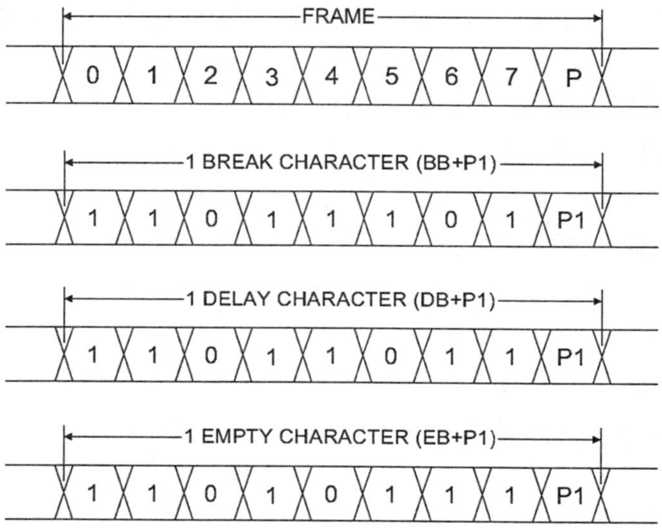

〈그림 1.2.65〉 JTAG 인터페이스의 전송 문자

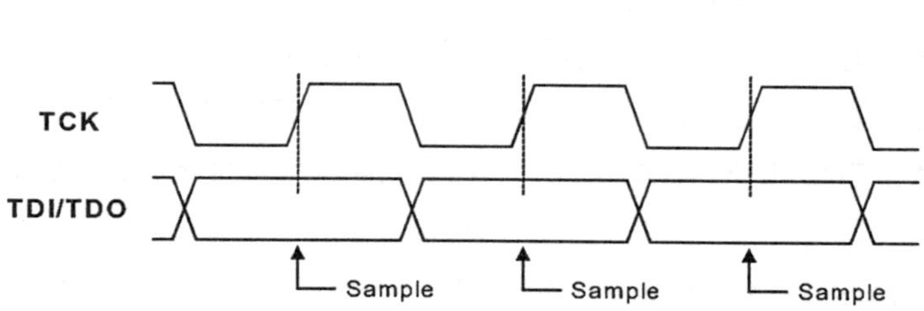

〈그림 1.2.66〉 JTAG 인터페이스의 클록 신호 동작 타이밍

JTAG 인터페이스는 <그림 1.2.66>에 보인 것처럼 TCK 신호의 하강 에지에서 데이터가 셋업되어야 하고, TCK 신호의 상승 에지에서 데이터가 샘플링된다. 따라서, JTAG 인터페이스에 의한 직렬 데이터 전송의 속도는 전적으로 PDI_CLK 신호의 주파수에 의존한다.

JTAG 인터페이스에 의한 직렬 데이터 전송의 보다 자세한 사항에 대하여는 여기서 설명하지 않으므로 XMEGA A Microcontroller Manual을 참조하기 바란다.

6. ATxmega 패밀리의 외부 버스 인터페이스

종래의 AVR ATmega패밀리에서는 모델에 따라 외부 버스를 통하여 최대 64KB까지의 데이터 메모리 영역에 메모리 소자 또는 I/O 디바이스를 인터페이스할 수 있었지만, ATxmega A1 패밀리에서는 최대 16MB까지의 외부 데이터 영역을 사용할 수 있어서 여기에 SRAM, SDRAM 또는 I/O 디바이스를 확장 인터페이스할 수 있다. 그러나, ATxmega A3이나 ATxmega A4 패밀리는 외부 데이터 메모리 영역을 확장하는 기능을 가지고 있지 않다.

ATxmega A1 패밀리에서 이와 같은 외부 데이터 메모리 영역의 인터페이스는 EBI(External Bus Interface) 모듈이 담당하며, 이것은 CPU 클록의 2배 주파수를 가지는 최대 64MHz의 고속 주변장치 클록 신호에 의하여 동작한다. EBI 모듈은 다음과 같이 여러가지의 우수한 기능을 가지고 있어서 사용자가 외부에 메모리 소자나 I/O 디바이스와 같은 하드웨어를 인터페이스하고 이를 프로그램으로 구동하는데 매우 편리하게 되어 있다.

① EBI 모듈은 시스템 클록 주파수의 2배에 해당하는 고속 주변장치 클록 CLK_{PER2} 신호를 사용한다.(예를 들어 32MHz의 시스템 클록을 사용하는 *OK-X128A1* 키트에서 CLK_{PER2} 신호의 주파수는 64MHz이다.)

② 외부에 인터페이스할 소자의 액세스 시간에 적합하도록 0~7개의 CLK_{PER2} 클록에 해당하는 웨이트 사이클을 소프트웨어적으로 설정할 수 있다.

③ EBI 모듈은 ATxmega A1 패밀리에서만 사용할 수 있으며, 외부 인터페이스에 사용할 어드레스 버스, 데이터 버스, 제어신호에는 병렬 I/O 포트의 포트 H, J, K가 사용된다. 그러나, 2포트 방식 인터페이스에서는 포트 H, J만을 사용한다.

④ 외부 인터페이스에 사용할 수 있는 어드레스 버스의 핀 수는 ALE 신호를 사용하지 않은 8비트(256바이트)에서부터 ALE 신호를 사용한 24비트(16MB)까지이다.

⑤ 외부 인터페이스에서 하드웨어를 추가해야 하는 불편을 덜기 위하여 EBI 모듈은 최대 4개까지의 칩선택 신호를 출력할 수 있다. 각 칩선택 신호들은 4096번지 간격으로 베이스 어드레스를 가진다.

⑥ 외부에 SRAM이나 I/O 디바이스를 인터페이스하는 몇가지 방식이 있고, 4비트나 8비트 구조의 SDRAM을 인터페이스할 수도 있다.

〈표 1.2.17〉 EBI가 사용하는 포트H의 부수적인 기능

PORT H	SRAM ALE1	SRAM ALE12	LPC3 ALE1	LPC2 ALE1	LPC2 ALE12	SDRAM 3P
PH0	$\overline{WE}$	$\overline{WE}$	$\overline{WE}$	$\overline{WE}$	$\overline{WE}$	$\overline{WE}$
PH1	$\overline{RE}$	$\overline{RE}$	$\overline{RE}$	$\overline{RE}$	$\overline{RE}$	$\overline{CAS}$
PH2	ALE1	ALE1	ALE1	ALE1	ALE1	$\overline{RAS}$
PH3		ALE2			ALE2	$\overline{DQM}$
PH4	$\overline{CS0}$/A16	$\overline{CS0}$	$\overline{CS0}$/A16	$\overline{CS0}$	$\overline{CS0}$/A16	BA0
PH5	$\overline{CS1}$/A17	$\overline{CS1}$	$\overline{CS1}$/A17	$\overline{CS1}$	$\overline{CS1}$/A17	BA1
PH6	$\overline{CS2}$/A18	$\overline{CS2}$	$\overline{CS2}$/A18	$\overline{CS2}$	$\overline{CS2}$/A18	CKE
PH7	$\overline{CS3}$/A19	$\overline{CS3}$	$\overline{CS3}$/A19	$\overline{CS3}$	$\overline{CS3}$/A19	CLK

〈표 1.2.18〉 EBI가 사용하는 포트J의 부수적인 기능

PORT J	SRAM ALE1	SRAM ALE12	LPC3 ALE1	LPC2 ALE1	LPC2 ALE12	SDRAM 3P
PJ0	D0	D0	D0/A0	D0/A0	D0/A0/A8	D0
PJ1	D1	D1	D1/A1	D1/A1	D1/A1/A9	D1
PJ2	D2	D2	D2/A2	D2/A2	D2/A2/A10	D2
PJ3	D3	D3	D3/A3	D3/A3	D3/A3/A11	D3
PJ4	D4	D4	D4/A4	D4/A4	D4/A4/A12	A8
PJ5	D5	D5	D5/A5	D5/A5	D5/A5/A13	A9
PJ6	D6	D6	D6/A6	D6/A6	D6/A6/A14	A10
PJ7	D7	D7	D7/A7	D7/A7	D7/A7/A15	A11

〈표 1.2.19〉 EBI가 사용하는 포트K의 부수적인 기능

PORT K	SRAM ALE1	SRAM ALE12	LPC3 ALE1			SDRAM 3P
PK0	A0/A8	A0/A8/A16	A8			A0
PK1	A1/A9	A1/A9/A17	A9			A1
PK2	A2/A10	A2/A10/A18	A10			A2
PK3	A3/A11	A3/A11/A19	A11			A3
PK4	A4/A12	A4/A12/A20	A12			A4
PK5	A5/A13	A5/A13/A21	A13			A5
PK6	A6/A14	A6/A14/A22	A14			A6
PK7	A7/A15	A7/A15/A23	A15			A7

ATxmega A1 패밀리에서 EBI 모듈이 외부 인터페이스를 수행할 때의 버스 사용 내역을 요약하면 <표 1.2.17>~<표 1.2.19>와 같다. 즉, 어드레스 버스, 데이터 버스, 제어신호 등에 기본적으로 3개의 포트 H, J, K를 사용하며, 외부 핀 수를 절약하기 위한 LPC(Low Pin Count) 모드에서는 2개의 포트 H, J만을 사용할 수도 있다.(☞ 향후에는 EBI가 4개의 병렬 I/O 포트 H, J, K, L을 사용하는 모델도 나올 것으로 전망되고 있다.)

ATxmega A1 패밀리에서 SRAM과 SDRAM을 인터페이스할 때 사용되는 신호들의 이름을 정리하면 <표 1.2.20>과 같다. EBI 모듈에서 외부 버스 신호들을 사용하려면 데이터 버스를 제외한 모든 신호들을 병렬 I/O 포트에서 출력방향으로 설정해야 한다.

〈표 1.2.20〉 EBI를 사용한 외부 확장 인터페이스 신호

SRAM 인터페이스의 경우		SDRAM 인터페이스의 경우	
신호 이름	기 능	신호 이름	기 능
$\overline{CS3}$~ $\overline{CS0}$	Chip Select	BA1, BA0	Bank Address
$\overline{WE}$	Write Enable	$\overline{WE}$	Write Enable
$\overline{RE}$	Read Enable	$\overline{RAS}$	Row Address Strobe
ALE2, ALE1	Address Latch Enable	$\overline{CAS}$	Column Address Strobe
A[23:0]	Address Bus	$\overline{DQM}$	Data Mask Signal/Output Enable
D[7:0]	Data Bus	CLK	Clock
AD[7:0]	Combined Address/Data Bus	CKE	Clock Enable
		A[11:0]	Address Bus
		D[3:0]	Data Bus

EBI 모듈에서 칩선택 신호를 사용하면 외부에 어드레스 디코더를 구성하는 하드웨어를 추가해야 하는 불편을 덜 수 있는데, 칩선택 신호를 사용하는 방법은 <그림 1.2.67>과 같이 4가지 방법이 있다. 여기서 보는 것처럼 만약 칩선택 신호로 $\overline{CS3}$만을 설정하면 이는 무효가 되고 어드레스 선 A19~A16이 사용된다.

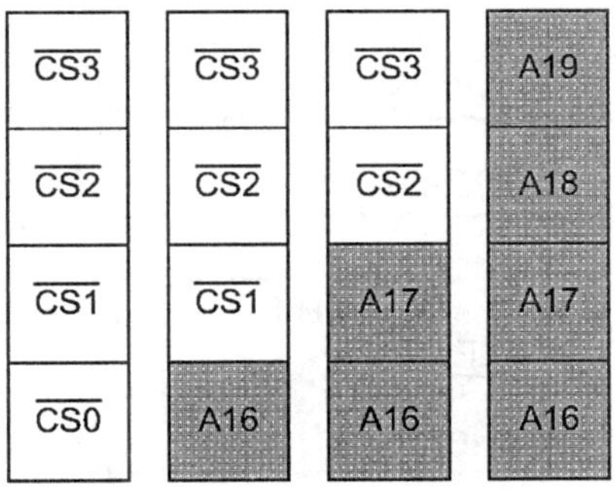

〈그림 1.2.67〉 칩선택 신호와 어드레스 선의 조합

만약, 이 4개의 칩선택 신호로 여러 개의 외부 디바이스를 인터페이스하는 것이 모자란다면 외부에 추가로 어드레스 디코더 회로를 사용하면 된다. 예를 들어 외부에 8개의 주변장치를 접속하기 위하여 추가적인 칩선택 신호가 필요하다면 CPU에서 출력

되는 칩선택 신호와 하위 어드레스 선을 사용하여 <그림 1.2.68>과 같은 어드레스 디코더 회로를 구성할 수 있다.

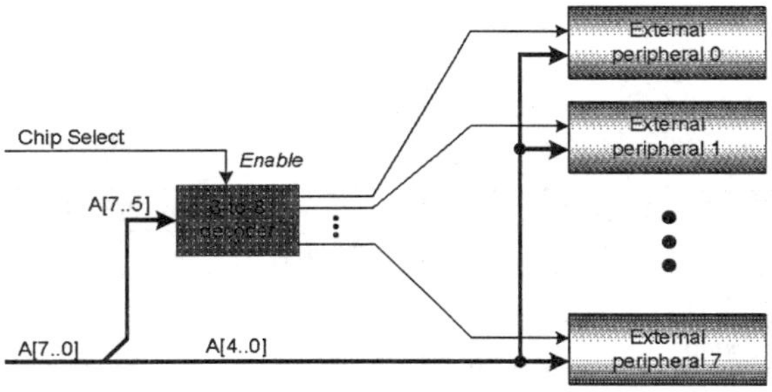

〈그림 1.2.68〉 외부에 추가로 사용한 어드레스 디코더 회로

(1) SRAM의 3포트 및 ALE1 사용 인터페이스

ATxmega A1 패밀리에 외부 SRAM을 인터페이스하면서 3개의 포트(포트 H, J, K)와 ALE1 신호를 사용하는 방식으로 구성하면 〈그림 1.2.69〉와 같다.

이와 같은 버스 인터페이스 방식을 사용할 때 칩선택 신호를 사용하지 않도록 설정한다면 리드 및 라이트 동작 파형은 <그림 1.2.70>과 같고, 칩선택 신호를 사용하도록 설정한다면 리드 및 라이트 동작 파형은 <그림 1.2.71>과 같다. 또한, ALE1 신호를 사용하지 않도록 설정한다면 어드레스 버스 A7~A0만을 사용하여 256바이트의 외부 메모리를 구성할 수 있다.

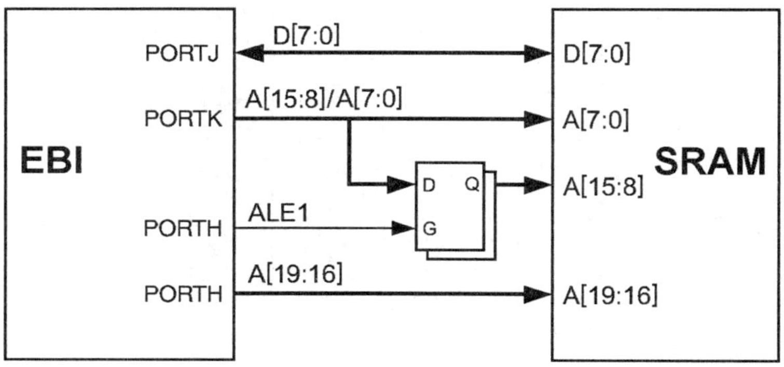

〈그림 1.2.69〉 SRAM의 3포트 및 ALE1 사용 인터페이스

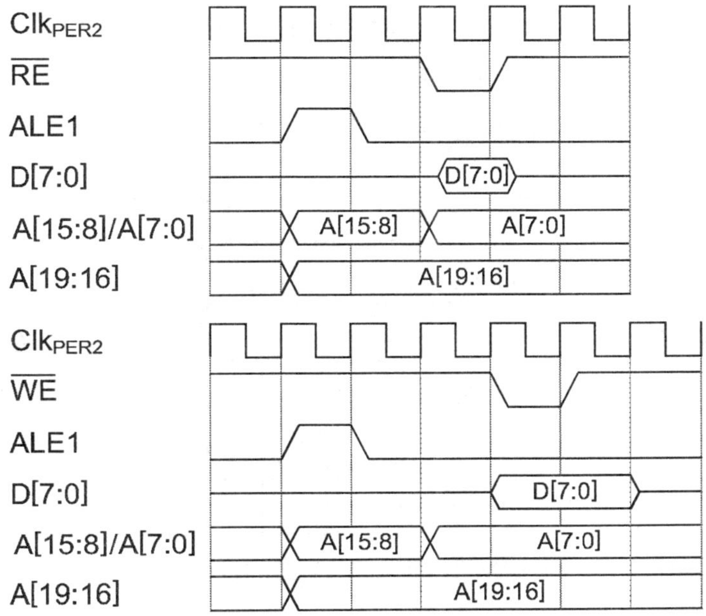

〈그림 1.2.70〉 SRAM의 3포트 및 ALE1 사용시 칩선택 신호를 사용하지 않는 경우

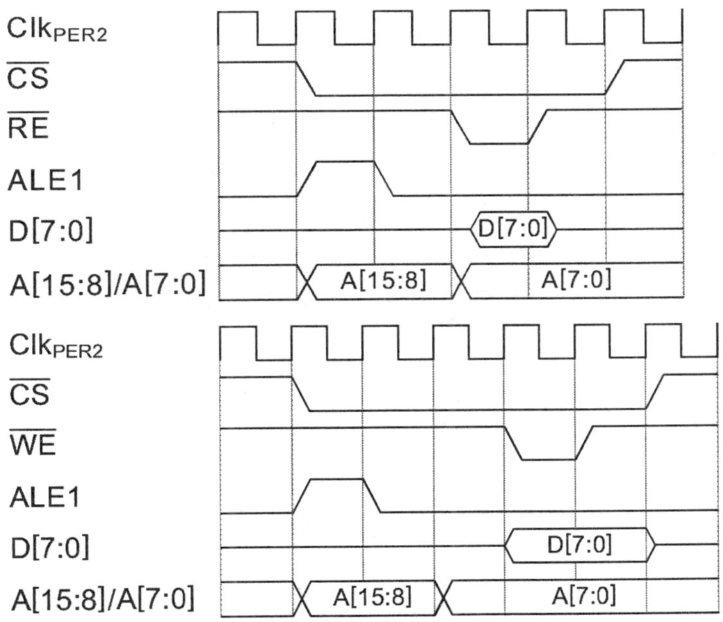

〈그림 1.2.71〉 SRAM의 3포트 및 ALE1 사용시 칩선택 신호를 사용하는 경우

(2) SRAM의 3포트 및 ALE1/ALE2 사용 인터페이스

ATxmega A1 패밀리에 외부 SRAM을 인터페이스하면서 3개의 포트(포트 H, J, K)와 ALE1, ALE2 신호를 사용하는 방식으로 구성하면 〈그림 1.2.72〉와 같고, 칩선택 신호를 사용하도록 설정한다면 리드 및 라이트 동작 파형은 <그림 1.2.73>과 같다.

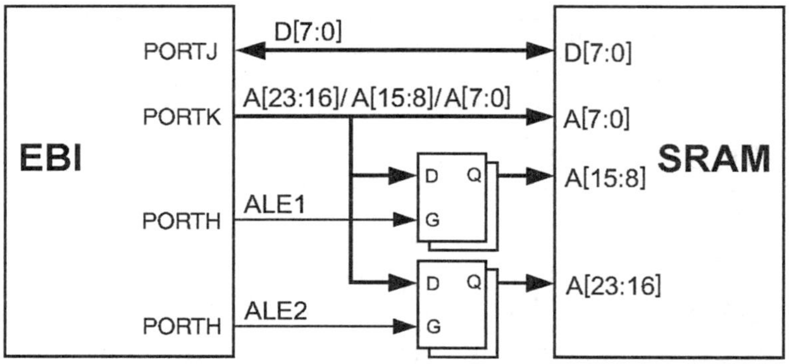

<그림 1.2.72> SRAM의 3포트 및 ALE1/ALE2 사용 인터페이스

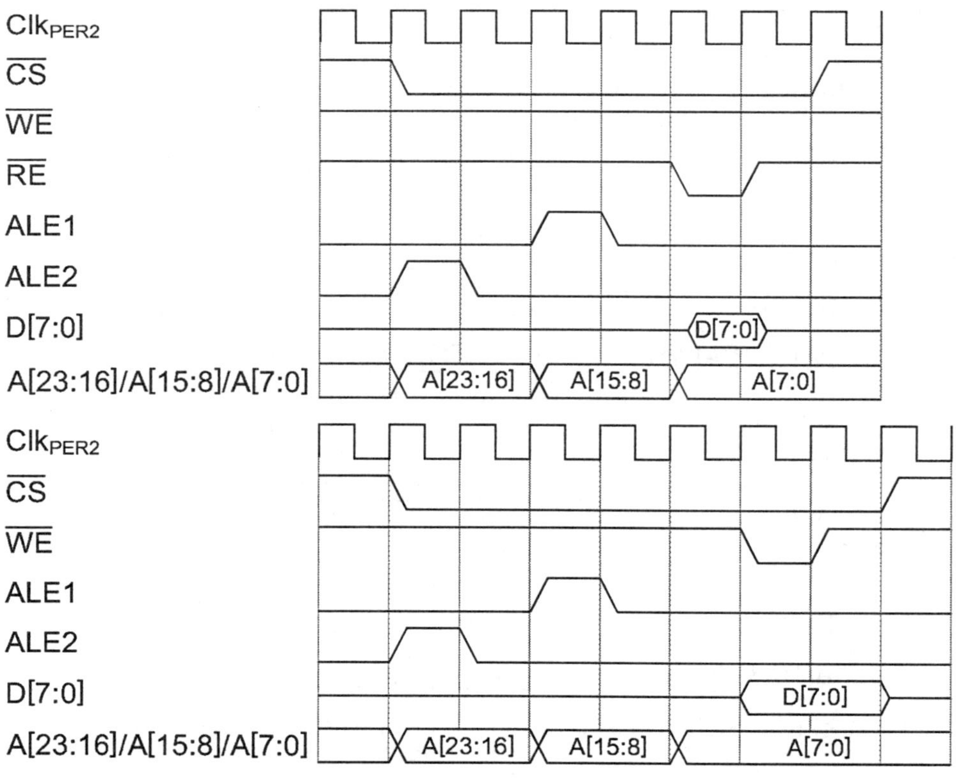

<그림 1.2.73> SRAM의 3포트 및 ALE1/ALE2 사용시 칩선택 신호를 사용하는 경우

(3) SRAM의 LPC 3포트 및 ALE1 사용 인터페이스

ATxmega A1 패밀리에 외부 SRAM을 인터페이스하면서 LPC(Low Pin Count) 3개의 포트(포트 H, J, K)와 ALE1 신호를 사용하는 방식으로 구성하면 <그림 1.2.74>와 같고, 칩선택 신호를 사용하도록 설정한다면 리드 및 라이트 동작 파형은 <그림 1.2.75>와 같다. 이것은 종래의 ATmega 패밀리에서 사용하던 외부 메모리 인터페이스 방식과 매우 유사하다.

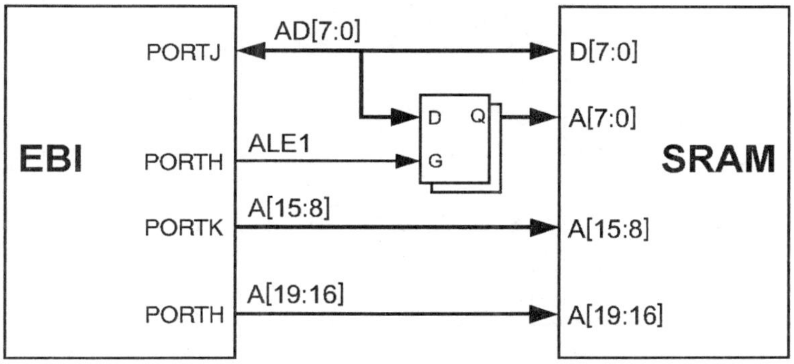

〈그림 1.2.74〉 SRAM의 LPC 3포트 및 ALE1 사용 인터페이스

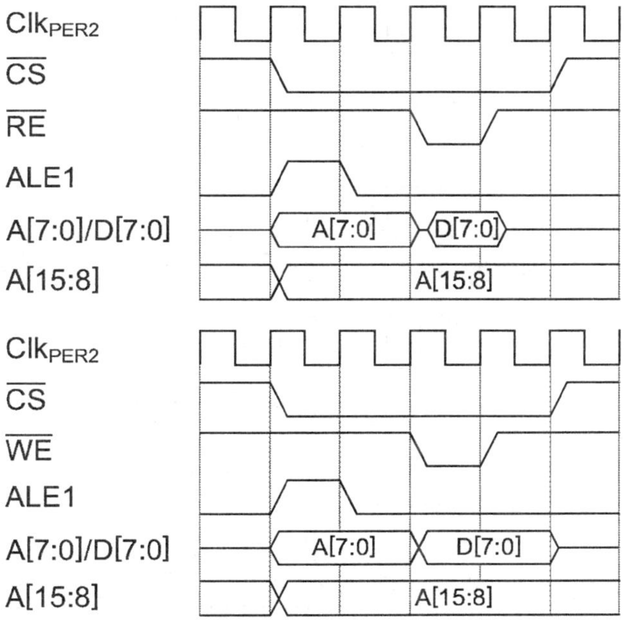

〈그림 1.2.75〉 SRAM의 LPC 3포트 및 ALE1 사용시 칩선택 신호를 사용하는 경우

(4) SRAM의 LPC 2포트 및 ALE1/ALE2 사용 인터페이스

ATxmega A1 패밀리에 외부 SRAM을 인터페이스하면서 LPC 2개의 포트(포트 H, J)와 ALE1, ALE2 신호를 사용하는 방식으로 구성하면 <그림 1.2.76>과 같고, 여기서 칩선택 신호를 사용하도록 설정한다면 리드 및 라이트 동작 파형은 <그림 1.2.77>과 같다. 이 방식은 2개의 병렬 I/O 포트만을 사용하는 장점이 있지만, 외부 액세스 동작 타이밍이 느리고 외부에 2개의 8비트 래치를 사용해야 한다.

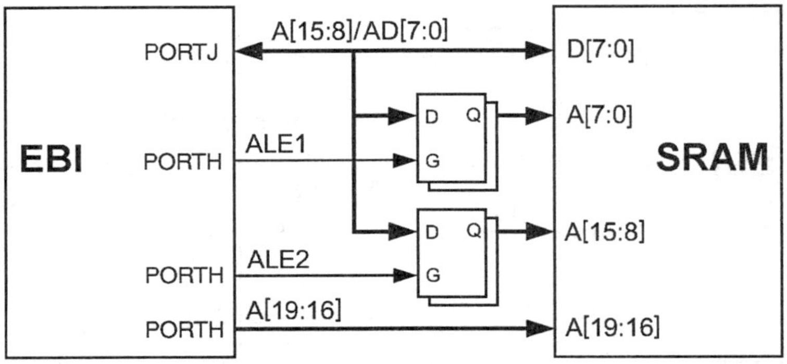

<그림 1.2.76> SRAM의 LPC 2포트 및 ALE1/ALE2 사용 인터페이스

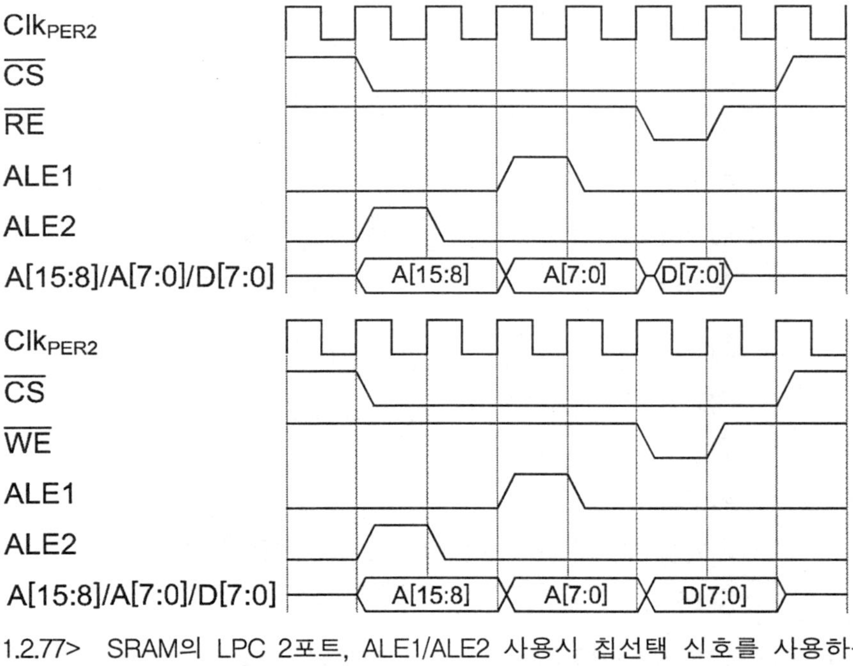

〈그림 1.2.77〉 SRAM의 LPC 2포트, ALE1/ALE2 사용시 칩선택 신호를 사용하는 경우

위의 어느 경우에나 ALE1, ALE2 신호를 사용하지 않는다면 유효 어드레스 버스는 A7~A0이 되어 외부 메모리 용량이 256바이트로 한정되지만 그만큼 동작시간이 빨라지는 장점이 있다. 따라서, 외부에 빠른 처리가 요구되는 I/O 디바이스를 인터페이스할 때는 이 방식을 사용하는 것이 유익할 수 있다. ALE1, ALE2 신호를 사용하지 않는 경우의 동작 타이밍을 <그림 1.2.78>에 보였다.

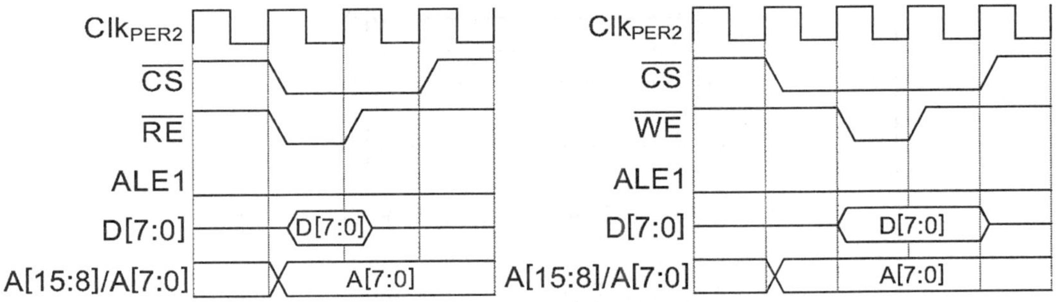

(a) 칩선택 신호를 사용하는 경우

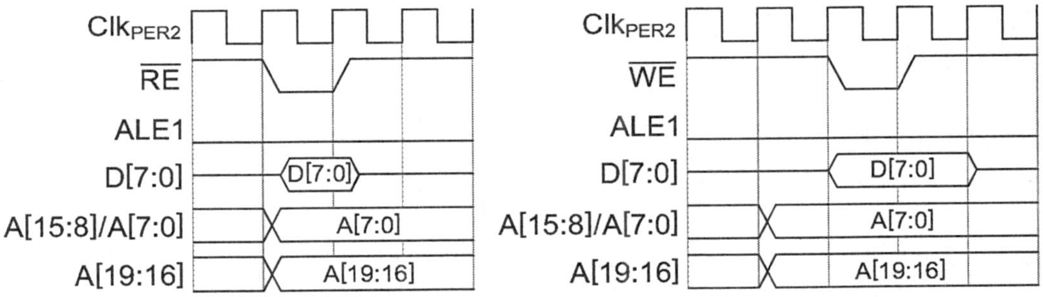

(b) 칩선택 신호를 사용하지 않는 경우

〈그림 1.2.78〉 SRAM 인터페이스 방식에서 ALE1, ALE2를 사용하지 않는 경우

(5) SDRAM의 3포트 및 ALE1/ALE2 사용 인터페이스

ATxmega A1 패밀리에 외부 SDRAM(Synchronous DRAM)을 3개의 포트(포트 H, J, K)로 인터페이스하는 방식으로 구성하면 〈그림 1.2.79〉와 같다. 3포트 방식의 SDRAM 인터페이스에서는 데이터 버스를 4비트로만 사용할 수 있으며, 칩선택 신호는 임의의 병렬 I/O 포트를 사용하여 사용자가 직접 제어해야 한다.

AVR 정도의 마이크로컨트롤러에서는 SDRAM을 잘 사용하지 않으며, 이것의 자세한 사용 방법에 대하여는 XMEGA A Microcontroller Manual을 참조하기 바란다.

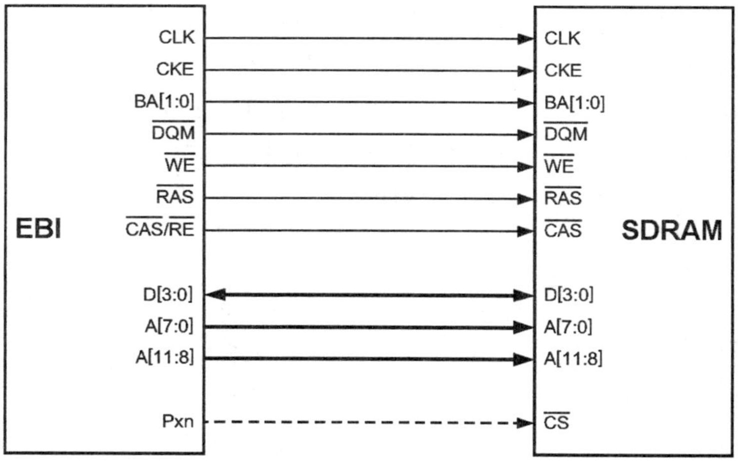

〈그림 1.2.79〉 SDRAM의 3포트 사용 인터페이스

〈표 1.2.21〉 EBI 모듈의 I/O 제어 레지스터 요약

오프셋	레지스터 이름	비트7	비트6	비트5	비트4	비트3	비트2	비트1	비트0
+0x00	EBI_CTRL	SDDATAW[1:0]		LPCMODE[1:0]		SRMODE[1:0]		IFMODE[1:0]	
+0x01	EBI_SDRAMCTRLA	–	–	–	–	SDCAS	SDROW	SDCOL[1:0]	
+0x02	(reserved)	–	–	–	–	–	–	–	–
+0x03	(reserved)	–	–	–	–	–	–	–	–
+0x04	EBI_REFRESHL	REFRESH[7:0]							
+0x05	EBI_REFRESHH	–	–	–	–	–	–	REFRESH[9:8]	
+0x06	EBI_INITDLYL	INITDLY[7:0]							
+0x07	EBI_INITDLYH	–	–	INITDLY[13:8]					
+0x08	EBI_SDRAMCTRLB	MRDLY[1:0]		ROWCYCDLY[2:0]			RPDLY[2:0]		
+0x09	EBI_SDRAMCTRLC	WRDLY[1:0]		ESRDLY[2:0]			ROWCOLDLY[2:0]		
+0x0A ~ +0x0F	(reserved)	–	–	–	–	–	–	–	–
+0x10	EBI_CS0_CTRLA	–	ASIZE[4:0]					MODE[1:0]	
+0x11	EBI_CS0_CTRLB	–	–	–	–	–	SRWS[2:0]		
″	EBI_CS0_CTRLB	SDINITDONE	–	–	–	–	SDREN	SDMODE[1:0]	
+0x12	EBI_CS0_BASEADDRL	BASEADDR[15:12]				–	–	–	–
+0x13	EBI_CS0_BASEADDRH	BASEADDR[23:16]							
+0x14	EBI_CS1_CTRLA	–	ASIZE[4:0]					MODE[1:0]	
+0x15	EBI_CS1_CTRLB	–	–	–	–	–	SRWS[2:0]		
″	EBI_CS1_CTRLB	SDINITDONE	–	–	–	–	SDREN	SDMODE[1:0]	
+0x16	EBI_CS1_BASEADDRL	BASEADDR[15:12]				–	–	–	–
+0x17	EBI_CS1_BASEADDRH	BASEADDR[23:16]							
+0x18	EBI_CS2_CTRLA	–	ASIZE[4:0]					MODE[1:0]	
+0x19	EBI_CS2_CTRLB	–	–	–	–	–	SRWS[2:0]		
″	EBI_CS2_CTRLB	SDINITDONE	–	–	–	–	SDREN	SDMODE[1:0]	
+0x1A	EBI_CS2_BASEADDRL	BASEADDR[15:12]				–	–	–	–
+0x1B	EBI_CS2_BASEADDRH	BASEADDR[23:16]							
+0x1C	EBI_CS3_CTRLA	–	ASIZE[4:0]					MODE[1:0]	
+0x1D	EBI_CS3_CTRLB	–	–	–	–	–	SRWS[2:0]		
″	EBI_CS3_CTRLB	SDINITDONE	–	–	–	–	SDREN	SDMODE[1:0]	
+0x1E	EBI_CS3_BASEADDRL	BASEADDR[15:12]				–	–	–	–
+0x1F	EBI_CS3_BASEADDRH	BASEADDR[23:16]							

☞ 오프셋 번지 0x11, 0x15, 0x19, 0x1D의 EBI_CSn_CTRLB 레지스터에서 위쪽은 SRAM의 경우이고 아래쪽은 SDRAM의 경우에 해당한다.

(6) EBI 모듈의 I/O 제어 레지스터

ATxmega A1 패밀리에서 EBI 모듈의 I/O 제어 레지스터들을 요약하면 <표 1.2.21>과 같다.

▣ EBI 제어 레지스터 CTRL

	b7	b6	b5	b4	b3	b2	b1	b0	
옵셋 +0x00	SDDATAW[1:0]		LPCMODE[1:0]		SRMODE[1:0]		IFMODE[1:0]		CTRL
읽기/쓰기 기능	R/W	R/W	R/W	R/W	R/W	R/W	R/W	R/W	
리셋후 초기값	0	0	0	0	0	0	0	0	

<그림 1.2.80> EBI 제어 레지스터 CTRL

- SDDATAW[1:0] : SDRAM Data Width Setting
  SDRAM 인터페이스의 데이터 버스 폭을 지정한다.
  - 00 = 4비트(3포트 인터페이스 방식에서 사용)
  - 01 = 8비트(4포트 인터페이스 방식에서 사용)
  - 10 = (reserved)
  - 11 = (reserved)
- LPCMODE[1:0] : SRAM LPC Mode
  SRAM 인터페이스의 LPC 모드 동작을 설정한다.
  - 00 = 데이터 버스와 어드레스 바이트0이 멀티플렉스되어 ALE1 신호로 분리한다.
  - 01 = (reserved)
  - 10 = 데이터 버스와 어드레스 바이트0, 1이 멀티플렉스되어 ALE1, ALE2 신호로 분리한다.
  - 11 = (reserved)
- SRMODE[1:0] : SRAM Mode
  SRAM 인터페이스의 동작모드를 설정한다.
  - 00 = 어드레스 바이트0, 1이 멀티플렉스되어 ALE1 신호로 분리한다.
  - 01 = 어드레스 바이트0, 2가 멀티플렉스되어 ALE2 신호로 분리한다.(4포트 방식에서만 유효)
  - 10 = 어드레스 바이트0, 1, 2가 멀티플렉스되어 ALE1, ALE2 신호로 분리한다.
  - 11 = 어드레스 멀티플렉싱이 없어 ALE1, ALE2 신호를 사용하지 않는다.(4포트 방식에서만 유효)
- IFMODE[1:0] : Interface Mode
  EBI의 동작을 인에이블하고 이것이 사용할 병렬 I/O 포트의 수를 지정한다.
  - 00 = EBI 사용 금지
  - 01 = EBI 사용을 허용하며, 3포트 방식으로 인터페이스한다.
  - 10 = EBI 사용을 허용하며, 4포트 방식으로 인터페이스한다.
  - 11 = EBI 사용을 허용하며, 2포트 방식으로 인터페이스한다.

▣ SDRAM 제어 레지스터 A SDRAMCTRLA

	b7	b6	b5	b4	b3	b2	b1	b0	
옵셋 +0x01	–	–	–	–	SDCAS	SDROW	SDCOL[1:0]		SDRAMCTRLA
읽기/쓰기 기능	R	R	R	R	R/W	R/W	R/W	R/W	
리셋후 초기값	0	0	0	0	0	0	0	0	

〈그림 1.2.81〉 SDRAM 제어 레지스터 A SDRAMCTRLA

- SDCAS : SDRAM CAS Latency
  SDRAM 인터페이스에서 CAS 신호의 잠복시간을 설정한다.
  - 0 = CAS 신호가 주변장치2 클록으로 2주기만큼 잠복시간을 가진다.
  - 1 = CAS 신호가 주변장치2 클록으로 3주기만큼 잠복시간을 가진다.
- SDROW : SDRAM Row Bits
  SDRAM을 인터페이스할 때 사용되는 row address의 비트 수를 지정한다.
  - 0 = 11비트 row address 사용.
  - 1 = 12비트 row address 사용.

- SDCOL[1:0] : SDRAM Column Bits

  SDRAM을 인터페이스할 때 사용되는 column address의 비트 수를 지정한다.

  00 = 8비트 column address 사용.
  01 = 9비트 column address 사용.
  10 = 10비트 column address 사용.
  11 = 11비트 column address 사용.

▣ SDRAM 리프레시 주기 레지스터 REFRESH

	b7	b6	b5	b4	b3	b2	b1	b0	
옵셋 +0x04	REFRESH[7:0]								REFRESHL
읽기/쓰기 기능	R/W	R/W	R/W	R/W	R/W	R/W	R/W	R/W	
리셋후 초기값	0	0	0	0	0	0	0	0	

	b7	b6	b5	b4	b3	b2	b1	b0	
옵셋 +0x05	–	–	–	–	–	–	REFRESH[9:8]		REFRESHH
읽기/쓰기 기능	R	R	R	R	R	R	R/W	R/W	
리셋후 초기값	0	0	0	0	0	0	0	0	

〈그림 1.2.82〉 SDRAM 리프레시 주기 레지스터 REFRESH

- REFRESH[9:0] : SDRAM Refresh Period

  SDRAM의 리프레시 주기를 주변장치 클록2의 클록 사이클수로 지정한다.

▣ SDRAM 초기화 지연 레지스터 INITDLY

	b7	b6	b5	b4	b3	b2	b1	b0	
옵셋 +0x06	INITDLY[7:0]								INITDLYL
읽기/쓰기 기능	R/W	R/W	R/W	R/W	R/W	R/W	R/W	R/W	
리셋후 초기값	0	0	0	0	0	0	0	0	

	b7	b6	b5	b4	b3	b2	b1	b0	
옵셋 +0x07	–	–	INITDLY[13:8]						INITDLYH
읽기/쓰기 기능	R	R	R/W	R/W	R/W	R/W	R/W	R/W	
리셋후 초기값	0	0	0	0	0	0	0	0	

〈그림 1.2.83〉 SDRAM 초기화 지연 레지스터 INITDLY

- INITDLY[13:0] : SDRAM Initialization Delay

  SDRAM을 사용하기 위하여 EBI 모듈을 초기화하고 나서 내부 기능이 안정되게 동작하기 시작할 때까지의 지연 시간을 주변장치 클록2의 클록 사이클수로 지정한다.

▣ SDRAM 제어 레지스터 B SDRAMCTRLB

	b7	b6	b5	b4	b3	b2	b1	b0	
옵셋 +0x08	MRDLY[1:0]		ROWCYCDLY[2:0]			RPDLY[2:0]			SDRAMCTRLB
읽기/쓰기 기능	R/W	R/W	R/W	R/W	R/W	R/W	R/W	R/W	
리셋후 초기값	0	0	0	0	0	0	0	0	

〈그림 1.2.84〉 SDRAM 제어 레지스터 B SDRAMCTRLB

- MRDLY[1:0] : SDRAM Mode Register Delay

  SDRAM 모드를 설정하고 나서 어떤 동작을 시작하기까지의 시간 지연을 주변장치 클록2의 클록 사이클수로 지정한다.
- ROWCYCDLY[2:0] : SDRAM Row Cycle Delay

  SDRAM에서 리프레시 동작 후에 다른 동작을 시작하기까지의 시간 지연을 주변장치 클록2의 클록 사이클수로 지정한다.

- RPDLY[2:0] : SDRAM Row to Precharge Delay
  SDRAM에서 프리차지 동작 후에 다른 동작을 시작하기까지의 시간 지연을 주변장치 클록2의 클록 사이클수로 지정한다.

▣ SDRAM 제어 레지스터 C SDRAMCTRLC

	b7	b6	b5	b4	b3	b2	b1	b0	
옵셋 +0x09	WRDLY[1:0]		ESRDLY[2:0]			ROWCOLDLY[2:0]			SDRAMCTRLC
읽기/쓰기 기능	R/W	R/W	R/W	R/W	R/W	R/W	R/W	R/W	
리셋후 초기값	0	0	0	0	0	0	0	0	

〈그림 1.2.85〉 SDRAM 제어 레지스터 C SDRAMCTRLC

- WRDLY[1:0] : SDRAM Write Recovery Delay
  SDRAM에서 write recovery time을 주변장치 클록2의 클록 사이클수로 지정한다.
- ESRDLY[2:0] : SDRAM Exit Self Refresh to Active Delay
  SDRAM에서 CKE 신호를 H로 출력하고 나서 동작을 시작하기까지의 시간 지연을 주변장치 클록2의 클록 사이클수로 지정한다.
- ROWCOLDLY[2:0] : SDRAM Row to Column Delay
  SDRAM에서 RAS와 CAS 신호 사이의 시간 지연을 주변장치 클록2의 클록 사이클수로 지정한다.

▣ EBI 칩선택 제어 레지스터 A CSn_CTRLA

	b7	b6	b5	b4	b3	b2	b1	b0	
옵셋 0x10 + 4n	-	ASIZE[4:0]					MODE[1:0]		CSn_CTRLA
읽기/쓰기 기능	R/W	R/W	R/W	R/W	R/W	R/W	R/W	R/W	
리셋후 초기값	0	0	0	0	0	0	0	0	

〈그림 1.2.86〉 EBI 칩선택 제어 레지스터 A CSn_CTRLA

- ASIZE[4:0] : Chip Select Address Size
  EBI 모듈에서 칩선택 신호의 어드레스 블록 사이즈를 지정한다.
  - 00000 = 어드레스 A[23:8]을 사용한 베이스 어드레스에서 256바이트의 블록 사이즈를 사용한다.
  - 00001 = 어드레스 A[23:9]를 사용한 베이스 어드레스에서 512바이트의 블록 사이즈를 사용한다.
  - 00010 = 어드레스 A[23:10]을 사용한 베이스 어드레스에서 1KB의 블록 사이즈를 사용한다.
  - 00011 = 어드레스 A[23:11]을 사용한 베이스 어드레스에서 2KB의 블록 사이즈를 사용한다.
  - 00100 = 어드레스 A[23:12]를 사용한 베이스 어드레스에서 4KB의 블록 사이즈를 사용한다.
  - 00101 = 어드레스 A[23:13]을 사용한 베이스 어드레스에서 8KB의 블록 사이즈를 사용한다.
  - 00110 = 어드레스 A[23:14]를 사용한 베이스 어드레스에서 16KB의 블록 사이즈를 사용한다.
  - 00111 = 어드레스 A[23:15]를 사용한 베이스 어드레스에서 32KB의 블록 사이즈를 사용한다.
  - 01000 = 어드레스 A[23:16]을 사용한 베이스 어드레스에서 64KB의 블록 사이즈를 사용한다.
  - 01001 = 어드레스 A[23:17]을 사용한 베이스 어드레스에서 128KB의 블록 사이즈를 사용한다.
  - 01010 = 어드레스 A[23:18]을 사용한 베이스 어드레스에서 256KB의 블록 사이즈를 사용한다.
  - 01011 = 어드레스 A[23:19]를 사용한 베이스 어드레스에서 512KB의 블록 사이즈를 사용한다.
  - 01100 = 어드레스 A[23:20]을 사용한 베이스 어드레스에서 1MB의 블록 사이즈를 사용한다.
  - 01101 = 어드레스 A[23:21]을 사용한 베이스 어드레스에서 2MB의 블록 사이즈를 사용한다.
  - 01110 = 어드레스 A[23:22]를 사용한 베이스 어드레스에서 4MB의 블록 사이즈를 사용한다.
  - 01111 = 어드레스 A[23]을 사용한 베이스 어드레스에서 8MB의 블록 사이즈를 사용한다.
  - 10000 = 16MB 전체 영역으로 블록 사이즈를 사용한다.
  - 1xxxx = (reserved)
- MODE[1:0] : Chip Select Mode
  EBI 모듈의 각 메모리 인터페이스 모드에서 칩선택 신호를 사용할 것인지 여부를 설정한다.
  - 00 = 칩선택 신호를 사용하지 않는다.
  - 01 = SRAM 모드에서 칩선택 신호를 사용한다.
  - 10 = SRAM LPC 모드에서 칩선택 신호를 사용한다.
  - 11 = SDRAM 모드에서 칩선택 신호를 사용한다.(CS3만 사용 가능)

▣ EBI 칩선택 제어 레지스터 B CSn_CTRLB(SRAM의 경우)

	b7	b6	b5	b4	b3	b2	b1	b0	
옵셋 0x11 + 4n	–	–	–	–	–	SRWS[2:0]			**CSn_CTRLB**
읽기/쓰기 기능	R/W	R/W	R/W	R/W	R/W	R/W	R/W	R/W	
리셋후 초기값	0	0	0	0	0	0	0	0	

〈그림 1.2.87〉 EBI 칩선택 제어 레지스터 B CSn_CTRLB(SRAM의 경우)

- SRWS[2:0] : SRAM Wait States
  SRAM 모드 또는 SRAM LPC 모드에서 웨이트 사이클을 주변장치 클록2의 클록 사이클수로 0~7개 지정한다.

▣ EBI 칩선택 제어 레지스터 B CSn_CTRLB(SDRAM의 경우)

	b7	b6	b5	b4	b3	b2	b1	b0	
옵셋 0x11 + 4n	SDINITDONE	–	–	–	–	SDSREN	SDMODE[1:0]		**CSn_CTRLB**
읽기/쓰기 기능	R/W	R/W	R/W	R/W	R/W	R/W	R/W	R/W	
리셋후 초기값	0	0	0	0	0	0	0	0	

〈그림 1.2.88〉 EBI 칩선택 제어 레지스터 B CSn_CTRLB(SDRAM의 경우)

- SDINITDONE : SDRAM Initialization Complete
  이것은 SDRAM 초기화 과정의 완료 시점에서 세트되는 플랙 비트이다. 이 비트는 EBI 모듈이 인에이블되고 SDRAM을 위한 칩선택 신호가 설정되면 1이 된다.
- SDSREN : SDRAM Self Refresh Enable
  SDRAM 인터페이스의 셀프 리프레시 동작을 인에이블하는 비트이다.
- SDMODE[1:0] : SDRAM Mode
  SDRAM의 동작 모드를 설정한다.
  - 00 = Normal Mode. SDRAM에 대한 액세스가 정상적으로 수행된다.
  - 01 = Load Mode. SDRAM을 액세스할 때 EBI가 "Load Mode Register" 명령을 지시한다.
  - 10 = (reserved)
  - 11 = (reserved)

▣ EBI 칩선택 베이스 어드레스 레지스터 CSn_BASEADDR

	b7	b6	b5	b4	b3	b2	b1	b0	
옵셋 0x12 + 4n	BASEADDR[15:12]				–	–	–	–	**CSn_BASEADDRL**
읽기/쓰기 기능	R/W	R/W	R/W	R/W	R/W	R/W	R/W	R/W	
리셋후 초기값	0	0	0	0	0	0	0	0	

	b7	b6	b5	b4	b3	b2	b1	b0	
옵셋 0x13 + 4n	BASEADDR[23:16]								**CSn_BASEADDRH**
읽기/쓰기 기능	R/W	R/W	R/W	R/W	R/W	R/W	R/W	R/W	
리셋후 초기값	0	0	0	0	0	0	0	0	

〈그림 1.2.89〉 EBI 칩선택 베이스 어드레스 레지스터 CSn_BASEADDR

- BASEADDR[23:12] : Chip Select Base Address
  베이스 어드레스는 칩선택 신호가 동작하는 어드레스 영역의 가장 작은 어드레스 값이다. 이 비트들은 CTRLA 레지스터의 ASIZE[4:0] 비트와 함께 사용되어 칩선택 신호가 동작할 어드레스 범위를 할당한다.

1.3 ATxmega 패밀리의 명령 세트

이 절에서는 ATxmega 패밀리의 수치 데이터 표현 방법, 어드레싱 모드, 명령 세트 등에 대하여 설명한다. 이는 물론 어셈블리 언어 프로그램을 위하여 필수적인 것이지만, C언어로 프로그램을 하는 사람도 충분히 알아두는 것이 좋다. 흔히 어셈블리 언어와 C언어는 사용자가 배타적으로 선택할 사항이라고 생각하기 쉽지만 사실 이것들은 서로 매우 보완적이다. 적어도 마이크로컨트롤러 응용분야에서는 어셈블리 언어를 잘 모르면서 C언어를 제대로 구사하겠다는 것은 상당히 어려운 일이다.

1. ATxmega 패밀리의 데이터 표현

ATxmega 패밀리는 8비트 마이크로컨트롤러이므로 기본적으로 데이터를 8비트 단위로 처리하며, 일부 명령에서는 16비트 데이터를 사용하기도 한다. C언어에서는 32비트나 64비트 데이터도 사용하지만 어셈블러에서는 이런 데이터를 지원하는 명령이 없다. ATxmega 패밀리에서 사용하는 데이터 표현 형식은 <표 1.3.1>과 같다.

〈표 1.3.1〉 ATxmega 패밀리에서 사용하는 데이터의 표현 형식

데이터의 형식		표현 범위	어셈블리 언어	C 언어
8비트	양의 정수 표현	0 ~ 255	BYTE	unsigned char
	2의 보수 표현	-128 ~ +127	BYTE	signed char
16비트	양의 정수 표현	0 ~ 65,535	WORD	unsigned int
	2의 보수 표현	-32,768 ~ +32,767	WORD	signed int
(32비트)	양의 정수 표현	0 ~ 4,294,967,295	DOUBLE WORD	unsigned long
	2의 보수 표현	-2,147,483,648 ~ +2,147,483,647	DOUBLE WORD	signed long
(64비트)	양의 정수 표현	0 ~ 1.844×10^19	QUAD WORD	unsigned long long
	2의 보수 표현	-9.22×10^18 ~ +9.22×10^18	QUAD WORD	signed long long

(1) 비트

비트(bit)는 디지털 정보 표현의 최소단위로서 0(false) 또는 1(true)의 값을 가진다. 비트는 바이트나 워드 등의 데이터를 구성하는 최소 단위의 요소가 되며, ATxmega 패밀리에는 비트 단위로 처리하는 명령도 있다. 즉, SBI 명령은 I/O 레지스터의 가장 아래쪽 32개 레지스터에서 임의의 1비트를 지정하여 셋트시킬 수 있고, CBI 명령은 반대로 1비트를 리셋시키는데 사용된다. 또한, SBIC/SBIS 명령은 각각 이 I/O 레지스터

들의 지정된 특정 비트를 조사하여 클리어/셋트되어 있을 경우 다음 명령을 건너뛰도록 하는 명령이며, SBRC/SBRS 명령은 범용 레지스터들의 특정 비트를 조사하여 클리어/셋트되어 있을 경우 다음 명령을 건너뛰도록 하는 명령이다.

(2) 바이트

바이트(byte)는 8비트 길이를 가지는 데이터의 형식으로서 부호가 없는 수의 경우에는 0~255 범위의 수를 표현할 수 있으며, 부호가 있어서 2의 보수 표현법으로 양수 및 음수를 나타내는 경우에는 -128~+127 범위의 수를 표현할 수 있다. 8비트 2의 보수 표현법에서는 부호를 최상위 비트(b7)로 표시하며, 양수인 경우에는 부호를 0으로 나타내고 음수인 경우에는 1로 나타낸다.

8비트의 바이트 데이터는 모든 데이터 메모리에서 1개의 번지를 차지하므로 내부 SRAM, EEPROM, 외부 데이터 메모리 등 어느 곳에라도 쉽게 저장할 수 있다. 그러나, 프로그램 메모리는 16비트 구조를 가지므로 2개의 바이트가 1개의 번지에 저장된다. 이때 첫번째 바이트가 16비트의 하위 바이트에 저장되고, 두번째 바이트가 상위 바이트에 저장되며, 전체적으로 홀수개의 바이트 데이터를 정의하는 경우에는 마지막에 8비트가 남게 되는데 여기에는 디폴트값인 0x00으로 채워진다.

어셈블리 프로그램에서 프로그램 메모리나 EEPROM에 8비트 바이트 상수 데이터를 정의할 때는 지시어 DB를 사용한다.

예
```
Const1:  .DB  10,20,-10,-20
Const2:  .DB  0b01010101,0x3F,$5A
```

(3) 워드

워드(word)는 16비트 길이를 가지는 데이터의 형식으로서 부호가 없는 수의 경우에는 0~65,535 범위의 수를 표현할 수 있으며, 부호가 있어서 2의 보수 표현법으로 양수 및 음수를 나타내는 경우에는 -32,768~+32,767 범위의 수를 표현할 수 있다. 16비트 2의 보수 표현법에서는 부호를 최상위 비트(b15)로 표시하며, 양수인 경우에는 부호를 0으로 나타내고 음수인 경우에는 1로 나타낸다.

16비트의 워드 데이터는 모든 데이터 메모리에서 8비트씩 2개의 번지를 차지하며, 낮은 번지에 하위 바이트가 저장되고 높은 번지에 상위 바이트가 저장되는데 이를 역워드순(little endian)이라고 한다. 그러나, 프로그램 메모리는 16비트의 구조를 가지므로 1워드가 1개의 번지에 저장된다.

어셈블리 프로그램에서 프로그램 메모리나 EEPROM에 16비트 워드 상수 데이터를 정의할 때는 지시어 DW를 사용한다.

예
```
Const1:  .DW  1000,2000,-1000,-2000
Const2:  .DW  0b0000111100001111,0xFFFF,$5A6B
```

2. ATxmega 패밀리의 어드레싱 모드

ATxmega 패밀리의 명령에서는 다음과 같이 총 10가지 종류의 어드레싱 모드(addressing mode)를 사용한다.

(1) 즉치 데이터 번지 지정

즉치 데이터 번지 지정(Immediate Addressing) 모드는 오퍼랜드를 명령어의 일부로 포함하고 있는 방식이다. 즉치 데이터에는 8비트와 6비트가 있다. 8비트 즉치 데이터를 사용하는 명령에서는 데스티네이션 오퍼랜드로서 범용 레지스터 R16~R31만을 사용할 수 있으며, ADIW와 SBIW 명령은 16비트 레지스터와 6비트의 즉치 데이터를 연산하는데 16비트 데스티네이션 오퍼랜드로서 범용 레지스터 R24, R26, R28, R30만을 사용할 수 있다.

예 8비트 즉치 데이터를 사용하는 경우
```
LDI    Rdx,imm8          ; Rdx ← imm8
```
- imm8: 8비트 즉치 데이터 0~255
- Rdx: 레지스터 R16~R31

예 6비트 즉치 데이터를 사용하는 경우
```
ADIW   Rdl,imm6          ; Rdl+1:Rdl ← Rdl+1:Rdl + imm6
```
- imm6: 6비트 즉치 데이터 0~63
- Rdl: 레지스터 R24, R26, R28, R30

(2) 레지스터 직접 번지 지정

레지스터 직접 번지 지정(Register Direct Addressing) 모드는 오퍼랜드로서 32개의 범용 레지스터 R0~R31중의 하나를 사용하는 방식이다. 단, 8비트 즉치 데이터를 사용하는 명령에서는 범용 레지스터 R16~R31만을 사용할 수 있으며, 16비트 데이터를 사용하는 명령에서는 범용 레지스터 R24~R31만을 사용할 수 있다.

예 데스티네이션 오퍼랜드에 사용되는 경우

```
LDI     Rdx, imm8           ; Rdx ← imm8
         ↑__________ 레지스터 R16~R31
```

예 소스 오퍼랜드에 사용되는 경우

```
STS     addr16, Rr          ; (addr16) ← Rr
               ↑____ 레지스터 R0~R31
```

예 소스 및 데스티네이션 오퍼랜드에 모두 사용되는 경우

```
ADD     Rd, Rr              ; Rd ← Rd + Rr
        ↑   ↑_______ 레지스터 R0~R31
        |___________ 레지스터 R0~R31
```

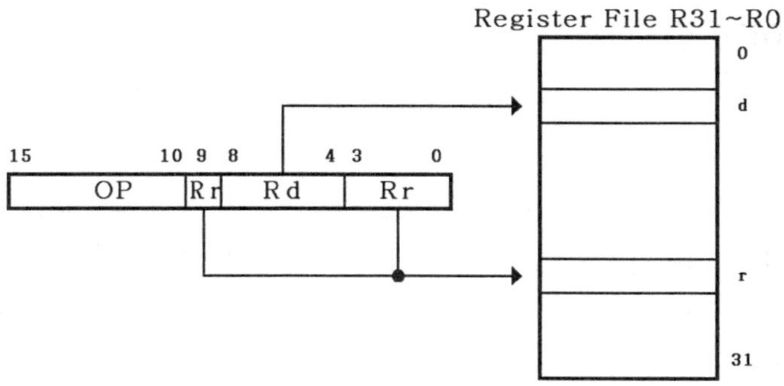

〈그림 1.3.1〉 레지스터 직접 번지 지정

(3) I/O 직접 번지 지정

I/O 직접 번지 지정(I/O Direct Addressing) 모드는 오퍼랜드로서 데이터 메모리 영역의 최하위 번지에 있는 64개의 I/O 레지스터중의 하나를 사용하는 방식이다. 이것은 기계어 코드에서 6비트의 어드레스로 지정되는데, 실제의 I/O 레지스터를 액세스할 때는 이 6비트 값에 0x20을 더하여 처리한다. 이 어드레싱 모드는 IN/OUT 명령에서만 사용되며, CBI/SBI/SBIC/SBIS 명령에서는 이 64개의 I/O 레지스터 중에서 아래쪽의 32개만을 사용할 수 있다.

예 입출력 명령

```
IN      Rd, port            ; Rd ← (port)
OUT     port, Rr            ; (port) ← Rr
         ↑__________ I/O 포트 0~63
```

예 비트 클리어/셋트 명령

```
CBI    port32,b        ; (port32)b ← 0
SBI    port32,b        ; (port32)b ← 1
       ↑
       └────── I/O 포트 0~31
```

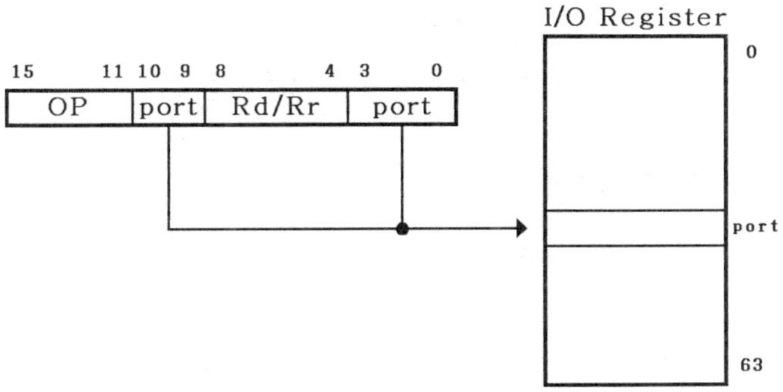

〈그림 1.3.2〉 I/O 직접 번지 지정

(4) 데이터 직접 번지 지정

데이터 직접 번지 지정(Data Direct Addressing) 모드는 오퍼랜드로서 데이터 메모리 영역을 16비트 어드레스값으로 직접 지정하는 방법이다. 이 16비트 데이터 메모리 번지는 0x000000 번지부터 시작되는 I/O 레지스터 영역, 0x001000 번지부터 시작되는 EEPROM 영역, 0x002000 번지부터 시작되는 내부 SRAM 영역, 그리고 외부 데이터 메모리 영역을 모두 포함한다. 0x010000 번지부터 시작되는 64KB 초과 영역은 상위 어드레스 8비트를 RAMPD 레지스터가 담당한다.

이 어드레싱 모드는 LDS/STS 명령에서만 사용한다.(그러나, 프로그램 메모리의 16비트 직접 번지는 JMP/CALL 명령에서 사용한다.)

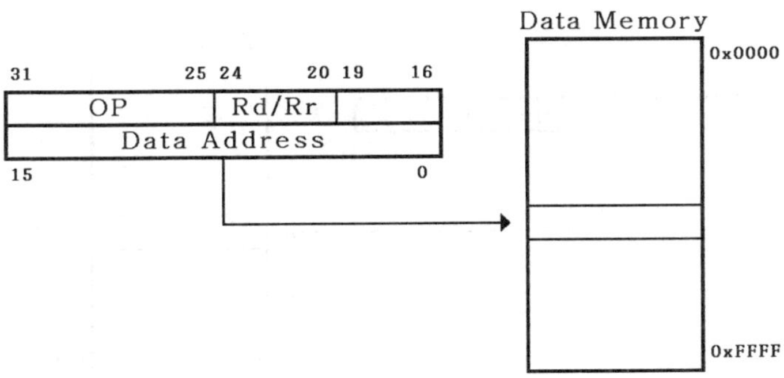

〈그림 1.3.3〉 데이터 직접 번지 지정

예 소스 오퍼랜드에 사용되는 경우

```
LDS     Rd, addr16              ; Rd ← (addr16)
            ↑
            └──── 16비트 어드레스 0~65,535
```

예 데스티네이션 오퍼랜드에 사용되는 경우

```
STS     addr16, Rr              ; (addr16) ← Rr
        ↑
        └──────── 16비트 어드레스 0~65,535
```

(5) 데이터 간접 번지 지정

데이터 간접 번지 지정(Data Indirect Addressing) 모드는 오퍼랜드로서 데이터 메모리 영역을 16비트 어드레스 포인터인 X, Y, Z 레지스터를 사용하여 간접 지정하는 방법이다. 이 16비트 데이터 메모리 번지는 I/O 레지스터 영역, EEPROM 영역, 내부 SRAM 영역, 그리고 외부 데이터 메모리 영역을 모두 포함한다. 0x010000 번지부터 시작되는 64KB 초과 영역은 상위 어드레스 8비트를 RAMPX, RAMPY, RAMPZ 레지스터가 각각 담당한다.

이 어드레싱 모드는 LD/ST 명령에서만 사용한다.(그러나, LPM/ELPM/SPM 명령에서는 Z 레지스터를 사용하여 프로그램 메모리를 이와 유사하게 액세스한다.)

예 소스 오퍼랜드에 사용되는 경우

```
LD      Rd, X                   ; Rd ← (X)
        ↑
        └──────── X, Y, Z 레지스터(0~65535)
```

예 데스티네이션 오퍼랜드에 사용되는 경우

```
ST      X, Rr                   ; (X) ← Rr
        ↑
        └──────── X, Y, Z 레지스터(0~65535)
```

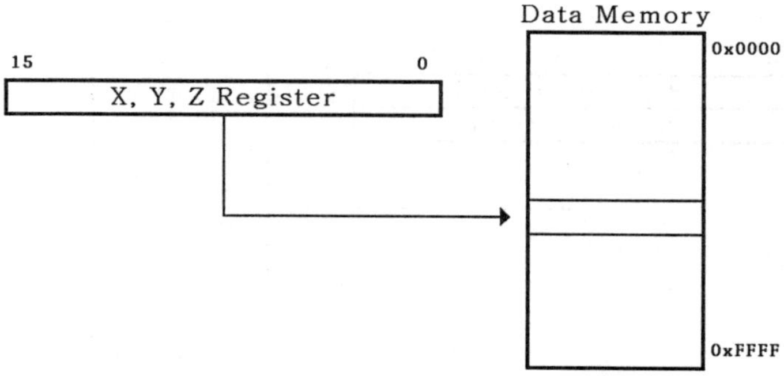

<그림 1.3.4> 데이터 간접 번지 지정

(6) 동작후에 자동증가 기능이 있는 데이터 간접 번지 지정

동작후에 자동증가 기능이 있는 데이터 간접 번지 지정(Data Indirect Addressing with Post-increment) 모드는 데이터 간접 번지 지정과 동일하지만 동작을 수행한 후에 이 명령에서 지정된 X, Y, Z 레지스터를 1만큼 증가시켜 두는 기능을 추가적으로 가지는 방법이다. 이는 번지를 증가시키면서 데이터 메모리 영역을 연속적으로 읽거나 쓰는 동작에 유용하다.

이 어드레싱 모드는 LD/ST 명령에서만 사용한다. (그러나, LPM/ELPM 명령에서는 Z 레지스터를 사용하여 프로그램 메모리를 이와 유사하게 액세스한다.)

예 소스 오퍼랜드에 사용되는 경우

```
LD      Rd, X+              ; Rd ← (X),  X ← X + 1
           ↑
           └──────── X, Y, Z 레지스터
```

예 데스티네이션 오퍼랜드에 사용되는 경우

```
ST      X+, Rr              ; (X) ← Rr,  X ← X + 1
        ↑
        └──────── X, Y, Z 레지스터
```

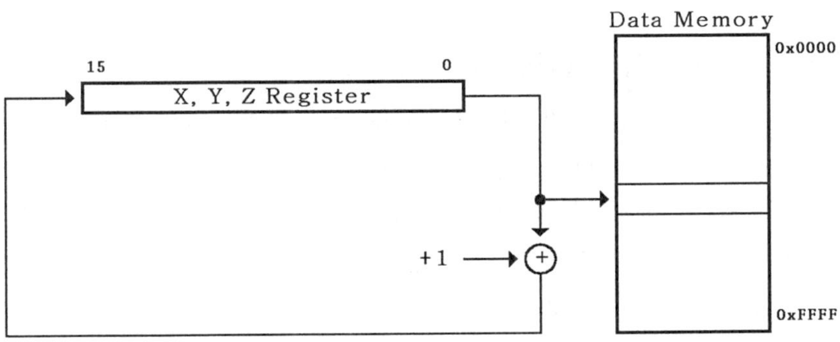

〈그림 1.3.5〉 자동증가 기능이 있는 데이터 간접 번지 지정

(7) 동작전에 자동감소 기능이 있는 데이터 간접 번지 지정

동작전에 자동감소 기능이 있는 데이터 간접 번지 지정(Data Indirect Addressing with Pre-decrement) 모드는 데이터 간접 번지 지정과 동일하지만 동작을 수행하기 전에 이 명령에서 지정된 X, Y, Z 레지스터를 1만큼 감소시키는 기능을 추가적으로 가지는 방법이다. 이는 번지를 감소시키면서 데이터 메모리 영역을 연속적으로 읽거나 쓰는 동작에 유용하다. 이 어드레싱 모드는 LD/ST 명령에서만 사용한다.

예 소스 오퍼랜드에 사용되는 경우

```
LD      Rd, -X          ; X ← X - 1, Rd ← (X)
            ↑
            └────── X, Y, Z 레지스터
```

예 데스티네이션 오퍼랜드에 사용되는 경우

```
ST      -X, Rr          ; X ← X - 1, (X) ← Rr
        ↑
        └────── X, Y, Z 레지스터
```

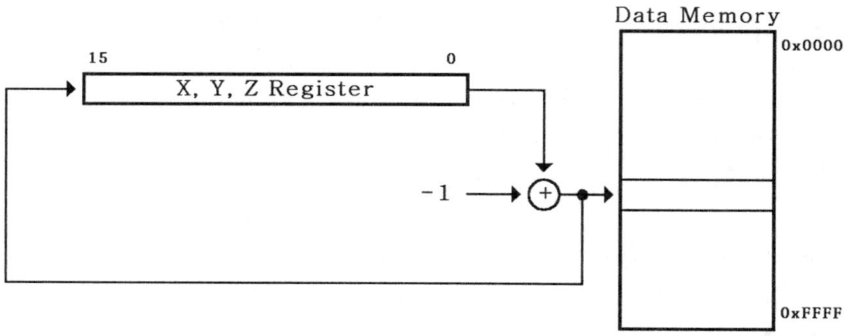

〈그림 1.3.6〉 자동감소 기능이 있는 데이터 간접 번지 지정

(8) 변위가 있는 데이터 간접 번지 지정

변위가 있는 데이터 간접 번지 지정(Data Indirect Addressing with Displacement) 모드는 데이터 간접 번지 지정과 유사하지만 어드레스 포인터로서 Y, Z 레지스터에 변위를 합하여 사용하는 방법이다. 여기서 베이스 레지스터로는 Y 레지스터와 Z 레지스터만을 사용할 수 있으며, 변위는 6비트의 양의 정수로 표현되어 0~63 범위를 사용할 수 있다. 이는 베이스 번지를 기준으로 하는 데이터 테이블을 처리하는 동작에 유용하다.

이 어드레싱 모드는 LDD/STD 명령에서만 사용한다.

예 소스 오퍼랜드에 사용되는 경우

```
LDD     Rd, Y+q         ; Rd ← (Y + q)
            ↑
            └────── Y, Z 레지스터
```

예 데스티네이션 오퍼랜드에 사용되는 경우

```
STD     Y+q, Rr         ; (Y + q) ← Rr
        ↑
        └────── Y, Z 레지스터
```

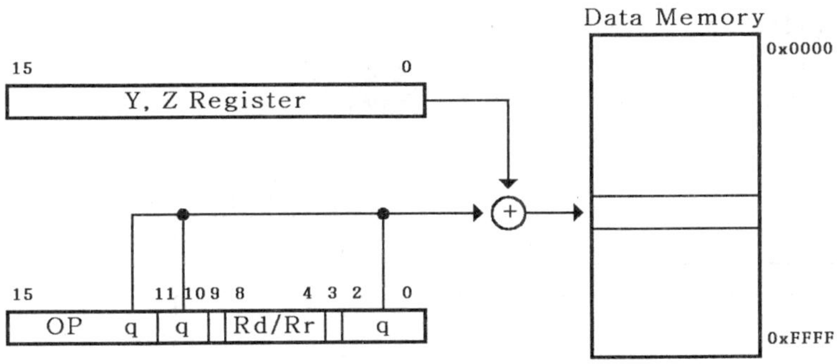

〈그림 1.3.7〉 변위가 있는 데이터 간접 번지 지정

(9) 프로그램 메모리 상수 번지 지정

프로그램 메모리 상수 번지 지정(Program Memory Constant Addressing) 모드는 어드레스 포인터로서 Z 레지스터를 사용하여 프로그램 메모리 영역의 상수를 액세스하는 방법이다.

예를 들어 ATxmega128A1의 프로그램 메모리는 64K×16비트의 구조를 가지고 있지만, 이 어드레싱 모드에서는 상수를 바이트 단위로만 액세스하므로 프로그램 메모리를 128K×8비트의 구조로 간주한다. 따라서, 16비트 어드레스 포인터로 사용되는 Z 레지스터로는 이를 모두 지정하지 못하므로 프로그램 메모리의 상위 어드레스를 가리키는 레지스터가 추가로 필요하게 된다. 또한, ATxmega256A1의 프로그램 메모리는 128K×16비트의 구조를 가지고 있지만, 이 어드레싱 모드에서는 상수를 바이트 단위로만 액세스하므로 프로그램 메모리를 256K×8비트의 구조로 간주한다. 따라서, 16비트 어드레스 포인터로 사용되는 Z 레지스터로는 이를 모두 지정하지 못하므로 프로그램 메모리의 상위 어드레스를 가리키는 레지스터가 추가로 필요하게 된다.

LPM 명령에서는 무조건 바이트 단위로 64K 영역의 프로그램 메모리만을 사용하며, ELPM/SPM 명령에서는 RAMPZ 레지스터를 이용하여 상위 어드레스를 지정한다. 결국 이와 같은 방법으로 바이트 단위의 프로그램 메모리 상수를 가리키는 포인터 레지스터를 사용하면 앞의 <그림 1.2.16>에서 보인 바와 같이 RAMPZ 레지스터와 Z 레지스터를 합하여 24비트 어드레스가 되는 셈이다.

이 어드레싱 모드는 LPM/ELPM/SPM 명령에서만 사용한다.

예 LPM 명령의 경우

```
LPM                   ; R0 ← (Z)
LPM     Rd, Z         ; Rd ← (Z)
```

예 ELPM 명령의 경우

```
ELPM                ; R0 ← (RAMPZ:Z)
ELPM    Rd, Z       ; Rd ← (RAMPZ:Z)
```

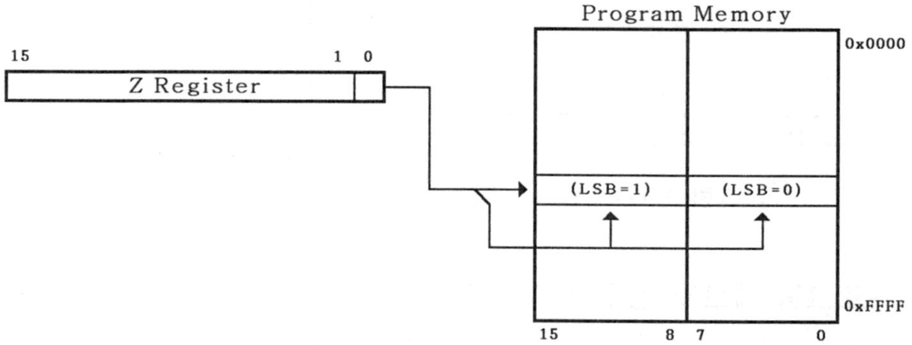

〈그림 1.3.8〉 프로그램 메모리 상수 번지 지정

(10) 자동증가 기능이 있는 프로그램 메모리 상수 번지 지정

동작후 자동증가 기능이 있는 프로그램 메모리 상수 번지 지정(Program Memory Constant Addressing with Post-increment) 모드는 프로그램 메모리 상수 번지 지정과 동일하지만 동작후에 Z 레지스터를 1만큼 증가시켜 두는 기능을 추가로 가지고 있는 방법이다.

이 어드레싱 모드는 LPM/ELPM 명령에서만 사용한다.

예 LPM 명령의 경우

```
LPM     Rd, Z+      ; Rd ← (Z), Z ← Z + 1
```

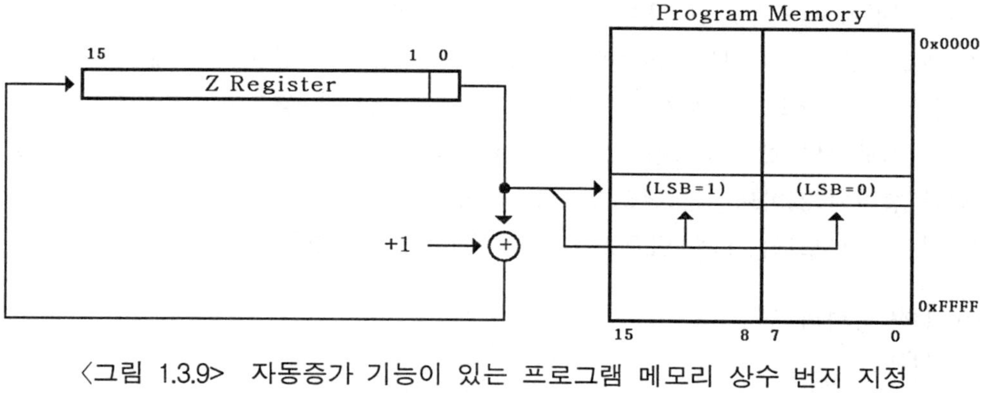

〈그림 1.3.9〉 자동증가 기능이 있는 프로그램 메모리 상수 번지 지정

(11) 직접 프로그램 메모리 번지 지정

직접 프로그램 메모리 번지 지정(Direct Program Memory Addressing) 모드는 오퍼랜드로서 프로그램 메모리 영역을 22비트 어드레스값으로 직접 지정하는 방법이다. 따라서, 이 명령을 사용하면 프로그램 메모리에서 4M 워드의 번지를 이동할 수 있다.

이 어드레싱 모드는 JMP/CALL 명령에서만 사용한다.

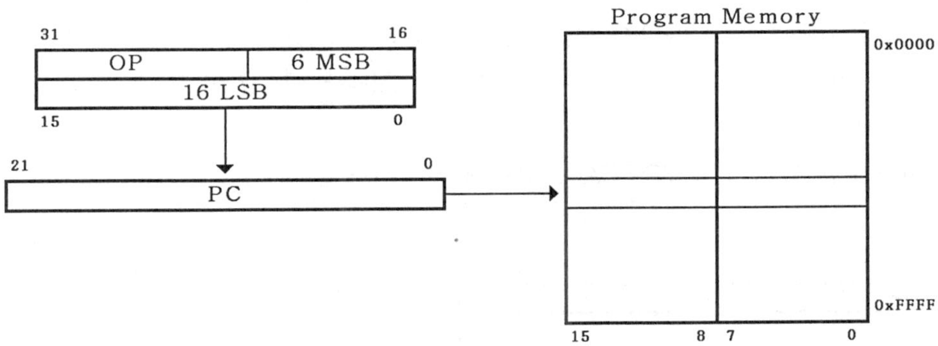

〈그림 1.3.10〉 직접 프로그램 메모리 번지 지정

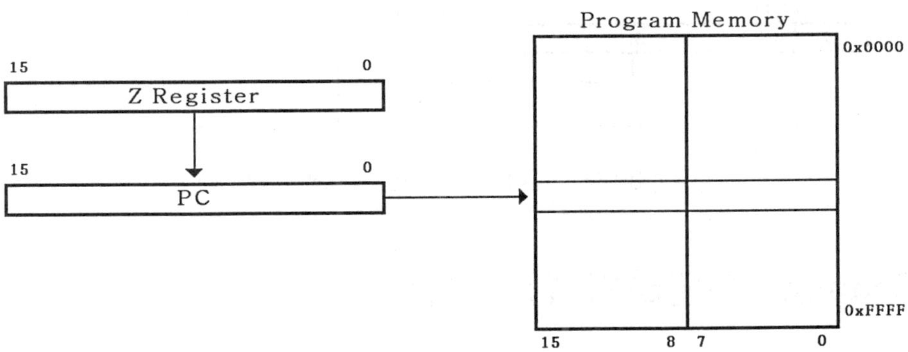

〈그림 1.3.11〉 간접 프로그램 메모리 번지 지정

(12) 간접 프로그램 메모리 번지 지정

간접 프로그램 메모리 번지 지정(Indirect Program Memory Addressing) 모드는 오퍼랜드로서 프로그램 메모리 영역을 16비트 어드레스 포인터인 Z 레지스터를 사용하여 간접 지정하는 방법이다. 0x010000 번지부터 시작되는 64K 워드 영역은 상위 어드레스 8비트를 EIND 레지스터가 담당한다. 따라서, 이 명령을 사용하면 프로그램 메모리에서 16M 워드의 번지를 자유롭게 이동할 수 있다.

이 어드레싱 모드는 EIJMP/EICALL 명령에서만 사용한다.

(13) 상대 프로그램 메모리 번지 지정

상대 프로그램 메모리 번지 지정(Relative Program Memory Addressing) 모드는 오퍼랜드로서 프로그램 메모리 영역을 12비트의 오프셋으로 상대 지정하는 방법이다. 그러면 실제의 프로그램 번지는 현재의 프로그램 카운터 레지스터 값에 이 상대번지가 더해져서 만들어진다. 따라서, 이 명령을 사용하면 오프셋 값을 12비트 2의 보수로 표현하므로 현재의 프로그램 메모리 위치에서 -2,048~+2,047 번지 이내의 영역으로 이동할 수 있다.

이 어드레싱 모드는 RJMP/RCALL 명령에서만 사용한다.

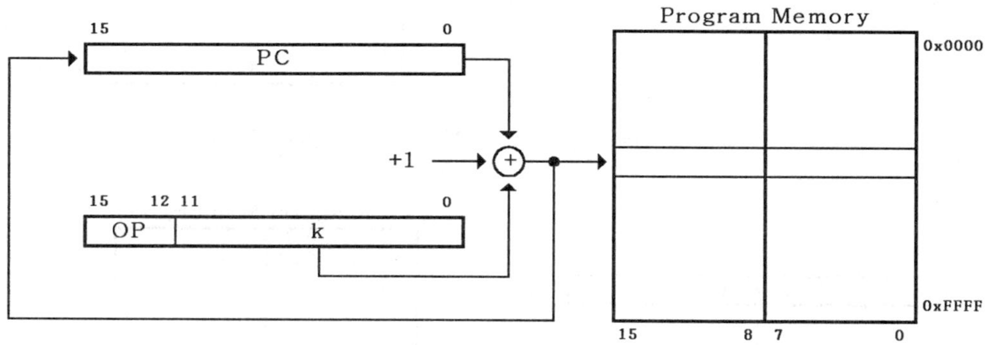

〈그림 1.3.12〉 상대 프로그램 메모리 번지 지정

3. ATxmega 패밀리의 명령 세트

ATxmega 패밀리의 AVR 마이크로컨트롤러에는 모두 138종의 명령을 가지고 있으며, Atmel사에서 데이터 시트에 제공하는 어셈블리 명령표는 <표 1.3.2>와 같다. 대부분의 명령은 16비트의 길이를 가지고 있지만 4개의 명령은 32비트(LDS, STS, JMP, CALL)로 되어 있으며, 실행시간은 명령에 따라 1~5클록 사이클로 다르다. 만약 *OK-X128A1* 키트에서처럼 32MHz의 시스템 클록을 사용한다면 1클록 사이클의 주기는 31.25[ns]가 된다.

여기서는 이 명령 세트를 기능별로 좀더 세분화하여 데이터 이동 명령, 산술연산 명령, 논리연산 명령, 분기명령, 비트 처리 명령, MCU 제어 명령 등으로 자세히 살펴보기로 한다.

〈표 1.3.2〉 ATxmega 패밀리의 명령 세트(1/4)

Mnemonics	Operands	Description	Operation	Flags	#Clocks	#Clocks XMEGA
Arithmetic and Logic Instructions						
ADD	Rd, Rr	Add without Carry	Rd ← Rd + Rr	Z,C,N,V,S,H	1	
ADC	Rd, Rr	Add with Carry	Rd ← Rd + Rr + C	Z,C,N,V,S,H	1	
ADIW[1]	Rd, K	Add Immediate to Word	Rd ← Rd + 1:Rd + K	Z,C,N,V,S	2	
SUB	Rd, Rr	Subtract without Carry	Rd ← Rd - Rr	Z,C,N,V,S,H	1	
SUBI	Rd, K	Subtract Immediate	Rd ← Rd - K	Z,C,N,V,S,H	1	
SBC	Rd, Rr	Subtract with Carry	Rd ← Rd - Rr - C	Z,C,N,V,S,H	1	
SBCI	Rd, K	Subtract Immediate with Carry	Rd ← Rd - K - C	Z,C,N,V,S,H	1	
SBIW[1]	Rd, K	Subtract Immediate from Word	Rd + 1:Rd ← Rd + 1:Rd - K	Z,C,N,V,S	2	
AND	Rd, Rr	Logical AND	Rd ← Rd • Rr	Z,N,V,S	1	
ANDI	Rd, K	Logical AND with Immediate	Rd ← Rd • K	Z,N,V,S	1	
OR	Rd, Rr	Logical OR	Rd ← Rd v Rr	Z,N,V,S	1	
ORI	Rd, K	Logical OR with Immediate	Rd ← Rd v K	Z,N,V,S	1	
EOR	Rd, Rr	Exclusive OR	Rd ← Rd ⊕ Rr	Z,N,V,S	1	
COM	Rd	One's Complement	Rd ← $FF - Rd	Z,C,N,V,S	1	
NEG	Rd	Two's Complement	Rd ← $00 - Rd	Z,C,N,V,S,H	1	
SBR	Rd,K	Set Bit(s) in Register	Rd ← Rd v K	Z,N,V,S	1	
CBR	Rd,K	Clear Bit(s) in Register	Rd ← Rd • ($FFh - K)	Z,N,V,S	1	
INC	Rd	Increment	Rd ← Rd + 1	Z,N,V,S	1	
DEC	Rd	Decrement	Rd ← Rd - 1	Z,N,V,S	1	
TST	Rd	Test for Zero or Minus	Rd ← Rd • Rd	Z,N,V,S	1	
CLR	Rd	Clear Register	Rd ← Rd ⊕ Rd	Z,N,V,S	1	
SER	Rd	Set Register	Rd ← $FF	None	1	
MUL[1]	Rd,Rr	Multiply Unsigned	R1:R0 ← Rd x Rr (UU)	Z,C	2	
MULS[1]	Rd,Rr	Multiply Signed	R1:R0 ← Rd x Rr (SS)	Z,C	2	
MULSU[1]	Rd,Rr	Multiply Signed with Unsigned	R1:R0 ← Rd x Rr (SU)	Z,C	2	
FMUL[1]	Rd,Rr	Fractional Multiply Unsigned	R1:R0 ← Rd x Rr<<1 (UU)	Z,C	2	
FMULS[1]	Rd,Rr	Fractional Multiply Signed	R1:R0 ← Rd x Rr<<1 (SS)	Z,C	2	
FMULSU[1]	Rd,Rr	Fractional Multiply Signed with Unsigned	R1:R0 ← Rd x Rr<<1 (SU)	Z,C	2	
DES	K	Data Encryption	if (H = 0) then R15:R0 ← Encrypt(R15:R0, K) else if (H = 1) then R15:R0 ← Decrypt(R15:R0, K)			1/2
Branch Instructions						
RJMP	k	Relative Jump	PC ← PC + k + 1	None	2	
IJMP[1]		Indirect Jump to (Z)	PC(15:0) ← Z, PC(21:16) ← 0	None	2	
EIJMP[1]		Extended Indirect Jump to (Z)	PC(15:0) ← Z, PC(21:16) ← EIND	None	2	
JMP[1]	k	Jump	PC ← k	None	3	
RCALL	k	Relative Call Subroutine	PC ← PC + k + 1	None	3 / 4[3][5]	2 / 3[3]
ICALL[1]		Indirect Call to (Z)	PC(15:0) ← Z, PC(21:16) ← 0	None	3 / 4[3]	2 / 3[3]
EICALL[1]		Extended Indirect Call to (Z)	PC(15:0) ← Z, PC(21:16) ← EIND	None	4 [3]	3 [3]
CALL[1]	k	call Subroutine	PC ← k	None	4 / 5[3]	3 / 4[3]
RET		Subroutine Return	PC ← STACK	None	4 / 5[3]	
RETI		Interrupt Return	PC ← STACK	I	4 / 5[3]	
CPSE	Rd,Rr	Compare, Skip if Equal	if (Rd = Rr) PC ← PC + 2 or 3	None	1/2/3	
CP	Rd,Rr	Compare	Rd - Rr	Z,C,N,V,S,H	1	

〈표 1.3.2〉 ATxmega 패밀리의 명령 세트(2/4)

Mnemonics	Operands	Description	Operation	Flags	#Clocks	#Clocks XMEGA
CPC	Rd,Rr	Compare with Carry	Rd - Rr - C	Z,C,N,V,S,H	1	
CPI	Rd,K	Compare with Immediate	Rd - K	Z,C,N,V,S,H	1	
SBRC	Rr, b	Skip if Bit in Register Cleared	if (Rr(b) = 0) PC ← PC + 2 or 3	None	1/2/3	
SBRS	Rr, b	Skip if Bit in Register Set	if (Rr(b) = 1) PC ← PC + 2 or 3	None	1/2/3	
SBIC	A, b	Skip if Bit in I/O Register Cleared	if (I/O(A,b) = 0) PC ← PC + 2 or 3	None	1/2/3	2 / 3 / 4
SBIS	A, b	Skip if Bit in I/O Register Set	If (I/O(A,b) =1) PC ← PC + 2 or 3	None	1/2/3	2 / 3 / 4
BRBS	s, k	Branch if Status Flag Set	if (SREG(s) = 1) then PC ← PC + k + 1	None	1 / 2	
BRBC	s, k	Branch if Status Flag Cleared	if (SREG(s) = 0) then PC ← PC + k + 1	None	1 / 2	
BREQ	k	Branch if Equal	if (Z = 1) then PC ← PC + k + 1	None	1 / 2	
BRNE	k	Branch if Not Equal	if (Z = 0) then PC ← PC + k + 1	None	1 / 2	
BRCS	k	Branch if Carry Set	if (C = 1) then PC ← PC + k + 1	None	1 / 2	
BRCC	k	Branch if Carry Cleared	if (C = 0) then PC ← PC + k + 1	None	1 / 2	
BRSH	k	Branch if Same or Higher	if (C = 0) then PC ← PC + k + 1	None	1 / 2	
BRLO	k	Branch if Lower	if (C = 1) then PC ← PC + k + 1	None	1 / 2	
BRMI	k	Branch if Minus	if (N = 1) then PC ← PC + k + 1	None	1 / 2	
BRPL	k	Branch if Plus	if (N = 0) then PC ← PC + k + 1	None	1 / 2	
BRGE	k	Branch if Greater or Equal, Signed	if (N ⊕ V= 0) then PC ← PC + k + 1	None	1 / 2	
BRLT	k	Branch if Less Than, Signed	if (N ⊕ V= 1) then PC ← PC + k + 1	None	1 / 2	
BRHS	k	Branch if Half Carry Flag Set	if (H = 1) then PC ← PC + k + 1	None	1 / 2	
BRHC	k	Branch if Half Carry Flag Cleared	if (H = 0) then PC ← PC + k + 1	None	1 / 2	
BRTS	k	Branch if T Flag Set	if (T = 1) then PC ← PC + k + 1	None	1 / 2	
BRTC	k	Branch if T Flag Cleared	if (T = 0) then PC ← PC + k + 1	None	1 / 2	
BRVS	k	Branch if Overflow Flag is Set	if (V = 1) then PC ← PC + k + 1	None	1 / 2	
BRVC	k	Branch if Overflow Flag is Cleared	if (V = 0) then PC ← PC + k + 1	None	1 / 2	
BRIE	k	Branch if Interrupt Enabled	if (I = 1) then PC ← PC + k + 1	None	1 / 2	
BRID	k	Branch if Interrupt Disabled	if (I = 0) then PC ← PC + k + 1	None	1 / 2	
Data Transfer Instructions						
MOV	Rd, Rr	Copy Register	Rd ← Rr	None	1	
MOVW[1]	Rd, Rr	Copy Register Pair	Rd+1:Rd ← Rr+1:Rr	None	1	
LDI	Rd, K	Load Immediate	Rd ← K	None	1	
LDS[1]	Rd, k	Load Direct from data space	Rd ← (k)	None	1[5]/2[3]	2[3][4]
LD[2]	Rd, X	Load Indirect	Rd ← (X)	None	1[5]2[3]	1[3][4]
LD[2]	Rd, X+	Load Indirect and Post-Increment	Rd ← (X) X ← X + 1	None	2[3]	1[3][4]
LD[2]	Rd, -X	Load Indirect and Pre-Decrement	X ← X - 1, ← X - 1 Rd ← (X) ← (X)	None	2[3]/3[5]	2[3][4]
LD[2]	Rd, Y	Load Indirect	Rd ← (Y) ← (Y)	None	1[5]/2[3]	1[3][4]
LD[2]	Rd, Y+	Load Indirect and Post-Increment	Rd ← (Y) Y ← Y + 1	None	2[3]	1[3][4]
LD[2]	Rd, -Y	Load Indirect and Pre-Decrement	Y ← Y - 1 Rd ← (Y)	None	2[3]/3[5]	2[3][4]
LDD[1]	Rd, Y+q	Load Indirect with Displacement	Rd ← (Y + q)	None	2[3]	2[3][4]
LD[2]	Rd, Z	Load Indirect	Rd ← (Z)	None	1[5]/2[3]	1[3][4]
LD[2]	Rd, Z+	Load Indirect and Post-Increment	Rd ← (Z), Z ← Z+1	None	2[3]	1[3][4]
LD[2]	Rd, -Z	Load Indirect and Pre-Decrement	Z ← Z - 1, Rd ← (Z)	None	2[3]/3[5]	2[3][4]
LDD[1]	Rd, Z+q	Load Indirect with Displacement	Rd ← (Z + q)	None	2[3]	2[3][4]

〈표 1.3.2〉 ATxmega 패밀리의 명령 세트(3/4)

Mnemonics	Operands	Description	Operation	Flags	#Clocks	#Clocks XMEGA
STS[1]	k, Rr	Store Direct to Data Space	(k) ← Rd	None	1[5]/2[3]	2[3]
ST[2]	X, Rr	Store Indirect	(X) ← Rr	None	1[5]/2[3]	1[3]
ST[2]	X+, Rr	Store Indirect and Post-Increment	(X) ← Rr, X ← X + 1	None	1[5]/2[3]	1[3]
ST[2]	-X, Rr	Store Indirect and Pre-Decrement	X ← X - 1, (X) ← Rr	None	2[3]	2[3]
ST[2]	Y, Rr	Store Indirect	(Y) ← Rr	None	1[5]/2[3]	1[3]
ST[2]	Y+, Rr	Store Indirect and Post-Increment	(Y) ← Rr, Y ← Y + 1	None	1[5]/2[3]	1[3]
ST[2]	-Y, Rr	Store Indirect and Pre-Decrement	Y ← Y - 1, (Y) ← Rr	None	2[3]	2[3]
STD[1]	Y+q, Rr	Store Indirect with Displacement	(Y + q) ← Rr	None	2[3]	2[3]
ST[2]	Z, Rr	Store Indirect	(Z) ← Rr	None	1[5]/2[3]	1[3]
ST[2]	Z+, Rr	Store Indirect and Post-Increment	(Z) ← Rr Z ← Z + 1	None	1[5]/2[3]	1[3]
ST[2]	-Z, Rr	Store Indirect and Pre-Decrement	Z ← Z - 1	None	2[3]	2[3]
STD[1]	Z+q,Rr	Store Indirect with Displacement	(Z + q) ← Rr	None	2[3]	2[3]
LPM[1][2]		Load Program Memory	R0 ← (Z)	None	3	3
LPM[1][2]	Rd, Z	Load Program Memory	Rd ← (Z)	None	3	3
LPM[1][2]	Rd, Z+	Load Program Memory and Post-Increment	Rd ← (Z), Z ← Z + 1	None	3	3
ELPM[1]		Extended Load Program Memory	R0 ← (RAMPZ:Z)	None	3	
ELPM[1]	Rd, Z	Extended Load Program Memory	Rd ← (RAMPZ:Z)	None	3	
ELPM[1]	Rd, Z+	Extended Load Program Memory and Post-Increment	Rd ← (RAMPZ:Z), Z ← Z + 1	None	3	
SPM[1]		Store Program Memory	(RAMPZ:Z) ← R1:R0	None	-	-
SPM[1]	Z+	Store Program Memory and Post-Increment by 2	(RAMPZ:Z) ← R1:R0, Z ← Z + 2	None	-	-
IN	Rd, A	In From I/O Location	Rd ← I/O(A)	None	1	
OUT	A, Rr	Out To I/O Location	I/O(A) ← Rr	None	1	
PUSH[1]	Rr	Push Register on Stack	STACK ← Rr	None	2	1[3]
POP[1]	Rd	Pop Register from Stack	Rd ← STACK	None	2	2[3]
Bit and Bit-test Instructions						
LSL	Rd	Logical Shift Left	Rd(n+1) ← Rd(n), Rd(0) ← 0, C ← Rd(7)	Z,C,N,V,H	1	
LSR	Rd	Logical Shift Right	Rd(n) ← Rd(n+1), Rd(7) ← 0, C ← Rd(0)	Z,C,N,V	1	
ROL	Rd	Rotate Left Through Carry	Rd(0) ← C, Rd(n+1) ← Rd(n), C ← Rd(7)	Z,C,N,V,H	1	
ROR	Rd	Rotate Right Through Carry	Rd(7) ← C, Rd(n) ← Rd(n+1), C ← Rd(0)	Z,C,N,V	1	
ASR	Rd	Arithmetic Shift Right	Rd(n) ← Rd(n+1), n=0..6	Z,C,N,V	1	
SWAP	Rd	Swap Nibbles	Rd(3..0) ↔ Rd(7..4)	None	1	
BSET	s	Flag Set	SREG(s) ← 1	SREG(s)	1	
BCLR	s	Flag Clear	SREG(s) ← 0	SREG(s)	1	
SBI	A, b	Set Bit in I/O Register	I/O(A, b) ← 1	None	1[5]2	1
CBI	A, b	Clear Bit in I/O Register	I/O(A, b) ← 0	None	1[5]/2	1
BST	Rr, b	Bit Store from Register to T	T ← Rr(b)	T	1	
BLD	Rd, b	Bit load from T to Register	Rd(b) ← T	None	1	

〈표 1.3.2〉 ATxmega 패밀리의 명령 세트(4/4)

Mnemonics	Operands	Description	Operation	Flags	#Clocks	#Clocks XMEGA
SEC		Set Carry	C ← 1	C	1	
CLC		Clear Carry	C ← 0	C	1	
SEN		Set Negative Flag	N ← 1	N	1	
CLN		Clear Negative Flag	N ← 0	N	1	
SEZ		Set Zero Flag	Z ← 1	Z	1	
CLZ		Clear Zero Flag	Z ← 0	Z	1	
SEI		Global Interrupt Enable	I ← 1	I	1	
CLI		Global Interrupt Disable	I ← 0	I	1	
SES		Set Signed Test Flag	S ← 1	S	1	
CLS		Clear Signed Test Flag	S ← 0	S	1	
SEV		Set Two's Complement Overflow	V ← 1	V	1	
CLV		Clear Two's Complement Overflow	V ← 0	V	1	
SET		Set T in SREG	T ← 1	T	1	
CLT		Clear T in SREG	T ← 0	T	1	
SEH		Set Half Carry Flag in SREG	H ← 1	H	1	
CLH		Clear Half Carry Flag in SREG	H ← 0	H	1	
MCU Control Instructions						
BREAK(1)		Break	(See specific descr. for BREAK)	None	1	
NOP		No Operation		None	1	
SLEEP		Sleep	(see specific descr. for Sleep)	None	1	
WDR		Watchdog Reset	(see specific descr. for WDR)	None	1	

Notes: 1. This instruction is not available in all devices. Refer to the device specific instruction set summary.
2. Not all variants of this instruction are available in all devices. Refer to the device specific instruction set summary.
3. Cycle times for Data memory accesses assume internal memory accesses, and are not valid for accesses via the external RAM interface.
4. One extra cycle must be added when accessing Internal SRAM.
5. Number of clock cycles for ATtiny10.

〈표 1.3.3〉 어셈블리 명령에서 사용하는 약어 또는 기호

기호	기능
Rr	소스측 오퍼랜드로 사용되는 범용 레지스터 R0~R31.
Rd	데스티네이션측 오퍼랜드로 사용되는 범용 레지스터 R0~R31.
Rre	소스측 오퍼랜드로 사용되는 짝수번째 범용 레지스터 R0, R2, ... , R28, R30.
Rde	데스티네이션측 오퍼랜드로 사용되는 짝수번째 범용 레지스터 R0, R2, ... , R28, R30.
Rdl	데스티네이션측 오퍼랜드로 사용되는 레지스터쌍 R24:R25, R26:R27, R28:R29, R30:R31.
Rrx	소스측 오퍼랜드로 사용되는 16개의 범용 레지스터 R16~R31.
Rdx	데스티네이션측 오퍼랜드로 사용되는 16개의 범용 레지스터 R16~R31.
Rr8	소스측 오퍼랜드로 사용되는 8개의 범용 레지스터 R16~R23.
Rd8	데스티네이션측 오퍼랜드로 사용되는 8개의 범용 레지스터 R16~R23.
addr16	데이터 메모리 영역의 16비트 절대번지 0x0000~0xFFFF.
addr22	JMP 및 CALL 명령을 위한 프로그램 메모리 영역의 22비트 절대번지
port	I/O 레지스터 영역 0~63
port32	I/O 레지스터중에서 아랫쪽의 0~31 영역
b	바이트 데이터의 비트 번호 0~7.
q	6비트의 변위 0~63.
imm6	6비트의 즉치 데이터 0~63.
imm8	8비트의 즉치 데이터 0~255.
offset7	7비트 2의 보수로 표시되는 오프셋 번지 -64~+63.
offset12	12비트 2의 보수로 표시되는 오프셋 번지 -2,048~+2,047.
↕	처리하는 데이터에 따라 플랙이 변화할 수 있다는 것을 나타냄.

이제부터 ATxmega 패밀리의 각 어셈블리 명령을 설명하는데 사용하는 약어나 기호들을 요약하면 <표 1.3.3>과 같다. 이러한 명령들을 제대로 이해하려면 본 절에서 설명한 수치 데이터 표현 형식이나 어드레싱 모드는 물론이고, 앞 절에서 이미 설명한 바와 같이 ATxmega 패밀리의 레지스터 및 메모리 구조를 잘 알아두어야 한다.

(1) 데이터 이동 명령

데이터 이동 명령은 범용 레지스터 R0~R31에 어떤 값을 로드하거나, 범용 레지스터와 외부 데이터 메모리 사이에 데이터를 액세스하거나, 프로그램 메모리의 상수 데이터를 액세스하는 명령이다. 이 명령들은 <표 1.3.4>에 정리하였다.

일반적으로 그러하듯이 ATxmega 패밀리에서도 데이터 이동 명령은 크게 레지스터들 사이에 데이터를 이동하는 move 명령, 레지스터에 값을 저장하는 load 명령, 레지스터의 값을 데이터 메모리에 저장하는 store 명령 등의 3가지로 나누어진다. 단, 데이터 메모리 영역에서 앞쪽에 있는 64개의 I/O 레지스터에 대한 데이터 액세스 명령은 특별히 input/output 명령이라고 하며, 스택에 후입선출 방식으로 데이터를 저장하거나 꺼내오는 명령은 push/pop 명령으로 별도 구분한다.

이와 같이 선두 64개의 I/O 레지스터에 대하여만 사용하는 IN/OUT 명령에 비하여 그 이후에 있는 모든 I/O 레지스터나 외부 데이터 메모리에 대하여는 LDS/STS 명령으로 직접지정을 사용하거나 또는 간접지정 방법을 사용한다는데 유의해야 한다.

또한, 32개의 8비트 범용 레지스터 중에서 1개의 명령으로 직접 즉치 데이터를 로드할 수 있는 것은 R16~R31의 16개뿐이라는 점에 유의해야 한다.

데이터 메모리를 간접 지정하는데는 16비트 어드레스 포인터로서 X, Y, Z 레지스터가 사용되며, 변위까지를 포함하는 데이터 메모리 간접지정에는 Y, Z 레지스터만이 사용되는데 주목하라. 만약, 64KB를 초과하여 16MB까지의 데이터 메모리 영역을 액세스하려면 더 많은 어드레스 비트가 사용되므로 이들 16비트 어드레스 포인터만을 사용해서는 동작이 불가능하다. 이런 경우에는 16비트 어드레스 포인터인 X, Y, Z 레지스터의 상위 8비트에 각각 확장 어드레스 레지스터 RAMPX, RAMPY, RAMPZ 레지스터가 합해져서 총 24비트의 어드레스로 동작한다.

또한, 프로그램용 플래시 메모리에서 바이트 단위로 상수 데이터를 액세스하는데는 LPM/ELPM/SPM 명령이 사용되며 이때는 Z 레지스터가 프로그램 메모리의 바이트 번지를 간접 지정한다. 만약, 이 번지가 64K를 초과하게 되면 어드레스의 상위 8비트에 RAMPZ 레지스터가 합해진다.

<표 1.3.4> 데이터 이동 명령

명령 니모닉	기계어	기능 및 동작	클럭	상태 레지스터 플랙					
				H	S	V	N	Z	C
MOV Rd,Rr	0010 11rd dddd rrrr	Move between registers(Copy register) Rd ← Rr	1	-	-	-	-	-	-
MOVW Rde,Rre	0000 0001 dddd rrrr	Move word between register pairs Rde+1:Rde ← Rre+1:Rre	1	-	-	-	-	-	-
LDI Rdx,imm8	1110 kkkk xxxx kkkk	Load immediate Rdx ← imm8	1	-	-	-	-	-	-
LDS Rd,addr16	1001 000d dddd 0000 kkkk kkkk kkkk kkkk	Load direct from data memory space Rd ← (addr16)	2	-	-	-	-	-	-
LD Rd,X	1001 000d dddd 1100	Load indirect with index X register Rd ← (X)	1	-	-	-	-	-	-
LD Rd,X+	1001 000d dddd 1101	Load indirect with index X register Rd ← (X), X ← X+1	1	-	-	-	-	-	-
LD Rd,-X	1001 000d dddd 1110	Load indirect with index X register X ← X-1, Rd ← (X)	2	-	-	-	-	-	-
LD Rd,Y *	1000 000d dddd 1000	Load indirect with index Y register Rd ← (Y)	1	-	-	-	-	-	-
LD Rd,Y+	1001 000d dddd 1001	Load indirect with index Y register Rd ← (Y), Y ← Y+1	1	-	-	-	-	-	-
LD Rd,-Y	1001 000d dddd 1010	Load indirect with index Y register Y ← Y-1, Rd ← (Y)	2	-	-	-	-	-	-
LD Rd,Z *	1000 000d dddd 0000	Load indirect with index Z register Rd ← (Z)	1	-	-	-	-	-	-
LD Rd,Z+	1001 000d dddd 0001	Load indirect with index Z register Rd ← (Z), Z ← Z+1	1	-	-	-	-	-	-
LD Rd,-Z	1001 000d dddd 0010	Load indirect with index Z register Z ← Z-1, Rd ← (Z)	2	-	-	-	-	-	-
LDD Rd,Y+q *	10q0 qq0d dddd 1qqq	Load indirect with index Y and displacement Rd ← (Y+q)	2	-	-	-	-	-	-
LDD Rd,Z+q *	10q0 qq0d dddd 0qqq	Load indirect with index Z and displacement Rd ← (Z+q)	2	-	-	-	-	-	-
STS addr16,Rr	1001 001r rrrr 0000 kkkk kkkk kkkk kkkk	Store direct to data memory space (addr16) ← Rr	2	-	-	-	-	-	-
ST X,Rr	1001 001r rrrr 1100	Store indirect with index X register (X) ← Rr	1	-	-	-	-	-	-
ST X+,Rr	1001 001r rrrr 1101	Store indirect with index X register (X) ← Rr, X ← X+1	1	-	-	-	-	-	-
ST -X,Rr	1001 001r rrrr 1110	Store indirect with index X register X ← X-1, (X) ← Rr	2	-	-	-	-	-	-
ST Y,Rr *	1000 001r rrrr 1000	Store indirect with index Y register (Y) ← Rr	1	-	-	-	-	-	-
ST Y+,Rr	1001 001r rrrr 1001	Store indirect with index Y register (Y) ← Rr, Y ← Y+1	1	-	-	-	-	-	-
ST -Y,Rr	1001 001r rrrr 1010	Store indirect with index Y register Y ← Y-1, (Y) ← Rr	2	-	-	-	-	-	-
ST Z,Rr *	1000 001r rrrr 0000	Store indirect with index Z register (Z) ← Rr	1	-	-	-	-	-	-
ST Z+,Rr	1001 001r rrrr 0001	Store indirect with index Z register (Z) ← Rr, Z ← Z+1	1	-	-	-	-	-	-
ST -Z,Rr	1001 001r rrrr 0010	Store indirect with index Z register Z ← Z-1, (Z) ← Rr	2	-	-	-	-	-	-
STD Y+q,Rr *	10q0 qq1r rrrr 1qqq	Store indirect with index Y and displacement (Y+q) ← Rr	2	-	-	-	-	-	-
STD Z+q,Rr *	10q0 qq1r rrrr 0qqq	Store indirect with index Z and displacement (Z+q) ← Rr	2	-	-	-	-	-	-

☞ LD Rd,Y 및 LD Rd,Z 명령은 LDD Rd,Y+q 및 LDD Rd,Z+q 명령에서 q=0의 경우와 동일한 명령이다.

☞ ST Y,Rr 및 ST Z,Rr 명령은 STD Y+q,Rr 및 STD Z+q,Rr 명령에서 q=0의 경우와 동일한 명령이다.

〈표 1.3.4〉 데이터 이동 명령(계속)

명령 니모닉	기계어	기능 및 동작	클럭	상태 레지스터 플랙					
				H	S	V	N	Z	C
LPM	1001 0101 1100 1000	Load program memory(first 64KB) R0 ← (Z)	3	-	-	-	-	-	-
LPM Rd, Z	1001 000d dddd 0100	Load program memory(″) Rd ← (Z)	3	-	-	-	-	-	-
LPM Rd, Z+	1001 000d dddd 0101	Load program memory(″) and post-increment Rd ← (Z), Z ← Z+1	3	-	-	-	-	-	-
ELPM	1001 0101 1101 1000	Extended load program memory R0 ← (RAMPZ:Z)	3	-	-	-	-	-	-
ELPM Rd, Z	1001 000d dddd 0110	Extended load program memory Rd ← (RAMPZ:Z)	3	-	-	-	-	-	-
ELPM Rd, Z+	1001 000d dddd 0111	Extended load program memory and post-inc. Rd ← (RAMPZ:Z), Z ← Z+1	3	-	-	-	-	-	-
SPM *	1001 0101 1110 1000	Store word in program memory (RAMPZ:Z) ← R1:R0	?	-	-	-	-	-	-
SPM Z+ *	1001 0101 1111 1000	Store word in program memory and increment by 2 (RAMPZ:Z) ← R1:R0, Z ← Z+2	?	-	-	-	-	-	-
IN Rd, port	1011 0kkd dddd kkkk	Input from port(I/O register) Rd ← (port)	1	-	-	-	-	-	-
OUT port, Rr	1011 1kkr rrrr kkkk	Output to port(I/O register) (port) ← Rr	1	-	-	-	-	-	-
PUSH Rr	1001 001r rrrr 1111	Push register on stack (SP) ← Rr, SP ← SP-1	1	-	-	-	-	-	-
POP Rd	1001 000d dddd 1111	Pop register from stack SP ← SP+1, Rd ← (SP)	2	-	-	-	-	-	-

☞ SPM 명령의 실행 시간은 상황에 따라 달라진다.

(2) 산술연산 명령

ATxmega 패밀리는 정수 데이터의 덧셈, 뺄셈, 곱셈 명령을 가지고 있지만 나눗셈 명령은 지원하지 않는다. 이러한 산술연산 명령들은 <표 1.3.5>에 정리하였다. 정수의 산술연산 명령은 상태 레지스터 SREG와 매우 밀접한 관련이 있으므로 이미 앞에서 설명하였던 상태 레지스터의 기능을 다시 한번 잘 익혀 두기 바란다. ATxmega 패밀리의 AVR은 레지스터 중심형의 RISC 마이크로프로세서이므로 대부분의 연산명령이 특별한 제한없이 모든 범용 레지스터 R0~R31에서 수행 가능하다.

덧셈 명령은 8비트 범용 레지스터에서만 가능하며, 루프를 이용하여 큰 수를 덧셈할 때 사용할 수 있도록 캐리 플랙을 함께 더하는 ADC 명령이 있지만, 레지스터와 즉치 데이터의 덧셈 명령이 없다는 점이 다소 특이하다. 그러나, R24:R25, R26:R27, R28:R29, R30:R31 등 4개의 레지스터쌍에 대하여는 6비트의 즉치 데이터와 덧셈이 가능한데, 이는 어드레스 포인터용으로 사용할 때 편리하다.

뺄셈도 덧셈의 경우와 유사하지만 여기서는 범용 레지스터에서 8비트 즉치 데이터를 빼는 명령을 가지고 있다. 그러나, 8비트 즉치 데이터를 가지는 명령이 모두 그러하듯이 이때의 8비트 범용 레지스터로는 R16~R31만 사용할 수 있다.

곱셈 명령은 일반적인 경우처럼 부호없는 8비트 정수의 곱셈과 2의 보수로 표현되는 부호있는 8비트 정수의 곱셈 명령을 가지며, 여기에 추가로 부호있는 정수와 부호없는 정수의 곱셈 명령을 가진다는 점과 소수를 곱셈하는데 사용할 수 있도록 곱셈 및 비트 시프트 기능을 포함하는 FMUL/FMULS/FMULSU 명령을 가지고 있다는 점이 특이하다. 8비트 정수의 곱셈 결과는 최대 16비트 길이로 나타나므로 곱셈 결과는 항상 R1:R0 레지스터쌍에 저장되는 것에도 주의하라. 모든 곱셈명령은 제로 플랙과 캐리 플랙에만 영향을 주는데, 캐리 플랙의 값은 곱셈 결과의 최상위 비트와 같다.

ATxmega 패밀리에는 나눗셈 명령을 가지고 있지 않으므로 나눗셈 연산 루틴은 사용자가 직접 작성하여야 한다. 그러나, Atmel사의 응용 노트에 다양한 곱셈 및 나눗셈 서브루틴을 제공하고 있으며, 이 책에서는 OKX128A1.INC 파일에 더 좋은 연산루틴을 제공하고 있다. 또한 ATxmega 패밀리에는 BCD 연산을 처리하는 명령이 없으므로 이를 필요로 하는 경우에는 상당히 불편하다.

<표 1.3.5> 산술연산 명령

명령 니모닉	기계어	기능 및 동작	클럭	상태 레지스터 플랙					
				H	S	V	N	Z	C
ADD Rd,Rr	0000 11rd dddd rrrr	Add two registers without carry Rd ← Rd + Rr	1	↕	↕	↕	↕	↕	↕
ADC Rd,Rr	0001 11rd dddd rrrr	Add two registers with carry Rd ← Rd + Rr + C	1	↕	↕	↕	↕	↕	↕
ADIW Rdl,imm6	1001 0110 kkdd kkkk	Add immediate(0~63) to register pair(word) Rdl+1:Rdl ← Rdl+1:Rdl + imm6	2	-	↕	↕	↕	↕	↕
SUB Rd,Rr	0001 10rd dddd rrrr	Subtract two registers without carry Rd ← Rd - Rr	1	↕	↕	↕	↕	↕	↕
SBC Rd,Rr	0000 10rd dddd rrrr	Subtract two registers with carry Rd ← Rd - Rr - C	1	↕	↕	↕	↕	↕	↕
SUBI Rdx,imm8	0101 kkkk dddd kkkk	Subtract immediate from register Rdx ← Rdx - imm8	1	↕	↕	↕	↕	↕	↕
SBCI Rdx,imm8	0100 kkkk dddd kkkk	Subtract immediate with carry from register Rdx ← Rdx - imm8 - C	1	↕	↕	↕	↕	↕	↕
SBIW Rdl,imm6	1001 0111 kkdd kkkk	Subtract immediate(0~63) from register pair Rdl+1:Rdl ← Rdl+1:Rdl - imm6	2	-	↕	↕	↕	↕	↕
INC Rd	1001 010d dddd 0011	Increment register Rd ← Rd + 1	1	-	↕	↕	↕	↕	-
DEC Rd	1001 010d dddd 1010	Decrement register Rd ← Rd - 1	1	-	↕	↕	↕	↕	-
MUL Rd,Rr	1001 11rd dddd rrrr	Multiply unsigned registers R1:R0 ← Rd × Rr	2	-	-	-	-	↕	↕
MULS Rdx,Rrx	0000 0010 dddd rrrr	Multiply signed registers R1:R0 ← Rdx × Rrx	2	-	-	-	-	↕	↕
MULSU Rd8,Rr8	0000 0011 0ddd 0rrr	Multiply signed Rd8 and unsigned Rr8 R1:R0 ← Rd8 × Rr8	2	-	-	-	-	↕	↕
FMUL Rd8,Rr8	0000 0011 0ddd 1rrr	Fractional multiply unsigned registers R1:R0 ← Rd8 × Rr8	2	-	-	-	-	↕	↕
FMULS Rd8,Rr8	0000 0011 1ddd 0rrr	Fractional multiply signed registers R1:R0 ← Rd8 × Rr8	2	-	-	-	-	↕	↕
FMULSU Rd8,Rr8	0000 0011 1ddd 1rrr	Fractional multiply signed & unsigned reg. R1:R0 ← Rd8 × Rr8	2	-	-	-	-	↕	↕
DES K	1001 0100 KKKK 1011	if H=0, R15:R0 ← Encrypt(R15:R0,K) if H=1, R15:R0 ← Decrypt(R15:R0,K)	1/2	-	-	-	-	-	-

DES 명령은 정보 보안을 위한 암호화 알고리즘을 수행하는 명령이다. 이 명령에서는 R0~R7 레지스터에 저장되어 있는 64비트 데이터와 R8~R15 레지스터에 저장되어 있는 64비트 키를 사용하여 암호화 처리하거나 또는 암호화된 데이터를 다시 원래의 데이터로 환원 처리하는 기능을 수행하고 처리된 결과는 R0~R15 레지스터에 저장한다. 하프 캐리 플랙 H가 0이면 암호화 동작을 수행하고, H가 1이면 환원처리 동작을 수행하며, 오퍼랜드 K는 처리할 라운드(round) 수를 지정한다.

(3) 논리연산 명령

대부분의 마이크로프로세서에서 그렇듯이 ATxmega 패밀리에도 AND, OR, EOR의 3가지 논리연산 명령을 가진다. 그러나, ATxmega 패밀리에서는 <표 1.3.6>에서 보인 것처럼 여기에 몇가지의 명령을 추가하여 논리연산 명령으로 분류한다.

논리연산 명령 중에서 AND 및 OR 명령은 레지스터와 8비트 즉치 데이터의 연산이 가능한데 비하여 EOR 명령에서는 이것이 불가능하다는 점에 주의하라.

〈표 1.3.6〉 논리연산 명령

명령 니모닉	기계어	기능 및 동작	클럭	상태 레지스터 플랙					
				H	S	V	N	Z	C
AND Rd,Rr	0010 00rd dddd rrrr	Logical AND registers Rd ← Rd · Rr	1	-	↕	0	↕	↕	-
ANDI Rdx,imm8	0111 kkkk dddd kkkk	Logical AND register and immediate Rdx ← Rdx · imm8	1	-	↕	0	↕	↕	-
OR Rd,Rr	0010 10rd dddd rrrr	Logical OR registers Rd ← Rd ∨ Rr	1	-	↕	0	↕	↕	-
ORI Rdx,imm8	0110 kkkk dddd kkkk	Logical OR register and immediate Rdx ← Rdx ∨ imm8	1	-	↕	0	↕	↕	-
EOR Rd,Rr	0010 01rd dddd rrrr	Logical exclusive OR registers Rd ← Rd ⊕ Rr	1	-	↕	0	↕	↕	-
COM Rd	1001 010d dddd 0000	One's complement Rd ← 0xFF - Rd	1	-	↕	0	↕	↕	1
NEG Rd	1001 010d dddd 0001	Two's complement Rd ← 0x00 - Rd	1	↕	↕	↕	↕	↕	↕
CBR Rdx,imm8 *	0111 kkkk dddd kkkk	Clear bits in register Rdx ← Rdx · (0xFF - imm8)	1	-	↕	0	↕	↕	-
SBR Rdx,imm8 *	0110 kkkk dddd kkkk	Set bits in register Rdx ← Rdx ∨ imm8	1	-	↕	0	↕	↕	-
TST Rd *	0010 00dd dddd dddd	Test for zero or minus Rd ← Rd · Rd	1	-	↕	0	↕	↕	-
CLR Rd *	0010 01dd dddd dddd	Clear register Rd ← Rd ⊕ Rd	1	-	0	0	0	1	-
SER Rdx *	1110 1111 dddd 1111	Set all bits in register Rdx ← 0xFF	1	-	-	-	-	-	-

☞ CBR Rdx,imm8 명령은 ANDI Rdx,imm8 명령과 즉치 데이터를 반전시키면 서로 동일한 명령이다.
☞ SBR Rdx,imm8 명령은 ORI Rdx,imm8 명령과 동일한 명령이다.
☞ TST Rd 명령은 AND Rd,Rd 명령과 동일한 명령이다.
☞ CLR Rd 명령은 EOR Rd,Rd 명령과 동일한 명령이다.
☞ SER Rdx 명령은 LDI Rdx,0xFF 명령과 동일한 명령이다.

ATxmega 패밀리에서는 매우 특이하게도 기계어 코드는 동일하지만 니모닉 코드는 서로 다르게 표시하는 명령이 여러개 있다. 이런 경우에 이것들은 1개의 명령으로 간주하는 것이 옳다고 생각되나 Atmel사에서는 이를 2개의 명령으로 간주하는 듯하다. 예를 들어 <표 1.3.6>에 보인 바와 같이 CBR Rdx,imm8 명령은 ANDI Rdx,imm8 명령과 즉치 데이터를 반전시키면 서로 동일한 명령이며, SBR Rdx,imm8 명령은 ORI Rdx,imm8 명령과 동일한 명령이다. 또한, TST Rd 명령은 AND Rd,Rd 명령과 동일한 명령이고, CLR Rd 명령은 EOR Rd,Rd 명령과 동일한 명령이며, SER Rdx 명령은 LDI Rdx,0xFF 명령과 동일한 명령이다.

(4) 분기 명령

분기 명령에는 일반적으로 무조건 분기, 조건부 분기, 서브루틴 호출 및 복귀 명령 등이 포함되며, 루프처리 명령을 포함하기도 한다. ATxmega 패밀리의 분기 명령을 요약하면 <표 1.3.7>과 같다.

무조건 점프는 직접 16비트 번지를 지정하는 JMP 명령, Z 레지스터를 이용하여 간접 지정하는 IJMP/EIJMP 명령, 12비트 2의 보수로 상대번지인 오프셋(offset)을 표시하는 RJMP 명령 등이 있다. EIJMP 명령은 플래시 메모리의 번지를 간접 지정하는데 EIND 레지스터 및 Z 레지스터가 사용된다. 절대번지로 점프하는 JMP 명령은 기계어 코드상으로는 번지를 22비트까지 지정할 수 있으며 사용하지 않는 상위 어드레스 비트들은 0으로 채워진다. 이는 플래시 메모리의 번지가 64K 워드를 넘어 4M 워드까지 사용되는 대용량의 모델을 위한 기능이다. 12비트 2의 보수로 상대번지인 오프셋을 표시하는 RJMP 명령에서는 점프할 번지를 -2,048~+2,047의 범위에서 지정할 수 있다.

산술적 비교 명령인 CP/CPC/CPI는 일반적으로 산술연산 명령 그룹에 포함시키지만 Atmel에서는 이를 분기명령으로 분류한다. 뺄셈 명령은 연산결과를 목적 레지스터에 저장하지만 비교명령은 연산만을 수행하고 그 결과를 저장하지 않는다는 특징을 가진다. 이는 나중에 조건부 점프 명령에서 분기의 조건으로 사용될 수 있다.

모든 조건부 점프 명령에서는 점프할 목적번지를 7비트 2의 보수로 나타낸다. 이렇게 하면 점프할 수 있는 폭은 이 점프 명령의 다음 명령을 기준으로 -64~+63 번지 이내로 제한되는 단점이 있으나 기계어 명령 코드가 1워드로 짧아지는 장점이 있다. 이에 비하여 JMP 명령은 명령이 2워드로 길어지지만 점프 범위에 제한이 없다는 것이 장점이다.

<표 1.3.7> 분기 명령

명령 니모닉	기계어	기능 및 동작	클럭	상태 레지스터 플랙 H	S	V	N	Z	C
JMP addr22	1001 010k kkkk 110k kkkk kkkk kkkk kkkk	Jump within program memory space PC ← addr22	3	-	-	-	-	-	-
IJMP	1001 0100 0000 1001	Indirect jump by Z pointer register PC ← 0:Z	2	-	-	-	-	-	-
EIJMP	1001 0100 0001 1001	Indirect jump by Z pointer register PC ← EIND:Z	2	-	-	-	-	-	-
RJMP offset12	1100 kkkk kkkk kkkk	Relative jump within PC - 2K + 1 and PC + 2K PC ← PC + offset12 + 1	2	-	-	-	-	-	-
CP Rd,Rr	0001 01rd dddd rrrr	Compare Rd - Rr	1	↕	↕	↕	↕	↕	↕
CPC Rd,Rr	0000 01rd dddd rrrr	Compare with carry Rd - Rr - C	1	↕	↕	↕	↕	↕	↕
CPI Rdx,imm8	0011 kkkk dddd kkkk	Compare with immediate Rdx - imm8	1	↕	↕	↕	↕	↕	↕
CPSE Rd,Rr *	0001 00rd dddd rrrr	Compare, skip if equal If Rd = Rr PC ← PC+2(or 3), else PC ← PC+1	1/2/3	-	-	-	-	-	-
BRID offset7	1111 01kk kkkk k111	Branch if global interrupt is disabled If I=0 PC ← PC+offset7+1, else PC ← PC+1	1/2	-	-	-	-	-	-
BRIE offset7	1111 00kk kkkk k111	Branch if global interrupt is enabled If I=1 PC ← PC+offset7+1, else PC ← PC+1	1/2	-	-	-	-	-	-
BRTC offset7	1111 01kk kkkk k110	Branch if T flag is cleared If T=0 PC ← PC+offset7+1, else PC ← PC+1	1/2	-	-	-	-	-	-
BRTS offset7	1111 00kk kkkk k110	Branch if T flag is set If T=1 PC ← PC+offset7+1, else PC ← PC+1	1/2	-	-	-	-	-	-
BRHC offset7	1111 01kk kkkk k101	Branch if half carry flag is cleared If H=0 PC ← PC+offset7+1, else PC ← PC+1	1/2	-	-	-	-	-	-
BRHS offset7	1111 00kk kkkk k101	Branch if half carry flag is set If H=1 PC ← PC+offset7+1, else PC ← PC+1	1/2	-	-	-	-	-	-
BRVC offset7	1111 01kk kkkk k011	Branch if overflow flag is cleared If V=0 PC ← PC+offset7+1, else PC ← PC+1	1/2	-	-	-	-	-	-
BRVS offset7	1111 00kk kkkk k011	Branch if overflow flag is set If V=1 PC ← PC+offset7+1, else PC ← PC+1	1/2	-	-	-	-	-	-
BRPL offset7	1111 01kk kkkk k010	Branch if plus If N=0 PC ← PC+offset7+1, else PC ← PC+1	1/2	-	-	-	-	-	-
BRMI offset7	1111 00kk kkkk k010	Branch if minus If N=1 PC ← PC+offset7+1, else PC ← PC+1	1/2	-	-	-	-	-	-
BRNE offset7	1111 01kk kkkk k001	Branch if not equal If Z=0 PC ← PC+offset7+1, else PC ← PC+1	1/2	-	-	-	-	-	-
BREQ offset7	1111 00kk kkkk k001	Branch if equal If Z=1 PC ← PC+offset7+1, else PC ← PC+1	1/2	-	-	-	-	-	-
BRCC offset7	1111 01kk kkkk k000	Branch if carry flag is cleared If C=0 PC ← PC+offset7+1, else PC ← PC+1	1/2	-	-	-	-	-	-
BRCS offset7	1111 00kk kkkk k000	Branch if carry flag is set If C=1 PC ← PC+offset7+1, else PC ← PC+1	1/2	-	-	-	-	-	-
BRLO offset7 *	1111 00kk kkkk k000	Branch if lower(unsigned Rd < Rr) If C=1 PC ← PC+offset7+1, else PC ← PC+1	1/2	-	-	-	-	-	-
BRSH offset7 *	1111 01kk kkkk k000	Branch if same or higher(unsigned Rd ≥ Rr) If C=0 PC ← PC+offset7+1, else PC ← PC+1	1/2	-	-	-	-	-	-
BRLT offset7	1111 00kk kkkk k100	Branch if less than(signed Rd < Rr) If N⊕V=1 PC ← PC+offset7+1,else PC ← PC+1	1/2	-	-	-	-	-	-
BRGE offset7	1111 01kk kkkk k100	Branch if greater or equal(signed Rd ≥ Rr) If N⊕V=0 PC ← PC+offset7+1,else PC ← PC+1	1/2	-	-	-	-	-	-

☞ CPSE Rd,Rr 명령에서 조건이 충족되지 않으면 1사이클, 조건이 충족되어 1워드 명령을 건너뛸 때는 실행시간이 2사이클, 2워드 명령을 건너뛸 때는 실행시간이 3사이클 소요된다.

☞ 모든 조건분기 명령에서 조건이 충족되지 않으면 1사이클, 충족되어 분기하면 2사이클이 소요된다.

☞ BRLO 명령 및 BRSH 명령은 각각 BRCS 명령 및 BRCC 명령과 동일한 명령이다.

〈표 1.3.7〉 분기 명령(계속)

명령 니모닉	기계어	기능 및 동작	클럭	H	S	V	N	Z	C
BRBC b,offset7	1111 01kk kkkk kbbb	Branch if bit in SREG is cleared If $(SREG)_b$ = 0 PC ← PC+offset7+1, else PC ← PC+1	1/2	-	-	-	-	-	-
BRBS b,offset7	1111 00kk kkkk kbbb	Branch if bit in SREG is set If $(SREG)_b$ = 1 PC ← PC+offset7+1, else PC ← PC+1	1/2	-	-	-	-	-	-
SBRC Rr,b *	1111 110r rrrr 0bbb	Skip if bit in register is cleared If $(Rr)_b$=0 PC ← PC+2(or 3), else PC ← PC+1	1/2/3	-	-	-	-	-	-
SBRS Rr,b *	1111 111r rrrr 0bbb	Skip if bit in register is set If $(Rr)_b$=1 PC ← PC+2(or 3), else PC ← PC+1	1/2/3	-	-	-	-	-	-
SBIC port32,b *	1001 1001 kkkk kbbb	Skip if bit in I/O register is cleared If $(port)_b$=0 PC ← PC+2(or 3), else PC ← PC+1	2/3/4	-	-	-	-	-	-
SBIS port32,b *	1001 1011 kkkk kbbb	Skip if bit in I/O register is set If $(port)_b$=1 PC ← PC+2(or 3), else PC ← PC+1	2/3/4	-	-	-	-	-	-
CALL addr22 *	1001 010k kkkk 111k kkkk kkkk kkkk kkkk	Call to subroutine (SP) ← PC_L, SP ← SP - 1 (SP) ← PC_H, SP ← SP - 1 (SP) ← PC_X, SP ← SP - 1, PC ← addr22	3/4	-	-	-	-	-	-
ICALL *	1001 0101 0000 1001	Indirect call to subroutine (SP) ← PC_L, SP ← SP - 1 (SP) ← PC_H, SP ← SP - 1 (SP) ← PC_X, SP ← SP - 1, PC ← 0:Z	2/3	-	-	-	-	-	-
EICALL	1001 0101 0001 1001	Indirect call to subroutine (SP) ← PC(3 byte), SP ← SP - 3 PC ← EIND:Z	3	-	-	-	-	-	-
RCALL offset12 *	1101 kkkk kkkk kkkk	Relative call to subroutine (SP) ← PC_L, SP ← SP - 1 (SP) ← PC_H, SP ← SP - 1 (SP) ← PC_X, SP ← SP - 1, PC ← PC+offset12+1	2/3	-	-	-	-	-	-
RET *	1001 0101 0000 1000	Return from subroutine SP ← SP + 1, PC_X ← (SP) SP ← SP + 1, PC_H ← (SP) SP ← SP + 1, PC_L ← (SP)	4/5	-	-	-	-	-	-
RETI *	1001 0101 0001 1000	Return form interrupt SP ← SP + 1, PC_X ← (SP) SP ← SP + 1, PC_H ← (SP) SP ← SP + 1, PC_L ← (SP), I ← 1	4/5	-	-	-	-	-	-

☞ SBRC/SBRS/SBIC/SBIS 명령에서 실행시간의 첫번째는 조건이 충족되지 않는 경우, 두번째는 조건이 충족되어 1워드 명령을 건너뛰는 경우, 세번째는 2워드로 된 명령을 건너뛰는 경우를 나타낸다.

☞ CALL/ICALL/RCALL/RET/RETI 명령은 프로그램 카운터가 2바이트인 모델에 비하여 프로그램 카운터가 3바이트인 모델은 실행시간이 1클록 더 소요된다.

ATxmega 패밀리의 분기 명령중에서 또 한가지 특이한 것은 특정 조건이 만족될 경우에 그 다음에 오는 1개의 명령을 실행하지 않고 그냥 다음 명령으로 건너뛰도록 하는 스킵 명령이다. SBRC/SBRS 명령은 범용 레지스터의 특정 비트값을 조사하여 스킵 조건을 판단하며, SBIC/SBIS 명령은 I/O 레지스터의 특정 비트값을 조사하여 스킵 조건을 판단한다. 이들 명령의 실행 시간은 조건이 충족되지 않아서 바로 다음 명령을 실행하면 1사이클, 조건이 충족되고 그 다음에 1워드로 된 명령을 스킵하면 2사이클, 2워드로 된 명령을 스킵하면 3사이클이 소요된다.

서브루틴 호출 명령도 점프 명령처럼 CALL/ICALL/EICALL/RCALL이 있으며, 서브루틴에서 복귀하는 RET와 인터럽트 서비스 루틴에서 복귀하는 RETI 명령은 다르다.

(5) 비트 처리 명령

비트 처리 명령은 <표 1.3.8>에 보인 바와 같이 시프트 및 로테이트 명령, 비트 액세스 명령, 상태 레지스터 액세스 명령 등으로 나누어진다.

〈표 1.3.8〉 비트 처리 명령

명령 니모닉	기계어	기능 및 동작	클럭	상태 레지스터 플랙					
				H	S	V	N	Z	C
LSL Rd *	0000 11dd dddd dddd	Logical shift left C ← $(Rd)_7$, $(Rd)_{n+1}$ ← $(Rd)_n$, $(Rd)_0$ ← 0	1	↕	↕	↕	↕	↕	↕
LSR Rd	1001 010d dddd 0110	Logical shift right 0 → $(Rd)_7$, $(Rd)_{n+1}$ → $(Rd)_n$, $(Rd)_0$ → C	1	-	↕	↕	0	↕	↕
ROL Rd *	0001 11dd dddd dddd	Rotate left through carry C ← $(Rd)_7$, $(Rd)_{n+1}$ ← $(Rd)_n$, $(Rd)_0$ ← C	1	↕	↕	↕	↕	↕	↕
ROR Rd	1001 010d dddd 0111	Rotate right through carry C → $(Rd)_7$, $(Rd)_{n+1}$ → $(Rd)_n$, $(Rd)_0$ → C	1	-	↕	↕	↕	↕	↕
ASR Rd	1001 010d dddd 0101	Arithmetic shift right $(Rd)_7$ → $(Rd)_7$, $(Rd)_{n+1}$ → $(Rd)_n$, $(Rd)_0$ → C	1	-	↕	↕	↕	↕	↕
SWAP Rd	1001 010d dddd 0010	Swap nibbles $(Rd)_{7\sim4}$ ↔ $(Rd)_{3\sim0}$	1	-	-	-	-	-	-
BLD Rd,b	1111 100d dddd 0bbb	Bit load from T flag to a bit in register $(Rd)_b$ ← T	1	-	-	-	-	-	-
BST Rr,b	1111 101d dddd 0bbb	Bit store from a bit in register to T flag T ← $(Rd)_b$	1	-	-	-	-	-	-
CBI port32,b	1001 1000 kkkk kbbb	Clear bit in I/O register $(port)_b$ ← 0	1	-	-	-	-	-	-
SBI port32,b	1001 1010 kkkk kbbb	Set bit in I/O register $(port)_b$ ← 1	1	-	-	-	-	-	-
BCLR b	1001 0100 1bbb 1000	Bit clear in SREG $(SREG)_b$ ← 0	1	↕	↕	↕	↕	↕	↕
BSET b	1001 0100 0bbb 1000	Bit set in SREG $(SREG)_b$ ← 1	1	↕	↕	↕	↕	↕	↕
CLI	1001 0100 1111 1000	Clear global interrupt flag I ← 0	1	-	-	-	-	-	-
SEI	1001 0100 0111 1000	Set global interrupt flag I ← 1	1	-	-	-	-	-	-
CLT	1001 0100 1110 1000	Clear T flag T ← 0	1	-	-	-	-	-	-
SET	1001 0100 0110 1000	Set T flag T ← 1	1	-	-	-	-	-	-
CLH	1001 0100 1101 1000	Clear half carry flag H ← 0	1	0	-	-	-	-	-
SEH	1001 0100 0101 1000	Set half carry flag H ← 1	1	1	-	-	-	-	-
CLS	1001 0100 1100 1000	Clear sign flag S ← 0	1	-	0	-	-	-	-
SES	1001 0100 0100 1000	Set sign flag S ← 1	1	-	1	-	-	-	-
CLV	1001 0100 1011 1000	Clear 2's complement overflow flag V ← 0	1	-	-	0	-	-	-
SEV	1001 0100 0011 1000	Set 2's complement overflow flag V ← 1	1	-	-	1	-	-	-
CLN	1001 0100 1010 1000	Clear negative flag N ← 0	1	-	-	-	0	-	-
SEN	1001 0100 0010 1000	Set negative flag N ← 1	1	-	-	-	1	-	-
CLZ	1001 0100 1001 1000	Clear zero flag Z ← 0	1	-	-	-	-	0	-
SEZ	1001 0100 0001 1000	Set zero flag Z ← 1	1	-	-	-	-	1	-
CLC	1001 0100 1000 1000	Clear carry flag C ← 0	1	-	-	-	-	-	0
SEC	1001 0100 0000 1000	Set carry flag C ← 1	1	-	-	-	-	-	1

☞ LSL Rd 명령은 ADD Rd,Rd 명령과 동일하며, ROL Rd 명령은 ADC Rd,Rd 명령과 동일한 명령이다.

이 명령들은 매우 동작이 단순하므로 특별한 설명을 필요로 하지 않는다. 다만, CBI/SBI 명령으로 비트 액세스할 수 있는 I/O 레지스터는 0x00~0x1F의 32개로 제한된다는 점에 유의하라.

(6) MCU 제어 명령

MCU 제어 명령은 〈표 1.3.9〉에 보인 바와 같이 4개가 있다. NOP 명령은 아무 기능을 수행하지 않는 명령으로 1사이클의 실행시간을 가진다.

SLEEP 명령은 ATxmega 패밀리의 마이크로컨트롤러를 슬립모드로 들어가도록 한다. 슬립모드의 허용 여부나 종류는 슬립모드 제어 레지스터 SLEEP_CTRL에 의하여 설정된다.

WDR 명령은 워치독 타이머를 리셋시키는 명령이다. 워치독 기능을 사용하도록 설정되었을 경우 이 명령을 제한 시간내에 반복적으로 실행시키지 않으면 이 마이크로컨트롤러를 리셋시켜 다시 부팅하도록 한다.

BREAK 명령은 사용자 프로그램에서는 사용할 필요가 없으며 온칩 디버그 시스템(on-chip debug system)에서 사용하기 위하여 만들어 놓은 명령이다. 이 명령을 실행하면 이 마이크로컨트롤러가 정지 모드(stopped mode)로 들어가 온칩 디버거의 기능을 수행하기 시작한다.

〈표 1.3.9〉 MCU 제어 명령

명령 니모닉	기계어	기능 및 동작	클럭	상태 레지스터 플랙					
				H	S	V	N	Z	C
NOP	0000 0000 0000 0000	No operation	1	-	-	-	-	-	-
SLEEP	1001 0101 1000 1000	Sleep	1	-	-	-	-	-	-
WDR	1001 0101 1010 1000	Watchdog timer reset	1	-	-	-	-	-	-
BREAK	1001 0101 1001 1000	Break(Stopped mode for on-chip debug only)	1	-	-	-	-	-	-

1.4 ATxmega 패밀리의 기본 하드웨어

이 절에서는 ATxmega128A1의 기본적인 하드웨어 구조 및 동작에 대하여 앞에서 취급되지 않은 부분들을 발췌하여 설명한다. 이러한 사항들은 ATxmega128A1의 기본적인 동작을 이해하는데는 물론이고 MCU 주변회로를 설계하는데도 꼭 필요하므로 잘 알아두어야 한다.

1. 시스템 리셋

ATxmega128A1에 시스템 리셋이 발생하면 이 소자의 모든 상태와 I/O 제어 레지스터들이 디폴트값으로 초기화되며 프로그램은 리셋 벡터로부터 시작된다. 리셋 시스템의 구조를 블록도로 표시하면 <그림 1.4.1>과 같은데, 이러한 리셋 동작은 시스템 클록 신호와 무관하게 비동기적으로 이루어진다. 리셋이 해제되면 내부의 오실레이터가 동작을 시작하고 캘리브레이션이 수행된다.

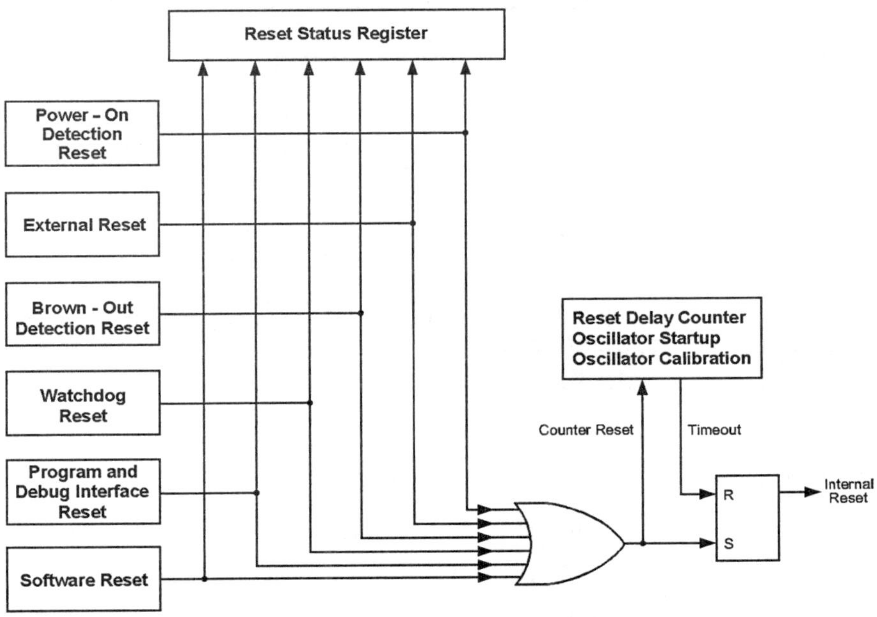

〈그림 1.4.1〉 시스템 리셋의 발생

리셋 시스템에는 상태 레지스터를 가지고 있어서 각 플랙 비트에 리셋 소스를 기록한다. 전원 투입 리셋이 수행되면 상태 레지스터가 클리어되므로, 리셋 후에 상태 레지스터를 조사하면 전원 투입 이후로 발생된 리셋 소스를 확인할 수 있다. 또한, 종래의 ATmega 패밀리에는 소프트웨어 리셋 기능이 없었으나 ATxmega 패밀리에는 소프트웨어 리셋 기능이 추가되었으므로 사용자 프로그램에서 소프트웨어적으로 시스템을 리셋시킬 수 있다.

리셋 시스템에 리셋 소스가 입력되면 1kHz 내부 오실레이터를 사용한 카운터에 의하여 지정된 시간만큼 시간지연이 발생한다. 이 시간지연 동안 내부의 리셋 신호가 동작하는데 이 시간지연 값은 〈그림 1.2.34>에서처럼 퓨즈 바이트 FUSEBYTE4의 STARTUPTIME[1:0] 비트에 의하여 0, 4, 64 클록 사이클 중의 하나로 설정된다. 리셋 소스가 제거되고 리셋 카운터에 의한 시간지연이 경과한 후에는 내부의 2MHz RC 오실레이터가 동작을 시작하는데, 이 클록 주파수가 안정되는데는 6클록 사이클이 소요된다. 클록이 안정되고 나면 내부의 오실레이터 캘리브레이션 레지스터로부터 값이 로드되어 2MHz, 32MHz, 32.768kHz의 내부 발진 주파수를 조정한다. 이러한 3단계의 과정이 완료되면 리셋 벡터의 위치에서부터 프로그램이 실행되기 시작한다.

〈표 1.4.1> ATxmega128A1의 리셋 관련 전기적 특성

파라미터		조건	특성값			단위
			최소값	대표값	최대값	
V_{POT+}	Power-on Reset Threshold Voltage(rising)			1.4		V
V_{POT-}	Power-on Reset Threshold Voltage(falling)			1.0		V
V_{RST}	$\overline{\text{RESET}}$ Pin Threshold Voltage	Vcc = 2.7~3.6V		0.45Vcc		V
V_{RSTHYS}	$\overline{\text{RESET}}$ Pin Hysteresis Voltage			0.5		V
t_{EXT}	Minimum Pulse Width on $\overline{\text{RESET}}$ Pin			90		ns
V_{BOT}	Brown-Out Reset Threshold Voltage	BODLEVEL[2:0]=111		1.6		V
		BODLEVEL[2:0]=110		1.8		
		BODLEVEL[2:0]=101		2.0		
		BODLEVEL[2:0]=100		2.2		
		BODLEVEL[2:0]=011		2.4		
		BODLEVEL[2:0]=010		2.7		
		BODLEVEL[2:0]=001		2.9		
		BODLEVEL[2:0]=000		3.2		
t_{BOD}	Minimum Low Voltage Period for BOD			?		μs
V_{BODHYS}	Brown-out Detector Hysteresis			2		%

(1) 전원 투입 리셋

전원 투입 리셋(Power-on Reset)은 마이크로컨트롤러 내부의 검출회로에 의하여 동작하는데, 전원이 투입되고 나서 전원 전압이 증가하여 V_{POT+}에 도달하면 리셋 소스가 해제되면서 시간지연 카운터의 동작이 개시되어 지연시간 t_{TOUT}동안 리셋이 더 유

지되도록 한다. 전원 전압이 검출 레벨인 V_{POT-}의 이하로 떨어지면 다시 전원 투입 리셋 동작이 액티브된다. 전원 전압이 V_{POT-} 이하로 떨어지면 소자의 동작을 보장할 수 없기 때문에 BOD 전압 레벨은 이 전압값 이상으로 설정된다.

전원 투입 리셋이 발생하면 상태 레지스터가 클리어된 후 전원 투입 리셋 플랙이 1로 세트되며, 이 과정에서 BOD 검출회로가 동작했지만 BOD 리셋 플랙은 세트되지 않는다.

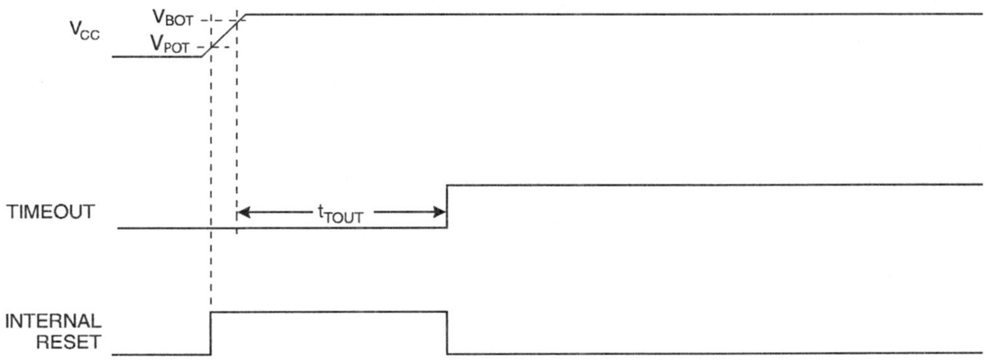

〈그림 1.4.2〉 전원 투입 리셋의 동작

(2) 외부 리셋

외부 리셋(External Reset)은 마이크로컨트롤러의 외부에서 $\overline{\text{RESET}}$ 핀을 통해 입력된 리셋 신호에 의하여 동작하는데, 리셋 신호는 Reset Threshold Voltage(V_{RST}) 이하의 레벨이 최소 시간 t_{EXT}(90 ns) 이상동안 지속되어야 리셋 동작이 액티브된다.

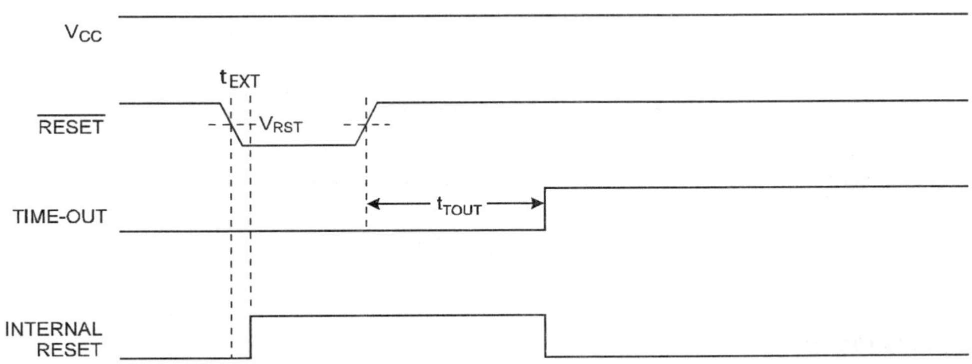

〈그림 1.4.3〉 외부 리셋의 동작

리셋 신호가 V_{RST}의 이상으로 올라가면 <그림 1.4.3>처럼 시간지연 카운터의 동작이 개시되어 이후에도 일정한 지연시간 t_{TOUT}동안 리셋이 유지되도록 한다.

(3) 저전압 검출 리셋

저전압 검출 리셋(Brown-out Detection Reset)은 마이크로컨트롤러의 내부에 있는 저전압 검출회로가 전원 전압 Vcc를 검출하여 이것이 Brown-out Reset Threshold Voltage(V_{BOT}) 이하의 레벨로 최소 시간 t_{BOD}(2μs) 이상동안 지속되면 발생하는 리셋이다. 전압이 감소할 때는 V_{BOT-} 이하로 되어야 저전압 검출 리셋이 트리거되며, 전압이 다시 증가할 때는 V_{BOT+} 이상으로 되면 리셋이 해제된다.

앞의 <표 1.4.1>에서 보였듯이 BOD 전압 레벨 V_{BOT}는 퓨즈 바이트 FUSEBYTE5의 BODLEVEL[2:0] 비트를 사용하여 설정하며, BOD 기능의 사용 여부는 퓨즈 바이트 FUSEBYTE5의 BODACT[1:0] 또는 퓨즈 바이트 FUSEBYTE2의 BODPD[1:0] 비트를 사용하여 설정한다. BOD 기능을 사용하는 경우에는 연속 모드로 설정하여 항상 저전압을 검출하도록 하는 것도 가능하고, 샘플 모드로 설정하여 ULP 오실레이터의 1kHz 주기마다 저전압을 검출하도록 할 수도 있다. 샘플 모드를 사용하면 소비전력이 절감되는 장점이 있으며, 일단 BOD가 검출되면 다시 전압이 증가하여 리셋이 해제되는 시점을 검출하기 위하여 연속 모드처럼 동작한다.

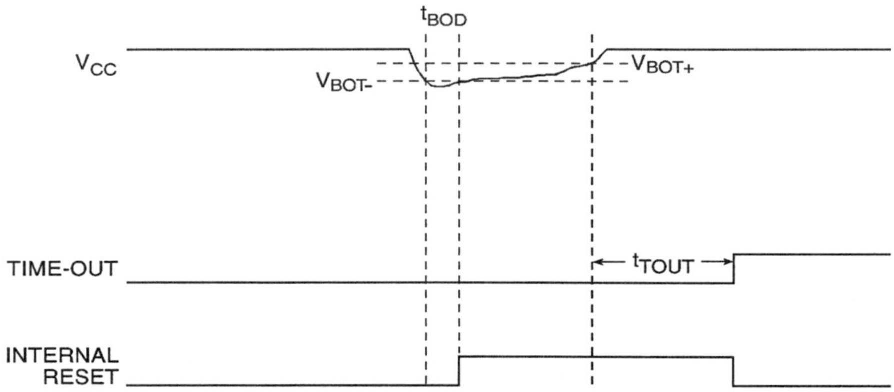

〈그림 1.4.4〉 저전압 검출 리셋의 동작

(4) 워치독 리셋

워치독 타임아웃이 발생하면 이는 2MHz 내부 RC 오실레이터의 주파수로 1~2클록 사이클 길이의 리셋 펄스를 발생하여 마이크로컨트롤러를 리셋시킨다. 이 펄스가 끝나면 리셋 시스템에서 시간지연 카운터의 동작이 개시되어 이후에도 일정한 지연시간 t_{TOUT}동안 리셋이 유지되도록 한다.

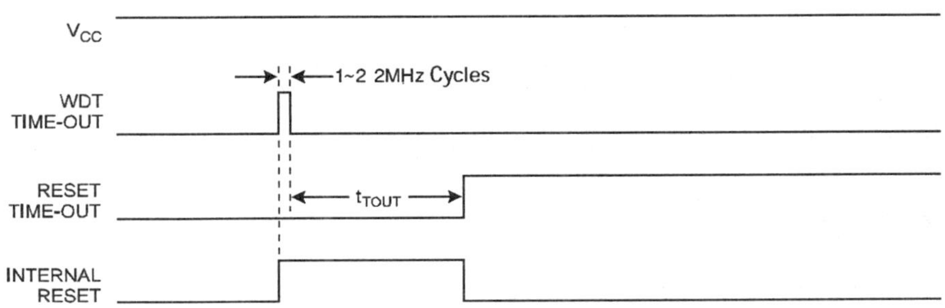

〈그림 1.4.5〉 워치독 리셋의 동작

(5) PDI 리셋

외부에서 PDI 인터페이스를 사용하여 ATxmega 패밀리를 프로그래밍하거나 디버깅할 때 리셋을 발생시킬 수 있다. 이는 외부의 디버거나 프로그래머에서 사용한다.

(6) 소프트웨어 리셋

ATxmega 패밀리에서는 리셋 제어 레지스터의 SWRST 비트에 1을 쓰면 소프트웨어적으로 마이크로컨트롤러를 리셋시킬 수 있다.

소프트웨어 리셋이 발생하면 이는 2MHz 내부 RC 오실레이터의 주파수로 1~2클록 사이클 길이의 리셋 펄스를 발생하여 마이크로컨트롤러를 리셋시킨다. 이 펄스가 끝나면 리셋 시스템에서 시간지연 카운터의 동작이 개시되어 이후에도 일정한 지연시간 t_{TOUT}동안 리셋이 유지되도록 한다.

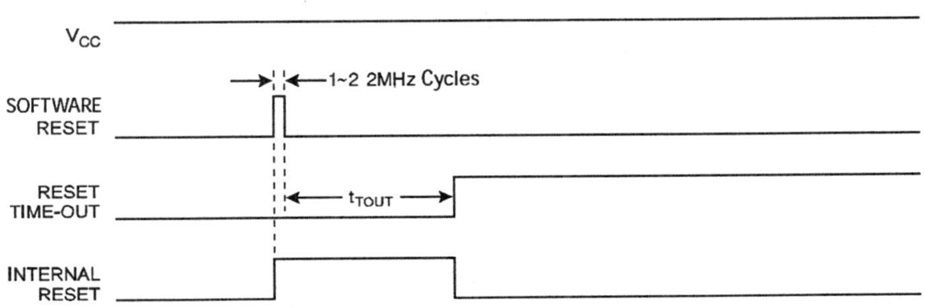

〈그림 1.4.6〉 소프트웨어 리셋의 동작

(7) 리셋 시스템의 I/O 제어 레지스터

리셋 시스템을 사용하기 위한 I/O 제어 레지스터를 요약하면 〈표 1.4.2〉와 같고, 이것들의 자세한 기능을 설명하면 다음과 같다.

〈표 1.4.2〉 리셋 시스템의 I/O 제어 레지스터 요약

오프셋	레지스터 이름	비트7	비트6	비트5	비트4	비트3	비트2	비트1	비트0
+0x00	RST_STATUS	–	–	SRF	PDIRF	WDRF	BORF	EXTRF	PORF
+0x01	RST_CTRL	–	–	–	–	–	–	–	SWRST

▣ 리셋 상태 레지스터 STATUS

	b7	b6	b5	b4	b3	b2	b1	b0	
옵셋 +0x00	–	–	SRF	PDIRF	WDRF	BORF	EXTRF	PORF	STATUS
읽기/쓰기 기능	R	R	R/W	R/W	R/W	R/W	R/W	R/W	
리셋후 초기값	0	0	0	0	0	0	0	0	

〈그림 1.4.7〉 리셋 상태 레지스터 STATUS

- SRF : Software Reset Flag
  소프트웨어 리셋이 발생하였음을 나타내는 플랙 비트이다. 이 비트는 전원 투입 리셋이 발생하면 클리어되며, 이를 강제로 클리어하려면 여기에 1을 쓰면 된다.
- PDIRF : Program and Debug Interface Reset Flag
  PDI 리셋이 발생하였음을 나타내는 플랙 비트이다. 이 비트는 전원 투입 리셋이 발생하면 클리어되며, 이를 강제로 클리어하려면 여기에 1을 쓰면 된다.
- WDRF : Watchdog Reset Flag
  워치독 리셋이 발생하였음을 나타내는 플랙 비트이다. 이 비트는 전원 투입 리셋이 발생하면 클리어되며, 이를 강제로 클리어하려면 여기에 1을 쓰면 된다.
- BORF : Brown-Out Detection Reset Flag
  BOD 리셋이 발생하였음을 나타내는 플랙 비트이다. 이 비트는 전원 투입 리셋이 발생하면 클리어되며, 이를 강제로 클리어하려면 여기에 1을 쓰면 된다.
- EXTRF : External Reset Flag
  외부 리셋이 발생하였음을 나타내는 플랙 비트이다. 이 비트는 전원 투입 리셋이 발생하면 클리어되며, 이를 강제로 클리어하려면 여기에 1을 쓰면 된다.
- PORF : Power-On Reset Flag
  전원 투입 리셋이 발생하였음을 나타내는 플랙 비트이다. 이 비트를 강제로 클리어하려면 여기에 1을 쓰면 된다.

▣ 리셋 제어 레지스터 CTRL

	b7	b6	b5	b4	b3	b2	b1	b0	
옵셋 +0x01	–	–	–	–	–	–	–	SWRST	CTRL
읽기/쓰기 기능	R	R	R	R	R	R	R	R/W	
리셋후 초기값	0	0	0	0	0	0	0	0	

〈그림 1.4.8〉 리셋 제어 레지스터 CTRL

- SWRST : Software Reset
  이 비트를 1로 세트하면 소프트웨어 리셋이 발생한다. 이것은 CCP 레지스터에 의하여 보호된 비트이다.

2. 시스템 클록

ATxmega128A1에서는 <그림 1.4.9>에 보인 바와 같이 시스템 클록을 발생할 수 있는 방법이 여러 가지가 있고, 이것들을 내부에 배분하는 계통도 복잡하다. 종래의 AVR에서는 이들 클록 소스에서 시스템 클록을 선택하는 것은 오직 퓨즈 비트 설정으로만 가능했으나, ATxmega 패밀리에서는 사용자 프로그램에서 이를 선택하도록 되어 있기 때문에 시스템 클록이 공급되지 않아서 마이크로컨트롤러의 동작이 멈추는 일은 없다. 다만, 실수나 프로그램의 오류로 인하여 시스템 클록이 뜻하지 않게 변경되는 것을 방지하기 위하여 클록 소스의 변경은 CCP 보호기능을 갖는다.

또한, ATxmega 패밀리에서의 클록 시스템에는 주파수 체배를 위한 PLL(Phase Locked Loop) 기능과 크리스털 발진회로 실패 감시기를 가지고 있다.

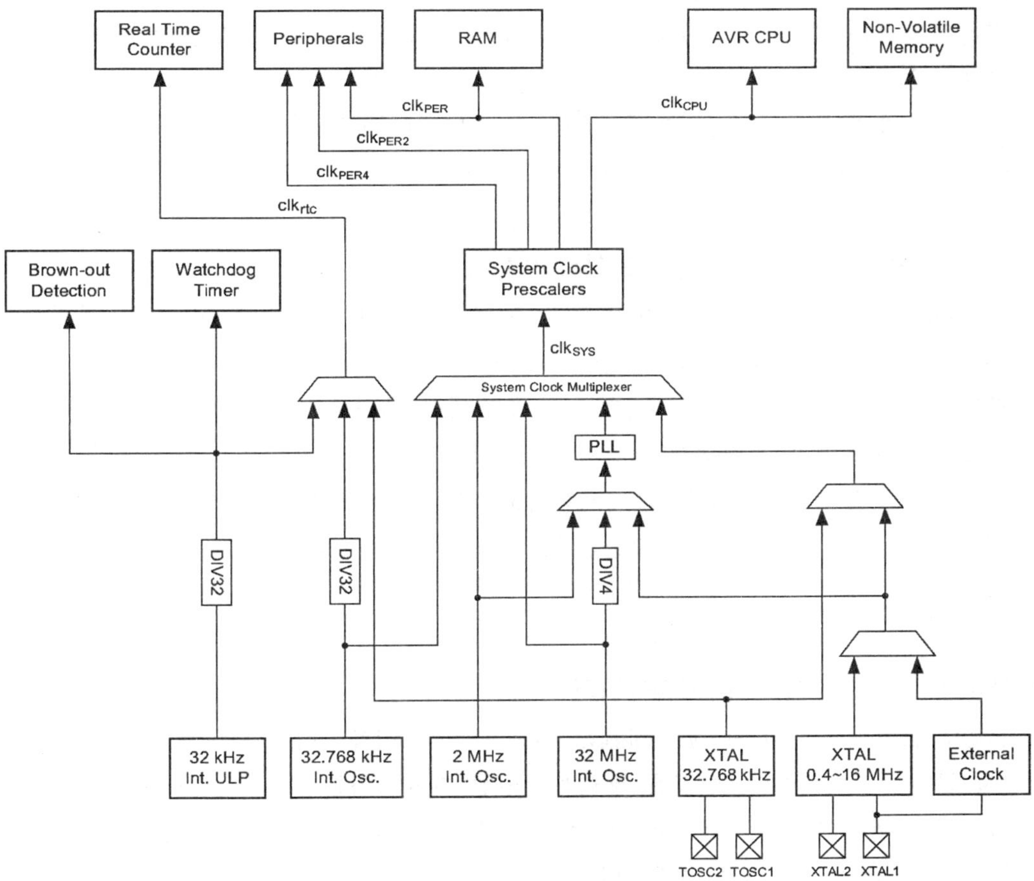

〈그림 1.4.9〉 ATxmega128A1의 클록 발생 및 배분 블록도

마이크로컨트롤러 내부의 각 구성 부분들은 소비전력을 감소시키기 위하여 별도로 클록을 공급하고 슬립 모드를 사용하여 이들 클록을 개별적으로 차단할 수 있다. 이러한 기능은 다음 절에서 설명하는 전력 제어기나 슬립 모드 제어기에서 수행한다.

(1) 클록 소스

ATxmega128A1의 클록 시스템에서는 4가지의 내부 발진회로에 의한 클록 소스와 3가지의 외부 클록 소스 등 총 7가지의 클록 소스를 사용한다. 시스템 리셋 후에는 디폴트로 2MHz의 내부 발진회로에 의하여 시스템이 동작하며, PLL이나 DFLL (Digital Frequency Locked Loop) 기능은 동작하지 않는다.

▣ 32kHz ULP 오실레이터

32kHz ULP(Ultra Low Power) 내부 오실레이터는 약 32kHz의 주파수를 발생시키는 저전력형 발진회로이다. 이것은 소비전력이 적다는 장점을 갖지만 발진 주파수의 정밀도는 낮다.

이 클록 발생기에는 32분주기를 포함하고 있어서 32kHz와 1kHz의 주파수 출력을 얻을 수 있으며, 이 주파수들은 BOD, 워치독 타이머 또는 RTC에서 사용될 수 있다.

▣ 32.768kHz 조정 가능한 내부 오실레이터

32.768kHz 조정 가능(Calibrated)한 내부 오실레이터는 약 32.768kHz의 주파수를 발생시키는 발진회로이다. 이것은 캘리브레이션 레지스터를 가지고 있어서 시스템 리셋 직후에 주파수가 조정되며, 사용자 프로그램에서 캘리브레이션 레지스터 값을 수정하여 실시간으로 발진 주파수를 조정할 수도 있다.

이 클록 발생기에는 32분주기를 포함하고 있어서 32.768kHz와 1.024kHz의 주파수 출력을 얻을 수 있으며, 이 주파수들은 RTC에서 사용되거나 시스템 클록으로 사용될 수도 있다.

▣ 2MHz 조정 가능한 내부 오실레이터

2MHz 조정 가능(Run-time Calibrated)한 내부 오실레이터는 약 2MHz의 주파수를 발생시키는 발진회로이다. 이것은 캘리브레이션 레지스터를 가지고 있어서 시스템 리셋 직후에 주파수가 조정되며, 사용자 프로그램을 실행하는 동안에 DFLL에 의하여 자동적으로 2MHz로 주파수가 조정된다.

▣ 32MHz 조정 가능한 내부 오실레이터

32MHz 조정 가능(Run-time Calibrated)한 내부 오실레이터는 약 32MHz의 주파수를 발생시키는 발진회로이다. 이것은 캘리브레이션 레지스터를 가지고 있어서 시스템 리셋 직후에 주파수가 조정되며, 사용자 프로그램을 실행하는 동안에 DFLL에 의하여 자동적으로 32MHz로 주파수가 조정된다.

▣ 32.768kHz 외부 크리스털 오실레이터

이것은 <그림 1.4.10>에 보인 것처럼 ATxmega128A1의 TOSC1 및 TOSC2 단자에 32.768kHz의 크리스털을 접속하여 발진하는 저주파 오실레이터이다. 커패시터 C1, C2에는 15pF 정도의 세라믹 커패시터를 접속하는 것이 바람직하다.

이 발진회로의 출력 주파수는 RTC에서 사용하는 것이 기본이지만 시스템 클록으로 사용할 수도 있다.

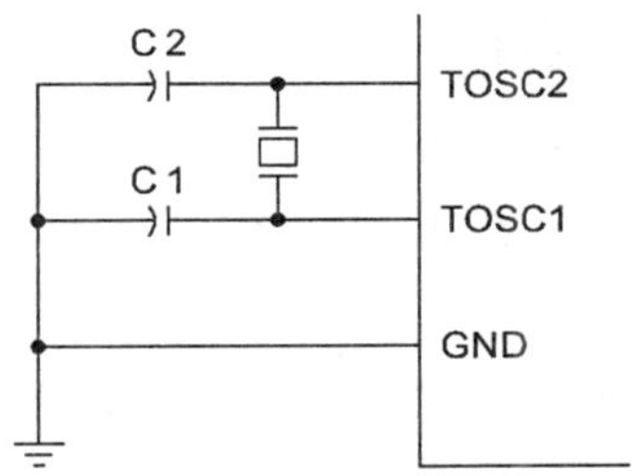

〈그림 1.4.10〉 32.768kHz 외부 크리스털 오실레이터 회로

▣ 0.4~16MHz 외부 크리스털 오실레이터

이것은 <그림 1.4.11>에 보인 것처럼 ATxmega128A1의 XTAL1 및 XTAL2 단자에 0.4~16MHz 범위의 크리스털을 접속하여 발진하는 저주파 오실레이터이다. 커패시터 C1, C2에는 10~15pF 정도의 세라믹 커패시터를 접속하는 것이 바람직하다.

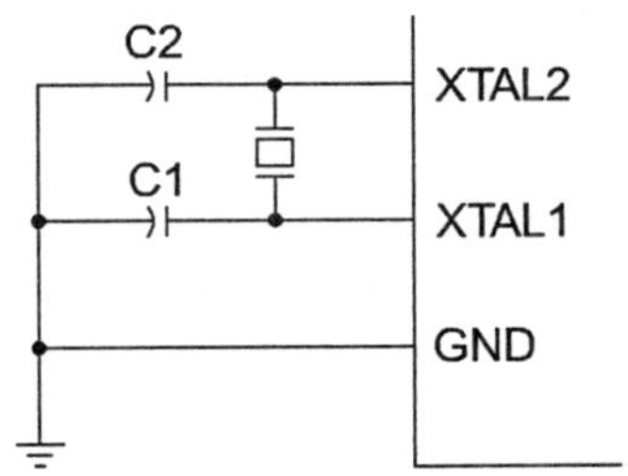

〈그림 1.4.11〉 0.4~16MHz 외부 크리스털 오실레이터 회로

▣ 외부 클록 입력

이것은 <그림 1.4.12>에 보인 것처럼 ATxmega128A1의 XTAL1 단자에 외부 클록 신호를 입력하는 것이다. 이때 XTAL2 단자는 병렬 I/O 포트 PR0 단자로 사용할 수 있다.

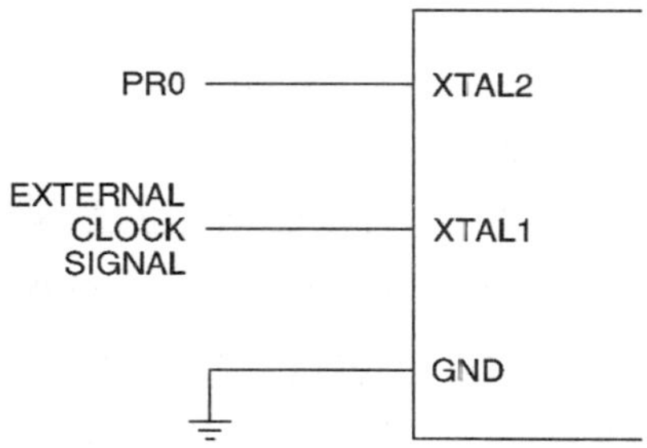

〈그림 1.4.12〉 외부 클록의 접속

(2) 클록 소스의 선택 및 분배

ATxmega128A1의 클록 소스에서 입력된 클록 주파수는 분주기(prescaler), PLL 회로, DFLL 회로 등 여러 가지의 복잡한 과정을 거쳐서 다음과 같은 클록 신호로 분배된다.

클록 소스는 사용자 프로그램에서 선택하여 변경할 수 있다. 그러나, 불안정한 클록 스위칭을 방지하는 보호기능이 있어서 불안정한 오실레이터나 금지(disable)된 오실레이터를 클록 소스로 선택하는 것은 불가능하다. 이를 위하여 각 오실레이터에는 현재 오실레이터의 동작이 안정화되었으므로 클록 신호를 사용해도 좋다는 것을 나타내는 상태 플랙을 가지고 있다. 또한, 시스템 클록 소스를 변경하거나 프리스케일러의 분주비를 변경하는 레지스터 액세스는 CCP 보호기능을 가지고 있다.

▣ 시스템 클록 clk_{SYS}

시스템 클록 clk_{SYS}는 ATxmega128A1 내부의 메인 클록으로서 여러 가지 클록 소스들이 시스템 클록 멀티플렉서를 거쳐서 하나로 선택된다. 이것이 시스템 클록 분주기를 거치면 이 마이크로컨트롤러의 내부에서 필요한 모든 클록 신호들을 만들어낸다. 다만, 비동기 클록만은 예외적으로 별도 처리된다.

▣ CPU 클록 clk_{CPU}

CPU 클록 clk_{CPU}는 CPU 코어와 불휘발성 메모리에 공급되는 클록 신호이다. 이 클록을 차단하면 CPU가 명령을 실행하지 않고 동작이 중단된다.

▣ 주변장치 클록 clk_{PER}

주변장치 클록 clk_{PER}는 대부분의 주변장치나 모듈에 공급되는 클록 신호이다. 이러한 장치에는 DMA 컨트롤러, 이벤트 시스템, 인터럽트 제어기, 외부 버스 인터페이스, SRAM 등을 포함한다. 이 클록 신호는 항상 CPU 클록과 동기적으로 동작한다. 그러나, CPU 클록을 차단한 경우에도 주변장치 클록은 공급할 수 있다.

▣ 주변장치 클록2 clk_{PER2} 및 주변장치 클록4 clk_{PER4}

이것들은 각각 주변장치 클록 clk_{PER}의 2배 및 4배의 주파수를 갖는 클록 신호이다. 병렬 I/O 포트, 타이머/카운터 확장 모듈 등에서 사용한다.

주변장치 클록, 주변장치 클록2, 주변장치 클록4를 발생하는 회로 및 분주기를 블록도로 보이면 <그림 1.4.13>과 같다.

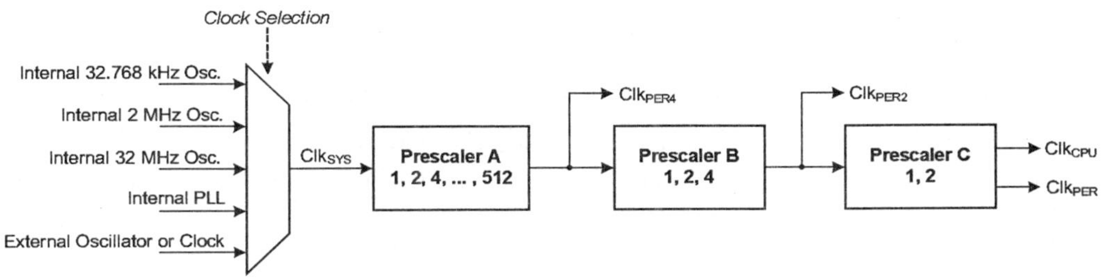

<그림 1.4.13> 주변장치 클록의 발생

▣ 비동기 클록 clk_{rtc}

비동기 클록 clk_{rtc}는 RTC에 공급되는 약 32kHz 또는 32.768kHz의 클록 신호이다. 이것은 시스템 클록과 독립적으로 동작하므로 비동기 클록이라고 한다.

(3) 1~31배의 주파수 체배가 가능한 PLL

ATxmega 패밀리에는 1~31배의 범위에서 주파수를 체배하여 높은 시스템 클록 주파수를 얻을 수 있는 PLL 기능을 내장하고 있다. 즉, PLL 회로의 입출력 주파수는

$$f_{OUT} = f_{IN} \cdot \mathrm{PLLFAC}$$

로 표시할 수 있다. 여기서 PLLFAC은 체배율(multiplication factor)이고, 출력 주파수 f_{OUT}은 10MHz 이상이어야 하며, 입력 주파수 f_{IN}으로 사용할 수 있는 소스는 2MHz 내부 오실레이터, 32MHz 내부 오실레이터를 4분주한 것, 0.4~16MHz 크리스털 오실레이터, 외부 클록 입력 등이다. PLL 기능을 사용하려면 다음과 같은 절차로 이를 설정해야 한다.

① 사용할 클록 소스를 인에이블한다.
② 체배율을 설정하고 PLL의 클록 소스 입력을 선택한다.
③ 클록 소스의 동작이 안정될 때까지 기다린다.
④ PLL을 인에이블한다.

클록 소스가 안정되고 PLL이 록(lock)되기 전에는 PLL을 사용할 수 없다. 이미 PLL 기능이 사용되고 있는 경우에는 설정 내용이 변경되지 않기 때문에 이를 변경하려면 일단 PLL 기능을 해제해야 한다.

(4) DFLL 2MHz 및 DFLL 32MHz

ATxmega 패밀리에는 2MHz 내부 오실레이터와 32MHz 내부 오실레이터의 주파수 정밀도를 개선하기 위한 2개의 DFLL 회로를 가지고 있다. DFLL은 실시간으로 이들 발진회로의 주파수를 보다 정밀한 기준 클록과 비교하여 자동적으로 캘리브레이션을 수행한다.

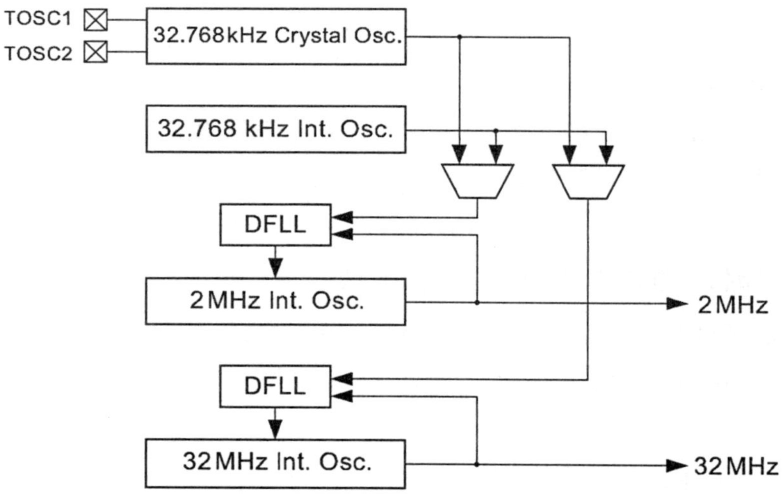

<그림 1.4.14> DFLL의 기준 클록 선택

이때 기준 클록으로 사용되는 것은 32.768kHz 조정 가능한 내부 오실레이터 또는 TOSC1 및 TOSC2 단자에 접속되는 32.768kHz 외부 크리스털 오실레이터이다. 이 주파수는 32분주되어 1.024kHz가 기준 클록으로 DFLL에 공급된다. DFLL이 사용되고 있으면 기준 클록을 디스에이블할 수 없다.

슬립 모드에서는 오실레이터의 동작이 정지되므로 DFLL 기능도 정지된다. 슬립 모드가 해제되면 DFLL의 기능도 복구되고 캘리브레이션 동작이 재개된다.

(5) 외부 클록 소스 실패 감시기

ATxmega 패밀리에는 외부 클록 소스 실패 감시기(External Clock Source Failure Monitor)를 가지고 있어서 시스템 클록으로 선택된 외부 클록 소스가 정상적으로 동작하는지를 검사한다. 만약 시스템 클록으로 선택된 외부 클록이 정상적으로 동작하지 않으면 다음과 같은 조치가 이루어진다.

① 현재의 설정과 관계없이 2MHz 내부 오실레이터를 시스템 클록으로 사용한다.

② 오실레이터 제어 레지스터와 시스템 클록 선택 레지스터를 디폴트 값으로 리셋시킨다.

③ 외부 클록 소스 실패 검출 플랙을 1로 세트한다.

④ NMI(Non-Maskable Interrupt)인 외부 클록 소스 실패 인터럽트를 발생시킨다.

시스템 클록으로 선택된 외부 오실레이터가 동작에 실패하면 이는 자동적으로 디스에이블된다. 외부 클록 소스 실패 감시기는 디폴트로 동작하지 않으며 이를 사용하려면 소프트웨어로 이를 인에이블시켜야 한다. 이것은 한번 인에이블하고 나면 시스템 리셋 이외의 방법으로는 이를 다시 디스에이블할 수 없다. 외부 클록 소스 실패 감시기의 설정은 CCP 보호기능을 갖는다.

(6) 시스템 클록의 I/O 제어 레지스터

ATxmega 패밀리의 시스템 클록에 관련된 내부 회로는 클록 모듈(CLK), 오실레이터 모듈(OSC), DFLLRC32M 모듈, DFLLRC2M 모듈 등이 있다. 이들 각 모듈에 관련된 I/O 제어 레지스터를 요약하면 <표 1.4.3>~<표 1.4.6>과 같고, 이것들의 자세한 기능을 설명하면 다음과 같다.

〈표 1.4.3〉 클록 시스템 CLK 모듈의 I/O 제어 레지스터 요약

오프셋	레지스터 이름	비트7	비트6	비트5	비트4	비트3	비트2	비트1	비트0
+0x00	CLK_CTRL	-	-	-	-	-	SCLKSEL[2:0]		
+0x01	CLK_PSCTRL	-	PSADIV[4:0]					PSBCDIV[1:0]	
+0x02	CLK_LOCK	-	-	-	-	-	-	-	LOCK
+0x03	CLK_RTCCTRL	-	-	-	-	RTCSRC[2:0]			RTCEN
+0x04 ~ +0x07	(reserved)	-	-	-	-	-	-	-	-

▣ 시스템 클록 제어 레지스터 CTRL

	b7	b6	b5	b4	b3	b2	b1	b0	
옵셋 +0x00	-	-	-	-	-	SCLKSEL[2:0]			CTRL
읽기/쓰기 기능	R	R	R	R	R	R/W	R/W	R/W	
리셋후 초기값	0	0	0	0	0	0	0	0	

〈그림 1.4.15〉 시스템 클록 제어 레지스터 CTRL

- SCLKSEL[2:0] : System Clock Selection

  시스템 클록의 소스를 선택한다. 이를 변경하는데는 변경 이전의 클록 소스에서 2클록 주기가 소요되고 변경 이후의 클록 소스에서 2클록 주기가 소요된다. 이것은 CCP 레지스터에 의하여 보호된 비트이다.

  000 = 2MHz 내부 오실레이터
  001 = 32MHz 내부 오실레이터
  010 = 32.768kHz 내부 오실레이터
  011 = 외부 크리스털 오실레이터 또는 외부 클록
  100 = PLL 출력
  101～111 = (reserved)

▣ 시스템 클록 프리스케일러 제어 레지스터 PSCTRL

	b7	b6	b5	b4	b3	b2	b1	b0	
옵셋 +0x01	-	PSADIV[4:0]					PSBCDIV[1:0]		PSCTRL
읽기/쓰기 기능	R	R/W	R/W	R/W	R/W	R/W	R/W	R/W	
리셋후 초기값	0	0	0	0	0	0	0	0	

〈그림 1.4.16〉 시스템 클록 프리스케일러 제어 레지스터 PSCTRL

- PSADIV[4:0] : Prescaler A Division Factor

  이것은 clk_{SYS} 주파수를 분주하여 clk_{PER4} 주파수로 변경하기 위한 프리스케일러 A의 분주비(division ratio)이다.

  00000 = 분주비가 1
  00001 = 분주비가 2
  00011 = 분주비가 4
  00101 = 분주비가 8
  00111 = 분주비가 16
  01001 = 분주비가 32
  01011 = 분주비가 64
  01101 = 분주비가 128
  01111 = 분주비가 256
  10001 = 분주비가 512
  10011～11111 = (reserved)

- PSBCDIV[1:0] : Prescaler B and C Division Factor

  이것은 clk_{PER4} 주파수를 분주하여 clk_{PER2} 주파수로 변경하기 위한 프리스케일러 B와 clk_{PER2} 주파수를 분주하여 clk_{PER} 또는 clk_{CPU} 주파수로 변경하기 위한 프리스케일러 C의 분주비이다.

  00 = 프리스케일러 B의 분주비가 1이고 프리스케일러 C의 분주비가 1
  01 = 프리스케일러 B의 분주비가 1이고 프리스케일러 C의 분주비가 2
  10 = 프리스케일러 B의 분주비가 4이고 프리스케일러 C의 분주비가 1
  11 = 프리스케일러 B의 분주비가 2이고 프리스케일러 C의 분주비가 2

▣ 클록 시스템 록 레지스터 LOCK

	b7	b6	b5	b4	b3	b2	b1	b0	
옵셋 +0x02	–	–	–	–	–	–	–	LOCK	**LOCK**
읽기/쓰기 기능	R	R	R	R	R	R	R	R/W	
리셋후 초기값	0	0	0	0	0	0	0	0	

〈그림 1.4.17〉 클록 시스템 록 레지스터 LOCK

- LOCK : Clock System Lock
  이 비트를 1로 세트하면 CTRL 레지스터와 PSCTRL 레지스터를 변경하지 못하도록 잠근다. 이것은 CCP 레지스터에 의하여 보호된 비트이다.

▣ RTC 제어 레지스터 RTCCTRL

	b7	b6	b5	b4	b3	b2	b1	b0	
옵셋 +0x03	–	–	–	–	RTCSRC[2:0]			RTCEN	**RTCCTRL**
읽기/쓰기 기능	R	R	R	R	R/W	R/W	R/W	R/W	
리셋후 초기값	0	0	0	0	0	0	0	0	

〈그림 1.4.18〉 RTC 제어 레지스터 RTCCTRL

- RTCSRC[2:0] : RTC Clock Source
  RTC를 위한 클록 소스를 선택한다.
  000 = 32kHz ULP 내부 오실레이터로부터 1kHz의 클록을 선택한다.
  001 = TOSC1, TOSC2 단자의 32.768kHz 외부 오실레이터로부터 1.024kHz 클록을 선택한다.
  010 = 32.768kHz 내부 오실레이터로부터 1.024kHz 클록을 선택한다.
  011～100 = (reserved)
  101 = TOSC1, TOSC2 단자의 32.768kHz 외부 오실레이터로부터 32.768kHz 클록을 선택한다.
  110～111 = (reserved)
- RTCEN : RTC Clock Source Enable
  RTC 클록 소스 선택을 인에이블한다.

〈표 1.4.4〉 클록 시스템 OSC 모듈의 I/O 제어 레지스터 요약

오프셋	레지스터 이름	비트7	비트6	비트5	비트4	비트3	비트2	비트1	비트0
+0x00	OSC_CTRL	–	–	–	PLLEN	XOSCEN	RC32KEN	RC32MEN	RC2MEN
+0x01	OSC_STATUS	–	–	–	PLLRDY	XOSCRDY	RC32KRDY	RC32MRDY	RC2MRDY
+0x02	OSC_XOSCCTRL	FRQRANGE[1:0]		X32KLPM	–	XOSCSEL[3:0]			
+0x03	OSC_XOSCFAIL	–	–	–	–	–	–	XOSCFDIF	XOSCFDEN
+0x04	OSC_RC32KCAL	RC32KCAL[7:0]							
+0x05	OSC_PLLCTRL	PLLSRC[1:0]		–	PLLFAC[4:0]				
+0x06	OSC_DFLLCTRL	–	–	–	–	–	–	RC32MCREF	RC2MCREF
+0x07 ～ +0x0F	(reserved)	–	–	–	–	–	–	–	–

▣ 오실레이터 제어 레지스터 CTRL

	b7	b6	b5	b4	b3	b2	b1	b0	
옵셋 +0x00	–	–	–	PLLEN	XOSCEN	RC32KEN	RC32MEN	RC2MEN	**CTRL**
읽기/쓰기 기능	R	R	R	R/W	R/W	R/W	R/W	R/W	
리셋후 초기값	0	0	0	0	0	0	0	1	

〈그림 1.4.19〉 오실레이터 제어 레지스터 CTRL

- PLLEN : PLL Enable

PLL의 동작을 인에이블한다. PLL을 인에이블하기 전에 여기에 입력되는 클록 소스와 체배율이 설정되어야 한다.

- XOSCEN : External Oscillator Enable
  XOSCCTRL 레지스터를 사용하여 클록 소스로 선택된 외부 오실레이터를 인에이블한다. 이 클록은 시스템 클록 소스로 선택되기 전에 안정되어야 한다.
- RC32KEN : 32.768kHz Internal RC Oscillator Enable
  32.768kHz 내부 RC 오실레이터를 인에이블한다. 이 클록은 시스템 클록 소스로 선택되기 전에 안정되어야 한다.
- RC32MEN : 32MHz Internal RC Oscillator Enable
  32MHz 내부 RC 오실레이터를 인에이블한다. 이 클록은 시스템 클록 소스로 선택되기 전에 안정되어야 한다.
- RC2MEN : 2MHz Internal RC Oscillator Enable
  2MHz 내부 RC 오실레이터를 인에이블한다. 이 클록은 시스템 클록 소스로 선택되기 전에 안정되어야 한다. 리셋 후에 디폴트로 이 비트가 1로 세트되어 있어서 2MHz가 시스템 클록으로 사용된다.

▣ 오실레이터 상태 레지스터 STATUS

	b7	b6	b5	b4	b3	b2	b1	b0	
옵셋 +0x01	–	–	–	PLLRDY	XOSCRDY	RC32KRDY	RC32MRDY	RC2MRDY	**STATUS**
읽기/쓰기 기능	R	R	R	R	R	R	R	R	
리셋후 초기값	0	0	0	0	0	0	0	0	

〈그림 1.4.20〉 오실레이터 상태 레지스터 STATUS

- PLLRDY : PLL Ready
  PLL이 록(lock)되고 시스템 클록의 소스로 사용될 수 있음을 나타낸다.
- XOSCRDY : External Oscillator Ready
  외부 클록 소스가 안정되고 시스템 클록의 소스로 사용될 수 있음을 나타낸다.
- RC32KRDY : 32.768kHz Internal RC Oscillator Ready
  32.768kHz 내부 RC 오실레이터가 안정되고 시스템 클록의 소스로 사용될 수 있음을 나타낸다.
- RC32MRDY : 32MHz Internal RC Oscillator Ready
  32MHz 내부 RC 오실레이터가 안정되고 시스템 클록의 소스로 사용될 수 있음을 나타낸다.
- RC2MRDY : 2MHz Internal RC Oscillator Ready
  2MHz 내부 RC 오실레이터가 안정되고 시스템 클록의 소스로 사용될 수 있음을 나타낸다.

▣ 외부 오실레이터 제어 레지스터 XOSCCTRL

	b7	b6	b5	b4	b3	b2	b1	b0	
옵셋 +0x02	FRQRANGE[1:0]		X32KLPM	–	XOSCSEL[3:0]				**XOSCCTRL**
읽기/쓰기 기능	R/W	R/W	R/W	R	R/W	R/W	R/W	R/W	
리셋후 초기값	0	0	0	0	0	0	0	0	

〈그림 1.4.21〉 외부 오실레이터 제어 레지스터 XOSCCTRL

- FRQRANGE[1:0] : Crystal Oscillator Frequency Range Select
  외부 크리스털 오실레이터에 접속할 크리스털의 주파수 범위를 선택한다.
  - 00 = 0.4MHz~2MHz의 크리스털 및 C1=C2=100pF의 커패시터 사용
  - 01 = 2MHz~9MHz의 크리스털 및 C1=C2=15pF의 커패시터 사용
  - 10 = 9MHz~12MHz의 크리스털 및 C1=C2=15pF의 커패시터 사용
  - 11 = 12MHz~16MHz의 크리스털 및 C1=C2=10pF의 커패시터 사용
- X32KLPM : Crystal Oscillator 32.768kHz Low Power Mode
  32.768kHz 외부 크리스털 오실레이터를 저소비전력 모드로 설정한다. 이것은 TOSC2 단자의 클록 신호 진폭을 감소시킨다.
- XOSCSEL[3:0] : Crystal Oscillator Selection
  외부 단자에 접속되는 크리스털이나 레조네이터(ceramic resonator)의 종류와 기동시간(start-up time)을 설정한다. 오실레이터 제어 레지스터에서 XOSCEN 비트가 세트되어 있을 경우에는 이를 변경하는 것이 불가능하다.

0000 = XTAL1 단자에 외부 클록을 사용하고, 기동시간은 6 CLK
0010 = TOSC1, TOSC2 단자에 32.768kHz의 크리스털을 사용하고, 기동시간은 16K CLK
0011 = XTAL1, XTAL2 단자에 0.4~16MHz의 레조네이터를 사용하고, 기동시간은 256 CLK
0111 = XTAL1, XTAL2 단자에 0.4~16MHz의 레조네이터를 사용하고, 기동시간은 1K CLK
1011 = XTAL1, XTAL2 단자에 0.4~16MHz의 크리스털을 사용하고, 기동시간은 16K CLK

▣ 외부 오실레이터 실패 검출 레지스터 XOSCFAIL

	b7	b6	b5	b4	b3	b2	b1	b0	
옵셋 +0x03	-	-	-	-	-	-	XOSCFDIF	XOSCFDEN	**XOSCFAIL**
읽기/쓰기 기능	R	R	R	R	R	R	R/W	R/W	
리셋후 초기값	0	0	0	0	0	0	0	0	

〈그림 1.4.22〉 외부 오실레이터 실패 검출 레지스터 XOSCFAIL

- XOSCFDIF : Failure Detection Interrupt Flag
  외부 클록 오실레이터 실패 감시기가 인에이블되고 이것은 동작이 실패한다면 세트되는 NMI 인터럽트 플랙 비트이다. 이를 클리어하려면 이 비트에 1을 써야 한다.
- XOSCFDEN : Failure Detection Enable
  외부 클록 오실레이터 실패 감시기를 인에이블하고, 오실레이터의 동작이 실패하여 XOSCFDIF 비트가 세트되면 NMI 인터럽트를 발생하도록 한다.

▣ 32.768kHz 내부 오실레이터 캘리브레이션 레지스터 RC32KCAL

	b7	b6	b5	b4	b3	b2	b1	b0	
옵셋 +0x04	RC32KCAL[7:0]								**RC32KCAL**
읽기/쓰기 기능	R/W	R/W	R/W	R/W	R/W	R/W	R/W	R/W	
리셋후 초기값	x	x	x	x	x	x	x	x	

〈그림 1.4.23〉 32.768kHz 내부 오실레이터 캘리브레이션 레지스터 RC32KCAL

- RC32KCAL[7:0] : 32.768kHz Internal Oscillator Calibration Value
  32.768kHz 내부 오실레이터를 조정하기 위한 캐리브레이션 값을 저장한다. 제조사에서 Signature Row의 RCOSC32K 레지스터에 저장해둔 값이 리셋 후 이 레지스터에 로드되어 캘리브레이션이 수행되며, 사용자가 새로운 값을 이 레지스터에 쓸 수도 있다.

▣ PLL 제어 레지스터 PLLCTRL

	b7	b6	b5	b4	b3	b2	b1	b0	
옵셋 +0x05	PLLSRC[1:0]		-	PLLFAC[4:0]					**PLLCTRL**
읽기/쓰기 기능	R/W	R/W	R	R/W	R/W	R/W	R/W	R/W	
리셋후 초기값	0	0	0	0	0	0	0	0	

〈그림 1.4.24〉 PLL 제어 레지스터 PLLCTRL

- PLLSRC[1:0] : PLL Clock Source
  PLL에 입력할 클록 소스를 선택한다.
  00 = 2MHz 내부 오실레이터
  01 = (reserved)
  10 = 32MHz 내부 오실레이터의 주파수를 4로 나눈 것
  11 = 0.4~16MHz의 외부 오실레이터나 외부 클록 입력
- PLLFAC[4:0] : PLL Multiplication Factor
  PLL 주파수 체배율을 1~31의 범위에서 지정한다. PLL의 출력은 최소 10MHz에서 최대 200MHz 이하로 되어야 한다.

▣ DFLL 제어 레지스터 DFLLCTRL

	b7	b6	b5	b4	b3	b2	b1	b0	
옵셋 +0x06	–	–	–	–	–	–	RC32MCREF	RC2MCREF	**DFLLCTRL**
읽기/쓰기 기능	R	R	R	R	R	R	R/W	R/W	
리셋후 초기값	0	0	0	0	0	0	0	0	

〈그림 1.4.25〉 DFLL 제어 레지스터 DFLLCTRL

- RC32MCREF : 32MHz Calibration Reference
  32MHz 내부 오실레이터를 캘리브레이션하기 위한 기준 클록의 소스를 선택한다. 이 비트가 0이면 32.768kHz 내부 오실레이터를 사용하고, 1이면 TOSC1, TOSC2 단자에 접속된 32.768kHz 외부 오실레이터를 사용한다. 외부 오실레이터를 사용하려면 XOSCCTRL 레지스터에서 XOSCSEL 비트로 32.768kHz 외부 오실레이터가 선택되어 있어야 한다.
- RC2MCREF : 2MHz Calibration Reference
  2MHz 내부 오실레이터를 캘리브레이션하기 위한 기준 클록의 소스를 선택한다. 이 비트가 0이면 32.768kHz 내부 오실레이터를 사용하고, 1이면 TOSC1, TOSC2 단자에 접속된 32.768kHz 외부 오실레이터를 사용한다. 외부 오실레이터를 사용하려면 XOSCCTRL 레지스터에서 XOSCSEL 비트로 32.768kHz 외부 오실레이터가 선택되어 있어야 한다.

〈표 1.4.5〉 클록 시스템 DFLLRC32M 모듈의 I/O 제어 레지스터 요약

오프셋	레지스터 이름	비트7	비트6	비트5	비트4	비트3	비트2	비트1	비트0
+0x00	DFLLRC32M_CTRL	–	–	–	–	–	–	–	ENABLE
+0x01	(reserved)	–	–	–	–	–	–	–	–
+0x02	DFLLRC32M_CALA	–	CAL[6:0]						
+0x03	DFLLRC32M_CALB	–	–	CAL[12:7]					
+0x04	DFLLRC32M_COMP0	COMP[7:0]							
+0x05	DFLLRC32M_COMP1	COMP[15:8]							
+0x06	DFLLRC32M_COMP2	COMP[23:15]							
+0x07	(reserved)	–	–	–	–	–	–	–	–

〈표 1.4.6〉 클록 시스템 DFLLRC2M 모듈의 I/O 제어 레지스터 요약

오프셋	레지스터 이름	비트7	비트6	비트5	비트4	비트3	비트2	비트1	비트0
+0x00	DFLLRC2M_CTRL	–	–	–	–	–	–	–	ENABLE
+0x01	(reserved)	–	–	–	–	–	–	–	–
+0x02	DFLLRC2M_CALA	–	CAL[6:0]						
+0x03	DFLLRC2M_CALB	–	–	CAL[12:7]					
+0x04	DFLLRC2M_COMP0	COMP[7:0]							
+0x05	DFLLRC2M_COMP1	COMP[15:8]							
+0x06	DFLLRC2M_COMP2	COMP[23:15]							
+0x07	(reserved)	–	–	–	–	–	–	–	–

▣ DFLL32M 또는 DFLL2M 제어 레지스터 CTRL

	b7	b6	b5	b4	b3	b2	b1	b0	
옵셋 +0x00	–	–	–	–	–	–	–	ENABLE	**CTRL**
읽기/쓰기 기능	R	R	R	R	R	R	R	R/W	
리셋후 초기값	0	0	0	0	0	0	0	0	

〈그림 1.4.26〉 DFLL32M 또는 DFLL2M 제어 레지스터 CTRL

- ENABLE : DFLL Enable
  DFLL32M 또는 DFLL2M 모듈과 내부 오실레이터의 자동 캘리브레이션을 인에이블한다.

▣ 캘리브레이션 레지스터 A CALA

	b7	b6	b5	b4	b3	b2	b1	b0	
옵셋 +0x02	–	CAL[6:0]							CALA
읽기/쓰기 기능	R	R	R/W	R/W	R/W	R/W	R/W	R/W	
리셋후 초기값	0	1	0	0	0	0	0	0	

〈그림 1.4.27〉 캘리브레이션 레지스터 A CALA

- CAL[6:0] : DFLL Calibration Bits
  DFLL 오실레이터를 위한 캘리브레이션 값의 하위 7비트를 저장한다. 리셋 후 이 값은 중간값인 0x40으로 초기화되며, 사용자가 새로운 값을 이 레지스터에 쓸 수도 있다.

▣ 캘리브레이션 레지스터 B CALB

	b7	b6	b5	b4	b3	b2	b1	b0	
옵셋 +0x03	–	–	CAL[12:7]						CALB
읽기/쓰기 기능	R	R	R/W	R/W	R/W	R/W	R/W	R/W	
리셋후 초기값	0	0	x	x	x	x	x	x	

〈그림 1.4.28〉 캘리브레이션 레지스터 B CALB

- CAL[12:7] : DFLL Calibration Bits
  DFLL 오실레이터를 위한 캘리브레이션 값의 상위 6비트를 저장한다. 제조사에서 Signature Row의 RCOSC32M 레지스터에 저장해둔 값이 리셋 후 이 레지스터에 로드되어 캘리브레이션이 수행된다.

▣ 오실레이터 비교 레지스터 0~2 COMP0/COMP1/COMP2

	b7	b6	b5	b4	b3	b2	b1	b0	
옵셋 +0x04	COMP[7:0]								COMP0
읽기/쓰기 기능	R/W	R/W	R/W	R/W	R/W	R/W	R/W	R/W	
리셋후 초기값	0	0	0	0	0	0	0	0	

〈그림 1.4.29〉 오실레이터 비교 레지스터 0 COMP0

	b7	b6	b5	b4	b3	b2	b1	b0	
옵셋 +0x05	COMP[15:8]								COMP1
읽기/쓰기 기능	R/W	R/W	R/W	R/W	R/W	R/W	R/W	R/W	
리셋후 초기값	0	0	0	0	0	0	0	0	

〈그림 1.4.30〉 오실레이터 비교 레지스터 1 COMP1

	b7	b6	b5	b4	b3	b2	b1	b0	
옵셋 +0x06	COMP[23:16]								COMP2
읽기/쓰기 기능	R/W	R/W	R/W	R/W	R/W	R/W	R/W	R/W	
리셋후 초기값	0	0	0	0	0	0	0	0	

〈그림 1.4.31〉 오실레이터 비교 레지스터 2 COMP2

- COMP[23:0] : Oscillator Compare Value
  오실레이터와 비교할 값을 저장한다. 리셋 후 이 값은 오실레이터 주파수와 1.024kHz의 관계를 나타내는 디폴트 값으로 로드되며, 사용자가 새로운 값을 이 레지스터에 쓸 수도 있다. 이 값을 변경하려면 DFLL을 디스에이블시켜야 한다.

3. 전력관리 및 슬립 모드

슬립 모드(Sleep Mode)는 마이크로컨트롤러 내부에서 사용하지 않는 주변장치나 모듈에 클록의 공급을 차단하여 이것의 동작을 정지시킴으로써(shut down) 소비전력을 절감하기 위한 기능이다. ATxmega 패밀리의 슬립 제어기에서는 5가지의 다양한 슬립 모드를 제공하며, 전력제어 모듈에는 소비전력 절약 레지스터를 가지고 있어서 사용하지 않는 주변장치에 클록을 차단할 수 있다.

마이크로컨트롤러가 슬립 모드에 들어가면 프로그램의 실행이 정지되며 슬립 모드에서 깨어나(wake-up) 원상태로 복귀하기 위해서는 인터럽트나 시스템 리셋이 필요하다. 각 슬립 모드에 따라 차단하는 클록의 종류가 달라지며, 소비전력 절약 레지스터를 사용하면 그밖의 방법으로 원하는 주변장치에 클록을 차단할 수 있다.

슬립 모드를 사용하려면 슬립 제어 레지스터에서 슬립 모드를 5가지중의 하나로 지정하고 슬립 모드를 인에이블한 상태에서 CPU의 SLEEP 명령을 실행하면 된다.

슬립 모드를 해제하는데 사용되는 인터럽트의 종류는 슬립 모드에 따라 다르다. 마이크로컨트롤러가 슬립 모드에 있을 때 허용된 인터럽트가 발생되면 슬립 모드는 해제된다. 그러면 마이크로컨트롤러는 슬립 모드가 해제되면서 4사이클의 지연 후에 동작이 개시되는데, 먼저 해당 인터럽트 서비스 루틴이 실행되고 나서 SLEEP 명령의 바로 뒤에 이어지는 명령으로 복귀된다. 슬립 모드가 해제되는 순간에 이미 이보다 우선순위가 더 높은 인터럽트가 걸려 있었다면 그 인터럽트 처리 루틴을 먼저 실행한다. 모든 레지스터와 내부 SRAM 및 I/O 제어 레지스터의 내용은 슬립 모드에 들어갔다가 복귀된 후에도 변경되지 않고 원래대로 유지된다. 만약, 슬립 모드에서 리셋이 발생하면 슬립 모드가 해제되고 정상적인 리셋 동작이 수행된다.

〈표 1.4.7〉 5가지 슬립 모드의 동작 요약

슬립 모드	클록 차단 여부			오실레이터 차단 여부		슬립 모드에서 깨어나는 소스			
	CPU 클록	주변장치 클록	RTC 클록	시스템 클록 소스	RTC 클록 소스	비동기 포트 인터럽트	TWI 어드레스 일치 인터럽트	RTC 인터럽트	기타 모든 인터럽트
Idle	×	○	○	○	○	✓	✓	✓	✓
Power-down	×	×	×	×	×	✓	✓		
Power-save	×	×	○	×	○	✓	✓	✓	
Standby	×	×	×	○	×	✓	✓		
Extended Standby	×	×	○	○	○	✓	✓	✓	

☞ ○는 클록을 공급하는 것을 나타내고 ×는 클록을 차단하는 것을 나타냄.

(1) 슬립 모드의 종류 및 특징

각 슬립 모드의 동작이나 기능을 요약하면 <표 1.4.7>과 같다. 슬립 모드에서 깨어나는 시간(wake-up time)은 슬립 모드와 클록 소스의 종류에 따라 다르다. 슬립 모드에서 오실레이터의 클록 소스까지 정지한 경우에는 깨어나는 시간(wake-up time)에 오실레이터의 기동 시간(start-up time)까지 추가된다.

▣ Idle Mode

Idle 모드에서는 CPU 코어와 불휘발성 메모리가 정지하며, 인터럽트 제어기, 이벤트 시스템, DMA 컨트롤러를 포함하는 모든 주변장치들은 정상적으로 동작한다. Idle 모드에서는 모든 인터럽트가 슬립 모드를 깨울 수 있다.

▣ Power-down Mode

Power-down 모드에서는 RTC 클록 소스를 포함하는 모든 오실레이터의 클록 소스가 정지한다. 따라서, 이 모드에서는 모든 클록이 차단되므로 비동기 모듈의 동작만이 가능하며, 이 모드를 해제하는 수단도 비동기 병렬 I/O 포트 인터럽트와 TWI 어드레스 일치 인터럽트뿐이다.

▣ Power-save Mode

Power-save 모드는 Power-down 모드와 유사하지만 RTC 클록이 동작하는 1가지 사항이 다르다. 따라서, 이 슬립 모드를 깨어나게 하는 인터럽트 소스에도 RTC 오버플로우 인터럽트나 RTC 비교 매치 인터럽트가 포함된다.

▣ Standby Mode

Standby 모드는 슬립 모드에서도 시스템 클록 발생회로인 오실레이터가 동작하고 있다는 것을 제외하면 Power-down 모드와 유사하다. 슬립 모드에서도 오실레이터가 동작하고 있으므로 Standby 모드가 해제되어 깨어나는 시간(wake-up time)이 짧아지는 장점이 있다.

▣ Extended Standby Mode

Extended Standby 모드는 슬립 모드에서도 시스템 클록 발생회로인 오실레이터가 동작하고 있다는 것을 제외하면 Power-save 모드와 유사하다. 슬립 모드에서도 오실레이터가 동작하고 있으므로 Extended Standby 모드가 해제되어 깨어나는 시간이 짧아지는 장점이 있다.

(2) 슬립 제어기와 전력제어 모듈의 I/O 제어 레지스터

ATxmega 패밀리에서 슬립 제어기의 I/O 제어 레지스터를 요약하면 <표 1.4.8>과 같고, 전력제어 모듈의 I/O 제어 레지스터는 <표 1.4.9>와 같으며, 이것들의 자세한 기능을 설명하면 다음과 같다.

〈표 1.4.8〉 슬립 제어기의 I/O 제어 레지스터 요약

오프셋	레지스터 이름	비트7	비트6	비트5	비트4	비트3	비트2	비트1	비트0
+0x00	SLEEP_CTRL	-	-	-	-	SMODE[2:0]			SEN
+0x01 ~ +0x07	(reserved)	-	-	-	-	-	-	-	-

▣ 슬립 제어 레지스터 CTRL

	b7	b6	b5	b4	b3	b2	b1	b0	
옵셋 +0x00	-	-	-	-	SMODE[2:0]			SEN	CTRL
읽기/쓰기 기능	R	R	R	R	R/W	R/W	R/W	R/W	
리셋후 초기값	0	0	0	0	0	0	0	0	

〈그림 1.4.32〉 슬립 제어 레지스터 CTRL

- SMODE[2:0] : Sleep Mode Selection
  슬립 모드를 선택한다.
  000 = Idle Mode
  001 = (reserved)
  010 = Power-down Mode
  011 = Power-save Mode
  100 = (reserved)
  101 = (reserved)
  110 = Standby Mode
  111 = Extended Standby Mode
- SEN : Sleep Enable
  지정된 슬립 모드의 동작을 가능하게 한다. 이 비트를 1로 세트하면 SLEEP 명령에 의하여 슬립 모드로 들어갈 수 있다.

〈표 1.4.9〉 전력제어 모듈의 I/O 제어 레지스터 요약

오프셋	레지스터 이름	비트7	비트6	비트5	비트4	비트3	비트2	비트1	비트0
+0x00	PR_PRGEN	-	-	-	AES	EBI	RTC	EVSYS	DMA
+0x01	PR_PRPA	-	-	-	-	-	DAC	ADC	AC
+0x02	PR_PRPB	-	-	-	-	-	DAC	ADC	AC
+0x03	PR_PRPC	-	TWI	USART1	USART0	SPI	HIRES	TC1	TC0
+0x04	PR_PRPD	-	TWI	USART1	USART0	SPI	HIRES	TC1	TC0
+0x05	PR_PRPE	-	TWI	USART1	USART0	SPI	HIRES	TC1	TC0
+0x06	PR_PRPF	-	TWI	USART1	USART0	SPI	HIRES	TC1	TC0
+0x07	(reserved)	-	-	-	-	-	-	-	-

▣ 일반 소비전력 절약 레지스터 PRGEN

	b7	b6	b5	b4	b3	b2	b1	b0	
옵셋 +0x00	-	-	-	AES	EBI	RTC	EVSYS	DMA	**PRGEN**
읽기/쓰기 기능	R	R	R	R/W	R/W	R/W	R/W	R/W	
리셋후 초기값	0	0	0	0	0	0	0	0	

〈그림 1.4.33〉 일반 소비전력 절약 레지스터 PRGEN

- AES : AES Module
  이 비트를 1로 세트하면 AES 모듈에 공급되는 클록을 차단한다. 이 비트를 다시 0으로 클리어할 때는 확실한 동작을 위하여 해당 주변장치를 다시 초기화해야 한다.
- EBI : External Bus Interface
  이 비트를 1로 세트하면 EBI에 공급되는 클록을 차단한다. 이 비트를 다시 0으로 클리어할 때는 확실한 동작을 위하여 해당 주변장치를 다시 초기화해야 한다. EBI가 없는 모델에서는 이 비트가 무효하다.
- RTC : Real-Time Counter
  이 비트를 1로 세트하면 RTC에 공급되는 클록을 차단한다. 이 비트를 다시 0으로 클리어할 때는 확실한 동작을 위하여 해당 주변장치를 다시 초기화해야 한다.
- EVSYS : Event System
  이 비트를 1로 세트하면 이벤트 시스템에 공급되는 클록을 차단한다. 이 비트를 다시 0으로 클리어할 때는 확실한 동작을 위하여 해당 주변장치를 다시 초기화해야 한다.
- DMA : DMA Controller
  이 비트를 1로 세트하면 DMA 컨트롤러에 공급되는 클록을 차단한다. 이 비트를 다시 0으로 클리어할 때는 확실한 동작을 위하여 해당 주변장치를 다시 초기화해야 한다.

▣ 소비전력 절약 포트A/B 레지스터 PRPx

	b7	b6	b5	b4	b3	b2	b1	b0	
옵셋 +0x01	-	-	-	-	-	DAC	ADC	AC	**PRPA**
읽기/쓰기 기능	R	R	R	R	R	R/W	R/W	R/W	
리셋후 초기값	0	0	0	0	0	0	0	0	

〈그림 1.4.34〉 소비전력 절약 포트A 레지스터 PRPA

	b7	b6	b5	b4	b3	b2	b1	b0	
옵셋 +0x02	-	-	-	-	-	DAC	ADC	AC	**PRPB**
읽기/쓰기 기능	R	R	R	R	R	R/W	R/W	R/W	
리셋후 초기값	0	0	0	0	0	0	0	0	

〈그림 1.4.35〉 소비전력 절약 포트B 레지스터 PRPB

- DAC : Power Reduction DAC
  이 비트를 1로 세트하면 DAC에 공급되는 클록을 차단한다. 이 비트를 1로 하기 전에 먼저 DAC를 금지로 설정해야 한다.
- ADC : Power Reduction ADC
  이 비트를 1로 세트하면 ADC에 공급되는 클록을 차단한다. 이 비트를 1로 하기 전에 먼저 ADC를 금지로 설정해야 한다.
- AC : Power Reduction Analog Comparator
  이 비트를 1로 세트하면 아날로그 비교기에 공급되는 클록을 차단한다. 이 비트를 1로 하기 전에 먼저 아날로그 비교기를 금지로 설정해야 한다.

▣ 소비전력 절약 포트C/D/E/F 레지스터 PRPx

	b7	b6	b5	b4	b3	b2	b1	b0	
옵셋 +0x03	–	TWI	USART1	USART0	SPI	HIRES	TC1	TC0	**PRPC**
읽기/쓰기 기능	R	R/W	R/W	R/W	R/W	R/W	R/W	R/W	
리셋후 초기값	0	0	0	0	0	0	0	0	

〈그림 1.4.36〉 소비전력 절약 포트C 레지스터 PRPC

	b7	b6	b5	b4	b3	b2	b1	b0	
옵셋 +0x04	–	TWI	USART1	USART0	SPI	HIRES	TC1	TC0	**PRPD**
읽기/쓰기 기능	R	R/W	R/W	R/W	R/W	R/W	R/W	R/W	
리셋후 초기값	0	0	0	0	0	0	0	0	

〈그림 1.4.37〉 소비전력 절약 포트D 레지스터 PRPD

	b7	b6	b5	b4	b3	b2	b1	b0	
옵셋 +0x05	–	TWI	USART1	USART0	SPI	HIRES	TC1	TC0	**PRPE**
읽기/쓰기 기능	R	R/W	R/W	R/W	R/W	R/W	R/W	R/W	
리셋후 초기값	0	0	0	0	0	0	0	0	

〈그림 1.4.38〉 소비전력 절약 포트E 레지스터 PRPE

	b7	b6	b5	b4	b3	b2	b1	b0	
옵셋 +0x06	–	TWI	USART1	USART0	SPI	HIRES	TC1	TC0	**PRPF**
읽기/쓰기 기능	R	R/W	R/W	R/W	R/W	R/W	R/W	R/W	
리셋후 초기값	0	0	0	0	0	0	0	0	

〈그림 1.4.39〉 소비전력 절약 포트F 레지스터 PRPF

- TWI : Two-Wire Interface
  이 비트를 1로 세트하면 TWI에 공급되는 클록을 차단한다. 이 비트를 다시 0으로 클리어할 때는 확실한 동작을 위하여 해당 주변장치를 다시 초기화해야 한다.
- USART1 : USART1
  이 비트를 1로 세트하면 USART1에 공급되는 클록을 차단한다. 이 비트를 다시 0으로 클리어할 때는 확실한 동작을 위하여 해당 주변장치를 다시 초기화해야 한다.
- USART0 : USART0
  이 비트를 1로 세트하면 USART0에 공급되는 클록을 차단한다. 이 비트를 다시 0으로 클리어할 때는 확실한 동작을 위하여 해당 주변장치를 다시 초기화해야 한다.
- SPI : Serial Peripheral Interface
  이 비트를 1로 세트하면 SPI에 공급되는 클록을 차단한다. 이 비트를 다시 0으로 클리어할 때는 확실한 동작을 위하여 해당 주변장치를 다시 초기화해야 한다.
- HIRES : Hi-Resolution Extension
  이 비트를 1로 세트하면 고해상도 확장 모듈에 공급되는 클록을 차단한다. 이 비트를 다시 0으로 클리어할 때는 확실한 동작을 위하여 해당 주변장치를 다시 초기화해야 한다.
- TC1 : Timer/Counter 1
  이 비트를 1로 세트하면 타이머/카운터 1에 공급되는 클록을 차단한다. 이 비트를 다시 0으로 클리어하면 클록을 차단하기 이전의 동작을 계속한다.
- TC0 : Timer/Counter 0
  이 비트를 1로 세트하면 타이머/카운터 0에 공급되는 클록을 차단한다. 이 비트를 다시 0으로 클리어하면 클록을 차단하기 이전의 동작을 계속한다.

4. 워치독 타이머

워치독 타이머(Watchdog Timer)는 타임아웃이 되기 전에 소프트웨어 명령으로 그 값을 클리어시켜 주지 않으면 마이크로컨트롤러를 리셋시키거나 인터럽트를 발생함으로써 시스템이 정상적으로 동작하고 있는지를 감시하고 지속적인 오동작 상태에 빠지는 것을 방지하는 마이크로프로세서 신뢰성 향상 기술이다.

ATxmega128A1의 워치독 타이머는 내부에서 시스템 클록과는 독립적으로 존재하는 32kHz ULP(Ultra Low Power) 오실레이터의 클록을 32분주한 1kHz의 주파수를 받아 동작하는 타이머이며, 사용자가 이 1kHz의 클록 사이클 수로 원하는 타임아웃 주기를 설정함으로써 워치독 타임아웃 주기를 최소 8ms에서 최대 8sec까지 설정할 수 있다.

ATxmega128A1의 ULP 오실레이터는 발진 주파수가 상당히 부정확하여 ±30% 정도의 오차를 가지므로 이를 사용한 워치독 타이머의 타임아웃 주기도 8ms~8sec 범위의 값에서 ±30% 정도의 오차를 가질 수 있다. 또한, 사용자 프로그램에서 워치독 타이머 리셋 명령 WDR을 수행하면 이것이 워치독 타이머를 리셋시키기 위하여 클록을 동기시키는 과정이 필요하고, 따라서 실제로 워치독 타이머가 리셋되기 까지는 최대 3.5ms 정도까지의 시간지연이 발생한다. 이러한 사실들은 사용자가 워치독 타이머를 사용할 때 타임아웃 주기를 결정함에 있어서 여러가지 오차를 감안하여 상당히 여유있는 설계가 필요하다는 것을 말해준다.

ATxmega128A1의 워치독 타이머는 워치독 타임아웃이 발생하였을 때 시스템을 리셋하는데, 타임아웃이 발생하는 조건에 따라 다음과 같이 2가지의 동작 모드를 사용할 수 있다.

(1) 표준 모드

표준 모드(Standard mode) 또는 정상 모드(Normal mode)에서는 워치독 타이머의 타임아웃 주기가 TO_{WDT}로 설정되고 이 주기만큼의 시간이 경과하기 전에 WDR 명령으로 워치독 타이머를 리셋시켜 주지 않으면 타임아웃이 발생하여 시스템 리셋이 수행된다. 워치독 타임아웃 주기는 8ms에서 8sec까지 설정할 수 있으며, 타임아웃 주기의 초기값은 퓨즈 바이트 FUSEBYTE1로 설정하거나 또는 워치독 타이머 제어 레지스터 CTRL을 사용하여 설정한다.

워치독 타이머의 표준 모드 동작을 그림으로 설명하면 <그림 1.4.40>과 같다.

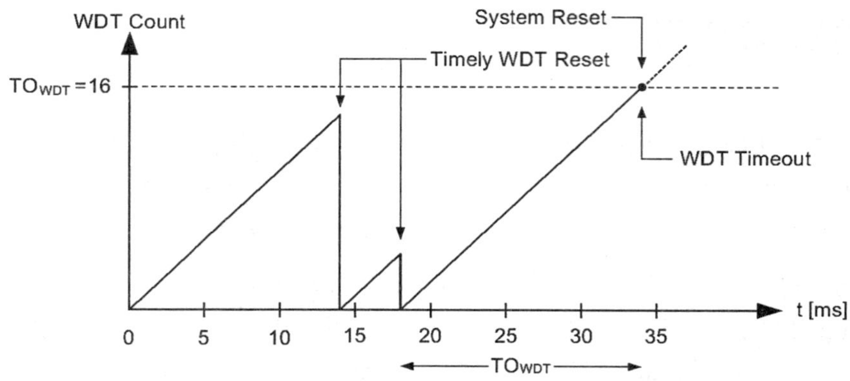

〈그림 1.4.40〉 워치독 타이머의 표준 모드 동작

(2) 윈도우 모드

윈도우 모드(Window mode)에서는 워치독 타이머의 타임아웃 주기가 닫힌 윈도우 타임아웃 주기(closed window timeout period) TO_{WDTW}에서 열린 주기(open window timeout period) TO_{WDT}까지의 윈도우로 설정되고 이 윈도우 사이에서 워치독 타이머를 리셋시켜야만 타임아웃을 방지할 수 있다. 즉, 닫힌 주기보다 빠른 시간에 위치독 타이머를 리셋시키거나 열린 주기까지 타이머를 리셋시키지 못하고 이것보다 시간이 늦게 되면 워치독 타이머는 타임아웃을 발생하여 시스템 리셋이 수행된다.

닫힌 윈도우 타임아웃 주기는 8ms에서 8sec까지 설정할 수 있으며, 이 타임아웃 주기의 초기값도 퓨즈 바이트 FUSEBYTE1로 설정하거나 또는 워치독 타이머 윈도우 모드 제어 레지스터 WINCTRL을 사용하여 설정한다.

워치독 타이머의 윈도우 모드 동작을 그림으로 설명하면 <그림 1.4.41>과 같다.

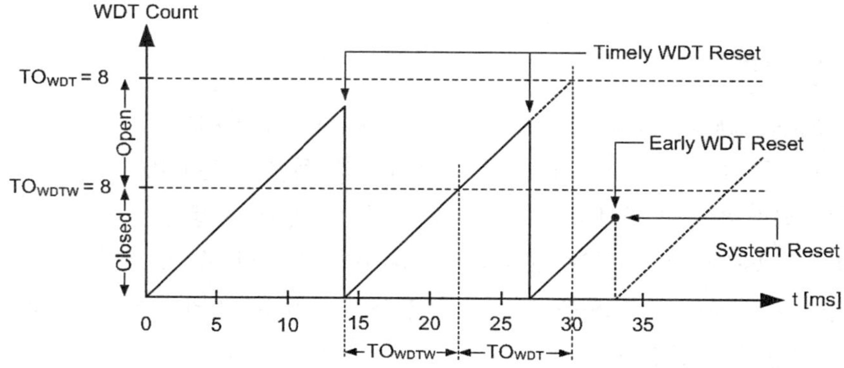

〈그림 1.4.41〉 워치독 타이머의 윈도우 모드 동작

(3) 워치독 타이머의 보호 기능

워치독 타이머는 시스템 전체에 큰 영향을 미치는 중요한 기능이므로 이를 사용할 때는 뜻하지 않는 사고로 오동작하는 것을 방지하기 위하여 2가지의 보호기능을 가지고 있다.

첫째는 워치독 타이머 제어 레지스터 CTRL 또는 워치독 타이머 윈도우 모드 제어 레지스터 WINCTRL의 내용을 변경하여 워치독 타이머 기능을 설정/해제하거나 타임아웃 주기를 변경하려면 안전을 위하여 CCP 레지스터를 사용한 보호기능을 거쳐야 한다는 것이다. 이 레지스터를 변경하려면 먼저 CCP 레지스터 0xD8을 쓰고 나서 4클록 사이클 이내에 해당 레지스터에 값을 써야 한다.

둘째는 퓨즈 바이트 FUSEBYTE4에 워치독 타이머 록 비트를 가지고 있어서 이를 0으로 프로그램하면 사용자 프로그램에서 워치독 타이머 제어 레지스터 CTRL 및 워치독 타이머 윈도우 모드 제어 레지스터 WINCTRL의 내용을 변경하는 것이 불가능해진다. 단, 이 경우에도 워치독 타이머 윈도우 모드 제어 레지스터 WINCTRL의 WCEN 비트는 값을 변경하는 것이 가능하다.

(4) 워치독 타이머를 사용하는 2가지 방법

워치독 타이머는 디폴트로 disable 상태에 있다. 이를 enable하여 사용하는 방법에는 2가지가 있다.

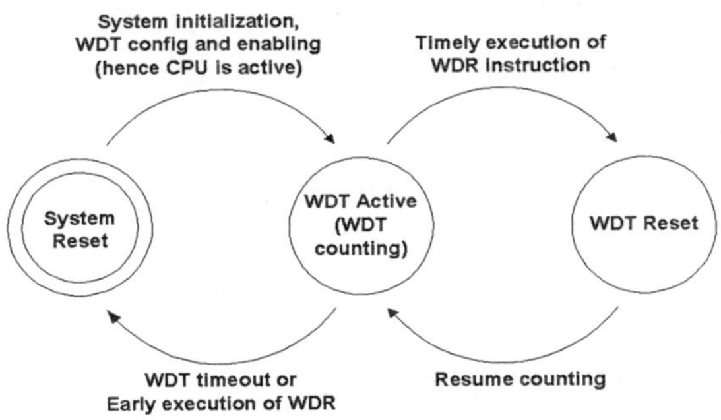

〈그림 1.4.42〉 퓨즈 바이트로 워치독 타이머를 동작시키는 과정의 상태도

첫째는 퓨즈 바이트를 사용하여 타임아웃 주기를 설정하며 워치독 타이머를 인에이블하는 것도 퓨즈 바이트로 설정하는 방법으로서, 이것은 표준 모드에서만 사용이 가능하며 윈도우 모드는 사용이 불가능하다. 타임아웃 주기는 FUSEBYTE1로 설정하는데 이 값은 리셋 직후에 워치독 타이머 제어 레지스터 CTRL의 PER[3:0] 비트로 자동

복사된다. 워치독 타이머를 인에이블하는 것은 FUSEBYTE4에서 WDLOCK 비트를 0으로 프로그램하면 된다. 이렇게 하면 리셋 후에 워치독 타이머가 표준 모드로 동작하며 사용자 프로그램에서 워치독 타이머 제어 레지스터 CTRL 및 워치독 타이머 윈도우 모드 제어 레지스터 WINCTRL의 내용을 변경하는 것이 금지된다.

퓨즈 바이트를 사용하여 워치독 타이머를 설정하는 동작을 상태도로 보이면 <그림 1.4.42>와 같다.

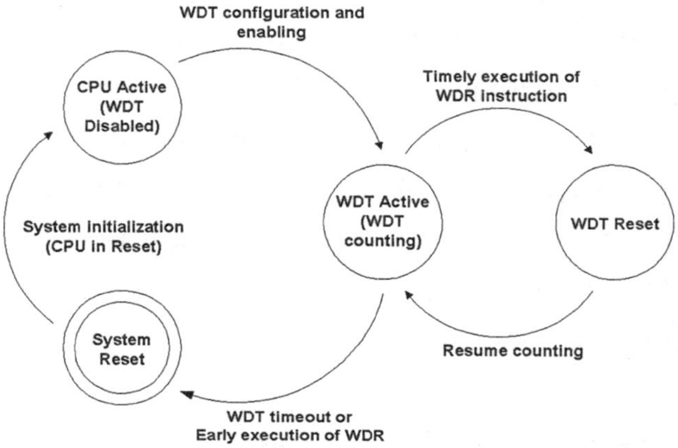

〈그림 1.4.43〉 사용자 프로그램에서 워치독 타이머를 동작시키는 과정의 상태도

둘째는 사용자 프로그램에서 워치독 타이머 제어 레지스터 CTRL 또는 워치독 타이머 윈도우 모드 제어 레지스터 WINCTRL을 사용하여 타임아웃 주기를 설정하며 워치독 타이머를 인에이블하는 방법으로서, 이것은 표준 모드와 윈도우 모드에서 모두 사용이 가능하다. 이들 레지스터는 CCP 보호 기능을 가지고 있다.

퓨즈 바이트를 사용하여 워치독 타이머를 설정하는 동작을 상태도로 보이면 <그림 1.4.43>과 같다.

(5) 워치독 타이머의 I/O 제어 레지스터

ATxmega 패밀리에서 워치독 타이머의 I/O 제어 레지스터를 요약하면 <표 1.4.10>과 같고, 이것들의 자세한 기능을 설명하면 다음과 같다.

〈표 1.4.10〉 워치독 타이머의 I/O 제어 레지스터 요약

오프셋	레지스터 이름	비트7	비트6	비트5	비트4	비트3	비트2	비트1	비트0
+0x00	WDT_CTRL	–	–	PER[3:0]				ENABLE	CEN
+0x01	WDT_WINCTRL	–	–	WPER[3:0]				WEN	WCEN
+0x02	WDT_STATUS	–	–	–	–	–	–	–	SYNCBUSY

▣ 워치독 타이머 제어 레지스터 CTRL

	b7	b6	b5	b4	b3	b2	b1	b0	
옵셋 +0x00	-	-	PER[3:0]				ENABLE	CEN	**CTRL**
읽기/쓰기 기능	R	R	R/W	R/W	R/W	R/W	R/W	R/W	
리셋후 초기값	0	0	X	X	X	X	X	0	

〈그림 1.4.42〉 워치독 타이머 제어 레지스터 CTRL

• PER[3:0] : Watchdog Timeout Period
표준 모드에서 워치독 타이머의 타임아웃 주기를 1kHz ULP 오실레이터의 클록 사이클 수로 설정한다. 만약 윈도우 모드로 동작한다면 이 값은 열린 윈도우 타임아웃 주기로 사용된다. 이것의 초기값은 퓨즈 바이트 FUSEBYTE1에서 WDPER[3:0] 비트로 지정되며, 전원 투입되면 이 퓨즈 바이트 설정값이 워치독 타이머 제어 레지스터로 로드된다. 이것은 CCP 레지스터에 의하여 보호된 비트이며, 이 값을 변경하려면 동시에 CEN = 1로 써주어야 한다.

0000 = 8CLK = 8 ms
0001 = 16CLK = 16 ms
0010 = 32CLK = 32 ms
0011 = 64CLK = 64 ms
0100 = 125CLK = 0.125 s
0101 = 250CLK = 0.25 s
0110 = 500CLK = 0.5 s
0111 = 1000CLK = 1.0 s
1000 = 2000CLK = 2.0 s
1001 = 4000CLK = 4.0 s
1010 = 8000CLK = 8.0 s
1011～1111 = (reserved)

• ENABLE : Watchdog Enable
워치독 타이머의 동작을 인에이블한다. 이것은 CCP 레지스터에 의하여 보호된 비트이며, 이 값을 변경하려면 동시에 CEN = 1로 써주어야 한다.

• CEN : Watchdog Change Enable
워치독 타이머 제어 레지스터의 설정을 변경하려면 동시에 이 비트에도 1을 써주어야 한다. 이것은 CCP 레지스터에 의하여 보호된 비트이다.

▣ 워치독 타이머 윈도우 모드 제어 레지스터 WINCTRL

	b7	b6	b5	b4	b3	b2	b1	b0	
옵셋 +0x01	-	-	WPER[3:0]				WEN	WCEN	**WINCTRL**
읽기/쓰기 기능	R	R	R/W	R/W	R/W	R/W	R/W	R/W	
리셋후 초기값	0	0	X	X	X	X	X	0	

〈그림 1.4.43〉 워치독 타이머 윈도우 모드 제어 레지스터 WINCTRL

• WPER[3:0] : Watchdog Window Mode Timeout Period
윈도우 모드에서 워치독 타이머의 닫힌 윈도우 타임아웃 주기를 1kHz ULP 오실레이터의 클록 사이클 수로 설정한다. 이것의 초기값은 퓨즈 바이트 FUSEBYTE1에서 WDWPER[3:0] 비트로 지정되며, 전원 투입되면 이 퓨즈 바이트 설정값이 워치독 타이머 윈도우 모드 제어 레지스터로 로드된다. 이것은 CCP 레지스터에 의하여 보호된 비트이며, 이 값을 변경하려면 동시에 WCEN = 1로 써주어야 한다.

0000 = 8CLK = 8 ms
0001 = 16CLK = 16 ms
0010 = 32CLK = 32 ms
0011 = 64CLK = 64 ms
0100 = 125CLK = 0.125 s
0101 = 250CLK = 0.25 s
0110 = 500CLK = 0.5 s
0111 = 1000CLK = 1.0 s
1000 = 2000CLK = 2.0 s
1001 = 4000CLK = 4.0 s
1010 = 8000CLK = 8.0 s
1011～1111 = (reserved)

• WEN : Watchdog Window Mode Enable
워치독 타이머의 윈도우 모드 동작을 인에이블한다. 이것은 CCP 레지스터에 의하여 보호된 비트이며, 이 값을 변경하려면 동시에 WCEN = 1로 써주어야 한다.

• WCEN : Watchdog Window Mode Change Enable
워치독 타이머 윈도우 모드 제어 레지스터의 설정을 변경하려면 동시에 이 비트에도 1을 써주어야 한다. 이것은 CCP 레지스터에 의하여 보호된 비트이다. 이 비트는 퓨즈 바이트 FUSEBYTE4의 WDLOCK

비트를 0으로 프로그램하여 워치독 타이머를 록(lock)시키더라도 이에 관계없이 설정값을 변경하는 것이 가능하다.

▣ 워치독 타이머 상태 레지스터 STATUS

	b7	b6	b5	b4	b3	b2	b1	b0	
옵셋 +0x02	–	–	–	–	–	–	–	SYNCBUSY	**STATUS**
읽기/쓰기 기능	R	R	R	R	R	R	R	R	
리셋후 초기값	0	0	0	0	0	0	0	0	

〈그림 1.4.44〉 워치독 타이머 상태 레지스터 STATUS

- SYNCBUSY : Synchronization Busy
  CTRL 또는 WINCTRL 레지스터에 값을 쓸 때는 워치독 타이머가 다른 클록과 동기되어 있어야 한다. 워치독 타이머 제어 레지스터의 ENABLE 비트를 1로 설정하여 워치독 타이머가 동기를 취하는 동작을 수행할 때는 이 비트가 1로 읽혀지다가 동기가 완료되면 이 비트는 0으로 클리어된다.

◀휴게실▶ ATxmega 패밀리에서 소비전력 최소화 방법

ATxmega 패밀리에는 저전력으로 동작하는 다양한 기능을 가지고 있어서 배터리를 전원으로 사용하는 휴대용 기기에서 유용하게 사용할 수 있다. ATxmega 패밀리에서 소비전력을 절감하는 다양한 방법을 요약하면 다음과 같다.

(1) 낮은 동작 전압으로 사용

마이크로컨트롤러의 소비전력은 전원 전압의 제곱에 비례하기 때문에 전원 전압을 낮추면 소비전력이 절감된다. 예를 들어 3.3V로 동작하는 것에 비하여 2.7V로 동작하면 소비전력은 약 33% 절감된다.

(2) 낮은 시스템 클록으로 사용

액티브 모드로 동작할 때 소비전력은 시스템 클록 주파수에 비례하기 때문에 시스템 클록의 주파수를 낮추면 소비전력이 절감된다. 예를 들어 마이크로컨트롤러가 16MHz로 동작하면 32MHz로 동작하는 것에 비하여 소비전력이 약 50% 절감된다.

(3) 슬립 모드 사용

액티브 모드에서 시스템 클록 주파수를 낮추면 시스템의 성능을 떨어뜨리는 단점이 있기 때문에 마이크로컨트롤러가 최고의 성능을 발휘하면서 소비전력을 절감시키려면 슬립 모드를 사용하는 것이다. 즉, 액티브 모드에서는 시스템 클록을 최고 주파수로 사용하고, CPU의 동작이 필요 없는 시간에는 슬립 모드로 두는 것이다. ATxmega 패밀리에는 Idle, Power-down, Power-save, Standby, Extended standby 등 5가지의 슬립 모드가 있으므로 응용에 따라 이중에서 적절히 선택하여 사용하면 된다.

(4) 클록 프리스케일러 사용

CPU가 액티브 모드나 아이들 모드에서 어떤 동작을 수행하기 위하여 대기 상태에 있다면 이때는 주변장치 클록을 발생하는 시스템 클록을 프리스케일러로 분주하여 주파수를 낮추면 소비전력을 절감할 수 있다. 그러나, 이때는 CPU 클록도 주파수가 낮아지므로 주의해야 한다.

(5) 클록 소스 스위칭 사용

위의 (4)번과 같은 경우 클록 소스를 스위칭하는 것도 방법이다. 즉, 16MHz의 시스템 클록 주파수를 필요로 할 때 내부 32MHz RC 오실레이터를 선택하고 프리스케일러로 2분주 하는 것보다 내부 2MHz의 RC 오실레이터를 사용하면서 PLL로 8체배하여 사용하는 것이 소비전력이 절감된다. 외부 클록 소스를 사용하면 내부 발진회로가 동작하지 않으므로 소비전력은 더욱 절감된다.

(6) Wake-up 지연에서의 소비전력 절감

아이들 모드를 제외한 슬립 모드에서 깨어날 때는 CPU의 동작이 정상적으로 시작되기 전에 주파수 안정을 위한 시간지연이 필요하다. 내부 RC 오실레이터나 외부 클록의 경우 이 시간지연은 6클록 사이클 정도지만, 세라믹 레조네이터의 경우는 1000사이클, 크리스털 오실레이터의 경우는 16000사이클 정도에 이른다. 이와 같은 wake-up 대기시간에는 아이들 모드에서와 비슷한 정도의 소비전력을 보이므로 이를 절약하려면 대기시간이 짧아지도록 내부 RC 오실레이터나 외부 클록을 사용하는 것이 유리하며, wake-up이 자주 발생하지 않는 것이 유리하다.

(7) 소비전력 절감 레지스터 사용

소비전력 절감 레지스터 PRR을 사용하면 대부분의 모듈이나 주변장치에 클록 공급을 차단함으로써 그것의 동작을 정지시켜 소비전력을 절감할 수 있다. 따라서, 사용하지 않는 모듈이나 주변장치를 PRR 레지스터로 차단하면 마이크로컨트롤러의 소비전력을 절감할 수 있다.

(8) RTC 클록 소스

RTC는 Idle 모드, Power-save 모드, Extended standby 모드에서 주기적으로 wake-up을 시키는 타이머로 널리 사용된다. 이때 RTC의 클록 소스로는 3가지를 사용할 수 있는데, 32.768kHz의 크리스털 오실레이터에 1kHz 프리스케일러를 사용하는 것이 가장 소비전력이 적어서 유리하다.

(9) 병렬 I/O 포트의 디지털 입력 상태

모든 병렬 I/O 포트의 핀은 하드웨어적인 충돌을 방지하기 위하여 디폴트로 입력상태 또는 플로팅 상태로 되어 있다. 그러나, 이를 그냥 두면 작은 외부 자극에 의해서도 쉽게 입력이 H 또는 L로 인식됨으로써 내부 스위칭이나 누설전류가 발생하게 된다. 이에 의한 불필요한 소비전력을 방지하려면 사용하지 않는 디지털 입력 핀은 풀업 또는 풀다운을 설정하는 것이 좋다. 또한 아날로그 입력으로 사용되는 핀은 PINnCTRL 레지스터를 사용하여 디지털 입력 버퍼를 디스에이블하는 것이 좋다.

(10) 가상 포트 레지스터 사용

액티브 모드에서 가상 포트를 사용하면 IN, OUT 명령을 사용하여 I/O 레지스터들을 1클록 사이클에 액세스할 수 있고, 4개의 레지스터 DIR, IN, OUT, INTFLAGS에 대하여 비트 단위의 처리가 가능함으로써 소비전력을 절감할 수 있다.

(11) 범용 I/O 레지스터 사용

액티브 모드에서 변수를 저장하기 위하여 GPIO 레지스터들을 사용하면 변수가 1클록 사이클에 액세스되므로 소비전력을 절감할 수 있다.

(12) 워치독 타이머

워치독 터이머는 ULP 오실레이터를 독립적인 클록 소스로 사용하는 타이머이므로 이를 사용하지 않는다면 이것의 동작을 금지하는 것이 소비전력을 절감하는데 도움이 된다.

(13) 저전압 검출기

저전압 검출기(BOD)는 마이크로컨트롤러가 너무 낮은 전압에서 동작하지 않도록 보호하는 기능이다. 이것이 필요 없는 경우나 슬립 모드에서는 이 동작을 금지하면 소비전력이 절감되며, 만약 이를 사용하더라도 전원전압의 변화가 느린 경우에는 BOD를 약 1kHz의 샘플링 모드로 사용하면 더욱 좋다.

(14) JTAG 인터페이스 및 온칩 디버그 기능

JTAG 인터페이스와 온칩 디버그 기능이 필요 없을 때는 이를 금지하면 소비전력이 절감된다. JTAG 인터페이스는 퓨즈 바이트와 사용자 프로그램으로 금지할 수 있으며, 온칩 디버그는 퓨즈 바이트로 금지한다. PDI 인터페이스도 사용하지 않을 경우 이를 금지시키면 소비전력이 절감된다.

(15) 플래시 메모리 및 EEPROM의 소비전력 절약 모드

NVM 제어기에서 소비전력 절약 모드로 설정하면 EEPROM과 사용하지 않는 플래시 메모리 섹션의 전원을 차단하여 소비전력이 절감된다. 만약 CPU가 소비전력 절약 모드에 있는 NVM을 액세스하려면 이것이 wake-up할 때까지 잠시동안 CPU의 동작이 정지된다.

(16) EEPROM 쓰기

EEPROM에 여러 바이트를 쓸 경우에는 바이트 단위의 라이트 동작을 사용하는 것보다는 페이지 단위의 라이트 동작을 사용하면 라이트 동작 시간이 짧아져서 소비전력이 절감된다.

1.5 ATxmega 패밀리의 인터럽트 처리

이 절에서는 ATxmega128A1의 인터럽트 처리 기능에 대하여 설명한다. 인터럽트 처리는 MCU의 매우 중요한 기능이므로 잘 알아두어야 하며 이를 제대로 응용할 수 있는 능력을 기르는 것이 필요하다. 그러나, 마이크로프로세서의 초보자에게는 인터럽트란 무엇인지 이해하는 것부터 쉽지 않기 때문에 여기서는 ATxmega128A1의 인터럽트 처리 기능을 설명하기 전에 먼저 인터럽트의 기본을 알아보기로 한다.

1. 인터럽트의 개요

(1) 인터럽트의 개념

CPU 외부의 하드웨어적인 요구에 의해서 정상적인 프로그램의 실행 순서를 변경하여 보다 시급한 작업을 먼저 수행한 후에 다시 원래의 프로그램으로 복귀하는 것을 인터럽트(interrupt, 가로채기)라고 한다. 이것은 흔히 우리가 책을 읽고있는 도중에 전화가 와서 책의 읽던 페이지에 책갈피를 끼워 표시해두고 전화를 받은 다음에 다시 표시해 두었던 페이지를 찾아 책을 계속 읽어가는 상황에 비유될 수 있다.

인터럽트는 주변장치의 서비스 요청에 CPU가 가장 빠르게 대응할 수 있는 방법이며, 이것을 이용하면 주변장치측으로 부터의 발생 시기를 예측하기 어려운 비동기적인 일(event, 사건)을 CPU가 빠르게 처리할 수 있어서, 인터럽트는 서로 비동기적으로 동작하는 CPU(매우 고속으로 동작)와 주변장치(비교적 저속으로 동작) 사이에서 효율적으로 일을 수행하는 중요한 수단이 된다.

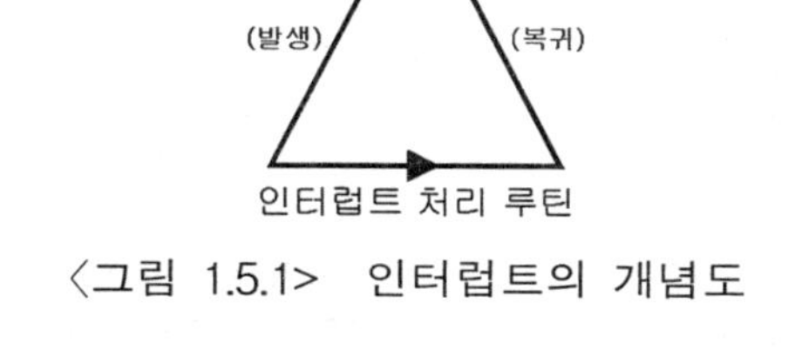

〈그림 1.5.1〉 인터럽트의 개념도

인터럽트가 발생하면 서브루틴의 경우에서처럼 나중에 되돌아 올 복귀주소(return address)를 스택에 저장하였다가 인터럽트 서비스 루틴(interrupt service routine)의 마지막에서 복귀명령(return instruction) RETI를 만나면 스택으로부터 복귀주소를 되찾아 인터럽트 발생전의 위치로 돌아간다.

(2) 인터럽트의 종류

인터럽트의 종류는 마이크로프로세서에 따라 다르고, 또한 이를 보는 관점에 따라 여러가지 방법으로 분류할 수 있으나 일반적으로 다음과 같은 것들이 있다.

◉ 인터럽트 발생 원인에 따른 분류

┌ 하드웨어 인터럽트 ┬ 내부 인터럽트
│ └ **외부 인터럽트**
└ 소프트웨어 인터럽트

◉ 인터럽트 발생시 마이크로프로세서의 반응 방식에 따른 분류

┌ **차단 가능 인터럽트**(INT ; maskable interrupt)
└ **차단 불가능 인터럽트**(NMI ; non-maskable interrupt)

◉ 인터럽트를 요구한 입/출력 기기를 확인하는 방법에 따른 분류

┌ 조사형 인터럽트(polled interrupt)
└ **벡터형 인터럽트**(vectored interrupt)

▣ 내부 인터럽트

내부 인터럽트는 정의되지 않은 명령의 실행, 영(zero)으로 나눗셈을 시도하는 것과 같은 나눗셈 에러, 보호된 메모리 영역에의 접근 등의 원인에 의해 마이크로프로세서에서 내부적으로 발생되는 인터럽트이다. 경우에 따라서는 이러한 것들을 소프트웨어 인터럽트에 포함시키기도 한다. 그러나, 마이크로컨트롤러에서 CPU 소자에 내장된 타이머나 직렬 포트, DMA 컨트롤러 등과 같은 주변장치에 의하여 발생된 인터럽트는 물리적으로는 내부 인터럽트가 되겠지만 이것들의 성격으로 보아 외부 인터럽트로 분류하는 것이 타당할 것이다.

이러한 내부 인터럽트는 신뢰성이 매우 중시되는 마이크로컨트롤러나 다중 프로그래밍용의 CPU에서 많이 사용되며, ATxmega128A1에서는 이러한 내부 인터럽트를 사용하지 않는다.

▣ 외부 인터럽트

외부 인터럽트는 타이머에서의 지정된 시간 경과, 입력 장치에서의 서비스 요구, 출력 장치의 작업 종료, DMA 동작의 종료, 멀티프로세서간의 통신 요구 등 마이크로프로세서와 독립되어 있는 외부장치에 의해 발생되는 순수한 의미에서의 인터럽트이다. 일반적으로 인터럽트라고 하면 대부분 이것을 지칭한다.

대부분의 마이크로프로세서에서 사용하고 있는 인터럽트가 이에 해당하는데 요즈음의 마이크로컨트롤러는 차단 불가능 인터럽트(NMI)를 사용하지 않는 경우도 많다. 종래의 AVR에서는 NMI를 사용하지 않았으나 ATxmega128A1에서는 이를 1가지 사용하고 있으며, 매우 많은 차단 가능 인터럽트를 가지고 있다. 이 MCU에서 사용하는 많은 주변장치 인터럽트들도 넓은 의미에서 보면 모두 외부 인터럽트에 해당한다.

▣ 차단 가능 인터럽트

차단 가능 인터럽트는 프로그래머에 의하여 인터럽트 요청을 받아들이지 않고 무시(mask)할 수 있는 것으로서 시간 제약이 있는 중요한 프로그램 수행중에는 인터럽트 요청을 허용하지 않을 수 있다. 보통 인터럽트를 허용하는 방법은 인터럽트 마스크 레지스터 또는 인터럽트 허용 레지스터를 사용하여 각각의 인터럽트를 개별적으로 허용하고 이것들을 다시 전체적으로 허용한다. 인터럽트를 전체적으로 허용하거나 차단하기 위하여 각각 EI(enable interrupt)와 DI(disable interrupt) 명령을 가지고 있는 경우가 많다.

ATxmega128A1에서는 크리스털 오실레이터 실패 인터럽트를 제외한 모든 인터럽트가 차단 가능하며, 개별적인 인터럽트의 허용이나 차단에는 각 주변장치에 내장된 제어 레지스터 또는 인터럽트 제어 레지스터를 사용하고, 전체적으로 인터럽트를 허용 또는 금지하는데는 각각 SEI(Set Global Interrupt Flag, Global Interrupt Enable)와 CLI(Clear Global Interrupt Flag, Global Interrupt Disable) 명령을 사용한다.

▣ 차단 불가능 인터럽트

차단 불가능 인터럽트(NMI ; Non-Maskable Interrupt)는 프로그래머에 의하여 어떤 방법으로도 인터럽트 요청이 차단될 수 없는 것으로서 전원 이상이나 비상정지 스위치 등과 같이 중요도가 높은 심각한 돌발 사태에 대비하기 위하여 주로 사용된다.

ATxmega128A1에서는 크리스털 오실레이터 실패(Crystal Oscillator Failure) 인터럽트가 유일하게 차단 불가능 인터럽트로 되어 있다.

▣ 조사형 인터럽트

조사형 인터럽트는 인터럽트가 발생하면 이 인터럽트를 요청한 장치를 찾아내기 위하여 CPU가 각 주변장치를 소프트웨어적으로 차례로 조사(polling)하는 방식이다. 이때 각 장치는 상태 레지스터(status register)의 특정 비트에 인터럽트 요청 사실을 표시해 놓음으로써 자신이 인터럽트를 요청하였음을 CPU가 알 수 있도록 한다. 따라서, 여기서는 폴링 순서에 의해 소프트웨어적으로 인터럽트의 우선순위가 결정된다.

이 방법은 하드웨어가 간단한 것이 장점이므로 주변 단말장치가 많은 범용 컴퓨터에서 많이 사용하지만, 인터럽트가 발생될 때마다 각 장치를 조사해야 하므로 주변장치의 수가 많을수록 소프트웨어적인 처리 시간이 길어지고 따라서 인터럽트 응답이 늦어지는 단점이 있다. ATxmega128A1에서는 이를 사용하지 않는다.

▣ 벡터형 인터럽트

벡터형 인터럽트의 처리방식에는 다시 2가지 형태가 있다. 첫째는, 인터럽트가 발생할 때마다 인터럽트를 요청한 장치(interrupting device)가 인터럽트 벡터(interrupt vector)를 CPU에게 전송하는 방식이다. CPU는 주변장치에서 전송된 인터럽트 벡터를 이용하여 그 장치에 해당하는 인터럽트 서비스 루틴의 시작번지를 결정한다. 이것은 모든 주변장치가 1개의 인터럽트 신호선을 공유하는 범용 마이크로프로세서에서 주로 사용하며, 인터럽트 벡터를 사용하여 각 장치의 인터럽트 요구를 구분한다.

둘째는, 각 주변장치가 별개의 인터럽트 신호선을 가지고 있고 이것들이 인터럽트를 요청하면 CPU는 각각의 인터럽트에 따라 미리 지정된 인터럽트 벡터들을 가지고 있어서 즉시 해당 인터럽트 서비스 루틴을 찾아가는 방식이다. 이 방법은 인터럽트 서비스 루틴을 찾아가는 시간이 빠르므로 인터럽트 응답시간이 중시되는 마이크로컨트롤러에 유용하지만, 대부분의 주변장치들이 각각의 인터럽트 신호선을 가지고 있으므로 인터럽트를 요구할 수 있는 주변장치는 소수로 한정되는 경우가 많다.

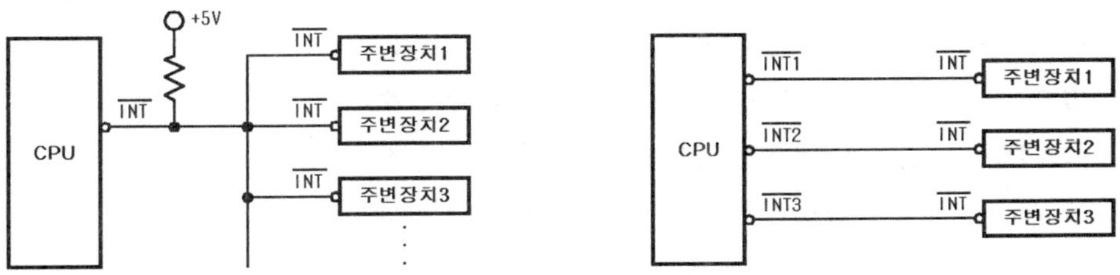

(a) 범용 마이크로프로세서 방식　　(b) 마이크로컨트롤러 방식

〈그림 1.5.2〉 주변장치가 인터럽트를 요청하는 방식

이 방법은 인터럽트 벡터에 의하여 즉시 인터럽트 서비스 루틴을 찾아가므로 인터럽트 응답시간이 빠르며, 이 인터럽트 응답시간이 주변장치의 수가 많고 적음에 영향을 받지 않는다. 이와 같은 장점 때문에 빠른 인터럽트 처리가 요구되는 마이크로컨트롤러에서는 대부분 이 방식을 사용하며, ATxmega128A1에서는 위의 벡터형 인터럽트 중에서 두번째 방식을 사용하고 있다.

(3) 인터럽트의 우선순위 제어

인터럽트는 CPU의 의지가 아니라 주변장치의 필요에 의하여 CPU와 비동기적으로 또는 부정기적으로 발생되는 것이 일반적이므로 우연히 2개 이상의 주변장치가 동시에 신호를 보내 인터럽트를 요청하는 경우가 존재할 수 있다. 이러한 경우에 CPU는 이들 인터럽트를 모두 한꺼번에 처리할 수가 없으므로 한번에 1개만의 인터럽트를 선택하여 처리하게 되는데 이를 인터럽트 우선순위(priority)라고 한다. 우선순위가 높은 인터럽트가 처리되는 동안에 낮은 순위의 인터럽트는 대기되며, 이것은 높은 순위의 인터럽트 처리가 끝난 후에 다시 순위에 따라 차례로 처리된다.

동시에 요청된 인터럽트의 우선순위를 결정하는 방법에는 여러 가지 형태가 있다. 조사형 인터럽트의 경우에는 인터럽트가 발생하면 이 인터럽트를 요청한 장치를 찾아내기 위하여 CPU가 각 주변장치를 소프트웨어적으로 차례로 폴링하므로 폴링 순서에 의하여 소프트웨어적으로 인터럽트의 우선순위를 지정할 수 있으며, 따라서 필요할 때마다 소프트웨어를 수정하여 손쉽게 우선순위를 변경할 수 있으므로 이를 동적 우선순위 제어(dynamic priority control)라고 한다.

그러나, Z80 CPU와 같은 범용 마이크로프로세서에서는 데이지 체인(daisy chain) 방식으로 인터럽트 우선순위를 사용자가 하드웨어적으로 결정하며, 이것은 하드웨어적으로 회로를 수정하지 않으면 우선순위를 변경하기 곤란하므로 정적 우선순위 제어(static priority control)라고 한다.

마이크로컨트롤러에서 주로 사용하는 벡터형 인터럽트의 경우에는 각 인터럽트에 대하여 미리 우선순위가 정해져 있고 사용자가 인터럽트 우선순위를 변경하지 못하는 경우도 있다. 종래의 AVR 모델에서는 인터럽트 우선순위가 하드웨어적으로 고정되어 있었으나 ATxmega128A1에서는 3단계의 인터럽트 우선순위 제어 기능을 가진다.

이밖에 하나의 인터럽트가 서비스되고 있는 동안에 또다른 인터럽트가 요청되면 이를 어떻게 처리할 것인지도 인터럽트 우선순위 제어에 해당한다. 이런 경우의 인터럽트 처리 방식은 정해져 있는 경우도 있으나 대부분의 마이크로프로세서에서는 사용자 프로그램에 의하여 처리방법이 결정된다.

(4) 인터럽트의 처리 과정

인터럽트의 처리과정은 마이크로프로세서의 종류에 따라 상당히 다르고 또한 하나의 마이크로프로세서에서도 인터럽트의 종류에 따라 처리과정이 달라지는 경우가 있지만 전체적인 처리 과정은 매우 유사하다. 일반적인 인터럽트의 처리 과정을 개략적으로 요약하면 <그림 1.5.3>과 같으며, 물론 ATxmega128A1에서도 전체적인 처리과정은 이와 유사하다.

단계	내용
1. 인터럽트 요청 신호의 검출	CPU는 모든 명령 사이클에 한번씩 또는 모든 머신 사이클에 한번씩 지정된 순간에 인터럽트를 샘플링하여 주변장치의 인터럽트 요청을 검출한다. (ATxmega128A1에는 모든 인터럽트마다 그에 대응되는 인터럽트 플랙 레지스터를 가지고 있어서 인터럽트가 검출되면 이 플랙이 1로 셋트된다. 이 플랙 비트는 해당 인터럽트의 벡터가 인출되어 인터럽트 서비스 루틴의 실행이 개시되면 자동으로 0으로 클리어된다.)
⬇	
2. 인터럽트 우선순위 제어 및 허용 여부 판단	CPU가 인터럽트를 허용할 수 있는 조건이 만족되는지를 판단하고 우선순위를 결정하여 인터럽트를 허용한다. 외부에서 인터럽트 벡터를 읽어들이는 방식에서는 이를 위한 인터럽트 인정 사이클을 수행한다. (ATxmega128A1에서는 각 인터럽트에 해당되는 인터럽트 제어 레지스터와 SREG 레지스터의 글로벌 인터럽트 허용 비트를 보고 인터럽트 허용 여부 및 우선순위를 판단한다.)
⬇	
3. 인터럽트 처리루틴의 시작 번지 확인	CPU가 인터럽트를 요청한 주변장치에 대응하는 인터럽트 서비스 루틴의 시작번지를 확인한다. 각 인터럽트의 종류에 따라 이 벡터가 지정되어 있는 번지가 미리 정해져 있는 경우도 있고, 또다른 방식에서는 주변장치로부터 읽어들인 인터럽트 벡터가 이 서비스 루틴의 시작번지를 결정하는 자료로 사용된다. (ATxmega128A1에서는 각 인터럽트별로 인터럽트 벡터의 번지가 미리 정해져 있어서 여기에 사용자가 인터럽트 서비스 루틴의 시작번지나 또는 그곳으로의 점프 명령을 저장하여 두어야 한다.)
⬇	
4. 복귀주소 및 레지스터를 저장	CPU가 나중에 인터럽트 서비스 루틴을 종료하고 되돌아 올 수 있도록 복귀주소(현재의 PC 값)를 스택에 저장하고, 마이크로프로세서에 따라서는 현재의 레지스터 값을 자동으로 스택에 저장하는 것도 있다. 또한, 대부분의 경우 하나의 인터럽트가 서비스되고 있는 동안에는 다른 인터럽트가 허용되지 못하도록 일시적으로 인터럽트 금지 상태로 설정된다. (ATxmega128A1은 복귀주소만을 스택에 저장하며 다른 레지스터는 저장하지 않는다.)
⬇	
5. 인터럽트 서비스 루틴을 실행	CPU가 해당 인터럽트 서비스 루틴으로 점프하여 프로그램을 실행한다. 만약, 현재의 인터럽트 서비스 루틴이 실행되는 동안에 어떤 인터럽트를 허용하도록 하려면 여기서 그 인터럽트 설정을 새로 해주어야 한다.
⬇	
6. 인터럽트 서비스 루틴을 종료하고 원래의 주프로그램으로 복귀	CPU가 인터럽트 서비스 루틴의 실행중에 리턴 명령을 만나면 스택에서 복귀주소를 되찾아 프로그램 카운터에 로드함으로써 원래의 위치로 되돌아온다. 이때 복귀주소와 함께 레지스터를 저장하는 방식이면 이 레지스터들의 값도 되찾으며, 일시적으로 인터럽트 금지 상태로 설정되었던 것도 원상태로 되돌려진다. (ATxmega128A1의 경우에는 RETI 명령을 만나면 해당 인터럽트를 종료하고 주프로그램으로 복귀한다.)

<그림 1.5.3> 인터럽트의 일반적인 처리 과정

2. ATxmega128A1의 인터럽트 처리 동작

ATxmega128A1의 모든 인터럽트는 외부 인터럽트이고 벡터형 인터럽트로 되어 있으며 내부의 PMIC(Programmable Multi-level Interrupt Controller) 모듈에 의하여 제어된다. 모든 인터럽트는 낮은 단계(low level), 중간 단계(medium level), 높은 단계(high level) 중의 1가지로 우선순위 레벨을 지정하면서 개별적으로 허용할 수 있으며, CPU 상태 레지스터 SREG의 글로벌 인터럽트 허용 비트 I를 이용하여 다시 전체적으로 허용여부를 설정할 수 있다.

낮은 단계의 인터럽트가 처리되고 있을 때는 중간 단계나 높은 단계의 인터럽트가 우선적으로 처리될 수 있으며, 중간 단계의 인터럽트가 처리되고 있을 때는 높은 단계의 인터럽트가 우선적으로 처리될 수 있다. NMI 인터럽트는 어떤 상황에서든지 우선적으로 처리된다. 동일한 단계의 인터럽트 중에서는 낮은 인터럽트 벡터 번지를 가지는 인터럽트가 높은 우선순위를 갖는다. 낮은 단계의 인터럽트들은 특별히 라운드 로빈 방식(round-robin scheduling)으로 우선순위를 처리하도록 설정할 수 있다.

PMIC 상태 레지스터는 4개의 플랙 비트를 사용하여 현재 어떤 단계의 인터럽트가 처리중인지를 표시하며, RETI 명령을 실행하면 플랙 비트는 다시 0으로 클리어된다.

인터럽트 벡터는 기본적으로 응용 프로그램 섹션(Application Section)에 위치하지만 부트로더 섹션(Boot Loader Section)으로 옮겨질 수도 있다.

(1) 인터럽트의 동작

ATxmega128A1의 모든 인터럽트는 개별적으로 인터럽트 플랙을 가지고 있다. 인터럽트 플랙이 1로 세트되면서 어느 인터럽트가 요청되면 PMIC는 이것이 현재 처리가능한 우선순위 단계로 설정되어 있고 SREG 레지스터의 글로벌 인터럽트 허용 비트 I가 1로 허용되어 있는지를 조사하여 인터럽트를 허용할 것인지 대기 상태로 유지할 것인지를 판단한다.

만약 인터럽트가 허용되면 프로그램 카운터가 해당 인터럽트의 벡터값으로 변경되어 인터럽트 서비스 루틴(interrupt service routine, interrupt handler)을 실행하기 시작하며, 이때 해당 인터럽트 플랙은 자동으로 0으로 클리어된다. 종래의 AVR에서는 인터럽트가 허용되어 프로그램 카운터가 인터럽트 벡터값으로 변경될 때 SREG 레지스터의 글로벌 인터럽트 허용 비트 I가 0으로 클리어되면서 모든 인터럽트가 금지상태로 되었으나, ATxmega128A1에서는 I가 그대로 1로 유지되어 하나의 인터럽트가 처리되고 있는 동안에 다른 인터럽트가 허용상태로 된다.

인터럽트 서비스 루틴을 종료하기 위하여 복귀명령 RETI를 실행하면 프로그램은 인터럽트 발생 전의 위치로 되돌아간다. 이때 만약 대기중인 인터럽트가 있다면 다시 그 인터럽트를 처리하게 되지만 그 사이에 최소한 1개의 명령이 실행된다.

인터럽트가 발생하면 인터럽트 플랙이 1로 세트되면서 인터럽트가 요청되고, 대부분의 경우 인터럽트가 허용되어 처리가 시작될 때 플랙이 자동으로 0으로 클리어 된다. 그러나, 일부 인터럽트 플랙은 인터럽트가 허용되더라도 클리어되지 않는 것이 있으며, 어떤 인터럽트 플랙은 해당 레지스터를 액세스하면 자동으로 클리어되는 것도 있다. 모든 인터럽트 플랙에서 이를 0으로 클리어하려면 해당 비트에 1을 써야 한다.

보다 높은 우선순위를 가지는 인터럽트가 이미 처리중이거나 대기중일 때 인터럽트가 요청되면 이는 자신이 가장 높은 우선순위가 될 때까지 대기 상태로 된다. 허용되지 않은 인터럽트가 요청되면 이는 그 인터럽트가 허용될 때까지 대기 상태에 있게 된다. 또한, CCP 레지스터 보호기능을 위하여 CCP 레지스터에 값을 쓰고 나면 이후 4클록 주기동안은 인터럽트가 금지된다.

인터럽트 처리에서 SREG 레지스터가 스택에 자동으로 저장되지 않으므로 SREG 레지스터의 내용이 변경되지 않고 안전하게 유지되도록 하려면 사용자가 인터럽트 서비스 루틴이 시작될 때 이를 저장하고 인터럽트 서비스 루틴이 끝날 때 이를 다시 되찾도록 프로그램해야 한다.

◀참고▶ ATxmega128A1에서 PUSH 및 POP 명령의 오퍼랜드로는 단지 R0~R31만을 사용할 수 있다. 따라서, I/O 영역에 위치하는 상태 레지스터 SREG를 직접 스택에 PUSH/POP하는 것은 불가능하므로 다른 레지스터(예를 들면 R0~R31이나 GPIOR0~GPIOR15 레지스터)나 데이터 메모리에 저장해야 한다.

(2) 차단 불가능 인터럽트

ATxmega128A1에서는 유일하게 크리스털 오실레이터 실패(Crystal Oscillator Failure) 인터럽트가 차단 불가능 인터럽트(NMI)로 처리된다.

차단 불가능 인터럽트는 글로벌 인터럽트 허용 여부에 관계없이 무조건 처리되며, 리셋에 비해서는 우선순위가 낮지만 다른 어떤 인터럽트보다도 우선순위가 높다.

(3) 인터럽트 응답시간

ATxmega128A1이 인터럽트 요청에 응답하는데는 최소한 5클록 사이클이 소요된다. CPU는 이 시간 동안에 프로그램 카운터를 스택에 저장하고, 인터럽트 벡터 어드레스를 가지고 인터럽트 서비스 루틴으로 점프한다. 그러나, 만약 CPU가 여러 사이클에 수행되는 명령을 실행하고 있는 동안에 인터럽트가 요청된다면 이 명령이 완료된 이후에 인터럽트가 처리되므로 전체적인 인터럽트 응답시간은 이보다 더 길어진다. 또한, 슬립 모드에 있을 때 인터럽트가 발생하면 인터럽트 응답시간은 5클록 사이클만큼 추가로 더 길어지며, 슬립모드의 종류에 따라 여기에 기동시간(start-up time)이 추가된다.

ATxmega128A1이 RETI 명령에 의하여 인터럽트 서비스 루틴의 실행을 마치고 복귀하는데도 5클록 사이클이 소요된다. 이 시간동안에 프로그램 카운터의 값이 스택에서 꺼내지고 그만큼 스택 포인터가 증가된다.

(4) 인터럽트 우선순위 제어

ATxmega128A1의 모든 인터럽트는 낮은 단계(low level), 중간 단계(medium level), 높은 단계(high level) 중의 1가지로 우선순위 레벨을 지정할 수 있다. 이들 인터럽트는 NMI > 높은 단계 > 중간 단계 > 낮은 단계 순으로 우선순위를 갖는다.

동일한 단계의 인터럽트 중에는 인터럽트 벡터 어드레스가 낮은 것부터 높은 우선순위를 갖는데 이것을 정적 우선순위(static priority)라고 한다. NMI, 높은 단계, 중간 단계의 인터럽트들은 항상 정적 우선순위로 처리된다. 정적 우선순위 처리를 도시하면 <그림 1.5.4>와 같다.

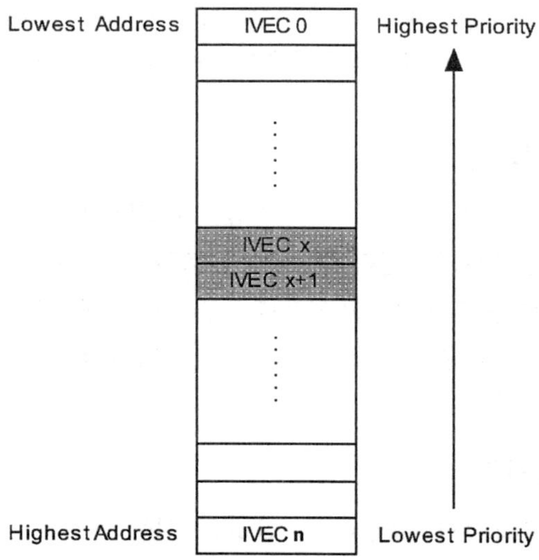

〈그림 1.5.4〉 정적 우선순위 인터럽트

그러나, 낮은 단계의 인터럽트들은 정적 우선순위로 처리될 수도 있지만 라운드 로빈 방식(round-robin scheduling)의 동적 우선순위(dynamic priority)로 처리할 수도 있다. 라운도 로빈 방식의 동적 우선순위 처리는 <그림 1.5.5>에 보인 것처럼 각 인터럽트의 우선순위를 차례로 변경하는 방법이다. 즉, 낮은 레벨의 인터럽트들을 라운드 로빈 방식으로 설정하면 가장 최근에 허용되었던 인터럽트는 낮은 레벨 인터럽트중에서 가장 낮은 우선순위로 된다.

이러한 방식을 사용하면 인터럽트 우선순위가 낮아서 특정한 인터럽트가 계속하여 처리될 기회를 얻지 못하는 사례가 발생하는 것을 방지할 수 있다.

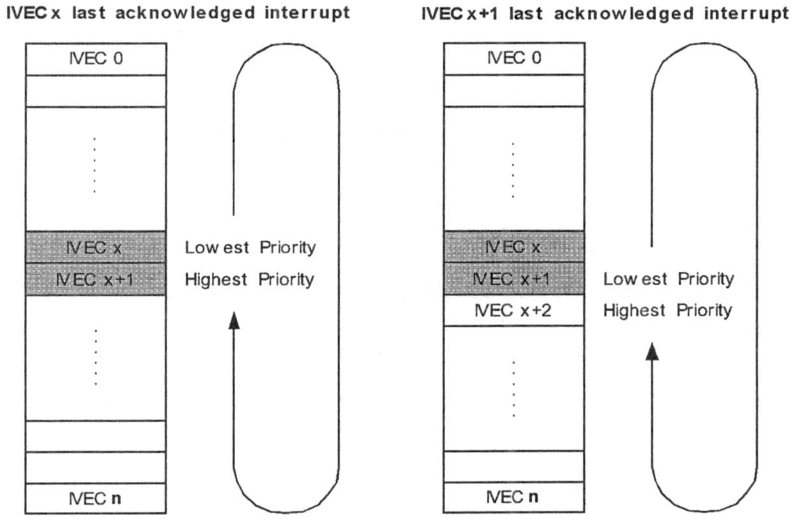

〈그림 1.5.5〉 라운드 로빈 방식의 동적 우선순위 인터럽트

(5) PMIC 모듈의 I/O 제어 레지스터

ATxmega 패밀리에서 PMIC 모듈의 I/O 제어 레지스터를 요약하면 <표 1.5.1>과 같고, 이것들의 자세한 기능을 설명하면 다음과 같다.

<표 1.5.1> PMIC 모듈의 I/O 제어 레지스터 요약

오프셋	레지스터 이름	비트7	비트6	비트5	비트4	비트3	비트2	비트1	비트0
+0x00	PMIC_STATUS	NMIEX	–	–	–	–	HILVLEX	MEDLVLEX	LOLVLEX
+0x01	PMIC_INTPRI	INTPRI[7:0]							
+0x02	PMIC_CTRL	RREN	IVSEL	–	–	–	HILVLEN	MEDLVLEN	LOLVLEN

▣ PMIC 상태 레지스터 STATUS

	b7	b6	b5	b4	b3	b2	b1	b0	
옵셋 +0x00	NMIEX	–	–	–	–	HILVLEX	MEDLVLEX	LOLVLEX	STATUS
읽기/쓰기 기능	R	R	R	R	R	R	R	R	
리셋후 초기값	0	0	0	0	0	0	0	0	

〈그림 1.5.6〉 PMIC 상태 레지스터 STATUS

- NMIEX : Non-Maskable Interrupt Executing
  현재 NMI 인터럽트 서비스 루틴이 실행중이라는 것을 나타낸다. 이 인터럽트 서비스 루틴에서 RETI 명령을 만나면 이 비트는 다시 0으로 클리어된다.
- HILVLEX : High Level Interrupt Executing
  현재 높은 레벨의 인터럽트 서비스 루틴이 실행중이거나 또는 이 인터럽트가 도중에 NMI에 의하여 가로채기되었음을 나타낸다. 이 인터럽트 서비스 루틴에서 RETI 명령을 만나면 이 비트는 다시 0으로 클리어된다.
- MEDLVLEX : Medium Level Interrupt Executing
  현재 중간 레벨의 인터럽트 서비스 루틴이 실행중이거나 또는 이 인터럽트가 도중에 높은 레벨 인터럽트나 NMI에 의하여 가로채기되었음을 나타낸다. 이 인터럽트 서비스 루틴에서 RETI 명령을 만나면 이 비트는 다시 0으로 클리어된다.
- LOLVLEX : Low Level Interrupt Executing
  현재 낮은 레벨의 인터럽트 서비스 루틴이 실행중이거나 또는 이 인터럽트가 도중에 중간 레벨 인터럽트, 높은 레벨 인터럽트, NMI 등에 의하여 가로채기되었음을 나타낸다. 이 인터럽트 서비스 루틴에서 RETI 명령을 만나면 이 비트는 다시 0으로 클리어된다.

▣ PMIC 우선순위 레지스터 INTPRI

	b7	b6	b5	b4	b3	b2	b1	b0	
옵셋 +0x01	INTPRI[7:0]								INTPRI
읽기/쓰기 기능	R/W	R/W	R/W	R/W	R/W	R/W	R/W	R/W	
리셋후 초기값	0	0	0	0	0	0	0	0	

〈그림 1.5.7〉 PMIC 우선순위 레지스터 INTPRI

- INTPRI[7:0] : Interrupt Priority
  라운드 로빈 방식의 우선순위 제어가 설정되었을 때 이 레지스터는 마지막으로 허용되었던 낮은 레벨 인터럽트의 인터럽트 벡터를 저장하고 있다. 이렇게 저장된 인터럽트 벡터는 그 다음에 걸리는 낮은 레벨 인터럽트 중에서 가장 낮은 우선순위를 갖게 된다. 소프트웨어적으로 이 값을 변경함으로써 우선순위 큐(priority queue)를 바꾸는 것도 가능하다.

▣ PMIC 제어 레지스터 CTRL

	b7	b6	b5	b4	b3	b2	b1	b0	
옵셋 +0x02	RREN	IVSEL	–	–	–	HILVLEN	MEDLVLEN	LOLVLEN	CTRL
읽기/쓰기 기능	R	R	R	R	R	R	R	R	
리셋후 초기값	0	0	0	0	0	0	0	0	

〈그림 1.5.8〉 PMIC 제어 레지스터 CTRL

- RREN : Round-robin Scheduling Enable
  낮은 레벨 인터럽트에 대하여 라운드 로빈 방식의 동적 우선순위 제어를 사용하도록 설정한다. 이 비트를 0으로 하면 낮은 레벨 인터럽트들은 인터럽트 벡터 번지가 낮을수록 우선순위가 높은 정적 우선순위를 갖는다.
- IVSEL : Interrupt Vector Select
  이 비트를 0으로 하면 모든 인터럽트 벡터는 플래시 메모리의 응용 프로그램 섹션에서 시작하도록 설정된다. 그러나, 이 비트를 1로 하면 모든 인터럽트 벡터는 플래시 메모리의 부트로더 섹션에서 시작하도록 설정된다. 이것은 CCP 레지스터에 의하여 보호된 비트이다.

- HILVLEN : High Level Interrupt Enable
  모든 높은 레벨의 인터럽트를 허용한다. 이 비트를 0으로 하면 모든 높은 레벨 인터럽트의 처리가 금지된다.
- MEDLVLEN : Medium Level Interrupt Enable
  모든 중간 레벨의 인터럽트를 허용한다. 이 비트를 0으로 하면 모든 중간 레벨 인터럽트의 처리가 금지된다.
- LOLVLEN : Low Level Interrupt Enable
  모든 낮은 레벨의 인터럽트를 허용한다. 이 비트를 0으로 하면 모든 낮은 레벨 인터럽트의 처리가 금지된다.

◀휴게실▶ **인터럽트 플랙 비트의 클리어**

ATxmega 패밀리에서 인터럽트 플랙을 가지는 종류의 인터럽트는 인터럽트가 요청되면 이 비트가 1로 셋트되어 인터럽트 요청 사실을 표시하게 된다. 이러한 대부분의 인터럽트에서는 인터럽트가 허용되고 이 인터럽트 서비스 루틴이 처리되기 시작하면 해당 인터럽트 플랙이 자동으로 다시 0으로 된다.

그러나, 이 인터럽트 플랙을 소프트웨어에 의하여 강제로 클리어하려면 이 플랙 비트에 1을 써주어야 하는 점에 주의해야 한다. 대부분의 레지스터에서 어느 비트를 0으로 하고 싶으면 해당 비트에 0을 써주면 되지만, 이러한 인터럽트 플랙 비트의 경우는 이를 0으로 클리어하려면 1을 써주어야만 한다는 것이다.

3. ATxmega128A1의 인터럽트 벡터 정리

ATxmega128A1에서는 리셋을 제외하고 모두 122개(인터럽트 벡터 번호 1~124 중에서 101과 102는 사용하지 않음)의 인터럽트 벡터를 가지고 있는데, 이중에서 크리스털 오실레이터 실패 인터럽트는 유일하게 차단 불가능 인터럽트(NMI)이다.

리셋과 차단 불가능 인터럽트를 제외한 모든 차단가능 인터럽트는 각 모듈이나 주변장치에 포함된 인터럽트 제어 레지스터를 통하여 각각 개별적으로 인터럽트 우선순위 레벨 및 허용여부를 설정할 수 있으며, 상태 레지스터 SREG의 글로벌 인터럽트 허용 비트 I를 이용하여 전체적인 허용 여부를 설정할 수 있다. 또한 각 인터럽트가 올바르게 처리되려면 PMIC 모듈에서 PMIC 제어 레지스터 CTRL을 사용하여 반드시 각 인터럽트 레벨을 별도로 인에이블해 주어야 한다.

ATxmega128A1의 모든 인터럽트 벡터를 정리하면 <표 1.5.2>와 같다. 이것들은 어셈블리 언어와 C언어를 사용한 인터럽트 응용 프로그램 작성시 매우 유용하게 사용되며, 어셈블리 언어용의 인클루드 파일 ATxmega128A1def.inc나 C언어용의 헤더파일 iox128a1.h에 정의되어 있다.

〈표 1.5.2〉 ATxmega128A1의 리셋 및 인터럽트 벡터

벡터 번호 (우선순위)	인터럽트 벡터 번지	인터럽트 벡터 이름	인터럽트 발생 조건
0	0x0000	RESET	System Reset
1	0x0002	OSC_XOSCF_vect	External Oscillator Failure Interrupt(NMI)
2	0x0004	PORTC_INT0_vect	PORTC External Interrupt 0
3	0x0006	PORTC_INT1_vect	PORTC External Interrupt 1
4	0x0008	PORTR_INT0_vect	PORTR External Interrupt 0
5	0x000A	PORTR_INT1_vect	PORTR External Interrupt 1
6	0x000C	DMA_CH0_vect	DMA Controller Channel 0 Interrupt
7	0x000E	DMA_CH1_vect	DMA Controller Channel 1 Interrupt
8	0x0010	DMA_CH2_vect	DMA Controller Channel 2 Interrupt
9	0x0012	DMA_CH3_vect	DMA Controller Channel 3 Interrupt
10	0x0014	RTC_OVF_vect	RTC Overflow Interrupt
11	0x0016	RTC_COMP_vect	RTC Compare Onterrupt
12	0x0018	TWIC_TWIS_vect	PORTC TWI Slave Interrupt
13	0x001A	TWIC_TWIM_vect	PORTC TWI Master Interrupt
14	0x001C	TCC0_OVF_vect	PORTC Timer 0 Overflow Interrupt
15	0x001E	TCC0_ERR_vect	PORTC Timer 0 Error Interrupt
16	0x0020	TCC0_CCA_vect	PORTC Timer 0 Compare or Capture A Interrupt
17	0x0022	TCC0_CCB_vect	PORTC Timer 0 Compare or Capture B Interrupt
18	0x0024	TCC0_CCC_vect	PORTC Timer 0 Compare or Capture C Interrupt
19	0x0026	TCC0_CCD_vect	PORTC Timer 0 Compare or Capture D Interrupt
20	0x0028	TCC1_OVF_vect	PORTC Timer 1 Overflow Interrupt
21	0x002A	TCC1_ERR_vect	PORTC Timer 1 Error Interrupt
22	0x002C	TCC1_CCA_vect	PORTC Timer 1 Compare or Capture A Interrupt
23	0x002E	TCC1_CCB_vect	PORTC Timer 1 Compare or Capture B Interrupt
24	0x0030	SPIC_INT_vect	PORTC SPI Interrupt
25	0x0032	USARTC0_RXC_vect	PORTC USART0 Reception Complete Interrupt
26	0x0034	USARTC0_DRE_vect	PORTC USART0 Data Register Empty Interrupt
27	0x0036	USARTC0_TXC_vect	PORTC USART0 Transmission Complete Interrupt
28	0x0038	USARTC1_RXC_vect	PORTC USART1 Reception Complete Interrupt
29	0x003A	USARTC1_DRE_vect	PORTC USART1 Data Register Empty Interrupt
30	0x003C	USARTC1_TXC_vect	PORTC USART1 Transmission Complete Interrupt
31	0x003E	AES_INT_vect	AES Interrupt
32	0x0040	NVM_EE_vect	NVM EE Interrupt
33	0x0042	NVM_SPM_vect	NVM SPM Interrupt
34	0x0044	PORTB_INT0_vect	PORTB External Interrupt 0
35	0x0046	PORTB_INT1_vect	PORTB External Interrupt 1
36	0x0048	ACB_AC0_vect	PORTB AC0 Interrupt
37	0x004A	ACB_AC1_vect	PORTB AC1 Interrupt
38	0x004C	ACB_ACW_vect	PORTB ACW Window Mode Interrupt
39	0x004E	ADCB_CH0_vect	PORTB ADC Interrupt 0
40	0x0050	ADCB_CH1_vect	PORTB ADC Interrupt 1
41	0x0052	ADCB_CH2_vect	PORTB ADC Interrupt 2
42	0x0054	ADCB_CH3_vect	PORTB ADC Interrupt 3
43	0x0056	PORTE_INT0_vect	PORTE External Interrupt 0
44	0x0058	PORTE_INT1_vect	PORTE External Interrupt 1
45	0x005A	TWIE_TWIS_vect	PORTE TWI Slave Interrupt
46	0x005C	TWIE_TWIM_vect	PORTE TWI Master Interrupt
47	0x005E	TCE0_OVF_vect	PORTE Timer 0 Overflow Interrupt
48	0x0060	TCE0_ERR_vect	PORTE Timer 0 Error Interrupt
49	0x0062	TCE0_CCA_vect	PORTE Timer 0 Compare or Capture A Interrupt
50	0x0064	TCE0_CCB_vect	PORTE Timer 0 Compare or Capture B Interrupt
51	0x0066	TCE0_CCC_vect	PORTE Timer 0 Compare or Capture C Interrupt
52	0x0068	TCE0_CCD_vect	PORTE Timer 0 Compare or Capture D Interrupt
53	0x006A	TCE1_OVF_vect	PORTE Timer 1 Overflow Interrupt
54	0x006C	TCE1_ERR_vect	PORTE Timer 1 Error Interrupt
55	0x006E	TCE1_CCA_vect	PORTE Timer 1 Compare or Capture A Interrupt
56	0x0070	TCE1_CCB_vect	PORTE Timer 1 Compare or Capture B Interrupt
57	0x0072	SPIE_INT_vect	PORTE SPI Interrupt
58	0x0074	USARTE0_RXC_vect	PORTE USART0 Reception Complete Interrupt
59	0x0076	USARTE0_DRE_vect	PORTE USART0 Data Register Empty Interrupt
60	0x0078	USARTE0_TXC_vect	PORTE USART0 Transmission Complete Interrupt

〈표 1.5.2〉 ATxmega128A1의 리셋 및 인터럽트 벡터(계속)

벡터 번호 (우선순위)	인터럽트 벡터 번지	인터럽트 벡터 이름	인터럽트 발생 조건
61	0x007A	USARTE1_RXC_vect	PORTE USART1 Reception Complete Interrupt
62	0x007C	USARTE1_DRE_vect	PORTE USART1 Data Register Empty Interrupt
63	0x007E	USARTE1_TXC_vect	PORTE USART1 Transmission Complete Interrupt
64	0x0080	PORTD_INT0_vect	PORTD External Interrupt 0
65	0x0082	PORTD_INT1_vect	PORTD External Interrupt 1
66	0x0084	PORTA_INT0_vect	PORTA External Interrupt 0
67	0x0086	PORTA_INT1_vect	PORTA External Interrupt 1
68	0x0088	ACA_AC0_vect	PORTA AC0 Interrupt
69	0x008A	ACA_AC1_vect	PORTA AC1 Interrupt
70	0x008C	ACA_ACW_vect	PORTA ACW Window Mode Interrupt
71	0x008E	ADCA_CH0_vect	PORTA ADC Interrupt 0
72	0x0090	ADCA_CH1_vect	PORTA ADC Interrupt 1
73	0x0092	ADCA_CH2_vect	PORTA ADC Interrupt 2
74	0x0094	ADCA_CH3_vect	PORTA ADC Interrupt 3
75	0x0096	TWID_TWIS_vect	PORTD TWI Slave Interrupt
76	0x0098	TWID_TWIM_vect	PORTD TWI Master Interrupt
77	0x009A	TCD0_OVF_vect	PORTD Timer 0 Overflow Interrupt
78	0x009C	TCD0_ERR_vect	PORTD Timer 0 Error Interrupt
79	0x009E	TCD0_CCA_vect	PORTD Timer 0 Compare or Capture A Interrupt
80	0x00A0	TCD0_CCB_vect	PORTD Timer 0 Compare or Capture B Interrupt
81	0x00A2	TCD0_CCC_vect	PORTD Timer 0 Compare or Capture C Interrupt
82	0x00A4	TCD0_CCD_vect	PORTD Timer 0 Compare or Capture D Interrupt
83	0x00A6	TCD1_OVF_vect	PORTD Timer 1 Overflow Interrupt
84	0x00A8	TCD1_ERR_vect	PORTD Timer 1 Error Interrupt
85	0x00AA	TCD1_CCA_vect	PORTD Timer 1 Compare or Capture A Interrupt
86	0x00AC	TCD1_CCB_vect	PORTD Timer 1 Compare or Capture B Interrupt
87	0x00AE	SPID_INT_vect	PORTD SPI Interrupt
88	0x00B0	USARTD0_RXC_vect	PORTD USART0 Reception Complete Interrupt
89	0x00B2	USARTD0_DRE_vect	PORTD USART0 Data Register Empty Interrupt
90	0x00B4	USARTD0_TXC_vect	PORTD USART0 Transmission Complete Interrupt
91	0x00B6	USARTD1_RXC_vect	PORTD USART1 Reception Complete Interrupt
92	0x00B8	USARTD1_DRE_vect	PORTD USART1 Data Register Empty Interrupt
93	0x00BA	USARTD1_TXC_vect	PORTD USART1 Transmission Complete Interrupt
94	0x00BC	PORTQ_INT0_vect	PORTQ External Interrupt 0
95	0x00BE	PORTQ_INT1_vect	PORTQ External Interrupt 1
96	0x00C0	PORTH_INT0_vect	PORTH External Interrupt 0
97	0x00C2	PORTH_INT1_vect	PORTH External Interrupt 1
98	0x00C4	PORTJ_INT0_vect	PORTJ External Interrupt 0
99	0x00C6	PORTJ_INT1_vect	PORTJ External Interrupt 1
100	0x00C8	PORTK_INT0_vect	PORTK External Interrupt 0
101	0x00CA	PORTK_INT1_vect	PORTK External Interrupt 1
104	0x00D0	PORTF_INT0_vect	PORTF External Interrupt 0
105	0x00D2	PORTF_INT1_vect	PORTF External Interrupt 1
106	0x00D4	TWIF_TWIS_vect	PORTF TWI Slave Interrupt
107	0x00D6	TWIF_TWIM_vect	PORTF TWI Master Interrupt
108	0x00D8	TCF0_OVF_vect	PORTF Timer 0 Overflow Interrupt
109	0x00DA	TCF0_ERR_vect	PORTF Timer 0 Error Interrupt
110	0x00DC	TCF0_CCA_vect	PORTF Timer 0 Compare or Capture A Interrupt
111	0x00DE	TCF0_CCB_vect	PORTF Timer 0 Compare or Capture B Interrupt
112	0x00E0	TCF0_CCC_vect	PORTF Timer 0 Compare or Capture C Interrupt
113	0x00E2	TCF0_CCD_vect	PORTF Timer 0 Compare or Capture D Interrupt
114	0x00E4	TCF1_OVF_vect	PORTF Timer 1 Overflow Interrupt
115	0x00E6	TCF1_ERR_vect	PORTF Timer 1 Error Interrupt
116	0x00E8	TCF1_CCA_vect	PORTF Timer 1 Compare or Capture A Interrupt
117	0x00EA	TCF1_CCB_vect	PORTF Timer 1 Compare or Capture B Interrupt
118	0x00EC	SPIF_INT_vect	PORTF SPI Interrupt
119	0x00EE	USARTF0_RXC_vect	PORTF USART0 Reception Complete Interrupt
120	0x00F0	USARTF0_DRE_vect	PORTF USART0 Data Register Empty Interrupt
121	0x00F2	USARTF0_TXC_vect	PORTF USART0 Transmission Complete Interrupt
122	0x00F4	USARTF1_RXC_vect	PORTF USART1 Reception Complete Interrupt
123	0x00F6	USARTF1_DRE_vect	PORTF USART1 Data Register Empty Interrupt
124	0x00F8	USARTF1_TXC_vect	PORTF USART1 Transmission Complete Interrupt

1.6 DMA 컨트롤러 및 이벤트 시스템

이 절에서는 ATxmega128A1의 DMA 컨트롤러 및 이벤트 시스템에 대하여 설명한다. 이것들은 기존의 AVR 모델에는 없었으나 ATxmega 패밀리에 새로 추가된 고급 기능이다.

1. DMA 컨트롤러

(1) ATxmega128A1의 DMA 기능

CPU의 의존도를 최소한으로 줄이고 메모리 또는 주변장치 사이의 데이터 전송을 직접 수행하여 데이터 전송속도를 고속화하는 기술을 DMA(Direct Memory Access)라고 한다. CPU가 소프트웨어적으로 데이터 전송을 수행하면 유연성이 있지만 명령 처리속도 때문에 전체적인 전송속도는 낮아지게 된다. 그러나, DMA 컨트롤러는 데이터 전송 및 이에 따르는 여러가지 제어기능을 하드웨어적으로 수행하도록 특별히 설계된 주변장치이기 때문에 전체적인 데이터 전송속도가 매우 빠르며, 특히 대용량의 데이터 전송의 경우에는 더욱 그러하다.

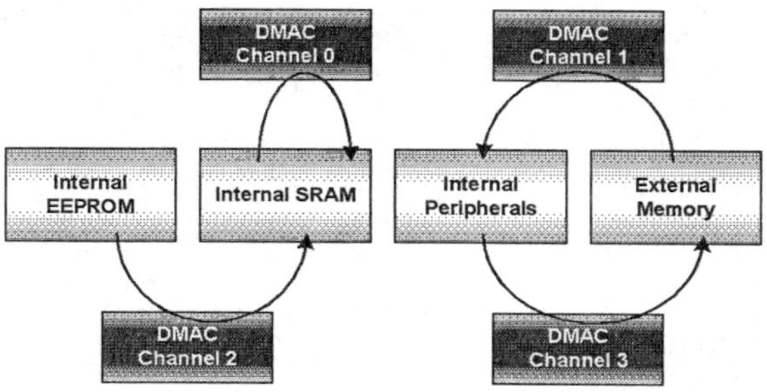

〈그림 1.6.1〉 DMA 채널의 사용 예

ATxmega128A1에는 독립적으로 동작하는 4개의 DMA 채널을 가지고 있으며, 이것들은 메모리와 메모리 사이, 메모리와 주변장치 사이, 또는 주변장치와 주변장치 사이의 DMA 전송을 가능하게 하며, 각각 별도의 트리거 방식, 별도의 어드레싱 모드, 별도의 인터럽트 벡터를 가지고 있다. DMA 인터럽트는 해당 채널의 블록 전송이 완료되거나 DMA 채널에 에러가 발생하면 요청된다. DMA 채널이 데이터 전송을 요청하면 버스 조정기(bus arbiter)는 CPU가 데이터 버스를 사용하지 않고 DMA 컨트롤러에게 버스 사용을 허가할 때까지 기다리도록 한다.

DMA 전송의 가장 큰 단위는 트랜스액션(transaction)으로서 이는 1회의 DMA 설정으로서 전체적인 전송을 완료하는 과정이며 최소 1바이트에서 최대 16MB까지의 전송이 가능하다. 1개의 트랜스 액션은 <그림 1.6.2>에 보인 것처럼 여러개의 블록 전송(block transfer)으로 이루어지는데, 각 블록 전송은 블록 전송 카운트 레지스터에 의하여 1바이트에서 64KB까지의 전송이 가능하다. 반복 카운터 레지스터는 블록 전송의 반복 횟수를 지정함으로써 1개의 트랜스액션이 몇 개의 블록 전송으로 구성되는지를 설정한다.

CPU와 DMA 컨트롤러는 1개의 데이터 버스를 공유하기 때문에 어느 한쪽이 데이터 버스를 독점적으로 점유하는 것을 방지하기 위하여 1회의 블록 전송은 여러개의 작은 버스트 전송(burst transfer)으로 나누어진다. 버스트 전송은 1, 2, 4, 또는 8바이트 전송을 수행할 수 있으며, DMA 컨트롤러는 1회의 버스트 전송 동안에는 안정적으로 데이터 버스를 점유하고 전송을 수행한다.

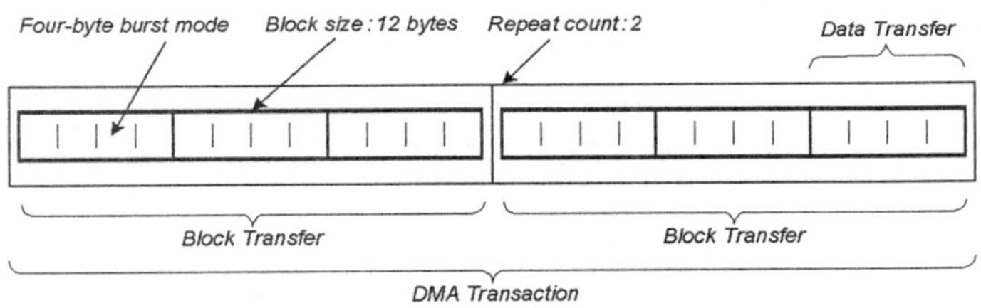

<그림 1.6.2> DMA 트랜스액션의 구성

각 채널의 DMA 전송은 DMA 전송 요청에 의하여 시작되는데, DMA 전송은 소프트웨어적으로 트리거할 수도 있고 주변장치에 의하여 외부에서 트리거하거나 이벤트 시스템을 트리거 소스로 사용할 수도 있다. 트리거 소스는 기본적으로 블록 전송을 시작시키며 1블록의 전송이 완료될 때까지 전송이 계속된다. 1블록의 전송이 완료되면 해당 채널은 다음 블록의 전송을 위하여 다시 트리거되기를 기다린다. 만약 반복 모드(repeat mode)로 설정되어 있다면 다음 블록의 전송을 시작하기 위하여 새로운 트리거를 필요로 하지 않으며 1번의 트리거로 블록 전송이 반복된다. 블록 단위의 트리거를 버스트 전송 단위의 트리거로 변경할 수도 있는데, 이렇게 동작하는 것을 싱글 샷 전송(single shot transfer)라고 한다. 현재 DMA 전송이 수행되고 있을 때 다음 트리거

가 미리 입력되면 이는 대기 상태로 되었다가 현재의 DMA가 종료되면 곧바로 새로운 전송을 스타트시킨다.

DMA 전송의 소스 어드레스(source address)와 데스티네이션 어드레스(destination address)는 전송 후에 각각 고정(static), 증가(incremental), 감소(decremental) 방식을 사용할 수 있으며, 각 버스트 전송이나 블록 전송 또는 트랜스액션이 끝나면 소스 어드레스와 데스티네이션 어드레스를 초기값으로 자동 재저장(automatic reload)하는 것이 가능하다.

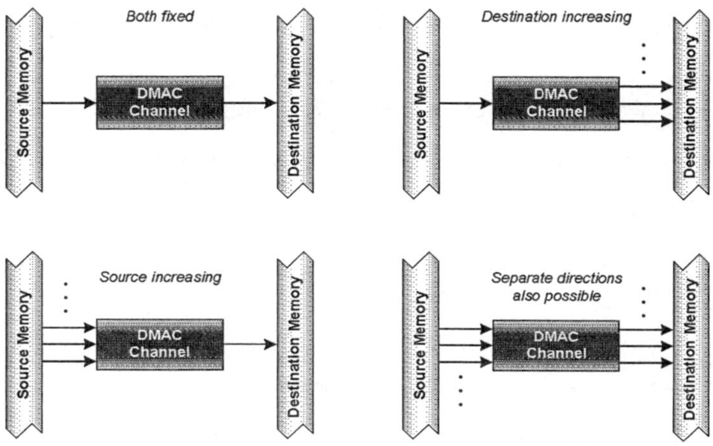

〈그림 1.6.3〉 DMA 어드레싱 모드의 종류

4개의 DMA 채널 중에 2개 이상이 동시에 DMA 전송을 요청할 수 있으므로 이들 사이에는 우선순위를 제어해야 한다. DMA 채널의 우선순위는 고정 방식으로 설정할 수도 있고, 라운드 로빈 방식(round robin)으로 우선순위를 가변시킬 수도 있다.

2개의 DMA 채널을 서로 연계(interlink)하여 이중 버퍼링(double buffering) 방식으로 DMA 전송을 실시할 수도 있다. 이때는 첫번째 채널에서 전송이 완료되면 두번째 채널에서 전송이 시작되고, 이것이 완료되면 다시 첫번째 채널의 그 다음 전송이 계속되는 방법으로 연계 동작을 수행한다.

DMA 컨트롤러는 EEPROM 메모리 영역에 데이터를 쓰려 하거나, EEPROM이 off 상태에 있을 때 읽으려 하거나, 전송 동작중에 DMA 채널을 금지상태로 설정하면 에러로 처리하여 인터럽트를 요청한다.

기본적으로 블록 전송이 완료되면 DMA 전송완료 인터럽트가 요청된다. 그러나, 반복 모드로 설정되어 있는 경우에는 반복 카운터가 0으로 되어 트랜스액션이 종료되어야 DMA 전송완료 인터럽트가 요청된다. 각 채널별로 DMA 전송완료 인터럽트와 에러 인터럽트는 동일한 인터럽트 벡터를 사용하므로 인터럽트 발생 원인을 확인하려면 각 채널의 제어 레지스터 CTRLB에서 인터럽트 플랙을 조사해야 한다.

DMA 컨트롤러에는 각 채널마다 2종의 24비트 레지스터가 사용되는데 이것을 액세스할 때는 주의가 필요하다. 즉, 24비트 레지스터를 액세스할 때는 항상 최하위 바이트를 먼저 읽거나 써야 한다. 이때 내부적으로 24비트를 동시에 액세스하는 동작이 일어나도록 하기 위하여 DMA 컨트롤러에는 2개의 임시 레지스터를 가지고 있다.

(2) DMA 컨트롤러의 I/O 제어 레지스터

ATxmega128A1에서 DMA 컨트롤러의 베이스 어드레스는 0x0100이며 이 주변장치의 I/O 제어 레지스터를 요약하면 <표 1.6.1>과 같다. 또한, DMA 컨트롤러의 각 채널에는 <표 1.6.2>와 같은 I/O 제어 레지스터를 가지고 있다.

〈표 1.6.1〉 DMA 컨트롤러의 I/O 제어 레지스터 요약

오프셋	레지스터 이름	비트7	비트6	비트5	비트4	비트3	비트2	비트1	비트0
+0x00	DMA_CTRL	ENABLE	RESET	–	–	DBUFMODE[1:0]		PRIMODE[1:0]	
+0x01	(reserved)	–	–	–	–	–	–	–	–
+0x02	(reserved)	–	–	–	–	–	–	–	–
+0x03	DMA_INTFLAGS	CH3ERRIF	CH2ERRIF	CH1ERRIF	CH0ERRIF	CH3TRNFIF	CH2TRNFIF	CH1TRNFIF	CH0TRNFIF
+0x04	DMA_STATUS	CH3BUSY	CH2BUSY	CH1BUSY	CH0BUSY	CH3PEND	CH2PEND	CH1PEND	CH0PEND
+0x05	(reserved)	–	–	–	–	–	–	–	–
+0x06	DMA_TEMPL	TEMP[7:0]							
+0x07	DMA_TEMPH	TEMP[15:8]							
+0x10	CH0 offset	offset address for DMA channel 0							
+0x20	CH1 offset	offset address for DMA channel 1							
+0x30	CH2 offset	offset address for DMA channel 2							
+0x40	CH3 offset	offset address for DMA channel 3							

〈표 1.6.2〉 DMA 컨트롤러 각 채널의 I/O 제어 레지스터 요약

오프셋	레지스터 이름	비트7	비트6	비트5	비트4	비트3	비트2	비트1	비트0
+0x00	DMA_CHn_CTRLA	CHEN	CHRST	REPEAT	TRFREQ	–	SINGLE	BURSTLEN[1:0]	
+0x01	DMA_CHn_CTRLB	CHBUSY	CHPEND	ERRIF	TRNIF	ERRINTLVL[1:0]		TRNINTLVL[1:0]	
+0x02	DMA_CHn_ADDCTRL	SRCRELOAD[1:0]		SRCDIR[1:0]		DESTRELOAD[1:0]		DESTDIR[1:0]	
+0x03	DMA_CHn_TRIGSRC	TRIGSRC[7:0]							
+0x04	DMA_CHn_TRFCNTL	TRFCNT[7:0]							
+0x05	DMA_CHn_TRFCNTH	TRFCNT[15:8]							
+0x06	DMA_CHn_REPCNT	REPCNT[7:0]							
+0x07	(reserved)	–	–	–	–	–	–	–	–
+0x08	DMA_CHn_SRCADDR0	SRCADDR[7:0]							
+0x09	DMA_CHn_SRCADDR1	SRCADDR[15:8]							
+0x0A	DMA_CHn_SRCADDR2	SRCADDR[23:16]							
+0x0B	(reserved)	–	–	–	–	–	–	–	–
+0x0C	DMA_CHn_DESTADDR0	DESTADDR[7:0]							
+0x0D	DMA_CHn_DESTADDR1	DESTADDR[15:8]							
+0x0E	DMA_CHn_DESTADDR2	DESTADDR[23:16]							
+0x0F	(reserved)	–	–	–	–	–	–	–	–

▣ DMA 제어 레지스터 CTRL

	b7	b6	b5	b4	b3	b2	b1	b0	
옵셋 +0x00	ENABLE	RESET	-	-	DBUFMODE[1:0]		PRIMODE[1:0]		**CTRL**
읽기/쓰기 기능	R/W	R/W	R	R	R/W	R/W	R/W	R/W	
리셋후 초기값	0	0	0	0	0	0	0	0	

〈그림 1.6.4〉 DMA 제어 레지스터 CTRL

- ENABLE : DMA Enable
  DMA 컨트롤러의 동작을 인에이블한다. 만약 DMA 전송이 수행중일 때 이 비트에 0을 쓰면 내부의 전송 버퍼가 비고 DMA 동작이 취소될(abort) 때까지 이 비트는 클리어되지 않는다.
- RESET : DMA Software Reset
  이 비트에 1을 쓰면 DMA 컨트롤러를 리셋시키고 다시 0으로 된다. 이 비트는 DMA 컨트롤러가 금지될 때만 세트될 수 있다.
- DBUFMODE[1:0] : DMA Double Buffer Mode
  2개의 다른 DMA 채널 사이에 이중 버퍼 모드를 설정한다.
    00 = 이중 버퍼를 사용하지 않는다.
    01 = CH01. DMA 채널 0과 1 사이에 이중 버퍼를 사용한다.
    10 = CH23. DMA 채널 2와 3 사이에 이중 버퍼를 사용한다.
    11 = CH01CH23. DMA 채널 0,1 과 2,3 사이에 이중 버퍼를 사용한다.
- PRIMODE[1:0] : DMA Channel Priority Mode
  4개의 DMA 채널에 대하여 우선순위를 설정한다.
    00 = RR0123. 채널 0, 1, 2, 3을 라운드 로빈 방식으로 우선순위를 가변한다.
    01 = CH0RR123. 채널 0 > 채널 1, 2, 3은 라운드 로빈 방식으로 우선순위를 가변한다.
    10 = CH01RR23. 채널 0 > 채널 1 > 채널 2, 3은 라운드 로빈 방식으로 우선순위를 가변한다.
    11 = CH0123. 채널 0 > 채널 1 > 채널 2 > 채널 3 순서로 우선순위를 고정한다.

▣ DMA 인터럽트 상태 레지스터 INTFLAGS

	b7	b6	b5	b4	b3	b2	b1	b0	
옵셋 +0x03	CH3ERRIF	CH2ERRIF	CH1ERRIF	CH0ERRIF	CH3TRNIF	CH2TRNIF	CH1TRNIF	CH0TRNIF	**INTFLAGS**
읽기/쓰기 기능	R/W	R/W	R/W	R/W	R/W	R/W	R/W	R/W	
리셋후 초기값	0	0	0	0	0	0	0	0	

〈그림 1.6.5〉 DMA 인터럽트 상태 레지스터 INTFLAGS

- CHnERRIF : DMA Channel n Error Interrupt Flag
  DMA 채널 n에서 에러가 검출되면 이 비트가 세트되고 해당 채널의 제어 레지스터 CTRLB에 있는 ERRIF 비트도 세트되면서 DMA 에러 인터럽트가 요청된다. 이 비트를 클리어하려면 1을 써야 한다.
- CHnTRNIF : DMA Channel n Transaction Complete Interrupt Flag
  DMA 채널 n에서 트랜스액션이 완료되면 이 비트가 세트되고 해당 채널의 제어 레지스터 CTRLB에 있는 TRNIF 비트도 세트되면서 DMA 전송완료 인터럽트가 요청된다. 무한 반복 모드로 설정되면 각 블록 전송이 완료될 때마다 이 비트가 세트된다. 이 비트를 클리어하려면 1을 써야 한다.

▣ DMA 상태 레지스터 STATUS

	b7	b6	b5	b4	b3	b2	b1	b0	
옵셋 +0x04	CH3BUSY	CH2BUSY	CH1BUSY	CH0BUSY	CH3PEND	CH2PEND	CH1PEND	CH0PEND	**STATUS**
읽기/쓰기 기능	R	R	R	R	R	R	R	R	
리셋후 초기값	0	0	0	0	0	0	0	0	

〈그림 1.6.6〉 DMA 상태 레지스터 STATUS

- CHnBUSY : DMA Channel n Busy
  DMA 채널 n에서 트랜스액션이 시작되면 이 비트가 세트되고, CHnTRNIF 비트가 1이 되거나 DMA 채널에서 에러가 발생하거나 DMA 채널의 동작이 금지되면 이 비트는 클리어된다.

• CHnPEND : DMA Channel n Pending
DMA 채널 n에서 블록 전송이 대기중(pending)이면 이 비트가 세트되고, 해당 채널의 블록 전송이 시작되거나 블록 전송이 취소되면(abort) 이 비트는 클리어된다.

▣ DMA 임시 레지스터 TEMPL

	b7	b6	b5	b4	b3	b2	b1	b0	
옵셋 +0x06	TEMP[7:0]								TEMPL
읽기/쓰기 기능	R/W	R/W	R/W	R/W	R/W	R/W	R/W	R/W	
리셋후 초기값	0	0	0	0	0	0	0	0	

〈그림 1.6.7〉 DMA 임시 레지스터 TEMPL

• TEMP[7:0] : DMA Temporary Register
DMA 컨트롤러가 16비트 및 24비트 레지스터에 값을 쓰거나 읽을 때 임시 레지스터로 사용된다. CPU가 DMA 컨트롤러의 16비트 또는 24비트 레지스터에 값을 쓸 때 첫번째로 쓰는 바이트 0이 여기에 저장되고, CPU가 DMA 컨트롤러의 16비트 또는 24비트 레지스터에서 값을 읽을 때 첫번째로 바이트 0을 읽으면 바이트 1이 여기에 저장된다.

▣ DMA 임시 레지스터 TEMPH

	b7	b6	b5	b4	b3	b2	b1	b0	
옵셋 +0x07	TEMP[15:8]								TEMPH
읽기/쓰기 기능	R/W	R/W	R/W	R/W	R/W	R/W	R/W	R/W	
리셋후 초기값	0	0	0	0	0	0	0	0	

〈그림 1.6.8〉 DMA 임시 레지스터 TEMPH

• TEMP[15:8] : DMA Temporary Register
DMA 컨트롤러가 24비트 레지스터에 값을 쓰거나 읽을 때 임시 레지스터로 사용된다. CPU가 DMA 컨트롤러의 24비트 레지스터에 값을 쓸 때 두번째로 쓰는 바이트 1이 여기에 저장되고, CPU가 DMA 컨트롤러의 24비트 레지스터에서 값을 읽을 때 바이트 0을 읽으면 바이트 2가 여기에 저장된다.

▣ DMA 채널 제어 레지스터 CTRLA

	b7	b6	b5	b4	b3	b2	b1	b0	
옵셋 +0x00	CHEN	CHRST	REPEAT	TRFREQ	-	SINGLE	BURSTLEN[1:0]		CTRLA
읽기/쓰기 기능	R/W	R/W	R/W	R/W	R	R/W	R/W	R/W	
리셋후 초기값	0	0	0	0	0	0	0	0	

〈그림 1.6.9〉 DMA 채널 제어 레지스터 CTRLA

• CHEN : DMA Channel Enable
DMA 채널을 인에이블한다. 트랜스액션이 완료되면 이 비트는 자동적으로 클리어된다. 만약 DMA 전송이 수행중일 때 이 비트에 0을 쓰면 내부의 전송 버퍼가 비고 DMA 동작이 취소될(abort) 때까지 이 비트는 클리어되지 않는다.
• CHRST : DMA Channel Software Reset
이 비트에 1을 쓰면 DMA 채널을 리셋시키고 다시 0으로 된다. 이 비트는 DMA 채널이 금지될 때만 세트될 수 있다.
• REPEAT : DMA Channel Repeat Mode
DMA 채널을 반복 모드로 설정한다. 반복 모드에서 마지막 블록의 전송이 시작되면 이 비트는 자동적으로 클리어된다. 이 비트를 세트하기 전에 반복 카운터 레지스터 REPCNT가 설정되어야 한다.
• TRFREQ : DMA Channel Transfer Request
DMA 채널의 데이터 전송을 요청한다. 데이터 전송이 시작되면 이 비트는 자동적으로 클리어된다.
• SINGLE : DMA Channel Single Shot Data Transfer
DMA 채널을 싱글 샷 모드로 설정한다. 싱글 샷 모드에서는 전송이 트리거되면 BURSTLE[1:0]으로 설정된 길이에 따라 1회의 버스트 전송이 수행된다.

- BURSTLEN[1:0] : DMA Channel Burst Mode Length
  DMA 채널의 버스트 모드에서 1회의 버스트 전송으로 수행되는 전송 바이트 수를 지정한다.
  00 = 1바이트 버스트 모드
  01 = 2바이트 버스트 모드
  10 = 4바이트 버스트 모드
  11 = 8바이트 버스트 모드

▣ DMA 채널 제어 레지스터 CTRLB

	b7	b6	b5	b4	b3	b2	b1	b0	
옵셋 +0x01	CHBUSY	CHPEND	ERRIF	TRNIF	ERRINTLVL[1:0]		TRNINTLVL[1:0]		CTRLB
읽기/쓰기 기능	R	R	R/W	R/W	R/W	R/W	R/W	R/W	
리셋후 초기값	0	0	0	0	0	0	0	0	

〈그림 1.6.10〉 DMA 채널 제어 레지스터 CTRLB

- CHBUSY : DMA Channel Busy Flag
  DMA 채널이 트랜스액션을 시작하면 이 비트는 세트되고, TRNIF 비트가 1이 되거나 DMA 채널에서 에러가 발생하거나 DMA 채널의 동작이 금지되면 이 비트는 클리어된다.
- CHPEND : DMA Channel Pending Flag
  DMA 채널에서 블록 전송이 대기중(pending)이면 이 비트가 세트되고, 해당 채널의 블록 전송이 시작되거나 블록 전송이 취소되면(abort) 이 비트는 클리어된다.
- ERRIF : DMA Channel Error Interrupt Flag
  DMA 채널에서 에러가 검출되면 이 비트가 세트되면서 DMA 에러 인터럽트가 요청된다. DMA 에러 인터럽트는 DMA 전송완료 인터럽트와 동일한 인터럽트 벡터를 사용하므로 인터럽트 처리가 시작되더라도 이 비트는 자동적으로 클리어되지 않는다. 이 비트를 클리어하려면 1을 써야 한다.
- TRNIF : DMA Channel Transaction Complete Interrupt Flag
  DMA 채널에서 트랜스액션이 완료되면 이 비트가 세트되면서 DMA 전송완료 인터럽트가 요청된다. 무한 반복 모드로 설정되면 각 블록 전송이 완료될 때마다 이 비트가 세트된다. DMA 전송완료 인터럽트는 DMA 에러 인터럽트와 동일한 인터럽트 벡터를 사용하므로 인터럽트 처리가 시작되더라도 이 비트는 자동적으로 클리어되지 않는다. 이 비트를 클리어하려면 1을 써야 한다.
- ERRINTLVL[1:0] : DMA Channel Error Interrupt Level
  DMA 채널의 에러 인터럽트를 인에이블시키며 인터럽트 레벨을 설정한다.
- TRNINTLVL[1:0] : DMA Channel Transaction Complete Interrupt Level
  DMA 채널의 전송완료 인터럽트를 인에이블시키며 인터럽트 레벨을 설정한다.

▣ DMA 채널 어드레스 제어 레지스터 ADDRCTRL

	b7	b6	b5	b4	b3	b2	b1	b0	
옵셋 +0x02	SRCRELOAD[1:0]		SRCDIR[1:0]		DESTRELOAD[1:0]		DESTDIR[1:0]		ADDRCTRL
읽기/쓰기 기능	R/W	R/W	R/W	R/W	R/W	R/W	R/W	R/W	
리셋후 초기값	0	0	0	0	0	0	0	0	

〈그림 1.6.11〉 DMA 채널 어드레스 제어 레지스터 ADDRCTRL

- SRCRELOAD[1:0] : DMA Channel Source Address Reload
  DMA 채널에서 소스 어드레스 자동 재저장 방법을 지정한다.
  00 = 자동 재저장을 사용하지 않는다.
  01 = 각 블록 전송의 끝에서 소스 어드레스 레지스터를 초기값으로 자동 재저장한다.
  10 = 각 버스트 전송의 끝에서 소스 어드레스 레지스터를 초기값으로 자동 재저장한다.
  11 = 각 트랜스액션의 끝에서 소스 어드레스 레지스터를 초기값으로 자동 재저장한다.
- SRCDIR[1:0] : DMA Channel Source Address Mode
  DMA 채널에서 소스 어드레스 모드를 지정한다.
  00 = 소스 어드레스를 고정한다.
  01 = 소스 어드레스를 증가시킨다.
  10 = 소스 어드레스를 감소시킨다.

11 = (reserved)

- DESTRELOAD[1:0] : DMA Channel Destination Address Reload
  DMA 채널에서 데스티네이션 어드레스 자동 재저장 방법을 지정한다.
  - 00 = 자동 재저장을 사용하지 않는다.
  - 01 = 각 블록 전송의 끝에서 데스티네이션 어드레스 레지스터를 초기값으로 자동 재저장한다.
  - 10 = 각 버스트 전송의 끝에서 데스티네이션 어드레스 레지스터를 초기값으로 자동 재저장한다.
  - 11 = 각 트랜스액션의 끝에서 데스티네이션 어드레스 레지스터를 초기값으로 자동 재저장한다.
- DESTDIR[1:0] : DMA Channel Destination Address Mode
  DMA 채널에서 데스티네이션 어드레스 모드를 지정한다.
  - 00 = 데스티네이션 어드레스를 고정한다.
  - 01 = 데스티네이션 어드레스를 증가시킨다.
  - 10 = 데스티네이션 어드레스를 감소시킨다.
  - 11 = (reserved)

▣ DMA 채널 트리거 소스 레지스터 TRIGSRC

	b7	b6	b5	b4	b3	b2	b1	b0	
옵셋 +0x03	TRIGSRC[7:0]								TRIGSRC
읽기/쓰기 기능	R/W	R/W	R/W	R/W	R/W	R/W	R/W	R/W	
리셋후 초기값	0	0	0	0	0	0	0	0	

〈그림 1.6.12〉 DMA 채널 트리거 소스 레지스터 TRIGSRC

- TRIGSRC[7:0] : DMA Channel Trigger Source Select
  DMA 채널에서 전송을 트리거하는 소스를 지정한다. 아래에 명시된 값은 트리거 소스로 사용되는 모듈이나 주변장치의 베이스 값이며, 실제로는 이 베이스 값(base value)에 그 모듈이나 주변장치 내에서의 오프셋 값(offset value)이 합해져서 지정되어야 한다.
  - 0x00 = OFF. 소프트웨어 트리거
  - 0x01 = SYS. 이벤트 시스템 트리거
  - 0x10 = ADCA. A/D 컨버터 트리거
  - 0x15 = DACA. D/A 컨버터 트리거
  - 0x20 = ADCB. A/D 컨버터 트리거
  - 0x25 = DACB. D/A 컨버터 트리거
  - 0x40 = TCC0. 타이머/카운터 트리거
  - 0x46 = TCC1. 타이머/카운터 트리거
  - 0x4A = SPIC. SPI 모듈 트리거
  - 0x4B = USARTC0. USART 모듈 트리거
  - 0x4E = USARTC1. USART 모듈 트리거
  - 0x80 = TCE0. 타이머/카운터 트리거
  - 0x86 = TCE1. 타이머/카운터 트리거
  - 0x8A = SPIE. SPI 모듈 트리거
  - 0x8B = USARTE0. USART 모듈 트리거
  - 0x8E = USARTE1. USART 모듈 트리거
  - 0x60 = TCD0. 타이머/카운터 트리거
  - 0x66 = TCD1. 타이머/카운터 트리거
  - 0x6A = SPID. SPI 모듈 트리거
  - 0x6B = USARTD0. USART 모듈 트리거
  - 0x6E = USARTD1. USART 모듈 트리거
  - 0xA0 = TCF0. 타이머/카운터 트리거
  - 0xA6 = TCF1. 타이머/카운터 트리거
  - 0xAA = SPIF. SPI 모듈 트리거
  - 0xAB = USARTF0. USART 모듈 트리거
  - 0xAE = USARTF1. USART 모듈 트리거

  이벤트 시스템이 DMA 트리거 소스로 사용되는 경우 베이스 값에 더해지는 오프셋 값은 다음과 같다.
  - 0x00 = CH0. 이벤트 채널 0
  - 0x01 = CH1. 이벤트 채널 1
  - 0x02 = CH2. 이벤트 채널 2

  A/D 컨버터가 DMA 트리거 소스로 사용되는 경우 베이스 값에 더해지는 오프셋 값은 다음과 같다.
  - 0x00 = CH0. A/D 컨버터 채널 0
  - 0x01 = CH1. A/D 컨버터 채널 1
  - 0x02 = CH2. A/D 컨버터 채널 2
  - 0x03 = CH3. A/D 컨버터 채널 3
  - 0x04 = CH4. A/D 컨버터 채널 0, 1, 2, 3(4개의 채널이 OR 처리됨)

  D/A 컨버터가 DMA 트리거 소스로 사용되는 경우 베이스 값에 더해지는 오프셋 값은 다음과 같다.
  - 0x00 = CH0. D/A 컨버터 채널 0

0x01 = CH1. D/A 컨버터 채널 1

타이머/카운터가 DMA 트리거 소스로 사용되는 경우 베이스 값에 더해지는 오프셋 값은 다음과 같다.

0x00 = OVF. 오버플로우 또는 언더플로우
0x01 = ERR. 에러
0x02 = CCA. 비교 및 캡쳐 채널 A
0x03 = CCB. 비교 및 캡쳐 채널 B
0x04 = CCC. 비교 및 캡쳐 채널 C(타이머/카운터 0에만 있고 타이머/카운터 1에는 없음)
0x05 = CCD. 비교 및 캡쳐 채널 D(타이머/카운터 0에만 있고 타이머/카운터 1에는 없음)

USART 모듈이 DMA 트리거 소스로 사용되는 경우 베이스 값에 더해지는 오프셋 값은 다음과 같다.

0x00 = RXC. 수신 완료
0x01 = DRE. 데이터 버퍼가 비어 송신 준비 완료

▣ DMA 채널 블록 전송 카운트 레지스터 TRFCNTL, TRFCNTH

	b7	b6	b5	b4	b3	b2	b1	b0	
옵셋 +0x04	TRFCNT[7:0]								TRFCNTL
읽기/쓰기 기능	R/W	R/W	R/W	R/W	R/W	R/W	R/W	R/W	
리셋후 초기값	0	0	0	0	0	0	0	0	

〈그림 1.6.13〉 DMA 채널 블록 전송 카운트 레지스터 TRFCNTL

	b7	b6	b5	b4	b3	b2	b1	b0	
옵셋 +0x05	TRFCNT[15:8]								TRFCNTH
읽기/쓰기 기능	R/W	R/W	R/W	R/W	R/W	R/W	R/W	R/W	
리셋후 초기값	0	0	0	0	0	0	0	0	

〈그림 1.6.14〉 DMA 채널 블록 전송 카운트 레지스터 TRFCNTH

- TRFCNT[15:0] : DMA Channel Block Transfer Count

  DMA 채널에서 1회의 블록 전송을 구성하는 바이트 수를 지정한다. 이것은 DMA 채널에 의하여 1바이트가 읽혀질 때마다 1씩 감소하며, 이 값이 0으로 되면 1회의 블록 전송이 종료되고 레지스터는 초기값으로 재저장된다. 이 값이 16비트이므로 1회의 블록 전송으로 64KB까지 전송이 가능하다.

▣ DMA 채널 반복 카운터 레지스터 REPCNT

	b7	b6	b5	b4	b3	b2	b1	b0	
옵셋 +0x06	REPCNT[7:0]								REPCNT
읽기/쓰기 기능	R/W	R/W	R/W	R/W	R/W	R/W	R/W	R/W	
리셋후 초기값	0	0	0	0	0	0	0	0	

〈그림 1.6.15〉 DMA 채널 반복 카운터 레지스터 REPCNT

- REPCNT[7:0] : DMA Channel Repeat Count

  DMA 채널에서 반복 모드를 사용할 때 1개의 트랜스액션을 구성하는 블록 전송의 수를 지정한다. 이것은 DMA 채널에 의하여 1회의 블록 전송이 수행될 때마다 1씩 감소하며, 이 값이 0으로 되면 1개의 트랜스액션이 종료되고 해당 채널이 금지 상태로 된다. 이 값이 8비트이므로 1개의 트랜스액션은 1~255회의 블록 전송으로 구성된다. 만약 이 값을 0으로 설정하면 무한 반복 모드가 된다.

▣ DMA 채널 소스 어드레스 레지스터 SRCADDR0~SRCADDR2

	b7	b6	b5	b4	b3	b2	b1	b0	
옵셋 +0x08	SRCADDR[7:0]								SRCADDR0
읽기/쓰기 기능	R/W	R/W	R/W	R/W	R/W	R/W	R/W	R/W	
리셋후 초기값	0	0	0	0	0	0	0	0	

〈그림 1.6.16〉 DMA 채널 소스 어드레스 레지스터 SRCADDR0

	b7	b6	b5	b4	b3	b2	b1	b0	
옵셋 +0x09	SRCADDR[15:8]								SRCADDR1
읽기/쓰기 기능	R/W	R/W	R/W	R/W	R/W	R/W	R/W	R/W	
리셋후 초기값	0	0	0	0	0	0	0	0	

〈그림 1.6.17〉 DMA 채널 소스 어드레스 레지스터 SRCADDR1

	b7	b6	b5	b4	b3	b2	b1	b0	
옵셋 +0x0A	SRCADDR[23:16]								SRCADDR2
읽기/쓰기 기능	R/W	R/W	R/W	R/W	R/W	R/W	R/W	R/W	
리셋후 초기값	0	0	0	0	0	0	0	0	

〈그림 1.6.18〉 DMA 채널 소스 어드레스 레지스터 SRCADDR2

- SRCADDR[23:0] : DMA Channel Source Address

  DMA 채널에서 24비트의 소스 어드레스를 지정한다. 이것은 DMA 채널에 의하여 1바이트의 전송이 수행될 때마다 SRCDIR[1:0] 비트에 설정된대로 고정되거나 1씩 증가하거나 1씩 감소한다. 이 3개의 레지스터를 액세스할 때는 항상 최하위 바이트인 SRCADDR0 레지스터를 먼저 읽거나 써야 한다.

▣ DMA 채널 데스티네이션 어드레스 레지스터 DESTADDR0~DESTADDR2

	b7	b6	b5	b4	b3	b2	b1	b0	
옵셋 +0x0C	DESTADDR[7:0]								DESTADDR0
읽기/쓰기 기능	R/W	R/W	R/W	R/W	R/W	R/W	R/W	R/W	
리셋후 초기값	0	0	0	0	0	0	0	0	

〈그림 1.6.19〉 DMA 채널 데스티네이션 어드레스 레지스터 DESTADDR0

	b7	b6	b5	b4	b3	b2	b1	b0	
옵셋 +0x0D	DESTADDR[15:8]								DESTADDR1
읽기/쓰기 기능	R/W	R/W	R/W	R/W	R/W	R/W	R/W	R/W	
리셋후 초기값	0	0	0	0	0	0	0	0	

〈그림 1.6.20〉 DMA 채널 데스티네이션 어드레스 레지스터 DESTADDR1

	b7	b6	b5	b4	b3	b2	b1	b0	
옵셋 +0x0E	DESTADDR[23:16]								DESTADDR2
읽기/쓰기 기능	R/W	R/W	R/W	R/W	R/W	R/W	R/W	R/W	
리셋후 초기값	0	0	0	0	0	0	0	0	

〈그림 1.6.21〉 DMA 채널 데스티네이션 어드레스 레지스터 DESTCADDR2

- DESTADDR[23:0] : DMA Channel Destination Address

  DMA 채널에서 24비트의 데스티네이션 어드레스를 지정한다. 이것은 DMA 채널에 의하여 1바이트의 전송이 수행될 때마다 DESTDIR[1:0] 비트에 설정된대로 고정되거나 1씩 증가하거나 1씩 감소한다. 이 3개의 레지스터를 액세스할 때는 항상 최하위 바이트인 DESTADDR0 레지스터를 먼저 읽거나 써야 한다.

2. 이벤트 시스템

(1) ATxmega128A1의 이벤트 시스템 기능

이벤트 시스템은 ATxmega 패밀리 마이크로컨트롤러에서 각 주변장치들 사이에 수행되는 특별한 통신 수단으로서, 하나의 주변장치에서 상태 변화(change of state, event)가 이벤트 소스로 작용하여 다른 주변장치의 동작을 트리거시키는 것이다. 이러한 이벤트 시스템은 매우 단순한 구조를 가지고 있지만, CPU나 인터럽트 또는 DMA를 사용하지 않고 주변장치들 사이에 직접적이고 자동적으로 정보를 전달하는 매우 강력한 시스템이다. 이와 같이 이벤트 시스템이 CPU를 사용하지 않고 주변장치 사이에 직접 통신을 수행함으로써 프로그램 메모리를 절약하고 처리속도를 높이는 효과를 거둘 수 있다.

ATxmega128A1에는 8채널의 이벤트 시스템을 가지고 있는데, 이벤트 시스템과 주변장치들의 관계를 도시하면 <그림 1.6.22>와 같다. 즉, 이벤트를 발생하는 주변장치에는 시스템 클록, 병렬 I/O 포트, 타이머/카운터, 리얼 타임 카운터(RTC), A/D 컨버터, 아날로그 비교기 등이 있고, 이벤트를 트리거 소스로 사용하는 주변장치에는 병렬 I/O 포트, 타이머/카운터, A/D 컨버터, D/A 컨버터, IRCOM 모듈, DMA 컨트롤러 등이 있다.

CPU는 이벤트 시스템에 포함되지 않으며, 소프트웨어적으로 또는 온칩 디버그 시스템으로 이벤트를 발생시킬 수 있다. 이벤트 시스템은 액티브 모드는 물론이고 아이들 모드에서도 정상적으로 동작한다.

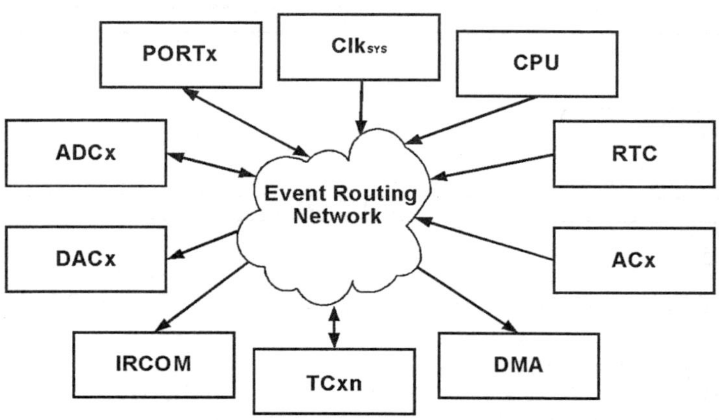

〈그림 1.6.22〉 이벤트 시스템과 주변장치들의 관계

이벤트를 발생하는 주변장치를 이벤트 발생기(event generator)라고 부르는데, 타이머/카운터처럼 하나의 이벤트 발생기에서 비교 매치, 오버플로우 등 여러 가지의 이벤트 소스를 가지는 경우도 있다. 이벤트를 받아들여 동작(event action)을 트리거하는 주변장치를 이벤트 사용자(event user)라고 한다.

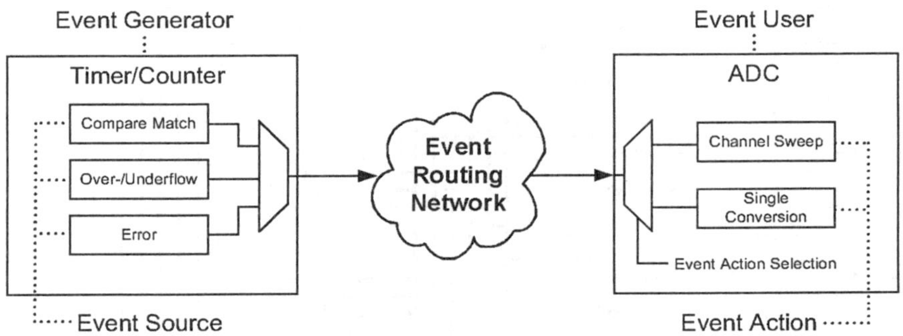

〈그림 1.6.23〉 이벤트 소스 발생기와 이벤트 사용자의 관계 예

이벤트에는 신호 이벤트(signaling event)와 데이터 이벤트(data event)가 있다. 신호 이벤트는 상태의 변화만을 가지는 이벤트로서 대부분의 이벤트는 여기에 해당한다. 데이터 이벤트는 추가적인 정보를 포함하는 이벤트로서, 이벤트 사용자는 이벤트 동작을 결정하기 위하여 이 정보를 해석(decoding)한다.

이벤트 시스템의 데이터 레지스터 DATA와 스트로브 레지스터 STROBE에 소프트웨어를 사용하거나 온칩 디버그 시스템을 사용하여 값을 씀으로써 수동으로 이벤트를 발생시킬 수도 있다. 데이터 레지스터에 값을 먼저 써놓은 상태에서 스트로브 레지스터에 값을 쓰면 이벤트가 트리거된다. 이때 2가지 레지스터의 각 비트들을 차례로 비교하여 비트 n이 모두 0이 아니라면 <표 1.6.3>처럼 이벤트 채널 n이 발생되므로, 만약 필요하면 동시에 여러 채널의 이벤트를 발생시키는 것도 가능하다. 수동으로 발생하는 이벤트는 가장 우선순위가 높기 때문에 다른 이벤트 소스에 우선한다.

<표 1.6.3> 수동으로 발생하는 이벤트를 이벤트 사용자가 해석하는 방법

STROBE 비트 n	DATA 비트 n	신호 이벤트 사용자	데이터 이벤트 사용자
0	0	이벤트 없음	이벤트 없음
0	1	이벤트 없음	데이터 이벤트 01로 해석함
1	0	신호 이벤트	데이터 이벤트 02로 해석함
1	1	신호 이벤트	데이터 이벤트 03으로 해석함

이벤트 라우팅 네트워크(Event Routing Network)는 이벤트를 각 주변장치에 연결하여 주는 역할을 수행한다. 이것의 핵심은 <그림 1.6.24>처럼 8개의 멀티플렉서로 구성되며, 각 멀티플렉서의 출력을 이벤트 채널(event channel)이라고 부른다.

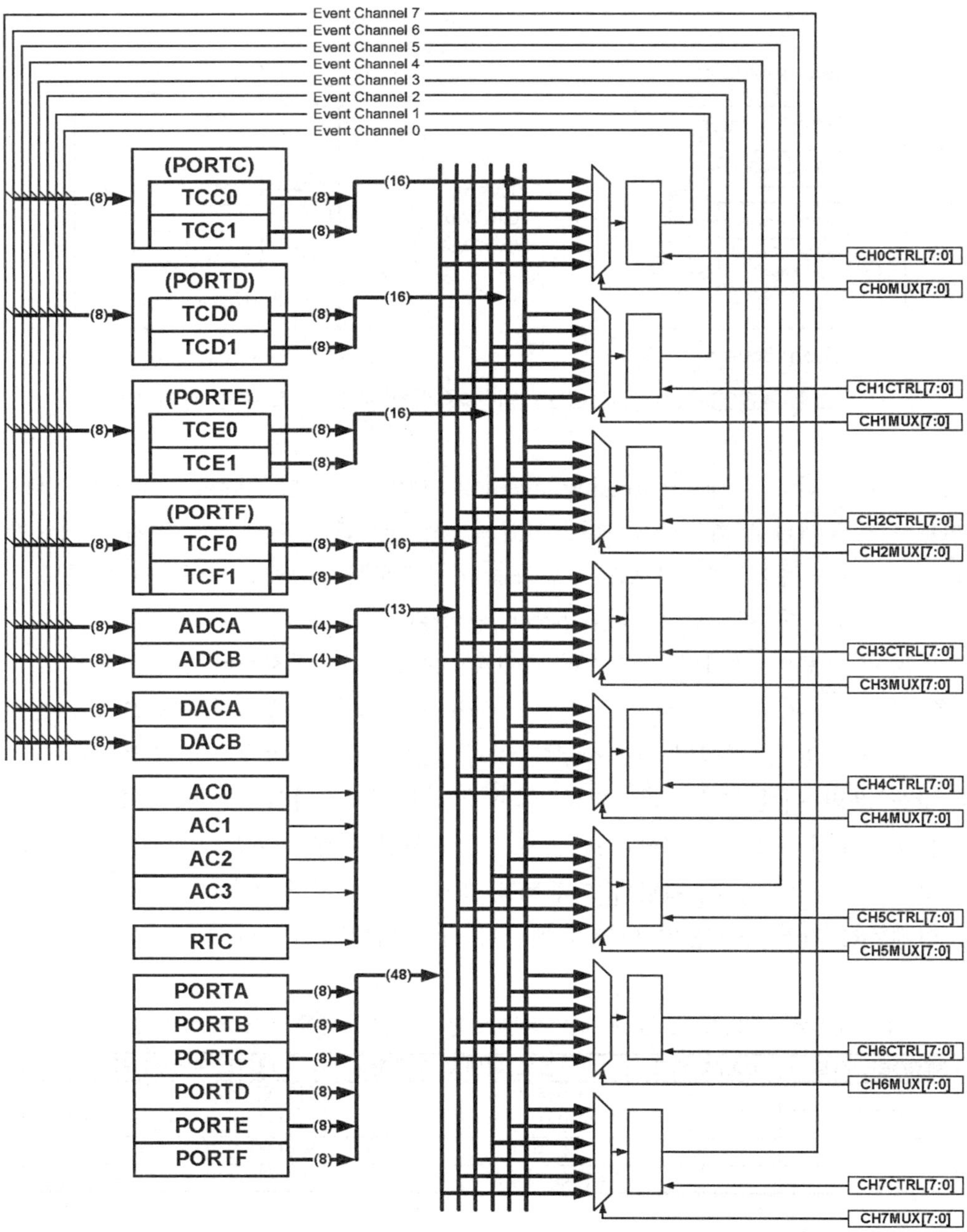

〈그림 1.6.24> 이벤트 라우팅 네트워크의 구조

병렬 I/O 포트의 L레벨 입력과 같은 특별한 경우를 제외하고 대부분의 이벤트 신호는 주변장치 클록으로 1주기동안 지속된다. 또한, 이벤트 소스가 이벤트 동작을 트리거하는데는 2클록 주기를 초과하지 않으므로 이벤트 시스템이 인터럽트보다 처리가 빠르다.

모든 이벤트 채널에는 디지털 필터(digital filter)를 포함하고 있어서 이것이 인에이블되면 시스템 클록의 지정된 사이클 수만큼 계속하여 동일한 값을 샘플링해야만 이벤트로 받아들여진다. 디지털 필터는 기본적으로 병렬 I/O 포트의 핀 입력이 이벤트를 발생하기 위하여 사용될 때 바운싱(bouncing)이나 잡음(noise)이 오류를 일으키는 것을 방지하기 위하여 마련된 것이다.

ATxmega128A1의 이벤트 시스템은 이벤트 채널 0, 2, 4에 각각 1개씩 총 3개의 QDEC(Quadrature Decoder)를 포함한다. 이것은 이벤트 시스템이 병렬 I/O 포트 핀에서의 쿼드러쳐 입력 신호(quadrature signal)를 해석하여 타이머/카운터가 <표 1.6.4> 처럼 동작할 수 있도록 데이터 이벤트를 보내주는 것으로서, 전동기의 회전속도 및 위치 센서로 사용되는 로터리 엔코더(rotary encoder)나 컴퓨터 마우스의 ball tracker의 입력에서 유용하다.

〈표 1.6.4〉 Quadrature Decoder의 데이터 이벤트

STROBE 비트 n	DATA 비트 n	신호 이벤트 사용자	데이터 이벤트 사용자
0	0	이벤트 없음	이벤트 없음
0	1	이벤트 없음	Index/Reset 이벤트
1	0	신호 이벤트	Count Down 이벤트
1	1	신호 이벤트	Count Up 이벤트

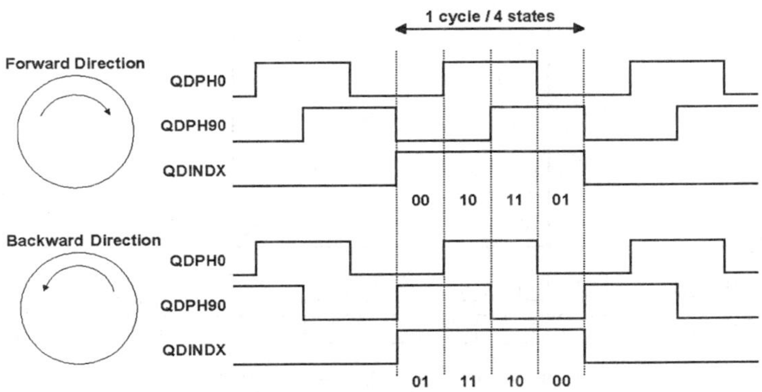

〈그림 1.6.25〉 로터리 엔코더에서 입력되는 쿼드러쳐 신호

로터리 엔코더에서의 쿼드러처 입력 신호는 <그림 1.6.25>에 보인 것처럼 서로 90도의 위상차를 갖는 2개의 구형파 입력 신호로 구성되는데, 이를 이용하여 회전 속도를 측정하거나 회전 방향을 판단할 수 있다. 만약 QDPH0 신호가 QDPH90 신호에 비하여 위상이 90도만큼 앞선다면(lead) 이는 정방향(positive 또는 forward)의 회전에 해당하며, QDPH90 신호가 QDPHP0 신호에 비하여 위상이 90도만큼 앞선다면 이는 역방향(negative 또는 reverse, backward)으로 회전하는 것이 된다.(로터리 엔코더에서는 QDPH90 신호를 A상이라고 하고, QDPH0 신호를 B상이라고 하며, QDINDX 신호를 Z상이라고 한다.)

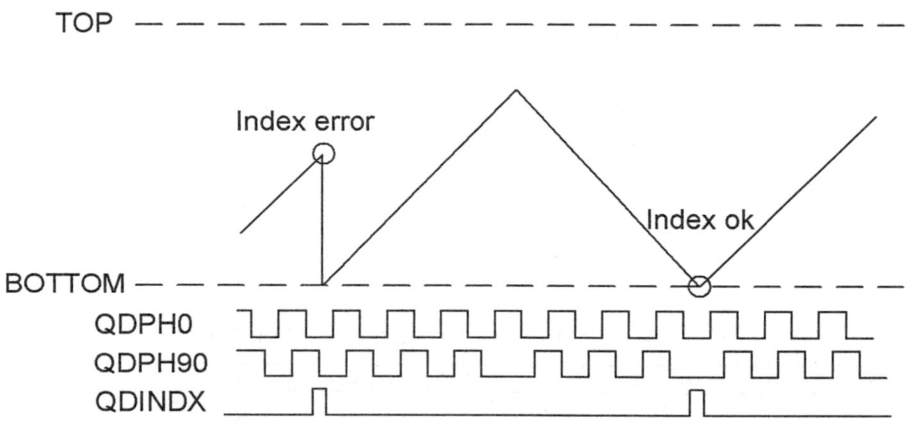

(a) 인덱스 신호를 사용한 경우

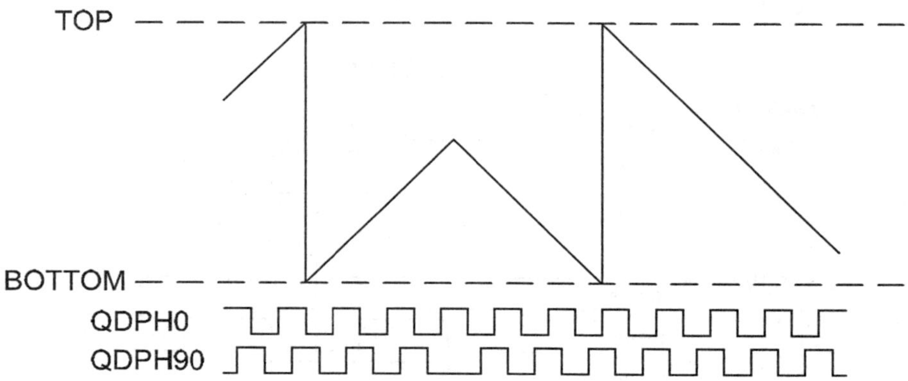

(b) 인덱스 신호를 사용하지 않은 경우

〈그림 1.6.26〉 타이머/카운터의 QDEC 동작

로터리 엔코더에서 회전의 절대위치(absolute position)를 판단하기 위하여 1회전마다 1번씩 발생하는 QDINDX 신호를 추가로 사용한다. 만약 QDINDX 신호를 사용하지 않는다면 절대위치를 인식할 수 없고 상대위치(relative position) 정보만을 얻을 수 있다. QDINDX 신호가 H인 동안 QDPH90 및 QDPHP0 신호는 4개의 상태를 가질 수 있는데, 여기서 어떤 하나의 상태를 인덱스 신호로 인식하도록 설정하는 것은 채널 제어 레지스터의 QDIRM[1:0] 비트로 수행한다. 이처럼 인덱스 신호가 검출되었을 때 타이머/카운터 값은 0에 해당하는 BOTTOM이어야 한다. 만약, 인덱스 신호가 검출되었을 때 타이머/카운터 값이 BOTTOM이 아니면 타이머/카운터 값이 클리어되면서 타이머/카운터 에러 플랙이 세트되고, 타이머/카운터 값이 BOTTOM으로 되었을 때 인덱스 신호가 검출되지 않으면 타이머/카운터 에러 플랙이 세트된다.

타이머/카운터의 제어 레지스터 CTRLD에서 이벤트 동작을 QDEC으로 설정하면 타이머/카운터는 쿼드러쳐 이벤트 입력에 따라 카운터 레지스터 값이 증가 또는 감소로 동작한다. CPU가 이 카운터 레지스터 값을 읽으면 현재의 회전 위치를 검출할 수 있다. 물론 쿼드러쳐 신호를 또 다른 타이머/카운터의 입력으로 사용하여 회전속도나 가속도를 측정할 수도 있다. 인덱스 신호를 사용한 경우와 인덱스 신호를 사용하지 않은 경우 각각 타이머/카운터의 QDEC 동작을 그림으로 보이면 <그림 1.6.26>과 같다.

QDEC을 사용하기 위해서는 쿼드러쳐 신호가 입력되는 I/O 핀을 설정하고, 이벤트 시스템이 쿼드러쳐 디코딩을 할 수 있도록 설정하며, 타이머/카운터가 증가 또는 감소로 카운팅 동작을 하도록 설정해야 한다. 이것들을 설정하는 순서는 다음과 같다.

① 연속된 2개의 핀을 쿼드러처 입력단자로 선택한다.

② 쿼드러쳐 입력단자의 데이터 방향을 입력으로 설정한다.

③ 쿼드러쳐 입력단자 QDPH0, QDPHP90의 입력 트리거를 L레벨로 설정한다.

④ 쿼드러쳐 입력단자 QDPH0을 이벤트 채널 n의 멀티플레서 입력으로 선택한다.

⑤ 그 이벤트 채널의 쿼드러쳐 디코딩과 디지털 필터를 인에이블한다.

⑥ 만약 인덱스 입력이 필요하다면 3번째 핀에 QDINDX 신호를 입력으로 지정하고, 이 신호의 입력 트리거는 상승 및 하강 에지로 설정한다. 또한, 이벤트 채널 n+1의 멀티플렉서 입력으로 QDINDX 신호를 선택하고, 이벤트 채널 n+1에서 쿼드러쳐 인덱스 인에이블 비트를 세트한다.

⑦ 타이머/카운터의 이벤트 동작으로 쿼드러쳐 디코딩을 설정한다.

⑧ 타이머/카운터의 이벤트 소스로 이벤트 채널 n을 선택한다.

⑨ 타이머/카운터의 주기 레지스터에 line count * 4 - 1의 값을 설정한다.

⑩ 타이머/카운터의 CLKSEL[3:0]을 $clk_{PER}/1$ 모드로 설정하여 동작을 시작한다.

(2) 이벤트 시스템의 I/O 제어 레지스터

ATxmega128A1에서 이벤트 시스템의 베이스 어드레스는 0x0180이며 이 주변장치의 레지스터를 요약하면 <표 1.6.5>와 같다.

〈표 1.6.5〉 이벤트 시스템의 I/O 제어 레지스터 요약

오프셋	레지스터 이름	비트7	비트6	비트5	비트4	비트3	비트2	비트1	비트0
+0x00	EVSYS_CH0MUX	CH0MUX[7:0]							
+0x01	EVSYS_CH1MUX	CH1MUX[7:0]							
+0x02	EVSYS_CH2MUX	CH2MUX[7:0]							
+0x03	EVSYS_CH3MUX	CH3MUX[7:0]							
+0x04	EVSYS_CH4MUX	CH4MUX[7:0]							
+0x05	EVSYS_CH5MUX	CH5MUX[7:0]							
+0x06	EVSYS_CH6MUX	CH6MUX[7:0]							
+0x07	EVSYS_CH7MUX	CH7MUX[7:0]							
+0x08	EVSYS_CH0CTRL	-	QDIRM[1:0]		QDIEN	QDEN	DIGFILT[2:0]		
+0x09	EVSYS_CH1CTRL	-	-	-	-	-	DIGFILT[2:0]		
+0x0A	EVSYS_CH2CTRL	-	QDIRM[1:0]		QDIEN	QDEN	DIGFILT[2:0]		
+0x0B	EVSYS_CH3CTRL	-	-	-	-	-	DIGFILT[2:0]		
+0x0C	EVSYS_CH4CTRL	-	QDIRM[1:0]		QDIEN	QDEN	DIGFILT[2:0]		
+0x0D	EVSYS_CH5CTRL	-	-	-	-	-	DIGFILT[2:0]		
+0x0E	EVSYS_CH6CTRL	-	-	-	-	-	DIGFILT[2:0]		
+0x0F	EVSYS_CH7CTRL	-	-	-	-	-	DIGFILT[2:0]		
+0x10	EVSYS_STROBE	STROBE[7:0]							
+0x11	EVSYS_DATA	DATA[7:0]							

▣ 이벤트 채널 n 멀티플렉서 레지스터 CHnMUX

	b7	b6	b5	b4	b3	b2	b1	b0	
옵셋 +0x00~7	CHnMUX[7:0]								CHnMUX
읽기/쓰기 기능	R/W	R/W	R/W	R/W	R/W	R/W	R/W	R/W	
리셋후 초기값	0	0	0	0	0	0	0	0	

〈그림 1.6.27〉 이벤트 채널 n 멀티플렉서 레지스터 CHnMUX

- CHnMUX[7:0] : Channel Multiplexer

  이벤트 라우팅 멀티플렉서를 사용하여 각 이벤트 채널의 이벤트 소스를 선택한다. 수동으로 발생하는 이벤트를 사용하는 경우에는 이 멀티플렉서의 설정에 우선한다.

  0000 0000 = 이벤트 소스 없음. 수동으로 발생하는 이벤트를 사용함.
  0000 0001 = (reserved)
  0000 001x = (reserved)
  0000 01xx = (reserved)
  0000 1000 = RTC_OVF. 리얼 타임 카운터의 오버플로우
  0000 1001 = RTC_CMP. 리얼 타임 카운터의 비교 매치
  0000 101x = (reserved)
  0000 11xx = (reserved)
  0001 0000 = ACA_CH0. 포트 A의 아날로그 비교기 채널 0
  0001 0001 = ACA_CH1. 포트 A의 아날로그 비교기 채널 1
  0001 0010 = ACA_WIN. 포트 A의 아날로그 비교기 윈도우
  0001 0011 = ACB_CH0. 포트 B의 아날로그 비교기 채널 0
  0001 0100 = ACB_CH1. 포트 B의 아날로그 비교기 채널 1

0001 0101 = ACB_WIN. 포트 B의 아날로그 비교기 윈도우
0001 011x = (reserved)
0001 1xxx = (reserved)
0010 00nn = ADCA_CHn. 포트 A의 A/D 컨버터 채널 n (nn = 0, 1, 2, 3)
0010 01nn = ADCB_CHn. 포트 B의 A/D 컨버터 채널 n (nn = 0, 1, 2, 3)
0010 1xxx = (reserved)
0011 xxxx = (reserved)
0100 xxxx = (reserved)
0101 0nnn = PORTA_PINn. 포트 A 핀 n (nnn = 0, 1, 2, 3, 4, 5, 6, 7)
0101 1nnn = PORTB_PINn. 포트 B 핀 n (nnn = 0, 1, 2, 3, 4, 5, 6, 7)
0110 0nnn = PORTC_PINn. 포트 C 핀 n (nnn = 0, 1, 2, 3, 4, 5, 6, 7)
0110 1nnn = PORTD_PINn. 포트 D 핀 n (nnn = 0, 1, 2, 3, 4, 5, 6, 7)
0111 0nnn = PORTE_PINn. 포트 E 핀 n (nnn = 0, 1, 2, 3, 4, 5, 6, 7)
0111 1nnn = PORTF_PINn. 포트 F 핀 n (nnn = 0, 1, 2, 3, 4, 5, 6, 7)
1000 nnnn = PRESCALER_n. 주변장치 클록 clk_{PER}을 n으로 나눈 주파수(nnnn = 1~32,768)
1001 xxxx = (reserved)
1010 xxxx = (reserved)
1011 xxxx = (reserved)
1100 0nnn = 타이머/카운터 C0의 이벤트 소스 nnn
1100 1nnn = 타이머/카운터 C1의 이벤트 소스 nnn
1101 0nnn = 타이머/카운터 D0의 이벤트 소스 nnn
1101 1nnn = 타이머/카운터 D1의 이벤트 소스 nnn
1110 0nnn = 타이머/카운터 E0의 이벤트 소스 nnn
1110 1nnn = 타이머/카운터 E1의 이벤트 소스 nnn
1111 0nnn = 타이머/카운터 F0의 이벤트 소스 nnn
1111 1nnn = 타이머/카운터 F1의 이벤트 소스 nnn

여기서 타이머/카운터의 이벤트 소스를 결정하는 3비트 nnn의 값은 다음과 같다.
000 = TCxn_OVF. 타이머/카운터 오버플로우 또는 언더플로우
001 = TCxn_ERR. 타이머/카운터 에러
01x = (reserved)
100 = TCxn_CCA. 타이머/카운터 캡쳐/비교 A
101 = TCxn_CCB. 타이머/카운터 캡쳐/비교 B
110 = TCxn_CCC. 타이머/카운터 캡쳐/비교 C
111 = TCxn_CCD. 타이머/카운터 캡쳐/비교 D

▣ 이벤트 채널 n 제어 레지스터 CHnCTRL

	b7	b6	b5	b4	b3	b2	b1	b0	
옵셋 +0x08~F	-	QDIRM[1:0]		QDIEN	QDEN	DIGFILT[2:0]			**CHnCTRL**
읽기/쓰기 기능	R	R/W	R/W	R/W	R/W	R/W	R/W	R/W	
리셋후 초기값	0	0	0	0	0	0	0	0	

〈그림 1.6.28〉 이벤트 채널 n 제어 레지스터 CHnCTRL

- QDIRM[1:0] : Quadrature Decode Index Recognition Mode
  이 비트는 인덱스 신호가 검출되었을 때 카운터 인덱스의 데이터 이벤트로 사용할 QDPH0과 QDPH90 신호의 상태를 지정한다. 이 비트는 이벤트 채널 0, 2, 4에서만 사용된다.
  00 = QDPH0과 QDPH90의 상태가 00일 때 인덱스로 처리
  01 = QDPH0과 QDPH90의 상태가 01일 때 인덱스로 처리
  10 = QDPH0과 QDPH90의 상태가 10일 때 인덱스로 처리
  11 = QDPH0과 QDPH90의 상태가 11일 때 인덱스로 처리
- QDIEN : Quadrature Decode Index Enable
  이벤트 채널이 QDEC 인덱스 소스로 사용되고 이것이 데이터 이벤트로 동작하도록 허용한다. 이 비트는 이벤트 채널 0, 2, 4에서만 사용된다.
- QDEN : Quadrature Decode Enable
  QDEC의 동작을 인에이블한다. 이 비트는 이벤트 채널 0, 2, 4에서만 사용된다.
- DIGFILT[2:0] : Digital Filter Coefficient

디지털 필터링 동작의 길이를 지정한다. 즉, 여기에 지정된 사이클 수만큼의 주변장치 클록 주기동안 데이터를 샘플링하여 동일한 값이 입력되었을 경우에만 이벤트 소스가 유효한 것으로 처리한다.

000 = 1개의 샘플링	100 = 5개의 샘플링
001 = 2개의 샘플링	101 = 6개의 샘플링
010 = 3개의 샘플링	110 = 7개의 샘플링
011 = 4개의 샘플링	111 = 8개의 샘플링

▣ 이벤트 스트로브 레지스터 STROBE

	b7	b6	b5	b4	b3	b2	b1	b0	
옵셋 +0x10	STROBE[7:0]								STROBE
읽기/쓰기 기능	R/W	R/W	R/W	R/W	R/W	R/W	R/W	R/W	
리셋후 초기값	0	0	0	0	0	0	0	0	

〈그림 1.6.29〉 이벤트 스트로브 레지스터 STROBE

- STROBE[7:0] : Manual Event Strobe Value

  이 레지스터에 값을 쓰면 이벤트 데이터 레지스터와 이벤트 스트로브 레지스터의 각 비트에 따라 해당되는 이벤트 채널에 수동으로 이벤트가 발생된다. 이 이벤트 신호는 주변장치 클록으로 1주기동안 지속된다. 이렇게 이벤트를 발생시키려면 반드시 이벤트 데이터 레지스터의 값을 먼저 써야 한다.

▣ 이벤트 데이터 레지스터 DATA

	b7	b6	b5	b4	b3	b2	b1	b0	
옵셋 +0x11	DATA[7:0]								DATA
읽기/쓰기 기능	R/W	R/W	R/W	R/W	R/W	R/W	R/W	R/W	
리셋후 초기값	0	0	0	0	0	0	0	0	

〈그림 1.6.30〉 이벤트 데이터 레지스터 DATA

- DATA[7:0] : Manual Event Data Value

  이 레지스터는 수동으로 이벤트를 발생시키기 위한 데이터 값을 저장한다. 이 레지스터의 값을 먼저 쓰고 다음에 이벤트 스트로브 레지스터에 값을 쓰면 각 비트에 따라 해당되는 이벤트 채널에 수동으로 이벤트가 발생된다. 이 이벤트 신호는 주변장치 클록으로 1주기동안 지속된다. 이렇게 이벤트를 발생시키려면 반드시 이벤트 데이터 레지스터의 값을 먼저 써야 한다.

제2장

ATxmega 패밀리의 내장 I/O 기능

2.1 병렬 I/O 포트

2.2 타이머/카운터

2.3 리얼타임 카운터

2.4 USART 직렬통신 포트

2.5 SPI 직렬통신 포트

2.6 TWI 직렬통신 포트

2.7 A/D 컨버터

2.8 D/A 컨버터

2.9 아날로그 비교기

☞

이 장에서는 ATxmega128A1을 중심으로 ATxmega 패밀리 MCU에 내장되어 있는 여러 가지 I/O 기능들을 이해하고 이를 사용자 프로그램으로 충분히 활용하는 기술에 대하여 공부한다.

따지고 보면 우리가 ATxmega128A1과 같은 MCU를 배우고자 하는 것은 이것이 빠른 명령 처리속도를 가지며 다양한 I/O 기능을 내장하고 있기 때문이다. 이처럼 I/O 기능을 기본적인 사항부터 바르게 이해하고 활용하는 것이 중요하므로 이를 제2장에서 별도로 취급하는 것이다.

대부분의 초보자들이 마이크로프로세서 또는 마이크로컨트롤러를 사용하는 기술이 어렵다고 말하는 것은 이러한 소자의 가장 기본적인 기능을 소홀히 하는데서 기인한다. 마이크로프로세서 응용기술은 CPU 소자를 포함하는 하드웨어에 관한 기본적인 지식을 바탕으로 소프트웨어를 자유자재로 구사하는 능력에 따라 좌우된다는 사실을 다시 한번 명심하라.

2.1 병렬 I/O 포트

이 절에서는 ATxmega128A1 모델을 중심으로 하는 ATxmega 패밀리 AVR 마이크로컨트롤러에 내장되어 있는 병렬 I/O 포트의 구조와 기능 및 사용법에 대하여 알아보기로 한다.

1. 병렬 I/O 포트의 기본 동작

(1) 개요

ATxmega 패밀리 MCU는 기본적으로 8비트로 구성되는 매우 유연한 범용 병렬 I/O 포트를 가지고 있다. 이것들은 기본적인 토템폴(totem-pole)형 병렬 입력 또는 출력 포트로 사용되지만, 입력 동작에서는 20kΩ 정도의 풀다운 또는 풀업 저항을 인에이블시켜 사용할 수도 있으며, 출력 동작에서는 wired-OR 또는 wired-AND 구조로 사용할 수도 있다. 종래의 AVR에서 병렬 I/O 포트는 방향 설정 레지스터, 출력 레지스터, 입력 레지스터 등의 단순한 구조를 가지고 있었지만, ATxmega 패밀리에서는 이 밖에도 다양한 제어 레지스터를 가지고 있어서 비트 단위로 출력을 세트 또는 클리어하는 기능을 수행할 수 있고, 최대 4개까지의 병렬 I/O 포트를 가상 포트로 지정하여 IN/OUT 명령으로 빠르게 액세스할 수 있다.

ATxmega 패밀리의 모든 병렬 I/O 포트는 종래의 AVR처럼 Read-Modify-Write 기능을 지원한다. 또한, 대부분의 병렬 I/O 포트는 다양한 부수적인 기능(alternate function)을 가지고 있으며, 외부 인터럽트나 이벤트 입력을 검출하는 동기 또는 비동기 입력단자로 사용되기도 한다.

ATxmega128A1은 기존의 ATmega 패밀리에 비하여 병렬 I/O 포트 수가 크게 증가하여 PORTA~PORTB, PORTC~PORTF, PORTH, PORTJ, PORTK 등 모두 9개의 8비트 양방향 병렬 I/O 포트를 가지고 있으며, 이밖에도 4비트 구조의 PORTQ와 2비트 구조의 PORTR을 가지고 있다. 이중에서 PORTA~PORTB는 주로 아날로그 입출력에 관련된 부수적인 기능을 가지고 있고, PORTC~PORTF는 타이머/카운터나 각종 직렬통신 포트 등의 다양한 주변장치를 부수적으로 가지며, EBI(External Bus Interface) 모듈을 사용한 PORTH~PORTK는 외부 버스 인터페이스 기능을 가진다.

각 포트는 H상태의 출력전류 드라이브(source drive) 능력이나 L상태의 출력전류 드라이브(sink drive) 능력이 대칭적이며, 최대 구동전류가 20mA 정도이므로 LED를 직접 구동할 수 있다.

(2) 기본 동작

병렬 I/O 포트의 각 핀들이 범용 I/O 핀으로 동작할 때의 기본적인 하드웨어 구조는 <그림 2.1.1>과 같다. 여기서 방향설정 레지스터 DIR을 1로 설정하면 이 핀은 출력 핀으로 동작하고, 0으로 설정하면 입력 핀으로 동작한다. 각 포트의 출력 데이터는 OUT 레지스터를 사용하며, 입력 데이터는 IN 레지스터를 사용한다. 디지털 입력을 금지하도록 설정하지 않았다면 방향설정에 관계없이 IN 레지스터를 사용하여 현재 핀의 논리 상태를 읽을 수 있다.

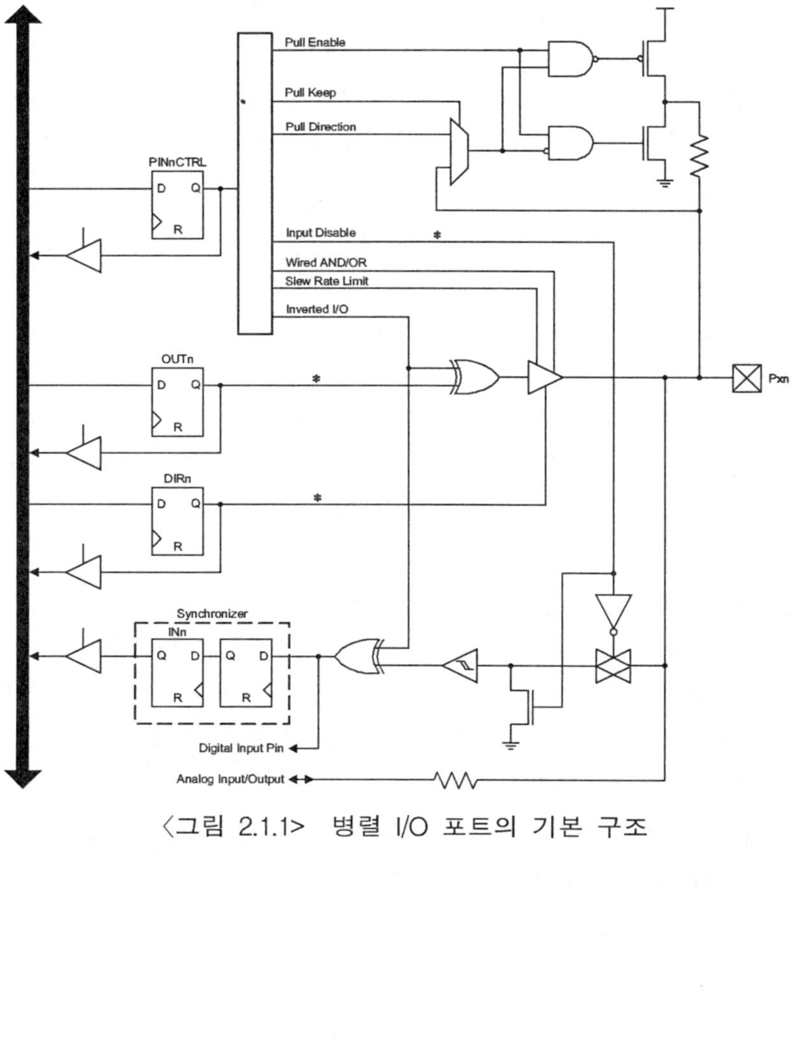

〈그림 2.1.1〉 병렬 I/O 포트의 기본 구조

또한, OUTSET 또는 OUTCLR 레지스터를 사용하면 각 병렬 I/O 포트를 비트 단위로 세트하거나 클리어할 수 있으며, OUTTGL 레지스터를 사용하면 각 병렬 I/O 포트를 비트 단위로 반전시킬 수도 있다.

PINnCTRL 레지스터를 사용하면 각 병렬 I/O 포트의 비트 입출력을 반전시켜 동작하도록 설정할 수도 있으며, 핀을 토템폴(totem-pole)형, wird-OR형, wird-AND형 출력으로 설정할 수 있다.

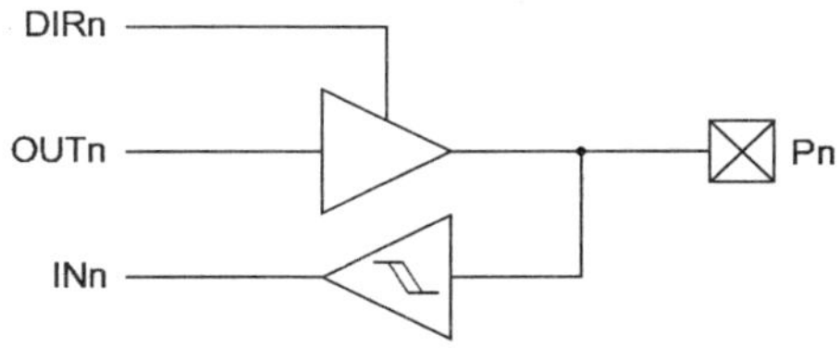

(a) 토템폴형(푸시풀)

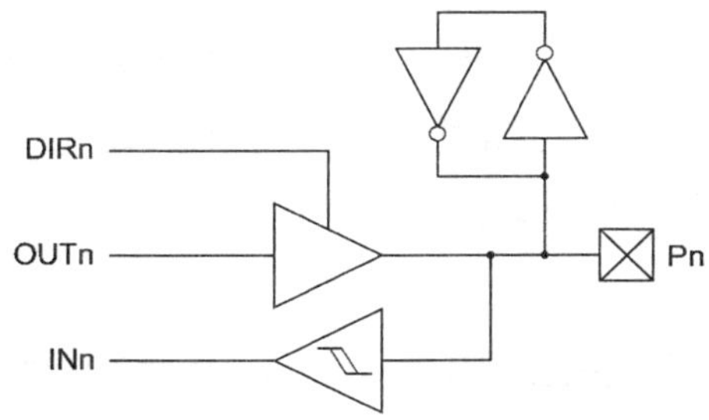

(b) 토템폴형(버스 키퍼)

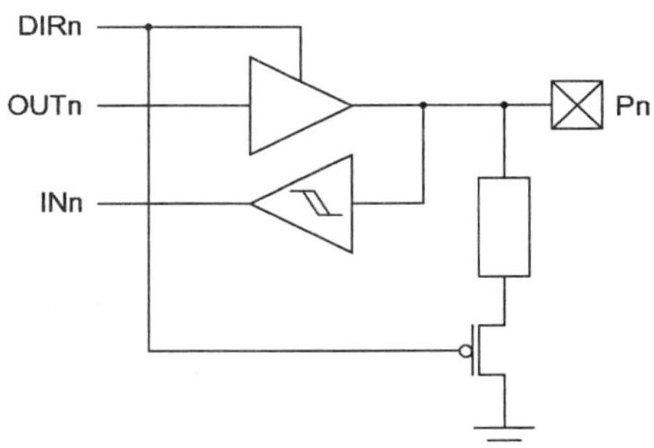

(c) 토템폴형(입력 풀다운)

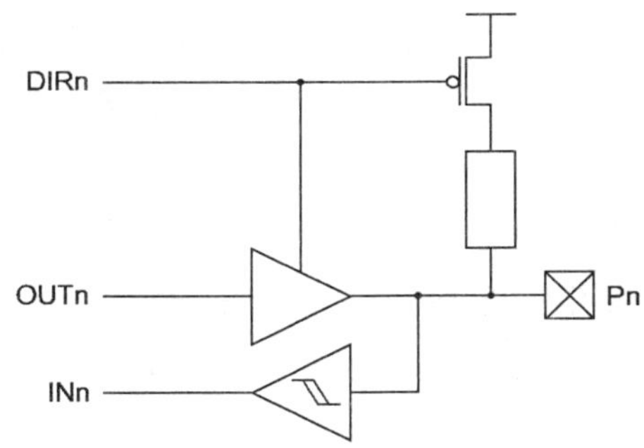

(d) 토템폴형(입력 풀업)

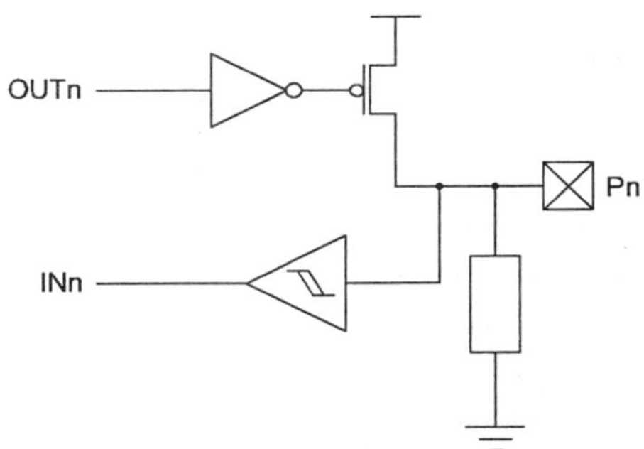

(e) wired-OR형

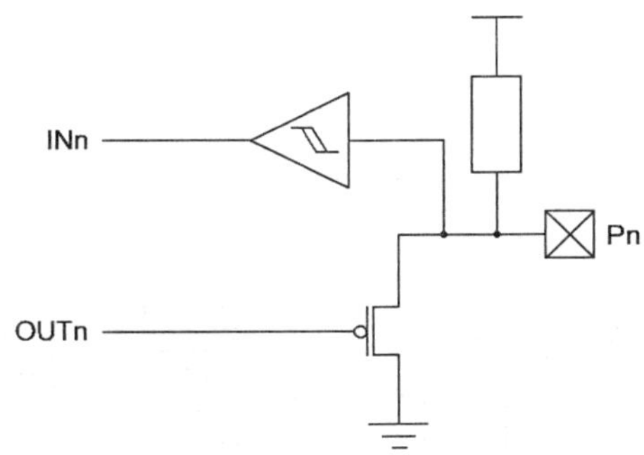

(f) wird-AND형

〈그림 2.1.2〉 병렬 I/O 포트의 핀 기능 설정

병렬 I/O 포트의 토템폴형 출력 구조를 좀더 자세하게 살펴보면 푸시풀(push-pull)형, 버스 키퍼(bus keeper)형, 풀다운(pull-down)형, 풀업(pull-up)형의 4가지로 나눌 수 있는데, 버스 키퍼형은 출력이 금지될 때 발진이 일어나는 것을 방지한다. 또한, 풀다운형과 풀업형은 핀이 입력으로 설정되었을 경우에만 20kΩ 저항의 접속이 유효한데, 이것들은 외부에서 저항을 사용하는 것을 절감시켜 주며, 입력 핀이 플로팅되더라도 입력신호가 흔들리지 않도록 하여 불필요한 전력소비가 발생하는 것을 방지하는 역할도 수행한다.

wird-OR형과 wird-AND형에서 각각 풀다운 저항 및 풀업 저항은 입력이나 출력에서 모두 유효하다. PINnCTRL 레지스터를 사용한 병렬 I/O 포트의 핀 기능 설정을 요약하면 <그림 2.1.2>와 같다.

(3) 포트 인터럽트 및 포트 이벤트

PINnCTRL 레지스터는 병렬 I/O 포트에서 입력 핀의 신호를 에지 또는 레벨로 검출하도록 설정하는 기능도 가지고 있다. 특히 이들 신호의 입력방식은 병렬 I/O 포트가 부수적인 기능의 포트 인터럽트나 포트 이벤트 입력으로 사용될 때 중요하다.

에지 입력은 상승 에지, 하강 에지, 상승 및 하강 에지 방식이 있으며, 레벨 입력은 낮은 논리상태 L로 입력된다. 만약, 높은 논리상태 H로 입력하도록 하고자 한다면 해당 포트 핀을 반전입력으로 설정하여 사용하면 된다.

이러한 입력 검출동작은 동기식과 비동기식으로 나누어진다. 동기식은 주변장치 클록을 필요로 하지만 비동기식은 클록 신호를 사용하지 않고 입력 검출동작을 수행한다.

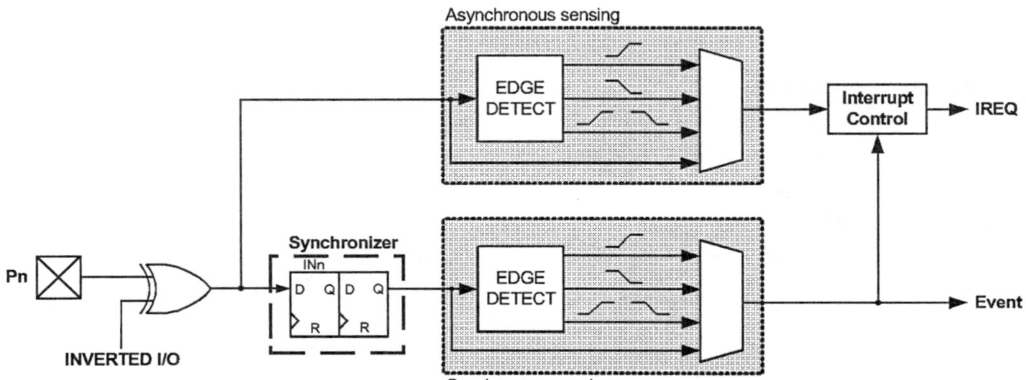

〈그림 2.1.3〉 병렬 I/O 포트에서 인터럽트나 이벤트 입력을 검출하는 방식

각 병렬 I/O 포트는 2개씩의 인터럽트 벡터를 가지고 있으며, 어느 핀이 인터럽트를 트리거하도록 할 것인지를 지정할 수 있다. 인터럽트를 트리거하기 위한 입력 검출방식은 위에서 설명한 것처럼 동기식과 비동기식이 있으며, 에지 검출방식과 레벨 검출방식이 있다.

동기식은 주변장치 클록을 사용하여 동작하며, 상승 에지, 하강 에지, 상승 및 하강 에지, 레벨 검출 등 모든 입력 검출방식을 사용할 수 있다. 비동기식은 각 포트의 2번 핀에서만 사용할 수 있으며, 어떤 클록도 사용하지 않고 모든 인터럽트 신호를 검출한다.

포트 이벤트 입력은 주변장치 클록 신호가 필요한 동기식 입력 검출방식만을 사용하며, 상승 에지와 레벨 검출 등 2가지만 사용할 수 있다. 만약 하강 에지를 이벤트 입력으로 사용하고자 하면 해당 핀을 반전 입력으로 설정해야 한다.

(4) 병렬 I/O 포트와 관련된 기타 주요 사항

각 병렬 I/O 핀의 신호는 슬루 레이트(slew-rate) 제어가 가능하다. PINnCTRL 레지스터를 사용하여 슬루 레이트 제한기(slew-rate limiter)를 인에이블시키면 해당 핀의 신호는 상승 시간이나 하강 시간을 50~150% 정도 증가시킨다. 이러한 신호의 상승 및 하강 시간은 전압, 온도, 부하에 따라 영향을 받는다.

PINnCTRL 레지스터를 사용하여 8개의 핀을 각각 동일한 사양으로 설정하는 것은 불편하기 때문에 이를 그룹화하여 좀더 쉽게 처리할 수 있다. 이때는 MPCMASK 레지스터를 사용하여 여러개의 핀을 그룹으로 지정하고 나서 PINnCTRL 레지스터를 사용하여 어느 핀을 지정하면 그룹으로 지정된 모든 핀들이 한번에 동일하게 설정된다.

병렬 I/O 포트에 관련된 레지스터들은 모두 확장 I/O 메모리 영역에 위치하므로 IN/OUT 명령을 사용하지 못하고 LDS/STS 명령을 사용하게 되며, 따라서 명령의 실행시간이 길어지기 때문에 입출력 동작의 속도가 낮아서 문제가 될 수 있다. 이러한 경우에는 기본 I/O 영역에 위치하여 IN/OUT 명령을 사용할 수 있는 가상 포트를 이용하면 문제가 해결된다. 즉, 일반 병렬 I/O 포트를 최대 4개까지 가상 포트에 맵핑하면 이들 병렬 I/O 포트가 기본 I/O 영역에 위치하는 것처럼 IN/OUT 명령을 사용할 수 있고 비트 조작 명령도 사용할 수 있다.

주변장치 클록이나 이벤트 채널0의 출력을 병렬 I/O 포트로 출력하는 것이 가능하다. 이들 출력은 CLKEVOUT 레지스터를 사용하여 포트 C~E의 7번 핀으로 지정하여 내보낼 수 있다.

〈표 2.1.1〉 ATxmega 패밀리의 병렬 I/O 포트에 포함되어 있는 부수적인 기능

	ATxmega A1	ATxmega A3	ATxmega A4
포트 A	외부 인터럽트 A/D 컨버터 8채널(ADCA) 아날로그 비교기(ACA) D/A 컨버터 2채널(DACA)	외부 인터럽트 A/D 컨버터 8채널(ADCA) 아날로그 비교기(ACA)	외부 인터럽트 A/D 컨버터 8채널(ADCA) 아날로그 비교기(ACA)
포트 B	외부 인터럽트 A/D 컨버터 8채널(ADCB) 아날로그 비교기(ACB) D/A 컨버터 2채널(DACB) JTAG 인터페이스	외부 인터럽트 A/D 컨버터 8채널(ADCB) 아날로그 비교기(ACB) D/A 컨버터 2채널(DACB) JTAG 인터페이스	외부 인터럽트 A/D 컨버터 4채널(ADCA) D/A 컨버터 2채널(DACB)
포트 C	외부 인터럽트 타이머/카운터 2개(TCC0/1) USART 2개(USARTC0/1) SPI 직렬통신 포트(SPIC) TWI 직렬통신 포트(TWIC) 시스템 클록 출력 이벤트 출력	외부 인터럽트 타이머/카운터 2개(TCC0/1) USART 2개(USARTC0/1) SPI 직렬통신 포트(SPIC) TWI 직렬통신 포트(TWIC) 시스템 클록 출력 이벤트 출력	외부 인터럽트 타이머/카운터 2개(TCC0/1) USART 2개(USARTC0/1) SPI 직렬통신 포트(SPIC) TWI 직렬통신 포트(TWIC) 시스템 클록 출력 이벤트 출력
포트 D	외부 인터럽트 타이머/카운터 2개(TCD0/1) USART 2개(USARTD0/1) SPI 직렬통신 포트(SPID) TWI 직렬통신 포트(TWID) 시스템 클록 출력 이벤트 출력	외부 인터럽트 타이머/카운터 2개(TCD0/1) USART 2개(USARTD0/1) SPI 직렬통신 포트(SPID) TWI 직렬통신 포트(TWID) 시스템 클록 출력 이벤트 출력	외부 인터럽트 타이머/카운터 1개(TCD0) USART 2개(USARTD0/1) SPI 직렬통신 포트(SPID) 시스템 클록 출력 이벤트 출력
포트 E	외부 인터럽트 타이머/카운터 2개(TCE0/1) USART 2개(USARTE0/1) SPI 직렬통신 포트(SPIE) TWI 직렬통신 포트(TWIE) 시스템 클록 출력 이벤트 출력	외부 인터럽트 타이머/카운터 2개(TCE0/1) USART 2개(USARTE0/1) SPI 직렬통신 포트(SPIE) TWI 직렬통신 포트(TWIE) 시스템 클록 출력 이벤트 출력 타이머/카운터 크리스털 접속	외부 인터럽트 타이머/카운터 1개(TCE0) USART 1개(USARTE0) TWI 직렬통신 포트(TWIE) 시스템 클록 출력 이벤트 출력
포트 F	외부 인터럽트 타이머/카운터 2개(TCF0/1) USART 2개(USARTF0/1) SPI 직렬통신 포트(SPIF) TWI 직렬통신 포트(TWIF)	외부 인터럽트 타이머/카운터 1개(TCF0) USART 1개(USARTF0)	
포트 H	외부 인터럽트 외부 버스 인터페이스		
포트 J	외부 인터페이스 외부 버스 인터페이스		
포트 K	외부 인터럽트 외부 버스 인터페이스		
포트 Q	외부 인터럽트 타이머/카운터 크리스털 접속		
포트 R	외부 인터럽트 시스템 클록 크리스털 접속	외부 인터럽트 시스템 클록 크리스털 접속	외부 인터럽트 시스템 클록 크리스털 접속 타이머/카운터 크리스털 접속

2. 병렬 I/O 포트의 부수적인 동작

병렬 I/O 포트의 각 핀들은 대부분 기본적인 범용 I/O 포트로서의 기능 이외에 부수적인 기능을 몇가지씩 가지고 있다. 이것은 대부분의 마이크로컨트롤러에서 볼 수 있는 일반적인 특징이기도 하다. 병렬 I/O 포트가 부수적인 기능을 수행할 때는 <그림 2.1.1>의 *표 부분에 있는 멀티플렉서들이 범용 I/O 포트로 동작하는 신호를 차단하고 부수적인 기능을 수행하는 각종 overriding signal들이 동작하도록 해준다.

ATxmega A1, A3, A4 패밀리별로 각 병렬 I/O 포트에 포함된 부수적인 기능을 비교 정리하면 <표 2.1.1>과 같다.

(1) ATxmega A1 패밀리의 경우

ATxmega A1 패밀리에서 PORTA~PORTB는 주로 아날로그 입출력에 관련된 부수적인 기능을 가지고 있고, PORTC~PORTF는 타이머/카운터나 각종 직렬통신 포트 등의 다양한 주변장치를 부수적으로 가지며, PORTH, PORTJ, PORTK는 외부 버스 인터페이스 기능을 가진다.

〈표 2.1.2〉 포트A의 부수적인 기능

PORT A	Interrupt	ADCA Pos	ADCA Neg	ADCA Gain Pos	ADCA Gain Neg	ACA Pos	ACA Neg	ACA Out	DACA	REFA	
GND											
AVCC											
PA0	Sync	ADC0	ADC0	ADC0		AC0	AC0			AREF	
PA1	Sync	ADC1	ADC1	ADC1		AC1	AC1				
PA2	Sync/Async	ADC2	ADC2	ADC2		AC2			DAC0		
PA3	Sync	ADC3	ADC3	ADC3		AC3	AC3		DAC1		
PA4	Sync	ADC4		ADC4	ADC4	AC4					
PA5	Sync	ADC5		ADC5	ADC5	AC5	AC5				
PA6	Sync	ADC6		ADC6	ADC6	AC6					
PA7	Sync	ADC7		ADC7	ADC7		AC7	AC0OUT			

〈표 2.1.3〉 포트B의 부수적인 기능

PORT B	Interrupt	ADCB Pos	ADCB Neg	ADCB Gain Pos	ADCB Gain Neg	ACB Pos	ACB Neg	ACB Out	DACB	REFB	JTAG
GND											
AVCC											
PB0	Sync	ADC0	ADC0	ADC0		AC0	AC0			AREF	
PB1	Sync	ADC1	ADC1	ADC1		AC1	AC1				
PB2	Sync/Async	ADC2	ADC2	ADC2		AC2			DAC0		
PB3	Sync	ADC3	ADC3	ADC3		AC3	AC3		DAC1		
PB4	Sync	ADC4		ADC4	ADC4	AC4					TMS
PB5	Sync	ADC5		ADC5	ADC5	AC5	AC5				TDI
PB6	Sync	ADC6		ADC6	ADC6	AC6					TCK
PB7	Sync	ADC7		ADC7	ADC7		AC7	AC0OUT			TDO

〈표 2.1.4〉 포트C의 부수적인 기능

PORT C	Interrupt	TCC0	AWeXC	TCC1	USARTC0	USARTC1	SPIC	TWIC	CLOCKOUT	EVENTOUT
GND										
VCC										
PC0	Sync	OC0A	$\overline{OC0A}$					SDA		
PC1	Sync	OC0B	OC0A		XCK0			SCL		
PC2	Sync/Async	OC0C	$\overline{OC0B}$		RXD0					
PC3	Sync	OC0D	OC0B		TXD0					
PC4	Sync		$\overline{OC0C}$	OC1A			$\overline{SS}$			
PC5	Sync		OC0C	OC1B		XCK1	MOSI			
PC6	Sync		$\overline{OC0D}$			RXD1	MISO			
PC7	Sync		OC0D			TXD1	SCK		CLKOUT	EVOUT

〈표 2.1.5〉 포트D의 부수적인 기능

PORT D	Interrupt	TCD0		TCD1	USARTD0	USARTD1	SPID	TWID	CLOCKOUT	EVENTOUT
GND										
VCC										
PD0	Sync	OC0A						SDA		
PD1	Sync	OC0B			XCK0			SCL		
PD2	Sync/Async	OC0C			RXD0					
PD3	Sync	OC0D			TXD0					
PD4	Sync			OC1A			$\overline{SS}$			
PD5	Sync			OC1B		XCK1	MOSI			
PD6	Sync					RXD1	MISO			
PD7	Sync					TXD1	SCK		CLKOUT	EVOUT

〈표 2.1.6〉 포트E의 부수적인 기능

PORT E	Interrupt	TCE0	AWeXE	TCE1	USARTE0	USARTE1	SPIE	TWIE	CLOCKOUT	EVENTOUT
GND										
VCC										
PE0	Sync	OC0A	$\overline{OC0A}$					SDA		
PE1	Sync	OC0B	OC0A		XCK0			SCL		
PE2	Sync/Async	OC0C	$\overline{OC0B}$		RXD0					
PE3	Sync	OC0D	OC0B		TXD0					
PE4	Sync		$\overline{OC0C}$	OC1A			$\overline{SS}$			
PE5	Sync		OC0C	OC1B		XCK1	MOSI			
PE6	Sync		$\overline{OC0D}$			RXD1	MISO			
PE7	Sync		OC0D			TXD1	SCK		CLKOUT	EVOUT

〈표 2.1.7〉 포트F의 부수적인 기능

PORT F	Interrupt	TCF0		TCF1	USARTF0	USARTF1	SPIF	TWIF		
GND										
VCC										
PF0	Sync	OC0A						SDA		
PF1	Sync	OC0B			XCK0			SCL		
PF2	Sync/Async	OC0C			RXD0					
PF3	Sync	OC0D			TXD0					
PF4	Sync			OC1A			$\overline{SS}$			
PF5	Sync			OC1B		XCK1	MOSI			
PF6	Sync					RXD1	MISO			
PF7	Sync					TXD1	SCK			

〈표 2.1.8〉 포트H의 부수적인 기능

PORT H	Interrupt	SRAM ALE1	SRAM ALE12	LPC3 ALE1	LPC2 ALE1	LPC2 ALE12	SDRAM 3P
GND							
VCC							
PH0	Sync	$\overline{WE}$	$\overline{WE}$	$\overline{WE}$	$\overline{WE}$	$\overline{WE}$	$\overline{WE}$
PH1	Sync	$\overline{RE}$	$\overline{RE}$	$\overline{RE}$	$\overline{RE}$	$\overline{RE}$	$\overline{CAS}$
PH2	Sync/Async	ALE1	ALE1	ALE1	ALE1	ALE1	$\overline{RAS}$
PH3	Sync		ALE2			ALE2	$\overline{DQM}$
PH4	Sync	$\overline{CS0}$/A16	$\overline{CS0}$	$\overline{CS0}$/A16	$\overline{CS0}$	$\overline{CS0}$/A16	BA0
PH5	Sync	$\overline{CS1}$/A17	$\overline{CS1}$	$\overline{CS1}$/A17	$\overline{CS1}$	$\overline{CS1}$/A17	BA1
PH6	Sync	$\overline{CS2}$/A18	$\overline{CS2}$	$\overline{CS2}$/A18	$\overline{CS2}$	$\overline{CS2}$/A18	CKE
PH7	Sync	$\overline{CS3}$/A19	$\overline{CS3}$	$\overline{CS3}$/A19	$\overline{CS3}$	$\overline{CS3}$/A19	CLK

〈표 2.1.9〉 포트J의 부수적인 기능

PORT J	Interrupt	SRAM ALE1	SRAM ALE12	LPC3 ALE1	LPC2 ALE1	LPC2 ALE12	SDRAM 3P
GND							
VCC							
PJ0	Sync	D0	D0	D0/A0	D0/A0	D0/A0/A8	D0
PJ1	Sync	D1	D1	D1/A1	D1/A1	D1/A1/A9	D1
PJ2	Sync/Async	D2	D2	D2/A2	D2/A2	D2/A2/A10	D2
PJ3	Sync	D3	D3	D3/A3	D3/A3	D3/A3/A11	D3
PJ4	Sync	D4	D4	D4/A4	D4/A4	D4/A4/A12	A8
PJ5	Sync	D5	D5	D5/A5	D5/A5	D5/A5/A13	A9
PJ6	Sync	D6	D6	D6/A6	D6/A6	D6/A6/A14	A10
PJ7	Sync	D7	D7	D7/A7	D7/A7	D7/A7/A15	A11

〈표 2.1.10〉 포트K의 부수적인 기능

PORT K	Interrupt	SRAM ALE1	SRAM ALE12	LPC3 ALE1			SDRAM 3P
GND							
VCC							
PK0	Sync	A0/A8	A0/A8/A16	A8			A0
PK1	Sync	A1/A9	A1/A9/A17	A9			A1
PK2	Sync/Async	A2/A10	A2/A10/A18	A10			A2
PK3	Sync	A3/A11	A3/A11/A19	A11			A3
PK4	Sync	A4/A12	A4/A12/A20	A12			A4
PK5	Sync	A5/A13	A5/A13/A21	A13			A5
PK6	Sync	A6/A14	A6/A14/A22	A14			A6
PK7	Sync	A7/A15	A7/A15/A23	A15			A7

〈표 2.1.11〉 포트Q의 부수적인 기능

PORT Q	Interrupt		TOSC				
GND							
VCC							
PQ0	Sync		TOSC1				
PQ1	Sync		TOSC2				
PQ2	Sync/Async						
PQ3	Sync						

〈표 2.1.12〉 포트R의 부수적인 기능

PORT R	Interrupt	PDI	XTAL				
PDI		PDI_DATA					
$\overline{RESET}$		PDI_CLK					
PR0	Sync		XTAL2				
PR1	Sync		XTAL1				

(2) ATxmega A3 패밀리의 경우

ATxmega A3 패밀리에서 PORTA~PORTB는 주로 아날로그 입출력에 관련된 부수적인 기능을 가지고 있고, PORTC~PORTF는 타이머/카운터나 각종 직렬통신 포트 등의 다양한 주변장치를 부수적으로 가지며, PORTH~PORTK가 제외되었으므로 외부 버스 인터페이스 기능은 없다.

〈표 2.1.13〉 포트A의 부수적인 기능

PORT A	Interrupt	ADCA Pos	ADCA Neg	ADCA Gain Pos	ADCA Gain Neg	ACA Pos	ACA Neg	ACA Out	DACA	REFA	
GND											
AVCC											
PA0	Sync	ADC0	ADC0	ADC0		AC0	AC0			AREF	
PA1	Sync	ADC1	ADC1	ADC1		AC1	AC1				
PA2	Sync/Async	ADC2	ADC2	ADC2		AC2			DAC0		
PA3	Sync	ADC3	ADC3	ADC3		AC3	AC3		DAC1		
PA4	Sync	ADC4		ADC4	ADC4	AC4					
PA5	Sync	ADC5		ADC5	ADC5	AC5	AC5				
PA6	Sync	ADC6		ADC6	ADC6	AC6					
PA7	Sync	ADC7		ADC7	ADC7		AC7	AC0OUT			

〈표 2.1.14〉 포트B의 부수적인 기능

PORT B	Interrupt	ADCB Pos	ADCB Neg	ADCB Gain Pos	ADCB Gain Neg	ACB Pos	ACB Neg	ACB Out	DACB	REFB	JTAG
GND											
AVCC											
PB0	Sync	ADC0	ADC0	ADC0		AC0	AC0			AREF	
PB1	Sync	ADC1	ADC1	ADC1		AC1	AC1				
PB2	Sync/Async	ADC2	ADC2	ADC2		AC2			DAC0		
PB3	Sync	ADC3	ADC3	ADC3		AC3	AC3		DAC1		
PB4	Sync	ADC4		ADC4	ADC4	AC4					TMS
PB5	Sync	ADC5		ADC5	ADC5	AC5	AC5				TDI
PB6	Sync	ADC6		ADC6	ADC6	AC6					TCK
PB7	Sync	ADC7		ADC7	ADC7		AC7	AC0OUT			TDO

〈표 2.1.15〉 포트C의 부수적인 기능

PORT C	Interrupt	TCC0	AWeXC	TCC1	USARTC0	USARTC1	SPIC	TWIC	CLOCKOUT	EVENTOUT
GND										
VCC										
PC0	Sync	OC0A	$\overline{OC0A}$					SDA		
PC1	Sync	OC0B	OC0A		XCK0			SCL		
PC2	Sync/Async	OC0C	$\overline{OC0B}$		RXD0					
PC3	Sync	OC0D	OC0B		TXD0					
PC4	Sync		$\overline{OC0C}$	OC1A			$\overline{SS}$			
PC5	Sync		OC0C	OC1B		XCK1	MOSI			
PC6	Sync		$\overline{OC0D}$			RXD1	MISO			
PC7	Sync		OC0D			TXD1	SCK		CLKOUT	EVOUT

〈표 2.1.16〉 포트D의 부수적인 기능

PORT D	Interrupt	TCD0		TCD1	USARTD0	USARTD1	SPID	TWID	CLOCKOUT	EVENTOUT
GND										
VCC										
PD0	Sync	OC0A						SDA		
PD1	Sync	OC0B			XCK0			SCL		
PD2	Sync/Async	OC0C			RXD0					
PD3	Sync	OC0D			TXD0					
PD4	Sync			OC1A			$\overline{SS}$			
PD5	Sync			OC1B		XCK1	MOSI			
PD6	Sync					RXD1	MISO			
PD7	Sync					TXD1	SCK		CLKOUT	EVOUT

〈표 2.1.17〉 포트E의 부수적인 기능

PORT E	Interrupt	TCE0	TOSC	TCE1	USARTE0	USARTE1	SPIE	TWIE	CLOCKOUT	EVENTOUT
GND										
VCC										
PE0	Sync	OC0A						SDA		
PE1	Sync	OC0B			XCK0			SCL		
PE2	Sync/Async	OC0C			RXD0					
PE3	Sync	OC0D			TXD0					
PE4	Sync			OC1A			$\overline{SS}$			
PE5	Sync			OC1B		XCK1	MOSI			
PE6	Sync		TOSC2			RXD1	MISO			
PE7	Sync		TOSC1			TXD1	SCK		CLKOUT	EVOUT

〈표 2.1.18〉 포트F의 부수적인 기능

PORT F	Interrupt	TCF0			USARTF0					
GND										
VCC										
PF0	Sync	OC0A								
PF1	Sync	OC0B			XCK0					
PF2	Sync/Async	OC0C			RXD0					
PF3	Sync	OC0D			TXD0					
PF4	Sync									
PF5	Sync									
PF6	Sync									
PF7	Sync									

〈표 2.1.19〉 포트R의 부수적인 기능

PORT R	Interrupt	PDI	XTAL				
PDI		PDI_DATA					
$\overline{RESET}$		PDI_CLK					
PR0	Sync		XTAL2				
PR1	Sync		XTAL1				

(3) ATxmega A4 패밀리의 경우

ATxmega A4 패밀리에서는 PORTF가 없어지고 PORTB와 PORTE가 4비트 구조로 축소되었다. 기능적으로는 JTAG 인터페이스가 없어졌다.

〈표 2.1.20〉 포트A의 부수적인 기능

PORT A	Interrupt	ADCA Pos	ADCA Neg	ADCA Gain Pos	ADCA Gain Neg	ACA Pos	ACA Neg	ACA Out		REFA	
GND											
AVCC											
PA0	Sync	ADC0	ADC0	ADC0		AC0	AC0			AREF	
PA1	Sync	ADC1	ADC1	ADC1		AC1	AC1				
PA2	Sync/Async	ADC2	ADC2	ADC2		AC2					
PA3	Sync	ADC3	ADC3	ADC3		AC3	AC3				
PA4	Sync	ADC4		ADC4	ADC4	AC4					
PA5	Sync	ADC5		ADC5	ADC5	AC5	AC5				
PA6	Sync	ADC6		ADC6	ADC6	AC6					
PA7	Sync	ADC7		ADC7	ADC7		AC7	AC0OUT			

〈표 2.1.21〉 포트B의 부수적인 기능

PORT B	Interrupt	ADCA Pos							DACB	REFB	
GND											
AVCC											
PB0	Sync	ADC8								AREF	
PB1	Sync	ADC9									
PB2	Sync/Async	ADC10							DAC0		
PB3	Sync	ADC11							DAC1		

〈표 2.1.22〉 포트C의 부수적인 기능

PORT C	Interrupt	TCC0	AWeXC	TCC1	USARTC0	USARTC1	SPIC	TWIC	CLOCKOUT	EVENTOUT
GND										
VCC										
PC0	Sync	OC0A	$\overline{\mathrm{OC0A}}$					SDA		
PC1	Sync	OC0B	OC0A		XCK0			SCL		
PC2	Sync/Async	OC0C	$\overline{\mathrm{OC0B}}$		RXD0					
PC3	Sync	OC0D	OC0B		TXD0					
PC4	Sync		$\overline{\mathrm{OC0C}}$	OC1A			$\overline{\mathrm{SS}}$			
PC5	Sync		OC0C	OC1B		XCK1	MOSI			
PC6	Sync		$\overline{\mathrm{OC0D}}$			RXD1	MISO			
PC7	Sync		OC0D			TXD1	SCK		CLKOUT	EVOUT

〈표 2.1.23〉 포트D의 부수적인 기능

PORT D	Interrupt	TCD0		TCD1	USARTD0	USARTD1	SPID		CLOCKOUT	EVENTOUT
GND										
VCC										
PD0	Sync	OC0A								
PD1	Sync	OC0B			XCK0					
PD2	Sync/Async	OC0C			RXD0					
PD3	Sync	OC0D			TXD0					
PD4	Sync			OC1A			$\overline{\mathrm{SS}}$			
PD5	Sync			OC1B		XCK1	MOSI			
PD6	Sync					RXD1	MISO			
PD7	Sync					TXD1	SCK		CLKOUT	EVOUT

〈표 2.1.24〉 포트E의 부수적인 기능

PORT E	Interrupt	TCE0			USARTE0			TWIE		
GND										
VCC										
PE0	Sync	OC0A						SDA		
PE1	Sync	OC0B			XCK0			SCL		
PE2	Sync/Async	OC0C			RXD0					
PE3	Sync	OC0D			TXD0					

〈표 2.1.25〉 포트R의 부수적인 기능

PORT R	Interrupt	PDI	XTAL	TOSC			
PDI		PDI_DATA					
$\overline{\text{RESET}}$		PDI_CLK					
PR0	Sync		XTAL2	TOSC2			
PR1	Sync		XTAL1	TOSC1			

3. 병렬 I/O 포트의 I/O 제어 레지스터

ATxmega 패밀리의 병렬 I/O 포트와 관련된 모듈 또는 주변장치에는 포트 설정(Port Configuration) 모듈, 각 병렬 I/O 포트, 4개의 가상 포트(Virtual Port) 모듈 등이 있다.

포트 설정 모듈에는 〈표 2.1.26〉과 같은 레지스터를 가지고 있으며, 각 병렬 I/O 포트에는 〈표 2.1.27〉과 같은 레지스터를 가지고 있다. 각 병렬 I/O 포트의 레지스터는 확장 I/O 메모리 영역의 0x0600~0x07FF 번지에 위치하므로 IN/OUT 명령을 사용할 수 없다. 그러나, 4개의 가상 포트 모듈 VPORT0~VPORT3은 〈표 2.1.30〉과 같은 레지스터를 가지고 있는데, 이것들은 I/O 메모리 영역의 0x0010~0x01F 번지에 위치하므로 IN/OUT 명령을 사용할 수 있다.

(1) 포트 설정 모듈

ATxmega128A1에서 포트 설정 모듈의 베이스 어드레스는 0x00B0이며 이 모듈의 레지스터를 요약하면 〈표 2.1.26〉과 같다.

〈표 2.1.26〉 포트 설정 모듈의 I/O 제어 레지스터 요약

오프셋	레지스터 이름	비트7	비트6	비트5	비트4	비트3	비트2	비트1	비트0
+0x00	PORTCFG_MPCMASK	MPCMASK[7:0]							
+0x01	(reserved)	-	-	-	-	-	-	-	-
+0x02	PORTCFG_VPCTRLA	VP1MAP[3:0]				VP0MAP[3:0]			
+0x03	PORTCFG_VPCTRLB	VP3MAP[3:0]				VP2MAP[3:0]			
+0x04	PORTCFG_CLKEVOUT	-	-	EVOUT[1:0]		-	-	CLKOUT[1:0]	

▣ 멀티 핀 설정 마스크 레지스터 MPCMASK

	b7	b6	b5	b4	b3	b2	b1	b0	
옵셋 +0x00	MPCMASK[7:0]								**MPCMASK**
읽기/쓰기 기능	R/W	R/W	R/W	R/W	R/W	R/W	R/W	R/W	
리셋후 초기값	0	0	0	0	0	0	0	0	

〈그림 2.1.4〉 멀티 핀 설정 마스크 레지스터 MPCMASK

- MPCMASK[7:0] : Multi-Pin Configuration Mask
  병렬 I/O 포트의 핀 여러 개를 그룹으로 묶어서 PINnCTRL 레지스터로 한번에 설정할 수 있도록 한다.

▣ 가상 포트 맵 제어 레지스터 VPCTRLA

	b7	b6	b5	b4	b3	b2	b1	b0	
옵셋 +0x02	VP1MAP[3:0]				VP0MAP[3:0]				**VPCTRLA**
읽기/쓰기 기능	R/W	R/W	R/W	R/W	R/W	R/W	R/W	R/W	
리셋후 초기값	0	0	0	0	0	0	0	0	

〈그림 2.1.5〉 가상 포트 맵 제어 레지스터 VPCTRLA

- VP1MAP[3:0] : Virtual Port 1 Mapping
  가상 포트1에 어떤 병렬 I/O 포트의 DIR, OUT, IN, INTFLAGS 레지스터를 맵핑시킬지를 지정한다. 비트 값의 지정은 VP0MAP[3:0]에서와 같다.
- VP0MAP[3:0] : Virtual Port 0 Mapping
  가상 포트0에 어떤 병렬 I/O 포트의 DIR, OUT, IN, INTFLAGS 레지스터를 맵핑시킬지를 지정한다.

0000 = PORTA	0100 = PORTE	1000 = PORTJ	1100 = (PORTN)
0001 = PORTB	0101 = PORTF	1001 = PORTK	1101 = (PORTP)
0010 = PORTC	0110 = (PORTG)	1010 = (PORTL)	1110 = PORTQ
0011 = PORTD	0111 = PORTH	1011 = (PORTM)	1111 = PORTR

▣ 가상 포트 맵 제어 레지스터 VPCTRLB

	b7	b6	b5	b4	b3	b2	b1	b0	
옵셋 +0x03	VP3MAP[3:0]				VP2MAP[3:0]				**VPCTRLB**
읽기/쓰기 기능	R/W	R/W	R/W	R/W	R/W	R/W	R/W	R/W	
리셋후 초기값	0	0	0	0	0	0	0	0	

〈그림 2.1.6〉 가상 포트 맵 제어 레지스터 VPCTRLB

- VP3MAP[3:0] : Virtual Port 3 Mapping
  가상 포트3에 어떤 병렬 I/O 포트의 DIR, OUT, IN, INTFLAGS 레지스터를 맵핑시킬지를 지정한다. 비트 값의 지정은 VP0MAP[3:0]에서와 같다.
- VP2MAP[3:0] : Virtual Port 2 Mapping
  가상 포트2에 어떤 병렬 I/O 포트의 DIR, OUT, IN, INTFLAGS 레지스터를 맵핑시킬지를 지정한다. 비트 값의 지정은 VP0MAP[3:0]에서와 같다.

▣ 클록 및 이벤트 출력 레지스터 CLKEVOUT

	b7	b6	b5	b4	b3	b2	b1	b0	
옵셋 +0x04	–	–	EVOUT[1:0]		–	–	CLKOUT[1:0]		**CLKEVOUT**
읽기/쓰기 기능	R/W	R/W	R/W	R/W	R/W	R/W	R/W	R/W	
리셋후 초기값	0	0	0	0	0	0	0	0	

〈그림 2.1.7〉 클록 및 이벤트 출력 레지스터 CLKEVOUT

• EVOUT[1:0] : Event Out Port
이벤트 시스템의 이벤트 채널0을 어느 병렬 I/O 포트로 출력할지 지정한다. 이 기능을 사용하려면 해당 포트의 핀을 출력 방향으로 설정해야 한다.
00 = 이벤트 출력을 금지
01 = 이벤트 채널0을 PC7 단자로 출력
10 = 이벤트 채널0을 PD7 단자로 출력
11 = 이벤트 채널0을 PE7 단자로 출력

• CLKOUT[1:0] : Clock Out Port
주변장치 클록을 어느 병렬 I/O 포트로 출력할지 지정한다. 이것은 EVOUT[1:0] 기능 설정에 우선하며, 이 기능을 사용하려면 해당 포트의 핀을 출력 방향으로 설정해야 한다.
00 = 주변장치 클록 출력을 금지
01 = 주변장치 클록을 PC7 단자로 출력
10 = 주변장치 클록을 PD7 단자로 출력
11 = 주변장치 클록을 PE7 단자로 출력

(2) 병렬 I/O 포트

ATxmega128A1에서 각 병렬 I/O 포트의 베이스 어드레스는 0x0600부터 차례로 0x20 번지씩 떨어져 있으며, 이 주변장치의 레지스터를 요약하면 <표 2.1.27>과 같다.

〈표 2.1.27〉 각 병렬 I/O 포트의 I/O 제어 레지스터 요약

오프셋	레지스터 이름	비트7	비트6	비트5	비트4	비트3	비트2	비트1	비트0
+0x00	PORTx_DIR	DIR[7:0]							
+0x01	PORTx_DIRSET	DIRSET[7:0]							
+0x02	PORTx_DIRCLR	DIRCLR[7:0]							
+0x03	PORTx_DIRTGL	DIRTGL[7:0]							
+0x04	PORTx_OUT	OUT[7:0]							
+0x05	PORTx_OUTSET	OUTSET[7:0]							
+0x06	PORTx_OUTCLR	OUTCLR[7:0]							
+0x07	PORTx_OUTTGL	OUTTGL[7:0]							
+0x08	PORTx_IN	IN[7:0]							
+0x09	PORTx_INTCTRL	–	–	–	–	INT1LVL[1:0]		INT0LVL[1:0]	
+0x0A	PORTx_INT0MASK	INT0MSK[7:0]							
+0x0B	PORTx_INT1MASK	INT1MSK[7:0]							
+0x0C	PORTx_INTFLAGS	–	–	–	–	–	–	INT1IF	INT0IF
+0x0D	(reserved)	–	–	–	–	–	–	–	–
+0x0E	(reserved)	–	–	–	–	–	–	–	–
+0x0F	(reserved)	–	–	–	–	–	–	–	–
+0x10	PORTx_PIN0CTRL	SRLEN	INVEN	OPC[2:0]			ISC[2:0]		
+0x11	PORTx_PIN1CTRL	SRLEN	INVEN	OPC[2:0]			ISC[2:0]		
+0x12	PORTx_PIN2CTRL	SRLEN	INVEN	OPC[2:0]			ISC[2:0]		
+0x13	PORTx_PIN3CTRL	SRLEN	INVEN	OPC[2:0]			ISC[2:0]		
+0x14	PORTx_PIN4CTRL	SRLEN	INVEN	OPC[2:0]			ISC[2:0]		
+0x15	PORTx_PIN5CTRL	SRLEN	INVEN	OPC[2:0]			ISC[2:0]		
+0x16	PORTx_PIN6CTRL	SRLEN	INVEN	OPC[2:0]			ISC[2:0]		
+0x17	PORTx_PIN7CTRL	SRLEN	INVEN	OPC[2:0]			ISC[2:0]		
+0x18	(reserved)	–	–	–	–	–	–	–	–

▣ 데이터 방향 레지스터 DIR

	b7	b6	b5	b4	b3	b2	b1	b0	
옵셋 +0x00	DIR[7:0]								DIR
읽기/쓰기 기능	R/W	R/W	R/W	R/W	R/W	R/W	R/W	R/W	
리셋후 초기값	0	0	0	0	0	0	0	0	

〈그림 2.1.8〉 데이터 방향 레지스터 DIR

• DIR[7:0] : Port Data Direction
병렬 I/O 포트의 각 핀에서 데이터의 방향을 입력 또는 출력으로 설정한다.
0 = 입력
1 = 출력

▣ 데이터 방향 세트 레지스터 DIRSET

	b7	b6	b5	b4	b3	b2	b1	b0	
옵셋 +0x01	DIRSET[7:0]								DIRSET
읽기/쓰기 기능	R/W	R/W	R/W	R/W	R/W	R/W	R/W	R/W	
리셋후 초기값	0	0	0	0	0	0	0	0	

〈그림 2.1.9〉 데이터 방향 세트 레지스터 DIRSET

• DIRSET[7:0] : Port Data Direction Set
병렬 I/O 포트의 각 핀에 대하여 데이터의 방향이 출력이 되도록 1로 세트한다. 데이터 방향을 설정하기 위하여 DIR 레지스터를 Read-Modify-Write하는 대신 이 레지스터를 사용할 수 있다.

▣ 데이터 방향 클리어 레지스터 DIRCLR

	b7	b6	b5	b4	b3	b2	b1	b0	
옵셋 +0x02	DIRCLR[7:0]								DIRCLR
읽기/쓰기 기능	R/W	R/W	R/W	R/W	R/W	R/W	R/W	R/W	
리셋후 초기값	0	0	0	0	0	0	0	0	

〈그림 2.1.10〉 데이터 방향 클리어 레지스터 DIRCLR

• DIRCLR[7:0] : Port Data Direction Clear
병렬 I/O 포트의 각 핀에 대하여 데이터의 방향이 입력이 되도록 0으로 클리어한다. 데이터 방향을 설정하기 위하여 DIR 레지스터를 Read-Modify-Write하는 대신 이 레지스터를 사용할 수 있다.

▣ 데이터 방향 토글 레지스터 DIRTGL

	b7	b6	b5	b4	b3	b2	b1	b0	
옵셋 +0x03	DIRTGL[7:0]								DIRTGL
읽기/쓰기 기능	R/W	R/W	R/W	R/W	R/W	R/W	R/W	R/W	
리셋후 초기값	0	0	0	0	0	0	0	0	

〈그림 2.1.11〉 데이터 방향 토글 레지스터 DIRTGL

• DIRTGL[7:0] : Port Data Direction Toggle
병렬 I/O 포트의 각 핀에 대하여 데이터의 방향이 반전되도록 토글한다. 데이터 방향을 설정하기 위하여 DIR 레지스터를 Read-Modify-Write하는 대신 이 레지스터를 사용할 수 있다.

▣ 데이터 출력값 레지스터 OUT

	b7	b6	b5	b4	b3	b2	b1	b0	
옵셋 +0x04	OUT[7:0]								OUT
읽기/쓰기 기능	R/W	R/W	R/W	R/W	R/W	R/W	R/W	R/W	
리셋후 초기값	0	0	0	0	0	0	0	0	

〈그림 2.1.12〉 데이터 출력값 레지스터 OUT

• OUT[7:0] : Port Data Output Value
병렬 I/O 포트의 각 핀에 대하여 이 레지스터 값을 출력한다.

▣ 데이터 출력값 세트 레지스터 OUTSET

	b7	b6	b5	b4	b3	b2	b1	b0	
옵셋 +0x05	OUTSET[7:0]								OUTSET
읽기/쓰기 기능	R/W	R/W	R/W	R/W	R/W	R/W	R/W	R/W	
리셋후 초기값	0	0	0	0	0	0	0	0	

〈그림 2.1.13〉 데이터 출력값 세트 레지스터 OUTSET

• OUTSET[7:0] : Port Data Output Value Set
병렬 I/O 포트의 각 핀에 대하여 데이터의 출력 값이 1로 되도록 세트한다. 데이터를 출력하기 위하여 OUT 레지스터를 Read-Modify-Write하는 대신 이 레지스터를 사용할 수 있다.

▣ 데이터 출력값 클리어 레지스터 OUTCLR

	b7	b6	b5	b4	b3	b2	b1	b0	
옵셋 +0x06	OUTCLR[7:0]								OUTCLR
읽기/쓰기 기능	R/W	R/W	R/W	R/W	R/W	R/W	R/W	R/W	
리셋후 초기값	0	0	0	0	0	0	0	0	

〈그림 2.1.14〉 데이터 출력값 클리어 레지스터 OUTCLR

• OUTCLR[7:0] : Port Data Output Value Clear
병렬 I/O 포트의 각 핀에 대하여 데이터의 출력 값이 0으로 되도록 클리어한다. 데이터를 출력하기 위하여 OUT 레지스터를 Read-Modify-Write하는 대신 이 레지스터를 사용할 수 있다.

▣ 데이터 출력값 토글 레지스터 OUTTGL

	b7	b6	b5	b4	b3	b2	b1	b0	
옵셋 +0x07	OUTTGL[7:0]								OUTTGL
읽기/쓰기 기능	R/W	R/W	R/W	R/W	R/W	R/W	R/W	R/W	
리셋후 초기값	0	0	0	0	0	0	0	0	

〈그림 2.1.15〉 데이터 출력값 토글 레지스터 OUTTGL

• OUTTGL[7:0] : Port Data Output Value Toggle
병렬 I/O 포트의 각 핀에 대하여 데이터의 출력 값이 반전되도록 토글한다. 데이터를 출력하기 위하여 OUT 레지스터를 Read-Modify-Write하는 대신 이 레지스터를 사용할 수 있다.

▣ 데이터 입력값 레지스터 IN

	b7	b6	b5	b4	b3	b2	b1	b0	
옵셋 +0x08	IN[7:0]								IN
읽기/쓰기 기능	R/W	R/W	R/W	R/W	R/W	R/W	R/W	R/W	
리셋후 초기값	0	0	0	0	0	0	0	0	

〈그림 2.1.16〉 데이터 입력값 레지스터 IN

• IN[7:0] : Port Data Input Value
병렬 I/O 포트의 각 핀에서 입력된 값이 이 레지스터를 통하여 읽혀진다.

▣ 인터럽트 제어 레지스터 INTCTRL

	b7	b6	b5	b4	b3	b2	b1	b0	
옵셋 +0x09	–	–	–	–	INT1LVL[1:0]		INT0LVL[1:0]		INTCTRL
읽기/쓰기 기능	R	R	R	R	R/W	R/W	R/W	R/W	
리셋후 초기값	0	0	0	0	0	0	0	0	

〈그림 2.1.17〉 인터럽트 제어 레지스터 INTCTRL

- INT1LVL[1:0] : Port Interrupt 1 Level
  병렬 I/O 포트의 인터럽트1을 인에이블시키며 인터럽트 레벨을 설정한다.
- INT0LVL[1:0] : Port Interrupt 0 Level
  병렬 I/O 포트의 인터럽트0을 인에이블시키며 인터럽트 레벨을 설정한다.

▣ 인터럽트 0 마스크 레지스터 INT0MASK

	b7	b6	b5	b4	b3	b2	b1	b0	
옵셋 +0x0A	INT0MSK[7:0]								INT0MASK
읽기/쓰기 기능	R/W	R/W	R/W	R/W	R/W	R/W	R/W	R/W	
리셋후 초기값	0	0	0	0	0	0	0	0	

〈그림 2.1.18〉 인터럽트 0 마스크 레지스터 INT0MASK

- INT0MSK[7:0] : Interrupt 0 Mask
  병렬 I/O 포트의 어느 핀이 인터럽트 0의 소스로 사용되도록 할 것인지를 설정한다. 1로 표시된 비트가 인터럽트 0의 소스로 사용되며, 인터럽트 입력의 검출방법은 PINnCTRL 레지스터로 지정한다.

▣ 인터럽트 1 마스크 레지스터 INT1MASK

	b7	b6	b5	b4	b3	b2	b1	b0	
옵셋 +0x0B	INT1MSK[7:0]								INT1MASK
읽기/쓰기 기능	R/W	R/W	R/W	R/W	R/W	R/W	R/W	R/W	
리셋후 초기값	0	0	0	0	0	0	0	0	

〈그림 2.1.19〉 인터럽트 1 마스크 레지스터 INT1MASK

- INT1MSK[7:0] : Interrupt 1 Mask
  병렬 I/O 포트의 어느 핀이 인터럽트 1의 소스로 사용되도록 할 것인지를 설정한다. 1로 표시된 비트가 인터럽트 1의 소스로 사용되며, 인터럽트 입력의 검출방법은 PINnCTRL 레지스터로 지정한다.

▣ 인터럽트 플랙 레지스터 INTFLAGS

	b7	b6	b5	b4	b3	b2	b1	b0	
옵셋 +0x0C	–	–	–	–	–	–	INT1IF	INT0IF	INTFLAGS
읽기/쓰기 기능	R	R	R	R	R	R	R/W	R/W	
리셋후 초기값	0	0	0	0	0	0	0	0	

〈그림 2.1.20〉 인터럽트 플랙 레지스터 INTFLAGS

- INT1IF : Interrupt 1 Flag
  병렬 I/O 포트의 어느 핀에서 인터럽트 입력 트리거 신호가 입력되었고 이것이 인터럽트 1의 소스로 설정되었음을 의미한다. 이 비트를 클리어하려면 여기에 1을 써야 한다.
- INT0IF : Interrupt 0 Flag
  병렬 I/O 포트의 어느 핀에서 인터럽트 입력 트리거 신호가 입력되었고 이것이 인터럽트 0의 소스로 설정되었음을 의미한다. 이 비트를 클리어하려면 여기에 1을 써야 한다.

▣ 핀n 설정 레지스터 PINnCTRL

	b7	b6	b5	b4	b3	b2	b1	b0	
옵셋 +0x10~	SRLEN	INVEN	OPC[2:0]			ISC[2:0]			PINnCTRL
읽기/쓰기 기능	R/W	R/W	R/W	R/W	R/W	R/W	R/W	R/W	
리셋후 초기값	0	0	0	0	0	0	0	0	

〈그림 2.1.21〉 핀n 설정 레지스터 PINnCTRL

- SRLEN : Slew Rate Limit Enable
  병렬 I/O 포트의 핀n에 슬루 레이트 제한기가 동작하도록 인에이블한다.
- INVEN : Inverted I/O Enable
  병렬 I/O 포트의 핀n에 입출력되는 데이터를 반전시킨다.
- OPC[2:0] : Output and Pull Configuration
  병렬 I/O 포트의 핀n에 대하여 출력 설정과 풀다운/풀업 설정을 〈표 2.1.28〉과 같이 수행한다.

〈표 2.1.28〉 PINnCTRL 레지스터에서 출력 및 풀다운/풀업 설정

OPC[2:0]	설정	기능 설명	
		출력 설정	풀다운/풀업 설정
000	토템폴	토템폴	(not available)
001	토템폴 버스 키퍼	토템폴	버스 키퍼
010	토템폴 풀다운	토템폴	풀다운(입력)
011	토템폴 풀업	토템폴	풀업(입력)
100	wird-OR	wird-OR	(not available)
101	wire-AND	wire-AND	(not available)
110	wird-OR 풀다운	wird-OR	풀다운
111	wire-AND 풀업	wird-AND	풀업

- ISC[2:0] : Input and Sense Configuration
  병렬 I/O 포트의 핀n에 대하여 입력 검출 설정을 <표 2.1.29>와 같이 수행한다.

〈표 2.1.29〉 PINnCTRL 레지스터에서 입력 검출 설정

ISC[2:0]	설정	기능 설명
000	상승 에지 및 하강 에지	모든 에지에서 입력 검출
001	상승 에지	상승 에지에서 입력 검출
010	하강 에지	하강 에지에서 입력 검출
011	L 레벨	논리값 L에서 입력 검출
100~110		(reserved)
111	입력 금지	입력 버퍼 금지(포트A~F에서만)

(3) 가상 포트

4개로 구성된 각 가상 포트의 베이스 어드레스는 0x0010부터 차례로 0x04 번지씩 떨어져 있으며, 이 주변장치의 레지스터를 요약하면 <표 2.1.30>과 같다.

〈표 2.1.30〉 각 가상 포트의 I/O 제어 레지스터 요약

오프셋	레지스터 이름	비트7	비트6	비트5	비트4	비트3	비트2	비트1	비트0
+0x00	VPORTn_DIR	DIR[7:0]							
+0x01	VPORTn_OUT	OUT[7:0]							
+0x03	VPORTn_IN	IN[7:0]							
+0x04	VPORTn_INTFLAGS	-	-	-	-	-	-	INT1IF	INT0IF

▣ 데이터 방향 레지스터 DIR

	b7	b6	b5	b4	b3	b2	b1	b0	
옵셋 +0x00	DIR[7:0]								DIR
읽기/쓰기 기능	R/W	R/W	R/W	R/W	R/W	R/W	R/W	R/W	
리셋후 초기값	0	0	0	0	0	0	0	0	

〈그림 2.1.22〉 데이터 방향 레지스터 DIR

- DIR[7:0] : Port Data Direction
  이 가상 포트로 맵핑된 병렬 I/O 포트의 각 핀에서 데이터의 방향을 입력 또는 출력으로 설정한다.
  0 = 입력
  1 = 출력

▣ 데이터 출력값 레지스터 OUT

	b7	b6	b5	b4	b3	b2	b1	b0	
옵셋 +0x01	OUT[7:0]								OUT
읽기/쓰기 기능	R/W	R/W	R/W	R/W	R/W	R/W	R/W	R/W	
리셋후 초기값	0	0	0	0	0	0	0	0	

〈그림 2.1.23〉 데이터 출력값 레지스터 OUT

- OUT[7:0] : Port Data Output Value
  이 가상 포트로 맵핑된 병렬 I/O 포트의 각 핀에 대하여 이 레지스터 값을 출력한다.

▣ 데이터 입력값 레지스터 IN

	b7	b6	b5	b4	b3	b2	b1	b0	
옵셋 +0x02	IN[7:0]								IN
읽기/쓰기 기능	R/W	R/W	R/W	R/W	R/W	R/W	R/W	R/W	
리셋후 초기값	0	0	0	0	0	0	0	0	

〈그림 2.1.24〉 데이터 입력값 레지스터 IN

- IN[7:0] : Port Data Input Value
  이 가상 포트에 맵핑된 병렬 I/O 포트의 각 핀에서 입력된 값이 이 레지스터를 통하여 읽혀진다.

▣ 인터럽트 플랙 레지스터 INTFLAGS

	b7	b6	b5	b4	b3	b2	b1	b0	
옵셋 +0x03	–	–	–	–	–	–	INT1IF	INT0IF	INTFLAGS
읽기/쓰기 기능	R	R	R	R	R	R	R/W	R/W	
리셋후 초기값	0	0	0	0	0	0	0	0	

〈그림 2.1.25〉 인터럽트 플랙 레지스터 INTFLAGS

- INT1IF : Interrupt 1 Flag
  이 가상 포트에 맵핑된 병렬 I/O 포트의 어느 핀에서 인터럽트 입력 트리거 신호가 입력되었고 이것이 인터럽트 1의 소스로 설정되었음을 의미한다. 이 비트를 클리어하려면 여기에 1을 써야 한다.
- INT0IF : Interrupt 0 Flag
  이 가상 포트에 맵핑된 병렬 I/O 포트의 어느 핀에서 인터럽트 입력 트리거 신호가 입력되었고 이것이 인터럽트 0의 소스로 설정되었음을 의미한다. 이 비트를 클리어하려면 여기에 1을 써야 한다.

◀휴게실▶ 병렬 I/O 포트와 부수적인 기능을 사용할 때 주의사항

ATxmega 패밀리에서 병렬 I/O 포트 및 이에 포함된 부수적인 기능(alternate function)을 사용할 때는 여러 가지 주의할 사항들이 있다. 특히 Atmel사에서 이 모델을 설계하면서 기술적으로 일관성이 없는 방식을 사용한 경우가 있기 때문에 더욱 그러하다.

그중의 하나가 주변장치나 모듈을 초기화할 때 그에 해당하는 병렬 I/O 포트의 핀 기능이 어떻게 되는가 하는 사항이다. 즉, 주변장치나 모듈을 사용하기 위하여 초기화하면 해당 병렬 I/O 포트의 핀 설정이 무시되고 자동으로 주변장치나 모듈의 핀으로 알아서 동작하는지, 아니면 병렬 I/O 포트의 핀 설정을 그에 맞도록 특별하게 처리해 주어야하는지 헷갈릴 수 있다는 것이다. 결론부터 말하면 이것의 답은 경우에 따라 다르며 일관성이 없다는 것이다. 따라서, 데이터 시트에서 자신이 사용하려는 주변장치나 모듈의 기능에 관한 설명을 충분히 읽고 그에 필요한 사항들을 빠짐없이 모두 올바르게 설정해주지 않으면 주변장치나 모듈이 제대로 동작하지 않을 수도 있다. 하지만, 노련한 AVR 사용자라면 이런 문제로 뜻하지 않은 고생을 방지하는 팁을 가지고 있는데, 저자가 사용하는 방식을 아래에 제시한다.

우선 USART와 같은 주변장치는 이것을 사용하는 것으로 초기화하면 해당 병렬 I/O 포트의 핀 기능이 무시(override)되고 USART 신호 단자로 동작한다. 예를 들어 USARTC0 직렬통신 포트의 TXD0 단자는 병렬 I/O 포트의 PC3 단자에 부수적인 기능으로 포함되어 있고, RXD0 단자는 PC2 단자에 포함되어 있다. 따라서, USARTC0_CTRLB 레지스터에서 TXEN=1로 설정하면 PC3 단자를 출력으로 설정했든지 또는 입력으로 설정했든지 이것이 무시되고 출력방향의 TXD0 단자로 동작하며, RXEN=1로 설정하면 PC2 단자를 출력으로 설정했든지 또는 입력으로 설정했든지 이것이 무시되고 입력방향의 RXD0 단자로 동작한다.

그러나, 타이머/카운터에 대해서는 이야기가 달라진다. 예를 들어 타이머/카운터 TCC0의 CCA 채널을 SS PWM 모드로 설정하고 OC0A 단자로 PWM 신호가 출력되기를 기대하더라도 이에 해당하는 병렬 I/O 포트 단자인 PC0을 미리 출력방향으로 설정하여 놓지 않았으면 PWM 신호가 출력되지 않는다. 즉, 이 경우는 주변장치의 기능이 병렬 I/O 포트의 방향설정 기능을 무시하지 않는다는 것이다.

이렇게 주변장치나 모듈의 설정과 관련하여 일관성이 없는 설계 때문에 사용자는 뜻하지 않는 실수를 범할 수 있다. 이를 방지하려면 프로그래밍 작업을 수행할 때 처음부터 자신 나름대로의 원칙을 세워 대비하는 것이 좋다. 나중에 문제가 되어 디버깅을 하려면 그 원인을 찾는데 큰 고생을 하게 된다.

첫째, 항상 프로그램의 서두에서 MCU를 초기화하면서 모든 병렬 I/O 포트의 방향과 초기값을 자신의 하드웨어에 맞도록 설정하라. 즉, 병렬 I/O 포트로 사용하는 단자는 물론이고 주변장치나 모듈의 부수적인 기능으로 사용하는 단자들도 그에 맞도록 모두 방향을 설정하라. 예를 들어 위의 경우 TXD0 신호로 사용하는 PC3 단자는 출력방향으로 설정하고 RXD0 신호로 사용하는 PC2 단자는 입력방향으로 설정하며, OC0A 신호로 사용하는 PC0 단자는 출력방향으로 설정하라는 것이다. 이 책의 *OK-X128A1* 키트 예제 프로그램에서는 초기화 함수 Initialize_MCU()에서 그러한 일을 모두 수행한다.

둘째, 이렇게 프로그램의 서두에서 초기화 함수 Initialize_MCU()를 사용하여 올바르게 초기화를 했다고 하더라도 프로그램 도중에 어떤 다른 일을 수행하다가 이 설정 내용이 변경되었을 수도 있기 때문에 각 주변장치나 모듈을 초기화할 때는 해당 단자들의 병렬 I/O 포트에서 방향설정을 다시 한번 더 해주는 것이 좋다. 다른 사람이 이미 건너간 돌다리도 다시 한번 두드리고 건너는 것이 안전하다.

셋째, 프로그램 도중에 이렇게 뜻하지 않게 설정이 변경되는 것을 방지하려면 방향 설정 레지스터의 값을 지정할 때 Read-Modify-Write 기능을 사용하는 것이 좋다. 즉,

```
PORTC_DIR = 0x01;
```

처럼 레지스터 값 전체를 할당하는 방식으로 처리하지 말고

```
PORTC_DIR = PORTC_DIR | 0x01;  또는 PORTC_DIR |= 0x01;
```

처럼 원하는 특정 비트의 값만 변경하는 방식으로 처리하라는 것이다.

그러나, ATxmega 패밀리에서는 새로운 비트 처리 기능을 위하여 비트 세트 또는 비트 리셋을 수행하는 레지스터가 마련되어 있으므로

```
PORTC_DIRSET = 0x01;
```

로 처리하는 것이 더욱 편리하다.

2.2 타이머/카운터

이 절에서는 ATxmega128A1 모델을 중심으로 하는 ATxmega 패밀리 AVR 마이크로컨트롤러에 내장되어 있는 타이머/카운터의 구조와 기능 및 사용법에 대하여 알아보기로 한다.

1. 타이머/카운터의 개요

ATxmega128A1 모델에는 병렬 I/O 포트 C, D, E, F에 각각 2개씩의 타이머/카운터를 부수적인 기능으로 가지고 있다. 이들 타이머/카운터는 각 포트의 이름을 붙여서 구분하기 쉽도록 TCC0, TCC1, TCD0, TCD1, TCE0, TCE1, TCF0, TCF1로 불리는데, 이것들은 모두 16비트 구조로 되어 있으며, 각 병렬 I/O 포트의 0번 타이머/카운터는 4개의 출력신호 단자를 가지고 있고 1번 타이머/카운터는 2개의 출력신호 단자를 갖는다.

각 출력신호에는 원하는 주파수 파형을 발생하여 출력할 수도 있고, PWM 신호를 발생하여 출력할 수도 있다. 특별히 TCC0와 TCE0에는 보다 향상된 출력신호 파형을 발생할 수 있는 파형발생 확장 모듈 AWeX(Advanced Waveform Extension)를 가지고 있어서 데드타임(dead time)을 가지는 PWM 출력신호를 출력할 수 있고, 여기에 추가로 고해상도 확장 모듈(Hi-Resolution Extension)을 추가할 수도 있다.

ATxmega 패밀리의 타이머/카운터는 종래의 ATmega 패밀리에서처럼 주기적인 인터럽트를 발생하거나 원하는 주파수 파형을 발생시키는 것은 물론이고, 다양한 PWM 출력신호를 발생하거나 입력 캡쳐 기능을 갖는다. 그러나, ATxmega 패밀리에서는 구조가 간단하면서도 더욱 다양한 기능을 갖게 되었으며, 특히 주기 레지스터 PER이 새로 생겨서 주파수 발생이나 PWM 신호의 주기를 제어하기가 용이해졌고, 이 주기 레지스터나 비교/캡쳐 레지스터에는 별도로 버퍼 레지스터를 가지고 있어서 이중 버퍼링(double buffering) 동작을 보다 쉽게 처리할 수 있게 되었다.

모든 타이머/카운터의 동작은 인터럽트와 밀접하게 연결되어 있고, DMA나 이벤트 시스템과도 연계되어 동작할 수 있다.

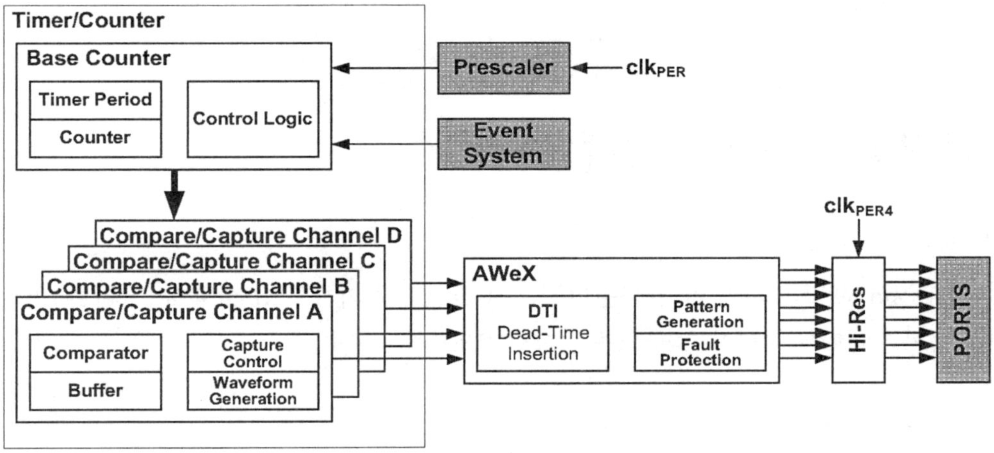

〈그림 2.2.1〉 ATxmega 패밀리의 타이머/카운터 구조

타이머/카운터는 <그림 2.2.1>에 보인 것처럼 베이스 카운터(Base Counter)와 여러 개의 비교 및 캡쳐 채널(CC ; Compare or Capture channel)들로 구성된다.

타이머/카운터에의 베이스 카운터에는 시스템 클록의 주파수와 동일한 주파수를 가지는 주변장치 클록(Peripheral Clock) clk_{PER}이 프리스케일러(prescaler)를 거쳐서 공급되며, 이벤트 시스템으로부터 클록을 공급받을 수도 있다. 프리스케일러의 분주비는 1, 2, 4, 8, 64, 256, 1024를 사용할 수 있으며, 클록의 공급을 차단하면 타이머/카운터는 OFF 상태(OFF state)로 된다.

비교 및 캡쳐 채널은 ATxmega 패밀리의 모델에 따라 여러 개가 있으며, 각 병렬 I/O 포트의 타이머/카운터0에는 4개의 비교 및 캡쳐 채널을 가지고 있고, 타이머/카운터1에는 2개의 비교 및 캡쳐 채널을 가지고 있다. 여기서 비교 동작과 캡쳐 동작은 동시에 수행될 수 없으며 어느 하나씩만 수행된다.

포트 C와 포트 E의 타이머/카운터0에는 특별히 AWeX 확장 모듈이 포함되어 있는데, 이를 사용하면 파워 브리지 회로를 위한 8개의 게이트 신호를 발생할 수 있고 여기에 필요하면 데드 타임을 부여할 수도 있다. 또한, 고해상도 확장 모듈을 추가하면 이들 게이트 드라이브 신호의 분해능을 4배까지 높일 수 있다.

◀참고▶ 이제부터 16비트 구조인 타이머/카운터에 관한 설명에서 BOTTOM은 16비트 카운터가 가질 수 있는 최소값 0x0000을 나타내고, 반대로 MAX는 카운터가 가질 수 있는 최대값 0xFFFF를 나타낸다. 또한, TOP은 각 동작 모드에 따라 카운터가 실제로 도달할 수 있는 최대의 값을 나타내는데, 이 값은 동작 모드에 따라 PER 레지스터가 사용되기도 하고 CCA 레지스터가 사용되기도 한다. 한편, 파형 발생 모드에서 카운터의 값이 TOP 또는 BOTTOM에 도달할 때 이를 알려주어 필요한 값이 갱신되도록 하는 것을

UPDATE라고 한다. 그리고 레지스터나 신호 이름을 표시할 때 x는 비교/캡쳐 채널의 이름인 A, B, C, D를 나타내며, n은 타이머/카운터 번호 0, 1을 나타낸다.

2. 타이머/카운터의 동작

(1) 기본 구조

ATxmega 패밀리의 타이머/카운터는 4개 또는 2개의 PWM 출력을 가지는 16비트 업/다운 카운터로서, 그 기본 구조는 <그림 2.2.2>와 같다.

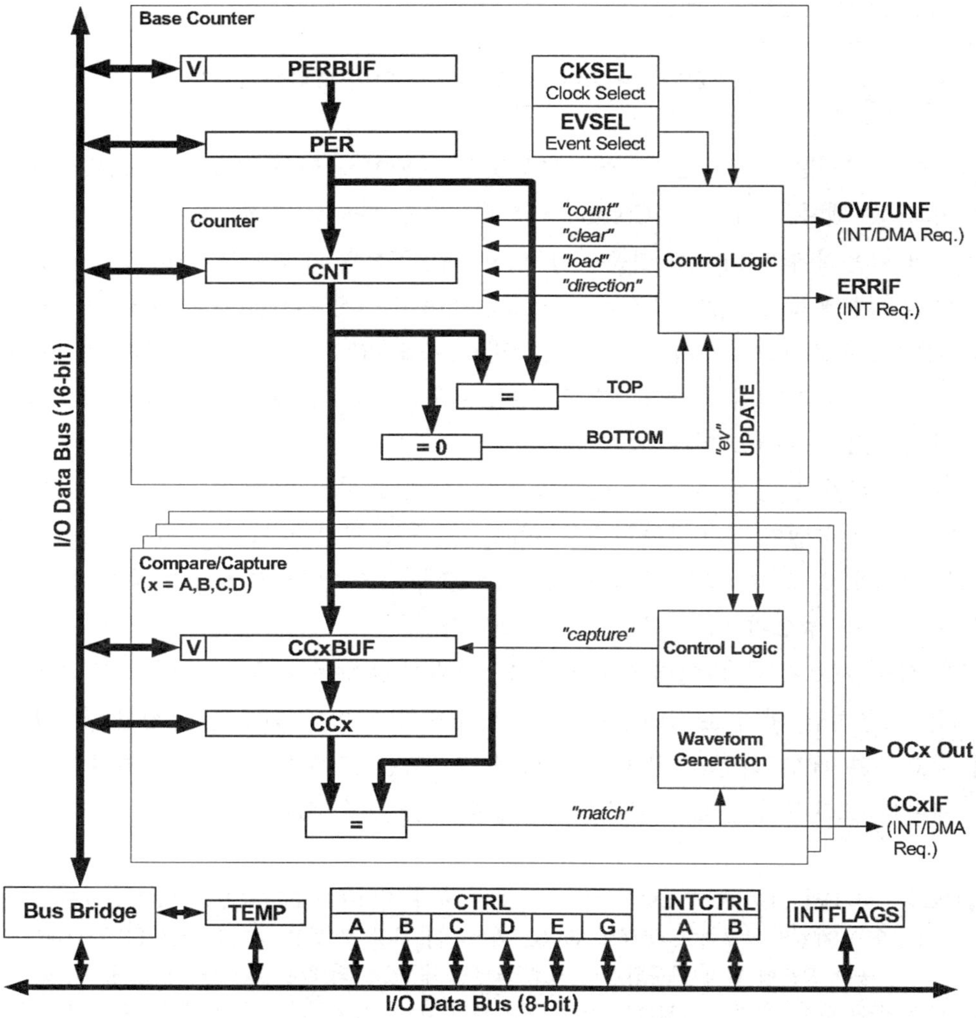

〈그림 2.2.2〉 각 타이머/카운터의 구성 블록도

타이머/카운터는 16비트 구조를 갖기 때문에 이를 구성하는 핵심 요소인 카운터 레지스터(CNT), 주기 레지스터(PER) 및 그 버퍼 레지스터(PERBUF), 비교/캡쳐 레지스터(CCx) 및 그 버퍼 레지스터(CCxBUF) 등은 모두 16비트의 길이로 되어 있다.

정상적인 동작을 수행하는 동안에 카운터 레지스터의 값은 항상 0 또는 주기 레지스터와 비교되어 카운터 레지스터의 값이 BOTTOM 또는 TOP 값에 도달하였는지를 확인한다. 카운터 레지스터의 값이 BOTTOM 또는 TOP 값에 도달하면 동작 모드에 따라 타이머 오버플로우 인터럽트를 발생할 수 있다.

또한, 카운터 레지스터의 값은 항상 비교/캡쳐 레지스터의 값과 비교되어 그 값이 일치(match)되는지를 확인하며, 이 비교 결과는 출력 파형을 발생하는데 사용되고 인터럽트 및 DMA 컨트롤러와도 연결되어 있다.

▣ 클록 입력 부분

카운터에 공급되는 클록은 <그림 2.2.3>에 보인 것처럼 주변장치 클록을 프리스케일러로 분주한 것을 사용할 수도 있고 이벤트 시스템에서 입력된 클록을 사용할 수도 있다. 이벤트 시스템은 입력 캡쳐의 트리거 소스로 사용될 수도 있고, 타이머/카운터의 고속 Quadrature Decoding에 사용되기도 한다.

타이머/카운터에 클록 공급을 차단하면 OFF 상태로 되어 타이머/카운터의 동작이 정지되는데, 이때 출력단자 OCx의 상태를 0으로 할지 1로 할지를 사용자가 CTRLC 레지스터를 사용하여 지정할 수 있다.

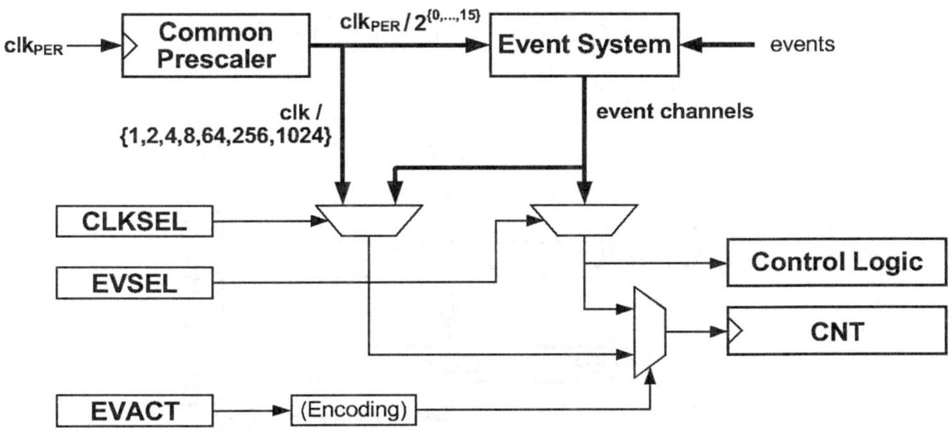

〈그림 2.2.3〉 타이머/카운터와 이벤트 시스템에 공급되는 클록

▣ 이중 버퍼링 동작

타이머/카운터에서 주기 레지스터(PER)와 비교/캡쳐 레지스터(CCx)는 이중 버퍼링 구조로 되어 있어서 각각 버퍼 플랙(BV) 및 버퍼 레지스터를 하나씩 더 가지고 있다. 버퍼 플랙은 해당 버퍼 레지스터에 새로운 값이 써져서 유효하면 1로 되고, 이것이 레지스터로 UPDATE되어 무효로 되면 0으로 된다.

이를 비교/캡쳐 레지스터의 경우에 대하여 그림으로 설명하면 <그림 2.2.4>와 같다. 즉, 비교/캡쳐 레지스터가 비교 레지스터로 동작하는 경우에는 CCxBUF 레지스터에 값을 쓰면 BV=1로 되고 CCxBUF 레지스터의 값이 CCx 레지스터로 UPDATE되면 BV=0으로 된다. 또한, 비교/캡쳐 레지스터가 캡쳐 레지스터로 동작하는 경우에는 캡쳐 이벤트가 발생하여 카운터 레지스터 값이 CCxBUF 레지스터에 캡쳐되면 BV=1로 되고, CCxBUF 레지스터의 값이 CCx 레지스터로 UPDATE되면 BV=0으로 된다.

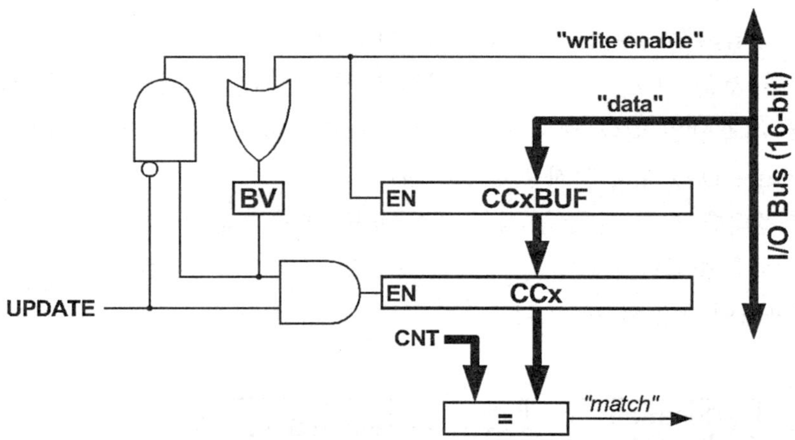

(a) 비교 레지스터로 사용된 경우

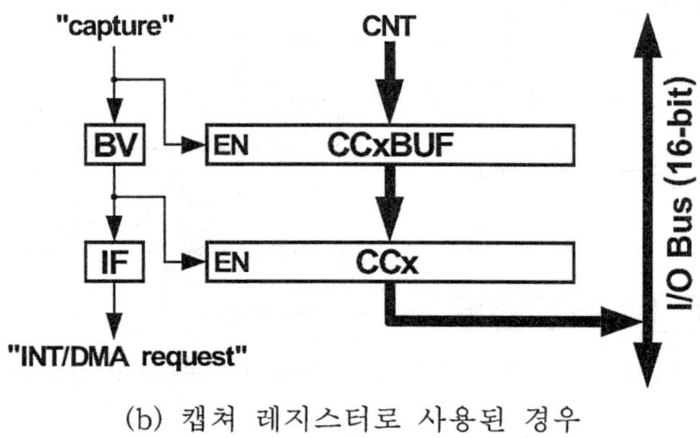

(b) 캡쳐 레지스터로 사용된 경우

<그림 2.2.4> 비교/캡쳐 레지스터의 이중 버퍼링 동작

이와 같이 레지스터의 이중 버퍼링 구조와 UPDATE 조건을 사용하면 여러 레지스터 값의 갱신을 동기화시키는 효과도 있다. 그러나, 이러한 버퍼 레지스터를 사용하지 않고 주기 레지스터 PER이나 비교/캡쳐 레지스터 CCx에 값을 직접 쓰면 이 레지스터는 즉시 새로운 값으로 갱신된다.

(2) 카운터의 일반 모드 동작

ATxmega 패밀리의 타이머/카운터에 클록 신호가 입력되면 동작 모드에 따라 카운터가 증가, 감소, 클리어(clear), 재적재(reload)하는 동작을 수행한다.

타이머/카운터가 일반 모드(Normal mode)로 동작할 때는 <그림 2.2.5>에 보인 것처럼 DIR 비트에 지정된 방향으로 증가 또는 감소한다. 증가 방향으로 동작할 때 카운터 값이 주기 레지스터의 값인 TOP에 이르면 그 다음 클록에서 0으로 클리어되며, 감소 방향으로 동작할 때 카운터 값이 BOTTOM에 이르면 주기 레지스터의 값인 TOP으로 재적재된다. 어느 경우에나 카운터의 값이 TOP으로 될 때 오버플로우 인터럽트가 요청된다.(카운터가 감소 방향으로 동작할 때는 언더플로우 인터럽트라고 한다.)

일반 모드의 동작 중에 임의로 카운터 값을 액세스할 수 있으며, DIR 비트를 수정하여 카운터 방향을 변경할 수도 있다. 일반 모드에서의 카운터 값은 캡쳐 채널의 타이머 베이스로 사용하면 유용하다. 또한, 일반 모드는 FRQ 모드에서와 비슷하게 주기적인 인터럽트를 발생하는 용도로 사용할 수도 있지만 일반 모드에서는 출력 파형이 발생되지 않는다.

CTRLD 레지스터의 이벤트 선택 및 이벤트 동작 설정 기능을 이용하여 카운터가 증가 또는 감소 방향이 되도록 하거나 또는 Qudrature Decoding 동작을 하도록 설정할 수 있다.

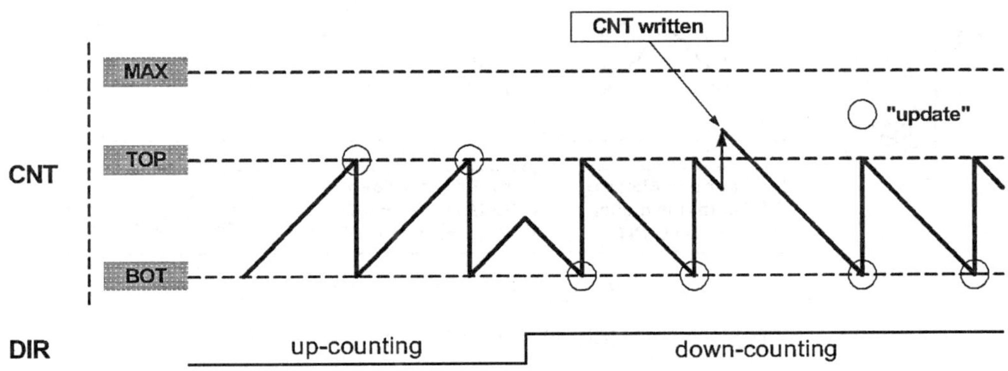

〈그림 2.2.5〉 일반 모드의 동작

2개의 타이머/카운터를 캐스케이드(cascade) 방식으로 연결하면 32비트 카운터로 동작시키는 것도 가능하다. 이를 위해서는 하위에 사용하는 타이머/카운터의 오버플로우 이벤트를 상위 타이머/카운터의 클록 입력으로 사용하면 된다.

타이머/카운터가 일반 모드로 동작하는 중에 주기 레지스터 PER에 새로운 TOP 값을 쓰면 <그림 2.2.6>의 (a)에 보였듯이 이 값이 즉시 적용된다. 이때 만약 새로운 값이 현재의 카운터 레지스터 CNT 값보다 작다면 이번 주기에는 비교 매치가 이루어지지 않으므로 카운터 레지스터의 값은 MAX까지 증가하였다가 BOTTOM으로 되는 wraparound 현상이 발생하게 된다. 이를 방지하려면 <그림 2.2.6>의 (b)에 보인 것처럼 새로운 TOP 값을 주기 레지스터 PER에 쓰지 말고 주기 버퍼 레지스터 PERBUF에 쓰면 된다. 이와 같이 주기 레지스터는 이중 버퍼링의 구조를 가지고 있다.

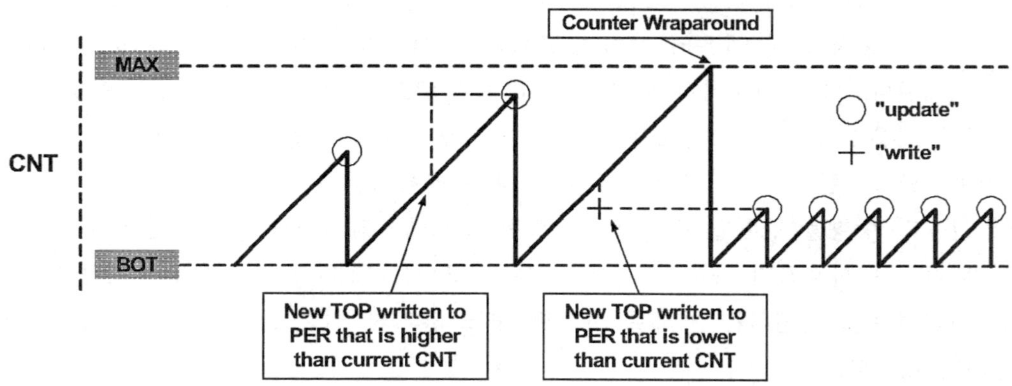

(a) 이중 버퍼링을 사용하지 않고 TOP을 변경하는 경우

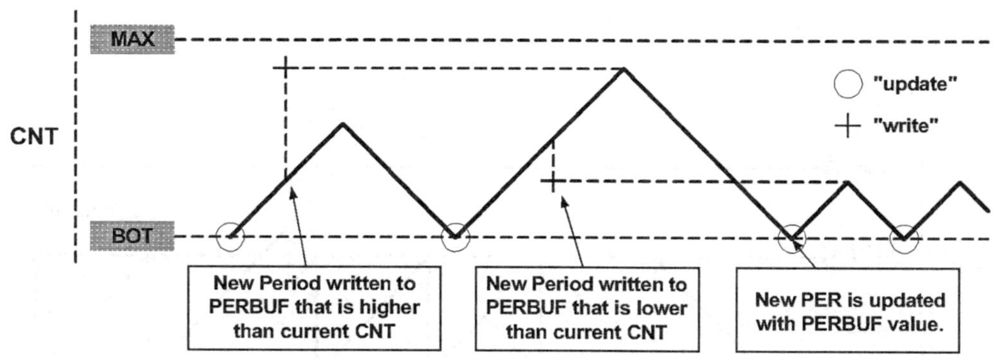

(b) 이중 버퍼링을 사용하여 TOP을 변경하는 경우

〈그림 2.2.6〉 주기 레지스터의 이중 버퍼링 동작

일반 모드에서 오버플로우 인터럽트의 발생 주파수는

$$f_{NORM\_INT} = \frac{f_{PER}}{N \times (1+\mathrm{PER})} \text{ [Hz]}$$

로 표시된다. 여기서, f_{PER}은 주변장치 클록 주파수이며, N은 프리스케일러의 분주비로서 1, 2, 4, 8, 64, 256, 1024 중의 하나를 사용한다.

(3) 비교 채널의 PWM 출력 동작

타이머/카운터의 비교/캡쳐 채널에서는 <그림 2.2.2>에 보인 것처럼 항상 카운터 레지스터 CNT의 값을 비교 레지스터 CCx의 값과 비교한다. 이 비교 결과가 서로 일치(match)하면 그 다음 클록 사이클에서 비교 인터럽트가 요청되며 OCnx 단자에 출력신호를 내보낼 수도 있다. <그림 2.2.7>에 보인 것처럼 병렬 I/O 포트 C, D, E, F의 타이머/카운터 0에는 4개의 비교출력 신호(OC0A~OC0D)를 가지며, 타이머/카운터 1에는 2개의 비교출력 신호(OC0A~OC0B)를 가진다.

모든 비교 레지스터 CCx에는 비교 버퍼 레지스터 CCxBUF를 함께 가지고 있어서 이중 버퍼링(double buffering) 구조로 되어 있으며, CCx 레지스터의 값의 갱신은 카운터가 TOP이나 BOTTOM에 이르러 UPDATE 조건이 성립되었을 때 이루어진다. 타이머/카운터에서 비교 레지스터 CCx의 이중 버퍼링 구조를 사용한 이러한 동기 동작은 FRQ 모드나 PWM 모드에서 비교 레지스터 설정값을 갱신할 때 출력 신호에 원하지 않는 글리치(glitch)가 발생하는 것을 방지한다.

비교/캡쳐 채널이 비교 동작을 수행하여 OCx 단자로 파형을 출력하는 용도로 사용되는 경우에는 다음과 같은 조건이 충족되어야 한다.

① 타이머/카운터가 출력파형 발생을 위한 적절한 동작 모드로 설정되어야 한다.
② 이벤트 동작이 금지되어야 한다.
③ 비교/캡쳐 채널이 인에이블되어 해당 병렬 I/O 포트 핀이 부수적인 기능으로 설정되어야 한다.
④ 해당 병렬 I/O 포트 핀이 출력 방향으로 설정되어야 한다.

ATxmega 패밀리의 타이머/카운터에서 동작 모드는 기존의 ATmega 패밀리에서보다 훨씬 단순해졌지만, 그럼에도 불구하고 동작은 더욱 유연하고 다양해졌다. 그 이유는 바로 주기 레지스터 PER이 새로 생겨서 주기를 제어하는 기능과 비교/캡쳐 레지스터 CCx에 의하여 비교를 담당하는 기능이 독립적으로 분리되었으며, 주기 레지스터와 비교 레지스터에 각각 버퍼 레지스터를 따로 만들어 둠으로써 이중 버퍼링 동작을 사용자가 마음대로 사용할 수 있게 되어 글리치 문제를 쉽게 해결할 수 있도록 개선하였기 때문이다.

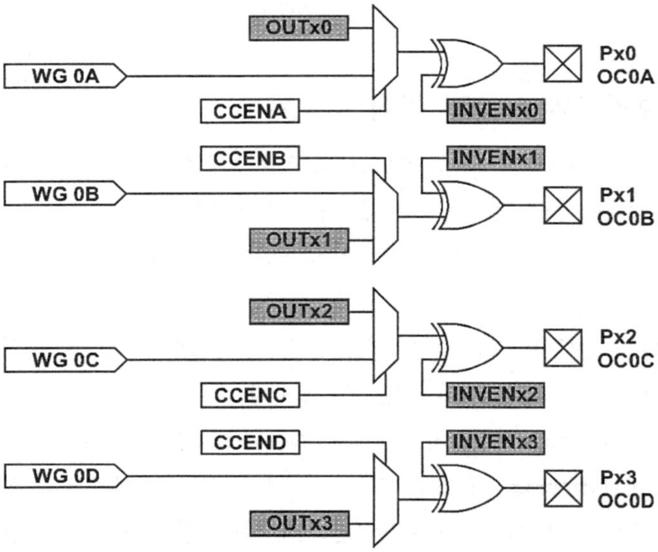

(a) 타이머/카운터 0

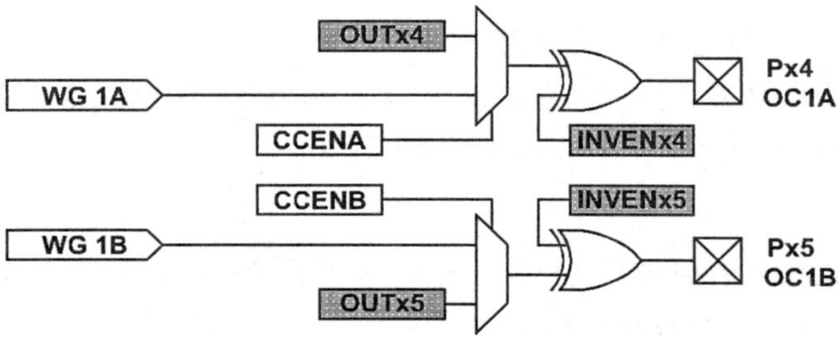

(b) 타이머/카운터 1

〈그림 2.2.7〉 타이머/카운터의 출력 신호 인에이블

타이머/카운터의 출력신호를 병렬 I/O 포트 단자로 출력하려면 해당 핀을 출력 방향으로 설정하고 CTRLB 레지스터에서 CCxEN 비트를 1로 설정하여야 한다. 만약 타이머/카운터의 출력신호를 반전시키려면 병렬 I/O 포트의 PINnCTRL 레지스터에서 INVEN 비트를 1로 설정하면 된다.

▣ FRQ 모드

타이머/카운터가 FRQ 모드(Frequency Waveform Generation mode)로 설정되면 출력 파형의 주기 T는 주기 레지스터 PER이 아니라 비교/캡쳐 레지스터 CCA에 의하여 결정된다. DIR 비트의 설정에 따라 카운터는 증가 방향 또는 감소 방향으로 동작할 수 있다. 카운터 레지스터 CNT의 값이 CCA 레지스터 값과 같아지는 비교 매치(compare match)가 발생할 때마다 오버플로우 인터럽트 및 비교 매치 A 인터럽트가 동시에 요청되며, 파형 발생기에서 출력 신호를 토글한다. FRQ 모드의 동작을 그림으로 설명하면 <그림 2.2.8>과 같다.

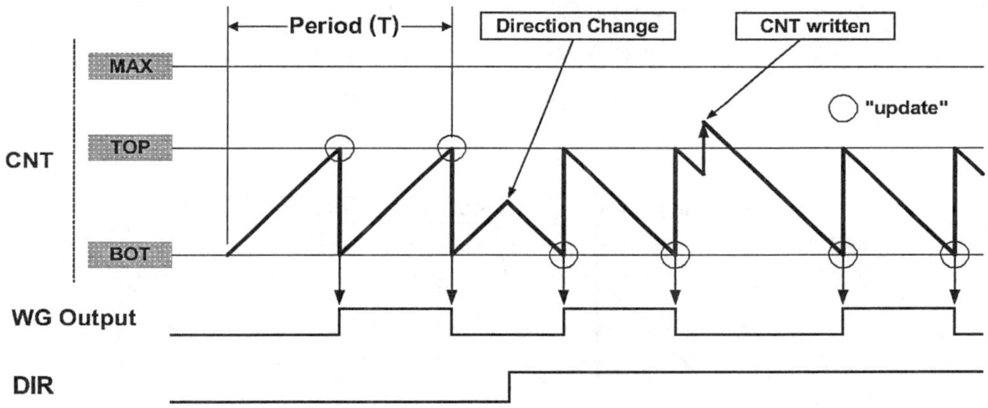

〈그림 2.2.8〉 FRQ 모드의 동작

ATxmega 패밀리의 타이머/카운터에서 FRQ 모드는 기존의 ATmega 패밀리에서 타이머/카운터에 있는 CTC 모드와 유사하다. 이 동작 모드는 주기적인 인터럽트를 발생하거나 원하는 주파수의 듀티비 50%인 구형파 출력신호를 발생하는데 유용하다.

FRQ 모드에서 오버플로우 인터럽트의 발생 주파수는

$$f_{FRQ\_INT} = \frac{f_{PER}}{N \times (1 + \mathrm{CCA})} \text{ [Hz]}$$

로 표시되고, 인터럽트가 발생할 때마다 출력 신호가 토글되므로 2차례의 인터럽트가 1주기의 출력신호를 만들게 되어 출력신호의 주파수는

$$f_{FRQ} = \frac{f_{PER}}{2 \times N \times (1 + \mathrm{CCA})} \text{ [Hz]}$$

로 표시된다. 여기서, f_{PER}은 주변장치 클록 주파수이며, N은 프리스케일러의 분주비로서 1, 2, 4, 8, 64, 256, 1024 중의 하나를 사용한다.

▣ SS PWM 모드

타이머/카운터가 SS PWM(Single Slope PWM) 모드로 설정되면 카운터는 항상 BOTTOM에서 TOP까지 증가 방향으로만 동작하며, 출력 파형의 주기 T는 주기 레지스터 PER에 의하여 결정된다. 카운터의 값이 TOP에 이르면 다시 BOTTOM부터 시작하며 오버플로우 인터럽트가 요청된다.

한 주기가 시작될 때 출력 신호는 H로 되고, 카운터 레지스터 CNT의 값이 증가하는 동안에 항상 비교/캡쳐 레지스터 CCx와 비교되며 비교 매치가 발생할 때마다 비교 인터럽트가 요청되면서 파형 발생기에서 출력 신호를 L로 만든다. 따라서, SS PWM 모드에서는 <그림 2.2.9>에서와 같이 PWM 신호를 출력할 수 있게 된다.

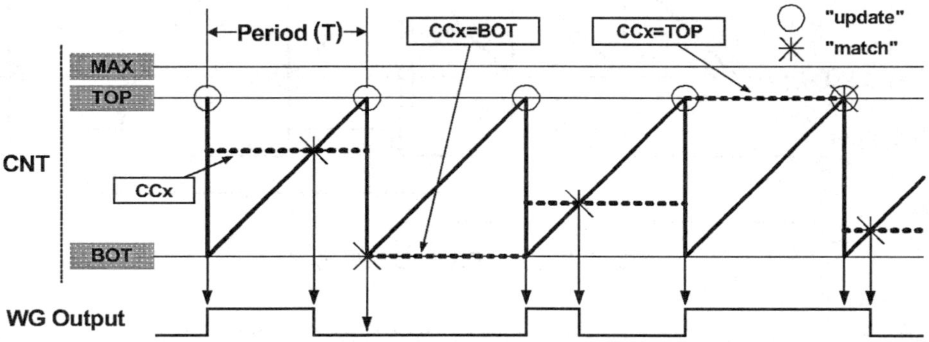

〈그림 2.2.9〉 SS PWM 모드의 동작

비교/캡쳐 레지스터 CCx의 값을 BOTTOM으로 설정하면 듀티비는 0%가 되며, TOP으로 설정하면 듀티비는 100%가 된다. SS PWM 모드에서 주기 레지스터 PER의 값은 적어도 0x0003 이상으로 설정해야 한다.

ATxmega 패밀리의 타이머/카운터에서 SS PWM 모드는 기존의 ATmega 패밀리에서 타이머/카운터에 있는 고속 PWM 모드와 유사하다. 이 동작 모드는 주파수가 높은 PWM 신호를 발생하는데 유용하다.

SS PWM 모드에서 주기 레지스터에 의한 PWM 출력신호의 주파수는

$$f_{PWM\_SS} = \frac{f_{PER}}{N \times (1 + \mathrm{PER})} \ [\mathrm{Hz}]$$

로 표시된다. 여기서, f_{PER}은 주변장치 클록 주파수이며, N은 프리스케일러의 분주비로서 1, 2, 4, 8, 64, 256, 1024 중의 하나를 사용한다.

▣ DS PWM 모드

타이머/카운터가 DS PWM(Dual Slope PWM) 모드로 설정되면 카운터는 항상 BOTTOM에서 TOP까지 증가하였다가 다시 BOTTOM으로 감소하는 동작을 수행하며, 출력 파형의 주기 T는 주기 레지스터 PER에 의하여 결정된다. DS PWM 모드에는 카운터의 값이 TOP에 이르면 오버플로우 인터럽트가 요청되는 경우와 반대로 카운터의 값이 BOTTOM에 이르면 오버플로우 인터럽트가 요청되는 경우, 그리고 카운터의 값이 TOP과 BOTTOM에서 모두 오버플로우 인터럽트가 요청되는 경우 등 3가지 종류가 있다.

한 주기가 시작될 때 출력 신호는 무조건 H로 되고, 카운터 레지스터 CNT의 값이 증가하는 동안에 비교 매치가 발생하면 출력 신호가 L로 되며, 카운터 레지스터 CNT의 값이 감소하는 동안에 비교 매치가 발생하면 출력 신호가 H로 된다. 따라서, DS PWM 모드에서는 <그림 2.2.10>에서와 같이 PWM 신호를 출력할 수 있게 된다.

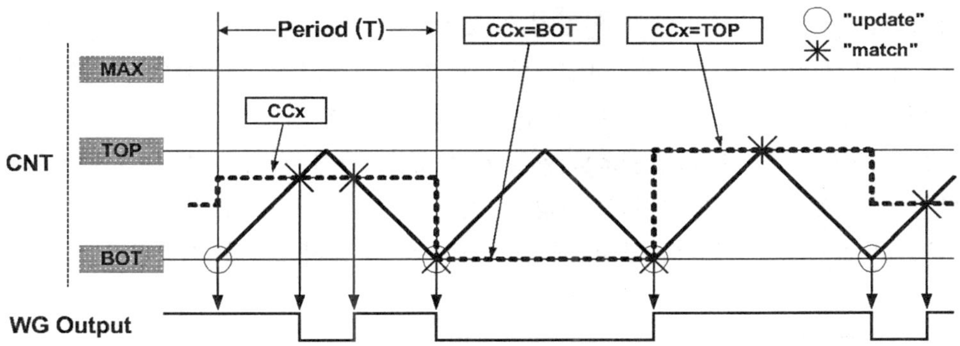

〈그림 2.2.10〉 DS PWM 모드의 동작

비교/캡쳐 레지스터 CCx의 값을 BOTTOM으로 설정하면 듀티비는 0%가 되며, TOP으로 설정하면 듀티비는 100%가 된다. DS PWM 모드에서 주기 레지스터 PER의 값은 적어도 0x0003 이상으로 설정해야 한다.

ATxmega 패밀리의 타이머/카운터에서 DS PWM 모드는 기존의 ATmega 패밀리에서 타이머/카운터에 있는 PFC PWM 모드와 유사하다. 이 동작 모드는 주파수가 낮은 PWM 신호를 발생하는데 유용하다.

DS PWM 모드에서 주기 레지스터에 의한 PWM 출력신호의 주파수는

$$f_{PWM\_DS} = \frac{f_{PER}}{2 \times N \times \mathrm{PER}} \text{ [Hz]}$$

로 표시된다. 여기서, f_{PER}은 주변장치 클록 주파수이며, N은 프리스케일러의 분주비로서 1, 2, 4, 8, 64, 256, 1024 중의 하나를 사용한다.

(4) 캡쳐 채널 동작

ATxmega 패밀리의 타이머/카운터에서 비교/캡쳐 채널은 캡쳐 기능으로 사용될 수 있다. 캡쳐 동작을 위해서는 타이머/카운터가 일반 모드로 설정되어야 하며, 캡쳐 트리거에는 이벤트 신호가 사용된다.

CTRLD 레지스터의 이벤트 소스 선택에서 임의의 이벤트 채널이 CCA 채널의 캡쳐 트리거로 설정되면 그 이후의 이벤트 채널들이 차례로 나머지 CCx 채널의 캡쳐를 트리거한다. 이를 그림으로 설명하면 <그림 2.2.11>과 같다.

타이머/카운터의 캡쳐 동작은 여러 가지가 있는데 이는 CTRLD 레지스터의 이벤트 동작 선택으로 설정한다. 병렬 I/O 포트의 핀이 캡쳐 동작의 이벤트 소스로 사용되는 경우에는 입력 신호 검출방식이 어떻게 설정되어 있는지에 따라 트리거 동작이 수행되며, 주기 레지스터 PER의 값이 0x8000 이하(비트15가 0)로 설정되어 있다면 캡쳐된 값의 MSB에는 트리거 입력신호의 극성이 저장된다. 즉, 하강 에지 입력이 캡쳐 트리거로 사용되었다면 이 비트는 0으로 저장되고 상승 에지 입력이 캡쳐 트리거로 사용되었다면 이 비트는 1이 저장된다. 그러나, 주기 레지스터 PER의 비트15가 1이면 16비트의 카운터 레지스터 CNT의 값이 그대로 캡쳐 버퍼 레지스터에 저장된다.

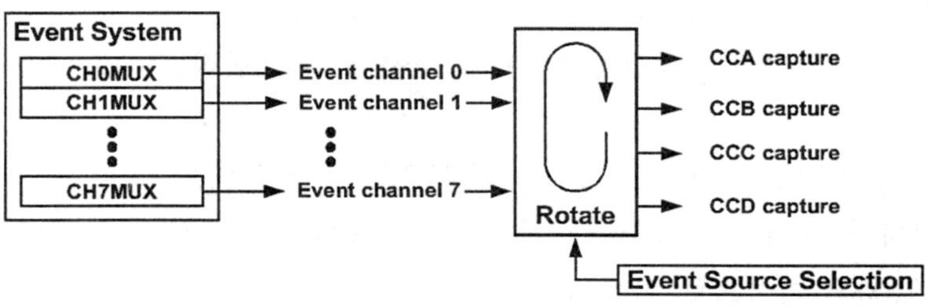

〈그림 2.2.11〉 캡쳐 동작을 위한 이벤트 소스의 선택

2개의 타이머/카운터를 캐스케이드 방식으로 연결하면 32비트 입력 캡쳐 동작도 가능하다. 이를 위해서는 하위에 사용하는 타이머/카운터의 오버플로우 이벤트를 상위

타이머/카운터의 클록 입력으로 사용하면 된다. 이 경우에는 하위 타이머/카운터에서 오버플로우 이벤트가 발생하고 주변장치 클록으로 1사이클이 지나야 상위 타이머/카운터가 갱신되므로 상위 타이머/카운터의 캡처 동작은 CTRLD 레지스터에서 타이머 지연 이벤트 기능을 갖도록 설정되어야 한다.

타이머/카운터가 캡쳐 동작을 수행할 때 만약 버퍼 플랙 BV가 세트되어 있거나 캡쳐 인터럽트 플랙이 세트되어 있을 경우 또다시 새로운 캡쳐 이벤트가 발생하면 기존의 캡쳐 데이터 값을 잃어버리게 되므로 새로운 캡쳐 동작이 거부되며 타이머/카운터 에러 인터럽트가 요청된다.

▣ 입력 캡쳐 모드

CTRLD 레지스터의 이벤트 소스 선택에서 입력 캡쳐 CAPT(Input Capture) 모드로 설정되면 캡쳐 채널에서 들어오는 이벤트에 의하여 캡쳐 동작이 수행된다. 캡쳐 동작이 수행되면 <그림 2.2.4> (b)에서 보였던 것처럼 카운터 레지스터의 값이 CCxBUF 레지스터에 저장되며 버퍼 플랙 BV가 셋트되고 이는 이중 버퍼링 동작으로 처리되면서 곧 캡쳐 인터럽트로 연결된다.

<그림 2.2.12>에는 입력 캡쳐 모드에서 반복적으로 들어오는 이벤트에 의하여 캡쳐 동작이 수행되는 모습을 보이고 있다. 이때 카운터 레지스터는 BOTTOM에서 TOP으로 증가한다.

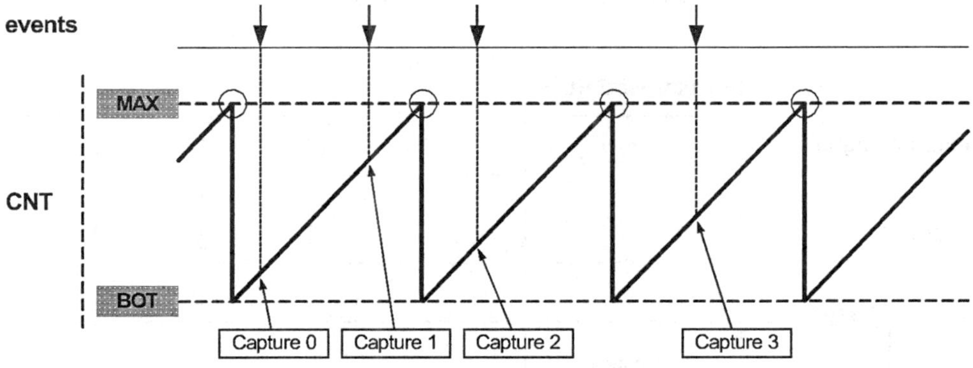

<그림 2.2.12> 입력 캡쳐 모드의 동작

■ FRQ 캡쳐 모드

타이머/카운터를 FRQ 캡쳐 또는 주파수 캡쳐(frequency capture) 모드로 설정하면 캡쳐 이벤트 채널의 입력에 의하여 캡쳐 동작이 수행되고 임의의 이벤트에 의하여 카운터값이 BOTTOM에서 다시 시작된다.

따라서, 이 동작 모드는 <그림 2.2.13>에서 보듯이 이벤트로 사용된 신호의 주기 또는 주파수를 측정하는데 유용하며, 이런 목적으로 사용하려면 캡쳐 이벤트 채널을 하나만 설정해야 한다.

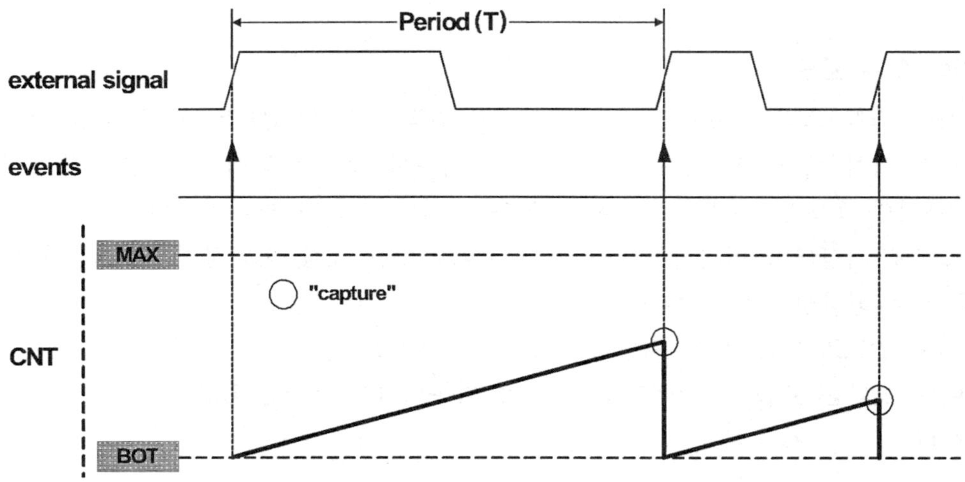

〈그림 2.2.13〉 FRQ 캡쳐 모드의 동작

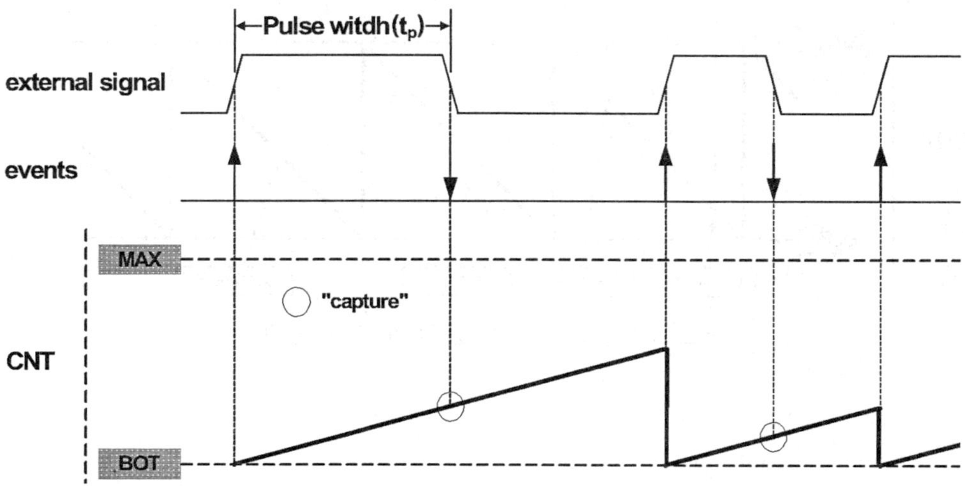

〈그림 2.2.14〉 PW 캡쳐 모드의 동작

▣ PW 캡쳐 모드

타이머/카운터를 PW 캡쳐 또는 펄스폭 캡쳐(pulse-width capture) 모드로 설정하면 캡쳐 이벤트 채널의 하강 에지 입력에 의하여 캡쳐 동작이 수행되고 상승 에지 입력에 의하여 카운터 값이 BOTTOM에서 다시 시작된다.

따라서, 이 동작 모드는 <그림 2.2.14>에서 보듯이 이벤트로 사용된 신호의 펄스폭을 측정하는데 유용하며, 이런 목적으로 사용하려면 병렬 I/O 포트의 입력 이벤트 신호를 상승 에지 및 하강 에지에서 모두 인식하도록 설정해야 한다.

(5) DMA 지원 기능 및 타이머/카운터 명령

ATxmega 패밀리의 타이머/카운터에서 발생하는 인터럽트 플랙은 DMA 전송을 위한 트리거로 사용될 수 있다. 이를 요약하면 <표 2.2.1>과 같다.

〈표 2.2.1〉 DMA 트리거 소스로 사용되는 타이머/카운터 인터럽트

인터럽트 플랙	DMA 동작	비고
OVFIF	DMA 컨트롤러가 CNT 값을 라이트 DMA 컨트롤러가 PER 값을 라이트 DMA 컨트롤러가 PERBUF 값을 라이트	
ERRIF	-	
CCxIF	DMA 컨트롤러가 CCx 값을 라이트 DMA 컨트롤러가 CCxBUF 값을 라이트	입력 캡처 동작 출력 비교 동작

타이머/카운터에는 소프트웨어적으로 현재의 상태를 즉시 변경할 수 있는 몇가지 명령을 사용할 수 있다. 이 명령들은 CTRLFSET 또는 CTRLFCLR 레지스터를 사용하여 수행하는데, UPDATE, RESTART, RESET 등 3가지가 있다.

UPDATE 명령은 타이머/카운터에서 UPDATE 조건이 발생한 것과 동일한 효과가 있으며, 만약 LUPD(Lock Update) 비트를 1로 설정하였다면 UPDATE 명령이나 조건은 무시된다.

RESTART 명령은 카운터 레지스터 CNT의 값, 방향 비트 DIR, OCx 출력 등을 모두 0으로 하고 출력 파형의 주기를 다시 시작한다.

RESET 명령은 타이머/카운터가 동작하지 않는 OFF 상태에 있을 때만 사용할 수 있으며, 타이머/카운터의 모든 레지스터를 초기 디폴트값으로 만든다.

3. 타이머/카운터의 I/O 제어 레지스터

ATxmega128A1에서 타이머/카운터의 I/O 제어 레지스터를 요약하면 <표 2.2.2>와 같다.

〈표 2.2.2〉 타이머/카운터의 I/O 제어 레지스터 요약

오프셋	레지스터 이름	비트7	비트6	비트5	비트4	비트3	비트2	비트1	비트0
+0x00	TCxn_CTRLA	–	–	–	–	CLKSEL[7:0]			
+0x01	TCxn_CTRLB	CCDEN	CCCEN	CCBEN	CCAEN	–	WGMODE[2:0]		
+0x02	TCxn_CTRLC	–	–	–	–	CMPD	CMPC	CMPB	CMPA
+0x03	TCxn_CTRLD	EVACT[2:0]			EVDLY	EVSEL[3:0]			
+0x04	TCxn_CTRLE	–	–	–	–	–	–	–	BYTEM
+0x05	(reserved)	–	–	–	–	–	–	–	–
+0x06	TCxn_INTCTRLA	–	–	–	–	ERRINTLVL[1:0]		OVFINTLVL[1:0]	
+0x07	TCxn_INTCTRLB	CCDINTLVL[1:0]		CCCINTLVL[1:0]		CCBINTLVL[1:0]		CCAINTLVL[1:0]	
+0x08	TCxn_CTRLFCLR	–	–	–	–	CMD[1:0]		LUPD	DIR
+0x09	TCxn_CTRLFSET	–	–	–	–	CMD[1:0]		LUPD	DIR
+0x0A	TCxn_CTRLGCLR	–	–	–	CCDBV	CCCBV	CCBBV	CCABV	PERBV
+0x0B	TCxn_CTRLGSET	–	–	–	CCDBV	CCCBV	CCBBV	CCABV	PERBV
+0x0C	TCxn_INTFLAGS	CCDIF	CCCIF	CCBIF	CCAIF	–	–	ERRIF	OVFIF
+0x0D	(reserved)	–	–	–	–	–	–	–	–
+0x0E	(reserved)	–	–	–	–	–	–	–	–
+0x0F	TCxn_TEMP	TEMP[7:0]							
+0x10 ~ +0x1F	(reserved)	–	–	–	–	–	–	–	–
+0x20	TCxn_CNTL	CNT[7:0]							
+0x21	TCxn_CNTH	CNT[15:8]							
+0x22 ~ +0x25	(reserved)	–	–	–	–	–	–	–	–
+0x26	TCxn_PERL	PER[7:0]							
+0x27	TCxn_PERH	PER[15:8]							
+0x28	TCxn_CCAL	CCA[7:0]							
+0x29	TCxn_CCAH	CCA[15:8]							
+0x2A	TCxn_CCBL	CCB[7:0]							
+0x2B	TCxn_CCBH	CCB[15:8]							
+0x2C	TCxn_CCCL	CCC[7:0]							
+0x2D	TCxn_CCCH	CCC[15:8]							
+0x2E	TCxn_CCDL	CCD[7:0]							
+0x2F	TCxn_CCDH	CCD[15:8]							
+0x30 ~ +0x35	(reserved)	–	–	–	–	–	–	–	–
+0x36	TCxn_PERBUFL	PERBUF[7:0]							
+0x37	TCxn_PERBUFH	PERBUF[15:8]							
+0x38	TCxn_CCABUFL	CCABUF[7:0]							
+0x39	TCxn_CCABUFH	CCABUF[15:8]							
+0x3A	TCxn_CCBBUFL	CCBBUF[7:0]							
+0x3B	TCxn_CCBBUFH	CCBBUF[15:8]							
+0x3C	TCxn_CCCBUFL	CCCBUF[7:0]							
+0x3D	TCxn_CCCBUFH	CCCBUF[15:8]							
+0x3E	TCxn_CCDBUFL	CCDBUF[7:0]							
+0x3F	TCxn_CCDBUFH	CCDBUF[15:8]							

▣ 제어 레지스터 CTRLA

	b7	b6	b5	b4	b3	b2	b1	b0	
옵셋 +0x00	-	-	-	-	CLKSEL[3:0]				CTRLA
읽기/쓰기 기능	R	R	R	R	R/W	R/W	R/W	R/W	
리셋후 초기값	0	0	0	0	0	0	0	0	

〈그림 2.2.15〉 제어 레지스터 CTRLA

• CLKSEL[3:0] : Clock Select
　타이머/카운터에 공급되는 클록 소스를 <표 2.2.3>과 같이 지정한다. 만약, 고해상도 확장 모듈이 사용된다면 CLKSEL = 0001로 설정해야 한다.

〈표 2.2.3〉 클록 소스의 선택

CLKSEL[3:0]	그룹 설정	기 능
0000	OFF	타이머/카운터가 정지하여 OFF 상태로 된다.
0001	DIV1	프리스케일러 : clk_{PER} / 1
0010	DIV2	프리스케일러 : clk_{PER} / 2
0011	DIV4	프리스케일러 : clk_{PER} / 4
0100	DIV8	프리스케일러 : clk_{PER} / 8
0101	DIV64	프리스케일러 : clk_{PER} / 64
0110	DIV256	프리스케일러 : clk_{PER} / 256
0111	DIV1024	프리스케일러 : clk_{PER} / 1024
1xxx	EVCHn	이벤트 채널 n (n = 0, 1, ... , 7)

▣ 제어 레지스터 CTRLB

	b7	b6	b5	b4	b3	b2	b1	b0	
옵셋 +0x01	CCDEN	CCCEN	CCBEN	CCAEN	-	WGMODE[2:0]			CTRLB
읽기/쓰기 기능	R/W	R/W	R/W	R/W	R	R/W	R/W	R/W	
리셋후 초기값	0	0	0	0	0	0	0	0	

〈그림 2.2.16〉 제어 레지스터 CTRLB

• CCxEN : Compare or Capture Channel x Enable
　FRQ나 PWM 파형발생 모드에서 병렬 I/O 포트를 무시하고 OCx 단자에 출력신호를 내보내도록 설정한다. 캡처 동작에서는 CCx 채널에서 캡처 동작이 일어나도록 설정한다.

• WGMODE[2:0] : Waveform Generation Mode
　이 비트들은 <표 2.2.4>에 보인 바와 같이 파형 발생 모드, 카운터의 동작 순서, TOP으로 사용되는 레지스터, UPDATE 조건, 인터럽트/이벤트 발생 조건 등을 설정한다. 일반 모드(normal mode)에서는 파형이 발생되지 않으며, 나머지 모드에서는 CCxEN 비트를 1로 설정하면 OCx 단자에 파형이 출력된다. 이때 OCx 단자에 해당하는 병렬 I/O 포트는 출력방향으로 설정되어 있어야 한다.

〈표 2.2.4〉 파형 발생 모드의 선택

WGMODE[2:0]	그룹 설정	동작 모드	TOP	UPDATE	OVFIF = 1로 되는 순간
000	NORMAL	Normal	PER	TOP	TOP
001	FRQ	FRQ	CCA	TOP	TOP
010	-	(reserved)	-	-	-
011	SS	Single Slope PWM	PER	BOTTOM	BOTTOM
100	-	(reserved)	-	-	-
101	DS_T	Dual Slope PWM	PER	BOTTOM	TOP
110	DS_TB	Dual Slope PWM	PER	BOTTOM	TOP 및 BOTTOM
111	DS_B	Dual Slope PWM	PER	BOTTOM	BOTTOM

▣ 제어 레지스터 CTRLC

	b7	b6	b5	b4	b3	b2	b1	b0	
옵셋 +0x02	–	–	–	–	CMPD	CMPC	CMPB	CMPA	**CTRLC**
읽기/쓰기 기능	R	R	R	R	R/W	R/W	R/W	R/W	
리셋후 초기값	0	0	0	0	0	0	0	0	

〈그림 2.2.17〉 제어 레지스터 CTRLC

- CMPx : Compare Output Value
  타이머/카운터가 OFF 상태에 있을 때 파형 발생기의 출력 값을 지정한다. 타이머/카운터가 OFF 상태로 동작이 멈추어 있는 경우에는 이 값이 OCx 단자로 출력된다.

▣ 제어 레지스터 CTRLD

	b7	b6	b5	b4	b3	b2	b1	b0	
옵셋 +0x03	EVACT[2:0]			EVDLY	EVSEL[3:0]				**CTRLD**
읽기/쓰기 기능	R/W	R/W	R/W	R/W	R/W	R/W	R/W	R/W	
리셋후 초기값	0	0	0	0	0	0	0	0	

〈그림 2.2.18〉 제어 레지스터 CTRLD

- EVACT[2:0] : Timer Event Action
  이벤트가 입력되었을 때 타이머/카운터가 수행해야 하는 이벤트 동작을 <표 2.2.5>처럼 정의한다. 어느 이벤트 채널이 사용되는 EVSEL[3:0]으로 지정한다.

〈표 2.2.5〉 이벤트 동작의 선택

EVACT[2:0]	그룹 설정	이벤트 동작
000	OFF	아무 동작도 하지 않는다.
001	CAPT	입력 캡쳐(Input Capture)
010	UPDOWN	카운터를 외부에서 up/down으로 제어
011	QDEC	Qudrature Decoding
100	RESTART	출력 파형의 주기를 새로 시작한다.
101	FRQ	주파수 캡쳐(Frequency Capture)
110	PW	펄스 폭 캡쳐(Pulse Width Capture)
111	–	(reserved)

- EVDLY : Timer Delay Event
  선택된 이벤트 소스에 의한 이벤트 동작이 주변장치 클록의 1주기만큼 지연되도록 한다. 이것은 2개의 타이머/카운터를 캐스케이드(cascade) 접속하여 32비트 입력 캡쳐로 사용할 때 유용하다.

〈표 2.2.6〉 이벤트 소스의 선택

EVSEL[4:0]	그룹 설정	이벤트 소스
0000	OFF	아무 것도 선택하지 않는다.
0001 ~ 0111	–	(reserved)
1xxx	CHn	이벤트 채널 n (n = 0, 1, ... , 7)

• EVSEL[3:0] : Timer Event Source Select
타이머/카운터를 위한 이벤트 소스 채널을 <표 2.2.6>처럼 지정한다. 선택된 이벤트 채널의 동작 내용은 EVACT[2:0]으로 지정한다. 선택된 채널의 이벤트 동작이 캡쳐 동작일 경우에는 선택된 채널 n이 CCA의 소스라면 CCB의 이벤트 소스는 채널 (n+1) % 8이고, CCC의 이벤트 소스는 채널 (n+2) % 8이며, CCD의 이벤트 소스는 채널 (n+3) % 8이다.

▣ 제어 레지스터 CTRLE

	b7	b6	b5	b4	b3	b2	b1	b0	
옵셋 +0x04	–	–	–	–	–	–	–	BYTEM	CTRLE
읽기/쓰기 기능	R	R	R	R	R	R	R	R/W	
리셋후 초기값	0	0	0	0	0	0	0	0	

〈그림 2.2.18〉 제어 레지스터 CTRLE

• BYTEM : Byte Mode
타이머/카운터가 바이트(8비트) 모드로 동작하도록 설정한다. 바이트 모드로 설정되면 TEMP 레지스터는 사용되지 않으며, 카운터 레지스터의 상위 바이트 CNTH는 0으로 된다.

▣ 인터럽트 제어 레지스터 INTCTRLA

	b7	b6	b5	b4	b3	b2	b1	b0	
옵셋 +0x06	–	–	–	–	ERRINTLVL[1:0]		OVFINTLVL[1:0]		INTCTRLA
읽기/쓰기 기능	R	R	R	R	R/W	R/W	R/W	R/W	
리셋후 초기값	0	0	0	0	0	0	0	0	

〈그림 2.2.19〉 인터럽트 제어 레지스터 INTCTRLA

• ERRINTLVL[1:0] : Timer Error Interrupt Level
타이머/카운터의 에러 인터럽트를 허용하고 그 인터럽트 레벨을 설정한다.
• OVFINTLVL[1:0] : Timer Error Overflow/Underflow Interrupt Level
타이머/카운터의 오버플로우(증가 동작) 또는 언더플로우(감소 동작) 인터럽트를 허용하고 그 인터럽트 레벨을 설정한다.

▣ 인터럽트 제어 레지스터 INTCTRLB

	b7	b6	b5	b4	b3	b2	b1	b0	
옵셋 +0x07	CCDINTLVL[1:0]		CCCINTLVL[1:0]		CCBINTLVL[1:0]		CCAINTLVL[1:0]		INTCTRLB
읽기/쓰기 기능	R/W	R/W	R/W	R/W	R/W	R/W	R/W	R/W	
리셋후 초기값	0	0	0	0	0	0	0	0	

〈그림 2.2.20〉 인터럽트 제어 레지스터 INTCTRLB

• CCxINTLVL[1:0] : Compare or Capture Interrupt Level
타이머/카운터의 비교/캡쳐 채널 x의 인터럽트를 허용하고 그 인터럽트 레벨을 설정한다.

▣ 제어 레지스터 F 클리어/세트 레지스터 CTRLFCLR/CTRLFSET

이들 레지스터는 타이머/카운터에게 소프트웨어 명령을 내리거나 또는 타이머/카운터의 상태를 0으로 클리어하거나 1로 세트하는데 사용된다.

	b7	b6	b5	b4	b3	b2	b1	b0	
옵셋 +0x08	–	–	–	–	CMD[1:0]		LUPD	DIR	CTRLFCLR
읽기/쓰기 기능	R	R	R	R	R/W	R/W	R/W	R/W	
리셋후 초기값	0	0	0	0	0	0	0	0	

〈그림 2.2.21〉 제어 레지스터 F 클리어 레지스터 CTRLFCLR

	b7	b6	b5	b4	b3	b2	b1	b0	
옵셋 +0x09	–	–	–	–	CMD[1:0]		LUPD	DIR	CTRLFSET
읽기/쓰기 기능	R	R	R	R	R/W	R/W	R/W	R/W	
리셋후 초기값	0	0	0	0	0	0	0	0	

〈그림 2.2.22〉 제어 레지스터 F 세트 레지스터 CTRLFSET

- CMD[1:0] : Timer/Counter Command
  타이머/카운터에서 즉시 실행할 소프트웨어 명령을 〈표 2.2.7〉처럼 지정한다. 이 레지스터를 읽으면 명령 비트들은 항상 0으로 읽혀진다.

〈표 2.2.7〉 타이머/카운터 명령의 선택

CMD[1:0]	그룹 설정	명령의 동작
00	NONE	아무 동작도 수행하지 않는다.
01	UPDATE	강제로 타이머/카운터를 UPDATE한다.
10	RESTART	강제로 타이머/카운터를 RESTART한다.
11	RESET	강제로 타이머/카운터를 RESET한다. (타이머/카운터가 OFF 상태에 있을 때만 유효하다)

- LUPD : Lock Update
  이 비트를 1로 설정하면 타이머/카운터에서 UPDATE 명령이나 UPDATE 조건이 발생하더라도 버퍼 레지스터의 갱신이 수행되지 않는다. 이 비트는 입력 캡쳐 동작이 설정되어 있을 경우에는 유효하지 않다.
- DIR : Counter Direction
  이 비트를 0으로 설정하면 카운터가 증가 방향으로 동작하고, 1로 설정하면 카운터가 감소 방향으로 동작한다. 파형 발생 모드에서는 카운터의 증가/감소 방향이 하드웨어적으로 결정되어 있지만 이를 사용하면 사용자가 소프트웨어적으로 변경할 수 있다.

▣ 제어 레지스터 G 클리어/세트 레지스터 CTRLGCLR/CTRLGSET

이들 레지스터는 타이머/카운터의 여러 가지 BV 비트를 0으로 클리어하거나 1로 세트하는데 사용된다.

	b7	b6	b5	b4	b3	b2	b1	b0	
옵셋 +0x0A	–	–	–	CCDBV	CCCBV	CCBBV	CCABV	PERBV	CTRLGCLR
읽기/쓰기 기능	R	R	R	R/W	R/W	R/W	R/W	R/W	
리셋후 초기값	0	0	0	0	0	0	0	0	

〈그림 2.2.23〉 제어 레지스터 G 클리어 레지스터 CTRLGCLR

	b7	b6	b5	b4	b3	b2	b1	b0	
옵셋 +0x0B	–	–	–	CCDBV	CCCBV	CCBBV	CCABV	PERBV	CTRLGSET
읽기/쓰기 기능	R	R	R	R/W	R/W	R/W	R/W	R/W	
리셋후 초기값	0	0	0	0	0	0	0	0	

〈그림 2.2.24〉 제어 레지스터 G 세트 레지스터 CTRLGSET

- CCxBV : Compare or Capture x Buffer Register Valid
  이 비트들은 CCxBUF 레지스터에 새로운 값이 써지면 1로 되고 이 값이 CCx 레지스터로 UPDATE되면 자동으로 0이 된다. 입력 캡쳐 동작에서는 캡쳐 이벤트가 발생할 때 이 비트가 1로 되고 인터럽트 처리가 시작되어 이에 대응하는 CCxIF 비트가 클리어될 때 0으로 된다.
- PERBV : Period Buffer Register Valid
  이 비트는 PERBUF 레지스터에 새로운 값이 써지면 1로 되고 이 값이 PER 레지스터로 UPDATE되면 자동으로 0이 된다.

▣ 인터럽트 플랙 레지스터 INTFLAGS

	b7	b6	b5	b4	b3	b2	b1	b0	
옵셋 +0x0C	CCDIF	CCCIF	CCBIF	CCAIF	–	–	ERRIF	OVFIF	**INTFLAGS**
읽기/쓰기 기능	R/W	R/W	R/W	R/W	R	R	R/W	R/W	
리셋후 초기값	0	0	0	0	0	0	0	0	

〈그림 2.2.25〉 인터럽트 플랙 레지스터 INTFLAGS

- CCxIF : Compare or Capture Channel x Interrupt Flag
  비교 매치가 발생하여 비교 인터럽트가 요청되거나 입력 캡쳐 이벤트가 입력되어 캡쳐 인터럽트가 요청되면 이 비트가 1로 된다. 비교 매치는 카운터 레지스터 CNT와 비교 레지스터 CCx의 값이 같아지는 것을 의미하고, 이렇게 세트된 CCxIF 플랙 비트는 인터럽트 처리가 시작되면 자동으로 클리어된다. 입력 캡쳐 이벤트가 입력되면 카운터 레지스터 값이 캡쳐되어 CCxBUF 레지스터에 저장되고 CCxBV 비트와 CCxIF 플랙이 함께 1로 세트되며, 이렇게 세트된 플랙 비트는 CCx 레지스터를 읽으면 자동으로 클리어된다.
  CCxIF 플랙은 DMA 전송을 요청하는데도 사용된다. DMA 컨트롤러가 CCx 또는 CCxBUF 레지스터를 액세스하면 CCxIF 플랙이 클리어되며 DMA 요청이 해제된다.
- ERRIF : Error Interrupt Flag
  FRQ 또는 PWM 파형 발생 모드에서는 AWeX 확장모듈의 fault가 검출되면 ERRIF 플랙이 1로 된다. 캡쳐 동작에서는 버퍼 오버플로우가 발생하면 ERRIF 플랙이 1로 된다. QDEC 동작에서는 옳지 않은 인덱스 신호가 주어졌을 때 ERRIF 플랙이 1로 된다. 어느 경우에든지 해당 인터럽트의 처리가 시작되면 이 플랙 비트는 클리어된다.
- OVFIF : Overflow/Underflow Interrupt Flag
  카운터가 증가 방향으로 동작할 때 TOP에 이르러 오버플로우가 발생하거나 감소 방향으로 동작할 때 BOTTOM에 이르러 언더플로우가 발생하면 이 플랙 비트가 1로 세트된다. 인터럽트 처리가 시작되면 이 플랙 비트는 클리어된다.
  OVFIF 플랙은 DMA 전송을 요청하는데도 사용된다. DMA 컨트롤러가 CNT, PER, PERBUF 레지스터를 액세스하면 OVFIF 플랙이 클리어되며 DMA 요청이 해제된다.

▣ 타이머/카운터 16비트 액세스를 위한 임시 레지스터 TEMP

	b7	b6	b5	b4	b3	b2	b1	b0	
옵셋 +0x0F	TEMP[7:0]								**TEMP**
읽기/쓰기 기능	R/W	R/W	R/W	R/W	R/W	R/W	R/W	R/W	
리셋후 초기값	0	0	0	0	0	0	0	0	

〈그림 2.2.26〉 타이머/카운터 16비트 액세스를 위한 임시 레지스터 TEMP

- TEMP[7:0] : Timer/Counter xn Temporary Value
  CPU가 16비트 타이머/카운터의 레지스터를 1사이클에 액세스하기 위하여 사용하는 임시 레지스터이다. 각 타이머/카운터마다 1개씩의 임시 레지스터를 가지고 있다.

▣ 카운터 레지스터 CNTL/CNTH

	b7	b6	b5	b4	b3	b2	b1	b0	
옵셋 +0x20	CNT[7:0]								**CNTL**
읽기/쓰기 기능	R/W	R/W	R/W	R/W	R/W	R/W	R/W	R/W	
리셋후 초기값	0	0	0	0	0	0	0	0	

〈그림 2.2.27〉 카운터 레지스터 CNTL

	b7	b6	b5	b4	b3	b2	b1	b0	
옵셋 +0x21	CNT[15:8]								**CNTH**
읽기/쓰기 기능	R/W	R/W	R/W	R/W	R/W	R/W	R/W	R/W	
리셋후 초기값	0	0	0	0	0	0	0	0	

〈그림 2.2.28〉 카운터 레지스터 CNTH

- CNT[15:0] : Counter Value
  타이머/카운터의 16비트 카운터 레지스터 값이다.

▣ 주기 레지스터 PERL/PERH

	b7	b6	b5	b4	b3	b2	b1	b0	
옵셋 +0x26	PER[7:0]								**PERL**
읽기/쓰기 기능	R/W	R/W	R/W	R/W	R/W	R/W	R/W	R/W	
리셋후 초기값	1	1	1	1	1	1	1	1	

〈그림 2.2.29〉 주기 레지스터 PERL

	b7	b6	b5	b4	b3	b2	b1	b0	
옵셋 +0x27	PER[15:8]								**PERH**
읽기/쓰기 기능	R/W	R/W	R/W	R/W	R/W	R/W	R/W	R/W	
리셋후 초기값	1	1	1	1	1	1	1	1	

〈그림 2.2.30〉 주기 레지스터 PERH

- PER[15:0] : Period Value
  타이머/카운터의 16비트 주기 레지스터 값이다.

▣ 비교/캡쳐 레지스터 x CCxL/CCxH

	b7	b6	b5	b4	b3	b2	b1	b0	
옵셋 +0x2?	CCx[7:0]								**CCxL**
읽기/쓰기 기능	R/W	R/W	R/W	R/W	R/W	R/W	R/W	R/W	
리셋후 초기값	0	0	0	0	0	0	0	0	

〈그림 2.2.31〉 비교/캡쳐 레지스터 x CCxL

	b7	b6	b5	b4	b3	b2	b1	b0	
옵셋 +0x2?	CCx[15:8]								**CCxH**
읽기/쓰기 기능	R/W	R/W	R/W	R/W	R/W	R/W	R/W	R/W	
리셋후 초기값	0	0	0	0	0	0	0	0	

〈그림 2.2.32〉 비교/캡쳐 레지스터 x CCxH

- CCx[15:0] : Compare or Capture x Value
  타이머/카운터의 16비트 비교/캡쳐 레지스터 값이다.

▣ 주기 버퍼 레지스터 PERBUFL/PERBUFH

	b7	b6	b5	b4	b3	b2	b1	b0	
옵셋 +0x36	PERBUF[7:0]								PERBUFL
읽기/쓰기 기능	R/W	R/W	R/W	R/W	R/W	R/W	R/W	R/W	
리셋후 초기값	1	1	1	1	1	1	1	1	

〈그림 2.2.33〉 주기 버퍼 레지스터 PERBUFL

	b7	b6	b5	b4	b3	b2	b1	b0	
옵셋 +0x37	PERBUF[15:8]								PERBUFH
읽기/쓰기 기능	R/W	R/W	R/W	R/W	R/W	R/W	R/W	R/W	
리셋후 초기값	1	1	1	1	1	1	1	1	

〈그림 2.2.34〉 주기 버퍼 레지스터 PERBUFH

- PERBUF[15:0] : Period Buffer Value
  타이머/카운터의 16비트 주기 버퍼 레지스터 값이다.

▣ 비교/캡쳐 x 버퍼 레지스터 CCxBUFL/CCxBUFH

	b7	b6	b5	b4	b3	b2	b1	b0	
옵셋 +0x3?	CCxBUF[7:0]								CCxBUFL
읽기/쓰기 기능	R/W	R/W	R/W	R/W	R/W	R/W	R/W	R/W	
리셋후 초기값	0	0	0	0	0	0	0	0	

〈그림 2.2.35〉 비교/캡쳐 x 버퍼 레지스터 CCxBUFL

	b7	b6	b5	b4	b3	b2	b1	b0	
옵셋 +0x3?	CCxBUF[15:8]								CCxBUFH
읽기/쓰기 기능	R/W	R/W	R/W	R/W	R/W	R/W	R/W	R/W	
리셋후 초기값	0	0	0	0	0	0	0	0	

〈그림 2.2.36〉 비교/캡쳐 x 버퍼 레지스터 CCxBUFH

- CCxBUF[15:0] : Compare or Capture x Buffer Value
  타이머/카운터의 16비트 비교/캡쳐 버퍼 레지스터 값이다.

4. 타이머/카운터의 파형 발생 확장 모듈

(1) AWeX 모듈의 구조와 기능

ATxmega128A1 모델에서 타이머/카운터 TCC0과 TCE0에는 BLDCM(Brushless DC Motor), SR(Synchronous Reluctance) 등의 모터 구동을 위한 브리지 회로의 게이트 드라이브용으로 사용할 수 있도록 데드 타임(dead time) 기능을 부여할 수 있는 파형발생 확장 모듈 AWeX(Advanced Waveform Extension)을 가지고 있다. 이것은 TCC0과 TCE0의 출력신호 OCnx에 추가적으로 사용할 수 있는 기능이며, 이것을 사용할지 여부는 사용자의 선택 사항이다. 만약 AWeX에 추가적으로 고해상도 확장 모듈

Hi-Res를 사용한다면 출력신호의 해상도를 4배로 높일 수 있다.

타이머/카운터가 파형발생 모드로 동작할 때 여기에 AWeX 모듈이 추가적으로 사용되어 8개의 출력신호를 발생하는 구조를 <그림 2.2.37>에 보였다. 여기서 보듯이 타이머/카운터의 4개 출력신호 OCnx는 각각 2개씩의 컴플리멘터리 신호로 분리되고, 이것들은 DTI(Dead-Time Insertion) 유닛에서 데드 타임이 추가되어 병렬 I/O 포트 단자 Pxn 단자로 출력된다. 만약 병렬 I/O 포트에서 신호를 반전시키도록 설정하면 8개의 신호 상태를 반전하여 출력할 수도 있다.

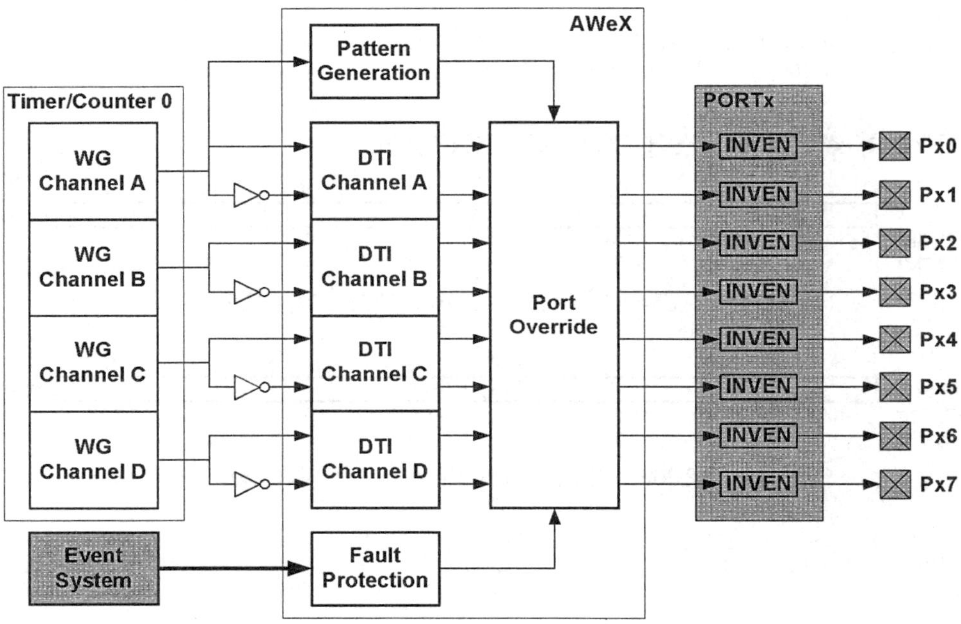

〈그림 2.2.37〉 AWeX 모듈과 주변장치들의 관계

병렬 I/O 포트의 설정을 무시(override)하고 타이머/카운터 파형발생기(Waveform Generator)의 신호를 받아 AWeX 모듈이 동작하도록 설정하려면 <그림 2.2.38>에서 DTIENx 비트를 1로 설정하면 된다. 이것은 제어 레지스터 CTRL에서 DTICCxEN 비트로 설정한다.

AWeX 모듈에는 고장보호(fault protection) 기능이 있어서 이벤트 시스템에서 신호를 받아 모든 출력신호를 차단할 수 있으며, 고장 조건이 해제되면 다시 타이머/카운터 및 AWeX 모듈의 동작을 정상적으로 회복할 수 있다.

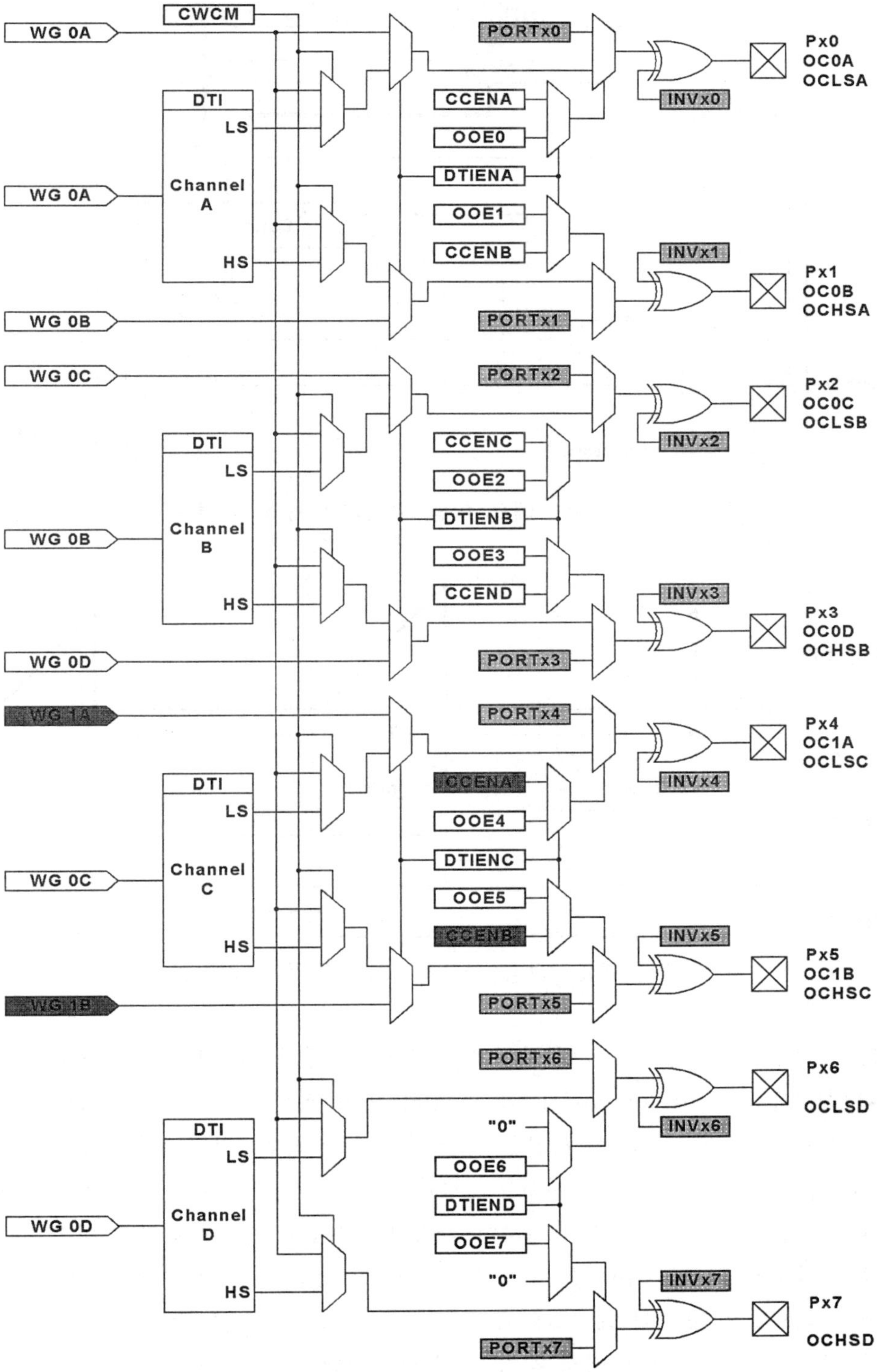

〈그림 2.2.38〉 AWeX 모듈과 병렬 I/O 포트 출력을 선택하는 회로의 구조

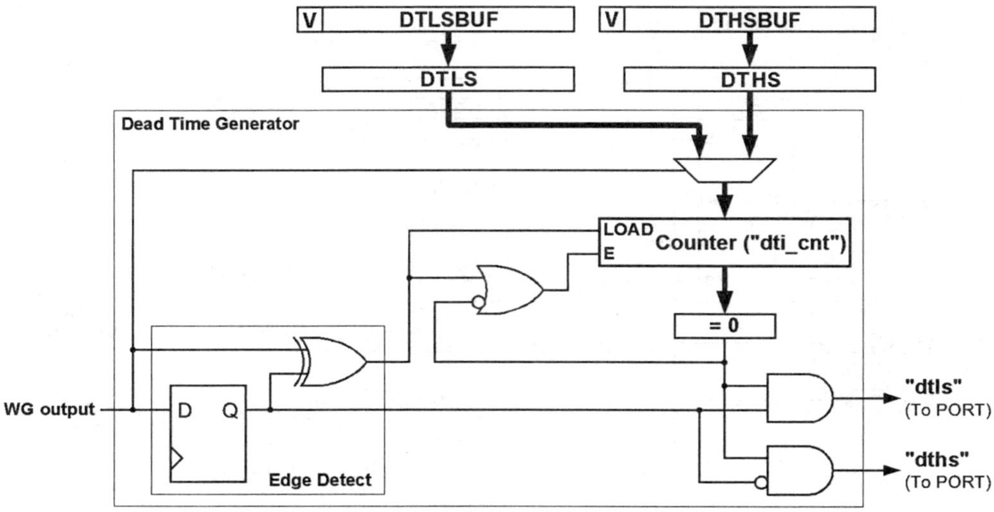

〈그림 2.2.39〉 데드 타임 발생기의 구성 블록도

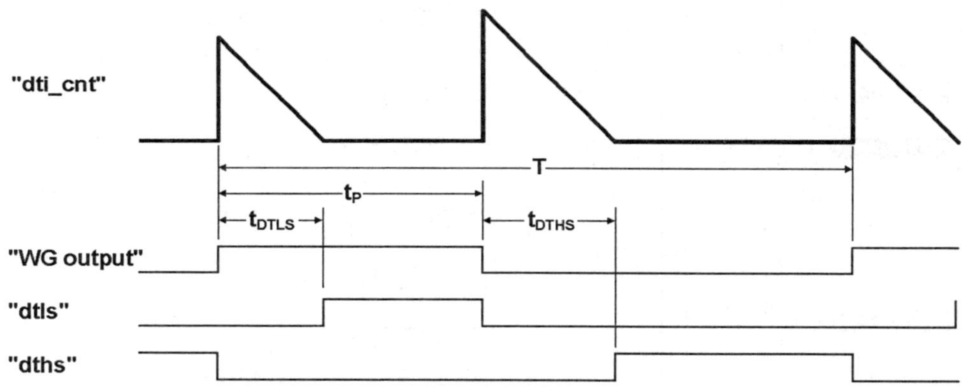

〈그림 2.2.40〉 데드 타임 발생기의 동작 타이밍

데드 타임(dead time)이란 파형발생기의 출력이 2개의 컴플리멘터리 신호 즉 비반전 하위 신호(LS ; non-inverted Low-Side)와 반전 상위 신호(HS ; inverted High-Side)가 모두 동시에 off되는 시간을 말한다. 데드 타임 발생기의 구조는 〈그림 2.2.39〉와 같고, 데드 타임을 부여하는 원리는 〈그림 2.2.40〉으로 설명하였다. DTLS 레지스터 및 DTHS 레지스터를 사용하여 각각 LS 신호와 HS 신호의 스위치 on 동작시에 데드 타임을 다르게 부여할 수 있으며, 만약 이 2개의 레지스터에 동시에 동일한 값을 쓰고 싶으면 DTBOTH 레지스터에 1번만 써주면 된다. 이들 3개의 레지스터는 모두 이중 버퍼 구조로 되어 있어서 각각 버퍼 레지스터를 따로 가지고 있다.

데드 타임은 주변장치 클록의 사이클 수로 지정한다. 8비트의 데드 타임 카운터는 데드 타임 레지스터의 값을 초기값으로 받아서 타이머/카운터의 파형발생기 출력신호로 동작을 개시하며 주변장치 클록에 따라 1씩 감소한다. 이 값이 0으로 될 때까지 데드 타임이 지속되며, 이 값이 0으로 되면 출력신호가 스위치 on 되면서 데드 타임 카운터는 다시 데드 타임 레지스터 값으로 초기화된다.

AWeX 모듈을 패턴 발생기(Pattern Generator) 모드로 설정하면 DTI 레지스터들을 사용하여 8개의 병렬 I/O 포트 단자에 동기화된 비트 패턴을 출력할 수 있다. 또한, 이때 제어 레지스터의 CWCM 비트를 1로 설정하면 AWeX 모듈의 8개 출력신호를 모두 CCA 채널의 신호에 맞추어 출력할 수도 있다. 이러한 패턴 발생기는 병렬 I/O 포트의 단자에 여러 가지 복잡한 PWM 파형들을 만들어 스테핑 모터나 BLDC 모터 등을 드라이브하고자 할 때 유용하다. AWeX 모듈에서 패턴 발생기의 구조는 <그림 2.2.41>과 같은데, 여기서 DTLSBUF 레지스터는 OUTOVEN 레지스터를 위한 버퍼로 사용되고 DTHSBUF 레지스터는 해당 병렬 I/O 포트의 출력 PORTx_OUT 레지스터를 위한 버퍼로 사용된다.

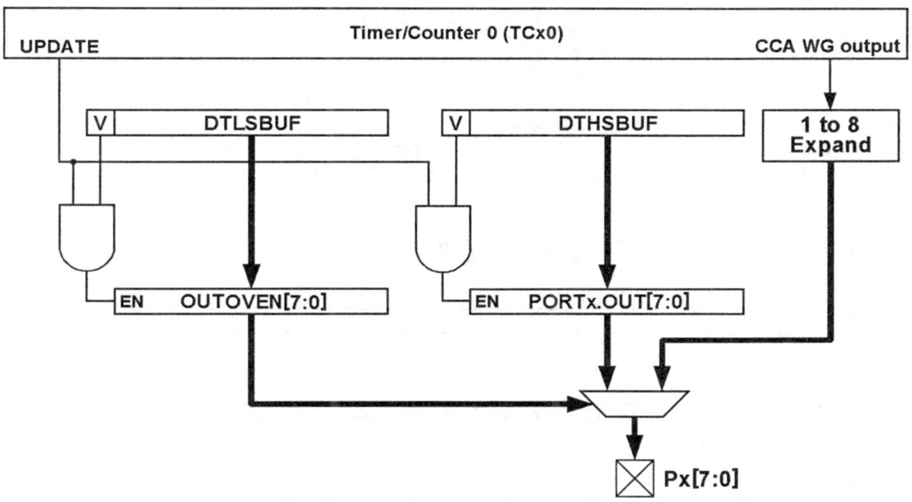

<그림 2.2.41> 패턴 발생기의 구성 블록도

(2) AWeX 모듈의 I/O 제어 레지스터

ATxmega128A1에서 AWeX 모듈을 사용하기 위한 I/O 제어 레지스터를 요약하면 <표 2.2.8>과 같고, 이것들의 자세한 기능을 설명하면 다음과 같다.

〈표 2.2.8〉 AWeX 모듈의 I/O 제어 레지스터 요약

오프셋	레지스터 이름	비트7	비트6	비트5	비트4	비트3	비트2	비트1	비트0
+0x00	AWEXx_CTRL	–	–	PGM	CWCM	DTICCDEN	DTICCCEN	DTICCBEN	DTICCAEN
+0x01	(reserved)	–	–	–	–	–	–	–	–
+0x02	AWEXx_FDEVMASK	FDEVMASK[7:0]							
+0x03	AWEXx_FDCTRL	–	–	–	FDDBD	–	FDMODE	FDACT[1:0]	
+0x04	AWEXx_STATUS	–	–	–	–	–	FDF	DTHSBUFV	DTLSBUFV
+0x05	(reserved)	–	–	–	–	–	–	–	–
+0x06	AWEXx_DTBOTH	DTBOTH[7:0]							
+0x07	AWEXx_DTBOTHBUF	DTBOTHBUF[7:0]							
+0x08	AWEXx_DTLS	DTLS[7:0]							
+0x09	AWEXx_DTHS	DTHS[7:0]							
+0x0A	AWEXx_DTLSBUF	DTLSBUF[7:0]							
+0x0B	AWEXx_DTHSBUF	DTHSBUF[7:0]							
+0x0C	AWEXx_OUTOVEN	OUTOVEN[7:0]							

☞ 여기서 AWEXx는 AWEXC 또는 AWEXE 중의 한가지를 나타낸다.

▣ AWEX 모듈 제어 레지스터 CTRL

	b7	b6	b5	b4	b3	b2	b1	b0	
옵셋 +0x00	–	–	PGM	CWCM	DTICCDEN	DTICCCEN	DTICCBEN	DTICCAEN	**CTRL**
읽기/쓰기 기능	R	R	R/W	R/W	R/W	R/W	R/W	R/W	
리셋후 초기값	0	0	0	0	0	0	0	0	

〈그림 2.2.42〉 상태 레지스터 SREG

- PGM : Pattern Generation Mode
  DTI에 설정된 기능을 무시하고 패턴 발생기 모드로 동작한다.
- CWCM : Common Waveform Channel Mode
  타이머/카운터의 CCA 출력을 모든 데드 타임 발생기의 입력으로 사용하고, CCB, CCC, CCD 파형은 무시한다.
- DTICCxEN : Dead-Time Insertion CCx Enable
  각 CCx 채널에 대응하는 데드 타임 발생기를 인에이블한다. 이렇게 되면 타이머/카운터의 비교/캡쳐 채널의 출력은 무시되고 데드 타임 발생기의 출력이 해당 병렬 I/O 포트 단자로 출력된다.

▣ 고장 검출 이벤트 마스크 레지스터 FDEVMASK

	b7	b6	b5	b4	b3	b2	b1	b0	
옵셋 +0x02	FDEVMASK[7:0]								**FDEVMASK**
읽기/쓰기 기능	R/W	R/W	R/W	R/W	R/W	R/W	R/W	R/W	
리셋후 초기값	0	0	0	0	0	0	0	0	

〈그림 2.2.43〉 고장 검출 이벤트 마스크 레지스터 FDEVMASK

- FDEVMASK[7:0] : Fault Detect Event Mask
  각 이벤트 채널이 AWeX 모듈의 고장 조건 입력으로 사용하도록 인에이블한다. 여러 개의 이벤트 채널이 인에이블되면 이것들이 논리적으로 OR되어 고장 조건으로 사용되며, 고장이 검출되면 상태 레지스터의 FDF 비트가 1로 세트된다.

▣ 고장 검출 제어 레지스터 FDCTRL

	b7	b6	b5	b4	b3	b2	b1	b0	
옵셋 +0x03	–	–	–	FDDBD	–	FDMODE	FDACT[1:0]		**FDCTRL**
읽기/쓰기 기능	R	R	R	R/W	R	R/W	R/W	R/W	
리셋후 초기값	0	0	0	0	0	0	0	0	

〈그림 2.2.44〉 고장 검출 제어 레지스터 FDCTRL

- FDDBD : Fault Detection on Debug Break Detection
  이 비트가 0이면 OCD(On-Chip Debug) 시스템의 브레이크 신호가 고장으로 인식된다. 그러나, 이 비트를 세트하면 OCD 시스템의 브레이크 신호가 고장 조건을 트리거하지 않는다.
- FDMODE : Fault Detection Restart Mode
  이 비트는 고장 검출 후에 다시 정상으로 되돌아가는 방법을 지정한다. 이 비트를 0으로 클리어하면 Latched Mode로 설정되어 고장 조건이 해제되고 소프트웨어로 FDF 비트를 클리어시켜주면 다음의 UPDATE 조건에서 동작이 정상으로 회복된다. 그러나, 이 비트를 1로 세트하면 Cycle-by-Cycle Mode로 되어 고장 조건이 해제되자마자 바로 다음의 UPDATE 조건에서 동작이 정상으로 회복된다.
- FDACT[1:0] : Fault Detection Action
  고장 조건이 검출되었을 때 수행되는 동작을 지정한다.
  - 00 = 고장 보호 기능을 사용하지 않는다.
  - 01 = CLEAROE. 모든 OUTOVEN 비트를 클리어하여 출력 무시(output override)를 금지시킨다.
  - 11 = CLEARDIR. DTI 채널의 모든 DIR 비트를 클리어하여 3상태 출력으로 만든다.

▣ 상태 레지스터 STATUS

	b7	b6	b5	b4	b3	b2	b1	b0	
옵셋 +0x04	-	-	-	-	-	FDF	DTHSBUFV	DTLSBUFV	STATUS
읽기/쓰기 기능	R	R	R	R	R	R/W	R/W	R/W	
리셋후 초기값	0	0	0	0	0	0	0	0	

〈그림 2.2.45〉 상태 레지스터 STATUS

- FDF : Fault Detect Flag
  FDEVMASK로 설정된 이벤트 채널에서 적어도 1개 이상의 이벤트가 발생하여 고장 검출로 인식된 것을 나타내는 플랙 비트이다. 이 비트를 0으로 클리어하려면 1을 써주어야 한다.
- DTHSBUFV : Dead-Time High Side Buffer Valid
  DTHSBUF에 값이 써지고 UPDATE 조건에서 이것이 DTHS 레지스터로 복사될 수 있는 유효한 데이터라는 것을 나타내는 플랙 비트이다. 타이머/카운터의 LUPD 비트는 이 업데이트 동작에도 영향을 준다.
- DTLSBUFV : Dead-Time Low Side Buffer Valid
  DTLSBUF에 값이 써지고 UPDATE 조건에서 이것이 DTLS 레지스터로 복사될 수 있는 유효한 데이터라는 것을 나타내는 플랙 비트이다. 타이머/카운터의 LUPD 비트는 이 업데이트 동작에도 영향을 준다.

▣ 데드 타임 동시 쓰기 레지스터 DTBOTH

	b7	b6	b5	b4	b3	b2	b1	b0	
옵셋 +0x06	DTBOTH[7:0]								DTBOTH
읽기/쓰기 기능	R/W	R/W	R/W	R/W	R/W	R/W	R/W	R/W	
리셋후 초기값	0	0	0	0	0	0	0	0	

〈그림 2.2.46〉 데드 타임 동시 쓰기 레지스터 DTBOTH

- DTBOTH[7:0] : Dead-Time Both Sides
  이 레지스터에 값을 쓰면 DTHS 및 DTLS 레지스터의 값이 동시에 갱신된다.

▣ 데드 타임 동시 쓰기 버퍼 레지스터 DTBOTHBUF

	b7	b6	b5	b4	b3	b2	b1	b0	
옵셋 +0x07	DTBOTHBUF[7:0]								DTBOTHBUF
읽기/쓰기 기능	R/W	R/W	R/W	R/W	R/W	R/W	R/W	R/W	
리셋후 초기값	0	0	0	0	0	0	0	0	

〈그림 2.2.47〉 데드 타임 동시 쓰기 버퍼 레지스터 DTBOTHBUF

- DTBOTHBUF[7:0] : Dead-Time Both Sides Buffer
  이 레지스터에 값을 쓰면 DTHSBUF 및 DTLSBUF 레지스터의 값이 동시에 갱신된다.

▣ 데드 타임 하위 레지스터 DTLS

	b7	b6	b5	b4	b3	b2	b1	b0	
옵셋 +0x08	DTLS[7:0]								**DTLS**
읽기/쓰기 기능	R/W	R/W	R/W	R/W	R/W	R/W	R/W	R/W	
리셋후 초기값	0	0	0	0	0	0	0	0	

〈그림 2.2.48〉 데드 타임 하위 레지스터 DTLS

- DTLS[7:0] : Dead-Time Low Side
  하위 출력 신호를 위한 데드 타임을 주변장치 클록 사이클 수로 지정한다.

▣ 데드 타임 상위 레지스터 DTHS

	b7	b6	b5	b4	b3	b2	b1	b0	
옵셋 +0x09	DTHS[7:0]								**DTHS**
읽기/쓰기 기능	R/W	R/W	R/W	R/W	R/W	R/W	R/W	R/W	
리셋후 초기값	0	0	0	0	0	0	0	0	

〈그림 2.2.49〉 데드 타임 상위 레지스터 DTHS

- DTHS[7:0] : Dead-Time High Side
  상위 출력 신호를 위한 데드 타임을 주변장치 클록 사이클 수로 지정한다.

▣ 데드 타임 하위 버퍼 레지스터 DTLSBUF

	b7	b6	b5	b4	b3	b2	b1	b0	
옵셋 +0x0A	DTLSBUF[7:0]								**DTLSBUF**
읽기/쓰기 기능	R/W	R/W	R/W	R/W	R/W	R/W	R/W	R/W	
리셋후 초기값	0	0	0	0	0	0	0	0	

〈그림 2.2.50〉 데드 타임 하위 버퍼 레지스터 DTLSBUF

- DTLSBUF[7:0] : Dead-Time Low Side Buffer
  이것은 DTLS 레지스터를 위한 버퍼이다. 이러한 이중 버퍼링 구조를 가지고 있어서 이 버퍼의 값은 UPDATE 조건에서 DTLS 레지스터로 복사된다.

▣ 데드 타임 상위 버퍼 레지스터 DTHSBUF

	b7	b6	b5	b4	b3	b2	b1	b0	
옵셋 +0x0B	DTHSBUF[7:0]								**DTHSBUF**
읽기/쓰기 기능	R/W	R/W	R/W	R/W	R/W	R/W	R/W	R/W	
리셋후 초기값	0	0	0	0	0	0	0	0	

〈그림 2.2.51〉 데드 타임 상위 버퍼 레지스터 DTHSBUF

- DTHS[7:0] : Dead-Time High Side Buffer
  이것은 DTHS 레지스터를 위한 버퍼이다. 이러한 이중 버퍼링 구조를 가지고 있어서 이 버퍼의 값은 UPDATE 조건에서 DTHS 레지스터로 복사된다.

■ 출력 무시 허용 레지스터 OUTOVEN

	b7	b6	b5	b4	b3	b2	b1	b0	
옵셋 +0x0C	OUTOVEN[7:0]								OUTOVEN
읽기/쓰기 기능	R/W	R/W	R/W	R/W	R/W	R/W	R/W	R/W	
리셋후 초기값	0	0	0	0	0	0	0	0	

〈그림 2.2.52〉 출력 무시 허용 레지스터 OUTOVEN

- OUTOVEN[7:0] : Output Override Enable
  대응하는 병렬 I/O 포트의 출력 레지스터값을 무시하도록 허용한다. 그러나, 방향 제어는 무시하지 않으므로 병렬 I/O 포트에서 방향을 올바르게 설정해주어야 한다.

5. 타이머/카운터의 고해상도 확장 모듈

(1) Hi-Res 모듈의 구조와 기능

ATxmega128A1 모델의 모든 타이머/카운터에는 PWM 파형의 해상도 또는 분해능(resolution)을 4배 높일 수 있는 고해상도 확장 모듈 Hi-Res(High Resolution Extension)을 가지고 있다. 이것은 타이머/카운터의 출력신호 OCnx에 추가적으로 사용할 수 있는 기능이며, 이것을 사용할지 여부는 사용자의 선택 사항이다. 각 병렬 I/O 포트에는 타이머/카운터가 2개씩 있는데, Hi-Res 모듈은 이들 타이머/카운터0과 타이머/카운터1에 선택적으로 적용할 수 있다.

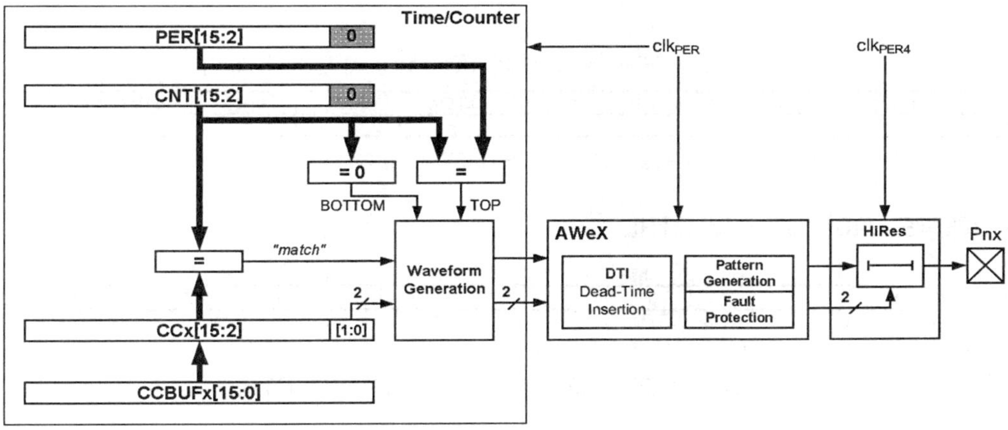

〈그림 2.2.53〉 타이머/카운터에 Hi-Res 모듈이 사용되었을 경우의 동작

타이머/카운터에 Hi-Res 모듈이 추가적으로 사용되어 고해상도의 PWM 출력신호를 발생하는 구조를 <그림 2.2.53>에 보였다. 여기서 보듯이 타이머/카운터의 모든 동

작은 주변장치 클록으로 수행되지만, Hi-Res 모듈은 주파수가 4배 높은 주변장치 클록4로 동작하여 4배의 분해능을 얻을 수 있다. Hi-Res 모듈을 사용한 고해상도 출력신호는 타이머/카운터의 FRQ, SS PWM, DS PWM 출력에 모두 적용할 수 있다.

Hi-Res 모듈의 사용을 인에이블하면 주변장치 클록을 기준으로 비교/캡쳐 레지스터의 상위 14비트만 파형 발생에 사용되고 하위 2비트는 0으로 간주된다. 그러나, 이렇게 하여 만들어진 출력 파형은 Hi-Res 모듈에서 4배 주파수의 주변장치 클록4를 기준으로 하여 하위 2비트에 해당하는 만큼 더 연장된다. 이를 알기 쉽게 그림으로 설명하면 <그림 2.2.54>와 같다.

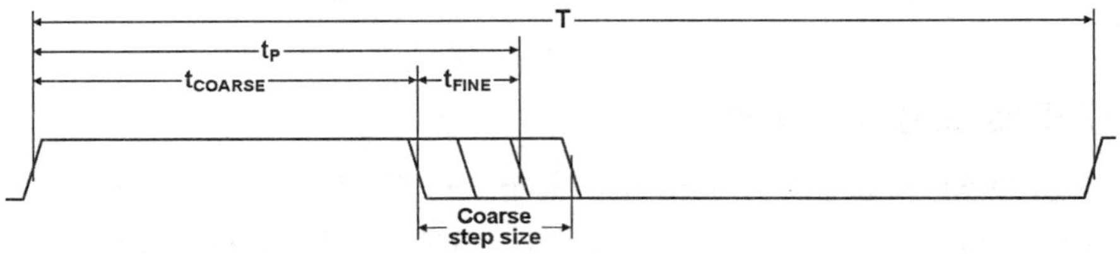

〈그림 2.2.54〉 타이머/카운터의 출력파형 Hi-Res 모듈이 사용되는 원리

(2) Hi-Res 모듈의 I/O 제어 레지스터

ATxmega128A1에서 Hi-Res 모듈을 사용하기 위한 I/O 제어 레지스터를 요약하면 <표 2.2.9>와 같고, 이것의 자세한 기능을 설명하면 다음과 같다.

〈표 2.2.9〉 Hi-Res 모듈의 I/O 제어 레지스터 요약

오프셋	레지스터 이름	비트7	비트6	비트5	비트4	비트3	비트2	비트1	비트0
+0x00	HIRESx_CTRL	–	–	–	–	–	–	HREN[1:0]	

☞ 여기서 HIRESx는 HIRESC, HIRESD, HIRESE, HIRESF 중의 한가지를 나타낸다.

▣ 고해상도 제어 레지스터 CTRL

	b7	b6	b5	b4	b3	b2	b1	b0	
옵셋 +0x00	–	–	–	–	–	–	HREN[1:0]		CTRL
읽기/쓰기 기능	R	R	R	R	R	R	R/W	R/W	
리셋후 초기값	0	0	0	0	0	0	0	0	

〈그림 2.2.55〉 고해상도 제어 레지스터 CTRL

- HREN[1:0] : Hi-Resolution Enable
  타이머/카운터에서 Hi-Res 모듈의 동작을 인에이블한다.
  00 = Hi-Res 모듈을 사용하지 않는다.
  01 = 해당 병렬 I/O 포트의 타이머/카운터0에 Hi-Res 모듈을 사용하도록 허용한다.
  11 = 해당 병렬 I/O 포트의 타이머/카운터1에 Hi-Res 모듈을 사용하도록 허용한다.
  11 = 해당 병렬 I/O 포트의 타이머/카운터0과 1에 Hi-Res 모듈을 사용하도록 허용한다.

2.3 리얼타임 카운터

이 절에서는 ATxmega128A1에 내장되어 있는 리얼타임 카운터 모듈의 구조와 기능에 대하여 알아보기로 한다.

1. 리얼타임 카운터의 개요

ATxmega128A1 마이크로컨트롤러에 내장된 리얼타임 카운터(RTC ; Real Time Counter)는 주변장치인 타이머/카운터와는 별도로 동작하는 16비트 카운터로서 클록 소스를 받아 카운팅 기능을 수행하며 특정 조건에 이르렀을 때 인터럽트 또는 이벤트를 발생한다. 이것은 실시간 시계를 만드는 용도보다는 저소비전력형 응용 분야의 슬립모드 동작에서 시간을 카운트하여 주기적으로 슬립모드 해제(wake up)를 알려주기 위한 용도로 사용된다. 이를 위해 리얼타임 카운터에는 비교 레지스터 및 주기 레지스터를 가지고 있으며, 카운터 값이 비교 레지스터와 같아지거나 주기 레지스터와 같아지는 경우에 인터럽트 또는 이벤트를 발생하게 된다.

ATxmega128A1의 리얼타임 카운터에서는 내부 32kHz ULP(Ultra Low Power) 오실레이터에 의한 1kHz, 내부 32.768kHz RC 오실레이터에 의한 1.024kHz, 외부 32.768kHz 크리스털 오실레이터에 의한 1.024kHz 또는 32.768kHz 등 4가지의 주파수 신호 중에서 하나를 클록 소스로 선택하여 사용할 수 있다.

리얼타임 카운터에서 내부 ULP 오실레이터 주파수를 사용하면 소비전력 측면에서 유리하나 주파수 정밀도가 낮아서(오차가 ±30% 이내) 1시간에 몇분 이상의 시간 오차가 발생할 수 있음을 감안해야 하며, 내부 RC 오실레이터는 이보다 정밀하여(오차가 ±1% 이내) 1시간에 수초에서 수십초 정도의 오차를 보이지만 마이크로컨트롤러 내부에서의 소비전력이 증가한다. 그러나, 32.768kHz의 외부 크리스털 오실레이터를 사용하면 소비전력이 가장 적고 시계로 사용할 수 있는 수준의 정밀한 주파수를 얻을 수 있는(오차가 ±0.001% 이내) 장점이 있지만 하드웨어 비용이 추가된다.

ATxmega 패밀리 중에서 현재 ATxmega256A3B 모델에는 32비트 구조의 리얼타임 카운터 RTC32 모듈을 가지고 있으며, 이 모델은 배터리 백업용 전원을 연결하기 위한 단자까지 가지고 있어서 배터리로 백업되는 실시간 시계를 만들 수 있다.

2. 리얼타임 카운터의 동작

ATxmega128A1 마이크로컨트롤러의 리얼타임 카운터 구조를 블록도로 보이면 아래의 <그림 2.3.1>과 같다.

클록 소스로는 내부 ULP 오실레이터에 의한 1kHz, 내부 RC 오실레이터에 의한 1.024kHz, 외부 크리스털 오실레이터에 의한 1.024kHz 또는 32.768kHz 등 4가지의 주파수 신호 중에서 하나를 사용할 수 있는데, 이것들을 선택하는 것은 리얼타임 카운터가 아니라 클록 CLK 모듈의 RTCCTRL 레지스터로 수행한다. 리얼타임 카운터의 제어 레지스터 CTRL에서는 이 클록 신호의 프리스케일러 분주비를 1, 2, 8, 16, 64, 256, 1024 중에서 하나로 선택한다.

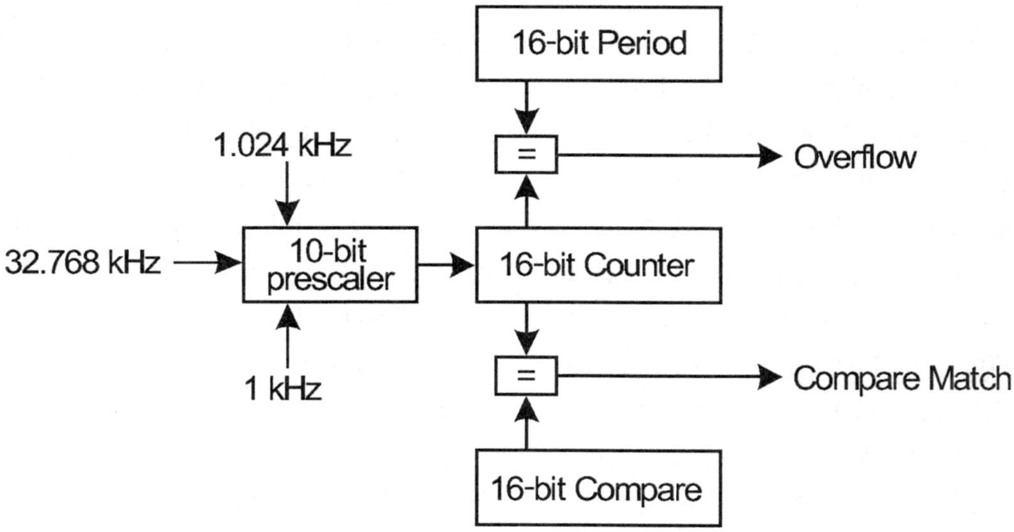

〈그림 2.3.1〉 리얼타임 카운터 구성 블록도

리얼타임 카운터에는 16비트 카운터 CNT뿐만 아니라 비교 레지스터 COMP 및 주기 레지스터 PER을 가지고 있다. 카운터 값이 증가하다가 비교 레지스터와 같아지면 비교 인터럽트 또는 이벤트를 발생하며, 주기 레지스터와 같아지면 오버플로우 인터럽트 또는 이벤트를 발생하면서 카운터 값을 0x0000으로 클리어한다.

따라서, 주기 레지스터 PER과 오버플로우 인터럽트를 사용하면 주기적인 인터럽트나 이벤트를 발생할 수 있는데 이 인터럽트 또는 이벤트의 발생 주파수는

$$f_{RTC\_INT} = \frac{f_{RTC}}{N \times (1 + \mathrm{PER})} \; [\mathrm{Hz}]$$

로 표시된다. 여기서, f_{RTC}는 리얼타임 카운터의 입력 주파수이며, N은 프리스케일러의 분주비로서 1, 2, 8, 16, 64, 256, 1024 중의 하나를 사용한다. 여기서 주기 레지스터 PER의 값은 2 이상으로 사용하는 것이 좋다. 리얼타임 카운터의 비동기 동작 때문에 PER = 0으로 설정하면 3번의 오버플로우에 대하여 1번씩 이벤트가 발생하며, PER = 1로 설정하면 1번의 오버플로우에 대하여 1번씩 이벤트가 발생한다.

리얼타임 카운터는 CPU와 독립적인 클록 소스를 사용하여 비동기적으로 동작하므로 CPU가 리얼타임 카운터의 레지스터를 액세스하려면 동기화(synchronization) 과정이 필요하다. CPU가 RTC를 액세스할 때의 동기화를 위해서는 RTC 클록으로 3사이클의 추가적인 시간이 필요하며, CTRL, CNT, PER, COMP 레지스터는 모두 동기화가 요구되는 레지스터이다. 특히, 주기 레지스터 PER은 자체적인 동기화 하드웨어를 가지고 있지 않고 CTRL, CNT, COMP 레지스터 등에 의해서만 동기화 동작이 트리거되므로 이들 레지스터를 초기화할 때는 주기 레지스터 PER에 가장 먼저 값을 쓰는 것이 필요하다. 리얼타임 카운터의 상태 레지스터 STATUS에서 SYNCBUSY 비트를 체크하면 현재 동기화 동작이 완료되었는지를 확인할 수 있다.

3. 리얼타임 카운터의 I/O 제어 레지스터

ATxmega128A1에서 리얼타임 카운터의 베이스 어드레스는 0x0400이며, 이것의 I/O 제어 레지스터를 요약하면 <표 2.3.1>과 같다.

〈표 2.3.1〉 리얼타임 카운터의 I/O 제어 레지스터 요약

<table>
<tr><th>오프셋</th><th>레지스터 이름</th><th>비트7</th><th>비트6</th><th>비트5</th><th>비트4</th><th>비트3</th><th>비트2</th><th>비트1</th><th>비트0</th></tr>
<tr><td>+0x00</td><td>RTC_CTRL</td><td>-</td><td>-</td><td>-</td><td>-</td><td>-</td><td colspan="3">PRESCALER[2:0]</td></tr>
<tr><td>+0x01</td><td>RTC_STATUS</td><td>-</td><td>-</td><td>-</td><td>-</td><td>-</td><td>-</td><td>-</td><td>SYNCBUSY</td></tr>
<tr><td>+0x02</td><td>RTC_INTCTRL</td><td>-</td><td>-</td><td>-</td><td>-</td><td colspan="2">COMPINTLVL[1:0]</td><td colspan="2">OVFINTLVL[1:0]</td></tr>
<tr><td>+0x03</td><td>RTC_INTFLAGS</td><td>-</td><td>-</td><td>-</td><td>-</td><td>-</td><td>-</td><td>COMPIF</td><td>OVFIF</td></tr>
<tr><td>+0x04</td><td>RTC_TEMP</td><td colspan="8">TEMP[7:0]</td></tr>
<tr><td>+0x05
~
+0x07</td><td>(reserved)</td><td>-</td><td>-</td><td>-</td><td>-</td><td>-</td><td>-</td><td>-</td><td>-</td></tr>
<tr><td>+0x08</td><td>RTC_CNTL</td><td colspan="8">CNTL[7:0]</td></tr>
<tr><td>+0x09</td><td>RTC_CNTH</td><td colspan="8">CNTH[15:8]</td></tr>
<tr><td>+0x0A</td><td>RTC_PERL</td><td colspan="8">PERL[7:0]</td></tr>
<tr><td>+0x0B</td><td>RTC_PERH</td><td colspan="8">PERH[15:8]</td></tr>
<tr><td>+0x0C</td><td>RTC_COMPL</td><td colspan="8">COMPL[7:0]</td></tr>
<tr><td>+0x0D</td><td>RTC_COMPH</td><td colspan="8">COMPH[15:8]</td></tr>
</table>

▣ 제어 레지스터 CTRL

	b7	b6	b5	b4	b3	b2	b1	b0	
옵셋 +0x00	–	–	–	–	–	PRESCALER[2:0]			CTRL
읽기/쓰기 기능	R	R	R	R	R	R/W	R/W	R/W	
리셋후 초기값	0	0	0	0	0	0	0	0	

〈그림 2.3.2〉 제어 레지스터 CTRL

• PRESCALER[2:0] : RTC Clock Prescaling Factor
CLK_RTCCTRL 레지스터로 선택된 클록 소스가 16비트의 리얼타임 카운터로 입력되기 전에 거치는 분주기의 분주비를 설정한다. 시스템 클록과 리얼타임 카운터 클록의 동기화 과정 때문에 이 레지스터 값을 업데이트하는데는 시간이 걸린다. 이 레지스터에 값을 쓸 때는 상태 레지스터의 SYNCBUSY 플랙이 0인지 체크하는 것이 좋다.

〈표 2.3.2〉 리얼타임 카운터의 프리스케일러 분주비 선택

PRESCALER[2:0]	그룹 설정	기 능
000	OFF	클록이 차단되어 리얼타임 카운터가 정지한다.
001	DIV1	프리스케일러 : RTC clock / 1
010	DIV2	프리스케일러 : RTC clock / 2
011	DIV8	프리스케일러 : RTC clock / 8
100	DIV16	프리스케일러 : RTC clock / 16
101	DIV64	프리스케일러 : RTC clock / 64
110	DIV256	프리스케일러 : RTC clock / 256
111	DIV1024	프리스케일러 : RTC clock / 1024

▣ 상태 레지스터 STATUS

	b7	b6	b5	b4	b3	b2	b1	b0	
옵셋 +0x01	–	–	–	–	–	–	–	SYNCBUSY	STATUS
읽기/쓰기 기능	R	R	R	R	R	R	R	R/W	
리셋후 초기값	0	0	0	0	0	0	0	0	

〈그림 2.3.3〉 상태 레지스터 STATUS

• SYNCBUSY : RTC Synchronization Busy Flag
리얼타임 카운터의 CTRL, CNT, PER, COMP 레지스터가 동기화 동작을 수행하고 있는 중이므로 busy 상태에 있음을 나타낸다.

▣ 인터럽트 제어 레지스터 INTCTRL

	b7	b6	b5	b4	b3	b2	b1	b0	
옵셋 +0x02	–	–	–	–	COMPINTLVL[1:0]		OVFINTLVL[1:0]		INTCTRL
읽기/쓰기 기능	R	R	R	R	R/W	R/W	R/W	R/W	
리셋후 초기값	0	0	0	0	0	0	0	0	

〈그림 2.3.4〉 인터럽트 제어 레지스터 INTCTRL

• COMPINTLVL[1:0] : RTC Compare Match Interrupt Level
리얼타임 카운터의 비교 인터럽트를 허용하고 그 인터럽트 레벨을 설정한다.

• OVFINTLVL[1:0] : RTC Overflow Interrupt Level
리얼타임 카운터의 오버플로우 인터럽트를 허용하고 그 인터럽트 레벨을 설정한다.

▣ 인터럽트 플랙 레지스터 INTFLAGS

	b7	b6	b5	b4	b3	b2	b1	b0	
옵셋 +0x03	–	–	–	–	–	–	COMPIF	OVFIF	**INTFLAGS**
읽기/쓰기 기능	R	R	R	R	R	R	R/W	R/W	
리셋후 초기값	0	0	0	0	0	0	0	0	

〈그림 2.3.5〉 인터럽트 플랙 레지스터 INTFLAGS

- COMPIF : RTC Compare Match Interrupt Flag
  리얼타임 카운터에서 카운터 값이 비교 레지스터 COMP와 같아지면 그 다음 클록이 입력될 때 이 플랙 비트가 1로 세트되면서 비교 인터럽트가 요청된다. 인터럽트 처리가 시작되면 이 플랙 비트는 클리어된다.
- OVFIF : RTC Overflow Interrupt Flag
  리얼타임 카운터에서 카운터 값이 주기 레지스터 PER와 같아지면 그 다음 클록이 입력될 때 이 플랙 비트가 1로 세트되면서 오버플로우 인터럽트가 요청된다. 인터럽트 처리가 시작되면 이 플랙 비트는 클리어된다.

▣ RTC 16비트 액세스를 위한 임시 레지스터 TEMP

	b7	b6	b5	b4	b3	b2	b1	b0	
옵셋 +0x04	TEMP[7:0]								**TEMP**
읽기/쓰기 기능	R/W	R/W	R/W	R/W	R/W	R/W	R/W	R/W	
리셋후 초기값	0	0	0	0	0	0	0	0	

〈그림 2.3.6〉 RTC 16비트 액세스를 위한 임시 레지스터 TEMP

- TEMP[7:0] : RTC Temporary Value
  CPU가 16비트 리얼타임 카운터의 레지스터를 1사이클에 액세스하기 위하여 사용하는 임시 레지스터이다.

▣ 카운터 레지스터 CNTL/CNTH

	b7	b6	b5	b4	b3	b2	b1	b0	
옵셋 +0x08	CNT[7:0]								**CNTL**
읽기/쓰기 기능	R/W	R/W	R/W	R/W	R/W	R/W	R/W	R/W	
리셋후 초기값	0	0	0	0	0	0	0	0	

〈그림 2.3.7〉 카운터 레지스터 CNTL

	b7	b6	b5	b4	b3	b2	b1	b0	
옵셋 +0x09	CNT[15:8]								**CNTH**
읽기/쓰기 기능	R/W	R/W	R/W	R/W	R/W	R/W	R/W	R/W	
리셋후 초기값	0	0	0	0	0	0	0	0	

〈그림 2.3.8〉 카운터 레지스터 CNTH

- CNT[15:0] : RTC Counter Value
  리얼타임 카운터의 16비트 카운터 레지스터 값이다. 시스템 클록과 리얼타임 카운터 클록의 동기화 과정 때문에 이 레지스터 값을 업데이트하는데는 시간이 걸린다. 이 레지스터에 값을 쓸 때는 상태 레지스터의 SYNCBUSY 플랙이 0인지 체크하는 것이 좋다.

■ 주기 레지스터 PERL/PERH

	b7	b6	b5	b4	b3	b2	b1	b0	
옵셋 +0x0A	PER[7:0]								PERL
읽기/쓰기 기능	R/W	R/W	R/W	R/W	R/W	R/W	R/W	R/W	
리셋후 초기값	1	1	1	1	1	1	1	1	

〈그림 2.3.9〉 주기 레지스터 PERL

	b7	b6	b5	b4	b3	b2	b1	b0	
옵셋 +0x0B	PER[15:8]								PERH
읽기/쓰기 기능	R/W	R/W	R/W	R/W	R/W	R/W	R/W	R/W	
리셋후 초기값	1	1	1	1	1	1	1	1	

〈그림 2.3.10〉 주기 레지스터 PERH

- PER[15:0] : RTC Period Value
  리얼타임 카운터의 16비트 주기 레지스터 값이다. 카운터 값이 증가하다가 이 레지스터 값과 같아지면 OVFIF 비트가 세트되면서 오버플로우 인터럽트가 요청되고, 카운터 값은 0x0000으로 클리어된다. 시스템 클록과 리얼타임 카운터 클록의 동기화 과정 때문에 이 레지스터 값을 업데이트하는데는 시간이 걸린다. 이 레지스터에 값을 쓸 때는 상태 레지스터의 SYNCBUSY 플랙이 0인지 체크하는 것이 좋다.

■ 비교 레지스터 COMPL/COMPH

	b7	b6	b5	b4	b3	b2	b1	b0	
옵셋 +0x0C	COMP[7:0]								COMPL
읽기/쓰기 기능	R/W	R/W	R/W	R/W	R/W	R/W	R/W	R/W	
리셋후 초기값	0	0	0	0	0	0	0	0	

〈그림 2.3.11〉 비교 레지스터 COMPL

	b7	b6	b5	b4	b3	b2	b1	b0	
옵셋 +0x0D	COMP[15:8]								COMPH
읽기/쓰기 기능	R/W	R/W	R/W	R/W	R/W	R/W	R/W	R/W	
리셋후 초기값	0	0	0	0	0	0	0	0	

〈그림 2.3.12〉 비교 레지스터 COMPH

- COMP[15:0] : RTC Compare Value
  리얼타임 카운터의 16비트 비교 레지스터 값이다. 카운터 값이 증가하다가 이 레지스터 값과 같아지면 COMPIF 비트가 세트되면서 비교 인터럽트가 요청된다. 시스템 클록과 리얼타임 카운터 클록의 동기화 과정 때문에 이 레지스터 값을 업데이트하는데는 시간이 걸린다. 이 레지스터에 값을 쓸 때는 상태 레지스터의 SYNCBUSY 플랙이 0인지 체크하는 것이 좋다.

2.4 USART 직렬통신 포트

이 절에서는 ATxmega128A1에 내장되어 있는 USART 직렬통신 포트의 구조와 기능에 대하여 알아보기로 한다.

1. USART 직렬통신 포트의 개요

ATxmega128A1에는 8개의 USART(Universal Synchronous and Asynchronous Receiver and Transmitter) 직렬통신 포트를 가지고 있는데, 이것들은 동기 및 비동기 전송 모드에서 모두 전이중 통신이 가능하고, 멀티 프로세서 통신 모드로 동작하는 것도 가능하며, 높은 정밀도의 보레이트 발생기(Baud Rate Generator)를 내장하고 있다. 동기식 전송 모드에서 마스터(master)로 동작하는 경우에는 전송속도를 결정하는데 내부 클록을 사용하지만, 슬레이브(slave)로 동작할 때는 XCK 단자로 입력되는 외부 클록 신호에 의하여 동작한다. 비동기식 전송 모드에서는 항상 내부의 시스템 클록을 사용하여 보레이트를 발생한다.

전송 데이터는 5, 6, 7, 8, 9비트 중에서 하나를 선택하고 스톱 비트는 1 또는 2비트로 설정할 수 있으며, 전송중에 패리티 비트를 사용하지 않을 수도 있고 짝수 또는 홀수 패리티(even or odd parity)를 임의로 설정하여 사용할 수도 있다. 수신 동작에서는 패리티 에러(parity error), 오버런 에러(overrun error) 및 프레임 에러(frame error)를 검출하는 기능을 가지고 있다.

USART 직렬통신 포트에서는 송신 완료(TX Complete), 송신 데이터 레지스터 준비완료(TX Data Register Empty), 수신 완료(RX Complete) 등 3가지의 인터럽트를 사용할 수 있다.

ATxmega128A1에서 병렬포트 C, D, E, F에는 각각 0번과 1번의 USART 채널을 가지고 있어서 총 8개의 USART 직렬통신 포트를 가지고 있으며 USARTxn으로 표시한다.

ATxmega128A1의 모든 USART 직렬통신 포트는 SPI 통신의 마스터로 사용할 수도 있다. SPI 마스터 모드로 동작할 때 모드 0, 1, 2, 3을 선택하여 사용할 수 있으며, 슬레이브 모드는 지원하지 않는다.

ATxmega128A1에서 병렬포트 C, D, E, F에 가지고 있는 0번 채널에는 IRCOM 모듈을 추가로 사용할 수 있다. IRCOM 모듈은 IrDA 무선 통신을 위한 변조 및 복조기능을 지원한다.

<그림 2.4.1>에 ATxmega128A1에서 USART 직렬통신 포트의 내부 구성 블록도를 보였다. 이 그림에서 보듯이 USART 직렬통신 포트는 크게 클록 발생부(clock generator), 송신부(transmitter), 수신부(receiver)의 3가지 구성 부분으로 이루어진다. 이중에서 클록 발생부는 보레이트 발생기와 동기 모드에서 클록과 동기를 취하는 회로 등으로 구성된다. 또한, 송신부는 송신 버퍼, 송신 시프트 레지스터, 패리티 발생기 등으로 구성되며, 수신부는 가장 복잡하여 수신 버퍼, 수신 시프트 레지스터, 패리티 검사기 등으로 구성된다.

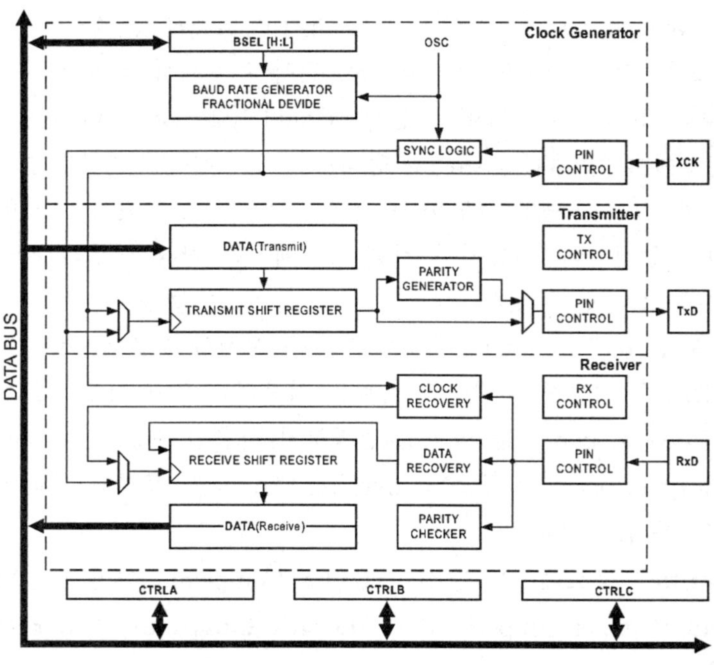

〈그림 2.4.1〉 USART 직렬통신 포트의 구성 블록도

2. USART 직렬통신 포트의 동작

(1) 클록 발생부

클록 발생부 회로는 <그림 2.4.2>와 같은 구조로 되어 있으며, 비동기 일반 모드,

비동기 2배속 모드, 동기 마스터 모드, 동기 슬레이브 모드, SPI 마스터 모드에서 각각 보레이트 클록의 소스나 주파수가 달라진다. 이들 각각의 경우에 대하여 보레이트를 계산하는 방법은 나중에 설명한다.

비동기 모드를 사용하려면 제어 레지스터 CTRLC에서 CMODE[1:0] = 00으로 설정하면 된다. 비동기 모드에서는 내부 시스템 클록을 기본으로 하여 보레이트 클록을 발생하며, 제어 레지스터 CTRLB의 CLK2X 비트가 0이면 일반 모드가 되고 1이면 2배속 모드가 된다. 일반 모드의 경우 수신 클록은 송신 클록 주파수의 16배로 동작하고, 2배속 모드의 경우에는 수신 클록이 송신 클록 주파수의 8배로 동작한다.

동기 모드를 사용하려면 제어 레지스터 CTRLC에서 CMODE[1:0] = 01로 설정하면 된다. 동기 모드에서는 XCK 단자가 클록으로 사용되는데, 동기 마스터 모드에서는 이 단자를 통하여 동기 클록을 외부의 슬레이브에게 보내야 하므로 이것이 출력 단자가 되고, 동기 슬레이브 모드에서는 이 단자를 통하여 동기 클록을 외부의 마스터로부터 받아야 하므로 입력 단자가 된다. 따라서, 동기 마스터 모드에서는 병렬 I/O 포트 방향 설정 레지스터의 해당 비트들을 1로 하여 XCK 단자를 출력 방향으로 동작하도록 설정해야 하고, 동기 슬레이브 모드에서는 이 비트들을 0으로 하여 XCK 단자를 입력 방향으로 동작하도록 설정해야 한다.

동기 슬레이브 모드에서 외부로부터 입력되는 XCK 클록 신호는 내부의 동기 레지스터(synchronization register)와 에지 검출기(edge detector)를 거치면서 2개의 시스템 클록 주기만큼 지연되며, 따라서 XCK 클록 신호의 주파수는 ATxmega128A1 주변장치 클록의 1/4 이하로 사용되어야 한다.

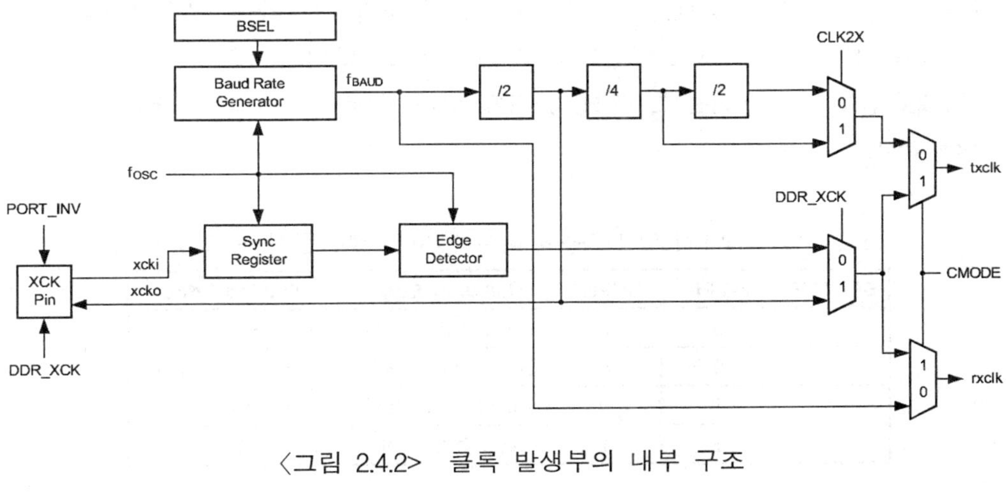

〈그림 2.4.2〉 클록 발생부의 내부 구조

동기 모드에서 XCK 단자로 출력되거나 입력되는 클록 신호에 의한 데이터 샘플링 동작은 <그림 2.4.3>과 같다. 즉, XCK 단자에 해당하는 병렬 I/O 포트에서 핀의 기능을 반전시키면(INVEN=1) XCK 클록의 하강 에지에서 송신 데이터 비트를 출력하고 상승 에지에서 수신 데이터 비트를 샘플링하며, 이를 반전시키지 않으면(INVEN=0) XCK 클록의 상승 에지에서 송신 데이터 비트를 출력하고 하강 에지에서 수신 데이터 비트를 샘플링한다.

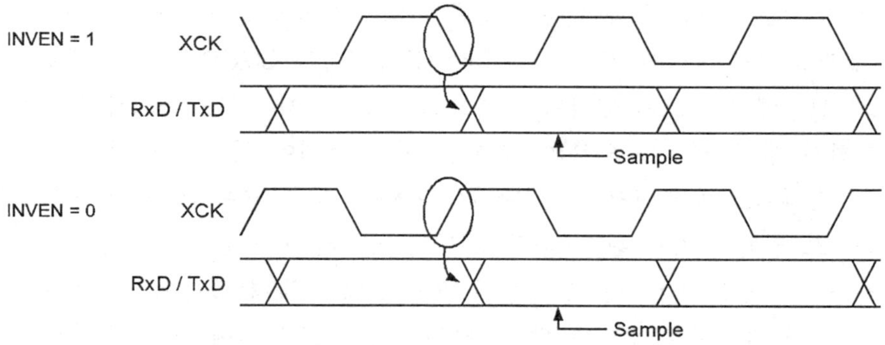

〈그림 2.4.3〉 동기 모드에서 XCK 클록 신호의 동작 타이밍

USART 직렬통신 포트가 SPI 마스터 모드로 설정되면 동기 마스터 모드와 유사하게 XCK 단자를 통하여 SCK 클록 신호를 출력한다. SPI 통신에서 SCK 클록 신호에 따라 데이터를 샘플링하는 방식은 모드 0~3이 있는데, USART 직렬통신 포트의 SPI 마스터 모드에서는 <표 2.4.1>에 보인 것처럼 이것이 병렬 I/O 포트의 반전 설정 INVEN과 제어 레지스터 CTRLC의 UCPHA 비트에 따라 결정된다. SPI 마스터 모드에서는 XCK 단자가 SCK 신호로 사용되고, TXD 단자가 MOSI 신호로 사용되며, RXD 단자가 MISO 신호로 사용되는데, 모드 0~3에 따라 이것들의 동작을 요약하면 <그림 2.4.4>와 같다.

〈표 2.4.1〉 INVEN 및 UCPHA 비트에 따른 SPI 동작 모드의 설정

SPI 모드	INVEN	UCPHA	Leading Edge	Trailing Edge
0	0	0	sample(상승 에지)	setup(하강 에지)
1	0	1	setup(상승 에지)	sample(하강 에지)
2	1	0	sample(하강 에지)	setup(상승 에지)
3	1	1	setup(하강 에지)	sample(상승 에지)

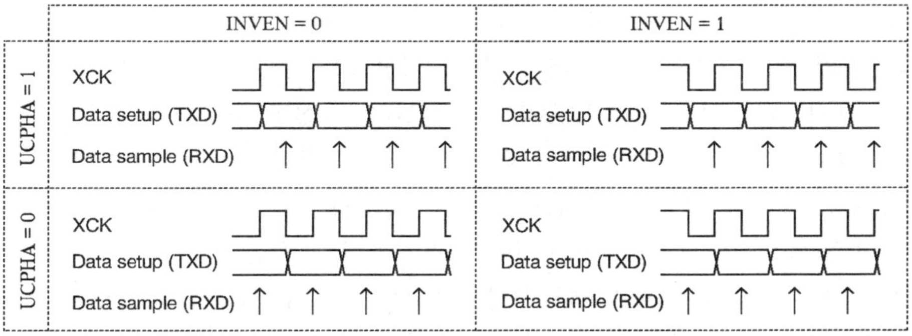

〈그림 2.4.4〉 USART 포트가 SPI 마스터로 동작할 때의 XCK 신호 동작 타이밍

(2) 전송 데이터 포맷

ATxmega128A1의 USART 직렬통신 포트에서 전송 데이터의 구성 포맷(format)은 1 스타트 비트(start bit), 5~9 데이터 비트(data bit), 1 패리티 비트(parity bit), 1~2 스톱 비트(stop bit)이다. 이와 같이 데이터 비트와 스톱 비트의 길이는 사용자가 설정할 수 있으며, 패리티 비트는 사용하지 않을 수도 있고 사용한다면 짝수 패리티 방식 또는 홀수 패리티 방식을 선택하여 지정할 수 있다. 이와 같이 1개의 전송 프레임(frame)은 최소 7비트에서 최대 13비트로 구성될 수 있는데, 이를 그림으로 설명하면 <그림 2.4.5>와 같다.

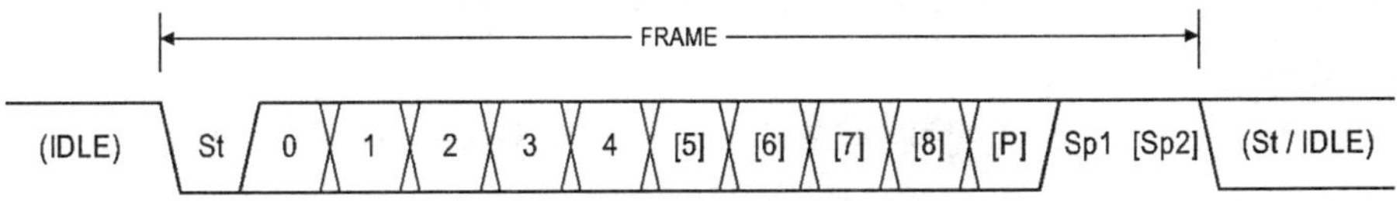

St	Start bit, always low.
(n)	Data bits (0 to 8).
P	Parity bit. Can be odd or even.
Sp	Stop bit, always high.
IDLE	No transfers on the communication line (RxD or TxD). The IDLE state is always high.

〈그림 2.4.5〉 직렬 전송 데이터의 프레임 구성 포맷

(3) USART의 송수신 동작

USART의 제어 레지스터에서 송신부의 동작을 허용으로 설정하면 TxD 단자의 기능이 유효해진다. 이때 TxD 단자에 해당하는 병렬 I/O 포트의 비트는 출력방향으로 설정해 두어야 한다.

데이터의 송신 동작은 송신 버퍼인 데이터 레지스터에 송신할 문자를 쓰는 것으로 시작한다. 이때 만약 송신 시프트 레지스터가 비어있는 상태라면 이 데이터는 즉시 송신 시프트 레지스터로 옮겨져서 LSB부터 송신된다. 송신할 문자가 데이터 레지스터에서 시프트 레지스터로 옮겨지면 상태 레지스터 STATUS의 데이터 레지스터 준비완료 인터럽트(Data Register Empty Interrupt) 플랙 DREIF 비트가 세트되면서 인터럽트가 요청된다. 1문자의 송신이 완료되고 데이터 레지스터와 송신 시프트 레지스터가 모두 비어있는 상태라면 상태 레지스터의 송신완료 인터럽트(Transmit Complete Interrupt) 플랙 TXCIF 비트가 세트되면서 인터럽트가 요청된다.

1문자가 8비트 미만의 길이를 갖도록 설정된 경우에는 데이터 레지스터의 무효한 상위 비트들이 무시되고 전송되지 않는다. 1문자가 9비트로 구성되는 경우 9번째 비트는 제어 레지스터 CTRLB의 TXB8 비트에 써놓아야 한다.

USART의 데이터 수신 동작은 스타트 비트를 검출하는 것에서 시작한다. 스타트 비트가 검출된 이후에는 보레이트에 따라서(동기식 전송에서는 수신된 XCK 클록 신호에 따라서) 데이터 비트들이 수신된다. 첫번째의 스톱 비트가 수신되면 1프레임의 수신이 완료되며, 만약 2개의 스톱 비트를 사용하는 포맷이라면 2번째 스톱 비트는 무시된다. 2번째의 스톱 비트는 수신부의 처리동작이 느릴 경우에 대비하여 송신부에서 다음 데이터를 전송하는 동작을 지연시키는 효과가 있을 뿐이다. 1프레임의 수신이 완료되면 수신 시프트 레지스터에 수신된 문자가 데이터 레지스터로 옮겨지고 상태 레지스터에서 수신완료 인터럽트(Receive Complete Interrupt) 플랙 RXCIF 비트가 세트되면서 인터럽트가 요청된다.

1문자가 8비트 미만의 길이를 갖도록 설정된 경우에는 데이터 레지스터의 무효한 상위 비트들이 0으로 읽힌다. 1문자가 9비트로 구성되는 경우 9번째 비트는 상태 레지스터 STATUS의 RXB8 비트에 저장된다.

데이터 포맷에 패리티 비트를 사용하도록 설정한 경우에는 데이터를 수신할 때 패리티 값을 계산하여 전송 에러를 체크하며, 만약 패리티 에러(parity error)가 발생하면 상태 레지스터의 PERR 비트가 세트된다. 또한, 첫번째의 스톱 비트까지 프레임을 체크하여 이 비트가 L로 검출되면 프레임 에러(frame error)가 되어 상태 레지스터의 FERR 비트가 세트된다. 1문자가 수신되어 현재 데이터 레지스터에 저장되어 있을 때 CPU가 이를 읽기 전에 다음 문자의 수신이 완료되면 버퍼 오버플로우 에러(buffer overflow error)가 발생하여 먼저 수신된 데이터를 잃게 되며 상태 레지스터의 BUFOVF 비트가 세트된다. USART의 수신동작 처리에서는 데이터 레지스터에서 수신된 문자를 읽기 전에 먼저 상태 레지스터에서 이들 에러 플랙을 확인하는 것이 바람직하다.

◀참고▶ 전송 데이터가 n개의 비트로 구성되는 경우 패리티 비트를 계산하는 공식은 다음과 같다.

$$P_{even} = d_{n-1} \oplus \ldots \oplus d_3 \oplus d_2 \oplus d_1 \oplus d_0 \oplus 0$$

$$P_{odd} = d_{n-1} \oplus \ldots \oplus d_3 \oplus d_2 \oplus d_1 \oplus d_0 \oplus 1$$

(4) 비동기 모드에서 1비트의 샘플링 동작

ATxmega128A1의 비동기 전송 모드에서는 수신 데이터의 정확한 검출을 위하여 전송속도의 16배 주파수 또는 8배수 주파수를 사용하여 데이터를 샘플링한다. 즉, 일반 모드에서는 데이터 샘플링에 사용되는 주파수를 전송속도의 16배 주파수로 사용하고, 2배속 모드에서는 8배 주파수로 사용한다. 이렇게 하면 1비트의 신호를 샘플링할 때 16개 또는 8개의 클록 주기에서 1비트 신호의 중앙부를 사용함으로써 클록 주파수에 어느 정도의 오차가 있는 경우에도 비트 검출의 정확도를 높일 수 있게 된다.

그런데, 이러한 기능 이외에도 ATxmega128A1에는 전압 스파이크(spike) 잡음에 의하여 데이터 수신에 오류가 발생하는 것을 방지하기 위하여 데이터 비트 입력단에 저역통과필터(low pass filter)를 사용하며 1비트를 3차례 검출하여 다수결로 처리하는 방법(majority voting technique)을 사용하고 있다. 즉, <그림 2.4.6> (a)에서 보면 스타트 비트를 검출할 때 일반 모드에서는 16개의 샘플링 클록 주기 중에 8~10번째 주기에서 각각 1번씩 신호를 샘플링하고 이중에서 2차례 이상 검출된 논리값을 검출 결과로 처리한다. 2배속 모드에서는 8개의 샘플링 클록 주기 중에 4~6번째 주기에서 각각 1번씩 신호를 샘플링하고 이중에서 2번 이상 검출된 값을 검출 결과로 처리한다. 그림에서 검출 순서를 0으로 표시한 것은 직렬전송 동작이 수행되지 않는 아이들 상태(idle state)를 나타낸다.

이와 같이 스타트 비트가 검출되면 16개(2배속 모드에서는 8개)의 클록 주기가 지난 후에 데이터 비트가 시작되는 것으로 동기를 취하여 이후 n개의 데이터 비트를 수신한다. 데이터 비트나 패리티 비트의 수신 동작도 <그림 2.4.6> (b)와 같이 1비트의 중앙부에서 3차례 샘플링한다.

그러나, 스톱 비트의 수신 동작은 다소 다르다. 이는 <그림 2.4.6> (c)에 보였는데, 1비트의 중앙부에서 3차례 샘플링하는 것은 앞에서와 동일하지만, 일단 스톱 비트가 검출되고 나면 그 이후의 스톱 비트 지속시간은 수신부에 의해 무시된다. 그 이후에는 아무 때나 하강 에지가 발생하더라도 이는 <그림 2.4.6> (a)의 경우처럼 그 다음 프레임의 스타트 비트로 간주된다.

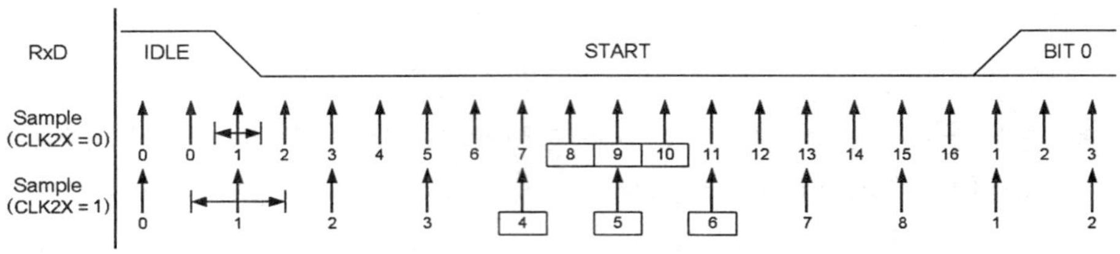

(a) 스타트 비트의 샘플링

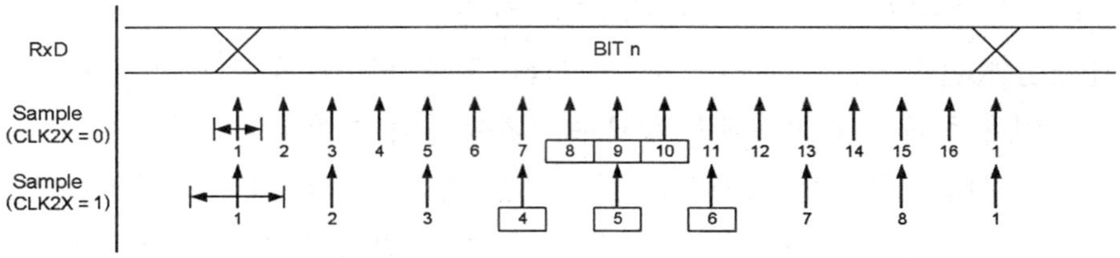

(b) 데이터 비트 또는 패리티 비트의 샘플링

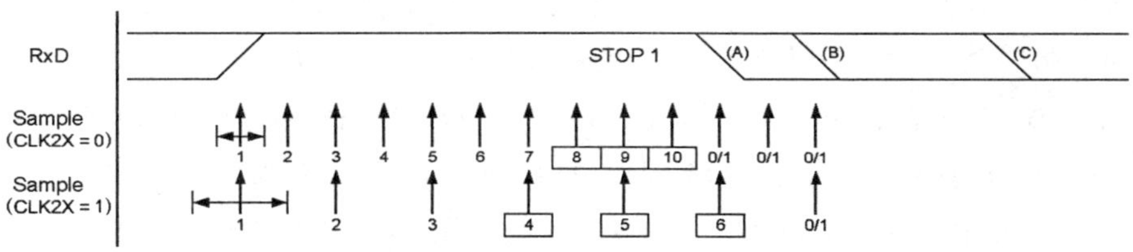

(c) 스톱 비트의 샘플링

〈그림 2.4.6〉 비동기 모드에서 1비트의 샘플링 동작

USART가 비동기 모드로 동작할 때는 송신부의 전송속도와 수신부의 수신속도가 일치(match)해야 한다. 만약, 데이터가 실제로 입력되는 전송속도(baud rate)에 비하여 수신부가 내부적으로 클록을 사용하여 동작하는 수신속도(baud rate)가 너무 빠르거나 느리다면 올바른 데이터의 수신을 기대할 수 없다.

수신부의 표준 동작 속도(baud rate)에 대하여 가장 느리게 입력되는 것이 허용되는 송신부의 데이터 송신속도 비율은 다음과 같이 표현된다.

$$R_{slow} = \frac{(D+1)S}{S-1+D \cdot S+S_F} = \frac{(D+1)S}{(D+1)S+S_F-1}$$

또한, 수신부의 표준 동작 속도에 대하여 가장 빠르게 입력되는 것이 허용되는 송신부의 데이터 송신속도 비율은 다음과 같이 표현된다.

$$R_{fast} = \frac{(D+2)S}{(D+1)S+S_M}$$

여기서, D는 데이터 비트와 패리티 비트를 합한 비트수로서 5~10으로 되며, S는 비트당 샘플링 횟수로서 일반 모드에서는 16이고 2배속 모드에서는 8이다. 또한, S_F는 비트를 검출하기 위하여 3차례 샘플링하는 횟수의 첫번째 순서값으로서 일반 모드에서는 8이고 2배속 모드에서는 4이며, S_M은 비트를 검출하기 위하여 3차례 샘플링하는 횟수의 중간 순서값으로서 일반 모드에서는 9이고 2배속 모드에서는 5이다.

결국 이 공식에 의한 비율은 데이터 비트와 패리티 비트를 합한 비트수 D에 따라 변하는데, 이를 모두 계산하여 보면 <표 2.4.2>와 같다. 직렬통신 포트의 전송속도를 설정할 경우에 데이터의 올바른 전송이 보장되려면 이 표에 제시된 권장 허용오차의 범위 이내로 설정하는 것이 바람직하다.

USART에서 비동기 통신 방식은 이처럼 송신측과 수신측의 보레이트를 결정하는 클록 주파수에 다소 차이가 있더라도 무난하게 통신이 수행된다는 것이 장점이다.

〈표 2.4.2〉 수신측 보레이트 오차의 허용 범위

(a) 비동기 일반 모드(CLK2X=0)의 경우

D의 값 (데이터 비트 + 패리티 비트)	Rslow [%]	Rfast [%]	최대 허용오차 [%]	권장 허용오차 [%]
5	93.20	106.67	+6.67/-6.80	±3.0
6	94.12	105.79	+5.79/-5.88	±2.5
7	94.81	105.11	+5.11/-5.19	±2.0
8	95.36	104.58	+4.58/-4.64	±2.0
9	95.81	104.14	+4.14/-4.19	±1.5
10	96.17	103.78	+3.78/-3.83	±1.5

(b) 비동기 2배속 모드(CLK2X=1)의 경우

D의 값 (데이터 비트 + 패리티 비트)	Rslow [%]	Rfast [%]	최대 허용오차 [%]	권장 허용오차 [%]
5	94.12	105.66	+5.66/-5.88	±2.5
6	94.92	104.92	+4.92/-5.08	±2.0
7	95.52	104.35	+4.35/-4.48	±1.5
8	96.00	103.90	+3.90/-4.00	±1.5
9	96.39	103.53	+3.53/-3.61	±1.5
10	96.70	103.23	+3.23/-3.30	±1.0

(5) 보레이트 설정

USART에서 직렬통신 속도를 bps(bit per second) 단위로 설정하려면 2개의 보레이트 레지스터 BAUDCTRLA, BAUDCTRLB를 사용한다. 이때 보레이트(f_{BAUD})는 <표 2.4.3>에 정리한 것처럼 주변장치 클록 주파수 f_{PER}과 2개의 보레이트 레지스터로 지정하는 BSEL[11:0] 및 BSCALE[3:0]을 사용하여 지정된 식으로 계산해야 한다. 여기서, BSEL[11:0]은 길이가 12비트인 부호없는 정수이므로 0~4,095의 값을 사용할 수 있는데, 이것은 보레이트 발생기에서 보레이트용 클록 주파수를 얻기 위하여 주변장치 클록을 분주하는 역할을 한다. BSCALE[3:0]은 4비트 2의 보수로 표현되므로 -8~+7의 범위를 표현할 수 있지만 실제로는 -7~+7 범위의 값만 사용한다. 여기서 BSCALE이 양수인 경우에는 2^{BSCALE}이 주변장치 클록을 정수값으로 분주하는 기능을 수행하지만, BSCALE이 음수인 경우에는 2^{BSCALE}이 주변장치 클록을 소수로 나누어주는 기능을 수행하므로 보레이트 클록 주파수의 분해능을 높여주어 보다 정확한 보레이트를 구현할 수 있게 해준다.

〈표 2.4.3〉 USART 포트에서 전송속도 설정을 위한 계산식

동작 모드	조건	보레이트를 계산하는 식	BSEL 값을 계산하는 식
비동기 일반 모드 (CLK2X = 0)	① BSCALE ≥ 0 ② $f_{BAUD} \le \frac{f_{PER}}{16}$	$f_{BAUD} = \frac{f_{PER}}{2^{BSCALE} \times 16(BSEL+1)}$	$BSEL = \frac{f_{PER}}{2^{BSCALE} \times 16 f_{BAUD}} - 1$
	① BSCALE < 0 ② $f_{BAUD} \le \frac{f_{PER}}{16}$	$f_{BAUD} = \frac{f_{PER}}{16(2^{BSCALE} \times BSEL + 1)}$	$BSEL = \frac{1}{2^{BSCALE}} \times \left(\frac{f_{PER}}{16 f_{BAUD}} - 1 \right)$
비동기 2배속 모드 (CLK2X = 1)	① BSCALE ≥ 0 ② $f_{BAUD} \le \frac{f_{PER}}{8}$	$f_{BAUD} = \frac{f_{PER}}{2^{BSCALE} \times 8(BSEL+1)}$	$BSEL = \frac{f_{PER}}{2^{BSCALE} \times 8 f_{BAUD}} - 1$
	① BSCALE < 0 ② $f_{BAUD} \le \frac{f_{PER}}{8}$	$f_{BAUD} = \frac{f_{PER}}{8(2^{BSCALE} \times BSEL + 1)}$	$BSEL = \frac{1}{2^{BSCALE}} \times \left(\frac{f_{PER}}{8 f_{BAUD}} - 1 \right)$
동기 마스터 모드 SPI 마스터 모드	$f_{BAUD} < \frac{f_{PER}}{2}$	$f_{BAUD} = \frac{f_{PER}}{2(BSEL+1)}$	$BSEL = \frac{f_{PER}}{2 f_{BAUD}} - 1$

〈표 2.4.4〉 전송속도에 따른 보레이트 레지스터의 설정(f_{PER} = 32MHz)

표준 보레이트 (bps)	비동기 일반 모드(CLK2X = 0)				비동기 2배속 모드(CLK2X = 1)			
	BSCALE	BSEL	전송속도	오차	BSCALE	BSEL	전송속도	오차
2,400	-2	3,329	2,400.24	+0.01%	-1	3,331	2,400.24	+0.01%
4,800	-3	3,325	4,800.48	+0.01%	-2	3,329	4,800.48	+0.01%
9,600	-4	3,317	9,600.96	+0.01%	-3	3,325	9,600.96	+0.01%
14,400	-4	2,206	14,401.44	+0.01%	-3	2,214	14,401.44	+0.01%
19,200	-5	3,301	19,201.92	+0.01%	-4	3,317	19,201.92	+0.01%
28,800	-5	2,190	28,802.88	+0.01%	-4	2,206	28,802.88	+0.01%
38,400	-6	3,269	38,403.84	+0.01%	-5	3,301	38,403.84	+0.01%
57,600	-6	2,158	57,605.76	+0.01%	-5	2,190	57,605.76	+0.01%
76,800	-7	3,205	76,807.68	+0.01%	-6	3,269	76,807.68	+0.01%
115,200	-7	2,094	115,211.52	+0.01%	-6	2,158	115,211.52	+0.01%
230,400	-7	983	230,423.04	+0.01%	-7	2,094	230,423.04	+0.01%
250,000	-7	896	250,000.00	+0.00%	-7	1,920	250,000.00	+0.00%
500,000	-7	384	500,000.00	+0.00%	-7	896	500,000.00	+0.00%
1M	-7	128	1,000,000.00	+0.00%	-7	384	1,000,000.00	+0.00%
2M	0	0	2,000,000.00	+0.00%	-7	128	2,000,000.00	+0.00%

◀참고▶ 예를 들어 비동기 일반 모드(CLK2X=0)에서 표준 보레이트 19,200 bps를 얻기 위하여 BSCALE = 3, BSEL = 12를 사용하여 분주비를 정수로 처리한 경우에는 실제 전송속도가 19,230.77 bps로 되어 오차가 +0.16%이지만, BSCALE = −5, BSEL = 3,301을 사용하여 분주비를 소수로 처리한 경우에는 실제 전송속도가 19,201.92 bps로 되어 오차가 +0.01%로서 훨씬 더 정확한 전송속도를 얻을 수 있게 된다.

이 계산식에 따라 ATxmega128A1에서 32MHz의 시스템 클록 및 주변장치 클록 주파수를 사용하는 경우 여러가지 표준 보레이트를 발생시키기 위한 보레이트 레지스터의 BSCALE[3:0] 및 BSEL[11:0] 값을 최적하게 계산해보면 <표 2.4.4>와 같다. 이 표에서는 보레이트 레지스터의 값을 이와 같이 설정하였을 때 표준 보레이트와 실제로 동작하는 전송속도 사이의 오차를 계산하여 제시하였는데, 이를 <표 2.4.2>와 비교하여 보면 모든 전송속도에서 거의 오차를 무시할 수 있는 매우 정확한 보레이트 값을 얻게 된다는 것을 알 수 있다. 기존의 ATmega 패밀리에 비하여 이와 같이 보레이트를 훨씬 더 정확하게 설정할 수 있는 것은 BSCALE[3:0]을 사용하여 분주비를 소수로 처리할 수 있기 때문이다.

◀참고▶ 전송속도를 나타내는 단위로는 baud와 bps가 있는데 이는 서로 개념이 약간 다르다. baud는 프랑스 엔지니어 Baudot의 이름에서 유래한 것으로서 이것은 1초에 신호를 전자적으로 변환하는 회수를 나타낸다. 이에 비하여 bps(bits per second)는 1초에 전송되는 신호의 비트수를 나타낸다. 따라서, 1번에 변환되는 신호가 1비트로 구성되는 일반 직렬통신에서는 baud와 bps가 동일한 표현이 되지만, 1번에 여러 비트를 변환하여 전송하는 경우에는 baud와 bps가 다를 수 있다. 결국, 일반적인 직렬통신에는 baud와 bps중에 어느 것을 사용해도 무방하지만 bps를 사용하는 것이 의미를 좀더 이해하기 쉬울 것이다.

(6) 멀티프로세서 통신 모드

멀티프로세서 통신 모드는 1개의 마스터 프로세서가 여러개의 슬레이브 프로세서에게 특정한 어드레스를 전송함으로써 1개의 슬레이브만을 지정하여 데이터를 전송하는 동작 모드이다. 마스터가 1개의 슬레이브를 지정하기 위하여 어드레스 값을 전송하는 것을 어드레스 프레임(address frame)이라고 하고, 선택된 슬레이브에게 데이터를 전송하는 것을 데이터 프레임(data frame)이라고 한다.

멀티 프로세서 시스템에서 송신측은 1프레임을 9비트로 전송하는데, 9번째 비트가 1이면 이것은 어드레스 프레임이고 9번째 비트가 0이면 데이터 프레임이다. 여러개의 슬레이브로 구성되는 수신측은 9비트 프레임을 사용하는 것은 물론이고 제어 레지스터 CTRLB의 MPCM 비트를 1로 지정하여 어드레스 프레임이 수신되기를 기다린다. 이때 마스터는 8비트 데이터로 슬레이브 어드레스를 전송하고 9번째 비트를 TXB8=1로 하여 어드레스 프레임을 송신한다.

그러면 모든 슬레이브는 이 어드레스 프레임을 수신하여 어드레스인지를 확인하며, 이것이 자신의 어드레스와 일치하는 1개의 슬레이브는 MPCM 비트를 0으로 클리어하여 이후에 전송될 모든 데이터 프레임을 수신할 수 있도록 한다. 그러나, 어드레스가 자신과 일치하지 않는 나머지의 슬레이브들은 계속하여 MPCM 비트를 1로 유지하면서 수신되는 데이터 프레임을 무시하고 다시 어드레스 프레임이 수신되기를 기다린다. 선택된 슬레이브는 모든 데이터 프레임을 수신하고 이것이 완료되면 다시 MPCM 비트를 1로 설정하여 어드레스 프레임의 수신 대기 상태로 들어간다.

USART에는 IrDA 1.4의 무선통신 규격을 지원하는 IRCOM 모듈을 추가로 사용할 수 있다. 또한, USART는 DMA와 연계하여 동작할 수 있다.

(7) USART의 SPI 마스터 동작

ATxmega128A1의 직렬통신 포트 USART는 모두 SPI 직렬통신의 마스터 모드(MSPIM ; Master SPI Mode)로 사용될 수도 있다. 이것은 SPI 직렬통신의 슬레이브 기능은 수행하지 않고 오직 마스터 모드로만 동작할 수 있으므로 $\overline{\text{SS}}$ 단자는 없으며, USART의 TxD, RxD, XCK 단자는 각각 SPI 마스터 모드의 MOSI, MISO, SCK 단자로 사용되어 3선식 통신이 된다. 그러나, MSPIM에서 필요하다면 임의의 병렬 I/O 포트 비트를 슬레이브 셀렉트 단자로 할당하여 사용할 수 있다.

USART의 SPI 마스터 모드는 몇가지 지엽적인 사항을 제외하고는 대부분 SPI 모듈과 유사하게 동작한다. 먼저 SPI 모듈에서와 달리 송신부가 이중 버퍼로 동작하므로 SPI 모듈의 WRCOL 비트에 해당하는 기능이 없으며, 수신부 역시 이중 버퍼로 동작한다. 또한, SPI 모듈의 2배속 모드에 해당하는 기능은 없으나 보레이트 레지스터의 BSEL 값을 이용하여 원하는 모든 전송속도를 설정할 수 있다.

ATxmega128A1의 USART 포트를 SPI 마스터 모드로 사용하려면 제어 레지스터 CTRLC에서 CMODE[1:0]=11로 설정하여야 한다. 그리고, XCK 단자가 출력방향의 SCK 단자로 사용될 수 있도록 해당 병렬 I/O 포트의 방향설정 레지스터를 출력으로 설정해야 하며, TxD과 RxD 단자가 각각 MOSI와 MISO 단자로 사용되도록 제어 레지스터 CTRLB에서 TXEN과 RXEN 비트를 1로 설정해야 한다.

USART의 SPI 마스터 모드에서 전송속도는 <표 2.4.3>에 보인 계산식으로 설정하며, 병렬 I/O 포트의 INVEN 비트와 제어 레지스터에서 UCPHA 비트를 어떻게 설정하느냐에 따라 앞의 <표 2.4.1> 및 <그림 2.4.4>에서 이미 보였던 바와 같이 4가지 모드의 XCK 타이밍 동작이 가능하다.

SPI 마스터 모드의 데이터 전송은 데이터 레지스터에 전송할 값을 쓰는 것으로 시작한다. 직렬 데이터 프레임은 1문자가 8비트로 구성되며, 제어 레지스터 CTRLC의 UDORD 비트를 사용하여 MSB부터 전송하는 방식과 LSB부터 전송하는 방식을 선택적으로 지정할 수 있다. SPI 마스터 모드에서는 비동기 전송 포맷에서처럼 서두에 스타트 비트나 마지막에 패리티 비트 또는 스톱 비트 등은 사용하지 않고 8비트의 데이터 비트들만 전송된다. 1문자의 전송이 완료되면 바로 다음 문자의 전송이 이어지거나 또는 idle state(H 상태)로 이어진다. 따라서, 만약 데이터 레지스터에 연속적으로 2바이트의 데이터를 라이트하면 16비트 데이터를 전송할 수 있다.

SPI 마스터 모드에서 인터럽트는 USART에서의 인터럽트와 유사하지만, 프레임 에러, 오버런 에러, 패리티 에러 등은 사용되지 않는다. USART에서처럼 상태 레지스터의 TXCIF 플랙 비트는 송신 완료를 체크하기 위하여 사용될 수 있고, RXCIF 플랙 비트는 수신 문자가 있는지 여부를 체크하기 위하여 사용될 수 있다.

3. USART 직렬통신 포트의 I/O 제어 레지스터

ATxmega128A1에서 USART 직렬통신 포트의 I/O 제어 레지스터를 요약하면 <표 2.4.5>와 같고, 이것을 SPI 마스터 모드로 사용하는 경우의 I/O 제어 레지스터는 일부가 달라지므로 <표 2.4.6>에 따로 보였다.

〈표 2.4.5〉 USART 직렬통신 포트의 I/O 제어 레지스터 요약(USART 모드)

오프셋	레지스터 이름	비트7	비트6	비트5	비트4	비트3	비트2	비트1	비트0
+0x00	USARTxn_DATA	DATA[7:0]							
+0x01	USARTxn_STATUS	RXCIF	TXCIF	DREIF	FERR	BUFOVF	PERR	-	RXB8
+0x02	(reserved)	-	-	-	-	-	-	-	-
+0x03	USARTxn_CTRLA	-	-	RXCINTLVL[1:0]		TXCINTLVL[1:0]		DREINTLVL[1:0]	
+0x04	USARTxn_CTRLB	-	-	-	RXEN	TXEN	CLK2X	MPCM	TXB8
+0x05	USARTxn_CTRLC	CMODE[1:0]		PMODE[1:0]		SBMODE	CHSIZE[2:0]		
+0x06	USARTxn_BAUDCTRLA	BSEL[7:0]							
+0x07	USARTxn_BAUDCTRLB	BSCALE[3:0]				BSEL[11:8]			

〈표 2.4.6〉 USART 직렬통신 포트의 I/O 제어 레지스터 요약(SPI 마스터 모드)

오프셋	레지스터 이름	비트7	비트6	비트5	비트4	비트3	비트2	비트1	비트0
+0x00	USARTxn_DATA	DATA[7:0]							
+0x01	USARTxn_STATUS	RXCIF	TXCIF	DREIF	-	-	-	-	-
+0x02	(reserved)	-	-	-	-	-	-	-	-
+0x03	USARTxn_CTRLA	-	-	RXCINTLVL[1:0]		TXCINTLVL[1:0]		DREINTLVL[1:0]	
+0x04	USARTxn_CTRLB	-	-	-	RXEN	TXEN	-	-	-
+0x05	USARTxn_CTRLC	CMODE[1:0]		-	-	-	UDORD	UCPHA	-
+0x06	USARTxn_BAUDCTRLA	BSEL[7:0]							
+0x07	USARTxn_BAUDCTRLB	BSCALE[3:0]				BSEL[11:8]			

▣ USART I/O 데이터 레지스터 DATA

	b7	b6	b5	b4	b3	b2	b1	b0	
옵셋 +0x00	TXB[7:0] / RXB[7:0]								DATA
읽기/쓰기 기능	R/W	R/W	R/W	R/W	R/W	R/W	R/W	R/W	
리셋후 초기값	0	0	0	0	0	0	0	0	

〈그림 2.4.7〉 USART I/O 데이터 레지스터 DATA

- TXB[7:0] : Transmit Data Buffer
- RXB[7:0] : Receive Data Buffer

  USART 송수신 버퍼로서 이것들은 서로 동일한 번지에 위치하지만 송신 동작에서는 TXB[7:0]이 사용되고, 수신 동작에서는 RXB[7:0]이 사용된다. 1문자의 길이가 5~7비트일 경우에 사용하지 않는 상위 비트들은 송신의 경우 무시되고 수신의 경우 0으로 채워진다. 송신 버퍼는 상태 레지스터의 DREIF 플랙이 세트되어 있는 경우에만 라이트가 가능하며, 만약 DREIF=0일 때 데이터 레지스터에 값을 쓴다면 이는 무시된다. 송신 버퍼에 써진 데이터는 송신 시프트 레지스터가 비어 있을 경우 즉시 이곳으로 옮겨져서 TxD 단자로 출력되기 시작한다. 수신 시프트 레지스터에 값이 수신되면 이는 즉시 수신 버퍼로 옮겨지고 상태 레지스터의 플랙이 갱신되므로 사용자는 상태 레지스터를 먼저 확인하고 나서 데이터 레지스터를 읽어야 한다.

▣ USART 상태 레지스터 STATUS

	b7	b6	b5	b4	b3	b2	b1	b0	
옵셋 +0x01	RXCIF	TXCIF	DREIF	FERR	BUFOVF	PERR	-	RXB8	STATUS
읽기/쓰기 기능	R/W	R/W	R	R	R	R	R	R/W	
리셋후 초기값	0	0	1	0	0	0	0	0	

〈그림 2.4.8〉 USART 상태 레지스터 STATUS

- RXCIF : USART Receive Complete Interrupt Flag

  수신 버퍼에 읽지 않은 데이터가 있으면 이 비트는 세트되고, 이를 읽어 수신 버퍼가 비어 있게 되면 이 비트는 클리어된다. 이 비트는 해당 인터럽트 서비스 루틴이 시작되는 것만으로 클리어되지 않으며, 반드시 사용자가 데이터 레지스터를 읽어야 자동적으로 클리어된다. 이를 강제로 클리어하려면 이 비트에 1을 써주어야 한다. 만약 수신부를 디스에이블하면 이 비트는 항상 0으로 유지된다.
- TXCIF : USART Transmit Complete Interrupt Flag

  송신 시프트 레지스터의 데이터가 모두 송신되고 송신 시프트 레지스터 및 송신 버퍼에 새로운 데이터가 없어 비어 있다면 이 비트는 세트된다. 해당 인터럽트 서비스 루틴이 시작되면 이 비트는 자동적으로 클리어된다. 이 비트를 강제로 클리어하려면 이 비트에 1을 써주어야 한다.
- DREIF : USART Data Register Empty Interrupt Flag

  송신 버퍼가 비어있어서 새로운 데이터를 받을 준비가 되어 있으면 이 비트는 세트되고, 데이터 레지스터에 값을 써주어 송신 버퍼가 전송할 데이터를 가지고 있으면 이 비트가 클리어된다. 리셋 직후에 이 비트는 세트되어 있다. 상태 레지스터에 값을 쓸 때 이 비트는 항상 0으로 해주어야 한다.
- FERR : USART Frame Error Flag

  데이터를 수신할 때 첫번째 스톱 비트가 0으로 수신되면 프레임 에러로 간주하고 이 비트가 세트되며, 데이터 레지스터를 읽으면 이 비트가 클리어된다. 상태 레지스터에 값을 쓸 때 이 비트는 항상 0으로 해주어야 한다. 이 비트는 SPI 마스터 모드에서는 사용되지 않는다.
- BUFOVF : USART Buffer Overflow Flag

  수신 버퍼에 2개의 수신된 문자가 꽉 차있을 때 그 다음 문자를 수신하기 위한 스타트 비트가 수신되면 수신 버퍼 오버플로우 에러로 간주하고 이 비트가 세트되며, 데이터 레지스터를 읽으면 이 비트가 클리어된다. 상태 레지스터에 값을 쓸 때 이 비트는 항상 0으로 해주어야 한다. 이 비트는 SPI 마스터 모드에서는 사용되지 않는다.
- PERR : USART Parity Error Flag

  데이터를 수신할 때 패리티 에러가 발생하면 이 비트가 세트되며, 데이터 레지스터를 읽으면 이 비트가 클리어된다. 상태 레지스터에 값을 쓸 때 이 비트는 항상 0으로 해주어야 한다. 이 비트는 SPI 마스터 모드에서는 사용되지 않는다.
- RXB8 : Receive Bit 8

  1문자가 9비트로 구성되는 프레임으로 동작할 때 수신된 9번째 비트가 저장되는 비트이다. 이 비트는 반드시 데이터 레지스터를 읽기 전에 먼저 읽어야 한다. 이 비트는 SPI 마스터 모드에서는 사용되지 않는다.

▣ USART 제어 레지스터 A CTRLA

	b7	b6	b5	b4	b3	b2	b1	b0	
옵셋 +0x03	-	-	RXCINTLVL[1:0]		TXCINTLVL[1:0]		DREINTLVL[1:0]		CTRLA
읽기/쓰기 기능	R	R	R/W	R/W	R/W	R/W	R/W	R/W	
리셋후 초기값	0	0	0	0	0	0	0	0	

〈그림 2.4.9〉 USART 제어 레지스터 A CTRLA

- RXCINTLVL[1:0] : Receive Complete Interrupt Level
  상태 레지스터의 RXCIF 비트가 세트되면 수신완료 인터럽트 허용하고 그 인터럽트 레벨을 설정한다.
- TXCINTLVL[1:0] : Transmit Complete Interrupt Level
  상태 레지스터의 TXCIF 비트가 세트되면 송신완료 인터럽트 허용하고 그 인터럽트 레벨을 설정한다.
- DREINTLVL[1:0] : USART Data Register Empty Interrupt Level
  상태 레지스터의 DFEIF 비트가 세트되면 데이터 레지스터 준비완료 인터럽트 허용하고 그 인터럽트 레벨을 설정한다.

▣ USART 제어 레지스터 B CTRLB

	b7	b6	b5	b4	b3	b2	b1	b0	
옵셋 +0x04	-	-	-	RXEN	TXEN	CLK2X	MPCM	TXB8	CTRLB
읽기/쓰기 기능	R	R	R	R/W	R/W	R/W	R/W	R/W	
리셋후 초기값	0	0	0	0	0	0	0	0	

〈그림 2.4.10〉 USART 제어 레지스터 B CTRLB

- RXEN : Receiver Enable
  USART의 수신부를 인에이블하고, RXD 단자의 기능을 가능하도록 한다. 만약 이 비트를 클리어하여 수신부를 디스에이블하면 수신 버퍼으 내용을 삭제하고 상태 레지스터에서 FERR, BUFOVF, PERR 플랙의 기능을 무효하게 한다.
- TXEN : Transmitter Enable
  USART의 송신부를 인에이블하고, TXD 단자의 기능을 가능하도록 한다. 만약 이 비트를 클리어하여 송신부를 디스에이블하더라도 이는 송신 시프트 레지스터와 송신 버퍼의 데이터가 모두 전송될 때까지 유효하지 않다.
- CLK2X : Double Transmission Speed
  비동기 모드에서 보레이트 발생기의 분주비를 16에서 8로 감소시켜 전송속도를 2배로 설정한다. 다른 모드에서는 이 비트를 사용하지 않으며, IRCOM 모듈을 사용할 때는 반드시 이 비트를 0으로 설정해야 한다. 이 비트는 SPI 마스터 모드에서는 사용되지 않는다.
- MPCM : Multi-processor Communication Mode
  USART 수신부를 멀티 프로세서 모드로 설정한다. 수신부가 멀티프로세서 모드로 설정되면 슬레이브 어드레스가 포함된 프레임의 수신만을 수행하며 다른 프레임은 무시한다. 송신부는 멀티프로세서 프레임의 설정과 무관하다. 이 비트는 SPI 마스터 모드에서는 사용되지 않는다.
- TXB8 : Transmit Bit 8
  1문자가 9비트로 구성되는 프레임으로 동작할 때 송신할 9번째 비트를 저장하는 비트이다. 이 비트는 반드시 하위 8비트를 데이터 레지스터에 쓰기 전에 먼저 써야 한다. 이 비트는 SPI 마스터 모드에서는 사용되지 않는다.

▣ USART 제어 레지스터 C CTRLC

이 레지스터는 USART 모드와 SPI 마스터 모드에서 비트 구성이 서로 달라진다. CMODE[1:0] 비트에서 모드를 설정하는데 따라 그 하위 비트의 의미가 달라진다.

	b7	b6	b5	b4	b3	b2	b1	b0	
옵셋 +0x05	CMODE[1:0]		PMODE[1:0]		SBMODE	CHSIZE[2:0]			CTRLC
읽기/쓰기 기능	R/W	R/W	R/W	R/W	R/W	R/W	R/W	R/W	
리셋후 초기값	0	0	0	0	0	1	1	0	

〈그림 2.4.11〉 USART 제어 레지스터 C CTRLC(USART 모드로 사용하는 경우)

	b7	b6	b5	b4	b3	b2	b1	b0	
옵셋 +0x05	CMODE[1:0]		-	-	-	UDORD	UCPHA	-	CTRLC
읽기/쓰기 기능	R/W	R/W	R/W	R/W	R/W	R/W	R/W	R/W	
리셋후 초기값	0	0	0	0	0	1	1	0	

〈그림 2.4.12〉 USART 제어 레지스터 C CTRLC(SPI 마스터 모드로 사용하는 경우)

- CMODE[1:0] : USART Communication Mode
  USART 직렬통신 포트의 동작 모드를 설정한다.
  - 00 = USART 비동기 전송 모드
  - 01 = USART 동기 전송 모드
  - 10 = IRCOM 사용 모드
  - 11 = SPI 마스터 모드
- PMODE : Parity Mode
  USART 비동기 전송 모드에서 패리티 비트의 사용 방법을 설정한다. 패리티 비트를 사용하는 것으로 설정되면 송신부에서는 자동적으로 각 프레임의 패리티 비트를 계산하여 송신하고, 수신부는 수신된 패리티 비트와 자신이 계산한 패리티 비트를 비교한다. 만약 이것들이 서로 일치하지 않으면 상태 레지스터의 PERR 플랙 비트를 세트시킨다. 이 비트는 SPI 마스터 모드에서는 사용되지 않는다.
  - 00 = 패리티 비트를 사용하지 않음
  - 01 = (reserved)
  - 10 = 짝수 패리티(even parity) 방식으로 패리티 비트를 사용함
  - 11 = 홀수 패리티(odd parity) 방식으로 패리티 비트를 사용함
- SBMODE : Stop Bit Mode
  USART 비동기 전송 모드에서 송신부가 전송하는 프레임의 스톱 비트 수를 지정한다. 수신부에서는 이 값이 어떻게 설정되든지 무관하다. 이 비트는 SPI 마스터 모드에서는 사용되지 않는다.
  - 0 = 스톱 비트 1개
  - 1 = 스톱 비트 2개
- CHSIZE[2:0] : Character Size
  USART에서 1프레임의 데이터 비트 수를 설정한다. 이 비트는 SPI 마스터 모드에서는 사용되지 않는다.
  - 000 = 데이터 비트 5개
  - 001 = 데이터 비트 6개
  - 010 = 데이터 비트 7개
  - 011 = 데이터 비트 8개
  - 100~110 = (reserved)
  - 111 = 데이터 비트 9개
- UDORD : SPI Data Order
  SPI 마스터 모드에서 데이터 비트의 전송 순서를 지정한다. 즉, 이 비트를 1로 세트하면 데이터 바이트의 LSB부터 전송하고, 0으로 클리어하면 데이터 바이트의 MSB부터 전송한다. 이 비트는 SPI 마스터 모드에서만 사용된다.
- UCPHA : SPI Clock Phase
  SPI 마스터 모드에서 SCK 클록 신호가 동작하는 방법을 지정한다. 즉, 이 비트를 1로 세트하면 SCK 신호의 리딩 에지(leading edge)에서 데이터가 샘플링되고, 0으로 클리어하면 SCK 신호의 트레일링 에지(trailing edge)에서 데이터가 샘플링된다. 이 비트는 SPI 마스터 모드에서만 사용된다.

▣ USART 보레이트 레지스터 BAUDCTRLA, BAUDCTRLB

	b7	b6	b5	b4	b3	b2	b1	b0	
옵셋 +0x03	BSEL[7:0]								BAUDCTRLA
읽기/쓰기 기능	R/W	R/W	R/W	R/W	R/W	R/W	R/W	R/W	
리셋후 초기값	0	0	0	0	0	0	0	0	

〈그림 2.4.13〉 USART 보레이트 레지스터 BAUDCTRLA

	b7	b6	b5	b4	b3	b2	b1	b0	
옵셋 +0x05	BSCALE[3:0]				BSEL[11:8]				BAUDCTRLB
읽기/쓰기 기능	R/W	R/W	R/W	R/W	R/W	R/W	R/W	R/W	
리셋후 초기값	0	0	0	0	0	1	1	0	

〈그림 2.4.14〉 USART 보레이트 레지스터 BAUDCTRLB

- BSCALE[3:0] : USART Baud Rate Scale Factor
  이 비트는 USART 보레이트 발생기의 scale factor를 지정한다. 이 값은 4비트 2의 보수 형식을 사용하므로 -8~+7의 값을 표현할 수 있으나 -7~+7의 값만 사용된다. 이 값이 양수일 때는 보레이트 발생기에서 주파수를 분주비 2^{BSCALE} 로 프리스케일하는 기능을 수행하고, 이 값이 음수일 때는 주파수를 분주하면서 소수 나눗셈이 가능(fractional counting)하도록 하여 보레이트 발생용 주파수의 분해능을 높이게 된다.

0111 = +7	1001 = -7
0110 = +6	1010 = -6
0101 = +5	1011 = -5
0100 = +4	1100 = -4
0011 = +3	1101 = -3
0010 = +2	1110 = -2
0001 = +1	1111 = -1
0000 = 0	1000 = (reserved)

- BSEL[11:0] : USART Baud Rate Select Value
  이 비트는 USART 보레이트 발생기의 분주비 역할을 하는 12비트 값을 지정한다. 먼저 BAUDCTRLB 레지스터에 상위 4비트의 값을 쓰고 나서 그 다음에 BAUDCTRLB 레지스터에 하위 8비트의 값을 써야 한다.

4. RS-232C 직렬통신

CPU에서의 병렬 데이터가 USART 직렬통신 포트를 거쳐서 직렬 데이터로 변환되었다 하더라도 이는 기본적으로 +5V 또는 +3.3V의 TTL 로직 레벨이므로 이 상태로 원거리를 전송하는데는 부적합하다. 따라서, 이들 신호를 먼 거리로 전송하는데 적합한 신호로 변환하기 위한 신호레벨의 인터페이스 회로가 필요한데, 이 부분도 통일된 규격이 필요하므로 국제기구를 통하여 규격화가 계속 진행되어 왔으며, 현재까지 일반적으로 널리 사용되고 있는 국제규격의 예로는 RS-232C, RS-422A, RS-485 등이 있다.

(1) RS-232C의 전기적 사양

RS-232C 통신방식은 디지털 데이터 통신회선으로 전화선을 사용하기 위하여 1962

년에 EIA(Electronic Industries Association)에서 컴퓨터나 터미널 등과 같은 DTE (Data Terminal Equipment, 데이터 단말장치)와 모뎀(MODEM) 등과 같은 DCE(Data Communication Equipment 또는 Data Circuit-Terminating Equipment, 회선 종단장치) 사이에 데이터 전송용으로 제정한 통신 권고규격(recommended standard)이다. 이 규격에서는 25핀과 9핀 커넥터에 데이터 신호와 핸드세이킹 신호들을 지정하고 이들 신호명은 물론 각 신호들의 전기적인 사양까지를 자세하게 규정하고 있다. RS-232C 방식의 전기적 사양을 다른 통신방식과 비교하여 요약하면 <표 2.4.7>과 같다.

〈표 2.4.7〉 RS-232C 및 기타 통신방식의 전기적인 사양 요약

<table>
<tr><th colspan="2">항 목</th><th>RS-232C</th><th>RS-422A</th><th>RS-485</th></tr>
<tr><td colspan="2">동작 모드</td><td>single end</td><td>differential</td><td>differential</td></tr>
<tr><td colspan="2">접속 가능 대수</td><td>1 드라이버/1 리시버
(1:1 통신)</td><td>1 드라이버/10 리시버
(1:多 통신)</td><td>32 드라이버/ 32 리시버
(多:多 멀티드롭 통신)</td></tr>
<tr><td colspan="2">최대 전송선 길이</td><td>50피트(약 15 m)</td><td>4000피트(약 1200 m)</td><td>4000피트(약 1200 m)</td></tr>
<tr><td rowspan="3">최대
전송속도</td><td>12 m</td><td rowspan="3">20 Kbps</td><td>10 Mbps</td><td>10 Mbps</td></tr>
<tr><td>120 m</td><td>1 Mbps</td><td>1 Mbps</td></tr>
<tr><td>1200 m</td><td>100 Kbps</td><td>100 Kbps</td></tr>
<tr><td colspan="2">드라이버 출력전압</td><td>±5V ~ ±15V</td><td>±2V ~ ±6V</td><td>±1.5V ~ ±6V</td></tr>
<tr><td colspan="2">리시버 입력전압
"1" = mark
"0" = space</td><td>±3V ~ ±25V
-3V ~ -25V
+3V ~ +25V</td><td>±0.2V ~ ±6V
V_A-V_B = -0.2V~-6V
V_A-V_B = +0.2V~+6V</td><td>±0.2V ~ ±6V
V_A-V_B = -0.2V~-6V
V_A-V_B = +0.2V~+6V</td></tr>
<tr><td colspan="2">최대 동상전압</td><td></td><td>±7V</td><td>-7V ~ +12V</td></tr>
<tr><td colspan="2">드라이버 부하저항</td><td>3 kΩ ~ 7 kΩ</td><td>100 Ω</td><td>54 Ω</td></tr>
<tr><td colspan="2">리시버 입력저항</td><td>3 kΩ ~ 7 kΩ</td><td>> 4 kΩ</td><td>> 12 kΩ</td></tr>
<tr><td colspan="2" rowspan="2">드라이버 IC</td><td rowspan="2">SN75150, SN75188
μA9636A, MC1488</td><td>SN75151/3, SN75158/9
Am26LS31, μA9638A
MC3487</td><td></td></tr>
<tr><td colspan="2">SN75172, SN75174</td></tr>
<tr><td colspan="2" rowspan="2">리시버 IC</td><td rowspan="2">SN75152, SN75154
SN75189, MC1489</td><td>SN75157, Am26LS32A
μA9637A, MC3486</td><td></td></tr>
<tr><td colspan="2">SN75173, SN75175</td></tr>
<tr><td colspan="2">커넥터</td><td>DB-25 25핀
DB-9 9핀</td><td>규정되지 않음</td><td>규정되지 않음</td></tr>
<tr><td colspan="2">접속법</td><td>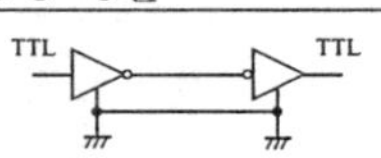
(단일선 인터페이스)</td><td>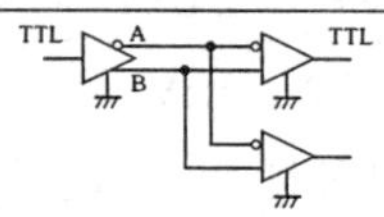
(평형 차동 인터페이스)</td><td>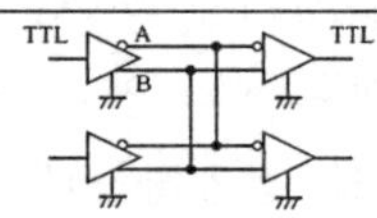
(평형 차동 인터페이스)</td></tr>
</table>

(2) RS-232C 신호의 기능 및 커넥터 구조

RS-232C 직렬통신에서 정의된 신호들의 기능을 요약하면 <표 2.4.8>과 같다. 이중에서 핸드세이킹 제어에 필수적인 신호는 $\overline{\text{RTS}}$ 및 $\overline{\text{CTS}}$이다.

<표 2.4.8> RS-232C 신호의 기능

신호 이름	I/O	기능
TxD	O	Transmitter Data : DTE에서 직렬로 송신하는 출력 데이터 신호이다.
RxD	I	Receiver Data : DTE에서 직렬로 수신하는 입력 데이터 신호이다.
$\overline{\text{DTR}}$	O	Data Terminal Ready : DTE가 송수신이 가능한 레디 상태에 있음을 DCE에게 알려주는 신호이다. 이를 L상태로 하면 모뎀이 회선과 접속되고, H상태로 하면 모뎀이 회선과 단절된다.
$\overline{\text{DSR}}$	I	Data Set Ready : DCE가 동작 가능한 상태에 있음을 DTE에게 알려주는 신호이다. 즉, 이는 $\overline{\text{DTR}}$ 신호에 의하여 모뎀을 회선과 접속하고 DTE에게 응답하는 신호이다.
$\overline{\text{RTS}}$	O	Request to Send : DTE가 DCE에 대하여 송신할 데이터가 있음을 알려주는 신호이다. 이 신호가 L상태인 동안에만 DCE는 회선에 캐리어를 출력한다.
$\overline{\text{CTS}}$	I	Clear to Send : DCE가 $\overline{\text{RTS}}$ 신호를 받고 회선에 캐리어를 출력하여 데이터를 송신할 수 있는 상태에 있음을 DTE에게 알려주는 신호이다. 즉, 이는 $\overline{\text{RTS}}$ 신호에 의하여 회선에 캐리어를 출력하기 시작하고 DTE에게 응답하는 신호이다.
$\overline{\text{CD}}$	I	Carrier Detect : 상대방에서 송신되어 오는 캐리어를 검출하였음을 나타내는 신호이다. 실제로 데이터를 수신하는 것은 이 신호가 L상태로 된 이후이다.
RI	I	Ring Indicator : DCE가 회선에서 호출 신호를 받으면 액티브되는 신호이다.

☞ 여기서 I/O는 DTE측을 기준으로 하여 표현한 것이다.

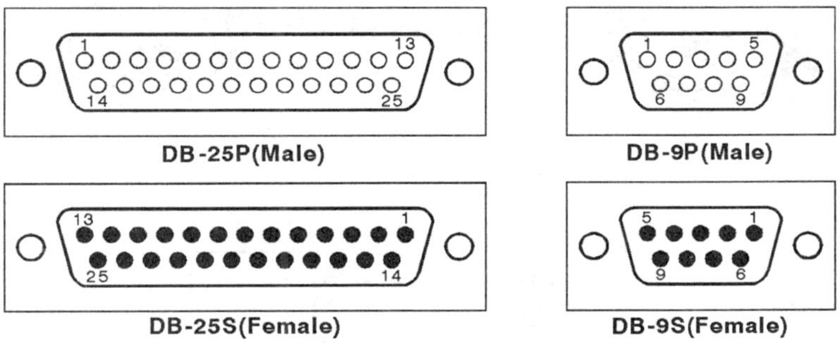

<그림 2.4.15> RS-232C 컨넥터 및 핀 배열

<표 2.4.9> RS-232C 컨넥터의 핀 배열 및 기능

커넥터 핀번호 25핀	커넥터 핀번호 9핀	일반적인 신호명	RS-232C 신호명	기능	신호의 방향
1		FG	AA	Protective Ground	-
2	3	TxD	BA	Transmitted Data	DTE → DCE
3	2	RxD	BB	Received Data	DTE ← DCE
4	7	$\overline{\text{RTS}}$	CA	Request to Send	DTE → DCE
5	8	$\overline{\text{CTS}}$	CB	Clear to Send	DTE ← DCE
6	6	$\overline{\text{DSR}}$	CC	Data Set Ready	DTE ← DCE
7	5	GND	AB	Signal Ground	-
8	1	$\overline{\text{CD}}$	CF	Received Line Signal Detector	DTE ← DCE
9			-	사용하지 않음(reserved)	-
10			-	사용하지 않음(reserved)	-
11			-	사용하지 않음(not used)	-
12			SCF	Secondary Received Line Signal Detector	DTE ← DCE
13			SCB	Secondary Clear to Send	DTE ← DCE
14			SBA	Secondary Transmitted Data	DTE → DCE
15			DB	Transmission Signal Element Timing	DTE ← DCE
16			SBB	Secondary Received Data	DTE ← DCE
17			DD	Receiver Signal Element Timing	DTE ← DCE
18			-	사용하지 않음(not used)	-
19			SCA	Secondary Request to Send	DTE → DCE
20	4	$\overline{\text{DTR}}$	CD	Data Terminal Ready	DTE → DCE
21			CG	Signal Quality Detector	DTE ← DCE
22	9	RI	CE	Ring Indicator	DTE ← DCE
23			CH/CI	Data Signal Rate Selector	DTE ↔ DCE
24			DA	Transmission Signal Element Timing	DTE → DCE
25			-	사용하지 않음(not used)	-

RS-232C에 표준으로 사용되는 D형 커넥터는 반드시 **DTE측에 수컷**(male)을 사용하고 **DCE측에 암컷**(female)을 사용해야 한다. 따라서, 통신 케이블에 사용되는 커넥터는 각각 이와 반대가 된다. 그런데, 25핀의 DB-25 커넥터에는 사실상 사용하지 않는 핀이 많고 부피가 커서 불편하므로 나중에 이보다 간편한 DB-9라고 불리는 9핀 D형 커넥터도 표준으로 추가되어 현재는 거의 이 DB-9를 사용하고 있다. RS-232C의 커넥터 및 각 신호의 이름을 보이면 <그림 2.4.15> 및 <표 2.4.9>와 같다.

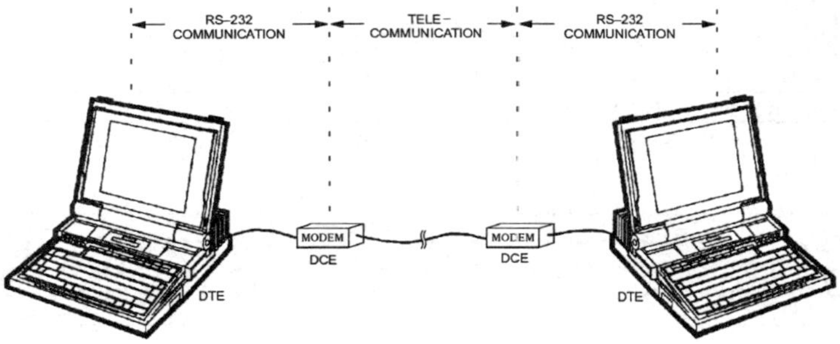

(a) 시스템 접속도

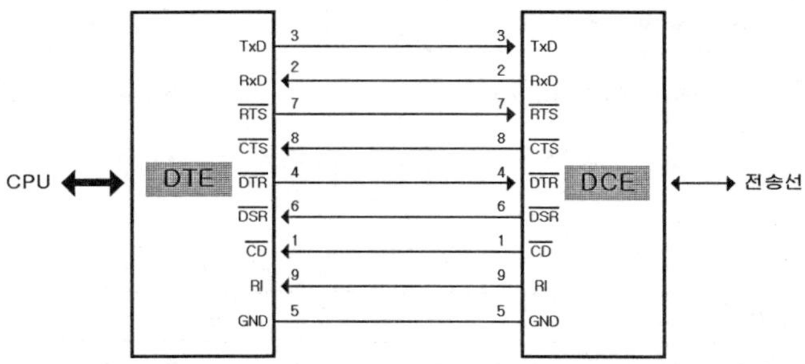

(b) 신호선의 접속

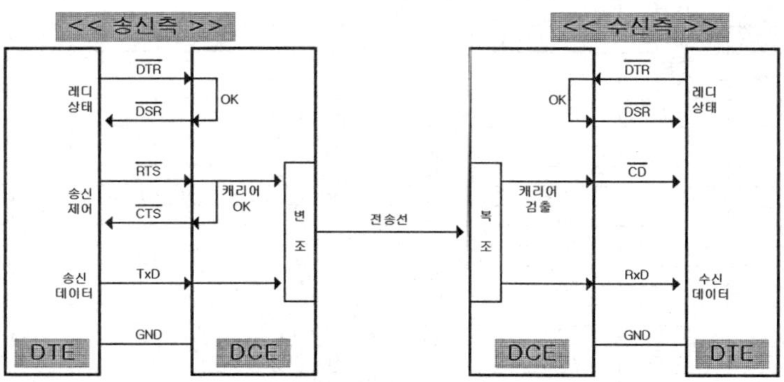

(c) 제어신호의 동작

〈그림 2.4.16〉 RS-232C에서 DTE와 DCE의 접속(9핀 커넥터의 경우)

(3) RS-232C 신호선의 접속

RS-232C를 사용한 비동기 직렬통신 방식에서 컴퓨터(DTE)와 모뎀(DCE)을 접속할 경우에는 <그림 2.4.16>의 (b)와 같이 연결한다. 그러면, 각 신호선의 동작은 <그림 2.4.16>의 (c)와 같게 된다. 이 경우에는 어느 순간에 송신동작과 수신동작이 한가지씩만 수행되는 반이중 통신(half duplex)을 나타냈지만, 이를 송신과 수신동작이 동시에 중첩되게 수행되는 것으로 생각하면 전이중 통신(full duplex)이 된다.

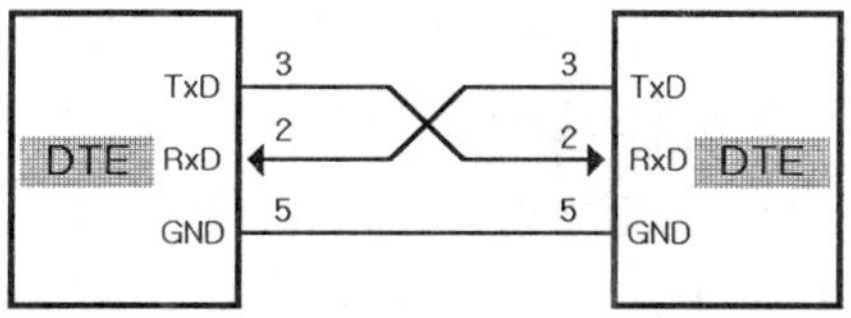

(a) No Handshaking 방법

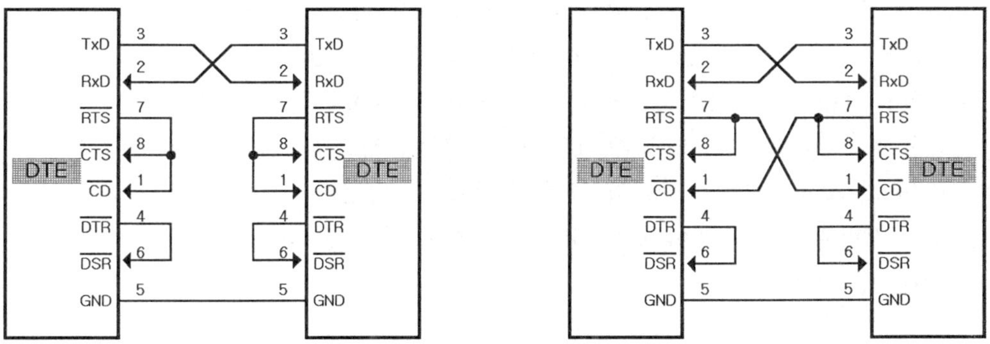

(b) Pseudo Handshaking 방법

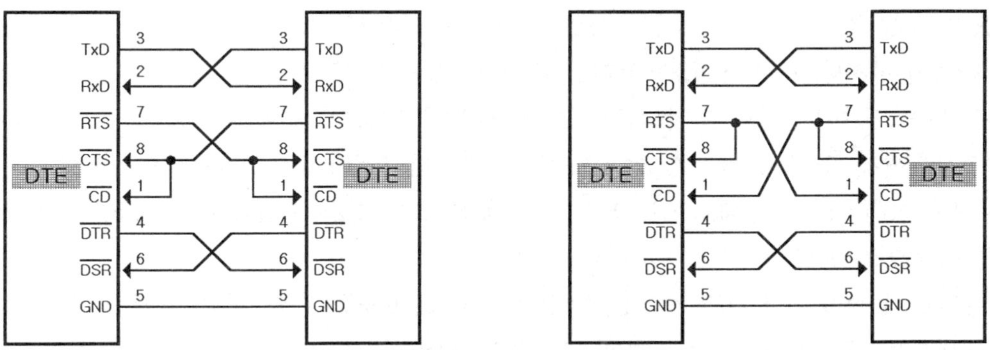

(c) Handshaking 방법

〈그림 2.4.17〉 RS-232C에서 DTE와 DTE의 접속(9핀 커넥터의 경우)

또한, 컴퓨터(DTE)와 컴퓨터(DTE)를 RS-232C 통신 케이블로 직접 접속할 경우에는 <그림 2.4.17>과 같이 여러가지의 연결 방법이 가능하다. 이러한 접속방법은 DTE 사이의 전송거리가 15m 이하로 짧아서 굳이 전화선을 사용할 필요가 없고 따라서 모뎀도 필요 없는 비교적 근거리 통신의 경우에 널리 사용된다.

여기서, (a)는 핸드세이킹 기능을 사용하지도 않고 핸드세이킹 신호선을 접속하지도 않는 경우로서 마이크로컨트롤러에서 가장 널리 사용하는 방식이며, (b)는 제어논리에서는 핸드세이킹 기능을 사용하지만 실제로는 핸드세이킹 신호선을 접속하지 않고 이에 필요한 제어신호를 루프백(loopback)시켜 마치 상대측이 레디 상태에 있는 것처럼 처리해주는 경우이다. 또한, (c)는 핸드세이킹 기능을 사용하며 하드웨어적으로 핸드세이킹 신호선을 이에 맞도록 접속하는 경우이다.

실제로 이중에서 어떤 접속방법을 사용하는가 하는 문제는 직렬통신 포트의 하드웨어적인 통신제어 동작이나 소프트웨어의 작성 방법에 따라 달라진다. 예를 들어 하드웨어나 소프트웨어적으로 회선의 상태를 체크하지 않고 단순하게 데이터의 송신 및 수신 기능만을 수행한다면 (a)와 같이 간단히 3선의 연결만으로도 문제없이 통신이 수행된다. 현재 대부분의 마이크로컨트롤러에서는 간단히 직렬통신을 구현하기 위하여 이 방법을 주로 사용한다. 그러나, 직렬통신 포트나 시스템 소프트웨어에서 회선측 모뎀의 상태를 체크하여 레디 상태일 때만 송신 또는 수신이 가능하도록 처리한다면 (b)나 (c)의 연결방법을 사용해야 한다. IBM PC와 같은 범용 컴퓨터에서는 이 방법을 사용하는 경우가 많다.

(4) RS-232C 신호 레벨의 변환

RS-232C 통신 방식의 전기적 사양은 앞의 <표 2.4.7>에서 보인 바와 같이 부논리로 되어 출력전압이 "1"(mark) 상태인 경우는 -5~-15[V]로 표현되고 "0"(space) 상태인 경우는 +5~+15[V]로 표현되는데 보통 ±12[V] 정도의 레벨을 사용한다. 이에 비하여 수신측에서 입력신호의 감도는 -3[V] 이하이면 "1"(mark) 상태로 인식되고 +3[V] 이상이면 "0"(space) 상태로 인식되므로 전송신호의 잡음여유(noise margin)는 최소한 2[V] 이상으로 된다.

이러한 동작을 도시하면 <그림 2.4.18>과 같고, RS-232C의 전압 레벨을 데이터 전송 포맷으로 도시하면 <그림 2.4.19>와 같다. 따라서, 직렬통신 인터페이스 회로의 신호레벨 변환 단계에서는 이처럼 전압레벨을 변환하는 기능이 필요하다. 전통적으로 RS-232C에서의 전압레벨 변환회로는 송신 신호의 경우에는 SN75188(또는 MC1488), 수신 신호의 경우에는 SN75189(또는 MC1489)가 널리 사용되었다. 그러나, 최근에는 승압회로와 반전회로를 내장하여 +5[V]의 입력 전원으로부터 ±10[V] 정도의 내부 전원을 만들어 동작하고, 송수신 변환회로를 모두 내장하여 1개의 소자만으로 RS-232C 직렬통신의 신호레벨 변환회로를 구성할 수 있는 MAXIM사의 MAX232 소자가 널리 사용되고 있다. 이 소자는 +5[V]의 전원과 최소 1[μF] 이상의 콘덴서를 4개 사용하여 TTL 레벨의 입력신호로부터 ±5~±15[V]의 출력신호를 발생하며, 송수신 변환회로가 각각 2개씩 내장되어 있어서 1개의 소자로 <그림 2.4.17>의 (a)와 같은 결선방법의 통신채널을 2개까지 사용할 수 있다. 그러나, 만약 CPU측이 +3.3V 전원으로 되어 있는 시스템이라면 5V 전용의 MAX232 소자 대신에 3.0V~5.5V 범위에서 동작하는 MAX3232 소자를 사용하면 된다.

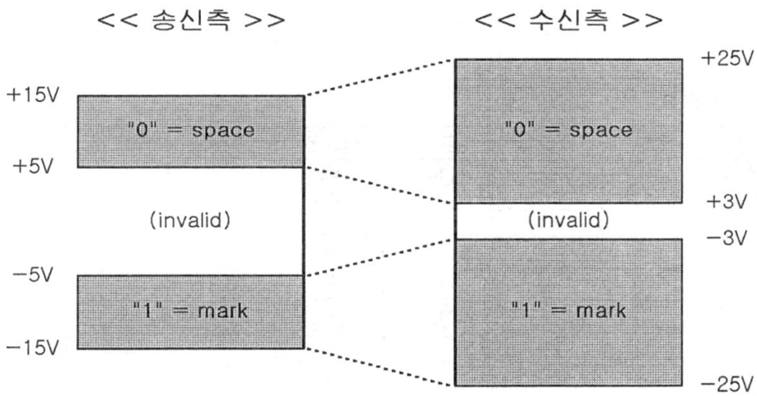

〈그림 2.4.18〉 RS-232C 통신방식에서의 전압레벨 및 잡음여유

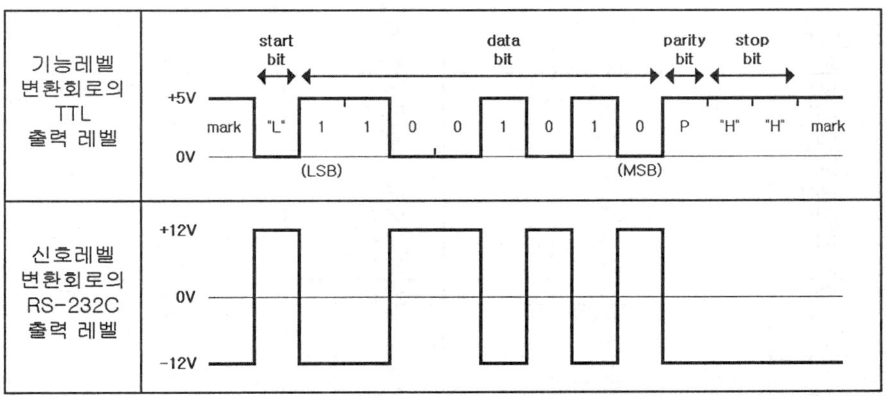

〈그림 2.4.19〉 RS-232C에서의 신호 전압레벨(8비트 데이터, 홀수 패리티의 경우)

◀휴게실▶

ASCII 코드

일반적인 ASCII(American Standard Code for Information Interchange) 코드는 국제표준기구(ISO, International Standard Organization)에서 제정한 국제표준의 문자 데이터 표현을 위한 코드로서 컴퓨터 내부에서의 문자표현은 물론 컴퓨터와 컴퓨터 사이의 정보교환 또는 컴퓨터와 주변장치 사이의 정보교환에 가장 일반적으로 사용된다.

이 ASCII 코드는 7비트로 표현되므로 모두 128문자를 나타낼 수 있는데, 이중에서 20H~7EH(총95자)는 도형문자로서 영문의 대/소문자, 아라비아 숫자, 각종 문장부호 등을 표현하는데 사용되고, 00H~1FH 및 7FH(총33자)는 기능제어문자로서 주변장치의 제어, 직렬통신제어 등에 사용된다.

그러나, IBM PC에서는 ASCII 코드를 8비트로 정의하며, 표준 ASCII 문자의 경우에는 최상위 비트인 b7을 0으로 하여 128문자를 수용하고, b7=1인 128문자를 추가하여 확장 ASCII 코드(Extended ASCII code)라 한다. 확장 ASCII 코드에는 각종 외래어 문자나 세미 그래픽 문자 등이 정의되어 있으며, 우리 나라의 경우에는 KS 규격에서 이 확장 ASCII 코드 영역을 이용하여 한글이나 한자 코드를 정의하고 있다.

(1) 전체 ASCII 코드표

코드값	문자	코드값	문자	코드값	문자	코드값	문자
00H	NUL	20H	space	40H	@	60H	`
01H	SOH	21H	!	41H	A	61H	a
02H	STX	22H	"	42H	B	62H	b
03H	ETX	23H	#	43H	C	63H	c
04H	EOT	24H	$	44H	D	64H	d
05H	ENQ	25H	%	45H	E	65H	e
06H	ACK	26H	&	46H	F	66H	f
07H	BEL	27H	'	47H	G	67H	g
08H	BS	28H	(	48H	H	68H	h
09H	HT	29H	)	49H	I	69H	i
0AH	LF	2AH	*	4AH	J	6AH	j
0BH	VT	2BH	+	4BH	K	6BH	k
0CH	FF	2CH	,	4CH	L	6CH	l
0DH	CR	2DH	-	4DH	M	6DH	m
0EH	SO	2EH	.	4EH	N	6EH	n
0FH	SI	2FH	/	4FH	O	6FH	o
10H	DLE	30H	0	50H	P	70H	p
11H	DC1	31H	1	51H	Q	71H	q
12H	DC2	32H	2	52H	R	72H	r
13H	DC3	33H	3	53H	S	73H	s
14H	DC4	34H	4	54H	T	74H	t
15H	NAK	35H	5	55H	U	75H	u
16H	SYN	36H	6	56H	V	76H	v
17H	ETB	37H	7	57H	W	77H	w
18H	CAN	38H	8	58H	X	78H	x
19H	EM	39H	9	59H	Y	79H	y
1AH	SUB	3AH	:	5AH	Z	7AH	z
1BH	ESC	3BH	;	5BH	[	7BH	{
1CH	FS	3CH	<	5CH	\	7CH	|
1DH	GS	3DH	=	5DH	]	7DH	}
1EH	RS	3EH	>	5EH	^	7EH	~
1FH	US	3FH	?	5FH	_	7FH	DEL

(2) 기능제어문자

ASCII 코드값	기능제어문자	의 미
00H(0)	NUL	null(all zeros)
01H(1)	SOH	start of heading
02H(2)	STX	start of text
03H(3)	ETX	end of text
04H(4)	EOT	end of transmission
05H(5)	ENQ	enquiry
06H(6)	ACK	acknowledge
07H(7)	BEL	bell(beep)
08H(8)	BS	backspace
09H(9)	HT	horizontal tabulation
0AH(10)	LF	line feed
0BH(11)	VT	vertical tabulation
0CH(12)	FF	form feed
0DH(13)	CR	carriage return
0EH(14)	SO	shift out
0FH(15)	SI	shift in
10H(16)	DLE	data link escape
11H(17)	DC1	device control 1
12H(18)	DC2	device control 2
13H(19)	DC3	device control 3
14H(20)	DC4	device control 4
15H(21)	NAK	negative acknowledge
16H(22)	SYN	synchronous idle
17H(23)	ETB	end of transmission block
18H(24)	CAN	cancel
19H(25)	EM	end of medium
1AH(26)	SUB	substitute
1BH(27)	ESC	escape
1CH(28)	FS	file separator
1DH(29)	GS	group separator
1EH(30)	RS	record separator
1FH(31)	US	unit separator
7FH(127)	DEL	delete

(3) 특수 기호의 명칭

ASCII 코드중에 특수한 기호들의 정확한 명칭을 요약하면 다음 표와 같다.

문자	명 칭	문자	명 칭
!	exclamation mark	:	colon
″	quotation mark	;	semicolon
#	number sign(sharp sign)	< >	less than / greater than
$	dollar sign	=	equal sign
%	percent	?	question mark
&	ampersand(and mark)	@	commercial at mark
′	apostrophe(acute accent)	[ ]	opening/closing bracket
( )	opening/closing parenthesis	\	backslash
*	asterisk	^	circumflex(circumflex accent)
+	plus sign	_	underscore(underline)
,	comma	`	single quotation mark(grave accent)
-	minus sign(hyphen, dash)	{ }	opening/closing brace
.	period	|	vertical bar
/	slash(slant)	~	tilde

5. IRCOM 모듈

(1) IRCOM 모듈의 특징 및 동작

IRCOM(IR commnunication) 모듈은 임의의 USART 직렬통신 포트에 추가되어 USART 통신 신호를 IrDA 적외선 무선통신(infrared communication)을 위한 신호로 변조 또는 복조(modulation/demoduilation)하는 기능을 수행하는 부분이다. 즉, USART 송신 신호 TXD를 변조하여 IrDA 송신 신호로 만들 수 있고, 반대로 IrDA 수신 신호를 복조하여 USART 수신신호 RXD를 만들 수 있다. USART 직렬통신 포트에 IRCOM 모듈이 추가되어 사용되는 관계를 보이면 <그림 2.4.20>과 같다.

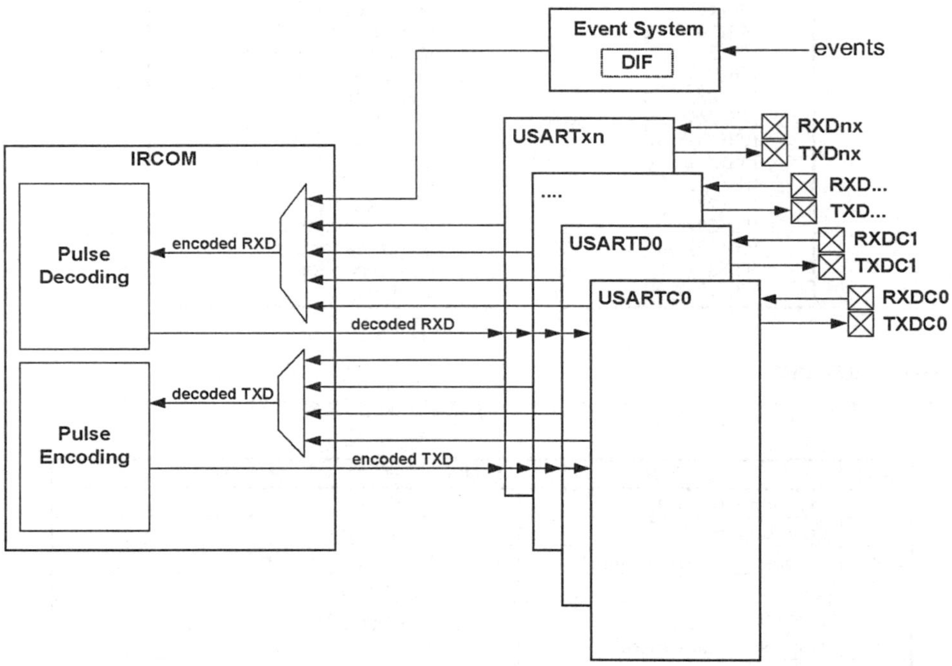

〈그림 2.4.20〉 USART 포트에 IRCOM 모듈을 확장하여 사용하는 방법

ATxmega128A1에는 IRCOM 모듈이 1개밖에 없으므로 8개의 USART 중에서 임의로 1개만을 선택하여 접속할 수 있는데, 이는 해당 USART 포트의 제어 레지스터 CTRLC에서 CMODE[1:0] 비트로 설정한다. 즉, 어느 USART를 IRCOM 모드로 설정하면 해당 USART 포트에 IRCOM 모듈이 접속되는 것으로 설정된다. IRCOM 모듈은 수신 신호로 이벤트 시스템을 사용할 수도 있으며, 이때는 해당 USART의 RXD 수신

신호는 금지된다. 이벤트 시스템에는 디지털 입력 필터(Digital Input Filter)를 가지고 있어서 입력 신호를 필터링할 수 있다.

IRCOM 모듈은 보레이트 115.2kbps 까지의 IrDA 1.4 규격을 지원하며, 송신부에서 3/16 보레이트 주기 방식, 8비트로 지정할 수 있는 고정 펄스 주기 방식, 펄스 변조 금지 등 3가지의 변조 방법을 사용할 수 있다. 또한, 수신부에서는 논리값 0으로 복조될 H레벨 펄스폭의 최소값을 지정할 수 있으며, 만약 이보다 더 짧은 펄스폭이 수신되면 이는 무시되어 아무 펄스도 수신되지 않았을 경우와 마찬가지로 논리값 1로 처리된다.

(2) IRCOM 모듈의 I/O 제어 레지스터

ATxmega128A1에서 IRCOM 모듈의 베이스 어드레스는 0x08F8이며 이 모듈의 레지스터를 요약하면 <표 2.4.10>과 같다.

〈표 2.4.10〉 IRCOM 모듈의 I/O 제어 레지스터 요약

오프셋	레지스터 이름	비트7	비트6	비트5	비트4	비트3	비트2	비트1	비트0
+0x00	IRCOM_CTRL	–	–	–	–	EVSEL[3:0]			
+0x01	IRCOM_TXPLCTRL	TXPLCTRL[7:0]							
+0x02	IRCOM_RXPLCTRL	RXPLCTRL[7:0]							

▣ IRCOM 제어 레지스터 CTRL

	b7	b6	b5	b4	b3	b2	b1	b0	
옵셋 +0x00	–	–	–	–	EVSEL[3:0]				CTRL
읽기/쓰기 기능	R	R	R	R	R/W	R/W	R/W	R/W	
리셋후 초기값	0	0	0	0	0	0	0	0	

〈그림 2.4.21〉 IRCOM 제어 레지스터 CTRL

- EVSEL[3:0] : Event Channel Selection
  IRCOM 모듈의 수신부에서 사용할 이벤트 채널을 선택한다. 이벤트 채널에 선택되면 해당 USART의 RXD 단자의 기능은 금지된다.
  0000 = 이벤트 채널을 사용하지 않음
  0001～0111 = (reserved)
  1xxx = 이벤트 채널 CHn을 설정한다.(n은 xxx = 0, 1, 2, ..., 7에 해당함)

▣ IRCOM 송신부 펄스폭 제어 레지스터 TXPLCTRL

	b7	b6	b5	b4	b3	b2	b1	b0	
옵셋 +0x01	TXPLCTRL[7:0]								TXPLCTRL
읽기/쓰기 기능	R/W	R/W	R/W	R/W	R/W	R/W	R/W	R/W	
리셋후 초기값	0	0	1	0	0	0	0	0	

〈그림 2.4.22〉 IRCOM 송신부 펄스폭 제어 레지스터 TXPLCTRL

- TXPLCTRL[7:0] : Transmitter Pulse Length Control
  IRCOM 모듈의 송신부가 펄스 변조를 수행하는데 필요한 8비트 값을 설정한다. 이 레지스터 값을 0으

로 설정하면 3/16 보레이트 주기 방식으로 펄스 변조를 수행한다.

이 레지스터 값을 1~254로 설정하면 고정 펄스 주기 방식으로 펄스 변조를 수행하는데, 이 숫자는 펄스폭에 해당하는 주변장치 클록의 주기수를 지정하며 펄스의 시작이 보레이트 클록의 상승 에지와 동기되어 동작한다.

이 레지스터 값을 255로 설정하면 펄스 변조가 금지되고 TXD, RXD 신호를 그대로 사용한다. 그러나, 이렇게 펄스 변조를 금지하더라도 USART의 반이중 통신, 루프백 테스트(loop-back test), 이벤트 채널 입력 등과 같은 IRCOM 모듈의 다른 기능은 정상적으로 수행된다.

이 레지스터 값은 USART 직렬통신 포트의 TXEN 비트보다 먼저 설정되어야 한다.

▣ IRCOM 수신부 펄스폭 제어 레지스터 RXPLCTRL

	b7	b6	b5	b4	b3	b2	b1	b0	
옵셋 +0x02	TXPLCTRL[7:0]								RXPLCTRL
읽기/쓰기 기능	R/W	R/W	R/W	R/W	R/W	R/W	R/W	R/W	
리셋후 초기값	0	0	1	0	0	0	0	0	

〈그림 2.4.23〉 IRCOM 수신부 펄스폭 제어 레지스터 RXPLCTRL

- RXPLCTRL[7:0] : Receiver Pulse Length Control

IRCOM 모듈의 수신부가 펄스 복조를 수행하는데 필요한 필터 계수를 8비트 값으로 설정한다. 이 레지스터 값을 0으로 설정하면 필터가 금지된다.

이 레지스터 값을 x = 1~255로 설정하면 필터의 동작이 인에이블되면서 펄스폭을 x+1번 샘플링하여 인식한다.

이 레지스터 값은 USART 직렬통신 포트의 RXEN 비트보다 먼저 설정되어야 한다.

2.5 SPI 직렬통신 포트

이 절에서는 ATxmega128A1에 내장되어 있는 SPI 직렬통신 포트의 구조와 기능에 대하여 알아보기로 한다.

1. SPI 직렬통신 포트의 개요

SPI(Serial Peripheral Interface)는 Motorola사에 의하여 개발되어 지금은 표준 규격으로 정착된 근거리용 직렬통신 방식으로서, MOSI, MISO, SCK, $\overline{SS}$ 등 4개의 통신선을 사용하는 고속 동기식 직렬통신 방식이다.

ATxmega128A1에서 사용하는 SPI 모듈은 다음과 같은 특징을 가진다.

- 3선($\overline{SS}$까지 4선)을 사용하는 직렬 동기식 통신으로서 전이중 통신이 가능하다.
- 마스터(master) 또는 슬레이브(slave)로 동작할 수 있다.
- 항상 마스터와 슬레이브 사이에서 직렬로 데이터를 송수신한다.
- 마스터가 데이터를 송신 또는 수신하더라도 클록은 항상 마스터가 발생한다.
- 1문자를 LSB부터 전송할 수도 있고 MSB부터 전송할 수도 있다.
- 수백 kHz에서 수십 MHz까지 7가지의 전송속도 중에서 선택 사용할 수 있다.
- 송신 데이터 충돌 플랙(Write Collision Flag)을 이용한 보호기능을 가지고 있다.
- 전송완료 인터럽트를 발생할 수 있다.
- 슬립 모드를 해제하는 wake-up 기능을 가진다.
- 병렬포트 C, D, E, F에 각 1개씩 총 4개의 SPI 통신 포트를 가지고 있다.

일반적으로 SPI 통신을 사용하는 시스템의 구성은 <그림 2.5.1>과 같다. 여기서 보듯이 마스터는 독립적인 슬레이브 선택 신호($\overline{SSn}$)를 사용하여 여러개의 슬레이브 중에서 1개를 선택 지정한 후에 1:1로 통신을 수행한다. 따라서, SPI 통신에서는 슬레이브의 수가 증가하면 그에 따라 슬레이브 선택 신호도 증가하므로 회로의 복잡성도 함께 증가하며, 이 때문에 슬레이브의 수가 많은 시스템에서는 이 SPI 통신 방식이 적합하지 않을 수도 있다. 그러나, SPI 통신은 제2.6절에서 설명하는 TWI 또는 I^2C 직렬통신 방식에 비하여 통신 제어가 간단하고 훨씬 더 높은 속도의 직렬통신이 가능하다. 결국 SPI 직렬통신은 근거리에서 1개의 마스터와 몇 개 정도의 슬레이브로 구성되는 시스템에서 마스터와 슬레이브 사이에 고속으로 데이터를 전송하는데 적합한 통신 방식이라고 할 수 있다.

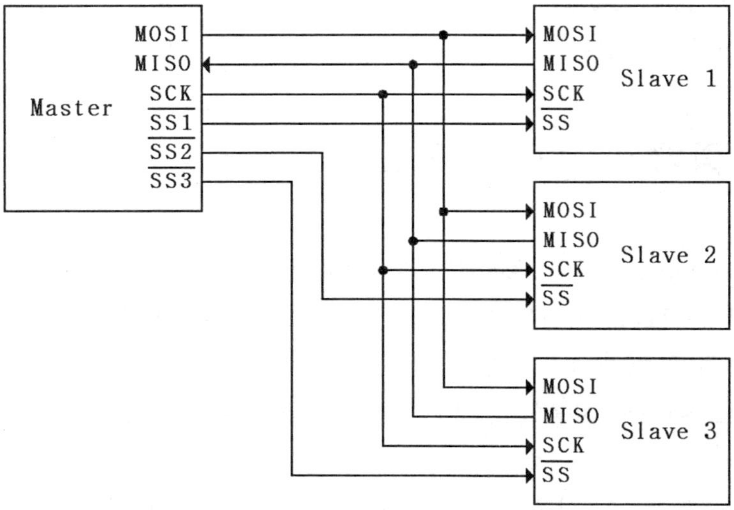

〈그림 2.5.1〉 SPI 직렬통신 시스템의 구성도

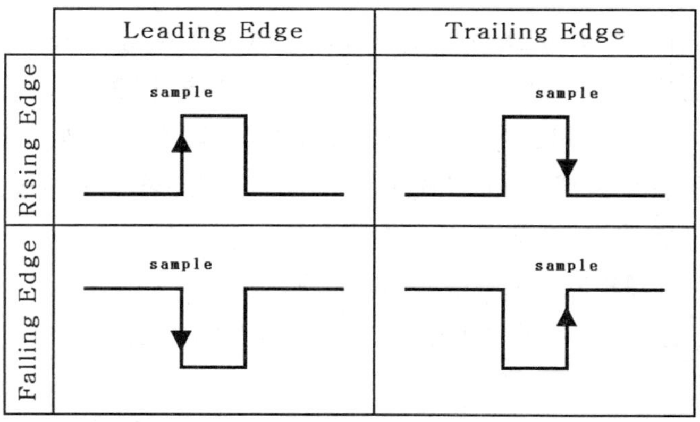

〈그림 2.5.2〉 SPI 직렬통신의 클록 신호 SCK에 따른 동작 모드

SPI는 클록 신호 SCK를 이용한 동기식 통신이므로 항상 마스터측에서 클록 신호를 공급한다. 그런데, SPI 직렬통신에서는 클록 신호에 의한 데이터의 인식(sampling) 방법이 명확히 1가지로 규정되어 있지 않고 <그림 2.5.2>와 같이 여러가지 방식 중에서 사용자가 선택할 수 있도록 되어 있다. 즉, 클록의 극성(clock polarity)을 지정하는

데 따라 수신 데이터가 클록 신호의 상승 에지(rising edge)에서 인식될 수도 있고 하강 에지(falling edge)에서 인식될 수도 있다. 또한, 클록의 위상(clock phase)을 지정하는데 따라 데이터가 클록 신호의 앞쪽 에지(leading edge)에서 인식될 수도 있고 뒤쪽 에지(trailing edge)에서 인식될 수도 있다.

2. SPI 직렬통신 포트의 동작

SPI의 데이터 통신은 반드시 1개의 마스터와 1개의 슬레이브 사이에서만 이루어지는데, 마스터와 슬레이브의 하드웨어적인 연결 관계를 도시하면 <그림 2.5.3>과 같다. ATxmega128A1에서 SPI 통신의 송신 버퍼는 단일 버퍼(single buffer)로 되어 있고, 수신 버퍼는 이중 버퍼(double buffer)로 되어 있다.

마스터가 슬레이브에게 데이터를 송신하려면 먼저 마스터가 지정하려는 슬레이브에게 $\overline{SS}$(Slave Select) 신호를 L로 출력하여 통신할 슬레이브 디바이스를 선택한다. 그리고 나서 마스터는 클록 신호를 발생하여 SCK(Serial Clock) 단자로 출력하며, 시프트 레지스터에 데이터를 준비하여 MOSI(Master Output Slave Input) 단자로 출력하고, 동시에 MISO(Master Input Slave Output) 단자를 통해서는 더미 데이터가 입력된다. 데이터 패킷의 전송이 끝나면 마스터는 다시 $\overline{SS}$ 신호를 H로 출력하여 슬레이브의 동작을 정지시킨다.

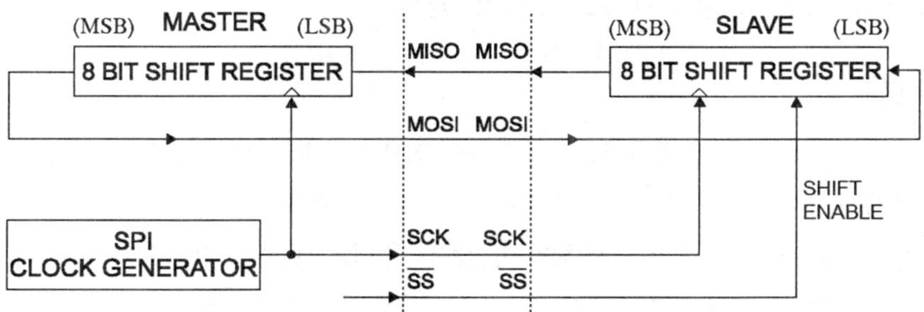

〈그림 2.5.3〉 SPI 마스터와 슬레이브의 연결

이상의 동작에서 마스터가 출력하는 슬레이브 선택 신호 $\overline{SS}$는 SPI 모듈이 자동으로 출력하는 것이 아니고 사용자 프로그램에서 임의의 병렬 I/O 포트 단자를 사용하여 직접 제어해 주어야 한다. 그러나, <그림 2.5.3>에서와 같이 슬레이브로 사용되는 소자가 오직 1개뿐이라면 마스터와 슬레이브 사이에 $\overline{SS}$ 신호를 연결하지 않고 슬레이브의

$\overline{SS}$ 입력단자를 접지시켜 항상 선택되도록 해도 된다.

SPI 통신 포트가 슬레이브로 동작하려면 I/O 제어 레지스터에서 슬레이브로 설정할 수도 있고, 외부에서 지정된 $\overline{SS}$ 입력단자를 L상태로 드라이브해도 된다. 즉, 마스터 모드에서 출력하는 슬레이브 선택 신호는 임의의 병렬 I/O 포트 단자를 사용해도 되지만, 슬레이브 모드에서 입력되는 슬레이브 선택 신호는 반드시 지정된 $\overline{SS}$ 단자를 사용해야 한다.

이들 4개의 SPI 직렬통신 신호 MOSI, MISO, SCK, $\overline{SS}$들이 동작하는 입출력 방향을 정리하면 <표 2.5.1>과 같다. 여기서 *로 표시된 신호들은 해당 병렬 I/O 포트의 데이터 방향을 사용자 프로그램에서 출력으로 올바르게 설정해 주어야 한다.

슬레이브 모드에서는 SCK 단자로 입력되는 클록 신호에 의하여 SPI 통신 모듈이 동작되는데, 이 클록 신호의 L상태는 CPU 클록의 2주기 이상이어야 하고 H상태도 CPU 클록의 2주기 이상이어야 한다. 따라서, 슬레이브 모드에서 수신되는 SCK 신호의 주파수는 시스템 클록 주파수의 1/4 이하로 유지되어야 한다.

〈표 2.5.1> SPI 단자 신호의 입출력 방향

SPI 신호	마스터 모드	슬레이브 모드
MOSI	출력*	입력
MISO	입력	출력*
SCK	출력*	입력
$\overline{SS}$	출력*	입력

(1) 마스터 모드와 슬레이브 모드의 동작

▣ 마스터 모드

제어 레지스터에서 MASTER=1로 설정하여 SPI가 마스터로 동작할 때는 $\overline{SS}$ 신호가 자동으로 처리되지 않고 단순한 병렬 I/O 비트로 동작하므로 사용자 프로그램에서 방향설정 레지스터를 사용하여 이 신호의 방향을 출력으로 설정해 주어야 한다. 이 비트를 출력으로 설정하면 이는 병렬 I/O 포트의 출력 비트로 동작하므로 사용자 프로그램에서 여기에 L상태를 출력시켜 통신할 슬레이브를 지정할 수 있다. 만약 필요하다면 슬레이브 선택 신호로 이 $\overline{SS}$ 단자를 사용하지 않고 다른 병렬 I/O 포트 핀을 사용해도 된다.

그러나, 마스터 모드에서 이 핀을 입력으로 설정하면 반드시 풀업저항과 같은 외부회로에 의하여 H상태로 유지되어야 한다. 만약, 마스터 모드에서 이 핀이 입력으로 설정되고 L상태로 드라이브되면 SPI는 이를 외부에서 다른 마스터가 SPI를 슬레이브로 지정하고 SPI에게 데이터를 전송하기 시작하는 것으로 해석한다. 그러면, SPI는 버스 충돌을 방지하기 위하여 스스로 제어 레지스터에서 MASTER=0으로 하여 슬레이브 모드로 변경하고, MOSI와 SCK 단자는 입력핀으로 바뀌며, 상태 레지스터에서 SPIF=1로 되면서 인터럽트가 요청된다.

SPI를 마스터 모드로 설정하고 슬레이브 선택 신호를 L상태로 출력시킴으로써 통신할 1개의 슬레이브를 지정하였다면 SPI 데이터 레지스터에 전송할 바이트를 라이트하여 송신을 시작할 수 있다. 그러면, SPI는 클록 신호를 발생하고 하드웨어적으로 이 데이터를 8비트만큼 시프트하여 슬레이브로 전송하면서 동시에 슬레이브로부터 1바이트를 수신한다. 이와 같이 1바이트의 전송이 끝나면 클록이 정지되고 SPIF=1로 되면서 SPI 전송완료 인터럽트가 요청된다. 이후 SPI 데이터 레지스터에 새로운 바이트를 라이트하면 동일한 방법으로 그 다음 바이트의 전송이 시작되며, 이와 같이 전송을 계속하다가 데이터 패킷을 종료하려면 슬레이브 선택 신호를 H상태로 출력한다. 이때 SPI 데이터 레지스터를 읽으면 마지막으로 수신된 데이터가 읽혀진다.

▣ 슬레이브 모드

제어 레지스터에서 MASTER=0으로 설정하여 SPI가 슬레이브로 동작할 때는 $\overline{SS}$ 단자가 자동으로 입력핀으로 동작하며, 외부에서 $\overline{SS}$ 신호가 L상태로 입력되는 경우에만 SPI가 슬레이브로서의 동작이 유효하게 되고 MISO가 출력 단자로 된다. 만약 슬레이브 모드에서 $\overline{SS}$ 신호가 H상태로 입력되면 모든 SPI 신호가 3스테이트 또는 입력 상태로 되면서 데이터 송수신 동작이 정지된다.

이 상태에서 SPI 데이터 레지스터에 값을 라이트할 수는 있지만 이는 $\overline{SS}$ 신호가 L상태로 입력될 때까지 시프트 아웃되지 않고 대기한다. 즉, 슬레이브는 능동적인 데이터 송신 능력이 없으며, 슬레이브측의 SPI 데이터 레지스터에 전송할 데이터를 써놓고 기다리면 마스터가 원할 때 MISO 단자를 통하여 이를 읽어가게 된다. $\overline{SS}$ 신호가 L상태로 입력되고 외부에서 입력된 SCK 신호에 의하여 데이터 레지스터의 1바이트가 전송되고 나면 상태 레지스터에서 SPIF=1로 되면서 SPI 전송완료 인터럽트가 요청된다. 이때 SPI 데이터 레지스터를 읽으면 마스터가 슬레이브에게 보낸 데이터가 읽혀진다.

만약 슬레이브 모드로 데이터 전송이 수행되는 도중에 외부에서 입력되는 $\overline{SS}$ 신호가 H상태로 바뀌면 데이터 전송은 중단되며 SPI 동작이 리셋되어 그동안 전송되었던 일부 데이터는 소실된다. 슬레이브 모드에서는 DMA 기능을 지원한다.

(2) SCK 신호에 따른 데이터 모드

ATxmega128A1의 SPI 통신 모듈에서 수신 데이터를 인식하는 동작은 SCK 클록 신호의 극성과 위상에 따라 <표 2.5.2>와 같은 4가지의 동작 모드 중에서 하나를 선택하여 사용할 수 있다. 이 데이터 모드는 제어 레지스터에서 MODE[1:0] 비트로 설정한다. 이를 그림으로 설명하면 <그림 2.5.4>와 같다.

〈표 2.5.2〉 SCK 신호에 따른 SPI 통신의 데이터 모드

데이터 모드	Leading Edge에서	Trailing Edge에서
0	sample(rising)	setup(falling)
1	setup(rising)	sample(falling)
2	sample(falling)	setup(rising)
3	setup(falling)	sample(rising)

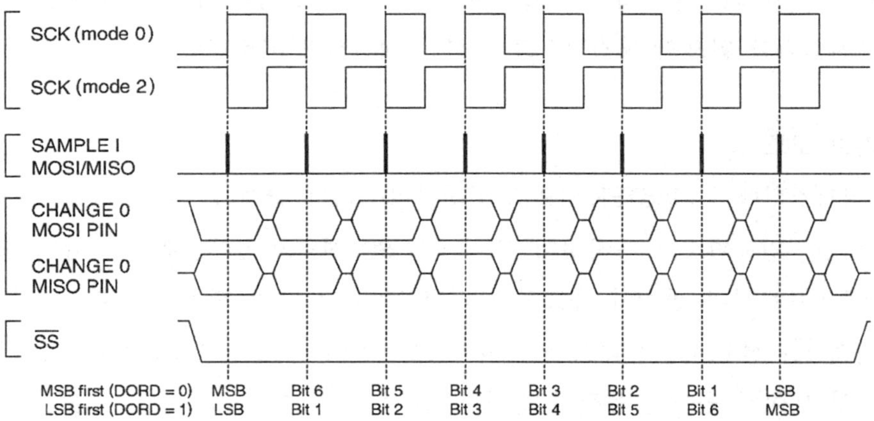

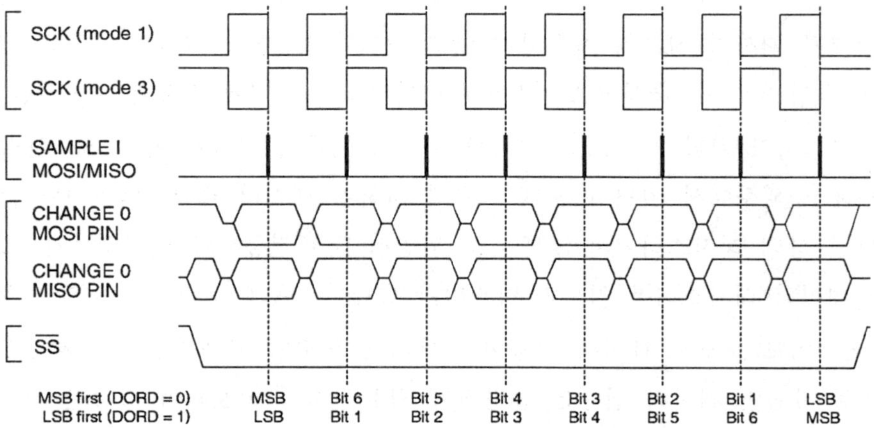

〈그림 2.5.4〉 SCK 신호에 따른 SPI 통신의 데이터 모드

3. SPI 직렬통신 포트의 I/O 제어 레지스터

ATxmega128A1에서 SPI 직렬통신 포트의 I/O 제어 레지스터를 요약하면 <표 2.5.3>과 같다.

〈표 2.5.3〉 SPI 직렬통신 포트의 I/O 제어 레지스터 요약

오프셋	레지스터 이름	비트7	비트6	비트5	비트4	비트3	비트2	비트1	비트0
+0x00	SPIx_CTRL	CLK2X	ENABLE	DORD	MASTER	MODE[1:0]		PRESCALER[1:0]	
+0x01	SPIx_INTCTRL	-	-	-	-	-	-	INTLVL[1:0]	
+0x02	SPIx_STATUS	SPIF	WRCOL	-	-	-	-	-	-
+0x03	SPIx_DATA	DATA[7:0]							

▣ SPI 제어 레지스터 CTRL

	b7	b6	b5	b4	b3	b2	b1	b0	
옵셋 +0x00	CLK2X	ENABLE	DORD	MASTER	MODE[1:0]		PRESCALER[1:0]		CTRL
읽기/쓰기 기능	R/W	R/W	R/W	R/W	R/W	R/W	R/W	R/W	
리셋후 초기값	0	0	0	0	0	0	0	0	

〈그림 2.5.5〉 SPI 제어 레지스터 CTRL

- CLK2X : SPI Clock Double
  마스터 모드에서 클록 신호 SCL의 주파수를 정상의 2배로 발생시킨다.
- ENABLE : SPI Enable
  SPI 모듈의 동작을 인에이블한다.
- DORD : SPI Data Order
  이 비트를 1로 세트하면 데이터 바이트의 LSB부터 전송하고, 0으로 클리어하면 데이터 바이트의 MSB부터 전송한다.
- MASTER : SPI Master/Slave Select
  이 비트를 1로 세트하면 마스터 모드로 동작하고, 0으로 클리어하면 슬레이브 모드로 동작한다. 이 비트가 마스터 모드로 설정되어 있더라도 외부에서 $\overline{SS}$ 단자를 L상태로 구동하면 MASTER 비트가 0으로 되면서 슬레이브 모드로 동작한다.
- MODE[1:0] : SPI Mode
  클록 신호 SCK의 위상과 극성에 따라 데이터를 인식하는 모드를 설정한다.
  00 = 모드 0, leading edge의 rising edge에서 데이터를 샘플링한다.
  01 = 모드 1, trailing edge의 falling edge에서 데이터를 샘플링한다.
  10 = 모드 2, leading edge의 falling edge에서 데이터를 샘플링한다.
  11 = 모드 3, trailing edge의 rising edge에서 데이터를 샘플링한다.
- PRESCALER[1:0] : SPI Clock Prescaler
  주변장치 클록을 분주하여 SPI 클록 신호 SCK의 주파수를 결정한다.

〈표 2.5.4〉 SCK 클록 신호의 주파수 설정

CLK2X	PRESCALER[1:0]	SCK 클록 신호의 주파수
0	00	clk_{PER} / 4
0	01	clk_{PER} / 16
0	10	clk_{PER} / 64
0	11	clk_{PER} / 128
1	00	clk_{PER} / 2
1	01	clk_{PER} / 8
1	10	clk_{PER} / 32
1	11	clk_{PER} / 64

▣ SPI 인터럽트 제어 레지스터 INTCTRL

	b7	b6	b5	b4	b3	b2	b1	b0	
옵셋 +0x01	–	–	–	–	–	–	INTLVL[1:0]		INTCTRL
읽기/쓰기 기능	R	R	R	R	R	R	R/W	R/W	
리셋후 초기값	0	0	0	0	0	0	0	0	

〈그림 2.5.6〉 SPI 인터럽트 제어 레지스터 INTCTRL

- INTLVL[1:0] : SPI Interrupt Level
  SPI 인터럽트를 허용하고 그 인터럽트 레벨을 설정한다.

▣ SPI 상태 레지스터 STATUS

	b7	b6	b5	b4	b3	b2	b1	b0	
옵셋 +0x02	SPIF	WRCOL	–	–	–	–	–	–	STATUS
읽기/쓰기 기능	R	R	R	R	R	R	R	R	
리셋후 초기값	0	0	0	0	0	0	0	0	

〈그림 2.5.7〉 SPI 상태 레지스터 STATUS

- SPIF : SPI Interrupt Flag
  데이터 레지스터에 있던 1바이트 데이터의 송신을 완료하면 이 비트가 세트되면서 인터럽트가 요청된다. 마스터 모드에서 $\overline{SS}$ 단자가 입력으로 설정되고 외부에서 이 신호를 L상태로 구동하면 역시 이 비트가 세트되면서 인터럽트가 요청된다. 해당 인터럽트 서비스 루틴을 실행하면 이 비트는 자동적으로 클리어되며, 상태 레지스터를 읽고나서 데이터 레지스터를 액세스해도 이 비트가 클리어된다.
- WRCOL : Write Collision Flag
  만약 데이터 전송중에 데이터 레지스터에 새로운 값을 쓰면 데이터 충돌이므로 이 비트가 세트된다. 이 비트는 상태 레지스터를 읽고나서 데이터 레지스터를 액세스하면 클리어된다.

▣ SPI 데이터 레지스터 DATA

	b7	b6	b5	b4	b3	b2	b1	b0	
옵셋 +0x03	DATA[7:0]								DATA
읽기/쓰기 기능	R/W	R/W	R/W	R/W	R/W	R/W	R/W	R/W	
리셋후 초기값	0	0	0	0	0	0	0	0	

〈그림 2.5.8〉 SPI 데이터 레지스터 DATA

- DATA[7:0] : SPI Data Value
  SPI 통신을 송신할 데이터나 수신된 데이터가 저장되는 레지스터이다. 송신할 때 이 레지스터는 단일 버퍼로 되어 있으며, 여기에 값을 쓰면 곧바로 송신 동작을 시작한다. 수신할 때 이 버퍼는 2중 버퍼로 되어 있으며, 수신된 데이터는 다음 데이터가 수신 완료되기 이전에 읽어야 한다.

◀참고▶ ATxmega128A1에서는 이와 같은 SPI 직렬통신 모듈뿐만 아니라 8개의 USART 직렬통신 포트도 모두 SPI 통신을 수행할 수 있다. 단, USART 직렬통신 포트를 SPI 통신에 사용할 경우에는 마스터 모드로만 동작할 수 있다.

2.6 TWI 직렬통신 포트

이 절에서는 ATxmega128A1에 내장되어 있는 TWI 직렬통신 포트의 구조와 기능에 대하여 알아보기로 한다.

1. TWI 직렬통신 포트의 개요

TWI(Two-Wire Serial Interface) 직렬통신 포트는 원래 필립스(Philips)사에서 제안한 근거리용 표준 직렬통신 방식인 I^2C 버스로 통신하는 방식인데, Atmel사에서는 이를 TWI라고 부른다. 이것은 2선식 직렬통신 방식으로 항상 마스터(master)와 슬레이브(slave) 사이에서 직렬로 데이터를 송수신할 수 있다. ATxmega128A1에는 병렬포트 C, D, E, F에 각 1개씩 총 4개의 TWI 통신 포트를 가지고 있다.

ATxmega128A1의 TWI 직렬통신 포트는 필립스사의 I^2C(Inter-Integrated Circuit) 버스 및 인텔사의 SMBus(System Management Bus)와 호환되는 직렬통신 방식으로서 여러 가지의 제어 레지스터를 통하여 유연하고 강력한 I^2C 통신을 수행할 수 있으며, 마스터와 슬레이브로 임의 사용될 수 있다. 7비트 어드레스 및 10비트 어드레스 지정과 100kHz, 400kHz의 통신속도를 지원하며, 전체 호출 기능이나 멀티 마스터 조정 기능을 가지고 있다. 또한, 마이크로컨트롤러가 슬립 모드에 있을 때 슬레이브로서 어드레스 지정이 되면 슬립 모드에서 벗어나는 wake-up 기능을 가지고 있다.

(1) I^2C 통신의 개요

I^2C 버스는 1980년대 초에 필립스사에서 제안한 IC 소자들을 연결하기 위한 단거리용 2선식 직렬통신 버스로서, 마이크로컨트롤러에 여러 가지의 메모리 또는 I/O 소자들을 인터페이스하기 위하여 고안된 방법이다.

마이크로컨트롤러에 메모리나 I/O 소자를 인터페이스하는 것은 물론 어드레스 버스와 데이터 버스를 사용하는 병렬 방식이 기본이지만, TV나 VCR과 같은 가전제품에서는 이렇게 할 경우 많은 버스선이나 인터페이스 소자들 때문에 PCB의 면적을 많이 차지하게 되고 이는 제품의 가격이나 소형화에 매우 불리하게 된다. 이 때문에 가전제품 메이커인 필립스에서는 2선식의 간편한 양방향 직렬통신용 버스를 제안하게 되었는데 이것이 바로 I²C이다.

I²C 버스를 사용하는 직렬통신 방식은 1980년대에 시작하여 현재의 V2.1에 이르는 동안에 많은 회사 및 반도체 소자에서 채택하고 있다. 이것의 특징을 요약하면 다음과 같다.

- SDA, SCL 2개의 선으로 양방향 직렬통신을 수행(2.3V~5.5V의 전원 전압을 사용)
- SDA, SCL 2개의 신호 드라이버는 오픈 드레인형 구조로서 수 kΩ의 풀업저항 필요
- 반드시 마스터와 슬레이브 사이에 직렬 동기식 양방향 데이터 통신을 수행
- 마스터가 데이터를 송신 또는 수신을 하기 위하여 데이터 SDA는 양방향 신호
- 마스터가 데이터를 송신 또는 수신하더라도 클록 신호 SCL은 항상 마스터가 발생
- 100kbps, 400kbps, 3.4Mbps의 3가지 전송속도를 지원
- 마스터가 슬레이브에게 7비트 또는 10비트 어드레스로 지정 가능
- 마스터가 전체호출 기능으로 전체 슬레이브를 동시에 지정하는 것이 가능
- 멀티마스터 조정 기능 지원

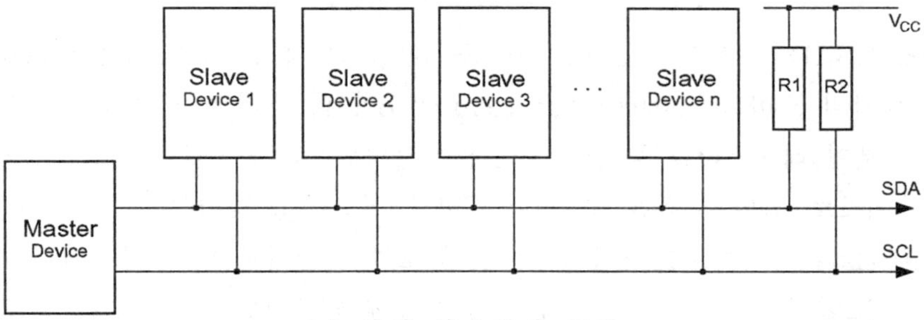

(a) 전체 시스템의 구성

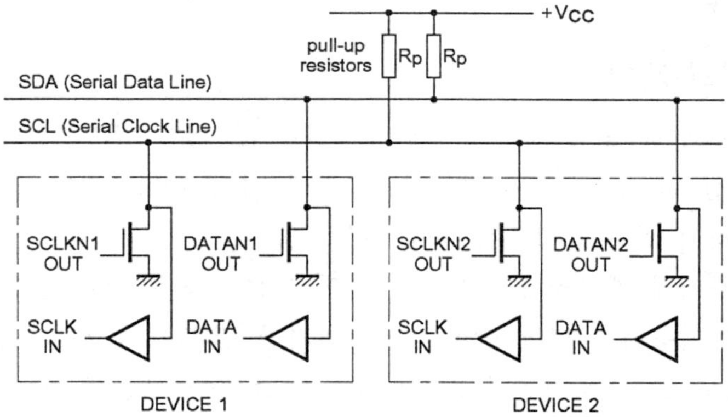

(b) 내부 회로의 구성

〈그림 2.6.1〉 I²C 버스를 사용한 시스템의 구성도

I^2C 버스를 사용하는 시스템의 전체 구성을 보면 <그림 2.6.1>의 (a)와 같다. 즉, 기본적으로는 1개의 마스터가 여러개의 슬레이브중에서 1개를 어드레스로 지정하여 이와 데이터를 송수신하며, 전체호출 기능을 사용하면 마스터가 한번에 전체의 슬레이브를 지정하여 모든 슬레이브에게 데이터를 송신하는 것도 가능하다. 그러나, 복잡한 시스템에서는 마스터가 여러개 존재하는 멀티마스터 기능도 가능하다.

이처럼 하나의 시스템에 여러개의 디바이스를 접속하기 위하여 SDA와 SCL 신호의 출력단은 <그림 2.6.1>의 (b)에 보인 바와 같이 모두 오픈 콜렉터(open-collector) 또는 오픈 드레인(open-drain) 방식으로 되어 있으며, 따라서 이 버스에는 반드시 외부에 풀업 저항(pullup resistor)을 접속해야 한다. 풀업 저항의 크기는 사용하는 소자의 출력단 트랜지스터의 용량에 따라 달라지지만 대체로 수 kΩ 정도면 무난하다.

I^2C 직렬통신에서 자주 사용하는 용어를 정리하면 다음과 같다.

전송선에는 데이터선인 SDA(Serial Data)와 클록선인 SCL(Serial Clock)이 있으며, 전송을 시작하고 클록을 발생하며 전송을 종료하는 모든 일을 주관하는 측의 장치를 마스터(master)라 하고, 마스터에 의하여 주소가 지정되어 동작하는 측의 장치를 슬레이브(slave)라고 한다.

데이터를 버스로 보내는 측을 송신측(transmitter)이라고 하고, 버스로부터 데이터를 받는 측을 수신측(receiver)이라고 한다.

마스터는 항상 슬레이브의 어드레스를 지정하여 1개를 선택하고, 이 선택된 슬레이브에게 데이터를 송신하거나 이것으로부터 데이터를 수신할 수 있다. 그러나, 전체호출 기능(general call 또는 data broadcast)을 이용하여 마스터가 동시에 모든 슬레이브에게 데이터를 송신할 수도 있다.

전송속도는 표준 모드(standard mode, 100kbps), 고속 모드(fast mode, 400kbps), 최고속 모드(high speed mode, 3.4Mbps)의 3가지로 나누어진다.

동시에 버스를 제어하려고 시도하는 여러개의 마스터를 멀티마스터(multi-master)라고 하며, 이들 멀티마스터가 각각 발생하는 여러개의 클록 신호들중에서 하나의 클록으로 동기(synchronization)를 취하고 1개의 디바이스를 선택하여 마스터의 기능을 허용하는 것을 조정(arbitration)이라고 한다.

(2) 기본 전송 포맷

I^2C 직렬통신에서 기본적으로 1비트를 전송하는 형식은 <그림 2.6.2>의 (a)처럼 데이터 신호 SDA가 안정되어 있는 상태에서 클록 신호 SCL이 상승 에지에서 하강 에지까지 1개의 펄스를 발생하면 된다. 데이터 신호선이 값을 변경하는 것은 클록이 L상

태를 유지하고 있는 동안에만 가능하다.

그러나, 마스터가 데이터 전송의 시작을 표시하는 START 조건은 <그림 2.6.2>의 (b)처럼 SCL 클록 신호가 H를 유지하는 상태에서 SDA 데이터 신호가 하강 에지로 변화해야 한다. 또한, 마스터가 데이터 전송의 종료를 표시하는 STOP 조건은 SCL 클록 신호가 H를 유지하는 상태에서 SDA 데이터 신호가 상승 에지로 변화해야 한다. START 조건과 STOP 조건의 사이에서는 항상 버스가 동작(busy) 상태인 것으로 간주되며, 따라서 이 기간동안에는 어느 다른 마스터도 버스 제어권을 가지려고 시도하지 말아야 한다.

START 이후에 STOP 조건이 발생되지 않고 다시 START 조건이 출력되는 것이 가능한데 이를 REPEATED START라고 한다. REPEATED START는 버스 제어권을 포기하지 않고 새로운 전송을 시작하는 것뿐이며 모든 사항이 START와 동일하다.

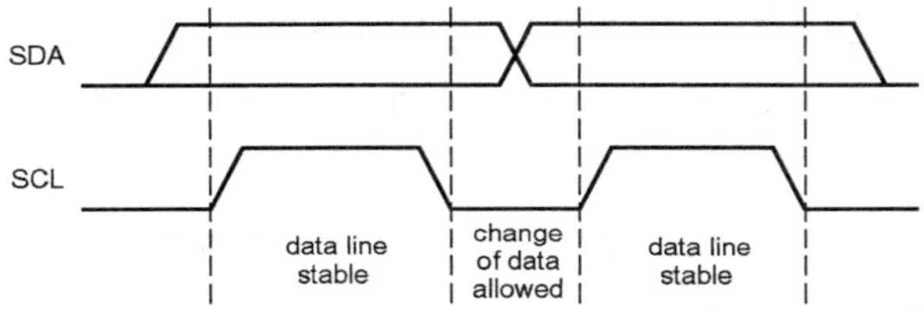

(a) 기본적인 1비트의 데이터 전송 형식

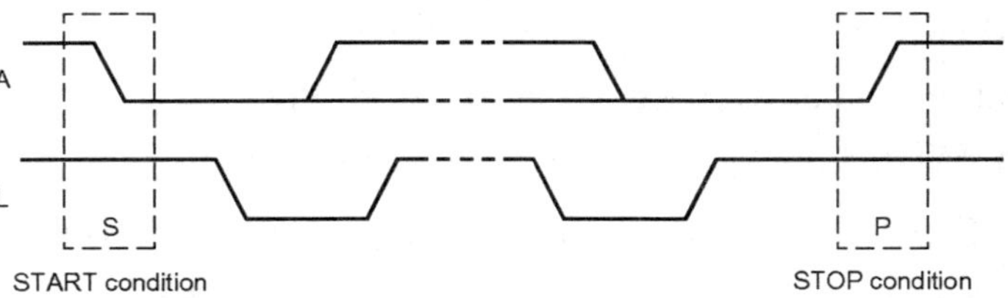

(b) START 조건 및 STOP 조건

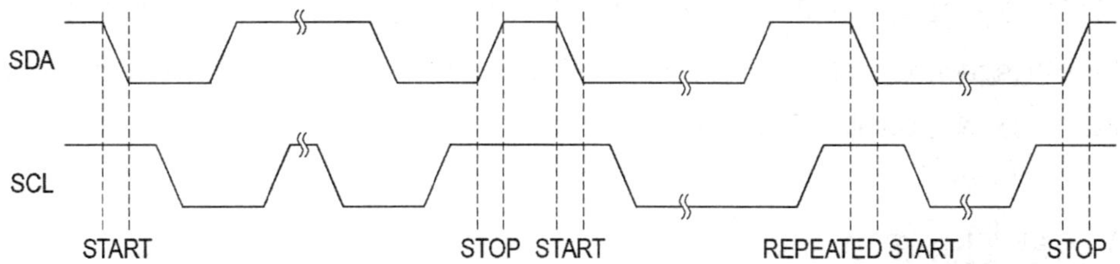

(c) START, REPEATED START, STOP 조건

〈그림 2.6.2〉 I^2C 버스를 사용한 데이터 전송

2. TWI 직렬통신 포트의 동작

(1) 데이터 송신 및 수신 포맷

TWI 직렬통신 포트에서 마스터가 슬레이브에게 데이터를 송신하거나 반대로 마스터가 슬레이브로부터 데이터를 수신하는 기본 형식은 <그림 2.6.3>의 (a)와 같다.

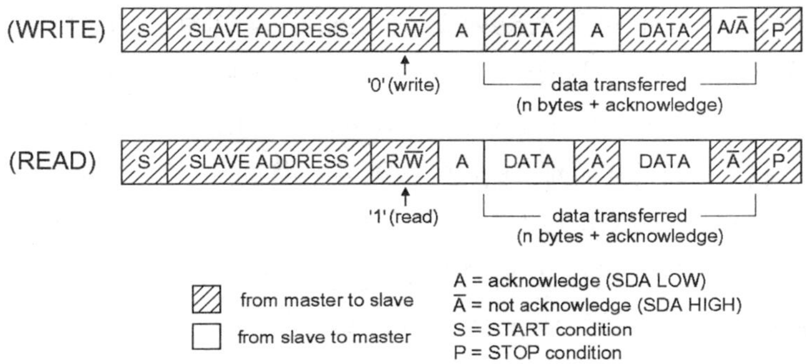

(a) 송신 및 수신 데이터 포맷

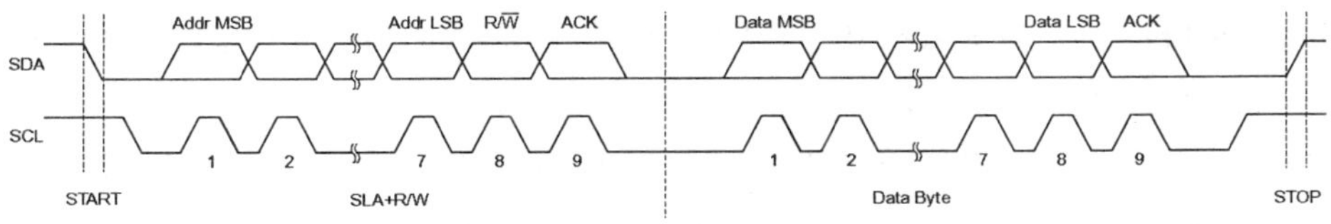

(b) 송수신 동작 파형

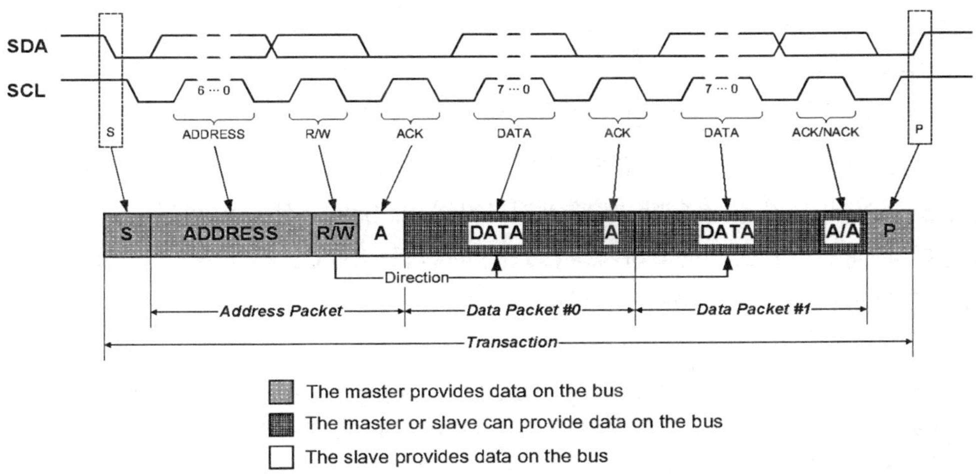

(c) 전송 동작에서 어드레스 패킷 및 데이터 패킷의 배열

〈그림 2.6.3〉 TWI 직렬통신에서의 데이터 송수신 포맷

마스터가 슬레이브에게 데이터를 송신할 때는 먼저 마스터가 7비트의 슬레이브 어드레스를 보내고, 이어서 송신(transmit 또는 write)을 의미하는 L상태의 1비트를 보내며, 이에 대하여 지정된 어드레스를 가지고 있는 슬레이브는 L상태의 1비트 확인 신호(acknowledge)로 응답한다. 그러면 마스터는 n 바이트의 데이터를 연속으로 송신하며 각 바이트를 송신할 때마다 해당 슬레이브로부터 확인 비트로 응답을 받는다.

마스터가 슬레이브로부터 데이터를 수신할 때는 먼저 마스터가 7비트의 슬레이브 어드레스를 보내고, 이어서 수신(receive 또는 read)을 의미하는 H상태의 1비트를 보내며, 이에 대하여 지정된 어드레스를 가지고 있는 슬레이브는 L상태의 1비트 확인 신호로 응답한다. 그러면 마스터는 n 바이트의 데이터를 연속으로 수신하며 각 바이트를 수신할 때마다 해당 슬레이브에게 확인 비트로 응답한다.

이와 같이 마스터가 슬레이브에게 데이터를 송신할 때는 마스터가 송신측이 되고 슬레이브가 수신측이 되며, 반대로 마스터가 슬레이브로부터 데이터를 수신할 때는 마스터가 수신측이 되고 슬레이브가 송신측이 되지만, 클록 신호 SCL이나 START, STOP 조건은 항상 마스터가 발생한다. 이러한 동작을 파형으로 보이면 <그림 2.6.3>의 (b)와 같다. 이처럼 TWI 직렬통신 형식은 어드레스 패킷(address packet)과 데이터 패킷(data packet)으로 나누어지며, 이것이 1회의 전송 동작에서 배열되는 형식을 보면 <그림 2.6.3>의 (c)와 같다.

어드레스 패킷의 형식은 9비트로 구성되는데, 마스터가 슬레이브에게 데이터를 송신하는 경우에는 슬레이브 어드레스, 라이트 신호, 확인 신호(ADDRESS+ $\overline{W}$)로 이루어지고, 마스터가 슬레이브로부터 데이터를 수신하는 경우에는 슬레이브 어드레스, 리드 신호, 확인 신호(ADDRESS+R)로 이루어진다. 7비트의 어드레스를 전송할 때는 반드시 MSB부터 전송해야 한다.

데이터 패킷의 형식은 8비트의 데이터와 1비트의 확인 신호를 합하여 9비트로 구성되는데, 8비트의 데이터를 전송할 때도 반드시 MSB부터 전송해야 한다. 어드레스 패킷이나 데이터 패킷을 전송할 때 슬레이브가 동작(busy) 상태에 있거나 기타의 이유로 L상태의 확인 신호를 응답하지 않으면 마스터는 STOP 조건을 발생하거나 또는 REPEATED START를 발생할 수 있다.

◀**참고**▶ 어드레스 패킷에서 어드레스값을 0000000으로 전송하면 모든 슬레이브가 동시에 지정되는데 이를 전체호출(general call)이라고 한다. 전체 호출을 사용하면 마스터가 여러개의 슬레이브에게 동일한 내용을 한번에 빠르게 전송할 수 있다.

또한, 7비트 어드레스 형식에서 1111XXX의 어드레스는 향후의 기능 확장을 위하여 예약된 어드레스로서 사용하지 말아야 한다. 이중에서 11110XX는 I^2C V1.0 이후부터 10비트 어드레스 형식을 지정하는데 사용되었다. 10비트 어드레스 형식을 사용하는 경우에는 어드레스 패킷이 2차례로 나누어 전송되는데, 첫번째 어드레스 패킷에서는 2비트의 어드레스가 포함되어 11110XX가 전송되고, 두 번째는 8비트의 어드레스가 포함되어 YYYYYYYY가 전송되어 이를 합한 XXYYYYYYYY가 10비트의 슬레이브 어드레스로 사용된다. 기존의 ATmega 패밀리에서는 7비트 어드레스만을 지원하였으나, ATxmega 패밀리에서는 7비트 어드레스와 10비트 어드레스 방식을 모두 지원한다.

마스터가 슬레이브에게 데이터를 라이트(write)하는 1회의 전송 동작을 다시 한번 정리하여 어드레스 패킷과 데이터 패킷의 구성 형식으로 보이면 <그림 2.6.4>의 (a)와 같다. 또한, 마스터가 슬레이브로부터 데이터를 리드(read)하는 1회의 전송 동작을 어드레스 패킷과 데이터 패킷의 구성 형식으로 보이면 <그림 2.6.4>의 (b)와 같다. 이 그림에서 음영으로 처리된 부분은 마스터가 신호를 발생하는 동작이고, 밝게 표시한 부분은 슬레이브가 신호를 발생하는 동작을 나타낸다. 1회의 전송 동작이 끝난 후에 STOP 조건을 발생하지 않고 REPEATED START(Sr)를 발생하면서 여러 차례의 전송을 수행하는 경우의 어드레스 및 데이터 패킷 구성을 보이면 <그림 2.6.4>의 (c)와 같다.

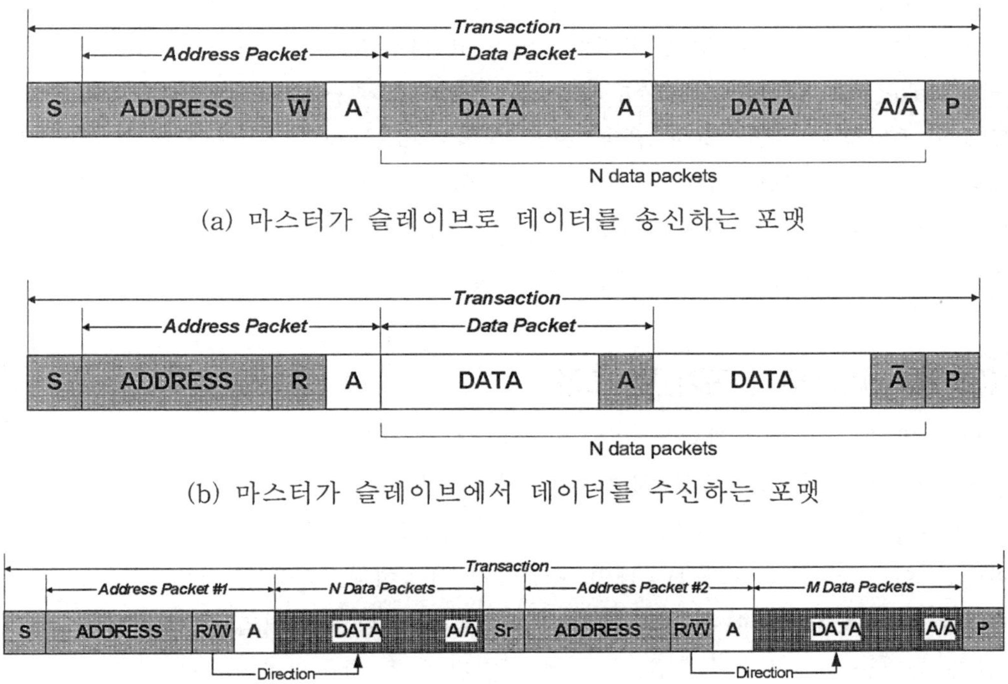

(a) 마스터가 슬레이브로 데이터를 송신하는 포맷

(b) 마스터가 슬레이브에서 데이터를 수신하는 포맷

(c) REPEATED START로 여러개의 전송 동작을 반복하는 포맷

<그림 2.6.4> TWI 직렬통신에서 데이터 송수신 포맷 정리

(2) 클록 신호 SCL의 연장

마스터와 슬레이브를 포함하여 TWI 버스에 연결된 모든 디바이스는 클록 신호 SCL의 L상태 부분을 잡아늘려 연장(stretch)함으로써 전체 클록 주파수를 낮추면서 천천히 동작하도록 할 수 있다. 이것은 TWI 버스의 클록 신호가 오픈 드레인 구조를 가지므로 wired-AND 논리로 동작하기 때문에 가능한 일이다. 클록 신호를 연장하려는 디바이스는 SCL 신호를 필요한 시간만큼 강제로 L상태로 해주면 된다.

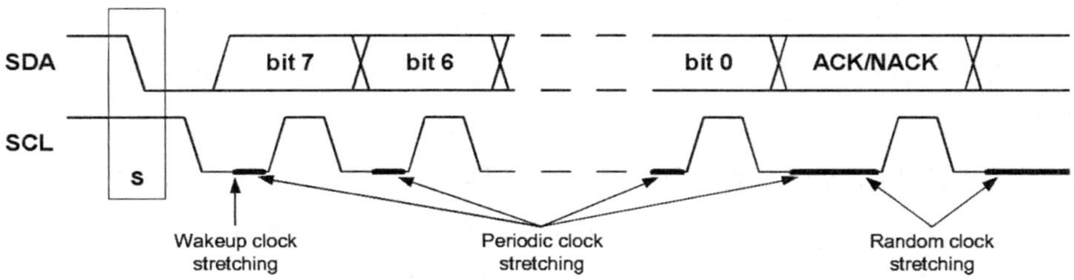

〈그림 2.6.5〉 클록 신호 SCL의 연장

클록 신호를 연장하는 방식은 <그림 2.6.5>에 보인 것처럼 3가지의 경우가 있다. 첫째는 슬립 모드에서 START 조건이 검출되고 나서 디바이스가 슬립 모드에서 깨어나는데(wake up) 필요한 시간만큼 클록을 연장하는 경우이다. 둘째는 슬레이브가 각 비트에서 주기적으로 연장하여 전체적으로 동작 속도를 낮추는 경우인데, 이렇게 되면 슬레이브 뿐만 아니라 전체 시스템의 성능이 낮아지게 된다. 셋째는 ACK 또는 NACK으로 응답하는 전후에 마스터 또는 슬레이브가 소프트웨어적인 처리시간을 확보하기 위하여 클록 신호를 연장하는 경우이다.

(3) 멀티 마스터의 동기 및 조정

여러개의 마스터가 존재하는 멀티 마스터 시스템에서는 각 마스터 사이에 동작을 동기시키고 버스 제어권을 조정하는 것이 필요하다.

모든 마스터는 자신의 SCL 라인을 통하여 TWI 버스에 클록을 발생한다. 그런데, 데이터는 이들 클록 신호가 H상태인 동안에만 유효하다. 따라서, 이들 클록이 하나로 동기(synchronization)되어야만 각 비트의 데이터가 올바르게 처리될 수 있다.

클록 동기는 기본적으로 TWI 버스에 연결된 SCL 클록선이 wired-AND 로직으로 되어 있다는 것으로써 수행된다. 즉, SCL에 접속된 슬레이브 중에서 어느 하나라도 출력이 H상태에서 L상태로 떨어지면 <그림 2.6.6>과 같이 전체 클록선의 신호는 L상태가 되므로 이 동안에는 디바이스들의 내부 카운트 동작이 멈추게(count off) 된다. 이 클록은 모든 SCL 클록의 출력이 H상태로 되어야만 다시 카운트 동작을 시작한다. 따라서, SCL 클록선의 L상태 기간은 가장 L상태가 긴 SCL 신호에 의하여 결정되며, SCL 클록선의 H상태 기간은 가장 H상태가 짧은 SCL 신호에 의하여 결정된다.

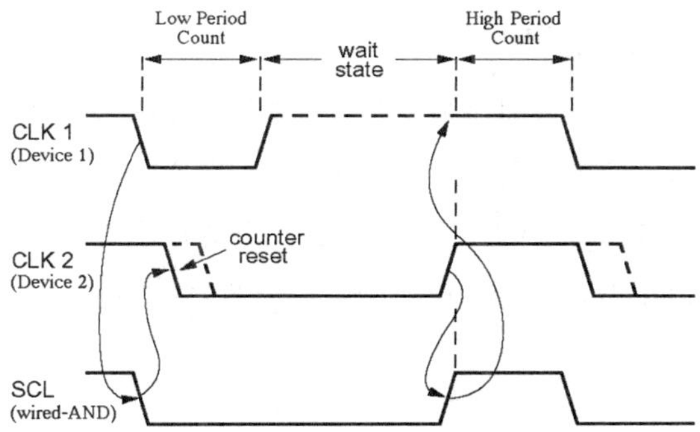

<그림 2.6.6> 멀티마스터 사이에서의 클록 동기

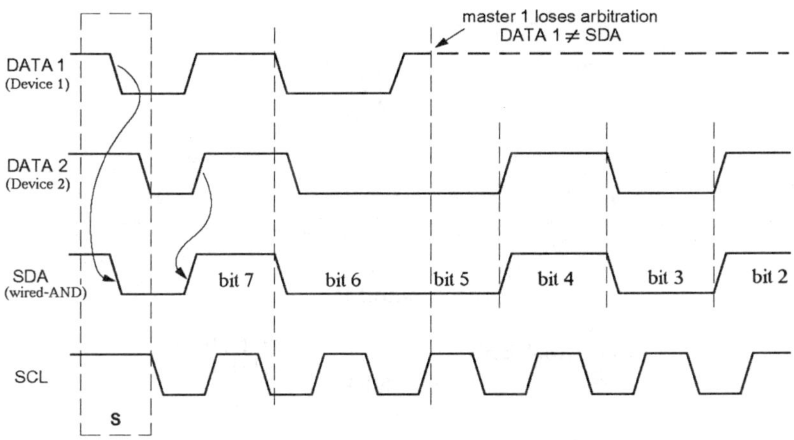

〈그림 2.6.7〉 멀티마스터 사이에서의 버스 조정

마스터는 버스가 사용되지 않고 있을 때(free 또는 idle 상태)만 전송을 할 수 있다. 그러나, 하나의 시스템에서 우연히 2개 이상의 마스터가 TWI 버스에 START 조건을 출력하려고 시도하는 상황이 발생할 수 있는데, 이런 경우에는 어느 1개의 마스터만 동작할 수 있도록 버스 조정(arbitration)이 필요하다.

조정은 SCL 클록선이 H상태를 유지하고 있는 동안 SDA 데이터선에서 발생한다. 즉, 하나의 마스터가 SDA 선으로 H상태를 출력하고 있을 때 다른 마스터가 L상태를 출력하면 전체 SDA 데이터선의 상태는 L로 되며, 이렇게 되면 처음에 H상태를 출력하던 마스터는 출력을 차단하고 마스터로서의 버스 제어권을 상실(lose master)하게 된다. 버스 제어권을 상실한 마스터는 STOP 조건이 발생되어 버스가 사용되지 않을 때까지 대기 상태에 있게 된다.

(4) TWI 버스의 상태 로직

ATxmega128A1의 TWI 모듈이 마스터로 동작할 때는 계속하여 TWI 버스선의 상태를 감시하여 버스 상태를 파악한다. 이러한 TWI 버스선의 모니터링 동작은 파워 다운 모드를 포함하는 슬립 모드에서도 계속된다. TWI 버스의 상태는 상태 레지스터 STATUS에 unknown, idle, busy, owner 등으로 표시된다.

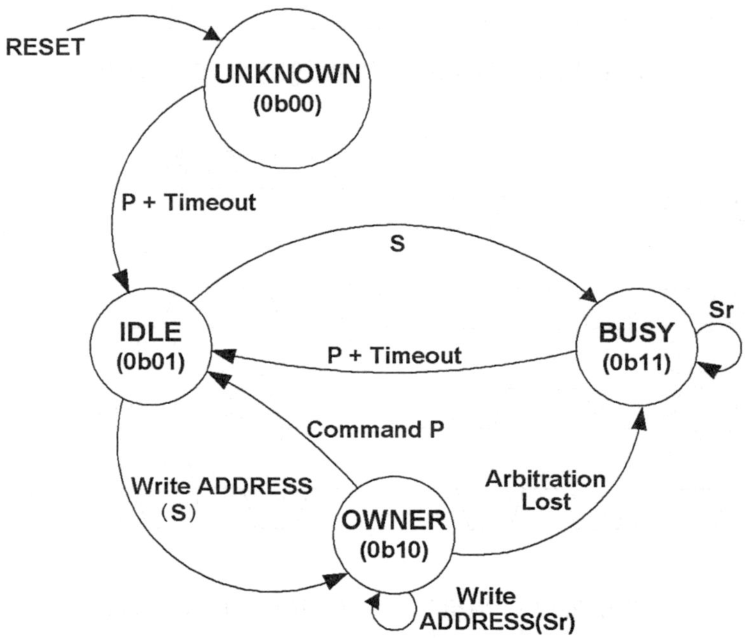

〈그림 2.6.8〉 TWI 버스 상태의 변화

<그림 2.6.8>에 보인 것처럼 시스템 리셋 직후에 TWI 버스의 상태는 unknown으로 출발하며, 한번 상태가 변경되면 시스템 리셋이나 TWI 마스터 해제에 의하지 않고는 다시 unknown 상태로 되돌아가지 않는다. 사용자 프로그램에서 상태 레지스터에 값을 지정하여 idle 상태로 들어갈 수 있으며, STOP 조건이 검출되는 경우에도 idle로 된다.

TWI 버스 상태는 외부에서 START 조건이 검출되면 busy 상태로 되며, STOP 조건이 검출되면 다시 idle 상태로 되돌아간다. TWI 모듈이 idle 상태에 있을 때 내부에서 STRAT 조건이 발생된다면, 즉 마스터로서 전송 동작을 시작하면 owner 상태가 되며, 전송 동작을 마치고 STOP 조건을 발생하면 다시 idle 상태로 된다. 그러나, 마스터로 동작을 시작하여 owner 상태가 되었을 때 버스 조정으로 제어권이 다른 마스터로 넘어가면 busy 상태가 된다.

(5) TWI 마스터의 동작

ATxmega128A1의 TWI 마스터 동작은 기존의 ATmega 패밀리에 비하여 훨씬 단순하고 사용하기에 편리해졌다. 마스터의 송수신 동작은 바이트 단위로 수행되며, 송신(write) 및 수신(read) 동작 완료 후에 각각 별도의 인터럽트를 발생할 수 있다. 각 동작이 처리될 때마다 상태 레지스터 STATUS에는 인터럽트 플랙, ACK/NACK의 수신 여부, 에러 여부, 버스 조정 탈락, 버스 상태 등이 표시된다.

인터럽트가 발생하면 SCL 신호가 강제로 L상태로 떨어지는데, 이는 마스터가 인터럽트에 응답하여 소프트웨어적으로 데이터를 처리할 시간을 부여하는 것이다. TWI의 마스터 동작을 <그림 2.6.9>에 보였는데, 여기서 마름모 안의 SW로 표시된 부분은 소프트웨어적인 처리가 필요한 부분을 나타낸다. 인터럽트 플랙을 클리어하면 SCL 신호는 다시 원상태로 복구된다.

▣ 어드레스 패킷 송신

<그림 2.6.9>에서 보듯이 TWI 마스터의 어드레스 패킷 송신 동작은 idle 상태에서 어드레스 레지스터에 슬레이브 어드레스를 쓰면 자동으로 START 조건을 출력한 후에 이 어드레스와 $R/\overline{W}$ 비트를 출력하는 방법으로 수행한다. 이때 만약 버스가 busy 상태에 있다면 대기 상태로 들어가며, 버스가 idle 상태로 되면 TWI 마스터는 START 조건을 출력하고 이어서 어드레스 바이트를 송신한다.

어드레스 패킷 송신 이후의 마스터 동작은 버스 조정이나 $R/\overline{W}$ 동작에 따라 다음과 같이 4가지의 경우로 나누어진다.

첫째, M1으로 표시된 것은 버스 조정 탈락이나 버스 에러가 발생하는 경우이다. 만약 버스 조정에서 탈락하였다면 상태 레지스터의 라이트 인터럽트 플랙 WIF와 버스 조정 탈락 플랙 ARBLOST가 1로 세트된다. 버스 상태가 idle로 될 때까지 마스터의 동작은 중지되어 SDA 신호로 데이터가 출력되지 않으며 SCL 신호는 릴리즈(release)된다. 만약 버스 에러의 경우라면 위에서 설명한 버스 조정 탈락의 경우와 같은 동작을 수행하지만 상태 레지스터에서 에러 플랙 BUSERR이 추가로 더 세트된다.

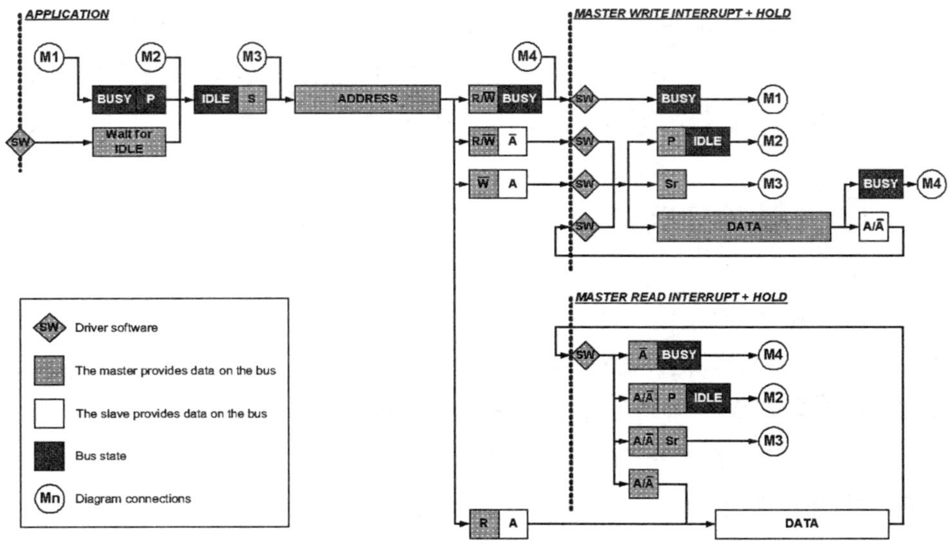

〈그림 2.6.9〉 TWI 마스터의 동작

둘째, M2로 표시된 것은 어드레스 패킷의 송신은 완료하였으나 슬레이브로부터 ACK 응답이 오지 않는 경우이다. 이때는 라이트 인터럽트 플랙 WIF가 세트되고 ACK 수신 플랙 RXACK가 1로 된다. 버스에서 더 이상의 동작이 수행되지 않도록 클록 홀드가 액티브된다.

셋째, M3로 표시된 것은 ADDRESS+ $\overline{W}$ 동작을 수행하고 슬레이브로부터 ACK 응답을 수신한 경우이다. 이때는 라이트 인터럽트 플랙 WIF가 세트되고 ACK 수신 플랙 RXACK가 0으로 된다. 버스에서 더 이상의 동작이 수행되지 않도록 클록 홀드가 액티브된다.

넷째, M4로 표시된 것은 ADDRESS+R 동작을 수행하고 슬레이브로부터 ACK 응답을 수신한 경우이다. 이때는 마스터가 곧바로 슬레이브로부터 다음 데이터 바이트를 수신하는 동작에 들어가며, 1바이트를 수신하면 리드 인터럽트 플랙 RIF가 세트되고 ACK 수신 플랙 RXACK가 0으로 된다. 버스에서 더 이상의 동작이 수행되지 않도록 클록 홀드가 액티브된다.

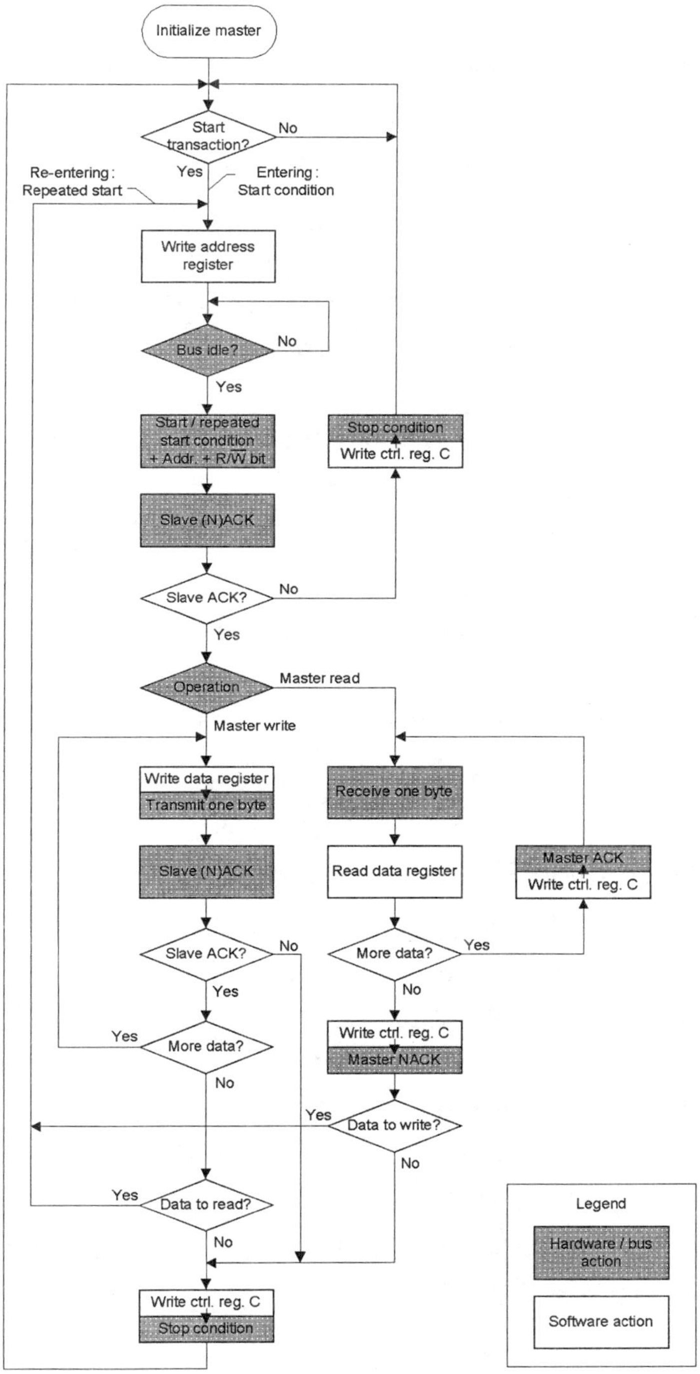

〈그림 2.6.10〉 TWI 마스터의 동작 플로우차트

■ 데이터 패킷 송신

위의 어드레스 패킷 송신 동작에서 세번째 경우에는 마스터가 데이터 레지스터에 송신할 데이터를 쓰는 것으로 데이터 패킷 송신 동작이 시작된다. 이때 슬레이브로부터 ACK 응답이 들어오면 라이트 인터럽트 플랙 WIF가 세트되고 ACK 수신 플랙 RXACK가 0으로 된다.

이러한 데이터 패킷 송신 동작은 필요한 횟수만큼 반복할 수 있다. 동작중에는 항상 버스 충돌이 발생하는지 감시되며, 버스 충돌이 검출되고 버스 조정에서 탈락하였다면 버스 조정 탈락 플랙 ARBLOST가 1로 세트된다.

■ 데이터 패킷 수신

위의 어드레스 패킷 송신 동작에서 네번째 경우에는 마스터가 이미 슬레이브로부터 1바이트의 데이터를 수신하는 데이터 패킷 수신 동작이 수행되었다. 이렇게 1바이트를 수신하면 리드 인터럽트 플랙 RIF가 세트되며, 마스터는 데이터 레지스터를 읽고 나서 슬레이브에게 ACK 또는 NACK로 응답해야 한다.

이상에서 설명한 TWI 마스터 동작의 흐름을 다시 한번 그림으로 정리하면 <그림 2.6.10>과 같다.

(6) TWI 슬레이브의 동작

ATxmega128A1의 TWI 슬레이브 동작도 바이트 단위로 수행되며, 데이터 인터럽트나 어드레스/스톱 인터럽트를 발생할 수 있다. 각 동작이 처리될 때마다 상태 레지스터 STATUS에는 인터럽트 플랙, ACK/NACK의 수신 여부, 에러 여부, 버스 충돌, 리드/라이트 방향 등이 표시된다.

인터럽트가 발생하면 SCL 신호가 강제로 L상태로 떨어지는데, 이는 슬레이브가 인터럽트에 응답하여 소프트웨어적으로 데이터를 처리할 시간을 부여하는 것이다. TWI의 슬레이브 동작을 <그림 2.6.11>에 보였는데, 여기서 마름모 안의 SW로 표시된 부분은 소프트웨어적인 처리가 필요한 부분을 나타낸다. 인터럽트 플랙을 클리어하면 SCL 신호는 다시 원상태로 복구된다.

■ 어드레스 패킷 수신

<그림 2.6.11>에서 보듯이 TWI 슬레이브의 어드레스 패킷 수신 동작은 START

조건을 검출하는 것으로 시작한다. START 조건이 검출되면 이어서 어드레스 바이트가 수신되며, 이것은 어드레스 일치 여부를 검사하는 로직회로에서 어드레스를 확인한다. 여기서 만약 어드레스가 자신과 일치하면 ACK로 마스터에게 응답하지만, 어드레스가 일치하지 않으면 슬레이브는 아무 응답도 하지 않으며 다시 새로운 START 조건을 기다린다.

START 조건에 이어서 어드레스가 수신되고 이 어드레스가 자신과 일치하면 슬레이브는 상태 레지스터 STATUS에서 어드레스/스톱 인터럽트 플랙 APIF가 세트된다. 전체 호출이 검출되는 경우에도 이 인터럽트 플랙이 세트된다.

STOP 조건에 이어서 즉시 START 조건이 검출되면 이는 비정상 동작이므로 버스 에러 플랙 BUSERR이 세트된다. 슬레이브 상태 레지스터의 리드/라이트 방향 플랙 DIR은 어드레스 바이트에 포함되어 수신된 $R/\overline{W}$ 비트를 나타낸다.

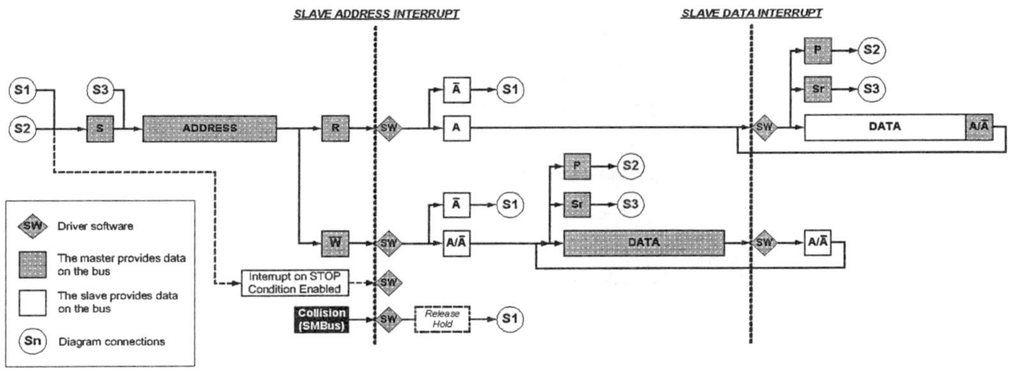

〈그림 2.6.11〉 TWI 슬레이브의 동작

어드레스 패킷 수신 이후의 슬레이브 동작은 리드/라이트 방향 비트와 버스 조건에 따라 다음과 같이 4가지의 경우로 나누어진다.

첫째, 어드레스 패킷이 수신되고 $R/\overline{W}$ 비트가 1로 되어 마스터 리드 동작을 나타내는 경우이다. 이때는 SCL 신호가 강제로 L상태로 되면서 슬레이브가 마스터에게 ACK 응답을 보내며, 슬레이브에서는 데이터 인터럽트 플랙 DIF가 세트되어 데이터를 전송하도록 한다. 만약, 슬레이브가 NACK 응답을 보낸다면 이는 슬레이브가 또다른 START 조건을 기다리고 있다는 것을 의미한다.

둘째, 어드레스 패킷이 수신되고 $R/\overline{W}$ 비트가 0으로 되어 마스터 라이트 동작을 나타내는 경우이다. 이때는 SCL 신호가 강제로 L상태로 되면서 슬레이브가 마스터에게 ACK 응답을 보내며, 슬레이브는 데이터가 수신되기를 기다린다. 데이터 인터럽트 플랙 DIF가 세트되어 데이터를 전송하도록 한다. 만약, 슬레이브가 NACK 응답을 보낸다면 이는 슬레이브가 또다른 START 조건을 기다리고 있다는 것을 의미한다.

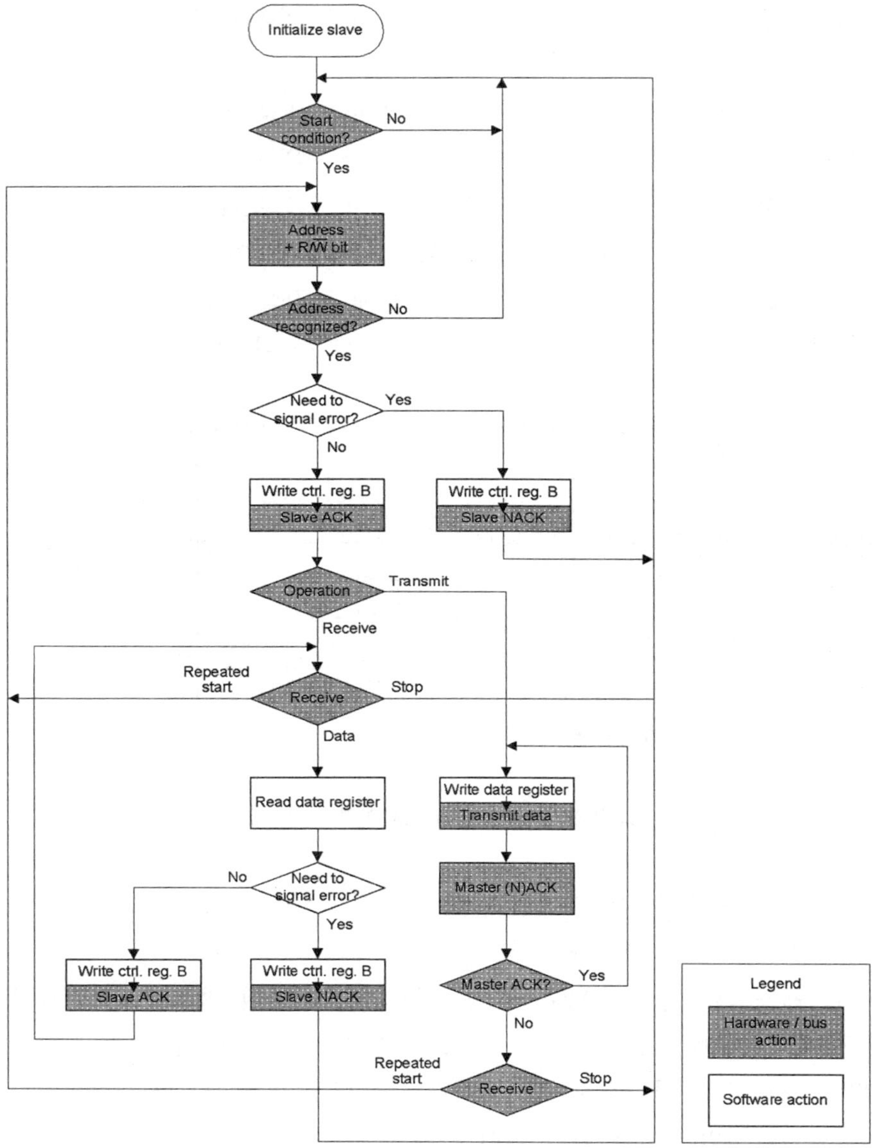

〈그림 2.6.12〉 TWI 슬레이브의 동작 플로우차트

셋째, 버스 충돌이 발생되는 경우이다. 슬레이브가 H상태의 데이터나 NACK 응답을 보낼 수 없다면 이는 버스 충돌이므로 상태 레지스터의 버스 충돌 플랙 COLL이

세트된다. 이때는 슬레이브 상태 레지스터의 클록 홀드 CLKHOLD가 해제되며, 새로운 START 또는 REPEATED START 조건을 기다린다.

넷째, STOP 조건을 수신하는 경우이다. 이때는 슬레이브 상태 레지스터의 어드레스/스톱 인터럽트 플랙 APIF가 세트된다.

▣ 데이터 패킷 수신

위의 어드레스 패킷 수신 동작에서 두번째 경우에는 어드레스 패킷 수신 후에 데이터 패킷이 수신된다. 데이터 패킷이 수신되면 데이터 인터럽트 플랙 DIF가 세트되며, 슬레이브는 ACK 또는 NACK로 응답한다. NACK으로 응답하는 경우에는 전송을 끝내겠다는 것이므로 슬레이브는 STOP 또는 REPEATED START 조건을 기다린다.

▣ 데이터 패킷 송신

위의 어드레스 패킷 송신 동작에서 첫번째 경우에는 슬레이브가 데이터를 마스터에게 보내주어야 하므로 슬레이브의 데이터 레지스터에 바이트 데이터를 써야 한다. 이 데이터의 전송이 완료되면 데이터 인터럽트 플랙 DIF가 세트되며, 마스터는 NACK로 응답하고 슬레이브는 STOP 또는 REPEATED START 조건을 기다린다.

이상에서 설명한 TWI 슬레이브 동작의 흐름을 다시 한번 그림으로 정리하면 <그림 2.6.12>와 같다.

〈표 2.6.1〉 TWI 직렬통신 포트의 I/O 제어 레지스터 요약

오프셋	레지스터 이름	비트7	비트6	비트5	비트4	비트3	비트2	비트1	비트0
+0x00	TWIx_CTRL	–	–	–	–	–	–	SDAHOLD	EDIEN
+0x01	TWIx_MASTER_CTRLA	INTLVL[1:0]		RIEN	WIEN	ENABLE	–	–	–
+0x02	TWIx_MASTER_CTRLB	–	–	–	–	TIMEOUT[1:0]		QCEN	SMEN
+0x03	TWIx_MASTER_CTRLC	–	–	–	–	–	ACKACT	CMD[1:0]	
+0x04	TWIx_MASTER_STATUS	RIF	WIF	CLKHOLD	RXACK	ARBLOST	BUSERR	BUSSTATE[1:0]	
+0x05	TWIx_MASTER_BAUD	BAUD[7:0]							
+0x06	TWIx_MASTER_ADDR	ADDR[7:0]							
+0x07	TWIx_MASTER_DATA	DATA[7:0]							
+0x08	TWIx_SLAVE_CTRLA	INTLVL[1:0]		DIEN	APIEN	ENABLE	PIEN	TPMEN	SMEN
+0x09	TWIx_SLAVE_CTRLB	–	–	–	–	–	ACKACT	CMD[1:0]	
+0x0A	TWIx_SLAVE_STATUS	DIF	APIF	CLKHOLD	RXACK	COLL	BUSERR	DIR	AP
+0x0B	TWIx_SLAVE_ADDR	ADDR[7:0]							
+0x0C	TWIx_SLAVE_DATA	DATA[7:0]							
+0x0D	TWIx_SLAVE_ADDRMASK	ADDRMASK[7:1]							ADDREN

3. TWI 직렬통신 포트의 I/O 제어 레지스터

ATxmega128A1에서 TWI 직렬통신 포트의 I/O 제어 레지스터를 요약하면 <표 2.6.1>과 같다. TWI 직렬통신 포트가 마스터로 동작하는 경우와 슬레이브로 동작하는 경우에 사용하는 I/O 제어 레지스터가 각각 따로 있다는 것에 유의하라.

▣ TWI 공통 제어 레지스터 CTRL

	b7	b6	b5	b4	b3	b2	b1	b0	
옵셋 +0x00	–	–	–	–	–	–	SDAHOLD	EDIEN	**CTRL**
읽기/쓰기 기능	R	R	R	R	R	R	R/W	R/W	
리셋후 초기값	0	0	0	0	0	0	0	0	

〈그림 2.6.13〉 TWI 공통 제어 레지스터 CTRL

- SDAHOLD : SDA Hold Time Enable
  SCL 신호의 하강 에지에서 SDA 신호의 홀드 타임을 부여하도록 허용한다.
- EDIEN : External Driver Interface Enable
  TWI 버스 드라이버를 소자의 내부에서 사용할 것인지 외부에 설치할 것인지 지정한다.
  0 = TWI 버스 드라이버를 소자의 내부에서 사용한다. 내부 드라이버에는 슬루 레이트(slew rate) 제어 회로와 신호 입력 필터 회로가 포함된다. 이때는 각 병렬 I/O 포트의 0번 및 1번 핀을 SDA 및 SCL 신호로 사용한다.
  1 = TWI 드라이버 회로를 외부에 설치하여 사용한다. 이때는 각 병렬 I/O 포트의 0~3번 핀을 차례로 SDA_IN, SCL_IN, SDA_OUT, SCL_OUT 신호로 사용한다.

▣ TWI 마스터 제어 레지스터 CTRLA

	b7	b6	b5	b4	b3	b2	b1	b0	
옵셋 +0x01	INTLVL[1:0]		RIEN	WIEN	ENABLE	–	–	–	**CTRLA**
읽기/쓰기 기능	R/W	R/W	R/W	R/W	R/W	R	R	R	
리셋후 초기값	0	0	0	0	0	0	0	0	

〈그림 2.6.14〉 TWI 마스터 제어 레지스터 CTRLA

- INTLVL[1:0] : TWI Master Interrupt Level
  TWI 마스터 인터럽트를 허용하고 그 인터럽트 레벨을 설정한다.
- RIEN : Read Interrupt Enable
  상태 레지스터의 리드 인터럽트 플랙 RIF가 세트될 때 이 인터럽트 발생을 개별적으로 허용한다. 또한 이 인터럽트가 발생되려면 INTLVL[1:0]이 0이 아닌 값으로 설정되어야 한다.
- WIEN : Write Interrupt Enable
  상태 레지스터의 라이트 인터럽트 플랙 WIF가 세트될 때 이 인터럽트 발생을 개별적으로 허용한다. 또한 이 인터럽트가 발생되려면 INTLVL[1:0]이 0이 아닌 값으로 설정되어야 한다.
- ENABLE : Enable TWI Master
  TWI 모듈이 마스터로 동작하는 것을 허용한다.

▣ TWI 마스터 제어 레지스터 CTRLB

	b7	b6	b5	b4	b3	b2	b1	b0	
옵셋 +0x02	–	–	–	–	TIMEOUT[1:0]		QCEN	SMEN	**CTRLB**
읽기/쓰기 기능	R	R	R	R	R/W	R/W	R/W	R/W	
리셋후 초기값	0	0	0	0	0	0	0	0	

〈그림 2.6.15〉 TWI 마스터 제어 레지스터 CTRLB

• TIMEOUT[1:0] : Inactive Bus Timeout
이것으로 설정한 값 이상의 시간동안 TWI 버스가 사용되지 않으면 idle 상태로 들어가도록 버스 타임아웃 감시기를 설정한다.
00 = 타임아웃 설정을 사용하지 않음(I^2C에서 사용함.)
01 = 50μs(100kHz로 동작하는 SMBus에서 사용함.)
10 = 100μs
11 = 200μs
• QCEN : Quick Command Enable
퀵 명령을 허용한다. 이렇게 하면 슬레이브로부터 ACK 응답이 오면 STOP 조건을 발생한다.
• SMEN : Smart Mode Enable
스마트 모드를 허용한다. 이렇게 하면 제어 레지스터 CTRLC에서 ACKACT 비트를 세트한 경우 데이터 레지스터를 읽은 후에 곧바로 ACK 응답을 출력한다.

▣ TWI 마스터 제어 레지스터 CTRLC

	b7	b6	b5	b4	b3	b2	b1	b0	
옵셋 +0x03	–	–	–	–	–	ACKACT	CMD[1:0]		CTRLC
읽기/쓰기 기능	R	R	R	R	R	R/W	R/W	R/W	
리셋후 초기값	0	0	0	0	0	0	0	0	

〈그림 2.6.16〉 TWI 마스터 제어 레지스터 CTRLC

• ACKACT : Acknowledge Action
마스터 리드 동작에서 응답 동작을 출력하는 방법을 지정한다. 보통은 사용자가 CMD[1:0] 비트에 명령을 쓰는 것으로 이 ACK/NACK 응답을 수행하지만, 제어 레지스터 CTRLB에서 SMEN = 1로 설정한 경우에는 마스터가 데이터 레지스터를 읽은 후에 자동으로 ACK/NACK 응답을 출력한다.
0 = ACK로 응답함
1 = NACK로 응답함
• CMD[1:0] : Command
마스터의 동작을 지시하는 명령이다. ACKACT 비트에 설정하는 응답을 CMD[1:0] 비트로 지정하는 방법으로 수행한다. CMD[1:0] 비트에 명령을 쓰면 상태 레지스터의 모든 인터럽트 플래과 CLKHOLD 플랙이 클리어된다.
00 = (reserved)
01 = ACK/NACK 응답을 출력하고 나서 REPEATED START 조건을 출력한다.
10 = 마스터 리드 동작에서만 유효하며, ACK/NACK 응답을 출력하고 나서 1바이트를 수신한다.
11 = ACK/NACK 응답을 출력하고 나서 STOP 조건을 출력한다.

▣ TWI 마스터 상태 레지스터 STATUS

	b7	b6	b5	b4	b3	b2	b1	b0	
옵셋 +0x04	RIF	WIF	CLKHOLD	RXACK	ARBLOST	BUSERR	BUSSTATE[1:0]		STATUS
읽기/쓰기 기능	R/W	R/W	R	R	R/W	R/W	R/W	R/W	
리셋후 초기값	0	0	0	0	0	0	0	0	

〈그림 2.6.17〉 TWI 마스터 상태 레지스터 STATUS

• RIF : Read Interrupt Flag
마스터 리드 모드에서 버스 조정 탈락이나 버스 에러가 발생하지 않고 바이트가 성공적으로 수신되면 이 비트가 세트된다. 이 비트가 세트되면 마스터는 강제로 SCL 신호를 L상태로 하여 클록 주기를 연장한다. 이 비트를 강제로 클리어하려면 1을 써주어야 한다. 이 비트를 클리어하면 SCL 신호가 다시 릴리즈된다. 이 비트가 자동적으로 클리어되는 경우는 ADDR 레지스터에 값을 쓰는 경우, DATA 레지스터에 값을 쓰는 경우, DATA 레지스터를 읽는 경우, CMD[1:0] 비트에 유효한 명령을 쓰는 경우 등이다.
• WIF : Write Interrupt Flag
마스터 라이트 모드에서 버스 조정 탈락이나 버스 에러의 발생에 관계없이 바이트가 송신되었으면 이 비트가 세트된다. 이 비트가 세트되면 마스터는 강제로 SCL 신호를 L상태로 하여 클록 주기를 연장한다. 이 비트를 강제로 클리어하려면 1을 써주어야 한다. 이 비트를 클리어하면 SCL 신호가 다시 릴리즈된다. 이 비트가 자동적으로 클리어되는 경우는 RIF 플랙의 경우와 같다.

- CLKHOLD : Clock Hold
  마스터가 SCL 신호를 강제로 L상태로 출력하면서 홀드하고 있으면 이 비트가 세트된다. 이 비트가 클리어되면 SCL 신호가 다시 릴리즈된다. 인터럽트 플랙을 클리어해도 이 비트가 클리어되며, 그밖에 이 비트가 자동적으로 클리어되는 경우는 RIF 플랙의 경우와 같다.
- RXACK : Receive Acknowledge
  마스터가 슬레이브로부터 가장 최근에 받은 응답을 이 비트에 저장하고 있다. 즉, 이 비트가 0이면 슬레이브로부터 ACK 응답을 받은 것이며, 1이면 NACK 응답을 받은 것이다.
- ARBLOST : Arbitration Lost
  마스터가 SDA 신호에 H상태를 송신하거나 NACK 응답을 출력하는 동안에 버스 조정에서 탈락하면 이 비트가 세트된다. 또한, START나 REPEATED START 조건을 출력하는 동안에 버스 조정에서 탈락하는 경우에도 이 비트가 세트된다. 이 비트를 강제로 클리어하려면 1을 써주어야 한다. ADDR 레지스터에 값을 쓰면 이 비트는 자동적으로 클리어된다.
- BUSERR : Bus Error
  버스에 비정상적인 조건이 발생하면 이 비트가 세트된다. 앞의 START 조건 발생 이후에 9비트의 배수만큼 전송하지 않은 상태에서 REPEATED START나 STOP 조건이 발생하면 버스 에러가 된다. 이 비트를 강제로 클리어하려면 1을 써주어야 한다. ADDR 레지스터에 값을 쓰면 이 비트는 자동적으로 클리어된다.
- BUSSTATE[1:0] : Bus State
  현재 TWI 버스의 상태를 나타낸다. 여기에 01을 쓰면 TWI 버스 상태는 강제로 idle이 되며, 다른 상태는 강제로 쓸 수 없다. 마스터가 금지되거나 시스템 리셋 후에는 버스 상태가 unkown으로 된다.
  00 = unkown
  01 = idle
  10 = owner
  11 = busy

▣ TWI 보레이트 레지스터 BAUD

	b7	b6	b5	b4	b3	b2	b1	b0	
옵셋 +0x05	BAUD[7:0]								BAUD
읽기/쓰기 기능	R/W	R/W	R/W	R/W	R/W	R/W	R/W	R/W	
리셋후 초기값	0	0	0	0	0	0	0	0	

〈그림 2.6.18〉 TWI 보레이트 레지스터 BAUD

- BAUD[7:0] : Baud Rate Setting Value
  TWI 마스터가 발생하는 SCL 클록 신호의 주파수를 다음과 같은 식으로 설정한다.

$$f_{TWI} = \frac{f_{sys}}{2\times(5+BUAD)} \text{ [Hz]}$$

이 주파수는 100kHz 또는 400kHz가 되도록 설정되어야 하며, 그러려면 BAUD[7:0] 비트 값은 아래와 같이 결정한다.

$$BAUD = \frac{f_{sys}}{2\times f_{TWI}} - 5$$

이 레지스터 값은 마스터가 금지된 상태에서 설정해야 한다.

▣ TWI 마스터 어드레스 레지스터 ADDR

	b7	b6	b5	b4	b3	b2	b1	b0	
옵셋 +0x06	ADDR[7:0]								ADDR
읽기/쓰기 기능	R/W	R/W	R/W	R/W	R/W	R/W	R/W	R/W	
리셋후 초기값	0	0	0	0	0	0	0	0	

〈그림 2.6.19〉 TWI 마스터 어드레스 레지스터 ADDR

- ADDR[7:0] : Master Address Value
  idle 상태에서 이 레지스터에 7비트의 슬레이브 어드레스를 쓰면 먼저 자동으로 START 조건을 출력하고 이어서 어드레스 및 $R/\overline{W}$ 비트 값을 출력한다. 그러나, 만약 버스가 owner 상태이면 START 대신에 REPEATED START 조건이 출력되고 이 어드레스가 출력된다. 앞의 동작이 마스터 리드 동작이고 슬레이브로부터 응답을 받지 못한 상태에서는 REPEATED START 조건을 출력하기 전에 ACK 응답을 먼저 출력한다.

이 어드레스가 출력되고 슬레이브로부터 ACK 응답을 받은 후에는 SCL 신호를 강제로 L상태로 하면서 WIF 플래이 세트된다. 버스 상태가 unknown일 때 ADDR 레지스터를 쓰면 WIF 및 BUSERR 플랙이 세트된다. 모든 TWI 마스터 플랙은 ADDR 레지스터에 값을 쓰면 자동적으로 클리어된다.

▣ TWI 마스터 데이터 레지스터 DATA

	b7	b6	b5	b4	b3	b2	b1	b0	
옵셋 +0x07	DATA[7:0]								DATA
읽기/쓰기 기능	R/W	R/W	R/W	R/W	R/W	R/W	R/W	R/W	
리셋후 초기값	0	0	0	0	0	0	0	0	

〈그림 2.6.20〉 TWI 마스터 데이터 레지스터 DATA

- DATA[7:0] : Data Value
  마스터 라이트 동작에서 송신할 데이터나 마스터 리드 동작에서 수신한 데이터 값이다. 데이터 전송중에는 이 레지스터를 액세스할 수 없으며, CLKHOLD 플랙이 세트되고 마스터가 SCL 신호를 강제로 L상태로 했을 경우에만 액세스할 수 있다.
  마스터 라이트 모드에서는 이 레지스터에 값을 쓰면 전송이 시작되며 슬레이브로부터 ACK 응답을 받은 후에 WIF 및 CLKHOLD 플랙이 세트된다.
  마스터 리드 모드에서는 이 레지스터에 1바이트가 수신되면 RIF 및 CLKHOLD 플랙이 세트된다. 이때 스마트 모드가 설정되어 있다면 데이터 레지스터를 읽을 때 자동으로 ACKACT에 설정된대로 응답이 출력된다. 만약 버스 에러가 발생하였다면 WIF 플랙 대신에 WIF 및 BUSERR 플랙이 세트된다.
  DATA 레지스터에 값을 쓰면 모든 마스터 인터럽트 플랙과 CLKHOLD 플랙이 자동적으로 클리어된다.

▣ TWI 슬레이브 제어 레지스터 CTRLA

	b7	b6	b5	b4	b3	b2	b1	b0	
옵셋 +0x08	INTLVL[1:0]		DIEN	APIEN	ENABLE	PIEN	PMEN	SMEN	CTRLA
읽기/쓰기 기능	R/W	R/W	R/W	R/W	R/W	R/W	R/W	R/W	
리셋후 초기값	0	0	0	0	0	0	0	0	

〈그림 2.6.21〉 TWI 슬레이브 제어 레지스터 CTRLA

- INTLVL[1:0] : TWI Slave Interrupt Level
  TWI 슬레이브 인터럽트를 허용하고 그 인터럽트 레벨을 설정한다.
- DIEN : Data Interrupt Enable
  상태 레지스터의 데이터 인터럽트 플랙 DIF가 세트될 때 이 인터럽트 발생을 개별적으로 허용한다. 또한 이 인터럽트가 발생되려면 INTLVL[1:0]이 0이 아닌 값으로 설정되어야 한다.
- APIEN : Address/Stop Interrupt Enable
  상태 레지스터의 어드레스/스톱 인터럽트 플랙 APIF가 세트될 때 이 인터럽트 발생을 개별적으로 허용한다. 또한 이 인터럽트가 발생되려면 INTLVL[1:0]이 0이 아닌 값으로 설정되어야 한다.
- ENABLE : Enable TWI Slave
  TWI 모듈이 슬레이브로 동작하는 것을 허용한다.
- PIEN : Stop Interrupt Enable
  STOP 조건이 검출되면 상태 레지스터의 APIF 비트를 세트시키도록 한다.
- PMEN : Promiscuous Mode Enable
  이 비트를 세트하면 슬레이브의 어드레스 일치여부 검출회로가 모든 수신 어드레스에 대하여 응답하도록 설정한다. 그러나, 이 비트를 클리어하면 슬레이브의 어드레스 일치여부 검출회로는 수신된 어드레스가 자신과 일치하는 경우에만 응답한다.
- SMEN : Smart Mode Enable
  이 비트를 세트하면 스마트 모드가 되어 데이터 레지스터를 읽은 후에 ACKACT 비트에 설정된대로 즉시 응답 신호를 보낸다.

▣ TWI 슬레이브 제어 레지스터 CTRLB

	b7	b6	b5	b4	b3	b2	b1	b0	
옵셋 +0x09	–	–	–	–	–	ACKACT	CMD[1:0]		CTRLB
읽기/쓰기 기능	R	R	R	R	R	R/W	R/W	R/W	
리셋후 초기값	0	0	0	0	0	0	0	0	

〈그림 2.6.22〉 TWI 슬레이브 제어 레지스터 CTRLB

- ACKACT : Acknowledge Action

  슬레이브가 마스터로부터 어드레스 또는 데이터를 수신하고 나서 응답 동작을 출력하는 방법을 지정한다. 보통은 CMD[1:0] 비트에 명령을 쓰는 것으로 ACK/NACK 응답을 수행하지만, 이 비트를 1로 하고 SMEN = 1로 설정한 경우에는 슬레이브가 데이터 레지스터를 읽은 후에 자동으로 ACK/NACK 응답을 출력한다.

  0 = ACK로 응답함

  1 = NACK로 응답함

- CMD[1:0] : Command

  슬레이브의 동작을 지시하는 명령이다. ACKACT와 CMD[1:0] 비트를 동시에 설정하면 ACKACT의 동작이 우선한다. CMD[1:0] 비트에 명령을 쓰면 상태 레지스터의 모든 인터럽트 플랙과 CLKHOLD 플랙이 클리어되고 SCL 신호가 릴리즈된다.

  00 = 아무 동작을 하지 않음

  01 = (reserved)

  10 = DIR 플랙이 0인 경우에는 ACK 응답을 출력하고 나서 START 또는 REPEATED START 조건을 기다린다.
  DIR 플랙이 1인 경우에는 START 또는 REPEATED START 조건을 기다린다.

  11 = 어드레스 수신에 대한 응답일 때(APIF=1) DIR 플랙이 0인 경우에는 ACK 응답을 출력하고 다음 바이트의 수신을 기다리며, DIR 플랙이 1인 경우에는 ACK 응답을 출력하고 DIF 플랙이 세트되기를 기다린다.
  데이터 수신에 대한 응답일 때(DIF=1) DIR 플랙이 0인 경우에는 ACK 응답을 출력하고 다음 바이트의 수신을 기다리며, DIR 플랙이 1인 경우에는 아무 동작도 수행하지 않는다.

▣ TWI 슬레이브 상태 레지스터 STATUS

	b7	b6	b5	b4	b3	b2	b1	b0	
옵셋 +0x0A	DIF	APIF	CLKHOLD	RXACK	COLL	BUSERR	DIR	AP	STATUS
읽기/쓰기 기능	R/W	R/W	R	R	R/W	R/W	R/W	R/W	
리셋후 초기값	0	0	0	0	0	0	0	0	

〈그림 2.6.23〉 TWI 슬레이브 상태 레지스터 STATUS

- DIF : Data Interrupt Flag

  버스 충돌이나 버스 에러가 발생하지 않고 데이터 바이트가 성공적으로 수신되면 이 비트가 세트된다. 이 비트가 세트되면 슬레이브는 강제로 SCL 신호를 L상태로 하여 클록 주기를 연장한다. 이 비트를 강제로 클리어하려면 1을 써주어야 한다. 이 비트를 클리어하면 SCL 신호가 다시 릴리즈된다. 제어 레지스터의 CMD[1:0] 비트에 유효한 명령을 쓰면 이 비트가 자동적으로 클리어된다.

- APIF : Address/Stop Interrupt Flag

  슬레이브가 유효한 어드레스를 수신하거나 버스 충돌이 검출되었으면 이 비트가 세트된다. 또한, 제어 레지스터에서 PIEN 비트가 세트되어 있다면 STOP 조건이 검출되었을 때 이 비트가 세트된다. 이 비트가 세트되면 마스터는 강제로 SCL 신호를 L상태로 하여 클록 주기를 연장한다. 이 비트를 강제로 클리어하려면 1을 써주어야 한다. 이 비트를 클리어하면 SCL 신호가 다시 릴리즈된다. 이 비트가 자동적으로 클리어되는 경우는 DIF 플랙의 경우와 같다.

- CLKHOLD : Clock Hold

  슬레이브가 SCL 신호를 강제로 L상태로 출력하면서 홀드하고 있으면 이 비트가 세트된다. DIF나 APIF 플랙이 세트되면 이 비트도 세트된다. 이 비트가 클리어되면 SCL 신호가 다시 릴리즈된다. 인터럽트 플랙을 클리어해도 이 비트가 클리어되며, 그밖에 이 비트가 자동적으로 클리어되는 경우는 DIF 플랙의 경우와 같다.

- RXACK : Receive Acknowledge

  슬레이브가 마스터로부터 가장 최근에 받은 응답을 이 비트에 저장하고 있다. 즉, 이 비트가 0이면 마스터로부터 ACK 응답을 받은 것이며, 1이면 NACK 응답을 받은 것이다.

- COLL : Collision
  슬레이브가 SDA 신호에 H상태를 송신하거나 NACK 응답을 출력하려다 실패하였다면 이 비트가 세트된다. 버스 충돌이 검출되면 데이터나 응답의 출력이 금지된다. 이 비트를 강제로 클리어하려면 1을 써주어야 한다. START나 REPEATED START 조건이 검출되면 이 비트는 자동적으로 클리어된다.
- BUSERR : Bus Error
  버스에 비정상적인 조건이 발생하면 이 비트가 세트된다. 앞의 START 조건 발생 이후에 9비트의 배수만큼 전송하지 않은 상태에서 REPEATED START나 STOP 조건이 발생하면 버스 에러가 된다. 이 비트를 강제로 클리어하려면 1을 써주어야 한다.
- DIR : Read/Write Direction
  마스터로부터 가장 최근에 수신한 어드레스 패킷에 포함되어 있던 방향 비트를 나타낸다. 이 비트가 0이면 마스터 라이트 동작이 진행되고 있는 중이며, 이 비트가 1이면 마스터 리드 동작이 진행되고 있는 중이다.
- AP : Slave Address or Stop
  상태 레지스터의 APIF 비트를 세트한 것이 유효한 어드레스 수신 때문인지 STOP 조건의 검출 때문인지를 나타낸다.
  0 = STOP 조건이 검출되어 APIF 비트를 세트하면서 인터럽트를 발생하였다.
  1 = 어드레스가 수신되어 APIF 비트를 세트하면서 인터럽트를 발생하였다.

▣ TWI 슬레이브 어드레스 레지스터 ADDR

	b7	b6	b5	b4	b3	b2	b1	b0	
옵셋 +0x0B	ADDR[7:0]								**ADDR**
읽기/쓰기 기능	R/W	R/W	R/W	R/W	R/W	R/W	R/W	R/W	
리셋후 초기값	0	0	0	0	0	0	0	0	

〈그림 2.6.24〉 TWI 슬레이브 어드레스 레지스터 ADDR

- ADDR[7:0] : Slave Address Value
  이 레지스터에는 슬레이브가 자신의 고유한 어드레스를 저장하고 있으며, 슬레이브 어드레스 일치여부 검출회로는 수신된 어드레스와 이를 비교하여 일치여부를 판단한다. 어드레스는 상위 7비트 ADDR[7:1]만을 사용하며, 최하위 비트 ADDR[0]은 전체 호출을 인식하기 위하여 사용한다. ADDR[0]을 세트하면 전체 호출 기능을 인에이블하여 전체 호출이 검출되었을 때 응답하도록 한다.
  10비트 어드레스를 사용할 때는 첫번째 바이트가 ADDR[7:1]=0b11110xx로 수신되고, 두번째 바이트가 ADDR[7:0]=0byyyyyyyy로 수신되어 10비트 어드레스 xxyyyyyyyy를 구성한다.
  슬레이브 어드레스 일치여부 검출회로가 유효한 어드레스를 수신하였을 때 APIF 플랙이 세트되며 DIR 플랙이 갱신된다. 제어 레지스터에서 PMEN 비트를 세트해 놓았다면 슬레이브 어드레스 일치여부 검출회로가 모든 유효한 어드레스를 수신하였을 응답을 출력한다.

▣ TWI 슬레이브 데이터 레지스터 DATA

	b7	b6	b5	b4	b3	b2	b1	b0	
옵셋 +0x0C	DATA[7:0]								**DATA**
읽기/쓰기 기능	R/W	R/W	R/W	R/W	R/W	R/W	R/W	R/W	
리셋후 초기값	0	0	0	0	0	0	0	0	

〈그림 2.6.25〉 TWI 슬레이브 데이터 레지스터 DATA

- DATA[7:0] : Data Value
  마스터 라이트 동작에서 수신한 데이터나 마스터 리드 동작에서 송신할 데이터 값이다. 데이터 전송중에는 이 레지스터를 액세스할 수 없으며, CLKHOLD 플랙이 세트되고 슬레이브가 SCL 신호를 강제로 L 상태로 했을 경우에만 액세스할 수 있다.
  마스터 리드 모드에서는 슬레이브가 전송할 데이터를 이 레지스터에 미리 써두어야 한다. 이 데이터의 전송이 끝나면 슬레이브는 마스터로부터 ACK 응답을 받은 후에 DIF 및 CLKHOLD 플랙이 세트된다.
  마스터 라이트 모드에서는 이 레지스터에 1바이트가 수신되면 RIF 및 CLKHOLD 플랙이 세트된다. 이때 스마트 모드가 설정되어 있다면 데이터 레지스터를 읽을 때 자동으로 ACKACT에 설정된대로 응답이 출력된다.

DATA 레지스터에 값을 쓰거나 읽으면 모든 슬레이브 인터럽트 플랙과 CLKHOLD 플랙이 자동적으로 클리어된다.

▣ TWI 슬레이브 어드레스 마스크 레지스터 ADDRMASK

	b7	b6	b5	b4	b3	b2	b1	b0	
옵셋 +0x0D	ADDRMASK[7:1]							ADDREN	ADDRMASK
읽기/쓰기 기능	R/W	R/W	R/W	R/W	R/W	R/W	R/W	R/W	
리셋후 초기값	0	0	0	0	0	0	0	0	

〈그림 2.6.26〉 TWI 슬레이브 어드레스 마스크 레지스터 ADDRMASK

- ADDRMASK[7:1] : Address Mask Value

  이 비트들은 ADDREN의 설정에 따라 어드레스 마스크 비트로 동작하거나 슬레이브의 2번째 고유 어드레스로 동작한다.

  ADDREN을 0으로 설정한 경우에는 이 비트들이 ADDR 레지스터의 어드레스 값을 마스크한다. 즉, 마스크 비트가 1로 설정되면 ADDR 레지스터의 해당 비트는 어드레스 일치여부를 판단하지 않는다.

  ADDREN을 1로 설정한 경우에는 이 비트들이 또 다른 어드레스 레지스터로 동작하여 2개의 어드레스를 가지게 된다. 즉, 슬레이브 어드레스 일치여부 검출회로는 ADDR 레지스터와 ADDRMASK 레지스터에 있는 상위 7비트를 모두 자신의 고유 어드레스로 간주하므로 수신된 어드레스가 이 2가지중 어느 것과 같더라도 어드레스 일치로 본다.
- ADDREN : Address Enable

  이 비트가 0이면 ADDRMASK 비트들은 ADDR 레지스터를 마스크(mask, disable)하는 기능을 수행하고, 이 비트가 1이면 슬레이브 어드레스 일치여부 검출회로는 ADDR[7:1]과 ADDRMASK[7:1]을 모두 자신의 어드레스로 간주한다.

2.7 A/D 컨버터

이 절에서는 ATxmega128A1에 내장되어 있는 A/D 컨버터의 구조와 기능에 대하여 알아보기로 한다.

1. A/D 컨버터의 개요

ATxmega128A1은 8비트 또는 12비트 분해능으로 선택하여 사용할 수 있는 2개의 축차비교형(successive approximation) A/D 컨버터를 가지고 있다. 하나의 A/D 컨버터 ADCA는 포트A에 부수적인 기능으로 포함되어 있고, 또 하나의 A/D 컨버터 ADCB는 포트B에 부수적인 기능으로 포함되어 있다. 각 A/D 컨버터에는 8개의 아날로그 입력신호 ADC0~7이 있는데 이것은 내부의 아날로그 멀티플렉서(analog multiplexer)에 의하여 선택된다. A/D 컨버터의 앞단에는 2MSPS(Mega Samples per Second) 속도의 샘플/홀드(sample and hold) 회로를 가지고 있어서 A/D 변환이 수행되고 있는 동안에 샘플링된 아날로그 입력 전압이 일정하게 유지되도록 한다.

각 채널은 8개의 단극성(single ended) 아날로그 입력 ADC0~7로 사용될 수도 있고, 지정된 핀 ADC0~3을 기준으로 하는 차동(differential) 입력으로 사용될 수도 있으며, 지정된 핀 ADC4~7을 기준으로 하는 차동 입력에서는 1x, 2x, 4x, 8x, 16x, 32x, 64x 배율로 소프트웨어 설정 이득(gain)을 적용할 수 있다. A/D 변환 결과는 부호 없는 정수 표현법으로 얻을 수도 있고, 2의 보수 표현법으로 얻을 수도 있다.

A/D 컨버터의 클록은 주변장치 클록을 분주하여 사용하는데 최대 주파수는 2MHz이며, 최소 A/D 변환시간은 8비트 분해능의 경우 5클록 주기에 2.5μs이고, 12비트 분해능의 경우 7클록 주기에 3.5μs이다. 아날로그 입력 전압의 범위는 GND~V_{REF}로 사용해야 하는데, 기준전압 V_{REF}로는 내부의 기준전압 1.00V를 사용할 수도 있고, Vcc/1.6을 사용할 수도 있으며, 외부 단자 AREFA 또는 AREFB로 입력된 기준전압을 사용할 수도 있다.

ATxmega128A1의 A/D 컨버터는 A/D 변환 트리거 신호로 이벤트 시스템을 사용할 수 있고, A/D 변환 완료에서 인터럽트나 이벤트를 발생할 수 있으며, A/D 변환 결과를 전송하기 위하여 DMA를 사용할 수 있다.

A/D 컨버터에는 보다 안정된 동작을 위하여 마이크로컨트롤러의 디지털 전원과 별도로 아날로그 회로의 전원 단자 AVCC를 가지고 있으며, A/D 변환에 필요한 기준전압 단자 AREFA, AREFB도 가지고 있다.

2. A/D 컨버터의 동작

(1) A/D 컨버터의 파이프라인 구조

ATxmega128A1의 A/D 컨버터는 기존의 ATmega 패밀리 모델에서와는 다르게 파이프라인(pipeline) 구조를 가지고 있어서 높은 속도로 샘플링된 아날로그 전압이 12단계의 동작으로 A/D 변환을 수행한다. 그런데, 이 파이프라인 구조는 4개의 가상 채널(Virtual Channel)로 나누어지며, 이와 같은 파이프라인 및 4채널 구조는 하나의 채널이 A/D 변환을 수행하고 있는 동안에 다른 채널이 새로운 아날로그 전압을 샘플링하여 A/D 변환을 시작할 수 있다는 것을 의미한다. 이 때문에 ATxmega128A1의 A/D 컨버터는 A/D 변환 속도에 비하여 약 4배 빠른 아날로그 샘플링이 가능하다. A/D 컨버터는 1클록 주기마다 아날로그 입력의 샘플링이 가능하므로 각 채널은 4클록 주기마다 1번씩 샘플링할 수 있게 된다.

파이프라인 구조를 통하여 A/D 변환이 수행되는 최소 시간은 8비트 분해능의 경우 5클록 사이클, 12비트 분해능의 경우 7클록 사이클이다. 만약 소프트웨어 이득 설정이 사용된다면 A/D 변환시간은 여기서 1클록 사이클씩 더 늘어난다. 각 채널별로 나누어 A/D 변환된 결과 값은 각 채널이 가지고 있는 결과 레지스터에 구별되어 저장된다. 이를 위해 각 채널에는 채널 제어 레지스터, 멀티플렉서 제어 레지스터, 결과 레지스터를 1개씩 가지고 있다.

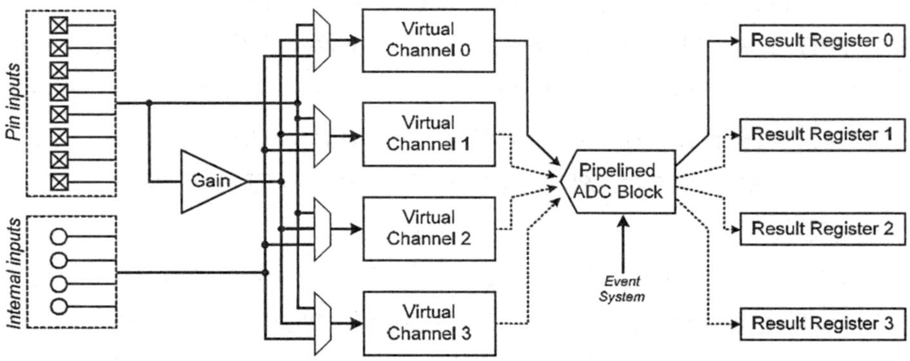

〈그림 2.7.1〉 파이프라인 4채널 구조를 갖는 A/D 컨버터의 구성 블록도

(2) 소프트웨어 이득 설정

ATxmega128A1의 A/D 컨버터에는 각 채널별로 A/D 변환을 위한 입력 신호를 증폭하는 기능을 내장하고 있어서 이를 위한 이득(gain)을 소프트웨어적으로 설정할 수 있다. 소프트웨어 이득은 채널 제어 레지스터의 GAIN[2:0] 비트로 설정하며, 1x, 2x, 4x, 8x, 16x, 32x, 64x 중에서 하나를 선택할 수 있다. 이들 이득의 오차는 ±1% 이하이다.

이와 같이 소프트웨어 이득을 설정하는 기능은 차동입력 모드에서만 사용할 수 있으며, ADC 제어 레지스터 CTRLB의 CONVMODE 비트와 ADC 채널 제어 레지스터의 INPUTMODE[1:0] 비트로 이 동작 모드를 설정한다.

(3) A/D 변환 모드

A/D 변환 모드는 아날로그 입력을 어떤 형태를 디지털 데이터로 변환하는지를 결정하는 것으로 unsigned mode와 signed mode로 나누며, 모든 채널에 일괄적으로 동일하게 적용된다.

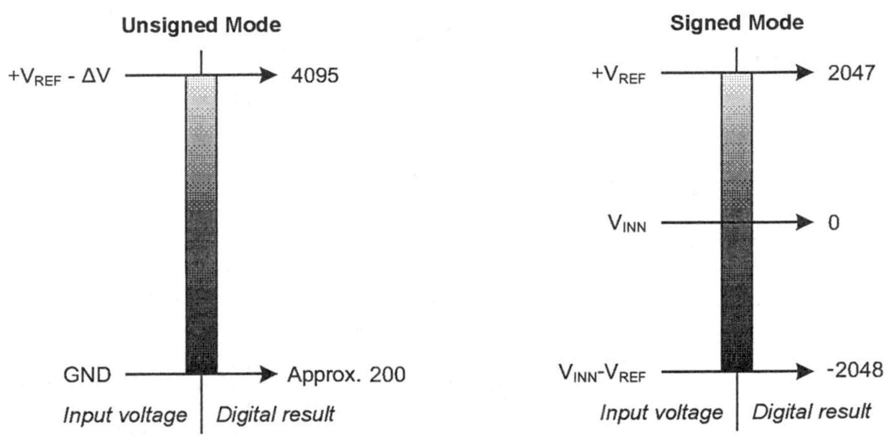

〈그림 2.7.2〉 A/D 변환 모드

unsigned mode는 단극성 입력(single-ended input)이나 내부 입력(internal input)에서만 적용되는 것으로 디지털 값을 8비트 양의 정수 또는 12비트 양의 정수로 표현하며, 따라서 음수는 나타내지는 못한다. unsigned mode에서는 아날로그 입력의 A/D 변환 범위가 기본적으로 GND~V_{REF}이지만, 내부에서 0V부터 정확하게 A/D 변환을 수행하기 위하여 ΔV의 전압을 빼주게 된다. ΔV는 약 $0.05 \times V_{REF}$에 해당한다. 따라서, 아날로그 입력전압의 범위는 GND~V_{REF}-ΔV가 되고, 이를 A/D 변환한 결과는 12비트 분해능의 경우 0~4095가 아니라 200~4095가 된다.

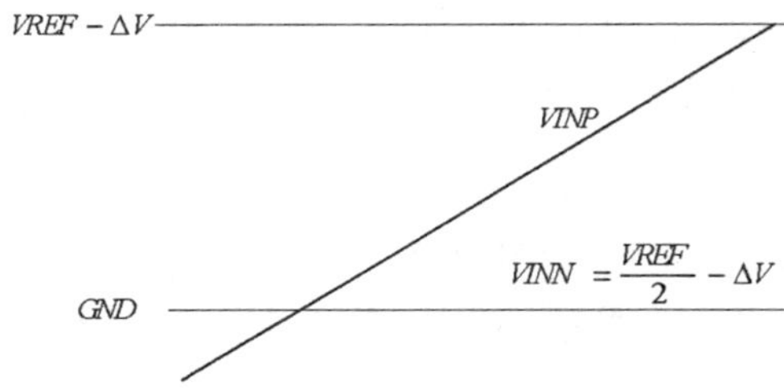

Dec	Hex	Binary	16-bit result register
4095	FFF	1111 1111 1111	0000 1111 1111 1111
4094	FFE	1111 1111 1110	0000 1111 1111 1110
4093	FFD	1111 1111 1101	0000 1111 1111 1101
...	...	...	...
203	0CB	0000 1100 1011	0000 0000 1100 1011
202	0CA	0000 1100 1010	0000 0000 1100 1010
201	0C9	0000 1100 1001	0000 0000 1100 1001
200	0C8	0000 1100 1000	0000 0000 1100 1000
...			
0	0	0000 0000 0000	0000 0000 0000 0000

(a) 단극성 입력 unsigned mode를 사용한 경우

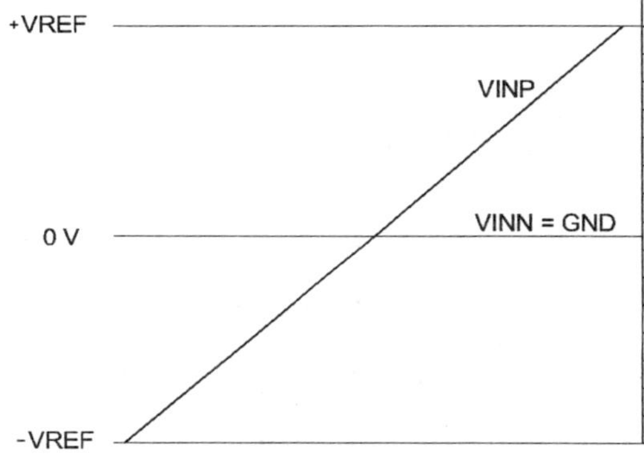

Dec	Hex	Binary	16-bit result register
2047	7FF	0111 1111 1111	0000 0111 1111 1111
2046	7FE	0111 1111 1110	0000 0111 1111 1110
2045	7FD	0111 1111 1101	0000 0111 1111 1101
...	...	...	...
3	3	0000 0000 0011	0000 0000 0000 0011
2	2	0000 0000 0010	0000 0000 0000 0010
1	1	0000 0000 0001	0000 0000 0000 0001
0	0	0000 0000 0000	0000 0000 0000 0000
-1	FFF	1111 1111 1111	1111 1111 1111 1111
-2	FFE	1111 1111 1110	1111 1111 1111 1110
...	...	...	...
-2045	803	1000 0000 0011	1111 1000 0000 0011
-2046	802	1000 0000 0010	1111 1000 0000 0010
-2047	801	1000 0000 0001	1111 1000 0000 0001
-2048	800	1000 0000 0000	1111 1000 0000 0000

(b) 단극성 입력 signed mode를 사용한 경우

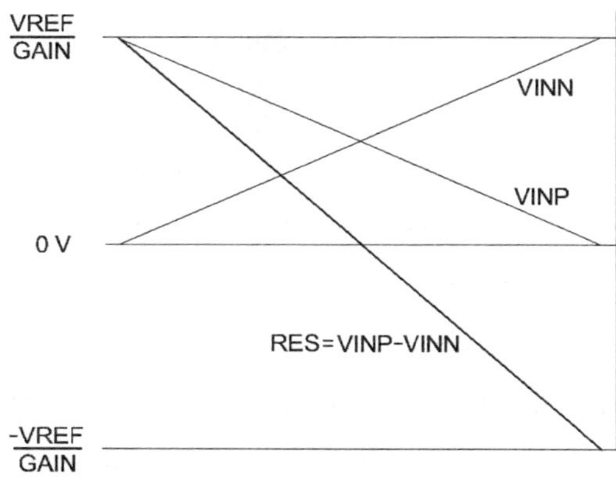

Dec	Hex	Binary	16-bit result register
2047	7FF	0111 1111 1111	0000 0111 1111 1111
2046	7FE	0111 1111 1110	0000 0111 1111 1110
2045	7FD	0111 1111 1101	0000 0111 1111 1101
...	...	...	...
3	3	0000 0000 0011	0000 0000 0000 0011
2	2	0000 0000 0010	0000 0000 0000 0010
1	1	0000 0000 0001	0000 0000 0000 0001
0	0	0000 0000 0000	0000 0000 0000 0000
-1	FFF	1111 1111 1111	1111 1111 1111 1111
-2	FFE	1111 1111 1110	1111 1111 1111 1110
...	...	...	...
-2045	803	1000 0000 0011	1111 1000 0000 0011
-2046	802	1000 0000 0010	1111 1000 0000 0010
-2047	801	1000 0000 0001	1111 1000 0000 0001
-2048	800	1000 0000 0000	1111 1000 0000 0000

(c) 차동 입력 signed mode를 사용한 경우

〈그림 2.7.3〉 A/D 변환 모드에 따른 결과 레지스터 값

signed mode는 단극성 입력(single-ended input)이나 차동 입력(differential input)에서 모두 적용할 수 있는 것으로 디지털 값을 8비트 2의 보수 또는 12비트 2의 보수로 표현하며, 따라서 음수도 나타낼 수 있다. signed mode에서도 역시 각 아날로그 입력의 전위는 GND~V_{REF}이지만, 차동 입력을 사용하면 2개의 아날로그 입력 사이의 차이를 A/D 변환하므로 극성이 positive 또는 negative로 될 수 있어서 A/D 변환 범위가 $-V_{REF}$~$+V_{REF}$로 된다. 이를 A/D 변환한 결과는 12비트 분해능의 경우 -2048~+2047이 된다.

12비트 분해능의 경우 단극성 입력 unsigned mode, 단극성 입력 signed mode, 차동 입력 signed mode를 사용하였을 때 각각 결과 레지스터의 값을 <그림 2.7.3>에 보였다.

차동 입력을 사용하면 반드시 A/D 변환 모드를 signed mode로 지정해야 한다. 그러나, 단극성 입력이나 내부 입력에 대하여는 signed mode 및 unsigned mode를 임의로 사용할 수 있다. A/D 변환 모드는 모든 채널에 일괄적으로 동일하게 적용되므로 어느 한 채널에서 차동 입력을 사용하면 모든 채널의 변환 모드를 signed mode로 지정해야 한다.

외부 아날로그 입력단자 ADC0~7의 입력 임피던스는 10MΩ 이상이다.

(4) 기준전압의 선택

A/D 컨버터에서 기준전압은 다음과 같은 4가지중의 하나를 선택하여 사용할 수 있다. 이것은 기준전압 제어 레지스터 REFCTRL로 설정하며, 모든 채널에 일괄적으로 동일하게 적용된다.

- 내부 밴드갭 기준전압 1.10V를 1.1로 나눈 1.00V(±1%)
- 내부 Vcc/1.6 전압
- 포트A의 AREFA 단자로 입력되는 외부 기준전압(1.0~Vcc-0.6V)
- 포트B의 AREFB 단자로 입력되는 외부 기준전압(1.0~Vcc-0.6V)

(5) 아날로그 입력 멀티플렉서 설정

A/D 컨버터의 아날로그 입력으로 사용할 수 있는 신호들은 크게 내부 아날로그 입력, 외부 단극성 입력, 외부 차동 입력, 소프트웨어 설정 이득을 가진 외부 차동 입력 등의 4가지 그룹으로 나눌 수 있는데, 이것은 ADC 채널 제어 레지스터로 지정한다. 이들 각각의 그룹내에서는 다시 채널 멀티플렉서 제어 레지스터 MUXCTRL에 의한 아

날로그 멀티플렉서를 사용하여 1개의 아날로그 신호를 선택하고 이것이 A/D 컨버터로 입력된다.

▣ 내부 아날로그 입력

ATxmega128A1 마이크로컨트롤러 내부의 아날로그 입력으로는 온도센서 전압, 내부 밴드갭 전압 1.1V, 1/10로 스케일된 Vcc, D/A 컨버터 출력 등 4가지가 있다.

이것들을 unsigned mode로 A/D 변환하는 경우에는 <그림 2.7.4>의 (a)처럼 내부 아날로그 입력을 단극성 입력으로 사용하고, A/D 컨버터의 음극성 입력단자(negative input)에는 $V_{REF}/2 - \Delta V$의 일정한 전압이 인가된다. 여기서 $\Delta V = 0.05 \times V_{REF}$이므로 A/D 변환 결과값을 이에 따른 오프셋 값으로 보정해 주어야 한다.

그러나, 내부 아날로그 입력을 signed mode로 A/D 변환하는 경우에는 <그림 2.7.4>의 (b)처럼 내부 아날로그 입력을 단극성 입력으로 사용하고, A/D 컨버터의 음극성 입력단자는 자동으로 GND에 연결된다.

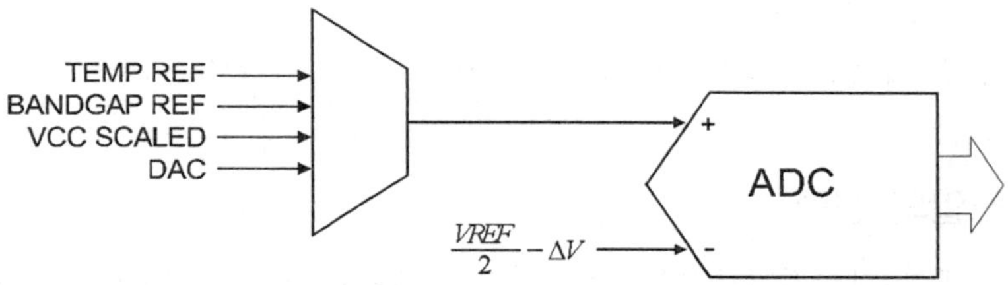

(a) 단극성 입력 unsigned mode를 사용하는 경우

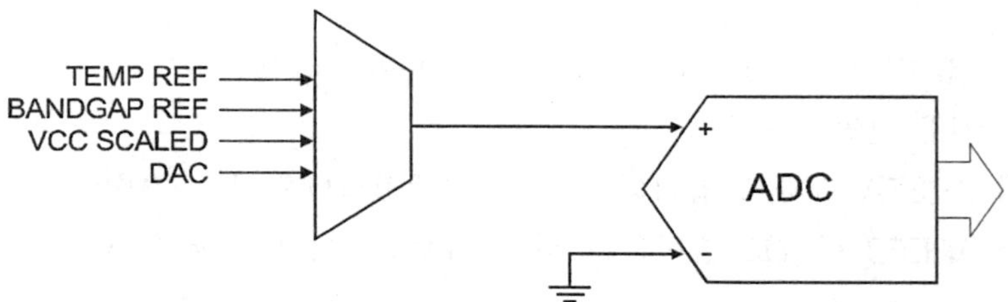

(b) 단극성 입력 signed mode를 사용하는 경우

〈그림 2.7.4〉 내부 아날로그 입력의 선택

내부 온도센서의 전압출력은 마이크로컨트롤러의 온도를 측정하기 위한 것으로 이는 제품을 생산할 때 85℃의 지정된 온도값을 읽어서 캘리브레이션 레지스터에 저장한다.

내부 밴드갭 전압(bandgap voltage)은 마이크로컨트롤러 내부에서 A/D 컨버터나 아날로그 비교기용으로 사용하기 위한 정밀한 전압으로서 1.10V의 값을 가진다.

스케일된 Vcc는 전원전압 Vcc를 1/10로 줄인 전압이며, D/A 컨버터 출력은 A/D 컨버터에서 사용할 수 있도록 D/A 컨버터가 출력하는 아날로그 전압이다.

▣ 외부 단극성 입력

ATxmega128A1 마이크로컨트롤러 외부의 아날로그 입력 ADC0~7을 단극성 입력(single ended input)으로 사용할 때는 unsigned mode와 signed mode를 임의로 지정할 수 있다.

이것들을 unsigned mode로 A/D 변환하는 경우에는 <그림 2.7.5>의 (a)처럼 외부 아날로그 입력을 단극성 입력으로 사용하고, A/D 컨버터의 음극성 입력단자에는 $V_{REF}/2 - \Delta V$의 일정한 전압이 인가된다. 여기서 $\Delta V = 0.05 \times V_{REF}$이므로 A/D 변환 결과값을 이에 따른 오프셋 값으로 보정해 주어야 한다.

그러나, 외부 아날로그 입력을 signed mode로 A/D 변환하는 경우에는 <그림 2.7.5>의 (b)처럼 외부 아날로그 입력을 단극성 입력으로 사용하고, A/D 컨버터의 음극성 입력단자는 자동으로 GND에 연결된다.

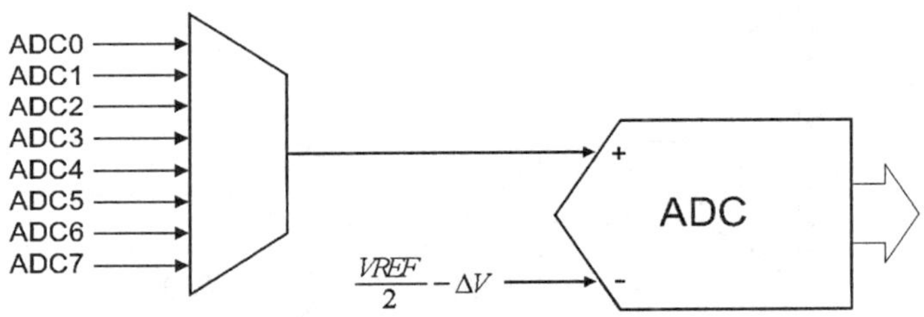

(a) unsigned mode를 사용하는 경우

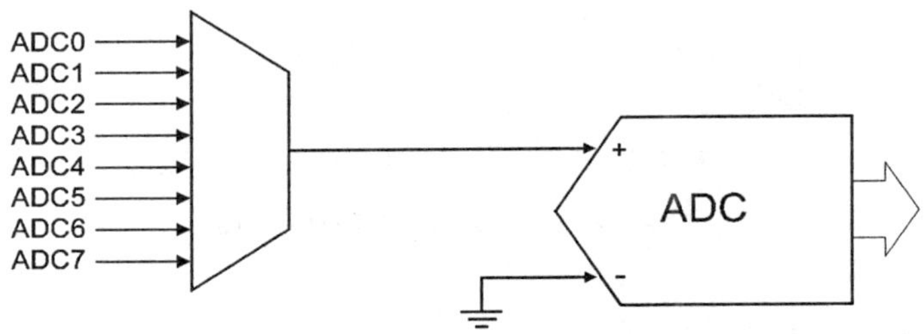

(b) signed mode를 사용하는 경우

〈그림 2.7.5〉 단극성 입력의 선택

▣ 외부 차동 입력

ATxmega128A1 마이크로컨트롤러 외부의 아날로그 입력 ADC0~7을 차동 입력(differential input)으로 사용할 때는 반드시 signed mode로 지정해야 한다. 그런데, 이런 차동 입력에서는 소프트웨어 설정 이득을 사용하지 않는 경우와 소프트웨어 설정 이득을 사용하는 경우가 있다.

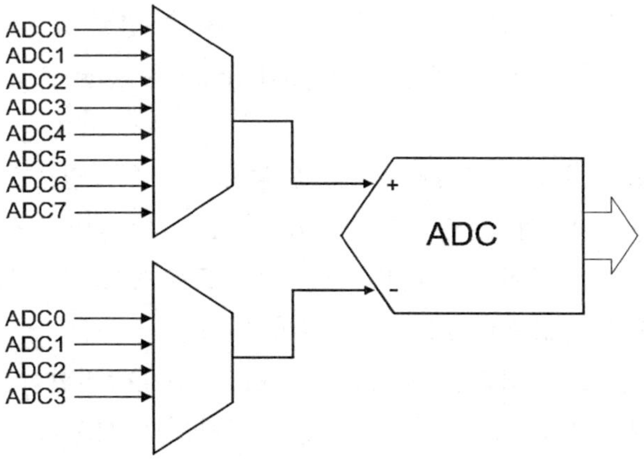

(a) 소프트웨어 설정 이득을 사용하지 않는 경우

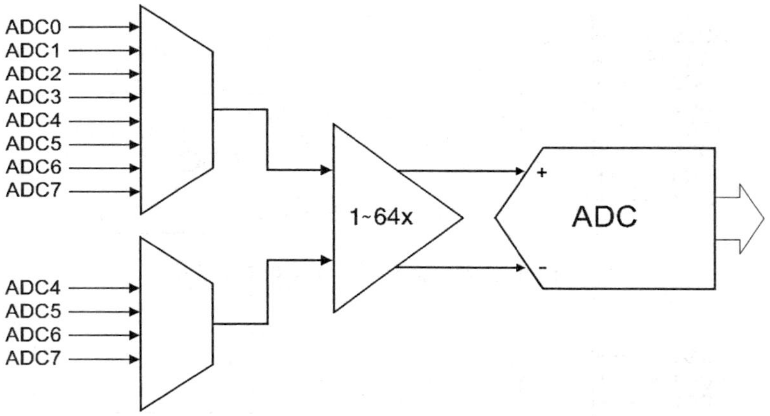

(b) 소프트웨어 설정 이득을 사용하는 경우

〈그림 2.7.6〉 차동 입력의 선택

소프트웨어 설정 이득을 사용하지 않는 차동 입력의 경우에는 <그림 2.7.6>의 (a)처럼 외부 아날로그 입력 ADC0~7을 양극성 입력단자(positive input)에 연결하고, A/D 컨버터의 음극성 입력단자(negative input)에는 차동 입력의 기준으로 사용하고자 하는 ADC0~3 입력을 연결해야 한다.

그러나, 소프트웨어 설정 이득을 사용하는 차동 입력의 경우에는 <그림 2.7.6>의 (b)처럼 외부 아날로그 입력 ADC0~7을 양극성 입력단자에 연결하고, A/D 컨버터의 음극성 입력단자에는 차동 입력의 기준으로 사용하고자 하는 ADC4~7 입력을 연결해야 한다. 소프트웨어 설정 이득은 1x, 2x, 4x, 8x, 16x, 32x, 64x 중에서 하나를 선택한다.

(6) A/D 변환 결과 및 비교 기능

ATxmega128A1의 A/D 컨버터는 8비트 또는 12비트 분해능을 가지면서 unsigned mode와 signed mode로 A/D 변환을 수행할 수 있으며, 이것은 전체 채널에 일괄적으로 동일하게 적용된다. 변환된 결과는 16비트의 결과 레지스터에 저장된다. 8비트 분해능을 사용하면 변환속도가 빨라지는 것이 장점이며, 12비트 분해능을 사용하면 분해능이 높은 것이 장점이다.

▣ Unsigned Mode

unsigned mode를 사용하는 경우의 변환 결과는

$$\text{결과값} = \frac{V_{INP} - (-\Delta V)}{V_{REF}} \times TOP = \frac{V_{INP} + \Delta V}{V_{REF}} \times TOP$$

과 같이 표현된다. 여기서 V_{INP}는 멀티플렉서로 선택된 내부 아날로그 입력 또는 외부 단극성 입력 전압이고, V_{REF}는 선택된 기준전압이다. TOP은 12비트 분해능의 경우 4096이고, 8비트 분해능의 경우 256이다. ΔV는 positive offset으로서 $0.05 \times V_{REF}$ 또는 200 정도에 해당한다.

이 변환 결과는 양의 정수 표현법을 사용하므로 12비트 분해능으로 설정한 경우 앞의 <그림 2.7.3>의 (a)에서 보였던 바와 같이 200(0x0C8)~4095(0xFFF) 범위의 값을 가지며, 8비트 분해능으로 설정한 경우 12(0x0C)~255(0xFF) 범위의 값을 가진다.

unsigned mode를 사용하면 분해능은 높아지지만 ΔV만큼의 positive offset이 존재하며 이 값이 늘 일정하거나 정확하지는 않다는 것이 단점이다. ΔV에 해당하는 오프셋 값은 unsigned mode에서 외부 입력단자를 GND에 연결하고 A/D 변환 결과를 읽어 측정할 수 있다. unsigned mode에서 정확한 A/D 변환을 위해서는 이 오프셋 값을 이와 같이 실제로 미리 측정하여 A/D 변환 결과를 보정해 주는 것이 좋다.

▣ signed Mode

signed mode를 사용하는 경우의 변환 결과는

$$\text{결과값} = \frac{V_{INP} - V_{INN}}{V_{REF}} \times GAIN \times TOP$$

와 같이 표현된다. 여기서 V_{INP}는 멀티플렉서로 선택된 차동 아날로그 입력의 양극성 단자 전압이고 V_{INN}은 음극성 단자 전압이다. 또한, $GAIN$은 소프트웨어로 설정하는 아날로그 전압의 이득으로서 1, 2, 4, 8, 16, 32, 64중의 1가지이다. 단극성 입력의 signed mode나 소프트웨어 설정 이득을 사용하지 않는 차동 입력에서는 $GAIN$을 1로 간주한다. TOP은 12비트 분해능의 경우 2048이고, 8비트 분해능의 경우 128이다.

이 변환 결과는 2의 보수 표현법을 사용하므로 12비트 분해능을 사용하는 경우 앞의 <그림 2.7.3>의 (b)와 (c)에서 보였던 바와 같이 -2048(0x800)~+2047(0x7FF) 범위의 값을 가지며, 8비트 분해능으로 설정한 경우 -128(0x0C8)~+127(0xFFF) 범위의 값을 가진다.

signed mode에서는 A/D 변환 결과값에 2의 보수 표현법을 사용하고 최상위 비트가 부호를 나타낸다. 그런데, 이것이 결과 레지스터에 우측 정렬로 들어갈 때는 사용하지 않는 상위 비트들을 그냥 0으로 채우는 제로 확장(zero extension)을 사용하는 것이 아니라 부호확장(sign extension) 방법을 사용한다. 따라서, 12비트 분해능의 경우 결과 레지스터는 0x0800~0x07FF 범위로 표시되는 것이 아니라 앞의 <그림 2.7.3>의 (b)와 (c)에서 보였던 바와 같이 0xF800~0x07FF 범위로 표시된다. 마찬가지로 8비트 분해능의 경우에도 결과 레지스터는 0x0080~0x007F 범위로 표시되는 것이 아니라 0xFF80~0x007F 범위로 표시된다.

▣ A/D 컨버터의 비교 기능

ATxmega 패밀리의 A/D 컨버터에는 12비트 비교 기능이 추가되었다. 비교 기능을 사용하는 것으로 설정하는 경우 각 채널은 A/D 변환이 완료되면 결과값을 비교 레지스터와 자동적으로 비교하여 지정된 조건을 만족하는 경우에만 A/D 변환 완료 인터럽트나 이벤트를 출력한다.

비교 조건은 A/D 변환 결과값이 비교 레지스터보다 큰 경우(above)와 작은 경우(below)의 2가지가 있다. A/D 컨버터에 비교 레지스터는 1개만 있으며, 이것이 4개의 채널에 공통적으로 적용된다.

(7) A/D 컨버터 클록의 선택 및 동작 타이밍

A/D 컨버터에는 클록 clk_{ADC}가 공급되어야 하는데, 이 클록 주파수는 2MHz 이하의 범위에서 사용해야 하며 <그림 2.7.7>과 같이 주변장치 클록 clk_{PER}를 프리스케일러로 분주하여 공급한다.

ATxmega 패밀리의 A/D 컨버터는 A/D 컨버터 클록의 매주기마다 아날로그 입력을 샘플링하므로 샘플링 주파수는

$$\text{Sample Rate} = f_{ADC}$$

가 된다. 또한, A/D 변환에 소요되는 시간은

$$\text{Propagation Delay(Conversion Time)} = \frac{1}{f_{ADC}}\left(1+\frac{RES}{2}+GAIN\right)$$

로 표시된다. 여기서 RES는 분해능으로서 8 또는 12가 되며, $GAIN$은 소프트웨어 설정 이득의 사용 여부로서 이를 사용하지 않으면 0이고 사용하면 1로 표시한다. 따라서, 8비트 분해능으로 가장 빠르게 A/D 변환을 수행하면 5클록 주기가 소요되며, 12비트 분해능의 경우에는 7클록 주기에 A/D 변환을 완료할 수 있다. A/D 컨버터 클록이 2MHz인 경우 이는 각각 2.5μs 및 3.5μs에 해당하는 시간이다.

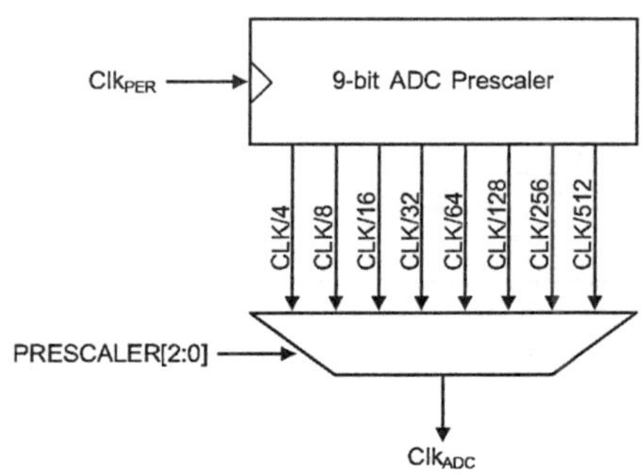

〈그림 2.7.7〉 A/D 컨버터의 클록을 공급하는 프리스케일러

〈표 2.7.1〉 A/D 변환 시간

조 건	소프트웨어 설정 이득 사용 여부	
	사용하지 않음	사용함
8비트 분해능을 사용하는 경우	5	6
12비트 분해능을 사용하는 경우	7	8

☞ 이 시간은 A/D 컨버터 클록 clk_{ADC}의 사이클 수로 나타낸 것임.

A/D 변환 동작을 수행하는 타이밍은 소프트웨어 이득 설정이 있는 경우와 없는 경우, 또는 단일 채널을 A/D 변환하는 경우와 여러 채널을 A/D 변환 경우에 따라 달라진다. 그러나, 파이프라인 구조 때문에 샘플링 시간은 사실상 무시해도 된다.

▣ 소프트웨어 이득 설정이 없는 단일 A/D 변환 - 5/7클록 사이클

〈그림 2.7.8〉에 소프트웨어 이득 설정이 없는 단일 A/D 변환의 동작 타이밍을 보였다. 그림에서 보듯이 소프트웨어 또는 이벤트가 A/D 변환을 트리거하면 1/2 클록 사이클에 샘플링이 수행되고 곧바로 A/D 변환 동작이 시작되며, MSB부터 시작하여 1/2 클록 사이클마다 1비트씩 변환이 수행되어 5사이클 이내에 8비트 분해능의 A/D 변환이 완료되거나 또는 7사이클 이내에 12비트 분해능의 A/D 변환이 완료된다.

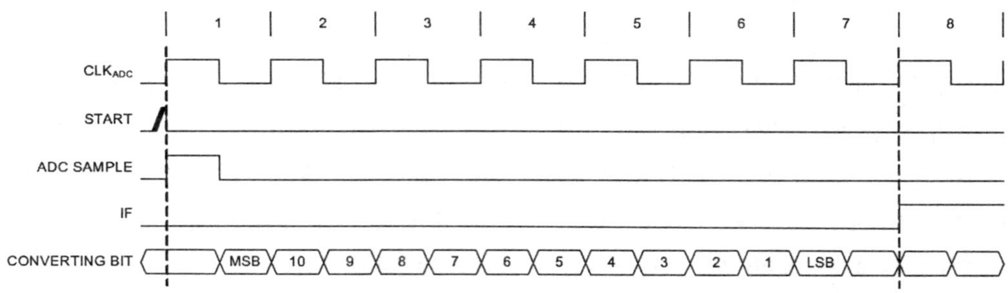

〈그림 2.7.8〉 소프트웨어 이득 설정이 없는 단일변환에서의 동작 타이밍

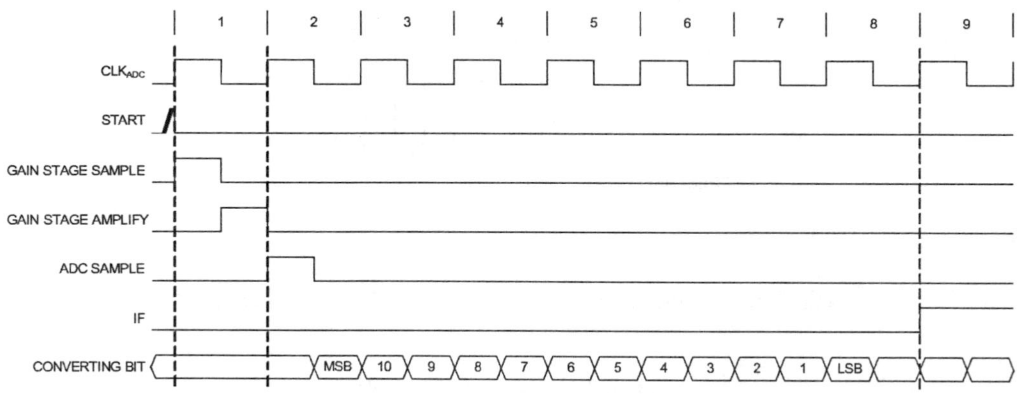

〈그림 2.7.9〉 소프트웨어 이득 설정이 있는 단일변환에서의 동작 타이밍

▣ 소프트웨어 이득 설정이 있는 단일 A/D 변환 - 6/8클록 사이클

<그림 2.7.9>에 소프트웨어 이득 설정이 있는 단일 A/D 변환의 동작 타이밍을 보

였다. 이 경우에는 이득을 처리하는 단계(gain stage)에서 동작을 위하여 1클록 사이클을 필요로 하므로 소프트웨어 이득 설정을 사용하지 않는 경우에 비하여 전체적으로 A/D 변환 시간이 1클록 사이클만큼 증가한다.

▣ 소프트웨어 이득 설정이 없는 2채널의 단일 A/D 변환

<그림 2.7.10>에 소프트웨어 이득 설정이 없는 2채널(채널0과 채널1) A/D 변환의 동작 타이밍을 보였다. 이 경우에는 채널0과 채널1은 동시에 ADC 제어 레지스터 CTRLA의 해당 스타트 비트를 1로 하여 트리거되었으나, 파이프라인 구조에 의하여 채널0이 먼저 샘플링되어 A/D 변환을 시작하며 채널1은 1클록 사이클 후에 샘플링되어 A/D 변환을 시작한다. 아날로그 입력이 샘플링되고 A/D 변환이 시작되면 스타트 비트는 자동적으로 클리어되므로 채널0의 스타트 비트는 곧바로 0이 되지만 채널1의 스타트 비트는 1클록 사이클 후에 0으로 되는 것을 볼 수 있다.

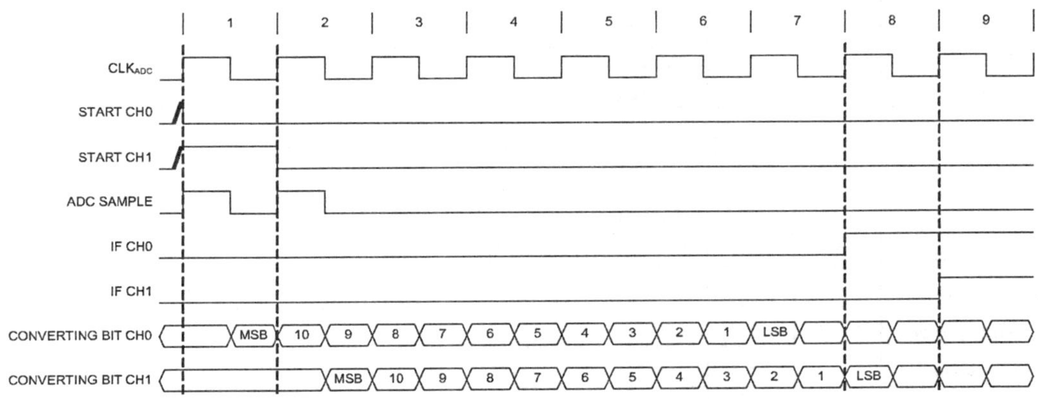

〈그림 2.7.10〉 소프트웨어 이득 설정이 없는 2채널 단일변환에서의 동작 타이밍

▣ 소프트웨어 이득 설정이 있는 채널과 없는 2채널의 단일 A/D 변환

<그림 2.7.11>에 소프트웨어 이득 설정이 있는 채널과 없는 채널을 동시에 A/D 변환하는 동작 타이밍을 보였다. (a)는 소프트웨어 이득 설정이 채널0에는 있고 채널1에는 없는 경우이며, (b)는 소프트웨어 이득 설정이 채널0에는 없고 채널1에는 있는 경우이다.

그림 (a)에서 채널0이 스타트되면 이것은 소프트웨어 이득 설정이 있으므로 아날로그 입력을 샘플링하여 증폭하는 기능을 처리하고 나서 A/D 컨버터의 샘플링 및 A/D 변환을 수행한다. 채널1은 이보다 1사이클이 늦어져야 하지만 채널0의 동작 지연 때문

에 2클록 사이클 늦게 A/D 컨버터의 샘플링 및 A/D 변환을 수행하기 시작한다.

그림 (b)에서 채널0은 연속 사이클로 샘플링을 수행하기 위하여 1클록 지연되고, 채널1은 소프트웨어 이득 설정이 있으므로 2번째 클록 사이클에서 아날로그 입력을 샘플링하여 증폭하는 기능을 처리하고 나서 3번째 클록 사이클에서 A/D 컨버터의 샘플링 및 A/D 변환을 수행하기 시작한다.

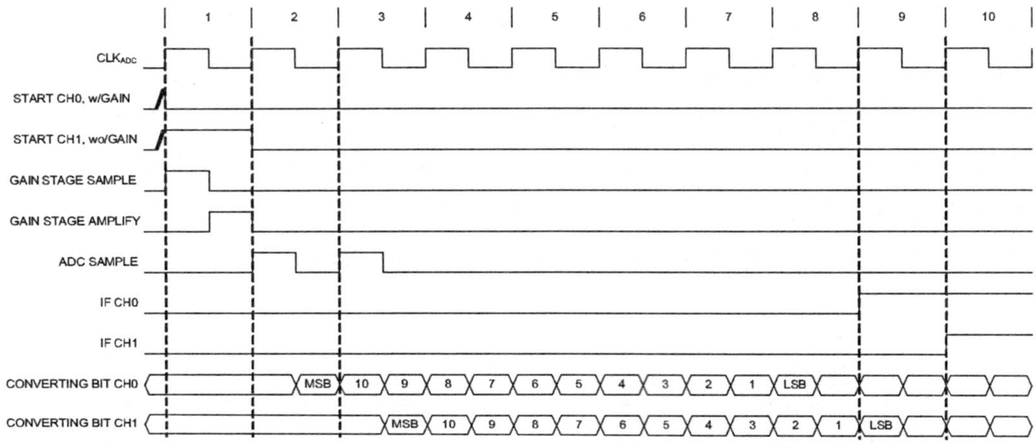

(a) 소프트웨어 이득 설정이 채널0에는 있고 채널1에는 없는 경우

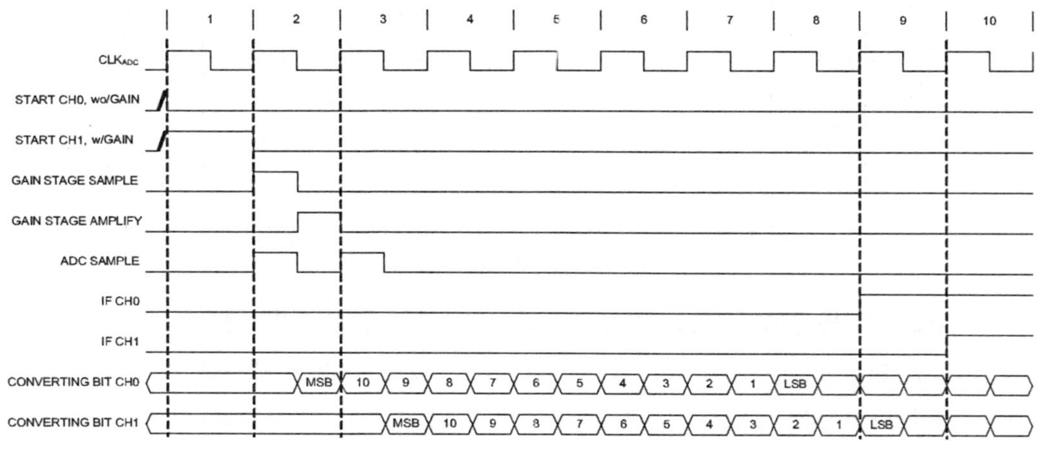

(b) 소프트웨어 이득 설정이 채널0에는 없고 채널1에는 있는 경우

〈그림 2.7.11〉 소프트웨어 이득 설정이 있는 채널과 없는 채널의 단일변환

▣ 프리런닝 모드의 A/D 변환

<그림 2.7.12>에 4채널 모두를 사용하는 경우의 프리런닝(free running) 모드 동작

타이밍을 보였다. 이것은 채널0과 채널1은 소프트웨어 이득 설정이 없고 채널3과 채널 4는 소프트웨어 이득 설정이 있는 경우의 예이다. 프리런닝 모드에서 동작할 채널들은 이벤트 제어 레지스터 EVCTRL의 SWEEP[1:0] 비트로 설정한다.

A/D 컨버터가 프리런닝 모드로 설정되면 모든 클록 사이클에서 아날로그 입력의 샘플링이 수행되고 샘플링된 신호는 즉시 A/D 변환 동작이 수행된다. 처음에 4개의 채널이 동시에 트리거되면 2번째 클록 사이클부터 연속으로 채널0~채널3의 샘플링 및 A/D 변환이 시작되며, 이후에는 4클록 사이클마다 이 동작이 반복된다.(모든 채널이 동시에 트리거되면 채널 사이의 우선순위는 채널0 > 채널1 > 채널2 > 채널3으로 처리된다.) 트리거 이후 8클록 사이클이 지나면 첫번째로 수행된 채널0~채널3의 A/D 변환 결과가 얻어지며, 이후에는 4클록 사이클 주기로 새로운 A/D 변환 결과가 연속하여 출력된다.

프리런닝 모드에서 이와 같은 탁월한 A/D 변환 동작이 가능한 것은 ATxmega 패밀리의 A/D 컨버터가 파이프라인 구조를 가지고 있기 때문이다.

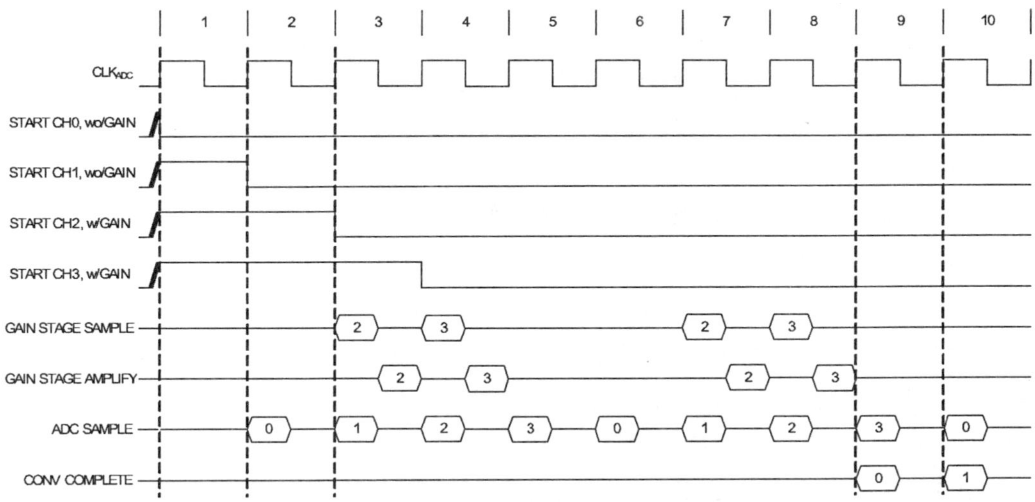

<그림 2.7.12> 프리런닝 모드에서 A/D 컨버터의 동작 타이밍

(8) A/D 컨버터의 캘리브레이션

Atmel사에서는 ATxmega 패밀리의 제품을 생산할 때 A/D 컨버터에 대한 캘리브레이션(calibration)을 실시하고 그 결과를 제품 표시용 바이트(Production Signature Row)의 캘리브레이션 레지스터 ADCxCAL0~1에 저장하여 둔다.

다른 캘리브레이션 레지스터와 달리 이것은 부팅할 때 A/D 컨버터의 캘리브레이션 레지스터로 자동 복사되지 않으므로, 이를 사용하고자 하면 A/D 컨버터를 인에이블하기 전에 사용자 프로그램에서 이것을 읽어서 ADC 캘리브레이션 레지스터에 저장해주어야 한다.

(9) A/D 컨버터의 정밀도를 높이는 방법

ATxmega 패밀리 A/D 컨버터의 정밀도는 아날로그 입력 신호와 전원의 품질에 크게 좌우된다. A/D 컨버터의 측정 정밀도를 높이려면 다음과 같은 사항을 고려하는 것이 좋다.

① A/D 컨버터의 구조와 기능, 특징을 잘 이해하고 사용한다.

② A/D 컨버터의 응용에 필요한 사항들을 잘 이해하고 사용한다.

③ 사용하는 샘플링 속도(sampling rate)에 비하여 입력신호의 소스 임피던스가 너무 크지 않은지 확인한다. 소스 임피던스가 크면 A/D 컨버터 내부의 샘플링 커패시터를 충분하게 충전하지 못하므로 A/D 컨버터의 측정 정밀도가 낮아진다.

④ A/D 컨버터의 아날로그 전원(AV_{CC}) 및 기준전압(V_{REF})과 관련된 부분의 회로 설계가 중요하다. 아날로그 전원과 디지털 전원을 연결하는 부분에는 필터를 사용해야 한다. LC 필터를 사용하는 경우 소자는 L=10μH, C=0.1μF 정도가 무난하다.

⑤ 직렬 통신선이나 클록 신호처럼 스위칭 노이즈를 발생하기 쉬운 디지털 회로의 근처에는 아날로그 회로를 배치하지 말아야 한다.

⑥ A/D 컨버터의 아날로그 입력 신호선은 최소한으로 짧게 하고, 잡음의 영향을 받지 않도록 필터를 사용하거나 쉴드(shield)로 처리하는 것이 좋다.

⑦ 필요하면 아날로그 입력 신호를 디커플링(decoupling)하는 것을 고려해야 한다. 단극성 입력의 경우에는 입력 신호와 GND 사이를 디커플링하며, 차동 입력 신호의 경우에는 두 입력 신호 사이를 디커플링한다.

⑧ A/D 변환이 수행되고 있는 동안에는 전원이나 내부 회로에 스위칭 노이즈가 발생하는 것을 피하기 위하여 외부 핀을 토글하지 않는 것이 좋다. 특히 포트A와 포트B는 아날로그 전원으로 동작하므로 A/D 변환중에 이 핀을 스위칭하는 것은 A/D 컨버터에 민감하게 영향을 줄 수 있다.

⑨ 사용하지 않는 주변장치에서 노이즈가 발생하는 것을 방지하기 위하여 사용하지 않는 주변장치는 PRR 레지스터를 이용하여 동작을 금지시키는 것이 좋다.

⑩ CPU가 발생하는 노이즈를 제거하기 위하여 A/D 변환을 시작하면 CPU를 아이들 모드로 설정하는 것도 좋은 방법이다.

⑪ 제품 표시용 바이트의 캘리브레이션 레지스터 ADCxCAL0~1을 A/D 컨버터의 해당 캘리브레이션 레지스터에 복사하라.

⑫ 외부 노이즈가 증폭되는 것을 피하기 위하여 소프트웨어 설정 이득은 가능하면 작은 값을 사용하라.

⑬ A/D 변환을 수행하기 전에 기준전압이나 아날로그 입력을 인에이블하고 이것들이 안정될 때까지 충분히 기다리는 것이 좋다.

⑭ 오버 샘플링(oversampling)을 실시하여 A/D 컨버터의 분해능을 높이거나 입력 신호에 포함된 랜덤 노이즈(random noise)를 제거하는 것도 좋다.

⑮ A/D 변환 결과가 잡음 등에 의하여 흔들리는 경우에는 결과값에 디지털 필터를 사용하거나 여러번 A/D 변환하여 읽어들인 값들을 평균 처리하여 사용하면 좋다. 여러번 읽는데 따른 A/D 변환 시간을 줄이려면 이동 평균(moving average) 처리 방법을 사용하면 좋다.

(10) A/D 컨버터 사용의 요약

ATxmega 패밀리 A/D 컨버터를 사용하는 방법을 몇가지 경우로 나누어 요약하면 다음과 같다.

▣ 단일 채널 A/D 변환 - ADC4를 채널0에 사용하는 경우

① ADC 제어 레지스터 CTRLB에서 CONVMODE와 RESOLUTION[1:0] 비트를 원하는 내용으로 설정한다.

② 채널0의 제어 레지스터 CH0_CTRL에서 INPUTMODE[1:0]=01로 하여 single ended로 설정한다.

③ 채널0의 멀티플렉서 제어 레지스터 CH0_MUXCTRL에서 MUXPOS[3:0]=100으로 하여 ADC4를 선택한다.

④ ADC 제어 레지스터 CTRLA에서 ENABLE=1로 하여 A/D 컨버터 모듈을 인에이블한다.

⑤ ADC 제어 레지스터 CTRLA에서 CH0START=1로 하여 단일 A/D 변환을 스타트한다.(채널0의 제어 레지스터 CH0_CTRL에서 START=1로 하여 단일 A/D 변환을 스타트해도 된다.)

⑥ A/D 변환이 완료되어 ADC 인터럽트 플랙 레지스터 INTFLAGS에서 CH0IF=1로 표시되기까지 기다린다.(채널0의 인터럽트 플랙 레지스터 CH0_INTFLAGS에서 IF=1로 표시되는 것을 확인해도 된다.)

⑦ ADC 결과 레지스터 CH0RESL/CH0RESH를 읽는다.(채널0의 결과 레지스터 CH0_RESL 및 CH0_RESH를 읽어도 된다.)

▣ 여러 채널 A/D 변환 - ADC4와 ADC5를 채널0과 채널1에 사용하는 경우

① ADC 제어 레지스터 CTRLB에서 CONVMODE와 RESOLUTION[1:0] 비트를 원하는 내용으로 설정한다.

② 채널0의 제어 레지스터 CH0_CTRL에서 INPUTMODE[1:0]=01로 하고, 채널1의 제어 레지스터 CH1_CTRL에서 INPUTMODE[1:0]=01로 하여 각각을 single ended로 설정한다.

③ 채널0의 멀티플렉서 제어 레지스터 CH0_MUXCTRL에서 MUXPOS[3:0]=100으로 하여 ADC4를 선택하고, 채널1의 멀티플렉서 제어 레지스터 CH1_MUXCTRL에서 MUXPOS[3:0]=101로 하여 ADC5를 선택한다.

④ ADC 제어 레지스터 CTRLA에서 ENABLE=1로 하여 A/D 컨버터 모듈을 인에이블한다.

⑤ ADC 제어 레지스터 CTRLA에서 CH0START=CH1START=1로 하여 2채널의 A/D 변환을 동시에 스타트한다.(채널0의 제어 레지스터 CH0_CTRL에서 START=1로 하고 채널1의 제어 레지스터 CH1_CTRL에서 START=1로 하여 거의 동시에 2채널의 A/D 변환을 스타트해도 된다.)

⑥ 채널0과 채널1의 A/D 변환이 완료되어 ADC 인터럽트 플랙 레지스터 INTFLAGS에서 CH0IF=1 및 CH1IF=1로 표시되기를 기다린다.(채널0의 인터럽트 플랙 레지스터 CH0_INTFLAGS에서 IF=1로 표시되는 것을 확인하고, 채널1의 인터럽트 플랙 레지스터 CH1_INTFLAGS에서 IF=1로 표시되는 것을 확인해도 된다.)

⑦ ADC 결과 레지스터 CH0RESL 및 CH0RESH에서 채널0의 변환 결과를 읽고, CH1RESL 및 CH1RESH에서 채널1의 변환 결과를 읽는다.(채널0의 결과 레지스터 CH0_RESL/CH0_RESH와 채널1의 결과 레지스터 CH1_RESL/CH1_RESH를 읽어도 된다.)

▣ 프리런닝 모드의 A/D 변환 - ADC0~ADC4를 채널0~채널3에 사용하는 경우

① ADC 제어 레지스터 CTRLB에서 CONVMODE와 RESOLUTION[1:0] 비트를 원하는 내용으로 설정한다.

② 채널0의 멀티플렉서 제어 레지스터 CH0_MUXCTRL에서 MUXPOS[3:0]=100으로 하여 ADC4를 선택하고 MUXNEG[1:0]=00으로 하여 ADC0을 선택한다.

③ ADC 제어 레지스터 CTRLB에서 FREERUN=1로 하여 프리런닝 모드를 선택한다.

④ ADC 제어 레지스터 CTRLA에서 ENABLE=1로 하여 A/D 컨버터 모듈을 인에이블한다.

⑤ ADC 제어 레지스터 CTRLA에서 CH0START=1로 하여 A/D 변환을 스타트한다.(채널0의 제어 레지스터 CH0_CTRL에서 START=1로 하여 A/D 변환을 스타트해도 된다.)

⑥ ADC 인터럽트 플랙 레지스터를 확인할 필요 없이 언제든지 원하는 경우 ADC 결과 레지스터 CH0RESL/CH0RESH를 읽으면 가장 최근의 A/D 변환 결과를 얻을 수 있다.(채널0의 결과 레지스터 CH0_RESL 및 CH0_RESH를 읽어도 된다.)

3. A/D 컨버터의 I/O 제어 레지스터

ATxmega128A1에서 A/D 컨버터의 I/O 제어 레지스터를 요약하면 <표 2.7.2>와 같다. 또한, A/D 컨버터의 각 채널에는 <표 2.7.3>과 같은 I/O 제어 레지스터를 가지고 있다.

<표 2.7.2> A/D 컨버터의 I/O 제어 레지스터 요약

오프셋	레지스터 이름	비트7	비트6	비트5	비트4	비트3	비트2	비트1	비트0
+0x00	ADCx_CTRLA	DMASEL[1:0]		CH3START	CH2START	CH1START	CH0START	FLUSH	ENABLE
+0x01	ADCx_CTRLB	–	–	–	CONVMODE	FREERUN	RESOLUTION[1:0]		–
+0x02	ADCx_REFCTRL	–	–	REFSEL[1:0]		–	–	BANDGAP	TEMPREF
+0x03	ADCx_EVCTRL	SWEEP[1:0]		EVSEL[2:0]			EVACT[2:0]		
+0x04	ADCx_PRESCALER	–	–	–	–	–	PRESCALER[2:0]		
+0x05	(reserved)	–	–	–	–	–	–	–	–
+0x06	ADCx_INTFLAGS	–	–	–	–	CH3IF	CH2IF	CH1IF	CH0IF
+0x07	ADCx_TEMP	TEMP[7:0]							
+0x08 ~ +0x0B	(reserved)	–	–	–	–	–	–	–	–
+0x0C	ADCx_CALL	CAL[7:0]							
+0x0D	ADCx_CALH	–	–	–	–	CAL[11:8]			
+0x0E	(reserved)	–	–	–	–	–	–	–	–
+0x0F	(reserved)	–	–	–	–	–	–	–	–
+0x10	ADCx_CH0RESL	CH0RES[11:0] or CH0RES[7:0]							
+0x11	ADCx_CH0RESH								
+0x12	ADCx_CH1RESL	CH1RES[11:0] or CH1RES[7:0]							
+0x13	ADCx_CH1RESH								
+0x14	ADCx_CH2RESL	CH2RES[11:0] or CH2RES[7:0]							
+0x15	ADCx_CH2RESH								
+0x16	ADCx_CH3RESL	CH3RES[11:0] or CH3RES[7:0]							
+0x17	ADCx_CH3RESH								
+0x18	ADCx_CMPL	CMP[7:0]							
+0x19	ADCx_CMPH	CMP[15:8]							
+0x1A ~ +0x1F	(reserved)	–	–	–	–	–	–	–	–
+0x20	CH0 offset	offset address for A/D converter channel 0							
+0x28	CH1 offset	offset address for A/D converter channel 1							
+0x30	CH2 offset	offset address for A/D converter channel 2							
+0x38	CH3 offset	offset address for A/D converter channel 3							

<표 2.7.3> A/D 컨버터 각 채널의 I/O 제어 레지스터 요약

오프셋	레지스터 이름	비트7	비트6	비트5	비트4	비트3	비트2	비트1	비트0
+0x00	ADCx_CHn_CTRL	START	–	–	GAIN[2:0]			INPUTMODE[1:0]	
+0x01	ADCx_CHn_MUXCTRL	–	MUXPOS[3:0]				–	MUXNEG[1:0]	
+0x02	ADCx_CHn_INTCTRL	–	–	–	–	INTMODE[1:0]		INTLVL[1:0]	
+0x03	ADCx_CHn_INTFLAGS	–	–	–	–	–	–	–	IF
+0x04	ADCx_CHn_RESL	RES[7:0]							
+0x05	ADCx_CHn_RESH	RES[15:8]							
+0x06	(reserved)	–	–	–	–	–	–	–	–
+0x07	(reserved)	–	–	–	–	–	–	–	–

▣ ADC 제어 레지스터 CTRLA

	b7	b6	b5	b4	b3	b2	b1	b0	
옵셋 +0x00	DMASEL[1:0]		CH3START	CH2START	CH1START	CH0START	FLUSH	ENABLE	CTRLA
읽기/쓰기 기능	R/W	R/W	R/W	R/W	R/W	R/W	R/W	R/W	
리셋후 초기값	0	0	0	0	0	0	0	0	

〈그림 2.7.13〉 ADC 제어 레지스터 CTRLA

- DMASEL[1:0] : DMA Request Selection
  A/D 컨버터의 각 채널이 DMA 컨트롤러와 어떻게 연계되어 동작할지를 지정한다.
  00 = OFF. DMA 제어기와 연계 동작을 사용하지 않는다.
  01 = CH01. A/D 컨버터의 채널 0 또는 1을 DMA와 연계시켜 동작하도록 설정한다.
  10 = CH012. A/D 컨버터의 채널 0, 1, 2를 DMA와 연계시켜 동작하도록 설정한다.
  11 = CH0123. A/D 컨버터의 채널 0, 1, 2, 3을 DMA와 연계시켜 동작하도록 설정한다.
- CHnSTART : ADC Channel n Start Single Conversion
  A/D 컨버터의 해당 채널에서 A/D 변환을 스타트한다. 여기서 여러개의 비트를 세트하면 낮은 번호의 채널부터 차례로 A/D 변환을 스타트한다. 이 비트들은 해당 채널의 A/D 변환이 스타트되고 나면 자동으로 클리어된다.
- FLUSH : ADC Pipeline Flush
  A/D 컨버터 파이프라인의 현재 동작을 모두 포기하고 다시 시작한다. 즉, 현재 변환중이던 데이터는 모두 삭제하고 A/D 컨버터의 클록을 새로 시작하며, A/D 변환이 진행중이던 채널이나 대기중이던 채널의 A/D 변환을 다시 스타트한다.
- ENABLE : ADC Enable
  A/D 컨버터의 동작을 허용한다.

▣ ADC 제어 레지스터 CTRLB

	b7	b6	b5	b4	b3	b2	b1	b0	
옵셋 +0x01	–	–	–	CONVMODE	FREERUN	RESOLUTION[1:0]		–	CTRLB
읽기/쓰기 기능	R	R	R	R/W	R/W	R/W	R/W	R	
리셋후 초기값	0	0	0	0	0	0	0	0	

〈그림 2.7.14〉 ADC 제어 레지스터 CTRLB

- CONVMODE : ADC Conversion Mode
  A/D 변환 결과를 표시하는 데이터의 포맷을 지정한다.
  0 = 아날로그 입력을 unsigned mode로 A/D 변환하여 부호 없는 정수로 표현한다.
  1 = 아날로그 입력을 signed mode로 A/D 변환하여 2의 보수로 표현한다.
- FREERUN : ADC Free Running Mode
  A/D 컨버터를 프리 런닝 모드로 동작시킨다. 이 비트를 세트하면 EVCTRL 레지스터에 설정한 채널들을 반복적으로 스윕한다.
- RESOLUTION[1:0] : ADC Conversion Result Resolution
  A/D 컨버터가 변환하는 데이터의 분해능과 12비트의 경우 데이터의 정렬 방식을 지정한다.
  00 = 12비트 분해능을 사용하고, 우측으로 정렬한다.
  01 = (reserved)
  10 = 8비트 분해능을 사용하고, 우측으로 정렬한다.
  11 = 12비트 분해능을 사용하고, 좌측으로 정렬한다.

▣ ADC 기준전압 제어 레지스터 REFCTRL

	b7	b6	b5	b4	b3	b2	b1	b0	
옵셋 +0x02	–	–	REFSEL[1:0]		–	–	BANDGAP	TEMPREF	REFCTRL
읽기/쓰기 기능	R	R	R/W	R/W	R	R	R/W	R/W	
리셋후 초기값	0	0	0	0	0	0	0	0	

〈그림 2.7.15〉 ADC 기준전압 제어 레지스터 REFCTRL

- REFSEL[1:0] : ADC Reference Selection

A/D 컨버터의 기준전압과 변환 범위를 지정한다.
- 00 = INT1V. 내부의 밴드갭 전압 1.10V를 1.1로 나눈 1.00V의 기준전압을 사용한다.
- 01 = INTVCC. Vcc/1.6의 기준전압을 사용한다.
- 10 = AREFA. 병렬 I/O 포트A의 기준전압 단자 AREFA의 입력을 기준전압으로 사용한다. 외부 기준전압의 범위는 1.0~Vcc-0.6V로 사용해야 한다.
- 11 = AREFB. 병렬 I/O 포트B의 기준전압 단자 AREFB의 입력을 기준전압으로 사용한다. 외부 기준전압의 범위는 1.0~Vcc-0.6V로 사용해야 한다.

• BANDGAP : Bandgap Enable
A/D 컨버터를 위하여 내부 기준전압(bandgap reference voltage)을 인에이블한다. 이는 A/D 컨버터, D/A 컨버터, BOD에서 내부 기준전압 1.00V를 사용할 수 있도록 한다. 만약 이미 다른 주변장치에서 이를 사용하기 위하여 허용하였다면 여기서 이 비트를 다시 세트하지 않아도 된다.

• TEMPREF : Temperature Reference Enable
A/D 컨버터를 위하여 내부 온도 기준전압을 인에이블한다.

▣ ADC 이벤트 제어 레지스터 EVCTRL

	b7	b6	b5	b4	b3	b2	b1	b0	
옵셋 +0x03	SWEEP[1:0]		EVSEL[2:0]			EVACT[2:0]			**EVCTRL**
읽기/쓰기 기능	R/W	R/W	R/W	R/W	R/W	R/W	R/W	R/W	
리셋후 초기값	0	0	0	0	0	0	0	0	

〈그림 2.7.16〉 ADC 이벤트 제어 레지스터 EVCTRL

• SWEEP[1:0] : ADC Channel Sweep
이벤트 시스템에 의하여 트리거되거나 프리런닝 모드에서 동작하는 채널을 지정한다.
- 00 = 채널0
- 01 = 채널0, 1
- 10 = 채널0, 1, 2
- 11 = 채널0, 1, 2, 3

• EVSEL[2:0] : ADC Event Channel Input Selection
이벤트 시스템의 어느 채널이 A/D 컨버터를 트리거할지 지정한다. 아래에서 그룹으로 이벤트 채널이 지정되면 가장 낮은 이벤트 채널 번호부터 차례로 A/D 컨버터의 채널0, 1, 2, 3을 트리거한다.
- 000 = 이벤트 채널0, 1, 2, 3이 A/D 컨버터를 트리거한다.
- 001 = 이벤트 채널1, 2, 3, 4가 A/D 컨버터를 트리거한다.
- 010 = 이벤트 채널2, 3, 4, 5가 A/D 컨버터를 트리거한다.
- 011 = 이벤트 채널3, 4, 5, 6이 A/D 컨버터를 트리거한다.
- 100 = 이벤트 채널4, 5, 6, 7이 A/D 컨버터를 트리거한다.
- 101 = 이벤트 채널5, 6, 7이 A/D 컨버터를 트리거한다.
- 110 = 이벤트 채널6, 7이 A/D 컨버터를 트리거한다.
- 111 = 이벤트 채널 7이 A/D 컨버터를 트리거한다.

• EVACT[2:0] : ADC Event Mode
A/D 컨버터를 위하여 내부 온도 기준전압을 인에이블한다.
- 000 = 이벤트 입력을 사용하지 않는다.
- 001 = CH0. EVSEL[1:0]로 지정한 가장 낮은 이벤트 채널이 ADC 채널0을 트리거한다.
- 010 = CH01. EVSEL[1:0]로 지정한 낮은 이벤트 채널 2개가 ADC 채널0, 1을 트리거한다.
- 011 = CH012. EVSEL[1:0]로 지정한 낮은 이벤트 채널 3개가 ADC 채널0, 1, 2를 트리거한다.
- 100 = CH0123. EVSEL[1:0]로 지정한 이벤트 채널 4개가 ADC 채널0, 1, 2, 3을 트리거한다.
- 101 = SWEEP. EVSEL[1:0]로 지정한 이벤트 채널이 SWEEP[1:0]으로 지정한 ADC 채널을 차례로 트리거한다.
- 110 = SYNCSWEEP. EVSEL[1:0]로 지정한 이벤트 채널이 SWEEP[1:0]으로 지정한 ADC 채널을 차례로 트리거한다. A/D 변환이 이벤트 입력과 정확하게 동기되어 동작한다.
- 111 = (reserved)

▣ ADC 클록 프리스케일러 레지스터 PRESCALER

	b7	b6	b5	b4	b3	b2	b1	b0	
옵셋 +0x04	–	–	–	–	–	PRESCALER[2:0]			PRESCALER
읽기/쓰기 기능	R	R	R	R	R	R/W	R/W	R/W	
리셋후 초기값	0	0	0	0	0	0	0	0	

〈그림 2.7.17〉 ADC 클록 프리스케일러 레지스터 PRESCALER

- PRESCALER[2:0] : ADC Prescaler Configuration

  A/D 컨버터 클록을 공급하기 위하여 주변장치 클록을 분주하는 분주비를 설정한다.

  000 = $clk_{PER}/4$
  001 = $clk_{PER}/8$
  010 = $clk_{PER}/16$
  011 = $clk_{PER}/32$
  100 = $clk_{PER}/64$
  101 = $clk_{PER}/128$
  110 = $clk_{PER}/256$
  111 = $clk_{PER}/512$

▣ ADC 인터럽트 플랙 레지스터 INTFLAGS

	b7	b6	b5	b4	b3	b2	b1	b0	
옵셋 +0x06	–	–	–	–	CH3IF	CH2IF	CH1IF	CH0IF	INTFLAGS
읽기/쓰기 기능	R	R	R	R	R/W	R/W	R/W	R/W	
리셋후 초기값	0	0	0	0	0	0	0	0	

〈그림 2.7.18〉 ADC 인터럽트 플랙 레지스터 INTFLAGS

- CHnIF : Interrupt Flag

  A/D 컨버터의 해당 채널에서 A/D 변환이 완료되면 이 비트가 세트되면서 인터럽트가 요청된다. 만약, A/D 컨버터의 해당 채널이 비교 모드(compare mode)로 설정되어 있으면 A/D 변환이 완료되고 비교 조건이 충족될 때만 이 비트가 세트된다. 해당 인터럽트 처리가 시작되면 이 비트는 자동으로 클리어된다.

▣ ADC 16비트 액세스를 위한 임시 레지스터 TEMP

	b7	b6	b5	b4	b3	b2	b1	b0	
옵셋 +0x07	TEMP[7:0]								TEMP
읽기/쓰기 기능	R/W	R/W	R/W	R/W	R/W	R/W	R/W	R/W	
리셋후 초기값	0	0	0	0	0	0	0	0	

〈그림 2.7.19〉 ADC 16비트 액세스를 위한 임시 레지스터 TEMP

- TEMP[7:0] : ADC Temporary Value

  CPU가 A/D 컨버터의 16비트 레지스터를 1사이클에 액세스하기 위하여 사용하는 임시 레지스터이다.

▣ ADC 캘리브레이션 레지스터 CALL, CALH

	b7	b6	b5	b4	b3	b2	b1	b0	
옵셋 +0x0C	CAL[7:0]								CALL
읽기/쓰기 기능	R/W	R/W	R/W	R/W	R/W	R/W	R/W	R/W	
리셋후 초기값	0	0	0	0	0	0	0	0	

〈그림 2.7.20〉 ADC 캘리브레이션 레지스터 CALL

	b7	b6	b5	b4	b3	b2	b1	b0	
옵셋 +0x0D	–	–	–	–	CAL[11:8]				CALH
읽기/쓰기 기능	R/W	R/W	R/W	R/W	R/W	R/W	R/W	R/W	
리셋후 초기값	0	0	0	0	0	0	0	0	

〈그림 2.7.21〉 ADC 캘리브레이션 레지스터 CALH

- CAL[11:0] : ADC Calibration Value
  A/D 컨버터를 캘리브레이션하기 위한 12비트 값을 저장한다. Atmel은 제품 생산과정에서 A/D 컨버터에 대한 캘리브레이션을 실시하고 그 결과를 제품 표시용 바이트의 ADC 캘리브레이션 레지스터 ADCxCAL0~1에 저장하여 두는데, 이를 사용하고자 하면 사용자 프로그램에서 이것을 읽어서 이 ADC 캘리브레이션 레지스터에 복사해야 한다.

▣ ADC 채널 n 결과 레지스터 CHnRESL, CHnRESH

	b7	b6	b5	b4	b3	b2	b1	b0	
옵셋 +0x10 + n	CHnRES[7:0]								CHnRESL
옵셋 +0x11 + n	–	–	–	–	–	–	–	–	CHnRESH
읽기/쓰기 기능	R	R	R	R	R	R	R	R	
리셋후 초기값	0	0	0	0	0	0	0	0	

〈그림 2.7.22〉 ADC 채널 n 결과 레지스터 CHnRESL, CHnRESH(8비트 우측 정렬)

	b7	b6	b5	b4	b3	b2	b1	b0	
옵셋 +0x10 + n	CHnRES[7:0]								CHnRESL
옵셋 +0x11 + n	–	–	–	–	CHnRES[11:8]				CHnRESH
읽기/쓰기 기능	R	R	R	R	R	R	R	R	
리셋후 초기값	0	0	0	0	0	0	0	0	

〈그림 2.7.23〉 ADC 채널 n 결과 레지스터 CHnRESL, CHnRESH(12비트 우측 정렬)

	b7	b6	b5	b4	b3	b2	b1	b0	
옵셋 +0x10 + n	CHnRES[3:0]				–	–	–	–	CHnRESL
옵셋 +0x11 + n	CHnRES[11:4]								CHnRESH
읽기/쓰기 기능	R	R	R	R	R	R	R	R	
리셋후 초기값	0	0	0	0	0	0	0	0	

〈그림 2.7.24〉 ADC 채널 n 결과 레지스터 CHnRESL, CHnRESH(12비트 좌측 정렬)

- CHnRES[11:0] : ADC Channel n Result
  A/D 컨버터 채널 n의 A/D 변환 결과가 저장된다. 8비트 우측 정렬, 12비트 우측 정렬, 12비트 좌측 정렬일 때 각각 이들 데이터가 16비트 레지스터에 저장되는 방식이 다르다.

▣ ADC 비교 레지스터 CMPL, CMPH

	b7	b6	b5	b4	b3	b2	b1	b0	
옵셋 +0x18	CMP[7:0]								CMPL
읽기/쓰기 기능	R/W	R/W	R/W	R/W	R/W	R/W	R/W	R/W	
리셋후 초기값	0	0	0	0	0	0	0	0	

〈그림 2.7.25〉 ADC 비교 레지스터 CMPL

	b7	b6	b5	b4	b3	b2	b1	b0	
옵셋 +0x19	CMP[15:8]								**CMPH**
읽기/쓰기 기능	R/W	R/W	R/W	R/W	R/W	R/W	R/W	R/W	
리셋후 초기값	0	0	0	0	0	0	0	0	

〈그림 2.7.26〉 ADC 비교 레지스터 CMPH

- CMP[15:0] : ADC Compare Value
  A/D 컨버터의 16비트 비교 레지스터 값이다. 만약 부호 있는 정수 모드를 사용하는 경우에는 이 값이 2의 보수로 표시된다.

▣ ADC 채널 제어 레지스터 CTRL

	b7	b6	b5	b4	b3	b2	b1	b0	
옵셋 +0x00	START	-	-	GAIN[2:0]			INPUTMODE[1:0]		**CTRL**
읽기/쓰기 기능	R/W	R	R	R/W	R/W	R/W	R/W	R/W	
리셋후 초기값	0	0	0	0	0	0	0	0	

〈그림 2.7.27〉 ADC 채널 제어 레지스터 CTRL

- START : Start Conversion on Channel
  A/D 컨버터의 해당 채널에서 A/D 변환을 스타트시킨다. 이 비트를 세트하여 해당 채널의 A/D 변환이 시작되면 이 비트는 자동으로 클리어된다. 이 비트를 리드 또는 라이트하는 것은 ADC 제어 레지스터 CTRLA에서 CHnSTART 비트를 사용하는 것과 기능적으로 동일하다.
- GAIN[2:0] : ADC Gain Factor
  A/D 컨버터의 해당 채널에서 A/D 변환을 수행하기 전에 입력 신호를 증폭하는 증폭비를 지정한다.
  000 = 1x　　100 = 16x
  001 = 2x　　101 = 32x
  010 = 4x　　110 = 64x
  011 = 8x　　111 = (reserved)
- INPUTMODE[1:0] : ADC Channel Input Mode
  A/D 컨버터의 해당 채널에서 입력 동작 모드를 지정한다. 이것은 ADC 제어 레지스터 CTRLB에서 CONVMODE를 어떻게 설정했는지에 따라 동작이 달라진다.
  CONVMODE = 0으로 설정하여 unsigned mode로 동작하는 경우에는 채널 입력동작을 다음과 같이 설정할 수 있다.
  00 = INTERNAL. 내부 입력신호를 양극성 입력(positive input)으로 사용한다.
  01 = SINGLEENDED. 외부 아날로그 신호를 양극성 입력으로 사용한다.
  10 = (reserved)
  11 = (reserved)
  CONVMODE = 1로 설정하여 signed mode로 동작하는 경우에는 채널 입력동작을 다음과 같이 설정할 수 있다.
  00 = INTERNAL. 내부 입력신호를 양극성 입력(positive input)으로 사용한다.
  01 = SINGLEENDED. 외부 아날로그 신호를 양극성 입력으로 사용한다.
  10 = DIFF. 차동입력(differential input)으로 사용한다.
  11 = DIFFGAIN. 소프트웨어 설정 이득을 갖는 차동입력으로 동작한다.

▣ ADC 채널 멀티플렉서 제어 레지스터 MUXCTRL

	b7	b6	b5	b4	b3	b2	b1	b0	
옵셋 +0x01	-	MUXPOS[3:0]				-	MUXNEG[1:0]		**MUXCTRL**
읽기/쓰기 기능	R	R/W	R/W	R/W	R/W	R	R/W	R/W	
리셋후 초기값	0	0	0	0	0	0	0	0	

〈그림 2.7.28〉 ADC 채널 멀티플렉서 제어 레지스터 MUXCTRL

- MUXPOS[3:0] : MUX Selection on Positive ADC Input

A/D 컨버터의 양극성 입력(positive input)으로 사용할 신호를 선택하기 위한 멀티플렉서의 동작을 지정한다. 이것은 ADC 채널 제어 레지스터 CTRL에서 INPUTMODE[1:0]를 어떻게 설정했는지에 따라 동작이 달라진다.

INPUTMODE[1:0] = 00으로 설정하여 internal mode로 동작하는 경우에는 양극성 입력을 다음과 같이 설정할 수 있다.

000 = TEMP. 내부의 온도 기준전압을 양극성 입력으로 선택한다.
001 = BANDGAP. 내부의 bandgap reference 전압 1.10V를 양극성 입력으로 선택한다.
010 = SCAEDVCC. 내부의 Vcc/10을 양극성 입력으로 선택한다.
011 = DAC. D/A 컨버터 출력전압을 양극성 입력으로 선택한다.
100~111 = (reserved)

INPUTMODE[1:0]를 그밖의 값으로 설정하여 external mode로 동작하는 경우에는 양극성 입력을 다음과 같이 설정할 수 있다.

000 = ADC0 핀을 양극성 입력으로 선택한다.
001 = ADC1 핀을 양극성 입력으로 선택한다.
010 = ADC2 핀을 양극성 입력으로 선택한다.
011 = ADC3 핀을 양극성 입력으로 선택한다.
100 = ADC4 핀을 양극성 입력으로 선택한다.
101 = ADC5 핀을 양극성 입력으로 선택한다.
110 = ADC6 핀을 양극성 입력으로 선택한다.
111 = ADC7 핀을 양극성 입력으로 선택한다.

- MUXNEG[2:0] : MUX Selection on Negative ADC Input

A/D 컨버터의 음극성 입력(negative input)으로 사용할 신호를 선택하기 위한 멀티플렉서의 동작을 지정한다. 이것은 차동입력의 경우에만 사용되며, ADC 채널 제어 레지스터 CTRL에서 INPUTMODE[1:0]를 어떻게 설정했는지에 따라 동작이 달라진다.

INPUTMODE[1:0] = 10으로 설정하여 differential mode로 동작하는 경우에는 음극성 입력을 다음과 같이 설정할 수 있다.

00 = ADC0 핀을 음극성 입력으로 선택한다.
01 = ADC1 핀을 음극성 입력으로 선택한다.
10 = ADC2 핀을 음극성 입력으로 선택한다.
11 = ADC3 핀을 음극성 입력으로 선택한다.

INPUTMODE[1:0] = 11로 설정하여 소프트웨어 설정 이득을 사용하는 differential mode로 동작하는 경우에는 음극성 입력을 다음과 같이 설정할 수 있다.

00 = ADC4 핀을 음극성 입력으로 선택한다.
01 = ADC5 핀을 음극성 입력으로 선택한다.
10 = ADC6 핀을 음극성 입력으로 선택한다.
11 = ADC7 핀을 음극성 입력으로 선택한다.

▣ ADC 채널 인터럽트 제어 레지스터 INTCTRL

	b7	b6	b5	b4	b3	b2	b1	b0	
옵셋 +0x02	–	–	–	–	INTMODE[1:0]		INTLVL[1:0]		**INTCTRL**
읽기/쓰기 기능	R	R	R	R	R/W	R/W	R/W	R/W	
리셋후 초기값	0	0	0	0	0	0	0	0	

〈그림 2.7.29〉 ADC 채널 인터럽트 제어 레지스터 INTCTRL

- INTMODE[1:0] : ADC Interrupt Mode

A/D 컨버터의 해당 채널에서 인터럽트 모드를 지정한다.

00 = COMPLETE. A/D 변환이 완료되면 인터럽트를 요청한다.
01 = BELOW. A/D 변환이 완료되고 결과가 비교 레지스터값보다 작으면 인터럽트를 요청한다.
10 = (reserved)
11 = ABOVE. A/D 변환이 완료되고 결과가 비교 레지스터값보다 크면 인터럽트를 요청한다.

- INTLVL[1:0] : ADC Interrupt Priority Level and Enable

A/D 컨버터 채널의 인터럽트를 허용하고 그 인터럽트 레벨을 설정한다.

▣ ADC 채널 인터럽트 플랙 레지스터 INTFLAGS

	b7	b6	b5	b4	b3	b2	b1	b0	
옵셋 +0x03	–	–	–	–	–	–	–	IF	**INTFLAGS**
읽기/쓰기 기능	R	R	R	R	R	R	R	R/W	
리셋후 초기값	0	0	0	0	0	0	0	0	

〈그림 2.7.30〉 ADC 채널 인터럽트 플랙 레지스터 INTFLAGS

- IF : ADC Channel Interrupt Flag
  A/D 컨버터의 해당 채널에서 A/D 변환이 완료되면 이 비트가 세트되면서 인터럽트가 요청된다. 만약, A/D 컨버터의 해당 채널이 비교 모드(compare mode)로 설정되어 있으면 A/D 변환이 완료되고 비교 조건이 충족될 때만 이 비트가 세트된다. 해당 인터럽트 처리가 시작되면 이 비트는 자동으로 클리어된다. 이 비트를 강제로 클리어하려면 해당 비트에 1을 써야 한다.

▣ ADC 채널 n 결과 레지스터 RESL, RESH

	b7	b6	b5	b4	b3	b2	b1	b0	
옵셋 +0x04	RES[7:0]								**RESL**
옵셋 +0x05	–	–	–	–	–	–	–	–	**RESH**
읽기/쓰기 기능	R	R	R	R	R	R	R	R	
리셋후 초기값	0	0	0	0	0	0	0	0	

〈그림 2.7.31〉 ADC 채널 n 결과 레지스터 RESL, RESH(8비트 우측 정렬)

	b7	b6	b5	b4	b3	b2	b1	b0	
옵셋 +0x04	RES[7:0]								**RESL**
옵셋 +0x05	–	–	–	–	RES[11:8]				**RESH**
읽기/쓰기 기능	R	R	R	R	R	R	R	R	
리셋후 초기값	0	0	0	0	0	0	0	0	

〈그림 2.7.32〉 ADC 채널 n 결과 레지스터 RESL, RESH(12비트 우측 정렬)

	b7	b6	b5	b4	b3	b2	b1	b0	
옵셋 +0x04	RES[3:0]				–	–	–	–	**RESL**
옵셋 +0x05	RES[11:4]								**RESH**
읽기/쓰기 기능	R	R	R	R	R	R	R	R	
리셋후 초기값	0	0	0	0	0	0	0	0	

〈그림 2.7.33〉 ADC 채널 n 결과 레지스터 RESL, RESH(12비트 좌측 정렬)

- RES[11:0] : ADC Channel n Result
  A/D 컨버터 채널 n의 A/D 변환 결과가 저장된다. 8비트 우측 정렬, 12비트 우측 정렬, 12비트 좌측 정렬일 때 각각 이들 데이터가 16비트 레지스터에 저장되는 방식이 다르다.

2.8 D/A 컨버터

이 절에서는 ATxmega128A1에 내장되어 있는 D/A 컨버터의 구조와 기능에 대하여 알아보기로 한다.

1. D/A 컨버터의 개요

ATxmega128A1은 12비트 분해능을 갖는 2개의 D/A 컨버터를 가지고 있다. 하나의 D/A 컨버터 DACA는 포트A에 부수적인 기능으로 포함되어 있고, 또 하나의 D/A 컨버터 DACB는 포트B에 부수적인 기능으로 포함되어 있다.

각 D/A 컨버터에는 1개의 핀 DAC0에 연속적으로(continuously) 아날로그 신호를 출력하는 단일 채널(single channel) 방식으로 사용할 수도 있고, 샘플/홀드(sample and hold) 구조를 이용하여 2개의 핀 DAC0, DAC1에 아날로그 신호를 출력하는 듀얼 채널(dual channel) 방식으로 사용할 수도 있다. 따라서, ATxmega128A1은 12비트 분해능을 갖는 D/A 컨버터를 최대 4채널까지 사용할 수 있는 셈이 된다. 이와 같은 다채널의 고속 D/A 컨버터는 스테레오 사운드 출력이나 각종 신호를 발생하는데 유용하게 사용될 수 있다.

각 D/A 컨버터는 1Msps(million samples per second)의 변환율을 가지며, 오프셋 및 이득 캘리브레이션 기능을 내장하고 있다. 출력 아날로그 전압의 크기는 기준전압 VREF에 영향을 받는데, D/A 컨버터에서 사용할 수 있는 기준전압으로는 내부 기준전압 1.00V를 사용할 수도 있고, AV_{CC}를 사용할 수도 있으며, 외부 단자 AREFA 또는 AREFB로 입력된 기준전압을 선택하여 사용할 수 있다.

ATxmega128A1의 D/A 컨버터는 소프트웨어에 의하여 데이터 레지스터를 라이트하면 트리거될 수도 있고, D/A 변환 트리거 신호로 이벤트 시스템의 입력을 사용할 수도 있다.

D/A 컨버터에는 보다 안정된 동작을 위하여 마이크로컨트롤러의 디지털 전원과 별도로 아날로그 회로의 전원 단자 AVCC를 가지고 있으며, D/A 변환에 필요한 기준전압 단자 AREFA, AREFB도 가지고 있다.

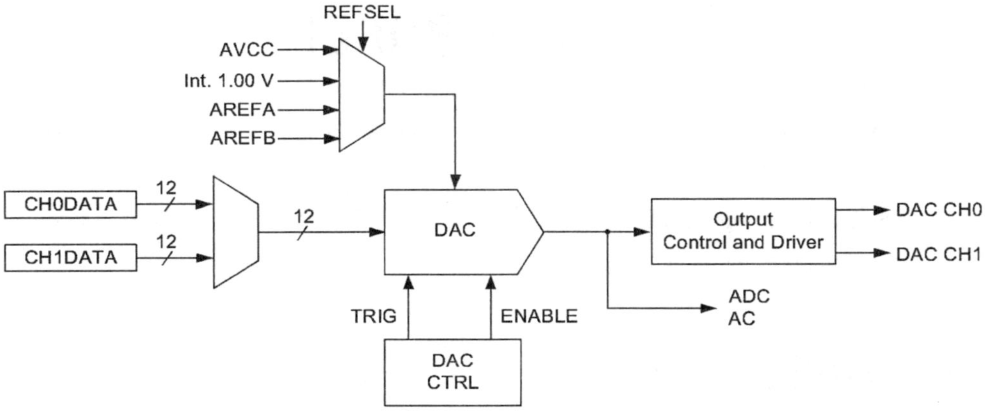

〈그림 2.8.1〉 D/A 컨버터의 구성 블록도

2. D/A 컨버터의 동작

(1) D/A 변환 트리거

ATxmega128A1의 D/A 컨버터는 소프트웨어에 의하여 데이터 레지스터를 라이트하면 트리거될 수도 있고, D/A 변환 트리거 신호로 이벤트 시스템의 입력을 사용할 수도 있다.

D/A 컨버터의 데이터 레지스터에 값을 쓰면 D/A 변환이 시작되는 소프트웨어 트리거는 정확하게 말하면 먼저 데이터 레지스터의 하위 바이트 CHnDATAL을 쓰고 나서 데이터 레지스터의 상위 바이트 CHnDATAH를 쓰는 순간에 해당 D/A 변환이 트리거된다.

이벤트 시스템에 의한 트리거를 사용할 때는 데이터 레지스터에 새로운 값을 써놓았더라도 D/A 변환이 수행되지 않고 있다가 이벤트 신호가 들어오면 D/A 변환이 트리거된다. 이와 같이 이벤트 시스템이나 DMA 컨트롤러와 D/A 컨버터를 연계하여 사용하면 정확한 타이밍으로 아날로그 신호를 출력하는 것이 가능해진다.

D/A 컨버터의 트리거 방식은 제어 레지스터 CTRLB의 CHnTRIG 비트로 설정하며, 채널0과 채널1을 서로 다른 방식으로 설정할 수도 있다.

(2) D/A 컨버터 클록 및 타이밍

ATxmega128A1의 D/A 컨버터는 주변장치 클록 clk_{PER}를 그대로 사용한다. 따라서, D/A 컨버터의 타이밍은 clk_{PER}의 사이클 수로 규정된다.

D/A 컨버터의 샘플링 시간(sampling time)은 하나의 D/A 변환이 완료되고 다음 D/A 변환이 시작되기 전까지의 시간이다. 이것은 단일 채널 동작의 경우 1.0μs보다 작으면 안되며, 듀얼 채널 동작의 경우 1.5μs보다 작으면 안된다.

D/A 컨버터의 리프레시 시간(refresh time)은 듀얼 채널 동작에서 하나의 채널이 갱신되는 시간 간격이며, 30μs보다 크면 안된다.

(3) 단일 채널 동작과 듀얼 채널 동작

ATxmega128A1의 D/A 컨버터는 단일 채널로 동작할 수도 있고 듀얼 채널로 동작할 수도 있다. 단일 채널 동작은 D/A 컨버터가 데이터 레지스터 0과 DAC0 단자에만 직접 연결되어 있어서 여기에 연속적으로 데이터를 출력하는 방식이다. 이에 비하여 듀얼 채널 동작은 데이터 레지스터 0과 데이터 레지스터 1의 값이 각각 DAC0 단자 및 DAC1 단자에 교대로 출력되어 1개의 D/A 컨버터가 2개의 아날로그 출력 핀을 구동하는 방식이다.

단일 채널 동작과 듀얼 채널 동작은 제어 레지스터 CTRLB의 CHSEL[1:0] 비트로 설정하며, D/A 컨버터의 단일 채널 동작과 듀얼 채널 동작의 개념을 그림으로 설명하면 <그림 2.8.2>와 같다.

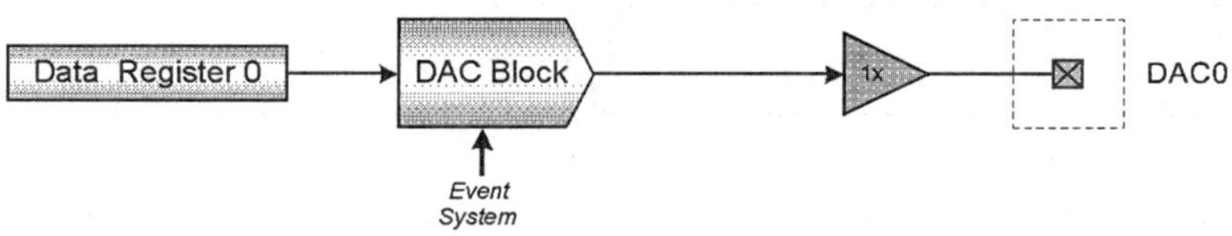

(a) 단일 채널 D/A 변환

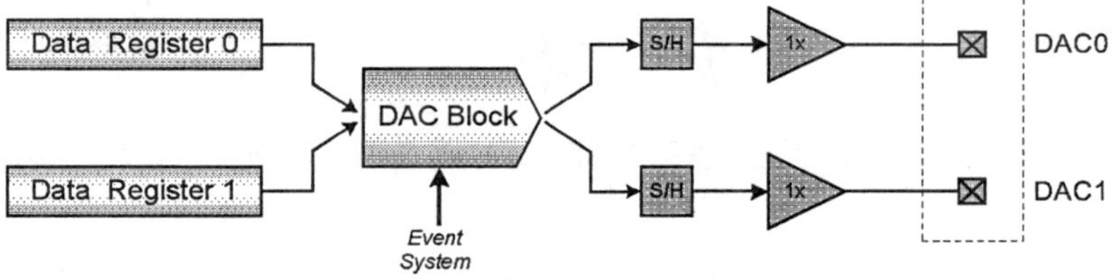

(b) 듀얼 채널 D/A 변환

〈그림 2.8.2〉 D/A 컨버터의 단일 채널 동작과 듀얼 채널 동작

듀얼 채널 동작에서는 채널0과 채널1을 교대로 제어해야 하며, D/A 변환 동안에 출력 값을 일정하게 유지하기 위하여 샘플/홀드 방식이 사용된다. 그런데, 만약 사용자

가 D/A 컨버터에 새로운 데이터를 계속 출력하지 않더라도 각 채널은 출력단자에서의 출력 값을 안정적으로 유지하기 위하여 각 채널을 주기적으로 리프레시(refresh)해야 한다. 이벤트 시스템은 샘플링 속도(sampling rate)를 위하여 사용되지만 리프레시 속도(refresh rate)를 원하는 값으로 유지하기 위하여 이벤트 시스템이 사용될 수도 있다. 리프레시 속도가 높아지면 D/A 컨버터에서의 소비전력이 커진다. 샘플링 속도가 리프레시 속도보다 낮으면 D/A 컨버터는 내부에서 자동으로 리프레시 속도를 발생한다. 이때 자동으로 동작하는 리프레시의 주기는 DAC 타이밍 제어 레지스터 TIMCTRL의 REFRESH[3:0] 비트로 설정한다. 사용자가 데이터 레지스터에 소프트웨어로 값을 반복적으로 갱신하여 D/A 변환을 수동으로 제어하는 경우에는 이것이 리프레시를 수행하므로 자동 리프레시 주기에 영향을 받지 않는다.

채널0이 D/A 변환을 시작하고 나서 채널1이 D/A 변환을 시작할 때까지의 최소 시간 간격을 샘플링 간격(sampling interval)이라고 한다. 최대 샘플링 속도가 1MHz이므로 샘플링 간격은 1μs 이상이어야 한다. 샘플링 간격은 DAC 타이밍 제어 레지스터 TIMCTRL의 CONINTVAL[2:0] 비트로 설정한다.

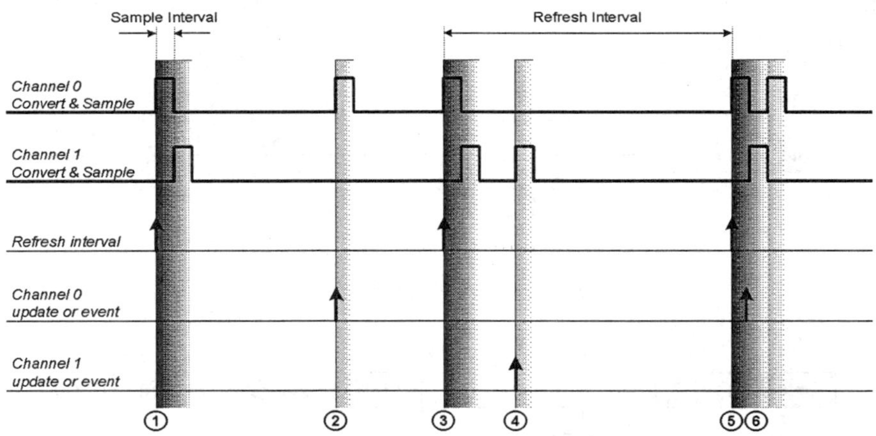

〈그림 2.8.3〉 듀얼 채널 동작에서 채널 리프레시와 변환 요청 타이밍

듀얼 채널에서 채널 리프레시 동작을 그림으로 설명하면 〈그림 2.8.3〉과 같다. 그림의 ①에서는 채널0의 D/A 변환 및 샘플링이 시작되면서 리프레시 주기도 시작된다. 이 샘플링 시간이 지나면 바로 이어서 채널1의 D/A 변환 및 샘플링이 시작된다.

②에서 채널0의 D/A 변환 요청이 있으면(데이터 레지스터 출력이든 이벤트 시스템에 의한 것이든) 이것은 리프레시 주기의 중간에서라도 채널0에 대해서만 D/A 변환과 샘플링을 수행한다.

③에서 리프레시 주기가 끝나면 ①에서처럼 리프레시 동작이 수행되면서 새로운 리프레시 주기가 시작된다.

④에서 채널1의 D/A 변환 요청이 있으면(데이터 레지스터 출력이든 이벤트 시스템에 의한 것이든) 이것은 리프레시 주기의 중간에서라도 채널1에 대해서만 D/A 변환과 샘플링을 수행한다.

⑤에서 리프레시 주기가 끝나면 또다시 ①에서처럼 리프레시 동작이 수행되면서 새로운 리프레시 주기가 시작된다. 만약 리프레시가 수행되는 동안에 ⑥처럼 채널0의 D/A 변환 요청이 있으면 채널0과 채널1의 리프레시가 끝날 때까지 기다렸다가 채널0의 D/A 변환과 샘플링을 수행한다.

(4) 우측 정렬과 좌측 정렬

D/A 컨버터로 출력하는 아날로그 전압은

$$V_{DACx} = \frac{CHnDATA}{0x0FFF} \times V_{REF}$$

로 표시된다. 여기서 $CHnDATA$는 D/A 컨버터의 데이터 레지스터에 출력하는 값이고, V_{REF}는 4가지 기준전압 중의 하나이다.

ATxmega128A1의 D/A 컨버터에서 데이터 레지스터에 출력하는 12비트 값이 16비트 레지스터에 들어갈 때는 우측 정렬이나 좌측 정렬 방식을 사용할 수 있다.

우측 정렬(right-adjusted value) 방식은 <그림 2.8.4>의 위쪽 그림처럼 16비트 데이터 레지스터의 상위 4비트를 사용하지 않고 하위 12비트만을 사용하는 방식이다. 이것은 D/A 컨버터에 대한 12비트 출력값으로 unsigned int 변수를 그대로 사용할 경우에 유리하다.

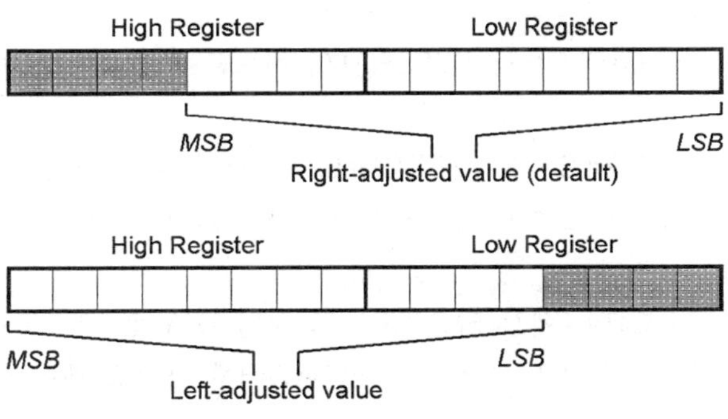

〈그림 2.8.4〉 D/A 컨버터 데이터 레지스터의 우측 정렬(상)과 좌측 정렬(하)

좌측 정렬(left-adjusted value) 방식은 <그림 2.8.4>의 아래쪽 그림처럼 16비트 데이터 레지스터의 하위 4비트를 사용하지 않고 상위 12비트만을 사용하는 방식이다. 이 방식은 일반적으로 잘 사용하지는 않지만, D/A 컨버터에 대한 12비트 출력값으로 unsigned char 변수를 그대로 사용할 경우에 유리하다. 즉, unsigned char 변수를 출력 레지스터의 상위 바이트에 출력하고 하위 바이트는 0으로 간주하는 것이다.

(5) D/A 컨버터의 캘리브레이션

Atmel사에서는 ATxmega 패밀리의 제품을 생산할 때 D/A 컨버터에 대한 캘리브레이션(calibration)을 실시하고 그 결과를 제품 표시용 바이트(Production Signature Row)의 이득 캘리브레이션 레지스터 DACxGAINCAL과 오프셋 캘리브레이션 레지스터 DACxOFFCAL에 저장하여 둔다.

다른 캘리브레이션 레지스터와 달리 이것은 부팅할 때 D/A 컨버터의 해당 캘리브레이션 레지스터로 자동 복사되지 않으므로, 이를 사용하고자 하면 D/A 컨버터를 인에이블하기 전에 사용자 프로그램에서 이것을 읽어서 DAC 이득 캘리브레이션 레지스터와 DAC 오프셋 캘리브레이션 레지스터에 각각 저장해주어야 한다.

(6) D/A 컨버터 사용의 요약

ATxmega 패밀리 D/A 컨버터를 사용하는 방법을 단일 채널 동작과 듀얼 채널 동작의 경우로 나누어 요약하면 다음과 같다.

▣ 단일 채널 D/A 변환

① DAC 제어 레지스터 CTRLB에서 CHSEL[1:0]=00으로 하여 단일 채널 모드로 설정한다.

② DAC 제어 레지스터 CTRLB에서 CH0TRIG=1로 하여 사용자가 채널0의 데이터 레지스터에 데이터를 쓰면 D/A 변환이 시작되도록 설정한다.

③ DAC 제어 레지스터 CTRLC에서 REFSEL[1:0] 비트를 사용하여 원하는 기준전압을 선택한다.

④ DAC 제어 레지스터 CTRLC에서 LEFTADJ=0으로 하여 우측 정렬을 설정한다.

⑤ DAC 제어 레지스터 CTRLA에서 CH0EN=1로 하여 D/A 컨버터의 채널0의 출력을 인에이블한다.

⑥ DAC 제어 레지스터 CTRLA에서 ENABLE=1로 하여 D/A 컨버터 모듈을 인에이블한다.

⑦ 채널0의 데이터 레지스터 CH0DATAL과 CH0DATAH에 차례로 데이터를 출력하여 D/A 변환을 시작한다.

▣ 듀얼 채널 D/A 변환

① DAC 제어 레지스터 CTRLB에서 CHSEL[1:0]=10으로 하여 듀얼 채널 모드로 설정한다.

② DAC 제어 레지스터 CTRLB에서 CH0TRIG=CH1TRIG=1로 하여 사용자가 채널0 및 채널1의 데이터 레지스터에 데이터를 쓰면 각각 해당 채널의 D/A 변환이 시작되도록 설정한다.

③ DAC 제어 레지스터 CTRLC에서 REFSEL[1:0] 비트를 사용하여 원하는 기준전압을 선택한다.

④ DAC 제어 레지스터 CTRLC에서 LEFTADJ=0으로 하여 우측 정렬을 설정한다.

⑤ DAC 타이밍 제어 레지스터 TIMCTRL에서 CONINTVAL[2:0] 비트를 적절한 값으로 설정한다. 이 값은 샘플링 주기가 1μs를 넘게 설정해야 하며, 보통 2μs 정도로 하는 것이 무난하다.

⑥ DAC 제어 레지스터 CTRLA에서 CH0EN=CH1EN=1로 하여 D/A 컨버터의 채널0 및 채널1의 출력을 인에이블한다.

⑦ DAC 제어 레지스터 CTRLA에서 ENABLE=1로 하여 D/A 컨버터 모듈을 인에이블한다.

⑧ 필요할 때 채널0의 데이터 레지스터 CH0DATAL과 CH0DATAH, 또는 채널1의 데이터 레지스터 CH1DATAL과 CH1DATAH에 차례로 데이터를 출력하여 각각 해당 채널의 D/A 변환을 시작한다.

3. D/A 컨버터의 I/O 제어 레지스터

ATxmega128A1에서 D/A 컨버터의 I/O 제어 레지스터를 요약하면 <표 2.8.1>과 같다.

〈표 2.8.1〉 D/A 컨버터의 I/O 제어 레지스터 요약

오프셋	레지스터 이름	비트7	비트6	비트5	비트4	비트3	비트2	비트1	비트0
+0x00	DACx_CTRLA	–	–	–	IDOEN	CH1EN	CH0EN	–	ENABLE
+0x01	DACx_CTRLB	–	CHSEL[1:0]		–	–	–	CH1TRIG	CH0TRIG
+0x02	DACx_CTRLC	–	–	–	REFSEL[1:0]		–	–	LEFTADJ
+0x03	DACx_EVCTRL	–	–	–	–	–	EVSEL[2:0]		
+0x04	DACx_TIMCTRL		CONINTVAL[2:0]			REFRESH[3:0]			
+0x05	DACx_STATUS	–	–	–	–	–	–	CHIDRE	CH0DRE
+0x06	(reserved)	–	–	–	–	–	–	–	–
+0x07	(reserved)	–	–	–	–	–	–	–	–
+0x08	DACx_GAINCAL	–	GAILCAL[6:0]						
+0x09	DACx_OFFSETCAL	–	OFFSETCAL[6:0]						
+0x0A ~ +0x17	(reserved)	–	–	–	–	–	–	–	–
+0x18	DACx_CH0DATAL	CHDATA[7:0]							
+0x19	DACx_CH0DATAH	–	–	–	–	CHDATA[11:8]			
+0x1A	DACx_CH1DATAL	CHDATA[7:0]							
+0x1B	DACx_CH1DATAH	–	–	–	–	CHDATA[11:8]			

▣ DAC 제어 레지스터 CTRLA

	b7	b6	b5	b4	b3	b2	b1	b0	
옵셋 +0x00	-	-	-	IDOEN	CH1EN	CH0EN	-	ENABLE	CTRLA
읽기/쓰기 기능	R	R	R	R/W	R/W	R/W	R	R/W	
리셋후 초기값	0	0	0	0	0	0	0	0	

〈그림 2.8.5〉 DAC 제어 레지스터 CTRLA

- IDOEN : DAC Internal Output Enable
  D/A 컨버터의 내부적인 출력을 A/D 컨버터로 연결하여 A/D 컨버터가 사용할 수 있도록 허용한다.
- CH1EN : DAC Channel 1 Output Enable
  D/A 컨버터의 채널1이 해당 핀으로 출력되도록 인에이블한다. 만약 이 비트를 0으로 설정하면 채널1의 출력은 외부 핀으로 출력되지 않고 내부적으로만 사용될 수 있다.
- CH0EN : DAC Channel 0 Output Enable
  D/A 컨버터의 채널0이 해당 핀으로 출력되도록 인에이블한다. 만약 이 비트를 0으로 설정하면 채널0의 출력은 외부 핀으로 출력되지 않고 내부적으로만 사용될 수 있다.
- ENABLE : DAC Enable
  D/A 컨버터의 동작을 허용한다.

▣ DAC 제어 레지스터 CTRLB

	b7	b6	b5	b4	b3	b2	b1	b0	
옵셋 +0x01	-	CHSEL[1:0]		-	-	-	CH1TRIG	CH0TRIG	CTRLB
읽기/쓰기 기능	R	R/W	R/W	R	R	R	R/W	R/W	
리셋후 초기값	0	0	0	0	0	0	0	0	

〈그림 2.8.6〉 DAC 제어 레지스터 CTRLB

- CHSEL[1:0] : DAC Channel Selection
  D/A 컨버터의 출력을 단일 채널로 사용하 것인지 듀얼 채널로 사용할 것인지를 선택한다.
  00 = 채널0을 단일 채널로 사용한다.
  01 = (reserved)
  10 = 채널0과 채널1을 듀얼 채널로 샘플/홀드 방식에 의하여 사용한다.
  11 = (reserved)
- CH1TRIG : DAC Channel 1 Auto Triggered Mode
  이 비트를 1로 설정하면 D/A 컨버터의 채널1 데이터 레지스터 CH1DATAH에 새로운 값이 쓰여 있을 때 DAC 이벤트 제어 레지스터 EVCTRL에 지정된 이벤트가 입력되면 D/A 변환이 시작되도록 한다.
  이 비트가 0이면 소프트웨어로 CH1DATAH에 새로운 값을 쓰는 순간 D/A 변환이 시작된다.
- CH0TRIG : DAC Channel 0 Auto Triggered Mode
  이 비트를 1로 설정하면 D/A 컨버터의 채널0 데이터 레지스터 CH0DATAH에 새로운 값이 쓰여 있을 때 DAC 이벤트 제어 레지스터 EVCTRL에 지정된 이벤트가 입력되면 D/A 변환이 시작되도록 한다.
  이 비트가 0이면 소프트웨어로 CH0DATAH에 새로운 값을 쓰는 순간 D/A 변환이 시작된다.

▣ DAC 제어 레지스터 CTRLC

	b7	b6	b5	b4	b3	b2	b1	b0	
옵셋 +0x02	-	-	-	REFSEL[1:0]		-	-	LEFTADJ	CTRLC
읽기/쓰기 기능	R	R	R	R/W	R/W	R	R	R/W	
리셋후 초기값	0	0	0	0	0	0	0	0	

〈그림 2.8.7〉 DAC 제어 레지스터 CTRLC

- REFSEL[1:0] : DAC Reference Selection
  D/A 컨버터의 기준전압과 변환 범위를 지정한다.
  00 = INT1V. 내부의 밴드갭 전압 1.10V를 1.1로 나눈 1.00V의 기준전압을 사용한다.

01 = AVCC. AVcc를 기준전압으로 사용한다.
10 = AREFA. 병렬 I/O 포트A의 기준전압 단자 AREFA의 입력을 기준전압으로 사용한다. 외부 기준전압의 범위는 1.1~AVcc-0.6V로 사용해야 한다.
11 = AREFB. 병렬 I/O 포트B의 기준전압 단자 AREFB의 입력을 기준전압으로 사용한다. 외부 기준전압의 범위는 1.1~AVcc-0.6V로 사용해야 한다.

- LEFTADJ : DAC Left-Adjust Value
  D/A 컨버터에 출력하는 데이터 레지스터 CH0DATA, CH0DATA를 좌측 정렬로 사용한다.

▣ DAC 이벤트 제어 레지스터 EVCTRL

	b7	b6	b5	b4	b3	b2	b1	b0	
옵셋 +0x03	-	-	-	-	-	EVSEL[2:0]			**EVCTRL**
읽기/쓰기 기능	R	R	R	R	R	R/W	R/W	R/W	
리셋후 초기값	0	0	0	0	0	0	0	0	

〈그림 2.8.8〉 DAC 이벤트 제어 레지스터 EVCTRL

- EVSEL[2:0] : DAC Event Channel Input Selection
  이벤트 시스템의 어느 채널이 D/A 컨버터를 트리거할지 지정한다.
  000 = 이벤트 채널0이 D/A 컨버터를 트리거한다.
  001 = 이벤트 채널1이 D/A 컨버터를 트리거한다.
  010 = 이벤트 채널2가 D/A 컨버터를 트리거한다.
  011 = 이벤트 채널3이 D/A 컨버터를 트리거한다.
  100 = 이벤트 채널4가 D/A 컨버터를 트리거한다.
  101 = 이벤트 채널5가 D/A 컨버터를 트리거한다.
  110 = 이벤트 채널6이 D/A 컨버터를 트리거한다.
  111 = 이벤트 채널7이 D/A 컨버터를 트리거한다.

▣ DAC 타이밍 제어 레지스터 TIMCTRL

	b7	b6	b5	b4	b3	b2	b1	b0	
옵셋 +0x04	-	CONINTVAL[2:0]			REFRESH[3:0]				**TIMCTRL**
읽기/쓰기 기능	R	R/W	R/W	R/W	R/W	R/W	R/W	R/W	
리셋후 초기값	0	1	1	0	0	0	0	1	

〈그림 2.8.9〉 DAC 타이밍 제어 레지스터 TIMCTRL

- CONINTVAL[2:0] : DAC Conversion Interval
  2개의 연속된 D/A 변환 사이에 들어갈 최소 시간 간격을 지정한다. 이것은 주변장치 클록 clk_{PER}의 사이클 수로 지정되며, 앞의 D/A 변환이 완료되기 전에 다음 D/A 변환이 시작되지 않도록 하는 기능을 수행한다. 듀얼 채널 동작에서는 단일 채널 동작에 비하여 50%만큼 증가된 시간이 필요하다. 이 값은 단일 채널 D/A 변환 동작에서 1μs 미만으로 설정되지 말아야 하며, 듀얼 채널 D/A 변환 동작에서는 1.5μs 미만으로 설정되지 말아야 한다.
  000 = 단일 채널에서 clk_{PER} 1클록 주기, 듀얼 채널에서 clk_{PER} 1클록 주기
  001 = 단일 채널에서 clk_{PER} 2클록 주기, 듀얼 채널에서 clk_{PER} 3클록 주기
  010 = 단일 채널에서 clk_{PER} 4클록 주기, 듀얼 채널에서 clk_{PER} 6클록 주기
  011 = 단일 채널에서 clk_{PER} 8클록 주기, 듀얼 채널에서 clk_{PER} 12클록 주기
  100 = 단일 채널에서 clk_{PER} 16클록 주기, 듀얼 채널에서 clk_{PER} 24클록 주기
  101 = 단일 채널에서 clk_{PER} 32클록 주기, 듀얼 채널에서 clk_{PER} 48클록 주기
  110 = 단일 채널에서 clk_{PER} 64클록 주기, 듀얼 채널에서 clk_{PER} 96클록 주기
  111 = 단일 채널에서 clk_{PER} 128클록 주기, 듀얼 채널에서 clk_{PER} 192클록 주기
- REFRESH[3:0] : DAC Channel Refresh Timing Control
  듀얼 채널 D/A 변환 동작에서 하나의 채널이 자동으로 리프레시되는 시간 간격을 지정한다. 이것은 주변장치 클록 clk_{PER}의 사이클 수로 지정되며, 이 값을 너무 작게 지정하면 D/A 변환 결과의 정밀도가 낮아진다.
  0000 = clk_{PER} 16클록 주기
  0001 = clk_{PER} 32클록 주기
  1000 = clk_{PER} 4096클록 주기
  1001 = clk_{PER} 8192클록 주기

0010 = clk_{PER} 64클록 주기
0011 = clk_{PER} 128클록 주기
0100 = clk_{PER} 256클록 주기
0101 = clk_{PER} 512클록 주기
0110 = clk_{PER} 1024클록 주기
0111 = clk_{PER} 2048클록 주기
1010 = clk_{PER} 16384클록 주기
1011 = clk_{PER} 32768클록 주기
1100 = clk_{PER} 65536클록 주기
1101 = (reserved)
1110 = (reserved)
1111 = 자동 리프레시 기능을 사용하지 않음

▣ DAC 상태 레지스터 STATUS

	b7	b6	b5	b4	b3	b2	b1	b0	
옵셋 +0x05	–	–	–	–	–	–	CH1DRE	CH0DRE	**STATUS**
읽기/쓰기 기능	R	R	R	R	R	R	R/W	R/W	
리셋후 초기값	0	0	0	0	0	0	0	0	

〈그림 2.8.10〉 DAC 상태 레지스터 STATUS

- CH1DRE : DAC Channel 1 Data Register Empty
  현재 D/A 컨버터 채널1의 데이터 레지스터 CH1DATA가 비어 새로운 D/A 변환 값을 라이트할 수 있다는 것을 의미한다. 만약 이 비트가 0일 때 데이터 레지스터에 값을 쓰면 현재 D/A 변환중인 데이터가 소실될 수 있다. 이 비트는 DMA 요청 신호로 직접 사용될 수 있다.
- CH0DRE : DAC Channel 0 Data Register Empty
  현재 D/A 컨버터 채널0의 데이터 레지스터 CH0DATA가 비어 새로운 D/A 변환 값을 라이트할 수 있다는 것을 의미한다. 만약 이 비트가 0일 때 데이터 레지스터에 값을 쓰면 현재 D/A 변환중인 데이터가 소실될 수 있다. 이 비트는 DMA 요청 신호로 직접 사용될 수 있다.

▣ DAC 이득 캘리브레이션 레지스터 GAINCAL

	b7	b6	b5	b4	b3	b2	b1	b0	
옵셋 +0x08	–	GAINCAL[6:0]							**GAINCAL**
읽기/쓰기 기능	R	R/W	R/W	R/W	R/W	R/W	R/W	R/W	
리셋후 초기값	0	0	0	0	0	0	0	0	

〈그림 2.8.11〉 DAC 이득 캘리브레이션 레지스터 GAINCAL

- GAINCAL[6:0] : DAC Gain Calibration Value
  D/A 컨버터의 이득 오차를 캘리브레이션하기 위한 7비트 값을 저장한다. Atmel은 제품 생산과정에서 D/A 컨버터에 대한 캘리브레이션을 실시하고 그 결과를 제품 표시용 바이트의 DAC 이득 캘리브레이션 레지스터 DACxGAINCAL에 저장하여 두는데, 이를 사용하고자 하면 사용자 프로그램에서 이것을 읽어서 이 DAC 이득 캘리브레이션 레지스터에 복사해야 한다.

▣ DAC 오프셋 캘리브레이션 레지스터 OFFSETCAL

	b7	b6	b5	b4	b3	b2	b1	b0	
옵셋 +0x09	–	OFFSETCAL[6:0]							**OFFSETCAL**
읽기/쓰기 기능	R	R/W	R/W	R/W	R/W	R/W	R/W	R/W	
리셋후 초기값	0	0	0	0	0	0	0	0	

〈그림 2.8.12〉 DAC 오프셋 캘리브레이션 레지스터 OFFSETCAL

- OFFSETCAL[6:0] : DAC Offset Calibration Value
  D/A 컨버터의 오프셋 오차를 캘리브레이션하기 위한 7비트 값을 저장한다. Atmel은 제품 생산과정에서 D/A 컨버터에 대한 캘리브레이션을 실시하고 그 결과를 제품 표시용 바이트의 DAC 오프셋 캘리브레이션 레지스터 DACxOFFCAL에 저장하여 두는데, 이를 사용하고자 하면 사용자 프로그램에서 이것을 읽어서 이 DAC 오프셋 캘리브레이션 레지스터에 복사해야 한다.

▣ DAC 채널 0 데이터 레지스터 CH0DATAL, CH0DATAH

	b7	b6	b5	b4	b3	b2	b1	b0	
옵셋 +0x18	CHDATA[7:0]								CH0DATAL
옵셋 +0x19	-	-	-	-	CHDATA[11:8]				CH0DATAH
읽기/쓰기 기능	R/W	R/W	R/W	R/W	R/W	R/W	R/W	R/W	
리셋후 초기값	0	0	0	0	0	0	0	0	

〈그림 2.8.13〉 DAC 채널 0 데이터 레지스터 CH0DATAL, CH0DATAH(우측 정렬)

	b7	b6	b5	b4	b3	b2	b1	b0	
옵셋 +0x18	CHDATA[3:0]				-	-	-	-	CH0DATAL
옵셋 +0x19	CHDATA[11:4]								CH0DATAH
읽기/쓰기 기능	R/W	R/W	R/W	R/W	R/W	R/W	R/W	R/W	
리셋후 초기값	0	0	0	0	0	0	0	0	

〈그림 2.8.14〉 DAC 채널 0 데이터 레지스터 CH0DATAL, CH0DATAH(좌측 정렬)

- CHDATA[11:0] : DAC Channel 0 Data Value
  D/A 컨버터의 채널 0에 출력할 데이터가 저장된다. 12비트 우측 정렬 및 12비트 좌측 정렬일 때 각각 이들 데이터가 16비트 레지스터에 저장되는 방식이 다르다.

▣ DAC 채널 1 데이터 레지스터 CH1DATAL, CH1DATAH

	b7	b6	b5	b4	b3	b2	b1	b0	
옵셋 +0x1A	CHDATA[7:0]								CH1DATAL
옵셋 +0x1B	-	-	-	-	CHDATA[11:8]				CH1DATAH
읽기/쓰기 기능	R/W	R/W	R/W	R/W	R/W	R/W	R/W	R/W	
리셋후 초기값	0	0	0	0	0	0	0	0	

〈그림 2.8.15〉 DAC 채널 1 데이터 레지스터 CH1DATAL, CH1DATAH(우측 정렬)

	b7	b6	b5	b4	b3	b2	b1	b0	
옵셋 +0x1A	CHDATA[3:0]				-	-	-	-	CH1DATAL
옵셋 +0x1B	CHDATA[11:4]								CH1DATAH
읽기/쓰기 기능	R/W	R/W	R/W	R/W	R/W	R/W	R/W	R/W	
리셋후 초기값	0	0	0	0	0	0	0	0	

〈그림 2.8.16〉 DAC 채널 1 데이터 레지스터 CH1DATAL, CH1DATAH(좌측 정렬)

- CHDATA[11:0] : DAC Channel 1 Data Value
  D/A 컨버터의 채널 1에 출력할 데이터가 저장된다. 12비트 우측 정렬 및 12비트 좌측 정렬일 때 각각 이들 데이터가 16비트 레지스터에 저장되는 방식이 다르다.

2.9 아날로그 비교기

이 절에서는 ATxmega128A1에 내장되어 있는 아날로그 비교기의 구조와 기능에 대하여 공부하기로 한다.

1. 아날로그 비교기의 개요

ATxmega128A1은 병렬 I/O 포트A와 포트B에 각각 2개씩의 아날로그 비교기(analog comparator)를 가지고 있다. 포트A에 부수적인 기능으로 포함되어 있는 아날로그 비교기는 ACA라고 부르고, 포트B에 부수적인 기능으로 포함되어 있는 아날로그 비교기는 ACB라고 부른다. 또한 2개의 아날로그 비교기는 각각 아날로그 비교기 0, 1이라고 부른다.

각 아날로그 비교기는 2개의 아날로그 신호를 입력으로 받아 이것의 크기를 비교하며, 비교 결과 대소관계에 따라 인터럽트나 이벤트를 발생할 수 있다. 특별히 아날로그 비교기 0의 출력은 핀 AC0OUT을 사용하여 외부로 출력할 수도 있다.

아날로그 비교기의 입력 신호는 8개의 핀 AC0~AC7을 사용할 수도 있고, 3가지의 내부 입력 신호를 사용할 수도 있다. 3개의 내부 입력 신호는 D/A 컨버터 출력 전압, 내부 밴드갭 전압 1.10V, Vcc 전원을 제어 레지스터로 스케일링한 전압 등이다.

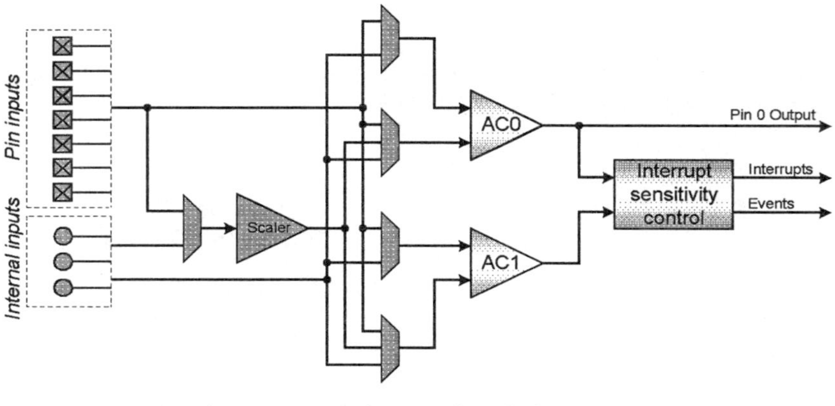

〈그림 2.9.1〉 아날로그 비교기의 구성 블록도

각 포트에서는 2개의 아날로그 비교기를 조합시켜 윈도우 모드로 사용할 수도 있다. 윈도우 모드에서는 아날로그 입력 신호의 전압이 지정된 윈도우 영역보다 큰지 작은지 또는 윈도우 영역 내부에 포함되는지 포함되지 않는지의 조건에 따라 인터럽트나 이벤트를 발생할 수 있다.

아날로그 비교기에는 보다 안정된 동작을 위하여 마이크로컨트롤러의 디지털 전원과 별도로 아날로그 회로의 전원 단자 AVCC를 가지고 있으며, 이 아날로그 전원은 A/D 컨버터 및 D/A 컨버터와 함께 사용한다.

2. 아날로그 비교기의 동작

(1) 아날로그 비교기의 기본 구조

모든 아날로그 비교기에는 양극성 입력(positive input)과 음극성 입력(negative input)을 가지고 있으며, 이 2개의 입력 신호 전압을 비교하여 양극성 입력의 전압이 높으면 출력은 1이 되고, 음극성 입력의 전압이 높으면 출력은 0이 된다.

아날로그 비교기의 양극성 입력에는 외부 핀으로 입력된 AC0~AC6 전압이 사용될 수도 있고, D/A 컨버터 출력전압이 사용될 수도 있다. 음극성 입력으로는 외부 핀으로 입력된 AC0, AC1, AC3, AC5, AC7 전압이 사용될 수도 있고, D/A 컨버터의 출력 전압, 내부의 밴드갭 전압 1.10V, Vcc를 제어 레지스터 CTRLB로 스케일링한 전압 등이 사용될 수 있다.

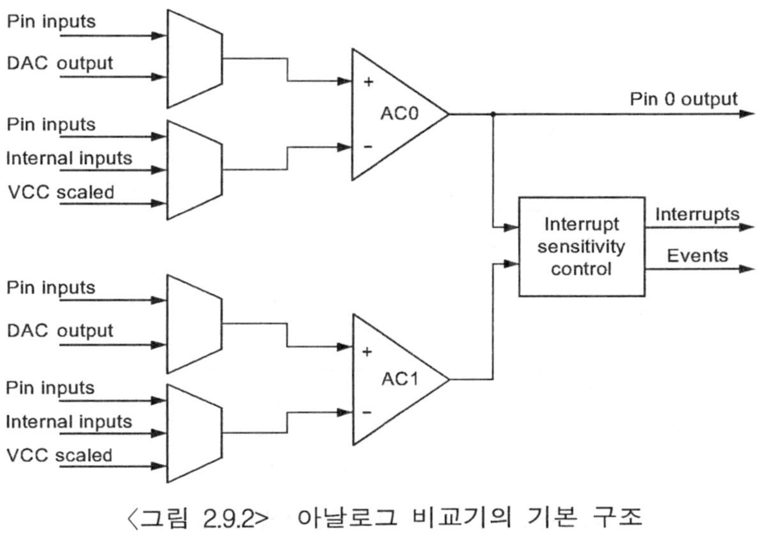

〈그림 2.9.2〉 아날로그 비교기의 기본 구조

아날로그 비교기의 출력이 인터럽트 또는 이벤트를 발생하는 방법도 여러 가지가 있어서 사용자가 선택할 수 있다. 즉, 아날로그 비교기의 출력이 상승 에지 또는 하강 에지 어느 1가지의 경우에 인터럽트나 이벤트를 발생하도록 설정할 수도 있고, 상승 에지와 하강 에지 모두에서 인터럽트나 이벤트를 발생하도록 설정할 수도 있다.

각 아날로그 비교기는 제어 레지스터 ACnCTRL의 HSMODE 비트를 사용하여 고속 모드(high-speed mode) 또는 저소비전력 모드(low-power mode)로 설정할 수 있다.

(2) 입력 히스테리시스의 사용

아날로그 비교기가 2개의 아날로그 입력 신호를 비교할 때는 노이즈 등에 의하여 비교기의 출력이 너무 민감하게 자주 토글(toggle)되는 것을 방지하기 위하여 히스테리시스(hysteresis) 특성을 부여할 수 있다.

히스테리시스 특성은 제어 레지스터 ACnCTRL의 HYSMODE[1:0] 비트를 사용하여 설정하는데, 히스테리시스 특성을 약하게(small) 또는 강하게(large) 설정할 수 있고, 히스테리시스 특성을 사용하지 않을 수도 있다.

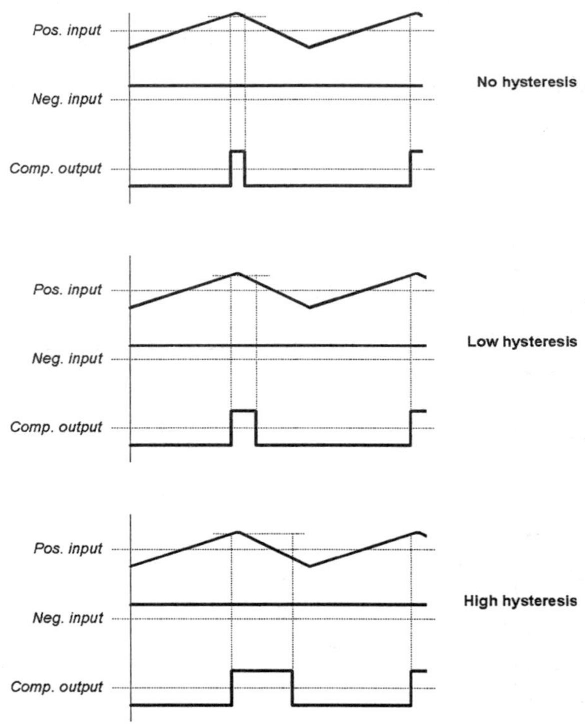

〈그림 2.9.3〉 3가지의 히스테리시스 특성 설정에 따른 아날로그 비교기 동작

(3) 윈도우 모드

각 포트에 있는 2개의 아날로그 비교기를 조합시켜 윈도우 모드(window mode)로 사용할 수도 있다. 이것은 <그림 2.9.4>와 같이 2개의 아날로그 비교기를 이용하여 윈도우라고 불리는 어떤 전압 영역을 설정하고 아날로그 입력 전압이 이 윈도우보다 큰지 작은지 또는 윈도우 영역 안에 포함되는지를 검출하는 기능을 가지고 있다. 윈도우 모드에서는 아날로그 비교기 0의 음극성 입력을 윈도우의 상한치(upper limit) 설정에 사용하고, 아날로그 비교기 1의 음극성 입력을 윈도우의 하한치(lower limit) 설정에 사용하며, 나머지 입력을 묶어서 아날로그 입력으로 사용한다.

윈도우 모드는 윈도우 기능 제어 레지스터 WINCTRL의 WEN 비트로 설정하며, 같은 레지스터의 WINTMODE[1:0] 비트를 사용하여 입력 신호의 전압이 윈도우보다 크거나(above), 작거나(below), 윈도우 영역 안에 포함되거나(inside) 또는 윈도우 영역 밖에 있을 때(outside) 인터럽트를 요청하도록 설정할 수 있다.

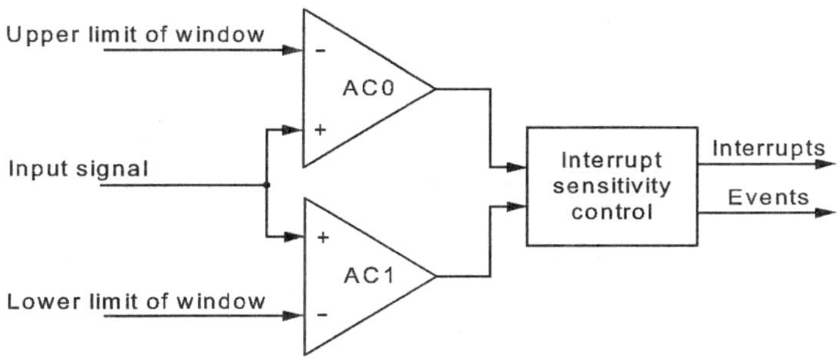

〈그림 2.9.4〉 윈도우 모드에서 아날로그 비교기의 사용

3. 아날로그 비교기의 I/O 제어 레지스터

ATxmega128A1에서 아날로그 비교기의 I/O 제어 레지스터를 요약하면 〈표 2.9.1〉과 같다.

〈표 2.9.1〉 아날로그 비교기의 I/O 제어 레지스터 요약

오프셋	레지스터 이름	비트7	비트6	비트5	비트4	비트3	비트2	비트1	비트0
+0x00	ACx_AC0CTRL	INTMODE[1:0]		INTLVL[1:0]		HSMODE	HYSMODE[1:0]		ENABLE
+0x01	ACx_AC1CTRL	INTMODE[1:0]		INTLVL[1:0]		HSMODE	HYSMODE[1:0]		ENABLE
+0x02	ACx_AC0MUXCTRL	–	–	MUXPOS[2:0]			MUXNEG[2:0]		
+0x03	ACx_AC1MUXCTRL	–	–	MUXPOS[2:0]			MUXNEG[2:0]		
+0x04	ACx_CTRLA	–	–	–	–	–	–	–	AC0OUT
+0x05	ACx_CTRLB	–	–	SCALEFAC[5:0]					
+0x06	ACx_WINCTRL	–	–	–	WEN	WINTMODE[1:0]		WINTLVL[1:0]	
+0x07	ACx_STATUS	WSTATE[1:0]		AC1STATE	AC0STATE	–	WIF	AC1IF	AC0IF

▣ 아날로그 비교기 n 제어 레지스터 ACnCTRL

	b7	b6	b5	b4	b3	b2	b1	b0	
옵셋 +0x00/1	INTMODE[1:0]		INTLVL[1:0]		HSMODE	HYSMODE[1:0]		ENABLE	ACnCTRL
읽기/쓰기 기능	R/W	R/W	R/W	R/W	R/W	R/W	R/W	R/W	
리셋후 초기값	0	0	0	0	0	0	0	0	

〈그림 2.9.5〉 아날로그 비교기 n 제어 레지스터 ACnCTRL

- INTMODE[1:0] : Analog Comparator Interrupt Mode
  아날로그 비교기 n이 어떤 조건에서 인터럽트를 발생하도록 할 것인지를 선택한다.
  - 00 = 아날로그 비교기 n 출력의 상승 에지와 하강 에지에서 모두 인터럽트를 발생한다.
  - 01 = (reserved)
  - 10 = 아날로그 비교기 n 출력의 하강 에지에서 인터럽트를 발생한다.
  - 11 = 아날로그 비교기 n 출력의 상승 에지에서 인터럽트를 발생한다.
- INTLVL[1:0] : Analog Comparator Interrupt Level
  아날로그 비교기 n의 인터럽트를 허용하고 그 인터럽트 레벨을 설정한다.
- HSMODE : Analog Comparator High-Speed Mode Select
  이를 세트하면 아날로그 비교기 n이 고속 모드가 되고, 이 비트를 클리어하면 저전력 모드가 된다.
- HYSMODE[1:0] : Analog Comparator Hysteresis Mode Select
  아날로그 비교기 n의 비교 동작에 히스테리시스 기능을 부여한다.
  - 00 = NO. 히스테리시스 기능을 사용하지 않는다.
  - 01 = SMALL. 작은 히스테리시스 기능을 사용한다.
  - 10 = LARGE. 큰 히스테리시스 기능을 사용한다.
  - 11 = (reserved)
- ENABLE : Analog Comparator Enable
  아날로그 비교기 n의 동작을 허용한다.

▣ 아날로그 비교기 n 멀티플렉서 제어 레지스터 ACnMUXCTRL

	b7	b6	b5	b4	b3	b2	b1	b0	
옵셋 +0x02/3	–	–	MUXPOS[2:0]			MUXNEG[2:0]			ACnMUXCTRL
읽기/쓰기 기능	R	R	R/W	R/W	R/W	R/W	R/W	R/W	
리셋후 초기값	0	0	0	0	0	0	0	0	

〈그림 2.9.6〉 아날로그 비교기 n 멀티플렉서 제어 레지스터 ACnMUXCTRL

- MUXPOS[2:0] : Analog Comparator Positive Input MUX Selection
  아날로그 비교기 n의 양극성(+) 입력에 어느 입력 신호를 연결할지를 선택한다.
  - 000 = 핀0(AC0)
  - 001 = 핀1(AC1)
  - 010 = 핀2(AC2)
  - 011 = 핀3(AC3)
  - 100 = 핀4(AC4)
  - 101 = 핀5(AC5)
  - 110 = 핀6(AC6)
  - 111 = D/A 컨버터 출력
- MUXNEG[2:0] : Analog Comparator Negative Input MUX Selection
  아날로그 비교기 n의 음극성(-) 입력에 어느 입력 신호를 연결할지를 선택한다.
  - 000 = 핀0(AC0)
  - 001 = 핀1(AC1)
  - 010 = 핀3(AC3)
  - 011 = 핀5(AC5)
  - 100 = 핀7(AC7)
  - 101 = D/A 컨버터 출력
  - 110 = 내부 밴드갭 전압 1.10V
  - 111 = Vcc를 제어 레지스터 CTRLB로 스케일링한 전압 값

▣ 아날로그 비교기 제어 레지스터 CTRLA

	b7	b6	b5	b4	b3	b2	b1	b0	
옵셋 +0x04	–	–	–	–	–	–	–	AC0OUT	CTRLA
읽기/쓰기 기능	R	R	R	R	R	R	R	R/W	
리셋후 초기값	0	0	0	0	0	0	0	0	

〈그림 2.9.7〉 아날로그 비교기 제어 레지스터 CTRLA

- AC0OUT : Analog Comparator Output
  아날로그 비교기 0의 출력을 AC7 단자로 출력하도록 허용한다.

▣ 아날로그 비교기 제어 레지스터 CTRLB

	b7	b6	b5	b4	b3	b2	b1	b0	
옵셋 +0x05	–	–	SCALEFAC[5:0]						CTRLB
읽기/쓰기 기능	R	R	R/W	R/W	R/W	R/W	R/W	R/W	
리셋후 초기값	0	0	0	0	0	0	0	0	

〈그림 2.9.8〉 아날로그 비교기 제어 레지스터 CTRLB

- SCALEFAC[5:0] : Analog Comparator Input Voltage Scaling Factor
  아날로그 비교기에 입력할 Vcc 전압을 다음과 같이 낮게 스케일한다.

$$V_{SCALE} = V_{CC} \times \frac{SCALEFAC[5:0] + 1}{64}$$

▣ 아날로그 비교기 윈도우 기능 제어 레지스터 WINCTRL

	b7	b6	b5	b4	b3	b2	b1	b0	
옵셋 +0x06	–	–	–	WEN	WINTMODE[1:0]		WINTLVL[1:0]		WINCTRL
읽기/쓰기 기능	R	R	R	R/W	R/W	R/W	R/W	R/W	
리셋후 초기값	0	0	0	0	0	0	0	0	

〈그림 2.9.9〉 아날로그 비교기 윈도우 기능 제어 레지스터 WINCTRL

- WEN : Analog Comparator Window Enable
  동일한 포트에 포함된 2개의 아날로그 비교기를 윈도우 모드로 사용하도록 허용한다.
- WINTMODE[1:0] : Analog Comparator Window Interrupt Mode Setting
  아날로그 비교기를 윈도우 모드로 사용할 때 인터럽트 모드를 설정한다.
  - 00 = ABOVE. 입력 신호 전압이 윈도우보다 높을 때 인터럽트를 요청한다.
  - 01 = INSIDE. 입력 신호 전압이 윈도우 내부에 있을 때 인터럽트를 요청한다.
  - 10 = BELOW. 입력 신호 전압이 윈도우보다 낮을 때 인터럽트를 요청한다.
  - 11 = OUTSIDE. 입력 신호 전압이 윈도우 외부에 있을 때 인터럽트를 요청한다.
- WINTLVL[1:0] : Analog Comparator Window Interrupt Level
  아날로그 비교기의 윈도우 모드 인터럽트를 허용하고 그 인터럽트 레벨을 설정한다.

▣ 아날로그 비교기 상태 레지스터 STATUS

	b7	b6	b5	b4	b3	b2	b1	b0	
옵셋 +0x07	WSTATE[1:0]		AC1STATE	AC0STATE	–	WIF	AC1IF	AC0IF	STATUS
읽기/쓰기 기능	R/W	R/W	R/W	R/W	R	R/W	R/W	R/W	
리셋후 초기값	0	0	0	0	0	0	0	0	

〈그림 2.9.10〉 아날로그 비교기 상태 레지스터 STATUS

- WSTATE[1:0] : Analog Comparator Window Mode Current State
  아날로그 비교기가 윈도우 모드로 사용될 때 현재의 상태를 보여준다.
  - 00 = ABOVE. 현재 입력 신호의 전압이 윈도우보다 높다.
  - 01 = INSIDE. 현재 입력 신호의 전압이 윈도우 내부에 있다.
  - 10 = BELOW. 현재 입력 신호의 전압이 윈도우보다 낮다.
  - 11 = (reserved)
- AC1STATE : Analog Comparator 1 Current State
  아날로그 비교기 1의 현재 출력 상태를 보여준다.
- AC0STATE : Analog Comparator 0 Current State
  아날로그 비교기 0의 현재 출력 상태를 보여준다.
- WIF : Analog Comparator Window Interrupt Flag
  아날로그 비교기의 윈도우 모드 인터럽트 플랙이다. 이 비트가 1로 되면 아날로그 비교기 윈도우 인터럽트를 요청하며, 해당 인터럽트의 처리가 시작되면 이 비트는 자동으로 클리어된다. 이 비트를 강제로 클리어하려면 해당 비트에 1을 써주어야 한다.
- AC1IF : Analog Comparator 1 Interrupt Flag
  아날로그 비교기 1의 인터럽트 플랙이다. 이 비트가 1로 되면 아날로그 비교기1의 인터럽트를 요청하며, 해당 인터럽트의 처리가 시작되면 이 비트는 자동으로 클리어된다. 이 비트를 강제로 클리어하려면 해당 비트에 1을 써주어야 한다.
- AC0IF : Analog Comparator 0 Interrupt Flag
  아날로그 비교기 0의 인터럽트 플랙이다. 이 비트가 1로 되면 아날로그 비교기0의 인터럽트를 요청하며, 해당 인터럽트의 처리가 시작되면 이 비트는 자동으로 클리어된다. 이 비트를 강제로 클리어하려면 해당 비트에 1을 써주어야 한다.

제3장

OK-X128A1 키트 및 개발 툴

3.1 *OK-X128A1* 키트의 구조와 기능

3.2 AVR ISP 다운로드 케이블의 사용

3.3 AVR Studio와 WinAVR의 설치

3.4 AVR Studio의 매크로 어셈블러

3.5 GCC 계열의 WinAVR 컴파일러

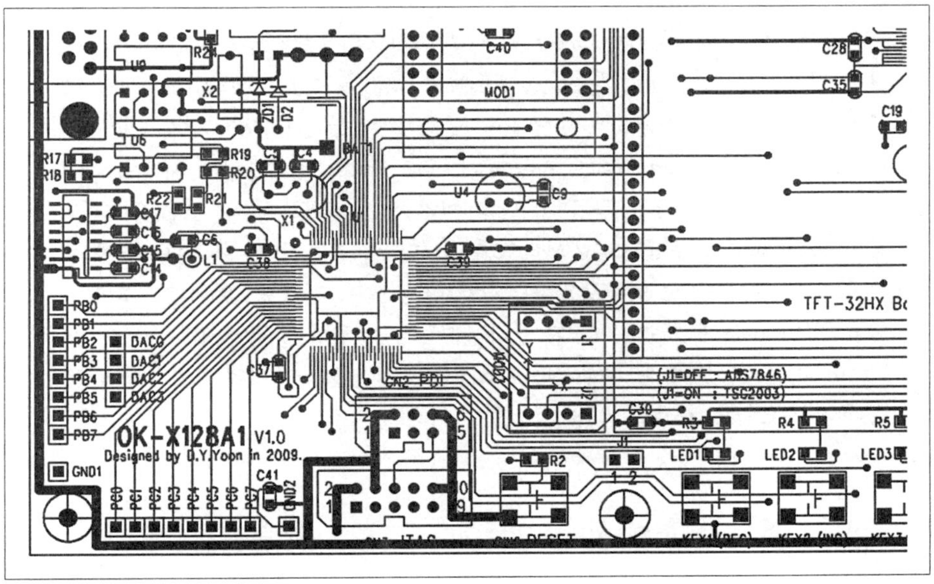

☞

이 장에서는 먼저 저자가 설계한 ATxmega128A1 마이크로컨트롤러의 트레이닝 키트 OK-X128A1 V1.0의 구조와 기능을 살펴본다. 이 키트에 사용된 회로 및 설계 개념들을 철저히 분석하여 이해하는 것은 이 키트를 올바르게 사용하는데 필수적일 뿐만아니라 앞으로 독자 여러분이 자신에게 필요한 마이크로프로세서 응용 시스템을 설계하는 능력을 기르는 데에도 크게 도움이 될 것이다.

또한, 이 장에서는 ATxmega128A1 마이크로컨트롤러를 사용하는데 필요한 각종 하드웨어 개발 툴 및 소프트웨어 개발 툴들을 소개하고, 본서와 키트에서 기본적으로 사용하는 어셈블러 및 C컴파일러에 대하여 자세히 설명한다. 본서에서는 Atmel사에서 제공하는 AVR Studio에 포함된 매크로 어셈블러 AVRASM2와 무료 공유 소프트웨어의 대명사라고 할 수 있는 GNU 그룹의 WinAVR에 포함된 AVR-GCC를 기본으로 사용한다. 이 소프트웨어들은 모두 무료이며, 전 세계적으로 가장 사랑받는 AVR 소프트웨어중의 하나이므로 성능면에서도 독자 여러분이 사용하는데 아무런 불편이 없다.

이 장에서 설명하는 내용들은 제4장의 어셈블리와 C언어 프로그래밍 실습에서 중요하게 사용되니 잘 익혀두기 바란다.

3.1 *OK-X128A1*의 하드웨어 구조와 기능

1. *OK-X128A1* 키트의 개요 및 사양

OK-X128A1 키트는 미국 Atmel사의 유명한 AVR 시리즈의 8비트 마이크로컨트롤러인 ATxmega128A1의 하드웨어 및 소프트웨어 학습용으로 설계된 아주 작은 규모의 단일 보드 컴퓨터 시스템(training kit)으로서 그 기본 구조는 <그림 3.1.1>과 같고, 이에 대한 자세한 기술적인 사양은 <표 3.1.1>과 같다.

〈표 3.1.1〉 *OK-X128A1* 키트 V1.0의 설계 사양

항 목	사 양	비 고
1. CPU	ATxmega128A1-AU(32 MHz) ☞ 모든 XMEGA A1 패밀리 모델 사용 가능	16 MHz 수정발진자 사용
2. ROM	CPU에 내장된 128KB의 플래시 메모리	프로그램 저장
3. RAM	CPU에 내장된 8KB	사용자 데이터 저장 및 스택
4. 프로그램 입력/실행	1. AVR PDI 다운로드 케이블을 사용하는 방법 2. JTAG 에뮬레이터를 사용하는 방법	1. Atmel사의 AVRISP mkII 2. Atmel사의 JTAGICE mkII
5. I/O	1. CPU 프로그램용 커넥터 (1) AVR PDI용 6핀 DIP 커넥터(CN2) (2) JTAG ICE용 10핀 DIP 커넥터(CN3) 2. 기본 입출력 장치 (1) 4개의 키입력 스위치(KEY1~KEY4) (2) 4개의 상태표시 LED(LED1~LED4) (3) +5V용 버저, 스피커 사운드 출력(CN6) (4) *TFT-32HX* 3.2인치 TFT-LCD 보드 64MB~32GB의 SD 카드 (5) RS-232C 직렬포트(CN7) 3. 기타 입출력 장치 (1) LM35DZ에 의한 온도센서(ADC4) (2) +5V, +3.3V, +2.5V 전압센서(ADC5~7) (3) 12비트 D/A 컨버터 출력(DAC0~3) (4) 포트B, C의 출력을 관측하는 테스트 단자 (5) DS1307 배터리 백업형 리얼타임 클록(U9) (6) TCN75-5.0MOA 반도체 온도센서(U10) (7) VS1033을 사용한 MP3 플레이어(U11) 4. 옵션 기능 (1) WIZ812MJ TCP/IP LAN 통신 모듈(MOD1) (2) *USB-UART* USB 통신 모듈(MOD2) (3) UST-SNR-GPS GPS 모듈(MOD2) (4) myAccel3LV02 3축 가속도 센서 모듈(MOD3) (5) NT-TS601 초음파 센서 모듈(MOD4)	 Atmel사의 AVRISP mkII 사용 Atmel사의 JTAGICE mkII 사용 240×320 픽셀, 터치 스크린 내장 TFT-LCD 보드에 내장 0~+100℃ 2.4V NiMH 배터리 사용 -55~+125℃ CN8에 외장 스피커를 연결 사용 http://www.ewiznet.co.kr/ 구입 http://www.ohm.co.kr/ 구입 http://www.devicemart.co.kr/ 구입 http://www.devicemart.co.kr/ 구입 http://www.devicemart.co.kr/ 구입
6. 전원	+5V/3A SMPS(CN1)	키트 내부에서 +3.3V, +2.5V 발생
7. PCB 외형	144×106mm 양면 에폭시 기판	

☞ MOD1~MOD4에 장착할 모듈은 선택 사양이므로 기본으로 제공되지 않으며 별도로 구입해야 한다.

OK-X128A1 키트는 <그림 3.1.1>에서 보는 바와 같이 8비트의 마이크로컨트롤러인 ATxmega128A1-AU(32MHz)와 이 CPU에 내장된 여러 가지 기본 I/O 기능 이외에도 다양한 외부 확장 I/O를 가지고 있다.

CPU에 기본으로 내장된 I/O 기능에는 4채널 DMA 컨트롤러, 8채널 이벤트 시스템, 10개의 병렬 I/O 포트, 8개의 타이머/카운터와 8개의 USART 직렬통신 포트, 4개의 SPI, 4개의 TWI, 2개의 12비트 A/D 컨버터 및 D/A 컨버터, 4개의 아날로그 비교기 등이 있고, A/D 컨버터의 아날로그 입력으로는 반도체 온도센서와 전압센서 회로가 있다. 여기에 인터페이스하여 구현한 기타 I/O 기능으로는 4개의 키입력 스위치와 4개의 LED, 스피커, 버저(buzzer) 등이 있다. 또한 이 키트에는 2.4V NiMH 배터리로 백업되는 DS1307 RTC(Real Time Clock)를 가지고 있다.

메인 보드에 추가하여 별도의 보드로 장착하여 사용할 수 있는 I/O 기능으로는 3.2인치 240×320 픽셀의 TFT-LCD 모듈, TCP/IP LAN 통신 모듈, USB 통신 모듈, GPS 모듈, 3축 가속도 센서 모듈, 초음파 센서 모듈 등이 있다.

사용자는 이러한 많은 하드웨어 및 I/O 기능을 통하여 다양한 프로그래밍 연습 및 응용이 가능할 것이며, 사용자 프로그램의 입력 및 실행은 AVR PDI 다운로드 케이블 또는 JTAG 에뮬레이터를 이용하여 용이하게 수행할 수 있다.

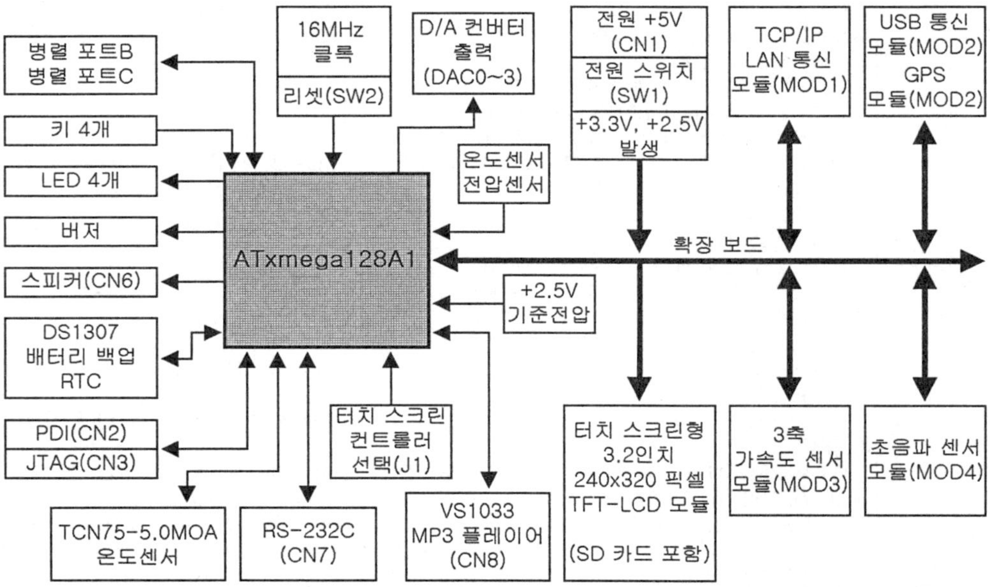

<그림 3.1.1> *OK-X128A1* 키트 V1.0의 하드웨어 구성 블록도

OK-X128A1 키트는 매우 다양한 기능을 내장하고 있으면서도 PCB 기판을 양면으로 하고 크기가 144×106mm에 불과하도록 설계하여 상당히 저렴한 비용으로 제작할 수 있으며, 아마추어를 위한 마이크로컨트롤러 트레이닝 키트로서는 물론 각종 자동제어 분야의 응용 시스템에까지 무리없이 적용될 수 있을 것이다. 특히, 이 키트를 실무적인 분야에 직접 적용하고자 할 때 종종 필수적으로 요구되는 한글 출력용 TFT-LCD와 배터리 백업형의 실시간 시계 소자를 1개 내장하였다. 또한, 이를 설계하는데는 사용자가 쉽게 조립하여 사용할 수 있도록 시장에서 용이하게 구입할 수 있으며 저가인 부품들을 사용하도록 최대한 고려하였으며, 몇가지의 고급 응용 모듈 기능은 선택 사양으로 처리하여 필요한 사용자만 사용할 수 있도록 하였다.

OK-X128A1 키트는 AVR 시리즈의 마이크로컨트롤러를 공부하고자 하는 아마추어나 대학 학부생 정도의 중급자 교육용에 적합하도록 설계하는 것을 기본적인 목표로 하였으나, 이 마이크로컨트롤러를 특정 분야의 응용 시스템에 적용하려는 현장의 엔지니어, 연구원, 대학원생, 관련분야의 교수와 같은 분들에게도 유용하도록 설계하였다. 특히, 여기에서 사용한 ATxmega128A1 마이크로컨트롤러는 128KB의 대용량 프로그램용 메모리인 플래시 메모리와 8KB의 SRAM을 내장하고 있어서 상당히 규모가 큰 프로그램도 가능하며, 사용자가 여기에 PDI 기능을 이용하여 손쉽게 프로그램을 다운로드할 수 있으므로 누구든지 별도의 고가 장비를 갖출 필요 없이 단계적으로 이 마이크로컨트롤러의 기능을 익혀 나갈 수 있다.

또한, 이 책에서는 독자들이 재미있게 이를 따라 익히며, 여러 응용분야에 종사하는 사용자들이 각각 자신의 분야에 필요한 응용기술을 연마할 수 있도록 가능한한 여러 가지의 다양한 응용 프로그램을 어셈블리 언어 및 C언어로 제시하고 이를 실행하여 볼 수 있도록 하였다.

2. *OK-X128A1* 키트의 하드웨어 구조

이제 사용자가 *OK-X128A1* 키트의 기능들을 충분히 활용하고 나아가 이를 응용하는 능력을 기르기 위해서는 이 키트의 구조 및 기능을 자세히 이해하여야 한다. 여기서는 이것의 전체적인 하드웨어 구조와 설계자의 의도를 설명하고자 한다.

OK-X128A1 키트 V1.0의 전체 회로도는 <그림 3.1.2>에 보인 바와 같고, 실제 키트의 PCB(Printed Circuit Board) 모양 및 부품배치도는 <그림 3.1.3>에 보였으며, 여기에서 사용하는 모든 부품의 리스트를 <표 3.1.2>에 정리하였다.

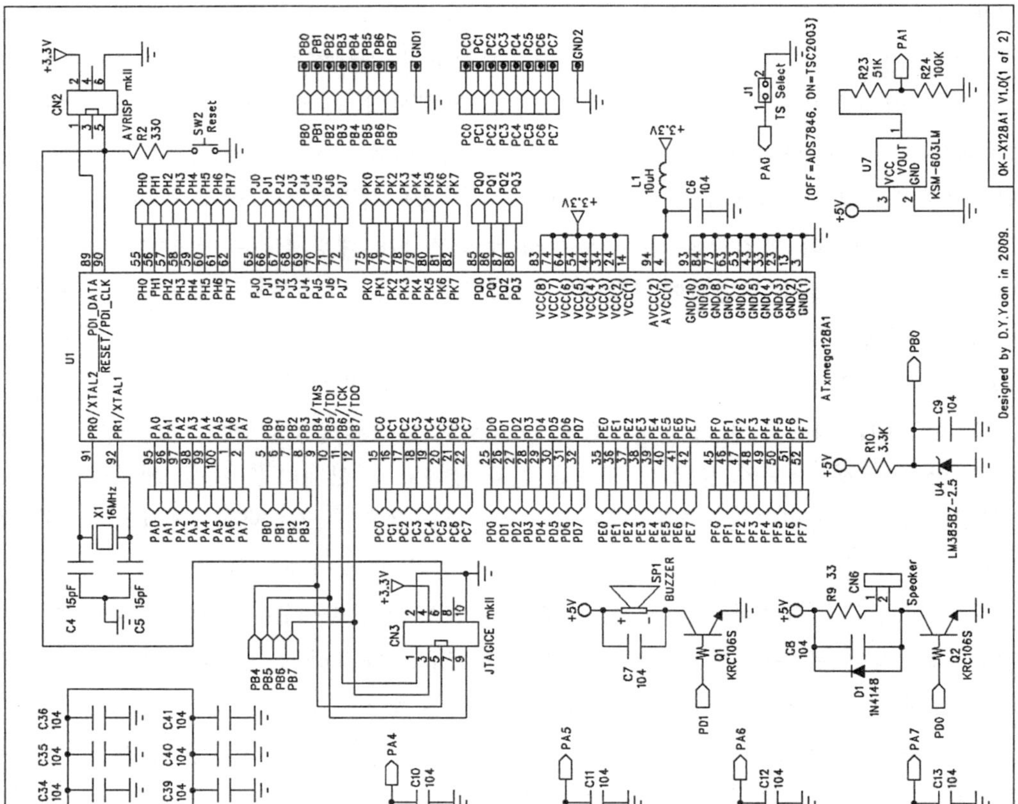

<그림 3.1.2> *OK-X128A1* 키트 V1.0의 전체 회로도(1/2)

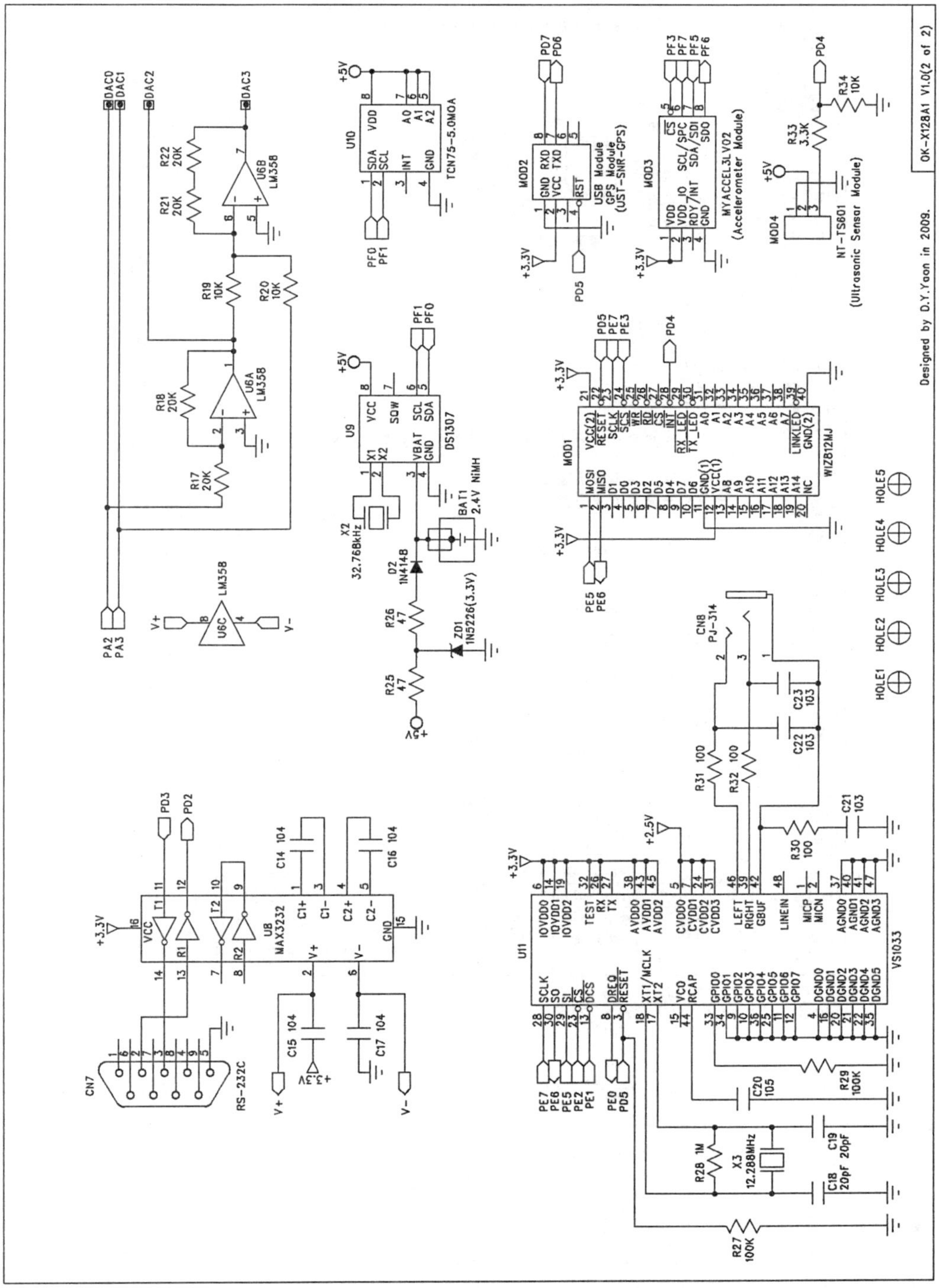

〈그림 3.1.2〉 *OK-X128A1* 키트 V1.0의 전체 회로도(2/2)

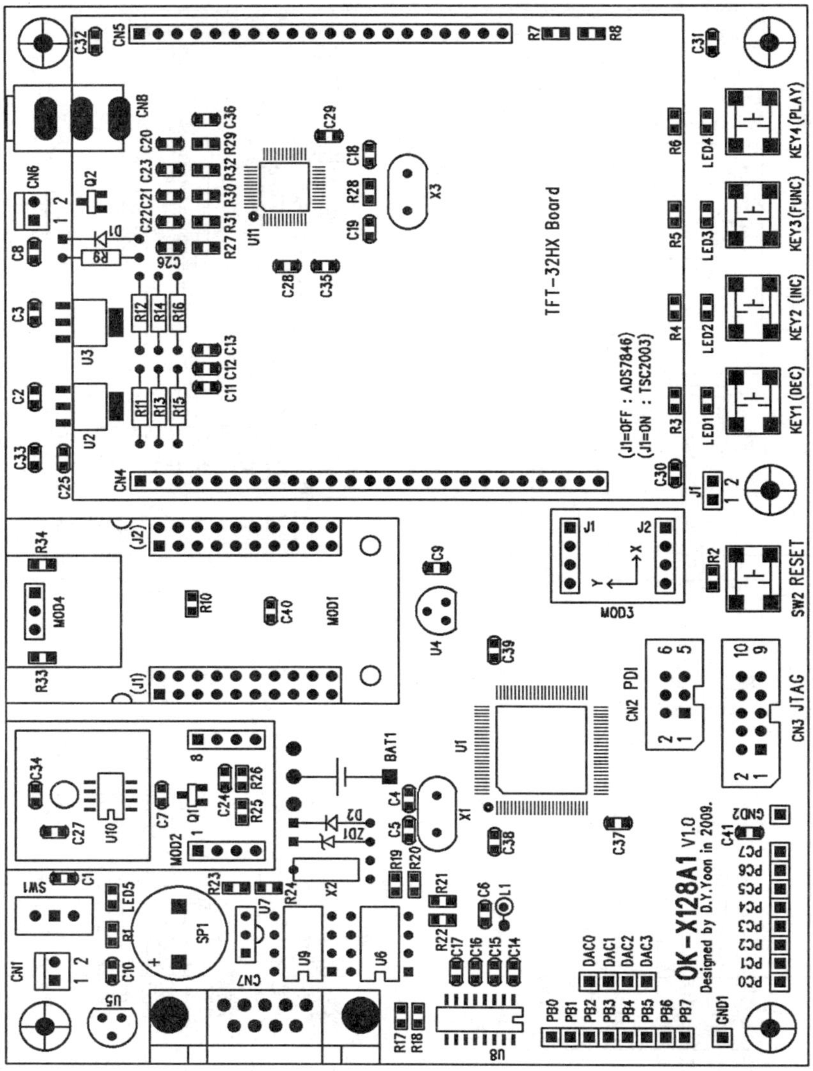

〈그림 3.1.3〉 *OK-X128A1* 키트 V1.0의 PCB 부품배치도(실물의 100% 크기)

◀**참고**▶ 이 키트에서 JTAG 에뮬레이터를 사용하지 않는다면 커넥터 CN3을 조립하지 않아도 되며, 고급 응용회로인 MP3 플레이어 부분도 이것을 필요로 하는 사람만 조립하면 된다. 또한, 사용자 선택 사양으로 되어 있는 MOD1~MOD4도 기본적으로는 조립하지 않아도 된다.

◀**참고**▶ 이 책에서는 키트의 메인 PCB에 ATxmega128A1-AU 소자를 조립하여 *OK-X128A1* 키트로 사용하지만, 그밖의 모든 XMEGA A1 패밀리 소자들을 조립하여 사용할 수도 있다. 예를 들어 이 PCB에 ATxmega256A1-AU 소자를 조립하면 이것은 *OK-X256A1* 키트가 된다.

〈표 3.1.2〉 *OK-X128A1* 키트 V1.0의 전체 부품 리스트

부품 번호	수량	부품명 및 규격	비 고
U1	1	ATxmega128A1-AU 마이크로컨트롤러	100핀 TQFP형
U2	1	LM1117S-3.3 LDO	SOT-223형
U3	1	LM1117S-2.5 LDO	SOT-223형
U4	1	LM385BZ-2.5 또는 LM336BZ-2.5	T0-92형
U5	1	LM35DZ 반도체 온도 센서	
U6	1	LM358 듀얼 OP 앰프	8핀 DIP형
U7	1	KSM-603LM TV 리모컨 수신 모듈	
U8	1	MAX3232 RS-232C 인터페이스	16핀 SOP형
U9	1	DS1307 I^2C형 RTC	8핀 DIP형
U10	1	TCN75-5.0MOA I^2C형 온도센서	8핀 SOIC형
U11	1	VS1033 MP3 CODEC	48핀 LQFP형
X1	1	16MHz ATS형 수정발진자	
X2	1	32.768kHz 중형(3×8mm) 수정발진자	
X3	1	12.288MHz ATS형 수정발진자	
D1, 2	2	1N4148 다이오드	
ZD1	1	1N5226 3.3V 제너 다이오드	
LED1～4	4	2012형 녹색 칩 LED	
LED5	1	2012형 적색 칩 LED	
Q1, 2	2	KRC106S(또는 KRC105S) 트랜지스터	(http://www.funnykit.co.kr/ 구입)
BAT1	1	2/V80H 2.4V 70mAh NiMH 전지	(http://www.devicemart.co.kr/ 구입)
R1	1	2012형 470 칩 저항	
R2～6	5	2012형 330 칩 저항	
R7, 8, 10, 33	4	2012형 3.3K 칩 저항	
R9	1	33 1/4W	
R11, 13, 15	3	10K 1% 1/4W	
R12, 14, 16	3	1K 1% 1/4W	
R17, 18, 21, 22	4	2012형 20K 칩 저항	
R19, 20, 34	3	2012형 10K 칩 저항	
R23	1	2012형 51K 칩 저항	
R24, 27, 29	3	2012형 100K 칩 저항	
R25, 26	2	2012형 47 칩 저항	
R28	1	2012형 1M 칩 저항	
R30, 31, 32	3	2012형 100 칩 저항	
L1	1	10μH 7.0x3.0mm 리드 인덕터	
C1～3	3	2012형 10μF 칩 세라믹 커패시터	(http://www.devicemart.co.kr/ 구입)
C4, 5	2	2012형 15pF 칩 세라믹 커패시터	
C6～17, 24～41	30	2012형 0.1μF(104) 칩 세라믹 커패시터	
C18, 19	2	2012형 20pF 칩 세라믹 커패시터	
C20	1	2012형 1μF(105) 칩 세라믹 커패시터	
C21～23	3	2012형 0.01μF(103) 칩 세라믹 커패시터	
SP1	1	ALP1205S PCB용 +5V 버저	
SW1	1	AT1D-2M3 토글 스위치	
SW2, KEY1～4	5	ITS-1105T 4핀 택트(tact) 스위치	
CN1	1	몰렉스 5045-02 2핀 수컷 컨넥터	
CN2	1	3FB-6P-S/T 6핀 박스형 커넥터	AVRISP mkII 접속용
CN3	1	3FB-10P-S/T 10핀 박스형 커넥터	JTAGICE mkII 접속용
CN4	1	1×25 25핀 2.54mm straight 핀헤더 소켓	
CN5	1	1×20 20핀 2.54mm straight 핀헤더 소켓	
CN6	1	몰렉스 5045-02 2핀 수컷 컨넥터	(8Ω/0.5W 스피커 어셈블리 포함)
CN7	1	DB9-HM 9핀 D형 커넥터(수컷)	(케이블용의 암컷 DB-9S 2개 포함)
CN8	1	PJ-314 스테레오 3.5Φ 이어폰 잭	
PB0～PB7, GND1 PC0～PC7, GND2	2	1×10 10핀 2.54mm straight 핀헤더	중간에 1핀을 뽑고 사용할 것
DAC0～DAC3	1	1×4 4핀 2.54mm straight 핀헤더	
J1	1	점퍼 스위치(2핀 2.54mm straight 핀헤더)	(점퍼캡 포함)
MOD1	1	WIZ812MJ LAN 통신 모듈	(2.54mm straight 핀헤더 소켓 포함)
MOD2	1	USB-UART USB 통신 모듈 UST-SNR-GPS GPS 모듈	(2.54mm straight 핀헤더 소켓 포함)
MOD3	1	myAccel3LV02 가속도 센서 모듈	(2.54mm straight 핀헤더 소켓 포함)
MOD4	1	NT-TS601 초음파 센서 모듈	(2.54mm straight 핀헤더 소켓 포함)
HOLE1～5	5	F-10 10mm PCB 서포트	(고정용 볼트 10개 포함)
OK-X128A1 PCB	1	크기 160×130mm (양면 에폭시)	(구입 : http://www.ohm.co.kr)
SMPS	1	UP15S05 또는 UP15S05L(+5V/3A)	(전원선 및 전선, Y형 단자 포함)

(1) MCU 및 주변회로

ATxmega128A1 마이크로컨트롤러의 주변회로는 <그림 3.1.2>에서 보는 바와 같이 MCU와 이에 기본적으로 추가되는 시스템 클록 발생회로, 시스템 리셋 회로, PDI 및 JTAG 인터페이스 회로, CPU에 내장된 I/O 관련회로 등으로 구성된다.

▣ 시스템 클록 발생회로

ATxmega128A1은 최고 32MHz까지의 시스템 클록을 사용할 수 있고 PLL 회로를 내장하여 주파수를 체배하는 것이 가능하다. *OK-X128A1* 키트에서는 16MHz의 수정 발진자를 XTAL1 및 XTAL2 단자에 연결하고 이를 내부에서 2체배하여 최고 주파수인 32MHz로 사용한다. 이들 각각의 수정발진자 접속 단자와 접지 사이에는 10pF의 세라믹 커패시터를 접속한다.

▣ 시스템 리셋 회로

시스템 리셋 회로는 시스템 전체를 강제적으로 리셋시키기 위한 스위치 SW2와 R2 소자로 구성되며, 전원 투입 리셋(power-on reset) 기능은 MCU에 내장되어 있다. 리셋 기능은 PDI 회로에서도 사용하므로 리셋 단자가 PDI 단자와 기능을 겸하고 있어서 PDI 신호의 단락사고를 방지하기 위하여 저항 R2를 사용한다.

▣ AVR PDI 및 JTAG ICE 인터페이스 회로

ATxmega128A1은 Atmel사에서 독자적으로 제정한 PDI 직렬통신 방식으로 플래시 메모리에 사용자 프로그램을 다운로드하는데 이를 위하여 2개의 단자를 가지고 있다. *OK-X128A1* 키트에서는 이 단자의 신호들을 6핀짜리 커넥터 CN2에 연결하여 AVRISP mkII 다운로드 케이블을 접속할 수 있도록 하였다. SPI 통신 방식으로 동작하는 종래의 AVR ISP는 새로운 PDI와 호환성이 없으므로 사용할 수 없다.

또한, Atmel사의 JTAG ICE 제품인 JTAGICE mkII는 이 키트의 10핀짜리 커넥터 CN3에 접속한다.

▣ ATxmega128A1에 내장된 I/O 관련 회로

ATxmega128A1 마이크로컨트롤러에는 여러 가지의 I/O 디바이스를 내장하고 있는데 *OK-X128A1* 키트에서는 이것들을 최대한 활용할 수 있도록 하드웨어를 설계하였다.

<표 3.1.3> *OK-X128A1* 키트 V1.0에서 MCU의 병렬 I/O 포트에 접속된 기능

병렬 I/O 포트		부수적인 기능	*OK-X128A1* 키트에서 사용하는 기능
포트A	PA0		터치 스크린 컨트롤러 선택 입력(OFF=ADS7846, ON=TSC2003)
	PA1	sync interrupt	TV 리모컨 수신 신호 입력
	PA2	DAC0	D/A 컨버터의 채널0 아날로그 출력
	PA3	DAC1	D/A 컨버터의 채널1 아날로그 출력
	PA4	ADC4	LM35DZ 온도센서의 아날로그 전압 입력
	PA5	ADC5	+5V 전원 검출회로의 아날로그 전압 입력
	PA6	ADC6	+3.3V 전원 검출회로의 아날로그 전압 입력
	PA7	ADC7	+2.5V 전원 검출회로의 아날로그 전압 입력
포트B	PB0	AREF	외부 +2.5V 기준전압 입력, 측정용 테스트 포인트 PB0
	PB1～PB7		측정용 테스트 포인트 PB1～PB7
포트C	PC0～PC7		측정용 테스트 포인트 PC0～PC7
포트D	PD0	OC0A	스피커 출력
	PD1		버저 출력
	PD2	RXD0	USART 수신 입력
	PD3	TXD0	USART 송신 출력
	PD4	sync interrupt	LAN 통신 모듈의 인터럽트 입력 또는 초음파 센서 모듈 입출력
	PD5		VS1033/GPS 모듈/LAN 통신 모듈의 $\overline{\text{RESET}}$ 출력
	PD6	RXD1	USB 통신 모듈/GPS 모듈의 수신 RXD 입력
	PD7	TXD1	USB 통신 모듈/GPS 모듈의 송신 TXD 출력
포트E	PE0		VS1033의 데이터 요청 신호 DREQ 입력
	PE1		VS1033의 SDI 버스 칩선택 신호 $\overline{\text{DCS}}$ 출력
	PE2		VS1033의 SCI 버스 칩선택 신호 $\overline{\text{CS}}$ 출력
	PE3		LAN 통신 모듈의 칩선택 출력
	PE4		SD 카드의 SPI 통신 칩선택 출력
	PE5	MOSI	SD 카드/VS1033/LAN 통신 모듈의 SPI 통신 데이터 출력
	PE6	MISO	SD 카드/VS1033/LAN 통신 모듈의 SPI 통신 데이터 입력
	PE7	SCK	SD 카드/VS1033/LAN 통신 모듈의 SPI 통신 클록 출력(8MHz)
포트F	PF0	SDA	터치 스크린/DS1307/TCN75-5.0MOA의 I^2C 통신 데이터 입출력
	PF1	SCL	터치 스크린/DS1307/TCN75-5.0MOA의 I^2C 통신 클록 출력
	PF2		터치 스크린의 인터럽트 입력
	PF3		가속도 센서 모듈의 SPI 통신 칩선택 출력
	PF4		터치 스크린의 SPI 통신 칩선택 출력
	PF5	MOSI	터치 스크린/가속도 센서 모듈의 SPI 통신 데이터 출력
	PF6	MISO	터치 스크린/가속도 센서 모듈의 SPI 통신 데이터 입력
	PF7	SCK	터치 스크린/가속도 센서 모듈의 SPI 통신 클록 출력(1MHz)
포트H	PH0		LED1 출력
	PH1		LED2 출력
	PH2		LED3 출력
	PH3		LED4 출력
	PH4		KEY1 입력
	PH5		KEY2 입력
	PH6		KEY3 입력
	PH7		KEY4 입력
포트J	PJ0～PJ7		TFT-LCD 모듈의 D8～D15 출력
포트K	PK0～PK7		TFT-LCD 모듈의 D0～D7 출력
포트Q	PQ0		TFT-LCD 모듈의 $\overline{\text{RESET}}$ 출력
	PQ1		TFT-LCD 모듈의 $\overline{\text{WR}}$ 출력
	PQ2		TFT-LCD 모듈의 RS 출력
	PQ3		TFT-LCD 모듈의 $\overline{\text{CS}}$ 출력

먼저 기본적인 사용자 인터페이스로 키입력 및 상태 표시 LED가 있는데, 키입력 신호 KEY1~KEY4는 병렬 I/O 포트의 PH4~PH7에 접속하였고 LED1~LED4 출력은 병렬 I/O 포트의 PH0~PH3에 접속하였다. 버저는 PD1 비트를 통하여 ON/OFF하며, 스피커는 PD0 비트 단자를 타이머의 OC0A 출력신호로 동작시켜 구동한다. 스피커는 커넥터 CN6을 통하여 키트의 외부에 접속한다.

키트의 기본 출력장치로는 터치 스크린 내장형 3.2인치 240×320 픽셀의 컬러 TFT-LCD 모듈을 사용하는데 이는 별도의 *TFT-32HX* 보드로 접속한다. 이 보드에는 TFT-LCD 이외에 64MB~32GB 용량의 SD 카드를 장착하여 사용할 수 있다.

ATxmega128A1에는 8개의 독립적인 USART 채널을 가지고 있는데 이중에서 포트D의 채널0은 9핀 D형 커넥터 CN7을 통하여 RS-232C 통신을 수행할 수 있으며, 포트D의 채널1은 USB 통신 모듈이나 GPS 모듈을 인터페이스하는데 사용된다.

ATxmega128A1에 내장된 A/D 컨버터는 2개이며 모두 16채널이 있는데, 이중에서 포트A측의 ADC4에는 반도체 온도센서 LM35DZ를 접속하였고, ADC5~ADC7에는 각각이 키트의 3가지 전원전압 +5.0V, +3.3V, +2.5V를 측정하기 위한 전압센서 회로를 접속하였다.

ATxmega128A1에 내장된 D/A 컨버터는 2개이며 모두 4채널이 있는데, 이중에서 포트A측의 DAC0과 DAC1을 외부로 출력하여 오실로스코프로 아날로그 출력파형을 관측할 수 있게 하였으며 이 2가지의 신호를 Op Amp로 조합하고 증폭하여 교류출력 신호를 발생하고 이를 테스트 핀 DAC3과 DAC4로 관측하도록 하였다. Op Amp의 전원으로는 MAX3232에서 발생하는 약 ±5.5V 정도의 전압을 사용한다.

ATxmega128A1의 포트B와 포트C의 모든 단자 신호들은 테스트 핀 PB0~PB7 및 PC0~PC7로 접속하여 두었으므로 필요할 때 오실로스코프로 관측할 수 있다. 이것들은 타이머의 각종 출력신호나 시스템 클록의 출력을 관측할 때 유용하며, 필요하면 여분의 병렬 I/O 포트로 활용할 수도 있다.

ATxmega128A1에는 이밖에도 4개의 SPI 직렬통신 채널이나 4개의 TWI 직렬통신 채널을 가지고 있는데, 여기에는 터치 스크린, SD 카드, TCN75-5.0MOA 온도센서, VS1033 MP3 플레이어, LAN 통신 모듈, 가속도 센서 모듈, DS1307 RTC 등을 접속하여 이들과 통신을 수행하는 용도로 사용하고 있다. 이러한 LAN 통신 모듈, USB 통신 모듈, GPS 모듈, 3축 가속도 센서 모듈, 초음파 센서 모듈 등은 별도의 보드로 장착되며, 사용자가 필요할 때만 별도로 구입하여 사용하는 선택 사양이다.

OK-X128A1 키트에서 ATxmega128A1 병렬 I/O 포트 및 각종 주변장치에 접속된 디바이스들을 요약하면 <표 3.1.3>과 같다.

〈표 3.1.4〉 *OK-X128A1* 키트 V1.0의 외부 접속 커넥터 요약

커 넥 터		기 능			
CN1	전원 커넥터 (5045-02)	1 2	+5V/3A GND		
CN2	PDI 다운로드 케이블용 (3FB-6P-S/T)	1 2 3	PDI_DATA VTG NC	4 5 6	NC PDI_CLK GND
CN3	JTAG 에뮬레이터용 (3FB-10P-S/T)	1 2 3 4 5	TCK GND TDO VTref TMS	6 7 8 9 10	/RESET Vsupply NC TDI GND
CN4	TFT-LCD 보드 접속용 - 좌측 (25핀 SIP male header)	1 2 3 4 5 6 7 8 9 10 11 12 13	VLCD(+3.3V) VLED(+3.3V) GND -RESET -CS RS -WR -RD -HB_WR D0 D1 D2 D3	14 15 16 17 18 19 20 21 22 23 24 25	D4 D5 D6 D7 D8 D9 D10 D11 D12 D13 D14 D15
CN5	TFT-LCD 보드 접속용 - 우측 (20핀 SIP male header)	1 2 3 4 5 6 7 8 9 10	VLCD(+3.3V) VLED(+3.3V) GND NC -SD_CS SD_MOSI SD_MISO SD_SCK -TS_CS TS_MOSI	11 12 13 14 15 16 17 18 19 20	TS_MISO TS_SCK -TS_INT TS_SDA TS_SCL X+ Y+ X- Y- GND
CN6	스피커 접속용 (5045-02)	1 2	스피커+ 스피커-		
CN7	RS-232C 통신용 (DB9-HM, 수컷)	1 2 3	NC RxD TxD	4 5 6~9	NC GND NC
CN8	MP3 플레이어 스피커 접속용 (PJ-314)	1	COMMON	2 3	LEFT RIGHT
J1	터치 스크린 컨트롤러 선택용 (2핀 SIP male header)	OFF	ADS7846 사용	ON	TSC2003 사용
MOD1	TCP/IP LAN 통신 모듈 접속용 (2×10핀 DIP male header 2개)	1 2 11 12 기타	MOSI MISO GND VCC(+3.3V) NC	21 22 23 24 28 40 기타	VCC(+3.3V) -RESET SCLK -SCS -INT GND NC
MOD2	USB 통신 모듈 및 GPS 모듈 접속용 (4핀 SIP male header 2개)	1 2 3 4	GND VCC(+3.3V) NC -RST	5 6 7 8	NC NC TXD RXD
MOD3	3축 가속도 센서 모듈 접속용 (4핀 SIP male header 2개)	1 2 3 4	VDD(+3.3V) VDD_IO(+3.3V) RDY/INT GND	5 6 7 8	-CS SCL/SPC SDA/SDI SDO
MOD4	초음파 센서 모듈 접속용 (3핀 SIP male header)	1 2	GND VCC(+5V)	3	SIG

(2) *OK-X128A1* 키트 V1.0 커넥터의 요약

OK-X128A1 키트에는 메인 PCB에서 외부로 접속하기 위한 커넥터가 모두 8개 있고, 기능을 선택하기 위한 점퍼 스위치가 1개 있으며, 옵션 기능으로 별도의 모듈을 접속하기 위한 커넥터를 4개 가지고 있는데 이것들을 요약하면 <표 3.1.4>와 같다. 이중에서 옵션 모듈을 접속하기 위한 커넥터 MOD1~MOD4는 *OK-X128A1* 키트를 기본적으로 사용하는데는 필요하지 않고 여기에 포함된 고급 응용 기능을 필요로 하는 사용자만 조립하면 된다.

3. *TFT-32HX* 보드의 하드웨어 구조

TFT-32HX 보드는 대만 Winstron Optronics사의 3.2인치, 240x320 픽셀, 터치 스크린 내장형이면서 262,144 컬러 TFT-LCD 모듈인 T32QT7690에 사용자가 이를 사용하기 쉽도록 8/16비트 병렬 인터페이스 회로와 터치 스크린 컨트롤러 및 SD 카드를 포함하는 PCB를 부착하여 TFT-LCD 응용 보드로 만든 것이다.

TFT-LCD 모듈을 이처럼 보드로 만들면 사용자가 커넥터를 사용하여 쉽게 마이크로프로세서에 접속할 수 있고, 또한 이 TFT-LCD 모듈은 원래 16비트 인터페이스만 가능하도록 만들어져 있어서 사용하기 불편하였으나 이를 편리하게 8비트 또는 16비트 인터페이스 방법을 사용자가 임의로 선택하여 사용할 수 있다. 74HC574 8비트 래치를 사용하여 이와 같이 사용자는 8비트 또는 16비트로 인터페이스할 수 있으나 TFT-LCD 모듈의 입장에서 보면 항상 데이터 액세스는 16비트 단위로 수행된다. 그러나, 이 책의 *OK-X128A1* 키트에서는 16비트 방식으로 TFT-LCD를 인터페이스하므로 *TFT-32HX* 보드에서 74HC574를 조립할 필요가 없다.

〈표 3.1.5〉 *TFT-32HX* 보드 V1.0의 사양

항 목	사 양	비 고
1. TFT-LCD 모듈	T32QT7690 (CN4) 터치 스크린 내장형	컨트롤러 HX8347-A01
2. 인터페이스 방식	① 8비트 인터페이스 방식 (J1 =ON) ② 16비트 인터페이스 방식(J1 = OFF)	*OK-X128A1* 키트에서는 16비트 방식을 사용함
3. 터치 스크린	① SPI 인터페이스(ADS7846N 또는 ADS7846E 사용) ② I2C 인터페이스(TSC2003IPW 사용) ③ X+, Y+, X-, Y- 신호를 직접 인터페이스	①과 ②는 1가지만을 선택하여 사용할 것
4. SD 카드	SD/MMC 카드 (CN3)	
5. 접속 커넥터	CN1(25핀) 및 CN2(20핀)	
6. 백라이트	TFT-LCD 소자 내부에 4개의 LED 내장	
7. 전원	① LCD 전원 : +2.8V(+3.3V도 사용 가능) ② LED 전원 : +3.3V(백라이트용)	*OK-X128A1* 키트에서는 모두 +3.3V를 사용함
8. PCB 크기	58×71mm 양면 에폭시 기판	

이 모듈에는 터치 스크린 컨트롤러를 SPI 인터페이스형인 ADS7846과 I^{2}C 인터페이스형인 TSC2003 중에서 사용자가 임의로 선택할 수 있고, 필요하다면 이를 거치지 않고 터치 스크린에서 나오는 X+, Y+, X-, Y- 신호를 직접 사용할 수도 있다.

TFT-32HX 보드 V1.0의 주요 사양을 요약하면 <표 3.1.5>와 같다.

(1) *TFT-32HX* 보드의 구조

TFT-32HX 보드 V1.0의 PCB 외형 및 부품 배치도는 <그림 3.1.4>와 같다. 또한, 이것의 회로도는 <그림 3.1.5>와 같고, 부품 리스트는 <표 3.1.6>과 같다. 외부 접속 커넥터 CN1과 CN2의 각 핀 기능을 요약하면 <표 3.1.7>과 같다.

이러한 확장 보드를 연결할 때는 보드의 상하 방향을 반대로 하거나 커넥터의 핀을 하나씩 시프트하여 잘못 꽂는 사고가 종종 발생하는데, 이렇게 되면 키트의 하드웨어에 치명적인 문제가 발생한다. *TFT-32HX* 보드에서는 이러한 사고를 예방하기 위하여 커넥터 CN1과 CN2의 핀 개수를 25개와 20개로 서로 다르게 하였는데, 이렇게 하면 이 보드를 메인 PCB와 접속할 때 방향을 반대로 잘못 꽂거나 커넥터 위치가 어긋나도록 잘못 꽂는 사고를 훨씬 줄일 수 있다.

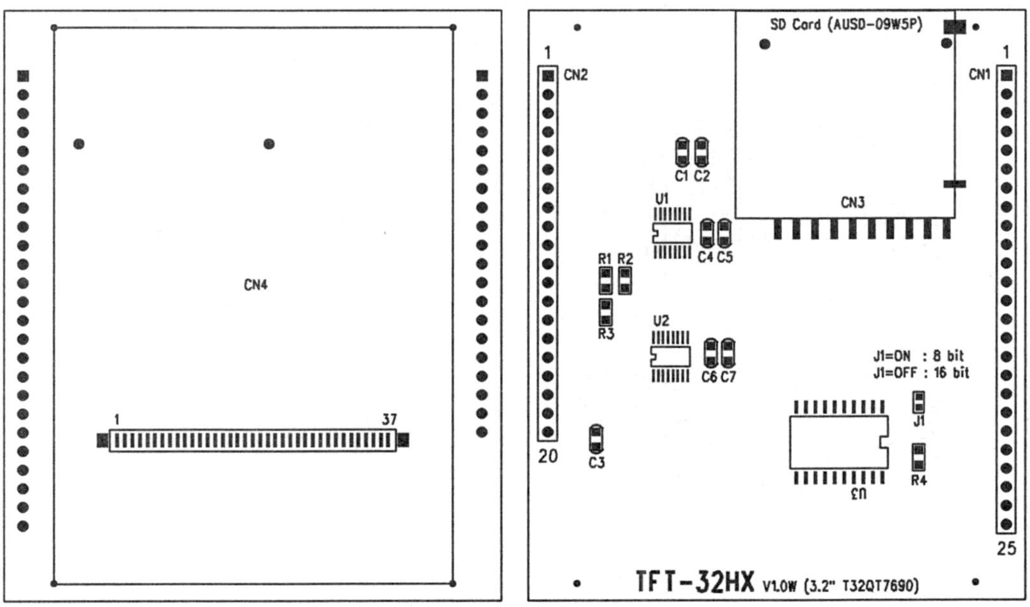

(a) 보드의 앞면(TFT-LCD 모듈 부착면) (b) 보드의 뒷면

〈그림 3.1.4〉 *TFT-32HX* 보드 V1.0의 PCB 부품배치도(실물의 100% 크기)

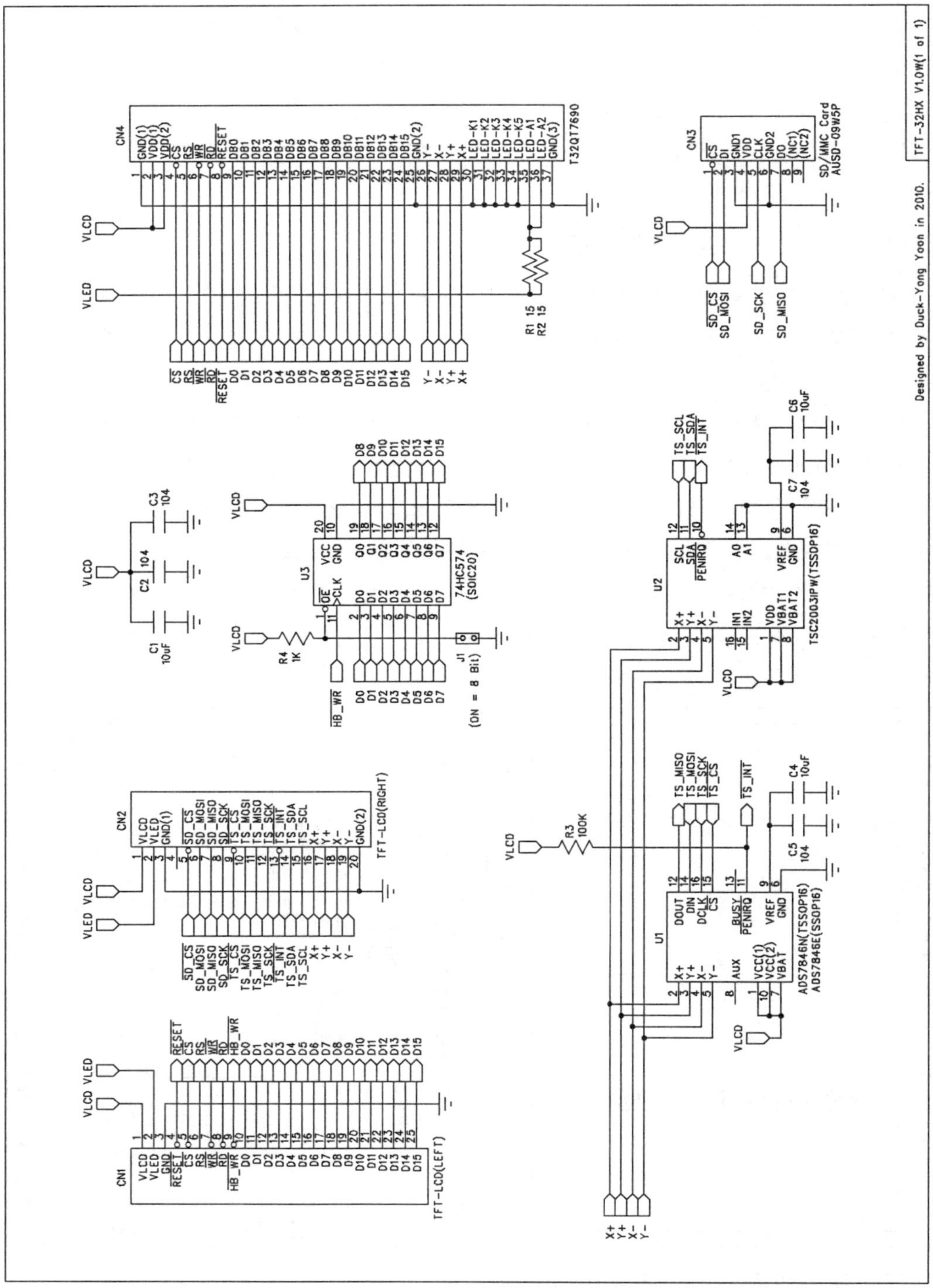

〈그림 3.1.5〉 *TFT-32HX* 보드 V1.0의 회로도

〈표 3.1.6〉 *TFT-32HX* 보드 V1.0의 부품 리스트

부품 번호	수량	부품명 및 규격	대표적인 구입처
CN4	1	T32QT7690	http://www.findlcd.com
U1	1	ADS7846N(16핀 TSSOP형) 또는 ADS7846E(16핀 SSOP형) ☆	
U2	1	TSC2003IPW (16핀 TSSOP형) ☆	
U3	1	74HC574 (20핀 SOIC형)	http://www.devicemart.co.kr
R1, 2	2	15 1/8W(SMD 2012형)	http://www.devicemart.co.kr
R3	1	100K 1/8W(SMD 2012형)	
R4	1	1K 1/8W(SMD 2012형)	
C1, 4, 6	3	10μF/10V 세라믹(SMD 2012형) ☆	
C2, 3, 5, 7	4	104(0.1μF) 세라믹(SMD 2012형) ☆	
CN1	1	25핀 SIP male header	http://www.devicemart.co.kr
CN2	1	20핀 SIP male header	
CN3	1	AUSD-09W5P SD 카드 커넥터	
PCB	1	*TFT-32HX* V1.0(58×71mm 양면 에폭시)	http://www.ohm.co.kr

☆ 만약 U1을 사용하면 U2, C6, C7은 조립하지 말 것. U2를 사용하면 U1, C4, C5는 조립하지 말 것.

〈표 3.1.7〉 *TFT-32HX* 보드 V1.0의 외부 접속 커넥터 핀 기능

커넥터	신호명	핀번호	기 능
CN1	VLCD	1	TFT-LCD 모듈 전원(2.8V 사용 권장, 그러나 3.3V도 사용 가능함)
	VLED	2	LED 백라이트 전원(3.3V 사용 권장)
	GND	3	전원 VLCD 및 VLED의 접지 단자
	-RESET	4	TFT-LCD 모듈 리셋 신호(최소 10μs 이상의 펄스로 리셋 동작)
	-CS	5	TFT-LCD 모듈 칩선택 신호
	RS	6	커맨드와 파라미터를 구분하는 신호(0=커맨드, 1=파라미터)
	-WR	7	TFT-LCD 모듈의 라이트 스트로브 신호
	-RD	8	TFT-LCD 모듈의 리드 스트로브 신호
	-HB_WR	9	8비트 인터페이스 방식에서 상위 바이트를 라이트하는 스트로브 신호
	D0~D15	10~25	16비트 데이터 버스
CN2	VLCD	1	TFT-LCD 모듈 전원(모듈 내부에서 커넥터 CN1의 1번 핀과 연결됨)
	VLED	2	LED 백라이트 전원(모듈 내부에서 커넥터 CN1의 2번 핀과 연결됨)
	GND	3	전원의 접지 단자(모듈 내부에서 커넥터 CN1의 3번 핀과 연결됨)
		4	(사용하지 않음)
	-SD_CS	5	SD 카드의 칩선택 신호
	SD_MOSI	6	SD 카드의 SPI 통신 데이터 입력 신호
	SD_MISO	7	SD 카드의 SPI 통신 데이터 출력 신호
	SD_SCK	8	SD 카드의 SPI 통신 클록 입력 신호
	-TS_CS	9	터치 스크린 컨트롤러 ADS7846의 칩선택 신호
	TS_MOSI	10	터치 스크린 컨트롤러 ADS7846의 SPI 통신 데이터 입력 신호
	TS_MISO	11	터치 스크린 컨트롤러 ADS7846의 SPI 통신 데이터 출력 신호
	TS_SCK	12	터치 스크린 컨트롤러 ADS7846의 SPI 통신 클록 입력 신호
	-TS_INT	13	터치 스크린 컨트롤러 ADS7846 또는 TSC2003의 인터럽트 출력 신호
	TS_SDA	14	터치 스크린 컨트롤러 TSC2003의 I^2C 통신 데이터 입출력 신호
	TS_SCL	15	터치 스크린 컨트롤러 TSC2003의 I^2C 통신 클록 입력 신호
	X+	16	터치 스크린 출력 신호
	Y+	17	터치 스크린 출력 신호
	X-	18	터치 스크린 출력 신호
	Y-	19	터치 스크린 출력 신호
	GND	20	전원의 접지 단자(모듈 내부에서 커넥터 CN1의 3번 핀과 연결됨)

TFT-LCD 모듈을 조립할 때는 FPCB의 37개 핀을 PCB 패턴과 정확하게 일치시키고 FPCB에 붙어있는 양면 접착 테이프로 위치를 잘 고정시킨 후에 납땜하며, CN4 양쪽에 있는 2개의 넓은 핀도 납땜하여 준다. 납땜 후에는 TFT-LCD 패널의 뒷면에 붙어있는 양면 접착 테이프를 이용하여 TFT-LCD 모듈의 패널을 *TFT-32HX* 보드의 PCB에 붙여주면 되는데, 이때 TFT-LCD 모듈의 4군데 모서리에 있는 돌기가 PCB의 구멍에 일치하도록 위치를 잘 맞추어야 한다.

TFT-LCD 모듈을 먼저 조립하고 나면 커넥터 CN1과 CN2를 납땜하는 것이 불편하므로 가급적이면 커넥터 CN1과 CN2를 먼저 납땜하는 것이 바람직하다.

(2) *TFT-32HX* 보드의 동작 타이밍

3.2인치 TFT-LCD 모듈 T32QT7690에 사용된 컨트롤러 HX8347-A01의 동작 타이밍은 <그림 3.1.6>과 같다. 따라서, *TFT-32HX* 보드 V1.0의 동작 타이밍도 이와 동일하다.

만약 *TFT-32HX* 보드를 마이크로컨트롤러에 8비트 인터페이스 방식으로 접속하려면 74HC574를 사용해야 한다. 8비트 방식에서는 74HC574의 클록 입력 신호인 -HB_WR를 사용하여 먼저 데이터의 상위 바이트를 D7~D0에 라이트하고, 다음에는 -CS, RS, -WR 신호를 사용하여 데이터의 하위 바이트를 D7~D0에 라이트한다. 그러면 실제로 TFT-LCD 모듈에는 하위 바이트를 라이트하는 순간에 16비트의 데이터 전체가 1번에 라이트된다. 이때 *TFT-32HX* 보드의 D15~D8 신호는 74HC574의 출력신호 Q7~Q0에 해당하므로 반드시 오픈시켜 놓아야 한다.

마이크로컨트롤러와 *TFT-32HX* 보드를 8비트 인터페이스 방식 및 16비트 인터페이스 방식으로 사용하는 방법을 요약하면 <표 3.1.8>과 같다. *OK-X128A1* 키트에서는 16비트 인터페이스 방식으로 사용하므로 점퍼 스위치 J1을 OFF시키며 U3과 R4를 조립하지 않는다.

〈표 3.1.8> *TFT-32HX* 보드 V1.0의 외부 인터페이스 방식 요약

인터페이스	점퍼 스위치 J1	사용 방법
8비트 방식	J1 = ON	① 점퍼 스위치 J1을 ON시킴. ② D7~D0 버스를 통하여 상위 바이트를 -HB_WR 신호로 라이트하고 하위 바이트를 -CS, RS, -WR 신호로 라이트함. ③ 사용하지 않는 -RD 신호는 +3.3V에 접속함. ④ 사용하지 않는 D15~D8은 오픈시켜두어야 함.
16비트 방식	J1 = OFF	① 점퍼 스위치 J1을 OFF시킴. ② D15~D8에 상위 바이트, D7~D0에 하위 바이트를 접속함. ③ 사용하지 않는 -RD 및 -HB_WR 신호는 +3.3V에 접속함. ④ U3과 R4를 조립하지 않아도 됨.

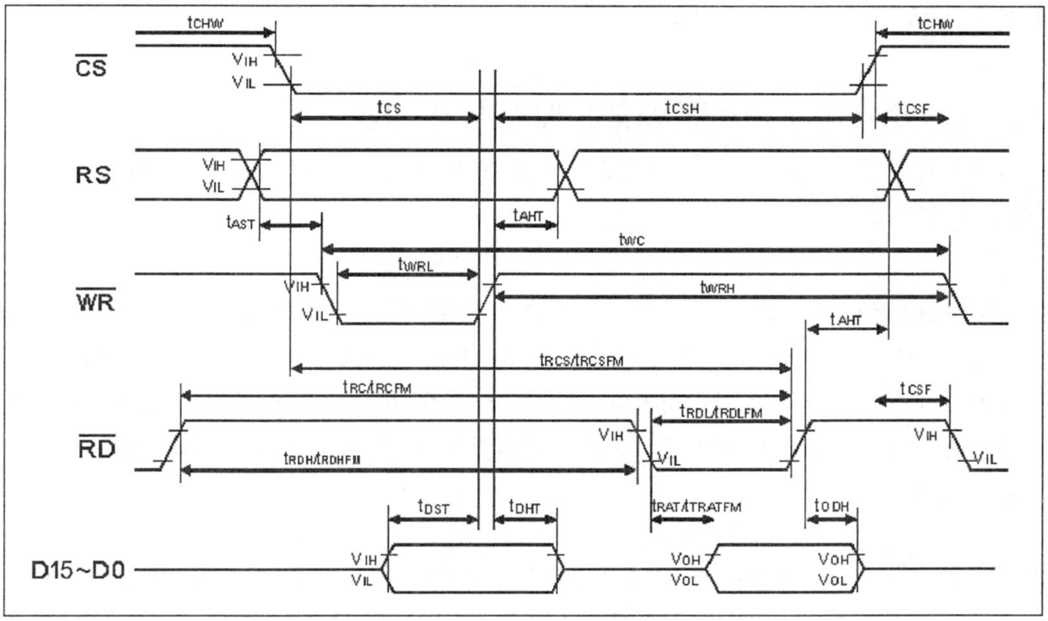

(VCC=1.65V to 2.9V, Ta = -30 to 70°C)

Signal	Symbol	Parameter	Min.	Max.	Unit	Description
RS	t_{AST}	Address setup time	10	-	ns	-
	t_{AHT}	Address hold time (Write/Read)	10	-		
CS	t_{CHW}	Chip select "H" pulse width	0	-	ns	-
	t_{CS}	Chip select setup time (Write)	35	-		
	t_{RCSFM}	Chip select setup time	355	-		
	t_{CSF}	Chip select wait time (Write/Read)	10	-		
	t_{CSH}	Chip select hold time	10	-		
WR	t_{WC}	Write cycle	100	-	ns	-
	t_{WRH}	Control pulse "H" duration	35	-		
	t_{WRL}	Control pulse "L" duration	35	-		
RD	t_{RCFM}	Read cycle	450	-	ns	When read from GRAM
	t_{RDHFM}	Control pulse "H" duration	90	-		
	t_{RDLFM}	Control pulse "L" duration	355	-		
D15~D0	t_{DST}	Data setup time	15	-	ns	For maximum C_L=30pF For minimum C_L=8pF
	t_{DHT}	Data hold time	10	-		
	t_{RATFM}	Read access time	-	340		
	t_{ODH}	Output disable time	20	80		

<그림 3.1.6> HX8347-A01의 동작 타이밍

4. *OK-X128A1* 키트의 조립 및 테스트

이제 만약 사용자가 직접 자신의 손으로 *OK-X128A1* 키트 V1.0을 조립하고자 한다면 <그림 3.1.2>의 회로도와 <그림 3.1.3>의 PCB 부품 배치도, 그리고 <표 3.1.2>

의 전체 부품 리스트를 참조하면서 반드시 다음 설명을 읽고 작업하라.

(1) *OK-X128A1* 키트를 조립할 때의 유의 사항

사용자가 직접 *OK-X128A1* 키트 V1.0을 납땜하거나 조립할 때의 주의 사항들을 요약하면 다음과 같다.

① ATxmega128A1-AU CPU 소자를 가장 먼저 납땜하라. 이것은 핀 간격이 매우 좁은 TQFP형의 소자이므로 상당히 숙달된 납땜 기술을 필요로 한다. 이것의 납땜이 부실하면 자칫 기판을 망가뜨리거나 나중에 키트가 정상으로 동작하지 않는 가장 큰 원인이 되므로 주의해야 한다. CPU를 완벽하게 납땜하고 나면 나머지 소자들의 조립은 수월하다.

② 납땜은 신속하고 확실히 하라. 1개의 핀을 납땜하는데 수초 이상이 걸리면 부품이 과열되어 손상될 수 있다. 또한, IC 소자의 경우 같은 소자에 있는 여러 개의 핀들을 연속하여 납땜하지 말고, 다른 소자를 번갈아 돌아가면서 납땜하라. 이와 같이 하면 납땜중에 부품의 온도가 높아졌던 것이 다른 부품을 납땜하는 동안에 냉각되어 다시 돌아와서 납땜하면 더욱 안전해진다.

③ 부품이 서로 바뀌지 않도록 철저히 체크하며, PCB에 표시되어 있는 부품의 방향이나 극성 표시를 올바르게 확인하고 삽입하라. 만약, 극성이 있는 소자가 반대 방향으로 조립되면 정상적으로 동작이 수행되지 않음은 물론이고 부품이 소손될 수 있으며, 나중에 이를 교체하려면 부품은 물론 PCB를 망가뜨릴 우려가 있다. 특히, RS-232C용의 커넥터(CN7)처럼 모양이 비슷한 부품이라도 핀의 암수를 올바르게 구분하여 선정하는 등 정확한 부품을 사용해야 한다는 점을 다시 한번 확인하라.

④ 부품을 PCB 홀에 삽입할 때는 이를 PCB의 바닥면에 완전히 밀착시킨 후에 납땜하라. 부품이 PCB의 바닥면에 밀착되지 않고 위로 들떠 있으면 미관상으로 좋지 않으며 기계적으로 단단히 고정되지 않을 수도 있다.
그러나, 온도센서 LM35DZ(U5)와 같이 특수한 소자의 경우에는 주의가 필요하다. 이것은 PCB 주변의 기온을 측정하는 것이므로 PCB 윗면에 수직으로 세우지 말고 90°로 꺾어서 PCB의 옆쪽 밖으로 돌출되도록 젖혀두어야만 주위 공기의 흐름에 의하여 좀더 정확한 온도를 측정할 수 있다.

⑤ TFT-LCD 보드나 모든 확장 모듈은 직접 기판에 고정되도록 조립하지 말고 지정된 커넥터를 사용하여 착탈식으로 처리하라. 이것들은 이와 같이 착탈식으로 처리해야만 필요에 따라 붙이거나 뗄 수 있다.

⑥ 키트의 전원은 반드시 안정된 성능의 SMPS를 사용하라. 이 키트는 기본적으로는 +5V/1A 정도라면 충분히 동작한다. 키트 내부에서 레귤레이터 소자를 이용하여 +3.3V와 +2.5V를 발생시켜 사용하며, D/A 컨버터 출력에 필요한 Op Amp의 전원은 MAX3232 소자로부터 약 ±5.5V 정도의 전압을 끌어와 사용한다.

(2) 조립하지 않아도 되는 부품

이 키트는 매우 많은 기능을 가지고 있으므로 경우에 따라서는 일부 부품을 조립하지 않고 비워두어도 무방하다.

① JTAG ICE를 가지고 있지 않은 사용자는 PDI 다운로드 케이블용의 커넥터 CN2만을 조립하고 JTAG ICE용의 커넥터 CN3은 조립하지 않아도 된다.

② 키트의 부품중에서 L1과 C6은 CPU의 A/D 컨버터에 보다 안정된 전원을 공급하기 위한 저역통과 필터 기능을 수행한다. 하지만, 인덕터 소자를 가지고 있지 않거나 A/D 컨버터가 다소 불안정한 동작을 하는 것을 감수하겠다면 L1은 조립하지 않아도 되며, 이때는 반드시 L1의 자리를 점퍼선으로 연결하여 단락시켜야 한다.

③ 반도체 온도센서 TCN75-5.0MOA(U9)를 사용하지 않는다면 조립하지 않아도 된다. 이 키트에는 기본 온도센서 소자로서 LM35DZ(U5)를 가지고 있다.

④ 고급 응용으로서 MP3 플레이어를 필요로 하지 않는다면 VS1033(U10) 및 그 주변회로 소자들은 조립하지 않아도 된다.

⑤ 고급 응용으로서 MOD1~MOD4에 접속되는 TCP/IP LAN 통신 모듈, USB 통신 모듈, GPS 모듈, 3축 가속도 센서 모듈, 초음파 센서 모듈 등을 필요로 하지 않는다면 이에 해당하는 커넥터를 조립하지 않아도 된다.

⑥ 이 키트에서는 TFT-LCD 모듈을 16비트 방식으로 인터페이스하므로 TFT-LCD 보드 *TFT-32HX*에서 U3, R4, J1은 조립하지 말아야 한다.

⑦ TFT-LCD 보드 *TFT-32HX*에서 터치 스크린 컨트롤러는 ADS7846N/E 또는 TSC2003IPW 중에서 반드시 1가지만 선택하여 조립해야 한다. 그리고 여기서 어느 소자를 조립했는지에 따라 메인 PCB에서 J1을 적절하게 선택해주어야 한다.

⑧ TFT-LCD 보드 *TFT-32HX*에서 SD 카드를 필요로 하지 않는다면 SD 카드 커넥터 CN3은 조립하지 않아도 된다. 그러나, 전자 앨범이나 MP3 플레이어 프로그램을 사용하는 경우라면 반드시 SD 카드를 사용해야 한다.

(3) *OK-X128A1* 키트를 조립하고 나서 동작을 테스트하는 방법

이제 *OK-X128A1* 키트의 조립이 모두 끝났으면 이것의 동작을 테스트하여 확인해야 한다. 만약, 여러분이 올바른 부품을 사용하여 자신있게 납땜하였다면 틀림없이 잘 동작할 것이니 미리 걱정할 필요는 없다. "잘 동작하도록 설계해 놓은 것을 동작하지 않게 조립하는 것도 보통 능력이 아니다!"라는 점을 상기하고, "남들은 이를 설계하고 만들기도 하는데 단지 조립하여 사용하라는 것을 못하랴!"라고 자신의 오기를 자극하시라.

이제 설레는 가슴을 진정시키고 작업하던 주위를 좀 깨끗하게 정리한 후에 차분하게 다음과 같은 순서로 테스트를 시작한다.

① 조립이 끝났으면 작업하던 테이블 위를 깨끗이 청소하고 다시 한번 조립상태를 세밀하게 점검하라. 부품이 바뀌지 않고 올바르게 선정되었는지, 극성이 바르게 조립되었는지, 납땜 상태는 양호한지 등을 중점적으로 체크한다.

② 전원을 넣기 전에 키트에 전원이 올바르게 공급될 것인지 다시 한번 점검하라. 전원의 각 전압은 올바른지, 전원의 극성을 반대로 연결하지 않았는지 등을 중점적으로 체크한다.

③ 조립이 끝나면 *OK-X128A1* 키트에는 아무 프로그램도 들어있지 않으므로 전원을 넣어봐야 프로그램이 실행되지 않으며 아무 동작도 수행되지 않는다. 그러나, 전원을 투입하고 나서 LED5가 점등되는지, 그리고 심하게 열이 나거나 연기가 나는 소자는 없는지 주의하여 관찰하는 것이 좋다.

④ 아직은 사용자가 직접 프로그램을 작성하는 것은 어려우므로 예제 프로그램에 함께 제공되는 kit_test-X128A1.hex 파일을 다운로드하여 실행한다. 그러기 위해서는

먼저 제3.3절에서 설명하는 것처럼 AVR Studio 소프트웨어를 설치하고, 제3.2절에서 설명에 따라 AVRISP mkII 다운로드 케이블의 사용방법을 익혀야 한다.

⑤ 위의 ④에서 수행한 테스트 프로그램이 모두 올바르게 실행된다면 이제 여러분이 조립한 *OK-X128A1* 키트는 거의 정상적으로 동작하는 것으로 봐도 좋다. 그러나, 부분적으로 동작하지 않는 기능이 발견되면 회로도를 보면서 해당 부분의 하드웨어를 체크해야 한다. 만약, 전혀 키트가 동작하지 않고 스스로 이를 디버깅할 능력이 부족하다면 전문가의 도움을 받는 것이 좋다.

예제 프로그램에 함께 제공되는 kit_test-X128A1.hex 프로그램은 *OK-X128A1* 키트의 각 부분 하드웨어 동작을 점검하기 위한 11가지의 테스트 프로그램으로서 이것을 실행하는 방법과 실행하였을 경우의 동작은 다음과 같다. 이 테스트 프로그램의 소스는 C언어로 작성하였으며 <부록 2>에 보였다.

① 제3.3절의 설명에 따라 AVR Studio 프로그램의 최신 버전을 설치하고 기본적인 설정을 완료하라.

② 제3.3절의 설명에 따라 예제 프로그램을 설치하고 C:\Atmel\OK-X128A1c\ 폴더에서 kit_test-X128A1.hex 파일을 다운로드한다. 프로그램이 다운로드되고 나면 자동으로 실행이 시작된다. 처음으로 이 키트의 ATxmega128A1 소자를 사용하더라도 특별히 퓨즈 바이트를 설정할 사항은 없다.

③ 이 프로그램은 부팅 과정에서 100ms의 빠른 속도로 짧은 버저음과 함께 LED1～LED4가 차례로 점등되고, TFT-LCD 모듈에 11가지의 테스트 메뉴가 나타난다. 그러면 KEY1과 KEY2로 테스트 메뉴를 선택하고 KEY4로 선택된 테스트 기능을 실행한다. 모든 테스트 결과는 화면에 표시되며, 각 테스트가 종료되면 화면은 다시 테스트 메뉴로 돌아온다.

④ 테스트 (1)은 TFT-LCD 모듈의 컬러를 테스트하는 것으로서 화면에 수평 및 수직 컬러 바(bar)를 출력하여 동작을 확인한다. 각 컬러 바에는 한글 메시지로 표시색을 명시하고 있으므로 실제로 표시되는 색깔이 맞는지를 확인한다.

⑤ 테스트 (2)에서는 TFT-LCD 화면에 한글 및 영문 메시지를 출력하여 화면처리 동

작을 확인한다.

⑥ 테스트 (3)에서는 TFT-LCD 화면에 그래픽 함수를 출력하여 화면처리 동작을 확인한다.

⑦ 테스트 (4)는 전원전압 테스트로서 A/D 컨버터로 키트의 +5V, +3.3V, +2.5V 전원을 측정하여 각 전압값을 소수점 아래 2째 자리까지 표시한다.

⑧ 테스트 (5)는 LED 출력 테스트로서 LED1~LED4를 차례로 점등하면서 이를 화면에 표시한다.

⑨ 테스트 (6)은 터치 스크린 테스트로서 사용자가 화면을 터치하면 그 좌표값이 화면에 표시된다. *TFT-32HX* 보드에 터치 스크린 컨트롤러로서 ADS7846을 조립하였으면 J1=OFF로 설정해야 하며, 터치 스크린 컨트롤러로서 TSC2003을 조립하였으면 J1=ON으로 설정해야 한다.

⑩ 테스트 (7)은 온도센서 테스트로서 LM35DZ(U5) 온도센서를 A/D 컨버터로 읽어들여 온도값을 화면에 +0.0~+99.9도 범위에서 표시하고, 또한 TCN75-5.0MOA(U9) 온도센서를 읽어들여 온도값을 화면에 -55.0~+99.9도 범위에서 표시한다.

⑪ 테스트 (8)은 아날로그 출력 테스트로서 DAC0 단자와 DAC1 단자를 통하여 톱니파, 삼각파, 정현파를 차례로 출력한다. ATxmega128A1의 D/A 컨버터 출력단자인 DAC0 및 DAC1에는 이들 파형이 양의 값(positive value)만 출력되지만, Op Amp를 사용한 DAC3 단자에는 교류 파형이 출력된다.

⑫ 테스트 (9)는 RS-232C 통신 테스트로서 ATxmega128A1의 USART 포트에서 송신한 데이터를 루프백(loop back)하여 다시 수신함으로써 올바른 통신 동작을 확인한다. 즉, *OK-X128A1* 키트가 ATxmega128A1의 TXD0 단자로 송신한 데이터를 RXD0 단자로 수신하여 USART 포트의 정상동작 여부를 체크하는데, 테스트 결과는 TFT-LCD 모듈에 메시지로 표시된다.
이 테스트를 수행할 때는 <그림 3.1.7>에 보인 것처럼 미리 RS-232C 직렬통신 케이블의 한쪽을 *OK-X128A1* 키트의 커넥터 CN7에 연결하고, 이 케이블 반대편의 암컷 커넥터에서 점퍼선으로 2번핀과 3번핀을 연결시켜 주어야 한다. 그러면

OK-X128A1 키트에서 커넥터 CN7을 통하여 USART 통신포트의 TXD0 단자로 송신한 데이터를 RXD0 단자로 수신할 수 있게 된다.

⑬ 테스트 (10)은 스피커 출력 테스트로서 옥타브4에서 "도레미파솔라시도", "도시라솔파미레도"가 한차례 연주된다. 이를 확인하려면 물론 커넥터 CN6에 스피커를 접속해 놓아야 한다.

⑭ 테스트 (11)은 디지털 시계 테스트로서 DS1307(U9) RTC를 사용하여 디지털 시계를 구현한다. 이 디지털 시계에는 캘린더를 포함하며, 현재 시각을 설정하는 기능을 가지고 있다.

이상의 테스트를 실시하면서 정상 동작 여부를 확인하여 만약 *OK-X128A1* 키트에 문제가 있다면 하드웨어 디버깅을 수행하여야 한다. 마이크로프로세서의 초보자거나 ATxmega128A1 마이크로컨트롤러에 익숙하지 않은 사용자라면 키트를 점검하는 일은 쉽지 않은 일이지만 자신이 조립한 실제 키트와 회로도를 대조하면서 원리적으로 차분히 접근하면 꼭 어려운 것만도 아니어서 대부분의 에러는 무난하게 찾아낼 수가 있다.

하드웨어를 디버깅할 때는 물론 좋은 계측기가 필요하지만, 계측기에 지나치게 의존하지 말고 자신의 눈이나 감각으로 직접 부품의 납땜 상태나 소자의 핀접속 상태 또는 동작중 과열 여부 등 여러 가지의 상태를 확인하는 것이 중요하다. 키트 동작의 오류는 거의 대부분 납땜 불량이나 부품의 오삽 등과 같은 작업자의 실수에 의하여 발생하므로 자신의 눈이나 확대경 등을 사용하여 키트를 세밀하게 관찰하면 어렵지 않게 오류를 찾아낼 수 있다.

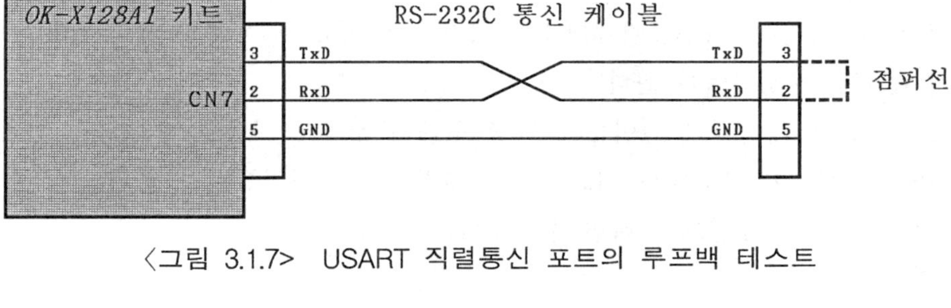

〈그림 3.1.7〉 USART 직렬통신 포트의 루프백 테스트

5. RS-232C 통신 케이블의 제작

OK-X128A1 키트에서는 CN7용의 RS-232C 직렬통신 케이블을 기본으로 제공하며, 이것의 구조는 <그림 3.1.8>과 같다. 그러나, 이것은 필요하면 사용자가 이를 직접 만들 수도 있다.

RS-232C의 커넥터는 컴퓨터와 같은 DTE(Data Terminal Equipment, 데이터 단말장치)측에 D형 커넥터의 수컷을 사용하고, 모뎀과 같은 DCE(Data Communication Equipment 또는 Data Circuit-Terminating Equipment, 회선 종단장치)측에 D형 커넥터의 암컷을 사용하도록 되어 있다. 그러나, *OK-X128A1* 키트는 DTE로서 IBM PC와 직접 즉, DTE끼리 직접 통신을 수행하므로 RS-232C 통신 케이블의 양쪽에는 모두 암컷 커넥터를 사용해야 한다. 그러므로 키트의 커넥터 CN7은 당연히 수컷으로 되어 있다. 흔히 마이크로프로세서 트레이닝 키트의 직렬통신 포트에 암컷 커넥터를 사용하는 경우가 있으나 이는 잘못된 것이다.

IBM PC의 직렬 포트	RS-232C용 직렬통신 케이블		키트의 커넥터 CN7
(9핀 커넥터 수컷)	(9핀 커넥터 암컷)	(9 핀 커넥터 암컷)	(9핀 커넥터 수컷)
②(RxD)	(RxD)②	③(TxD)	③(TxD)
③(TxD)	(TxD)③	②(RxD)	②(RxD)
⑤(GND)	(GND)⑤	⑤(GND)	⑤(GND)

〈그림 3.1.8〉 RS-232C 직렬통신용 케이블의 결선도

일부의 통신 프로그램에서는 RS-232C 통신 케이블에서 TxD 및 RxD 신호는 물론이고 $\overline{RTS}$, $\overline{CTS}$, $\overline{DTR}$, $\overline{DSR}$과 같은 모뎀제어 신호를 사용하여 핸드세이킹 제어를 수행하는 경우도 있지만 대부분의 MCU에서는 TxD 및 RxD 신호만으로 간단히 직렬통신을 수행한다. 따라서, 퍼스널컴퓨터측의 직렬통신 프로그램에서도 핸드세이킹 제어를 사용하지 않도록 설정하여야 한다.

RS-232C 통신 케이블의 길이는 규격상 최대 15m까지 사용할 수 있다. 그러나, 우리의 경우는 이를 *OK-X128A1* 키트와 퍼스널컴퓨터를 직렬통신하기 위하여 연결하는데 사용할 것이므로 1m정도로 하면 충분하다.

3.2 AVR ISP 다운로드 케이블의 사용

이 절에서는 먼저 AVR ATxmega128A1 마이크로컨트롤러를 사용하는데 필요한 하드웨어 및 소프트웨어 개발 툴(development tool)을 알아보고, PDI형 다운로드 케이블을 가지고 사용자가 작성한 어셈블 언어 또는 C언어 프로그램을 번역하여 생성된 인텔 HEX 파일을 *OK-X128A1* 키트에 다운로드하여 실행하는 방법을 설명한다.

1. 하드웨어 및 소프트웨어 개발 툴

Atmel사의 AVR 마이크로컨트롤러는 그 역사가 매우 짧은데도 불구하고 오늘날처럼 많은 사용자를 확보하게 된 것은 그 성능이 뛰어나고 편리한 ISP 기능을 가지고 있는 등의 장점 때문이며, 또 한편으로는 여기에 필요로 하는 개발 툴을 대부분 무료로 사용할 수 있다는 점 때문이기도 하다. 물론 이러한 개발 툴은 Atmel사나 다른 회사에서 상업적으로 판매하는 것도 많지만, 우리는 무료로 얻을 수 있는 툴만으로도 훌륭하게 이를 충분히 사용할 수가 있다. 그것도 메이커에서 제공하는 한정된 기능을 가지는 데모 버전(demonstration version) 또는 평가용 버전(evaluation version)이 아니라 이른바 풀 버전(full version)의 정품이다.

(1) 하드웨어 개발 툴

AVR의 하드웨어 개발 툴은 에뮬레이터, 평가용 보드, ISP 다운로드 케이블, 그리고 이것들에 관련된 소프트웨어 등으로 나눌 수 있다.

이 책에서 사용하는 하드웨어 개발 툴의 대표적인 것으로는 AVR ISP 다운로드 케이블이다. 물론 하드웨어 개발 툴 중에서 가장 좋은 것은 에뮬레이터지만 AVR ISP 다운로드 케이블을 사용해보면 에뮬레이터 없이도 충분히 개발이 가능하다는 것을 알게 된다.

▣ 평가용 보드

평가용 보드(evaluation board 또는 evaluation kit)는 마이크로컨트롤러 제조회사가 해당 MCU를 사용하여 기본적인 하드웨어 설계 기술을 배우고 이를 사용해 봄으로써 이 소자의 하드웨어 또는 소프트웨어 실행 성능이나 응용분야를 평가해 볼 수 있도록 판매하는 간단한 타겟 보드이다. 이 마이크로컨트롤러를 처음 익히는 사람은 이를 이용하여 짧은 시간에 저렴한 비용으로 많은 경험을 쌓을 수 있으므로 스타터 키트(Starter Kit)라고 부르는 경우도 있다.

종래에 Atmel AVR의 스타터 키트는 Kanda Systems사에서 주로 공급하였는데, 여기에는 주로 ATtiny 패밀리를 지원하는 STK100, 주로 AT90 패밀리를 지원하는 STK200, 주로 ATmega 패밀리를 지원하는 STK300 등이 있다. 그러나, 최근에는 Atmel사에서도 대부분의 AVR 모델을 지원하는 STK500 시리즈나 STK600 시리즈의 평가용 보드를 직접 제공한다. 현재 Atmel사에 지원하는 ATxmega128A1용의 평가용 보드는 STK600-TQFP100 이다.

AVR용의 스타터 키트에는 부수적으로 사용자가 만든 타겟 보드에 있는 MCU를 프로그래밍할 수 있는 ISP 기능을 가지고 있는 경우가 많다. 하지만, MCU가 출시된지 얼마 되지 않아 이를 이용한 설계 기술이 널리 알려지지 않았거나 개발 툴을 구하기 어려운 경우라면 모르지만, 오늘날처럼 AVR을 사용하기 쉬운 환경에서는 평가용 보드나 스타터 키트의 필요성이 별로 없어 보인다.

▣ JTAG ICE 에뮬레이터

사용자가 작성한 프로그램을 타겟 보드(target board)로 다운로드하여 실시간으로 실행하면서 하드웨어나 소프트웨어를 쉽게 디버깅할 수 있도록 도와주는 하드웨어 장비를 에뮬레이터(emulator)라고 한다. 일반적으로 에뮬레이터는 타겟 보드에 사용자 프로그램을 다운로드할 수 있고, 다운로드한 프로그램을 1개의 명령어씩 실행하는 싱글스텝(single step) 또는 트레이스(trace) 기능, 사용자가 원하는 위치까지 프로그램을 실행한 후에 정지시키는 브레이크 포인트(break point) 기능, 프로그램의 실행 상황을 눈으로 직접 보면서 수행하는 윈도우 워치(window watch) 기능 등은 에뮬레이터의 기본적인 기능들이다. 그러나, 에뮬레이터를 가지고 있지 않은 경우에도 AVR Studio를 사용하면 사용자 프로그램을 시뮬레이션(simulation)할 수 있다.

Atmel사에서 판매하는 AVR용의 에뮬레이터는 주로 ATtiny 패밀리를 지원하는 ATICE40, 주로 AT90 패밀리를 지원하는 ATICE200, 그리고 주로 AT90 패밀리와 ATmega 패밀리를 지원하는 ATICE50 등이 있다. 이들 ICE(In-Circuit Emulator)들은 대부분 에뮬레이터에 부속되는 포드(pod)를 타겟 보드의 MCU 소켓에 접속하여 에뮬레이터가 직접 타겟 보드의 MCU 기능을 대신하면서 실시간으로 실행 및 디버깅을 수행하게 된다. 따라서, 하나의 에뮬레이터에 여러 가지의 MCU에 따른 포드가 옵션 액세서리로 부속되어 있게 된다.

ICE는 모델에 따라 퍼스널컴퓨터의 RS-232C 직렬포트 또는 USB 포트에 연결하여 사용하며, 이에 관련된 IDE 소프트웨어로는 AVR Studio를 사용한다. ATmega 패밀리의 주요 모델들은 IEEE 1149.1 표준의 JTAG 인터페이스를 접속할 수 있는 외부 핀들을 가지고 있으며, Atmel사에서는 이를 위하여 JTAG ICE를 제공하고 있다. JTAG ICE는 일반 다른 ICE와 달리 타겟 보드에 있는 MCU를 그대로 사용하면서 표준 10핀 JTAG 커넥터를 통하여 에뮬레이터와 타겟 보드를 연결한다.

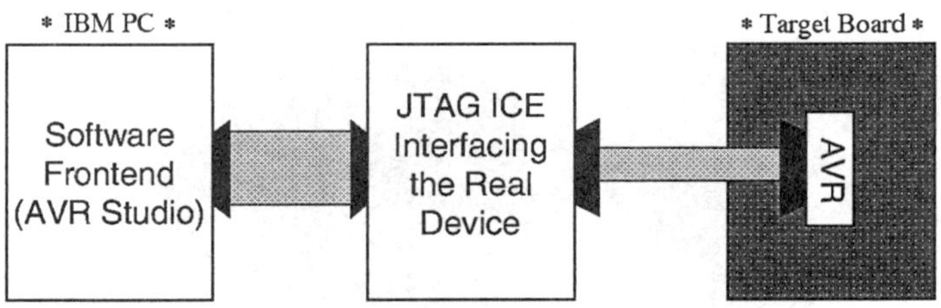

〈그림 3.2.1〉 Atmel사의 JTAG ICE 에뮬레이터

현재 Atmel사에서 지원하는 ATxmega128A1용의 정품 JTAG ICE는 USB 포트형의 JTAGICE mkII이며, *OK-X128A1* 키트에서도 커넥터 CN3을 통하여 이를 접속할 수 있다.

▣ AVR ISP 다운로드 케이블

AVR은 SPI 통신을 사용한 ISP 기능을 가지고 있어서 마이크로컨트롤러 내부의 플래시 프로그램 메모리에 사용자 프로그램을 쉽게 다운로드할 수 있다는 장점을 갖는다.

초창기에 Atmel사에서는 AVR의 플래시 메모리에 사용자 프로그램을 다운로드할 수 있는 직렬포트형의 AVR ISP를 판매하였다. 이것은 <그림 3.2.2>와 같은 모양인데 얼핏 보면 JTAG ICE와 비슷하게 생겼지만 이것의 크기가 다소 작으며 가격이 수만원 정도에 불과하여 인기를 끌었다. 이 제품은 퍼스널컴퓨터의 RS-232C 직렬포트에 연결하여 AVR Studio와 함께 사용하며, 타겟 보드에 접속하는 커넥터는 10핀 및 6핀 표준 커넥터를 모두 사용할 수 있다. 즉, 사용자가 선택할 수 있는 플랫 케이블(flat cable)이 2가지가 있어서 10핀 커넥터를 사용하거나 6핀 커넥터를 사용하려면 사용자가 각각 그에 맞는 것으로 갈아 끼울 수 있도록 되어 있다.

Atmel사의 정품 AVR ISP는 수많은 호환 기종을 만들어 냈다. Atmel사에서는 AVR ISP에서 사용하는 통신 프로토콜을 공개하고 있으므로 누구라도 어렵지 않게 AVR ISP 다운로드 케이블을 만들 수 있기 때문이다. 이러한 호환형 다운로드 케이블에는 퍼스널컴퓨터의 병렬포트(프린터 포트)에 접속하여 사용하는 방식과 RS-232C 직렬포트에 접속하여 사용하는 방식 또는 USB 포트에 접속하여 사용하는 3가지로 나눌 수 있다. 이것들은 어느 것이나 AVR에 내장된 SPI 직렬통신을 이용하여 ISP를 구현하기 때문에 궁극적으로 직렬통신에 의하여 ISP가 수행되며, 따라서 병렬포트형의 ISP도 병렬포트를 가지고 소프트웨어적으로 직렬통신을 구현하고 있다.

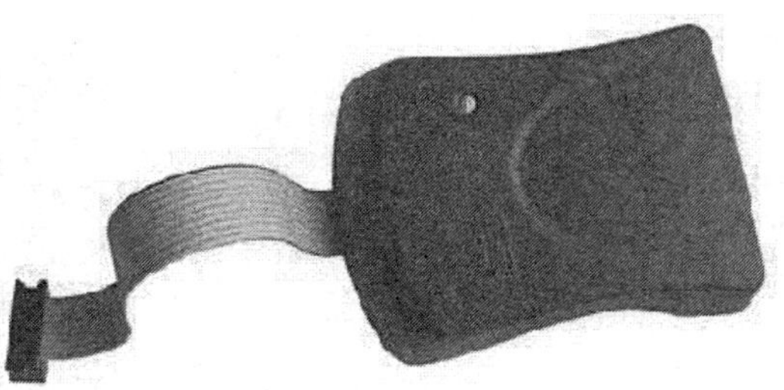

<그림 3.2.2> Atmel사의 직렬포트형 AVR ISP

그러나, 퍼스널컴퓨터에서 USB 포트가 널리 사용되는 추세에 따라 Atmel사에서도 현재는 직렬포트형의 AVR ISP를 단종하고 USB 포트형의 6핀짜리 AVRISP mkII를 판매하고 있다. 그런데, ATxmega 패밀리에서는 종래의 SPI 통신을 사용하는 다운로드 방식이 아니라 전혀 새로운 PDI 방식으로 다운로드를 수행하므로 초기에는 AVRISP mkII를 사용할 수 없었다. 하지만, 현재는 AVRISP mkII의 기능을 업그레이

드하여 이것이 종래의 SPI 통신 방식의 AVR ISP 기능을 수행하는 것은 물론이고 새로운 PDI 방식의 다운로드 기능까지 수행하게 되었다. 따라서, 현재 ATxmega128A1 및 *OK-X128A1* 키트에서도 다운로드 케이블로는 AVRISP mkII를 사용하며, 이때 다운로드 프로그램으로는 AVR Studio를 사용한다.

(2) 소프트웨어 개발 툴

AVR의 소프트웨어 개발 툴은 어셈블러, C컴파일러, IDE 소프트웨어, ISP 다운로드 프로그램 등으로 나눌 수 있다.

▣ 어셈블러

AVR용의 어셈블러(assembler)에는 여러 가지가 있으나 거의 대부분 Atmel사의 매크로 어셈블러 AVRASM2.EXE를 사용한다. 이것은 IDE 소프트웨어인 AVR Studio에 포함되어 무료로 제공되며 지속적으로 버전업되고 있다. ATxmega 패밀리는 종전의 AVR 모델에 비하여 CPU 코어의 구조가 상당히 달라졌으나 어셈블리 레벨에서 소프트웨어의 호환성을 유지하고 있으므로 여전히 AVR Studio의 매크로 어셈블러를 사용하는데 아무런 문제가 없다.

오늘날의 개발자들은 어셈블러보다는 C언어를 즐겨 사용하는 경향이 있으며, 더구나 AVR은 처음부터 C언어를 사용하는데 적합하도록 의도적으로 고려하여 개발된 MCU이므로 여기서 어셈블리 언어를 사용하여 프로그래밍하는 개발자는 더욱 적어졌다. 그러나, 역시 어셈블리 언어는 임베디드 시스템 분야에서 그 세밀한 처리에 관하여 뛰어난 장점을 가지며 이는 여전히 C언어가 도저히 따라올 수 없는 영역이다. 따라서, 이 책에서는 어셈블리 언어와 C언어를 모두 사용하며, 어셈블러는 Atmel사의 이 매크로 어셈블러를 사용한다.

Atmel 매크로 어셈블러는 MS-DOS 창에서도 사용할 수 있지만, 윈도우즈 운영체제에서 IDE 프로그램인 AVR Studio와 함께 사용하면 더욱 편리하다. AVR Studio를 설치하고 여기서 어셈블리 프로그램을 작성하는 방법에 대하여는 제3.3절에서 설명하며, 이 매크로 어셈블러의 자세한 기능이나 문법은 제3.4절에서 요약하여 설명한다.

▣ C 컴파일러

현재까지 가장 널리 사용되어 온 AVR용의 C컴파일러는 IAR C컴파일러로 알려져 있다. 이는 AVR을 개발할 때 처음부터 IAR사의 C컴파일러 개발팀과 Atmel사의

AVR 개발팀이 기술적으로 긴밀한 협조 속에서 작업을 수행하였기 때문에 AVR용 C 컴파일러 중에서 가장 먼저 출시되었다는 점은 물론이고 그만큼 AVR의 특성을 잘 살려서 만들어진 C컴파일러라는 장점을 가지고 있기 때문이다. 이 IAR C컴파일러는 현재 약 150만~200만원 정도에서 구입이 가능하다.

이밖에도 AVR C컴파일러에는 HP Info Tech사의 CodeVisionAVR C컴파일러와 Image Craft사의 ICC C컴파일러 등이 있는데, 이것들은 상대적으로 시장점유율이 낮으며 각각 20만~30만원대에 구입이 가능하다.

그러나, AVR에 관한한 이런 적지 않은 가격으로 상업용 정품 C컴파일러를 구입하여 사용할 필요가 별로 없다. 그것은 무료 소프트웨어의 대명사인 GNU 그룹에서 개발한 GCC 계열의 WinAVR 컴파일러를 무료로 사용할 수 있기 때문이다. 초창기의 AVR-GCC는 성능이 만족스럽지 못한 측면이 있었으나 현재의 WinAVR은 매우 개선되고 안정되어 어느 상업용 C컴파일러와 비교하더라도 거의 손색이 없는 정도이며, 필요할 때마다 지속적으로 버전업되고 있고 또한 Atmel에서 새로운 MCU 모델이 출시될 때마다 이를 지원하기 위한 기능이 추가되고 있다.

WinAVR 소프트웨어 패키지에는 만족할만한 IDE가 없어서 사용자가 이를 사용하는 것이 불편하였는데, AVR Studio V4.12부터는 이것이 내부적으로 WinAVR과 연계되어 동작하므로 사용하기에 더욱 편리해졌다. 이 책에서는 당연히 AVR Studio에서 WinAVR을 사용하며, 이것을 설치하고 여기서 C언어 프로그램을 작성하는 방법에 대하여는 제3.3절에서 설명하고, 이 C컴파일러의 기능이나 문법은 제3.5절에서 요약하여 설명한다.

▣ ISP 다운로드 프로그램 및 IDE

ISP 다운로드 프로그램은 AVR ISP 다운로드 케이블을 통하여 퍼스널컴퓨터로부터 AVR 타겟 보드로 사용자 프로그램을 전송하여 플래시 메모리에 라이트하는 프로그램이다. 이러한 다운로드 프로그램은 AVR Studio처럼 IDE에 내장되어 다운로드 기능과 디버거 기능이 복합되기도 하며, IAR이나 CodeVisionAVR의 경우처럼 C컴파일러 소프트웨어 패키지의 쉘 프로그램에 포함되기도 한다. 또한, PonyProg2000이나 ToastProg2005의 경우처럼 전용의 다운로더 프로그램으로 나온 것도 있다.

이러한 대부분의 다운로더 프로그램에서는 사용할 ISP 케이블의 종류를 병렬포트 또는 직렬포트로 설정할 수 있고, 오브젝트 파일의 형식으로는 대부분 HEX 파일 또는 COFF 파일을 사용한다.

IDE(Integrated Development Environment)는 에디터, 어셈블러, C컴파일러, 링커,

다운로더, 디버거 등 사용자가 프로그램 개발에 필요한 모든 소프트웨어를 종합적으로 사용할 수 있는 통합 관리 프로그램이라고 할 수 있다. IDE는 대부분의 경우 에뮬레이터와 그림자처럼 따라다니며 함께 사용되는데, 예를 들면 AVR Studio가 여기에 해당한다. AVR Studio를 사용하면 어셈블리 프로그램을 작성하여 어셈블할 수 있고, C언어 프로그램을 작성하여 컴파일할 수 있으며, 어셈블러나 C언어로 작성되어 번역된 모든 오브젝트 파일을 다운로드하여 실행하면서 디버깅할 수 있다.

특히 ATxmega128A1이나 *OK-X128A1* 키트에서처럼 다운로드 케이블을 Atmel사의 정품 AVRISP mkII로 사용하면 사용자 프로그램의 작성이나 번역은 물론이고 이를 타겟 보드에 다운로드하는 기능까지 모두 AVR Studio에서 직접 수행하므로 매우 편리하다.

◀휴게실▶ **AVR 관련 업체 및 홈페이지 리스트**

AVR 마이크로컨트롤러와 관련된 주요 업체와 개인 홈페이지를 요약하면 다음과 같다.

<표 3.2.1> AVR 관련 업체 및 홈페이지

업체명	홈페이지 주소	취급 품목 또는 내용
Atmel	http://www.atmel.com/	AVR 칩 개발, 하드웨어 개발 툴 및 AVR Studio 개발
AVRfreaks	http://www.avrfreaks.net/	AVR / WinAVR / AVR Studio에 관한 forum 운영
SourceForge.net	http://sourceforge.net/projects/winavr	WinAVR 소프트웨어 개발, 무료 제공
IAR	http://www.iar.com/	IAR C 컴파일러 개발
HP Info Tech	http://www.hpinfotech.com/	CodeVisionAVR C 컴파일러 개발
RealSYS	http://www.realsys.co.kr/	CodeVisionAVR C
ImageCraft	http://www.imagecraft.com/	ImageCraft C 컴파일러 개발
Prochild	http://www.prochild.com/	AVR 소자, 하드웨어 개발 툴, IAR C, ImageCraft C
AVRMall	http://www.avrmall.com/	AVR 소자 및 키트 구입
Device Mart	http://www.devicemart.co.kr/	AVR 소자 및 키트 구입

2. AVRISP mkII 다운로드 케이블

AVRISP mkII는 Atmel사의 USB 포트형 다운로드 케이블로서 모든 AVR 마이크로컨트롤러를 지원한다. 이것은 종래의 직렬포트형 AVR ISP 다운로드 케이블의 후속 모델에 해당한다. <그림 3.2.3>에 AVRISP mkII의 구성품을 사진으로 보였으며, <그림 3.2.4>에는 이 다운로드 케이블의 연결방법을 도시하였다.

원래 AVRISP mkII는 종래의 AVR에서 SPI 통신 방식의 ISP 동작만을 지원하였으나 현재는 펌웨어를 업그레이드하여 ATxmega 패밀리에서 PDI 방식을 사용하는 다운로드 기능도 수행한다.

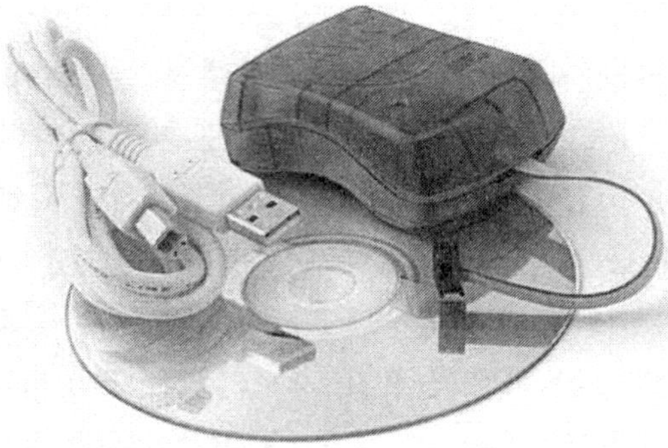

<그림 3.2.3> AVRISP mkII 다운로드 케이블의 구성품

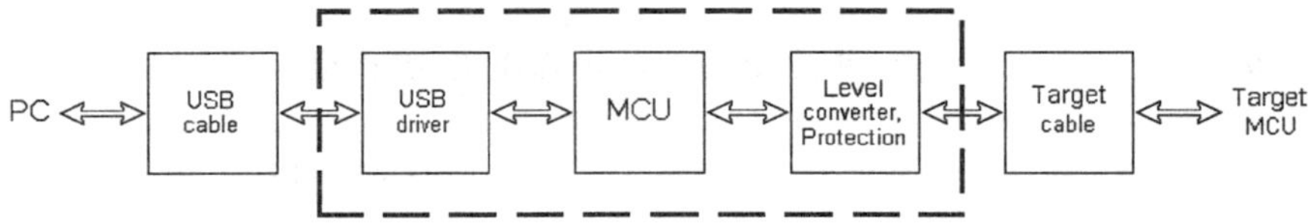

〈그림 3.2.4〉 퍼스널컴퓨터와 AVRISP mkII의 연결도

AVRISP mkII는 이전의 직렬포트형 AVR ISP에서처럼 펌웨어 업그레이드 기능을 가지고 있으므로 새로운 버전의 AVR Studio가 새로운 펌웨어를 포함하는 경우에는 이 소프트웨어에서 자동으로 다운로드 케이블의 펌웨어를 업그레이드하도록 할 수 있다. 그러나, 종래의 직렬포트형 AVR ISP에서는 타겟보드 측에 연결되는 플랫 케이블에 표준 10핀짜리 커넥터와 6핀짜리 커넥터를 모두 지원하였던데 비하여 USB 포트형 AVRISP mkII에서는 타겟보드 측에 연결되는 플랫 케이블에 6핀짜리 커넥터 1가지만을 지원한다.

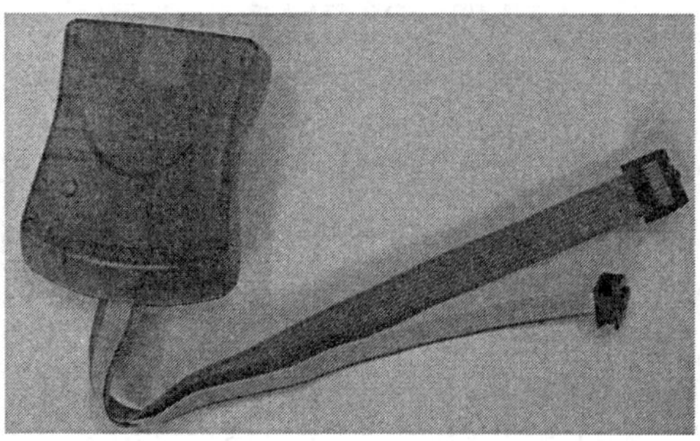

〈그림 3.2.5〉 AVRISP mkII에 10핀 플랫 케이블을 추가한 사진

만약 여기서 10핀짜리 커넥터를 필요로 한다면 10핀을 6핀으로 변환하는 어댑터 케이블을 제작하여 사용하거나, 또는 AVRISP mkII 내부에서 플랫 케이블 접속부를 찾아 여기에 10핀짜리 케이블을 납땜하여 붙일 수도 있다. <그림 3.2.5>에는 저자가 ATmega2561 키트 다운로드용으로 사용하기 위하여 AVRISP mkII에 10핀짜리 플랫 케이블을 추가한 모습을 보였다. 그러나, *OK-X128A1* 키트에서는 ATxmega128A1 마이크로컨트롤러에 6핀짜리 다운로드 케이블 커넥터를 장착하였으므로 AVRISP mkII의 6핀짜리 플랫 케이블 커넥터를 그냥 사용하면 된다.

3. AVR Studio에서의 프로그램 다운로드

(1) 사용자 프로그램의 HEX 파일을 다운로드하는 방법

AVR Studio 프로그램에서 AVRISP mkII 다운로드 케이블을 사용하여 사용자 프로그램의 HEX 파일을 *OK-X128A1* 키트에 다운로드하는 방법은 다음과 같다.

① 바탕 화면에 만들어 놓은 바로가기 아이콘을 클릭하여 AVR Studio 프로그램을 실행한다.

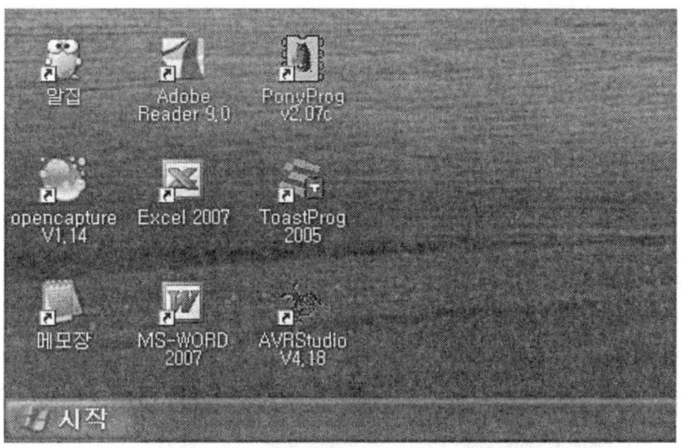

<그림 3.2.6> AVR Studio의 바로가기 아이콘

② 퍼스널컴퓨터와 *OK-X128A1* 키트의 다운로드 커넥터 CN2 사이에 다운로드 케이블 AVRISP mkII를 접속하고 키트의 전원을 켠다. 이렇게 다운로드 케이블을 CN2에 접속하거나 뺄 때는 항상 *OK-X128A1* 키트의 전원을 끄고 실시해야 하는 것에 주의하라.

③ AVR Studio에서 Tools → Program AVR → Connect... 메뉴를 선택하면 <그림 3.2.7>과 같이 다운로드 케이블의 종류와 접속할 포트를 선택하도록 하는 창이 나타나는데, 여기서 Platform 항목에서는 AVRISP mkII를 선택하고 Port 항목에서는 USB를 선택한 후에 Connect... 아이콘을 누르면 다운로드 프로그램으로 들어간다.

또 다른 방법으로는 Tools → Program AVR → Auto Connect 메뉴를 선택하면 AVR Studio가 자동으로 다운로드 케이블이 연결된 포트를 찾아서 인식한다.

이 경우 아주 드물게 AVR Studio가 다운로드 케이블을 인식하지 못하는 경우가 있는데, 이때는 퍼스널컴퓨터, AVRISP mkII 다운로드 케이블, *OK-X128A1* 키트가 올바르게 접속되어 있는지, 그리고 키트의 전원이 켜져 있는지를 확인하고 다시 시도해 보면 된다.

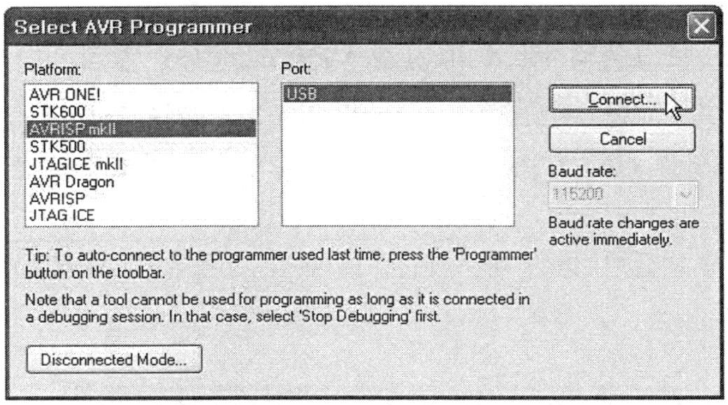

〈그림 3.2.7〉 다운로드 케이블의 종류와 접속할 포트를 선택하는 화면

④ 처음에 AVR Studio에서 다운로드 케이블을 구동하는 프로그램으로 들어갈 때는 항상 내부적으로 AVR Studio가 AVRISP mkII 다운로드 케이블의 펌웨어(소프트웨어) 버전을 체크하여 이것이 낮으면 <그림 3.2.8>에 보인 바와 같이 업그레이드할 것인지를 물어보는데 만약 업그레이드하려면 [확인]을 선택하면 된다.

〈그림 3.2.8〉 다운로드 케이블의 펌웨어를 업그레이드할 것인지를 묻는 화면

⑤ 이제 AVRISP mkII 다운로드 케이블이 올바르게 커넥터에 접속되고 인식되었으면 <그림 3.2.9>와 같은 화면이 나타난다. 그러면 먼저 Device를 ATxmega128A1 모델로 지정한다.

여기서 타겟 보드에 있는 AVR 모델의 제품표시 바이트(signature byte)를 확인하려면 Read Signature 버튼을 누르면 된다. 그러면 *OK-X128A1* 키트에서 사용하는 ATxmega128A1의 경우 제품 표시 바이트가 0x1E 0x97 0x4C로 읽혀진다. 그러나, 만약 퍼스널컴퓨터와 AVRISP mkII 다운로드 케이블이 올바르게 접속되어 동작하지 않는다면 화면에 <그림 3.2.10>과 같은 에러 메시지 창이 뜬다. 이때는 퍼스널컴퓨터, AVRISP mkII 다운로드 케이블, *OK-X128A1* 키트가 올바르게 접속되어 있는지, 그리고 키트의 전원이 켜져 있는지를 확인하고 다시 시도해 보면 된다.

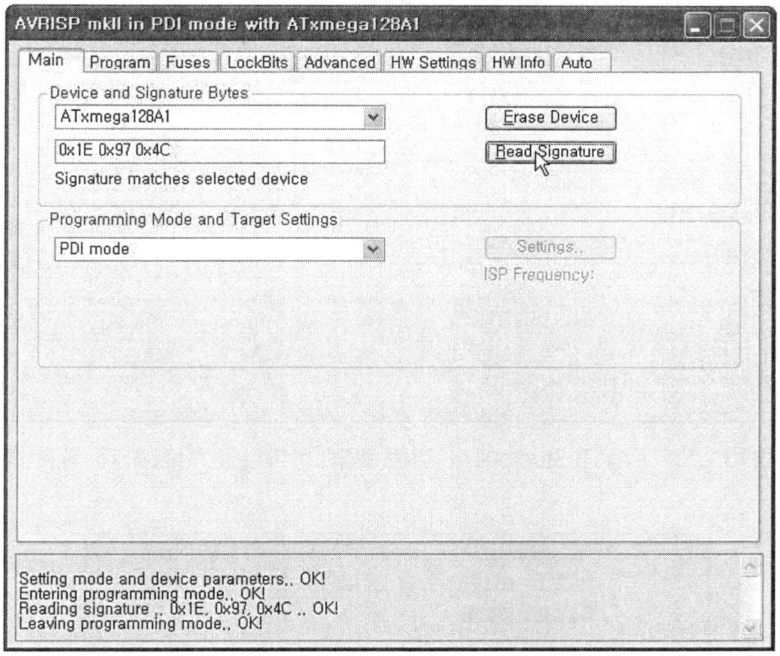

〈그림 3.2.9〉 AVR Studio에서 AVR 모델을 지정하는 화면

〈그림 3.2.10〉 다운로드 케이블을 제대로 인식하지 못하였을 때의 에러 메시지

⑥ 이제 사용자 프로그램을 Flash 메모리에 다운로드하려면 Program 메뉴를 선택하여 <그림 3.2.11>의 화면이 나타나도록 하고, 여기서 Flash 메모리의 Input HEX File 선택창의 아이콘을 눌러서 <그림 3.2.12>와 같이 파일을 읽어들인다. <그림 3.2.11>의 화면에서 반드시 Erase device before flash programming 항목에 체크해야 하며, 프로그래밍 후에 검증을 실시하려면 Verify device after programming 항목에도 체크한다.

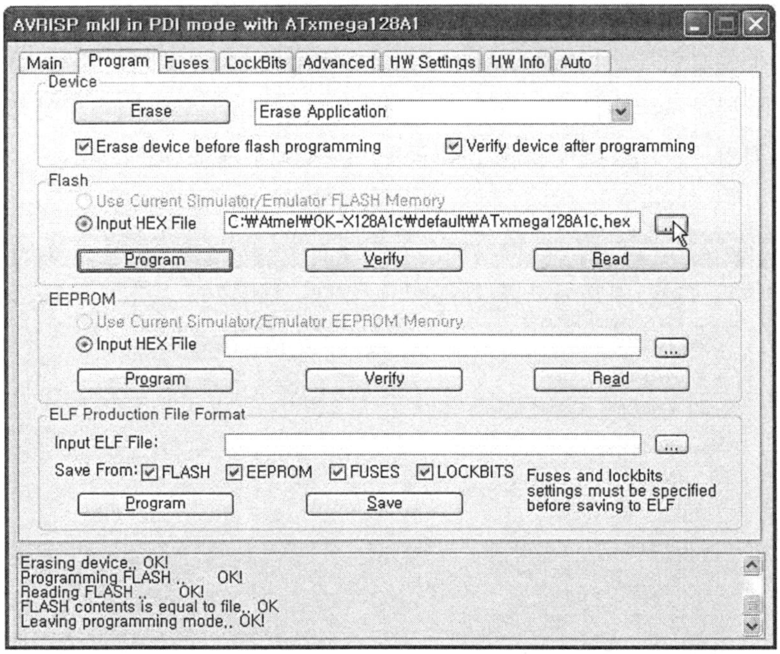

〈그림 3.2.11〉 AVR Studio에서 다운로드할 파일을 지정하기 위한 화면

〈그림 3.2.12〉 다운로드할 HEX 파일의 선택

⑦ HEX 파일이 지정되었으면 <그림 3.2.13>에서와 같이 Program 버튼을 눌러 다운로드를 수행한다. AVRISP mkII 다운로드 케이블은 다른 종류의 AVR ISP 케이블에 비하여 빠른 속도로 다운로드가 수행되는 것을 확인할 수 있다.

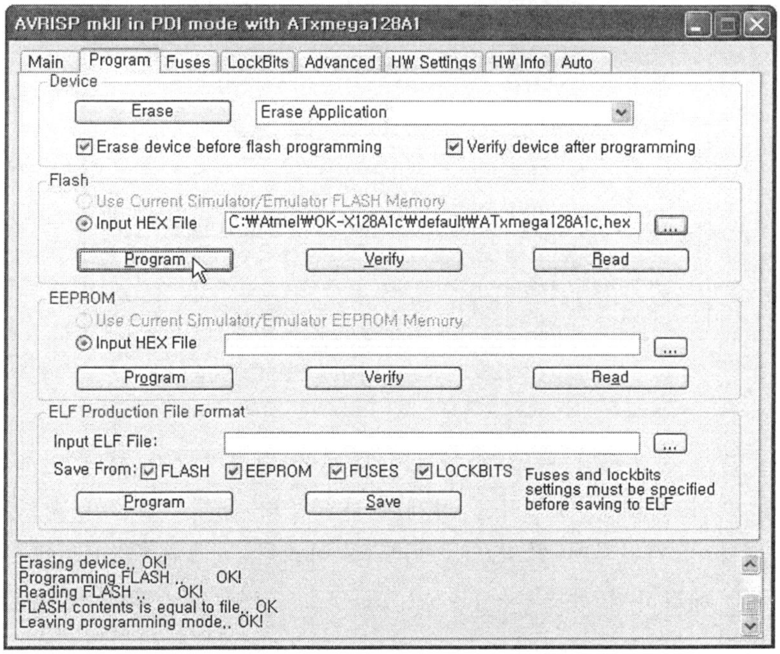

〈그림 3.2.13〉 AVR Studio에서 HEX 파일을 다운로드하는 화면

(2) *OK-X128A1* 키트의 퓨즈 바이트를 설정하는 방법

AVR Studio에서 AVRISP mkII 다운로드 케이블을 사용하여 *OK-X128A1* 키트의 사양에 맞도록 ATxmega128A1 마이크로컨트롤러의 퓨즈 바이트를 설정하는 방법은 다음과 같다.

① ATxmega 패밀리에는 모두 5바이트의 퓨즈 바이트를 가지고 있는데, 여기서는 종래의 AVR 모델에 비하여 퓨즈 바이트의 기능이 상당히 축소되었다. *OK-X128A1* 키트에서 ATxmega128A1을 사용하는 경우에는 기본적으로 사용자가 퓨즈 바이트를 변경하지 않고 초기값을 그대로 두고 사용하면 된다. ATxmega128A1에서 퓨즈 바이트의 초기값은 <그림 3.2.14>와 같다.

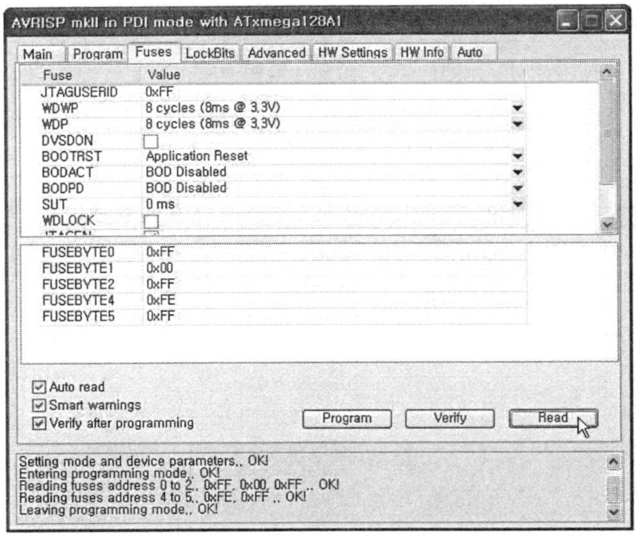

〈그림 3.2.14〉 퓨즈 바이트의 디폴트 값

② 그러나, 만약 사용자가 퓨즈 바이트의 내용을 변경하고자 하면 언제든지 변경할 수 있다. 예를 들어 플래시 메모리를 삭제하고 사용자 프로그램을 다운로드할 때마다 EEPROM의 내용이 지워지지 않고 보존되도록 하려면 〈그림 3.2.15〉에 보인 것처럼 EESAVE 항목을 체크하여 퓨즈 바이트5가 0xF7로 되도록 한 후에 Program 아이콘을 눌러서 퓨즈 바이트를 ATxmega128A1에 라이트하면 된다.

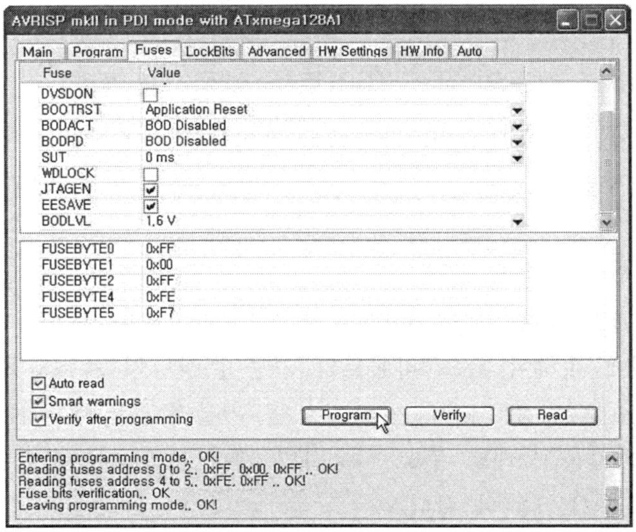

〈그림 3.2.15〉 퓨즈 바이트의 설정값 변경

3.3 AVR Studio와 WinAVR의 설치

이 절에서는 ATxmega 패밀리의 AVR 마이크로컨트롤러를 사용하는데 필요한 소프트웨어 개발 툴의 설치 및 사용 방법에 대하여 공부한다. 먼저 Atmel사에서 무료로 제공하는 IDE 소프트웨어인 AVR Studio를 컴퓨터에 설치하는 방법을 설명하며, 이어서 GCC 계열의 무료 C컴파일러인 WinAVR을 설치하는 방법을 설명한다. 또한, 이 책에서 제공하는 어셈블리 언어 예제 프로그램과 C언어 예제 프로그램을 설치하는 방법을 설명하고, 어셈블리 언어 및 C언어로 사용자 프로그램을 작성하는 절차에 대하여 요약 정리한다.

1. AVR Studio와 WinAVR의 설치

(1) AVR Studio의 설치

Atmel사의 AVR Studio를 설치하는 방법은 다음과 같다. 여기서는 Windows XP를 기준으로 설명하지만 그 이상 버전의 운영체제에서도 거의 이와 유사한 방법으로 설치할 수 있다. 또한 나중에 Atmel에 의하여 이 소프트웨어가 새로운 버전으로 업그레이드되면 그에 맞도록 새로 설치하면 되며, 때로는 추가로 제공되는 서비스팩을 함께 설치해야 하는 경우도 있다.

① Atmel사의 인터넷 홈페이지 http://www.atmel.com에서 AVR Studio V4.18 파일인 AvrStudio4Setup.exe를 다운로드하여 가져온다.

② 이 파일을 실행하면 스스로 압축을 풀면서 곧바로 프로그램이 퍼스널컴퓨터에 설치되기 시작한다.

③ 이 프로그램을 설치하기 시작하면 <그림 3.3.1>에 보인 바와 같이 컴퓨터에 설치할 디렉토리가 디폴트로 C:\Program Files\Atmel\AVR Tools\로 지정되는데, 이 책의 설명대로 실습하려면 Change 버튼을 눌러서 <그림 3.3.2>와 같이 이를 반드시 C:\Atmel\AVR Tools\로 수정하여 주어야 한다.

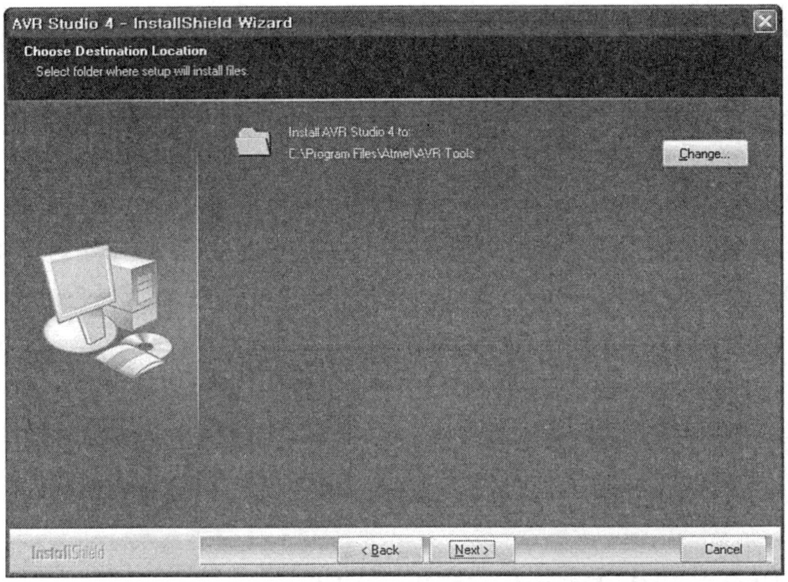

<그림 3.3.1> AVR Studio를 설치할 기본 디렉토리 표시

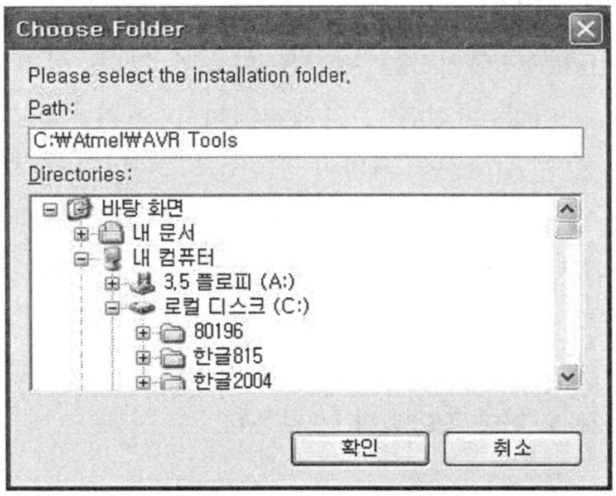

<그림 3.3.2> AVR Studio를 설치할 디렉토리의 변경

④ 이와 같이 AVR Studio 프로그램을 설치하고 나면 바탕화면에 바로가기 아이콘이 자동적으로 생성되지 않는다. 따라서 이제부터 이 프로그램을 좀더 편리하게 사용하려면 C:\Atmel\AVR Tools\AvrStudio4\ 디렉토리에 있는 AVRStudio.exe의 바로가기 아이콘을 <그림 3.3.3>과 같이 바탕화면에 만들어 놓는 것이 좋다.

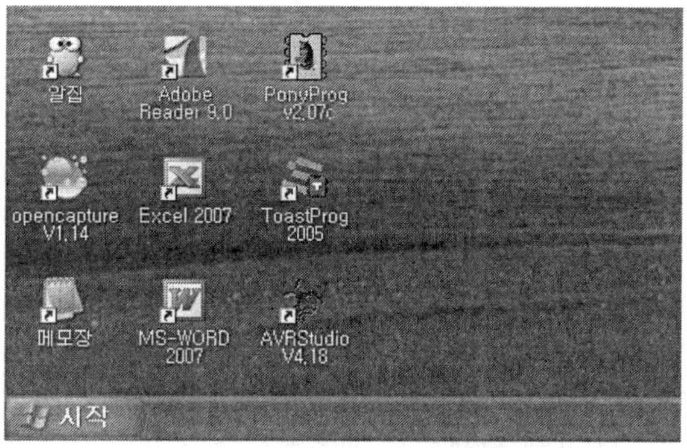

〈그림 3.3.3〉 바탕 화면에 만든 AVR Studio의 바로가기 아이콘

⑤ 이상과 같이 AVR Studio를 설치하였으면 하드디스크 드라이브 C:\에 만들어진 이 프로그램의 디렉토리 구조는 <그림 3.3.4>와 같게 된다. 단, 여기서 사용자 어셈블리 언어 예제 프로그램 폴더인 C:\Atmel\OK-X128A1asm과 사용자 C언어 예제 프로그램 폴더인 C:\Atmel\OK-X128A1c는 이 책에서 제공하는 예제 프로그램 파일을 사용자가 별도로 설치해 주어야 한다.

```
C:\─┬─ · · ·
    ├─ · · ·
    └Atmel─┬─AVR Tools─┬─AVR Battery Studio
           │           ├─AVR Wireless Studio
           │           ├─AvrAssembler──Appnotes
           │           ├─AvrAssembler2─Appnotes
           │           ├─AVRDragon
           │           ├─AVRONE
           │           ├─AvrProg
           │           ├─AvrSimulatormk2
           │           ├─AvrStudio4───┬─bin
           │           │              ├─dll
           │           │              ├─edit
           │           │              ├─resources
           │           │              └─skins
           │           ├─AvrStudioPlugin
           │           ├─Compilers
           │           ├─Help
           │           ├─ICE50
           │           ├─ICE200
           │           ├─JTAGICE
           │           ├─JTAGICEmkII
           │           ├─Parsers
           │           ├─Partdescriptionfiles
           │           ├─STK500
           │           └─STK600
           ├─OK-X128A1asm
           └─OK-X128A1c
```

〈그림 3.3.4〉 AVR Studio를 모두 설치한 후의 디렉토리 구조

(2) WinAVR의 설치

AVR Studio에 이어서 이번에는 WinAVR을 설치한다. Windows XP를 기준으로 설명하지만 그 외의 운영체제에서도 거의 이와 유사한 방법으로 설치할 수 있다. 또한 나중에 이 소프트웨어가 새로운 버전으로 업그레이드되면 그에 맞도록 새로 설치하면 된다.

① 인터넷 홈페이지 http://sourceforge.net/projects/winavr/에서 WinAVR의 가장 최근 버전인 WinAVR-20100110-install.exe 파일을 다운로드하여 가져온다. 이것은 2010년 1월 10일자 버전의 설치 파일이다.

② 이 파일을 실행하면 스스로 압축을 풀면서 곧바로 프로그램이 퍼스널컴퓨터에 설치되기 시작한다.

③ 이 프로그램을 설치하기 시작하면 <그림 3.3.5>에 보인 바와 같이 컴퓨터에 설치할 디렉토리가 디폴트로 C:\WinAVR\로 지정되는데, 특별한 이유가 없다면 이 폴더에 그대로 설치한다.

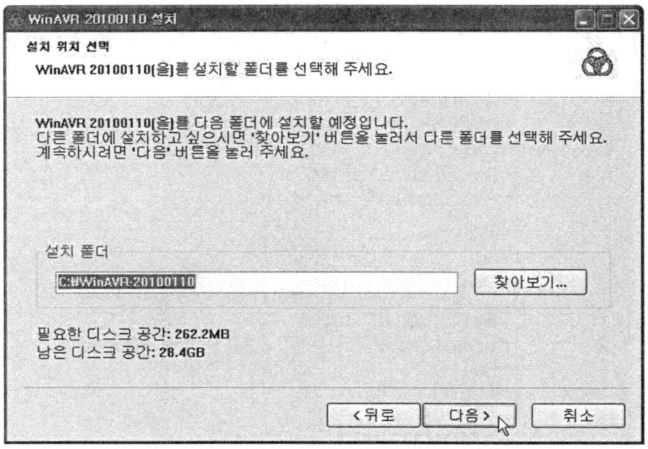

〈그림 3.3.5〉 WinAVR을 설치할 기본 디렉토리 표시

④ 다음에 <그림 3.3.6>과 같이 설치할 요소를 선택하는 화면이 나타나면 그대로 설치 버튼을 누른다.

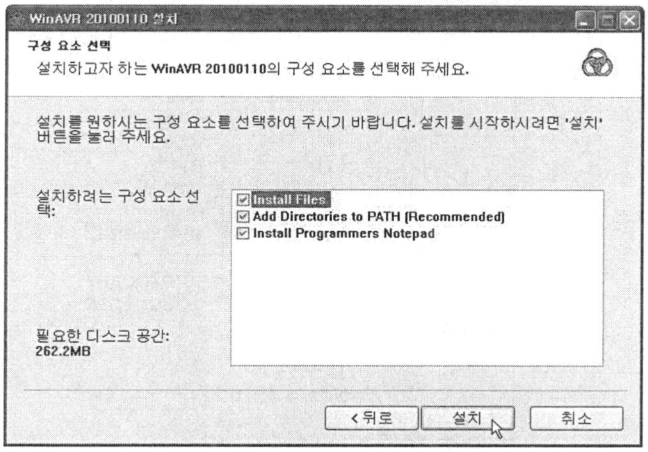

<그림 3.3.6> WinAVR의 설치 구성요소를 선택하는 화면

⑤ WinAVR 소프트웨어가 모두 설치되면 마지막에 <그림 3.3.7>처럼 설치 완료 화면이 나타나는데, 이때 마침 버튼을 눌러서 설치를 종료한다. 이와 같이 WinAVR을 설치하더라도 외부적으로는 별다른 표시가 나타나지 않지만, 내부적으로는 환경변수에 C:\WinAVR-20100110\bin; C:\WinAVR-20100110\utils\bin의 경로명(path)이 지정된다.

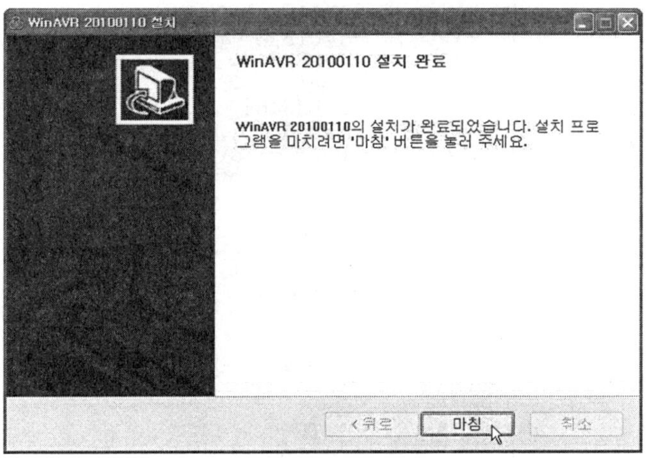

〈그림 3.3.7〉 WinAVR의 설치를 종료하는 화면

⑥ 이상과 같이 WinAVR을 설치하였으면 하드디스크 드라이브 C:\에 만들어진 이 프로그램의 디렉토리 구조는 <그림 3.3.8>과 같게 된다. 이와 같이 WinAVR이 설치되면 이제부터 AVR Studio는 이를 자동으로 인식하여 사용한다.

```
C:\─┬─
    ├─ . . .
    └─WinAVR-20100110──┬─avr─────┬─bin
                       │         ├─include──┬─avr
                       │         │          ├─compat
                       │         │          └─util
                       │         └─lib──────┬─avr3
                       │                    ├─avr4
                       │                    ├─ . . .
                       │                    ├─avrxmega2
                       │                    ├─ . . .
                       │                    ├─avrxmega7
                       │                    └─ldscripts
                       ├─avr32───┬─bin
                       │         ├─include
                       │         ├─lib
                       │         └─sys-include
                       ├─bin
                       ├─doc─────┬─avarice
                       │         ├─avrdude
                       │         ├─avr-libc   . . .
                       │         ├─binutils   . . .
                       │         ├─gcc
                       │         ├─gdb
                       │         ├─simulavr
                       │         └─srecord
                       ├─lib─────┬─dde1.2
                       │         ├─gcc────────avr───4.1.2─┬─avr3
                       │         │                        ├─avr4
                       │         │                        ├─avr5
                       │         │                        ├─avr6
                       │         │                        ├─include
                       │         │                        └─install-tools
                       │         ├─insight1.0
                       │         ├─itcl3.2
                       │         ├─itk3.2
                       │         ├─reg1.1
                       │         ├─stb43464
                       │         └─tk8.4
                       ├─libexec───gcc───┬─avr────4.3.3──install-tools
                       │                 └─avr32──4.3.2──install-tools
                       ├─mfile
                       ├─pn──────┬─clips
                       │         ├─help
                       │         ├─Microsoft.VC80.CRT
                       │         ├─presets
                       │         ├─schemes
                       │         ├─taggers
                       │         └─tools
                       ├─sample
                       ├─share───┬─doc
                       │         ├─info
                       │           . . .
                       │         ├─tcl8.4
                       │         └─tk8.4
                       ├─source──┬─avr
                       │         ├─avr32
                       │         ├─avr-libc
                       │         └─mingw
                       └─utils───┬─bin
                                 └─libusb─────bin
```

〈그림 3.3.8〉 WinAVR을 모두 설치한 후의 디렉토리 구조

2. 예제 프로그램의 설치

이 책에서 사용하는 어셈블리 언어 예제 프로그램은 Ohm사와 저자의 홈페이지 자료실에 OK-X128A1asm.zip 파일로 제공되며, C언어 예제 프로그램은 OK-X128A1c.zip 파일로 제공된다. 여러분이 AVR Studio와 WinAVR을 이용하여 어셈블리 언어 또는 C언어 프로그램을 작성하려면 이를 다운받아서 다음과 같이 설치해야 한다.

① 어셈블리 언어로 예제 프로그램을 작성하기 위해서는 사용자가 작업할 디렉토리로서 C:\Atmel\OK-X128A1asm\ 디렉토리를 만들고 여기에 OK-X128A1asm.zip 파일의 압축을 풀어 모두 복사하라.

② C언어로 예제 프로그램을 작성하기 위해서는 사용자가 작업할 디렉토리로서 C:\Atmel\OK-X128A1c\ 디렉토리를 만들고 여기에 OK-X128A1c.zip 파일의 압축을 풀어 모두 복사하라.

③ 이와 같이 하면 여러분이 가지고 있는 컴퓨터에서 AVR Studio에 관련된 전체 디렉토리 구조는 <그림 3.3.4>와 같게 된다. 그러면 이제 여러분의 컴퓨터에서 AVR Studio와 WinAVR을 이용하여 어셈블리 언어 또는 C언어로 프로그램을 작성할 준비는 모두 완료되었다.

◀참고▶ Atmel사에서 무료로 제공하는 AVR Studio 소프트웨어는 어셈블리 언어 프로그램을 작성하는 에디터 기능이나 이를 번역하는 어셈블러 기능 이외에도 WinAVR과 연계하여 C언어 프로그램을 작성하는 기능도 있으며, 이렇게 어셈블리 언어 또는 C언어로 작성한 실행파일을 타겟 보드에 다운로드하여 실행하거나 이를 통하여 디버깅을 수행하는 기능과 프로그램을 타겟 보드에서 직접 실행하지 않고 시뮬레이션하는 기능까지 가지고 있다. 다운로드를 수행하는 방법은 제3.2절에서 설명하였고, 프로그램 작성 및 어셈블/컴파일 방법은 제4장에서 공부하며, 기타 기능들의 사용법에 대하여는 여기서 취급하지 않으므로 이를 필요로 한다면 AVR Studio의 매뉴얼이나 기타 문헌을 참조하기 바란다.

3. 프로그램 작성 과정의 요약

AVR Studio와 WinAVR에서 매크로 어셈블러나 C컴파일러를 사용하여 사용자가 AVR용의 프로그램을 작성하고 이를 AVR 마이크로컨트롤러 소자에 다운로드하여 실행하는 과정은 소프트웨어 개발의 기본적인 흐름이지만, 이 체계를 전체적으로 정리하여 정확히 파악하지 않으면 초보자에게는 헷갈릴 수도 있다.

프로그램을 정확하고 효율적으로 작성하기 위해서는 먼저 이러한 개발 과정을 이해하고 해당 소프트웨어의 매뉴얼을 숙지하여 올바른 사용법을 잘 알아두는 것이 중요하다. 그러나, 아무리 잘 만들어진 소프트웨어 매뉴얼이나 도움말이라도 그 소프트웨어의 모든 기능을 완벽하게 설명하지는 못하므로 많은 프로그래밍 경험을 통하여 자신이 사용하는 매크로 어셈블러나 C컴파일러의 특성을 파악하고 있는 것이 좋다.

(1) 어셈블러 언어 프로그램의 작성 과정

Atmel사에서 무료로 제공하는 AVR Studio 및 그 안에 내장된 매크로 어셈블러 AVRASM2.EXE를 사용하여 어셈블리 언어로 프로그램을 작성하고 이를 *OK-X128A1* 키트에 다운로드하여 실행하는 전체 과정을 요약하면 <그림 3.3.9>와 같다. 사용자는 AVR Studio에 내장된 텍스트 에디터를 사용하여 소스 파일을 작성하고, 매크로 어셈블러를 사용하여 이를 재배치 가능 오브젝트 파일로 어셈블하며, 링커를 사용하여 이 오브젝트 파일과 필요하면 다른 오브젝트 파일 또는 라이브러리 파일을 링크함으로써 최종적으로 1개의 실행 파일을 생성한다.

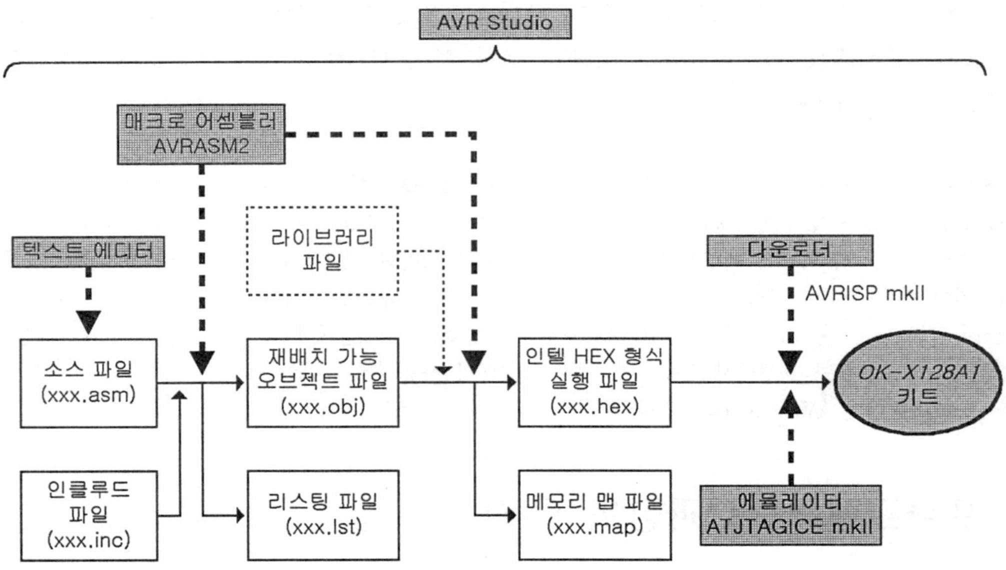

〈그림 3.3.9〉 AVR Studio에서 매크로 어셈블러를 이용한 프로그램 작성 체계

그러나, AVR Studio의 매크로 어셈블러는 어셈블러와 링커의 기능을 겸하고 있으므로 따로 링커를 가지고 있지 않으며, 다른 오브젝트 파일이나 라이브러리를 링크하

는 기능도 없다. 이렇게 하여 만들어진 인텔 HEX 형식의 실행 파일은 AVRISP mkII 다운로드 케이블을 사용하여 *OK-X128A1* 키트에 다운로드하고 실행할 수 있다.

이러한 각 단계의 처리 과정은 모두 AVR Studio의 IDE 환경에서 통합적으로 처리하는 것이 기본이지만, 만약 필요하다면 윈도우즈 운영체제의 MS-DOS창에서 각각 개별적으로 처리할 수도 있다. 그러나, AVR Studio는 이러한 텍스트 에디터, 매크로 어셈블러, 다운로더의 기능을 모두 포함하고 있으므로 AVR Studio의 IDE 환경에서 이를 통합적으로 사용하는 것이 훨씬 더 편리하다. 뿐만 아니라 AVR Studio의 IDE 환경을 사용하여 어셈블리 언어 프로그램을 작성하면 이러한 프로그램 작성과 다운로드 과정 이외에 에뮬레이터 또는 시뮬레이터를 사용할 수 있는 장점도 있다.

(2) C언어 프로그램의 작성 과정

AVR Studio에서 WinAVR의 C컴파일러 AVR-GCC를 사용하여 C언어로 프로그램을 작성하고 이를 *OK-X128A1* 키트에 다운로드하여 실행하는 전체 과정을 요약하면 <그림 3.3.10>과 같다.

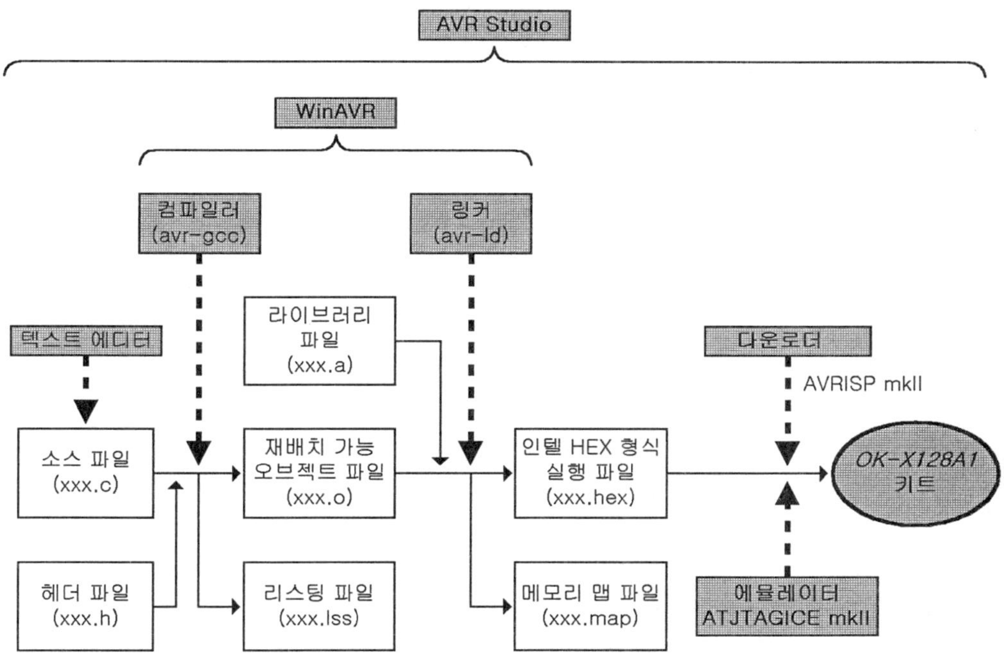

〈그림 3.3.10〉 AVR Studio에서 WinAVR을 이용한 프로그램 작성 체계

사용자는 AVR Studio에 내장된 텍스트 에디터를 사용하여 소스 파일을 작성하고, WinAVR의 C컴파일러를 사용하여 이를 재배치 가능 오브젝트 파일로 컴파일하며, WinAVR의 링커를 사용하여 이 오브젝트 파일과 필요하면 다른 오브젝트 파일 또는 라이브러리 파일을 링크함으로써 최종적으로 1개의 실행 파일을 생성한다. 이렇게 하여 만들어진 인텔 HEX 형식의 실행 파일은 AVRISP mkII다운로드 케이블을 사용하여 *OK-X128A1* 키트에 다운로드하고 실행할 수 있다.

이러한 각 단계의 처리 과정은 모두 WinAVR에서 처리할 수도 있다. 그러나, AVR Studio의 IDE 환경을 사용하면 훨씬 사용하기에 편리하며, 어셈블리 언어 프로그램과 유사한 방법과 절차를 사용하므로 배우고 익히기도 쉽다. 뿐만 아니라 AVR Studio의 IDE 환경을 사용하여 C언어 프로그램을 작성하면 이러한 프로그램 작성과 다운로드 과정 이외에 에뮬레이터 또는 시뮬레이터를 사용할 수 있는 장점도 있다.

3.4 AVR Studio의 매크로 어셈블러

이 절에서는 Atmel사에서 AVR Studio 소프트웨어와 함께 무료로 제공하는 매크로 어셈블러의 문법에 대하여 설명한다. 여기서 우리가 사용하는 매크로 어셈블러 소프트웨어는 AVR Studio V4.18에 포함된 avrasm2.exe V2.1.42를 기준으로 한다. AVR Studio와 매크로 어셈블러의 설치 방법에 관해서는 앞의 제3.3절에서 설명하였으니 참조하라.

1. 매크로 어셈블러의 개요

AVR 매크로 어셈블러는 Atmel사에서 AVR Studio와 함께 지속적으로 무료 제공하는 가장 기본적이고 표준적인 어셈블러이다. 따라서, AVR Studio를 설치하면 매크로 어셈블러도 자동으로 <그림 3.3.4>와 같이 설치되며, AVR Studio와 매크로 어셈블러를 사용한 프로그램 개발 과정을 도시하면 <그림 3.3.9>와 같다.

이 어셈블러는 어셈블리 소스를 번역하여 오브젝트 코드를 생성하며, 이 오브젝트 코드는 AVR Studio에서 AVR 시뮬레이터나 AVR 에뮬레이터의 입력 파일로 사용될 수 있다. 또한, 이 어셈블러는 오브젝트 코드를 프로그램 메모리에 로드할 수 있도록 인텔 HEX 포맷과 같은 형식의 파일을 생성할 수도 있다.

일반적인 어셈블러는 어셈블 과정과 링크 과정을 거쳐서 실행 파일을 생성하지만, AVR 매크로 어셈블러는 링크 과정이 없이 어셈블러가 곧바로 실행 가능한 오브젝트 코드를 생성한다.

이 어셈블러는 퍼스널컴퓨터의 윈도우 환경이나 MS-DOS 커맨드 라인에서 모두 사용이 가능하다.

◀**참고**▶ AVR Studio V4.09까지는 AVRASM32.EXE 매크로 어셈블러 V1.xx가 제공되었으나, AVR Studio V4.10 이후에는 여기에 새로 avrasm2.exe 매크로 어셈블러 V2.x.x가 기본으로 제공되어 이들 2가지의 어셈블러가 선택적으로 사용될 수 있다. 그러나, 이렇게 2가지 버전의 매크로 어셈블러를 사용하는 것은 호환성을 고려한 과도적인 조치일 뿐이고, 향후에는 avrasm2.exe 매크로 어셈블러만이 남게 될 것으로 예상된다. avrasm2.exe에는 그 이전의 버전에 비하여 많은 기능이 새로 추가되었으며, 특히 C언어 스타일의 형식을 많이 지원하게 되었다.

(1) 어셈블리 소스의 형식

어셈블리 프로그램 소스는 어셈블리 명령(instruction), 어셈블러 지시어(directive), 라벨(label), 주석문(comment) 등으로 구성되며, 그 형식은 다음과 같다.

```
#preprocessor directive
[label:]      instruction    [operands]        [; comment]
[label:]      directive      [operands]        [// comment]
; comment
/* comment */
empty line
```

여기서 [ ] 안의 내용은 경우에 따라 생략할 수 있음을 나타낸다. 모든 행은 캐리지 리턴(carriage return) 및 라인 피드(line feed) 문자로 끝나야 하며, 각 행의 길이는 120문자까지 허용된다. 어셈블리 소스에서는 기본적으로 대소문자를 구분하지 않지만, -c 옵션을 지정하면 대소문자를 구분하여 사용한다.

라벨은 최대 31문자까지 허용되고 항상 콜론(:)으로 끝나야 하며, 프로그램 메모리에서 점프할 목적지가 될 수 있고, RAM에서는 변수명으로 사용될 수 있다. 모든 어셈블러 지시어는 항상 마침표(.)로 시작하며, 모든 선행처리기(preprocessor) 지시어는 number sign(#)으로 시작한다.

소스 행이 길어져서 1행으로 처리하지 못하고 다음 행으로 이어지도록 할 경우에는 앞의 행 마지막에 backslash(\) 문자를 둔다.

주석은 항상 세미콜론(;)으로 시작하며 그 행의 끝 부분까지 이어진다. 또한, 주석문은 C언어에서처럼 //로 시작하거나 /* ... */로 묶이는 형식도 사용할 수 있다.

(2) MS-DOS 환경에서의 사용 방법

AVR 매크로 어셈블러는 Windows 운영체제의 도스창으로 나가 MS-DOS 환경의 커맨드 라인(command line) 모드에서 사용할 수도 있다.

MS-DOS 커맨드 모드에서 AVR 매크로 어셈블러 AVRASM2.EXE를 기동하여 사용하는 형식은 다음과 같다.

AVRASM2 [*options*] *asmfile*

여기서 *asmfile*은 어셈블리 언어로 작성된 소스 파일의 이름으로서 어떤 파일명이라도 무방하지만 일반적으로 XXX.ASM의 형태를 사용한다.

*options*는 매크로 어셈블러의 기능을 지시하는 제어 옵션으로서 이를 <표 3.4.1>에 요약하였다. 이들 제어 옵션 스위치들은 여러 개가 공백문자로 구분되어 나열될 수 있으며 사용되는 순서에는 관계가 없다.

〈표 3.4.1〉 AVR 매크로 어셈블러 AVRASM2.EXE의 제어 옵션

옵 션	기 능
-f*format*	어셈블을 수행한 결과로 생성되는 오브젝트 출력 파일의 형식을 지정한다. *format*에는 다음과 같이 4가지를 사용할 수 있다. 0 : AVR Studio에서 시뮬레이션을 수행하기 위한 디버그 정보 파일 형식(default) M : 모토롤러(Motorola)사의 HEX 파일 형식 I : 인텔(Intel)사의 HEX 파일 형식 G : generic format
-f	어셈블을 수행한 결과로 어떤 출력 파일도 생성하지 않는다.
-o *ofile*	오브젝트 출력 파일명을 *ofile*로 지정한다. 디폴트로는 asmfile과 이름은 같고 확장자가 .obj인 파일명으로 처리된다.
-d *dfile*	AVR Studio에서 시뮬레이션을 수행하기 위한 디버그 정보 파일의 이름을 *dfile*로 지정한다. 이 옵션은 -f 옵션에서 M, I, G 중의 하나를 지정하였을 때만 사용할 수 있다.
-l *lfile*	리스팅 파일을 생성하고 그 파일명을 *lfile*로 지정한다. 디폴트로는 asmfile과 이름은 같고 확장자가 .lst인 파일명으로 처리된다.
-m *mfile*	메모리 맵 파일을 생성하고 그 파일명을 *mfile*로 지정한다. 디폴트로는 asmfile과 이름은 같고 확장자가 .map인 파일명으로 처리된다.
-e *efile*	EEPROM의 내용을 파일명 *efile*로 저장한다. 디폴트로는 asmfile과 이름은 같고 확장자가 .eep인 파일명으로 처리된다.
-w	프로그램 메모리에서 상대점프(relative jump)가 4K 워드까지 사용될 수 있도록 허용한다.(AVRASM2.EXE부터는 이 기능이 AVR에 따라 자동으로 처리되므로 이 옵션은 무시된다.)
-C *ver*	AVR 코어의 버전을 지정한다. 이는 Atmel에서 테스트용으로 사용하기 위한 기능이다.
-c	대소문자를 구분하여 사용한다.(case sensitive) 이 옵션을 설정하면 키워드는 모두 소문자로 된다.
-1 -2	V1.xx인 AVRASM32.EXE와의 호환성을 허용한다.(이 옵션은 나중에 없어질 것이다.) V1.xx인 AVRASM32.EXE와의 호환성을 금지한다.(이 옵션은 나중에 없어질 것이다.)
-I *dir*	대문자 I의 뒤에 오는 *dir*로 인클루드 파일을 검색할 디렉토리를 지정한다. (이 옵션을 여러개 지정하면 지정된 순서대로 디렉토리를 검색한다.)
-i *file*	인클루드 파일 *file*을 지정한다. 이 옵션은 여러개를 사용할 수 있다.
-D *name*[=*value*]	심볼을 정의하고 값을 할당한다. 값을 생략하면 디폴트로 1이 된다.
-U *name*	심볼의 정의를 해제한다.
-v*n*	출력 파일에 포함될 내용을 *n*으로 다음과 같이 지정한다. s : 출력 파일에 레지스터, 명령어, 메모리에 관련된 통계자료를 포함시킨다. l : (영어 L의 소문자) 출력 파일에 raw instruction을 포함시킨다. 0 : 출력 파일에 에러 메시지만을 포함하고, 경고나 정보는 포함시키지 않는다. 1 : 출력 파일에 에러와 경고 메시지만을 포함하고, 정보는 포함시키지 않는다. 2 : 출력 파일에 에러 메시지, 경고 메시지, 정보를 모두 포함시킨다.(default) 3~9 : 숫자에 따라 점점 많은 어셈블러 내부 상태를 출력 파일에 포함시킨다.
-Oi -Ow -Oe	코드 섹션이 메모리에서 중복되는 경우 에러 메시지를 출력하지 않는다. 코드 섹션이 메모리에서 중복되는 경우 경고 메시지를 출력한다. 코드 섹션이 메모리에서 중복되는 경우 에러로 처리한다.
-W-b -W+bo -W+bi	바이트 오퍼랜드 out-of-range 경고 메시지를 출력하지 않는다. 바이트 오퍼랜드가 8비트 양수 오버플로우이면 out-of-range 경고 메시지를 출력한다. 바이트 오퍼랜드가 8비트 정수 범위를 넘으면 out-of-range 경고 메시지를 출력한다.
-W+ie -W+iw	정의되지 않은 명령이 사용되었을 때 에러로 처리한다.(default) 정의되지 않은 명령이 사용되었을 때 경고 메시지를 출력한다.
-FD*format* -FT*format*	내장 매크로 __DATE__에 지정된 포맷의 문자열을 할당한다. 내장 매크로 __TIME__에 지정된 포맷의 문자열을 할당한다.

◀참고▶ -FD 옵션에서 *format*은 디폴트로 "%b %d %Y"로 되어 있고, -FT 옵션에서 *format*은 디폴트로 "%H:%M:%S"로 되어 있다. 여기서 사용할 수 있는 포맷을 요약하면 다음과 같다.

%Y 4자리의 연도(0000~9999)
%y 2자리의 연도(00~99)
%m 월(01~12)
%b 월 이름의 단축형(JAN, FEB, ...)
%B 월 이름(JANUARY, FEBRUARY, ...)
%d 날짜(01~31)
%a 요일 이름의 단축형(SUN, MON, ...)
%A 요일 이름(SUNDAY, MONDAY, ...)
%H 24시제 시간(00~23)
%I 12시제 시간(01~12)
%p 12시제에서 오전 또는 오후(AM, PM)
%M 분(00~59)
%S 초(00~59)

예를 들어 MS-DOS 커맨드 모드에서 TEST.ASM이라는 어셈블리 파일을 번역하려면 다음과 같이 수행한다. 단, 이를 위해서는 미리 C:\Atmel\AVR Tools\AvrAssembler2\avrasm2.exe 파일을 C:\Atmel\OK-X128A1asm\avrasm2.exe로 복사해 두어야 한다.

C:\Atmel\OK-X128A1asm>avrasm2 -fI -o TEST.HEX -l TEST.LST -m TEST.MAP TEST.ASM Enter↵

이렇게 하여 생성된 인텔 HEX 형식의 실행파일 TEST.HEX는 제3.2절에서 설명한 방법으로 다운로드 프로그램을 사용하여 *OK-X128A1* 키트에 다운로드할 수 있다.

(3) 윈도우 환경에서의 사용 방법

AVR 매크로 어셈블러를 윈도우 환경에서 사용할 경우에는 항상 AVR Studio와 함께 사용한다. AVR Studio에서는 소스 에디터와 어셈블을 수행하는 메뉴가 마련되어 있어서 Build 메뉴를 클릭하는 것으로 간단히 어셈블이 수행된다. 이에 대한 자세한 사용법은 제4장에서 공부한다.

AVR 매크로 어셈블러를 윈도우 환경에서 사용할 때 <표 3.4.1>과 같은 어셈블러 옵션을 지정하려면 Project → Assembler Options 메뉴에서 Additional Parameters 창에 입력하면 된다.

2. 데이터의 표현과 연산자

어셈블러에서 사용하는 표현식은 오퍼랜드, 연산자, 함수 등으로 구성된다. 모든 표현식은 내부적으로 64비트로 처리된다.

(1) 오퍼랜드

어셈블리 명령이나 어셈블러 지시어의 오퍼랜드로는 다음과 같은 것들이 사용될 수 있다.

- 로케이션 카운터(location counter)의 값을 부여받게 되는 사용자 정의 라벨(label)
- SET 지시어에 의하여 정의되는 사용자 정의 변수(variable)
- EQU 지시어에 의하여 정의되는 사용자 정의 상수(constant)
- 정수로 된 상수
  - 10진수(디폴트) : 10, 255
  - 16진수(2가지 방식) : 0x0A, 0xFF / $0A, $FF
  - 2진수 : 0b00001010, 0b11111111
  - 8진수 : O10, O77
- 부동소수점 상수
- 프로그램 메모리 로케이션 카운터의 현재값

◀참고▶ ASCII 문자 상수(character constant)를 표시하는데는 'A', 'a'와 같이 작은 따옴표를 사용하고, 문자열(string)은 "Korea"처럼 큰 따옴표를 사용한다. 문자 상수에는 C언어에서처럼 이스케이프 시퀀스(escape sequence)가 사용될 수 있다. 문자열은 .db 지시어에서만 사용할 수 있으며, 이스케이프 시퀀스가 사용되지 않고 내부에서 제로 문자로 종료 처리되지 않는다. 이스케이프 시퀀스 문자는 다음과 같다.

\n	line feed 문자(LF, 0x0A)
\r	carriage return 문자(CR, 0x0D)
\a	alert bell 문자(BEL, 0x07)
\b	backspace 문자(BS, 0x08)
\f	form feed 문자(FF, 0x0C)
\t	horizontal tab 문자(HT, 0x09)
\v	vertical tab 문자(VT, 0x0B)
\\	backslash 문자(\, 0x5C)
\0	null character 문자(NUL, 0x00)
\xhh	코드값이 16진수로 0xhh인 ASCII 문자

C언어에서 "Hello, world\n"와 같은 문자열을 어셈블리 언어로 구현하려면 다음과 같이 한다.

```
.db "Hello, world", '\n', 0
```

그러나, 문자열에서는 이스케이프 시퀀스가 동작하지 않으므로 아래 2가지는 서로 같은 내용이 된다.

```
.db "Hello\n"
.db 'H', 'e', 'l', 'l', 'o', '\\', 'n'
```

(2) 연산자

어셈블러에서는 여러 가지의 연산자가 사용되는데, 이것들을 우선순위에 따라 기능을 설명하면 <표 3.4.2>와 같다.

〈표 3.4.2〉 AVR 매크로 어셈블러의 연산자 및 우선순위

<table>
<tr><th>연산자</th><th>기 능</th><th>우선순위</th></tr>
<tr><td>!</td><td>논리적 NOT(logical not)</td><td>높음</td></tr>
<tr><td>~</td><td>비트단위 NOT(bitwise not)</td><td></td></tr>
<tr><td>-</td><td>음수 표시(unary minus)</td><td></td></tr>
<tr><td>*</td><td>곱셈(multiplication)</td><td></td></tr>
<tr><td>/</td><td>나눗셈(division)</td><td></td></tr>
<tr><td>%</td><td>나머지(modulo)</td><td></td></tr>
<tr><td>+</td><td>덧셈(addition)</td><td></td></tr>
<tr><td>-</td><td>뺄셈(subtraction)</td><td></td></tr>
<tr><td><<</td><td>좌측으로 비트 이동(shift left)</td><td></td></tr>
<tr><td>>></td><td>우측으로 비트 이동(shift right)</td><td></td></tr>
<tr><td><</td><td>작다(less than)</td><td></td></tr>
<tr><td><=</td><td>작거나 같다(less than or equal)</td><td></td></tr>
<tr><td>></td><td>크다(greater than)</td><td></td></tr>
<tr><td>>=</td><td>크거나 같다(greater than or equal)</td><td></td></tr>
<tr><td>==</td><td>같다(equal)</td><td></td></tr>
<tr><td>!=</td><td>같지 않다(not equal)</td><td></td></tr>
<tr><td>&</td><td>비트 단위의 AND(bitwise and)</td><td></td></tr>
<tr><td>^</td><td>비트 단위의 XOR(bitwise xor)</td><td></td></tr>
<tr><td>|</td><td>비트 단위의 OR(bitwise or)</td><td></td></tr>
<tr><td>&&</td><td>논리적 AND(logical and)</td><td></td></tr>
<tr><td>||</td><td>논리적 OR(logical or)</td><td></td></tr>
<tr><td>?</td><td>조건 연산자(conditional operator)</td><td>낮음</td></tr>
</table>

◀참고▶ 조건 연산자 ?는 *condition? expression1 : expression2* 처럼 사용하는데, 만약 *condition*이 참이면 *expression1*이 되돌려지고 그렇지 않으면 *expression2*가 되돌려진다.

(3) 함수

어셈블리 언어에서 함수로는 다음과 같은 것들이 사용될 수 있다.

- low(expression) : 표현식의 하위 바이트를 돌려준다.
- high(expression) : 표현식의 2번째 바이트를 돌려준다.
- byte2(expression) : high와 동일한 기능을 수행한다.
- byte3(expression) : 표현식의 3번째 바이트를 돌려준다.
- byte4(expression) : 표현식의 4번째 바이트를 돌려준다.
- lwrd(expression) : 표현식의 비트0~15를 돌려준다.
- hwrd(expression) : 표현식의 비트16~31을 돌려준다.
- page(expression) : 표현식의 비트16~21을 돌려준다.
- exp2(expression) : 표현식을 2의 지수로 사용하여 계산한 결과를 돌려준다.
- log2(expression) : $\log_2$(expression)의 정수부를 돌려준다.
- int(expression) : 부동소수점 표현식의 소수부를 버리고 정수부만을 취한다.
- frac(expression) : 부동소수점 표현식의 정수부를 버리고 소수부만을 취한다.
- q7(expression) : 부동소수점 표현식을 FMUL/FMULS/FMULSU 명령에 적합하도록 "부호+7비트 소수부"의 형식으로 변환한다.
- q15(expression) : 부동소수점 표현식을 FMUL/FMULS/FMULSU 명령에 적합하도록 "부호+15비트 소수부"의 형식으로 변환한다.
- abs(expression) : 정수 표현식의 절대값을 돌려준다.

- defined(symbol) : 만약 앞에서 .equ, set, .def 지시어를 사용하여 symbol이 정의되어 있다면 참값을 돌려준다. 이는 주로 .if 지시어에서 조건식으로 사용된다.

◀참고▶ 어셈블리 명령어, 레지스터 이름(R0~R31, X, Y, Z), 모든 어셈블리 지시어 및 함수명 등과 같은 예약어(keyword)는 다른 목적으로 사용하기 위하여 재정의(redefine)할 수 없다. 이러한 예약어는 대문자나 소문자를 모두 사용할 수 있으나, 만약 대소문자를 구분하는 옵션 -c를 지정하였다면 모든 예약어를 반드시 소문자로 사용하여야 한다.

이 책의 모든 어셈블리 예제 프로그램에서는 독자들이 시각적으로 쉽게 구분할 수 있도록 모든 어셈블리 지시어와 선행처리기 지시어를 소문자로 사용하며, 어셈블리 명령어는 대문자를 기본으로 사용하기로 한다.

3. 매크로 어셈블러의 지시어

어셈블리 소스에서는 여러 가지의 지시어가 사용되는데, 이것들은 직접적으로 명령 코드를 생성하지는 않으며, 메모리에서 프로그램의 위치를 할당하거나 매크로를 정의하거나 또는 메모리를 초기화하는 등의 기능을 수행한다.

AVR 매크로 어셈블러에서 사용하는 지시어는 <표 3.4.3>과 같이 기능별로 분류할 수 있다. 모든 어셈블러 지시어는 항상 마침표(.)로 시작해야 한다.

AVR 매크로 어셈블러의 지시어에는 .END가 없다는 점에 유의하라. 다른 MCU의 어셈블리 소스에서와 달리 AVR 어셈블리 언어 프로그램 소스에서는 파일의 끝 부분에 .END 지시어를 사용하지 않는다.

〈표 3.4.3〉 AVR 매크로 어셈블러에서 사용하는 지시어의 요약

분 류	어셈블러 지시어
(1) 디바이스 정의	DEVICE
(2) 세그먼트 제어	CSEG, CSEGSIZE, DSEG, ESEG
(3) 심볼 정의	EQU, SET, DEF, UNDEF
(4) 메모리 초기화	DB, DW, DD, DQ
(5) 메모리 영역 예약	BYTE
(6) 어드레스 제어	ORG
(7) 프로그램 연결	INCLUDE, EXIT
(8) 리스팅 파일 제어	LIST, NOLIST
(9) 매크로 관련	MACRO, ENDM(ENDMACRO), LISTMAC
(10) 조건부 어셈블	IF/ELIF, IFDEF/IFNDEF/ELSE, ENDIF, MESSAGE, ERROR, WARNING

(1) 디바이스 정의 지시어

디바이스 정의 지시어에는 DEVICE 지시어 1가지가 있는데, 이것은 어느 MCU를 타겟 프로세서로 하여 어셈블리 소스를 번역하고 명령코드를 생성할 것인지를 지정한다.

만약 프로그램 소스에서 이 지시어로 지정된 MCU가 지원하지 않는 명령을 사용하면 경고 메시지가 발생되며, 코드 세그먼트나 EEPROM 세그먼트가 그 디바이스에서 제공되는 용량보다 커지면 역시 경고 메시지가 발생된다.

.DEVICE *device_code*

여기서 *device_code*는 지정할 MCU의 이름이며, 사용 가능한 모델은 <표 3.4.4>와 같다.

〈표 3.4.4〉 DEVICE 지시어에서 사용할 수 있는 MCU의 종류

분 류	MCU의 모델 이름
ATtiny 패밀리	ATtiny11, ATtiny12, ATtiny13, ATtiny22, ATtiny25, ATtiny26, ATtiny45, ATtiny85, ATtiny2313, ATtiny261, ATtiny461, ATtiny861
AT90 패밀리	AT90S1200, AT90S2313, AT90S2323, AT90S2333, AT90S2343, AT90S4414, AT90S4433, AT90S4434, AT90S8515, AT90S8534, AT90S8535
ATmega 패밀리	ATmega8, ATmega8515, ATmega8535, ATmega16, ATmega161, ATmega162, ATmega163, ATmega165, ATmega168, ATmega169, ATmega32, ATmega323, ATmega325, ATmega3250, ATmega329, ATmega3290, ATmega406, ATmega48, ATmega88, ATmega168, ATmega64, ATmega640, ATmega644, ATmega645, ATmega6450, ATmega649, ATmega6490, ATmega103, ATmega104, ATmega128, ATmega1280, ATmega1281, ATmega2560, ATmega2561
ATxmega 패밀리	ATxmega64A1, ATxmega128A1, ATxmega64A3, ATxmega128A3, ATxmega192A3, ATxmega256A3, ATxmega16A4, ATxmega32A4, ATxmega64D3, ATxmega128D3, ATxmega192D3, ATxmega256D3, ATxmega16D4, ATxmega32D4
기타	AT86RF401, AT94K, AT90CAN32, AT90CAN64, AT90CAN128, AT90PWM2, AT90PWM3, AT90USB162, AT90USB646, AT90USB647, AT90USB1286, AT90USB1287

◀참고▶ 이 지시어를 사용하지 않으면 모든 어셈블리 명령어가 제한 없이 지원되는 것으로 처리되며, 프로그램 메모리와 EEPROM 메모리에도 아무 제한이 없다.

(2) 세그먼트 제어 지시어

세그먼트란 코드 메모리나 데이터 메모리의 블록으로서, 프로그램 코드나 상수 데이터, 메모리 변수 등을 각각 지정된 메모리 영역에서 효율적으로 관리하기 위하여 사용한다.

▣ CSEG 지시어

CSEG 지시어는 프로그램 메모리에 해당하는 코드 세그먼트의 시작을 정의한다. 어셈블리 소스 파일은 여러 개의 코드 세그먼트로 구성될 수 있는데, 이들 세그먼트들은 어셈블될 때 모두 하나의 코드 세그먼트로 연결된다.

디폴트 세그먼트의 형은 코드 세그먼트이며, 코드 세그먼트 내부에는 워드 단위의 자체적인 로케이션 카운터를 가지고 있다. ORG 지시어는 프로그램 메모리 안에서 명령 코드나 상수를 특정한 번지에 위치시키기 위하여 사용될 수 있다.

코드 세그먼트 내에서는 BYTE 지시어를 사용할 수 없다. 코드 세그먼트 내에서 상수를 정의하려면 DB, DW, DD, DQ 지시어를 사용한다.

```
.CSEG
```

▣ CSEGSIZE 지시어

CSEGSIZE 지시어는 AT94K 모델에서만 적용된다. 이 모델에서는 사용자가 프로그램 메모리와 데이터 메모리 사이에 메모리 파티션(partition)이 가능하여, 예를 들면 SRAM의 용량을 줄이고 프로그램 메모리의 용량을 크게 할 수 있다. CSEGSIZE 지시어는 프로그램 메모리의 사이즈를 설정함으로써 메모리 파티션을 지정한다.

.CSEGSIZE = *program_memory_size*

*program_memory_size*에는 10, 12, 14, 16을 사용하는 것이 가능하다.

예 .CSEGSIZE = 12 ; specifies the program memory size as 12K×16

▣ DSEG 지시어

DSEG 지시어는 SRAM 메모리에 해당하는 데이터 세그먼트의 시작을 정의한다. 어셈블리 소스 파일은 여러 개의 데이터 세그먼트로 구성될 수 있는데, 이들 세그먼트들은 어셈블될 때 모두 하나의 데이터 세그먼트로 연결된다.

데이터 세그먼트 내부에는 바이트 단위의 자체적인 로케이션 카운터를 가지고 있다. ORG 지시어는 SRAM 메모리 안에서 변수를 특정한 번지에 위치시키기 위하여 사용될 수 있다.

데이터 세그먼트는 라벨과 BYTE 지시어만으로 구성되며, BYTE 지시어는 데이터 세그먼트 내에서만 사용할 수 있다.

```
.DSEG
```

◀참고▶ 사용자가 데이터 세그먼트의 서두에서 ORG 지시어를 사용하지 않더라도 어셈블러는 각

AVR 모델의 내부 SRAM 시작번지를 올바르게 인식하여 자동적으로 데이터 세그먼트 영역이 시작되도록 한다. 즉, ATxmega128A1의 경우에는 SRAM이 0x2000 번지에서 시작되므로 사용자가 .ORG 0x2000 이라고 지정해 주지 않더라도 데이터 세그먼트가 자동적으로 0x2000 번지에서 시작된다.

▣ ESEG 지시어

ESEG 지시어는 EEPROM 세그먼트의 시작을 정의한다. 어셈블리 소스 파일은 여러 개의 EEPROM 세그먼트로 구성될 수 있는데, 이들 세그먼트들은 어셈블될 때 모두 하나의 EEPROM 세그먼트로 연결된다.

EEPROM 세그먼트 내부에는 바이트 단위의 자체적인 로케이션 카운터를 가지고 있다. ORG 지시어는 EEPROM 메모리 안에서 변수를 특정한 번지에 위치시키기 위하여 사용될 수 있다.

EEPROM 세그먼트는 라벨과 DB, DW, DD, DQ 지시어만으로 구성되며, BYTE 지시어는 EEPROM 세그먼트에서는 사용할 수 없고 데이터 세그먼트에서만 사용할 수 있다.

.ESEG

예
```
.EQU        TAB_SIZE    = 100

.DSEG                                   ; start data segment
VAR1:       .BYTE       1               ; reserve 1 byte to VAR1
TABLE:      .BYTE       TAB_SIZE        ; reserve TAB_SIZE bytes

.ESEG                                   ; start EEPROM segment
EEVAR1:     .DW         0xFFFF          ; initialize 1 word in EEPROM

.CSEG                                   ; start code segment
            LDI         R30,LOW(VAR1)   ; load Z register low address
            LDI         R31,HIGH(VAR1)  ; load Z register high address
            LD          R0,Z            ; load VAR1 to R0
CONST:      .DB         0x7F            ; initialize 1 byte
```

(3) 심볼 정의 지시어

심볼 정의 지시어는 라벨에 값을 할당하거나 레지스터에 심볼을 할당하여 좀더 편리하게 사용할 수 있도록 한다.

▣ EQU 지시어

EQU 지시어는 라벨에 값을 할당한다. 그러면 이 라벨은 나중에 표현식에서 사용될 수 있다. EQU 지시어에 의하여 라벨에 할당된 값은 상수이며, 이 값은 변경되거나 다시 정의될 수 없다.

.EQU *label = expression*

예
```
.EQU    IO_OFFSET  = 0x19
.EQU    PORTA      = IO_OFFSET + 2

.CSEG
        CLR        R2                  ; clear R2
        OUT        PORTA,R2            ; write Port A
```

▣ SET 지시어

SET 지시어는 라벨에 값을 할당한다. 그러면 이 라벨은 나중에 표현식에서 사용될 수 있다. SET 지시어에 의하여 라벨에 할당된 값은 나중에 다시 정의되어 변경될 수 있다.

.SET *label = expression*

▣ DEF 지시어

DEF 지시어는 레지스터 이름에 다른 심볼을 할당한다. 그러면 이 심볼은 해당 레지스터의 이름 대신에 사용될 수 있다. 하나의 레지스터는 여러 가지의 심볼명으로 할당될 수 있으며, 그 심볼은 나중에 다시 정의될 수 있다.

.DEF *symbol = register*

예
```
.DEF    TEMP       = R16
.DEF    IO_BUFFER  = R0

.CSEG
        LDI        TEMP,0xF0           ; load 0xF0 into TEMP reg.
        IN         IO_BUFFER,0x3F      ; read SREG into IO_BUFFER reg.
```

▣ UNDEF 지시어

UNDEF 지시어는 DEF 지시어로 정의한 심볼을 해제하는데 사용한다. 그러면 이 심볼은 할당되었다가 해제된 심볼에는 다른 레지스터를 다시 할당하여 사용할 수 있다.

.UNDEF *symbol*

(4) 메모리 초기화 지시어

메모리 초기화 지시어는 메모리에 바이트 또는 워드의 메모리 공간을 확보하고 여기에 상수값을 정의한다.

▣ DB 지시어

DB 지시어는 CSEG의 프로그램 메모리나 ESEG의 EEPROM 메모리에 바이트(byte, 8비트) 상수를 정의한다. 이 상수의 번지를 액세스하려면 앞에 라벨을 붙인다. DB 지시어의 뒤에 여러 개의 표현식 리스트를 나열할 때는 컴머(,)로 구분한다. 선언되는 상수는 부호없는 수 0~255 또는 2의 보수 -128~+127 범위의 값이어야 한다.

DB 지시어가 코드 세그먼트에서 사용되고 표현식 리스트가 여러 개 나열될 때는 프로그램 메모리의 각 번지에 2바이트의 상수가 들어가도록 밀집 처리(packed)된다. 만약 표현식 리스트가 홀수개의 바이트로 구성되면 경고 메시지가 발생되면서 마지막 바이트에 0x00이 자동으로 추가되어 짝수개로 처리된다.

label: **.DB** *expression_list*

예

```
.CSEG
CONST1:    .DB        0,255,-128,0b10101010,0xFF

.ESEG
CONST2:    .DB        "OK-2561 KIT V1.0"
```

◀참고▶ AVR 매크로 어셈블러 V1.75부터는 .DB 지시어로 문자열을 정의할 때 16비트의 확장 ASCII 문자를 올바르게 처리하게 되었다. 이 때문에 현재는 문자열에 한글이나 한자를 포함하더라도 그에 대한 코드값이 제대로 어셈블된다.

▣ DW 지시어

DW 지시어는 CSEG의 프로그램 메모리나 ESEG의 EEPROM 메모리에 워드(word, 16비트) 상수를 정의한다. 이 상수의 번지를 액세스하려면 앞에 라벨을 붙인다. DW 지시어의 뒤에 여러 개의 표현식 리스트를 나열할 때는 컴머(,)로 구분한다. 선언되는 상수는 부호없는 수 0~65535 또는 2의 보수 -32768~+32767 범위의 값이어야 한다.

label: **.DW** *expression_list*

예
```
.CSEG
CONST1:    .DW        0,65535,-32768,0b1111000011110000,0xFFFF

.ESEG
CONST2:    .DW        1,2,3,65535,0xAABB
```

▣ DD 지시어

DD 지시어는 CSEG의 프로그램 메모리나 ESEG의 EEPROM 메모리에 더블 워드(double word, 32비트) 상수를 정의한다. 이 상수의 번지를 액세스하려면 앞에 라벨을 붙인다. DD 지시어의 뒤에 여러 개의 표현식 리스트를 나열할 때는 컴머(,)로 구분한다. 선언되는 상수에는 부호없는 수 또는 2의 보수가 모두 사용될 수 있다.

label: **.DD** *expression_list*

예
```
.CSEG
CONST1:    .DD        0,0x11AA22BB,-2147483648,1 <<30
```

▣ DQ 지시어

DQ 지시어는 CSEG의 프로그램 메모리나 ESEG의 EEPROM 메모리에 쿼드 워드(quad word, 64비트) 상수를 정의한다. 이 상수의 번지를 액세스하려면 앞에 라벨을 붙인다. DQ 지시어의 뒤에 여러 개의 표현식 리스트를 나열할 때는 컴머(,)로 구분한다. 선언되는 상수에는 부호없는 수 또는 2의 보수가 모두 사용될 수 있다.

label: **.DQ** *expression_list*

예
```
.CSEG
CONST1:    .DQ        0,0x11AA22BB33CC44DD,-100,1<<60
```

(5) 메모리 영역 예약 지시어

메모리 영역 예약 지시어는 BYTE 지시어 1가지가 있는데, 이것은 데이터 세그먼트 DSEG의 SRAM 메모리에 지정된 수의 바이트 자리를 확보한다. 이 변수의 번지를 액세스하려면 앞에 라벨을 붙인다. 이 변수 영역에는 초기화가 되지 않으며, BYTE 지시어는 오직 1개의 파라미터만을 가질 수 있다.

BYTE 지시어는 데이터 세그먼트에서만 사용될 수 있다.

label: **.BYTE** *expression*

예
```
.EQU      TAB_SIZE   = 100

.DSEG
VAR1:     .BYTE      1           ; reserve 1 byte to VAR1
TABLE:    .BYTE      TAB_SIZE    ; reserve TAB_SIZE bytes
```

(6) 어드레스 제어 지시어

어드레스 제어 지시어는 ORG 지시어 1가지가 있는데, 이것은 로케이션 카운터에 파라미터로 지정된 절대값을 설정한다.

로케이션 카운터는 코드 세그먼트 CSEG, 데이터 세그먼트 DSEG, EEPROM 세그먼트 ESEG에 각각 별도로 존재한다. 코드 세그먼트와 EEPROM 세그먼트의 로케이션 카운터 값은 디폴트로 0이며, 데이터 세그먼트의 로케이션 카운터 값은 각 AVR 모델에 따라 SRAM의 시작번지가 다르므로 자동적으로 조정된다.

데이터 세그먼트와 EEPROM 세그먼트에서는 로케이션 카운터는 바이트 단위이지만, 코드 세그먼트의 로케이션 카운터는 워드 단위이다.

.ORG *expression*

예
```
.DSEG
          .ORG       0x2000      ; set SRAM address to 0x2000
VAR1:     .BYTE      1

.CSEG
          .ORG       0x0010      ; set location counter to 0x0010
          MOV        R0,R1
```

(7) 프로그램 연결 지시어

프로그램 연결 지시어는 여러 개의 소스 파일을 하나의 프로그램으로 연결하여 어셈블할 수 있도록 한다.

▣ INCLUDE 지시어

INCLUDE 지시어는 어셈블러가 외부로부터 지정된 소스 파일을 읽어들이도록 지시한다. 이렇게 읽어들여진 소스 파일은 파일의 끝(end of file ; EOF)을 만나거나 EXIT 지시어를 만날 때까지 어셈블된다. 인클루드 파일 안에서는 다시 다른 소스 파일을 인클루드할 수 있다.

.INCLUDE *"filename"*

■ EXIT 지시어

EXIT 지시어는 어셈블러가 현재의 소스 파일을 어셈블하는 동작을 종료하도록 지시한다. 따라서, 이 지시어를 사용하면 정상적으로 파일의 끝까지 어셈블할 파일의 어셈블 동작을 중간에서 종료시킬 수 있다.

만약 인클루드되는 파일내에서 EXIT 지시어가 사용되었으면 어셈블러는 그 파일의 어셈블 동작을 종료하고 INCLUDE 지시어를 사용한 파일로 되돌아가서 그 다음에 이어지는 소스를 계속 어셈블한다.

.EXIT

(8) 리스팅 파일 제어 지시어

리스팅 파일 제어 지시어는 어셈블 후에 출력으로 생성되는 리스팅 파일의 동작을 제어한다.

■ LIST 지시어

LIST 지시어는 어셈블러가 이제부터 어셈블하는 부분을 리스팅 파일에 출력하도록 지시한다. 리스팅 파일이 생성될 때 디폴트로 LIST 지시어가 사용된 것으로 처리되어 어셈블된 모든 결과가 리스팅 파일에 포함된다.

.LIST

■ NOLIST 지시어

NOLIST 지시어는 어셈블러가 이제부터 어셈블하는 부분을 리스팅 파일에 출력하지 않도록 지시한다. NOLIST 지시어와 LIST 지시어를 조합하면 어셈블리 소스의 특정 부분을 리스팅 파일에 포함시키지 않을 수 있다.

```
.NOLIST
```

예
```
.NOLIST
.INCLUDE  "OK-X128A1.INC"  ; this file will not be included in listfile
.LIST
```

(9) 매크로 관련 지시어

매크로 관련 지시어는 매크로를 정의하는데 사용되는 지시어이다.

▣ MACRO 지시어

MACRO 지시어는 어셈블러에게 매크로 정의(definition)의 시작을 알려준다. MACRO 지시어는 파라미터로서 매크로 이름(macro name)을 가져야 한다. 나중에 이 매크로 이름이 사용되면 매크로로 정의된 부분이 그 위치로 확장(expansion)된다.

하나의 매크로는 10개 또는 그 이상의 파라미터를 가질 수 있는데, 이 파라미터들은 매크로 정의 내부에서 각각 @0～@9로 불려진다. 매크로를 호출(macro call)할 때는 이 파라미터들을 차례로 컴머(,)로 나열한다.

매크로 정의는 ENDM 또는 ENDMACRO 지시어로 종료된다.

```
.MACRO    macroname
```

▣ ENDM 또는 ENDMACRO 지시어

ENDM 또는 ENDMACRO 지시어는 어셈블러에게 매크로 정의의 종료를 알려준다.

```
.ENDM
.ENDMACRO
```

▣ LISTMAC 지시어

LISTMAC 지시어는 어셈블러에게 매크로가 호출될 때 매크로 확장되는 부분이 리스팅 파일에 포함되도록 한다. 그러나, 디폴트로는 매크로를 호출한 1행만 리스팅 파일에 포함된다.

```
.LISTMAC
```

```
예  .MACRO    SUB16                        ; start macro definition
              SUBI     @0,low(@2)
              SBCI     @1,high(@2)
    .ENDM                                  ; end macro definition

    .CSEG
    .LISTMAC
              SUB16    R16,R17,0x1234 ; macro call
```

(10) 조건부 어셈블 지시어

조건부 어셈블 지시어는 특정한 조건에 따라서 어셈블이 수행되거나 수행되지 않도록 제어하는데 사용되는 지시어이다.

▣ IF, ELIF, ELSE, ENDIF 지시어

IF 지시어는 지정된 조건이 충족되면 그 다음에 있는 명령 코드들을 어셈블한다. ELIF 지시어는 IF 지시어에 이어서 다른 조건을 판단할 때 사용된다. ELSE 지시어는 이제까지 IF 지시어 또는 ELIF 지시어로 판단한 조건의 그 나머지 경우에 해당할 때 그 다음에 있는 명령 코드들을 어셈블한다.

이들 지시어는 모두 ENDIF 지시어로 종료된다.

```
.IF      <expression>
.ELIF    <expression>
.ELSE
.ENDIF
```

```
예  .MACRO    SET_BAT
    .IF @0 > 0x3F
    .MESSAGE "Address larger than 0x3F"
              LDS      @2,@0
              SBR      @2,(1 << @1)
              STS      @0,@2
    .ELSE
    .MESSAGE "Address less than or equal to 0x3F"
    .ENDIF
    .ENDM
```

▣ IFDEF, IFNDEF, ELSE, ENDIF 지시어

IFDEF 지시어는 지정된 심볼이 정의되어 있으면 그 다음에 있는 명령 코드들을 어셈블한다. IFNDEF 지시어는 이와 반대로 지정된 심볼이 정의되어있지 않으면 그 다음에 있는 명령 코드들을 어셈블한다. ELSE 지시어는 이제까지 IFDEF 지시어 또는 IFNDEF 지시어로 판단한 조건의 그 나머지 경우에 해당할 때 그 다음에 있는 명령 코드들을 어셈블한다.

IFDEF 지시어 또는 IFNDEF 지시어로 판단하는 심볼은 반드시 앞에서 EQU 또는 SET 지시어로 정의된 것이어야 유효하며, DEF 지시어로 정의된 것은 해당되지 않는다.

이들 지시어는 모두 ENDIF 지시어로 종료된다.

```
.IFDEF     <symbol>
.IFNDEF    <symbol>
.ELSE
.ENDIF
```

예
```
.IFDEF DEBUG
.MESSAGE "DEBUG is defined..."
.ELSE
.MESSAGE "DEBUG is not defined..."
.ENDIF
```

▣ MESSAGE 지시어

MESSAGE 지시어는 조건부 어셈블 명령과 함께 사용되어 스트링을 출력한다. 기능적으로 WARNING 지시어와 같다.

```
.MESSAGE    "<string>"
```

예
```
.IFDEF DEBUG
.MESSAGE "DEBUG mode"
.ENDIF
```

▣ ERROR 지시어

ERROR 지시어는 조건부 어셈블 명령과 함께 사용되어 스트링을 출력하며 어셈블 동작을 중단한다.

```
.ERROR    "<string>"
```

예
```
.IFDEF DONE
.ERROR "Still stuff to be done..."
.ENDIF
```

▣ WARNING 지시어

WARNING 지시어는 조건부 어셈블 명령과 함께 사용되어 스트링을 출력하지만 어셈블 동작을 중단하지는 않는다.

.WARNING "<*string*>"

예
```
.IFDEF DONE
.WARNING "Still stuff to be done..."
.ENDIF
```

4. 매크로 어셈블러의 선행처리기

AVR 매크로 어셈블러 V2.0부터는 C언어 스타일의 선행처리기(preprocessor) 기능을 지원한다. 이것은 원래 C컴파일러가 본격적인 컴파일을 수행하기 전에 소스에 어떤 정의를 하거나 사전 처리를 하기 위한 것인데, AVR 매크로 어셈블러는 2패스가 아니라 1패스로 구성되므로 선행 처리라는 개념에 다소 문제가 생기며, 따라서 C언어의 선행처리기에 비하여 부분적인 차이가 있다.

선행처리기 지시어는 <표 3.4.5>와 같은데 이전부터 사용해 오던 어셈블러 지시어와 중복되는 기능을 많이 포함하고 있다. 어셈블러 지시어가 항상 마침표(.)로 시작하는데 비하여 선행처리기 지시어는 number sign(#)으로 시작한다. 또한, -c 옵션을 지정하지 않으면 어셈블러 지시어는 대문자나 소문자를 임의로 사용할 수 있는데 비하여 선행처리기 지시어는 항상 소문자를 사용해야 한다.

〈표 3.4.5〉 AVR 매크로 어셈블러에서 사용하는 선행처리기 지시어의 요약

분 류	선행처리기 지시어
(1) 프로그램 연결	#include
(2) 심볼 정의	#define, #undef
(3) 조건부 어셈블	#if, #elif, #ifdef, #ifndef, #else, #endif
(4) 메시지 출력	#message, #error, #warning
(5) 옵션 제어	#pragma
(6) 기타	#

▣ #include

이것은 어셈블리 지시어 INCLUDE와 유사한 기능을 가지며 어셈블러가 외부로부터 지정된 소스 파일을 읽어들이도록 지시한다.

```
#include    "filename"
#include    <filename>
```

파일명을 " "로 묶으면 현재의 작업 디렉토리에서 먼저 인클루드 파일을 검색하고 찾는 파일이 없으면 2단계로 -I 옵션으로 지정된 디렉토리를 검색한다. 그러나, 파일명을 < >로 묶으면 -I 옵션으로 지정된 디렉토리만을 검색한다.

▣ #define

이것은 선행처리기 매크로를 정의한다. 여기에는 오브젝트형 매크로와 함수형 매크로의 2가지가 있다.

```
#define    name  [value]
#define    name(arg, ...)  [value]
```

위의 첫번째는 오브젝트형 매크로로서 심볼에 상수값을 정의할 때 사용하며, -D 옵션을 사용하는 것과 동일한 기능을 수행한다. 여기서 *name*에 *value*를 지정하지 않으면 디폴트로 1이 된다.

두번째는 함수형 매크로로서 함수를 정의할 때 사용하며, 이를 호출하면 *value*에 지정된 *arg*가 적용되어 함수가 처리된다. 이 형식에서는 처음으로 나타나는 괄호 (가 *name*에 공백없이 붙어 있어야 한다.

예
```
#define  BIT3     (1<<3)
#define  SQR(X)   ((X)*(X))
```

▣ #undef

이것은 #define으로 정의된 심볼을 해제하며, -U 옵션을 사용하는 것과 동일한 기능을 수행한다.

```
#undef    name
```

▣ #if, #elif, #else, #endif

어셈블리 지시어 IF, ELIF, ELSE, ENDIF처럼 조건부 어셈블 기능을 수행한다.

```
#if     condition
#elif   condition
#else
#endif
```

#if는 지정된 조건 *condition*이 충족(not equal to 0)되면 그 다음에 있는 명령 코드들을 어셈블한다. *condition*에는 특별히 defined(*name*)의 형식이 사용될 수 있는데, 이때 *name*이 정의되어 있으면 조건은 1이 되고 그렇지 않으면 조건이 0으로 된다.

#elif는 #if에 이어서 다른 조건을 판단할 때 사용된다. #else는 이제까지 #if 또는 #elif로 판단한 조건의 그 나머지 경우에 해당할 때 그 다음에 있는 명령 코드들을 어셈블한다.

이들 선행처리기 지시어는 모두 #endif로 종료된다.

예
```
#if defined(__ATmega128__)
#elif defined(__ATxmega128A1__)
#endif
```

▣ #ifdef, #ifndef, #else, #endif

어셈블리 지시어 IFDEF, IFNDEF, ELSE, ENDIF처럼 조건부 어셈블 기능을 수행한다.

```
#ifdef  name
#ifndef name
#else
#endif
```

#ifdef는 지정된 심볼 *name*이 정의되어 있으면 그 다음에 있는 명령 코드들을 어셈블한다. #ifndef는 이와 반대로 지정된 *name*이 정의되어있지 않으면 그 다음에 있는 명령 코드들을 어셈블한다. #else는 이제까지 #ifdef 또는 #ifndef로 판단한 조건의 그 나머지 경우에 해당할 때 그 다음에 있는 명령 코드들을 어셈블한다.

#ifdef *name*은 #if defined(*name*)과 기능적으로 동일한 결과가 되고, #ifndef *name*은 #if !defined(*name*)과 동일한 기능이 된다.

▣ #message, #error, #warning

이것들은 표준 출력장치에 지정된 문자열을 출력한다.

```
#message    tokens
#error      tokens
#warning    tokens
```

#message는 표준 출력장치에 조건없이 지정된 문자열을 출력한다. #error는 표준 출력장치에 문자열을 출력하고 에러 카운터를 1증가시킨다. #warning은 표준 출력장치에 문자열을 출력하고 경고 카운터를 1증가시킨다.

*tokens*는 문자열과 심볼의 조합으로 구성될 수 있다.

예
```
#message "Assemble OK!"
#error   "Unsupported part : " __PART_NAME__
```

▣ #pragma

이것은 매크로 어셈블러에게 제어옵션을 지정하기 위한 것으로서 2가지의 종류가 있다. 첫번째 종류는 아래와 같이 매크로 어셈블러에게 바이트 상수 처리나 코드 메모리 중첩, 정의되지 않은 명령의 사용에 따른 경고 메시지 또는 에러 메시지 발생을 제어하는 것이다.

```
#pragma warning range byte option
#pragma overlap option
#pragma error instruction
#pragma warning instruction
```

위의 첫번째 형식에서는 바이트 오퍼랜드의 처리방법을 지정하는데 이는 -W 옵션과 같은 기능을 수행한다. 매크로 어셈블러에서 상수는 내부적으로 항상 64비트로 처리되는데, 이를 LDI, CPI, ORI, ANDI, SUBI, SBCI 등의 명령에서 바이트 오퍼랜드로 사용하기 위하여 바이트 길이로 변환하다보면 "operand out of range" 에러가 발생할 수 있다. *option*을 integer로 지정하면(default) 바이트 오퍼랜드를 처리하는 과정에서 unsigned char로 0~255의 범위를 벗어나거나 signed char로 -128~+127의 범위를 벗어나면 경고 메시지가 발생된다. *option*을 overflow로 지정하면 바이트 오퍼랜드를 처리하는 과정을 항상 unsigned char로 처리하여 0~255의 범위를 벗어나면 경고 메시지가 발생된다. *option*을 none으로 지정하면 바이트 오퍼랜드를 처리하는 과정에서 경고 메시지를 발생하지 않는다.

위의 두번째 형식에서는 코드 메모리 섹션들을 메모리에 할당할 때 번지가 중첩되면 에러 또는 경고 메시지를 출력할지 여부를 제어한다. *option*을 ignore로 지정하면 메모리 번지가 중첩되더라도 어떤 에러나 경고 메시지를 발생하지 않는다. *option*을 warning으로 지정하면 메모리 번지가 중첩될 때 경고 메시지를 발생한다. *option*을 error로 지정하면(default) 메모리 번지가 중첩될 때 에러 메시지를 발생한다.

위의 세번째와 네번째의 형식에서는 현재 AVR 모델에서 지원되지 않는 이 명령을 사용하는 경우 에러 메시지(default) 또는 경고 메시지를 발생하도록 한다. 이것들은 각각 -W+ie 옵션 및 -W+iw 옵션과 동일한 기능을 수행한다.

#pragma의 두번째 종류는 아래와 같이 매크로 어셈블러에게 AVR 모델에 따른 특성을 지정하는 것이다. 그러나, 이런 사항들은 *part*def.inc 파일에 일괄적으로 정의하는 것이 더 바람직하다.

```
#pragma AVRPART ADMIN PART_NAME string
#pragma AVRPART CORE CORE_VERSION version-string
#pragma AVRPART CORE INSTRUCTIONS_NOT_SUPPORTED mnemonic[operand][: ...]
#pragma AVRPART CORE NEW_INSTRUCTIONS mnemonic[operand][: ...]
#pragma AVRPART MEMORY PROG_FLASH size
#pragma AVRPART MEMORY EEPROM size
#pragma AVRPART MEMORY INT_SRAM START_ADDR address
#pragma AVRPART MEMORY INT_SRAM SIZE size
```

위의 형식들을 사용하는 예를 들면 아래와 같다. *version-staring*으로 사용할 수 있는 것에는 V0, V0E, V1, V2, V2E, V3 등이 있다. 모든 메모리 *size*는 바이트 단위로 표시한다.

예
```
#pragma AVRPART ADMIN PART_NAME ATmega2561
#pragma AVRPART CORE CORE_VERSION V3
#pragma AVRPART CORE INSTRUCTION_NOT_SUPPORTED movw:break:lpm rd,z
#pragma AVRPART CORE NEW_INSTRUCTION lpm rd,z+
#pragma AVRPART MEMORY PROG_FLASH 262144
#pragma AVRPART MEMORY EEPROM 4096
#pragma AVRPART MEMORY INT_SRAM START_ADDR 0x0200
#pragma AVRPART MEMORY INT_SRAM SIZE 8192
```

▣

이것은 아무 기능도 수행하지 않는다. 이것을 만들어 놓은 유일한 이유는 ANSI C 표준과 유사하도록 하기 위함이다.

```
#
```

5. 기본적인 인클루드 파일

AVR Studio의 매크로 어셈블러를 사용하여 사용자 프로그램을 작성할 때는 AVR 모델로서 ATxmega128A1을 사용한다면 ATxmega128A1의 모든 기술적인 사항을 정의해주는 C:\Atmel\AVR Tools\AvrAssembler2\Appnotes\ATxmega128A1def.inc 파일을 인클루드하여야 한다. 이 인클루드 파일의 내용을 보이면 다음과 같다.

〈프로그램 ATxmega128A1def.inc〉 *OK-X128A1*에서 사용하는 인클루드 파일의 내용

```
;***************************************************************************
;* A P P L I C A T I O N   N O T E   F O R   T H E   A V R   F A M I L Y
;*
;* Number            : AVR000
;* File Name         : ATxmega128A1def.inc
;* Title             : Register/Bit Definitions for the ATxmega128A1
;* Date              : Jan 01 2008
;* Version           : 1.00
;* Support E-mail    : avr@atmel.com
;* Target MCU        : ATxmega128A1
;*
;* DESCRIPTION
;* When including this file in the assembly program file, all I/O register
;* names and I/O register bit names appearing in the data book can be used.
;* In addition, the six registers forming the three data pointers X, Y and
;* Z have been assigned names XL - ZH. Highest RAM address for Internal
;* SRAM is also defined
;***************************************************************************

#ifndef _ATxmega128A1DEF_INC_
#define _ATxmega128A1DEF_INC_

#pragma partinc 0

; ***** SPECIFY DEVICE ***************************************************
.device ATxmega128A1

.equ    SIGNATURE_000 = 0x1E
.equ    SIGNATURE_001 = 0x97
.equ    SIGNATURE_002 = 0x4C

#pragma AVRPART ADMIN PART_NAME ATxmega128A1
#pragma AVRPART CORE CORE_VERSION V3X

; ***** ABSOLUTE I/O REGISTER LOCATIONS **********************************

;*************************************************************************
;** GPIO - General Purpose IO Registers
;*************************************************************************
.equ GPIO_GPIOR0 = 0            // General Purpose IO Register 0
.equ GPIO_GPIOR1 = 1            // General Purpose IO Register 1
.equ GPIO_GPIOR2 = 2            // General Purpose IO Register 2
.equ GPIO_GPIOR3 = 3            // General Purpose IO Register 3
.equ GPIO_GPIOR4 = 4            // General Purpose IO Register 4
.equ GPIO_GPIOR5 = 5            // General Purpose IO Register 5
.equ GPIO_GPIOR6 = 6            // General Purpose IO Register 6
.equ GPIO_GPIOR7 = 7            // General Purpose IO Register 7
.equ GPIO_GPIOR8 = 8            // General Purpose IO Register 8
.equ GPIO_GPIOR9 = 9            // General Purpose IO Register 9
.equ GPIO_GPIORA = 10           // General Purpose IO Register 10
.equ GPIO_GPIORB = 11           // General Purpose IO Register 11
.equ GPIO_GPIORC = 12           // General Purpose IO Register 12
.equ GPIO_GPIORD = 13           // General Purpose IO Register 13
.equ GPIO_GPIORE = 14           // General Purpose IO Register 14
```

```
.equ GPIO_GPIORF = 15          // General Purpose IO Register 15

;*************************************************************************
;** OCD - On-Chip Debug System
;*************************************************************************
.equ OCD_OCDR0 = 46            // OCD Register 0
.equ OCD_OCDR1 = 47            // OCD Register 1

;*************************************************************************
;** CPU - CPU Registers
;*************************************************************************
.equ CPU_CCP = 52              // Configuration Change Protection
.equ CPU_RAMPD = 56            // Ramp D
.equ CPU_RAMPX = 57            // Ramp X
.equ CPU_RAMPY = 58            // Ramp Y
.equ CPU_RAMPZ = 59            // Ramp Z
.equ CPU_EIND = 60             // Extended Indirect Jump
.equ CPU_SPL = 61              // Stack Pointer Low
.equ CPU_SPH = 62              // Stack Pointer High
.equ CPU_SREG = 63             // Status Register

;*************************************************************************
;** CLK - Clock System
;*************************************************************************
.equ CLK_CTRL = 64             // Control Register
.equ CLK_PSCTRL = 65           // Prescaler Control Register
.equ CLK_LOCK = 66             // Lock register
.equ CLK_RTCCTRL = 67          // RTC Control Register

;*************************************************************************
;** SLEEP - Sleep Controller
;*************************************************************************
.equ SLEEP_CTRL = 72           // Control Register

;*************************************************************************
;** OSC - Oscillator Control
;*************************************************************************
.equ OSC_CTRL = 80             // Control Register
.equ OSC_STATUS = 81           // Status Register
.equ OSC_XOSCCTRL = 82         // External Oscillator Control Register
.equ OSC_XOSCFAIL = 83         // External Oscillator Failure Detection Register
.equ OSC_RC32KCAL = 84         // 32kHz Internal Oscillator Calibration Register
.equ OSC_PLLCTRL = 85          // PLL Control REgister
.equ OSC_DFLLCTRL = 86         // DFLL Control Register

;*************************************************************************
;** DFLLRC32M - DFLL for 32MHz RC Oscillator
;*************************************************************************
.equ DFLLRC32M_CTRL = 96       // Control Register
.equ DFLLRC32M_CALA = 98       // Calibration Register A
.equ DFLLRC32M_CALB = 99       // Calibration Register B
.equ DFLLRC32M_COMP0 = 100     // Oscillator Compare Register 0
.equ DFLLRC32M_COMP1 = 101     // Oscillator Compare Register 1
.equ DFLLRC32M_COMP2 = 102     // Oscillator Compare Register 2

;*************************************************************************
;** DFLLRC2M - DFLL for 2MHz RC Oscillator
;*************************************************************************
.equ DFLLRC2M_CTRL = 104       // Control Register
.equ DFLLRC2M_CALA = 106       // Calibration Register A
.equ DFLLRC2M_CALB = 107       // Calibration Register B
.equ DFLLRC2M_COMP0 = 108      // Oscillator Compare Register 0
.equ DFLLRC2M_COMP1 = 109      // Oscillator Compare Register 1
.equ DFLLRC2M_COMP2 = 110      // Oscillator Compare Register 2

;*************************************************************************
;** PR - Power Reduction
;*************************************************************************
.equ PR_PRGEN = 112            // General Power Reduction
.equ PR_PRPA = 113             // Power Reduction Port A
.equ PR_PRPB = 114             // Power Reduction Port B
.equ PR_PRPC = 115             // Power Reduction Port C
.equ PR_PRPD = 116             // Power Reduction Port D
.equ PR_PRPE = 117             // Power Reduction Port E
.equ PR_PRPF = 118             // Power Reduction Port F
```

```
;***************************************************************************
;** RST - Reset Controller
;***************************************************************************
.equ RST_STATUS = 120           // Status Register
.equ RST_CTRL = 121             // Control Register

;***************************************************************************
;** WDT - Watch-Dog Timer
;***************************************************************************
.equ WDT_CTRL = 128             // Control
.equ WDT_WINCTRL = 129          // Windowed Mode Control
.equ WDT_STATUS = 130           // Status

;***************************************************************************
;** MCU - MCU Control
;***************************************************************************
.equ MCU_DEVID0 = 144           // Device ID byte 0
.equ MCU_DEVID1 = 145           // Device ID byte 1
.equ MCU_DEVID2 = 146           // Device ID byte 2
.equ MCU_REVID = 147            // Revision ID
.equ MCU_JTAGUID = 148          // JTAG User ID
.equ MCU_MCUCR = 150            // MCU Control
.equ MCU_EVSYSLOCK = 152                // Event System Lock
.equ MCU_AWEXLOCK = 153         // AWEX Lock

;***************************************************************************
;** PMIC - Programmable Interrupt Controller
;***************************************************************************
.equ PMIC_STATUS = 160          // Status Register
.equ PMIC_INTPRI = 161          // Interrupt Priority
.equ PMIC_CTRL = 162            // Control Register

;***************************************************************************
;** DMA - DMA Controller
;***************************************************************************
.equ DMA_CTRL = 256             // Control
.equ DMA_INTFLAGS = 259         // Transfer Interrupt Status
.equ DMA_STATUS = 260           // Status
.equ DMA_TEMP = 262             // Temporary Register For 16/24-bit Access
.equ DMA_CH0_CTRLA = 272        // Channel Control
.equ DMA_CH0_CTRLB = 273        // Channel Control
.equ DMA_CH0_ADDRCTRL = 274     // Address Control
.equ DMA_CH0_TRIGSRC = 275      // Channel Trigger Source
.equ DMA_CH0_TRFCNT = 276       // Channel Block Transfer Count
.equ DMA_CH0_REPCNT = 278       // Channel Repeat Count
.equ DMA_CH0_SRCADDR0 = 280     // Channel Source Address 0
.equ DMA_CH0_SRCADDR1 = 281     // Channel Source Address 1
.equ DMA_CH0_SRCADDR2 = 282     // Channel Source Address 2
.equ DMA_CH0_DESTADDR0 = 284    // Channel Destination Address 0
.equ DMA_CH0_DESTADDR1 = 285    // Channel Destination Address 1
.equ DMA_CH0_DESTADDR2 = 286    // Channel Destination Address 2
.equ DMA_CH1_CTRLA = 288        // Channel Control
.equ DMA_CH1_CTRLB = 289        // Channel Control
.equ DMA_CH1_ADDRCTRL = 290     // Address Control
.equ DMA_CH1_TRIGSRC = 291      // Channel Trigger Source
.equ DMA_CH1_TRFCNT = 292       // Channel Block Transfer Count
.equ DMA_CH1_REPCNT = 294       // Channel Repeat Count
.equ DMA_CH1_SRCADDR0 = 296     // Channel Source Address 0
.equ DMA_CH1_SRCADDR1 = 297     // Channel Source Address 1
.equ DMA_CH1_SRCADDR2 = 298     // Channel Source Address 2
.equ DMA_CH1_DESTADDR0 = 300    // Channel Destination Address 0
.equ DMA_CH1_DESTADDR1 = 301    // Channel Destination Address 1
.equ DMA_CH1_DESTADDR2 = 302    // Channel Destination Address 2
.equ DMA_CH2_CTRLA = 304        // Channel Control
.equ DMA_CH2_CTRLB = 305        // Channel Control
.equ DMA_CH2_ADDRCTRL = 306     // Address Control
.equ DMA_CH2_TRIGSRC = 307      // Channel Trigger Source
.equ DMA_CH2_TRFCNT = 308       // Channel Block Transfer Count
.equ DMA_CH2_REPCNT = 310       // Channel Repeat Count
.equ DMA_CH2_SRCADDR0 = 312     // Channel Source Address 0
.equ DMA_CH2_SRCADDR1 = 313     // Channel Source Address 1
.equ DMA_CH2_SRCADDR2 = 314     // Channel Source Address 2
.equ DMA_CH2_DESTADDR0 = 316    // Channel Destination Address 0
.equ DMA_CH2_DESTADDR1 = 317    // Channel Destination Address 1
```

```
.equ DMA_CH2_DESTADDR2 = 318     // Channel Destination Address 2
.equ DMA_CH3_CTRLA = 320         // Channel Control
.equ DMA_CH3_CTRLB = 321         // Channel Control
.equ DMA_CH3_ADDRCTRL = 322      // Address Control
.equ DMA_CH3_TRIGSRC = 323       // Channel Trigger Source
.equ DMA_CH3_TRFCNT = 324        // Channel Block Transfer Count
.equ DMA_CH3_REPCNT = 326        // Channel Repeat Count
.equ DMA_CH3_SRCADDR0 = 328      // Channel Source Address 0
.equ DMA_CH3_SRCADDR1 = 329      // Channel Source Address 1
.equ DMA_CH3_SRCADDR2 = 330      // Channel Source Address 2
.equ DMA_CH3_DESTADDR0 = 332     // Channel Destination Address 0
.equ DMA_CH3_DESTADDR1 = 333     // Channel Destination Address 1
.equ DMA_CH3_DESTADDR2 = 334     // Channel Destination Address 2

;*************************************************************************
;** EVSYS - Event System
;*************************************************************************
.equ EVSYS_CH0MUX = 384          // Event Channel 0 Multiplexer
.equ EVSYS_CH1MUX = 385          // Event Channel 1 Multiplexer
.equ EVSYS_CH2MUX = 386          // Event Channel 2 Multiplexer
.equ EVSYS_CH3MUX = 387          // Event Channel 3 Multiplexer
.equ EVSYS_CH4MUX = 388          // Event Channel 4 Multiplexer
.equ EVSYS_CH5MUX = 389          // Event Channel 5 Multiplexer
.equ EVSYS_CH6MUX = 390          // Event Channel 6 Multiplexer
.equ EVSYS_CH7MUX = 391          // Event Channel 7 Multiplexer
.equ EVSYS_CH0CTRL = 392         // Channel 0 Control Register
.equ EVSYS_CH1CTRL = 393         // Channel 1 Control Register
.equ EVSYS_CH2CTRL = 394         // Channel 2 Control Register
.equ EVSYS_CH3CTRL = 395         // Channel 3 Control Register
.equ EVSYS_CH4CTRL = 396         // Channel 4 Control Register
.equ EVSYS_CH5CTRL = 397         // Channel 5 Control Register
.equ EVSYS_CH6CTRL = 398         // Channel 6 Control Register
.equ EVSYS_CH7CTRL = 399         // Channel 7 Control Register
.equ EVSYS_STROBE = 400          // Event Strobe
.equ EVSYS_DATA = 401            // Event Data

;*************************************************************************
;** NVM - Non Volatile Memory
;*************************************************************************
.equ NVM_ADDR0 = 448             // Address Register 0
.equ NVM_ADDR1 = 449             // Address Register 1
.equ NVM_ADDR2 = 450             // Address Register 2
.equ NVM_DATA0 = 452             // Data Register 0
.equ NVM_DATA1 = 453             // Data Register 1
.equ NVM_DATA2 = 454             // Data Register 2
.equ NVM_CMD = 458               // Command
.equ NVM_CTRLA = 459             // Control Register A
.equ NVM_CTRLB = 460             // Control Register B
.equ NVM_INTCTRL = 461           // Interrupt Control
.equ NVM_STATUS = 463            // Status
.equ NVM_LOCKBITS = 464          // Lock Bits

;*************************************************************************
;** ACA - Analog Comparator A
;*************************************************************************
.equ ACA_AC0CTRL = 896           // Comparator 0 Control
.equ ACA_AC1CTRL = 897           // Comparator 1 Control
.equ ACA_AC0MUXCTRL = 898        // Comparator 0 MUX Control
.equ ACA_AC1MUXCTRL = 899        // Comparator 1 MUX Control
.equ ACA_CTRLA = 900             // Control Register A
.equ ACA_CTRLB = 901             // Control Register B
.equ ACA_WINCTRL = 902           // Window Mode Control
.equ ACA_STATUS = 903            // Status

;*************************************************************************
;** ACB - Analog Comparator B
;*************************************************************************
.equ ACB_AC0CTRL = 912           // Comparator 0 Control
.equ ACB_AC1CTRL = 913           // Comparator 1 Control
.equ ACB_AC0MUXCTRL = 914        // Comparator 0 MUX Control
.equ ACB_AC1MUXCTRL = 915        // Comparator 1 MUX Control
.equ ACB_CTRLA = 916             // Control Register A
.equ ACB_CTRLB = 917             // Control Register B
.equ ACB_WINCTRL = 918           // Window Mode Control
.equ ACB_STATUS = 919            // Status
```

```
;*****************************************************************************
;** ADCA - Analog to Digital Converter A
;*****************************************************************************
.equ ADCA_CTRLA = 512              // Control Register A
.equ ADCA_CTRLB = 513              // Control Register B
.equ ADCA_REFCTRL = 514            // Reference Control
.equ ADCA_EVCTRL = 515             // Event Control
.equ ADCA_PRESCALER = 516          // Clock Prescaler
.equ ADCA_INTFLAGS = 518           // Interrupt Flags
.equ ADCA_TEMP = 519               // Temporary register
.equ ADCA_CAL = 524                // Calibration Value
.equ ADCA_CH0RES = 528             // Channel 0 Result
.equ ADCA_CH1RES = 530             // Channel 1 Result
.equ ADCA_CH2RES = 532             // Channel 2 Result
.equ ADCA_CH3RES = 534             // Channel 3 Result
.equ ADCA_CMP = 536                // Compare Value
.equ ADCA_CH0_CTRL = 544           // Control Register
.equ ADCA_CH0_MUXCTRL = 545        // MUX Control
.equ ADCA_CH0_INTCTRL = 546        // Channel Interrupt Control
.equ ADCA_CH0_INTFLAGS = 547       // Interrupt Flags
.equ ADCA_CH0_RES = 548            // Channel Result
.equ ADCA_CH1_CTRL = 552           // Control Register
.equ ADCA_CH1_MUXCTRL = 553        // MUX Control
.equ ADCA_CH1_INTCTRL = 554        // Channel Interrupt Control
.equ ADCA_CH1_INTFLAGS = 555       // Interrupt Flags
.equ ADCA_CH1_RES = 556            // Channel Result
.equ ADCA_CH2_CTRL = 560           // Control Register
.equ ADCA_CH2_MUXCTRL = 561        // MUX Control
.equ ADCA_CH2_INTCTRL = 562        // Channel Interrupt Control
.equ ADCA_CH2_INTFLAGS = 563       // Interrupt Flags
.equ ADCA_CH2_RES = 564            // Channel Result
.equ ADCA_CH3_CTRL = 568           // Control Register
.equ ADCA_CH3_MUXCTRL = 569        // MUX Control
.equ ADCA_CH3_INTCTRL = 570        // Channel Interrupt Control
.equ ADCA_CH3_INTFLAGS = 571       // Interrupt Flags
.equ ADCA_CH3_RES = 572            // Channel Result

;*****************************************************************************
;** ADCB - Analog to Digital Converter B
;*****************************************************************************
.equ ADCB_CTRLA = 576              // Control Register A
.equ ADCB_CTRLB = 577              // Control Register B
.equ ADCB_REFCTRL = 578            // Reference Control
.equ ADCB_EVCTRL = 579             // Event Control
.equ ADCB_PRESCALER = 580          // Clock Prescaler
.equ ADCB_INTFLAGS = 582           // Interrupt Flags
.equ ADCB_TEMP = 583               // Temporary register
.equ ADCB_CAL = 588                // Calibration Value
.equ ADCB_CH0RES = 592             // Channel 0 Result
.equ ADCB_CH1RES = 594             // Channel 1 Result
.equ ADCB_CH2RES = 596             // Channel 2 Result
.equ ADCB_CH3RES = 598             // Channel 3 Result
.equ ADCB_CMP = 600                // Compare Value
.equ ADCB_CH0_CTRL = 608           // Control Register
.equ ADCB_CH0_MUXCTRL = 609        // MUX Control
.equ ADCB_CH0_INTCTRL = 610        // Channel Interrupt Control
.equ ADCB_CH0_INTFLAGS = 611       // Interrupt Flags
.equ ADCB_CH0_RES = 612            // Channel Result
.equ ADCB_CH1_CTRL = 616           // Control Register
.equ ADCB_CH1_MUXCTRL = 617        // MUX Control
.equ ADCB_CH1_INTCTRL = 618        // Channel Interrupt Control
.equ ADCB_CH1_INTFLAGS = 619       // Interrupt Flags
.equ ADCB_CH1_RES = 620            // Channel Result
.equ ADCB_CH2_CTRL = 624           // Control Register
.equ ADCB_CH2_MUXCTRL = 625        // MUX Control
.equ ADCB_CH2_INTCTRL = 626        // Channel Interrupt Control
.equ ADCB_CH2_INTFLAGS = 627       // Interrupt Flags
.equ ADCB_CH2_RES = 628            // Channel Result
.equ ADCB_CH3_CTRL = 632           // Control Register
.equ ADCB_CH3_MUXCTRL = 633        // MUX Control
.equ ADCB_CH3_INTCTRL = 634        // Channel Interrupt Control
.equ ADCB_CH3_INTFLAGS = 635       // Interrupt Flags
.equ ADCB_CH3_RES = 636            // Channel Result
```

```
;******************************************************************************
;** DACA - Digital to Analog Converter A
;******************************************************************************
.equ DACA_CTRLA = 768            // Control Register A
.equ DACA_CTRLB = 769            // Control Register B
.equ DACA_CTRLC = 770            // Control Register C
.equ DACA_EVCTRL = 771           // Event Input Control
.equ DACA_TIMCTRL = 772          // Timing Control
.equ DACA_STATUS = 773           // Status
.equ DACA_GAINCAL = 776          // Gain Calibration
.equ DACA_OFFSETCAL = 777        // Offset Calibration
.equ DACA_CH0DATA = 792          // Channel 0 Data
.equ DACA_CH1DATA = 794          // Channel 1 Data

;******************************************************************************
;** DACB - Digital to Analog Converter B
;******************************************************************************
.equ DACB_CTRLA = 800            // Control Register A
.equ DACB_CTRLB = 801            // Control Register B
.equ DACB_CTRLC = 802            // Control Register C
.equ DACB_EVCTRL = 803           // Event Input Control
.equ DACB_TIMCTRL = 804          // Timing Control
.equ DACB_STATUS = 805           // Status
.equ DACB_GAINCAL = 808          // Gain Calibration
.equ DACB_OFFSETCAL = 809        // Offset Calibration
.equ DACB_CH0DATA = 824          // Channel 0 Data
.equ DACB_CH1DATA = 826          // Channel 1 Data

;******************************************************************************
;** RTC - Real-Time Counter
;******************************************************************************
.equ RTC_CTRL = 1024             // Control Register
.equ RTC_STATUS = 1025           // Status Register
.equ RTC_INTCTRL = 1026          // Interrupt Control Register
.equ RTC_INTFLAGS = 1027         // Interrupt Flags
.equ RTC_TEMP = 1028             // Temporary register
.equ RTC_CNT = 1032              // Count Register
.equ RTC_PER = 1034              // Period Register
.equ RTC_COMP = 1036             // Compare Register

;******************************************************************************
;** EBI - External Bus Interface
;******************************************************************************
.equ EBI_CTRL = 1088             // Control
.equ EBI_SDRAMCTRLA = 1089       // SDRAM Control Register A
.equ EBI_REFRESH = 1092          // SDRAM Refresh Period
.equ EBI_INITDLY = 1094          // SDRAM Initialization Delay
.equ EBI_SDRAMCTRLB = 1096       // SDRAM Control Register B
.equ EBI_SDRAMCTRLC = 1097       // SDRAM Control Register C
.equ EBI_CS0_CTRLA = 1104        // Chip Select Control Register A
.equ EBI_CS0_CTRLB = 1105        // Chip Select Control Register B
.equ EBI_CS0_BASEADDR = 1106     // Chip Select Base Address
.equ EBI_CS1_CTRLA = 1108        // Chip Select Control Register A
.equ EBI_CS1_CTRLB = 1109        // Chip Select Control Register B
.equ EBI_CS1_BASEADDR = 1110     // Chip Select Base Address
.equ EBI_CS2_CTRLA = 1112        // Chip Select Control Register A
.equ EBI_CS2_CTRLB = 1113        // Chip Select Control Register B
.equ EBI_CS2_BASEADDR = 1114     // Chip Select Base Address
.equ EBI_CS3_CTRLA = 1116        // Chip Select Control Register A
.equ EBI_CS3_CTRLB = 1117        // Chip Select Control Register B
.equ EBI_CS3_BASEADDR = 1118     // Chip Select Base Address

;******************************************************************************
;** TWIC - Two-Wire Interface C
;******************************************************************************
.equ TWIC_CTRL = 1152            // TWI Common Control Register
.equ TWIC_MASTER_CTRLA = 1153    // Control Register A
.equ TWIC_MASTER_CTRLB = 1154    // Control Register B
.equ TWIC_MASTER_CTRLC = 1155    // Control Register C
.equ TWIC_MASTER_STATUS = 1156   // Status Register
.equ TWIC_MASTER_BAUD = 1157     // Baurd Rate Control Register
.equ TWIC_MASTER_ADDR = 1158     // Address Register
.equ TWIC_MASTER_DATA = 1159     // Data Register
.equ TWIC_SLAVE_CTRLA = 1160     // Control Register A
.equ TWIC_SLAVE_CTRLB = 1161     // Control Register B
```

```
.equ TWIC_SLAVE_STATUS = 1162   // Status Register
.equ TWIC_SLAVE_ADDR = 1163     // Address Register
.equ TWIC_SLAVE_DATA = 1164     // Data Register
.equ TWIC_SLAVE_ADDRMASK = 1165 // Address Mask Register

;*************************************************************************
;** TWID - Two-Wire Interface D
;*************************************************************************
.equ TWID_CTRL = 1168           // TWI Common Control Register
.equ TWID_MASTER_CTRLA = 1169   // Control Register A
.equ TWID_MASTER_CTRLB = 1170   // Control Register B
.equ TWID_MASTER_CTRLC = 1171   // Control Register C
.equ TWID_MASTER_STATUS = 1172  // Status Register
.equ TWID_MASTER_BAUD = 1173    // Baurd Rate Control Register
.equ TWID_MASTER_ADDR = 1174    // Address Register
.equ TWID_MASTER_DATA = 1175    // Data Register
.equ TWID_SLAVE_CTRLA = 1176    // Control Register A
.equ TWID_SLAVE_CTRLB = 1177    // Control Register B
.equ TWID_SLAVE_STATUS = 1178   // Status Register
.equ TWID_SLAVE_ADDR = 1179     // Address Register
.equ TWID_SLAVE_DATA = 1180     // Data Register
.equ TWID_SLAVE_ADDRMASK = 1181 // Address Mask Register

;*************************************************************************
;** TWIE - Two-Wire Interface E
;*************************************************************************
.equ TWIE_CTRL = 1184           // TWI Common Control Register
.equ TWIE_MASTER_CTRLA = 1185   // Control Register A
.equ TWIE_MASTER_CTRLB = 1186   // Control Register B
.equ TWIE_MASTER_CTRLC = 1187   // Control Register C
.equ TWIE_MASTER_STATUS = 1188  // Status Register
.equ TWIE_MASTER_BAUD = 1189    // Baurd Rate Control Register
.equ TWIE_MASTER_ADDR = 1190    // Address Register
.equ TWIE_MASTER_DATA = 1191    // Data Register
.equ TWIE_SLAVE_CTRLA = 1192    // Control Register A
.equ TWIE_SLAVE_CTRLB = 1193    // Control Register B
.equ TWIE_SLAVE_STATUS = 1194   // Status Register
.equ TWIE_SLAVE_ADDR = 1195     // Address Register
.equ TWIE_SLAVE_DATA = 1196     // Data Register
.equ TWIE_SLAVE_ADDRMASK = 1197 // Address Mask Register

;*************************************************************************
;** TWIF - Two-Wire Interface F
;*************************************************************************
.equ TWIF_CTRL = 1200           // TWI Common Control Register
.equ TWIF_MASTER_CTRLA = 1201   // Control Register A
.equ TWIF_MASTER_CTRLB = 1202   // Control Register B
.equ TWIF_MASTER_CTRLC = 1203   // Control Register C
.equ TWIF_MASTER_STATUS = 1204  // Status Register
.equ TWIF_MASTER_BAUD = 1205    // Baurd Rate Control Register
.equ TWIF_MASTER_ADDR = 1206    // Address Register
.equ TWIF_MASTER_DATA = 1207    // Data Register
.equ TWIF_SLAVE_CTRLA = 1208    // Control Register A
.equ TWIF_SLAVE_CTRLB = 1209    // Control Register B
.equ TWIF_SLAVE_STATUS = 1210   // Status Register
.equ TWIF_SLAVE_ADDR = 1211     // Address Register
.equ TWIF_SLAVE_DATA = 1212     // Data Register
.equ TWIF_SLAVE_ADDRMASK = 1213 // Address Mask Register

;*************************************************************************
;** PORT_CFG - Port Configuration
;*************************************************************************
.equ PORTCFG_MPCMASK = 176      // Multi-pin Configuration Mask
.equ PORTCFG_VPCTRLA = 178      // Virtual Port Control Register A
.equ PORTCFG_VPCTRLB = 179      // Virtual Port Control Register B
.equ PORTCFG_CLKEVOUT = 180     // Clock and Event Out Register

;*************************************************************************
;** VPORT0 - Virtual Port 0
;*************************************************************************
.equ VPORT0_DIR = 16            // I/O Port Data Direction
.equ VPORT0_OUT = 17            // I/O Port Output
.equ VPORT0_IN = 18             // I/O Port Input
.equ VPORT0_INTFLAGS = 19       // Interrupt Flag Register
```

```
;*****************************************************************************
;** VPORT1 - Virtual Port 1
;*****************************************************************************
.equ VPORT1_DIR = 20            // I/O Port Data Direction
.equ VPORT1_OUT = 21            // I/O Port Output
.equ VPORT1_IN = 22             // I/O Port Input
.equ VPORT1_INTFLAGS = 23       // Interrupt Flag Register

;*****************************************************************************
;** VPORT2 - Virtual Port 2
;*****************************************************************************
.equ VPORT2_DIR = 24            // I/O Port Data Direction
.equ VPORT2_OUT = 25            // I/O Port Output
.equ VPORT2_IN = 26             // I/O Port Input
.equ VPORT2_INTFLAGS = 27       // Interrupt Flag Register

;*****************************************************************************
;** VPORT3 - Virtual Port 3
;*****************************************************************************
.equ VPORT3_DIR = 28            // I/O Port Data Direction
.equ VPORT3_OUT = 29            // I/O Port Output
.equ VPORT3_IN = 30             // I/O Port Input
.equ VPORT3_INTFLAGS = 31       // Interrupt Flag Register

;*****************************************************************************
;** PORTA - Port A
;*****************************************************************************
.equ PORTA_DIR = 1536           // I/O Port Data Direction
.equ PORTA_DIRSET = 1537        // I/O Port Data Direction Set
.equ PORTA_DIRCLR = 1538        // I/O Port Data Direction Clear
.equ PORTA_DIRTGL = 1539        // I/O Port Data Direction Toggle
.equ PORTA_OUT = 1540           // I/O Port Output
.equ PORTA_OUTSET = 1541        // I/O Port Output Set
.equ PORTA_OUTCLR = 1542        // I/O Port Output Clear
.equ PORTA_OUTTGL = 1543        // I/O Port Output Toggle
.equ PORTA_IN = 1544            // I/O port Input
.equ PORTA_INTCTRL = 1545       // Interrupt Control Register
.equ PORTA_INT0MASK = 1546      // Port Interrupt 0 Mask
.equ PORTA_INT1MASK = 1547      // Port Interrupt 1 Mask
.equ PORTA_INTFLAGS = 1548      // Interrupt Flag Register
.equ PORTA_PIN0CTRL = 1552      // Pin 0 Control Register
.equ PORTA_PIN1CTRL = 1553      // Pin 1 Control Register
.equ PORTA_PIN2CTRL = 1554      // Pin 2 Control Register
.equ PORTA_PIN3CTRL = 1555      // Pin 3 Control Register
.equ PORTA_PIN4CTRL = 1556      // Pin 4 Control Register
.equ PORTA_PIN5CTRL = 1557      // Pin 5 Control Register
.equ PORTA_PIN6CTRL = 1558      // Pin 6 Control Register
.equ PORTA_PIN7CTRL = 1559      // Pin 7 Control Register

;*****************************************************************************
;** PORTB - Port B
;*****************************************************************************
.equ PORTB_DIR = 1568           // I/O Port Data Direction
.equ PORTB_DIRSET = 1569        // I/O Port Data Direction Set
.equ PORTB_DIRCLR = 1570        // I/O Port Data Direction Clear
.equ PORTB_DIRTGL = 1571        // I/O Port Data Direction Toggle
.equ PORTB_OUT = 1572           // I/O Port Output
.equ PORTB_OUTSET = 1573        // I/O Port Output Set
.equ PORTB_OUTCLR = 1574        // I/O Port Output Clear
.equ PORTB_OUTTGL = 1575        // I/O Port Output Toggle
.equ PORTB_IN = 1576            // I/O port Input
.equ PORTB_INTCTRL = 1577       // Interrupt Control Register
.equ PORTB_INT0MASK = 1578      // Port Interrupt 0 Mask
.equ PORTB_INT1MASK = 1579      // Port Interrupt 1 Mask
.equ PORTB_INTFLAGS = 1580      // Interrupt Flag Register
.equ PORTB_PIN0CTRL = 1584      // Pin 0 Control Register
.equ PORTB_PIN1CTRL = 1585      // Pin 1 Control Register
.equ PORTB_PIN2CTRL = 1586      // Pin 2 Control Register
.equ PORTB_PIN3CTRL = 1587      // Pin 3 Control Register
.equ PORTB_PIN4CTRL = 1588      // Pin 4 Control Register
.equ PORTB_PIN5CTRL = 1589      // Pin 5 Control Register
.equ PORTB_PIN6CTRL = 1590      // Pin 6 Control Register
.equ PORTB_PIN7CTRL = 1591      // Pin 7 Control Register

;*****************************************************************************
```

```
;** PORTC - Port C
;******************************************************************************
.equ PORTC_DIR = 1600           // I/O Port Data Direction
.equ PORTC_DIRSET = 1601        // I/O Port Data Direction Set
.equ PORTC_DIRCLR = 1602        // I/O Port Data Direction Clear
.equ PORTC_DIRTGL = 1603        // I/O Port Data Direction Toggle
.equ PORTC_OUT = 1604           // I/O Port Output
.equ PORTC_OUTSET = 1605        // I/O Port Output Set
.equ PORTC_OUTCLR = 1606        // I/O Port Output Clear
.equ PORTC_OUTTGL = 1607        // I/O Port Output Toggle
.equ PORTC_IN = 1608            // I/O port Input
.equ PORTC_INTCTRL = 1609       // Interrupt Control Register
.equ PORTC_INT0MASK = 1610      // Port Interrupt 0 Mask
.equ PORTC_INT1MASK = 1611      // Port Interrupt 1 Mask
.equ PORTC_INTFLAGS = 1612      // Interrupt Flag Register
.equ PORTC_PIN0CTRL = 1616      // Pin 0 Control Register
.equ PORTC_PIN1CTRL = 1617      // Pin 1 Control Register
.equ PORTC_PIN2CTRL = 1618      // Pin 2 Control Register
.equ PORTC_PIN3CTRL = 1619      // Pin 3 Control Register
.equ PORTC_PIN4CTRL = 1620      // Pin 4 Control Register
.equ PORTC_PIN5CTRL = 1621      // Pin 5 Control Register
.equ PORTC_PIN6CTRL = 1622      // Pin 6 Control Register
.equ PORTC_PIN7CTRL = 1623      // Pin 7 Control Register

;******************************************************************************
;** PORTD - Port D
;******************************************************************************
.equ PORTD_DIR = 1632           // I/O Port Data Direction
.equ PORTD_DIRSET = 1633        // I/O Port Data Direction Set
.equ PORTD_DIRCLR = 1634        // I/O Port Data Direction Clear
.equ PORTD_DIRTGL = 1635        // I/O Port Data Direction Toggle
.equ PORTD_OUT = 1636           // I/O Port Output
.equ PORTD_OUTSET = 1637        // I/O Port Output Set
.equ PORTD_OUTCLR = 1638        // I/O Port Output Clear
.equ PORTD_OUTTGL = 1639        // I/O Port Output Toggle
.equ PORTD_IN = 1640            // I/O port Input
.equ PORTD_INTCTRL = 1641       // Interrupt Control Register
.equ PORTD_INT0MASK = 1642      // Port Interrupt 0 Mask
.equ PORTD_INT1MASK = 1643      // Port Interrupt 1 Mask
.equ PORTD_INTFLAGS = 1644      // Interrupt Flag Register
.equ PORTD_PIN0CTRL = 1648      // Pin 0 Control Register
.equ PORTD_PIN1CTRL = 1649      // Pin 1 Control Register
.equ PORTD_PIN2CTRL = 1650      // Pin 2 Control Register
.equ PORTD_PIN3CTRL = 1651      // Pin 3 Control Register
.equ PORTD_PIN4CTRL = 1652      // Pin 4 Control Register
.equ PORTD_PIN5CTRL = 1653      // Pin 5 Control Register
.equ PORTD_PIN6CTRL = 1654      // Pin 6 Control Register
.equ PORTD_PIN7CTRL = 1655      // Pin 7 Control Register

;******************************************************************************
;** PORTE - Port E
;******************************************************************************
.equ PORTE_DIR = 1664           // I/O Port Data Direction
.equ PORTE_DIRSET = 1665        // I/O Port Data Direction Set
.equ PORTE_DIRCLR = 1666        // I/O Port Data Direction Clear
.equ PORTE_DIRTGL = 1667        // I/O Port Data Direction Toggle
.equ PORTE_OUT = 1668           // I/O Port Output
.equ PORTE_OUTSET = 1669        // I/O Port Output Set
.equ PORTE_OUTCLR = 1670        // I/O Port Output Clear
.equ PORTE_OUTTGL = 1671        // I/O Port Output Toggle
.equ PORTE_IN = 1672            // I/O port Input
.equ PORTE_INTCTRL = 1673       // Interrupt Control Register
.equ PORTE_INT0MASK = 1674      // Port Interrupt 0 Mask
.equ PORTE_INT1MASK = 1675      // Port Interrupt 1 Mask
.equ PORTE_INTFLAGS = 1676      // Interrupt Flag Register
.equ PORTE_PIN0CTRL = 1680      // Pin 0 Control Register
.equ PORTE_PIN1CTRL = 1681      // Pin 1 Control Register
.equ PORTE_PIN2CTRL = 1682      // Pin 2 Control Register
.equ PORTE_PIN3CTRL = 1683      // Pin 3 Control Register
.equ PORTE_PIN4CTRL = 1684      // Pin 4 Control Register
.equ PORTE_PIN5CTRL = 1685      // Pin 5 Control Register
.equ PORTE_PIN6CTRL = 1686      // Pin 6 Control Register
.equ PORTE_PIN7CTRL = 1687      // Pin 7 Control Register

;******************************************************************************
```

```
;** PORTF - Port F
;*****************************************************************************
.equ PORTF_DIR = 1696           // I/O Port Data Direction
.equ PORTF_DIRSET = 1697        // I/O Port Data Direction Set
.equ PORTF_DIRCLR = 1698        // I/O Port Data Direction Clear
.equ PORTF_DIRTGL = 1699        // I/O Port Data Direction Toggle
.equ PORTF_OUT = 1700           // I/O Port Output
.equ PORTF_OUTSET = 1701        // I/O Port Output Set
.equ PORTF_OUTCLR = 1702        // I/O Port Output Clear
.equ PORTF_OUTTGL = 1703        // I/O Port Output Toggle
.equ PORTF_IN = 1704            // I/O port Input
.equ PORTF_INTCTRL = 1705       // Interrupt Control Register
.equ PORTF_INT0MASK = 1706      // Port Interrupt 0 Mask
.equ PORTF_INT1MASK = 1707      // Port Interrupt 1 Mask
.equ PORTF_INTFLAGS = 1708      // Interrupt Flag Register
.equ PORTF_PIN0CTRL = 1712      // Pin 0 Control Register
.equ PORTF_PIN1CTRL = 1713      // Pin 1 Control Register
.equ PORTF_PIN2CTRL = 1714      // Pin 2 Control Register
.equ PORTF_PIN3CTRL = 1715      // Pin 3 Control Register
.equ PORTF_PIN4CTRL = 1716      // Pin 4 Control Register
.equ PORTF_PIN5CTRL = 1717      // Pin 5 Control Register
.equ PORTF_PIN6CTRL = 1718      // Pin 6 Control Register
.equ PORTF_PIN7CTRL = 1719      // Pin 7 Control Register

;*****************************************************************************
;** PORTH - Port H
;*****************************************************************************
.equ PORTH_DIR = 1760           // I/O Port Data Direction
.equ PORTH_DIRSET = 1761        // I/O Port Data Direction Set
.equ PORTH_DIRCLR = 1762        // I/O Port Data Direction Clear
.equ PORTH_DIRTGL = 1763        // I/O Port Data Direction Toggle
.equ PORTH_OUT = 1764           // I/O Port Output
.equ PORTH_OUTSET = 1765        // I/O Port Output Set
.equ PORTH_OUTCLR = 1766        // I/O Port Output Clear
.equ PORTH_OUTTGL = 1767        // I/O Port Output Toggle
.equ PORTH_IN = 1768            // I/O port Input
.equ PORTH_INTCTRL = 1769       // Interrupt Control Register
.equ PORTH_INT0MASK = 1770      // Port Interrupt 0 Mask
.equ PORTH_INT1MASK = 1771      // Port Interrupt 1 Mask
.equ PORTH_INTFLAGS = 1772      // Interrupt Flag Register
.equ PORTH_PIN0CTRL = 1776      // Pin 0 Control Register
.equ PORTH_PIN1CTRL = 1777      // Pin 1 Control Register
.equ PORTH_PIN2CTRL = 1778      // Pin 2 Control Register
.equ PORTH_PIN3CTRL = 1779      // Pin 3 Control Register
.equ PORTH_PIN4CTRL = 1780      // Pin 4 Control Register
.equ PORTH_PIN5CTRL = 1781      // Pin 5 Control Register
.equ PORTH_PIN6CTRL = 1782      // Pin 6 Control Register
.equ PORTH_PIN7CTRL = 1783      // Pin 7 Control Register

;*****************************************************************************
;** PORTJ - Port J
;*****************************************************************************
.equ PORTJ_DIR = 1792           // I/O Port Data Direction
.equ PORTJ_DIRSET = 1793        // I/O Port Data Direction Set
.equ PORTJ_DIRCLR = 1794        // I/O Port Data Direction Clear
.equ PORTJ_DIRTGL = 1795        // I/O Port Data Direction Toggle
.equ PORTJ_OUT = 1796           // I/O Port Output
.equ PORTJ_OUTSET = 1797        // I/O Port Output Set
.equ PORTJ_OUTCLR = 1798        // I/O Port Output Clear
.equ PORTJ_OUTTGL = 1799        // I/O Port Output Toggle
.equ PORTJ_IN = 1800            // I/O port Input
.equ PORTJ_INTCTRL = 1801       // Interrupt Control Register
.equ PORTJ_INT0MASK = 1802      // Port Interrupt 0 Mask
.equ PORTJ_INT1MASK = 1803      // Port Interrupt 1 Mask
.equ PORTJ_INTFLAGS = 1804      // Interrupt Flag Register
.equ PORTJ_PIN0CTRL = 1808      // Pin 0 Control Register
.equ PORTJ_PIN1CTRL = 1809      // Pin 1 Control Register
.equ PORTJ_PIN2CTRL = 1810      // Pin 2 Control Register
.equ PORTJ_PIN3CTRL = 1811      // Pin 3 Control Register
.equ PORTJ_PIN4CTRL = 1812      // Pin 4 Control Register
.equ PORTJ_PIN5CTRL = 1813      // Pin 5 Control Register
.equ PORTJ_PIN6CTRL = 1814      // Pin 6 Control Register
.equ PORTJ_PIN7CTRL = 1815      // Pin 7 Control Register

;*****************************************************************************
```

```
;** PORTK - Port K
;***************************************************************************
.equ PORTK_DIR = 1824            // I/O Port Data Direction
.equ PORTK_DIRSET = 1825         // I/O Port Data Direction Set
.equ PORTK_DIRCLR = 1826         // I/O Port Data Direction Clear
.equ PORTK_DIRTGL = 1827         // I/O Port Data Direction Toggle
.equ PORTK_OUT = 1828            // I/O Port Output
.equ PORTK_OUTSET = 1829         // I/O Port Output Set
.equ PORTK_OUTCLR = 1830         // I/O Port Output Clear
.equ PORTK_OUTTGL = 1831         // I/O Port Output Toggle
.equ PORTK_IN = 1832             // I/O port Input
.equ PORTK_INTCTRL = 1833        // Interrupt Control Register
.equ PORTK_INT0MASK = 1834       // Port Interrupt 0 Mask
.equ PORTK_INT1MASK = 1835       // Port Interrupt 1 Mask
.equ PORTK_INTFLAGS = 1836       // Interrupt Flag Register
.equ PORTK_PIN0CTRL = 1840       // Pin 0 Control Register
.equ PORTK_PIN1CTRL = 1841       // Pin 1 Control Register
.equ PORTK_PIN2CTRL = 1842       // Pin 2 Control Register
.equ PORTK_PIN3CTRL = 1843       // Pin 3 Control Register
.equ PORTK_PIN4CTRL = 1844       // Pin 4 Control Register
.equ PORTK_PIN5CTRL = 1845       // Pin 5 Control Register
.equ PORTK_PIN6CTRL = 1846       // Pin 6 Control Register
.equ PORTK_PIN7CTRL = 1847       // Pin 7 Control Register

;***************************************************************************
;** PORTQ - Port Q
;***************************************************************************
.equ PORTQ_DIR = 1984            // I/O Port Data Direction
.equ PORTQ_DIRSET = 1985         // I/O Port Data Direction Set
.equ PORTQ_DIRCLR = 1986         // I/O Port Data Direction Clear
.equ PORTQ_DIRTGL = 1987         // I/O Port Data Direction Toggle
.equ PORTQ_OUT = 1988            // I/O Port Output
.equ PORTQ_OUTSET = 1989         // I/O Port Output Set
.equ PORTQ_OUTCLR = 1990         // I/O Port Output Clear
.equ PORTQ_OUTTGL = 1991         // I/O Port Output Toggle
.equ PORTQ_IN = 1992             // I/O port Input
.equ PORTQ_INTCTRL = 1993        // Interrupt Control Register
.equ PORTQ_INT0MASK = 1994       // Port Interrupt 0 Mask
.equ PORTQ_INT1MASK = 1995       // Port Interrupt 1 Mask
.equ PORTQ_INTFLAGS = 1996       // Interrupt Flag Register
.equ PORTQ_PIN0CTRL = 2000       // Pin 0 Control Register
.equ PORTQ_PIN1CTRL = 2001       // Pin 1 Control Register
.equ PORTQ_PIN2CTRL = 2002       // Pin 2 Control Register
.equ PORTQ_PIN3CTRL = 2003       // Pin 3 Control Register
.equ PORTQ_PIN4CTRL = 2004       // Pin 4 Control Register
.equ PORTQ_PIN5CTRL = 2005       // Pin 5 Control Register
.equ PORTQ_PIN6CTRL = 2006       // Pin 6 Control Register
.equ PORTQ_PIN7CTRL = 2007       // Pin 7 Control Register

;***************************************************************************
;** PORTR - Port R
;***************************************************************************
.equ PORTR_DIR = 2016            // I/O Port Data Direction
.equ PORTR_DIRSET = 2017         // I/O Port Data Direction Set
.equ PORTR_DIRCLR = 2018         // I/O Port Data Direction Clear
.equ PORTR_DIRTGL = 2019         // I/O Port Data Direction Toggle
.equ PORTR_OUT = 2020            // I/O Port Output
.equ PORTR_OUTSET = 2021         // I/O Port Output Set
.equ PORTR_OUTCLR = 2022         // I/O Port Output Clear
.equ PORTR_OUTTGL = 2023         // I/O Port Output Toggle
.equ PORTR_IN = 2024             // I/O port Input
.equ PORTR_INTCTRL = 2025        // Interrupt Control Register
.equ PORTR_INT0MASK = 2026       // Port Interrupt 0 Mask
.equ PORTR_INT1MASK = 2027       // Port Interrupt 1 Mask
.equ PORTR_INTFLAGS = 2028       // Interrupt Flag Register
.equ PORTR_PIN0CTRL = 2032       // Pin 0 Control Register
.equ PORTR_PIN1CTRL = 2033       // Pin 1 Control Register
.equ PORTR_PIN2CTRL = 2034       // Pin 2 Control Register
.equ PORTR_PIN3CTRL = 2035       // Pin 3 Control Register
.equ PORTR_PIN4CTRL = 2036       // Pin 4 Control Register
.equ PORTR_PIN5CTRL = 2037       // Pin 5 Control Register
.equ PORTR_PIN6CTRL = 2038       // Pin 6 Control Register
.equ PORTR_PIN7CTRL = 2039       // Pin 7 Control Register

;***************************************************************************
```

```
;** TCC0 - Timer/Counter C0
;*****************************************************************************
.equ TCC0_CTRLA = 2048          // Control  Register A
.equ TCC0_CTRLB = 2049          // Control Register B
.equ TCC0_CTRLC = 2050          // Control register C
.equ TCC0_CTRLD = 2051          // Control Register D
.equ TCC0_CTRLE = 2052          // Control Register E
.equ TCC0_INTCTRLA = 2054       // Interrupt Control Register A
.equ TCC0_INTCTRLB = 2055       // Interrupt Control Register B
.equ TCC0_CTRLFCLR = 2056       // Control Register F Clear
.equ TCC0_CTRLFSET = 2057       // Control Register F Set
.equ TCC0_CTRLGCLR = 2058       // Control Register G Clear
.equ TCC0_CTRLGSET = 2059       // Control Register G Set
.equ TCC0_INTFLAGS = 2060       // Interrupt Flag Register
.equ TCC0_TEMP = 2063           // Temporary Register For 16-bit Access
.equ TCC0_CNT = 2080            // Count
.equ TCC0_PER = 2086            // Period
.equ TCC0_CCA = 2088            // Compare or Capture A
.equ TCC0_CCB = 2090            // Compare or Capture B
.equ TCC0_CCC = 2092            // Compare or Capture C
.equ TCC0_CCD = 2094            // Compare or Capture D
.equ TCC0_PERBUF = 2102         // Period Buffer
.equ TCC0_CCABUF = 2104         // Compare Or Capture A Buffer
.equ TCC0_CCBBUF = 2106         // Compare Or Capture B Buffer
.equ TCC0_CCCBUF = 2108         // Compare Or Capture C Buffer
.equ TCC0_CCDBUF = 2110         // Compare Or Capture D Buffer

;*****************************************************************************
;** TCC1 - Timer/Counter C1
;*****************************************************************************
.equ TCC1_CTRLA = 2112          // Control  Register A
.equ TCC1_CTRLB = 2113          // Control Register B
.equ TCC1_CTRLC = 2114          // Control register C
.equ TCC1_CTRLD = 2115          // Control Register D
.equ TCC1_CTRLE = 2116          // Control Register E
.equ TCC1_INTCTRLA = 2118       // Interrupt Control Register A
.equ TCC1_INTCTRLB = 2119       // Interrupt Control Register B
.equ TCC1_CTRLFCLR = 2120       // Control Register F Clear
.equ TCC1_CTRLFSET = 2121       // Control Register F Set
.equ TCC1_CTRLGCLR = 2122       // Control Register G Clear
.equ TCC1_CTRLGSET = 2123       // Control Register G Set
.equ TCC1_INTFLAGS = 2124       // Interrupt Flag Register
.equ TCC1_TEMP = 2127           // Temporary Register For 16-bit Access
.equ TCC1_CNT = 2144            // Count
.equ TCC1_PER = 2150            // Period
.equ TCC1_CCA = 2152            // Compare or Capture A
.equ TCC1_CCB = 2154            // Compare or Capture B
.equ TCC1_PERBUF = 2166         // Period Buffer
.equ TCC1_CCABUF = 2168         // Compare Or Capture A Buffer
.equ TCC1_CCBBUF = 2170         // Compare Or Capture B Buffer

;*****************************************************************************
;** AWEXC - Advanced Waveform Extension C
;*****************************************************************************
.equ AWEXC_CTRL = 2176          // Control Register
.equ AWEXC_FDEMASK = 2178       // Fault Detection Event Mask
.equ AWEXC_FDCTRL = 2179        // Fault Detection Control Register
.equ AWEXC_STATUS = 2180        // Status Register
.equ AWEXC_DTBOTH = 2182        // Dead Time Both Sides
.equ AWEXC_DTBOTHBUF = 2183     // Dead Time Both Sides Buffer
.equ AWEXC_DTLS = 2184          // Dead Time Low Side
.equ AWEXC_DTHS = 2185          // Dead Time High Side
.equ AWEXC_DTLSBUF = 2186       // Dead Time Low Side Buffer
.equ AWEXC_DTHSBUF = 2187       // Dead Time High Side Buffer
.equ AWEXC_OUTOVEN = 2188       // Output Override Enable

;*****************************************************************************
;** HIRESC - High-Resolution Extension C
;*****************************************************************************
.equ HIRESC_CTRLA = 2192        // Control Register

;*****************************************************************************
;** USARTC0 - Universal Asynchronous Receiver-Transmitter C0
;*****************************************************************************
.equ USARTC0_DATA = 2208        // Data Register
```

```
.equ USARTC0_STATUS = 2209        // Status Register
.equ USARTC0_CTRLA = 2211         // Control Register A
.equ USARTC0_CTRLB = 2212         // Control Register B
.equ USARTC0_CTRLC = 2213         // Control Register C
.equ USARTC0_BAUDCTRLA = 2214     // Baud Rate Control Register A
.equ USARTC0_BAUDCTRLB = 2215     // Baud Rate Control Register B

;*************************************************************************
;** USARTC1 - Universal Asynchronous Receiver-Transmitter C1
;*************************************************************************
.equ USARTC1_DATA = 2224          // Data Register
.equ USARTC1_STATUS = 2225        // Status Register
.equ USARTC1_CTRLA = 2227         // Control Register A
.equ USARTC1_CTRLB = 2228         // Control Register B
.equ USARTC1_CTRLC = 2229         // Control Register C
.equ USARTC1_BAUDCTRLA = 2230     // Baud Rate Control Register A
.equ USARTC1_BAUDCTRLB = 2231     // Baud Rate Control Register B

;*************************************************************************
;** SPIC - Serial Peripheral Interface C
;*************************************************************************
.equ SPIC_CTRL = 2240             // Control Register
.equ SPIC_INTCTRL = 2241          // Interrupt Control Register
.equ SPIC_STATUS = 2242           // Status Register
.equ SPIC_DATA = 2243             // Data Register

;*************************************************************************
;** TCD0 - Timer/Counter D0
;*************************************************************************
.equ TCD0_CTRLA = 2304            // Control  Register A
.equ TCD0_CTRLB = 2305            // Control Register B
.equ TCD0_CTRLC = 2306            // Control register C
.equ TCD0_CTRLD = 2307            // Control Register D
.equ TCD0_CTRLE = 2308            // Control Register E
.equ TCD0_INTCTRLA = 2310         // Interrupt Control Register A
.equ TCD0_INTCTRLB = 2311         // Interrupt Control Register B
.equ TCD0_CTRLFCLR = 2312         // Control Register F Clear
.equ TCD0_CTRLFSET = 2313         // Control Register F Set
.equ TCD0_CTRLGCLR = 2314         // Control Register G Clear
.equ TCD0_CTRLGSET = 2315         // Control Register G Set
.equ TCD0_INTFLAGS = 2316         // Interrupt Flag Register
.equ TCD0_TEMP = 2319             // Temporary Register For 16-bit Access
.equ TCD0_CNT = 2336              // Count
.equ TCD0_PER = 2342              // Period
.equ TCD0_CCA = 2344              // Compare or Capture A
.equ TCD0_CCB = 2346              // Compare or Capture B
.equ TCD0_CCC = 2348              // Compare or Capture C
.equ TCD0_CCD = 2350              // Compare or Capture D
.equ TCD0_PERBUF = 2358           // Period Buffer
.equ TCD0_CCABUF = 2360           // Compare Or Capture A Buffer
.equ TCD0_CCBBUF = 2362           // Compare Or Capture B Buffer
.equ TCD0_CCCBUF = 2364           // Compare Or Capture C Buffer
.equ TCD0_CCDBUF = 2366           // Compare Or Capture D Buffer

;*************************************************************************
;** TCD1 - Timer/Counter D1
;*************************************************************************
.equ TCD1_CTRLA = 2368            // Control  Register A
.equ TCD1_CTRLB = 2369            // Control Register B
.equ TCD1_CTRLC = 2370            // Control register C
.equ TCD1_CTRLD = 2371            // Control Register D
.equ TCD1_CTRLE = 2372            // Control Register E
.equ TCD1_INTCTRLA = 2374         // Interrupt Control Register A
.equ TCD1_INTCTRLB = 2375         // Interrupt Control Register B
.equ TCD1_CTRLFCLR = 2376         // Control Register F Clear
.equ TCD1_CTRLFSET = 2377         // Control Register F Set
.equ TCD1_CTRLGCLR = 2378         // Control Register G Clear
.equ TCD1_CTRLGSET = 2379         // Control Register G Set
.equ TCD1_INTFLAGS = 2380         // Interrupt Flag Register
.equ TCD1_TEMP = 2383             // Temporary Register For 16-bit Access
.equ TCD1_CNT = 2400              // Count
.equ TCD1_PER = 2406              // Period
.equ TCD1_CCA = 2408              // Compare or Capture A
.equ TCD1_CCB = 2410              // Compare or Capture B
.equ TCD1_PERBUF = 2422           // Period Buffer
```

```
.equ TCD1_CCABUF = 2424          // Compare Or Capture A Buffer
.equ TCD1_CCBBUF = 2426          // Compare Or Capture B Buffer

;***************************************************************************
;** HIRESD - High-Resolution Extension D
;***************************************************************************
.equ HIRESD_CTRLA = 2448         // Control Register

;***************************************************************************
;** USARTD0 - Universal Asynchronous Receiver-Transmitter D0
;***************************************************************************
.equ USARTD0_DATA = 2464         // Data Register
.equ USARTD0_STATUS = 2465       // Status Register
.equ USARTD0_CTRLA = 2467        // Control Register A
.equ USARTD0_CTRLB = 2468        // Control Register B
.equ USARTD0_CTRLC = 2469        // Control Register C
.equ USARTD0_BAUDCTRLA = 2470    // Baud Rate Control Register A
.equ USARTD0_BAUDCTRLB = 2471    // Baud Rate Control Register B

;***************************************************************************
;** USARTD1 - Universal Asynchronous Receiver-Transmitter D1
;***************************************************************************
.equ USARTD1_DATA = 2480         // Data Register
.equ USARTD1_STATUS = 2481       // Status Register
.equ USARTD1_CTRLA = 2483        // Control Register A
.equ USARTD1_CTRLB = 2484        // Control Register B
.equ USARTD1_CTRLC = 2485        // Control Register C
.equ USARTD1_BAUDCTRLA = 2486    // Baud Rate Control Register A
.equ USARTD1_BAUDCTRLB = 2487    // Baud Rate Control Register B

;***************************************************************************
;** SPID - Serial Peripheral Interface D
;***************************************************************************
.equ SPID_CTRL = 2496            // Control Register
.equ SPID_INTCTRL = 2497         // Interrupt Control Register
.equ SPID_STATUS = 2498          // Status Register
.equ SPID_DATA = 2499            // Data Register

;***************************************************************************
;** TCE0 - Timer/Counter E0
;***************************************************************************
.equ TCE0_CTRLA = 2560           // Control  Register A
.equ TCE0_CTRLB = 2561           // Control Register B
.equ TCE0_CTRLC = 2562           // Control register C
.equ TCE0_CTRLD = 2563           // Control Register D
.equ TCE0_CTRLE = 2564           // Control Register E
.equ TCE0_INTCTRLA = 2566        // Interrupt Control Register A
.equ TCE0_INTCTRLB = 2567        // Interrupt Control Register B
.equ TCE0_CTRLFCLR = 2568        // Control Register F Clear
.equ TCE0_CTRLFSET = 2569        // Control Register F Set
.equ TCE0_CTRLGCLR = 2570        // Control Register G Clear
.equ TCE0_CTRLGSET = 2571        // Control Register G Set
.equ TCE0_INTFLAGS = 2572        // Interrupt Flag Register
.equ TCE0_TEMP = 2575            // Temporary Register For 16-bit Access
.equ TCE0_CNT = 2592             // Count
.equ TCE0_PER = 2598             // Period
.equ TCE0_CCA = 2600             // Compare or Capture A
.equ TCE0_CCB = 2602             // Compare or Capture B
.equ TCE0_CCC = 2604             // Compare or Capture C
.equ TCE0_CCD = 2606             // Compare or Capture D
.equ TCE0_PERBUF = 2614          // Period Buffer
.equ TCE0_CCABUF = 2616          // Compare Or Capture A Buffer
.equ TCE0_CCBBUF = 2618          // Compare Or Capture B Buffer
.equ TCE0_CCCBUF = 2620          // Compare Or Capture C Buffer
.equ TCE0_CCDBUF = 2622          // Compare Or Capture D Buffer

;***************************************************************************
;** TCE1 - Timer/Counter E1
;***************************************************************************
.equ TCE1_CTRLA = 2624           // Control  Register A
.equ TCE1_CTRLB = 2625           // Control Register B
.equ TCE1_CTRLC = 2626           // Control register C
.equ TCE1_CTRLD = 2627           // Control Register D
.equ TCE1_CTRLE = 2628           // Control Register E
.equ TCE1_INTCTRLA = 2630        // Interrupt Control Register A
```

```
.equ TCE1_INTCTRLB = 2631        // Interrupt Control Register B
.equ TCE1_CTRLFCLR = 2632        // Control Register F Clear
.equ TCE1_CTRLFSET = 2633        // Control Register F Set
.equ TCE1_CTRLGCLR = 2634        // Control Register G Clear
.equ TCE1_CTRLGSET = 2635        // Control Register G Set
.equ TCE1_INTFLAGS = 2636        // Interrupt Flag Register
.equ TCE1_TEMP = 2639            // Temporary Register For 16-bit Access
.equ TCE1_CNT = 2656             // Count
.equ TCE1_PER = 2662             // Period
.equ TCE1_CCA = 2664             // Compare or Capture A
.equ TCE1_CCB = 2666             // Compare or Capture B
.equ TCE1_PERBUF = 2678          // Period Buffer
.equ TCE1_CCABUF = 2680          // Compare Or Capture A Buffer
.equ TCE1_CCBBUF = 2682          // Compare Or Capture B Buffer

;*************************************************************************
;** AWEXE - Advanced Waveform Extension E
;*************************************************************************
.equ AWEXE_CTRL = 2688           // Control Register
.equ AWEXE_FDEMASK = 2690        // Fault Detection Event Mask
.equ AWEXE_FDCTRL = 2691         // Fault Detection Control Register
.equ AWEXE_STATUS = 2692         // Status Register
.equ AWEXE_DTBOTH = 2694         // Dead Time Both Sides
.equ AWEXE_DTBOTHBUF = 2695      // Dead Time Both Sides Buffer
.equ AWEXE_DTLS = 2696           // Dead Time Low Side
.equ AWEXE_DTHS = 2697           // Dead Time High Side
.equ AWEXE_DTLSBUF = 2698        // Dead Time Low Side Buffer
.equ AWEXE_DTHSBUF = 2699        // Dead Time High Side Buffer
.equ AWEXE_OUTOVEN = 2700        // Output Override Enable

;*************************************************************************
;** HIRESE - High-Resolution Extension E
;*************************************************************************
.equ HIRESE_CTRLA = 2704         // Control Register

;*************************************************************************
;** USARTE0 - Universal Asynchronous Receiver-Transmitter E0
;*************************************************************************
.equ USARTE0_DATA = 2720         // Data Register
.equ USARTE0_STATUS = 2721       // Status Register
.equ USARTE0_CTRLA = 2723        // Control Register A
.equ USARTE0_CTRLB = 2724        // Control Register B
.equ USARTE0_CTRLC = 2725        // Control Register C
.equ USARTE0_BAUDCTRLA = 2726    // Baud Rate Control Register A
.equ USARTE0_BAUDCTRLB = 2727    // Baud Rate Control Register B

;*************************************************************************
;** USARTE1 - Universal Asynchronous Receiver-Transmitter E1
;*************************************************************************
.equ USARTE1_DATA = 2736         // Data Register
.equ USARTE1_STATUS = 2737       // Status Register
.equ USARTE1_CTRLA = 2739        // Control Register A
.equ USARTE1_CTRLB = 2740        // Control Register B
.equ USARTE1_CTRLC = 2741        // Control Register C
.equ USARTE1_BAUDCTRLA = 2742    // Baud Rate Control Register A
.equ USARTE1_BAUDCTRLB = 2743    // Baud Rate Control Register B

;*************************************************************************
;** SPIE - Serial Peripheral Interface E
;*************************************************************************
.equ SPIE_CTRL = 2752            // Control Register
.equ SPIE_INTCTRL = 2753         // Interrupt Control Register
.equ SPIE_STATUS = 2754          // Status Register
.equ SPIE_DATA = 2755            // Data Register

;*************************************************************************
;** TCF0 - Timer/Counter F0
;*************************************************************************
.equ TCF0_CTRLA = 2816           // Control  Register A
.equ TCF0_CTRLB = 2817           // Control Register B
.equ TCF0_CTRLC = 2818           // Control register C
.equ TCF0_CTRLD = 2819           // Control Register D
.equ TCF0_CTRLE = 2820           // Control Register E
.equ TCF0_INTCTRLA = 2822        // Interrupt Control Register A
.equ TCF0_INTCTRLB = 2823        // Interrupt Control Register B
```

```
.equ TCF0_CTRLFCLR = 2824        // Control Register F Clear
.equ TCF0_CTRLFSET = 2825        // Control Register F Set
.equ TCF0_CTRLGCLR = 2826        // Control Register G Clear
.equ TCF0_CTRLGSET = 2827        // Control Register G Set
.equ TCF0_INTFLAGS = 2828        // Interrupt Flag Register
.equ TCF0_TEMP = 2831            // Temporary Register For 16-bit Access
.equ TCF0_CNT = 2848             // Count
.equ TCF0_PER = 2854             // Period
.equ TCF0_CCA = 2856             // Compare or Capture A
.equ TCF0_CCB = 2858             // Compare or Capture B
.equ TCF0_CCC = 2860             // Compare or Capture C
.equ TCF0_CCD = 2862             // Compare or Capture D
.equ TCF0_PERBUF = 2870          // Period Buffer
.equ TCF0_CCABUF = 2872          // Compare Or Capture A Buffer
.equ TCF0_CCBBUF = 2874          // Compare Or Capture B Buffer
.equ TCF0_CCCBUF = 2876          // Compare Or Capture C Buffer
.equ TCF0_CCDBUF = 2878          // Compare Or Capture D Buffer

;*************************************************************************
;** TCF1 - Timer/Counter F1
;*************************************************************************
.equ TCF1_CTRLA = 2880           // Control  Register A
.equ TCF1_CTRLB = 2881           // Control Register B
.equ TCF1_CTRLC = 2882           // Control register C
.equ TCF1_CTRLD = 2883           // Control Register D
.equ TCF1_CTRLE = 2884           // Control Register E
.equ TCF1_INTCTRLA = 2886        // Interrupt Control Register A
.equ TCF1_INTCTRLB = 2887        // Interrupt Control Register B
.equ TCF1_CTRLFCLR = 2888        // Control Register F Clear
.equ TCF1_CTRLFSET = 2889        // Control Register F Set
.equ TCF1_CTRLGCLR = 2890        // Control Register G Clear
.equ TCF1_CTRLGSET = 2891        // Control Register G Set
.equ TCF1_INTFLAGS = 2892        // Interrupt Flag Register
.equ TCF1_TEMP = 2895            // Temporary Register For 16-bit Access
.equ TCF1_CNT = 2912             // Count
.equ TCF1_PER = 2918             // Period
.equ TCF1_CCA = 2920             // Compare or Capture A
.equ TCF1_CCB = 2922             // Compare or Capture B
.equ TCF1_PERBUF = 2934          // Period Buffer
.equ TCF1_CCABUF = 2936          // Compare Or Capture A Buffer
.equ TCF1_CCBBUF = 2938          // Compare Or Capture B Buffer

;*************************************************************************
;** HIRESF - High-Resolution Extension F
;*************************************************************************
.equ HIRESF_CTRLA = 2960         // Control Register

;*************************************************************************
;** USARTF0 - Universal Asynchronous Receiver-Transmitter F0
;*************************************************************************
.equ USARTF0_DATA = 2976         // Data Register
.equ USARTF0_STATUS = 2977       // Status Register
.equ USARTF0_CTRLA = 2979        // Control Register A
.equ USARTF0_CTRLB = 2980        // Control Register B
.equ USARTF0_CTRLC = 2981        // Control Register C
.equ USARTF0_BAUDCTRLA = 2982    // Baud Rate Control Register A
.equ USARTF0_BAUDCTRLB = 2983    // Baud Rate Control Register B

;*************************************************************************
;** USARTF1 - Universal Asynchronous Receiver-Transmitter F1
;*************************************************************************
.equ USARTF1_DATA = 2992         // Data Register
.equ USARTF1_STATUS = 2993       // Status Register
.equ USARTF1_CTRLA = 2995        // Control Register A
.equ USARTF1_CTRLB = 2996        // Control Register B
.equ USARTF1_CTRLC = 2997        // Control Register C
.equ USARTF1_BAUDCTRLA = 2998    // Baud Rate Control Register A
.equ USARTF1_BAUDCTRLB = 2999    // Baud Rate Control Register B

;*************************************************************************
;** SPIF - Serial Peripheral Interface F
;*************************************************************************
.equ SPIF_CTRL = 3008            // Control Register
.equ SPIF_INTCTRL = 3009         // Interrupt Control Register
.equ SPIF_STATUS = 3010          // Status Register
```

```
.equ SPIF_DATA = 3011            // Data Register

;***************************************************************************
;** IRCOM - IR Communication Module
;***************************************************************************
.equ IRCOM_CTRL = 2296           // Control Register
.equ IRCOM_TXPLCTRL = 2297       // IrDA Transmitter Pulse Length Control Register
.equ IRCOM_RXPLCTRL = 2298       // IrDA Receiver Pulse Length Control Register

;***************************************************************************
;** AES - AES Crypto Module
;***************************************************************************
.equ AES_CTRL = 192              // AES Control Register
.equ AES_STATUS = 193            // AES Status Register
.equ AES_STATE = 194             // AES State Register
.equ AES_KEY = 195               // AES Key Register
.equ AES_INTCTRL = 196           // AES Interrupt Control Register

; ***** ALL MODULE BASE ADRESSES ******************************************
.equ GPIO_base = 0x0000          // General Purpose IO Registers
.equ OCD_base = 0x002E           // On-Chip Debug System
.equ CPU_base = 0x0030           // CPU Registers
.equ CLK_base = 0x0040           // Clock System
.equ SLEEP_base = 0x0048         // Sleep Controller
.equ OSC_base = 0x0050           // Oscillator Control
.equ DFLLRC32M_base = 0x0060     // DFLL for 32MHz RC Oscillator
.equ DFLLRC2M_base = 0x0068      // DFLL for 2MHz RC Oscillator
.equ PR_base = 0x0070            // Power Reduction
.equ RST_base = 0x0078           // Reset Controller
.equ WDT_base = 0x0080           // Watch-Dog Timer
.equ MCU_base = 0x0090           // MCU Control
.equ PMIC_base = 0x00A0          // Programmable Interrupt Controller
.equ DMA_base = 0x0100           // DMA Controller
.equ EVSYS_base = 0x0180         // Event System
.equ NVM_base = 0x01C0           // Non Volatile Memory Controller
.equ ACA_base = 0x0380           // Analog Comparator A
.equ ACB_base = 0x0390           // Analog Comparator B
.equ ADCA_base = 0x0200          // Analog to Digital Converter A
.equ ADCB_base = 0x0240          // Analog to Digital Converter B
.equ DACA_base = 0x0300          // Digital to Analog Converter A
.equ DACB_base = 0x0320          // Digital to Analog Converter B
.equ RTC_base = 0x0400           // Real-Time Counter
.equ EBI_base = 0x0440           // External Bus Interface
.equ TWIC_base = 0x480           // Two-Wire Interface C
.equ TWID_base = 0x490           // Two-Wire Interface D
.equ TWIE_base = 0x4A0           // Two-Wire Interface E
.equ TWIF_base = 0x4B0           // Two-Wire Interface F
.equ PORTCFG_base = 0x00B0       // Port Configuration
.equ VPORT0_base = 0x0010        // Virtual Port 0
.equ VPORT1_base = 0x0014        // Virtual Port 1
.equ VPORT2_base = 0x0018        // Virtual Port 2
.equ VPORT3_base = 0x001C        // Virtual Port 3
.equ PORTA_base = 0x0600         // Port A
.equ PORTB_base = 0x0620         // Port B
.equ PORTC_base = 0x0640         // Port C
.equ PORTD_base = 0x0660         // Port D
.equ PORTE_base = 0x0680         // Port E
.equ PORTF_base = 0x06A0         // Port F
.equ PORTH_base = 0x06E0         // Port H
.equ PORTJ_base = 0x0700         // Port J
.equ PORTK_base = 0x0720         // Port K
.equ PORTQ_base = 0x07C0         // Port Q
.equ PORTR_base = 0x07E0         // Port R
.equ TCC0_base = 0x800           // Timer/Counter C0
.equ TCC1_base = 0x840           // Timer/Counter C1
.equ AWEXC_base = 0x880          // Advanced Waveform Extension C
.equ HIRESC_base = 0x890         // High-Resolution Extension C
.equ USARTC0_base = 0x8A0        // Universal Asynchronous Receiver-Transmitter C0
.equ USARTC1_base = 0x8B0        // Universal Asynchronous Receiver-Transmitter C1
.equ SPIC_base = 0x8C0           // Serial Peripheral Interface C
.equ TCD0_base = 0x900           // Timer/Counter D0
.equ TCD1_base = 0x940           // Timer/Counter D1
.equ HIRESD_base = 0x990         // High-Resolution Extension D
.equ USARTD0_base = 0x9A0        // Universal Asynchronous Receiver-Transmitter D0
.equ USARTD1_base = 0x9B0        // Universal Asynchronous Receiver-Transmitter D1
```

```
.equ SPID_base = 0x9C0           // Serial Peripheral Interface D
.equ TCE0_base = 0xA00           // Timer/Counter E0
.equ TCE1_base = 0xA40           // Timer/Counter E1
.equ AWEXE_base = 0xA80          // Advanced Waveform Extension E
.equ HIRESE_base = 0xA90         // High-Resolution Extension E
.equ USARTE0_base = 0xAA0        // Universal Asynchronous Receiver-Transmitter E0
.equ USARTE1_base = 0xAB0        // Universal Asynchronous Receiver-Transmitter E1
.equ SPIE_base = 0xAC0           // Serial Peripheral Interface E
.equ TCF0_base = 0xB00           // Timer/Counter F0
.equ TCF1_base = 0xB40           // Timer/Counter F1
.equ HIRESF_base = 0xB90         // High-Resolution Extension F
.equ USARTF0_base = 0xBA0        // Universal Asynchronous Receiver-Transmitter F0
.equ USARTF1_base = 0xBB0        // Universal Asynchronous Receiver-Transmitter F1
.equ SPIF_base = 0xBC0           // Serial Peripheral Interface F
.equ IRCOM_base = 0x8F8          // IR Communication Module
.equ AES_base = 0x0C0            // AES Crypto Module

; ***** IO REGISTER OFFSETS *********************************************

;*************************************************************************
;** GPIO - General Purpose IO
;*************************************************************************/
.equ GPIO_GPIOR0_offset = 0x00  // General Purpose IO Register 0
.equ GPIO_GPIOR1_offset = 0x01  // General Purpose IO Register 1
.equ GPIO_GPIOR2_offset = 0x02  // General Purpose IO Register 2
.equ GPIO_GPIOR3_offset = 0x03  // General Purpose IO Register 3
.equ GPIO_GPIOR4_offset = 0x04  // General Purpose IO Register 4
.equ GPIO_GPIOR5_offset = 0x05  // General Purpose IO Register 5
.equ GPIO_GPIOR6_offset = 0x06  // General Purpose IO Register 6
.equ GPIO_GPIOR7_offset = 0x07  // General Purpose IO Register 7
.equ GPIO_GPIOR8_offset = 0x08  // General Purpose IO Register 8
.equ GPIO_GPIOR9_offset = 0x09  // General Purpose IO Register 9
.equ GPIO_GPIORA_offset = 0x0A  // General Purpose IO Register 10
.equ GPIO_GPIORB_offset = 0x0B  // General Purpose IO Register 11
.equ GPIO_GPIORC_offset = 0x0C  // General Purpose IO Register 12
.equ GPIO_GPIORD_offset = 0x0D  // General Purpose IO Register 13
.equ GPIO_GPIORE_offset = 0x0E  // General Purpose IO Register 14
.equ GPIO_GPIORF_offset = 0x0F  // General Purpose IO Register 15

;*************************************************************************
;** XOCD - On-Chip Debug System
;*************************************************************************/
.equ OCD_OCDR0_offset = 0x00    // OCD Register 0
.equ OCD_OCDR1_offset = 0x01    // OCD Register 1

;*************************************************************************
;** CPU - CPU
;*************************************************************************/
.equ CPU_CCP_offset = 0x04      // Configuration Change Protection
.equ CPU_RAMPD_offset = 0x08    // Ramp D
.equ CPU_RAMPX_offset = 0x09    // Ramp X
.equ CPU_RAMPY_offset = 0x0A    // Ramp Y
.equ CPU_RAMPZ_offset = 0x0B    // Ramp Z
.equ CPU_EIND_offset = 0x0C     // Extended Indirect Jump
.equ CPU_SPL_offset = 0x0D      // Stack Pointer Low
.equ CPU_SPH_offset = 0x0E      // Stack Pointer High
.equ CPU_SREG_offset = 0x0F     // Status Register

            (중략)

;*************************************************************************
;** AES - AES Module
;*************************************************************************/
.equ AES_CTRL_offset = 0x00     // AES Control Register
.equ AES_STATUS_offset = 0x01   // AES Status Register
.equ AES_STATE_offset = 0x02    // AES State Register
.equ AES_KEY_offset = 0x03      // AES Key Register
.equ AES_INTCTRL_offset = 0x04  // AES Interrupt Control Register

; ***** LOCKBIT REGISTER LOCATIONS ****************************************

;*************************************************************************
;** LOCKBIT - Lockbits
;*************************************************************************
.equ LOCKBIT_LOCKBITS = 0       // Lock Bits
```

```
; ***** FUSE REGISTER LOCATIONS *******************************************

;*************************************************************************
;** FUSE - Fuses
;*************************************************************************
.equ FUSE_FUSEBYTE0 = 0         // JTAG User ID
.equ FUSE_FUSEBYTE1 = 1         // Watchdog Configuration
.equ FUSE_FUSEBYTE2 = 2         // Reset Configuration
.equ FUSE_FUSEBYTE4 = 4         // Start-up Configuration
.equ FUSE_FUSEBYTE5 = 5         // EESAVE and BOD Level

; ***** BIT AND VALUE DEFINITIONS *****************************************

;*************************************************************************
;** GPIO - General Purpose IO
;*************************************************************************/

;*************************************************************************
;** XOCD - On-Chip Debug System
;*************************************************************************/
; OCD_OCDR1 masks
.equ OCD_OCDRD_bm = 0x01 ; OCDR Dirty bit mask
.equ OCD_OCDRD_bp = 0 ; OCDR Dirty bit position

;*************************************************************************
;** CPU - CPU
;*************************************************************************/
; CPU_CCP masks
.equ CPU_CCP_gm = 0xFF ; CCP signature group mask
.equ CPU_CCP_gp = 0 ; CCP signature group position
.equ CPU_CCP0_bm = (1<<0) ; CCP signature bit 0 mask
.equ CPU_CCP0_bp = 0 ; CCP signature bit 0 position
.equ CPU_CCP1_bm = (1<<1) ; CCP signature bit 1 mask
.equ CPU_CCP1_bp = 1 ; CCP signature bit 1 position
.equ CPU_CCP2_bm = (1<<2) ; CCP signature bit 2 mask
.equ CPU_CCP2_bp = 2 ; CCP signature bit 2 position
.equ CPU_CCP3_bm = (1<<3) ; CCP signature bit 3 mask
.equ CPU_CCP3_bp = 3 ; CCP signature bit 3 position
.equ CPU_CCP4_bm = (1<<4) ; CCP signature bit 4 mask
.equ CPU_CCP4_bp = 4 ; CCP signature bit 4 position
.equ CPU_CCP5_bm = (1<<5) ; CCP signature bit 5 mask
.equ CPU_CCP5_bp = 5 ; CCP signature bit 5 position
.equ CPU_CCP6_bm = (1<<6) ; CCP signature bit 6 mask
.equ CPU_CCP6_bp = 6 ; CCP signature bit 6 position
.equ CPU_CCP7_bm = (1<<7) ; CCP signature bit 7 mask
.equ CPU_CCP7_bp = 7 ; CCP signature bit 7 position

; CPU_SREG masks
.equ CPU_I_bm = 0x80 ; Global Interrupt Enable Flag bit mask
.equ CPU_I_bp = 7 ; Global Interrupt Enable Flag bit position
.equ CPU_T_bm = 0x40 ; Transfer Bit bit mask
.equ CPU_T_bp = 6 ; Transfer Bit bit position
.equ CPU_H_bm = 0x20 ; Half Carry Flag bit mask
.equ CPU_H_bp = 5 ; Half Carry Flag bit position
.equ CPU_S_bm = 0x10 ; N Exclusive Or V Flag bit mask
.equ CPU_S_bp = 4 ; N Exclusive Or V Flag bit position
.equ CPU_V_bm = 0x08 ; Two's Complement Overflow Flag bit mask
.equ CPU_V_bp = 3 ; Two's Complement Overflow Flag bit position
.equ CPU_N_bm = 0x04 ; Negative Flag bit mask
.equ CPU_N_bp = 2 ; Negative Flag bit position
.equ CPU_Z_bm = 0x02 ; Zero Flag bit mask
.equ CPU_Z_bp = 1 ; Zero Flag bit position
.equ CPU_C_bm = 0x01 ; Carry Flag bit mask
.equ CPU_C_bp = 0 ; Carry Flag bit position

; CCP signatures
.equ CCP_SPM_gc = (0x9D<<0) ; SPM Instruction Protection
.equ CCP_IOREG_gc = (0xD8<<0) ; IO Register Protection

;*************************************************************************
;** CLK - Clock System
;*************************************************************************/
; CLK_CTRL masks
.equ CLK_SCLKSEL_gm = 0x07 ; System Clock Selection group mask
```

```
.equ CLK_SCLKSEL_gp = 0 ; System Clock Selection group position
.equ CLK_SCLKSEL0_bm = (1<<0) ; System Clock Selection bit 0 mask
.equ CLK_SCLKSEL0_bp = 0 ; System Clock Selection bit 0 position
.equ CLK_SCLKSEL1_bm = (1<<1) ; System Clock Selection bit 1 mask
.equ CLK_SCLKSEL1_bp = 1 ; System Clock Selection bit 1 position
.equ CLK_SCLKSEL2_bm = (1<<2) ; System Clock Selection bit 2 mask
.equ CLK_SCLKSEL2_bp = 2 ; System Clock Selection bit 2 position

              (중략)

; ***** CPU REGISTER DEFINITIONS *****************************************
.def    XH      = r27
.def    XL      = r26
.def    YH      = r29
.def    YL      = r28
.def    ZH      = r31
.def    ZL      = r30

; ***** DATA MEMORY DECLARATIONS *****************************************
#define PROGMEM_START 0x0000
#define PROGMEM_SIZE 0x22000
#define PROGMEM_END (0x0000 + 0x22000 - 1)

#define APP_SECTION_START 0x0000
#define APP_SECTION_SIZE 0x20000
#define APP_SECTION_END (0x0000 + 0x20000 - 1)

#define APPTABLE_SECTION_START 0x1E000
#define APPTABLE_SECTION_SIZE 0x2000
#define APPTABLE_SECTION_END (0x1E000 + 0x2000 - 1)

#define BOOT_SECTION_START 0x20000
#define BOOT_SECTION_SIZE 0x2000
#define BOOT_SECTION_END (0x20000 + 0x2000 - 1)

#define DATAMEM_START 0x0000
#define DATAMEM_SIZE 0x1000000
#define DATAMEM_END (0x0000 + 0x1000000 - 1)

#define IO_START 0x0000
#define IO_SIZE 0x1000
#define IO_END (0x0000 + 0x1000 - 1)

#define MAPPED_EEPROM_START 0x1000
#define MAPPED_EEPROM_SIZE 0x0800
#define MAPPED_EEPROM_END (0x1000 + 0x0800 - 1)

#define INTERNAL_SRAM_START 0x2000
#define INTERNAL_SRAM_SIZE 0x2000
#define INTERNAL_SRAM_END (0x2000 + 0x2000 - 1)

#define EXTERNAL_SRAM_START 0x4000
#define EXTERNAL_SRAM_SIZE 0xFFC000
#define EXTERNAL_SRAM_END (0x4000 + 0xFFC000 - 1)

#define EEPROM_START 0x0000
#define EEPROM_SIZE 0x0800
#define EEPROM_END (0x0000 + 0x0800 - 1)

#define FUSE_START 0x0000
#define FUSE_SIZE 0x0006
#define FUSE_END (0x0000 + 0x0006 - 1)

#define LOCKBIT_START 0x0000
#define LOCKBIT_SIZE 0x0001
#define LOCKBIT_END (0x0000 + 0x0001 - 1)

#define SIGNATURES_START 0x0000
#define SIGNATURES_SIZE 0x0003
#define SIGNATURES_END (0x0000 + 0x0003 - 1)

#define USER_SIGNATURES_START 0x0000
#define USER_SIGNATURES_SIZE 0x0200
#define USER_SIGNATURES_END (0x0000 + 0x0200 - 1)
```

```
#define PROD_SIGNATURES_START 0x0000
#define PROD_SIGNATURES_SIZE 0x0034
#define PROD_SIGNATURES_END (0x0000 + 0x0034 - 1)

; Legacy definitions
.equ    FLASHEND    = (PROGMEM_END / 2)  ; Note: Word address
.equ    IOEND       = IO_END
.equ    SRAM_START      = INTERNAL_SRAM_START
.equ    SRAM_SIZE       = INTERNAL_SRAM_SIZE
.equ    RAMEND      = INTERNAL_SRAM_END
.equ    XRAMEND     = EXTERNAL_SRAM_END
.equ    E2END       = EEPROM_END
.equ    EEPROMEND       = EEPROM_END

; Definitions used by the assembler
#pragma AVRPART MEMORY PROG_FLASH 0x22000
#pragma AVRPART MEMORY EEPROM 0x0800
#pragma AVRPART MEMORY INT_SRAM SIZE 0x2000
#pragma AVRPART MEMORY INT_SRAM START_ADDR 0x2000

; ***** INTERRUPT VECTORS, ABSOLUTE ADDRESSES *****************************

; OSC interrupt vectors
.equ OSC_XOSCF_vect = 2 ; External Oscillator Failure Interrupt (NMI)

; PORTC interrupt vectors
.equ PORTC_INT0_vect = 4 ; External Interrupt 0
.equ PORTC_INT1_vect = 6 ; External Interrupt 1

; PORTR interrupt vectors
.equ PORTR_INT0_vect = 8 ; External Interrupt 0
.equ PORTR_INT1_vect = 10 ; External Interrupt 1

; DMA interrupt vectors
.equ DMA_CH0_vect = 12 ; Channel 0 Interrupt
.equ DMA_CH1_vect = 14 ; Channel 1 Interrupt
.equ DMA_CH2_vect = 16 ; Channel 2 Interrupt
.equ DMA_CH3_vect = 18 ; Channel 3 Interrupt

; RTC interrupt vectors
.equ RTC_OVF_vect = 20 ; Overflow Interrupt
.equ RTC_COMP_vect = 22 ; Compare Interrupt

; TWIC interrupt vectors
.equ TWIC_TWIS_vect = 24 ; TWI Slave Interrupt
.equ TWIC_TWIM_vect = 26 ; TWI Master Interrupt

; TCC0 interrupt vectors
.equ TCC0_OVF_vect = 28 ; Overflow Interrupt
.equ TCC0_ERR_vect = 30 ; Error Interrupt
.equ TCC0_CCA_vect = 32 ; Compare or Capture A Interrupt
.equ TCC0_CCB_vect = 34 ; Compare or Capture B Interrupt
.equ TCC0_CCC_vect = 36 ; Compare or Capture C Interrupt
.equ TCC0_CCD_vect = 38 ; Compare or Capture D Interrupt

; TCC1 interrupt vectors
.equ TCC1_OVF_vect = 40 ; Overflow Interrupt
.equ TCC1_ERR_vect = 42 ; Error Interrupt
.equ TCC1_CCA_vect = 44 ; Compare or Capture A Interrupt
.equ TCC1_CCB_vect = 46 ; Compare or Capture B Interrupt

; SPIC interrupt vectors
.equ SPIC_INT_vect = 48 ; SPI Interrupt

; USARTC0 interrupt vectors
.equ USARTC0_RXC_vect = 50 ; Reception Complete Interrupt
.equ USARTC0_DRE_vect = 52 ; Data Register Empty Interrupt
.equ USARTC0_TXC_vect = 54 ; Transmission Complete Interrupt

; USARTC1 interrupt vectors
.equ USARTC1_RXC_vect = 56 ; Reception Complete Interrupt
.equ USARTC1_DRE_vect = 58 ; Data Register Empty Interrupt
.equ USARTC1_TXC_vect = 60 ; Transmission Complete Interrupt

; AES interrupt vectors
```

```
.equ AES_INT_vect = 62 ; AES Interrupt

; NVM interrupt vectors
.equ NVM_EE_vect = 64 ; EE Interrupt
.equ NVM_SPM_vect = 66 ; SPM Interrupt

; PORTB interrupt vectors
.equ PORTB_INT0_vect = 68 ; External Interrupt 0
.equ PORTB_INT1_vect = 70 ; External Interrupt 1

; ACB interrupt vectors
.equ ACB_ACW_vect = 76 ; ACW Window Mode Interrupt
.equ ACB_AC1_vect = 74 ; AC1 Interrupt
.equ ACB_AC0_vect = 72 ; AC0 Interrupt

; ADCB interrupt vectors
.equ ADCB_CH0_vect = 78 ; Interrupt 0
.equ ADCB_CH1_vect = 80 ; Interrupt 1
.equ ADCB_CH2_vect = 82 ; Interrupt 2
.equ ADCB_CH3_vect = 84 ; Interrupt 3

; PORTE interrupt vectors
.equ PORTE_INT0_vect = 86 ; External Interrupt 0
.equ PORTE_INT1_vect = 88 ; External Interrupt 1

; TWIE interrupt vectors
.equ TWIE_TWIS_vect = 90 ; TWI Slave Interrupt
.equ TWIE_TWIM_vect = 92 ; TWI Master Interrupt

; TCE0 interrupt vectors
.equ TCE0_OVF_vect = 94 ; Overflow Interrupt
.equ TCE0_ERR_vect = 96 ; Error Interrupt
.equ TCE0_CCA_vect = 98 ; Compare or Capture A Interrupt
.equ TCE0_CCB_vect = 100 ; Compare or Capture B Interrupt
.equ TCE0_CCC_vect = 102 ; Compare or Capture C Interrupt
.equ TCE0_CCD_vect = 104 ; Compare or Capture D Interrupt

; TCE1 interrupt vectors
.equ TCE1_OVF_vect = 106 ; Overflow Interrupt
.equ TCE1_ERR_vect = 108 ; Error Interrupt
.equ TCE1_CCA_vect = 110 ; Compare or Capture A Interrupt
.equ TCE1_CCB_vect = 112 ; Compare or Capture B Interrupt

; SPIE interrupt vectors
.equ SPIE_INT_vect = 114 ; SPI Interrupt

; USARTE0 interrupt vectors
.equ USARTE0_RXC_vect = 116 ; Reception Complete Interrupt
.equ USARTE0_DRE_vect = 118 ; Data Register Empty Interrupt
.equ USARTE0_TXC_vect = 120 ; Transmission Complete Interrupt

; USARTE1 interrupt vectors
.equ USARTE1_RXC_vect = 122 ; Reception Complete Interrupt
.equ USARTE1_DRE_vect = 124 ; Data Register Empty Interrupt
.equ USARTE1_TXC_vect = 126 ; Transmission Complete Interrupt

; PORTD interrupt vectors
.equ PORTD_INT0_vect = 128 ; External Interrupt 0
.equ PORTD_INT1_vect = 130 ; External Interrupt 1

; PORTA interrupt vectors
.equ PORTA_INT0_vect = 132 ; External Interrupt 0
.equ PORTA_INT1_vect = 134 ; External Interrupt 1

; ACA interrupt vectors
.equ ACA_ACW_vect = 140 ; ACW Window Mode Interrupt
.equ ACA_AC1_vect = 138 ; AC1 Interrupt
.equ ACA_AC0_vect = 136 ; AC0 Interrupt

; ADCA interrupt vectors
.equ ADCA_CH0_vect = 142 ; Interrupt 0
.equ ADCA_CH1_vect = 144 ; Interrupt 1
.equ ADCA_CH2_vect = 146 ; Interrupt 2
.equ ADCA_CH3_vect = 148 ; Interrupt 3
```

```
; TWID interrupt vectors
.equ TWID_TWIS_vect = 150 ; TWI Slave Interrupt
.equ TWID_TWIM_vect = 152 ; TWI Master Interrupt

; TCD0 interrupt vectors
.equ TCD0_OVF_vect = 154 ; Overflow Interrupt
.equ TCD0_ERR_vect = 156 ; Error Interrupt
.equ TCD0_CCA_vect = 158 ; Compare or Capture A Interrupt
.equ TCD0_CCB_vect = 160 ; Compare or Capture B Interrupt
.equ TCD0_CCC_vect = 162 ; Compare or Capture C Interrupt
.equ TCD0_CCD_vect = 164 ; Compare or Capture D Interrupt

; TCD1 interrupt vectors
.equ TCD1_OVF_vect = 166 ; Overflow Interrupt
.equ TCD1_ERR_vect = 168 ; Error Interrupt
.equ TCD1_CCA_vect = 170 ; Compare or Capture A Interrupt
.equ TCD1_CCB_vect = 172 ; Compare or Capture B Interrupt

; SPID interrupt vectors
.equ SPID_INT_vect = 174 ; SPI Interrupt

; USARTD0 interrupt vectors
.equ USARTD0_RXC_vect = 176 ; Reception Complete Interrupt
.equ USARTD0_DRE_vect = 178 ; Data Register Empty Interrupt
.equ USARTD0_TXC_vect = 180 ; Transmission Complete Interrupt

; USARTD1 interrupt vectors
.equ USARTD1_RXC_vect = 182 ; Reception Complete Interrupt
.equ USARTD1_DRE_vect = 184 ; Data Register Empty Interrupt
.equ USARTD1_TXC_vect = 186 ; Transmission Complete Interrupt

; PORTQ interrupt vectors
.equ PORTQ_INT0_vect = 188 ; External Interrupt 0
.equ PORTQ_INT1_vect = 190 ; External Interrupt 1

; PORTH interrupt vectors
.equ PORTH_INT0_vect = 192 ; External Interrupt 0
.equ PORTH_INT1_vect = 194 ; External Interrupt 1

; PORTJ interrupt vectors
.equ PORTJ_INT0_vect = 196 ; External Interrupt 0
.equ PORTJ_INT1_vect = 198 ; External Interrupt 1

; PORTK interrupt vectors
.equ PORTK_INT0_vect = 200 ; External Interrupt 0
.equ PORTK_INT1_vect = 202 ; External Interrupt 1

; PORTF interrupt vectors
.equ PORTF_INT0_vect = 208 ; External Interrupt 0
.equ PORTF_INT1_vect = 210 ; External Interrupt 1

; TWIF interrupt vectors
.equ TWIF_TWIS_vect = 212 ; TWI Slave Interrupt
.equ TWIF_TWIM_vect = 214 ; TWI Master Interrupt

; TCF0 interrupt vectors
.equ TCF0_OVF_vect = 216 ; Overflow Interrupt
.equ TCF0_ERR_vect = 218 ; Error Interrupt
.equ TCF0_CCA_vect = 220 ; Compare or Capture A Interrupt
.equ TCF0_CCB_vect = 222 ; Compare or Capture B Interrupt
.equ TCF0_CCC_vect = 224 ; Compare or Capture C Interrupt
.equ TCF0_CCD_vect = 226 ; Compare or Capture D Interrupt

; TCF1 interrupt vectors
.equ TCF1_OVF_vect = 228 ; Overflow Interrupt
.equ TCF1_ERR_vect = 230 ; Error Interrupt
.equ TCF1_CCA_vect = 232 ; Compare or Capture A Interrupt
.equ TCF1_CCB_vect = 234 ; Compare or Capture B Interrupt

; SPIF interrupt vectors
.equ SPIF_INT_vect = 236 ; SPI Interrupt

; USARTF0 interrupt vectors
.equ USARTF0_RXC_vect = 238 ; Reception Complete Interrupt
.equ USARTF0_DRE_vect = 240 ; Data Register Empty Interrupt
```

```
.equ USARTF0_TXC_vect = 242 ; Transmission Complete Interrupt

; USARTF1 interrupt vectors
.equ USARTF1_RXC_vect = 244 ; Reception Complete Interrupt
.equ USARTF1_DRE_vect = 246 ; Data Register Empty Interrupt
.equ USARTF1_TXC_vect = 248 ; Transmission Complete Interrupt

; ***** INTERRUPT VECTORS, MODULE BASES ************************************
.equ OSC_vbase = 2
.equ PORTC_vbase = 4
.equ PORTR_vbase = 8

            (중략)

.equ USARTF0_vbase = 238
.equ USARTF1_vbase = 244

; ***** INTERRUPT VECTORS, VECTOR OFFSETS **********************************

; OSC interrupt vector offsets
.equ OSC_XOSCF_voffset = 0

; DMA interrupt vector offsets
.equ DMA_CH0_voffset = 0
.equ DMA_CH1_voffset = 2
.equ DMA_CH2_voffset = 4
.equ DMA_CH3_voffset = 6

            (중략)

; AES interrupt vector offsets
.equ AES_INT_voffset = 0

.equ INT_VECTORS_SIZE = 250 ; size in words

#endif  /* _ATxmega128A1DEF_INC_ */

; ***** END OF FILE ********************************************************
```

3.5 GCC 계열의 WinAVR 컴파일러

이 절에서는 WinAVR 소프트웨어 패키지에 포함되는 AVR-GCC 컴파일러의 주요 기능에 대하여 설명한다. 여기서 우리가 사용하는 WinAVR은 2010년 1월 10일자로 발표된 버전이며, 모든 설명은 이 소프트웨어에 포함된 AVR-GCC V4.3.3 및 avr-libc V1.6.7을 기준으로 한다. 이 WinAVR은 원래 Windows 운영체제에서 독립적으로 사용하도록 만들어진 소프트웨어지만, AVR Studio V4.12부터는 이것이 WinAVR의 IDE 기능을 지원하므로 훨씬 사용하기가 편리해졌다. AVR Studio와 WinAVR의 설치 방법에 관해서는 앞의 제3.3절에서 설명하였으니 참조하라.

1. WinAVR의 개요

(1) WinAVR의 개요

GCC(GNU C Compiler 또는 GNU Compiler Collection이라고 함)는 지난 1984년 무렵부터 FSF(Free Software Foundation)을 중심으로 추진되어온 GNU(GNU is Not Unix) 프로젝트의 일환으로 개발된 공개 소프트웨어로서 C언어 및 C++언어를 지원하는 ANSI C 컴파일러이다. 이것은 공개용이지만 매우 우수한 성능과 안정성을 가지고 있으며, 전세계의 많은 지원자들에 의하여 지속적으로 발전하고 있다.

GCC는 거의 모든 CPU에 적용될 수 있을 정도로 뛰어난 이식성을 가지고 있는데, 이를 위하여 GCC는 플랫폼(platform)에 의존적인 부분과 플랫폼에 의존하지 않는 부분으로 나누어져 모듈화되어 있으며, 이들 모듈은 서로 지정된 규칙으로 인터페이스되고 있다. 따라서, 플랫폼에 의존적인 부분만을 수정하면 새로운 플랫폼을 지원하는 GCC를 만들 수가 있다. AVR-GCC는 이러한 방법으로 만들어진 AVR용의 GCC 컴파일러인 것이다.

AVR-GCC는 정확히 말하면 크로스 컴파일러(cross compiler)이다. 즉, 호스트 플랫폼(host platform)으로서 Windows 운영체제를 사용하는 IBM PC 호환기종 퍼스널컴퓨터를 사용하고, 타겟 플랫폼(target platform)으로서 AVR 마이크로컨트롤러용의 소스 파일을 컴파일하여 실행 파일을 생성하는 것이다. AVR-GCC가 이와 같이 크로스 컴파일러로 동작하기 위해서는 사실 어셈블러와 링커가 더욱 중요하다. GCC 컴파일러는 단지 C언어 소스를 어셈블리 소스로 번역하는 역할만을 수행하므로 어셈블러가 타겟용의 오브젝트 코드를 생성하고 링커가 여러개의 오브젝트 파일들을 링크하기 때문이다. AVR-GCC에서는 이러한 크로스 어셈블러나 크로스 링커와 같은 유틸리티들을 모아서 binutils라고 한다.

최근에는 Windows 운영체제를 사용하는 IBM PC 호환기종 퍼스널컴퓨터를 호스트 플랫폼으로 하는 AVR-GCC 소프트웨어 패키지를 WinAVR이라고 부르고 있으며, 언제나 인터넷 홈페이지 http://sourceforge.net/projects/winavr/에서 가장 최신 버전의 소프트웨어를 다운로드 받을 수 있다. 따라서, 이제 WinAVR과 AVR-GCC는 거의 같은 의미로 통용되고 있다.

(2) WinAVR의 구성 및 특징

앞의 제3.3절에서 설명했듯이 인터넷 사이트 http://sourceforge.net/projects/winavr에서 WinAVR의 가장 최근 버전 파일을 다운로드하여 설치하면 <그림 3.3.8>과 같은 폴더가 만들어진다.

이 WinAVR 소프트웨어 패키지에 포함되어 있는 주요 프로그램들을 살펴보면 avr-gcc(command line compiler), avr-libc(compiler library), avr-as(AVR assembler), avr-ld(linker), avr-ar 및 avr-ranlib(librarian), avrdude(programming interface), avarice (JTAG ICE interface), avr-gdb(debugger), pn(programmers notepad, editor) 등이 있다. 이들 소프트웨어에는 각각 자신들의 버전이 따로 있다. 그러나, 이것들을 모두 합쳐놓은 소프트웨어 패키지인 WinAVR에서는 버전 번호로 관리하지 않고 이를 발표한 날짜로 버전을 표시하고 있다.

WinAVR은 자체적으로 통합 쉘 프로그램 및 에디터에 해당하는 프로그래머 노트패드 pn.exe을 가지고 있으므로 이를 사용하여 소스 파일을 작성하며, 컴파일러나 어셈블러, 링커 등을 호출하여 소스를 번역하고 링크한다. 이러한 일련의 작업은 통합 쉘 프로그램을 사용하지 않고 MS-DOS 커맨드 레벨에서 수행할 수도 있다. 그러나, WinAVR을 사용할 때는 소스를 번역하고 링크하는 일련의 과정에 필요한 모든 정보들을 사용자가 일일이 makefile로 만들어주어야 한다는 것이 상당히 번거롭다.

과거에는 WinAVR의 이러한 사용 방법이 상당히 불편하고 AVR Studio에서도 WinAVR을 지원하지 않았으므로 사용자들이 WinAVR을 사용하여 프로그램을 작성하는데 어려움이 있었다. 이 때문에 우리나라의 황해권 님이 개발한 AvrEdit 소프트웨어가 상당히 인기를 얻었는데, 이를 사용하면 하나의 통합 쉘 프로그램 안에서 소스 파일의 작성부터 컴파일 및 링크에 이르는 모든 과정을 간편하게 수행할 수 있고, 또한 기본적인 환경설정을 바탕으로 makefile도 AvrEdit가 자동으로 만들어 처리해주므로 WinAVR의 사용이 전체적으로 상당히 쉽고 편리해졌다.

그러나, 2005년에 발표된 AVR Studio V4.12부터는 AVR Studio가 기존의 매크로 어셈블러뿐만 아니라 WinAVR의 IDE 기능도 지원하기 시작하였다. AVR Studio와 함께 WinAVR을 퍼스널컴퓨터에 설치하여 두면 AVR Studio가 이를 자동으로 인식하여 사용하며, 여기서 사용자가 필요한 몇가지의 환경을 설정해주면 C언어 프로그램 개발 시 makefile도 AVR Studio가 자동으로 만들어 처리해주므로 매우 편리해졌다.

따라서, 이 책에서는 매크로 어셈블러에 의한 프로그램 개발이나 WinAVR에 의한 프로그램 개발을 모두 AVR Studio에서 사용하기로 한다. WinAVR을 설치한 결과는 <그림 3.3.8>에 보였으며, AVR Studio에서 WinAVR을 이용한 프로그램 개발 과정을 도시하면 <그림 3.3.10>과 같다.

◀참고▶ 대부분의 경우 소프트웨어 개발툴에는 컴파일러와 어셈블러를 모두 포함하고 있어서 이를 함께 사용하는 것이 일반적이다. WinAVR에도 물론 AVR-GCC 컴파일러뿐만 아니라 AVR-AS 매크로 어셈블러를 가지고 있으므로 사용자가 이를 사용하여 어셈블리 언어로 프로그래밍하는 것이 가능하다. 그러나, WinAVR에 포함된 매크로 어셈블러는 여러 가지 면에서 익히거나 사용하기가 불편하여 별로 인기가 없다. 따라서, 이 책에서는 WinAVR에 포함되어 있는 매크로 어셈블러를 사용하지 않고 AVR Studio에서 기본으로 제공하는 매크로 어셈블러를 사용하여 어셈블리 언어 프로그래밍을 수행하고 있다.

2. WinAVR의 주요 기능 요약

AVR-GCC는 ANSI 표준의 C 및 C++ 컴파일러이므로 여기서 이 컴파일러의 기능을 자세하게 설명하지 않는다. 여기서는 일반 ANSI C가 아니라 AVR용으로서의 C언어를 사용할 때 알아야 하는 중요한 특징과 기능만을 알아보기로 한다. 더 이상의 자세한 사항에 대하여는 AVR-GCC 소프트웨어 패키지의 각 매뉴얼 특히 avr-libc의 매뉴얼을 참조하기 바란다.

(1) SRAM에서의 변수 및 상수

AVR-GCC에서 특별히 속성을 지정하지 않고 변수(variable)를 정의하면 이는 MCU 내부의 SRAM 영역에 저장된다. 이것들은 외부 메모리에 저장되는 경우에 비하여 빠르게 액세스할 수 있다는 것이 장점이다.

AVR-GCC에서는 <표 3.5.1>과 같이 일반적으로 사용하는 데이터의 형 표현 방법 이외에도 데이터형을 축약하여 표현하는 전용의 방법을 추가로 더 사용하고 있다. 이러한 데이터의 표현은 헤더파일 <stdint.h>에 정의되어 있다. 그러나, <io.h>를 인클루드하면 내부적으로 <stdint.h> 파일을 자동 인클루드하도록 연결되어 있으므로 사용자가 별도로 이를 인클루드해줄 필요는 없다.

변수는

```
uint8_t val = 10;
```

과 같이 정의하며,

```
val = 20;
```

과 같이 나중에 그 값을 변경할 수도 있다. 그러나,

```
const uint8_t conval = 10;
```

처럼 상수(constant)로 정의한 것은 SRAM에 저장되더라도 읽는 것만 가능하고 나중에 그 값을 수정할 수는 없다. 또한,

```
register uint8_t regval asm("r3");
```

처럼 변수를 레지스터에 할당하면 이는 액세스 속도가 더욱 빠르므로 자주 사용하는 변수에 유용하다.

〈표 3.5.1〉 WinAVR에서 데이터의 형 및 이를 축약하여 표현 방법

일반적인 데이터형의 표현	WinAVR의 데이터형 축약 표현	바이트 수	표현 범위
signed char	int8_t	1	-128~+127
unsigned char	uint8_t	1	0~255
signed int	int16_t	2	-32,768~+32,767
unsigned int	uint16_t	2	0~65,535
signed long	int32_t	4	-2,147,483,648~+2,147,483,647
unsigned long	uint32_t	4	0~4,294,967,295
signed long long	int64_t	8	-9.22×10^18~+9.22×10^18
unsigned long long	uint64_t	8	0~1.844×10^19
	intptr_t	2	int16_t와 같음
	uintptr_t	2	uint16_t와 같음
float		4	±8.4×10^-37~±3.4×10^38
double		8	±2.2×10^-308~±1.8×10^308

◀참고▶ 그러나, 이 책의 예제에서는 1행이 너무 길어져서 불편해지는 특별한 경우가 아니면 이런 AVR-GCC 전용의 데이터형 축약 표현법보다는 가급적이면 일반적인 데이터형의 표현 방법을 사용한다. 대부분의 C언어 프로그래머들에게는 그것이 더 알아보기 편하기 때문이다.

(2) 프로그램 메모리에서의 상수

AVR-GCC에서는 프로그램 메모리에서 상수를 지정하는 여러 가지 방법을 제공하고 있다. AVR의 프로그램 메모리인 플래시 메모리에는 프로그램이나 상수를 정의할 수 있는데, 이 상수는 당연히 읽는 것만 가능하지만 LCD 모듈에 표시할 문자열 등의 데이터를 저장하는데 매우 유용하다. 물론 이러한 상수 데이터는 SRAM에 저장할 수도 있지만 플래시 메모리는 SRAM에 비하여 용량이 훨씬 크므로 여기에 저장하는 것이 유리한 것이다.

〈표 3.5.2〉 WinAVR에서 프로그램 메모리 상수를 정의하는 방법

데이터의 형	WinAVR에서 프로그램 메모리 상수	바이트 수	표현 범위
signed char	prog_char prog_int8_t	1	-128～+127
unsigned char	prog_uchar prog_uint8_t	1	0～255
signed int	prog_int16_t	2	-32,768～+32,767
unsigned int	prog_uint16_t	2	0～65,535
signed long	prog_int32_t	4	-2,147,483,648～+2,147,483,647
unsigned long	prog_uint32_t	4	0～4,294,967,295
signed long long	prog_int64_t	8	-9.22×10^18～+9.22×10^18
unsigned long long	prog_uint64_t	8	0～1.844×10^19

〈표 3.5.3〉 WinAVR에서 프로그램 메모리 상수를 읽는 방법

프로그램 메모리 상수의 형	16비트 어드레스를 사용하여 읽기	32비트 어드레스를 사용하여 읽기
prog_char prog_uchar prog_int8_t prog_uint8_t	pgm_read_byte(address_short) pgm_read_byte_near(address_long)	pgm_read_byte_far(address_long)
prog_int16_t prog_uint16_t	pgm_read_word(address_short) pgm_read_word_near(address_long)	pgm_read_word_far(address_long)
prog_int32_t prog_uint32_t	pgm_read_dword(address_short) pgm_read_dword_near(address_long)	pgm_read_dword_far(address_long)

이러한 상수 데이터의 표현을 사용하려면 헤더파일 <pgmspace.h>를 인클루드해 주어야 한다. 이 헤더 파일에 의하여 프로그램 메모리에서 상수를 정의할 때는 8, 16, 32, 64 비트 데이터의 형을 <표 3.5.2>와 같이 정의하며, 이러한 프로그램 메모리 상수를 읽을 때는 <표 3.5.3>과 같은 함수를 사용한다.

예를 들어

```
prog_int8_t aaa = {1};
```

이라고 하면 1이라는 데이터가 프로그램 메모리에 바이트 상수로 저장되며, aaa는 이 데이터가 저장되는 번지가 된다. 이 데이터를 읽어내려면

```
int8_t value;
value = pgm_read_byte(&aaa);
```

와 같이 처리한다. 마찬가지로 프로그램 메모리에 바이트 상수 배열을 정의하려면 다음과 같이 2가지가 가능하다.

```
prog_int8_t array1[10] = {0,1,2,3,4,5,6,7,8,9};
prog_int8_t array2[ ] = {0,1,2,3,4,5,6,7,8,9};
```

이중에서 어느 하나의 원소를 읽어내려면 다음과 같이 처리하면 된다.

```
int8_t element;
element = pgm_read_byte(&array1[3]);
```

프로그램 메모리에 문자열을 정의하는 것은

```
int8_t *str1 = PSTR("OK-X128A1 V1.0");
```

와 같이 수행하는데, 여기서 포인터 *str1은 문자열의 첫번째 번지를 가리킨다. 이 문자열에 포함된 어느 문자를 읽으려면

```
int8_t letter;
letter = pgm_read_byte(str1 + 7);
```

와 같이 처리할 수 있다. 프로그램 메모리에 문자열을 정의하는 또다른 방법으로는

```
int8_t str2[ ] __attribute__ ((progmem)) = "OK-X128A1 V1.0";
```

이 있으며, 이를 읽어내려면

```
int8_t letter;
letter = pgm_read_byte(&str2[7]);
```

와 같이 처리한다.

(3) EEPROM에서의 변수

AVR에서 EEPROM을 액세스하는 것은 I/O 레지스터를 사용하여 특별하게 수행해야 하므로 AVR-GCC에서는 EEPROM을 액세스하기 위한 특별한 함수들을 제공하는데, 이것들은 헤더파일 <eeprom.h>에 정의되어 있다.

〈표 3.5.4〉 AVR-GCC에서 EEPROM의 데이터를 액세스하는 방법

데이터의 종류	EEPROM 읽기	EEPROM 쓰기
8비트 바이트	eeprom_read_byte() _EEGET()	eeprom_write_byte() _EEPUT()
16비트 워드	eeprom_read_word()	eeprom_write_word()
바이트 블록	eeprom_read_block()	eeprom_write_block()

여기에 정의되어 있는 주요 함수들을 요약하면 <표 3.5.4>와 같고, 이것들의 사용방법을 좀더 자세히 설명하면 다음과 같다.

```
eeprom_is_ready();
```

는 EEPROM의 상태를 조사하는 매크로로서 리턴값이 1이면 ready, 0이면 busy 상태를 나타낸다.

```
void eeprom_write_byte(uint8_t *addr, uint8_t value);
void eeprom_write_word(uint16_t *addr, uint16_t value);
```

은 EEPROM의 지정된 어드레스에 8비트 바이트 또는 16비트 워드의 데이터를 저장한다. 반대로

```
uint8_t   eeprom_read_byte(const uint8_t *addr);
uint16_t eeprom_read_word(const uint16_t *addr);
```

은 EEPROM의 지정된 어드레스에서 8비트 바이트 또는 16비트 워드의 데이터를 읽어온다. 또한,

```
void eeprom_write_block(const void *addr, void *buf, size_t n);
```

은 SRAM에 있는 n바이트의 *buf 버퍼값을 EEPROM의 지정된 어드레스에 저장하며

```
void eeprom_read_block(void *buf, const void *addr, size_t n);
```

은 EEPROM의 지정된 어드레스 *add에서 n바이트의 값을 읽어서 SRAM의 *buf 버퍼에 저장한다.

한편, IAR C컴파일러와의 호환성 때문에 헤더파일 <eeprom.h>에는

```
#define _EEGET(val, addr)  (avr) = eeprom_read_byte((uint8_t *)addr)
#define _EEPUT(addr, val)  eeprom_write_byte((uint8_t *)addr, (uint8_t)(val))
```

와 같이 정의되어 있기 때문에 _EEGET()과 _EEPUT() 함수도 사용할 수 있다.

◀참고▶ 예전에 사용하던 eeprom_rb(unsigned int addr)나 eeprom_wb(unsigned int addr, unsigned char value)는 현재 모두 폐지되어 사용할 수 없다.

(4) I/O 레지스터 및 병렬 I/O 포트의 액세스

AVR-GCC에서는 I/O 레지스터 또는 확장 I/O 레지스터를 액세스하기 위한 여러 가지의 함수나 매크로를 지원한다. 병렬 I/O 포트도 역시 이 영역에 있는 SFR(special function register)에 해당하므로 이 방법을 사용하여 액세스한다.

이러한 데이터의 표현은 헤더파일 <sfr_defs.h>에 정의되어 있다. 그러나, <io.h>를 인클루드하면 내부적으로 <sfr_defs.h> 파일을 자동 인클루드하도록 연결되어 있으므로 사용자가 별도로 이를 인클루드해줄 필요는 없다.

8비트 I/O 레지스터 또는 확장 I/O 레지스터는 다음과 같이 MCU에서 일반적인 입출력 방법을 사용하여 액세스한다.

```
unsigned char a;
PORTC_OUT = 0x80;
a = PORTC_IN;
```

그러나, 16비트의 I/O 레지스터 또는 확장 I/O 레지스터는 8비트 단위로 액세스할 수도 있고, 한번에 16비트를 처리하도록 명령을 사용해도 C컴파일러가 이를 8비트씩 2차례에 액세스하도록 번역한다.

```
unsigned char a, b;
unsigned int c;
TCC0_CNTL = 0x20;
TCC0_CNTH = 0x10;
a = TCC0_CNTL;
b = TCC0_CNTH;
c = a + b*256;
TCC0_CNT = 0x1020;
c = TCC0_CNT;
```

◀참고▶ 어셈블리 언어에서 64개의 I/O 레지스터 영역을 액세스할 때는 IN 및 OUT 명령을 사용하며, 그 이상의 확장 I/O 레지스터 영역을 액세스할 때는 LDS 및 STS 명령을 사용한다. 그러나, C언어에서는 이를 구분하지 않고 무조건 위와 같이 사용하면 된다. AVR-GCC가 내부적으로 I/O 영역의 레지스터와 확장 I/O 영역의 레지스터를 구분하여 각각에 맞는 어셈블리 명령으로 번역하여 주기 때문이다.

또한, ATxmega 패밀리에서 16비트 I/O 레지스터 또는 확장 I/O 레지스터를 액세스할 때는 각 바이트를 액세스하는 순서가 중요하다. 즉, 라이트 동작의 경우에는 반드시 하위 바이트를 먼저 라이트하고 상위 바이트를 나중에 라이트해야 하며, 리드 동작의 경우에도 반드시 하위 바이트를 먼저 리드하고 상위 바이트를 나중에 리드해야 한다. 그러나, C언어에서 이와 같이 편리하게 16비트 액세스 명령을 사용하면 C컴파일러가 이 액세스 순서에 맞도록 어셈블리 언어로 컴파일하므로 아무 문제없이 액세스 동작이 처리된다.

헤더 파일 <sfr_defs.h>에는

```
#define _BV(bit)   (1 << (bit))
```

가 정의되어 있어서 비트 단위의 처리에 유용하게 사용된다. 예를 들어 I/O 레지스터 또는 확장 I/O 레지스터의 특정 비트를 세트 또는 리셋시키는데 다음과 같이 활용할 수 있다.

```
PORTB_OUT = PORTB_OUT | _BV(1);          // sbi(PORTB_OUT, 1)
PORTB_OUT = PORTB_OUT & ~_BV(3);         // cbi(PORTB_OUT, 3)
```

그리고, 이 헤더 파일에는 또한 레지스터의 특정 비트가 세트되어 있는지 리셋되어 있는지를 조사하는 매크로

```
#define bit_is_set(sfr, bit)      (_SFR_BYTE(sfr) & _BV(bit))
#define bit_is_clear(sfr, bit)   (!(_SFR_BYTE(sfr) & _BV(bit)))
```

와 레지스터의 특정 비트가 세트되거나 또는 리셋될 때까지 기다리는 매크로

```
#define loop_until_bit_is_set(sfr, bit)     do { } while (bit_is_clear(sfr, bit))
#define loop_until_bit_is_clear(sfr, bit)   do { } while (bit_is_set(sfr, bit))
```

가 정의되어 있어서 유용하다.

예전에는 AVR-GCC에서 sbi(), cbi(), inp(), outp(), inb(), outb(), inw(), outw()와 같은 함수를 사용하였으나 2005년 2월 14일자의 WinAVR에 포함된 avr-libc v1.2.3에서 부터는 이것들을 모두 폐지하고 사용하지 않는다. 따라서, 이제부터 이것들은 사용하지 않는 것이 바람직하지만 굳이 이러한 기능들을 필요로 한다면 다음과 같이 직접 정의하고 사용하면 된다.

```
#define sbi(sfr, bit)      (_SFR_BYTE(sfr) |= _BV(bit))
#define cbi(sfr, bit)      (_SFR_BYTE(sfr) &= ~_BV(bit))
#define inp(sfr)           inb(sfr)
#define outp(val, sfr)     outb(sfr, val)
#define inb(sfr)           _SFR_BYTE(sfr)
#define outb(sfr, val)     (_SFR_BYTE(sfr) = (val))
#define inw(sfr)           _SFR_WORD(sfr)
#define outw(sfr, val)     (_SFR_WORD(sfr) = (val))
```

그러나, ATxmega 패밀리에서는 병렬 I/O 포트의 출력값을 비트 단위로 처리하는 기능이 추가되어 훨씬 편리해졌다.

```
PORTB_OUTSET = 0x02;
PORTB_OUTCLR = 0x08;
```

(5) 외부 I/O나 메모리의 절대번지 액세스

AVR-GCC에서 외부의 I/O나 메모리와 같은 절대번지를 액세스하려면 일반적인 C 언어에서처럼 포인터를 사용한다.

```
#define LED7_data     (*(volatile unsigned char *)0x4000) // external I/O
#define LED7_digit    (*(volatile unsigned char *)0x4200)
#define ext_data1     (*(volatile unsigned char *)0x8000) // external memory
#define ext_data2     (*(volatile unsigned int *)0x9000)

unsigned char i;
unsigned int j;

   ext_data1 = 0x20;
   i = ext_data1;

   ext_data2 = 0x2040;
   j = ext_data2;
```

(6) 인터럽트 프로그래밍

AVR-GCC에서는 반드시 지정된 형식으로 인터럽트 서비스 루틴(interrupt service routine 또는 interrupt handler) 함수를 작성하여야만 C컴파일러가 이를 인식할 수 있도록 되어 있다. 즉, 이것은 헤더 파일 <interrupt.h>의 정의에 따라

```
ISR(vector)
{
    // interrupt service routine
}
```

과 같이 작성하면 된다. 여기서 vector는 각 AVR 마이크로컨트롤러 모델마다 인터럽트의 종류에 따라 정해지는 심볼로서 ATxmega128A1의 경우에는 반드시 <표 1.5.2>와 같이 사용해야 한다.

ATxmega 패밀리에서는 인터럽트 처리가 시작되더라도 SREG의 글로벌 인터럽트 플랙 I가 1로 유지되기 때문에 이 인터럽트 함수가 실행되는 동안에 인터럽트가 글로벌로 허용 상태가 된다. 그러나, 이때 다른 인터럽트를 금지 상태로 설정하려면 인터럽트 함수의 서두에서 cli() 함수를 실행하여 주면 된다. 반대로 인터럽트를 허용하는 함수는 sei() 함수이다.

AVR-GCC에서는 프로그램의 오류를 방지하기 위하여 프로그래머가 사용하지 않는 인터럽트가 발생하면 리셋 벡터로 점프하도록 내부에서 처리하고 있다. 그러나, 다음과 같이 지정하면 이는 모든 사용하지 않는 인터럽트에 대한 인터럽트 처리 함수가 된다.

```
ISR(__vector_default)
{
    // interrupt service routine
}
```

인터럽트 서비스 루틴 함수는 이밖에도

```
SIGNAL(signame)
{
    // interrupt service routine
}
```

의 형식을 사용할 수도 있으나 이는 나중에 폐지될 예정이므로 사용하지 않는 것이 좋다. 예전에 사용하던 INTERRUPT(signame) 형식은 폐지되었으므로 현재는 사용하지 않는다.

(7) 인라인 어셈블 프로그래밍

AVR-GCC를 이용하여 프로그램을 작성하다 보면 때로는 C언어 소스에서 어셈블리 명령을 사용하고 싶을 경우가 있다. 이때는 인라인 어셈블(inline assemble) 기능으로 어셈블리 명령을 C소스에 포함시킬 수 있다.

인라인 어셈블 명령을 사용하는 기본 형식은 다음과 같다.

```
asm volatile("assembly instruction \n\t"
             "assembly instruction \n\t"
                 . . .
             "assembly instruction \n\t");
```

여기서 assembly instruction은 1개 또는 여러 개의 어셈블리 명령인데 각 어셈블리 명령들은 큰 인용부호로 묶어져야 하며, 각 어셈블리 명령의 끝에는 줄을 바꾸는 표시로 \n\t 가 놓여야 한다.

인라인 어셈블 루틴에서 점프를 위한 라벨을 사용하는 것도 가능하다.

```
val1 = 1;
val2 = 2;
asm volatile("      LDS    R16, val1    \n\t"
             "      LDS    R17, val2    \n\t"
             "      ADD    R16, R17     \n\t"
             "      BRCC   over         \n\t"
             "      LDI    R16, 0xFF    \n\t"
             "over: STS    val1, R16    \n\t");
```

단, 이와 같이 인라인 어셈블 루틴에서 C소스의 변수명을 사용하려면 이는 반드시 글로벌 변수이어야만 한다. 이는 물론 다음과 같이 사용하는 것도 가능하다.

```
val1 = 1;
val2 = 2;
asm volatile("      LDS    R16, val1  ");
asm volatile("      LDS    R17, val2  ");
asm volatile("      ADD    R16, R17   ");
asm volatile("      BRCC   over       ");
asm volatile("      LDI    R16, 0xFF  ");
asm volatile("over: STS    val1, R16  ");
```

인라인 어셈블 루틴에서는 <표 3.5.5>처럼 몇 개의 특별한 레지스터를 사용할 수 있다. 이것들은 C언어를 컴파일한 어셈블리 소스에서도 자주 사용되는 것이므로 때로는 인라인 어셈블 루틴에서 필요한 경우도 있다.

인라인 어셈블에 대한 여러 가지 기술적인 사항들은 이 책에서 더 이상 자세하게 설명하지 않으므로 보다 자세한 설명은 avr-libc Reference Manual의 제7장을 참조하라. 인라인 어셈블 루틴은 C컴파일러가 직접 처리하지 않고 거의 그대로 어셈블러에게 전달하므로 소스의 구문에 명백한 에러가 있더라도 에러 메시지를 발생하지 않는 경우가 많다. 따라서, 사용자가 세심하게 처리하지 않으면 프로그램이 뜻하지 않은 결과를 초래할 수도 있으니 주의해야 한다.

〈표 3.5.5〉 인라인 어셈블 루틴에서 사용 가능한 특별한 레지스터

심볼	레지스터의 기능
__SREG__	상태 레지스터 SREG (0x3F 번지)
__SP_H__	스택 포인터의 상위 바이트(0x3E 번지)
__SP_L__	스택 포인터의 하위 바이트(0x3D 번지)
__tmp_reg__	임시 레지스터로 사용되는 R0 레지스터
__zero_reg__	항상 0의 값을 가지는 레지스터로 사용되는 R1 레지스터

(8) 레지스터의 사용

C언어의 중요한 특징중의 하나는 함수 중심의 언어라는 것이며, 일반적으로 함수를 호출할 때는 입력 파라미터가 전달되고, 함수가 수행되고 나서 리턴될 때는 출력 파라미터를 전달하게 된다. 이 함수를 어떻게 전달하고 그것이 함수 안에서 어떤 방법으로 사용되는지는 C컴파일러의 성능에 중요한 영향을 준다. 종래의 C컴파일러들은 이러한 파라미터를 대부분 스택을 통하여 전달함으로써 일반성은 있었으나 처리성능이 낮았다. 그러나, AVR은 R0~R31의 32개 레지스터를 가지고 있으므로 이러한 파라미터 전달에 주로 레지스터를 사용하며, 이는 C언어로 작성된 사용자 프로그램의 실행속도를 높여주므로 그만큼 AVR이 C언어에 적합한 구조의 마이크로컨트롤러라는 것을 말해준다.

모든 함수를 컴파일할 때 이들 사이에는 입출력 파라미터들이 서로 잘 매칭이 되어야 하므로 C컴파일러에서 이러한 함수 처리 방법은 매우 규칙적으로 정해져 있다. WinAVR에서 함수를 호출할 때 입력 파라미터에는 R8~R25가 사용되는데, 이것들은 파라미터의 순서대로 뒤쪽인 R25부터 차례로 사용된다. 예를 들어 입력 파라미터가 int형이라면 레지스터가 2개씩, long형이라면 레지스터가 4개씩 역워드순으로 사용된다. 단, 파라미터가 char형인 경우에는 짝수 번호의 레지스터만이 사용된다. 만약 입력 파라미터가 너무 많아서 이들 레지스터로 모두 표현할 수 없는 경우에는 초과되는 부분이 스택으로 전달된다. 한편, 함수의 리턴값을 전달하는 레지스터는 char형은 R24, int형은 R24~R25, long형은 R22~R25, long long형은 R18~R25가 사용된다.

호출된 함수내에서는 지역변수로서 R18~R27 및 R30~R31을 자유롭게 사용한다. 따라서, 레지스터들의 값이 보존되어야 한다면 그것은 호출하는 쪽에서 처리해 주어야 한다. 그러나, R2~R17 및 R28~R29는 함수내에서 사용할 때 값이 변경되지 않도록 보존하여야 한다. 이밖에 R0은 임시 레지스터(temporary register)로 사용되며, R1은 항상 0의 값을 가지는 제로 레지스터(zero register)로 사용된다.

◀휴게실▶ **WinAVR C컴파일러에서 변수를 사용할 때의 유용한 팁**

(1) 변수의 사용

C언어의 어느 함수 내에서 선언하여 그 함수에서만 사용하는 변수를 지역변수(local variable)라고 하며, 함수의 밖에서 선언하여 이후의 어느 함수에서나 사용할 수 있는 변수를 전역변수(global variable)라고 한다. 또한, 지역 변수이기는 하지만 함수가 호출된 이후에도 그 값이 보존되는 변수를 정적변수(static local variable)라고 한다.

전역변수는 함수의 밖에서 선언되어 SRAM 메모리에 저장되며 이 변수 영역은 다른 목적으로 사용될 수 없다. 따라서, 너무 많은 전역변수를 사용하면 SRAM 메모리의 낭비가 되며, 전역변수는 프로그램의 수정이나 관리를 어렵게 하므로 가급적 사용을 자제하는 것이 좋다.

지역변수는 일반적으로 스택(stack)에 저장되지만 AVR에서는 이를 대부분 레지스터에 저장하므로 프로그램의 실행 속도가 향상된다. 이에 비하여 전역변수는 SRAM에 저장되어 있다가 이것이 사용될 때만 레지스터로 옮겨지므로 그만큼 프로그램이 길어지고 실행 속도가 떨어진다. 따라서, C언어 프로그램에서는 불가피한 상황을 제외하고는 가급적이면 전역변수보다는 지역변수를 사용하는 것이 바람직하다.

정적변수는 함수가 시작될 때 레지스터로 옮겨지고 함수가 끝날 때는 다시 그 값이 SRAM으로 옮겨져 저장된다. 따라서, 정적변수는 하나의 함수내에서 여러번 사용된다면 전역변수보다는 프로그램의 코드 사이즈를 절감할 수 있는 효과가 있다.

(2) 인터럽트 서비스 루틴에서

인터럽트 서비스 루틴이 시작될 때는 이 루틴내에서 사용되는 모든 레지스터를 스택에 저장한다. 또한, 인터럽트 서비스 루틴내에서 다른 함수를 호출할 때도 이 레지스터들을 모두 스택에 저장한다. 따라서, 코드 사이즈를 줄이고 실행 속도를 높이려면 인터럽트 서비스 루틴은 최대한 간단하고 짧게 하며 이 내부에서는 다른 함수를 호출하지 않는 것이 좋다.

또한 인터럽트 서비스 루틴에서 다른 함수를 호출할 경우에는 이 함수를 인터럽트 서비스 루틴이 아닌 다른 곳에서도 호출할 수 있다면 뜻하지 않은 문제가 발생할 수 있으므로 주의해야 한다. 시간 지연 함수나 주변장치 액세스 함수의 경우에 이런 일이 많다. 이 때문에 인터럽트 서비스 루틴에서만 호출할 수 있는 전용의 시간 지연 함수를 따로 만들어 사용하기도 한다.

(3) 메인 함수와 인터럽트 서비스 루틴 사이에서 전역변수의 공유

전역변수를 선언해 두고 이를 메인 함수와 인터럽트 서비스 루틴에서 공유하는 경우에는 주의가 필요하다. 즉, 인터럽트 서비스 루틴에서 이 변수값이 수시로 갱신될 수 있고 메인 함수에서는 그 갱신된 결과에 따라 어떤 처리를 해야 한다면 이 전역변수를 선언할 때 이를 반드시 volatile로 선언해야 한다. 이렇게 하면 C컴파일러가 이를 컴파일할 때 최적화를 수행하더라도 그 상황에 맞는 상수값으로 처리하지 않기 때문에 항상 올바른 전역변수로 작용할 수 있도록 한다.

3. 기본적인 헤더 파일 및 라이브러리 함수 요약

WinAVR 소프트웨어 패키지의 avr-libc에는 AVR-GCC의 C언어 라이브러리 함수(library function)가 들어있다. 이는 사용자가 소스 프로그램을 작성할 때 항상 참조해야 하는 사항이므로 여기서 요약하여 정리한다.

(1) 헤더 파일

WinAVR의 C컴파일러에서 사용하는 헤더 파일을 모두 요약하면 <표 3.5.6>과 같다. 여기서 ①②③④로 표시된 헤더 파일은 각각 아래와 같은 폴더에 위치하는 것을 나타낸다.

① C:\WinAVR\avr\include\ 폴더에 위치
② C:\WinAVR\avr\include\avr\ 폴더에 위치
③ C:\WinAVR\avr\include\compat\ 폴더에 위치
④ C:\WinAVR\avr\include\util\ 폴더에 위치

〈표 3.5.6〉 WinAVR에 제공하는 헤더 파일

헤더파일	파일의 내용	비고
assert.h	Diagnostics	①
boot.h	Bootloader support utilities	②
crc16.h	CRC-16 computations	②④
ctype.h	Character operations	①
delay.h	Busy-wait delay loops	②④
eeprom.h	EEPROM handling	②
errno.h	System errors	①
ina90.h	Compatibility header for IAR C compiler EWB 3.x	③
interrupt.h	Interrupt handling	②
inttypes.h	Integer type conversions	①
io.h	AVR device-specific I/O definitions	②
iom128.h 등	I/O definitions for various AVR microcontrollers	②
math.h	Mathematics	①
parity.h	Parity bit generation	②④
pgmspace.h	Program space string utilities	②
portpins.h	I/O port bit number definitions	②
setjmp.h	Non-local goto	①
sfr-defs.h	Special function registers	②
signal.h	기능이 모두 interrupt.h 파일로 흡수되어 사용하지 않음	②
sleep.h	Power management and sleep modes	②
stdint.h	Standard integer types	①
stdio.h	Standard I/O facilities	①
stdlib.h	General utilities	①
string.h	More string manipulation routines	①
twi.h	TWI bit mask definitions	③④
version.h	avr-libc version macros	②
wdt.h	Watchdog timer handling	②

사용자 프로그램에서 헤더 파일의 기본 폴더인 C:\WinAVR-20100110\avr\include\에 위치하는 헤더 파일을 인클루드할 때는

```
#include <stdio.h>
```

와 같이 사용한다. 그러나, 그 이하의 다른 폴더에 위치하는 헤더 파일을 인클루드할 때는

```
#include <avr/io.h>
#include <compat/ina90.h>
#include <util/delay.h>
```

와 같이 그 경로를 밝혀 표시해야 한다.

(2) 함수 리스트

이제 WinAVR의 헤더 파일에 정의되어 있는 모든 C언어 라이브러리 함수를 요약 정리하면 <표 3.5.7>과 같다. 각 함수는 어느 헤더 파일에 정의되어 있는지를 함께 표시하였다. 헤더 파일의 구성은 소프트웨어 버전에 따라 조금씩 달라지는데, 이 표에서 ★로 표시한 것은 현재 폐지되어 사용하지 않는 것을 나타내며 ☆는 앞으로 폐지될 예정이므로 가급적이면 사용하지 말라는 것을 나타낸다.

〈표 3.5.7〉 WinAVR에서 사용하는 C언어 함수 및 그것이 정의되어 있는 헤더 파일

함수의 형	함수	헤더 파일
void	abort(void);	stdlib.h
int	abs(int x);	stdlib.h
double	acos(double x);	math.h
double	asin(double x);	math.h
double	atan(double x);	math.h
double	atan2(double y, double x);	math.h
long	atoi(char *p);	stdlib.h
long	atol(char *p);	stdlib.h
	bit_is_clear(sfr, bit);	sfr_defs.h
	bit_is_set(sfr, bit);	sfr_defs.h
	_BV(bit);	sfr_defs.h
	cbi(port, bit); ★	sfr_defs.h
double	ceil(double x);	math.h
	cli(void);	interrupt.h
void	*calloc(size_t nele, size_t size);	stdlib.h
double	cos(double x);	math.h
double	cosh(double x);	math.h
div_t	div(int x, int y);	stdlib.h
void	_delay_loop_1(unsigned char count);	delay.h
void	_delay_loop_2(unsigned int count);	delay.h
void	_delay_us(double us);	delay.h
void	_delay_ms(double ms);	delay.h
	eeprom_is_ready();	eeprom.h
unsigned char	eeprom_rb(unsigned int addr); ★	eeprom.h
unsigned int	eeprom_rw(unsigned int addr); ★	eeprom.h
unsigned char	eeprom_read_byte(const unsigned char *addr);	eeprom.h
unsigned int	eeprom_read_word(const unsigned int *addr);	eeprom.h
void	eeprom_read_block(void *buf, const void *addr, size_t n);	eeprom.h
void	eeprom_wb(unsigned int addr, unsigned char val); ★	eeprom.h
void	eeprom_write_byte(unsigned char *addr, unsigned char val);	eeprom.h
void	eeprom_write_word(unsigned int *addr, unsigned int val);	eeprom.h
void	eeprom_write_block(const void *addr, void *buf, size_t n);	eeprom.h
	_EEGET(val, addr);	eeprom.h
	_EEPUT(addr, val);	eeprom.h
	enable_external_int(unsigned char ints); ★	interrupt.h
double	exp(double x);	math.h
double	fabs(double x);	math.h
int	fclose(FILE *__stream);	stdio.h
	fdev_close(void);	stdio.h

FILE*	fdevopen(int(*put)(char,FILE*), int(*get)(FILE*));	stdio.h
int	fgetc(FILE *__stream);	stdio.h
double	floor(double x);	math.h
double	fmod(double x, double y);	math.h
int	fputc(int __c, FILE *__stream);	stdio.h
void	free(void *ptr);	stdlib.h
double	frexp(double x, int *exp);	math.h
	getchar(void);	stdio.h
	inp(port); ★	sfr_defs.h
	inb(port); ★	sfr_defs.h
	inw(port); ★	sfr_defs.h
	INTERRUPT(signame); ★	signal.h
double	inverse(double x); ★	math.h
	ISR(vector);	interrupt.h
int	isalnum(int __c);	ctype.h
int	isalpha(int __c);	ctype.h
int	isascii(int __c);	ctype.h
int	iscntrl(int __c);	ctype.h
int	isdigit(int __c);	ctype.h
int	isgraph(int __c);	ctype.h
int	islower(int __c);	ctype.h
int	isprint(int __c);	ctype.h
int	ispunct(int __c);	ctype.h
int	isspace(int __c);	ctype.h
int	isupper(int __c);	ctype.h
int	isxdigit(int __c);	ctype.h
int	isnan(double x);	math.h
int	isinf(double x);	math.h
char	*itoa(int value, char *string, int radix);	stdlib.h
long	labs(long x);	stdlib.h
double	ldexp(double x, int exp);	math.h
ldiv_t	ldiv(lomg x, long y);	stdlib.h
double	log(double x);	math.h
double	log10(double x);	math.h
void	longjmp(jmp_buf env, int val);	setjmp.h
	loop_until_bit_is_clear(sfr, bit);	sfr_defs.h
	loop_until_bit_is_set(sfr, bit);	sfr_defs.h
char	*ltoa(long int value, char *string, int radix);	stdlib.h
void	*malloc(size_t size);	stdlib.h
void	*memchr(void *s, char c, size_t n);	string.h
int	memcmp(const void *s1, const void *s2, size_t n);	string.h
void	*memcpy(void *to, void *from, size_t n);	string.h
void	*memmove(void *to, void *from, size_t n);	string.h
void	*memset(void *s, int c, size_t n);	string.h
double	modf(double x, double *iptr);	math.h
	outp(value, port); ★	sfr_defs.h
	outb(port, value); ★	sfr_defs.h
	outw(port, value); ★	sfr_defs.h
	parity_even_bit(val);	parity.h
	pgm_read_byte(address);	pgmspace.h
	pgm_read_word(address);	pgmspace.h
	pgm_read_dword(address);	pgmspace.h
	pgm_read_byte_near(address);	pgmspace.h
	pgm_read_word_near(address);	pgmspace.h
	pgm_read_dword_near(address);	pgmspace.h
	pgm_read_byte_far(address_long);	pgmspace.h
	pgm_read_word_far(address_long);	pgmspace.h
	pgm_read_dword_far(address_long);	pgmspace.h
double	pow(double x, double y);	math.h
int	printf(const char *__fmt, ...);	stdio.h
int	printf_P(const char *__fmt, ...);	stdio.h
	putchar(unsigned char c);	stdio.h
void	qsort(void *base, size_t nmemb, size_t size, ...);	stdlib.h
int	rand(void);	stdlib.h
int	rand_r(unsigned long *ctx);	stdlib.h
void	*realloc(void *ptr, size_t size);	stdlib.h
	sbi(port, bit); ★	sfr_defs.h
int	scanf(const char *__fmt, ...);	stdio.h
int	scanf_P(const char *__fmt, ...);	stdio.h
	sei(void);	interrupt.h
int	setjmp(jmp_buf env);	setjmp.h
	SIGNAL(signame); ☆	interrupt.h
double	sin(double x);	math.h

```
double          sinh(double x);                                       math.h
double          sqrt(double x);                                       math.h
double          square(double x);                                     math.h
                set_sleep_mode(unsigned char mode);                   sleep.h
                sleep_mode(void);                                     sleep.h
                sleep_enable(void);                                   sleep.h
                sleep_disable(void);                                  sleep.h
                sleep_cpu(void);                                      sleep.h
void            srand(unsigned int __seed);                           stdlib.h
int             strcasecmp(const char *s1, const char *s2);           string.h
char            *strcat(char *dest, char *src);                       string.h
char            *strchr(const char *s, int c);                        string.h
int             strcmp(const char *s1, const char* s2);               string.h
char            *strcpy(char *dest, char *src);                       string.h
                *strdupa(s);                                          string.h
size_t          strlen(char *s);                                      string.h
char            *strlwr(char *);                                      string.h
int             strncasecmp(const char *, const char *, size_t);      string.h
char            *strncat(char *dest, char *src, size_t n);            string.h
int             strncmp(const char *s1, const char* s2, size_t n);    string.h
char            *strncpy(char *dest, char *src, size_t n);            string.h
                *strndupa(s, n);                                      string.h
size_t          strnlen(const char *s, size_t maxlen);                string.h
char            *strrchr( const char *s, int c);                      string.h
char            *strrev(char *s1);                                    string.h
char            *strstr(const char *haystack, const char *needle);    string.h
double          strtod(const char *s, char **endptr);                 stdlib.h
long            strtol(const char *nptr, char **endptr, int base);    stdlib.h
unsigned long   strtoul(const char *nptr, char **endptr, int base);   stdlib.h
char            *strupr(char *);                                      string.h
double          tan(double x);                                        math.h
double          tanh(double x);                                       math.h
                timer_enable_int(unsigned char ints); ★               interrupt.h
int             toascii(int __c);                                     ctype.h
int             tolower(int __c);                                     ctype.h
int             toupper(int __c);                                     ctype.h
char            *utoa(unsigned int value, char *string, int radix);   stdlib.h
char            *ultoa(unsigned long int value, char *string, int radix);  stdlib.h
int             vfprintf(FILE *__stream, const char *__fmt, va_list __ap);  stdio.h
int             vfscanf(FILE *__stream, const char *__fmt, va_list __ap);   stdio.h
                wdt_disable(void);                                    wdt.h
                wdt_enable(timeout);                                  wdt.h
                wdt_reset(void);                                      wdt.h
```

WinAVR에서 ATxmega128A1을 사용하려면 AVR 모델로서 ATxmega128A1을 지정하고 C:\WinAVR-20100110\avr\include\avr\io.h를 인클루드하면 된다. 그러면 이 헤더 파일은 내부에서 헤더 파일 iox128a1.h를 인클루드한다. 헤더 파일 iox128A1.h의 내용을 보이면 아래와 같다.

〈프로그램 iox128a1.h〉 ATxmega128A1을 위한 헤더 파일

```
/* Copyright (c) 2009 Atmel Corporation
   All rights reserved.

   Redistribution and use in source and binary forms, with or without
   modification, are permitted provided that the following conditions are met:

   * Redistributions of source code must retain the above copyright
     notice, this list of conditions and the following disclaimer.

   * Redistributions in binary form must reproduce the above copyright
     notice, this list of conditions and the following disclaimer in
```

```
     the documentation and/or other materials provided with the
     distribution.

   * Neither the name of the copyright holders nor the names of
     contributors may be used to endorse or promote products derived
     from this software without specific prior written permission.

  THIS SOFTWARE IS PROVIDED BY THE COPYRIGHT HOLDERS AND CONTRIBUTORS "AS IS"
  AND ANY EXPRESS OR IMPLIED WARRANTIES, INCLUDING, BUT NOT LIMITED TO, THE
  IMPLIED WARRANTIES OF MERCHANTABILITY AND FITNESS FOR A PARTICULAR PURPOSE
  ARE DISCLAIMED. IN NO EVENT SHALL THE COPYRIGHT OWNER OR CONTRIBUTORS BE
  LIABLE FOR ANY DIRECT, INDIRECT, INCIDENTAL, SPECIAL, EXEMPLARY, OR
  CONSEQUENTIAL DAMAGES (INCLUDING, BUT NOT LIMITED TO, PROCUREMENT OF
  SUBSTITUTE GOODS OR SERVICES; LOSS OF USE, DATA, OR PROFITS; OR BUSINESS
  INTERRUPTION) HOWEVER CAUSED AND ON ANY THEORY OF LIABILITY, WHETHER IN
  CONTRACT, STRICT LIABILITY, OR TORT (INCLUDING NEGLIGENCE OR OTHERWISE)
  ARISING IN ANY WAY OUT OF THE USE OF THIS SOFTWARE, EVEN IF ADVISED OF THE
  POSSIBILITY OF SUCH DAMAGE. */

/* $Id: iox128a1.h,v 1.1.2.17 2009/12/29 22:41:04 arcanum Exp $ */

/* avr/iox128a1.h - definitions for ATxmega128A1 */

/* This file should only be included from <avr/io.h>, never directly. */

#ifndef _AVR_IO_H_
#  error "Include <avr/io.h> instead of this file."
#endif

#ifndef _AVR_IOXXX_H_
#  define _AVR_IOXXX_H_ "iox128a1.h"
#else
#  error "Attempt to include more than one <avr/ioXXX.h> file."
#endif

#ifndef _AVR_ATxmega128A1_H_
#define _AVR_ATxmega128A1_H_ 1

/* Ungrouped common registers */
#define GPIO0  _SFR_MEM8(0x0000)  /* General Purpose IO Register 0 */
#define GPIO1  _SFR_MEM8(0x0001)  /* General Purpose IO Register 1 */
#define GPIO2  _SFR_MEM8(0x0002)  /* General Purpose IO Register 2 */
#define GPIO3  _SFR_MEM8(0x0003)  /* General Purpose IO Register 3 */
#define GPIO4  _SFR_MEM8(0x0004)  /* General Purpose IO Register 4 */
#define GPIO5  _SFR_MEM8(0x0005)  /* General Purpose IO Register 5 */
#define GPIO6  _SFR_MEM8(0x0006)  /* General Purpose IO Register 6 */
#define GPIO7  _SFR_MEM8(0x0007)  /* General Purpose IO Register 7 */
#define GPIO8  _SFR_MEM8(0x0008)  /* General Purpose IO Register 8 */
#define GPIO9  _SFR_MEM8(0x0009)  /* General Purpose IO Register 9 */
#define GPIOA  _SFR_MEM8(0x000A)  /* General Purpose IO Register 10 */
#define GPIOB  _SFR_MEM8(0x000B)  /* General Purpose IO Register 11 */
#define GPIOC  _SFR_MEM8(0x000C)  /* General Purpose IO Register 12 */
#define GPIOD  _SFR_MEM8(0x000D)  /* General Purpose IO Register 13 */
#define GPIOE  _SFR_MEM8(0x000E)  /* General Purpose IO Register 14 */
#define GPIOF  _SFR_MEM8(0x000F)  /* General Purpose IO Register 15 */

#define CCP    _SFR_MEM8(0x0034)  /* Configuration Change Protection */
#define RAMPD  _SFR_MEM8(0x0038)  /* Ramp D */
#define RAMPX  _SFR_MEM8(0x0039)  /* Ramp X */
#define RAMPY  _SFR_MEM8(0x003A)  /* Ramp Y */
#define RAMPZ  _SFR_MEM8(0x003B)  /* Ramp Z */
#define EIND   _SFR_MEM8(0x003C)  /* Extended Indirect Jump */
#define SPL    _SFR_MEM8(0x003D)  /* Stack Pointer Low */
#define SPH    _SFR_MEM8(0x003E)  /* Stack Pointer High */
#define SREG   _SFR_MEM8(0x003F)  /* Status Register */

/* C Language Only */
#if !defined (__ASSEMBLER__)

#include <stdint.h>

typedef volatile uint8_t  register8_t;
typedef volatile uint16_t register16_t;
typedef volatile uint32_t register32_t;
```

```
#ifdef _WORDREGISTER
#undef _WORDREGISTER
#endif
#define _WORDREGISTER(regname)   \
    __extension__ union \
    { \
        register16_t regname; \
        struct \
        { \
            register8_t regname ## L; \
            register8_t regname ## H; \
        }; \
    }

#ifdef _DWORDREGISTER
#undef _DWORDREGISTER
#endif
#define _DWORDREGISTER(regname)  \
   __extension__  union \
    { \
        register32_t regname; \
        struct \
        { \
            register8_t regname ## 0; \
            register8_t regname ## 1; \
            register8_t regname ## 2; \
            register8_t regname ## 3; \
        }; \
    }

/*
==========================================================================
IO Module Structures
==========================================================================
*/

/*
--------------------------------------------------------------------------
XOCD - On-Chip Debug System
--------------------------------------------------------------------------
*/
/* On-Chip Debug System */
typedef struct OCD_struct
{
    register8_t OCDR0;  /* OCD Register 0 */
    register8_t OCDR1;  /* OCD Register 1 */
} OCD_t;

/* CCP signatures */
typedef enum CCP_enum
{
    CCP_SPM_gc = (0x9D<<0),     /* SPM Instruction Protection */
    CCP_IOREG_gc = (0xD8<<0),  /* IO Register Protection */
} CCP_t;

/*
--------------------------------------------------------------------------
CLK - Clock System
--------------------------------------------------------------------------
*/
/* Clock System */
typedef struct CLK_struct
{
    register8_t CTRL;     /* Control Register */
    register8_t PSCTRL;  /* Prescaler Control Register */
    register8_t LOCK;     /* Lock register */
    register8_t RTCCTRL; /* RTC Control Register */
} CLK_t;

/*
--------------------------------------------------------------------------
CLK - Clock System
--------------------------------------------------------------------------
*/
/* Power Reduction */
```

```
typedef struct PR_struct
{
    register8_t PRGEN; /* General Power Reduction */
    register8_t PRPA;  /* Power Reduction Port A */
    register8_t PRPB;  /* Power Reduction Port B */
    register8_t PRPC;  /* Power Reduction Port C */
    register8_t PRPD;  /* Power Reduction Port D */
    register8_t PRPE;  /* Power Reduction Port E */
    register8_t PRPF;  /* Power Reduction Port F */
} PR_t;

/* System Clock Selection */
typedef enum CLK_SCLKSEL_enum
{
    CLK_SCLKSEL_RC2M_gc = (0x00<<0),  /* Internal 2MHz RC Oscillator */
    CLK_SCLKSEL_RC32M_gc = (0x01<<0), /* Internal 32MHz RC Oscillator */
    CLK_SCLKSEL_RC32K_gc = (0x02<<0), /* Internal 32kHz RC Oscillator */
    CLK_SCLKSEL_XOSC_gc = (0x03<<0),  /* External Crystal Oscillator or Clock */
    CLK_SCLKSEL_PLL_gc = (0x04<<0),   /* Phase Locked Loop */
} CLK_SCLKSEL_t;

/* Prescaler A Division Factor */
typedef enum CLK_PSADIV_enum
{
    CLK_PSADIV_1_gc = (0x00<<2),     /* Divide by 1 */
    CLK_PSADIV_2_gc = (0x01<<2),     /* Divide by 2 */
    CLK_PSADIV_4_gc = (0x03<<2),     /* Divide by 4 */
    CLK_PSADIV_8_gc = (0x05<<2),     /* Divide by 8 */
    CLK_PSADIV_16_gc = (0x07<<2),    /* Divide by 16 */
    CLK_PSADIV_32_gc = (0x09<<2),    /* Divide by 32 */
    CLK_PSADIV_64_gc = (0x0B<<2),    /* Divide by 64 */
    CLK_PSADIV_128_gc = (0x0D<<2),   /* Divide by 128 */
    CLK_PSADIV_256_gc = (0x0F<<2),   /* Divide by 256 */
    CLK_PSADIV_512_gc = (0x11<<2),   /* Divide by 512 */
} CLK_PSADIV_t;

/* Prescaler B and C Division Factor */
typedef enum CLK_PSBCDIV_enum
{
    CLK_PSBCDIV_1_1_gc = (0x00<<0),   /* Divide B by 1 and C by 1 */
    CLK_PSBCDIV_1_2_gc = (0x01<<0),   /* Divide B by 1 and C by 2 */
    CLK_PSBCDIV_4_1_gc = (0x02<<0),   /* Divide B by 4 and C by 1 */
    CLK_PSBCDIV_2_2_gc = (0x03<<0),   /* Divide B by 2 and C by 2 */
} CLK_PSBCDIV_t;

/* RTC Clock Source */
typedef enum CLK_RTCSRC_enum
{
    CLK_RTCSRC_ULP_gc = (0x00<<1),      /* 1kHz from internal 32kHz ULP */
    CLK_RTCSRC_TOSC_gc = (0x01<<1),     /* 1kHz from 32kHz crystal oscillator on TOSC */
    CLK_RTCSRC_RCOSC_gc = (0x02<<1),    /* 1kHz from internal 32kHz RC oscillator */
    CLK_RTCSRC_TOSC32_gc = (0x05<<1),   /* 32kHz from 32kHz crystal oscillator on TOSC */
} CLK_RTCSRC_t;

                    (중략)

/*
--------------------------------------------------------------------------
AES - AES Module
--------------------------------------------------------------------------
*/
/* AES Module */
typedef struct AES_struct
{
    register8_t CTRL;    /* AES Control Register */
    register8_t STATUS;  /* AES Status Register */
    register8_t STATE;   /* AES State Register */
    register8_t KEY;     /* AES Key Register */
    register8_t INTCTRL; /* AES Interrupt Control Register */
} AES_t;

/* Interrupt level */
typedef enum AES_INTLVL_enum
{
    AES_INTLVL_OFF_gc = (0x00<<0), /* Interrupt Disabled */
```

```
    AES_INTLVL_LO_gc = (0x01<<0),   /* Low Level */
    AES_INTLVL_MED_gc = (0x02<<0),  /* Medium Level */
    AES_INTLVL_HI_gc = (0x03<<0),   /* High Level */
} AES_INTLVL_t;

/*
==========================================================================
IO Module Instances. Mapped to memory.
==========================================================================
*/
#define GPIO       (*(GPIO_t *) 0x0000)     /* General Purpose IO Registers */
#define VPORT0     (*(VPORT_t *) 0x0010)    /* Virtual Port 0 */
#define VPORT1     (*(VPORT_t *) 0x0014)    /* Virtual Port 1 */
#define VPORT2     (*(VPORT_t *) 0x0018)    /* Virtual Port 2 */
#define VPORT3     (*(VPORT_t *) 0x001C)    /* Virtual Port 3 */
#define OCD        (*(OCD_t *) 0x002E)      /* On-Chip Debug System */
#define CPU        (*(CPU_t *) 0x0030)      /* CPU Registers */
#define CLK        (*(CLK_t *) 0x0040)      /* Clock System */
#define SLEEP      (*(SLEEP_t *) 0x0048)    /* Sleep Controller */
#define OSC        (*(OSC_t *) 0x0050)      /* Oscillator Control */
#define DFLLRC32M  (*(DFLL_t *) 0x0060)     /* DFLL for 32MHz RC Oscillator */
#define DFLLRC2M   (*(DFLL_t *) 0x0068)     /* DFLL for 2MHz RC Oscillator */
#define PR         (*(PR_t *) 0x0070)       /* Power Reduction */
#define RST        (*(RST_t *) 0x0078)      /* Reset Controller */
#define WDT        (*(WDT_t *) 0x0080)      /* Watch-Dog Timer */
#define MCU        (*(MCU_t *) 0x0090)      /* MCU Control */
#define PMIC       (*(PMIC_t *) 0x00A0)     /* Programmable Interrupt Controller */
#define PORTCFG    (*(PORTCFG_t *) 0x00B0)/* Port Configuration */
#define AES        (*(AES_t *) 0x00C0)      /* AES Crypto Module */
#define DMA        (*(DMA_t *) 0x0100)      /* DMA Controller */
#define EVSYS      (*(EVSYS_t *) 0x0180)    /* Event System */
#define NVM        (*(NVM_t *) 0x01C0)      /* Non Volatile Memory Controller */
#define ADCA       (*(ADC_t *) 0x0200)      /* Analog to Digital Converter A */
#define ADCB       (*(ADC_t *) 0x0240)      /* Analog to Digital Converter B */
#define DACA       (*(DAC_t *) 0x0300)      /* Digital to Analog Converter A */
#define DACB       (*(DAC_t *) 0x0320)      /* Digital to Analog Converter B */
#define ACA        (*(AC_t *) 0x0380)       /* Analog Comparator A */
#define ACB        (*(AC_t *) 0x0390)       /* Analog Comparator B */
#define RTC        (*(RTC_t *) 0x0400)      /* Real-Time Counter */
#define EBI        (*(EBI_t *) 0x0440)      /* External Bus Interface */
#define TWIC       (*(TWI_t *) 0x0480)      /* Two-Wire Interface C */
#define TWID       (*(TWI_t *) 0x0490)      /* Two-Wire Interface D */
#define TWIE       (*(TWI_t *) 0x04A0)      /* Two-Wire Interface E */
#define TWIF       (*(TWI_t *) 0x04B0)      /* Two-Wire Interface F */
#define PORTA      (*(PORT_t *) 0x0600)     /* Port A */
#define PORTB      (*(PORT_t *) 0x0620)     /* Port B */
#define PORTC      (*(PORT_t *) 0x0640)     /* Port C */
#define PORTD      (*(PORT_t *) 0x0660)     /* Port D */
#define PORTE      (*(PORT_t *) 0x0680)     /* Port E */
#define PORTF      (*(PORT_t *) 0x06A0)     /* Port F */
#define PORTH      (*(PORT_t *) 0x06E0)     /* Port H */
#define PORTJ      (*(PORT_t *) 0x0700)     /* Port J */
#define PORTK      (*(PORT_t *) 0x0720)     /* Port K */
#define PORTQ      (*(PORT_t *) 0x07C0)     /* Port Q */
#define PORTR      (*(PORT_t *) 0x07E0)     /* Port R */
#define TCC0       (*(TC0_t *) 0x0800)      /* Timer/Counter C0 */
#define TCC1       (*(TC1_t *) 0x0840)      /* Timer/Counter C1 */
#define AWEXC      (*(AWEX_t *) 0x0880)     /* Advanced Waveform Extension C */
#define HIRESC     (*(HIRES_t *) 0x0890)    /* High-Resolution Extension C */
#define USARTC0    (*(USART_t *) 0x08A0)    /* Universal Asynchronous Receiver-Transmitter C0 */
#define USARTC1    (*(USART_t *) 0x08B0)    /* Universal Asynchronous Receiver-Transmitter C1 */
#define SPIC       (*(SPI_t *) 0x08C0)      /* Serial Peripheral Interface C */
#define IRCOM      (*(IRCOM_t *) 0x08F8)    /* IR Communication Module */
#define TCD0       (*(TC0_t *) 0x0900)      /* Timer/Counter D0 */
#define TCD1       (*(TC1_t *) 0x0940)      /* Timer/Counter D1 */
#define HIRESD     (*(HIRES_t *) 0x0990)    /* High-Resolution Extension D */
#define USARTD0    (*(USART_t *) 0x09A0)    /* Universal Asynchronous Receiver-Transmitter D0 */
#define USARTD1    (*(USART_t *) 0x09B0)    /* Universal Asynchronous Receiver-Transmitter D1 */
#define SPID       (*(SPI_t *) 0x09C0)      /* Serial Peripheral Interface D */
#define TCE0       (*(TC0_t *) 0x0A00)      /* Timer/Counter E0 */
#define TCE1       (*(TC1_t *) 0x0A40)      /* Timer/Counter E1 */
#define AWEXE      (*(AWEX_t *) 0x0A80)     /* Advanced Waveform Extension E */
#define HIRESE     (*(HIRES_t *) 0x0A90)    /* High-Resolution Extension E */
#define USARTE0    (*(USART_t *) 0x0AA0)    /* Universal Asynchronous Receiver-Transmitter E0 */
#define USARTE1    (*(USART_t *) 0x0AB0)    /* Universal Asynchronous Receiver-Transmitter E1 */
```

```
#define SPIE       (*(SPI_t *) 0x0AC0)     /* Serial Peripheral Interface E */
#define TCF0       (*(TC0_t *) 0x0B00)     /* Timer/Counter F0 */
#define TCF1       (*(TC1_t *) 0x0B40)     /* Timer/Counter F1 */
#define HIRESF     (*(HIRES_t *) 0x0B90)   /* High-Resolution Extension F */
#define USARTF0    (*(USART_t *) 0x0BA0)   /* Universal Asynchronous Receiver-Transmitter F0 */
#define USARTF1    (*(USART_t *) 0x0BB0)   /* Universal Asynchronous Receiver-Transmitter F1 */
#define SPIF       (*(SPI_t *) 0x0BC0)     /* Serial Peripheral Interface F */

#endif /* !defined (__ASSEMBLER__) */

/* ========== Flattened fully qualified IO register names ========== */

/* GPIO - General Purpose IO Registers */
#define GPIO_GPIO0  _SFR_MEM8(0x0000)
#define GPIO_GPIO1  _SFR_MEM8(0x0001)
#define GPIO_GPIO2  _SFR_MEM8(0x0002)
#define GPIO_GPIO3  _SFR_MEM8(0x0003)
#define GPIO_GPIO4  _SFR_MEM8(0x0004)
#define GPIO_GPIO5  _SFR_MEM8(0x0005)
#define GPIO_GPIO6  _SFR_MEM8(0x0006)
#define GPIO_GPIO7  _SFR_MEM8(0x0007)
#define GPIO_GPIO8  _SFR_MEM8(0x0008)
#define GPIO_GPIO9  _SFR_MEM8(0x0009)
#define GPIO_GPIOA  _SFR_MEM8(0x000A)
#define GPIO_GPIOB  _SFR_MEM8(0x000B)
#define GPIO_GPIOC  _SFR_MEM8(0x000C)
#define GPIO_GPIOD  _SFR_MEM8(0x000D)
#define GPIO_GPIOE  _SFR_MEM8(0x000E)
#define GPIO_GPIOF  _SFR_MEM8(0x000F)

/* VPORT0 - Virtual Port 0 */
#define VPORT0_DIR       _SFR_MEM8(0x0010)
#define VPORT0_OUT       _SFR_MEM8(0x0011)
#define VPORT0_IN        _SFR_MEM8(0x0012)
#define VPORT0_INTFLAGS  _SFR_MEM8(0x0013)

/* VPORT1 - Virtual Port 1 */
#define VPORT1_DIR       _SFR_MEM8(0x0014)
#define VPORT1_OUT       _SFR_MEM8(0x0015)
#define VPORT1_IN        _SFR_MEM8(0x0016)
#define VPORT1_INTFLAGS  _SFR_MEM8(0x0017)

/* VPORT2 - Virtual Port 2 */
#define VPORT2_DIR       _SFR_MEM8(0x0018)
#define VPORT2_OUT       _SFR_MEM8(0x0019)
#define VPORT2_IN        _SFR_MEM8(0x001A)
#define VPORT2_INTFLAGS  _SFR_MEM8(0x001B)

/* VPORT3 - Virtual Port 3 */
#define VPORT3_DIR       _SFR_MEM8(0x001C)
#define VPORT3_OUT       _SFR_MEM8(0x001D)
#define VPORT3_IN        _SFR_MEM8(0x001E)
#define VPORT3_INTFLAGS  _SFR_MEM8(0x001F)

/* OCD - On-Chip Debug System */
#define OCD_OCDR0   _SFR_MEM8(0x002E)
#define OCD_OCDR1   _SFR_MEM8(0x002F)

/* CPU - CPU Registers */
#define CPU_CCP     _SFR_MEM8(0x0034)
#define CPU_RAMPD   _SFR_MEM8(0x0038)
#define CPU_RAMPX   _SFR_MEM8(0x0039)
#define CPU_RAMPY   _SFR_MEM8(0x003A)
#define CPU_RAMPZ   _SFR_MEM8(0x003B)
#define CPU_EIND    _SFR_MEM8(0x003C)
#define CPU_SPL     _SFR_MEM8(0x003D)
#define CPU_SPH     _SFR_MEM8(0x003E)
#define CPU_SREG    _SFR_MEM8(0x003F)

/* CLK - Clock System */
#define CLK_CTRL     _SFR_MEM8(0x0040)
#define CLK_PSCTRL   _SFR_MEM8(0x0041)
#define CLK_LOCK     _SFR_MEM8(0x0042)
#define CLK_RTCCTRL  _SFR_MEM8(0x0043)
```

```
/* SLEEP - Sleep Controller */
#define SLEEP_CTRL  _SFR_MEM8(0x0048)

/* OSC - Oscillator Control */
#define OSC_CTRL      _SFR_MEM8(0x0050)
#define OSC_STATUS    _SFR_MEM8(0x0051)
#define OSC_XOSCCTRL  _SFR_MEM8(0x0052)
#define OSC_XOSCFAIL  _SFR_MEM8(0x0053)
#define OSC_RC32KCAL  _SFR_MEM8(0x0054)
#define OSC_PLLCTRL   _SFR_MEM8(0x0055)
#define OSC_DFLLCTRL  _SFR_MEM8(0x0056)

/* DFLLRC32M - DFLL for 32MHz RC Oscillator */
#define DFLLRC32M_CTRL   _SFR_MEM8(0x0060)
#define DFLLRC32M_CALA   _SFR_MEM8(0x0062)
#define DFLLRC32M_CALB   _SFR_MEM8(0x0063)
#define DFLLRC32M_COMP0  _SFR_MEM8(0x0064)
#define DFLLRC32M_COMP1  _SFR_MEM8(0x0065)
#define DFLLRC32M_COMP2  _SFR_MEM8(0x0066)

/* DFLLRC2M - DFLL for 2MHz RC Oscillator */
#define DFLLRC2M_CTRL    _SFR_MEM8(0x0068)
#define DFLLRC2M_CALA    _SFR_MEM8(0x006A)
#define DFLLRC2M_CALB    _SFR_MEM8(0x006B)
#define DFLLRC2M_COMP0   _SFR_MEM8(0x006C)
#define DFLLRC2M_COMP1   _SFR_MEM8(0x006D)
#define DFLLRC2M_COMP2   _SFR_MEM8(0x006E)

/* PR - Power Reduction */
#define PR_PRGEN _SFR_MEM8(0x0070)
#define PR_PRPA  _SFR_MEM8(0x0071)
#define PR_PRPB  _SFR_MEM8(0x0072)
#define PR_PRPC  _SFR_MEM8(0x0073)
#define PR_PRPD  _SFR_MEM8(0x0074)
#define PR_PRPE  _SFR_MEM8(0x0075)
#define PR_PRPF  _SFR_MEM8(0x0076)

/* RST - Reset Controller */
#define RST_STATUS  _SFR_MEM8(0x0078)
#define RST_CTRL    _SFR_MEM8(0x0079)

/* WDT - Watch-Dog Timer */
#define WDT_CTRL     _SFR_MEM8(0x0080)
#define WDT_WINCTRL  _SFR_MEM8(0x0081)
#define WDT_STATUS   _SFR_MEM8(0x0082)

/* MCU - MCU Control */
#define MCU_DEVID0     _SFR_MEM8(0x0090)
#define MCU_DEVID1     _SFR_MEM8(0x0091)
#define MCU_DEVID2     _SFR_MEM8(0x0092)
#define MCU_REVID      _SFR_MEM8(0x0093)
#define MCU_JTAGUID    _SFR_MEM8(0x0094)
#define MCU_MCUCR      _SFR_MEM8(0x0096)
#define MCU_EVSYSLOCK  _SFR_MEM8(0x0098)
#define MCU_AWEXLOCK   _SFR_MEM8(0x0099)

/* PMIC - Programmable Interrupt Controller */
#define PMIC_STATUS    _SFR_MEM8(0x00A0)
#define PMIC_INTPRI    _SFR_MEM8(0x00A1)
#define PMIC_CTRL      _SFR_MEM8(0x00A2)

/* PORTCFG - Port Configuration */
#define PORTCFG_MPCMASK   _SFR_MEM8(0x00B0)
#define PORTCFG_VPCTRLA   _SFR_MEM8(0x00B2)
#define PORTCFG_VPCTRLB   _SFR_MEM8(0x00B3)
#define PORTCFG_CLKEVOUT  _SFR_MEM8(0x00B4)

/* AES - AES Crypto Module */
#define AES_CTRL     _SFR_MEM8(0x00C0)
#define AES_STATUS   _SFR_MEM8(0x00C1)
#define AES_STATE    _SFR_MEM8(0x00C2)
#define AES_KEY      _SFR_MEM8(0x00C3)
#define AES_INTCTRL  _SFR_MEM8(0x00C4)

/* DMA - DMA Controller */
```

```
#define DMA_CTRL            _SFR_MEM8(0x0100)
#define DMA_INTFLAGS        _SFR_MEM8(0x0103)
#define DMA_STATUS          _SFR_MEM8(0x0104)
#define DMA_TEMP            _SFR_MEM16(0x0106)
#define DMA_CH0_CTRLA       _SFR_MEM8(0x0110)
#define DMA_CH0_CTRLB       _SFR_MEM8(0x0111)
#define DMA_CH0_ADDRCTRL    _SFR_MEM8(0x0112)
#define DMA_CH0_TRIGSRC     _SFR_MEM8(0x0113)
#define DMA_CH0_TRFCNT      _SFR_MEM16(0x0114)
#define DMA_CH0_REPCNT      _SFR_MEM8(0x0116)
#define DMA_CH0_SRCADDR0    _SFR_MEM8(0x0118)
#define DMA_CH0_SRCADDR1    _SFR_MEM8(0x0119)
#define DMA_CH0_SRCADDR2    _SFR_MEM8(0x011A)
#define DMA_CH0_DESTADDR0   _SFR_MEM8(0x011C)
#define DMA_CH0_DESTADDR1   _SFR_MEM8(0x011D)
#define DMA_CH0_DESTADDR2   _SFR_MEM8(0x011E)
#define DMA_CH1_CTRLA       _SFR_MEM8(0x0120)
#define DMA_CH1_CTRLB       _SFR_MEM8(0x0121)
#define DMA_CH1_ADDRCTRL    _SFR_MEM8(0x0122)
#define DMA_CH1_TRIGSRC     _SFR_MEM8(0x0123)
#define DMA_CH1_TRFCNT      _SFR_MEM16(0x0124)
#define DMA_CH1_REPCNT      _SFR_MEM8(0x0126)
#define DMA_CH1_SRCADDR0    _SFR_MEM8(0x0128)
#define DMA_CH1_SRCADDR1    _SFR_MEM8(0x0129)
#define DMA_CH1_SRCADDR2    _SFR_MEM8(0x012A)
#define DMA_CH1_DESTADDR0   _SFR_MEM8(0x012C)
#define DMA_CH1_DESTADDR1   _SFR_MEM8(0x012D)
#define DMA_CH1_DESTADDR2   _SFR_MEM8(0x012E)
#define DMA_CH2_CTRLA       _SFR_MEM8(0x0130)
#define DMA_CH2_CTRLB       _SFR_MEM8(0x0131)
#define DMA_CH2_ADDRCTRL    _SFR_MEM8(0x0132)
#define DMA_CH2_TRIGSRC     _SFR_MEM8(0x0133)
#define DMA_CH2_TRFCNT      _SFR_MEM16(0x0134)
#define DMA_CH2_REPCNT      _SFR_MEM8(0x0136)
#define DMA_CH2_SRCADDR0    _SFR_MEM8(0x0138)
#define DMA_CH2_SRCADDR1    _SFR_MEM8(0x0139)
#define DMA_CH2_SRCADDR2    _SFR_MEM8(0x013A)
#define DMA_CH2_DESTADDR0   _SFR_MEM8(0x013C)
#define DMA_CH2_DESTADDR1   _SFR_MEM8(0x013D)
#define DMA_CH2_DESTADDR2   _SFR_MEM8(0x013E)
#define DMA_CH3_CTRLA       _SFR_MEM8(0x0140)
#define DMA_CH3_CTRLB       _SFR_MEM8(0x0141)
#define DMA_CH3_ADDRCTRL    _SFR_MEM8(0x0142)
#define DMA_CH3_TRIGSRC     _SFR_MEM8(0x0143)
#define DMA_CH3_TRFCNT      _SFR_MEM16(0x0144)
#define DMA_CH3_REPCNT      _SFR_MEM8(0x0146)
#define DMA_CH3_SRCADDR0    _SFR_MEM8(0x0148)
#define DMA_CH3_SRCADDR1    _SFR_MEM8(0x0149)
#define DMA_CH3_SRCADDR2    _SFR_MEM8(0x014A)
#define DMA_CH3_DESTADDR0   _SFR_MEM8(0x014C)
#define DMA_CH3_DESTADDR1   _SFR_MEM8(0x014D)
#define DMA_CH3_DESTADDR2   _SFR_MEM8(0x014E)

/* EVSYS - Event System */
#define EVSYS_CH0MUX    _SFR_MEM8(0x0180)
#define EVSYS_CH1MUX    _SFR_MEM8(0x0181)
#define EVSYS_CH2MUX    _SFR_MEM8(0x0182)
#define EVSYS_CH3MUX    _SFR_MEM8(0x0183)
#define EVSYS_CH4MUX    _SFR_MEM8(0x0184)
#define EVSYS_CH5MUX    _SFR_MEM8(0x0185)
#define EVSYS_CH6MUX    _SFR_MEM8(0x0186)
#define EVSYS_CH7MUX    _SFR_MEM8(0x0187)
#define EVSYS_CH0CTRL   _SFR_MEM8(0x0188)
#define EVSYS_CH1CTRL   _SFR_MEM8(0x0189)
#define EVSYS_CH2CTRL   _SFR_MEM8(0x018A)
#define EVSYS_CH3CTRL   _SFR_MEM8(0x018B)
#define EVSYS_CH4CTRL   _SFR_MEM8(0x018C)
#define EVSYS_CH5CTRL   _SFR_MEM8(0x018D)
#define EVSYS_CH6CTRL   _SFR_MEM8(0x018E)
#define EVSYS_CH7CTRL   _SFR_MEM8(0x018F)
#define EVSYS_STROBE    _SFR_MEM8(0x0190)
#define EVSYS_DATA      _SFR_MEM8(0x0191)

/* NVM - Non Volatile Memory Controller */
#define NVM_ADDR0       _SFR_MEM8(0x01C0)
```

```
#define NVM_ADDR1      _SFR_MEM8(0x01C1)
#define NVM_ADDR2      _SFR_MEM8(0x01C2)
#define NVM_DATA0      _SFR_MEM8(0x01C4)
#define NVM_DATA1      _SFR_MEM8(0x01C5)
#define NVM_DATA2      _SFR_MEM8(0x01C6)
#define NVM_CMD        _SFR_MEM8(0x01CA)
#define NVM_CTRLA      _SFR_MEM8(0x01CB)
#define NVM_CTRLB      _SFR_MEM8(0x01CC)
#define NVM_INTCTRL    _SFR_MEM8(0x01CD)
#define NVM_STATUS     _SFR_MEM8(0x01CF)
#define NVM_LOCKBITS   _SFR_MEM8(0x01D0)

/* ADCA - Analog to Digital Converter A */
#define ADCA_CTRLA          _SFR_MEM8(0x0200)
#define ADCA_CTRLB          _SFR_MEM8(0x0201)
#define ADCA_REFCTRL        _SFR_MEM8(0x0202)
#define ADCA_EVCTRL         _SFR_MEM8(0x0203)
#define ADCA_PRESCALER      _SFR_MEM8(0x0204)
#define ADCA_CALCTRL        _SFR_MEM8(0x0205)
#define ADCA_INTFLAGS       _SFR_MEM8(0x0206)
#define ADCA_CAL            _SFR_MEM16(0x020C)
#define ADCA_CH0RES         _SFR_MEM16(0x0210)
#define ADCA_CH1RES         _SFR_MEM16(0x0212)
#define ADCA_CH2RES         _SFR_MEM16(0x0214)
#define ADCA_CH3RES         _SFR_MEM16(0x0216)
#define ADCA_CMP            _SFR_MEM16(0x0218)
#define ADCA_CH0_CTRL       _SFR_MEM8(0x0220)
#define ADCA_CH0_MUXCTRL    _SFR_MEM8(0x0221)
#define ADCA_CH0_INTCTRL    _SFR_MEM8(0x0222)
#define ADCA_CH0_INTFLAGS   _SFR_MEM8(0x0223)
#define ADCA_CH0_RES        _SFR_MEM16(0x0224)
#define ADCA_CH1_CTRL       _SFR_MEM8(0x0228)
#define ADCA_CH1_MUXCTRL    _SFR_MEM8(0x0229)
#define ADCA_CH1_INTCTRL    _SFR_MEM8(0x022A)
#define ADCA_CH1_INTFLAGS   _SFR_MEM8(0x022B)
#define ADCA_CH1_RES        _SFR_MEM16(0x022C)
#define ADCA_CH2_CTRL       _SFR_MEM8(0x0230)
#define ADCA_CH2_MUXCTRL    _SFR_MEM8(0x0231)
#define ADCA_CH2_INTCTRL    _SFR_MEM8(0x0232)
#define ADCA_CH2_INTFLAGS   _SFR_MEM8(0x0233)
#define ADCA_CH2_RES        _SFR_MEM16(0x0234)
#define ADCA_CH3_CTRL       _SFR_MEM8(0x0238)
#define ADCA_CH3_MUXCTRL    _SFR_MEM8(0x0239)
#define ADCA_CH3_INTCTRL    _SFR_MEM8(0x023A)
#define ADCA_CH3_INTFLAGS   _SFR_MEM8(0x023B)
#define ADCA_CH3_RES        _SFR_MEM16(0x023C)

/* ADCB - Analog to Digital Converter B */
#define ADCB_CTRLA          _SFR_MEM8(0x0240)
#define ADCB_CTRLB          _SFR_MEM8(0x0241)
#define ADCB_REFCTRL        _SFR_MEM8(0x0242)
#define ADCB_EVCTRL         _SFR_MEM8(0x0243)
#define ADCB_PRESCALER      _SFR_MEM8(0x0244)
#define ADCB_CALCTRL        _SFR_MEM8(0x0245)
#define ADCB_INTFLAGS       _SFR_MEM8(0x0246)
#define ADCB_CAL            _SFR_MEM16(0x024C)
#define ADCB_CH0RES         _SFR_MEM16(0x0250)
#define ADCB_CH1RES         _SFR_MEM16(0x0252)
#define ADCB_CH2RES         _SFR_MEM16(0x0254)
#define ADCB_CH3RES         _SFR_MEM16(0x0256)
#define ADCB_CMP            _SFR_MEM16(0x0258)
#define ADCB_CH0_CTRL       _SFR_MEM8(0x0260)
#define ADCB_CH0_MUXCTRL    _SFR_MEM8(0x0261)
#define ADCB_CH0_INTCTRL    _SFR_MEM8(0x0262)
#define ADCB_CH0_INTFLAGS   _SFR_MEM8(0x0263)
#define ADCB_CH0_RES        _SFR_MEM16(0x0264)
#define ADCB_CH1_CTRL       _SFR_MEM8(0x0268)
#define ADCB_CH1_MUXCTRL    _SFR_MEM8(0x0269)
#define ADCB_CH1_INTCTRL    _SFR_MEM8(0x026A)
#define ADCB_CH1_INTFLAGS   _SFR_MEM8(0x026B)
#define ADCB_CH1_RES        _SFR_MEM16(0x026C)
#define ADCB_CH2_CTRL       _SFR_MEM8(0x0270)
#define ADCB_CH2_MUXCTRL    _SFR_MEM8(0x0271)
#define ADCB_CH2_INTCTRL    _SFR_MEM8(0x0272)
#define ADCB_CH2_INTFLAGS   _SFR_MEM8(0x0273)
```

```
#define ADCB_CH2_RES       _SFR_MEM16(0x0274)
#define ADCB_CH3_CTRL      _SFR_MEM8(0x0278)
#define ADCB_CH3_MUXCTRL   _SFR_MEM8(0x0279)
#define ADCB_CH3_INTCTRL   _SFR_MEM8(0x027A)
#define ADCB_CH3_INTFLAGS  _SFR_MEM8(0x027B)
#define ADCB_CH3_RES       _SFR_MEM16(0x027C)

/* DACA - Digital to Analog Converter A */
#define DACA_CTRLA      _SFR_MEM8(0x0300)
#define DACA_CTRLB      _SFR_MEM8(0x0301)
#define DACA_CTRLC      _SFR_MEM8(0x0302)
#define DACA_EVCTRL     _SFR_MEM8(0x0303)
#define DACA_TIMCTRL    _SFR_MEM8(0x0304)
#define DACA_STATUS     _SFR_MEM8(0x0305)
#define DACA_GAINCAL    _SFR_MEM8(0x0308)
#define DACA_OFFSETCAL  _SFR_MEM8(0x0309)
#define DACA_CH0DATA    _SFR_MEM16(0x0318)
#define DACA_CH1DATA    _SFR_MEM16(0x031A)

/* DACB - Digital to Analog Converter B */
#define DACB_CTRLA      _SFR_MEM8(0x0320)
#define DACB_CTRLB      _SFR_MEM8(0x0321)
#define DACB_CTRLC      _SFR_MEM8(0x0322)
#define DACB_EVCTRL     _SFR_MEM8(0x0323)
#define DACB_TIMCTRL    _SFR_MEM8(0x0324)
#define DACB_STATUS     _SFR_MEM8(0x0325)
#define DACB_GAINCAL    _SFR_MEM8(0x0328)
#define DACB_OFFSETCAL  _SFR_MEM8(0x0329)
#define DACB_CH0DATA    _SFR_MEM16(0x0338)
#define DACB_CH1DATA    _SFR_MEM16(0x033A)

/* ACA - Analog Comparator A */
#define ACA_AC0CTRL     _SFR_MEM8(0x0380)
#define ACA_AC1CTRL     _SFR_MEM8(0x0381)
#define ACA_AC0MUXCTRL  _SFR_MEM8(0x0382)
#define ACA_AC1MUXCTRL  _SFR_MEM8(0x0383)
#define ACA_CTRLA       _SFR_MEM8(0x0384)
#define ACA_CTRLB       _SFR_MEM8(0x0385)
#define ACA_WINCTRL     _SFR_MEM8(0x0386)
#define ACA_STATUS      _SFR_MEM8(0x0387)

/* ACB - Analog Comparator B */
#define ACB_AC0CTRL     _SFR_MEM8(0x0390)
#define ACB_AC1CTRL     _SFR_MEM8(0x0391)
#define ACB_AC0MUXCTRL  _SFR_MEM8(0x0392)
#define ACB_AC1MUXCTRL  _SFR_MEM8(0x0393)
#define ACB_CTRLA       _SFR_MEM8(0x0394)
#define ACB_CTRLB       _SFR_MEM8(0x0395)
#define ACB_WINCTRL     _SFR_MEM8(0x0396)
#define ACB_STATUS      _SFR_MEM8(0x0397)

/* RTC - Real-Time Counter */
#define RTC_CTRL        _SFR_MEM8(0x0400)
#define RTC_STATUS      _SFR_MEM8(0x0401)
#define RTC_INTCTRL     _SFR_MEM8(0x0402)
#define RTC_INTFLAGS    _SFR_MEM8(0x0403)
#define RTC_TEMP        _SFR_MEM8(0x0404)
#define RTC_CNT         _SFR_MEM16(0x0408)
#define RTC_PER         _SFR_MEM16(0x040A)
#define RTC_COMP        _SFR_MEM16(0x040C)

/* EBI - External Bus Interface */
#define EBI_CTRL           _SFR_MEM8(0x0440)
#define EBI_SDRAMCTRLA     _SFR_MEM8(0x0441)
#define EBI_REFRESH        _SFR_MEM16(0x0444)
#define EBI_INITDLY        _SFR_MEM16(0x0446)
#define EBI_SDRAMCTRLB     _SFR_MEM8(0x0448)
#define EBI_SDRAMCTRLC     _SFR_MEM8(0x0449)
#define EBI_CS0_CTRLA      _SFR_MEM8(0x0450)
#define EBI_CS0_CTRLB      _SFR_MEM8(0x0451)
#define EBI_CS0_BASEADDR   _SFR_MEM16(0x0452)
#define EBI_CS1_CTRLA      _SFR_MEM8(0x0454)
#define EBI_CS1_CTRLB      _SFR_MEM8(0x0455)
#define EBI_CS1_BASEADDR   _SFR_MEM16(0x0456)
#define EBI_CS2_CTRLA      _SFR_MEM8(0x0458)
```

```
#define EBI_CS2_CTRLB     _SFR_MEM8(0x0459)
#define EBI_CS2_BASEADDR  _SFR_MEM16(0x045A)
#define EBI_CS3_CTRLA     _SFR_MEM8(0x045C)
#define EBI_CS3_CTRLB     _SFR_MEM8(0x045D)
#define EBI_CS3_BASEADDR  _SFR_MEM16(0x045E)

/* TWIC - Two-Wire Interface C */
#define TWIC_CTRL               _SFR_MEM8(0x0480)
#define TWIC_MASTER_CTRLA       _SFR_MEM8(0x0481)
#define TWIC_MASTER_CTRLB       _SFR_MEM8(0x0482)
#define TWIC_MASTER_CTRLC       _SFR_MEM8(0x0483)
#define TWIC_MASTER_STATUS      _SFR_MEM8(0x0484)
#define TWIC_MASTER_BAUD        _SFR_MEM8(0x0485)
#define TWIC_MASTER_ADDR        _SFR_MEM8(0x0486)
#define TWIC_MASTER_DATA        _SFR_MEM8(0x0487)
#define TWIC_SLAVE_CTRLA        _SFR_MEM8(0x0488)
#define TWIC_SLAVE_CTRLB        _SFR_MEM8(0x0489)
#define TWIC_SLAVE_STATUS       _SFR_MEM8(0x048A)
#define TWIC_SLAVE_ADDR         _SFR_MEM8(0x048B)
#define TWIC_SLAVE_DATA         _SFR_MEM8(0x048C)
#define TWIC_SLAVE_ADDRMASK     _SFR_MEM8(0x048D)

/* TWID - Two-Wire Interface D */
#define TWID_CTRL               _SFR_MEM8(0x0490)
#define TWID_MASTER_CTRLA       _SFR_MEM8(0x0491)
#define TWID_MASTER_CTRLB       _SFR_MEM8(0x0492)
#define TWID_MASTER_CTRLC       _SFR_MEM8(0x0493)
#define TWID_MASTER_STATUS      _SFR_MEM8(0x0494)
#define TWID_MASTER_BAUD        _SFR_MEM8(0x0495)
#define TWID_MASTER_ADDR        _SFR_MEM8(0x0496)
#define TWID_MASTER_DATA        _SFR_MEM8(0x0497)
#define TWID_SLAVE_CTRLA        _SFR_MEM8(0x0498)
#define TWID_SLAVE_CTRLB        _SFR_MEM8(0x0499)
#define TWID_SLAVE_STATUS       _SFR_MEM8(0x049A)
#define TWID_SLAVE_ADDR         _SFR_MEM8(0x049B)
#define TWID_SLAVE_DATA         _SFR_MEM8(0x049C)
#define TWID_SLAVE_ADDRMASK     _SFR_MEM8(0x049D)

/* TWIE - Two-Wire Interface E */
#define TWIE_CTRL               _SFR_MEM8(0x04A0)
#define TWIE_MASTER_CTRLA       _SFR_MEM8(0x04A1)
#define TWIE_MASTER_CTRLB       _SFR_MEM8(0x04A2)
#define TWIE_MASTER_CTRLC       _SFR_MEM8(0x04A3)
#define TWIE_MASTER_STATUS      _SFR_MEM8(0x04A4)
#define TWIE_MASTER_BAUD        _SFR_MEM8(0x04A5)
#define TWIE_MASTER_ADDR        _SFR_MEM8(0x04A6)
#define TWIE_MASTER_DATA        _SFR_MEM8(0x04A7)
#define TWIE_SLAVE_CTRLA        _SFR_MEM8(0x04A8)
#define TWIE_SLAVE_CTRLB        _SFR_MEM8(0x04A9)
#define TWIE_SLAVE_STATUS       _SFR_MEM8(0x04AA)
#define TWIE_SLAVE_ADDR         _SFR_MEM8(0x04AB)
#define TWIE_SLAVE_DATA         _SFR_MEM8(0x04AC)
#define TWIE_SLAVE_ADDRMASK     _SFR_MEM8(0x04AD)

/* TWIF - Two-Wire Interface F */
#define TWIF_CTRL               _SFR_MEM8(0x04B0)
#define TWIF_MASTER_CTRLA       _SFR_MEM8(0x04B1)
#define TWIF_MASTER_CTRLB       _SFR_MEM8(0x04B2)
#define TWIF_MASTER_CTRLC       _SFR_MEM8(0x04B3)
#define TWIF_MASTER_STATUS      _SFR_MEM8(0x04B4)
#define TWIF_MASTER_BAUD        _SFR_MEM8(0x04B5)
#define TWIF_MASTER_ADDR        _SFR_MEM8(0x04B6)
#define TWIF_MASTER_DATA        _SFR_MEM8(0x04B7)
#define TWIF_SLAVE_CTRLA        _SFR_MEM8(0x04B8)
#define TWIF_SLAVE_CTRLB        _SFR_MEM8(0x04B9)
#define TWIF_SLAVE_STATUS       _SFR_MEM8(0x04BA)
#define TWIF_SLAVE_ADDR         _SFR_MEM8(0x04BB)
#define TWIF_SLAVE_DATA         _SFR_MEM8(0x04BC)
#define TWIF_SLAVE_ADDRMASK     _SFR_MEM8(0x04BD)

/* PORTA - Port A */
#define PORTA_DIR        _SFR_MEM8(0x0600)
#define PORTA_DIRSET     _SFR_MEM8(0x0601)
#define PORTA_DIRCLR     _SFR_MEM8(0x0602)
#define PORTA_DIRTGL     _SFR_MEM8(0x0603)
```

```
#define PORTA_OUT        _SFR_MEM8(0x0604)
#define PORTA_OUTSET     _SFR_MEM8(0x0605)
#define PORTA_OUTCLR     _SFR_MEM8(0x0606)
#define PORTA_OUTTGL     _SFR_MEM8(0x0607)
#define PORTA_IN         _SFR_MEM8(0x0608)
#define PORTA_INTCTRL    _SFR_MEM8(0x0609)
#define PORTA_INT0MASK   _SFR_MEM8(0x060A)
#define PORTA_INT1MASK   _SFR_MEM8(0x060B)
#define PORTA_INTFLAGS   _SFR_MEM8(0x060C)
#define PORTA_PIN0CTRL   _SFR_MEM8(0x0610)
#define PORTA_PIN1CTRL   _SFR_MEM8(0x0611)
#define PORTA_PIN2CTRL   _SFR_MEM8(0x0612)
#define PORTA_PIN3CTRL   _SFR_MEM8(0x0613)
#define PORTA_PIN4CTRL   _SFR_MEM8(0x0614)
#define PORTA_PIN5CTRL   _SFR_MEM8(0x0615)
#define PORTA_PIN6CTRL   _SFR_MEM8(0x0616)
#define PORTA_PIN7CTRL   _SFR_MEM8(0x0617)

/* PORTB - Port B */
#define PORTB_DIR        _SFR_MEM8(0x0620)
#define PORTB_DIRSET     _SFR_MEM8(0x0621)
#define PORTB_DIRCLR     _SFR_MEM8(0x0622)
#define PORTB_DIRTGL     _SFR_MEM8(0x0623)
#define PORTB_OUT        _SFR_MEM8(0x0624)
#define PORTB_OUTSET     _SFR_MEM8(0x0625)
#define PORTB_OUTCLR     _SFR_MEM8(0x0626)
#define PORTB_OUTTGL     _SFR_MEM8(0x0627)
#define PORTB_IN         _SFR_MEM8(0x0628)
#define PORTB_INTCTRL    _SFR_MEM8(0x0629)
#define PORTB_INT0MASK   _SFR_MEM8(0x062A)
#define PORTB_INT1MASK   _SFR_MEM8(0x062B)
#define PORTB_INTFLAGS   _SFR_MEM8(0x062C)
#define PORTB_PIN0CTRL   _SFR_MEM8(0x0630)
#define PORTB_PIN1CTRL   _SFR_MEM8(0x0631)
#define PORTB_PIN2CTRL   _SFR_MEM8(0x0632)
#define PORTB_PIN3CTRL   _SFR_MEM8(0x0633)
#define PORTB_PIN4CTRL   _SFR_MEM8(0x0634)
#define PORTB_PIN5CTRL   _SFR_MEM8(0x0635)
#define PORTB_PIN6CTRL   _SFR_MEM8(0x0636)
#define PORTB_PIN7CTRL   _SFR_MEM8(0x0637)

/* PORTC - Port C */
#define PORTC_DIR        _SFR_MEM8(0x0640)
#define PORTC_DIRSET     _SFR_MEM8(0x0641)
#define PORTC_DIRCLR     _SFR_MEM8(0x0642)
#define PORTC_DIRTGL     _SFR_MEM8(0x0643)
#define PORTC_OUT        _SFR_MEM8(0x0644)
#define PORTC_OUTSET     _SFR_MEM8(0x0645)
#define PORTC_OUTCLR     _SFR_MEM8(0x0646)
#define PORTC_OUTTGL     _SFR_MEM8(0x0647)
#define PORTC_IN         _SFR_MEM8(0x0648)
#define PORTC_INTCTRL    _SFR_MEM8(0x0649)
#define PORTC_INT0MASK   _SFR_MEM8(0x064A)
#define PORTC_INT1MASK   _SFR_MEM8(0x064B)
#define PORTC_INTFLAGS   _SFR_MEM8(0x064C)
#define PORTC_PIN0CTRL   _SFR_MEM8(0x0650)
#define PORTC_PIN1CTRL   _SFR_MEM8(0x0651)
#define PORTC_PIN2CTRL   _SFR_MEM8(0x0652)
#define PORTC_PIN3CTRL   _SFR_MEM8(0x0653)
#define PORTC_PIN4CTRL   _SFR_MEM8(0x0654)
#define PORTC_PIN5CTRL   _SFR_MEM8(0x0655)
#define PORTC_PIN6CTRL   _SFR_MEM8(0x0656)
#define PORTC_PIN7CTRL   _SFR_MEM8(0x0657)

/* PORTD - Port D */
#define PORTD_DIR        _SFR_MEM8(0x0660)
#define PORTD_DIRSET     _SFR_MEM8(0x0661)
#define PORTD_DIRCLR     _SFR_MEM8(0x0662)
#define PORTD_DIRTGL     _SFR_MEM8(0x0663)
#define PORTD_OUT        _SFR_MEM8(0x0664)
#define PORTD_OUTSET     _SFR_MEM8(0x0665)
#define PORTD_OUTCLR     _SFR_MEM8(0x0666)
#define PORTD_OUTTGL     _SFR_MEM8(0x0667)
#define PORTD_IN         _SFR_MEM8(0x0668)
#define PORTD_INTCTRL    _SFR_MEM8(0x0669)
```

```
#define PORTD_INT0MASK _SFR_MEM8(0x066A)
#define PORTD_INT1MASK _SFR_MEM8(0x066B)
#define PORTD_INTFLAGS _SFR_MEM8(0x066C)
#define PORTD_PIN0CTRL _SFR_MEM8(0x0670)
#define PORTD_PIN1CTRL _SFR_MEM8(0x0671)
#define PORTD_PIN2CTRL _SFR_MEM8(0x0672)
#define PORTD_PIN3CTRL _SFR_MEM8(0x0673)
#define PORTD_PIN4CTRL _SFR_MEM8(0x0674)
#define PORTD_PIN5CTRL _SFR_MEM8(0x0675)
#define PORTD_PIN6CTRL _SFR_MEM8(0x0676)
#define PORTD_PIN7CTRL _SFR_MEM8(0x0677)

/* PORTE - Port E */
#define PORTE_DIR       _SFR_MEM8(0x0680)
#define PORTE_DIRSET    _SFR_MEM8(0x0681)
#define PORTE_DIRCLR    _SFR_MEM8(0x0682)
#define PORTE_DIRTGL    _SFR_MEM8(0x0683)
#define PORTE_OUT       _SFR_MEM8(0x0684)
#define PORTE_OUTSET    _SFR_MEM8(0x0685)
#define PORTE_OUTCLR    _SFR_MEM8(0x0686)
#define PORTE_OUTTGL    _SFR_MEM8(0x0687)
#define PORTE_IN        _SFR_MEM8(0x0688)
#define PORTE_INTCTRL   _SFR_MEM8(0x0689)
#define PORTE_INT0MASK _SFR_MEM8(0x068A)
#define PORTE_INT1MASK _SFR_MEM8(0x068B)
#define PORTE_INTFLAGS _SFR_MEM8(0x068C)
#define PORTE_PIN0CTRL _SFR_MEM8(0x0690)
#define PORTE_PIN1CTRL _SFR_MEM8(0x0691)
#define PORTE_PIN2CTRL _SFR_MEM8(0x0692)
#define PORTE_PIN3CTRL _SFR_MEM8(0x0693)
#define PORTE_PIN4CTRL _SFR_MEM8(0x0694)
#define PORTE_PIN5CTRL _SFR_MEM8(0x0695)
#define PORTE_PIN6CTRL _SFR_MEM8(0x0696)
#define PORTE_PIN7CTRL _SFR_MEM8(0x0697)

/* PORTF - Port F */
#define PORTF_DIR       _SFR_MEM8(0x06A0)
#define PORTF_DIRSET    _SFR_MEM8(0x06A1)
#define PORTF_DIRCLR    _SFR_MEM8(0x06A2)
#define PORTF_DIRTGL    _SFR_MEM8(0x06A3)
#define PORTF_OUT       _SFR_MEM8(0x06A4)
#define PORTF_OUTSET    _SFR_MEM8(0x06A5)
#define PORTF_OUTCLR    _SFR_MEM8(0x06A6)
#define PORTF_OUTTGL    _SFR_MEM8(0x06A7)
#define PORTF_IN        _SFR_MEM8(0x06A8)
#define PORTF_INTCTRL   _SFR_MEM8(0x06A9)
#define PORTF_INT0MASK _SFR_MEM8(0x06AA)
#define PORTF_INT1MASK _SFR_MEM8(0x06AB)
#define PORTF_INTFLAGS _SFR_MEM8(0x06AC)
#define PORTF_PIN0CTRL _SFR_MEM8(0x06B0)
#define PORTF_PIN1CTRL _SFR_MEM8(0x06B1)
#define PORTF_PIN2CTRL _SFR_MEM8(0x06B2)
#define PORTF_PIN3CTRL _SFR_MEM8(0x06B3)
#define PORTF_PIN4CTRL _SFR_MEM8(0x06B4)
#define PORTF_PIN5CTRL _SFR_MEM8(0x06B5)
#define PORTF_PIN6CTRL _SFR_MEM8(0x06B6)
#define PORTF_PIN7CTRL _SFR_MEM8(0x06B7)

/* PORTH - Port H */
#define PORTH_DIR       _SFR_MEM8(0x06E0)
#define PORTH_DIRSET    _SFR_MEM8(0x06E1)
#define PORTH_DIRCLR    _SFR_MEM8(0x06E2)
#define PORTH_DIRTGL    _SFR_MEM8(0x06E3)
#define PORTH_OUT       _SFR_MEM8(0x06E4)
#define PORTH_OUTSET    _SFR_MEM8(0x06E5)
#define PORTH_OUTCLR    _SFR_MEM8(0x06E6)
#define PORTH_OUTTGL    _SFR_MEM8(0x06E7)
#define PORTH_IN        _SFR_MEM8(0x06E8)
#define PORTH_INTCTRL   _SFR_MEM8(0x06E9)
#define PORTH_INT0MASK _SFR_MEM8(0x06EA)
#define PORTH_INT1MASK _SFR_MEM8(0x06EB)
#define PORTH_INTFLAGS _SFR_MEM8(0x06EC)
#define PORTH_PIN0CTRL _SFR_MEM8(0x06F0)
#define PORTH_PIN1CTRL _SFR_MEM8(0x06F1)
#define PORTH_PIN2CTRL _SFR_MEM8(0x06F2)
```

```
#define PORTH_PIN3CTRL _SFR_MEM8(0x06F3)
#define PORTH_PIN4CTRL _SFR_MEM8(0x06F4)
#define PORTH_PIN5CTRL _SFR_MEM8(0x06F5)
#define PORTH_PIN6CTRL _SFR_MEM8(0x06F6)
#define PORTH_PIN7CTRL _SFR_MEM8(0x06F7)

/* PORTJ - Port J */
#define PORTJ_DIR       _SFR_MEM8(0x0700)
#define PORTJ_DIRSET    _SFR_MEM8(0x0701)
#define PORTJ_DIRCLR    _SFR_MEM8(0x0702)
#define PORTJ_DIRTGL    _SFR_MEM8(0x0703)
#define PORTJ_OUT       _SFR_MEM8(0x0704)
#define PORTJ_OUTSET    _SFR_MEM8(0x0705)
#define PORTJ_OUTCLR    _SFR_MEM8(0x0706)
#define PORTJ_OUTTGL    _SFR_MEM8(0x0707)
#define PORTJ_IN        _SFR_MEM8(0x0708)
#define PORTJ_INTCTRL   _SFR_MEM8(0x0709)
#define PORTJ_INT0MASK  _SFR_MEM8(0x070A)
#define PORTJ_INT1MASK  _SFR_MEM8(0x070B)
#define PORTJ_INTFLAGS  _SFR_MEM8(0x070C)
#define PORTJ_PIN0CTRL  _SFR_MEM8(0x0710)
#define PORTJ_PIN1CTRL  _SFR_MEM8(0x0711)
#define PORTJ_PIN2CTRL  _SFR_MEM8(0x0712)
#define PORTJ_PIN3CTRL  _SFR_MEM8(0x0713)
#define PORTJ_PIN4CTRL  _SFR_MEM8(0x0714)
#define PORTJ_PIN5CTRL  _SFR_MEM8(0x0715)
#define PORTJ_PIN6CTRL  _SFR_MEM8(0x0716)
#define PORTJ_PIN7CTRL  _SFR_MEM8(0x0717)

/* PORTK - Port K */
#define PORTK_DIR       _SFR_MEM8(0x0720)
#define PORTK_DIRSET    _SFR_MEM8(0x0721)
#define PORTK_DIRCLR    _SFR_MEM8(0x0722)
#define PORTK_DIRTGL    _SFR_MEM8(0x0723)
#define PORTK_OUT       _SFR_MEM8(0x0724)
#define PORTK_OUTSET    _SFR_MEM8(0x0725)
#define PORTK_OUTCLR    _SFR_MEM8(0x0726)
#define PORTK_OUTTGL    _SFR_MEM8(0x0727)
#define PORTK_IN        _SFR_MEM8(0x0728)
#define PORTK_INTCTRL   _SFR_MEM8(0x0729)
#define PORTK_INT0MASK  _SFR_MEM8(0x072A)
#define PORTK_INT1MASK  _SFR_MEM8(0x072B)
#define PORTK_INTFLAGS  _SFR_MEM8(0x072C)
#define PORTK_PIN0CTRL  _SFR_MEM8(0x0730)
#define PORTK_PIN1CTRL  _SFR_MEM8(0x0731)
#define PORTK_PIN2CTRL  _SFR_MEM8(0x0732)
#define PORTK_PIN3CTRL  _SFR_MEM8(0x0733)
#define PORTK_PIN4CTRL  _SFR_MEM8(0x0734)
#define PORTK_PIN5CTRL  _SFR_MEM8(0x0735)
#define PORTK_PIN6CTRL  _SFR_MEM8(0x0736)
#define PORTK_PIN7CTRL  _SFR_MEM8(0x0737)

/* PORTQ - Port Q */
#define PORTQ_DIR       _SFR_MEM8(0x07C0)
#define PORTQ_DIRSET    _SFR_MEM8(0x07C1)
#define PORTQ_DIRCLR    _SFR_MEM8(0x07C2)
#define PORTQ_DIRTGL    _SFR_MEM8(0x07C3)
#define PORTQ_OUT       _SFR_MEM8(0x07C4)
#define PORTQ_OUTSET    _SFR_MEM8(0x07C5)
#define PORTQ_OUTCLR    _SFR_MEM8(0x07C6)
#define PORTQ_OUTTGL    _SFR_MEM8(0x07C7)
#define PORTQ_IN        _SFR_MEM8(0x07C8)
#define PORTQ_INTCTRL   _SFR_MEM8(0x07C9)
#define PORTQ_INT0MASK  _SFR_MEM8(0x07CA)
#define PORTQ_INT1MASK  _SFR_MEM8(0x07CB)
#define PORTQ_INTFLAGS  _SFR_MEM8(0x07CC)
#define PORTQ_PIN0CTRL  _SFR_MEM8(0x07D0)
#define PORTQ_PIN1CTRL  _SFR_MEM8(0x07D1)
#define PORTQ_PIN2CTRL  _SFR_MEM8(0x07D2)
#define PORTQ_PIN3CTRL  _SFR_MEM8(0x07D3)
#define PORTQ_PIN4CTRL  _SFR_MEM8(0x07D4)
#define PORTQ_PIN5CTRL  _SFR_MEM8(0x07D5)
#define PORTQ_PIN6CTRL  _SFR_MEM8(0x07D6)
#define PORTQ_PIN7CTRL  _SFR_MEM8(0x07D7)
```

```
/* PORTR - Port R */
#define PORTR_DIR       _SFR_MEM8(0x07E0)
#define PORTR_DIRSET    _SFR_MEM8(0x07E1)
#define PORTR_DIRCLR    _SFR_MEM8(0x07E2)
#define PORTR_DIRTGL    _SFR_MEM8(0x07E3)
#define PORTR_OUT       _SFR_MEM8(0x07E4)
#define PORTR_OUTSET    _SFR_MEM8(0x07E5)
#define PORTR_OUTCLR    _SFR_MEM8(0x07E6)
#define PORTR_OUTTGL    _SFR_MEM8(0x07E7)
#define PORTR_IN        _SFR_MEM8(0x07E8)
#define PORTR_INTCTRL   _SFR_MEM8(0x07E9)
#define PORTR_INT0MASK  _SFR_MEM8(0x07EA)
#define PORTR_INT1MASK  _SFR_MEM8(0x07EB)
#define PORTR_INTFLAGS  _SFR_MEM8(0x07EC)
#define PORTR_PIN0CTRL  _SFR_MEM8(0x07F0)
#define PORTR_PIN1CTRL  _SFR_MEM8(0x07F1)
#define PORTR_PIN2CTRL  _SFR_MEM8(0x07F2)
#define PORTR_PIN3CTRL  _SFR_MEM8(0x07F3)
#define PORTR_PIN4CTRL  _SFR_MEM8(0x07F4)
#define PORTR_PIN5CTRL  _SFR_MEM8(0x07F5)
#define PORTR_PIN6CTRL  _SFR_MEM8(0x07F6)
#define PORTR_PIN7CTRL  _SFR_MEM8(0x07F7)

/* TCC0 - Timer/Counter C0 */
#define TCC0_CTRLA      _SFR_MEM8(0x0800)
#define TCC0_CTRLB      _SFR_MEM8(0x0801)
#define TCC0_CTRLC      _SFR_MEM8(0x0802)
#define TCC0_CTRLD      _SFR_MEM8(0x0803)
#define TCC0_CTRLE      _SFR_MEM8(0x0804)
#define TCC0_INTCTRLA   _SFR_MEM8(0x0806)
#define TCC0_INTCTRLB   _SFR_MEM8(0x0807)
#define TCC0_CTRLFCLR   _SFR_MEM8(0x0808)
#define TCC0_CTRLFSET   _SFR_MEM8(0x0809)
#define TCC0_CTRLGCLR   _SFR_MEM8(0x080A)
#define TCC0_CTRLGSET   _SFR_MEM8(0x080B)
#define TCC0_INTFLAGS   _SFR_MEM8(0x080C)
#define TCC0_TEMP       _SFR_MEM8(0x080F)
#define TCC0_CNT        _SFR_MEM16(0x0820)
#define TCC0_PER        _SFR_MEM16(0x0826)
#define TCC0_CCA        _SFR_MEM16(0x0828)
#define TCC0_CCB        _SFR_MEM16(0x082A)
#define TCC0_CCC        _SFR_MEM16(0x082C)
#define TCC0_CCD        _SFR_MEM16(0x082E)
#define TCC0_PERBUF     _SFR_MEM16(0x0836)
#define TCC0_CCABUF     _SFR_MEM16(0x0838)
#define TCC0_CCBBUF     _SFR_MEM16(0x083A)
#define TCC0_CCCBUF     _SFR_MEM16(0x083C)
#define TCC0_CCDBUF     _SFR_MEM16(0x083E)

/* TCC1 - Timer/Counter C1 */
#define TCC1_CTRLA      _SFR_MEM8(0x0840)
#define TCC1_CTRLB      _SFR_MEM8(0x0841)
#define TCC1_CTRLC      _SFR_MEM8(0x0842)
#define TCC1_CTRLD      _SFR_MEM8(0x0843)
#define TCC1_CTRLE      _SFR_MEM8(0x0844)
#define TCC1_INTCTRLA   _SFR_MEM8(0x0846)
#define TCC1_INTCTRLB   _SFR_MEM8(0x0847)
#define TCC1_CTRLFCLR   _SFR_MEM8(0x0848)
#define TCC1_CTRLFSET   _SFR_MEM8(0x0849)
#define TCC1_CTRLGCLR   _SFR_MEM8(0x084A)
#define TCC1_CTRLGSET   _SFR_MEM8(0x084B)
#define TCC1_INTFLAGS   _SFR_MEM8(0x084C)
#define TCC1_TEMP       _SFR_MEM8(0x084F)
#define TCC1_CNT        _SFR_MEM16(0x0860)
#define TCC1_PER        _SFR_MEM16(0x0866)
#define TCC1_CCA        _SFR_MEM16(0x0868)
#define TCC1_CCB        _SFR_MEM16(0x086A)
#define TCC1_PERBUF     _SFR_MEM16(0x0876)
#define TCC1_CCABUF     _SFR_MEM16(0x0878)
#define TCC1_CCBBUF     _SFR_MEM16(0x087A)

/* AWEXC - Advanced Waveform Extension C */
#define AWEXC_CTRL      _SFR_MEM8(0x0880)
#define AWEXC_FDEVMASK  _SFR_MEM8(0x0882)
#define AWEXC_FDCTRL    _SFR_MEM8(0x0883)
```

```
#define AWEXC_STATUS     _SFR_MEM8(0x0884)
#define AWEXC_DTBOTH     _SFR_MEM8(0x0886)
#define AWEXC_DTBOTHBUF  _SFR_MEM8(0x0887)
#define AWEXC_DTLS       _SFR_MEM8(0x0888)
#define AWEXC_DTHS       _SFR_MEM8(0x0889)
#define AWEXC_DTLSBUF    _SFR_MEM8(0x088A)
#define AWEXC_DTHSBUF    _SFR_MEM8(0x088B)
#define AWEXC_OUTOVEN    _SFR_MEM8(0x088C)

/* HIRESC - High-Resolution Extension C */
#define HIRESC_CTRL      _SFR_MEM8(0x0890)

/* USARTC0 - Universal Asynchronous Receiver-Transmitter C0 */
#define USARTC0_DATA       _SFR_MEM8(0x08A0)
#define USARTC0_STATUS     _SFR_MEM8(0x08A1)
#define USARTC0_CTRLA      _SFR_MEM8(0x08A3)
#define USARTC0_CTRLB      _SFR_MEM8(0x08A4)
#define USARTC0_CTRLC      _SFR_MEM8(0x08A5)
#define USARTC0_BAUDCTRLA _SFR_MEM8(0x08A6)
#define USARTC0_BAUDCTRLB _SFR_MEM8(0x08A7)

/* USARTC1 - Universal Asynchronous Receiver-Transmitter C1 */
#define USARTC1_DATA       _SFR_MEM8(0x08B0)
#define USARTC1_STATUS     _SFR_MEM8(0x08B1)
#define USARTC1_CTRLA      _SFR_MEM8(0x08B3)
#define USARTC1_CTRLB      _SFR_MEM8(0x08B4)
#define USARTC1_CTRLC      _SFR_MEM8(0x08B5)
#define USARTC1_BAUDCTRLA _SFR_MEM8(0x08B6)
#define USARTC1_BAUDCTRLB _SFR_MEM8(0x08B7)

/* SPIC - Serial Peripheral Interface C */
#define SPIC_CTRL       _SFR_MEM8(0x08C0)
#define SPIC_INTCTRL    _SFR_MEM8(0x08C1)
#define SPIC_STATUS     _SFR_MEM8(0x08C2)
#define SPIC_DATA       _SFR_MEM8(0x08C3)

/* IRCOM - IR Communication Module */
#define IRCOM_CTRL      _SFR_MEM8(0x08F8)
#define IRCOM_TXPLCTRL _SFR_MEM8(0x08F9)
#define IRCOM_RXPLCTRL _SFR_MEM8(0x08FA)

/* TCD0 - Timer/Counter D0 */
#define TCD0_CTRLA     _SFR_MEM8(0x0900)
#define TCD0_CTRLB     _SFR_MEM8(0x0901)
#define TCD0_CTRLC     _SFR_MEM8(0x0902)
#define TCD0_CTRLD     _SFR_MEM8(0x0903)
#define TCD0_CTRLE     _SFR_MEM8(0x0904)
#define TCD0_INTCTRLA _SFR_MEM8(0x0906)
#define TCD0_INTCTRLB _SFR_MEM8(0x0907)
#define TCD0_CTRLFCLR _SFR_MEM8(0x0908)
#define TCD0_CTRLFSET _SFR_MEM8(0x0909)
#define TCD0_CTRLGCLR _SFR_MEM8(0x090A)
#define TCD0_CTRLGSET _SFR_MEM8(0x090B)
#define TCD0_INTFLAGS _SFR_MEM8(0x090C)
#define TCD0_TEMP      _SFR_MEM8(0x090F)
#define TCD0_CNT       _SFR_MEM16(0x0920)
#define TCD0_PER       _SFR_MEM16(0x0926)
#define TCD0_CCA       _SFR_MEM16(0x0928)
#define TCD0_CCB       _SFR_MEM16(0x092A)
#define TCD0_CCC       _SFR_MEM16(0x092C)
#define TCD0_CCD       _SFR_MEM16(0x092E)
#define TCD0_PERBUF    _SFR_MEM16(0x0936)
#define TCD0_CCABUF    _SFR_MEM16(0x0938)
#define TCD0_CCBBUF    _SFR_MEM16(0x093A)
#define TCD0_CCCBUF    _SFR_MEM16(0x093C)
#define TCD0_CCDBUF    _SFR_MEM16(0x093E)

/* TCD1 - Timer/Counter D1 */
#define TCD1_CTRLA     _SFR_MEM8(0x0940)
#define TCD1_CTRLB     _SFR_MEM8(0x0941)
#define TCD1_CTRLC     _SFR_MEM8(0x0942)
#define TCD1_CTRLD     _SFR_MEM8(0x0943)
#define TCD1_CTRLE     _SFR_MEM8(0x0944)
#define TCD1_INTCTRLA _SFR_MEM8(0x0946)
#define TCD1_INTCTRLB _SFR_MEM8(0x0947)
```

```
#define TCD1_CTRLFCLR _SFR_MEM8(0x0948)
#define TCD1_CTRLFSET _SFR_MEM8(0x0949)
#define TCD1_CTRLGCLR _SFR_MEM8(0x094A)
#define TCD1_CTRLGSET _SFR_MEM8(0x094B)
#define TCD1_INTFLAGS _SFR_MEM8(0x094C)
#define TCD1_TEMP     _SFR_MEM8(0x094F)
#define TCD1_CNT      _SFR_MEM16(0x0960)
#define TCD1_PER      _SFR_MEM16(0x0966)
#define TCD1_CCA      _SFR_MEM16(0x0968)
#define TCD1_CCB      _SFR_MEM16(0x096A)
#define TCD1_PERBUF   _SFR_MEM16(0x0976)
#define TCD1_CCABUF   _SFR_MEM16(0x0978)
#define TCD1_CCBBUF   _SFR_MEM16(0x097A)

/* HIRESD - High-Resolution Extension D */
#define HIRESD_CTRL   _SFR_MEM8(0x0990)

/* USARTD0 - Universal Asynchronous Receiver-Transmitter D0 */
#define USARTD0_DATA       _SFR_MEM8(0x09A0)
#define USARTD0_STATUS     _SFR_MEM8(0x09A1)
#define USARTD0_CTRLA      _SFR_MEM8(0x09A3)
#define USARTD0_CTRLB      _SFR_MEM8(0x09A4)
#define USARTD0_CTRLC      _SFR_MEM8(0x09A5)
#define USARTD0_BAUDCTRLA _SFR_MEM8(0x09A6)
#define USARTD0_BAUDCTRLB _SFR_MEM8(0x09A7)

/* USARTD1 - Universal Asynchronous Receiver-Transmitter D1 */
#define USARTD1_DATA       _SFR_MEM8(0x09B0)
#define USARTD1_STATUS     _SFR_MEM8(0x09B1)
#define USARTD1_CTRLA      _SFR_MEM8(0x09B3)
#define USARTD1_CTRLB      _SFR_MEM8(0x09B4)
#define USARTD1_CTRLC      _SFR_MEM8(0x09B5)
#define USARTD1_BAUDCTRLA _SFR_MEM8(0x09B6)
#define USARTD1_BAUDCTRLB _SFR_MEM8(0x09B7)

/* SPID - Serial Peripheral Interface D */
#define SPID_CTRL     _SFR_MEM8(0x09C0)
#define SPID_INTCTRL  _SFR_MEM8(0x09C1)
#define SPID_STATUS   _SFR_MEM8(0x09C2)
#define SPID_DATA     _SFR_MEM8(0x09C3)

/* TCE0 - Timer/Counter E0 */
#define TCE0_CTRLA    _SFR_MEM8(0x0A00)
#define TCE0_CTRLB    _SFR_MEM8(0x0A01)
#define TCE0_CTRLC    _SFR_MEM8(0x0A02)
#define TCE0_CTRLD    _SFR_MEM8(0x0A03)
#define TCE0_CTRLE    _SFR_MEM8(0x0A04)
#define TCE0_INTCTRLA _SFR_MEM8(0x0A06)
#define TCE0_INTCTRLB _SFR_MEM8(0x0A07)
#define TCE0_CTRLFCLR _SFR_MEM8(0x0A08)
#define TCE0_CTRLFSET _SFR_MEM8(0x0A09)
#define TCE0_CTRLGCLR _SFR_MEM8(0x0A0A)
#define TCE0_CTRLGSET _SFR_MEM8(0x0A0B)
#define TCE0_INTFLAGS _SFR_MEM8(0x0A0C)
#define TCE0_TEMP     _SFR_MEM8(0x0A0F)
#define TCE0_CNT      _SFR_MEM16(0x0A20)
#define TCE0_PER      _SFR_MEM16(0x0A26)
#define TCE0_CCA      _SFR_MEM16(0x0A28)
#define TCE0_CCB      _SFR_MEM16(0x0A2A)
#define TCE0_CCC      _SFR_MEM16(0x0A2C)
#define TCE0_CCD      _SFR_MEM16(0x0A2E)
#define TCE0_PERBUF   _SFR_MEM16(0x0A36)
#define TCE0_CCABUF   _SFR_MEM16(0x0A38)
#define TCE0_CCBBUF   _SFR_MEM16(0x0A3A)
#define TCE0_CCCBUF   _SFR_MEM16(0x0A3C)
#define TCE0_CCDBUF   _SFR_MEM16(0x0A3E)

/* TCE1 - Timer/Counter E1 */
#define TCE1_CTRLA    _SFR_MEM8(0x0A40)
#define TCE1_CTRLB    _SFR_MEM8(0x0A41)
#define TCE1_CTRLC    _SFR_MEM8(0x0A42)
#define TCE1_CTRLD    _SFR_MEM8(0x0A43)
#define TCE1_CTRLE    _SFR_MEM8(0x0A44)
#define TCE1_INTCTRLA _SFR_MEM8(0x0A46)
#define TCE1_INTCTRLB _SFR_MEM8(0x0A47)
```

```
#define TCE1_CTRLFCLR _SFR_MEM8(0x0A48)
#define TCE1_CTRLFSET _SFR_MEM8(0x0A49)
#define TCE1_CTRLGCLR _SFR_MEM8(0x0A4A)
#define TCE1_CTRLGSET _SFR_MEM8(0x0A4B)
#define TCE1_INTFLAGS _SFR_MEM8(0x0A4C)
#define TCE1_TEMP     _SFR_MEM8(0x0A4F)
#define TCE1_CNT      _SFR_MEM16(0x0A60)
#define TCE1_PER      _SFR_MEM16(0x0A66)
#define TCE1_CCA      _SFR_MEM16(0x0A68)
#define TCE1_CCB      _SFR_MEM16(0x0A6A)
#define TCE1_PERBUF   _SFR_MEM16(0x0A76)
#define TCE1_CCABUF   _SFR_MEM16(0x0A78)
#define TCE1_CCBBUF   _SFR_MEM16(0x0A7A)

/* AWEXE - Advanced Waveform Extension E */
#define AWEXE_CTRL       _SFR_MEM8(0x0A80)
#define AWEXE_FDEVMASK   _SFR_MEM8(0x0A82)
#define AWEXE_FDCTRL     _SFR_MEM8(0x0A83)
#define AWEXE_STATUS     _SFR_MEM8(0x0A84)
#define AWEXE_DTBOTH     _SFR_MEM8(0x0A86)
#define AWEXE_DTBOTHBUF  _SFR_MEM8(0x0A87)
#define AWEXE_DTLS       _SFR_MEM8(0x0A88)
#define AWEXE_DTHS       _SFR_MEM8(0x0A89)
#define AWEXE_DTLSBUF    _SFR_MEM8(0x0A8A)
#define AWEXE_DTHSBUF    _SFR_MEM8(0x0A8B)
#define AWEXE_OUTOVEN    _SFR_MEM8(0x0A8C)

/* HIRESE - High-Resolution Extension E */
#define HIRESE_CTRL  _SFR_MEM8(0x0A90)

/* USARTE0 - Universal Asynchronous Receiver-Transmitter E0 */
#define USARTE0_DATA       _SFR_MEM8(0x0AA0)
#define USARTE0_STATUS     _SFR_MEM8(0x0AA1)
#define USARTE0_CTRLA      _SFR_MEM8(0x0AA3)
#define USARTE0_CTRLB      _SFR_MEM8(0x0AA4)
#define USARTE0_CTRLC      _SFR_MEM8(0x0AA5)
#define USARTE0_BAUDCTRLA  _SFR_MEM8(0x0AA6)
#define USARTE0_BAUDCTRLB  _SFR_MEM8(0x0AA7)

/* USARTE1 - Universal Asynchronous Receiver-Transmitter E1 */
#define USARTE1_DATA       _SFR_MEM8(0x0AB0)
#define USARTE1_STATUS     _SFR_MEM8(0x0AB1)
#define USARTE1_CTRLA      _SFR_MEM8(0x0AB3)
#define USARTE1_CTRLB      _SFR_MEM8(0x0AB4)
#define USARTE1_CTRLC      _SFR_MEM8(0x0AB5)
#define USARTE1_BAUDCTRLA  _SFR_MEM8(0x0AB6)
#define USARTE1_BAUDCTRLB  _SFR_MEM8(0x0AB7)

/* SPIE - Serial Peripheral Interface E */
#define SPIE_CTRL     _SFR_MEM8(0x0AC0)
#define SPIE_INTCTRL  _SFR_MEM8(0x0AC1)
#define SPIE_STATUS   _SFR_MEM8(0x0AC2)
#define SPIE_DATA     _SFR_MEM8(0x0AC3)

/* TCF0 - Timer/Counter F0 */
#define TCF0_CTRLA    _SFR_MEM8(0x0B00)
#define TCF0_CTRLB    _SFR_MEM8(0x0B01)
#define TCF0_CTRLC    _SFR_MEM8(0x0B02)
#define TCF0_CTRLD    _SFR_MEM8(0x0B03)
#define TCF0_CTRLE    _SFR_MEM8(0x0B04)
#define TCF0_INTCTRLA _SFR_MEM8(0x0B06)
#define TCF0_INTCTRLB _SFR_MEM8(0x0B07)
#define TCF0_CTRLFCLR _SFR_MEM8(0x0B08)
#define TCF0_CTRLFSET _SFR_MEM8(0x0B09)
#define TCF0_CTRLGCLR _SFR_MEM8(0x0B0A)
#define TCF0_CTRLGSET _SFR_MEM8(0x0B0B)
#define TCF0_INTFLAGS _SFR_MEM8(0x0B0C)
#define TCF0_TEMP     _SFR_MEM8(0x0B0F)
#define TCF0_CNT      _SFR_MEM16(0x0B20)
#define TCF0_PER      _SFR_MEM16(0x0B26)
#define TCF0_CCA      _SFR_MEM16(0x0B28)
#define TCF0_CCB      _SFR_MEM16(0x0B2A)
#define TCF0_CCC      _SFR_MEM16(0x0B2C)
#define TCF0_CCD      _SFR_MEM16(0x0B2E)
#define TCF0_PERBUF   _SFR_MEM16(0x0B36)
```

```
#define TCF0_CCABUF    _SFR_MEM16(0x0B38)
#define TCF0_CCBBUF    _SFR_MEM16(0x0B3A)
#define TCF0_CCCBUF    _SFR_MEM16(0x0B3C)
#define TCF0_CCDBUF    _SFR_MEM16(0x0B3E)

/* TCF1 - Timer/Counter F1 */
#define TCF1_CTRLA     _SFR_MEM8(0x0B40)
#define TCF1_CTRLB     _SFR_MEM8(0x0B41)
#define TCF1_CTRLC     _SFR_MEM8(0x0B42)
#define TCF1_CTRLD     _SFR_MEM8(0x0B43)
#define TCF1_CTRLE     _SFR_MEM8(0x0B44)
#define TCF1_INTCTRLA _SFR_MEM8(0x0B46)
#define TCF1_INTCTRLB _SFR_MEM8(0x0B47)
#define TCF1_CTRLFCLR _SFR_MEM8(0x0B48)
#define TCF1_CTRLFSET _SFR_MEM8(0x0B49)
#define TCF1_CTRLGCLR _SFR_MEM8(0x0B4A)
#define TCF1_CTRLGSET _SFR_MEM8(0x0B4B)
#define TCF1_INTFLAGS _SFR_MEM8(0x0B4C)
#define TCF1_TEMP      _SFR_MEM8(0x0B4F)
#define TCF1_CNT       _SFR_MEM16(0x0B60)
#define TCF1_PER       _SFR_MEM16(0x0B66)
#define TCF1_CCA       _SFR_MEM16(0x0B68)
#define TCF1_CCB       _SFR_MEM16(0x0B6A)
#define TCF1_PERBUF    _SFR_MEM16(0x0B76)
#define TCF1_CCABUF    _SFR_MEM16(0x0B78)
#define TCF1_CCBBUF    _SFR_MEM16(0x0B7A)

/* HIRESF - High-Resolution Extension F */
#define HIRESF_CTRL  _SFR_MEM8(0x0B90)

/* USARTF0 - Universal Asynchronous Receiver-Transmitter F0 */
#define USARTF0_DATA       _SFR_MEM8(0x0BA0)
#define USARTF0_STATUS     _SFR_MEM8(0x0BA1)
#define USARTF0_CTRLA      _SFR_MEM8(0x0BA3)
#define USARTF0_CTRLB      _SFR_MEM8(0x0BA4)
#define USARTF0_CTRLC      _SFR_MEM8(0x0BA5)
#define USARTF0_BAUDCTRLA _SFR_MEM8(0x0BA6)
#define USARTF0_BAUDCTRLB _SFR_MEM8(0x0BA7)

/* USARTF1 - Universal Asynchronous Receiver-Transmitter F1 */
#define USARTF1_DATA       _SFR_MEM8(0x0BB0)
#define USARTF1_STATUS     _SFR_MEM8(0x0BB1)
#define USARTF1_CTRLA      _SFR_MEM8(0x0BB3)
#define USARTF1_CTRLB      _SFR_MEM8(0x0BB4)
#define USARTF1_CTRLC      _SFR_MEM8(0x0BB5)
#define USARTF1_BAUDCTRLA _SFR_MEM8(0x0BB6)
#define USARTF1_BAUDCTRLB _SFR_MEM8(0x0BB7)

/* SPIF - Serial Peripheral Interface F */
#define SPIF_CTRL     _SFR_MEM8(0x0BC0)
#define SPIF_INTCTRL  _SFR_MEM8(0x0BC1)
#define SPIF_STATUS   _SFR_MEM8(0x0BC2)
#define SPIF_DATA     _SFR_MEM8(0x0BC3)

/*================= Bitfield Definitions ================= */

/* XOCD - On-Chip Debug System */
/* OCD.OCDR1  bit masks and bit positions */
#define OCD_OCDRD_bm  0x01  /* OCDR Dirty bit mask. */
#define OCD_OCDRD_bp  0     /* OCDR Dirty bit position. */

/* CPU - CPU */
/* CPU.CCP  bit masks and bit positions */
#define CPU_CCP_gm  0xFF     /* CCP signature group mask. */
#define CPU_CCP_gp  0        /* CCP signature group position. */
#define CPU_CCP0_bm  (1<<0)  /* CCP signature bit 0 mask. */
#define CPU_CCP0_bp  0       /* CCP signature bit 0 position. */
#define CPU_CCP1_bm  (1<<1)  /* CCP signature bit 1 mask. */
#define CPU_CCP1_bp  1       /* CCP signature bit 1 position. */
#define CPU_CCP2_bm  (1<<2)  /* CCP signature bit 2 mask. */
#define CPU_CCP2_bp  2       /* CCP signature bit 2 position. */
#define CPU_CCP3_bm  (1<<3)  /* CCP signature bit 3 mask. */
#define CPU_CCP3_bp  3       /* CCP signature bit 3 position. */
#define CPU_CCP4_bm  (1<<4)  /* CCP signature bit 4 mask. */
#define CPU_CCP4_bp  4       /* CCP signature bit 4 position. */
```

```
#define CPU_CCP5_bm  (1<<5)  /* CCP signature bit 5 mask. */
#define CPU_CCP5_bp  5       /* CCP signature bit 5 position. */
#define CPU_CCP6_bm  (1<<6)  /* CCP signature bit 6 mask. */
#define CPU_CCP6_bp  6       /* CCP signature bit 6 position. */
#define CPU_CCP7_bm  (1<<7)  /* CCP signature bit 7 mask. */
#define CPU_CCP7_bp  7       /* CCP signature bit 7 position. */

/* CPU.SREG  bit masks and bit positions */
#define CPU_I_bm  0x80  /* Global Interrupt Enable Flag bit mask. */
#define CPU_I_bp  7     /* Global Interrupt Enable Flag bit position. */
#define CPU_T_bm  0x40  /* Transfer Bit bit mask. */
#define CPU_T_bp  6     /* Transfer Bit bit position. */
#define CPU_H_bm  0x20  /* Half Carry Flag bit mask. */
#define CPU_H_bp  5     /* Half Carry Flag bit position. */
#define CPU_S_bm  0x10  /* N Exclusive Or V Flag bit mask. */
#define CPU_S_bp  4     /* N Exclusive Or V Flag bit position. */
#define CPU_V_bm  0x08  /* Two's Complement Overflow Flag bit mask. */
#define CPU_V_bp  3     /* Two's Complement Overflow Flag bit position. */
#define CPU_N_bm  0x04  /* Negative Flag bit mask. */
#define CPU_N_bp  2     /* Negative Flag bit position. */
#define CPU_Z_bm  0x02  /* Zero Flag bit mask. */
#define CPU_Z_bp  1     /* Zero Flag bit position. */
#define CPU_C_bm  0x01  /* Carry Flag bit mask. */
#define CPU_C_bp  0     /* Carry Flag bit position. */

                    (중략)

// Generic Port Pins

#define PIN0_bm 0x01
#define PIN0_bp 0
#define PIN1_bm 0x02
#define PIN1_bp 1
#define PIN2_bm 0x04
#define PIN2_bp 2
#define PIN3_bm 0x08
#define PIN3_bp 3
#define PIN4_bm 0x10
#define PIN4_bp 4
#define PIN5_bm 0x20
#define PIN5_bp 5
#define PIN6_bm 0x40
#define PIN6_bp 6
#define PIN7_bm 0x80
#define PIN7_bp 7

/* ========== Interrupt Vector Definitions ========== */
/* Vector 0 is the reset vector */

/* OSC interrupt vectors */
#define OSC_XOSCF_vect_num    1
#define OSC_XOSCF_vect        _VECTOR(1)  /* External Oscillator Failure Interrupt (NMI) */

/* PORTC interrupt vectors */
#define PORTC_INT0_vect_num  2
#define PORTC_INT0_vect      _VECTOR(2)  /* External Interrupt 0 */
#define PORTC_INT1_vect_num  3
#define PORTC_INT1_vect      _VECTOR(3)  /* External Interrupt 1 */

/* PORTR interrupt vectors */
#define PORTR_INT0_vect_num  4
#define PORTR_INT0_vect      _VECTOR(4)  /* External Interrupt 0 */
#define PORTR_INT1_vect_num  5
#define PORTR_INT1_vect      _VECTOR(5)  /* External Interrupt 1 */

/* DMA interrupt vectors */
#define DMA_CH0_vect_num     6
#define DMA_CH0_vect         _VECTOR(6)  /* Channel 0 Interrupt */
#define DMA_CH1_vect_num     7
#define DMA_CH1_vect         _VECTOR(7)  /* Channel 1 Interrupt */
#define DMA_CH2_vect_num     8
#define DMA_CH2_vect         _VECTOR(8)  /* Channel 2 Interrupt */
#define DMA_CH3_vect_num     9
#define DMA_CH3_vect         _VECTOR(9)  /* Channel 3 Interrupt */
```

```
/* RTC interrupt vectors */
#define RTC_OVF_vect_num       10
#define RTC_OVF_vect           _VECTOR(10)  /* Overflow Interrupt */
#define RTC_COMP_vect_num      11
#define RTC_COMP_vect          _VECTOR(11)  /* Compare Interrupt */

/* TWIC interrupt vectors */
#define TWIC_TWIS_vect_num     12
#define TWIC_TWIS_vect         _VECTOR(12)  /* TWI Slave Interrupt */
#define TWIC_TWIM_vect_num     13
#define TWIC_TWIM_vect         _VECTOR(13)  /* TWI Master Interrupt */

/* TCC0 interrupt vectors */
#define TCC0_OVF_vect_num      14
#define TCC0_OVF_vect          _VECTOR(14)  /* Overflow Interrupt */
#define TCC0_ERR_vect_num      15
#define TCC0_ERR_vect          _VECTOR(15)  /* Error Interrupt */
#define TCC0_CCA_vect_num      16
#define TCC0_CCA_vect          _VECTOR(16)  /* Compare or Capture A Interrupt */
#define TCC0_CCB_vect_num      17
#define TCC0_CCB_vect          _VECTOR(17)  /* Compare or Capture B Interrupt */
#define TCC0_CCC_vect_num      18
#define TCC0_CCC_vect          _VECTOR(18)  /* Compare or Capture C Interrupt */
#define TCC0_CCD_vect_num      19
#define TCC0_CCD_vect          _VECTOR(19)  /* Compare or Capture D Interrupt */

/* TCC1 interrupt vectors */
#define TCC1_OVF_vect_num      20
#define TCC1_OVF_vect          _VECTOR(20)  /* Overflow Interrupt */
#define TCC1_ERR_vect_num      21
#define TCC1_ERR_vect          _VECTOR(21)  /* Error Interrupt */
#define TCC1_CCA_vect_num      22
#define TCC1_CCA_vect          _VECTOR(22)  /* Compare or Capture A Interrupt */
#define TCC1_CCB_vect_num      23
#define TCC1_CCB_vect          _VECTOR(23)  /* Compare or Capture B Interrupt */

/* SPIC interrupt vectors */
#define SPIC_INT_vect_num      24
#define SPIC_INT_vect          _VECTOR(24)  /* SPI Interrupt */

/* USARTC0 interrupt vectors */
#define USARTC0_RXC_vect_num   25
#define USARTC0_RXC_vect        _VECTOR(25)  /* Reception Complete Interrupt */
#define USARTC0_DRE_vect_num   26
#define USARTC0_DRE_vect        _VECTOR(26)  /* Data Register Empty Interrupt */
#define USARTC0_TXC_vect_num   27
#define USARTC0_TXC_vect        _VECTOR(27)  /* Transmission Complete Interrupt */

/* USARTC1 interrupt vectors */
#define USARTC1_RXC_vect_num   28
#define USARTC1_RXC_vect        _VECTOR(28)  /* Reception Complete Interrupt */
#define USARTC1_DRE_vect_num   29
#define USARTC1_DRE_vect        _VECTOR(29)  /* Data Register Empty Interrupt */
#define USARTC1_TXC_vect_num   30
#define USARTC1_TXC_vect        _VECTOR(30)  /* Transmission Complete Interrupt */

/* AES interrupt vectors */
#define AES_INT_vect_num       31
#define AES_INT_vect           _VECTOR(31)  /* AES Interrupt */

/* NVM interrupt vectors */
#define NVM_EE_vect_num        32
#define NVM_EE_vect            _VECTOR(32)  /* EE Interrupt */
#define NVM_SPM_vect_num       33
#define NVM_SPM_vect           _VECTOR(33)  /* SPM Interrupt */

/* PORTB interrupt vectors */
#define PORTB_INT0_vect_num    34
#define PORTB_INT0_vect        _VECTOR(34)  /* External Interrupt 0 */
#define PORTB_INT1_vect_num    35
#define PORTB_INT1_vect        _VECTOR(35)  /* External Interrupt 1 */

/* ACB interrupt vectors */
#define ACB_AC0_vect_num       36
#define ACB_AC0_vect           _VECTOR(36)  /* AC0 Interrupt */
```

```
#define ACB_AC1_vect_num      37
#define ACB_AC1_vect          _VECTOR(37)  /* AC1 Interrupt */
#define ACB_ACW_vect_num      38
#define ACB_ACW_vect          _VECTOR(38)  /* ACW Window Mode Interrupt */

/* ADCB interrupt vectors */
#define ADCB_CH0_vect_num     39
#define ADCB_CH0_vect         _VECTOR(39)  /* Interrupt 0 */
#define ADCB_CH1_vect_num     40
#define ADCB_CH1_vect         _VECTOR(40)  /* Interrupt 1 */
#define ADCB_CH2_vect_num     41
#define ADCB_CH2_vect         _VECTOR(41)  /* Interrupt 2 */
#define ADCB_CH3_vect_num     42
#define ADCB_CH3_vect         _VECTOR(42)  /* Interrupt 3 */

/* PORTE interrupt vectors */
#define PORTE_INT0_vect_num  43
#define PORTE_INT0_vect      _VECTOR(43)  /* External Interrupt 0 */
#define PORTE_INT1_vect_num  44
#define PORTE_INT1_vect      _VECTOR(44)  /* External Interrupt 1 */

/* TWIE interrupt vectors */
#define TWIE_TWIS_vect_num  45
#define TWIE_TWIS_vect      _VECTOR(45)  /* TWI Slave Interrupt */
#define TWIE_TWIM_vect_num  46
#define TWIE_TWIM_vect      _VECTOR(46)  /* TWI Master Interrupt */

/* TCE0 interrupt vectors */
#define TCE0_OVF_vect_num   47
#define TCE0_OVF_vect       _VECTOR(47)  /* Overflow Interrupt */
#define TCE0_ERR_vect_num   48
#define TCE0_ERR_vect       _VECTOR(48)  /* Error Interrupt */
#define TCE0_CCA_vect_num   49
#define TCE0_CCA_vect       _VECTOR(49)  /* Compare or Capture A Interrupt */
#define TCE0_CCB_vect_num   50
#define TCE0_CCB_vect       _VECTOR(50)  /* Compare or Capture B Interrupt */
#define TCE0_CCC_vect_num   51
#define TCE0_CCC_vect       _VECTOR(51)  /* Compare or Capture C Interrupt */
#define TCE0_CCD_vect_num   52
#define TCE0_CCD_vect       _VECTOR(52)  /* Compare or Capture D Interrupt */

/* TCE1 interrupt vectors */
#define TCE1_OVF_vect_num   53
#define TCE1_OVF_vect       _VECTOR(53)  /* Overflow Interrupt */
#define TCE1_ERR_vect_num   54
#define TCE1_ERR_vect       _VECTOR(54)  /* Error Interrupt */
#define TCE1_CCA_vect_num   55
#define TCE1_CCA_vect       _VECTOR(55)  /* Compare or Capture A Interrupt */
#define TCE1_CCB_vect_num   56
#define TCE1_CCB_vect       _VECTOR(56)  /* Compare or Capture B Interrupt */

/* SPIE interrupt vectors */
#define SPIE_INT_vect_num   57
#define SPIE_INT_vect       _VECTOR(57)  /* SPI Interrupt */

/* USARTE0 interrupt vectors */
#define USARTE0_RXC_vect_num  58
#define USARTE0_RXC_vect      _VECTOR(58)  /* Reception Complete Interrupt */
#define USARTE0_DRE_vect_num  59
#define USARTE0_DRE_vect      _VECTOR(59)  /* Data Register Empty Interrupt */
#define USARTE0_TXC_vect_num  60
#define USARTE0_TXC_vect      _VECTOR(60)  /* Transmission Complete Interrupt */

/* USARTE1 interrupt vectors */
#define USARTE1_RXC_vect_num  61
#define USARTE1_RXC_vect      _VECTOR(61)  /* Reception Complete Interrupt */
#define USARTE1_DRE_vect_num  62
#define USARTE1_DRE_vect      _VECTOR(62)  /* Data Register Empty Interrupt */
#define USARTE1_TXC_vect_num  63
#define USARTE1_TXC_vect      _VECTOR(63)  /* Transmission Complete Interrupt */

/* PORTD interrupt vectors */
#define PORTD_INT0_vect_num  64
#define PORTD_INT0_vect      _VECTOR(64)  /* External Interrupt 0 */
#define PORTD_INT1_vect_num  65
```

```
#define PORTD_INT1_vect       _VECTOR(65)  /* External Interrupt 1 */

/* PORTA interrupt vectors */
#define PORTA_INT0_vect_num  66
#define PORTA_INT0_vect       _VECTOR(66)  /* External Interrupt 0 */
#define PORTA_INT1_vect_num  67
#define PORTA_INT1_vect       _VECTOR(67)  /* External Interrupt 1 */

/* ACA interrupt vectors */
#define ACA_AC0_vect_num    68
#define ACA_AC0_vect        _VECTOR(68)  /* AC0 Interrupt */
#define ACA_AC1_vect_num    69
#define ACA_AC1_vect        _VECTOR(69)  /* AC1 Interrupt */
#define ACA_ACW_vect_num    70
#define ACA_ACW_vect        _VECTOR(70)  /* ACW Window Mode Interrupt */

/* ADCA interrupt vectors */
#define ADCA_CH0_vect_num   71
#define ADCA_CH0_vect       _VECTOR(71)  /* Interrupt 0 */
#define ADCA_CH1_vect_num   72
#define ADCA_CH1_vect       _VECTOR(72)  /* Interrupt 1 */
#define ADCA_CH2_vect_num   73
#define ADCA_CH2_vect       _VECTOR(73)  /* Interrupt 2 */
#define ADCA_CH3_vect_num   74
#define ADCA_CH3_vect       _VECTOR(74)  /* Interrupt 3 */

/* TWID interrupt vectors */
#define TWID_TWIS_vect_num  75
#define TWID_TWIS_vect      _VECTOR(75)  /* TWI Slave Interrupt */
#define TWID_TWIM_vect_num  76
#define TWID_TWIM_vect      _VECTOR(76)  /* TWI Master Interrupt */

/* TCD0 interrupt vectors */
#define TCD0_OVF_vect_num   77
#define TCD0_OVF_vect       _VECTOR(77)  /* Overflow Interrupt */
#define TCD0_ERR_vect_num   78
#define TCD0_ERR_vect       _VECTOR(78)  /* Error Interrupt */
#define TCD0_CCA_vect_num   79
#define TCD0_CCA_vect       _VECTOR(79)  /* Compare or Capture A Interrupt */
#define TCD0_CCB_vect_num   80
#define TCD0_CCB_vect       _VECTOR(80)  /* Compare or Capture B Interrupt */
#define TCD0_CCC_vect_num   81
#define TCD0_CCC_vect       _VECTOR(81)  /* Compare or Capture C Interrupt */
#define TCD0_CCD_vect_num   82
#define TCD0_CCD_vect       _VECTOR(82)  /* Compare or Capture D Interrupt */

/* TCD1 interrupt vectors */
#define TCD1_OVF_vect_num   83
#define TCD1_OVF_vect       _VECTOR(83)  /* Overflow Interrupt */
#define TCD1_ERR_vect_num   84
#define TCD1_ERR_vect       _VECTOR(84)  /* Error Interrupt */
#define TCD1_CCA_vect_num   85
#define TCD1_CCA_vect       _VECTOR(85)  /* Compare or Capture A Interrupt */
#define TCD1_CCB_vect_num   86
#define TCD1_CCB_vect       _VECTOR(86)  /* Compare or Capture B Interrupt */

/* SPID interrupt vectors */
#define SPID_INT_vect_num   87
#define SPID_INT_vect       _VECTOR(87)  /* SPI Interrupt */

/* USARTD0 interrupt vectors */
#define USARTD0_RXC_vect_num  88
#define USARTD0_RXC_vect      _VECTOR(88)  /* Reception Complete Interrupt */
#define USARTD0_DRE_vect_num  89
#define USARTD0_DRE_vect      _VECTOR(89)  /* Data Register Empty Interrupt */
#define USARTD0_TXC_vect_num  90
#define USARTD0_TXC_vect      _VECTOR(90)  /* Transmission Complete Interrupt */

/* USARTD1 interrupt vectors */
#define USARTD1_RXC_vect_num  91
#define USARTD1_RXC_vect      _VECTOR(91)  /* Reception Complete Interrupt */
#define USARTD1_DRE_vect_num  92
#define USARTD1_DRE_vect      _VECTOR(92)  /* Data Register Empty Interrupt */
#define USARTD1_TXC_vect_num  93
#define USARTD1_TXC_vect      _VECTOR(93)  /* Transmission Complete Interrupt */
```

```
/* PORTQ interrupt vectors */
#define PORTQ_INT0_vect_num   94
#define PORTQ_INT0_vect       _VECTOR(94)  /* External Interrupt 0 */
#define PORTQ_INT1_vect_num   95
#define PORTQ_INT1_vect       _VECTOR(95)  /* External Interrupt 1 */

/* PORTH interrupt vectors */
#define PORTH_INT0_vect_num   96
#define PORTH_INT0_vect       _VECTOR(96)  /* External Interrupt 0 */
#define PORTH_INT1_vect_num   97
#define PORTH_INT1_vect       _VECTOR(97)  /* External Interrupt 1 */

/* PORTJ interrupt vectors */
#define PORTJ_INT0_vect_num   98
#define PORTJ_INT0_vect       _VECTOR(98)  /* External Interrupt 0 */
#define PORTJ_INT1_vect_num   99
#define PORTJ_INT1_vect       _VECTOR(99)  /* External Interrupt 1 */

/* PORTK interrupt vectors */
#define PORTK_INT0_vect_num   100
#define PORTK_INT0_vect       _VECTOR(100)  /* External Interrupt 0 */
#define PORTK_INT1_vect_num   101
#define PORTK_INT1_vect       _VECTOR(101)  /* External Interrupt 1 */

/* PORTF interrupt vectors */
#define PORTF_INT0_vect_num   104
#define PORTF_INT0_vect       _VECTOR(104)  /* External Interrupt 0 */
#define PORTF_INT1_vect_num   105
#define PORTF_INT1_vect       _VECTOR(105)  /* External Interrupt 1 */

/* TWIF interrupt vectors */
#define TWIF_TWIS_vect_num    106
#define TWIF_TWIS_vect        _VECTOR(106)  /* TWI Slave Interrupt */
#define TWIF_TWIM_vect_num    107
#define TWIF_TWIM_vect        _VECTOR(107)  /* TWI Master Interrupt */

/* TCF0 interrupt vectors */
#define TCF0_OVF_vect_num     108
#define TCF0_OVF_vect         _VECTOR(108)  /* Overflow Interrupt */
#define TCF0_ERR_vect_num     109
#define TCF0_ERR_vect         _VECTOR(109)  /* Error Interrupt */
#define TCF0_CCA_vect_num     110
#define TCF0_CCA_vect         _VECTOR(110)  /* Compare or Capture A Interrupt */
#define TCF0_CCB_vect_num     111
#define TCF0_CCB_vect         _VECTOR(111)  /* Compare or Capture B Interrupt */
#define TCF0_CCC_vect_num     112
#define TCF0_CCC_vect         _VECTOR(112)  /* Compare or Capture C Interrupt */
#define TCF0_CCD_vect_num     113
#define TCF0_CCD_vect         _VECTOR(113)  /* Compare or Capture D Interrupt */

/* TCF1 interrupt vectors */
#define TCF1_OVF_vect_num     114
#define TCF1_OVF_vect         _VECTOR(114)  /* Overflow Interrupt */
#define TCF1_ERR_vect_num     115
#define TCF1_ERR_vect         _VECTOR(115)  /* Error Interrupt */
#define TCF1_CCA_vect_num     116
#define TCF1_CCA_vect         _VECTOR(116)  /* Compare or Capture A Interrupt */
#define TCF1_CCB_vect_num     117
#define TCF1_CCB_vect         _VECTOR(117)  /* Compare or Capture B Interrupt */

/* SPIF interrupt vectors */
#define SPIF_INT_vect_num     118
#define SPIF_INT_vect         _VECTOR(118)  /* SPI Interrupt */

/* USARTF0 interrupt vectors */
#define USARTF0_RXC_vect_num  119
#define USARTF0_RXC_vect      _VECTOR(119)  /* Reception Complete Interrupt */
#define USARTF0_DRE_vect_num  120
#define USARTF0_DRE_vect      _VECTOR(120)  /* Data Register Empty Interrupt */
#define USARTF0_TXC_vect_num  121
#define USARTF0_TXC_vect      _VECTOR(121)  /* Transmission Complete Interrupt */

/* USARTF1 interrupt vectors */
#define USARTF1_RXC_vect_num  122
```

```
#define USARTF1_RXC_vect        _VECTOR(122)  /* Reception Complete Interrupt */
#define USARTF1_DRE_vect_num   123
#define USARTF1_DRE_vect        _VECTOR(123)  /* Data Register Empty Interrupt */
#define USARTF1_TXC_vect_num   124
#define USARTF1_TXC_vect        _VECTOR(124)  /* Transmission Complete Interrupt */

#define _VECTOR_SIZE  4        /* Size of individual vector. */
#define _VECTORS_SIZE (125 * _VECTOR_SIZE)

/* ========== Constants ========== */

#define PROGMEM_START      (0x0000)
#define PROGMEM_SIZE       (139264)
#define PROGMEM_PAGE_SIZE  (512)
#define PROGMEM_END        (PROGMEM_START + PROGMEM_SIZE - 1)

#define APP_SECTION_START      (0x0000)
#define APP_SECTION_SIZE       (131072)
#define APP_SECTION_PAGE_SIZE  (512)
#define APP_SECTION_END        (APP_SECTION_START + APP_SECTION_SIZE - 1)

#define APPTABLE_SECTION_START      (0x1E000)
#define APPTABLE_SECTION_SIZE       (8192)
#define APPTABLE_SECTION_PAGE_SIZE  (512)
#define APPTABLE_SECTION_END        (APPTABLE_SECTION_START + APPTABLE_SECTION_SIZE - 1)

#define BOOT_SECTION_START      (0x20000)
#define BOOT_SECTION_SIZE       (8192)
#define BOOT_SECTION_PAGE_SIZE  (512)
#define BOOT_SECTION_END        (BOOT_SECTION_START + BOOT_SECTION_SIZE - 1)

#define DATAMEM_START      (0x0000)
#define DATAMEM_SIZE       (16777216)
#define DATAMEM_PAGE_SIZE  (0)
#define DATAMEM_END        (DATAMEM_START + DATAMEM_SIZE - 1)

#define IO_START      (0x0000)
#define IO_SIZE       (4096)
#define IO_PAGE_SIZE  (0)
#define IO_END        (IO_START + IO_SIZE - 1)

#define MAPPED_EEPROM_START      (0x1000)
#define MAPPED_EEPROM_SIZE       (2048)
#define MAPPED_EEPROM_PAGE_SIZE  (0)
#define MAPPED_EEPROM_END        (MAPPED_EEPROM_START + MAPPED_EEPROM_SIZE - 1)

#define INTERNAL_SRAM_START      (0x2000)
#define INTERNAL_SRAM_SIZE       (8192)
#define INTERNAL_SRAM_PAGE_SIZE  (0)
#define INTERNAL_SRAM_END        (INTERNAL_SRAM_START + INTERNAL_SRAM_SIZE - 1)

#define EXTERNAL_SRAM_START      (0x4000)
#define EXTERNAL_SRAM_SIZE       (16760832)
#define EXTERNAL_SRAM_PAGE_SIZE  (0)
#define EXTERNAL_SRAM_END        (EXTERNAL_SRAM_START + EXTERNAL_SRAM_SIZE - 1)

#define EEPROM_START      (0x0000)
#define EEPROM_SIZE       (2048)
#define EEPROM_PAGE_SIZE  (32)
#define EEPROM_END        (EEPROM_START + EEPROM_SIZE - 1)

#define FUSE_START      (0x0000)
#define FUSE_SIZE       (6)
#define FUSE_PAGE_SIZE  (0)
#define FUSE_END        (FUSE_START + FUSE_SIZE - 1)

#define LOCKBIT_START      (0x0000)
#define LOCKBIT_SIZE       (1)
#define LOCKBIT_PAGE_SIZE  (0)
#define LOCKBIT_END        (LOCKBIT_START + LOCKBIT_SIZE - 1)

#define SIGNATURES_START      (0x0000)
#define SIGNATURES_SIZE       (3)
#define SIGNATURES_PAGE_SIZE  (0)
#define SIGNATURES_END        (SIGNATURES_START + SIGNATURES_SIZE - 1)
```

```
#define USER_SIGNATURES_START (0x0000)
#define USER_SIGNATURES_SIZE  (512)
#define USER_SIGNATURES_PAGE_SIZE (0)
#define USER_SIGNATURES_END       (USER_SIGNATURES_START + USER_SIGNATURES_SIZE - 1)

#define PROD_SIGNATURES_START     (0x0000)
#define PROD_SIGNATURES_SIZE      (52)
#define PROD_SIGNATURES_PAGE_SIZE (0)
#define PROD_SIGNATURES_END       (PROD_SIGNATURES_START + PROD_SIGNATURES_SIZE - 1)

#define FLASHEND      PROGMEM_END
#define SPM_PAGESIZE  PROGMEM_PAGE_SIZE
#define RAMSTART      INTERNAL_SRAM_START
#define RAMSIZE       INTERNAL_SRAM_SIZE
#define RAMEND        INTERNAL_SRAM_END
#define XRAMSTART     EXTERNAL_SRAM_START
#define XRAMSIZE      EXTERNAL_SRAM_SIZE
#define XRAMEND       EXTERNAL_SRAM_END
#define E2END         EEPROM_END
#define E2PAGESIZE    EEPROM_PAGE_SIZE

/* ========== Fuses ========== */
#define FUSE_MEMORY_SIZE  6

/* Fuse Byte 0 */
#define FUSE_JTAGUSERID0 (unsigned char)~_BV(0)  /* JTAG User ID Bit 0 */
#define FUSE_JTAGUSERID1 (unsigned char)~_BV(1)  /* JTAG User ID Bit 1 */
#define FUSE_JTAGUSERID2 (unsigned char)~_BV(2)  /* JTAG User ID Bit 2 */
#define FUSE_JTAGUSERID3 (unsigned char)~_BV(3)  /* JTAG User ID Bit 3 */
#define FUSE_JTAGUSERID4 (unsigned char)~_BV(4)  /* JTAG User ID Bit 4 */
#define FUSE_JTAGUSERID5 (unsigned char)~_BV(5)  /* JTAG User ID Bit 5 */
#define FUSE_JTAGUSERID6 (unsigned char)~_BV(6)  /* JTAG User ID Bit 6 */
#define FUSE_JTAGUSERID7 (unsigned char)~_BV(7)  /* JTAG User ID Bit 7 */
#define FUSE0_DEFAULT    (0xFF)

/* Fuse Byte 1 */
#define FUSE_WDP0      (unsigned char)~_BV(0)  /* Watchdog Timeout Period Bit 0 */
#define FUSE_WDP1      (unsigned char)~_BV(1)  /* Watchdog Timeout Period Bit 1 */
#define FUSE_WDP2      (unsigned char)~_BV(2)  /* Watchdog Timeout Period Bit 2 */
#define FUSE_WDP3      (unsigned char)~_BV(3)  /* Watchdog Timeout Period Bit 3 */
#define FUSE_WDWP0     (unsigned char)~_BV(4)  /* Watchdog Window Timeout Period Bit 0 */
#define FUSE_WDWP1     (unsigned char)~_BV(5)  /* Watchdog Window Timeout Period Bit 1 */
#define FUSE_WDWP2     (unsigned char)~_BV(6)  /* Watchdog Window Timeout Period Bit 2 */
#define FUSE_WDWP3     (unsigned char)~_BV(7)  /* Watchdog Window Timeout Period Bit 3 */
#define FUSE1_DEFAULT (0xFF)

/* Fuse Byte 2 */
#define FUSE_BODPD0    (unsigned char)~_BV(0)  /* BOD Operation in Power-Down Mode Bit 0 */
#define FUSE_BODPD1    (unsigned char)~_BV(1)  /* BOD Operation in Power-Down Mode Bit 1 */
#define FUSE_BODACT0   (unsigned char)~_BV(2)  /* BOD Operation in Active Mode Bit 0 */
#define FUSE_BODACT1   (unsigned char)~_BV(3)  /* BOD Operation in Active Mode Bit 1 */
#define FUSE_BOOTRST   (unsigned char)~_BV(6)  /* Boot Loader Section Reset Vector */
#define FUSE_DVSDON    (unsigned char)~_BV(7)  /* Spike Detector Enable */
#define FUSE2_DEFAULT (0xFF)

/* Fuse Byte 3 Reserved */

/* Fuse Byte 4 */
#define FUSE_JTAGEN    (unsigned char)~_BV(0)  /* JTAG Interface Enable */
#define FUSE_WDLOCK    (unsigned char)~_BV(1)  /* Watchdog Timer Lock */
#define FUSE_SUT0      (unsigned char)~_BV(2)  /* Start-up Time Bit 0 */
#define FUSE_SUT1      (unsigned char)~_BV(3)  /* Start-up Time Bit 1 */
#define FUSE4_DEFAULT (0xFF)

/* Fuse Byte 5 */
#define FUSE_BODLVL0   (unsigned char)~_BV(0)  /* Brown Out Detection Voltage Level Bit 0 */
#define FUSE_BODLVL1   (unsigned char)~_BV(1)  /* Brown Out Detection Voltage Level Bit 1 */
#define FUSE_BODLVL2   (unsigned char)~_BV(2)  /* Brown Out Detection Voltage Level Bit 2 */
#define FUSE_EESAVE    (unsigned char)~_BV(3)  /* Preserve EEPROM Through Chip Erase */
#define FUSE5_DEFAULT (0xFF)

/* ========== Lock Bits ========== */
#define __LOCK_BITS_EXIST
#define __BOOT_LOCK_APPLICATION_TABLE_BITS_EXIST
```

```
#define __BOOT_LOCK_APPLICATION_BITS_EXIST
#define __BOOT_LOCK_BOOT_BITS_EXIST

/* ========== Signature ========== */
#define SIGNATURE_0  0x1E
#define SIGNATURE_1  0x97
#define SIGNATURE_2  0x4C
```

◀휴게실▶ **Atmel사의 프로그래밍 힌트**

Atmel사의 응용노트 AVR035에서 추천하는 프로그래밍 힌트를 소개한다. 이는 주로 IAR C 컴파일러를 사용하는 것을 가정하고 설명하는 내용이지만, 우리처럼 어셈블러나 WinAVR 컴파일러를 사용하는 경우에도 상당히 도움이 될 것이다.

(1) 코드 사이즈를 줄이기 위한 18가지 힌트

① 컴파일할 때 코드 사이즈를 기준으로 최적화 옵션을 잘 활용하라.
② 가능하면 전역변수(global variable)보다는 지역변수(local variable)를 사용하라.
③ 가능하면 가장 작은 데이터의 형을 사용하고, 그것도 가능하면 signed형 보다는 unsigned형을 사용하라.
④ 지역변수가 아닌 변수가 하나의 함수에서만 참조된다면 static으로 선언하라.
⑤ 지역변수가 아닌 것들은 가능하면 구조적으로 한 곳에 모아서 처리하라. 그러면 포인터값을 바꾸지 않고 간접지정을 수행할 가능성이 높아져 유리하다.
⑥ memory-mapped I/O를 액세스할 때는 오프셋을 가진 포인터를 사용하고 구조체로 선언하라.
⑦ 무한 루프는 for(;;) {} 문을 사용하라.
⑧ 가능하면 do{} while() 문을 사용하라.
⑨ 가능하면 루프에서는 loop counter가 감소하는 방향으로 그리고 pre-decrement로 처리하라.
⑩ I/O 영역의 메모리는 가능하면 포인터를 사용하지 말고 직접 액세스하라.
⑪ main이 그 프로그램의 어느 곳에서도 호출되지 않는다면 C_task로 선언하라.
⑫ 어셈블리 명령으로 2~3라인에 불과한 작은 태스크를 처리하는 경우에는 함수보다는 매크로를 사용하라.
⑬ 가능하면 코드 세그먼트를 여기저기에 띄엄띄엄 분산시켜 두지 말고 하나로 이어서 처리하라.
⑭ 가능하면 함수들을 여러 개의 모듈(파일)에 흩어놓지 말고 하나의 모듈에 모아놓아라.
⑮ 때로 속도기준 최적화(full speed optimization)가 코드 사이즈 기준 최적화(full size optimization) 보다 더 작은 코드 사이즈를 가져오는 경우도 있으니 경우에 따라 올바르게 수행하라.
⑯ 사용되지 않는 세그먼트들을 초기화하지 않으려면 C_startup을 최적화하라.
⑰ 가능하면 인터럽트 서비스 루틴내에서 다른 함수를 호출하지 마라.
⑱ 가능하면 가장 작은 메모리 모델을 사용하라.

(2) RAM 사용을 줄이기 위한 5가지 힌트

① 모든 상수나 문자들은 플래시 메모리에 저장하라.
② 가능하면 전역변수보다는 지역변수를 사용하라.
③ 제한된 시간에만 사용되는 변수를 가지는 함수에서는 subscope를 사용하는 것이 유리하다.
④ 사용되는 스택의 크기를 추정하여 스택을 잘 활용하라.
⑤ IDATA0와 UDATA0 세그먼트를 위하여 메모리 공간을 낭비하지 마라.

4. 컴파일러 옵션 및 makefile에 대하여

여기서는 AVR-GCC를 사용할 때 중요한 기능을 수행하는 makefile과 이를 사용하는데 필요한 소프트웨어 옵션들에 대하여 간략하게 요약한다. WinAVR을 가지고 직접 AVR-GCC를 사용하려면 사용자가 이에 대하여 자세히 알아야 하지만, 우리는 AVR Studio에서 이를 내부적으로 자동 처리하여 주므로 이를 자세히 알지 않더라도 별 문제가 없으니 그냥 참고로 보기 바란다.

(1) C컴파일러 avr_gcc의 옵션

C컴파일러인 avr-gcc를 실행할 때 사용되는 주요 옵션을 요약하면 다음과 같다.

▣ AVR 모델에 관련된 옵션

-mmcu=*architecture*

컴파일할 때 *architecture*로 지정된 MCU 모델의 코드로 번역한다. *architecture*에는 다음과 같이 5가지를 지정할 수 있으며, 디폴트로는 avr2이다.

avr1 : 간단한 CPU 코어. 어셈블러만 지원함.
avr2 : 8KB 이내의 프로그램 메모리를 가지는 classic AVR.
avr3 : 8KB를 초과하는 프로그램 메모리를 가지는 classic AVR.
avr4 : 8KB 이내의 프로그램 메모리를 가지는 enhanced AVR.
avr5 : 8KB를 초과하는 프로그램 메모리를 가지는 enhanced AVR.

현재의 avr-gcc에서는 이 옵션만 사용하고 다음에 설명하는 -mmcu=*MCU name* 옵션을 사용하지 않는다면 컴파일러가 올바르게 동작하지 않는다.

-mmcu=*MCU name*

컴파일할 때 <표 3.5.8>과 같이 *MCU name*으로 지정된 MCU 모델의 코드로 번역한다.

-morder1

-morder2

레지스터 할당의 순서를 변경한다. 디폴트로는

r24, r25, r18, r19, r20, r21, r22, r23, r30, r31, r26, r27, r28, r29, r17, r16, r15, r14, r13, r12, r11, r10, r9, r8, r7, r6, r5, r4, r2, r0, r1

의 순서이며, Order 1로 지정하면

r18, r19, r20, r21, r22, r23, r24, r25, r30, r31, r26, r27, r28, r29, r17, r16, r15, r14, r13, r12, r11, r10, r9, r8, r7, r6, r5, r4, r2, r0, r1

로 되고, Order 2로 지정하면

r25, r24, r23, r22, r21, r20, r19, r18, r30, r31, r26, r27, r28, r29, r17, r16, r15, r14, r13, r12, r11, r10, r9, r8, r7, r6, r5, r4, r2, r1, r0

으로 사용된다.

-mint8

데이터형 int를 8비트 정수라고 가정한다. 그러나, 이는 물론 avr-libc에 의하여 지원되지 않으며, 정상적으로는 사용하지 말아야 한다.

-mno-interrupts

인터럽트를 금지하지 않고 스택 포인터를 변경하도록 코드를 생성한다. 그러나, 이를 지정하지 않으면 정상적으로 스택 포인터를 변경할 때 상태 레지스터 SREG를 임시 레지스터에 저장한다.

-mcall-prologues

함수의 프롤로그(prologue)와 에필로그(epilogue)를 위하여 서브루틴을 사용하도록 한다. 함수가 시작되고 끝날 때 많은 레지스터들을 저장하거나 되찾아야 하는 복잡한 함수의 경우에 이를 사용하면 좋으나 실행 시간이 약간 증가한다.

-minit-stack=*nnnn*

스택 포인터의 초기값을 *nnnn*으로 지정한다. 디폴트로 스택 포인터는 __stack 심볼로 지정되는데, 이것은 런타임 초기화 코드에 의하여 RAMEND 값으로 처리된다.

-mtiny-stack

스택 포인터의 하위 8비트만 변경할 수 있도록 한다. 따라서, 결과적으로 스택의 크기가 256바이트로 제한된다.

〈표 3.5.8〉 AVR-GCC의 MCU 모델 지정

Architecture	MCU name	avr-gcc의 Macro
avr1	attiny11	__AVR__ATtiny11__
avr1	attiny12	__AVR__ATtiny12__
avr1	attiny15	__AVR__ATtiny15__
avr1	attiny28	__AVR__ATtiny28__
avr2	attiny13	__AVR__ATtiny13__
avr2	attiny2313	__AVR__ATtiny2313__
avr2	attiny22	__AVR__ATtiny22__
avr2	attiny24	__AVR__ATtiny24__
avr2	attiny25	__AVR__ATtiny25__
avr2	attiny26	__AVR__ATtiny26__
avr2	attiny261	__AVR__ATtiny261__
avr2	attiny44	__AVR__ATtiny44__
avr2	attiny45	__AVR__ATtiny45__
avr2	attiny461	__AVR__ATtiny461__
avr2	attiny84	__AVR__ATtiny84__
avr2	attiny85	__AVR__ATtiny85__
avr2	attiny861	__AVR__ATtiny861__
avr3	atmega103	__AVR__ATmega103__
avr3	atmega603	__AVR__ATmega603__
avr3	at43usb320	__AVR__AT43USB320__
avr3	at43usb355	__AVR__AT43USB355__
avr4	atmega8	__AVR__ATmega8__
avr4	atmega48	__AVR__ATmega48__
avr4	atmega8515	__AVR__ATmega8515__
avr4	atmega8535	__AVR__ATmega8535__
avr4	atmega88	__AVR__ATmega88__
avr4	at90pwm1	__AVR__AT90PWM1__
avr4	at90pwm2	__AVR__AT90PWM2__
avr4	at90pwm3	__AVR__AT90PWM3__
avr5	at90can32	__AVR__AT90CAN32__
avr5	at90can64	__AVR__AT90CAN64__
avr5	at90can128	__AVR__AT90CAN128__
avr5	at90usb82	__AVR__AT90USB82__
avr5	at90usb162	__AVR__AT90USB162__
avr5	at90usb646	__AVR__AT90USB646__
avr5	at90usb647	__AVR__AT90USB647__
avr5	at90usb1286	__AVR__AT90USB1286__
avr5	at90usb1287	__AVR__AT90USB1287__
avr5	atmega16	__AVR__ATmega16__
avr5	atmega161	__AVR__ATmega161__
avr5	atmega162	__AVR__ATmega162__
avr5	atmega163	__AVR__ATmega163__
avr5	atmega164	__AVR__ATmega164__
avr5	atmega165	__AVR__ATmega165__
avr5	atmega168	__AVR__ATmega168__
avr5	atmega169	__AVR__ATmega169__
avr5	atmega32	__AVR__ATmega32__
avr5	atmega323	__AVR__ATmega323__
avr5	atmega324	__AVR__ATmega324__
avr5	atmega325	__AVR__ATmega325__
avr5	atmega3250	__AVR__ATmega3250__
avr5	atmega329	__AVR__ATmega329__
avr5	atmega3290	__AVR__ATmega3290__
avr5	atmega64	__AVR__ATmega64__
avr5	atmega640	__AVR__ATmega640__
avr5	atmega644	__AVR__ATmega644__
avr5	atmega645	__AVR__ATmega645__
avr5	atmega6450	__AVR__ATmega6450__
avr5	atmega649	__AVR__ATmega649__
avr5	atmega6490	__AVR__ATmega6490__
avr5	atmega128	__AVR__ATmega128__
avr5	atmega1280	__AVR__ATmega1280__
avr5	atmega1281	__AVR__ATmega1281__
avr6	atmega2560	__AVR__ATmega2560__
avr6	atmega2561	__AVR__ATmega2561__
avrxmega2	atxmega16a4	__AVR__ATxmega16A4__
avrxmega2	atxmega16d4	__AVR__ATxmega16D4__
avrxmega2	atxmega32d4	__AVR__ATxmega32D4__
avrxmega3	atxmega32a4	__AVR__ATxmega32A4__
avrxmega4	atxmega64a3	__AVR__ATxmega64A3__
avrxmega4	atxmega64d3	__AVR__ATxmega64D3__
avrxmega5	atxmega64a1	__AVR__ATxmega64A1__
avrxmega6	atxmega128a3	__AVR__ATxmega128A3__
avrxmega6	atxmega128d3	__AVR__ATxmega128D3__
avrxmega6	atxmega192a3	__AVR__ATxmega192A3__
avrxmega6	atxmega192d3	__AVR__ATxmega192D3__
avrxmega6	atxmega256a3	__AVR__ATxmega256A3__
avrxmega6	atxmega256d3	__AVR__ATxmega256D3__
avrxmega7	atxmega128a1	__AVR__ATxmega128A1__

-mno-tablejump

table jump 명령을 사용하지 않도록 한다. 디폴트로는 switch 문을 최적화하기 위하여 jump table이 사용되는데, 이는 실행속도가 빠른 장점이 있으나 플래시 메모리의 낭비가 심하다. 이 옵션을 지정하면 일련의 비교명령으로 switch 문을 처리한다.

-mshort-call

8KB 이상의 프로그램 메모리를 가지는 모델에서 RJMP/RCALL 명령을 사용하도록 한다. 만약 av3이나 avr5 모델에서 JMP/CALL 명령을 사용하면 전체 어드레스로 점프할 수 있으나 플래시 메모리의 낭비가 생기고 실행시간이 길어진다. avr2나 avr4 모델에서는 이 옵션을 지정하지 않아도 항상 RJMP/RCALL 명령이 사용된다.

-mrtl

컴파일 결과 생성되는 어셈블러 코드에서 주석문으로 "RTL"을 포함시킨다. 이는 avr-gcc 디버깅을 위하여 사용된다.

- msize

컴파일 결과 생성되는 어셈블러 코드에서 주석문으로 각 명령의 어드레스나 사이즈 등의 내용을 포함시킨다. 이는 avr-gcc 디버깅을 위하여 사용된다.

- mdeb

디버깅 정보를 디바이스 stderr로 출력한다.

▣ 일반적인 컴파일러 옵션

-c

컴파일 또는 어셈블을 수행하되 링크는 하지 않도록 한다.

-o *outfile*

출력 파일을 *outfile*로 생성한다. 출력 파일은 동작에 따라 여러 가지로 될 수 있다. 즉, 컴파일 후의 어셈블리 소스나 오브젝트 파일이 될 수도 있고, 링크 후의 실행 파일이 될 수도 있다.

-O*n*

최적화를 레벨 *n*으로 지정한다. 레벨값 *n*이 커지면 더 많은 최적화가 수행되는 것을 의미한다. 디폴트로는 최적화가 가장 낮은 0이다. 최적화를 가장 높은 -O3으로 지정하면 실행속도는 가장 빠르게 되지만, 모든 간단한 함수를 어셈블리 언어에서의 매크로처럼 인라인으로 처리하려고 하기 때문에 코드 사이즈가 매우 커진다는데 유의하라. -Os 옵션은 코드 사이즈를 작게 하는 가장 우수한 최적화를 수행하는 옵션으로서 몇 가지의 사항을 제외하고는 대부분 -O2에 해당한다.

이 책의 모든 예제에서는 최적화 옵션으로 -Os를 사용하도록 권한다.

-g

avr-gdb에 의하여 사용될 디버깅 정보를 발생하여 오브젝트 파일에 포함시킨다.

-ffreestanding

컴파일할 때 표준 C를 따르기 보다는 독립적인(freestanding) 환경을 가지도록 한다. 이를테면 이 옵션을 설정하면 main() 함수가 void 형으로 지정되더라도 메시지가 출력되지 않으며, 모든 최적화 기능이 무시된다.

-funsigned-char

불확실한 char형을 unsigned char로 처리한다. 이 옵션을 지정하지 않으면 디폴트로 signed char로 처리된다.

-funsigned-bitfields

불확실한 bitfield형을 unsigned로 처리한다. 이 옵션을 지정하지 않으면 디폴트로 signed로 처리된다.

-fshort-enums

enum형을 처리하는데 필요한 최소의 바이트 수로만 할당한다.

-fpack-struct

모든 구조체를 중간에 빈 공간없이 밀집시켜 처리한다.

-Wa,*assembler-options*

*assembler-options*로 열거된 옵션들은 어셈블러에게 넘겨준다.

-Wl,*linker-options*
*linker-options*로 열거된 옵션들은 링커에게 넘겨준다.

(2) 어셈블러 avr_as의 옵션

어셈블러인 avr-as를 실행할 때 사용되는 주요 옵션을 선택하여 요약하면 다음과 같다.

▣ AVR 모델에 관련된 옵션

-mmcu=*architecture*
-mmcu=*MCU name*
이것은 avr-gcc에서의 옵션과 같다.

-mall-opcodes
어셈블할 opcode가 실제로 지정된 AVR 모델의 명령 세트에 해당하는지를 체크하지 않고 사용 가능한 모든 AVR 명령으로 어셈블되도록 한다.

-mno-skip-bug
CPSE/SBIC/SBIS/SBRC/SBRS 명령을 사용하는 경우 2워드를 스킵하게 되더라도 경고 메시지를 출력하지 않는다. 초창기의 AVR에서는 이러한 명령이 하드웨어적으로 올바르게 실행되지 않는 버그가 있었으므로 경고 메시지가 필요하였다.

-mno-wrap
RJMP/RCALL 명령에서 8KB 이상의 메모리를 갖는 모델에 대하여 점프할 목적 번지가 wrap around되는 것을 허용하지 않는다.

--gstabs
어셈블러 소스에 디버깅 심볼 .stabs를 포함시킨다. 이것은 avr-gdb가 어셈블러 소스 파일을 트레이스할 수 있도록 해준다. 이 옵션은 C컴파일러가 생성한 어셈블리 소스를 어셈블하는 경우에는 사용하지 말아야 한다. 이러한 파일에는 이미 디버깅에 필요한 라인 정보가 포함되어 있기 때문이다.

-a[cdhlmns=*file*]

어셈블러 소스 리스팅 파일을 생성하며, 다음과 같은 서브 옵션들을 이어서 표시할 수 있다. 단, =*file*은 반드시 마지막에 적어야 한다.

c : 조건부 어셈블에서 조건이 성립하지 않는 부분을 생략
d : 디버깅을 위한 지시어를 생략
h : 고급언어 소스 부분을 포함
l : 어셈블리 소스 부분을 포함
m : 매크로 확장 부분을 포함
n : forms processing을 생략
s : 심볼 테이블을 포함
=*file* : 소스 리스팅 파일 이름을 *file*로 지정

▣ C컴파일러에서 넘겨지는 어셈블러 옵션의 사용 예

어셈블러 옵션은 C컴파일러에서 -Wa를 사용하여 넘겨진다. 예를 들어 C소스 파일 test.c를 컴파일하여 어셈블리 소스 리스팅 파일 test.lss를 생성하려면 다음과 같이 하면 된다.

```
$ avr-gcc -c -O2 test.c -o test.o -Wa,-ahlms=test.lss
```

(3) 링커 avr_ld의 옵션

링커인 avr-ld를 실행할 때 사용되는 주요 옵션을 선택하여 요약하면 다음과 같다. 링커 옵션에는 AVR 모델에 관련되는 것이 없다.

▣ 주요 옵션

-l*name*

아카이브 라이브러리(archive library) 파일 lib*name*.a로부터 필요한 심볼을 찾아 링크한다. 파일명에서 lib 이후의 부분만을 떼어내어 지정한다는 것에 유의하라. 예를 들어 부동소수점 라이브러리를 사용하려면 링커 옵션에 -lm을 추가하여야 한다. 그러나, AVR Studio에서는 Project → Configuration Options → Libraries 메뉴를 클릭하면 볼 수 보듯이 WinAVR의 기본 라이브러리 파일을 모두 자동으로 링크하고 있으므로 사용자는 이를 신경쓰지 않아도 된다.

-L*path*

위의 -l 옵션으로 지정된 아카이브 라이브러리 파일을 찾기 위하여 검색할 경로를 지정한다.

--defsym=*symbol=expression*

글로벌 심볼 *symbol*에 *expression*으로 지정된 값을 정의한다.

-M

링커 맵 파일을 디바이스 stdout으로 출력한다.

-Map=*mapfile*

링커 맵 파일을 *mapfile*로 출력한다.

--crf

링커 맵 파일에 크로스 레퍼런스 테이블(cross reference table)을 출력한다.

--section-start=*sectionname=org*

섹션 *sectionname*을 절대번지 *org*에서 시작한다.

-Tbss=*org*
-Tdata=*org*
-Ttext=*org*

bss, data, text 섹션을 각각 절대번지 *org*에서 시작한다.

-T*scriptfile*

*scriptfile*을 링커 스크립트 파일로 사용한다. 디폴트 링커 스크립트 파일들은 디렉토리 ldscripts에 위치한다.

▣ C컴파일러에서 넘겨지는 링커 옵션의 사용 예

링커는 .o로 끝나는 오브젝트 파일과 .a로 끝나는 라이브러리 파일을 링크한다. 이때 시스템 라이브러리 파일은 파일명이 아니라 -l 옵션을 사용하여 약어로 지정된다. 즉, 표준 라이브러리 파일 libc.a는 -lc 옵션으로 링크하며, 수학함수를 위한 라이브러리 파일 libm.a는 -lm 옵션을 사하여 링크한다.

어셈블러 옵션은 C컴파일러에서 -Wl을 사용하여 넘겨진다. 예를 들어 C소스 파일 test.c를 컴파일하고 링크하여 실행 파일 test.out을 생성하고 맵 파일 test.map을 생성하려면 다음과 같이 하면 된다.

```
$ avr-gcc -O2 -o test.o -Wl,-Map=test.map -Wl,--crf test.c
```

(4) makefile의 개요

make 유틸리티는 프로그램을 개발할 때 프로그램 그룹의 많은 소스 파일중에서 어느 부분을 새롭게 컴파일해야 하는지를 자동적으로 판단하여 가장 효율적으로 컴파일 및 링크 동작을 수행하는 소프트웨어이다. 즉, 여러개의 소스를 모두 다시 컴파일하지 않고 수정된 내용과 이것이 영향을 미치는 부분만을 재처리함으로써 효율적인 처리가 가능하게 되는 것이다. 이를 위해서는 당연히 각 파일 사이의 관계가 명확히 기술되어야 한다.

makefile은 이러한 make 유틸리티의 처리방식이나 각 파일들의 관계를 배치 파일처럼 프로그램해 놓은 파일이다. makefile은 기본적으로 다음과 같은 3개의 요소로 구성되는 규칙(rule)이 반복적으로 나열된다.

```
target : dependency ...
          command
           ...
```

여기서 목표(target)는 명령(command)이 수행되어 생성되는 결과 파일을 지정하거나 라벨(label) 기능을 수행한다. 의존 관계(dependency) 부분에 정의된 파일의 내용이 바뀌었거나 목표 부분에 해당하는 파일이 없을 때 명령 부분에 정의된 내용들이 차례대로 실행된다. 명령 부분의 행은 반드시 TAB 문자로 시작해야 한다.

예를 들어

```
% avr-gcc -c main.c
% avr-gcc -c read.c
% avr-gcc -c write.c
% avr-gcc -o test.out main.o read.o write.o
```

라고 하면 각 파일 사이의 관계를 규정하지 않고 그냥 컴파일 및 링크를 수행한 것이다. 그러나, 소스 파일이 몇개 정도일 경우에는 이러한 방법을 사용해도 별 문제가 없지만 파일이 많아지면 매우 비효율적으로 된다. 이를 makefile로 처리한다면 아래와 같이 할 수 있다.

```
test.out : main.o read.o write.o
        avr-gcc -o test.out main.o read.o write.o
main.o : io.h main.c
        avr-gcc -c main.c
read.o : io.h read.c
        avr-gcc -c read.c
write.o : io.h write.c
        avr-gcc -c write.c
```

여기서 main.o read.o write.o 부분을 OBJECTS라는 매크로로 바꾸어 처리하면 다음과 같이 된다. 단, 마지막 부분에는 컴파일 및 링크 처리가 끝난 후에 필요없는 오브젝트 파일들을 삭제하는 기능을 추가하였다.

```
OBJECTS = main.o read.o write.o
test.out : $(OBJECTS)
        avr-gcc -o test.out $(OBJECTS)
main.o : io.h main.c
        avr-gcc -c main.c
read.o : io.h read.c
        avr-gcc -c read.c
write.o : io.h write.c
        avr-gcc -c write.c
clean :
        rm $(OBJECTS)
```

이를 이용하여 마지막의 라벨 clean에 해당하는 부분만을 실행하려면 다음과 같이 하면 된다.

```
% make clean
```

이제 여기서는 makefile에 대한 더 이상의 자세한 사항을 설명하는 것은 피하기로 한다. 이것이 필요한 경우가 발생한다면 make에 대한 매뉴얼을 참조하기 바란다. 이 매뉴얼은 인터넷의 http://www.gnu.org/software/make/manual/html_mono/make.html 에서 찾아볼 수 있다.

◀휴게실▶

인텔 HEX 파일의 형식

인텔 HEX 파일은 정확하게 "Intel Hexadecimal Object File Format"이라고 불리며, 마이크로프로세서용의 오브젝트 파일을 ROM 라이터나 ROM 에뮬레이터와 같은 주변장치에게 전송하기 위하여 만든 ASCII 포맷의 파일로서 오늘날 어셈블러나 C컴파일러에서 널리 사용되고 있다. 이 HEX 파일은 8비트 마이크로프로세서용으로 사용되는 16비트 선형 어드레스(linear address) 형식은 물론이고, 8086/8088과 같은 16비트 마이크로프로세서를 위한 20비트 세그먼트 어드레스 형식이나 80386 이상의 32비트의 마이크로프로세서를 위한 32비트 선형 어드레스 형식까지 지원한다. HEX 파일에는 이밖에도 ASCII-Hex 파일 형식, Motorola HEX 파일 형식, Tektronix HEX 파일 형식 등이 있는데, 이것들은 표현 형식이 서로 매우 다른 구조로 되어 있다.

인텔 HEX 파일은 기본적으로 1행으로 되어 있는 많은 레코드(record)들로 구성되며, 각 레코드는 아래 예와 같이 항상 6개의 필드로 구성된다. 인텔 HEX 파이에 사용되는 모든 문자는 ASCII 문자이며, 각 레코드의 끝에는 구분기호(delimiter)로서 캐리지 리턴(0x0D) 및 라인 피드(0x0A) 문자가 추가되어 있으나 사람이 눈에는 보이지 않는다.

다음에 보인 예는 실제 어셈블리 언어 예제 프로그램을 어셈블하여 생성된 인텔 HEX 파일이다. 이를 예로 하여 각 필드의 기능을 설명하기로 한다.

① 레코드의 시작 표시
② 레코드의 길이
③ 데이터가 메모리에 로드되는 시작번지
④ 레코드의 형식(00=계속되는 레코드, 01=마지막 레코드, 02~05=특수 레코드)
⑤ 데이터
⑥ 체크섬

```
:020000020000FC
:1000000011E20FEF1EBF0DBF0FEF04B900E505B9F8
:100010000E94100000EA05B90E9410000C9406002E
:1000200003D004D003D0089524E601C028EC07D003
:1000300006D005D004D003D02A95C9F7089538EC2E
:1000400000003F933F913F933F913F933F913A95FB
:04005000B9F708955F
:00000001FF
```

①은 1문자로 구성되는 Record Mark 필드로서 한 레코드의 시작을 의미한다. 모든 레코드 즉 모든 행은 항상 이 ":" 문자로 시작한다.

②는 2문자로 구성되는 RECLEN(Record Length) 필드로서 이 레코드에 포함된 데이터 바이트 수를 의미한다. 위에서 첫번째 레코드의 경우는 데이터가 2바이트이므로 0x02이며, 그 다음 부터는 16바이트이므로 0x10이다. 마지막 레코드에는 데이터 필드가 없으므로 0x00이다.

③은 4문자로 구성되는 LOAD OFFSET 필드로서 이 레코드의 데이터를 로드하기 시작할 메모리의 오프셋 번지를 16비트로 나타낸다. 그러나, 20비트나 32비트 어드레스 형식에서는 이 레코드의 데이터가 상위 어드레스 비트로 사용된다.

④는 2문자로 구성된 RECTYP(Record Type) 필드로서 레코드의 형식을 나타낸다. 00은 정상적인 데이터 레코드이고, 01은 인텔 HEX 파일의 마지막 레코드를 나타낸다. 02와 03은 20비트 어드레스를 지정하기 위한 레코드이며, 04와 05는 32비트 어드레스를 지정하기 위한 레코드이다. 위의 예에서 첫번째 레코드의 형식이 02로 된 것은 이 레코드에 포함된 데이터 0000이 16비트 어드레스의 상위에 추가되어 20비트를 구성하도록 하기 위한 세그먼트 어드레스 값이라는 것을 나타낸다.

⑤는 DATA 필드로서 ②에서 지정한 길이의 레코드 데이터이다.

⑥은 2문자로 구성되는 체크섬(checksum) 값으로서 이는 레코드에서 ":"를 제외한 ②~⑤ 필드를 모두 더한 총합을 2의 보수로 취한 것으로서 레코드 단위로 전송 에러를 검출하기 위하여 사용된다.

제4장

어셈블리와 C언어 프로그래밍

총 11개의 어셈블리 예제 프로그램

총 100개의 다양한 C언어 예제 프로그램

☞

이 장에서는 ATxmega128A1 AVR 마이크로컨트롤러의 트레이닝 키트 OK-X128A1을 이용하여 사용자가 어셈블리 프로그램과 C언어 프로그램을 작성하는 기술을 구체적으로 공부하기로 한다.

이에 앞서서 먼저 한가지 강조하면 "어셈블리 언어를 공부해야 하는지? 아니면 C언어로 프로그래밍하는 것을 배워야 하는지?"와 같은 어리석은 생각은 이제부터 하지 말기 바란다. 어셈블리 언어와 C언어는 배타적으로 어느 하나만을 배워서 되는 것이 아니다. 그들 각각은 상황과 응용분야에 따라 적합한 쓰임새와 경우가 있으므로 모두 철저히 배우고 익혀서 2가지를 모두 자유자재로 구사할 수 있도록 하는 것이 좋다.

이 책에서는 기본적으로 어셈블리 언어와 C언어를 모두 사용하지만, TFT-LCD 모듈을 디스플레이하는 루틴이나 게임 프로그램, SD 카드 응용 프로그램, MP3 플레이어 프로그램, 각종 확장 모듈 응용 프로그램 등은 알고리즘이 복잡하여 C언어를 사용하는 것이 월등하게 유리하므로 C언어 예제를 좀더 많이 취급한다.

이 장에서는 어셈블리 프로그래밍과 C언어 프로그래밍을 모두 Atmel사에서 무료로 제공하는 AVR Studio에서 수행한다. 단, C언어를 사용하려면 컴퓨터에 미리 WinAVR을 설치해 두어야 하며, 그러면 AVR Studio가 내부적으로 WinAVR을 불러서 사용한다. 그리고, 작성된 사용자 프로그램의 HEX 파일을 OK-X128A1 키트에 다운로드하는데는 AVR Studio에서 AVRISP mkII를 사용한다.

4.1 ATxmega128A1 어셈블리 프로그램 기초

이 절에서는 퍼스널컴퓨터에 Atmel사의 AVR Studio와 매크로 어셈블러를 사용하여 어셈블리 언어로 사용자 프로그램을 작성하고 이를 번역하여 생성된 인텔 HEX 파일을 *OK-X128A1* 키트에 다운로드하고 실행하는 방법을 익힌다.

관련 내용	(1) 제3.1절 *OK-X128A1* 키트의 구조와 기능 (2) 제3.2절 AVR ISP 다운로드 케이블의 사용 (3) 제3.3절 AVR Studio와 WinAVR의 설치 (4) 제3.4절 AVR Studio의 매크로 어셈블러

1. 프로그래밍 실습을 시작하기 전에

이제부터 ATxmega128A1의 프로그래밍 실습을 시작하기 전에 독자 여러분은 앞에서 제1장부터 제3장까지를 충분히 읽고 그 내용을 최대한 이해하도록 노력해야 한다. 지금으로서는 여러분이 이 부분의 내용들을 모두 이해하는 것은 매우 어렵겠지만, 그렇다고 하더라도 제1장에서 ATxmega128A1의 기본적인 구조와 기능이나 제3장에서 *OK-X128A1* 키트의 개략적인 구조와 이에 필요한 소프트웨어들의 구성 및 설치에 대하여는 충분히 알아야만 앞으로의 실습을 제대로 진행할 수 있다. 또한, 실제로 *OK-X128A1* 키트를 옆에 두고 수시로 관찰하면서 눈에 보이는 기본적인 구조를 익혀두는 것이 좋다. 지금 책이나 키트에서 이해가 잘 되지 않는 부분들은 이제부터 점차적으로 한가지씩 익혀나가면 된다. 이 책에서는 동일한 기능을 어셈블리 언어와 C언어로 처리하는 방법을 제시하지만, 연산이 많이 사용되거나 난이도가 높아 어셈블리 언어로 구현하기 어려운 프로그램은 C언어 예제로만 제공한다.

이제 여러분은 이 책과 함께 *OK-X128A1* 키트를 이용하여 ATxmega128A1 마이크로컨트롤러를 익히려는 첫걸음 단계에서 다음과 같은 경귀를 항상 염두에 두기 바란다. 그러나, 처음부터 설계와 프로그래밍이 내 뜻대로 쉽게 되지는 않는다. 남의 것을 보는데서 출발하여 기초를 충분히 닦고 정석(定石)대로 따라하다 보면 스스로 능력과 개성을 발휘할 때가 오는 것이니, **무릇 창조(創造)는 모방(模倣)에서 출발하느니라**. 기초를 닦아야 할 때 행여 재주를 부리려고 나서지 말아야 한다.

① **百聞이 不如一見**	:	백번 듣는 것보다 내 눈으로 한번 직접 보는 것이 나으니라.
② **百見이 不如一打**	:	백번 보는 것보다 내 손으로 한번 직접 키보드를 쳐보는 것이 나으니라.
③ **百打가 不如一作**	:	백번 키보드를 치는 것보다 내 머리로 한번 직접 설계하거나 프로그램을 작성해 보는 것이 나으니라.

마이크로컨트롤러를 배우고는 싶은데 꾸준히 공부를 계속하지 못한다면 그것은 아마도 2가지중의 하나다. 하나는 공부 방법이 잘못된 경우이다. 재미가 없는데 열심히 꾸준히 공부가 될 수가 없다. 마이크로컨트롤러 공부가 재미있으려면 책만 보지 말고 **좋은 키트를 가지고 프로그래밍 실습을 병행해야 한다**. 책을 읽으면서 이해가 안되는 부분은 키트에서 프로그래밍 실습으로 보충하고 프로그램 작성 과정에서 풀리지 않는 의문은 책에서 찾아내야 한다.

또 하나는 마음이 나약하여 쉽게 지치고 포기하는 경우다. 그러나, 만약 여러분의 마음이 독하지 못하여 **작심삼일(作心三日)이면 3일마다 작심(作心)하라**. 프로그램에서 그 의미를 모른다면 비록 1개의 명령이라도 사용하지 마라. 남의 프로그램을 읽을 때 단 한 줄이라도 이해가 안되는 부분이 있으면 그 다음 줄로 넘어가지 마라. 오늘 밤 내가 공부하다가 **모르면 잠을 자지 마라**. 하나하나 나무를 찾아 이해하려고 밤늦도록 노력하다 보면 나중에는 어느 순간 갑자기 숲을 훤하게 내려다볼 수 있게 된다.

2. 어셈블리 언어 프로그램의 작성 및 실행 방법

이제부터 여러분이 어셈블리 언어 프로그램을 작성하려면 제3.3절의 설명에 따라서 AVR Studio와 이 책의 어셈블리 언어 예제 프로그램이 퍼스널컴퓨터에 설치되어 있어야 하며, 올바른 동작이 확인된 *OK-X128A1* 키트와 AVRISP mkII 다운로드 케이블을 가지고 있어야 한다.

AVR Studio에서는 모든 프로그램 작성을 프로젝트 단위로 관리하므로 모든 예제 프로그램마다 이를 관리하는 별도의 프로젝트를 만들어야 한다. 그러나, 많은 예제 프로그램을 다루는 경우에는 그렇게 하면 프로젝트의 수가 너무 많아서 취급하기에 불편하므로 이 책에서는 하나의 프로젝트만을 만들어 놓고 필요할 때마다 여기에 다른 프로그램을 등록시키는 방법을 사용하기로 한다. 이제부터 이 책의 모든 어셈블리 언어 예제 프로그램은 프로젝트 ATxmega128A1asm.aps의 내부에 등록하여 사용하기로 한다.

(1) AVR Studio에서 어셈블리 언어 프로그램 작성의 기본

① 바탕화면에 있는 AVR Studio의 바로가기 아이콘을 눌러서 이 프로그램을 실행하면 <그림 4.1.1>과 같이 AVR Studio 안으로 들어간다. 대부분의 경우는 오른쪽의 I/O View 창을 없애고 <그림 4.1.2>처럼 화면을 구성하여 사용한다.

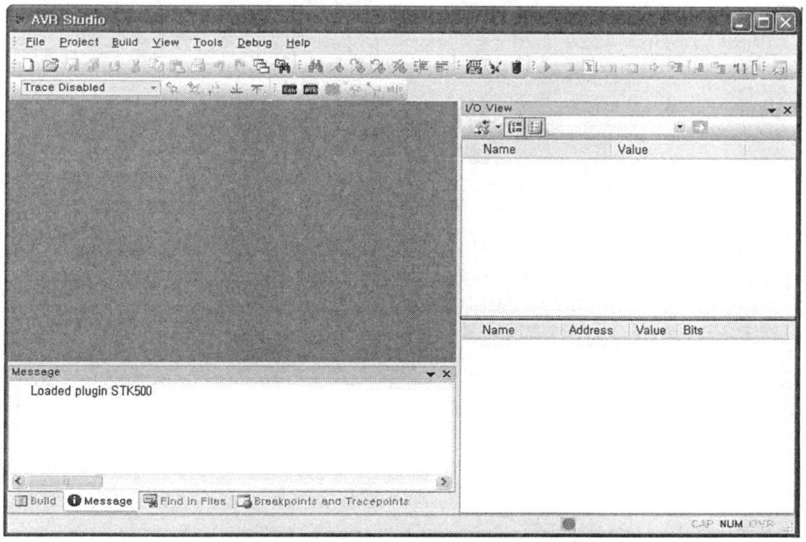

〈그림 4.1.1〉 AVR Studio에 들어갔을 때의 초기화면

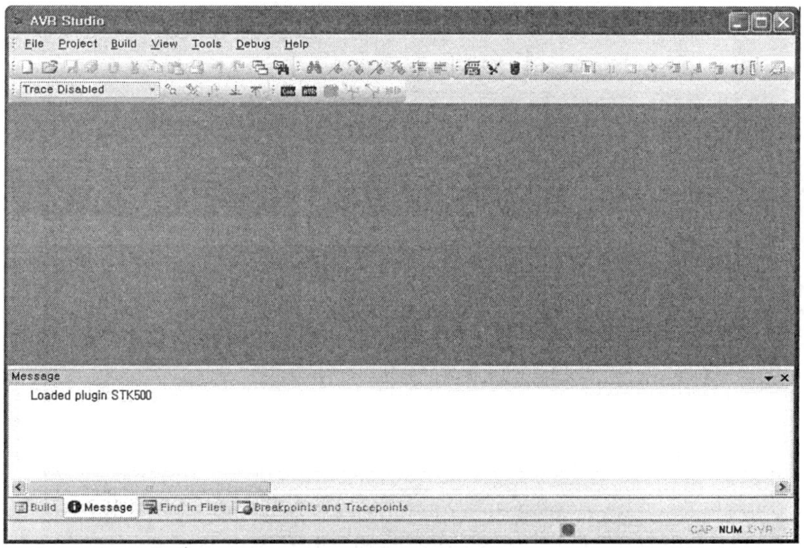

〈그림 4.1.2〉 I/O View를 없애고 편집창을 넓게 사용하는 화면

② 이 상태에서 기존에 작성되어 있던 프로젝트를 불러오려면 <그림 4.1.3>과 같이 Project → Open Project 메뉴를 실행하여 <그림 4.1.4>의 선택창이 나타나도록 하고, 여기서 C:\Atmel\OK-X128A1asm 폴더를 찾아가 프로젝트 ATxmega128A1asm.aps를 선택하면 된다.

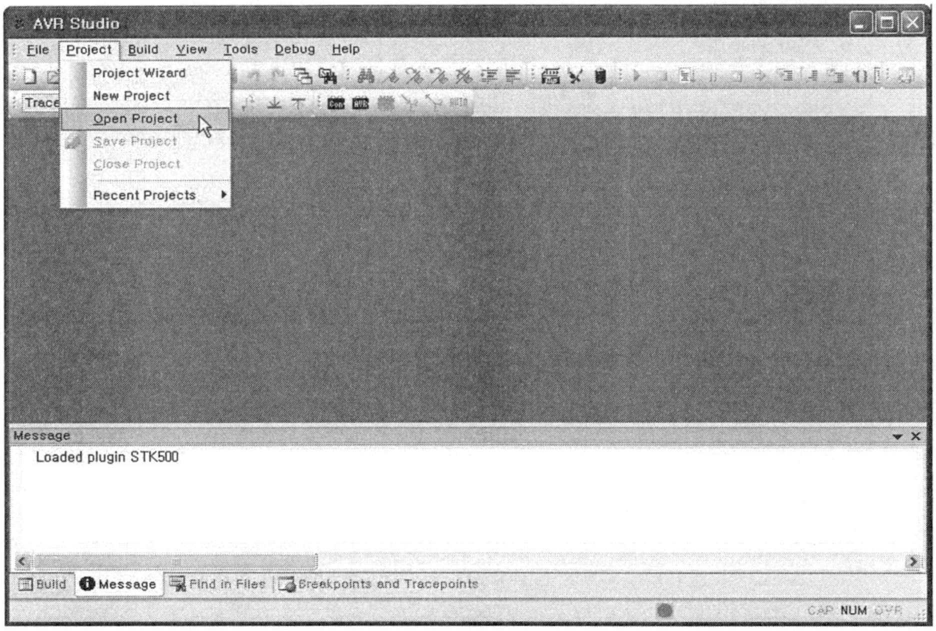

〈그림 4.1.3〉 기존의 어셈블리 언어 프로젝트를 불러오기

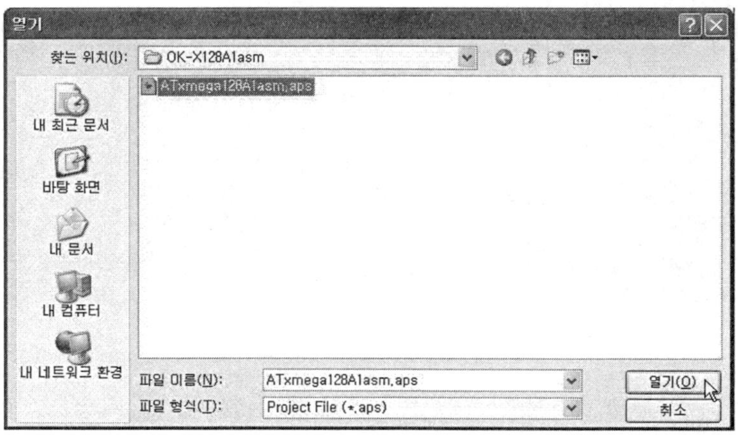

〈그림 4.1.4〉 기존의 어셈블리 언어 프로젝트를 선택

③ 더 좋은 방법으로는 AVR Studio의 바로가기 아이콘을 눌러 첫번째로 나타나는 <그림 4.1.5>의 화면에서 C:\Atmel\OK-X128A1asm\ATxmega128A1asm.aps를 선택하고 Load 버튼을 누르는 것이다. 그러면 AVR Studio가 실행되면서 바로 해당 프로젝트가 화면에 불러진다.

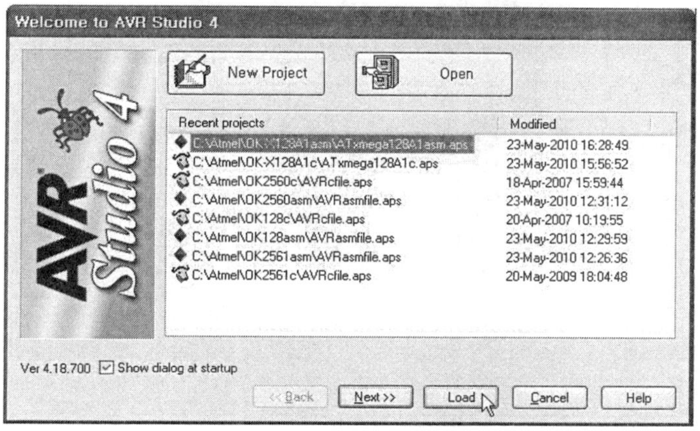

〈그림 4.1.5〉 AVR Studio를 시작할 때 나타나는 프로젝트 선택창

④ 이보다 더 좋은 권장할만한 방법으로는 <그림 4.1.6>처럼 퍼스널컴퓨터 운영체제의 윈도우 탐색기에서 C:\Atmel\OK-X128A1asm\ 폴더를 찾아 ATxmega128A1asm.aps 파일을 더블 클릭함으로써 이를 곧바로 실행하는 것이다.

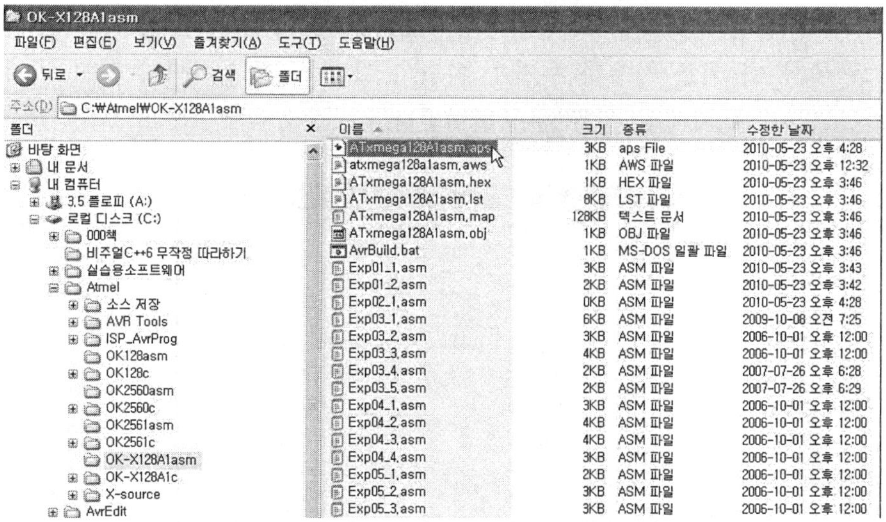

<그림 4.1.6〉 윈도우 탐색기에서 프로젝트 파일 ATxmega128A1asm.aps를 직접 실행

⑤ 이와 같이 프로젝트를 불러오면 <그림 4.1.7>과 같이 이 프로젝트에 등록된 소스가 편집창에 나타난다.

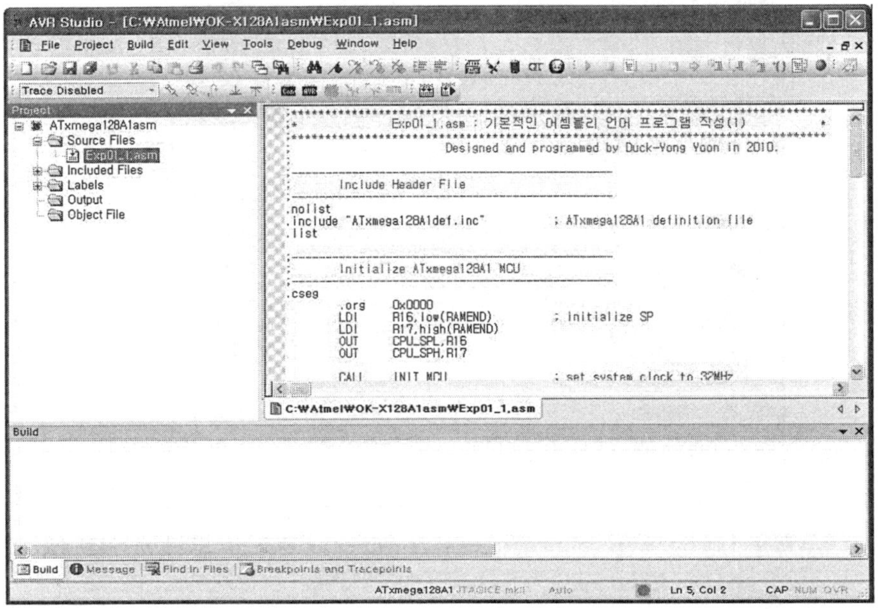

〈그림 4.1.7〉 원하는 어셈블리 언어 프로젝트를 불러온 화면

⑥ 편집창에서 소스 프로그램을 작성할 때 화면의 텍스트를 보기 좋게 사용하려면 <그림 4.1.8>에 보인 바와 같이 Tools → Options → Editor 메뉴에서 Font Size가 10, Tabwidth가 8로 설정되어 있는지 확인한다. Tabwidth를 이와 다른 값으로 설정하면 소스 프로그램에서 탭 키를 사용하는 경우 화면의 컬럼이 잘 정돈되지 않고 지저분해지므로 소스를 읽을 때 가독성(可讀性)이 떨어진다.

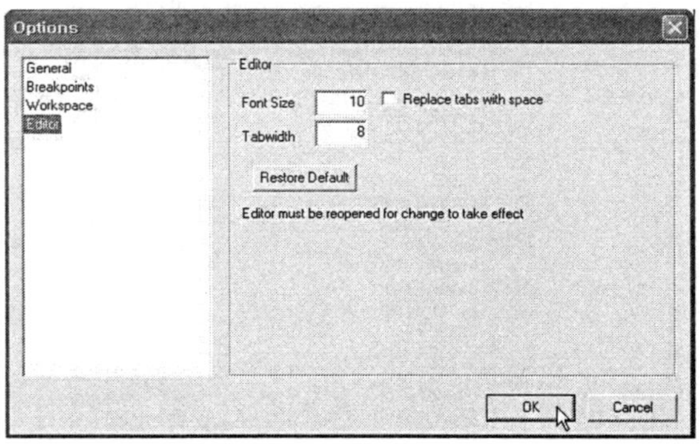

〈그림 4.1.8〉 AVR Studio의 기본 옵션 설정

⑦ 또한 <그림 4.1.9>에 보인 바와 같이 Edit → Font and Color 메뉴에서 소스 프로그램의 각 요소별로 문자 폰트나 색깔을 다르게 설정하면 편집창 화면의 가독성을 더욱 좋게 할 수도 있다.

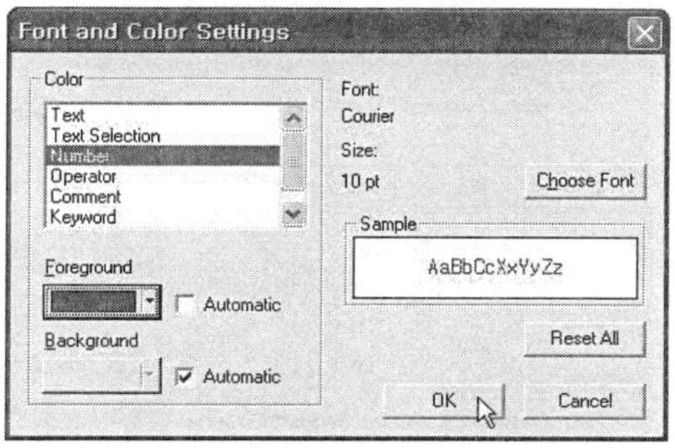

〈그림 4.1.9〉 AVR Studio에서의 폰트 및 색깔 지정

(2) 어셈블리 언어 예제 프로젝트에서 소스 프로그램을 교체 등록

이제부터 이 책의 모든 어셈블리 언어 예제는 프로젝트 ATxmega128A1asm.aps에 등록하여 사용하게 된다. 앞에서도 설명했던 바와 같이 모든 예제 프로그램마다 이를 관리하는 프로젝트를 만들게 되면 많은 예제 프로그램을 다루는 경우에는 프로젝트의 수가 너무 많아서 사용하기에 불편하므로, 이 책에서는 모든 어셈블리 언어 예제 프로그램에 대하여 하나의 공통적인 프로젝트 ATxmega128A1asm.aps를 만들어 놓고 필요할 때마다 여기에 다른 프로그램을 등록시키는 방법을 사용하기로 한다.

① <그림 4.1.7>처럼 화면 좌측의 프로젝트창에서 현재 이 프로젝트에 등록되어 있는 예제 프로그램 소스 파일의 이름을 확인한다. 현재 등록되어 있는 Exp01_1.asm 파일을 이제부터 새로운 예제 파일 Exp01_2.asm으로 교체 등록하기로 한다.

프로젝트창에서 Source Files의 버튼 위에 마우스 커서를 올려놓고 오른쪽 버튼을 누르면 <그림 4.1.10>과 같이 현재의 프로젝트에 새로운 소스 파일을 추가할 수 있는 팝업창이 뜬다. 여기서 Add Existing Source File(s)... 메뉴를 클릭하면 <그림 4.1.11>과 같이 팝업창에 새로 등록할 어셈블리 언어 예제 소스 파일의 리스트가 나타나는데, 여기에서 C:\Atmel\OK-X128A1asm\ 폴더를 찾아서 자신이 원하는 Exp02_1.asm 파일을 선택하고 열기(O) 버튼을 누른다.

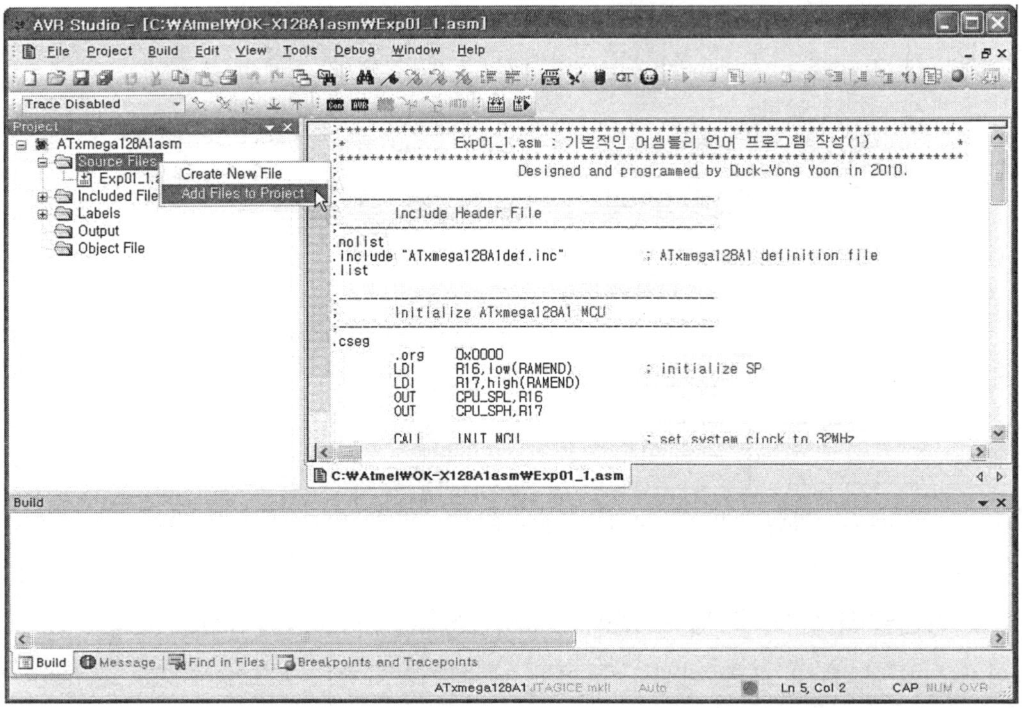

〈그림 4.1.10〉 현재의 어셈블리 언어 프로젝트에 새로운 소스 파일을 추가

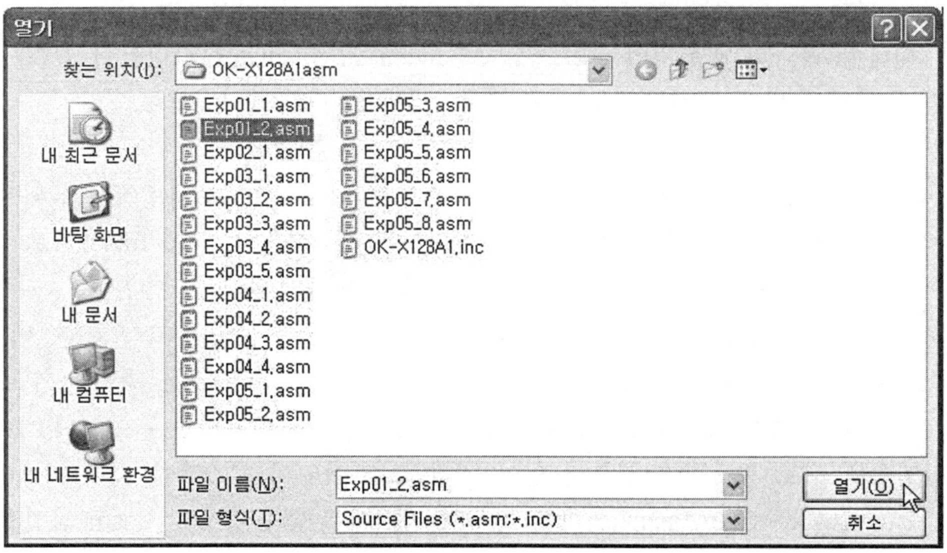

〈그림 4.1.11〉 현재의 어셈블리 언어 프로젝트에 새로 추가할 소스 파일의 리스트

② 그러면 현재의 어셈블리 언어 프로젝트에는 전에 사용하였던 Exp01_1.asm 파일과 새로 추가한 Exp01_2.asm 파일 등 2개의 예제 파일이 등록되어 있게 된다.

어셈블리 언어 프로젝트에서는 1개의 주 파일(Entry File)과 나머지 파일들로 구성될 수 있다. 하나의 프로그램이 구성되려면 나머지의 파일들은 없어도 되지만 반드시 1개의 주 파일은 있어야 한다. 현재는 Exp01_1.asm 파일이 주 파일로 되어 있는데, 이제 <그림 4.1.12>처럼 파일명 Exp01_2.asm의 위에 오른쪽 마우스 버튼을 클릭하고 Set As Entry File 메뉴를 선택하여 주 파일을 Exp01_2.asm 파일로 변경해야 한다.

그러면 이제 Exp01_1.asm 파일은 현재의 프로젝트에서 필요 없으므로 등록을 해제해야 한다. 등록을 해제하려는 Exp01_1.asm 파일명 위에 마우스 커서를 올려놓고 오른쪽 버튼을 누르면 <그림 4.1.13>과 같이 파일을 제거할 수 있는 팝업창이 뜬다. 여기서 Remove File from Project 메뉴를 클릭하면 이 파일이 현재의 프로젝트에서 등록이 해제된다.

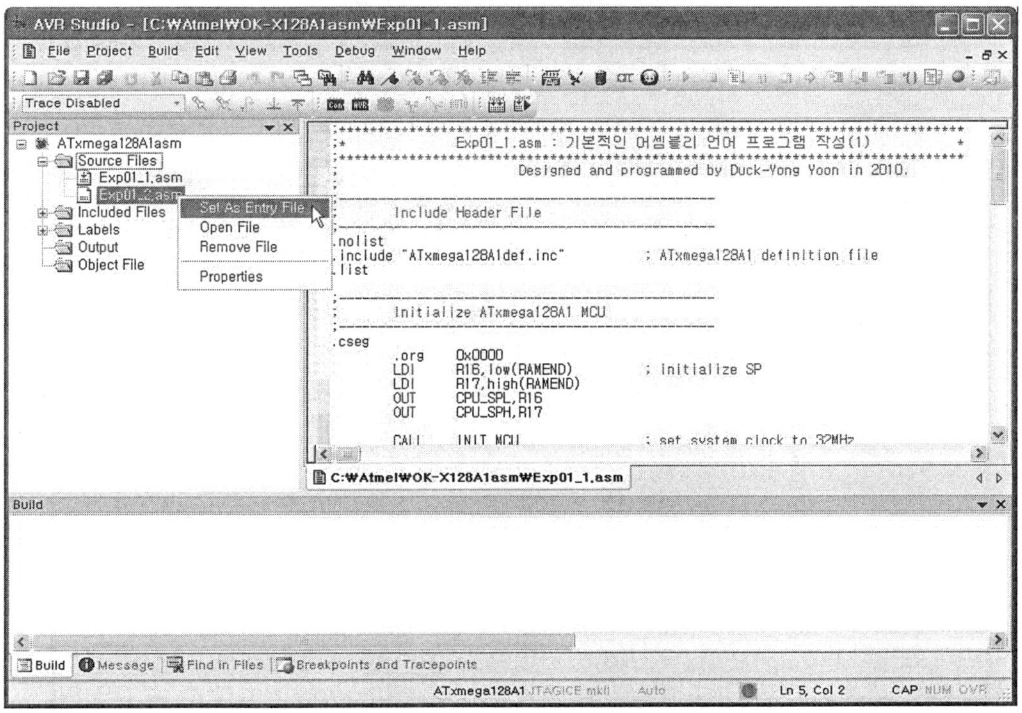

〈그림 4.1.12〉 현재의 어셈블리 언어 프로젝트에서 새로운 주 파일을 지정

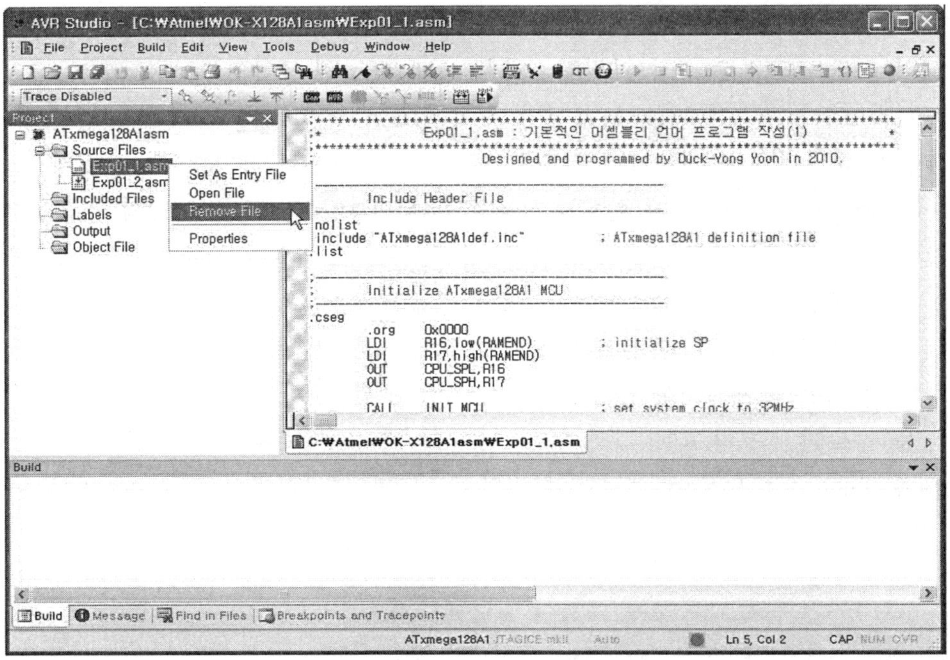

〈그림 4.1.13〉 현재의 어셈블리 언어 프로젝트에서 필요 없는 파일의 등록 해제

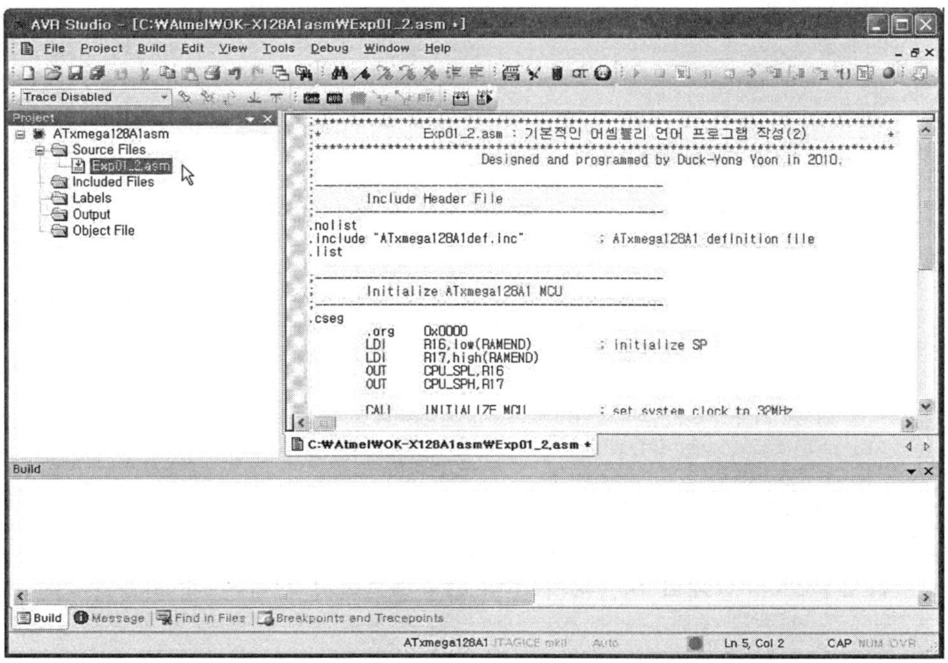

〈그림 4.1.14〉 현재의 어셈블리 언어 프로젝트에 교체 등록된 소스 파일의 편집

③ 이제 현재의 프로젝트에 유일하게 남아있는 예제 파일 Exp01_2.asm을 클릭하면 오른쪽의 작업창에 <그림 4.1.14>와 같이 이 파일의 내용이 나타나므로 이를 편집하거나 어셈블할 수 있다.

④ 사용자 프로그램의 편집이 끝났으면 Build → Build 메뉴를 누르거나 해당 버튼 또는 F7 키를 눌러 어셈블을 수행한다.

⑤ 만약 이때 에러가 발생하지 않았다면 소스 프로그램이 정상적으로 어셈블되어 C:\Atmel\OK-X128A1asm\ 폴더에 ATxmega128A1asm.hex 파일이 생성된다. 이 HEX 파일은 이 책에서 사용하는 어떤 어셈블리 언어 예제 프로그램을 어셈블하더라도 항상 동일하게 ATxmega128A1asm.hex라는 이름으로 만들어지는 것에 유의해야 한다. 이제 이를 *OK-X128A1* 키트에 다운로드하여 실행하면 된다.

(3) 어셈블리 언어 프로젝트에서 신규 예제 파일을 작성하여 등록

현재의 어셈블리 언어 프로젝트 ATxmega128A1asm.aps에 기존에 만들어져 있는 소스 파일을 등록하는 것이 아니라 새로운 예제 파일을 작성하면서 등록하는 방법도 많이 사용된다. 이때도 물론 기존에 이 프로젝트에 등록되어 있던 예제 파일은 등록을 해제하여야 한다.

① AVR Studio의 프로젝트창에서 Source Files의 버튼 위에 마우스 커서를 올려놓고 오른쪽 버튼을 누르면 <그림 4.1.15>와 같이 현재의 프로젝트에서 새로운 소스 파일을 작성할 수 있는 팝업창이 뜬다. 여기서 Create New Source File... 메뉴를 클릭하면 <그림 4.1.16>과 같이 새로 작성할 소스 파일명을 입력하는 팝업창이 나타나는데, 여기에서 C:\Atmel\OK-X128A1asm\ 폴더에 새로 작성하기를 원하는 파일명을 이를테면 Exp01_test.asm으로 입력하고 OK 버튼을 누른다.

② 그러면 화면 오른쪽의 작업창에는 새로운 파일을 작성할 수 있는 빈 영역이 만들어지고 이 파일명 Exp01_test.asm이 왼쪽의 프로젝트창에 새로 등록된다.

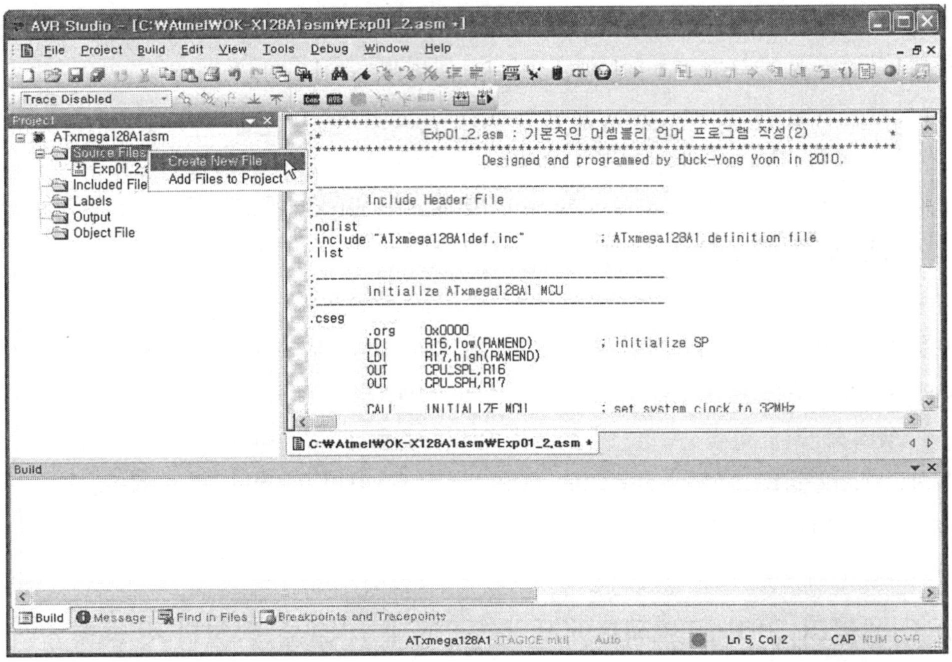

〈그림 4.1.15〉 현재의 어셈블리 언어 프로젝트에서 새로운 소스 파일을 작성

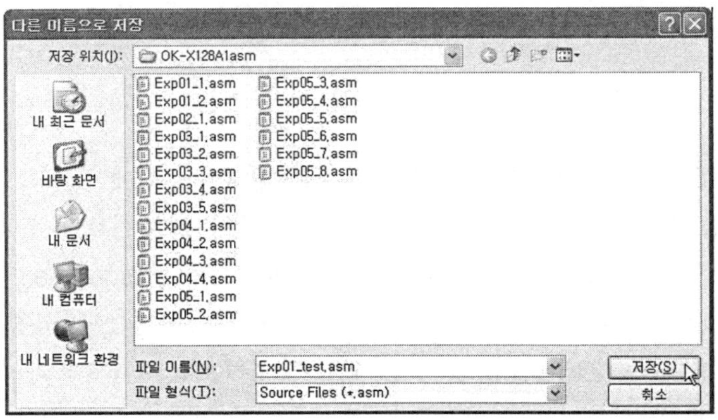

〈그림 4.1.16〉 현재의 어셈블리 언어 프로젝트에서 새로 작성할 소스 파일명을 입력

③ 그럼 이제 기존에 등록되어 있던 파일 Exp01_2.asm은 현재의 프로젝트에서 더 이상 필요 없으므로 등록을 해제해야 한다. 먼저 <그림 4.1.17>처럼 Exp01_test.asm 파일을 주 파일로 변경하고, <그림 4.1.18>과 같이 Exp01_2.asm 파일명 위에 마우스 커서를 올려놓고 오른쪽 버튼을 눌러 파일 제거 팝업창이 떴을 때 Remove File from Project 메뉴를 클릭하면 이 파일이 현재의 프로젝트에서 등록이 해제된다.

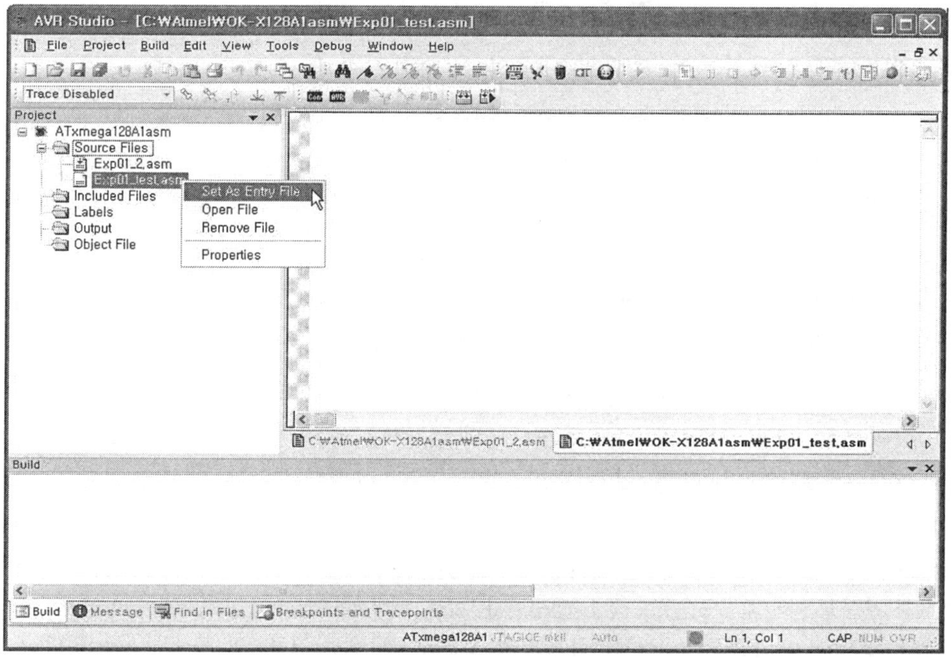

〈그림 4.1.17〉 현재의 어셈블리 언어 프로젝트에서 새로운 주 파일을 지정

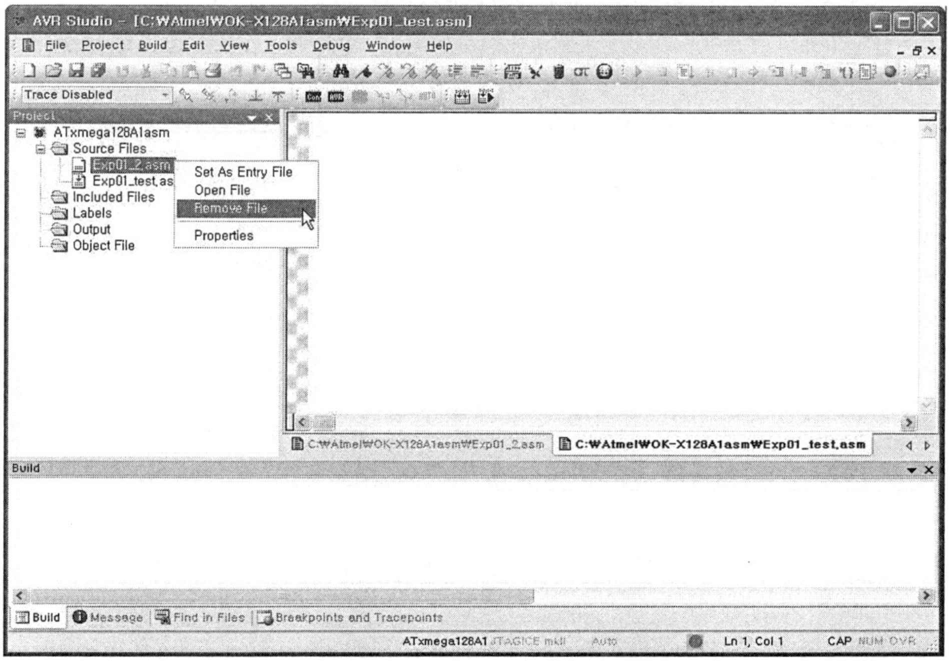

〈그림 4.1.18〉 현재의 프로젝트에서 필요 없는 파일의 등록 해제

④ 이제 현재의 프로젝트에는 신규로 작성되어 등록된 파일 Exp01_test.asm만 존재하므로 오른쪽의 작업창에서 파일의 내용을 입력하거나 수정할 수 있다.

⑤ 새로운 사용자 프로그램의 입력 및 편집이 끝났으면 Build → Build 메뉴를 누르거나 해당 버튼 또는 F7 키를 눌러 어셈블을 수행한다.

⑥ 만약 이때 에러가 발생하지 않았다면 소스 프로그램이 정상적으로 어셈블되어 C:\Atmel\OK-X128A1asm\ 폴더에 ATxmega128A1asm.hex 파일이 생성된다. 그러나, 만약 어셈블 과정에서 어떤 에러가 발생하였다면 이는 입력된 프로그램 소스에 오류가 있었던 것이므로 화면 하단의 Messages 창에 나타나는 에러 메시지를 보고 소스를 수정하여 다시 어셈블하면 된다.

◀참고▶ 소스를 입력할 때는 모든 내용을 일일이 키보드에서 입력하지 말고 필요하다면 기존의 파일에서 필요한 부분을 복사해 오는 것도 좋은 방법이다. 이를 위해서는 현재의 프로젝트에 여러개의 소스 파일을 등록해 놓고 그 파일들을 찾아다니면서 필요한 부분을 블록으로 지정하여 복사해 오는 것이 좋다. 이러한 편집작업이 완료되고 나면 이제 필요 없는 파일들은 프로젝트에서 등록을 해제하여 제거하면 된다.

또한 기존의 파일과 상당히 유사한 파일을 신규로 작성할 때는 이를 새로 만들기 보다 Windows 운영체제에서 그 파일을 원하는 새로운 이름으로 C:\Atmel\OK-X128A1asm\ 폴더에 복사하여 놓은 다음에 이를 현재의 프로젝트에 교체 등록하고 수정하여 편집하면 편리하다.

(4) 사용자 프로그램을 *OK-X128A1* 키트에 다운로드하여 실행

이와 같이 ATxmega128A1asm.aps 프로젝트에서 사용자 어셈블리 언어 예제 프로그램을 작성하고 어셈블하여 아무 에러도 발생하지 않고 정상적으로 어셈블되었으면 이제는 이를 *OK-X128A1* 키트에 다운로드하여 실행한다. 다운로드할 실행 파일인 인텔 HEX 파일은 항상 C:\Atmel\OK-X128A1asm\ATxmega128A1asm.hex 파일이다.

이 책에서는 기본적으로 다운로드 케이블로 USB 포트형의 AVRISP mkII를 사용하며 다운로드 프로그램으로는 AVR Studio를 사용한다. 이것들을 사용하는 방법에 대하여는 제3.2절에서 자세하게 설명하였으니 참조하라.

3. 비능률적인 어셈블리 언어 프로그래밍

먼저 일반적인 방법으로 *OK-X128A1* 키트에서 실행하기 위한 프로그램을 작성하여 보기로 한다. 그러나, 이러한 방법은 모든 예제에서 필요할 때마다 상당히 많은 분량의 동일한 서브루틴들을 반복하여 사용해야 하므로 매우 불편하고 비능률적인 프로그래밍 방법이라는 것을 곧 알게 된다.

첫번째의 어셈블리 언어 예제 프로그램은 *OK-X128A1* 키트에서 LED1, LED3과 LED2, LED4를 교대로 500ms의 시간 간격으로 점멸하는 프로그램 Exp01_1.asm이다. AVR Studio에서 이 예제 파일을 기본 작업 프로젝트 ATxmega128A1asm.aps에 등록하라.

〈프로그램 Exp01_1.asm〉 LED를 점등하는 예제(1)

```
;*******************************************************************************
;*            Exp01_1.asm : 기본적인 어셈블리 언어 프로그램 작성(1)             *
;*******************************************************************************
;                  Designed and programmed by Duck-Yong Yoon in 2010.
;
;-----------------------------------------------
;       Include Header File
;-----------------------------------------------
.nolist
.include "ATxmega128A1def.inc"          ; ATxmega128A1 definition file
.list

;-----------------------------------------------
;       Initialize ATxmega128A1 MCU
;-----------------------------------------------
.cseg
        .org    0x0000
        LDI     R16,low(RAMEND)         ; initialize SP
        LDI     R17,high(RAMEND)
        OUT     CPU_SPL,R16
        OUT     CPU_SPH,R17

        CALL    INIT_MCU                ; set system clock to 32MHz

;-----------------------------------------------
;       Blink LED1/3 and LED2/4
;-----------------------------------------------
LOOP:   LDI     R16,0b00000101          ; LED1 and LED3 on
        STS     PORTH_OUT,R16
        CALL    D500MS
        LDI     R16,0b00001010          ; LED2 and LED4 on
        STS     PORTH_OUT,R16
        CALL    D500MS
        JMP     LOOP

;-----------------------------------------------
;       Initialize MCU(System Clock = 32MHz)
;-----------------------------------------------
INIT_MCU:LDI    R16,0xCB                ; frequency 16MHz, start-up time 16K CLK
        STS     OSC_XOSCCTRL,R16
        LDI     R16,0xC2                ; source X-tal, multiplication factor = 2
        STS     OSC_PLLCTRL,R16
        LDI     R16,0x18                ; enable X-tal and PLL
        STS     OSC_CTRL,R16
INIT_MCU1:LDS   R16,OSC_STATUS          ; wait X-tal and PLL ready
        ANDI    R16,0x18
        CPI     R16,0x18
        BRNE    INIT_MCU1
        LDI     R16,0xD8
        OUT     CPU_CCP,R16
        LDI     R16,0x04                ; select clock source PLL(16MHz * 2 = 32 MHz)
        STS     CLK_CTRL,R16
```

```
        LDI     R16,0x0F                ; initialize PORTH0-3 = output
        STS     PORTH_DIR,R16
        RET

;---------------------------------------------------
;       Delay Subroutine for 32MHz System Clock
;---------------------------------------------------
D500MS: RCALL   D100MS                  ; delay 500ms
        RCALL   D200MS
        RCALL   D200MS
        RET

D100MS: LDI     R18,100
        RJMP    BASE1MS
D200MS: LDI     R18,200
BASE1MS:RCALL   D200US                  ; 200 us
        RCALL   D200US                  ; 200 us
        RCALL   D200US                  ; 200 us
        RCALL   D200US                  ; 200 us
        RCALL   D200US                  ; 200 us
        DEC     R18
        BRNE    BASE1MS                 ; (total = 1 ms)
        RET

D200US: LDI     R19,200                 ; delay 200us
BASE1US:PUSH    R19                     ; 1
        NOP                             ; 1
        POP     R19                     ; 2
        PUSH    R19                     ; 1
        NOP                             ; 1
        POP     R19                     ; 2
        PUSH    R19                     ; 1
        NOP                             ; 1
        POP     R19                     ; 2
        PUSH    R19                     ; 1
        NOP                             ; 1
        POP     R19                     ; 2
        PUSH    R19                     ; 1
        NOP                             ; 1
        POP     R19                     ; 2
        PUSH    R19                     ; 1
        NOP                             ; 1
        POP     R19                     ; 2
        PUSH    R19                     ; 1
        NOP                             ; 1
        POP     R19                     ; 2
        NOP                             ; 1
        DEC     R19                     ; 1
        BRNE    BASE1US                 ; 2 (total 32 cycles = 1 us)
        RET
```

☞ 어셈블리 언어 프로그램의 서두에서는 항상 인클루드 파일 "ATxmega128A1def.inc"를 인클루드시켜 주어야 한다. 이것은 ATxmega128A1 마이크로컨트롤러의 I/O 레지스터와 같은 여러가지 요소의 명칭들을 정의한 파일인데, AVR Studio에서 기본으로 제공하는 것이며 그 내용은 제3.4절에서 설명하였다. 이 인클루드 지시어의 앞과 뒤에는 각각 nolist와 list 지시어를 사용하여 어셈블 후에 생성되는 리스팅 파일에는 이 인클루드 파일의 내용이 포함되지 않도록 하였다.

서브루틴이나 인터럽트를 사용하는 프로그램에서는 반드시 스택이 사용되므로 프로그램이 시작될 때 항상 스택 포인터 SP의 값을 지정해 주어야 한다. *OK-X128A1*에서는 스택으로 내부 SRAM의 마지막 번지인 0x3FFF부터 그 아래 영역을 사용하는 것으로 한다. 이를 위해 프로그램의 서두에서 SP 레지스터에 ATxmega128A1def.inc 파일에서 0x3FFF 값으로 정의되어 있는 상수 RAMEND를 부여하였다. 그러나, 스택 영역의 아래쪽 끝이 어디까지인지는 정해져 있지 않으며, 사용자가 데이터 메모리 영역을 사용할 때 적절한 스택 메모리의 크기를 가정하고 나머지 부분을 사용하면 되는 것이다.

*OK-X128A1*에서 LED1~LED4는 각각 포트H의 PH0~PH3 단자에 연결되어 있고, KEY1~KEY4는 각각 포트H의 PH4~PH7 단자에 연결되어 있다. 따라서, 포트H를 사용하려면 먼저 PORTH_DIR 레지스터를 0x0F로 초기화하여야 한다.

이 예제에서는 프로그램의 내용을 이해하는 것도 중요하지만, 일단 ATxmega128A1 마이크로컨트롤러에서 어셈블리 언어 프로그램을 작성하는 기본적인 구조를 이해하는데 주력하고, 어셈블리 언어 프로그램을 작성하고, 어셈블하며, HEX 파일을 다운로드하여 실행하는 절차에 더 신경을 쓰기 바란다.

이 소스 프로그램을 현재의 ATxmega128A1asm.aps 프로젝트에 등록하고 이를 어셈블하라. 만약 어셈블 과정에서 어떤 에러가 발생하였다면 프로그램 소스에서 오류가 있었던 것이므로 화면 하단의 Messages 창에 나타나는 에러 메시지를 보고 소스를 수정하여 다시 어셈블하라.

이제 정상적으로 어셈블이 수행되었으면 ATxmega128A1asm.hex 파일이 생성되었을 것이니 이를 *OK-X128A1* 키트에 다운로드하여 실행하라.

4. 능률적인 어셈블리 언어 프로그래밍

앞에서 공부한 어셈블리 언어 예제는 아주 간단한 기능을 수행하는 프로그램이지만 소스가 상당히 길다. 이 프로그램에는 핵심적인 기능을 수행하는 메인 루틴 이외에 마이크로컨트롤러에 대한 기본 설정 부분이나 시간지연 루틴과 같은 여러가지 서브루틴들이 사용되기 때문이다.

그러나, 이러한 기본적인 설정이나 시간지연 기능을 수행하는 서브루틴들은 단지 이 예제 프로그램 뿐만 아니라 앞으로 대부분의 어셈블리 언어 예제 프로그램에서도 마찬가지로 필요하다. 그때마다 사용자 프로그램에 이러한 서브루틴들을 모두 포함하도록 직접 입력하는 것은 상당히 힘들고 지루한 비능률적인 작업이 될 수 있다. 이를 쉽게 해결하려면 항상 기본적으로 사용되는 공통적인 서브루틴들을 모아서 별도의 파일로 만들어놓고 이를 필요할 때마다 인클루드하여 주면 된다.

여기서는 이러한 공통적인 서브루틴들을 사용하여 앞의 Exp01_1.asm 예제 프로그램들을 간단하게 다시 작성하여 보기로 한다. 여기서 기본적인 정의 부분과 공통 서브루틴들은 모두 사용자 인클루드 파일 OK-X128A1.inc에 포함되어 있다. 이들 2개의 프로그램 Exp01_1.asm과 Exp01_2.asm을 서로 비교하여 보라. 그러면 여러분은 전체 프로그램이 얼마나 간단해졌는지를 뚜렷이 느낄 수 있을 것이며, 따라서 프로그램을 작성하고 입력하는 시간이 크게 절감되는 것을 이해할 수 있을 것이다.

〈프로그램 Exp01_2.asm〉 LED를 점등하는 예제(2)

```
;******************************************************************************
;*            Exp01_2.asm : 기본적인 어셈블리 언어 프로그램 작성(2)               *
;******************************************************************************
;                        Designed and programmed by Duck-Yong Yoon in 2010.
;
;-------------------------------------------------
;       Include Header File
;-------------------------------------------------
.nolist
.include "ATxmega128A1def.inc"          ; ATxmega128A1 definition file
.list

;-------------------------------------------------
;       Initialize ATxmega128A1 MCU
;-------------------------------------------------
.cseg
        .org    0x0000
        LDI     AL,low(RAMEND)          ; initialize SP
        LDI     AH,high(RAMEND)
        OUT     CPU_SPL,AL
        OUT     CPU_SPH,AH

        CALL    Initialize_MCU          ; initialize ATxmega128A1 MCU

;-------------------------------------------------
;       Blink LED1/3 and LED2/4
;-------------------------------------------------
LOOP:   LDI     AL,0b00000101           ; LED1 and LED3 on
        STS     PORTH_OUT,AL
        CALL    Delay500ms
        LDI     AL,0b00001010           ; LED2 and LED4 on
        STS     PORTH_OUT,AL
        CALL    Delay500ms
        JMP     LOOP

;-------------------------------------------------
;       Include User Subroutine File
;-------------------------------------------------
.include "OK-X128A1.inc"                ; OK-X128A1 user subroutine file
```

이를 ATxmega128A1asm.aps 프로젝트에 등록하여 어셈블하고 *OK-X128A1* 키트에 다운로드하여 실행하여 보라. 앞의 예제 프로그램 Exp01_1.asm과 동일한 실행 결과를 볼 수 있는가?

5. 인클루드 파일 OK-X128A1.inc의 내용

이제 여러분은 이 책에서 앞으로 어셈블리 언어로 프로그램을 작성할 때는 예제 프로그램 Exp01_2.asm에서와 같이 항상 프로그램의 서두에서는 ATxmega128A1def.inc

파일을 인클루드하고, 프로그램의 말미에서는 OK-X128A1.inc 파일을 인클루드하여 준다는 것을 기억하라.

그러나, 여러분도 필요하다면 스스로 사용자 인클루드 파일을 만들어 사용할 수 있다. 만약 기존의 인클루드 파일에 포함되어 있지 않은 새로운 사용자 서브루틴이 필요하다면 프로그램 말미에 직접 써넣어도 된다. 사용자 인클루드 파일에는 가급적이면 어느 예제 프로그램에서나 공통적으로 자주 사용하는 내용들만을 포함시키는 것이 바람직하다.

인클루드 파일 OK-X128A1.inc의 내용은 다음과 같다. 이제부터 여러분은 이 인클루드 파일의 내용을 잘 이해하고 활용하는 것이 유능한 어셈블리 언어 프로그래머가 되는 지름길이 될 것이다.

〈인클루드 파일 OK-X128A1.inc〉 기본적인 정의 및 공통 서브루틴

```
;===============================================================================
;       User Register Definitions in OK-X128A1 V1.0 Training Kit
;===============================================================================
.def    KEY_FLAG        = R11           ; can't use immediate addressing
.def    ZERO_FLAG       = R12
.def    DELAY_COUNT     = R13
.def    TXD_BUFFER      = R14
.def    RXD_BUFFER      = R15

.def    AL              = R16           ; can use immediate addressing
.def    AH              = R17
.def    BL              = R18
.def    BH              = R19
.def    CL              = R20
.def    CH              = R21
.def    DL              = R22
.def    DH              = R23

.def    TFT_LB          = R24
.def    TFT_HB          = R25

;*******************************************************************************
;*      Common Subroutines for OK-X128A1 V1.0 Training Kit                     *
;*******************************************************************************
;===============================================================================
;       Initialize ATxmega128A1 MCU and OK-X128A1 Kit
;===============================================================================
Initialize_MCU:
        LDI     AL,0xCB                 ; frequency 16MHz, start-up time 16K CLK
        STS     OSC_XOSCCTRL,AL
        LDI     AL,0xC2                 ; source X-tal, multiplication factor = 2
        STS     OSC_PLLCTRL,AL
        LDI     AL,0x18                 ; enable X-tal and PLL
        STS     OSC_CTRL,AL
INIT_MCU1:LDS   AL,OSC_STATUS           ; wait X-tal and PLL ready
        ANDI    AL,0x18
        CPI     AL,0x18
        BRNE    INIT_MCU1
        LDI     AL,0xD8
        OUT     CPU_CCP,AL
        LDI     AL,0x04                 ; select clock source PLL(16MHz * 2 = 32 MHz)
        STS     CLK_CTRL,AL
```

```
        LDI     AL,0x0C                 ; PORTA3-1 output, PORTA1-0 input
        STS     PORTA_DIR,AL            ; PORTA7-4 input for A/D converter
        STS     PORTA_OUT,AL

        LDI     AL,0x18                 ; PORTA0 pullup for touch screen select input

        LDI     AL,0xFC                 ; PORTB7-2 output, PORTB1-0 input
        STS     PORTB_DIR,AL
        STS     PORTB_OUT,AL

        LDI     AL,0xFF                 ; PORTC7-0 output
        STS     PORTC_DIR,AL
        STS     PORTC_OUT,AL

        LDI     AL,0xAB                 ; PORTD7,5,3,1,0 output
        STS     PORTD_DIR,AL
        LDI     AL,0xA8
        STS     PORTD_OUT,AL

        LDI     AL,0xBE                 ; PORTE7,5,4,3,2,1 output
        STS     PORTE_DIR,AL
        STS     PORTE_OUT,AL

        LDI     AL,0xBA                 ; PORTF7,5,4,3,1 output
        STS     PORTF_DIR,AL
        STS     PORTF_OUT,AL

        LDI     AL,0x0F                 ; PORTH3-0 output for LED4-1
        STS     PORTH_DIR,AL            ; PORTH7-4 input for KEY4-1
        STS     PORTH_OUT,AL

        LDI     AL,0x18                 ; PORTH7-4 pullup for KEY4-1 input
        STS     PORTH_PIN4CTRL,AL
        STS     PORTH_PIN5CTRL,AL
        STS     PORTH_PIN6CTRL,AL
        STS     PORTH_PIN7CTRL,AL

        LDI     AL,0xFF                 ; PORTJ7-0 output
        STS     PORTJ_DIR,AL
        STS     PORTJ_OUT,AL

        LDI     AL,0xFF                 ; PORTK7-0 output
        STS     PORTK_DIR,AL
        STS     PORTK_OUT,AL

        LDI     AL,0x0F                 ; PORTQ3-0 output
        STS     PORTQ_DIR,AL
        STS     PORTQ_OUT,AL

        LDI     AL,0x87                 ; PORTJ --> VPORT1, PORTH --> VPORT0
        STS     PORTCFG_VPCTRLA,AL
        LDI     AL,0xE9                 ; PORTQ --> VPORT3, PORTK --> VPORT2
        STS     PORTCFG_VPCTRLB,AL

        LDI     AL,0x0F                 ; PORTH3-0 output for LED4-1 off
        STS     VPORT0_DIR,AL
        STS     VPORT0_OUT,AL
        LDI     AL,0xFF                 ; PORTJ7-0 output for D15-8 of TFT-LCD
        STS     VPORT1_DIR,AL
        LDI     AL,0xFF                 ; PORTK7-0 output for D7-0 of TFT-LCD
        STS     VPORT2_DIR,AL
        LDI     AL,0x0F                 ; PORTQ3-0 output for control of TFT-LCD
        STS     VPORT3_DIR,AL
        STS     VPORT3_OUT,AL

        CLR     AL                      ; initialize system variables
        MOV     ZERO_FLAG,AL
        MOV     KEY_FLAG,AL
        RET

;==========================================================================
;       Time Delay for 32MHz System Clock
```

```
;=============================================================================
Delay1us:PUSH   DELAY_COUNT
         PUSH   AL
         LDI    AL,1
         MOV    DELAY_COUNT,AL
         POP    AL
         RJMP   BASE1US

Delay2us:PUSH   DELAY_COUNT
         PUSH   AL
         LDI    AL,2
         MOV    DELAY_COUNT,AL
         POP    AL
         RJMP   BASE1US

Delay5us:PUSH   DELAY_COUNT
         PUSH   AL
         LDI    AL,5
         MOV    DELAY_COUNT,AL
         POP    AL
         RJMP   BASE1US

Delay10us:PUSH  DELAY_COUNT
         PUSH   AL
         LDI    AL,10
         MOV    DELAY_COUNT,AL
         POP    AL
         RJMP   BASE1US

Delay20us:PUSH  DELAY_COUNT
         PUSH   AL
         LDI    AL,20
         MOV    DELAY_COUNT,AL
         POP    AL
         RJMP   BASE1US

Delay50us:PUSH  DELAY_COUNT
         PUSH   AL
         LDI    AL,50
         MOV    DELAY_COUNT,AL
         POP    AL
         RJMP   BASE1US

Delay100us:
         PUSH   DELAY_COUNT
         PUSH   AL
         LDI    AL,100
         MOV    DELAY_COUNT,AL
         POP    AL
         RJMP   BASE1US

Delay200us:
         PUSH   DELAY_COUNT
         PUSH   AL
         LDI    AL,200
         MOV    DELAY_COUNT,AL
         POP    AL
         RJMP   BASE1US

Delay500us:
         RCALL  Delay100us
         RCALL  Delay200us
         RCALL  Delay200us
         RET

Delay1ms:PUSH   DELAY_COUNT
         PUSH   AL
         LDI    AL,1
         MOV    DELAY_COUNT,AL
         POP    AL
         RJMP   BASE1MS
```

```
Delay2ms:PUSH   DELAY_COUNT
         PUSH   AL
         LDI    AL,2
         MOV    DELAY_COUNT,AL
         POP    AL
         RJMP   BASE1MS

Delay5ms:PUSH   DELAY_COUNT
         PUSH   AL
         LDI    AL,5
         MOV    DELAY_COUNT,AL
         POP    AL
         RJMP   BASE1MS

Delay10ms:PUSH  DELAY_COUNT
         PUSH   AL
         LDI    AL,10
         MOV    DELAY_COUNT,AL
         POP    AL
         RJMP   BASE1MS

Delay20ms:PUSH  DELAY_COUNT
         PUSH   AL
         LDI    AL,20
         MOV    DELAY_COUNT,AL
         POP    AL
         RJMP   BASE1MS

Delay50ms:PUSH  DELAY_COUNT
         PUSH   AL
         LDI    AL,50
         MOV    DELAY_COUNT,AL
         POP    AL
         RJMP   BASE1MS

Delay100ms:
         PUSH   DELAY_COUNT
         PUSH   AL
         LDI    AL,100
         MOV    DELAY_COUNT,AL
         POP    AL
         RJMP   BASE1MS

Delay200ms:
         PUSH   DELAY_COUNT
         PUSH   AL
         LDI    AL,200
         MOV    DELAY_COUNT,AL
         POP    AL
         RJMP   BASE1MS

Delay500ms:
         RCALL  Delay100ms
         RCALL  Delay200ms
         RCALL  Delay200ms
         RET

Delay1sec:RCALL Delay500ms
         RCALL  Delay500ms
         RET

Delay2sec:RCALL Delay1sec
         RCALL  Delay1sec
         RET

Delay5sec:RCALL Delay1sec
         RCALL  Delay2sec
         RCALL  Delay2sec
         RET

;-----------------------------------------------------------
;        Basic 1 us Delay for 32MHz System Clock
```

```
;-----------------------------------------------------------
BASE1US:PUSH    DELAY_COUNT             ; 1
        NOP                             ; 1
        POP     DELAY_COUNT             ; 2
        PUSH    DELAY_COUNT             ; 1
        NOP                             ; 1
        POP     DELAY_COUNT             ; 2
        PUSH    DELAY_COUNT             ; 1
        NOP                             ; 1
        POP     DELAY_COUNT             ; 2
        PUSH    DELAY_COUNT             ; 1
        NOP                             ; 1
        POP     DELAY_COUNT             ; 2
        PUSH    DELAY_COUNT             ; 1
        NOP                             ; 1
        POP     DELAY_COUNT             ; 2
        PUSH    DELAY_COUNT             ; 1
        NOP                             ; 1
        POP     DELAY_COUNT             ; 2
        PUSH    DELAY_COUNT             ; 1
        NOP                             ; 1
        POP     DELAY_COUNT             ; 2
        NOP                             ; 1
        DEC     DELAY_COUNT             ; 1
        BRNE    BASE1US                 ; 2 (total 32 cycles = 1 us)
        POP     DELAY_COUNT
        RET

;-----------------------------------------------------------
;       Basic 1 ms Delay for 32MHz System Clock
;-----------------------------------------------------------
BASE1MS:RCALL   Delay200us              ; 200 us
        RCALL   Delay200us              ; 200 us
        RCALL   Delay200us              ; 200 us
        RCALL   Delay200us              ; 200 us
        RCALL   Delay200us              ; 200 us
        DEC     DELAY_COUNT
        BRNE    BASE1MS                 ; (total = 1 ms)
        POP     DELAY_COUNT
        RET

;===========================================================================
;       Buzzer Sound
;===========================================================================
;-----------------------------------------------------------
;       Sound Beep
;-----------------------------------------------------------
Beep:   PUSH    AL
        LDI     AL,0x02                 ; buzzer on
        STS     PORTD_OUTSET,AL
        RCALL   Delay50ms
        LDI     AL,0x02                 ; buzzer off
        STS     PORTD_OUTCLR,AL
        POP     AL
        RET

;-----------------------------------------------------------
;       Sound Beep 3 Times
;-----------------------------------------------------------
Beep_3times:
        RCALL   BEEP                    ; beep 3 times
        RCALL   Delay100ms
        RCALL   BEEP
        RCALL   Delay100ms
        RCALL   BEEP
        RET

;===========================================================================
;       Input Key with Debounce(AL=key value)
;===========================================================================

.equ    KEY1    = 0xE0                  ; KEY1 value in PORTH4
```

```
.equ    KEY2    = 0xD0                  ; KEY2 value in PORTH5
.equ    KEY3    = 0xB0                  ; KEY3 value in PORTH6
.equ    KEY4    = 0x70                  ; KEY4 value in PORTH7

;-------------------------------------------------------
;       Input Key with Beep
;-------------------------------------------------------
Key_input:
        LDS     AL,PORTH_IN             ; read key input
        ANDI    AL,0b11110000
        CPI     AL,0b11110000           ; if no key, check key off
        BRNE    KEY_IN2
        CLR     AH
        CP      KEY_FLAG,AH
        BREQ    KEY_IN1
        CALL    Delay20ms
        CLR     KEY_FLAG
KEY_IN1:RET
KEY_IN2:CLR     AH                      ; if key input, check continuous key
        CP      KEY_FLAG,AH
        BREQ    KEY_IN3
        LDI     AL,0b11110000           ; if continuous, treat as no key input
        RET
KEY_IN3:COM     KEY_FLAG                ; if new key, beep & delay for debounce
        CALL    BEEP
        RET

;-------------------------------------------------------
;       Input Key without Beep
;-------------------------------------------------------
Key_input_silent:
        LDS     AL,PORTH_IN             ; read key input
        ANDI    AL,0b11110000
        CPI     AL,0b11110000           ; if no key, check key off
        BRNE    KEY_INS2
        CLR     AH
        CP      KEY_FLAG,AH
        BREQ    KEY_INS1
        CALL    Delay20ms
        CLR     KEY_FLAG
KEY_INS1:RET
KEY_INS2:CLR    AH                      ; if key input, check continuous key
        CP      KEY_FLAG,AH
        BREQ    KEY_IN3
        LDI     AL,0b11110000           ; if continuous, treat as no key input
        RET
KEY_INS3:COM    KEY_FLAG                ; if new key, delay for debounce
        CALL    Delay20ms
        RET

;=========================================================================
;       16-Bit Arithmetic
;=========================================================================
;-------------------------------------------------------
;       16-Bit Addition (AH:AL = AH:AL + BH:BL)
;-------------------------------------------------------
ADD16:  ADD     AL,BL                   ; add low bytes
        ADC     AH,BH                   ; add high bytes
        RET

;-------------------------------------------------------
;       16-Bit Subtraction (AH:AL = AH:AL - BH:BL)
;-------------------------------------------------------
SUB16:  SUB     AL,BL                   ; subtract low bytes
        SBC     AH,BH                   ; subtract high bytes
        RET

;-------------------------------------------------------
;       16-Bit * 16-Bit = 32-Bit Unsigned Multiplication
;       (BH:BL:AH:AL = AH:AL * BH:BL)
;-------------------------------------------------------
MUL16:  PUSH    R0
```

```
        PUSH    R1
        PUSH    R2
        PUSH    CL
        PUSH    CH
        PUSH    DL
        PUSH    DH
        CLR     R2
        MUL     AH,BH                   ; AH * BH
        MOVW    DH:DL,R1:R0
        MUL     AL,BL                   ; AL * BL
        MOVW    CH:CL,R1:R0
        MUL     AH,BL                   ; AH * BL
        ADD     CH,R0
        ADC     DL,R1
        ADC     DH,R2
        MUL     BH,AL                   ; BH * AL
        ADD     CH,R0
        ADC     DL,R1
        ADC     DH,R2
        MOVW    AH:AL,CH:CL             ; BH:BL:AH:AL <-- DH:DL:CH:CL
        MOVW    BH:BL,DH:DL
        POP     DH
        POP     DL
        POP     CH
        POP     CL
        POP     R2
        POP     R1
        POP     R0
        RET

;------------------------------------------------------------
;       32-Bit / 16-Bit = 16-Bit Unsigned Division
;       (BH:BL:AH:AL / DH:DL --> Q = AH:AL, R = BH:BL)
;------------------------------------------------------------
DIV16:  PUSH    R0                      ; quotient
        PUSH    R1
        PUSH    R2                      ; remainder
        PUSH    R3
        PUSH    R4
        PUSH    R5
        PUSH    CL                      ; bit counter
        PUSH    CH                      ; zero value register

        CLR     R2                      ; clear remainder
        CLR     R3
        CLR     R4
        CLR     R5
        CLR     CH                      ; clear zero value register

        LDI     CL,32                   ; loop counter
DIV16A: LSL     AL                      ; shift dividend by 1 bit to left
        ROL     AH
        ROL     BL
        ROL     BH
        ROL     R2
        ROL     R3
        ROL     R4
        ROL     R5
        CP      R5,CH                   ; remainder >= divisor ?
        BRNE    DIV16B
        CP      R4,CH
        BRNE    DIV16B
        CP      R3,DH
        BRLO    DIV16C
        BRNE    DIV16B
        CP      R2,DL
        BRLO    DIV16C
DIV16B: SUB     R2,DL                   ; if yes, remainder - divisor
        SBC     R3,DH
        SBC     R4,CH
        SBC     R5,CH
        SEC                             ;   and shift 1 into quotient
```

```
        RJMP    DIV16D
DIV16C: CLC                             ; if no, shift 0 into quotient
DIV16D: ROL     R0                      ; shift quotient by 1 bit to left
        ROL     R1
        DEC     CL
        BRNE    DIV16A

        MOV     BH,R3                   ; make remainder
        MOV     BL,R2
        MOV     AH,R1                   ; make quotient
        MOV     AL,R0

        POP     CH
        POP     CL
        POP     R5
        POP     R4
        POP     R3
        POP     R2
        POP     R1
        POP     R0
        RET

;-----------------------------------------------------------
;       16-Bit / 8-Bit = 8-Bit Unsigned Division
;       (AH:AL / BL --> Q = AL, R = AH)
;-----------------------------------------------------------
DIV8:   PUSH    R0                      ; quotient
        PUSH    R1                      ; remainder
        PUSH    R2
        PUSH    CL                      ; bit counter
        PUSH    CH                      ; zero value register

        CLR     R1                      ; clear remainder
        CLR     R2
        CLR     CH                      ; clear zero value register

        LDI     CL,16                   ; loop counter
DIV8A:  LSL     AL                      ; shift dividend by 1 bit to left
        ROL     AH
        ROL     R1
        ROL     R2
        CP      R2,CH                   ; remainder >= divisor ?
        BRNE    DIV8B
        CP      R1,BL
        BRLO    DIV8C
DIV8B:  SUB     R1,BL                   ; if yes, remainder - divisor
        SBC     R2,CH                   ;   and shift 1 into quotient
        SEC
        RJMP    DIV8D
DIV8C:  CLC                             ; if no, shift 0 into quotient
DIV8D:  ROL     R0                      ; shift quotient by 1 bit to left
        DEC     CL
        BRNE    DIV8A

        MOV     AH,R1                   ; make remainder
        MOV     AL,R0                   ; make quotient

        POP     CH
        POP     CL
        POP     R2
        POP     R1
        POP     R0
        RET

;=============================================================================
;       Display Numeric Data on TFT-LCD
;=============================================================================
;-----------------------------------------------------------
;       Display 4 Digit HEX Data(TFT_HB : TFT_LB)
;-----------------------------------------------------------
TFT_4hex:PUSH   TFT_LB
        MOV     TFT_LB,TFT_HB           ; high byte
```

```
        RCALL   TFT_2hex
        POP     TFT_LB                  ; low byte
        RCALL   TFT_2hex
        RET

;------------------------------------------------------------
;       Display 2 Digit HEX Data(TFT_LB)
;------------------------------------------------------------
TFT_2hex:PUSH   TFT_LB
        LSR     TFT_LB          ; upper digit
        LSR     TFT_LB
        LSR     TFT_LB
        LSR     TFT_LB
        CPI     TFT_LB,0x0A
        BRSH    TFT_2HEX1
        ORI     TFT_LB,'0'
        RJMP    TFT_2HEX2
TFT_2HEX1:SUBI  TFT_LB,0x0A
        PUSH    AL
        LDI     AL,'A'
        ADD     TFT_LB,AL
        POP     AL
TFT_2HEX2:CALL  TFT_ENGLISH
        POP     TFT_LB          ; lower digit
        ANDI    TFT_LB,0x0F
        CPI     TFT_LB,0x0A
        BRSH    TFT_2HEX3
        ORI     TFT_LB,'0'
        RJMP    TFT_2HEX4
TFT_2HEX3:SUBI  TFT_LB,0x0A
        PUSH    AL
        LDI     AL,'A'
        ADD     TFT_LB,AL
        POP     AL
TFT_2HEX4:CALL  TFT_ENGLISH
        RET

;------------------------------------------------------------
;       Display 5/4/3-Digit Decimal Number(TFT_HB : TFT_LB)
;       Display     2-Digit Decimal Number(TFT_LB)
;------------------------------------------------------------
TFT_5dec:PUSH   DH                      ; push registers
        PUSH    DL
        PUSH    BH
        PUSH    BL
        PUSH    AH
        PUSH    AL
        CLR     ZERO_FLAG               ; clear zero zone flag
        CLR     BH
        CLR     BL
        MOV     AH,TFT_HB
        MOV     AL,TFT_LB
        LDI     DH,high(10000)          ; display 10^4 digit
        LDI     DL,low(10000)
        CALL    DIV16
        MOV     TFT_LB,AL
        ORI     TFT_LB,'0'
        CPI     TFT_LB,'0'
        BRNE    TFT_5D1
        LDI     TFT_LB,' '
        RJMP    TFT_5D2
TFT_5D1:CLR     ZERO_FLAG
        COM     ZERO_FLAG
TFT_5D2:CALL    TFT_ENGLISH
        MOV     TFT_HB,BH
        MOV     TFT_LB,BL
        RJMP    TFT_4D1

TFT_4dec:PUSH   DH                      ; push registers
        PUSH    DL
        PUSH    BH
        PUSH    BL
```

```
        PUSH    AH
        PUSH    AL
        CLR     ZERO_FLAG               ; clear zero zone flag
TFT_4D1:CLR     BH
        CLR     BL
        MOV     AH,TFT_HB
        MOV     AL,TFT_LB
        LDI     DH,high(1000)           ; display 10^3 digit
        LDI     DL,low(1000)
        CALL    DIV16
        MOV     TFT_LB,AL
        ORI     TFT_LB,'0'
        CLR     AH
        CP      ZERO_FLAG,AH
        BRNE    TFT_4D3
        CPI     TFT_LB,'0'
        BRNE    TFT_4D2
        LDI     TFT_LB,' '
        RJMP    TFT_4D3
TFT_4D2:CLR     ZERO_FLAG
        COM     ZERO_FLAG
TFT_4D3:CALL    TFT_ENGLISH
        MOV     TFT_HB,BH
        MOV     TFT_LB,BL
        JMP     TFT_3D1

TFT_3dec:PUSH   DH                      ; push registers
        PUSH    DL
        PUSH    BH
        PUSH    BL
        PUSH    AH
        PUSH    AL
        CLR     ZERO_FLAG               ; clear zero zone flag
TFT_3D1:MOV     AH,TFT_HB
        MOV     AL,TFT_LB
        LDI     BL,100                  ; display 10^2 digit
        CALL    DIV8
        MOV     TFT_LB,AL
        ORI     TFT_LB,'0'
        CLR     BH
        CP      ZERO_FLAG,BH
        BRNE    TFT_3D3
        CPI     TFT_LB,'0'
        BRNE    TFT_3D2
        LDI     TFT_LB,' '
        RJMP    TFT_3D3
TFT_3D2:CLR     ZERO_FLAG
        COM     ZERO_FLAG
TFT_3D3:CALL    TFT_ENGLISH
        MOV     TFT_LB,AH
        JMP     TFT_2D1

TFT_2dec:PUSH   DH                      ; push registers
        PUSH    DL
        PUSH    BH
        PUSH    BL
        PUSH    AH
        PUSH    AL
        CLR     ZERO_FLAG               ; clear zero zone flag
TFT_2D1:CLR     AH
        MOV     AL,TFT_LB
        LDI     BL,10                   ; display 10^1 digit
        CALL    DIV8
        MOV     TFT_LB,AL
        ORI     TFT_LB,'0'
        CLR     BH
        CP      ZERO_FLAG,BH
        BRNE    TFT_2D2
        CPI     TFT_LB,'0'
        BRNE    TFT_2D2
        LDI     TFT_LB,' '
TFT_2D2:CALL    TFT_ENGLISH
```

```
        MOV     TFT_LB,AH               ; display 10^0 digit
        ORI     TFT_LB,'0'
        CALL    TFT_ENGLISH
        POP     AL
        POP     AH
        POP     BL
        POP     BH
        POP     DL
        POP     DH
        RET

;------------------------------------------------------------
;       Display 8-Bit Binary Data(TFT_LB)
;------------------------------------------------------------
TFT_8bin:PUSH   AH
        PUSH    AL
        LDI     AH,8
        MOV     AL,TFT_LB
TFT_8BIN1:MOV   TFT_LB,AL
        ROL     TFT_LB
        MOV     AL,TFT_LB
        ROL     TFT_LB
        ANDI    TFT_LB,0b00000001
        ORI     TFT_LB,'0'
        CALL    TFT_ENGLISH
        DEC     AH
        BRNE    TFT_8BIN1
        POP     AL
        POP     AH
        RET

;==============================================================================
;       T32QT7690 3.2" 240x320 Pixel TFT-LCD Display
;==============================================================================
.equ    Transparent     = 0x0821        ; 16-bit color data
.equ    White           = 0xFFFF
.equ    Black           = 0x0000
.equ    Red             = 0xF800
.equ    Green           = 0x07E0
.equ    Blue            = 0x001F
.equ    Yellow          = 0xFFE0        ; Yellow = Red + Green
.equ    Cyan            = 0x07FF        ; Cyan = Green + Blue
.equ    Magenta         = 0xF81F        ; Magenta = Red + Blue
.equ    Brown           = 0xA145
.equ    Khaki           = 0xF731
.equ    Olive           = 0x8400
.equ    Orange          = 0xFD20
.equ    Pink            = 0xFB56
.equ    Purple          = 0x8010
.equ    Silver          = 0xC618
.equ    Violet          = 0xEC1D

.dseg
;------------------------------------------------------------
;       Variables for TFT-LCD Module
;------------------------------------------------------------
        .org    0x3000
ScreenMode:     .byte   1               ; screen mode(P=portrait, L=landscape)
XcharacterLimit:.byte   1               ; character number of line(30 or 40)
YcharacterLimit:.byte   1               ; line number of screen(40 or 30)

Xcharacter:     .byte   1               ; Xcharcater(0-29 for portrait or 0-39 for landscape)
Ycharacter:     .byte   1               ; Ycharacter(0-39 for portrait or 0-29 for landscape)
Xcursor:        .byte   1               ; Xcursor position
Ycursor:        .byte   1               ; Ycursor position
cursor_flag:    .byte   1               ; cursor on/off flag(0=off, 1=on)
cursor:         .byte   2               ; color color
underscore_flag:.byte   1               ; underscore on/off flag(0=off, 1=on)
underscore:     .byte   2               ; underscore color

foreground:     .byte   2               ; foreground color
background:     .byte   2               ; background color
```

```
color:          .byte   2               ; color data variable

Epixel:         .byte   8*16*2          ; pixel x*y buffer for English character font
Kpixel:         .byte   16*16*2         ; pixel x*y buffer for Korean character font
Kbuffer:        .byte   32              ; 32 byte Korean font buffer

cho_5bit:       .byte   1               ; chosung 5 bit of Korean code
joong_5bit:     .byte   1               ; joongsung 5 bit of Korean code
jong_5bit:      .byte   1               ; jongsung 5 bit of Korean code
cho_bul:        .byte   1               ; chosung bul number of Korean font
joong_bul:      .byte   1               ; joongsung bul number of Korean font
jong_bul:       .byte   1               ; jongsung bul number of Korean font
jong_flag:      .byte   1               ; jongsung flag(0=don't have, 1=have)

.cseg
;------------------------------------------------------------
;       Write IR to TFT-LCD(TFT_LB)
;------------------------------------------------------------
TFT_command:
        PUSH    AL
        LDI     AL,0b00000000           ; output high byte
        OUT     VPORT1_OUT,AL
        OUT     VPORT2_OUT,TFT_LB       ; output low byte
        LDI     AL,0b00000011           ;  -CS = RS = 0
        OUT     VPORT3_OUT,AL
        LDI     AL,0b00000001           ;  -WR = 0
        OUT     VPORT3_OUT,AL
        NOP
        LDI     AL,0b00000011           ;  -WR = 1
        OUT     VPORT3_OUT,AL
        LDI     AL,0b00001111           ;  -CS = RS = 1
        OUT     VPORT3_OUT,AL
        POP     AL
        RET

;------------------------------------------------------------
;       Write data to TFT-LCD(TFT_HB : TFT_LB)
;------------------------------------------------------------
TFT_data:PUSH   AL
        OUT     VPORT1_OUT,TFT_HB       ; output high byte
        OUT     VPORT2_OUT,TFT_LB       ; output low byte
        LDI     AL,0b00000111           ;  -CS = 0, RS = 1
        OUT     VPORT3_OUT,AL
        LDI     AL,0b00000101           ;  -WR = 0
        OUT     VPORT3_OUT,AL
        NOP
        LDI     AL,0b00000111           ;  -WR = 1
        OUT     VPORT3_OUT,AL
        LDI     AL,0b00001111           ;  -CS = RS = 1
        OUT     VPORT3_OUT,AL
        POP     AL
        RET

;------------------------------------------------------------
;       Initialize TFT-LCD Module
;------------------------------------------------------------
.macro  TFT_control
        LDI     TFT_LB,@0
        LDI     AL,0b00000000           ; output high byte
        OUT     VPORT1_OUT,AL
        OUT     VPORT2_OUT,TFT_LB       ; output low byte
        LDI     AL,0b00000011           ;  -CS = RS = 0
        OUT     VPORT3_OUT,AL
        LDI     AL,0b00000001           ;  -WR = 0
        OUT     VPORT3_OUT,AL
        NOP
        LDI     AL,0b00000011           ;  -WR = 1
        OUT     VPORT3_OUT,AL
        LDI     AL,0b00001111           ;  -CS = RS = 1
        OUT     VPORT3_OUT,AL

        LDI     TFT_HB,high(@1)
```

```
        LDI     TFT_LB,low(@1)
        OUT     VPORT1_OUT,TFT_HB        ; output high byte
        OUT     VPORT2_OUT,TFT_LB        ; output low byte
        LDI     AL,0b00000111            ;  -CS = 0, RS = 1
        OUT     VPORT3_OUT,AL
        LDI     AL,0b00000101            ;  -WR = 0
        OUT     VPORT3_OUT,AL
        NOP
        LDI     AL,0b00000111            ;  -WR = 1
        OUT     VPORT3_OUT,AL
        LDI     AL,0b00001111            ;  -CS = RS = 1
        OUT     VPORT3_OUT,AL
.endm

Initialize_TFT_LCD:
        LDI     AL,0x87                  ; PORTJ --> VPORT1, PORTH --> VPORT0
        STS     PORTCFG_VPCTRLA,AL
        LDI     AL,0xE9                  ; PORTQ --> VPORT3, PORTK --> VPORT2
        STS     PORTCFG_VPCTRLB,AL

        LDI     AL,0xFF                  ; PORTJ7-0 output for D15-8 of TFT-LCD
        STS     VPORT1_DIR,AL
        LDI     AL,0xFF                  ; PORTK7-0 output for D7-0 of TFT-LCD
        STS     VPORT2_DIR,AL
        LDI     AL,0x0F                  ; PORTQ3-0 output for control of TFT-LCD
        STS     VPORT3_DIR,AL
        STS     VPORT3_OUT,AL

        LDI     AL,0x0E                  ; reset
        OUT     VPORT3_OUT,AL
        CALL    Delay5ms
        LDI     AL,0x0F
        OUT     VPORT3_OUT,AL
        CALL    Delay100ms
        CALL    Delay20ms

        TFT_control     0x02,0x0000      ; window setting
        TFT_control     0x03,0x0000      ; x = 0~239
        TFT_control     0x04,0x0000
        TFT_control     0x05,0x00EF
        TFT_control     0x06,0x0000      ; y = 0~319
        TFT_control     0x07,0x0000
        TFT_control     0x08,0x0001
        TFT_control     0x09,0x003F

        TFT_control     0x01,0x0006      ; display setting
        TFT_control     0x16,0x0008      ; MV=0, MX=0, MY=0, BGR=1
        TFT_control     0x18,0x0000      ; SM=0
        TFT_control     0x70,0x0065      ; GS=1, SS=1, 16 bit/pixel
        TFT_control     0x23,0x0095
        TFT_control     0x24,0x0095
        TFT_control     0x25,0x00FF
        TFT_control     0x27,0x0002
        TFT_control     0x28,0x0002
        TFT_control     0x29,0x0002
        TFT_control     0x2A,0x0002
        TFT_control     0x2C,0x0002
        TFT_control     0x2D,0x0002
        TFT_control     0x3A,0x0001
        TFT_control     0x3B,0x0001
        TFT_control     0x3C,0x00F0
        TFT_control     0x3D,0x0000
        CALL    Delay20ms
        TFT_control     0x35,0x0038
        TFT_control     0x36,0x0078
        TFT_control     0x3E,0x0038
        TFT_control     0x40,0x000F
        TFT_control     0x41,0x00F0

        TFT_control     0x19,0x0049      ; power setting
        TFT_control     0x93,0x000F
        CALL    Delay10ms
```

```
        TFT_control     0x20,0x0040
        TFT_control     0x1D,0x0007
        CALL    Delay10ms
        TFT_control     0x1E,0x0000
        TFT_control     0x1F,0x0004
        TFT_control     0x44,0x0040     ; VCom control for 3.3V
        TFT_control     0x45,0x0012
        CALL    Delay10ms
        TFT_control     0x1C,0x0004
        CALL    Delay20ms
        TFT_control     0x43,0x0080
        CALL    Delay5ms
        TFT_control     0x1B,0x0018
        CALL    Delay20ms
        CALL    Delay20ms
        TFT_control     0x1B,0x0010
        CALL    Delay20ms
        CALL    Delay20ms

        TFT_control     0x46,0x00A4     ; gamma setting
        TFT_control     0x47,0x0053
        TFT_control     0x48,0x0010
        TFT_control     0x49,0x005F
        TFT_control     0x4A,0x0004
        TFT_control     0x4B,0x003F
        TFT_control     0x4C,0x0002
        TFT_control     0x4D,0x00F6
        TFT_control     0x4E,0x0012
        TFT_control     0x4F,0x004C
        TFT_control     0x50,0x0046
        TFT_control     0x51,0x0044

        TFT_control     0x90,0x007F     ; display on setting
        TFT_control     0x26,0x0004
        CALL    Delay20ms
        CALL    Delay20ms
        TFT_control     0x26,0x0024
        TFT_control     0x26,0x002C
        CALL    Delay20ms
        CALL    Delay20ms
        TFT_control     0x26,0x003C

        TFT_control     0x57,0x0002     ; internal VDDD setting
        TFT_control     0x55,0x0000
        TFT_control     0xFE,0x005A
        TFT_control     0x57,0x0000

        CALL    TFT_CLEAR_SCREEN        ; clear screen
        CALL    TFT_portrait            ; initial screen mode is portrait
        RET

;-------------------------------------------------------------
;       Set Screen to Portrait
;-------------------------------------------------------------
TFT_portrait:
        LDI     AL,'P'                  ; ScreenMode = 'P' (240 x 320 pixel)
        STS     ScreenMode,AL
        LDI     AL,30                   ; XcharacterLimit = 30 (= 240/8)
        STS     XcharacterLimit,AL
        LDI     AL,40                   ; YcharacterLimit = 40 (= 320/8)
        STS     YcharacterLimit,AL

        TFT_control     0x16,0x0008     ; MV=0, MX=0, MY=0, BGR=1
        TFT_control     0x02,0x0000     ; window setting
        TFT_control     0x03,0x0000     ; x = 0~239
        TFT_control     0x04,0x0000
        TFT_control     0x05,0x00EF
        TFT_control     0x06,0x0000     ; y = 0~319
        TFT_control     0x07,0x0000
        TFT_control     0x08,0x0001
        TFT_control     0x09,0x003F
        RET
```

```
;------------------------------------------------------------
;       Set Screen to Landscape
;------------------------------------------------------------
TFT_landscape:
        LDI     AL,'L'                  ; ScreenMode = 'L' (320 x 240 pixel)
        STS     ScreenMode,AL
        LDI     AL,40                   ; XcharacterLimit = 40 (= 320/8)
        STS     XcharacterLimit,AL
        LDI     AL,30                   ; YcharacterLimit = 30 (= 240/8)
        STS     YcharacterLimit,AL

        TFT_control     0x16,0x0068     ; MV=1, MX=1, MY=0, BGR=1
        TFT_control     0x02,0x0000     ; window setting
        TFT_control     0x03,0x0000     ; x = 0~319
        TFT_control     0x04,0x0001
        TFT_control     0x05,0x003F
        TFT_control     0x06,0x0000     ; y = 0~239
        TFT_control     0x07,0x0000
        TFT_control     0x08,0x0000
        TFT_control     0x09,0x00EF
        RET

;------------------------------------------------------------
;       TFT-LCD Clear Screen
;------------------------------------------------------------
TFT_clear_screen:
        LDI     TFT_HB,high(Black)      ; black screen
        LDI     TFT_LB,low(Black)
        STS     color+1,TFT_HB
        STS     color,TFT_LB
        CALL    TFT_color_screen
        RET

;------------------------------------------------------------
;       TFT-LCD Full Screen Color
;------------------------------------------------------------
TFT_color_screen:
        PUSH    CH
        PUSH    CL
        PUSH    BH

        LDI     TFT_LB,02               ; 0x02 <--- 0x0000
        CALL    TFT_command
        LDI     TFT_HB,0x00
        LDI     TFT_LB,0x00
        CALL    TFT_data
        LDI     TFT_LB,03               ; 0x03 <--- 0x0000
        CALL    TFT_command
        LDI     TFT_HB,0x00
        LDI     TFT_LB,0x00
        CALL    TFT_data
        LDI     TFT_LB,06               ; 0x06 <--- 0x0000
        CALL    TFT_command
        LDI     TFT_HB,0x00
        LDI     TFT_LB,0x00
        CALL    TFT_data
        LDI     TFT_LB,07               ; 0x07 <--- 0x0000
        CALL    TFT_command
        LDI     TFT_HB,0x00
        LDI     TFT_LB,0x00
        CALL    TFT_data
        LDI     TFT_LB,0x22
        CALL    TFT_command

        LDS     TFT_HB,color+1          ; get color data
        LDS     TFT_LB,color

        LDI     CH,32                   ; display 240x320 full color
TFT_COLORX:LDI  CL,10
TFT_COLORY:LDI  BH,240
TFT_COLORZ:CALL TFT_DATA
```

```
        DEC     BH
        BRNE    TFT_COLORZ
        DEC     CL
        BRNE    TFT_COLORY
        DEC     CH
        BRNE    TFT_COLORX
        POP     BH
        POP     CL
        POP     CH
        RET

;------------------------------------------------------------
;       Write a pixel(X, Y, color)
;------------------------------------------------------------
TFT_pixel:
        LDI     TFT_LB,02               ; 0x02 <--- XH
        CALL    TFT_command
        LDI     TFT_HB,0x00
        MOV     TFT_LB,XH
        CALL    TFT_data
        LDI     TFT_LB,03               ; 0x03 <--- XL
        CALL    TFT_command
        LDI     TFT_HB,0x00
        MOV     TFT_LB,XL
        CALL    TFT_data
        LDI     TFT_LB,06               ; 0x06 <--- YH
        CALL    TFT_command
        LDI     TFT_HB,0x00
        MOV     TFT_LB,YH
        CALL    TFT_data
        LDI     TFT_LB,07               ; 0x07 <--- YL
        CALL    TFT_command
        LDI     TFT_HB,0x00
        MOV     TFT_LB,YL
        CALL    TFT_data
        LDI     TFT_LB,0x22
        CALL    TFT_command

        LDS     TFT_HB,color+1          ; if not Transparent, display the pixel
        CPI     TFT_HB,high(Transparent)
        BRNE    TFT_PIX1
        LDS     TFT_LB,color
        CPI     TFT_LB,low(Transparent)
        BRNE    TFT_PIX1
        RET
TFT_PIX1:LDS    TFT_HB,color+1
        LDS     TFT_LB,color
        CALL    TFT_data
        RET

;------------------------------------------------------------
;       Set Underscore and Color
;------------------------------------------------------------
TFT_underscore:
        CPI     TFT_HB,high(Transparent); if Transparent, disable underscore
        BRNE    TFT_UN1
        CPI     TFT_LB,low(Transparent)
        BRNE    TFT_UN1
        LDI     TFT_LB,0
        STS     underscore_flag,TFT_LB
        RET
TFT_UN1:STS     underscore+1,TFT_HB     ; if not Transparent, enable underscore
        STS     underscore,TFT_LB
        LDI     TFT_LB,1
        STS     underscore_flag,TFT_LB
        RET

;------------------------------------------------------------
;       Display a String
;------------------------------------------------------------
TFT_string:
        OUT     GPIO_GPIOR0,YH          ; store YH, RAMPZ:ZH:ZL
```

```
        OUT     GPIO_GPIOR1,ZH
        OUT     GPIO_GPIOR2,ZL
        IN      YH,CPU_RAMPZ
        OUT     GPIO_GPIOR3,YH

        POP     YH                      ; get start address of string(3-byte PC)
        POP     ZH
        POP     ZL
        LSL     ZL                      ; convert into byte address
        ROL     ZH
        ROL     YH
        OUT     CPU_RAMPZ,YH

        ELPM    TFT_LB,Z+               ; get x character position
        STS     Xcharacter,TFT_LB
        ELPM    TFT_HB,Z+               ; get y character position
        STS     Ycharacter,TFT_HB
        ELPM    TFT_LB,Z+               ; get foreground color
        STS     foreground,TFT_LB
        ELPM    TFT_HB,Z+
        STS     foreground+1,TFT_HB
        ELPM    TFT_LB,Z+               ; get background color
        STS     background,TFT_LB
        ELPM    TFT_HB,Z+
        STS     background+1,TFT_HB

TFT_ST1:ELPM    TFT_LB,Z+               ; get a character
        CPI     TFT_LB,0
        BREQ    TFT_ST3
        SBRC    TFT_LB,7
        RJMP    TFT_ST2
        CALL    TFT_English             ; display 8x16 English character
        RJMP    TFT_ST1
TFT_ST2:MOV     TFT_HB,TFT_LB           ; display 16x16 Korean character
        ELPM    TFT_LB,Z+
        CALL    KS_code_conversion
        CALL    TFT_Korean
        RJMP    TFT_ST1

TFT_ST3:SBRC    ZL,0
        ELPM    TFT_LB,Z+
        IN      YH,CPU_RAMPZ            ; convert into word address
        LSR     YH
        ROR     ZH
        ROR     ZL
        PUSH    ZL                      ; store new return address
        PUSH    ZH
        PUSH    YH

        IN      YH,GPIO_GPIOR3          ; restore YH, RAMPZ:ZH:ZL
        OUT     CPU_RAMPZ,YH
        IN      ZL,GPIO_GPIOR2
        IN      ZH,GPIO_GPIOR1
        IN      YH,GPIO_GPIOR0
        RET

;==============================================================================
;       Display a 8x16 English(ASCII) Character (TFT_LB)
;==============================================================================
TFT_English:
        PUSH    R0                      ; store registers
        PUSH    R1
        PUSH    AL
        PUSH    AH
        PUSH    CL
        PUSH    CH
        PUSH    XL
        PUSH    XH
        PUSH    YL
        PUSH    YH
        PUSH    ZL
        PUSH    ZH
```

```
          IN      AL,CPU_RAMPZ
          PUSH    AL

          SBRC    TFT_LB,7                ; if ASCII >= 0x80, null character
          CLR     TFT_LB

          LDI     YH,byte3(E_FONT << 1)   ; start address of character font
          LDI     ZH,high(E_FONT << 1)
          LDI     ZL,low(E_FONT << 1)
          LDI     AL,16
          MUL     AL,TFT_LB
          ADD     ZL,R0
          ADC     ZH,R1
          CLR     AL
          ADC     YH,AL
          OUT     CPU_RAMPZ,YH

          LDI     XH,high(Epixel)         ; start address of pixel buffer
          LDI     XL,low(Epixel)
          LDI     CH,8
TFT_E01:ELPM    TFT_LB,Z+               ; read upper 8-byte of font
          LDI     CL,8                    ;   and convert them to pixel data
TFT_E02:LSR     TFT_LB
          BRCC    TFT_E03
          LDS     AL,foreground
          LDS     AH,foreground+1
          RJMP    TFT_E04
TFT_E03:LDS     AL,background
          LDS     AH,background+1
TFT_E04:ST      X+,AL
          ST      X+,AH
          DEC     CL
          BRNE    TFT_E02
          ADIW    XL,16
          DEC     CH
          BRNE    TFT_E01

          LDI     XH,high(Epixel)         ; start address of pixel buffer
          LDI     XL,low(Epixel)
          ADIW    XL,16
          LDI     CH,8
TFT_E05:ELPM    TFT_LB,Z+               ; read lower 8-byte of font
          LDI     CL,8                    ;   and convert them to pixel data
TFT_E06:LSR     TFT_LB
          BRCC    TFT_E07
          LDS     AL,foreground
          LDS     AH,foreground+1
          RJMP    TFT_E08
TFT_E07:LDS     AL,background
          LDS     AH,background+1
TFT_E08:ST      X+,AL
          ST      X+,AH
          DEC     CL
          BRNE    TFT_E06
          ADIW    XL,16
          DEC     CH
          BRNE    TFT_E05

          LDS     AL,underscore_flag      ; underscore ?
          CPI     AL,1
          BRNE    TFT_E20
          LDI     ZH,high(Epixel)         ; start address of pixel buffer
          LDI     ZL,low(Epixel)
          LDI     CL,8                    ; display underscore
TFT_E11:LDS     AL,underscore
          LDS     AH,underscore+1
          ADIW    ZL,30
          ST      Z+,AL
          ST      Z+,AH
          DEC     CL
          BRNE    TFT_E11
```

```
TFT_E20:LDS     AL,cursor_flag          ; cursor ?
        CPI     AL,1
        BRNE    TFT_E30
        LDS     AL,Xcharacter
        LDS     AH,Xcursor
        CP      AL,AH
        BRNE    TFT_E30
        LDS     AL,Ycharacter
        LDS     AH,Ycursor
        CP      AL,AH
        BRNE    TFT_E30
        LDI     ZH,high(Epixel)         ; start address of pixel buffer
        LDI     ZL,low(Epixel)
        LDI     CL,8                    ; display cursor
TFT_E21:LDS     AL,cursor
        LDS     AH,cursor+1
        ADIW    ZL,28
        ST      Z+,AL
        ST      Z+,AH
        ST      Z+,AL
        ST      Z+,AH
        DEC     CL
        BRNE    TFT_E21

TFT_E30:LDI     ZH,high(Epixel)         ; start address of pixel buffer
        LDI     ZL,low(Epixel)
        LDS     AL,Xcharacter           ; calculate x position
        LDI     AH,8
        MUL     AL,AH
        MOV     XL,R0
        MOV     XH,R1
        LDI     CH,8
TFT_E31:LDI     CL,16
        LDS     AL,Ycharacter           ; calculate y position
        LDI     AH,8
        MUL     AL,AH
        MOV     YL,R0
        MOV     YH,R1
TFT_E32:LD      AL,Z+
        STS     color,AL
        LD      AH,Z+
        STS     color+1,AH
        CALL    TFT_pixel
        ADIW    YL,1
        DEC     CL
        BRNE    TFT_E32
        ADIW    XL,1
        DEC     CH
        BRNE    TFT_E31

        LDS     AL,Xcharacter           ; go next character position
        INC     AL
        LDS     AH,XcharacterLimit      ; end of line ?
        CP      AL,AH
        BRNE    TFT_E42
        LDS     AL,Ycharacter
        INC     AL
        INC     AL
        LDS     AH,YcharacterLimit      ; end of screen ?
        CP      AL,AH
        BRNE    TFT_E41
        CLR     AL
TFT_E41:STS     Ycharacter,AL
        CLR     AL
TFT_E42:STS     Xcharacter,AL

        POP     AL                      ; restore registers
        OUT     CPU_RAMPZ,AL
        POP     ZH
        POP     ZL
        POP     YH
        POP     YL
```

```
        POP     XH
        POP     XL
        POP     CH
        POP     CL
        POP     AH
        POP     AL
        POP     R1
        POP     R0
        RET

;===========================================================================
;       Display a 16x16 Korean Character (TFT_HB:TFT_LB)
;===========================================================================
;------------------------------------------------------------
;       Convert KSSM(완성형) to KS(조합형)
;------------------------------------------------------------
KS_code_conversion:
        PUSH    R0                      ; store registers
        PUSH    R1
        PUSH    AL
        PUSH    YH
        PUSH    ZL
        PUSH    ZH
        IN      AL,CPU_RAMPZ
        PUSH    AL

        SUBI    TFT_HB,0xB0             ; (HB - 0xB0)*94 + LB - 0xA1
        LDI     AL,94
        MUL     TFT_HB,AL
        ADD     R0,TFT_LB
        CLR     AL
        ADC     R1,AL
        LDI     AL,0xA1
        SUB     R0,AL
        CLR     AL
        SBC     R1,AL
        LSL     R0                      ; multiply by 2
        ROL     R1

        LDI     YH,byte3(KS_table << 1) ; start address of character font
        LDI     ZH,high(KS_table << 1)
        LDI     ZL,low(KS_table << 1)

        ADD     ZL,R0                   ; get code position
        ADC     ZH,R1
        CLR     AL
        ADC     YH,AL
        OUT     CPU_RAMPZ,YH
        ELPM    TFT_HB,Z+               ; get code
        ELPM    TFT_LB,Z+

        POP     AL                      ; restore registers
        OUT     CPU_RAMPZ,AL
        POP     ZH
        POP     ZL
        POP     YH
        POP     AL
        POP     R1
        POP     R0
        RET

;------------------------------------------------------------
;       Store Registers
;------------------------------------------------------------
TFT_Korean:
        PUSH    R0                      ; store registers
        PUSH    R1
        PUSH    AL
        PUSH    AH
        PUSH    BL
        PUSH    BH
        PUSH    XL
```

```
        PUSH    XH
        PUSH    YL
        PUSH    YH
        PUSH    ZL
        PUSH    ZH
        IN      AL,CPU_RAMPZ
        PUSH    AL

        LDS     AL,Xcharacter           ; last character of line ?
        LDS     AH,XcharacterLimit
        DEC     AH
        CP      AL,AH
        BRNE    TFT_K01
        PUSH    TFT_HB                  ; if yes, display space and go to next line
        PUSH    TFT_LB
        LDI     TFT_LB,' '
        CALL    TFT_ENGLISH
        POP     TFT_LB
        POP     TFT_HB

;-----------------------------------------------------------
;       Get chosung, joongsung, jongsung 5 bit
;-----------------------------------------------------------
TFT_K01:MOV     AL,TFT_HB               ; chosung 5 bit
        LSR     AL
        LSR     AL
        ANDI    AL,0b00011111
        LDI     YH,byte3(TBL_CHO << 1)
        LDI     ZH,high(TBL_CHO << 1)
        LDI     ZL,low(TBL_CHO << 1)
        ADD     ZL,AL
        CLR     AL
        ADC     ZH,AL
        ADC     YH,AL
        OUT     CPU_RAMPZ,YH
        ELPM    AL,Z
        STS     cho_5bit,AL
        MOV     AH,TFT_HB               ; joongsung 5 bit
        MOV     AL,TFT_LB
        LSL     AL
        ROL     AH
        LSL     AL
        ROL     AH
        LSL     AL
        ROL     AH
        MOV     AL,AH
        ANDI    AL,0b00011111
        LDI     YH,byte3(TBL_JOONG << 1)
        LDI     ZH,high(TBL_JOONG << 1)
        LDI     ZL,low(TBL_JOONG << 1)
        ADD     ZL,AL
        CLR     AL
        ADC     ZH,AL
        ADC     YH,AL
        OUT     CPU_RAMPZ,YH
        ELPM    AL,Z
        STS     joong_5bit,AL
        MOV     AL,TFT_LB               ; jongsung 5 bit
        ANDI    AL,0b00011111
        LDI     YH,byte3(TBL_JONG << 1)
        LDI     ZH,high(TBL_JONG << 1)
        LDI     ZL,low(TBL_JONG << 1)
        ADD     ZL,AL
        CLR     AL
        ADC     ZH,AL
        ADC     YH,AL
        OUT     CPU_RAMPZ,YH
        ELPM    AL,Z
        STS     jong_5bit,AL

;-----------------------------------------------------------
;       Get chosung, joongsung, jongsung bul number
```

```
;-------------------------------------------------------------
        LDS     AL,jong_5bit                ; have jongsung ?
        CPI     AL,0
        BRNE    TFT_K14
        CLR     AH                          ; don't have jongsung
        STS     jong_flag,AH
        LDI     YH,byte3(BUL_CHO1 << 1)  ; chosung bul
        LDI     ZH,high(BUL_CHO1 << 1)
        LDI     ZL,low(BUL_CHO1 << 1)
        LDS     AL,joong_5bit
        ADD     ZL,AL
        CLR     AL
        ADC     ZH,AL
        ADC     YH,AL
        OUT     CPU_RAMPZ,YH
        ELPM    AL,Z
        STS     cho_bul,AL
        LDS     AL,cho_5bit                 ; joongsung bul
        CPI     AL,1
        BRNE    TFT_K11
        CLR     AH
        STS     joong_bul,AH
        RJMP    TFT_K13
TFT_K11:LDS     AL,cho_5bit
        CPI     AL,16
        BRNE    TFT_K12
        CLR     AH
        STS     joong_bul,AH
        RJMP    TFT_K13
TFT_K12:LDI     AH,1
        STS     joong_bul,AH
TFT_K13:RJMP    TFT_K20

TFT_K14:LDI     AH,1                        ; have jongsung
        STS     jong_flag,AH
        LDI     YH,byte3(BUL_CHO2 << 1)  ; chosung bul
        LDI     ZH,high(BUL_CHO2 << 1)
        LDI     ZL,low(BUL_CHO2 << 1)
        LDS     AL,joong_5bit
        ADD     ZL,AL
        CLR     AL
        ADC     ZH,AL
        ADC     YH,AL
        OUT     CPU_RAMPZ,YH
        ELPM    AL,Z
        STS     cho_bul,AL
        LDS     AL,cho_5bit                 ; joongsung bul
        CPI     AL,1
        BRNE    TFT_K15
        LDI     AH,2
        STS     joong_bul,AH
        RJMP    TFT_K17
TFT_K15:LDS     AL,cho_5bit
        CPI     AL,16
        BRNE    TFT_K16
        LDI     AH,2
        STS     joong_bul,AH
        RJMP    TFT_K17
TFT_K16:LDI     AH,3
        STS     joong_bul,AH
TFT_K17:LDI     YH,byte3(BUL_JONG << 1)  ; jongsung bul
        LDI     ZH,high(BUL_JONG << 1)
        LDI     ZL,low(BUL_JONG << 1)
        LDS     AL,joong_5bit
        ADD     ZL,AL
        CLR     AL
        ADC     ZH,AL
        ADC     YH,AL
        OUT     CPU_RAMPZ,YH
        ELPM    AL,Z
        STS     jong_bul,AL
```

```
;-----------------------------------------------------------
;       Make Buffer for Korean Character
;-----------------------------------------------------------
TFT_K20:CLR     AH                        ; chosung offset
        LDS     AL,cho_bul                ;  (bul * 20 * 32)
        LDI     BH,high(640)
        LDI     BL,low(640)
        CALL    MUL16
        LDS     BL,cho_5bit
        LDI     BH,32
        MUL     BL,BH
        LDI     YH,byte3(CHO_FONT0 << 1)
        LDI     ZH,high(CHO_FONT0 << 1)
        LDI     ZL,low(CHO_FONT0 << 1)
        ADD     ZL,R0
        ADC     ZH,R1
        CLR     BL
        ADC     YH,BL
        ADD     ZL,AL
        ADC     ZH,AH
        ADC     YH,BL
        OUT     CPU_RAMPZ,YH
        LDI     XH,high(Kbuffer)          ; copy chosung to Korean buffer
        LDI     XL,low(Kbuffer)
        LDI     BL,32
TFT_K21:ELPM    AL,Z+
        ST      X+,AL
        DEC     BL
        BRNE    TFT_K21

        CLR     AH                        ; joongsung offset
        LDS     AL,joong_bul              ;  (bul * 22 * 32)
        LDI     BH,high(704)
        LDI     BL,low(704)
        CALL    MUL16
        LDS     BL,joong_5bit
        LDI     BH,32
        MUL     BL,BH
        LDI     YH,byte3(JOONG_FONT0 << 1)
        LDI     ZH,high(JOONG_FONT0 << 1)
        LDI     ZL,low(JOONG_FONT0 << 1)
        ADD     ZL,R0
        ADC     ZH,R1
        CLR     BL
        ADC     YH,BL
        ADD     ZL,AL
        ADC     ZH,AH
        ADC     YH,BL
        OUT     CPU_RAMPZ,YH
        LDI     XH,high(Kbuffer)          ; OR joongsung to Korean buffer
        LDI     XL,low(Kbuffer)
        LDI     BL,32
TFT_K22:ELPM    AL,Z+
        LD      AH,X
        OR      AL,AH
        ST      X+,AL
        DEC     BL
        BRNE    TFT_K22

        LDS     AL,jong_flag              ; have jongsung ?
        CPI     AL,1
        BRNE    TFT_K30
        CLR     AH                        ; jongsung offset
        LDS     AL,jong_bul               ;  (bul * 28 * 32)
        LDI     BH,high(896)
        LDI     BL,low(896)
        CALL    MUL16
        LDS     BL,jong_5bit
        LDI     BH,32
        MUL     BL,BH
        LDI     YH,byte3(JONG_FONT0 << 1)
        LDI     ZH,high(JONG_FONT0 << 1)
```

```
        LDI     ZL,low(JONG_FONT0 << 1)
        ADD     ZL,R0
        ADC     ZH,R1
        CLR     BL
        ADC     YH,BL
        ADD     ZL,AL
        ADC     ZH,AH
        ADC     YH,BL
        OUT     CPU_RAMPZ,YH
        LDI     XH,high(Kbuffer)         ; OR jongsung to Korean buffer
        LDI     XL,low(Kbuffer)
        LDI     BL,32
TFT_K23:ELPM    AL,Z+
        LD      AH,X
        OR      AL,AH
        ST      X+,AL
        DEC     BL
        BRNE    TFT_K23

;------------------------------------------------------------
;       Display Korean Character
;------------------------------------------------------------
TFT_K30:LDI     YH,high(Kbuffer)         ; start address of Korean buffer
        LDI     YL,low(Kbuffer)
        LDI     XH,high(Kpixel)          ; start address of pixel buffer
        LDI     XL,low(Kpixel)
        LDI     CH,16
TFT_K31:LD      TFT_LB,Y+                ; read upper 16-byte of font
        LDI     CL,8                     ;   and convert them to pixel data
TFT_K32:LSR     TFT_LB
        BRCC    TFT_K33
        LDS     AL,foreground
        LDS     AH,foreground+1
        RJMP    TFT_K34
TFT_K33:LDS     AL,background
        LDS     AH,background+1
TFT_K34:ST      X+,AL
        ST      X+,AH
        DEC     CL
        BRNE    TFT_K32
        ADIW    XL,16
        DEC     CH
        BRNE    TFT_K31

        LDI     XH,high(Kpixel)          ; start address of pixel buffer
        LDI     XL,low(Kpixel)
        ADIW    XL,16
        LDI     CH,16
TFT_K35:LD      TFT_LB,Y+                ; read lower 16-byte of font
        LDI     CL,8                     ;   and convert them to pixel data
TFT_K36:LSR     TFT_LB
        BRCC    TFT_K37
        LDS     AL,foreground
        LDS     AH,foreground+1
        RJMP    TFT_K38
TFT_K37:LDS     AL,background
        LDS     AH,background+1
TFT_K38:ST      X+,AL
        ST      X+,AH
        DEC     CL
        BRNE    TFT_K36
        ADIW    XL,16
        DEC     CH
        BRNE    TFT_K35

        LDS     AL,underscore_flag       ; underscore ?
        CPI     AL,1
        BRNE    TFT_K50
        LDI     ZH,high(Kpixel)          ; start address of pixel buffer
        LDI     ZL,low(Kpixel)
        LDI     CL,16                    ; display underscore
TFT_K41:LDS     AL,underscore
```

```
        LDS     AH,underscore+1
        ADIW    ZL,30
        ST      Z+,AL
        ST      Z+,AH
        DEC     CL
        BRNE    TFT_K41

TFT_K50:LDS     AL,cursor_flag          ; cursor ?
        CPI     AL,1
        BRNE    TFT_K60
        LDS     AL,Xcharacter
        LDS     AH,Xcursor
        CP      AL,AH
        BRNE    TFT_K60
        LDS     AL,Ycharacter
        LDS     AH,Ycursor
        CP      AL,AH
        BRNE    TFT_K60
        LDI     ZH,high(Kpixel)         ; start address of pixel buffer
        LDI     ZL,low(Kpixel)
        LDI     CL,16                   ; display cursor
TFT_K51:LDS     AL,cursor
        LDS     AH,cursor+1
        ADIW    ZL,28
        ST      Z+,AL
        ST      Z+,AH
        ST      Z+,AL
        ST      Z+,AH
        DEC     CL
        BRNE    TFT_K51

TFT_K60:LDI     ZH,high(Kpixel)         ; start address of pixel buffer
        LDI     ZL,low(Kpixel)
        LDS     AL,Xcharacter           ; calculate x position
        LDI     AH,8
        MUL     AL,AH
        MOV     XL,R0
        MOV     XH,R1
        LDI     CH,16
TFT_K61:LDI     CL,16
        LDS     AL,Ycharacter           ; calculate y position
        LDI     AH,8
        MUL     AL,AH
        MOV     YL,R0
        MOV     YH,R1
TFT_K62:LD      AL,Z+
        STS     color,AL
        LD      AH,Z+
        STS     color+1,AH
        CALL    TFT_pixel
        ADIW    YL,1
        DEC     CL
        BRNE    TFT_K62
        ADIW    XL,1
        DEC     CH
        BRNE    TFT_K61

        LDS     AL,Xcharacter           ; go next character position
        INC     AL
        INC     AL
        LDS     AH,XcharacterLimit      ; end of line ?
        CP      AL,AH
        BRNE    TFT_K72
        LDS     AL,Ycharacter
        INC     AL
        INC     AL
        LDS     AH,YcharacterLimit      ; end of screen ?
        CP      AL,AH
        BRNE    TFT_K71
        CLR     AL
TFT_K71:STS     Ycharacter,AL
        CLR     AL
```

```
TFT_K72:STS     Xcharacter,AL

        POP     AL                      ; restore registers
        OUT     CPU_RAMPZ,AL
        POP     ZH
        POP     ZL
        POP     YH
        POP     YL
        POP     XH
        POP     XL
        POP     BH
        POP     BL
        POP     AH
        POP     AL
        POP     R1
        POP     R0
        RET

.nolist
;******************************************************************************
;*                      Character Font Data                                   *
;******************************************************************************
;==============================================================================
;       8x16 Dot English(ASCII) Character Font
;==============================================================================
E_FONT: .db $00,$00,$00,$00,$00,$00,$00,$00,$00,$00,$00,$00,$00,$00,$00,$00 ; 00H
        .db $F8,$04,$14,$04,$04,$14,$04,$F8,$07,$08,$09,$0B,$0B,$09,$08,$07 ; 01H
        .db $F8,$FC,$6C,$7C,$7C,$6C,$FC,$F8,$07,$0F,$0F,$0C,$0C,$0F,$0F,$07 ; 02H
        .db $00,$F0,$F8,$F8,$F0,$F8,$F8,$F0,$00,$00,$01,$03,$07,$03,$01,$00 ; 03H
        .db $00,$40,$E0,$F0,$F8,$F0,$E0,$40,$00,$00,$00,$01,$03,$01,$00,$00 ; 04H
        .db $E0,$E0,$F8,$1C,$1C,$F8,$E0,$E0,$00,$00,$04,$07,$07,$04,$00,$00 ; 05H
        .db $60,$F0,$F8,$FC,$FC,$F8,$F0,$60,$00,$00,$04,$07,$07,$04,$00,$00 ; 06H
        .db $00,$00,$60,$F0,$F0,$60,$00,$00,$00,$00,$00,$00,$00,$00,$00,$00 ; 07H
        .db $00,$FF,$1F,$0F,$0F,$0F,$1F,$FF,$00,$FF,$FF,$FE,$FE,$FE,$FF,$FF ; 08H
        .db $00,$00,$E0,$10,$10,$10,$E0,$00,$00,$00,$00,$01,$01,$01,$00,$00 ; 09H
        .db $00,$FF,$1F,$EF,$EF,$EF,$1F,$FF,$00,$FF,$FF,$FE,$FE,$FE,$FF,$FF ; 0AH
        .db $00,$00,$90,$48,$7C,$48,$90,$00,$00,$03,$04,$08,$08,$08,$04,$03 ; 0BH
        .db $00,$30,$48,$84,$84,$84,$48,$30,$00,$02,$02,$02,$0F,$02,$02,$02 ; 0CH
        .db $00,$00,$00,$FC,$04,$08,$70,$00,$00,$06,$0F,$07,$00,$00,$00,$00 ; 0DH
        .db $00,$00,$00,$FC,$14,$14,$14,$FC,$00,$0C,$1E,$0F,$00,$06,$0F,$07 ; 0EH
        .db $50,$50,$E0,$BC,$BC,$E0,$50,$50,$01,$01,$00,$07,$07,$00,$01,$01 ; 0FH
        .db $00,$00,$FC,$F8,$F0,$E0,$40,$00,$00,$00,$07,$03,$01,$00,$00,$00 ; 10H
        .db $00,$00,$40,$E0,$F0,$F8,$FC,$00,$00,$00,$00,$00,$01,$03,$07,$00 ; 11H
        .db $00,$10,$18,$FC,$FC,$18,$10,$00,$00,$01,$03,$07,$07,$03,$01,$00 ; 12H
        .db $00,$00,$FC,$FC,$00,$00,$FC,$FC,$00,$00,$04,$04,$00,$00,$04,$04 ; 13H
        .db $38,$7C,$44,$FC,$FC,$04,$FC,$FC,$00,$00,$00,$07,$07,$00,$07,$07 ; 14H
        .db $00,$C4,$EE,$3A,$12,$32,$E6,$C4,$00,$08,$19,$13,$12,$17,$1D,$08 ; 15H
        .db $00,$00,$00,$00,$00,$00,$00,$00,$00,$0E,$0E,$0E,$0E,$0E,$0E,$00 ; 16H
        .db $00,$10,$18,$FC,$FC,$18,$10,$00,$08,$09,$0B,$0F,$0F,$0B,$09,$08 ; 17H
        .db $00,$10,$18,$FC,$FC,$18,$10,$00,$00,$00,$00,$07,$07,$00,$00,$00 ; 18H
        .db $00,$00,$00,$FC,$FC,$00,$00,$00,$00,$01,$03,$07,$07,$03,$01,$00 ; 19H
        .db $00,$40,$40,$40,$50,$F0,$E0,$40,$00,$00,$00,$00,$01,$01,$00,$00 ; 1AH
        .db $00,$40,$E0,$F0,$50,$40,$40,$40,$00,$00,$00,$01,$01,$00,$00,$00 ; 1BH
        .db $F8,$00,$00,$00,$00,$00,$00,$00,$03,$02,$02,$02,$02,$02,$02,$02 ; 1CH
        .db $40,$E0,$50,$40,$40,$50,$E0,$40,$00,$00,$01,$00,$00,$01,$00,$00 ; 1DH
        .db $00,$00,$00,$C0,$F0,$C0,$00,$00,$00,$04,$07,$07,$07,$07,$07,$04 ; 1EH
        .db $00,$10,$70,$F0,$F0,$F0,$70,$10,$00,$00,$00,$01,$07,$01,$00,$00 ; 1FH
        .db $00,$00,$00,$00,$00,$00,$00,$00,$00,$00,$00,$00,$00,$00,$00,$00 ; space
        .db $00,$00,$38,$FC,$FC,$38,$00,$00,$00,$00,$00,$0D,$0D,$00,$00,$00 ; !
        .db $00,$0E,$1E,$00,$00,$1E,$0E,$00,$00,$00,$00,$00,$00,$00,$00,$00 ; "
        .db $20,$F8,$F8,$20,$F8,$F8,$20,$00,$02,$0F,$0F,$02,$0F,$0F,$02,$00 ; #
        .db $38,$7C,$44,$47,$47,$CC,$98,$00,$06,$0C,$08,$38,$38,$0F,$07,$00 ; $
        .db $30,$30,$00,$80,$C0,$60,$30,$00,$0C,$06,$03,$01,$00,$0C,$0C,$00 ; %
        .db $80,$D8,$7C,$E4,$BC,$D8,$40,$00,$07,$0F,$08,$08,$07,$0F,$08,$00 ; &
        .db $00,$10,$1E,$0E,$00,$00,$00,$00,$00,$00,$00,$00,$00,$00,$00,$00 ; '
        .db $00,$00,$F0,$F8,$0C,$04,$00,$00,$00,$00,$03,$07,$0C,$08,$00,$00 ; (
        .db $00,$00,$04,$0C,$F8,$F0,$00,$00,$00,$00,$08,$0C,$07,$03,$00,$00 ; )
        .db $80,$A0,$E0,$C0,$C0,$E0,$A0,$80,$00,$02,$03,$01,$01,$03,$02,$00 ; *
        .db $00,$80,$80,$E0,$E0,$80,$80,$00,$00,$00,$00,$03,$03,$00,$00,$00 ; +
        .db $00,$00,$00,$00,$00,$00,$00,$00,$00,$00,$10,$1E,$0E,$00,$00,$00 ; ,
        .db $80,$80,$80,$80,$80,$80,$80,$00,$00,$00,$00,$00,$00,$00,$00,$00 ; -
        .db $00,$00,$00,$00,$00,$00,$00,$00,$00,$00,$00,$0C,$0C,$00,$00,$00 ; .
```

```
.db $00, $00, $00, $80, $C0, $60, $30, $00, $0C, $06, $03, $01, $00, $00, $00, $00 ; /
.db $F0, $F8, $0C, $C4, $0C, $F8, $F0, $00, $03, $07, $0C, $08, $0C, $07, $03, $00 ; 0
.db $00, $10, $18, $FC, $FC, $00, $00, $00, $00, $08, $08, $0F, $0F, $08, $08, $00 ; 1
.db $08, $0C, $84, $C4, $64, $3C, $18, $00, $0E, $0F, $09, $08, $08, $0C, $0C, $00 ; 2
.db $08, $0C, $44, $44, $44, $FC, $B8, $00, $04, $0C, $08, $08, $08, $0F, $07, $00 ; 3
.db $C0, $E0, $B0, $98, $FC, $FC, $80, $00, $00, $00, $00, $08, $0F, $0F, $08, $00 ; 4
.db $7C, $7C, $44, $44, $44, $C4, $84, $00, $04, $0C, $08, $08, $08, $0F, $07, $00 ; 5
.db $F0, $F8, $4C, $44, $44, $C0, $80, $00, $07, $0F, $08, $08, $08, $0F, $07, $00 ; 6
.db $0C, $0C, $04, $84, $C4, $7C, $3C, $00, $00, $00, $0F, $0F, $00, $00, $00, $00 ; 7
.db $B8, $FC, $44, $44, $44, $FC, $B8, $00, $07, $0F, $08, $08, $08, $0F, $07, $00 ; 8
.db $38, $7C, $44, $44, $44, $FC, $F8, $00, $00, $08, $08, $08, $0C, $07, $03, $00 ; 9
.db $00, $00, $00, $30, $30, $00, $00, $00, $00, $00, $00, $06, $06, $00, $00, $00 ; :
.db $00, $00, $00, $30, $30, $00, $00, $00, $00, $00, $08, $0E, $06, $00, $00, $00 ; ;
.db $00, $80, $C0, $60, $30, $18, $08, $00, $00, $00, $01, $03, $06, $0C, $08, $00 ; <
.db $00, $20, $20, $20, $20, $20, $20, $00, $00, $01, $01, $01, $01, $01, $01, $00 ; =
.db $00, $08, $18, $30, $60, $C0, $80, $00, $00, $08, $0C, $06, $03, $01, $00, $00 ; >
.db $18, $1C, $04, $C4, $E4, $3C, $18, $00, $00, $00, $00, $0D, $0D, $00, $00, $00 ; ?
.db $F0, $F8, $08, $C8, $C8, $F8, $F0, $00, $07, $0F, $08, $0B, $0B, $0B, $01, $00 ; @
.db $E0, $F0, $98, $8C, $98, $F0, $E0, $00, $0F, $0F, $00, $00, $00, $0F, $0F, $00 ; A
.db $04, $FC, $FC, $44, $44, $FC, $B8, $00, $08, $0F, $0F, $08, $08, $0F, $07, $00 ; B
.db $F0, $F8, $0C, $04, $04, $0C, $18, $00, $03, $07, $0C, $08, $08, $0C, $06, $00 ; C
.db $04, $FC, $FC, $04, $0C, $F8, $F0, $00, $08, $0F, $0F, $08, $0C, $07, $03, $00 ; D
.db $04, $FC, $FC, $44, $E4, $0C, $1C, $00, $08, $0F, $0F, $08, $08, $0C, $0E, $00 ; E
.db $04, $FC, $FC, $44, $E4, $0C, $1C, $00, $08, $0F, $0F, $08, $00, $00, $00, $00 ; F
.db $F0, $F8, $0C, $84, $84, $8C, $98, $00, $03, $07, $0C, $08, $08, $07, $0F, $00 ; G
.db $FC, $FC, $40, $40, $40, $FC, $FC, $00, $0F, $0F, $00, $00, $00, $0F, $0F, $00 ; H
.db $00, $00, $04, $FC, $FC, $04, $00, $00, $00, $00, $08, $0F, $0F, $08, $00, $00 ; I
.db $00, $00, $00, $04, $FC, $FC, $04, $00, $07, $0F, $08, $08, $0F, $07, $00, $00 ; J
.db $04, $FC, $FC, $C0, $E0, $3C, $1C, $00, $08, $0F, $0F, $00, $01, $0F, $0E, $00 ; K
.db $04, $FC, $FC, $04, $00, $00, $00, $00, $08, $0F, $0F, $08, $08, $0C, $0E, $00 ; L
.db $FC, $FC, $38, $70, $38, $FC, $FC, $00, $0F, $0F, $00, $00, $00, $0F, $0F, $00 ; M
.db $FC, $FC, $38, $70, $E0, $FC, $FC, $00, $0F, $0F, $00, $00, $00, $0F, $0F, $00 ; N
.db $F8, $FC, $04, $04, $04, $FC, $F8, $00, $07, $0F, $08, $08, $08, $0F, $07, $00 ; O
.db $04, $FC, $FC, $44, $44, $7C, $38, $00, $08, $0F, $0F, $08, $00, $00, $00, $00 ; P
.db $F8, $FC, $04, $04, $04, $FC, $F8, $00, $07, $0F, $08, $0E, $3C, $3F, $27, $00 ; Q
.db $04, $FC, $FC, $44, $C4, $FC, $38, $00, $08, $0F, $0F, $00, $00, $0F, $0F, $00 ; R
.db $18, $3C, $64, $44, $C4, $9C, $18, $00, $06, $0E, $08, $08, $08, $0F, $07, $00 ; S
.db $00, $1C, $0C, $FC, $FC, $0C, $1C, $00, $00, $00, $08, $0F, $0F, $08, $00, $00 ; T
.db $FC, $FC, $00, $00, $00, $FC, $FC, $00, $07, $0F, $08, $08, $08, $0F, $07, $00 ; U
.db $FC, $FC, $00, $00, $00, $FC, $FC, $00, $01, $03, $06, $0C, $06, $03, $01, $00 ; V
.db $FC, $FC, $00, $C0, $00, $FC, $FC, $00, $07, $0F, $0E, $03, $0E, $0F, $07, $00 ; W
.db $0C, $3C, $F0, $E0, $F0, $3C, $0C, $00, $0C, $0F, $03, $01, $03, $0F, $0C, $00 ; X
.db $00, $3C, $7C, $C0, $C0, $7C, $3C, $00, $00, $00, $08, $0F, $0F, $08, $00, $00 ; Y
.db $1C, $0C, $84, $C4, $64, $3C, $1C, $00, $0E, $0F, $09, $08, $08, $0C, $0E, $00 ; Z
.db $00, $00, $FC, $FC, $04, $04, $00, $00, $00, $00, $0F, $0F, $08, $08, $00, $00 ; [
.db $38, $70, $E0, $C0, $80, $00, $00, $00, $00, $00, $00, $01, $03, $07, $0E, $00 ; \
.db $00, $00, $04, $04, $FC, $FC, $00, $00, $00, $00, $08, $08, $0F, $0F, $00, $00 ;]
.db $08, $0C, $06, $03, $06, $0C, $08, $00, $00, $00, $00, $00, $00, $00, $00, $00 ; ^
.db $00, $00, $00, $00, $00, $00, $00, $00, $20, $20, $20, $20, $20, $20, $20, $20 ; _
.db $00, $00, $03, $07, $04, $00, $00, $00, $00, $00, $00, $00, $00, $00, $00, $00 ; `
.db $00, $A0, $A0, $A0, $E0, $C0, $00, $00, $07, $0F, $08, $08, $07, $0F, $08, $00 ; a
.db $04, $FC, $FC, $20, $60, $C0, $80, $00, $00, $0F, $0F, $08, $08, $0F, $07, $00 ; b
.db $C0, $E0, $20, $20, $20, $60, $40, $00, $07, $0F, $08, $08, $08, $0C, $04, $00 ; c
.db $80, $C0, $60, $24, $FC, $FC, $00, $00, $07, $0F, $08, $08, $07, $0F, $08, $00 ; d
.db $C0, $E0, $A0, $A0, $A0, $E0, $C0, $00, $07, $0F, $08, $08, $08, $0C, $04, $00 ; e
.db $40, $F8, $FC, $44, $0C, $18, $00, $00, $08, $0F, $0F, $08, $00, $00, $00, $00 ; f
.db $C0, $E0, $20, $20, $C0, $E0, $20, $00, $27, $6F, $48, $48, $7F, $3F, $00, $00 ; g
.db $04, $FC, $FC, $40, $20, $E0, $C0, $00, $08, $0F, $0F, $00, $00, $0F, $0F, $00 ; h
.db $00, $00, $20, $EC, $EC, $00, $00, $00, $00, $00, $08, $0F, $0F, $08, $00, $00 ; i
.db $00, $00, $00, $00, $20, $EC, $EC, $00, $00, $30, $70, $40, $40, $7F, $3F, $00 ; j
.db $04, $FC, $FC, $80, $C0, $60, $20, $00, $08, $0F, $0F, $01, $03, $0E, $0C, $00 ; k
.db $00, $00, $04, $FC, $FC, $00, $00, $00, $00, $00, $08, $0F, $0F, $08, $00, $00 ; l
.db $E0, $E0, $60, $C0, $60, $E0, $C0, $00, $0F, $0F, $00, $07, $00, $0F, $0F, $00 ; m
.db $20, $E0, $C0, $20, $20, $E0, $C0, $00, $00, $0F, $0F, $00, $00, $0F, $0F, $00 ; n
.db $C0, $E0, $20, $20, $20, $E0, $C0, $00, $07, $0F, $08, $08, $08, $0F, $07, $00 ; o
.db $20, $E0, $C0, $20, $20, $E0, $C0, $00, $40, $7F, $7F, $48, $08, $0F, $07, $00 ; p
.db $C0, $E0, $20, $20, $C0, $E0, $20, $00, $07, $0F, $08, $48, $7F, $7F, $40, $00 ; q
.db $20, $E0, $C0, $60, $20, $E0, $C0, $00, $08, $0F, $0F, $08, $00, $00, $00, $00 ; r
.db $40, $E0, $A0, $20, $20, $60, $40, $00, $04, $0C, $09, $09, $0B, $0E, $04, $00 ; s
.db $20, $20, $F8, $FC, $20, $20, $00, $00, $00, $00, $07, $0F, $08, $0C, $04, $00 ; t
.db $E0, $E0, $00, $00, $E0, $E0, $00, $00, $07, $0F, $08, $08, $07, $0F, $08, $00 ; u
.db $00, $E0, $E0, $00, $00, $E0, $E0, $00, $00, $03, $07, $0C, $0C, $07, $03, $00 ; v
```

```
        .db $E0,$E0,$00,$80,$00,$E0,$E0,$00,$07,$0F,$0C,$07,$0C,$0F,$07,$00 ; w
        .db $20,$60,$C0,$80,$C0,$60,$20,$00,$08,$0C,$07,$03,$07,$0C,$08,$00 ; x
        .db $E0,$E0,$00,$00,$00,$E0,$E0,$00,$47,$4F,$48,$48,$68,$3F,$1F,$00 ; y
        .db $60,$60,$20,$A0,$E0,$60,$20,$00,$0C,$0E,$0B,$09,$08,$0C,$0C,$00 ; z
        .db $00,$40,$40,$F8,$BC,$04,$04,$00,$00,$00,$07,$0F,$08,$08,$00 ; {
        .db $00,$00,$00,$BC,$BC,$00,$00,$00,$00,$00,$00,$0F,$0F,$00,$00,$00 ; |
        .db $00,$04,$04,$BC,$F8,$40,$40,$00,$00,$08,$08,$0F,$07,$00,$00,$00 ; }
        .db $80,$C0,$40,$C0,$80,$C0,$40,$00,$00,$00,$00,$00,$00,$00,$00,$00 ; ~
        .db $00,$00,$00,$30,$48,$48,$30,$00,$00,$00,$00,$00,$00,$00,$00,$00 ; 7FH

;==========================================================================
;       Font Processing Table for Korean Character
;==========================================================================
TBL_CHO:   .db 0,0,1,2,3,4,5,6,7,8,9,10,11,12,13,14,15,16,17,18,19,0
TBL_JOONG:.db 0,0,0,1,2,3,4,5,0,0,6,7,8,9,10,11,0,0,12,13,14,15,16,17,0,0,18,19,20,21
TBL_JONG:  .db 0,0,1,2,3,4,5,6,7,8,9,10,11,12,13,14,15,16,0,17,18,19,20,21,22,23,24,25,26,27

BUL_CHO1: .db 0,0,0,0,0,0,0,0,0,0,1,3,3,3,1,2,4,4,4,2,1,3,0
BUL_CHO2: .db 0,5,5,5,5,5,5,5,5,5,6,7,7,7,6,6,7,7,7,6,6,7,5
BUL_JONG: .db 0,0,2,0,2,1,2,1,2,3,0,2,1,3,3,1,2,1,3,3,1,1

;==========================================================================
;       16x16 Dot Korean Character Font
;==========================================================================
CHO_FONT0:
        .db $00,$00,$00,$00,$00,$00,$00,$00,$00,$00,$00,$00,$00,$00,$00,$00
        .db $00,$00,$00,$00,$00,$00,$00,$00,$00,$00,$00,$00,$00,$00,$00,$00
        .db $00,$00,$08,$08,$08,$88,$C8,$78,$38,$00,$00,$00,$00,$00,$00,$00
        .db $00,$00,$02,$02,$01,$01,$00,$00,$00,$00,$00,$00,$00,$00,$00,$00
        .db $00,$08,$08,$C8,$F8,$38,$C8,$F8,$38,$00,$00,$00,$00,$00,$00,$00
        .db $00,$02,$01,$01,$02,$01,$01,$00,$00,$00,$00,$00,$00,$00,$00,$00
        .db $00,$08,$F8,$F8,$00,$00,$00,$00,$00,$00,$00,$00,$00,$00,$00,$00
        .db $00,$00,$01,$03,$02,$02,$02,$02,$02,$02,$00,$00,$00,$00,$00,$00
        .db $00,$08,$F8,$F8,$08,$08,$08,$08,$00,$00,$00,$00,$00,$00,$00,$00
        .db $00,$00,$01,$03,$02,$02,$02,$02,$02,$00,$00,$00,$00,$00,$00,$00
        .db $00,$08,$F8,$F8,$08,$F8,$F8,$08,$08,$00,$00,$00,$00,$00,$00,$00
        .db $00,$00,$01,$03,$02,$01,$03,$02,$02,$02,$00,$00,$00,$00,$00,$00
        .db $00,$00,$C8,$C8,$48,$48,$48,$78,$78,$00,$00,$00,$00,$00,$00,$00
        .db $00,$00,$01,$03,$02,$02,$02,$02,$02,$00,$00,$00,$00,$00,$00,$00
        .db $00,$08,$F8,$F8,$08,$08,$08,$F8,$F8,$00,$00,$00,$00,$00,$00,$00
        .db $00,$00,$03,$03,$02,$02,$02,$03,$03,$00,$00,$00,$00,$00,$00,$00
        .db $00,$10,$F0,$F0,$40,$40,$48,$F8,$F8,$00,$00,$00,$00,$00,$00,$00
        .db $00,$00,$03,$03,$02,$02,$02,$03,$03,$00,$00,$00,$00,$00,$00,$00
        .db $10,$F0,$F0,$40,$F0,$F0,$48,$F8,$F8,$00,$00,$00,$00,$00,$00,$00
        .db $00,$03,$03,$02,$03,$03,$02,$03,$03,$00,$00,$00,$00,$00,$00,$00
        .db $00,$00,$00,$00,$C4,$7C,$FC,$80,$00,$00,$00,$00,$00,$00,$00,$00
        .db $00,$02,$02,$01,$01,$00,$00,$01,$03,$02,$00,$00,$00,$00,$00,$00
        .db $00,$00,$F8,$78,$80,$80,$78,$F8,$00,$00,$00,$00,$00,$00,$00,$00
        .db $02,$03,$01,$00,$03,$03,$00,$01,$03,$02,$00,$00,$00,$00,$00,$00
        .db $00,$E0,$F0,$18,$08,$08,$18,$F0,$E0,$00,$00,$00,$00,$00,$00,$00
        .db $00,$00,$01,$03,$02,$02,$03,$01,$00,$00,$00,$00,$00,$00,$00,$00
        .db $00,$08,$08,$08,$88,$C8,$78,$38,$00,$00,$00,$00,$00,$00,$00,$00
        .db $00,$02,$02,$01,$01,$00,$01,$03,$02,$00,$00,$00,$00,$00,$00,$00
        .db $00,$08,$88,$C8,$F8,$B8,$C8,$F8,$38,$00,$00,$00,$00,$00,$00,$00
        .db $02,$03,$01,$02,$03,$01,$00,$01,$03,$02,$00,$00,$00,$00,$00,$00
        .db $00,$10,$10,$14,$94,$D4,$F4,$30,$00,$00,$00,$00,$00,$00,$00,$00
        .db $00,$02,$02,$01,$01,$00,$01,$03,$02,$00,$00,$00,$00,$00,$00,$00
        .db $00,$28,$28,$28,$28,$A8,$E8,$78,$38,$00,$00,$00,$00,$00,$00,$00
        .db $00,$02,$02,$02,$01,$01,$00,$00,$00,$00,$00,$00,$00,$00,$00,$00
        .db $00,$08,$F8,$F8,$48,$48,$48,$48,$48,$00,$00,$00,$00,$00,$00,$00
        .db $00,$00,$01,$03,$02,$02,$02,$02,$02,$02,$00,$00,$00,$00,$00,$00
        .db $08,$08,$F8,$F8,$08,$08,$F8,$F8,$08,$08,$00,$00,$00,$00,$00,$00
        .db $02,$02,$03,$03,$02,$02,$03,$03,$02,$02,$00,$00,$00,$00,$00,$00
        .db $00,$08,$C8,$E8,$2C,$2C,$2C,$E8,$C8,$08,$00,$00,$00,$00,$00,$00
        .db $00,$00,$01,$03,$02,$02,$02,$03,$01,$00,$00,$00,$00,$00,$00,$00
CHO_FONT1:
        .db $00,$00,$00,$00,$00,$00,$00,$00,$00,$00,$00,$00,$00,$00,$00,$00
        .db $00,$00,$00,$00,$00,$00,$00,$00,$00,$00,$00,$00,$00,$00,$00,$00

                        (중략)

JONG_FONT3:
```

```
.db $00, $00, $00, $00, $00, $00, $00, $00, $00, $00, $00, $00, $00, $00, $00, $00
.db $00, $00, $00, $00, $00, $00, $00, $00, $00, $00, $00, $00, $00, $00, $00, $00
.db $00, $00, $00, $00, $00, $00, $00, $00, $00, $00, $00, $00, $00, $00, $00, $00
.db $00, $00, $00, $04, $04, $04, $04, $04, $04, $04, $04, $7C, $3C, $00, $00, $00
.db $00, $00, $00, $00, $00, $00, $00, $00, $00, $00, $00, $00, $00, $00, $00, $00
.db $00, $00, $04, $04, $04, $7C, $3C, $00, $04, $04, $04, $7C, $3C, $00, $00, $00
.db $00, $00, $00, $00, $00, $00, $00, $00, $00, $00, $00, $00, $00, $00, $00, $00
.db $00, $00, $00, $04, $04, $04, $7C, $3C, $40, $60, $3C, $1C, $70, $60, $00, $00
.db $00, $00, $00, $00, $00, $00, $00, $00, $00, $00, $00, $00, $00, $00, $00, $00
.db $00, $00, $04, $3C, $7C, $40, $40, $40, $40, $40, $40, $40, $40, $00, $00, $00
.db $00, $00, $00, $00, $00, $00, $00, $00, $00, $00, $00, $00, $00, $00, $00, $00
.db $00, $00, $04, $3C, $7C, $40, $40, $00, $44, $64, $3C, $3C, $64, $44, $00, $00
.db $00, $00, $00, $00, $00, $00, $00, $00, $00, $00, $00, $00, $00, $00, $00, $00
.db $00, $00, $04, $3C, $7C, $40, $40, $40, $28, $78, $5C, $5C, $78, $28, $00, $00
.db $00, $00, $00, $00, $00, $00, $00, $00, $00, $00, $00, $00, $00, $00, $00, $00
.db $00, $00, $08, $38, $78, $48, $48, $48, $48, $48, $48, $48, $48, $00, $00, $00
.db $00, $00, $00, $00, $00, $00, $00, $00, $00, $00, $00, $00, $00, $00, $00, $00
.db $00, $00, $00, $34, $74, $54, $54, $54, $54, $54, $54, $5C, $5C, $00, $00, $00
.db $00, $00, $00, $00, $00, $00, $00, $00, $00, $00, $00, $00, $00, $00, $00, $00
.db $00, $00, $00, $34, $74, $54, $5C, $5C, $00, $04, $04, $04, $7C, $3C, $00, $00
.db $00, $00, $00, $00, $00, $00, $00, $00, $00, $00, $00, $00, $00, $00, $00, $00
.db $00, $00, $34, $74, $54, $5C, $5C, $00, $7C, $7C, $44, $44, $7C, $7C, $00, $00
.db $00, $00, $00, $00, $00, $00, $00, $00, $00, $00, $00, $00, $00, $00, $00, $00
.db $00, $00, $00, $34, $74, $54, $5C, $5C, $00, $7C, $7C, $50, $7C, $7C, $00, $00
.db $00, $00, $00, $00, $00, $00, $00, $00, $00, $00, $00, $00, $00, $00, $00, $00
.db $00, $00, $00, $34, $74, $54, $5C, $5C, $00, $40, $60, $3C, $3C, $60, $40, $00
.db $00, $00, $00, $00, $00, $00, $00, $00, $00, $00, $00, $00, $00, $00, $00, $00
.db $00, $00, $00, $34, $74, $54, $5C, $5C, $00, $7C, $7C, $54, $54, $54, $00, $00
.db $00, $00, $00, $00, $00, $00, $00, $00, $00, $00, $00, $00, $00, $00, $00, $00
.db $00, $00, $00, $34, $74, $54, $5C, $18, $44, $7C, $7C, $44, $7C, $7C, $44, $00
.db $00, $00, $00, $00, $00, $00, $00, $00, $00, $00, $00, $00, $00, $00, $00, $00
.db $00, $00, $34, $74, $54, $5C, $5C, $00, $28, $78, $5C, $5C, $78, $28, $00, $00
.db $00, $00, $00, $00, $00, $00, $00, $00, $00, $00, $00, $00, $00, $00, $00, $00
.db $00, $00, $00, $04, $7C, $7C, $44, $44, $44, $44, $44, $7C, $7C, $00, $00, $00
.db $00, $00, $00, $00, $00, $00, $00, $00, $00, $00, $00, $00, $00, $00, $00, $00
.db $00, $00, $04, $7C, $7C, $50, $50, $50, $50, $50, $54, $7C, $7C, $00, $00, $00
.db $00, $00, $00, $00, $00, $00, $00, $00, $00, $00, $00, $00, $00, $00, $00, $00
.db $00, $00, $00, $7C, $7C, $50, $7C, $7C, $40, $60, $3C, $3C, $60, $60, $00, $00
.db $00, $00, $00, $00, $00, $00, $00, $00, $00, $00, $00, $00, $00, $00, $00, $00
.db $00, $00, $00, $40, $40, $20, $30, $1C, $0C, $10, $30, $60, $40, $00, $00, $00
.db $00, $00, $00, $00, $00, $00, $00, $00, $00, $00, $00, $00, $00, $00, $00, $00
.db $00, $40, $60, $30, $1C, $1C, $30, $60, $60, $30, $1C, $1C, $30, $60, $40, $00
.db $00, $00, $00, $00, $00, $00, $00, $00, $00, $00, $00, $00, $00, $00, $00, $00
.db $00, $00, $00, $00, $38, $7C, $44, $44, $44, $44, $7C, $38, $00, $00, $00, $00
.db $00, $00, $00, $00, $00, $00, $00, $00, $00, $00, $00, $00, $00, $00, $00, $00
.db $00, $00, $00, $44, $44, $24, $34, $1C, $1C, $34, $24, $44, $44, $00, $00, $00
.db $00, $00, $00, $00, $00, $00, $00, $00, $00, $00, $00, $00, $00, $00, $00, $00
.db $00, $00, $00, $48, $48, $28, $38, $1C, $1C, $38, $28, $48, $48, $00, $00, $00
.db $00, $00, $00, $00, $00, $00, $00, $00, $00, $00, $00, $00, $00, $00, $00, $00
.db $00, $00, $00, $14, $14, $14, $14, $14, $14, $14, $14, $7C, $3C, $00, $00, $00
.db $00, $00, $00, $00, $00, $00, $00, $00, $00, $00, $00, $00, $00, $00, $00, $00
.db $00, $00, $00, $04, $3C, $7C, $54, $54, $54, $54, $54, $54, $54, $00, $00, $00
.db $00, $00, $00, $00, $00, $00, $00, $00, $00, $00, $00, $00, $00, $00, $00, $00
.db $00, $00, $00, $44, $44, $7C, $7C, $44, $44, $7C, $7C, $44, $44, $00, $00, $00
.db $00, $00, $00, $00, $00, $00, $00, $00, $00, $00, $00, $00, $00, $00, $00, $00
.db $00, $00, $00, $08, $28, $78, $5C, $5C, $5C, $5C, $78, $28, $08, $00, $00, $00

;===========================================================================
;       Korean Character Code Conversion Table
;===========================================================================
KS_Table:
        .db 0x88, 0x61          ; 가    0xB0A1  [000]   1 2 3 1
        .db 0x88, 0x62          ; 각    0xB0A2  [001]   1 2 3 2
        .db 0x88, 0x65          ; 간    0xB0A3  [002]   1 2 3 5
        .db 0x88, 0x68          ; 갇    0xB0A4  [003]   1 2 3 8
        .db 0x88, 0x69          ; 갈    0xB0A5  [004]   1 2 3 9
        .db 0x88, 0x6A          ; 갉    0xB0A6  [005]   1 2 3 10
        .db 0x88, 0x6B          ; 갊    0xB0A7  [006]   1 2 3 11
        .db 0x88, 0x71          ; 감    0xB0A8  [007]   1 2 3 17
        .db 0x88, 0x73          ; 갑    0xB0A9  [008]   1 2 3 19
        .db 0x88, 0x74          ; 값    0xB0AA  [009]   1 2 3 20
        .db 0x88, 0x75          ; 갓    0xB0AB  [00a]   1 2 3 21
```

```
.db 0x88,0x76      ; 갻   0xB0AC  [00b]   1 2 3 22
.db 0x88,0x77      ; 갼   0xB0AD  [00c]   1 2 3 23
.db 0x88,0x78      ; 갽   0xB0AE  [00d]   1 2 3 24
.db 0x88,0x79      ; 갿   0xB0AF  [00e]   1 2 3 25
.db 0x88,0x7B      ; 같   0xB0B0  [00f]   1 2 3 27
.db 0x88,0x7C      ; 갚   0xB0B1  [010]   1 2 3 28
.db 0x88,0x7D      ; 갛   0xB0B2  [011]   1 2 3 29
.db 0x88,0x81      ; 개   0xB0B3  [012]   1 2 4 1
.db 0x88,0x82      ; 객   0xB0B4  [013]   1 2 4 2
.db 0x88,0x85      ; 갠   0xB0B5  [014]   1 2 4 5
.db 0x88,0x89      ; 갤   0xB0B6  [015]   1 2 4 9
.db 0x88,0x91      ; 갬   0xB0B7  [016]   1 2 4 17
.db 0x88,0x93      ; 갭   0xB0B8  [017]   1 2 4 19
.db 0x88,0x95      ; 갯   0xB0B9  [018]   1 2 4 21
.db 0x88,0x96      ; 갰   0xB0BA  [019]   1 2 4 22
.db 0x88,0x97      ; 갱   0xB0BB  [01a]   1 2 4 23
.db 0x88,0xA1      ; 갸   0xB0BC  [01b]   1 2 5 1
.db 0x88,0xA2      ; 갹   0xB0BD  [01c]   1 2 5 2
.db 0x88,0xA5      ; 갼   0xB0BE  [01d]   1 2 5 5
.db 0x88,0xA9      ; 걀   0xB0BF  [01e]   1 2 5 9
.db 0x88,0xB5      ; 걋   0xB0C0  [01f]   1 2 5 21
.db 0x88,0xB7      ; 걍   0xB0C1  [020]   1 2 5 23
.db 0x88,0xC1      ; 걔   0xB0C2  [021]   1 2 6 1
.db 0x88,0xC5      ; 걘   0xB0C3  [022]   1 2 6 5
.db 0x88,0xC9      ; 걜   0xB0C4  [023]   1 2 6 9
.db 0x88,0xE1      ; 거   0xB0C5  [024]   1 2 7 1
.db 0x88,0xE2      ; 걱   0xB0C6  [025]   1 2 7 2
.db 0x88,0xE5      ; 건   0xB0C7  [026]   1 2 7 5
.db 0x88,0xE8      ; 걷   0xB0C8  [027]   1 2 7 8
.db 0x88,0xE9      ; 걸   0xB0C9  [028]   1 2 7 9
.db 0x88,0xEB      ; 걺   0xB0CA  [029]   1 2 7 11
.db 0x88,0xF1      ; 검   0xB0CB  [02a]   1 2 7 17
.db 0x88,0xF3      ; 겁   0xB0CC  [02b]   1 2 7 19
.db 0x88,0xF5      ; 것   0xB0CD  [02c]   1 2 7 21
.db 0x88,0xF6      ; 겄   0xB0CE  [02d]   1 2 7 22
.db 0x88,0xF7      ; 겅   0xB0CF  [02e]   1 2 7 23
.db 0x88,0xF8      ; 겆   0xB0D0  [02f]   1 2 7 24
.db 0x88,0xFB      ; 겉   0xB0D1  [030]   1 2 7 27
.db 0x88,0xFC      ; 겊   0xB0D2  [031]   1 2 7 28
.db 0x88,0xFD      ; 겋   0xB0D3  [032]   1 2 7 29
.db 0x89,0x41      ; 게   0xB0D4  [033]   1 2 10 1
.db 0x89,0x45      ; 겐   0xB0D5  [034]   1 2 10 5
.db 0x89,0x49      ; 겔   0xB0D6  [035]   1 2 10 9
.db 0x89,0x51      ; 겜   0xB0D7  [036]   1 2 10 17
.db 0x89,0x53      ; 겝   0xB0D8  [037]   1 2 10 19
.db 0x89,0x55      ; 겟   0xB0D9  [038]   1 2 10 21
.db 0x89,0x56      ; 겠   0xB0DA  [039]   1 2 10 22
.db 0x89,0x57      ; 겡   0xB0DB  [03a]   1 2 10 23
.db 0x89,0x61      ; 겨   0xB0DC  [03b]   1 2 11 1
.db 0x89,0x62      ; 격   0xB0DD  [03c]   1 2 11 2
.db 0x89,0x63      ; 겪   0xB0DE  [03d]   1 2 11 3
.db 0x89,0x65      ; 견   0xB0DF  [03e]   1 2 11 5
.db 0x89,0x68      ; 겯   0xB0E0  [03f]   1 2 11 8
.db 0x89,0x69      ; 결   0xB0E1  [040]   1 2 11 9
.db 0x89,0x71      ; 겸   0xB0E2  [041]   1 2 11 17
.db 0x89,0x73      ; 겹   0xB0E3  [042]   1 2 11 19
.db 0x89,0x75      ; 겻   0xB0E4  [043]   1 2 11 21
.db 0x89,0x76      ; 겼   0xB0E5  [044]   1 2 11 22
.db 0x89,0x77      ; 경   0xB0E6  [045]   1 2 11 23
.db 0x89,0x7B      ; 곁   0xB0E7  [046]   1 2 11 27
.db 0x89,0x81      ; 계   0xB0E8  [047]   1 2 12 1
.db 0x89,0x85      ; 곈   0xB0E9  [048]   1 2 12 5
.db 0x89,0x89      ; 곌   0xB0EA  [049]   1 2 12 9
.db 0x89,0x93      ; 곕   0xB0EB  [04a]   1 2 12 19
.db 0x89,0x95      ; 곗   0xB0EC  [04b]   1 2 12 21
.db 0x89,0xA1      ; 고   0xB0ED  [04c]   1 2 13 1
.db 0x89,0xA2      ; 곡   0xB0EE  [04d]   1 2 13 2
.db 0x89,0xA5      ; 곤   0xB0EF  [04e]   1 2 13 5
.db 0x89,0xA8      ; 곧   0xB0F0  [04f]   1 2 13 8
.db 0x89,0xA9      ; 골   0xB0F1  [050]   1 2 13 9
.db 0x89,0xAB      ; 곪   0xB0F2  [051]   1 2 13 11
.db 0x89,0xAD      ; 곬   0xB0F3  [052]   1 2 13 13
```

```
.db 0x89,0xB0    ; 곯   0xB0F4  [053]  1 2 13 16
.db 0x89,0xB1    ; 곰   0xB0F5  [054]  1 2 13 17
.db 0x89,0xB3    ; 곱   0xB0F6  [055]  1 2 13 19
.db 0x89,0xB5    ; 곳   0xB0F7  [056]  1 2 13 21
.db 0x89,0xB7    ; 공   0xB0F8  [057]  1 2 13 23
.db 0x89,0xB8    ; 곶   0xB0F9  [058]  1 2 13 24
.db 0x89,0xC1    ; 과   0xB0FA  [059]  1 2 14 1
.db 0x89,0xC2    ; 곽   0xB0FB  [05a]  1 2 14 2
.db 0x89,0xC5    ; 관   0xB0FC  [05b]  1 2 14 5
.db 0x89,0xC9    ; 괄   0xB0FD  [05c]  1 2 14 9
.db 0x89,0xCB    ; 괆   0xB0FE  [05d]  1 2 14 11
.db 0x89,0xD1    ; 괌   0xB1A1  [05e]  1 2 14 17
.db 0x89,0xD3    ; 괍   0xB1A2  [05f]  1 2 14 19
.db 0x89,0xD5    ; 괏   0xB1A3  [060]  1 2 14 21
.db 0x89,0xD7    ; 광   0xB1A4  [061]  1 2 14 23
.db 0x89,0xE1    ; 괘   0xB1A5  [062]  1 2 15 1
.db 0x89,0xE5    ; 괜   0xB1A6  [063]  1 2 15 5
.db 0x89,0xE9    ; 괠   0xB1A7  [064]  1 2 15 9
.db 0x89,0xF3    ; 괩   0xB1A8  [065]  1 2 15 19
.db 0x89,0xF6    ; 괬   0xB1A9  [066]  1 2 15 22
.db 0x89,0xF7    ; 괭   0xB1AA  [067]  1 2 15 23
.db 0x8A,0x41    ; 괴   0xB1AB  [068]  1 2 18 1
.db 0x8A,0x42    ; 괵   0xB1AC  [069]  1 2 18 2
.db 0x8A,0x45    ; 괸   0xB1AD  [06a]  1 2 18 5
.db 0x8A,0x49    ; 괼   0xB1AE  [06b]  1 2 18 9
.db 0x8A,0x51    ; 굄   0xB1AF  [06c]  1 2 18 17
.db 0x8A,0x53    ; 굅   0xB1B0  [06d]  1 2 18 19
.db 0x8A,0x55    ; 굇   0xB1B1  [06e]  1 2 18 21
.db 0x8A,0x57    ; 굉   0xB1B2  [06f]  1 2 18 23
.db 0x8A,0x61    ; 교   0xB1B3  [070]  1 2 19 1
.db 0x8A,0x65    ; 굔   0xB1B4  [071]  1 2 19 5
.db 0x8A,0x69    ; 굘   0xB1B5  [072]  1 2 19 9
.db 0x8A,0x73    ; 굡   0xB1B6  [073]  1 2 19 19
.db 0x8A,0x75    ; 굣   0xB1B7  [074]  1 2 19 21
.db 0x8A,0x81    ; 구   0xB1B8  [075]  1 2 20 1
.db 0x8A,0x82    ; 국   0xB1B9  [076]  1 2 20 2
.db 0x8A,0x85    ; 군   0xB1BA  [077]  1 2 20 5
.db 0x8A,0x88    ; 굳   0xB1BB  [078]  1 2 20 8
.db 0x8A,0x89    ; 굴   0xB1BC  [079]  1 2 20 9
.db 0x8A,0x8A    ; 굵   0xB1BD  [07a]  1 2 20 10
.db 0x8A,0x8B    ; 굶   0xB1BE  [07b]  1 2 20 11
.db 0x8A,0x90    ; 굻   0xB1BF  [07c]  1 2 20 16
.db 0x8A,0x91    ; 굼   0xB1C0  [07d]  1 2 20 17
.db 0x8A,0x93    ; 굽   0xB1C1  [07e]  1 2 20 19
.db 0x8A,0x95    ; 굿   0xB1C2  [07f]  1 2 20 21
.db 0x8A,0x97    ; 궁   0xB1C3  [080]  1 2 20 23
.db 0x8A,0x98    ; 궂   0xB1C4  [081]  1 2 20 24
.db 0x8A,0xA1    ; 궈   0xB1C5  [082]  1 2 21 1
.db 0x8A,0xA2    ; 궉   0xB1C6  [083]  1 2 21 2
.db 0x8A,0xA5    ; 권   0xB1C7  [084]  1 2 21 5
.db 0x8A,0xA9    ; 궐   0xB1C8  [085]  1 2 21 9
.db 0x8A,0xB6    ; 궜   0xB1C9  [086]  1 2 21 22
.db 0x8A,0xB7    ; 궝   0xB1CA  [087]  1 2 21 23
.db 0x8A,0xC1    ; 궤   0xB1CB  [088]  1 2 22 1
.db 0x8A,0xD5    ; 궷   0xB1CC  [089]  1 2 22 21
.db 0x8A,0xE1    ; 귀   0xB1CD  [08a]  1 2 23 1
.db 0x8A,0xE2    ; 귁   0xB1CE  [08b]  1 2 23 2
.db 0x8A,0xE5    ; 귄   0xB1CF  [08c]  1 2 23 5
.db 0x8A,0xE9    ; 귈   0xB1D0  [08d]  1 2 23 9
.db 0x8A,0xF1    ; 귐   0xB1D1  [08e]  1 2 23 17
.db 0x8A,0xF3    ; 귑   0xB1D2  [08f]  1 2 23 19
.db 0x8A,0xF5    ; 귓   0xB1D3  [090]  1 2 23 21
.db 0x8B,0x41    ; 규   0xB1D4  [091]  1 2 26 1
.db 0x8B,0x45    ; 균   0xB1D5  [092]  1 2 26 5
.db 0x8B,0x49    ; 귤   0xB1D6  [093]  1 2 26 9
.db 0x8B,0x61    ; 그   0xB1D7  [094]  1 2 27 1
.db 0x8B,0x62    ; 극   0xB1D8  [095]  1 2 27 2
.db 0x8B,0x65    ; 근   0xB1D9  [096]  1 2 27 5
.db 0x8B,0x68    ; 귿   0xB1DA  [097]  1 2 27 8
.db 0x8B,0x69    ; 글   0xB1DB  [098]  1 2 27 9
.db 0x8B,0x6A    ; 긁   0xB1DC  [099]  1 2 27 10
.db 0x8B,0x71    ; 금   0xB1DD  [09a]  1 2 27 17
```

```
        .db 0x8B,0x73             ; 급    0xB1DE  [09b]   1 2 27 19
        .db 0x8B,0x75             ; 긋    0xB1DF  [09c]   1 2 27 21
        .db 0x8B,0x77             ; 긍    0xB1E0  [09d]   1 2 27 23
        .db 0x8B,0x81             ; 긔    0xB1E1  [09e]   1 2 28 1
        .db 0x8B,0xA1             ; 기    0xB1E2  [09f]   1 2 29 1
        .db 0x8B,0xA2             ; 긱    0xB1E3  [0a0]   1 2 29 2
        .db 0x8B,0xA5             ; 긴    0xB1E4  [0a1]   1 2 29 5
        .db 0x8B,0xA8             ; 긷    0xB1E5  [0a2]   1 2 29 8
        .db 0x8B,0xA9             ; 길    0xB1E6  [0a3]   1 2 29 9
        .db 0x8B,0xAB             ; 긺    0xB1E7  [0a4]   1 2 29 11
        .db 0x8B,0xB1             ; 김    0xB1E8  [0a5]   1 2 29 17
        .db 0x8B,0xB3             ; 깁    0xB1E9  [0a6]   1 2 29 19
        .db 0x8B,0xB5             ; 깃    0xB1EA  [0a7]   1 2 29 21
        .db 0x8B,0xB7             ; 깅    0xB1EB  [0a8]   1 2 29 23

                    (중략)

        .db 0xD3,0x61             ; 흐    0xC8E5  [914]   1 9 22 3
        .db 0xD3,0x62             ; 흑    0xC8E6  [915]   1 9 22 5
        .db 0xD3,0x65             ; 흔    0xC8E7  [916]   1 9 22 11
        .db 0xD3,0x67             ; 흖    0xC8E8  [917]   1 9 22 15
        .db 0xD3,0x68             ; 흗    0xC8E9  [918]   1 9 22 17
        .db 0xD3,0x69             ; 흘    0xC8EA  [919]   1 9 22 19
        .db 0xD3,0x6A             ; 흙    0xC8EB  [91a]   1 9 22 21
        .db 0xD3,0x71             ; 흠    0xC8EC  [91b]   1 9 23 3
        .db 0xD3,0x73             ; 흡    0xC8ED  [91c]   1 9 23 7
        .db 0xD3,0x75             ; 흣    0xC8EE  [91d]   1 9 23 11
        .db 0xD3,0x77             ; 흥    0xC8EF  [91e]   1 9 23 15
        .db 0xD3,0x7B             ; 흩    0xC8F0  [91f]   1 9 23 23
        .db 0xD3,0x81             ; 희    0xC8F1  [920]   1 9 24 3
        .db 0xD3,0x85             ; 흰    0xC8F2  [921]   1 9 24 11
        .db 0xD3,0x89             ; 흴    0xC8F3  [922]   1 9 24 19
        .db 0xD3,0x91             ; 흼    0xC8F4  [923]   1 9 25 2
        .db 0xD3,0x93             ; 흽    0xC8F5  [924]   1 9 25 7
        .db 0xD3,0x97             ; 힁    0xC8F6  [925]   1 9 25 15
        .db 0xD3,0xA1             ; 히    0xC8F7  [926]   1 9 26 3
        .db 0xD3,0xA2             ; 힉    0xC8F8  [927]   1 9 26 5
        .db 0xD3,0xA5             ; 힌    0xC8F9  [928]   1 9 26 11
        .db 0xD3,0xA9             ; 힐    0xC8FA  [929]   1 9 26 19
        .db 0xD3,0xB1             ; 힘    0xC8FB  [92a]   1 9 27 3
        .db 0xD3,0xB3             ; 힙    0xC8FC  [92b]   1 9 27 7
        .db 0xD3,0xB5             ; 힛    0xC8FD  [92c]   1 9 27 11
        .db 0xD3,0xB7             ; 힝    0xC8FE  [92d]   1 9 27 14
.list
```

이 인클루드 파일 OK-X128A1.inc에 포함되어 있는 서브루틴들을 모두 요약하여 정리하면 <표 4.1.1>과 같다. 이 서브루틴들은 앞으로 *OK-X128A1* 키트에서 어셈블리 언어로 프로그램을 작성할 때 유용하게 사용할 것이므로 잘 알아두어야 하며, 현재 단계에서는 어렵겠지만 앞으로 이 서브루틴들의 내용까지 정확히 이해하도록 노력할 것을 권한다.

특히 여기서 TFT_string, Key_input이나 시간지연 루틴과 같은 서브루틴은 마이크로컨트롤러 및 키트 하드웨어의 동작과 연계하면서 그 동작원리를 정확히 이해하는 것이 좋다. 그러나, 만약 곱셈이나 나눗셈 서브루틴이 어렵다면 이것은 굳이 그 내용을 정확히 이해하려 하지 말고 그냥 사용하기만 해도 무방하다.

<표 4.1.1> 인클루드 파일 OK-X128A1.inc에 포함된 서브루틴의 요약

서브루틴	기 능	입력 파라미터	출력 파라미터
Initialize_MCU	ATxmega128A1 마이크로컨트롤러를 *OK-X128A1* 키트에 맞도록 초기화한다.	-	-
Delay1us~Delay500us Delay1ms ~Delay500ms Delay1sec~Delay5sec	1,2,5,10,20,50,100,200,500μs의 시간 지연을 수행한다. 1,2,5,10,20,50,100,200,500ms의 시간 지연을 수행한다. 1,2,5sec의 시간 지연을 수행한다.	-	-
Beep Beep_3times	버저를 50ms 동안 1차례 울린다. 버저를 100ms 간격으로 50ms씩 3차례 울린다.	-	-
Key_input Key_input_silent	KEY1~KEY4 값을 입력하며, 디바운싱 기능과 비프음을 포함한다. KEY1~KEY4 값을 입력하며, 디바운싱 기능을 포함한다.	-	AL AL
ADD16	16비트의 두 수를 덧셈한다.(AH:AL=AH:AL+BH:BL)	AH:AL, BH:BL	AH:AL
SUB16	16비트의 두 수를 뺄셈한다.(AH:AL=AH:AL-BH:BL)	AH:AL, BH:BL	AH:AL
MUL16	16비트의 두 정수를 곱셈하여 32비트를 얻는다. (BH:BL:AH:AL=AH:AL*BH:BL)	AH:AL BH:BL	BH:BL:AH:AL
DIV16	32비트 정수를 16비트 정수로 나눗셈한다. (BH:BL:AH:AL/DH:DL → 몫=AH:AL, 나머지=BH:BL)	BH:BL:AH:AL DH:DL	AH:AL BH:BL
DIV8	16비트 정수를 8비트 정수로 나눗셈한다. (AH:AL/BL → 몫=AL, 나머지=AH)	AH:AL BL	AL AH
LCD_2HEX LCD_4HEX	TFT-LCD 모듈에서 현재의 커서 위치부터 각각 2자리와 4자리의 16진수를 표시한다.	TFT_LB TFT_HB:TFT_LB	-
LCD_2DEC LCD_3DEC LCD_4DEC LCD_5DEC	TFT-LCD 모듈에서 현재의 커서 위치부터 각각 2, 3, 4, 5자리의 10진수를 표시한다.	TFT_LB TFT_HB:TFT_LB TFT_HB:TFT_LB TFT_HB:TFT_LB	-
LCD_8BIN	텍스트형 LCD 모듈에서 현재의 커서 위치부터 8비트의 2진수를 표시한다.	TFT_LB	-
TFT_command TFT_data	TFT-LCD 모듈에 인덱스 레지스터 값을 출력한다. TFT-LCD 모듈에 제어 레지스터 값 또는 GRAM 데이터를 출력한다.	TFT_LB TFT_HB:TFT_LB	-
Initialize_TFT_LCD TFT_clear_screen TFT_color_screen	TFT-LCD 모듈을 초기화한다. TFT-LCD 모듈 화면 전체를 검게 하여 클리어한다. TFT-LCD 모듈 화면 전체를 지정된 색으로 표시한다.	- - color	-
TFT_GRAM_address() TFT_screen_mode() TFT_xy() TFT_color() TFT_pixel()	TFT-LCD 모듈의 GRAM 어드레스를 지정하여 화면에 출력할 데이터의 시작 위치를 설정한다. TFT-LCD 모듈의 스크린 문자출력 방향을 초상화 모드(Portrait)와 풍경화 모드(Landscape) 중에서 선택한다. TFT-LCD 모듈의 문자 출력 좌표를 설정한다. TFT-LCD 모듈에 출력하는 문자의 전경색과 배경색을 설정한다. TFT-LCD 모듈의 픽셀 출력 좌표와 컬러를 설정한다.	U16 xPos, yPos U08 mode U08 xChar, yChar U16 colorfore, colorback U16 xPos, yPos, color	-
TFT_cursor()	TFT-LCD 모듈의 출력 문자에 지정된 색깔로 커서를 표시하도록 설정하거나 커서 표시를 해제한다.	U16 cursor_color	-
TFT_underscore()	TFT-LCD 모듈의 출력 문자에 지정된 색깔로 밑줄을 표시하도록 설정하거나 밑줄 표시를 해제한다.	U16 underscore_color	-
TFT_outline()	TFT-LCD 모듈의 출력 문자에 지정된 색깔로 외곽선을 표시하도록 설정하거나 외곽선 표시를 해제한다.	U16 outline_color	-
TFT_string()	TFT-LCD 모듈에 시작 위치와 컬러를 지정하고 그 위치부터 문자열을 출력한다.	U08 xChar, yChar U16 colorfore, colorback char *str	-
TFT_English()	TFT-LCD 모듈에 영문 1글자를 출력한다.	U08 code	-
TFT_Korean()	TFT-LCD 모듈에 한글 1글자를 출력한다.	U16 code	-
KS_code_conversion()	완성형 한글 코드를 조합형 한글 코드로 변환한다.	U16 KSSM	unsigned int
Initialize_touch_screen()	현재 사용중인 터치 스크린 컨트롤러를 인식하여 만약 ADS7846을 사용중이면 SPI 통신포트를 1MHz 속도로 초기화하고, TSC2003을 사용중이면 TWI 통신포트를 초기화한다.	-	-
Touch_screen_input()	현재 사용중인 터치 스크린 컨트롤러가 ADS7846인지 또는 TSC2003인지 인식하여 그에 맞도록 터치 스크린의 X, Y 좌표값을 입력한다.	-	x_touch y_touch

이를테면 정수의 나눗셈 연산이 사용되는 루틴의 예는 다음 예제 프로그램과 같다. 여기서 8비트 정수를 3자리의 10진수로 디스플레이하는 루틴(1)은 인클루드 파일의 TFT_3dec 서브루틴을 이용하여 쉽게 처리하였으나, 루틴(2)는 인클루드 파일의 나눗셈 서브루틴 DIV8을 이용하여 사용자가 직접 처리하였다. 이 2가지 루틴의 차이를 세밀하게 분석하여 보기 바란다.

〈프로그램 Exp01_3.asm〉 나눗셈 연산이 사용되는 예제

```
;******************************************************************************
;*            Exp01_3.asm : 기본적인 어셈블리 언어 프로그램 작성(3)            *
;******************************************************************************
;                    Designed and programmed by Duck-Yong Yoon in 2010.
;
;-----------------------------------------------
;       Include Header File
;-----------------------------------------------
.nolist
.include "ATxmega128A1def.inc"          ; ATxmega128A1 definition file
.list

;-----------------------------------------------
;       Initialize ATxmega128A1 MCU
;-----------------------------------------------
.cseg
        .org    0x0000
        LDI     AL,low(RAMEND)          ; initialize SP
        LDI     AH,high(RAMEND)
        OUT     CPU_SPL,AL
        OUT     CPU_SPH,AH

        CALL    Initialize_MCU          ; initialize ATxmega128A1 MCU
        CALL    Delay200ms              ; wait for system stabilization
        CALL    Initialize_TFT_LCD      ; initialize TFT-LCD
        CALL    Beep

;-----------------------------------------------
;       8-Bit Integer Display
;-----------------------------------------------
        CALL    TFT_string              ; display message 1
        .db     2,17
        .dw     Green,Black
        .db     "3자리 10진수 출력(1) = 000",0,0
        CALL    TFT_string              ; display message 2
        .db     2,21
        .dw     Green,Black
        .db     "3자리 10진수 출력(2) = 000",0,0

        LDI     TFT_LB,low(Magenta)     ; set foreground color
        LDI     TFT_HB,high(Magenta)
        STS     foreground,TFT_LB
        STS     foreground+1,TFT_HB
        LDI     TFT_LB,low(Black)       ; set background color
        LDI     TFT_HB,high(Black)
        STS     background,TFT_LB
        STS     background+1,TFT_HB

LOOP:   LDI     AL,1                    ; from 1 to 100
        MOV     R7,AL
LOOP1:  LDI     AL,17                   ; display integer(1)
        STS     Ycharacter,AL
        LDI     AL,25
        STS     Xcharacter,AL
```

```
        CLR     TFT_HB
        MOV     TFT_LB,R7
        CALL    TFT_3dec

        LDI     AL,21                   ; display integer(2)
        STS     Ycharacter,AL
        LDI     AL,25
        STS     Xcharacter,AL
        CLR     AH
        MOV     AL,R7
        LDI     BL,100
        CALL    DIV8                    ; (division operation AH:AL/BL)
        MOV     TFT_LB,AL
        ORI     TFT_LB,'0'
        CALL    TFT_English
        MOV     AL,AH
        CLR     AH
        LDI     BL,10
        CALL    DIV8                    ; (division operation AH:AL/BL)
        MOV     TFT_LB,AL
        ORI     TFT_LB,'0'
        CALL    TFT_English
        MOV     TFT_LB,AH
        ORI     TFT_LB,'0'
        CALL    TFT_English

        CALL    Delay1sec

        INC     R7                      ; increment loop counter
        LDI     AL,101
        CP      R7,AL
        BRNE    LOOP1                   ; continue if not end
        CALL    Beep_3times
        CALL    Delay1sec
        JMP     LOOP                    ; start again

;------------------------------------------------
;       Include User Subroutine File
;------------------------------------------------
.include "OK-X128A1.inc"                ; OK-X128A1 user subroutine file
```

이를 ATxmega128A1asm.aps 프로젝트에 등록하여 어셈블하고 *OK-X128A1* 키트에 다운로드하여 실행하여 보라. 그리고, 디스플레이 루틴(1)과 디스플레이 루틴(2)의 동작에 어떤 차이가 있는지 관찰하라.

6. 실습 과제

(1) 어셈블리 소스 프로그램에서 지시어 .cseg와 .org 0x0000을 사용하는 이유는 무엇인가?

(2) 이제부터 모든 어셈블리 예제 프로그램에서 인클루드 파일 OK-X128A1.inc는 프로그램의 말미에 위치시킨다. 그러나, 만약 이를 프로그램의 서두에 놓는다면 어떻게

될지 설명하라.

(3) 예제 프로그램 Exp01_2.asm에서 LED가 점멸하는 속도를 500[ms]에서 100[ms]로 빠르게 수정한 프로그램 Exp01_2R.asm을 작성하라.

(4) 예제 프로그램 Exp01_3.asm에서 정수를 1에서 100까지만 디스플레이하고 디스플레이 속도가 0.5초 주기로 동작하도록 수정한 프로그램 Exp01_3R.asm을 작성하라.

4.2 ATxmega128A1 C언어 프로그램 기초

이 절에서는 퍼스널컴퓨터에 Atmel사의 AVR Studio에서 WinAVR 컴파일러를 사용하여 C언어로 사용자 프로그램을 작성하고 이를 번역하여 생성된 인텔 HEX 파일을 *OK-X128A1* 키트에 다운로드하고 실행하는 방법을 익힌다.

관련 내용	(1) 제3.1절 *OK-X128A1* 키트의 구조와 기능 (2) 제3.2절 AVR ISP 다운로드 케이블 (3) 제3.3절 AVR Studio 및 WinAVR의 설치 (4) 제3.5절 WinAVR의 AVR-GCC 컴파일러

1. C언어 프로그램의 작성 및 실행 방법

이제부터 여러분이 C언어 프로그램을 작성하려면 제3.3절의 설명에 따라서 AVR Studio 및 WinAVR과 이 책의 C언어 예제 프로그램이 퍼스널컴퓨터에 설치되어 있어야 하며, 올바른 동작이 확인된 *OK-X128A1* 키트와 AVRISP mkII 다운로드 케이블을 가지고 있어야 한다.

AVR Studio에서는 모든 프로그램 작성을 프로젝트 단위로 관리하므로 모든 예제 프로그램마다 이를 관리하는 별도의 프로젝트를 만들어야 한다. 그러나, 많은 예제 프로그램을 다루는 경우에는 그렇게 하면 프로젝트의 수가 너무 많아서 취급하기에 불편하므로 이 책에서는 하나의 프로젝트만을 만들어 놓고 필요할 때마다 여기에 다른 프로그램을 등록시키는 방법을 사용하기로 한다. 이제부터 이 책의 모든 C언어 예제 프로그램은 프로젝트 ATxmega128A1c.aps의 내부에 등록하여 사용하기로 한다.

(1) AVR Studio에서 C언어 프로그램 작성의 기본

① 바탕화면에 있는 AVR Studio의 바로가기 아이콘을 눌러서 이 프로그램을 실행하면 <그림 4.2.1>과 같이 AVR Studio 안으로 들어간다. 대부분의 경우는 오른쪽의 I/O View 창을 없애고 <그림 4.2.2>처럼 화면을 구성하여 사용한다.

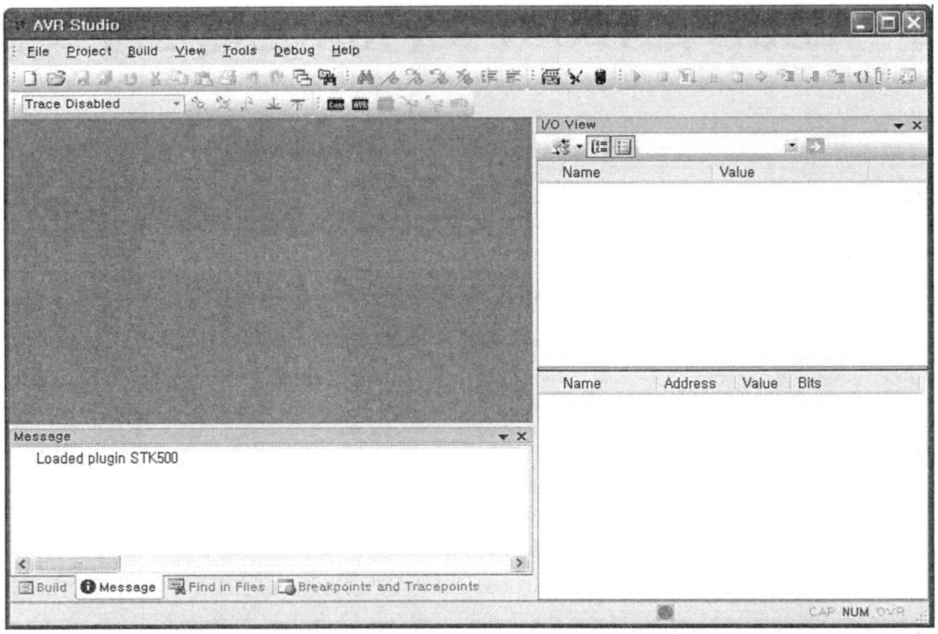

〈그림 4.2.1〉 AVR Studio에 들어갔을 때의 초기화면

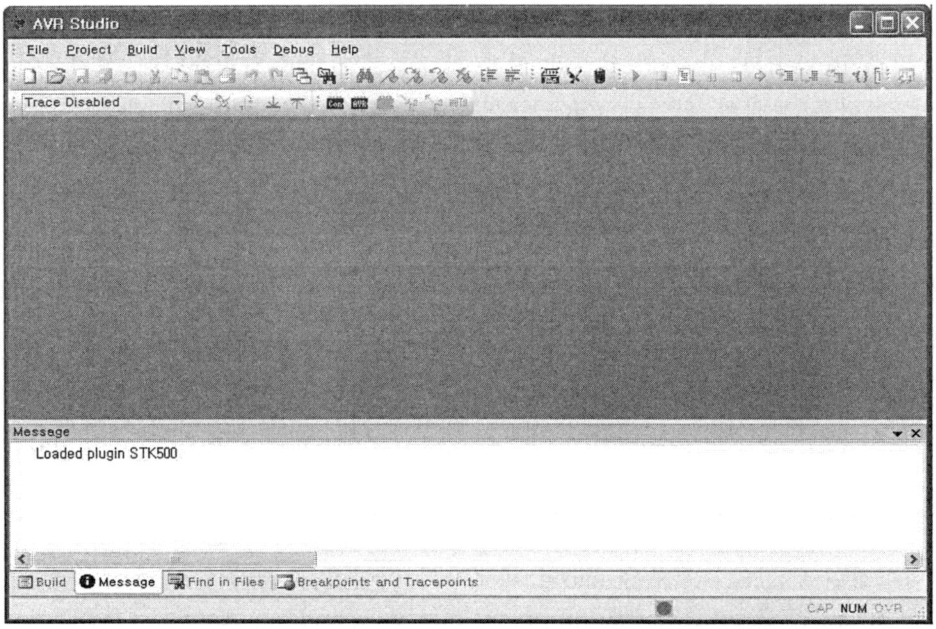

〈그림 4.2.2〉 I/O View를 없애고 편집창을 넓게 사용하는 화면

② 이 상태에서 기존에 작성되어 있던 프로젝트를 불러오려면 <그림 4.2.3>과 같이 Project → Open Project 메뉴를 실행하여 <그림 4.2.4>의 선택창이 나타나도록 하고, 여기서 C:\Atmel\OK-X128A1c 폴더를 찾아가 프로젝트 ATxmega128A1c.aps를 선택하면 된다.

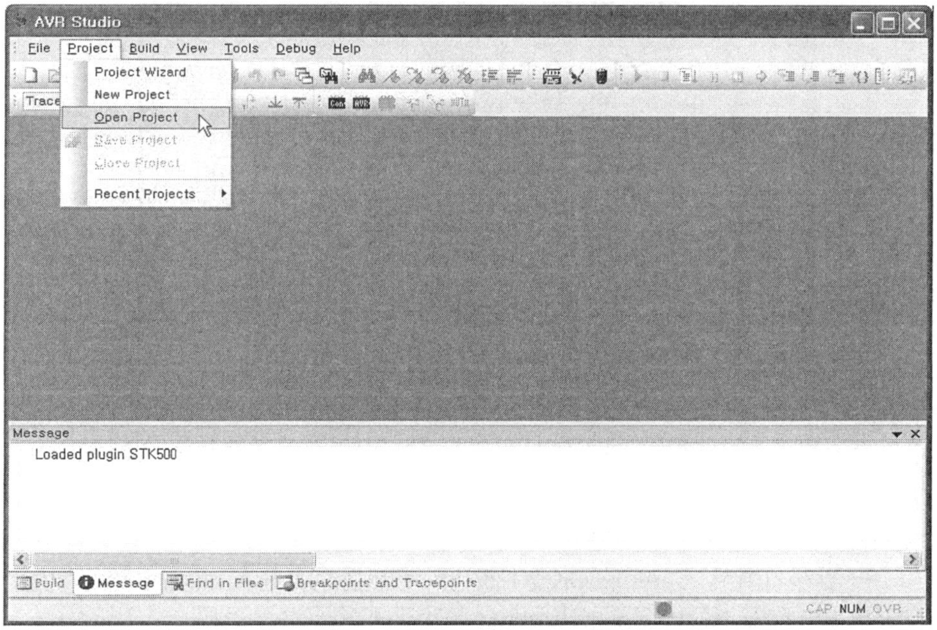

〈그림 4.2.3〉 기존의 C언어 프로젝트를 불러오기

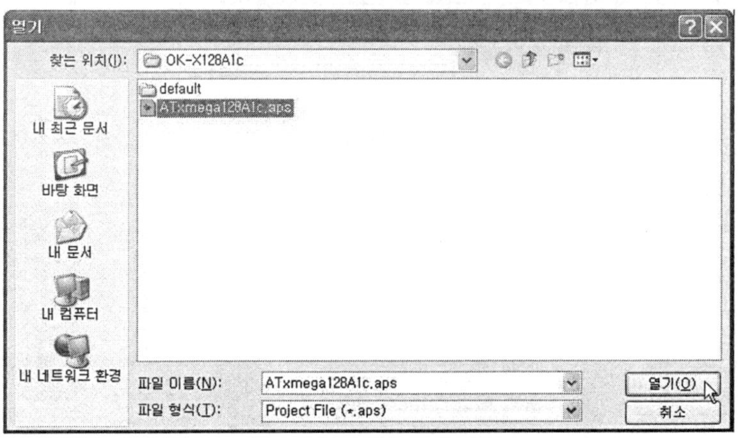

〈그림 4.2.4〉 기존의 C언어 프로젝트를 선택

③ 더 좋은 방법으로는 바탕화면에서 AVR Studio의 바로가기 아이콘을 눌러 첫번째로 나타나는 <그림 4.2.5>의 화면에서 C:\Atmel\OK-X128A1c\ATxmega128A1c.aps를 선택하고 Load 버튼을 누르는 것이다. 그러면 AVR Studio가 실행되면서 바로 해당 프로젝트가 화면에 불러진다.

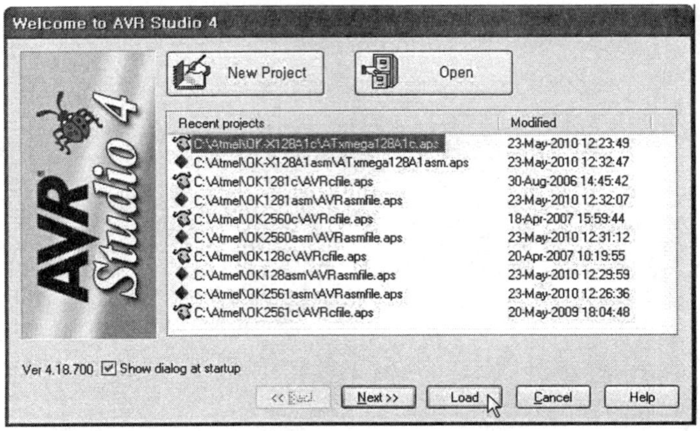

〈그림 4.2.5〉 AVR Studio를 시작할 때 나타나는 프로젝트 선택창

④ 이보다 더 좋은 권장할만한 방법으로는 <그림 4.2.6>처럼 퍼스널컴퓨터 운영체제의 윈도우 탐색기에서 C:\Atmel\OK-X128A1c\ 폴더를 찾아 ATxmega128A1c.aps 파일을 더블 클릭함으로써 이를 곧바로 실행하는 것이다.

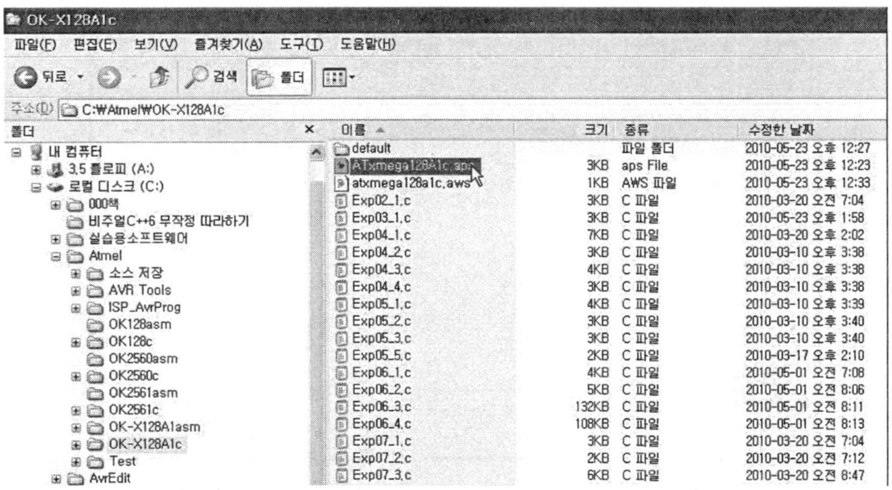

〈그림 4.2.6〉 윈도우 탐색기에서 프로젝트 파일 ATxmega128A1c.aps를 직접 실행

⑤ 이와 같이 프로젝트를 불러오면 <그림 4.2.7>과 같이 이 프로젝트에 등록된 소스가 편집창에 나타난다.

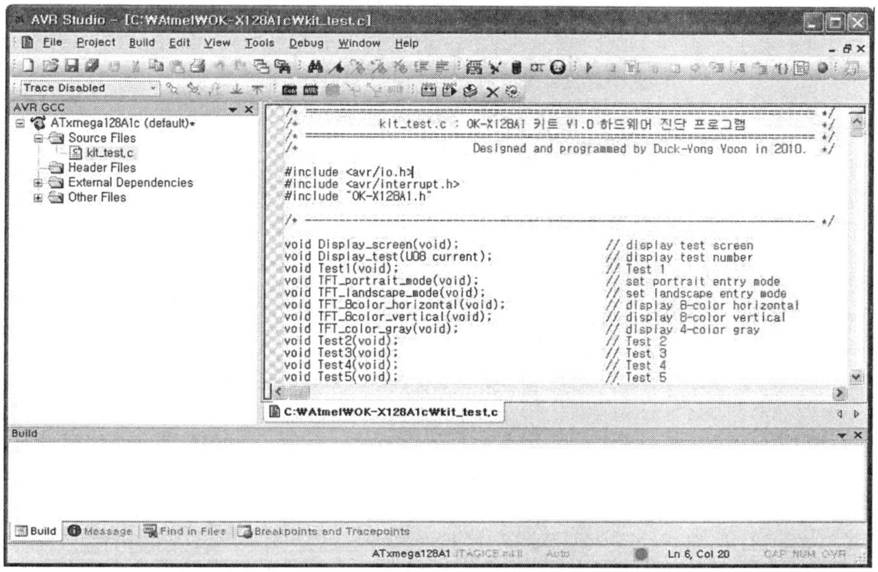

<그림 4.2.7> 원하는 C언어 프로젝트를 불러온 화면

⑥ 편집창에서 소스 프로그램을 작성할 때 화면의 텍스트를 보기 좋게 사용하려면 <그림 4.2.8>에 보인 바와 같이 Tools → Options → Editor 메뉴에서 Font Size가 10, Tabwidth가 8로 설정되어 있는지 확인한다. Tabwidth를 이와 다른 값으로 설정하면 소스 프로그램에서 탭 키를 사용하는 경우 화면의 컬럼이 잘 정돈되지 않고 지저분해지므로 소스를 읽을 때 가독성(可讀性)이 떨어진다.

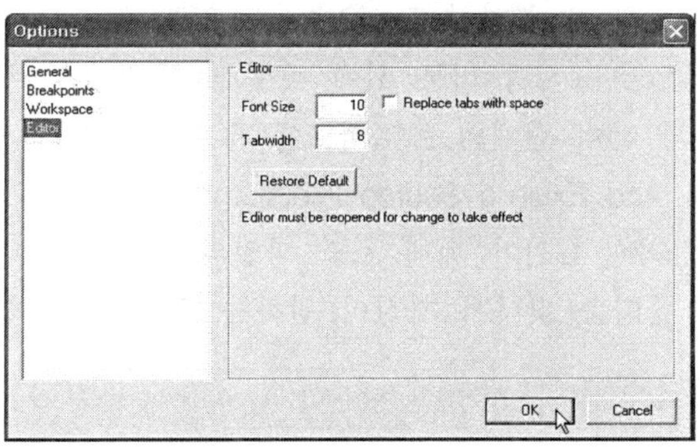

<그림 4.2.8> AVR Studio의 기본 옵션 설정

⑦ 또한 <그림 4.2.9>에 보인 바와 같이 Edit → Font and Color 메뉴에서 소스 프로그램의 각 요소별로 문자 폰트나 색깔을 다르게 설정하면 편집창 화면의 가독성을 더욱 좋게 할 수도 있다.

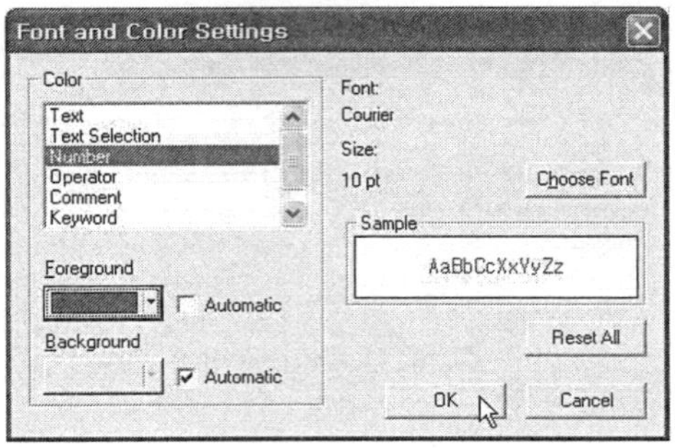

〈그림 4.2.9〉 AVR Studio에서의 폰트 및 색깔 지정

(2) C언어 예제 프로젝트에서 소스 프로그램을 교체 등록

이제부터 이 책의 모든 C언어 예제 프로그램은 프로젝트 ATxmega128A1c.aps에 등록하여 사용하게 된다. 앞에서도 설명했던 바와 같이 모든 예제 프로그램마다 이를 관리하는 프로젝트를 만들게 되면 많은 예제 프로그램을 다루는 경우에는 프로젝트의 수가 너무 많아서 사용하기에 불편하므로, 이 책에서는 모든 C언어 예제 프로그램에 대하여 하나의 공통적인 프로젝트 ATxmega128A1c.aps를 만들어 놓고 필요할 때마다 여기에 다른 프로그램을 등록시키는 방법을 사용하기로 한다.

① 〈그림 4.2.7>처럼 화면 좌측의 프로젝트창에서 현재 이 프로젝트에 등록되어 있는 예제 프로그램 소스 파일의 이름을 확인한다. 현재 등록되어 있는 kit_test.c 파일을 이제부터 자신이 사용할 예제 파일 Exp02_1.c로 교체 등록하기로 한다.

프로젝트창에서 Source Files의 버튼 위에 마우스 커서를 올려놓고 오른쪽 버튼을 누르면 <그림 4.2.10>과 같이 현재의 프로젝트에 새로운 소스 파일을 추가할 수 있는 팝업창이 뜬다. 여기서 Add Existing Source File(s)... 메뉴를 클릭하면 <그림 4.2.11>과 같이 팝업창에 새로 등록할 C언어 예제 소스 파일의 리스트가 나타나는데, 여기에서 C:\Atmel\OK-X128A1c\ 폴더를 찾아서 자신이 원하는 Exp02_1.c 파일을 선택하고 열기(O) 버튼을 누른다.

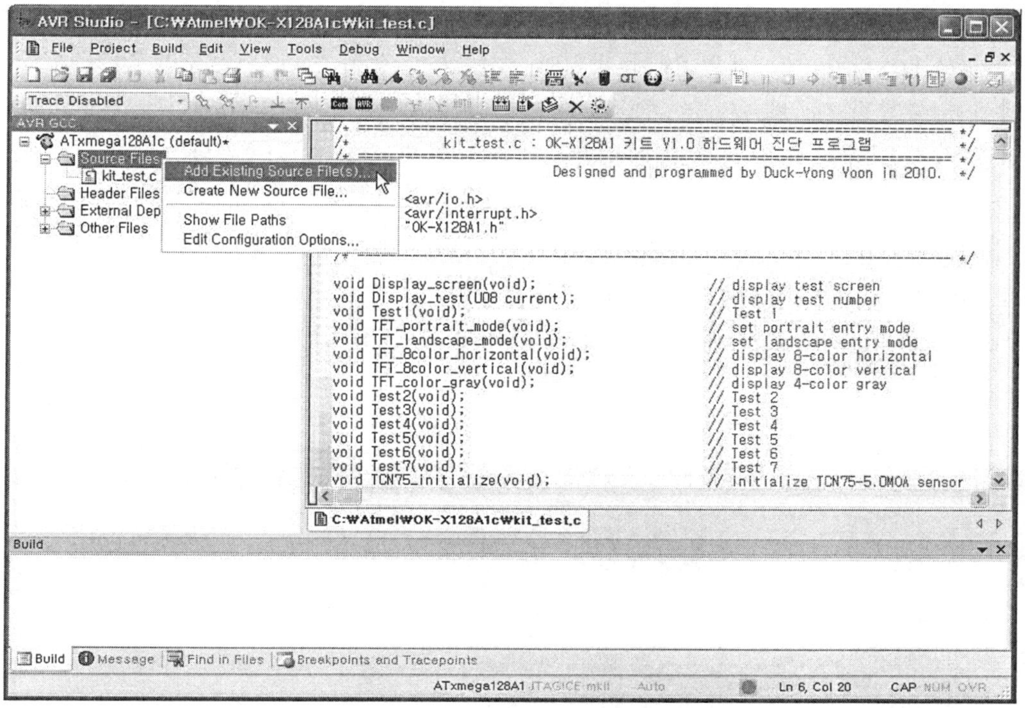

〈그림 4.2.10〉 현재의 C언어 프로젝트에 새로운 소스 파일을 추가

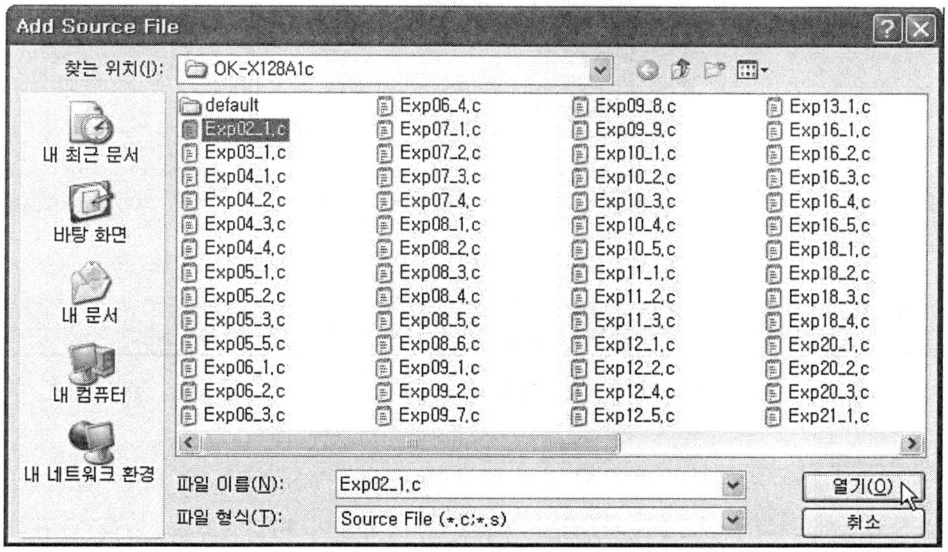

〈그림 4.2.11〉 현재의 C언어 프로젝트에 새로 추가할 소스 파일의 리스트

② 그러면 현재의 C언어 프로젝트에는 전에 사용하였던 kit_test.c 파일과 새로 추가한 Exp02_1.c 파일 등 2개의 예제 파일이 등록되어 있게 된다.(어셈블리 언어 프로젝트에서는 등록된 파일들이 주 파일과 나머지 파일로 구분되지만 C언어에서는 이러한 파일의 성격을 구분하지 않고 2개의 파일이 대등한 자격으로 등록된다.)

이제 여기서 kit_test.c 파일은 현재의 프로젝트에서 필요 없으므로 등록을 해제해야 한다. 등록을 해제하려는 kit_test.c 파일명 위에 마우스 커서를 올려놓고 오른쪽 버튼을 누르면 <그림 4.2.12>와 같이 파일을 제거할 수 있는 팝업창이 뜬다. 여기서 Remove File from Project 메뉴를 클릭하면 이 파일이 현재의 프로젝트에서 등록이 해제된다.

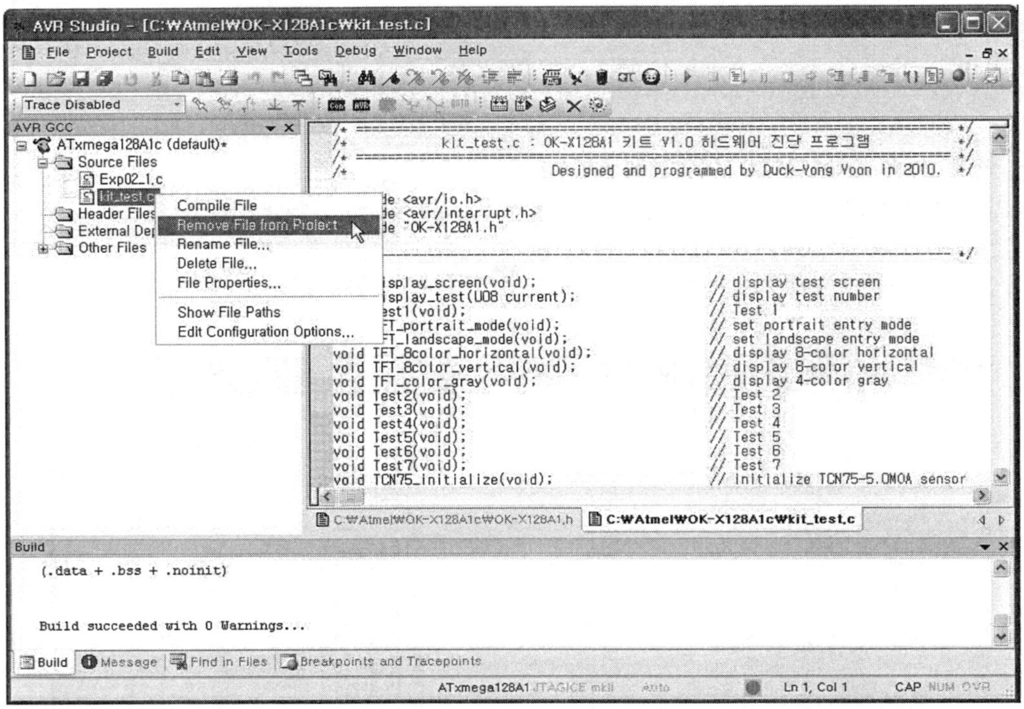

〈그림 4.2.12〉 현재의 C언어 프로젝트에서 필요 없는 파일의 등록 해제

③ 이제 현재의 프로젝트에 유일하게 남아있는 예제 파일 Exp02_1.c를 클릭하면 오른쪽의 작업창에 <그림 4.2.13>과 같이 이 파일의 내용이 나타나므로 이를 편집하거나 컴파일할 수 있다.

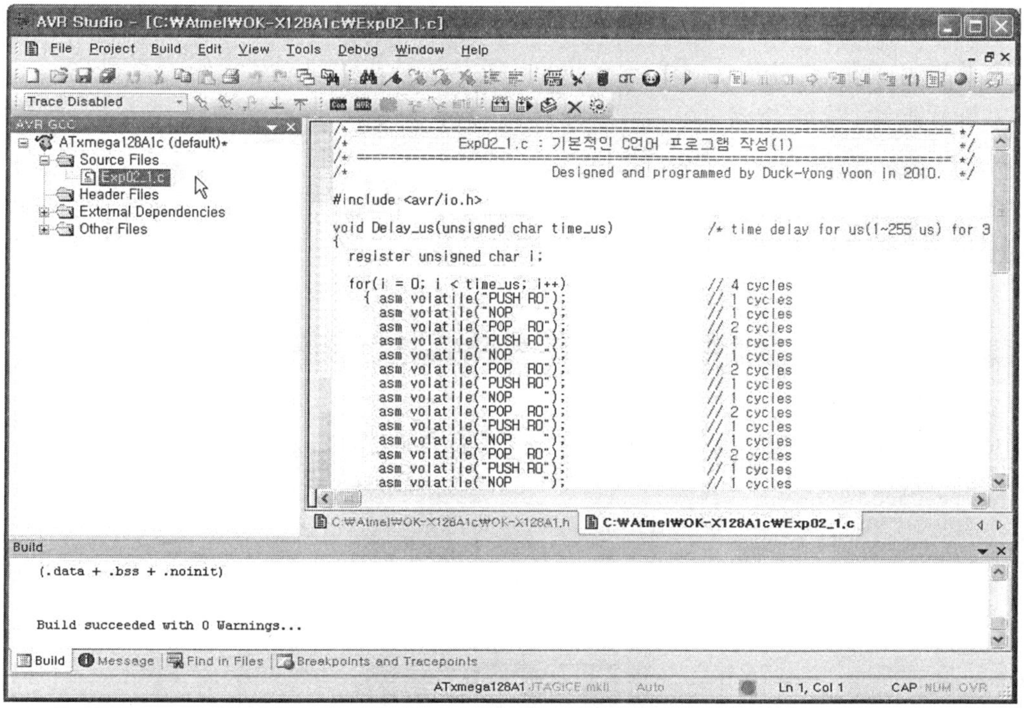

〈그림 4.2.13〉 현재의 C언어 프로젝트에 교체 등록된 소스 파일의 편집

④ 사용자 프로그램의 편집이 끝났으면 Build → Build 메뉴를 누르거나 해당 버튼 또는 F7 키를 눌러 컴파일을 수행한다.

⑤ 만약 이때 에러가 발생하지 않았다면 소스 프로그램이 정상적으로 컴파일되어 C:\Atmel\OK-X128A1c\default\ 폴더에 ATxmega128A1c.hex 파일이 생성된다. 이 HEX 파일은 어떤 C언어 예제 프로그램을 사용하더라도 항상 동일하게 ATxmega128A1c.hex라는 이름으로 만들어지는 것에 유의해야 한다. 이를 *OK-X128A1* 키트에 다운로드하여 실행하면 된다.

(3) C언어 프로젝트에서 신규 예제 파일을 작성하여 등록

현재의 C언어 프로젝트 ATxmega128A1c.aps에 기존에 만들어져 있는 소스 파일을 등록하는 것이 아니라 새로운 예제 파일을 작성하면서 등록하는 방법도 많이 사용된다. 이때도 물론 기존에 이 프로젝트에 등록되어 있던 예제 파일은 등록을 해제하여야 한다.

① AVR Studio의 프로젝트창에서 Source Files의 버튼 위에 마우스 커서를 올려놓고 오른쪽 버튼을 누르면 <그림 4.2.14>와 같이 현재의 프로젝트에서 새로운 소스 파일을 작성할 수 있는 팝업창이 뜬다. 여기서 Create New Source File... 메뉴를 클릭하면 <그림 4.2.15>와 같이 새로 작성할 소스 파일명을 입력하는 팝업창이 나타나는데, 여기에서 C:\Atmel\OK-X128A1c\ 폴더에 새로 작성하기를 원하는 파일명을 이를테면 Exp02_test.c로 입력하고 OK 버튼을 누른다.

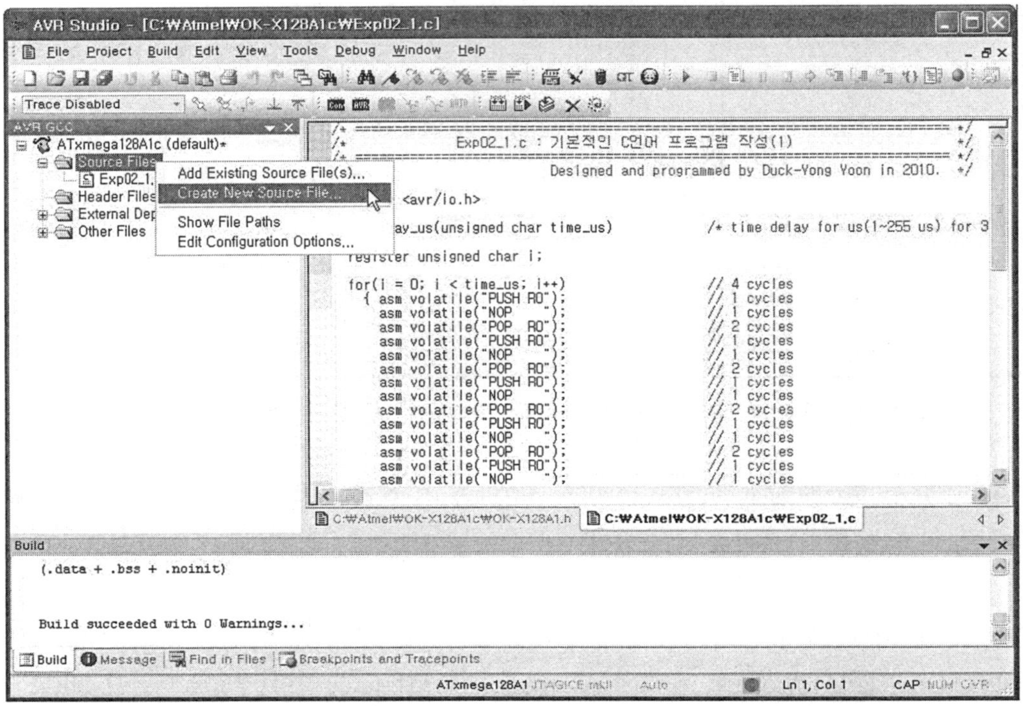

〈그림 4.2.14〉 현재의 C언어 프로젝트에서 새로운 소스 파일을 작성

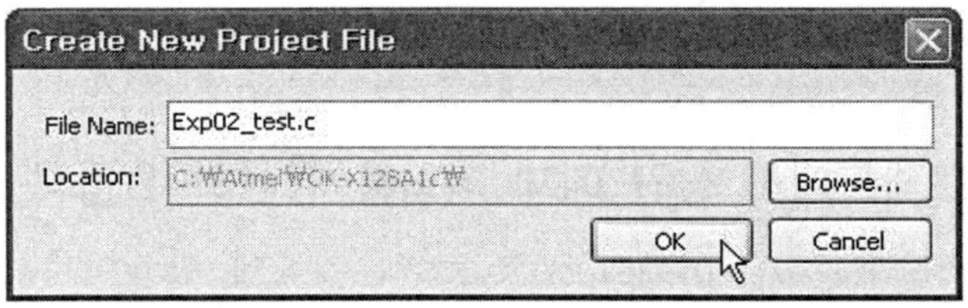

〈그림 4.2.15〉 현재의 C언어 프로젝트에서 새로 작성할 소스 파일명을 입력

② 그러면 화면 오른쪽의 작업창에는 새로운 파일을 작성할 수 있는 빈 영역이 만들어지고 이 파일명 Exp02_test.c가 왼쪽의 프로젝트창에 새로 등록된다.

③ 그러면 이제 기존에 등록되어 있던 파일 Exp02_1.c는 현재의 프로젝트에서 더 이상 필요 없으므로 등록을 해제해야 한다. Exp02_1.c 파일명 위에 마우스 커서를 올려놓고 오른쪽 버튼을 누르면 <그림 4.2.16>과 같이 파일을 제거할 수 있는 팝업창이 뜬다. 여기서 Remove File from Project 메뉴를 클릭하면 이 파일이 현재의 프로젝트에서 등록이 해제된다.

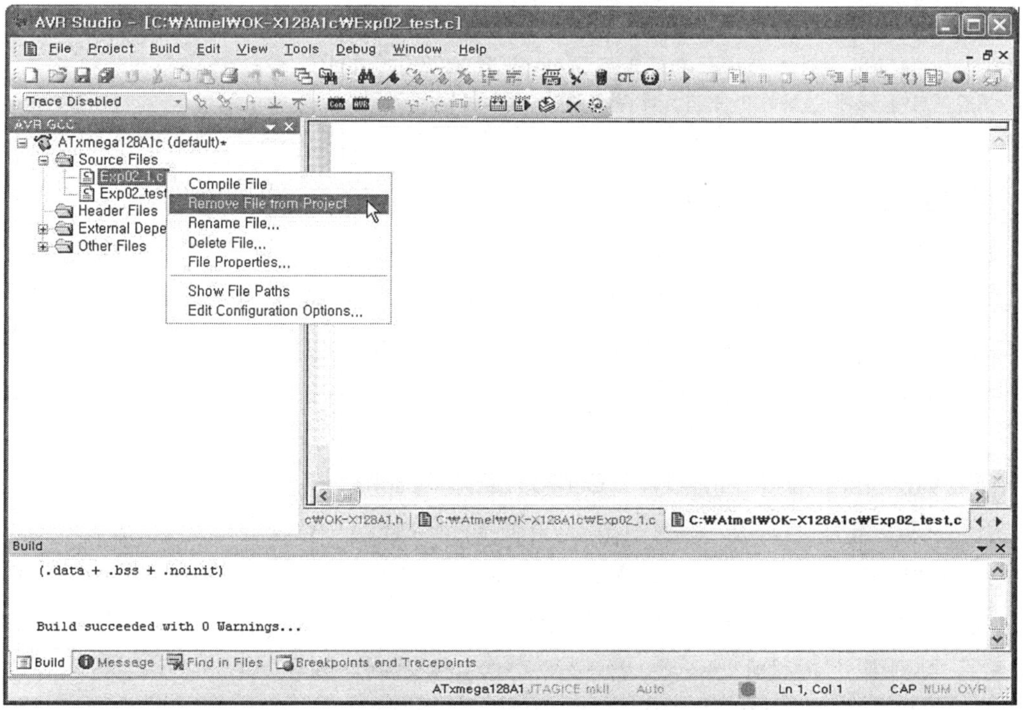

〈그림 4.2.16〉 현재의 프로젝트에서 필요 없는 파일의 등록 해제

④ 이제 현재의 프로젝트에는 신규로 작성되어 등록된 파일 Exp02_test.c만 존재하므로 오른쪽의 작업창에서 파일의 내용을 입력하거나 수정할 수 있다.

⑤ 새로운 사용자 프로그램의 입력 및 편집이 끝났으면 Build → Build 메뉴를 누르거나 해당 버튼 또는 F7 키를 눌러 컴파일을 수행한다.

⑥ 만약 이때 에러가 발생하지 않았다면 소스 프로그램이 정상적으로 컴파일되어 C:\Atmel\OK-X128A1c\default\ 폴더에 ATxmega128A1c.hex 파일이 생성된다. 그러나, 만약 컴파일 과정에서 어떤 에러가 발생하였다면 이는 입력된 프로그램 소스에 오류가 있었던 것이므로 화면 하단의 Messages 창에 나타나는 에러 메시지를 보고 소스를 수정하여 다시 컴파일하면 된다.

◀참고▶ 소스를 입력할 때는 모든 내용을 일일이 키보드에서 입력하지 말고 필요하다면 기존의 파일에서 필요한 부분을 복사해 오는 것도 좋은 방법이다. 이를 위해서는 현재의 프로젝트에 여러개의 소스 파일을 등록해 놓고 그 파일들을 찾아다니면서 필요한 부분을 블록으로 지정하여 복사해 오는 것이 좋다. 이러한 편집작업이 완료되고 나면 이제 필요 없는 파일들은 프로젝트에서 등록을 해제하여 제거하면 된다.

또한 기존의 파일과 상당히 유사한 파일을 신규로 작성할 때는 이를 새로 만들기 보다 Windows 운영체제에서 그 파일을 원하는 새로운 이름으로 C:\Atmel\OK-X128A1c\ 폴더에 복사하여 놓은 다음에 이를 현재의 프로젝트에 교체 등록하고 수정하여 편집하면 편리하다.

(4) 컴파일 옵션의 설정

소스 프로그램의 편집이 모두 끝났으면 컴파일을 수행하기 전에 적어도 한번은 컴파일러에게 옵션을 올바르게 설정해 주어야 한다. 단, 이 책에 예제 프로그램과 함께 제공되는 프로젝트 파일 ATxmega128A1c.aps에서는 이미 이러한 컴파일 옵션 설정이 되어 있는 상태이므로 그냥 사용해도 된다.

① AVR Studio에서 Project → Configuration Options → General 메뉴를 선택하여 <그림 4.2.17>처럼 컴파일 옵션 설정 화면이 나타나면 AVR 마이크로콘트롤러의 모델명과 시스템 클록의 주파수 및 최적화 옵션을 지정해야 한다. 시스템 클록의 주파수는 반드시 Hz 단위로 입력해야 하므로 32MHz의 경우에는 32000000으로 입력하며, 이 책의 모든 예제에서 최적화 옵션은 반드시 -Os로 지정해야 한다.

또한, 반드시 인텔 HEX 파일을 생성하도록 지정하며, 필요하면 메모리 맵 파일과 리스팅 파일을 생성하도록 체크해 준다. 이와 같이 지정하고 소스 파일 Exp02_1.c를 컴파일하였다면 오브젝트 파일 Exp02_1.o와 인텔 HEX 파일 ATxmega128A1c.hex가 출력되고, 소스 리스팅 파일 ATxmega128A1c.lss와 메모리맵 파일 ATxmega128A1c.map이 생성된다. 소스 리스팅 파일과 메모리맵 파일은 컴파일러의 동작을 이해하거나 컴파일 에러가 발생한 경우 프로그램 소스를 디버깅하는데 매우 유용하게 사용된다.

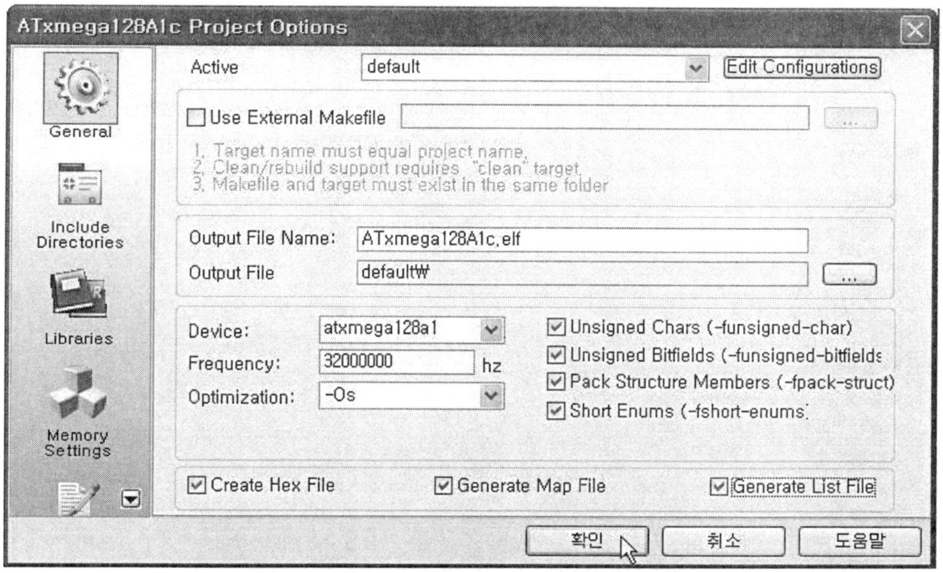

〈그림 4.2.17〉 컴파일 옵션의 설정 - 최적화 및 출력파일 지정

② AVR Studio에서 Project → Configuration Options → Custom Options 메뉴를 선택하면 <그림 4.2.18> 처럼 링커 옵션 설정 화면이 나타난다.

사용자의 C언어 프로그램에서 부동소수점 연산을 수행하거나 부동소수점 데이터를 printf() 함수에서 % 서식으로 지정하여 출력하려면 반드시 이에 필요한 별도의 라이브러리 파일 libprintf_flt.a를 링크시키도록 설정해 주어야 한다. (그러나, 정수형 데이터는 라이브러리 파일 libprintf_min.a에서 기본적으로 처리하며 이는 따로 링크하도록 설정하지 않아도 컴파일 및 링크 과정에서 자동으로 처리된다.)

③ WinAVR이 제공하는 부동소수점 라이브러리 파일 libprintf_flt.a를 링크시켜 주기 위한 첫번째 단계는 <그림 4.2.19>에 보인 것처럼 [Linker Options]를 눌러서 링커 옵션 입력창이 나타나면

```
-Wl,-u,vfprintf
```

라고 입력하고 Add 버튼을 눌러서 링커 옵션 설정을 종료한다. 여기서 l은 아라비아 숫자 1이 아니라 영문 알파벳 L의 소문자라는데 유의해야 한다.

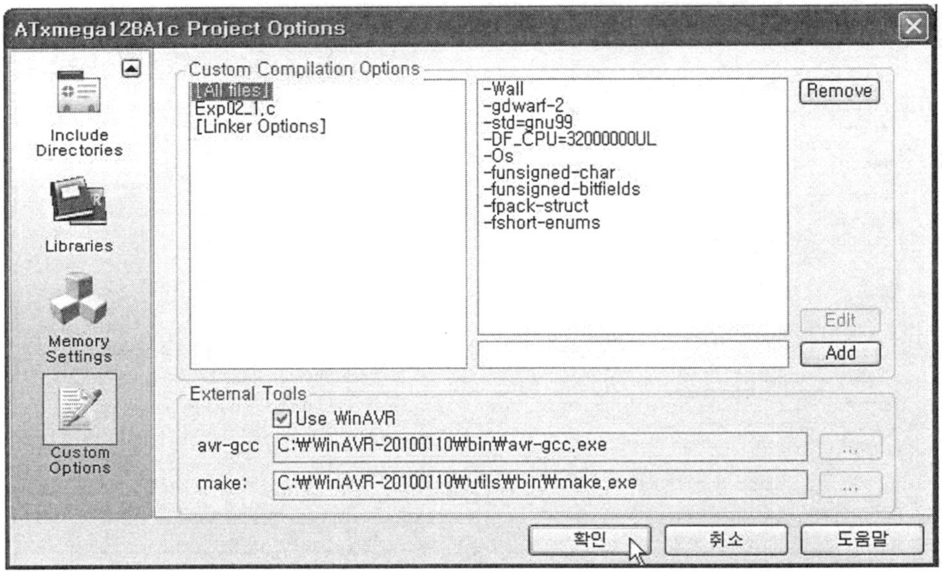

〈그림 4.2.18> 링커 옵션을 설정하기 위한 화면

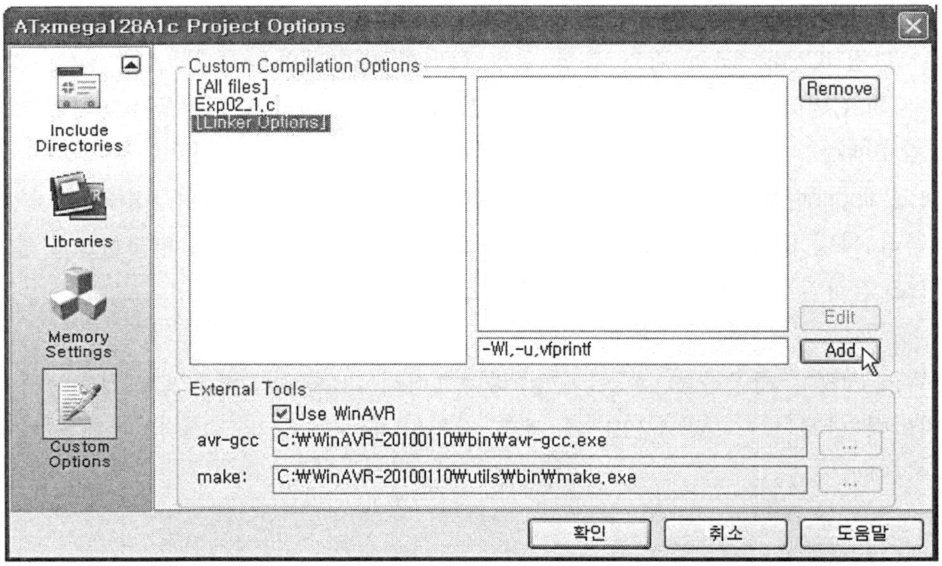

〈그림 4.2.19〉 부동소수점 라이브러리를 사용하는 링커 옵션의 설정(1단계)

④ WinAVR이 제공하는 부동소수점 라이브러리 파일 libprintf_flt.a를 링크시켜 주기 위한 두번째 단계는 AVR Studio 프로그램에서 Project → Configuration Options → Libraries 메뉴를 선택하면 <그림 4.2.20>과 같은 라이브러리 파일 설정 화면이 나타난

다. 여기서 라이브러리 파일 libm.a를 선택한 후에 Add Library --> 버튼을 누르고, 다시 라이브러리 파일 libprintf_flt.a를 선택한 후에 Add Library --> 버튼을 눌러서 2개의 라이브러리 파일을 링크하도록 지정한다.

마지막으로 확인 버튼을 눌러서 모든 컴파일 옵션 및 링커 옵션 설정을 종료한다.

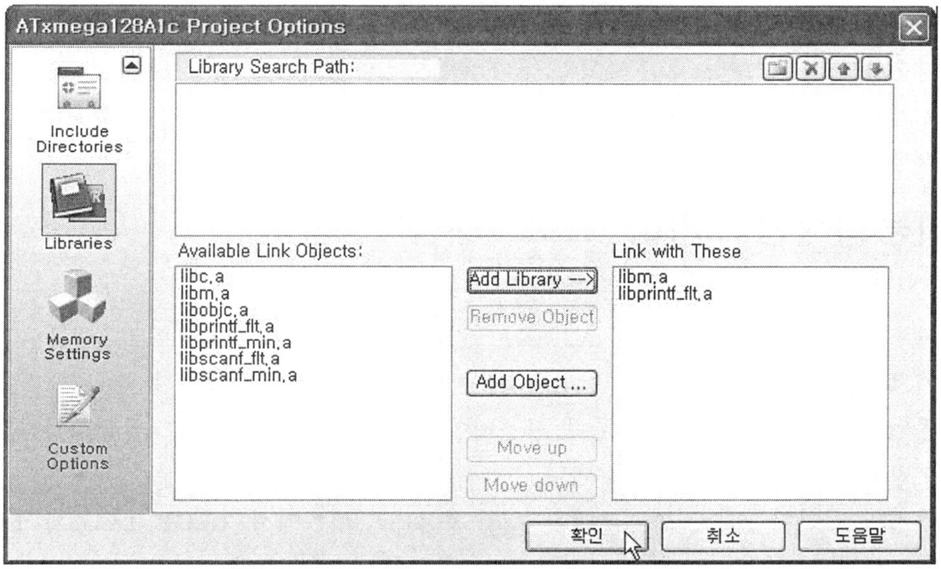

〈그림 4.2.20〉 부동소수점 라이브러리를 사용하는 링커 옵션의 설정(2단계)

⑤ 이 과정에서 <그림 4.2.19>처럼 화면의 하단에 있는 avr-gcc와 make 항목에 그림과 같이 파일명이 표시되면 현재 퍼스널컴퓨터에는 WinAVR이 정상적으로 설치되어 있고 AVR Studio가 이를 올바르게 인식했다는 것을 의미한다.

이러한 부동소수점 연산 라이브러리 파일의 링크 옵션은 부동소수점 연산을 사용하지 않더라도 AVR Studio와 WinAVR을 설치할 때 기본적으로 설정해 두는 것이 좋다. AVR Studio에서 이를 설정하지 않고 있는 것을 모르고 있다가 나중에 갑자기 부동소수점 연산 프로그램을 작성하고 컴파일하였는데 알 수 없는 에러가 발생하면 그 원인을 몰라서 당황하게 되고 이 문제를 쉽게 디버깅하기가 어려워진다. 라이브러리 파일이라는 것은 해당 루틴을 필요로 하는 경우에만 링크하므로 이를 사용하지 않는 사용자 프로그램에는 아무런 영향을 미치지 않는다.

(5) 사용자 프로그램을 *OK-X128A1* 키트에 다운로드하여 실행

이와 같이 ATxmega128A1c.aps 프로젝트에서 사용자 C언어 예제 프로그램을 작성하고 컴파일하여 아무 에러도 발생하지 않고 정상적으로 컴파일되었으면 이제는 이를 *OK-X128A1* 키트에 다운로드하여 실행한다. 다운로드할 실행 파일인 인텔 HEX 파일은 항상 C:\Atmel\OK-X128A1c\default\ATxmega128A1c.hex 파일이다.

이 책에서는 기본적으로 다운로드 케이블로 USB 포트형의 AVRISP mkII를 사용하며 다운로드 프로그램으로는 AVR Studio를 사용한다. 이것들을 사용하는 방법에 대하여는 제3.2절에서 자세하게 설명하였으니 참조하라.

2. 비능률적인 C언어 프로그래밍

먼저 일반적인 방법으로 *OK-X128A1* 키트에서 실행하기 위한 프로그램을 작성하여 보기로 한다. 그러나, 이러한 방법은 모든 예제에서 필요할 때마다 상당히 많은 분량의 동일한 서브루틴들을 반복하여 사용해야 하므로 매우 불편하고 비능률적인 프로그래밍 방법이라는 것을 곧 알게 된다.

첫번째의 C언어 예제 프로그램은 *OK-X128A1* 키트에서 LED1, LED2와 LED3, LED4를 교대로 500ms의 시간 간격으로 점멸하는 프로그램 Exp02_1.c이다. AVR Studio에서 이 예제 파일을 기본 작업 프로젝트 ATxmega128A1c.aps에 등록하라.

〈프로그램 Exp02_1.c〉 LED를 점등하는 예제(1)

```
/* ========================================================================== */
/*              Exp02_1.c : 기본적인 C언어 프로그램 작성(1)                      */
/* ========================================================================== */
/*                        Designed and programmed by Duck-Yong Yoon in 2010.  */

#include <avr/io.h>

void Delay_us(unsigned char time_us)           /* time delay for us(1~255 us) for 32MHz */
{
  register unsigned char i;

  for(i = 0; i < time_us; i++)                 // 4 cycles
    { asm volatile("PUSH R0");                 // 1 cycles
      asm volatile("NOP    ");                 // 1 cycles
      asm volatile("POP  R0");                 // 2 cycles
      asm volatile("PUSH R0");                 // 1 cycles
      asm volatile("NOP    ");                 // 1 cycles
      asm volatile("POP  R0");                 // 2 cycles
      asm volatile("PUSH R0");                 // 1 cycles
      asm volatile("NOP    ");                 // 1 cycles
      asm volatile("POP  R0");                 // 2 cycles
      asm volatile("PUSH R0");                 // 1 cycles
      asm volatile("NOP    ");                 // 1 cycles
      asm volatile("POP  R0");                 // 2 cycles
```

```
        asm volatile("PUSH R0");                // 1 cycles
        asm volatile("NOP    ");                // 1 cycles
        asm volatile("POP  R0");                // 2 cycles
        asm volatile("PUSH R0");                // 1 cycles
        asm volatile("NOP    ");                // 1 cycles
        asm volatile("POP  R0");                // 2 cycles
        asm volatile("PUSH R0");                // 1 cycles
        asm volatile("NOP    ");                // 1 cycles
        asm volatile("POP  R0");                // 2 cycles = total 32 cycles
      }
  }

  void Delay_ms(unsigned int time_ms)           /* time delay for ms(1~65535 ms) for 32MHz */
  {
    register unsigned int i;

    for(i = 0; i < time_ms; i++)
      { Delay_us(250);
        Delay_us(250);
        Delay_us(250);
        Delay_us(250);
      }
  }

  int main(void)
  {
    OSC_XOSCCTRL = 0xCB;                        // frequency 16MHz, start-up time 16K CLK
    OSC_PLLCTRL = 0xC2;                         // source X-tal, multiplication factor = 2
    OSC_CTRL = 0x18;                            // enable X-tal and PLL
    while((OSC_STATUS & 0x18) != 0x18);         // wait X-tal and PLL ready
    CPU_CCP = 0xD8;
    CLK_CTRL = 0x04;                            // select clock source PLL(16MHz * 2 = 32 MHz)

    PORTH_DIR = 0x0F;                           // PH3-0 output for LED4-1
    PORTH_OUT = 0x0F;                           // PH7-4 input for KEY4-1

    while(1)
      { PORTH_OUT = 0x03;                       // LED1 and LED2 on
        Delay_ms(500);
        PORTH_OUT = 0x0C;                       // LED3 and LED4 on
        Delay_ms(500);
      }
  }
```

☞ 프로그램의 서두에서 항상 헤더파일 "avr/io.h"를 인클루드시켜 주어야 한다. 이것은 다시 내부적으로 ATxmega128A1의 I/O 레지스터를 정의한 헤더파일 "iox128a1.h"를 호출하여 인클루드시킨다. 이 헤더파일 "iox128a1.h"은 WinAVR에서 기본으로 제공하는 것인데 그 내용은 제3.5절에서 설명하였다.

시간지연 함수는 아주 간단해 보이지만 상당히 어렵고 중요한 루틴이므로 나중에 제4.3절에서 자세히 공부한다. 이 예제에서는 프로그램의 내용을 이해하는 것도 중요하지만, ATxmega128A1 마이크로컨트롤러에서 C언어 프로그램을 작성하는 기본 구조를 이해하는데 주력하고, C언어 프로그램을 작성하고, 컴파일하며, 다운로드하여 실행하는 절차에 더 신경을 쓰기 바란다.

특히, 대부분의 C컴파일러에서 main() 함수는 void형인데 비하여 WinAVR의 AVR-GCC에서는 반드시 main() 함수를 int형으로 지정하여야 한다는 것과 같은 특이 사항은 꼭 기억하고 넘어가는 것이 좋다.

이 소스 프로그램을 현재의 프로젝트 ATxmega128A1c.aps에 등록하고 이를 컴파일하라. 만약 컴파일 과정에서 어떤 에러가 발생하였다면 프로그램 소스에서 오류가 있었던 것이므로 화면 하단의 Messages 창에 나타나는 에러 메시지를 보고 소스를 수정하여 다시 컴파일하라.

이제 정상적으로 컴파일이 수행되었으면 ATxmega128A1c.hex 파일이 생성되었을 것이니 이를 *OK-X128A1* 키트에 다운로드하여 실행하라.

3. 능률적인 C언어 프로그래밍

앞에서 공부한 C언어 예제는 아주 간단한 기능을 수행하는 프로그램이지만 소스가 약간 길다. 이 프로그램에는 핵심적인 기능을 수행하는 메인 함수 이외에 마이크로컨트롤러에 대한 기본 설정 부분이나 시간지연 함수와 같은 여러가지 사용자 함수들이 사용되기 때문이다.

그러나, 이러한 기본적인 설정이나 시간지연 기능을 수행하는 사용자 함수들은 단지 이 예제 프로그램 뿐만 아니라 앞으로 대부분의 C언어 예제 프로그램에서도 마찬가지로 필요하다. 그때마다 사용자 프로그램에 이러한 사용자 함수들을 모두 포함하도록 직접 입력하는 것은 상당히 힘들고 지루한 비능률적인 작업이 될 수 있다. 이를 쉽게 해결하려면 항상 기본적으로 사용되는 공통적인 사용자 함수들을 모아서 별도의 헤더 파일로 만들어놓고 이를 필요할 때마다 인클루드하여 주면 된다.

여기서는 이러한 공통적인 사용자 함수들을 사용하여 앞의 Exp02_1.c 예제 프로그램들을 간단하게 다시 작성하여 보기로 한다. 여기서 기본적인 정의 부분과 공통 사용자 함수들은 모두 사용자 헤더 파일 OK-X128A1.h에 포함되어 있다. 이들 2개의 프로그램 Exp02_1.c와 Exp02_2.c를 서로 비교하여 보라. 그러면 여러분은 전체 프로그램이 얼마나 간단해졌는지를 뚜렷이 느낄 수 있을 것이며, 따라서 프로그램을 작성하고 입력하는 시간이 크게 절감되는 것을 이해할 수 있을 것이다.

〈프로그램 Exp02_2.c〉 LED를 점등하는 예제(2)

```
/* ========================================================================== */
/*              Exp02_2.c : 기본적인 C언어 프로그램 작성(2)                     */
/* ========================================================================== */
/*                          Designed and programmed by Duck-Yong Yoon in 2010.  */

#include <avr/io.h>
#include "OK-X128A1.h"

int main(void)
{
  Initialize_MCU();                               // initialize ATxmega128A1 MCU

  while(1)
    { PORTH_OUT = 0x03;                           // LED1 and LED2 on
      Delay_ms(500);
      PORTH_OUT = 0x0C;                           // LED3 and LED4 on
      Delay_ms(500);
```

```
    }
}
```

이 소스 프로그램을 현재의 프로젝트 ATxmega128A1c.aps에 등록하여 컴파일하고 *OK-X128A1* 키트에 다운로드하여 실행하여 보라. 앞의 예제 프로그램 Exp02_1.c와 동일한 실행 결과를 볼 수 있는가?

4. 헤더 파일 OK-X128A1.h의 내용

이제 여러분은 이 책에서 앞으로 C언어로 프로그램을 작성할 때는 예제 프로그램 Exp02_2.c에서와 같이 항상 프로그램의 서두에서 헤더 파일 io.h와 OK-X128A1.h를 인클루드하여 준다는 것을 기억하라.

나중에 필요하면 몇가지의 사용자 헤더 파일을 추가로 더 인클루드하여 사용한다. 여러분도 필요하다면 스스로 사용자 헤더 파일을 만들어 사용할 수 있다. 만약 기존의 헤더 파일에 포함되지 않은 사용자 정의 함수를 사용하려면 프로그램 서두에 직접 써 넣어도 된다. 사용자 헤더 파일에는 가급적이면 어느 예제 프로그램에서나 공통적으로 자주 사용하는 내용들만을 포함시키는 것이 바람직하다.

헤더 파일 OK-X128A1.h와 OK-X128A1_font.h의 내용은 다음과 같다. 이제부터 여러분은 이 헤더 파일의 내용을 잘 이해하고 활용하는 것이 유능한 C언어 프로그래머가 되는 지름길이 될 것이다.

〈헤더 파일 OK-X128A1.h〉 기본적인 정의 및 사용자 정의 함수

```
/* ============================================================================ */
/*            OK-X128A1.h : OK-X128A1 Kit V1.0 Basic Header File                */
/* ============================================================================ */
/*                         Designed and programmed by Duck-Yong Yoon in 2010.   */

#include <avr/pgmspace.h>
#include <math.h>
#include "OK-X128A1_font.h"                   // 8x16 English(ASCII), 16x16 Korean font

/* ---------------------------------------------------------------------------- */

typedef unsigned char   U08;                  /* data type definition */
typedef   signed char   S08;
typedef unsigned int    U16;
typedef   signed int    S16;
typedef unsigned long   U32;
typedef   signed long   S32;

#define BV(bit)         (1<<(bit))            /* bit processing */
```

```
#define cbi(reg,bit)    reg &= ~(BV(bit))
#define sbi(reg,bit)    reg |= (BV(bit))

/* ------------------------------------------------------------------------- */
/*              사용자 정의 함수 선언                                          */
/* ------------------------------------------------------------------------- */

void Initialize_MCU(void);                       // initialize ATxmega128A1 MCU
void Delay_us(U08 time_us);                      // time delay for us (1~255 us)
void Delay_ms(U16 time_ms);                      // time delay for ms (1~65535 ms)
void Beep(void);                                 // beep for 50 ms
void Beep_3times(void);                          // beep 3 times
unsigned char Key_input(void);                   // input key KEY1 - KEY4
unsigned char Key_input_silent(void);            // input key KEY1 - KEY4 without beep sound

void TFT_command(U08 IR);                        // write IR to TFT-LCD
void TFT_data(U16 data);                         // write data to TFT-LCD
void Initialize_TFT_LCD(void);                   // initialize TFT-LCD
void TFT_clear_screen(void);                     // TFT-LCD clear screen with black color
void TFT_color_screen(U16 color);                // TFT-LCD full screen color
void TFT_GRAM_address(U16 xPos, U16 yPos);       // set GRAM address of TFT-LCD

void TFT_screen_mode(U08 mode);                  // set screen direction mode
void TFT_xy(U08 xChar, U08 yChar);               // set character position
void TFT_color(U16 colorfore, U16 colorback);    // set foreground and background color
void TFT_pixel(U16 xPos, U16 yPos, U16 color);   // write a pixel
void TFT_cursor(U16 cursor_color);               // set cursor and color
void TFT_underscore(U16 underscore_color);       // set underscore and color
void TFT_outline(U16 outline_color);             // set outline and color
void TFT_string(U08 xChar, U08 yChar, U16 colorfore, U16 colorback, char *str); // write TFT-LCD string
void TFT_English(U08 code);                      // write a English ASCII character
unsigned int KS_code_conversion(U16 KSSM);       // convert KSSM(완성형) to KS(조합형)
void TFT_Korean(U16 code);                       // write a Korean character
void TFT_string_2X(U08 xChar, U08 yChar, U16 colorfore, U16 colorback, char *str); // write TFT-LCD string
void TFT_English_2X(U08 code);                   // write a English ASCII character
void TFT_Korean_2X(U16 code);                    // write a Korean character

void TFT_unsigned_decimal(U32 number, U08 zerofill, U08 digit); // display unsigned decimal number
void TFT_signed_decimal(S32 number, U08 zerofill, U08 digit);   // display signed decimal number
void TFT_hexadecimal(U32 number, U08 digit);     // display hexadecimal number
void TFT_0x_hexadecimal(U32 number, U08 digit); // display hexadecimal number with 0x
void TFT_unsigned_float(float number, U08 integral, U08 fractional); // display unsigned floating-point number
void TFT_signed_float(float number, U08 integral, U08 fractional); // display signed floating-point number

void Initialize_touch_screen(void);              // initialize touch screen
void Touch_screen_input(void);                   // touch screen input of X, Y average value

void SPIF_Mode0_1MHz(void);                      // SPIF mode 0, 1MHz
unsigned char SPIF_write(U08 data);              // send a byte to SPIF and receive
void Initialize_ADS7846(void);                   // initialize ADS7846
unsigned int Read_ADS7846(U08 command);          // read X, Y value from ADS7846
void Touch_input_ADS7846();                      // touch screen input of X, Y average value from ADS7846

void Initialize_TSC2003(void);                   // initialize TSC2003
unsigned int Read_TSC2003(U08 command);          // read X, Y value from TSC2003
void Touch_input_TSC2003();                      // touch screen input of X, Y average value from TSC2003

void Line(S16 x1,S16 y1, S16 x2,S16 y2, U16 color);      // draw a straight line
void Rectangle(S16 x1,S16 y1, S16 x2,S16 y2, U16 color);// draw a rectangle
void Block(S16 x1,S16 y1, S16 x2,S16 y2, U16 color, U16 fill); // draw a rectangle with filled color
void Circle(S16 x1,S16 y1, S16 r, U16 color);   // draw a circle
void Sine(S16 peak, U08 mode, U16 color);        // draw a sine curve

/* ------------------------------------------------------------------------- */
/*              OK-X128A1 키트 기본 함수                                       */
/* ------------------------------------------------------------------------- */

void Initialize_MCU(void)                        /* initialize ATxmega128A1 MCU */
{
  OSC_XOSCCTRL = 0xCB;                           // frequency 16MHz, start-up time 16K CLK
  OSC_PLLCTRL = 0xC2;                            // source X-tal, multiplication factor = 2
```

```
  OSC_CTRL = 0x18;                            // enable X-tal and PLL
  while((OSC_STATUS & 0x18) != 0x18);         // wait X-tal and PLL ready
  CPU_CCP = 0xD8;
  CLK_CTRL = 0x04;                            // select clock source PLL(16MHz * 2 = 32 MHz)

  PORTA_DIR = 0x00;                           // PA7-4 analog input, PA3-2 analog output, PA1-0 input
  PORTA_PINOCTRL = 0x18;                      // PA0 pullup for touch screen select input

  PORTB_DIR = 0xFC;                           // PB7-2 output, PB1 input, PB0 AREF input
  PORTB_OUT = 0xFC;

  PORTC_DIR = 0xFF;                           // PC7-0 output
  PORTC_OUT = 0xFF;

  PORTD_DIR = 0xAB;                           // PD7,5,3,1,0 output
  PORTD_OUT = 0xA8;

  PORTE_DIR = 0xBE;                           // PE7,5,4,3,2,1 output
  PORTE_OUT = 0xBE;

  PORTF_DIR = 0xBA;                           // PF7,5,4,3,1 output
  PORTF_OUT = 0xBA;

  PORTH_DIR = 0x0F;                           // PH3-0 output for LED4-1
  PORTH_OUT = 0x0F;                           // PH7-4 input for KEY4-1

  PORTH_PIN4CTRL = 0x18;                      // PH4 pullup for KEY1 input
  PORTH_PIN5CTRL = 0x18;                      // PH5 pullup for KEY2 input
  PORTH_PIN6CTRL = 0x18;                      // PH6 pullup for KEY3 input
  PORTH_PIN7CTRL = 0x18;                      // PH7 pullup for KEY4 input

  PORTJ_DIR = 0xFF;                           // PJ7-0 output
  PORTJ_OUT = 0xFF;

  PORTK_DIR = 0xFF;                           // PK7-0 output
  PORTK_OUT = 0xFF;

  PORTQ_DIR = 0x0F;                           // PQ3-0 output
  PORTQ_OUT = 0x0F;

  PORTCFG_VPCTRLA = 0x87;                     // PJ --> VPORT1, PH --> VPORT0
  PORTCFG_VPCTRLB = 0xE9;                     // PQ --> VPORT3, PK --> VPORT2

  VPORT0_DIR = 0x0F;                          // PH3-0 output for LED4-1 off
  VPORT0_OUT = 0x0F;
  VPORT1_DIR = 0xFF;                          // PJ7-0 output for D15-8 of TFT-LCD
  VPORT2_DIR = 0xFF;                          // PK7-0 output for D7-0 of TFT-LCD
  VPORT3_DIR = 0x0F;                          // PQ3-0 output for control of TFT-LCD
  VPORT3_OUT = 0x0F;
}

void Delay_us(U08 time_us)                    /* time delay for us(1~255 us) for 32MHz */
{
  register unsigned char i;

  for(i = 0; i < time_us; i++)                // 4 cycles
    { asm volatile("PUSH R0");                // 1 cycles
      asm volatile("NOP    ");                // 1 cycles
      asm volatile("POP  R0");                // 2 cycles
      asm volatile("PUSH R0");                // 1 cycles
      asm volatile("NOP    ");                // 1 cycles
      asm volatile("POP  R0");                // 2 cycles
      asm volatile("PUSH R0");                // 1 cycles
      asm volatile("NOP    ");                // 1 cycles
      asm volatile("POP  R0");                // 2 cycles
      asm volatile("PUSH R0");                // 1 cycles
      asm volatile("NOP    ");                // 1 cycles
      asm volatile("POP  R0");                // 2 cycles
      asm volatile("PUSH R0");                // 1 cycles
      asm volatile("NOP    ");                // 1 cycles
      asm volatile("POP  R0");                // 2 cycles
```

```
      asm volatile("PUSH R0");                    // 1 cycles
      asm volatile("NOP    ");                    // 1 cycles
      asm volatile("POP  R0");                    // 2 cycles
      asm volatile("PUSH R0");                    // 1 cycles
      asm volatile("NOP    ");                    // 1 cycles
      asm volatile("POP  R0");                    // 2 cycles = total 32 cycles
    }
}

void Delay_ms(U16 time_ms)                        /* time delay for ms(1~65535 ms) for 32MHz */
{
  register unsigned int i;

  for(i = 0; i < time_ms; i++)
    { Delay_us(250);
      Delay_us(250);
      Delay_us(250);
      Delay_us(250);
    }
}

void Beep(void)                                   /* beep for 50 ms */
{
  PORTD_OUTSET = 0x02;                            // buzzer on
  Delay_ms(50);                                   // delay 50 ms
  PORTD_OUTCLR = 0x02;                            // buzzer off
}

void Beep_3times(void)                            /* beep 3 times */
{
  Beep();                                         // beep for 50 ms
  Delay_ms(100);                                  // buzzer off for 100 ms
  Beep();                                         // beep for 50 ms
  Delay_ms(100);                                  // buzzer off for 100 ms
  Beep();                                         // beep for 50 ms
}

#define KEY1    0xE0                              // KEY1 value in PORTH4
#define KEY2    0xD0                              // KEY2 value in PORTH5
#define KEY3    0xB0                              // KEY3 value in PORTH6
#define KEY4    0x70                              // KEY4 value in PORTH7
#define no_key  0xF0                              // no key input

unsigned char key_flag = 0;

unsigned char Key_input(void)                     /* input key KEY1 - KEY4 */
{
  unsigned char key;

  key = PORTH_IN & 0xF0;                          // any key pressed ?
  if(key == 0xF0)                                 // if no key, check key off
    { if(key_flag == 0)
        return key;
      else
        { Delay_ms(20);
          key_flag = 0;
          return key;
        }
    }
  else                                            // if key input, check continuous key
    { if(key_flag != 0)                           // if continuous key, treat as no key input
        return 0xF0;
      else                                        // if new key, beep and delay for debounce
        { Beep();
          key_flag = 1;
          return key;
        }
    }
}

unsigned char Key_input_silent(void)              /* input key KEY1 - KEY4 without beep sound */
```

```
{
  unsigned char key;

  key = PORTH_IN & 0xF0;                        // any key pressed ?
  if(key == 0xF0)                               // if no key, check key off
    { if(key_flag == 0)
        return key;
      else
        { Delay_ms(20);
          key_flag = 0;
          return key;
        }
    }
  else                                          // if key input, check continuous key
    { if(key_flag != 0)                         // if continuous key, treat as no key input
        return 0xF0;
      else                                      // if new key, delay for debounce
        { Delay_ms(20);
          key_flag = 1;
          return key;
        }
    }
}

/* ------------------------------------------------------------------------------- */
/*             TFT-32HX 보드 기본 함수                                              */
/* ------------------------------------------------------------------------------- */

//      -CS = PORTQ3 of ATxmega128A1
//       RS = PORTQ2
//      -WR = PORTQ1
//   -RESET = PORTQ0

//  DB15~DB8 = PORTJ7~0
//   DB7~DB0 = PORTK7~0

#define Transparent     0x0821                  /* 16-bit color data */
#define White           0xFFFF
#define Black           0x0000
#define Red             0xF800
#define Green           0x07E0
#define Blue            0x001F
#define Yellow          0xFFE0                  // Yellow = Red + Green
#define Cyan            0x07FF                  // Cyan = Green + Blue
#define Magenta         0xF81F                  // Magenta = Red + Blue
#define Brown           0xA145
#define Khaki           0xF731
#define Olive           0x8400
#define Orange          0xFD20
#define Pink            0xFB56
#define Purple          0x8010
#define Silver          0xC618
#define Violet          0xEC1D

unsigned char ScreenMode = 'P';                 // screen mode(P=portrait, L=landscape)
unsigned char XcharacterLimit = 30;             // character number of line (30 or 40)
unsigned char YcharacterLimit = 40;             // line number of screen (40 or 30)
unsigned char Xcharacter, Ycharacter;           // Xcharacter(0-29), Ycharacter(0-39) for portrait
                                                // Xcharacter(0-39), Ycharacter(0-29) for landscape
unsigned char Xcursor, Ycursor;                 // cursor position
unsigned char cursor_flag = 0;                  // 0 = cursor off, 1 = cursor on
unsigned int  cursor;                           // cursor color
unsigned char underscore_flag = 0;              // 0 = underscore off, 1 = underscore on
unsigned int  underscore;                       // underscore color
unsigned char outline_flag = 0;                 // 0 = outline off, 1 = outline on
unsigned int  outline;                          // outline color

unsigned int  foreground, background;           // foreground and background color

void TFT_command(U08 IR)                        /* write IR to TFT-LCD */
{
```

```
    VPORT1_OUT = 0x00;                              // output high byte
    VPORT2_OUT = IR;                                // output low byte
    VPORT3_OUT = 0x03;                              // -CS = RS = 0
    VPORT3_OUT = 0x01;                              // -WR = 0
    asm volatile("NOP    ");
    VPORT3_OUT = 0x03;                              // -WR = 1
    VPORT3_OUT = 0x0F;                              // -CS = RS = 1
}

void TFT_data(U16 data)                             /* write data to TFT-LCD */
{
    VPORT1_OUT = data >> 8;                         // output high byte
    VPORT2_OUT = data & 0x00FF;                     // output low byte
    VPORT3_OUT = 0x07;                              // -CS = 0, RS = 1
    VPORT3_OUT = 0x05;                              // -WR = 0
    asm volatile("NOP    ");
    VPORT3_OUT = 0x07;                              // -WR = 1
    VPORT3_OUT = 0x0F;                              // -CS = RS = 1
}

void Initialize_TFT_LCD(void)                       /* initialize TFT-LCD with HX8347 */
{
    PORTCFG_VPCTRLA = 0x87;                         // PORTJ --> VPORT1, PORTH --> VPORT0
    PORTCFG_VPCTRLB = 0xE9;                         // PORTQ --> VPORT3, PORTK --> VPORT2

    VPORT1_DIR = 0xFF;                              // PORTJ7-0 output for D15-8 of TFT-LCD
    VPORT2_DIR = 0xFF;                              // PORTK7-0 output for D7-0 of TFT-LCD
    VPORT3_DIR = 0x0F;                              // PORTG3-0 output for control signal of TFT-LCD
    VPORT3_OUT = 0x0F;

    VPORT3_OUT = 0x0E;                              // reset
    Delay_ms(5);
    VPORT3_OUT = 0x0F;
    Delay_ms(120);

    TFT_command(0x02); TFT_data(0x0000);            // window setting
    TFT_command(0x03); TFT_data(0x0000);            // x = 0~239
    TFT_command(0x04); TFT_data(0x0000);
    TFT_command(0x05); TFT_data(0x00EF);
    TFT_command(0x06); TFT_data(0x0000);            // y = 0~319
    TFT_command(0x07); TFT_data(0x0000);
    TFT_command(0x08); TFT_data(0x0001);
    TFT_command(0x09); TFT_data(0x003F);

    TFT_command(0x01); TFT_data(0x0006);            // display setting
    TFT_command(0x16); TFT_data(0x0008);            // MV=0, MX=0, MY=0, BGR=1
    TFT_command(0x18); TFT_data(0x0000);            // SM=0
    TFT_command(0x70); TFT_data(0x0065);            // GS=1, SS=1, 16 bit/pixel
    TFT_command(0x23); TFT_data(0x0095);
    TFT_command(0x24); TFT_data(0x0095);
    TFT_command(0x25); TFT_data(0x00FF);
    TFT_command(0x27); TFT_data(0x0002);
    TFT_command(0x28); TFT_data(0x0002);
    TFT_command(0x29); TFT_data(0x0002);
    TFT_command(0x2A); TFT_data(0x0002);
    TFT_command(0x2C); TFT_data(0x0002);
    TFT_command(0x2D); TFT_data(0x0002);
    TFT_command(0x3A); TFT_data(0x0001);
    TFT_command(0x3B); TFT_data(0x0001);
    TFT_command(0x3C); TFT_data(0x00F0);
    TFT_command(0x3D); TFT_data(0x0000);
    Delay_ms(20);
    TFT_command(0x35); TFT_data(0x0038);
    TFT_command(0x36); TFT_data(0x0078);
    TFT_command(0x3E); TFT_data(0x0038);
    TFT_command(0x40); TFT_data(0x000F);
    TFT_command(0x41); TFT_data(0x00F0);

    TFT_command(0x19); TFT_data(0x0049);            // power setting
    TFT_command(0x93); TFT_data(0x000F);
    Delay_ms(10);
```

```
  TFT_command(0x20); TFT_data(0x0040);
  TFT_command(0x1D); TFT_data(0x0007);
  Delay_ms(10);
  TFT_command(0x1E); TFT_data(0x0000);
  TFT_command(0x1F); TFT_data(0x0004);
  TFT_command(0x44); TFT_data(0x0040);          // VCom control for 3.3V
  TFT_command(0x45); TFT_data(0x0012);
  Delay_ms(10);
  TFT_command(0x1C); TFT_data(0x0004);
  Delay_ms(20);
  TFT_command(0x43); TFT_data(0x0080);
  Delay_ms(5);
  TFT_command(0x1B); TFT_data(0x0018);
  Delay_ms(40);
  TFT_command(0x1B); TFT_data(0x0010);
  Delay_ms(40);

  TFT_command(0x46); TFT_data(0x00A4);          // gamma setting
  TFT_command(0x47); TFT_data(0x0053);
  TFT_command(0x48); TFT_data(0x0010);
  TFT_command(0x49); TFT_data(0x005F);
  TFT_command(0x4A); TFT_data(0x0004);
  TFT_command(0x4B); TFT_data(0x003F);
  TFT_command(0x4C); TFT_data(0x0002);
  TFT_command(0x4D); TFT_data(0x00F6);
  TFT_command(0x4E); TFT_data(0x0012);
  TFT_command(0x4F); TFT_data(0x004C);
  TFT_command(0x50); TFT_data(0x0046);
  TFT_command(0x51); TFT_data(0x0044);

  TFT_command(0x90); TFT_data(0x007F);          // display on setting
  TFT_command(0x26); TFT_data(0x0004);
  Delay_ms(40);
  TFT_command(0x26); TFT_data(0x0024);
  TFT_command(0x26); TFT_data(0x002C);
  Delay_ms(40);
  TFT_command(0x26); TFT_data(0x003C);

  TFT_command(0x57); TFT_data(0x0002);          // internal VDDD setting
  TFT_command(0x55); TFT_data(0x0000);
  TFT_command(0xFE); TFT_data(0x005A);
  TFT_command(0x57); TFT_data(0x0000);

  TFT_clear_screen();                           // clear screen
  TFT_screen_mode('P');                         // initial screen mode is portrait
}

/* ------------------------------------------------------------------------ */
/*              TFT-32HX 보드 출력제어 함수                                  */
/* ------------------------------------------------------------------------ */

void TFT_clear_screen(void)                     /* TFT-LCD clear screen with black color */
{
  TFT_color_screen(Black);
}

void TFT_color_screen(U16 color)                /* TFT-LCD full screen color */
{
  unsigned int i, j;

  TFT_GRAM_address(0,0);

  for(i=0; i<320; i++)
    for(j=0; j<240; j++)
      TFT_data(color);
}

void TFT_GRAM_address(U16 xPos, U16 yPos)       /* set GRAM address of TFT-LCD */
{
  if((xPos > 239) || (yPos > 319)) return;
```

```
  TFT_command(0x02); TFT_data(0x0000);          // xPos = 0~239
  TFT_command(0x03); TFT_data(xPos);
  TFT_command(0x06); TFT_data(yPos >> 8);       // yPos = 0~319
  TFT_command(0x07); TFT_data(yPos & 0x00FF);
  TFT_command(0x22);
}

void TFT_xy(U08 xChar, U08 yChar)               /* set character position (x,y) */
{
  Xcharacter = xChar;
  Ycharacter = yChar;
}

void TFT_color(U16 colorfore, U16 colorback)    /* set foreground and background color */
{
  foreground = colorfore;
  background = colorback;
}

void TFT_pixel(U16 xPos, U16 yPos, U16 color)   /* write a pixel */
{
  if((xPos > 239) || (yPos > 319)) return;

  TFT_command(0x02); TFT_data(0x0000);          // xPos = 0~239
  TFT_command(0x03); TFT_data(xPos);
  TFT_command(0x06); TFT_data(yPos >> 8);       // yPos = 0~319
  TFT_command(0x07); TFT_data(yPos & 0x00FF);
  TFT_command(0x22);

  if(color != Transparent)                      // transparent mode ?
    TFT_data(color);
}

/* ------------------------------------------------------------------------------ */
/*              TFT-32HX 보드 문자 출력 함수                                        */
/* ------------------------------------------------------------------------------ */

void TFT_screen_mode(U08 mode)                  /* set screen direction mode */
{
  if((mode == 'P') || (mode == 'p'))            // portrait mode(30x40 character unit)
    { ScreenMode = 'P';
      XcharacterLimit = 30;
      YcharacterLimit = 40;
    }
  else                                          // landscape mode(40x30 character unit)
    { ScreenMode = 'L';
      XcharacterLimit = 40;
      YcharacterLimit = 30;
    }
}

void TFT_cursor(U16 cursor_color)               /* set cursor and color */
{
  if(cursor_color == Transparent)               // disable cursor
    cursor_flag = 0;
  else                                          // enable cursor
    { cursor_flag = 1;
      cursor = cursor_color;
    }
}

void TFT_underscore(U16 underscore_color)       /* set underscore and color */
{
  if(underscore_color == Transparent)           // disable underscore
    underscore_flag = 0;
  else                                          // enable underscore
    { underscore_flag = 1;
      underscore = underscore_color;
    }
}
```

```
void TFT_outline(U16 outline_color)              /* set outline and color */
{
  if(outline_color == Transparent)               // disable outline
    outline_flag = 0;
  else                                           // enable outline
    { outline_flag = 1;
      outline = outline_color;
    }
}

void TFT_string(U08 xChar, U08 yChar, U16 colorfore, U16 colorback, char *str)  /* write TFT-LCD
string */
{
  unsigned char ch1;
  unsigned int ch2;

  Xcharacter = xChar;
  Ycharacter = yChar;

  foreground = colorfore;
  background = colorback;

  while(*str)
    { ch1 = *str;
      str++;

      if(ch1 < 0x80)                             // English ASCII character
        TFT_English(ch1);
      else                                       // Korean
        { ch2 = (ch1 << 8) + (*str);
          str++;
          ch2 = KS_code_conversion(ch2);         // convert KSSM(완성형) to KS(조합형)
          TFT_Korean(ch2);
        }
    }
}

void TFT_English(U08 code)                       /* write a English ASCII character */
{
  unsigned char data, x, y;
  unsigned int pixel[8][16];
  unsigned int dot0, dot1, dot2, dot3, dot4;

  for(x = 0; x < 8; x++)                         // read English ASCII font
    { data = pgm_read_byte(&E_font[code][x]);
      for(y = 0; y < 8; y++)
        { if(data & 0x01) pixel[x][y] = foreground;
          else            pixel[x][y] = background;
          data = data >> 1;
        }
    }

  for(x = 0; x < 8; x++)
    { data = pgm_read_byte(&E_font[code][x+8]);
      for(y = 0; y < 8; y++)
        { if(data & 0x01) pixel[x][y+8] = foreground;
          else            pixel[x][y+8] = background;
          data = data >> 1;
        }
    }

  if(outline_flag == 1)                          // display outline
    for(x = 0; x < 8; x++)
      { dot0 = pgm_read_byte(&E_font[code][x]) + pgm_read_byte(&E_font[code][x+8])*256;
        dot1 = dot0 >> 1;                                                        // up side
        dot2 = dot0;                                                             // down side
        dot3 = pgm_read_byte(&E_font[code][x+1]) + pgm_read_byte(&E_font[code][x+9])*256; // left side
        dot4 = pgm_read_byte(&E_font[code][x-1]) + pgm_read_byte(&E_font[code][x+7])*256; // right side

        for(y = 0; y < 15; y++)
          { if(!(dot0 & 0x0001))
```

```
            { if(dot1 & 0x0001) pixel[x][y] = outline;
              if(dot2 & 0x0001) pixel[x][y] = outline;
              if((dot3 & 0x0001) && (x < 7 )) pixel[x][y] = outline;
              if((dot4 & 0x0001) && (x > 0 )) pixel[x][y] = outline;
            }

          dot1 >>= 1;
          dot2 = dot0;
          dot0 >>= 1;
          dot3 >>= 1;
          dot4 >>= 1;
        }
    }

  if(underscore_flag == 1)
    { for(x = 0; x < 8; x++)                    // display underscore
          pixel[x][15] = underscore;
    }

  if((cursor_flag == 1) && (Xcharacter == Xcursor) &&(Ycharacter == Ycursor))
    { for(x = 0; x < 8; x++)                    // display cursor
        { pixel[x][14] = cursor;
          pixel[x][15] = cursor;
        }
    }

  if(ScreenMode == 'P')
    { for(y = 0; y < 16; y++)                   // write in portrait mode
        for(x = 0; x < 8; x++)
          TFT_pixel(Xcharacter*8 + x, Ycharacter*8 + y, pixel[x][y]);
    }
  else
    { for(y = 0; y < 16; y++)                   // write in landscape mode
        for(x = 0; x < 8; x++)
          TFT_pixel((29-Ycharacter)*8 + 7 - y, Xcharacter*8 + x, pixel[x][y]);
    }

  Xcharacter += 1;
  if(Xcharacter >= XcharacterLimit)             // end of line ?
    { Xcharacter = 0;
      Ycharacter += 2;
      if(Ycharacter >= (YcharacterLimit-1))     // end of screen ?
        Ycharacter = 0;
    }
}

unsigned int KS_code_conversion(U16 KSSM)       /* convert KSSM(완성형) to KS(조합형) */
{
  unsigned char HB, LB;
  unsigned int index, KS;

  HB = KSSM >> 8;
  LB = KSSM & 0x00FF;

  if(KSSM >= 0xB0A1 && KSSM <= 0xC8FE)
    { index = (HB - 0xB0)*94 + LB - 0xA1;
      KS  =  pgm_read_byte(&KS_Table[index][0]) * 256;
      KS |=  pgm_read_byte(&KS_Table[index][1]);

      return KS;
    }
  else
    return -1;
}

void TFT_Korean(U16 code)                       /* write a Korean character */
{
  unsigned char cho_5bit, joong_5bit, jong_5bit;
  unsigned char cho_bul, joong_bul, jong_bul = 0, i, jong_flag;
  unsigned int ch;
  unsigned char Kbuffer[32] = {0};              // 32 byte Korean font buffer
```

```
if(Xcharacter == (XcharacterLimit-1))          // last character of line ?
  TFT_English(' ');                            // display space and go to next line

cho_5bit   = pgm_read_byte(&table_cho[(code >> 10) & 0x001F]);  // get 5bit(14-10) of chosung
joong_5bit = pgm_read_byte(&table_joong[(code >> 5) & 0x001F]); // get 5bit(09-05) of joongsung
jong_5bit  = pgm_read_byte(&table_jong[code & 0x001F]);         // get 5bit(04-00) of jongsung

if(jong_5bit == 0)                             // if jongsung not exist
  { jong_flag = 0;
    cho_bul = pgm_read_byte(&bul_cho1[joong_5bit]);
    if((cho_5bit == 1) || (cho_5bit == 16))
      joong_bul = 0;
    else
      joong_bul = 1;
  }
else                                           // if jongsung exist
  { jong_flag = 1;
    cho_bul = pgm_read_byte(&bul_cho2[joong_5bit]);
    if((cho_5bit == 1) || (cho_5bit == 16))
      joong_bul = 2;
    else
      joong_bul = 3;
    jong_bul = pgm_read_byte(&bul_jong[joong_5bit]);
  }

ch = cho_bul*20 + cho_5bit;                    // get chosung font
for(i = 0; i < 32; i++)
  Kbuffer[i] = pgm_read_byte(&K_font[ch][i]);
ch = 8*20 + joong_bul*22 + joong_5bit;         // OR joongsung font
for(i = 0; i < 32; i++)
  Kbuffer[i] |= pgm_read_byte(&K_font[ch][i]);
if(jong_flag)                                  // OR jongsung font
  { ch = 8*20 + 4*22 + jong_bul*28 + jong_5bit;
    for(i = 0; i < 32; i++)
      Kbuffer[i] |= pgm_read_byte(&K_font[ch][i]);
  }

unsigned char data, x, y;
unsigned int pixel[16][16];
unsigned int dot0, dot1, dot2, dot3, dot4;

for(x = 0; x < 16; x++)                        // read Korean font
  { data = Kbuffer[x];
    for(y = 0; y < 8; y++)
      { if(data & 0x01) pixel[x][y] = foreground;
        else            pixel[x][y] = background;
        data = data >> 1;
      }
  }

for(x = 0; x < 16; x++)
  { data = Kbuffer[x+16];
    for(y = 0; y < 8; y++)
      { if(data & 0x01) pixel[x][y+8] = foreground;
        else            pixel[x][y+8] = background;
        data = data >> 1;
      }
  }

if(outline_flag == 1)                          // display outline
  for(x = 0; x < 16; x++)
    { dot0 = Kbuffer[x] + Kbuffer[x+16]*256;
      dot1 = dot0 >> 1;                          // up side
      dot2 = dot0;                               // down side
      dot3 = Kbuffer[x+1] + Kbuffer[x+17]*256;  // left side
      dot4 = Kbuffer[x-1] + Kbuffer[x+15]*256;  // right side

      for(y = 0; y < 16; y++)
        { if(!(dot0 & 0x0001))
            { if(dot1 & 0x0001) pixel[x][y] = outline;
```

```
                if(dot2 & 0x0001) pixel[x][y] = outline;
                if((dot3 & 0x0001) && (x < 15 )) pixel[x][y] = outline;
                if((dot4 & 0x0001) && (x > 0 ))  pixel[x][y] = outline;
              }

            dot1 >>= 1;
            dot2 = dot0;
            dot0 >>= 1;
            dot3 >>= 1;
            dot4 >>= 1;
          }
      }

  if(underscore_flag == 1)
    { for(x = 0; x < 16; x++)                  // display underscore
         pixel[x][15] = underscore;
    }

  if((cursor_flag == 1) && (Xcharacter == Xcursor) &&(Ycharacter == Ycursor))
    { for(x = 0; x < 16; x++)                  // display cursor
        { pixel[x][14] = cursor;
          pixel[x][15] = cursor;
        }
    }

  if(ScreenMode == 'P')                        // write in portrait mode
    { for(y = 0; y < 16; y++)
        for(x = 0; x < 16; x++)
          TFT_pixel(Xcharacter*8 + x, Ycharacter*8 + y, pixel[x][y]);
    }
  else                                         // write in landscape mode
    { for(y = 0; y < 16; y++)
        for(x = 0; x < 16; x++)
          TFT_pixel((29-Ycharacter)*8 + 7 - y, Xcharacter*8 + x, pixel[x][y]);
    }

  Xcharacter += 2;
  if(Xcharacter >= (XcharacterLimit-1))        // end of line ?
    { Xcharacter = 0;
      Ycharacter += 2;
      if(Ycharacter >= (YcharacterLimit-1))    // end of screen ?
        Ycharacter = 0;
    }
}

/* ------------------------------------------------------------------------ */
/*              TFT-32HX 보드 문자 2배 확대 출력 함수                        */
/* ------------------------------------------------------------------------ */

void TFT_string_2X(U08 xChar, U08 yChar, U16 colorfore, U16 colorback, char *str) /* write TFT-LCD string */
{
  unsigned char ch1;
  unsigned int ch2;

  Xcharacter = xChar;
  Ycharacter = yChar;

  foreground = colorfore;
  background = colorback;

  while(*str)
    { ch1 = *str;
      str++;

      if(ch1 < 0x80)                           // English ASCII character
        TFT_English_2X(ch1);
      else                                     // Korean
        { ch2 = (ch1 << 8) + (*str);
          str++;
          ch2 = KS_code_conversion(ch2);       // convert KSSM(완성형) to KS(조합형)
          TFT_Korean_2X(ch2);
```

```
        }
    }
}

void TFT_English_2X(U08 code)                      /* write a English ASCII character */
{
  unsigned char data, x, y;
  unsigned int pixel[8][16];
  unsigned int dot0, dot1, dot2, dot3, dot4;

  for(x = 0; x < 8; x++)                           // read English ASCII font
    { data = pgm_read_byte(&E_font[code][x]);
      for(y = 0; y < 8; y++)
        { if(data & 0x01) pixel[x][y] = foreground;
          else            pixel[x][y] = background;
          data = data >> 1;
        }
    }

  for(x = 0; x < 8; x++)
    { data = pgm_read_byte(&E_font[code][x+8]);
      for(y = 0; y < 8; y++)
        { if(data & 0x01) pixel[x][y+8] = foreground;
          else            pixel[x][y+8] = background;
          data = data >> 1;
        }
    }

  if(outline_flag == 1)                            // display outline
    for(x = 0; x < 8; x++)
      { dot0 = pgm_read_byte(&E_font[code][x]) + pgm_read_byte(&E_font[code][x+8])*256;
        dot1 = dot0 >> 1;                                                        // up side
        dot2 = dot0;                                                             // down side
        dot3 = pgm_read_byte(&E_font[code][x+1]) + pgm_read_byte(&E_font[code][x+9])*256; // left side
        dot4 = pgm_read_byte(&E_font[code][x-1]) + pgm_read_byte(&E_font[code][x+7])*256; // right side

        for(y = 0; y < 15; y++)
          { if(!(dot0 & 0x0001))
              { if(dot1 & 0x0001) pixel[x][y] = outline;
                if(dot2 & 0x0001) pixel[x][y] = outline;
                if((dot3 & 0x0001) && (x < 7 )) pixel[x][y] = outline;
                if((dot4 & 0x0001) && (x > 0 )) pixel[x][y] = outline;
              }

            dot1 >>= 1;
            dot2 = dot0;
            dot0 >>= 1;
            dot3 >>= 1;
            dot4 >>= 1;
          }
      }

  if(underscore_flag == 1)
    { for(x = 0; x < 8; x++)                       // display underscore
          pixel[x][15] = underscore;
    }

  if((cursor_flag == 1) && (Xcharacter == Xcursor) &&(Ycharacter == Ycursor))
    { for(x = 0; x < 8; x++)                       // display cursor
        { pixel[x][14] = cursor;
          pixel[x][15] = cursor;
        }
    }

  if(ScreenMode == 'P')
    { for(y = 0; y < 16; y++)                      // write in portrait mode
        for(x = 0; x < 8; x++)
          { TFT_pixel(Xcharacter*16 + (x*2),   Ycharacter*16 + (y*2),   pixel[x][y]);
            TFT_pixel(Xcharacter*16 + (x*2+1), Ycharacter*16 + (y*2),   pixel[x][y]);
            TFT_pixel(Xcharacter*16 + (x*2),   Ycharacter*16 + (y*2+1), pixel[x][y]);
            TFT_pixel(Xcharacter*16 + (x*2+1), Ycharacter*16 + (y*2+1), pixel[x][y]);
```

```
        }
    }
  else
    { for(y = 0; y < 16; y++)                    // write in landscape mode
        for(x = 0; x < 8; x++)
          { TFT_pixel((14-Ycharacter)*16+15 - (y*2),   Xcharacter*16 + (x*2),   pixel[x][y]);
            TFT_pixel((14-Ycharacter)*16+15 - (y*2+1), Xcharacter*16 + (x*2),   pixel[x][y]);
            TFT_pixel((14-Ycharacter)*16+15 - (y*2),   Xcharacter*16 + (x*2+1), pixel[x][y]);
            TFT_pixel((14-Ycharacter)*16+15 - (y*2+1), Xcharacter*16 + (x*2+1), pixel[x][y]);
          }
    }

  Xcharacter += 1;
  if(Xcharacter >= XcharacterLimit/2)           // end of line ?
    { Xcharacter = 0;
      Ycharacter += 2;
      if(Ycharacter >= (YcharacterLimit/2-1))   // end of screen ?
        Ycharacter = 0;
    }
}

void TFT_Korean_2X(U16 code)                    /* write a Korean character */
{
  unsigned char cho_5bit, joong_5bit, jong_5bit;
  unsigned char cho_bul, joong_bul, jong_bul = 0, i, jong_flag;
  unsigned int ch;
  unsigned char Kbuffer[32] = {0};              // 32 byte Korean font buffer

  if(Xcharacter == (XcharacterLimit-1))         // last character of line ?
    TFT_English(' ');                           // display space and go to next line

  cho_5bit   = pgm_read_byte(&table_cho[(code >> 10) & 0x001F]);  // get 5bit(14-10) of chosung
  joong_5bit = pgm_read_byte(&table_joong[(code >> 5) & 0x001F]); // get 5bit(09-05) of joongsung
  jong_5bit  = pgm_read_byte(&table_jong[code & 0x001F]);         // get 5bit(04-00) of jongsung

  if(jong_5bit == 0)                            // if jongsung not exist
    { jong_flag = 0;
      cho_bul = pgm_read_byte(&bul_cho1[joong_5bit]);
      if((cho_5bit == 1) || (cho_5bit == 16))
        joong_bul = 0;
      else
        joong_bul = 1;
    }
  else                                          // if jongsung exist
    { jong_flag = 1;
      cho_bul = pgm_read_byte(&bul_cho2[joong_5bit]);
      if((cho_5bit == 1) || (cho_5bit == 16))
        joong_bul = 2;
      else
        joong_bul = 3;
      jong_bul = pgm_read_byte(&bul_jong[joong_5bit]);
    }

  ch = cho_bul*20 + cho_5bit;                   // get chosung font
  for(i = 0; i < 32; i++)
    Kbuffer[i] = pgm_read_byte(&K_font[ch][i]);
  ch = 8*20 + joong_bul*22 + joong_5bit;        // OR joongsung font
  for(i = 0; i < 32; i++)
    Kbuffer[i] |= pgm_read_byte(&K_font[ch][i]);
  if(jong_flag)                                 // OR jongsung font
    { ch = 8*20 + 4*22 + jong_bul*28 + jong_5bit;
      for(i = 0; i < 32; i++)
        Kbuffer[i] |= pgm_read_byte(&K_font[ch][i]);
    }

  unsigned char data, x, y;
  unsigned int pixel[16][16];
  unsigned int dot0, dot1, dot2, dot3, dot4;

  for(x = 0; x < 16; x++)                       // read Korean font
    { data = Kbuffer[x];
```

```
    for(y = 0; y < 8; y++)
      { if(data & 0x01) pixel[x][y] = foreground;
        else            pixel[x][y] = background;
        data = data >> 1;
      }
  }

for(x = 0; x < 16; x++)
  { data = Kbuffer[x+16];
    for(y = 0; y < 8; y++)
      { if(data & 0x01) pixel[x][y+8] = foreground;
        else            pixel[x][y+8] = background;
        data = data >> 1;
      }
  }

if(outline_flag == 1)                           // display outline
  for(x = 0; x < 16; x++)
    { dot0 = Kbuffer[x] + Kbuffer[x+16]*256;
      dot1 = dot0 >> 1;                          // up side
      dot2 = dot0;                               // down side
      dot3 = Kbuffer[x+1] + Kbuffer[x+17]*256; // left side
      dot4 = Kbuffer[x-1] + Kbuffer[x+15]*256; // right side

      for(y = 0; y < 16; y++)
        { if(!(dot0 & 0x0001))
            { if(dot1 & 0x0001) pixel[x][y] = outline;
              if(dot2 & 0x0001) pixel[x][y] = outline;
              if((dot3 & 0x0001) && (x < 15 )) pixel[x][y] = outline;
              if((dot4 & 0x0001) && (x > 0 ))  pixel[x][y] = outline;
            }

          dot1 >>= 1;
          dot2 = dot0;
          dot0 >>= 1;
          dot3 >>= 1;
          dot4 >>= 1;
        }
    }

if(underscore_flag == 1)
  { for(x = 0; x < 16; x++)                     // display underscore
        pixel[x][15] = underscore;
  }

if((cursor_flag == 1) && (Xcharacter == Xcursor) &&(Ycharacter == Ycursor))
  { for(x = 0; x < 16; x++)                     // display cursor
      { pixel[x][14] = cursor;
        pixel[x][15] = cursor;
      }
  }

if(ScreenMode == 'P')                           // write in portrait mode
  { for(y = 0; y < 16; y++)
      for(x = 0; x < 16; x++)
        { TFT_pixel(Xcharacter*16 + (x*2),   Ycharacter*16 + (y*2),   pixel[x][y]);
          TFT_pixel(Xcharacter*16 + (x*2+1), Ycharacter*16 + (y*2),   pixel[x][y]);
          TFT_pixel(Xcharacter*16 + (x*2),   Ycharacter*16 + (y*2+1), pixel[x][y]);
          TFT_pixel(Xcharacter*16 + (x*2+1), Ycharacter*16 + (y*2+1), pixel[x][y]);
        }
  }
else                                            // write in landscape mode
  { for(y = 0; y < 16; y++)
      for(x = 0; x < 16; x++)
        { TFT_pixel((14-Ycharacter)*16+15 - (y*2),   Xcharacter*16 + (x*2),   pixel[x][y]);
          TFT_pixel((14-Ycharacter)*16+15 - (y*2+1), Xcharacter*16 + (x*2),   pixel[x][y]);
          TFT_pixel((14-Ycharacter)*16+15 - (y*2),   Xcharacter*16 + (x*2+1), pixel[x][y]);
          TFT_pixel((14-Ycharacter)*16+15 - (y*2+1), Xcharacter*16 + (x*2+1), pixel[x][y]);
        }
  }
```

```
  Xcharacter += 2;
  if(Xcharacter >= (XcharacterLimit/2-1))       // end of line ?
    { Xcharacter = 0;
      Ycharacter += 2;
      if(Ycharacter >= (YcharacterLimit/2-1))   // end of screen ?
        Ycharacter = 0;
    }
}

/* ---------------------------------------------------------------------------- */
/*              TFT-32HX 보드 수치 데이터 출력 함수                                */
/* ---------------------------------------------------------------------------- */

void TFT_unsigned_decimal(U32 number, U08 zerofill, U08 digit) /* display unsigned decimal number */
{
  unsigned char zero_flag, character;
  unsigned long div;

  if((digit == 0) || (digit > 9)) return;

  div = 1;
  while(--digit) div *= 10;

  zero_flag = zerofill;
  while(div > 0)                                // display number
    { character = number / div;
      if((character == 0) && (zero_flag == 0) && (div != 1))
        TFT_English(character + ' ');
      else
        { zero_flag = 1;
          TFT_English(character + '0');
        }
      number %= div;
      div /= 10;
    }
}

void TFT_signed_decimal(S32 number, U08 zerofill, U08 digit)    /* display signed decimal number */
{
  unsigned char zero_flag, character;
  unsigned long div;

  if((digit == 0) || (digit > 9)) return;

  if(number >= 0)                               // display sign
    TFT_English('+');
  else
    { TFT_English('-');
      number = -number;
    }

  div = 1;
  while(--digit) div *= 10;

  zero_flag = zerofill;
  while(div > 0)                                // display number
    { character = number / div;
      if((character == 0) && (zero_flag == 0) && (div != 1))
        TFT_English(character + ' ');
      else
        { zero_flag = 1;
          TFT_English(character + '0');
        }
      number %= div;
      div /= 10;
    }
}

void TFT_hexadecimal(U32 number, U08 digit)     /* display hexadecimal number */
{
  unsigned char i, character;
```

```
  if((digit == 0) || (digit > 8)) return;

  for(i = digit; i > 0; i--)
    { character = (number >> 4*(i-1)) & 0x0F;
      if(character < 10) TFT_English(character + '0');
      else               TFT_English(character - 10 + 'A');
    }
}

void TFT_0x_hexadecimal(U32 number, U08 digit)  /* display hexadecimal number with 0x */
{
  unsigned char i, character;

  if((digit == 0) || (digit > 8)) return;

  TFT_English('0');
  TFT_English('x');

  for(i = digit; i > 0; i--)
    { character = (number >> 4*(i-1)) & 0x0F;
      if(character < 10) TFT_English(character + '0');
      else               TFT_English(character - 10 + 'A');
    }
}

void TFT_unsigned_float(float number, U08 integral, U08 fractional) /* display unsigned floating-point number */
{
  unsigned char zero_flag, digit, character;    // integral = digits of integral part
  unsigned long div, integer;                   // fractional = digits of fractional part

  digit = integral + fractional;
  if((integral == 0) || (fractional == 0) || (digit > 9)) return;

  div = 1;
  while(--digit) div *= 10;

  while(fractional--) number *= 10.;
  integer = (U32)(number + 0.5);

  zero_flag = 0;
  digit = 1;
  while(div > 0)                                // display number
    { character = integer / div;
      if((character == 0) && (zero_flag == 0) && (digit != integral))
        TFT_English(character + ' ');
      else
        { zero_flag = 1;
          TFT_English(character + '0');
        }
      integer %= div;
      div /= 10;

      if(digit == integral)
        TFT_English('.');
      digit++;
    }
}

void TFT_signed_float(float number, U08 integral, U08 fractional) /* display signed floating-point number */
{
  unsigned char zero_flag, digit, character;
  unsigned long div, integer;

  digit = integral + fractional;
  if((integral == 0) || (fractional == 0) || (digit > 9)) return;

  if(number >= 0)                               // display sign
    TFT_English('+');
  else
    { TFT_English('-');
```

```
      number = -number;
    }

  div = 1;
  while(--digit) div *= 10;

  while(fractional--) number *= 10.;
  integer = (U32)(number + 0.5);

  zero_flag = 0;
  digit = 1;
  while(div > 0)                                 // display number
    { character = integer / div;
      if((character == 0) && (zero_flag == 0) && (digit != integral))
        TFT_English(character + ' ');
      else
        { zero_flag = 1;
          TFT_English(character + '0');
        }
      integer %= div;
      div /= 10;

      if(digit == integral)
        TFT_English('.');
      digit++;
    }
}

/* ---------------------------------------------------------------------------- */
/*                TFT-32HX 보드 터치 스크린 컨트롤러 입력 함수                  */
/* ---------------------------------------------------------------------------- */

#define x_touch_min     250                      // minimum value of touch screen x-axis
#define x_touch_max     3750                     // maximum value of touch screen x-axis
#define y_touch_min     400                      // minimum value of touch screen y-axis
#define y_touch_max     3830                     // maximum value of touch screen y-axis

unsigned char touch_flag;                        // 'A' = ADS7846, 'T' = TSC2003

unsigned int x_12bit, y_12bit;                   // x_12bit(0-4095), y_12bit(0-4095)
unsigned int x_touch, y_touch;                   // x_touch(0-239),  y_touch(0-319)

void Initialize_touch_screen(void)               /* initialize touch screen */
{
  PORTA_DIR = 0x00;                              // PA7-4 analog input, PA3-1 analog output, PA1-0 input
  PORTA_PINOCTRL = 0x18;                         // PA0 pullup for touch screen select input

  if(PORTA_IN & 0x01)                            // if PA0 = 1, use ADS7846
    { touch_flag = 'A';
      Initialize_ADS7846();
    }
  else                                           // if PA0 = 0, use TSC2003
    { touch_flag = 'T';
      Initialize_TSC2003();
    }
}

void Touch_screen_input(void)                    /* touch screen input of X, Y average value */
{
  if(touch_flag == 'A')                          // if touch_flag = 'A', read ADS7846
    Touch_input_ADS7846();
  else                                           // if touch_flag = 'T', read TSC2003
    Touch_input_TSC2003();
}

/* ------------------------------------------------------- */
/*          ADS7846 터치 스크린 컨트롤러의 경우            */
/* ------------------------------------------------------- */

#define ADS7846_CMD_X   0b11010000               // 12-bit X position measurement command
#define ADS7846_CMD_Y   0b10010000               // 12-bit Y position measurement command
```

```
void SPIF_Mode0_1MHz(void)                        /* SPIF mode 0, 1MHz */
{
  SPIF_CTRL = 0xD2;                               // 32MHz/32 = 1MHz
}

unsigned char SPIF_write(U08 data)                /* send a byte to SPIF and receive */
{
  SPIF_DATA = data;
  while(!(SPIF_STATUS & 0x80));

  return SPIF_DATA;
}

void Initialize_ADS7846(void)                     /* initialize ADS7846 */
{
  PORTF_DIR = 0xBA;                               // PORTF4 = 1 output for -TS_CS
  PORTF_OUT = 0xBA;                               // PORTF2 input for -TS_INT

  SPIF_Mode0_1MHz();                              // initialize SPI

  Read_ADS7846(ADS7846_CMD_X);                    // dummy input to enable -PENIRQ signal output
}

unsigned int Read_ADS7846(U08 command)            /* read X, Y value from ADS7846 */
{
  unsigned int axis;

  PORTF_OUTCLR = 0x10;                            // -TS_CS = 0

  SPIF_write(command);
  axis = SPIF_write(0x00);                        // read high 7 bit
  axis <<= 8;
  axis += SPIF_write(0x00);                       // read low 5 bit
  axis >>= 3;

  PORTF_OUTSET = 0x10;                            // -TS_CS = 1

  return axis;
}

void Touch_input_ADS7846(void)                    /* touch screen input of X, Y average value from ADS7846 */
{
  unsigned char i;

  x_12bit = 0;                                    // initial value
  y_12bit = 0;

  for(i = 0; i < 16; i++)                         // read X, Y value by 16 times if -PENIRQ enable
    { if((PORTF_IN & 0x04) == 0x00)               // -TS_INT = 0 ?
        x_12bit += Read_ADS7846(ADS7846_CMD_X);   // if yes, measure X position
      else                                        // if not, return with 0
        { x_12bit = 0;
          y_12bit = 0;
          break;
        }
      Delay_us(10);

      if((PORTF_IN & 0x04) == 0x00)               // -TS_INT = 0 ?
        y_12bit += Read_ADS7846(ADS7846_CMD_Y);   // if yes, measure Y position
      else                                        // if not, return with 0
        { x_12bit = 0;
          y_12bit = 0;
          break;
        }
      Delay_us(10);
    }

  x_12bit >>= 4;                                  // calculate average for 16 times
  y_12bit >>= 4;
```

```
  if((x_12bit == 0) && (y_12bit == 0))
    { x_touch = 0;
      y_touch = 0;
      return;
    }

  if(x_12bit <= x_touch_min)                    // convert to pixel x-axis value
    x_touch = 0;
  else if(x_12bit >= x_touch_max)
    x_touch = 239;
  else
    x_touch = (unsigned int)((float)(x_12bit - x_touch_min) * 239./(float)(x_touch_max - x_touch_min));

  if(y_12bit <= y_touch_min)                    // convert to pixel y-axis value
    y_touch = 319;
  else if(y_12bit >= y_touch_max)
    y_touch = 0;
  else
    y_touch = 319 - (unsigned int)((float)(y_12bit - y_touch_min) * 319./(float)(y_touch_max - y_touch_min));
}

/* ---------------------------------------------------- */
/*          TSC2003 터치 스크린 컨트롤러의 경우          */
/* ---------------------------------------------------- */

#define TSC2003_CMD_X   0b11000000              // 12-bit X position measurement command
#define TSC2003_CMD_Y   0b11010000              // 12-bit Y position measurement command

void Initialize_TSC2003(void)                   /* initialize TSC2003 */
{
  PORTF_DIR = 0xBA;                             // PORTF4 = 1 output for -TS_CS
  PORTF_OUT = 0xBA;                             // PORTF2 input for -TS_INT

  TWIF_MASTER_CTRLA = 0x08;                     // enable TWI master
  TWIF_MASTER_BAUD = 35;                        // 400kHz = 32MHz/2/(5+35)
  TWIF_MASTER_STATUS = 0x01;                    // idle state

  Read_TSC2003(TSC2003_CMD_X);                  // dummy input to enable -PENIRG signal output
}

unsigned int Read_TSC2003(U08 command)          /* read X, Y value from TSC2003 */
{
  unsigned int axis;

  TWIF_MASTER_ADDR = 0x90;                      // START + slave address + W
  while((TWIF_MASTER_STATUS & 0x70) != 0x60);   // WIF, CLKHOLD, ACK from slave ?

  TWIF_MASTER_DATA = command;                   // command
  while((TWIF_MASTER_STATUS & 0x70) != 0x60);   // WIF, CLKHOLD, ACK from slave ?

  TWIF_MASTER_CTRLC = 0x03;                     // STOP

  Delay_us(10);

  TWIF_MASTER_ADDR = 0x91;                      // START + slave address + R
  while((TWIF_MASTER_STATUS & 0xB0) != 0xA0);   // RIF, CLKHOLD, ACK from slave ?
  axis = TWIF_MASTER_DATA;                      // receive axis data
  TWIF_MASTER_CTRLC = 0x02;                     // ACK
  axis <<= 8;

  while((TWIF_MASTER_STATUS & 0xB0) != 0xA0);   // RIF, CLKHOLD, ACK from slave ?
  axis += TWIF_MASTER_DATA;                     // receive axis data
  TWIF_MASTER_CTRLC = 0x07;                     // NACK + STOP
  axis >>= 4;

  return axis;
}

void Touch_input_TSC2003(void)                  /* touch screen input of X, Y average value from TSC2003 */
{
  unsigned char i;
```

```
  x_12bit = 0;                                      // initial value
  y_12bit = 0;

  for(i = 0; i < 16; i++)                           // read X, Y value by 16 times if -PENIRQ enable
    { if((PORTF_IN & 0x04) == 0x00)                 // -TS_INT = 0 ?
        x_12bit += Read_TSC2003(TSC2003_CMD_X);     // if yes, measure X position
      else                                          // if not, return with 0
        { x_12bit = 0;
          y_12bit = 0;
          break;
        }
      Delay_us(10);

      if((PORTF_IN & 0x04) == 0x00)                 // -TS_INT = 0 ?
        y_12bit += Read_TSC2003(TSC2003_CMD_Y);     // if yes, measure Y position
      else                                          // if not, return with 0
        { x_12bit = 0;
          y_12bit = 0;
          break;
        }
      Delay_us(10);
    }

  x_12bit >>= 4;                                    // calculate average for 16 times
  y_12bit >>= 4;

  if((x_12bit == 0) && (y_12bit == 0))
    { x_touch = 0;
      y_touch = 0;
      return;
    }

  if(x_12bit <= x_touch_min)                        // convert to pixel x-axis value
    x_touch = 0;
  else if(x_12bit >= x_touch_max)
    x_touch = 239;
  else
    x_touch = (unsigned int)((float)(x_12bit - x_touch_min) * 239./(float)(x_touch_max - x_touch_min));

  if(y_12bit <= y_touch_min)                        // convert to pixel y-axis value
    y_touch = 319;
  else if(y_12bit >= y_touch_max)
    y_touch = 0;
  else
    y_touch = 319 - (unsigned int)((float)(y_12bit - y_touch_min) * 319./(float)(y_touch_max - y_touch_min));
}

/* ------------------------------------------------------------------------ */
/*              TFT-32HX 보드 그래픽 함수                                   */
/* ------------------------------------------------------------------------ */

void Line(S16 x1,S16 y1, S16 x2,S16 y2, U16 color)      /* draw a straight line */
{
  int x, y;

  if(y1 != y2)                                      // if y1 != y2, y is variable
    { if(y1 < y2)                                   //              x is function
        for(y = y1; y <= y2; y++)
          { x = x1 + (long)(y - y1)*(long)(x2 - x1)/(y2 - y1);
            TFT_pixel(x, y, color);
          }
      else
        for(y = y1; y >= y2; y--)
          { x = x1 + (long)(y - y1)*(long)(x2 - x1)/(y2 - y1);
            TFT_pixel(x, y, color);
          }
    }
  else if(x1 != x2)                                 // if x1 != x2, x is variable
    { if(x1 < x2)                                   //              y is function
        for(x = x1; x <= x2; x++)
```

```
        { y = y1 + (long)(x - x1)*(long)(y2 - y1)/(x2 - x1);
          TFT_pixel(x, y, color);
        }
      else
        for(x = x1; x >= x2; x--)
        { y = y1 + (long)(x - x1)*(long)(y2 - y1)/(x2 - x1);
          TFT_pixel(x, y, color);
        }
    }
  else                                          // if x1 == x2 and y1 == y2, it is a dot
    TFT_pixel(x1, y1, color);
}

void Rectangle(S16 x1,S16 y1, S16 x2,S16 y2, U16 color) /* draw a rectangle */
{
  Line(x1,y1, x1,y2, color);                    // horizontal line
  Line(x2,y1, x2,y2, color);
  Line(x1,y1, x2,y1, color);                    // vertical line
  Line(x1,y2, x2,y2, color);
}

void Block(S16 x1,S16 y1, S16 x2,S16 y2, U16 color, U16 fill) /* draw a rectangle with filled color */
{
  int i;

  Line(x1,y1, x1,y2, color);                    // horizontal line
  Line(x2,y1, x2,y2, color);
  Line(x1,y1, x2,y1, color);                    // vertical line
  Line(x1,y2, x2,y2, color);

  if((y1 < y2) && (x1 != x2))                   // fill block
    { for(i = y1+1; i <= y2-1; i++)
        Line(x1+1,i, x2-1,i, fill);
    }
  else if((y1 > y2) && (x1 != x2))
    { for(i = y2+1; i <= y1-1; i++)
        Line(x1+1,i, x2-1,i, fill);
    }
}

void Circle(S16 x1,S16 y1, S16 r, U16 color)    /* draw a circle */
{
  int x, y;
  float s;

  for(y = y1 - r*3/4; y <= y1 + r*3/4; y++)     // draw with y variable
    { s = sqrt((long)r*(long)r - (long)(y-y1)*(long)(y-y1)) + 0.5;
      x = x1 + (int)s;
      TFT_pixel(x, y, color);
      x = x1 - (int)s;
      TFT_pixel(x, y, color);
    }

  for(x = x1 - r*3/4; x <= x1 + r*3/4; x++)     // draw with x variable
    { s = sqrt((long)r*(long)r - (long)(x-x1)*(long)(x-x1)) + 0.5;
      y = y1 + (int)s;
      TFT_pixel(x, y, color);
      y = y1 - (int)s;
      TFT_pixel(x, y, color);
    }
}

void Sine(S16 peak, U08 mode, U16 color)        /* draw a sine curve */
{
  int x, y;

  if(mode == 0)
    for(y = 0; y <= 319; y++)
      { x = 120 - (int)(sin((float)y * 1.6875 * M_PI / 180.) * peak + 0.5);
        TFT_pixel(x, y, color);
      }
```

```
  else
    for(y = 0; y <= 319; y++)
      { x = 120 + (int)(sin((float)y * 1.6875 * M_PI / 180.) * peak + 0.5);
        TFT_pixel(x, y, color);
      }
}
```

〈헤더 파일 OK-X128A1_font.h〉 TFT-LCD용 영문 ASCII 및 한글 폰트

```
/* ============================================================================ */
/*      OK-X128A1_font.h : TFT-LCD Korean and English ASCII Font Header File   */
/* ============================================================================ */
/*                          Designed and programmed by Duck-Yong Yoon in 2010.  */

/* ---------------------------------------------------------------------------- */
/*               한글 폰트 처리 테이블                                          */
/* ---------------------------------------------------------------------------- */
prog_uchar table_cho[21] =                // 초성 : 자음(14) + 쌍자음(5) = 19 개
        {0,0,1,2,3,4,5,6,7,8,9,10,11,12,13,14,15,16,17,18,19};
prog_uchar table_joong[30] =              // 중성 : 자음(10) + 쌍자음(11) = 21 개
        {0,0,0,1,2,3,4,5,0,0,6,7,8,9,10,11,0,0,12,13,14,15,16,17,0,0,18,19,20,21};
prog_uchar table_jong[30] =               // 종성 : 자음(14) + 쌍자음(11) + 쌍자음(2) = 27 개
        {0,0,1,2,3,4,5,6,7,8,9,10,11,12,13,14,15,16,0,17,18,19,20,21,22,23,24,25,26,27};

prog_uchar bul_cho1[22] = {0,0,0,0,0,0,0,0,0,1,3,3,3,1,2,4,4,4,2,1,3,0}; // 벌수
prog_uchar bul_cho2[22] = {0,5,5,5,5,5,5,5,5,6,7,7,7,6,6,7,7,7,6,6,7,5};
prog_uchar bul_jong[22] = {0,0,2,0,2,1,2,1,2,3,0,2,1,3,3,1,2,1,3,3,1,1};

/* ---------------------------------------------------------------------------- */
/*               한글 16x16 폰트 선택(명조체, 고딕체, 필기체)                   */
/* ---------------------------------------------------------------------------- */
#define    KFONT16_MYUNGJO                        // 16x16 명조체 선택
//#define  KFONT16_GOTHIC                         // 16x16 고딕체 선택
//#define  KFONT16_PILGI                          // 16x16 필기체 선택

/* ---------------------------------------------------------------------------- */
/*                         16x16 한글 명조체 폰트                               */
/* ---------------------------------------------------------------------------- */
#ifdef KFONT16_MYUNGJO
prog_uchar K_font[360][32] = {                    /* 16x16 Korean character font */
  {0x00,0x00,0x00,0x00,0x00,0x00,0x00,0x00,0x00,0x00,0x00,0x00,0x00,0x00,0x00,0x00,
   0x00,0x00,0x00,0x00,0x00,0x00,0x00,0x00,0x00,0x00,0x00,0x00,0x00,0x00,0x00,0x00},
  {0x00,0x00,0x08,0x08,0x08,0x88,0xC8,0x78,0x38,0x00,0x00,0x00,0x00,0x00,0x00,0x00,
   0x00,0x00,0x02,0x02,0x01,0x01,0x00,0x00,0x00,0x00,0x00,0x00,0x00,0x00,0x00,0x00},
  {0x00,0x08,0x08,0xC8,0xF8,0x38,0xC8,0xF8,0x38,0x00,0x00,0x00,0x00,0x00,0x00,0x00,
   0x00,0x02,0x01,0x01,0x02,0x01,0x01,0x00,0x00,0x00,0x00,0x00,0x00,0x00,0x00,0x00},
  {0x00,0x08,0xF8,0xF8,0x00,0x00,0x00,0x00,0x00,0x00,0x00,0x00,0x00,0x00,0x00,0x00,
   0x00,0x00,0x01,0x03,0x02,0x02,0x02,0x02,0x02,0x02,0x00,0x00,0x00,0x00,0x00,0x00},
  {0x00,0x08,0xF8,0xF8,0x08,0x08,0x08,0x08,0x00,0x00,0x00,0x00,0x00,0x00,0x00,0x00,
   0x00,0x00,0x01,0x03,0x02,0x02,0x02,0x02,0x02,0x00,0x00,0x00,0x00,0x00,0x00,0x00},
  {0x00,0x08,0xF8,0xF8,0x08,0xF8,0xF8,0x08,0x08,0x00,0x00,0x00,0x00,0x00,0x00,0x00,
   0x00,0x00,0x01,0x03,0x02,0x01,0x03,0x02,0x02,0x02,0x00,0x00,0x00,0x00,0x00,0x00},

                  (중략)

  {0x00,0x00,0x00,0x00,0x00,0x00,0x00,0x00,0x00,0x00,0x00,0x00,0x00,0x00,0x00,0x00,
   0x00,0x00,0x00,0x48,0x48,0x28,0x38,0x1C,0x1C,0x38,0x28,0x48,0x48,0x00,0x00,0x00},
  {0x00,0x00,0x00,0x00,0x00,0x00,0x00,0x00,0x00,0x00,0x00,0x00,0x00,0x00,0x00,0x00,
   0x00,0x00,0x00,0x14,0x14,0x14,0x14,0x14,0x14,0x14,0x14,0x7C,0x3C,0x00,0x00,0x00},
  {0x00,0x00,0x00,0x00,0x00,0x00,0x00,0x00,0x00,0x00,0x00,0x00,0x00,0x00,0x00,0x00,
   0x00,0x00,0x00,0x04,0x3C,0x7C,0x54,0x54,0x54,0x54,0x54,0x54,0x54,0x00,0x00,0x00},
  {0x00,0x00,0x00,0x00,0x00,0x00,0x00,0x00,0x00,0x00,0x00,0x00,0x00,0x00,0x00,0x00,
   0x00,0x00,0x00,0x44,0x44,0x7C,0x7C,0x44,0x44,0x7C,0x7C,0x44,0x44,0x00,0x00,0x00},
  {0x00,0x00,0x00,0x00,0x00,0x00,0x00,0x00,0x00,0x00,0x00,0x00,0x00,0x00,0x00,0x00,
   0x00,0x00,0x00,0x08,0x28,0x78,0x5C,0x5C,0x5C,0x5C,0x78,0x28,0x08,0x00,0x00,0x00}};
#endif
```

```
/* ------------------------------------------------------------------------ */
/*                    16x16 한글 고딕체 폰트                                */
/* ------------------------------------------------------------------------ */
#ifdef KFONT16_GOTHIC
prog_uchar K_font[360][32] = {                /* 16x16 Korean character font */
  {0x00,0x00,0x00,0x00,0x00,0x00,0x00,0x00,0x00,0x00,0x00,0x00,0x00,0x00,0x00,0x00,
   0x00,0x00,0x00,0x00,0x00,0x00,0x00,0x00,0x00,0x00,0x00,0x00,0x00,0x00,0x00,0x00},

                (중략)

  {0x00,0x00,0x00,0x00,0x00,0x00,0x00,0x00,0x00,0x00,0x00,0x00,0x00,0x00,0x00,0x00,
   0x00,0x00,0x00,0x14,0x3C,0x2C,0x2C,0x2E,0x2E,0x2C,0x2C,0x3C,0x14,0x00,0x00,0x00}};
#endif

/* ------------------------------------------------------------------------ */
/*                    16x16 한글 필기체 폰트                                */
/* ------------------------------------------------------------------------ */
#ifdef KFONT16_PILGI
prog_uchar K_font[360][32] = {                /* 16x16 Korean character font */
  {0x00,0x00,0x00,0x00,0x00,0x00,0x00,0x00,0x00,0x00,0x00,0x00,0x00,0x00,0x00,0x00,
   0x00,0x00,0x00,0x00,0x00,0x00,0x00,0x00,0x00,0x00,0x00,0x00,0x00,0x00,0x00,0x00},

                (중략)

  {0x00,0x00,0x00,0x00,0x00,0x00,0x00,0x00,0x00,0x00,0x00,0x00,0x00,0x00,0x00,0x00,
   0x00,0x00,0x00,0x00,0x08,0x28,0x7A,0x5A,0x4E,0x7C,0x38,0x00,0x00,0x00,0x00,0x00}};
#endif

/* ------------------------------------------------------------------------ */
/*            완성형(KSSM) ---> 조합형(KS) 변환 테이블                      */
/* ------------------------------------------------------------------------ */
prog_uchar KS_Table[2350][2] = {
  {0x88,0x61},                      // 가   0xB0A1   [000]   1 2 3 1
  {0x88,0x62},                      // 각   0xB0A2   [001]   1 2 3 2
  {0x88,0x65},                      // 간   0xB0A3   [002]   1 2 3 5
  {0x88,0x68},                      // 갇   0xB0A4   [003]   1 2 3 8
  {0x88,0x69},                      // 갈   0xB0A5   [004]   1 2 3 9
  {0x88,0x6A},                      // 갉   0xB0A6   [005]   1 2 3 10
  {0x88,0x6B},                      // 갊   0xB0A7   [006]   1 2 3 11
  {0x88,0x71},                      // 감   0xB0A8   [007]   1 2 3 17
  {0x88,0x73},                      // 갑   0xB0A9   [008]   1 2 3 19
  {0x88,0x74},                      // 값   0xB0AA   [009]   1 2 3 20
  {0x88,0x75},                      // 갓   0xB0AB   [00a]   1 2 3 21
  {0x88,0x76},                      // 갔   0xB0AC   [00b]   1 2 3 22
  {0x88,0x77},                      // 강   0xB0AD   [00c]   1 2 3 23
  {0x88,0x78},                      // 갖   0xB0AE   [00d]   1 2 3 24
  {0x88,0x79},                      // 갗   0xB0AF   [00e]   1 2 3 25
  {0x88,0x7B},                      // 같   0xB0B0   [00f]   1 2 3 27
  {0x88,0x7C},                      // 갚   0xB0B1   [010]   1 2 3 28
  {0x88,0x7D},                      // 갛   0xB0B2   [011]   1 2 3 29
  {0x88,0x81},                      // 개   0xB0B3   [012]   1 2 4 1
  {0x88,0x82},                      // 객   0xB0B4   [013]   1 2 4 2
  {0x88,0x85},                      // 갠   0xB0B5   [014]   1 2 4 5
  {0x88,0x89},                      // 갤   0xB0B6   [015]   1 2 4 9
  {0x88,0x91},                      // 갬   0xB0B7   [016]   1 2 4 17
  {0x88,0x93},                      // 갭   0xB0B8   [017]   1 2 4 19
  {0x88,0x95},                      // 갯   0xB0B9   [018]   1 2 4 21

                (중략)

  {0xD2,0xC9},                      // 휄   0xC8D4   [903]   1 9 12 19
  {0xD2,0xD7},                      // 휑   0xC8D5   [904]   1 9 13 15
  {0xD2,0xE1},                      // 휘   0xC8D6   [905]   1 9 14 3
  {0xD2,0xE2},                      // 휙   0xC8D7   [906]   1 9 14 5
  {0xD2,0xE5},                      // 휜   0xC8D8   [907]   1 9 14 11
  {0xD2,0xE9},                      // 휠   0xC8D9   [908]   1 9 14 19
  {0xD2,0xF1},                      // 휨   0xC8DA   [909]   1 9 15 3
  {0xD2,0xF3},                      // 휩   0xC8DB   [90a]   1 9 15 7
  {0xD2,0xF5},                      // 휫   0xC8DC   [90b]   1 9 15 11
```

```
   {0xD2, 0xF7},                                       // 휭    0xC8DD  [90c]   1 9 15 15
   {0xD3, 0x41},                                       // 휴    0xC8DE  [90d]   1 9 20 3
   {0xD3, 0x42},                                       // 휵    0xC8DF  [90e]   1 9 20 5
   {0xD3, 0x45},                                       // 휸    0xC8E0  [90f]   1 9 20 11
   {0xD3, 0x49},                                       // 휼    0xC8E1  [910]   1 9 20 19
   {0xD3, 0x51},                                       // 흄    0xC8E2  [911]   1 9 21 2
   {0xD3, 0x55},                                       // 흇    0xC8E3  [912]   1 9 21 11
   {0xD3, 0x57},                                       // 흉    0xC8E4  [913]   1 9 21 15
   {0xD3, 0x61},                                       // 흐    0xC8E5  [914]   1 9 22 3
   {0xD3, 0x62},                                       // 흑    0xC8E6  [915]   1 9 22 5
   {0xD3, 0x65},                                       // 흔    0xC8E7  [916]   1 9 22 11
   {0xD3, 0x67},                                       // 흖    0xC8E8  [917]   1 9 22 15
   {0xD3, 0x68},                                       // 흗    0xC8E9  [918]   1 9 22 17
   {0xD3, 0x69},                                       // 흘    0xC8EA  [919]   1 9 22 19
   {0xD3, 0x6A},                                       // 흙    0xC8EB  [91a]   1 9 22 21
   {0xD3, 0x71},                                       // 흠    0xC8EC  [91b]   1 9 23 3
   {0xD3, 0x73},                                       // 흡    0xC8ED  [91c]   1 9 23 7
   {0xD3, 0x75},                                       // 흣    0xC8EE  [91d]   1 9 23 11
   {0xD3, 0x77},                                       // 흥    0xC8EF  [91e]   1 9 23 15
   {0xD3, 0x7B},                                       // 흩    0xC8F0  [91f]   1 9 23 23
   {0xD3, 0x81},                                       // 희    0xC8F1  [920]   1 9 24 3
   {0xD3, 0x85},                                       // 흰    0xC8F2  [921]   1 9 24 11
   {0xD3, 0x89},                                       // 흴    0xC8F3  [922]   1 9 24 19
   {0xD3, 0x91},                                       // 흼    0xC8F4  [923]   1 9 25 2
   {0xD3, 0x93},                                       // 흽    0xC8F5  [924]   1 9 25 7
   {0xD3, 0x97},                                       // 힁    0xC8F6  [925]   1 9 25 15
   {0xD3, 0xA1},                                       // 히    0xC8F7  [926]   1 9 26 3
   {0xD3, 0xA2},                                       // 힉    0xC8F8  [927]   1 9 26 5
   {0xD3, 0xA5},                                       // 힌    0xC8F9  [928]   1 9 26 11
   {0xD3, 0xA9},                                       // 힐    0xC8FA  [929]   1 9 26 19
   {0xD3, 0xB1},                                       // 힘    0xC8FB  [92a]   1 9 27 3
   {0xD3, 0xB3},                                       // 힙    0xC8FC  [92b]   1 9 27 7
   {0xD3, 0xB5},                                       // 힛    0xC8FD  [92c]   1 9 27 11
   {0xD3, 0xB7}};                                      // 힝    0xC8FE  [92d]   1 9 27 14

/* ------------------------------------------------------------------------ */
/*              8x16 영문 ASCII 폰트                                          */
/* ------------------------------------------------------------------------ */
prog_uchar E_font[128][16] = {                      /* 8x16 English ASCII character font */
   {0x00,0x00,0x00,0x00,0x00,0x00,0x00,0x00,0x00,0x00,0x00,0x00,0x00,0x00,0x00,0x00}, // 0x00
   {0xF0,0x08,0x28,0x08,0x08,0x28,0x08,0xF0,0x07,0x08,0x09,0x0B,0x0B,0x09,0x08,0x07}, // 0x01
   {0xF0,0xF8,0xD8,0xF8,0xF8,0xD8,0xF8,0xF0,0x07,0x0F,0x0E,0x0C,0x0C,0x0E,0x0F,0x07}, // 0x02
   {0x00,0xF0,0xF8,0xF8,0xF0,0xF8,0xF8,0xF0,0x00,0x00,0x03,0x07,0x0F,0x07,0x03,0x00}, // 0x03
   {0x00,0x80,0xC0,0xE0,0xF0,0xE0,0xC0,0x80,0x00,0x00,0x01,0x03,0x07,0x03,0x01,0x00}, // 0x04
   {0x00,0xC0,0xC0,0xF8,0xF8,0xF8,0xC0,0xC0,0x00,0x03,0x0B,0x09,0x0F,0x09,0x0B,0x03}, // 0x05
   {0x00,0xC0,0xE0,0xF0,0xF8,0xF0,0xE0,0xC0,0x00,0x01,0x0B,0x0B,0x0F,0x0B,0x0B,0x01}, // 0x06
   {0x00,0x00,0x80,0xC0,0xC0,0x80,0x00,0x00,0x00,0x00,0x01,0x03,0x03,0x01,0x00,0x00}, // 0x07
   {0xFE,0xFE,0x7E,0x3E,0x3E,0x7E,0xFE,0xFE,0x7F,0x7F,0x7E,0x7C,0x7C,0x7E,0x7F,0x7F}, // 0x08
   {0x00,0xC0,0x60,0x20,0x20,0x60,0xC0,0x00,0x00,0x03,0x06,0x04,0x04,0x06,0x03,0x00}, // 0x09
   {0xFE,0x3E,0x9E,0xDE,0xDE,0x9E,0x3E,0xFE,0x7F,0x7C,0x79,0x7B,0x7B,0x79,0x7C,0x7F}, // 0x0A
   {0x00,0x00,0x80,0xC0,0xE8,0xB8,0x18,0x78,0x00,0x07,0x0F,0x08,0x08,0x0F,0x07,0x00}, // 0x0B
   {0x00,0x70,0xF8,0x88,0x88,0xF8,0x70,0x00,0x00,0x02,0x02,0x0F,0x0F,0x02,0x02,0x00}, // 0x0C
   {0x00,0x00,0x00,0xF8,0xF8,0x30,0x60,0xC0,0x00,0x06,0x0F,0x0F,0x07,0x00,0x00,0x00}, // 0x0D
   {0x00,0x00,0xF8,0xF8,0x28,0x28,0xF8,0xF8,0x00,0x07,0x07,0x03,0x00,0x0E,0x0F,0x07}, // 0x0E
   {0x00,0x10,0xC0,0xE0,0x28,0xE0,0xC0,0x10,0x00,0x04,0x01,0x03,0x0A,0x03,0x01,0x04}, // 0x0F
   {0x00,0xF8,0xF0,0xE0,0xC0,0xC0,0x80,0x80,0x00,0x0F,0x07,0x03,0x01,0x01,0x00,0x00}, // 0x10
   {0x00,0x80,0x80,0xC0,0xC0,0xE0,0xF0,0xF8,0x00,0x00,0x00,0x01,0x01,0x03,0x07,0x0F}, // 0x11
   {0x00,0x20,0x30,0xF8,0xF8,0x30,0x20,0x00,0x00,0x02,0x06,0x0F,0x0F,0x06,0x02,0x00}, // 0x12
   {0x00,0x70,0xF8,0xF8,0x00,0xF8,0xF8,0x70,0x00,0x00,0x0D,0x0D,0x00,0x0D,0x0D,0x00}, // 0x13
   {0x70,0xF8,0x88,0xF8,0xF8,0x08,0xF8,0xF8,0x00,0x00,0x00,0x0F,0x0F,0x00,0x0F,0x0F}, // 0x14
   {0x00,0xD8,0xFC,0x24,0x64,0xCC,0x88,0x00,0x00,0x08,0x19,0x13,0x12,0x1F,0x0D,0x00}, // 0x15
   {0x00,0x00,0x00,0x00,0x00,0x00,0x00,0x00,0x00,0x0F,0x0F,0x0F,0x0F,0x0F,0x0F,0x0F}, // 0x16
   {0x00,0x20,0x30,0xF8,0xF8,0x30,0x20,0x00,0x00,0x12,0x16,0x1F,0x1F,0x16,0x12,0x00}, // 0x17
   {0x00,0x20,0x30,0xF8,0xF8,0x30,0x20,0x00,0x00,0x00,0x00,0x0F,0x0F,0x00,0x00,0x00}, // 0x18
   {0x00,0x00,0x00,0xF8,0xF8,0x00,0x00,0x00,0x00,0x02,0x06,0x0F,0x0F,0x06,0x02,0x00}, // 0x19
   {0x00,0x80,0x80,0x80,0x80,0xE0,0xC0,0x80,0x00,0x00,0x00,0x00,0x00,0x03,0x01,0x00}, // 0x1A
   {0x00,0x80,0xC0,0xE0,0x80,0x80,0x80,0x80,0x00,0x00,0x01,0x03,0x00,0x00,0x00,0x00}, // 0x1B
   {0x00,0xC0,0xC0,0x00,0x00,0x00,0x00,0x00,0x00,0x03,0x03,0x02,0x02,0x02,0x02,0x02}, // 0x1C
   {0x80,0xC0,0xE0,0x80,0x80,0xE0,0xC0,0x80,0x00,0x01,0x03,0x00,0x00,0x03,0x01,0x00}, // 0x1D
   {0x00,0x00,0x00,0xC0,0xF8,0xC0,0x00,0x00,0x00,0x0C,0x0F,0x0F,0x0F,0x0F,0x0F,0x0C}, // 0x1E
   {0x00,0x18,0x78,0xF8,0xF8,0xF8,0x78,0x18,0x00,0x00,0x00,0x01,0x0F,0x01,0x00,0x00}, // 0x1F
```

```
{0x00, 0x00, 0x00, 0x00, 0x00, 0x00, 0x00, 0x00, 0x00, 0x00, 0x00, 0x00, 0x00, 0x00, 0x00, 0x00},  // space
{0x00, 0x00, 0x70, 0xF8, 0xF8, 0x70, 0x00, 0x00, 0x00, 0x00, 0x00, 0x0D, 0x0D, 0x00, 0x00, 0x00},  // !
{0x00, 0x20, 0x38, 0x18, 0x20, 0x38, 0x18, 0x00, 0x00, 0x00, 0x00, 0x00, 0x00, 0x00, 0x00, 0x00},  // "
{0x00, 0x20, 0xF8, 0xF8, 0x20, 0xF8, 0xF8, 0x20, 0x00, 0x02, 0x0F, 0x0F, 0x02, 0x0F, 0x0F, 0x02},  // #
{0x00, 0x60, 0xF0, 0x9C, 0x9C, 0xB0, 0x20, 0x00, 0x00, 0x02, 0x06, 0x1C, 0x1C, 0x07, 0x03, 0x00},  // $
{0x00, 0x20, 0x70, 0x70, 0xA0, 0xC0, 0x60, 0x20, 0x00, 0x04, 0x06, 0x03, 0x05, 0x0E, 0x0E, 0x04},  // %
{0x00, 0x00, 0xB0, 0xF8, 0xC8, 0x78, 0xB0, 0x80, 0x00, 0x07, 0x0F, 0x08, 0x09, 0x07, 0x0F, 0x08},  // &
{0x00, 0x00, 0x20, 0x38, 0x18, 0x00, 0x00, 0x00, 0x00, 0x00, 0x00, 0x00, 0x00, 0x00, 0x00, 0x00},  // '
{0x00, 0x00, 0xE0, 0xF0, 0x18, 0x08, 0x00, 0x00, 0x00, 0x00, 0x03, 0x07, 0x0C, 0x08, 0x00, 0x00},  // (
{0x00, 0x00, 0x08, 0x18, 0xF0, 0xE0, 0x00, 0x00, 0x00, 0x00, 0x08, 0x0C, 0x07, 0x03, 0x00, 0x00},  // )
{0x00, 0x80, 0xA0, 0xE0, 0xC0, 0xE0, 0xA0, 0x80, 0x00, 0x00, 0x02, 0x03, 0x01, 0x03, 0x02, 0x00},  // *
{0x00, 0x80, 0x80, 0xE0, 0xE0, 0x80, 0x80, 0x00, 0x00, 0x00, 0x00, 0x03, 0x03, 0x00, 0x00, 0x00},  // +
{0x00, 0x00, 0x00, 0x00, 0x00, 0x00, 0x00, 0x00, 0x00, 0x00, 0x10, 0x1C, 0x0C, 0x00, 0x00, 0x00},  // ,
{0x00, 0x80, 0x80, 0x80, 0x80, 0x80, 0x80, 0x00, 0x00, 0x00, 0x00, 0x00, 0x00, 0x00, 0x00, 0x00},  // -
{0x00, 0x00, 0x00, 0x00, 0x00, 0x00, 0x00, 0x00, 0x00, 0x00, 0x00, 0x0C, 0x0C, 0x00, 0x00, 0x00},  // .
{0x00, 0x00, 0x00, 0x00, 0x80, 0xC0, 0x60, 0x30, 0x00, 0x0C, 0x06, 0x03, 0x01, 0x00, 0x00, 0x00},  // /
{0x00, 0xF0, 0xF8, 0x88, 0xC8, 0xF8, 0xF0, 0x00, 0x00, 0x07, 0x0F, 0x09, 0x08, 0x0F, 0x07, 0x00},  // 0
{0x00, 0x00, 0x10, 0xF8, 0xF8, 0x00, 0x00, 0x00, 0x00, 0x00, 0x08, 0x0F, 0x0F, 0x08, 0x00, 0x00},  // 1
{0x00, 0x10, 0x18, 0x08, 0x88, 0xF8, 0x70, 0x00, 0x00, 0x0C, 0x0E, 0x0B, 0x09, 0x08, 0x08, 0x00},  // 2
{0x00, 0x08, 0x08, 0x48, 0xE8, 0xB8, 0x18, 0x00, 0x00, 0x04, 0x0C, 0x08, 0x08, 0x0F, 0x07, 0x00},  // 3
{0x00, 0xC0, 0xE0, 0x30, 0xF8, 0xF8, 0x00, 0x00, 0x00, 0x03, 0x03, 0x02, 0x0F, 0x0F, 0x02, 0x00},  // 4
{0x00, 0x78, 0x78, 0x48, 0x48, 0xC8, 0x88, 0x00, 0x00, 0x04, 0x0C, 0x08, 0x08, 0x0F, 0x07, 0x00},  // 5
{0x00, 0xE0, 0xF0, 0x98, 0x88, 0x88, 0x00, 0x00, 0x00, 0x07, 0x0F, 0x08, 0x08, 0x0F, 0x07, 0x00},  // 6
{0x00, 0x08, 0x08, 0x88, 0xC8, 0x78, 0x38, 0x00, 0x00, 0x00, 0x0F, 0x0F, 0x00, 0x00, 0x00, 0x00},  // 7
{0x00, 0x70, 0xF8, 0x88, 0x88, 0xF8, 0x70, 0x00, 0x00, 0x07, 0x0F, 0x08, 0x08, 0x0F, 0x07, 0x00},  // 8
{0x00, 0x70, 0xF8, 0x88, 0x88, 0xF8, 0xF0, 0x00, 0x00, 0x00, 0x08, 0x08, 0x0C, 0x07, 0x03, 0x00},  // 9
{0x00, 0x00, 0x00, 0x30, 0x30, 0x00, 0x00, 0x00, 0x00, 0x00, 0x00, 0x06, 0x06, 0x00, 0x00, 0x00},  // :
{0x00, 0x00, 0x00, 0x30, 0x30, 0x00, 0x00, 0x00, 0x00, 0x00, 0x08, 0x0E, 0x06, 0x00, 0x00, 0x00},  // ;
{0x00, 0x80, 0xC0, 0x60, 0x30, 0x18, 0x08, 0x00, 0x00, 0x00, 0x01, 0x03, 0x06, 0x0C, 0x08, 0x00},  // <
{0x00, 0x40, 0x40, 0x40, 0x40, 0x40, 0x40, 0x00, 0x00, 0x02, 0x02, 0x02, 0x02, 0x02, 0x02, 0x00},  // =
{0x00, 0x08, 0x18, 0x30, 0x60, 0xC0, 0x80, 0x00, 0x00, 0x08, 0x0C, 0x06, 0x03, 0x01, 0x00, 0x00},  // >
{0x00, 0x10, 0x18, 0x88, 0xC8, 0x78, 0x30, 0x00, 0x00, 0x00, 0x00, 0x0D, 0x0D, 0x00, 0x00, 0x00},  // ?
{0x00, 0xF0, 0xF8, 0x08, 0xC8, 0xF8, 0xF0, 0x00, 0x00, 0x07, 0x0F, 0x08, 0x0B, 0x0B, 0x01, 0x00},  // @
{0x00, 0xE0, 0xF0, 0x18, 0x18, 0xF0, 0xE0, 0x00, 0x00, 0x0F, 0x0F, 0x01, 0x01, 0x0F, 0x0F, 0x00},  // A
{0x00, 0xF8, 0xF8, 0x88, 0x88, 0xF8, 0x70, 0x00, 0x00, 0x0F, 0x0F, 0x08, 0x08, 0x0F, 0x07, 0x00},  // B
{0x00, 0xF0, 0xF8, 0x08, 0x08, 0x18, 0x10, 0x00, 0x00, 0x07, 0x0F, 0x08, 0x08, 0x0C, 0x04, 0x00},  // C
{0x00, 0xF8, 0xF8, 0x08, 0x08, 0xF8, 0xF0, 0x00, 0x00, 0x0F, 0x0F, 0x08, 0x08, 0x0F, 0x07, 0x00},  // D
{0x00, 0xF8, 0xF8, 0x88, 0x88, 0x88, 0x08, 0x00, 0x00, 0x0F, 0x0F, 0x08, 0x08, 0x08, 0x08, 0x00},  // E
{0x00, 0xF8, 0xF8, 0x88, 0x88, 0x88, 0x08, 0x00, 0x00, 0x0F, 0x0F, 0x00, 0x00, 0x00, 0x00, 0x00},  // F
{0x00, 0xF0, 0xF8, 0x08, 0x08, 0x08, 0x08, 0x00, 0x00, 0x07, 0x0F, 0x08, 0x09, 0x0F, 0x0F, 0x00},  // G
{0x00, 0xF8, 0xF8, 0x80, 0x80, 0xF8, 0xF8, 0x00, 0x00, 0x0F, 0x0F, 0x00, 0x00, 0x0F, 0x0F, 0x00},  // H
{0x00, 0x00, 0x08, 0xF8, 0xF8, 0x08, 0x00, 0x00, 0x00, 0x00, 0x08, 0x0F, 0x0F, 0x08, 0x00, 0x00},  // I
{0x00, 0x00, 0x00, 0x00, 0x00, 0xF8, 0xF8, 0x00, 0x00, 0x04, 0x0C, 0x08, 0x08, 0x0F, 0x07, 0x00},  // J
{0x00, 0xF8, 0xF8, 0x80, 0xE0, 0x78, 0x18, 0x00, 0x00, 0x0F, 0x0F, 0x00, 0x03, 0x0F, 0x0C, 0x00},  // K
{0x00, 0xF8, 0xF8, 0x00, 0x00, 0x00, 0x00, 0x00, 0x00, 0x0F, 0x0F, 0x08, 0x08, 0x08, 0x08, 0x00},  // L
{0x00, 0xF8, 0xF8, 0x30, 0xE0, 0x30, 0xF8, 0xF8, 0x00, 0x0F, 0x0F, 0x00, 0x00, 0x00, 0x0F, 0x0F},  // M
{0x00, 0xF8, 0xF8, 0xE0, 0x80, 0xF8, 0xF8, 0x00, 0x00, 0x0F, 0x0F, 0x00, 0x03, 0x0F, 0x0F, 0x00},  // N
{0x00, 0xF0, 0xF8, 0x08, 0x08, 0xF8, 0xF0, 0x00, 0x00, 0x07, 0x0F, 0x08, 0x08, 0x0F, 0x07, 0x00},  // O
{0x00, 0xF8, 0xF8, 0x88, 0x88, 0xF8, 0x70, 0x00, 0x00, 0x0F, 0x0F, 0x00, 0x00, 0x00, 0x00, 0x00},  // P
{0x00, 0xF0, 0xF8, 0x08, 0x08, 0xF8, 0xF0, 0x00, 0x00, 0x07, 0x0F, 0x08, 0x08, 0x1F, 0x17, 0x00},  // Q
{0x00, 0xF8, 0xF8, 0x88, 0x88, 0xF8, 0x70, 0x00, 0x00, 0x0F, 0x0F, 0x01, 0x03, 0x0E, 0x0C, 0x00},  // R
{0x00, 0x70, 0xF8, 0x88, 0x88, 0x98, 0x10, 0x00, 0x00, 0x04, 0x0C, 0x08, 0x08, 0x0F, 0x07, 0x00},  // S
{0x00, 0x08, 0x08, 0xF8, 0xF8, 0x08, 0x08, 0x00, 0x00, 0x00, 0x00, 0x0F, 0x0F, 0x00, 0x00, 0x00},  // T
{0x00, 0xF8, 0xF8, 0x00, 0x00, 0xF8, 0xF8, 0x00, 0x00, 0x07, 0x0F, 0x08, 0x08, 0x0F, 0x07, 0x00},  // U
{0x00, 0xF8, 0xF8, 0x00, 0x00, 0xF8, 0xF8, 0x00, 0x00, 0x03, 0x07, 0x0C, 0x0C, 0x07, 0x03, 0x00},  // V
{0x00, 0xF8, 0xF8, 0x00, 0x80, 0x00, 0xF8, 0xF8, 0x00, 0x0F, 0x0F, 0x06, 0x03, 0x06, 0x0F, 0x0F},  // W
{0x00, 0x38, 0x78, 0xC0, 0xC0, 0x78, 0x38, 0x00, 0x00, 0x0E, 0x0F, 0x01, 0x01, 0x0F, 0x0E, 0x00},  // X
{0x00, 0x78, 0xF8, 0x80, 0x80, 0xF8, 0x78, 0x00, 0x00, 0x00, 0x00, 0x0F, 0x0F, 0x00, 0x00, 0x00},  // Y
{0x00, 0x08, 0x08, 0x88, 0xC8, 0x78, 0x38, 0x00, 0x00, 0x0E, 0x0F, 0x09, 0x08, 0x08, 0x08, 0x00},  // Z
{0x00, 0x00, 0xF8, 0xF8, 0x08, 0x08, 0x00, 0x00, 0x00, 0x00, 0x0F, 0x0F, 0x08, 0x08, 0x00, 0x00},  // [
{0x00, 0x30, 0x60, 0xC0, 0x80, 0x00, 0x00, 0x00, 0x00, 0x00, 0x00, 0x00, 0x01, 0x03, 0x06, 0x0C},  /* \ */
{0x00, 0x00, 0x08, 0x08, 0xF8, 0xF8, 0x00, 0x00, 0x00, 0x00, 0x08, 0x08, 0x0F, 0x0F, 0x00, 0x00},  //]
{0x00, 0x10, 0x18, 0x0C, 0x0C, 0x18, 0x10, 0x00, 0x00, 0x00, 0x00, 0x00, 0x00, 0x00, 0x00, 0x00},  // ^
{0x00, 0x00, 0x00, 0x00, 0x00, 0x00, 0x00, 0x00, 0x20, 0x20, 0x20, 0x20, 0x20, 0x20, 0x20, 0x20},  // _
{0x00, 0x00, 0x00, 0x18, 0x38, 0x20, 0x00, 0x00, 0x00, 0x00, 0x00, 0x00, 0x00, 0x00, 0x00, 0x00},  // `
{0x00, 0x00, 0x40, 0x40, 0x40, 0xC0, 0x80, 0x00, 0x00, 0x06, 0x0F, 0x09, 0x09, 0x0F, 0x0F, 0x00},  // a
{0x00, 0xF8, 0xF8, 0x40, 0x40, 0xC0, 0x80, 0x00, 0x00, 0x0F, 0x0F, 0x08, 0x08, 0x0F, 0x07, 0x00},  // b
{0x00, 0x80, 0xC0, 0x40, 0x40, 0xC0, 0x80, 0x00, 0x00, 0x07, 0x0F, 0x08, 0x08, 0x0C, 0x04, 0x00},  // c
{0x00, 0x80, 0xC0, 0x40, 0x40, 0xF8, 0xF8, 0x00, 0x00, 0x07, 0x0F, 0x08, 0x08, 0x0F, 0x0F, 0x00},  // d
{0x00, 0x80, 0xC0, 0x40, 0x40, 0xC0, 0x80, 0x00, 0x00, 0x07, 0x0F, 0x0A, 0x0A, 0x0B, 0x0B, 0x00},  // e
{0x00, 0x80, 0xF0, 0xF8, 0x88, 0x98, 0x10, 0x00, 0x00, 0x00, 0x0F, 0x0F, 0x00, 0x00, 0x00, 0x00},  // f
```

```
{0x00, 0x80, 0xC0, 0x40, 0x40, 0xC0, 0x80, 0x00, 0x00, 0x07, 0x4F, 0x48, 0x48, 0x7F, 0x3F, 0x00},  // g
{0x00, 0xF8, 0xF8, 0x40, 0x40, 0xC0, 0x80, 0x00, 0x00, 0x0F, 0x0F, 0x00, 0x00, 0x0F, 0x0F, 0x00},  // h
{0x00, 0x00, 0x40, 0xD8, 0xD8, 0x00, 0x00, 0x00, 0x00, 0x00, 0x08, 0x0F, 0x0F, 0x08, 0x00, 0x00},  // i
{0x00, 0x00, 0x00, 0x00, 0x40, 0xD8, 0xD8, 0x00, 0x00, 0x00, 0x10, 0x30, 0x20, 0x3F, 0x1F, 0x00},  // j
{0x00, 0xF8, 0xF8, 0x00, 0x80, 0xC0, 0x40, 0x00, 0x00, 0x0F, 0x0F, 0x03, 0x07, 0x0C, 0x08, 0x00},  // k
{0x00, 0x00, 0x08, 0xF8, 0xF8, 0x00, 0x00, 0x00, 0x00, 0x00, 0x08, 0x0F, 0x0F, 0x08, 0x00, 0x00},  // l
{0x00, 0xC0, 0xC0, 0xC0, 0x80, 0xC0, 0xC0, 0x80, 0x00, 0x0F, 0x0F, 0x00, 0x07, 0x00, 0x0F, 0x0F},  // m
{0x00, 0xC0, 0xC0, 0x40, 0x40, 0xC0, 0x80, 0x00, 0x00, 0x0F, 0x0F, 0x00, 0x00, 0x0F, 0x0F, 0x00},  // n
{0x00, 0x80, 0xC0, 0x40, 0x40, 0xC0, 0x80, 0x00, 0x00, 0x07, 0x0F, 0x08, 0x08, 0x0F, 0x07, 0x00},  // o
{0x00, 0xC0, 0xC0, 0x40, 0x40, 0xC0, 0x80, 0x00, 0x00, 0x7F, 0x7F, 0x08, 0x08, 0x0F, 0x07, 0x00},  // p
{0x00, 0x80, 0xC0, 0x40, 0x40, 0xC0, 0xC0, 0x00, 0x00, 0x07, 0x0F, 0x08, 0x08, 0x7F, 0x7F, 0x00},  // q
{0x00, 0xC0, 0xC0, 0x80, 0xC0, 0x40, 0x40, 0x00, 0x00, 0x0F, 0x0F, 0x01, 0x00, 0x00, 0x00, 0x00},  // r
{0x00, 0x80, 0xC0, 0x40, 0x40, 0x40, 0x40, 0x00, 0x00, 0x08, 0x09, 0x09, 0x09, 0x0F, 0x06, 0x00},  // s
{0x00, 0x40, 0xF8, 0xF8, 0x40, 0x40, 0x00, 0x00, 0x00, 0x00, 0x07, 0x0F, 0x08, 0x0C, 0x04, 0x00},  // t
{0x00, 0xC0, 0xC0, 0x00, 0x00, 0xC0, 0xC0, 0x00, 0x00, 0x07, 0x0F, 0x08, 0x08, 0x0F, 0x0F, 0x00},  // u
{0x00, 0xC0, 0xC0, 0x00, 0x00, 0xC0, 0xC0, 0x00, 0x00, 0x03, 0x07, 0x0C, 0x0C, 0x07, 0x03, 0x00},  // v
{0x00, 0xC0, 0xC0, 0x00, 0x00, 0x00, 0xC0, 0xC0, 0x00, 0x07, 0x0F, 0x0C, 0x07, 0x0C, 0x0F, 0x07},  // w
{0x00, 0x40, 0xC0, 0x80, 0x00, 0x80, 0xC0, 0x40, 0x00, 0x08, 0x0C, 0x07, 0x03, 0x07, 0x0C, 0x08},  // x
{0x00, 0xC0, 0xC0, 0x00, 0x00, 0xC0, 0xC0, 0x00, 0x00, 0x07, 0x4F, 0x48, 0x48, 0x7F, 0x3F, 0x00},  // y
{0x00, 0x40, 0x40, 0x40, 0xC0, 0xC0, 0x40, 0x00, 0x00, 0x0C, 0x0E, 0x0B, 0x09, 0x08, 0x08, 0x00},  // z
{0x00, 0x00, 0x80, 0xF0, 0x78, 0x08, 0x08, 0x00, 0x00, 0x00, 0x00, 0x07, 0x0F, 0x08, 0x08, 0x00},  // {
{0x00, 0x00, 0x00, 0x78, 0x78, 0x00, 0x00, 0x00, 0x00, 0x00, 0x00, 0x0F, 0x0F, 0x00, 0x00, 0x00},  // |
{0x00, 0x00, 0x08, 0x08, 0x78, 0xF0, 0x80, 0x00, 0x00, 0x00, 0x08, 0x08, 0x0F, 0x07, 0x00, 0x00},  // }
{0x00, 0x80, 0xC0, 0x40, 0xC0, 0x80, 0xC0, 0x40, 0x00, 0x00, 0x00, 0x00, 0x00, 0x00, 0x00, 0x00},  // ~
{0x00, 0x00, 0x00, 0x30, 0x48, 0x48, 0x30, 0x00, 0x00, 0x00, 0x00, 0x00, 0x00, 0x00, 0x00, 0x00}};// 0x7F
```

이 헤더 파일 OK-X128A1.h에 포함되어 있는 사용자 정의 함수들을 모두 요약 정리하면 <표 4.2.1>과 같다. 이 사용자 정의 함수들은 앞으로 여러분이 *OK-X128A1* 키트에서 C언어로 프로그램을 작성할 때 유용하게 사용할 것이므로 잘 알아두어야 하며, 가급적이면 이 함수들의 내용까지 정확히 이해하도록 노력할 것을 권한다.

이 책의 C언어 예제 프로그램은 항상 TFT-LCD를 기본 출력장치로 사용하며, 따라서 헤더 파일에서는 TFT-LCD에 관련된 많은 사용자 정의함수를 제공하고 있다. 헤더 파일 OK-X128A1.h와 OK-X128A1_large.h에 포함되어 있는 TFT-LCD 관련 사용자 정의 함수들을 모두 요약 정리하면 <표 4.2.2>와 같다.

C언어에서는 대문자와 소문자를 구분하여 사용한다. C언어 고유의 모든 지시어나 내장함수들은 항상 소문자로 시작한다. 그러나, 이 책의 C언어 예제 프로그램에서는 모든 사용자 정의 함수를 대문자로 시작하는데 유의하라.

그리고, C언어 프로그램을 작성하는 동안 컴파일러의 기능이나 문법에 관한 문제를 만나면 항상 제3.5절의 설명을 참조하거나 WinAVR에 포함된 도움말 기능을 이용하기 바란다. 그리고, 당연히 **컴퓨터의 표준적인 C언어의 문법에 대한 사항은 C언어에 관한 책을 보고 별도로 익혀야 한다**. 이 책은 C언어를 사용하여 ATxmega128A1 마이크로컨트롤러의 프로그래밍 기술을 공부하고자 하는 책이지 C언어를 익히자는 책이 아니다.

〈표 4.2.1〉 헤더 파일 OK-X128A1.h에 포함된 사용자 정의 함수들의 요약

사용자 정의 함수	기 능	입력 파라미터	리턴 값
Initialize_MCU()	ATxmega128A1 마이크로컨트롤러를 *OK-X128A1* 키트에 맞도록 초기화한다.	-	-
Delay_us() Delay_ms()	1~255μs 범위의 시간 지연을 수행한다. 1~65535ms 범위의 시간 지연을 수행한다.	U08 time_us U16 time_ms	-
Beep() Beep_3times()	버저를 50ms 동안 1차례 울린다. 버저를 100ms 간격으로 50ms씩 3차례 울린다.	-	-
Key_input() Key_input_silent()	KEY1~KEY4 값을 입력하며, 디바운싱 기능과 비프음을 포함한다. KEY1~KEY4 값을 입력하며, 디바운싱 기능을 포함한다.	-	unsigned char unsigned char
TFT_command() TFT_data()	TFT-LCD 모듈에 인덱스 레지스터 값을 출력한다. TFT-LCD 모듈에 제어 레지스터 값 또는 GRAM 데이터를 출력한다.	U08 IR U16 data	-
Initialize_TFT_LCD() TFT_clear_screen() TFT_color_screen()	TFT-LCD 모듈을 초기화한다. TFT-LCD 모듈 화면 전체를 검게 하여 클리어한다. TFT-LCD 모듈 화면 전체를 지정된 색으로 표시한다.	- - U16 color	-
TFT_GRAM_address() TFT_xy() TFT_color() TFT_pixel()	TFT-LCD 모듈의 GRAM 어드레스를 지정하여 화면에 출력할 데이터의 시작 위치를 설정한다. TFT-LCD 모듈의 문자 출력 좌표를 설정한다. TFT-LCD 모듈에 출력하는 문자의 전경색과 배경색을 설정한다. TFT-LCD 모듈의 픽셀 출력 좌표와 컬러를 설정한다.	U16 xPos, yPos U08 xChar, yChar U16 colorfore, colorback U16 xPos, yPos, color	-
TFT_screen_mode() TFT_cursor() TFT_underscore() TFT_outline() TFT_string() TFT_English() TFT_Korean() KS_code_conversion()	TFT-LCD 모듈의 스크린 문자출력 방향을 초상화 모드(Portrait)와 풍경화 모드(Landscape) 중에서 선택한다. TFT-LCD 모듈의 출력 문자에 지정된 색깔로 커서를 표시하도록 설정하거나 커서 표시를 해제한다. TFT-LCD 모듈의 출력 문자에 지정된 색깔로 밑줄을 표시하도록 설정하거나 밑줄 표시를 해제한다. TFT-LCD 모듈의 출력 문자에 지정된 색깔로 외곽선을 표시하도록 설정하거나 외곽선 표시를 해제한다. TFT-LCD 모듈에 시작 위치와 컬러를 지정하고 그 위치부터 문자열을 출력한다. TFT-LCD 모듈에 영문 1글자를 출력한다. TFT-LCD 모듈에 한글 1글자를 출력한다. 완성형 한글 코드를 조합형 한글 코드로 변환한다.	U08 mode U16 cursor_color U16 underscore_color U16 outline_color U08 xChar, yChar U16 colorfore, colorback char *str U08 code U16 code U16 KSSM	- - - - - - unsigned int
TFT_unsigned_decimal() TFT_signed_decimal() TFT_hexadecimal() TFT_0x_hexadecimal() TFT_unsigned_float() TFT_signed_float()	TFT-LCD 모듈에 부호 없는 정수를 출력한다. (zerofill = 1이면 선두의 무효 자리를 0으로 채운다.) TFT-LCD 모듈에 부호 있는 정수를 출력한다. (zerofill = 1이면 선두의 무효 자리를 0으로 채운다.) TFT-LCD 모듈에 16진수를 출력한다. TFT-LCD 모듈에 0x를 포함하는 16진수를 출력한다. TFT-LCD 모듈에 부호 없는 실수를 출력한다. (integral = 실수부 자리수, fractional = 소수부 자리수) TFT-LCD 모듈에 부호 있는 실수를 출력한다. (integral = 실수부 자리수, fractional = 소수부 자리수)	U32 number U08 zerofill, digit S32 number U08 zerofill, digit U32 number, U08 digit U32 number, U08 digit float number U08 integral, fractional float number U08 integral, fractional	-
Initialize_touch_screen() Touch_screen_input()	현재 사용중인 터치 스크린 컨트롤러를 인식하여 만약 ADS7846을 사용중이면 SPI 통신포트를 1MHz 속도로 초기화하고, TSC2003을 사용중이면 TWI 통신포트를 초기화한다. 현재 사용중인 터치 스크린 컨트롤러가 ADS7846인지 또는 TSC2003인지 인식하여 그에 맞도록 터치 스크린의 X, Y 좌표값을 입력한다.	- -	- x_touch y_touch
Line() Rectangle() Block() Circle() Sine()	TFT-LCD 모듈에 직선을 그린다. TFT-LCD 모듈에 사각형을 그린다. TFT-LCD 모듈에 지정된 컬러로 채운 사각형을 그린다 TFT-LCD 모듈에 원을 그린다. TFT-LCD 모듈에 정현파 곡선을 그린다.	S16 x1, y1, x2, y2 U16 color S16 x1, y1, x2, y2 U16 color S16 x1, y1, x2, y2 U16 color, fill S16 x1, y1, r U16 color S16 peak, U08 mode U16 color	-

☞ 문자를 2배 확대하려면 TFT_string_2X(), TFT_English_2X(), TFT_Korean_2X() 함수를 사용한다.

〈표 4.2.2〉 TFT-LCD 문자 표시용 사용자 정의 함수들의 요약

(a) 기본 출력용(영문 8×16, 한글 16×16) : OK-X128A1.h에 정의

사용자 정의 함수	기 능	입력 파라미터
TFT_screen_mode()	TFT-LCD 모듈의 스크린 문자출력 방향을 초상화 모드(Portrait)와 풍경화 모드(Landscape) 중에서 선택한다.	U08 mode
TFT_cursor()	TFT-LCD 모듈의 출력 문자에 지정된 색깔로 커서를 표시하도록 설정하거나 커서 표시를 해제한다.	U16 cursor_color
TFT_underscore()	TFT-LCD 모듈의 출력 문자에 지정된 색깔로 밑줄을 표시하도록 설정하거나 밑줄 표시를 해제한다.	U16 underscore_color
TFT_outline()	TFT-LCD 모듈의 출력 문자에 지정된 색깔로 외곽선을 표시하도록 설정하거나 외곽선 표시를 해제한다.	U16 outline_color
TFT_string()	TFT-LCD 모듈에 시작 위치와 컬러를 지정하고 그 위치부터 문자열을 출력한다.	U08 xChar, yChar U16 colorfore, colorback char *str
TFT_English()	TFT-LCD 모듈에 영문 1글자를 출력한다.	U08 code
TFT_Korean()	TFT-LCD 모듈에 한글 1글자를 출력한다.	U16 code
KS_code_conversion()	완성형 한글 코드를 조합형 한글 코드로 변환한다.	U16 KSSM
TFT_unsigned_decimal()	TFT-LCD 모듈에 부호 없는 정수를 출력한다. (zerofill = 1이면 선두의 무효 자리를 0으로 채운다.)	U32 number U08 zerofill, digit
TFT_signed_decimal()	TFT-LCD 모듈에 부호 있는 정수를 출력한다. (zerofill = 1이면 선두의 무효 자리를 0으로 채운다.)	S32 number U08 zerofill, digit
TFT_hexadecimal()	TFT-LCD 모듈에 16진수를 출력한다.	U32 number, U08 digit
TFT_0x_hexadecimal()	TFT-LCD 모듈에 0x를 포함하는 16진수를 출력한다.	U32 number, U08 digit
TFT_unsigned_float()	TFT-LCD 모듈에 부호 없는 실수를 출력한다. (integral = 실수부 자리수, fractional = 소수부 자리수)	float number U08 integral, fractional
TFT_signed_float()	TFT-LCD 모듈에 부호 있는 실수를 출력한다. (integral = 실수부 자리수, fractional = 소수부 자리수)	float number U08 integral, fractional

(b) 가로 세로 2배 확대 출력용 : OK-X128A1.h에 정의

사용자 정의 함수	기 능	입력 파라미터
TFT_string_2X()	TFT-LCD 모듈에 시작 위치와 컬러를 지정하고 그 위치부터 문자열을 출력한다.	U08 xChar, yChar U16 colorfore, colorback char *str
TFT_English_2X()	TFT-LCD 모듈에 영문 1글자를 출력한다.	U08 code
TFT_Korean_2X()	TFT-LCD 모듈에 한글 1글자를 출력한다.	U16 code

(c) 큰 글자 출력용(영문 12×24, 한글 24×24) : OK-X128A1_large.h에 정의

사용자 정의 함수	기 능	입력 파라미터
TFT_screen_mode_large()	TFT-LCD 모듈의 스크린 문자출력 방향을 초상화 모드(Portrait)와 풍경화 모드(Landscape) 중에서 선택한다.	U08 mode
TFT_string_large()	TFT-LCD 모듈에 시작 위치와 컬러를 지정하고 그 위치부터 문자열을 출력한다.	U08 xChar, yChar U16 colorfore, colorback char *str
TFT_English_large()	TFT-LCD 모듈에 영문 1글자를 출력한다.	U08 code
TFT_Korean_large()	TFT-LCD 모듈에 한글 1글자를 출력한다.	U16 code
TFT_unsigned_decimal_large()	TFT-LCD 모듈에 부호 없는 정수를 출력한다. (zerofill = 1이면 선두의 무효 자리를 0으로 채운다.)	U32 number U08 zerofill, digit
TFT_signed_decimal_large()	TFT-LCD 모듈에 부호 있는 정수를 출력한다. (zerofill = 1이면 선두의 무효 자리를 0으로 채운다.)	S32 number U08 zerofill, digit
TFT_hexadecimal_large()	TFT-LCD 모듈에 16진수를 출력한다.	U32 number, U08 digit
TFT_0x_hexadecimal_large()	TFT-LCD 모듈에 0x를 포함하는 16진수를 출력한다.	U32 number, U08 digit
TFT_unsigned_float_large()	TFT-LCD 모듈에 부호 없는 실수를 출력한다. (integral = 실수부 자리수, fractional = 소수부 자리수)	float number U08 integral, fractional
TFT_signed_float_large()	TFT-LCD 모듈에 부호 있는 실수를 출력한다. (integral = 실수부 자리수, fractional = 소수부 자리수)	float number U08 integral, fractional

TFT-LCD에서 12×24 픽셀의 영문 ASCII 폰트 및 24×24 픽셀의 한글 폰트와 이를 처리하는 여러가지 함수들로 구성된 헤더 파일 OK-X128A1_large.h는 제4.5절에서 소개한다.

5. 실습 과제

(1) C언어에서 #include < >와 #include " " 지시어는 어떻게 다른가?

(2) C언어에서 /* ~ */ 문은 어떤 의미인가? 또한 이와 유사한 기능을 수행하는 다른 방법은 무엇인가?

(3) C언어에서 while 문 및 do ~ while 문의 기능과 사용 방법을 설명하라.

(4) 예제 프로그램 Exp02_2.c에서 LED가 점멸하는 속도를 500[ms]에서 100[ms]로 빠르게 수정한 프로그램 Exp02_2R.c를 작성하라.

4.3 기본적인 프로그래밍 기법

이 절에서는 *OK-X128A1* 키트에서 어셈블리 언어와 C언어로 프로그래밍할 때 매우 자주 사용되는 몇가지의 중요한 기본적인 프로그래밍 기법을 익힌다.

관련 내용	(1) 제1.3절 ATxmega 패밀리의 명령 세트 (2) 제3.1절 *OK-X128A1* 키트의 구조와 기능 (3) 제3.4절 AVR Studio의 매크로 어셈블러 (4) 제3.5절 WinAVR의 AVR-GCC 컴파일러

1. 16비트 레지스터의 액세스

ATxmega128A1 마이크로컨트롤러의 I/O 제어 레지스터에는 많은 16비트 레지스터를 가지고 있다. 그러나, ATxmega128A1은 근본적으로 8비트 데이터 버스를 가지는 8비트 마이크로컨트롤러이기 때문에 이러한 16비트 레지스터들을 액세스하려면 2번의 리드(read) 또는 라이트(write) 동작을 수행해야만 한다.

그러나, 16비트 레지스터는 시차를 두고 각각 상위 바이트와 하위 바이트를 액세스할 경우 그 사이에 데이터가 변하여 잘못된 데이터로 처리되는 글리치(glitch) 현상이 발생할 수 있기 때문에 ATxmega128A1에서는 이를 방지하기 위하여 특별한 방법을 사용하고 있다. 즉, 16비트 I/O 레지스터를 사용하는 모듈이나 주변장치마다 임시 레지스터(Temporary Register)를 두어 이 임시 레지스터의 값과 현재 액세스하는 바이트가 동시에 처리되도록 함으로써 사용자는 8비트씩 2차례에서 걸쳐서 순차적으로 이를 액세스하지만 16비트 레지스터에서는 한번에 병렬로 16비트를 액세스하는 결과가 되는 것이다.

다시 말하면 16비트 레지스터를 리드(read)할 때는 반드시 하위 바이트를 먼저 리드하여 이를 CPU가 읽어들이는 동시에 상위 바이트가 임시 레지스터에 저장되고, 이어서 상위 바이트를 리드하면 임시 레지스터에 저장되어 있던 값이 읽혀진다.

16비트 레지스터에 데이터를 라이트(write)할 때는 반드시 하위 바이트를 먼저 라이트하여 그것이 임시 레지스터에 저장되도록 하고, 이어서 상위 바이트를 라이트하면 이 상위 바이트와 임시 레지스터에 있던 하위 바이트가 동시에 16비트 레지스터에 저장된다.

따라서, 사용자 프로그램에서 16비트 I/O 레지스터를 리드하려면 반드시 하위 바이트를 먼저 입력해야 하며, 사용자가 16비트 I/O 레지스터를 라이트할 때도 반드시 하위 바이트를 먼저 출력해야 한다.

(1) 어셈블리 언어의 경우

예를 들어서 I/O 영역에 위치하는 16비트 레지스터인 스택 포인터 SP에 0x3FFF라는 값을 로드하려면 다음과 같이 하면 된다.

예 16비트 라이트의 경우

```
LDI     R16,0xFF            ; R17:R16 ← 0x3FFF
LDI     R17,0x3F
OUT     CPU_SPL,R16         ; CPU_SPL ← R16(low byte first)
OUT     CPU_SPH,R17         ; CPU_SPH ← R17
```

그러나, 16비트 레지스터가 0x0040 번지 이후에 위치하는 I/O 제어 레지스터인 경우에는 OUT, IN 명령 대신에 STS, LDS 명령을 사용해야 한다.

예 16비트 리드의 경우

```
LDS     R16,TCC0_CNT        ; R16 ← TCC0_CNTL(low byte first)
LDS     R17,TCC0_CNT+1      ; R17 ← TCC0_CNTH
```

또한, 포트C의 타이머/카운터0에 10진수로 10000이라는 값을 로드하려면 이를 하위 바이트와 상위 바이트로 쉽게 분리하여 다음과 같이 처리하면 된다. AVR Studio의 매크로 어셈블러에서 ATxmega128A1의 16비트 I/O 레지스터들은 대부분 상위 및 하위 바이트로 구분하지 않고 16비트 데이터 번지로 정의되어 있다. 따라서, 하위 및 상위 바이트 레지스터의 번지를 아래와 같이 나누어 처리해야 한다.

예 16비트 라이트의 경우

```
LDI     R16,low(10000)      ; R17:R16 ← 10000
LDI     R17,high(10000)
STS     TCC0_CNT,R16        ; TCC0_CNTL ← R16(low byte first)
STS     TCC0_CNT+1,R17      ; TCC0_CNTH ← R17
```

(2) C언어의 경우

C언어의 경우에도 이러한 16비트 레지스터의 액세스 방법은 어셈블리 언어에서와 비슷하지만 C언어에서는 16비트 I/O 제어 레지스터가 0x0040 번지 이후에 존재하는지

를 컴파일러가 알아서 구분하여 처리하므로 사용자가 OUT/IN 명령과 STS/LDS 명령을 구별하여 생각할 필요도 없다.

예 16비트 라이트의 경우
```
CPU_SPL = 0xFF;              // SPH:SPL ← 0x3FFF
CPU_SPH = 0x3F;
```

그러나, WinAVR C컴파일러에서 ATxmega128A1의 16비트 I/O 레지스터들은 대부분 상위 및 하위 바이트로 구분하지 않고 16비트 데이터 번지로 정의되어 있다. 따라서, 이것들은 16비트 레지스터인 것처럼 아래와 같이 하나의 명령으로 처리하면 되며, 컴파일러가 이를 번역할 때는 먼저 하위 바이트를 액세스하고 나중에 상위 바이트를 액세스하는 것으로 번역한다.

예
```
TCC0_CNT = 10000;            // 16-bit access
```

2. 레지스터의 비트 처리

AVR 마이크로컨트롤러는 일부 명령에서 비트 단위의 처리 기능을 가지고 있지만 이것도 I/O 레지스터 영역의 앞쪽 32개 레지스터에만 적용되고 확장 I/O 레지스터에는 적용되지 않으며, I/O 레지스터에서 제대로 된 read-modify-write 기능을 포함하는 비트 단위의 처리 명령이 없다. 이 때문에 AVR에서는 비트 단위의 처리를 수행하기 위한 여러 가지의 프로그래밍 테크닉이 필요하게 된다.

(1) 어셈블리 언어의 경우

8051 마이크로컨트롤러는 여러 가지 단점에도 불구하고 비트 단위의 처리 기능은 상당히 우수한 편이다. AVR 마이크로컨트롤러도 8051에 비하여는 다소 부족하지만 비교적 양호한 비트 처리 기능을 가지고 있다. AVR의 어셈블리 언어에서 비트 단위로 처리가 가능한 명령에는 몇가지가 있으나 비트값에 따른 스킵 명령 SBIS/SBIC와 비트 조작 명령 SBI/CBI를 제외하고는 그다지 자주 사용되지 않는다. 범용 레지스터나 I/O 제어 레지스터에 대해서도 read-modify-write 기능을 사용할 수 없다는 것도 불편한 점이다.

프로그램에서 많이 사용하는 일은 어떤 레지스터의 특정 비트를 세트 또는 리셋하는 일인데, AVR의 어셈블리 언어에서 이는 SBI/CBI 명령을 사용하면 된다. 단, 이 명령들은 I/O 제어 레지스터의 앞쪽 32개 레지스터에 대해서만 사용할 수 있으며, 상태 레지스터 SREG에 대한 비트 처리는 BSET/BCLR 명령이 따로 있다.

```
SBI    GPIO_GPIOR0, 0  ; (GPIO_GPIOR0)0 ← 1
CBI    GPIO_GPIOR0, 3  ; (GPIO_GPIOR0)3 ← 0
BSET   6               ; (CPU_SREG)6 ← 1
BCLR   7               ; (CPU_SREG)7 ← 0
```

그러나, 프로그래머가 각 I/O 제어 레지스터의 비트 번호를 기억하기 어려울 때는 다음과 같이 비트 번호를 상수로 정의하면 편리하다.

```
.equ LED1  = 0
.equ LED2  = 1
.equ LED3  = 2
.equ LED4  = 3

      SBI    GPIO_GPIOR0, LED1
      CBI    GPIO_GPIOR0, LED4
```

I/O 제어 레지스터에서 비트 어드레싱을 필요로 하는 것은 특히 병렬 I/O 포트의 경우에 더욱 그러하다. 종래의 AVR에서는 이를 지원하지 않았으나 ATxmega 패밀리에는 병렬 I/O 포트에 탁월한 비트 어드레싱 기능이 추가되어 8051 못지 않은 비트 단위의 처리가 가능해졌다.

```
LDI    AL, 0b00000001
STS    PORTA_OUTSET, AL

LDI    AL, 0b00001000
STS    PORTA_OUTCLR, AL
```

대부분의 I/O 제어 레지스터에서는 각 비트마다 고유한 역할을 가지고 있는데, 매크로 어셈블러에서는 사용자가 이렇게 I/O 레지스터의 각 비트를 편리하게 사용할 수 있도록 비트 번호를 일일이 기억하기 좋은 이름으로 정의해 놓은 인클루드 파일을 제공하고 있으며 이를 제3.4절에서 ATxmega128A1def.inc 파일로 보인 바가 있다. 이를 이용하여

```
LDI    AL, 0b00000101
STS    DACA_CTRLA, AL
```

로 처리할 것을

```
LDI    AL, (1 << DAC_CH0EN_bp) | (1 << DAC_ENABLE_bp)
STS    DACA_CTRLA, AL
```

과 같이 처리해도 같은 의미가 된다.

이러한 비트 처리 방법으로 앞의 예제 프로그램 Exp01_2.asm을 다시 작성하여 보면 다음과 같다.

〈프로그램 Exp03_1.asm〉 비트 단위의 처리

```
;*******************************************************************************
;*                     Exp03_1.asm : 비트 단위의 처리                            *
;*******************************************************************************
;                      Designed and programmed by Duck-Yong Yoon in 2010.
;
;
;-----------------------------------------------
;       Include Header File
;-----------------------------------------------
.nolist
.include "ATxmega128A1def.inc"          ; ATxmega128A1 definition file
.list

.equ    LED1 = 0
.equ    LED2 = 1
.equ    LED3 = 2
.equ    LED4 = 3

;-----------------------------------------------
;       Initialize ATxmega128A1 MCU
;-----------------------------------------------
.cseg
        .org    0x0000
        LDI     AL,low(RAMEND)          ; initialize SP
        LDI     AH,high(RAMEND)
        OUT     CPU_SPL,AL
        OUT     CPU_SPH,AH

        CALL    Initialize_MCU          ; initialize ATxmega128A1 MCU

;-----------------------------------------------
;       Blink LED1/3 and LED2/4
;-----------------------------------------------
LOOP:   LDI     AL,(1 << LED3) | (1 << LED1) ; LED1 and LED3 on
        STS     PORTH_OUT,AL
        CALL    Delay500ms
        LDI     AL,(1 << LED4) | (1 << LED2) ; LED2 and LED4 on
        STS     PORTH_OUT,AL
        CALL    Delay500ms
        JMP     LOOP

;-----------------------------------------------
;       Include User Subroutine File
;-----------------------------------------------
.include "OK-X128A1.inc"                ; OK-X128A1 user subroutine file
```

☞ 이제 여기서부터 여러분은 프로그램의 내용을 자세히 이해하도록 해야 한다. 프로그램 소스의 단 한 줄이라도 이해가 안되는 부분이 없도록 철저하게 명령과 지시어의 의미를 파악하는 노력을 해야 한다. 그리고, 이 책에서 사용하는 프로그래밍 테크닉을 철저하게 따라해야 한다.

이 책의 어셈블리 예제 프로그램에서는 그냥 비트 번호를 숫자로 지정하는 방법을 많이 사용하며, 때로는 여러 가지 방법을 혼용하기도 한다. 비트 번호를 직접 지정하는 것은 기억하기에 좀 불편하지만 소스를 이해하기는 더 쉽다. 이중에서 어느 방법을 사용하느냐는 전적으로 프로그래머 취향의 문제일 것이다.

(2) C언어의 경우

C언어에서의 비트 단위 처리기능은 오히려 어셈블리 언어보다도 더 편리한 측면이 있어서 리드 및 라이트가 가능한 모든 레지스터에서 read-modify-write 기능을 사용할 수 있으며, WinAVR의 경우에는 비트 처리 매크로 _BV()를 정의해 두고 있어서 더욱 편리하다. 더구나, C언어에서는 어셈블리 언어에서처럼 OUT, IN 명령을 사용하는 I/O 제어 레지스터나 STS, LDS 명령을 사용하는 I/O 제어 레지스터를 구분하지 않고 동일한 방법으로 액세스한다.

헤더 파일 <sfr_defs.h>에는

```
#define _BV(bit)   (1 << (bit))
```

가 정의되어 있어서 비트 단위의 처리에 유용하게 사용된다. 예를 들어 I/O 레지스터 또는 확장 I/O 레지스터의 특정 비트를 세트 또는 리셋시키는데 다음과 같이 활용할 수 있다.

```
PORTA_OUT = PORTA_OUT | _BV(0);          // sbi(PORTA_OUT, 0)
PORTA_OUT = PORTA_OUT & ~_BV(3);         // cbi(PORTA_OUT, 3)
```

그러나, 역시 ATxmega 패밀리의 경우에는 병렬 I/O 포트에 관한 비트 단위의 처리기능이 강화되어 이를 아래와 같이 쉽게 처리할 수 있다.

```
PORTA_OUTSET = 0b00000001;               // sbi(PORTA_OUT, 0)
PORTA_OUTCLR = 0b00001000;               // cbi(PORTA_OUT, 3)
```

그리고, 이 헤더 파일에는 또한 레지스터의 특정 비트가 세트되어 있는지 리셋되어 있는지를 조사하는 매크로

```
#define   bit_is_set(sfr, bit)      (_SFR_BYTE(sfr) & _BV(bit))
#define   bit_is_clear(sfr, bit)   (!(_SFR_BYTE(sfr) & _BV(bit)))
```

와 레지스터의 특정 비트가 세트되거나 또는 리셋될 때까지 기다리는 매크로

```
#define  loop_until_bit_is_set(sfr, bit)    do { } while (bit_is_clear(sfr, bit))
#define  loop_until_bit_is_clear(sfr, bit)  do { } while (bit_is_set(sfr, bit))
```

가 정의되어 있어서 유용하다.

◀참고▶ 예전에는 WinAVR에서 sbi(), cbi(), inp(), outp(), inb(), outb(), inw(), outw()와 같은 함수를 사용하였으나 2005년 2월 14일자의 WinAVR에 포함된 avr-libc v1.2.3부터는 이것들을 모두 폐지하고 더 이상 사용하지 않는다. 따라서, 이제부터 C언어 프로그램을 작성할 때 이것들을 사용하지 않는 것이 바람직하지만, 굳이 이러한 기능들을 필요로 한다면 다음과 같이 직접 정의하고 사용하면 된다.

```
#define  sbi(sfr, bit)      (_SFR_BYTE(sfr) |= _BV(bit))
#define  cbi(sfr, bit)      (_SFR_BYTE(sfr) &= ~_BV(bit))
#define  inp(sfr)           inb(sfr)
#define  outp(val, sfr)     outb(sfr, val)
#define  inb(sfr)           _SFR_BYTE(sfr)
#define  outb(sfr, val)     (_SFR_BYTE(sfr) = (val))
#define  inw(sfr)           _SFR_WORD(sfr)
#define  outw(sfr, val)     (_SFR_WORD(sfr) = (val))
```

이제 이러한 AVR의 비트 단위 처리기능을 어셈블리 언어와 C언어에 대하여 서로 비교하여 보면 <표 4.3.1>과 같다.

〈표 4.3.1〉 ATxmega 패밀리 어셈블리 언어와 C언어에서 비트 단위 처리기능의 비교

<table>
<tr><th>어셈블리 언어</th><th>C언어</th></tr>
<tr><td>LDI AL, 0b00000101
STS DAC_CTRLA, AL</td><td>DAC_CTRLA = 0b00000101; 또는
DAC_CTRLA = (1<<2) | (1<<0); 또는
DAC_CTRLA = _BV(2) | _BV(0);</td></tr>
<tr><td>LDI AL, (1<<DAC_CH0EN_bp) | (1<<DAC_ENABLE_bp)
STS DAC_CTRLA, AL</td><td>DAC_CTRLA = (1<<DAC_CH0EN_bp) | (1<<DAC_ENABLE_bp);</td></tr>
<tr><td>SBI GPIO_GPIOR0, 0</td><td>GPIO_GPIOR0 |= _BV(0); 또는
sbi(GPIO_GPIOR0, 0) *</td></tr>
<tr><td>CBI GPIO_GPIOR0, 3</td><td>GPIO_GPIOR0 &= ~_BV(3); 또는
cbi(GPIO_GPIOR0, 3) *</td></tr>
<tr><td>LDI AL, 0b00000001
STS PORTA_OUTSET, AL</td><td>PORTA_OUTSET = 0b00000001;</td></tr>
<tr><td>LDI AL, 0b00001000
STS PORTA_OUTCLR, AL</td><td>PORTA_OUTCLR = 0b00001000;</td></tr>
</table>

*는 WinAVR 20050214 버전부터 폐지되어 현재는 사용하지 않는 기능임.

이러한 비트 처리 방법을 사용하여 앞의 예제 프로그램 Exp03_1.c를 다시 작성하여 보면 다음과 같다.

〈프로그램 Exp03_1.c〉 비트 단위의 처리

```
/* ============================================================================ */
/*                         Exp03_1.c : 비트 단위의 처리                          */
/* ============================================================================ */
/*                        Designed and programmed by Duck-Yong Yoon in 2010.  */

#include <avr/io.h>
#include "OK-X128A1.h"

#define LED1    0
#define LED2    1
#define LED3    2
#define LED4    3

int main(void)
{
  Initialize_MCU();                              // initialize ATxmega128A1 MCU

  while(1)
    { PORTH_OUT = (1 << LED2) | (1 << LED1);     // LED1 and LED2 on
      Delay_ms(500);
      PORTH_OUT = _BV(LED4) | _BV(LED3);         // LED3 and LED4 on
      Delay_ms(500);
    }
}
```

☞ 이 책의 C언어 예제에서는 특별한 이유없이 그냥 여러가지 방법을 혼용하기로 한다. 상황에 따라 편리한 방법을 사용한다. 역시, 어느 방법을 사용하느냐는 전적으로 프로그래머 취향의 문제일 것이다.

3. 시간지연 루틴

마이크로컨트롤러에서 프로그램을 작성하다보면 가장 자주 사용하는 루틴중의 하나가 아마도 시간지연(time delay) 루틴일 것이다. 마이크로프로세서는 매우 동작이 빠르기 때문에 이보다 훨씬 느린 주변장치의 속도에 맞도록 동작 타이밍을 일치시키고자 하면 시간지연이 필요하다. 또한, 빠르게 동작하는 마이크로프로세서에 비하여 사람의 눈으로 볼 수 있도록 LED를 느리게 점멸하거나 키입력 루틴에서 소프트웨어적으로 시간지연을 주는 방법으로 디바운싱을 구현하려면 역시 시간지연 루틴이 절대적으로 필요하다.

정밀한 시간지연 루틴을 구현하려면 하드웨어적으로 타이머를 이용하는 것이 좋지만, 이렇게 하는 것은 시스템 사이의 호환성을 떨어뜨릴 뿐만 아니라 이 루틴이 타이머라는 하드웨어를 독점적으로 점유하기 때문에 그만큼 사용 가능한 I/O 디바이스가 감소하여 불리해진다. 따라서, 아주 정밀한 시간지연이 요구되지 않는 대부분의 경우에는 소프트웨어적으로 시간지연 루틴을 구현하는 것이 일반적이다.

(1) 어셈블리 언어의 경우

시간지연을 구현하는 것은 소프트웨어 명령의 실행시간을 이용하는 방법과 하드웨어적인 타이머 기능을 이용하는 방법이 있다. 이 책에서는 항상 소프트웨어적인 방법을 사용하지만 여기서는 타이머를 이용하는 하드웨어적인 방법도 소개한다.

▣ 소프트웨어적인 시간지연 방법

어셈블리 언어에서 소프트웨어적으로 시간지연을 구현하는 것은 각 명령의 실행시간을 고려하여 반복처리 루틴을 구성함으로써 전체적으로 각 명령들이 실행되는 횟수에 따라 실행 시간을 계산하여 시간지연을 얻는다. 이때 반복처리 루틴에 포함되는 각 명령들은 물론이고 반복처리를 구현하는 분기명령의 실행시간까지 철저하게 계산해야 한다.

CPU 코어가 프로그램 메모리에서 명령을 인출하여 실행할 때 명령큐(instruction queue)를 사용하거나 파이프라인(pipeline) 처리방식을 사용하는 방식에서는 명령 하나하나의 실행시간을 정확히 알기 어려우므로 소프트웨어적인 방법으로는 정확한 시간지연 루틴을 작성하기가 곤란한 경우도 종종 있다. 그러나, AVR 계열의 마이크로컨트롤러에서는 시스템 클록의 주파수가 정해지면 각 명령의 실행시간을 정확하게 알 수 있으므로 소프트웨어적인 방법으로 시간지연 루틴을 작성하기가 매우 쉽다.

어셈블리 프로그램에서의 시간지연을 구현하는 서브루틴들은 제4.1절에서 소개한 인클루드 파일 OK-X128A1.inc에 포함되어 있는데 이 부분을 발췌 정리하여 아래에 다시 보였다.

〈인클루드 파일 OK-X128A1.inc〉 시간지연 서브루틴 부분만을 발췌하여 정리

```
;*******************************************************************************
;*      Common Subroutines for OK-X128A1 V1.0 Training Kit                     *
;*******************************************************************************

                        (이전 생략)

;===============================================================================
;       Time Delay for 32MHz System Clock
;===============================================================================
Delay1us:PUSH   DELAY_COUNT
        PUSH    AL
        LDI     AL,1
        MOV     DELAY_COUNT,AL
        POP     AL
        RJMP    BASE1US

Delay2us:PUSH   DELAY_COUNT
        PUSH    AL
        LDI     AL,2
        MOV     DELAY_COUNT,AL
```

```
        POP     AL
        RJMP    BASE1US

Delay5us:PUSH   DELAY_COUNT
        PUSH    AL
        LDI     AL,5
        MOV     DELAY_COUNT,AL
        POP     AL
        RJMP    BASE1US

Delay10us:PUSH  DELAY_COUNT
        PUSH    AL
        LDI     AL,10
        MOV     DELAY_COUNT,AL
        POP     AL
        RJMP    BASE1US

Delay20us:PUSH  DELAY_COUNT
        PUSH    AL
        LDI     AL,20
        MOV     DELAY_COUNT,AL
        POP     AL
        RJMP    BASE1US

Delay50us:PUSH  DELAY_COUNT
        PUSH    AL
        LDI     AL,50
        MOV     DELAY_COUNT,AL
        POP     AL
        RJMP    BASE1US

Delay100us:
        PUSH    DELAY_COUNT
        PUSH    AL
        LDI     AL,100
        MOV     DELAY_COUNT,AL
        POP     AL
        RJMP    BASE1US

Delay200us:
        PUSH    DELAY_COUNT
        PUSH    AL
        LDI     AL,200
        MOV     DELAY_COUNT,AL
        POP     AL
        RJMP    BASE1US

Delay500us:
        RCALL   Delay100us
        RCALL   Delay200us
        RCALL   Delay200us
        RET

Delay1ms:PUSH   DELAY_COUNT
        PUSH    AL
        LDI     AL,1
        MOV     DELAY_COUNT,AL
        POP     AL
        RJMP    BASE1MS

Delay2ms:PUSH   DELAY_COUNT
        PUSH    AL
        LDI     AL,2
        MOV     DELAY_COUNT,AL
        POP     AL
        RJMP    BASE1MS

Delay5ms:PUSH   DELAY_COUNT
        PUSH    AL
        LDI     AL,5
        MOV     DELAY_COUNT,AL
```

```
        POP     AL
        RJMP    BASE1MS

Delay10ms:PUSH  DELAY_COUNT
        PUSH    AL
        LDI     AL,10
        MOV     DELAY_COUNT,AL
        POP     AL
        RJMP    BASE1MS

Delay20ms:PUSH  DELAY_COUNT
        PUSH    AL
        LDI     AL,20
        MOV     DELAY_COUNT,AL
        POP     AL
        RJMP    BASE1MS

Delay50ms:PUSH  DELAY_COUNT
        PUSH    AL
        LDI     AL,50
        MOV     DELAY_COUNT,AL
        POP     AL
        RJMP    BASE1MS

Delay100ms:
        PUSH    DELAY_COUNT
        PUSH    AL
        LDI     AL,100
        MOV     DELAY_COUNT,AL
        POP     AL
        RJMP    BASE1MS

Delay200ms:
        PUSH    DELAY_COUNT
        PUSH    AL
        LDI     AL,200
        MOV     DELAY_COUNT,AL
        POP     AL
        RJMP    BASE1MS

Delay500ms:
        RCALL   Delay100ms
        RCALL   Delay200ms
        RCALL   Delay200ms
        RET

Delay1sec:RCALL Delay500ms
        RCALL   Delay500ms
        RET

Delay2sec:RCALL Delay1sec
        RCALL   Delay1sec
        RET

Delay5sec:RCALL Delay1sec
        RCALL   Delay2sec
        RCALL   Delay2sec
        RET

;------------------------------------------------------------
;       Basic 1 us Delay for 32MHz System Clock
;------------------------------------------------------------
BASE1US:PUSH    DELAY_COUNT             ; 1
        NOP                             ; 1
        POP     DELAY_COUNT             ; 2
        PUSH    DELAY_COUNT             ; 1
        NOP                             ; 1
        POP     DELAY_COUNT             ; 2
        PUSH    DELAY_COUNT             ; 1
        NOP                             ; 1
        POP     DELAY_COUNT             ; 2
```

```
        PUSH    DELAY_COUNT             ; 1
        NOP                             ; 1
        POP     DELAY_COUNT             ; 2
        PUSH    DELAY_COUNT             ; 1
        NOP                             ; 1
        POP     DELAY_COUNT             ; 2
        PUSH    DELAY_COUNT             ; 1
        NOP                             ; 1
        POP     DELAY_COUNT             ; 2
        PUSH    DELAY_COUNT             ; 1
        NOP                             ; 1
        POP     DELAY_COUNT             ; 2
        NOP                             ; 1
        DEC     DELAY_COUNT             ; 1
        BRNE    BASE1US                 ; 2 (total 32 cycles = 1 us)
        POP     DELAY_COUNT
        RET

;------------------------------------------------------------
;       Basic 1 ms Delay for 32MHz System Clock
;------------------------------------------------------------
BASE1MS:RCALL   Delay200us              ; 200 us
        RCALL   Delay200us              ; 200 us
        RCALL   Delay200us              ; 200 us
        RCALL   Delay200us              ; 200 us
        RCALL   Delay200us              ; 200 us
        DEC     DELAY_COUNT
        BRNE    BASE1MS                 ; (total = 1 ms)
        POP     DELAY_COUNT
        RET
                (이후 생략)
```

여기서 이러한 소프트웨어적인 시간지연 루틴의 가장 기본은 1μs의 시간지연 루틴 BASE1US와 1ms의 시간지연 루틴 BASE1MS다.

OK-X128A1 키트에서 ATxmega128A1 마이크로컨트롤러는 32MHz의 빠른 시스템 클록으로 동작하므로 32클록 사이클이면 1μs가 되며, 따라서 BASE1US 서브루틴에서는 1μs의 시간 지연을 얻기 위하여 32클록 사이클에 해당하는 분량의 의미없는 명령을 수행한다. 그리고, μs 단위의 서브루틴에서는 DELAY_COUNT라는 변수(범용 레지스터 R13을 다시 정의한 것)에 1~255 또는 0을 지정하고 BASE1US 서브루틴을 호출함으로써 1~256μs의 범위에서 원하는 μs 단위의 시간지연을 얻을 수 있다. 이 서브루틴의 앞뒤에 불가피하게 약간의 오버헤드(overhead)가 포함되는 것을 고려하더라도 이를 사용하면 상당히 정확한 시간지연을 얻을 수 있다.

그러나, 좀더 긴 시간의 지연 루틴을 구현하려면 이 서브루틴 BASE1US로는 불편하므로 다시 새로운 1ms의 기본적인 지연 루틴 BASE1MS를 만들었다. 이것은 μs단위의 시간지연 루틴들을 이용하여 1ms의 시간지연 루틴을 구현하였고, 여기에 다시 DELAY_COUNT라는 변수를 이용하여 1~256ms의 시간지연을 만들 수 있다. sec 단위의 시간지연 서브루틴들은 다시 ms 단위의 서브루틴들을 조합하여 만든다.

여기서 DELAY_COUNT라는 변수가 중복하여 사용되므로 서브루틴의 시작 부분에서 이를 스택에 저장하고 서브루틴이 끝날 무렵에 이를 되찾는 것이 중요하다. 그렇지 않으면 모든 시간지연 서브루틴마다 이 변수를 별도로 사용해야 하므로 변수가 많아지게 된다. 이렇게 하나의 변수를 사용하면서 이를 PUSH/POP하는 것은 메모리 변수의 수를 감소시켜 데이터 메모리를 절약하는 효과가 있고, 메인 루틴과 인터럽트 서비스 루틴에서 시간지연 서브루틴을 중복 호출하여 사용하더라도 별 문제가 발생하지 않도록 해주는 중요한 기능을 가진다.

◀주의▶ 이상에서 설명한 어셈블리 언어 프로그램에서의 시간지연 루틴은 ATxmega128A1을 32MHz로 동작시키는 경우에만 적용된다. 만약 시스템 클록의 주파수가 달라지면 1클록 사이클의 시간 주기도 달라지므로 그에 따라 시간지연 루틴을 다시 설계해야 한다.

이러한 소프트웨어적인 시간지연 서브루틴은 모두 인클루드 파일 OK-X128A1.inc에 포함되어 있으므로 사용자 프로그램에서는 이를 인클루드하고 서브루틴을 호출하여 사용하면 된다. 그러한 사용 예로서 아래와 같은 예제 프로그램을 보기로 한다.

〈프로그램 Exp03_2.asm〉 소프트웨어적인 시간지연 루틴의 응용 프로그램

```
;*******************************************************************************
;*              Exp03_2.asm : 소프트웨어적인 시간지연 루틴의 응용               *
;*******************************************************************************
;                       Designed and programmed by Duck-Yong Yoon in 2010.
;
;-----------------------------------------------
;       Include Header File
;-----------------------------------------------
.nolist
.include "ATxmega128A1def.inc"          ; ATxmega128A1 definition file
.list

;-----------------------------------------------
;       Initialize ATxmega128A1 MCU
;-----------------------------------------------
.cseg
        .org    0x0000
        LDI     AL,low(RAMEND)          ; initialize SP
        LDI     AH,high(RAMEND)
        OUT     CPU_SPL,AL
        OUT     CPU_SPH,AH

        CALL    Initialize_MCU          ; initialize ATxmega128A1 MCU
        CALL    Delay200ms              ; wait for system stabilization
        CALL    Initialize_TFT_LCD      ; initialize TFT-LCD
        CALL    Beep

;-----------------------------------------------
;       Key Input and Display
;-----------------------------------------------
        CALL    TFT_string              ; display title
        .db     1,10
        .dw     White,Magenta
        .db     "소프트웨어적인 시간지연 루틴",0,0
        CALL    TFT_string
```

```
        .db     3,15
        .dw     Green,Black
        .db     "키 KEY1~KEY4를 누르시오!",0,0

        LDI     CH,1                    ; initial speed mode
        LDI     CL,0b00000000           ; initial LED data

READ_KEY:CALL   Key_input               ; input key
        CPI     AL,KEY1                 ; if KEY1, speed mode 1
        BRNE    CK_KEY2
        LDI     CH,1
        LDI     CL,0b00001110
        CALL    TFT_string
        .db     2,30
        .dw     White,Black
        .db     "100[ms] 간격으로 LED1 점멸",0,0
        JMP     LED_DISPLAY

CK_KEY2:CPI     AL,KEY2                 ; if KEY2, speed mode 2
        BRNE    CK_KEY3
        LDI     CH,2
        LDI     CL,0b00001101
        CALL    TFT_string
        .db     2,30
        .dw     White,Black
        .db     "200[ms] 간격으로 LED2 점멸",0,0
        JMP     LED_DISPLAY

CK_KEY3:CPI     AL,KEY3                 ; if KEY3, speed mode 3
        BRNE    CK_KEY4
        LDI     CH,3
        LDI     CL,0b00001011
        CALL    TFT_string
        .db     2,30
        .dw     White,Black
        .db     "400[ms] 간격으로 LED3 점멸",0,0
        JMP     LED_DISPLAY

CK_KEY4:CPI     AL,KEY4                 ; if KEY4, speed mode 4
        BRNE    LED_DISPLAY
        LDI     CH,4
        LDI     CL,0b00000111
        CALL    TFT_string
        .db     2,30
        .dw     White,Black
        .db     "800[ms] 간격으로 LED4 점멸",0,0

LED_DISPLAY:
        LDS     AL,PORTH_OUT            ; display LED
        LDI     AH,0b00001111           ; complement LED data
        EOR     AL,AH
        OR      AL,CL
        STS     PORTH_OUT,AL
        CPI     CH,1                    ; time delay
        BRNE    LED_D1
        CALL    Delay100ms
        JMP     READ_KEY
LED_D1: CPI     CH,2
        BRNE    LED_D2
        CALL    Delay200ms
        JMP     READ_KEY
LED_D2: CPI     CH,3
        BRNE    LED_D3
        CALL    Delay200ms
        CALL    Delay200ms
        JMP     READ_KEY
LED_D3: CALL    Delay500ms
        CALL    Delay200ms
        CALL    Delay100ms
        JMP     READ_KEY

;----------------------------------------------
;       Include User Subroutine File
;----------------------------------------------
```

```
    .include "OK-X128A1.inc"                ; OK-X128A1 user subroutine file
```

☞ 키 KEY1~KEY4를 입력하는 프로그래밍 기술은 나중에 공부하지만 여기서도 *OK-X128A1* 키트의 회로도를 보면서 미리 이해할 필요가 있다. 또한, LED1~LED4를 점등하는 프로그래밍 기술도 키트의 회로도와 함께 이해해야 한다.

이 예제 프로그램을 어셈블하여 *OK-X128A1* 키트에 다운로드하고 실행한 상태에서 키 KEY1~KEY4를 교대로 누르면서 LED1~LED4의 점멸 속도를 확인하라.

▣ 하드웨어적인 시간지연 방법

하드웨어적으로 시간지연을 구현하는 것은 타이머를 이용하는 것이다. 즉, 타이머가 일정한 주파수의 시스템 클록을 계수하면서 원하는 시간의 경과를 체크하면 된다. 이 방법은 소프트웨어적인 시간지연 방법보다는 상대적으로 구현하기가 쉽지만, 하드웨어 의존성이 크고 타이머를 1개 사용하므로 사용자가 쓸 수 있는 주변장치가 그만큼 감소하며, 메인 루틴과 인터럽트 서비스 루틴에서 이를 중복하여 호출할 수 없다는 단점이 있다.

OK-X128A1 키트에서 ATxmega128A1의 포트C의 타이머0을 사용하여 하드웨어적으로 시간지연을 구현하는 방법으로 앞의 예제 프로그램 Exp03_2.asm을 수정하면 다음과 같다.

〈프로그램 Exp03_3.asm〉 하드웨어적인 시간지연 루틴의 응용 프로그램

```
;*******************************************************************************
;*            Exp03_3.asm : 하드웨어적인 시간지연 루틴의 응용                   *
;*******************************************************************************
;                   Designed and programmed by Duck-Yong Yoon in 2010.
;
;-------------------------------------------------
;       Include Header File
;-------------------------------------------------
.nolist
.include "ATxmega128A1def.inc"          ; ATxmega128A1 definition file
.list

;-------------------------------------------------
;       Initialize ATxmega128A1 MCU
;-------------------------------------------------
.cseg
        .org    0x0000
        LDI     AL,low(RAMEND)          ; initialize SP
        LDI     AH,high(RAMEND)
        OUT     CPU_SPL,AL
        OUT     CPU_SPH,AH

        CALL    Initialize_MCU          ; initialize ATxmega128A1 MCU
        CALL    Timer200ms              ; wait for system stabilization
```

```
        CALL    Initialize_TFT_LCD      ; initialize TFT-LCD
        CALL    Beep

;-----------------------------------------------
;       Key Input and Display
;-----------------------------------------------
        CALL    TFT_string              ; display title
        .db     2,10
        .dw     White,Magenta
        .db     "하드웨어적인 시간지연 루틴",0,0
        CALL    TFT_string
        .db     3,15
        .dw     Green,Black
        .db     "키 KEY1~KEY4를 누르시오!",0,0

        LDI     CH,1                    ; initial speed mode
        LDI     CL,0b00000000           ; initial LED data

READ_KEY:CALL   Key_input               ; input key
        CPI     AL,KEY1                 ; if KEY1, speed mode 1
        BRNE    CK_KEY2
        LDI     CH,1
        LDI     CL,0b00001110
        CALL    TFT_string
        .db     2,30
        .dw     White,Black
        .db     "100[ms] 간격으로 LED1 점멸",0,0
        JMP     LED_DISPLAY

CK_KEY2:CPI     AL,KEY2                 ; if KEY2, speed mode 2
        BRNE    CK_KEY3
        LDI     CH,2
        LDI     CL,0b00001101
        CALL    TFT_string
        .db     2,30
        .dw     White,Black
        .db     "200[ms] 간격으로 LED2 점멸",0,0
        JMP     LED_DISPLAY

CK_KEY3:CPI     AL,KEY3                 ; if KEY3, speed mode 3
        BRNE    CK_KEY4
        LDI     CH,3
        LDI     CL,0b00001011
        CALL    TFT_string
        .db     2,30
        .dw     White,Black
        .db     "400[ms] 간격으로 LED3 점멸",0,0
        JMP     LED_DISPLAY

CK_KEY4:CPI     AL,KEY4                 ; if KEY4, speed mode 4
        BRNE    LED_DISPLAY
        LDI     CH,4
        LDI     CL,0b00000111
        CALL    TFT_string
        .db     2,30
        .dw     White,Black
        .db     "800[ms] 간격으로 LED4 점멸",0,0

LED_DISPLAY:
        LDS     AL,PORTH_OUT            ; display LED
        LDI     AH,0b00001111           ; complement LED data
        EOR     AL,AH
        OR      AL,CL
        STS     PORTH_OUT,AL
        CPI     CH,1                    ; time delay
        BRNE    LED_D1
        CALL    Timer100ms
        JMP     READ_KEY
LED_D1: CPI     CH,2
        BRNE    LED_D2
        CALL    Timer200ms
        JMP     READ_KEY
LED_D2: CPI     CH,3
```

```
        BRNE    LED_D3
        CALL    Timer200ms
        CALL    Timer200ms
        JMP     READ_KEY
LED_D3: CALL    Timer500ms
        CALL    Timer200ms
        CALL    Timer100ms
        JMP     READ_KEY

;-----------------------------------------------
;       Time Delay Routines by Hardware
;-----------------------------------------------
Timer500ms:                             ; 500ms delay by Timer 0
        CALL    Timer100ms
        CALL    Timer200ms
        CALL    Timer200ms
        RET

Timer200ms:                             ; 200ms delay by Timer 0
        PUSH    DELAY_COUNT
        LDI     AL,200
        MOV     DELAY_COUNT,AL
        RJMP    T1MS

Timer100ms:                             ; 100ms delay by Timer 0
        PUSH    DELAY_COUNT
        LDI     AL,100
        MOV     DELAY_COUNT,AL
        RJMP    T1MS

T1MS:   LDI     AL,0x06                 ; Timer 0 input = 32MHz/256 = 125kHz
        STS     TCC0_CTRLA,AL
        LDI     AL,0x00                 ; normal mode
        STS     TCC0_CTRLB,AL
T1MS1:  LDI     AL,0x00                 ; TCC0_CNT = 0
        STS     TCC0_CNT,AL
        STS     TCC0_CNT+1,AL
T1MS2:  LDS     AL,TCC0_CNT             ; TCC0_CNT = 125 ?
        LDS     AH,TCC0_CNT+1
        CPI     AL,125
        BRNE    T1MS2
        DEC     DELAY_COUNT             ; repeat by DELAY_COUNT times
        BRNE    T1MS1
        POP     DELAY_COUNT
        RET

;-----------------------------------------------
;       Include User Subroutine File
;-----------------------------------------------
.include "OK-X128A1.inc"                ; OK-X128A1 user subroutine file
```

☞ 여기서는 포트C 타이머0의 일반 모드(Normal Mode)를 사용하여 하드웨어적인 시간지연을 구현하였다. ATxmega128A1의 타이머에 대하여는 나중에 자세하게 공부하게 될 것이며, 현재 여기서는 이를 이해하기 어려우므로 그냥 넘어가도 좋다. 인클루드 파일에 있는 소프트웨어적인 시간지연 서브루틴과의 충돌을 피하기 위하여 이 서브루틴들의 이름을 다르게 하였음에 유의하라.

이때 포트C 타이머0에는 32MHz/256 = 125kHz의 클록이 입력되므로 1클록 주기는 8μs이며, 따라서 처음에 TCC0_CNT=0으로 시작하여 이 값이 125가 되면 1000μs 즉 1ms가 경과한 것이다. 이러한 기본적인 1ms 지연 루틴을 DELAY_COUNT만큼 반복하면 원하는 시간지연을 ms 단위로 얻을 수 있다.

이 예제 프로그램을 어셈블하여 *OK-X128A1* 키트에 다운로드하고 실행한 상태에서 키 KEY1~KEY4를 교대로 누르면서 LED1~LED4의 점멸 속도를 확인하라. 앞의 예제 프로그램 Exp03_2.asm에서와 동일한 결과를 얻을 수 있는가?

(2) C언어의 경우

C언어 프로그램에서도 시간지연을 구현하는 것은 소프트웨어 명령의 실행시간을 이용하는 방법과 하드웨어적인 타이머 기능을 이용하는 방법이 있다.

▣ 소프트웨어적인 시간지연 방법

C언어에서 소프트웨어적으로 시간지연을 구현하는 루틴도 기본적으로는 각 명령의 실행시간을 고려하여 의미 없는 명령들을 반복 처리하는 방법을 사용하지만 이는 적어도 초보자들에게는 어셈블리 언어의 경우에 비하여 상당히 어렵다. 그것은 C언어 소스가 컴파일될 때 어떤 어셈블리 명령으로 번역되는지를 알기가 어렵기 때문이다. 그래서 초보자들이 흔히 C언어에서는 그냥 적당히 for 문으로 반복처리 루프를 돌려서 얼마인지도 잘 모르는 시간지연 함수를 만들어 막연하게 사용하는 것을 볼 수 있는데 이는 참으로 무모하고 답답한 일이다.

그러나, 어느 정도의 숙련된 프로그래머라면 걱정할 필요가 없다. 어느 컴파일러에서나 C언어 파일을 컴파일하면 어셈블리 소스로 된 중간 파일을 생성할 수 있기 때문에 이를 분석하여 보면 어셈블리 언어에서와 마찬가지로 상당히 정확한 시간지연 함수를 만들 수 있다.

C언어 프로그램에서의 시간지연을 구현하는 함수들은 제4.2절에서 소개한 헤더파일 OK-X128A1.h에 포함되어 있는데 이 부분을 발췌 정리하여 아래에 다시 보였다.

〈헤더파일 OK-X128A1.h〉 시간지연 함수 부분만을 발췌하여 정리

```
/* ======================================================================== */
/*              OK-X128A1.h : OK-X128A1 Kit V1.0 Basic Header File          */
/* ======================================================================== */

                    (이전 생략)

void Delay_us(U08 time_us)                  /* time delay for us(1~255 us) for 32MHz */
{
  register unsigned char i;

  for(i = 0; i < time_us; i++)               // 4 cycles
    { asm volatile("PUSH R0");              // 1 cycles
      asm volatile("NOP    ");              // 1 cycles
      asm volatile("POP  R0");              // 2 cycles
      asm volatile("PUSH R0");              // 1 cycles
      asm volatile("NOP    ");              // 1 cycles
      asm volatile("POP  R0");              // 2 cycles
      asm volatile("PUSH R0");              // 1 cycles
      asm volatile("NOP    ");              // 1 cycles
      asm volatile("POP  R0");              // 2 cycles
```

```
      asm volatile("PUSH R0");                    // 1 cycles
      asm volatile("NOP    ");                    // 1 cycles
      asm volatile("POP  R0");                    // 2 cycles
      asm volatile("PUSH R0");                    // 1 cycles
      asm volatile("NOP    ");                    // 1 cycles
      asm volatile("POP  R0");                    // 2 cycles
      asm volatile("PUSH R0");                    // 1 cycles
      asm volatile("NOP    ");                    // 1 cycles
      asm volatile("POP  R0");                    // 2 cycles
      asm volatile("PUSH R0");                    // 1 cycles
      asm volatile("NOP    ");                    // 1 cycles
      asm volatile("POP  R0");                    // 2 cycles = total 32 cycles
    }
}

void Delay_ms(U16 time_ms)                        /* time delay for ms(1~65535 ms) for 32MHz */
{
  register unsigned int i;

  for(i = 0; i < time_ms; i++)
    { Delay_us(250);
      Delay_us(250);
      Delay_us(250);
      Delay_us(250);
    }
}

                    (이후 생략)
```

☞ 여기서는 μs 단위의 시간지연 함수 Delay_us()는 unsigned char형의 인수 time_us를 사용하고 이것이 내부에서 반복처리 루틴의 반복 횟수로 사용되므로 1~255의 수를 사용하여 1~255μs의 시간지연을 얻을 수 있다. 또한, ms 단위의 시간지연 함수 Delay_ms()는 unsigned int형의 인수 time_ms를 사용하고 이것이 내부에서 반복처리 루틴의 반복 횟수로 사용되므로 1~65535의 수를 사용하여 1~65535ms의 시간지연을 얻을 수 있다.

그러나, Delay_ms() 함수에서는 Delay_us(); 함수를 반복 실행하면서 다소의 오버헤드가 발생하며, 최적화 옵션을 어떻게 주느냐에 따라 Delay_us() 함수에서도 미세한 오버헤드가 발생할 수 있다. 하지만 이런 정도의 오차는 전체 시간지연 값에 비하여 매우 미미하므로 대부분의 경우 무시될 수 있다.

이제 이러한 소프트웨어적인 시간지연 함수는 어떤 원리로 시간지연을 구현하는지 살펴보기로 한다. 예를 들어 인라인 어셈블(inline assemble) 명령과 for 문을 사용하여 시간지연 함수를 구현한 다음 예제를 컴파일하여 보자.

〈프로그램 Exp03_2.c〉 시간 지연 함수

```
/* ========================================================================== */
/*              Exp03_2.c : 소프트웨어적인 시간지연 루틴                         */
/* ========================================================================== */
/*                        Designed and programmed by Duck-Yong Yoon in 2010.  */

#include <avr/io.h>

void Delay_us(unsigned char time_us)             /* time delay for us(1~255 us) for 32MHz */
{
```

```
  register unsigned char i;

  for(i = 0; i < time_us; i++)                      // 4 cycles
    { asm volatile("PUSH R0");                      // 1 cycles
      asm volatile("NOP    ");                      // 1 cycles
      asm volatile("POP  R0");                      // 2 cycles
      asm volatile("PUSH R0");                      // 1 cycles
      asm volatile("NOP    ");                      // 1 cycles
      asm volatile("POP  R0");                      // 2 cycles
      asm volatile("PUSH R0");                      // 1 cycles
      asm volatile("NOP    ");                      // 1 cycles
      asm volatile("POP  R0");                      // 2 cycles
      asm volatile("PUSH R0");                      // 1 cycles
      asm volatile("NOP    ");                      // 1 cycles
      asm volatile("POP  R0");                      // 2 cycles
      asm volatile("PUSH R0");                      // 1 cycles
      asm volatile("NOP    ");                      // 1 cycles
      asm volatile("POP  R0");                      // 2 cycles
      asm volatile("PUSH R0");                      // 1 cycles
      asm volatile("NOP    ");                      // 1 cycles
      asm volatile("POP  R0");                      // 2 cycles
      asm volatile("PUSH R0");                      // 1 cycles
      asm volatile("NOP    ");                      // 1 cycles
      asm volatile("POP  R0");                      // 2 cycles = total 32 cycles
    }
}

void Delay_ms(unsigned int time_ms)                 /* time delay for ms(1~65535 ms) for 32MHz */
{
  register unsigned int i;

  for(i = 0; i < time_ms; i++)
    { Delay_us(250);
      Delay_us(250);
      Delay_us(250);
      Delay_us(250);
    }
}

int main(void)
{
  OSC_XOSCCTRL = 0xCB;                              // frequency 16MHz, start-up time 16K CLK
  OSC_PLLCTRL = 0xC2;                               // source X-tal, multiplication factor = 2
  OSC_CTRL = 0x18;                                  // enable X-tal and PLL
  while((OSC_STATUS & 0x18) != 0x18);               // wait X-tal and PLL ready
  CPU_CCP = 0xD8;
  CLK_CTRL = 0x04;                                  // select clock source PLL(16MHz * 2 = 32 MHz)

  PORTH_DIR = 0x0F;                                 // PH3-0 output for LED4-1
  PORTH_OUT = 0x0F;                                 // PH7-4 input for KEY4-1

  Delay_us(100);

  while(1)
    { PORTH_OUT = 0x03;                             // LED1 and LED2 on
      Delay_ms(500);
      PORTH_OUT = 0x0C;                             // LED3 and LED4 on
      Delay_ms(500);
    }
}
```

AVR Studio에서 WinAVR을 사용하여 이 프로그램을 컴파일하면 소스 리스팅 파일 ATxmega128A1c.lss가 얻어지는데, 이중에서 시간지연 함수 Delay_us(100);을 처리한 부분을 살펴보면 C언어 프로그램에서 시간지연 루틴이 어떻게 처리되는지를 알 수 있다.

컴파일러의 최적화 옵션을 -Os로 설정하고 이 프로그램을 컴파일하였을 경우에 ATxmega128A1c.lss 파일에서 Delay_us(100); 명령을 처리한 부분을 살펴보면 다음과 같다. 이렇게 하면 C언어에서의 함수가 어셈블리 언어의 서브루틴으로 처리되어 실행 코드가 가장 작아진다.

〈리스팅 파일 ATxmega128A1c.lss〉 시간지연 함수 Delay_us(100);이 번역된 부분(-Os)

```
              .
              .
              .
   (함수를 정의하는 부분)
              <Delay_us>:
 234:   90 e0           ldi     r25, 0x00       ; 0
 236:   16 c0           rjmp    .+44            ; 0x264 <Delay_us+0x30>

 238:   0f 92           push    r0              ; 1사이클
 23a:   00 00           nop                     ; 1사이클
 23c:   0f 90           pop     r0              ; 2사이클
 23e:   0f 92           push    r0              ; 1사이클
 240:   00 00           nop                     ; 1사이클
 242:   0f 90           pop     r0              ; 2사이클
 244:   0f 92           push    r0              ; 1사이클
 246:   00 00           nop                     ; 1사이클
 248:   0f 90           pop     r0              ; 2사이클
 24a:   0f 92           push    r0              ; 1사이클
 24c:   00 00           nop                     ; 1사이클
 24e:   0f 90           pop     r0              ; 2사이클
 250:   0f 92           push    r0              ; 1사이클
 252:   00 00           nop                     ; 1사이클
 254:   0f 90           pop     r0              ; 2사이클
 256:   0f 92           push    r0              ; 1사이클
 258:   00 00           nop                     ; 1사이클
 25a:   0f 90           pop     r0              ; 2사이클
 25c:   0f 92           push    r0              ; 1사이클
 25e:   00 00           nop                     ; 1사이클
 260:   0f 90           pop     r0              ; 2사이클 (소계 28사이클)

 262:   9f 5f           subi    r25, 0xFF       ; 255                   1사이클
 264:   98 17           cp      r25, r24        ;                       1사이클
 266:   40 f3           brcs    .-48            ; 0x238 <Delay_us+0x4>  2사이클(소계 4사이클)
 268:   08 95           ret
              .
              .
              .
   (함수를 호출하는 부분)
 Delay_us(100);
 2d8:   84 e6           ldi     r24, 0x64       ; 100
 2da:   0e 94 1a 01     call    0x234   ; 0x234 <Delay_us>
              .
              .
              .
```

이 소스에서 보듯이 C언어 프로그램을 번역하여 만들어진 어셈블리 소스는 어셈블리 프로그램에서와 마찬가지의 시간지연 루프로 구성되는 것을 볼 수 있다. 최적화 옵션을 -Os로 설정한 경우에는 루프가 32 클록 사이클(1μs)로 수행되므로 상당히 정확

한 시간지연 루틴이 되며, 전체적으로는 앞뒤에 약간의 오버헤드를 포함하지만 실용적으로 거의 문제가 없는 100us의 시간지연을 만든다. Delay_us(); 함수의 파라미터는 unsigned char형을 사용하므로 1~255 범위의 수를 주면 원하는 µs 단위의 시간지연을 얻을 수 있다.

이상에서 본 바와 같이 이 책에서 사용하는 C언어의 시간지연 함수 Delay_us()는 32MHz의 시스템 클록을 사용하고 C컴파일러의 최적화 옵션을 -Os로 설정할 경우에 매우 정확한 시간지연을 구현한다. Delay_ms() 함수에서는 Delay_us() 함수를 반복 실행하면서 다소의 오버헤드가 발생하지만 이런 정도의 오차는 전체 시간지연 값에 비하여 매우 미미하므로 대부분의 경우 무시될 수 있다. 이는 타이머와 같은 하드웨어를 사용하지 않고 단지 소프트웨어만으로 구현되어 매우 유용하다.

◀**참고**▶ 이상에서 설명한 C언어 프로그램에서의 시간지연 함수는 ATxmega128A1을 32MHz로 동작시키는 경우에만 적용된다. 시스템 클록의 주파수가 달라지면 1클록 사이클의 주기도 달라지므로 그에 따라 시간지연 루틴을 다시 설계해야 한다.

또한, 이 시간지연 함수는 WinAVR에서 사용하고 최적화 옵션을 -Os로 설정할 경우에만 그 동작이 정확히 보증된다. 다른 C컴파일러에서는 C언어 프로그램을 어셈블리 소스로 번역하는 방법이 달라질 수 있고, 최적화 옵션을 다르게 설정할 경우에도 컴파일 결과가 달라질 수 있으므로 당연히 이 함수의 시간지연도 달라질 수 있다. 결국 이러한 기법은 C컴파일러마다 약간씩 다를 수 있으므로 자신이 사용하는 컴파일러 및 설정 조건에 따라 시간지연 함수를 적절히 설계하여 사용해야 한다는 것이다.

◀**참고**▶ C언어 프로그램에서 시간값이 크게 문제되지 않는 시간지연 루틴을 작성할 때 아무 생각이나 근거도 없이 for 문을 사용하여 아래와 같이 적당히 시간지연 루틴을 만들어 사용하려는 경우를 자주 보게 된다.

```
unsigned int i;
for(i=0; i<10000; i++);
```

그러나, 이렇게 하면 시간 지연값이 얼마나 되는지를 알 수 없는 것은 물론이고, C컴파일러에 따라서는 컴파일러가 이를 컴파일할 때 최적화 옵션에 의하여 이를 필요없는 루틴으로 판단하여 아주 없애버리거나 또는 엉뚱하게 잘못된 동작 루틴으로 번역되기도 한다. 따라서 이를 방지하려면

```
unsigned int i;
for(i=0; i<10000; i++)
  asm volatile(" nop ");
```

라고 하거나 또는

```
volatile unsigned int i;
for(i=0; i<10000; i++);
```

라고 처리하여 주는 것이 바람직하다. WinAVR에서도 역시 경우에 따라 이러한 문제가 발생할 수 있으므로 가급적 위에서 설명한 바와 같이 확실한 방법을 사용할 것을 권한다.

◀참고▶ WinAVR에 의해 컴파일된 어셈블리 언어 소스를 분석하다 보면 몇가지 특이한 점을 발견하게 된다. 그중의 하나가 다른 대부분의 컴파일러에서는 함수를 어셈블리 프로그램의 서브루틴으로 번역하여 놓는데, WinAVR은 이를 매크로처럼 처리하는 경우가 있다는 것이다. 이렇게 하면 함수를 실행하는데 CALL과 RET 명령을 사용하지 않으므로 실행속도 측면에서는 유리하지만, 전체적으로 실행 파일의 오브젝트 코드가 길어지고 프로그램 메모리를 많이 차지한다는 측면에서는 매우 불리하다. 그러나, 이처럼 특이한 현상은 대부분 컴파일러 최적화 옵션을 가장 낮은 -O3으로 설정하여 사용하기 때문에 나타나는 것이다. 만약 함수를 매크로가 아니라 서브루틴으로 번역하여 실행 프로그램이 짧아지도록 하는데 중점을 둔 최적화를 수행하려면 <그림 4.2.17>에서 설명한대로 최적화 옵션을 -Os로 설정하는 것이 좋다. **이 책에서는 특별한 경우가 아니라면 모든 예제 프로그램에서 항상 최적화 옵션을 -Os로 설정하여 사용하기로 한다.**

또한, WinAVR에서는 함수의 파라미터 전달에 거의 레지스터들을 사용하며 스택을 사용하는 것은 파라미터가 많을 경우에 국한한다. 이것은 처음부터 AVR을 설계할 때 이런 점을 고려하여 범용 레지스터를 R0~R31까지 충분히 많이 만들었기 때문이다. 이것이 바로 Atmel이 자랑하듯이 AVR이 C언어에 적합한 구조를 가진다는 장점중의 하나이며, C언어를 사용할 때 마이크로컨트롤러의 프로그램 실행속도를 높이는 중요한 키포인트가 되는 것이다.

이러한 소프트웨어적인 시간지연 함수는 헤더파일 OK-X128A1.h에 포함되어 있으므로 이를 인클루드하고 함수를 호출하여 사용하면 된다. 그러한 사용 예로서 앞의 어셈블리 언어 프로그램 Exp03_2.asm을 C언어로 다시 작성하여 보면 다음과 같다.

〈프로그램 Exp03_3.c〉 소프트웨어적인 시간지연 루틴의 응용 프로그램

```
/* ========================================================================== */
/*              Exp03_3.c : 소프트웨어적인 시간지연 루틴의 응용               */
/* ========================================================================== */
/*                      Designed and programmed by Duck-Yong Yoon in 2010.   */

#include <avr/io.h>
#include "OK-X128A1.h"

int main(void)
{
  unsigned char mode, LED;

  Initialize_MCU();                              // initialize ATxmega128A1 MCU
  Delay_ms(200);
  Initialize_TFT_LCD();                          // initialize TFT-LCD
  Beep();

  TFT_string(1,10, White,Magenta, "소프트웨어적인 시간지연 루틴");     // display title
  TFT_string(3,15, Green,Black,   "키 KEY1~KEY4를 누르시오!");

  mode = 1;                                      // initial speed mode
  LED = 0b00000000;                              // initial LED data

  while(1)
    { switch(Key_input())                        // key input
```

```
        { case KEY1: mode = 1;
                     LED = 0b00001110;
                     TFT_string(2,30, White,Black, "100[ms] 간격으로 LED1 점멸");
                     break;
          case KEY2: mode = 2;
                     LED = 0b00001101;
                     TFT_string(2,30, White,Black, "200[ms] 간격으로 LED2 점멸");
                     break;
          case KEY3: mode = 3;
                     LED = 0b00001011;
                     TFT_string(2,30, White,Black, "400[ms] 간격으로 LED3 점멸");
                     break;
          case KEY4: mode = 4;
                     LED = 0b00000111;
                     TFT_string(2,30, White,Black, "800[ms] 간격으로 LED4 점멸");
                     break;
          default:   PORTH_OUT = (PORTH_OUT ^ 0x0F) | LED;      // display LED
                     if(mode == 1)      Delay_ms(100);          // time delay
                     else if(mode == 2) Delay_ms(200);
                     else if(mode == 3) Delay_ms(400);
                     else               Delay_ms(800);
                     break;
        }
    }
}
```

이 예제 프로그램을 컴파일하여 *OK-X128A1* 키트에 다운로드하고 실행한 상태에서 키 KEY1~KEY4를 교대로 누르면서 LED1~LED4의 점멸 속도를 확인하라.

▣ 하드웨어적인 시간지연 방법

C언어에서도 마찬가지로 하드웨어적으로 시간지연을 구현하는 것은 타이머를 이용하는 것이다. 즉, 타이머가 일정한 주파수의 시스템 클록을 계수하면서 원하는 시간의 경과를 체크하면 된다. 이 방법은 소프트웨어적인 시간지연 방법보다는 상대적으로 구현하기가 쉽지만, 하드웨어 의존성이 크고 타이머를 1개 사용하므로 사용자가 쓸 수 있는 주변장치가 그만큼 감소하며, 메인 루틴과 인터럽트 서비스 루틴에서 이를 중복하여 사용할 수 없다는 단점이 있다.

OK-X128A1 키트에서 ATxmega128A1의 포트C 타이머0을 사용하여 하드웨어적으로 시간지연을 구현하는 방법으로 앞의 예제 프로그램 Exp03_3.c를 수정하여 보면 다음과 같다.

〈프로그램 Exp03_4.c〉 하드웨어적인 시간지연 루틴의 응용 프로그램

```
/* ========================================================================== */
/*              Exp03_4.c : 하드웨어적인 시간지연 루틴의 응용                  */
/* ========================================================================== */
/*                        Designed and programmed by Duck-Yong Yoon in 2010.  */

#include <avr/io.h>
#include "OK-X128A1.h"
```

```
void Timer_ms(unsigned int ms)                    /* time delay for ms[ms] */
{ unsigned int i;

  if(ms == 0) return;

  TCC0_CTRLA = 0x06;                              // Timer 0 input = 32MHz/256 = 125kHz
  TCC0_CTRLB = 0x00;                              // normal mode

  for(i = 1; i <= ms; i++)
    { TCC0_CNT = 0x0000;                          // clear TCC0_CNT
      while(TCC0_CNT < 125);                      // TCC0_CNT = 125 ?
    }
}

int main(void)
{
  unsigned char mode, LED;

  Initialize_MCU();                               // initialize ATxmega128A1 MCU
  Timer_ms(200);
  Initialize_TFT_LCD();                           // initialize TFT-LCD
  Beep();

  TFT_string(2,10, White,Magenta, "하드웨어적인 시간지연 루틴");        // display title
  TFT_string(3,15, Green,Black,   "키 KEY1~KEY4를 누르시오!");

  mode = 1;                                       // initial speed mode
  LED = 0b00000000;                               // initial LED data

  while(1)
    { switch(Key_input())                         // key input
        { case KEY1: mode = 1;
                     LED = 0b00001110;
                     TFT_string(2,30, White,Black, "100[ms] 간격으로 LED1 점멸");
                     break;
          case KEY2: mode = 2;
                     LED = 0b00001101;
                     TFT_string(2,30, White,Black, "200[ms] 간격으로 LED2 점멸");
                     break;
          case KEY3: mode = 3;
                     LED = 0b00001011;
                     TFT_string(2,30, White,Black, "400[ms] 간격으로 LED3 점멸");
                     break;
          case KEY4: mode = 4;
                     LED = 0b00000111;
                     TFT_string(2,30, White,Black, "800[ms] 간격으로 LED4 점멸");
                     break;
          default:   PORTH_OUT = (PORTH_OUT ^ 0x0F) | LED;       // display LED
                     if(mode == 1)      Timer_ms(100);           // time delay
                     else if(mode == 2) Timer_ms(200);
                     else if(mode == 3) Timer_ms(400);
                     else               Timer_ms(800);
                     break;
        }
    }
}
```

☞ 여기서는 포트C 타이머0의 일반 모드(Normal Mode)를 사용하여 하드웨어적인 시간지연을 구현하였다. ATxmega128A1의 타이머에 대하여는 나중에 자세하게 공부하게 될 것이며, 현재 여기서는 이를 이해하기 어려우므로 그냥 넘어가도 좋다. 인클루드 파일에 있는 소프트웨어적인 시간지연 서브루틴과의 충돌을 피하기 위하여 이 서브루틴들의 이름을 다르게 하였음에 유의하라.

이때 포트C 타이머0에는 32MHz/256 = 125kHz의 클록이 입력되므로 1클록 주기는 8μs이며, 따라서 처음에 TCC0_CNT=0으로 시작하여 이 값이 125가 되면 1000μs 즉 1ms가 경과한 것이다. 이러한 기본적인

1ms 지연 루틴을 DELAY_COUNT만큼 반복하면 원하는 시간지연을 ms 단위로 얻을 수 있다.

이 예제 프로그램을 컴파일하여 *OK-X128A1* 키트에 다운로드하고 실행한 상태에서 키 KEY1~KEY4를 교대로 누르면서 LED1~LED4의 점멸 속도를 확인하라. 앞의 예제 프로그램 Exp03_3.c에서와 동일한 결과를 얻을 수 있는가?

4. 무한 루프의 사용

운영체제를 가진 범용 컴퓨터에서는 사용자 프로그램의 실행이 끝나면 CPU의 프로그램 실행 제어가 운영체제로 되돌아가지만, 마이크로컨트롤러에서는 운영체제를 사용하지 않는 경우가 대부분이므로 사용자 프로그램의 실행이 종료되면 되돌아 갈 곳이 없다. 그럼에도 불구하고 만약 사용자 프로그램의 실행이 종료된다면 그 이후에는 CPU가 메모리에서 지정되지 않은 임의의 영역을 읽어서 명령으로 해석하고 실행하기 때문에 예측할 수 없는 결과가 발생하게 된다. 따라서, 마이크로컨트롤러의 사용자 프로그램에서는 실행이 종료되지 않는 무한 루프 구조로 프로그램을 작성하는 것이 일반적이다.

(1) 어셈블리 언어의 경우

무한 루프 구조로 프로그램을 작성하는 것에는 2가지의 형태가 있다. 첫째로는 프로그램의 주요부를 실행하고 나서 마지막에 의미 없는 하나의 명령을 반복하여 실행하면서 무한 루프에 빠지도록 하는 것이다. 이렇게 처리하는 경우에는 결국 프로그램의 주요 부분은 1회만 실행되는 결과가 된다. 다음은 이와 같은 프로그램의 예이다.

〈프로그램 Exp03_4.asm〉 프로그램의 무한 루프 처리방식(1)

```
;*******************************************************************************
;*                    Exp03_4.asm : 무한 루프의 처리(1)                          *
;*******************************************************************************
;                     Designed and programmed by Duck-Yong Yoon in 2010.
;
;-----------------------------------------------
;       Include Header File
;-----------------------------------------------
.nolist
.include "ATxmega128A1def.inc"          ; ATxmega128A1 definition file
.list

;-----------------------------------------------
;       Initialize ATxmega128A1 MCU
;-----------------------------------------------
```

```
.cseg
        .org    0x0000
        LDI     AL,low(RAMEND)              ; initialize SP
        LDI     AH,high(RAMEND)
        OUT     CPU_SPL,AL
        OUT     CPU_SPH,AH

        CALL    Initialize_MCU              ; initialize ATxmega128A1 MCU
        CALL    Delay200ms                  ; wait for system stabilization
        CALL    Initialize_TFT_LCD          ; initialize TFT-LCD
        CALL    Beep

        CALL    TFT_string                  ; display title
        .db     3,17
        .dw     White,Magenta
        .db     " 무한 루프 처리 방식(1) ",0,0

;----------------------------------------------
;       Blink LED and Infinite Loop
;----------------------------------------------
        LDI     AL,0b00000110               ; LED1 and LED4 on
        STS     PORTH_OUT,AL
        CALL    Delay500ms
        LDI     AL,0b00001001               ; LED2 and LED3 on
        STS     PORTH_OUT,AL
        CALL    Delay500ms
        LDI     AL,0b00001111               ; all LED off
        STS     PORTH_OUT,AL

LOOPX:  RJMP    LOOPX

;----------------------------------------------
;       Include User Subroutine File
;----------------------------------------------
.include "OK-X128A1.inc"                    ; OK-X128A1 user subroutine file
```

☞ 여기서는 전체 프로그램을 1회 실행하고 나서 마지막에 RJMP LOOPX 명령만 반복하여 실행하게 된다. 보통 다른 마이크로컨트롤러에서는 RJMP $와 같은 방법을 사용하지만 AVR 매크로 어셈블러에서는 로케이션 카운터(location counter)로 $를 사용할 수 없다. 물론 이때 JMP LOOPX 명령을 사용해도 기능적으로는 동일하지만 점프할 목적지가 이처럼 가까운 경우에는 굳이 명령의 실행시간이 더 길고 명령의 길이가 2워드인 JMP 명령을 사용할 필요가 없다.

둘째로는 프로그램의 주요부를 무한히 반복하여 실행하면서 무한 루프가 되도록 하는 것이다. 대부분의 마이크로컨트롤러 프로그램은 이런 구조를 가지는데, 다음은 이와 같은 프로그램의 예이다.

〈프로그램 Exp03_5.asm〉 프로그램의 무한 루프 처리방식(2)

```
;*****************************************************************************
;*                   Exp03_5.asm : 무한 루프의 처리(2)                       *
;*****************************************************************************
;                    Designed and programmed by Duck-Yong Yoon in 2010.
;
;----------------------------------------------
;       Include Header File
;----------------------------------------------
.nolist
.include "ATxmega128A1def.inc"              ; ATxmega128A1 definition file
.list
```

```
;----------------------------------------------
;        Initialize ATxmega128A1 MCU
;----------------------------------------------
.cseg
        .org    0x0000
        LDI     AL,low(RAMEND)          ; initialize SP
        LDI     AH,high(RAMEND)
        OUT     CPU_SPL,AL
        OUT     CPU_SPH,AH

        CALL    Initialize_MCU          ; initialize ATxmega128A1 MCU
        CALL    Delay200ms              ; wait for system stabilization
        CALL    Initialize_TFT_LCD      ; initialize TFT-LCD
        CALL    Beep

        CALL    TFT_string              ; display title
        .db     3,17
        .dw     White,Magenta
        .db     " 무한 루프 처리 방식(2) ",0,0

;----------------------------------------------
;        Blink LED with Infinite Loop
;----------------------------------------------
LOOPX:  LDI     AL,0b00000110           ; LED1 and LED4 on
        STS     PORTH_OUT,AL
        CALL    Delay500ms
        LDI     AL,0b00001001           ; LED2 and LED3 on
        STS     PORTH_OUT,AL
        CALL    Delay500ms

        RJMP    LOOPX

;----------------------------------------------
;        Include User Subroutine File
;----------------------------------------------
.include "OK-X128A1.inc"                ; OK-X128A1 user subroutine file
```

☞ 여기서는 LOOPX:에서 RJMP LOOPX까지 부분을 무한히 반복하여 실행한다. 따라서, 앞의 예제 프로그램 Exp03_4.asm과는 다른 실행 결과가 된다. 여기서는 프로그램의 루프가 짧으므로 RJMP LOOPX 명령을 사용했지만 루프가 길어지면 당연히 먼 거리를 점프할 수 있는 JMP LOOPX 명령을 사용하게 된다.

이상의 예제 Exp03_4.asm 및 Exp03_5.asm에서 만약 이를 무한 루프로 처리하지 않는다면 CPU는 메인 루틴을 실행하고 나서 그 뒤에 위치한 인클루드 파일의 서브루틴을 실행하게 될 것이다. 그러나, 이 서브루틴은 정상적으로 호출되지 않은 것이므로 이 서브루틴이 실행되고 나서 리턴할 때 어느 곳으로 가게 될지 예측할 수 없는 상황이 된다.

그러나, 만약 메인 루틴의 뒤에 이와 같이 서브루틴이 위치하지 않는 경우에는 그냥 비어 있는 프로그램 메모리 공간이므로 이 부분을 CPU가 읽어서 명령으로 해독하는 경우에는 어떤 실행결과가 나타날지 예측할 수 없다. 이 뒷부분의 프로그램 메모리인 플래시 메모리는 이를 지웠을 경우의 초기상태인 0xFFFF로 되어 있을 가능성이 높으며, 만약 CPU가 이를 읽어서 실행하려고 한다면 이는 AVR에서 정의되지 않은 명령이므로 그 결과를 예측할 수 없다. 이 때문에 마이크로컨트롤러에 따라서는 0xFF

로 시작하는 명령을 리셋 명령으로 만들어 이런 상황이 되면 CPU를 리셋시키도록 유도한 경우도 있다.

(2) C언어의 경우

C언어에서도 main() 함수의 실행이 종료되지 않고 무한 루프 구조로 프로그램을 작성하는 것에는 2가지의 형태가 있다. 첫째로는 프로그램의 주요부를 실행하고 나서 마지막에 의미 없는 하나의 명령을 반복하여 실행하면서 무한 루프에 빠지도록 하는 것이다. 이렇게 처리하는 경우에는 결국 프로그램의 주요 부분은 1회만 실행되는 결과가 된다. 다음은 이러한 프로그램의 예이다.

〈프로그램 Exp03_5.c〉 프로그램의 무한 루프 처리방식(1)

```
/* ============================================================================ */
/*                          Exp03_5.c : 무한 루프의 처리(1)                       */
/* ============================================================================ */
/*                            Designed and programmed by Duck-Yong Yoon in 2010. */

#include <avr/io.h>
#include "OK-X128A1.h"

int main(void)
{
  Initialize_MCU();                              // initialize ATxmega128A1 MCU
  Delay_ms(200);
  Initialize_TFT_LCD();                          // initialize TFT-LCD
  Beep();

  TFT_string(3,17, White,Magenta, " 무한 루프 처리 방식(1) ");  // display title

  PORTH_OUT = 0x06;                              // LED1 and LED4 on
  Delay_ms(500);
  PORTH_OUT = 0x09;                              // LED2 and LED3 on
  Delay_ms(500);
  PORTH_OUT = 0x0F;                              // all LED off

  while(1);                                      // infinite loop
}
```

☞ 여기서는 전체 프로그램이 1회 실행되고 나서 마지막에 while(1); 명령만 반복하여 실행되고 있으며, 이 명령은 for(;;);로 교체해도 된다. 왜 그런지는 C언어의 문법을 익혀서 이해하도록 하라.

둘째로는 프로그램의 주요부를 무한히 반복하여 실행하면서 무한 루프가 되도록 하는 것이다. 대부분의 마이크로컨트롤러 프로그램은 이런 구조를 가지는데, 다음은 이와 같은 프로그램의 예이다.

〈프로그램 Exp03_6.c〉 프로그램의 무한 루프 처리방식(2)

```
/* ============================================================================ */
/*                     Exp03_6.c : 무한 루프의 처리(2)                          */
/* ============================================================================ */
/*                     Designed and programmed by Duck-Yong Yoon in 2010.       */

#include <avr/io.h>
#include "OK-X128A1.h"

int main(void)
{
  Initialize_MCU();                             // initialize ATxmega128A1 MCU
  Delay_ms(200);
  Initialize_TFT_LCD();                         // initialize TFT-LCD
  Beep();

  TFT_string(3,17, White,Magenta, " 무한 루프 처리 방식(2) ");  // display title

  while(1)                                      // blink LED with infinite loop
    { PORTH_OUT = 0x06;                         // LED1 and LED4 on
      Delay_ms(500);
      PORTH_OUT = 0x09;                         // LED2 and LED3 on
      Delay_ms(500);
    }
}
```

☞ 여기서는 while(1)문 안에 포함된 부분이 무한히 반복하여 실행된다. 따라서, 앞의 예제 프로그램 Exp03_5.c와는 다른 실행 결과가 된다. 물론 여기서 while(1) 명령을 for(;;) 명령으로 교체 사용해도 된다.

이상의 예제 Exp03_5.c 및 Exp03_6.c에서 만약 이를 무한 루프로 처리하지 않는다면 CPU는 main() 함수를 실행하고 나서 알 수 없는 곳으로 리턴할 것이다. main() 함수도 하나의 함수이기 때문에 이것이 종료되면 스택의 복귀주소로 리턴하게 되는데, C 컴파일러가 만든 스타트업 루틴에서 이를 CALL 명령으로 호출하지 않고 JMP 명령을 사용하였다면 되돌아 갈 곳을 알 수 없으며, 스타트업 루틴에서 이를 정상적으로 호출하였다고 하더라도 main() 함수를 실행하고 나서 되돌아 간 이후의 동작은 지정되지 않는다.

5. 실습 과제

(1) C언어에서 << 및 >> 연산자의 기능을 설명하라.

(2) C언어에서 다음과 같은 표현식의 의미를 설명하라.

```
a += 1;          a -= 1;
a *= 1;          a /= 1;
```

```
a &= 1;                  a |= 1;
a ^= 1;
a >>= 1;                 a <<= 1;
```

(3) 앞에서 사용한 소프트웨어적인 시간지연 방법과 타이머를 이용한 시간지연 방법의 장단점을 비교하여 설명하라.

(4) ATxmega128A1에서 RJMP 명령과 JMP 명령을 비교하여 설명하라.

(5) 예제 프로그램 Exp03_5.c에서 while(1);문을 사용하였을 때와 for(;;);문을 사용하였을 때 각각 이 부분이 어떻게 어셈블리 언어 소스로 번역되는지 조사하여 설명하라.

4.4 TFT-LCD 모듈 영문 ASCII 출력 프로그램

이 절에서는 *OK-X128A1* 키트에서 사용하는 TFT-LCD 모듈의 구조, 기능, 사용 방법에 대하여 공부한 다음에 여기에 영문 ASCII 문자를 출력하는 프로그램 기술을 익히기로 한다. 이 TFT-LCD 모듈은 앞으로 거의 모든 예제에서 기본적으로 사용하므로 잘 알아두어야 한다.

관련 내용	(1) 제3.1절 *OK-X128A1* 키트의 구조와 기능 (2) 제4.1절 ATxmega128A1 어셈블리 프로그램 기초 (3) 제4.2절 ATxmega128A1 C언어 프로그램 기초

1. TFT-LCD 컨트롤러 HX8347-A01

TFT-32HX 보드의 3.2인치 TFT-LCD 모듈인 T32QT7690에는 컨트롤러로서 대만 Himax사의 HX8347-A01 소자를 사용하고 있다. 이것은 소스 드라이버, 게이트 드라이버, 그래픽 RAM(GRAM)을 모두 포함하고 있는 모바일 제품용 소형 TFT-LCD 모듈의 컨트롤러로서 최대 240RGB×320의 해상도와 262,144 컬러를 지원한다.

이것은 외부와 시스템 인터페이스 방식, RGB 인터페이스 방식, SPI 방식으로 접속할 수 있으며, 픽셀당 18비트를 사용하면 R = G = B = 6비트로 총 262,144 컬러를 표현할 수도 있고, 만약 픽셀당 16비트를 사용하면 R = 5비트, G = 6비트, B = 5비트로 총 65,536 컬러를 표현할 수 있다. 시스템 인터페이스 방식에서 외부와의 데이터 버스는 8비트, 16비트, 18비트 중에 임의로 선택하여 사용할 수 있다.

모든 내부 로직과 I/O 인터페이스는 IOVCC = 1.65V～3.3V의 범위에서 동작하고, 드라이버 회로는 VCI = 2.3V～3.3V의 범위에서 동작하며, 정상적인 동작 온도 범위는 -40～+85℃이다. 따라서, 이 TFT-LCD 컨트롤러나 이를 사용한 TFT-LCD 모듈의 데이터 시트에서는 +2.8V의 전원을 사용하도록 권장하고 있으나 우리의 경우처럼 +3.3V 전원을 사용하더라도 아무 문제가 없다.

HX8347은 총 1291개의 핀을 가지고 있으며, 기능적인 내부 구조를 블록도로 보이면 <그림 4.4.1>과 같다.

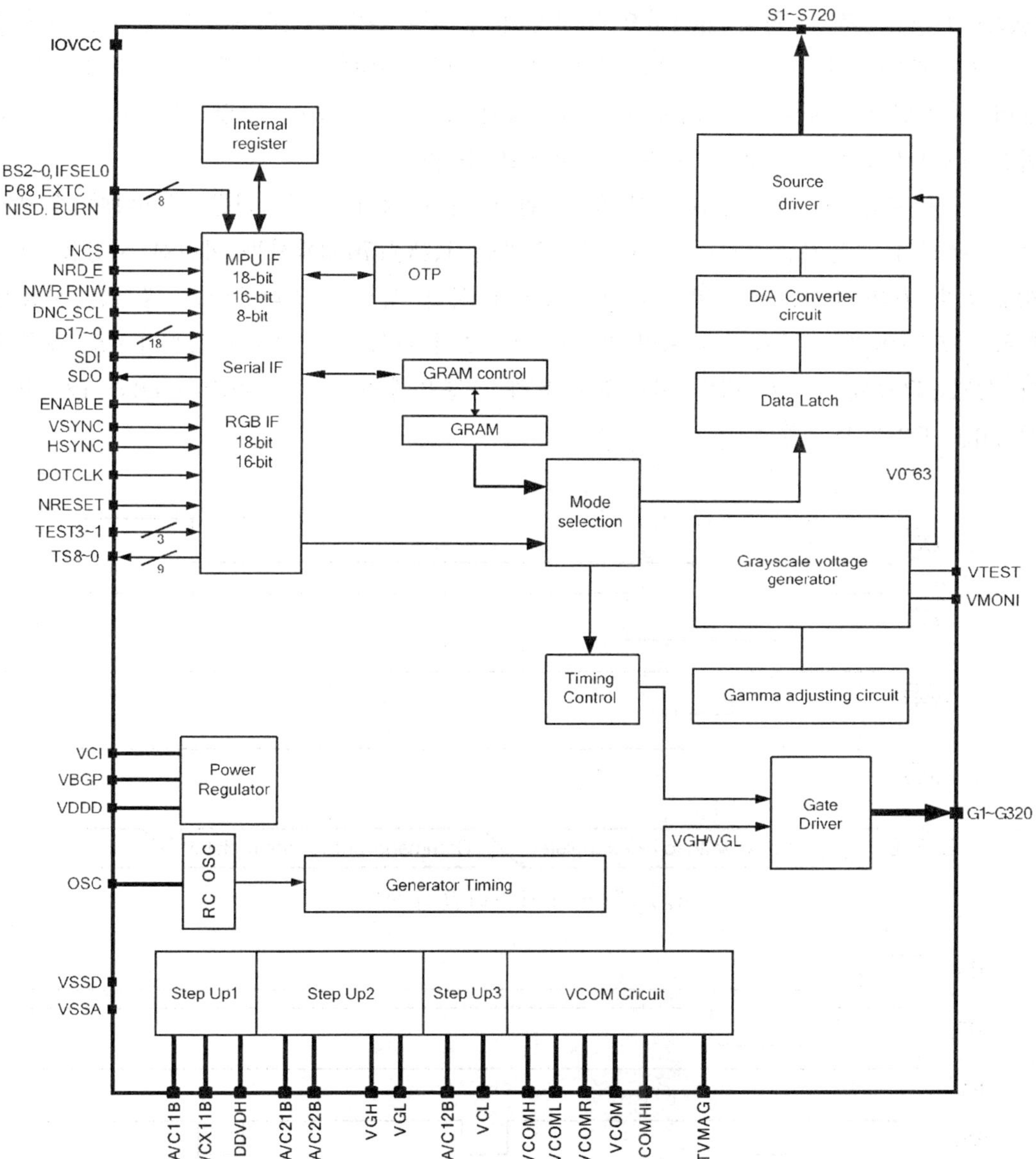

〈그림 4.4.1〉 HX8347의 내부 구성 블록도

(1) CPU 인터페이스 방식

HX8347은 시스템 인터페이스 방식, RGB 인터페이스 방식, SPI 인터페이스 방식을 모두 지원하며, 시스템 인터페이스 방식에서는 인텔 8080형의 동작 파형과 모토롤라

MC6800형의 동작 파형을 선택적으로 사용할 수 있다. 어느 인터페이스 방식을 사용하든지 GRAM에 전송하는 픽셀 데이터는 18비트 또는 16비트를 선택하여 사용할 수 있으며, 시스템 인터페이스 방식에서는 하드웨어적으로 접속하는 병렬 버스를 8비트, 16비트, 18비트 중에서 임의로 선택하여 사용할 수 있다.

이러한 모든 설정은 HX8347의 외부 핀과 내부 제어 레지스터를 사용하여 수행되는데, 우리가 사용하는 TFT-LCD 모듈 소자인 T32QT7690에서는 이러한 사양을 인텔 8080형의 동작 파형으로 16비트 병렬 버스에 의한 시스템 인터페이스 방식을 사용하도록 하드웨어가 고정되어 있으며, 따라서 총 표시 가능한 컬러도 65,536가지로 제한된다. HX8347에서 16비트 병렬 버스를 사용하는 경우에는 데이터 버스의 D17~D0 중에서 D15~D0을 사용한다.

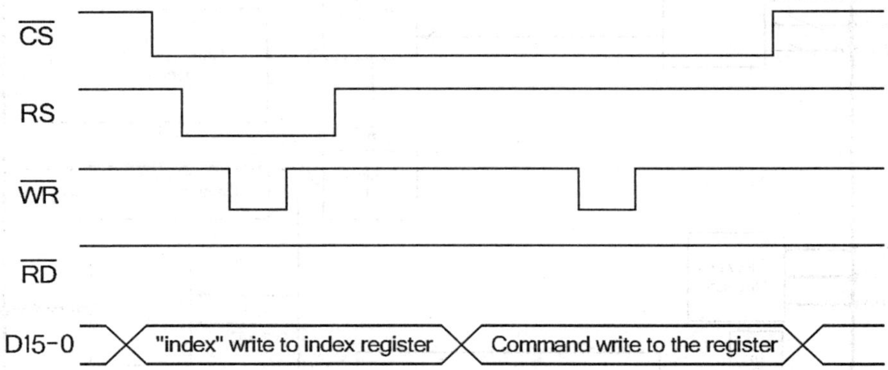

(a) 제어 레지스터값의 설정

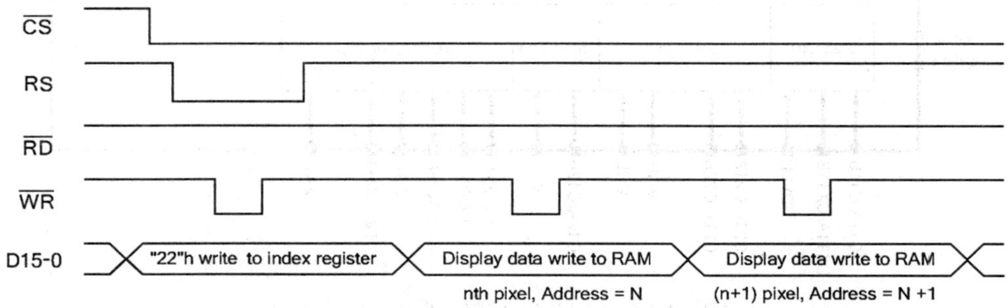

(b) GRAM 데이터 출력

〈그림 4.4.2〉 HX8347의 시스템 인터페이스 방식에서 데이터 쓰기

<그림 4.4.2> 에는 시스템 인터페이스 방식에서 16비트 버스로 인덱스 레지스터를 통하여 제어 레지스터를 설정하거나 또는 GRAM에 픽셀 데이터를 출력하는 동작 타

이밍도를 보였다. 또한, <그림 4.4.3>에는 인텔 8080형의 시스템 인터페이스 동작에서 read/write 동작의 정확한 타이밍도를 보였다. TFT-LCD 모듈의 화면처리 속도를 빠르게 하려면 이 동작 타이밍도에 명시된 사양의 범위에서 최대한 데이터 액세스 속도를 빠르게 수행하는 것이 필요하다.

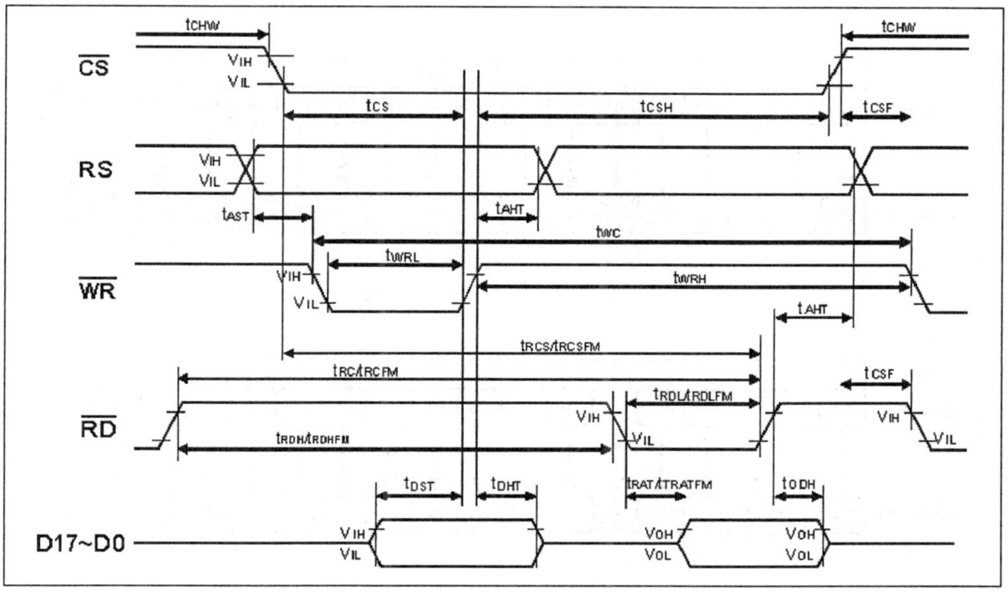

(VSSA=0V, IOVCC=1.65V to 2.9V, VCI=2.3V to 2.9V,Ta = -30 to 70°C)

Signal	Symbol	Parameter	Min.	Max.	Unit	Description
RS	t_{AST}	Address setup time	10	-	ns	-
	t_{AHT}	Address hold time (Write/Read)	10	-		
$\overline{CS}$	t_{CHW}	Chip select "H" pulse width	0	-	ns	-
	t_{CS}	Chip select setup time (Write)	35	-		
	t_{RCSFM}	Chip select setup time	355	-		
	t_{CSF}	Chip select wait time (Write/Read)	10	-		
	t_{CSH}	Chip select hold time	10	-		
$\overline{WR}$	t_{WC}	Write cycle	100	-	ns	-
	t_{WRH}	Control pulse "H" duration	35	-		
	t_{WRL}	Control pulse "L" duration	35	-		
$\overline{RD}$	t_{RCFM}	Read cycle	450	-	ns	When read from GRAM
	t_{RDHFM}	Control pulse "H" duration	90	-		
	t_{RDLFM}	Control pulse "L" duration	355	-		
D17~D0	t_{DST}	Data setup time	15	-	ns	For maximum C_L=30pF For minimum C_L=8pF
	t_{DHT}	Data hold time	10	-		
	t_{RATFM}	Read access time	-	340		
	t_{ODH}	Output disable time	20	80		

Note: The input signal rise time and fall time (tr, tf) is specified at 15 ns or less.
Logic high and low levels are specified as 30% and 70% of IOVCC for Input signals.

〈그림 4.4.3〉 HX8347의 시스템 인터페이스 방식 동작 타이밍

(2) 픽셀의 컬러 데이터 포맷

GRAM의 데이터가 각 픽셀에 컬러를 표현하는 포맷에는 <그림 4.4.4> (a)와 같이 18비트 포맷을 사용할 수도 있고, (b)와 같이 16비트 포맷을 사용할 수도 있다. 우리가 사용하는 TFT-LCD 모듈 소자인 T32QT7690에서는 항상 16비트 포맷을 사용하여 65,536 가지의 컬러를 표시할 수 있도록 정해져 있다.

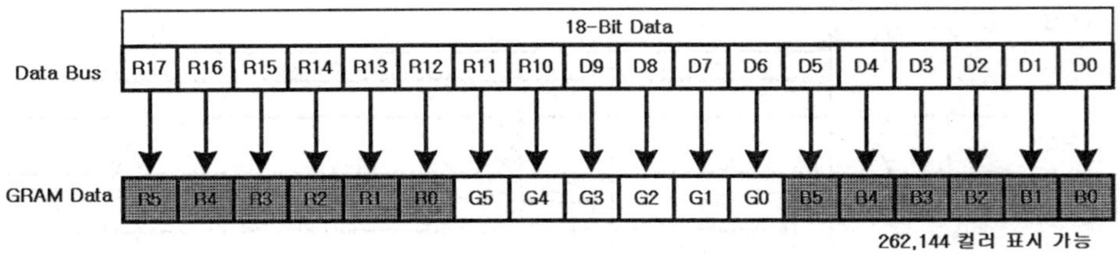

(a) 18비트 데이터 포맷

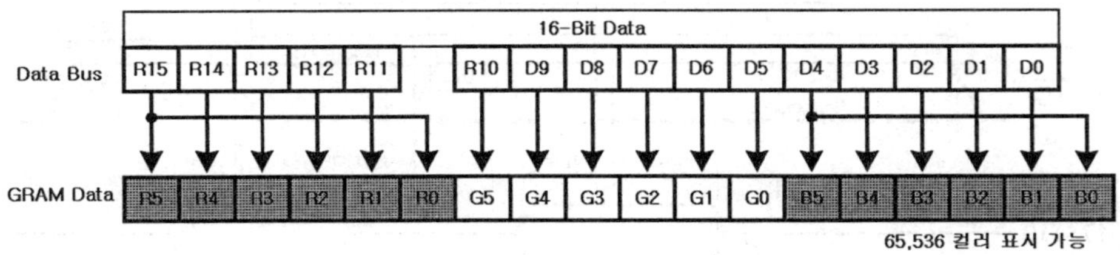

(b) 16비트 데이터 포맷

〈그림 4.4.4〉 TFT-LCD 모듈의 1픽셀을 표시하는 데이터 포맷

(3) 소스 및 게이트 드라이브

HX8347의 내부에는 5.5MHz의 시스템 클록 발생기를 가지고 있어서 외부의 클록 입력이 없이 이것으로 동작할 수 있다. 수직 방향으로는 240개의 픽셀에 대응하는 RGB 신호선(S1~S720)이 있어서 소스 드라이버 회로는 GRAM에 저장되어 있는 디지털 이미지 데이터를 각 신호선에 해당하는 아날로그 전압으로 변환하여 이를 구동하게 된다. 이러한 그레이 스케일 전압(gray scale voltage) V0~V63을 발생하는데는 D/A 컨버터와 연산 증폭기 회로가 사용되는데, 이에 필요한 +, -전압은 내부의 DC-DC 컨버터에서 자체적으로 만들어 공급한다.

또한, 수평 방향으로는 320개의 게이트 채널 신호선(G1~G320)이 존재하여 각 픽셀 라인을 순차적으로 구동하는데, 여기에는 내부의 DC-DC 컨버터에서 만든 VGH = +9.0V~+16.5V의 전압과 VGL = -6.0V~-13.5V의 전압이 사용된다.

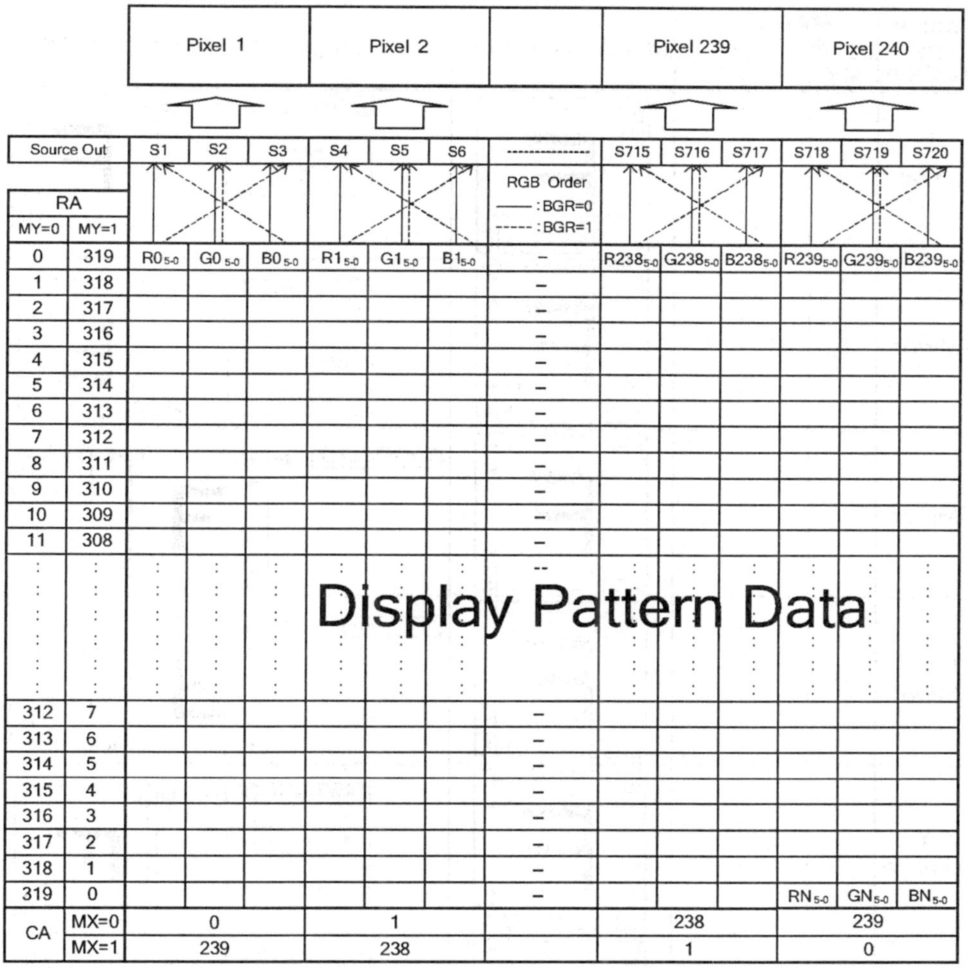

RA = Row Address
CA = Column Address
MX = Mirror X-axis (Column address direction parameter),
D6 parameter of Memory Access Control command
MY = Mirror Y-axis (Row address direction parameter),
D7 parameter of Memory Access Control command
RGB = Red, Green and Blue pixel position change,
D3 parameter of Memory Access Control command

〈그림 4.4.5〉 HX8347의 GRAM과 소스 드라이버 및 게이트 드라이버의 관계

(4) GRAM 액세스

HX8347의 내부에는 GRAM을 액세스할 때 어드레스를 관리하는 어드레스 카운터(AC ; Address Counter)가 있는데, 이 어드레스 값은 X = 0~239, Y = 0~319의 범위에서 사용된다.

Display Data Direction	MADCTR parameter			Image in the Host	Image in the Driver (GRAM)
	MV	MX	MY		
Normal	0	0	0	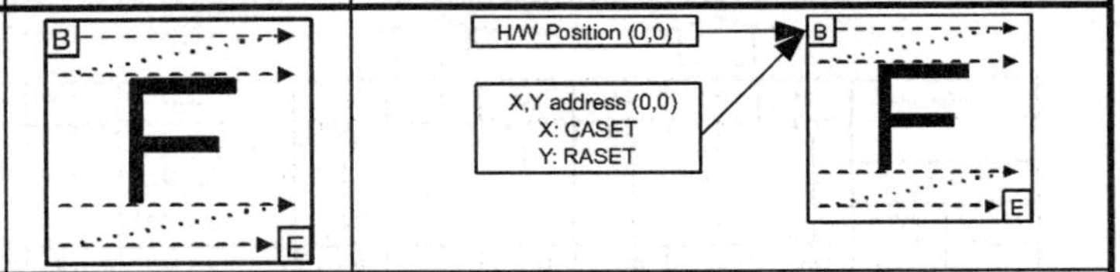	
Y-Mirror	0	0	1	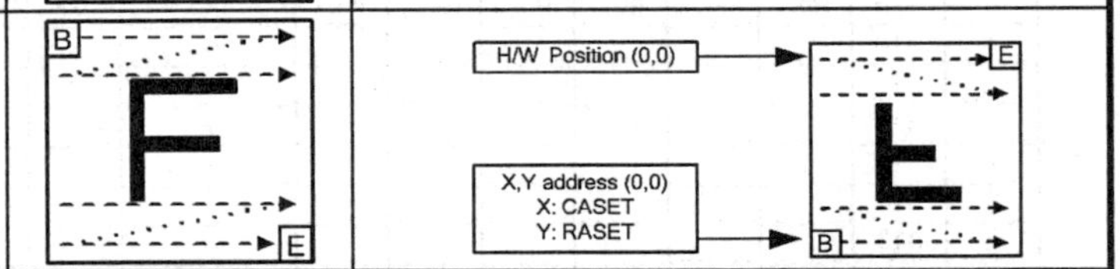	
X-Mirror	0	1	0	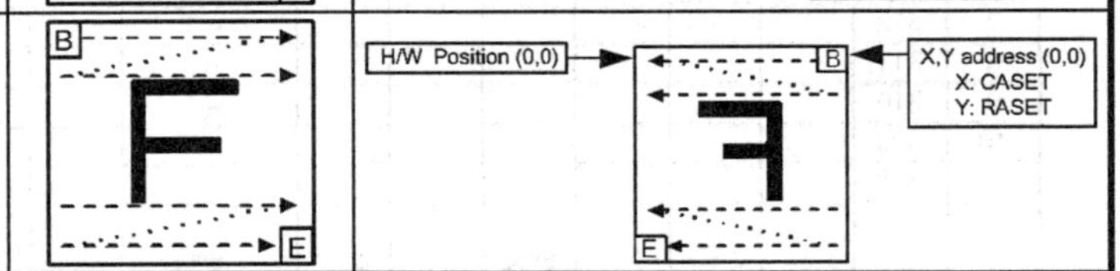	
X-Mirror Y-Mirror	0	1	1	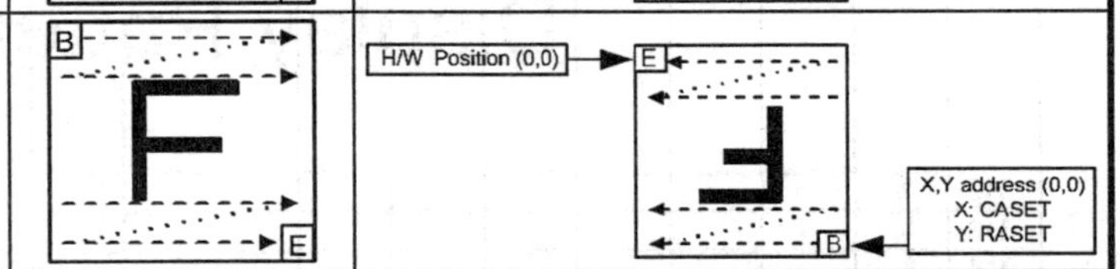	
X-Y Exchange	1	0	0	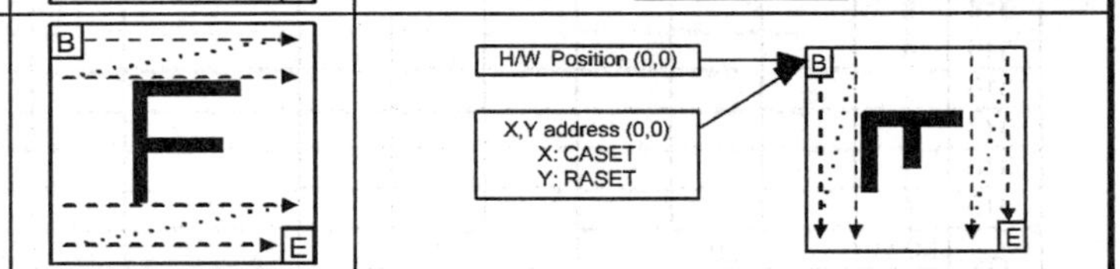	
X-Y Exchange Y-Mirror	1	0	1	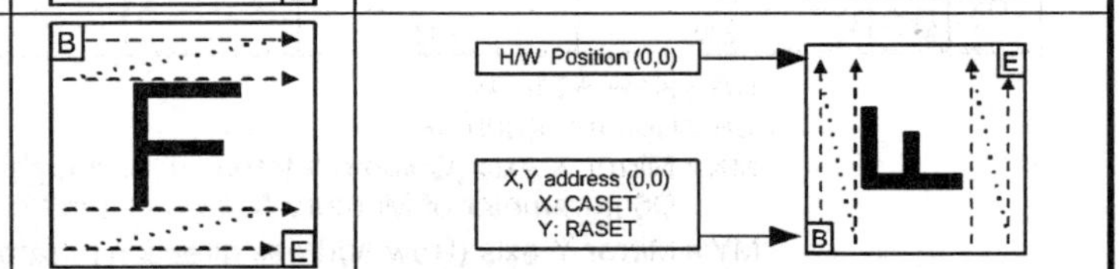	
X-Y Exchange X-Mirror	1	1	0	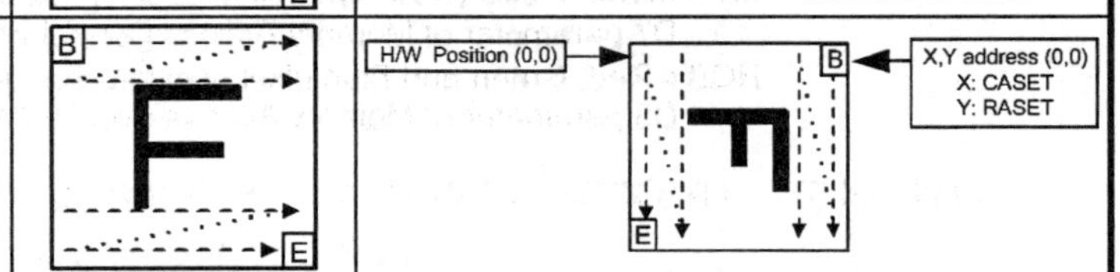	
X-Y Exchange X-Mirror Y-Mirror	1	1	1	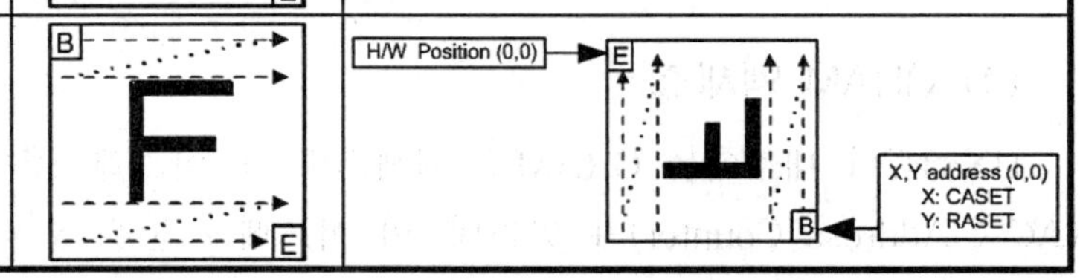	

〈그림 4.4.6〉 HX8347의 GRAM을 액세스하는 어드레스 방향 설정 방법

CPU가 GRAM을 액세스할 때마다 이 어드레스 값은 1씩 증가하거나 감소하는데, 이는 제어 레지스터 R16의 MV, MX, MY 비트 설정에 따라 결정된다. 화면에 출력할 이미지 데이터를 GRAM에 출력할 때나 또는 GRAM을 읽고자 할 때 어드레스의 변화의 시작점을 B로 표시하고 끝점을 E로 표시할 때 제어 레지스터 R16의 MV, MX, MY 비트 설정에 따라 GRAM을 액세스하는 방법을 요약하면 <그림 4.4.6>과 같다. 화면에 출력하는 이미지는 세로방향으로 긴 초상화(portrait) 모드와 가로방향으로 긴 풍경화(landscape) 모드가 있는데 이들 각각의 경우에 화면이 올바르게 표시되도록 하려면 이러한 설정 방법을 잘 알아두어야 한다.

(5) HX8347의 초기화

HX8347을 초기화하는 프로그램 플로우(flow)와 실제 초기화 함수의 예는 이 회사에서 제공하는 응용노트에 제시되어 있으므로 사용자는 이를 참조하는 것이 좋다.

초기화 함수의 처음에는 일반적으로 HX8347의 리셋 기능을 수행하는데, 하드웨어적인 리셋 신호는 10μs 이상의 하강 펄스(low pulse)로 충분하지만 이 신호에 의하여 HX8347이 내부적으로 리셋동작을 완료하는데는 최대 120ms까지 소요되므로 CPU가 리셋 신호를 출력한 후에 적어도 120ms 이상동안을 대기하였다가 초기화 동작을 시작하는 것이 바람직하다.

이 책에서는 어셈블리 언어 프로그래밍을 위하여 OK-X128A1.inc 인클루드 파일에 HX8347의 초기화 함수를 제공하고 있는데, 이 인클루드 파일의 내용은 제4.1절에서 소개하였다. 또한, C언어 프로그래밍을 위하여 OK-X128A1.h 헤더 파일에 HX8347의 초기화 함수를 제공하고 있는데, 이 헤더 파일의 내용은 제4.2절에서 소개하였다.

◀참고▶ HX8347의 응용노트에서 제공하는 초기화 루틴을 보면 HX8347의 데이터 시트에서 설명하지 않는 제어 레지스터를 일부 사용하고 있는데, 이는 사용자로서 그 이유를 알기 어려우나 HX8347의 제조사에서 권장하는 사항이므로 그대로 따르면 된다. 또한, 이 초기화 루틴에서 화면의 밝기나 감마 보정 등 일부 사항은 TFT-LCD 모듈 제품마다 특성이 다소 다를 수 있고 사용자의 취향에 따라서도 차이가 있을 수 있으므로 자신이 사용하는 제품에 가장 적합하도록 실험적으로 확인하면서 수정하여 사용하면 된다.

(6) 제어 레지스터 요약

이제부터 사용자가 HX8347을 사용하는데 필요한 제어 레지스터의 기능을 요약하면 다음과 같다. 이에 대한 보다 자세한 설명이 필요하면 이 소자의 데이터 시트를 참조하기 바란다.

◎ IR : Index Register

R/W	RS	b15	b14	b13	b12	b11	b10	b9	b8	b7	b6	b5	b4	b3	b2	b1	b0
W	0	0	0	0	0	0	0	0	0	ID7	ID6	ID5	ID4	ID3	ID2	ID1	ID0
디폴트값		0	0	0	0	0	0	0	0	0	0	0	0	0	0	0	0

◎ R01 : Display Mode Control Register

	R/W	RS	b15	b14	b13	b12	b11	b10	b9	b8	b7	b6	b5	b4	b3	b2	b1	b0
R01	R/W	1	0	0	0	0	0	0	0	0	0	0	0	0	IDMON	INVON	NORON	PTLON
	디폴트값		0	0	0	0	0	0	0	0	0	0	0	0	0	1	1	0

◎ R02～03 : Column Address Start Register

	R/W	RS	b15	b14	b13	b12	b11	b10	b9	b8	b7	b6	b5	b4	b3	b2	b1	b0
R02	R/W	1	0	0	0	0	0	0	0	0	SC15	SC14	SC13	SC12	SC11	SC10	SC9	SC8
	디폴트값		0	0	0	0	0	0	0	0	0	0	0	0	0	0	0	0

	R/W	RS	b15	b14	b13	b12	b11	b10	b9	b8	b7	b6	b5	b4	b3	b2	b1	b0
R03	R/W	1	0	0	0	0	0	0	0	0	SC7	SC6	SC5	SC4	SC3	SC2	SC1	SC0
	디폴트값		0	0	0	0	0	0	0	0	0	0	0	0	0	0	0	0

◎ R04～05 : Column Address End Register

	R/W	RS	b15	b14	b13	b12	b11	b10	b9	b8	b7	b6	b5	b4	b3	b2	b1	b0
R04	R/W	1	0	0	0	0	0	0	0	0	EC15	EC14	EC13	EC12	EC11	EC10	EC9	EC8
	디폴트값		0	0	0	0	0	0	0	0	0	0	0	0	0	0	0	0

	R/W	RS	b15	b14	b13	b12	b11	b10	b9	b8	b7	b6	b5	b4	b3	b2	b1	b0
R05	R/W	1	0	0	0	0	0	0	0	0	EC7	EC6	EC5	EC4	EC3	EC2	EC1	EC0
	디폴트값		0	0	0	0	0	0	0	0	1	1	1	0	1	1	1	1

◎ R06～07 : Row Address Start Register

	R/W	RS	b15	b14	b13	b12	b11	b10	b9	b8	b7	b6	b5	b4	b3	b2	b1	b0
R06	R/W	1	0	0	0	0	0	0	0	0	SP15	SP14	SP13	SP12	SP11	SP10	SP9	SP8
	디폴트값		0	0	0	0	0	0	0	0	0	0	0	0	0	0	0	0

	R/W	RS	b15	b14	b13	b12	b11	b10	b9	b8	b7	b6	b5	b4	b3	b2	b1	b0
R07	R/W	1	0	0	0	0	0	0	0	0	SP7	SP6	SP5	SP4	SP3	SP2	SP1	SP0
	디폴트값		0	0	0	0	0	0	0	0	0	0	0	0	0	0	0	0

◎ R08～09 : Row Address End Register

	R/W	RS	b15	b14	b13	b12	b11	b10	b9	b8	b7	b6	b5	b4	b3	b2	b1	b0
R08	R/W	1	0	0	0	0	0	0	0	0	EP15	EP14	EP13	EP12	EP11	EP10	EP9	EP8
	디폴트값		0	0	0	0	0	0	0	0	0	0	0	0	0	0	0	1

	R/W	RS	b15	b14	b13	b12	b11	b10	b9	b8	b7	b6	b5	b4	b3	b2	b1	b0
R09	R/W	1	0	0	0	0	0	0	0	0	EP7	EP6	EP5	EP4	EP3	EP2	EP1	EP0
	디폴트값		0	0	0	0	0	0	0	0	0	0	1	1	1	1	1	1

◎ R0A～0B : Partial Area Start Row Register

	R/W	RS	b15	b14	b13	b12	b11	b10	b9	b8	b7	b6	b5	b4	b3	b2	b1	b0
R0A	R/W	1	0	0	0	0	0	0	0	0	PSL15	PSL14	PSL13	PSL12	PSL11	PSL10	PSL9	PSL8
	디폴트값		0	0	0	0	0	0	0	0	0	0	0	0	0	0	0	0

	R/W	RS	b15	b14	b13	b12	b11	b10	b9	b8	b7	b6	b5	b4	b3	b2	b1	b0
R0B	R/W	1	0	0	0	0	0	0	0	0	PSL7	PSL6	PSL5	PSL4	PSL3	PSL2	PSL1	PSL0
	디폴트값		0	0	0	0	0	0	0	0	0	0	0	0	0	0	0	0

◎ R0C～0D : Partial Area End Row Register

	R/W	RS	b15	b14	b13	b12	b11	b10	b9	b8	b7	b6	b5	b4	b3	b2	b1	b0
R0C	R/W	1	0	0	0	0	0	0	0	0	PEL15	PEL14	PEL13	PEL12	PEL11	PEL10	PEL9	PEL8
	디폴트값		0	0	0	0	0	0	0	0	0	0	0	0	0	0	0	1

	R/W	RS	b15	b14	b13	b12	b11	b10	b9	b8	b7	b6	b5	b4	b3	b2	b1	b0
R0D	R/W	1	0	0	0	0	0	0	0	0	PEL7	PEL6	PEL5	PEL4	PEL3	PEL2	PEL1	PEL0
	디폴트값		0	0	0	0	0	0	0	0	0	0	1	1	1	1	1	1

◎ R0E～0F : Vertical Scroll Top Fixed Area Register

	R/W	RS	b15	b14	b13	b12	b11	b10	b9	b8	b7	b6	b5	b4	b3	b2	b1	b0
R0E	R/W	1	0	0	0	0	0	0	0	0	TFA15	TFA14	TFA13	TFA12	TFA11	TFA10	TFA9	TFA8
	디폴트값		0	0	0	0	0	0	0	0	0	0	0	0	0	0	0	0

	R/W	RS	b15	b14	b13	b12	b11	b10	b9	b8	b7	b6	b5	b4	b3	b2	b1	b0
R0F	R/W	1	0	0	0	0	0	0	0	0	TFA7	TFA6	TFA5	TFA4	TFA3	TFA2	TFA1	TFA0
	디폴트값		0	0	0	0	0	0	0	0	0	0	0	0	0	0	0	0

◎ R10～11 : Vertical Scroll Height Area Register

	R/W	RS	b15	b14	b13	b12	b11	b10	b9	b8	b7	b6	b5	b4	b3	b2	b1	b0
R10	R/W	1	0	0	0	0	0	0	0	0	VSA15	VSA14	VSA13	VSA12	VSA11	VSA10	VSA9	VSA8
	디폴트값		0	0	0	0	0	0	0	0	0	0	0	0	0	0	0	1

	R/W	RS	b15	b14	b13	b12	b11	b10	b9	b8	b7	b6	b5	b4	b3	b2	b1	b0
R11	R/W	1	0	0	0	0	0	0	0	0	VSA7	VSA6	VSA5	VSA4	VSA3	VSA2	VSA1	VSA0
	디폴트값		0	0	0	0	0	0	0	0	0	0	1	1	1	1	1	1

◎ R12～13 : Vertical Scroll Button Fixed Area Register

	R/W	RS	b15	b14	b13	b12	b11	b10	b9	b8	b7	b6	b5	b4	b3	b2	b1	b0
R12	R/W	1	0	0	0	0	0	0	0	0	BFA15	BFA14	BFA13	BFA12	BFA11	BFA10	BFA9	BFA8
	디폴트값		0	0	0	0	0	0	0	0	0	0	0	0	0	0	0	0

	R/W	RS	b15	b14	b13	b12	b11	b10	b9	b8	b7	b6	b5	b4	b3	b2	b1	b0
R13	R/W	1	0	0	0	0	0	0	0	0	BFA7	BFA6	BFA5	BFA4	BFA3	BFA2	BFA1	BFA0
	디폴트값		0	0	0	0	0	0	0	0	0	0	0	0	0	0	0	0

◎ R14～15 : Vertical Scroll Start Address Register

	R/W	RS	b15	b14	b13	b12	b11	b10	b9	b8	b7	b6	b5	b4	b3	b2	b1	b0
R14	R/W	1	0	0	0	0	0	0	0	0	VSP15	VSP14	VSP13	VSP12	VSP11	VSP10	VSP9	VSP8
	디폴트값		0	0	0	0	0	0	0	0	0	0	0	0	0	0	0	0

	R/W	RS	b15	b14	b13	b12	b11	b10	b9	b8	b7	b6	b5	b4	b3	b2	b1	b0
R15	R/W	1	0	0	0	0	0	0	0	0	VSP7	VSP6	VSP5	VSP4	VSP3	VSP2	VSP1	VSP0
	디폴트값		0	0	0	0	0	0	0	0	0	0	0	0	0	0	0	0

◎ R16 : Memory Access Control Register

	R/W	RS	b15	b14	b13	b12	b11	b10	b9	b8	b7	b6	b5	b4	b3	b2	b1	b0
R16	R/W	1	0	0	0	0	0	0	0	0	MY	MX	MV	0	BGR	0	0	0
	디폴트값		0	0	0	0	0	0	0	0	0	0	0	0	0	0	0	0

◎ R18 : Gate Scan Control Register

	R/W	RS	b15	b14	b13	b12	b11	b10	b9	b8	b7	b6	b5	b4	b3	b2	b1	b0
R18	R/W	1	0	0	0	0	0	0	0	0	0	0	0	0	0	0	SCROL L_ON	SM
	디폴트값		0	0	0	0	0	0	0	0	0	0	0	0	0	0	0	0

◎ R19∼1A : OSC Control 1∼2 Register

	R/W	RS	b15	b14	b13	b12	b11	b10	b9	b8	b7	b6	b5	b4	b3	b2	b1	b0
R19	R/W	1	0	0	0	0	0	0	0	0	CADJ3	CADJ2	CADJ1	CADJ0	CUADJ2	CUADJ1	CUADJ0	OSC_EN
	디폴트값		0	0	0	0	0	0	0	0	1	0	0	0	0	1	1	0

	R/W	RS	b15	b14	b13	b12	b11	b10	b9	b8	b7	b6	b5	b4	b3	b2	b1	b0
R1A	R/W	1	0	0	0	0	0	0	0	0	0	0	0	0	0	0	0	OSC_ TEST
	디폴트값		0	0	0	0	0	0	0	0	0	0	0	0	0	0	0	0

◎ R1B∼21 : Power Control 1∼7 Register

	R/W	RS	b15	b14	b13	b12	b11	b10	b9	b8	b7	b6	b5	b4	b3	b2	b1	b0
R1B	R/W	1	0	0	0	0	0	0	0	0	GAS ENB	0	0	PON	DK	XDK	VLCD_ TRI	STB
	디폴트값		0	0	0	0	0	0	0	0	0	0	0	0	0	0	0	0

	R/W	RS	b15	b14	b13	b12	b11	b10	b9	b8	b7	b6	b5	b4	b3	b2	b1	b0
R1C	R/W	1	0	0	0	0	0	0	0	0	0	0	0	0	0	AP2	AP1	AP0
	디폴트값		0	0	0	0	0	0	0	0	0	0	0	0	0	1	0	0

	R/W	RS	b15	b14	b13	b12	b11	b10	b9	b8	b7	b6	b5	b4	b3	b2	b1	b0
R1D	R/W	1	0	0	0	0	0	0	0	0	0	0	0	0	0	VC12	VC11	VC10
	디폴트값		0	0	0	0	0	0	0	0	0	0	0	0	0	1	0	0

	R/W	RS	b15	b14	b13	b12	b11	b10	b9	b8	b7	b6	b5	b4	b3	b2	b1	b0
R1E	R/W	1	0	0	0	0	0	0	0	0	0	0	0	0	0	VC32	VC31	VC30
	디폴트값		0	0	0	0	0	0	0	0	0	0	0	0	0	0	0	0

	R/W	RS	b15	b14	b13	b12	b11	b10	b9	b8	b7	b6	b5	b4	b3	b2	b1	b0
R1F	R/W	1	0	0	0	0	0	0	0	0	0	0	0	0	VRH3	VRH2	VRH1	VRH0
	디폴트값		0	0	0	0	0	0	0	0	0	0	0	0	0	1	1	0

	R/W	RS	b15	b14	b13	b12	b11	b10	b9	b8	b7	b6	b5	b4	b3	b2	b1	b0
R20	R/W	1	0	0	0	0	0	0	0	0	BT3	BT2	BT1	BT0	0	0	0	0
	디폴트값		0	0	0	0	0	0	0	0	0	1	0	0	0	0	0	0

	R/W	RS	b15	b14	b13	b12	b11	b10	b9	b8	b7	b6	b5	b4	b3	b2	b1	b0
R21	R/W	1	0	0	0	0	0	0	0	0	0	0	FS11	FS10	0	0	FS01	FS00
	디폴트값		0	0	0	0	0	0	0	0	0	0	0	1	0	0	0	0

◎ R22 : Read Data Register

	R/W	RS	b17	b16	b15	b14	b13	b12	b11	b10	b9	b8	b7	b6	b5	b4	b3	b2	b1	b0
R22	R	1	D17	D16	D15	D14	D13	D12	D11	D10	D9	D8	D7	D6	D5	D4	D3	D2	D1	D0
	디폴트값		–	–	–	–	–	–	–	–	–	–	–	–	–	–	–	–	–	–

◎ R22 : Write Data Register

	R/W	RS	b15	b14	b13	b12	b11	b10	b9	b8	b7	b6	b5	b4	b3	b2	b1	b0
R22	W	1	D15	D14	D13	D12	D11	D10	D9	D8	D7	D6	D5	D4	D3	D2	D1	D0
	디폴트값		-	-	-	-	-	-	-	-	-	-	-	-	-	-	-	-

◎ R23~25 : Cycle Control 1~3 Register

	R/W	RS	b15	b14	b13	b12	b11	b10	b9	b8	b7	b6	b5	b4	b3	b2	b1	b0
R23	R/W	1	0	0	0	0	0	0	0	0	N_DC7	N_DC6	N_DC5	N_DC4	N_DC3	N_DC2	N_DC1	N_DC0
	디폴트값		0	0	0	0	0	0	0	0	1	0	0	1	0	1	0	1

	R/W	RS	b15	b14	b13	b12	b11	b10	b9	b8	b7	b6	b5	b4	b3	b2	b1	b0
R24	R/W	1	0	0	0	0	0	0	0	0	PI_DC7	PI_DC6	PI_DC5	PI_DC4	PI_DC3	PI_DC2	PI_DC1	PI_DC0
	디폴트값		0	0	0	0	0	0	0	0	1	0	0	1	0	1	0	1

	R/W	RS	b15	b14	b13	b12	b11	b10	b9	b8	b7	b6	b5	b4	b3	b2	b1	b0
R25	R/W	1	0	0	0	0	0	0	0	0	I_DC7	I_DC6	I_DC5	I_DC4	I_DC3	I_DC2	I_DC1	I_DC0
	디폴트값		0	0	0	0	0	0	0	0	1	1	1	1	1	1	1	1

◎ R26~2D : Display Control 1~7 Register

	R/W	RS	b15	b14	b13	b12	b11	b10	b9	b8	b7	b6	b5	b4	b3	b2	b1	b0
R26	R/W	1	0	0	0	0	0	0	0	0	PT1	PT0	GON	DTE	D1	D0	0	0
	디폴트값		0	0	0	0	0	0	0	0	1	0	1	0	0	0	0	0

	R/W	RS	b15	b14	b13	b12	b11	b10	b9	b8	b7	b6	b5	b4	b3	b2	b1	b0
R27	R/W	1	0	0	0	0	0	0	0	0	0	0	0	0	N_BP3	N_BP2	N_BP1	N_BP0
	디폴트값		0	0	0	0	0	0	0	0	0	0	0	0	0	0	1	0

	R/W	RS	b15	b14	b13	b12	b11	b10	b9	b8	b7	b6	b5	b4	b3	b2	b1	b0
R28	R/W	1	0	0	0	0	0	0	0	0	0	0	0	0	N_FP3	N_FP2	N_FP1	N_FP0
	디폴트값		0	0	0	0	0	0	0	0	0	0	0	0	0	0	1	0

	R/W	RS	b15	b14	b13	b12	b11	b10	b9	b8	b7	b6	b5	b4	b3	b2	b1	b0
R29	R/W	1	0	0	0	0	0	0	0	0	0	0	0	0	PI_BP3	PI_BP2	PI_BP1	PI_BP0
	디폴트값		0	0	0	0	0	0	0	0	0	0	0	0	0	0	1	0

	R/W	RS	b15	b14	b13	b12	b11	b10	b9	b8	b7	b6	b5	b4	b3	b2	b1	b0
R2A	R/W	1	0	0	0	0	0	0	0	0	0	0	0	0	PI_FP3	PI_FP2	PI_FP1	PI_FP0
	디폴트값		0	0	0	0	0	0	0	0	0	0	0	0	0	0	1	0

	R/W	RS	b15	b14	b13	b12	b11	b10	b9	b8	b7	b6	b5	b4	b3	b2	b1	b0
R2C	R/W	1	0	0	0	0	0	0	0	0	0	0	0	0	I_BP3	I_BP2	I_BP1	I_BP0
	디폴트값		0	0	0	0	0	0	0	0	0	0	0	0	0	0	1	0

	R/W	RS	b15	b14	b13	b12	b11	b10	b9	b8	b7	b6	b5	b4	b3	b2	b1	b0
R2D	R/W	1	0	0	0	0	0	0	0	0	0	0	0	0	I_FP3	I_FP2	I_FP1	I_FP0
	디폴트값		0	0	0	0	0	0	0	0	0	0	0	0	0	0	1	0

◎ R2B : Power Control 11 Register

	R/W	RS	b15	b14	b13	b12	b11	b10	b9	b8	b7	b6	b5	b4	b3	b2	b1	b0
R2B	R/W	1	0	0	0	0	0	0	0	0	0	0	PI_PRE_REF1	PI_PRE_REF0	BLANK_DIV3	BLANK_DIV2	BLANK_DIV1	BLANK_DIV0
	디폴트값		0	0	0	0	0	0	0	0	0	0	0	0	0	0	0	0

◎ R35~36 : Display Control 9~10 Register

	R/W	RS	b15	b14	b13	b12	b11	b10	b9	b8	b7	b6	b5	b4	b3	b2	b1	b0
R35	R/W	1	0	0	0	0	0	0	0	0	EQS7	EQS6	EQS5	EQS4	EQS3	EQS2	EQS1	EQS0
	디폴트값		0	0	0	0	0	0	0	0	0	0	0	0	1	0	0	1

	R/W	RS	b15	b14	b13	b12	b11	b10	b9	b8	b7	b6	b5	b4	b3	b2	b1	b0
R36	R/W	1	0	0	0	0	0	0	0	0	EQP7	EQP6	EQP5	EQP4	EQP3	EQP2	EQP1	EQP0
	디폴트값		0	0	0	0	0	0	0	0	0	0	0	0	1	0	0	1

◎ R37 : Display Control 12 Register

	R/W	RS	b15	b14	b13	b12	b11	b10	b9	b8	b7	b6	b5	b4	b3	b2	b1	b0
R37	R/W	1	0	0	0	0	0	0	0	0	0	0	PTG1	PTG0	ISC3	ISC2	ISC1	ISC0
	디폴트값		0	0	0	0	0	0	0	0	0	0	0	0	0	0	0	0

◎ R38~39 : RGB Interface Control 1~2 Register

	R/W	RS	b15	b14	b13	b12	b11	b10	b9	b8	b7	b6	b5	b4	b3	b2	b1	b0
R38	R/W	1	0	0	0	0	0	0	0	0	0	0	0	RGB_EN	DPL	HSPL	VSPL	EPL
	디폴트값		0	0	0	0	0	0	0	0	0	0	0	0	0	0	0	0

	R/W	RS	b15	b14	b13	b12	b11	b10	b9	b8	b7	b6	b5	b4	b3	b2	b1	b0
R39	R/W	1	0	0	0	0	0	0	0	0	DOTCLK_DIV7	DOTCLK_DIV6	DOTCLK_DIV5	DOTCLK_DIV4	DOTCLK_DIV3	DOTCLK_DIV2	DOTCLK_DIV1	DOTCLK_DIV0
	디폴트값		0	0	0	0	0	0	0	0	0	0	0	0	0	0	0	0

◎ R3A~40 : Cycle Control 1~6 Register

	R/W	RS	b15	b14	b13	b12	b11	b10	b9	b8	b7	b6	b5	b4	b3	b2	b1	b0
R3A	R/W	1	0	0	0	0	0	0	0	0	N_RTN3	N_RTN2	N_RTN1	N_RTN0	0	N_NW2	N_NW1	N_NW0
	디폴트값		0	0	0	0	0	0	0	0	0	0	0	0	0	0	0	1

	R/W	RS	b15	b14	b13	b12	b11	b10	b9	b8	b7	b6	b5	b4	b3	b2	b1	b0
R3B	R/W	1	0	0	0	0	0	0	0	0	PI_RTN3	PI_RTN2	PI_RTN1	PI_RTN0	0	PI_NW2	PI_NW1	PI_NW0
	디폴트값		0	0	0	0	0	0	0	0	0	0	0	0	0	0	0	1

	R/W	RS	b15	b14	b13	b12	b11	b10	b9	b8	b7	b6	b5	b4	b3	b2	b1	b0
R3C	R/W	1	0	0	0	0	0	0	0	0	I_RTN3	I_RTN2	I_RTN1	I_RTN0	0	I_NW2	I_NW1	I_NW0
	디폴트값		0	0	0	0	0	0	0	0	1	1	1	1	0	0	0	0

	R/W	RS	b15	b14	b13	b12	b11	b10	b9	b8	b7	b6	b5	b4	b3	b2	b1	b0
R3D	R/W	1	0	0	0	0	0	0	0	0	0	0	DIV_I1	DIV_I0	DIV_PI1	DIV_PI0	DIV1	DIV0
	디폴트값		0	0	0	0	0	0	0	0	0	0	0	0	0	0	0	0

	R/W	RS	b15	b14	b13	b12	b11	b10	b9	b8	b7	b6	b5	b4	b3	b2	b1	b0
R3E	R/W	1	0	0	0	0	0	0	0	0	SON7	SON6	SON5	SON4	SON3	SON2	SON1	SON0
	디폴트값		0	0	0	0	0	0	0	0	0	0	1	1	1	0	0	0

	R/W	RS	b15	b14	b13	b12	b11	b10	b9	b8	b7	b6	b5	b4	b3	b2	b1	b0
R40	R/W	1	0	0	0	0	0	0	0	0	GDON7	GDON6	GDON5	GDON4	GDON3	GDON2	GDON1	GDON0
	디폴트값		0	0	0	0	0	0	0	0	0	0	0	0	0	0	1	1

◎ R41 : Display Control 14 Register

	R/W	RS	b15	b14	b13	b12	b11	b10	b9	b8	b7	b6	b5	b4	b3	b2	b1	b0
R41	R/W	1	0	0	0	0	0	0	0	0	GDOF7	GDOF6	GDOF5	GDOF4	GDOF3	GDOF2	GDOF1	GDOF0
	디폴트값		0	0	0	0	0	0	0	0	1	1	1	1	1	0	0	0

◎ R42 : BGP Control Register

	R/W	RS	b15	b14	b13	b12	b11	b10	b9	b8	b7	b6	b5	b4	b3	b2	b1	b0
R42	R/W	1	0	0	0	0	0	0	0	0	0	0	0	VBGP_OE	BGP3	BGP2	BGP1	BGP0
	디폴트값		0	0	0	0	0	0	0	0	0	0	0	0	1	0	0	0

◎ R43~45 : Vcom Control 1~3 Register

	R/W	RS	b15	b14	b13	b12	b11	b10	b9	b8	b7	b6	b5	b4	b3	b2	b1	b0
R43	R/W	1	0	0	0	0	0	0	0	0	VCOMG	0	0	0	0	0	0	0
	디폴트값		0	0	0	0	0	0	0	0	1	0	0	0	0	0	0	0

	R/W	RS	b15	b14	b13	b12	b11	b10	b9	b8	b7	b6	b5	b4	b3	b2	b1	b0
R44	R/W	1	0	0	0	0	0	0	0	0	0	VCM6	VCM5	VCM4	VCM3	VCM2	VCM1	VCM0
	디폴트값		0	0	0	0	0	0	0	0	0	1	0	1	1	0	1	0

	R/W	RS	b15	b14	b13	b12	b11	b10	b9	b8	b7	b6	b5	b4	b3	b2	b1	b0
R45	R/W	1	0	0	0	0	0	0	0	0	0	0	0	VDV4	VDV3	VDV2	VDV1	VDV0
	디폴트값		0	0	0	0	0	0	0	0	0	0	0	1	0	0	0	1

◎ R46~51 : Gamma Control 1~12 Register

	R/W	RS	b15	b14	b13	b12	b11	b10	b9	b8	b7	b6	b5	b4	b3	b2	b1	b0
R46	R/W	1	0	0	0	0	0	0	0	0	GSEL	CP12	CP11	CP10	0	CP02	CP01	CP00
	디폴트값		0	0	0	0	0	0	0	0	0	0	0	0	0	0	0	0

	R/W	RS	b15	b14	b13	b12	b11	b10	b9	b8	b7	b6	b5	b4	b3	b2	b1	b0
R47	R/W	1	0	0	0	0	0	0	0	0	0	CN12	CN11	CN10	0	CN02	CN01	CN00
	디폴트값		0	0	0	0	0	0	0	0	0	0	0	0	0	0	0	0

	R/W	RS	b15	b14	b13	b12	b11	b10	b9	b8	b7	b6	b5	b4	b3	b2	b1	b0
R48	R/W	1	0	0	0	0	0	0	0	0	0	NP12	NP11	NP10	0	NP02	NP01	NP00
	디폴트값		0	0	0	0	0	0	0	0	0	0	0	0	0	0	0	0

	R/W	RS	b15	b14	b13	b12	b11	b10	b9	b8	b7	b6	b5	b4	b3	b2	b1	b0
R49	R/W	1	0	0	0	0	0	0	0	0	0	NP32	NP31	NP30	0	NP22	NP21	NP20
	디폴트값		0	0	0	0	0	0	0	0	0	0	0	0	0	0	0	0

	R/W	RS	b15	b14	b13	b12	b11	b10	b9	b8	b7	b6	b5	b4	b3	b2	b1	b0
R4A	R/W	1	0	0	0	0	0	0	0	0	0	NP52	NP51	NP50	0	NP42	NP41	NP40
	디폴트값		0	0	0	0	0	0	0	0	0	0	0	0	0	0	0	0

	R/W	RS	b15	b14	b13	b12	b11	b10	b9	b8	b7	b6	b5	b4	b3	b2	b1	b0
R4B	R/W	1	0	0	0	0	0	0	0	0	0	NN12	NN11	NN10	0	NN02	NN01	NN00
	디폴트값		0	0	0	0	0	0	0	0	0	0	0	0	0	0	0	0

	R/W	RS	b15	b14	b13	b12	b11	b10	b9	b8	b7	b6	b5	b4	b3	b2	b1	b0
R4C	R/W	1	0	0	0	0	0	0	0	0	0	NN32	NN31	NN30	0	NN22	NN21	NN20
	디폴트값		0	0	0	0	0	0	0	0	0	0	0	0	0	0	0	0

	R/W	RS	b15	b14	b13	b12	b11	b10	b9	b8	b7	b6	b5	b4	b3	b2	b1	b0
R4D	R/W	1	0	0	0	0	0	0	0	0	0	NN52	NN51	NN50	0	NN42	NN41	NN40
	디폴트값		0	0	0	0	0	0	0	0	0	0	0	0	0	0	0	0

	R/W	RS	b15	b14	b13	b12	b11	b10	b9	b8	b7	b6	b5	b4	b3	b2	b1	b0
R4E	R/W	1	0	0	0	0	0	0	0	0	CGMP11	CGMP10	CGMP01	CGMP00	OP03	OP02	OP01	OP00
	디폴트값		0	0	0	0	0	0	0	0	0	0	0	0	0	0	0	0

	R/W	RS	b15	b14	b13	b12	b11	b10	b9	b8	b7	b6	b5	b4	b3	b2	b1	b0
R4F	R/W	1	0	0	0	0	0	0	0	0	CGMP3	CGMP2	0	OP14	OP13	OP12	OP11	OP10
	디폴트값		0	0	0	0	0	0	0	0	0	0	0	0	0	0	0	0

	R/W	RS	b15	b14	b13	b12	b11	b10	b9	b8	b7	b6	b5	b4	b3	b2	b1	b0
R50	R/W	1	0	0	0	0	0	0	0	0	CGMN11	CGMN10	CGMN01	CGMN00	ON03	ON02	ON01	ON00
	디폴트값		0	0	0	0	0	0	0	0	0	0	0	0	0	0	0	0

	R/W	RS	b15	b14	b13	b12	b11	b10	b9	b8	b7	b6	b5	b4	b3	b2	b1	b0
R51	R/W	1	0	0	0	0	0	0	0	0	CGMN3	CGMN2	0	ON14	ON13	ON12	ON11	ON10
	디폴트값		0	0	0	0	0	0	0	0	0	0	0	0	0	0	0	0

◎ R67 : Himax ID Code

	R/W	RS	b15	b14	b13	b12	b11	b10	b9	b8	b7	b6	b5	b4	b3	b2	b1	b0
R67	R	1	0	0	0	0	0	0	0	0	Himax ID7	Himax ID6	Himax ID5	Himax ID4	Himax ID3	Himax ID2	Himax ID1	Himax ID0
	디폴트값		0	0	0	0	0	0	0	0	0	1	0	0	0	1	1	1

◎ R70 : Internal Use 28

	R/W	RS	b15	b14	b13	b12	b11	b10	b9	b8	b7	b6	b5	b4	b3	b2	b1	b0
R70	R/W	1	0	0	0	0	0	0	0	0	0	GS	SS	TEMODE	TEON	CSEL2	CSEL1	CSEL0
	디폴트값		0	0	0	0	0	0	0	0	0	0	0	0	0	1	1	0

◎ R72 : Data Control Register

	R/W	RS	b15	b14	b13	b12	b11	b10	b9	b8	b7	b6	b5	b4	b3	b2	b1	b0
R72	R/W	1	0	0	0	0	0	0	0	0	0	0	DFM1	DFM0	0	0	TRI1	TRI0
	디폴트값		0	0	0	0	0	0	0	0	0	0	0	0	0	0	0	0

◎ R90 : Display Control 8 Register

	R/W	RS	b15	b14	b13	b12	b11	b10	b9	b8	b7	b6	b5	b4	b3	b2	b1	b0
R90	R/W	1	0	0	0	0	0	0	0	0	SAP7	SAP6	SAP5	SAP4	SAP3	SAP2	SAP1	SAP0
	디폴트값		0	0	0	0	0	0	0	0	0	0	0	0	1	0	1	0

◎ R91 : Display Control 11 Register

	R/W	RS	b15	b14	b13	b12	b11	b10	b9	b8	b7	b6	b5	b4	b3	b2	b1	b0
R91	R/W	1	0	0	0	0	0	0	0	0	GEN_OFF7	GEN_OFF6	GEN_OFF5	GEN_OFF4	GEN_OFF3	GEN_OFF2	GEN_OFF1	GEN_OFF0
	디폴트값		0	0	0	0	0	0	0	0	0	0	0	1	0	1	0	0

◎ R93 : OSC Control 3 Register

	R/W	RS	b15	b14	b13	b12	b11	b10	b9	b8	b7	b6	b5	b4	b3	b2	b1	b0
R93	R/W	1	0	0	0	0	0	0	0	0	0	0	0	0	RADJ3	RADJ2	RADJ1	RADJ0
	디폴트값		0	0	0	0	0	0	0	0	0	0	0	0	1	1	1	1

◎ R94 : SAP Idle Mode Register

	R/W	RS	b15	b14	b13	b12	b11	b10	b9	b8	b7	b6	b5	b4	b3	b2	b1	b0
R94	R/W	1	0	0	0	0	0	0	0	0	SAP_I7	SAP_I6	SAP_I5	SAP_I4	SAP_I3	SAP_I2	SAP_I1	SAP_I0
	디폴트값		0	0	0	0	0	0	0	0	0	0	0	0	1	0	1	0

◎ R95 : DCCLK SYNC TO CL1 Register

	R/W	RS	b15	b14	b13	b12	b11	b10	b9	b8	b7	b6	b5	b4	b3	b2	b1	b0
R95	R/W	1	0	0	0	0	0	0	0	0	0	0	0	0	0	0	0	DCCLK_SYNC
	디폴트값		0	0	0	0	0	0	0	0	0	0	0	0	0	0	0	0

2. 영문 ASCII 문자의 출력 원리

(1) TFT-LCD 화면의 구성

TFT-32HX 보드에서 사용하는 TFT-LCD 모듈의 화면은 <그림 4.4.7>과 같이 240×320 픽셀의 해상도를 가진다. 그러나, 대부분의 TFT-LCD 컨트롤러는 화면을 여러 방향으로 자유자재로 사용할 수 있도록 제어하는 기능을 가지고 있다. 그림의 (a)처럼 TFT-LCD의 화면을 세로로 길게 사용하는 것을 초상화(portrait) 모드라고 하며, 이 때는 화면의 (x, y) 좌표가 그림처럼 좌측 상단이 (0, 0)이고 우측 하단이 (239, 319)로 된다. 또한, 그림의 (b)처럼 TFT-LCD의 화면을 가로로 길게 사용하는 것을 풍경화(landscape) 모드라고 하며, 이 때는 화면의 (x, y) 좌표가 그림처럼 좌측 상단이 (0, 0)이고 우측 하단이 (319, 239)로 된다.

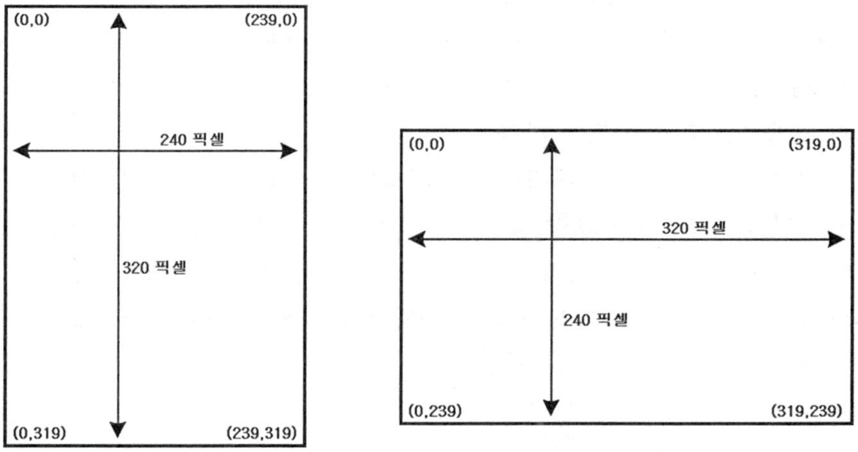

(a) 초상화 모드 (b) 풍경화 모드

〈그림 4.4.7〉 *TFT-32HX* 보드의 TFT-LCD 화면 구조

TFT-LCD 모듈의 화면에 이미지 데이터를 출력할 때는 각 픽셀 좌표 (x, y)의 어드레스를 지정하고 데이터를 출력하면 된다. 그러나, 연속적인 픽셀에 대량의 데이터를 출력할 때는 이처럼 각 픽셀의 주소와 데이터를 반복하여 출력하게 되면 화면처리 속도가 상당히 떨어지게 되므로 처음에 한번 시작주소를 출력하고 나면 그 이후에는 데이터만을 연속적으로 출력하는 것이 바람직하다.

즉, 초상화 모드에서는 y=0인 상태에서 x=0~239의 픽셀에 대하여 연속적으로 데이터를 출력하고, 이후에 계속하여 데이터를 출력하면 자동으로 y=1로 바뀌면서 다시

x=0~239의 픽셀에 대하여 연속적으로 데이터를 출력하게 된다. 이런 동작을 y=319까지 계속 수행하면 1화면 분량의 데이터를 고속으로 출력할 수 있다. 한편, 풍경화 모드에서는 y=0인 상태에서 x=0~319의 픽셀에 대하여 연속적으로 데이터를 출력하고, 이후에 계속하여 데이터를 출력하면 자동으로 y=1로 바뀌면서 다시 x=0~319의 픽셀에 대하여 연속적으로 데이터를 출력하게 된다. 이런 동작을 y=239까지 계속 수행하면 1화면 분량의 데이터를 고속으로 출력할 수 있다.

대부분의 TFT-LCD 컨트롤러는 이와 같은 방법으로 초상화 모드와 풍경화 모드의 화면 출력 기능을 지원한다. 그러나, 그 세부적인 동작은 TFT-LCD 컨트롤러마다 조금씩 다르므로 세심하게 살펴서 사용해야 한다. HX8347은 초상화 모드와 풍경화 모드의 화면 출력 기능을 자유롭게 지원한다.

HX8347에서 화면을 기본적으로 초기화 설정할 때는 제어 레지스터 R16에서 BGR=1, R18에서 SM=0, R70에서 GS=1, SS=1로 설정한다. 이 상태에서 초상화 모드는 제어 레지스터 R16에서 MV=0, MX=0, MY=0으로 설정하여 TFT-LCD 모듈의 화면이 <그림 4.4.6>의 첫번째 그림처럼 동작시키면 된다. 이때는 R04~R05에서 x방향 어드레스(column address)의 끝을 239로 지정하고, R08~R09에서 y방향 어드레스(row address)의 끝을 319로 지정해야 한다.

한편, 풍경화 모드는 제어 레지스터 R16에서 MV=1, MX=0, MY=0으로 설정하여 TFT-LCD 모듈의 화면이 <그림 4.4.6>의 다섯번째 그림처럼 동작시키면 된다. 이때는 x, y의 좌표마저도 그에 따라 변경되므로 R04~R05에서 x방향 어드레스(column address)의 끝을 319로 지정하고, R08~R09에서 y방향 어드레스(row address)의 끝을 239로 지정해야 한다.

(2) 영문 ASCII 문자 화면표시의 기초

영문 ASCII 문자를 화면에 표시하는데는 최소한 가로×세로 = 5×8 픽셀의 문자 박스(character box)에 가로×세로 = 5×7 픽셀의 문자 폰트(character font)를 만들면 된다. 그러나, TFT-LCD 모듈의 화면을 완전히 영문 전용으로만 사용한다면 이렇게 할 수도 있지만, 하나의 화면에 한글과 영문이 혼용되어 표시되는 경우라면 영문 ASCII 글자들의 모양과 크기가 한글 글자들과 균형 및 조화를 이루어야 하므로 이렇게 처리하면 곤란하다.

한글의 표시에는 최소한 가로×세로 = 16×16 픽셀의 문자 박스가 필요하다는 점을 고려하여, 영문 ASCII 문자들이 한글 글자와 높이는 비슷하고 좌우 폭은 한글의

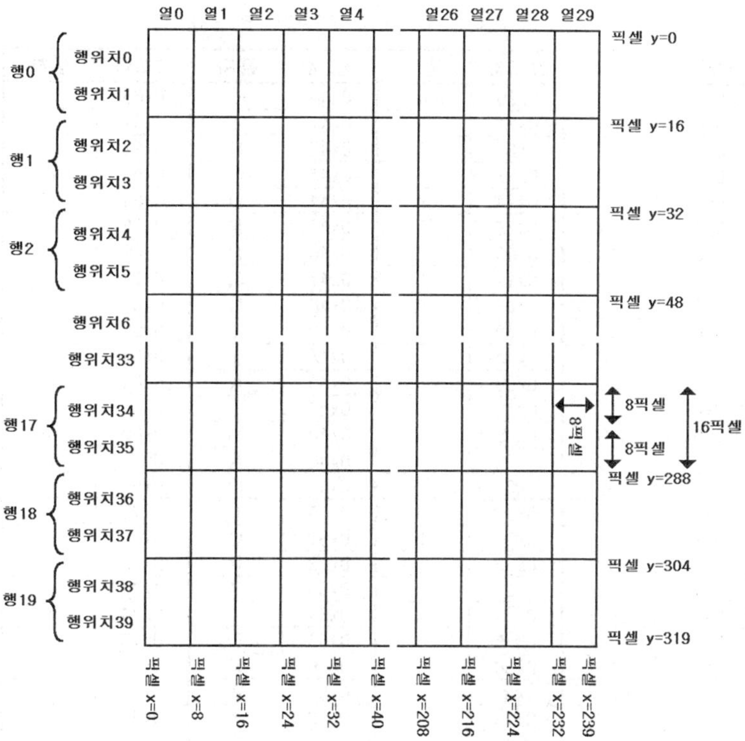

(a) 초상화 모드

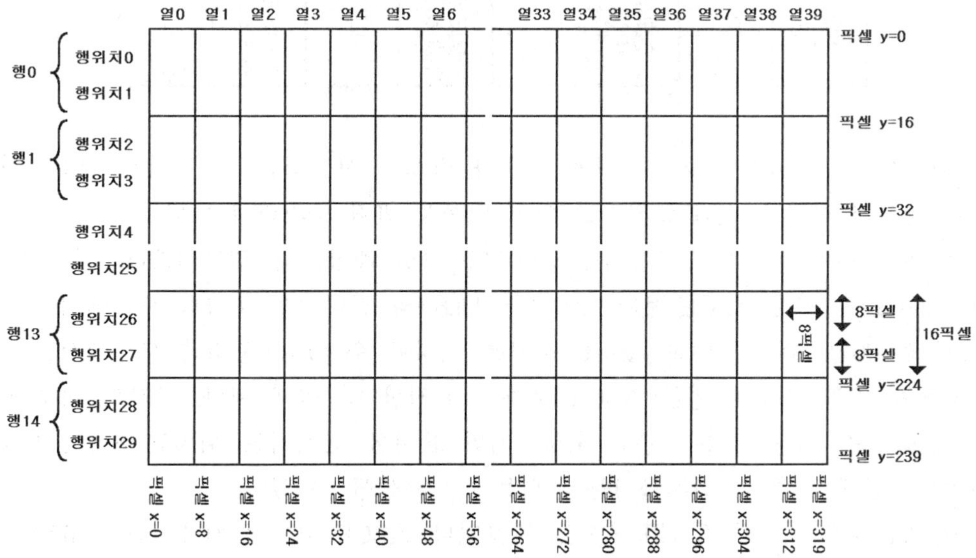

(b) 풍경화 모드

〈그림 4.4.8〉 TFT-LCD 모듈 화면에 8×16 픽셀의 영문 ASCII 문자를 표시하는 방법

〈표 4.4.1〉 표준 ASCII 코드표

코드값	문자	코드값	문자	코드값	문자	코드값	문자
0x00	NUL	0x20	space	0x40	@	0x60	`
0x01	SOH	0x21	!	0x41	A	0x61	a
0x02	STX	0x22	″	0x42	B	0x62	b
0x03	ETX	0x23	#	0x43	C	0x63	c
0x04	EOT	0x24	$	0x44	D	0x64	d
0x05	ENQ	0x25	%	0x45	E	0x65	e
0x06	ACK	0x26	&	0x46	F	0x66	f
0x07	BEL	0x27	′	0x47	G	0x67	g
0x08	BS	0x28	(	0x48	H	0x68	h
0x09	HT	0x29	)	0x49	I	0x69	i
0x0A	LF	0x2A	*	0x4A	J	0x6A	j
0x0B	VT	0x2B	+	0x4B	K	0x6B	k
0x0C	FF	0x2C	,	0x4C	L	0x6C	l
0x0D	CR	0x2D	−	0x4D	M	0x6D	m
0x0E	SO	0x2E	.	0x4E	N	0x6E	n
0x0F	SI	0x2F	/	0x4F	O	0x6F	o
0x10	DLE	0x30	0	0x50	P	0x70	p
0x11	DC1	0x31	1	0x51	Q	0x71	q
0x12	DC2	0x32	2	0x52	R	0x72	r
0x13	DC3	0x33	3	0x53	S	0x73	s
0x14	DC4	0x34	4	0x54	T	0x74	t
0x15	NAK	0x35	5	0x55	U	0x75	u
0x16	SYN	0x36	6	0x56	V	0x76	v
0x17	ETB	0x37	7	0x57	W	0x77	w
0x18	CAN	0x38	8	0x58	X	0x78	x
0x19	EM	0x39	9	0x59	Y	0x79	y
0x1A	SUB	0x3A	:	0x5A	Z	0x7A	z
0x1B	ESC	0x3B	;	0x5B	[	0x7B	{
0x1C	FS	0x3C	<	0x5C	\	0x7C	|
0x1D	GS	0x3D	=	0x5D	]	0x7D	}
0x1E	RS	0x3E	>	0x5E	^	0x7E	~
0x1F	US	0x3F	?	0x5F	_	0x7F	DEL

$\frac{1}{2}$이 되도록 가로×세로 = 8×16 픽셀의 문자 박스를 사용하는 것이 가장 바람직하다. 이러한 방식의 한글을 전각 문자라고 하고 영문을 반각 문자라고 한다.

이렇게 하면 이 책에서 사용하는 240×320 픽셀 해상도의 TFT-LCD 모듈 화면에 표시할 수 있는 영문 ASCII 문자는 <그림 4.4.8>와 같다. 즉, 초상화 모드에서는 그림의 (a)처럼 30열×20행의 영문 ASCII 문자를 표시할 수 있고, 풍경화 모드에서는 그림의 (b)처럼 40열×15행의 영문 ASCII 문자를 표시할 수 있게 된다. 각각의 경우에 세로 방향으로는 1문자가 16픽셀로 구성되지만 문자를 표시하는 위치는 8픽셀 단위로 지정할 수 있게 하면 행 간격을 1문자 또는 $\frac{1}{2}$문자씩 둘 수 있다.

<표 4.4.1>에는 표준 ASCII 코드표를 보였다. ASCII 코드란 컴퓨터와 컴퓨터 사이의 정보교환 또는 컴퓨터와 주변장치 사이의 정보교환을 위하여 만든 7비트, 128문자의 국제표준 코드인데, 이 ASCII 코드의 128문자 중에서 0x20~0x7E(총 95자)는 도형

문자로서 영문의 대/소문자, 아라비아 숫자, 각종 문장부호 등을 표현하는데 사용되고, 0x00~0x1F 및 0x7F(총 33자)는 기능제어 문자로서 주변장치의 제어, 직렬통신 제어 등에 사용된다. 따라서, 화면에 표시되는 코드는 원칙적으로 95자의 도형문자에만 해당되지만, IBM PC의 모니터에서와 같이 특별한 경우에는 기능제어 문자에 해당하는 33자에 사용자가 임의의 도형문자를 정의하여 사용하기도 한다. 그러나, 우리나라에서는 기본적으로 ASCII 코드를 8비트로 정의하며, 표준 ASCII 문자의 경우에는 최상위 비트를 b7=0으로 하여 128문자를 수용하고, b7=1인 경우에는 이 8비트 코드값과 그 다음에 오는 1바이트를 하나로 연결하여 총 16비트의 한글 및 한자 코드로 사용하고 있다.

(3) 영문 ASCII 문자의 화면표시

TFT-LCD 모듈의 화면에 8×16 픽셀 크기의 영문 ASCII 문자를 표시하기 위한 문자의 폰트 구조를 보이면 <그림 4.4.9>와 같다. 먼저, 각 영문 ASCII 문자의 폰트는 각 픽셀에 대응하는 비트들을 세로 방향으로 모아서 2진수 1바이트 데이터를 구성하는데 위쪽이 LSB, 아래쪽이 MSB가 되도록 1바이트 데이터를 만들어야 한다.

이렇게 만들어진 데이터들을 수평방향으로 8바이트를 연속하여 배열하고, 윗줄이 끝나면 아랫줄에 대하여도 동일한 방식으로 8바이트를 배열한다. 따라서, 영문 ASCII 문자 1개에는 모두 16바이트의 폰트 데이터가 필요하다.

예를 들어서 ASCII 문자 "1"을 화면의 첫번째 행, 첫번째 열에 표시하고자 한다면 이에 해당하는 ASCII 코드값 0x31이 메인 루틴으로부터 영문 ASCII 문자 디스플레이 서브루틴으로 전달된다. 그러면 이 디스플레이 루틴은 미리 준비되어 있는 폰트 테이블로부터 이 문자 "1"에 해당하는 16바이트의 폰트 데이터를 찾아낸 후에, 먼저 행위치(y)=0, 열위치(x)=0으로 놓고 0x00, 0x10, 0x18, 0xFC, 0xFC, 0x00, 0x00, 0x00의 8바이트 폰트 데이터를 차례로 픽셀의 컬러 데이터로 변환하여 TFT-LCD 모듈에 출력한다. 이어서 디스플레이 루틴은 다시 행위치(y)=1, 열위치(x)=0으로 놓고 8바이트의 폰트 데이터 0x00, 0x08, 0x08, 0x0F, 0x0F, 0x08, 0x08, 0x00을 차례로 픽셀의 컬러 데이터로 변환하여 TFT-LCD 모듈에 출력한다. 이렇게 16바이트의 폰트 데이터에 대한 값을 컬러 데이터로 변환하여 TFT-LCD 모듈에 출력하면 1개의 영문 ASCII 문자가 모두 완성된다.

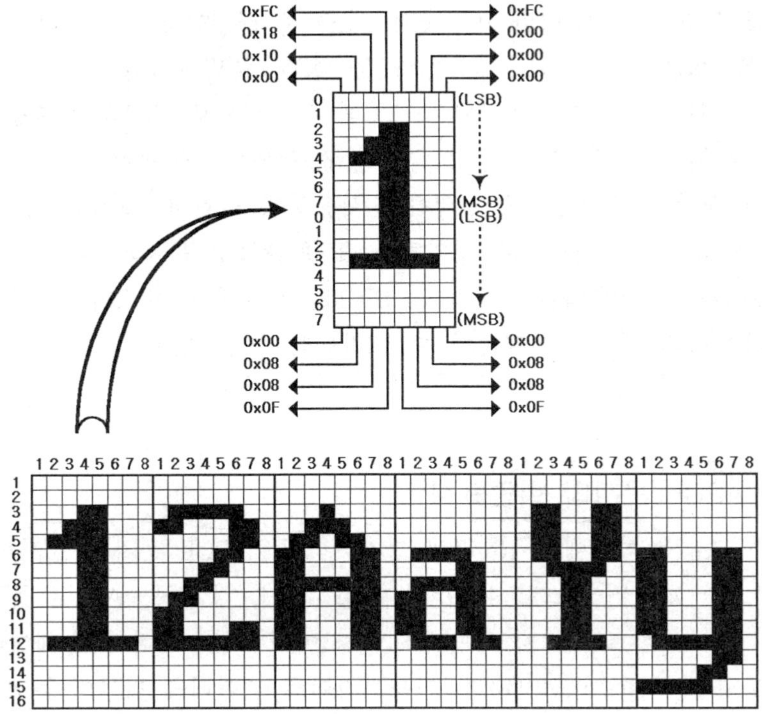

〈그림 4.4.9〉 8×16 픽셀의 문자 박스로 표시된 영문 ASCII 문자의 폰트 구조

컬러 TFT-LCD 모듈에서 폰트 데이터를 각 픽셀의 컬러 데이터로 변환하는 동작은 단색 그래픽 LCD 모듈에서와 전혀 다르다는 것에 유의해야 한다. 즉, 단색 그래픽 LCD 모듈에서는 폰트 데이터의 1비트가 화면의 1도트에 대응하므로 폰트 데이터를 그냥 LCD에 출력하면 되었다. 이렇게 되면 1의 값을 가지는 비트에는 도트가 밝게 출력되고 0의 값을 가지는 비트는 어둡게 되어 도트가 출력되지 않았다. 그러나, 컬러 TFT-LCD 모듈에서는 이 폰트 데이터를 그냥 출력하면 안되며, 폰트 데이터의 각 비트를 이에 대응하는 전경색 16비트 컬러 데이터 또는 배경색 16비트 컬러 데이터로 변환하여 출력해야 한다. 즉, 폰트 데이터 1비트가 화면의 1픽셀에 대응하며 이는 다시 16비트의 컬러 데이터에 대응된다. 현재의 문자를 어느 컬러로 표시할 것인지는 미리 지정되어 있으므로 폰트 데이터의 1로 된 비트는 그 컬러 코드에 해당하는 16비트 데이터로 변환된다. 이렇게 문자를 표시하는 색을 전경색(foreground color)이라고 한다. 한편, 폰트 데이터의 0으로 된 비트는 미리 지정된 배경색(background color)에 해당하는 16비트 데이터로 변환된다. 만약 폰트 데이터의 0으로 된 비트를 출력하지 않고 그냥 건너뛰면 현재 화면의 바탕색이 그냥 유지되며, 이렇게 출력되는 문자를 투명 글

씨(transparent character)라고 한다.

OK-X128A1 키트에서는 컬러 TFT-LCD 모듈의 영문 ASCII 문자용 폰트를 파일로 기본 제공한다. 어셈블리 언어용 폰트는 인클루드 파일 OK-X128A1.inc의 내부에 제공되며, 이 파일의 내용은 앞의 제4.1절에서 소개하였다. C언어용 폰트는 헤더 파일 OK-X128A1_font.h로 제공되며, 이 파일의 내용은 앞의 제4.2절에서 소개하였다. 이들 폰트에서 ASCII 코드표의 기능제어 문자에 해당하는 0x00~0x1F 및 0x7F 부분에는 IBM-PC의 모니터에서 사용하는 특수 문자들을 넣었다.

3. 스크린 테스트용 기본 컬러 출력 프로그램

OK-X128A1 키트에서 사용하는 TFT-LCD 모듈의 스크린 동작을 테스트하기 위하여 화면에 기본 컬러를 출력하는 프로그램을 C언어로 작성하여 보면 다음과 같다.

〈프로그램 Exp04_1.c〉 스크린 테스트용 기본 컬러 출력 프로그램

```
/* ========================================================================== */
/*                      Exp04_1.c : 기본 컬러 출력 프로그램                        */
/* ========================================================================== */
/*                          Designed and programmed by Duck-Yong Yoon in 2010.  */

#include <avr/io.h>
#include "OK-X128A1.h"

void TFT_portrait_mode(void);                   // set portrait entry mode
void TFT_landscape_mode(void);                  // set landscape entry mode
void TFT_8color_horizontal(void);               // display 8-color horizontal
void TFT_8color_vertical(void);                 // display 8-color vertical
void TFT_color_gray(void);                      // display 4-color gray

/* -------------------------------------------------------------------------- */

int main(void)
{
  Initialize_MCU();                             // initialize ATxmega128A1 MCU
  Delay_ms(200);
  Initialize_TFT_LCD();                         // initialize TFT-LCD
  Beep();

  while(1)
    { TFT_clear_screen();                       // clear screen
      TFT_screen_mode('P');                     // portrait mode

      TFT_color_screen(White);                  // display full color(white)
      TFT_string(10,1,Black,Transparent,"백색 화면");
      Delay_ms(1000);
      TFT_color_screen(Red);                    // display full color(red)
      TFT_string(10,1,Green,Transparent,"적색 화면");
      Delay_ms(1000);
      TFT_color_screen(Green);                  // display full color(green)
      TFT_string(10,1,Red,  Transparent,"녹색 화면");
      Delay_ms(1000);
      TFT_color_screen(Blue);                   // display full color(blue)
      TFT_string(10,1,Cyan, Transparent,"청색 화면");
```

```
        Delay_ms(1000);

        TFT_8color_horizontal();                    // display 8-Color(horizontal)
        TFT_string(13, 1,Black,Transparent,"백색");
        TFT_string(13, 7,White,Transparent,"흑색");
        TFT_string(13,11,Green,Transparent,"적색");
        TFT_string(13,16,Red,  Transparent,"녹색");
        TFT_string(13,21,Cyan, Transparent,"청색");
        TFT_string(13,26,Black,Transparent,"노랑");
        TFT_string(13,31,Red,  Transparent,"녹청");
        TFT_string(13,36,White,Transparent,"자홍");
        Delay_ms(3000);
        TFT_8color_vertical();                      // display 8-Color(vertical)
        TFT_string( 1, 1,Black,Transparent,"백");
        TFT_string( 1, 3,Black,Transparent,"색");
        TFT_string( 5, 1,White,Transparent,"흑");
        TFT_string( 5, 3,White,Transparent,"색");
        TFT_string( 9, 1,Green,Transparent,"적");
        TFT_string( 9, 3,Green,Transparent,"색");
        TFT_string(13, 1,Red,  Transparent,"녹");
        TFT_string(13, 3,Red,  Transparent,"색");
        TFT_string(16, 1,Cyan, Transparent,"청");
        TFT_string(16, 3,Cyan, Transparent,"색");
        TFT_string(20, 1,Black,Transparent,"노");
        TFT_string(20, 3,Black,Transparent,"랑");
        TFT_string(24, 1,Red,  Transparent,"녹");
        TFT_string(24, 3,Red,  Transparent,"청");
        TFT_string(28, 1,White,Transparent,"자");
        TFT_string(28, 3,White,Transparent,"홍");
        Delay_ms(3000);

        TFT_color_gray();                           // display 8-Gray(horizontal)
        TFT_string(13, 0,Magenta,Transparent,"밝음");
        TFT_string(12,38,Magenta,Transparent,"어두움");
        Delay_ms(3000);
     }
}

/* ---------------------------------------------------------------------------- */

unsigned int Color[8] =                             // 8-color data
   { White, Black, Red, Green, Blue, Yellow, Cyan, Magenta };

void TFT_portrait_mode(void)                        /* set portrait entry mode */
{
  TFT_command(0x16); TFT_data(0x0008);              // MV=0, MX=0, MY=0, BGR=1

  TFT_command(0x02); TFT_data(0x0000);              // window setting
  TFT_command(0x03); TFT_data(0x0000);              // x = 0~239
  TFT_command(0x04); TFT_data(0x0000);
  TFT_command(0x05); TFT_data(0x00EF);
  TFT_command(0x06); TFT_data(0x0000);              // y = 0~319
  TFT_command(0x07); TFT_data(0x0000);
  TFT_command(0x08); TFT_data(0x0001);
  TFT_command(0x09); TFT_data(0x003F);
}

void TFT_landscape_mode(void)                       /* set landscape entry mode */
{
  TFT_command(0x16); TFT_data(0x0028);              // MV=1, MX=0, MY=0, BGR=1

  TFT_command(0x02); TFT_data(0x0000);              // window setting
  TFT_command(0x03); TFT_data(0x0000);              // x = 0~319
  TFT_command(0x04); TFT_data(0x0001);
  TFT_command(0x05); TFT_data(0x003F);
  TFT_command(0x06); TFT_data(0x0000);              // y = 0~239
  TFT_command(0x07); TFT_data(0x0000);
  TFT_command(0x08); TFT_data(0x0000);
  TFT_command(0x09); TFT_data(0x00EF);
}

void TFT_8color_horizontal(void)                    /* display 8-color horizontal */
{
```

```
  unsigned int i, j, k;

  TFT_portrait_mode();
  TFT_GRAM_address(0,0);

  for(i=0; i<8; i++)
    for(j=0; j<40; j++)
      for(k=0; k<240; k++)
        TFT_data(Color[i]);
}

void TFT_8color_vertical(void)                    /* display 8-color vertical */
{
  unsigned int i, j, k;

  TFT_landscape_mode();
  TFT_GRAM_address(0,0);

  for(i=0;i<8;i++)
    for(j=0; j<30; j++)
      for(k=0; k<320; k++)
        TFT_data(Color[i]);

  TFT_portrait_mode();
}

void TFT_color_gray(void)                         /* display 4-color gray */
{
  unsigned int i, j, k, color;

  TFT_landscape_mode();
  TFT_GRAM_address(0,0);

  for(j=0; j<30; j++)                             // white gray
    { for(k=0; k<320; k++)
        { i = 0x1F - k/13;
          color = (i << 11) + (i << 6) + i;
          TFT_data(color);
        }
    }

  for(j=0; j<30; j++)                             // red gray
    { for(k=0; k<320; k++)
        { color = (0x1F - k/13) << 11;
          TFT_data(color);
        }
    }

  for(j=0; j<30; j++)                             // green gray
    { for(k=0; k<320; k++)
        { color = (0x1F - k/13) << 6;
          TFT_data(color);
        }
    }

  for(j=0; j<30; j++)                             // blue gray
    { for(k=0; k<320; k++)
        { color = 0x1F - k/13;
          TFT_data(color);
        }
    }

  for(j=0; j<30; j++)                             // yellow gray
    { for(k=0; k<320; k++)
        { i = 0x1F - k/13;
          color = (i << 11) + (i << 6);
          TFT_data(color);
        }
    }

  for(j=0; j<30; j++)                             // cyan gray
    { for(k=0; k<320; k++)
        { i = 0x1F - k/13;
```

```
        color = (i << 6) + i;
        TFT_data(color);
      }
  }

  for(j=0; j<30; j++)                         // magenta gray
  { for(k=0; k<320; k++)
      { i = 0x1F - k/13;
        color = (i << 11) + i;
        TFT_data(color);
      }
  }

  for(j=0; j<30; j++)                         // white gray
  { for(k=0; k<320; k++)
      { i = 0x1F - k/13;
        color = (i << 11) + (i << 6) + i;
        TFT_data(color);
      }
  }

  TFT_portrait_mode();
}
```

이 예제 프로그램을 컴파일하여 *OK-X128A1* 키트에 다운로드하고 실행한 상태에서 화면의 컬러가 메시지와 일치되어 제대로 표시되는지 확인하라.

4. 영문 ASCII 문자의 출력 프로그램

OK-X128A1 키트의 TFT-LCD 모듈 화면에 다양한 영문 ASCII 문자를 출력하는 프로그램을 어셈블리 언어와 C언어로 작성하여 보기로 한다.

▣ 어셈블리 언어의 경우

TFT-LCD 화면에 영문 ASCII 문자로 된 메시지를 다양한 컬러로 출력하는 프로그램을 어셈블리 언어로 작성하여 보면 다음과 같다.

〈프로그램 Exp04_1.asm〉 영문 ASCII 문자 출력 프로그램

```
;*******************************************************************************
;*              Exp04_1.asm : 영문 ASCII 문자 출력 프로그램                     *
;*******************************************************************************
;                       Designed and programmed by Duck-Yong Yoon in 2010.
;
;-----------------------------------------------
;       Include Header File
;-----------------------------------------------
.nolist
.include "ATxmega128A1def.inc"          ; ATxmega128A1 definition file
.list
```

```
;-----------------------------------------------
;       Macro Definition
;-----------------------------------------------
.macro  TFT_xy
        LDI     AL,@0                   ; set Xcharacter
        STS     Xcharacter,AL
        MOV     AL,@1                   ; set Ycharacter
        STS     Ycharacter,AL
.endm

.macro  TFT_color
        LDI     AL,low(@0)              ; set foreground color
        LDI     AH,high(@0)
        STS     foreground,AL
        STS     foreground+1,AH
        LDI     AL,low(@1)              ; set background color
        LDI     AH,high(@1)
        STS     background,AL
        STS     background+1,AH
.endm

;-----------------------------------------------
;       Initialize ATxmega128A1 MCU
;-----------------------------------------------
.cseg
        .org    0x0000
        LDI     AL,low(RAMEND)          ; initialize SP
        LDI     AH,high(RAMEND)
        OUT     CPU_SPL,AL
        OUT     CPU_SPH,AH

        CALL    Initialize_MCU          ; initialize ATxmega128A1 MCU
        CALL    Delay200ms              ; wait for system stabilization
        CALL    Initialize_TFT_LCD      ; initialize TFT-LCD
        CALL    Beep

;-----------------------------------------------
;       Display ASCII Characters
;-----------------------------------------------
LOOP:   CALL    TFT_portrait            ; portrait mode
        LDI     AL,low(White)           ; display full color(White)
        LDI     AH,high(White)
        STS     color,AL
        STS     color+1,AH
        CALL    TFT_color_screen

        CALL    TFT_string
        .db     1,2
        .dw     White,Black
        .db     " OK-X128A1 ASCII Characters ",0,0
        CALL    TFT_string
        .db     7,4
        .dw     White,Black
        .db     " (White Screen) ",0,0

        CALL    TFT_string
        .db     3,12
        .dw     White,Blue
        .db     " Foreground White Color ",0,0
        CALL    TFT_string
        .db     2,14
        .dw     White,Blue
        .db     " on Background Blue Color ",0,0

        CALL    TFT_string
        .db     4,18
        .dw     Red,Cyan
        .db     " Foreground Red Color ",0,0
        CALL    TFT_string
        .db     2,20
        .dw     Red,Cyan
        .db     " on Background Cyan Color ",0,0
```

```
        CALL    TFT_string
        .db     2,24
        .dw     Yellow,Black
        .db     " Foreground Yellow Color ",0
        CALL    TFT_string
        .db     1,26
        .dw     Yellow,Black
        .db     " on Background Black Color ",0

        CALL    TFT_string
        .db     3,30
        .dw     Blue,Transparent
        .db     " Foreground Blue Color ",0
        CALL    TFT_string
        .db     1,32
        .dw     Blue,Transparent
        .db     " on Transparent Background ",0

        CALL    Delay5sec

        CALL    TFT_landscape           ; landscape mode
        LDI     AL,low(White)           ; display full color(White)
        LDI     AH,high(White)
        STS     color,AL
        STS     color+1,AH
        CALL    TFT_color_screen

        CALL    TFT_string
        .db     6,2
        .dw     White,Black
        .db     " OK-X128A1 ASCII Characters ",0,0
        CALL    TFT_string
        .db     12,4
        .dw     White,Black
        .db     " (White Screen) ",0,0

        CALL    TFT_string
        .db     0,10
        .dw     White,Blue
        .db     "Foreground White Color / Blue Background",0,0

        CALL    TFT_string
        .db     1,15
        .dw     Red,Cyan
        .db     "Foreground Red Color / Cyan Background",0,0

        CALL    TFT_string
        .db     0,20
        .dw     Yellow,Black
        .db     "Foreground Yellow Color/Black Background",0,0

        CALL    TFT_string
        .db     2,25
        .dw     Blue,Transparent
        .db     " Foreground Blue Color / Transparent ",0

        CALL    Delay5sec

        CALL    TFT_portrait            ; portrait mode
        CALL    TFT_clear_screen        ; clear screen

        CALL    TFT_string
        .db     6,2
        .dw     White,Magenta
        .db     " ASCII Code Table ",0,0

        LDI     DL,0x00
        LDI     CH,6
LOOP1:  TFT_xy  4,CH                    ; display starting code value
        TFT_color Green,Black
        LDI     TFT_LB,'0'
```

```
        CALL    TFT_English
        LDI     TFT_LB,'x'
        CALL    TFT_English
        MOV     TFT_LB,DL
        CALL    TFT_2hex
        LDI     TFT_LB,' '
        CALL    TFT_English
        LDI     TFT_LB,':'
        CALL    TFT_English
        TFT_color Cyan,Black            ; display 8 characters
        LDI     CL,8
LOOP2:  LDI     TFT_LB,' '
        CALL    TFT_English
        MOV     TFT_LB,DL
        CALL    TFT_English
        INC     DL
        DEC     CL
        BRNE    LOOP2
        INC     CH
        INC     CH
        CPI     CH,38
        BRNE    LOOP1

        CALL    Delay5sec
        JMP     LOOP

;---------------------------------------------
;       Include User Subroutine File
;---------------------------------------------
.include "OK-X128A1.inc"                ; OK-X128A1 user subroutine file
```

이 예제 프로그램을 어셈블하여 *OK-X128A1* 키트에 다운로드하고 실행하라. 초상화 모드와 풍경화 모드에서 영문 ASCII 문자열이 다양한 전경색과 배경색으로 올바르게 표시되는지 확인하라.

▣ C언어의 경우

앞의 Exp04_1.asm 예제 프로그램을 C언어로 작성하여 보면 다음과 같다. C언어에서는 함수에 다양한 파라미터를 줄 수 있으므로 문자열의 시작 위치나 전경색, 배경색 등을 훨씬 더 용이하게 처리할 수 있다.

〈프로그램 Exp04_2.c〉 영문 ASCII 문자 출력 프로그램

```
/* ====================================================================== */
/*                  Exp04_2.c : 영문 ASCII 문자 출력 프로그램              */
/* ====================================================================== */
/*                    Designed and programmed by Duck-Yong Yoon in 2010.  */

#include <avr/io.h>
#include "OK-X128A1.h"

int main(void)
{
  unsigned char x, y, code;

  Initialize_MCU();                         // initialize ATxmega128A1 MCU
```

```
Delay_ms(200);
Initialize_TFT_LCD();                           // initialize TFT-LCD
Beep();

while(1)
  { TFT_screen_mode('P');                       // portrait mode
    TFT_color_screen(White);                    // display full color(white)

    TFT_string( 1, 2,White, Black," OK-X128A1 ASCII Characters ");
    TFT_string( 7, 4,White, Black,       " (White Screen) ");

    TFT_string( 3,12,White,  Blue,    " Foreground White Color ");
    TFT_string( 2,14,White,  Blue,   " on Background Blue Color ");

    TFT_string( 4,18,Red,    Cyan,     " Foreground Red Color ");
    TFT_string( 2,20,Red,    Cyan,   " on Background Cyan Color ");

    TFT_string( 2,24,Yellow,Black,   " Foreground Yellow Color ");
    TFT_string( 1,26,Yellow,Black,  " on Background Black Color ");

    TFT_string( 3,30,Blue,Transparent,    " Foreground Blue Color ");
    TFT_string( 1,32,Blue,Transparent,  " on Transparent Background ");

    Delay_ms(5000);

    TFT_screen_mode('L');                       // landscape mode
    TFT_color_screen(White);                    // display full color(white)

    TFT_string( 6, 2,White, Black," OK-X128A1 ASCII Characters ");
    TFT_string(12, 4,White, Black,       " (White Screen) ");

    TFT_string( 0,10,White,  Blue,"Foreground White Color / Blue Background");

    TFT_string( 1,15,Red,    Cyan, "Foreground Red Color / Cyan Background");

    TFT_string( 0,20,Yellow,Black,"Foreground Yellow Color/Black Background");

    TFT_string( 2,25,Blue,Transparent, " Foreground Blue Color / Transparent ");

    Delay_ms(5000);

    TFT_screen_mode('P');                       // portrait mode
    TFT_clear_screen();                         // clear screen

    TFT_string( 6, 2,White,Magenta," ASCII Code Table ");
    code = 0x00;
    for(y = 6; y <= 36; y += 2)
      { TFT_xy(4,y); TFT_color(Green,Black);
        TFT_0x_hexadecimal(code,2);
        TFT_English(' '); TFT_English(':');
        TFT_color(Cyan,Black);

        for(x = 0; x <= 7; x++)
          { TFT_English(' ');
            TFT_English(code++);
          }
      }

    Delay_ms(5000);
  }
}
```

이 예제 프로그램을 컴파일하여 *OK-X128A1* 키트에 다운로드하고 실행하라. 앞의 어셈블리 예제 프로그램 Exp04_1.asm과 동일한 결과를 볼 수 있는가?

5. 수치 데이터 출력 프로그램

TFT-LCD 모듈에 수치 데이터를 ASCII 문자로 변환하여 출력하는 것은 매우 자주 사용하는 일이다. 여기서는 정수나 실수와 같은 수치 데이터를 TFT-LCD 모듈의 화면에 출력하는 프로그램 기술에 대하여 공부하기로 한다.

(1) 어셈블리 언어의 경우

다음은 *OK-X128A1* 키트의 TFT-LCD 모듈에 단자리 구구단과 10자리 구구단을 구현한 프로그램이다. 여기서 정수 데이터를 출력하는 서브루틴은 이 키트의 인클루드 파일 OK-X128A1.inc에 제공하는 것을 호출하여 간편하게 사용하였다.

〈프로그램 Exp04_2.asm〉 수치 데이터 출력 프로그램

```
;***************************************************************************
;*              Exp04_2.asm : 수치 데이터 출력 프로그램                      *
;***************************************************************************
;                          Designed and programmed by Duck-Yong Yoon in 2010.
;
;-----------------------------------------------
;       Include Header File
;-----------------------------------------------
.nolist
.include "ATxmega128A1def.inc"          ; ATxmega128A1 definition file
.list

;-----------------------------------------------
;       Macro Definition
;-----------------------------------------------
.macro  TFT_xy
        LDI     AL,@0                   ; set Xcharacter
        STS     Xcharacter,AL
        MOV     AL,@1                   ; set Ycharacter
        STS     Ycharacter,AL
.endm

.macro  TFT_color
        LDI     AL,low(@0)              ; set foreground color
        LDI     AH,high(@0)
        STS     foreground,AL
        STS     foreground+1,AH
        LDI     AL,low(@1)              ; set background color
        LDI     AH,high(@1)
        STS     background,AL
        STS     background+1,AH
.endm

;-----------------------------------------------
;       Initialize ATxmega128A1 MCU
;-----------------------------------------------
.cseg
        .org    0x0000
        LDI     AL,low(RAMEND)          ; initialize SP
        LDI     AH,high(RAMEND)
        OUT     CPU_SPL,AL
        OUT     CPU_SPH,AH
```

```
        CALL    Initialize_MCU          ; initialize ATxmega128A1 MCU
        CALL    Delay200ms              ; wait for system stabilization
        CALL    Initialize_TFT_LCD      ; initialize TFT-LCD
        CALL    Beep

;----------------------------------------------
;       Display Numerical Data
;----------------------------------------------
LOOP:   CALL    TFT_clear_screen        ; 정수
        CALL    TFT_string
        .db     1,4
        .dw     White,Magenta
        .db     " Multiplication Table(정수) ",0,0
        CALL    TFT_string
        .db     1,6
        .dw     Cyan,Black
        .db     "    (키트 서브루틴 사용)    ",0,0

        LDI     CL,2
        LDI     CH,20
LOOP1:  LDI     DL,1
        LDI     DH,10
LOOP2:  TFT_color Green,Black           ; 단자리 구구단
        LDI     AH,3
        MUL     AH,DL
        MOV     AH,R0
        LDI     AL,7
        ADD     AH,AL
        TFT_xy  1,AH
        LDI     TFT_LB,'0'
        ADD     TFT_LB,CL
        CALL    TFT_English
        LDI     TFT_LB,' '
        CALL    TFT_English
        LDI     TFT_LB,'x'
        CALL    TFT_English
        LDI     TFT_LB,' '
        CALL    TFT_English
        LDI     TFT_LB,'0'
        ADD     TFT_LB,DL
        CALL    TFT_English
        LDI     TFT_LB,' '
        CALL    TFT_English
        LDI     TFT_LB,'='
        CALL    TFT_English
        LDI     TFT_LB,' '
        CALL    TFT_English
        MUL     CL,DL
        MOV     TFT_LB,R0
        CALL    TFT_2dec

        TFT_color Yellow,Black          ; 10자리 구구단
        LDI     AH,3
        MUL     AH,DL
        MOV     AH,R0
        LDI     AL,7
        ADD     AH,AL
        TFT_xy  15,AH
        MOV     TFT_LB,CH
        CALL    TFT_2dec
        LDI     TFT_LB,' '
        CALL    TFT_English
        LDI     TFT_LB,'x'
        CALL    TFT_English
        LDI     TFT_LB,' '
        CALL    TFT_English
        MOV     TFT_LB,DH
        CALL    TFT_2dec
        LDI     TFT_LB,' '
        CALL    TFT_English
        LDI     TFT_LB,'='
```

```
            CALL    TFT_English
            LDI     TFT_LB,' '
            CALL    TFT_English
            MUL     CH,DH
            MOV     TFT_LB,R0
            MOV     TFT_HB,R1
            CALL    TFT_4dec

            INC     DL
            LDI     AL,10
            ADD     DH,AL
            CPI     DL,10
            BREQ    LOOP2X
            JMP     LOOP2

LOOP2X:     CALL    Beep
            CALL    Delay1sec
            CALL    Delay2sec

            INC     CL
            LDI     AL,10
            ADD     CH,AL
            CPI     CL,10
            BREQ    LOOP1X
            JMP     LOOP1

LOOP1X:     JMP     LOOP

;-----------------------------------------------
;       Include User Subroutine File
;-----------------------------------------------
.include "OK-X128A1.inc"            ; OK-X128A1 user subroutine file
```

☞ AVR에서 조건부 분기 명령은 -64~+63 번지 이내에서만 점프가 가능하므로 BRNE 명령을 사용하지 못하고 BREQ 명령을 사용하여 이와 같이 불편하게 반복처리 루프를 구현하였다.

(2) C언어의 경우

C언어에서 수치 데이터를 출력하는 것은 어셈블리 언어에 비하여 상당히 쉬우며, 다음과 같이 여러가지 방법이 있다. 이중에서 아무래도 가장 권장할만한 방법은 헤더 파일 OK-X128A1.h에 제공하는 함수를 사용하는 것이다.

▣ 사용자가 수치 데이터 출력 함수를 만들어 사용하는 경우

다음은 *OK-X128A1* 키트의 TFT-LCD 모듈에 단자리 구구단, 10자리 구구단, 실수 구구단을 구현한 프로그램이다. 여기서는 수치 데이터를 출력하는 함수를 사용자 프로그램에서 직접 만들어 사용하였는데, 이는 내용적으로 어렵지는 않지만 정수나 실수에 대하여 표현할 수치 데이터의 크기나 자릿수에 따라 매번 그에 맞는 함수를 만들어 사용해야 한다는 점이 상당히 번거롭다.

〈프로그램 Exp04_3.c〉 수치 데이터 출력 프로그램(1)

```
/* ============================================================================ */
/*                    Exp04_3.c : 수치 데이터 출력 프로그램(1)                    */
/* ============================================================================ */
/*                          Designed and programmed by Duck-Yong Yoon in 2010.  */

#include <avr/io.h>
#include "OK-X128A1.h"

void TFT_2d(unsigned char number)                /* display 2-digit decimal number */
{ unsigned char i;

  i = number/10;                                 // 10^1
  if(i == 0) TFT_English(' ');
  else       TFT_English(i + '0');

  i = number % 10;                               // 10^0
  TFT_English(i + '0');
}

void TFT_4d(unsigned int number)                 /* display 4-digit decimal number */
{ unsigned int i;
  unsigned char flag;

  flag = 0;
  i = number/1000;                               // 10^3
  if(i == 0) TFT_English(' ');
  else {     TFT_English(i + '0');
             flag = 1;
       }

  number = number % 1000;                        // 10^2
  i = number/100;
  if((i == 0) && (flag == 0))
             TFT_English(' ');
  else {     TFT_English(i + '0');
             flag = 1;
       }

  number = number % 100;                         // 10^1
  i = number/10;
  if((i == 0) && (flag == 0))
             TFT_English(' ');
  else {     TFT_English(i + '0');
             flag = 1;
       }

  i = number % 10;                               // 10^0
  TFT_English(i + '0');
}

void TFT_1d1(float number)                       /* floating-point number x.x */
{ unsigned char i, j;

  j = (int)(number*10. + 0.5);
  i = j / 10;                                    // 10^0
  TFT_English(i + '0');
  TFT_English('.');
  i = j % 10;                                    // 10^-1
  TFT_English(i + '0');
}

void TFT_2d2(float number)                       /* floating-point number xx.xx */
{ unsigned int i, j;

  j = (int)(number*100. + 0.5);
  i = j / 1000;                                  // 10^1
  if(i == 0) TFT_English(' ');
  else       TFT_English(i + '0');
```

```
    j = j % 1000;                                        // 10^0
    i = j / 100;
    TFT_English(i + '0');
    TFT_English('.');

    j = j % 100;                                         // 10^-1
    i = j / 10;
    TFT_English(i + '0');

    i = j % 10;                                          // 10^-2
    TFT_English(i + '0');
  }

  int main(void)
  {
    unsigned char x, y, xx, yy;
    float a, b;

    Initialize_MCU();                                    // initialize ATxmega128A1 MCU
    Delay_ms(200);
    Initialize_TFT_LCD();                                // initialize TFT-LCD

    while(1)
      { TFT_clear_screen();                              // 정수
        TFT_string(1,4,White, Magenta," Multiplication Table(정수) ");
        TFT_string(1,6,Cyan,  Black,  "       (사용자 함수 사용)      ");

        for(x = 2, xx = 20; x <= 9; x++, xx += 10)
          { for(y = 1, yy = 10; y <= 9; y++, yy += 10)
              { TFT_color(Green, Black);                 // 단자리 구구단
                TFT_xy(1, 7 + 3*y); TFT_English(x + '0');
                TFT_xy(3, 7 + 3*y); TFT_English('x');
                TFT_xy(5, 7 + 3*y); TFT_English(y + '0');
                TFT_xy(7, 7 + 3*y); TFT_English('=');
                TFT_xy(9, 7 + 3*y); TFT_2d(x*y);

                TFT_color(Yellow, Black);                // 10자리 구구단
                TFT_xy(15, 7 + 3*y); TFT_2d(xx);
                TFT_xy(18, 7 + 3*y); TFT_English('x');
                TFT_xy(20, 7 + 3*y); TFT_2d(yy);
                TFT_xy(23, 7 + 3*y); TFT_English('=');
                TFT_xy(25, 7 + 3*y); TFT_4d(xx*yy);
              }
            Beep();
            Delay_ms(3000);
          }

        TFT_clear_screen();                              // 실수
        TFT_string(1,4,White, Magenta," Multiplication Table(실수) ");
        TFT_string(1,6,Cyan,  Black,  "       (사용자 함수 사용)      ");

        for(x = 1,a = 1.1; x <= 9; x++, a += 1.1)
          { for(y = 1, b = 1.1; y <= 9; y++, b += 1.1)
              { TFT_color(Green, Black);                 // 실수 구구단
                TFT_xy( 6, 7 + 3*y); TFT_1d1(a);
                TFT_xy(10, 7 + 3*y); TFT_English('x');
                TFT_xy(12, 7 + 3*y); TFT_1d1(b);
                TFT_xy(16, 7 + 3*y); TFT_English('=');
                TFT_xy(18, 7 + 3*y); TFT_2d2(a*b);
              }
            Beep();
            Delay_ms(3000);
          }
      }
  }
```

▣ 헤더 파일 OK-X128A1.h의 함수를 호출하여 사용하는 경우

이 책에서 *OK-X128A1* 키트와 함께 제공하는 헤더 파일 OK-X128A1.h에는 여러 가지의 수치 데이터 출력함수를 만들어 놓았다. 이 출력함수는 표현할 수치 데이터의 자릿수를 파라미터로 지정하게 되어 있어서 편리하며, 뒤에서 설명하는 C컴파일러의 printf() 함수를 사용하는 방법에 비하여 간편하고 실행속도가 빠르며 적은 메모리 용량을 차지한다는 점에서 우수하다.

다음은 헤더 파일 OK-X128A1.h에서 제공하는 수치 데이터 출력함수를 사용하는 방법으로 앞의 예제 프로그램 Exp04_3.c를 다시 작성한 것이다. 소스가 훨씬 간단해졌음을 알 수 있다.

〈프로그램 Exp04_4.c〉 수치 데이터 출력 프로그램(2)

```
/* ========================================================================== */
/*                     Exp04_4.c : 수치 데이터 출력 프로그램(2)                     */
/* ========================================================================== */
/*                      Designed and programmed by Duck-Yong Yoon in 2010.    */

#include <avr/io.h>
#include "OK-X128A1.h"

int main(void)
{
  unsigned char x, y, xx, yy;
  float a, b;

  Initialize_MCU();                          // initialize ATxmega128A1 MCU
  Delay_ms(200);
  Initialize_TFT_LCD();                      // initialize TFT-LCD

  while(1)
    { TFT_clear_screen();                    // 정수
      TFT_string(1,4,White, Magenta," Multiplication Table(정수) ");
      TFT_string(1,6,Cyan,  Black,  "    (키트 헤더파일 사용)    ");

      for(x = 2, xx = 20; x <= 9; x++, xx += 10)
        { for(y = 1, yy = 10; y <= 9; y++, yy += 10)
            { TFT_color(Green, Black);       // 단자리 구구단
              TFT_xy(1, 7 + 3*y); TFT_English(x + '0');
              TFT_xy(3, 7 + 3*y); TFT_English('x');
              TFT_xy(5, 7 + 3*y); TFT_English(y + '0');
              TFT_xy(7, 7 + 3*y); TFT_English('=');
              TFT_xy(9, 7 + 3*y); TFT_unsigned_decimal(x*y,0,2);

              TFT_color(Yellow, Black);      // 10자리 구구단
              TFT_xy(15, 7 + 3*y); TFT_unsigned_decimal(xx,0,2);
              TFT_xy(18, 7 + 3*y); TFT_English('x');
              TFT_xy(20, 7 + 3*y); TFT_unsigned_decimal(yy,0,2);
              TFT_xy(23, 7 + 3*y); TFT_English('=');
              TFT_xy(25, 7 + 3*y); TFT_unsigned_decimal(xx*yy,0,4);
            }
          Beep();
          Delay_ms(3000);
        }

      TFT_clear_screen();                    // 실수
      TFT_string(1,4,White, Magenta," Multiplication Table(실수) ");
      TFT_string(1,6,Cyan,  Black,  "    (키트 헤더파일 사용)    ");
```

```
        for(x = 1,a = 1.1; x <= 9; x++, a += 1.1)
          { for(y = 1, b = 1.1; y <= 9; y++, b += 1.1)
              { TFT_color(Green, Black);           // 실수 구구단
                TFT_xy( 6, 7 + 3*y); TFT_unsigned_float(a,1,1);
                TFT_xy(10, 7 + 3*y); TFT_English('x');
                TFT_xy(12, 7 + 3*y); TFT_unsigned_float(b,1,1);
                TFT_xy(16, 7 + 3*y); TFT_English('=');
                TFT_xy(18, 7 + 3*y); TFT_unsigned_float(a*b,2,2);
              }
            Beep();
            Delay_ms(3000);
          }
      }
  }
```

▣ C컴파일러의 printf() 함수를 사용하는 경우

오늘날 대부분의 마이크로컨트롤러용 C컴파일러에서는 printf() 함수를 지원하고 있으며 이것은 내부적으로 1문자를 출력하는 저수준의 스트림 출력(low-level stream output) 함수 PUTCHAR()를 사용하여 특정한 장치로 서식지정 문자열을 출력한다. 따라서, 사용자는 이 PUTCHAR() 함수를 수정함으로써 사용자가 printf() 함수로 출력하는 장치를 변경할 수 있다. 디폴트 출력장치로는 흔히 직렬통신 포트를 사용하고 있다.

이 책에서 우리가 사용하는 WinAVR에서도 printf() 함수의 모든 표준적인 기능을 지원하고 있는데, 여기서는 printf() 함수가 내부적으로 저수준 스트림 출력함수의 이름을 PUTCHAR()로 고정하지 않고 사용자가 임의로 1문자 출력 함수를 만든 다음에 이를 표준출력장치 stdout으로 지정하여 사용할 수 있기 때문에 기능이 훨씬 더 유연하고 편리하다. 즉, 각 출력장치에 대한 저수준 스트림 출력함수들을 별도로 만들어 놓고 이것들 중에서 원하는 것을 필요할 때마다 표준출력장치 stdout으로 지정할 수 있으므로 하나의 프로그램에서 printf() 함수에 의한 출력장치를 여러가지로 변경하여 사용할 수도 있다.

이와 같이 C언어 프로그램에서 컴파일러에 내장된 printf() 함수를 사용하여 %로 서식 지정하는 데이터를 출력한다면 각종 출력장치의 액세스가 매우 편리해진다. 이것은 RS-232C 직렬통신 포트는 물론이고 텍스트형 LCD 모듈이나 TFT-LCD 모듈에도 모두 적용된다. 그러나, 이와 같이 printf() 함수를 사용하여 % 서식 지정으로 출력하는 방법은 사용하기에 편리한 장점이 있는 반면에 오브젝트 파일이 상당히 길어지고 그에 따라 이 루틴의 실행속도도 낮아진다는 단점을 갖는다. 따라서, 플래시 메모리의 용량이 작은 일부 AVR ATtiny 모델에서는 이를 사용하기 어려울 경우도 있다.

WinAVR 컴파일러에서 printf() 함수를 사용하는 절차와 방법은 다음과 같다.

① 사용자 프로그램의 서두에서 헤더파일 stdio.h를 인클루드한다. printf() 함수에 관련된 모든 사항은 이 헤더파일에 정의되어 있다.
② 1문자를 출력하는 저수준 스트림 함수에서 사용할 주변장치를 초기화한다. 이는 보통 별도의 사용자 정의 함수로 만들어 사용하는 것이 좋다. 일반적으로 1문자를 출력하는 저수준 스트림 함수에는 해당 출력장치를 초기화하는 기능을 포함하지 않으므로 이를 별도로 미리 초기화해 놓아야 한다.
③ 1문자를 출력하는 저수준 스트림 함수를 만든다. 이 함수의 이름은 사용자가 임의로 정할 수 있다. 이 함수에서는 모든 ASCII 문자를 출력할 수 있어야 한다.
④ 1문자를 출력하는 저수준 스트림 함수를 표준출력장치 stdout으로 지정한다.
⑤ 필요할 때 printf() 함수를 사용한다. 여기서는 일반적인 ANSI C 표준의 모든 % 서식 지정이 사용될 수 있다.
⑥ 위에서 ④~⑤의 과정은 여러 가지의 주변장치에 대하여 반복적으로 사용할 수 있다.

이렇게 printf() 함수를 사용하면 단순한 문자열이나 정수형 데이터를 % 서식으로 지정하여 출력하는 기능은 올바르게 수행된다. 그러나, 부동소수점 데이터를 % 서식으로 지정하여 출력하려면 이 사용자 프로그램을 컴파일할 때 반드시 별도의 라이브러리 파일 libm.a와 libprintf_flt.a를 링크시켜 주어야 한다. 왜냐 하면 부동소수점 수를 처리하는 루틴은 상당한 용량을 차지하므로 WinAVR에서는 이를 필요할 때만 사용자 프로그램에 링크할 수 있도록 별도의 라이브러리 파일로 만들어 놓았기 때문이다.(기본적으로 정수형 데이터는 라이브러리 파일 libprintf_min.a에서 처리하며 이는 따로 링크시키지 않아도 자동으로 처리된다.) 이들 라이브러리 파일을 링크하여 주는 방법에 대해서는 제4.2절에서 이미 설명하였다.

WinAVR 컴파일러의 printf() 함수에서 사용할 수 있는 %서식 지정 형식을 요약하면 다음과 같다. 이는 표준적인 ANSI C 컴파일러에서 사용하는 %서식 지정 형식을 모두 포함하고 있다.

%[-][+][[0]w][.n][l]변환문자

%: 서식 제어 문자열의 시작을 의미한다.
-: 서식은 항상 필드의 오른쪽으로 정렬이 되지만 -를 붙이면 왼쪽으로 정렬된다.
+: 필드의 서두에 항상 부호를 붙인다.
0: 필드의 왼쪽 남는 자리를 공백으로 두지 않고 0을 채워 표시한다.

w : 전체 필드의 폭(field width)을 자리수로 나타낸다.
.n : 실수의 경우 소수점 이하의 자리수(precision)를 나타낸다.
l : long형 정수를 나타내며 변환문자 d, u, o, x의 앞에 붙을 수 있다.
변환문자 d : 부호 있는 10진수(signed int)로 표시한다.
변환문자 u : 부호 없는 10진수(unsigned int)로 표시한다.
변환문자 o : 부호 없는 8진수(unsigned int)로 표시한다.
변환문자 x : 부호 없는 16진수(unsigned int)로 표시한다.(a~f를 소문자로 출력)
변환문자 X : 부호 없는 10진수(unsigned int)로 표시한다.(A~F를 대문자로 출력)
변환문자 f : 부동소수점 수(double)를 소수점을 포함하는 실수 형식으로 표시한다.
변환문자 e : 부동소수점 수(double)를 지수 형식으로 표시한다.(e를 소문자로 출력)
변환문자 E : 부동소수점 수(double)를 지수 형식으로 표시한다.(E를 대문자로 출력)
변환문자 g : %f나 %e 중에서 적당한 방식으로 표시한다.
변환문자 G : %f나 %E 중에서 적당한 방식으로 표시한다.
변환문자 c : 1문자(unsigned char)를 표시한다.
변환문자 s : 문자열(char *)을 표시한다.

예
```
printf("%5d\n", 123);            --->   123
printf("%05d\n", 123);           ---> 00123
printf("%-5d\n", 123);           ---> 123
printf("%7.2f\n", 123.456);      --->  123.46
printf("%07.2f\n", 123.456);     ---> 0123.46
printf("%+7.2f\n", 123.456);     ---> +123.46
printf("%10.2e\n", 123.456);     --->  1.23e+002
printf("%10.2E\n", 123.456);     --->  1.23E+002
```

☞ 필드를 지정한 값이 실제 숫자의 폭보다 작으면 서식지정은 무시되고 숫자 전체가 표시된다. 부동소수점 수에서 소수점 이하의 맨 아래 자리는 그 아래에서 반올림 처리된다.

다음은 WinAVR 컴파일러에 내장된 printf() 함수를 사용하여 TFT-LCD 모듈에 정수 및 실수 데이터를 %서식 지정 방식으로 앞의 예제 프로그램 Exp04_3.c를 다시 작성한 것이다.

〈프로그램 Exp04_5.c〉 수치 데이터 출력 프로그램(3)

```
/* ========================================================================= */
/*                 Exp04_5.c : 수치 데이터 출력 프로그램(3)                    */
/* ========================================================================= */
/*                      Designed and programmed by Duck-Yong Yoon in 2010.   */

#include <avr/io.h>
#include <stdio.h>
#include "OK-X128A1.h"
```

```
static int TFT_putchar(char c, FILE *stream);
static FILE device = FDEV_SETUP_STREAM(TFT_putchar, NULL, _FDEV_SETUP_WRITE);

static int TFT_putchar(char c, FILE *stream)     /* print a character to TFT-LCD */
{
  if((c < 0x20) || (c > 0x7E))                   // check from 0x20 to 0x7E
    return 0;

  TFT_English(c);
  return 0;
}

int main(void)
{
  unsigned char x, y, xx, yy;
  double a, b;

  Initialize_MCU();                              // initialize ATxmega128A1 MCU
  Delay_ms(200);
  Initialize_TFT_LCD();                          // initialize TFT-LCD

  stdout = &device;                              // set TFT-LCD to stdout

  while(1)
    { TFT_clear_screen();                        // 정수
      TFT_string(1,4,White, Magenta," Multiplication Table(정수) ");
      TFT_string(1,6,Cyan,  Black,  "    (printf() 함수 사용)    ");

      for(x = 2, xx = 20; x <= 9; x++, xx += 10)
        { for(y = 1, yy = 10; y <= 9; y++, yy += 10)
            { TFT_color(Green, Black);            // 단자리 구구단
              TFT_xy(1, 7 + 3*y); TFT_English(x + '0');
              TFT_xy(3, 7 + 3*y); TFT_English('x');
              TFT_xy(5, 7 + 3*y); TFT_English(y + '0');
              TFT_xy(7, 7 + 3*y); TFT_English('=');
              TFT_xy(9, 7 + 3*y); printf("%2d",x*y);

              TFT_color(Yellow, Black);           // 10자리 구구단
              TFT_xy(15, 7 + 3*y); printf("%2d",xx);
              TFT_xy(18, 7 + 3*y); TFT_English('x');
              TFT_xy(20, 7 + 3*y); printf("%2d",yy);
              TFT_xy(23, 7 + 3*y); TFT_English('=');
              TFT_xy(25, 7 + 3*y); printf("%4d",xx*yy);
            }
          Beep();
          Delay_ms(3000);
        }

      TFT_clear_screen();                        // 실수
      TFT_string(1,4,White, Magenta," Multiplication Table(실수) ");
      TFT_string(1,6,Cyan,  Black,  "    (printf() 함수 사용)    ");

      for(x = 1,a = 1.1; x <= 9; x++, a += 1.1)
        { for(y = 1, b = 1.1; y <= 9; y++, b += 1.1)
            { TFT_color(Green, Black);            // 실수 구구단
              TFT_xy( 6, 7 + 3*y); printf("%3.1f",a);
              TFT_xy(10, 7 + 3*y); TFT_English('x');
              TFT_xy(12, 7 + 3*y); printf("%3.1f",b);
              TFT_xy(16, 7 + 3*y); TFT_English('=');
              TFT_xy(18, 7 + 3*y); printf("%5.2f",a*b);
            }
          Beep();
          Delay_ms(3000);
        }
    }
}
```

6. 실습 과제

(1) 폰트 또는 폰트 데이터란 무엇인지 설명하라. 그리고 폰트의 종류에 대하여 말해 보라.

(2) 수치 데이터를 TFT-LCD 화면이나 프린터로 출력하려면 왜 ASCII 문자열로 변환해야 하는지 설명하라.

(3) 예제 프로그램 Exp04_3.c에서 실수에 100을 곱하여 100배 큰 정수로 만들 때

```
j = (int)(number*100. + 0.5);
```

에서처럼 0.5를 더해주는 이유는 무엇인가?

(4) 예제 프로그램 Exp04_5.c에서 실수 구구단을 출력하는데 3개의 printf()문을 사용하였는데, 이를 1개의 printf()문으로 처리하는 것으로 수정한 프로그램 Exp04_5R.c를 작성하라.

4.5 TFT-LCD 모듈 한글 출력 프로그램

이 절에서는 *OK-X128A1* 키트에서 사용하는 TFT-LCD 모듈에 16×16 픽셀 크기의 조합형 한글을 출력하는 프로그램 기술을 익히기로 하며, 부수적으로 이보다 더 큰 24×24 픽셀의 한글 출력 프로그램도 제공한다. 이 출력 프로그램에서는 글씨체를 명조체, 고딕체, 필기체 중에서 선택적으로 사용할 수 있으며, 다양한 컬러를 사용하는 것은 물론이고 커서나 투명글씨, 외곽선체와 같은 고급 기능을 사용할 수 있다. 한글 출력 프로그램에서는 당연히 부수적으로 영문 ASCII 문자도 출력할 수 있는데 영문 ASCII 문자는 항상 한글 크기의 ½로 처리한다.

조합형 한글 표시방식은 완성형 한글 표시방식에 비하여 폰트를 저장하는 메모리를 적게 차지하므로 마이크로컨트롤러에서 널리 사용하고 있다. 그러나, 현재 퍼스널컴퓨터의 모든 Windows 운영체제는 완성형 한글 코드를 사용하고 있으므로 우리가 프로그램을 작성할 때 C언어 소스 파일에 한글 문자를 사용하면 이는 완성형 코드로 저장된다. 따라서, 한글 표시용 사용자 함수에서는 완성형 한글 코드를 먼저 조합형 코드로 변환한 후에 이를 조합형 표시방식으로 디스플레이하게 된다.

관련 내용	(1) 제3.1절 *OK-X128A1* 키트의 구조와 기능 (2) 제4.1절 ATxmega128A1 어셈블리 프로그램 기초 (3) 제4.2절 ATxmega128A1 C언어 프로그램 기초

1. 한글의 구조와 화면표시 기술

한글을 TFT-LCD 모듈에 표시하는 프로그램 기술은 앞의 제4.4절에서 설명한 영문 ASCII 문자 표시에 비하여 훨씬 복잡하다. 이는 한글이 풀어쓰기 구조를 가지는 영어와 달리 모아쓰기라는 독특한 구조를 가지기 때문이다.

한글은 조선 제4대 임금이신 세종대왕께서 1443년에 창제하고 1446년에 반포하신 우리 고유의 문자로서 세계에서 그 유래를 찾기 어려우리만큼 과학적이고 아름다운 문자라고 평가되고 있다. 그러나, 한글은 이렇게 자랑스러운 우리 민족의 유산이지만, 모아쓰기라는 독특한 특성 때문에 컴퓨터로 이를 처리하기에는 다소 까다롭다. 하지만,

한글은 초성, 중성, 종성의 3가지 자소로 조합되는 규칙성을 가지므로 음절 단위의 완성된 형태만을 가지는 중국의 한자(漢字)에 비하면 훨씬 처리하기에 용이한 것도 사실이다.

다시 말하면 영문 ASCII 문자는 기본적으로 언어 구조가 풀어쓰기로 되어 있으므로 1가지의 폰트를 사용하여 화면에 이를 표시하는 과정이 아주 간단하게 처리되지만, 한글은 모아쓰기 구조를 가지므로 초성의 자음 "ㄱ" 하나만을 놓고 보더라도 중성과 종성에 무엇이 오느냐에 따라 매우 다른 모양의 폰트가 필요하며, 따라서 이를 출력하는 프로그램에는 초성, 중성, 종성에 해당하는 다양한 폰트 데이터를 가지고 있어야 하고, 상황에 따라 이중에서 가장 적절한 폰트를 찾아서 1음절의 문자를 구성해야만 한다는 것이다.

이제 한글을 TFT-LCD 모듈에 표시하려면 먼저 한글의 과학적인 구조를 자세히 살펴볼 필요가 있다.

(1) 한글 표시 화면의 구성

제4.4절에서 영문 ASCII 문자는 가로×세로 = 8×16 픽셀 크기의 반각 문자로 표시하였으나 한글은 가로×세로 = 16×16 픽셀의 문자 박스에 전각 문자로 표시한다. 즉, 반각인 영문 ASCII 문자를 가로 방향으로 2개 합치면 전각인 한글 1글자의 면적이 된다.

이렇게 하면 이 책에서 사용하는 240×320 픽셀 해상도의 TFT-LCD 모듈 화면에 표시할 수 있는 한글 글자는 <그림 4.5.1>과 같다. 즉, 초상화 모드에서는 그림의 (a)처럼 15열×20행의 한글 글자를 표시할 수 있고, 풍경화 모드에서는 그림의 (b)처럼 20열×15행의 한글 글자를 표시할 수 있게 된다.

각각의 경우에 가로 방향과 세로 방향으로는 1문자가 16픽셀로 구성되지만 문자를 표시하는 위치는 8픽셀 단위로 지정할 수 있게 하면 각 글자 간격과 행 간격을 1문자 또는 $\frac{1}{2}$문자씩 둘 수 있어서 편리하다.

(2) 한글의 구조

한글은 초성, 중성, 종성의 자소(字素)가 모여서 1음절(音節)의 글자를 구성하는 과학적인 모아쓰기 구조를 갖는 언어이다. 그러나, 글자에 따라서는 종성(받침)이 없고 초성과 중성으로만 만들어지기도 한다.

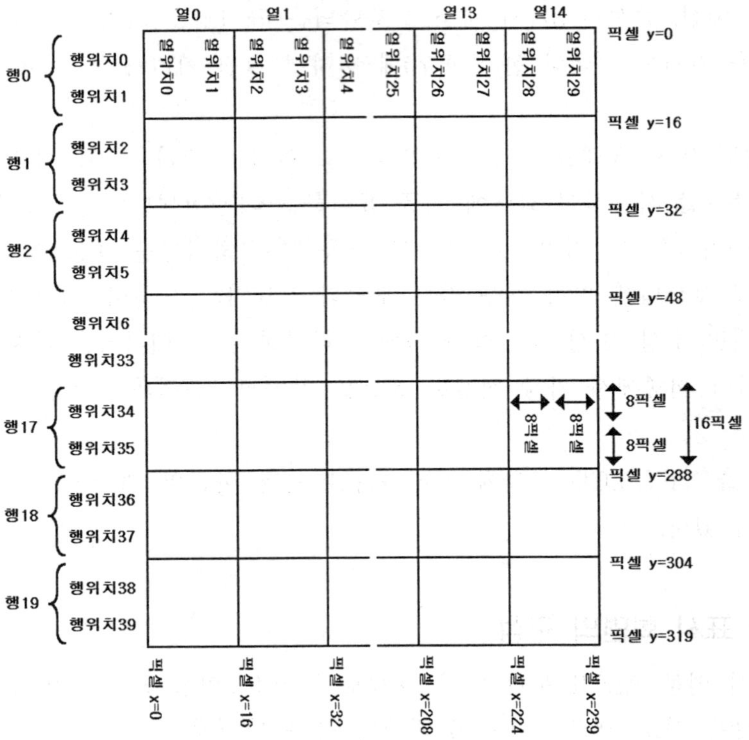

(a) 초상화 모드

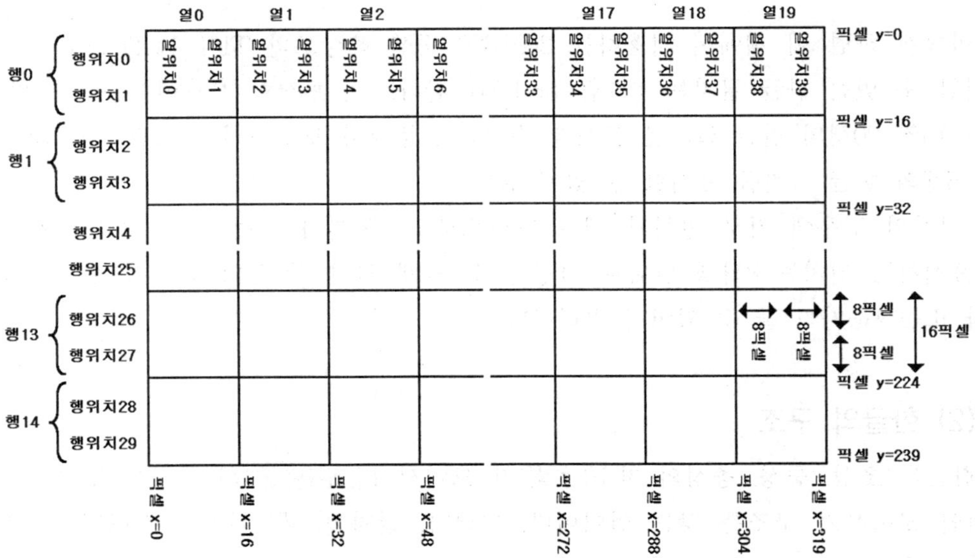

(b) 풍경화 모드

〈그림 4.5.1〉 TFT-LCD 모듈 화면에 16×16 픽셀의 한글 글자를 표시하는 방법

초성과 종성은 반드시 자음으로 사용되고 중성은 반드시 모음이 사용되는데, 이렇게 한글을 구성하는 자소들과 그것들이 초성, 중성, 종성에 각각 사용되는 내역을 정리하면 <표 4.5.1>과 같다.

이렇게 각 자소를 사용하여 한글 글자가 구성되므로 이론적으로 만들 수 있는 총 글자 수는 다음과 같다.

받침이 없는 글자 : 초성(19) × 중성(21) = 399자
받침이 있는 글자 : 초성(19) × 중성(21) × 종성(27) = 10,773자
계 = 11,172자

이와 같이 한글은 자음 14개와 모음 10개를 기본으로 하면서 여기에서 파생된 쌍자음, 복자음 및 복모음들을 과학적으로 결합시켜 글자를 만들게 된다. 이것이 한글의 기본적인 특징이다.

〈표 4.5.1〉 한글 글자의 구성

한글 자소	기본 자음(14개)	ㄱ ㄴ ㄷ ㄹ ㅁ ㅂ ㅅ ㅇ ㅈ ㅊ ㅋ ㅌ ㅍ ㅎ
	쌍자음(5개)	ㄲ ㄸ ㅃ ㅆ ㅉ
	복자음(11개)	ㄳ ㄵㄶ ㄺ ㄻ ㄼ ㄽ ㄾ ㄿ ㅀ ㅄ
	기본 모음(10개)	ㅏ ㅑ ㅓ ㅕ ㅗ ㅛ ㅜ ㅠ ㅡ ㅣ
	복모음(11개)	ㅐ ㅒ ㅔ ㅖ ㅘ ㅙ ㅚ ㅝ ㅞ ㅟ ㅢ
글자 구성	초성(19개)	기본 자음(14) + 쌍자음(5)
	중성(21개)	기본 모음(10) + 복모음(11)
	종성(27개)	기본 자음(14) + 쌍자음(2 ; ㄲ ㅆ) + 복자음(11)

(3) 한글 코드

우리나라에 컴퓨터가 처음 소개되면서 영문 ASCII 문자만을 처리하는 컴퓨터에서 이와 충돌이 되지 않으면서 한글을 표시하고 처리하는 방법이 문제가 되었다. 국내에서 컴퓨터가 사용되기 시작한 이후 상당히 오랜 시간이 지나도록 N바이트 코드나 3바이트 코드와 같은 여러가지 한글처리 방식이 사용되기도 하였고, 각 회사별로 서로 다른 종류의 2바이트(16비트) 조합형 한글 코드를 사용하기도 하였다. 이러한 상황은 당시의 컴퓨터 사용자들에게 컴퓨터 모델 사이에 전혀 소프트웨어의 호환성이 유지되지 않아서 많은 혼란을 주었지만, 각 회사의 영업적 이해관계나 기술적인 차이 등으로 하여 쉽게 해결될 전망이 보이지 않았다.

그러던 중에 1987년에 정부는 많은 논란 끝에 완성형 한글 코드를 KS 표준 규격으로 정하였는데, 그것이 오늘날까지 사용되는 KSC5601-1987 정보 교환용 부호(현재는 이를 1998년에 개정하여 KSX 1001로 되어 있음.)이다. 이는 한글이 초성, 중성, 종성으로 구성되어 모두 11,172자를 표현할 수 있다는 점을 고려하지 않고, 사용빈도가 높은 한글 글자들을 완성된 형태로 2,350자만 정의하고, 여기에 한자 4,888자, 특수문자 1,128자, 사용자 정의문자 188자 등을 지정함으로써 한글의 기본적인 원리와 장점을 훼손한다는 거센 비판을 받았다. 실제로 이를 사용하면 표시할 수 없는 글자가 상당히 많아서 종종 불편을 초래하며, 사용자 정의문자에 이를 정의한다고 하더라도 일반성이 없고 순서대로 정렬(sort)하는데 문제가 생기므로 불편이 전혀 해결되지 않는다. 그러나, 완성형 코드는 국제적 표준코드인 ISO 2022와 비교적 충돌이 적고 글자체를 보다 미려하게 디자인할 수 있는 등의 장점도 가지고 있다.

이러한 완성형 한글 코드의 문제점을 인식하여 정부는 1992년에 기존의 완성형 코드에 보조적으로 조합형 코드를 사용할 수 있도록 KS 표준 규격을 개정하였는데, 그것이 KSC5601-1992 정보 교환용 부호의 보조 부호(현재는 역시 1998년에 개정되어 KSX 1001로 되어 있음.)이다. 이와 같이 현재는 16비트 완성형과 2바이트(16비트) 조합형이 모두 국가 표준규격으로 정해져 있는데, 어쩔 수 없는 현실의 반영으로 볼 수도 있으나 국가 표준이 2가지라는 것은 사리에 맞지 않는 것으로서 아직까지도 적지 않은 혼란을 불러일으키고 있다.

그러나, 이러한 문제들에 관계없이 TFT-LCD 모듈에 한글을 표시해야 하는 우리의 입장에서는 메모리 용량의 한계 때문에 반드시 2바이트 조합형 한글 코드를 사용해야 하므로 여기서는 이것에 대하여 자세히 알아보기로 한다.

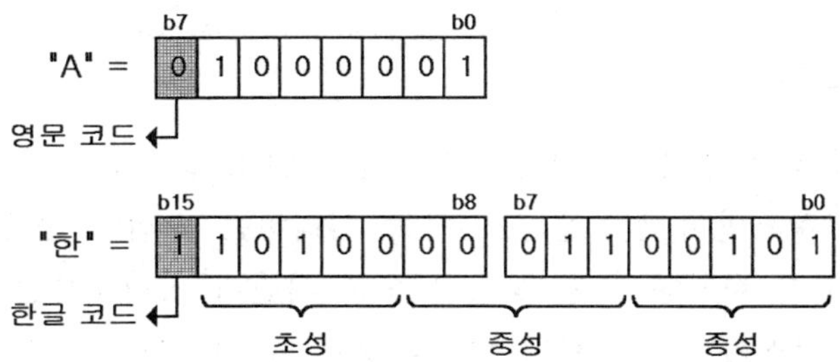

〈그림 4.5.2〉 2바이트 조합형 한글 코드의 구조

KS 표준 규격인 2바이트 조합형 한글 코드에서는 <그림 4.5.2>에 보인 것처럼 초성, 중성, 종성을 각각 5비트의 길이로 나타낸다. 영문 ASCII 코드인 경우에는 8비트로 나타내는데, 여기서 최상위 비트를 b7 = 0으로 하여 영문이라는 것을 나타내고, 나머지 7개의 비트(b6~b0)들로는 이 문자의 ASCII 코드값을 나타낸다. 그러나, 한글 코드는 최상위 비트를 b7 = 1로 표시하고 이 경우에는 이 바이트와 그 다음에 오는 또 하나의 바이트를 연속으로 붙여서 총 2바이트(16비트)를 한글 코드로 사용하게 된다. 이때, 나머지 15개의 비트(b14~b0)들은 차례로 5비트씩 분할하여 각각 초성, 중성, 종성을 표시하게 된다.

이렇게 초성, 중성, 종성의 자소를 각각 5비트로 표시할 수 있는 것은 앞에서도 살펴보았듯이 초성이 19자, 중성이 21자, 종성이 27자이기 때문에 모두 5비트로 표현 가능한 2^5 = 32종류 이하이기 때문이다. 그러나, 실제로는 초성, 중성, 종성에 각각 자리 채움 표시(fill code)를 1개씩 추가하여 20자, 22자, 28자로 된다.

〈표 4.5.2〉 KSC5601-1992의 2바이트 조합형 한글코드

비트값		초성(20자)		중성(22자)		종성(28자)	
10진수	2진수						
0	00000						
1	00001	fill code	0			fill code	0
2	00010	ㄱ	1	fill code	0	ㄱ	1
3	00011	ㄲ	2	ㅏ	1	ㄲ	2
4	00100	ㄴ	3	ㅐ	2	ㄳ	3
5	00101	ㄷ	4	ㅑ	3	ㄴ	4
6	00110	ㄸ	5	ㅒ	4	ㄵ	5
7	00111	ㄹ	6	ㅓ	5	ㄶ	6
8	01000	ㅁ	7			ㄷ	7
9	01001	ㅂ	8			ㄹ	8
10	01010	ㅃ	9	ㅔ	6	ㄺ	9
11	01011	ㅅ	10	ㅕ	7	ㄻ	10
12	01100	ㅆ	11	ㅖ	8	ㄼ	11
13	01101	ㅇ	12	ㅗ	9	ㄽ	12
14	01110	ㅈ	13	ㅘ	10	ㄾ	13
15	01111	ㅉ	14	ㅙ	11	ㄿ	14
16	10000	ㅊ	15			ㅀ	15
17	10001	ㅋ	16			ㅁ	16
18	10010	ㅌ	17	ㅚ	12	*	
19	10011	ㅍ	18	ㅛ	13	ㅂ	17
20	10100	ㅎ	19	ㅜ	14	ㅄ	18
21	10101	(한자)		ㅝ	15	ㅅ	19
22	10110	(한자)		ㅞ	16	ㅆ	20
23	10111	(한자)		ㅟ	17	ㅇ	21
24	11000	(한자)				ㅈ	22
25	11001	(한자)				ㅊ	23
26	11010	(한자)		ㅠ	18	ㅋ	24
27	11011	(한자)		ㅡ	19	ㅌ	25
28	11100	(한자)		ㅢ	20	ㅍ	26
29	11101	(한자)		ㅣ	21	ㅎ	27
30	11110	(한자)		*		*	
31	11111			*			

KSC5601-1992 정보 교환용 부호의 보조 부호로 정의된 2바이트 조합형 한글 코드를 보이면 <표 4.5.2>와 같다. 이중에서 사선으로 표시한 부분은 사용하지 못하도록 되어 있는 빈 자리이며, 그중에서 *표로 표시한 부분은 한글 고어(古語)를 정의하기도

하는 자리이나 우리는 전혀 사용하지 않으므로 그냥 비워두기로 한다. 초성, 중성, 종성의 우측에 있는 각 숫자들은 이들 비트들이 00000에서부터 2진수가 증가하면서 차례로 연속하여 정의되어 있지 않기 때문에 나중에 각 자소들을 인덱싱(indexing)하는데 편리하게 사용하기 위한 인수들이다.

키입력 루틴에서 사용하는 한글 오토마타(automata) 프로그램은 키보드에서 입력되는 자소들을 모아서 <표 4.5.2>와 같은 2바이트 조합형 한글 코드를 만든다. 한글 1음절은 초성+중성 또는 초성+중성+종성으로 구성되므로 초성에 해당하는 자음과 중성에 해당하는 모음이 입력될 때까지는 비교적 처리가 용이하지만, 그 다음에 자음이 입력되는 경우에는 처리가 복잡해진다. 이 자음은 일단 종성으로 처리되었다가 그 다음에 또다시 자음이 입력되면 그대로 종성으로 결정되지만, 만약 그 다음에 입력된 것이 모음인 경우에는 이 자음이 2번째 음절의 초성으로 바뀌어 처리된다.

여기서, fill code는 1음절을 구성하는 3가지의 자소 중에서 최소한 어느 1가지 또는 2가지가 생략된 경우에 그 생략 부분을 채워서 2바이트의 조합형 한글 코드를 완성해주는 값이다. 즉, 받침이 없는 글자에서는 항상 종성이 fill code로 채워지고, " ㅏㄴ"과 같이 표시하는 경우는 초성이 fill code로 채워지며, "ㅜ"와 같이 표시하는 경우는 초성과 종성이 모두 fill code로 채워진다.

(4) 조합형 한글의 화면표시

TFT-LCD 모듈 화면에 이와 같이 16×16 픽셀 크기의 한글 글자를 표시하기 위한 문자의 폰트 구조를 보이면 <그림 4.5.3>과 같다. 즉, 한글 각 자소의 폰트는 각 픽셀에 대응하는 비트들을 세로 방향으로 모아서 2진수 1바이트 데이터를 만들고(위쪽이 LSB, 아래쪽이 MSB가 되도록 1바이트 데이터를 만들어야 한다.) 이것들을 수평방향으로 16바이트를 연속하여 배열하며, 윗줄이 끝나면 아랫줄에 대하여도 동일한 방식으로 16바이트를 배열한다. 따라서, 한글 자소 1개에는 모두 32바이트의 폰트 데이터가 필요하다.

앞에서 살펴본 바와 같이 영문 ASCII 문자의 경우에는 각 문자의 코드에 대하여 8×16 도트의 문자 박스에 이 문자를 표시하기 위하여 각 문자당 16바이트씩으로 구성되는 폰트 데이터 테이블을 미리 만들어 저장해 놓았다가 이를 찾아서 화면에 출력하면 되므로 비교적 처리가 단순하고 쉬웠다.

조합형 한글에서는 이렇게 초성, 중성, 종성의 각 자소가 16×16 픽셀에 대응되는 32바이트의 폰트를 가지고 있으며, 1음절의 글자를 완성하려면 <그림 4.5.3>에 보인 것처럼 이 초성, 중성, 종성의 폰트 데이터를 모두 OR시켜서 32바이트의 최종적인 폰트 데이터로 만들고 이를 TFT-LCD 모듈에 출력하려면 각 비트를 해당 픽셀에 대응되는 16비트 컬러 데이터로 변환하여 출력하게 된다.

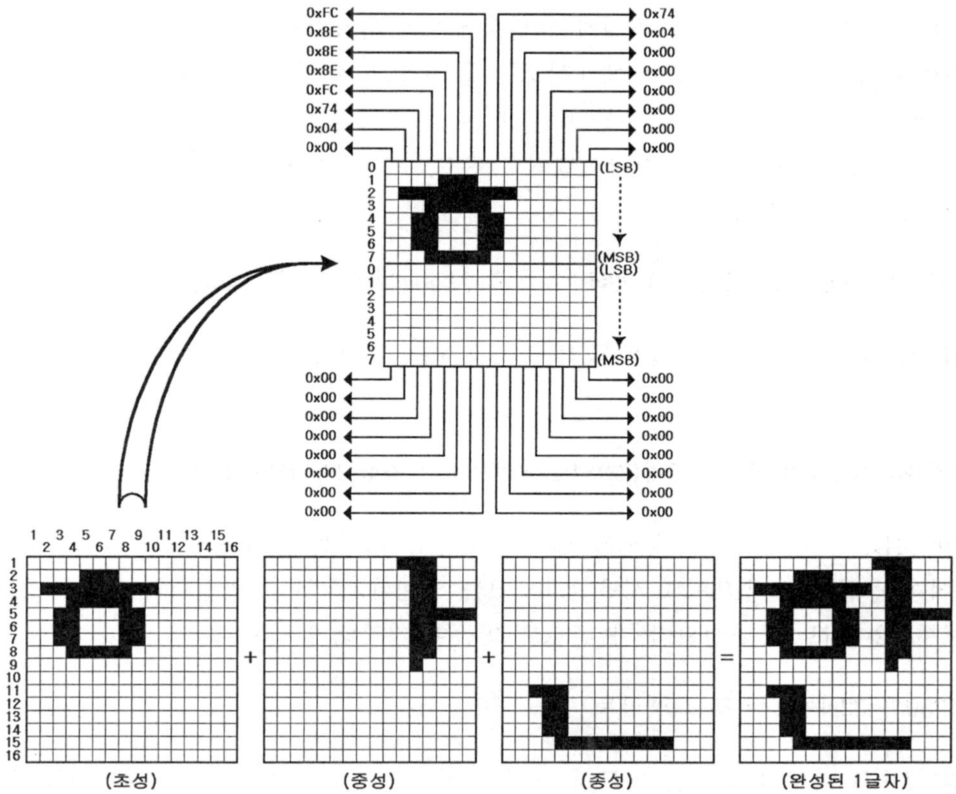

〈그림 4.5.3〉 16×16 픽셀의 문자 박스로 된 한글의 폰트 구조

더구나, 이들 초성, 중성, 종성은 각각 1가지씩의 폰트만을 가지는 것이 아니라 여러 벌의 폰트를 가지고 있어야 한다. 즉, 초성의 "ㄱ"은 항상 조합형 한글 코드 내에서는 같은 값으로 표시되지만 이를 화면에 표시할 때는 글자에 따라 다른 모양의 폰트가 사용되어야 한다. 예를 들면 "가"에서의 초성과 "강"에서의 초성, 그리고 "고"에서의 초성 및 "공"에서의 초성, "광"에서의 초성은 모두 같은 초성의 "ㄱ"으로 코드가 표시되지만, 이를 화면에 표시할 때는 서로 상당히 다른 모양이 되어야만 전체적인 글자의 모양이 보기 좋도록 균형과 조화를 이루게 되는 것이다. 이것은 "ㄱ"뿐만 아니라 모든 초성에 대하여 마찬가지이며, 나아가 초성뿐만 아니라 중성이나 종성에서도 또한 마찬가지이다.

결국 초성, 중성, 종성을 화면에 표시하기 위한 폰트 데이터에는 여러 개의 벌을 가져야 하며, 이들 각 자소에 대한 벌수가 많을수록 좀더 미려한 글자 모양을 얻을 수 있다. 그러나, 이들 벌수를 지나치게 많게 만들면 화면표시 처리 과정이 복잡해지는 것은 물론이고 폰트 데이터를 저장하는 메모리 용량이 지나치게 커지므로 실용적이지 못하다. 그래서 이들 벌수를 처리하는 방식에는 여러가지가 있지만, 가장 널리 사용되는 것이 8×4×4벌 방식이며 이 책에서도 이를 따르기로 한다. 즉, 초성 폰트 8벌, 중성 폰트 4벌, 종성 폰트 4벌로 사용한다는 것이다.

만약 초성, 중성, 종성에 각각 1벌씩의 폰트만을 사용한다면 이들 폰트를 저장하는데 필요한 메모리 용량은

초성(20)×32바이트 + 중성(22)×32바이트 + 종성(28)×32바이트 = 2,240바이트

가 될 것이다. 하지만, 8×4×4벌 방식을 사용하면 총 폰트 데이터의 용량은 크게 증가하여

초성(20)×8벌×32바이트 + 중성(22)×4벌×32바이트 + 종성(28)×4벌×32바이트 = 11,520바이트

즉, 약 11KB가 된다. 이런 정도의 메모리 용량은 대부분의 마이크로프로세서 응용 시스템에서 충분히 실용적으로 사용할 수 있는 양이다. 그러나, 완성형의 경우는 2,350자를 모두 32바이트의 완성된 문자 폰트로 만들어 저장해야 하므로

2,350자×32바이트 = 75,200바이트

즉, 약 73KB 정도의 엄청난 메모리 용량을 필요로 한다. 이는 대부분의 마이크로컨트롤러 응용 시스템에서 전체 주기억 용량을 초과하는 많은 양의 메모리로서 거의 실용적이지 못하다.

〈표 4.5.3> 8×4×4벌 방식 조합형 한글의 구성

구분	벌	구성
초성	초성 0벌	받침없는 ㅏㅐㅑㅒㅓㅔㅕㅖㅣ 와 결합
	초성 1벌	받침없는 ㅗㅛㅡ 와 결합
	초성 2벌	받침없는 ㅜㅠ 와 결합
	초성 3벌	받침없는 ㅘㅙㅚㅢ 와 결합
	초성 4벌	받침없는 ㅝㅞㅟ 와 결합
	초성 5벌	받침있는 ㅏㅐㅑㅒㅓㅔㅕㅖㅣ 와 결합
	초성 6벌	받침있는 ㅗㅛㅜㅠㅡ 와 결합
	초성 7벌	받침있는 ㅘㅙㅚㅝㅞㅟㅢ 와 결합
중성	중성 0벌	받침없는 ㄱㅋ 와 결합
	중성 1벌	받침없는 ㄱㅋ 이외의 자음과 결합
	중성 2벌	받침있는 ㄱㅋ 와 결합
	중성 3벌	받침있는 ㄱㅋ 이외의 자음과 결합
종성	종성 0벌	중성 ㅏㅑㅘ 와 결합
	종성 1벌	중성 ㅓㅕㅚㅝㅟㅢㅣ 와 결합
	종성 2벌	중성 ㅐㅒㅔㅖㅙㅞ 와 결합
	종성 3벌	중성 ㅗㅛㅜㅠㅡ 와 결합

만약 조합형 한글로 만들 수 있는 11,172자의 한글을 모두 이런 식으로 완성형 폰트로 만들어 저장한다면 11,172자×32바이트 = 357,504 바이트라는 메모리 용량이 필요하게 된다. 이와 같이 마이크로컨트롤러 응용 시스템의 TFT-LCD 모듈에서 한글을 표시할 때 대부분 조합형 처리방식을 선호하는 가장 중요한 이유는 폰트 데이터를 저장하는데 필요한 메모리 용량이 작기 때문이다.

8×4×4벌을 사용하는 조합형 한글의 표시 방식을 요약하면 <표 4.5.3>과 같다. 이와 같이 한글의 구조에 따라 8×4×4벌로 나누어 처리하는 이유는 각각의 경우에 해당하는 한글 음절의 글자들을 살펴보면서 한글의 과학성과 아름다움을 이해한다면 충분히 알 수 있게 될 것이다.

이제 2바이트(16비트) 조합형 한글 코드로 표시된 문자 코드를 받아서 이를 화면에 표시하는 알고리즘을 차례로 요약하여 설명하면 다음과 같다.

① 2바이트의 한글 코드로부터 각각 초성, 중성, 종성에 해당하는 5비트의 코드값을 분리한다.

```
void TFT_Korean(unsigned int Kcode)
{ unsigned char cho_5bit;                         // 초성
  unsigned char joong_5bit;                       // 중성
  unsigned char jong_5bit;                        // 종성

  cho_5bit   = (Kcode >> 10) & 0x001F;
  joong_5bit = (Kcode >> 5) & 0x001F;
  jong_5bit  = Kcode & 0x001F;
       .
       .
       .
}
```

② 그런데, 이들 5비트의 코드는 2바이트 조합형 한글 코드표에서 초성, 중성, 종성 모두 각 자소들이 순차적으로 정의되어 있지 않기 때문에, 예를 들어 초성의 경우 "ㄱ, ㄲ, ㄴ, ㄷ, ㄸ, ..."에 순서대로 1, 2, 3, 4, 5, ...의 번호를 매길 수가 없으므로 아래와 같이 인덱스 테이블로 처리하면 편리하다. 이렇게 하여 만들어지는 인덱스 번호는 <표 4.5.2>에서 표시한 것과 같다.

```
unsigned char table_cho[21]={0,0,1,2,3,4,5,6,7,8,9,10,11,12,13,14,15,16,17,18,19};
unsigned char table_joong[30]={0,0,0,1,2,3,4,5,0,0,6,7,8,9,10,11,0,0,12,13,14,15,16,17,0,0,18,19,20,21};
unsigned char table_jong[30]={0,0,1,2,3,4,5,6,7,8,9,10,11,12,13,14,15,16,0,17,18,19,20,21,22,23,24,25,26,27};
```

```
void TFT_Korean(unsigned int Kcode)
{ unsigned char cho_5bit;                          // 초성
  unsigned char joong_5bit;                        // 중성
  unsigned char jong_5bit;                         // 종성

  cho_5bit   = table_cho[(Kcode >> 10) & 0x001F];
  joong_5bit = table_joong[(Kcode >> 5) & 0x001F];
  jong_5bit  = table_jong[Kcode & 0x001F];
       .
       .
       .
}
```

③ 여기서는 초성, 중성, 종성에 8×4×4벌 방식을 사용하는데, 이것들의 조합에 따른 각 자소들의 벌수를 알아내는 것도 상당히 복잡하므로 역시 테이블로 처리하는 것이 편리하다.

```
unsigned char table_cho[21]={0,0,1,2,3,4,5,6,7,8,9,10,11,12,13,14,15,16,17,18,19};
unsigned char table_joong[30]={0,0,0,1,2,3,4,5,0,0,6,7,8,9,10,11,0,0,12,13,14,15,16,17,0,0,18,19,20,21};
unsigned char table_jong[30]={0,0,1,2,3,4,5,6,7,8,9,10,11,12,13,14,15,16,0,17,18,19,20,21,22,23,24,25,26,27};
unsigned char bul_cho1[22]={0,0,0,0,0,0,0,0,0,1,3,3,3,1,2,4,4,4,2,1,3,0};
unsigned char bul_cho2[22]={0,5,5,5,5,5,5,5,5,6,7,7,7,6,6,7,7,7,6,6,7,5};
unsigned char bul_jong[22]={0,0,2,0,2,1,2,1,2,3,0,2,1,3,3,1,2,1,3,3,1,1};

void TFT_Korean(unsigned int Kcode)
{ unsigned char cho_5bit;                          // 초성
  unsigned char joong_5bit;                        // 중성
  unsigned char jong_5bit;                         // 종성
  unsigned char cho_bul, joong_bul, jong_bul;      // 초성, 중성, 종성의 벌수

  cho_5bit   = table_cho[(Kcode >> 10) & 0x001F];
  joong_5bit = table_joong[(Kcode >> 5) & 0x001F];
  jong_5bit  = table_jong[Kcode & 0x001F];

  if(jong_5bit == 0)                               // 먼저 종성이 있는지 없는지를 조사
    { cho_bul = bul_cho1[joong_5bit];              // 초성
      if(cho_5bit == 1 || cho_5bit == 16)          // 중성
        joong_bul = 0;
      else
        joong_bul = 1;
    }
  else
    { cho_bul = bul_cho2[joong_5bit];              // 초성
      if(cho_5bit == 1 || cho_5bit == 16)          // 중성
        joong_bul = 2;
      else
        joong_bul = 3;
      jong_bul = bul_jong[joong_5bit];             // 종성
    }
      .
      .
      .
}
```

④ 이렇게 하여 cho_bul, joong_bul, jong_bul이 결정되면 이에 따라 각각 초성, 중성, 종성의 문자 폰트 중에서 이 벌수에 해당하는 것을 꺼내어 사용하면 된다. 이와 같이 해당 폰트를 얻기 위해서는 어드레스를 올바르게 계산해야 한다. 각 글자 폰트들은 모두 32바이트씩으로 이루어져 있으므로 초성이나 중성의 각 자소별 코드에 32를 곱하면 해당 자소의 위치를 알 수 있다. 그러나, 벌수의 경우에는 자소 하나를 뛰어 넘는 것이 아니라 한 벌 전체를 건너뛰는 것이므로 각 벌의 크기를 알아야 한다. 예를 들어 초성의 경우 20자(fill code 포함)이니 20×32하면 한 벌의 크기가 된다.

초성 : 20자×32 = 640
중성 : 22자×32 = 704
종성 : 28자×32 = 896
전체 폰트의 메모리 용량 = 640×8 + 704×4 + 896×4 = 5,120+2,816+3,584 = 11,520 바이트

따라서, 초성, 중성, 종성의 자소 및 벌수에 따른 폰트 데이터를 얻기 위한 계산식은 아래와 같이 나타낼 수 있다.

초성의 폰트 = (cho_bul×20 + cho_5bit)×32 에서부터 32바이트
중성의 폰트 = (8×20 + joong_bul×22 + joong_5bit)×32 에서부터 32바이트
종성의 폰트 = (8×20 + 4×22 + jong_bul×28 + jong_5bit)×32 에서부터 32바이트

⑤ 이렇게 하여 원하는 초성, 중성, 종성의 폰트를 얻을 수 있게 되면 이것들을 모두 같은 32바이트 버퍼에서 OR로 합하여 1개의 완성된 문자를 생성한다. 이렇게 만들어진 32바이트의 버퍼를 <그림 4.5.3>에서 설명한 방법처럼 차례로 TFT-LCD 모듈에 출력하면 된다.

```
unsigned char table_cho[21]={0,0,1,2,3,4,5,6,7,8,9,10,11,12,13,14,15,16,17,18,19};
unsigned char table_joong[30]={0,0,0,1,2,3,4,5,0,0,6,7,8,9,10,11,0,0,12,13,14,15,16,17,0,0,18,19,20,21};
unsigned char table_jong[30]={0,0,1,2,3,4,5,6,7,8,9,10,11,12,13,14,15,16,0,17,18,19,20,21,22,23,24,25,26,27};
unsigned char bul_cho1[22]={0,0,0,0,0,0,0,0,0,1,3,3,3,1,2,4,4,4,2,1,3,0};
unsigned char bul_cho2[22]={0,5,5,5,5,5,5,5,5,6,7,7,7,6,6,7,7,7,6,6,7,5};
unsigned char bul_jong[22]={0,0,2,0,2,1,2,1,2,3,0,2,1,3,3,1,2,1,3,3,1,1};

unsigned char KoreanBuffer[32];
unsigned char K_font[8*20 + 4*22 + 4*28][32];

void TFT_Korean(unsigned int Kcode)
{ unsigned char cho_5bit;                       // 초성
  unsigned char joong_5bit;                     // 중성
  unsigned char jong_5bit;                      // 종성
  unsigned char cho_bul, joong_bul, jong_bul;   // 초성, 중성, 종성의 벌수
  unsigned char i;
  unsigned int ch;
```

```
  cho_5bit   = table_cho[(Kcode >> 10) & 0x001F];
  joong_5bit = table_joong[(Kcode >> 5) & 0x001F];
  jong_5bit  = table_jong[Kcode & 0x001F];

  if(jong_5bit == 0)                            // 먼저 종성이 있는지 없는지를 조사
    { cho_bul = bul_cho1[joong_5bit];           // 초성
      if(cho_5bit == 1 || cho_5bit == 16)       // 중성
        joong_bul = 0;
      else
        joong_bul = 1;
    }
  else
    { cho_bul = bul_cho2[joong_5bit];           // 초성
      if(cho_5bit == 1 || cho_5bit == 16)       // 중성
        joong_bul = 2;
      else
        joong_bul = 3;
      jong_bul = bul_jong[joong_5bit];          // 종성
    }

  ch = cho_bul*20 + cho_5bit;                   // 초성 폰트를 읽어 버퍼로 복사
  for(i = 0; i < 32; i++)
    KoreanBuffer[i] = K_font[ch][i];

  ch = 8*20 + joong_bul*22 + joong_5bit;        // 중성 폰트를 읽어 버퍼에 OR
  for(i = 0; i < 32; i++)
    KoreanBuffer[i] |= K_font[ch][i];

  ch = 8*20 + 4*22 + jong_bul*28 + jong_5bit;   // 종성 폰트를 읽어 버퍼에 OR
  for(i = 0; i < 32; i++)
    KoreanBuffer[i] |= K_font[ch][i];
        .
        .
        .
}
```

한글의 경우에도 컬러 TFT-LCD 모듈에서 폰트 데이터를 각 픽셀의 컬러 데이터로 변환하는 동작은 단색 그래픽 LCD 모듈에서와 전혀 다르다. 즉, 단색 그래픽 LCD 모듈에서는 폰트 데이터의 1비트가 화면의 1도트에 대응하므로 위와 같이 만들어진 버퍼 KoreanBuffer[32]의 폰트 데이터를 그냥 LCD에 출력하면 되었다. 그러면 1의 값을 가지는 비트에는 도트가 밝게 출력되고 0의 값을 가지는 비트는 어둡게 되어 도트가 출력되지 않았다.

그러나, 컬러 TFT-LCD 모듈에서는 이 폰트 데이터를 그냥 출력하면 안되며, 반드시 폰트 데이터의 각 비트를 이에 대응하는 전경색 16비트 컬러 데이터 또는 배경색 16비트 컬러 데이터로 변환하여 출력해야 한다. 즉, 폰트 데이터 1비트가 화면의 1픽셀에 대응하며 이는 다시 16비트의 컬러 데이터에 대응된다. 현재의 문자를 어느 컬러로 표시할 것인지는 미리 지정되어 있으므로 폰트 데이터의 1로 된 비트는 그 컬러 코드

에 해당하는 16비트 데이터로 변환된다. 이렇게 문자를 표시하는 색을 전경색(foreground color)이라고 한다. 한편, 폰트 데이터의 0으로 된 비트는 미리 지정된 배경색(background color)에 해당하는 16비트 데이터로 변환된다. 만약 폰트 데이터의 0으로 된 비트를 출력하지 않고 그냥 건너뛰면 현재 화면의 바탕색이 그냥 유지되며, 이렇게 출력되는 문자를 투명 글씨(transparent character)라고 한다.

OK-X128A1 키트에서 사용하는 TFT-LCD 모듈의 16×16픽셀 크기 조합형 한글용 폰트 파일은 어셈블리 언어의 경우 인클루드 OK-X128A1.inc로 제공되고, C언어의 경우 헤더 파일 OK-X128A1_font.h로 제공되며, 이 파일들의 내용은 각각 제4.1절 및 제4.2절에서 보였다.

이중에서 C언어용 헤더 파일 OK-X128A1_font.h에는 명조체, 고딕체, 필기체 등 3가지의 글씨체에 대한 조합형 한글 폰트 데이터가 포함되어 있어서 사용자가 임의로 1가지 글씨체를 선택할 수 있다. 이 파일의 서두에 보면 아래와 같이 이들 3가지의 글씨체 중에서 어느 것을 사용할지를 선택하는 부분이 있는데, 선택되지 않은 나머지 2가지의 글씨체를 정의하는 행은 반드시 주석문으로 처리해야 한다.

```
/* ------------------------------------------------------------------------ */
/*              한글 16x16 폰트 선택(명조체, 고딕체, 필기체)                    */
/* ------------------------------------------------------------------------ */
#define    KFONT16_MYUNGJO                    // 16x16 명조체 선택
//#define  KFONT16_GOTHIC                     // 16x16 고딕체 선택
//#define  KFONT16_PILGI                      // 16x16 필기체 선택
```

(5) 화면표시의 부수적인 기능

TFT-LCD 모듈에 영문 ASCII나 한글로 된 문자열을 표시할 때 고려해야 할 부수적인 기능으로는 줄바꿈 기능이나 밑줄(underscore) 표시 기능, 커서(cursor) 표시 기능, 외곽선(outline) 표시 기능, 투명 글씨 표시 기능 등과 같은 것이 있다.

▣ 줄바꿈 기능

대부분의 경우는 1행 이내의 길이를 갖는 짧은 문자열을 출력하므로 문제가 없지만 TFT_string() 함수로 한 번에 1행을 넘는 긴 문자열을 출력하는 경우에는 1행의 끝에서 자동으로 줄바꿈 기능을 수행하도록 처리해야 편리하다. 이 경우 1행이 끝나면 줄바꿈 기능을 수행하는 것이 당연하지만, 마지막에 반각 1글자 분량의 공간이 남아있더라도 한글 문자를 표시하는 것은 불가능하므로 이 경우에도 줄바꿈 기능을 수행되어야 한다.

헤더 파일 OK-X128A1.h의 TFT-LCD 모듈 화면 표시 함수에서는 이러한 줄바꿈 기능을 위하여 현재 출력하는 문자의 위치를 Xcharacter와 Ycharacter 전역변수로 관리한다. 반각인 영문 ASCII 문자를 출력할 때마다 Xcharacter를 1씩 증가시키며, 전각인 한글 글자를 출력할 때마다 Xcharacter를 2씩 증가시킨다. 그러다가 행의 마지막 부분에서 줄바꿈 기능이 필요하면 Xcharacter를 0으로 만들고 Ycharacter를 2만큼 증가시키면 된다.

▣ 밑줄 표시 기능

OK-X128A1.h 헤더 파일에서는 기본적으로 underscore_flag = 0으로 되어 있어서 밑줄을 표시하지 않는 모드에 있으므로, 화면에 출력하는 문자에 밑줄을 표시하도록 하려면 먼저 TFT_underscore(U16 cursor_color) 함수를 사용하여 underscore_flag = 1로 설정하고 밑줄의 색깔을 지정한다.

다시 밑줄이 보이지 않는 상태로 설정하려면 TFT_underscore(Transparent) 함수를 사용하여 커서의 색깔을 투명하게 지정하면 된다.

▣ 커서 표시 기능

STN 방식의 텍스트형 LCD 모듈에서는 소자에서 하드웨어적으로 커서 표시 기능을 지원하지만, TFT-LCD 모듈에 커서를 표시하려면 이는 사용자 프로그램에서 소프트웨어적으로 처리해야 한다. 출력할 문자의 폰트를 사용자가 일일이 픽셀 데이터로 변환하여 디스플레이하는 것처럼 당연히 커서도 사용자 프로그램에서 만들어 주어야 한다. 그러나, 커서는 항상 필요한 것은 아니므로 커서가 필요할 때만 디스플레이 ON 상태로 설정하도록 처리하는 것이 좋으며, 항상 사용자 프로그램에서 커서의 위치를 기억하여 관리해야 한다.

헤더 파일 OK-X128A1.h의 TFT-LCD 모듈 화면 표시 함수에서는 이러한 커서 표시 기능을 위하여 현재 커서의 위치를 Xcursor와 Ycursor 전역변수로 관리한다. 영문 ASCII 문자나 한글 글자를 출력할 때마다 현재의 Xcharacter 값이 Xcursor와 같고 Ycharacter 값이 Ycursor와 같은가를 비교하여 이것들이 모두 일치하면 현재의 문자에 커서를 표시한다. 커서는 문자 박스에서 가장 아랫부분 2줄의 픽셀에 수평으로 직선을 긋는 것으로 표시하며, 반각(8×16 픽셀)인 영문 ASCII 문자와 전각(16×16 픽셀)인 한글 글자의 폭에 각각 맞도록 표시한다.

OK-X128A1.h 헤더 파일에서는 기본적으로 cursor_flag = 0으로 되어 있어서 커서를 표시하지 않는 모드에 있으므로, TFT-LCD 화면에 커서가 보이도록 하려면 먼저

TFT_cursor(U16 cursor_color) 함수를 사용하여 cursor_flag = 1로 설정하고 커서의 색깔을 지정한다. 그리고 나서 커서의 위치를 전역변수 Xcursor와 Ycursor로 지정한다. 커서의 위치는 필요할 때마다 사용자 프로그램에서 Xcursor 및 Yursor 변수의 값을 적절히 수정하는 방법으로 변경할 수 있다. 커서의 위치는 8픽셀 단위로 움직이는 행단위 및 열단위에 해당하므로 전역변수 Xcursor 및 Yursor의 사용가능 범위는 전역변수 Xcharacter 및 Ycharacter의 사용가능 범위와 같다.

다시 커서를 보이지 않는 상태로 설정하려면 TFT_cursor(Transparent) 함수를 사용하여 커서의 색깔을 투명하게 지정하면 된다.

▣ 투명 글씨 표시 기능

TFT-LCD 화면에 문자를 출력할 때 전경색과 배경색의 종류를 합리적으로 잘 선택하면 화면에서 글씨가 항상 선명하게 잘 보이도록 처리할 수 있다. 그러나, 화면에 이미 정해진 배경색이나 그림이 표시되어 있는 상태에서 이 배경을 망가뜨리지 않고 여기에 추가로 원하는 문자를 디스플레이하려면 배경 부분을 새로 출력하지 말고 글씨 부분만 출력해야 한다. 이러한 방법으로 출력하는 문자를 흔히 투명 글씨라고 한다.

OK-X128A1.h 헤더 파일에는 모든 문자출력 함수에 투명 글씨를 처리하는 기능을 가지고 있는데, 이렇게 문자를 투명 글씨로 출력하려면 배경색을 Transparent로 지정하면 된다.

▣ 외곽선체 표시 기능

이미 정해진 배경 위에 투명 글씨를 출력하면서 불가피하게 배경 부분과 투명 글씨 부분의 색을 서로 같거나 비슷하게 지정해야 하는 경우에는 사람의 눈으로 이 글씨를 쉽게 알아보기가 어렵게 된다. 이런 예는 그림 파일을 화면에 먼저 출력하고 그 위에 투명 글씨로 파일명을 표시하거나 메시지를 출력하는 경우에 흔히 볼 수 있다.

이런 문제를 해결하는 좋은 방법은 투명 글씨에 외곽선을 추가하는 것이다. 즉, TFT-LCD 모듈의 화면에 문자를 출력하면서 글씨 부분은 정상적으로 출력하고 이 글씨의 주변에 지정된 색으로 외곽선을 표시하는 것이다. 이렇게 하면 글씨 부분과 배경의 색깔이 비슷하더라도 그 경계선이 뚜렷해져서 시각적 효과가 크게 향상된다. 이러한 문자의 외곽선 처리는 투명 글씨는 물론이고 정상적으로 전경색과 배경색을 지정하는 문자의 경우에도 사용이 가능하다.

OK-X128A1.h 헤더 파일에서는 기본적으로 outline_flag = 0으로 되어 있어서 외곽선을 표시하지 않는 상태에 있으므로, 이제부터 출력할 문자에 외곽선이 보이도록 하려면 TFT_outline(U16 outline_color) 함수를 사용하여 outline_flag = 1로 설정하고 외곽선의 색깔을 적절하게 지정한다.

다시 외곽선이 보이지 않는 상태로 설정하려면 TFT_outline(Transparent) 함수를 사용하여 외곽선의 색깔을 투명하게 지정한다.

(6) 완성형 코드를 조합형 코드로 자동 변환하는 기능

이상에서 조합형 한글 코드를 사용하여 TFT-LCD 모듈에 한글 글자를 표시하는 기술에 대하여 설명하였다. 그러나, 현재 퍼스널컴퓨터의 Windows 운영체제에서는 모두 기본적으로 KS 완성형 코드를 사용하여 한글 문자를 처리하며, 따라서 우리가 C언어 소스 파일을 작성하고 컴파일하면 한글 문자들은 모두 완성형 코드로 저장되므로 TFT-LCD 모듈에 한글 문자들이 모두 깨져서 알 수 없는 모양으로 나타나게 된다. 하지만 앞에서 설명하였듯이 *OK-X128A1* 키트에서 완성형 방식으로 한글을 표시하려면 메모리 용량을 너무 많이 차지하므로 문제가 된다.

이러한 문제를 해결하는 하나의 방법은 완성형 코드로 작성된 사용자 프로그램을 실행할 때 이를 한글 출력 루틴의 내부에서 조합형 코드로 변환하여 출력하는 것이다. 즉, 기본적으로는 조합형 처리방식을 그대로 사용하면서 한글 출력 함수에 코드값을 인수로 넘겨주기 직전에 이 코드값을 완성형에서 조합형으로 변환하는 것이다.

헤더 파일 OK-X128A1.h에서는 이처럼 KS 완성형 한글 코드를 KS 조합형 한글 코드로 변환하는 KS_code_conversion() 함수를 제공한다. 이들 2가지의 한글 코드에는 서로 규칙성을 갖지 않으므로 코드를 상호 변환하려면 변환 테이블을 사용하는 것이 좋으며, 이 함수에서는 OK-X128A1_font.h 헤더 파일에 포함된 코드변환 테이블을 사용하여 KS 완성형 코드를 KS 조합형 코드로 변환한다.

2. 큰 글씨를 출력하는 기능

제4.4절에서 설명한 8×16 픽셀의 반각 영문 ASCII 문자나 이번 절에서 설명한 16×16 픽셀의 전각 한글 문자들은 240×320 픽셀의 해상도를 갖는 TFT-LCD 모듈에서 훌륭하게 사용된다. 그러나, 응용 분야에 따라서는 이 정도의 글씨로는 크기가 너무 작아서 사용하기에 불편할 경우도 있다. 이때는 화면에 글씨를 좀더 크게 표시할 필요가 있는데, 그 방법에는 2가지를 생각할 수 있다.

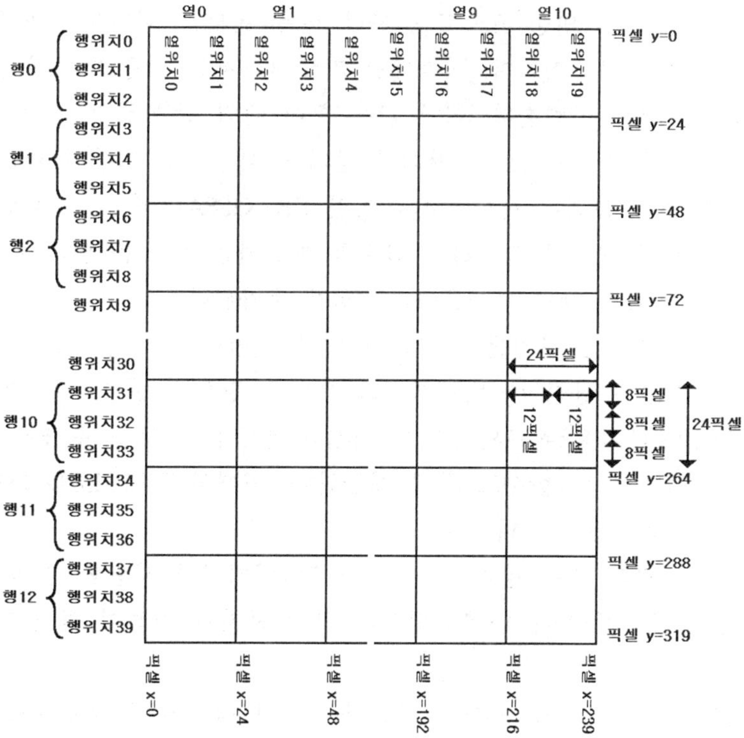

(a) 초상화 모드

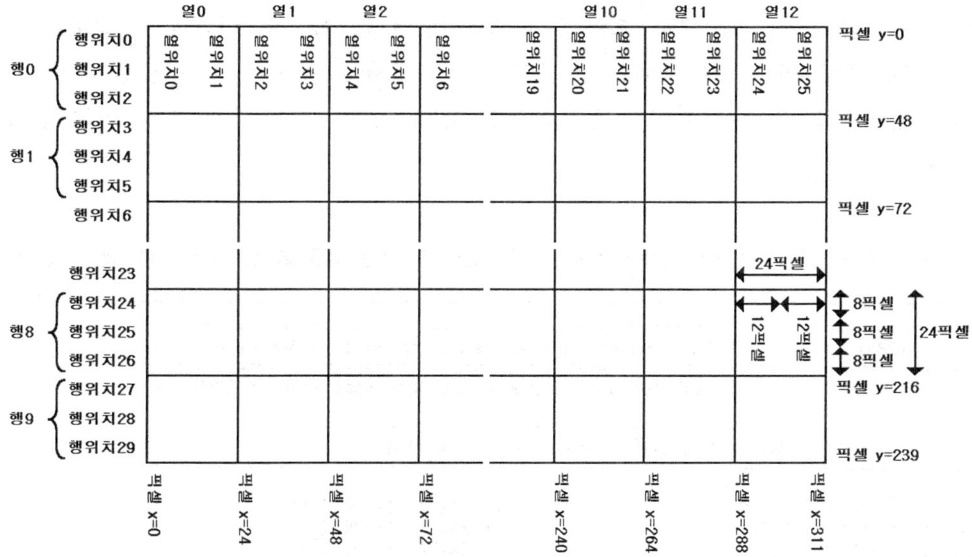

(b) 풍경화 모드

<그림 4.5.4> TFT-LCD 모듈 화면에 24×24 픽셀의 한글 글자를 표시하는 방법

첫번째 방법은 기존의 영문 ASCII 문자나 한글 폰트를 화면에 출력할 때 일정한 비율로 확대하여 출력하는 것이다. 이를테면 가로 및 세로 방향으로 각각 2배를 확대하여 4배 크기의 글씨를 출력한다. 이와 같은 확대 출력 방법은 이 책의 C언어에서만 사용할 수 있으며, 비트맵 방식으로 확대된 문자는 아무래도 그다지 미려하지는 못하다는 점을 감안하여 사용해야 한다. 헤더 파일 OK-X128A1.h에는 이렇게 영문 ASCII 문자와 한글 문자를 확대하여 출력하는 함수를 제공하는데, 이를 앞의 <표 4.2.2> (b)에서 요약한 것처럼 이들 함수의 이름에는 _2X가 추가된다.

두번째 방법은 좀더 큰 문자를 표시하기 위한 완전히 새로운 폰트 데이터를 사용하는 것이다. 이 방법은 당연히 많은 메모리 용량을 필요로 한다. 이 책에서는 12×24 픽셀의 영문 ASCII 문자용 폰트와 24×24 픽셀의 한글용 폰트를 추가로 제공하며, 물론 이것들을 출력하기 위한 함수도 함께 제공한다. 이때의 TFT-LCD 화면 사용 방법을 정리하면 <그림 4.5.4>와 같다.

이와 같은 큰 글씨의 출력 방법은 이 책의 C언어에서만 사용할 수 있으며, 기존의 8×16 픽셀 영문 ASCII 문자나 16×16 픽셀의 한글 문자에 비하여 훨씬 미려한 글씨체를 자랑한다.

12×24 픽셀의 영문 ASCII 문자용 폰트와 24×24 픽셀의 한글용 폰트는 물론이고 이것들을 출력하기 위한 함수를 제공하는 헤더 파일 OK-X128A1_large.h의 내용은 다음과 같다. 여기에서 지원하는 영문 ASCII 문자와 한글 문자를 출력하는 함수에 대하여는 앞의 <표 4.2.2> (c)에서 요약한 바 있으며, 이들 함수의 이름에는 _large가 추가되는데 유의해야 한다. 큰 글씨를 출력하는 함수에서도 앞에서 설명한 줄바꿈 기능이나 밑줄 표시 기능, 커서 표시 기능, 외곽선 표시 기능, 투명 글씨 표시 기능 등을 모두 지원한다.

〈헤더 파일 OK-X128A1_large.h〉 TFT-LCD용 영문 ASCII 및 한글 큰 글씨 폰트

```
/* ============================================================================ */
/*    OK-X128A1_large.h : TFT-LCD Korean and English Large Font Header File      */
/* ============================================================================ */
/*                          Designed and programmed by Duck-Yong Yoon in 2010.   */

/* ---------------------------------------------------------------------------- */
/*                한글 24x24 폰트 선택(명조체, 고딕체, 필기체)                  */
/* ---------------------------------------------------------------------------- */

#define     KFONT24_MYUNGJO                         // 24x24 명조체 선택
//#define   KFONT24_GOTHIC                          // 24x24 고딕체 선택
//#define   KFONT24_PILGI                           // 24x24 필기체 선택

/* ---------------------------------------------------------------------------- */
/*                          24x24 한글 명조체 폰트                               */
/* ---------------------------------------------------------------------------- */
#ifdef KFONT24_MYUNGJO
```

```
prog_uchar K_font_large[360][72] = {              /* 24x24 Korean character font */
  {0x00,0x00,0x00,0x00,0x00,0x00,0x00,0x00,0x00,0x00,0x00,0x00,0x00,0x00,0x00,0x00,
   0x00,0x00,0x00,0x00,0x00,0x00,0x00,0x00,0x00,0x00,0x00,0x00,0x00,0x00,0x00,0x00,
   0x00,0x00,0x00,0x00,0x00,0x00,0x00,0x00,0x00,0x00,0x00,0x00,0x00,0x00,0x00,0x00,
   0x00,0x00,0x00,0x00,0x00,0x00,0x00,0x00,0x00,0x00,0x00,0x00,0x00,0x00,0x00,0x00,
   0x00,0x00,0x00,0x00,0x00,0x00,0x00,0x00},
  {0x00,0x00,0x40,0xC0,0xC0,0x40,0x40,0x40,0x40,0xC0,0xC0,0xC0,0x00,0x00,0x00,0x00,
   0x00,0x00,0x00,0x00,0x00,0x00,0x00,0x00,0x00,0x00,0x00,0x00,0x00,0x80,0xC0,0x70,
   0x3C,0x0F,0x07,0x01,0x00,0x00,0x00,0x00,0x00,0x00,0x00,0x00,0x00,0x00,0x00,0x00,
   0x00,0x00,0x04,0x02,0x03,0x01,0x00,0x00,0x00,0x00,0x00,0x00,0x00,0x00,0x00,0x00,
   0x00,0x00,0x00,0x00,0x00,0x00,0x00,0x00},

                  (중략)

  {0x00,0x00,0x00,0x00,0x00,0x00,0x00,0x00,0x00,0x00,0x00,0x00,0x00,0x00,0x00,0x00,
   0x00,0x00,0x00,0x00,0x00,0x00,0x00,0x00,0x00,0x00,0x00,0x00,0x00,0x80,0x80,0x80,
   0x80,0x80,0x80,0x80,0x80,0x80,0x80,0x80,0x80,0xC0,0xC0,0x80,0x00,0x00,0x00,0x00,
   0x00,0x00,0x00,0x00,0x40,0xC0,0xC1,0x40,0x42,0x7E,0x5C,0x40,0x40,0x41,0x7F,0x5E,
   0x40,0x40,0x60,0x60,0x40,0x00,0x00,0x00},
  {0x00,0x00,0x00,0x00,0x00,0x00,0x00,0x00,0x00,0x00,0x00,0x00,0x00,0x00,0x00,0x00,
   0x00,0x00,0x00,0x00,0x00,0x00,0x00,0x00,0x00,0x00,0x00,0x00,0x80,0x00,0x00,0x00,
   0x00,0x20,0x20,0x60,0x60,0x60,0x40,0x00,0x00,0x80,0x80,0x00,0x00,0x00,0x00,0x00,
   0x00,0x00,0x00,0x00,0x00,0x01,0x03,0x03,0x31,0x79,0xCD,0x85,0x87,0x87,0xCD,0x79,
   0x31,0x01,0x01,0x01,0x00,0x00,0x00,0x00}};
#endif

/* ------------------------------------------------------------------------ */
/*                       24x24 한글 고딕체 폰트                              */
/* ------------------------------------------------------------------------ */
#ifdef KFONT24_GOTHIC
prog_uchar K_font_large[360][72] = {              /* 24x24 Korean character font */
  {0x00,0x00,0x00,0x00,0x00,0x00,0x00,0x00,0x00,0x00,0x00,0x00,0x00,0x00,0x00,0x00,
   0x00,0x00,0x00,0x00,0x00,0x00,0x00,0x00,0x00,0x00,0x00,0x00,0x00,0x00,0x00,0x00,
   0x00,0x00,0x00,0x00,0x00,0x00,0x00,0x00,0x00,0x00,0x00,0x00,0x00,0x00,0x00,0x00,
   0x00,0x00,0x00,0x00,0x00,0x00,0x00,0x00,0x00,0x00,0x00,0x00,0x00,0x00,0x00,0x00,
   0x00,0x00,0x00,0x00,0x00,0x00,0x00,0x00},
  {0x00,0x10,0x10,0x10,0x10,0x10,0x10,0x10,0x10,0x10,0x10,0xF0,0xF0,0x00,0x00,0x00,
   0x00,0x00,0x00,0x00,0x00,0x00,0x00,0x00,0x00,0x00,0x00,0x00,0x00,0x80,0xC0,0x60,
   0x30,0x1C,0x0F,0x03,0x00,0x00,0x00,0x00,0x00,0x00,0x00,0x00,0x00,0x00,0x00,0x00,
   0x00,0x04,0x04,0x02,0x03,0x01,0x00,0x00,0x00,0x00,0x00,0x00,0x00,0x00,0x00,0x00,
   0x00,0x00,0x00,0x00,0x00,0x00,0x00,0x00},

                  (중략)

  {0x00,0x00,0x00,0x00,0x00,0x00,0x00,0x00,0x00,0x00,0x00,0x00,0x00,0x00,0x00,0x00,
   0x00,0x00,0x00,0x00,0x00,0x00,0x00,0x00,0x00,0x00,0x00,0x00,0x80,0x80,0x80,0x80,
   0x80,0x80,0x80,0x80,0x80,0x80,0x80,0x80,0x80,0x80,0x80,0x80,0x00,0x00,0x00,0x00,
   0x00,0x00,0x00,0x00,0x40,0x40,0x40,0x7F,0x7F,0x40,0x40,0x40,0x40,0x40,0x40,0x7F,
   0x7F,0x40,0x40,0x40,0x00,0x00,0x00,0x00},
  {0x00,0x00,0x00,0x00,0x00,0x00,0x00,0x00,0x00,0x00,0x00,0x00,0x00,0x00,0x00,0x00,
   0x00,0x00,0x00,0x00,0x00,0x00,0x00,0x00,0x00,0x00,0x00,0x00,0x00,0x00,0x00,0x00,
   0x40,0x40,0x40,0x40,0x40,0x40,0x40,0x40,0x00,0x00,0x00,0x00,0x00,0x00,0x00,0x00,
   0x00,0x00,0x00,0x00,0x01,0x19,0x3D,0x25,0x67,0x43,0x43,0x43,0x43,0x43,0x43,0x67,
   0x25,0x3D,0x19,0x01,0x00,0x00,0x00,0x00}};
#endif

/* ------------------------------------------------------------------------ */
/*                       24x24 한글 필기체 폰트                              */
/* ------------------------------------------------------------------------ */
#ifdef KFONT24_PILGI
prog_uchar K_font_large[360][72] = {              /* 24x24 Korean character font */
  {0x00,0x00,0x00,0x00,0x00,0x00,0x00,0x00,0x00,0x00,0x00,0x00,0x00,0x00,0x00,0x00,
   0x00,0x00,0x00,0x00,0x00,0x00,0x00,0x00,0x00,0x00,0x00,0x00,0x00,0x00,0x00,0x00,
   0x00,0x00,0x00,0x00,0x00,0x00,0x00,0x00,0x00,0x00,0x00,0x00,0x00,0x00,0x00,0x00,
   0x00,0x00,0x00,0x00,0x00,0x00,0x00,0x00,0x00,0x00,0x00,0x00,0x00,0x00,0x00,0x00,
   0x00,0x00,0x00,0x00,0x00,0x00,0x00,0x00},
  {0x00,0x10,0x10,0x10,0x10,0x10,0x10,0x10,0x10,0x10,0x10,0xF0,0xE0,0x00,0x00,0x00,
   0x00,0x00,0x00,0x00,0x00,0x00,0x00,0x00,0x00,0x00,0x00,0x00,0x00,0x00,0x00,0x00,
   0x00,0xE0,0xFE,0x1F,0x01,0x00,0x00,0x00,0x00,0x00,0x00,0x00,0x00,0x00,0x00,0x00,
   0x00,0x00,0x00,0x00,0x00,0x00,0x00,0x00,0x0E,0x0F,0x01,0x00,0x00,0x00,0x00,0x00,
   0x00,0x00,0x00,0x00,0x00,0x00,0x00,0x00},

                  (중략)
```

```
   {0x00,0x00,0x00,0x00,0x00,0x00,0x00,0x00,0x00,0x00,0x00,0x00,0x00,0x00,0x00,0x00,
    0x00,0x00,0x00,0x00,0x00,0x00,0x00,0x00,0x00,0x00,0x00,0x00,0x00,0x00,0x00,0x00,
    0x00,0x00,0x00,0x00,0x00,0x00,0x00,0x00,0x00,0x00,0x00,0x00,0x00,0x00,0x00,0x00,
    0x00,0x00,0x00,0x00,0x00,0x00,0x00,0x01,0x31,0x79,0x4D,0x47,0x63,0x31,0x39,0x7D,
    0x4F,0x43,0x61,0x30,0x10,0x00,0x00,0x00},
   {0x00,0x00,0x00,0x00,0x00,0x00,0x00,0x00,0x00,0x00,0x00,0x00,0x00,0x00,0x00,0x00,
    0x00,0x00,0x00,0x00,0x00,0x00,0x00,0x00,0x00,0x00,0x00,0x00,0x00,0x00,0x00,0x00,
    0x00,0x00,0x00,0x80,0x80,0x00,0x00,0x00,0x00,0x00,0x00,0x00,0x00,0x00,0x00,0x00,
    0x00,0x00,0x00,0x00,0x00,0x00,0x02,0x02,0x02,0x62,0xF2,0x9A,0x8F,0xC7,0x62,0x32,
    0x1E,0x0C,0x00,0x00,0x00,0x00,0x00,0x00}};
#endif

/* ------------------------------------------------------------------------ */
/*                영문 12x24 폰트 선택(명조체, CourIER체)                   */
/* ------------------------------------------------------------------------ */
#define   EFONT_MYUNGJO                          // 12x24 명조체 선택
//#define EFONT_COURIER                          // 12x24 Courier체 선택

/* ------------------------------------------------------------------------ */
/*                        12x24 영문 명조체 폰트                            */
/* ------------------------------------------------------------------------ */
#ifdef EFONT_MYUNGJO
prog_uchar E_font_large[128][36] = {           /* 12x24 English ASCII character font */
   {0x00,0x00,0x00,0x00,0x00,0x00,0x00,0x00,0x00,0x00,0x00,0x00,0x00,0x00,0x00,0x00,  // 0x00
    0x00,0x00,0x00,0x00,0x00,0x00,0x00,0x00,0x00,0x00,0x00,0x00,0x00,0x00,0x00,0x00,
    0x00,0x00,0x00,0x00},
   {0x00,0x00,0xC0,0x20,0x20,0x10,0x10,0x10,0x20,0x20,0xC0,0x00,0x00,0xFF,0x00,0x00,  // 0x01
    0x46,0x86,0x80,0x86,0x46,0x00,0x00,0xFF,0x00,0x00,0x03,0x04,0x04,0x08,0x08,0x08,
    0x04,0x04,0x03,0x00},
   {0x00,0x00,0xC0,0xE0,0xE0,0xF0,0xF0,0xF0,0xE0,0xE0,0xC0,0x00,0x00,0xFF,0xFF,0xFF,  // 0x02
    0xB9,0x79,0x7F,0x79,0xB9,0xFF,0xFF,0xFF,0x00,0x00,0x03,0x07,0x07,0x0F,0x0F,0x0F,
    0x07,0x07,0x03,0x00},
   {0x00,0x00,0x80,0xC0,0xC0,0x80,0x00,0x80,0xC0,0xC0,0x80,0x00,0x00,0x1E,0x7F,0xFF,  // 0x03
    0xFF,0xFF,0xFF,0xFF,0xFF,0xFF,0x7F,0x1E,0x00,0x00,0x00,0x01,0x03,0x07,0x0F,0x07,
    0x03,0x01,0x00,0x00},
   {0x00,0x00,0x00,0x00,0x00,0x80,0xE0,0x80,0x00,0x00,0x00,0x00,0x00,0x10,0x38,0x7C,  // 0x04
    0xFE,0xFF,0xFF,0xFF,0xFE,0x7C,0x38,0x10,0x00,0x00,0x00,0x00,0x00,0x03,0x0F,0x03,
    0x00,0x00,0x00,0x00},
   {0x00,0x00,0x00,0x00,0x00,0x80,0xE0,0x80,0x00,0x00,0x00,0x00,0x00,0xF0,0xF8,0xFC,  // 0x05
    0xFE,0xFF,0xFF,0xFF,0xFE,0xFC,0xF8,0xF0,0x00,0x00,0x01,0x01,0x09,0x0C,0x0F,0x0C,
    0x09,0x01,0x01,0x00},
   {0x00,0x00,0x00,0x00,0xC0,0xE0,0xE0,0xE0,0xC0,0x00,0x00,0x00,0x00,0xF8,0xFC,0xFC,  // 0x06
    0xFB,0xFF,0xFF,0xFF,0xFB,0xFC,0xFC,0xF8,0x00,0x00,0x01,0x01,0x09,0x0C,0x0F,0x0C,
    0x09,0x01,0x01,0x00},
   {0x00,0x00,0x00,0x00,0x00,0x00,0x00,0x00,0x00,0x00,0x00,0x00,0x00,0x00,0x00,0x1C,  // 0x07
    0x3E,0x7F,0x7F,0x7F,0x3E,0x1C,0x00,0x00,0x00,0x00,0x00,0x00,0x00,0x00,0x00,0x00,
    0x00,0x00,0x00,0x00},
   {0x00,0xFF,0xFF,0xFF,0xFF,0xFF,0xFF,0xFF,0xFF,0xFF,0xFF,0xFF,0x00,0xFF,0xFF,0xE3,  // 0x08
    0xC1,0x80,0x80,0x80,0xC1,0xE3,0xFF,0xFF,0x00,0x7F,0x7F,0x7F,0x7F,0x7F,0x7F,0x7F,
    0x7F,0x7F,0x7F,0x7F},
   {0x00,0x00,0x00,0x00,0x00,0x00,0x00,0x00,0x00,0x00,0x00,0x00,0x00,0x00,0x00,0x3C,  // 0x09
    0x42,0x81,0x81,0x81,0x42,0x3C,0x00,0x00,0x00,0x00,0x00,0x00,0x00,0x00,0x00,0x00,
    0x00,0x00,0x00,0x00},
   {0x00,0xFF,0xFF,0xFF,0xFF,0xFF,0xFF,0xFF,0xFF,0xFF,0xFF,0xFF,0x00,0xFF,0xFF,0x81,  // 0x0A
    0x3C,0x7E,0x7E,0x7E,0x3C,0x81,0xFF,0xFF,0x00,0x7F,0x7F,0x7F,0x7F,0x7F,0x7F,0x7F,
    0x7F,0x7F,0x7F,0x7F},
   {0x00,0x00,0x00,0x00,0x00,0x00,0x20,0x60,0xE0,0xE0,0xE0,0x00,0x00,0xC0,0xE0,0x30,  // 0x0B
    0x18,0x1C,0x36,0xE3,0xC1,0x01,0x03,0x00,0x00,0x03,0x07,0x0C,0x08,0x08,0x0C,0x07,
    0x03,0x00,0x00,0x00},
   {0x00,0x80,0xC0,0x40,0x60,0x20,0x20,0x60,0x40,0xC0,0x80,0x00,0x00,0x07,0x8F,0x88,  // 0x0C
    0x98,0xF0,0xF0,0x98,0x88,0x8F,0x07,0x00,0x00,0x00,0x00,0x00,0x00,0x0F,0x0F,0x00,
    0x00,0x00,0x00,0x00},
   {0x00,0x00,0x00,0x00,0x00,0x00,0xF0,0x30,0x60,0xC0,0x80,0x00,0x00,0x00,0x00,0x00,  // 0x0D
    0x80,0x80,0xFF,0x00,0x20,0x18,0x0F,0x00,0x00,0x00,0x06,0x0F,0x0F,0x07,0x03,0x00,
    0x00,0x00,0x00,0x00},
   {0x00,0x00,0x00,0x00,0x00,0xF8,0x98,0x30,0x60,0xC0,0x00,0x00,0x00,0x80,0xC0,0xE0,  // 0x0E
    0xE0,0xFF,0x01,0x03,0x06,0xFF,0x00,0x00,0x00,0x01,0x03,0x03,0x01,0x0C,0x1E,0x1F,
    0x0F,0x07,0x00,0x00},
   {0x00,0x00,0x00,0x00,0x00,0x00,0xC0,0x00,0x00,0x00,0x00,0x00,0x00,0x10,0x11,0xBA,  // 0xFF
    0x44,0x82,0x83,0x82,0x44,0xBA,0x11,0x10,0x00,0x00,0x01,0x00,0x00,0x00,0x07,0x00,
    0x00,0x00,0x01,0x00},
   {0x00,0xE0,0xC0,0x80,0x00,0x00,0x00,0x00,0x00,0x00,0x00,0x00,0x00,0xFF,0xFF,0xFF,  // 0x10
```

```
 0xFF, 0xFF, 0x7E, 0x7E, 0x3C, 0x3C, 0x18, 0x18, 0x00, 0x07, 0x03, 0x01, 0x00, 0x00, 0x00, 0x00,
 0x00, 0x00, 0x00, 0x00},
{0x00, 0x00, 0x00, 0x00, 0x00, 0x00, 0x00, 0x00, 0x00, 0x80, 0xC0, 0xE0, 0x00, 0x18, 0x18, 0x3C,  // 0x11
 0x3C, 0x7E, 0x7E, 0xFF, 0xFF, 0xFF, 0xFF, 0xFF, 0x00, 0x00, 0x00, 0x00, 0x00, 0x00, 0x00, 0x00,
 0x00, 0x01, 0x03, 0x07},
{0x00, 0x00, 0x40, 0x60, 0x30, 0xF8, 0xF8, 0x30, 0x60, 0x40, 0x00, 0x00, 0x00, 0x00, 0x00, 0x00,  // 0x12
 0x00, 0xFF, 0xFF, 0x00, 0x00, 0x00, 0x00, 0x00, 0x00, 0x00, 0x01, 0x03, 0x06, 0x0F, 0x0F, 0x06,
 0x03, 0x01, 0x00, 0x00},
{0x00, 0x00, 0xF0, 0xF8, 0xF0, 0x00, 0x00, 0xF0, 0xF8, 0xF0, 0x00, 0x00, 0x00, 0x00, 0x07, 0x3F,  // 0x13
 0x07, 0x00, 0x00, 0x07, 0x3F, 0x07, 0x00, 0x00, 0x00, 0x00, 0x06, 0x0F, 0x06, 0x00, 0x00, 0x06,
 0x0F, 0x06, 0x00, 0x00},
{0x00, 0xE0, 0xF0, 0x30, 0x10, 0x10, 0xF0, 0xF0, 0x10, 0xF0, 0xF0, 0x10, 0x00, 0x03, 0x07, 0x06,  // 0x14
 0x04, 0x04, 0xFF, 0xFF, 0x00, 0xFF, 0xFF, 0x00, 0x00, 0x00, 0x00, 0x00, 0x00, 0x08, 0x0F, 0x0F,
 0x08, 0x0F, 0x0F, 0x08},
{0x00, 0x00, 0xC0, 0xE0, 0x30, 0x10, 0x10, 0x10, 0x30, 0x60, 0xC0, 0x00, 0x00, 0x00, 0x18, 0x3D,  // 0x15
 0x67, 0x42, 0x42, 0x42, 0xE6, 0xBC, 0x18, 0x00, 0x00, 0x00, 0x03, 0x06, 0x0C, 0x08, 0x08, 0x08,
 0x0C, 0x07, 0x03, 0x00},
{0x00, 0x00, 0x00, 0x00, 0x00, 0x00, 0x00, 0x00, 0x00, 0x00, 0x00, 0x00, 0x00, 0x80, 0x80, 0x80,  // 0x16
 0x80, 0x80, 0x80, 0x80, 0x80, 0x80, 0x80, 0x00, 0x00, 0x0F, 0x0F, 0x0F, 0x0F, 0x0F, 0x0F, 0x0F,
 0x0F, 0x0F, 0x0F, 0x00},
{0x00, 0x00, 0x80, 0xC0, 0x60, 0xF0, 0xF0, 0x60, 0xC0, 0x80, 0x00, 0x00, 0x00, 0x00, 0x80, 0x80,  // 0x17
 0x00, 0xFF, 0xFF, 0x00, 0x80, 0x80, 0x00, 0x00, 0x00, 0x00, 0x18, 0x19, 0x1B, 0x1F, 0x1F, 0x1B,
 0x19, 0x18, 0x00, 0x00},
{0x00, 0x00, 0x40, 0x60, 0x30, 0xF8, 0xF8, 0x30, 0x60, 0x40, 0x00, 0x00, 0x00, 0x00, 0x00, 0x00,  // 0x18
 0x00, 0xFF, 0xFF, 0x00, 0x00, 0x00, 0x00, 0x00, 0x00, 0x00, 0x00, 0x00, 0x00, 0x0F, 0x0F, 0x00,
 0x00, 0x00, 0x00, 0x00},
{0x00, 0x00, 0x00, 0x00, 0x00, 0xF8, 0xF8, 0x00, 0x00, 0x00, 0x00, 0x00, 0x00, 0x00, 0x00, 0x00,  // 0x19
 0x00, 0xFF, 0xFF, 0x00, 0x00, 0x00, 0x00, 0x00, 0x00, 0x00, 0x01, 0x03, 0x06, 0x0F, 0x0F, 0x06,
 0x03, 0x01, 0x00, 0x00},
{0x00, 0x00, 0x00, 0x00, 0x00, 0x00, 0x00, 0x00, 0x00, 0x00, 0x00, 0x00, 0x00, 0x18, 0x3C, 0x7E,  // 0x1A
 0xDB, 0x18, 0x18, 0x18, 0x18, 0x18, 0x18, 0x18, 0x00, 0x00, 0x00, 0x00, 0x00, 0x00, 0x00, 0x00,
 0x00, 0x00, 0x00, 0x00},
{0x00, 0x00, 0x00, 0x00, 0x00, 0x00, 0x00, 0x00, 0x00, 0x00, 0x00, 0x00, 0x00, 0x18, 0x18, 0x18,  // 0x1B
 0x18, 0x18, 0x18, 0x18, 0xDB, 0x7E, 0x3C, 0x18, 0x00, 0x00, 0x00, 0x00, 0x00, 0x00, 0x00, 0x00,
 0x00, 0x00, 0x00, 0x00},
{0x00, 0x00, 0x00, 0x00, 0x00, 0x00, 0x00, 0x00, 0x00, 0x00, 0x00, 0x00, 0x00, 0x00, 0xF8, 0xF8,  // 0x1C
 0x00, 0x00, 0x00, 0x00, 0x00, 0x00, 0x00, 0x00, 0x00, 0x00, 0x01, 0x01, 0x01, 0x01, 0x01, 0x01,
 0x01, 0x01, 0x01, 0x00},
{0x00, 0x00, 0x00, 0x00, 0x00, 0x00, 0x00, 0x00, 0x00, 0x00, 0x00, 0x00, 0x00, 0x18, 0x3C, 0x7E,  // 0x1D
 0xDB, 0x18, 0x18, 0x18, 0xDB, 0x7E, 0x3C, 0x18, 0x00, 0x00, 0x00, 0x00, 0x00, 0x00, 0x00, 0x00,
 0x00, 0x00, 0x00, 0x00},
{0x00, 0x00, 0x00, 0x00, 0x00, 0x80, 0x80, 0x00, 0x00, 0x00, 0x00, 0x00, 0x00, 0x80, 0xE0, 0xF8,  // 0x1E
 0xFE, 0xFF, 0xFF, 0xFE, 0xF8, 0xE0, 0x80, 0x00, 0x00, 0x01, 0x01, 0x01, 0x01, 0x01, 0x01, 0x01,
 0x01, 0x01, 0x01, 0x00},
{0x00, 0x80, 0x80, 0x80, 0x80, 0x80, 0x80, 0x80, 0x80, 0x80, 0x80, 0x00, 0x00, 0x01, 0x07, 0x1F,  // 0x1F
 0x7F, 0xFF, 0xFF, 0x7F, 0x1F, 0x07, 0x01, 0x00, 0x00, 0x00, 0x00, 0x00, 0x00, 0x01, 0x01, 0x00,
 0x00, 0x00, 0x00, 0x00},
{0x00, 0x00, 0x00, 0x00, 0x00, 0x00, 0x00, 0x00, 0x00, 0x00, 0x00, 0x00, 0x00, 0x00, 0x00, 0x00,  // space
 0x00, 0x00, 0x00, 0x00, 0x00, 0x00, 0x00, 0x00, 0x00, 0x00, 0x00, 0x00, 0x00, 0x00, 0x00, 0x00,
 0x00, 0x00, 0x00, 0x00},
{0x00, 0x00, 0x00, 0x00, 0xF0, 0xF8, 0xF0, 0x00, 0x00, 0x00, 0x00, 0x00, 0x00, 0x00, 0x00, 0x00,  // !
 0x07, 0x3F, 0x07, 0x00, 0x00, 0x00, 0x00, 0x00, 0x00, 0x00, 0x00, 0x00, 0x06, 0x0F, 0x06, 0x00,
 0x00, 0x00, 0x00, 0x00},
{0x00, 0x00, 0x10, 0xB8, 0xF8, 0x70, 0x00, 0x10, 0xB8, 0xF8, 0x70, 0x00, 0x00, 0x00, 0x01, 0x01,  // "
 0x00, 0x00, 0x00, 0x01, 0x01, 0x00, 0x00, 0x00, 0x00, 0x00, 0x00, 0x00, 0x00, 0x00, 0x00, 0x00,
 0x00, 0x00, 0x00, 0x00},
{0x00, 0x00, 0x00, 0xF8, 0xF8, 0x80, 0x80, 0x80, 0xFC, 0xFC, 0x40, 0x40, 0x00, 0x81, 0x81, 0xFF,  // #
 0xFF, 0x40, 0x40, 0x40, 0xFF, 0xFF, 0x20, 0x20, 0x00, 0x00, 0x00, 0x0F, 0x0F, 0x00, 0x00, 0x00,
 0x07, 0x07, 0x00, 0x00},
{0x00, 0xC0, 0xE0, 0x30, 0x10, 0xFC, 0xFC, 0x10, 0x30, 0x60, 0xF0, 0x00, 0x00, 0x83, 0x07, 0x0E,  // $
 0x0C, 0xFF, 0xFF, 0x30, 0x30, 0x60, 0xE1, 0xC0, 0x00, 0x0F, 0x06, 0x0C, 0x08, 0x3F, 0x3F, 0x08,
 0x08, 0x0C, 0x07, 0x03},
{0x00, 0xF0, 0xF8, 0x08, 0x08, 0xF8, 0xF0, 0x00, 0xC0, 0x70, 0x1C, 0x04, 0x00, 0x00, 0x01, 0x01,  // %
 0xC1, 0x71, 0x9C, 0xC7, 0x41, 0x40, 0xC0, 0x80, 0x00, 0x10, 0x1C, 0x07, 0x01, 0x00, 0x07, 0x0F,
 0x08, 0x08, 0x0F, 0x07},
{0x00, 0x00, 0xF0, 0xF8, 0x98, 0x08, 0x08, 0x98, 0xF0, 0x00, 0x00, 0x00, 0xF0, 0xF8, 0x1C, 0x0F,  // &
 0x07, 0x1F, 0x7B, 0xE1, 0xC8, 0xF8, 0x38, 0x08, 0x01, 0x07, 0x0E, 0x0C, 0x08, 0x0C, 0x06, 0x03,
 0x03, 0x07, 0x0E, 0x07},
{0x00, 0x00, 0x00, 0x10, 0xB8, 0xF8, 0x70, 0x00, 0x00, 0x00, 0x00, 0x00, 0x00, 0x00, 0x00, 0x01,  // %
 0x01, 0x00, 0x00, 0x00, 0x00, 0x00, 0x00, 0x00, 0x00, 0x00, 0x00, 0x00, 0x00, 0x00, 0x00, 0x00,
 0x00, 0x00, 0x00, 0x00},
{0x00, 0x00, 0x00, 0x00, 0x00, 0x80, 0xE0, 0x30, 0x08, 0x00, 0x00, 0x00, 0x00, 0x00, 0x00, 0x00,  // '
 0x7E, 0xFF, 0x81, 0x00, 0x00, 0x00, 0x00, 0x00, 0x00, 0x00, 0x00, 0x00, 0x00, 0x01, 0x07, 0x0C,
```

```
 0x10, 0x00, 0x00, 0x00},
{0x00, 0x00, 0x00, 0x08, 0x30, 0xE0, 0x80, 0x00, 0x00, 0x00, 0x00, 0x00, 0x00, 0x00, 0x00, 0x00,  // (
 0x00, 0x81, 0xFF, 0x7E, 0x00, 0x00, 0x00, 0x00, 0x00, 0x00, 0x00, 0x10, 0x0C, 0x07, 0x01, 0x00,
 0x00, 0x00, 0x00, 0x00},
{0x00, 0x80, 0x80, 0x00, 0x00, 0xE0, 0xF0, 0xE0, 0x00, 0x00, 0x80, 0x80, 0x00, 0xC1, 0xE3, 0x63,  // )
 0x14, 0x88, 0xFF, 0x88, 0x14, 0x63, 0xE3, 0xC1, 0x00, 0x00, 0x00, 0x00, 0x00, 0x03, 0x07, 0x03,
 0x00, 0x00, 0x00, 0x00},
{0x00, 0x00, 0x00, 0x00, 0x00, 0x80, 0x80, 0x00, 0x00, 0x00, 0x00, 0x00, 0x00, 0x18, 0x18, 0x18,  // *
 0x18, 0xFF, 0xFF, 0x18, 0x18, 0x18, 0x18, 0x00, 0x00, 0x00, 0x00, 0x00, 0x00, 0x01, 0x01, 0x00,
 0x00, 0x00, 0x00, 0x00},
{0x00, 0x00, 0x00, 0x00, 0x00, 0x00, 0x00, 0x00, 0x00, 0x00, 0x00, 0x00, 0x00, 0x00, 0x00, 0x00,  // +
 0x00, 0x00, 0x00, 0x00, 0x00, 0x00, 0x00, 0x00, 0x00, 0x00, 0x00, 0x46, 0x6F, 0x3F, 0x1E, 0x00,
 0x00, 0x00, 0x00, 0x00},
{0x00, 0x00, 0x00, 0x00, 0x00, 0x00, 0x00, 0x00, 0x00, 0x00, 0x00, 0x00, 0x00, 0x18, 0x18, 0x18,  // ,
 0x18, 0x18, 0x18, 0x18, 0x18, 0x18, 0x18, 0x00, 0x00, 0x00, 0x00, 0x00, 0x00, 0x00, 0x00, 0x00,
 0x00, 0x00, 0x00, 0x00},
{0x00, 0x00, 0x00, 0x00, 0x00, 0x00, 0x00, 0x00, 0x00, 0x00, 0x00, 0x00, 0x00, 0x00, 0x00, 0x00,  // .
 0x00, 0x00, 0x00, 0x00, 0x00, 0x00, 0x00, 0x00, 0x00, 0x00, 0x00, 0x06, 0x0F, 0x0F, 0x06, 0x00,
 0x00, 0x00, 0x00, 0x00},
{0x00, 0x00, 0x00, 0x00, 0x00, 0x00, 0x00, 0x00, 0xC0, 0x70, 0x18, 0x00, 0x00, 0x00, 0x00, 0x00,  // /
 0xC0, 0x70, 0x1C, 0x07, 0x01, 0x00, 0x00, 0x00, 0x00, 0x10, 0x1C, 0x07, 0x01, 0x00, 0x00, 0x00,
 0x00, 0x00, 0x00, 0x00},
{0x00, 0x80, 0xE0, 0x70, 0x10, 0x18, 0x08, 0x18, 0x10, 0x70, 0xE0, 0x80, 0x00, 0xFF, 0xFF, 0x00,  // 0
 0x00, 0x08, 0x1C, 0x08, 0x00, 0x00, 0xFF, 0xFF, 0x00, 0x00, 0x03, 0x07, 0x04, 0x0C, 0x08, 0x0C,
 0x04, 0x07, 0x03, 0x00},
{0x00, 0x00, 0x00, 0x00, 0x40, 0x60, 0xF0, 0xF8, 0x00, 0x00, 0x00, 0x00, 0x00, 0x00, 0x00, 0x00,  // 1
 0x00, 0x00, 0xFF, 0xFF, 0x00, 0x00, 0x00, 0x00, 0x00, 0x00, 0x00, 0x00, 0x08, 0x08, 0x0F, 0x0F,
 0x08, 0x08, 0x00, 0x00},
{0x00, 0xE0, 0xF0, 0x18, 0x08, 0x08, 0x08, 0x08, 0x18, 0xF0, 0xE0, 0x00, 0x00, 0x00, 0x00, 0x80,  // 2
 0xC0, 0x60, 0x30, 0x18, 0x0C, 0x07, 0x03, 0x00, 0x00, 0x0E, 0x0F, 0x09, 0x08, 0x08, 0x08, 0x08,
 0x08, 0x0E, 0x0E, 0x00},
{0x00, 0x00, 0xE0, 0xF0, 0x18, 0x08, 0x08, 0x08, 0x18, 0xF0, 0xE0, 0x00, 0x00, 0x80, 0x80, 0x00,  // 3
 0x00, 0x0C, 0x0C, 0x0C, 0x0E, 0x1B, 0xF1, 0xE0, 0x00, 0x01, 0x03, 0x06, 0x0C, 0x08, 0x08, 0x08,
 0x0C, 0x06, 0x03, 0x01},
{0x00, 0x00, 0x00, 0x00, 0x00, 0xC0, 0x70, 0xF8, 0xF8, 0x00, 0x00, 0x00, 0x00, 0xC0, 0xF0, 0x9C,  // 4
 0x87, 0x81, 0x80, 0xFF, 0xFF, 0x80, 0x80, 0x80, 0x00, 0x00, 0x00, 0x00, 0x00, 0x08, 0x08, 0x0F,
 0x0F, 0x08, 0x08, 0x00},
{0x00, 0x00, 0xF8, 0xF8, 0x08, 0x08, 0x08, 0x08, 0x08, 0x08, 0x08, 0x00, 0x00, 0x80, 0x87, 0x07,  // 5
 0x03, 0x01, 0x01, 0x01, 0x03, 0x0E, 0xFC, 0xF0, 0x00, 0x01, 0x03, 0x06, 0x0C, 0x08, 0x08, 0x08,
 0x0C, 0x06, 0x03, 0x01},
{0x00, 0x80, 0xE0, 0x70, 0x18, 0x08, 0x08, 0x08, 0x18, 0x70, 0x60, 0x00, 0x00, 0xFF, 0xFF, 0x0C,  // 6
 0x06, 0x02, 0x02, 0x02, 0x06, 0x0C, 0xF8, 0xF0, 0x00, 0x00, 0x03, 0x07, 0x0C, 0x08, 0x08, 0x08,
 0x0C, 0x07, 0x03, 0x00},
{0x00, 0x70, 0x38, 0x18, 0x08, 0x08, 0x08, 0x08, 0x08, 0xC8, 0x78, 0x18, 0x00, 0x00, 0x00, 0x00,  // 7
 0x00, 0x80, 0xF0, 0x7C, 0x0F, 0x01, 0x00, 0x00, 0x00, 0x00, 0x00, 0x00, 0x00, 0x0F, 0x0F, 0x00,
 0x00, 0x00, 0x00, 0x00},
{0x00, 0x00, 0xE0, 0xF0, 0x18, 0x08, 0x08, 0x08, 0x18, 0xF0, 0xE0, 0x00, 0x00, 0xC0, 0xE0, 0x31,  // 8
 0x1B, 0x0E, 0x0C, 0x0E, 0x1B, 0x31, 0xE0, 0xC0, 0x00, 0x01, 0x03, 0x06, 0x0C, 0x08, 0x08, 0x08,
 0x0C, 0x06, 0x03, 0x01},
{0x00, 0x80, 0xE0, 0x70, 0x18, 0x08, 0x08, 0x08, 0x18, 0x70, 0xE0, 0x80, 0x00, 0x07, 0x0F, 0x18,  // 9
 0x30, 0x20, 0x20, 0x20, 0x30, 0x18, 0xFF, 0xFF, 0x00, 0x00, 0x03, 0x07, 0x0C, 0x08, 0x08, 0x08,
 0x0C, 0x07, 0x03, 0x00},
{0x00, 0x00, 0x00, 0x00, 0x80, 0xC0, 0xC0, 0x80, 0x00, 0x00, 0x00, 0x00, 0x00, 0x00, 0x00, 0x00,  // :
 0x01, 0x83, 0x83, 0x01, 0x00, 0x00, 0x00, 0x00, 0x00, 0x00, 0x00, 0x00, 0x03, 0x07, 0x07, 0x03,
 0x00, 0x00, 0x00, 0x00},
{0x00, 0x00, 0x00, 0x00, 0x80, 0xC0, 0xC0, 0x80, 0x00, 0x00, 0x00, 0x00, 0x00, 0x00, 0x00, 0x00,  // ;
 0x01, 0x83, 0x83, 0x01, 0x00, 0x00, 0x00, 0x00, 0x00, 0x00, 0x00, 0x00, 0x23, 0x37, 0x1F, 0x0F,
 0x00, 0x00, 0x00, 0x00},
{0x00, 0x00, 0x00, 0x00, 0x00, 0x00, 0x80, 0xC0, 0x60, 0x30, 0x00, 0x00, 0x00, 0x10, 0x38, 0x6C,  // <
 0xC6, 0x83, 0x01, 0x00, 0x00, 0x00, 0x00, 0x00, 0x00, 0x00, 0x00, 0x00, 0x00, 0x01, 0x03, 0x06,
 0x0C, 0x18, 0x00, 0x00},
{0x00, 0x00, 0x00, 0x00, 0x00, 0x00, 0x00, 0x00, 0x00, 0x00, 0x00, 0x00, 0x00, 0xC3, 0xC3, 0xC3,  // =
 0xC3, 0xC3, 0xC3, 0xC3, 0xC3, 0xC3, 0xC3, 0x00, 0x00, 0x00, 0x00, 0x00, 0x00, 0x00, 0x00, 0x00,
 0x00, 0x00, 0x00, 0x00},
{0x00, 0x00, 0x30, 0x60, 0xC0, 0x80, 0x00, 0x00, 0x00, 0x00, 0x00, 0x00, 0x00, 0x00, 0x00, 0x00,  // >
 0x00, 0x01, 0x83, 0xC6, 0x6C, 0x38, 0x10, 0x00, 0x00, 0x00, 0x18, 0x0C, 0x06, 0x03, 0x01, 0x00,
 0x00, 0x00, 0x00, 0x00},
{0x00, 0xE0, 0xF0, 0x18, 0x08, 0x08, 0x08, 0x08, 0x18, 0xF0, 0xE0, 0x00, 0x00, 0x00, 0x00, 0x00,  // ?
 0x00, 0x70, 0x78, 0x0C, 0x07, 0x03, 0x00, 0x00, 0x00, 0x00, 0x00, 0x00, 0x06, 0x0F, 0x0F, 0x06,
 0x00, 0x00, 0x00, 0x00},
{0x00, 0xE0, 0x30, 0x18, 0x08, 0x88, 0x88, 0x88, 0x08, 0x98, 0x30, 0xE0, 0x00, 0xFF, 0x00, 0xFE,  // @
 0xFF, 0x81, 0x80, 0x81, 0xFF, 0xFF, 0x00, 0xFF, 0x00, 0x07, 0x0C, 0x18, 0x11, 0x11, 0x11, 0x10,
 0x10, 0x11, 0x19, 0x08},
```

```
{0x00, 0x00, 0x00, 0x00, 0xC0, 0x78, 0xF8, 0xC0, 0x00, 0x00, 0x00, 0x00, 0x00, 0x00, 0xF0, 0x5E,  // A
 0x43, 0x40, 0x41, 0x4F, 0xFE, 0xF0, 0x00, 0x00, 0x08, 0x0F, 0x09, 0x00, 0x00, 0x00, 0x00, 0x00,
 0x08, 0x0F, 0x0F, 0x08},
{0x00, 0x08, 0xF8, 0xF8, 0x08, 0x08, 0x08, 0x08, 0x18, 0xF0, 0xE0, 0x00, 0x00, 0x00, 0xFF, 0xFF,  // B
 0x08, 0x08, 0x08, 0x08, 0x0C, 0x1F, 0xF3, 0xE0, 0x00, 0x08, 0x0F, 0x0F, 0x08, 0x08, 0x08, 0x08,
 0x08, 0x0C, 0x07, 0x03},
{0x00, 0x80, 0xE0, 0x70, 0x18, 0x08, 0x08, 0x08, 0x08, 0x18, 0x30, 0xF8, 0x00, 0xFF, 0xFF, 0x00,  // C
 0x00, 0x00, 0x00, 0x00, 0x00, 0x00, 0x00, 0x00, 0x00, 0x00, 0x03, 0x07, 0x0C, 0x08, 0x08, 0x08,
 0x08, 0x0C, 0x06, 0x03},
{0x00, 0x08, 0xF8, 0xF8, 0x08, 0x08, 0x08, 0x08, 0x18, 0x70, 0xE0, 0x80, 0x00, 0x00, 0xFF, 0xFF,  // D
 0x00, 0x00, 0x00, 0x00, 0x00, 0x00, 0xFF, 0xFF, 0x00, 0x08, 0x0F, 0x0F, 0x08, 0x08, 0x08, 0x08,
 0x0C, 0x07, 0x03, 0x00},
{0x00, 0x08, 0xF8, 0xF8, 0x08, 0x08, 0x08, 0x08, 0x08, 0x08, 0x18, 0x78, 0x00, 0x00, 0xFF, 0xFF,  // E
 0x08, 0x08, 0x08, 0x08, 0x1C, 0x3E, 0x00, 0x00, 0x00, 0x08, 0x0F, 0x0F, 0x08, 0x08, 0x08, 0x08,
 0x08, 0x08, 0x0C, 0x0F},
{0x00, 0x08, 0xF8, 0xF8, 0x08, 0x08, 0x08, 0x08, 0x08, 0x08, 0x18, 0x78, 0x00, 0x00, 0xFF, 0xFF,  // F
 0x08, 0x08, 0x08, 0x08, 0x1C, 0x3E, 0x00, 0x00, 0x00, 0x08, 0x0F, 0x0F, 0x08, 0x08, 0x00, 0x00,
 0x00, 0x00, 0x00, 0x00},
{0x00, 0xC0, 0xE0, 0x70, 0x18, 0x08, 0x08, 0x08, 0x18, 0x30, 0xF8, 0x00, 0x00, 0xFF, 0xFF, 0x00,  // G
 0x00, 0x00, 0x00, 0x10, 0x10, 0xF0, 0xF0, 0x10, 0x00, 0x01, 0x03, 0x07, 0x0C, 0x08, 0x08, 0x08,
 0x0C, 0x07, 0x03, 0x00},
{0x00, 0x08, 0xF8, 0xF8, 0x08, 0x00, 0x00, 0x00, 0x08, 0xF8, 0xF8, 0x08, 0x00, 0x00, 0xFF, 0xFF,  // H
 0x08, 0x08, 0x08, 0x08, 0x08, 0xFF, 0xFF, 0x00, 0x00, 0x08, 0x0F, 0x0F, 0x08, 0x00, 0x00, 0x00,
 0x08, 0x0F, 0x0F, 0x08},
{0x00, 0x00, 0x00, 0x08, 0x08, 0xF8, 0xF8, 0x08, 0x08, 0x00, 0x00, 0x00, 0x00, 0x00, 0x00, 0x00,  // I
 0x00, 0xFF, 0xFF, 0x00, 0x00, 0x00, 0x00, 0x00, 0x00, 0x00, 0x00, 0x08, 0x08, 0x0F, 0x0F, 0x08,
 0x08, 0x00, 0x00, 0x00},
{0x00, 0x00, 0x00, 0x00, 0x00, 0x00, 0x08, 0x08, 0xF8, 0xF8, 0x08, 0x08, 0x00, 0x80, 0xC0, 0x80,  // J
 0x00, 0x00, 0x00, 0x00, 0xFF, 0xFF, 0x00, 0x00, 0x00, 0x03, 0x07, 0x0F, 0x08, 0x08, 0x08, 0x0C,
 0x07, 0x03, 0x00, 0x00},
{0x08, 0xF8, 0xF8, 0x08, 0x00, 0x80, 0xC0, 0x68, 0x38, 0x18, 0x08, 0x00, 0x00, 0xFF, 0xFF, 0x3E,  // K
 0x7F, 0xE3, 0xC0, 0x80, 0x00, 0x00, 0x00, 0x00, 0x08, 0x0F, 0x0F, 0x08, 0x00, 0x00, 0x01, 0x0B,
 0x0F, 0x0E, 0x0C, 0x08},
{0x00, 0x08, 0xF8, 0xF8, 0x08, 0x08, 0x00, 0x00, 0x00, 0x00, 0x00, 0x00, 0x00, 0x00, 0xFF, 0xFF,  // L
 0x00, 0x00, 0x00, 0x00, 0x00, 0x00, 0x00, 0x00, 0x00, 0x08, 0x0F, 0x0F, 0x08, 0x08, 0x08, 0x08,
 0x08, 0x0C, 0x0E, 0x03},
{0x08, 0xF8, 0xF8, 0xE0, 0x80, 0x00, 0x00, 0x00, 0xC0, 0xF8, 0xF8, 0x08, 0x00, 0xFF, 0xFF, 0x07,  // M
 0x1F, 0x7E, 0x1C, 0x07, 0x01, 0xFF, 0xFF, 0x00, 0x08, 0x0F, 0x0F, 0x08, 0x00, 0x00, 0x00, 0x00,
 0x08, 0x0F, 0x0F, 0x08},
{0x00, 0x18, 0xF8, 0xF0, 0xC0, 0x00, 0x00, 0x08, 0x08, 0xF8, 0xF8, 0x08, 0x00, 0x00, 0xFF, 0xFF,  // N
 0x03, 0x0F, 0x3C, 0xF0, 0xC0, 0xFF, 0xFF, 0x00, 0x00, 0x08, 0x0F, 0x0F, 0x08, 0x00, 0x00, 0x00,
 0x03, 0x0F, 0x0F, 0x00},
{0x00, 0xC0, 0xF0, 0x30, 0x18, 0x08, 0x08, 0x08, 0x18, 0x30, 0xF0, 0xC0, 0x00, 0xFF, 0xFF, 0x00,  // O
 0x00, 0x00, 0x00, 0x00, 0x00, 0x00, 0xFF, 0xFF, 0x00, 0x01, 0x07, 0x06, 0x0C, 0x08, 0x08, 0x08,
 0x0C, 0x06, 0x07, 0x01},
{0x00, 0x08, 0xF8, 0xF8, 0x08, 0x08, 0x08, 0x08, 0x18, 0x30, 0xF0, 0xC0, 0x00, 0x00, 0xFF, 0xFF,  // P
 0x10, 0x10, 0x10, 0x10, 0x18, 0x0C, 0x0F, 0x03, 0x00, 0x08, 0x0F, 0x0F, 0x08, 0x08, 0x00, 0x00,
 0x00, 0x00, 0x00, 0x00},
{0x00, 0x80, 0xE0, 0x70, 0x10, 0x18, 0x08, 0x18, 0x10, 0x70, 0xE0, 0x80, 0x00, 0xFF, 0xFF, 0x00,  // Q
 0x00, 0x00, 0x00, 0x00, 0x00, 0x00, 0xFF, 0xFF, 0x00, 0x00, 0x03, 0x07, 0x04, 0x0E, 0x0B, 0x0B,
 0x0E, 0x0F, 0x1B, 0x10},
{0x00, 0x08, 0xF8, 0xF8, 0x08, 0x08, 0x08, 0x08, 0x18, 0xF0, 0xE0, 0x00, 0x00, 0x00, 0xFF, 0xFF,  // R
 0x08, 0x18, 0x38, 0xF8, 0xEC, 0x87, 0x03, 0x00, 0x00, 0x08, 0x0F, 0x0F, 0x08, 0x00, 0x00, 0x00,
 0x03, 0x0F, 0x0E, 0x08},
{0x00, 0x00, 0xE0, 0xF0, 0x18, 0x08, 0x08, 0x08, 0x18, 0x30, 0x78, 0x00, 0x00, 0x80, 0x01, 0x03,  // S
 0x07, 0x0E, 0x0C, 0x1C, 0x38, 0xF0, 0xE0, 0x00, 0x00, 0x03, 0x0F, 0x06, 0x0C, 0x08, 0x08, 0x08,
 0x0C, 0x07, 0x03, 0x00},
{0x78, 0x18, 0x08, 0x08, 0x08, 0xF8, 0xF8, 0x08, 0x08, 0x08, 0x18, 0x78, 0x00, 0x00, 0x00, 0x00,  // T
 0x00, 0xFF, 0xFF, 0x00, 0x00, 0x00, 0x00, 0x00, 0x00, 0x00, 0x00, 0x08, 0x0C, 0x0F, 0x0F, 0x0C,
 0x08, 0x00, 0x00, 0x00},
{0x00, 0x08, 0xF8, 0xF8, 0x08, 0x00, 0x00, 0x00, 0x08, 0xF8, 0xF8, 0x08, 0x00, 0x00, 0xFF, 0xFF,  // U
 0x00, 0x00, 0x00, 0x00, 0x00, 0xFF, 0xFF, 0x00, 0x00, 0x00, 0x03, 0x07, 0x0C, 0x08, 0x08, 0x08,
 0x0C, 0x07, 0x03, 0x00},
{0x00, 0x08, 0x78, 0xF8, 0x88, 0x00, 0x00, 0x00, 0x88, 0xF8, 0x78, 0x08, 0x00, 0x00, 0x00, 0x07,  // V
 0x7F, 0xF8, 0x80, 0xF8, 0x7F, 0x07, 0x00, 0x00, 0x00, 0x00, 0x00, 0x00, 0x00, 0x03, 0x0F, 0x03,
 0x00, 0x00, 0x00, 0x00},
{0x08, 0xF8, 0xF8, 0x08, 0x00, 0x00, 0xF8, 0x00, 0x08, 0xF8, 0xF8, 0x08, 0x00, 0x01, 0x7F, 0xFE,  // W
 0xC0, 0x7E, 0x7F, 0xFE, 0xC0, 0x7F, 0x03, 0x00, 0x00, 0x00, 0x00, 0x0F, 0x0F, 0x00, 0x00, 0x0F,
 0x0F, 0x00, 0x00, 0x00},
{0x00, 0x08, 0x38, 0xF8, 0xE8, 0x80, 0x00, 0x00, 0xC8, 0xF8, 0x38, 0x08, 0x00, 0x00, 0x00, 0x80,  // X
 0xE3, 0x7F, 0x3E, 0xFF, 0xE3, 0x80, 0x00, 0x00, 0x00, 0x08, 0x0E, 0x0F, 0x09, 0x00, 0x00, 0x00,
 0x0B, 0x0F, 0x0E, 0x08},
{0x08, 0x38, 0xF8, 0xE8, 0x80, 0x00, 0x00, 0x00, 0xC8, 0xF8, 0x38, 0x08, 0x00, 0x00, 0x00, 0x03,  // Y
```

```
 0x0F, 0xFE, 0xFE, 0x0F, 0x03, 0x00, 0x00, 0x00, 0x00, 0x00, 0x00, 0x08, 0x0C, 0x0F, 0x0F, 0x0C,
 0x08, 0x00, 0x00, 0x00},
{0x00, 0x78, 0x18, 0x08, 0x08, 0x08, 0x08, 0x88, 0xE8, 0xF8, 0x38, 0x00, 0x00, 0x00, 0x00, 0xC0,  // Z
 0xF0, 0x78, 0x1E, 0x0F, 0x03, 0x00, 0x00, 0x00, 0x00, 0x0C, 0x0F, 0x0F, 0x0D, 0x0C, 0x0C, 0x0C,
 0x0C, 0x0C, 0x0E, 0x0F},
{0x00, 0x00, 0x00, 0x00, 0xF8, 0xF8, 0x08, 0x08, 0x08, 0x08, 0x00, 0x00, 0x00, 0x00, 0x00, 0x00,  // [
 0xFF, 0xFF, 0x00, 0x00, 0x00, 0x00, 0x00, 0x00, 0x00, 0x00, 0x00, 0x00, 0x1F, 0x1F, 0x10, 0x10,
 0x10, 0x10, 0x00, 0x00},
{0x00, 0x04, 0x1C, 0x70, 0xC0, 0x00, 0x00, 0x00, 0x00, 0x00, 0x00, 0x00, 0x00, 0x00, 0x00, 0x00,  /* \ */
 0x01, 0x07, 0x1C, 0x70, 0xC0, 0x00, 0x00, 0x00, 0x00, 0x00, 0x00, 0x00, 0x00, 0x00, 0x00, 0x00,
 0x01, 0x07, 0x1C, 0x10},
{0x00, 0x00, 0x00, 0x08, 0x08, 0x08, 0x08, 0xF8, 0xF8, 0x00, 0x00, 0x00, 0x00, 0x00, 0x00, 0x00,  // ]
 0x00, 0x00, 0x00, 0xFF, 0xFF, 0x00, 0x00, 0x00, 0x00, 0x00, 0x00, 0x10, 0x10, 0x10, 0x10, 0x1F,
 0x1F, 0x00, 0x00, 0x00},
{0x00, 0x80, 0xC0, 0x60, 0x30, 0x18, 0x30, 0x60, 0xC0, 0x80, 0x00, 0x00, 0x00, 0x00, 0x00, 0x00,  // ^
 0x00, 0x00, 0x00, 0x00, 0x00, 0x00, 0x00, 0x00, 0x00, 0x00, 0x00, 0x00, 0x00, 0x00, 0x00, 0x00,
 0x00, 0x00, 0x00, 0x00},
{0x00, 0x00, 0x00, 0x00, 0x00, 0x00, 0x00, 0x00, 0x00, 0x00, 0x00, 0x00, 0x00, 0x00, 0x00, 0x00,  // _
 0x00, 0x00, 0x00, 0x00, 0x00, 0x00, 0x00, 0x00, 0x20, 0x20, 0x20, 0x20, 0x20, 0x20, 0x20, 0x20,
 0x20, 0x20, 0x20, 0x20},
{0x00, 0x00, 0x10, 0x18, 0x38, 0x30, 0x60, 0x40, 0x00, 0x00, 0x00, 0x00, 0x00, 0x00, 0x00, 0x00,  // `
 0x00, 0x00, 0x00, 0x00, 0x00, 0x00, 0x00, 0x00, 0x00, 0x00, 0x00, 0x00, 0x00, 0x00, 0x00, 0x00,
 0x00, 0x00, 0x00, 0x00},
{0x00, 0x00, 0x00, 0x00, 0x00, 0x00, 0x00, 0x00, 0x00, 0x00, 0x00, 0x00, 0x00, 0x80, 0xCC, 0x6E,  // a
 0x26, 0x22, 0x22, 0x26, 0xFC, 0xF8, 0x00, 0x00, 0x00, 0x07, 0x0F, 0x0C, 0x08, 0x08, 0x08, 0x0C,
 0x07, 0x0F, 0x08, 0x08},
{0x00, 0x10, 0xF0, 0xF0, 0x00, 0x00, 0x00, 0x00, 0x00, 0x00, 0x00, 0x00, 0x00, 0x00, 0xFF, 0xFF,  // b
 0x08, 0x04, 0x02, 0x02, 0x06, 0x0C, 0xFC, 0xF0, 0x00, 0x00, 0x0F, 0x0F, 0x04, 0x08, 0x08, 0x08,
 0x08, 0x0C, 0x07, 0x03},
{0x00, 0x00, 0x00, 0x00, 0x00, 0x00, 0x00, 0x00, 0x00, 0x00, 0x00, 0x00, 0x00, 0xF0, 0xFC, 0x0C,  // c
 0x06, 0x02, 0x02, 0x02, 0x02, 0x0E, 0x1C, 0x18, 0x00, 0x01, 0x07, 0x06, 0x0C, 0x08, 0x08, 0x08,
 0x0C, 0x04, 0x06, 0x03},
{0x00, 0x00, 0x00, 0x00, 0x00, 0x00, 0x00, 0x00, 0x10, 0xF0, 0xF0, 0x00, 0x00, 0xF0, 0xFC, 0x0C,  // d
 0x06, 0x02, 0x02, 0x02, 0x04, 0xFF, 0xFF, 0x00, 0x00, 0x03, 0x07, 0x0C, 0x08, 0x08, 0x08, 0x08,
 0x04, 0x07, 0x0F, 0x08},
{0x00, 0x00, 0x00, 0x00, 0x00, 0x00, 0x00, 0x00, 0x00, 0x00, 0x00, 0x00, 0x00, 0xF0, 0xFC, 0x4C,  // e
 0x46, 0x42, 0x42, 0x42, 0x46, 0x4C, 0x7C, 0x70, 0x00, 0x01, 0x07, 0x06, 0x0C, 0x08, 0x08, 0x08,
 0x08, 0x0C, 0x06, 0x02},
{0x00, 0x00, 0x00, 0xC0, 0xE0, 0x30, 0x10, 0x10, 0x30, 0xE0, 0xC0, 0x00, 0x00, 0x08, 0x08, 0xFF,  // f
 0xFF, 0x08, 0x08, 0x08, 0x08, 0x00, 0x00, 0x00, 0x00, 0x08, 0x08, 0x0F, 0x0F, 0x08, 0x08, 0x00,
 0x00, 0x00, 0x00, 0x00},
{0x00, 0x00, 0x00, 0x00, 0x00, 0x00, 0x00, 0x00, 0x00, 0x00, 0x00, 0x00, 0x00, 0x00, 0x78, 0xFC,  // g
 0xC6, 0x82, 0x82, 0xC6, 0x7C, 0x3C, 0x06, 0x06, 0x00, 0x38, 0x7D, 0xC7, 0x86, 0x86, 0x86, 0x86,
 0x86, 0xCE, 0x7C, 0x38},
{0x00, 0x10, 0xF0, 0xF0, 0x00, 0x00, 0x00, 0x00, 0x00, 0x00, 0x00, 0x00, 0x00, 0x00, 0xFF, 0xFF,  // h
 0x08, 0x04, 0x02, 0x02, 0x06, 0xFC, 0xF8, 0x00, 0x00, 0x08, 0x0F, 0x0F, 0x08, 0x00, 0x00, 0x00,
 0x08, 0x0F, 0x0F, 0x08},
{0x00, 0x00, 0x00, 0x00, 0x30, 0x78, 0x30, 0x00, 0x00, 0x00, 0x00, 0x00, 0x00, 0x00, 0x00, 0x04,  // i
 0x04, 0xFE, 0xFE, 0x00, 0x00, 0x00, 0x00, 0x00, 0x00, 0x00, 0x00, 0x08, 0x08, 0x0F, 0x0F, 0x08,
 0x08, 0x00, 0x00, 0x00},
{0x00, 0x00, 0x00, 0x00, 0x00, 0x00, 0x00, 0x30, 0x78, 0x30, 0x00, 0x00, 0x00, 0x00, 0x00, 0x00,  // j
 0x00, 0x00, 0x04, 0x04, 0xFE, 0xFE, 0x00, 0x00, 0x00, 0x30, 0x70, 0xE0, 0x80, 0x80, 0x80, 0xC0,
 0x7F, 0x3F, 0x00, 0x00},
{0x00, 0x10, 0xF0, 0xF0, 0x00, 0x00, 0x00, 0x00, 0x00, 0x00, 0x00, 0x00, 0x00, 0x00, 0xFF, 0xFF,  // k
 0x60, 0xE0, 0xF0, 0x9A, 0x0E, 0x06, 0x02, 0x00, 0x00, 0x08, 0x0F, 0x0F, 0x08, 0x00, 0x01, 0x03,
 0x0F, 0x0E, 0x0C, 0x08},
{0x00, 0x00, 0x00, 0x20, 0x20, 0xF0, 0xF0, 0x00, 0x00, 0x00, 0x00, 0x00, 0x00, 0x00, 0x00, 0x00,  // l
 0x00, 0xFF, 0xFF, 0x00, 0x00, 0x00, 0x00, 0x00, 0x00, 0x00, 0x00, 0x08, 0x08, 0x0F, 0x0F, 0x08,
 0x08, 0x00, 0x00, 0x00},
{0x00, 0x00, 0x00, 0x00, 0x00, 0x00, 0x00, 0x00, 0x00, 0x00, 0x00, 0x00, 0x02, 0xFE, 0xFE, 0x04,  // m
 0x02, 0xFE, 0xFC, 0x04, 0x02, 0xFE, 0xFC, 0x00, 0x08, 0x0F, 0x0F, 0x00, 0x08, 0x0F, 0x0F, 0x00,
 0x08, 0x0F, 0x0F, 0x08},
{0x00, 0x00, 0x00, 0x00, 0x00, 0x00, 0x00, 0x00, 0x00, 0x00, 0x00, 0x00, 0x00, 0x02, 0xFE, 0xFE,  // n
 0x08, 0x04, 0x02, 0x02, 0x06, 0xFC, 0xF8, 0x00, 0x00, 0x08, 0x0F, 0x0F, 0x08, 0x00, 0x00, 0x00,
 0x08, 0x0F, 0x0F, 0x08},
{0x00, 0x00, 0x00, 0x00, 0x00, 0x00, 0x00, 0x00, 0x00, 0x00, 0x00, 0x00, 0x00, 0xF0, 0xFC, 0x0C,  // o
 0x06, 0x02, 0x02, 0x02, 0x06, 0x0C, 0xFC, 0xF0, 0x00, 0x01, 0x07, 0x06, 0x0C, 0x08, 0x08, 0x08,
 0x0C, 0x06, 0x07, 0x01},
{0x00, 0x00, 0x00, 0x00, 0x00, 0x00, 0x00, 0x00, 0x00, 0x00, 0x00, 0x00, 0x00, 0x04, 0xFE, 0xFE,  // p
 0x04, 0x02, 0x02, 0x02, 0x06, 0x0C, 0xFC, 0xF0, 0x00, 0x80, 0xFF, 0xFF, 0x84, 0x08, 0x08, 0x08,
 0x0C, 0x06, 0x07, 0x01},
{0x00, 0x00, 0x00, 0x00, 0x00, 0x00, 0x00, 0x00, 0x00, 0x00, 0x00, 0x00, 0x00, 0xF0, 0xFC, 0x0C,  // q
 0x06, 0x02, 0x02, 0x02, 0x04, 0xFE, 0xFE, 0x00, 0x00, 0x01, 0x07, 0x06, 0x0C, 0x08, 0x08, 0x88,
```

```
   0x84,0xFF,0xFF,0x80},
  {0x00,0x00,0x00,0x00,0x00,0x00,0x00,0x00,0x00,0x00,0x00,0x00,0x00,0x00,0x02,0xFE,  // r
   0xFE,0x08,0x04,0x02,0x06,0x0E,0x0C,0x00,0x00,0x00,0x08,0x0F,0x0F,0x08,0x00,0x00,
   0x00,0x00,0x00,0x00},
  {0x00,0x00,0x00,0x00,0x00,0x00,0x00,0x00,0x00,0x00,0x00,0x00,0x00,0x18,0x3C,0x36,  // s
   0x62,0x62,0xC2,0xC6,0x8C,0x9E,0x00,0x00,0x00,0x0F,0x06,0x0C,0x08,0x08,0x08,0x08,
   0x0D,0x07,0x03,0x00},
  {0x00,0x00,0x00,0xE0,0xF0,0x00,0x00,0x00,0x00,0x00,0x00,0x00,0x00,0x02,0x02,0xFF,  // t
   0xFF,0x02,0x02,0x02,0x00,0x00,0x00,0x00,0x00,0x00,0x00,0x03,0x07,0x0C,0x08,0x0C,
   0x06,0x02,0x00,0x00},
  {0x00,0x00,0x00,0x00,0x00,0x00,0x00,0x00,0x00,0x00,0x00,0x00,0x00,0x02,0xFE,0xFE,  // u
   0x00,0x00,0x00,0x02,0xFE,0xFE,0x00,0x00,0x00,0x00,0x03,0x07,0x0C,0x08,0x08,0x04,
   0x07,0x0F,0x0C,0x04},
  {0x00,0x00,0x00,0x00,0x00,0x00,0x00,0x00,0x00,0x00,0x00,0x00,0x00,0x02,0x0E,0x3E,  // v
   0xF2,0xC0,0x00,0x00,0xC0,0x32,0x0E,0x02,0x00,0x00,0x00,0x00,0x00,0x03,0x0F,0x03,
   0x00,0x00,0x00,0x00},
  {0x00,0x00,0x00,0x00,0x00,0x00,0x00,0x00,0x00,0x00,0x00,0x00,0x02,0x1E,0xFE,0xE2,  // w
   0x00,0xE0,0xFE,0xE0,0x00,0xE2,0x3E,0x02,0x00,0x00,0x01,0x0F,0x0F,0x01,0x01,0x0F,
   0x0F,0x01,0x00,0x00},
  {0x00,0x00,0x00,0x00,0x00,0x00,0x00,0x00,0x00,0x00,0x00,0x00,0x00,0x02,0x06,0x0E,  // x
   0x1A,0xF0,0xE0,0xF0,0x1A,0x0E,0x06,0x02,0x00,0x08,0x0C,0x0E,0x0B,0x01,0x00,0x01,
   0x0B,0x0E,0x0C,0x08},
  {0x00,0x00,0x00,0x00,0x00,0x00,0x00,0x00,0x00,0x00,0x00,0x00,0x00,0x00,0x02,0x0E,  // y
   0x3E,0xF2,0xC0,0x80,0xC0,0x72,0x1E,0x02,0x00,0x80,0xC0,0xC0,0x60,0x38,0x0F,0x03,
   0x01,0x00,0x00,0x00},
  {0x00,0x00,0x00,0x00,0x00,0x00,0x00,0x00,0x00,0x00,0x00,0x00,0x00,0x0E,0x06,0x02,  // z
   0x82,0xC2,0x62,0x32,0x1A,0x0E,0x06,0x00,0x00,0x0C,0x0E,0x0B,0x09,0x08,0x08,0x08,
   0x08,0x0C,0x0E,0x00},
  {0x00,0x00,0x00,0x00,0x00,0xE0,0xF0,0x18,0x08,0x08,0x08,0x00,0x00,0x00,0x08,0x08,  // {
   0x1C,0xF7,0xE3,0x00,0x00,0x00,0x00,0x00,0x00,0x00,0x00,0x00,0x00,0x07,0x0F,0x18,
   0x10,0x10,0x10,0x00},
  {0x00,0x00,0x00,0x00,0x00,0xFC,0xFC,0x00,0x00,0x00,0x00,0x00,0x00,0x00,0x00,0x00,  // |
   0x00,0xE7,0xE7,0x00,0x00,0x00,0x00,0x00,0x00,0x00,0x00,0x00,0x00,0x3F,0x3F,0x00,
   0x00,0x00,0x00,0x00},
  {0x00,0x08,0x08,0x08,0x18,0xF0,0xE0,0x00,0x00,0x00,0x00,0x00,0x00,0x00,0x00,0x00,  // }
   0x00,0xE3,0xF7,0x1C,0x08,0x08,0x00,0x00,0x00,0x10,0x10,0x10,0x18,0x0F,0x07,0x00,
   0x00,0x00,0x00,0x00},
  {0x00,0x00,0x00,0x00,0x00,0x00,0x00,0x00,0x00,0x00,0x00,0x00,0x00,0x10,0x18,0x0C,  // ~
   0x04,0x0C,0x08,0x18,0x10,0x18,0x0C,0x04,0x00,0x00,0x00,0x00,0x00,0x00,0x00,0x00,
   0x00,0x00,0x00,0x00},
  {0x00,0x00,0x00,0xF0,0x98,0x08,0x08,0x98,0xF0,0x00,0x00,0x00,0x00,0x00,0x00,0x00,  // 0xFF
   0x01,0x01,0x01,0x01,0x00,0x00,0x00,0x00,0x00,0x00,0x00,0x00,0x00,0x00,0x00,0x00,
   0x00,0x00,0x00,0x00}};
#endif

/* ------------------------------------------------------------------------ */
/*                    12x24 영문 Courier체 폰트                               */
/* ------------------------------------------------------------------------ */
#ifdef EFONT_COURIER
prog_uchar E_font_large[128][36] = {             /* 12x24 English ASCII character font */
  {0x00,0x00,0x00,0x00,0x00,0x00,0x00,0x00,0x00,0x00,0x00,0x00,0x00,0x00,0x00,0x00,  // 0x00
   0x00,0x00,0x00,0x00,0x00,0x00,0x00,0x00,0x00,0x00,0x00,0x00,0x00,0x00,0x00,0x00,
   0x00,0x00,0x00,0x00},
  {0x00,0x00,0xC0,0x20,0x20,0x10,0x10,0x10,0x20,0x20,0xC0,0x00,0x00,0xFF,0x00,0x00,  // 0x01
   0x46,0x86,0x80,0x86,0x46,0x00,0x00,0xFF,0x00,0x00,0x03,0x04,0x04,0x08,0x08,0x08,
   0x04,0x04,0x03,0x00},

                 (중략)

  {0x00,0x00,0x00,0x00,0x00,0x00,0x00,0x00,0x00,0x00,0x00,0x00,0x08,0x0C,0x06,0x06,  // ~
   0x06,0x0C,0x18,0x18,0x18,0x0C,0x04,0x00,0x00,0x00,0x00,0x00,0x00,0x00,0x00,0x00,
   0x00,0x00,0x00,0x00},
  {0x00,0x00,0x00,0x3C,0x66,0x42,0x42,0x66,0x3C,0x00,0x00,0x00,0x00,0x00,0x00,0x00,  // 0x7F
   0x00,0x00,0x00,0x00,0x00,0x00,0x00,0x00,0x00,0x00,0x00,0x00,0x00,0x00,0x00,0x00,
   0x00,0x00,0x00,0x00 }};
#endif

/* ------------------------------------------------------------------------ */
/*              사용자 정의 함수 선언                                         */
/* ------------------------------------------------------------------------ */

void TFT_screen_mode_large(U08 mode);            // set screen direction mode
void TFT_string_large(U08 xChar, U08 yChar, U16 colorfore, U16 colorback, char *str); // write TFT-LCD string
```

```
void TFT_English_large(U08 code);                  // write a English ASCII character
void TFT_Korean_large(U16 code);                   // write a Korean character
void TFT_unsigned_decimal_large(U32 number, U08 zerofill, U08 digit); // display unsigned decimal number
void TFT_signed_decimal_large(S32 number, U08 zerofill, U08 digit);   // display signed decimal number
void TFT_hexadecimal_large(U32 number, U08 digit);        // display hexadecimal number
void TFT_0x_hexadecimal_large(U32 number, U08 digit);     // display hexadecimal number with 0x
void TFT_unsigned_float_large(float number, U08 integral, U08 fractional); // display unsigned floating-point number
void TFT_signed_float_large(float number, U08 integral, U08 fractional);   // display signed floating-point number

/* ------------------------------------------------------------------------ */
/*      TFT-32HX 보드 큰 문자(영문 : 12x24 픽셀, 한글 : 24x24 픽셀) 출력 함수   */
/* ------------------------------------------------------------------------ */

void TFT_screen_mode_large(U08 mode)               /* set screen direction mode */
{
  if((mode == 'P') || (mode == 'p'))               // portrait mode(20x40 character unit)
    { ScreenMode = 'P';
      XcharacterLimit = 20;
      YcharacterLimit = 40;
    }
  else                                             // landscape mode(26x30 character unit)
    { ScreenMode = 'L';
      XcharacterLimit = 26;
      YcharacterLimit = 30;
    }
}

void TFT_string_large(U08 xChar, U08 yChar, U16 colorfore, U16 colorback, char *str)    /* write TFT-LCD string */
{
  unsigned char ch1;
  unsigned int ch2;

  Xcharacter = xChar;
  Ycharacter = yChar;

  foreground = colorfore;
  background = colorback;

  while(*str)
    { ch1 = *str;
      str++;

      if(ch1 < 0x80)                               // English ASCII character
        TFT_English_large(ch1);
      else                                         // Korean
        { ch2 = (ch1 << 8) + (*str);
          str++;
          ch2 = KS_code_conversion(ch2);           // convert KSSM(완성형) to KS(조합형)
          TFT_Korean_large(ch2);
        }
    }
}

void TFT_English_large(U08 code)                   /* write a English ASCII character(12x24 pixel) */
{
  unsigned char data, x, y;
  unsigned int pixel[12][24];
  unsigned int dot0, dot1, dot2, dot3, dot4;

  for(x = 0; x < 12; x++)                          // read English ASCII font
    { data = pgm_read_byte(&E_font_large[code][x]);
      for(y = 0; y < 8; y++)
        { if(data & 0x01) pixel[x][y] = foreground;
          else            pixel[x][y] = background;
          data = data >> 1;
        }
    }

  for(x = 0; x < 12; x++)
    { data = pgm_read_byte(&E_font_large[code][x+12]);
      for(y = 0; y < 8; y++)
        { if(data & 0x01) pixel[x][y+8] = foreground;
          else            pixel[x][y+8] = background;
```

```
        data = data >> 1;
      }
  }

 for(x = 0; x < 12; x++)
   { data = pgm_read_byte(&E_font_large[code][x+24]);
     for(y = 0; y < 8; y++)
       { if(data & 0x01) pixel[x][y+16] = foreground;
         else            pixel[x][y+16] = background;
         data = data >> 1;
       }
   }

 if(outline_flag == 1)                              // display outline
   { for(x = 0; x < 12; x++)
       { dot0 = pgm_read_byte(&E_font_large[code][x]) + pgm_read_byte(&E_font_large[code][x+12])*256;
         dot1 = dot0 >> 1;                                                             // up side
         dot2 = dot0;                                                                  // down side
         dot3 = pgm_read_byte(&E_font_large[code][x+1]) + pgm_read_byte(&E_font_large[code][x+13])*256;// left side
         dot4 = pgm_read_byte(&E_font_large[code][x-1]) + pgm_read_byte(&E_font_large[code][x+11])*256;// right side

         for(y = 0; y < 15; y++)
           { if(!(dot0 & 0x0001))
               { if(dot1 & 0x0001) pixel[x][y] = outline;
                 if(dot2 & 0x0001) pixel[x][y] = outline;
                 if((dot3 & 0x0001) && (x < 11 )) pixel[x][y] = outline;
                 if((dot4 & 0x0001) && (x > 0 ))  pixel[x][y] = outline;
               }

             dot1 >>= 1;
             dot2 = dot0;
             dot0 >>= 1;
             dot3 >>= 1;
             dot4 >>= 1;
           }
       }
     for(x = 0; x < 12; x++)
       { dot0 = pgm_read_byte(&E_font_large[code][x+12]) + pgm_read_byte(&E_font_large[code][x+24])*256;
         dot1 = dot0 >> 1;                                                             // up side
         dot2 = dot0;                                                                  // down side
         dot3 = pgm_read_byte(&E_font_large[code][x+13]) + pgm_read_byte(&E_font_large[code][x+25])*256;// left side
         dot4 = pgm_read_byte(&E_font_large[code][x+11]) + pgm_read_byte(&E_font_large[code][x+23])*256;// right side

         for(y = 0; y < 16; y++)
           { if(!(dot0 & 0x0001))
               { if(dot1 & 0x0001) pixel[x][y+8] = outline;
                 if(dot2 & 0x0001) pixel[x][y+8] = outline;
                 if((dot3 & 0x0001) && (x < 11 )) pixel[x][y+8] = outline;
                 if((dot4 & 0x0001) && (x > 0 ))  pixel[x][y+8] = outline;
               }

             dot1 >>= 1;
             dot2 = dot0;
             dot0 >>= 1;
             dot3 >>= 1;
             dot4 >>= 1;
           }
       }
   }

 if(underscore_flag == 1)
   { for(x = 0; x < 12; x++)                        // display underscore
         pixel[x][23] = underscore;
   }

 if((cursor_flag == 1) && (Xcharacter == Xcursor) &&(Ycharacter == Ycursor))
   { for(x = 0; x < 12; x++)                        // display cursor
       { pixel[x][22] = cursor;
         pixel[x][23] = cursor;
       }
   }

 if(ScreenMode == 'P')
```

```
    { for(y = 0; y < 24; y++)                    // write in portrait mode
        for(x = 0; x < 12; x++)
          TFT_pixel(Xcharacter*12 + x, Ycharacter*8 + y, pixel[x][y]);
    }
  else
    { for(y = 0; y < 24; y++)                    // write in landscape mode
        for(x = 0; x < 12; x++)
          TFT_pixel((29-Ycharacter)*8 + 7 - y, Xcharacter*12 + x, pixel[x][y]);
    }

  Xcharacter += 1;
  if(Xcharacter >= XcharacterLimit)              // end of line ?
    { Xcharacter = 0;
      Ycharacter += 3;
      if(Ycharacter >= (YcharacterLimit-2))      // end of screen ?
        Ycharacter = 0;
    }
}

void TFT_Korean_large(U16 code)                  /* write a Korean character */
{
  unsigned char cho_5bit, joong_5bit, jong_5bit;
  unsigned char cho_bul, joong_bul, jong_bul = 0, i, jong_flag;
  unsigned int ch;
  unsigned char Kbuffer[72] = {0};               // 32 byte Korean font buffer

  if(Xcharacter == (XcharacterLimit-1))          // last character of line ?
    TFT_English(' ');                            // display space and go to next line

  cho_5bit   = pgm_read_byte(&table_cho[(code >> 10) & 0x001F]);  // get 5bit(14-10) of chosung
  joong_5bit = pgm_read_byte(&table_joong[(code >> 5) & 0x001F]); // get 5bit(09-05) of joongsung
  jong_5bit  = pgm_read_byte(&table_jong[code & 0x001F]);         // get 5bit(04-00) of jongsung

  if(jong_5bit == 0)                             // if jongsung not exist
    { jong_flag = 0;
      cho_bul = pgm_read_byte(&bul_cho1[joong_5bit]);
      if((cho_5bit == 1) || (cho_5bit == 16))
        joong_bul = 0;
      else
        joong_bul = 1;
    }
  else                                           // if jongsung exist
    { jong_flag = 1;
      cho_bul = pgm_read_byte(&bul_cho2[joong_5bit]);
      if((cho_5bit == 1) || (cho_5bit == 16))
        joong_bul = 2;
      else
        joong_bul = 3;
      jong_bul = pgm_read_byte(&bul_jong[joong_5bit]);
    }

  ch = cho_bul*20 + cho_5bit;                    // get chosung font
  for(i = 0; i < 72; i++)
    Kbuffer[i] = pgm_read_byte(&K_font_large[ch][i]);
  ch = 8*20 + joong_bul*22 + joong_5bit;         // OR joongsung font
  for(i = 0; i < 72; i++)
    Kbuffer[i] |= pgm_read_byte(&K_font_large[ch][i]);
  if(jong_flag)                                  // OR jongsung font
    { ch = 8*20 + 4*22 + jong_bul*28 + jong_5bit;
      for(i = 0; i < 72; i++)
        Kbuffer[i] |= pgm_read_byte(&K_font_large[ch][i]);
    }

  unsigned char data, x, y;
  unsigned int pixel[24][24];
  unsigned int dot0, dot1, dot2, dot3, dot4;

  for(x = 0; x < 24; x++)                        // read Korean font
    { data = Kbuffer[x];
      for(y = 0; y < 8; y++)
        { if(data & 0x01) pixel[x][y] = foreground;
          else            pixel[x][y] = background;
          data = data >> 1;
```

```
        }
    }

  for(x = 0; x < 24; x++)
    { data = Kbuffer[x+24];
      for(y = 0; y < 8; y++)
        { if(data & 0x01) pixel[x][y+8] = foreground;
          else            pixel[x][y+8] = background;
          data = data >> 1;
        }
    }

  for(x = 0; x < 24; x++)
    { data = Kbuffer[x+48];
      for(y = 0; y < 8; y++)
        { if(data & 0x01) pixel[x][y+16] = foreground;
          else            pixel[x][y+16] = background;
          data = data >> 1;
        }
    }

  if(outline_flag == 1)                           // display outline
    { for(x = 0; x < 24; x++)
        { dot0 = Kbuffer[x] + Kbuffer[x+24]*256;
          dot1 = dot0 >> 1;                                // up side
          dot2 = dot0;                                     // down side
          dot3 = Kbuffer[x+1] + Kbuffer[x+25]*256;         // left side
          dot4 = Kbuffer[x-1] + Kbuffer[x+23]*256;         // right side

          for(y = 0; y < 16; y++)
            { if(!(dot0 & 0x0001))
                { if(dot1 & 0x0001) pixel[x][y] = outline;
                  if(dot2 & 0x0001) pixel[x][y] = outline;
                  if((dot3 & 0x0001) && (x < 23 )) pixel[x][y] = outline;
                  if((dot4 & 0x0001) && (x > 1 ))  pixel[x][y] = outline;
                }

              dot1 >>= 1;
              dot2 = dot0;
              dot0 >>= 1;
              dot3 >>= 1;
              dot4 >>= 1;
            }
        }

      for(x = 0; x < 24; x++)
        { dot0 = Kbuffer[x+24] + Kbuffer[x+48]*256;
          dot1 = dot0 >> 1;                                // up side
          dot2 = dot0;                                     // down side
          dot3 = Kbuffer[x+25] + Kbuffer[x+49]*256;        // left side
          dot4 = Kbuffer[x+23] + Kbuffer[x+47]*256;        // right side

          for(y = 0; y < 16; y++)
            { if(!(dot0 & 0x0001))
                { if(dot1 & 0x0001) pixel[x][y+8] = outline;
                  if(dot2 & 0x0001) pixel[x][y+8] = outline;
                  if((dot3 & 0x0001) && (x < 23 )) pixel[x][y+8] = outline;
                  if((dot4 & 0x0001) && (x > 1 ))  pixel[x][y+8] = outline;
                }

              dot1 >>= 1;
              dot2 = dot0;
              dot0 >>= 1;
              dot3 >>= 1;
              dot4 >>= 1;
            }
        }
    }

  if(underscore_flag == 1)
    { for(x = 0; x < 24; x++)                     // display underscore
        pixel[x][23] = underscore;
    }
```

```
  if((cursor_flag == 1) && (Xcharacter == Xcursor) &&(Ycharacter == Ycursor))
    { for(x = 0; x < 24; x++)                        // display cursor
        { pixel[x][22] = cursor;
          pixel[x][23] = cursor;
        }
    }

  if(ScreenMode == 'P')                              // write in portrait mode
    { for(y = 0; y < 24; y++)
        for(x = 0; x < 24; x++)
          TFT_pixel(Xcharacter*12 + x, Ycharacter*8 + y, pixel[x][y]);
    }
  else                                               // write in landscape mode
    { for(y = 0; y < 24; y++)
        for(x = 0; x < 24; x++)
          TFT_pixel((29-Ycharacter)*8 + 7 - y, Xcharacter*12 + x, pixel[x][y]);
    }

  Xcharacter += 2;
  if(Xcharacter >= (XcharacterLimit-1))              // end of line ?
    { Xcharacter = 0;
      Ycharacter += 3;
      if(Ycharacter >= (YcharacterLimit-2))          // end of screen ?
        Ycharacter = 0;
    }
}

/* ------------------------------------------------------------------------ */
/*      TFT-32HX 보드 수치 데이터 큰 문자(12x24, 24x24 픽셀) 출력 함수         */
/* ------------------------------------------------------------------------ */

void TFT_unsigned_decimal_large(U32 number, U08 zerofill, U08 digit) /* display unsigned decimal number */
{
  unsigned char zero_flag, character;
  unsigned long div;

  if((digit == 0) || (digit > 9)) return;

  div = 1;
  while(--digit) div *= 10;

  zero_flag = zerofill;
  while(div > 0)                                     // display number
    { character = number / div;
      if((character == 0) && (zero_flag == 0) && (div != 1))
        TFT_English_large(character + ' ');
      else
        { zero_flag = 1;
          TFT_English_large(character + '0');
        }
      number %= div;
      div /= 10;
    }
}

void TFT_signed_decimal_large(S32 number, U08 zerofill, U08 digit)    /* display signed decimal number */
{
  unsigned char zero_flag, character;
  unsigned long div;

  if((digit == 0) || (digit > 9)) return;

  if(number >= 0)                                    // display sign
    TFT_English_large('+');
  else
    { TFT_English_large('-');
      number = -number;
    }

  div = 1;
  while(--digit) div *= 10;
```

```
  zero_flag = zerofill;
  while(div > 0)                              // display number
    { character = number / div;
      if((character == 0) && (zero_flag == 0) && (div != 1))
        TFT_English_large(character + ' ');
      else
        { zero_flag = 1;
          TFT_English_large(character + '0');
        }
      number %= div;
      div /= 10;
    }
}

void TFT_hexadecimal_large(U32 number, U08 digit)      /* display hexadecimal number */
{
  unsigned char i, character;

  if((digit == 0) || (digit > 8)) return;

  for(i = digit; i > 0; i--)
    { character = (number >> 4*(i-1)) & 0x0F;
      if(character < 10) TFT_English_large(character + '0');
      else               TFT_English_large(character - 10 + 'A');
    }
}

void TFT_0x_hexadecimal_large(U32 number, U08 digit)    /* display hexadecimal number with 0x */
{
  unsigned char i, character;

  if((digit == 0) || (digit > 8)) return;

  TFT_English_large('0');
  TFT_English_large('x');

  for(i = digit; i > 0; i--)
    { character = (number >> 4*(i-1)) & 0x0F;
      if(character < 10) TFT_English_large(character + '0');
      else               TFT_English_large(character - 10 + 'A');
    }
}

void TFT_unsigned_float_large(float number, U08 integral, U08 fractional) /* display unsigned floating-point number */
{
  unsigned char zero_flag, digit, character;    // integral = digits of integral part
  unsigned long div, integer;                   // fractional = digits of fractional part

  digit = integral + fractional;
  if((integral == 0) || (fractional == 0) || (digit > 9)) return;

  div = 1;
  while(--digit) div *= 10;

  while(fractional--) number *= 10.;
  integer = (U32)(number + 0.5);

  zero_flag = 0;
  digit = 1;
  while(div > 0)                              // display number
    { character = integer / div;
      if((character == 0) && (zero_flag == 0) && (digit != integral))
        TFT_English_large(character + ' ');
      else
        { zero_flag = 1;
          TFT_English_large(character + '0');
        }
      integer %= div;
      div /= 10;

      if(digit == integral)
        TFT_English_large('.');
      digit++;
```

```
    }
}

void TFT_signed_float_large(float number, U08 integral, U08 fractional) /* display signed floating-point number */
{
  unsigned char zero_flag, digit, character;
  unsigned long div, integer;

  digit = integral + fractional;
  if((integral == 0) || (fractional == 0) || (digit > 9)) return;

  if(number >= 0)                                   // display sign
    TFT_English_large('+');
  else
    { TFT_English_large('-');
      number = -number;
    }

  div = 1;
  while(--digit) div *= 10;

  while(fractional--) number *= 10.;
  integer = (U32)(number + 0.5);

  zero_flag = 0;
  digit = 1;
  while(div > 0)                                    // display number
    { character = integer / div;
      if((character == 0) && (zero_flag == 0) && (digit != integral))
        TFT_English_large(character + ' ');
      else
        { zero_flag = 1;
          TFT_English_large(character + '0');
        }
      integer %= div;
      div /= 10;

      if(digit == integral)
        TFT_English_large('.');
      digit++;
    }
}
```

3. 한글 디스플레이 프로그램

이제 240×320 픽셀의 TFT-LCD 모듈에 8×16 픽셀로 구성되는 영문 ASCII 문자나 16×16 픽셀로 구성되는 조합형 한글을 디스플레이할 수 있는 프로그램을 작성하여 보기로 한다.

어셈블리 언어에서 한글 출력에 관련되는 서브루틴은 상당히 길고 복잡하여 사용자 프로그램에 이를 직접 작성하여 사용하는 것은 매우 어려우므로 모두 기본 인클루드 파일 OK-X128A1.inc에 제공하였다. 단, 이 어셈블리 언어용 인클루드 파일에서는 16×16 픽셀로 구성되는 조합형 한글을 명조체 1가지만 사용할 수 있다. 이에 관련되는 서브루틴들은 <표 4.1.1>에서 정리하였다.

C언어에서도 마찬가지로 한글 출력에 관련되는 함수는 상당히 길고 복잡하여 사용

자 프로그램에 이를 직접 작성하여 사용하는 것은 쉽지 않으므로 모두 기본 헤더파일 OK-X128A1.h에 제공하였다. 단, 이 C언어용 헤더파일에서는 16×16 픽셀로 구성되는 조합형 한글을 명조체, 고딕체, 필기체로 사용할 수 있다. 이에 관련되는 함수들은 <표 4.2.1> 및 <표 4.2.2>의 (a), (b)에서 정리하였다. C언어에서는 이밖에도 24×24 픽셀의 한글을 명조체, 고딕체, 필기체로 사용할 수도 있는데 이에 관련된 모든 함수는 다른 헤더파일 OK-X128A1_large.h에 제공하였으며, 이 함수들은 <표 4.2.2>의 (c)에서 정리하였다.

(1) 기본적인 한글 출력 프로그램

먼저 *OK-X128A1* 키트에서 한글 및 영문 ASCII 문자로 된 문자열 메시지를 전경색과 배경색을 달리 하면서 출력하는 예제 프로그램을 작성하여 보기로 한다.

▣ 어셈블리 언어의 경우

OK-X128A1 키트에서 한글 및 영문 ASCII 문자로 된 문자열 메시지를 전경색과 배경색을 달리 하면서 출력하는 예제 프로그램을 어셈블리 언어로 작성하여 보면 다음과 같다.

〈프로그램 Exp05_1.asm〉 한글 및 영문 ASCII 문자 출력 프로그램

```
;*******************************************************************************
;*          Exp05_1.asm : 한글 및 영문 ASCII 문자 출력 프로그램               *
;*******************************************************************************
;                     Designed and programmed by Duck-Yong Yoon in 2010.
;
;-----------------------------------------------
;       Include Header File
;-----------------------------------------------
.nolist
.include "ATxmega128A1def.inc"          ; ATxmega128A1 definition file
.list

;-----------------------------------------------
;       Initialize ATxmega128A1 MCU
;-----------------------------------------------
.cseg
        .org    0x0000
        LDI     AL,low(RAMEND)          ; initialize SP
        LDI     AH,high(RAMEND)
        OUT     CPU_SPL,AL
        OUT     CPU_SPH,AH

        CALL    Initialize_MCU          ; initialize ATxmega128A1 MCU
        CALL    Delay200ms              ; wait for system stabilization
        CALL    Initialize_TFT_LCD      ; initialize TFT-LCD

;-----------------------------------------------
;       Display ASCII and Korean Characters
;-----------------------------------------------
LOOP:   CALL    TFT_clear_screen
```

```
CALL    TFT_portrait              ; portrait mode
CALL    Beep

CALL    TFT_string
.db     0,0
.dw     Green,Black
.db     "******************************",0,0
CALL    TFT_string
.db     0,2
.dw     Magenta,Black
.db     "     OK-X128A1 키트 V1.0       ",0,0
CALL    TFT_string
.db     0,4
.dw     Cyan,Black
.db     "        (TFT-32HX 보드)        ",0,0
CALL    TFT_string
.db     0,6
.dw     Green,Black
.db     "******************************",0,0
CALL    TFT_string
.db     0,10
.dw     Magenta,Black
.db     " (디스플레이 모드 = Portrait) ",0,0
CALL    TFT_string
.db     0,14
.dw     Cyan,Black
.db     "     3.2인치, 240x320 픽셀     ",0,0
CALL    TFT_string
.db     0,16
.dw     Yellow,Black
.db     "          65536 컬러           ",0,0
CALL    TFT_string
.db     0,20
.dw     Red,Black
.db     "     16비트 CPU 인터페이스     ",0,0
CALL    TFT_string
.db     0,24
.dw     White,Black
.db     "    컨트롤러/드라이버 HX8347   ",0,0
CALL    TFT_string
.db     0,26
.dw     White,Black
.db     "          (대만 Himax)         ",0,0
CALL    TFT_string
.db     0,30
.dw     Red,Black
.db     " 빨강 Red ",0,0
CALL    TFT_string
.db     10,30
.dw     Green,Black
.db     " 녹색 Gre ",0,0
CALL    TFT_string
.db     20,30
.dw     Blue,Black
.db     " 파랑 Blu ",0,0
CALL    TFT_string
.db     0,32
.dw     Yellow,Black
.db     " 노랑 Yel ",0,0
CALL    TFT_string
.db     10,32
.dw     Cyan,Black
.db     " 녹청 Cya ",0,0
CALL    TFT_string
.db     20,32
.dw     Magenta,Black
.db     " 자홍 Mag ",0,0
CALL    TFT_string
.db     0,36
.dw     White,Blue
.db     "윤교수의 마이크로프로세서 월드",0,0
CALL    TFT_string
.db     0,38
```

```
	.dw	Green,Black
	.db	"   (http://cpu.kongju.ac.kr/)   ",0,0
	CALL	Delay5sec

	CALL	TFT_clear_screen
	CALL	TFT_landscape		; landscape mode
	CALL	Beep

	CALL	TFT_string
	.db	0,0
	.dw	Green,Black
	.db	"****************************************",0,0
	CALL	TFT_string
	.db	0,2
	.dw	Magenta,Black
	.db	"           OK-X128A1 키트 V1.0          ",0,0
	CALL	TFT_string
	.db	0,4
	.dw	Cyan,Black
	.db	"             (TFT-32HX 보드)            ",0,0
	CALL	TFT_string
	.db	0,6
	.dw	Green,Black
	.db	"****************************************",0,0
	CALL	TFT_string
	.db	0,10
	.dw	Magenta,Black
	.db	"      (디스플레이 모드 = Landscape)     ",0,0
	CALL	TFT_string
	.db	0,14
	.dw	Cyan,Black
	.db	"     3.2인치, 240x320 픽셀, 65536 컬러  ",0,0
	CALL	TFT_string
	.db	0,16
	.dw	White,Black
	.db	"  컨트롤러/드라이버 HX8347(대만 Himax)  ",0,0
	CALL	TFT_string
	.db	0,20
	.dw	Red,Black
	.db	" 빨강 Red    ",0
	CALL	TFT_string
	.db	13,20
	.dw	Green,Black
	.db	" 녹색 Green  ",0
	CALL	TFT_string
	.db	26,20
	.dw	Blue,Black
	.db	" 파랑 Blue    ",0,0
	CALL	TFT_string
	.db	0,22
	.dw	Yellow,Black
	.db	" 노랑 Yellow ",0
	CALL	TFT_string
	.db	13,22
	.dw	Cyan,Black
	.db	" 녹청 Cyan   ",0
	CALL	TFT_string
	.db	26,22
	.dw	Magenta,Black
	.db	" 자홍 Magenta ",0,0
	CALL	TFT_string
	.db	0,26
	.dw	White,Blue
	.db	"      윤교수의 마이크로프로세서 월드    ",0,0
	CALL	TFT_string
	.db	0,28
	.dw	Green,Black
	.db	"        (http://cpu.kongju.ac.kr/)      ",0,0
	CALL	Delay5sec

	JMP	LOOP

;-------------------------------------------------
```

```
;       Include User Subroutine File
;-----------------------------------------------
.include "OK-X128A1.inc"                    ; OK-X128A1 user subroutine file
```

☞ 여기서 사용하는 *OK-X128A1* 키트용의 TFT-LCD 모듈 관련 서브루틴들은 이미 앞의 <표 4.1.1>에서 정리한 바가 있으며 어셈블리 언어 예제 프로그램에서 매우 유용하므로 잘 알아두는 것이 좋다. 위의 예제 프로그램에서는 다양한 전경색과 배경색을 가지는 한글 및 영문 ASCII 문자열을 초상화 모드와 풍경화 모드로 각각 출력하였다.

▣ C언어의 경우

OK-X128A1 키트에서 한글 및 영문 ASCII 문자로 된 문자열 메시지를 전경색과 배경색을 달리 하면서 출력하는 앞의 예제 프로그램 Exp05_1.asm을 C언어로 다시 작성하여 보면 다음과 같다.

〈프로그램 Exp05_1.c〉 한글 및 영문 ASCII 문자 출력 프로그램

```
/* ========================================================================== */
/*              Exp05_1.c : 한글 및 영문 ASCII 문자 출력 프로그램                  */
/* ========================================================================== */
/*                          Designed and programmed by Duck-Yong Yoon in 2010.  */

#include <avr/io.h>
#include "OK-X128A1.h"

int main(void)
{
  Initialize_MCU();                             // initialize ATxmega128A1 MCU
  Delay_ms(200);
  Initialize_TFT_LCD();                         // initialize TFT-LCD

  while(1)
    { TFT_clear_screen();
      TFT_screen_mode('P');                     // portrait mode
      Beep();

      TFT_string( 0, 0,Green,  Black,"******************************");
      TFT_string( 0, 2,Magenta,Black,"     OK-X128A1 키트 V1.0      ");
      TFT_string( 0, 4,Cyan,   Black,"       (TFT-32HX 보드)        ");
      TFT_string( 0, 6,Green,  Black,"******************************");
      TFT_string( 0, 8,Black,  Black,"                              ");
      TFT_string( 0,10,Magenta,Black," (디스플레이 모드 = Portrait) ");
      TFT_string( 0,12,Black,  Black,"                              ");
      TFT_string( 0,14,Cyan,   Black,"    3.2인치, 240x320 픽셀     ");
      TFT_string( 0,16,Yellow, Black,"         65536 컬러           ");
      TFT_string( 0,18,Black,  Black,"                              ");
      TFT_string( 0,20,Red,    Black,"    16비트 CPU 인터페이스     ");
      TFT_string( 0,22,Black,  Black,"                              ");
      TFT_string( 0,24,White,  Black,"   컨트롤러/드라이버 HX8347   ");
      TFT_string( 0,26,White,  Black,"        (대만 Himax)          ");
      TFT_string( 0,28,Black,  Black,"                              ");
      TFT_string( 0,30,Red,    Black," 빨강 Red ");
      TFT_string(10,30,Green,  Black," 녹색 Gre ");
      TFT_string(20,30,Blue,   Black," 파랑 Blu ");
      TFT_string( 0,32,Yellow, Black," 노랑 Yel ");
      TFT_string(10,32,Cyan,   Black," 녹청 Cya ");
      TFT_string(20,32,Magenta,Black," 자홍 Mag ");
      TFT_string( 0,34,Black,  Black,"                              ");
```

```
        TFT_string( 0,36,White,  Blue, "윤교수의 마이크로프로세서 월드");
        TFT_string( 0,38,Green,  Black,"  (http://cpu.kongju.ac.kr/)  ");
        Delay_ms(5000);

        TFT_clear_screen();
        TFT_screen_mode('L');                   // landscape mode
        Beep();

        TFT_string( 0, 0,Green,  Black,"****************************************");
        TFT_string( 0, 2,Magenta,Black,"           OK-X128A1 키트 V1.0          ");
        TFT_string( 0, 4,Cyan,   Black,"             (TFT-32HX 보드)            ");
        TFT_string( 0, 6,Green,  Black,"****************************************");
        TFT_string( 0, 8,Black,  Black,"                                        ");
        TFT_string( 0,10,Magenta,Black,"      (디스플레이 모드 = Landscape)     ");
        TFT_string( 0,12,Black,  Black,"                                        ");
        TFT_string( 0,14,Cyan,   Black,"   3.2인치, 240x320 픽셀, 65536 컬러    ");
        TFT_string( 0,16,White,  Black,"  컨트롤러/드라이버 HX8347(대만 Himax)  ");
        TFT_string( 0,18,Black,  Black,"                                        ");
        TFT_string( 0,20,Red,    Black," 빨강 Red    ");
        TFT_string(13,20,Green,  Black," 녹색 Green  ");
        TFT_string(26,20,Blue,   Black," 파랑 Blue    ");
        TFT_string( 0,22,Yellow, Black," 노랑 Yellow ");
        TFT_string(13,22,Cyan,   Black," 녹청 Cyan   ");
        TFT_string(26,22,Magenta,Black," 자홍 Magenta ");
        TFT_string( 0,24,Black,  Black,"                                        ");
        TFT_string( 0,26,White,  Blue, "      윤교수의 마이크로프로세서 월드     ");
        TFT_string( 0,28,Green,  Black,"        (http://cpu.kongju.ac.kr/)      ");
        Delay_ms(5000);
    }
}
```

☞ 여기서 사용하는 *OK-X128A1* 키트용의 TFT-LCD 모듈 관련 함수들은 이미 앞의 <표 4.2.1>에서 정리한 바가 있으며 앞으로 예제 프로그램에서 매우 자주 사용하므로 잘 알아두어야 한다. 위의 예제 프로그램에서는 다양한 전경색과 배경색을 가지는 한글 및 영문 ASCII 문자열을 초상화 모드와 풍경화 모드로 각각 출력하였다.

(2) 여러 행이 연속되는 한글 출력 프로그램

OK-X128A1 키트에서 사용하는 한글 및 영문 ASCII 문자로 된 문자열 메시지 출력 함수에는 긴 문자열이 여러 행에 걸쳐서 연속으로 표시될 수 있도록 하는 기능이 포함되어 있다. 다음 예제 프로그램에서 이런 기능을 확인할 수 있다. 첫번째 화면의 김소월 시(詩) "진달래 꽃"은 모든 행의 길이가 짧으므로 각 행을 별도의 TFT_string() 함수로 출력하였다. 그러나, 두번째 화면의 "국기에 대한 맹세"는 문장이 상당히 길어서 여러 행의 차지하는데 이를 하나의 TFT_string() 함수로 출력하더라도 내부에서 알아서 행을 연속시켜 출력하여 준다.

〈프로그램 Exp05_2.c〉 긴 문자열을 출력하는 프로그램

```
/* ============================================================================ */
/*                  Exp05_2.c : 한글 긴 문자열 출력 프로그램                    */
/* ============================================================================ */
/*                    Designed and programmed by Duck-Yong Yoon in 2010.       */
```

```
#include <avr/io.h>
#include "OK-X128A1.h"

int main(void)
{
  Initialize_MCU();                          // initialize ATxmega128A1 MCU
  Delay_ms(200);
  Initialize_TFT_LCD();                      // initialize TFT-LCD
  Beep();

  while(1)
    { TFT_clear_screen();                    // display screen 1

      TFT_string( 9, 2,White, Magenta," 진달래 꽃 ");
      Delay_ms(1000);
      TFT_string(18, 6,Green, Black,"김소월");
      Delay_ms(1000);
      TFT_string( 0,10,Cyan,  Black,"나보기가 역겨워");
      Delay_ms(1000);
      TFT_string( 0,12,Cyan,  Black,"가실 때에는");
      Delay_ms(1000);
      TFT_string( 0,14,Cyan,  Black,"말없이 고이 보내드리오리다.");
      Delay_ms(1000);
      TFT_string( 0,18,Yellow,Black,"영변에 약산");
      Delay_ms(1000);
      TFT_string( 0,20,Yellow,Black,"진달래꽃");
      Delay_ms(1000);
      TFT_string( 0,22,Yellow,Black,"아름따다 가실 길에 뿌리오리다.");
      Delay_ms(1000);
      TFT_string( 0,26,Cyan,  Black,"가시는 걸음 걸음");
      Delay_ms(1000);
      TFT_string( 0,28,Cyan,  Black,"놓인 그 꽃을");
      Delay_ms(1000);
      TFT_string( 0,30,Cyan,  Black,"사뿐히 즈려밟고 가시옵소서.");
      Delay_ms(1000);
      TFT_string( 0,34,Red,   Black,"나보기가 역겨워");
      Delay_ms(1000);
      TFT_string( 0,36,Red,   Black,"가실 때에는");
      Delay_ms(1000);
      TFT_string( 0,38,Red,   Black,"죽어도 아니 눈물 흘리오리다.");
      Delay_ms(3000);

      TFT_clear_screen();                    // display screen 2

      TFT_string( 6, 6,White, Magenta," 국기에 대한 맹세 ");
      Delay_ms(1000);
      TFT_string(12,12,Red,   Black,"(현행)");
      Delay_ms(1000);
      TFT_string( 0,14,Green, Black,"  나는 자랑스러운 태극기 앞에 자유롭고 정의로운 대한민국의
무궁한 영광을 위하여 충성을 다할 것을 굳게 다짐합니다.");
      Delay_ms(1000);
      TFT_string(10,26,Red,   Black,"(옛 버전)");
      Delay_ms(1000);
      TFT_string( 0,28,Yellow,Black,"  나는 자랑스런 태극기 앞에 조국과 민족의 무궁한 영광을 위
하여 몸과 마음을 바쳐 충성을 다할 것을 굳게 다짐합니다.");
      Delay_ms(5000);
    }
}
```

위의 예제 프로그램에서는 TFT_string() 함수가 각 문자를 실시간으로 빠르게 출력하므로 너무 빨라서 사람이 보기에 불편할 수 있다. 이를 좀더 천천히 출력하고자 한다면 다음의 예제에서처럼 TFT_string() 함수를 TFT_string_slow() 함수로 변형하여 사용할 수 있다.

〈프로그램 Exp05_3.c〉 문자열을 천천히 출력하는 프로그램

```
/* ========================================================================== */
/*                  Exp05_3.c : 한글 문자열 저속 출력 프로그램                   */
/* ========================================================================== */
/*                         Designed and programmed by Duck-Yong Yoon in 2010.  */

#include <avr/io.h>
#include "OK-X128A1.h"

void TFT_string_slow(U08 xChar, U08 yChar, U16 colorfore, U16 colorback, char *str) /* write TFT-LCD string */
{
  unsigned char ch1;
  unsigned int ch2;

  Xcharacter = xChar;
  Ycharacter = yChar;

  foreground = colorfore;
  background = colorback;

  while(*str)
    { ch1 = *str;
      str++;

      if(ch1 < 0x80)                              // English ASCII character
        TFT_English(ch1);
      else                                        // Korean
        { ch2 = (ch1 << 8) + (*str);
          str++;
          ch2 = KS_code_conversion(ch2);          // convert KSSM(완성형) to KS(조합형)
          TFT_Korean(ch2);
        }

      Delay_ms(200);                              // delay for slow display
    }
}

int main(void)
{
  Initialize_MCU();                               // initialize ATxmega128A1 MCU
  Delay_ms(200);
  Initialize_TFT_LCD();                           // initialize TFT-LCD
  Beep();

  while(1)
    { TFT_clear_screen();                         // display screen 1

      TFT_string_slow( 9, 2,White, Magenta," 진달래 꽃 ");
      Delay_ms(1000);
      TFT_string_slow(18, 6,Green, Black,"김소월");
      Delay_ms(1000);
      TFT_string_slow( 0,10,Cyan,  Black,"나보기가 역겨워");
      Delay_ms(1000);
      TFT_string_slow( 0,12,Cyan,  Black,"가실 때에는");
      Delay_ms(1000);
      TFT_string_slow( 0,14,Cyan,  Black,"말없이 고이 보내드리오리다.");
      Delay_ms(1000);
      TFT_string_slow( 0,18,Yellow,Black,"영변에 약산");
      Delay_ms(1000);
      TFT_string_slow( 0,20,Yellow,Black,"진달래꽃");
      Delay_ms(1000);
      TFT_string_slow( 0,22,Yellow,Black,"아름따다 가실 길에 뿌리오리다.");
      Delay_ms(1000);
      TFT_string_slow( 0,26,Cyan,  Black,"가시는 걸음 걸음");
      Delay_ms(1000);
      TFT_string_slow( 0,28,Cyan,  Black,"놓인 그 꽃을");
      Delay_ms(1000);
      TFT_string_slow( 0,30,Cyan,  Black,"사뿐히 즈려밟고 가시옵소서.");
      Delay_ms(1000);
```

```
        TFT_string_slow( 0,34,Red,    Black,"나보기가 역겨워");
        Delay_ms(1000);
        TFT_string_slow( 0,36,Red,    Black,"가실 때에는");
        Delay_ms(1000);
        TFT_string_slow( 0,38,Red,    Black,"죽어도 아니 눈물 흘리오리다.");
        Delay_ms(3000);

        TFT_clear_screen();                          // display screen 2

        TFT_string_slow( 6, 6,White, Magenta," 국기에 대한 맹세 ");
        Delay_ms(1000);
        TFT_string_slow(12,12,Red,    Black,"(현행)");
        Delay_ms(1000);
        TFT_string_slow( 0,14,Green, Black,"  나는 자랑스러운 태극기 앞에 자유롭고 정의로운 대한
    민국의 무궁한 영광을 위하여 충성을 다할 것을 굳게 다짐합니다.");
        Delay_ms(1000);
        TFT_string_slow(10,26,Red,    Black,"(옛 버전)");
        Delay_ms(1000);
        TFT_string_slow( 0,28,Yellow,Black,"  나는 자랑스런 태극기 앞에 조국과 민족의 무궁한 영광
    을 위하여 몸과 마음을 바쳐 충성을 다할 것을 굳게 다짐합니다.");
        Delay_ms(3000);
      }
    }
```

(3) 커서를 표시하는 프로그램

TFT-LCD 모듈 화면에 여러가지 종류의 정보를 표시하여 놓고 키입력을 이용하여 이것들 중에서 일부 항목의 설정을 변경하려는 경우에는 커서가 있어야 편리하다. 커서는 현재 사용자가 키로 설정 작업을 수행하려는 항목이 어떤 것인지를 선택할 수 있도록 해준다.

헤더 파일 OK-X128A1.h에서는 기본적으로 cursor_flag = 0으로 되어 있어서 커서를 표시하지 않는 모드에 있으며, 만약 이제부터 화면에 커서가 보이도록 설정하려면 먼저 TFT_cursor(U16 cursor_color) 함수를 사용하여 cursor_flag = 1로 설정하고 커서의 색깔을 지정한다. 다시 커서를 보이지 않게 설정하려면 TFT_cursor(Transparent) 함수를 사용하여 커서의 색깔을 투명하게 지정하면 된다.

이와 같이 커서를 사용하는 예제 프로그램은 제4.12절과 제4.16절에서 디지털 시계 프로그램 예제로 제공하니 참조하기 바란다.

(4) 문자를 투명 글씨 및 외곽선체로 출력하는 프로그램

TFT-LCD 모듈에 문자를 출력할 때 필요하면 투명 글씨나 외곽선체를 사용할 수 있다. 먼저, 투명 글씨를 사용하려면 해당 문자의 전경색을 사용자가 원하는대로 지정하고 배경색을 Transparent로 지정하면 된다.

외곽선체는 C언어 프로그램에서만 사용할 수 있는데 이의 사용 여부는 함수로 지정한다. 헤더 파일 OK-X128A1.h에서는 기본적으로 outline_flag = 0으로 되어 있어서 문

자에 외곽선을 표시하지 않는 상태에 있으며, 만약 이제부터 출력할 문자에 외곽선이 보이도록 설정하려면 TFT_outline(U16 outline_color) 함수를 사용하여 outline_flag = 1로 설정하고 외곽선의 색깔을 지정한다. 다시 외곽선이 보이지 않는 상태로 설정하려면 TFT_outline(Transparent) 함수를 사용하여 외곽선의 색깔을 투명하게 지정하면 된다.

다음 예제 프로그램에서는 투명 글씨의 사용 예와 외곽선체를 사용하여 화면에서 글씨를 좀더 또렷하게 볼 수 있는 예를 보여준다.

〈프로그램 Exp05_4.c〉 투명 글씨 및 외곽선체를 사용하는 프로그램

```
/* ======================================================================== */
/*                    Exp05_4.c : 투명 글씨 및 외곽선체 사용                */
/* ======================================================================== */
/*                         Designed and programmed by Duck-Yong Yoon in 2010. */

#include <avr/io.h>
#include "OK-X128A1.h"

int main(void)
{
  Initialize_MCU();                            // initialize ATxmega128A1 MCU
  Delay_ms(200);
  Initialize_TFT_LCD();                        // initialize TFT-LCD
  Beep();

  while(1)
    { TFT_color_screen(White);
      TFT_string(1, 4, White,Magenta," 투명 글씨/외곽선체  사용예 ");
      TFT_string(1,10, White,Blue,    " 1. 외곽선을 사용하지 않음 ");
      TFT_string(2,15,Yellow,Transparent,"한글, English, 0123456789");
      TFT_string(2,18,Yellow,Transparent,"글씨가 잘 보이지 않습니다.");
      TFT_string(1,24, White,Blue,    " 2. 외곽선을 사용함 ");
      TFT_outline(Blue);
      TFT_string(2,30,Yellow,Transparent,"한글, English, 0123456789");
      TFT_string(2,33,Yellow,Transparent,"이제 글씨가 잘 보입니다.");
      TFT_outline(Transparent);
      Delay_ms(5000);

      TFT_color_screen(Yellow);
      TFT_string(1, 4, White,Magenta," 투명 글씨/외곽선체 사용예 ");
      TFT_string(1,10, White,Blue,    " 1. 외곽선을 사용하지 않음 ");
      TFT_string(2,15, White,Transparent,"한글, English, 0123456789");
      TFT_string(2,18, White,Transparent,"글씨가 잘 보이지 않습니다.");
      TFT_string(1,24, White,Blue,    " 2. 외곽선을 사용함 ");
      TFT_outline(Blue);
      TFT_string(2,30, White,Transparent,"한글, English, 0123456789");
      TFT_string(2,33, White,Transparent,"이제 글씨가 잘 보입니다.");
      TFT_outline(Transparent);
      Delay_ms(5000);
    }
}
```

☞ 문자 출력 함수에서 투명 글씨를 사용하려면 TFT_string(), TFT_color() 등의 함수에서 배경색을 Transparent로 지정한다. 외곽선을 표시하는 상태로 설정하려면 TFT_outline() 함수를 사용하여 outline_flag = 1로 설정하고 외곽선의 색깔을 지정하면 된다. 다시 외곽선을 표시하지 않는 상태로 설정하려면 TFT_outline(Transparent) 함수를 사용하여 outline_flag = 0으로 설정하면 된다.

이 예제를 실행하여 보면 주변의 배경과 비슷한 색깔을 사용하였기 때문에 흐리게 보이는 문자들이 외곽선을 사용하여 훨씬 선명하게 보이는 것을 확인할 수 있다.

(5) 큰 글씨(12×24 영문, 24×24 한글)를 출력하는 프로그램

다음 예제 프로그램은 12×24 픽셀의 영문 ASCII와 24×24 픽셀의 한글을 표시하는 프로그램이다. 만약 필요하면 이와 같이 큰 글씨와 기존에 사용하던 8×16 픽셀의 영문 ASCII 및 16×16 픽셀의 한글을 하나의 TFT-LCD 화면에서 혼용할 수도 있으나, 이때는 화면 처리에 관련되는 몇가지의 파라미터가 달라지므로 스크린 모드를 각 폰트에 맞도록 다시 지정해야 하는데 유의해야 한다.

〈프로그램 Exp05_5.c〉 큰 글씨를 출력하는 프로그램

```
/* ========================================================================= */
/*            Exp05_5.c : 12x24픽셀 영문 및 24x24픽셀 한글 사용              */
/* ========================================================================= */
/*                     Designed and programmed by Duck-Yong Yoon in 2010.   */

#include <avr/io.h>
#include "OK-X128A1.h"
#include "OK-X128A1_large.h"

int main(void)
{
  Initialize_MCU();                          // initialize ATxmega128A1 MCU
  Delay_ms(200);
  Initialize_TFT_LCD();                      // initialize TFT-LCD
  Beep();

  while(1)
    { TFT_clear_screen();
      TFT_screen_mode('P');                  // portrait mode for small font
      TFT_string(1, 7, Cyan,Black,"영문 12x24, 한글 24x24 픽셀");

      TFT_screen_mode_large('P');            // portrait mode for large font
      TFT_string_large(1, 3, White,Magenta," 큰 글씨 사용 예 ");
      TFT_string_large(2,12, Green,Black,"한글 명조체");
      TFT_underscore(Yellow);
      TFT_string_large(2,16, Cyan, Black,"한글 밑줄 쓰기");
      TFT_underscore(Transparent);
      TFT_outline(Red);
      TFT_string_large(2,20, White,Black,"한글 외곽선체");
      TFT_outline(Transparent);

      TFT_string_large(1,26, Green,Black,"English 0123456789");
      TFT_underscore(Yellow);
      TFT_string_large(1,30, Cyan, Black,"English Underscore");
      TFT_underscore(Transparent);
      TFT_outline(Red);
      TFT_string_large(1,34, White,Black,"English ?! Outline");
      TFT_outline(Transparent);
      Delay_ms(5000);

      TFT_clear_screen();
      TFT_screen_mode('L');                  // landscape mode for small font
      TFT_string(4, 8, Cyan,Black,"(영문 12x24, 한글 24x24 픽셀)");

      TFT_screen_mode_large('L');            // landscape mode for large font
```

```
		TFT_string_large(4, 4, White,Magenta," 큰 글씨 사용 예 ");
		TFT_string_large(1,14, Green,Black,"한글/English 명조체 글씨");
		TFT_underscore(Yellow);
		TFT_string_large(1,18, Cyan, Black,"한글/English 012345 밑줄");
		TFT_underscore(Transparent);
		TFT_outline(Red);
		TFT_string_large(1,22, White,Black,"한글/English ?!$; 외곽선");
		TFT_outline(Transparent);
		Delay_ms(5000);
	}
}
```

4. 실습 과제

(1) 한글 코드에는 조합형 및 완성형 이외에 또 어떤 방식이 있는지 조사하라. 또한, 조합형 한글 코드와 완성형 한글 코드의 장단점을 비교하여 설명하라.

(2) 문자 폰트에는 비트맵 방식 이외에 또 어떤 방식이 있는지 조사하고, 이것들의 장단점은 무엇인지 비교하여 설명하라.

(3) 컴퓨터 모니터에서 주로 사용하는 문자 폰트와 이 책에서 사용하는 TFT-LCD 모듈용 문자 폰트에는 어떤 차이가 있는지 비교하여 설명하라.

(4) 헤더 파일 OK-X128A1.h 및 OK-X128A1_large.h에서 한글 및 영문 ASCII 문자 출력 함수를 보고 밑줄 및 커서를 출력하는 원리를 설명하라.

(5) 헤더 파일 OK-X128A1.h 및 OK-X128A1_large.h에서 한글 및 영문 ASCII 문자 출력 함수를 보고 외곽선체를 출력하는 원리를 설명하라.

4.6 TFT-LCD 모듈 그래픽 출력 프로그램

이 절에서는 *OK-X128A1* 키트의 TFT-LCD 모듈에 그래픽 화면을 출력하는 프로그래밍 기술에 대하여 공부한다. 그래픽은 크게 함수에 의한 그래픽 처리 화면과 그림 파일과 같은 이미지 데이터를 출력하는 그래픽 처리 화면으로 나눌 수 있다.

관련 내용	(1) 제3.1절 *OK-X128A1* 키트의 구조와 기능 (2) 제4.2절 ATxmega128A1 C언어 프로그램 기초 (3) 제4.4절 TFT-LCD 모듈의 영문 ASCII 출력 프로그램

1. 수학함수에 의한 그래픽 디스플레이 프로그램

여기서는 TFT-LCD 모듈에 수학함수로 직선이나 사각형, 원 등의 그래픽 도형을 디스플레이하는 예제 프로그램을 작성하여 보기로 한다. 수학 함수를 사용하여 이러한 기본 도형을 그리는 사용자 함수는 이미 기본 헤더 파일에 만들어 놓았으며 이를 앞의 <표 4.2.1>에 정리한 바 있다. 이처럼 도형을 그리는 함수 Line(), Rectangle(), Block(), Circle(), Sine() 등의 내용은 초보자들에게는 적잖이 어려울 수 있지만 최대한 본인의 노력으로 이해할 필요가 있으며, 이밖에도 자신이 필요로 하는 도형 그리기 함수가 있으면 이를 프로그램으로 작성할 수 있어야 한다.

수학이나 소프트웨어 공학에서는 아주 다양한 그래픽 알고리즘들이 개발되어 있으나 여기서는 그러한 알고리즘을 공부하는 것이 목적이 아니므로 그냥 단순하고 알기 쉬운 기법들을 적용하여 프로그램하였다. 이들 알고리즘은 상당히 복잡하여 어셈블리 언어로 구현하기는 어려우므로 이 절의 모든 예제는 C언어로만 제공한다.

다음은 기본 헤더 파일에 내장된 도형 그리기 함수를 이용하여 여러 가지 그래픽 쇼를 구현한 예제 프로그램이다.

<프로그램 Exp06_1.c> 수학함수를 이용한 그래픽 쇼 프로그램

```
/* ======================================================================== */
/*              Exp06_1.c : 수학함수를 이용한 그래픽 쇼 프로그램              */
/* ======================================================================== */
/*                    Designed and programmed by Duck-Yong Yoon in 2010.    */
```

```
#include <avr/io.h>
#include "OK-X128A1.h"

int main(void)
{
  unsigned int i, x, y;

  Initialize_MCU();                          // initialize ATxmega128A1 MCU
  Delay_ms(200);
  Initialize_TFT_LCD();                      // initialize TFT-LCD
  Beep();

  while(1)
    { Rectangle(0,0, 239,319, Magenta);      // graphic show 1(line)
      Rectangle(1,1, 238,318, Magenta);
      Delay_ms(500);
      for(x = 10; x <= 230; x += 10)
        { Line(x,0, x,319, Green);
          Delay_ms(50);
        }
      for(y = 10; y <= 310; y += 10)
        { Line(0,y, 239,y, Green);
          Delay_ms(50);
        }
      Delay_ms(3000);
      TFT_clear_screen();

      Rectangle(0,0, 239,319, Magenta);      // (ramp)
      Rectangle(1,1, 238,318, Magenta);
      for(i = 0,x = 12,y = 20; i <= 34; i++,x += 12,y += 20)
        { Line(x,0, 0,y, Green);
          Line(0,319-y, x,319, Green);
          Delay_ms(50);
        }
      for(i = 0,x = 420,y = 700; i <= 34; i++,x -= 12,y -= 20)
        { Line(x,0, 0,y, Red);
          Line(0,319-y, x,319, Red);
          Delay_ms(50);
        }
      Delay_ms(3000);
      TFT_clear_screen();

      Rectangle(0,0, 239,319, Magenta);      // graphic show 2(rectangle)
      Rectangle(1,1, 238,318, Magenta);
      for(i = 0,x = 114,y = 152; i <= 18; i++,x -= 6,y -= 8)
        { Rectangle(x,y, 239-x,319-y, Cyan);
          Delay_ms(50);
        }
      Delay_ms(1000);
      for(i = 0,x = 6,y = 8; i <= 18; i++,x += 6,y += 8)
        { Rectangle(x,y, 239-x,319-y, White);
          Delay_ms(50);
        }
      for(i = 0,x = 114,y = 152; i <= 18; i++,x -= 6,y -= 8)
        { Rectangle(x,y, 239-x,319-y, Green);
          Delay_ms(50);
        }
      Delay_ms(3000);
      TFT_clear_screen();

      Rectangle(0,0, 239,319, Magenta);      // graphic show 3(circle)
      Rectangle(1,1, 238,318, Magenta);
      for(i = 10; i <= 160; i += 10)
        { Circle(120,160,i, Green);
          Delay_ms(50);
        }
      Delay_ms(1000);
      for(i = 160; i >= 10; i -= 10)
        { Circle(120,160,i, Red);
          Delay_ms(50);
```

```
    }
  for(i = 10; i <= 160; i += 10)
    { Circle(120,160,i, White);
      Delay_ms(50);
    }
  Delay_ms(3000);
  TFT_clear_screen();

  Rectangle(0,0, 239,319, Magenta);         // (two)
  Rectangle(1,1, 238,318, Magenta);
  for(i = 10; i <= 120; i += 10)
    { Circle(120,80,i, Green);
      Circle(120,240,i, Green);
      Delay_ms(50);
    }
  Delay_ms(1000);
  for(i = 120; i >= 10; i -= 10)
    { Circle(120,80,i, White);
      Circle(120,240,i, White);
      Delay_ms(50);
    }
  for(i = 10; i <= 120; i += 10)
    { Circle(120,80,i, Cyan);
      Circle(120,240,i, Cyan);
      Delay_ms(50);
    }
  Delay_ms(3000);
  TFT_clear_screen();

  Rectangle(0,0, 239,319, Magenta);         // graphic show 4(sine)
  Rectangle(1,1, 238,318, Magenta);
  Line(120,0, 120,319, Magenta);
  for(i = 10; i <= 120; i += 10)
    { Sine(i, 0, Green);
      Delay_ms(20);
    }
  Delay_ms(1000);
  for(i = 10; i <= 120; i += 10)
    { Sine(i, 1, Blue);
      Delay_ms(20);
    }
  Delay_ms(3000);
  TFT_clear_screen();
 }
}
```

이번에는 난수를 발생시켜 도형의 크기와 색을 랜덤하게 변화시키는 방법으로 여러가지 그래픽 쇼를 구현한 예제 프로그램이다.

〈프로그램 Exp06_2.c〉 수학함수와 난수를 이용한 그래픽 쇼 프로그램

```
/* ========================================================================== */
/*              Exp06_2.c : 난수를 이용한 랜덤 그래픽 프로그램                */
/* ========================================================================== */
/*                        Designed and programmed by Duck-Yong Yoon in 2010.  */

#include <avr/io.h>
#include <stdlib.h>
#include "OK-X128A1.h"

void Gradation(U16 x1,U16 y1, U16 x2,U16 y2, U16 color) /* gradation for rectangle */
{
```

```
  unsigned char i, limit;
  unsigned int red,green,blue;

  red   = (color >> 11) & 0x001F;
  green = (color >> 5) & 0x003F;
  blue  = color & 0x001F;

  limit = abs(x1-x2) / 2;

  for(i = 0; i < limit; i++)
  { Rectangle(x1++,y1++, x2--,y2--, color);

    red   += 1;
    green += 2;
    blue  += 1;

    color  = (red & 0x001F) >> 11;
    color |= (green & 0x003F) << 5;
    color |= blue & 0x001F;
  }
}

int main(void)
{
  unsigned char i, key = 0, color, fill;
  signed int x1, y1, x2, y2, r;
  unsigned int Color[8] = { White, Black, Red, Green, Blue, Yellow, Cyan, Magenta };

  Initialize_MCU();                             // initialize ATxmega128A1 MCU
  Delay_ms(200);
  Initialize_TFT_LCD();                         // initialize TFT-LCD
  Beep();

  TCC1_CTRLA = 0x01;                            // clock = 32MHz for seed of random number
  TCC1_CTRLB = 0x00;                            // normal mode
  TCC1_PER = 0xFFFF;

  TFT_string( 3,10,White,Blue, " 난수 이용 랜덤 그래픽 "); // wait KEY1 to start
  TFT_string( 3,20,Green,Black," Press KEY1 to start ! ");
  while(key != KEY1) key = Key_input();

  srand(TCC1_CNT);                              // initialize random number
  TFT_clear_screen();

  while(1)
    { Rectangle(0,0, 239,319, Magenta);         // graphic show 1(line 1)
      Rectangle(1,1, 238,318, Magenta);
      Delay_ms(500);
      for(i = 0; i < 100; i++)
        { x2 = (rand() & 0x00FF) * 23 / 25;
          y2 = (rand() & 0x00FF) * 31 / 25;

          Line(10,10, x2,y2, White);
          Delay_ms(50);
        }
      Delay_ms(3000);
      TFT_clear_screen();

      Rectangle(0,0, 239,319, Magenta);         // graphic show 2(line 2)
      Rectangle(1,1, 238,318, Magenta);
      Delay_ms(500);
      for(i = 0; i < 50; i++)
        { x1 = (rand() & 0x00FF) * 23 / 25;
          y1 = (rand() & 0x00FF) * 31 / 25;
          x2 = (rand() & 0x00FF) * 23 / 25;
          y2 = (rand() & 0x00FF) * 31 / 25;
          color = rand() & 0x0007;

          Line(x1,y1, x2,y2, Color[color]);
          Delay_ms(50);
        }
```

```
      Delay_ms(3000);
      TFT_clear_screen();

      Rectangle(0,0, 239,319, Magenta);          // graphic show 3(rectangle)
      Rectangle(1,1, 238,318, Magenta);
      Delay_ms(500);
      for(i = 0; i < 30; i++)
        { x1 = (rand() & 0x00FF) * 23 / 25;
          y1 = (rand() & 0x00FF) * 31 / 25;
          x2 = (rand() & 0x00FF) * 23 / 25;
          y2 = (rand() & 0x00FF) * 31 / 25;
          color = rand() & 0x0007;

          Rectangle(x1,y1, x2,y2, Color[color]);
          Delay_ms(50);
        }
      Delay_ms(3000);
      TFT_clear_screen();

      Rectangle(0,0, 239,319, Magenta);          // graphic show 4(block)
      Rectangle(1,1, 238,318, Magenta);
      Delay_ms(500);
      for(i = 0; i < 30; i++)
        { x1 = (rand() & 0x00FF) * 23 / 25;
          y1 = (rand() & 0x00FF) * 31 / 25;
          x2 = (rand() & 0x00FF) * 23 / 25;
          y2 = (rand() & 0x00FF) * 31 / 25;
          color = rand() & 0x0007;
          fill = rand() & 0x0007;

          Block(x1,y1, x2,y2, Color[color], Color[fill]);
          Delay_ms(50);
        }
      Delay_ms(3000);
      TFT_clear_screen();

      Rectangle(0,0, 239,319, Magenta);          // graphic show 5(circle)
      Rectangle(1,1, 238,318, Magenta);
      Delay_ms(500);
      for(i = 0; i < 50; i++)
        { x1 = (rand() & 0x00FF) * 23 / 25;
          y1 = (rand() & 0x00FF) * 31 / 25;
          r = rand() & 0x007F;
          color = rand() & 0x0007;

          Circle(x1,y1, r, Color[color]);
          Delay_ms(50);
        }
      Delay_ms(3000);
      TFT_clear_screen();

      Rectangle(0,0, 239,319, Magenta);          // graphic show 6(gradation)
      Rectangle(1,1, 238,318, Magenta);
      Delay_ms(500);
      for(i = 0; i < 50; i++)
        { x1 = (rand() & 0x00FF) * 23 / 25;
          y1 = (rand() & 0x00FF) * 31 / 25;
          r = rand() & 0x007F;
          x2 = x1 + r;
          y2 = y1 + r;
          color = (rand() & 0x001F) << 11;
          color |= (rand() & 0x003F) << 5;
          color |= rand() & 0x001F;

          Gradation(x1,y1, x2,y2, color);
          Delay_ms(50);
        }
      Delay_ms(3000);
      TFT_clear_screen();
    }
}
```

☞ 난수를 발생시키기 시작할 때는 srand() 함수로 난수의 seed를 제공하야 하는데 이 값을 항상 같은 상수값으로 주게 되면 난수를 발생하는 패턴이 늘 일정하게 반복된다. 이를 피하기 위하여 여기서는 포트 C의 타이머1을 설정한 후에 이것에 의한 시간값을 seed로 사용함으로써 매번 난수를 발생하는 seed가 달라지도록 처리하였다. 타이머의 동작을 설정한 후에 KEY1을 눌러서 프로그램의 동작이 시작되기 까지의 시간이 매번 일정하지 않기 때문에 seed가 달라지는 것이다.

2. 이미지 데이터 그래픽 디스플레이 프로그램

퍼스널컴퓨터에서 사용하는 BMP, PCX, JPG, GIF 등의 그림 파일에 있는 이미지 데이터를 사용하여 TFT-LCD 모듈에 이미지 그래픽을 구현할 수 있다. 이를 위해서는 그림 파일의 각 픽셀(pixel) 데이터를 상수로 읽어들여 TFT-LCD 모듈의 해당 위치에 차례로 출력하여야 한다. 그러나, 이런 그림 파일은 데이터의 용량이 매우 크므로 이를 저장하고 읽어들일 때는 보조기억장치가 필요한데, 마이크로컨트롤러 및 TFT-LCD 모듈 응용 시스템에서는 이러한 보조기억장치로 SD 카드를 사용하는 것이 편리하며 이에 관련된 기술과 예제 프로그램은 제4.21절에서 공부한다.

여기서는 여러가지 그림의 이미지 데이터를 C언어의 상수 배열로 플래시 메모리에 미리 저장하고 있다가 이를 읽어서 TFT-LCD 모듈에 출력하는데, 이렇게 하면 ATxmega128A1의 플래시 메모리 용량이 128KB에 불과하다는 점을 생각할 때 아주 작은 그래픽 이미지들만을 몇 개 정도 출력할 수 있다. 240×320 픽셀의 TFT-LCD 모듈에 픽셀당 16비트의 컬러로 1화면 분량의 이미지를 출력하려면 무려 153,600 바이트의 데이터 용량이 필요하게 되기 때문이다.

그림 파일의 이미지 데이터를 읽어서 이를 C언어의 상수 배열로 만드는 것은 상당히 지루하고 힘든 작업이므로 전용의 변환 프로그램을 사용하는 것이 좋다. 인터넷에서 보면 이런 목적으로 BMP 파일에서 이미지 데이터를 추출하여 C언어 소스의 배열로 변환해주는 유틸리티 프로그램을 쉽게 구할 수 있다. 여기에 PCX, JPG, GIF 등의 그림 파일을 BMP 파일 형식으로 변환하거나 또는 그림의 크기를 임의로 확대 및 축소할 수 있는 기능을 갖는 유틸리티 프로그램을 함께 사용하면 편리하다.

이제 퍼스널컴퓨터에서 구할 수 있는 간단한 이미지 그림을 C언어 상수 배열로 저장하였다가 이를 TFT-LCD 모듈에 출력하는 예제 프로그램을 보기로 한다. 여기서 사용하는 이미지 그림들은 AVR을 만든 Atmel사와 세계적으로 유명한 포털 사이트를 운영하는 Google사 및 Yahoo사의 로고이다.

<그림 4.6.1> TFT-LCD 모듈에 출력할 이미지 그림

〈프로그램 Exp06_3.c〉 상수 배열로 처리한 이미지 그림 출력 프로그램

```
/* ============================================================================ */
/*              Exp06_3.c : 비트맵 이미지 그래픽 프로그램                        */
/* ============================================================================ */
/*                        Designed and programmed by Duck-Yong Yoon in 2010.    */

#include <avr/io.h>
#include <avr/pgmspace.h>
#include "OK-X128A1.h"

prog_uint16_t Atmel[] = {                            // Atmel logo 114 x 53 pixel
0xEF5D, 0xEF5D, 0xEF5D, 0xEF5D, 0xEF5D, 0xEF5D, 0xEF5D, 0xEF5D,
0xEF5D, 0xEF5D, 0xEF5D, 0xEF5D, 0xEF5D, 0xEF5D, 0xEF5D, 0xEF5D,
0xEF5D, 0xEF5D, 0xEF7C, 0xEF5D, 0xEF5D, 0xEF5D, 0xEF5D, 0x5C98,
0x0273, 0x0AD4, 0x0AD4, 0x0AD4, 0x0AF4, 0x0AD4, 0x0AD4, 0x0AD4,
0x0AD4, 0x0AD4, 0x0AD4, 0x0AD4, 0x0AD4, 0x0AD4, 0x0AD4, 0x0AD4,
0x0AD4, 0x0AD4, 0x0AD4, 0x0AD4, 0x0AD4, 0x0AD4, 0x0AD4, 0x0AD4,
0x0AD4, 0x0AD4, 0x0AD4, 0x0AD4, 0x0AD4, 0x0AD4, 0x0AD4, 0x0AD4,
0x0AD4, 0x0AD4, 0x0AD4, 0x0AD4, 0x0AD4, 0x0AD4, 0x0AD4, 0x0AD4,

              (중략)

0xDF1D, 0xDF1D, 0xDF1D, 0xDF1D, 0xDF1D, 0xDF1D, 0xDF1D, 0xDF1D,
0xDF1D, 0xDF1D, 0xDF1D, 0xDF1D, 0xDF1D, 0xDF1D, 0xDF1D, 0xDF1D,
0xDF1D, 0xDF1D, 0xDF1D, 0xDF1D, 0xDF1D, 0xDF1D, 0xDF1D, 0xDF1D,
0xDF1D, 0xDF1D, 0xDF1D, 0xDF1D, 0xDF1D, 0xDF1D, 0xDF1D, 0xDF1D,
0xDF1D, 0xDF1D, 0xDF1D, 0xDF1D, 0xDF1D, 0xDF1D, 0xDF1D, 0xDF1D,
0xDF1D, 0xDF1C, 0xE71D, 0xDF1C, 0xEF7D, 0xEF7D, 0xEF5D, 0xEF5D,
0xEF5D, 0xEF7D, 0xF79D, 0x8539, 0x1A94, 0x2334, 0x1A94, 0x5C57 };

prog_uint16_t Google[] = {                           // Google logo 131 x 48 pixel
0xFFFF, 0xFFFF, 0xFFFF, 0xFFFF, 0xFFFF, 0xFFFF, 0xFFFF, 0xFFFF,
0xFFFF, 0xFFFF, 0xFFFF, 0xFFFF, 0xFFFF, 0xFFFF, 0xFFFF, 0xFFFF,
0xFFFF, 0xFFFF, 0xFFFF, 0xFFFF, 0xFFFF, 0xFFFF, 0xFFFF, 0xFFFF,
0xFFFF, 0xFFFF, 0xFFFF, 0xFFFF, 0xFFFF, 0xFFFF, 0xFFFF, 0xFFFF,
0xFFFF, 0xFFFF, 0xFFFF, 0xFFFF, 0xFFFF, 0xFFFF, 0xFFFF, 0xFFFF,
0xFFFF, 0xFFFF, 0xFFFF, 0xFFFF, 0xFFFF, 0xFFFF, 0xFFFF, 0xFFFF,
0xFFFF, 0xFFFF, 0xFFFF, 0xFFFF, 0xFFFF, 0xFFFF, 0xFFFF, 0xFFFF,
0xFFFF, 0xFFFF, 0xFFFF, 0xFFFF, 0xFFFF, 0xFFFF, 0xFFFF, 0xFFFF,

              (중략)

0xFFFF, 0xFFFF, 0xFFFF, 0xFFFF, 0xFFFF, 0xFFDF, 0xEF7D, 0xDEFB,
0xCE79, 0xBDD7, 0xB596, 0xAD75, 0xB595, 0xBDD6, 0xBDD7, 0xBDD7,
0xBDF7, 0xBDF7, 0xCE79, 0xCE79, 0xCE79, 0xD6BA, 0xE73C, 0xF79E,
0xFFFF, 0xFFFF, 0xFFFF, 0xFFFF, 0xFFFF, 0xFFFF, 0xFFFF, 0xFFFF,
0xFFFF, 0xFFFF, 0xFFFF, 0xFFFF, 0xFFFF, 0xFFFF, 0xFFFF, 0xFFFF,
0xFFFF, 0xFFFF, 0xFFFF, 0xFFFF, 0xFFFF, 0xFFFF, 0xFFFF, 0xFFFF,
0xFFFF, 0xFFFF, 0xFFFF, 0xFFFF, 0xFFFF, 0xFFFF, 0xFFFF, 0xFFFF };

prog_uint16_t Yahoo[] = {                            // Yahoo logo 137 x 28 pixel
0xFFFF, 0xFFFF, 0xFFFF, 0xFFFF, 0xFFFF, 0xFFFF, 0xFFFF, 0xFFFF,
0xFFFF, 0xFFFF, 0xFFFF, 0xFFFF, 0xFFFF, 0xFFFF, 0xFFFF, 0xFFFF,
0xFFFF, 0xFFFF, 0xFFFF, 0xFFFF, 0xFFFF, 0xFFFF, 0xFFFF, 0xFFFF,
0xFFFF, 0xFFFF, 0xFFFF, 0xFFFF, 0xFFFF, 0xFFFF, 0xFFFF, 0xFFFF,
0xFFFF, 0xFFFF, 0xFFFF, 0xFFFF, 0xFFFF, 0xFFFF, 0xFFFF, 0xFFFF,
0xFFFF, 0xFFFF, 0xFFFF, 0xFFFF, 0xFFFF, 0xFFFF, 0xFFFF, 0xFFFF,
```

```
OxFFFF, OxFFFF, OxFFFF, OxFFFF, OxFFFF, OxFFFF, OxFFFF, OxFFFF,
OxFFFF, OxFFFF, OxFFFF, OxFFFF, OxFFFF, OxFFFF, OxFFFF, OxFFFF,

          (중략)

OxFFFF, OxFFFF, OxFFFF, OxFFFF, OxFFFF, OxFFFF, OxFFFF, OxFFFF,
OxFFFF, OxFFFF, OxFFFF, OxFFFF, OxFFFF, OxFFFF, OxFFFF, OxFFFF,
OxFFFF, OxFFFF, OxFFFF, OxFFFF, OxFFFF, OxFFFF, OxFFFF, OxFFFF,
OxFFFF, OxFFFF, OxFFFF, OxFFFF, OxFFFF, OxFFFF, OxFFFF, OxFFFF,
OxFFFF, OxFFFF, OxFFFF, OxFFFF, OxFFFF, OxFFFF, OxFFFF, OxFFFF,
OxFFFF, OxFFFF, OxFFFF, OxFFFF, OxFFFF, OxFFFF, OxFFFF, OxFFFF,
OxFFFF, OxFFFF, OxFFFF, OxFFFF, OxFFFF, OxFFFF, OxFFFF, OxFFFF };

int main(void)
{
  unsigned int i, x, y, color;

  Initialize_MCU();                             // initialize ATxmega128A1 MCU
  Delay_ms(200);
  Initialize_TFT_LCD();                         // initialize TFT-LCD
  Beep();

  while(1)
    { TFT_string(6,10,Green,Black, "(1) Atmel사의 로고"); // Atmel
      i = 0;
      for(y = 0; y < 53; y++)
        for(x = 0; x < 114; x++)
          { color = pgm_read_word(&Atmel[i++]);
            TFT_pixel(x+63,y+150, color);
          }
      Delay_ms(3000);
      TFT_clear_screen();

      TFT_string(5,10,Green,Black, "(2) Google사의 로고"); // Google
      i = 0;
      for(y = 0; y < 48; y++)
        for(x = 0; x < 131; x++)
          { color = pgm_read_word(&Google[i++]);
            TFT_pixel(x+54,y+150, color);
          }
      Delay_ms(3000);
      TFT_clear_screen();

      TFT_string(6,10,Green,Black, "(3) Yahoo사의 로고"); // Yahoo
      i = 0;
      for(y = 0; y < 28; y++)
        for(x = 0; x < 137; x++)
          { color = pgm_read_word(&Yahoo[i++]);
            TFT_pixel(x+51,y+150, color);
          }
      Delay_ms(3000);
      TFT_clear_screen();
    }
}
```

이번에는 여러 개의 컷으로 되어있는 이미지 그림을 연속으로 디스플레이하여 간단한 애니메이션 영상을 구현하는 예제 프로그램이다. 이 예제에서는 모두 7컷으로 구성되는 그림을 C언어 상수 배열로 저장하여 놓고 이를 차례를 출력하여 예쁜 소녀가 고개를 숙여 인사하는 애니메이션을 구현하였다. 7개의 컷을 순서대로 출력하면 고개를 숙이는 모양이 되고, 이를 역순으로 출력하면 인사를 마치고 다시 고개를 드는 모양의 된다.

이 경우는 그림이 작기 때문에 이를 연속으로 출력하는데 ATxmega128A1이 충분한 처리속도를 보이지만, 그림이 이보다 매우 커지거나 1초당 출력할 화면의 컷 수가 많아지면 TFT-LCD 모듈로 출력할 데이터 전송량이 급증하여 훨씬 빠른 그래픽 처리가 필요하게 된다. 이런 경우에는 ARM과 같은 동영상 처리용의 고성능 마이크로컨트롤러와 이에 적합한 RGB 인터페이스 방식의 TFT-LCD 모듈을 사용하는 것이 바람직하다.

〈그림 4.6.2〉 애니메이션으로 구현한 인사하는 소녀 그림

〈프로그램 Exp06_4.c〉 연속된 이미지 그림을 출력하여 애니메이션을 구현한 예

```
/* ============================================================================ */
/*              Exp06_4.c : 간단한 애니메이션 그래픽 프로그램                    */
/* ============================================================================ */
/*                     Designed and programmed by Duck-Yong Yoon in 2010.  */

#include <avr/io.h>
#include <avr/pgmspace.h>
#include "OK-X128A1.h"

prog_uint16_t girl[7][32*57] = {                          // greeting girl 32 x 57 pixel
{ 0x0104, 0x0104, 0x0104, 0x0104, 0x0104, 0x0104, 0x0104, 0x0104, // cut 1
  0x0104, 0x0104, 0x0104, 0x0104, 0x0104, 0x0104, 0x0104, 0x0104,
  0x0104, 0x0104, 0x0104, 0x0104, 0x0104, 0x0104, 0x0104, 0x0104,
  0x0104, 0x0104, 0x0104, 0x0104, 0x0104, 0x0104, 0x0104, 0x0104,
  0x0104, 0x0104, 0x0104, 0x0104, 0x0104, 0x0104, 0x0104, 0x0104,
  0x0104, 0x0104, 0x0104, 0x0104, 0xDEFB, 0xCCD3, 0x9CCC, 0x8C51,
  0xCCCC, 0x8C51, 0xCCD3, 0x0104, 0x0104, 0x0104, 0x0104, 0x0104,
  0x0104, 0x0104, 0x0104, 0x0104, 0x0104, 0x0104, 0x0104, 0x0104,

            (중략)

  0x0104, 0x0104, 0x0104, 0x0104, 0x0104, 0x0104, 0x0104, 0x0104,
  0x0104, 0x0104, 0x0104, 0x0104, 0x0104, 0x0104, 0x0104, 0x0104,
  0x0104, 0x0104, 0x0104, 0x0104, 0x0104, 0x0104, 0x0104, 0x0104,
  0x0104, 0x0104, 0x0104, 0x0104, 0x0104, 0x0104, 0x0104, 0x0104,
  0x0104, 0x0104, 0x0104, 0x0104, 0x0104, 0x0104, 0x0104, 0x0104 },
{ 0x0104, 0x0104, 0x0104, 0x0104, 0x0104, 0x0104, 0x0104, 0x0104, // cut 2
  0x0104, 0x0104, 0x0104, 0x0104, 0x0104, 0x0104, 0x0104, 0x0104,
  0x0104, 0x0104, 0x0104, 0x0104, 0x0104, 0x0104, 0x0104, 0x0104,
  0x0104, 0x0104, 0x0104, 0x0104, 0x0104, 0x0104, 0x0104, 0x0104,
  0x0104, 0x0104, 0x0104, 0x0104, 0x0104, 0x0104, 0x0104, 0x0104,
  0x0104, 0x0104, 0x0104, 0x0104, 0xEF7D, 0xCE73, 0x8C51, 0xCCCC,
  0x8C51, 0xCCD3, 0xEF7D, 0x0104, 0x0104, 0x0104, 0x0104, 0x0104,
  0x0104, 0x0104, 0x0104, 0x0104, 0x0104, 0x0104, 0x0104, 0x0104,

            (중략)

  0x0104, 0x0104, 0x0104, 0x0104, 0x0104, 0x0104, 0x0104, 0x0104,
  0x0104, 0x0104, 0x0104, 0x0104, 0x0104, 0x0104, 0x0104, 0x0104,
  0x0104, 0x0104, 0x0104, 0x0104, 0x0104, 0x0104, 0x0104, 0x0104,
  0x0104, 0x0104, 0x0104, 0x0104, 0x0104, 0x0104, 0x0104, 0x0104,
  0x0104, 0x0104, 0x0104, 0x0104, 0x0104, 0x0104, 0x0104, 0x0104 },
{ 0x0104, 0x0104, 0x0104, 0x0104, 0x0104, 0x0104, 0x0104, 0x0104, // cut 3
```

```
  0x0104, 0x0104, 0x0104, 0x0104, 0x0104, 0x0104, 0x0104, 0x0104,
  0x0104, 0x0104, 0x0104, 0x0104, 0x0104, 0x0104, 0x0104, 0x0104,
  0x0104, 0x0104, 0x0104, 0x0104, 0x0104, 0x0104, 0x0104, 0x0104,
  0x0104, 0x0104, 0x0104, 0x0104, 0x0104, 0x0104, 0x0104, 0x0104,
  0x0104, 0x0104, 0x0104, 0x0104, 0xEF7D, 0xCE73, 0x8C51, 0xCCCC,
  0x8C51, 0xCCD3, 0xEF7D, 0x0104, 0x0104, 0x0104, 0x0104, 0x0104,
  0x0104, 0x0104, 0x0104, 0x0104, 0x0104, 0x0104, 0x0104, 0x0104,

             (중략)

  0x0104, 0x0104, 0x0104, 0x0104, 0x0104, 0x0104, 0x0104, 0x0104,
  0x0104, 0x0104, 0x0104, 0x0104, 0x0104, 0x0104, 0x0104, 0x0104,
  0x0104, 0x0104, 0x0104, 0x0104, 0x0104, 0x0104, 0x0104, 0x0104,
  0x0104, 0x0104, 0x0104, 0x0104, 0x0104, 0x0104, 0x0104, 0x0104,
  0x0104, 0x0104, 0x0104, 0x0104, 0x0104, 0x0104, 0x0104, 0x0104 },
{ 0x0104, 0x0104, 0x0104, 0x0104, 0x0104, 0x0104, 0x0104, 0x0104, // cut 4
  0x0104, 0x0104, 0x0104, 0x0104, 0x0104, 0x0104, 0x0104, 0x0104,
  0x0104, 0x0104, 0x0104, 0x0104, 0x0104, 0x0104, 0x0104, 0x0104,
  0x0104, 0x0104, 0x0104, 0x0104, 0x0104, 0x0104, 0x0104, 0x0104,
  0x0104, 0x0104, 0x0104, 0x0104, 0x0104, 0x0104, 0x0104, 0x0104,
  0x0104, 0x0104, 0x0104, 0x0104, 0x0104, 0x0104, 0x0104, 0x0104,
  0x0104, 0x0104, 0x0104, 0x0104, 0x0104, 0x0104, 0x0104, 0x0104,
  0x0104, 0x0104, 0x0104, 0x0104, 0x0104, 0x0104, 0x0104, 0x0104,

             (중략)

  0x0104, 0x0104, 0x0104, 0x0104, 0x0104, 0x0104, 0x0104, 0x0104,
  0x0104, 0x0104, 0x0104, 0x0104, 0x0104, 0x0104, 0x0104, 0x0104,
  0x0104, 0x0104, 0x0104, 0x0104, 0x0104, 0x0104, 0x0104, 0x0104,
  0x0104, 0x0104, 0x0104, 0x0104, 0x0104, 0x0104, 0x0104, 0x0104,
  0x0104, 0x0104, 0x0104, 0x0104, 0x0104, 0x0104, 0x0104, 0x0104 },
{ 0x0104, 0x0104, 0x0104, 0x0104, 0x0104, 0x0104, 0x0104, 0x0104, // cut 5
  0x0104, 0x0104, 0x0104, 0x0104, 0x0104, 0x0104, 0x0104, 0x0104,
  0x0104, 0x0104, 0x0104, 0x0104, 0x0104, 0x0104, 0x0104, 0x0104,
  0x0104, 0x0104, 0x0104, 0x0104, 0x0104, 0x0104, 0x0104, 0x0104,
  0x0104, 0x0104, 0x0104, 0x0104, 0x0104, 0x0104, 0x0104, 0x0104,
  0x0104, 0x0104, 0x0104, 0x0104, 0x0104, 0x0104, 0x0104, 0x0104,
  0x0104, 0x0104, 0x0104, 0x0104, 0x0104, 0x0104, 0x0104, 0x0104,
  0x0104, 0x0104, 0x0104, 0x0104, 0x0104, 0x0104, 0x0104, 0x0104,

             (중략)

  0x0104, 0x0104, 0x0104, 0x0104, 0x0104, 0x0104, 0x0104, 0x0104,
  0x0104, 0x0104, 0x0104, 0x0104, 0x0104, 0x0104, 0x0104, 0x0104,
  0x0104, 0x0104, 0x0104, 0x0104, 0x0104, 0x0104, 0x0104, 0x0104,
  0x0104, 0x0104, 0x0104, 0x0104, 0x0104, 0x0104, 0x0104, 0x0104,
  0x0104, 0x0104, 0x0104, 0x0104, 0x0104, 0x0104, 0x0104, 0x0104 },
{ 0x0104, 0x0104, 0x0104, 0x0104, 0x0104, 0x0104, 0x0104, 0x0104, // cut 6
  0x0104, 0x0104, 0x0104, 0x0104, 0x0104, 0x0104, 0x0104, 0x0104,
  0x0104, 0x0104, 0x0104, 0x0104, 0x0104, 0x0104, 0x0104, 0x0104,
  0x0104, 0x0104, 0x0104, 0x0104, 0x0104, 0x0104, 0x0104, 0x0104,
  0x0104, 0x0104, 0x0104, 0x0104, 0x0104, 0x0104, 0x0104, 0x0104,
  0x0104, 0x0104, 0x0104, 0x0104, 0x0104, 0x0104, 0x0104, 0x0104,
  0x0104, 0x0104, 0x0104, 0x0104, 0x0104, 0x0104, 0x0104, 0x0104,
  0x0104, 0x0104, 0x0104, 0x0104, 0x0104, 0x0104, 0x0104, 0x0104,

             (중략)

  0x0104, 0x0104, 0x0104, 0x0104, 0x0104, 0x0104, 0x0104, 0x0104,
  0x0104, 0x0104, 0x0104, 0x0104, 0x0104, 0x0104, 0x0104, 0x0104,
  0x0104, 0x0104, 0x0104, 0x0104, 0x0104, 0x0104, 0x0104, 0x0104,
  0x0104, 0x0104, 0x0104, 0x0104, 0x0104, 0x0104, 0x0104, 0x0104,
  0x0104, 0x0104, 0x0104, 0x0104, 0x0104, 0x0104, 0x0104, 0x0104 },
{ 0x0104, 0x0104, 0x0104, 0x0104, 0x0104, 0x0104, 0x0104, 0x0104, // cut 7
  0x0104, 0x0104, 0x0104, 0x0104, 0x0104, 0x0104, 0x0104, 0x0104,
  0x0104, 0x0104, 0x0104, 0x0104, 0x0104, 0x0104, 0x0104, 0x0104,
  0x0104, 0x0104, 0x0104, 0x0104, 0x0104, 0x0104, 0x0104, 0x0104,
  0x0104, 0x0104, 0x0104, 0x0104, 0x0104, 0x0104, 0x0104, 0x0104,
  0x0104, 0x0104, 0x0104, 0x0104, 0x0104, 0x0104, 0x0104, 0x0104,
  0x0104, 0x0104, 0x0104, 0x0104, 0x0104, 0x0104, 0x0104, 0x0104,
  0x0104, 0x0104, 0x0104, 0x0104, 0x0104, 0x0104, 0x0104, 0x0104,
```

```
            (중략)

  0x0104, 0x0104, 0x0104, 0x0104, 0x0104, 0x0104, 0x0104, 0x0104,
  0x0104, 0x0104, 0x0104, 0x0104, 0x0104, 0x0104, 0x0104, 0x0104,
  0x0104, 0x0104, 0x0104, 0x0104, 0x0104, 0x0104, 0x0104, 0x0104,
  0x0104, 0x0104, 0x0104, 0x0104, 0x0104, 0x0104, 0x0104, 0x0104,
  0x0104, 0x0104, 0x0104, 0x0104, 0x0104, 0x0104, 0x0104, 0x0104 }};

int main(void)
{
  unsigned int i, cut, x, y, color;

  Initialize_MCU();                             // initialize ATxmega128A1 MCU
  Delay_ms(200);
  Initialize_TFT_LCD();                         // initialize TFT-LCD
  Beep();

  TFT_string(5,10,White,Magenta, " 간단한 애니메이션 ");
  TFT_string(5,13,Green,Black,   "  (인사하는 소녀)  ");

  while(1)
    { for(cut = 0; cut <= 6; cut++)             // 머리를 숙이는 동작
        { i = 0;
          for(y = 0; y < 57; y++)
            for(x = 0; x < 32; x++)
              { color = pgm_read_word(&girl[cut][i++]);
                TFT_pixel(x+104,y+150, color);
              }
          Delay_ms(100);
        }
      Delay_ms(500);

      for(cut = 7; cut > 0; cut--)              // 다시 되돌아 오는 동작
        { i = 0;
          for(y = 0; y < 57; y++)
            for(x = 0; x < 32; x++)
              { color = pgm_read_word(&girl[cut-1][i++]);
                TFT_pixel(x+104,y+150, color);
              }
          Delay_ms(100);
        }
      Delay_ms(2000);
    }
}
```

4.7 TFT-LCD의 터치 스크린 입력 프로그램

이 절에서는 TFT-LCD 모듈 화면의 표면에 부착되어 있는 터치 스크린의 원리를 이해하고 이를 통하여 사용자가 누른 화면의 위치를 검출할 수 있는 프로그램 기술을 공부한다.

관련 내용	(1) 제3.1절 *OK-X128A1* 키트의 구조와 기능 (2) 제4.2절 ATxmega128A1 C언어 프로그램 기초

1. 터치 스크린의 구조와 기능

터치 스크린(touch screen)은 브라운관 또는 TFT-LCD의 화면에 손이나 펜에 의한 직접 접촉으로 데이터를 입력할 수 있는 첨단 입력장치이다. 이를 위하여 <그림 4.7.1>에 보인 것처럼 평면으로 된 스크린의 표면에 터치 패널(touch panel)을 설치하며 이 신호를 터치 스크린 컨트롤러가 인식하여 CPU가 읽어들일 수 있게 된다.

터치 스크린은 키보드나 마우스, 조이스틱과는 다른 개념의 입력장치로서 휴대가 간편하고 직관적이어서 사용이 매우 쉽기 때문에 종래에는 은행의 ATM과 같은 금융기기나 POS 시스템, OA기기 등의 고가 장비에나 주로 사용되었으나, 요즈음은 휴대전화, PDA, 네비게이션 등의 휴대용 멀티미디어 기기에까지 매우 광범위하게 사용되어 우리 생활에 폭넓게 자리잡고 있다.

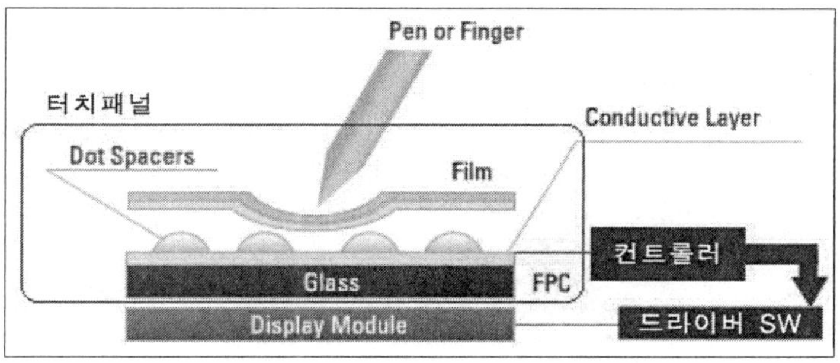

〈그림 4.7.1〉 터치 스크린의 구조(저항막 방식의 경우)

(1) 터치 스크린의 원리 및 종류

터치 스크린의 종류는 여러 가지가 있으며, 이는 상당히 첨단제품으로서 앞으로도 계속하여 새로운 방식의 터치 스크린이 개발될 것으로 예상된다. 현재까지 가장 널리 사용되어온 방식은 저항막 방식이지만 최근에 휴대용 기기를 중심으로 하여 멀티 터치 기능이 있는 정전용량방식의 사용이 크게 증가하는 추세이다.

▣ 저항막 방식

저항막 방식(resistive)의 터치 스크린은 <그림 4.7.2> (b)에 보인 것처럼 산화 인듐 주석(ITO ; Indium Tin Oxide)을 코팅한 2장의 투명 전도막을 상판(film)과 하판(film 또는 glass)으로 맞붙여 놓은 구조로 되어 있는데, 이것들의 사이는 평소에 돌출부(dot spacer)에 의하여 일정한 간격을 유지하면서 절연되어 있으나 손 또는 펜으로 누르면 상판과 하판이 연결되어 (c)와 같은 등가회로를 구성하게 된다.

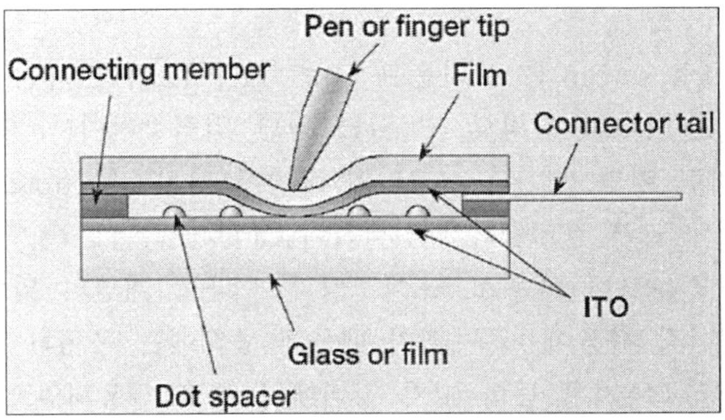

(a)

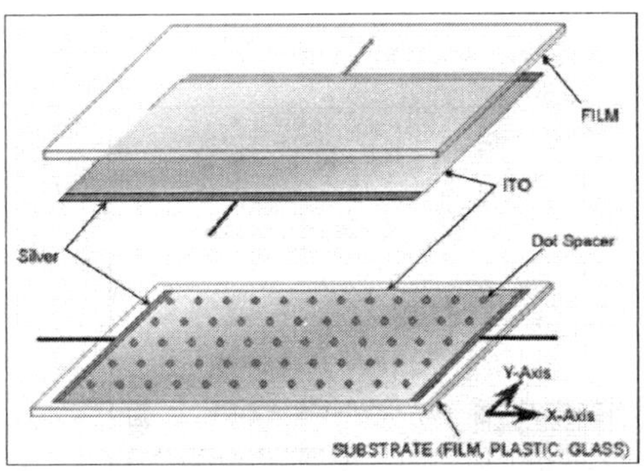

(b)

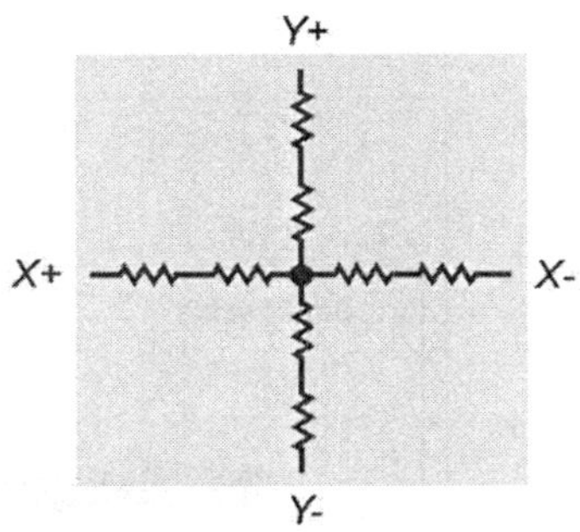

(c)

〈그림 4.7.2〉 저항막 방식 터치 스크린의 구조

즉, 상판에는 상하 방향으로 Y+와 Y- 단자를 설치하고 하판에는 좌우 방향으로 X+와 X- 단자를 설치하여 놓았으므로, 외부 접촉에 의하여 상판과 하판이 1점에서 만나게 되면 상하좌우의 4방향으로 저항에 의한 회로가 구성되는 것이다.

그러면 터치 스크린 컨트롤러는 먼저 X+ 단자와 X- 단자에 전원을 인가하고 Y+ 단자에서의 전압을 측정하여 X축 방향의 좌표를 검출할 수 있으며, 다시 Y+ 단자와 Y- 단자에 전원을 인가하고 X+ 단자에서의 전압을 측정하여 Y축 방향의 좌표를 검출할 수 있게 된다.

이러한 방식을 4선식 구조라고 하는데, 저항막 방식의 터치 스크린에는 이밖에 5선식 구조를 사용하기도 한다. 5선식에서는 하판에 상하좌우 방향으로 Y+, Y-, X+, X-의 단자를 모두 가지고 있으며, 상판에는 출력 단자만을 가지고 있다. 외부 접촉에 의하여 상판과 하판이 만나면 먼저 하판의 X+와 X- 사이에 전원을 인가하고 상판의 출력단자로 전압을 검출하여 X축 방향의 좌표를 측정할 수 있으며, 다시 하판의 Y+와 Y- 사이에 전원을 인가하고 상판의 출력단자로 전압을 검출하여 Y축 방향의 좌표를 측정할 수 있다.

저항막 방식의 터치 스크린은 위치 정밀도가 높고 응답속도가 빠르며, 구조가 간단하고 제조가 용이하여 현재까지 가장 널리 사용되어 왔다. 그러나, 기본적으로 어느 한 순간에는 1점만을 검출할 수 있는 싱글 터치 방식이며, 전도막의 투과율이 낮아서 화면이 흐려지는 단점이 있고, 접촉 감도를 높이기 위하여 상판 필름을 부드러운 재질로 사용하면 펜으로 터치할 때 상처가 나기 쉬워서 내구성이 나빠진다. 이 책에서 사용하는 TFT-LCD 모듈은 모두 저항막 방식의 터치 스크린을 채용하고 있다.

▣ 정전용량 방식

정전용량 방식(capacitive)의 터치 스크린은 2장의 서브스트레이트에 특수 전도성 금속인 안티몬 주석 산화물(ATO ; Antimony Tin Oxide)을 코팅하여 상판과 하판으로 접속하고 이 사이에 형성된 정전용량을 통하여 전류가 흐르도록 한 것이다. 이때 상판을 손으로 터치하면 사람의 몸에 의하여 정전용량이 생기고 이로 인하여 전류에 변화가 발생하는 부분을 검출하여 위치를 측정하는 원리로 동작한다. 즉, <그림 4.7.3>에 보인 것처럼 평소에는 터치 패드 사이에 정전용량 C_P만이 존재하지만 사람의 손을 가까이 하면 병렬로 정전용량 C_F가 추가되어 전류 파형의 시간지연이 발생한다. 이러한 정전용량의 변화를 오실레이터 회로에 적용하면 발진 주파수가 달라지고 이를 마이크로컨트롤러의 타이머/카운터로 측정할 수 있다.

정전용량 방식은 동작원리 따라 4선 저항막 방식과 유사하게 생각할 수 있는 투영 정전용량 방식(projected capacitive)과 5선 저항막 방식처럼 생각할 수 있는 표면 정전 용량 방식(surface capacitive)의 2가지로 나눌 수 있다. 정전용량 방식의 터치 스크린은 인체의 정전용량을 이용하므로 손에 장갑을 끼거나 사람의 손이 아닌 펜 등의 물체를 사용하면 잘 동작하지 않는 단점이 있다. 그러나, 동시에 여러 점을 검출하는 멀티 터치 구조가 가능하고, 상판과 하판을 좀더 강한 재질로 만들 수 있기 때문에 수명이 길고 견고하며, 빛의 투과성을 높게 만들 수 있다.

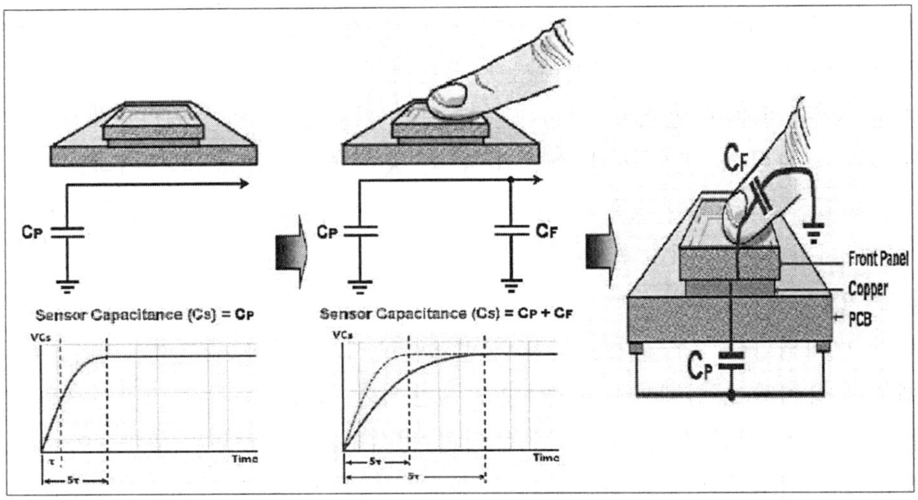

〈그림 4.7.3〉 정전용량 방식 터치 스크린의 구조

〈표 4.7.1〉 여러가지 터치 스크린 방식의 특징 비교

	저항막 방식	정전용량 방식	적외선 방식	초음파 반사 방식
터치 방법	손가락, 스타일러스 펜	손가락	손가락, 스타일러스 펜	손가락, 스타일러스 펜
내구성/수명	△	◎	◎	◎
빛 투과율	× (75~85%)	○ (>90%)	◎ (100%)	○ (>92%)
해상도	◎	◎	△	○
응답속도	◎	△	◎	△
경제성/가격	◎	×	○	○
소형화	◎	◎	△	△
대형화	△	△	△	○
멀티 터치	△	◎	×	×
기술진입 장벽	낮음	높음	높음	높음
장점	낮은 가격, 높은 정밀도, 빠른 응답	높은 내구성, 높은 빛 투과율	충격이나 긁힘에 강해 내구성이 좋음	표면이 유리라서 내구성이 좋음
단점	낮은 내구성, 낮은 빛 투과율	장갑이나 펜에는 반응하지 않음	가격이 높고 부피가 큼	센서 오염과 액체에 취약
적용 분야	소형에서 대형까지 (휴대전화, OA 기기 POS, 금융단말기, TV, 모니터)	소형에 더 적합 (휴대전화, 게임기, ATM)	대형에 더 적합 (TV, 모니터, POS, ATM)	대형에 더 적합 (티켓발매기, ATM, 전자칠판, 산업용 기기)

◎ 아주 우수, ○ 우수, △ 보통, × 미흡

터치 스크린에는 이밖에도 적외선 방식이나 초음파 반사 방식 등이 있다. 이러한 각종 터치 스크린 방식들의 특징을 요약 비교하면 <표 4.7.1>과 같다.

특히 휴대전화의 경우 <그림 4.7.4>에 보인 것처럼 외형이 초기의 바(bar)형에서 폴더(folder)형과 슬라이딩(sliding)형을 거쳐서 요즈음에는 터치스크린(touch screen)형이 많이 사용되는 추세에 있다. 이러한 터치 스크린을 내장한 모델을 흔히 터치폰(touch phone)이라고 부르는데, 여기에 처음에는 저항막 방식의 터치 스크린을 사용하였으나 점차로 멀티 터치 기능을 가지는 정전용량 방식으로 옮겨가는 추세에 있다.

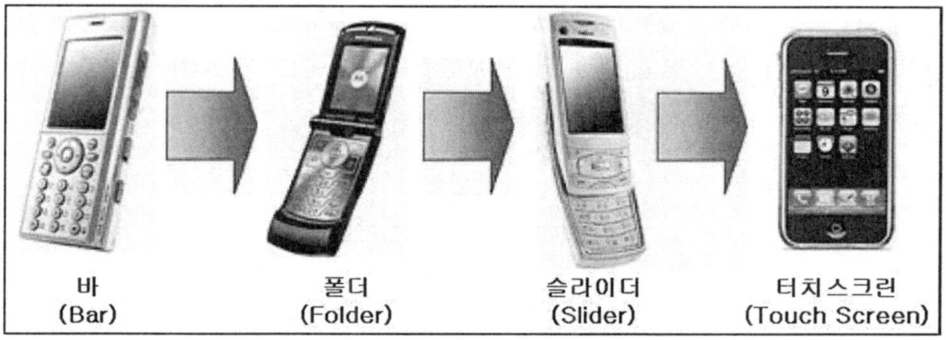

〈그림 4.7.4〉 휴대전화의 구조 변천 과정

(2) 터치 스크린 컨트롤러

이 책의 *OK-X128A1* 키트에서 사용하는 3.2인치 TFT-LCD 모듈에서는 모두 저항막 방식의 터치 스크린을 사용하고 있다. 이것을 사용하여 위치를 검출하려면 터치 스크린의 X-, X+ 사이와 Y-, Y+ 사이에 전원을 인가할 수 있도록 트랜지스터로 스위치를 부착하고 X+ 및 Y+ 신호를 마이크로컨트롤러의 A/D 컨버터로 읽어들이는 방법으로 가능하다.

그러나, 이런 직접 제어 방법보다는 역시 전용의 터치 스크린 컨트롤러를 사용하는 것이 간편하다. *TFT-32HX* 보드에는 ADS7846과 TSC2003 터치 스크린 컨트롤러 중에서 사용자가 원하는 것을 임의로 선택하여 조립 사용할 수 있도록 하였다. 이중에서 ADS7846은 CPU와 SPI 직렬통신 방식으로 인터페이스하며 TSC2003은 I^2C 직렬통신 방식으로 인터페이스하는데, 사용자는 반드시 이중에서 원하는 것을 1가지만 조립하여 사용해야 한다.

ADS7846과 TSC2003 소자는 각각 SPI 및 I^2C 통신방식으로 접속하여 사용한다는 것 이외에는 상당히 유사한 기능을 가지고 있다. 즉, 이것들은 모두 +3.3V와 +5.0V에서 사용할 수 있고, x축과 y축의 위치를 12비트의 축차비교형 A/D 컨버터로 디지털 변환하고 있으며, x축과 y축의 위치검출 기능 이외에도 z축의 압력 측정, 배터리 전압 측정, 소자의 온도 측정 기능 등을 가지고 있다. A/D 변환에 사용하기 위하여 내부에는 +2.5V의 정밀한 기준전원을 가지고 있으며, 위치검출을 수행하지 않는 동안에는 파워다운(power down) 기능을 설정할 수 있어서 휴대용 기기에서 사용할 때 소비전력을 크게 줄일 수 있다.

▣ ADS7846 터치 스크린 컨트롤러 - SPI 직렬통신 방식

<그림 4.7.5> (a)에는 *TFT-32HX* 보드에서 사용하고 있는 16핀 SSOP형 또는 TSSOP형 패키지의 ADS7846 핀 배열을 보였으며, (b)에는 이 소자의 내부 구성 블록도를 보였다.

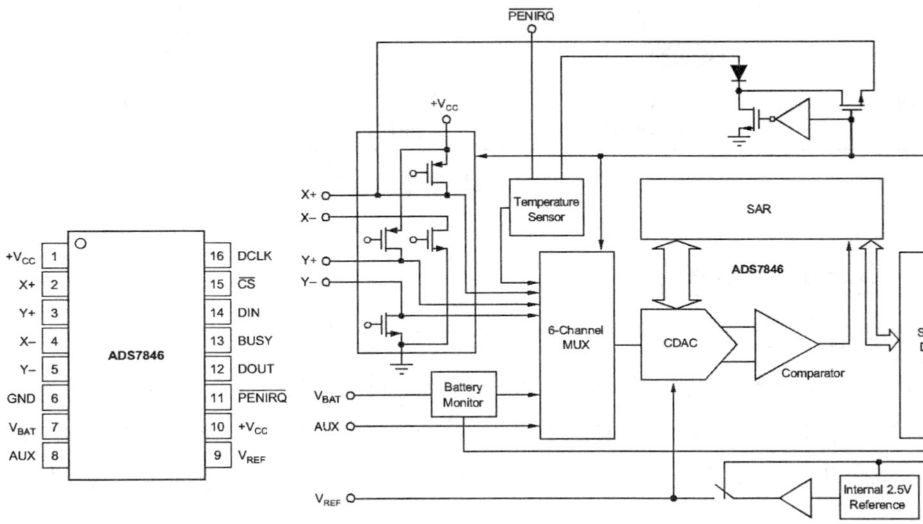

(a) 16핀 SSOP형 핀배열 (b) 내부 구성 블록도

〈그림 4.7.5〉 ADS7846 터치 스크린 컨트롤러의 구조

ADS7846 컨트롤러를 사용한 전형적인 터치 스크린 응용회로는 <그림 4.7.6>에 보였다. 터치 스크린의 4개 단자 X+, X-, Y+, Y-를 ADS7846의 해당 핀에 연결하고, 마이크로컨트롤러와는 SPI 통신 및 인터럽트 신호로 접속한다. 여기서 인터럽트 신호는 오픈 드레인(open drain)형 출력이므로 반드시 50kΩ~100kΩ 정도의 저항으로 풀업해주어야 한다. 터치한 입력좌표를 읽어들이는 방식에는 인터럽트 기능을 이용할 수도 있

고 폴링 방식을 이용할 수도 있는데, 이 책의 *OK-X128A1* 키트 예제 프로그램에서는 폴링 방식을 기본으로 사용한다.

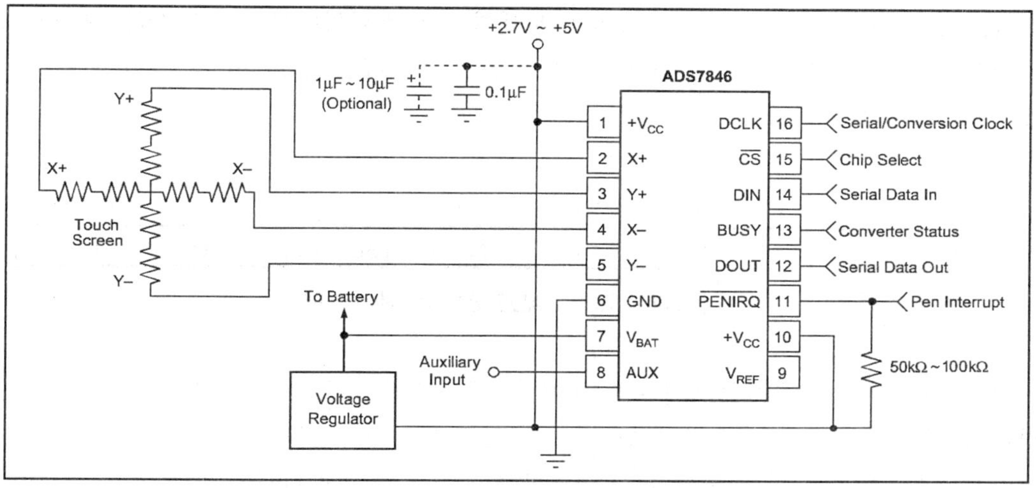

〈그림 4.7.6〉 ADS7846의 전형적인 응용회로

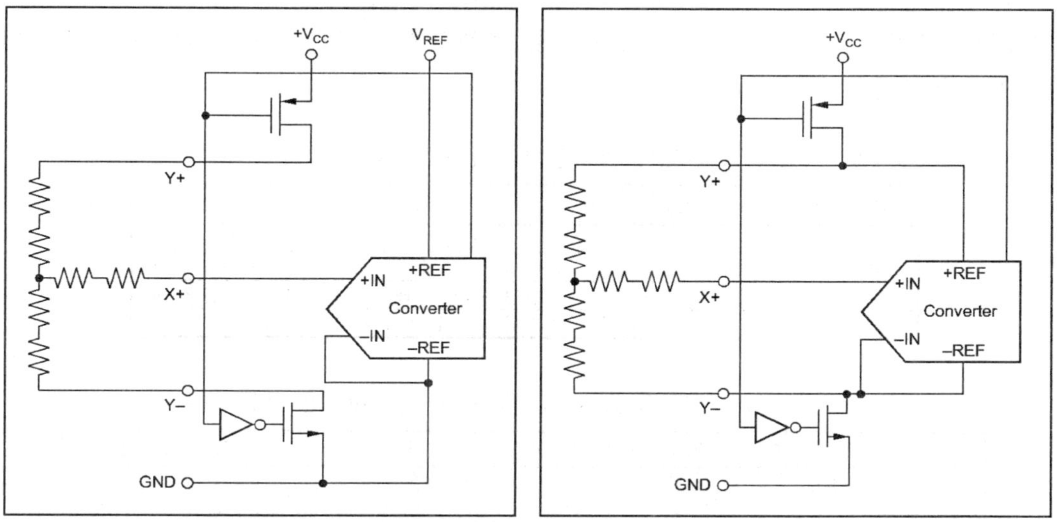

(a) 단극성 기준 입력 (b) 차동 기준 입력

〈그림 4.7.7〉 ADS7846의 x축, y축 A/D 변환 방식

ADS7846에서는 x, y 좌표값을 검출하기 위하여 A/D 변환을 수행할 때 x좌표값을 검출하려면 X+ 및 X- 단자에 전원을 인가하고 Y+ 단자의 전압을 A/D 변환하며, y좌

표값을 검출하려면 Y+ 및 Y- 단자에 전원을 인가하고 X+ 단자의 전압을 A/D 변환한다. 그런데, 이렇게 터치 스크린에 전원을 스위칭하여 인가하고 A/D 변환을 수행하는 방식에는 <그림 4.7.7>에 보인 것처럼 2가지가 있다. (a)와 같은 단극성 기준(Single-Ended Reference) 입력 방식은 트랜지스터 스위치에서의 전압강하 때문에 검출값의 정확도가 떨어지므로 (b)와 같은 차동 기준(Differential Reference) 입력 방식을 사용하는 것이 유리하다.

b7(MSB)	b6	b5	b4	b3	b2	b1	b0(LSB)
S	A2	A1	A0	MODE	SER/$\overline{\text{DFR}}$	PD1	PD0

〈그림 4.7.8〉 ADS7846의 제어명령

ADS7846에서 사용하는 8비트의 제어명령은 <그림 4.7.8>과 같다. 마이크로컨트롤러가 터치한 위치값을 읽으려면 먼저 이 명령을 전송하고 나서 데이터를 읽어야 한다. 여기서 S는 스타트 비트(start bit)로서 항상 1로 되며, MODE는 A/D 변환을 12비트 분해능으로 수행하려면 0으로 설정하고 8비트 분해능으로 수행하려면 1로 설정한다. SER/$\overline{\text{DFR}}$은 단극성 기준 입력방식과 차동 기준 입력방식을 선택하는데 사용하며, 또한 PD1~PD0은 <표 4.7.2>에 보인 것처럼 파워다운 기능과 내부 기준전압을 사용하는 방법을 결정한다.

〈표 4.7.2〉 ADS7846 제어명령에서 PD1 및 PD0 비트의 기능

PD1	PD0	$\overline{\text{PENIRQ}}$	기 능
0	0	사용	A/D 변환을 하지 않는 시간에는 파워다운.
0	1	금지	내부 기준전압은 off 상태, A/D 변환기는 on 상태.
1	0	사용	내부 기준전압은 on 상태, A/D 변환기는 off 상태.
1	1	금지	내부 기준전압과 A/D 변환기가 모두 on 상태.

〈표 4.7.3〉 ADS7846 제어명령에서 A2~A0 비트의 기능

SER/$\overline{\text{DFR}}$	A2	A1	A0	A/D 입력	드라이버 ON	기 능	기준 입력 모드
1	0	0	0	TEMP0		온도 측정 0	단극성 기준 입력
1	0	0	1	X+	Y+, Y-	y축 좌표 측정	단극성 기준 입력
1	0	1	0	V_{BAT}		배터리 전압 측정	단극성 기준 입력
1	0	1	1	X+	Y+, X-	z1축 압력 측정	단극성 기준 입력
1	1	0	0	Y-	Y+, X-	z2축 압력 측정	단극성 기준 입력
1	1	0	1	Y+	X+, X-	x축 좌표 측정	단극성 기준 입력
1	1	1	0	AUX_{IN}		보조입력 측정	단극성 기준 입력
1	1	1	1	TEMP1		온도 측정 1	단극성 기준 입력
0	0	0	1	X+	Y+, Y-	y축 좌표 측정 ★	차동 기준 입력
0	0	1	1	X+	Y+, X-	z1축 압력 측정	차동 기준 입력
0	1	0	0	Y-	Y+, X-	z2축 압력 측정	차동 기준 입력
0	1	0	1	Y+	X+, X-	x축 좌표 측정 ★	차동 기준 입력

A2~A0은 A/D 컨버터의 입력을 선택하는 멀티플렉서의 채널 어드레스로서 이것으로 <표 4.7.3>에 보인 것처럼 어떤 신호를 A/D 변환할 것인지 지정한다.

이 책의 *OK-X128A1* 키트 예제 프로그램에서는 A/D 컨버터를 12비트 분해능으로 사용하고, PD1 = PD0 = 0으로 설정하며, 차동 기준 입력방식에서 x축과 y축의 좌표값만을 측정한다. 정확한 좌표값의 측정을 위해서는 매번 터치 스크린을 사용하기 전에 측정값의 캘리브레이션(calibration)을 수행하는 것이 바람직하지만 이 책에서는 이를 수행하지 않고 그냥 사용하는 것으로 한다.

ADS7846을 SPI 직렬통신으로 액세스하는 데이터 포맷은 <그림 4.7.9>에 설명하였다. 먼저 마이크로컨트롤러가 8비트의 제어명령을 ADS7846으로 송신하는데, 제어명령의 상위 5비트가 전송되고 나면 ADS7846은 나머지 3비트의 제어명령이 전송되는 동안에 지정된 채널의 입력신호를 샘플링하여 A/D 변환을 시작한다. 마이크로컨트롤러는 곧바로 이어서 2차례 더미 데이터를 전송하면서 ADS7846으로부터 데이터를 읽어오면 된다. 첫번째로 읽는 바이트는 최상위 비트가 0이고 나머지 7비트에 A/D 변환결과의 b11~b5가 포함되며, 두번째로 읽은 바이트는 상위 5비트에 A/D 변환결과의 b4~b0이 포함되고 나머지 3비트는 0으로 채워진다. SPI 통신의 클록 신호는 high 구간과 low 구간이 각각 최소한 200ns 이상이어야 하므로 최대 2.5MHz까지의 전송속도를 사용할 수 있다. 이 책의 *OK-X128A1* 키트 예제 프로그램에서는 최대 한계 주파수보다 낮은 1MHz의 속도로 ADS7846과 SPI 통신을 수행한다.

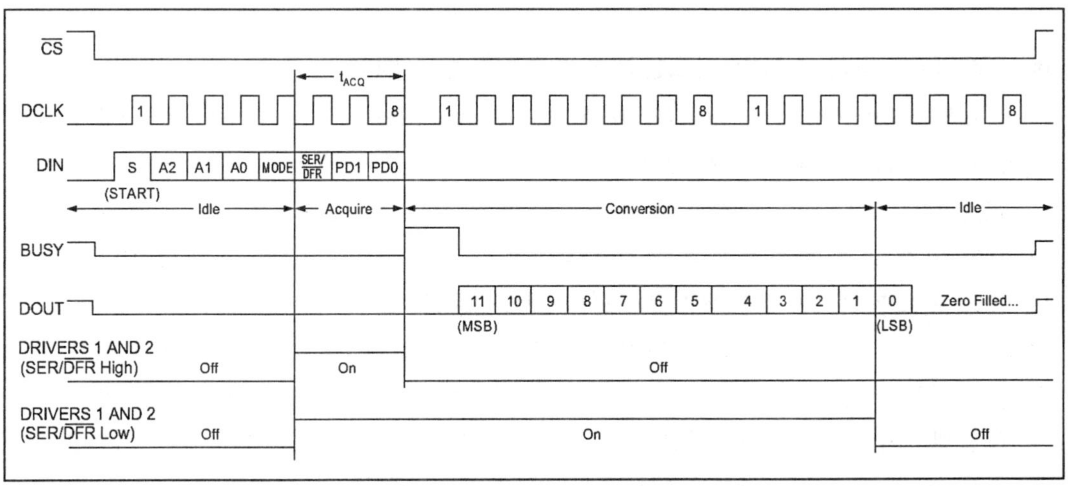

〈그림 4.7.9〉 ADS7846의 통신 포맷

이와 같은 방법으로 ADS7846을 사용하여 터치 스크린을 입력하기 위한 루틴들은 기본 헤더 파일 OK-X128A1.h에 미리 만들어 놓았으므로 사용자는 이를 간단히 호출하여 사용하면 된다. 사용자가 이를 이용하여 터치 스크린을 사용하려면 먼저 Initialize_ADS7846() 함수를 실행하여 ATxmega128A1의 SPI 통신 포트와 ADS7846을 초기화한 후에 Touch_input_ADS7846() 함수를 실행하면 된다. 그러나, 실제로는 키트에서 ADS7846과 TSC2003 중에서 어느 것을 조립하였는지를 자동으로 검출하여 그에 맞게 동작할 수 있도록 Initialize_touch_screen() 함수와 Touch_screen_input() 함수를 사용하는 것이 좋다. 그러면 눌러진 터치 스크린의 x좌표값과 y좌표값이 읽혀져서 각각 전역변수 x_12bit 및 y_12bit에 저장되고 240×320 픽셀의 TFT-LCD 해상도에 맞도록 환산된 좌표값이 각각 전역변수 x_touch 및 y_touch에 저장된다. 터치 스크린을 누르지 않은 경우에는 이들 전역변수가 모두 0으로 처리된다.

ADS7846에서 읽어들인 터치 스크린의 12비트 원시 데이터인 x_12bit 및 y_12bit로부터 240×320 픽셀의 TFT-LCD 해상도에 맞도록 좌표값 x_touch 및 y_touch를 환산할 때는 외곽 부분의 자투리 값을 제거하고 비례식으로 처리하였다. 이 외곽부 자투리 값은 TFT-LCD 모델에 따라 약간씩의 차이가 있으므로 정확한 처리를 위해서는 매번 캘리브레이션을 수행하는 것이 바람직하지만, *OK-X128A1* 키트에서 사용하는 TFT-LCD 모델의 경우에는 저자가 실험해본 결과 위의 헤더파일에서와 같이 일정한 값을 제거하더라도 실용적으로 거의 문제가 없었으므로 여기서는 이처럼 캘리브레이션을 실시하지 않는 방법을 사용하였다.

▣ TSC2003 터치 스크린 컨트롤러 - I^2C 직렬통신 방식

<그림 4.7.10> (a)에는 *TFT-32HX* 보드에서 사용하고 있는 16핀 TSSOP형 패키지의 TSC2003 핀 배열을 보였으며, (b)에는 이 소자의 내부 구성 블록도를 보였다.

TSC2003 컨트롤러를 사용한 전형적인 터치 스크린 응용회로는 <그림 4.7.11>에 보였다. 터치 스크린의 4개 단자 X+, X-, Y+, Y-를 TSC2003의 해당 핀에 연결하고, 마이크로컨트롤러와는 I^2C 통신 및 인터럽트 신호로 접속한다. 여기서 I^2C 통신 신호는 모두 오픈 드레인형의 구조로 되어 있으므로 수 kΩ 정도의 저항으로 풀업해야 하며, 또한 인터럽트 신호도 오픈 드레인형 출력이므로 반드시 30kΩ~100kΩ 정도의 저항으로 풀업해주어야 한다. 터치한 입력좌표를 읽어들이는 방식에는 인터럽트 기능을 이용할 수도 있고 폴링 방식을 이용할 수도 있는데, 이 책의 *OK-X128A1* 키트 예제 프로그램에서는 폴링 방식을 기본으로 사용한다.

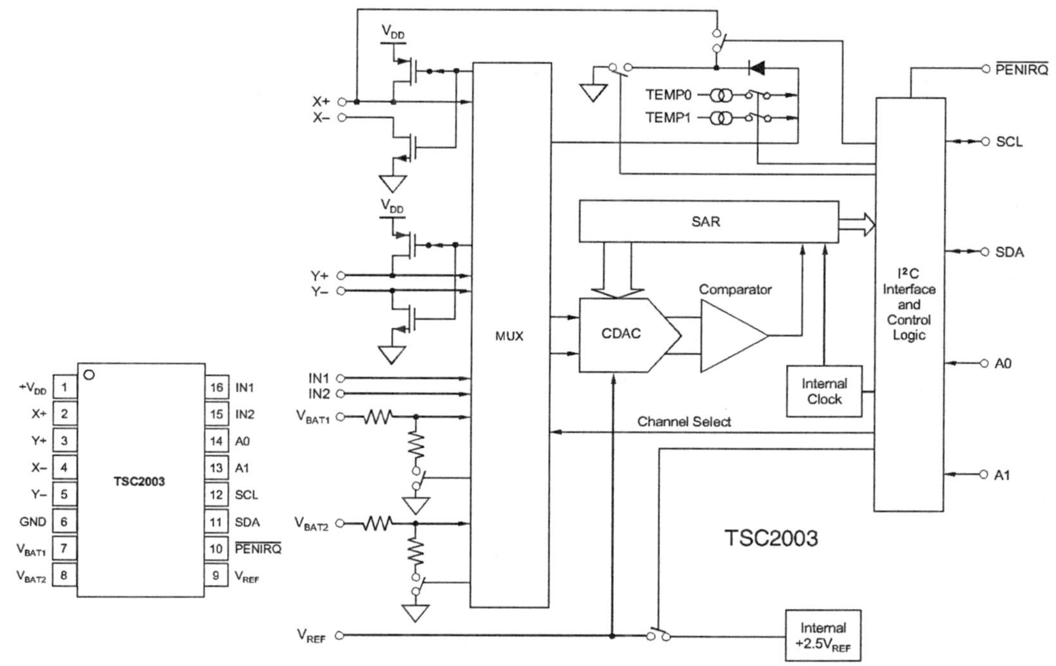

(a) 16핀 TSSOP형 핀배열 (b) 내부 구성 블록도

〈그림 4.7.10〉 TSC2003 터치 스크린 컨트롤러의 구조

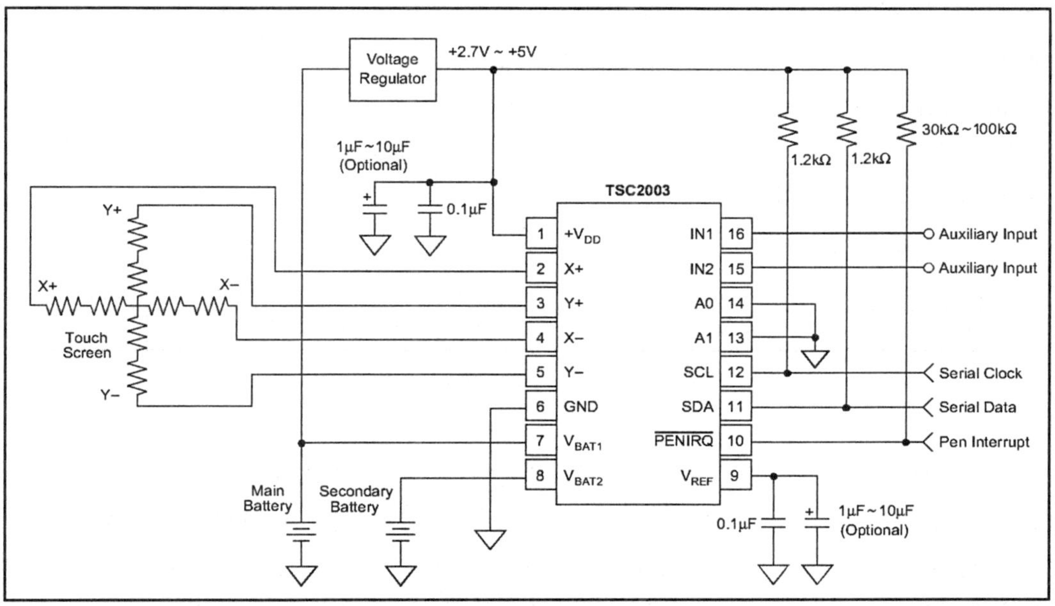

〈그림 4.7.11〉 TSC2003의 전형적인 응용회로

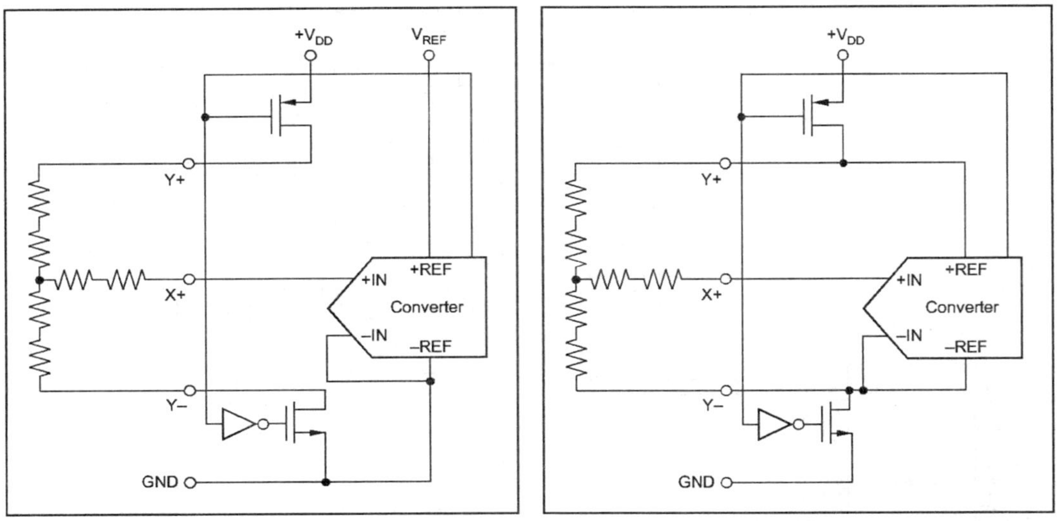

(a) 단극성 기준 모드 (b) 차동 기준 모드

〈그림 4.7.12〉 TSC2003의 x축, y축 A/D 변환 방식

TSC2003에서는 x, y 좌표값을 검출하기 위하여 A/D 변환을 수행할 때 x좌표값을 검출하려면 X+ 및 X- 단자에 전원을 인가하고 Y+ 단자의 전압을 A/D 변환하며, y좌표값을 검출하려면 Y+ 및 Y- 단자에 전원을 인가하고 X+ 단자의 전압을 A/D 변환한다. 그런데, 이렇게 터치 스크린에 전원을 스위칭하여 인가하고 A/D 변환을 수행하는 방식에는 〈그림 4.7.12〉에 보인 것처럼 2가지가 있다. (a)와 같은 단극성 기준(Single-Ended Reference) 입력 방식은 트랜지스터 스위치에서의 전압강하 때문에 검출값의 정확도가 떨어지므로 (b)와 같은 차동 기준(Differential Reference) 입력 방식을 사용하는 것이 유리하다.

b7(MSB)	b6	b5	b4	b3	b2	b1	b0(LSB)
C3	C2	C1	C0	PD1	PD0	M	-

〈그림 4.7.13〉 TSC2003의 제어명령

TSC2003에서 사용하는 8비트의 제어명령은 〈그림 4.7.13〉과 같다. 마이크로컨트롤러가 터치한 위치값을 읽으려면 먼저 이 명령을 전송하고 데이터를 읽어야 한다. 여기서 M은 모드(mode) 비트로서 A/D 변환을 12비트 분해능으로 수행하려면 0으로 설정하고 8비트 분해능으로 수행하려면 1로 설정한다. 또한 PD1~PD0은 <표 4.7.4>에 보인 것처럼 파워다운 기능과 내부 기준전압을 사용하는 방법을 결정한다.

C3~C0은 단극성 기준 입력방식과 차동 기준 입력방식에서 각각 A/D 컨버터의 입력을 선택하는 멀티플렉서의 채널 어드레스로서 이것으로 <표 4.7.5>처럼 어떤 신호를 A/D 변환할 것인지 지정한다.

〈표 4.7.4〉 TSC2003 제어명령에서 PD1 및 PD0 비트의 기능

PD1	PD0	$\overline{\text{PENIRQ}}$	기 능
0	0	사용	A/D 변환을 하지 않는 시간에는 파워다운.
0	1	금지	내부 기준전압은 off 상태, A/D 변환기는 on 상태.
1	0	사용	내부 기준전압은 on 상태, A/D 변환기는 off 상태.
1	1	금지	내부 기준전압과 A/D 변환기가 모두 on 상태.

〈표 4.7.5〉 TSC2003 제어명령에서 C3~C0 비트의 기능

C3	C2	C1	C0	A/D 입력	드라이버 ON	기 능	기준 입력 모드
0	0	0	0	TEMP0		온도 측정 0	단극성 기준 입력
0	0	0	1	V_{BAT1}		배터리1 전압 측정	단극성 기준 입력
0	0	1	0	IN1		단자 IN1의 입력전압 측정	단극성 기준 입력
0	1	0	0	TEMP1		온도 측정 1	단극성 기준 입력
0	1	0	1	V_{BAT2}		배터리2 전압 측정	단극성 기준 입력
0	1	1	0	IN2		단자 IN2의 입력전압 측정	단극성 기준 입력
1	0	0	0		X+, X-	x축 드라이버 구동	차동 기준 입력
1	0	0	1		Y+, Y-	y축 드라이버 구동	차동 기준 입력
1	0	1	0		X-, Y+	X-, Y+ 드라이버 구동	차동 기준 입력
1	1	0	0	Y+	X+, X-	x축 좌표 측정 ★	차동 기준 입력
1	1	0	1	X+	Y+, Y-	y축 좌표 측정 ★	차동 기준 입력
1	1	1	0	X+	X-, Y+	z1축 압력 측정	차동 기준 입력
1	1	1	1	Y-	X-, Y+	z2축 압력 측정	차동 기준 입력

이 책의 *OK-X128A1* 키트 예제 프로그램에서는 A/D 컨버터를 12비트 분해능으로 사용하고, PD1 = PD0 = 0으로 설정하며, 차동 기준 입력방식에서 x축과 y축의 좌표값만을 측정한다. 정확한 좌표값의 측정을 위해서는 매번 터치 스크린을 사용하기 전에 측정값의 캘리브레이션(calibration)을 수행하는 것이 바람직하지만 이 책에서는 이를 수행하지 않고 그냥 사용하는 것으로 한다.

TSC2003을 I^2C 직렬통신으로 액세스하는 데이터 포맷은 <그림 4.7.14>에 설명하였다. 먼저 마이크로컨트롤러가 슬레이브의 어드레스 바이트와 8비트의 제어명령을 TSC2003으로 송신하는데, 제어명령의 상위 4비트가 전송되고 나면 TSC2003은 나머지 4비트의 제어명령이 전송되고 STOP 조건이 주어질 때까지 지정된 채널의 입력신호를 샘플링하여 A/D 변환을 시작한다. 어드레스 바이트와 제어명령 바이트를 전송할 때는 슬레이브로부터 ACK 응답을 받아야 한다. 마이크로컨트롤러는 곧바로 이어서 슬레이브의 어드레스 바이트를 전송하고 TSC2003으로부터 2바이트의 데이터를 읽어오면 된

다. 첫번째로 읽는 바이트는 A/D 변환결과의 b11~b4가 되며, 두번째로 읽은 바이트는 상위 4비트에 A/D 변환결과의 b3~b0이 포함되고 나머지 4비트는 0으로 채워진다. 어드레스 바이트를 전송할 때는 TSC2003으로부터 ACK 응답을 받아야 하며, 첫번째 바이트를 읽을 때는 ACK로 TSC2003에게 응답해야 하고 두번째 바이트를 읽을 때는 NACK로 응답한다. I^2C 통신은 100kHz와 400kHz의 속도를 사용할 수 있는데, 이 책의 *OK-X128A1* 키트 예제 프로그램에서는 ATxmega128A1이 400kHz의 속도로 TSC2003과 I^2C 통신을 수행한다.

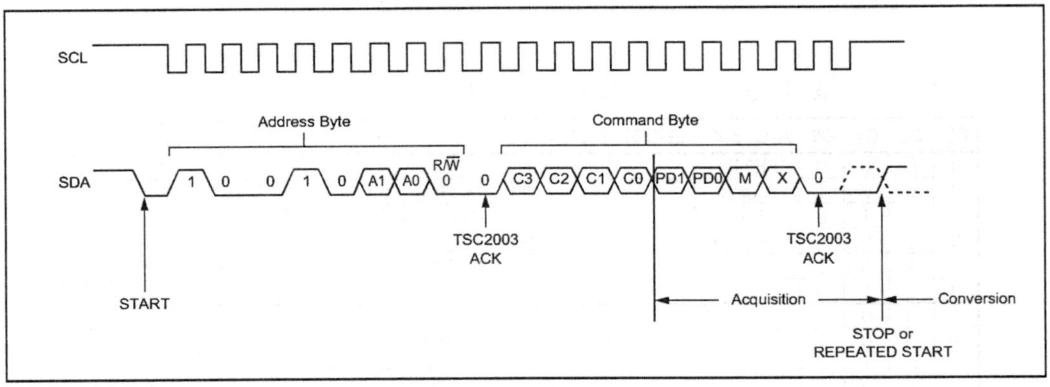

(a) Write

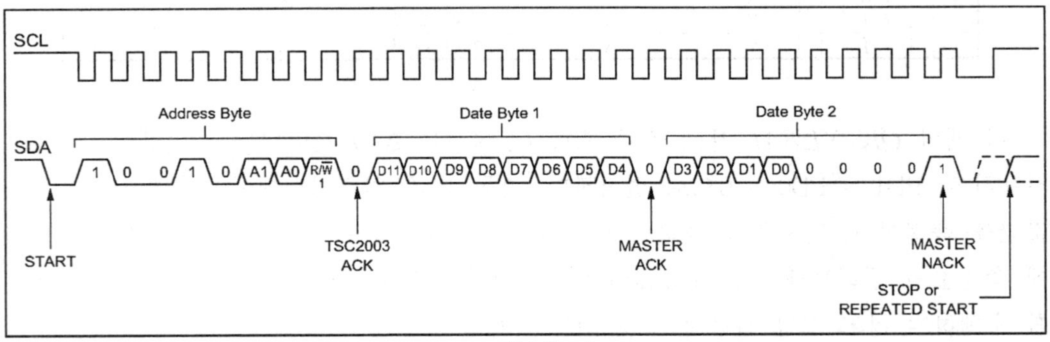

(b) Read

<그림 4.7.14> TSC2003의 통신 포맷

이와 같은 방법으로 TSC2003을 사용하여 터치 스크린을 입력하기 위한 루틴들은 기본 헤더 파일 OK-X128A1.h에 미리 만들어 놓았으므로 사용자는 이를 간단히 호출하여 사용하면 된다. 사용자가 이를 이용하여 터치 스크린을 사용하려면 먼저 Initialize_ADS7846() 함수를 실행하여 ATxmega128A1의 SPI 통신 포트와 ADS7846을 초기화한 후에 Touch_input_ADS7846() 함수를 실행하면 된다. 그러나, 실제로는 키트에

서 ADS7846과 TSC2003 중에서 어느 것을 조립하였는지를 자동으로 검출하여 그에 맞게 동작할 수 있도록 Initialize_touch_screen() 함수와 Touch_screen_input() 함수를 사용하는 것이 좋다. 그러면 눌러진 터치 스크린의 x좌표값과 y좌표값이 읽혀져서 각각 전역변수 x_12bit 및 y_12bit에 저장되고 240×320 픽셀의 TFT-LCD 해상도에 맞도록 환산된 좌표값이 각각 전역변수 x_touch 및 y_touch에 저장된다. 터치 스크린을 누르지 않은 경우에는 이들 전역변수가 모두 0으로 처리된다.

TSC2003에서 읽어들인 터치 스크린의 12비트 원시 데이터인 x_12bit 및 y_12bit로부터 240×320 픽셀의 TFT-LCD 해상도에 맞도록 좌표값 x_touch 및 y_touch를 환산할 때는 외곽 부분의 자투리 값을 제거하고 비례식으로 처리하였다. 이 외곽부 자투리 값은 TFT-LCD 모델에 따라 약간씩의 차이가 있으므로 정확한 처리를 위해서는 매번 캘리브레이션을 수행하는 것이 바람직하지만, *OK-X128A1* 키트에서 사용하는 TFT-LCD 모델의 경우에는 저자가 실험해본 결과 위의 헤더파일에서와 같이 일정한 값을 제거하더라도 실용적으로 거의 문제가 없었으므로 여기서는 이처럼 캘리브레이션을 실시하지 않는 방법을 사용하였다.

〈그림 4.7.15〉 터치 스크린 전용의 스타일러스 펜

(3) 터치 스크린용 입력 펜

앞에서도 설명하였듯이 저항막 방식의 터치 스크린은 터치 감도를 좋게 하기 위하여 터치 스크린의 상판을 부드러운 재질로 만든다. 따라서, 사용자가 터치 스크린을 날카로운 물건으로 누르거나 문지르면 표면이 상처를 입어 터치 스크린이 쉽게 망가지거나 수명이 짧아질 수 있으므로 주의가 필요하다. 본 저자의 경험으로는 터치 스크린 전용의 **스타일러스 펜**(stylus pen) 또는 **터치 펜**(touch pen)을 구하여 사용하거나, 이것이 없다면 완전히 사용하여 **더 이상 잉크가 나오지 않는 볼펜**이 좋다. 이것들은 끝이 둥글고 부드럽게 처리되어 있어서 터치 스크린의 표면에서 잘 미끄러지고 터치 스크린을 손상시키지 않으며 필기감이 좋다.

(4) 터치 스크린 입력 관련 함수

ADS7846이나 TSC2003을 사용하여 터치 스크린을 입력하기 위한 루틴들은 기본 헤더 파일 OK-X128A1.h에 미리 만들어 놓았으므로 사용자는 이를 간단히 호출하여 사용하면 된다. 이 헤더 파일의 내용은 제4.2절에서 보였으며, 터치 스크린 관련 함수는 <표 4.2.1>에 요약하였다.

OK-X128A1 키트에서 터치 스크린 컨트롤러로서 ADS7846을 사용한다면 점퍼 스위치 J1을 OFF로 설정하고, TSC2003을 사용한다면 점퍼 스위치 J1을 ON으로 설정해야 한다. 그리고, 사용자가 C언어를 사용하여 터치 스크린 입력 프로그램을 작성할 때는 ADS7846이나 TSC2003 중에서 어느 것을 사용하든지 관계없이 터치 스크린의 초기화를 위해서는 Initialize_touch_screen() 함수를 사용하고, 터치 스크린 입력을 위해서는 Touch_screen_input() 함수를 사용하면 된다. 그러면 240×320 픽셀의 TFT-LCD 모듈에서 눌러진 터치 스크린의 x좌표값과 y좌표값은 각각 전역변수 x_touch 및 y_touch에 저장되어 리턴된다. 터치 스크린을 누르지 않은 경우에는 이들 전역변수가 모두 0으로 된다.

2. 터치 스크린 활용 프로그램

이제 *OK-X128A1* 키트에서 사용하는 3.2인치 TFT-LCD 모듈에 내장되어 있는 터치 스크린을 응용하는 프로그램을 작성하여 보기로 한다.

(1) 터치 스크린을 이용한 좌표 입력

OK-X128A1 키트에서 터치 스크린을 입력하는 루틴은 앞에서 설명하였듯이 기본 헤더 파일에 함수로 만들어 두었기 때문에 이를 호출하여 간단히 수행할 수 있다. 터치 스크린으로 입력된 좌표를 읽어서 TFT-LCD 화면에 디스플레이하는 프로그램은 다음과 같다.

〈프로그램 Exp07_1.c〉 터치 스크린의 좌표를 입력하는 프로그램

```
/* ========================================================================== */
/*                     Exp07_1.c : 터치 스크린 입력 프로그램                      */
/* ========================================================================== */
/*                 Designed and programmed by Duck-Yong Yoon in 2010.          */

#include <avr/io.h>
#include "OK-X128A1.h"
```

```
int main(void)
{
  Initialize_MCU();                                 // initialize ATxmega128A1 MCU
  Delay_ms(200);
  Initialize_TFT_LCD();                             // initialize TFT-LCD
  Beep();

  Initialize_touch_screen();                        // initialize touch screen

  Rectangle(0,0, 239,319, Green);                   // draw screen outline
  Rectangle(1,1, 238,318, Green);
  Rectangle(2,2, 237,317, Green);
  TFT_string( 1, 1,Cyan,Black,"(0,0)");
  TFT_string(22, 1,Cyan,Black,"(239,0)");
  TFT_string( 1,37,Cyan,Black,"(0,319)");
  TFT_string(20,37,Cyan,Black,"(239,319)");

  TFT_string( 3, 6,Green,  Black,"************************");
  if(touch_flag == 'A')
    TFT_string( 3, 8,Magenta,Black," 터치 스크린  (ADS7846) ");
  else
    TFT_string( 3, 8,Magenta,Black," 터치 스크린  (TSC2003) ");
  TFT_string( 3,10,Green,  Black,"************************");
  TFT_string( 3,14,Green,  Black,"  원시 데이터");
  TFT_string(16,14,Magenta,Black,              " x = 0000  ");
  TFT_string( 3,16,Magenta,Black,"              y = 0000  ");
  TFT_string( 3,20,Green,  Black,"  픽셀 데이터");
  TFT_string(16,20,Magenta,Black,              " x = 000   ");
  TFT_string( 3,22,Magenta,Black,"              y = 000   ");

  TFT_string(10,28,White,Blue,"비프음 1회");       // display menu icon
  Rectangle(76,220, 164,244, Magenta);
  TFT_string(10,32,White,Blue,"비프음 3회");
  Rectangle(76,252, 164,276, Magenta);

  while(1)
    { Touch_screen_input();                         // input touch screen
      TFT_color(Cyan,Black);
      TFT_xy(21,14);                                // display 12-bit original X data
      TFT_unsigned_decimal(x_12bit,0,4);
      TFT_xy(21,16);                                // display 12-bit original Y data
      TFT_unsigned_decimal(y_12bit,0,4);
      TFT_xy(21,20);                                // display pixel X data
      TFT_unsigned_decimal(x_touch,0,3);
      TFT_xy(21,22);                                // display pixel Y data
      TFT_unsigned_decimal(y_touch,0,3);

      if((x_touch >= 76) && (x_touch <= 164) && (y_touch >= 220) && (y_touch <= 244))
        { Beep();
          Delay_ms(200);
        }
      else if((x_touch >= 76) && (x_touch <= 164) && (y_touch >= 252) && (y_touch <= 276))
        { Beep_3times();
          Delay_ms(200);
        }

      Delay_ms(20);
    }
}
```

☞ *OK-X128A1* 키트에서 터치 스크린을 입력하려면 먼저 Initialize_touch_screen() 함수로 터치 스크린 컨트롤러와 통신 포트를 초기화해야 한다. 그리고 나서 마치 키를 입력할 때처럼 터치 스크린을 읽고 싶을 때마다 한번씩 Touch_screen_input() 함수를 실행하면 되는데, 이때 입력된 터치 스크린의 x축 값과 y축 값은 각각 전역변수 x_12bit와 y_12bit에 저장되며, 이를 TFT-LCD 모듈의 화면 좌표 (0, 0)~(239, 319)의 범위로 환산한 값은 각각 전역변수 x_touch와 y_touch에 저장된다. 위의 예제에서는 이들 값을

TFT-LCD 모듈에 출력하였다. 이 프로그램을 실행하고 터치 스크린 화면의 여기저기 위치를 눌러보면서 좌표값이 올바르게 디스플레이되는지 확인하여 보라.

(2) 터치 스크린을 이용한 낙서장

이번에는 *OK-X128A1* 키트에서 터치 스크린을 이용하여 낙서장을 만들어 보기로 한다. 낙서장을 프로그램으로 구현하려면 터치 스크린의 좌표를 연속적으로 입력하여 이전에 읽었던 점의 좌표와 현재의 좌표를 직선으로 연결하면 된다. 이 방법을 이용하면 터치 스크린에 손으로 글씨나 선을 쉽게 쓸 수 있다.

〈프로그램 Exp07_2.c〉 터치 스크린을 응용한 낙서장 프로그램

```
/* ======================================================================== */
/*              Exp07_2.c : 터치 스크린 응용 낙서장 프로그램                    */
/* ======================================================================== */
/*                       Designed and programmed by Duck-Yong Yoon in 2010.  */

#include <avr/io.h>
#include "OK-X128A1.h"

int main(void)
{
  unsigned int xo = 0, yo = 0;

  Initialize_MCU();                             // initialize ATxmega128A1 MCU
  Delay_ms(200);
  Initialize_TFT_LCD();                         // initialize TFT-LCD
  Beep();

  Initialize_touch_screen();                    // initialize touch screen

  Rectangle(0,0, 239,319, Green);               // draw screen outline
  Rectangle(1,1, 238,318, Green);
  Rectangle(2,2, 237,317, Green);
  TFT_string(4,1,White,Magenta," 마음대로 쓰는 낙서장 ");

  while(1)
    { Touch_screen_input();                     // input touch screen

      if((x_touch == 0) && (y_touch == 0))      // if not touch, skip
        { xo = 0;
          yo = 0;
        }

      if((xo == 0) && (yo == 0))                // if first touch, skip
        { xo = x_touch;
          yo = y_touch;
        }
      else                                      // draw line between old and new point
        { Line(xo,yo, x_touch,y_touch, White);
          xo = x_touch;
          yo = y_touch;
        }
    }
}
```

☞ 이전에 읽은 좌표값과 현재의 좌표값을 직선으로 연결할 때는 항상 이전 값을 처리하는 방법에

주의해야 한다. 즉, 처음 펜을 터치 스크린에 대면 처음으로 터치 스크린 값이 (0, 0)이 아닌 좌표값을 읽게 되고 이 때 이전의 좌표값은 당연히 (0, 0)이었으므로 (0, 0)의 좌표와 현재의 좌표를 직선으로 연결하게 되어 화면처리가 이상해진다. 따라서, 새로 터치 스크린에 펜을 대는 경우에는 현재의 좌표값을 이전의 좌표값에 미리 복사해놓고 직선을 그리기 시작해야 한다.

(3) 터치 스크린을 이용한 그림판

이번에는 앞의 낙서장 프로그램을 좀더 발전시켜서 퍼스널컴퓨터에서 사용하는 그림판과 유사한 프로그램을 만들어 보기로 한다. 낙서장은 그냥 사용자가 터치 스크린에서 움직이는대로 써지는 기능만을 가지고 있지만, 그림판에서는 선의 굵기를 지정하거나 색깔을 변경하거나 화면을 지우는 메뉴 아이콘을 가지고 있다.

〈프로그램 Exp07_3.c〉 터치 스크린을 응용한 그림판 프로그램

```
/* ========================================================================== */
/*              Exp07_3.c : 터치 스크린 응용 그림판 프로그램                  */
/* ========================================================================== */
/*                      Designed and programmed by Duck-Yong Yoon in 2010.    */

#include  <avr/io.h>
#include  "OK-X128A1.h"

unsigned char line_width = 2;                  // line width (default = middle)
unsigned int  user_color = White;              // user color (default = White)

void Draw_select(void)                         /* draw selected color and line width */
{
  Block(10,267, 45,287, Black, Black);         // clear select box

  Rectangle(10,267, 45,287, user_color);       // line_width = 1 ?
  if(line_width >= 2)                          // line_width = 2 ?
    { Rectangle(11,268, 44,286, user_color);
      Rectangle(12,269, 43,285, user_color);
    }
  if(line_width >= 3)                          // line_width = 3 ?
    { Rectangle(13,270, 42,284, user_color);
      Rectangle(14,271, 41,283, user_color);
    }

  Beep();
  Delay_ms(100);
}

void Title_screen(void)                        /* draw title screen */
{
  Rectangle(0,0, 239,319, Green);              // draw outline of sheet
  Rectangle(1,1, 238,318, Green);
  Rectangle(2,2, 237,317, Green);

  TFT_string(11,1,White,Magenta," 그림판 ");   // title

  Draw_select();                               // select box

  TFT_string(2,37,Green,Black," C ");          // clear selection button
  Rectangle(10,292, 45,312, Green);
  Rectangle(11,293, 44,311, Green);

  Block(160,267, 180,287, White, White);       // line_width selection button
```

```
  Line(165,277, 175,277, Black);
  Block(185,267, 205,287, White, White);
  Line(190,276, 200,276, Black);
  Line(190,277, 200,277, Black);
  Line(190,278, 200,278, Black);
  Block(210,267, 230,287, White, White);
  Line(215,275, 225,275, Black);
  Line(215,276, 225,276, Black);
  Line(215,277, 225,277, Black);
  Line(215,278, 225,278, Black);
  Line(215,279, 225,279, Black);

  Block( 60,292,  80,312, White, White);        // color selection button
  Block( 85,292, 105,312, White, Red);
  Block(110,292, 130,312, White, Yellow);
  Block(135,292, 155,312, White, Green);
  Block(160,292, 180,312, White, Cyan);
  Block(185,292, 205,312, White, Blue);
  Block(210,292, 230,312, White, Magenta);
}

/* ---------------------------------------------------------------------------- */

int main(void)
{
  Initialize_MCU();                              // initialize ATxmega128A1 MCU
  Delay_ms(200);
  Initialize_TFT_LCD();                          // initialize TFT-LCD
  Beep();

  Initialize_touch_screen();                     // initialize touch screen
  Title_screen();                                // draw title screen

  while(1)
    { Touch_screen_input();                      // input touch screen

      if((x_touch >= 160) && (x_touch <= 180) && (y_touch >= 267) && (y_touch <= 287))
        { line_width = 1;
          Draw_select();
        }
      else if((x_touch >= 185) && (x_touch <= 205) && (y_touch >= 267) && (y_touch <= 287))
        { line_width = 2;
          Draw_select();
        }
      else if((x_touch >= 210) && (x_touch <= 230) && (y_touch >= 267) && (y_touch <= 287))
        { line_width = 3;
          Draw_select();
        }
      else if((x_touch >= 10) && (x_touch <= 45) && (y_touch >= 292) && (y_touch <= 312))
        { TFT_clear_screen();
          Title_screen();
        }
      else if((x_touch >= 60) && (x_touch <= 80) && (y_touch >= 292) && (y_touch <= 312))
        { user_color = White;
          Draw_select();
        }
      else if((x_touch >= 85) && (x_touch <= 105) && (y_touch >= 292) && (y_touch <= 312))
        { user_color = Red;
          Draw_select();
        }
      else if((x_touch >= 110) && (x_touch <= 130) && (y_touch >= 292) && (y_touch <= 312))
        { user_color = Yellow;
          Draw_select();
        }
      else if((x_touch >= 135) && (x_touch <= 155) && (y_touch >= 292) && (y_touch <= 312))
        { user_color = Green;
          Draw_select();
        }
      else if((x_touch >= 160) && (x_touch <= 180) && (y_touch >= 292) && (y_touch <= 312))
        { user_color = Cyan;
          Draw_select();
```

```
        }
      else if((x_touch >= 185) && (x_touch <= 205) && (y_touch >= 292) && (y_touch <= 312))
        { user_color = Blue;
          Draw_select();
        }
      else if((x_touch >= 210) && (x_touch <= 230) && (y_touch >= 292) && (y_touch <= 312))
        { user_color = Magenta;
          Draw_select();
        }
      else if((x_touch != 0) || (y_touch != 0))
        { if((line_width == 1) && (y_touch < 265))
            TFT_pixel(x_touch, y_touch, user_color);
          else if((line_width == 2) && (x_touch >= 1) && (y_touch >= 1) && (y_touch < 265))
            { TFT_pixel(x_touch, y_touch, user_color);
              Rectangle(x_touch-1, y_touch-1, x_touch+1, y_touch+1, user_color);
            }
          else if((line_width == 3) && (x_touch >= 2) && (y_touch >= 2) && (y_touch < 265))
            { TFT_pixel(x_touch, y_touch, user_color);
              Rectangle(x_touch-1, y_touch-1, x_touch+1, y_touch+1, user_color);
              Rectangle(x_touch-2, y_touch-2, x_touch+2, y_touch+2, user_color);
            }
        }
    }
}
```

(4) 터치 스크린을 이용한 그림판 - 아이콘 입력 개선

앞의 그림판 예제 프로그램 Exp07_3.c에서는 터치 스크린의 메뉴 아이콘을 입력하는데 문제가 좀 있다. 즉, 터치 스크린을 무조건 반복하여 입력하므로 메뉴 아이콘을 조금 긴 시간동안 누르고 있으면 이를 여러 번 누른 것처럼 반복 입력된다.

이러한 현상을 방지하려면 메뉴 아이콘을 입력할 때 키입력 함수에서처럼 디바운싱(debouncing) 기능과 원터치(one touch) 기능을 넣어야 한다. 그러면 메뉴 아이콘을 누르는 시간에 관계없이 정확하게 한번씩만 입력하게 된다. 다음은 그림판 예제 프로그램 Exp07_3.c를 개선하여 메뉴 아이콘 입력에 디바운싱 및 원터치 기능을 추가한 것이다. 이 프로그래밍 기법은 앞으로도 종종 사용하므로 잘 알아두는 것이 좋다.

〈프로그램 Exp07_4.c〉 터치 스크린을 응용한 그림판 프로그램 - 아이콘 입력 개선

```
/* ============================================================================ */
/*        Exp07_4.c : 터치 스크린 응용 그림판 프로그램(아이콘 입력 개선)          */
/* ============================================================================ */
/*                        Designed and programmed by Duck-Yong Yoon in 2010.   */

#include <avr/io.h>
#include "OK-X128A1.h"

unsigned char line_width = 2;                    // line width (default = middle)
unsigned int  user_color = White;                // user color (default = White)

void Draw_select(void)                           /* draw selected color and line width */
{
  Block(10,267, 45,287, Black, Black);           // clear select box

  Rectangle(10,267, 45,287, user_color);         // line_width = 1 ?
```

```
  if(line_width >= 2)                           // line_width = 2 ?
    { Rectangle(11,268, 44,286, user_color);
      Rectangle(12,269, 43,285, user_color);
    }
  if(line_width >= 3)                           // line_width = 3 ?
    { Rectangle(13,270, 42,284, user_color);
      Rectangle(14,271, 41,283, user_color);
    }
}

void Title_screen(void)                         /* draw title screen */
{
  Rectangle(0,0, 239,319, Green);               // draw outline of sheet
  Rectangle(1,1, 238,318, Green);
  Rectangle(2,2, 237,317, Green);

  TFT_string(11,1,White,Magenta," 그림판 ");     // title

  Draw_select();                                // select box

  TFT_string(2,37,Green,Black," C ");           // clear selection button
  Rectangle(10,292, 45,312, Green);
  Rectangle(11,293, 44,311, Green);

  Block(160,267, 180,287, White, White);        // line_width selection button
  Line(165,277, 175,277, Black);
  Block(185,267, 205,287, White, White);
  Line(190,276, 200,276, Black);
  Line(190,277, 200,277, Black);
  Line(190,278, 200,278, Black);
  Block(210,267, 230,287, White, White);
  Line(215,275, 225,275, Black);
  Line(215,276, 225,276, Black);
  Line(215,277, 225,277, Black);
  Line(215,278, 225,278, Black);
  Line(215,279, 225,279, Black);

  Block( 60,292,  80,312, White, White);        // color selection button
  Block( 85,292, 105,312, White, Red);
  Block(110,292, 130,312, White, Yellow);
  Block(135,292, 155,312, White, Green);
  Block(160,292, 180,312, White, Cyan);
  Block(185,292, 205,312, White, Blue);
  Block(210,292, 230,312, White, Magenta);
}

#define icon_width1     0x01                    // line width 1
#define icon_width2     0x02                    // line width 2
#define icon_width3     0x03                    // line width 3
#define icon_clear      0x04                    // clear
#define icon_white      0x05                    // white
#define icon_red        0x06                    // red
#define icon_yellow     0x07                    // yellow
#define icon_green      0x08                    // green
#define icon_cyan       0x09                    // cyan
#define icon_blue       0x0A                    // blue
#define icon_magenta    0x0B                    // magenta
#define no_icon         0x00                    // no icon

unsigned char icon_flag = 0;

unsigned char Icon_input(void)                  /* input touch screen icon */
{
  unsigned char icon;

  Touch_screen_input();                         // input touch screen

  if((icon_flag == 0) && (x_touch >= 160) && (x_touch <= 180) && (y_touch >= 267) && (y_touch <= 287))
    { icon = icon_width1;
      icon_flag = 1;
      Beep();
```

```
    }
  else if((icon_flag == 0) && (x_touch >= 185) && (x_touch <= 205) && (y_touch >= 267) && (y_touch <= 287))
    { icon = icon_width2;
      icon_flag = 1;
      Beep();
    }
  else if((icon_flag == 0) && (x_touch >= 210) && (x_touch <= 230) && (y_touch >= 267) && (y_touch <= 287))
    { icon = icon_width3;
      icon_flag = 1;
      Beep();
    }
  else if((icon_flag == 0) && (x_touch >= 10) && (x_touch <= 45) && (y_touch >= 292) && (y_touch <= 312))
    { icon = icon_clear;
      icon_flag = 1;
      Beep();
    }
  else if((icon_flag == 0) && (x_touch >= 60) && (x_touch <= 80) && (y_touch >= 292) && (y_touch <= 312))
    { icon = icon_white;
      icon_flag = 1;
      Beep();
    }
  else if((icon_flag == 0) && (x_touch >= 85) && (x_touch <= 105) && (y_touch >= 292) && (y_touch <= 312))
    { icon = icon_red;
      icon_flag = 1;
      Beep();
    }
  else if((icon_flag == 0) && (x_touch >= 110) && (x_touch <= 130) && (y_touch >= 292) && (y_touch <= 312))
    { icon = icon_yellow;
      icon_flag = 1;
      Beep();
    }
  else if((icon_flag == 0) && (x_touch >= 135) && (x_touch <= 155) && (y_touch >= 292) && (y_touch <= 312))
    { icon = icon_green;
      icon_flag = 1;
      Beep();
    }
  else if((icon_flag == 0) && (x_touch >= 160) && (x_touch <= 180) && (y_touch >= 292) && (y_touch <= 312))
    { icon = icon_cyan;
      icon_flag = 1;
      Beep();
    }
  else if((icon_flag == 0) && (x_touch >= 185) && (x_touch <= 205) && (y_touch >= 292) && (y_touch <= 312))
    { icon = icon_blue;
      icon_flag = 1;
      Beep();
    }
  else if((icon_flag == 0) && (x_touch >= 210) && (x_touch <= 230) && (y_touch >= 292) && (y_touch <= 312))
    { icon = icon_magenta;
      icon_flag = 1;
      Beep();
    }
  else if((icon_flag == 1) && (x_touch == 0) && (y_touch == 0))
    { icon = no_icon;
      icon_flag = 0;
      Delay_ms(50);
    }
  else
    icon = no_icon;

  return icon;
}

/* ---------------------------------------------------------------------------- */

int main(void)
{
  unsigned char icon;

  Initialize_MCU();                              // initialize ATxmega128A1 MCU
  Delay_ms(200);
  Initialize_TFT_LCD();                          // initialize TFT-LCD
```

```
    Beep();

    Initialize_touch_screen();                    // initialize touch screen
    Title_screen();                               // draw title screen

    while(1)
      { icon = Icon_input();                      // input touch screen icon
        if(icon == icon_width1)
          { line_width = 1;       Draw_select(); }
        else if(icon == icon_width2)
          { line_width = 2;       Draw_select(); }
        else if(icon == icon_width3)
          { line_width = 3;       Draw_select(); }
        else if(icon == icon_clear)
          { TFT_clear_screen();   Title_screen(); }
        else if(icon == icon_white)
          { user_color = White;   Draw_select(); }
        else if(icon == icon_red)
          { user_color = Red;     Draw_select(); }
        else if(icon == icon_yellow)
          { user_color = Yellow;  Draw_select(); }
        else if(icon == icon_green)
          { user_color = Green;   Draw_select(); }
        else if(icon == icon_cyan)
          { user_color = Cyan;    Draw_select(); }
        else if(icon == icon_blue)
          { user_color = Blue;    Draw_select(); }
        else if(icon == icon_magenta)
          { user_color = Magenta; Draw_select(); }

        Touch_screen_input();                     // input touch screen
        if((x_touch != 0) || (y_touch != 0))
          { if((line_width == 1) && (y_touch < 265))
              TFT_pixel(x_touch, y_touch, user_color);
            else if((line_width == 2) && (x_touch >= 1) && (y_touch >= 1) && (y_touch < 265))
              { TFT_pixel(x_touch, y_touch, user_color);
                Rectangle(x_touch-1, y_touch-1, x_touch+1, y_touch+1, user_color);
              }
            else if((line_width == 3) && (x_touch >= 2) && (y_touch >= 2) && (y_touch < 265))
              { TFT_pixel(x_touch, y_touch, user_color);
                Rectangle(x_touch-1, y_touch-1, x_touch+1, y_touch+1, user_color);
                Rectangle(x_touch-2, y_touch-2, x_touch+2, y_touch+2, user_color);
              }
          }
      }
}
```

☞ 터치 스크린 입력의 디바운싱 및 원터치 처리기술도 제4.9절에서 설명하는 키입력의 디바운싱 및 원터치 처리기술과 매우 유사하다. 평소에는 icon_flag = 0 상태에 있다가 처음으로 터치 입력이 확인되면 위치 데이터를 읽고 icon_flag = 1로 표시하며 50ms의 시간지연을 준다. 그러면, 터치에서 손을 떼어 다시 icon_flag = 0 상태로 되는 것을 확인하기 전에는 터치를 누른 것이 확인되더라도 이를 터치 입력으로 처리하지 않는다. 이렇게 하면 터치 스크린을 누르고 있는 시간에 관계없이 터치 스크린의 입력은 오직 1번만 수행된다.

3. 실습 과제

(1) 터치 스크린에서 저항막 방식의 동작 원리를 설명하라.

(2) 터치 스크린에서 멀티 터치 기능이란 무엇인가?

(3) 예제 프로그램 Exp07_3.c에서 화면에 선을 그릴 때 선의 굵기를 처리하는 원리를 설명하라.

(4) 예제 프로그램 Exp07_4.c에서 메뉴 아이콘 입력의 디바운싱 및 원터치 기능을 구현한 원리를 설명하라.

(5) 예제 프로그램 Exp07_4.c에서 메뉴 아이콘 입력의 인식률을 높이기 위한 방법에는 어떤 것이 있을지 설명하라.

4.8 ATxmega128A1 응용 프로그램 모음

이 절에서는 ATxmega128A1의 내부 기능중에서 시스템 리셋의 확인, 시스템 클록의 변경 및 출력, 워치독 타이머, 퓨즈 바이트 읽기, EEPROM 액세스 등에 관련된 여러가지 프로그래밍 기술을 익힌다.

관련 내용	(1) 제1.2절 ATxmega 패밀리의 기본 구조와 기능 (2) 제1.4절 ATxmega 패밀리의 기본 하드웨어

1. 시스템 리셋의 확인

ATxmega 패밀리에서는 전원 투입 리셋, 외부 리셋, 저전압 검출 리셋, 워치독 리셋, PDI 리셋, 소프트웨어 리셋 등 6가지의 시스템 리셋 방법이 가능하다. 리셋 시스템에는 시스템 리셋 동작이 발생하면 이 6가지의 리셋 소스중에서 어떤 것이 원인이었는지를 표시하는 리셋 상태 레지스터를 가지고 있다. 응용 시스템에서 뜻하지 않은 시스템 리셋이 발생하는 경우 그 원인을 밝혀 문제를 해결하기 위해서는 이 레지스터가 요긴하게 사용될 수 있다.

다음은 *OK-X128A1* 키트에서 시스템 리셋의 원인을 TFT-LCD 화면에 표시하는 프로그램이다. 이 예제 프로그램에서는 스위치 SW2를 눌러서 외부 리셋을 시키거나, KEY1과 KEY2를 사용하여 각각 소프트웨어 리셋과 워치독 리셋을 만들어 볼 수 있다. 그러면 키트가 다시 부팅한 후에 리셋의 원인을 TFT-LCD 화면에 표시해 준다.

〈프로그램 Exp08_1.c〉 시스템 리셋 소스 확인 프로그램

```
/* ============================================================================ */
/*              Exp08_1.c : 시스템 리셋 소스 확인 프로그램                       */
/* ============================================================================ */
/*                        Designed and programmed by Duck-Yong Yoon in 2010.    */

#include <avr/io.h>
#include "OK-X128A1.h"

int main(void)
{
  unsigned char status, key;

  Initialize_MCU();                              // initialize ATxmega128A1 MCU
```

```
    Delay_ms(200);
    Initialize_TFT_LCD();                           // initialize TFT-LCD

    TFT_string(10,20, White,Magenta," 부팅 !!! ");
    PORTH.OUT = 0x0E;                               // booting LED and beep
    Beep();
    Delay_ms(100);
    PORTH.OUT = 0x0D;
    Beep();
    Delay_ms(100);
    PORTH.OUT = 0x0B;
    Beep();
    Delay_ms(100);
    PORTH.OUT = 0x07;
    Beep();
    Delay_ms(100);
    PORTH.OUT = 0x0F;
    Delay_ms(2000);

    TFT_clear_screen();
    TFT_string( 9, 6, White,Blue," 리셋 소스 ");  // display reset status
    TFT_string( 6,10, Green,Black,"RST_STATUS = 0x00");
    TFT_xy(21,10);
    status = RST_STATUS;
    RST_STATUS = 0x3F;
    TFT_hexadecimal(status,2);

    if(status & 0x01)                               // display reset source
      TFT_string( 7,13, White,Black,"(Power-On Reset)");
    else if(status & 0x02)
      TFT_string( 7,13, White,Black,"(External Reset)");
    else if(status & 0x08)
      TFT_string( 7,13, White,Black,"(Watchdog Reset)");
    else if(status & 0x10)
      TFT_string( 9,13, White,Black,"(PDI Reset)");
    else if(status & 0x20)
      TFT_string( 7,13, White,Black,"(Software Reset)");

    TFT_string( 9,20, Green,Magenta," 리셋 동작 ");
    TFT_string( 4,24, White,Black,"SW2  : External Reset");
    TFT_string( 4,27, White,Black,"KEY1 : Software Reset");
    TFT_string( 4,30, White,Black,"KEY2 : Watchdog Reset");

    while(1)
      { key = Key_input();
        if(key == KEY1)                             // software reset
          { Delay_ms(1000);
            CPU_CCP = 0xD8;
            RST_CTRL = 0x01;
          }
        else if(key == KEY2)                        // watchdog reset
          { Delay_ms(1000);
            CPU_CCP = 0xD8;
            WDT_CTRL = 0x0F;
          }
      }
}
```

☞ 이 프로그램에서 시스템 리셋이 발생하여 *OK-X128A1* 키트가 다시 부팅할 때 TFT-LCD 화면에 "부팅!!!"이라고 표시하고, 비프음을 울리면서 LED1~LED4가 차례로 점등되도록 하였다. 프로그램을 실행하고 SW2, KEY1, KEY2를 누르면 각각 외부 리셋, 소프트웨어 리셋, 워치독 리셋에 의한 시스템 리셋을 발생시켜 볼 수 있다.

2. 시스템 클록의 변경

종래의 모든 AVR 모델에서는 퓨즈 비트 설정으로만 시스템 클록을 변경할 수 있었지만 ATxmega 패밀리에서는 사용자 프로그램에서 시스템 클록을 마음대로 변경할 수 있다.

ATxmega128A1은 리셋 직후에 디폴트로 내부의 32MHz RC 오실레이터의 발진 주파수를 시스템 클록으로 사용하고 있다. 이것은 외부에 하드웨어를 추가하지 않고 저렴하게 사용할 수 있다는 장점을 가지며, 시스템 리셋 직후 내부의 캘리브레이션 레지스터를 사용하여 자동으로 주파수를 조정하지만 그럼에도 불구하고 주파수 정밀도가 외부 크리스털 발진회로에 비하면 현저하게 떨어지는 것이 단점이다.

OK-X128A1 키트에서는 부팅할 때 Initialize_MCU() 함수에서 16MHz의 외부 크리스털 오실레이터를 선택하고 PLL 회로에서 이를 2체배함으로써 매우 정밀도가 높은 32MHz의 시스템 클록을 사용하도록 설정한다. 요즈음 사용하는 이러한 크리스털은 대부분 ±5PPM 이하의 높은 주파수 정밀도를 가지고 있다.

다음은 *OK-X128A1* 키트에서 약 10초 간격으로 6가지의 시스템 클록을 차례로 변경하는 프로그램이다. 현재 어떤 시스템 클록으로 동작하고 있는지를 TFT-LCD 화면에 표시하였으며, 현재의 시스템 클록과 동일한 주파수의 주변장치 클록을 병렬 I/O 포트 PC7 단자로 출력하여 오실로스코프로 관측할 수 있도록 하였다.

〈프로그램 Exp08_2.c〉 시스템 클록을 변경하는 프로그램

```
/* ========================================================================== */
/*                    Exp08_2.c : 시스템 클록 변경 프로그램                   */
/* ========================================================================== */
/*                        Designed and programmed by Duck-Yong Yoon in 2010.  */

#include <avr/io.h>
#include "OK-X128A1.h"

void TFT_binary(U32 number, U08 digit)          /* display binary number */
{
  unsigned char i;

  if((digit == 0) || (digit > 32)) return;

  for(i = digit; i > 0; i--)
    TFT_English(((number >> (i-1)) & 0x01) + '0');
}

int main(void)
{
  unsigned char i;

  Initialize_MCU();                             // initialize ATxmega128A1 MCU
  Delay_ms(200);
```

```
Initialize_TFT_LCD();                         // initialize TFT-LCD

while(1)
  { TFT_string(7,10, White,Magenta," 시스템 클록(1) ");
    TFT_string(1,16, Green,Black,"소  스 : 외부 16MHz 크리스털");
    TFT_string(1,19, Green,Black,"주파수 : 16MHz            ");
    TFT_string(1,21, Green,Black,"          (PLL 사용하지 않음)");

    TFT_string(1,24, Green,Black,"출  력 : PC7 단자          ");
    TFT_string(1,27, Cyan, Black,"OSC_STATUS = 0b00000000    ");

    OSC_XOSCCTRL = 0xCB;                      // frequency 16MHz, start-up time 16K CLK
    OSC_CTRL = 0x08;                          // enable X-tal
    while((OSC_STATUS & 0x08) != 0x08);       // wait X-tal ready
    CPU_CCP = 0xD8;
    CLK_CTRL = 0x03;                          // select clock source X-tal(16MHz)

    PORTCFG_CLKEVOUT = 0x01;                  // output peripheral clock to PC7

    TFT_color(Red,Black);
    for(i = 0; i < 10; i++)                   // total delay = 10sec
      { TFT_xy(16,27);                        // display OSC_STATUS
        TFT_binary(OSC_STATUS, 8);
        Delay_ms(500);                        // delay 1sec
      }

    TFT_string(7,10, White,Magenta," 시스템 클록(2) ");
    TFT_string(1,16, Green,Black,"소  스 : 외부 16MHz 크리스털");
    TFT_string(1,19, Green,Black,"주파수 : 32MHz            ");
    TFT_string(1,21, Green,Black,"          (16MHz * PLL 2체배)");

    OSC_XOSCCTRL = 0xCB;                      // frequency 16MHz, start-up time 16K CLK
    OSC_PLLCTRL = 0xC2;                       // source X-tal, multiplication factor = 2
    OSC_CTRL = 0x18;                          // enable X-tal and PLL
    while((OSC_STATUS & 0x18) != 0x18);       // wait X-tal and PLL ready
    CPU_CCP = 0xD8;
    CLK_CTRL = 0x04;                          // select clock source PLL(16MHz * 2 = 32 MHz)

    PORTCFG_CLKEVOUT = 0x01;                  // output peripheral clock to PC7

    TFT_color(Red,Black);
    for(i = 0; i < 10; i++)                   // total delay = 10sec
      { TFT_xy(16,27);                        // display OSC_STATUS
        TFT_binary(OSC_STATUS, 8);
        Delay_ms(1000);                       // delay 1sec
      }

    TFT_string(7,10, White,Magenta," 시스템 클록(3) ");
    TFT_string(1,16, Green,Black,"소  스 : 내부 32MHz 발진회로");
    TFT_string(1,19, Green,Black,"주파수 : 32MHz            ");
    TFT_string(1,21, Green,Black,"          (PLL 사용하지 않음)");

    OSC_CTRL = 0x02;                          // enable RC 32MHz oscillator
    while((OSC_STATUS & 0x02) != 0x02);       // wait RC 32MHz oscillator ready
    CPU_CCP = 0xD8;
    CLK_CTRL = 0x01;                          // select clock source RC 32MHz oscillator

    PORTCFG_CLKEVOUT = 0x01;                  // output peripheral clock to PC7

    TFT_color(Red,Black);
    for(i = 0; i < 10; i++)                   // total delay = 10sec
      { TFT_xy(16,27);                        // display OSC_STATUS
        TFT_binary(OSC_STATUS, 8);
        Delay_ms(1000);                       // delay 1sec
      }

    TFT_string(7,10, White,Magenta," 시스템 클록(4) ");
    TFT_string(1,16, Green,Black,"소  스 : 내부 2MHz 발진회로 ");
    TFT_string(1,19, Green,Black,"주파수 : 2MHz             ");
    TFT_string(1,21, Green,Black,"          (PLL 사용하지 않음)");
```

```
        OSC_CTRL = 0x01;                              // enable RC 2MHz oscillator
        while((OSC_STATUS & 0x01) != 0x01);           // wait RC 2MHz oscillator ready
        CPU_CCP = 0xD8;
        CLK_CTRL = 0x00;                              // select clock source RC 2MHz oscillator

        PORTCFG_CLKEVOUT = 0x01;                      // output peripheral clock to PC7

        TFT_color(Red,Black);
        for(i = 0; i < 10; i++)                       // total delay = 10sec
          { TFT_xy(16,27);                            // display OSC_STATUS
            TFT_binary(OSC_STATUS, 8);
            Delay_ms(63);                             // delay 1sec
          }

        TFT_string(7,10, White,Magenta," 시스템 클록(5) ");
        TFT_string(1,16, Green,Black,"소  스 : 내부 2MHz 발진회로 ");
        TFT_string(1,19, Green,Black,"주파수 : 16MHz              ");
        TFT_string(1,21, Green,Black,"         (2MHz * PLL 8체배) ");

        OSC_PLLCTRL = 0x08;                           // source 2MHz, multiplication factor = 8
        OSC_CTRL = 0x11;                              // enable RC 2MHz oscillator and PLL
        while((OSC_STATUS & 0x11) != 0x11);           // wait RC 2MHz oscillator and PLL ready
        CPU_CCP = 0xD8;
        CLK_CTRL = 0x04;                              // select clock source PLL(2MHz * 8 = 16 MHz)

        PORTCFG_CLKEVOUT = 0x01;                      // output peripheral clock to PC7

        TFT_color(Red,Black);
        for(i = 0; i < 10; i++)                       // total delay = 10sec
          { TFT_xy(16,27);                            // display OSC_STATUS
            TFT_binary(OSC_STATUS, 8);
            Delay_ms(500);                            // delay 1sec
          }

        TFT_string(7,10, White,Magenta," 시스템 클록(6) ");
        TFT_string(1,16, Green,Black,"소  스 : 내부 32MHz 발진회로");
        TFT_string(1,19, Green,Black,"주파수 : 32MHz              ");
        TFT_string(1,21, Green,Black,"         (PLL 사용하지 않음)");

        OSC_CTRL = 0x02;                              // enable RC 32MHz oscillator
        while((OSC_STATUS & 0x02) != 0x02);           // wait RC 32MHz oscillator ready
        CPU_CCP = 0xD8;
        CLK_CTRL = 0x01;                              // select clock source RC 32MHz oscillator

        PORTCFG_CLKEVOUT = 0x01;                      // output peripheral clock to PC7

        TFT_color(Red,Black);
        for(i = 0; i < 10; i++)                       // total delay = 10sec
          { TFT_xy(16,27);                            // display OSC_STATUS
            TFT_binary(OSC_STATUS, 8);
            Delay_ms(1000);                           // delay 1sec
          }
      }
  }
```

☞ 위의 예제 프로그램에서는 시스템 클록의 소스와 주파수를 약 10초 간격으로 다음과 같이 5가지로 변경시켰다.

① 시스템 클록(1) = 16MHz = 외부 크리스털 16MHz(PLL은 사용하지 않음)
② 시스템 클록(2) = 32MHz = 외부 크리스털 16MHz × PLL에 의한 2체배
③ 시스템 클록(3) = 32MHz = 내부 32MHz RC 오실레이터(PLL은 사용하지 않음)
④ 시스템 클록(4) = 2MHz = 내부 2MHz RC 오실레이터(PLL은 사용하지 않음)
⑤ 시스템 클록(5) = 16MHz = 내부 2MHz RC 오실레이터 × PLL에 의한 8체배
⑥ 시스템 클록(6) = 32MHz = 내부 32MHz RC 오실레이터(PLL은 사용하지 않음)

시스템 클록을 변경하는 기능은 CCP 보호기능을 가지고 있으므로 해당 I/O 제어 레지스터 값을 변경할 때 주의해야 한다. 또한, 외부 크리스털을 선택하는 경우에는 이것이 안전하게 발진을 수행하는지 확인하고 선택하는 절차가 필요하다. 만약 외부 클록 소스 실패 감시기가 시스템 클록으로 선택된 외부 클록이 정상적으로 동작하지 않는 것을 감지하면 시스템 클록은 무조건 내부 2MHz RC 오실레이터로 돌아가면서 NMI 인터럽트를 발생시킨다.

위의 예제 프로그램에서는 현재 사용하는 시스템 클록을 TFT-LCD 화면에서 볼 수 있으며, 오실로스코프 또는 주파수 카운터로 PC7 단자의 출력 파형을 관측하면 이를 확인할 수 있다. 여기서, *OK-X128A1* 키트가 2MHz의 시스템 클록으로 동작하는 경우에는 모든 동작이 정상적인 경우에 비하여 1/16로 느려진다. 따라서, 1초의 시간지연을 주기 위하여 1sec/16 = 62.5ms ≒ 63ms의 시간지연을 주는 것처럼 시간지연 함수를 호출하였다. 마찬가지로 16MHz의 시스템 클록으로 동작하는 경우에는 모든 동작이 정상적인 경우에 비하여 1/2로 느려지므로 1초의 시간지연을 주기 위하여 1sec/2 = 500ms의 시간지연을 주는 것처럼 시간지연 함수를 호출하였다.

이 프로그램을 *OK-X128A1* 키트에 다운로드하여 실행하고 16MHz인 시스템 클록(1)로 동작할 때 병렬 I/O 포트 PC7 단자로 출력되는 주변장치 클록을 오실로스코프로 관측한 결과는 <그림 4.8.1>에 보였다.

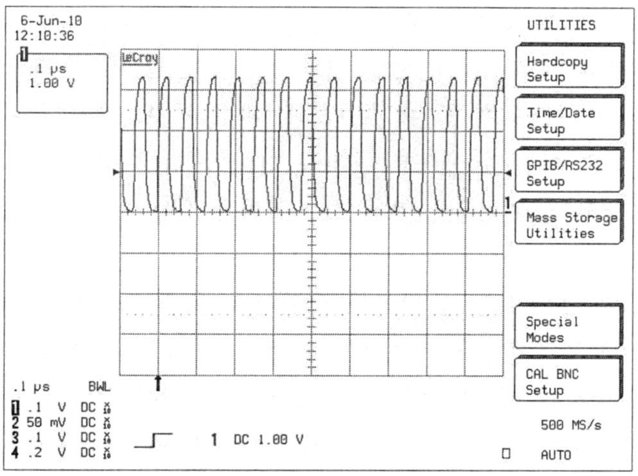

〈그림 4.8.1〉 시스템 클록(1)로 동작할 때 PC7 단자로 출력된 신호(16MHz)

또한, 이 프로그램에 의하여 *OK-X128A1* 키트가 2MHz인 시스템 클록(4)로 동작할 때 병렬 I/O 포트 PC7 단자로 출력되는 주변장치 클록을 오실로스코프로 관측한 결과는 <그림 4.8.2>에 보였다.

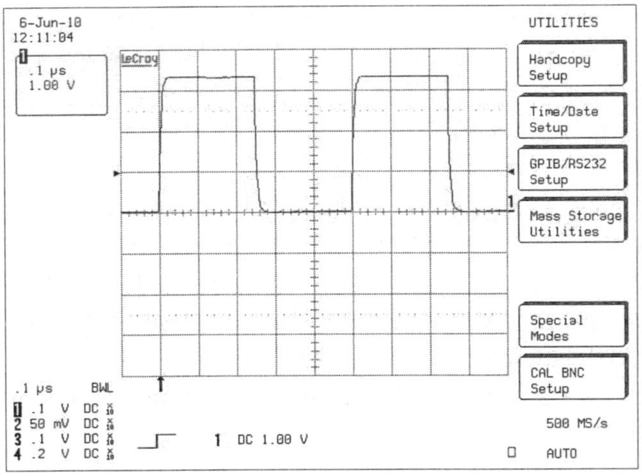

〈그림 4.8.2〉 시스템 클록(4)로 동작할 때 PC7 단자로 출력된 신호(2MHz)

3. 워치독 타이머 사용

ATxmega 패밀리의 워치독 타이머는 표준 모드와 윈도우 모드가 있다. 표준 모드에서는 워치독 타이아웃 주기보다 짧은 시간 간격으로 워치독 타이머 리셋 명령을 실행해야만 타임아웃이 발생하지 않는다. 그러나, 윈도우 모드에서는 타임아웃 주기가 범위로 주어지므로 짧은 시간 간격으로 워치독 타이머 리셋 명령을 너무 빠르게 실행해도 타임아웃이 발생하고, 긴 시간 간격으로 워치독 타이머 리셋 명령을 너무 느리게 실행해도 타임아웃이 발생한다.

다음은 *OK-X128A1* 키트에서 워치독 타이머를 표준 모드와 윈도우 모드에서 모두 테스트할 수 있는 프로그램이다. 각각의 모드에서 적절한 시간 간격으로 워치독 타이머 리셋 명령을 실행하는 경우와 이 시간 간격을 잘못 설정하여 타임아웃이 발생하는 경우의 예를 보였다. 4가지 경우의 선택은 KEY1～KEY4로 선택한다.

〈프로그램 Exp08_3.c〉 워치독 타이머를 사용하는 프로그램

```
/* ============================================================================ */
/*                      Exp08_3.c : 워치독 타이머 사용 프로그램                      */
/* ============================================================================ */
/*                   Designed and programmed by Duck-Yong Yoon in 2010.         */

#include <avr/io.h>
#include "OK-X128A1.h"

int main(void)
{
```

```
unsigned char key, mask = 0;

Initialize_MCU();                                    // initialize ATxmega128A1 MCU
Delay_ms(200);
Initialize_TFT_LCD();                                // initialize TFT-LCD

TFT_string(10,20, White,Magenta," 부팅 !!! ");
PORTH.OUT = 0x0E;                                    // booting LED and beep
Beep();
Delay_ms(100);
PORTH.OUT = 0x0D;
Beep();
Delay_ms(100);
PORTH.OUT = 0x0B;
Beep();
Delay_ms(100);
PORTH.OUT = 0x07;
Beep();
Delay_ms(100);
PORTH.OUT = 0x0F;
Delay_ms(2000);

TFT_clear_screen();                                  // display test menu
TFT_string(4, 3, White,Magenta," 워치독 타이머 테스트 ");
TFT_string(0, 7, White, Blue,"KEY1");
TFT_string(5, 7, Green,Black,"표준모드(정상 예)");
TFT_string(0, 9, White,Black,"  타임아웃 주기 = 1000 ms");
TFT_string(0,11, White,Black,"  루프동작 주기 =  500 ms");
TFT_string(0,15, White, Blue,"KEY2");
TFT_string(5,15, Green,Black,"표준모드(타임아웃 예)");
TFT_string(0,17, White,Black,"  타임아웃 주기 = 1000 ms");
TFT_string(0,19, White,Black,"  루프동작 주기 = 1500 ms");
TFT_string(0,23, White, Blue,"KEY3");
TFT_string(5,23, Green,Black,"윈도우 모드(정상 예)");
TFT_string(0,25, White,Black,"  타임아웃 주기 = 500~1000 ms");
TFT_string(0,27, White,Black,"  루프동작 주기 = 750 ms");
TFT_string(0,31, White, Blue,"KEY4");
TFT_string(5,31, Green,Black,"윈도우 모드(타임아웃 예)");
TFT_string(0,33, White,Black,"  타임아웃 주기 = 500~1000 ms");
TFT_string(0,35, White,Black,"  루프동작 주기 = 250 ms");

key = no_key;                                        // initial key value

while(key == no_key)                                 // select test menu
  key = Key_input();

if(key == KEY1)                                      // set watchdog timer
  { mask = 0x01;
    TFT_string(0, 7, White,Magenta,"KEY1");
    CPU_CCP = 0xD8;
    WDT_CTRL = 0x1F;
  }
else if(key == KEY2)
  { mask = 0x02;
    TFT_string(0,15, White,Magenta,"KEY2");
    CPU_CCP = 0xD8;
    WDT_CTRL = 0x1F;
  }
else if(key == KEY3)
  { mask = 0x04;
    TFT_string(0,23, White,Magenta,"KEY3");
    CPU_CCP = 0xD8;
    WDT_CTRL = 0x1B;
    while(WDT_STATUS & 0x01);
    CPU_CCP = 0xD8;
    WDT_WINCTRL = 0x1B;
  }
else if(key == KEY4)
  { mask = 0x08;
    TFT_string(0,31, White,Magenta,"KEY4");
```

```
        CPU_CCP = 0xD8;
        WDT_CTRL = 0x1B;
        while(WDT_STATUS & 0x01);
        CPU_CCP = 0xD8;
        WDT_WINCTRL = 0x1B;
      }

    while(1)
      { asm volatile("WDR");                    // watchdog reset instruction

        PORTH_OUT = PORTH_IN ^ mask;            // blink LED

        if(key == KEY1)       Delay_ms(500);    // delay
        else if(key == KEY2)  Delay_ms(1500);
        else if(key == KEY3)  Delay_ms(750);
        else if(key == KEY4)  Delay_ms(250);
      }
  }
```

☞ 이 프로그램에서 시스템 리셋이 발생하여 *OK-X128A1* 키트가 다시 부팅할 때 TFT-LCD 화면에 "부팅!!!"이라고 표시하고, 비프음을 울리면서 LED1~LED4가 차례로 점등되도록 하였다. 프로그램을 실행하고 KEY1~KEY4를 누르면 다음과 같이 여러가지 경우의 워치독 타이머 동작을 시켜볼 수 있다.

KEY1~KEY2는 표준 모드의 동작을 선택한다. KEY1을 누르면 표준 모드에서 타임아웃 주기를 1000ms로 설정하고 워치독 타이머 리셋 명령은 500ms 간격으로 수행하므로 워치독 타임아웃이 발생하지 않고 시스템이 정상적으로 동작한다. 그러나, KEY2를 누르면 표준 모드에서 타임아웃 주기를 1000ms로 설정하고 워치독 타이머 리셋 명령은 1500ms 간격으로 수행하므로 워치독 타임아웃이 발생하여 시스템이 리셋된다.

KEY3~KEY4는 윈도우 모드의 동작을 선택한다. KEY3을 누르면 윈도우 모드에서 타임아웃 주기를 500ms~1000ms 범위로 설정하고 워치독 타이머 리셋 명령은 750ms 간격으로 수행하므로 워치독 타임아웃이 발생하지 않고 시스템이 정상적으로 동작한다. 그러나, KEY4를 누르면 윈도우 모드에서 타임아웃 주기를 500ms~1000ms로 설정하고 워치독 타이머 리셋 명령은 250ms 간격으로 수행하므로 간격이 너무 짧아서 워치독 타임아웃이 발생하고 시스템이 리셋된다.

워치독 타이머를 윈도우 모드로 설정할 때는 워치독 타이머 제어 레지스터에서 ENABLE=1로 하여 워치독 타이머를 인에이블하고 워치독 타이머 클록이 동기되는 것을 확인한 다음에 워치독 타이머 윈도우 모드 제어 레지스터를 초기화해야 한다는 점에 유의하라.

4. 퓨즈 바이트 읽기

ATxmega 패밀리에서는 기존의 ATmega 패밀리와 달리 사용자 프로그램에서 퓨즈 바이트를 읽어볼 수 있는 기능을 가지고 있다.

다음은 *OK-X128A1* 키트에서 ATxmega128A1이 가지고 있는 5개의 퓨즈 바이트를 읽어서 TFT-LCD 화면에 표시하는 프로그램이다.

〈프로그램 Exp08_4.c〉 퓨즈 바이트를 읽어 화면에 표시하는 프로그램

```
/* ============================================================================ */
/*                         Exp08_4.c : 퓨즈 바이트 읽기 프로그램                    */
/* ============================================================================ */
/*                          Designed and programmed by Duck-Yong Yoon in 2010.  */

#include  <avr/io.h>
#include "OK-X128A1.h"

unsigned char Fusebyte_read(U08 address)         /* read fusebyte */
{
  while(NVM_STATUS & 0x80);                       // check NVM busy

  NVM_ADDR0 = address;                            // set fusebyte address
  NVM_ADDR1 = 0x00;
  NVM_ADDR2 = 0x00;

  NVM_CMD = 0x07;                                 // read fusebyte command
  CPU_CCP = 0xD8;                                 // execute command
  NVM_CTRLA = 0x01;

  return NVM_DATA0;                               // read EEPROM data and return
}

void TFT_binary(U32 number, U08 digit)           /* display binary number */
{
  unsigned char i;

  if((digit == 0) || (digit > 32)) return;

  for(i = digit; i > 0; i--)
    TFT_English(((number >> (i-1)) & 0x01) + '0');
}

int main(void)
{
  Initialize_MCU();                               // initialize ATxmega128A1 MCU
  Delay_ms(200);
  Initialize_TFT_LCD();                           // initialize TFT-LCD

  TFT_clear_screen();
  TFT_string(6, 8, White,Magenta," 퓨즈 바이트 읽기 "); // display screen
  TFT_string(1,14, Green,Black,"FUSEBYTE0 = 0x00 = 00000000");
  TFT_string(1,18, Green,Black,"FUSEBYTE1 = 0x00 = 00000000");
  TFT_string(1,22, Green,Black,"FUSEBYTE2 = 0x00 = 00000000");
  TFT_string(1,26, Green,Black,"FUSEBYTE4 = 0x00 = 00000000");
  TFT_string(1,30, Green,Black,"FUSEBYTE5 = 0x00 = 00000000");

  TFT_xy(15,14);                                  // display fusebyte 0
  TFT_color(Magenta,Black);
  TFT_hexadecimal(Fusebyte_read(0),2);
  TFT_xy(20,14);
  TFT_binary(Fusebyte_read(0),8);

  TFT_xy(15,18);                                  // display fusebyte 1
  TFT_color(Magenta,Black);
  TFT_hexadecimal(Fusebyte_read(1),2);
  TFT_xy(20,18);
  TFT_binary(Fusebyte_read(1),8);

  TFT_xy(15,22);                                  // display fusebyte 2
  TFT_color(Magenta,Black);
  TFT_hexadecimal(Fusebyte_read(2),2);
  TFT_xy(20,22);
  TFT_binary(Fusebyte_read(2),8);
```

```
    TFT_xy(15,26);                                    // display fusebyte 4
    TFT_color(Magenta,Black);
    TFT_hexadecimal(Fusebyte_read(4),2);
    TFT_xy(20,26);
    TFT_binary(Fusebyte_read(4),8);

    TFT_xy(15,30);                                    // display fusebyte 5
    TFT_color(Magenta,Black);
    TFT_hexadecimal(Fusebyte_read(5),2);
    TFT_xy(20,30);
    TFT_binary(Fusebyte_read(5),8);

    while(1);
  }
```

이 프로그램을 실행하면 TFT-LCD 화면에는

```
FUSEBYTE0 = 0xFF = 11111111
FUSEBYTE1 = 0x00 = 00000000
FUSEBYTE2 = 0xFF = 11111111
FUSEBYTE4 = 0xFE = 11111110
FUSEBYTE5 = 0xFF = 11111111
```

라고 표시될 것이다. 이것은 ATxmega128A1의 퓨즈 바이트가 디폴트로 가지는 값이다. 이를 다운로드 케이블 AVRISP mkII로 <그림 4.8.3>처럼 읽어볼 수도 있다.

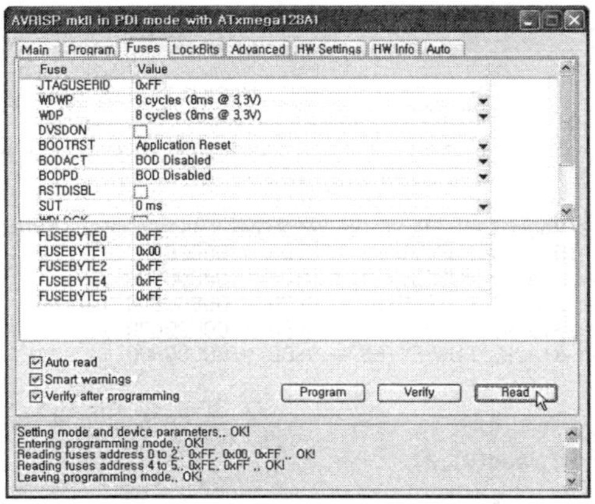

〈그림 4.8.3〉 ATxmega128A1 퓨즈 바이트의 디폴트 값

여기서 만약 AVRISP mkII를 사용하여 <그림 4.8.4>에 보인 바와 같이 EESAVE 비트를 0으로 프로그램하면 TFT-LCD 화면의 퓨즈 바이트 값은 다음과 같이 변경되어 표시된다.

```
FUSEBYTE0 = 0xFF = 11111111
FUSEBYTE1 = 0x00 = 00000000
FUSEBYTE2 = 0xFF = 11111111
FUSEBYTE4 = 0xFE = 11111110
FUSEBYTE5 = 0xF7 = 11110111
```

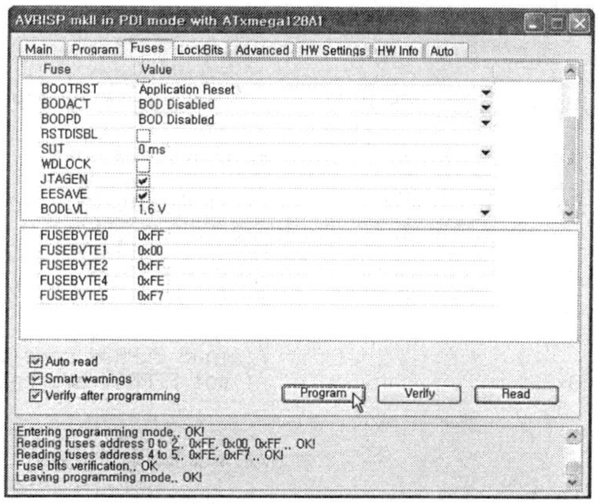

〈그림 4.8.4〉 ATxmega128A1 퓨즈 바이트의 설정값 변경

5. 내부 EEPROM 액세스

ATxmega128A1에서는 기존의 ATmega 패밀리에 비하여 EEPROM의 구조와 사용법이 많이 달라졌다. 기본적으로는 플래시 메모리나 퓨즈 바이트처럼 NVM 제어기를 통하여 I/O 제어 레지스터로 액세스를 수행한다. 이때는 2KB의 EEPROM이 독립적으로 0x0000~0x07FF 번지에 위치하는 것처럼 간주한다. 그러나, ATxmega128A1에서는 EEPROM이 데이터 메모리 영역에 맵핑되어 0x001000~0x0017FF 번지에 위치하므로 이 메모리 번지를 사용하여 액세스하는 것도 가능하다.

위의 어느 경우에나 EEPROM은 바이트 단위로 액세스할 수도 있고 페이지 단위로 액세스할 수도 있다. ATxmega128A1에서 1페이지는 32바이트로 구성된다.

(1) NVM 제어기의 I/O 제어 레지스터를 사용하는 방법

다음은 ATxmega128A1의 EEPROM을 I/O 제어 레지스터를 사용하여 바이트 단위로 액세스하는 예제 프로그램이다. 0x0000~0x07FF 범위의 각 번지에 차례로 0x55와 0xAA를 라이트하였다가 다시 읽는 방법으로 리드/라이트 동작이 올바르게 수행되는지를 확인하였다.

〈프로그램 Exp08_5.c〉 EEPROM의 바이트 단위 액세스 프로그램

```
/* ============================================================================ */
/*                    Exp08_5.c : EEPROM 바이트 액세스 프로그램                   */
/* ============================================================================ */
/*                         Designed and programmed by Duck-Yong Yoon in 2010.   */

#include <avr/io.h>
#include "OK-X128A1.h"

void EEPROM_write_byte(U16 address, U08 data)   /* write byte to EEPROM */
{
  while(NVM_STATUS & 0x80);                     // check NVM busy

  if(NVM_STATUS & 0x02)                         // if EELOAD = 1, erase EEPROM page buffer
    { NVM_CMD = 0x36;
      CPU_CCP = 0xD8;
      NVM_CTRLA = 0x01;
    }

  NVM_CMD = 0x33;                               // load EEPROM page buffer command
  NVM_ADDR0 = address & 0xFF;                   // set EEPROM address
  NVM_ADDR1 = address >> 8;
  NVM_ADDR2 = 0x00;
  NVM_DATA0 = data;                             // set EEPROM data

  NVM_CMD = 0x35;                               // erase and write EEPROM page command
  CPU_CCP = 0xD8;                               // execute command
  NVM_CTRLA = 0x01;
}

unsigned char EEPROM_read_byte(U16 address)     /* read byte from EEPROM */
{
  while(NVM_STATUS & 0x80);                     // check NVM busy

  NVM_ADDR0 = address & 0xFF;                   // set EEPROM address
  NVM_ADDR1 = address >> 8;
  NVM_ADDR2 = 0x00;

  NVM_CMD = 0x06;                               // read EEPROM command
  CPU_CCP = 0xD8;                               // execute command
  NVM_CTRLA = 0x01;

  return NVM_DATA0;                             // read EEPROM data and return
}

int main(void)
{
  unsigned char write_data, read_data;
  unsigned int address;

  Initialize_MCU();                             // initialize ATxmega128A1 MCU
  Delay_ms(200);
  Initialize_TFT_LCD();                         // initialize TFT-LCD
  Beep();

  TFT_clear_screen();
  TFT_string( 4, 8, White,Magenta," EEPROM 바이트 액세스 ");    // display screen
  TFT_string( 5,14, Green,Black,"어드레스 = 0x0000");
  TFT_string( 9,18,  Cyan,Black,"쓰기 = 0x00");
  TFT_string( 9,22,  Cyan,Black,"읽기 = 0x00");

  NVM_CTRLB &= 0x07;                            // EEPROM data memory mapping disable

  for(address = 0x0000; address <= 0x07FF; address++)
    { TFT_string( 7,28, Green,Black,"                   "); // clear status

      TFT_xy(18,14);                            // display address
      TFT_color(Magenta,Black);
      TFT_hexadecimal(address,4);
```

```
        write_data = 0x55;                          // write test 0x55
        EEPROM_write_byte(address, write_data);
        read_data = EEPROM_read_byte(address);
        TFT_xy(18,18);                              // display write_data
        TFT_color(Magenta,Black);
        TFT_hexadecimal(write_data,2);
        TFT_xy(18,22);                              // display read_data
        TFT_hexadecimal(read_data,2);
        if(write_data == read_data)                 // display test result
          { TFT_string( 7,28, Green,Black,"  테스트 OK !  ");
            Delay_ms(500);
          }
        else
          { TFT_string( 7,28,   Red,Black,"테스트 에러 !!!");
            Beep_3times();
            Delay_ms(3000);
          }

        write_data = 0xAA;                          // write test 0xAA
        EEPROM_write_byte(address, write_data);
        read_data = EEPROM_read_byte(address);
        TFT_xy(18,18);                              // display write_data
        TFT_color(Magenta,Black);
        TFT_hexadecimal(write_data,2);
        TFT_xy(18,22);                              // display read_data
        TFT_hexadecimal(read_data,2);
        if(write_data == read_data)                 // display test result
          { TFT_string( 7,28, Green,Black,"  테스트 OK !  ");
            Delay_ms(500);
          }
        else
          { TFT_string( 7,28,   Red,Black,"테스트 에러 !!!");
            Beep_3times();
            Delay_ms(3000);
          }
    }

  while(1);
}
```

☞ NVM 제어기에서 EEPROM을 액세스하는데 사용하는 명령은 <표 1.2.15>에 정리하였으니 이를 참조하여 프로그램을 작성하면 된다. NVM 제어기의 명령을 실행하기 위하여 NVM 제어 레지스터 CTRLA를 라이트하는 동작은 CCP 보호기능을 가지고 있다는 점에 유의해야 한다.

다음은 ATxmega128A1의 EEPROM을 I/O 제어 레지스터를 사용하여 페이지 단위로 액세스하는 예제 프로그램이다. 0x0000~0x07FF 범위의 EEPROM은 64개의 페이지로 구성되는데, 여기서는 각 페이지에 0x00부터 32개의 데이터를 차례로 증가시키면서 라이트하였다가 다시 읽는 방법으로 리드/라이트 동작이 올바르게 수행되는지를 확인하였다. 각 페이지는 32바이트로 구성되며, 페이지 단위의 액세스는 페이지 버퍼를 사용하고 있음에 유의해야 한다.

〈프로그램 Exp08_6.c〉 EEPROM의 페이지 단위 액세스 프로그램

```
/* ============================================================================ */
/*                    Exp08_6.c : EEPROM 페이지 액세스 프로그램                   */
/* ============================================================================ */
/*                       Designed and programmed by Duck-Yong Yoon in 2010.     */

#include <avr/io.h>
#include "OK-X128A1.h"

unsigned char page_buffer[32];                    // EEPROM page buffer

void EEPROM_load_page(void)                       /* load page buffer of EEPROM */
{
  unsigned char i;

  while(NVM_STATUS & 0x80);                       // check NVM busy

  NVM_CMD = 0x33;                                 // load EEPROM page buffer command
  NVM_ADDR1 = 0x00;
  NVM_ADDR2 = 0x00;
  for(i = 0; i < 32; i++)                         // load 32 byte
    { NVM_ADDR0 = i;
      NVM_DATA0 = page_buffer[i];
    }
}

void EEPROM_erase_write_page(U08 page)            /* write page buffer to EEPROM */
{
  unsigned int address;

  while(NVM_STATUS & 0x80);                       // check NVM busy

  address = page*32;                              // calculate EEPROM address

  NVM_ADDR0 = address & 0xFF;                     // set EEPROM address
  NVM_ADDR1 = address >> 8;
  NVM_ADDR2 = 0x00;

  NVM_CMD = 0x35;                                 // erase and write EEPROM page command
  CPU_CCP = 0xD8;                                 // execute command
  NVM_CTRLA = 0x01;
}

unsigned char EEPROM_read_byte(U16 address)       /* read byte from EEPROM */
{
  while(NVM_STATUS & 0x80);                       // check NVM busy

  NVM_ADDR0 = address & 0xFF;                     // set EEPROM address
  NVM_ADDR1 = address >> 8;
  NVM_ADDR2 = 0x00;

  NVM_CMD = 0x06;                                 // read EEPROM command
  CPU_CCP = 0xD8;                                 // execute command
  NVM_CTRLA = 0x01;

  return NVM_DATA0;                               // read EEPROM data and return
}

int main(void)
{
  unsigned char i, page, error_flag;

  Initialize_MCU();                               // initialize ATxmega128A1 MCU
  Delay_ms(200);
  Initialize_TFT_LCD();                           // initialize TFT-LCD
  Beep();

  TFT_clear_screen();
  TFT_string( 4, 2, White,Magenta," EEPROM 페이지 액세스 ");   // display screen
  TFT_string( 3, 6, Green,Black,"페이지 00(0x0000~0x0000)");
  TFT_string( 2,10,  Cyan,Black,"* 쓰기 데이터");
```

```
  TFT_string( 2,24,  Cyan,Black,"* 읽기 데이터");

  NVM_CTRLB &= 0x07;                         // EEPROM data memory mapping disable

  for(page = 0; page < 64; page++)
    { TFT_string( 7,36, Green,Black,"            "); // clear status

      for(i = 0; i < 32; i++)                // initialize page buffer
        page_buffer[i] = (page << 5) + i;

      EEPROM_load_page();                    // load page buffer
      EEPROM_erase_write_page(page);         // write page buffer to EEPROM

      TFT_xy(10,6);                          // display page & address
      TFT_color(Magenta,Black);
      TFT_unsigned_decimal(page,0,2);
      TFT_xy(15,6);
      TFT_hexadecimal(page*32,4);
      TFT_xy(22,6);
      TFT_hexadecimal(page*32 + 31,4);

      TFT_xy(0,13);                          // display write data
      TFT_color(White,Black);
      for(i = 0; i < 32; i++)
        { TFT_hexadecimal(page_buffer[i],2);
          TFT_English(' ');
        }

      TFT_xy(0,27);                          // display read data
      TFT_color(White,Black);
      for(i = 0; i < 32; i++)
        { TFT_hexadecimal(EEPROM_read_byte(page*32 + i),2);
          TFT_English(' ');
        }

      error_flag = 0;                        // check if write data = read data
      for(i = 0; i < 32; i++)
        { if(EEPROM_read_byte(page*32 + i) != page_buffer[i])
            error_flag = 1;
        }

      if(error_flag == 0)                    // display test result
        { TFT_string( 7,36, Green,Black,"  테스트 OK !  ");
          Delay_ms(1000);
        }
      else
        { TFT_string( 7,36,  Red,Black,"테스트 에러 !!!");
          Beep_3times();
          Delay_ms(3000);
        }
    }

  while(1);
}
```

(2) 메모리 맵을 사용하는 방법

다음은 ATxmega128A1의 EEPROM을 데이터 메모리 맵을 사용하여 바이트 단위로 액세스하는 예제 프로그램이다. 0x001000~0x0017FF 범위의 각 번지에 역시 차례로 0x55와 0xAA를 라이트하였다가 다시 읽는 방법으로 리드/라이트 동작이 올바르게 수행되는지를 확인하였다.

데이터 메모리 맵을 사용한다고는 하지만 EEPROM은 근본적으로 많은 부분에서

NVM 제어기를 사용하여 액세스하게 되므로 사용자의 입장에서 보면 I/O 제어 레지스터를 사용하는 방법에 비하여 편리하게 개선되었다는 점은 별로 느껴지지 않는다.

〈프로그램 Exp08_7.c〉 EEPROM의 바이트 단위 액세스 프로그램(메모리 맵)

```
/* ======================================================================== */
/*              Exp08_7.c : EEPROM 바이트 액세스 프로그램(메모리 맵)            */
/* ======================================================================== */
/*                          Designed and programmed by Duck-Yong Yoon in 2010.  */

#include <avr/io.h>
#include "OK-X128A1.h"

void EEPROM_write_byte(U16 address, U08 data)    /* write byte to EEPROM */
{
  while(NVM_STATUS & 0x80);                      // check NVM busy

  *(unsigned char *)address = data;

  NVM_ADDR0 = address & 0xFF;                    // set EEPROM address
  NVM_ADDR1 = address >> 8;
  NVM_ADDR2 = 0x00;

  NVM_CMD = 0x35;                                // erase and write EEPROM page command
  CPU_CCP = 0xD8;                                // execute command
  NVM_CTRLA = 0x01;
}

unsigned char EEPROM_read_byte(U16 address)      /* read byte from EEPROM */
{
  while(NVM_STATUS & 0x80);                      // check NVM busy

  return *(unsigned char *)address;              // read EEPROM data and return
}

int main(void)
{
  unsigned char write_data, read_data;
  unsigned int address;

  Initialize_MCU();                              // initialize ATxmega128A1 MCU
  Delay_ms(200);
  Initialize_TFT_LCD();                          // initialize TFT-LCD
  Beep();

  TFT_clear_screen();
  TFT_string( 4, 8, White,Magenta," EEPROM 바이트 액세스 ");    // display screen
  TFT_string( 5,14, Green,Black,"어드레스 = 0x0000");
  TFT_string( 9,18,  Cyan,Black,"쓰기 = 0x00");
  TFT_string( 9,22,  Cyan,Black,"읽기 = 0x00");

  NVM_CTRLB |= 0x08;                             // EEPROM data memory mapping enable

  for(address = 0x1000; address <= 0x17FF; address++)
    { TFT_string( 7,28, Green,Black,"                 "); // clear status

      TFT_xy(18,14);                             // display address
      TFT_color(Magenta,Black);
      TFT_hexadecimal(address,4);

      write_data = 0x55;                         // write test 0x55
      EEPROM_write_byte(address, write_data);
      read_data = EEPROM_read_byte(address);
      TFT_xy(18,18);                             // display write_data
      TFT_color(Magenta,Black);
      TFT_hexadecimal(write_data,2);
      TFT_xy(18,22);                             // display read_data
      TFT_hexadecimal(read_data,2);
```

```
      if(write_data == read_data)             // display test result
        { TFT_string( 7,28, Green,Black,"  테스트 OK !  ");
          Delay_ms(500);
        }
      else
        { TFT_string( 7,28,   Red,Black,"테스트 에러 !!!");
          Beep_3times();
          Delay_ms(3000);
        }

      write_data = 0xAA;                      // write test 0xAA
      EEPROM_write_byte(address, write_data);
      read_data = EEPROM_read_byte(address);
      TFT_xy(18,18);                          // display write_data
      TFT_color(Magenta,Black);
      TFT_hexadecimal(write_data,2);
      TFT_xy(18,22);                          // display read_data
      TFT_hexadecimal(read_data,2);
      if(write_data == read_data)             // display test result
        { TFT_string( 7,28, Green,Black,"  테스트 OK !  ");
          Delay_ms(500);
        }
      else
        { TFT_string( 7,28,   Red,Black,"테스트 에러 !!!");
          Beep_3times();
          Delay_ms(3000);
        }
    }

  while(1);
}
```

다음은 ATxmega128A1의 EEPROM을 데이터 메모리 맵을 사용하여 페이지 단위로 액세스하는 예제 프로그램이다. 0x001000~0x0017FF 범위의 EEPROM은 64개의 페이지로 구성되는데, 여기서도 역시 각 페이지에 0x00부터 32개의 데이터를 차례로 증가시키면서 라이트하였다가 다시 읽는 방법으로 리드/라이트 동작이 올바르게 수행되는지를 확인하였다.

〈프로그램 Exp08_8.c〉 EEPROM의 페이지 단위 액세스 프로그램(메모리 맵)

```
/* ========================================================================== */
/*            Exp08_8.c : EEPROM 페이지 액세스 프로그램(메모리 맵)            */
/* ========================================================================== */
/*                     Designed and programmed by Duck-Yong Yoon in 2010.    */

#include <avr/io.h>
#include "OK-X128A1.h"

unsigned char page_buffer[32];                 // EEPROM page buffer

void EEPROM_load_page(U08 page)                /* load page buffer of EEPROM */
{
  unsigned char i;

  while(NVM_STATUS & 0x80);                    // check NVM busy

  for(i = 0; i < 32; i++)                      // load 32 byte
    *(unsigned char *)(0x1000 + page*32 + i) = page_buffer[i];
}
```

```
void EEPROM_erase_write_page(U08 page)          /* write page buffer to EEPROM */
{
  unsigned int address;

  while(NVM_STATUS & 0x80);                     // check NVM busy

  address = page*32;                            // calculate EEPROM address

  NVM_ADDR0 = address & 0xFF;                   // set EEPROM address
  NVM_ADDR1 = address >> 8;
  NVM_ADDR2 = 0x00;

  NVM_CMD = 0x35;                               // erase and write EEPROM page command
  CPU_CCP = 0xD8;                               // execute command
  NVM_CTRLA = 0x01;
}

unsigned char EEPROM_read_byte(U16 address)     /* read byte from EEPROM */
{
  while(NVM_STATUS & 0x80);                     // check NVM busy

  return *(unsigned char *)address;             // read EEPROM data and return
}

int main(void)
{
  unsigned char i, page, error_flag;

  Initialize_MCU();                             // initialize ATxmega128A1 MCU
  Delay_ms(200);
  Initialize_TFT_LCD();                         // initialize TFT-LCD
  Beep();

  TFT_clear_screen();
  TFT_string( 4, 2, White,Magenta," EEPROM 페이지 액세스 ");    // display screen
  TFT_string( 3, 6, Green,Black,"페이지 00(0x0000~0x0000)");
  TFT_string( 2,10,  Cyan,Black,"* 쓰기 데이터");
  TFT_string( 2,24,  Cyan,Black,"* 읽기 데이터");

  NVM_CTRLB |= 0x08;                            // EEPROM data memory mapping enable

  for(page = 0; page < 64; page++)
    { TFT_string( 7,36, Green,Black,"             "); // clear status

      for(i = 0; i < 32; i++)                   // initialize page buffer
        page_buffer[i] = (page << 5) + i;

      EEPROM_load_page(page);                   // load page buffer
      EEPROM_erase_write_page(page);            // write page buffer to EEPROM

      TFT_xy(10,6);                             // display page & address
      TFT_color(Magenta,Black);
      TFT_unsigned_decimal(page,0,2);
      TFT_xy(15,6);
      TFT_hexadecimal(0x1000 + page*32,4);
      TFT_xy(22,6);
      TFT_hexadecimal(0x1000 + page*32 + 31,4);

      TFT_xy(0,13);                             // display write data
      TFT_color(White,Black);
      for(i = 0; i < 32; i++)
        { TFT_hexadecimal(page_buffer[i],2);
          TFT_English(' ');
        }

      TFT_xy(0,27);                             // display read data
      TFT_color(White,Black);
      for(i = 0; i < 32; i++)
        { TFT_hexadecimal(EEPROM_read_byte(0x1000 + page*32 + i),2);
          TFT_English(' ');
        }

      error_flag = 0;                           // check if write data = read data
```

```
        for(i = 0; i < 32; i++)
          { if(EEPROM_read_byte(0x1000 + page*32 + i) != page_buffer[i])
              error_flag = 1;
          }

        if(error_flag == 0)                           // display test result
          { TFT_string( 7,36, Green,Black,"  테스트 OK !  ");
            Delay_ms(1000);
          }
        else
          { TFT_string( 7,36,   Red,Black,"테스트 에러 !!!");
            Beep_3times();
            Delay_ms(3000);
          }
      }

    while(1);
}
```

(3) EEPROM에 8/16/32비트 변수를 액세스하는 방법

다음은 ATxmega128A1의 EEPROM에 바이트(8비트), 워드(16비트), 4바이트(32비트)의 변수를 쓰거나 읽기 위한 함수를 만들어 사용하는 연습용 예제 프로그램이다. 사용자 프로그램에서 이와 같이 여러가지의 길이를 가지는 변수를 EEPROM에 저장하는 경우는 흔히 있으므로 이러한 함수들을 사용하면 매우 쉽게 응용 프로그램을 작성할 수 있다.

〈프로그램 Exp08_9.c〉 EEPROM의 8/16/32비트 데이터를 쓰거나 읽는 프로그램

```
/* ============================================================================ */
/*             Exp08_9.c : Read/Write 8/16/32-Bit Data of EEPROM                */
/* ============================================================================ */
/*                           Designed and programmed by Duck-Yong Yoon in 2010.  */

#include <avr/io.h>
#include "OK-X128A1.h"

void EEPROM_byte_write(U16 address, U08 data)   /* write 1 byte to EEPROM */
{
  while(NVM_STATUS & 0x80);                     // check NVM busy

  if(NVM_STATUS & 0x02)                         // if EELOAD = 1, erase EEPROM page buffer
    { NVM_CMD = 0x36;
      CPU_CCP = 0xD8;
      NVM_CTRLA = 0x01;
    }

  NVM_CMD = 0x33;                               // load EEPROM page buffer command
  NVM_ADDR0 = address & 0xFF;                   // set EEPROM address
  NVM_ADDR1 = address >> 8;
  NVM_ADDR2 = 0x00;
  NVM_DATA0 = data;                             // set EEPROM data

  NVM_CMD = 0x35;                               // erase and write EEPROM page command
  CPU_CCP = 0xD8;                               // execute command
  NVM_CTRLA = 0x01;
}

void EEPROM_word_write(U16 address, U16 data)   /* write 2 byte to EEPROM */
```

```
{
  while(NVM_STATUS & 0x80);                  // check NVM busy

  if(NVM_STATUS & 0x02)                      // if EELOAD = 1, erase EEPROM page buffer
    { NVM_CMD = 0x36;
      CPU_CCP = 0xD8;
      NVM_CTRLA = 0x01;
    }

  NVM_CMD = 0x33;                            // load EEPROM page buffer command
  NVM_ADDR0 = address & 0xFF;                // set EEPROM address
  NVM_ADDR1 = address >> 8;
  NVM_ADDR2 = 0x00;
  NVM_DATA0 = data & 0xFF;                   // set low bayte of EEPROM data

  NVM_ADDR0 = (address+1) & 0xFF;            // set EEPROM address
  NVM_ADDR1 = (address+1) >> 8;
  NVM_ADDR2 = 0x00;
  NVM_DATA0 = (data >> 8) & 0xFF;            // set high byte of EEPROM data

  NVM_CMD = 0x35;                            // erase and write EEPROM page command
  CPU_CCP = 0xD8;                            // execute command
  NVM_CTRLA = 0x01;
}

void EEPROM_long_write(U16 address, U32 data)    /* write 4 byte to EEPROM */
{
  while(NVM_STATUS & 0x80);                  // check NVM busy

  if(NVM_STATUS & 0x02)                      // if EELOAD = 1, erase EEPROM page buffer
    { NVM_CMD = 0x36;
      CPU_CCP = 0xD8;
      NVM_CTRLA = 0x01;
    }

  NVM_CMD = 0x33;                            // load EEPROM page buffer command
  NVM_ADDR0 = address & 0xFF;                // set EEPROM address
  NVM_ADDR1 = address >> 8;
  NVM_ADDR2 = 0x00;
  NVM_DATA0 = data & 0xFF;                   // set low bayte of EEPROM data

  NVM_ADDR0 = (address+1) & 0xFF;            // set EEPROM address
  NVM_ADDR1 = (address+1) >> 8;
  NVM_ADDR2 = 0x00;
  NVM_DATA0 = (data >> 8) & 0xFF;            // set high byte of EEPROM data

  NVM_ADDR0 = (address+2) & 0xFF;            // set EEPROM address
  NVM_ADDR1 = (address+2) >> 8;
  NVM_ADDR2 = 0x00;
  NVM_DATA0 = (data >> 16) & 0xFF;           // set high byte of EEPROM data

  NVM_ADDR0 = (address+3) & 0xFF;            // set EEPROM address
  NVM_ADDR1 = (address+3) >> 8;
  NVM_ADDR2 = 0x00;
  NVM_DATA0 = (data >> 24) & 0xFF;           // set high byte of EEPROM data

  NVM_CMD = 0x35;                            // erase and write EEPROM page command
  CPU_CCP = 0xD8;                            // execute command
  NVM_CTRLA = 0x01;
}

unsigned char EEPROM_byte_read(U16 address)      /* read 1 byte from EEPROM */
{
  while(NVM_STATUS & 0x80);                  // check NVM busy

  NVM_ADDR0 = address & 0xFF;                // set EEPROM address
  NVM_ADDR1 = address >> 8;
  NVM_ADDR2 = 0x00;
  NVM_CMD = 0x06;                            // read EEPROM command
  CPU_CCP = 0xD8;                            // execute command
  NVM_CTRLA = 0x01;

  return NVM_DATA0;                          // read EEPROM data and return
```

```
}

unsigned int EEPROM_word_read(U16 address)        /* read 2 byte from EEPROM */
{
  unsigned int data;

  while(NVM_STATUS & 0x80);                       // check NVM busy

  NVM_ADDR0 = address & 0xFF;                     // set EEPROM address
  NVM_ADDR1 = address >> 8;
  NVM_ADDR2 = 0x00;
  NVM_CMD = 0x06;                                 // read EEPROM command
  CPU_CCP = 0xD8;                                 // execute command
  NVM_CTRLA = 0x01;
  data = NVM_DATA0;                               // read low byte of data

  NVM_ADDR0 = (address+1) & 0xFF;                 // set EEPROM address
  NVM_ADDR1 = (address+1) >> 8;
  NVM_ADDR2 = 0x00;
  NVM_CMD = 0x06;                                 // read EEPROM command
  CPU_CCP = 0xD8;                                 // execute command
  NVM_CTRLA = 0x01;
  data += (NVM_DATA0 << 8);                       // read high byte of data

  return data;                                    // return data
}

unsigned long EEPROM_long_read(U16 address)       /* read 4 byte from EEPROM */
{
  unsigned long data, temp;

  while(NVM_STATUS & 0x80);                       // check NVM busy

  NVM_ADDR0 = address & 0xFF;                     // set EEPROM address
  NVM_ADDR1 = address >> 8;
  NVM_ADDR2 = 0x00;
  NVM_CMD = 0x06;                                 // read EEPROM command
  CPU_CCP = 0xD8;                                 // execute command
  NVM_CTRLA = 0x01;
  data = NVM_DATA0;                               // read low byte of data

  NVM_ADDR0 = (address+1) & 0xFF;                 // set EEPROM address
  NVM_ADDR1 = (address+1) >> 8;
  NVM_ADDR2 = 0x00;
  NVM_CMD = 0x06;                                 // read EEPROM command
  CPU_CCP = 0xD8;                                 // execute command
  NVM_CTRLA = 0x01;
  temp = NVM_DATA0;                               // read 2nd byte of data
  data += (temp << 8);

  NVM_ADDR0 = (address+2) & 0xFF;                 // set EEPROM address
  NVM_ADDR1 = (address+2) >> 8;
  NVM_ADDR2 = 0x00;
  NVM_CMD = 0x06;                                 // read EEPROM command
  CPU_CCP = 0xD8;                                 // execute command
  NVM_CTRLA = 0x01;
  temp = NVM_DATA0;                               // read 3rd byte of data
  data += (temp << 16);

  NVM_ADDR0 = (address+3) & 0xFF;                 // set EEPROM address
  NVM_ADDR1 = (address+3) >> 8;
  NVM_ADDR2 = 0x00;
  NVM_CMD = 0x06;                                 // read EEPROM command
  CPU_CCP = 0xD8;                                 // execute command
  NVM_CTRLA = 0x01;
  temp = NVM_DATA0;                               // read 4th byte of data
  data += (temp << 24);

  return data;                                    // return data
}

int main(void)
{
```

```
unsigned int address;
unsigned long data;

Initialize_MCU();                          // initialize ATxmega128A1 MCU
Delay_ms(200);
Initialize_TFT_LCD();                      // initialize TFT-LCD
Beep();

TFT_clear_screen();
TFT_string(1, 8, White,Magenta," EEPROM 8/16/32비트 액세스 ");        // display screen
TFT_string(6,14, Green,Black,"어드레스 = 0x0000");

NVM_CTRLB &= 0x07;                         // EEPROM data memory mapping disable

for(address = 0x0000; address <= 0x07FF; address++)
  { TFT_string(7,28, Green,Black,"                  "); // clear status

    if((address % 4) == 0)
      { TFT_string(6,18, Cyan,Black,"쓰기 = 0x00000000");
        TFT_string(6,22, Cyan,Black,"읽기 = 0x00000000");

        EEPROM_long_write(address, 0x11223344); // write 4-byte data

        TFT_xy(19,14);                     // display EEPROM address
        TFT_color(Green,Black);
        TFT_hexadecimal(address, 4);

        TFT_xy(15,18);                     // display write data
        TFT_color(Cyan,Black);
        TFT_hexadecimal(0x11223344, 8);

        data = EEPROM_long_read(address);  // display read data
        TFT_xy(15,22);
        TFT_color(Cyan,Black);
        TFT_hexadecimal(data, 8);

        if(data == 0x11223344)             // display test result
          { TFT_string( 7,28, Green,Black,"  테스트 OK !  ");
            Delay_ms(500);
          }
        else
          { TFT_string( 7,28,   Red,Black,"테스트 에러 !!!");
            Beep_3times();
            Delay_ms(3000);
          }
      }
    else if((address % 2) == 0)
      { TFT_string(6,18, Cyan,Black,"  쓰기 = 0x0000  ");
        TFT_string(6,22, Cyan,Black,"  읽기 = 0x0000  ");

        EEPROM_word_write(address, 0x55AA);  // write 2-byte data

        TFT_xy(19,14);                     // display EEPROM address
        TFT_color(Green,Black);
        TFT_hexadecimal(address, 4);

        TFT_xy(17,18);                     // display write data
        TFT_color(Cyan,Black);
        TFT_hexadecimal(0x55AA, 4);

        data = EEPROM_word_read(address);  // display read data
        TFT_xy(17,22);
        TFT_color(Cyan,Black);
        TFT_hexadecimal(data, 4);

        if(data == 0x55AA)                 // display test result
          { TFT_string( 7,28, Green,Black,"  테스트 OK !  ");
            Delay_ms(500);
          }
        else
          { TFT_string( 7,28,   Red,Black,"테스트 에러 !!!");
            Beep_3times();
            Delay_ms(3000);
```

```
          }
      }
    else
      { TFT_string(6,18, Cyan,Black,"   쓰기 = 0x00   ");
        TFT_string(6,22, Cyan,Black,"   읽기 = 0x00   ");

        EEPROM_byte_write(address, 0x12);      // write a byte data

        TFT_xy(19,14);                         // display EEPROM address
        TFT_color(Green,Black);
        TFT_hexadecimal(address, 4);

        TFT_xy(18,18);                         // display write data
        TFT_color(Cyan,Black);
        TFT_hexadecimal(0x12, 2);

        data = EEPROM_byte_read(address);      // display read data
        TFT_xy(18,22);
        TFT_color(Cyan,Black);
        TFT_hexadecimal(data, 2);

        if(data == 0x12)                       // display test result
          { TFT_string( 7,28, Green,Black,"  테스트 OK !  ");
            Delay_ms(500);
          }
        else
          { TFT_string( 7,28,   Red,Black,"테스트 에러 !!!");
            Beep_3times();
            Delay_ms(3000);
          }
      }

    Delay_ms(1000);
  }

  while(1);
}
```

6. 실습 과제

(1) 사용자 프로그램에서 시스템 클록의 소스를 변경할 때 주의할 사항을 요약하여 설명하라.

(2) 퓨즈 바이트 FUSEBYTE5에서 EESAVE 비트의 기능을 설명하라.

(3) 예제 프로그램 Exp08_5.c의 EEPROM_write_byte(U16 address, U08 data) 함수와 EEPROM_read_byte(U16 address) 함수에서 파라미터 U16 address를 U08 page, U08 offset으로 변경한 예제 프로그램 Exp08_5R.c를 작성하라.

4.9 키입력 및 인터럽트 처리 프로그램

이 절에서는 *OK-X128A1* 키트에 내장된 키의 입력을 수행하는 프로그램과 인터럽트 처리 프로그램을 작성하는 프로그래밍 기술을 익힌다.

관련 내용	(1) 제1.5절 ATxmega 패밀리의 인터럽트 처리 (2) 제3.1절 *OK-X128A1* 키트의 구조와 기능 (3) 제3.5절 GCC 계열의 WinAVR 컴파일러

1. 스캔에 의한 키입력 프로그램

OK-X128A1 키트에는 데이터 입력을 위하여 4개의 키 KEY1~KEY4를 가지고 있다. 이들 키를 입력하는 것은 얼핏 매우 단순해 보이지만, 여기에 디바운싱 기술을 적용하여 제대로 키 입력을 처리하는 프로그래밍 기술은 그리 용이하지 않다.

(1) 키입력의 기본 원리

키(key)에는 여러 가지 종류가 있는데 마이크로프로세서 응용 시스템에서 사용하는 대부분의 키는 기계적인 방법으로 금속 접점을 ON/OFF시키는 구조로 되어 있으며, 이를 <그림 4.9.1>의 (a)와 같이 풀업 저항(pull-up resistor)과 함께 사용하여 키를 누르지 않았을 때는 논리적으로 H상태(+3.3V)의 출력을 발생하고 키를 눌렀을 때는 L상태(0V)의 출력을 발생하도록 하여 마이크로프로세서가 키 입력 여부를 확인할 수 있게 된다.

그러나, 이러한 기계적인 접점 방식으로 되어 있는 키를 누르거나 뗄 때는 접점 부분에서의 기계적인 진동(bouncing)에 의하여 출력 파형이 <그림 4.9.2>와 같은 형태로 되고, 이를 매우 빠르게 동작하는 마이크로프로세서가 읽어들이게 되면 키를 여러 번 누른 것으로 잘못 인식될 수 있다. 이러한 진동은 대부분 최대 약 20ms 정도 이내에 끝나는 것으로 알려져 있으나, 키 접점 부분이 산화, 부식, 먼지 등으로 청결하지 못한 경우에는 더 길어질 수도 있다.

마이크로프로세서가 안정된 키 입력 동작을 수행하기 위해서는 이러한 키 접점에서의 진동을 제거해야 하는데 이를 디바운싱(debouncing)이라고 한다. 키 접점에서의 하드웨어적인 디바운싱 기법으로는 <그림 4.9.1>의 (b)처럼 저항 및 콘덴서를 이용한 저역통과 필터(LPF ; Low-Pass Filter)로 진동 신호를 완만하게 만들고, 여기에 슈미트 트리거(Schmitt Trigger) 회로를 추가하여 정확한 디지털 신호를 얻어내는 방법이 사용된다. 하지만, 이러한 하드웨어적인 디바운싱 방법은 추가적인 회로가 필요하게 되고 따라서 키의 수가 많을 때는 경제적인 부담과 수용 면적의 증가 때문에 이를 적용하기가 어렵다.

소프트웨어적인 디바운싱 기법에서는 시간지연(time delay) 루틴을 이용한다. 즉, 키가 눌려질 때는 처음 L상태가 검출되면 약 20ms의 시간지연 후에 다시 L상태를 확인하고 나서 키가 눌려진 것으로 인식하고, 반대로 키가 떼어질 때는 처음 H상태가 검출되면 약 20ms의 시간지연 후에 다시 H상태를 확인하고 나서 키가 떼어진 것으로 인식하면 된다. 이렇게 하여 1번 눌려진 동작과 1번 떼어진 동작이 수행되어야만 키가 정확히 1번 입력된 것으로 처리된다.

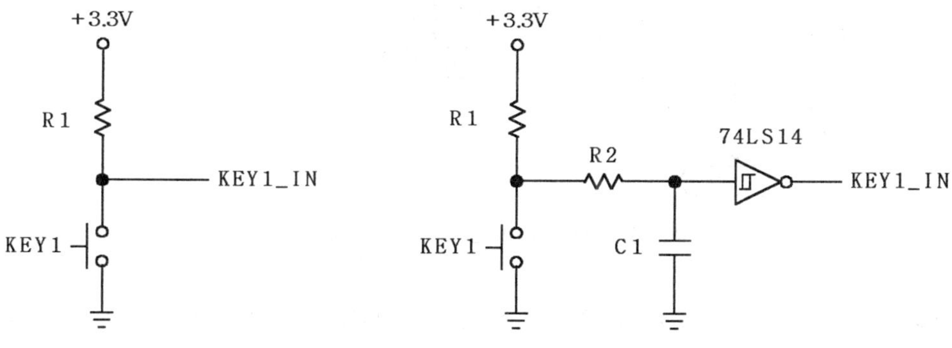

(a) 키 입력 기본회로 (b) 디바운싱 기능이 포함된 키 입력 회로

〈그림 4.9.1〉 키 입력 회로

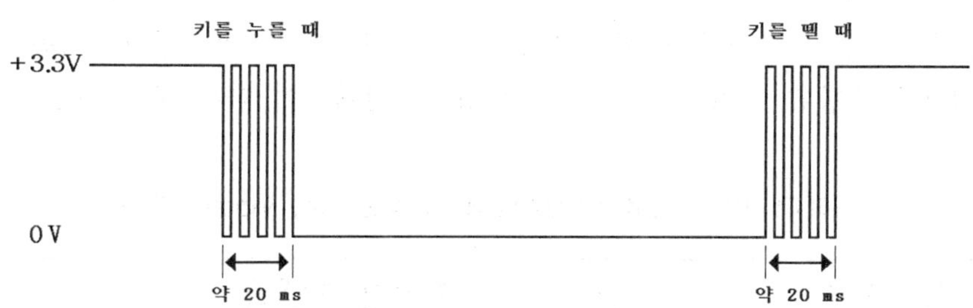

〈그림 4.9.2〉 바운싱 현상이 포함된 키 입력 신호

퍼스널컴퓨터에서는 키가 일정한 시간동안 계속하여 눌러져 있으면 이를 반복키(typematic key)로 처리하지만 마이크로프로세서 응용 시스템에서는 이런 기능을 거의 사용하지 않는다. 소프트웨어적인 디바운싱 방법은 마이크로프로세서의 키 스캔 동작에 따르는 처리시간이 부담되지만 키입력 회로가 간단해지고 시스템에 유연성이 있으므로 널리 사용된다. 이러한 키는 낱개로 몇 개 정도가 사용되는 경우도 있지만 많은 수의 키를 포함하는 전용의 보드를 사용하기도 한다. 보통은 숫자키나 몇 개의 기능키 정도를 가지는 소규모 보드를 키패드(keypad)라고 하고, 알파벳키와 숫자키, 기능키 등을 가지는 완전한 보드를 키보드(keyboard)라고 한다.

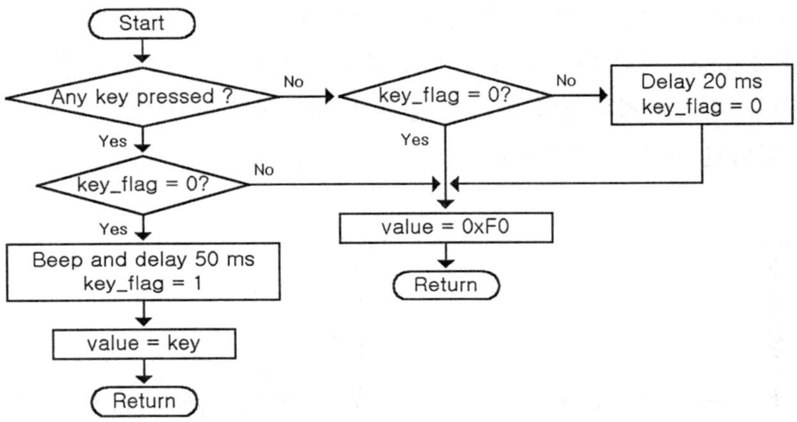

<그림 4.9.3> 키 입력 함수 Key_input()의 순서도

이와 같이 소프트웨어적인 디바운싱 기법을 적용하여 *OK-X128A1* 키트에 내장된 4개의 키 KEY1~KEY4를 읽어들이는 루틴은 C언어 프로그램용의 기본 헤더파일 OK-X128A1.h에 Key_input()이라는 함수로 작성하여 놓았으므로 사용자는 필요할 때 이를 호출하여 쉽게 키 입력을 수행할 수 있다. C언어 프로그램에서 키입력 함수인 Key_input()의 동작을 보여주는 플로우차트는 <그림 4.9.3>과 같다. 기본 헤더파일 OK-X128A1.h에 포함된 키입력 함수 Key_input()을 발췌하여 다시 보면 다음과 같다.

<헤더파일> OK-X128A1.h에 포함된 Key_input() 함수

```
#define KEY1    0xE0                          // KEY1 value in PORTH4
#define KEY2    0xD0                          // KEY2 value in PORTH5
#define KEY3    0xB0                          // KEY3 value in PORTH6
#define KEY4    0x70                          // KEY4 value in PORTH7
#define no_key  0xF0                          // no key input

unsigned char key_flag = 0;
```

```
unsigned char Key_input(void)                    /* input key KEY1 - KEY4 */
{ unsigned char key;

  key = PORTH_IN & 0xF0;                         // any key pressed ?
  if(key == 0xF0)                                // if no key, check key off
    { if(key_flag == 0)
        return key;
      else
        { Delay_ms(20);
          key_flag = 0;
          return key;
        }
    }
  else                                           // if key input, check continuous key
    { if(key_flag != 0)                          // if continuous key, treat as no key input
        return 0xF0;
      else                                       // if new key, beep and delay for debounce
        { Beep();
          key_flag = 1;
          return key;
        }
    }
}
```

☞ 〈그림 3.1.2〉에 보인 *OK-X128A1* 키트의 회로도에는 키 KEY1~KEY4에 풀업저항을 사용하지 않은 것처럼 보이지만 사실은 풀업저항을 사용하고 있다. Initialize_MCU() 함수에서 포트H를 초기화할 때 병렬 I/O 포트 내부에서 풀업저항(20kΩ)을 사용하도록 하였다.

(2) 기본적인 키입력 프로그램

여기서는 *OK-X128A1* 키트에 내장된 4개의 키 KEY1~KEY4를 읽어들여 현재 어느 키가 눌러졌는지를 확인하는 예를 살펴보기로 한다. 이 동작은 <그림 3.1.2>의 *OK-X128A1* 키트 회로도와 함께 이해하는 것이 필요하다.

디바운싱 기능을 사용하지 않고 키를 검출하여 그 키 입력에 해당하는 병렬 I/O 포트인 포트H의 비트값을 TFT-LCD의 화면에 보여주는 프로그램을 C언어로 작성하여 보면 다음과 같다.

〈프로그램 Exp09_1.c〉 디바운싱을 사용하지 않은 키입력 프로그램

```
/* ========================================================================== */
/*           Exp09_1.c : 키 입력 프로그램(디바운싱 기능 없음)                         */
/* ========================================================================== */
/*                       Designed and programmed by Duck-Yong Yoon in 2010.    */

#include <avr/io.h>
#include "OK-X128A1.h"

void TFT_8bin(U08 number)                        /* display 8-bit binary number */
{
  TFT_English(((number >> 7) & 0x01) + '0');    // 2^7
  TFT_English(((number >> 6) & 0x01) + '0');    // 2^6
  TFT_English(((number >> 5) & 0x01) + '0');    // 2^5
```

```
  TFT_English(((number >> 4) & 0x01) + '0');      // 2^4
  TFT_English(((number >> 3) & 0x01) + '0');      // 2^3
  TFT_English(((number >> 2) & 0x01) + '0');      // 2^2
  TFT_English(((number >> 1) & 0x01) + '0');      // 2^1
  TFT_English((number & 0x01) + '0');             // 2^0
}

int main(void)
{
  unsigned char key;

  Initialize_MCU();                               // initialize ATxmega128A1 MCU
  Delay_ms(200);
  Initialize_TFT_LCD();                           // initialize TFT-LCD
  Beep();

  TFT_string(9,10, White,Magenta, " 키 입력 값 ");
  TFT_string(5,13, Green,  Black, "(디바운싱 기능 없음)");
  TFT_string(6,25, Cyan,   Black, "PORTH = 0b11110000");

  while(1)
    { key = PORTH_IN & 0xF0;                      // read key input
      TFT_xy(16,25);                              // display position and color
      TFT_color(Cyan,Black);
      TFT_8bin(key);                              // display binary data
      PORTH_OUT = key >> 4;                       // display LED
    }
}
```

☞ *OK-X128A1* 키트에서 키 KEY1~KEY4는 각각 ATxmega128A1의 병렬 I/O 포트 PH4~PH7 비트에 접속되어 있으며, <그림 3.1.2>의 회로도를 보면 알 수 있듯이 누르지 않은 키는 논리값 1로 입력되고 누른 키는 논리값 0으로 입력된다는 점을 항상 기억해야 한다. 포트H의 나머지 비트들은 키 입력 동작에서 무의미하므로 AND 마스킹의 선택적 리셋 기능을 사용하여 잘라낸다.

이 프로그램을 컴파일하여 다운로드하고 실행하라. 그리고, 키 KEY1~KEY4를 차례로 누르면서 TFT-LCD 모듈에 나타나는 비트값 및 LED1~LED4에 표시되는 사항이 올바른지 관찰하라.

이번에는 디바운싱 기능과 키 입력이 1회만 검출되도록 하는 기능을 사용한 키입력 프로그램을 C언어로 작성하여 보면 다음과 같다.

〈프로그램 Exp09_2.c〉 디바운싱을 사용한 키입력 프로그램

```
/* ========================================================================== */
/*              Exp09_2.c : 키 입력 프로그램(디바운싱 기능 사용)              */
/* ========================================================================== */
/*                     Designed and programmed by Duck-Yong Yoon in 2010.    */

#include <avr/io.h>
#include "OK-X128A1.h"

void TFT_8bin(U08 number)                       /* display 8-bit binary number */
{
  TFT_English(((number >> 7) & 0x01) + '0');    // 2^7
  TFT_English(((number >> 6) & 0x01) + '0');    // 2^6
  TFT_English(((number >> 5) & 0x01) + '0');    // 2^5
```

```
  TFT_English(((number >> 4) & 0x01) + '0');        // 2^4
  TFT_English(((number >> 3) & 0x01) + '0');        // 2^3
  TFT_English(((number >> 2) & 0x01) + '0');        // 2^2
  TFT_English(((number >> 1) & 0x01) + '0');        // 2^1
  TFT_English((number & 0x01) + '0');               // 2^0
}

int main(void)
{
  unsigned char key;

  Initialize_MCU();                                 // initialize ATxmega128A1 MCU
  Delay_ms(200);
  Initialize_TFT_LCD();                             // initialize TFT-LCD
  Beep();

  TFT_string(10,10, White,Magenta, " 키 입력 ");
  TFT_string( 5,13, Green,  Black, "(디바운싱 기능 사용)");
  TFT_string( 6,20, Cyan,   Black, "PORTH = 0b11110000");

  while(1)
    { key = Key_input();                            // read key input
      TFT_xy(16,20);                                // display position and color
      TFT_color(Cyan,Black);
      TFT_8bin(key);                                // display binary data

      switch(key)                                   // key input display
        { case KEY1 : PORTH_OUT = key >> 4;
                      TFT_string(2,25, Green,Black, "키 KEY1을 1번 입력했습니다.");
                      break;
          case KEY2 : PORTH_OUT = key >> 4;
                      TFT_string(2,25, Green,Black, "키 KEY2를 1번 입력했습니다.");
                      break;
          case KEY3 : PORTH_OUT = key >> 4;
                      TFT_string(2,25, Green,Black, "키 KEY3을 1번 입력했습니다.");
                      break;
          case KEY4 : PORTH_OUT = key >> 4;
                      TFT_string(2,25, Green,Black, "키 KEY4를 1번 입력했습니다.");
                      break;
          default:    break;
        }
    }
}
```

(3) 키입력 카운트 프로그램

앞에서의 기본적인 키입력 프로그램에서는 단지 키의 입력을 확인하는 정도였으나 그 내부에는 중요한 테크닉이 포함되어 있는데 이들 예제에서는 이러한 사항을 이해하기가 쉽지 않았다. 그러나, 이제부터 키입력 카운트 프로그램을 살펴보면 디바운싱 기능이나 키를 1번 눌렀을 때 마이크로컨트롤러에 의하여 키 입력이 정확히 1번만 인식되도록 하는 기능이 얼마나 중요한지를 알 수 있다.

디바운싱 기능을 사용하지 않고 키 입력을 검출하여 각 키가 몇 번 입력되었는지를 TFT-LCD 모듈에 표시하는 프로그램을 C언어로 작성하면 다음과 같다.

〈프로그램 Exp09_3.c〉 디바운싱을 사용하지 않은 키입력 카운트 프로그램

```
/* ========================================================================== */
/*              Exp09_3.c : 키 입력 카운트 프로그램(디바운싱 기능 없음)              */
/* ========================================================================== */
/*                        Designed and programmed by Duck-Yong Yoon in 2010.  */

#include  <avr/io.h>
#include "OK-X128A1.h"

int main(void)
{
  unsigned char key, key1=0, key2=0, key3=0, key4=0;

  Initialize_MCU();                            // initialize ATxmega128A1 MCU
  Delay_ms(200);
  Initialize_TFT_LCD();                        // initialize TFT-LCD
  Beep();

  TFT_string(7,10, White,Magenta, " 키 입력 카운트 ");
  TFT_string(5,13, Green,  Black, "(디바운싱 기능 없음)");
  TFT_string(5,20, Cyan,   Black, "KEY1 입력 횟수 = 000");
  TFT_string(5,23, Cyan,   Black, "KEY2 입력 횟수 = 000");
  TFT_string(5,26, Cyan,   Black, "KEY3 입력 횟수 = 000");
  TFT_string(5,29, Cyan,   Black, "KEY4 입력 횟수 = 000");

  while(1)
    { key = PORTH_IN & 0xF0;                   // key input without debouncing
      PORTH_OUT = key >> 4;                    // display LED

      switch(key)                              // key input count display
        { case KEY1 : key1++;
                      TFT_xy(22,20);
                      TFT_unsigned_decimal(key1, 0, 3);
                      break;
          case KEY2 : key2++;
                      TFT_xy(22,23);
                      TFT_unsigned_decimal(key2, 0, 3);
                      break;
          case KEY3 : key3++;
                      TFT_xy(22,26);
                      TFT_unsigned_decimal(key3, 0, 3);
                      break;
          case KEY4 : key4++;
                      TFT_xy(22,29);
                      TFT_unsigned_decimal(key4, 0, 3);
                      break;
          default:    break;
        }
    }
}
```

☞ 여기서는 사용자 함수 Key_input()을 사용하지 않고 직접 병렬 I/O 포트 PORTH를 읽어 키를 검출하였으므로 디바운싱 기능이나 키 입력을 1번만 수행하는 기능은 포함되지 않는다. 키 KEY1~KEY4를 누른 횟수는 각각 8비트 변수 key1~key4로 카운트하여 TFT-LCD 모듈에 표시하므로 0~255 범위에서만 카운트하도록 하였다.

이 프로그램을 컴파일하여 다운로드하고 실행하라. 그리고, 키 KEY1~KEY4를 차례로 누르면서 TFT-LCD 모듈에 나타나는 카운트 값을 관찰하라. 키를 분명히 1번만 눌렀는데도 카운트 값이 종잡을 수 없이 여러번 변하는 것을 볼 수 있는가?

이번에는 디바운싱 기능과 키 입력이 1회만 검출되도록 하는 기능을 사용한 키입력 카운트 프로그램을 C언어로 작성하여 보면 다음과 같다.

〈프로그램 Exp09_4.c〉 디바운싱을 사용한 키입력 카운트 프로그램

```
/* ============================================================================ */
/*              Exp09_4.c : 키 입력 카운트 프로그램(디바운싱 기능 사용)          */
/* ============================================================================ */
/*                          Designed and programmed by Duck-Yong Yoon in 2010.  */

#include <avr/io.h>
#include "OK-X128A1.h"

int main(void)
{
  unsigned char key, key1=0, key2=0, key3=0, key4=0;

  Initialize_MCU();                          // initialize ATxmega128A1 MCU
  Delay_ms(200);
  Initialize_TFT_LCD();                      // initialize TFT-LCD
  Beep();

  TFT_string(7,10, White,Magenta, " 키 입력 카운트 ");
  TFT_string(5,13, Green,  Black, "(디바운싱 기능 사용)");
  TFT_string(5,20, Cyan,   Black, "KEY1 입력 횟수 = 000");
  TFT_string(5,23, Cyan,   Black, "KEY2 입력 횟수 = 000");
  TFT_string(5,26, Cyan,   Black, "KEY3 입력 횟수 = 000");
  TFT_string(5,29, Cyan,   Black, "KEY4 입력 횟수 = 000");

  while(1)
    { key = Key_input();                     // key input with debouncing
      PORTH_OUT = key >> 4;                  // display LED

      switch(key)                            // key input count display
        { case KEY1 : key1++;
                      TFT_xy(22,20);
                      TFT_unsigned_decimal(key1, 0, 3);
                      break;
          case KEY2 : key2++;
                      TFT_xy(22,23);
                      TFT_unsigned_decimal(key2, 0, 3);
                      break;
          case KEY3 : key3++;
                      TFT_xy(22,26);
                      TFT_unsigned_decimal(key3, 0, 3);
                      break;
          case KEY4 : key4++;
                      TFT_xy(22,29);
                      TFT_unsigned_decimal(key4, 0, 3);
                      break;
          default:    break;
        }
    }
}
```

☞ 여기서는 사용자 함수 Key_input()을 사용하여 디바운싱 기능과 키 입력을 1번만 수행하는 기능을 수행하였다. 역시 키 KEY1~KEY4를 누른 횟수는 각각 8비트 변수 key1~key4로 카운트하여 TFT-LCD 모듈에 표시하므로 0~255 범위에서만 카운트하도록 하였다.

이 프로그램을 컴파일하여 다운로드하고 실행하라. 그리고, 키 KEY1~KEY4를 차

례로 누르면서 TFT-LCD 모듈에 나타나는 카운트 값을 관찰하라. 키를 누를 때마다 해당 키의 카운트 값이 정확히 1씩 증가하는 것을 볼 수 있는가?

2. 인터럽트에 의한 키입력 프로그램

ATxmega128A1에서는 모든 병렬 I/O 포트의 핀을 외부 인터럽트로 사용할 수 있으므로, 여기서는 *OK-X128A1* 키트에서 KEY1~KEY4를 외부 인터럽트 신호 입력으로 사용하여 키 입력 카운트 프로그램을 작성하여 보기로 한다. 앞에서 사용한 키 입력 프로그램에서는 Key_input() 함수를 사용하여 키 입력 여부를 스캔해야만 키가 입력된 것을 확인할 수 있지만, 이렇게 인터럽트를 사용하면 마이크로컨트롤러가 다른 일을 수행하고 있는 동안에도 키 입력을 읽어들일 수 있다.

표준의 C언어에서는 원천적으로 인터럽트와 같이 매우 하드웨어 의존적인 기능을 지원하지 않으므로 C컴파일러마다 인터럽트와 관련된 기능을 처리하는 방식이 다르다. WinAVR에서 ATxmega128A1을 포함하는 AVR의 인터럽트 처리함수는

```
ISR(vector)
{
}
```

와 같은 형식으로 작성하며, 여기서 *vector*는 각 인터럽트에 고유하게 정해져 있는 인터럽트의 벡터 이름으로서 이는 앞의 <표 1.5.2>에서 보였다. 그러면 이 함수는 인터럽트 처리함수가 되므로 일반 사용자 함수와 달리 마지막에 RET 명령이 아니라 RETI 명령을 사용하도록 번역되고, 해당 인터럽트 벡터 위치에 이 함수로 점프하는 JMP 명령이 만들어진다.

(1) 디바운싱 기능이 없는 경우

먼저 *OK-X128A1* 키트의 KEY1~KEY4를 인터럽트 방식으로 읽어들이는 예를 살펴보기로 한다. 이 동작은 <그림 3.1.2>의 *OK-X128A1* 키트 회로도와 함께 이해하는 것이 필요하다.

OK-X128A1 키트에서 메인 프로그램은 LED1~LED4를 200ms 속도로 차례로 이동하면서 점등하는 동작을 수행하는 동안에 KEY1~KEY4를 누르면 이를 인터럽트 방식으로 읽어들여 각 키의 입력 횟수를 TFT-LCD 화면에 표시한다. 이 프로그램에서는 KEY1~KEY4를 누를 때 하강 에지에서만 인터럽트를 발생하도록 하였으며, 디

바운싱 기능이 없으므로 입력 카운트 값이 정확하게 표시되지 않는다.

〈프로그램 Exp09_5.c〉 인터럽트 방식으로 키를 입력하는 프로그램(1)

```
/* ========================================================================== */
/*              Exp09_5.c : 키 입력 인터럽트 카운트(디바운싱 기능 없음)       */
/* ========================================================================== */
/*                    Designed and programmed by Duck-Yong Yoon in 2010.      */

#include <avr/io.h>
#include <avr/interrupt.h>
#include "OK-X128A1.h"

volatile unsigned char key1 = 0;             // interrupt count
volatile unsigned char key2 = 0;
volatile unsigned char key3 = 0;
volatile unsigned char key4 = 0;

ISR(PORTH_INT0_vect)                         /* PORTH INT0 interrupt function */
{
  unsigned char key;

  key = PORTH_IN & 0xF0;                     // check key
  if(key == KEY1)
    { key1++;
      TFT_xy(22,20);
      TFT_unsigned_decimal(key1, 0, 3);
    }
  else if(key == KEY2)
    { key2++;
      TFT_xy(22,23);
      TFT_unsigned_decimal(key2, 0, 3);
    }
  else if(key == KEY3)
    { key3++;
      TFT_xy(22,26);
      TFT_unsigned_decimal(key3, 0, 3);
    }
  else if(key == KEY4)
    { key4++;
      TFT_xy(22,29);
      TFT_unsigned_decimal(key4, 0, 3);
    }
}

int main(void)
{
  unsigned char i, LED;

  Initialize_MCU();                          // initialize ATxmega128A1 MCU
  Delay_ms(200);
  Initialize_TFT_LCD();                      // initialize TFT-LCD
  Beep();

  PORTH_DIRCLR = 0xF0;                       // PF7~PF4 = input

  PORTH_PIN4CTRL = 0x1A;                     // falling edge
  PORTH_PIN5CTRL = 0x1A;
  PORTH_PIN6CTRL = 0x1A;
  PORTH_PIN7CTRL = 0x1A;

  PORTH_INT0MASK = 0xF0;                     // interrupt setting by KEY1~KEY4
  PORTH_INTCTRL = 0x03;
  PMIC_CTRL = 0x07;                          // enable HI, MED, LO level interrupt
  sei();                                     // global interrupt enable

  TFT_string(7,10, White,Magenta, " 키 입력 카운트 ");
  TFT_string(5,13, Green,  Black, "(디바운싱 기능 없음)");
```

```
    TFT_string(5,20, Cyan,    Black, "KEY1 입력 횟수 = 000");
    TFT_string(5,23, Cyan,    Black, "KEY2 입력 횟수 = 000");
    TFT_string(5,26, Cyan,    Black, "KEY3 입력 횟수 = 000");
    TFT_string(5,29, Cyan,    Black, "KEY4 입력 횟수 = 000");

    while(1)
      { for(i = 1, LED = 0x01; i <= 4; i++)         // shift from LED1 to LED4
          { PORTH_OUT = 0x0F;
            PORTH_OUTCLR = LED;
            Delay_ms(200);
            LED <<= 1;
          }
      }
  }
```

☞ 이 프로그램에서는 수시로 인터럽트가 발생하여 서비스 루틴을 실행하는 사이에 메인 루틴은 자신의 일을 수행하고 있는 모습을 확인할 수 있도록 하기 위하여 메인 루틴에서 LED 시프트 디스플레이 동작을 수행하도록 하였다.

여기서는 KEY1~KEY4가 입력되는 PH4~PH7의 신호가 하강 에지일 때만 인터럽트를 발생하도록 하였다. 인터럽트가 발생하면 PH4~PH7의 값을 읽어서 어느 키가 눌러진 것인지를 구분하고 이에 따라 해당 변수를 증가시키고 TFT-LCD에 표시한다. 인터럽트 함수와 메인 함수에서 공유하는 변수는 volatile로 선언하는 것이 바람직하다.

이 프로그램을 컴파일하여 *OK-X128A1* 키트에 다운로드하고 실행하라. 그리고, KEY1~KEY4를 눌러보면서 인터럽트가 발생하는 것을 확인하라. 키를 누른 횟수가 TFT-LCD에 올바르게 표시되는가?

(2) 디바운싱 기능을 적용한 경우

다음은 위의 예제 프로그램에 디바운싱 기능을 추가하여 키 입력 카운트가 정확하게 수행되도록 수정한 것이다. 인터럽트 방식의 키 입력에서 어떻게 디바운싱 기능을 구현하였는지 충분히 이해하도록 하라.

〈프로그램 Exp09_6.c〉 인터럽트 방식으로 키를 입력하는 프로그램(2)

```
/* ========================================================================== */
/*              Exp09_6.c : 키 입력 인터럽트 카운트(디바운싱 기능 사용)          */
/* ========================================================================== */
/*                         Designed and programmed by Duck-Yong Yoon in 2010.  */

#include <avr/io.h>
#include <avr/interrupt.h>
#include "OK-X128A1.h"

volatile unsigned char key1 = 0;                // interrupt count
volatile unsigned char key2 = 0;
volatile unsigned char key3 = 0;
volatile unsigned char key4 = 0;
```

```
ISR(PORTH_INT0_vect)                          /* PORTH INT0 interrupt function */
{
  unsigned char key;

  PORTH_INT0MASK = 0x00;                      // disable interrupt by KEY1~KEY4

  key = PORTH_IN & 0xF0;                      // check key
  if(key == KEY1)
    { key1++;
      TFT_xy(22,20);
      TFT_unsigned_decimal(key1, 0, 3);
    }
  else if(key == KEY2)
    { key2++;
      TFT_xy(22,23);
      TFT_unsigned_decimal(key2, 0, 3);
    }
  else if(key == KEY3)
    { key3++;
      TFT_xy(22,26);
      TFT_unsigned_decimal(key3, 0, 3);
    }
  else if(key == KEY4)
    { key4++;
      TFT_xy(22,29);
      TFT_unsigned_decimal(key4, 0, 3);
    }

  while((PORTH_IN & 0xF0) != 0xF0);           // wait until KEY1~KEY4 off
  Delay_ms(20);                               // delay for debouncing

  PORTH_INTFLAGS = 0x03;                      // clear interrupt request if any
  PORTH_INT0MASK = 0xF0;                      // interrupt setting by KEY1~KEY4
}

int main(void)
{
  unsigned char i, LED;

  Initialize_MCU();                           // initialize ATxmega128A1 MCU
  Delay_ms(200);
  Initialize_TFT_LCD();                       // initialize TFT-LCD
  Beep();

  PORTH_DIRCLR = 0xF0;                        // PF7~PF4 = input

  PORTH_PIN4CTRL = 0x1A;                      // falling edge
  PORTH_PIN5CTRL = 0x1A;
  PORTH_PIN6CTRL = 0x1A;
  PORTH_PIN7CTRL = 0x1A;

  PORTH_INT0MASK = 0xF0;                      // interrupt setting by KEY1~KEY4
  PORTH_INTCTRL = 0x03;
  PMIC_CTRL = 0x07;                           // enable HI, MED, LO level interrupt
  sei();                                      // global interrupt enable

  TFT_string(7,10, White,Magenta, " 키 입력 카운트 ");
  TFT_string(5,13, Green,  Black, "(디바운싱 기능 사용)");
  TFT_string(5,20, Cyan,   Black, "KEY1 입력 횟수 = 000");
  TFT_string(5,23, Cyan,   Black, "KEY2 입력 횟수 = 000");
  TFT_string(5,26, Cyan,   Black, "KEY3 입력 횟수 = 000");
  TFT_string(5,29, Cyan,   Black, "KEY4 입력 횟수 = 000");

  while(1)
    { for(i = 1, LED = 0x01; i <= 4; i++)     // shift from LED1 to LED4
        { PORTH_OUT = 0x0F;
          PORTH_OUTCLR = LED;
          Delay_ms(200);
          LED <<= 1;
        }
    }
}
```

☞ 이 프로그램에서 사용한 디바운싱 처리 기술이 유일한 해결책은 아니므로 독자 여러분이 여러가지 기법을 스스로 만들어 시도하여 보기 바란다. 이 프로그램에서 사용한 방법은 시간지연에 의한 디바운싱도 중요하지만 인터럽트 서비스 루틴을 종료하기 전에 인터럽트 플랙을 클리어하는 것이 특히 중요하다.

이 프로그램을 컴파일하여 다운로드하고 실행하라. 그리고, KEY1~KEY4를 여러번 눌러보면서 키 입력 카운트가 제대로 수행되는지 것을 확인하라.

이 프로그램에서는 인터럽트 신호를 하강 에지 트리거 방식으로 처리하면서 디바운싱 기술을 적용하였으므로 TFT-LCD 모듈에 표시되는 카운트 값이 정확히 1씩 증가한다. 그러나, 디바운싱 루틴에서 키가 떨어질 때까지 기다리면서 디바운싱을 처리하였기 때문에 키를 오래 누르고 있으면 메인 루틴의 실행이 그만큼 중단되는 단점이 있다. 다음은 이러한 문제를 개선한 새로운 디바운싱 처리 방법을 적용한 예제 프로그램이다.

〈프로그램 Exp09_7.c〉 인터럽트 방식으로 키를 입력하는 프로그램(3)

```
/* ========================================================================== */
/*        Exp09_7.c : 개선된 키 입력 인터럽트 카운트(디바운싱 기능 사용)        */
/* ========================================================================== */
/*                       Designed and programmed by Duck-Yong Yoon in 2010.   */

#include <avr/io.h>
#include <avr/interrupt.h>
#include "OK-X128A1.h"

volatile unsigned char keyinput_flag = 0;       // key input flag
volatile unsigned char key1 = 0;                // interrupt count
volatile unsigned char key2 = 0;
volatile unsigned char key3 = 0;
volatile unsigned char key4 = 0;

ISR(PORTH_INT0_vect)                            /* PORTH INT0 interrupt function */
{
  unsigned char key;

  PORTH_INT0MASK = 0x00;                        // disable interrupt by KEY1~KEY4

  key = PORTH_IN & 0xF0;                        // check key
  if((keyinput_flag == 0) && (key == KEY1))
    { keyinput_flag = 1;
      key1++;
      TFT_xy(22,20);
      TFT_unsigned_decimal(key1, 0, 3);
      Beep();
    }
  else if((keyinput_flag == 0) && (key == KEY2))
    { keyinput_flag = 1;
      key2++;
      TFT_xy(22,23);
      TFT_unsigned_decimal(key2, 0, 3);
      Beep();
```

```
    }
  else if((keyinput_flag == 0) && (key == KEY3))
    { keyinput_flag = 1;
      key3++;
      TFT_xy(22,26);
      TFT_unsigned_decimal(key3, 0, 3);
      Beep();
    }
  else if((keyinput_flag == 0) && (key == KEY4))
    { keyinput_flag = 1;
      key4++;
      TFT_xy(22,29);
      TFT_unsigned_decimal(key4, 0, 3);
      Beep();
    }

  if((PORTH_IN & 0xF0) == 0xF0)                  // wait until KEY1~KEY4 off
    { keyinput_flag = 0;
      Delay_ms(20);                              // delay for debouncing
    }

  PORTH_INTFLAGS = 0x03;                         // clear interrupt request if any
  PORTH_INT0MASK = 0xF0;                         // interrupt setting by KEY1~KEY4
}

int main(void)
{
  unsigned char i, LED;

  Initialize_MCU();                              // initialize ATxmega128A1 MCU
  Delay_ms(200);
  Initialize_TFT_LCD();                          // initialize TFT-LCD
  Beep();

  PORTH_DIRCLR = 0xF0;                           // PF7~PF4 = input

  PORTH_PIN4CTRL = 0x18;                         // rising and falling edge
  PORTH_PIN5CTRL = 0x18;
  PORTH_PIN6CTRL = 0x18;
  PORTH_PIN7CTRL = 0x18;

  PORTH_INT0MASK = 0xF0;                         // interrupt setting by KEY1~KEY4
  PORTH_INTCTRL = 0x03;
  PMIC_CTRL = 0x07;                              // enable HI, MED, LO level interrupt
  sei();                                         // global interrupt enable

  TFT_string(12,7, White,  Black, "개선된");
  TFT_string(7,10, White,Magenta, " 키 입력 카운트 ");
  TFT_string(5,13, Green,  Black, "(디바운싱 기능 사용)");
  TFT_string(5,20, Cyan,   Black, "KEY1 입력 횟수 = 000");
  TFT_string(5,23, Cyan,   Black, "KEY2 입력 횟수 = 000");
  TFT_string(5,26, Cyan,   Black, "KEY3 입력 횟수 = 000");
  TFT_string(5,29, Cyan,   Black, "KEY4 입력 횟수 = 000");

  while(1)
    { for(i = 1, LED = 0x01; i <= 4; i++)        // shift from LED1 to LED4
        { PORTH_OUT = 0x0F;
          PORTH_OUTCLR = LED;
          Delay_ms(200);
          LED <<= 1;
        }
    }
}
```

☞ 이 프로그램에서는 KEY1～KEY4가 입력되는 PH4～PH7의 신호가 하강 에지 및 상승 에지에서 모

두 인터럽트를 발생하도록 하였다. 그리고, 키를 한번 눌렀을 때 인터럽트에서 키를 한번만 인식하기 위하여 Key_input() 함수에서처럼 플랙을 사용하였다. 여기서는 키가 새로 눌려져서 처음으로 인터럽트가 발생한 경우에는 이 플랙을 1로 만들고, 상승 에지에서 인터럽트가 발생한 경우에는 이 플랙을 다시 0으로 해주는 것이 중요하다.

이 프로그램을 컴파일하여 다운로드하고 실행하라. 그리고, 키 KEY1~KEY4를 여러번 눌러보면서 키 입력 카운트가 제대로 수행되는지 것을 확인하라.

이 프로그램에서는 디바운싱 기능이 제대로 수행되어 키가 1번만 인식되며, 더구나 키를 오래 누르고 있어도 프로그램의 흐름이 키 입력 루틴에 묶이지 않고 바로 인터럽트 함수에서 리턴하여 메인 프로그램이 문제없이 실행된다.

3. 실습 과제

(1) 스캔 방식에 의한 키 입력과 인터럽트 방식에 의한 키 입력의 차이를 비교 설명하라.

(2) ATxmega128A1의 외부 인터럽트에서 레벨 트리거 방식과 에지 트리거 방식의 차이를 비교 설명하라.

(3) 예제 프로그램 Exp09_6.c에서 디바운싱을 위하여는 인터럽트 서비스 루틴의 끝 부분에서 인터럽트 플랙을 클리어하는 것이 필요한 이유를 설명하라.

(4) 이 책에서 사용한 방법 이외에 자기 자신이 고안한 디바운싱 방법을 적용한 키 입력 프로그램 Exp09_7R.c를 작성하라.

4.10 타이머를 이용한 인터럽트 프로그램

이 절에서는 ATxmega128A1의 타이머에 의하여 인터럽트를 요청하고 처리하는 프로그래밍 기술을 익힌다. 이를 이용한 응용으로 전자 스톱워치를 만들어 본다.

관련 내용	(1) 제1.5절 ATxmega 패밀리의 인터럽트 처리 (2) 제2.2절 타이머/카운터 (3) 제3.5절 GCC 계열의 WinAVR 컴파일러

1. 주기적인 인터럽트 발생 프로그램

마이크로컨트롤러에서 타이머를 이용하여 일정한 주기로 인터럽트를 발생시키는 일은 매우 많다. 주기적인 인터럽트를 발생하여 디지털 시계를 구현하거나, 자동제어에서 일정한 샘플링 주기로 제어를 수행하거나, 동시에 여러 가지 기능을 처리하기 위하여 시분할 방식으로 각각의 일을 번갈아 수행하는 경우는 모두 이에 해당한다. 이때 인터럽트 발생주기는 사용자가 임의로 설정할 수 있어야 하며 그 주기가 매우 정확해야 하는데, 이는 마이크로컨트롤러에 내장된 타이머/카운터의 기능을 이용하는 것이 좋다. 특히 이처럼 정확한 주기의 인터럽트를 발생시킬 때는 타이머의 주기가 하드웨어적으로 자동 처리되는 출력비교 및 자동 클리어 기능을 사용해야 한다.

일반적인 마이크로컨트롤러에서 타이머/카운터에서 주기가 소프트웨어적으로 처리되는 타이머 오버플로우 인터럽트의 동작을 그림으로 설명하면 <그림 4.10.1>과 같다. 즉, 타이머의 오버플로우 인터럽트가 발생하면 오버플로우에 의하여 타이머의 값이 0xFFFF→0x0000으로 클리어되므로 인터럽트 서비스 루틴에서 이를 소프트웨어적으로 다시 원하는 주기를 만들기 위한 값으로 초기화해 주어야 한다. 그러나, 인터럽트가 요청되어 처리 루틴을 시작하기까지의 지연시간과 타이머를 초기화하는 소프트웨어의 실행시간이 인터럽트 설정주기에 추가되므로 이런 경우에는 실제로 발생하는 인터럽트 주기가 설정값에 비하여 더 길어지게 된다. 그런데, 이러한 오차가 일정하다면 인터럽트 설정 주기를 그만큼 줄이는 방법으로 보완할 수도 있겠지만, 인터럽트 지연시간은 상황에 따라 달라지므로 이러한 보완도 현실적으로 불가능하다.

그러나, <그림 4.10.2>와 같이 ATxmega128A1의 일반 모드 또는 FRQ 모드에서 자동 클리어 기능이 있는 타이머 오버플로우 인터럽트를 사용하면 원천적으로 이런 문제가 발생하지 않는다. 즉, 이들 모드에서는 현재의 타이머 값이 TOP에 해당하는 주기 레지스터 PER 또는 CCA와 같아지면 타이머는 오버플로우 인터럽트를 요청하면서 하드웨어에 의하여 자동으로 타이머의 값을 TOP(현재값)→0x0000으로 클리어하므로 이후부터 정확히 인터럽트 설정 주기만큼의 시간이 지나면 또 다시 이 오버플로우 인터럽트를 발생하게 된다. 이는 ATmega 패밀리에서의 CTC 모드와 매우 유사하다.

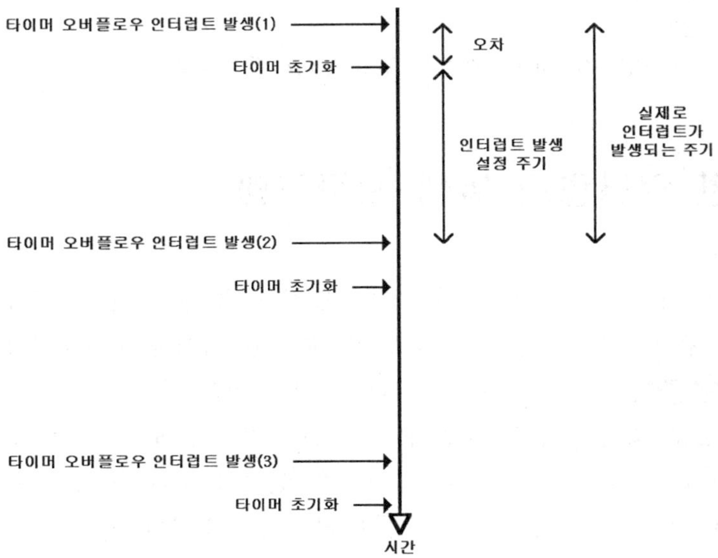

〈그림 4.10.1〉 자동 클리어 기능이 없는 주기적인 타이머 오버플로우 인터럽트

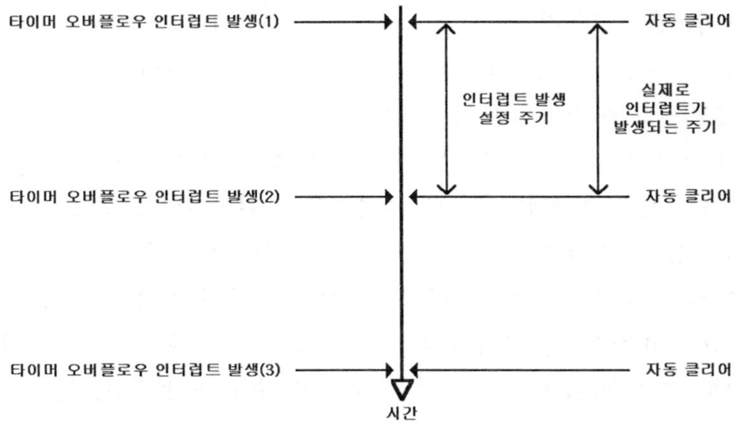

〈그림 4.10.2〉 자동 클리어 기능이 있는 주기적인 타이머 오버플로우 인터럽트

(1) 포트C의 타이머0(TCC0)을 사용한 주기적인 인터럽트 발생

ATxmega128A1의 타이머/카운터는 모두 16비트 구조를 갖는다. 여기서는 포트C의 타이머0인 TCC0을 사용하여 인터럽트를 발생시키는 프로그램 작성에 대하여 공부한다.

포트C의 타이머0인 TCC0을 일반 모드(normal mode)로 사용하여 1Hz의 속도로 주기적인 인터럽트를 발생하고, 인터럽트가 발생될 때마다 LED1을 점멸하는 프로그램을 C언어로 작성하면 다음과 같다. 결국 이 LED는 0.5Hz의 속도 즉 2초에 한번씩 깜빡이게 된다.

〈프로그램 Exp10_1.c〉 타이머/카운터 TCC0을 이용한 주기적인 인터럽트의 발생

```
/* ========================================================================== */
/*          Exp10_1.c : 타이머/카운터 TCC0의 일반 모드 OVF 인터럽트(1Hz)        */
/* ========================================================================== */
/*                        Designed and programmed by Duck-Yong Yoon in 2010.  */

#include <avr/io.h>
#include <avr/interrupt.h>
#include "OK-X128A1.h"

ISR(TCC0_OVF_vect)                              /* TCC0 OVF interrupt function */
{
  PORTH_OUTTGL = 0x01;                          // toggle LED1
}

int main(void)
{
  Initialize_MCU();                             // initialize ATxmega128A1 MCU
  Delay_ms(200);
  Initialize_TFT_LCD();                         // initialize TFT-LCD
  Beep();

  TFT_string(1,10, White,Magenta, " TCC0 일반모드 OVF 인터럽트 "); // display title
  TFT_string(3,20, Cyan,   Black, "인터럽트 주파수 : 1 Hz");

  TCC0_CTRLA = 0x07;                            // int = 32MHz/1024/(1+31249) = 1Hz
  TCC0_CTRLB = 0x00;                            // normal mode
  TCC0_PER = 31249;
  TCC0_CNT = 0x0000;                            // clear TCC0 counter

  TCC0_INTCTRLA = 0x03;                         // enable OVF interrupt with high level
  PMIC_CTRL = 0x07;                             // enable HI, MED, LO level interrupt
  sei();                                        // global interrupt enable

  while(1);                                     // wait interrupt
}
```

☞ 타이머/카운터의 일반 모드에서는 카운터 값이 주기 레지스터 PER과 같아지면 카운터가 0x0000으로 클리어되면서 오버플로우 인터럽트가 요청된다. 8051이나 ATmega 패밀리 등 다른 마이크로컨트롤러에서는 보통 0xFFFF→0x0000으로 되는 순간에 오버플로우 인터럽트가 요청되는데 비하여 ATxmega 패밀리에서는 TOP(PER와 같은 값)→0x0000으로 되는 순간에 오버플로우 인터럽트가 발생된다는 점에 유의해야

한다. ATxmega 패밀리에서는 이를 오버플로우 인터럽트라고 부르지만 기능적으로는 ATmega 패밀리의 CTC 모드 인터럽트와 유사하다.

이 예제에서 인터럽트가 발생되어 인터럽트 서비스 루틴 함수에서만 어떤 일이 수행되므로 메인 프로그램이 전혀 할 일이 없으며, 따라서 이를 while(1); 문을 사용하여 무한루프로 처리함으로써 main() 함수의 실행이 종료되고 리턴하는 일이 없도록 처리하였다.

이 프로그램을 컴파일하여 *OK-X128A1* 키트에 다운로드하고 실행하라. 그리고, LED1이 정확히 2초의 주기로 점멸하는지 관찰하라.

(2) 포트C의 타이머0(TCC0)을 사용한 일정 주파수 출력파형의 발생

앞의 예제 Exp10_1.c에서처럼 타이머/카운터를 일반 모드를 사용하면 PER 레지스터로 TOP으로 사용하여 주기를 결정하는 방법으로 일정 주기의 오버플로우 인터럽트를 발생할 수 있다.

그러나, 이때 동시에 일정한 주파수의 구형파 출력파형도 함께 발생하고자 하면 타이머/카운터를 일반 모드가 아니라 FRQ 모드(frequency generation mode)로 사용해야 한다. FRQ 모드에서는 TOP으로 PER 레지스터가 아니라 CCA 레지스터를 사용하며, 카운터 값이 TOP에 해당하는 CCA 레지스터와 같아지면 오버플로우 인터럽트 및 비교매치 A 인터럽트가 요청되고, 이때 만약 제어 레지스터 CTRLB에서 CCAEN=1로 설정하면 OC0A 단자에 인터럽트가 발생할 때마다 토글되는 신호를 출력한다.

포트C의 타이머0인 TCC0을 FRQ 모드로 사용하여 1Hz의 속도로 주기적인 인터럽트를 발생하고, 인터럽트가 발생될 때마다 LED1을 점멸하면서 OC0A 단자에 0.5Hz의 구형파 신호를 출력하는 프로그램은 다음과 같다.

〈프로그램 Exp10_2.c〉 타이머/카운터 TCC0을 이용한 일정 주파수 출력파형의 발생

```
/* ========================================================================== */
/*         Exp10_2.c : 타이머/카운터 TCC0의 FRQ 모드 OVF 인터럽트(1Hz)          */
/* ========================================================================== */
/*                         Designed and programmed by Duck-Yong Yoon in 2010.  */

#include <avr/io.h>
#include <avr/interrupt.h>
#include "OK-X128A1.h"

ISR(TCC0_OVF_vect)                          /* TCC0 OVF interrupt function */
{
  PORTH_OUTTGL = 0x01;                      // toggle LED1
}

int main(void)
{
  Initialize_MCU();                         // initialize ATxmega128A1 MCU
```

```
  Delay_ms(200);
  Initialize_TFT_LCD();                        // initialize TFT-LCD
  Beep();

  TFT_string(1,10, White,Magenta, " TCC0 FRQ 모드 OVF 인터럽트 "); // display title
  TFT_string(3,20, Cyan,    Black, "인터럽트 주파수 : 1 Hz");

  TCC0_CTRLA = 0x07;                           // int = 32MHz/1024/(1+31249) = 1Hz
  TCC0_CTRLB = 0x11;                           // FRQ mode, CCAEN = 1
  TCC0_CCA = 31249;
  TCC0_CNT = 0x0000;                           // clear TCC0 counter

  TCC0_INTCTRLA = 0x03;                        // enable OVF interrupt with high level
  PMIC_CTRL = 0x07;                            // enable HI, MED, LO level interrupt
  sei();                                       // global interrupt enable

  while(1);                                    // wait interrupt
}
```

☞ 타이머/카운터의 FRQ 모드에서는 카운터 값이 비교/캡쳐 레지스터 CCA와 같아지면 카운터가 0x0000으로 클리어되면서 오버플로우 인터럽트가 요청된다. 이때 제어 레지스터 CTRLB에서 CCAEN=1로 설정하면 OC0A 단자에 인터럽트가 발생할 때마다 토글되는 신호를 출력한다. 따라서, 인터럽트 발생 속도가 1Hz라면 OC0A 단자에 출력되는 구형파의 주파수는 0.5Hz가 된다.

이 프로그램을 컴파일하여 *OK-X128A1* 키트에 다운로드하고 실행하라. 그리고, LED1이 정확히 2초의 주기로 점멸하는지 관찰하라. 이때 *OK-X128A1* 키트에서 오실로스코프로 OC0A의 출력에 해당하는 PC0 단자의 출력 파형을 관측하면 <그림 4.10.3>과 같다.

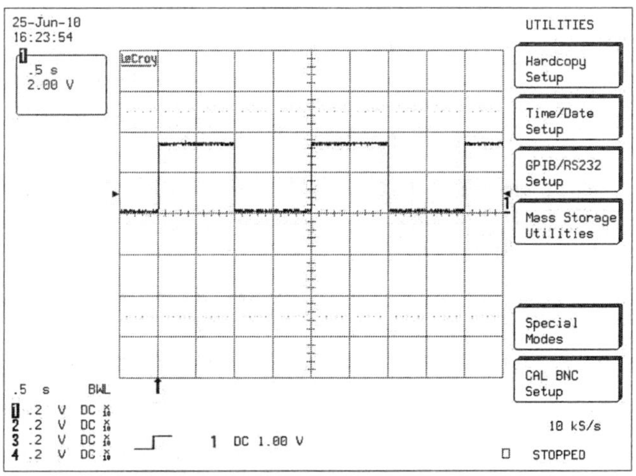

〈그림 4.10.3〉 오실로스코프로 측정한 PC0(OC0A) 단자의 출력 파형

(3) TCC0과 TCC1을 사용한 다중 인터럽트 발생 프로그램

이번에는 하나의 프로그램에서 2개의 서로 다른 인터럽트를 발생하는 다중 인터럽트 처리 프로그램을 공부하기로 한다.

다음 프로그램에서는 포트C의 타이머0인 TCC0을 FRQ 모드로 사용하여 1Hz의 속도로 주기적인 인터럽트를 발생하고, 인터럽트가 발생될 때마다 LED1을 점멸하면서 OC0A 단자에 0.5Hz의 구형파 신호를 출력하였다. 또한 포트C의 타이머1인 TCC1을 FRQ 모드로 사용하여 5Hz의 속도로 주기적인 인터럽트를 발생하고, 인터럽트가 발생될 때마다 LED4를 점멸하면서 OC1A 단자에 2.5Hz의 구형파 신호를 출력하였다.

〈프로그램 Exp10_3.c〉 TCC0과 TCC1을 사용한 다중 인터럽트 프로그램

```
/* ========================================================================= */
/*              Exp10_3.c : 타이머/카운터 TCC0/TCC1의 다중 인터럽트          */
/* ========================================================================= */
/*                         Designed and programmed by Duck-Yong Yoon in 2010. */

#include <avr/io.h>
#include <avr/interrupt.h>
#include "OK-X128A1.h"

ISR(TCC0_OVF_vect)                              /* TCC0 OVF interrupt function */
{
  PORTH_OUTTGL = 0x01;                          // toggle LED1
}

ISR(TCC1_OVF_vect)                              /* TCC1 OVF interrupt function */
{
  PORTH_OUTTGL = 0x08;                          // toggle LED4
}

int main(void)
{
  Initialize_MCU();                             // initialize ATxmega128A1 MCU
  Delay_ms(200);
  Initialize_TFT_LCD();                         // initialize TFT-LCD
  Beep();

  TFT_string(1,10, White,Magenta, " TCC0 FRQ 모드 OVF 인터럽트 "); // display title
  TFT_string(1,15, Cyan,   Black, "인터럽트 주파수 : 1 Hz(LED1)");
  TFT_string(1,25, White,Magenta, " TCC1 FRQ 모드 OVF 인터럽트 "); // display title
  TFT_string(1,30, Cyan,   Black, "인터럽트 주파수 : 5 Hz(LED4)");

  TCC0_CTRLA = 0x07;                            // int = 32MHz/1024/(1+31249) = 1Hz
  TCC0_CTRLB = 0x11;                            // FRQ mode, CCAEN = 1
  TCC0_CCA = 31249;
  TCC0_CNT = 0x0000;                            // clear TCC0 counter

  TCC0_INTCTRLA = 0x03;                         // enable OVF interrupt with high level

  TCC1_CTRLA = 0x07;                            // int = 32MHz/1024/(1+6249) = 5Hz
  TCC1_CTRLB = 0x11;                            // FRQ mode, CCAEN = 1
  TCC1_CCA = 6249;
  TCC1_CNT = 0x0000;                            // clear TCC1 counter

  TCC1_INTCTRLA = 0x03;                         // enable OVF interrupt with high level
  PMIC_CTRL = 0x07;                             // enable HI, MED, LO level interrupt
```

```
    sei();                                          // global interrupt enable

    while(1);                                       // wait interrupt
  }
```

이 프로그램을 컴파일하여 *OK-X128A1* 키트에 다운로드하고 실행하라. 그리고, LED1이 정확히 0.5Hz의 속도로 점멸하고 LED4가 2.5Hz의 속도로 점멸하는지 관찰하라. 이때 *OK-X128A1* 키트에서 오실로스코프로 OC0A의 출력인 PC0 단자와 OC1A의 출력인 PC4 단자의 출력 파형을 관측하면 <그림 4.10.4>와 같다.

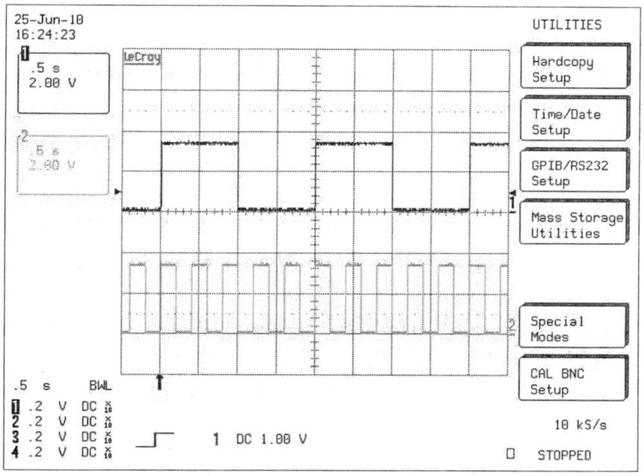

〈그림 4.10.4〉 오실로스코프로 측정한 PC0(OC0A) 및 PC4(OC1A) 단자의 출력 파형

2. 타이머를 이용한 특수 파형 발생 프로그램

여기서는 2개의 타이머/카운터를 이용하여 특별한 파형을 발생하는 프로그램을 작성하여 보기로 한다. 예를 들어 다음 프로그램은 1초에 한번씩 100kHz 주파수를 갖는 구형파를 5개의 주기씩만 발생하는 프로그램이다. 이러한 파형은 초음파를 이용하여 거리를 측정하려는 경우 초음파 송신 신호를 만드는데 유용하게 사용할 수 있다.

〈프로그램 Exp10_4.c〉 TCC0과 TCC1을 사용한 특수 파형 발생 프로그램(1)

```
/* ======================================================================= */
/*          Exp10_4.c : 타이머/카운터를 사용한 여러개의 펄스 발생              */
/* ======================================================================= */
```

```
/*                              Designed and programmed by Duck-Yong Yoon in 2010.   */

#include <avr/io.h>
#include <avr/interrupt.h>
#include "OK-X128A1.h"

volatile unsigned char count;

ISR(TCC0_OVF_vect)                          /* TCC0 OVF interrupt function */
{
  TCC1_CTRLA = 0x04;                        // OC1A = 32MHz/2/8/(1+19) = 200kHz
  TCC1_CNT = 0x0000;                        // clear TCC1 counter
  count = 0;

  PORTH_OUTTGL = 0x01;                      // toggle LED1
}

ISR(TCC1_OVF_vect)                          /* TCC1 OVF interrupt function */
{
  count++;
  if(count >= 10)
    { TCC1_CTRLA = 0x00;                    // TCC1 is OFF state
      count = 0;
    }
}

int main(void)
{
  Initialize_MCU();                         // initialize ATxmega128A1 MCU
  Delay_ms(200);
  Initialize_TFT_LCD();                     // initialize TFT-LCD
  Beep();

  TFT_string(1,10, White,Magenta, " TCC0 FRQ 모드 OVF 인터럽트 "); // display title
  TFT_string(1,15, Cyan,   Black, "인터럽트 주파수 : 1 Hz(LED1)");
  TFT_string(1,25, White,Magenta, " TCC1 FRQ 모드 OVF 인터럽트 "); // display title
  TFT_string(2,30, Cyan,   Black, "100kHz로 5개의 펄스를 발생");

  count = 0;

  TCC0_CTRLA = 0x07;                        // int = 32MHz/1024/(1+31249) = 1Hz
  TCC0_CTRLB = 0x11;                        // FRQ mode, CCAEN = 1
  TCC0_CCA = 31249;
  TCC0_CNT = 0x0000;                        // clear TCC0 counter

  TCC0_INTCTRLA = 0x03;                     // enable OVF interrupt with high level

  TCC1_CTRLA = 0x00;                        // TCC1 is OFF state
  TCC1_CTRLB = 0x11;                        // FRQ mode, CCAEN = 1
  TCC1_CTRLC = 0x00;                        // OC1A = 0 when TCC1 is OFF state
  TCC1_CCA = 19;
  TCC1_CNT = 0x0000;                        // clear TCC1 counter

  TCC1_INTCTRLA = 0x03;                     // enable OVF interrupt with high level
  PMIC_CTRL = 0x07;                         // enable HI, MED, LO level interrupt
  sei();                                    // global interrupt enable

  while(1);                                 // wait interrupt
}
```

☞ 이 프로그램에서 count처럼 인터럽트 함수와 그밖의 다른 함수에서 공통적으로 사용하는 변수는 반드시 전역변수로 처리하여야 하며, 가급적이면 volatile로 선언하는 것이 좋다.

이 프로그램을 컴파일하여 *OK-X128A1* 키트에 다운로드하고 실행하라. 이때 *OK-X128A1* 키트에서 오실로스코프로 OC0A의 출력인 PC0 단자와 OC1A의 출력인 PC4 단자의 출력 파형을 관측하면 <그림 4.10.5>와 같다. 즉, 1초마다 OC0A의 주기가 시작되면서 OC1A에는 100kHz의 주파수를 갖는 5개의 펄스 신호를 출력한다.

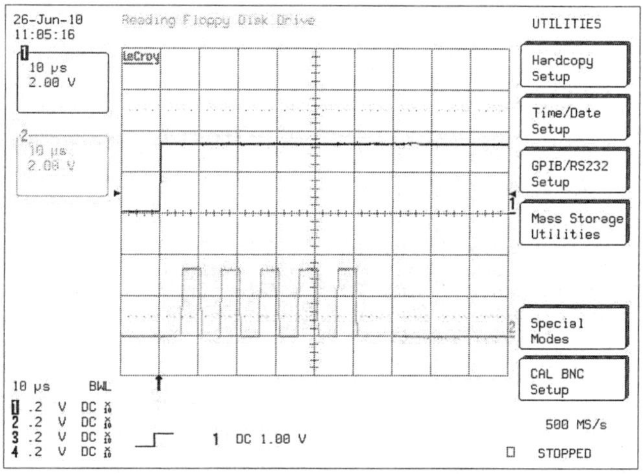

〈그림 4.10.5〉 오실로스코프로 측정한 PC0(OC0A) 및 PC4(OC1A) 단자의 출력 파형

위의 프로그램에서는 1초가 시작될 때마다 발생되는 100kHz 주파수를 갖는 5개의 구형파 신호가 low 부분부터 시작되기 때문에 초음파 송신기의 동작이 1/2주기만큼 늦어지므로 이를 초음파를 이용한 거리 측정에 사용하는 경우 약간의 오차를 야기하게 된다. 이를 보완하기 위하여 1초가 시작될 때마다 발생되는 100kHz 주파수를 갖는 5개의 구형파 신호가 high 부분부터 시작되도록 수정한 프로그램은 다음과 같다.

〈프로그램 Exp10_5.c〉 TCC0과 TCC1을 사용한 특수 파형 발생 프로그램(2)

```
/* ====================================================================== */
/*          Exp10_5.c : 타이머/카운터를 사용한 여러개의 펄스 발생          */
/* ====================================================================== */
/*                 Designed and programmed by Duck-Yong Yoon in 2010.   */

#include  <avr/io.h>
#include  <avr/interrupt.h>
#include "OK-X128A1.h"

volatile unsigned char count;

ISR(TCC0_OVF_vect)                          /* TCC0 OVF interrupt function */
{
  TCC1_CCA = 19;                            // Duty = 19 / 39 = 50%
  TCC1_CNT = 0x0000;                        // clear TCC1 counter
```

```
    count = 0;

    PORTH_OUTTGL = 0x01;                        // toggle LED1
  }

  ISR(TCC1_CCA_vect)                            /* TCC1 CCA interrupt function */
  {
    count++;
    if(count >= 5)
      { TCC1_CCA = 0;                           // Duty = 0 / 39 = 0 %
        count = 0;
      }
  }

  int main(void)
  {
    Initialize_MCU();                           // initialize ATxmega128A1 MCU
    Delay_ms(200);
    Initialize_TFT_LCD();                       // initialize TFT-LCD
    Beep();

    TFT_string(1,10, White,Magenta, " TCC0 FRQ 모드 OVF 인터럽트 "); // display title
    TFT_string(1,15, Cyan,   Black, "인터럽트 주파수 : 1 Hz(LED1)");
    TFT_string(1,25, White,Magenta, " TCC1 FRQ 모드 OVF 인터럽트 "); // display title
    TFT_string(2,30, Cyan,   Black, "100kHz로 5개의 펄스를 발생");

    count = 0;

    TCC0_CTRLA = 0x07;                          // int = 32MHz/1024/(1+31249) = 1Hz
    TCC0_CTRLB = 0x11;                          // FRQ mode, CCAEN = 1
    TCC0_CCA = 31249;
    TCC0_CNT = 0x0000;                          // clear TCC0 counter

    TCC0_INTCTRLA = 0x03;                       // enable OVF interrupt with high level

    TCC1_CTRLA = 0x04;                          // OC1A = 32MHz/8/(1+39) = 100kHz
    TCC1_CTRLB = 0x13;                          // Single Slope PWM mode, CCAEN = 1
    TCC1_PER = 39;
    TCC1_CCA = 0;                               // Duty = 0 / 39 = 0 %
    TCC1_CNT = 0x0000;                          // clear TCC1 counter

    TCC1_INTCTRLB = 0x03;                       // enable CCA interrupt with high level
    PMIC_CTRL = 0x07;                           // enable HI, MED, LO level interrupt
    sei();                                      // global interrupt enable

    while(1);                                   // wait interrupt
  }
```

☞ 이 프로그램에서는 100kHz 파형이 high 부분부터 출력되도록 하기 위하여 TCC1을 FRQ 모드가 아니라 SS PWM 모드로 사용하였다. 원하는 5주기의 파형을 출력할 때는 듀티비를 50%로 설정하고, 이 출력을 금지할 때는 듀티비를 0%로 설정하면 된다.

이 프로그램을 컴파일하여 *OK-X128A1* 키트에 다운로드하고 실행하라. 이때 *OK-X128A1* 키트에서 오실로스코프로 OC0A의 출력인 PC0 단자와 OC1A의 출력인 PC4 단자의 출력 파형을 관측하면 <그림 4.10.6>과 같다. 즉, 1초마다 OC0A의 주기가 시작되면서 OC1A에는 100kHz의 주파수를 갖는 5개의 펄스 신호를 출력되는데, 이 펄스 신호가 high 부분부터 출력되는 점에 주목하라.

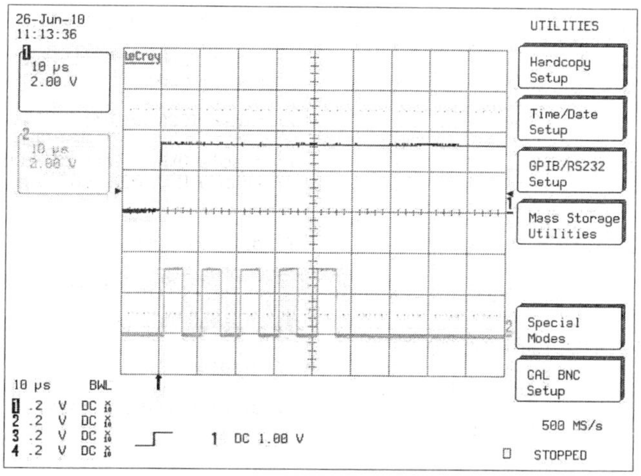

〈그림 4.10.6〉 오실로스코프로 측정한 PC0(OC0A) 및 PC4(OC1A) 단자의 출력 파형

3. 타이머를 이용한 스톱워치 프로그램

포트C의 타이머0인 TCC0을 이용하여 전자 스톱워치(stop watch)를 구현해보기로 한다. 여기서는 TFT-LCD의 화면처리 시간을 고려하여 스톱워치의 최소 시간단위를 1/10초까지 표시하는데, 이는 타이머 오버플로우 인터럽트로 쉽게 구현할 수 있다.

이 프로그램에서 스톱워치의 스타트 버튼은 KEY1, 스톱 버튼은 KEY4, 리셋 버튼은 KEY3을 사용하기로 한다.

〈프로그램 Exp10_6.c〉 타이머/카운터 TCC0을 이용한 스톱워치 프로그램

```
/* ======================================================================== */
/*         Exp10_6.c : 타이머/카운터 TCC0을 이용한 전자 스톱 워치                 */
/* ======================================================================== */
/*                          Designed and programmed by Duck-Yong Yoon in 2010.  */

#include <avr/io.h>
#include <avr/interrupt.h>
#include "OK-X128A1.h"

volatile unsigned int second;
volatile unsigned char minute, hour, run_flag;

void Clear_time(void)                          /* clear time */
{
  second = 0;                                  // clear time
  minute = 0;
  hour = 0;
```

```
  TFT_string(10,20, White,Black, "00:00:00.0"); // clear display
  TFT_color(Green,Black);
}

void Set_timer1(void)                          /* initialize Timer1 and OC1A */
{
  TCC0_CTRLA = 0x06;                           // int = 32MHz/256/(1+12499) = 10Hz
  TCC0_CTRLB = 0x00;                           // normal mode
  TCC0_PER = 12499;
  TCC0_CNT = 0x0000;                           // clear TCC0 counter

  TCC0_INTCTRLA = 0x03;                        // enable OVF interrupt with high level
  PMIC_CTRL = 0x07;                            // enable HI, MED, LO level interrupt
}

void Display_time(void)                        /* display time */
{
  TFT_xy(10,20);                                       // display hour
  TFT_unsigned_decimal(hour, 1, 2);
  TFT_xy(13,20);                               // display minute
  TFT_unsigned_decimal(minute, 1, 2);
  TFT_xy(16,20);                               // display second
  TFT_unsigned_decimal(second / 10, 1, 2);
  TFT_xy(19,20);                               // display 1/100 second
  TFT_English((second % 10) + '0');
}

ISR(TCC0_OVF_vect)                             /* TCC0 OVF interrupt function */
{
  second++;                                    // increment 1/100 second
  if(second == 600)                            // second = 60 ?
    { second = 0;                              // if yes, second = 0 and minute++
      minute++;
      if(minute == 60)                         // minute = 60 ?
        { minute = 0;                          // if yes, minute = 0 and hour++
          hour++;
          if(hour == 100)                      // hour = 100 ?
            hour = 0;                          // if yes, hour = 0
        }
    }
  Display_time();                              // display time
}

int main(void)
{
  Initialize_MCU();                            // initialize ATxmega128A1 MCU
  Delay_ms(200);
  Initialize_TFT_LCD();                        // initialize TFT-LCD
  Beep();

  TFT_string(7,10, White,Magenta, " 전자 스톱 워치 "); // display title
  TFT_string(0,36, Magenta,Black, "(KEY1)          (KET3)    (KEY4)");
  TFT_string(0,38, Cyan,    Black, "START           RESET      STOP ");

  Clear_time();                                // clear time and display
  run_flag = 0;
  Set_timer1();                                // initialize Timer1 and OC1A

  while(1)
    { switch(Key_input())                      // key input
        { case KEY1: if(run_flag == 1) break;  // if run_flag=1, ignore KEY1
                     PORTH_OUT = 0x0E;         // if KEY1, start
                     TCC0_CNT = 0;
                     run_flag =  1;
                     sei();
                     break;
          case KEY3: if(run_flag == 1) break;  // if run_flag=1, ignore KEY3
                     cli();                    // if KEY3, reset
                     PORTH_OUT = 0x0B;
                     Clear_time();
                     break;
          case KEY4: if(run_flag == 0) break;  // if run_flag=0, ignore KEY4
                     cli();                    // if KEY4, stop
```

```
                        PORTH_OUT = 0x07;
                        run_flag = 0;
                        break;
            default:    break;
            }
        }
    }
```

☞ 이 예제에서는 전체 프로그램의 구조를 파악하는 것이 중요하다. 메인 프로그램에서는 키 입력을 검출하여 그에 따른 동작을 지시하는 것만을 수행하며, 스톱워치의 동작은 모두 인터럽트 서비스 루틴에서 처리된다. 이 때문에 스톱워치를 TFT-LCD 모듈에 표시하는 루틴은 상당히 긴데도 불구하고 인터럽트 서비스 루틴내에서 처리하였다.

스톱워치에서 시간을 측정하는 중에는 KEY3의 리셋 기능이 동작하지 않음에 유의하라. 이는 KEY4에 의하여 스톱워치가 정지되었을 경우에만 동작한다. 물론 스톱워치가 정지된 상태에서 리셋하지 않고 KEY1을 누르면 스톱워치는 계속하여 다시 시간을 측정한다.

이 프로그램을 컴파일하여 다운로드하고 실행하라. 그리고, KEY1, KEY3, KEY4를 사용하여 스톱워치를 여러가지로 동작시켜 보라.

4. 실습 과제

(1) 초음파 송신 신호를 예제 프로그램 Exp10_4.c에서처럼 low 부분부터 출력하는 것에 비하여 예제 프로그램 Exp10_5.c에서처럼 high 부분부터 출력하는 것이 왜 중요한지 설명하라.

(2) 예제 프로그램 Exp10_3.c를 인터럽트 발생 주파수가 각각 10Hz 및 50Hz로 되도록 프로그램 Exp10_3R.c로 수정하라.

(3) ATxmega128A1 마이크로컨트롤러를 사용하여 외부에서 1MHz의 클록신호를 입력하여 이를 1/1000로 분주하여 1kHz의 주파수 신호를 출력하고자 한다. 즉, 타이머/카운터를 타이머 기능이 아니라 카운터 기능으로 사용하고자 한다. 타이머/카운터 TCC0을 사용하여 이를 구현한 프로그램 Exp10_5R.c를 작성하라.

4.11 TV 리모컨 응용 프로그램

이 절에서는 TV 리모컨의 원리를 이해하고 *OK-X128A1* 키트에서 이 신호를 수신하여 원격제어에 응용할 수 있는 프로그램 기술을 공부한다.

관련 내용	(1) 제1.5절 ATxmega 패밀리의 인터럽트 처리 (2) 제2.2절 타이머/카운터 (3) 제3.1절 *OK-X128A1* 키트의 구조와 기능

1. TV 리모컨의 구조와 기능

리모컨(Remote Controller)은 빛이나 전파를 사용하여 원거리의 장치에 신호를 보내는 방법으로 먼 거리의 기계를 제어할 수 있는 원격제어장치이다. TV나 에어컨과 같은 가전제품에서 널리 사용하는 적외선(Ir ; Infrared) LED 리모컨은 적외선 LED를 사용하여 변조된 신호를 보내고 포토 트랜지스터로 이를 수신하는 원리로 동작하며, 이는 기본적으로 신호 전송에 LED 불빛을 사용하기 때문에 저가격에 구현 가능하지만 직사광선이 있는 옥외에서는 사용하기 어렵고 주로 실내에서 사용한다.

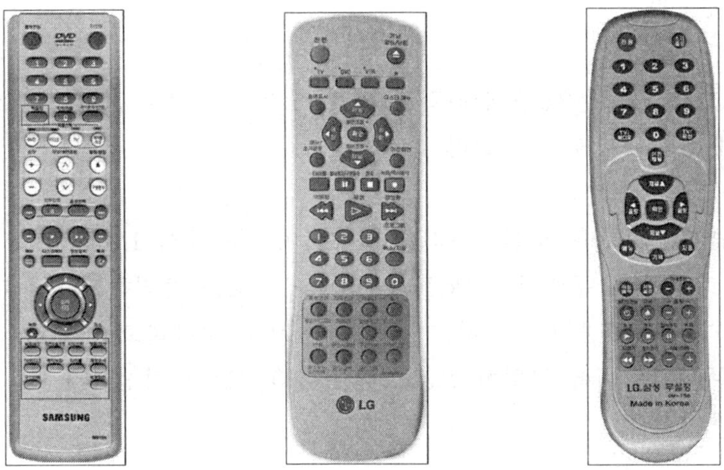

(a) 삼성전자 (b) LG전자 (c) 삼성/LG 겸용

<그림 4.11.1> 가정용 TV의 리모컨

이에 비하여 자동차 원격시동이나 무선조종 자동차 등에 널리 사용하는 RF(Radio Frequency) 무선 리모컨은 전자파로 변조된 신호를 전송하므로 옥외에서 사용하는데 적합하고 비교적 먼 거리의 장치까지 사용할 수 있다.

<그림 4.11.1>에는 삼성전자와 LG전자의 TV용 리모컨 모델을 보였으며, 이 2개 회사의 TV 모델에 겸용으로 사용할 수 있는 만능 리모컨도 함께 보였다.

(1) TV 리모컨의 데이터 전송 포맷

TV에서 사용하는 적외선 LED 방식의 리모컨은 전등과 같은 외란광의 영향을 받지 않도록 하기 위하여 데이터 신호를 약 30kHz~40kHz(보통 38kHz) 정도의 주파수로 변조시켜 송수신한다.

데이터 전송 포맷에는 여러 가지 방식이 있으나 NEC에서 만든 NEC 포맷을 가장 널리 사용하고 있으며, 우리나라의 LG전자 TV에서도 현재 이 방식을 사용하고 있다. 그러나, NEC 포맷은 1개의 데이터를 전송하는 시간이 좀 길어서 오늘날은 이를 약간 변형하여 만든 도시바(Toshiba) 방식도 많이 사용하고 있는데, 우리나라의 삼성전자 TV에서는 현재 이 방식을 사용하고 있다.

TV 리모컨 신호는 기본적으로 <그림 4.11.2>에 보인 것과 같이 리더 코드(Leader Code), 2바이트의 커스텀 코드(Custom Code), 2바이트의 데이터 코드(Data Code)의 구조로 되어 있다. 리더 코드는 이제부터 1개의 리모컨 키에 대응하는 정보가 전송되기 시작한다는 것을 의미하며, 커스텀 코드는 TV나 VTR의 제조사를 구분하는 고유 코드이고, 데이터 코드는 리모컨의 각 키에 따라 달라지는 값이다. 초창기의 리모컨에서는 전송 데이터의 에러를 검출하려는 용도로 커스텀 코드와 데이터 코드에 각각 정상값과 반전값을 2바이트씩 연속으로 전송하였으나, 점차로 가전제품의 제조사나 모델 수가 많아져서 8비트 값으로는 이것들을 구분하는 커스텀 코드를 모두 수용할 수 없게 되었으므로 현재는 커스텀 코드를 정상값과 반전값으로 구분하지 않고 연속된 16비트 값으로 사용하고 있다.

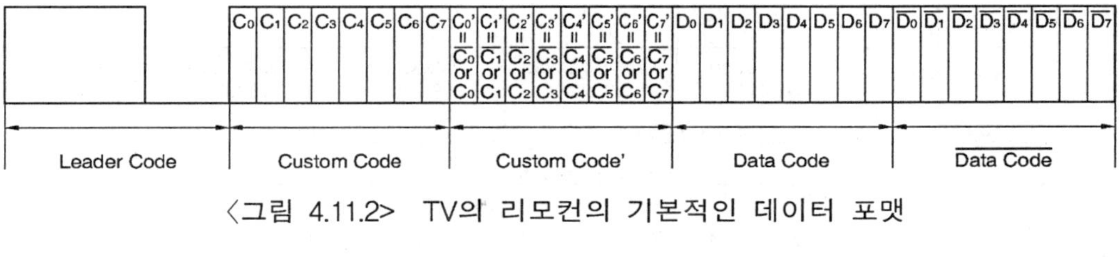

〈그림 4.11.2〉 TV의 리모컨의 기본적인 데이터 포맷

이와 같이 TV나 VTR용 리모컨의 데이터 전송 포맷은 다소 복잡한 구조로 되어 있기 때문에 이를 하드웨어로 구현하는데는 송신부와 수신부에 각각 전용의 IC를 사용하여 왔다. 그러나, 요즈음은 좀더 다양한 부가 기능을 쉽게 구현할 수 있도록 하기 위하여 전용 IC를 사용하지 않고 마이크로컨트롤러를 사용하는 경우도 많다.

리모컨의 송신용 IC에는 리모컨의 각 키가 눌려진 것을 검출하여 이에 대응하는 디지털 데이터를 인코딩하며, 이 데이터를 송신용 주파수 신호로 변조하고 적외선 LED를 구동하기까지의 모든 기능이 1개의 소자에 내장되어 있다. NEC 포맷 송신용 IC로는 NEC사의 μPD6121/6122 소자를 많이 사용하여 왔기 때문에 여기서 사용하는 데이터 포맷을 μPD6121형 포맷이라고도 부르는데, 이는 LG전자의 TV 및 VTR용 리모컨에서 사용하고 있다. 그러나, 현재 이 μPD6121/6122 소자들은 모두 단종되었다. 수정된 NEC 포맷 송신용 IC로는 도시바사의 TC9012/9243 소자를 많이 사용하였기 때문에 여기서 사용하는 데이터 포맷을 TC9012형 포맷이라고도 부르는데, 이는 삼성전자의 TV 및 VTR용 리모컨에서 사용하고 있다. 현재 TC9012 소자는 단종되었으며 TC9243이 많이 사용되고 있다.

▣ NEC 포맷(μPD6121형 포맷)

NEC 포맷의 TV 리모컨 신호는 <그림 4.11.3>에 보인 것과 같은 구조로 되어 있다. 그러나, 실제로는 이를 38kHz로 변조시켜 송신하며, 수신측에서는 모든 신호가 반전되어 수신되므로 수신 파형은 이를 논리적으로 반전시켜 생각해야 한다.

NEC 포맷은 리더 코드 + 커스텀 코드1 + 커스텀 코드2 + 데이터 코드1 + 데이터 코드2 + 스톱 비트 + 40ms frame space로 구성되는데 초창기에는 커스텀 코드2가 커스텀 코드1의 반전값이었으나 현재는 커스텀 코드1과 커스텀 코드2를 합쳐서 16비트의 커스텀 코드로 사용한다. 그러나, 데이터 코드2는 데이터 코드1의 반전값을 전송하여 전송 에러 검출용으로 사용한다.

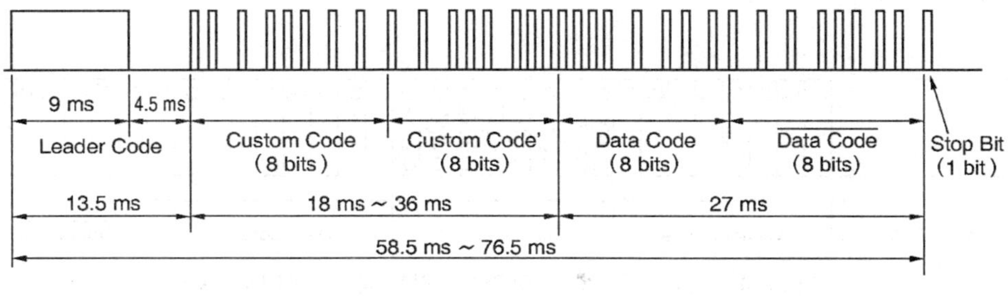

<그림 4.11.3> TV 리모컨의 NEC 포맷

NEC 포맷에서 리더 코드는 <그림 4.11.4>에 자세히 보인 것처럼 9ms의 high 구간과 4.5ms의 low 구간을 합하여 13.5ms로 이루어진다. 여기서 리모컨의 기본 시간단위인 0.5625ms를 T라고 하면 high 구간은 16T에 해당하고 low 구간은 8T에 해당하며 전체 리더 코드는 24T에 해당한다.

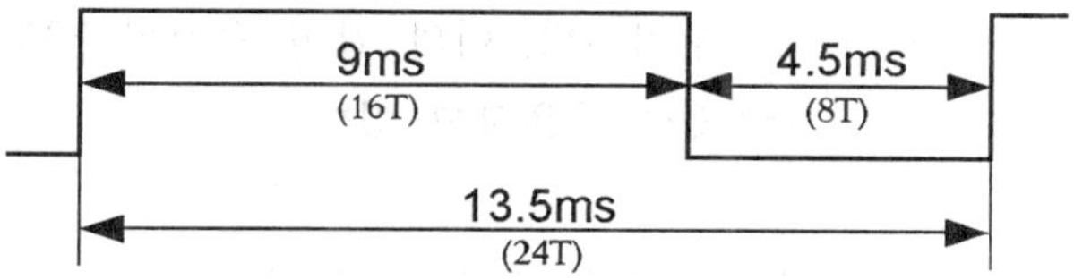

〈그림 4.11.4〉 NEC 포맷에서 리더 코드의 신호

NEC 포맷에서 커스텀 코드와 데이터 코드는 모두 32비트(4바이트)의 디지털 데이터로 구성되는데, 여기서 사용하는 각 비트 0과 1의 신호를 <그림 4.11.5>에 자세히 보였다. 즉, 0의 신호는 0.5625ms(T)의 high 구간과 0.5625ms(T)의 low 구간을 합하여 1.125ms(2T)로 되어 있고, 1은 0.5625ms(T)의 high 구간과 1.6875ms(3T)의 low 구간을 합하여 2.25ms(4T)로 이루어진다. 이처럼 0과 1을 전송하는데 필요한 시간이 다르기 때문에 정상값과 반전값을 전송하는 데이터 코드는 8개의 0과 8개의 1로 구성되어 총 $1.125 \times 8 + 2.25 \times 8 = 27$ms의 시간을 필요로 한다. 그러나, 16비트로 된 커스텀 코드를 전송하는데 소요되는 시간은 일정하지 않아 최소값이 $1.125 \times 16 = 18$ms이고, 최대값이 $2.25 \times 16 = 36$ms로 된다.

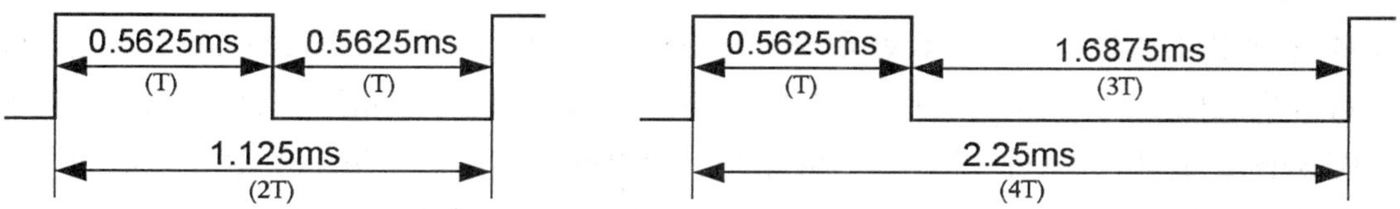

'0'인 경우 '1'인 경우

〈그림 4.11.5〉 NEC 포맷에서 1비트 0과 1의 신호

결국 NEC 포맷에서는 리더 코드, 커스텀 코드, 데이터 코드를 모두 전송하는데 58.5~76.5ms가 필요하며, 스톱 비트와 40ms frame space에 해당하는 부수적인 시간까지를 고려하면 100ms 이상의 많은 시간이 소요된다. NEC 포맷은 현재 LG전자의 TV나 VTR 제품의 리모컨에서 사용하고 있다.

▣ 도시바의 수정된 NEC 포맷(TC9012형 포맷)

도시바에 의하여 수정된 NEC 포맷에서는 나중에 개선된 NEC 포맷처럼 16비트의 커스텀 코드를 사용하고 모두 NEC 포맷과 같은 구조로 되어 있으나, 전체 전송 시간을 줄이기 위하여 리더 코드를 13.5ms에서 9ms로 줄였다. 즉, 수정된 NEC 포맷에서는 <그림 4.11.6>에 보인 것처럼 리더 코드가 4.5ms(8T)의 high 구간과 4.5ms(8T)의 low 구간을 합하여 9ms(16T)로 이루어진다. 이와 같이 수정된 NEC 포맷은 현재 삼성전자의 TV나 VTR 제품의 리모컨에서 사용하고 있다.

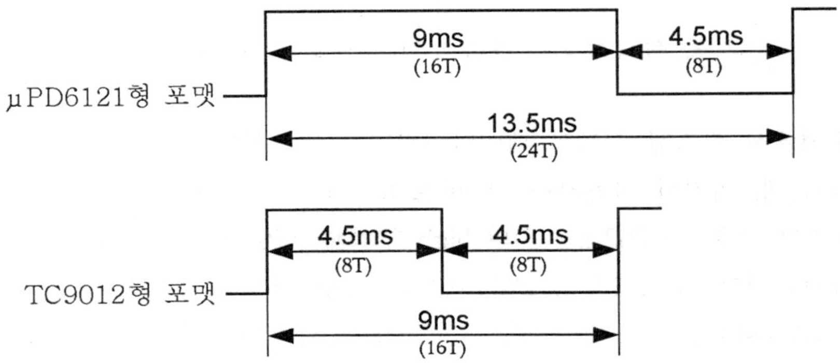

〈그림 4.11.6〉 NEC 포맷(상)과 수정된 NEC 포맷(하)에서 리더 코드 신호의 비교

NEC 포맷이나 수정된 NEC 포맷에서는 옵션으로 반복 코드(repeat code) 신호를 사용하기도 한다. 즉, 리모컨에서 동일한 키를 연속하여 누르고 있으면 처음에는 그 키에 해당하는 키 코드가 전송되지만 그 이후부터는 주기적인 시간 간격으로 반복 코드를 전송한다. NEC 포맷에서 반복 코드는 9ms의 high 구간과 2.25ms의 low 구간을 합하여 11.25ms로 이루어지며, 수정된 NEC 포맷에서는 4.5ms와 2.25ms를 합하여 6.75ms로 된다. 그러나 리모컨에 따라서는 동일한 키를 계속 누르고 있더라도 이러한 반복 코드를 사용하지 않고 해당 키 코드를 반복하여 전송하기도 한다.

(2) TV 리모컨 신호의 수신

리모컨의 신호를 수신할 때는 대역통과 필터(BPF ; band-pass filter)를 사용하여 변조 주파수만을 검출한 후에 여기서 디지털 데이터 신호를 추출하여 원래 송신하였던 지정된 포맷의 직렬 데이터로 출력하는 기능을 수행한다. 이러한 기능을 수행하는 하드웨어는 매우 민감한 아날로그 회로를 포함하고 있으므로 리모컨 수신 전용의 IC를 사용하는데, 현재 널리 사용되는 TV 리모컨 수신 전용의 소자로는 Kodenshi사의

KSM-603LM이나 AUK사의 SRM-354VF 등이 있다. *OK-X128A1* 키트에서는 이중에서 KSM-603LM을 사용하는데 이 소자의 외형은 <그림 4.11.7>에 보였다.

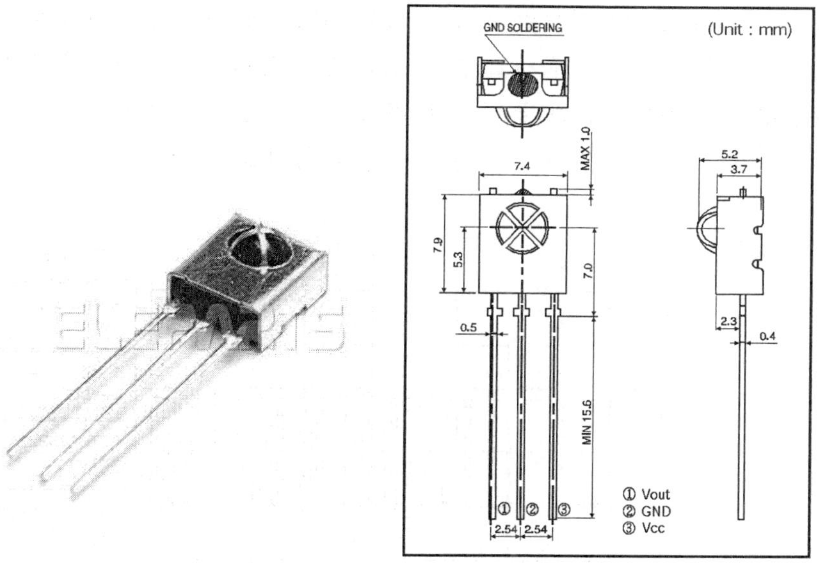

〈그림 4.11.7〉 TV 리모컨 수신 모듈 KSM-603LM의 외형

TV 리모컨에서는 앞에서 설명한 포맷의 데이터를 38kHz로 변조시켜 출력하므로 송신하려는 데이터와 실제로 송신되는 신호 그리고 수신된 신호를 비교하여 설명하면 <그림 4.11.8>과 같다. 여기서 파형 ①은 리모컨이 송신하려는 데이터 포맷을 나타내고, 파형 ②는 리모컨 송신부에 의하여 38kHz의 반송파 주파수(carrier frequency)로 변조된 신호이며, 파형 ③은 리모컨 수신용 소자 KSM-603LM에서 수신되어 출력되는 신호를 나타낸다. 파형 ①과 ③은 서로 상태가 반전되어 있음을 알 수 있다.

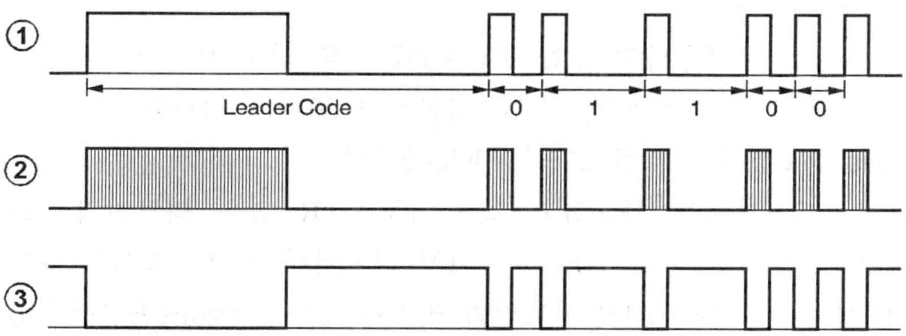

〈그림 4.11.8〉 TV 리모컨에서 송신 데이터①, 변조된 신호②, 수신 데이터③의 관계

TV 리모컨 신호의 변조에 사용되는 반송파는 38kHz(±5%, 듀티비 33%)를 사용하는 것이 표준이며, KSM-603LM의 내부에는 37.9kHz의 대역통과 필터를 내장하고 있어서 잡음을 제거하고 리모컨 신호만을 수신한다.

실제로 삼성전자 TV의 리모컨 신호를 KSM-603LM 소자로 수신하여 출력한 신호를 오실로스코프로 관측한 예를 <그림 4.11.9>에 보였다. 이 파형에서 삼성전자 제품은 수정된 NEC 포맷을 사용하기 때문에 리더 코드가 9ms로 되어 있으며, 모든 데이터 신호들이 논리적으로 반전되어 수신되는 것을 확인할 수 있다.

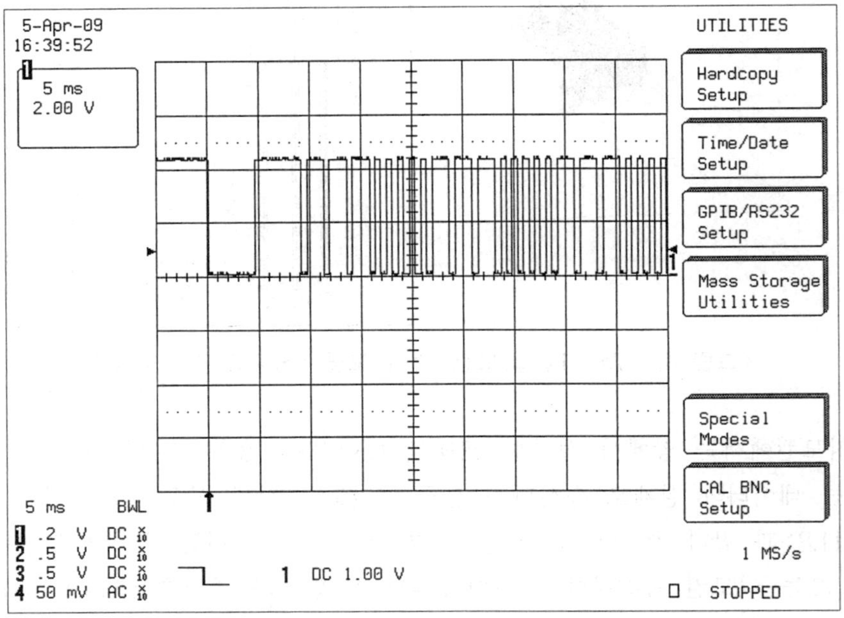

<그림 4.11.9> 삼성 TV 리모컨의 실제 수신 신호

(3) TV 리모컨 코드표

현재 삼성전자에서 사용하고 있는 TV/VTR 겸용 리모컨의 코드표를 <표 4.11.1>에 보였다. 여기서 보듯이 삼성전자 TV 리모컨의 16비트 커스텀 코드는 0x0707이며, 삼성전자 VTR 리모컨의 커스텀 코드는 0x0505이다.

또한, 현재 LG전자에서 사용하고 있는 TV/VTR 겸용 리모컨의 코드표를 <표 4.11.2>에 보였다. 여기서 보듯이 LG전자 TV 리모컨의 8비트 커스텀 코드는 0x04(반전값은 0xFB)이며, LG전자 VTR 리모컨의 커스텀 코드는 0x6E(반전값은 0x91)이다.

〈표 4.11.1〉 삼성전자 TV/VTR 겸용 수정된 NEC 포맷(TC9012형) 리모컨의 코드표

버튼	커스텀 코드1	커스텀 코드2	데이터 코드1	데이터 코드2
전원	0x07	0x07	0x02	0xFD
TV/비디오	0x07	0x07	0x01	0xFE
TV/유선	0x07	0x07	0x27	0xD8
0	0x07	0x07	0x11	0xEE
1	0x07	0x07	0x04	0xFB
2	0x07	0x07	0x05	0xFA
3	0x07	0x07	0x06	0xF9
4	0x07	0x07	0x08	0xF7
5	0x07	0x07	0x09	0xF6
6	0x07	0x07	0x0A	0xF5
7	0x07	0x07	0x0C	0xF3
8	0x07	0x07	0x0D	0xF2
9	0x07	0x07	0x0E	0xF1
메뉴	0x07	0x07	0x1A	0xE5
채널+	0x07	0x07	0x12	0xED
채널-	0x07	0x07	0x10	0xEF
음량+	0x07	0x07	0x07	0xF8
음량-	0x07	0x07	0x0B	0xF4
조정+	0x07	0x07	0x1D	0xE2
조정-	0x07	0x07	0x1C	0xE3
조용히	0x07	0x07	0x0F	0xF0
자동채널	0x07	0x07	0x3A	0xC5
앞채널	0x07	0x07	0x13	0xEC
기억	0x07	0x07	0x19	0xE6
지움	0x07	0x07	0x18	0xE7
화면크기	0x07	0x07	0x3E	0xC1
취침예약	0x07	0x07	0x03	0xFC
비디오 전원	0x05	0x05	0x02	0xFD
비디오/TV	0x05	0x05	0x01	0xFE
재생	0x05	0x05	0x19	0xE6
정지	0x05	0x05	0x15	0xEA
되감기	0x05	0x05	0x18	0xE7
빨리감기	0x05	0x05	0x1A	0xE5
일시정지	0x05	0x05	0x16	0xE9
음량+	0x05	0x05	0x07	0xF8
음량-	0x05	0x05	0x0B	0xF4
채널/트래킹+	0x05	0x05	0x12	0xED
채널/트래킹-	0x05	0x05	0x10	0xEF

〈표 4.11.2〉 LG전자 TV/VTR 겸용 NEC 포맷(μPD6121형) 리모컨의 코드표

버튼	커스텀 코드1	커스텀 코드2	데이터 코드1	데이터 코드2
전원	0x04	0xFB	0x08	0xF7
TV/비디오	0x04	0xFB	0x0B	0xF4
TV/유선	0x04	0xFB	0x0F	0xF0
0	0x04	0xFB	0x10	0xEF
1	0x04	0xFB	0x11	0xEE
2	0x04	0xFB	0x12	0xED
3	0x04	0xFB	0x13	0xEC
4	0x04	0xFB	0x14	0xEB
5	0x04	0xFB	0x15	0xEA
6	0x04	0xFB	0x16	0xE9
7	0x04	0xFB	0x17	0xE8
8	0x04	0xFB	0x18	0xE7
9	0x04	0xFB	0x19	0xE6
메뉴	0x04	0xFB	0x43	0xBC
채널+	0x04	0xFB	0x00	0xFF
채널-	0x04	0xFB	0x01	0xFE
음량+	0x04	0xFB	0x02	0xFD
음량-	0x04	0xFB	0x03	0xFC
조정+	0x04	0xFB	0x06	0xF9
조정-	0x04	0xFB	0x07	0xF8
조용히	0x04	0xFB	0x09	0xF6
자동채널	0x04	0xFB	0x54	0xAB
앞채널	0x04	0xFB	0x1A	0xE5
기억	0x04	0xFB	0x44	0xBB
지움	0x04	0xFB	0x55	0xAA
취침예약	0x04	0xFB	0x0E	0xF1
비디오 전원	0x6E	0x91	0x14	0xEB
비디오/TV	0x6E	0x91	0x15	0xEA
재생	0x6E	0x91	0x08	0xF7
정지	0x6E	0x91	0x01	0xFE
되감기	0x6E	0x91	0x02	0xFD
빨리감기	0x6E	0x91	0x03	0xFC
일시정지	0x6E	0x91	0x0B	0xF4
음량+	0x6E	0x91	0x58	0xA7
음량-	0x6E	0x91	0x59	0xA6
채널/트래킹+	0x6E	0x91	0x18	0xE7
채널/트래킹-	0x6E	0x91	0x19	0xE6

2. TV 리모컨 수신 프로그램

이제 삼성전자와 LG전자의 TV의 리모컨 신호를 수신하는 프로그램을 작성하여 보기로 한다. 앞의 <그림 3.1.2> 회로도에서 볼 수 있듯이 KSM-603LM의 출력 신호는 ATxmega128A1의 PA1 단자에 연결되어 있다. 그런데, TV 리모컨 신호는 항상 반전되어 수신되기 때문에 리더 코드나 모든 데이터 비트들이 항상 하강 에지에서 시작되며, 따라서 이 하강 에지 신호를 ATxmega128A1의 인터럽트 입력신호로 사용하면 각 신호 펄스의 주기를 측정할 수 있다. 즉, 하나의 PA1 인터럽트가 걸린 시점부터 다음 PA1 인터럽트가 걸린 시점까지의 시간을 측정하면 이로부터 리더 코드나 비트값 0 또는 비트값 1의 신호를 인식할 수 있다.

(1) TV 리모컨 신호 수신의 원리

각 펄스의 주기를 측정하는데는 포트C의 타이머0을 이용한다. 즉, 포트C의 타이머0을 일반 모드(normal mode)로 설정하고, 프리스케일러를 64로 사용하여 32MHz/64 = 500kHz의 클록 주파수를 타이머에 인가하면 이것의 1주기는 2μs가 되며, 따라서 수정된 NEC 포맷을 사용하는 TV 리모컨 신호에서 가장 긴 펄스폭을 갖는 9ms의 리더 코드는 4,500개의 카운트값으로 측정된다. 이것의 110%인 4,950을 넘는 카운트값이 발생하면 주기 레지스터에 의하여 오버플로우 인터럽트를 발생하고, 이 인터럽트 처리 함수에서 이 신호는 잡음이었던 것으로 판단하고 수신 상태를 리더 코드 대기상태로 되돌린다. 만약 수정된 NEC 포맷을 사용하는 TV 리모컨이라면 가장 긴 펄스폭을 갖는 13.5ms의 리더 코드는 6,750개의 카운트값으로 측정되고, 이것의 110%인 7,425를 넘으면 잡음으로 처리한다. 0에 해당하는 데이터 비트는 펄스폭이 1.125ms이므로 562.5개의 카운트값에 해당하며, 1에 해당하는 데이터 비트는 펄스폭이 2.25ms이므로 1,125개의 카운트값에 해당한다.

ATxmega128A1은 TV 리모컨 수신 신호의 하강 에지에서 인터럽트를 발생할 때마다 포트C의 타이머0을 읽어서 펄스폭을 측정하며, 즉시 카운터값을 0으로 클리어하여 다음 펄스의 측정에 대비한다. 읽은 카운터 값을 사용하여 펄스폭을 확인할 때는 리모컨마다 존재할 수 있는 오차를 감안하여 ±10%의 여유폭을 준다.

리더 코드가 인식된 후에는 32비트의 데이터 비트들을 수신하는데, 8비트가 수신되었을 때마다 이를 바이트 데이터로 모아서 배열에 저장하며, 4바이트가 모두 수신되면 이를 리모컨 수신 데이터로 사용한다.

만약, 이러한 수신 동작 중에 엉뚱한 신호가 확인되면 이는 잡음에 해당하므로 즉시 수신 상태를 리더 코드 대기상태로 만들어야 한다. 특히 전자식 안정기를 사용하는 형광등 불빛 아래서는 리모컨 신호에 잡음이 많이 섞여 들어오는데, 이는 전자식 안정기의 동작 주파수가 리모컨 신호의 변조 주파수와 비슷한 대역에 있기 때문이다.

수신측의 회로는 항상 리더 코드 수신 대기상태에서 리모컨의 수신 동작을 시작해야 한다. 따라서, 수신 인터럽트에 의하여 측정된 펄스의 폭이 리더 코드, 0, 1 이외의 것은 무조건 잡음으로 간주하여 모든 수신 동작을 중단하고 수신 상태를 리더 코드 대기상태로 만든다. 예를 들어 <그림 4.11.10>의 noise (2)가 발생하였다면 리더 코드가 너무 짧아서 오류로 처리되고 수신 상태는 즉시 리더 코드 대기상태로 되돌려진다. 그러나, 만약 <그림 4.11.10>의 noise (1)으로 표시된 것처럼 수신 대기상태에서 잡음이 발생하면 이것이 리더 코드의 시작으로 오인되기 때문에 나중에 진짜 리더 코드의 시작을 올바르게 인식하지 못한다. 이를 방지하려면 수신 대기상태에서 인터럽트가 발생한 후에 리더 코드의 110% 이상이 지나도록 다음 인터럽트가 검출되지 않으면 이 인터럽트는 잡음으로 간주하여 리더 코드의 검출을 포기하고 수신 상태를 리더 코드 수신 대기상태로 되돌리는 것이 좋다. 그러나, noise (1) 발생 이후 리더 코드의 110% 이전 시간에 진짜 리더 코드가 수신되면 이 경우는 리더 코드를 인식하지 못하므로 이 1개의 리모컨 코드를 수신하지 못하고 놓치게 된다. 그러나, 이런 정도의 조치만으로도 TV 리모컨 신호의 수신율이 크게 향상된다.

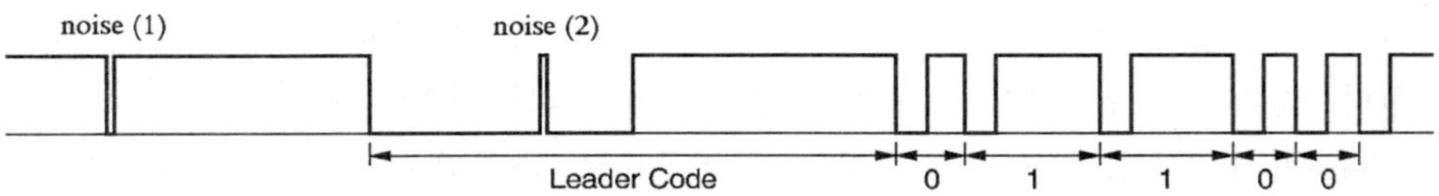

〈그림 4.11.10〉 리모컨의 수신 신호에 포함된 잡음

이제 먼저 타이머5의 50μs 주기 인터럽트를 이용하여 TV 리모컨 신호를 수신하고 TFT-LCD 모듈의 화면에 키 코드값과 이 키의 기능을 표시하는 프로그램을 작성하여 보기로 한다. 이는 새로 제작한 리모컨의 동작 테스트나 리모컨의 모든 키 코드값을 조사하는데 유용하게 사용할 수 있다.

(1) 삼성전자 TV 리모컨의 수신 프로그램

수정된 NEC 포맷을 사용하는 삼성전자의 TV 리모컨 신호를 수신하여 TFT-LCD 모듈의 화면에 키 코드값과 이 키의 기능을 표시하는 프로그램을 작성하여 보면 다음과 같다. TV 리모컨 모델에 따라 일부 키가 추가될 수도 있는데 기능이 확인되지 않는 키는 코드값만을 표시하고 기능은 공백으로 처리하였다.

〈프로그램 Exp11_1.c〉 삼성전자 TV 리모컨의 신호를 수신하는 프로그램

```
/* ========================================================================== */
/*              Exp11_1.c : 삼성전자 TV 리모컨 수신 프로그램                      */
/* ========================================================================== */
/*                         Designed and programmed by Duck-Yong Yoon in 2010.  */

#include  <avr/io.h>
#include <avr/interrupt.h>
#include "OK-X128A1.h"

// Leader_Code  = 4500                          // 9ms / 2us = 4500
// Repeat_Code  = 3375                          // 6.75ms / 2us = 3375
// Low_Bit      = 563                           // 1.125ms / 2us = 562.5
// High_Bit     = 1125                          // 2.25ms / 2us = 1125

#define Leader_Max      4950                    // 110% of Leader_Code(4500)
#define Leader_Min      4050                    //  90% of Leader_Code
#define Low_Bit_Max     619                     // 110% of Low_Bit_Code(563)
#define Low_Bit_Min     506                     //  90% of Low_Bit_Code
#define High_Bit_Max    1238                    // 110% of High_Bit_Code(1125)
#define High_Bit_Min    1013                    //  90% of High_Bit_Code

volatile unsigned int  Remocon_count;           // 2us base time counter
volatile unsigned char Remocon_state;           // step to recognize remocon signal
volatile unsigned char Remocon_data;            // temporary byte data of remocon signal
volatile unsigned char Remocon_bit_count;       // bit count of data to recognize remocon signal
volatile unsigned char Remocon_OK_flag;         // remocon command receive OK
volatile unsigned char Remocon_command[4];      // remocon command string

ISR(TCC0_OVF_vect)                              /* TCC0 overflow interrupt with 110% of Leader_Code */
{
  Remocon_state = 0;                            // if overflow, the signal is noise
}

ISR(PORTA_INT0_vect)                            /* PA1 INT0 interrupt function */
{
  Remocon_count = TCC0_CNT;                     // read Remocon_count
  TCC0_CNT = 0;                                 // start new Remocon_count

  switch(Remocon_state)
    { case 0 :                                  // if ready state, go to step 1(leader state)
             Remocon_state = 1;
             Remocon_count = 0;
             break;

      case 1 :                                  // if leader state, check leader signal
             if((Remocon_count >= Leader_Min) && (Remocon_count <= Leader_Max))
               { Remocon_state = 2;             // if lead signal, go to step 2(data state)
                 Remocon_count = 0;
                 Remocon_data = 0;
                 Remocon_bit_count = 0;
               }
             else
               Remocon_state = 0;               // if not lead signal, go to step 0(ready state)
             break;

      case 2:                                   // if data state, check data signal 0 or 1
             Remocon_data >>= 1;
             if((Remocon_count >= Low_Bit_Min) && (Remocon_count <= Low_Bit_Max))
               Remocon_data &= 0x7F;            // if data 0, add data bit 0
             else if((Remocon_count >= High_Bit_Min) && (Remocon_count <= High_Bit_Max))
               Remocon_data |= 0x80;
             else
```

```
            Remocon_state = 0;          // if not 0 and not 1, go to step 0(ready state)
          Remocon_count = 0;
          Remocon_bit_count++;
          if((Remocon_bit_count % 8) == 0) // if a character complete, store it
            { Remocon_command[(Remocon_bit_count/8)-1] = Remocon_data;
              Remocon_data = 0;
            }
          if(Remocon_bit_count == 32)      // if remocon OK, check custom code and checksum
            { if((~Remocon_command[2] & 0xFF) == Remocon_command[3])
                { Remocon_state = 0;
                  Remocon_OK_flag = 1;
                }
              else
                Remocon_state = 0;
            }
          break;

    default : break;
  }
}

void Remocon_initialize(void)               /* PA1 interrupt and TCC0 overflow interrupt */
{
  Remocon_state = 0;                        // remocon ready state
  Remocon_OK_flag = 0;                      // remocon not character

  PORTA_DIRCLR = 0x02;                      // PA1 = input
  PORTA_PIN1CTRL = 0x02;                    // falling edge
  PORTA_INT0MASK = 0x02;                    // interrupt by remocon signal
  PORTA_INTCTRL = 0x03;

  TCC0_CTRLA = 0x05;                        // int = 32MHz/64/(1+PER) = 110% of Leader_Code
  TCC0_CTRLB = 0x00;                        // normal mode
  TCC0_PER = Leader_Max;
  TCC0_CNT = 0x0000;                        // clear TCC0 counter

  TCC0_INTCTRLA = 0x03;                     // enable OVF interrupt with high level
  PMIC_CTRL = 0x07;                         // enable HI, MED, LO level interrupt
  sei();                                    // global interrupt enable
}

int main(void)
{
  Initialize_MCU();                         // initialize ATxmega128A1 MCU
  Delay_ms(200);
  Initialize_TFT_LCD();                     // initialize TFT-LCD
  Beep();

  TFT_string(5,10,White,Magenta," 삼성전자 TV 리모컨 ");
  TFT_string(6,20,Green,Black,  "코드 : 00 00 00 00");
  TFT_string(6,24,Green,Black,  "기능 :             ");
  TFT_color(White,Black);

  Remocon_initialize();                     // initialize remocon

  while(1)
    { if(Remocon_OK_flag == 1)
        { Remocon_OK_flag = 0;
          TFT_xy(13,20); TFT_hexadecimal(Remocon_command[0],2);          // code
          TFT_xy(16,20); TFT_hexadecimal(Remocon_command[1],2);
          TFT_xy(19,20); TFT_hexadecimal(Remocon_command[2],2);
          TFT_xy(22,20); TFT_hexadecimal(Remocon_command[3],2);

          if((Remocon_command[0] == 0x07) && (Remocon_command[2] == 0x02)) // function
            TFT_string(13,24,White,Black,"전원      ");
          else if((Remocon_command[0] == 0x07) && (Remocon_command[2] == 0x01))
            TFT_string(13,24,White,Black,"TV/비디오 ");
          else if((Remocon_command[0] == 0x07) && (Remocon_command[2] == 0x27))
            TFT_string(13,24,White,Black,"TV/유선   ");
          else if((Remocon_command[0] == 0x07) && (Remocon_command[2] == 0x11))
            TFT_string(13,24,White,Black,"0         ");
          else if((Remocon_command[0] == 0x07) && (Remocon_command[2] == 0x04))
            TFT_string(13,24,White,Black,"1         ");
```

```
        else if((Remocon_command[0] == 0x07) && (Remocon_command[2] == 0x05))
          TFT_string(13,24,White,Black,"2          ");
        else if((Remocon_command[0] == 0x07) && (Remocon_command[2] == 0x06))
          TFT_string(13,24,White,Black,"3          ");
        else if((Remocon_command[0] == 0x07) && (Remocon_command[2] == 0x08))
          TFT_string(13,24,White,Black,"4          ");
        else if((Remocon_command[0] == 0x07) && (Remocon_command[2] == 0x09))
          TFT_string(13,24,White,Black,"5          ");
        else if((Remocon_command[0] == 0x07) && (Remocon_command[2] == 0x0A))
          TFT_string(13,24,White,Black,"6          ");
        else if((Remocon_command[0] == 0x07) && (Remocon_command[2] == 0x0C))
          TFT_string(13,24,White,Black,"7          ");
        else if((Remocon_command[0] == 0x07) && (Remocon_command[2] == 0x0D))
          TFT_string(13,24,White,Black,"8          ");
        else if((Remocon_command[0] == 0x07) && (Remocon_command[2] == 0x0E))
          TFT_string(13,24,White,Black,"9          ");
        else if((Remocon_command[0] == 0x07) && (Remocon_command[2] == 0x1A))
          TFT_string(13,24,White,Black,"메뉴       ");
        else if((Remocon_command[0] == 0x07) && (Remocon_command[2] == 0x12))
          TFT_string(13,24,White,Black,"채널+      ");
        else if((Remocon_command[0] == 0x07) && (Remocon_command[2] == 0x10))
          TFT_string(13,24,White,Black,"채널-      ");
        else if((Remocon_command[0] == 0x07) && (Remocon_command[2] == 0x07))
          TFT_string(13,24,White,Black,"음량+      ");
        else if((Remocon_command[0] == 0x07) && (Remocon_command[2] == 0x0B))
          TFT_string(13,24,White,Black,"음량-      ");
        else if((Remocon_command[0] == 0x07) && (Remocon_command[2] == 0x1D))
          TFT_string(13,24,White,Black,"조정+      ");
        else if((Remocon_command[0] == 0x07) && (Remocon_command[2] == 0x1C))
          TFT_string(13,24,White,Black,"조정-      ");
        else if((Remocon_command[0] == 0x07) && (Remocon_command[2] == 0x0F))
          TFT_string(13,24,White,Black,"조용히     ");
        else if((Remocon_command[0] == 0x07) && (Remocon_command[2] == 0x3A))
          TFT_string(13,24,White,Black,"자동채널   ");
        else if((Remocon_command[0] == 0x07) && (Remocon_command[2] == 0x13))
          TFT_string(13,24,White,Black,"앞채널     ");
        else if((Remocon_command[0] == 0x07) && (Remocon_command[2] == 0x19))
          TFT_string(13,24,White,Black,"기억       ");
        else if((Remocon_command[0] == 0x07) && (Remocon_command[2] == 0x18))
          TFT_string(13,24,White,Black,"지움       ");
        else if((Remocon_command[0] == 0x07) && (Remocon_command[2] == 0x3E))
          TFT_string(13,24,White,Black,"화면크기   ");
        else if((Remocon_command[0] == 0x07) && (Remocon_command[2] == 0x03))
          TFT_string(13,24,White,Black,"취침예약   ");
        else if((Remocon_command[0] == 0x07) && (Remocon_command[2] == 0x60))
          TFT_string(13,24,White,Black,"상측 화살표");
        else if((Remocon_command[0] == 0x07) && (Remocon_command[2] == 0x61))
          TFT_string(13,24,White,Black,"하측 화살표");
        else if((Remocon_command[0] == 0x07) && (Remocon_command[2] == 0x65))
          TFT_string(13,24,White,Black,"좌측 화살표");
        else if((Remocon_command[0] == 0x07) && (Remocon_command[2] == 0x62))
          TFT_string(13,24,White,Black,"우측 화살표");
        else if((Remocon_command[0] == 0x07) && (Remocon_command[2] == 0x68))
          TFT_string(13,24,White,Black,"설정       ");
        else
          TFT_string(13,24,White,Black,"           ");
        Beep();
      }
    }
}
```

(2) LG전자 TV 리모컨의 수신 프로그램

NEC 포맷을 사용하는 LG전자의 TV 리모컨 신호를 수신하여 TFT-LCD 모듈의 화면에 키 코드값과 이 키의 기능을 표시하는 프로그램을 작성하여 보면 다음과 같다.

TV 리모컨 모델에 따라 일부 키가 추가될 수도 있는데 기능이 확인되지 않는 키는 코드값만을 표시하고 기능은 공백으로 처리하였다.

〈프로그램 Exp11_2.c〉 LG전자 TV 리모컨의 신호를 수신하는 프로그램

```
/* ========================================================================== */
/*              Exp11_2.c : LG전자 TV 리모컨 수신 프로그램                      */
/* ========================================================================== */
/*                        Designed and programmed by Duck-Yong Yoon in 2010.  */

#include <avr/io.h>
#include <avr/interrupt.h>
#include "OK-X128A1.h"

// Leader_Code  = 6750                          // 13.5ms / 2us = 6750
// Repeat_Code  = 3375                          // 6.75ms / 2us = 3375
// Low_Bit      = 563                           // 1.125ms / 2us = 562.5
// High_Bit     = 1125                          // 2.25ms / 2us = 1125

#define Leader_Max      7425                    // 110% of Leader_Code(6750)
#define Leader_Min      6075                    //  90% of Leader_Code
#define Low_Bit_Max     619                     // 110% of Low_Bit_Code(563)
#define Low_Bit_Min     506                     //  90% of Low_Bit_Code
#define High_Bit_Max    1238                    // 110% of High_Bit_Code(1125)
#define High_Bit_Min    1013                    //  90% of High_Bit_Code

volatile unsigned int  Remocon_count;           // 2us base time counter
volatile unsigned char Remocon_state;           // step to recognize remocon signal
volatile unsigned char Remocon_data;            // temporary byte data of remocon signal
volatile unsigned char Remocon_bit_count;       // bit count of data to recognize remocon signal
volatile unsigned char Remocon_OK_flag;         // remocon command receive OK
volatile unsigned char Remocon_command[4];      // remocon command string

ISR(TCC0_OVF_vect)                              /* TCC0 overflow interrupt with 110% of Leader_Code */
{
  Remocon_state = 0;                            // if overflow, the signal is noise
}

ISR(PORTA_INT0_vect)                            /* PA1 INT0 interrupt function */
{
  Remocon_count = TCC0_CNT;                     // read Remocon_count
  TCC0_CNT = 0;                                 // start new Remocon_count

  switch(Remocon_state)
    { case 0 :                                  // if ready state, go to step 1(leader state)
             Remocon_state = 1;
             Remocon_count = 0;
             break;

      case 1 :                                  // if leader state, check leader signal
             if((Remocon_count >= Leader_Min) && (Remocon_count <= Leader_Max))
               { Remocon_state = 2;             // if lead signal, go to step 2(data state)
                 Remocon_count = 0;
                 Remocon_data = 0;
                 Remocon_bit_count = 0;
               }
             else
               Remocon_state = 0;               // if not lead signal, go to step 0(ready state)
             break;

      case 2:                                   // if data state, check data signal 0 or 1
             Remocon_data >>= 1;
             if((Remocon_count >= Low_Bit_Min) && (Remocon_count <= Low_Bit_Max))
               Remocon_data &= 0x7F;            // if data 0, add data bit 0
             else if((Remocon_count >= High_Bit_Min) && (Remocon_count <= High_Bit_Max))
               Remocon_data |= 0x80;
             else
```

```
              Remocon_state = 0;              // if not 0 and not 1, go to step 0(ready state)
            Remocon_count = 0;
            Remocon_bit_count++;
            if((Remocon_bit_count % 8) == 0) // if a character complete, store it
              { Remocon_command[(Remocon_bit_count/8)-1] = Remocon_data;
                Remocon_data = 0;
              }
            if(Remocon_bit_count == 32)       // if remocon OK, check custom code and checksum
              { if((~Remocon_command[2] & 0xFF) == Remocon_command[3])
                  { Remocon_state = 0;
                    Remocon_OK_flag = 1;
                  }
                else
                  Remocon_state = 0;
              }
            break;

      default : break;
    }
}

void Remocon_initialize(void)                   /* PA1 interrupt and TCC0 overflow interrupt */
{
  Remocon_state = 0;                            // remocon ready state
  Remocon_OK_flag = 0;                          // remocon not character

  PORTA_DIRCLR = 0x02;                          // PA1 = input
  PORTA_PIN1CTRL = 0x02;                        // falling edge
  PORTA_INT0MASK = 0x02;                        // interrupt by remocon signal
  PORTA_INTCTRL = 0x03;

  TCC0_CTRLA = 0x05;                            // int = 32MHz/64/(1+PER) = 110% of Leader_Code
  TCC0_CTRLB = 0x00;                            // normal mode
  TCC0_PER = Leader_Max;
  TCC0_CNT = 0x0000;                            // clear TCC0 counter

  TCC0_INTCTRLA = 0x03;                         // enable OVF interrupt with high level
  PMIC_CTRL = 0x07;                             // enable HI, MED, LO level interrupt
  sei();                                        // global interrupt enable
}

int main(void)
{
  Initialize_MCU();                             // initialize ATxmega128A1 MCU
  Delay_ms(200);
  Initialize_TFT_LCD();                         // initialize TFT-LCD
  Beep();

  TFT_string(5,10,White,Magenta,"  LG전자 TV 리모컨  ");
  TFT_string(6,20,Green,Black,  "코드 : 00 00 00 00");
  TFT_string(6,24,Green,Black,  "기능 :            ");
  TFT_color(White,Black);

  Remocon_initialize();                         // initialize remocon

  while(1)
    { if(Remocon_OK_flag == 1)
        { Remocon_OK_flag = 0;
          TFT_xy(13,20); TFT_hexadecimal(Remocon_command[0],2);           // code
          TFT_xy(16,20); TFT_hexadecimal(Remocon_command[1],2);
          TFT_xy(19,20); TFT_hexadecimal(Remocon_command[2],2);
          TFT_xy(22,20); TFT_hexadecimal(Remocon_command[3],2);

          if((Remocon_command[0] == 0x04) && (Remocon_command[2] == 0x08)) // function
            TFT_string(13,24,White,Black,"전원      ");
          else if((Remocon_command[0] == 0x04) && (Remocon_command[2] == 0x0B))
            TFT_string(13,24,White,Black,"TV/비디오");
          else if((Remocon_command[0] == 0x04) && (Remocon_command[2] == 0x0F))
            TFT_string(13,24,White,Black,"TV/유선  ");
          else if((Remocon_command[0] == 0x04) && (Remocon_command[2] == 0x10))
            TFT_string(13,24,White,Black,"0        ");
          else if((Remocon_command[0] == 0x04) && (Remocon_command[2] == 0x11))
            TFT_string(13,24,White,Black,"1        ");
```

```
        else if((Remocon_command[0] == 0x04) && (Remocon_command[2] == 0x12))
          TFT_string(13,24,White,Black,"2        ");
        else if((Remocon_command[0] == 0x04) && (Remocon_command[2] == 0x13))
          TFT_string(13,24,White,Black,"3        ");
        else if((Remocon_command[0] == 0x04) && (Remocon_command[2] == 0x14))
          TFT_string(13,24,White,Black,"4        ");
        else if((Remocon_command[0] == 0x04) && (Remocon_command[2] == 0x15))
          TFT_string(13,24,White,Black,"5        ");
        else if((Remocon_command[0] == 0x04) && (Remocon_command[2] == 0x16))
          TFT_string(13,24,White,Black,"6        ");
        else if((Remocon_command[0] == 0x04) && (Remocon_command[2] == 0x17))
          TFT_string(13,24,White,Black,"7        ");
        else if((Remocon_command[0] == 0x04) && (Remocon_command[2] == 0x18))
          TFT_string(13,24,White,Black,"8        ");
        else if((Remocon_command[0] == 0x04) && (Remocon_command[2] == 0x19))
          TFT_string(13,24,White,Black,"9        ");
        else if((Remocon_command[0] == 0x04) && (Remocon_command[2] == 0x43))
          TFT_string(13,24,White,Black,"메뉴     ");
        else if((Remocon_command[0] == 0x04) && (Remocon_command[2] == 0x00))
          TFT_string(13,24,White,Black,"채널+    ");
        else if((Remocon_command[0] == 0x04) && (Remocon_command[2] == 0x01))
          TFT_string(13,24,White,Black,"채널-    ");
        else if((Remocon_command[0] == 0x04) && (Remocon_command[2] == 0x02))
          TFT_string(13,24,White,Black,"음량+    ");
        else if((Remocon_command[0] == 0x04) && (Remocon_command[2] == 0x03))
          TFT_string(13,24,White,Black,"음량-    ");
        else if((Remocon_command[0] == 0x04) && (Remocon_command[2] == 0x06))
          TFT_string(13,24,White,Black,"조정+    ");
        else if((Remocon_command[0] == 0x04) && (Remocon_command[2] == 0x07))
          TFT_string(13,24,White,Black,"조정-    ");
        else if((Remocon_command[0] == 0x04) && (Remocon_command[2] == 0x09))
          TFT_string(13,24,White,Black,"조용히   ");
        else if((Remocon_command[0] == 0x04) && (Remocon_command[2] == 0x54))
          TFT_string(13,24,White,Black,"자동채널 ");
        else if((Remocon_command[0] == 0x04) && (Remocon_command[2] == 0x1A))
          TFT_string(13,24,White,Black,"앞채널   ");
        else if((Remocon_command[0] == 0x04) && (Remocon_command[2] == 0x44))
          TFT_string(13,24,White,Black,"기억     ");
        else if((Remocon_command[0] == 0x04) && (Remocon_command[2] == 0x55))
          TFT_string(13,24,White,Black,"지움     ");
        else if((Remocon_command[0] == 0x04) && (Remocon_command[2] == 0x0E))
          TFT_string(13,24,White,Black,"취침예약 ");
        else
          TFT_string(13,24,White,Black,"         ");
        Beep();
      }
    }
}
```

(3) 삼성전자/LG전자 TV 리모컨 겸용 수신 프로그램

앞의 예제 프로그램을 삼성전자의 TV 리모컨과 LG전자의 TV 리모컨 신호를 모두 수신할 수 있는 겸용 프로그램으로 수정하면 다음과 같다.

실제로 양사의 TV 모델에 대하여 겸용으로 사용할 수 있는 리모컨 제품이 나오는데, 이런 제품에는 2가지의 유형이 있다. 1가지는 리모컨에 삼성전자와 LG전자를 선택하는 키를 가지고 있어서 해당 모델의 동작 모드로 설정하여 사용하는 방식이며, 또 한가지는 무설정 방식이라고 불리는 것으로 임의의 키를 누르면 삼성전자와 LG전자의 리모컨 신호를 연속하여 출력하는 방식이다. 아래 겸용 프로그램은 설정 방식의 겸용 리모컨을 사용할 때는 문제가 없으나, 무설정 방식의 겸용 리모컨에서는 신호 인식 및 TFT-LCD에 표시하는 기능에 다소의 문제를 일으킬 수도 있다.

〈프로그램 Exp11_3.c〉 삼성전자/LG전자 TV 리모컨 겸용 수신 프로그램

```
/* ========================================================================== */
/*              Exp11_3.c : 삼성/LG 겸용 TV 리모컨 수신 프로그램              */
/* ========================================================================== */
/*                        Designed and programmed by Duck-Yong Yoon in 2010.  */

#include <avr/io.h>
#include <avr/interrupt.h>
#include "OK-X128A1.h"

#define SS_Leader_Max   4950                // 110% of Leader_Code(4500)
#define SS_Leader_Min   4050                //  90% of Leader_Code
#define LG_Leader_Max   7425                // 110% of Leader_Code(6750)
#define LG_Leader_Min   6075                //  90% of Leader_Code
#define Low_Bit_Max     619                 // 110% of Low_Bit_Code(563)
#define Low_Bit_Min     506                 //  90% of Low_Bit_Code
#define High_Bit_Max    1238                // 110% of High_Bit_Code(1125)
#define High_Bit_Min    1013                //  90% of High_Bit_Code

volatile unsigned int  Remocon_count;       // 2us base time counter
volatile unsigned char Remocon_state;       // step to recognize remocon signal
volatile unsigned char Remocon_data;        // temporary byte data of remocon signal
volatile unsigned char Remocon_bit_count;   // bit count of data to recognize remocon signal
volatile unsigned char Remocon_OK_flag;     // remocon command receive OK
volatile unsigned char Remocon_command[4];  // remocon command string
volatile unsigned char format;              // data format('S' = Samsung, 'L' = LG)

ISR(TCC0_OVF_vect)                          /* TCC0 overflow interrupt with 110% of Leader_Code */
{
  Remocon_state = 0;                        // if overflow, the signal is noise
}

ISR(PORTA_INT0_vect)                        /* PA1 INT0 interrupt function */
{
  Remocon_count = TCC0_CNT;                 // read Remocon_count
  TCC0_CNT = 0;                             // start new Remocon_count

  switch(Remocon_state)
    { case 0 :                              // if ready state, go to step 1(leader state)
             Remocon_state = 1;
             Remocon_count = 0;
             break;

      case 1 :                              // if leader state, check leader signal
             if((Remocon_count >= SS_Leader_Min) && (Remocon_count <= SS_Leader_Max))
               { format = 'S';              // if Samsung lead signal, go to step 2(data state)
                 Remocon_state = 2;
                 Remocon_count = 0;
                 Remocon_data = 0;
                 Remocon_bit_count = 0;
               }
             else if((Remocon_count >= LG_Leader_Min) && (Remocon_count <= LG_Leader_Max))
               { format = 'L';              // if LG lead signal, go to step 2(data state)
                 Remocon_state = 2;
                 Remocon_count = 0;
                 Remocon_data = 0;
                 Remocon_bit_count = 0;
               }
             else
               Remocon_state = 0;           // if not lead signal, go to step 0(ready state)
             break;
```

```
    case 2:                                  // if data state, check data signal 0 or 1
            Remocon_data >>= 1;
            if((Remocon_count >= Low_Bit_Min) && (Remocon_count <= Low_Bit_Max))
              Remocon_data &= 0x7F;          // if data 0, add data bit 0
            else if((Remocon_count >= High_Bit_Min) && (Remocon_count <= High_Bit_Max))
              Remocon_data |= 0x80;
            else
              Remocon_state = 0;             // if not 0 and not 1, go to step 0(ready state)
            Remocon_count = 0;
            Remocon_bit_count++;
            if((Remocon_bit_count % 8) == 0) // if a character complete, store it
              { Remocon_command[(Remocon_bit_count/8)-1] = Remocon_data;
                Remocon_data = 0;
              }
            if(Remocon_bit_count == 32)      // if remocon OK, check custom code and checksum
              { if((~Remocon_command[2] & 0xFF) == Remocon_command[3])
                  { Remocon_state = 0;
                    Remocon_OK_flag = 1;
                  }
                else
                  Remocon_state = 0;
              }
            break;

    default : break;
  }
}

void Remocon_initialize(void)                /* PA1 interrupt and TCC0 overflow interrupt */
{
  Remocon_state = 0;                         // remocon ready state
  Remocon_OK_flag = 0;                       // remocon not character
  format = 'L';                              // data format

  PORTA_DIRCLR = 0x02;                       // PA1 = input
  PORTA_PIN1CTRL = 0x02;                     // falling edge
  PORTA_INT0MASK = 0x02;                     // interrupt by remocon signal
  PORTA_INTCTRL = 0x03;

  TCC0_CTRLA = 0x05;                         // int = 32MHz/64/(1+PER) = 110% of LG Leader_Code
  TCC0_CTRLB = 0x00;                         // normal mode
  TCC0_PER = LG_Leader_Max;
  TCC0_CNT = 0x0000;                         // clear TCC0 counter

  TCC0_INTCTRLA = 0x03;                      // enable OVF interrupt with high level
  PMIC_CTRL = 0x07;                          // enable HI, MED, LO level interrupt
  sei();                                     // global interrupt enable
}

int main(void)
{
  Initialize_MCU();                          // initialize ATxmega128A1 MCU
  Delay_ms(200);
  Initialize_TFT_LCD();                      // initialize TFT-LCD
  Beep();

  TFT_string(5,10,White,Magenta," 삼성/LG  TV 리모콘 ");
  TFT_string(6,20,Green,Black,  "코드 : 00 00 00 00");
  TFT_string(6,24,Green,Black,  "기능 :             ");
  TFT_color(White,Black);

  Remocon_initialize();                      // initialize remocon

  while(1)
    { if(Remocon_OK_flag == 1)
        { Remocon_OK_flag = 0;

          if(format == 'S')
            { TFT_string(5,10,White,Magenta," 삼성전자 TV 리모컨 ");

              TFT_color(White,Black);        // code
              TFT_xy(13,20); TFT_hexadecimal(Remocon_command[0],2);
```

```
    TFT_xy(16,20); TFT_hexadecimal(Remocon_command[1],2);
    TFT_xy(19,20); TFT_hexadecimal(Remocon_command[2],2);
    TFT_xy(22,20); TFT_hexadecimal(Remocon_command[3],2);

    if((Remocon_command[0] == 0x07) && (Remocon_command[2] == 0x02)) // function
      TFT_string(13,24,White,Black,"전원        ");
    else if((Remocon_command[0] == 0x07) && (Remocon_command[2] == 0x01))
      TFT_string(13,24,White,Black,"TV/비디오  ");
    else if((Remocon_command[0] == 0x07) && (Remocon_command[2] == 0x27))
      TFT_string(13,24,White,Black,"TV/유선    ");
    else if((Remocon_command[0] == 0x07) && (Remocon_command[2] == 0x11))
      TFT_string(13,24,White,Black,"0          ");
    else if((Remocon_command[0] == 0x07) && (Remocon_command[2] == 0x04))
      TFT_string(13,24,White,Black,"1          ");
    else if((Remocon_command[0] == 0x07) && (Remocon_command[2] == 0x05))
      TFT_string(13,24,White,Black,"2          ");
    else if((Remocon_command[0] == 0x07) && (Remocon_command[2] == 0x06))
      TFT_string(13,24,White,Black,"3          ");
    else if((Remocon_command[0] == 0x07) && (Remocon_command[2] == 0x08))
      TFT_string(13,24,White,Black,"4          ");
    else if((Remocon_command[0] == 0x07) && (Remocon_command[2] == 0x09))
      TFT_string(13,24,White,Black,"5          ");
    else if((Remocon_command[0] == 0x07) && (Remocon_command[2] == 0x0A))
      TFT_string(13,24,White,Black,"6          ");
    else if((Remocon_command[0] == 0x07) && (Remocon_command[2] == 0x0C))
      TFT_string(13,24,White,Black,"7          ");
    else if((Remocon_command[0] == 0x07) && (Remocon_command[2] == 0x0D))
      TFT_string(13,24,White,Black,"8          ");
    else if((Remocon_command[0] == 0x07) && (Remocon_command[2] == 0x0E))
      TFT_string(13,24,White,Black,"9          ");
    else if((Remocon_command[0] == 0x07) && (Remocon_command[2] == 0x1A))
      TFT_string(13,24,White,Black,"메뉴        ");
    else if((Remocon_command[0] == 0x07) && (Remocon_command[2] == 0x12))
      TFT_string(13,24,White,Black,"채널+      ");
    else if((Remocon_command[0] == 0x07) && (Remocon_command[2] == 0x10))
      TFT_string(13,24,White,Black,"채널-      ");
    else if((Remocon_command[0] == 0x07) && (Remocon_command[2] == 0x07))
      TFT_string(13,24,White,Black,"음량+      ");
    else if((Remocon_command[0] == 0x07) && (Remocon_command[2] == 0x0B))
      TFT_string(13,24,White,Black,"음량-      ");
    else if((Remocon_command[0] == 0x07) && (Remocon_command[2] == 0x1D))
      TFT_string(13,24,White,Black,"조정+      ");
    else if((Remocon_command[0] == 0x07) && (Remocon_command[2] == 0x1C))
      TFT_string(13,24,White,Black,"조정-      ");
    else if((Remocon_command[0] == 0x07) && (Remocon_command[2] == 0x0F))
      TFT_string(13,24,White,Black,"조용히      ");
    else if((Remocon_command[0] == 0x07) && (Remocon_command[2] == 0x3A))
      TFT_string(13,24,White,Black,"자동채널    ");
    else if((Remocon_command[0] == 0x07) && (Remocon_command[2] == 0x13))
      TFT_string(13,24,White,Black,"앞채널      ");
    else if((Remocon_command[0] == 0x07) && (Remocon_command[2] == 0x19))
      TFT_string(13,24,White,Black,"기억        ");
    else if((Remocon_command[0] == 0x07) && (Remocon_command[2] == 0x18))
      TFT_string(13,24,White,Black,"지움        ");
    else if((Remocon_command[0] == 0x07) && (Remocon_command[2] == 0x3E))
      TFT_string(13,24,White,Black,"화면크기    ");
    else if((Remocon_command[0] == 0x07) && (Remocon_command[2] == 0x03))
      TFT_string(13,24,White,Black,"취침예약    ");
    else if((Remocon_command[0] == 0x07) && (Remocon_command[2] == 0x60))
      TFT_string(13,24,White,Black,"상측 화살표");
    else if((Remocon_command[0] == 0x07) && (Remocon_command[2] == 0x61))
      TFT_string(13,24,White,Black,"하측 화살표");
    else if((Remocon_command[0] == 0x07) && (Remocon_command[2] == 0x65))
      TFT_string(13,24,White,Black,"좌측 화살표");
    else if((Remocon_command[0] == 0x07) && (Remocon_command[2] == 0x62))
      TFT_string(13,24,White,Black,"우측 화살표");
    else if((Remocon_command[0] == 0x07) && (Remocon_command[2] == 0x68))
      TFT_string(13,24,White,Black,"설정        ");
    else
      TFT_string(13,24,White,Black,"            ");
    Beep();
}
```

```
      else if(format == 'L')
        { TFT_string(5,10,White,Magenta,"  LG전자 TV 리모컨  ");

          TFT_color(White,Black);           // code
          TFT_xy(13,20); TFT_hexadecimal(Remocon_command[0],2);
          TFT_xy(16,20); TFT_hexadecimal(Remocon_command[1],2);
          TFT_xy(19,20); TFT_hexadecimal(Remocon_command[2],2);
          TFT_xy(22,20); TFT_hexadecimal(Remocon_command[3],2);

          if((Remocon_command[0] == 0x04) && (Remocon_command[2] == 0x08)) // function
            TFT_string(13,24,White,Black,"전원       ");
          else if((Remocon_command[0] == 0x04) && (Remocon_command[2] == 0x0B))
            TFT_string(13,24,White,Black,"TV/비디오  ");
          else if((Remocon_command[0] == 0x04) && (Remocon_command[2] == 0x0F))
            TFT_string(13,24,White,Black,"TV/유선    ");
          else if((Remocon_command[0] == 0x04) && (Remocon_command[2] == 0x10))
            TFT_string(13,24,White,Black,"0          ");
          else if((Remocon_command[0] == 0x04) && (Remocon_command[2] == 0x11))
            TFT_string(13,24,White,Black,"1          ");
          else if((Remocon_command[0] == 0x04) && (Remocon_command[2] == 0x12))
            TFT_string(13,24,White,Black,"2          ");
          else if((Remocon_command[0] == 0x04) && (Remocon_command[2] == 0x13))
            TFT_string(13,24,White,Black,"3          ");
          else if((Remocon_command[0] == 0x04) && (Remocon_command[2] == 0x14))
            TFT_string(13,24,White,Black,"4          ");
          else if((Remocon_command[0] == 0x04) && (Remocon_command[2] == 0x15))
            TFT_string(13,24,White,Black,"5          ");
          else if((Remocon_command[0] == 0x04) && (Remocon_command[2] == 0x16))
            TFT_string(13,24,White,Black,"6          ");
          else if((Remocon_command[0] == 0x04) && (Remocon_command[2] == 0x17))
            TFT_string(13,24,White,Black,"7          ");
          else if((Remocon_command[0] == 0x04) && (Remocon_command[2] == 0x18))
            TFT_string(13,24,White,Black,"8          ");
          else if((Remocon_command[0] == 0x04) && (Remocon_command[2] == 0x19))
            TFT_string(13,24,White,Black,"9          ");
          else if((Remocon_command[0] == 0x04) && (Remocon_command[2] == 0x43))
            TFT_string(13,24,White,Black,"메뉴       ");
          else if((Remocon_command[0] == 0x04) && (Remocon_command[2] == 0x00))
            TFT_string(13,24,White,Black,"채널+      ");
          else if((Remocon_command[0] == 0x04) && (Remocon_command[2] == 0x01))
            TFT_string(13,24,White,Black,"채널-      ");
          else if((Remocon_command[0] == 0x04) && (Remocon_command[2] == 0x02))
            TFT_string(13,24,White,Black,"음량+      ");
          else if((Remocon_command[0] == 0x04) && (Remocon_command[2] == 0x03))
            TFT_string(13,24,White,Black,"음량-      ");
          else if((Remocon_command[0] == 0x04) && (Remocon_command[2] == 0x06))
            TFT_string(13,24,White,Black,"조정+      ");
          else if((Remocon_command[0] == 0x04) && (Remocon_command[2] == 0x07))
            TFT_string(13,24,White,Black,"조정-      ");
          else if((Remocon_command[0] == 0x04) && (Remocon_command[2] == 0x09))
            TFT_string(13,24,White,Black,"조용히     ");
          else if((Remocon_command[0] == 0x04) && (Remocon_command[2] == 0x54))
            TFT_string(13,24,White,Black,"자동채널   ");
          else if((Remocon_command[0] == 0x04) && (Remocon_command[2] == 0x1A))
            TFT_string(13,24,White,Black,"앞채널     ");
          else if((Remocon_command[0] == 0x04) && (Remocon_command[2] == 0x44))
            TFT_string(13,24,White,Black,"기억       ");
          else if((Remocon_command[0] == 0x04) && (Remocon_command[2] == 0x55))
            TFT_string(13,24,White,Black,"지움       ");
          else if((Remocon_command[0] == 0x04) && (Remocon_command[2] == 0x0E))
            TFT_string(13,24,White,Black,"취침예약   ");
          else
            TFT_string(13,24,White,Black,"           ");
          Beep();
        }
    }
  }
}
```

(4) TV 리모컨 응용 프로그램

TV 리모컨의 응용으로서 디지털 시계 프로그램에서 현재 시각을 설정할 때 TV 리모컨을 사용할 수 있다. 이때는 *OK-X128A1* 키트의 KEY1~KEY4를 각각 TV 리모컨의 채널-, 채널+, 음량-, 음량+의 키로 대체하면 좋다. 이러한 TV 리모컨 응용 프로그램은 제4.16절에서 공부하기로 한다.

3. 실습 과제

(1) TV 리모컨에서 리더 코드나 32비트의 데이터 비트 신호들을 그대로 송신하지 않고 38kHz의 주파수로 변조하여 송신하는 이유는 무엇인지 설명하라.

(2) TV 리모컨 수신 모듈에서 밴드패스 필터가 필요한 이유는 무엇인가? 그리고, TV 리모컨 신호의 원활한 수신을 위하여 이 밴드패스 필터에는 어떤 동작 특징이 요구되는가?

(3) 삼성전자나 LG전자 이외의 TV에서는 어떤 포맷의 리모컨 신호를 사용하고 있는지 조사하여 보라.

(4) TV 이외에 가정용 에어컨이나 로봇 청소기와 같은 다른 가전제품에서는 어떤 리모컨 신호를 사용하는지 조사하여 보라.

(5) 예제 프로그램 Exp11_3.c는 무설정 방식의 삼성전자/LG전자 겸용 리모컨에서 어떤 문제를 일으킬 수 있겠는가?

4.12 타이머를 이용한 디지털 시계 프로그램

이 절에서는 ATxmega128A1의 타이머/카운터나 16비트 RTC를 이용한 응용 프로그램으로서 디지털 시계를 구현하여 보기로 한다. DS1307 소자를 이용한 실시간 시계 프로그램에 대하여는 이와 별도로 제4.16절에서 공부한다.

관련 내용	(1) 제1.5절 ATxmega 패밀리의 인터럽트 처리 (2) 제2.2절 타이머/카운터 (3) 제2.3절 리얼타임 카운터

1. 타이머/카운터를 이용한 시계 프로그램

마이크로컨트롤러의 타이머를 이용하여 디지털 시계를 구현하려면 기본적으로 정확한 1Hz 속도의 주기적인 인터럽트 발생이 필요하다. 즉, 1초에 한번씩 발생하는 인터럽트를 이용하여 초(秒)를 증가시키고, 이것이 60번 반복되면 분(分)을 증가시키며, 그 결과 60분이 되면 다시 시(時)를 증가시키고 오전/오후를 처리하는 방식으로 프로그래밍하면 된다.

ATxmega128A1의 타이머/카운터는 모두 프리스케일러를 사용한 클록 입력과 16비트 카운터 구조를 가지고 있어서 정확히 1초 주기로 인터럽트를 발생하는 것이 용이하다. 여기서는 포트C 타이머0의 일반 모드(normal mode)를 사용하여 TFT-LCD 모듈에 디지털 시계를 구현하는 프로그램을 작성하여 보기로 한다. 단, 이때 시계 문자판 내의 콜론(:)을 점멸시키려면 이는 0.5초 간격으로 ON/OFF가 수행되어야 하므로 1Hz가 아니라 2Hz의 주기적인 인터럽트가 필요하다.

이러한 디지털 시계를 실용성 있게 구현하려면, 첫째는 표시되는 현재 시각을 언제라도 수정할 수 있어야 하며, 전원을 껐다가 다시 켜더라도 항상 표시되는 값이 현재 시각과 맞아야 한다. 이중에서 후자를 위해서는 최소한 클록에 관련되는 회로들을 배터리로 백업해야 하는데 이러한 기능을 가지는 소자를 특별히 RTC(Real Time Clock)라고 한다.

OK-X128A1 키트에는 배터리 백업 기능을 포함하는 RTC 소자인 DS1307을 내장

하여 아주 쉽게 정확한 시계를 구현할 수 있다. 오늘날 이러한 RTC의 기능들은 퍼스널컴퓨터나 많은 산업용 제어기에서도 사용하고 있으며, 이 소자를 사용하면 단순한 시계 기능 이외에도 캘린더나 알람 기능을 용이하게 처리할 수 있다. 이를 사용한 프로그래밍에 대하여는 제4.16절에서 따로 취급한다.

포트C의 타이머0을 일반 모드를 사용하고 1Hz의 인터럽트를 발생하여 디지털 시계를 구현한 프로그램을 C언어로 작성하여 보면 다음과 같다.

〈프로그램 Exp12_1.c〉 포트C 타이머0을 사용한 디지털 시계 프로그램

```
/* ========================================================================== */
/*                      Exp12_1.c : 디지털 시계 프로그램                        */
/* ========================================================================== */
/*                         Designed and programmed by Duck-Yong Yoon in 2010.  */

#include  <avr/io.h>
#include <avr/interrupt.h>
#include "OK-X128A1.h"

volatile unsigned char second, minute, hour, ampm;

ISR(TCC0_OVF_vect)                               /* TCC0 OVF interrupt function */
{
  second++;                                      // increment second
  if(second == 60)                               // if second = 60, second = 0
    { second = 0;
      minute++;                                  // increment minute
      if(minute == 60)                           // if minute = 60, minute = 0
        { minute = 0;
          hour++;                                // increment hour
          if(hour == 13)                         // if hour = 13, hour = 1
            hour = 1;
          if(hour == 12)                         // if hour = 12, adjust AM/PM
            { if(ampm == 'A') ampm = 'P';
              else            ampm = 'A';
            }
        }
    }
}

void Display_time(void)                          /* display time */
{
  if(ampm == 'A')                                // display AM or PM
    TFT_string(10,16,Cyan,Black, "전");
  else
    TFT_string(10,16,Cyan,Black, "후");

  TFT_color(Green,Black);
  TFT_xy(13,16); TFT_unsigned_decimal(hour,1,2);        // display hour
  TFT_xy(16,16); TFT_unsigned_decimal(minute,1,2);      // display minute
  TFT_xy(19,16); TFT_unsigned_decimal(second,1,2);      // display second

  TFT_string(22,16,Magenta,Black, " ");          // display home position
}

void Cursor_left(void)                           /* go cursor left */
{
  if(Xcursor != 10) Xcursor -= 3;
  else              Xcursor = 22;

  Display_time();
}
```

```
void Cursor_right(void)                          /* go cursor right */
{
  if(Xcursor != 22) Xcursor += 3;
  else              Xcursor = 10;

  Display_time();
}

void Increment(void)                             /* increment time */
{ switch(Xcursor)
    { case 10 : if(ampm == 'A')                  // in case of AM/PM
                  { ampm = 'P';
                    TFT_string(10,16,Cyan,Black, "후");
                  }
                else
                  { ampm = 'A';
                    TFT_string(10,16,Cyan,Black, "전");
                  }
                break;
      case 13 : if(hour != 12) hour++;           // in case of hour
                else           hour = 1;
                TFT_color(Green,Black);
                TFT_xy(13,16);
                TFT_unsigned_decimal(hour,1,2);
                break;
      case 16 : if(minute != 59) minute++;       // in case of minute
                else             minute = 0;
                TFT_color(Green,Black);
                TFT_xy(16,16);
                TFT_unsigned_decimal(minute,1,2);
                break;
      case 19 : if(second != 59) second++;       // in case of second
                else             second = 0;
                TFT_color(Green,Black);
                TFT_xy(19,16);
                TFT_unsigned_decimal(second,1,2);
                break;
      default : break;
    }
}

void Decrement(void)                             /* decrement time */
{ switch(Xcursor)
    { case 10 : if(ampm == 'A')                  // in case of AM/PM
                  { ampm = 'P';
                    TFT_string(10,16,Red,Black, "후");
                  }
                else
                  { ampm = 'A';
                    TFT_string(10,16,Red,Black, "전");
                  }
                break;
      case 13 : if(hour != 1) hour--;            // in case of hour
                else          hour = 12;
                TFT_color(Green,Black);
                TFT_xy(13,16);
                TFT_unsigned_decimal(hour,1,2);
                break;
      case 16 : if(minute != 0) minute--;        // in case of minute
                else            minute = 59;
                TFT_color(Green,Black);
                TFT_xy(16,16);
                TFT_unsigned_decimal(minute,1,2);
                break;
      case 19 : if(second != 0) second--;        // in case of second
                else            second = 59;
                TFT_color(Green,Black);
                TFT_xy(19,16);
                TFT_unsigned_decimal(second,1,2);
                break;
```

```
        default : break;
      }
  }

  int main(void)
  {
    Initialize_MCU();                              // initialize ATxmega128A1 MCU
    Delay_ms(200);
    Initialize_TFT_LCD();                          // initialize TFT-LCD

    TFT_cursor(Magenta);                           // cursor on by Magenta color
    Xcursor = 22;
    Ycursor = 16;

    TFT_string( 2, 8,White, Magenta," 디지털 시계 (TCC0 사용) "); // display title
    TFT_string( 8,16,Cyan,  Black,   "오전 ");
    TFT_string(13,16,Green, Black,   "00:00:00");
    TFT_string( 4,26,White, Black,   "KEY1 - 시/분/초 감소");
    TFT_string( 4,28,White, Black,   "KEY2 - 시/분/초 증가");
    TFT_string( 4,30,White, Black,   "KEY3 - 커서 좌로 이동");
    TFT_string( 4,32,White, Black,   "KEY4 - 커서 우로 이동");
    Beep();

    hour = 12;                                     // initial time
    minute = 0;
    second = 0;
    ampm = 'A';

    TCC0_CTRLA = 0x07;                             // int = 32MHz/1024/(1+31249) = 1Hz
    TCC0_CTRLB = 0x00;                             // normal mode
    TCC0_PER = 31249;
    TCC0_CNT = 0x0000;                             // clear TCC0 counter

    TCC0_INTCTRLA = 0x03;                          // enable OVF interrupt with high level
    PMIC_CTRL = 0x07;                              // enable HI, MED, LO level interrupt
    sei();                                         // global interrupt enable

    while(1)
      { switch(Key_input())                        // key input
          { case KEY1 : Decrement();               // if KEY1, decrement time
                        break;
            case KEY2 : Increment();               // if KEY2, increment time
                        break;
            case KEY3 : Cursor_left();             // if KEY4, go cursor left
                        break;
            case KEY4 : Cursor_right();            // if KEY3, go cursor right
                        break;
            default   : Display_time();            // display time
                        break;
          }
      }
  }
```

☞ ATxmega128A1의 타이머/카운터에서 일반 모드를 사용하면 시스템 클록을 프리스케일러와 주기 레지스터로 분주하여 오버플로우 인터럽트를 발생할 수 있다. 이렇게 만들어진 1Hz의 주파수로 시/분/초의 시간값을 계산하여 시계를 구현한다. 현재 시각을 설정하기 위하여 KEY1~KEY4를 사용하였으며, 화면에 커서를 보이도록 설정하였다. 이렇게 만든 시계의 시간값은 매우 정확하다. 만약 여기서 시간의 오차가 발생한다면 그것은 프로그램의 문제가 아니라 *OK-X128A1* 키트에서 시스템 클록 발생용으로 사용한 16MHz의 수정발진자에 기인하는 오차이다. 이런 크리스털의 오차 범위는 보통 ±5.0PPM 이내 수준인데, 이를 하루에 발생하는 시간 오차로 계산하면 ±0.432초 정도이며, 1개월로 환산하면 ±12.96초 정도이다.

위의 예제 프로그램에서는 TFT-LCD 모듈에서 현재 시각을 나타내는 부분의 글씨가 너무 작아서 얼른 알아보기가 어려우므로 불편하다. 이를 개선하기 위하여 현재 시각을 영문 ASCII 문자 12×24 픽셀, 한글 문자 24×24 픽셀의 큰 글씨로 표시하도록 프로그램을 수정하면 다음과 같다.

〈프로그램 Exp12_2.c〉 포트C 타이머0을 사용한 디지털 시계 프로그램(큰 글씨)

```
/* ========================================================================= */
/*                    Exp12_2.c : 디지털 시계 프로그램(큰 글씨)                    */
/* ========================================================================= */
/*                          Designed and programmed by Duck-Yong Yoon in 2010.  */

#include <avr/io.h>
#include <avr/interrupt.h>
#include "OK-X128A1.h"
#include "OK-X128A1_large.h"

volatile unsigned char second, minute, hour, ampm;

ISR(TCC0_OVF_vect)                              /* TCC0 OVF interrupt function */
{
  second++;                                     // increment second
  if(second == 60)                              // if second = 60, second = 0
    { second = 0;
      minute++;                                 // increment minute
      if(minute == 60)                          // if minute = 60, minute = 0
        { minute = 0;
          hour++;                               // increment hour
          if(hour == 13)                        // if hour = 13, hour = 1
            hour = 1;
          if(hour == 12)                        // if hour = 12, adjust AM/PM
            { if(ampm == 'A') ampm = 'P';
              else            ampm = 'A';
            }
        }
    }
}

void Display_time(void)                         /* display time */
{

  if(ampm == 'A')                               // display AM or PM
    TFT_string_large(5,16,Cyan,Black, "전");
  else
    TFT_string_large(5,16,Cyan,Black, "후");

  TFT_color(Green,Black);
  TFT_xy( 8,16); TFT_unsigned_decimal_large(hour,1,2);    // display hour
  TFT_xy(11,16); TFT_unsigned_decimal_large(minute,1,2);  // display minute
  TFT_xy(14,16); TFT_unsigned_decimal_large(second,1,2);  // display second

  TFT_string_large(17,16,Magenta,Black, " ");           // display home position
}

void Cursor_left(void)                          /* go cursor left */
{
  if(Xcursor != 5)  Xcursor -= 3;
  else              Xcursor = 17;

  Display_time();
}

void Cursor_right(void)                         /* go cursor right */
```

```
{
  if(Xcursor != 17) Xcursor += 3;
  else              Xcursor = 5;

  Display_time();
}

void Increment(void)                            /* increment time */
{ switch(Xcursor)
    { case  5 : if(ampm == 'A')                 // in case of AM/PM
                  { ampm = 'P';
                    TFT_string_large(5,16,Cyan,Black, "후");
                  }
                else
                  { ampm = 'A';
                    TFT_string_large(5,16,Cyan,Black, "전");
                  }
                break;
      case  8 : if(hour != 12) hour++;          // in case of hour
                else           hour = 1;
                TFT_color(Green,Black);
                TFT_xy(8,16);
                TFT_unsigned_decimal_large(hour,1,2);
                break;
      case 11 : if(minute != 59) minute++;      // in case of minute
                else             minute = 0;
                TFT_color(Green,Black);
                TFT_xy(11,16);
                TFT_unsigned_decimal_large(minute,1,2);
                break;
      case 14 : if(second != 59) second++;      // in case of second
                else             second = 0;
                TFT_color(Green,Black);
                TFT_xy(14,16);
                TFT_unsigned_decimal_large(second,1,2);
                break;
      default : break;
    }
}

void Decrement(void)                            /* decrement time */
{ switch(Xcursor)
    { case  5 : if(ampm == 'A')                 // in case of AM/PM
                  { ampm = 'P';
                    TFT_string_large(5,16,Cyan,Black, "후");
                  }
                else
                  { ampm = 'A';
                    TFT_string_large(5,16,Cyan,Black, "전");
                  }
                break;
      case  8 : if(hour != 1) hour--;           // in case of hour
                else          hour = 12;
                TFT_color(Green,Black);
                TFT_xy(8,16);
                TFT_unsigned_decimal_large(hour,1,2);
                break;
      case 11 : if(minute != 0) minute--;       // in case of minute
                else            minute = 59;
                TFT_color(Green,Black);
                TFT_xy(11,16);
                TFT_unsigned_decimal_large(minute,1,2);
                break;
      case 14 : if(second != 0) second--;       // in case of second
                else            second = 59;
                TFT_color(Green,Black);
                TFT_xy(14,16);
                TFT_unsigned_decimal_large(second,1,2);
                break;
      default : break;
    }
```

```
}

int main(void)
{
  Initialize_MCU();                              // initialize ATxmega128A1 MCU
  Delay_ms(200);
  Initialize_TFT_LCD();                          // initialize TFT-LCD

  TFT_cursor(Magenta);                           // cursor on by Magenta color
  Xcursor = 17;
  Ycursor = 16;

  TFT_string( 2, 8,White, Magenta," 디지털 시계 (TCC0 사용) "); // display title
  TFT_string_large( 3,16,Cyan,  Black,  " 오전 ");
  TFT_string_large( 8,16,Green, Black,  "00:00:00");
  TFT_string( 4,26,White, Black,  "KEY1 - 시/분/초 감소");
  TFT_string( 4,28,White, Black,  "KEY2 - 시/분/초 증가");
  TFT_string( 4,30,White, Black,  "KEY3 - 커서 좌로 이동");
  TFT_string( 4,32,White, Black,  "KEY4 - 커서 우로 이동");
  Beep();

  hour = 12;                                     // initial time
  minute = 0;
  second = 0;
  ampm = 'A';

  TCC0_CTRLA = 0x07;                             // int = 32MHz/1024/(1+31249) = 1Hz
  TCC0_CTRLB = 0x00;                             // normal mode
  TCC0_PER = 31249;
  TCC0_CNT = 0x0000;                             // clear TCC0 counter

  TCC0_INTCTRLA = 0x03;                          // enable OVF interrupt with high level
  PMIC_CTRL = 0x07;                              // enable HI, MED, LO level interrupt
  sei();                                         // global interrupt enable

  while(1)
    { switch(Key_input())                        // key input
        { case KEY1 : Decrement();               // if KEY1, decrement time
                      break;
          case KEY2 : Increment();               // if KEY2, increment time
                      break;
          case KEY3 : Cursor_left();             // if KEY4, go cursor left
                      break;
          case KEY4 : Cursor_right();            // if KEY3, go cursor right
                      break;
          default   : Display_time();            // display time
                      break;
        }
    }
}
```

2. 16비트 RTC를 이용한 디지털 시계

여기서는 ATxmega128A1에 내장된 16비트의 리얼타임 카운터(RTC ; Real-Time Counter)를 이용하여 디지털 시계를 만들어 보기로 한다. 원래 이 주변장치는 CPU가 반복적으로 처리하는 작업을 위하여 CPU에게 주기적인 인터럽트를 발생하는데 사용하도록 만들어진 것이다. 리얼타임 카운터의 클록 소스로는 내부의 32kHz ULP 오실레이터, 내부의 32.768kHz RC 오실레이터, 외부의 32.768kHz 크리스털 발진회로 등을 사용할 수 있다. 외부 크리스털을 클록 소스로 사용하면 정확한 주파수를 얻을 수 있지만 하드웨어적인 비용이 추가되며, 나머지 2가지는 비용이 절감되지만 주파수의 정확성이 낮은 문제를 가지고 있다.

다음은 ATxmega128A1에 내장된 16비트의 리얼타임 카운터에 내부 32kHz ULP 오실레이터를 클록 소스로 사용하여 디지털 시계를 구현한 프로그램이다. 내부 ULP 오실레이터의 주파수 오차는 ±30% 정도에 이르므로 이를 사용하여 만든 시계는 시간당 수분 정도의 오차를 가지며, 따라서 실제로 시계에 사용하는데는 무리가 있다.

이 예제 프로그램을 컴파일하여 *OK-X128A1* 키트에 다운로드하고 실행하라. 그리고, 키 KEY1~KEY4를 사용하여 현재 시각을 정확히 설정하고 1시간이 지난 후에 시계가 표시하는 값이 얼마나 오차를 발생하는지 관찰하여 보라.

〈프로그램 Exp12_3.c〉 리얼타임 카운터를 이용한 디지털 시계 프로그램(1)

```
/* ========================================================================== */
/*      Exp12_3.c : 디지털 시계 프로그램(16비트 RTC 모듈 및 ULP 클록 사용)        */
/* ========================================================================== */
/*                          Designed and programmed by Duck-Yong Yoon in 2010.  */

#include <avr/io.h>
#include <avr/interrupt.h>
#include "OK-X128A1.h"

volatile unsigned char second, minute, hour, ampm;

ISR(RTC_OVF_vect)                               /* RTC OVF interrupt function */
{
  second++;                                     // increment second
  if(second == 60)                              // if second = 60, second = 0
    { second = 0;
      minute++;                                 // increment minute
      if(minute == 60)                          // if minute = 60, minute = 0
        { minute = 0;
          hour++;                               // increment hour
          if(hour == 13)                        // if hour = 13, hour = 1
            hour = 1;
          if(hour == 12)                        // if hour = 12, adjust AM/PM
            { if(ampm == 'A') ampm = 'P';
              else            ampm = 'A';
            }
        }
    }
}

void Display_time(void)                         /* display time */
{
  if(ampm == 'A')                               // display AM or PM
    TFT_string(10,16,Cyan,Black, "전");
  else
    TFT_string(10,16,Cyan,Black, "후");

  TFT_color(Green,Black);
  TFT_xy(13,16); TFT_unsigned_decimal(hour,1,2);         // display hour
  TFT_xy(16,16); TFT_unsigned_decimal(minute,1,2);       // display minute
  TFT_xy(19,16); TFT_unsigned_decimal(second,1,2);       // display second

  TFT_string(22,16,Magenta,Black, " ");         // display home position
```

```
}

void Cursor_left(void)                          /* go cursor left */
{
  if(Xcursor != 10) Xcursor -= 3;
  else              Xcursor = 22;

  Display_time();
}

void Cursor_right(void)                         /* go cursor right */
{
  if(Xcursor != 22) Xcursor += 3;
  else              Xcursor = 10;

  Display_time();
}

void Increment(void)                            /* increment time */
{ switch(Xcursor)
    { case 10 : if(ampm == 'A')                 // in case of AM/PM
                  { ampm = 'P';
                    TFT_string(10,16,Cyan,Black, "후");
                  }
                else
                  { ampm = 'A';
                    TFT_string(10,16,Cyan,Black, "전");
                  }
                break;
      case 13 : if(hour != 12) hour++;          // in case of hour
                else           hour = 1;
                TFT_color(Green,Black);
                TFT_xy(13,16);
                TFT_unsigned_decimal(hour,1,2);
                break;
      case 16 : if(minute != 59) minute++;      // in case of minute
                else             minute = 0;
                TFT_color(Green,Black);
                TFT_xy(16,16);
                TFT_unsigned_decimal(minute,1,2);
                break;
      case 19 : if(second != 59) second++;      // in case of second
                else             second = 0;
                TFT_color(Green,Black);
                TFT_xy(19,16);
                TFT_unsigned_decimal(second,1,2);
                break;
      default : break;
    }
}

void Decrement(void)                            /* decrement time */
{ switch(Xcursor)
    { case 10 : if(ampm == 'A')                 // in case of AM/PM
                  { ampm = 'P';
                    TFT_string(10,16,Cyan,Black, "후");
                  }
                else
                  { ampm = 'A';
                    TFT_string(10,16,Cyan,Black, "전");
                  }
                break;
      case 13 : if(hour != 1) hour--;           // in case of hour
                else          hour = 12;
                TFT_color(Green,Black);
                TFT_xy(13,16);
                TFT_unsigned_decimal(hour,1,2);
                break;
      case 16 : if(minute != 0) minute--;       // in case of minute
                else            minute = 59;
                TFT_color(Green,Black);
```

```
                TFT_xy(16,16);
                TFT_unsigned_decimal(minute,1,2);
                break;
      case 19 : if(second != 0) second--;         // in case of second
                else            second = 59;
                TFT_color(Green,Black);
                TFT_xy(19,16);
                TFT_unsigned_decimal(second,1,2);
                break;
      default : break;
    }
}

int main(void)
{
  Initialize_MCU();                               // initialize ATxmega128A1 MCU
  Delay_ms(200);
  Initialize_TFT_LCD();                           // initialize TFT-LCD

  TFT_cursor(Magenta);                            // cursor on by Magenta color
  Xcursor = 22;
  Ycursor = 16;

  TFT_string( 1, 8,White, Magenta," 디지털 시계 (RTC/ULP 사용) ");      // display title
  TFT_string( 8,16,Cyan,  Black,  "오전 ");
  TFT_string(13,16,Green, Black,  "00:00:00");
  TFT_string( 4,26,White, Black,  "KEY1 - 시/분/초 감소");
  TFT_string( 4,28,White, Black,  "KEY2 - 시/분/초 증가");
  TFT_string( 4,30,White, Black,  "KEY3 - 커서 좌로 이동");
  TFT_string( 4,32,White, Black,  "KEY4 - 커서 우로 이동");
  Beep();

  hour = 12;                                      // initial time
  minute = 0;
  second = 0;
  ampm = 'A';

  CLK_RTCCTRL = 0x01;                             // RTC clock source = ULP 1kHz

  while((RTC_STATUS & 0x01) == 0x01);             // wait RTC synchronization
  RTC_PER = 999;                                  // 1kHz / (1+999) = 1Hz
  RTC_CNT = 0x0000;                               // clear RTC counter
  RTC_CTRL = 0x01;                                // 1kHz / 1 = 1kHz

  RTC_INTFLAGS = 0x01;
  RTC_INTCTRL = 0x03;                             // enable OVF interrupt with high level
  PMIC_CTRL = 0x07;                               // enable HI, MED, LO level interrupt
  sei();                                          // global interrupt enable

  while(1)
    { switch(Key_input())                         // key input
        { case KEY1 : Decrement();                // if KEY1, decrement time
                      break;
          case KEY2 : Increment();                // if KEY2, increment time
                      break;
          case KEY3 : Cursor_left();              // if KEY4, go cursor left
                      break;
          case KEY4 : Cursor_right();             // if KEY3, go cursor right
                      break;
          default   : Display_time();             // display time
                      break;
        }
    }
}
```

☞ ATxmega128A1의 16비트 리얼타임 카운터에 내부 32kHz ULP 오실레이터가 클록 소스로 사용되는 경우에는 이것이 32분주되어 1kHz로 입력되므로 이 시계 프로그램에서는 이를 1000으로 분주하여 오버플

로우 인터럽트를 발생함으로써 1Hz를 만들었다. 내부 32kHz ULP 오실레이터의 오차 범위는 ±30% 이내 수준인데, 이를 1시간에 발생하는 시간 오차로 계산하면 ±18분 정도이다.

다음은 ATxmega128A1에 내장된 16비트의 리얼타임 카운터에 내부 32.768kHz RC 오실레이터를 클록 소스로 사용하여 디지털 시계를 구현한 프로그램이다. 내부 RC 오실레이터의 주파수 오차는 ±1% 정도에 이르므로 이를 사용하여 만든 시계는 시간당 수초에서 수십초 정도의 오차를 가지며, 따라서 역시 실제로 시계에 사용하기는 어렵다.

이 예제 프로그램을 컴파일하여 *OK-X128A1* 키트에 다운로드하고 실행하라. 그리고, 키 KEY1~KEY4를 사용하여 현재 시각을 정확히 설정하고 1시간이 지난 후에 시계가 표시하는 값이 얼마나 오차를 발생하는지 관찰하여 보라.

〈프로그램 Exp12_4.c〉 리얼타임 카운터를 이용한 디지털 시계 프로그램(2)

```
/* ============================================================================ */
/*    Exp12_4.c : 디지털 시계 프로그램(RTC 모듈 및 32.768kHz 내부 클록 사용)    */
/* ============================================================================ */
/*                        Designed and programmed by Duck-Yong Yoon in 2010.    */

#include <avr/io.h>
#include <avr/interrupt.h>
#include "OK-X128A1.h"

volatile unsigned char second, minute, hour, ampm;

ISR(RTC_OVF_vect)                               /* RTC OVF interrupt function */
{
  second++;                                     // increment second
  if(second == 60)                              // if second = 60, second = 0
    { second = 0;
      minute++;                                 // increment minute
      if(minute == 60)                          // if minute = 60, minute = 0
        { minute = 0;
          hour++;                               // increment hour
          if(hour == 13)                        // if hour = 13, hour = 1
            hour = 1;
          if(hour == 12)                        // if hour = 12, adjust AM/PM
            { if(ampm == 'A') ampm = 'P';
              else            ampm = 'A';
            }
        }
    }
}

void Display_time(void)                         /* display time */
{
  if(ampm == 'A')                               // display AM or PM
    TFT_string(10,16,Cyan,Black, "전");
  else
    TFT_string(10,16,Cyan,Black, "후");

  TFT_color(Green,Black);
  TFT_xy(13,16); TFT_unsigned_decimal(hour,1,2);        // display hour
  TFT_xy(16,16); TFT_unsigned_decimal(minute,1,2);      // display minute
  TFT_xy(19,16); TFT_unsigned_decimal(second,1,2);      // display second
```

```
  TFT_string(22,16,Magenta,Black, "  ");          // display home position
}

void Cursor_left(void)                            /* go cursor left */
{
  if(Xcursor != 10) Xcursor -= 3;
  else              Xcursor = 22;

  Display_time();
}

void Cursor_right(void)                           /* go cursor right */
{
  if(Xcursor != 22) Xcursor += 3;
  else              Xcursor = 10;

  Display_time();
}

void Increment(void)                              /* increment time */
{ switch(Xcursor)
    { case 10 : if(ampm == 'A')                   // in case of AM/PM
                  { ampm = 'P';
                    TFT_string(10,16,Cyan,Black, "후");
                  }
                else
                  { ampm = 'A';
                    TFT_string(10,16,Cyan,Black, "전");
                  }
                break;
      case 13 : if(hour != 12) hour++;            // in case of hour
                else           hour = 1;
                TFT_color(Green,Black);
                TFT_xy(13,16);
                TFT_unsigned_decimal(hour,1,2);
                break;
      case 16 : if(minute != 59) minute++;        // in case of minute
                else             minute = 0;
                TFT_color(Green,Black);
                TFT_xy(16,16);
                TFT_unsigned_decimal(minute,1,2);
                break;
      case 19 : if(second != 59) second++;        // in case of second
                else             second = 0;
                TFT_color(Green,Black);
                TFT_xy(19,16);
                TFT_unsigned_decimal(second,1,2);
                break;
      default : break;
    }
}

void Decrement(void)                              /* decrement time */
{ switch(Xcursor)
    { case 10 : if(ampm == 'A')                   // in case of AM/PM
                  { ampm = 'P';
                    TFT_string(10,16,Cyan,Black, "후");
                  }
                else
                  { ampm = 'A';
                    TFT_string(10,16,Cyan,Black, "전");
                  }
                break;
      case 13 : if(hour != 1) hour--;             // in case of hour
                else          hour = 12;
                TFT_color(Green,Black);
                TFT_xy(13,16);
                TFT_unsigned_decimal(hour,1,2);
                break;
      case 16 : if(minute != 0) minute--;         // in case of minute
                else            minute = 59;
```

```
                TFT_color(Green,Black);
                TFT_xy(16,16);
                TFT_unsigned_decimal(minute,1,2);
                break;
      case 19 : if(second != 0) second--;        // in case of second
                else            second = 59;
                TFT_color(Green,Black);
                TFT_xy(19,16);
                TFT_unsigned_decimal(second,1,2);
                break;
      default : break;
    }
}

int main(void)
{
  Initialize_MCU();                               // initialize ATxmega128A1 MCU
  Delay_ms(200);
  Initialize_TFT_LCD();                           // initialize TFT-LCD

  TFT_cursor(Magenta);                            // cursor on by Magenta color
  Xcursor = 22;
  Ycursor = 16;

  TFT_string( 1, 8,White, Magenta," 디지털 시계 (RTC/RC 사용) ");      // display title
  TFT_string( 8,16,Cyan,  Black,  "오전 ");
  TFT_string(13,16,Green, Black,  "00:00:00");
  TFT_string( 4,26,White, Black,  "KEY1 - 시/분/초 감소");
  TFT_string( 4,28,White, Black,  "KEY2 - 시/분/초 증가");
  TFT_string( 4,30,White, Black,  "KEY3 - 커서 좌로 이동");
  TFT_string( 4,32,White, Black,  "KEY4 - 커서 우로 이동");
  Beep();

  hour = 12;                                      // initial time
  minute = 0;
  second = 0;
  ampm = 'A';

  OSC_CTRL |= 0x04;                               // enable 32.768kHz internal RC oscillator
  while((OSC_STATUS & 0x04) != 0x04);             // wait 32.768kHz internal RC oscillator ready
  CLK_RTCCTRL = 0x05;                             // RTC clock source = RC oscillator 1.024kHz

  while((RTC_STATUS & 0x01) == 0x01);             // wait RTC synchronization
  RTC_PER = 1023;                                 // 1,024kHz / (1+1023) = 1Hz
  RTC_CNT = 0x0000;                               // clear RTC counter
  RTC_CTRL = 0x01;                                // 1.024kHz / 1 = 1.024kHz

  RTC_INTFLAGS = 0x01;
  RTC_INTCTRL = 0x03;                             // enable OVF interrupt with high level
  PMIC_CTRL = 0x07;                               // enable HI, MED, LO level interrupt
  sei();                                          // global interrupt enable

  while(1)
    { switch(Key_input())                         // key input
        { case KEY1 : Decrement();                // if KEY1, decrement time
                      break;
          case KEY2 : Increment();                // if KEY2, increment time
                      break;
          case KEY3 : Cursor_left();              // if KEY4, go cursor left
                      break;
          case KEY4 : Cursor_right();             // if KEY3, go cursor right
                      break;
          default   : Display_time();             // display time
                      break;
        }
    }
}
```

☞ ATxmega128A1의 16비트 리얼타임 카운터에 내부 32.768kHz RC 오실레이터가 클록 소스로 사용되는 경우에는 이것이 32분주되어 1.024kHz로 입력되므로 이 시계 프로그램에서는 이를 1024로 분주하여 오버플로우 인터럽트를 발생함으로써 1Hz의 주파수를 만들었다. 내부 32.768kHz RC 오실레이터의 오차 범위는 ±1% 이내 수준인데, 이를 1시간에 발생하는 시간 오차로 계산하면 ±36초 정도이다.

3. 실습 과제

(1) ATxmega128A1의 타이머/카운터를 이용하여 구현한 시계와 DS1307 RTC 소자를 이용하여 만든 시계의 근본적인 차이점은 무엇인지 설명하라.

(2) 예제 프로그램 Exp12_1.c를 동일한 기능을 수행하도록 어셈블리 언어로 작성하여 프로그램 Exp12_1R.asm으로 만들어 보라.

(3) 예제 프로그램 Exp12_2.c를 매시 정각에 비프음을 한번씩 울리고 1초에 한번씩 시, 분, 초 사이에 있는 콜론(:)이 깜빡이도록(즉, 0.5초 동안 ON되고 0.5초동안 OFF됨) 프로그램 Exp12_2R.c로 수정하라. 이를 위해서는 인터럽트가 0.5초에 한번씩 발생하는 방법을 사용하는 것이 좋다.

4.13 타이머를 이용한 음악연주 프로그램

이 절에서는 타이머/카운터를 이용한 음악 연주 및 음향 발생에 관련된 프로그래밍 기술을 익혀보기로 한다. 이를 위해서는 당연히 먼저 음악의 기본 이론 및 음향 발생의 원리를 알아야 한다.

OK-X128A1 키트에서는 음악 및 음향을 발생하기 위하여 소형 스피커를 접속하고 있으며, 이것은 타이머/카운터 TCD0의 출력비교 단자 OC0A에 의하여 구동된다.

관련 내용	(1) 제2.2절 타이머/카운터 (2) 제3.1절 *OK-X128A1* 키트의 구조와 기능

1. 음악 멜로디 연주의 원리

여기서는 ATxmega128A1에 내장된 타이머/카운터를 사용하여 음악의 멜로디를 연주하는 원리에 대하여 알아보기로 한다. 기본적으로 음악의 멜로디(melody)는 스피커를 구동하는 신호의 주파수와 연주시간에 따라 결정되는데, 이는 타이머의 분주 기능을 이용하면 쉽게 원하는 주파수의 신호를 발생할 수 있으며, 연주시간은 시간지연 루틴을 사용하면 용이하게 구현할 수 있다.

음악의 멜로디에 필요한 주파수를 발생하기 위해서는 정확하고 일정한 주파수를 갖는 마이크로컨트롤러의 시스템 클록을 원하는 값으로 분주하여 사용하는 것이 바람직하므로 타이머/카운터의 기능중에서 타이머의 분주 기능을 사용하게 된다. 또한, 일반적으로 스피커를 구동하는 파형은 듀티비를 50%로 유지하는 것이 좋은데, 이를 위해서는 ATxmega128A1의 타이머/카운터 동작 모드중에서 SS PWM 모드를 사용하는 것이 편리하다.

(1) 음악의 기본 구성

음악은 기본적으로 음의 높이(음계, 음정, tone), 음의 길이(박자, beat), 음의 강약, 음의 색깔 등으로 구성된다. 음의 높이는 스피커를 구동하는 신호의 주파수와 관계되어 주파수가 높으면 고음이 되고 주파수가 낮으면 저음이 된다. 음의 길이는 음표(note)와 쉼표(rest)로 구분되는데 이는 각 음계에 해당하는 신호 발생시간의 길고 짧음에 비례한다. 또한, 음의 강약은 신호 파형의 진폭에 의해 결정되고, 음의 색깔은 신호 파형에 고조파(高調波) 성분의 포함 정도나 진폭의 변화(envelope)에 의해 결정된다.

마이크로프로세서는 디지털 신호(digital signal)만을 직접 처리할 수 있기 때문에 음의 높이나 음의 길이를 변화시키는 것은 용이하나, 음의 강약 또는 음의 색깔을 변화시키는 것은 단순하지 않다. 이와 같은 기능을 갖는 본격적인 전자 음악 합성기(electronic music synthesizer)를 만들려면 주파수 발생 회로는 물론 각종 고조파 신호들을 증폭하고 합성할 수 있어야 하는데, 이를 위해서는 D/A 컨버터나 Op Amp와 같은 별도의 복잡한 회로들이 필요하게 된다. 이러한 방식으로 된 사운드 카드나 전자악기는 이미 많은 제품들이 개발되어 판매되고 있다.(*OK-X128A1* 키트에는 특별히 MP3 플레이어 회로를 내장하고 있어서 MP3, AAC, WMA, WAV, MIDI 형식의 음악 파일을 재생할 수 있다. 이에 대하여는 제4.22절에서 공부한다.)

그러나, 여기서는 마이크로컨트롤러에 내장된 타이머/카운터 기능을 이용하여 음높이와 음길이를 가변함으로써 단순히 음악의 멜로디를 연주할 수 있는 프로그램 작성에 대하여 연구하기로 한다. 이러한 프로그램은 기본적인 음악 이론에 근거하여 다양한 방법으로 작성될 수 있을 것이나, 여기서는 프로그래밍 기술을 익히고 실제 악보를 보고 이를 프로그램으로 옮기기 쉽도록 하려는 목적에 주안점을 두어 저자가 설계한 방법을 사용하여 설명한다.

(2) 음계 발생의 원리

음악에서 음계는 0에서 8까지 9개의 옥타브(octave)로 구성되며, 각 옥타브에는 C, C#, D, D#, E, F, F#, G, G#, A, A#, B 등 반음(半音)의 간격으로 볼 때 12개의 음이 존재한다. 이들 각 음계에는 모두 표준 주파수가 정해져 있고, 이웃하는 2개의 음계 사이에는 1 : $2^{1/12}$, 즉 1 : 1.05946의 비율로 주파수가 증가하게 되어 있다. 따라서, 이와 같이 각 음계마다 약 6%씩 주파수가 증가하면 어느 음계와 이보다 1 옥타브 증가한 12번째 음과는 정확히 2배의 주파수 차이가 생기게 된다.

음계를 발생시키려면 타이머/카운터의 FRQ 모드 또는 SS PWM 모드를 사용하여 기준 클록을 분주하면 되는데, 여기서는 포트D 타이머0의 PER 레지스터가 TOP으로 동작하는 SS PWM 모드를 사용하고 항상 듀티비는 50%로 유지하기로 한다. 이 모드에서는 출력 신호의 주파수는 다음과 같이 표시된다.

$$f_{OC0A} = \frac{f_{PER}}{N \cdot (1+PER)} = \frac{32 \times 10^6}{8 \cdot (1+PER)} \text{ [Hz]}$$

여기서 주변장치 클록의 주파수는 32MHz이며, 타이머/카운터 프리스케일러의 분주비 N은 8로 사용한다. 따라서, 타이머/카운터 TCD0의 16비트 레지스터 PER의 값을 조정하면 원하는 음계의 주파수를 얻을 수 있게 된다.

〈표 4.13.1〉 음계별 표준주파수와 타이머/카운터 TCD0에 의한 출력 주파수

옥타브	음계		표준 주파수[Hz]	PER의 값	출력 주파수[Hz]	정확도 출력/표준[%]
	음계	음계명				
	A	VLA	110.000	36363	109.999	99.999
2	A#	VLAX	116.541	34322	116.540	99.999
	B	VLB	123.471	32395	123.472	100.000
	C	LC	130.813	30577	130.813	100.000
	C#	LCX	138.591	28861	138.591	100.000
	D	LD	146.832	27241	146.832	100.000
	D#	LDX	155.563	25712	155.563	100.000
	E	LE	164.814	24269	164.813	99.999
3	F	LF	174.614	22907	174.611	99.999
	F#	LFX	184.997	21621	184.997	100.000
	G	LG	195.998	20407	196.002	100.002
	G#	LGX	207.652	19262	207.652	100.000
	A	LA	220.000	18181	219.998	99.999
	A#	LAX	233.082	17160	233.087	100.002
	B	LB	246.942	16197	246.944	100.001
	C	MC	261.626	15288	261.626	100.000
	C#	MCX	277.183	14430	277.181	99.999
	D	MD	293.665	13620	293.664	99.999
	D#	MDX	311.127	12855	311.139	100.004
	E	ME	329.628	12134	329.625	99.999
4	F	MF	349.228	11453	349.223	99.999
	F#	MFX	369.994	10810	369.994	100.000
	G	MG	391.995	10203	392.003	100.002
	G#	MGX	415.305	9630	415.326	100.005
	A	MA	440.000	9090	439.996	99.999
	A#	MAX	466.164	8580	466.146	99.996
	B	MB	493.883	8098	493.888	100.001
	C	HC	523.251	7644	523.218	99.994
	C#	HCX	554.365	7214	554.401	100.006
	D	HD	587.330	6809	587.372	100.007
	D#	HDX	622.254	6427	622.278	100.004
	E	HE	659.255	6066	659.304	100.007
5	F	HF	698.456	5726	698.446	99.999
	F#	HFX	739.989	5404	740.056	100.009
	G	HG	783.991	5101	784.006	100.002
	G#	HGX	830.609	4815	830.565	99.995
	A	HA	880.000	4544	880.088	100.010
	A#	HAX	932.328	4289	932.401	100.008
	B	HB	987.767	4049	987.654	99.989
	C	VHC	1046.502	3821	1046.572	100.007
	C#	VHCX	1108.731	3607	1108.647	99.992
6	D	VHD	1174.659	3404	1174.743	100.007
	D#	VHDX	1244.508	3213	1244.555	100.004
	E	VHE	1318.510	3033	1318.392	99.991

<표 4.13.1>에 옥타브 2~6의 표준 주파수와 ATxmega128A1의 타이머/카운터를 사용하여 이를 발생시키는 방법을 보였다. 9개의 옥타브중에서 중간의 기준은 옥타브 4이므로 이를 middle octave로 하여 상하로 high octave와 low octave 각각 1개씩만을 고려하면 대부분 음악을 연주하는데 별 문제가 없다. 그러나, 더욱 넓은 음역을 포함시켜 실용적으로 문제가 없게 하려면 옥타브 2의 일부 음계와 옥타브 6의 일부 음계까지를 포함시키는 것이 좋다.

앞에서 설명한 바와 같이 표준 주파수는 무리수(無理數)로 증가하여 소숫점 이하의 값을 가지게 되는데, 32MHz의 주변장치 클록 및 타이머/카운터 TCD0을 이용할 때 분주를 위한 시정수로는 0~65535 범위의 16비트 정수만을 사용할 수 있으므로 이들 음계 주파수를 정확히 발생시키는 것은 불가능하다. 따라서, 위의 계산식에 근거하여 PER 레지스터를 <표 4.13.1>에 보인 값으로 프로그램하고 가장 근사치의 주파수를 발생하도록 하면 모든 음계들이 거의 ±0.02% 이내의 오차 범위에 들어가는 만족스러운 결과를 얻을 수 있다.

이와 같이 각 음계에 대하여 결정된 주파수를 출력하려면 ATxmega128A1을 프로그래밍해야 하는데 이것은 음계를 처리하는 함수에서 음계를 입력 파라미터로 가지고 가면 편리하다. 각 옥타브에 대한 음계의 이름은 사용자가 기억하기 좋도록 하기 위하여 옥타브 3, 4, 5의 음계 이름에 각각 LO(low), MI(middle), HI(high)의 두문자(頭文字)를 사용하고, 그 다음에 음계명을 놓도록 하며, 반음 올림을 표시하는 #은 라벨(label)명으로 사용할 수 없는 어셈블러가 많으므로 X로 표기하도록 한다. 또한, 옥타브 2에는 두문자로 VLO(very low)을 사용하고, 옥타브 6에는 VHI(very high)를 사용하였다.

(3) 음표 및 쉼표 발생의 원리

음표나 쉼표는 각 음계의 연주시간(演奏時間) 또는 휴지시간(休止時間)을 나타내는 것으로 <표 4.13.2>와 같이 각각 10가지씩의 종류가 있다. 그러나, 여기서 연주시간이라 하면 상대적인 것이며 절대적인 시간값을 갖는 것은 아니다. 예를 들어 4분 음표는 온음표에 비하여 연주시간이 1/4의 길이를 가지며, 32분 음표는 온음표의 1/32에 해당한다. 이와 같은 연주시간의 상대 길이를 <표 4.13.2>에 함께 표시하였다. 이 표에서는 표시하지 않았지만 실제로는 음표의 경우에는 겹3분 음표가 포함된다.

각 음표의 실제 연주시간은 음표의 종류뿐만 아니라 음악의 연주 속도를 표시하는 템포(tempo)에 의해 결정된다. 여기서는 편의상 템포를 1~7로 정의하며, tempo = 1이 가장 빠른 것으로 하고 tempo = 7은 가장 느린 것으로 한다. 또한, 가장 짧은 연주시간 단위인 32분 음표를 21[ms]의 기본 시간(base time)으로 정의하고, 이 기본 시간에 상대 길이와 템포 값을 곱한 시간을 실제 음표의 연주시간으로 한다. 예를 들어 tempo = 4(보통 빠르기)에서 32분 음표, 16분 음표, 8분 음표, 4분음표의 연주시간을 각각 계산하여 보면

𝅘𝅥𝅰 = base time × 상대 길이 × tempo
= 21[ms] × 1 × 4 = 84[ms]
𝅘𝅥𝅯 = 21[ms] × 2 × 4 = 168[ms]
♪ = 21[ms] × 4 × 4 = 336[ms]
♩ = 21[ms] × 8 × 4 = 672[ms]

가 된다. 이렇게 하면 tempo = 4에서 4분 음표를 약 89개 연주하여 보통 빠르기의 기준인 88개와 거의 유사하게 된다.

〈표 4.13.2〉 음표 및 쉼표의 종류와 상대길이

종류	음표		쉼표		상대 길이
32분	𝅘𝅥𝅰	NOTE32	𝅀	REST32	$\frac{1}{32} = \frac{1}{32}$
16분	𝅘𝅥𝅯	NOTE16	𝄿	REST16	$\frac{1}{16} = \frac{2}{32}$
점16분	𝅘𝅥𝅯.	NOTE16D	𝄿.	REST16D	$\frac{1}{16} + \frac{1}{16} \times \frac{1}{2} = \frac{3}{32}$
8분	♪	NOTE8	𝄾	REST8	$\frac{1}{8} = \frac{4}{32}$
점8분	♪.	NOTE8D	𝄾.	REST8D	$\frac{1}{8} + \frac{1}{8} \times \frac{1}{2} = \frac{6}{32}$
4분	♩	NOTE4	𝄽	REST4	$\frac{1}{4} = \frac{8}{32}$
점4분	♩.	NOTE4D	𝄽.	REST4D	$\frac{1}{4} + \frac{1}{4} \times \frac{1}{2} = \frac{12}{32}$
2분	𝅗𝅥	NOTE2	𝄼	REST2	$\frac{1}{2} = \frac{16}{32}$
점2분	𝅗𝅥.	NOTE2D	𝄼.	REST2D	$\frac{1}{2} + \frac{1}{2} \times \frac{1}{2} = \frac{24}{32}$
온	𝅝	NOTE1	𝄻	REST1	$1 = \frac{32}{32}$

☞ 겹3분 음표는 NOTE16T, NOTE8T, NOTE4T로 하였음.

음표 및 쉼표를 프로그램으로 작성하는 것도 음계에서처럼 함수와 입력 파라미터로 처리하면 편리하다. 즉, 음계에서 타이머 TCD0을 사용하여 원하는 주파수를 출력함으로써 연주가 개시되었으므로 음표는 위에서 계산한 시간만큼의 단순한 시간지연 루틴(delay routine)에 의해 수행되며, 쉼표는 음계가 연주되지 않도록 타이머 TCD0의

클록 입력을 차단하고 나서 음표와 동일한 시간지연 루틴을 수행하면 된다. 템포 값은 음악연주 시작전의 첫머리에서 지정하여 전역변수로 처리하고, 각 음표 및 쉼표의 처리 함수에서 이를 참조하여 지연시간을 결정하도록 한다.

이렇게 만든 음표 및 쉼표의 이름을 <표 4.13.2>에서 처럼 정리하면 기억하기에 편리하여 음악 연주 프로그램에서 사용하기가 좋다.

옹 달 샘

```
Set_tempo(4);                ; tempo = 4
Play_note(LOB,NOTE8);        ; line 1
Play_note(MID,NOTE8);
Play_note(MIG,NOTE8);
Play_note(LOB,NOTE8);
Play_note(MID,NOTE4);
Play_note(MIC,NOTE4);
Play_note(MIE,NOTE4);
Play_note(MIE,NOTE4);
Play_note(MID,NOTE8);
Play_note(MIFX,NOTE8);
Play_note(MIA,NOTE8);
Play_note(HIC,NOTE8);
Play_note(MIB,NOTE8);
Play_note(MIA,NOTE8);
Play_note(MIG,NOTE2);
Play_rest(REST4);
```

〈그림 4.13.1〉 "옹달샘" 악보의 일부 및 이를 연주하는 프로그램의 예

(4) 악보 연주 프로그램의 작성

앞에서 설명한 바와 같이 음계, 음표, 쉼표 등을 처리하는 함수를 모두 완성하였으면 주어진 악보를 연주하는 프로그램을 작성하는 것은 악보를 보면서 각 음에 대한 음계 및 음표 이름을 파라미터로 사용하여 함수를 호출하기만 하면 된다. 이와 같은 음악연주 프로그램 작성시 유의 사항을 나열하면 다음과 같다.

① 프로그램 또는 각 연주곡의 서두에서 반드시 템포를 지정하라. 템포는 1~7의 범위에서 적절히 선택한다.

② 곡이 어떤 장조(長調) 또는 단조(短調)이든 관계없이 그냥 음계로 읽어라. 이때 #(sharp) 또는 ♭(flat)이 붙은 음에 유의하고, ♭이 붙은 음은 그 아래의 음에 #이 붙은 것으로 간주하여 처리하라.

③ 각 음은 Play_note() 함수를 사용하여 음계와 음표를 연주하라. 그러나, 쉼표의 경우에는 Play_rest() 함수를 사용한다.

④ 동일한 음계가 연속될 경우에는 마이크로프로세서의 처리속도가 매우 빨라서 연속된 하나의 음처럼 연주될 수 있으므로 이를 방지하기 위하여 음계와 음계 사이에는 아주 짧은 시간동안의 시간 간격을 두어 음이 짧게 끊어지도록 하였다. 따라서, 이를 원하지 않으면 2개의 음표를 1개의 음으로 처리하는 것이 좋다. 예를 들어 같은 음계의 4분 음표와 8분 음표가 연속되면 이를 점4분 음표인 것으로 처리한다.

⑤ 겹3분 음표는 해당 음표 2개의 길이를 3등분하여 연주하라는 것인데, 이것들은 각각 NOTE16T, NOTE8T, NOTE4T 등의 음표로 만들어 두었으니 이를 사용하라.

이제 이와 같은 사항에 유의하면서 동요 “옹달샘” 악보의 일부를 연주하는 프로그램을 C언어로 작성하여 보면 <그림 4.13.1>과 같다.

2. 음악 멜로디 연주 프로그램

앞에서 설명한 바와 같이 여기서는 포트D 타이머0의 SS PWM 모드를 이용하여 시스템 클록을 분주한 출력으로 스피커를 구동하여 음악 멜로디를 연주하는 프로그램을 작성하여 보기로 한다.

“퐁당퐁당”, “낭랑 18세”, “돌아가는 삼각지”, “칠갑산”, “허공” 등 5곡의 멜로디를 연주하는 프로그램을 C언어로 작성하여 보면 다음과 같다.

〈프로그램 Exp13_1.c〉 음악 멜로디 연주 프로그램

```
/* ======================================================================== */
/*                    Exp13_1.c : 음악 멜로디 연주 프로그램                    */
/* ======================================================================== */
```

```
/*                              Designed and programmed by Duck-Yong Yoon in 2010.  */

#include <avr/io.h>
#include "OK-X128A1.h"

#define VLOA     36363                 // define note, octave 2
#define VLOAX    34322
#define VLOB     32395
#define LOC      30577                 // define note, octave 3
#define LOCX     28861
#define LOD      27241
#define LODX     25712
#define LOE      24269
#define LOF      22907
#define LOFX     21621
#define LOG      20407
#define LOGX     19262
#define LOA      18181
#define LOAX     17160
#define LOB      16197
#define MIC      15288                 // define note, octave 4
#define MICX     14430
#define MID      13620
#define MIDX     12855
#define MIE      12134
#define MIF      11453
#define MIFX     10810
#define MIG      10203
#define MIGX     9630
#define MIA      9090
#define MIAX     8580
#define MIB      8098
#define HIC      7644                  // define note, octave 5
#define HICX     7214
#define HID      6809
#define HIDX     6427
#define HIE      6066
#define HIF      5726
#define HIFX     5404
#define HIG      5101
#define HIGX     4815
#define HIA      4544
#define HIAX     4289
#define HIB      4049
#define VHIC     3821                  // define note, octave 6
#define VHICX    3607
#define VHID     3404
#define VHIDX    3213
#define VHIE     3033

#define NOTE32   1*3                   // define note length
#define NOTE16   2*3
#define NOTE16D  3*3
#define NOTE16T  2*2
#define NOTE8    4*3
#define NOTE8D   6*3
#define NOTE8T   4*2
#define NOTE4    8*3
#define NOTE4D   12*3
#define NOTE4T   8*2
#define NOTE2    16*3
#define NOTE2D   24*3
#define NOTE1    32*3

#define REST32   1*3                   // define rest length
#define REST16   2*3
#define REST16D  3*3
#define REST8    4*3
#define REST8D   6*3
#define REST4    8*3
#define REST4D   12*3
```

```
#define REST2   16*3
#define REST2D  24*3
#define REST1   32*3

unsigned char tempo;

void Set_tempo(unsigned char number)            /* set tempo */
{
  tempo = number;                               // set tempo

  PORTD_DIRSET = 0x01;                          // PD0 = output
  PORTD_OUTCLR = 0x01;

  TCD0_CTRLA = 0x04;                            // f = 32MHz/8/(1+PER)
  TCD0_CTRLB = 0x13;                            // CCAEN = 1, SS PWM mode
  TCD0_PER = 0x0008;                            // default value
  TCD0_CCA = 0x0000;
  TCD0_CNT = 0;
}

void Play_note(unsigned int sound, unsigned int note) /* play note */
{
  TCD0_PERBUF = sound;                          // set period
  TCD0_CCABUF = sound >> 1;                     // duty = 50%
  TCD0_CNT = 0;                                 // start play

  Delay_ms(note*tempo*7);                       // note play time

  TCD0_CCABUF = 0;                              // speaker off(duty = 0%)
}

void Play_rest(unsigned int rest)               /* play rest */
{
  Delay_ms(rest*tempo*7);                       // rest play time
}

int main(void)
{
  Initialize_MCU();                             // initialize ATxmega128A1 MCU
  Delay_ms(200);
  Initialize_TFT_LCD();                         // initialize TFT-LCD

  TFT_string(2,10, White,Magenta," 타이머를 이용한 음악연주 ");

  while(1)
    { TFT_string( 0,25, Green,Black,"                              ");
      TFT_string(10,25, Green,Black,"퐁당 퐁당"); // display music title
      Set_tempo(4);                             // set tempo

      Play_note(MIC,NOTE8);                     // line 1
      Play_note(MID,NOTE8);
      Play_note(MIE,NOTE8);
      Play_note(MIE,NOTE8);
      Play_note(MIC,NOTE8);
      Play_note(MIE,NOTE8);
      Play_note(MIG,NOTE16);
      Play_note(MIA,NOTE16);
      Play_note(MIG,NOTE8);
      Play_note(MIC,NOTE8);
      Play_note(MID,NOTE8);
      Play_note(MIE,NOTE8);
      Play_note(MIE,NOTE8);
      Play_note(MIC,NOTE8);
      Play_note(MIE,NOTE8);
      Play_note(MIG,NOTE16);
      Play_note(MIA,NOTE16);
      Play_note(MIG,NOTE8);
      Play_note(MIA,NOTE4);                     // line 2
      Play_note(MIG,NOTE8);

        (중략)
```

```
Play_note(MIE,NOTE16);
Play_note(MIF,NOTE16);
Play_note(MIE,NOTE8);
Play_note(MID,NOTE8);
Play_note(MIC,NOTE4D);
Play_rest(REST8);
Delay_ms(1000);

TFT_string( 0,25, Green,Black,"                              ");
TFT_string(10,25, Green,Black,"낭랑 18세"); // display music title
Set_tempo(3);                             // set tempo

Play_note(MIG,NOTE4D);                    // line 1
Play_note(MIG,NOTE16);
Play_note(MIA,NOTE16);
Play_note(MIG,NOTE8);
Play_note(MIE,NOTE8);
Play_note(MIC,NOTE4);
Play_note(HIC,NOTE8);
Play_note(HIC,NOTE16);
Play_note(HID,NOTE16);
Play_note(HIC,NOTE8);
Play_note(MIB,NOTE8);
Play_note(MIA,NOTE2);
Play_note(MIG,NOTE4D);                    // line 2
Play_note(MIG,NOTE16);
Play_note(MIA,NOTE16);

  (중략)

Play_note(HIC,NOTE8);
Play_note(HIC,NOTE2);
Delay_ms(1000);

TFT_string(0,25, Green,Black,"                              ");
TFT_string(7,25, Green,Black,"돌아가는 삼각지"); // display music title
Set_tempo(5);                             // set tempo

Play_note(MIC,NOTE4);                     // prelude
Play_note(MIC,NOTE16);
Play_note(MID,NOTE16);
Play_note(MIE,NOTE16);
Play_note(MIG,NOTE16);
Play_note(HIE,NOTE4D);

  (중략)

Play_note(MID,NOTE8);
Play_note(MIC,NOTE2D);
Delay_ms(1000);

TFT_string( 0,25, Green,Black,"                              ");
TFT_string(12,25, Green,Black,"칠갑산");  // display music title
Set_tempo(4);                             // set tempo

Play_note(HIG,NOTE16);                    // prelude line 1
Play_note(HIAX,NOTE16);
Play_note(HIG,NOTE2);
Play_note(HIG,NOTE16);

  (중략)

Play_note(MIAX,NOTE8T);
Play_note(MIG,NOTE1);
Play_rest(REST1);
Delay_ms(1000);

TFT_string(0,25, Green,Black,"                              ");
TFT_string(13,25, Green,Black,"허공");    // display music title
Set_tempo(4);                             // set tempo
```

```
        Play_note(MIA,NOTE8);                    // line 1
        Play_note(MIB,NOTE8);
        Play_note(MIFX,NOTE4D);
        Play_note(MIE,NOTE16);

          (중략)

        Play_note(MIFX,NOTE2);
        Play_note(MIA,NOTE8);                    // line 8
        Play_note(HIFX,NOTE8);
        Play_note(HIFX,NOTE4);
        Play_note(HIFX,NOTE4);
        Play_note(HIE,NOTE4D);
        Play_note(HIFX,NOTE8);
        Play_note(MIA,NOTE8);
        Play_note(MIB,NOTE8);
        Play_note(HID,NOTE1);
        Play_rest(REST1);
        Delay_ms(1000);
      }
}
```

☞ 여기서는 타이머의 주기 레지스터 값을 갱신할 때 PWM 신호 발생의 글리치 현상을 방지하기 위하여 TCD0_PER 레지스터가 아니라 TCD0_PERBUF 레지스터에 값을 준다는 것에 유의해야 한다.

이 프로그램을 WinAVR에서 컴파일할 때는 최적화 옵션을 -Os로 설정하라. 최적화 옵션을 다르게 설정하면 실행파일이 상당히 길어지거나 시간지연 값이 달라져서 연주에 문제가 발생할 수 있다.

이 프로그램을 컴파일하여 *OK-X128A1* 키트에 다운로드하고 실행하라. 이 프로그램을 사용하여 연주하는 음악을 들으려면 *OK-X128A1* 키트의 커넥터 CN6에 소형 스피커를 접속해야 한다.

3. 음향 발생 프로그램

타이머/카운터의 분주 기능을 이용하면 앞에서와 같이 음악은 물론 특수 음향을 발생할 수도 있다. 음향을 발생시키기 위해서는 여러가지 주파수의 소리를 반복시키거나 혼합시키는 방법이 주로 이용되는데, 규칙적인 디지털 전자 음향은 발생이 비교적 용이하지만 자연음과 같이 불규칙적인 음향은 D/A 컨버터와 같은 아날로그 회로를 사용하지 않으면 구현하기가 매우 어려우며, 이와 같은 것은 신호처리 이론뿐만 아니라 많은 경험이 요구되는 작업이다. 컴퓨터의 게임 프로그램 등에서는 초창기에는 단순한 디지털 전자 합성 음향을 많이 사용하였으나 지금은 기술이 발전하여 매우 어렵고 재미있는 효과음을 내는 것을 많이 볼 수 있다.

여기서는 매우 초보적이고 간단한 예로서 적색 경보음 및 전자식 전화벨을 닮은 음향 등의 발생에 대하여 알아보기로 한다.

(1) 적색경보 음향

적색 경보음은 기본적으로 점점 주파수가 상승하였다가 다시 하강하는 음의 연속이다. 점진적으로 주파수가 증가하는 신호는 타이머에서 분주비를 프로그램 루프에 의해 점차 감소시키면 얻을 수 있으며, 점진적으로 주파수가 감소하는 신호는 이와 반대로 하면 된다.

하나의 프로그램에서도 발생 주파수의 범위를 변화시키거나 각 주파수에서의 음이 발생되는 지속 시간을 다르게 하면 갖가지 재미있는 음향을 만들어 볼 수 있다. 이때 사람의 가청 주파수 범위는 약 20[Hz]~20000[Hz]라는 것을 고려하여야 한다.

(2) 전화벨 소리 프로그램

전자식 전화 벨 소리는 서로 다른 주파수의 2가지의 음을 연속 반복시킴으로써 만들 수 있다. 즉, 약 320[Hz]의 저주파(低周波) 소리와 480[Hz] 정도의 고주파(高周波) 소리를 1~2초 동안 각 25[ms] 정도씩 반복시킨 후에 2초 동안 쉬면 전화벨과 매우 유사한 소리가 된다. 이 경우에도 역시 타이머에서 분주비를 변화시키면 발생 주파수는 쉽게 조정되며, 음향 지속 시간 및 휴지 시간을 위해서 시간지연 루틴을 사용해야 한다.

저주파 소리 및 고주파 소리의 주파수를 이와 다른 임의의 값으로 바꾸거나 지속시간 25[ms]를 여러가지로 바꾸어 보면 이것은 전화 벨소리와는 전혀 관계가 없을 것 같은 맹꽁이 소리, 119 구급차 소리 등으로 쉽게 변형되어 갖가지의 재미있는 다른 음향을 만들어 볼 수 있다.

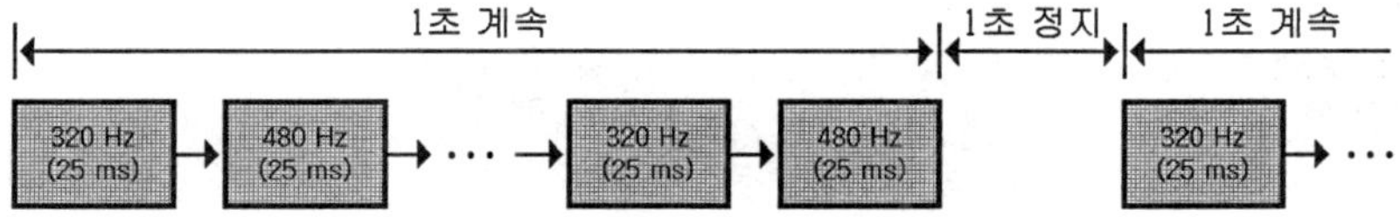

(a) 전화 벨 소리

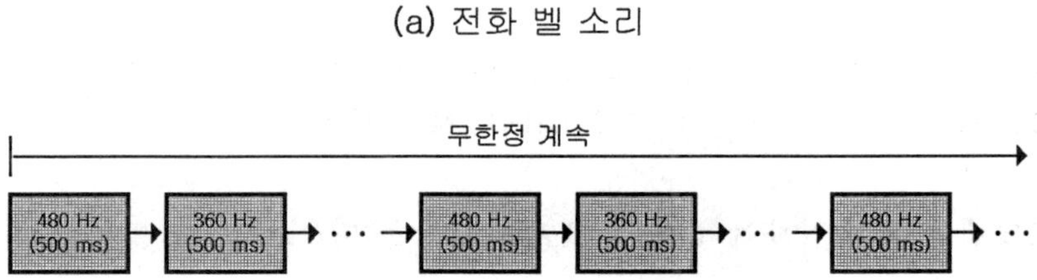

(b) 119 구급차 소리

〈그림 4.13.2〉 규칙적인 음향 발생의 원리

현재 우리가 널리 사용하는 전자식 전화기의 벨소리를 C언어로 구현한 프로그램은 다음과 같다.

〈프로그램 Exp13_2.c〉 전화벨 소리 프로그램

```
/* ============================================================================ */
/*                       Exp13_2.c : 전화벨 소리 프로그램                        */
/* ============================================================================ */
/*                  Designed and programmed by Duck-Yong Yoon in 2010.          */

#include <avr/io.h>
#include "OK-X128A1.h"

int main(void)
{
  unsigned char i;

  Initialize_MCU();                           // initialize ATxmega128A1 MCU
  Delay_ms(200);
  Initialize_TFT_LCD();                       // initialize TFT-LCD

  TFT_string(8,10, White,Magenta," 전화벨 소리 ");

  PORTD_DIRSET = 0x01;                        // PD0 = output
  PORTD_OUTCLR = 0x01;

  TCD0_CTRLA = 0x04;                          // f = 32MHz/8/(1+PER)
  TCD0_CTRLB = 0x13;                          // CCAEN = 1, SS PWM mode
  TCD0_PER = 0x0008;                          // default value
  TCD0_CCA = 0x0000;
  TCD0_CNT = 0;

  while(1)
    { for(i = 0; i < 20; i++)
        { TCD0_PERBUF = 12499;                // 320 Hz = 32MHz/8/(1+12499)
          TCD0_CCABUF = 12499 >> 1;
          Delay_ms(25);                       // delay for 25 ms

          TCD0_PERBUF = 8332;                 // 480 Hz = 32MHz/8/(1+8332)
          TCD0_CCABUF = 8332 >> 1;
          Delay_ms(25);                       // delay for 25 ms
        }

      TCD0_CCABUF = 0;                        // speaker off
      Delay_ms(1000);                         // delay for 1 sec
    }
}
```

☞ 여기서도 역시 타이머의 주기 레지스터 값을 갱신할 때 PWM 신호 발생의 글리치 현상을 방지하기 위하여 TCD0_PER 레지스터가 아니라 TCD0_PERBUF 레지스터에 값을 주었다.

이 프로그램을 컴파일하여 *OK-X128A1* 키트에 다운로드하고 실행하라. 전화벨과 같은 소리가 제대로 들리는가?

(3) 119 구급차 소리 프로그램

이번에는 119 구급차가 발생하는 고유한 소리를 C언어로 구현한 프로그램은 아래와 같다.

〈프로그램 Exp13_3.c〉 119 구급차 소리 프로그램

```
/* ============================================================================ */
/*                    Exp13_3.c : 119 구급차 소리 프로그램                        */
/* ============================================================================ */
/*                        Designed and programmed by Duck-Yong Yoon in 2010.   */

#include <avr/io.h>
#include "OK-X128A1.h"

int main(void)
{
  unsigned char i;

  Initialize_MCU();                           // initialize ATxmega128A1 MCU
  Delay_ms(200);
  Initialize_TFT_LCD();                       // initialize TFT-LCD

  TFT_string(6,10, White,Magenta," 119 구급차 소리 ");

  PORTD_DIRSET = 0x01;                        // PD0 = output
  PORTD_OUTCLR = 0x01;

  TCD0_CTRLA = 0x04;                          // f = 32MHz/8/(1+PER)
  TCD0_CTRLB = 0x13;                          // CCAEN = 1, SS PWM mode
  TCD0_PER = 0x0008;                          // default value
  TCD0_CCA = 0x0000;
  TCD0_CNT = 0;

  while(1)
    { for(i = 0; i < 5; i++)
        { TCD0_PERBUF = 8332;                 // 480 Hz = 32MHz/8/(1+8332)
          TCD0_CCABUF = 8332 >> 1;
          Delay_ms(500);                      // delay for 500 ms

          TCD0_PERBUF = 11110;                // 360 Hz = 32MHz/8/(1+11110)
          TCD0_CCABUF = 11110 >> 1;
          Delay_ms(500);                      // delay for 500 ms
        }

      TCD0_CCABUF = 0;                        // speaker off
      Delay_ms(1000);                         // delay for 1 sec
    }
}
```

이 프로그램을 컴파일하여 *OK-X128A1* 키트에 다운로드하고 실행하라. 119 구급차와 같은 소리가 제대로 들리는가?

이 프로그램에서 2가지의 주파수와 이들 각 신호 발생의 지속 시간을 여러 가지로 변경하여 보라. 다양한 새로운 음향을 얻을 수 있을 것이다.

4. 실습 과제

(1) *OK-X128A1* 키트의 스피커 구동회로에서 다이오드 D1이나 커패시터 C8의 역할은 무엇인지 설명하라. 그리고 R9의 저항값과 스피커의 음량 사이에는 어떤 관련이 있는지 설명하라.

(2) 만약 스피커를 구동하기 위한 PWM 출력 신호에 글리치가 발생하면 어떤 결과가 나타날 것으로 예상되는지 설명하여 보라.

(3) 스피커를 구동하는 듀티 사이클 50%의 구형파 신호를 발생하기 위하여 이 책에서처럼 타이머/카운터의 SS PWM 모드를 사용하는 것 이외에 어떤 모드를 사용할 수 있는지 설명하여 보라.

(4) 자신이 소속된 학교의 교가(校歌) 또는 회사의 사가(社歌)를 연주하는 프로그램 Exp13_1R.c를 작성하라.

(5) 예제 프로그램 Exp13_3.c를 수정하여 자신이 원하는 임의의 음향을 발생하는 프로그램 Exp13_3R.c를 작성하라.

4.14 타이머를 이용한 PWM 제어 프로그램

이 절에서는 ATxmega128A1의 타이머/카운터 관련 기능중에서 PWM 출력을 사용하는 프로그래밍 기술을 익힌다.

관련 내용	(1) 제2.2절 타이머/카운터 (2) 제3.1절 *OK-X128A1* 키트의 구조와 기능

1. 가변 듀티비 PWM 출력 프로그램

ATxmega128A1의 타이머/카운터 TCC0을 사용하여 듀티비(duty cycle)를 가변할 수 있는 PWM 출력 프로그램을 작성하여 보기로 한다. ATxmega128A1의 타이머/카운터에는 카운터의 값이 단일 기울기(single slope)를 갖는 SS PWM 모드와 2개의 기울기(dual slope)를 갖는 DS PWM 모드가 있는데, 여기서는 PWM 펄스가 대칭적으로 변하는 후자를 사용하기로 한다.

타이머/카운터 TCC0의 PWM 신호는 PC0~PC3 단자에 차례로 OC0A~OC0D로 출력되며, PWM 출력 신호의 주기는 주기 레지스터 PER로 결정한다. 각 PWM 신호의 듀티비를 결정하기 위하여 CCA~CCD 또는 CCABUF~CCDBUF 레지스터가 사용된다. CCA~CCD 대신에 CCABUF~CCDBUF 레지스터를 사용하면 이중 버퍼링 방식으로 레지스터 값이 갱신되어 듀티비를 가변할 때 과도적으로 나타나는 글리치 현상을 방지할 수 있다.

타이머/카운터 TCC0의 DS PWM 모드에서 분주비를 8로 하고 주기 레지스터를 200으로 설정하면 PWM 출력 신호의 스위칭 주파수는 다음과 같이 계산된다.

$$f_{\mathrm{PWM\_DS}} = \frac{f_{\mathrm{PER}}}{2\times \mathrm{N}\times \mathrm{PER}} = \frac{32\times 10^6}{2\times 8\times 200} = 10\ \mathrm{kHz}$$

이때 각 PWM 출력 신호의 듀티비는 CCx(CCA~CCD) 레지스터 값으로 결정되며, 듀티비를 0~100% 범위에서 가변하려면 이 레지스터의 값을 0~200의 범위에서 설정해야 한다.

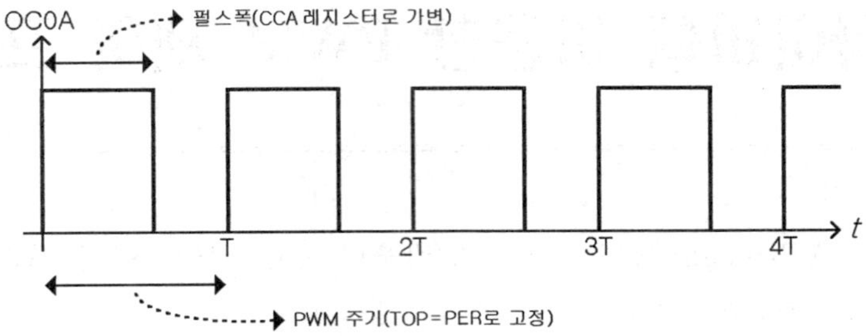

〈그림 4.14.1〉 타이머/카운터 TCC0을 사용한 가변 듀티비 PWM 출력 OC0A

▣ OC0A 단일 출력의 경우

타이머/카운터 TCC0의 DS PWM 모드에서 OC0A 단자에 10kHz 주파수로 듀티비를 5~95% 범위에서 5% 간격으로 가변할 수 있는 PWM 신호를 출력하는 프로그램을 C언어로 작성하여 보면 다음과 같다.

〈프로그램 Exp14_1.c〉 가변 듀티비의 PWM 출력 프로그램(1)

```
/* ========================================================================== */
/*          Exp14_1.c : DS PWM 모드에서 듀티비를 가변하는 PWM 출력            */
/* ========================================================================== */
/*                          Designed and programmed by Duck-Yong Yoon in 2010.  */

#include <avr/io.h>
#include "OK-X128A1.h"

int main(void)
{
  unsigned char duty;

  Initialize_MCU();                               // initialize ATxmega128A1 MCU
  Delay_ms(200);
  Initialize_TFT_LCD();                           // initialize TFT-LCD
  Beep();

  TFT_string(3,10, White,Magenta," PWM 출력(가변 듀티비) ");    // display title
  TFT_string(7,18, Cyan,   Black,"듀티비 = 00 %");
  TFT_string(7,21, Cyan,   Black,"주파수 = 10 kHz");
  TFT_string(6,36, White,  Black,"KEY1 = 듀티비 감소");
  TFT_string(6,38, White,  Black,"KEY2 = 듀티비 증가");

  TCC0_CTRLA = 0x04;                              // DS PWM mode
  TCC0_CTRLB = 0x17;                              // 32MHz/2/8/200 = 10kHz
  TCC0_PER = 200;
  TCC0_CCA = 100;
  TCC0_CNT = 0;

  duty = 100;                                     // initial CCA value for duty cycle

  while(1)
    { switch(Key_input())                         // key input
        { case KEY1: if(duty > 10) duty -= 10;   // KEY1 ?
                     TCC0_CCABUF = duty;
                     break;
          case KEY2: if(duty < 190) duty += 10;  // KEY2 ?
                     TCC0_CCABUF = duty;
                     break;
```

```
        default:   TFT_xy(16,18);              // display duty cycle
                   TFT_color(Cyan,Black);
                   TFT_unsigned_decimal(duty*100/200, 0, 2);
                   break;
        }
    }
}
```

☞ 여기서는 PWM 주기가 200 개의 카운트로 이루어지므로 CCA 레지스터의 값을 0~200의 범위에서 10씩 변화시키면 듀티비가 5%씩 변하게 된다. 듀티비를 가변할 때는 이중 버퍼링 동작을 위하여 CCA 레지스터 대신에 CCABUF 레지스터를 사용한다. KEY1은 듀티비 감소용 입력으로 사용하고, KEY2는 듀티비 증가용 입력으로 사용한다.

이 프로그램을 컴파일하여 다운로드하고 실행하라. 그리고, KEY1 및 KEY2를 누르면 PC0(OC0A) 단자의 듀티비가 변화되는 것을 관측할 수 있는가?

이때 PC0 단자로 출력되는 PWM 파형 OC0A를 듀티비가 40%인 경우에 오실로스코프로 측정한 파형은 <그림 4.14.2>와 같다.

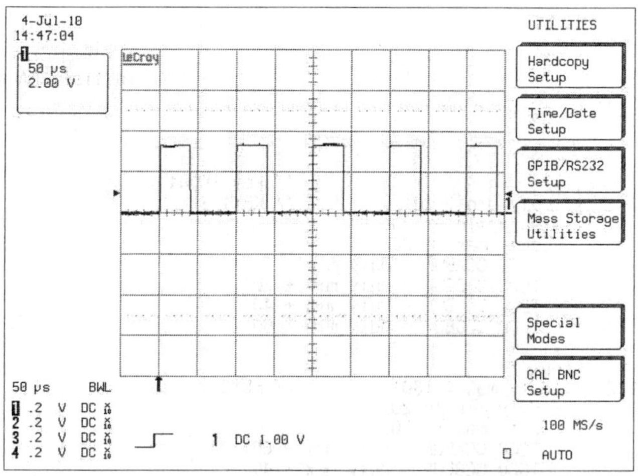

〈그림 4.14.2〉 오실로스코프로 측정한 OC0A 출력 파형(듀티비 40%의 경우)

■ OC0A~OC0D 4개 출력의 경우

타이머/카운터 TCC0의 DS PWM 모드에서 OC0A~OC0D 단자에 각각 10kHz 주파수로 듀티비를 10~90% 범위에서 10% 간격으로 가변할 수 있는 PWM 신호를 출력하는 프로그램을 C언어로 작성하여 보면 다음과 같다.

〈프로그램 Exp14_2.c〉 가변 듀티비의 PWM 출력 프로그램(2)

```
/* ============================================================================ */
/*        Exp14_2.c : DS PWM 모드에서 듀티비를 가변하는 PWM 출력(4출력)              */
/* ============================================================================ */
/*                        Designed and programmed by Duck-Yong Yoon in 2010.   */

#include <avr/io.h>
#include "OK-X128A1.h"

int main(void)
{
  unsigned char duty_min, duty_max;

  Initialize_MCU();                             // initialize ATxmega128A1 MCU
  Delay_ms(200);
  Initialize_TFT_LCD();                         // initialize TFT-LCD
  Beep();

  TFT_string(3,10, White,Magenta," PWM 출력(가변 듀티비) ");     // display title
  TFT_string(6,18, Cyan,    Black,"듀티비 = 00 % (CCA)");
  TFT_string(6,21, Cyan,    Black,"주파수 = 10 kHz");
  TFT_string(6,36, White,   Black,"KEY1 = 듀티비 감소");
  TFT_string(6,38, White,   Black,"KEY2 = 듀티비 증가");

  TCC0_CTRLA = 0x04;                            // DS PWM mode
  TCC0_CTRLB = 0xF7;                            // 32MHz/2/8/200 = 10kHz
  TCC0_PER = 200;
  TCC0_CCA = 80;
  TCC0_CCB = 100;
  TCC0_CCC = 120;
  TCC0_CCD = 140;
  TCC0_CNT = 0;

  duty_min = 80;                                      // initial CCA & CCD value for duty
cycle
  duty_max = 140;

  while(1)
    { switch(Key_input())                       // key input
        { case KEY1: if(duty_min > 20)          // KEY1 ?
                       { duty_min -= 20;
                         duty_max -= 20;
                         TCC0_CCABUF = duty_min;
                         TCC0_CCBBUF = duty_min + 20;
                         TCC0_CCCBUF = duty_min + 40;
                         TCC0_CCDBUF = duty_min + 60;
                       }
                     break;
          case KEY2: if(duty_max < 180)         // KEY2 ?
                       { duty_min += 20;
                         duty_max += 20;
                         TCC0_CCABUF = duty_max - 60;
                         TCC0_CCBBUF = duty_max - 40;
                         TCC0_CCCBUF = duty_max - 20;
                         TCC0_CCDBUF = duty_max;
                       }
                     break;
          default:   TFT_xy(15,18);             // display duty cycle
                     TFT_color(Cyan,Black);
                     TFT_unsigned_decimal(duty_min*100/200, 0, 2);
                     break;
        }
    }
}
```

이 프로그램을 컴파일하여 다운로드하고 실행하라. 그리고, KEY1 및 KEY2를 누르면 PC0(OC0A)~PC3(OC0D) 단자의 듀티비가 변화되는 것을 관측할 수 있는가?

이때 PC0~PC3 단자로 출력되는 PWM 파형 OC0A~OC0D를 듀티비가 50%~80%인 경우에 오실로스코프로 측정한 파형은 <그림 4.14.3>과 같다. 여기서 보듯이 DS PWM 모드에서는 각 PWM 펄스가 1주기의 중앙부를 중심으로 대칭으로 듀티비가 변한다.

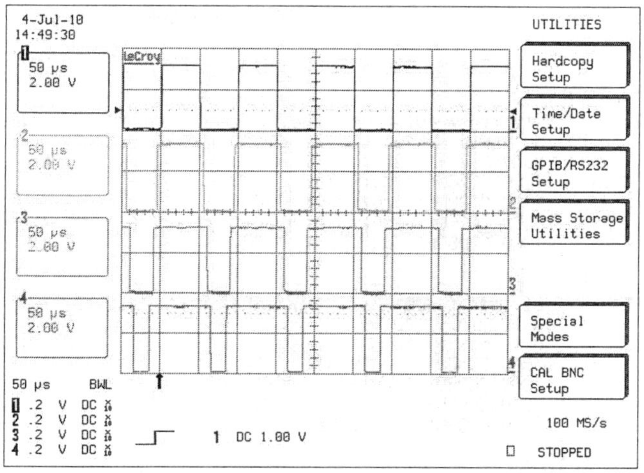

〈그림 4.14.3〉 오실로스코프로 측정한 OC0A~OC0D 출력 파형

▣ OC0A~OC0D 4개 출력의 경우(SS PWM 모드)

위의 예제 프로그램 Exp14_2.c를 DS PWM 모드가 아니라 SS PWM 모드에서 동작하도록 수정하면 다음과 같다.

〈프로그램 Exp14_3.c〉 가변 듀티비의 PWM 출력 프로그램(3)

```
/* ========================================================================== */
/*      Exp14_3.c : SS PWM 모드에서 듀티비를 가변하는 PWM 출력(4출력)         */
/* ========================================================================== */
/*                       Designed and programmed by Duck-Yong Yoon in 2010.   */

#include <avr/io.h>
#include "OK-X128A1.h"

int main(void)
{
  unsigned int duty_min, duty_max;

  Initialize_MCU();                          // initialize ATxmega128A1 MCU
  Delay_ms(200);
  Initialize_TFT_LCD();                      // initialize TFT-LCD
  Beep();
```

```
    TFT_string(3,10, White,Magenta," PWM 출력(가변 듀티비) ");    // display title
    TFT_string(6,18, Cyan,   Black,"듀티비 = 00 % (CCA)");
    TFT_string(6,21, Cyan,   Black,"주파수 = 10 kHz");
    TFT_string(6,36, White,  Black,"KEY1 = 듀티비 감소");
    TFT_string(6,38, White,  Black,"KEY2 = 듀티비 증가");

    TCC0_CTRLA = 0x04;                              // SS PWM mode
    TCC0_CTRLB = 0xF3;                              // 32MHz/8/(1+399) = 10kHz
    TCC0_PER = 399;
    TCC0_CCA = 160;
    TCC0_CCB = 200;
    TCC0_CCC = 240;
    TCC0_CCD = 280;
    TCC0_CNT = 0;

    duty_min = 160;                                 // initial CCA & CCD value for duty cycle
    duty_max = 280;

    while(1)
      { switch(Key_input())                         // key input
          { case KEY1: if(duty_min > 40)            // KEY1 ?
                         { duty_min -= 40;
                           duty_max -= 40;
                           TCC0_CCABUF = duty_min;
                           TCC0_CCBBUF = duty_min + 40;
                           TCC0_CCCBUF = duty_min + 80;
                           TCC0_CCDBUF = duty_min + 120;
                         }
                       break;
            case KEY2: if(duty_max < 360)           // KEY2 ?
                         { duty_min += 40;
                           duty_max += 40;
                           TCC0_CCABUF = duty_max - 120;
                           TCC0_CCBBUF = duty_max - 80;
                           TCC0_CCCBUF = duty_max - 40;
                           TCC0_CCDBUF = duty_max;
                         }
                       break;
            default:   TFT_xy(15,18);               // display duty cycle
                       TFT_color(Cyan,Black);
                       TFT_unsigned_decimal(duty_min*100/400, 0, 2);
                       break;
          }
      }
}
```

☞ SS PWM 모드에서의 PWM 스위칭 주파수를 계산하는 식은 DS PWM 모드에서와 다르다. SS PWM의 경우에는 동일한 주파수를 만들기 위하여 거의 2배에 해당하는 주기 레지스터 PER 값이 사용되므로 비교 레지스터 CCA~CCD의 값도 2배인 40씩 변해야 듀티비가 똑같이 10%씩 변하게 된다.

이 프로그램을 컴파일하여 다운로드하고 실행하라. 그리고, KEY1 및 KEY2를 누르면 PC0(OC0A)~PC3(OC0D) 단자의 듀티비가 변화되는 것을 관측할 수 있는가?

이때 PC0~PC3 단자로 출력되는 PWM 파형 OC0A~OC0D를 듀티비가 50%~80%인 경우에 오실로스코프로 측정한 파형은 <그림 4.14.4>와 같다. 여기서 보듯이 SS PWM 모드에서는 각 PWM 펄스가 1주기의 시작 부분에서 동일하게 출발한다.

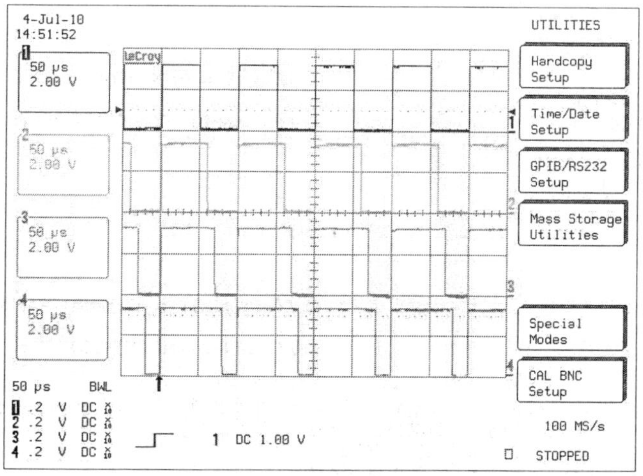

〈그림 4.14.4〉 오실로스코프로 측정한 OC0A~OC0D 출력 파형

2. AWeX 모듈을 이용한 파형 발생 프로그램

타이머/카운터 TCC0, TCE0에는 특별히 AWeX(Advanced Waveform Extension) 모듈이 추가되어 있어서 특수한 용도로 사용되는 여러가지의 파형을 발생하는 기능을 가지고 있다.

여기서는 이를 테면 100kHz의 초음파 송신회로에서 사용할 수 있는 컴플리멘터리(complementary)형 또는 푸시풀(push-pull)형 게이트 드라이브 파형을 발생시키는 프로그램을 작성하여 보기로 한다. 이때 만약 필요하다면 아주 짧은 시간동안 2개의 스위칭 소자가 동시에 on 상태를 갖는 단락현상을 방지하기 위하여 데드 타임(dead time)을 부여해야 하는 경우도 있다. ATxmega128A1의 AWeX 모듈에는 이러한 데드 타임을 쉽게 부여하는 기능을 가지고 있다.

〈프로그램 Exp14_4.c〉 AWeX 모듈을 이용한 게이트 드라이브 파형 발생 프로그램

```
/* ====================================================================== */
/*        Exp14_4.c : AWeX 모듈을 이용한 컴플리멘터리 드라이브 파형 발생        */
/* ====================================================================== */
/*                         Designed and programmed by Duck-Yong Yoon in 2010.  */

#include <avr/io.h>
#include <avr/interrupt.h>
#include "OK-X128A1.h"

volatile unsigned char pulse_count = 0, pulse_flag = 0;

ISR(TCC0_CCA_vect)                              /* TCC0 CCA interrupt function */
```

```
{
  pulse_count++;
  if(pulse_count >= 5)
    { TCC0_CCA = 0;                              // duty = 0/79 = 0%
      TCC0_CNT = 0x0000;
      TCC0_INTCTRLB = 0x00;                      // disable TCC0 CCA interrupt
      Delay_us(3);
      AWEXC_OUTOVEN = 0x00;
      pulse_flag = 1;
    }
}

int main(void)
{
  Initialize_MCU();                              // initialize ATxmega128A1 MCU
  Delay_ms(200);
  Initialize_TFT_LCD();                          // initialize TFT-LCD
  Beep();

  TFT_string(2,12, White,Magenta," AWeX 모듈 이용 파형발생 ");  // display title
  TFT_string(3,14, Green,  Black,"(100kHz LS/HS 드라이브)");
  TFT_string(9,21, Cyan,   Black,"PC0 = OCLSA");
  TFT_string(9,24, Cyan,   Black,"PC1 = OCHSA");

  PORTC_DIRSET = 0x03;                           // PC1-0 output
  PORTC_OUTCLR = 0x03;

  TCC0_CTRLA = 0x03;                             // OC0A = 32MHz/4/(1+79) = 100kHz
  TCC0_CTRLB = 0x13;                             // Single Slope PWM mode, CCAEN = 1
  TCC0_PER = 79;
  TCC0_CCA = 39;                                 // duty = 39/79 = 50%

  PMIC_CTRL = 0x07;                              // HILVLEN = MEDLVLEN = LOLVLEN = 1
  TCC0_INTCTRLB = 0x03;                          // enable TCC0 CCA interrupt with high level

  while(1)
    { TCC0_CTRLA = 0x03;                         // OC0A = 32MHz/4/(1+79) = 100kHz
      TCC0_CTRLB = 0x13;                         // Single Slope PWM mode, CCAEN = 1
      TCC0_PER = 79;
      TCC0_CCA = 39;                             // Duty = 39/79 = 50%
      TCC0_CNT = 0x0000;                         // clear TCC0 counter

      AWEXC_CTRL = 0x01;                         // initialize AWeX
//    AWEXC_DTBOTH = 10;                         // dead time = 10 cycle
      AWEXC_OUTOVEN = 0x03;

      PMIC_CTRL = 0x07;                          // HILVLEN = MEDLVLEN = LOLVLEN = 1
      TCC0_INTFLAGS = 0x10;                      // clear CCAIF flag
      TCC0_INTCTRLB = 0x03;                      // enable TCC0 CCA interrupt with high level
      sei();                                     // global interrupt enable

      pulse_count = 0;                           // pulse signal count
      pulse_flag = 0;
      while(pulse_flag == 0);                    // wait until pulse generation is end

      Delay_ms(1000);
    }
}
```

☞ 여기서는 거리 측정을 위한 초음파 송신회로 등에 사용할 수 있도록 1초 간격으로 5개씩의 펄스를 발생시켰다. 만약 필요하다면 인터럽트 처리 함수에서 if(pulse_count >= 5) 부분을 수정하여 발생되는 펄스 수를 다르게 할 수 있다. 또한, 이 예제 프로그램에서는 100kHz의 펄스를 발생하였지만 이를 수정할 수 있으며, 그때는 마지막의 HS(High-Side) 펄스까지 폭을 균등하게 맞춰주기 위하여 인터럽트 처리 함수에서의 시간지연을 위한 Delay_us(3); 부분을 적절하게 수정해 주어야 한다.

이 프로그램을 컴파일하여 다운로드하고 실행하라. 그리고 이때 PC0, PC1 단자로 출력되는 파형을 오실로스코프로 측정한 파형은 <그림 4.14.5>와 같다.

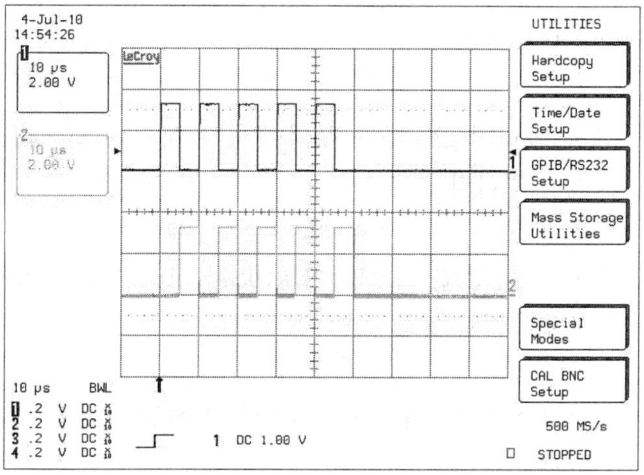

〈그림 4.14.5〉 AWeX 모듈을 이용한 컴플리멘터리 드라이브 파형

위의 예제 프로그램에서는 LS(Low-Side), HS(High-Side) 출력 파형의 사이에 데드 타임을 주지 않았기 때문에 이를 확대하여 보면 <그림 4.14.6> (a)와 같다. 그러나, 예제 프로그램에서 AWEXC_DTBOTH = 10; 부분의 주석 처리를 제거하여 10사이클만큼의 데드 타임을 주었다면 이때의 파형은 <그림 4.14.6> (b)처럼 관측된다.

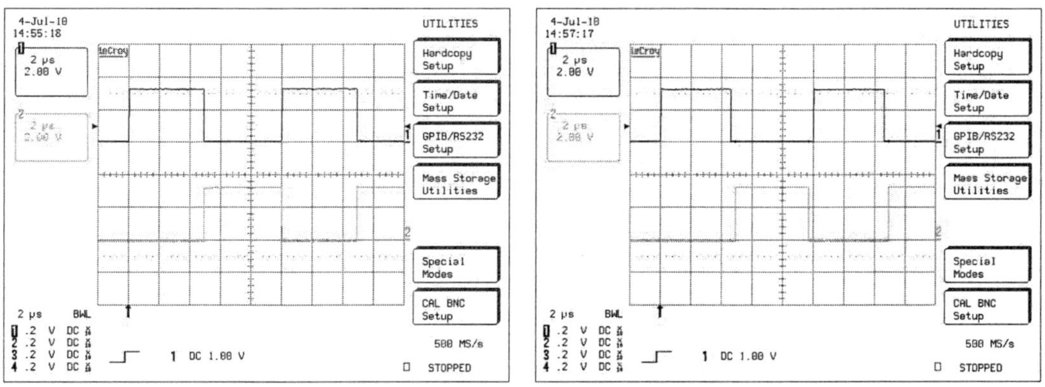

(a) 데드 타임을 주지 않은 경우 (b) 10사이클(0.3125µs)의 데드 타임을 준 경우

〈그림 4.14.6〉 AWeX 모듈을 이용한 컴플리멘터리 드라이브 파형을 확대한 모습

3. 실습 과제

(1) 타이머/카운터에서 사용할 수 있는 2가지의 PWM 방식(SS PWM, DS PWM)의 차이점을 요약하여 설명하라.

(2) PWM 출력신호에서 글리치(glitch)란 무엇이며, 이것은 어떤 경우에 발생하는지 구체적으로 예를 들어 설명하라.

(3) 타이머를 이용한 파형 발생에서 데드 타임(dead time)이란 무엇이며, 이것은 어떤 경우에 필요한지 구체적으로 예를 들어 설명하라.

(4) 예제 프로그램 Exp14_1.c에서 듀티비를 1%씩 가변할 수 있도록 수정한 프로그램 Exp14_1R.c를 작정하라.

(5) 예제 프로그램 Exp14_4.c에서 62.5ns의 데드 타임을 부여하는 것으로 수정한 프로그램 Exp14_4R.c를 작정하라.

4.15 RS-232C 직렬통신 프로그램

이 절에서는 ATxmega128A1의 USART 직렬통신 포트를 사용하여 RS-232C 비동기 직렬통신을 수행하는 프로그램 작성 기술을 익힌다. 이 직렬통신 포트는 동기 및 비동기 통신을 모두 사용할 수 있으나, 퍼스널컴퓨터가 동기통신 방식을 지원하지 않으므로 여기서는 비동기 통신에 대하여만 공부한다.

퍼스널컴퓨터와 *OK-X128A1* 키트 사이에 비동기 직렬통신을 수행하려면 퍼스널컴퓨터에도 당연히 이에 대응되는 통신 프로그램이 있어야 한다. 이는 윈도우즈 운영체제에 포함된 하이퍼터미널을 사용하기로 한다.

관련 내용	(1) 제2.4절 USART 직렬통신 포트 (2) 제3.1절 *OK-X128A1* 키트의 구조와 기능

1. 폴링 방법에 의한 RS-232C 통신 프로그램

ATxmega128A1에 내장된 USART 직렬통신 포트의 송신 및 수신에서 플랙 비트를 폴링하는 방법으로 RS-232C 직렬통신을 수행하는 프로그램을 작성한다. 데이터를 송신할 때는 상태 레지스터 STATUS의 DREIF 플랙 비트를 조사하여 현재 송신 버퍼가 비어있는지를 확인하고 송신할 데이터를 출력해야 하며, 수신할 때는 같은 레지스터의 RXCIF 플랙 비트를 조사하여 현재 버퍼에 수신되어 있는 데이터가 있는지를 확인하고 수신 데이터를 읽어야 한다. 이러한 플랙 비트를 CPU가 빈번하게 조사하여 상태를 확인하고 동작을 처리하는 것을 폴링(polling)이라고 한다.

OK-X128A1 키트에서는 USARTD0 포트를 RS-232C 컨넥터 CN7에 연결하였다. 이 USARTD0 포트를 사용하여 폴링 방식으로 데이터를 전송하는 프로그램을 C언어로 작성하면 다음과 같다. 이 프로그램을 실행한 후에 KEY1~KEY4를 누르면 각각 이에 지정된 메시지가 *OK-X128A1* 키트에서 퍼스널컴퓨터로 송신되며, 퍼스널컴퓨터에서 키보드를 사용하여 임의의 문자를 입력하면 퍼스널컴퓨터는 직렬포트로 이것을 전송하고 *OK-X128A1* 키트가 이를 수신하여 TFT-LCD 모듈에 표시한다.

〈프로그램 Exp15_1.c〉 USARTD0 포트를 이용한 폴링 방식의 직렬통신 프로그램

```
/* ============================================================================ */
/*              Exp15_1.c : RS-232C 직렬통신 송수신 프로그램(폴링)               */
/* ============================================================================ */
/*                          Designed and programmed by Duck-Yong Yoon in 2010.  */

#include <avr/io.h>
#include "OK-X128A1.h"

unsigned char RX_char(void)                     /* receive a character by USARTD0 */
{
  if(!(USARTD0_STATUS & 0x80))                  // if data not received,
    return 0x00;                                //    return with 0x00
  else                                          // if data received,
    return USARTD0_DATA;                        //    return with data
}

void TX_char(unsigned char data)                /* transmit a character by USARTD0 */
{
  while(!(USARTD0_STATUS & 0x20));              // data register empty ?
  USARTD0_DATA = data;
}

void TX_string(char *string)                    /* transmit a string by USARTD0 */
{
  while(*string != '\0')
    { TX_char(*string);
      string++;
    }
}

int main(void)
{
  unsigned char RxD, position;

  Initialize_MCU();                             // initialize ATxmega128A1 MCU
  Delay_ms(200);
  Initialize_TFT_LCD();                         // initialize TFT-LCD
  Beep();

  TFT_string(3,10, White,Magenta," RS-232C 직렬통신(폴링) ");   // display title
  TFT_string(1,18,  Cyan,  Black,"송신 메시지");
  TFT_string(1,26,  Cyan,  Black,"수신 메시지");
  Rectangle(4,164, 235,186, Green);
  Rectangle(4,228, 235,250, Green);

  RxD = USARTD0_DATA;                           // dummy read

  USARTD0_CTRLB = 0x18;                         // RXEN = TXEN = 1 (USARTD0)
  USARTD0_CTRLC = 0x03;                         // 8 data, 1 stop, no parity
  USARTD0_BAUDCTRLB = 0xB0 + (3301 >> 8);       // 19200 bps
  USARTD0_BAUDCTRLA = 3301 & 0x00FF;

  TFT_color(White,Black);                       // display color
  position = 1;

  while(1)
    { switch(Key_input())                       // key input
        { case KEY1: PORTH_OUT = 0x0E;          // KEY1 ?
                     TX_string("OK-X128A1 키트 KEY1을 누름!");
                     TX_char(0x0D); TX_char(0x0A);
                     TFT_string(1,21, White,Black, "OK-X128A1 키트 KEY1을 누름!");
                     break;
          case KEY2: PORTH_OUT = 0x0D;          // KEY2 ?
                     TX_string("OK-X128A1 키트 KEY2를 누름!");
                     TX_char(0x0D); TX_char(0x0A);
                     TFT_string(1,21, White,Black, "OK-X128A1 키트 KEY2를 누름!");
                     break;
          case KEY3: PORTH_OUT = 0x0B;          // KEY3 ?
```

```
                    TX_string("OK-X128A1 키트 KEY3을 누름!");
                    TX_char(0x0D); TX_char(0x0A);
                    TFT_string(1,21, White,Black, "OK-X128A1 키트 KEY3을 누름!");
                    break;
         case KEY4: PORTH_OUT = 0x07;          // KEY4 ?
                    TX_string("OK-X128A1 키트 KEY4를 누름!");
                    TX_char(0x0D); TX_char(0x0A);
                    TFT_string(1,21, White,Black, "OK-X128A1 키트 KEY4를 누름!");
                    break;
         default:   break;
       }

     RxD = RX_char();                          // receive data if any

     if(RxD != 0x00)
       { if(position == 1)
           { TFT_string(1,29, White,Black, "                            ");
             Beep();
           }
         TFT_xy(position,29);                  // display a character
         TFT_English(RxD);
         position++;                           // 28 character OK ?
         if(position == 29)
           position = 1;
       }
   }
}
```

☞ 이렇게 폴링 방식으로 데이터 송수신을 반복하는 프로그램에서는 문자 수신 함수에서 RXCIF 플래이 1로 될 때까지 무한정 기다리며 폴링하는 방법을 사용하면 안된다. 만약 직렬통신 포트로 문자가 수신되지 않으면 프로그램이 무한루프에 빠지기 때문이다. 그래서 위의 프로그램에서처럼 RXCIF 플래을 조사하여 1이면 수신 문자를 가지고 리턴하며, 0이면 수신된 문자가 없다는 의미로 0을 가지고 리턴하는 방법을 사용하였다.

이 프로그램을 컴파일하여 *OK-X128A1* 키트에 다운로드하고 실행하라. 프로그램을 실행할 때는 <그림 3.1.8>에서 설명한 바와 같이 제작한 RS-232C 통신 케이블을 *OK-X128A1* 키트의 컨넥터 CN7과 퍼스널컴퓨터의 직렬포트 COM1 또는 COM2 사이에 연결하여야 한다. 그리고, 퍼스널 컴퓨터에서 하이퍼터미널과 같은 통신 프로그램을 실행한다.

만약 이제 여러분이 Windows XP 운영체제에서 “하이퍼터미널” 프로그램을 사용한다면 <그림 4.15.1>과 같이 **파일 → 속성 → 연결대상 → 구성** 메뉴를 선택하여 통신 포맷을 “비트/초” 19200, “데이터 비트” 8, “패리티” 없음, “정지 비트” 1, “흐름 제어” 없음으로 설정하라.

이러한 준비가 끝났으면 *OK-X128A1* 키트의 KEY1~KEY4를 누르면서 퍼스널 컴퓨터의 모니터 화면을 관찰하여 한글 및 영문 ASCII 문자열 송신 동작이 정상적으로 수행되는지 확인하라. 또한, 퍼스널 컴퓨터의 키보드로 임의의 문자를 입력하면서 *OK-X128A1* 키트의 TFT-LCD 모듈을 관찰하여 수신 동작이 정상적으로 수행되는지 확인하라.

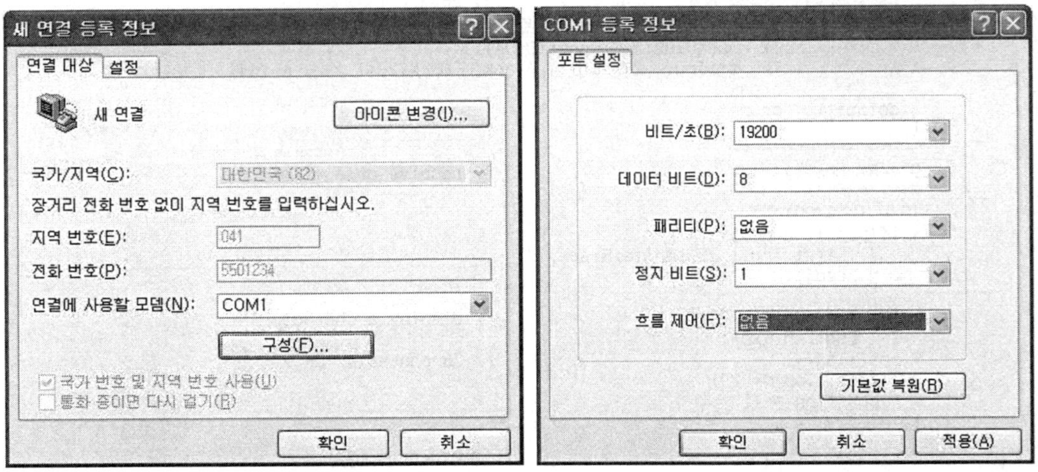

〈그림 4.15.1〉 Windows XP에서 하이퍼터미널의 설정

2. 인터럽트 방법에 의한 RS-232C 통신 프로그램

이번에는 인터럽트를 사용하여 데이터를 수신하는 방법으로 RS-232C 직렬통신을 수행하는 프로그램을 작성한다. 그러나, 송신을 인터럽트 방법으로 수행할 필요성은 거의 없으므로 송신 동작은 앞에서와 같이 폴링 방법을 사용한다.

USARTD0 포트를 사용하여 인터럽트 방식으로 데이터를 수신하고 폴링 방식으로 데이터를 송신하는 프로그램을 C언어로 작성하면 다음과 같다.

〈프로그램 Exp15_2.c〉 USARTD0 포트를 이용한 인터럽트 방식의 직렬통신 프로그램

```
/* ============================================================================ */
/*              Exp15_2.c : RS-232C 직렬통신 송수신 프로그램(인터럽트)          */
/* ============================================================================ */
/*                        Designed and programmed by Duck-Yong Yoon in 2010.    */

#include <avr/io.h>
#include <avr/interrupt.h>
#include "OK-X128A1.h"

volatile unsigned char position;

ISR(USARTD0_RXC_vect)                           /* UARTD0 RXC interrupt function */
{
  if(position == 1)
    { TFT_string(1,29, White,Black, "                              ");
      Beep();
```

```
    }
  TFT_xy(position,29);                          // display a character
  TFT_English(USARTD0_DATA);
  position++;                                   // 28 character OK ?
  if(position == 29)
     position = 1;
}

void TX_char(unsigned char data)                /* transmit a character by USARTD0 */
{
  while(!(USARTD0_STATUS & 0x20));              // data register empty ?
  USARTD0_DATA = data;
}

void TX_string(char *string)                    /* transmit a string by USARTD0 */
{
  while(*string != '\0')
    { TX_char(*string);
      string++;
    }
}

int main(void)
{
  Initialize_MCU();                             // initialize ATxmega128A1 MCU
  Delay_ms(200);
  Initialize_TFT_LCD();                         // initialize TFT-LCD
  Beep();

  TFT_string(1,10, White,Magenta," RS-232C 직렬통신(인터럽트) ");        // display title
  TFT_string(1,18,  Cyan,   Black,"송신 메시지");
  TFT_string(1,26,  Cyan,   Black,"수신 메시지");
  Rectangle(4,164, 235,186, Green);
  Rectangle(4,228, 235,250, Green);

  position = USARTD0_DATA;                      // dummy read

  USARTD0_CTRLB = 0x18;                         // RXEN = TXEN = 1 (USARTD0)
  USARTD0_CTRLC = 0x03;                         // 8 data, 1 stop, no parity
  USARTD0_BAUDCTRLB = 0xB0 + (3301 >> 8);       // 19200 bps
  USARTD0_BAUDCTRLA = 3301 & 0x00FF;
  USARTD0_CTRLA = 0x30;                         // RXC interrupt enable
  PMIC_CTRL = 0x07;                             // enable HI, MED, LO level interrupt
  sei();                                        // global interrupt enable

  TFT_color(White,Black);                       // display color
  position = 1;

  while(1)
    { switch(Key_input())                       // key input
        { case KEY1: PORTH_OUT = 0x0E;          // KEY1 ?
                     TX_string("OK-X128A1 키트 KEY1을 누름!");
                     TX_char(0x0D); TX_char(0x0A);
                     TFT_string(1,21, White,Black, "OK-X128A1 키트 KEY1을 누름!");
                     break;
          case KEY2: PORTH_OUT = 0x0D;          // KEY2 ?
                     TX_string("OK-X128A1 키트 KEY2를 누름!");
                     TX_char(0x0D); TX_char(0x0A);
                     TFT_string(1,21, White,Black, "OK-X128A1 키트 KEY2를 누름!");
                     break;
          case KEY3: PORTH_OUT = 0x0B;          // KEY3 ?
                     TX_string("OK-X128A1 키트 KEY3을 누름!");
                     TX_char(0x0D); TX_char(0x0A);
                     TFT_string(1,21, White,Black, "OK-X128A1 키트 KEY3을 누름!");
                     break;
          case KEY4: PORTH_OUT = 0x07;          // KEY4 ?
                     TX_string("OK-X128A1 키트 KEY4를 누름!");
                     TX_char(0x0D); TX_char(0x0A);
                     TFT_string(1,21, White,Black, "OK-X128A1 키트 KEY4를 누름!");
                     break;
          default:   break;
```

```
            }
        }
    }
```

3. 실습 과제

(1) ATxmega128A1에 내장된 USART 포트에서 동기식 전송 모드와 비동기식 전송 모드는 서로 어떤 장단점이 있는지 설명하라.

(2) 비동기식 직렬통신에서 폴링을 사용하는 방법과 인터럽트를 사용하는 방법에는 어떤 장단점이 있는지 설명하라.

(3) 예제 프로그램 Exp15_1.c를 전송속도 115200 bps로 동작하도록 수정한 프로그램 Exp15_1R.c를 작성하라. 이를 *OK-X128A1* 키트에서 실행하고 하이퍼터미널로 테스트하여 보라.

4.16 DS1307 RTC 응용 프로그램

이 절에서는 DS1307 RTC 소자의 구조와 원리를 이해하고 이를 응용하는 프로그램 작성 기술을 익힌다.

1. RTC의 원리 및 종류

실시간 시계(RTC ; Real Time Clock)는 우리가 일상 생활에서 사용하는 실제의 시간을 표시하는 소자이다. 오늘날 이것은 시간 정보가 필요한 범용 컴퓨터나 자동화 기기에 널리 사용되는 추세에 있다.

RTC가 항상 실시간으로 시간을 표시하기 위해서는 최소한 ① 정확한 기준 주파수를 발생하는 수정발진자, ② 이 기준 주파수를 적절히 분주하여 초/분/시(오전, 오후 포함)/일(요일 포함)/월/년(윤년 환산기능 포함) 등의 정보로 변환하는 카운터 회로, ③ 공급전원이 꺼지더라도 시계가 멈추지 않도록 항상 회로를 동작시켜 주는 배터리 백업 회로 등이 필요하다.

이러한 구성을 기준으로 생각할 때 RTC 소자에는 다음과 같은 4가지의 형태가 있다. 첫째는 수정발진자와 배터리 백업 회로를 외부에 별도로 접속하게 되어 있어서 사실상 카운터 및 제어회로만을 가지고 있는 가장 초보적인 형태이다. 이러한 소자의 대표적인 모델로는 Ricoh사의 RP5C15, Motorola사의 MC146818A 등이 있다. 물론 이러한 기능을 수행하는 시계 회로는 카운터 전용의 소자나 논리소자들을 사용하여 사용자가 설계할 수도 있지만, 이렇게 하드웨어적으로만 구성할 경우에는 회로가 상당히 복잡하여 경제적으로나 보드를 차지하는 면적으로 볼 때 불리해진다.

초창기의 RTC는 대부분 이러한 형태였지만, 외부에 별도로 사용하는 32.768kHz 수정발진자의 정밀도나 안정도가 비교적 낮고, 또한 배터리 회로를 사용하는데 여러가지의 불편이 있어서 오늘날은 점점 사용 빈도가 감소하는 추세이다. IBM PC AT 이상의 퍼스널컴퓨터에서는 MC146818A 호환의 RTC 소자를 사용한다. 이들 소자에서는 경우에 따라 배터리 백업회로를 사용하지 않기도 하는데, 이러한 경우에는 컴퓨터의 전원을 켤 때마다 사용자가 올바른 시간값을 다시 설정해 주어야 하므로 상당히 불편하다.

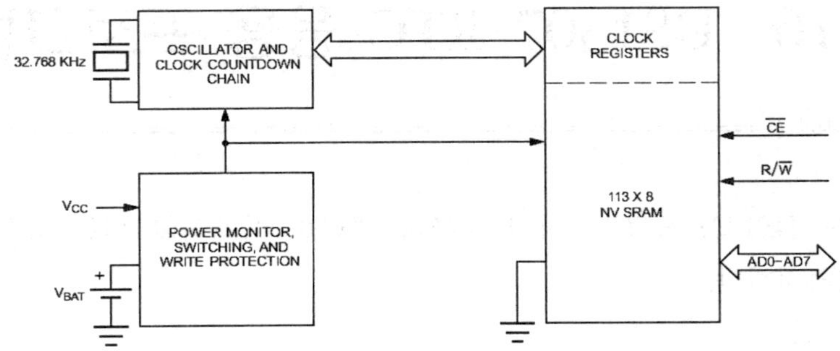

〈그림 4.16.1〉 수정발진자 및 배터리를 내장한 일체형 RTC 소자의 구조

둘째는 이 3가지의 구성 요소를 1개의 패키지에 모두 내장(encapsulated package) 한 소자로서 이 구조는 <그림 4.16.1>과 같다. 이러한 소자로는 종래의 MC146818A와 핀배열이 동일하여 직접 대치가 가능한 Maxim사(원래는 Dallas사의 제품이나 현재는 Maxim사에 흡수 합병되었음)의 DS1287, DS12C887 등이 있다. 이것은 패키지에 내장된 수정 발진 회로의 정밀도나 안정도가 상당히 높고, 또한 배터리 회로를 내장하고 있어서 단일 소자로서 1개의 IC처럼 보드에 실장하기가 쉬우며, 외부 전원이 차단된 상태에서도 데이터의 보증시간이 약 10년 정도로서 매우 길기 때문에 오늘날 그 사용 빈도가 크게 증가하고 있다. 현재는 IBM PC 호환 퍼스널컴퓨터나 각종 제어계측 장비에서 이러한 모델들이 널리 사용되고 있으며, *OK-X128A1* 키트에서도 DS12C887을 1개 사용한다.

이 소자에는 수십 바이트 이상(DS1287은 50바이트, DS12C887은 113바이트)의 배터리 백업 SRAM을 내장하고 있어서 불휘발성 데이터를 저장하는 용도로 사용할 수 있다. 그러나, 대부분의 경우 어드레스 및 데이터 버스가 시분할 다중화되어 있어서 이와 동일한 버스 구조를 갖는 Intel사의 마이크로컨트롤러에 접속하는 경우에는 별 문제가 없으나 다른 CPU의 경우에는 하드웨어적인 인터페이스가 불편할 수도 있다.

셋째는 위의 일체형 RTC처럼 3가지의 구성 요소를 1패키지에 모두 내장하는 것은 물론이고, 여기에 대용량(수KB~수백KB)의 SRAM까지 포함하는 소자로서 그 구조는 <그림 4.16.2>와 같다. 이러한 소자로는 Maxim사의 DS1243Y/1244Y/1248Y/1251Y, DS1742/1743 등이 있다. 이것은 RTC 기능에 주기억장치로 사용할 수 있는 대용량의 SRAM을 포함하고 있기 때문에 RAM 전체를 배터리 백업해야 하는 제어계측 시스템의 경우에 유용하다.

이러한 소자들은 앞에서 설명한 일체형 RTC와 달리 어드레스 버스와 데이터 버스가 별도로 분리되어 있으며, 더구나 이것들이 기존의 일반 SRAM이나 EEPROM과 호환이 되는 핀 배열로 되어 있어서 인터페이스하기에 매우 편리하다. 그러나, 아직은 이러한 소자들의 가격이 상대적으로 비싼 편이며 액세스 시간이 비교적 길어서 널리 사용되지는 않고 있다.

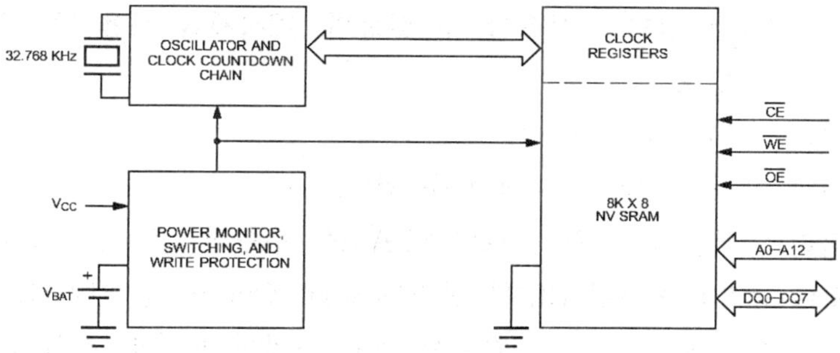

<그림 4.16.2> 대용량의 배터리 백업 SRAM을 내장하는 일체형 RTC 소자

넷째는 위의 첫번째 경우와 유사하지만 마이크로프로세서와의 인터페이스를 병렬이 아닌 SPI나 I^2C와 같은 동기식 직렬통신으로 구현할 수 있는 형태이다. 오늘날 대부분의 마이크로컨트롤러들은 SPI나 I^2C와 같은 동기식 직렬통신 포트를 내장하고 있으므로 이런 형태의 RTC 소자를 사용하면 아주 간단하게 인터페이스가 가능하여 최근에 점점 사용이 많아지는 추세에 있다. 외부에 32.768kHz의 크리스털과 배터리 백업 회로를 사용해야 하는 불편은 있지만, 직렬통신을 사용하는 만큼 외부 핀 수가 적어져서 8핀짜리 패키지가 많다. 이런 형태의 RTC 소자도 역시 Maxim사의 제품에 많이 있으며, DS1302나 DS1307은 그 예이다.

이밖에도 RTC 소자에는 워치독 기능을 함께 가지거나 기타 여러 가지의 부수적인 기능을 갖는 다양한 모델들이 있다.

2. DS1307 RTC의 구조와 기능

DS1307은 외부에 크리스털 및 배터리를 사용하는 I^2C 직렬통신 인터페이스형의 RTC 소자로서 모든 시간값을 BCD 형식으로 처리하며 부수적으로 56바이트의 NV SRAM을 가지고 있다.

(1) 특징

① 32.768kHz의 크리스털과 배터리 백업 회로를 외부에 사용하는 RTC이다.
② 100kHz 속도의 I^2C 직렬통신 방식으로 인터페이스한다.
③ 연, 월, 일, 요일, 시, 분, 초 데이터를 저장하고 있으며, 서기 2100년까지 윤년을 자동으로 환산하여 처리하는 기능을 가진다.
④ 12시제 및 24시제를 임의로 사용할 수 있으며, 12시제를 사용하는 경우에는 오전, 오후를 표시할 수 있다.
⑤ 모든 데이터는 BCD로 표시한다.
⑥ 외부로 구형파 주파수 신호를 출력할 수 있다.
⑦ 내부에 배터리로 백업되는 56바이트의 SRAM을 부수적으로 가지고 있다.
⑧ +5V 전원으로 동작하며, 8핀 DIP형 및 SO(Small Outline)형 패키지로 되어 있다.
⑨ 내부에 전압검출 회로를 가지고 있어서 전원 전압이 배터리 전압의 125% 이하로 떨어지면 정전으로 판단하고 자동적으로 배터리 전원을 사용한다.

(2) 외부 구조

DS1307의 외부 핀 구조는 <그림 4.16.3>과 같고, 각 핀의 기능을 요약하면 <표 4.16.1>과 같다.

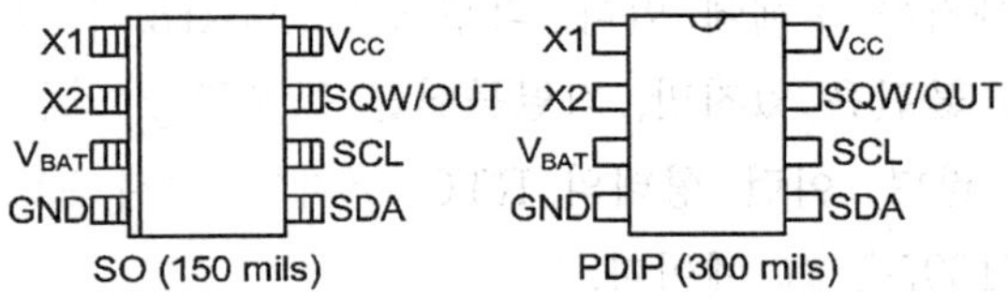

〈그림 4.16.3〉 DS1307의 외부 구조

〈표 4.16.1〉 DS1307 외부 핀의 기능

신호 이름	I/O	기 능
Vcc, GND	-	Primary Power Supply : +5V 전원 및 접지 단자이다. 전원전압이 배터리 전압의 125% 이하로 떨어지면 내부 회로는 V_{BAT} 전원을 사용하여 동작한다.
V_{BAT}	-	Backup Power Supply : 3V(2.0V~3.5V)의 배터리 전원을 연결하는 단자이다. Vcc로 입력되는 전원 전압이 배터리 전압의 125% 이하로 떨어지면 내부 회로는 V_{BAT} 전원을 사용하여 동작한다.
X1 X2	I O	Quartz Crystal : 32.768kHz의 크리스털을 연결하는 단자이다. X1 단자는 내부 발진회로의 입력 신호이고, X2는 내부 발진회로의 출력 신호이다.
SDA SCL	I/O I	Serial Data Input/Output : I^2C 직렬통신의 데이터 입출력 신호이다. Serial Clock Input : I^2C 직렬통신의 클록 입력 신호이다.
SQW/OUT	O	Square Wave/Output Driver : 제어 레지스터에서 SQWE=1로 설정하면 이 단자는 오픈 드레인(open-drain)형의 출력으로 동작하고 1Hz, 4096Hz, 8192Hz, 32768Hz의 구형파 신호를 출력한다. 필요하면 외부에 풀업 저항을 사용해야 한다.

(3) 내부 구조

DS1307의 내부 구조는 <그림 4.16.4>와 같고, 내부의 레지스터 및 SRAM 어드레스는 <표 4.16.2>와 같다.

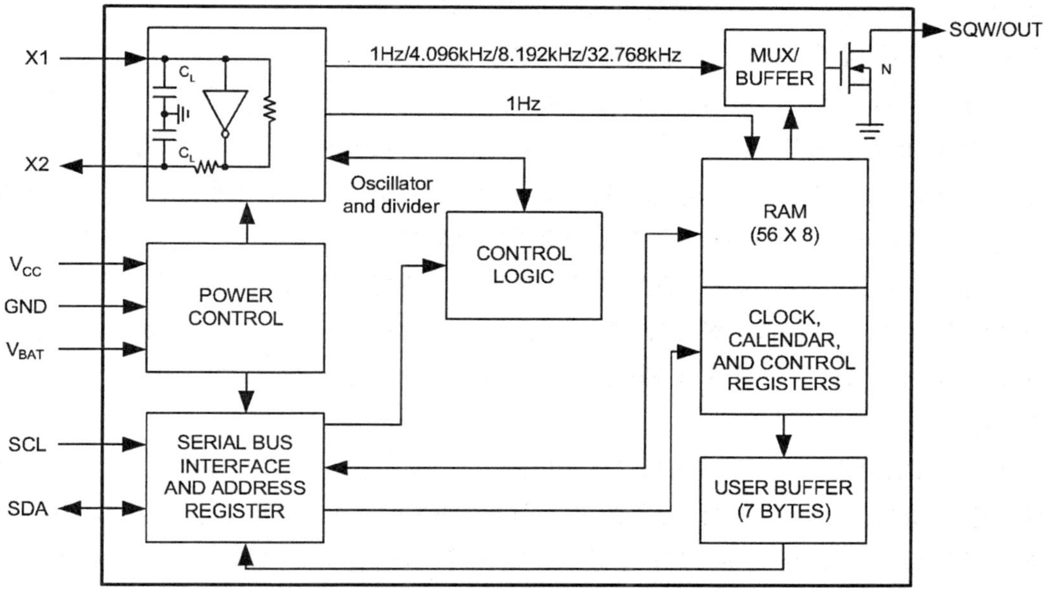

〈그림 4.16.4〉 DS1307의 내부 구조

〈표 4.16.2〉 DS1307의 내부 레지스터 및 SRAM

번지	기능	범위	비트7	비트6	비트5	비트4	비트3	비트2	비트1	비트0
00H	초(second)	00~59	CH	10초			1초			
01H	분(minute)	00~59	0	10분			1분			
02H	시(hour)	01~12	0	1(12시제)	AM/PM	10시간	1시간			
		00~23		0(24시제)	10시간		1시간			
03H	요일(day)	01~07	0	0	0	0	0	요일		
04H	날짜(date)	01~31	0	0	10일		1일			
05H	월(month)	01~12	0	0	0	10월	1월			
06H	연(year)	00~99	10년				1년			
07H	제어 레지스터	-	OUT	0	0	SQWE	0	0	RS1	RS0
08H~3FH	SRAM(56×8)	00H~FFH	D7	D6	D5	D4	D3	D2	D1	D0

각 번지의 시각, 요일, 날짜 등은 모두 8비트 BCD(Binary-Coded Decimal) 표현법으로 동작하는데 이를 요약하면 <표 4.16.2>와 같다.

초(second)를 설정하는 00H 번지의 비트7은 클록 정지(clock halt) 비트로서, 이 비트를 1로 설정하면 내부 오실레이터에서 클록을 발생하지 않아 시계가 정지한다.

시간(hour)을 설정하는 02H 번지에서 비트6을 1로 설정하면 12시제로 동작하고 0으로 설정하면 24시제로 동작한다. 12시제를 사용할 때는 비트5를 0이면 오전(AM)을 나타내고 1이면 오후(PM)를 나타낸다.

요일을 설정하는 03H 번지에서 1이면 일요일에서 시작하여, 차례로 2면 화요일이고, 마지막으로 7일면 토요일이다. 06H 번지의 연도는 마지막의 2자리 00~99만 저장되며 사용자가 앞에 무조건 20을 붙이면 된다.

07H 번지의 제어 레지스터는 DS1307의 기능을 제어하는 용도로 사용한다. 비트7의 OUT(Output Control)은 SQW/OUT 단자의 주파수 출력이 금지되었을 때 이 단자의 논리 상태를 지정한다. 즉, SQWE=0일 때 이 비트를 0으로 설정하면 SQW/OUT 단자에는 0이 출력되고, 이 비트를 1로 설정하면 SQW/OUT 단자에는 1이 출력된다. 비트4의 SQWE를 1로 설정하면 SQW/OUT 단자에 지정된 주파수의 구형파 클록 신호를 출력한다. 이때 출력되는 신호의 주파수는 비트1~0의 RS1~0으로 지정한다. 즉, 이 비트가 00이면 1Hz, 01이면 4.096kHz, 10이면 8.192kHz, 11이면 32.768kHz의 신호를 출력한다.

내부 SRAM은 모두 56바이트로서 이것은 특별한 용도가 지정되어 있지 않으므로 사용자가 임의로 액세스하여 사용할 수 있다. *OK-X128A1* 키트에서는 이 영역을 특별한 용도로 사용하지 않고 비워 두었으므로 사용자가 필요에 따라 사용할 수 있다.

(4) I^2C 통신 포맷

DS1307을 외부에서 마이크로컨트롤러가 액세스할 때는 100kHz 속도로 I^2C 통신을 사용하며, DS1307의 7비트 슬레이브 어드레스는 1101000 이다.

마스터인 마이크로컨트롤러가 슬레이브인 DS1307에게 데이터를 라이트(write)하는 슬레이브 수신 모드(Slave Receiver Mode)의 동작은 <그림 4.16.5>의 (a)와 같다. 먼저 마스터는 슬레이브 어드레스 1101000과 $R/\overline{W}$=0을 송신하고, 확인 응답을 받으면 이어서 DS1307의 레지스터 번지를 송신하며, 다시 확인 응답을 받으면 데이터를 송신한다. 이때 만약 여러개의 데이터를 연속으로 송신하면 DS1307 내부에서 레지스터 번지가 자동으로 증가하면서 데이터가 수신된다.

마스터인 마이크로컨트롤러가 슬레이브인 DS1307에서 데이터를 리드(read)하는 슬레이브 송신 모드(Slave Transmitter Mode)의 동작은 <그림 4.16.5>의 (b)와 같다. 먼저 마스터는 슬레이브 어드레스 1101000과 $R/\overline{W}$=1을 송신하고, 확인 응답을 받으면 이어서 DS1307의 데이터를 수신하면서 확인 응답을 보낸다. 이때 만약 여러개의 데이터를 연속으로 받으면 DS1307 내부에서 레지스터 번지가 자동으로 증가하면서 데이터를 송신하며, 마이크로컨트롤러가 데이터를 그만 읽으려면 Not Acknowledge로 응답하면 된다.

마이크로컨트롤러가 슬레이브 송신 모드에서 처음으로 수신하는 레지스터 번지를 지정하는 기능은 없으므로 이 번지를 지정하여 데이터를 읽으려면 <그림 4.16.5>의 (c)처럼 슬레이브 수신 및 송신 모드를 사용해야 한다.

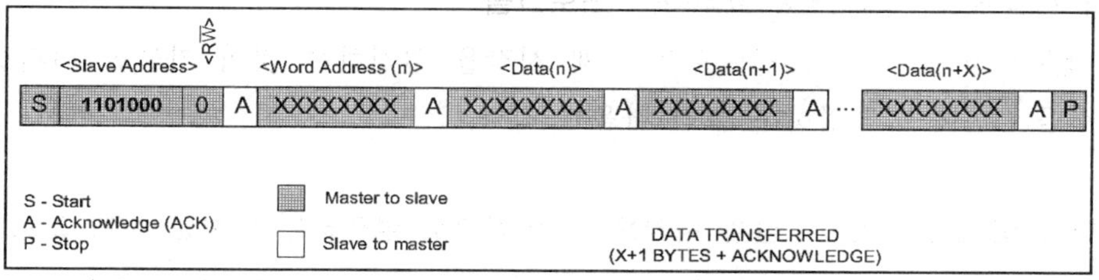

(a) 데이터를 라이트하는 슬레이브 수신 모드

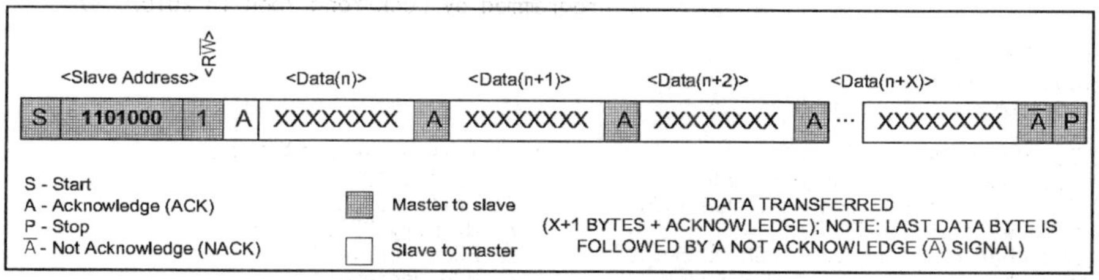

(b) 데이터를 리드하는 슬레이브 송신 모드

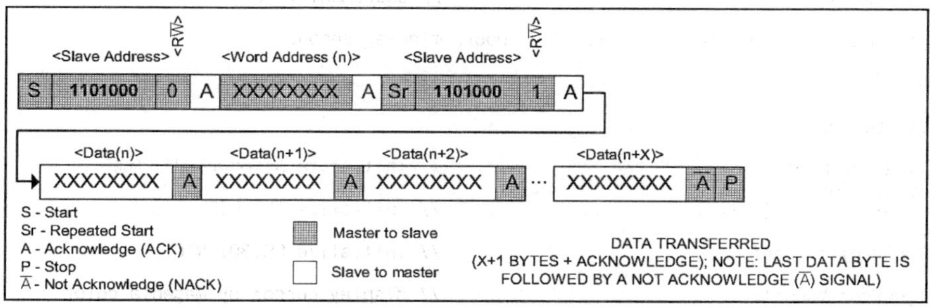

(c) 레지스터 번지를 지정하여 데이터를 리드하는 슬레이브 수신 및 송신 모드

〈그림 4.16.5〉 DS1307의 I^2C 직렬통신 포맷

3. 현재 시각을 설정할 수 있는 디지털 시계 프로그램

앞의 제4.12절에서는 ATxmega128A1의 타이머/카운터를 이용하여 디지털 시계를 구현하였는데, 여기서는 DS1307을 이용하여 전원을 꺼놓아도 문제없이 계속 동작하는 시계를 만들어 보기로 한다.

▣ 현재 시각을 키 입력으로 설정하는 프로그램

DS1307을 이용하여 키 입력으로 현재 시각을 설정하는 것이 가능한 디지털 시계 프로그램을 C언어로 작성하여 보면 다음과 같다.

〈프로그램 Exp16_1.c〉 현재 시각을 키 입력으로 설정하는 디지털 시계 프로그램

```
/* ========================================================================== */
/*          Exp16_1.c : DS1307을 이용한 디지털 시계 프로그램(키 사용)          */
/* ========================================================================== */
/*                     Designed and programmed by Duck-Yong Yoon in 2010.    */

#include <avr/io.h>
#include "OK-X128A1.h"
#include "OK-X128A1_large.h"

void DS1307_initialize(void);                        // initialize DS1307 RTC
unsigned char DS1307_read(U08 address);              // read DS1307
void DS1307_write(U08 address, U08 TxD);             // write DS1307
void Display_time(void);                             // display DS1307 time
unsigned char BCD_increment(U08 number);             // BCD increment
unsigned char BCD_decrement(U08 number);             // BCD decrement
void Cursor_left(void);                              // go cursor left
void Cursor_right(void);                             // go cursor right
void Increment(void);                                // increment time
void Decrement(void);                                // decrement time

unsigned char year, month, date, weekday, hour, minute, second;

int main(void)
{
  unsigned char key;

  Initialize_MCU();                                  // initialize ATxmega128A1 MCU
  Delay_ms(200);
  Initialize_TFT_LCD();                              // initialize TFT-LCD

  DS1307_initialize();                               // initialize DS1307 RTC

  TFT_cursor(Magenta);                               // display cursor by Magenta color
  Xcursor = 17;
  Ycursor = 21;

  TFT_string( 4, 6,White, Magenta," 디지털 시계(DS1307) ");     // display title
  TFT_string_large( 2,16,Cyan,  Black,  "2010/06/30 ");
  TFT_string_large(13,16,Yellow,Black,  "(수)");
  TFT_string_large( 3,21,White, Black,  "오전 ");
  TFT_string_large( 8,21,Green, Black,  "00:00:00");

  TFT_string(2,35,Cyan,    Black,"KEY1   KEY2   KEY3    KEY4");
  TFT_string(2,37,Magenta,Black,"( )    ( )    ( )     ( )");
  TFT_xy( 3,37); TFT_English(0x19);
```

```
  TFT_xy(10,37); TFT_English(0x18);
  TFT_xy(17,37); TFT_English(0x1B);
  TFT_xy(25,37); TFT_English(0x1A);
  Rectangle(  5,277,  51,315, Cyan);
  Rectangle( 61,277, 106,315, Cyan);
  Rectangle(117,277, 170,315, Cyan);
  Rectangle(181,277, 234,315, Cyan);
  Beep();

  while(1)
    { key = Key_input();                         // key input

      switch(key)
        { case KEY1 : Decrement();               // if KEY1, decrement time
                      break;
          case KEY2 : Increment();               // if KEY2, increment time
                      break;
          case KEY3 : Cursor_left();             // if KEY4, go cursor left
                      break;
          case KEY4 : Cursor_right();            // if KEY3, go cursor right
                      break;
          default   : Display_time();            // display time
                      break;
        }
    }
}

void DS1307_initialize(void)                     /* initialize DS1307 RTC */
{
  PORTF_DIR = 0xBA;                              // PORTF4 = 1 output for -TS_CS
  PORTF_OUT = 0xBA;                              // PORTF2 input for -TS_INT

  TWIF_MASTER_CTRLA = 0x08;                      // enable TWI master
  TWIF_MASTER_BAUD = 155;                        // 100kHz = 32MHz/2/(5+155)
  TWIF_MASTER_STATUS = 0x01;                     // idle state

  second =  DS1307_read(0x00);                   // if CH = 1, initialize
  hour =  DS1307_read(0x02);                     // if 24 hour system, initialize

  if(((second & 0x80) == 0x80) || ((hour & 0x40) == 0x00))
    { DS1307_write(0x00, 0x56);                  // second = 0x56
      DS1307_write(0x01, 0x34);                  // minute = 0x34
      DS1307_write(0x02, 0x12 | 0x40);           // hour = 0x12 AM (12 hour system)
      DS1307_write(0x03, 0x04);                  // weekday = 0x04(Wednesday)
      DS1307_write(0x04, 0x30);                  // date = 0x30
      DS1307_write(0x05, 0x06);                  // month = 0x06
      DS1307_write(0x06, 0x10);                  // year = 0x2010
    }
}

unsigned char DS1307_read(U08 address)           /* read DS1307 */
{
  unsigned char RxD;

  TWIF_MASTER_ADDR = 0xD0;                       // START + slave address + W
  while((TWIF_MASTER_STATUS & 0x70) != 0x60);    // WIF, CLKHOLD, ACK from slave ?

  TWIF_MASTER_DATA = address;                    // DS1307 address
  while((TWIF_MASTER_STATUS & 0x70) != 0x60);    // WIF, CLKHOLD, ACK from slave ?

  TWIF_MASTER_ADDR = 0xD1;                       // Repeated START + slave address + R
  while((TWIF_MASTER_STATUS & 0xB0) != 0xA0);    // RIF, CLKHOLD, ACK from slave ?

  RxD = TWIF_MASTER_DATA;                        // receive data
  TWIF_MASTER_CTRLC = 0x07;                      // NACK + STOP

  return RxD;
}

void DS1307_write(U08 address, U08 TxD)          /* write DS1307 */
{
  TWIF_MASTER_ADDR = 0xD0;                       // START + slave address + W
  while((TWIF_MASTER_STATUS & 0x70) != 0x60);    // WIF, CLKHOLD, ACK from slave ?
```

```
  TWIF_MASTER_DATA = address;                     // DS1307 address
  while((TWIF_MASTER_STATUS & 0x70) != 0x60);     // WIF, CLKHOLD, ACK from slave ?

  TWIF_MASTER_DATA = TxD;                         // write time data
  while((TWIF_MASTER_STATUS & 0x70) != 0x60);     // WIF, CLKHOLD, ACK from slave ?

  TWIF_MASTER_CTRLC = 0x03;                       // STOP
}

void Display_time(void)                           /* display DS1307 time */
{
  TFT_xy(2,16); TFT_color(Cyan,Black);            // display year
  TFT_hexadecimal_large(0x20, 2);
  year = DS1307_read(0x06);
  TFT_hexadecimal_large(year,2);
  TFT_xy(7,16); TFT_color(Cyan,Black);            // display month
  month = DS1307_read(0x05);
  TFT_hexadecimal_large(month,2);
  TFT_xy(10,16); TFT_color(Cyan,Black);           // display date
  date = DS1307_read(0x04);
  TFT_hexadecimal_large(date,2);
  weekday = DS1307_read(0x03);                    // display weekday
  if(weekday == 0x01)      TFT_string_large(14,16,Yellow,Black,"일");
  else if(weekday == 0x02) TFT_string_large(14,16,Yellow,Black,"월");
  else if(weekday == 0x03) TFT_string_large(14,16,Yellow,Black,"화");
  else if(weekday == 0x04) TFT_string_large(14,16,Yellow,Black,"수");
  else if(weekday == 0x05) TFT_string_large(14,16,Yellow,Black,"목");
  else if(weekday == 0x06) TFT_string_large(14,16,Yellow,Black,"금");
  else if(weekday == 0x07) TFT_string_large(14,16,Yellow,Black,"토");
  TFT_xy(8,21); TFT_color(Green,Black);           // display hour
  hour = DS1307_read(0x02);
  TFT_hexadecimal_large(hour & 0x1F,2);
  if((hour & 0x20) == 0x00) TFT_string_large(5,21,White,Black,"전");
  else                      TFT_string_large(5,21,White,Black,"후");
  TFT_xy(11,21); TFT_color(Green,Black);          // display minute
  minute = DS1307_read(0x01);
  TFT_hexadecimal_large(minute,2);
  TFT_xy(14,21); TFT_color(Green,Black);          // display second
  second = DS1307_read(0x00);
  TFT_hexadecimal_large(second & 0x7F,2);
  TFT_xy(17,21); TFT_color(Green,Black);          // display home
  TFT_English_large(' ');
}

unsigned char BCD_increment(U08 number)           /* BCD increment */
{ unsigned char i;

  i = (number >> 4)*10 + (number & 0x0F);         // convert BCD to binary
  i++;                                            // incrment
  i = ((i/10) << 4) + (i % 10);                   // convert binary to BCD
  return i;
}

unsigned char BCD_decrement(U08 number)           /* BCD decrement */
{ unsigned char i;

  i = (number >> 4)*10 + (number & 0x0F);         // convert BCD to binary
  i--;                                            // decrement
  i = ((i/10) << 4) + (i % 10);                   // convert binary to BCD
  return i;
}

void Cursor_left(void)                            /* go cursor left */
{
  if     ((Xcursor == 17) && (Ycursor == 21)) { Xcursor = 14; Ycursor = 21; }
  else if((Xcursor == 14) && (Ycursor == 21)) { Xcursor = 11; Ycursor = 21; }
  else if((Xcursor == 11) && (Ycursor == 21)) { Xcursor =  8; Ycursor = 21; }
  else if((Xcursor ==  8) && (Ycursor == 21)) { Xcursor =  5; Ycursor = 21; }
  else if((Xcursor ==  5) && (Ycursor == 21)) { Xcursor = 14; Ycursor = 16; }
  else if((Xcursor == 14) && (Ycursor == 16)) { Xcursor = 11; Ycursor = 16; }
  else if((Xcursor == 11) && (Ycursor == 16)) { Xcursor =  8; Ycursor = 16; }
  else if((Xcursor ==  8) && (Ycursor == 16)) { Xcursor =  5; Ycursor = 16; }
```

```
    else if((Xcursor ==  5) && (Ycursor == 16)) { Xcursor = 17; Ycursor = 21; }
}

void Cursor_right(void)                              /* go cursor right */
{
    if     ((Xcursor == 17) && (Ycursor == 21)) { Xcursor =  5; Ycursor = 16; }
    else if((Xcursor ==  5) && (Ycursor == 16)) { Xcursor =  8; Ycursor = 16; }
    else if((Xcursor ==  8) && (Ycursor == 16)) { Xcursor = 11; Ycursor = 16; }
    else if((Xcursor == 11) && (Ycursor == 16)) { Xcursor = 14; Ycursor = 16; }
    else if((Xcursor == 14) && (Ycursor == 16)) { Xcursor =  5; Ycursor = 21; }
    else if((Xcursor ==  5) && (Ycursor == 21)) { Xcursor =  8; Ycursor = 21; }
    else if((Xcursor ==  8) && (Ycursor == 21)) { Xcursor = 11; Ycursor = 21; }
    else if((Xcursor == 11) && (Ycursor == 21)) { Xcursor = 14; Ycursor = 21; }
    else if((Xcursor == 14) && (Ycursor == 21)) { Xcursor = 17; Ycursor = 21; }
}

void Increment(void)                                 /* increment time */
{
    if((Xcursor ==  5) && (Ycursor == 16))           // in case of year
      { year = DS1307_read(0x06);
        if(year == 0x99)        year = 0x00;
        else                    year = BCD_increment(year);
        DS1307_write(0x06,year);
      }
    else if((Xcursor == 8) && (Ycursor == 16))       // in case of month
      { month = DS1307_read(0x05);
        if(month == 0x12)       month = 0x01;
        else                    month = BCD_increment(month);
        DS1307_write(0x05,month);
      }
    else if((Xcursor == 11) && (Ycursor == 16))      // in case of date
      { date = DS1307_read(0x04);
        if(date == 0x31)        date = 0x01;
        else                    date = BCD_increment(date);
        DS1307_write(0x04,date);
      }
    else if((Xcursor == 14) && (Ycursor == 16))      // in case of weekday
      { weekday = DS1307_read(0x03);
        if(weekday == 0x07)     weekday = 0x01;
        else                    weekday++;
        DS1307_write(0x03,weekday);
      }
    else if((Xcursor == 5) && (Ycursor == 21))       // in case of AM/PM
      { hour = DS1307_read(0x02);
        if((hour & 0x20) == 0x00) hour |= 0x20;
        else                      hour &= 0xDF;
        DS1307_write(0x02,hour);
      }
    else if((Xcursor == 8) && (Ycursor == 21))       // in case of hour
      { hour = DS1307_read(0x02);
        if((hour & 0x1F) == 0x12) hour = (hour & 0xE0) + 0x01;
        else                      hour = BCD_increment(hour);
        DS1307_write(0x02,hour);
      }
    else if((Xcursor == 11) && (Ycursor == 21))      // in case of minute
      { minute = DS1307_read(0x01);
        if(minute == 0x59)      minute = 0x00;
        else                    minute = BCD_increment(minute);
        DS1307_write(0x01,minute);
      }
    else if((Xcursor == 14) && (Ycursor == 21))      // in case of second
      { second = DS1307_read(0x00);
        if(second == 0x59)      second = 0x00;
        else                    second = BCD_increment(second);
        DS1307_write(0x00,second);
      }
}

void Decrement(void)                                 /* decrement time */
{
    if((Xcursor ==  5) && (Ycursor == 16))           // in case of year
      { year = DS1307_read(0x06);
        if(year == 0x00)        year = 0x99;
```

```
        else                  year = BCD_decrement(year);
        DS1307_write(0x06,year);
      }
    else if((Xcursor == 8) && (Ycursor == 16))    // in case of month
      { month = DS1307_read(0x05);
        if(month == 0x01)     month = 0x12;
        else                  month = BCD_decrement(month);
        DS1307_write(0x05,month);
      }
    else if((Xcursor == 11) && (Ycursor == 16))   // in case of date
      { date = DS1307_read(0x04);
        if(date == 0x01)      date = 0x31;
        else                  date = BCD_decrement(date);
        DS1307_write(0x04,date);
      }
    else if((Xcursor == 14) && (Ycursor == 16))   // in case of weekday
      { weekday = DS1307_read(0x03);
        if(weekday == 0x01)   weekday = 0x07;
        else                  weekday--;
        DS1307_write(0x03,weekday);
      }
    else if((Xcursor == 5) && (Ycursor == 21))    // in case of AM/PM
      { hour = DS1307_read(0x02);
        if((hour & 0x20) == 0x00) hour |= 0x20;
        else                      hour &= 0xDF;
        DS1307_write(0x02,hour);
      }
    else if((Xcursor == 8) && (Ycursor == 21))    // in case of hour
      { hour = DS1307_read(0x02);
        if((hour & 0x1F) == 0x01) hour = (hour & 0xE0) + 0x12;
        else                      hour = BCD_decrement(hour);
        DS1307_write(0x02,hour);
      }
    else if((Xcursor == 11) && (Ycursor == 21))   // in case of minute
      { minute = DS1307_read(0x01);
        if(minute == 0x00)    minute = 0x59;
        else                  minute = BCD_decrement(minute);
        DS1307_write(0x01,minute);
      }
    else if((Xcursor == 14) && (Ycursor == 21))   // in case of second
      { second = DS1307_read(0x00);
        if(second == 0x00)    second = 0x59;
        else                  second = BCD_decrement(second);
        DS1307_write(0x00,second);
      }
}
```

☞ DS1307을 사용하여 시계를 구현할 때는 모든 시간 값이 이 소자에서 처리되므로 프로그램에서는 단지 이를 읽어서 TFT-LCD 모듈에 표시하는 일과 현재 시각을 설정하기 위한 키 입력을 검출하는 일을 반복하면 되기 때문에 인터럽트를 사용할 필요가 없이 프로그램이 단순해진다.

현재 시각에서 연, 월, 일, 요일, 오전/오후, 시, 분, 초를 눈으로 보면서 설정할 수 있으려면 TFT-LCD 모듈에서 커서가 보이도록 해야 하며, 이 값을 수정한 이후에는 TFT-LCD 모듈에 시간을 표시하고 다시 커서가 원래의 위치로 되돌아 와야 하므로 항상 사용자가 화면에서 현재 수정중인 시간에 해당하는 커서의 위치를 내부적으로 기억하고 있어야 한다는 것이 중요한 포인트이다.

이제부터 DS1307을 이용한 디지털 시계 프로그램에서 현재 시각은 사람의 눈에 잘 보이도록 12×24 픽셀의 영문 ASCII 폰트와 24×24 픽셀의 한글 폰트를 사용하여 큰 글씨로 표시한다.

이 프로그램에서 KEY1은 시간값 감소, KEY2는 시간값 증가, KEY3은 커서 좌측 이동, KEY4는 커서 우측 이동의 기능을 수행한다.

▣ 현재 시각을 키 및 터치스크린 입력으로 설정하는 프로그램

앞의 예제 프로그램 Exp16_1.c에서 현재 시각을 설정할 때 키는 물론이고 여기에 TFT-LCD 모듈의 터치스크린을 추가로 사용할 수 있도록 기능을 추가한 디지털 시계 프로그램을 C언어로 작성하여 보면 다음과 같다.

<프로그램 Exp16_2.c> 터치스크린을 사용하도록 추가한 디지털 시계 프로그램

```
/* ========================================================================== */
/*      Exp16_2.c : DS1307을 이용한 디지털 시계 프로그램(터치 스크린 추가)      */
/* ========================================================================== */
/*                          Designed and programmed by Duck-Yong Yoon in 2010.  */

#include <avr/io.h>
#include "OK-X128A1.h"
#include "OK-X128A1_large.h"

void Icon_draw(U16 color1, U16 color2);          // draw from icon1 to icon4
void Icon1_draw(U16 color1, U16 color2);         // display icon1
void Icon2_draw(U16 color1, U16 color2);         // display icon2
void Icon3_draw(U16 color1, U16 color2);         // display icon3
void Icon4_draw(U16 color1, U16 color2);         // display icon4
void Draw_arrow_down(U16 xx1,U16 yy1, U16 color); // display down arrow
void Draw_arrow_up(U16 xx1,U16 yy1, U16 color);  // display up arrow
void Draw_arrow_left(U16 xx1,U16 yy1, U16 color); // display left arrow
void Draw_arrow_right(U16 xx1,U16 yy1, U16 color); // display right arrow
unsigned char Icon_input(void);                  // input touch screen icon
void DS1307_initialize(void);                    // initialize DS1307 RTC
unsigned char DS1307_read(U08 address);          // read DS1307
void DS1307_write(U08 address, U08 TxD);         // write DS1307
void Display_time(void);                         // display DS1307 time
unsigned char BCD_increment(U08 number);         // BCD increment
unsigned char BCD_decrement(U08 number);         // BCD decrement
void Cursor_left(void);                          // go cursor left
void Cursor_right(void);                         // go cursor right
void Increment(void);                            // increment time
void Decrement(void);                            // decrement time

unsigned char year, month, date, weekday, hour, minute, second;

int main(void)
{
  unsigned char key;

  Initialize_MCU();                              // initialize ATxmega128A1 MCU
  Delay_ms(200);
  Initialize_TFT_LCD();                          // initialize TFT-LCD

  Initialize_touch_screen();                     // initialize touch screen
  DS1307_initialize();                           // initialize DS1307 RTC

  TFT_cursor(Magenta);                           // display cursor by Magenta color
  Xcursor = 17;
  Ycursor = 21;

  TFT_string( 4, 6,White, Magenta," 디지털 시계(DS1307) ");     // display title
  TFT_string_large( 2,16,Cyan,   Black,   "2010/06/30 ");
  TFT_string_large(13,16,Yellow,Black,    "(수)");
  TFT_string_large( 3,21,White,  Black,   "오전 ");
  TFT_string_large( 8,21,Green,  Black,   "00:00:00");

  Icon_draw(Cyan, Silver);                       // display touch screen icon
  Beep();

  while(1)
```

```
    { key = Key_input();                          // key input
      if(key == no_key)                           // if no key, input touch screen icon
        key = Icon_input();

      switch(key)
        { case KEY1 : Decrement();                // if KEY1, decrement time
                      break;
          case KEY2 : Increment();                // if KEY2, increment time
                      break;
          case KEY3 : Cursor_left();              // if KEY4, go cursor left
                      break;
          case KEY4 : Cursor_right();             // if KEY3, go cursor right
                      break;
          default   : Display_time();             // display time
                      break;
        }
    }
}

void Icon_draw(U16 color1, U16 color2)            /* draw from icon1 to icon4 */
{
  Icon1_draw(color1, color2);
  Icon2_draw(color1, color2);
  Icon3_draw(color1, color2);
  Icon4_draw(color1, color2);
}

void Icon1_draw(U16 color1, U16 color2)           /* display icon1 */
{
  Rectangle(0,265, 54,319, color1);
  Draw_arrow_down(27,292, color2);
}

void Icon2_draw(U16 color1, U16 color2)           /* display icon2 */
{
  Rectangle(61,265, 115,319, color1);
  Draw_arrow_up(88,292, color2);
}

void Icon3_draw(U16 color1, U16 color2)           /* display icon3 */
{
  Rectangle(124,265, 178,319, color1);
  Draw_arrow_left(151,292, color2);
}

void Icon4_draw(U16 color1, U16 color2)           /* display icon4 */
{
  Rectangle(185,265, 239,319, color1);
  Draw_arrow_right(212,292, color2);
}

void Draw_arrow_down(U16 xx1,U16 yy1, U16 color) /* display down arrow */
{
  unsigned char i;
  unsigned int x1, y1, x2, y2;

  x1 = xx1-8; y1 = yy1; x2 = xx1+8; y2 = yy1;
  for(i = 1; i <= 16; i++)
    Line(x1,y1--, x2,y2--, color);

  x1 = xx1-15; y1 = yy1; x2 = xx1+15; y2 = yy1;
  for(i = 1; i <= 16; i++)
    Line(x1++,y1++, x2--,y2++, color);
}

void Draw_arrow_up(U16 xx1,U16 yy1, U16 color)  /* display up arrow */
{
  unsigned char i;
  unsigned int x1, y1, x2, y2;

  x1 = xx1-8; y1 = yy1; x2 = xx1+8; y2 = yy1;
  for(i = 1; i <= 16; i++)
    Line(x1,y1++, x2,y2++, color);
```

```
  x1 = xx1-15; y1 = yy1; x2 = xx1+15; y2 = yy1;
  for(i = 1; i <= 16; i++)
    Line(x1++,y1--, x2--,y2--, color);
}

void Draw_arrow_left(U16 xx1,U16 yy1, U16 color) /* display left arrow */
{
  unsigned char i;
  unsigned int x1, y1, x2, y2;

  x1 = xx1; y1 = yy1-8; x2 = xx1; y2 = yy1+8;
  for(i = 1; i <= 16; i++)
    Line(x1++,y1, x2++,y2, color);

  x1 = xx1; y1 = yy1-15; x2 = xx1; y2 = yy1+15;
  for(i = 1; i <= 16; i++)
    Line(x1--,y1++, x2--,y2--, color);
}

void Draw_arrow_right(U16 xx1,U16 yy1, U16 color) /* display right arrow */
{
  unsigned char i;
  unsigned int x1, y1, x2, y2;

  x1 = xx1; y1 = yy1-8; x2 = xx1; y2 = yy1+8;
  for(i = 1; i <= 16; i++)
    Line(x1--,y1, x2--,y2, color);

  x1 = xx1; y1 = yy1-15; x2 = xx1; y2 = yy1+15;
  for(i = 1; i <= 16; i++)
    Line(x1++,y1++, x2++,y2--, color);
}

unsigned char icon_flag = 0;

unsigned char Icon_input(void)                /* input touch screen icon */
{
  unsigned char icon;

  Touch_screen_input();                       // input touch screen

  if((icon_flag == 0) && (x_touch >= 0) && (x_touch <= 54) && (y_touch >= 265) && (y_touch <= 319))
    { icon = KEY1;
      icon_flag = 1;
      Beep();
    }
  else if((icon_flag == 0) && (x_touch >= 61) && (x_touch <= 115) && (y_touch >= 265) && (y_touch <= 319))
    { icon = KEY2;
      icon_flag = 1;
      Beep();
    }
  else if((icon_flag == 0) && (x_touch >= 124) && (x_touch <= 178) && (y_touch >= 265) && (y_touch <= 319))
    { icon = KEY3;
      icon_flag = 1;
      Beep();
    }
  else if((icon_flag == 0) && (x_touch >= 185) && (x_touch <= 239) && (y_touch >= 265) && (y_touch <= 319))
    { icon = KEY4;
      icon_flag = 1;
      Beep();
    }
  else if((icon_flag == 1) && (x_touch == 0) && (y_touch == 0))
    { icon = no_key;
      icon_flag = 0;
      Delay_ms(50);
    }
  else
    icon = no_key;

  return icon;
}
```

```
void DS1307_initialize(void)                          /* initialize DS1307 RTC */
{
  PORTF_DIR = 0xBA;                                   // PORTF4 = 1 output for -TS_CS
  PORTF_OUT = 0xBA;                                   // PORTF2 input for -TS_INT

  TWIF_MASTER_CTRLA = 0x08;                           // enable TWI master
  TWIF_MASTER_BAUD = 155;                             // 100kHz = 32MHz/2/(5+155)
  TWIF_MASTER_STATUS = 0x01;                          // idle state

  second =  DS1307_read(0x00);                        // if CH = 1, initialize
  hour =  DS1307_read(0x02);                          // if 24 hour system, initialize

  if(((second & 0x80) == 0x80) || ((hour & 0x40) == 0x00))
    { DS1307_write(0x00, 0x56);                       // second = 0x56
      DS1307_write(0x01, 0x34);                       // minute = 0x34
      DS1307_write(0x02, 0x12 | 0x40);                // hour = 0x12 AM (12 hour system)
      DS1307_write(0x03, 0x04);                       // weekday = 0x04(Wednesday)
      DS1307_write(0x04, 0x30);                       // date = 0x30
      DS1307_write(0x05, 0x06);                       // month = 0x06
      DS1307_write(0x06, 0x10);                       // year = 0x2010
    }
}

unsigned char DS1307_read(U08 address)                /* read DS1307 */
{
  unsigned char RxD;

  TWIF_MASTER_ADDR = 0xD0;                            // START + slave address + W
  while((TWIF_MASTER_STATUS & 0x70) != 0x60);         // WIF, CLKHOLD, ACK from slave ?

  TWIF_MASTER_DATA = address;                         // DS1307 address
  while((TWIF_MASTER_STATUS & 0x70) != 0x60);         // WIF, CLKHOLD, ACK from slave ?

  TWIF_MASTER_ADDR = 0xD1;                            // Repeated START + slave address + R
  while((TWIF_MASTER_STATUS & 0xB0) != 0xA0);         // RIF, CLKHOLD, ACK from slave ?

  RxD = TWIF_MASTER_DATA;                             // receive data
  TWIF_MASTER_CTRLC = 0x07;                           // NACK + STOP

  return RxD;
}

void DS1307_write(U08 address, U08 TxD)               /* write DS1307 */
{
  TWIF_MASTER_ADDR = 0xD0;                            // START + slave address + W
  while((TWIF_MASTER_STATUS & 0x70) != 0x60);         // WIF, CLKHOLD, ACK from slave ?

  TWIF_MASTER_DATA = address;                         // DS1307 address
  while((TWIF_MASTER_STATUS & 0x70) != 0x60);         // WIF, CLKHOLD, ACK from slave ?

  TWIF_MASTER_DATA = TxD;                             // write time data
  while((TWIF_MASTER_STATUS & 0x70) != 0x60);         // WIF, CLKHOLD, ACK from slave ?

  TWIF_MASTER_CTRLC = 0x03;                           // STOP
}

void Display_time(void)                               /* display DS1307 time */
{
  TFT_xy(2,16); TFT_color(Cyan,Black);                // display year
  TFT_hexadecimal_large(0x20, 2);
  year = DS1307_read(0x06);
  TFT_hexadecimal_large(year,2);
  TFT_xy(7,16); TFT_color(Cyan,Black);                // display month
  month = DS1307_read(0x05);
  TFT_hexadecimal_large(month,2);
  TFT_xy(10,16); TFT_color(Cyan,Black);               // display date
  date = DS1307_read(0x04);
  TFT_hexadecimal_large(date,2);
  weekday = DS1307_read(0x03);                        // display weekday
  if(weekday == 0x01)       TFT_string_large(14,16,Yellow,Black,"일");
  else if(weekday == 0x02)  TFT_string_large(14,16,Yellow,Black,"월");
  else if(weekday == 0x03)  TFT_string_large(14,16,Yellow,Black,"화");
  else if(weekday == 0x04)  TFT_string_large(14,16,Yellow,Black,"수");
```

```
    else if(weekday == 0x05) TFT_string_large(14,16,Yellow,Black,"목");
    else if(weekday == 0x06) TFT_string_large(14,16,Yellow,Black,"금");
    else if(weekday == 0x07) TFT_string_large(14,16,Yellow,Black,"토");
    TFT_xy(8,21); TFT_color(Green,Black);          // display hour
    hour = DS1307_read(0x02);
    TFT_hexadecimal_large(hour & 0x1F,2);
    if((hour & 0x20) == 0x00) TFT_string_large(5,21,White,Black,"전");
    else                      TFT_string_large(5,21,White,Black,"후");
    TFT_xy(11,21); TFT_color(Green,Black);         // display minute
    minute = DS1307_read(0x01);
    TFT_hexadecimal_large(minute,2);
    TFT_xy(14,21); TFT_color(Green,Black);         // display second
    second = DS1307_read(0x00);
    TFT_hexadecimal_large(second & 0x7F,2);
    TFT_xy(17,21); TFT_color(Green,Black);         // display home
    TFT_English_large(" ");
}

unsigned char BCD_increment(U08 number)            /* BCD increment */
{ unsigned char i;

    i = (number >> 4)*10 + (number & 0x0F);        // convert BCD to binary
    i++;                                           // incrment
    i = ((i/10) << 4) + (i % 10);                  // convert binary to BCD
    return i;
}

unsigned char BCD_decrement(U08 number)            /* BCD decrement */
{ unsigned char i;

    i = (number >> 4)*10 + (number & 0x0F);        // convert BCD to binary
    i--;                                           // decrement
    i = ((i/10) << 4) + (i % 10);                  // convert binary to BCD
    return i;
}

void Cursor_left(void)                             /* go cursor left */
{
    if     ((Xcursor == 17) && (Ycursor == 21)) { Xcursor = 14; Ycursor = 21; }
    else if((Xcursor == 14) && (Ycursor == 21)) { Xcursor = 11; Ycursor = 21; }
    else if((Xcursor == 11) && (Ycursor == 21)) { Xcursor =  8; Ycursor = 21; }
    else if((Xcursor ==  8) && (Ycursor == 21)) { Xcursor =  5; Ycursor = 21; }
    else if((Xcursor ==  5) && (Ycursor == 21)) { Xcursor = 14; Ycursor = 16; }
    else if((Xcursor == 14) && (Ycursor == 16)) { Xcursor = 11; Ycursor = 16; }
    else if((Xcursor == 11) && (Ycursor == 16)) { Xcursor =  8; Ycursor = 16; }
    else if((Xcursor ==  8) && (Ycursor == 16)) { Xcursor =  5; Ycursor = 16; }
    else if((Xcursor ==  5) && (Ycursor == 16)) { Xcursor = 17; Ycursor = 21; }
}

void Cursor_right(void)                            /* go cursor right */
{
    if     ((Xcursor == 17) && (Ycursor == 21)) { Xcursor =  5; Ycursor = 16; }
    else if((Xcursor ==  5) && (Ycursor == 16)) { Xcursor =  8; Ycursor = 16; }
    else if((Xcursor ==  8) && (Ycursor == 16)) { Xcursor = 11; Ycursor = 16; }
    else if((Xcursor == 11) && (Ycursor == 16)) { Xcursor = 14; Ycursor = 16; }
    else if((Xcursor == 14) && (Ycursor == 16)) { Xcursor =  5; Ycursor = 21; }
    else if((Xcursor ==  5) && (Ycursor == 21)) { Xcursor =  8; Ycursor = 21; }
    else if((Xcursor ==  8) && (Ycursor == 21)) { Xcursor = 11; Ycursor = 21; }
    else if((Xcursor == 11) && (Ycursor == 21)) { Xcursor = 14; Ycursor = 21; }
    else if((Xcursor == 14) && (Ycursor == 21)) { Xcursor = 17; Ycursor = 21; }
}

void Increment(void)                               /* increment time */
{
    if((Xcursor ==  5) && (Ycursor == 16))         // in case of year
      { year = DS1307_read(0x06);
        if(year == 0x99)       year = 0x00;
        else                   year = BCD_increment(year);
        DS1307_write(0x06,year);
      }
    else if((Xcursor == 8) && (Ycursor == 16))     // in case of month
      { month = DS1307_read(0x05);
        if(month == 0x12)      month = 0x01;
```

```
    else                    month = BCD_increment(month);
    DS1307_write(0x05,month);
  }
  else if((Xcursor == 11) && (Ycursor == 16))   // in case of date
  { date = DS1307_read(0x04);
    if(date == 0x31)        date = 0x01;
    else                    date = BCD_increment(date);
    DS1307_write(0x04,date);
  }
  else if((Xcursor == 14) && (Ycursor == 16))   // in case of weekday
  { weekday = DS1307_read(0x03);
    if(weekday == 0x07)     weekday = 0x01;
    else                    weekday++;
    DS1307_write(0x03,weekday);
  }
  else if((Xcursor == 5) && (Ycursor == 21))    // in case of AM/PM
  { hour = DS1307_read(0x02);
    if((hour & 0x20) == 0x00) hour |= 0x20;
    else                      hour &= 0xDF;
    DS1307_write(0x02,hour);
  }
  else if((Xcursor == 8) && (Ycursor == 21))    // in case of hour
  { hour = DS1307_read(0x02);
    if((hour & 0x1F) == 0x12) hour = (hour & 0xE0) + 0x01;
    else                      hour = BCD_increment(hour);
    DS1307_write(0x02,hour);
  }
  else if((Xcursor == 11) && (Ycursor == 21))   // in case of minute
  { minute = DS1307_read(0x01);
    if(minute == 0x59)      minute = 0x00;
    else                    minute = BCD_increment(minute);
    DS1307_write(0x01,minute);
  }
  else if((Xcursor == 14) && (Ycursor == 21))   // in case of second
  { second = DS1307_read(0x00);
    if(second == 0x59)      second = 0x00;
    else                    second = BCD_increment(second);
    DS1307_write(0x00,second);
  }
}

void Decrement(void)                            /* decrement time */
{
  if((Xcursor ==  5) && (Ycursor == 16))        // in case of year
  { year = DS1307_read(0x06);
    if(year == 0x00)        year = 0x99;
    else                    year = BCD_decrement(year);
    DS1307_write(0x06,year);
  }
  else if((Xcursor == 8) && (Ycursor == 16))    // in case of month
  { month = DS1307_read(0x05);
    if(month == 0x01)       month = 0x12;
    else                    month = BCD_decrement(month);
    DS1307_write(0x05,month);
  }
  else if((Xcursor == 11) && (Ycursor == 16))   // in case of date
  { date = DS1307_read(0x04);
    if(date == 0x01)        date = 0x31;
    else                    date = BCD_decrement(date);
    DS1307_write(0x04,date);
  }
  else if((Xcursor == 14) && (Ycursor == 16))   // in case of weekday
  { weekday = DS1307_read(0x03);
    if(weekday == 0x01)     weekday = 0x07;
    else                    weekday--;
    DS1307_write(0x03,weekday);
  }
  else if((Xcursor == 5) && (Ycursor == 21))    // in case of AM/PM
  { hour = DS1307_read(0x02);
    if((hour & 0x20) == 0x00) hour |= 0x20;
    else                      hour &= 0xDF;
    DS1307_write(0x02,hour);
  }
```

```
    else if((Xcursor == 8) && (Ycursor == 21))     // in case of hour
      { hour = DS1307_read(0x02);
        if((hour & 0x1F) == 0x01) hour = (hour & 0xE0) + 0x12;
        else                      hour = BCD_decrement(hour);
        DS1307_write(0x02,hour);
      }
    else if((Xcursor == 11) && (Ycursor == 21))    // in case of minute
      { minute = DS1307_read(0x01);
        if(minute == 0x00)      minute = 0x59;
        else                    minute = BCD_decrement(minute);
        DS1307_write(0x01,minute);
      }
    else if((Xcursor == 14) && (Ycursor == 21))    // in case of second
      { second = DS1307_read(0x00);
        if(second == 0x00)      second = 0x59;
        else                    second = BCD_decrement(second);
        DS1307_write(0x00,second);
      }
}
```

☞ 이 프로그램에서 TFT-LCD 모듈의 터치스크린을 입력하는 Icon_input() 함수에는 디바운싱 및 원터치 기능을 포함하고 있음에 주목하라.

▣ 터치스크린 입력 기능을 개선한 디지털 시계 프로그램

앞의 예제 프로그램 Exp16_2.c에서는 현재 시각을 설정할 때 키와 터치스크린을 사용하고 있다. 키 또는 터치스크린을 한번 누를 때마다 비프음이 울리므로 사용에 편리하다. 그러나, 터치스크린의 경우에는 아이콘을 누를 때마다 비프음이 울리는 것은 물론이고 현재 눌러진 아이콘의 색깔이 바뀌도록 한다면 청각에 시각적인 효과까지 더할 수 있어서 좋다. 이렇게 터치스크린 입력 기능을 개선한 디지털 시계 프로그램을 C 언어로 작성하여 보면 다음과 같다.

〈프로그램 Exp16_3.c〉 터치스크린 입력 기능을 개선한 디지털 시계 프로그램

```
/* ========================================================================== */
/*    Exp16_3.c : DS1307을 이용한 디지털 시계 프로그램(터치 스크린 인식 표시)    */
/* ========================================================================== */
/*                         Designed and programmed by Duck-Yong Yoon in 2010.  */

#include <avr/io.h>
#include "OK-X128A1.h"
#include "OK-X128A1_large.h"

void Icon_draw(U16 color1, U16 color2);          // draw from icon1 to icon4
void Icon1_draw(U16 color1, U16 color2);         // display icon1
void Icon2_draw(U16 color1, U16 color2);         // display icon2
void Icon3_draw(U16 color1, U16 color2);         // display icon3
void Icon4_draw(U16 color1, U16 color2);         // display icon4
void Draw_arrow_down(U16 xx1,U16 yy1, U16 color); // display down arrow
void Draw_arrow_up(U16 xx1,U16 yy1, U16 color);  // display up arrow
void Draw_arrow_left(U16 xx1,U16 yy1, U16 color); // display left arrow
void Draw_arrow_right(U16 xx1,U16 yy1, U16 color); // display right arrow
unsigned char Icon_input(void);                  // input touch screen icon
void DS1307_initialize(void);                    // initialize DS1307 RTC
```

```
unsigned char DS1307_read(U08 address);            // read DS1307
void DS1307_write(U08 address, U08 TxD);           // write DS1307
void Display_time(void);                           // display DS1307 time
unsigned char BCD_increment(U08 number);           // BCD increment
unsigned char BCD_decrement(U08 number);           // BCD decrement
void Cursor_left(void);                            // go cursor left
void Cursor_right(void);                           // go cursor right
void Increment(void);                              // increment time
void Decrement(void);                              // decrement time

unsigned char year, month, date, weekday, hour, minute, second;

int main(void)
{
  unsigned char key;

  Initialize_MCU();                                // initialize ATxmega128A1 MCU
  Delay_ms(200);
  Initialize_TFT_LCD();                            // initialize TFT-LCD

  Initialize_touch_screen();                       // initialize touch screen
  DS1307_initialize();                             // initialize DS1307 RTC

  TFT_cursor(Magenta);                             // display cursor by Magenta color
  Xcursor = 17;
  Ycursor = 21;

  TFT_string( 4, 6,White, Magenta," 디지털 시계(DS1307) ");     // display title
  TFT_string_large( 2,16,Cyan,   Black,  "2010/06/30 ");
  TFT_string_large(13,16,Yellow,Black,   "(수)");
  TFT_string_large( 3,21,White,  Black,  "오전 ");
  TFT_string_large( 8,21,Green,  Black,  "00:00:00");

  Icon_draw(Cyan, Silver);                         // display touch screen icon
  Beep();

  while(1)
    { key = Key_input();                           // key input
      if(key == no_key)                            // if no key, input touch screen icon
        key = Icon_input();

      switch(key)
        { case KEY1 : Decrement();                 // if KEY1, decrement time
                      break;
          case KEY2 : Increment();                 // if KEY2, increment time
                      break;
          case KEY3 : Cursor_left();               // if KEY4, go cursor left
                      break;
          case KEY4 : Cursor_right();              // if KEY3, go cursor right
                      break;
          default   : Display_time();              // display time
                      break;
        }
    }
}

void Icon_draw(U16 color1, U16 color2)             /* draw from icon1 to icon4 */
{
  Icon1_draw(color1, color2);
  Icon2_draw(color1, color2);
  Icon3_draw(color1, color2);
  Icon4_draw(color1, color2);
}

void Icon1_draw(U16 color1, U16 color2)            /* display icon1 */
{
  Rectangle(0,265, 54,319, color1);
  Draw_arrow_down(27,292, color2);
}

void Icon2_draw(U16 color1, U16 color2)            /* display icon2 */
{
  Rectangle(61,265, 115,319, color1);
```

```
  Draw_arrow_up(88,292, color2);
}

void Icon3_draw(U16 color1, U16 color2)          /* display icon3 */
{
  Rectangle(124,265, 178,319, color1);
  Draw_arrow_left(151,292, color2);
}

void Icon4_draw(U16 color1, U16 color2)          /* display icon4 */
{
  Rectangle(185,265, 239,319, color1);
  Draw_arrow_right(212,292, color2);
}

void Draw_arrow_down(U16 xx1,U16 yy1, U16 color) /* display down arrow */
{
  unsigned char i;
  unsigned int x1, y1, x2, y2;

  x1 = xx1-8; y1 = yy1; x2 = xx1+8; y2 = yy1;
  for(i = 1; i <= 16; i++)
    Line(x1,y1--, x2,y2--, color);

  x1 = xx1-15; y1 = yy1; x2 = xx1+15; y2 = yy1;
  for(i = 1; i <= 16; i++)
    Line(x1++,y1++, x2--,y2++, color);
}

void Draw_arrow_up(U16 xx1,U16 yy1, U16 color)  /* display up arrow */
{
  unsigned char i;
  unsigned int x1, y1, x2, y2;

  x1 = xx1-8; y1 = yy1; x2 = xx1+8; y2 = yy1;
  for(i = 1; i <= 16; i++)
    Line(x1,y1++, x2,y2++, color);

  x1 = xx1-15; y1 = yy1; x2 = xx1+15; y2 = yy1;
  for(i = 1; i <= 16; i++)
    Line(x1++,y1--, x2--,y2--, color);
}

void Draw_arrow_left(U16 xx1,U16 yy1, U16 color) /* display left arrow */
{
  unsigned char i;
  unsigned int x1, y1, x2, y2;

  x1 = xx1; y1 = yy1-8; x2 = xx1; y2 = yy1+8;
  for(i = 1; i <= 16; i++)
    Line(x1++,y1, x2++,y2, color);

  x1 = xx1; y1 = yy1-15; x2 = xx1; y2 = yy1+15;
  for(i = 1; i <= 16; i++)
    Line(x1--,y1++, x2--,y2--, color);
}

void Draw_arrow_right(U16 xx1,U16 yy1, U16 color) /* display right arrow */
{
  unsigned char i;
  unsigned int x1, y1, x2, y2;

  x1 = xx1; y1 = yy1-8; x2 = xx1; y2 = yy1+8;
  for(i = 1; i <= 16; i++)
    Line(x1--,y1, x2--,y2, color);

  x1 = xx1; y1 = yy1-15; x2 = xx1; y2 = yy1+15;
  for(i = 1; i <= 16; i++)
    Line(x1++,y1++, x2++,y2--, color);
}

unsigned char icon_flag = 0;
```

```
unsigned char Icon_input(void)                  /* input touch screen icon */
{
  unsigned char icon;

  Touch_screen_input();                         // input touch screen

  if((icon_flag == 0) && (x_touch >= 0) && (x_touch <= 54) && (y_touch >= 265) && (y_touch <= 319))
    { icon = KEY1;
      icon_flag = 1;
      Icon1_draw(Magenta, Magenta);
      Beep();
    }
  else if((icon_flag == 0) && (x_touch >= 61) && (x_touch <= 115) && (y_touch >= 265) && (y_touch <= 319))
    { icon = KEY2;
      icon_flag = 1;
      Icon2_draw(Magenta, Magenta);
      Beep();
    }
  else if((icon_flag == 0) && (x_touch >= 124) && (x_touch <= 178) && (y_touch >= 265) && (y_touch <= 319))
    { icon = KEY3;
      icon_flag = 1;
      Icon3_draw(Magenta, Magenta);
      Beep();
    }
  else if((icon_flag == 0) && (x_touch >= 185) && (x_touch <= 239) && (y_touch >= 265) && (y_touch <= 319))
    { icon = KEY4;
      icon_flag = 1;
      Icon4_draw(Magenta, Magenta);
      Beep();
    }
  else if((icon_flag == 1) && (x_touch == 0) && (y_touch == 0))
    { icon = no_key;
      icon_flag = 0;
      Icon_draw(Cyan, Silver);
      Delay_ms(50);
    }
  else
    icon = no_key;

  return icon;
}

void DS1307_initialize(void)                    /* initialize DS1307 RTC */
{
  PORTF_DIR = 0xBA;                             // PORTF4 = 1 output for -TS_CS
  PORTF_OUT = 0xBA;                             // PORTF2 input for -TS_INT

  TWIF_MASTER_CTRLA = 0x08;                     // enable TWI master
  TWIF_MASTER_BAUD = 155;                       // 100kHz = 32MHz/2/(5+155)
  TWIF_MASTER_STATUS = 0x01;                    // idle state

  second =  DS1307_read(0x00);                  // if CH = 1, initialize
  hour =  DS1307_read(0x02);                    // if 24 hour system, initialize

  if(((second & 0x80) == 0x80) || ((hour & 0x40) == 0x00))
    { DS1307_write(0x00, 0x56);                 // second = 0x56
      DS1307_write(0x01, 0x34);                 // minute = 0x34
      DS1307_write(0x02, 0x12 | 0x40);          // hour = 0x12 AM (12 hour system)
      DS1307_write(0x03, 0x04);                 // weekday = 0x04(Wednesday)
      DS1307_write(0x04, 0x30);                 // date = 0x30
      DS1307_write(0x05, 0x06);                 // month = 0x06
      DS1307_write(0x06, 0x10);                 // year = 0x2010
    }
}

unsigned char DS1307_read(U08 address)          /* read DS1307 */
{
  unsigned char RxD;

  TWIF_MASTER_ADDR = 0xD0;                      // START + slave address + W
  while((TWIF_MASTER_STATUS & 0x70) != 0x60);   // WIF, CLKHOLD, ACK from slave ?

  TWIF_MASTER_DATA = address;                   // DS1307 address
```

```
    while((TWIF_MASTER_STATUS & 0x70) != 0x60);   // WIF, CLKHOLD, ACK from slave ?

    TWIF_MASTER_ADDR = 0xD1;                      // Repeated START + slave address + R
    while((TWIF_MASTER_STATUS & 0xB0) != 0xA0);   // RIF, CLKHOLD, ACK from slave ?

    RxD = TWIF_MASTER_DATA;                       // receive data
    TWIF_MASTER_CTRLC = 0x07;                     // NACK + STOP

    return RxD;
}

void DS1307_write(U08 address, U08 TxD)          /* write DS1307 */
{
    TWIF_MASTER_ADDR = 0xD0;                      // START + slave address + W
    while((TWIF_MASTER_STATUS & 0x70) != 0x60);   // WIF, CLKHOLD, ACK from slave ?

    TWIF_MASTER_DATA = address;                   // DS1307 address
    while((TWIF_MASTER_STATUS & 0x70) != 0x60);   // WIF, CLKHOLD, ACK from slave ?

    TWIF_MASTER_DATA = TxD;                       // write time data
    while((TWIF_MASTER_STATUS & 0x70) != 0x60);   // WIF, CLKHOLD, ACK from slave ?

    TWIF_MASTER_CTRLC = 0x03;                     // STOP
}

void Display_time(void)                          /* display DS1307 time */
{
    TFT_xy(2,16); TFT_color(Cyan,Black);          // display year
    TFT_hexadecimal_large(0x20, 2);
    year = DS1307_read(0x06);
    TFT_hexadecimal_large(year,2);
    TFT_xy(7,16); TFT_color(Cyan,Black);          // display month
    month = DS1307_read(0x05);
    TFT_hexadecimal_large(month,2);
    TFT_xy(10,16); TFT_color(Cyan,Black);         // display date
    date = DS1307_read(0x04);
    TFT_hexadecimal_large(date,2);
    weekday = DS1307_read(0x03);                  // display weekday
    if(weekday == 0x01)      TFT_string_large(14,16,Yellow,Black,"일");
    else if(weekday == 0x02) TFT_string_large(14,16,Yellow,Black,"월");
    else if(weekday == 0x03) TFT_string_large(14,16,Yellow,Black,"화");
    else if(weekday == 0x04) TFT_string_large(14,16,Yellow,Black,"수");
    else if(weekday == 0x05) TFT_string_large(14,16,Yellow,Black,"목");
    else if(weekday == 0x06) TFT_string_large(14,16,Yellow,Black,"금");
    else if(weekday == 0x07) TFT_string_large(14,16,Yellow,Black,"토");
    TFT_xy(8,21); TFT_color(Green,Black);         // display hour
    hour = DS1307_read(0x02);
    TFT_hexadecimal_large(hour & 0x1F,2);
    if((hour & 0x20) == 0x00) TFT_string_large(5,21,White,Black,"전");
    else                      TFT_string_large(5,21,White,Black,"후");
    TFT_xy(11,21); TFT_color(Green,Black);        // display minute
    minute = DS1307_read(0x01);
    TFT_hexadecimal_large(minute,2);
    TFT_xy(14,21); TFT_color(Green,Black);        // display second
    second = DS1307_read(0x00);
    TFT_hexadecimal_large(second & 0x7F,2);
    TFT_xy(17,21); TFT_color(Green,Black);        // display home
    TFT_English_large(' ');
}

unsigned char BCD_increment(U08 number)          /* BCD increment */
{ unsigned char i;

    i = (number >> 4)*10 + (number & 0x0F);       // convert BCD to binary
    i++;                                          // incrment
    i = ((i/10) << 4) + (i % 10);                 // convert binary to BCD
    return i;
}

unsigned char BCD_decrement(U08 number)          /* BCD decrement */
{ unsigned char i;

    i = (number >> 4)*10 + (number & 0x0F);       // convert BCD to binary
```

```
  i--;                                               // decrement
  i = ((i/10) << 4) + (i % 10);                      // convert binary to BCD
  return i;
}

void Cursor_left(void)                               /* go cursor left */
{
  if     ((Xcursor == 17) && (Ycursor == 21)) { Xcursor = 14; Ycursor = 21; }
  else if((Xcursor == 14) && (Ycursor == 21)) { Xcursor = 11; Ycursor = 21; }
  else if((Xcursor == 11) && (Ycursor == 21)) { Xcursor =  8; Ycursor = 21; }
  else if((Xcursor ==  8) && (Ycursor == 21)) { Xcursor =  5; Ycursor = 21; }
  else if((Xcursor ==  5) && (Ycursor == 21)) { Xcursor = 14; Ycursor = 16; }
  else if((Xcursor == 14) && (Ycursor == 16)) { Xcursor = 11; Ycursor = 16; }
  else if((Xcursor == 11) && (Ycursor == 16)) { Xcursor =  8; Ycursor = 16; }
  else if((Xcursor ==  8) && (Ycursor == 16)) { Xcursor =  5; Ycursor = 16; }
  else if((Xcursor ==  5) && (Ycursor == 16)) { Xcursor = 17; Ycursor = 21; }
}

void Cursor_right(void)                              /* go cursor right */
{
  if     ((Xcursor == 17) && (Ycursor == 21)) { Xcursor =  5; Ycursor = 16; }
  else if((Xcursor ==  5) && (Ycursor == 16)) { Xcursor =  8; Ycursor = 16; }
  else if((Xcursor ==  8) && (Ycursor == 16)) { Xcursor = 11; Ycursor = 16; }
  else if((Xcursor == 11) && (Ycursor == 16)) { Xcursor = 14; Ycursor = 16; }
  else if((Xcursor == 14) && (Ycursor == 16)) { Xcursor =  5; Ycursor = 21; }
  else if((Xcursor ==  5) && (Ycursor == 21)) { Xcursor =  8; Ycursor = 21; }
  else if((Xcursor ==  8) && (Ycursor == 21)) { Xcursor = 11; Ycursor = 21; }
  else if((Xcursor == 11) && (Ycursor == 21)) { Xcursor = 14; Ycursor = 21; }
  else if((Xcursor == 14) && (Ycursor == 21)) { Xcursor = 17; Ycursor = 21; }
}

void Increment(void)                                 /* increment time */
{
  if((Xcursor ==  5) && (Ycursor == 16))             // in case of year
    { year = DS1307_read(0x06);
      if(year == 0x99)        year = 0x00;
      else                    year = BCD_increment(year);
      DS1307_write(0x06,year);
    }
  else if((Xcursor == 8) && (Ycursor == 16))         // in case of month
    { month = DS1307_read(0x05);
      if(month == 0x12)       month = 0x01;
      else                    month = BCD_increment(month);
      DS1307_write(0x05,month);
    }
  else if((Xcursor == 11) && (Ycursor == 16))        // in case of date
    { date = DS1307_read(0x04);
      if(date == 0x31)        date = 0x01;
      else                    date = BCD_increment(date);
      DS1307_write(0x04,date);
    }
  else if((Xcursor == 14) && (Ycursor == 16))        // in case of weekday
    { weekday = DS1307_read(0x03);
      if(weekday == 0x07)     weekday = 0x01;
      else                    weekday++;
      DS1307_write(0x03,weekday);
    }
  else if((Xcursor == 5) && (Ycursor == 21))         // in case of AM/PM
    { hour = DS1307_read(0x02);
      if((hour & 0x20) == 0x00) hour |= 0x20;
      else                      hour &= 0xDF;
      DS1307_write(0x02,hour);
    }
  else if((Xcursor == 8) && (Ycursor == 21))         // in case of hour
    { hour = DS1307_read(0x02);
      if((hour & 0x1F) == 0x12) hour = (hour & 0xE0) + 0x01;
      else                      hour = BCD_increment(hour);
      DS1307_write(0x02,hour);
    }
  else if((Xcursor == 11) && (Ycursor == 21))        // in case of minute
    { minute = DS1307_read(0x01);
      if(minute == 0x59)      minute = 0x00;
      else                    minute = BCD_increment(minute);
```

```
        DS1307_write(0x01,minute);
      }
    else if((Xcursor == 14) && (Ycursor == 21))    // in case of second
      { second = DS1307_read(0x00);
        if(second == 0x59)      second = 0x00;
        else                    second = BCD_increment(second);
        DS1307_write(0x00,second);
      }
  }

  void Decrement(void)                             /* decrement time */
  {
    if((Xcursor ==  5) && (Ycursor == 16))         // in case of year
      { year = DS1307_read(0x06);
        if(year == 0x00)        year = 0x99;
        else                    year = BCD_decrement(year);
        DS1307_write(0x06,year);
      }
    else if((Xcursor == 8) && (Ycursor == 16))     // in case of month
      { month = DS1307_read(0x05);
        if(month == 0x01)       month = 0x12;
        else                    month = BCD_decrement(month);
        DS1307_write(0x05,month);
      }
    else if((Xcursor == 11) && (Ycursor == 16))    // in case of date
      { date = DS1307_read(0x04);
        if(date == 0x01)        date = 0x31;
        else                    date = BCD_decrement(date);
        DS1307_write(0x04,date);
      }
    else if((Xcursor == 14) && (Ycursor == 16))    // in case of weekday
      { weekday = DS1307_read(0x03);
        if(weekday == 0x01)     weekday = 0x07;
        else                    weekday--;
        DS1307_write(0x03,weekday);
      }
    else if((Xcursor == 5) && (Ycursor == 21))     // in case of AM/PM
      { hour = DS1307_read(0x02);
        if((hour & 0x20) == 0x00) hour |= 0x20;
        else                      hour &= 0xDF;
        DS1307_write(0x02,hour);
      }
    else if((Xcursor == 8) && (Ycursor == 21))     // in case of hour
      { hour = DS1307_read(0x02);
        if((hour & 0x1F) == 0x01) hour = (hour & 0xE0) + 0x12;
        else                      hour = BCD_decrement(hour);
        DS1307_write(0x02,hour);
      }
    else if((Xcursor == 11) && (Ycursor == 21))    // in case of minute
      { minute = DS1307_read(0x01);
        if(minute == 0x00)      minute = 0x59;
        else                    minute = BCD_decrement(minute);
        DS1307_write(0x01,minute);
      }
    else if((Xcursor == 14) && (Ycursor == 21))    // in case of second
      { second = DS1307_read(0x00);
        if(second == 0x00)      second = 0x59;
        else                    second = BCD_decrement(second);
        DS1307_write(0x00,second);
      }
  }
```

▣ 삼성전자 TV 리모컨 입력 기능을 추가한 디지털 시계 프로그램

앞의 예제 프로그램 Exp16_3.c에서는 현재 시각을 설정할 때 키와 터치스크린을 사용하고 있다. 여기에 삼성전자 TV 리모컨을 사용하여 현재 시각을 설정하는 기능을 추가한 디지털 시계 프로그램을 C언어로 작성하여 보면 다음과 같다.

〈프로그램 Exp16_4.c〉 삼성전자 TV 리모컨 입력을 추가한 디지털 시계 프로그램

```
/* ============================================================================ */
/*  Exp16_4.c : DS1307을 이용한 디지털 시계 프로그램(삼성 TV 리모컨 기능 추가)  */
/* ============================================================================ */
/*                          Designed and programmed by Duck-Yong Yoon in 2010.  */

#include <avr/io.h>
#include <avr/interrupt.h>
#include "OK-X128A1.h"
#include "OK-X128A1_large.h"

void Icon_draw(U16 color1, U16 color2);         // draw from icon1 to icon4
void Icon1_draw(U16 color1, U16 color2);        // display icon1
void Icon2_draw(U16 color1, U16 color2);        // display icon2
void Icon3_draw(U16 color1, U16 color2);        // display icon3
void Icon4_draw(U16 color1, U16 color2);        // display icon4
void Draw_arrow_down(U16 xx1,U16 yy1, U16 color); // display down arrow
void Draw_arrow_up(U16 xx1,U16 yy1, U16 color); // display up arrow
void Draw_arrow_left(U16 xx1,U16 yy1, U16 color); // display left arrow
void Draw_arrow_right(U16 xx1,U16 yy1, U16 color); // display right arrow
unsigned char Icon_input(void);                 // input touch screen icon
void DS1307_initialize(void);                   // initialize DS1307 RTC
unsigned char DS1307_read(U08 address);         // read DS1307
void DS1307_write(U08 address, U08 TxD);        // write DS1307
void Display_time(void);                        // display DS1307 time
unsigned char BCD_increment(U08 number);        // BCD increment
unsigned char BCD_decrement(U08 number);        // BCD decrement
void Cursor_left(void);                         // go cursor left
void Cursor_right(void);                        // go cursor right
void Increment(void);                           // increment time
void Decrement(void);                           // decrement time
void Remocon_initialize(void);                  // PA1 interrupt and TCC0 overflow interrupt
unsigned char Remocon_input(void);              // input remocon key

unsigned char year, month, date, weekday, hour, minute, second;

int main(void)
{
  unsigned char key;

  Initialize_MCU();                             // initialize ATxmega128A1 MCU
  Delay_ms(200);
  Initialize_TFT_LCD();                         // initialize TFT-LCD

  Initialize_touch_screen();                    // initialize touch screen
  DS1307_initialize();                          // initialize DS1307 RTC

  Remocon_initialize();                         // initialize remocon

  TFT_cursor(Magenta);                          // display cursor by Magenta color
  Xcursor = 17;
  Ycursor = 21;

  TFT_string( 4, 6,White, Magenta," 디지털 시계(DS1307) ");     // display title
  TFT_string_large( 2,16,Cyan,  Black,  "2010/06/30 ");
  TFT_string_large(13,16,Yellow,Black,  "(수)");
  TFT_string_large( 3,21,White, Black,  "오전 ");
  TFT_string_large( 8,21,Green, Black,  "00:00:00");

  Icon_draw(Cyan, Silver);                      // display touch screen icon
  Beep();

  while(1)
    { key = Key_input();                        // key input
      if(key == no_key)                         // if no key, input touch screen icon
```

```
        { key = Icon_input();
          if(key == no_key)                         // if no key, input remocon
            key = Remocon_input();
        }

      switch(key)
        { case KEY1 : Decrement();                  // if KEY1, decrement time
                      break;
          case KEY2 : Increment();                  // if KEY2, increment time
                      break;
          case KEY3 : Cursor_left();                // if KEY4, go cursor left
                      break;
          case KEY4 : Cursor_right();               // if KEY3, go cursor right
                      break;
          default   : Display_time();               // display time
                      break;
        }
    }
}

void Icon_draw(U16 color1, U16 color2)              /* draw from icon1 to icon4 */
{
  Icon1_draw(color1, color2);
  Icon2_draw(color1, color2);
  Icon3_draw(color1, color2);
  Icon4_draw(color1, color2);
}

void Icon1_draw(U16 color1, U16 color2)             /* display icon1 */
{
  Rectangle(0,265, 54,319, color1);
  Draw_arrow_down(27,292, color2);
}

void Icon2_draw(U16 color1, U16 color2)             /* display icon2 */
{
  Rectangle(61,265, 115,319, color1);
  Draw_arrow_up(88,292, color2);
}

void Icon3_draw(U16 color1, U16 color2)             /* display icon3 */
{
  Rectangle(124,265, 178,319, color1);
  Draw_arrow_left(151,292, color2);
}

void Icon4_draw(U16 color1, U16 color2)             /* display icon4 */
{
  Rectangle(185,265, 239,319, color1);
  Draw_arrow_right(212,292, color2);
}

void Draw_arrow_down(U16 xx1,U16 yy1, U16 color) /* display down arrow */
{
  unsigned char i;
  unsigned int x1, y1, x2, y2;

  x1 = xx1-8; y1 = yy1; x2 = xx1+8; y2 = yy1;
  for(i = 1; i <= 16; i++)
    Line(x1,y1--, x2,y2--, color);

  x1 = xx1-15; y1 = yy1; x2 = xx1+15; y2 = yy1;
  for(i = 1; i <= 16; i++)
    Line(x1++,y1++, x2--,y2++, color);
}

void Draw_arrow_up(U16 xx1,U16 yy1, U16 color)  /* display up arrow */
{
  unsigned char i;
  unsigned int x1, y1, x2, y2;

  x1 = xx1-8; y1 = yy1; x2 = xx1+8; y2 = yy1;
  for(i = 1; i <= 16; i++)
```

```
    Line(x1,y1++, x2,y2++, color);

  x1 = xx1-15; y1 = yy1; x2 = xx1+15; y2 = yy1;
  for(i = 1; i <= 16; i++)
    Line(x1++,y1--, x2--,y2--, color);
}

void Draw_arrow_left(U16 xx1,U16 yy1, U16 color) /* display left arrow */
{
  unsigned char i;
  unsigned int x1, y1, x2, y2;

  x1 = xx1; y1 = yy1-8; x2 = xx1; y2 = yy1+8;
  for(i = 1; i <= 16; i++)
    Line(x1++,y1, x2++,y2, color);

  x1 = xx1; y1 = yy1-15; x2 = xx1; y2 = yy1+15;
  for(i = 1; i <= 16; i++)
    Line(x1--,y1++, x2--,y2--, color);
}

void Draw_arrow_right(U16 xx1,U16 yy1, U16 color) /* display right arrow */
{
  unsigned char i;
  unsigned int x1, y1, x2, y2;

  x1 = xx1; y1 = yy1-8; x2 = xx1; y2 = yy1+8;
  for(i = 1; i <= 16; i++)
    Line(x1--,y1, x2--,y2, color);

  x1 = xx1; y1 = yy1-15; x2 = xx1; y2 = yy1+15;
  for(i = 1; i <= 16; i++)
    Line(x1++,y1++, x2++,y2--, color);
}

unsigned char icon_flag = 0;

unsigned char Icon_input(void)                    /* input touch screen icon */
{
  unsigned char icon;

  Touch_screen_input();                           // input touch screen

  if((icon_flag == 0) && (x_touch >= 0) && (x_touch <= 54) && (y_touch >= 265) && (y_touch <= 319))
    { icon = KEY1;
      icon_flag = 1;
      Icon1_draw(Magenta, Magenta);
      Beep();
    }
  else if((icon_flag == 0) && (x_touch >= 61) && (x_touch <= 115) && (y_touch >= 265) && (y_touch <= 319))
    { icon = KEY2;
      icon_flag = 1;
      Icon2_draw(Magenta, Magenta);
      Beep();
    }
  else if((icon_flag == 0) && (x_touch >= 124) && (x_touch <= 178) && (y_touch >= 265) && (y_touch <= 319))
    { icon = KEY3;
      icon_flag = 1;
      Icon3_draw(Magenta, Magenta);
      Beep();
    }
  else if((icon_flag == 0) && (x_touch >= 185) && (x_touch <= 239) && (y_touch >= 265) && (y_touch <= 319))
    { icon = KEY4;
      icon_flag = 1;
      Icon4_draw(Magenta, Magenta);
      Beep();
    }
  else if((icon_flag == 1) && (x_touch == 0) && (y_touch == 0))
    { icon = no_key;
      icon_flag = 0;
      Icon_draw(Cyan, Silver);
      Delay_ms(50);
    }
```

```
  else
    icon = no_key;

  return icon;
}

void DS1307_initialize(void)                    /* initialize DS1307 RTC */
{
  PORTF_DIR = 0xBA;                             // PORTF4 = 1 output for -TS_CS
  PORTF_OUT = 0xBA;                             // PORTF2 input for -TS_INT

  TWIF_MASTER_CTRLA = 0x08;                     // enable TWI master
  TWIF_MASTER_BAUD = 155;                       // 100kHz = 32MHz/2/(5+155)
  TWIF_MASTER_STATUS = 0x01;                    // idle state

  second =  DS1307_read(0x00);                  // if CH = 1, initialize
  hour =  DS1307_read(0x02);                    // if 24 hour system, initialize

  if(((second & 0x80) == 0x80) || ((hour & 0x40) == 0x00))
    { DS1307_write(0x00, 0x56);                 // second = 0x56
      DS1307_write(0x01, 0x34);                 // minute = 0x34
      DS1307_write(0x02, 0x12 | 0x40);          // hour = 0x12 AM (12 hour system)
      DS1307_write(0x03, 0x04);                 // weekday = 0x04(Wednesday)
      DS1307_write(0x04, 0x30);                 // date = 0x30
      DS1307_write(0x05, 0x06);                 // month = 0x06
      DS1307_write(0x06, 0x10);                 // year = 0x2010
    }
}

unsigned char DS1307_read(U08 address)          /* read DS1307 */
{
  unsigned char RxD;

  TWIF_MASTER_ADDR = 0xD0;                      // START + slave address + W
  while((TWIF_MASTER_STATUS & 0x70) != 0x60);   // WIF, CLKHOLD, ACK from slave ?

  TWIF_MASTER_DATA = address;                   // DS1307 address
  while((TWIF_MASTER_STATUS & 0x70) != 0x60);   // WIF, CLKHOLD, ACK from slave ?

  TWIF_MASTER_ADDR = 0xD1;                      // Repeated START + slave address + R
  while((TWIF_MASTER_STATUS & 0xB0) != 0xA0);   // RIF, CLKHOLD, ACK from slave ?

  RxD = TWIF_MASTER_DATA;                       // receive data
  TWIF_MASTER_CTRLC = 0x07;                     // NACK + STOP

  return RxD;
}

void DS1307_write(U08 address, U08 TxD)         /* write DS1307 */
{
  TWIF_MASTER_ADDR = 0xD0;                      // START + slave address + W
  while((TWIF_MASTER_STATUS & 0x70) != 0x60);   // WIF, CLKHOLD, ACK from slave ?

  TWIF_MASTER_DATA = address;                   // DS1307 address
  while((TWIF_MASTER_STATUS & 0x70) != 0x60);   // WIF, CLKHOLD, ACK from slave ?

  TWIF_MASTER_DATA = TxD;                       // write time data
  while((TWIF_MASTER_STATUS & 0x70) != 0x60);   // WIF, CLKHOLD, ACK from slave ?

  TWIF_MASTER_CTRLC = 0x03;                     // STOP
}

void Display_time(void)                         /* display DS1307 time */
{
  TFT_xy(2,16); TFT_color(Cyan,Black);          // display year
  TFT_hexadecimal_large(0x20, 2);
  year = DS1307_read(0x06);
  TFT_hexadecimal_large(year,2);
  TFT_xy(7,16); TFT_color(Cyan,Black);          // display month
  month = DS1307_read(0x05);
  TFT_hexadecimal_large(month,2);
  TFT_xy(10,16); TFT_color(Cyan,Black);         // display date
  date = DS1307_read(0x04);
```

```
  TFT_hexadecimal_large(date,2);
  weekday = DS1307_read(0x03);                        // display weekday
  if(weekday == 0x01)      TFT_string_large(14,16,Yellow,Black,"일");
  else if(weekday == 0x02) TFT_string_large(14,16,Yellow,Black,"월");
  else if(weekday == 0x03) TFT_string_large(14,16,Yellow,Black,"화");
  else if(weekday == 0x04) TFT_string_large(14,16,Yellow,Black,"수");
  else if(weekday == 0x05) TFT_string_large(14,16,Yellow,Black,"목");
  else if(weekday == 0x06) TFT_string_large(14,16,Yellow,Black,"금");
  else if(weekday == 0x07) TFT_string_large(14,16,Yellow,Black,"토");
  TFT_xy(8,21); TFT_color(Green,Black);               // display hour
  hour = DS1307_read(0x02);
  TFT_hexadecimal_large(hour & 0x1F,2);
  if((hour & 0x20) == 0x00) TFT_string_large(5,21,White,Black,"전");
  else                      TFT_string_large(5,21,White,Black,"후");
  TFT_xy(11,21); TFT_color(Green,Black);              // display minute
  minute = DS1307_read(0x01);
  TFT_hexadecimal_large(minute,2);
  TFT_xy(14,21); TFT_color(Green,Black);              // display second
  second = DS1307_read(0x00);
  TFT_hexadecimal_large(second & 0x7F,2);
  TFT_xy(17,21); TFT_color(Green,Black);              // display home
  TFT_English_large(' ');
}

unsigned char BCD_increment(U08 number)               /* BCD increment */
{ unsigned char i;

  i = (number >> 4)*10 + (number & 0x0F);             // convert BCD to binary
  i++;                                                // incrment
  i = ((i/10) << 4) + (i % 10);                       // convert binary to BCD
  return i;
}

unsigned char BCD_decrement(U08 number)               /* BCD decrement */
{ unsigned char i;

  i = (number >> 4)*10 + (number & 0x0F);             // convert BCD to binary
  i--;                                                // decrement
  i = ((i/10) << 4) + (i % 10);                       // convert binary to BCD
  return i;
}

void Cursor_left(void)                                /* go cursor left */
{
  if     ((Xcursor == 17) && (Ycursor == 21)) { Xcursor = 14; Ycursor = 21; }
  else if((Xcursor == 14) && (Ycursor == 21)) { Xcursor = 11; Ycursor = 21; }
  else if((Xcursor == 11) && (Ycursor == 21)) { Xcursor =  8; Ycursor = 21; }
  else if((Xcursor ==  8) && (Ycursor == 21)) { Xcursor =  5; Ycursor = 21; }
  else if((Xcursor ==  5) && (Ycursor == 21)) { Xcursor = 14; Ycursor = 16; }
  else if((Xcursor == 14) && (Ycursor == 16)) { Xcursor = 11; Ycursor = 16; }
  else if((Xcursor == 11) && (Ycursor == 16)) { Xcursor =  8; Ycursor = 16; }
  else if((Xcursor ==  8) && (Ycursor == 16)) { Xcursor =  5; Ycursor = 16; }
  else if((Xcursor ==  5) && (Ycursor == 16)) { Xcursor = 17; Ycursor = 21; }
}

void Cursor_right(void)                               /* go cursor right */
{
  if     ((Xcursor == 17) && (Ycursor == 21)) { Xcursor =  5; Ycursor = 16; }
  else if((Xcursor ==  5) && (Ycursor == 16)) { Xcursor =  8; Ycursor = 16; }
  else if((Xcursor ==  8) && (Ycursor == 16)) { Xcursor = 11; Ycursor = 16; }
  else if((Xcursor == 11) && (Ycursor == 16)) { Xcursor = 14; Ycursor = 16; }
  else if((Xcursor == 14) && (Ycursor == 16)) { Xcursor =  5; Ycursor = 21; }
  else if((Xcursor ==  5) && (Ycursor == 21)) { Xcursor =  8; Ycursor = 21; }
  else if((Xcursor ==  8) && (Ycursor == 21)) { Xcursor = 11; Ycursor = 21; }
  else if((Xcursor == 11) && (Ycursor == 21)) { Xcursor = 14; Ycursor = 21; }
  else if((Xcursor == 14) && (Ycursor == 21)) { Xcursor = 17; Ycursor = 21; }
}

void Increment(void)                                  /* increment time */
{
  if((Xcursor ==  5) && (Ycursor == 16))              // in case of year
    { year = DS1307_read(0x06);
      if(year == 0x99)       year = 0x00;
```

```
      else                  year = BCD_increment(year);
      DS1307_write(0x06,year);
    }
  else if((Xcursor == 8) && (Ycursor == 16))     // in case of month
    { month = DS1307_read(0x05);
      if(month == 0x12)     month = 0x01;
      else                  month = BCD_increment(month);
      DS1307_write(0x05,month);
    }
  else if((Xcursor == 11) && (Ycursor == 16))    // in case of date
    { date = DS1307_read(0x04);
      if(date == 0x31)      date = 0x01;
      else                  date = BCD_increment(date);
      DS1307_write(0x04,date);
    }
  else if((Xcursor == 14) && (Ycursor == 16))    // in case of weekday
    { weekday = DS1307_read(0x03);
      if(weekday == 0x07)   weekday = 0x01;
      else                  weekday++;
      DS1307_write(0x03,weekday);
    }
  else if((Xcursor == 5) && (Ycursor == 21))     // in case of AM/PM
    { hour = DS1307_read(0x02);
      if((hour & 0x20) == 0x00) hour |= 0x20;
      else                      hour &= 0xDF;
      DS1307_write(0x02,hour);
    }
  else if((Xcursor == 8) && (Ycursor == 21))     // in case of hour
    { hour = DS1307_read(0x02);
      if((hour & 0x1F) == 0x12) hour = (hour & 0xE0) + 0x01;
      else                      hour = BCD_increment(hour);
      DS1307_write(0x02,hour);
    }
  else if((Xcursor == 11) && (Ycursor == 21))    // in case of minute
    { minute = DS1307_read(0x01);
      if(minute == 0x59)    minute = 0x00;
      else                  minute = BCD_increment(minute);
      DS1307_write(0x01,minute);
    }
  else if((Xcursor == 14) && (Ycursor == 21))    // in case of second
    { second = DS1307_read(0x00);
      if(second == 0x59)    second = 0x00;
      else                  second = BCD_increment(second);
      DS1307_write(0x00,second);
    }
}

void Decrement(void)                             /* decrement time */
{
  if((Xcursor ==  5) && (Ycursor == 16))         // in case of year
    { year = DS1307_read(0x06);
      if(year == 0x00)      year = 0x99;
      else                  year = BCD_decrement(year);
      DS1307_write(0x06,year);
    }
  else if((Xcursor == 8) && (Ycursor == 16))     // in case of month
    { month = DS1307_read(0x05);
      if(month == 0x01)     month = 0x12;
      else                  month = BCD_decrement(month);
      DS1307_write(0x05,month);
    }
  else if((Xcursor == 11) && (Ycursor == 16))    // in case of date
    { date = DS1307_read(0x04);
      if(date == 0x01)      date = 0x31;
      else                  date = BCD_decrement(date);
      DS1307_write(0x04,date);
    }
  else if((Xcursor == 14) && (Ycursor == 16))    // in case of weekday
    { weekday = DS1307_read(0x03);
      if(weekday == 0x01)   weekday = 0x07;
      else                  weekday--;
      DS1307_write(0x03,weekday);
    }
```

```
  else if((Xcursor == 5) && (Ycursor == 21))      // in case of AM/PM
    { hour = DS1307_read(0x02);
      if((hour & 0x20) == 0x00) hour |= 0x20;
      else                      hour &= 0xDF;
      DS1307_write(0x02,hour);
    }
  else if((Xcursor == 8) && (Ycursor == 21))      // in case of hour
    { hour = DS1307_read(0x02);
      if((hour & 0x1F) == 0x01) hour = (hour & 0xE0) + 0x12;
      else                      hour = BCD_decrement(hour);
      DS1307_write(0x02,hour);
    }
  else if((Xcursor == 11) && (Ycursor == 21))     // in case of minute
    { minute = DS1307_read(0x01);
      if(minute == 0x00)      minute = 0x59;
      else                    minute = BCD_decrement(minute);
      DS1307_write(0x01,minute);
    }
  else if((Xcursor == 14) && (Ycursor == 21))     // in case of second
    { second = DS1307_read(0x00);
      if(second == 0x00)      second = 0x59;
      else                    second = BCD_decrement(second);
      DS1307_write(0x00,second);
    }
}

#define Leader_Max      4950                    // 110% of Leader_Code(4500)
#define Leader_Min      4050                    //  90% of Leader_Code
#define Low_Bit_Max     619                     // 110% of Low_Bit_Code(563)
#define Low_Bit_Min     506                     //  90% of Low_Bit_Code
#define High_Bit_Max    1238                    // 110% of High_Bit_Code(1125)
#define High_Bit_Min    1013                    //  90% of High_Bit_Code

volatile unsigned int  Remocon_count;           // 2us base time counter
volatile unsigned char Remocon_state;           // step to recognize remocon signal
volatile unsigned char Remocon_data;            // temporary byte data of remocon signal
volatile unsigned char Remocon_bit_count;       // bit count of data to recognize remocon signal
volatile unsigned char Remocon_OK_flag;         // remocon command receive OK
volatile unsigned char Remocon_command[4];      // remocon command string

ISR(TCC0_OVF_vect)                              /* TCC0 overflow interrupt with 110% of Leader_Code */
{
  Remocon_state = 0;                            // if overflow, the signal is noise
}

ISR(PORTA_INT0_vect)                            /* PA1 INT0 interrupt function */
{
  Remocon_count = TCC0_CNT;                     // read Remocon_count
  TCC0_CNT = 0;                                 // start new Remocon_count

  switch(Remocon_state)
    { case 0 :                                  // if ready state, go to step 1(leader state)
             Remocon_state = 1;
             Remocon_count = 0;
             break;

      case 1 :                                  // if leader state, check leader signal
             if((Remocon_count >= Leader_Min) && (Remocon_count <= Leader_Max))
               { Remocon_state = 2;             // if lead signal, go to step 2(data state)
                 Remocon_count = 0;
                 Remocon_data = 0;
                 Remocon_bit_count = 0;
               }
             else
               Remocon_state = 0;               // if not lead signal, go to step 0(ready state)
             break;

      case 2:                                   // if data state, check data signal 0 or 1
             Remocon_data >>= 1;
             if((Remocon_count >= Low_Bit_Min) && (Remocon_count <= Low_Bit_Max))
               Remocon_data &= 0x7F;            // if data 0, add data bit 0
             else if((Remocon_count >= High_Bit_Min) && (Remocon_count <= High_Bit_Max))
               Remocon_data |= 0x80;
```

```
            else
              Remocon_state = 0;             // if not 0 and not 1, go to step 0(ready state)
            Remocon_count = 0;
            Remocon_bit_count++;
            if((Remocon_bit_count % 8) == 0) // if a character complete, store it
              { Remocon_command[(Remocon_bit_count/8)-1] = Remocon_data;
                Remocon_data = 0;
              }
            if(Remocon_bit_count == 32)      // if remocon OK, check custom code and checksum
              { if((~Remocon_command[2] & 0xFF) == Remocon_command[3])
                  { Remocon_state = 0;
                    Remocon_OK_flag = 1;
                  }
                else
                  Remocon_state = 0;
              }
            break;

      default : break;
    }
}

void Remocon_initialize(void)                /* PA1 interrupt and TCC0 overflow interrupt */
{
  Remocon_state = 0;                         // remocon ready state
  Remocon_OK_flag = 0;                       // remocon not character

  PORTA_DIRCLR = 0x02;                       // PA1 = input
  PORTA_PIN1CTRL = 0x02;                     // falling edge
  PORTA_INT0MASK = 0x02;                     // interrupt by remocon signal
  PORTA_INTCTRL = 0x03;

  TCC0_CTRLA = 0x05;                         // int = 32MHz/64/(1+PER) = 110% of Leader_Code
  TCC0_CTRLB = 0x00;                         // normal mode
  TCC0_PER = Leader_Max;
  TCC0_CNT = 0x0000;                         // clear TCC0 counter

  TCC0_INTCTRLA = 0x03;                      // enable OVF interrupt with high level
  PMIC_CTRL = 0x07;                          // enable HI, MED, LO level interrupt
  sei();                                     // global interrupt enable
}

unsigned char Remocon_input(void)            /* input remocon key */
{
  unsigned key = no_key;

  if(Remocon_OK_flag == 1)
    { Remocon_OK_flag = 0;
      Beep();

      if((Remocon_command[0] == 0x07) && (Remocon_command[2] == 0x12))
        key = KEY2;
      else if((Remocon_command[0] == 0x07) && (Remocon_command[2] == 0x10))
        key = KEY1;
      else if((Remocon_command[0] == 0x07) && (Remocon_command[2] == 0x07))
        key = KEY4;
      else if((Remocon_command[0] == 0x07) && (Remocon_command[2] == 0x0B))
        key = KEY3;
      else
        key = no_key;
    }

  return key;
}
```

▣ TV 리모컨 입력을 삼성전자, LG전자 겸용으로 개선한 디지털 시계 프로그램

앞의 예제 프로그램 Exp16_4.c에서는 TV 리모컨으로 삼성전자 제품만 사용할 수 있었으나 이를 수정하여 삼성전자 및 LG전자 TV 리모컨을 모두 사용할 수 있도록 개선한 디지털 시계 프로그램을 Exp16_5.c로 작성하여 제공하며, 여기서는 이 소스를 따로 보이지 않는다.

4. 실습 과제

(1) <그림 3.1.2>에 있는 DS1307 관련 회로에서 저항 R25(47Ω), 제너 다이오드 ZD1 (1N5226, 3.3V), 저항 R26(47Ω), 다이오드 D2(1N4148)는 각각 어떤 기능을 수행하기 위하여 이렇게 사용되었는지 설명하라.

(2) <그림 3.1.2>의 DS1307 관련 회로에서 저항 R7과 R8(3.3kΩ)은 어떤 기능을 위하여 사용되었는지 설명하라.

(3) 예제 프로그램 Exp16_3.c에서 터치스크린을 눌렀을 때 색깔이 다르게 바뀌거나 또는 아이콘의 모양이 현재와는 다르게 변하도록 자신만의 멋을 살려 수정한 예제 프로그램 Exp16_3R.c를 작성하라.

4.17 TCN75 온도센서 응용 프로그램

이 절에서는 Microchip Technology사의 반도체 온도센서 IC인 TCN75-5.0MOA 소자에 대하여 공부하고, 이를 이용한 온도측정 프로그램에 대하여 익힌다.

관련 내용	(1) 제2.6절 TWI 직렬통신 포트 (2) 제3.1절 *OK-X128A1* 키트의 구조와 기능

1. TCN75 온도센서의 구조와 기능

TCN75-5.0MOA는 I^2C 직렬통신 인터페이스형의 8핀짜리 온도센서 IC로서 +5V 전원을 사용한다. +3.3V용으로 사용하는 TCN75-3.3MOA 모델도 있다.

(1) 특징

① -55℃～+125℃ 범위를 측정할 수 있는 온도 센서이다.
② 분해능 또는 정밀도는 약 0.5℃이다.
③ 100kHz 또는 400kHz 속도의 I^2C 직렬통신 방식으로 인터페이스한다.
④ 비교기 모드 또는 인터럽트 모드에서 지정된 온도값(trip point)을 초과하면 INT/CMPTR 단자를 통하여 알람 신호를 출력할 수 있다.
⑤ 사용자가 알람을 위한 온도 트립 포인트와 이때의 히스테리시스를 설정할 수 있다. 디폴트로는 트립 포인트 +80℃이고, 히스테리시스 폭은 5℃이다.
⑥ 저소비전력을 위하여 셧다운 모드를 가지고 있다. 정상 동작에서는 동작 전류가 250µA인데 비하여 셧다운 모드에서는 1µA이다.
⑦ 8핀 SOIC 또는 MSOP 패키지로 되어 있다.

(2) 외부 구조

TCN75의 외부 핀 구조는 <그림 4.17.1>과 같고, 각 핀의 기능을 요약하면 <표 4.17.1>과 같다.

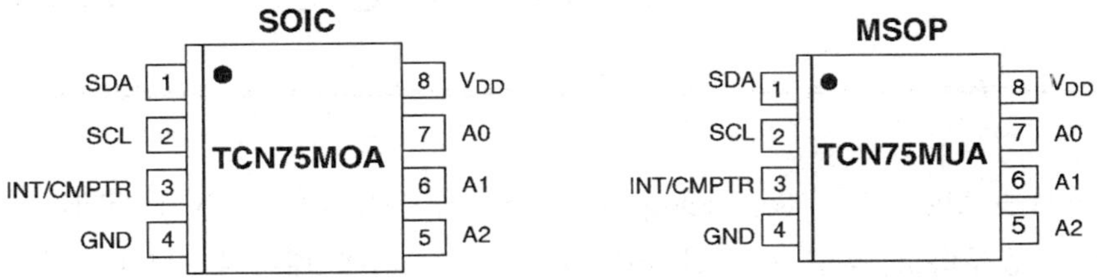

〈그림 4.17.1〉 TCN75의 외부 구조

〈표 4.17.1〉 TCN75 외부 핀의 기능

신호 이름	I/O	기 능
V_{DD} GND	-	Power Supply : +5V 전원 및 접지 단자이다.
SDA SCL	I/O I	Serial Data Input/Output : I^2C 직렬통신의 데이터 입출력 신호이다. Serial Clock Input : I^2C 직렬통신의 클록 입력 신호이다. 100kHz를 기본으로 사용하며 최대 400kHz까지 사용할 수 있다.
A0~A2	I	Address Select Pin : I^2C 직렬통신에서 7비트 슬레이브 어드레스의 하위 3비트를 설정하기 위한 핀이다. 7비트 슬레이브 어드레스는 1 0 0 1 A2 A1 A0로 결정되는데, *OK-X128A1* 키트에서는 이 3개의 핀을 모두 +5V에 연결하였으므로 슬레이브 어드레스 값이 1001111로 된다.
INT/CMPTR	O	Interrupt or Comparator Output : 지정된 온도 트립 포인트를 넘었을 때 알람 신호를 출력하는 오픈 드레인형의 단자이다.

(3) 내부 구조

TCN75의 내부 구조는 <그림 4.17.2>와 같다. 내부에 온도센서로부터 온도값을 읽을 수 있는 9비트의 시그마 델타형 A/D 컨버터를 가지고 있다.

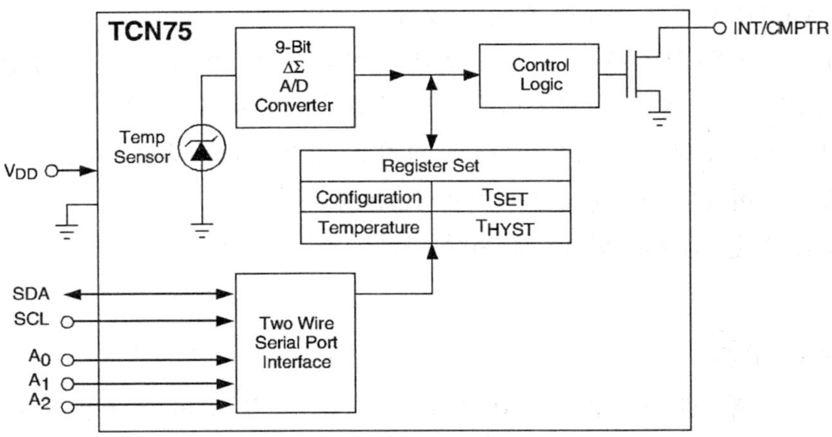

〈그림 4.17.2〉 TCN75의 내부 구조

▣ 포인터 레지스터 - 8비트 R/W

포인터 레지스터(Pointer Register)는 TCN75 내부에 있는 4개의 레지스터 중에서 1개를 지정하여 액세스하기 위하여 이들 레지스터의 번지를 가리킨다. 이를 요약하면 <그림 4.17.3>과 같다.

b7	b6	b5	b4	b3	b2	b1	b0
0	0	0	0	0	0	Pointer[1:0]	

〈그림 4.17.3〉 포인트 레지스터

- Pointer[1:0] : Register Selection Pointer
  다음과 같이 4개의 레지스터를 가리킨다.
  00 = TEMP 레지스터
  01 = CONFIG 레지스터
  10 = T_{HYST} 레지스터
  11 = T_{SET} 레지스터

▣ 기능 설정 레지스터 - 8비트 R/W

기능 설정 레지스터(CONFIG ; Configuration Register)는 TCN75의 여러 가지 기능을 설정하고 제어하는 레지스터로서 이를 요약하면 <그림 4.17.4>와 같다.

b7	b6	b5	b4	b3	b2	b1	b0
0	0	0	Fault Queue[1:0]		INT/CMPTR Porarity	COMP/INT	Shudown

〈그림 4.17.4〉 기능 설정 레지스터 CONFIG

- Fault Queue[1:0] : INT/CMPTR 출력을 갱신하기 전에 온도의 A/D 변환 결과에서 동일한 값이 몇번 반복 검출되어야 하는지 확인할 횟수를 지정한다.
  00 = 1회(default)
  01 = 2회
  10 = 4회
  11 = 6회
- INT/CMPTR Polarity : INT/CMPTR 출력 신호의 극성을 지정한다.
  0 = active low
  1 = active high
- COMP/INT : INT/CMPTR 출력 신호와 관련하여 비교기 모드와 인터럽트 모드를 선택한다.
  0 = 비교기 모드(comparator mode)
  1 = 인터럽트 모드(interrupt mode)
- Shutdown : TCN75를 셧다운 모드로 들어가게 한다.
  0 = 정상 동작
  1 = 셧다운 모드(shutdown mode)

▣ 온도 레지스터 - 16비트 R

온도 레지스터(TEMP ; Temperature Register)는 TCN75가 측정한 온도값을 9비트로 읽기 위한 16비트 레지스터로서 이를 요약하면 <그림 4.17.5>와 같다.

b15	b14	b13	b12	b11	b10	b9	b8	b7	b6	b5	b4	b3	b2	b1	b0
D8	D7	D6	D5	D4	D3	D2	D1	D0	-	-	-	-	-	-	-

〈그림 4.17.5〉 온도 레지스터 TEMP

• D8~D0 : 2's Complement Temperature Value
9비트 2의 보수로 표현된 온도값이다.

0 11111010 = +125.0℃　　1 11111111 = -0.5℃
0 11111001 = +124.5℃　　1 11111110 = -1.0℃
0 11111000 = +124.0℃　　1 11111101 = -1.5℃
:　　:
0 00000010 = +1.0℃　　1 10010100 = -45.0℃
0 00000001 = +0.5℃　　1 10010011 = -45.5℃
0 00000000 = 0℃　　1 10010010 = -55.0℃

▣ 온도 트립값 설정 레지스터 - 16비트 R/W

온도 트립값 설정 레지스터(T_{SET} ; Temperature Set Point Register)는 TCN75가 INT/CMPTR 신호를 출력하기 위하여 비교하는 온도 트립값을 설정하기 위한 16비트 레지스터로서 이를 요약하면 <그림 4.17.6>과 같다.

b15	b14	b13	b12	b11	b10	b9	b8	b7	b6	b5	b4	b3	b2	b1	b0
D8	D7	D6	D5	D4	D3	D2	D1	D0	-	-	-	-	-	-	-

〈그림 4.17.6〉 온도 트립값 설정 레지스터 T_{SET}

• D8~D0 : 2's Complement Temperature Value
9비트 2의 보수로 표현된 온도 트립값이다. 온도 표시 방법은 TEMP 레지스터에서와 같다.

▣ 히스테리시스 레지스터 - 16비트 R/W

히스테리시스 레지스터(T_{HYST} ; Hysteresis Register)는 TCN75가 INT/CMPTR 신호를 출력하기 위하여 현재의 온도와 트립값을 비교할 때 적용되는 히스테리시스 값을 설정하기 위한 16비트 레지스터로서 이를 요약하면 <그림 4.17.7>과 같다.

b15	b14	b13	b12	b11	b10	b9	b8	b7	b6	b5	b4	b3	b2	b1	b0
D8	D7	D6	D5	D4	D3	D2	D1	D0	-	-	-	-	-	-	-

〈그림 4.17.7〉 히스테리시스 레지스터 T_{HYST}

• D8~D0 : 2's Complement Temperature Value
9비트 2의 보수로 표현된 온도 히스테리시스 값이다. 온도 표시 방법은 TEMP 레지스터에서와 같다.

TCN75는 INT/CMPTR 단자에 신호를 출력할 때 비교기 모드(comparator mode)와 인터럽트 모드(interrupt mode)에서 서로 다르게 동작한다. 비교기 모드는 단순한 써모스타트(thermostat)처럼 동작하는 모드로서 현재 온도가 트립 포인트로 설정된 T_{SET} 값을 넘으면 INT/CMPTR 출력이 액티브되고, 이 출력은 현재 온도가 다시 T_{SET}에 대하여 히스테리시스 T_{HYST} 값 이하로 떨어질 때까지 유지된다. 비교기 모드에서는 INT/CMPTR 단자의 출력 상태가 셧다운 모드에서도 유지된다.

인터럽트 모드는 마이크로프로세서와 인터럽트로 연계된 동작에 적합한 모드로서 현재 온도가 트립 포인트로 설정된 T_{SET} 값을 넘으면 INT/CMPTR 출력이 액티브되고, 이 출력은 현재 온도가 다시 T_{SET}에 대하여 히스테리시스 T_{HYST} 값 이하로 떨어지더라도 I^2C 직렬통신으로 TCN75 내부에 있는 임의의 레지스터를 읽기 전까지는 계속하여 액티브 상태로 유지된다. 인터럽트 모드에서는 셧다운 모드로 들어가면 무조건 INT/CMPTR 단자의 출력 상태가 리셋된다.

이처럼 TCN75가 현재의 온도값을 T_{SET}와 비교하여 이보다 높으면 INT/CMPTR 단자에 액티브 신호를 출력하고, 현재의 온도값이 T_{SET}에 비하여 T_{HYST} 값 이하만큼 낮아지면 INT/CMPTR 단자의 출력을 다시 리셋하는데, 이때 온도값을 비교하는 동작의 신뢰성을 높이기 위하여 A/D 변환된 온도값이 Fault Queue로 지정된 횟수만큼 연속적으로 동일하게 나왔을 때만 비교 동작을 올바르게 수행하도록 한다. 이는 내부에 일종의 디지털 필터를 가지고 있을 셈이며, Fault Queue는 1, 2, 4, 6으로 지정할 수 있는데 당연히 이 값이 클수록 INT/CMPTR 출력의 신뢰도는 높아진다.

셧다운 모드가 되면 TCN75는 내부에서 온도센서의 A/D 변환 동작을 멈추고 전류가 1μA 정도에 불과한 저소비전력 상태로 된다. 그러나, 셧다운 모드에서도 I^2C 직렬통신을 사용한 내부 레지스터 액세스는 가능하다.

(4) I^2C 통신 포맷

TCN75를 외부에서 마이크로컨트롤러가 액세스할 때는 100kHz 또는 400kHz의 속도로 I^2C 통신을 사용하며, *OK-X128A1* 키트에서 TCN75의 7비트 슬레이브 어드레스는 1001111 이다.

마스터인 마이크로컨트롤러가 슬레이브인 TCN75에서 데이터를 읽거나 TCN75에 데이터를 라이트(write)하는 포맷은 <그림 4.17.8>에 여러가지의 경우로 나누어 보였다. 이 책의 TCN75 관련 예제 프로그램에서는 TCN75의 온도값을 읽는 동작은 항상 <그림 4.17.8>의 (b)를 사용하며, 기능 설정 레지스터를 초기화하는 동작은 항상 <그림 4.17.8>의 (e)를 사용한다.

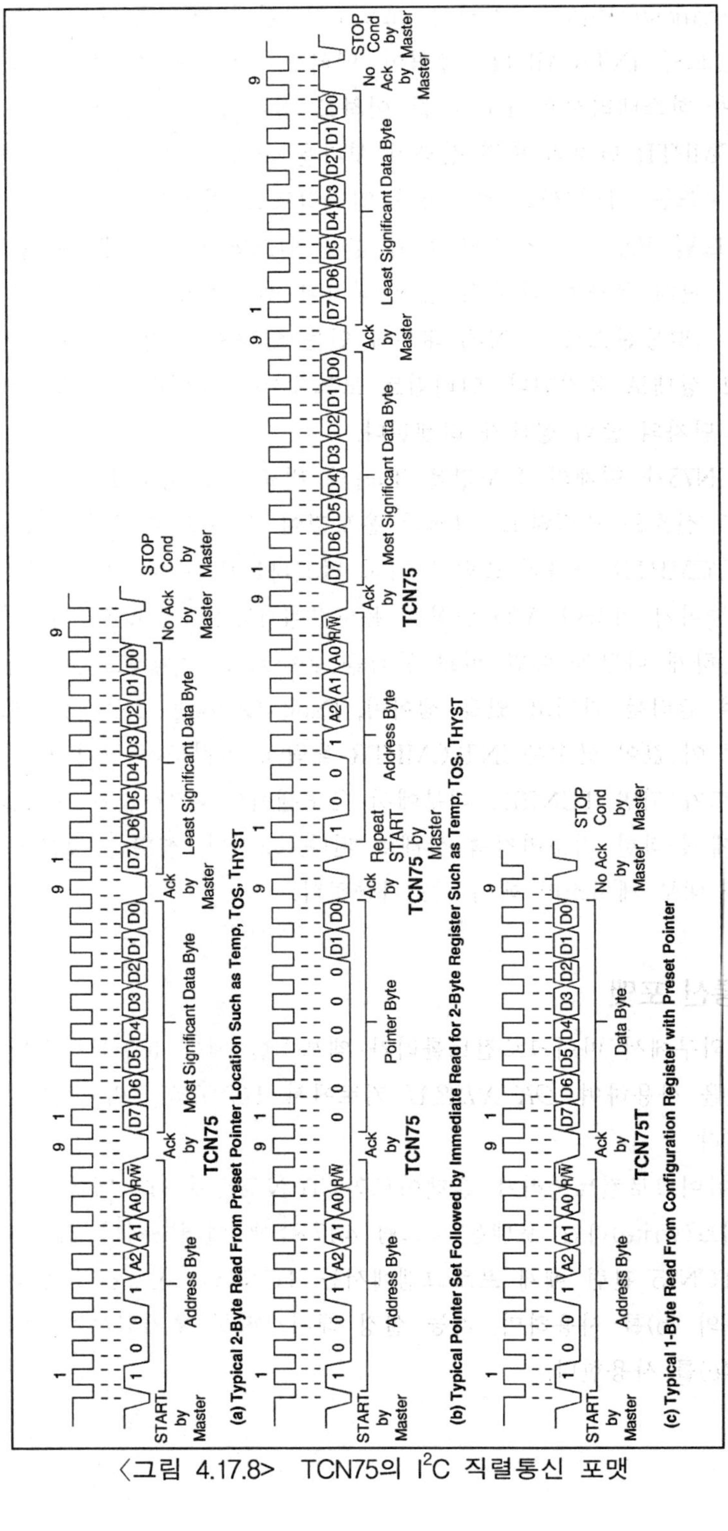

〈그림 4.17.8〉 TCN75의 I^2C 직렬통신 포맷

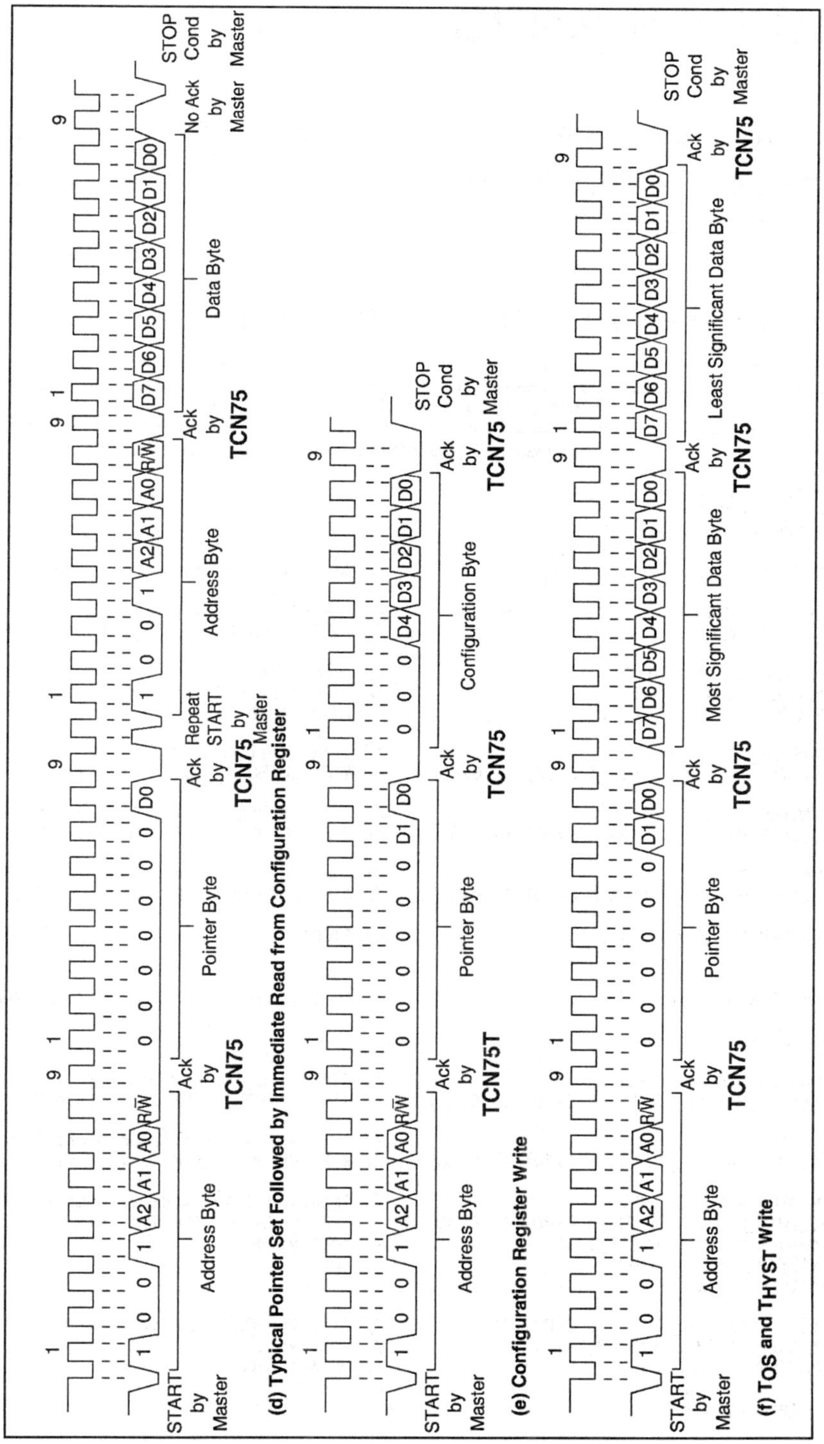

〈그림 4.17.8〉 TCN75의 I^{2}C 직렬통신 포맷(계속)

2. 디지털 온도계 프로그램

여기서는 TCN75를 이용하여 현재 기온을 측정하는 디지털 온도계 프로그램을 작성하여 보기로 한다. 다음 프로그램에서 현재 기온은 눈에 보기 좋도록 12×24 픽셀의 큰 글씨체로 표시하였다.

〈프로그램 Exp17_1.c〉 TCN75를 사용한 디지털 온도계 프로그램(1)

```
/* ========================================================================== */
/*              Exp17_1.c : TCN75를 이용한 디지털 온도계 프로그램                */
/* ========================================================================== */
/*                      Designed and programmed by Duck-Yong Yoon in 2010.    */

#include <avr/io.h>
#include "OK-X128A1.h"
#include "OK-X128A1_large.h"

void TCN75_initialize(void)                     /* initialize TCN75-5.0MOA sensor */
{
  PORTF_DIR = 0xBA;                             // PORTF4 = 1 output for -TS_CS
  PORTF_OUT = 0xBA;                             // PORTF2 input for -TS_INT

  TWIF_MASTER_CTRLA = 0x08;                     // enable TWI master
  TWIF_MASTER_BAUD = 155;                       // 100kHz = 32MHz/2/(5+155)
  TWIF_MASTER_STATUS = 0x01;                    // idle state

  TWIF_MASTER_ADDR = 0x9E;                      // START + slave address + W
  while((TWIF_MASTER_STATUS & 0x70) != 0x60);   // WIF, CLKHOLD, ACK from slave ?

  TWIF_MASTER_DATA = 0x01;                      // Pointer Register(Configuration Register)
  while((TWIF_MASTER_STATUS & 0x70) != 0x60);   // WIF, CLKHOLD, ACK from slave ?

  TWIF_MASTER_DATA = 0x00;                      // Configuration Register
  while((TWIF_MASTER_STATUS & 0x70) != 0x60);   // WIF, CLKHOLD, ACK from slave ?

  TWIF_MASTER_CTRLC = 0x03;                     // STOP
}

signed int TCN75_read(void)                     /* read temperature from TCN75-5.0MOA */
{
  signed int temperature;

  TWIF_MASTER_ADDR = 0x9E;                      // START + slave address + W
  while((TWIF_MASTER_STATUS & 0x70) != 0x60);   // WIF, CLKHOLD, ACK from slave ?

  TWIF_MASTER_DATA = 0x00;                      // Pointer Register(Temperature Register)
  while((TWIF_MASTER_STATUS & 0x70) != 0x60);   // WIF, CLKHOLD, ACK from slave ?

  TWIF_MASTER_ADDR = 0x9F;                      // Repeated START + slave address + R
  while((TWIF_MASTER_STATUS & 0xB0) != 0xA0);   // RIF, CLKHOLD, ACK from slave ?
  temperature = TWIF_MASTER_DATA;               // receive data
  TWIF_MASTER_CTRLC = 0x02;                     // ACK
  temperature <<= 8;

  while((TWIF_MASTER_STATUS & 0xB0) != 0xA0);   // RIF, CLKHOLD, ACK from slave ?
  temperature += TWIF_MASTER_DATA;              // receive data
  TWIF_MASTER_CTRLC = 0x07;                     // NACK + STOP

  return temperature;
}

int main(void)
```

```
{
  unsigned char i;
  signed int temp, result;

  Initialize_MCU();                              // initialize ATxmega128A1 MCU
  Delay_ms(200);
  Initialize_TFT_LCD();                          // initialize TFT-LCD
  Beep();

  TFT_string(4,10, White,Magenta," 디지털 온도계(TCN75) ");      // display title
  TFT_string_large(6,18, Cyan,Black,  "+00.0");
  TFT_xy(11,18);
  TFT_English_large(0x7F);
  TFT_xy(12,18);
  TFT_English_large('C');

  TCN75_initialize();                            // initialize TCN75-5.0MOA sensor

  while(1)
    { result = 0;
      for(i = 0; i < 16; i++)                    // run by 16 times
        { temp = TCN75_read();                   // read temperature from TCN75-5.0MOA
          result += (temp >> 7);
          Delay_ms(1);
        }
      result >>= 4;                              // calculate average

      TFT_xy(6,18);                              // display temperature
      TFT_color(Cyan,Black);
      TFT_signed_float_large((float)result*0.5, 2, 1);
      Delay_ms(250);
    }
}
```

☞ TCN75와 통신하는 I^2C는 100kHz의 속도를 사용하였으며, 데이터 전송 포맷은 <그림 4.17.8>의 (b)와 (e)를 충실하게 따랐다.

이 책의 영문 ASCII 폰트에는 코드값 0x7F에 특수 문자 "。"를 할당해 두었다. 따라서 ASCII 코드로 0x7F(。)와 0x43(C)을 연속으로 출력하면 섭씨온도의 단위인 ℃를 표시할 수 있다.

다음은 앞의 예제 프로그램 Exp17_1.c에 LM35DZ를 사용한 온도측정을 추가한 프로그램이다.

〈프로그램 Exp17_2.c〉 TCN75를 사용한 디지털 온도계 프로그램(2)

```
/* ========================================================================== */
/*      Exp17_2.c : TCN75를 이용한 디지털 온도계 프로그램(LM35DZ와 비교)        */
/* ========================================================================== */
/*                        Designed and programmed by Duck-Yong Yoon in 2010.  */

#include <avr/io.h>
#include "OK-X128A1.h"
#include "OK-X128A1_large.h"

void TCN75_initialize(void)                      /* initialize TCN75-5.0MOA sensor */
{
  PORTF_DIR = 0xBA;                              // PORTF4 = 1 output for -TS_CS
  PORTF_OUT = 0xBA;                              // PORTF2 input for -TS_INT
```

```
  TWIF_MASTER_CTRLA = 0x08;                        // enable TWI master
  TWIF_MASTER_BAUD = 155;                          // 100kHz = 32MHz/2/(5+155)
  TWIF_MASTER_STATUS = 0x01;                       // idle state

  TWIF_MASTER_ADDR = 0x9E;                         // START + slave address + W
  while((TWIF_MASTER_STATUS & 0x70) != 0x60);      // WIF, CLKHOLD, ACK from slave ?

  TWIF_MASTER_DATA = 0x01;                         // Pointer Register(Configuration Register)
  while((TWIF_MASTER_STATUS & 0x70) != 0x60);      // WIF, CLKHOLD, ACK from slave ?

  TWIF_MASTER_DATA = 0x00;                         // Configuration Register
  while((TWIF_MASTER_STATUS & 0x70) != 0x60);      // WIF, CLKHOLD, ACK from slave ?

  TWIF_MASTER_CTRLC = 0x03;                        // STOP
}

signed int TCN75_read(void)                        /* read temperature from TCN75-5.0MOA */
{
  signed int temperature;

  TWIF_MASTER_ADDR = 0x9E;                         // START + slave address + W
  while((TWIF_MASTER_STATUS & 0x70) != 0x60);      // WIF, CLKHOLD, ACK from slave ?

  TWIF_MASTER_DATA = 0x00;                         // Pointer Register(Temperature Register)
  while((TWIF_MASTER_STATUS & 0x70) != 0x60);      // WIF, CLKHOLD, ACK from slave ?

  TWIF_MASTER_ADDR = 0x9F;                         // Repeated START + slave address + R
  while((TWIF_MASTER_STATUS & 0xB0) != 0xA0);      // RIF, CLKHOLD, ACK from slave ?
  temperature = TWIF_MASTER_DATA;                  // receive data
  TWIF_MASTER_CTRLC = 0x02;                        // ACK
  temperature <<= 8;

  while((TWIF_MASTER_STATUS & 0xB0) != 0xA0);      // RIF, CLKHOLD, ACK from slave ?
  temperature += TWIF_MASTER_DATA;                 // receive data
  TWIF_MASTER_CTRLC = 0x07;                        // NACK + STOP

  return temperature;
}

unsigned char Read_PSR(U08 index)                  /* read byte of Production Signature Row */
{
  unsigned char byte;
  NVM_CMD = 0x02;                                  // READ_CALIB_ROW command
  byte = pgm_read_byte(index);
  NVM_CMD = 0x00;                                  // NO_OPERATION command
  return byte;
}

int main(void)
{
  unsigned char i;
  signed int temp, result;

  Initialize_MCU();                                // initialize ATxmega128A1 MCU
  Delay_ms(200);
  Initialize_TFT_LCD();                            // initialize TFT-LCD
  Beep();

  TFT_string(4,10, White,Magenta," 디지털 온도계(TCN75) ");    // display title
  TFT_string_large(6,18, Cyan,Black,  "+00.0");
  TFT_xy(11,18);
  TFT_English_large(0x7F);
  TFT_xy(12,18);
  TFT_English_large('C');

  TFT_string(6,24, Green,Black,  "(LM35DZ : +00.0");
  TFT_xy(21,24);
  TFT_English(0x7F);
  TFT_string(22,24, Green,Black,  "C)");

  TCN75_initialize();                              // initialize TCN75-5.0MOA sensor

  ADCA_CAL = Read_PSR(0x20) + Read_PSR(0x21)*256; // copy calibration register
```

```
ADCA_CTRLA = 0x05;                              // start CH0 of port A
ADCA_CTRLB = 0x10;                              // 12-bit signed, right adjusted
ADCA_REFCTRL = 0x02;                            // internal 1.00V reference
ADCA_PRESCALER = 0x02;                          // 32MHz/16 = 2MHz

while(1)
  { result = 0;
    for(i = 0; i < 16; i++)                     // run by 16 times
      { temp = TCN75_read();                    // read temperature from TCN75-5.0MOA
        result += (temp >> 7);
        Delay_ms(1);
      }
    result >>= 4;                               // calculate average

    TFT_xy(6,18);                               // display temperature
    TFT_color(Cyan,Black);
    TFT_signed_float_large((float)result*0.5, 2, 1);

    ADCA_CH0_MUXCTRL = (4 << 3);                // LM35DZ(ADC4)
    Delay_us(100);
    result = 0;
    for(i = 0; i < 16; i++)                     // run A/D by 16 times
      { ADCA_CH0_INTFLAGS = 0x01;               // clear interrupt flag
        ADCA_CH0_CTRL = 0x81;                   // start, signed mode, single ended
        while(!(ADCA_CH0_INTFLAGS == 0x01));    // wait A/D conversion complete
        result += ADCA_CH0_RES;                 // read A/D result
        Delay_ms(1);
      }
    result >>= 4;                               // calculate average

    TFT_xy(16,24);                              // display temperature
    TFT_color(Green,Black);
    TFT_signed_float((float)result*100./2048., 2, 1);

    Delay_ms(250);
  }
}
```

☞ TCN75를 사용한 온도 측정 및 LM35DZ를 사용한 온도 측정 결과는 대체로 비슷하지만 서로 약 1℃ 범위 이내에서 차이가 있을 수 있다. 이때 어느 측정 결과가 더 실제에 가까운지는 이것들과 다른 방법으로 정확한 온도 측정을 실시하여 비교하기 전에는 마땅히 확인할 방법이 없다.

3. 실습 과제

(1) 마이크로컨트롤러에 TCN75 온도센서와 LM35DZ 온도센서를 인터페이스하여 사용할 때 각각 어떤 장단점이 있는지 설명하여 보라.

(2) 예제 프로그램 Exp17_2.c에서 자신의 개성을 살려 화면을 더 예쁘게 장식한 디지털 온도계 프로그램 Exp17_2R.c를 작성하라.

4.18 A/D 컨버터 응용 프로그램

이 절에서는 ATxmega128A1에 내장된 A/D 컨버터와 아날로그 비교기를 응용하는 프로그래밍 기술을 공부하기로 한다.

관련 내용	(1) 제2.7절 A/D 컨버터 (2) 제2.9절 아날로그 비교기 (3) 제3.1절 *OK-X128A1* 키트의 구조와 기능

1. *OK-X128A1* 키트의 A/D 컨버터

ATxmega128A1에는 포트A에 1개의 8비트/12비트 A/D 컨버터 ADCA를 가지고 있으며, 포트B에도 1개의 8비트/12비트 A/D 컨버터 ADCB를 가지고 있다. 이들 각 A/D 컨버터에는 아날로그 입력신호 ADC0~ADC7을 가지고 있으므로 ATxmega128A1에는 모두 16개의 아날로그 입력 단자를 가지고 있는 셈이다.

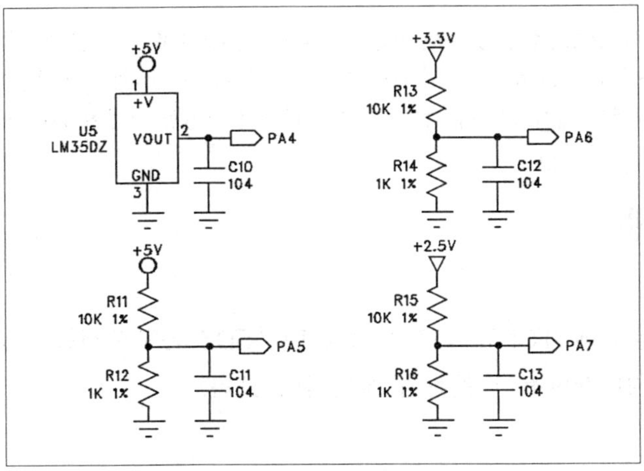

〈그림 4.18.1〉 *OK-X128A1* 키트의 A/D 컨버터 관련 회로

제3.1절에서 설명한 바와 같이 *OK-X128A1* 키트에는 이들 아날로그 입력단자 중에서 4개를 아날로그 입력으로 사용하고 있다. <그림 4.18.1>에서 보는 것처럼 ADCA

의 PA4~PA7 단자는 모두 아날로그 입력단자로 사용하며, 차례로 각각 LM35DZ 반도체 온도센서(U5), +5.0V 전원 전압, +3.3V 전원 전압, +2.5V 전원 전압에 연결되어 있다.

ATxmega128A1의 A/D 컨버터에는 0~+Vref 범위의 아날로그 전압을 입력할 수 있는데, *OK-X128A1* 키트에서는 기준전압으로 주로 내부의 +1.00V를 사용하므로 아날로그 입력전압의 범위는 0~+1.00V라야 한다.

반도체 온도센서 LM35DZ는 10mV/℃의 출력전압을 나타내므로 0~100℃의 동작범위에서 0~+1.00V의 전압을 출력하여 우리가 사용하려는 A/D 변환의 범위에 적합하다. 또한, +5.0V, +3.3V, +2.5V의 전원 전압을 측정할 때도 A/D 컨버터의 입력전압이 0~+1.00V의 범위에 들어가도록 하기 위하여 1kΩ/(10kΩ+1kΩ) = 1/11로 분압하여 입력한다. 이때 저항 소자들은 허용오차가 1%급 미만의 고정밀 저항을 사용하는 것이 좋다.

2. 기본적인 A/D 변환 프로그램

먼저 반도체 온도센서 LM35DZ를 이용하여 온도를 측정하고, 저항 분압을 통하여 +5.0V, +3.3V, +2.5V 전원의 전압을 읽어들이는 기본 A/D 변환 프로그램을 작성하여 보기로 한다.

ATxmega128A1의 A/D 컨버터를 사용하여 아날로그 전압을 디지털 데이터로 읽어들이는데는 2가지 방법이 있다. 양극성(陽極性)의 아날로그 입력전압을 측정함에도 불구하고 signed mode로 측정하면 변환 결과는 8비트 또는 12비트 2의 보수로 표시되며, 이때는 분해능이 약 1/2로 낮아지지만 변환 결과에 오프셋이 포함되지 않는 장점을 갖는다. 이에 비하여 unsigned mode로 측정하면 변환 결과는 8비트 또는 12비트 양의 정수로 표시되며, 이때는 분해능이 높지만 변환 결과에 오프셋이 포함되므로 이를 보정해주어야 하는 불편이 있다. unsigned mode에 포함되는 오프셋은 디지털 값으로 200정도인 것으로 Atmel에서는 제시하고 있지만, 이는 제품마다 편차가 있으므로 실제로 측정하여 보정해주는 것이 바람직하다.

▣ Signed Mode

반도체 온도센서 LM35DZ와 전원 전압 +5.0V, +3.3V, +2.5V를 12비트 분해능의 signed mode로 A/D 변환하여 읽어들이는 프로그램은 다음과 같다.

〈프로그램 Exp18_1.c〉 기본적인 A/D 변환 프로그램(signed mode)

```
/* ========================================================================== */
/*           Exp18_1.c : A/D 컨버터 기본 테스트 프로그램(signed mode)           */
/* ========================================================================== */
/*                      Designed and programmed by Duck-Yong Yoon in 2010.    */

#include <avr/io.h>
#include "OK-X128A1.h"

unsigned char Read_PSR(U08 index)                 /* read byte of Production Signature Row */
{
  unsigned char byte;
  NVM_CMD = 0x02;                                 // READ_CALIB_ROW command
  byte = pgm_read_byte(index);
  NVM_CMD = 0x00;                                 // NO_OPERATION command
  return byte;
}

int main(void)
{
  signed int result;

  Initialize_MCU();                               // initialize ATxmega128A1 MCU
  Delay_ms(200);
  Initialize_TFT_LCD();                           // initialize TFT-LCD
  Beep();

  TFT_string(5, 8, White,Magenta," A/D 컨버터 테스트 ");      // display title
  TFT_string(8,10,  Cyan,  Black,"(signed mode)");
  TFT_string(0,16, Green,  Black,"LM35DZ(ADC4) = 0x0000 = +00.0C");
  TFT_string(0,20, Green,  Black," +5.0V(ADC5) = 0x0000 = +0.00V");
  TFT_string(0,24, Green,  Black," +3.3V(ADC6) = 0x0000 = +0.00V");
  TFT_string(0,28, Green,  Black," +2.5V(ADC7) = 0x0000 = +0.00V");

  ADCA_CAL = Read_PSR(0x20) + Read_PSR(0x21)*256; // copy calibration register

  ADCA_CTRLA = 0x01;                              // enable ADCA
  ADCA_CTRLB = 0x10;                              // 12-bit signed mode, right adjusted
  ADCA_REFCTRL = 0x02;                            // internal 1.00V reference
  ADCA_PRESCALER = 0x02;                          // 32MHz/16 = 2MHz

  while(1)
    { ADCA_CH0_MUXCTRL = (4 << 3);                // LM35DZ(ADC4)
      Delay_us(100);
      ADCA_CH0_INTFLAGS = 0x01;                   // clear interrupt flag
      ADCA_CH0_CTRL = 0x81;                       // start, signed mode, single ended
      while(!(ADCA_CH0_INTFLAGS == 0x01));        // wait A/D conversion complete
      result = ADCA_CH0_RES;                      // read A/D result

      TFT_xy(15,16);                              // display temperature
      TFT_color(Cyan,Black);
      TFT_0x_hexadecimal(result, 4);
      TFT_xy(24,16);
      TFT_color(White,Black);
      TFT_signed_float((float)result*100./2048., 2, 1);

      ADCA_CH0_MUXCTRL = (5 <<3);                 // +5.0V(ADC5)
      Delay_us(100);
      ADCA_CH0_INTFLAGS = 0x01;                   // clear interrupt flag
      ADCA_CH0_CTRL = 0x81;                       // start, signed mode, single ended
      while(!(ADCA_CH0_INTFLAGS == 0x01));        // wait A/D conversion complete
      result = ADCA_CH0_RES;                      // read A/D result

      TFT_xy(15,20);                              // display voltage
      TFT_color(Cyan,Black);
      TFT_0x_hexadecimal(result, 4);
      TFT_xy(24,20);
      TFT_color(White,Black);
      TFT_signed_float((float)result*11./2048., 1, 2);
```

```
        ADCA_CH0_MUXCTRL = (6 << 3);                // +3.3V(ADC6)
        Delay_us(100);
        ADCA_CH0_INTFLAGS = 0x01;                   // clear interrupt flag
        ADCA_CH0_CTRL = 0x81;                       // start, signed mode, single ended
        while(!(ADCA_CH0_INTFLAGS == 0x01));        // wait A/D conversion complete
        result = ADCA_CH0_RES;                      // read A/D result

        TFT_xy(15,24);                              // display voltage
        TFT_color(Cyan,Black);
        TFT_0x_hexadecimal(result, 4);
        TFT_xy(24,24);
        TFT_color(White,Black);
        TFT_signed_float((float)result*11./2048., 1, 2);

        ADCA_CH0_MUXCTRL = (7 << 3);                // +2.5V(ADC7)
        Delay_us(100);
        ADCA_CH0_INTFLAGS = 0x01;                   // clear interrupt flag
        ADCA_CH0_CTRL = 0x81;                       // start, signed mode, single ended
        while(!(ADCA_CH0_INTFLAGS == 0x01));        // wait A/D conversion complete
        result = ADCA_CH0_RES;                      // read A/D result

        TFT_xy(15,28);                              // display voltage
        TFT_color(Cyan,Black);
        TFT_0x_hexadecimal(result, 4);
        TFT_xy(24,28);
        TFT_color(White,Black);
        TFT_signed_float((float)result*11./2048., 1, 2);

        Delay_ms(500);
      }
  }
```

☞ A/D 컨버터에는 캘리브레이션 레지스터가 있는데 이것은 제품 표시용(Production Signature Row) 바이트의 해당 레지스터 값을 읽어다가 써주면 된다. ATxmega128A1의 A/D 컨버터에서 주파수는 최고 한계치인 2MHz로 설정하였으며, 분해능은 12비트에 우측정렬을 사용하였다.

온도를 측정할 때 A/D 변환 결과의 0x0000~0x07FF(0~2047)는 0~Vref = 0~+1.0V의 입력전압 즉 0~100℃의 온도에 대응한다. 그러나, 정확히 말하면 0x07FF+1인 2048이 100℃에 대응한다. 따라서, A/D 컨버터로 읽어들인 임의의 값 x가 얼마의 온도에 대응하는지를 계산하려면 비례식으로부터

$$2048 : 100 = x : \text{온도} \qquad \therefore \text{온도} = \frac{100x}{2048} \text{ [℃]}$$

로 계산된다.

+5.0V의 전압을 측정할 때 A/D 변환결과의 0x0000~0x07FF(0~2047)는 0~Vref = 0~+1.00V의 전압에 대응한다. 정확히 말하면 0x07FF+1인 2048이 +1.00V에 대응한다. 따라서, A/D 컨버터로 읽어들인 임의의 값 x가 얼마의 아날로그 입력전압에 대응하는지를 계산하려면 비례식으로부터

$$2048 : 1.00 = x : \text{전압} \qquad \therefore \text{전압} = \frac{x}{2048} \text{ [V]}$$

로 계산된다. 그런데, 이때 사실 입력전압은 저항으로 분압되어 1/11로 감쇄된 것이므로 원래의 전압을 구하려면 여기에 11을 곱해주어야 한다. 따라서, A/D 변환 결과로부터 전압을 환산하는 식은

$$\text{전압} = \frac{x}{2048} \times 11 = \frac{11x}{2048} \text{ [V]}$$

가 된다. 나머지의 +3.3V 및 +2.5V의 전압 측정에도 이 식이 마찬가지로 적용된다.

또한, A/D 변환 결과를 TFT-LCD 모듈에 표시할 때는 A/D 컨버터의 변환속도대로 그냥 디스플레이 하면 값이 변동할 경우 그 속도가 너무 빨라서 사람의 눈으로 알아보기가 매우 어렵다. 이를 위해 여기서는 500ms의 시간지연을 주어 1초에 약 2회 정도로 천천히 디스플레이되도록 하였다.

▣ Unsigned Mode

반도체 온도센서 LM35DZ와 전원 전압 +5.0V, +3.3V, +2.5V를 12비트 분해능의 unsigned mode로 A/D 변환하여 읽어들이는 프로그램은 다음과 같다.

〈프로그램 Exp18_2.c〉 기본적인 A/D 변환 프로그램(unsigned mode)

```
/* ========================================================================== */
/*          Exp18_2.c : A/D 컨버터 기본 테스트 프로그램(unsigned mode)          */
/* ========================================================================== */
/*                       Designed and programmed by Duck-Yong Yoon in 2010.  */

#include <avr/io.h>
#include "OK-X128A1.h"

unsigned char Read_PSR(U08 index)                /* read byte of Production Signature Row */
{
  unsigned char byte;
  NVM_CMD = 0x02;                                // READ_CALIB_ROW command
  byte = pgm_read_byte(index);
  NVM_CMD = 0x00;                                // NO_OPERATION command
  return byte;
}

int main(void)
{
  unsigned int offset, result;

  Initialize_MCU();                              // initialize ATxmega128A1 MCU
  Delay_ms(200);
  Initialize_TFT_LCD();                          // initialize TFT-LCD
  Beep();

  TFT_string(5, 6, White,Magenta," A/D 컨버터 테스트 ");        // display title
  TFT_string(7, 8,  Cyan,  Black,"(unsigned mode)");
  TFT_string(0,13, Green,  Black,"LM35DZ(ADC4) = 0x0000 = +00.0C");
  TFT_string(0,18, Green,  Black," +5.0V(ADC5) = 0x0000 = +0.00V");
  TFT_string(0,23, Green,  Black," +3.3V(ADC6) = 0x0000 = +0.00V");
  TFT_string(0,28, Green,  Black," +2.5V(ADC7) = 0x0000 = +0.00V");
  TFT_string(0,34, White,  Black,"    (offset = 0x0000 = 000)     ");

  ADCA_CAL = Read_PSR(0x20) + Read_PSR(0x21)*256; // copy calibration register

  ADCA_CTRLA = 0x01;                             // enable ADCA
  ADCA_CTRLB = 0x00;                             // 12-bit unsigned mode, right adjusted
  ADCA_REFCTRL = 0x02;                           // internal 1.00V reference
  ADCA_PRESCALER = 0x02;                         // 32MHz/16 = 2MHz

  ADCA_CH0_MUXCTRL = (0 << 3);                   // GND(ADC0)
  Delay_us(100);
  ADCA_CH0_INTFLAGS = 0x01;                      // clear interrupt flag
  ADCA_CH0_CTRL = 0x81;                          // start, unsigned mode, single ended
  while(!(ADCA_CH0_INTFLAGS == 0x01));           // wait A/D conversion complete
  offset = ADCA_CH0_RES;                         // read A/D result
  if(offset > 200) offset = 200;                 // if J1 is off, limit offset to 200

  TFT_xy(13,34);                                 // display offset
```

```
TFT_color(Magenta,Black);
TFT_0x_hexadecimal(offset, 4);
TFT_xy(22,34);
TFT_unsigned_decimal(offset, 0, 3);

while(1)
  { ADCA_CH0_MUXCTRL = (4 << 3);              // LM35DZ(ADC4)
    Delay_us(100);
    ADCA_CH0_INTFLAGS = 0x01;                  // clear interrupt flag
    ADCA_CH0_CTRL = 0x81;                      // start, unsigned mode, single ended
    while(!(ADCA_CH0_INTFLAGS == 0x01));       // wait A/D conversion complete
    result = ADCA_CH0_RES;                     // read A/D result

    TFT_xy(15,15);                             // display temperature
    TFT_color(Yellow,Black);
    TFT_0x_hexadecimal(result-200, 4);
    TFT_xy(24,15);
    TFT_signed_float((float)(result-200)*100./4096., 2, 1);

    result -= offset;                          // compensate for offset
    TFT_xy(15,13);                             // display temperature
    TFT_color(Cyan,Black);
    TFT_0x_hexadecimal(result, 4);
    TFT_xy(24,13);
    TFT_color(White,Black);
    TFT_signed_float((float)result*100./4096., 2, 1);

    ADCA_CH0_MUXCTRL = (5 << 3);               // +5.0V(ADC5)
    Delay_us(100);
    ADCA_CH0_INTFLAGS = 0x01;                  // clear interrupt flag
    ADCA_CH0_CTRL = 0x81;                      // start, unsigned mode, single ended
    while(!(ADCA_CH0_INTFLAGS == 0x01));       // wait A/D conversion complete
    result = ADCA_CH0_RES;                     // read A/D result

    TFT_xy(15,20);                             // display voltage
    TFT_color(Yellow,Black);
    TFT_0x_hexadecimal(result-200, 4);
    TFT_xy(24,20);
    TFT_signed_float((float)(result-200)*11./4096., 1, 2);

    result -= offset;                          // compensate for offset
    TFT_xy(15,18);                             // display voltage
    TFT_color(Cyan,Black);
    TFT_0x_hexadecimal(result, 4);
    TFT_xy(24,18);
    TFT_color(White,Black);
    TFT_signed_float((float)result*11./4096., 1, 2);

    ADCA_CH0_MUXCTRL = (6 << 3);               // +3.3V(ADC6)
    Delay_us(100);
    ADCA_CH0_INTFLAGS = 0x01;                  // clear interrupt flag
    ADCA_CH0_CTRL = 0x81;                      // start, unsigned mode, single ended
    while(!(ADCA_CH0_INTFLAGS == 0x01));       // wait A/D conversion complete
    result = ADCA_CH0_RES;                     // read A/D result

    TFT_xy(15,25);                             // display voltage
    TFT_color(Yellow,Black);
    TFT_0x_hexadecimal(result-200, 4);
    TFT_xy(24,25);
    TFT_signed_float((float)(result-200)*11./4096., 1, 2);

    result -= offset;                          // compensate for offset
    TFT_xy(15,23);                             // display voltage
    TFT_color(Cyan,Black);
    TFT_0x_hexadecimal(result, 4);
    TFT_xy(24,23);
    TFT_color(White,Black);
    TFT_signed_float((float)result*11./4096., 1, 2);

    ADCA_CH0_MUXCTRL = (7 << 3);               // +2.5V(ADC7)
    Delay_us(100);
    ADCA_CH0_INTFLAGS = 0x01;                  // clear interrupt flag
    ADCA_CH0_CTRL = 0x81;                      // start, unsigned mode, single ended
```

```
      while(!(ADCA_CH0_INTFLAGS == 0x01));       // wait A/D conversion complete
      result = ADCA_CH0_RES;                     // read A/D result

      TFT_xy(15,30);                             // display voltage
      TFT_color(Yellow,Black);
      TFT_0x_hexadecimal(result-200, 4);
      TFT_xy(24,30);
      TFT_signed_float((float)(result-200)*11./4096., 1, 2);

      result -= offset;                          // compensate for offset
      TFT_xy(15,28);                             // display voltage
      TFT_color(Cyan,Black);
      TFT_0x_hexadecimal(result, 4);
      TFT_xy(24,28);
      TFT_color(White,Black);
      TFT_signed_float((float)result*11./4096., 1, 2);

      Delay_ms(500);
    }
}
```

☞ ATxmega128A1의 A/D 컨버터가 unsigned mode로 동작할 때는 A/D 변환 결과에 오프셋 값이 포함되는데 이를 보정해 주어야 한다. 오프셋 값은 실제의 아날로그 입력 신호를 접지하고 A/D 변환하여 읽어들인 값이다. *OK-X128A1*에는 터치스크린 컨트롤러로서 ADS7846을 사용하는지 TSC2003을 사용하는지를 설정하기 위하여 PA0 단자에 접지쪽으로 점퍼 스위치 J1을 가지고 있다. 여기서는 이 점퍼 스위치를 ON시킨 상태에서 PA0 단자의 입력 즉 ADC0 입력을 A/D 변환하여 오프셋 값을 측정한다. 이렇게 측정한 오프셋 값을 모든 A/D 변환에서 빼주면 된다.

위의 프로그램에서는 unsigned mode 모드에서의 오프셋 값으로 무조건 200을 사용한 경우와 오프셋 값을 실제로 측정하여 사용한 경우를 비교하여 디스플레이하였다.

이 프로그램을 컴파일하여 다운로드하고 실행하라. *OK-X128A1* 키트에서 이 예제 프로그램처럼 unsigned mode로 A/D 변환을 수행하는 경우에는 정확한 오프셋 측정을 위하여 반드시 점퍼 스위치 J1을 ON시켜야 한다.

3. A/D 변환한 결과를 평균 처리하는 프로그램

앞의 예제 프로그램에서처럼 A/D 변환을 수행하여 온도 및 전압을 측정하고 이를 TFT-LCD 모듈에 디스플레이하여 보면 값이 매우 흔들리는 것을 경험하게 된다. 이는 실제로 아날로그 입력 신호가 흔들려서 그런 경우도 있지만, 대부분은 여러가지의 환경으로 인하여 A/D 변환할 때 결과값이 부정확하게 처리되기 때문이다.

이런 경우 A/D 변환 결과를 좀더 안정적으로 얻으려 한다면 아날로그 입력회로에 저역통과 필터(LPF ; Low-Pass Filter)를 추가하고, ATxmega128A1의 A/D 컨버터가 사용하는 아날로그 전원이나 기준전원에 좀더 안정적인 전압을 공급하는 등의 하드웨어적인 노력이 필요하다. 또한, 소프트웨어적으로는 A/D 변환을 여러번 수행하여 이를 평균 처리하면 A/D 변환 결과값이 흔들리는 것을 상당히 보완할 수 있다.

이제 반도체 온도센서 LM35DZ를 이용하여 온도를 측정하고, 저항 분압을 통하여 +5.0V, +3.3V, +2.5V 전원의 전압을 읽어들일 때 각각 16번씩 A/D 변환을 수행하고 이를 평균 처리하는 프로그램을 작성하여 보기로 한다. 평균을 쉽게 계산하려면 A/D 변환을 수행하는 횟수를 4, 8, 16, 32, 64번처럼 2의 누승으로 처리하는 것이 좋다.

▣ Signed Mode

반도체 온도센서 LM35DZ와 전원 전압 +5.0V, +3.3V, +2.5V를 12비트 분해능의 signed mode로 16번 A/D 변환하여 평균 처리하는 방법으로 읽어들이는 프로그램은 다음과 같다.

〈프로그램 Exp18_3.c〉 A/D 변환 결과를 평균 처리하는 프로그램(signed mode)

```
/* ========================================================================== */
/*          Exp18_3.c : A/D 컨버터 응용 프로그램(signed mode with average)       */
/* ========================================================================== */
/*                         Designed and programmed by Duck-Yong Yoon in 2010.  */

#include <avr/io.h>
#include "OK-X128A1.h"

unsigned char Read_PSR(U08 index)                 /* read byte of Production Signature Row */
{
  unsigned char byte;
  NVM_CMD = 0x02;                                  // READ_CALIB_ROW command
  byte = pgm_read_byte(index);
  NVM_CMD = 0x00;                                  // NO_OPERATION command
  return byte;
}

int main(void)
{
  unsigned char i;
  signed int result;

  Initialize_MCU();                                // initialize ATxmega128A1 MCU
  Delay_ms(200);
  Initialize_TFT_LCD();                            // initialize TFT-LCD
  Beep();

  TFT_string(5, 8, White,Magenta," A/D 컨버터 테스트 ");       // display title
  TFT_string(8,10,  Cyan,  Black,"(signed mode)");
  TFT_string(0,16, Green,  Black,"LM35DZ(ADC4) = 0x0000 = +00.0C");
  TFT_string(0,20, Green,  Black," +5.0V(ADC5) = 0x0000 = +0.00V");
  TFT_string(0,24, Green,  Black," +3.3V(ADC6) = 0x0000 = +0.00V");
  TFT_string(0,28, Green,  Black," +2.5V(ADC7) = 0x0000 = +0.00V");

  ADCA_CAL = Read_PSR(0x20) + Read_PSR(0x21)*256; // copy calibration register

  ADCA_CTRLA = 0x01;                               // enable ADCA
  ADCA_CTRLB = 0x10;                               // 12-bit signed mode, right adjusted
  ADCA_REFCTRL = 0x02;                             // internal 1.00V reference
  ADCA_PRESCALER = 0x02;                           // 32MHz/16 = 2MHz
```

```
while(1)
  { ADCA_CH0_MUXCTRL = (4 << 3);               // LM35DZ(ADC4)
    Delay_us(100);
    result = 0;
    for(i = 0; i < 16; i++)
      { ADCA_CH0_INTFLAGS = 0x01;               // clear interrupt flag
        ADCA_CH0_CTRL = 0x81;                   // start, signed mode, single ended
        while(!(ADCA_CH0_INTFLAGS == 0x01));    // wait A/D conversion complete
        result += ADCA_CH0_RES;                 // read A/D result
        Delay_ms(1);
      }
    result >>= 4;                               // calculate average

    TFT_xy(15,16);                              // display temperature
    TFT_color(Cyan,Black);
    TFT_0x_hexadecimal(result, 4);
    TFT_xy(24,16);
    TFT_color(White,Black);
    TFT_signed_float((float)result*100./2048., 2, 1);

    ADCA_CH0_MUXCTRL = (5 << 3);                // +5.0V(ADC5)
    Delay_us(100);
    result = 0;
    for(i = 0; i < 16; i++)
      { ADCA_CH0_INTFLAGS = 0x01;               // clear interrupt flag
        ADCA_CH0_CTRL = 0x81;                   // start, signed mode, single ended
        while(!(ADCA_CH0_INTFLAGS == 0x01));    // wait A/D conversion complete
        result += ADCA_CH0_RES;                 // read A/D result
        Delay_ms(1);
      }
    result >>= 4;                               // calculate average

    TFT_xy(15,20);                              // display voltage
    TFT_color(Cyan,Black);
    TFT_0x_hexadecimal(result, 4);
    TFT_xy(24,20);
    TFT_color(White,Black);
    TFT_signed_float((float)result*11./2048., 1, 2);

    ADCA_CH0_MUXCTRL = (6 << 3);                // +3.3V(ADC6)
    Delay_us(100);
    result = 0;
    for(i = 0; i < 16; i++)
      { ADCA_CH0_INTFLAGS = 0x01;               // clear interrupt flag
        ADCA_CH0_CTRL = 0x81;                   // start, signed mode, single ended
        while(!(ADCA_CH0_INTFLAGS == 0x01));    // wait A/D conversion complete
        result += ADCA_CH0_RES;                 // read A/D result
        Delay_ms(1);
      }
    result >>= 4;                               // calculate average

    TFT_xy(15,24);                              // display voltage
    TFT_color(Cyan,Black);
    TFT_0x_hexadecimal(result, 4);
    TFT_xy(24,24);
    TFT_color(White,Black);
    TFT_signed_float((float)result*11./2048., 1, 2);

    ADCA_CH0_MUXCTRL = (7 << 3);                // +2.5V(ADC7)
    Delay_us(100);
    result = 0;
    for(i = 0; i < 16; i++)
      { ADCA_CH0_INTFLAGS = 0x01;               // clear interrupt flag
        ADCA_CH0_CTRL = 0x81;                   // start, signed mode, single ended
        while(!(ADCA_CH0_INTFLAGS == 0x01));    // wait A/D conversion complete
        result += ADCA_CH0_RES;                 // read A/D result
        Delay_ms(1);
      }
    result >>= 4;                               // calculate average

    TFT_xy(15,28);                              // display voltage
```

```
        TFT_color(Cyan,Black);
        TFT_0x_hexadecimal(result, 4);
        TFT_xy(24,28);
        TFT_color(White,Black);
        TFT_signed_float((float)result*11./2048., 1, 2);

        Delay_ms(500);
      }
  }
```

☞ 평균 처리하기 위하여 여러번 A/D 변환을 수행할 때는 그 사이에 적절한 시간 간격을 주는 것이 필요하다. 이러한 시간 간격이 없이 연속적으로 A/D 변환을 수행하면 A/D 변환에 걸리는 시간은 단축되어 좋지만 여러번 읽어서 평균 처리하는 효과가 떨어진다. 이 예제 프로그램에서는 각 A/D 변환 사이에 1ms의 시간 지연을 주었다. 그러므로 평균 처리한 A/D 변환 결과를 1번 얻는데 약 16ms가 소요된다.

총 16번 A/D 변환을 수행하여 평균 처리하려면 이 값들을 모두 더하여 총합을 구하고, 이를 우측으로 4비트 시프트하면 된다. 데이터를 우측으로 1비트 시프트할 때마다 나누기 2를 수행하는 결과가 된다. C컴파일러는 우측으로 시프트하는 데이터 변수가 unsigned int의 속성을 갖는다면 logical shift로 처리하고, signed int라면 arithmetic shift로 처리하는데 유의해야 한다. 또한 이 프로그램에서는 변수 result를 16비트 길이인 signed int형으로 선언하였고 A/D 변환 결과는 12비트이므로 이를 16번을 초과하여 누적 합을 취하려 하면 문제가 발생할 수 있음에 유의해야 한다.

▣ Unsigned Mode

반도체 온도센서 LM35DZ와 전원 전압 +5.0V, +3.3V, +2.5V를 12비트 분해능의 unsigned mode로 16번 A/D 변환하여 평균 처리하는 방법으로 읽어들이는 프로그램은 다음과 같다.

〈프로그램 Exp18_4.c〉 A/D 변환한 결과를 평균 처리하는 프로그램(unsigned mode)

```
/* ============================================================================ */
/*       Exp18_4.c : A/D 컨버터 응용 프로그램(unsigned mode with average)        */
/* ============================================================================ */
/*                         Designed and programmed by Duck-Yong Yoon in 2010.   */

#include <avr/io.h>
#include "OK-X128A1.h"

unsigned char Read_PSR(U08 index)              /* read byte of Production Signature Row */
{
  unsigned char byte;
  NVM_CMD = 0x02;                              // READ_CALIB_ROW command
  byte = pgm_read_byte(index);
  NVM_CMD = 0x00;                              // NO_OPERATION command
  return byte;
}

int main(void)
{
  unsigned char i;
  unsigned int j, offset, result;

  Initialize_MCU();                            // initialize ATxmega128A1 MCU
```

```
	Delay_ms(200);
	Initialize_TFT_LCD();				// initialize TFT-LCD
	Beep();

	TFT_string(5, 6, White,Magenta," A/D 컨버터 테스트 ");	// display title
	TFT_string(7, 8,  Cyan,   Black,"(unsigned mode)");
	TFT_string(0,13, Green,   Black,"LM35DZ(ADC4) = 0x0000 = +00.0C");
	TFT_string(0,18, Green,   Black," +5.0V(ADC5) = 0x0000 = +0.00V");
	TFT_string(0,23, Green,   Black," +3.3V(ADC6) = 0x0000 = +0.00V");
	TFT_string(0,28, Green,   Black," +2.5V(ADC7) = 0x0000 = +0.00V");
	TFT_string(0,34, White,   Black,"   (offset = 0x0000 = 000)     ");

	ADCA_CAL = Read_PSR(0x20) + Read_PSR(0x21)*256; // copy calibration register

	ADCA_CTRLA = 0x01;				// enable ADCA
	ADCA_CTRLB = 0x00;				// 12-bit unsigned mode, right adjusted
	ADCA_REFCTRL = 0x02;				// internal 1.00V reference
	ADCA_PRESCALER = 0x02;				// 32MHz/16 = 2MHz

	ADCA_CH0_MUXCTRL = (0 << 3);			// GND(ADC0)
	Delay_us(100);
	offset = 0;
	for(j = 0; j < 256; j++)
	  { ADCA_CH0_INTFLAGS = 0x01;			// clear interrupt flag
	    ADCA_CH0_CTRL = 0x81;			// start, unsigned mode, single ended
	    while(!(ADCA_CH0_INTFLAGS == 0x01));	// wait A/D conversion complete
	    offset += ADCA_CH0_RES;			// read A/D result
	    Delay_ms(1);
	  }
	offset >>= 8;					// calculate average
	if(offset > 200) offset = 200;			// if J1 is off, limit offset to 200

	TFT_xy(13,34);					// display offset
	TFT_color(Magenta,Black);
	TFT_0x_hexadecimal(offset, 4);
	TFT_xy(22,34);
	TFT_unsigned_decimal(offset, 0, 3);

	while(1)
	  { ADCA_CH0_MUXCTRL = (4 << 3);		// LM35DZ(ADC4)
	    Delay_us(100);
	    result = 0;
	    for(i = 0; i < 16; i++)
	      { ADCA_CH0_INTFLAGS = 0x01;		// clear interrupt flag
	        ADCA_CH0_CTRL = 0x81;			// start, unsigned mode, single ended
	        while(!(ADCA_CH0_INTFLAGS == 0x01));	// wait A/D conversion complete
	        result += ADCA_CH0_RES;			// read A/D result
	        Delay_ms(1);
	      }
	    result >>= 4;				// calculate average

	    TFT_xy(15,15);				// display temperature
	    TFT_color(Yellow,Black);
	    TFT_0x_hexadecimal(result-200, 4);
	    TFT_xy(24,15);
	    TFT_signed_float((float)(result-200)*100./4096., 2, 1);

	    result -= offset;				// compensate for offset
	    TFT_xy(15,13);				// display temperature
	    TFT_color(Cyan,Black);
	    TFT_0x_hexadecimal(result, 4);
	    TFT_xy(24,13);
	    TFT_color(White,Black);
	    TFT_signed_float((float)result*100./4096., 2, 1);

	    ADCA_CH0_MUXCTRL = (5 << 3);		// +5.0V(ADC5)
	    Delay_us(100);
	    result = 0;
	    for(i = 0; i < 16; i++)
	      { ADCA_CH0_INTFLAGS = 0x01;		// clear interrupt flag
	        ADCA_CH0_CTRL = 0x81;			// start, unsigned mode, single ended
```

```
      while(!(ADCA_CH0_INTFLAGS == 0x01));  // wait A/D conversion complete
      result += ADCA_CH0_RES;               // read A/D result
      Delay_ms(1);
    }
  result >>= 4;                             // calculate average

  TFT_xy(15,20);                            // display voltage
  TFT_color(Yellow,Black);
  TFT_0x_hexadecimal(result-200, 4);
  TFT_xy(24,20);
  TFT_signed_float((float)(result-200)*11./4096., 1, 2);

  result -= offset;                         // compensate for offset
  TFT_xy(15,18);                            // display voltage
  TFT_color(Cyan,Black);
  TFT_0x_hexadecimal(result, 4);
  TFT_xy(24,18);
  TFT_color(White,Black);
  TFT_signed_float((float)result*11./4096., 1, 2);

  ADCA_CH0_MUXCTRL = (6 << 3);              // +3.3V(ADC6)
  Delay_us(100);
  result = 0;
  for(i = 0; i < 16; i++)
    { ADCA_CH0_INTFLAGS = 0x01;             // clear interrupt flag
      ADCA_CH0_CTRL = 0x81;                 // start, unsigned mode, single ended
      while(!(ADCA_CH0_INTFLAGS == 0x01));  // wait A/D conversion complete
      result += ADCA_CH0_RES;               // read A/D result
      Delay_ms(1);
    }
  result >>= 4;                             // calculate average

  TFT_xy(15,25);                            // display voltage
  TFT_color(Yellow,Black);
  TFT_0x_hexadecimal(result-200, 4);
  TFT_xy(24,25);
  TFT_signed_float((float)(result-200)*11./4096., 1, 2);

  result -= offset;                         // compensate for offset
  TFT_xy(15,23);                            // display voltage
  TFT_color(Cyan,Black);
  TFT_0x_hexadecimal(result, 4);
  TFT_xy(24,23);
  TFT_color(White,Black);
  TFT_signed_float((float)result*11./4096., 1, 2);

  ADCA_CH0_MUXCTRL = (7 << 3);              // +2.5V(ADC7)
  Delay_us(100);
  result = 0;
  for(i = 0; i < 16; i++)
    { ADCA_CH0_INTFLAGS = 0x01;             // clear interrupt flag
      ADCA_CH0_CTRL = 0x81;                 // start, unsigned mode, single ended
      while(!(ADCA_CH0_INTFLAGS == 0x01));  // wait A/D conversion complete
      result += ADCA_CH0_RES;               // read A/D result
      Delay_ms(1);
    }
  result >>= 4;                             // calculate average

  TFT_xy(15,30);                            // display voltage
  TFT_color(Yellow,Black);
  TFT_0x_hexadecimal(result-200, 4);
  TFT_xy(24,30);
  TFT_signed_float((float)(result-200)*11./4096., 1, 2);

  result -= offset;                         // compensate for offset
  TFT_xy(15,28);                            // display voltage
  TFT_color(Cyan,Black);
  TFT_0x_hexadecimal(result, 4);
  TFT_xy(24,28);
  TFT_color(White,Black);
  TFT_signed_float((float)result*11./4096., 1, 2);
```

```
        Delay_ms(500);
    }
}
```

4. A/D 변환한 결과를 이동평균 처리하는 프로그램

앞의 예제 프로그램에서처럼 A/D 변환을 수행할 때 여러번 읽어서 평균 처리하면 결과값이 흔들리는 것을 방지할 수 있지만, 이때 문제는 A/D 변환에 필요한 시간이 많이 걸린다는 점이다. 데이터가 흔들리는 것을 좀더 확실하게 방지하기 위하여 A/D 변환 횟수를 늘리거나 각 A/D 변환 사이에 시간 간격을 크게 하면 최종 A/D 변환값을 얻기까지의 시간은 더욱 길어진다.

이런 경우에 전체 A/D 변환시간을 단축하면서 평균 처리의 효과도 그대로 유지할 수 있는 방법은 앞에서처럼 단순하게 산술 평균을 수행하지 말고 이동평균(moving average)으로 처리하는 것이다. 즉, 단순 산술평균 처리 방식에서는 A/D 변환 결과를 얻고자 할 때마다 새로 16번의 A/D 변환을 수행하여 이를 평균하여 결과를 얻었으나, 이동평균 처리 방식에서는 매번 A/D 변환을 수행할 때마다 이를 기억하여 두고 가장 최근에 A/D 변환하였던 15개의 값에 이번에 새로 A/D 변환한 1개의 값을 더하여 평균 처리함으로써 필요한 A/D 변환 결과를 얻는 것이다. 이렇게 하면 매번 A/D 변환 결과를 얻고자 할 때마다 실질적으로 단 1번의 A/D 변환만을 수행하고 나머지 15개는 최근에 A/D 변환하였던 값들을 이용하기 때문에 전체 A/D 변환에 소요되는 시간을 대폭 단축할 수 있다. 이는 개념적으로 디지털 LPF 필터를 사용하는 것과 같다.

여기서는 반도체 온도센서 LM35DZ를 이용하여 온도를 측정하고, 저항 분압을 통하여 +5.0V, +3.3V, +2.5V 전원의 전압을 읽어들일 때 각각 이동평균으로 처리하는 프로그램을 작성하여 보기로 한다. 역시 평균값을 쉽게 계산하려면 이동 평균을 취하는 데이터의 수를 4, 8, 16, 32, 64번처럼 2의 누승으로 처리하는 것이 좋다.

▣ Signed Mode

반도체 온도센서 LM35DZ와 전원 전압 +5.0V, +3.3V, +2.5V를 12비트 분해능의 signed mode로 이동평균 처리하는 방법으로 읽어들이는 프로그램은 다음과 같다.

〈프로그램 Exp18_5.c〉 A/D 변환 결과를 이동평균 처리하는 프로그램(signed mode)

```
/* ============================================================================ */
/*     Exp18_5.c : A/D 컨버터 응용 프로그램(signed mode with moving average)    */
/* ============================================================================ */
/*                        Designed and programmed by Duck-Yong Yoon in 2010.   */

#include <avr/io.h>
#include "OK-X128A1.h"

unsigned char Read_PSR(U08 index)              /* read byte of Production Signature Row */
{
  unsigned char byte;
  NVM_CMD = 0x02;                              // READ_CALIB_ROW command
  byte = pgm_read_byte(index);
  NVM_CMD = 0x00;                              // NO_OPERATION command
  return byte;
}

int main(void)
{
  unsigned char i;
  signed int result;

  unsigned char ADC4_start_flag=0, ADC5_start_flag=0, ADC6_start_flag=0, ADC7_start_flag=0;
  unsigned char ADC4_count=0, ADC5_count=0, ADC6_count=0, ADC7_count=0;
  signed int ADC4_buffer[16], ADC5_buffer[16], ADC6_buffer[16], ADC7_buffer[16];

  Initialize_MCU();                            // initialize ATxmega128A1 MCU
  Delay_ms(200);
  Initialize_TFT_LCD();                        // initialize TFT-LCD
  Beep();

  TFT_string(5, 8, White,Magenta," A/D 컨버터 테스트 ");        // display title
  TFT_string(8,10,  Cyan,   Black,"(signed mode)");
  TFT_string(0,16, Green,   Black,"LM35DZ(ADC4) = 0x0000 = +00.0C");
  TFT_string(0,20, Green,   Black," +5.0V(ADC5) = 0x0000 = +0.00V");
  TFT_string(0,24, Green,   Black," +3.3V(ADC6) = 0x0000 = +0.00V");
  TFT_string(0,28, Green,   Black," +2.5V(ADC7) = 0x0000 = +0.00V");

  ADCA_CAL = Read_PSR(0x20) + Read_PSR(0x21)*256; // copy calibration register

  ADCA_CTRLA = 0x01;                           // enable ADCA
  ADCA_CTRLB = 0x10;                           // 12-bit signed mode, right adjusted
  ADCA_REFCTRL = 0x02;                         // internal 1.00V reference
  ADCA_PRESCALER = 0x02;                       // 32MHz/16 = 2MHz

  while(1)
    { ADCA_CH0_MUXCTRL = (4 << 3);             // ***** LM35DZ(ADC4) *****
      Delay_us(100);
      ADCA_CH0_INTFLAGS = 0x01;                // clear interrupt flag
      ADCA_CH0_CTRL = 0x81;                    // start, signed mode, single ended
      while(!(ADCA_CH0_INTFLAGS == 0x01));     // wait A/D conversion complete
      result = ADCA_CH0_RES;                   // read A/D result

      if(ADC4_start_flag == 1)                 // if not start, store result
        { ADC4_buffer[ADC4_count] = result;
          ADC4_count++;
          ADC4_count = ADC4_count % 16;
        }
      else
        { for(i = 0; i < 16; i++)              // if start, intialize buffer
            ADC4_buffer[i] = result;
          ADC4_start_flag = 1;
        }

      result = 0;
      for(i = 0; i < 16; i++)                  // calculate moving average
        result += ADC4_buffer[i];
      result = result >> 4;
```

```
TFT_xy(15,16);                                  // display temperature
TFT_color(Cyan,Black);
TFT_0x_hexadecimal(result, 4);
TFT_xy(24,16);
TFT_color(White,Black);
TFT_signed_float((float)result*100./2048., 2, 1);

ADCA_CH0_MUXCTRL = (5 << 3);                    // ***** +5.0V(ADC5) *****
Delay_us(100);
ADCA_CH0_INTFLAGS = 0x01;                       // clear interrupt flag
ADCA_CH0_CTRL = 0x81;                           // start, signed mode, single ended
while(!(ADCA_CH0_INTFLAGS == 0x01));            // wait A/D conversion complete
result = ADCA_CH0_RES;                          // read A/D result

if(ADC5_start_flag == 1)                        // if not start, store result
  { ADC5_buffer[ADC5_count] = result;
    ADC5_count++;
    ADC5_count = ADC5_count % 16;
  }
else
  { for(i = 0; i < 16; i++)                     // if start, intialize buffer
      ADC5_buffer[i] = result;
    ADC5_start_flag = 1;
  }

result = 0;
for(i = 0; i < 16; i++)                         // calculate moving average
  result += ADC5_buffer[i];
result = result >> 4;

TFT_xy(15,20);                                  // display voltage
TFT_color(Cyan,Black);
TFT_0x_hexadecimal(result, 4);
TFT_xy(24,20);
TFT_color(White,Black);
TFT_signed_float((float)result*11./2048., 1, 2);

ADCA_CH0_MUXCTRL = (6 << 3);                    // ***** +3.3V(ADC6) *****
Delay_us(100);
ADCA_CH0_INTFLAGS = 0x01;                       // clear interrupt flag
ADCA_CH0_CTRL = 0x81;                           // start, signed mode, single ended
while(!(ADCA_CH0_INTFLAGS == 0x01));            // wait A/D conversion complete
result = ADCA_CH0_RES;                          // read A/D result

if(ADC6_start_flag == 1)                        // if not start, store result
  { ADC6_buffer[ADC6_count] = result;
    ADC6_count++;
    ADC6_count = ADC6_count % 16;
  }
else
  { for(i = 0; i < 16; i++)                     // if start, intialize buffer
      ADC6_buffer[i] = result;
    ADC6_start_flag = 1;
  }

result = 0;
for(i = 0; i < 16; i++)                         // calculate moving average
  result += ADC6_buffer[i];
result = result >> 4;

TFT_xy(15,24);                                  // display voltage
TFT_color(Cyan,Black);
TFT_0x_hexadecimal(result, 4);
TFT_xy(24,24);
TFT_color(White,Black);
TFT_signed_float((float)result*11./2048., 1, 2);

ADCA_CH0_MUXCTRL = (7 << 3);                    // ***** +2.5V(ADC7) *****
Delay_us(100);
ADCA_CH0_INTFLAGS = 0x01;                       // clear interrupt flag
```

```
        ADCA_CH0_CTRL = 0x81;                        // start, signed mode, single ended
        while(!(ADCA_CH0_INTFLAGS == 0x01));         // wait A/D conversion complete
        result = ADCA_CH0_RES;                       // read A/D result

        if(ADC7_start_flag == 1)                     // if not start, store result
          { ADC7_buffer[ADC7_count] = result;
            ADC7_count++;
            ADC7_count = ADC7_count % 16;
          }
        else
          { for(i = 0; i < 16; i++)                  // if start, intialize buffer
              ADC7_buffer[i] = result;
            ADC7_start_flag = 1;
          }

        result = 0;
        for(i = 0; i < 16; i++)                      // calculate moving average
          result += ADC7_buffer[i];
        result = result >> 4;

        TFT_xy(15,28);                               // display voltage
        TFT_color(Cyan,Black);
        TFT_0x_hexadecimal(result, 4);
        TFT_xy(24,28);
        TFT_color(White,Black);
        TFT_signed_float((float)result*11./2048., 1, 2);

        Delay_ms(500);
      }
  }
```

☞ 여기서는 매번 A/D 변환을 수행하여 얻은 결과값을 16개의 배열에 링 버퍼(ring buffer) 방식으로 저장한다. 그런데, 처음 A/D 변환을 수행하기 시작한 경우에는 이 링 버퍼에 데이터가 꽉 차 있지 않으므로 이동평균값을 계산하기 위한 최근의 15개 데이터를 얻을 수 없다. 이 때문에 처음 A/D 변환을 시작한 경우에는 한번 A/D 변환한 결과를 링 버퍼의 16개 데이터에 모두 동일하게 저장한다.

▣ Unsigned Mode

반도체 온도센서 LM35DZ와 전원 전압 +5.0V, +3.3V, +2.5V를 12비트 분해능의 unsigned mode로 이동평균 처리하는 방법으로 읽어들이는 프로그램은 다음과 같다.

〈프로그램 Exp18_6.c〉 A/D 변환 결과를 이동평균 처리하는 프로그램(unsigned mode)

```
/* ========================================================================== */
/*    Exp18_6.c : A/D 컨버터 응용 프로그램(unsigned mode with moving average)    */
/* ========================================================================== */
/*                          Designed and programmed by Duck-Yong Yoon in 2010.  */

#include <avr/io.h>
#include "OK-X128A1.h"

unsigned char Read_PSR(U08 index)                /* read byte of Production Signature Row */
{
  unsigned char byte;
  NVM_CMD = 0x02;                                // READ_CALIB_ROW command
  byte = pgm_read_byte(index);
  NVM_CMD = 0x00;                                // NO_OPERATION command
  return byte;
```

```
}

int main(void)
{
  unsigned char i;
  unsigned int j, offset, result;

  unsigned char ADC4_start_flag=0, ADC5_start_flag=0, ADC6_start_flag=0, ADC7_start_flag=0;
  unsigned char ADC4_count=0, ADC5_count=0, ADC6_count=0, ADC7_count=0;
  signed int ADC4_buffer[16], ADC5_buffer[16], ADC6_buffer[16], ADC7_buffer[16];

  Initialize_MCU();                              // initialize ATxmega128A1 MCU
  Delay_ms(200);
  Initialize_TFT_LCD();                          // initialize TFT-LCD
  Beep();

  TFT_string(5, 8, White,Magenta," A/D 컨버터 테스트 ");          // display title
  TFT_string(7,10,  Cyan,  Black,"(unsigned mode)");
  TFT_string(0,16, Green,  Black,"LM35DZ(ADC4) = 0x0000 = +00.0C");
  TFT_string(0,20, Green,  Black,"  +5.0V(ADC5) = 0x0000 = +0.00V");
  TFT_string(0,24, Green,  Black,"  +3.3V(ADC6) = 0x0000 = +0.00V");
  TFT_string(0,28, Green,  Black,"  +2.5V(ADC7) = 0x0000 = +0.00V");

  ADCA_CAL = Read_PSR(0x20) + Read_PSR(0x21)*256; // copy calibration register

  ADCA_CTRLA = 0x01;                             // enable ADCA
  ADCA_CTRLB = 0x00;                             // 12-bit unsigned mode, right adjusted
  ADCA_REFCTRL = 0x02;                           // internal 1.00V reference
  ADCA_PRESCALER = 0x02;                         // 32MHz/16 = 2MHz

  ADCA_CH0_MUXCTRL = (0 << 3);                   // GND(ADC0)
  Delay_us(100);
  offset = 0;
  for(j = 0; j < 256; j++)
    { ADCA_CH0_INTFLAGS = 0x01;                  // clear interrupt flag
      ADCA_CH0_CTRL = 0x81;                      // start, unsigned mode, single ended
      while(!(ADCA_CH0_INTFLAGS == 0x01));       // wait A/D conversion complete
      offset += ADCA_CH0_RES;                    // read A/D result
      Delay_ms(1);
    }
  offset >>= 8;                                  // calculate average
  if(offset > 200) offset = 200;                 // if J1 is off, limit offset to 200

  while(1)
    { ADCA_CH0_MUXCTRL = (4 << 3);               // ***** LM35DZ(ADC4) *****
      Delay_us(100);
      ADCA_CH0_INTFLAGS = 0x01;                  // clear interrupt flag
      ADCA_CH0_CTRL = 0x81;                      // start, unsigned mode, single ended
      while(!(ADCA_CH0_INTFLAGS == 0x01));       // wait A/D conversion complete
      result = ADCA_CH0_RES;                     // read A/D result
      result -= offset;                          // compensate for offset

      if(ADC4_start_flag == 1)                   // if not start, store result
        { ADC4_buffer[ADC4_count] = result;
          ADC4_count++;
          ADC4_count = ADC4_count % 16;
        }
      else
        { for(i = 0; i < 16; i++)                // if start, intialize buffer
            ADC4_buffer[i] = result;
          ADC4_start_flag = 1;
        }

      result = 0;
      for(i = 0; i < 16; i++)                    // calculate moving average
        result += ADC4_buffer[i];
      result = result >> 4;

      TFT_xy(15,16);                             // display temperature
      TFT_color(Cyan,Black);
      TFT_0x_hexadecimal(result, 4);
```

```
TFT_xy(24,16);
TFT_color(White,Black);
TFT_signed_float((float)result*100./4096., 2, 1);

ADCA_CH0_MUXCTRL = (5 << 3);                // ***** +5.0V(ADC5) *****
Delay_us(100);
ADCA_CH0_INTFLAGS = 0x01;                   // clear interrupt flag
ADCA_CH0_CTRL = 0x81;                       // start, unsigned mode, single ended
while(!(ADCA_CH0_INTFLAGS == 0x01));        // wait A/D conversion complete
result = ADCA_CH0_RES;                      // read A/D result
result -= offset;                           // compensate for offset

if(ADC5_start_flag == 1)                    // if not start, store result
  { ADC5_buffer[ADC5_count] = result;
    ADC5_count++;
    ADC5_count = ADC5_count % 16;
  }
else
  { for(i = 0; i < 16; i++)                 // if start, intialize buffer
      ADC5_buffer[i] = result;
    ADC5_start_flag = 1;
  }

result = 0;
for(i = 0; i < 16; i++)                     // calculate moving average
  result += ADC5_buffer[i];
result = result >> 4;

TFT_xy(15,20);                              // display voltage
TFT_color(Cyan,Black);
TFT_0x_hexadecimal(result, 4);
TFT_xy(24,20);
TFT_color(White,Black);
TFT_signed_float((float)result*11./4096., 1, 2);

ADCA_CH0_MUXCTRL = (6 << 3);                // ***** +3.3V(ADC6) *****
Delay_us(100);
ADCA_CH0_INTFLAGS = 0x01;                   // clear interrupt flag
ADCA_CH0_CTRL = 0x81;                       // start, unsigned mode, single ended
while(!(ADCA_CH0_INTFLAGS == 0x01));        // wait A/D conversion complete
result = ADCA_CH0_RES;                      // read A/D result
result -= offset;                           // compensate for offset

if(ADC6_start_flag == 1)                    // if not start, store result
  { ADC6_buffer[ADC6_count] = result;
    ADC6_count++;
    ADC6_count = ADC6_count % 16;
  }
else
  { for(i = 0; i < 16; i++)                 // if start, intialize buffer
      ADC6_buffer[i] = result;
    ADC6_start_flag = 1;
  }

result = 0;
for(i = 0; i < 16; i++)                     // calculate moving average
  result += ADC6_buffer[i];
result = result >> 4;

TFT_xy(15,24);                              // display voltage
TFT_color(Cyan,Black);
TFT_0x_hexadecimal(result, 4);
TFT_xy(24,24);
TFT_color(White,Black);
TFT_signed_float((float)result*11./4096., 1, 2);

ADCA_CH0_MUXCTRL = (7 << 3);                // ***** +2.5V(ADC7) *****
Delay_us(100);
ADCA_CH0_INTFLAGS = 0x01;                   // clear interrupt flag
ADCA_CH0_CTRL = 0x81;                       // start, unsigned mode, single ended
while(!(ADCA_CH0_INTFLAGS == 0x01));        // wait A/D conversion complete
```

```
        result = ADCA_CH0_RES;                    // read A/D result
        result -= offset;                         // compensate for offset

        if(ADC7_start_flag == 1)                  // if not start, store result
          { ADC7_buffer[ADC7_count] = result;
            ADC7_count++;
            ADC7_count = ADC7_count % 16;
          }
        else
          { for(i = 0; i < 16; i++)               // if start, intialize buffer
              ADC7_buffer[i] = result;
            ADC7_start_flag = 1;
          }

        result = 0;
        for(i = 0; i < 16; i++)                   // calculate moving average
          result += ADC7_buffer[i];
        result = result >> 4;

        TFT_xy(15,28);                            // display voltage
        TFT_color(Cyan,Black);
        TFT_0x_hexadecimal(result, 4);
        TFT_xy(24,28);
        TFT_color(White,Black);
        TFT_signed_float((float)result*11./4096., 1, 2);

        Delay_ms(500);
      }
  }
```

5. 아날로그 비교기의 응용 프로그램

이번에는 ATxmega128A1의 아날로그 비교기를 사용하는 응용 프로그램을 작성하여 보기로 한다.

다음은 ATxmega128A1의 아날로그 비교기를 일반 모드로 사용하여 2개의 아날로그 입력전압 크기를 비교하고 그 결과를 TFT-LCD 화면에 표시하는 프로그램이다. 아날로그 비교기는 ACB의 AC0을 사용하였고, 이 아날로그 비교기의 양극성(+) 입력에는 외부에서 AC1 단자로 입력되는 아날로그 전압을 인가하였으며, 음극성(-) 입력에는 내부에서 1.10V의 기준전압을 인가하였다.

양극성(+) 입력에 인가하는 외부 아날로그 전압은 PB1(AC1) 단자를 사용하도록 지정하였으며, 이 아날로그 전압은 D/A 컨버터로 +2.5V를 만들어 PA2(DAC0) 단자로 출력하고, <그림 4.18.2>처럼 외부에 10kΩ 정도의 가변저항을 사용하여 0~+2.5V 범위에서 가변할 수 있도록 하였다.

TFT-LCD 모듈의 화면에는 이렇게 입력한 아날로그 전압의 크기를 A/D 컨버터로 읽어서 표시하며, 내부의 +1.10V와 크기를 비교하여 어느 쪽이 큰지 대소관계를 함께 표시한다.

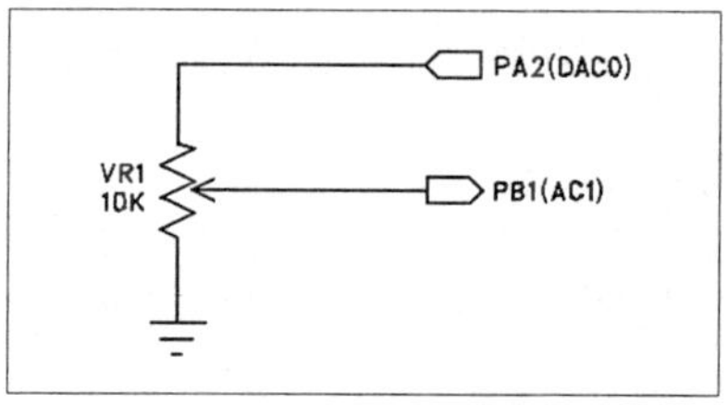

〈그림 4.18.2〉 *OK-X128A1* 키트에서 아날로그 비교기에 입력신호를 인가하는 방법

〈프로그램 Exp18_7.c〉 아날로그 비교기 응용 프로그램

```
/* ========================================================================== */
/*              Exp18_7.c : 아날로그 비교기 테스트 프로그램                     */
/* ========================================================================== */
/*                          Designed and programmed by Duck-Yong Yoon in 2010.  */

#include <avr/io.h>
#include "OK-X128A1.h"

unsigned char Read_PSR(U08 index)              /* read byte of Production Signature Row */
{
  unsigned char byte;
  NVM_CMD = 0x02;                              // READ_CALIB_ROW command
  byte = pgm_read_byte(index);
  NVM_CMD = 0x00;                              // NO_OPERATION command
  return byte;
}

int main(void)
{
  unsigned char i;
  signed int result;

  Initialize_MCU();                            // initialize ATxmega128A1 MCU
  Delay_ms(200);
  Initialize_TFT_LCD();                        // initialize TFT-LCD
  Beep();

  TFT_string(3,10, White,Magenta," 아날로그 비교기 테스트 ");   // display title
  TFT_string(0,18, Green,  Black,"ACB AC0(+) = PB1(AC1) = +0.00V");
  TFT_string(0,22, Green,  Black,"ACB AC0(-) = Vref     = +1.10V");
  TFT_string(3,26, Green,  Black,"따라서 AC0(+) > AC0(-)");

  DACA_OFFSETCAL = Read_PSR(0x30);             // copy offset calibration register
  DACA_GAINCAL = Read_PSR(0x31);               // copy gain calibration register

  DACA_CTRLB = 0x00;                           // single channel operation
  DACA_CTRLC = 0x18;                           // reference voltage = external 2.5V, and right adjust
  DACA_TIMCTRL = 0x61;                         // set conversion interval
  DACA_CTRLA = 0x05;                           // enable DACA DAC0
  DACA_CH0DATA = 0x0FFF;                       // output +2.5V

  ADCB_CAL = Read_PSR(0x20) + Read_PSR(0x21)*256; // copy calibration register

  ADCB_CTRLA = 0x01;                           // enable ADCB
  ADCB_CTRLB = 0x10;                           // 12-bit signed mode, right adjusted
  ADCB_REFCTRL = 0x32;                         // external 2.5V reference
  ADCB_PRESCALER = 0x02;                       // 32MHz/16 = 2MHz

  ACB_AC0CTRL = 0x01;                          // enable ACB AC0
```

```
    ACB_ACOMUXCTRL = 0x0E;                          // AC0(+) = AC1, AC0(-) = internal 1.10V

    while(1)
      { ADCB_CH0_MUXCTRL = (1 << 3);                // +5.0V(ADC5)
        Delay_us(100);
        result = 0;
        for(i = 0; i < 16; i++)
          { ADCB_CH0_INTFLAGS = 0x01;               // clear interrupt flag
            ADCB_CH0_CTRL = 0x81;                   // start, signed mode, single ended
            while(!(ADCB_CH0_INTFLAGS == 0x01));    // wait A/D conversion complete
            result += ADCB_CH0_RES;                 // read A/D result
            Delay_ms(1);
          }
        result >>= 4;                               // calculate average

        TFT_xy(24,18);                              // display voltage
        TFT_color(Green,Black);
        TFT_signed_float((float)result*2.5/2048., 1, 2);

        TFT_xy(17,26);                              // display which is larger
        TFT_color(Magenta,Black);
        if(ACB_STATUS & 0x10)
          TFT_English('>');
        else
          TFT_English('<');

        Delay_ms(100);
      }
  }
```

이 예제 프로그램을 컴파일하여 다운로드하고 실행하라. 그리고, *OK-X128A1* 키트에 <그림 4.18.2>처럼 가변저항을 추가하고 이 가변저항을 좌우로 돌려 아날로그 입력 전압의 크기를 가변하면서 TFT-LCD 화면에 표시되는 내용이 맞는지 확인하라.

다음은 ATxmega128A1의 아날로그 비교기를 윈도우 모드로 사용하여 아날로그 입력전압 크기가 전압 윈도우와 어떤 관계에 있는지를 비교하여 TFT-LCD 화면에 표시하는 프로그램이다. 아날로그 비교기는 ACB의 AC0과 AC1을 사용하였으며, 윈도우의 상위 제한값(window upper limit)에는 D/A 컨버터에서 내부로 출력한 2.00V의 전압을 인가하였으며, 하위 제한값(window lower limit)에는 내부에서 1.10V의 기준전압을 인가하여 윈도우의 범위가 1.10V～2.00V로 되도록 하였다. 그리고, 아날로그 입력은 앞의 예제에서처럼 <그림 4.18.2>의 회로를 사용하여 입력하였다.

TFT-LCD 모듈의 화면에는 이렇게 입력한 아날로그 전압의 크기를 A/D 컨버터로 읽어서 표시하며, 이를 윈도우 전압 1.10V～2.00V와 아난로그 전압이 윈도우의 아래에 있는지(below), 윈도우 안에 있는지(inside), 윈도우의 위에 있는지(above) 대소관계를 함께 표시한다.

〈프로그램 Exp18_8.c〉 아날로그 비교기 응용 프로그램(윈도우 모드)

```
/* ============================================================================ */
/*             Exp18_8.c : 아날로그 비교기 테스트 프로그램(윈도우 모드)          */
/* ============================================================================ */
/*                        Designed and programmed by Duck-Yong Yoon in 2010.   */

#include <avr/io.h>
#include "OK-X128A1.h"

unsigned char Read_PSR(U08 index)                /* read byte of Production Signature Row */
{
  unsigned char byte;
  NVM_CMD = 0x02;                                // READ_CALIB_ROW command
  byte = pgm_read_byte(index);
  NVM_CMD = 0x00;                                // NO_OPERATION command
  return byte;
}

int main(void)
{
  unsigned char i;
  signed int result;

  Initialize_MCU();                              // initialize ATxmega128A1 MCU
  Delay_ms(200);
  Initialize_TFT_LCD();                          // initialize TFT-LCD
  Beep();

  TFT_string(3,10, White,Magenta," 아날로그 비교기 테스트 ");   // display title
  TFT_string(8,12, Cyan,   Black,"(Window Mode)");
  TFT_string(1,18, Green,  Black,"Window Upper Limit = +2.00V");
  TFT_string(1,22, Green,  Black,"Window Lower Limit = +1.10V");
  TFT_string(0,26, Green,  Black," Input Signal = +0.00V = below");

  DACA_OFFSETCAL = Read_PSR(0x30);               // copy offset calibration register
  DACA_GAINCAL = Read_PSR(0x31);                 // copy gain calibration register

  DACA_CTRLB = 0x00;                             // single channel operation
  DACA_CTRLC = 0x18;                             // reference voltage = external 2.5V, and right adjust
  DACA_TIMCTRL = 0x61;                           // set conversion interval
  DACA_CTRLA = 0x05;                             // enable DACA DAC0
  DACA_CH0DATA = 0x0FFF;                         // output +2.5V

  DACB_CTRLB = 0x00;                             // single channel operation
  DACB_CTRLC = 0x18;                             // reference voltage = external 2.5V, and right adjust
  DACB_TIMCTRL = 0x61;                           // set conversion interval
  DACB_CTRLA = 0x11;                             // enable DACB DAC0 internal
  DACB_CH0DATA = 3276;                           // output +2.0V

  ADCB_CAL = Read_PSR(0x20) + Read_PSR(0x21)*256; // copy calibration register

  ADCB_CTRLA = 0x01;                             // enable ADCB
  ADCB_CTRLB = 0x10;                             // 12-bit signed mode, right adjusted
  ADCB_REFCTRL = 0x32;                           // external 2.5V reference
  ADCB_PRESCALER = 0x02;                         // 32MHz/16 = 2MHz

  ACB_AC0CTRL = 0x01;                            // enable ACB AC0
  ACB_AC0MUXCTRL = 0x0D;                         // AC0(-) = window upper limit = D/A output
  ACB_AC1CTRL = 0x01;                            // enable ACB AC1
  ACB_AC1MUXCTRL = 0x0E;                         // AC1(-) = window lower limit = internal 1.10V
  ACB_WINCTRL = 0x10;                            // enable window mode(input signal = AC1)

  while(1)
   { ADCB_CH0_MUXCTRL = (1 << 3);                // +5.0V(ADC5)
     Delay_us(100);
     result = 0;
     for(i = 0; i < 16; i++)
       { ADCB_CH0_INTFLAGS = 0x01;               // clear interrupt flag
         ADCB_CH0_CTRL = 0x81;                   // start, signed mode, single ended
```

```
        while(!(ADCB_CH0_INTFLAGS == 0x01));  // wait A/D conversion complete
        result += ADCB_CH0_RES;               // read A/D result
        Delay_ms(1);
      }
    result >>= 4;                             // calculate average

    TFT_xy(15,26);                            // display voltage
    TFT_color(Green,Black);
    TFT_signed_float((float)result*2.5/2048., 1, 2);

    if((ACB_STATUS & 0xC0) == 0x00)           // display window status
      TFT_string(24,26, Magenta,Black, "above ");
    else if((ACB_STATUS & 0xC0) == 0x40)
      TFT_string(24,26, Magenta,Black, "inside");
    else if((ACB_STATUS & 0xC0) == 0x80)
      TFT_string(24,26, Magenta,Black, "below ");

    Delay_ms(100);
  }
}
```

☞ ATxmega128A1에서 병렬 I/O 포트 PORTA에 포함되는 A/D 컨버터(ADCA), D/A 컨버터(DACA), 아날로그 비교기(ACA) 등은 서로 밀접하게 관련되어 있으며, 마찬가지로 병렬 I/O 포트 PORTB에 포함되는 A/D 컨버터(ADCB), D/A 컨버터(DACB), 아날로그 비교기(ACB) 등은 서로 밀접하게 관련되어 있다. 그러나, 병렬 I/O 포트 PORTA에 들어있는 아날로그 회로와 병렬 I/O 포트 PORTB에 들어있는 아날로그 회로는 서로 독립적이어서 이들 사이에는 기준전압(reference voltage)을 공유하는 것 이외에는 서로 기능적인 관련이 없다.

따라서, 위의 예제 프로그램에서 아날로그 비교기를 병렬 I/O 포트 PORTB에 포함되는 ACB를 사용하였으므로 윈도우 상위 제한값 2.00V를 내부로 공급하기 위한 D/A 컨버터도 DACA가 아니라 DACB를 사용해야 한다는 점에 유의해야 한다. 실제로 이 D/A 컨버터로 DACA를 사용해 보면 이 예제 프로그램은 올바르게 동작하지 않는다.

이 예제 프로그램을 컴파일하여 다운로드하고 실행하라. 그리고, *OK-X128A1* 키트에 <그림 4.18.2>처럼 가변저항을 추가하고 이 가변저항을 좌우로 돌려 아날로그 입력 전압의 크기를 가변하면서 TFT-LCD 화면에 표시되는 내용이 맞는지 확인하라.

6. 실습 과제

(1) ATxmega128A1의 A/D 컨버터에서 8비트 분해능을 사용하는 경우와 12비트 분해능을 사용하는 경우의 장단점을 비교하여 설명하라.

(2) ATxmega128A1의 A/D 컨버터에서 signed mode와 unsigned mode의 장단점을 비교하여 설명하라.

(3) C언어에서 변수 데이터의 논리적 시프트(logical shift)와 산술적 시프트(arithmetic shift) 동작을 비교하여 설명하라.

(4) 예제 프로그램 Exp18_3.c에서 총 64번을 A/D 변환하여 평균을 취하는 방법으로 수정한 프로그램 Exp18_3R.c를 작성하라.

(5) 예제 프로그램 Exp18_5.c에서 총 64번을 A/D 변환하여 이동평균을 취하는 방법으로 수정한 프로그램 Exp18_5R.c를 작성하라.

4.19 D/A 컨버터 응용 프로그램

이 절에서는 ATxmega128A1에 내장되어 있는 12비트 D/A 컨버터를 응용하는 프로그래밍 기술을 공부하기로 한다.

관련 내용	(1) 제2.8절 D/A 컨버터 (2) 제3.1절 *OK-X128A1* 키트의 구조와 기능

1. *OK-X128A1* 키트의 D/A 컨버터 관련 회로

ATxmega128A1에는 포트A에 1개의 12비트 D/A 컨버터 DACA를 가지고 있으며, 포트B에도 1개의 12비트 D/A 컨버터 DACB를 가지고 있다. 각 D/A 컨버터에는 채널 CH0과 CH1을 가지고 있으므로 ATxmega128A1에는 모두 4채널의 12비트 D/A 컨버터를 가지고 있는 셈이다.

제3.1절에서 설명한 바와 같이 *OK-X128A1* 키트에는 이들 4채널의 12비트 D/A 컨버터 출력신호를 외부에서 오실로스코프로 관측할 수 있도록 테스트 단자를 마련해 두었다. <그림 4.19.1>에서 보는 것처럼 DACA의 CH0과 CH1이 출력되는 PA2, PA3 단자는 각각 테스트 단자 DAC0, DAC1에 연결되어 있으며, DACB의 CH0과 CH1이 출력되는 PB2, PB3 단자는 각각 테스트 단자 PB2, PB3에 연결되어 있다.

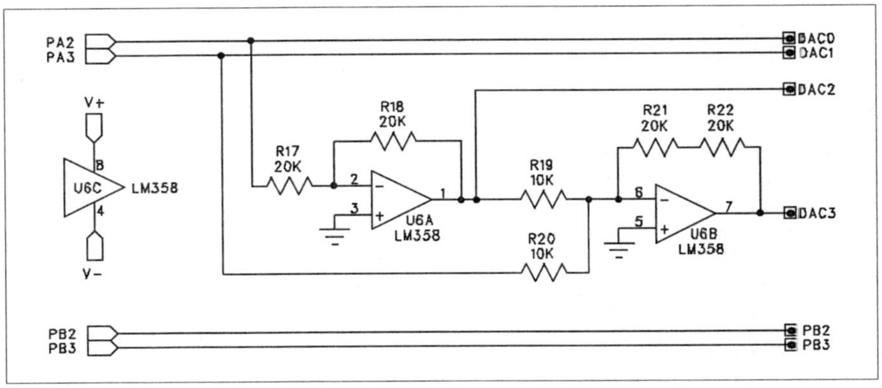

〈그림 4.19.1〉 *OK-X128A1* 키트에 내장된 D/A 컨버터 관련 회로

ATxmega128A1의 D/A 컨버터는 0~+Vref 범위의 전압을 출력할 수 있는 단극성 전압출력형이고 *OK-X128A1* 키트에서 D/A 컨버터의 기준전압으로 PB0/AREF 단자에 외부에서 +2.5V의 기준전압을 인가하여 사용하는 것을 고려하면 0V~+2.5V의 유니폴라 전압만을 출력하는 것이 가능하다. 그런데, 때로는 D/A 컨버터로 양극성 및 음극성을 갖는 바이폴라 전압을 출력하는 것이 필요할 수 있으므로 *OK-X128A1* 키트에서는 <그림 4.19.1>처럼 유니폴라 전압출력을 바이폴라 전압으로 변환하는 회로를 내장하고 있다. 여기서는 2개의 Op Amp를 조합하여 반전증폭기 및 반전증폭형 가산기(adder) 회로를 구성함으로써 DACA의 CH0에 출력한 유니폴라 신호가 DACA의 CH1에 출력한 적절한 크기의 직류전압에 의하여 레벨이 이동(level shift)되어 완전한 바이폴라 교류 파형이 되도록 하였다. DACA의 CH0 출력을 반전시킨 파형은 DAC2 단자에 연결되어 있고, 바이폴라 교류 출력 신호는 DAC3 단자에 연결되어 있다.

이때 Op Amp에는 적절한 크기의 ±전원이 필요한데 *OK-X128A1* 키트에는 외부에서 +5V의 전원만을 공급하여 동작하므로 ±전원을 키트 내부에서 만들어 사용해야 한다. 이러한 ±전원 회로를 추가로 사용하는 불편을 덜기 위하여 *OK-X128A1* 키트에서는 RS-232C 직렬통신 드라이버 소자인 MAX3232에서 발생한 ±전압을 가져다 사용하는데, 이것은 약 ±5.5V 정도의 크기를 가지므로 DAC2, DAC3 단자의 Op Amp 출력신호는 ±4.0V 이내에서는 선형적으로 안정되게 동작한다.

2. 기본적인 D/A 컨버터 출력 프로그램

먼저 D/A 컨버터를 통하여 일정한 시간지연을 주면서 미리 계산된 데이터를 출력하여 일정한 주파수와 진폭을 가지는 삼각파(triangular wave)나 정현파(sinusoidal wave)를 발생시키는 프로그램을 작성하여 본다.

(1) 삼각파 발생 프로그램

미리 계산된 파형 데이터를 플래시 메모리에 상수 데이터 조견표로 만들어 두고 타이머를 이용하여 일정한 시간 간격으로 이를 읽어 D/A 컨버터에 출력하는 방법으로 1kHz의 삼각파를 출력하고자 하는 프로그램을 C언어로 작성하면 다음과 같다. 여기서는 1주기의 삼각파 데이터를 200개로 구성하였으므로 1kHz의 삼각파를 만들기 위하여 데이터를 1개씩 출력하는 인터럽트 발생 주파수는 200kHz로 설정해야 한다.

〈프로그램 Exp19_1.c〉 삼각파 발생 프로그램(1)

```
/* ============================================================================ */
/*      Exp19_1.c : D/A 컨버터 출력 프로그램(삼각파 - 데이터 테이블을 사용)      */
/* ============================================================================ */
/*                       Designed and programmed by Duck-Yong Yoon in 2010.   */

#include <avr/io.h>
#include <avr/interrupt.h>
#include "OK-X128A1.h"

volatile unsigned char data_count;

prog_uint16_t DAC0_data[200] = {                /* triangular wave data table */
  0x0000,0x0020,0x0041,0x0062,0x0083,0x00A3,0x00C4,0x00E5,0x0106,0x0126,
  0x0147,0x0168,0x0189,0x01A9,0x01CA,0x01EB,0x020C,0x022C,0x024D,0x026E,
  0x028F,0x02AF,0x02D0,0x02F1,0x0312,0x0332,0x0353,0x0374,0x0395,0x03B6,
  0x03D6,0x03F7,0x0418,0x0439,0x0459,0x047A,0x049B,0x04BC,0x04DC,0x04FD,
  0x051E,0x053F,0x055F,0x0580,0x05A1,0x05C2,0x05E2,0x0603,0x0624,0x0645,
  0x0665,0x0686,0x06A7,0x06C8,0x06E9,0x0709,0x072A,0x074B,0x076C,0x078C,
  0x07AD,0x07CE,0x07EF,0x080F,0x0830,0x0851,0x0872,0x0892,0x08B3,0x08D4,
  0x08F5,0x0915,0x0936,0x0957,0x0978,0x0998,0x09B9,0x09DA,0x09FB,0x0A1C,
  0x0A3C,0x0A5D,0x0A7E,0x0A9F,0x0ABF,0x0AE0,0x0B01,0x0B22,0x0B42,0x0B63,
  0x0B84,0x0BA5,0x0BC5,0x0BE6,0x0C07,0x0C28,0x0C48,0x0C69,0x0C8A,0x0CAB,
  0x0CCB,0x0CAB,0x0C8A,0x0C69,0x0C48,0x0C28,0x0C07,0x0BE6,0x0BC5,0x0BA5,
  0x0B84,0x0B63,0x0B42,0x0B22,0x0B01,0x0AE0,0x0ABF,0x0A9F,0x0A7E,0x0A5D,
  0x0A3C,0x0A1C,0x09FB,0x09DA,0x09B9,0x0998,0x0978,0x0957,0x0936,0x0915,
  0x08F5,0x08D4,0x08B3,0x0892,0x0872,0x0851,0x0830,0x080F,0x07EF,0x07CE,
  0x07AD,0x078C,0x076C,0x074B,0x072A,0x0709,0x06E9,0x06C8,0x06A7,0x0686,
  0x0665,0x0645,0x0624,0x0603,0x05E2,0x05C2,0x05A1,0x0580,0x055F,0x053F,
  0x051E,0x04FD,0x04DC,0x04BC,0x049B,0x047A,0x0459,0x0439,0x0418,0x03F7,
  0x03D6,0x03B6,0x0395,0x0374,0x0353,0x0332,0x0312,0x02F1,0x02D0,0x02AF,
  0x028F,0x026E,0x024D,0x022C,0x020C,0x01EB,0x01CA,0x01A9,0x0189,0x0168,
  0x0147,0x0126,0x0106,0x00E5,0x00C4,0x00A3,0x0083,0x0062,0x0041,0x0020 };

prog_uint16_t DAC1_data[200] = {                /* DC +1.0V data table */
  0x0666,0x0666,0x0666,0x0666,0x0666,0x0666,0x0666,0x0666,0x0666,0x0666,
  0x0666,0x0666,0x0666,0x0666,0x0666,0x0666,0x0666,0x0666,0x0666,0x0666,
  0x0666,0x0666,0x0666,0x0666,0x0666,0x0666,0x0666,0x0666,0x0666,0x0666,
  0x0666,0x0666,0x0666,0x0666,0x0666,0x0666,0x0666,0x0666,0x0666,0x0666,
  0x0666,0x0666,0x0666,0x0666,0x0666,0x0666,0x0666,0x0666,0x0666,0x0666,
  0x0666,0x0666,0x0666,0x0666,0x0666,0x0666,0x0666,0x0666,0x0666,0x0666,
  0x0666,0x0666,0x0666,0x0666,0x0666,0x0666,0x0666,0x0666,0x0666,0x0666,
  0x0666,0x0666,0x0666,0x0666,0x0666,0x0666,0x0666,0x0666,0x0666,0x0666,
  0x0666,0x0666,0x0666,0x0666,0x0666,0x0666,0x0666,0x0666,0x0666,0x0666,
  0x0666,0x0666,0x0666,0x0666,0x0666,0x0666,0x0666,0x0666,0x0666,0x0666,
  0x0666,0x0666,0x0666,0x0666,0x0666,0x0666,0x0666,0x0666,0x0666,0x0666,
  0x0666,0x0666,0x0666,0x0666,0x0666,0x0666,0x0666,0x0666,0x0666,0x0666,
  0x0666,0x0666,0x0666,0x0666,0x0666,0x0666,0x0666,0x0666,0x0666,0x0666,
  0x0666,0x0666,0x0666,0x0666,0x0666,0x0666,0x0666,0x0666,0x0666,0x0666,
  0x0666,0x0666,0x0666,0x0666,0x0666,0x0666,0x0666,0x0666,0x0666,0x0666,
  0x0666,0x0666,0x0666,0x0666,0x0666,0x0666,0x0666,0x0666,0x0666,0x0666,
  0x0666,0x0666,0x0666,0x0666,0x0666,0x0666,0x0666,0x0666,0x0666,0x0666,
  0x0666,0x0666,0x0666,0x0666,0x0666,0x0666,0x0666,0x0666,0x0666,0x0666,
  0x0666,0x0666,0x0666,0x0666,0x0666,0x0666,0x0666,0x0666,0x0666,0x0666,
  0x0666,0x0666,0x0666,0x0666,0x0666,0x0666,0x0666,0x0666,0x0666,0x0666 };

ISR(TCC0_OVF_vect)                              /* TCC0 OVF interrupt function(200kHz) */
{
  DACA_CH0DATA = pgm_read_word(&DAC0_data[data_count]);
  DACA_CH1DATA = pgm_read_word(&DAC1_data[data_count]);

  data_count++;
  if(data_count == 200)
    data_count = 0;
}

unsigned char Read_PSR(U08 index)               /* read byte of Production Signature Row */
{
  unsigned char byte;
  NVM_CMD = 0x02;                               // READ_CALIB_ROW command
```

```
    byte = pgm_read_byte(index);
    NVM_CMD = 0x00;                          // NO_OPERATION command
    return byte;
  }

  int main(void)
  {
    Initialize_MCU();                        // initialize ATxmega128A1 MCU
    Delay_ms(200);
    Initialize_TFT_LCD();                    // initialize TFT-LCD
    Beep();

    TFT_string(8,10,White, Magenta," 삼각파 출력 ");      // display title
    TFT_string(1,20,Cyan,  Black,"DAC0 : 1kHz 삼각파(0 ~ 2.0V)");
    TFT_string(1,24,Yellow,Black,"DAC1 : +1.0V 직류 전압      ");
    TFT_string(1,28,Green, Black,"DAC3 : 1kHz 삼각파(-4 ~ +4V)");

    DACA_OFFSETCAL = Read_PSR(0x30);         // copy offset calibration register
    DACA_GAINCAL = Read_PSR(0x31);           // copy gain calibration register

    DACA_CTRLB = 0x40;                       // dual channel operation
    DACA_CTRLC = 0x18;                       // reference voltage = external 2.5V, and right adjust
    DACA_TIMCTRL = 0x61;                     // set conversion interval
    DACA_CTRLA = 0x0D;                       // enable DACA DAC0 and DAC1
    DACA_CH0DATA = 0;
    DACA_CH1DATA = 0;

    TCC0_CTRLA = 0x04;                       // int = 32MHz/8/(1+19) = 200kHz
    TCC0_CTRLB = 0x00;                       // normal mode
    TCC0_PER = 19;
    TCC0_CNT = 0x0000;                       // clear TCC0 counter

    TCC0_INTFLAGS = 0x01;
    TCC0_INTCTRLA = 0x03;                    // enable TCC0 OVF interrupt with high level
    PMIC_CTRL = 0x07;                        // enable HI, MED, LO level interrupt
    sei();                                   // global interrupt enable

    data_count = 0;

    while(1);
  }
```

☞ 이 프로그램에서는 타이머/카운터 TCC0을 이용하여 200kHz의 주파수로 인터럽트를 발생하고 이때마다 플래시 메모리에 저장되어 있는 데이터 테이블을 읽어 D/A 컨버터로 출력하였다.

플래시 메모리에 16비트의 상수 데이터를 저장하고 이를 읽어오는 방법을 숙지할 필요가 있다. 플래시 메모리에 상수 배열을 정의할 때는 <표 3.5.2>에서 설명하였듯이 부호없는 8비트 바이트 데이터라면 prog_uchar 또는 prog_uint8_t 지시어를 사용하며, 부호없는 16비트 워드 데이터라면 prog_uint16_t 지시어를 사용하여 글로벌로 선언해야 한다. 이들 상수 데이터를 읽을 때는 <표 3.5.3>에서 설명하였듯이 각각 pgm_read_byte() 및 pgm_read_word() 함수를 사용한다.

D/A 컨버터에는 오프셋 캘리브레이션 레지스터와 이득 캘리브레이션 레지스터가 있는데 이것들은 각각 제품 표시용(Production Signature Row) 바이트의 해당 레지스터 값을 읽어다가 써주면 된다.

이 프로그램을 컴파일하여 다운로드하고 실행하라. 이때 *OK-X128A1* 키트에서 DAC0, DAC1, DAC3 단자로 출력되는 신호를 오실로스코프로 측정한 파형을 보이면 <그림 4.19.2>와 같다. DAC0 단자의 신호는 0~+2.0V로 출력된 1kHz의 유니폴라 삼각파이고, DAC1 단자의 신호는 이를 레벨 시프트하기 위하여 출력한 +1.0V의 직류전압이며, DAC3 단자의 신호는 -4.0V ~ +4.0V로 증폭되고 레벨 시프트된 1kHz의 바이폴라 삼각파이다.

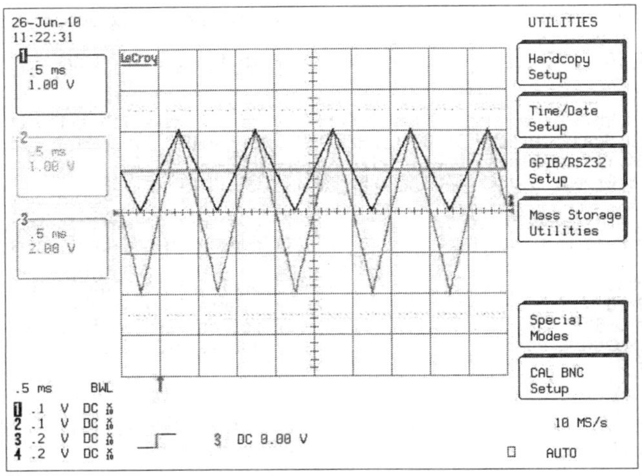

<그림 4.19.2> 프로그램 Exp19_1.c에 의한 삼각파 출력 파형

앞의 예제 프로그램 Exp19_1.c에서는 미리 삼각파의 데이터를 계산하여 상수 테이블로 만들어주어야 하기 때문에 매우 불편하였다. 이 데이터를 프로그램에서 직접 만들어 사용하도록 수정하면 다음과 같다.

〈프로그램 Exp19_2.c〉 삼각파 발생 프로그램(2)

```
/* ========================================================================== */
/*              Exp19_2.c : D/A 컨버터 출력 프로그램(삼각파)                   */
/* ========================================================================== */
/*                          Designed and programmed by Duck-Yong Yoon in 2010.  */

#include  <avr/io.h>
#include <avr/interrupt.h>
#include "OK-X128A1.h"

volatile unsigned char data_count;
volatile unsigned int DAC0_data[200], DAC1_data[200];

ISR(TCC0_OVF_vect)                              /* TCC0 OVF interrupt function(200kHz) */
{
  DACA_CH0DATA = DAC0_data[data_count];
  DACA_CH1DATA = DAC1_data[data_count];

  data_count++;
  if(data_count == 200)
    data_count = 0;
}

unsigned char Read_PSR(U08 index)               /* read byte of Production Signature Row */
{
  unsigned char byte;
```

```
    NVM_CMD = 0x02;                              // READ_CALIB_ROW command
    byte = pgm_read_byte(index);
    NVM_CMD = 0x00;                              // NO_OPERATION command
    return byte;
  }

  int main(void)
  {
    unsigned int i, x, y;
    float a;

    Initialize_MCU();                            // initialize ATxmega128A1 MCU
    Delay_ms(200);
    Initialize_TFT_LCD();                        // initialize TFT-LCD
    Beep();

    TFT_string(8,10,White, Magenta," 삼각파 출력 ");       // display title
    TFT_string(1,20,Cyan,  Black,"DAC0 : 1kHz 삼각파(0 ~ 2.0V)");
    TFT_string(1,24,Yellow,Black,"DAC1 : +1.0V 직류 전압      ");
    TFT_string(1,28,Green, Black,"DAC3 : 1kHz 삼각파(-4 ~ +4V)");

    a = 3276./100.;                              // calculate data of triangular wave
    for(x = 0; x <= 100; x++)
      { y = a * x;
        DAC0_data[x] = y;
      }
    i = 1;
    for(x = 101; x < 200; x++)
      { DAC0_data[x] = DAC0_data[100-i];
        i++;
      }

    for(x = 0; x < 200; x++)                     // calculate data of +1.0V
      DAC1_data[x] = 1638;

    DACA_OFFSETCAL = Read_PSR(0x30);             // copy offset calibration register
    DACA_GAINCAL = Read_PSR(0x31);               // copy gain calibration register

    DACA_CTRLB = 0x40;                           // dual channel operation
    DACA_CTRLC = 0x18;                           // reference voltage = external 2.5V, and right adjust
    DACA_TIMCTRL = 0x61;                         // set conversion interval
    DACA_CTRLA = 0x0D;                           // enable DACA DAC0 and DAC1
    DACA_CH0DATA = 0;
    DACA_CH1DATA = 0;

    TCC0_CTRLA = 0x04;                           // int = 32MHz/8/(1+19) = 200kHz
    TCC0_CTRLB = 0x00;                           // normal mode
    TCC0_PER = 19;
    TCC0_CNT = 0x0000;                           // clear TCC0 counter

    TCC0_INTFLAGS = 0x01;
    TCC0_INTCTRLA = 0x03;                        // enable TCC0 OVF interrupt with high level
    PMIC_CTRL = 0x07;                            // enable HI, MED, LO level interrupt
    sei();                                       // global interrupt enable

    data_count = 0;

    while(1);
  }
```

☞ 프로그램에서 삼각파 발생을 위한 데이터를 만들어 저장하려면 플래시 메모리용의 상수가 아니라 SRAM용의 변수 배열이 되어야 하며, 이것은 메인 함수와 인터럽트 처리 함수에서 공유하는 글로벌 변수이므로 volatile로 선언하였다.

(2) 정현파 발생 프로그램

앞의 예제 프로그램 Exp19_2.c에서와 마찬가지로 파형 발생을 위한 데이터를 프로그램에서 직접 계산하고 만들어 사용하는 방법으로 정현파 발생 프로그램을 작성하면 다음과 같다.

〈프로그램 Exp11_3.c〉 정현파 발생 프로그램

```
/* ============================================================================ */
/*                 Exp19_3.c : D/A 컨버터 출력 프로그램(정현파)                   */
/* ============================================================================ */
/*                          Designed and programmed by Duck-Yong Yoon in 2010.   */

#include <avr/io.h>
#include <avr/interrupt.h>
#include "OK-X128A1.h"

volatile unsigned char data_count;
volatile unsigned int DAC0_data[200], DAC1_data[200];

ISR(TCC0_OVF_vect)                          /* TCC0 OVF interrupt function(200kHz) */
{
  DACA_CH0DATA = DAC0_data[data_count];
  DACA_CH1DATA = DAC1_data[data_count];

  data_count++;
  if(data_count == 200)
    data_count = 0;
}

unsigned char Read_PSR(U08 index)           /* read byte of Production Signature Row */
{
  unsigned char byte;
  NVM_CMD = 0x02;                           // READ_CALIB_ROW command
  byte = pgm_read_byte(index);
  NVM_CMD = 0x00;                           // NO_OPERATION command
  return byte;
}

int main(void)
{
  unsigned int x, y;

  Initialize_MCU();                         // initialize ATxmega128A1 MCU
  Delay_ms(200);
  Initialize_TFT_LCD();                     // initialize TFT-LCD
  Beep();

  TFT_string(8,10,White, Magenta," 정현파 출력 ");       // display title
  TFT_string(1,20,Cyan,  Black,"DAC0 : 1kHz 정현파(0 ~ 2.0V)");
  TFT_string(1,24,Yellow,Black,"DAC1 : +1.0V 직류 전압      ");
  TFT_string(1,28,Green, Black,"DAC3 : 1kHz 정현파(-4 ~ +4V)");

  for(x = 0; x < 200; x++)                  // calculate data of sinusoidal wave
    { y = 1638. * sin(x * 1.8 * 3.141592 / 180.) + 1638;
      DAC0_data[x] = y;
    }
```

```
  for(x = 0; x < 200; x++)                       // calculate data of +1.0V
    DAC1_data[x] = 1638;

  DACA_OFFSETCAL = Read_PSR(0x30);               // copy offset calibration register
  DACA_GAINCAL = Read_PSR(0x31);                 // copy gain calibration register

  DACA_CTRLB = 0x40;                             // dual channel operation
  DACA_CTRLC = 0x18;                             // reference voltage = external 2.5V, and right
adjust
  DACA_TIMCTRL = 0x61;                           // set conversion interval
  DACA_CTRLA = 0x0D;                             // enable DACA DAC0 and DAC1
  DACA_CH0DATA = 0;
  DACA_CH1DATA = 0;

  TCC0_CTRLA = 0x04;                             // int = 32MHz/8/(1+19) = 200kHz
  TCC0_CTRLB = 0x00;                             // normal mode
  TCC0_PER = 19;
  TCC0_CNT = 0x0000;                             // clear TCC0 counter

  TCC0_INTFLAGS = 0x01;
  TCC0_INTCTRLA = 0x03;                          // enable TCC0 OVF interrupt with high level
  PMIC_CTRL = 0x07;                              // enable HI, MED, LO level interrupt
  sei();                                         // global interrupt enable

  data_count = 0;

  while(1);
}
```

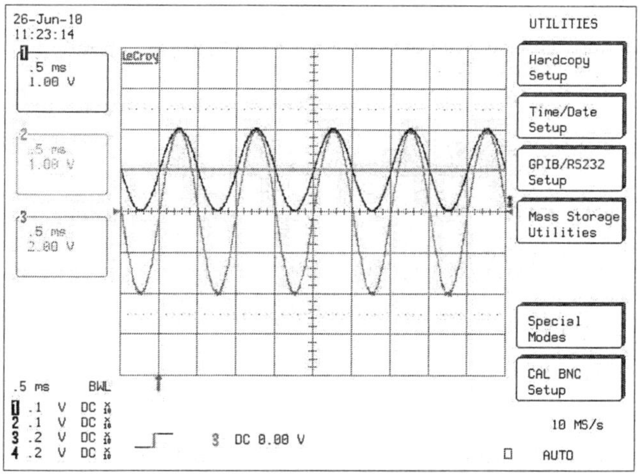

<그림 4.19.3> 프로그램 Exp19_3.c에 의한 정현파 출력 파형

이 프로그램을 컴파일하여 다운로드하고 실행하라. 이때 *OK-X128A1* 키트에서 DAC0, DAC1, DAC3 단자로 출력되는 신호를 오실로스코프로 측정한 파형을 보이면 <그림 4.19.3>과 같다. DAC0 단자의 신호는 0~+2.0V로 출력된 1kHz의 유니폴라 정현파이고, DAC1 단자의 신호는 이를 레벨 시프트하기 위하여 출력한 +1.0V의 직류전압이며, DAC3 단자의 신호는 -4.0V~+4.0V로 증폭되고 레벨 시프트된 1kHz의 바이폴

라 정현파이다.

3. D/A 컨버터 응용 프로그램

이번에는 DACA의 CH0과 CH1에 가변적인 위상차를 갖는 정현파를 출력하고 이를 각각 오실로스코프의 채널1과 채널2로 받아 XY 모드로 관측하여 보기로 한다. 이때 오실로스코프 화면에 나타나는 파형을 리사쥬(Lissajous) 도형이라고 한다.

다음은 DACA의 CH0과 CH1에 0~+2.0V의 크기를 갖는 정현파를 가변적인 위상차로 출력하여 오실로스코프로 리사쥬 도형을 관측하기 위한 프로그램이다.

〈프로그램 Exp19_4.c〉 리사주 도형을 관측하기 위한 프로그램

```
/* ========================================================================== */
/*       Exp19_4.c : D/A 컨버터 출력을 오실로스코프 XY 모드로 관측하기         */
/* ========================================================================== */
/*                          Designed and programmed by Duck-Yong Yoon in 2010. */
#include <avr/io.h>
#include <avr/interrupt.h>
#include "OK-X128A1.h"

volatile unsigned char data_count0, data_count1, period_count, phase;
volatile unsigned int DAC_data[200];

ISR(TCC0_OVF_vect)                          /* TCC0 OVF interrupt function(200kHz) */
{
  if((data_count0 + phase) >= 200)
    data_count1 = data_count0 + phase - 200;
  else
    data_count1 = data_count0 + phase;

  DACA_CH0DATA = DAC_data[data_count0];
  DACA_CH1DATA = DAC_data[data_count1];

  data_count0++;
  if(data_count0 == 200)
    { data_count0 = 0;
      period_count++;
    }
}

unsigned char Read_PSR(U08 index)           /* read byte of Production Signature Row */
{
  unsigned char byte;
  NVM_CMD = 0x02;                           // READ_CALIB_ROW command
  byte = pgm_read_byte(index);
  NVM_CMD = 0x00;                           // NO_OPERATION command
  return byte;
}

int main(void)
{
  unsigned int i, x, y;

  Initialize_MCU();                         // initialize ATxmega128A1 MCU
  Delay_ms(200);
  Initialize_TFT_LCD();                     // initialize TFT-LCD
  Beep();
```

```
    TFT_string(4,10, White,Magenta, " 리사쥬 도형 관측하기 ");    // display title
    TFT_string(1,22, Green,  Black, "DAC0 : 오실로스코프 채널1(X)");
    TFT_string(1,24, Cyan,   Black, "       (AC/0.5V 스케일 설정)");
    TFT_string(1,28, Green,  Black, "DAC1 : 오실로스코프 채널2(Y)");
    TFT_string(1,30, Cyan,   Black, "       (AC/0.5V 스케일 설정)");

    for(x = 0; x < 200; x++)                          // calculate data of sinusoidal wave
      { y = 1638. * sin(x * 1.8 * 3.141592 / 180.) + 1638;
        DAC_data[x] = y;
      }

    DACA_OFFSETCAL = Read_PSR(0x30);                  // copy offset calibration register
    DACA_GAINCAL = Read_PSR(0x31);                    // copy gain calibration register

    DACA_CTRLB = 0x40;                                // dual channel operation
    DACA_CTRLC = 0x18;                                // reference voltage = external 2.5V, and right adjust
    DACA_TIMCTRL = 0x61;                              // set conversion interval
    DACA_CTRLA = 0x0D;                                // enable DACA DAC0 and DAC1
    DACA_CH0DATA = 0;
    DACA_CH1DATA = 0;

    TCC0_CTRLA = 0x04;                                // int = 32MHz/8/(1+19) = 200kHz
    TCC0_CTRLB = 0x00;                                // normal mode
    TCC0_PER = 19;
    TCC0_CNT = 0x0000;                                // clear TCC0 counter

    TCC0_INTFLAGS = 0x01;
    TCC0_INTCTRLA = 0x03;                             // enable TCC0 OVF interrupt with high level
    PMIC_CTRL = 0x07;                                 // enable HI, MED, LO level interrupt
    sei();                                            // global interrupt enable

    data_count0 = 0;
    period_count = 0;

    while(1)
      { for(i = 0; i < 200; i++)
          { phase = i;                                // phase = 0~360 degree
            period_count = 0;
            while(period_count != 20);                // wait 20 ms
          }
      }
}
```

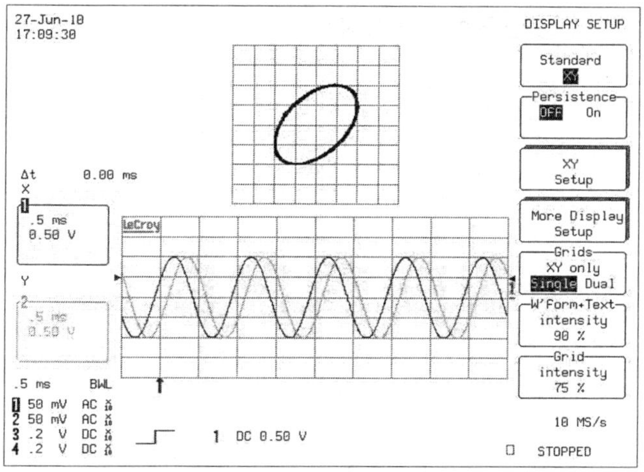

〈그림 4.19.4〉 프로그램 Exp19_4.c에 의한 리사쥬 도형을 관측한 모습

이 프로그램을 컴파일하여 다운로드하고 실행하라. 이때 *OK-X128A1* 키트에서 DAC0, DAC1 단자로 출력되는 신호를 각각 오실로스코프의 채널1, 채널2에 연결하여 XY 모드로 측정한 파형을 보이면 <그림 4.19.4>와 같다. 여기서 오실로스코프의 채널1, 채널2는 모두 교류 커플링으로 설정하고 전압 스케일을 0.5V/div로 놓는 것을 것을 추천한다. 그래야만 리사쥬 도형이 화면의 중앙에 위치하게 되고 적절한 크기로 표시된다.

4. 실습 과제

(1) 앞의 정현파 발생 예제 프로그램에서는 정현파를 발생할 때 1주기를 200등분하여 조견표에 데이터가 200개 존재하도록 만들었다. 이를 삼각함수에서 변수가 1도 간격이 되도록 1주기를 360등분하여 조견표의 데이터를 360개로 늘렸다면 어떤 장단점이 있는지 설명하라.

(2) 예제 프로그램 Exp19_3.c에서 출력 파형의 주파수가 5kHz로 되도록 수정한 프로그램 Exp19_3R.c를 작성하라.

(3) 리사쥬 도형이 무엇인지 설명하라.

(4) 예제 프로그램 Exp19_4.c에서 리사쥬 도형이 현재보다 2배정도 천천히 움직이도록 수정한 프로그램 Exp19_4R.c를 작성하라.

4.20 TFT-LCD를 이용한 게임 프로그램

이 절에서는 3가지의 유명한 게임 프로그램(푸시푸시 게임, 오목 게임, 테트리스 게임)을 *OK-X128A1* 키트에서 구현해 본다. 게임을 수행하려면 입력장치가 필요한데 여기서는 게임 입력장치로 KEY1~KEY4 또는 터치 스크린을 사용한다.

이 책에서는 TFT-LCD 모듈을 사용하여 게임을 구현하면서 ATxmega128A1의 프로그래밍 기술을 익히는 것이 목적이므로 게임의 알고리즘이나 수준에는 그다지 중점을 두지 않는다. 만약 게임 알고리즘의 수준을 높이는 작업이 필요하다면 그것은 독자 여러분의 몫이다. 특히 졸업작품을 만들 목적으로 이 책의 예제 프로그램을 응용하려는 학생이라면 마땅히 이런 정도의 프로그램 소스는 자신의 힘으로 적극적으로 분석하여 자신의 작품에 발전적으로 응용할 수 있는 의지와 노력이 있어야 한다.

관련 내용	(1) 제3.1절 *OK-X128A1* 키트의 구조와 기능 (2) 제4.7절 TFT-LCD의 터치 스크린 입력 프로그램

1. 푸시푸시 게임 프로그램

오늘날까지 흔히 푸시푸시(PushPush) 게임이라고 널리 알려져 있는 이것은 원래 소코반(Sokoban)이라는 게임 프로그램으로서 아주 순수하고 단순하지만 시간이 많이 소요되면서 두뇌를 많이 활용해야 하는 좋은 게임 프로그램이다.

소코반은 1980년에 일본의 히로유키 이마바야시(Hiroyuki Imabayashi)라는 사람이 비디오 게임기용으로 개발한 게임이며, 나중에 IBM PC에서 MS-DOS용으로 채택되어 큰 인기를 끌었다. 또한, 이것은 그래픽 해상도가 낮은 화면에서도 쉽게 구현할 수 있고 키나 터치 스크린 등 아무 입력장치를 사용하더라도 게임을 수행할 수 있는데다가 그다지 스피드를 요구하는 게임도 아니어서 모바일 제품의 취향에 잘 어울리기 때문에 최근에는 휴대전화나 디지털 카메라에 채택되어 대단한 인기를 끌기도 하였다.

이것은 약간의 미로 구조를 가지는 방안에서 사람이 박스를 1개씩 밀어서 지정된 위치에 모두 옮겨 놓으면 게임이 완료되고 새로운 스테이지로 넘어가는 게임이다. 박스는 한번에 1개씩만 밀 수 있으며, 항상 정면으로만 밀고 갈 수가 있다. 따라서, 박스를 정면으로 밀고 갈 수 없는 위치에 빠져들게 되면 그 스테이지는 더 진행할 수가 없으므로 게임 오버가 된다. 이렇게 되지 않으려면 각 박스를 어떤 방향에서 어떤 순서로 밀어서 옮겨야 하는지가 관건이다.

현재까지 이 게임은 많은 아류가 쏟아져 나왔으며 공개된 스테이지 수도 엄청나게 많다. 따라서, 메모리 용량만 허용된다면 이 게임에서는 스테이지 수를 거의 무제한으로 늘려서 구현할 수 있다.

다음은 푸시푸시 게임을 TFT-LCD가 240×320 픽셀 해상도를 갖는 *OK-X128A1* 키트에 맞도록 구현한 것으로 키 및 터치 스크린으로 게임을 수행할 수 있다. 터치 스크린으로는 게임의 모든 기능을 사용할 수 있지만 키를 사용하는 경우에는 게임 기능의 일부를 사용할 수 없게 된다.

이 게임은 현재까지 나와 있는 많은 종류의 소코반 또는 푸시푸시 게임을 참조로 프로그래밍한 것이며, 현재 35개의 스테이지가 들어 있다. 게임 내용과 알고리즘이 비교적 간단하므로 독자 여러분 스스로의 노력으로 충분히 파악할 수 있을 것이다.

〈프로그램 Exp20_1.c〉 푸시푸시 게임 프로그램

```
/* ========================================================================== */
/*                Exp20_1.c : 푸시푸시(PushPush) 게임 프로그램                    */
/* ========================================================================== */
/*                          Designed and programmed by Duck-Yong Yoon in 2010.  */

#include  <avr/io.h>
#include <avr/pgmspace.h>
#include <avr/interrupt.h>
#include "OK-X128A1.h"

void Draw_symbol(U16 xPos,U16 yPos,U16 color,U08 code); // draw 16x16 symbol
void Draw_arrow(U16 xPos,U16 yPos,U16 color,U08 code);  // draw 32x32 arrow
void Draw_board(void);                          // draw game board
void Draw_control(void);                        // draw game control
void Draw_left(U16 color1, U16 color2, U16 color3);     // draw left arrow for touch screen
void Draw_right(U16 color1, U16 color2, U16 color3);    // draw right arrow for touch screen
void Draw_down(U16 color1, U16 color2, U16 color3);     // draw down arrow for touch screen
void Draw_up(U16 color1, U16 color2, U16 color3);       // draw up arrow for touch screen
void Draw_clear(U16 color1, U16 color2);        // display clear for touch screen
void Draw_previous(U16 color1, U16 color2);     // display previous stage for touch screen
void Draw_next(U16 color1, U16 color2);         // display previous stage for touch screen
unsigned char Icon_input(void);                 // input touch screen icon
void PushPush(U16 direction);                   // push box by direction arrow
unsigned char Check_OK(void);                   // check game stage OK

/* -------------------------------------------------------------------------- */

#define Left            KEY1                    // direction by KEY1
#define Right           KEY2                    // direction by KEY2
#define Down            KEY3                    // direction by KEY3
#define Up              KEY4                    // direction by KEY4

#define KEY5            0x05                    // previous stage icon of touch screen
#define KEY6            0x06                    // next stage icon of touch screen
#define KEY7            0x07                    // clear icon of touch screen

#define Xbase            8                      // x base position of board
```

```
#define Ybase           23                      // y base position of board

#define Stage_max       35                      // maximum stage number

unsigned char beep_flag;                        // beep on/off flag
unsigned char stage;                            // game stage
unsigned char buffer[12][14];                   // board buffer of a stage(x=12, y=12)
unsigned int  xo, yo;                           // current x, y position

/* ------------------------------------------------------------------------- */

unsigned char board[Stage_max][12][14]={        /* define board of each stage */
        { "              ",                     // stage 1
          "              ",
          "   XXXXXXXX   ",
          "   XX@ XXXX   ",
          "   XX *  XX   ",
          "   XXX X XX   ",
          "   XOX X  X   ",
          "   XO*  X X   ",
          "   XO   * X   ",
          "   XXXXXXXX   ",
          "              ",
          "              "},
        { "              ",                     // stage 2
          "  XXXXXXXXXX  ",
          "  XX@  XXXXX  ",
          "  XX **XX  X  ",
          "  XX *     X  ",
          "  XXXXXX   X  ",
          "  XX   X XXX  ",
          "  XX XXX  XX  ",
          "  XX XOOO XX  ",
          "  XXXXXXXXXX  ",
          "              ",
          "              "},
        { "              ",                     // stage 3
          "              ",
          "   XXXXXXXX   ",
          "   XXOO OXX   ",
          "   XXO* OXX   ",
          "   XX*   XX   ",
          "   X *  *@X   ",
          "   X XX*X X   ",
          "   X      X   ",
          "   XXXXXXXX   ",
          "              ",
          "              "},
        { "              ",                     // stage 4
          "              ",
          "   XXXXXXX    ",
          "   XXX  XX    ",
          "   X *   X    ",
          "   X X X X    ",
          "   X * X X    ",
          "   X *@**X    ",
          "   XOOOOOX    ",
          "   XXXXXXX    ",
          "              ",
          "              "},

        (중략)

        { "XXXXXXXXXXXXXX",                     // stage 34
          "XX    XXX   XX",
          "XX*X *X * * XX",
          "XX *  *   *  X",
          "XOOOO  XX  X X",
          "XOXXO  * XX  X",
          "XOOOO    *   X",
          "XOOOOX*X **  X",
          "XX *X   X@   X",
          "XX    * XXXXXX",
```

```
        "XXX  XXXX    X",
        "XXXXXXXXXXXXXX" },
      { "XXXXXXXXXXXXXX",                          // stage 35
        "X XXX    XXX X",
        "X X   X*   XXX",
        "X X   *   ** X",
        "X X ** X*    X",
        "X XX   *   * X",
        "XXXXXX X*XXXXX",
        "XOO@ X*  X   X",
        "XOXOO  *XX   X",
        "XOOOO*X X    X",
        "XOOOO   X    X",
        "XXXXXXXXXXXXXX" }};

/* ------------------------------------------------------------------------- */

volatile unsigned char second, minute;

ISR(TCC1_OVF_vect)                               /* TCC1 OVF interrupt function (1 sec) */
{
  second++;                                      // increment second
  if(second == 60)                               // if second = 60, second = 0
    { second = 0;
      minute++;                                  // increment minute
      if(minute == 60)                           // if minute = 60, minute = 0
        minute = 0;
    }
}

int main(void)                                   /* main routine of PushPush game */
{
  unsigned char x, y, key, direction = 0;

  Initialize_MCU();                              // initialize ATxmega128A1 MCU
  Delay_ms(200);
  Initialize_TFT_LCD();                          // initialize TFT-LCD
  Beep();

  Initialize_touch_screen();                     // initialize touch screen

  beep_flag = 1;                                 // beep on
  stage = 0;                                     // initial stage

  TCC1_CTRLA = 0x07;                             // int = 32MHz/1024/(1+31249) = 1Hz
  TCC1_CTRLB = 0x00;                             // normal mode
  TCC1_PER = 31249;
  TCC1_CNT = 0x0000;                             // clear TCC1 counter

  TCC1_INTFLAGS = 0x01;
  TCC1_INTCTRLA = 0x01;                          // enable OVF interrupt with low level
  PMIC_CTRL = 0x07;                              // enable HI, MED, LO level interrupt
  sei();                                         // global interrupt enable

  while(1)
    { TFT_clear_screen();                        // clear screen for new stage

      for(y = 0; y < 12; y++)                    // get new board and initial @ position
        for(x = 0; x < 14; x++)
          { buffer[y][x] = board[stage][y][x];
            if(buffer[y][x] == '@')
              { xo = x;
                yo = y;
                buffer[y][x] = ' ';
              }
          }

      Draw_board();                              // draw new board
      second = 0;
      minute = 0;
      Draw_control();                            // draw game control

      while(1)                                   // game of current stage
```

```
        { direction = 0;

          key = Key_input();                          // key input
          if(key == no_key)                           // if no key input, read touch screen icon
            key = Icon_input();

          if(key == KEY1)      direction = Left;
          else if(key == KEY2) direction = Right;
          else if(key == KEY3) direction = Down;
          else if(key == KEY4) direction = Up;
          else if(key == KEY5)                        // go previous stage
            { if(stage != 0) stage--;
              else          stage = Stage_max - 1;
              break;
            }
          else if(key == KEY6)                        // go next stage
            { if(stage != (Stage_max-1)) stage++;
              else                       stage = 0;
              break;
            }
          else if(key == KEY7)                        // clear current stage
            break;

          PushPush(direction);                        // go to push

          TFT_color(White,Black);                     // display time
          TFT_xy(6,30); TFT_unsigned_decimal(minute,1,2);
          TFT_xy(9,30); TFT_unsigned_decimal(second,1,2);

          if(Check_OK())                              // check if stage is OK
            { TFT_string(1,28, Green,Black, "  축하합니다!  ");
              Delay_ms(300);
              if(beep_flag == 1) Beep_3times();
              Delay_ms(2000);
              if(stage != (Stage_max-1)) stage++;
              else                       stage = 0;
              break;
            }
        }
    }
}

/* ---------------------------------------------------------------------------- */

prog_uint16_t Symbol[6][16] = {                                      /* define board symbol */
  { 0x07E0,0x0FF0,0x3FFC,0x3FFC,0x7FFE,0xF3CF,0xF3CF,0xFFFF,         // (0) 사람
    0xFFFF,0xEFF7,0xE7E7,0x700E,0x3C3C,0x3FFC,0x0FF0,0x07E0 },
  { 0xFC7F,0xFEFF,0xFEFF,0xFEFF,0xFEFF,0xFEFF,0xFC7F,0x0000,         // (1) 벽
    0x7FFC,0xFFFE,0xFFFE,0xFFFE,0xFFFE,0xFFFE,0x7FFC,0x0000 },
  { 0x0000,0x7FFE,0x7FFE,0x781E,0x7C3E,0x6E76,0x67E6,0x63C6,         // (2) 박스
    0x63C6,0x67E6,0x6E76,0x7C3E,0x781E,0x7FFE,0x7FFE,0x0000 },
  { 0x0000,0x0000,0x0000,0x0000,0x0000,0x07E0,0x07E0,0x07E0,         // (3) 목표점
    0x07E0,0x07E0,0x07E0,0x0000,0x0000,0x0000,0x0000,0x0000 },
  { 0x0000,0x0100,0x0300,0x0700,0x0F00,0x1F00,0x3FFF,0x7FFF,         // (4) left arrow
    0xFFFF,0x7FFF,0x3FFF,0x1F00,0x0F00,0x0700,0x0300,0x0100 },
  { 0x0000,0x0080,0x00C0,0x00E0,0x00F0,0x00F8,0xFFFC,0xFFFE,         // (5) right arrow
    0xFFFF,0xFFFE,0xFFFC,0x00F8,0x00F0,0x00E0,0x00C0,0x0080 }};

void Draw_symbol(U16 xPos,U16 yPos, U16 color, U08 code)             /* draw 16x16 symbol */
{
  unsigned char x, y;
  unsigned int font;

  for(y = 0; y < 16; y++)
    { TFT_GRAM_address(xPos,yPos+y);
      font = pgm_read_word(&Symbol[code][y]);
      for(x = 0; x < 16; x++)
        { if((font << x) & 0x8000) TFT_data(color);
          else                     TFT_data(Black);
        }
    }
}
```

```
prog_uint16_t Arrow[4][64] = {                                    /* define arrow of touch screen */
 { 0x0000,0x0000,0x0000,0x0100,0x0000,0x0300,0x0000,0x0700,      // (0) left arrow
   0x0000,0x0F00,0x0000,0x1F00,0x0000,0x3F00,0x0000,0x7F00,
   0x0000,0xFF00,0x0001,0xFF00,0x0003,0xFF00,0x0007,0xFF00,
   0x000F,0xFF00,0x001F,0xFF00,0x003F,0xFF00,0x007F,0xFF00,
   0x00FF,0xFF00,0x007F,0xFF00,0x003F,0xFF00,0x001F,0xFF00,
   0x000F,0xFF00,0x0007,0xFF00,0x0003,0xFF00,0x0001,0xFF00,
   0x0000,0xFF00,0x0000,0x7F00,0x0000,0x3F00,0x0000,0x1F00,
   0x0000,0x0F00,0x0000,0x0700,0x0000,0x0300,0x0000,0x0100 },
 { 0x0000,0x0000,0x0080,0x0000,0x00C0,0x0000,0x00E0,0x0000,      // (1) right arrow
   0x00F0,0x0000,0x00F8,0x0000,0x00FC,0x0000,0x00FE,0x0000,
   0x00FF,0x0000,0x00FF,0x8000,0x00FF,0xC000,0x00FF,0xE000,
   0x00FF,0xF000,0x00FF,0xF800,0x00FF,0xFC00,0x00FF,0xFE00,
   0x00FF,0xFF00,0x00FF,0xFE00,0x00FF,0xFC00,0x00FF,0xF800,
   0x00FF,0xF000,0x00FF,0xE000,0x00FF,0xC000,0x00FF,0x8000,
   0x00FF,0x0000,0x00FE,0x0000,0x00FC,0x0000,0x00F8,0x0000,
   0x00F0,0x0000,0x00E0,0x0000,0x00C0,0x0000,0x0080,0x0000 },
 { 0x0000,0x0000,0x0000,0x0000,0x0000,0x0000,0x0000,0x0000,      // (2) down arrow
   0x0000,0x0000,0x0000,0x0000,0x0000,0x0000,0x0000,0x0000,
   0x7FFF,0xFFFF,0x3FFF,0xFFFE,0x1FFF,0xFFFC,0x0FFF,0xFFF8,
   0x07FF,0xFFF0,0x03FF,0xFFE0,0x01FF,0xFFC0,0x00FF,0xFF80,
   0x007F,0xFF00,0x003F,0xFE00,0x001F,0xFC00,0x000F,0xF800,
   0x0007,0xF000,0x0003,0xE000,0x0001,0xC000,0x0000,0x8000,
   0x0000,0x0000,0x0000,0x0000,0x0000,0x0000,0x0000,0x0000,
   0x0000,0x0000,0x0000,0x0000,0x0000,0x0000,0x0000,0x0000 },
 { 0x0000,0x0000,0x0000,0x0000,0x0000,0x0000,0x0000,0x0000,      // (3) up arrow
   0x0000,0x0000,0x0000,0x0000,0x0000,0x0000,0x0000,0x0000,
   0x0000,0x8000,0x0001,0xC000,0x0003,0xE000,0x0007,0xF000,
   0x000F,0xF800,0x001F,0xFC00,0x003F,0xFE00,0x007F,0xFF00,
   0x00FF,0xFF80,0x01FF,0xFFC0,0x03FF,0xFFE0,0x07FF,0xFFF0,
   0x0FFF,0xFFF8,0x1FFF,0xFFFC,0x3FFF,0xFFFE,0x7FFF,0xFFFF,
   0x0000,0x0000,0x0000,0x0000,0x0000,0x0000,0x0000,0x0000,
   0x0000,0x0000,0x0000,0x0000,0x0000,0x0000,0x0000,0x0000 }};

void Draw_arrow(U16 xPos,U16 yPos,U16 color,U08 code)    /* draw 32x32 arrow */
{
  unsigned char x, y;
  unsigned long font;

  for(y = 0; y < 64; y += 2)
    { TFT_GRAM_address(xPos,yPos+(y/2));
      font = ((U32)pgm_read_word(&Arrow[code][y]) << 16) | pgm_read_word(&Arrow[code][y+1]);
      for(x = 0; x < 32; x++)
        { if((font << x) & 0x80000000) TFT_data(color);
          else                         TFT_data(Black);
        }
    }
}

void Draw_board(void)                                /* draw game board */
{
  int x, y;

  for(y = 0; y < 12; y++)
    { for(x = 0; x < 14; x++)
        { switch(buffer[y][x])
            { case 'X': Draw_symbol(x*16 + Xbase, y*16 + Ybase, Magenta, 1); // 벽
                        break;
              case '*': Draw_symbol(x*16 + Xbase, y*16 + Ybase, Yellow, 2); // 박스
                        break;
              case 'O': Draw_symbol(x*16 + Xbase, y*16 + Ybase, Green,   3); // 목표점
                        break;
              case '@': Draw_symbol(x*16 + Xbase, y*16 + Ybase, Cyan,    0); // 사람
                        break;
              default:  Draw_symbol(x*16 + Xbase, y*16 + Ybase, Black,   0); // 여백
                        break;
            }
        }
      Draw_symbol(xo*16 + Xbase, yo*16 + Ybase, Cyan, 0);
    }

  Draw_symbol(xo*16 + Xbase, yo*16 + Ybase, Cyan, 0);
}
```

```
void Draw_control(void)                               /* draw game control */
{
  TFT_string(1,0,White,Blue, "        PushPush 게임        "); // display title

  Draw_left(White, Cyan, Yellow);                     // draw left (KEY1)
  Draw_right(White, Cyan, Yellow);                    // draw right(KEY2)
  Draw_down(White, Cyan, Yellow);                     // draw down (KEY3)
  Draw_up(White, Cyan, Yellow);                       // draw up   (KEY4)

  TFT_string(1,28,Blue,Cyan," 비프음 ON/OFF "); // beep on/off
  if(beep_flag == 1)
    TFT_string(9,28,Red,Cyan,"ON");
  else
    TFT_string(12,28,Red,Cyan,"OFF");
  TFT_string(5,30,White,   Black,  "(00:00)");       // display time
  TFT_string(6,32,Magenta,Black,  "STAGE");          // display stage
  TFT_string(6,34,Green,   Black,  "00/00");
  TFT_color(Green,Black);
  TFT_xy( 6,34); TFT_unsigned_decimal(stage + 1, 1, 2);
  TFT_xy( 9,34); TFT_unsigned_decimal(Stage_max, 1, 2);

  Draw_clear(White, Cyan);                            // display clear of current stage

  Draw_previous(White, Cyan);                         // display stage change
  Draw_next(White, Cyan);
}

void Draw_left(U16 color1, U16 color2, U16 color3)        /* display left arrow for touch screen */
{
  Draw_arrow(139,247, color2, 0);
  TFT_string(21,32, color3,Black,   "1");
  Line(144,246,  168,246,  color1);
  Line(168,246,  185,263,  color1);
  Line(185,263,  168,280,  color1);
  Line(168,280,  144,280,  color1);
  Line(144,280,  144,246,  color1);
}

void Draw_right(U16 color1, U16 color2, U16 color3)       /* display right arrow for touch screen */
{
  Draw_arrow(205,247, color2, 1);
  TFT_string(25,32, color3,Black,   "2");
  Line(231,246,  207,246,  color1);
  Line(207,246,  190,263,  color1);
  Line(190,263,  207,280,  color1);
  Line(207,280,  231,280,  color1);
  Line(231,280,  231,247,  color1);
}

void Draw_down(U16 color1, U16 color2, U16 color3)        /* display down arrow for touch screen */
{
  Draw_arrow(172,280, color2, 2);
  TFT_string(23,34, color3,Black,   "3");
  Line(171,306,  171,282,  color1);
  Line(171,282,  188,265,  color1);
  Line(188,265,  205,282,  color1);
  Line(205,282,  205,306,  color1);
  Line(205,306,  171,306,  color1);
}

void Draw_up(U16 color1, U16 color2, U16 color3)          /* display up arrow for touch screen */
{
  Draw_arrow(172,214, color2, 3);
  TFT_string(23,30, color3,Black,   "4");
  Line(171,219,  171,243,  color1);
  Line(171,243,  188,260,  color1);
  Line(188,260,  205,243,  color1);
  Line(205,243,  205,219,  color1);
  Line(205,219,  172,219,  color1);
}

void Draw_clear(U16 color1, U16 color2)           /* display clear for touch screen */
```

```
{
  Rectangle(45,294, 91,312, color1);
  TFT_string(6,37,color2,Black, "CLEAR");
}

void Draw_previous(U16 color1, U16 color2)        /* display previous stage for touch screen */
{
  Rectangle(14,261, 35,281, color1);
  Draw_symbol(17, 263, color2, 4);
}

void Draw_next(U16 color1, U16 color2)            /* display next stage for touch screen */
{
  Rectangle(101,261, 122,281, color1);
  Draw_symbol(104, 263, color2, 5);
}

unsigned char icon_flag = 0;

unsigned char Icon_input(void)                    /* input touch screen icon */
{
  unsigned char icon;

  Touch_screen_input();                           // input touch screen

  if((icon_flag == 0) && (x_touch >= 144) && (x_touch <= 172) && (y_touch >= 246) && (y_touch <= 280))
    { icon = KEY1;                                // left
      icon_flag = 1;
      Draw_left(Magenta, Magenta, Magenta);
      if(beep_flag == 1) Beep();
    }
  else if((icon_flag == 0) && (x_touch >= 203) && (x_touch <= 231) && (y_touch >= 246) && (y_touch <= 280))
    { icon = KEY2;                                // right
      icon_flag = 1;
      Draw_right(Magenta, Magenta, Magenta);
      if(beep_flag == 1) Beep();
    }
  else if((icon_flag == 0) && (x_touch >= 171) && (x_touch <= 205) && (y_touch >= 278) && (y_touch <= 306))
    { icon = KEY3;                                // down
      icon_flag = 1;
      Draw_down(Magenta, Magenta, Magenta);
      if(beep_flag == 1) Beep();
    }
  else if((icon_flag == 0) && (x_touch >= 171) && (x_touch <= 205) && (y_touch >= 219) && (y_touch <= 247))
    { icon = KEY4;                                // up
      icon_flag = 1;
      Draw_up(Magenta, Magenta, Magenta);
      if(beep_flag == 1) Beep();
    }
  else if((icon_flag == 0) && (x_touch >= 45) && (x_touch <= 91) && (y_touch >= 294) && (y_touch <= 312))
    { icon = KEY7;                                // clear
      icon_flag = 1;
      Draw_clear(Magenta, Magenta);
      if(beep_flag == 1) Beep();
    }
  else if((icon_flag == 0) && (x_touch >= 14) && (x_touch <= 35) && (y_touch >= 261) && (y_touch <= 281))
    { icon = KEY5;                                // previous stage
      icon_flag = 1;
      Draw_previous(Magenta, Magenta);
      if(beep_flag == 1) Beep();
    }
  else if((icon_flag == 0) && (x_touch >= 101) && (x_touch <= 122) && (y_touch >= 261) && (y_touch <= 281))
    { icon = KEY6;                                // next stage
      icon_flag = 1;
      Draw_next(Magenta, Magenta);
      if(beep_flag == 1) Beep();
    }
  else if((icon_flag == 0) && (x_touch >= 8) && (x_touch <= 120) && (y_touch >= 224) && (y_touch <= 240))
    { icon = no_key;                              // beep on/off
      icon_flag = 1;
      Beep();
      if(beep_flag == 0)
        { beep_flag = 1;
```

```
          TFT_string( 9,28,Red, Cyan,"ON");
          TFT_string(12,28,Blue,Cyan,"OFF");
        }
      else
        { beep_flag = 0;
          TFT_string( 9,28,Blue,Cyan,"ON");
          TFT_string(12,28,Red, Cyan,"OFF");
        }
    }
  else if((icon_flag == 1) && (x_touch == 0) && (y_touch == 0))
    { icon = no_key;
      icon_flag = 0;
      Draw_left(White, Cyan, Yellow);
      Draw_right(White, Cyan, Yellow);
      Draw_down(White, Cyan, Yellow);
      Draw_up(White, Cyan, Yellow);
      Draw_clear(White, Cyan);
      Draw_previous(White, Cyan);
      Draw_next(White, Cyan);
      Delay_ms(50);
    }
  else
    icon = no_key;

  return icon;
}

/* ------------------------------------------------------------------------ */

void PushPush(U16 direction)                     /* push box by direction arrow */
{
  signed char mx = 0, my = 0;

  if(direction == Left)       mx = -1;          // check direction
  else if(direction == Right) mx = +1;
  else if(direction == Down)  my = +1;
  else if(direction == Up)    my = -1;
  else return;

  if(buffer[yo+my][xo+mx] != 'X')               // 이동할 곳이 벽이 아닌 경우에만
    { if(buffer[yo+my][xo+mx] == '*')           // 이동할 곳에 박스가 있는 경우에만
        { if((buffer[yo+my*2][xo+mx*2] == ' ') || (buffer[yo+my*2][xo+mx*2] == '0')) // 박스가 갈 곳
            { if(board[stage][yo+my][xo+mx] == '0')
                buffer[yo+my][xo+mx] = '0';
              else
                buffer[yo+my][xo+mx] = ' ';
              buffer[yo+my*2][xo+mx*2] = '*';
            }
          else return;
        }

      if(buffer[yo][xo] == '0')                 // 지나간 자리
        Draw_symbol(xo*16 + Xbase, yo*16 + Ybase, Green, 3);
      else if(buffer[yo][xo] == ' ')
        Draw_symbol(xo*16 + Xbase, yo*16 + Ybase, Black, 0);

      Draw_symbol((xo+mx)*16 + Xbase, (yo+my)*16 + Ybase, Cyan, 0); // 사람

      if(buffer[yo+my*2][xo+mx*2] == '*')       // 박스
        Draw_symbol((xo+mx*2)*16 + Xbase, (yo+my*2)*16 + Ybase, Yellow,  2);

      xo += mx;                                 // 사람이 이동한 새 위치
      yo += my;
    }
}

unsigned char Check_OK(void)                     /* check game stage OK */
{
  unsigned char x, y;

  for(y = 0; y < 12; y++)
    for(x = 0; x < 14; x++)
      if((board[stage][y][x] == '0') && (buffer[y][x] != '*'))
```

```
        return 0;

    return 1;
}
```

☞ 이 프로그램에서는 총 스테이지를 35개 제공하고 있으며, 사용자가 필요하면 얼마든지 추가할 수 있다. 사용자가 게임 스테이지를 추가하여 늘리고자 하면 위의 예제 프로그램에서 board[Stage_max][12][14]에 자신이 디자인한 스테이지를 배열로 추가하고, 이렇게 배열에 정의된 총 스테이지 수를 프로그램 서두에서 Stage_max 값으로 지정하면 된다. 모든 스테이지에서 가로×세로 벽의 크기를 최대 14×12까지 설정할 수 있다. 배열에서 벽은 X로 표시하고, 박스는 *로 표시하며, 목표점은 0으로 표시하고, 사람이 출발하는 위치는 @로 표시한다.

게임은 KEY1~KEY4를 입력하거나 화면의 아이콘을 터치 스크린으로 입력하는 방법으로 수행한다. 터치 스크린의 입력에는 제4.7절에서 공부한 것처럼 디바운싱 및 원터치 입력 기술을 적용하였다.

게임 중에 박스를 밀거나 스테이지를 이동하는 등의 이벤트가 발생할 때마다 기본적으로 비프음이 울리도록 되어 있는데, 만약 주위환경이 정숙을 유지해야 하는 경우에는 이러한 게임 사운드가 문제가 될 수도 있다. 이런 경우에는 비프음 ON/OFF 기능을 사용하여 언제든지 비프음을 정지시킬 수 있도록 하였다.

원래의 게임에서는 하나의 스테이지를 완료해야만 다음 스테이지로 넘어갈 수 있는데, 이렇게 하면 게임의 신비감은 있지만 높은 스테이지의 게임을 수행할 때마다 쓸데없이 낮은 스테이지의 게임을 거쳐가야만 하기 때문에 상당히 불편하다. 따라서, 이 프로그램에서는 스테이지를 임의로 이동할 수 있는 기능을 추가하였는데, 터치 스크린을 사용하는 경우에는 이것이 쉽지만 키를 사용하는 경우에는 키가 4개밖에 없어서 스테이지 이동 기능을 사용할 수가 없다.

이 게임은 스피드 게임은 아니지만 얼마나 빨리 현재의 스테이지를 완료하고 다음 스테이지로 넘어가느냐가 중요하다. 따라서, 현재의 스테이지에서 게임 시간이 얼마나 경과하고 있는지를 화면에 표시하여 주면 편리하며, 이 게임 프로그램에는 그러한 기능이 들어있는 것을 확인할 수 있다.

2. 오목 게임 프로그램

오목은 오래 전부터 바둑판에서 하던 게임으로 내용이 매우 쉽기 때문에 남녀노소 누구나 쉽게 즐길 수 있는 게임이다. 바둑판에서는 2명의 사람이 서로 경쟁하는 게임이지만, 이것이 퍼스널컴퓨터나 휴대전화용으로 구현되면서 2명의 사용자가 서로 경쟁하거나 또는 1명의 사용자가 CPU를 상대로 하는 게임 방식으로 구현되었다.

현재까지 이 게임 프로그램은 수많은 종류가 쏟아져 나왔지만 오목이라는 게임 원리는 수직, 수평, 대각선 방향으로 연속하여 5개의 돌을 정렬하면 승리하는 오직 1가지이기 때문에 결국은 모두 같은 것이라고 볼 수 있다. 다만, 화면의 해상도에 따라 가로×세로의 라인 수가 여러 가지로 변형된 경우도 있으나 이는 실제의 바둑판처럼 19행×19열로 만드는 것이 원칙이다.

또한, 2명의 사용자가 서로 경쟁하는 방식으로 게임을 수행한다면 게임 알고리즘이

랄 것도 없지만, 1명의 사용자가 CPU와 게임을 수행하는 경우에는 CPU측의 게임 알고리즘이 가장 중요하다. CPU측의 알고리즘이 단순하면 게임이 너무 쉬워서 재미가 없을 것이고, CPU측의 알고리즘이 너무 우수하면 사용자가 게임을 이기기 어려우니 또한 재미가 없을 것이다. 그러나, 여기서는 TFT-LCD 모듈에 게임 프로그램을 구현하는 기술을 익히는 것이 목적일 뿐 이러한 게임 알고리즘을 개발하는 것이 핵심이 아니므로 만약 게임 알고리즘을 더욱 개선하는 것이 필요하다면 그것은 독자 여러분의 몫으로 돌린다.

다음은 *OK-X128A1* 키트에서 240×320 픽셀 해상도의 TFT-LCDDP 오목 게임을 구현한 예제 프로그램이다. 이 프로그램에서는 사용자 1명과 CPU가 경쟁하는 방식으로만 게임을 수행할 수 있고, 실제 바둑판처럼 가로×세로 = 19×19 라인으로 구현하였으며, 따라서 해상도가 낮은 화면에서 라인 간격이 좁고 바둑돌 1개의 크기가 상당히 작아질 수밖에 없다.

이렇게 바둑판의 라인 간격이 좁고 바둑돌의 크기가 작다보니 터치 스크린 입력방식으로 직접 바둑돌을 원하는 위치에 놓도록 하면 입력좌표의 부정확성 때문에 간혹 사용자의 의지와 다른 점에 바둑돌이 놓여지는 사고가 발생할 수 있다. 따라서, 이런 문제점을 피하기 위하여 바둑돌을 직접 원하는 위치에 놓지 않고 다소 불편하더라도 터치 스크린 화면에 상, 하, 좌, 우 이동용 화살표 아이콘을 만들고 해당 화살표를 눌러서 바둑돌을 이동하고 원하는 위치에 도달하면 STONE ENTER 아이콘을 눌러서 바둑돌을 놓는 방식으로 처리하였다. 이렇게 처리하려면 5개의 터치 아이콘이 필요하므로 이 게임에서는 반드시 터치 스크린을 사용할 수밖에 없으며 키 KEY1~KEY4는 사용하지 못한다. 이렇게 스피드를 요구하지 않는 게임은 키를 사용하지 않고 터치 스크린을 사용하더라도 아무 무리가 되지 않는다.

〈프로그램 Exp20_2.c〉 오목 게임 프로그램

```
/* ======================================================================== */
/*                    Exp20_2.c : 오목 게임 프로그램                          */
/* ======================================================================== */
/*                       Designed and programmed by Duck-Yong Yoon in 2010.  */

#include <avr/io.h>
#include <avr/pgmspace.h>
#include <avr/interrupt.h>
#include "OK-X128A1.h"

unsigned char Icon_input(void);               // input touch screen icon
void Initialize_board(void);                  // initialize board
void Draw_symbol(U08 xPos,U08 yPos, U16 color, U08 code); // draw cross of bopard
void Draw_board(void);                        // draw board
void Draw_control(void);                      // draw game control
void Draw_nextgame(U16 color1, U16 color2);   // display next game for touch screen
void Draw_left(U16 color1, U16 color2);       // display left arrow for touch screen
```

```
void Draw_right(U16 color1, U16 color2);        // display right arrow for touch screen
void Draw_up(U16 color1, U16 color2);           // display up arrow for touch screen
void Draw_down(U16 color1, U16 color2);         // display down arrow for touch screen
void Draw_enter(U16 color1, U16 color2);        // display stone enter for touch screen
void Draw_arrow(U16 xPos,U16 yPos,U16 color,U08 code);    // draw arrow for touch screen

void Omok_game(void);                           // omok game algorism
void Check_user(U08 countmax, U08 danger);      // check if user win
void Check_MCU(U08 countmax, U08 danger);       // check if MCU win

/* ---------------------------------------------------------------------------- */

#define Xbase           15                      // x base position of board
#define Ybase           23                      // y base position of board

#define White_stone     1
#define Black_stone     2

#define Left            0x01                    // menu code of touch screen
#define Right           0x02
#define Down            0x03
#define Up              0x04
#define Enter           0x05
#define Next            0x06

unsigned char cursor_x = 9, cursor_y = 9;       // cursor position
unsigned char cursor_x_old, cursor_y_old;
unsigned char game_over;                        // game over flag
unsigned char beep_flag;                        // beep on/off flag

unsigned char board[19][19];                    // board data
unsigned char board_old[19][19];

unsigned char danger_MCU[19][19];               // MCU danger count
unsigned char danger_user[19][19];              // user danger count

/* ---------------------------------------------------------------------------- */

volatile unsigned char second, minute;

ISR(TCC1_OVF_vect)                              /* TCC1 OVF interrupt function (1 sec) */
{
  second++;                                     // increment second
  if(second == 60)                              // if second = 60, second = 0
    { second = 0;
      minute++;                                 // increment minute
      if(minute == 60)                          // if minute = 60, minute = 0
        minute = 0;
    }
}

int main(void)
{
  unsigned char key, exit;

  Initialize_MCU();                             // initialize ATmega2561 MCU
  Delay_ms(200);
  Initialize_TFT_LCD();                         // initialize TFT-LCD
  Beep();

  Initialize_touch_screen();                    // initialize touch screen

  beep_flag = 1;                                // beep on

  TCC1_CTRLA = 0x07;                            // int = 32MHz/1024/(1+31249) = 1Hz
  TCC1_CTRLB = 0x00;                            // normal mode
  TCC1_PER = 31249;
  TCC1_CNT = 0x0000;                            // clear TCC1 counter

  TCC1_INTFLAGS = 0x01;
  TCC1_INTCTRLA = 0x01;                         // enable OVF interrupt with low level
  PMIC_CTRL = 0x07;                             // enable HI, MED, LO level interrupt
  sei();                                        // global interrupt enable
```

```
  while(1)
    { Initialize_board();                          // initialize board
      game_over = 0;                               // initial game state
      exit = 0;

      Draw_control();                              // draw control
      second = 0;
      minute = 0;

      while(!exit)
        { Draw_board();                            // draw board

          key = Icon_input();                      // read touch screen icon
          switch(key)
            { case Left:  if((game_over == 0) && (cursor_x != 0))  cursor_x--;
                          break;
              case Right: if((game_over == 0) && (cursor_x != 18)) cursor_x++;
                          break;
              case Down:  if((game_over == 0) && (cursor_y != 18)) cursor_y++;
                          break;
              case Up:    if((game_over == 0) && (cursor_y != 0))  cursor_y--;
                          break;
              case Enter: if((game_over == 0) && (board[cursor_y][cursor_x] == 0))
                            { board[cursor_y][cursor_x] = Black_stone;
                              if(cursor_x != 18)      cursor_x++;
                              else if(cursor_y != 18) cursor_y++;
                              Omok_game();      // omok game algorithm
                            }
                          break;
              case Next:  exit = 1;
                          break;
            }

          if(game_over == 0)
            { Check_user(5,0);                     // check if user win
              Check_MCU(5,0);                      // check if MCU win
            }

          if(game_over == 0)                       // display time
            { TFT_color(White,Black);
              TFT_xy(5,38); TFT_unsigned_decimal(minute,1,2);
              TFT_xy(8,38); TFT_unsigned_decimal(second,1,2);
            }
        }
    }
}

/* ---------------------------------------------------------------------------- */

unsigned char icon_flag = 0;

unsigned char Icon_input(void)                     /* input touch screen icon */
{
  unsigned char icon;

  Touch_screen_input();                            // input touch screen

  if((icon_flag == 0) && (x_touch >= 83) && (x_touch <= 106) && (y_touch >= 269) && (y_touch <= 289))
    { icon = Left;                                 // left
      icon_flag = 1;
      Draw_left(Magenta, Magenta);
      if(beep_flag == 1) Beep();
    }
  else if((icon_flag == 0) && (x_touch >= 132) && (x_touch <= 155) && (y_touch >= 269) && (y_touch <= 289))
    { icon = Right;                                // right
      icon_flag = 1;
      Draw_right(Magenta, Magenta);
      if(beep_flag == 1) Beep();
    }
  else if((icon_flag == 0) && (x_touch >= 109) && (x_touch <= 129) && (y_touch >= 243) && (y_touch <= 266))
    { icon = Up;                                   // up
      icon_flag = 1;
```

```
      Draw_up(Magenta, Magenta);
      if(beep_flag == 1) Beep();
    }
  else if((icon_flag == 0) && (x_touch >= 109) && (x_touch <= 129) && (y_touch >= 292) && (y_touch <= 315))
    { icon = Down;                                        // down
      icon_flag = 1;
      Draw_down(Magenta, Magenta);
      if(beep_flag == 1) Beep();
    }
  else if((icon_flag == 0) && (x_touch >= 173) && (x_touch <= 218) && (y_touch >= 262) && (y_touch <= 296))
    { icon = Enter;                                       // stone enter
      icon_flag = 1;
      Draw_enter(Magenta, Magenta);
      if(beep_flag == 1) Beep();
    }
  else if((icon_flag == 0) && (x_touch >= 20) && (x_touch <= 58) && (y_touch >= 262) && (y_touch <= 296))
    { icon = Next;                                        // next game
      icon_flag = 1;
      Draw_nextgame(White, White);
      if(beep_flag == 1) Beep();
    }
  else if((icon_flag == 0) && (x_touch >= 160) && (x_touch <= 232) && (y_touch >= 304) && (y_touch <= 319))
    { icon = no_key;                                      // beep on/off
      icon_flag = 1;
      Beep();
      if(beep_flag == 0)
        { beep_flag = 1;
          TFT_string(24,38,Red, Cyan,"ON");
          TFT_string(27,38,Blue,Cyan,"OFF");
        }
      else
        { beep_flag = 0;
          TFT_string(24,38,Blue,Cyan,"ON");
          TFT_string(27,38,Red, Cyan,"OFF");
        }
    }
  else if((icon_flag == 1) && (x_touch == 0) && (y_touch == 0))
    { icon = no_key;
      icon_flag = 0;
      Draw_left(White, Cyan);
      Draw_right(White, Cyan);
      Draw_up(White, Cyan);
      Draw_down(White, Cyan);
      Draw_enter(White, Cyan);
      Draw_nextgame(White, Magenta);
      Delay_ms(50);
    }
  else
    icon = no_key;

  return icon;
}

void Initialize_board(void)                               /* initialize board */
{
  unsigned char x, y;

  cursor_x = 9;                                           // initial cursor position
  cursor_y = 9;

  for(y = 0 ; y < 19; y++)                                // clear board
    { for(x = 0; x < 19; x++)
        { board_old[y][x] = 0xFF;
          board[y][x] =  0;
          danger_MCU[y][x] = 0;
          danger_user[y][x] = 0;
        }
    }
}

prog_uint16_t symbol[11][11] =
 {{ 0x0000,0x0E00,0x3F80,0x3F80,0x7FC0,0x7FC0,0x7FC0,0x3F80,0x3F80,0x0E00,0x0000 },   // stone
  { 0x0000,0x0000,0x0000,0x0000,0x0000,0x07E0,0x0400,0x0400,0x0400,0x0400,0x0840 },   // "┌"
```

```
    { 0x0000,0x0000,0x0000,0x0000,0x0000,0xFC00,0x0400,0x0400,0x0400,0x0400,0x0400 },   // "┐"
    { 0x0400,0x0400,0x0400,0x0400,0x0400,0x07E0,0x0000,0x0000,0x0000,0x0000,0x0000 },   // "└"
    { 0x0400,0x0400,0x0400,0x0400,0x0400,0xFC00,0x0000,0x0000,0x0000,0x0000,0x0000 },   // "┘"
    { 0x0400,0x0400,0x0400,0x0400,0x0400,0x07E0,0x0400,0x0400,0x0400,0x0400,0x0400 },   // "├"
    { 0x0400,0x0400,0x0400,0x0400,0x0400,0xFC00,0x0400,0x0400,0x0400,0x0400,0x0400 },   // "┤"
    { 0x0000,0x0000,0x0000,0x0000,0x0000,0xFFE0,0x0400,0x0400,0x0400,0x0400,0x0400 },   // "┬"
    { 0x0400,0x0400,0x0400,0x0400,0x0400,0xFFE0,0x0000,0x0000,0x0000,0x0000,0x0000 },   // "┴"
    { 0x0400,0x0400,0x0400,0x0400,0x0400,0xFFE0,0x0400,0x0400,0x0400,0x0400,0x0400 },   // "┼"
    { 0x0000,0x7FC0,0x7FC0,0x60C0,0x60C0,0x60C0,0x60C0,0x60C0,0x7FC0,0x7FC0,0x0000 }};  // cursor

void Draw_symbol(U08 xPos,U08 yPos, U16 color, U08 code)        /* draw cross of board */
{
  unsigned char x, y;
  unsigned int font;

  for(y = 0; y < 11; y++)
    { TFT_GRAM_address(Xbase+(xPos*11),Ybase+(yPos*11)+y);
      font = pgm_read_word(&symbol[code][y]);
      for(x = 0; x < 11; x++)
        { if((font << x) & 0x8000) TFT_data(color);
          else                     TFT_data(Orange);
        }
    }
}

void Draw_board(void)                                  /* draw board */
{
  unsigned char x, y;

  for(y = 0; y < 19; y++)
    { for(x = 0; x < 19; x++)
        { if(cursor_x == x && cursor_y == y)           // draw cursor
            Draw_symbol(x,y, Red, 10);
          else if((board[y][x] != board_old[y][x]) || (cursor_x_old == x && cursor_y_old == y))
            { board_old[y][x] = board[y][x];
              if(board[y][x] == White_stone)           // draw white stone
                Draw_symbol(x,y, White, 0);
              else if(board[y][x] == Black_stone) // draw black stone
                Draw_symbol(x,y, Black, 0);
              else                                     // draw cross line
                { if(x == 0 && y == 0)                     Draw_symbol(x,y,Black,1); // "┌"
                  else if(x == 18 && y == 0)               Draw_symbol(x,y,Black,2); // "┐"
                  else if(x == 0  && y == 18)              Draw_symbol(x,y,Black,3); // "└"
                  else if(x == 18 && y == 18)              Draw_symbol(x,y,Black,4); // "┘"
                  else if(x == 0  && y != 0  && y != 18)   Draw_symbol(x,y,Black,5); // "├"
                  else if(x == 18 && y != 0  && y != 18)   Draw_symbol(x,y,Black,6); // "┤"
                  else if(x != 0  && x != 18 && y == 0)    Draw_symbol(x,y,Black,7); // "┬"
                  else if(x != 0  && x != 18 && y == 18)   Draw_symbol(x,y,Black,8); // "┴"
                  else                                     Draw_symbol(x,y,Black,9); // "┼"
                }
            }
        }
    }

  cursor_x_old = cursor_x;
  cursor_y_old = cursor_y;
}

void Draw_control(void)                                /* draw game control */
{
  TFT_string( 3, 0,White,Blue, "        오목 게임        "); // display title
  TFT_string( 0,29,Green,Black, "(MCU = White)");
  TFT_string(17,29,Green,Black, "(You = Black)");

  Draw_nextgame(White, Magenta);                       // display clear for new game

  Draw_left(White, Cyan);                              // display arrow for touch screen
  Draw_right(White, Cyan);
  Draw_up(White, Cyan);
  Draw_down(White, Cyan);

  Draw_enter(White, Cyan);                             // display stone enter
```

```
  TFT_string(0,38,White,Black,"시간 00:00");        // display time

  TFT_string(20,38,Blue,Cyan,"소리ON/OFF");         // beep on/off
  if(beep_flag == 1)
    TFT_string(24,38,Red,Cyan,"ON");
  else
    TFT_string(27,38,Red,Cyan,"OFF");
}

void Draw_nextgame(U16 color1, U16 color2)        /* display next game for touch screen */
{
  Rectangle(20,262, 58,296, color1);
  TFT_string(3,33, color2,Black, "NEXT");
  TFT_string(3,35, color2,Black, "GAME");
}

void Draw_left(U16 color1, U16 color2)            /* display left arrow for touch screen */
{
  Rectangle( 83,269, 106,289, color1);
  Draw_arrow( 87, 271, color2, 0);
}

void Draw_right(U16 color1, U16 color2)           /* display right arrow for touch screen */
{
  Rectangle(132,269, 155,289, color1);
  Draw_arrow(136, 271, color2, 1);
}

void Draw_up(U16 color1, U16 color2)              /* display up arrow for touch screen */
{
  Rectangle(109,243, 129,266, color1);
  Draw_arrow(112, 247, color2, 3);
}

void Draw_down(U16 color1, U16 color2)            /* display down arrow for touch screen */
{
  Rectangle(109,292, 129,315, color1);
  Draw_arrow(112, 296, color2, 2);
}

void Draw_enter(U16 color1, U16 color2)           /* display stone enter for touch screen */
{
  Rectangle(173,262, 218,296, color1);
  TFT_string(22,33, color2,Black, "STONE");
  TFT_string(22,35, color2,Black, "ENTER");
}

prog_uint16_t Arrow[4][16] = {                                        /* 16x16 arrow */
 { 0x0000,0x0100,0x0300,0x0700,0x0F00,0x1F00,0x3FFF,0x7FFF,       // (0) left arrow
   0xFFFF,0x7FFF,0x3FFF,0x1F00,0x0F00,0x0700,0x0300,0x0100 },
 { 0x0000,0x0080,0x00C0,0x00E0,0x00F0,0x00F8,0xFFFC,0xFFFE,       // (1) right arrow
   0xFFFF,0xFFFE,0xFFFC,0x00F8,0x00F0,0x00E0,0x00C0,0x0080 },
 { 0x07C0,0x07C0,0x07C0,0x07C0,0x07C0,0x07C0,0x07C0,0x07C0,       // (2) up arrow
   0xFFFE,0x7FFC,0x3FF8,0x1FF0,0x0FE0,0x07C0,0x0380,0x0100 },
 { 0x0100,0x0380,0x07C0,0x0FE0,0x1FF0,0x3FF8,0x7FFC,0xFFFE,       // (3) down arrow
   0x07C0,0x07C0,0x07C0,0x07C0,0x07C0,0x07C0,0x07C0,0x07C0 }};

void Draw_arrow(U16 xPos,U16 yPos, U16 color, U08 code) /* draw arrow for touch screen */
{
  unsigned char x, y;
  unsigned int font;

  for(y = 0; y < 16; y++)
    { TFT_GRAM_address(xPos,yPos+y);
      font = pgm_read_word(&Arrow[code][y]);
      for(x = 0; x < 16; x++)
        { if((font << x) & 0x8000) TFT_data(color);
          else                     TFT_data(Black);
        }
    }
}
/* ------------------------------------------------------------------------------- */
```

```
void Omok_game(void)                                  /* omok game algorism */
{
  unsigned char x, y;
  unsigned char max_danger_value = 0, max_attack_value = 0;
  unsigned char max_danger_x = 0, max_danger_y = 0;
  unsigned char max_attack_x = 0, max_attack_y = 0;

  for(y = 0; y < 19; y++)                             // 위험도 초기화
    for(x = 0; x < 19; x++)
      { danger_MCU[y][x] = 0;
        danger_user[y][x] = 0;
      }

  for(y = 0; y < 19; y++)                             // 상,하,좌,우,대각선 방향의 위험도
    for(x = 0; x < 19; x++)
      { if(board[y][x] == Black_stone)
          { if(x > 0)  if(board[y][x-1] == 0) danger_MCU[y][x-1]++;
            if(x < 18) if(board[y][x+1] == 0) danger_MCU[y][x+1]++;
            if(y > 0)  if(board[y-1][x] == 0) danger_MCU[y-1][x]++;
            if(y < 18) if(board[y+1][x] == 0) danger_MCU[y+1][x]++;

            if(y > 0 && x > 0)   if(board[y-1][x-1] == 0) danger_MCU[y-1][x-1]++;
            if(y > 0 && x < 18)  if(board[y-1][x+1] == 0) danger_MCU[y-1][x+1]++;
            if(y < 18 && x > 0)  if(board[y+1][x-1] == 0) danger_MCU[y+1][x-1]++;
            if(y < 18 && x < 18) if(board[y+1][x+1] == 0) danger_MCU[y+1][x+1]++;
          }
      }

  Check_user(4,10);                                   // check user
  Check_user(3,7);
  Check_user(2,5);
  Check_MCU(4,10);                                    // check MCU
  Check_MCU(3,7);
  Check_MCU(2,5);

  for(y = 0; y < 19; y++)                             // 최고 위험지역 검색
    for(x = 0; x < 19; x++)
      { if(danger_MCU[y][x] > max_danger_value)
          { if(board[y][x] == 0)
              { max_danger_value = danger_MCU[y][x];
                max_danger_x = x;
                max_danger_y = y;
              }
          }
      }

  for(y = 0; y < 19; y++)                             // 최고 공격지역 검색
    for(x = 0; x < 19; x++)
      { if(danger_user[y][x] > max_attack_value)
          { if(board[y][x] == 0)
              { max_attack_value = danger_user[y][x];
                max_attack_x = x;
                max_attack_y = y;
              }
          }
      }

  if(max_danger_value > max_attack_value)             // 최고 위험지역과 최고 공격지역의 수치중 높은 곳을 선택
    board[max_danger_y][max_danger_x] = White_stone;
  else
    board[max_attack_y][max_attack_x] = White_stone;
}

void Check_user(U08 countmax, U08 danger)             /* check if user win */
{
  unsigned char x, y, i;
  unsigned char count = 0;                            // 돌 갯수를 세는 변수
  unsigned char count2 = 0;                           // 양쪽 모두 비어있는지 검사용

  for(y = 0; y < 19; y++)                             // ***** 가로 방향 검사
    { for(x = 0; x < 19-countmax; x++)
        { for(i = x; i < x+countmax; i++)
```

```
          if(board[y][i] == Black_stone) count++; // 돌 갯수 검사
        if(count >= countmax)
          { if(countmax >= 5)                    // 5개가 연결되면 게임 끝
              { TFT_string(2,0,Green,Black, "You win.  Congratulation !");
                game_over = 1;
                if(beep_flag == 1) Beep_3times();
                return;
              }

            if(x > 0)                  danger_MCU[y][x-1] += danger;
            if(x+(countmax-1) < 18) danger_MCU[y][x+(countmax-1)+1] += danger; // 위험값을 추가

            if(board[y][x-1] == 0)              count2++;
            if(board[y][x+(countmax-1)+1] == 0) count2++;

            if(count2 >= 2)                      // 만약에 양쪽이 전부 비어있으면 위험값의 50%를 추가
              { if(x > 0)                  danger_MCU[y][x-1] += danger/2;
                if(x+(countmax-1) < 18) danger_MCU[y][x+(countmax-1)+1] += danger/2;
              }
            else if(count2 >= 1)                 // 한쪽만 비어있으면 위험값의 25%를 추가
              { if(x > 0)                  danger_MCU[y][x-1] += danger/4;
                if(x+(countmax-1) < 18) danger_MCU[y][x+(countmax-1)+1] += danger/4;
              }
            count2 = 0;
          }
        if(countmax == 4 && count == 3)          // 4개를 체크했는데 한칸 띄고 3개가 있으면
          { for(i = x; i < x+countmax; i++)
              { if(board[y][i] == 0 && i > x && i < x+countmax-1) // 빈곳이면서 사이에 들어있으면
                  danger_MCU[y][i] += danger/2;       // 위험값의 50%를 추가
              }
          }
        count = 0;
      }
  }
count = 0;
count2 = 0;

for(y = 0; y < 19-countmax; y++)                // ***** 세로 방향 검사
  { for(x = 0; x < 19; x++)
      { for(i = y; i < y+countmax; i++)
          if(board[i][x] == Black_stone) count++; // 돌 갯수 검사
        if(count >= countmax)
          { if(countmax >= 5)                    // 5개가 연결되면 게임 끝
              { TFT_string(2,0,Green,Black, "You win.  Congratulation !");
                game_over = 1;
                if(beep_flag == 1) Beep_3times();
                return;
              }

            if(y > 0)                  danger_MCU[y-1][x] += danger;
            if(y+(countmax-1) < 18) danger_MCU[y+(countmax-1)+1][x]+=danger; // 위험값을 추가

            if(board[y-1][x] == 0)              count2++;
            if(board[y+(countmax-1)+1][x] == 0) count2++;

            if(count2 >= 2)                      // 만약에 양쪽이 전부 비어있으면 위험값의 50%를 추가
              { if(y > 0)                  danger_MCU[y-1][x] += danger/2;
                if(y+(countmax-1) < 18) danger_MCU[y+(countmax-1)+1][x] += danger/2;
              }
            else if(count2 >= 1)                 // 한쪽만 비어있으면 위험값의 25%를 추가
              { if(y > 0)                  danger_MCU[y-1][x] += danger/4;
                if(y+(countmax-1) < 18) danger_MCU[y+(countmax-1)+1][x] += danger/4;
              }
            count2 = 0;
          }
        if(countmax == 4 && count == 3)          // 4개를 체크했는데 한칸 띄고 3개가 있으면
          { for(i = y; i < y+countmax; i++)
              { if(board[i][x] == 0 && i > y && i < y+countmax-1) // 빈곳이면서 사이에 들어있으면
                  danger_MCU[i][x] += danger/2;       // 위험값의 50%를 추가
              }
          }
        count = 0;
      }
```

```
    }
  count = 0;
  count2 = 0;

  for(y = 0; y < 19-countmax; y++)              // ***** 대각선 \ 방향 검사
    { for(x = 0; x < 19-countmax; x++)
        { for(i = 0; i < countmax; i++)
            if(board[y+i][x+i] == Black_stone) count++; // 돌 갯수 검사
          if(count >= countmax)
            { if(countmax >= 5)                   // 5개가 연결되면 게임 끝
                { TFT_string(2,0,Green,Black, "You win.  Congratulation !");
                  game_over = 1;
                  if(beep_flag == 1) Beep_3times();
                  return;
                }

              if(x > 0 && y > 0)                                  danger_MCU[y-1][x-1]+=danger;
              if(y+(countmax-1) < 18 && x+(countmax-1) < 18) danger_MCU[y+(countmax-1)+1][x+(countmax-1)+1] += danger;

              if(board[y-1][x-1] == 0)                           count2++;
              if(board[y+(countmax-1)+1][x+(countmax-1)+1] == 0) count2++;

              if(count2 >= 2)                       // 만약에 양쪽이 전부 비어있으면 위험값의 50%를 추가
                { if(x > 0 && y > 0)                 danger_MCU[y-1][x-1] += danger/2;
                  if(y+(countmax-1) < 18 && x+(countmax-1) < 18) danger_MCU[y+(countmax-1)+1][x+(countmax-1)+1] += danger/2;
                }
              else if(count2 >= 1)                  // 한쪽만 비어있으면 위험값의 25%를 추가
                { if(x > 0 && y > 0)                 danger_MCU[y-1][x-1] += danger/4;
                  if(y+(countmax-1) < 18 && x+(countmax-1) < 18) danger_MCU[y+(countmax-1)+1][x+(countmax-1)+1] += danger/4;
                }
              count2 = 0;
            }
          if(countmax == 4 && count == 3)         // 4개를 체크했는데 한칸 띄고 3개가 있으면
            { for(i = 0; i < countmax; i++)
                { if(board[y+i][x+i] == 0 && i > 0 && i < countmax-1) // 빈곳이면서 사이에 들어있으면
                    danger_MCU[y+i][x+i] += danger/2; // 위험값의 50%를 추가
                }
            }
          count = 0;
        }
    }
  count = 0;
  count2 = 0;

  for(y = 0; y < 19-countmax; y++)              // ***** 대각선 / 방향 검사
    { for(x = (countmax-1); x < 19; x++)
        { for(i = 0; i < countmax; i++)
            if(board[y+i][x-i] == Black_stone) count++; // 돌 갯수 검사
          if(count >= countmax)
            { if(countmax >= 5)                   // 5개가 연결되면 게임 끝
                { TFT_string(2,0,Green,Black, "You win.  Congratulation !");
                  game_over = 1;
                  if(beep_flag == 1) Beep_3times();
                  return;
                }

              if(x+1 < 18 && y > 0)                              danger_MCU[y-1][x+1] += danger;
              if(y+(countmax-1) < 18 && x-(countmax-1) > 0) danger_MCU[y+(countmax-1)+1][x-(countmax-1)-1] += danger;

              if(board[y-1][x+1] == 0)                           count2++;
              if(board[y+(countmax-1)+1][x-(countmax-1)-1] == 0) count2++;

              if(count2 >= 2)                       // 만약에 양쪽이 전부 비어있으면 위험값의 50%를 추가
                { if(x+1 < 18 && y > 0)              danger_MCU[y-1][x+1] += danger/2;
                  if(y+(countmax-1) < 18 && x-(countmax-1) > 0) danger_MCU[y+(countmax-1)+1][x-(countmax-1)-1] += danger/2;
                }
              else if(count2 >= 1)                  // 한쪽만 비어있으면 위험값의 25%를 추가
                { if(x+1 < 18 && y > 0)              danger_MCU[y-1][x+1] += danger/4;
                  if(y+(countmax-1) < 18 && x-(countmax-1) > 0) danger_MCU[y+(countmax-1)+1][x-(countmax-1)-1] += danger/4;
                }
              count2 = 0;
            }
          if(countmax == 4 && count == 3)         // 4개를 체크했는데 한칸 띄고 3개가 있으면
```

```
        { for(i = 0; i < countmax; i++)
            { if(board[y+i][x-i] == 0 && i > 0 && i < countmax-1) // 빈곳이면서 사이에 들어있으면
                danger_MCU[y+i][x-i] += danger/2; // 위험값의 50%를 추가
            }
        }
      count = 0;
    }
  }
  count = 0;
  count2 = 0;
}

void Check_MCU(U08 countmax, U08 danger)        /* check if MCU win */
{
  unsigned char x, y, i;
  unsigned char count = 0;                      // 돌 갯수를 세는 변수
  unsigned char count2 = 0;                     // 양쪽 모두 비어있는지 검사용

  for(y = 0; y < 19; y++)                       // ***** 가로 방향 검사
    { for(x = 0; x < 19-countmax; x++)
        { for(i = x; i < x+countmax; i++)
            if(board[y][i] == White_stone) count++; // 돌 갯수 검사
          if(count >= countmax)
            { if(countmax >= 5)                 // 5개가 연결되면 게임 끝
                { TFT_string(2,0,Green,Black, "       MCU 승리 !!!       ");
                  game_over = 1;
                  if(beep_flag == 1) Beep_3times();
                  return;
                }

              if(x > 0)                 danger_user[y][x-1] += danger;
              if(x+(countmax-1) < 18) danger_user[y][x+(countmax-1)+1] += danger; // 위험값을 추가

              if(board[y][x-1] == 0)              count2++;
              if(board[y][x+(countmax-1)+1] == 0) count2++;

              if(count2 >= 2)                   // 만약에 양쪽이 전부 비어있으면 위험값의 50%를 추가
                { if(x > 0)                 danger_user[y][x-1] += danger/2;
                  if(x+(countmax-1) < 18) danger_user[y][x+(countmax-1)+1] += danger/2;
                }
              else if(count2 >= 1)              // 한쪽만 비어있으면 위험값의 25%를 추가
                { if(x > 0)                 danger_user[y][x-1] += danger/4;
                  if(x+(countmax-1) < 18) danger_user[y][x+(countmax-1)+1] += danger/4;
                }
              count2 = 0;
            }
          if(countmax == 4 && count == 3)       // 4개를 체크했는데 한칸 띄고 3개가 있으면
            { for(i = x; i < x+countmax; i++)
                { if(board[y][i] == 0 && i > x && i < x+countmax-1) // 빈곳이면서 사이에 들어있으면
                    danger_user[y][i] += danger/2; // 위험값의 50%를 추가
                }
            }
          count = 0;
        }
    }
  count = 0;
  count2 = 0;

  for(y = 0; y < 19-countmax; y++)              // ***** 가로 방향 검사
    { for(x = 0; x < 19; x++)
        { for(i = y; i < y+countmax; i++)
            if(board[i][x] == White_stone) count++; // 돌 갯수 검사
          if(count >= countmax)
            { if(countmax >= 5)                 // 5개가 연결되면 게임 끝
                { TFT_string(2,0,Green,Black, "       MCU 승리 !!!       ");
                  game_over = 1;
                  if(beep_flag == 1) Beep_3times();
                  return;
                }

              if(y > 0)                 danger_user[y-1][x] += danger;
              if(y+(countmax-1) < 18) danger_user[y+(countmax-1)+1][x] += danger; // 위험값을 추가
```

```
            if(board[y-1][x] == 0)                   count2++;
            if(board[y+(countmax-1)+1][x] == 0) count2++;

            if(count2 >= 2)                      // 만약에 양쪽이 전부 비어있으면 위험값의 50%를 추가
              { if(y > 0)                danger_user[y-1][x] += danger/2;
                if(y+(countmax-1) < 18) danger_user[y+(countmax-1)+1][x] += danger/2;
              }
            else if(count2 >= 1)                 // 한쪽만 비어있으면 위험값의 25%를 추가
              { if(y > 0)                danger_user[y-1][x] += danger/4;
                if(y+(countmax-1) < 18) danger_user[y+(countmax-1)+1][x] += danger/4;
              }
            count2 = 0;
          }
        if(countmax == 4 && count == 3)        // 4개를 체크했는데 한칸 띄고 3개가 있으면
          { for(i = y; i < y+countmax; i++)
              { if(board[i][x] == 0 && i > y && i < y+countmax-1) // 빈곳이면서 사이에 들어있으면
                  danger_user[i][x] += danger/2; // 위험값의 50%를 추가
              }
          }
        count = 0;
      }
  }
count = 0;
count2 = 0;

for(y = 0; y < 19-countmax; y++)                 // ***** 대각선 \ 방향 검사
  { for(x = 0; x < 19-countmax; x++)
      { for(i = 0; i < countmax; i++)
          if(board[y+i][x+i] == White_stone) count++; // 돌 갯수 검사
        if(count >= countmax)
          { if(countmax >= 5)                    // 5개가 연결되면 게임 끝
              { TFT_string(2,0,Green,Black, "        MCU 승리 !!!         ");
                game_over = 1;
                if(beep_flag == 1) Beep_3times();
                return;
              }

            if(x > 0 && y > 0)                           danger_user[y-1][x-1] += danger;
            if(y+(countmax-1) < 18 && x+(countmax-1) < 18) danger_user[y+(countmax-1)+1][x+(countmax-1)+1] += danger;

            if(board[y-1][x-1] == 0)                              count2++;
            if(board[y+(countmax-1)+1][x+(countmax-1)+1] == 0) count2++;

            if(count2 >= 2)                      // 만약에 양쪽이 전부 비어있으면 위험값의 50%를 추가
              { if(x > 0 && y > 0)                    danger_user[y-1][x-1] += danger/2;
                if(y+(countmax-1) < 18 && x+(countmax-1) < 18) danger_user[y+(countmax-1)+1][x+(countmax-1)+1] += danger/2;
              }
            else if(count2 >= 1)                 // 한쪽만 비어있으면 위험값의 25%를 추가
              { if(x > 0 && y > 0)                    danger_user[y-1][x-1] += danger/4;
                if(y+(countmax-1) < 18 && x+(countmax-1) < 18) danger_user[y+(countmax-1)+1][x+(countmax-1)+1] += danger/4;
              }
            count2 = 0;
          }
        if(countmax == 4 && count == 3)        // 4개를 체크했는데 한칸 띄고 3개가 있으면
          { for(i = 0; i < countmax; i++)
              { if(board[y+i][x+i] == 0 && i > 0 && i < countmax-1) // 빈곳이면서 사이에 들어있으면
                  danger_user[y+i][x+i] += danger/2; // 위험값의 50%를 추가
              }
          }
        count = 0;
      }
  }
count = 0;
count2 = 0;

for(y = 0; y < 19-countmax; y++)                 // ***** 대각선 / 방향 검사
  { for(x = (countmax-1); x < 19; x++)
      { for(i = 0; i < countmax; i++)
          if(board[y+i][x-i] == White_stone) count++; // 돌 갯수 검사
        if(count >= countmax)
          { if(countmax >= 5)                    // 5개가 연결되면 게임 끝
              { TFT_string(2,0,Green,Black, "        MCU 승리 !!!         ");
                game_over = 1;
```

```
                if(beep_flag == 1) Beep_3times();
                return;
              }
            if(x+1 < 18 && y > 0)                danger_user[y-1][x+1] += danger;
            if(y+(countmax-1) < 18 && x-(countmax-1) > 0) danger_user[y+(countmax-1)+1][x-(countmax-1)-1] += danger;

            if(board[y-1][x+1] == 0)                         count2++;
            if(board[y+(countmax-1)+1][x-(countmax-1)-1] == 0) count2++;

            if(count2 >= 2)                      // 만약에 양쪽이 전부 비어있으면 위험값의 50%를 추가
              { if(x+1 < 18 && y > 0)              danger_user[y-1][x+1] += danger/2;
                if(y+(countmax-1) < 18 && x-(countmax-1) > 0) danger_user[y+(countmax-1)+1][x-(countmax-1)-1] += danger/2;
              }
            else if(count2 >= 1)                 // 한쪽만 비어있으면 위험값의 25%를 추가
              { if(x+1 < 18 && y > 0)              danger_user[y-1][x+1] += danger/4;
                if(y+(countmax-1) < 18 && x-(countmax-1) > 0) danger_user[y+(countmax-1)+1][x-(countmax-1)-1] += danger/4;
              }
            count2 = 0;
          }
        if(countmax == 4 && count == 3)          // 4개를 체크했는데 한칸 띄고 3개가 있으면
          { for(i = 0; i < countmax; i++)
              { if(board[y+i][x-i] == 0 && i > 0 && i < countmax-1) // 빈곳이면서 사이에 들어있으면
                  danger_user[y+i][x-i] += danger/2; // 위험값의 50%를 추가
              }
          }
        count = 0;
      }
  }
  count = 0;
  count2 = 0;
}
```

☞ 이 프로그램에서 사용자는 항상 흑색 바둑돌을 사용하며 CPU는 백색 바둑돌을 사용한다. 커서는 적색의 정사각형으로 표시하였다. 게임은 화면의 아이콘을 터치 스크린으로 입력하는 방법으로 수행한다. 터치 스크린의 입력에는 제4.7절에서 공부한 것처럼 디바운싱 및 원터치 입력 기술을 적용하였다.

게임 중에 박스를 밀거나 스테이지를 이동하는 등의 이벤트가 발생할 때마다 기본적으로 비프음이 울리도록 되어 있는데, 만약 주위환경이 정숙을 유지해야 하는 경우에는 이러한 게임 사운드가 문제가 될 수도 있다. 이런 경우에는 비프음 ON/OFF 기능을 사용하여 언제든지 비프음을 정지시킬 수 있도록 하였다.

또한 이 프로그램에는 시계 기능을 포함하고 있어서 게임이 시작되고 나서 경과한 시간을 화면에 표시하여 준다.

3. 테트리스 게임 프로그램

테트리스(Tetris)는 MS-DOS 시절 퍼스널컴퓨터의 게임 프로그램 중에서 가장 유명했던 것으로 스피드 게임의 고전이라고 할 수 있다. 그 당시에는 사람들이 이 게임을 하기 위하여 퍼스널컴퓨터를 구입할 정도로 인기를 끌었으며, 현재 Windows 운영체제에서도 여전히 사랑받는 게임이고 온라인 게임으로도 꾸준히 각광받고 있다.

테트리스는 1985년에 소련의 알렉세이 파지트노프(Alexey Pajitnov)가 개발하였으며 그 이듬해 이를 IBM PC용으로 발표하였다. 그 당시에는 오늘날처럼 지적소유권이

확립되지 않았었기 누구라도 어렵지 않게 이 프로그램을 복사하여 사용할 수 있었다.

이것은 가로×세로 = 10×20 크기의 공간에서 4개의 정사각형으로 이루어진 테트로미노(tetromino)라고 불리는 블록이 천장으로부터 바닥으로 떨어지는데, 이것이 바닥에 닿기 전에 방향을 전환하거나 위치를 변경시켜 바닥에 빈틈없이 차곡차곡 쌓이도록 하는 게임이다. 한 층의 수평선이 블록으로 빈틈없이 채워지면 이 층은 제거되고 그 위층의 블록들이 한 칸씩 아래로 밀려내려 오며, 시간이 흐를수록 위에서 블록이 떨어지는 속도가 점점 빨라진다. 테트로미노는 모두 4개의 정사각형으로 이루어지는 I형, J형, L형, O형, S형, T형, Z형의 7가지가 있는데, 이것들은 서로 다른 색으로 표시되어 쉽게 알아볼 수 있으며, 천장에서 이것들의 종류와 방향이 랜덤하게 나타나 떨어진다. 신속하게 수평선을 블록으로 빈틈없이 완성하여 층을 빨리 없애지 못하면 테트로미노가 위로 계속 쌓여 올라가게 되며, 이렇게 테트로미노가 계속 쌓여 천장에 닿게 되면 게임 오버가 된다.

현재까지 이 게임은 수많은 아류작이 쏟아져 나왔지만 테트리스라는 게임 원리는 오직 1가지이기 때문에 결국은 모두 같은 것이라고 볼 수 있다. 다만, 화면의 그래픽이 다양하며 현란해지고 아주 드물게 가로×세로 = 10×20에서 약간 달라진 제품이 있는 정도이다. 또한 원래 테트리스는 사용자 1명이 하는 게임이지만 2명이 동시에 할 수 있는 2인용 테트리스도 있다.

테트리스 게임의 알고리즘은 그다지 복잡한 편은 아니기 때문에 비교적 널리 알려져 있다. 그러나, 여기서는 *OK-X128A1* 키트에서 TFT-LCD 모듈에 게임 프로그램을 구현하는 기술을 익히는 것이 목적일 뿐 이러한 게임 알고리즘을 개발하는 것이 핵심이 아니므로 만약 게임 알고리즘을 더욱 개선하는 것이 필요하다면 그것은 독자 여러분의 몫으로 돌린다.

다음은 1인용의 테트리스 게임을 TFT-LCD 모듈이 240×320 픽셀 해상도를 갖는 *OK-X128A1* 키트에 맞도록 구현한 것으로서, 게임은 키 KEY1~KEY4를 사용하여 수행한다. 이것은 스피드 게임이기 때문에 터치 스크린을 사용하게 되면 게임자가 자신도 모르게 터치 스크린에 무리한 힘을 가하게 되어 터치 스크린이 곧 망가질 우려가 있으므로 터치 스크린은 사용하지 않는 것으로 하였다.

〈프로그램 Exp20_3.c〉 테트리스 게임 프로그램

```
/* ========================================================================== */
/*              Exp20_3.c : 테트리스(Tetris) 게임 프로그램                    */
/* ========================================================================== */
/*                        Designed and programmed by Duck-Yong Yoon in 2010.  */
```

```
#include <avr/io.h>
#include <stdlib.h>
#include "OK-X128A1.h"

void Draw_block(U16 xPos,U16 yPos,U16 color,U08 type); // draw a block
void Draw_board(void);                          // draw outline of game board
void Display_score(U16 score);                  // display score
void Draw_game_tetris(void);                    // draw tetromino of game
void Draw_next_tetris(S08 next);                // draw next tetromino
void Add_tetris(S08 (*src)[4],S08 *xPos,S08 *yPos,U08 number); // add tetromino
void Delete_tetris(S08 (*src)[4],S08 *xPos,S08 *yPos);  // delete tetromino
void Rotate_tetris(S08 (*src)[4],U08 size,S08 *width,S08 *height); // rotate tetromino
signed char Drop_tetris(S08 (*src)[4],S08 xPos,S08 yPos,S08 width,S08 height); // drop tetromino
signed char Check_line(S08 yPos,S08 height);    // check if line is OK
void Check_limit(S08 (*src)[4],S08 *x,S08 *y,S08 *tetris_end,S08 *left_limit,S08 *right_limit,S08 *y_limit,S08 *rotate_limit,S08 current);

/* ---------------------------------------------------------------------------- */

#define Xbase          9                        // x base position of board
#define Ybase         18                        // y base position of board

#define Left          KEY1                      // KEY1 for left
#define Down          KEY2                      // KEY2 for down
#define Rotate        KEY3                      // KEY3 for rotate or game start
#define Right         KEY4                      // KEY4 for right

signed char screen[20][10];                     // game screen data
signed char board[2][12] = { "333333333333",    // constant data for board outline
                             "322222222223" };

signed char tetris[7][4][4] = {                 /* define tetromino */
              { "1100",                         // 0 = O type (White)
                "1100",
                "0000",
                "0000" },
              { "1000",                         // 1 = I type (Blue)
                "1000",
                "1000",
                "1000" },
              { "1300",                         // 2 = T type (Yellow)
                "1100",
                "1300",
                "0000" },
              { "3100",                         // 3 = Z type (Magenta)
                "1100",
                "1300",
                "0000" },
              { "1300",                         // 4 = S type (Red)
                "1100",
                "3100",
                "0000" },
              { "1100",                         // 5 = L type (Green)
                "3100",
                "3100",
                "0000" },
              { "1100",                         // 6 = J type (Cyan)
                "1300",
                "1300",
                "0000" }};

/* ---------------------------------------------------------------------------- */

int main(void)
{
  unsigned int  score = 0;
  unsigned char x, y, key = 0, t_ch = 0, current_tetris = 0, next_tetris;
  signed char pos_x, pos_y = 0, del_pos_x, del_pos_y;
  signed char tetris_width = 0, tetris_height = -1, del_line;

  signed char tetris_end_flag = 0, game_end_flag = 0, time_move_flag = 0, key_move_flag = 0;
  signed char left_limit_flag = 0, right_limit_flag = 0, y_limit_flag = 0, rotate_limit_flag = 0;
  signed char temp_tetris[4][4], del_tetris[4][4];
```

```
Initialize_MCU();                           // initialize ATxmega128A1 MCU
Delay_ms(200);
Initialize_TFT_LCD();                       // initialize TFT-LCD
Beep();

TCC1_CTRLA = 0x01;                          // clock = 32MHz for seed of random number
TCC1_CTRLB = 0x00;                          // normal mode
TCC1_PER = 0xFFFF;

Draw_board();                               // draw game board

TFT_string( 6,18,Green,  Black, "Press ");    // wait KEY1 to start
TFT_string(12,18,Magenta,Black, "KEY1");
TFT_string( 6,20,Green,  Black, "to start !");
while(key != Left) key = Key_input();

srand(TCC1_CNT);                            // initialize random number

while(1)
  { for(y = 0; y < 20; y++)                 // initialize game
      for(x = 0; x < 10; x++) screen[y][x] = '2';

    score = 0;
    del_line = tetris_height = -1;
    game_end_flag = tetris_end_flag = y_limit_flag = rotate_limit_flag = 0;
    next_tetris = rand() % 7;

    Draw_board();                           // draw game board

    do {
      if(tetris_end_flag == 1)
        Delete_tetris(del_tetris,&del_pos_x,&del_pos_y);
      else
        tetris_end_flag = left_limit_flag = right_limit_flag = y_limit_flag = rotate_limit_flag = 0;

      if(y_limit_flag < 2) left_limit_flag = right_limit_flag = rotate_limit_flag = 0;

      if(tetris_end_flag == 0)
        { del_line = Check_line(pos_y,tetris_height);
          score += (del_line < 0) ? 0 : (del_line == 0) ? 10 : (del_line*del_line)*100;
          Display_score(score);             // display current score

          pos_x = 4;                        // initialize start of current tetromino
          pos_y = 0;
          tetris_width = 0;
          tetris_height = -1;
          current_tetris = next_tetris;

          next_tetris = rand() % 7;         // get next tetromino number
          if(next_tetris == current_tetris) next_tetris = rand() % 7;
          Draw_next_tetris(next_tetris);

          for(y = 0; y < 4; y++)            // get tetromino
            for(x = 0; x < 4; x++)
              { temp_tetris[y][x] = tetris[current_tetris][y][x];
                if(temp_tetris[y][x] == '1')
                  { if(tetris_width < x) tetris_width = x;
                    if(tetris_height < y) tetris_height = y;
                  }
              }
        }

Check_limit(temp_tetris,&pos_x,&pos_y,&tetris_end_flag,&left_limit_flag,&right_limit_flag,&y_limit_flag,&rotate_limit_flag,current_tetris);

      if(tetris_end_flag == 0 && pos_y == 0)
        { game_end_flag = 1;
          break;
        }
      if(y_limit_flag > 0 && key_move_flag == 1 && time_move_flag == 0) y_limit_flag = 1;

      if(pos_x+tetris_width > 9) pos_x = 9-tetris_width;
      Add_tetris(temp_tetris,&pos_x,&pos_y,current_tetris);
```

```
        del_pos_x = pos_x;
        del_pos_y = pos_y;
        for(y = 0; y < 4; y++)
          for(x = 0; x < 4; x++)
            del_tetris[y][x] = temp_tetris[y][x];

        Draw_game_tetris();                         // draw game status

        time_move_flag = 0;
        key_move_flag = 0;

        while(time_move_flag == 0 && key_move_flag == 0)
          { Delay_ms(10);
            if(t_ch < 12) t_ch++;                   // check time move
            else
              { time_move_flag = 1;
                t_ch = 0;
                if(y_limit_flag == 0) pos_y++;
              }
            if(time_move_flag == 0 && key_move_flag == 0 )      // check key move
              { key = Key_input_silent();
                switch(key)
                  { case Left:   if(left_limit_flag == 0)
                                   { pos_x--;
                                     key_move_flag = 1;
                                   }
                                 break;
                    case Right:  if(right_limit_flag == 0)
                                   { pos_x++;
                                     key_move_flag = 1;
                                   }
                                 break;
                    case Down:   if(y_limit_flag == 0)
                                   { pos_y = Drop_tetris(temp_tetris,pos_x,pos_y,tetris_width,tetris_height);
                                     Beep();
                                   }
                                 key_move_flag = 1;
                                 break;
                    case Rotate:if(rotate_limit_flag == 0)
                                   { if(current_tetris == 1)
                                       Rotate_tetris(temp_tetris,4,&tetris_width,&tetris_height);
                                     else
                                       Rotate_tetris(temp_tetris,3,&tetris_width,&tetris_height);
                                     key_move_flag = 1;
                                   }
                                 break;
                    default:     key_move_flag = 0;
                                 break;
                  }
              }
          }
      } while(game_end_flag == 0);

      TFT_string(5,38,Magenta,Black, "GAME OVER !!!");  // display game over
      Beep_3times();

      TFT_string( 6,18,Green,  Black, "Press ");        // wait KEY1 to start
      TFT_string(12,18,Magenta,Black, "KEY1");
      TFT_string( 6,20,Green,  Black, "to start !");
      key = 0;
      while(key != Left) key = Key_input();
    }
}

/* ------------------------------------------------------------------------------ */

unsigned int block[2][12] =
        {{ 0xFFF0,0xC030,0xA050,0x9090,0x8910,0x8610,    // block □
           0x8610,0x8910,0x9090,0xA050,0xC030,0xFFF0 },
         { 0xFFF0,0xFFF0,0xFFF0,0xFFF0,0xFFF0,0xFFF0,    // block ■
           0xFFF0,0xFFF0,0xFFF0,0xFFF0,0xFFF0,0xFFF0 }};

void Draw_block(U16 xPos,U16 yPos,U16 color,U08 type)   /* draw a block */
```

```
{
  unsigned char x, y;

  for(y = 0; y < 12; y++)
    { TFT_GRAM_address(xPos+1, yPos+y+1);
      for(x = 0; x < 12; x++)
        { if((block[type][y] << x) & 0x8000) TFT_data(color);
          else                               TFT_data(Black);
        }
    }
}

void Draw_board(void)                           /* draw outline of game board */
{
  unsigned char x, y, array;

  TFT_color_screen(Black);                      // clear screen
  TFT_string(2,0,White,Blue, "        TETRIS 게임         "); // display title

  for(y = 0; y < 22; y++)                       // main board box
    { if(y == 0 || y == 21) array = 0;
      else                  array = 1;

      for(x = 0; x < 12; x++)
        if(board[array][x] == '3')
          Draw_block(Xbase+x*13, Ybase+y*13, White, 0);
    }

  for(x = 0; x < 4; x++)                        // next tetromino box
    { Draw_block(Xbase+12*13+x*13, Ybase+0,    White, 0);
      Draw_block(Xbase+12*13+x*13, Ybase+7*13, White, 0);
    }
  for(y = 0; y < 8; y++)
    Draw_block(Xbase+16*13, Ybase+y*13, White, 0);

  TFT_string(22,19,White, Magenta," 점수 ");     // display score message

  TFT_string(22,28,Green,  Black, "KEY1");       // display key
  TFT_string(27,28,Magenta,Black, "<-");
  Line(217,231, 230,231, Magenta);
  TFT_string(22,30,Green,  Black, "KEY2");
  TFT_string(27,30,Magenta,Black, "Dn");
  TFT_string(22,32,Green,  Black, "KEY3");
  TFT_string(27,32,Magenta,Black, "Ro");
  TFT_string(22,34,Green,  Black, "KEY4");
  TFT_string(27,34,Magenta,Black, "->");
  Line(217,279, 230,279, Magenta);
}

void Display_score(U16 score)                   // display score
{
  TFT_xy(22, 22);  TFT_color(Yellow,Black);
  TFT_unsigned_decimal(score, 0, 5);
}

void Draw_game_tetris(void)                     /* draw tetromino of game */
{
  unsigned char x, y;
  unsigned int  color;

  for(y = 0; y < sizeof(screen)/sizeof(*screen); y++)
    for(x = 0; x < 10; x++)
      { switch(screen[y][x])
          { case '4'+0: color = White;          break;
            case '4'+1: color = Blue;           break;
            case '4'+2: color = Yellow;         break;
            case '4'+3: color = Magenta;        break;
            case '4'+4: color = Red;            break;
            case '4'+5: color = Green;          break;
            case '4'+6: color = Cyan;           break;
            default:    color = Black;          break;
          }
        Draw_block(Xbase+13+x*13, Ybase+13+y*13, color, 1);
```

```
      }
}

void Draw_next_tetris(S08 next)                    /* draw next tetromino */
{
  unsigned char x, y, xcenter, ycenter;
  unsigned int  color = 0;

  for(y = 0; y < 5*13; y++)                        // clear space for next tetromino
    { TFT_GRAM_address(Xbase+12*13, Ybase+2*13+y);
      for(x = 0; x < 4*13; x++)
        TFT_data(Black);
    }

  switch(next)                                     // get position of next tetromino
    { case 0:   xcenter = 13*13;   ycenter = 3*13;      break;
      case 1:   xcenter = 13*13+6; ycenter = 2*13;      break;
      default:  xcenter = 13*13;   ycenter = 2*13+6;    break;
    }

  switch(next)                                     // get color of next tetromino
    { case 0:   color = White;          break;
      case 1:   color = Blue;           break;
      case 2:   color = Yellow;         break;
      case 3:   color = Magenta;        break;
      case 4:   color = Red;            break;
      case 5:   color = Green;          break;
      case 6:   color = Cyan;           break;
    }

  for(y = 0; y < 4; y++)                           // draw next tetromino
    for(x = 0; x < 4; x++)
      if(tetris[next][y][x] == '1')
        Draw_block(Xbase+xcenter+x*13, Ybase+ycenter+y*13, color, 1);
}

/* ------------------------------------------------------------------------- */

void Add_tetris(S08 (*src)[4],S08 *xPos,S08 *yPos,U08 number)   /* add tetromino */
{
  signed char x, y, x1, y1 = -1, block_cnt = 0;

  for(y = 3; y >= 0; y--)
    { if(block_cnt < 4) y1++;
      if(*yPos-y1 < 0)  break;

      block_cnt = 0;
      x1 = 0;

      for(x = 0; x < 4; x++)
        { switch(src[y][x])
            { case '0': block_cnt++;
                        break;
              case '3': x1++;
                        break;
              default:  screen[*yPos-y1][(*xPos)+x1] = '4'+number;
                        x1++;
                        break;
            }
        }
    }
}

void Delete_tetris(S08 (*src)[4],S08 *xPos,S08 *yPos)   /* delete tetromino */
{
  signed char x, y, x1, y1 = -1, block_cnt = 0;

  for(y = 3; y >= 0; y--)
    { if(block_cnt < 4) y1++;
      if(*yPos-y1 < 0)  break;

      block_cnt = 0;
      x1 = 0;
```

```
      for(x = 0; x < 4; x++)
        { switch(src[y][x])
            { case '0': block_cnt++;
                        break;
              case '3': x1++;
                        break;
              default:  screen[*yPos-y1][(*xPos)+x1] = '2';
                        x1++;
                        break;
            }
        }
    }
}

void Rotate_tetris(S08 (*src)[4],U08 size,S08 *width,S08 *height)        /* rotate tetromino */
{
  unsigned char y, x, block_cnt, w_temp, h_temp, temp[4][4];

  w_temp = h_temp = 0;

  for(y = 0; y < size; y++)
    { block_cnt = 0;
      for(x = 0; x < size; x++)
        { temp[y][size-1-x] = src[x][y];
          if(temp[y][size-1-x] == '1' || temp[y][size-1-x] == '3')
            { block_cnt++;
              if(h_temp < y) h_temp = y;
            }
        }
      if(w_temp < block_cnt-1) w_temp = block_cnt-1;
    }

  for(y = 0; y < size; y++)
    for(x = 0; x < size; x++) src[y][x] = temp[y][x];

  *width = w_temp;
  *height = h_temp;
}

signed char Drop_tetris(S08 (*src)[4],S08 xPos,S08 yPos,S08 width,S08 height)    /* drop tetromino */
{
  signed char x, y, block_cnt, xb_cnt = 0, return_y = 20, y_pos, y_pos_arr[4];

  for(x = 0; x < 4; x++)
    { block_cnt = 0;
      for(y = height; y >= 0; y--)
        { if(src[y][x] == '1')
            { y_pos_arr[xb_cnt++] = yPos-(height-(y+block_cnt));
              break;
            }
          else if(src[y][x] == '0') block_cnt++;
        }
    }

  for(x = xPos; x <= xPos+width; x++)
    { if(y_pos_arr[x-xPos] < 0) y_pos = yPos;
      else y_pos = y_pos_arr[x-xPos];

      for(y = y_pos+1; y < 20; y++)
        { if(screen[y][x] > '3')
            { y_pos_arr[x-xPos] = y-1+(yPos-y_pos_arr[x-xPos]);
              break;
            }
        }
      if(y > 19) y_pos_arr[x-xPos] = 19;
    }

  for(x = 0; x <= width; x++)
    if(return_y > y_pos_arr[x]) return_y = y_pos_arr[x];

  return return_y;
}
```

```
signed char Check_line(S08 yPos,S08 height)     /* check if line is OK */
{
  signed char x, y, line, no_blank_flag = 0, del_line_count = 0;
  signed char del_line[4], temp[4][10];

  if(height < 0) return -1;

  for(y = yPos; y >= yPos-height; y--)
    { no_blank_flag = 0;
      for(x = 0; x < 10; x++)                 // check if horizontal line is OK
        { if(screen[y][x] == '2')
            no_blank_flag = 1;
        }
      if(no_blank_flag == 0)                  // if yes, delete and sound
        { del_line[del_line_count++] = y;
          Beep_3times();
        }
    }

  if(del_line_count > 0)
    { for(y = 0; y < del_line_count; y++)
        for(x = 0; x < 10; x++) temp[y][x] = screen[del_line[y]][x];

      for(line = 0; line < 3; line++)
        { for(y = 0; y < del_line_count; y++)
            { if(!(line % 2))
                for(x = 0; x < 10; x++) screen[del_line[y]][x] = '2';
              else
                for(x = 0; x < 10; x++) screen[del_line[y]][x] = temp[y][x];
            }
          Draw_game_tetris();
          Delay_ms(100);
        }

      for(line = 0; line < del_line_count; line++)
        { for(y = del_line[line]+line; y > 0; y--)
            for(x = 0; x < 10; x++) screen[y][x] = screen[y-1][x];
          for(x = 0; x < 10; x++) screen[0][x] = '2';
        }
    }

  return del_line_count;
}

void Check_limit(S08 (*src)[4],S08 *xPos,S08 *yPos,S08 *tetris_end,S08 *left_limit,S08 *right_limit,S08 *y_limit,S08 *rotate_limit,S08 current)
{
  signed char x, y, x_pos, y_pos = -1, width, height, size, block_cnt = 0;
  signed char default_y_limit = 0, blank_y_limit = 0, y_pos_limit = 0;
  signed char temp[4][4];

  if(current != 0)
    { if(current == 1) size = 4;
      else             size = 3;

      for(y = 0; y < size; y++)
        for(x = 0; x < size; x++) temp[y][x] = src[y][x];

      Rotate_tetris(temp,size,&width,&height);

      if(*xPos+width > 9) x_pos = 9-width;
      else                x_pos = *xPos/2;

      for(y = height; y >= 0; y--)
        { if(*yPos+y-height < 0) break;
          for(x = 0; x <= width; x++)
            if(temp[y][x] == '1' && screen[*yPos+y-height][x_pos+x] > '3') *rotate_limit = 1;
          if(*rotate_limit == 1) break;
        }
    }
  else *rotate_limit = 1;

  for(y = 3; y >= 0; y--)
```

```
    { if(block_cnt < 4) y_pos++;
      if(*yPos-y_pos < 0) break;
      block_cnt = 0;
      x_pos = 0;
      for(x = 0; x < 4; x++)
        { switch(src[y][x])
            { case '0': block_cnt++;
                        break;
              case '1': if(*left_limit == 0)
                          { if((*xPos)+x_pos-1 >= 0)
                              { if(screen[*yPos-y_pos][(*xPos)+x_pos-1] > '3')
                                  *left_limit = 1;
                              }
                            else *left_limit = 1;
                          }
                        if(*right_limit == 0)
                          { if((*xPos)+x_pos+1 <= 9)
                              { if(screen[*yPos-y_pos][(*xPos)+x_pos+1] > '3')
                                  *right_limit = 1;
                              }
                            else *right_limit = 1;
                          }
                        if(*yPos+1 < 20)
                          { if(screen[*yPos-y_pos+1][(*xPos)+x_pos] > '3')
                              { y_pos_limit = 1;
                                default_y_limit = 1;
                              }
                            if(screen[*yPos-y_pos+1][(*xPos)+x_pos] == '2' && default_y_limit == 0)
                              blank_y_limit = 1;
                          }
                        else y_pos_limit = 1;
                        x_pos++;
                        break;
             default:   x_pos++;
                        break;
            }
        }
    }

  if(blank_y_limit == 1 && default_y_limit == 0) *y_limit = 0;
  if(y_pos_limit == 1) (*y_limit)++;
  if(*y_limit < 2) *tetris_end = 1;
  else             *tetris_end = 0;
}
```

☞ 이 프로그램에서는 크기를 가로×세로 = 10×20으로 하고 7가지 테트로미노의 모양과 오른쪽 위에 다음에 나타날 모양을 미리 보여주는 기능도 모두 표준 테트리스와 동일하게 설계하였다.

이 게임은 스피드를 요구하므로 항상 키 KEY1~KEY4를 사용하여 수행하는데, KEY1은 좌측 이동(←), KEY2는 빠른 낙하(Down), KEY3은 오른쪽으로 90도 회전(Rotate), KEY4는 우측 이동(→)의 기능을 수행한다. 게임이 끝났을 경우 새로운 게임을 시작하는 기능은 KEY1을 사용한다.

이 게임은 사운드가 없으면 너무 밋밋하여 재미가 없기 때문에 항상 비프음이 울리는 상태로만 사용한다. KEY2를 사용하여 빠른 낙하 기능을 수행하면 비프음이 한번 울리고, 수평선이 일치하여 1행이 삭제되는 경우에는 연속으로 비프음이 3회 울리며, 게임이 종료될 때도 비프음이 3회 울리도록 하였다.

4. 실습 과제

(1) 예제 프로그램 Exp20_1.c의 푸시푸시 게임에서 35개의 모든 스테이지 게임을 차례로 완료하라.

(2) 예제 프로그램 Exp20_1.c의 푸시푸시 게임에서 자신이 고안한 새로운 스테이지를 5개 이상 추가하여 수정한 프로그램 Exp20_1R.c를 작성하라.

(3) 예제 프로그램 Exp20_2.c에서 10번의 오목 게임을 수행하여 스코어가 어떻게 나오는지 기록하여 보라.

(4) 예제 프로그램 Exp20_2.c에서 MCU의 승률을 높일 수 있도록 수정한 Exp20_2R.c를 작성하라.

(5) 예제 프로그램 Exp20_3.c에서 테트리스 게임의 화면을 자신의 개성을 살려서 좀더 예쁘게 수정한 프로그램 Exp20_3R.c를 작성하라.

4.21 SD 카드를 이용한 전자앨범 프로그램

이 절에서는 최근에 모바일 기기를 중심으로 폭발적인 인기를 끌고 있는 플래시 메모리 카드의 일종인 SD 카드의 구조와 기능을 공부하고 이를 활용하는 프로그래밍 기술을 익히기로 한다. 이와 더불어 SD 카드에 파일을 저장하는 형식인 FAT16 또는 FAT32 구조를 함께 공부하며, 전자앨범에 사용할 BMP 그림 파일 형식에 대하여도 설명한다.

관련 내용	(1) 제3.1절 *OK-X128A1* 키트의 구조와 기능

1. SD 카드의 구조와 특성

현재 휴대 전화, 디지털 카메라, MP3 플레이어, PDA(Personal Digital Assistants), PMP(Portable Multimedia Player) 등과 같은 휴대용 멀티미디어 기기가 널리 사용됨에 따라 여기에 대용량의 데이터를 저장하기 위한 플래시 메모리(flash memory) 카드가 매우 각광을 받고 있다. 이러한 플래시 메모리 카드에는 CF(Compact Flash) 카드, MMC(MultiMedia Card) 카드, SD(Secure Digital) 카드 등 여러가지가 있다. 플래시 메모리 카드는 모두 1990년대 중반 이후에 개발된 최신의 제품들이며 여기에는 기본적으로 NAND형의 플래시 메모리가 사용되는데, 이는 우리나라의 삼성전자에서 세계 1위의 시장 점유율을 가지고 있는 반도체 소자이다.

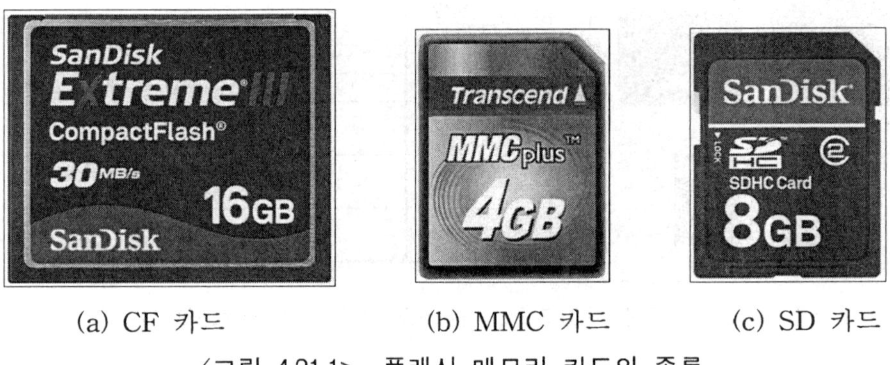

(a) CF 카드 (b) MMC 카드 (c) SD 카드

〈그림 4.21.1〉 플래시 메모리 카드의 종류

플래시 메모리는 NOR형과 NAND형으로 구분되는데, NOR형은 외부 구조가 어드레스 버스, 데이터 버스, 제어 신호 및 전원 핀으로 구성되어 있어서 프로그램 저장용의 불휘발성 메모리로 적합하며, 실시간으로 실행할 프로그램을 저장하는데 널리 사용된다. 이에 비하여 NAND형 플래시 메모리는 외부에 버스가 없고 보통 8비트의 입출력 데이터 신호와 제어 신호 및 전원 핀으로 구성되어 있어서 어드레스와 데이터를 모두 입출력 데이터 신호선으로 액세스해야 하는 불편은 있지만 메모리 용량이 증가하더라도 핀 구조가 동일하게 유지할 수 있다는 장점 때문에 하드웨어 호환성을 유지하기가 용이하다. 더구나 NAND형은 내부 메모리 셀의 구조가 대용량화, 고집적화, 저가격화에 유리한 특성을 가지고 있어서 대용량 데이터 저장용으로 훨씬 유리하며, 따라서 플래시 메모리 카드에는 당연히 NAND형 플래시 메모리 소자가 사용되고 있고 전체 시장 규모도 NOR형에 비하여 NAND형이 압도적으로 크다.

또한, 최근에는 플래시 메모리를 사용한 SSD(Solid State Drive)가 여러가지 장점을 내세워 HDD(Hard Disk Drive) 시장에서 경쟁하고 있다. 초기에는 플래시 메모리가 가격면에서 HDD와 경쟁하기 어려웠지만, 현재는 점차로 가격 경쟁이 가능해지면서 소형경량이고 저소비전력이며 소음과 발열이 적고 외부 충격에 강한 플래시 메모리의 여러가지 장점 때문에 플래시 메모리를 사용한 SSD가 기존의 HDD 시장을 크게 위협하고 있다.

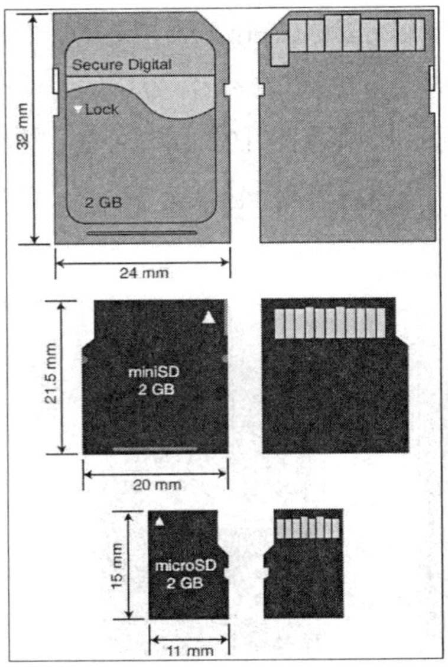

	표준 SD	미니SD	마이크로SD
핀 수	9	11	8
동작 전압	2.7~3.6V		
가로[mm]	24	20	11
세로[mm]	32	21.5	15
두께[mm]	2.1	1.4	1.0
무게	약 2g	약 1g	약 0.5g
쓰기 방지 탭	있음	없음	없음
발표	1999년	2003년	2005년
동작 모드	SD 모드(4비트 병렬 전송) SPI 모드(동기식 직렬 전송)		
클록 속도	디폴트 모드 : 0~25MHz 고속 모드 : 0~50MHz		
최대 용량	표준형 : 2GB 이하 SDHC형 : 4GB~32GB		

〈그림 4.21.2〉 표준 SD 카드, 미니SD 카드, 마이크로SD 카드의 비교

(1) SD 카드의 구조

SD 카드는 1999년에 미국의 샌디스크(SanDisk), 일본의 마쓰시다(Matsushita), 도시바(Toshiba) 등 3개사가 합작하여 만든 플래시 메모리 카드로서, 초기에는 표준 SD 카드만 사용되었으나 점차로 소형화된 메모리 카드가 필요해짐에 따라 2003년에 미니SD(miniSD) 카드가 추가되었고, 2005년에는 마이크로SD(microSD) 카드도 추가되었다. <그림 4.21.2>에 표준 SD 카드, 미니SD 카드, 마이크로SD 카드의 외형을 비교하여 보였다. 마이크로SD 카드의 외형은 표준 SD 카드에 비하여 거의 1/4의 크기이다.

SD 카드는 3.3V의 저전압 전원으로 동작하는 9핀짜리 소형 플래시 메모리 카드로서 이보다 먼저 나온 MMC 카드에 대하여 상향 호환성을 갖는다. 표준 포맷에서는 2GB 이하의 용량을 사용하지만, 최근의 고밀도 포맷인 SDHC(SD High Capacity)에서는 4GB~32GB의 용량을 사용할 수 있으며, 2009년에 발표된 SDXC(SD eXtended Capacity) 포맷에서는 64GB~2TB의 용량을 사용할 수 있도록 더욱 개선되었다.

SD 카드의 최고 데이터 액세스 속도는 CD-ROM에서처럼 150KB/s를 1배속으로 하여 6×, 40×, 66×, 133× 등으로 나타낸다. 그러나, 고밀도 SDHC 포맷에서는 데이터 전송속도를 클래스 2(2MB/s), 클래스 4(4MB/s), 클래스 6(6MB/s) 등으로 나타내며, SDXC 포맷에서는 전송속도가 300MB/s에 이른다. SD 카드에서는 기본적으로 SD 모드(SD Bus mode)에서 데이터를 전송하지만, 이를 SPI 모드(SPI mode)로 설정하면 SPI 직렬통신으로 데이터를 전송할 수도 있다. *OK-X128A1* 키트에서는 마이크로컨트롤러 ATxmega128A1이 SPI 통신을 지원하므로 간편하게 SPI 모드를 사용한다.

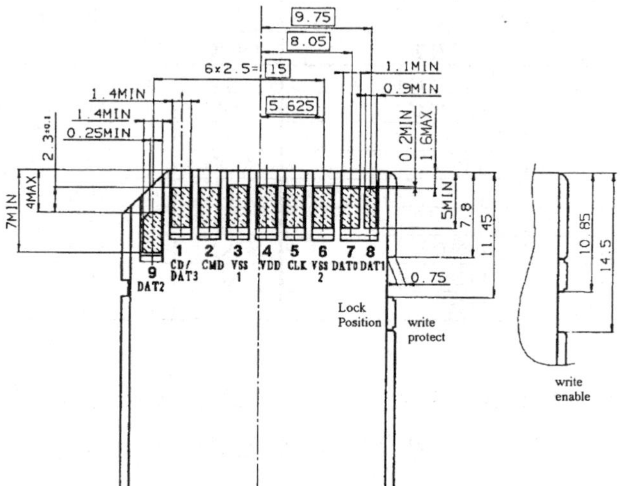

<그림 4.21.3> SD 카드의 외부 구조

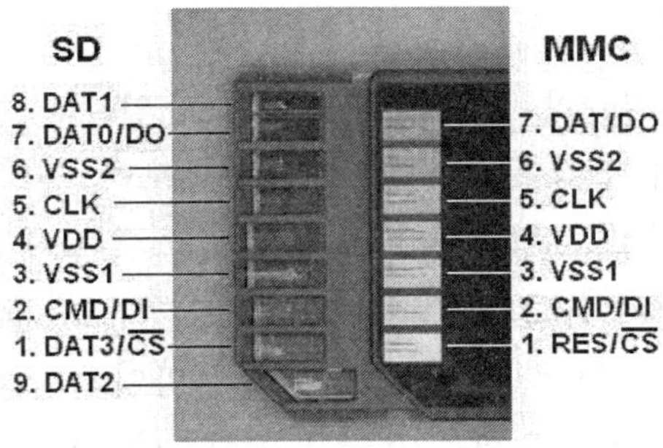

〈그림 4.21.4〉 SD 카드와 MMC 카드의 핀 호환성

SD 카드의 외부 핀 구조 및 핀의 물리적인 규격은 〈그림 4.21.3〉과 같다. SD 카드의 핀 구조는 그 이전에 나온 MMC 카드와 상향 호환성을 유지하도록 만들어져 있는데, <그림 4.21.4>에 보인 것처럼 SD 카드에는 8번과 9번 핀이 추가되었고, 전원 핀인 3번과 4번 핀이 약간 길게 만들어져 있어서 카드를 꼽을 때 전원이 시간적으로 먼저 카드에 인가되도록 되어 있다.

SD 카드의 9개 핀은 SD 모드와 SPI 모드에서 서로 이름 및 기능이 달라지는데, 이를 요약하면 <표 4.21.1>과 같다. 여기서 보듯이 SD 카드가 SD 모드에서는 4비트 병렬전송 방식으로 데이터를 전송하고, SPI 모드에서는 동기식 직렬전송 방식으로 동작한다.

〈표 4.21.1〉 SD 카드의 핀 이름 및 기능

핀 번호	SD 모드			SPI 모드		
	이름	I/O	기능	이름	I/O	기능
1	CD/DAT3	I/O	카드 검출/데이터 비트3	-CS	I	칩 선택 신호(active low)
2	CMD	I/O	명령 또는 응답	DI	I	데이터 입력 신호
3	VSS1	-	전원 접지	VSS1	-	전원 접지
4	VDD	-	+3.3V 전원	VDD	-	+3.3V 전원
5	CLK	I	클록	CLK	I	클록
6	VSS2	-	전원 접지	VSS2	-	전원 접지
7	DAT0	I/O	데이터 비트0	DO	O	데이터 출력 신호
8	DAT1	I/O	데이터 비트1	NC	-	(사용하지 않음)
9	DAT2	I/O	데이터 비트2	NC	-	(사용하지 않음)

SD 카드를 PCB에 장착하려면 SD 카드 전용의 소켓을 사용해야 한다. SD 카드 전용의 소켓 커넥터 제품들은 <그림 4.21.5>에 보였으며, 이것들은 전자부품 상가에서 쉽게 구입할 수 있다.

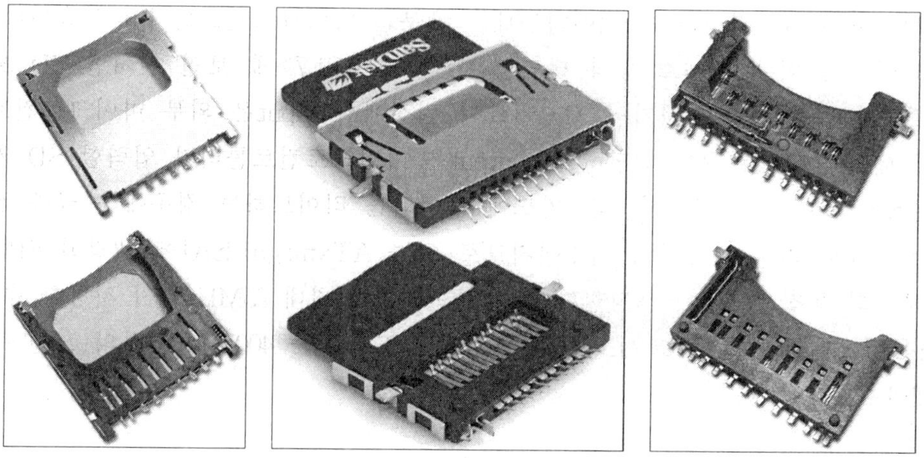

〈그림 4.21.5〉 SD 카드 전용의 소켓 커넥터

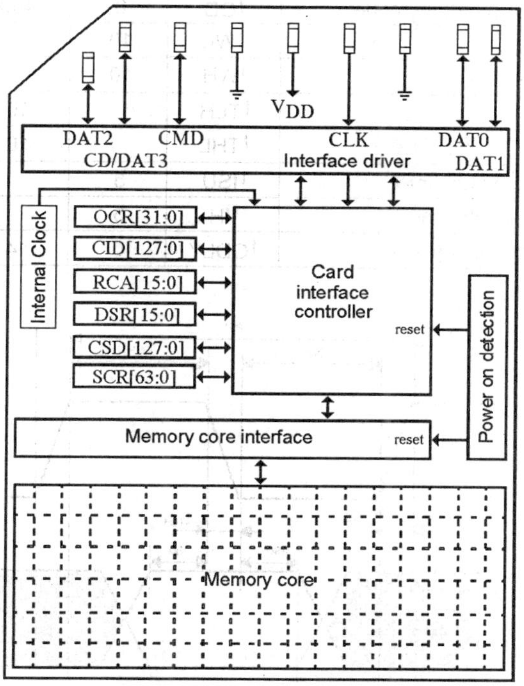

〈그림 4.21.6〉 SD 카드의 내부 구성 블록도

SD 카드의 내부 구조는 <그림 4.21.6>에 보인 것처럼 카드 인터페이스 컨트롤러, 메모리 코어 인터페이스, 메모리 코어 등으로 구성된다. 외부에서는 9핀의 단자와 내부의 카드 인터페이스 컨트롤러를 통하여 SD 카드를 액세스하게 된다. SD 카드의 내부에서 이러한 여러가지 기능을 제어하는데는 대부분 마이크로컨트롤러가 사용된다.

SD 카드의 외부 액세스 동작 타이밍은 <그림 4.21.7>에 보인 것처럼 SD 모드와 SPI 모드에서 동일하다. 여기서 SD 카드의 입장에서 Input은 외부 마이크로컨트롤러에서의 데이터 출력신호에 해당하고, Output은 마이크로컨트롤러가 입력할 SD 카드의 출력신호를 의미한다. 따라서, SD 카드에 데이터를 라이트하는 경우에는 클록 신호의 상승 에지에서 라이트 동작이 이루어지므로 이는 ATxmega128A1에 내장된 SPI 직렬 통신 포트의 동작 모드0에 해당한다. 이 클록 신호는 최대 25MHz까지 사용할 수 있으나, 처음에 카드를 인식하고 초기화하는 동작 모드에서는 400kHz 이하의 느린 속도로 사용해야 한다.

Parameter	Symbol	Min	Max	Unit
Clock frequency in data transfer mode	f_{PP}	0	25	MHz
Clock frequency in card id mode	f_{OD}	0	400	KHz
Clock low time	t_{WL}	10		ns
Clock high time	t_{WH}	10		ns
Clock rise time	t_{TLH}		10	ns
Clock fall time	t_{THL}		10	ns
CMD, DAT input setup time	t_{ISU}	5		ns
CMD, DAT input hold time	t_{IH}	5		ns
CMD, DAT output delay time	t_{ODLY}	0	14	ns

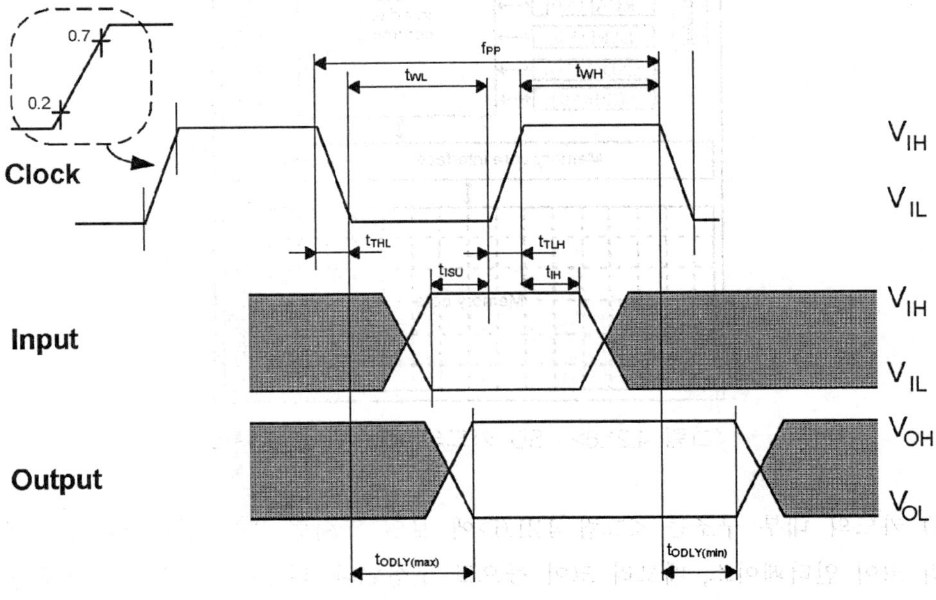

〈그림 4.21.7〉 SD 카드의 SD 모드 및 SPI 모드 동작 타이밍

(2) SD 카드를 SPI 모드로 초기화하는 과정

SD 카드를 액세스하는 방법에는 4비트 병렬 데이터 신호선을 사용하는 SD 모드와 1비트 직렬 데이터 신호선을 사용하는 SPI 모드가 있다. SD 모드는 전송속도가 빠른 장점이 있고, SPI 모드는 이 통신을 지원하는 대부분의 마이크로컨트롤러에서 하드웨어적으로 좀더 간단하게 인터페이스가 가능하다는 장점을 갖는다. *OK-X128A1* 키트에서는 SD 카드를 간편하게 SPI 모드로 인터페이스하여 사용하므로 여기서는 SD 모드는 대부분 생략하고 SPI 모드를 중심으로 SD 카드의 프로그래밍 방법에 대하여 설명하기로 한다.

SD 카드는 전원 투입 후에 디폴트로 SD 모드에서 동작하며, 이를 SPI 모드로 변경하고 카드를 인식하여 정상적인 액세스 동작이 가능한 상태로 만들려면 다음과 같은 절차로 수행해야 한다. SD 카드가 일단 이처럼 한번 SPI 모드로 변경된 후에는 다시 전원을 껐다 켜지 않으면 SD 모드로 되돌리지 못한다.

① 전원을 투입하여 250ms 이내에 최소의 전원전압 Vdd_min(= 2.0V)까지 전압이 상승하도록 한다.

② DI 단자(CMD 단자)와 $\overline{\text{CS}}$ 단자(CD/DAT3 단자)를 논리값 1(high)로 유지한 상태에서 CLK 단자에 400kHz 이하의 주파수로 74사이클 이상의 클록 신호를 보내어 SD 카드가 idle state에 들어가도록 한다.

③ $\overline{\text{CS}}$ 단자를 논리값 0(low)으로 하고 CMD0 명령을 보내어 SD 카드가 SPI 모드로 들어가도록 한다. 이 명령을 보낼 때 SD 카드는 아직 SD 모드에 있으므로 CRC 바이트 0x95를 전송해야 하며, 이 명령으로 SD 카드가 SPI 모드에 진입하였으면 R1 형식으로 응답한다.

④ 만약 SD 카드 V2.00 이상을 사용한다면 CMD8 명령을 보내어 SD 카드의 동작 조건을 체크한다. 이 명령에서도 CRC 데이터가 필요하므로 CRC 바이트로 0x87을 전송하며, SD 카드는 이 명령에 대하여 R7 형식으로 응답한다. 만약 CMD8 명령에 대하여 응답이 없으면 이는 SD 카드 V1.x 제품이라고 간주할 수 있다.

⑤ ACMD41 명령을 보내어 SD 카드를 초기화한다. 초기화가 완료되었으면 SD 카드는 R1 형식으로 응답하는데, 만약 응답이 busy 상태(in idle state 비트가 1)를 나타내면 아직 내부적으로 초기화 동작이 수행중인 것이므로 응답이 R1=0x00(in idle state 비트가 0)으로 되돌아올 때까지 반복하여 ACMD41 명령을 보낸다. 이 초기화 과정은 최대 1초 이내에 종료되어야 정상이다. 이 명령부터는 SD 카드가 완전하게 SPI 모드에서 동작하므로 CRC를 체크하지 않으며, 따라서 CRC 바이트에는 더미(dummy) 값

1을 포함하여 0xFF를 보내면 된다.

⑥ CMD58 명령을 보내어 CCS(Card Capacity Status) 정보를 읽는다. 이 명령은 R3 형식으로 OCR 레지스터 값을 알려준다. 만약 CCS=1이면 SD 카드의 종류가 고밀도 용량(SDHC)이며, CCS=0이면 표준 용량이라는 것을 나타낸다.

⑦ 이상의 과정이 완료되었으면 이제 SD 카드가 SPI 모드로 초기화되었으므로 원하는 명령을 사용하여 SD 카드를 액세스하면 된다.

이상의 과정을 도시하면 <그림 4.21.8>과 같으며, 여기서 각 명령의 응답을 받는데는 다소의 시간이 필요하므로 명령 전송후 더미 데이터 0xFF를 1~9회 정도 반복하여 보내면서 SD 카드로부터 정상적인 응답이 수신되는지를 확인하는 것이 좋다.

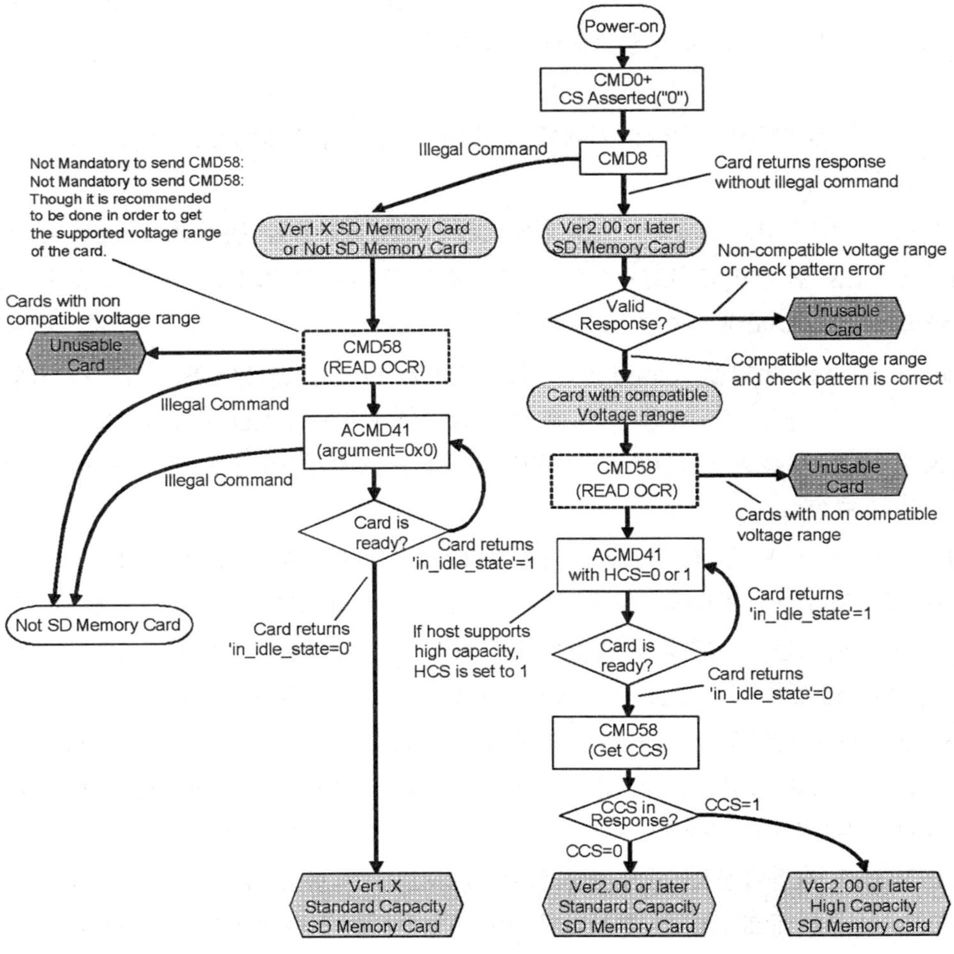

〈그림 4.21.8〉 SD 카드를 SPI 모드로 사용하기 위한 초기화 과정

SD 카드를 SPI 모드로 초기화하였으면 CMD17 명령을 사용하여 1개의 블록을 읽거나 CMD18 명령을 사용하여 여러 개의 블록을 읽을 수 있으며, CMD24 명령을 사용하여 1개의 블록을 쓰거나 CMD25 명령을 사용하여 여러 개의 블록을 쓸 수 있다. 1블록의 길이는 512바이트로 구성된다.

(3) SD 카드의 SPI 모드 명령

SD 카드를 SPI 모드로 사용할 때 모든 명령은 <표 4.21.2>에 보인 바와 같이 총 6바이트(48비트)로 구성된다. 첫번째 바이트는 최상위 비트에 start bit의 의미로 0을 앞세워 01xxxxxx의 형태로 표시되며 하위 6비트에 명령의 번호를 포함한다. 그 다음 4바이트는 이 명령에서 필요로 하는 인수(argument)를 전송하는데 인수를 사용하지 않는 명령에서는 인수 값을 모두 0으로 표시한다. 마지막 6번째 바이트에서는 상위 7비트가 CRC 값이고 최하위 비트는 end bit의 의미로 무조건 1이다. 이러한 7비트 형식의 CRC 값은 SD 카드가 SD 모드로 사용될 때만 체크하므로 SPI 모드를 사용하는 경우에는 초기화 과정에서 CMD0과 CMD8 명령에서만 필요하며, 나머지 다른 명령에서는 CRC 데이터로 더미값 1을 사용하여 6번째 바이트를 0xFF로 전송한다.

〈표 4.21.2〉 SD 카드의 SPI 모드 명령 형식

바이트	제1바이트			제2~5바이트	제6바이트	
비트 번호	47	46	45~40	39~8	7~1	0
길이(비트)	1	1	6	32	7	1
값	0	1	x	x	x	1
기능	start bit	transmission bit	command index	argument	CRC7	end bit

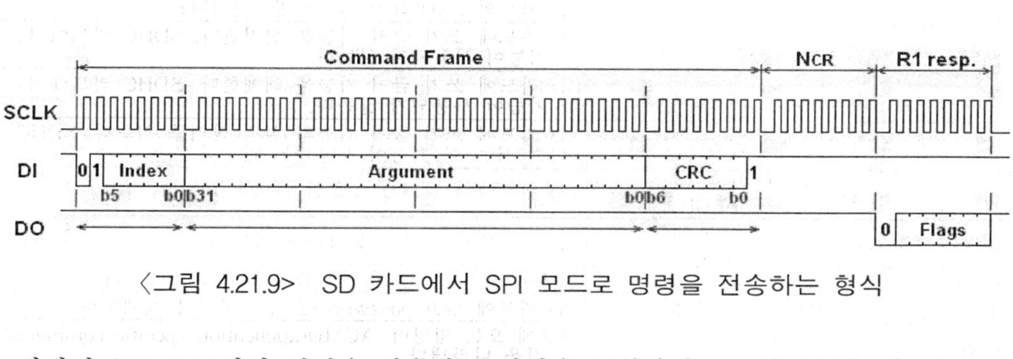

〈그림 4.21.9〉 SD 카드에서 SPI 모드로 명령을 전송하는 형식

이처럼 SPI 모드에서 명령을 전송하는 형식을 도시하면 <그림 4.21.9>와 같다. 6바이트의 명령을 전송한 후에는 SPI 통신으로 더미 데이터 0xFF를 전송하면서 응답 데이터를 수신하는데 응답이 올바르게 수신되기 까지의 시간 공백 N_{CR}은 0~8 바이트

정도이다. 따라서, 각 명령 전송에서 응답 수신 동작은 1~9번 정도까지 반복하여 시도하는 것이 바람직하다.

SD 카드에서 사용하는 SPI 모드 명령(CMDn)을 요약하면 <표 4.21.3>과 같고, SPI 모드의 응용을 위해 추가된 명령(application specific command, ACMDn)을 요약하면 <표 4.21.4>와 같다. 이들 ACMD 명령들은 항상 CMD55 명령과 1조가 되어 CMD55 명령의 다음에 연속으로 전송되어야 한다. 만약 이들 명령에 대한 좀더 자세한 정보가 필요하면 SD 카드의 사양서를 참조하기 바란다.

〈표 4.21.3〉 SD 카드의 SPI 모드 CMD 명령

명령	인수	응답	생략형	기 능
CMD0	-	R1	GO_IDLE_STATE	SD 카드를 리셋하고 SPI 모드로 변경한다.
CMD1	있음	R1	SEND_OP_COND	HCS 정보를 입력하고 초기화를 시작한다. (SD 카드 재초기화의 경우에만 사용)
CMD6	있음	R1	SWITCH_FUNC	SD 카드의 기능을 스위치한다.
CMD8	있음	R7	SEND_IF_COND	SD 카드의 동작전압을 설정하고 정상동작 여부를 확인한다. (인수는 b11~b8 = 0001로 표시하여 동작전압을 2.7~3.6V로 지정하고, b7~b0에는 check pattern을 10101010으로 준다.)
CMD9	-	R1	SEND_CSD	SD 카드의 CSD 레지스터를 읽는다.
CMD10	-	R1	SEND_CID	SD 카드의 CID 레지스터를 읽는다.
CMD12	-	R1b	STOP_TRANSMISSION	여러 블록의 데이터를 읽는 동작을 강제로 중단시킨다.
CMD13	-	R2	SEND_STATUS	SD 카드의 상태 레지스터를 읽는다.
CMD16	있음	R1	SET_BLOCKLEN	1블록의 크기를 바이트 수로 설정한다. SDHC 카드에서는 블록의 크기가 512바이트로 고정되어 있다.
CMD17	있음	R1	READ_SINGLE_BLOCK	SD 카드로부터 1블록의 데이터를 읽는다.(표준 SD카드에서는 인수를 바이트 수로 지정하고, SDHC 카드에서는 블록 단위로 지정한다.)
CMD18	있음	R1	READ_MULTIPLE_BLOCK	SD 카드로부터 여러 블록 데이터를 읽는다.(표준 SD카드에서는 인수를 바이트 수로 지정하고, SDHC 카드에서는 블록 단위로 지정한다.)
CMD24	있음	R1	WRITE_BLOCK	SD 카드에 1블록의 데이터를 쓴다.
CMD25	있음	R1	WRITE_MULTIPLE_BLOCK	SD 카드에 지정된 수의 블록 데이터를 쓴다.
CMD27	-	R1	PROGRAM_CSD	SD 카드의 CSD 레지스터에 정보를 쓴다.
CMD28	있음	R1b	SET_WRITE_PROT	SD 카드에 쓰기 금지 기능을 설정한다. SDHC 카드에서는 이 기능이 사용되지 않는다.
CMD29	있음	R1b	CLR_WRITE_PROT	SD 카드에 쓰기 금지 기능을 해제한다. SDHC 카드에서는 이 기능이 사용되지 않는다.
CMD30	있음	R1	SEND_WRITE_PROT	SD 카드에 쓰기 금지 기능의 설정 상태를 읽는다. SDHC 카드에서는 이 기능이 사용되지 않는다.
CMD32	있음	R1	ERASE_WR_BLK_START_ADDR	SD 카드에서 삭제할 블록의 첫번째 번지를 지정한다.
CMD33	있음	R1	ERASE_WR_BLK_END_ADDR	SD 카드에서 삭제할 블록의 마지막 번지를 지정한다.
CMD38	-	R1b	ERASE	앞에서 지정한 SD 카드의 블록 영역을 삭제한다.
CMD42	있음	R1	LOCK_UNLOCK	SD 카드에 암호(password)를 설정하거나 해제한다.
CMD55	-	R1	APP_CMD	다음에 오는 명령이 ACMD(application specific command)라는 것을 나타낸다.
CMD56	있음	R1	GEN_CMD	SD 카드에 1블록의 데이터를 쓰거나 읽는다.
CMD58	-	R3	READ_OCR	SD 카드의 OCR 레지스터를 읽는다.
CMD59	있음	R1	CRC_ON_OFF	SD 카드 전송 동작에서 CRC 체크 기능을 사용할 것인지 여부를 설정한다.

〈표 4.21.4〉 SD 카드의 SPI 모드 ACMD 명령

명령	인수	응답	생략형	기 능
ACMD13	-	R2	SD_STATUS	SD 카드의 상태 레지스터를 읽는다.
ACMD22	-	R1	SEND_NUM_WR_BLOCKS	SD 카드에 올바르게 써진 데이터의 블록 수를 읽는다.
ACMD23	있음	R1	SET_WR_BLK_ERASE_COUNT	SD 카드에 데이터를 쓰기 전에 지울 데이터의 블록 수를 지정한다.
ACMD41	있음	R1	SD_SEND_OP_COND	HCS 정보를 입력하고 초기화를 시작한다.(인수의 b30에는 HCS 정보를 표시하고 나머지 비트들은 모두 0이 된다.)
ACMD42	있음	R1	SET_CLR_CARD_DETECT	SD 카드의 -CS 단자에 50kΩ의 풀업 저항을 설정하거나 해제한다.
ACMD51	-	R1	SEND_SCR	SD 카드의 SCR 레지스터를 읽는다.

☞ SDHC 카드에서는 HCS(Host Capacity Support) 비트를 1로 지정한다.

SD 카드의 명령에 대한 응답은 R1~R7의 여러가지 형식이 있다. R1의 응답 형식은 <그림 4.21.10>처럼 1바이트로 구성되는데, 최상위 비트는 항상 0의 값을 가지며 나머지 비트들은 1의 값으로 에러를 표시한다. 여기서, 각 비트를 b7~b0으로 표시할 때 최하위의 b0(in idle state)은 SD 카드가 현재 아이들 상태에 있고 초기화가 진행되는 중이라는 것을 나타낸다. 또한, b2(illegal command)는 잘못된 명령이 수신되었음을 나타내며, b3(communication CRC error)은 CRC 체크 결과 에러가 발생하였음을 나타낸다. b5(address error)는 블록의 크기와 매치되지 않는 잘못된 어드레스가 사용되었음을 나타내며, b6(parameter error)은 명령의 파라미터가 잘못 지정되었음을 나타낸다. 그리고, b4(erase sequence error)는 삭제 명령의 순서가 잘못된 것을 나타내며, b1(erase reset)은 삭제 명령이 잘못되어 취소되었음을 나타낸다.

R1b 응답 형식은 busy 상태를 표시하는 기능이 포함되는 것 이외에는 R1 응답과 같다. 값이 0x00이면 SD 카드가 busy 상태에 있음을 나타내고 그 외의 값이면 다음 명령을 수신할 준비가 되어 있음을 나타낸다.

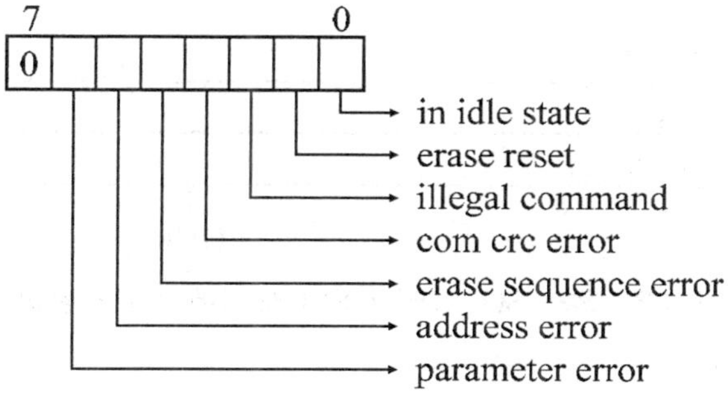

〈그림 4.21.10〉 SD 카드의 SPI 모드에서 R1 응답 형식

R2 응답 형식은 <그림 4.21.11>에 보인 것처럼 특별히 2바이트로 구성되며 CMD13의 SEND_STATUS 명령에서만 사용된다. 여기서, 첫번째 바이트는 R1 응답과 같고 나머지 비트들은 추가적인 에러를 나타낸다. 두번째 바이트의 b2(error)는 동작중에 기타 원인으로 에러가 발생하였음을 나타낸다.

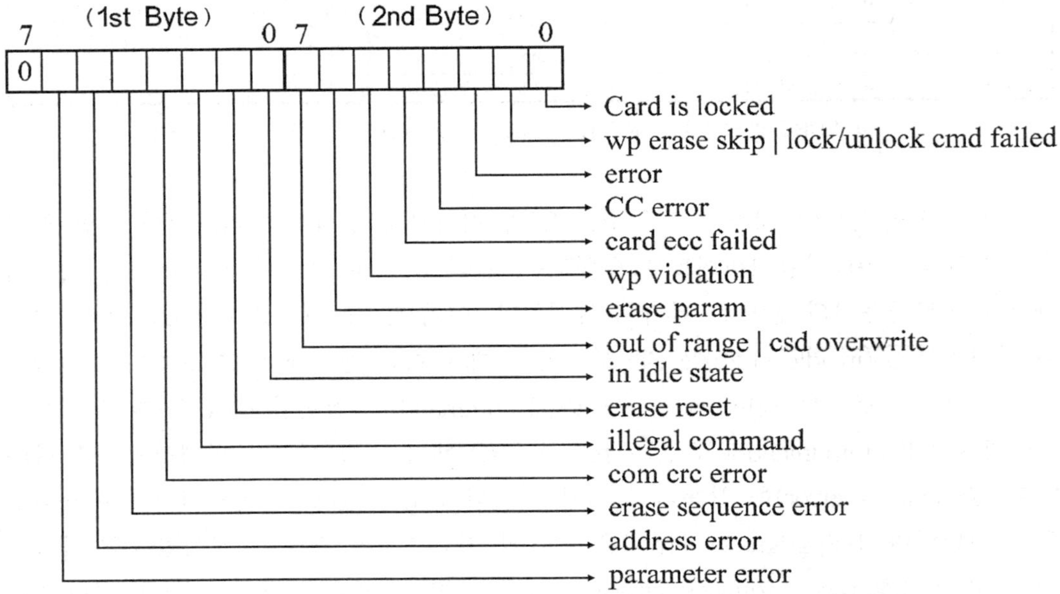

〈그림 4.21.11〉 SD 카드의 SPI 모드에서 R2 응답 형식

R3 응답 형식은 <그림 4.21.12>에 보인 것처럼 총 5바이트로 구성되며 CMD58의 READ_OCR 명령에서만 사용된다. 여기서, 첫번째 바이트는 R1 응답과 같고, 나머지 4바이트(32비트)에는 OCR 레지스터 값을 포함한다.

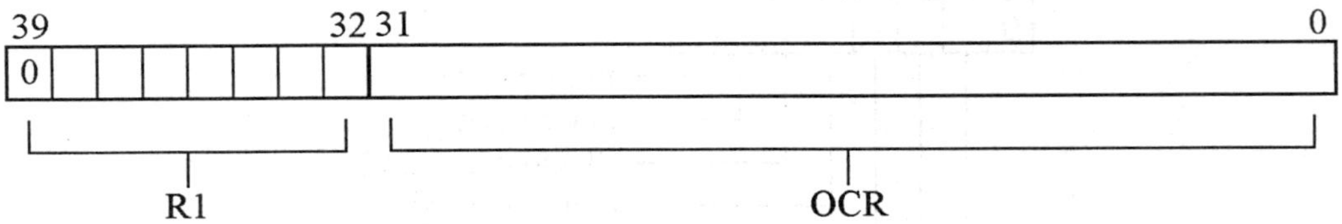

〈그림 4.21.12〉 SD 카드의 SPI 모드에서 R3 응답 형식

R7 응답 형식은 <그림 4.21.13>처럼 5바이트로 구성되며 CMD8의 SEND_IF_COND 명령에서만 사용된다. 여기서, 첫번째 바이트는 R1 응답과 같고, 나머지 4바이트(32비

트)에는 SD 카드의 동작전압에 관한 정보나 인수의 check pattern을 되돌려 주는(echo back) 정보를 포함하고 있다. 만약 현재의 동작전압이 2.7~3.6V의 범위라면 동작전압을 나타내는 4비트는 0001로 표시된다.

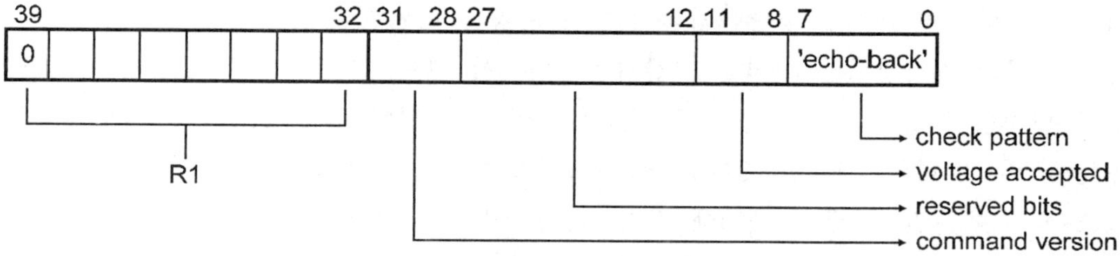

〈그림 4.21.13〉 SD 카드의 SPI 모드에서 R7 응답 형식

2. FAT32 형식의 파일 구조

FDD(Floppy Disk Drive)나 HDD(Hard Disk Drive) 또는 SD 카드와 같은 불휘발성의 대용량 저장장치에 데이터를 저장하거나 읽는 방법을 표준적으로 정해놓은 것을 파일 시스템(file system)이라고 한다. 이는 운영체제나 응용 프로그램에서 이들 저장장치를 액세스하는데 필요한 소프트웨어 개발시간과 비용을 줄이고 제품간의 소프트웨어적인 호환성을 높이기 위하여 반드시 필요하다.

(1) 대용량 저장장치 사용의 기초지식

퍼스널컴퓨터에서 MS-DOS 시절부터 현재의 윈도우즈 운영체제까지 널리 사용되어온 파일 시스템에는 FAT12(File Allocation Table), FAT16, FAT32, NTFS(New Technology File System) 등이 있는데, 오늘날의 대용량 SD 카드에서는 이중에서 FAT32 포맷을 일반적으로 사용한다. *OK-X128A1* 키트의 모든 예제 프로그램에서는 SD 카드를 액세스할 때 FAT32 포맷만을 지원하도록 하였다.

FAT 뒤의 숫자는 각 파일에 대한 클러스터의 위치와 순서를 기록한 FAT 엔트리의 비트 수를 가리키므로 이 숫자가 크다면 보다 용량이 큰 저장장치를 사용할 수 있게 된다. FAT12는 1980년에 IBM PC가 등장했던 초창기부터 주로 플로피 디스크에 사용되었던 파일 시스템으로 최대 32MB까지의 용량을 지원하고, FAT16은 1984년에 IBM PC AT와 함께 사용된 HDD용의 파일 시스템으로 최대 2GB까지의 용량을 지원하며, FAT32는 1996년에 Windows 95 OSR2와 함께 사용되어 현재에 이르는 파일 시스템으로 이론적으로는 최대 4TB의 용량까지 처리가 가능하지만 실제 윈도우즈 운영체제에서는 32GB까지 사용하고 있다. NTFS는 1993년 Windows NT에서 사용하기 시작하여 Windows 2000, Windows XP 등을 거쳐서 현재에 이르는 파일 시스템으로 클러스터 사이즈를 4KB로 할 때 최대 4TB의 용량을 지원한다.

대용량의 저장장치에 파일을 저장하는 파일 시스템은 기본적으로 HDD를 중심으로 하여 발전되어 왔다. 초기에는 HDD를 접근할 때 실린더(Cylinder), 헤드(Head), 섹터(Sector)의 번호를 가지고 CHS 어드레스 방식으로 액세스했는데, 퍼스널컴퓨터의 BIOS에서는 실린더, 헤드, 섹터에 각각 10, 4, 6비트를 할당하여 16비트 어드레스로 사용하였으므로 1섹터의 크기가 512바이트일 경우 최대 액세스 가능한 용량은

$$2^{10}\times2^{4}\times2^{6}\times512 = 1{,}024\times16\times64\times512 = 536{,}870{,}912 = 512\text{MB}$$

에 불과하였다. 그 당시에는 512MB도 상상하기 어려운 대용량이었으나 HDD 용량이 수 GB에서 수백 GB까지 급속히 증가하면서 이 한계는 심각한 문제로 대두되었다.

이러한 HDD의 용량 문제를 해결하기 위하여 나온 것이 종래의 물리적인 어드레스가 아닌 논리적 어드레스를 사용한 LBA(Logical Block Address) 방식이다. LBA 방식은 섹터들을 일렬로 늘어놓은 것처럼 생각하는 방식으로 섹터 어드레스에 28비트를 할당하였으므로 1섹터가 512바이트라면 최대 용량은 $2^{28}\times512$ = 128GB에 달한다. 그 이상의 용량을 갖는 HDD에서는 48비트의 섹터 어드레스를 갖는 LBA 방식이 사용되기도 한다.

초창기의 FDD나 HDD에서는 기본적인 최소 데이터 액세스 단위가 512바이트로 이루어진 섹터였다. 그러나, HDD의 용량이 점차 증가하면서 섹터 단위로 액세스 처리를 하면 어드레스를 나타내는 비트 수가 너무 커져서 불리하므로 몇 개의 섹터를 묶은 클러스터(cluster)를 기본적인 액세스 단위로 사용하게 되었다. 즉, 1개의 어드레스 위치에 1섹터만 존재하는 것보다는 여러 개의 섹터로 이루어진 1클러스터가 존재하면 동일한 어드레스로 훨씬 큰 용량의 HDD를 액세스할 수 있게 되는 것이다. 그러나, 이렇게 기본 액세스 단위가 섹터에서 클러스터로 커지면 파일이 작은 경우에는 클러스터에 남는 부분(slack)이 많아져서 낭비가 심해지며, 또한 여러 개의 클러스터를 사용하는 파일에서 마지막 클러스터에도 사용하지 않는 자투리 부분이 생겨서 HDD 용량의 낭비가 커진다. 1클러스터가 몇개의 섹터로 구성되는가는 운영체제에 따라 다르고 HDD의 용량에 따라 다르며, FAT32 파일 시스템에서는 각 파티션에 있는 부트 레코드의 13번째 위치에 클러스터당 섹터수가 표시되어 있다.

SD 카드에 사용되는 파일 시스템은 근본적으로 HDD와 동일한 방식으로 윈도우즈 운영체제에서 처리하고 있으므로 SD 카드의 파일 시스템을 이해하려면 HDD의 파일 시스템을 익히면 된다.

(2) 파티션과 MBR

HDD의 용량이 너무 커서 오히려 사용하기 불편하거나 1개의 HDD에 여러 개의 운영체제를 저장하거나 또는 보안상의 이유로 HDD를 여러 개의 파티션(partition)으로 나누어 이것들이 마치 서로 다른 드라이브인 것처럼 독립적으로 관리할 수 있다. 즉, 하나의 물리적인 디스크를 여러 개의 논리적인 드라이브로 나누어 기능적으로 독립하여 사용할 수 있다.

이러한 파티션 정보를 저장하는 영역을 MBR(Master Boot Record)이라고 하는데 이는 〈그림 4.21.14>의 (a)에 보인 것처럼 HDD의 가장 앞부분인 0번 섹터에 위치한다. 이후에 각 파티션이 차례로 위치하는데 모든 파티션의 첫번째 섹터는 부트 레코드(Boot Record)가 된다. 부트 레코드는 각 파티션에 저장된 운영체제를 부팅시켜주는 역할을 수행한다. 1개의 HDD에는 최대 4개까지의 파티션을 둘 수 있다. 그러나, 만약 HDD를 여러 개의 파티션으로 나누지 않는다면 <그림 4.21.14>의 (b)처럼 MBR이 없어지며 0번 섹터가 부트 레코드가 된다.

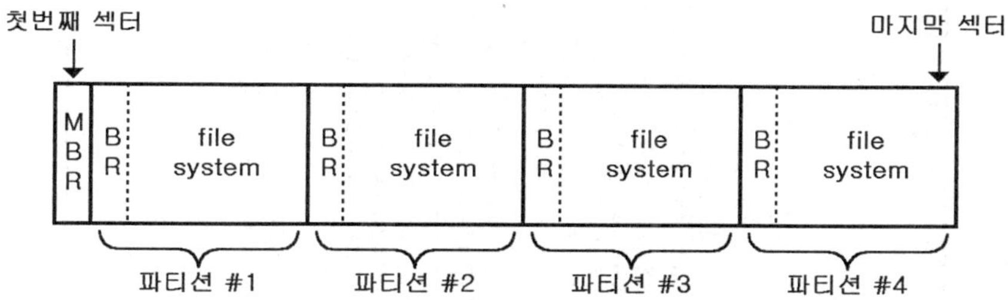

(a) 파티션이 존재하는 경우

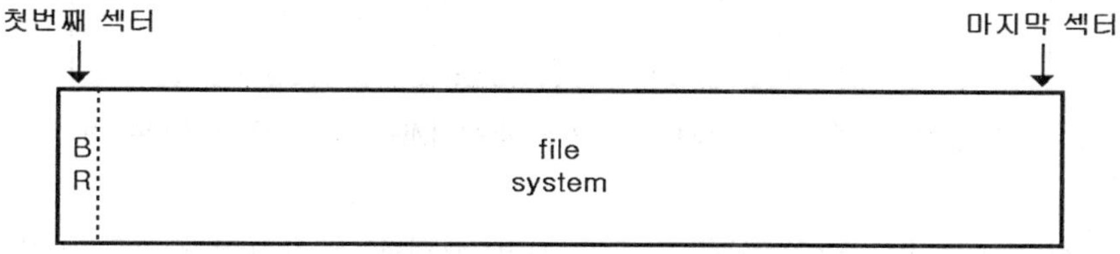

(b) 파티션이 존재하지 않는 경우

〈그림 4.21.14> HDD의 파티션과 MBR

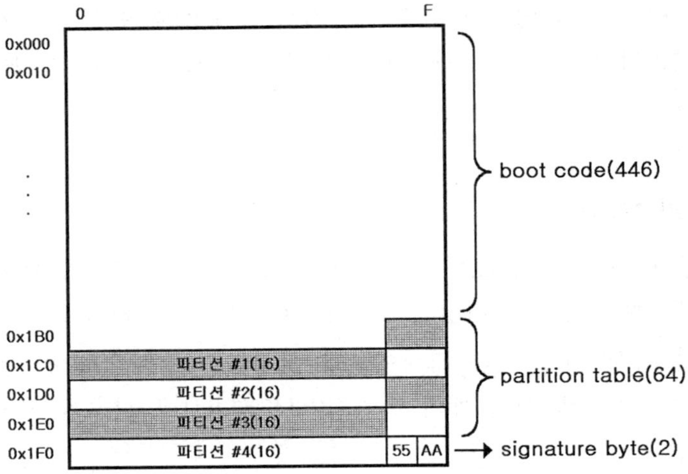

〈그림 4.21.15〉 MBR의 구조

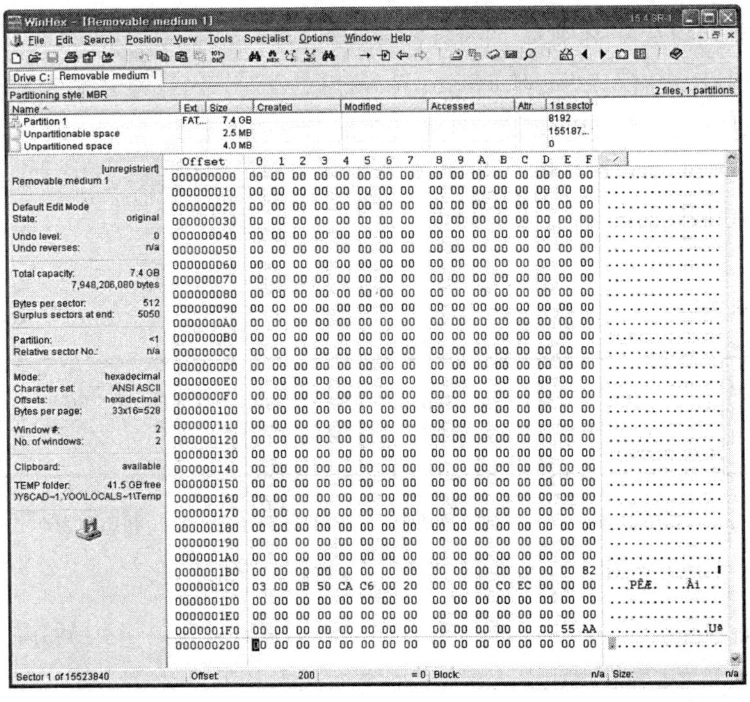

〈그림 4.21.16〉 8GB의 SD 카드에서 MBR 섹터를 읽어본 예

MBR은 HDD의 가장 앞쪽 처음 부분인 0번 섹터에 위치하며 <그림 4.21.15>에 보인 것처럼 부트 코드(boot code)와 파티션 테이블(partition table) 및 2개의 signature byte로 구성된다. 부트 코드는 MBR에서 앞의 446바이트 부분으로서 HDD에 들어있는

운영체제를 읽어 컴퓨터를 부팅시키는 프로그램이 들어있다. 이것은 4개의 파티션중에서 primary active partition을 찾아 그안에 있는 부트 레코드를 실행시켜 운영체제가 부팅되도록 한다.

파티션 테이블 영역에는 4개의 파티션에 대하여 각각 16바이트씩으로 구성되는 파티션 엔트리(partition entry)가 존재하므로 총 64바이트로 구성되며 각 파티션에 대한 정보를 가지고 있다. 그러나, 보조기억장치로 사용하는 SD 카드에는 특별히 파티션을 나누지 않는다면 기본적으로 1개의 파티션만 존재한다. signature byte는 이 부분이 MBR이라는 것을 나타내는 0x55, 0xAA 데이터가 차례로 저장되어 있다.

파티션 테이블에 있는 각 파티션 엔트리의 내용을 살펴보면 <그림 4.21.17>과 같이 16바이트로 구성되며, 이 내용을 요약 정리하면 <표 4.21.5>와 같다.

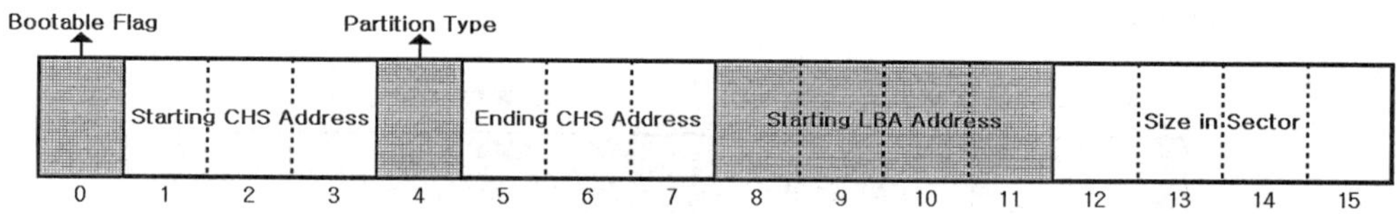

〈그림 4.21.17〉 파티션 엔트리의 구조

〈표 4.21.5〉 파티션 엔트리의 내용 및 기능

오프셋 번지	크기 (byte)	명칭 및 기능
0	1	Bootable Flag. 하드디스크 파티션이 부팅 가능한 것인지를 나타내는데, 부팅 가능한 파티션이면 0x80으로 표시하고, 부팅 가능하지 않으면 0x00으로 표시한다.
1	3	Starting CHS Address. 파티션의 시작번지를 CHS 어드레스로 나타내는데, 24비트 중에서 실린더를 10비트로 표시하고, 헤드를 8비트로 표시하며, 섹터를 6비트로 표시한다.
4	1	Partition Type. 파티션의 종류를 나타내는 코드이다. 코드값에 따른 대표적인 파티션의 종류를 열거하면 0x00 = empty, 0x01 = FAT12, 0x04 = FAT16, 0x07 = NTFS, 0x0B = FAT32 CHS, 0x0C = FAT32 LBA 등이다.
5	3	Ending CHS Address. 파티션의 끝번지를 CHS 어드레스로 나타내는데, 24비트 중에서 실린더를 10비트로 표시하고, 헤드를 8비트로 표시하며, 섹터를 6비트로 표시한다.
8	4	Starting LBA Address. 파티션의 시작번지를 LBA 모드로 나타낸다.
12	4	Size in Sector. 파티션의 크기를 섹터수로 나타내는데, 이것은 리틀 엔디안(little endian) 형식으로 표시된다.

(3) 파티션 부트 레코드

각 파티션은 흔히 볼륨(volume)이라고도 부르며 FAT32 포맷의 파티션은 <그림 4.21.18>에 보인 것처럼 부트 레코드, 예약 영역, 2개의 FAT 영역, 데이터 영역 등으로 구성된다. <그림 4.21.14>에서 보았듯이 각 파티션의 첫번째 섹터에는 예약 영역의 일부로서 부트 레코드가 위치하는데, 만약 HDD가 여러 개의 파티션으로 나누어지지 않았다면 0번 섹터에 MBR 대신에 부트 레코드가 위치한다. 2개의 FAT 영역은 클러스터들을 관리하는 정보들을 저장하는 공간으로서 이것이 손상되면 파일 시스템이 동작할 수 없으므로 안전을 위한 백업용을 포함하여 2개의 FAT로 되어 있다. 데이터 영역은 파일 및 디렉토리가 저장되는 영역으로서 이 부분은 섹터 단위가 아니라 클러스터 단위로 액세스된다. FAT16에서는 루트 디렉토리 영역이 별도로 할당되었으나 FAT32에서는 루트 디렉토리가 데이터 영역 내부 임의의 위치에 포함된다.

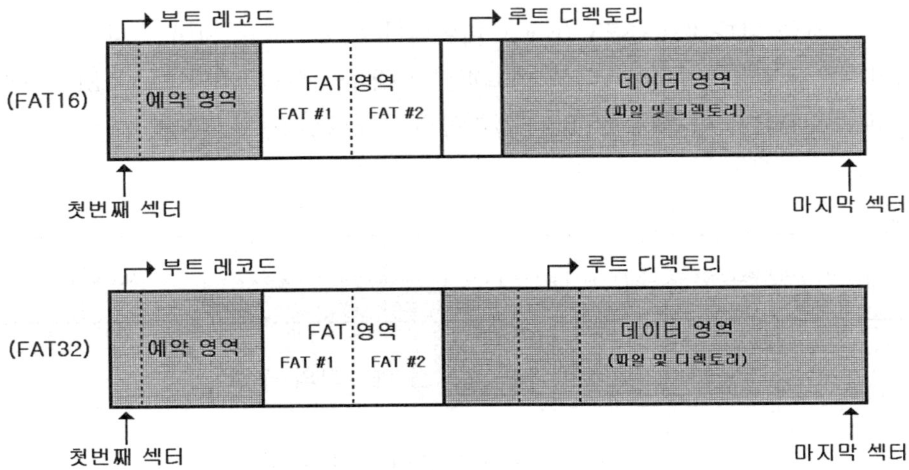

〈그림 4.21.18〉 FAT32 파일 시스템의 구조

부트 레코드는 각 파티션의 첫번째 섹터(부트 섹터라고 부름)를 가리키므로 파티션 부트 레코드(PBR ; Partition Boot Record) 또는 볼륨 부트 레코드(Volume Boot Record)라고도 부른다. 만약 여러 개의 파티션으로 나누지 않은 HDD라면 MBR이 존재하지 않으므로 0번 섹터가 부트 레코드로 된다.

부트 레코드는 FAT32 파일 시스템의 여러가지 정보들이 저장되는 영역, 그리고 Windows 운영체제를 부팅하기 위한 프로그램이 들어있는 부트 코드 영역, 그리고 마지막으로 부트 레코드를 나타내는 signature byte 등으로 구성된다. 여기서 signature byte는 MBR에서와 마찬가지로 0x55, 0xAA이다.

부트 레코드의 내용을 요약 정리하면 <표 4.21.6>과 같다. 여기서 오프셋 11~63의 53바이트 부분은 특히 디스크를 액세스하는데 필수적인 정보들이 집중되어 있는데 이 부분을 특별히 BPB(BIOS Parameter Block)라고 부르기도 한다. 오프셋 36~63의 28바이트는 FAT16 포맷에는 없었으나 FAT32 포맷에 새로 추가된 부분이다. 나머지 부분은 FAT16과 FAT32 포맷에서 동일하게 사용된다.

〈표 4.21.6〉 FAT32 포맷에서 부트 레코드의 내용 및 기능

오프셋 번지	크기 (byte)	명칭 및 기능
0	3	Jump to Boot Code. 부트 섹터의 뒷부분에 있는 부트 코드 영역으로 점프하는 명령이다. 부팅 디스크가 아니면 이 부분은 임의의 값이라도 무방하다.
3	8	OEM Name. OEM 회사를 적기 위한 부분으로 기능적인 의미는 없다. 실제로 윈도우즈 운영체제에서는 MSDOS5.0처럼 운영체제의 버전을 적어둔다.
11	2	Bytes per Sector. 섹터당 바이트수를 표시하며 항상 512이다.
13	1	Sectors per Cluster. 클러스터당 섹터수를 표시하며, HDD의 용량에 따라 1, 2, 4, 8, 16, 32, 64, 128을 사용한다. FAT32에서는 보통 64MB 이하 = 1, 128MB 이하 = 2, 256MB 이하 = 4, 8GB 이하 = 8, 16GB 이하 = 16, 32GB 이하 = 32로 되어 있다.
14	2	Number of Reserved Sectors. 예약 영역의 섹터수를 나타내는데 반드시 1이상이어야 하며 FAT32에서는 보통 32이다. 부트 섹터는 예약 영역의 첫번째 섹터이며, 나머지 예약 영역은 모두 초기값이 0으로 채워진다.
16	1	Number of FATs. 현재의 볼륨에 있는 FAT 영역의 수를 나타내는데 반드시 1이상이어야 하며 보통 2로 되어 있다.
17	2	Root Directory Entry Count(16). FAT16에서 루트 디렉토리에 들어갈 엔트리의 수를 512로 지정한다. 그러나 FAT32에서는 이 값을 0으로 한다.
19	2	Total Sectors(16). FAT16에서 현재 볼륨의 섹터수를 나타낸다. 그러나 FAT32에서는 이 값을 0으로 한다.
21	1	Media. 플로피 디스크의 용량에 따른 여러가지 포맷을 나타낸다. 하드 디스크나 SD 카드와 같은 기타의 모든 보조기억장치에 대하여는 무조건 0xF8로 표시된다.
22	2	Sectors per FAT(16). FAT16에서 FAT 영역의 섹터수를 나타낸다. 그러나 FAT32에서는 이 값을 0으로 한다.
24	2	Sectors per Track. INT 0x13에서 필요한 트랙당 섹터수를 나타낸다. Windows 운영체제에서는 이를 사용하지 않는다.
26	2	Number of Heads. INT 0x13에서 필요한 실린더당 헤드수를 나타낸다. Windows 운영체제에서는 이를 사용하지 않는다.
28	4	Number of Hidden Sectors. INT 0x13에서 필요한 현재의 볼륨 앞에 존재하는 숨겨진 섹터수를 나타낸다. Windows 운영체제에서는 이를 사용하지 않는다.
32	4	Total Sectors(32). 현재 볼륨의 섹터수를 나타내며 반드시 1이상이어야 한다.
36	4	Sectors per FAT(32). FAT 영역 1개에 들어있는 섹터수를 나타낸다.
40	2	Extended Flags. FAT 테이블을 조작하는 방법을 나타낸다. 하위 4비트는 액티브 FAT 번호를 지정하며, 비트7이 0이면 모든 FAT에 변경내용을 반영하고 1이면 액티브 FAT에만 반영하도록 한다.
42	2	File System Version. 파일 시스템의 버전을 나타낸다. 상위 바이트에는 주 버전을 표시하고 하위 바이트에는 부 버전을 표시한다.
44	4	Root Directory First Cluster. 루트 디렉토리가 시작되는 클러스터를 나타낸다.
48	2	File System Information. 구조체 FSInfo가 위치하는 섹터 번호를 나타내는데 보통 볼륨 내부의 1번 섹터로 한다.
50	2	Boot Record Backup Sector. 부트 레코드를 백업해 두는 섹터 번호를 나타내는데 보통 볼륨 내부의 6번 섹터로 한다.
52	12	Reserved. 사용하지 않는 영역으로 항상 0이 채워진다.
64	1	Drive Number. INT 0x13에서 필요한 드라이브 종류를 나타낸다. Windows 운영체제에서는 이를 사용하지 않는다.
65	1	Reserved. Windows NT에서 사용하는 부분이며, 항상 0으로 해야 한다.
66	1	Extended Boot Signature. 확장 signature byte로서 항상 0x29이다.
67	4	Volume Serial Number. 고유의 볼륨 시리얼 넘버를 정하여 사용한다.
71	11	Volume Label. 디스크 이름에 해당하는 볼륨 라벨을 적어둔다. 볼륨 라벨을 지정하지 않으면 "NO NAME "이라고 적어둔다.
82	8	File System Type. 파일 시스템의 종류를 "FAT32 "이라고 적어둔다.
90	420	Boot Code. 운영체제를 부팅하는 프로그램이 저장된다.
510	1	Signature 0. 부트 레코드를 나타내는 signature byte로서 항상 0x55이다.
511	1	Signature 1. 부트 레코드를 나타내는 signature byte로서 항상 0xAA이다.

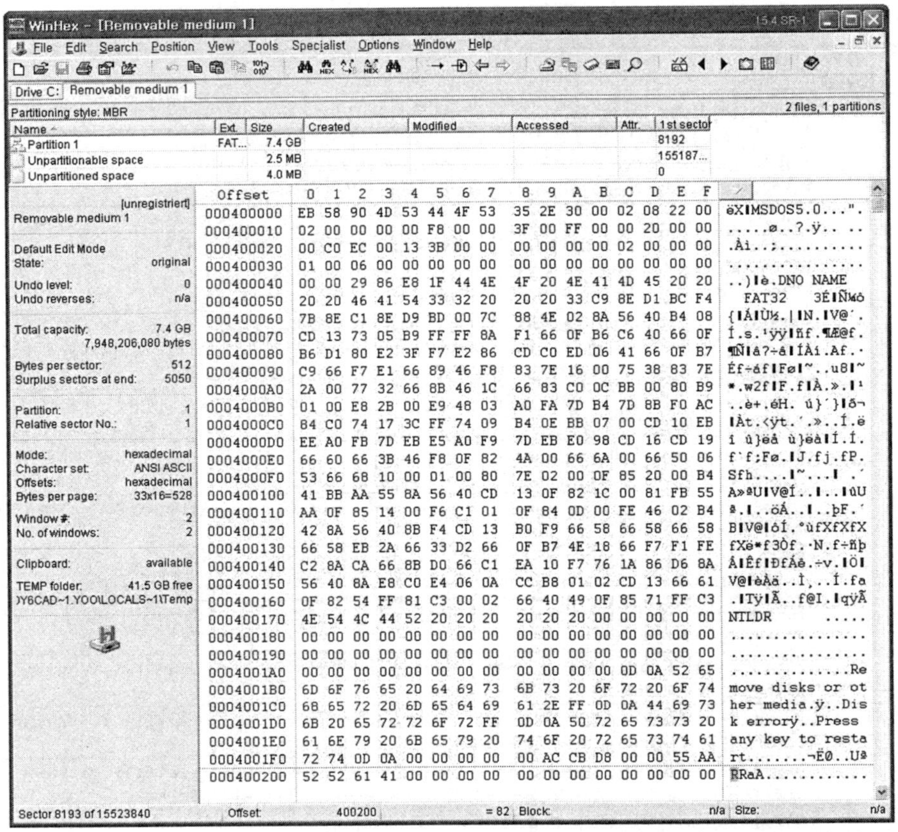

〈그림 4.21.19〉 8GB 용량의 SDHC 카드에서 부트 레코드를 읽어본 예

WinHex 프로그램을 사용하여 8GB 용량의 SDHC 카드에서 실제로 부트 레코드를 읽어본 내용은 <그림 4.21.19>와 같다.

(4) 예약 영역

예약 영역은 FAT32 파일 시스템의 가장 앞쪽에 위치하는 영역으로서 FAT16에서는 1섹터이며 FAT32에서는 보통 32섹터이다.

이 예약 영역의 첫번째 섹터가 부트 섹터 또는 부트 레코드이며, 1번 섹터에는 FSInfo 구조체를 저장하고, 6번 섹터에는 부트 레코드의 복사본을 저장해 놓는다. 예약 영역에서 사용하지 않는 나머지 영역은 모두 0으로 해둔다.

예약 영역의 1번 섹터에 위치하는 FSInfo 구조체가 표시하는 정보를 요약하여 설명하면 <표 4.21.7>과 같다.

〈표 4.21.7〉 예약 영역의 FSInfo 구조체 섹터가 표시하는 내용 및 기능

오프셋 번지	크기 (byte)	명칭 및 기능
0	4	Lead Signature. FSInfo 구조체 섹터의 시작 부분을 나타내는 signature byte로서 차례로 0x52, 0x52, 0x61, 0x41이다.
4	480	Reserved. 사용되지 않는 영역으로서 모두 0으로 채워두어야 한다.
484	4	Structure Signature. FSInfo 구조체 섹터를 나타내는 또 하나의 signature byte로서 차례로 0x72, 0x72, 0x41, 0x61이다.
488	4	Free Cluster Count. 현재의 볼륨에 존재하는 빈 클러스터의 수를 나타낸다. 이 값이 0xFFFFFFFF라면 현재 빈 클러스터수를 모르므로 새로 계산해야 한다는 의미이며, 이 값은 항상 정확하다는 보장이 없으므로 참고 자료로만 사용할 수 있다.
492	4	Next Free Cluster. 마지막으로 데이터가 저장된 클러스터의 번호를 나타낸다. 이 번호의 뒷쪽만을 조사하면 좀더 빠르게 빈 클러스터수를 찾아 계산할 수 있다. 이 값은 항상 정확하다는 보장이 없으므로 참고 자료로만 사용할 수 있다.
496	12	Reserved. 사용되지 않는 영역으로서 모두 0으로 채워두어야 한다.
508	4	Trail Signature. FSInfo 구조체 섹터의 끝부분을 나타내는 signature byte로서 차례로 0x00, 0x00, 0x55, 0xAA이다.

(5) FAT 영역

FAT 영역은 파일 시스템에서 매우 중요한 클러스터 정보를 저장하고 있는 공간으로서 원본인 FAT #1 부분과 백업용 복사본인 FAT #2 부분으로 이루어진다.

FAT 영역은 <그림 4.21.20>에 보인 것처럼 4바이트씩(FAT16에서는 2바이트씩으로 되어 있음) 나누어져 만들어진 FAT 엔트리가 자신에 해당하는 클러스터 번호를 리틀 엔디안 방식으로 나타내고 있다. 단, 첫번째 및 두번째 FAT 엔트리에는 다른 정보를 포함하며, 파일 시스템에서 필수적으로 사용하는 정보가 아니라 참고 사항일 뿐이다. 모든 FAT 엔트리는 4바이트(32비트)로 구성되지만 이중에서 하위 28비트만을 사용하며 최상위의 4비트는 예약 부분으로 사용하지 않고 0으로 채운다.

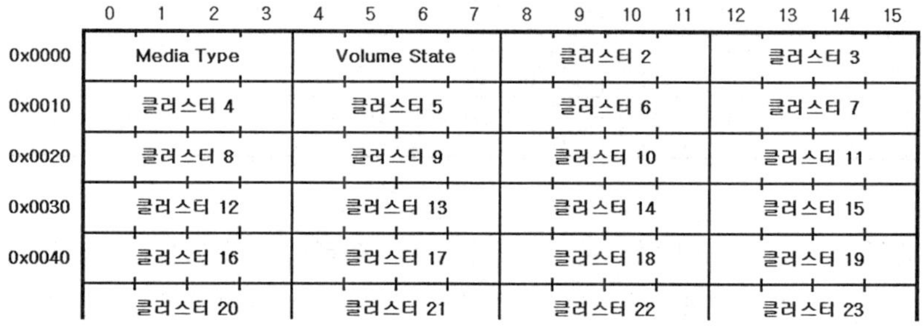

〈그림 4.21.20〉 FAT32 파일 시스템에서 FAT 엔트리 배열의 구조

FAT 엔트리 0번은 Media Type을 나타내는데 이것은 첫번째 바이트에 부트 레코드의 21번지에 표시하였던 Media를 그대로 저장하고 나머지 3바이트는 0x0FFFFF로

채운다. 따라서, HDD나 SD 카드 등의 보조기억장치를 사용한다면 FAT 엔트리 0번은 0x0FFFFFF8이 된다.

FAT 엔트리 1번은 Volume State를 나타내는데 이것은 32비트 중에서 비트22와 비트23에 볼륨 사용에 관한 상태 정보를 저장하며 나머지 비트들은 모두 1로 채운다.

FAT 영역에서는 모든 파일이나 디렉토리가 데이터 영역에 저장되어 있는 위치를 단일 링크드 리스트(linked list)로 표현한다. 즉, 4바이트로 구성되는 각 FAT 엔트리에는 해당 FAT 엔트리와 일치하는 클러스터가 다음에 어느 클러스터로 이어지는지를 나타내는 클러스터 번호가 저장된다. 따라서, <그림 4.21.21>처럼 이 클러스터 번호에 해당하는 FAT 엔트리를 따라가 보면 각 파일이나 디렉토리가 데이터 영역에 어떻게 할당되어 있는지를 파악할 수 있다.

그런데, FAT 엔트리에 저장되는 내용은 다음에 연결되는 클러스터 번호 이외에도 <표 4.21.8>과 같은 의미를 추가로 가지고 있다.

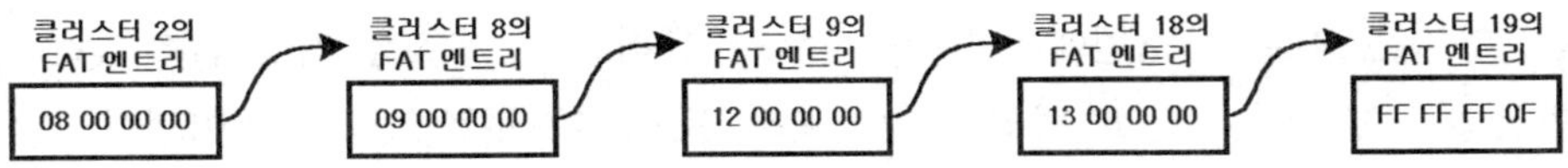

〈그림 4.21.21〉 FAT32 파일 시스템에서 루트 디렉토리의 클러스터 연결도

〈표 4.21.8〉 FAT32 파일 시스템에서 FAT 엔트리에 사용되는 값의 기능

FAT 엔트리 값	명칭 및 기능
0x00000000	Free Cluster. 사용되지 않고 비어있는 클러스터를 나타낸다.
0x00000001	Reserved Cluster. 현재는 사용하지 않고 미래를 위해 예약되어 있는 표시 방법이다.
0x00000002 ~ 0x0FFFFFEF	Allocated Cluster. 내용이 저장되어 사용되는 클러스터로서 이 값은 다음에 연결될 클러스터의 번호를 의미한다.
0x0FFFFFF0 ~ 0x0FFFFFF6	Reserved Cluster. 현재는 사용하지 않고 미래를 위해 예약되어 있는 표시 방법이다.
0x0FFFFFF7	Bad Cluster. 이 클러스터에 포함된 1개 이상의 섹터에 불량이 발생하여 더 이상 데이터를 저장할 수 없는 클러스터이다.
0x0FFFFFF8 ~ 0x0FFFFFFF	End of Cluster. 파일의 마지막 클러스터를 나타낸다. 파일의 데이터가 현재의 클러스터에서 끝나므로 그 다음에 연결되는 클러스터가 없다.

1개의 FAT 엔트리는 4바이트를 차지하므로 1섹터에는 128개의 FAT 엔트리를 저장할 수 있으며, 따라서 하드 디스크의 용량을 생각하면 총 몇 개의 FAT 엔트리 수가 필요하고 따라서 이를 모두 저장하려면 FAT 영역은 얼마의 용량이 필요한지 계산할 수 있다. 예를 들어서 4GB의 SD 카드는 8,388,608개의 섹터로 구성되고, 1클러스터는 8섹터이므로 총 1,048,576개의 클러스터가 된다. 그러면 FAT 영역 1개의 섹터에 128개의 FAT 엔트리를 저장할 수 있으므로 FAT #1 영역으로 총 8192개의 섹터가 필요하

고 백업용 FAT #2 영역에도 같은 양의 섹터가 필요하다.

(6) 데이터 영역과 쇼트 디렉토리 엔트리

데이터 영역은 파티션 또는 볼륨의 대부분을 차지하는 넓은 메모리 공간으로서 파일이나 디렉토리가 저장된다. 이 영역은 다른 영역과 달리 섹터 단위가 아니라 클러스터 단위로 액세스된다. 매우 큰 파일은 여러 개의 클러스터에 걸쳐 저장되며, 아무리 작은 파일이라도 최소한 1개의 독립적인 클러스터를 차지한다.

데이터 영역에서는 우선 루트 디렉토리의 위치를 찾아야 하는데 이것의 시작 클러스터 번호는 부트 레코드의 오프셋 44번지에 Root Directory First Cluster로 지정되어 있다. 루트 디렉토리에는 <그림 4.21.22>에 설명한 것처럼 파일이나 자신의 하위 디렉토리에 관한 정보가 저장되어 있다.

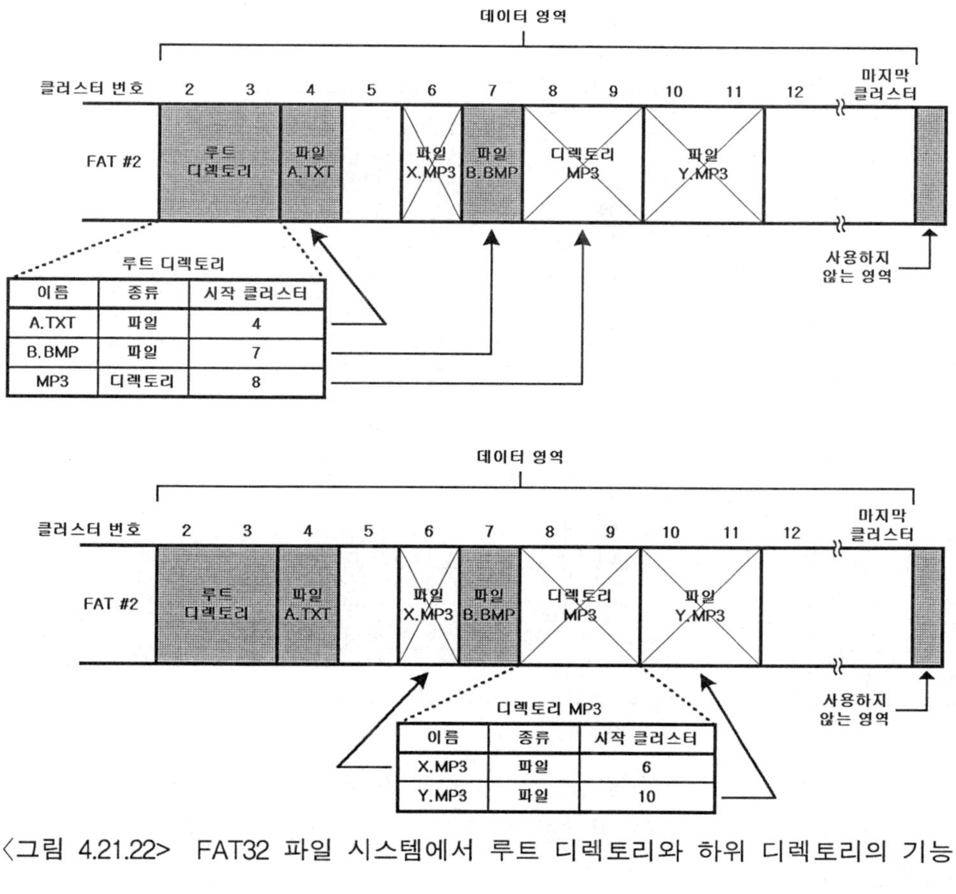

〈그림 4.21.22〉 FAT32 파일 시스템에서 루트 디렉토리와 하위 디렉토리의 기능

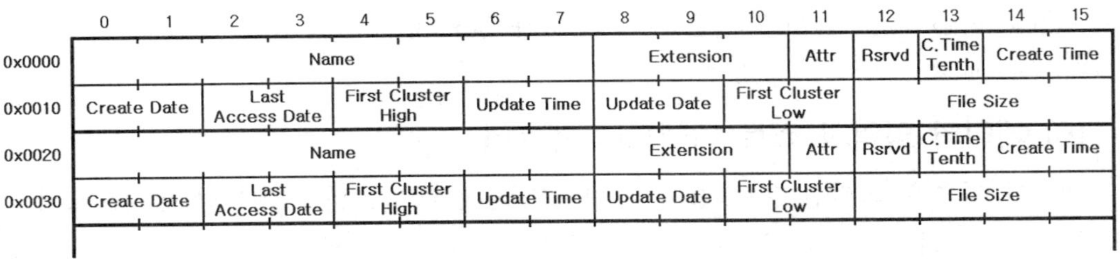

〈그림 4.21.23〉 FAT32 파일 시스템의 쇼트 디렉토리 엔트리 구조

〈표 4.21.9〉 FAT32 파일 시스템의 쇼트 디렉토리 엔트리 내용 및 기능

오프셋 번지	크기 (byte)	명칭 및 기능
0	8	File Name. 파일 이름이나 디렉토리 이름을 저장하는 부분이다. 반드시 대문자로 저장되며, 8문자 이하라야 한다. 글자수가 8자 미만일 경우 뒤의 남는 부분에는 공백문자(0x20)가 채워진다. 만약 이름의 첫번째 바이트가 0x00이면 해당 디렉토리 엔트리와 그 이후의 모든 디렉토리 엔트리가 비어 있다는 것을 의미하며, 0xE5 또는 0x05라면 이 파일이나 디렉토리는 삭제된 것이라는 의미이다.
8	3	File Extension. 파일의 확장자를 저장하는 부분이다. 반드시 대문자로 저장되며, 3문자 이하라야 한다. 확장자가 3자 미만일 경우 뒤의 남는 부분에는 공백문자(0x20)가 채워지며, 디렉토리명일 경우에는 확장자가 없으므로 이 부분이 모두 공백문자로 채워진다.
11	1	File Attribute. 디렉토리 엔트리의 속성을 나타낸다. 0x01 = read only　　0x10 = directory 0x02 = hidden　　0x20 = archive 0x04 = system file　　0x0F = long file name entry 0x08 = volume label
12	1	Reserved. 사용하지 않는 영역으로서 0으로 한다.
13	1	Create Time Tenth. 파일 또는 디렉토리가 생성된 시각의 1/10초 단위를 나타낸다.
14	2	Create Time. 파일 또는 디렉토리가 생성된 시각을 나타낸다. 16비트의 상위 5비트는 Hour, 그 다음 6비트는 Minute, 마지막 5비트는 Second를 표시하는데 사용한다.
16	2	Create Date. 파일 또는 디렉토리가 생성된 날짜를 나타낸다. 16비트의 상위 7비트는 Year, 그 다음 4비트는 Month, 마지막 5비트는 Day를 표시하는데 사용한다.
18	2	Last Access Date. 파일 또는 디렉토리를 마지막으로 액세스한 날짜를 나타낸다. 16비트의 상위 7비트는 Year, 그 다음 4비트는 Month, 마지막 5비트는 Day를 표시하는데 사용한다.
20	2	First Cluster High. 파일이 저장되는 첫번째 클러스터 주소의 상위 2바이트를 나타낸다. FAT16에서는 이 값이 항상 0이다.
22	2	Update Time. 가장 최근에 이 파일의 내용을 갱신한 시각을 나타낸다. 16비트의 상위 5비트는 Hour, 그 다음 6비트는 Minute, 마지막 5비트는 Second를 표시하는데 사용한다.
24	2	Update Date. 가장 최근에 이 파일의 내용을 갱신한 날짜를 나타낸다. 16비트의 상위 7비트는 Year, 그 다음 4비트는 Month, 마지막 5비트는 Day를 표시하는데 사용한다.
26	2	First Cluster Low. 파일이 저장되는 첫번째 클러스터 주소의 하위 2바이트를 나타낸다.
28	4	File Size. 이 파일의 크기를 바이트 수로 나타낸다. 32비트로 표시되므로 파일의 최대 크기는 4GB이다. 디렉토리의 경우에는 이 값을 0으로 한다.

데이터 영역의 루트 디렉토리 부분이나 하위 디렉토리 부분에는 파일이나 그 디렉토리의 하위 디렉토리에 관한 정보를 가지고 있는데 이를 디렉토리 엔트리(directory entry)라고 한다. 디렉토리 엔트리는 <그림 4.21.23>에 보인 것과 같이 1개의 파일 또

는 하위 디렉토리의 정보를 저장하는 연속된 32바이트의 데이터로 구성된다. 따라서, 1 섹터에는 이러한 디렉토리 엔트리가 16개 저장될 수 있다. 디렉토리 엔트리의 내용과 기능을 요약하면 <표 4.21.9>와 같다.

초창기의 FAT 파일 시스템에서 확장자를 포함한 파일명이나 디렉토리명으로 사용할 수 있는 문자에는 여러가지 제한이 있었다. 파일명은 8글자 이내로 하고 확장자는 3글자 이내로 사용해야 하므로 이를 8.3 포맷이라고 하는데, 여기에는 영어 대문자 A~Z, 아라비아 숫자 0~9, 특수 문자 ! # $ % & ' ( ) - @ ^ _ ` { } ~ 만을 사용할 수 있고 그밖의 문자는 사용할 수 없다. 예를 들어 공백문자(0x20)나 * 및 ? 등은 파일명이나 확장자 또는 디렉토리명으로 사용할 수 없다.

이렇게 8.3 포맷으로 짧은 파일명만을 표시할 수 있는 것을 나중에 나오는 롱 디렉토리 엔트리(long file name directory entry)와 구별하기 위하여 특별히 쇼트 디렉토리 엔트리(short file name directory entry)라고도 부른다.

(7) 데이터 영역과 롱 디렉토리 엔트리

파일명을 8.3 포맷으로 나타내던 종래의 디렉토리 엔트리는 여러가지로 불편하였으므로 Windows 95 운영체제와 함께 사용되기 시작한 Virtual FAT에서는 이러한 제한이 상당 부분 완화되었다. 즉, 파일명은 확장자를 포함한 파일명으로 최대 255자까지 사용할 수 있고 확장자도 3자를 초과하는 것이 허용되었다. 또한, 파일명이나 확장자에 영어 대문자 및 소문자를 사용할 수 있고, 공백문자(0x20) 및 피리어드(.)를 반복적으로 사용하는 것이 허용되며, 특수문자에 + , ; = [ ] 등이 추가되었다. 그러나, 여기서도 특수문자 " * / : < > ? \ | 등은 여전히 사용할 수 없도록 제한된다.

이렇게 255자까지 긴 파일명을 사용할 수 있는 디렉토리 엔트리를 특별히 롱 디렉토리 엔트리라고 부른다. 이것도 쇼트 디렉토리 엔트리처럼 32바이트로 구성되며, 쇼트 디렉토리 엔트리와 호환성을 갖는다. 만약, 사용자가 파일이나 디렉토리의 이름을 8.3 포맷에 맞도록 지정한다면 기존의 쇼트 디렉토리 엔트리로 만들어지며, 8.3 포맷을 초과하도록 지정하면 FAT32 파일 시스템은 이를 자동적으로 롱 디렉토리 엔트리로 만들어 저장한다. 또한, 파일이나 디렉토리 이름에 한글을 사용하면 글자수가 8.3 포맷의 범위에 들어가더라도 무조건 롱 디렉토리 엔트리로 만들어진다. 롱 디렉토리 엔트리에서는 영문이든 한글이든 무조건 1문자가 2바이트를 차지하며, 한글의 경우 KS규격의 완성형 코드가 아니라 유니코드(Unicode)로 저장된다. 그런데, 파일명이나 디렉토리명이 이렇게 롱 디렉토리 엔트리로 만들어지는 경우에도 마지막 부분에는 8.3 포맷의 쇼트 디렉토리 엔트리가 1개 추가된다. 이렇게 호환성을 위하여 롱 디렉토리 엔트리에

이어서 끝 부분에 쇼트 디렉토리 엔트리를 추가하는 경우에는 이것이 다음 규칙에 따라 8.3 포맷으로 변환 처리된다.

① 영어 소문자는 모두 대문자로 변환된다.

② 사용이 허용되지 않은 특수문자는 모두 _로 변환된다.

③ 문자열 사이에 있는 모든 공백문자(0x20)나 피리어드(.)는 제거된다.

④ 이렇게 하여 얻은 문자열의 앞쪽 6자를 취하고 그 나머지 부분은 ~ 및 숫자로 대체한다. 숫자는 1부터 시작하며 이런 파일명이 많아지면 이를 증가시켜 사용한다.

⑤ 확장자는 문자열의 앞쪽 3자만 취한다.

FAT32 파일 시스템에서 사용하는 롱 디렉토리 엔트리의 내용과 기능을 요약하면 <표 4.21.10>과 같다.

〈표 4.21.10〉 FAT32 파일 시스템의 롱 디렉토리 엔트리 내용 및 기능

오프셋 번지	크기 (byte)	명칭 및 기능
0	1	Long File Name Entry Order. 롱 디렉토리 엔트리를 구성하는 디렉토리 엔트리가 정렬되는 순번을 나타낸다. 0x01~0x14까지 가능하며, 마지막에 놓이는 디렉토리 엔트리에는 여기에 0x40이 더해진다. 0x00번에 해당하는 디렉토리 엔트리는 호환성을 위하여 추가로 만들어지는 8.3 포맷의 쇼트 디렉토리 엔트리이다.
1	10	Name 1. 파일명이나 디렉토리명의 1~5번째 글자를 저장한다.
11	1	Attribute. 여기에는 언제나 long file name entry를 의미하는 0x0F가 저장된다.
12	1	Type. 여기에는 언제나 long file name entry를 의미하는 0x00이 저장된다.
13	1	Check Sum. 여기에는 short file name entry에 들어가는 11문자의 문자열에 대한 체크섬 값을 저장한다.
14	12	Name 2. 파일명이나 디렉토리명의 6~11번째 글자를 저장한다.
26	2	First Cluster Low. 롱 디렉토리 엔트리에서는 사용하지 않으며 0x0000으로 해둔다.
28	4	Name 3. 파일명이나 디렉토리명의 12~13번째 글자를 저장한다.

롱 디렉토리 엔트리에는 255자까지의 파일명이나 디렉토리명을 사용할 수 있으나 32바이트의 디렉토리 엔트리 1개에는 13자까지만 표시하므로 최대 255자를 모두 저장하려면 무려 20개의 디렉토리 엔트리가 필요하다. 1개의 섹터에는 16개의 디렉토리 엔트리를 저장할 수 있으므로 이렇게 이름이 255자에 이르는 파일이나 디렉토리명을 사용하는 롱 디렉토리 엔트리는 최악의 경우 3개의 섹터를 차지하게 된다. 이렇게 1개의 파일명을 표시하기 위하여 여러 개의 롱 디렉토리 엔트리가 나열될 경우에는 오프셋 번지 0의 위치에 Order가 표시된다. 이 순서는 0x01~0x14 범위의 20개가 사용될 수 있으며 마지막의 롱 디렉토리 엔트리 Order에는 0x40이 더해진다. 예를 들어 롱 디렉토리 엔트리가 3개로 구성된다면 Order는 0x01, 0x02, 0x43으로 된다.

그런데 이렇게 1개의 파일명을 처리하기 위한 여러 개의 롱 디렉토리 엔트리들은 메모리에 낮은 번지부터 0x43, 0x02, 0x01처럼 역순으로 놓이며, 마지막에 이에 대응하는 쇼트 디렉토리 엔트리가 하나 더 놓인다. 롱 디렉토리 엔트리는 단지 파일명이나 디렉토리명을 저장하는 기능만을 가지고 있으므로 파일이나 디렉토리 관리를 위해서는 이에 대응되는 쇼트 디렉토리 엔트리를 필요로 하기 때문이다.

디렉토리 엔트리의 사용 예를 보면 〈그림 4.21.24〉와 같다. 여기서는 8GB의 SDHC 카드에 파일명을 "FAT32 Long Filename Example.txt"처럼 31자로 지정한 롱 디렉토리 엔트리와 파일명을 "B.BMP", "X.MP3"로 지정한 쇼트 디렉토리 엔트리가 연속적으로 배열된 경우를 보였다. 롱 디렉토리 엔트리에서 파일명이 끝났으면 끝을 표시하기 위하여 0x0000이 이어지고 그 이후의 문자열 여백에는 0xFFFF를 저장한다. 그러나, 파일명의 글자수가 13의 배수로 정확히 끝났을 경우에는 종료 표시로 0x0000을 넣기 위하여 새로운 롱 디렉토리 엔트리를 하나 더 추가하지 않고 끝낸다.

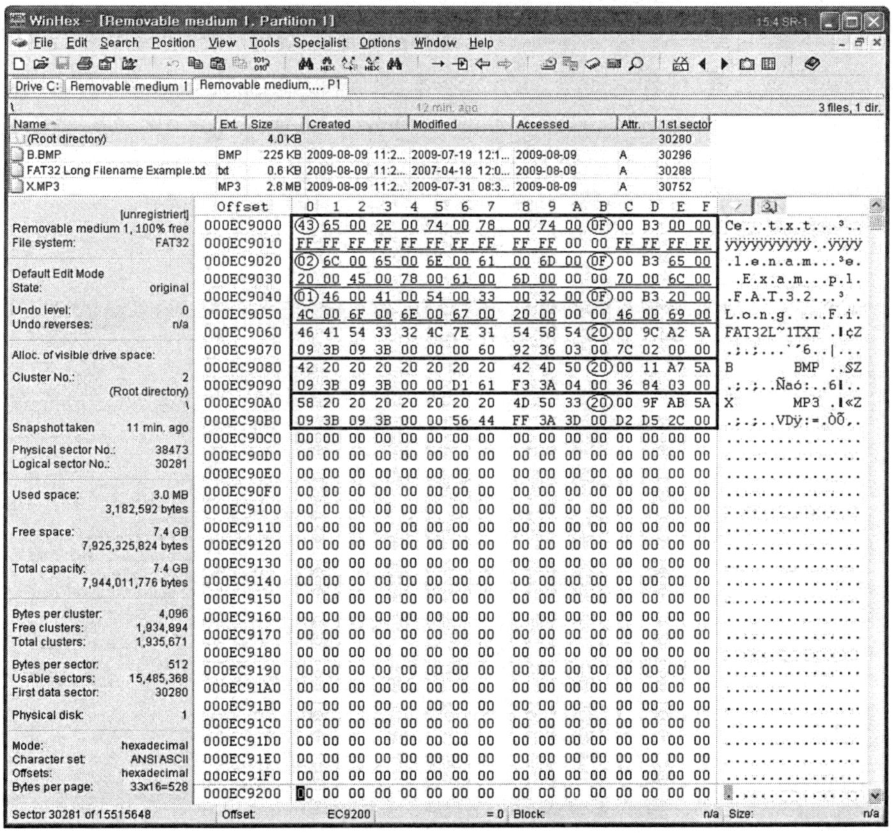

〈그림 4.21.24〉 롱 디렉토리 엔트리와 쇼트 디렉토리 엔트리의 사용 예

OK-X128A1 키트의 헤더 파일 SD_FAT32.h에서는 1개의 파일명을 저장하기 위하여 롱 디렉토리 엔트리가 1~2개의 섹터는 사용할 수 있으나 3개의 섹터는 사용하지 않는다고 가정하고 처리하였으므로 롱 디렉토리 엔트리 1개가 최대 15개의 디렉토리 엔트리 영역을 차지하고 마지막에 1개의 쇼트 디렉토리 엔트리가 올 수 있도록 하였다. 이 때문에 FAT32에서 허용하는 한계는 255글자이지만 헤더 파일 SD_FAT32.h에서는 파일명이나 디렉토리명으로 최대 13×15 = 195글자까지만 사용할 수 있게 된다. 그러나, 이를 TFT-LCD 모듈의 화면에 디스플레이할 때는 13×4 = 52글자까지만 출력하는 것으로 제한하였다.

(8) 유니코드의 한글 파일명 처리

FAT32의 롱 디렉토리 엔트리에서는 파일명이나 디렉토리명을 최대 255자까지 사용할 수 있으며, 한글이든 영문이든 모든 문자나 기호들을 2바이트의 유니코드로 저장한다. 즉, 한글 문자를 Windows 운영체제에서 기본적으로 사용하는 KS규격의 완성형 코드가 아니라 유니코드로 저장한다는 것에 유의해야 한다. 한글 파일명을 사용한 경우의 디렉토리 엔트리 예를 <그림 4.21.25>에 보였다. 여기서 보듯이 롱 디렉토리 엔트리의 한글 글자는 유니코드로 저장되지만, 마지막 부분에 1개 더 추가되는 쇼트 디렉토리 엔트리 부분의 한글 파일명은 Windows 운영체제에서 기본으로 사용하는 KS 완성형 코드로 저장된다는 점에 또한 유의해야 한다.

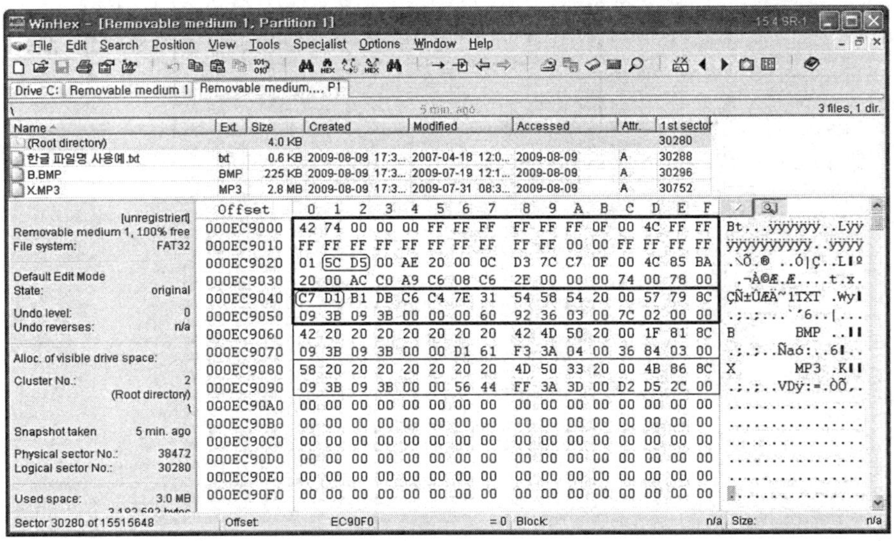

〈그림 4.21.25〉 한글 파일명이 디렉토리 엔트리에 표시된 예

<그림 4.21.25>에서 예로 사용한 파일명은 "한글 파일명 사용예.txt"인데 롱 디렉토리 엔트리에 표시된 파일명에서 "한"이라는 글자는 유니코드로 0xD55C로 저장(16비트 리틀 엔디안 방식으로 저장됨)되었으며, 쇼트 디렉토리에 표시된 파일명에서 "한"이라는 글자는 KS 완성형으로 0xC7D1로 저장(바이트 단위로 순서대로 저장됨)된 것을 확인할 수 있다.

이제부터 이와 같이 우리가 롱 디렉토리 엔트리로 표시된 파일명을 읽어서 이를 TFT-LCD 모듈에 출력하려면 유니코드가 무엇이며 이를 이용하여 어떻게 한글 폰트를 찾아 디스플레이해야 하는지를 알아야 한다.

유니코드(Unicode)는 IBM, 마이크로소프트, 애플컴퓨터 등의 3개 회사가 주축이 된 유니코드 컨소시엄(Unicode Consortium)에서 1991년에 처음으로 만들고 1995년에 ISO(International Standardization Organization)가 국제표준규격 IEC 10646으로 제정한 코드체계(Universal Code System)로서 전세계에서 사용하는 26개 언어에 대하여 일일이 코드값을 부여한 16비트 코드이다. 이것은 세계의 많은 언어를 포함하여 표준규격으로 만들었기 때문에 언어간에 표기방법으로 인한 코드 충돌이 발생하지 않는 장점이 있다. 한글을 유니코드로 저장하거나 주고받는 방식에는 몇가지가 있으나 일반적으로는 이중에서 UTF-16(16-bit Unicode Transformation Format)을 사용한다. 유니코드에서 사용하는 한글은 처음에는 순수한 완성형 방식이었으나, 그후 몇차례의 개정을 거쳐서 1996년의 유니코드 2.0부터는 조합형의 원리를 적용하여 11,172자를 모두 표현할 수 있는 완성형 방식으로 사용되고 있다. 이것은 우리나라에서도 KS 표준규격으로 채택되어 KSC5700으로 제정되었다.

유니코드의 완성형 한글 코드를 만들기 위한 조합형 성격의 초성, 중성, 종성 자모의 인덱스는 <표 4.21.11>과 같다. 이는 KS5601의 조합형 코드인 <표 2.4.2>와 상당히 유사함을 알 수 있다.

유니코드에서 한글은 0xAC00~0xD7AF 범위에 할당되어 있으므로 <표 4.21.11>에 보인 한글 초성, 중성, 종성 자모의 인덱스를 사용하여 유니코드의 완성형 한글 코드를 만드는 방법은

$$\begin{aligned}\text{유니코드의 한글 코드} = \text{0xAC00} &+ 28\times 21\times(\text{초성 인덱스})\\ &+ 28\times(\text{중성 인덱스})\\ &+ (\text{종성 인덱스})\end{aligned}$$

가 된다. 예를 들어서 이와 같은 방법으로 "한"이라는 글자의 유니코드 코드값을 만들어 보면 0xAC00 + 28×21×18 + 28×0 + 4 = 0xD55C가 된다.

<표 4.21.11> 유니코드의 완성형 한글코드를 만들기 위한 한글자모 인덱스

인덱스		초성(19자)	중성(21자)	종성(28자)
10진수	2진수			
0	00000	ㄱ	ㅏ	fill code
1	00001	ㄲ	ㅐ	ㄱ
2	00010	ㄴ	ㅑ	ㄲ
3	00011	ㄷ	ㅒ	ㄳ
4	00100	ㄸ	ㅓ	ㄴ
5	00101	ㄹ	ㅔ	ㄵ
6	00110	ㅁ	ㅕ	ㄶ
7	00111	ㅂ	ㅖ	ㄷ
8	01000	ㅃ	ㅗ	ㄹ
9	01001	ㅅ	ㅘ	ㄺ
10	01010	ㅆ	ㅙ	ㄻ
11	01011	ㅇ	ㅚ	ㄼ
12	01100	ㅈ	ㅛ	ㄽ
13	01101	ㅉ	ㅜ	ㄾ
14	01110	ㅊ	ㅝ	ㄿ
15	01111	ㅋ	ㅞ	ㅀ
16	10000	ㅌ	ㅟ	ㅁ
17	10001	ㅍ	ㅠ	ㅂ
18	10010	ㅎ	ㅡ	ㅄ
19	10011		ㅢ	ㅅ
20	10100		ㅣ	ㅆ
21	10101			ㅇ
22	10110			ㅈ
23	10111			ㅊ
24	11000			ㅋ
25	11001			ㅌ
26	11010			ㅍ
27	11011			ㅎ

이를 역으로 유니코드로 된 한글 글자의 코드값으로부터 초성, 중성, 종성 자모의 인덱스를 분해하는 것도 가능하다. 이것은

초성 인덱스 = int((유니코드 - 0xAC00) / (28×21))
중성 인덱스 = int(((유니코드 - 0xAC00) % (28×21)) / 28)
종성 인덱스 = (유니코드 - 0xAC00) % 28

와 같이 계산된다. 예를 들어서 "한"이라는 글자의 유니코드 값 0xD55C로부터 초성, 중성, 종성 자모의 인덱스를 분해하여 보면

초성 인덱스 = int((0xD55C - 0xAC00) / (28×21))
= int((54620 - 44032) / (28×21))
= 18
중성 인덱스 = int(((유니코드 - 0xAC00) % (28×21)) / 28)
= int(((54620 - 44032) % (28×21)) / 28)
= 0

종성 인덱스 = (유니코드 − 0xAC00) % 28
= (54620 − 44032) % 28
= 4

가 된다.

유니코드의 한글 코드값은 이처럼 완성형이기는 하지만 조합형처럼 상당히 규칙성을 갖도록 만들어졌으므로 KS5601의 조합형과 쉽게 코드변환을 수행할 수 있다. 만약 *OK-X128A1* 키트의 한글 출력 루틴에서 유니코드를 자체의 폰트를 가지고 독립적으로 처리한다면 여기에 KS 조합형 한글 출력 루틴까지 2가지가 존재하게 되어 상당히 번거롭고 많은 메모리 용량을 차지할 것이다. 그러나, 이와 같이 유니코드로 표시된 한글을 KS5601 조합형 한글 코드로 쉽게 변환할 수 있다면 간단한 변환함수를 제공하는 것만으로 한글 출력 처리가 가능하므로 매우 바람직한 일이다.

OK-X128A1 키트에서는 헤더파일 SD_FAT32.h에 아래의 박스에 소개한 한글코드 변환함수 Unicode_to_KS()를 제공하여 유니코드 한글을 KS 조합형 코드로 변환함으로써, 롱 디렉토리 엔트리에서 읽어낸 유니코드의 한글 파일명을 기존에 처리하던 KS 조합형 한글에 대한 TFT-LCD 모듈 출력 루틴으로 쉽게 디스플레이하는 것이 가능하도록 하였다.

```
/* ---------------------------------------------------------------------------- */
/*              한글 유니코드를 KS 조합형 코드로 변환                            */
/* ---------------------------------------------------------------------------- */

unsigned int Unicode_to_KS(U16 unicode)          /* convert Unicode(유니코드) to KS(조합형) */
{
  unsigned char cho = 0, joong = 0, jong = 0;
  unsigned int value;

  value = unicode - 0xAC00;                       // 유니코드에서 '가'에 해당하는 값을 뺀다.

  jong  = value % 28;                             // 유니코드를 초성, 중성, 종성으로 분리
  joong = ((value - jong) / 28 ) % 21;
  cho   = ((value - jong) / 28 ) / 21;

  cho += 2;                                       // 초성 + 오프셋

  if(joong < 5)        joong += 3;                // 중성 + 오프셋
  else if(joong < 11)  joong += 5;
  else if(joong < 17)  joong += 7;
  else                 joong += 9;

  if(jong < 17) jong++;                           // 종성 + 오프셋
  else          jong += 2;

  return 0x8000 | (cho << 10) | ( joong<<5) | jong; // 조합형 코드
}
```

3. BMP 파일을 이용한 전자앨범 프로그램

여기서는 *OK-X128A1* 키트의 TFT-LCD 화면에 BMP 형식의 그림 파일을 출력하는 전자앨범 프로그램을 구현해 보기로 한다. 그러기 위해서는 먼저 BMP 형식의 그림 파일에 대하여 알아야 한다.

(1) BMP 형식의 그림파일 구조

그림파일의 형식에는 여러 가지가 있는데 이중에서 BMP(bitmap) 파일은 마이크로소프트사에서 만든 방식으로서, 여기서는 영상 데이터를 압축하지 않고 픽셀마다 컬러 데이터를 비트맵 방식으로 단순하게 저장한다. BMP 파일은 이렇게 압축기술을 사용하지 않으므로 파일의 용량이 매우 커지는 단점이 있으나, 화면처리 방식이 단순하고 디스플레이 속도가 빠른 것은 장점이라고 할 수 있다. 이렇게 데이터 압축에 관한 문제를 고려하지 않아도 되는 장점 때문에 *OK-X128A1* 키트에서도 BMP 형식의 파일을 사용하여 전자앨범을 구현하기로 한다.

<표 4.21.12> BMP 파일의 헤더에 포함되는 내용 및 기능

오프셋 번지	크기 (byte)	명칭 및 기능
0	2	Signature Byte. 이것이 BMP 파일임을 나타내는 2바이트의 식별 코드로서 0x42("B")와 0x4D("M")가 차례로 온다. Magic Number라고도 부른다.
2	4	File Size. BMP 파일의 크기를 바이트 단위로 나타낸다. 그림 해상도가 240×320의 경우 54 + 240×320×3 = 230,454 = 0x00038436으로 된다.
6	2	Reserved. 사용하지 않는 부분이다. 0x0000으로 한다.
8	2	Reserved. 사용하지 않는 부분이다. 0x0000으로 한다.
10	4	Start Offset Address. 이미지 데이터가 시작되는 오프셋 번지를 나타낸다. 전체 헤더가 54바이트이고 바로 이어서 이미지 데이터가 오므로 이 항목은 0x00000036으로 된다.
14	4	DIB Header Size. DIB 헤더의 크기를 나타낸다. 헤더의 크기가 40바이트이므로 이 항목은 항상 0x00000028로 된다.
18	4	Bitmap Width. 가로 방향의 픽셀 수를 나타낸다. 240×320 해상도의 경우 이 항목은 0x000000F0으로 표시되고, 320×240 해상도의 경우 이 항목은 0x00000140으로 표시된다.
22	4	Bitmap Height. 세로 방향의 픽셀 수를 나타낸다. 240×320 해상도의 경우 이 항목은 0x00000140으로 표시되고, 320×240 해상도의 경우 이 항목은 0x000000F0으로 표시된다.
26	2	Number of Color Planes. 컬러 플레인의 수를 나타낸다. 항상 0x0001로 된다.
28	2	Number of Bits. 픽셀당 컬러를 표시하기 위한 비트수를 나타낸다. 1, 4, 8, 16, 24, 32중에서 선택하여 사용하는데, 보통 24비트 방식을 많이 사용하므로 0x0018로 된다.
30	4	Compression Type. 이미지 데이터 압축 방식을 나타낸다. 보통 압축을 사용하지 않으므로 0이지만, BMP 파일에 따라서는 몇가지의 압축 방식을 사용하기도 한다.
34	4	Image Size. 헤더 부분을 뺀 순수한 이미지 데이터의 크기를 바이트수로 나타낸다. 해상도가 240×320의 경우 240×320×3 = 230,400 = 0x00038400으로 된다.
38	4	Horizontal Resolution. 가로 방향으로 미터당 픽셀수를 나타낸다. 잘 사용하지 않는다.
42	4	Vertical Resolution. 세로 방향으로 미터당 픽셀수를 나타낸다. 잘 사용하지 않는다.
46	4	Number of Colors. 컬러 팔레트에 있는 색의 수를 나타낸다. 2^n일 때 0으로 표시한다.
50	4	Number of Important Colors. 중요한 색의 수를 나타낸다. 보통 0으로 한다.

BMP 파일에는 서두에 파일의 정보를 표시하는 14바이트의 BMP 헤더와 그림의 정보를 표시하는 40바이트의 DIB(Device-Independent Bitmap) 헤더가 차례로 놓이며, 그 다음에는 픽셀의 데이터가 24비트 RGB 방식으로 저장된다. BMP 파일의 헤더에 포함되는 내용을 요약하면 <표 4.21.12>와 같다. 헤더에 사용되는 모든 수치 데이터는 리틀 엔디안 방식으로 표시된다.

OK-X128A1 키트에서는 240×320 해상도의 BMP 파일은 초상화 모드(portrait) 에서 출력하고, 320×240 해상도의 BMP 파일은 풍경화 모드(landscape)에서 출력해야 한다. 따라서, BMP 파일을 읽을 때는 먼저 DIB 헤더로부터 Bitmap Width 부분과 Bitmap Height 부분을 읽어서 그림 파일의 해상도를 확인하고 TFT-LCD 모듈의 화면을 그에 맞게 초기화해야 한다.

<그림 4.21.26>에는 8GB의 SDHC 카드에 저장된 240×320 해상도의 24비트 방식 BMP 파일을 읽어서 헤더를 확인한 결과를 보였다.

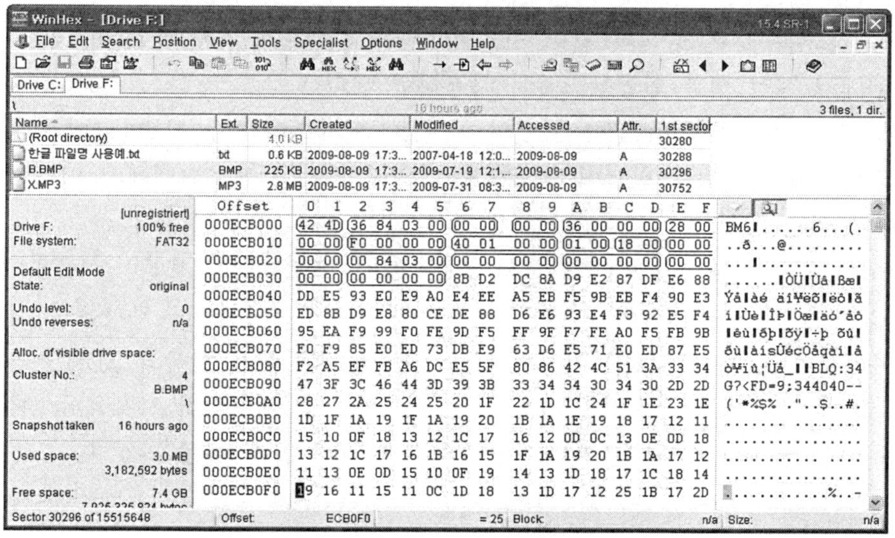

〈그림 4.21.26〉 한글 파일명이 디렉토리 엔트리에 표시된 예

BMP 파일을 사용할 때 한가지 주의할 사항은 그림의 끝부분에서 시작하여 시작부분으로 오면서 이미지 데이터가 파일에 저장되어 있다는 점이다. 따라서, 이미지 데이터를 파일에 저장되어 있는 순서대로 읽어서 그대로 화면의 위부터 출력하면 이 그림은 상하가 반대로 뒤집혀 보이게 된다. 이를 해결하려면 BMP 파일을 뒷부분부터 읽어서 TFT-LCD 모듈에 출력하거나 또는 파일에서 데이터를 순서대로 읽어서

TFT-LCD 모듈의 아래에서부터 위로 올라가면서 출력하면 된다. TFT-LCD 모듈은 화면 표시방식이 여러가지가 있어서 데이터를 아래쪽부터 디스플레이하는 모드로 설정하는 것이 가능하므로 *OK-X128A1* 키트의 예제 프로그램에서는 후자의 방법을 사용하기로 한다.

또한, 24비트 형식의 BMP 파일에는 이미지 데이터가 BGR의 순서로 저장된다는 점에도 유의해야 한다. 즉, 각 픽셀의 데이터는 24비트로 표현되는데 B(blue) 컬러가 8비트, G(green) 컬러가 8비트, R(red) 컬러가 8비트씩 차례로 저장된다. 따라서, 이를 *OK-X128A1* 키트의 TFT-LCD 모듈에 출력하기 위해서는 모든 픽셀 데이터를 16비트 RGB의 형식으로 변환해야 하는데, 이때는 최상위 비트부터 차례로 R(red) 컬러가 5비트, G(green) 컬러가 6비트, B(blue) 컬러가 5비트로 표현되어야 한다.

(2) SD 카드와 FAT32 형식으로 파일을 처리하는 헤더 파일

이제 *OK-X128A1* 키트에서 전자앨범을 구현하기 위하여 SD 카드를 액세스하는데 필요한 기본 함수들은 다음과 같이 SD_card.h 헤더 파일에 만들어 두었으므로 사용자 프로그램에서 항상 이를 인클루드하여 사용하면 된다.

또한, SD 카드에서 FAT32 포맷의 파일을 액세스하는데 필요한 기본 함수들은 SD_FAT32.h 헤더 파일로 만들어 놓았으므로 역시 사용자 프로그램에서 이를 인클루드하여 사용한다.

이 책에 있는 *OK-X128A1* 키트의 모든 예제 프로그램(전자앨범, MP3 플레이어 등)에서는 SD 카드에 대하여 FAT32 포맷만을 지원하며 FAT16 포맷은 지원하지 않는다. 따라서, 사용자는 64MB 이상의 표준 SD 카드나 4GB 이상의 SDHC 카드를 사용해야 하며, 반드시 이것들을 FAT32 파일 시스템으로 포맷하여 사용해야 한다.

헤더 파일 SD_card.h와 SD_FAT32.h의 내용을 보면 각각 아래와 같다.

〈헤더 파일 SD_card.h〉 SD 카드를 액세스하기 위한 헤더 파일

```
/* ========================================================================== */
/*              SD_card.h : SD Card Access Header File                        */
/* ========================================================================== */
/*                         Designed and programmed by Duck-Yong Yoon in 2010.  */

void SPIE_Mode0_250kHz(void);                    // SPIE mode 0, 250kHz
void SPIE_Mode0_8MHz(void);                      // SPIE mode 0, 8MHz
unsigned char SPIE_write(U08 data);              // send a byte to SPIE and receive

void Initialize_SD(void);                        // initialize SD card
void SD_command(U08 command, U32 sector);        // send SD card command
void SD_read_sector(U32 sector, U08* buffer);    // read a sector of SD card
```

```
/* ------------------------------------------------------------------------ */

#define CMD0            0                        // GO_IDLE_STATE
#define CMD8            8                        // SEND_IF_COND

#define CMD17           17                       // READ_SINGLE_BLOCK
#define CMD55           55                       // APP_CMD
#define CMD58           58                       // READ_OCR
#define ACMD41          41                       // SD_SEND_OP_COND

#define VER1X           0                        // Ver1.X SD Memory Card
#define VER2X           1                        // Ver2.X SD Memory Card
#define VER2X_SC        0                        // Ver2.X Standard Capacity SD Memory Card
#define VER2X_HC        1                        // Ver2.X High Capacity SD Memory Card(SDHC)

unsigned char SD_type;                           // SD card version(Ver1.X or Ver2.0)

/* ------------------------------------------------------------------------ */

void SPIE_Mode0_250kHz(void)                     /* SPIE mode 0, 250kHz */
{
  SPIE_CTRL = 0x53;                              // 32MHz/128 = 250kHz
}

void SPIE_Mode0_8MHz(void)                       /* SPIE mode 0, 8MHz */
{
  SPIE_CTRL = 0x50;                              // 32MHz/4 = 8MHz
}

unsigned char SPIE_write(U08 data)               /* send a byte to SPIE and receive */
{
  SPIE_DATA = data;
  while(!(SPIE_STATUS & 0x80));

  return SPIE_DATA;
}

/* ------------------------------------------------------------------------ */

void Initialize_SD(void)                         /* initialize SD/SDHC card */
{
  unsigned char i, j;
  unsigned char R1, CMD_flag, R3[5], R7[5];

  PORTE_DIR = 0xBE;                              // PORTE4 = 1 output for -SD_CS
  PORTE_OUT = 0xBE;

  TFT_string(0,0,Green,  Black,"******************************");
  TFT_string(0,2,Magenta,Black,"      SD/SDHC 카드  초기화      ");
  TFT_string(0,4,Green,  Black,"******************************");

  Delay_ms(100);
  SPIE_Mode0_250kHz();                           //  must use below 400kHz

  PORTE_OUTSET = 0x10;                           // -SD_CS = 1
  for(i = 1; i <= 10; i++) SPIE_write(0xFF);     // set SPI mode(80 clocks)
  Delay_ms(1);

  PORTE_OUTCLR = 0x10;                           // -SD_CS = 0

  TFT_string(0,8,Magenta,Black,"CMD0 : ");       // first CMD0
  TFT_color(Cyan, Black);
  SD_command(CMD0, 0);                           // send CMD0(reset and go to SPI mode)
  for(i = 0; i < 5; i++)                         // display R1
    { R1 = SPIE_write(0xFF);
      TFT_hexadecimal(R1,2);
      TFT_English(' ');
    }
  Delay_ms(1);

  TFT_string(0,8,Magenta,Black,"CMD0 : ");       // second CMD0
  TFT_color(Cyan, Black);
  SD_command(CMD0, 0);                           // send CMD0(reset and go to SPI mode)
```

```
CMD_flag = 0;
for(i = 0; i < 5; i++)                          // display R1
  { R1 = SPIE_write(0xFF);
    TFT_hexadecimal(R1,2);
    TFT_English(' ');
    if(R1 == 0x01)
      CMD_flag = 1;
  }
if(CMD_flag == 1)
  TFT_string(22,8,Green,  Black,"/ OK !");
else
  { TFT_string(22,8,Red,    Black,"/ Error!");
    TFT_string(5,22,Magenta,Black,"SD 카드가 없습니다 !");
    Beep_3times();
    while(1);
  }

PORTE_OUTSET = 0x10;                            // -SD_CS = 1

SPIE_Mode0_8MHz();                              //  must use below 25MHz
PORTE_OUTCLR = 0x10;                            // -SD_CS = 0

TFT_string(0,10,Magenta,Black,"CMD8 : ");
TFT_color(Cyan, Black);
SD_command(CMD8, 0x000001AA);                   // send CMD8(check version)
CMD_flag = 0;
for(i = 0; i < 5; i++)
  { TFT_xy(7,10);
    R7[0] =  SPIE_write(0xFF);
    TFT_hexadecimal(R7[0],2);
    TFT_English(' ');
    if(R7[0] == 0x05)                           // if R1 = 0x05, Ver 1.X
      { SD_type = VER1X;
        CMD_flag = 1;
        TFT_string(22,10,Green,Black,"/ V1.X");
        break;
      }
    else if(R7[0] == 0x01)                      // if R1 = 0x01, Ver 2.X
      { for(j = 1; j <= 4; j++)
          { R7[j] = SPIE_write(0xFF);
            TFT_hexadecimal(R7[j],2);
            TFT_English(' ');
          }
        if((R7[3] == 0x01) && (R7[4] == 0xAA))
          { SD_type = VER2X;
            CMD_flag = 1;
            TFT_string(22,10,Green,Black,"/ V2.X");
            break;
          }
      }
  }
 SPIE_write(0xFF);                              // send dummy clocks
 if(CMD_flag == 0)
   { TFT_string(22,10,Red,    Black,"/ Error!");
     TFT_string( 0,22,Magenta,Black,"SD card with unknown format !");
     Beep_3times();
     while(1);
   }

 CMD_flag = 0;
 for(i = 0; i < 5; i++)                         // send ACMD41(start initialization)
   { TFT_string(0,14,Magenta,Black,"CMD55: ");
     TFT_color(Cyan, Black);
     SD_command(CMD55, 0);
     for(j = 0; j < 5; j++)                     // receive R1 = 0x01
       { R1 = SPIE_write(0xFF);
         TFT_hexadecimal(R1,2);
         TFT_English(' ');
       }
     TFT_string(0,16,Magenta,Black,"ACMD41:");
     TFT_color(Cyan, Black);
     SD_command(ACMD41, 0x40000000);            // HCS = 1
     for(j = 0; j < 5; j++)                     // receive R1 = 0x00
```

```
          { R1 = SPIE_write(0xFF);
            TFT_hexadecimal(R1,2);
            TFT_English(' ');
            if(R1 == 0x00)
              CMD_flag = 1;
          }
      }
    if(CMD_flag == 1)
      TFT_string(22,16,Green,  Black,"/ OK !");
    else
      { TFT_string(22,16,Red,    Black,"/ Error!");
        TFT_string( 4,22,Magenta,Black,"SD card is not ready !");
        Beep_3times();
        while(1);
      }

    if(SD_type == VER2X)
      { TFT_string(0,18,Magenta,Black,"CMD58: "); // send CMD58(check SDHC)
        TFT_color(Cyan, Black);
        SD_command(CMD58, 0);
        for(i = 0; i < 5; i++)
          { TFT_xy(7,18);
            R3[0] =  SPIE_write(0xFF);
            TFT_hexadecimal(R3[0],2);
            TFT_English(' ');
            if(R3[0] == 0x00)
              { for(j = 1; j <= 4; j++)
                  { R3[j] = SPIE_write(0xFF);
                    TFT_hexadecimal(R3[j],2);
                    TFT_English(' ');
                  }
                break;
              }
          }
        if((R3[1] & 0xC0) == 0xC0)              // if CCS = 1, High Capacity(SDHC)
          { SD_type = VER2X_HC;
            TFT_string(22,18,Magenta,Black," (SDHC)");
          }
        else                                    // if CCS = 0, Standard Capacity
          SD_type = VER2X_SC;
        SPIE_write(0xFF);                       // send dummy clocks
      }

    PORTE_OUTSET = 0x10;                        // -SD_CS = 1

    TFT_string(8,22,Green,Black,"초기화 완료 !");
}

void SD_command(U08 command, U32 sector)        /* send SD card command */
{
  unsigned char CRC;

  SPIE_write(command | 0x40);                   // send command index
  SPIE_write(sector >> 24);                     // send 32-bit argument
  SPIE_write(sector >> 16);
  SPIE_write(sector >> 8);
  SPIE_write(sector);

  if(command == CMD0)       CRC = 0x95;         // CRC for CMD0
  else if(command == CMD8)  CRC = 0x87;         // CRC for CMD8(0x000001AA)
  else                      CRC = 0xFF;         // no CRC for other CMD

  SPIE_write(CRC);                              // send CRC
}

void SD_read_sector(U32 sector, U08 *buffer)    /* read a sector of SD card */
{
  unsigned int i;

  if((SD_type == VER1X) || (SD_type == VER2X_SC)) // if not SDHC, sector = sector*512
    sector <<= 9;

  PORTE_OUTCLR = 0x10;                          // -SD_CS = 0
```

```
  SD_command(CMD17, sector);                      // send CMD17(read a block)

  while(SPIE_write(0xFF) != 0x00);                // wait for R1 = 0x00
  while(SPIE_write(0xFF) != 0xFE);                // wait for Start Block Token = 0xFE

  for(i = 0; i < 512; i++)                        // receive 512-byte data
    buffer[i] = SPIE_write(0xFF);

  SPIE_write(0xFF);                               // receive CRC(2 bytes)
  SPIE_write(0xFF);
  SPIE_write(0xFF);                               // send dummy clocks

  PORTE_OUTSET = 0x10;                            // -SD_CS = 1
}
```

☞ 이 헤더 파일에서는 64MB~2GB 용량의 표준형 SD 카드나 4GB~32GB 용량의 SDHC 카드를 사용해야 하며, 이것들은 반드시 FAT32 형식으로 포맷되어야 한다. SD 카드를 초기화할 때는 400kHz 이하로 사용해야 하므로 ATxmega128A1의 SPI 직렬통신 포트를 250kHz로 설정하여 사용하였으며, 그 이후에는 최대 25MHz까지 사용할 수 있으나 VS1033과의 SPI 통신에서와 동일하게 8MHz의 전송속도를 사용한다. 여기서 8MHz의 속도로 SPI 통신을 수행하여 SD 카드를 액세스하는 것은 전자앨범을 구현하거나 나중에 MP3 플레이어 프로그램을 작성하는데 충분한 속도이다.

전자앨범 예제 프로그램이나 MP3 플레이어 예제 프로그램을 실행할 때 서두의 SD 카드 초기화 과정에서 SD 카드와 관련된 에러가 발생한다면 전원을 껐다가 다시 켜서 프로그램을 실행할 필요가 있다. SD 카드 소켓의 커넥터 접속은 그다지 신뢰성이 높은 편이 아니기 때문에 가끔 에러가 발생하는 경우가 있다. 만약, 계속하여 동일한 에러가 발생한다면 TFT-LCD 화면에 출력되는 초기화 명령과 그에 따른 응답 값을 면밀하게 체크하여 초기화 과정의 어느 단계에서 어떤 에러가 발생하는지를 찾아내고 그에 따라 적절한 조치를 취해야 한다. 위 헤더 파일의 Initialize_SD() 함수에서 SD 카드를 초기화할 때 CMD0 명령을 2차례 반복하는 것은 이러한 초기화의 불안정을 해결하는 경험적인 팁(tip)이다.

〈헤더 파일 SD_FAT32.h〉 SD 카드에서 FAT32 형식으로 파일을 처리하는 헤더 파일

```
/* ============================================================================ */
/*               SD_FAT32.h : SD Card FAT32 File System Header File            */
/* ============================================================================ */
/*                        Designed and programmed by Duck-Yong Yoon in 2010.   */

void Initialize_FAT32(void);                        // initialize FAT32
unsigned char fatGetDirEntry(U32 cluster);          // get directory entry
unsigned char *fatDir(U32 cluster, U32 offset); // get directory entry sector
unsigned long fatNextCluster(U32 cluster);          // get next cluster
unsigned long fatClustToSect(U32 cluster);          // convert cluster to sector

unsigned char Get_long_filename(U08 file_number); // check long file name
void TFT_short_filename(U08 xchar,U08 ychar, U16 colorfore,U16 colorback);
void TFT_long_filename(U08 xchar,U08 ychar, U16 colorfore,U16 colorback);
unsigned int Unicode_to_KS(U16 unicode);            // convert Unicode(유니코드) to KS(조합형)
void Filename_arrange(U16 new, U16 old, U08 *FileNameBuffer); // arrange file name

/* ---------------------------------------------------------------------------- */

#define MAX_FILE               200              // maximum file number

#define BYTES_PER_SECTOR       512              // bytes per sector
#define CLUST_FIRST            2                // first legal cluster number
#define CLUST_EOFE             0xFFFFFFFF       // end of eof cluster range
```

```
#define FAT16_MASK              0x0000FFFF      // mask for 16 bit cluster numbers
#define FAT32_MASK              0x0FFFFFFF      // mask for FAT32 cluster numbers

unsigned long file_start_cluster[MAX_FILE];     // file start cluster
unsigned long file_start_sector[MAX_FILE];      // file start sector number
unsigned char file_start_entry[MAX_FILE];       // file directory entry
unsigned long file_size[MAX_FILE];              // file size

unsigned char SectorBuffer[512];                // sector buffer
unsigned char EntryBuffer[512];                 // directory entry buffer

unsigned long sector_cluster = 0;
unsigned long extension = 0;                    // filename extension string(3 character)

unsigned char Fat32Enabled;                     // indicate if is FAT32 or FAT16
unsigned long FirstDataSector;                  // first data sector address
unsigned int  SectorsPerCluster;                // number of sectors per cluster
unsigned long FirstFATSector;                   // first FAT sector address
unsigned long FirstFAT2Sector;                  // first FAT2 sector address
unsigned long FirstDirCluster;                  // first directory(data) cluster address

/* ------------------------------------------------------------------------- */

struct MBR                                      /* MBR(Master Boot Record) */
{
  unsigned char mbrBootCode[512-64-2];          // boot code
  unsigned char mbrPartition[64];               // four partition records (64 = 16*4)
  unsigned char mbrSignature0;                  // signature byte 0 (0x55)
  unsigned char mbrSignature1;                  // signature byte 1 (0xAA)
};

struct partition                                /* partition table(16 byte) of MBR */
{
  unsigned char partBootable;                   // 0x80 indicates active bootable partition
  unsigned char partStartHead;                  // starting head for partition
  unsigned int  partStartCylSect;               // starting cylinder and sector
  unsigned char partPartType;                   // partition type
  unsigned char partEndHead;                    // ending head for this partition
  unsigned int  partEndCylSect;                 // ending cylinder and sector
  unsigned long partStartLBA;                   // first LBA sector for this partition
  unsigned long partSize;                       // size of this partition(bytes or sectors)
};

#define PART_TYPE_FAT16         0x04            // partition type
#define PART_TYPE_FAT16BIG      0x06
#define PART_TYPE_FAT32         0x0B
#define PART_TYPE_FAT32LBA      0x0C
#define PART_TYPE_FAT16LBA      0x0E

struct bootrecord                               /* PBR(Partition Boot Record) */
{
  unsigned char brJumpBoot[3];                  // jump instruction E9xxxx or EBxx90
  char          brOEMName[8];                   // OEM name and version
  char          brBPB[53];                      // volume ID(= BIOS parameter block)
  char          brExt[26];                      // Bootsector Extension
  char          brBootCode[418];                // pad so structure is 512 bytes
  unsigned char brSignature2;                   // 2 & 3 are only defined for FAT32
  unsigned char brSignature3;
  unsigned char brSignature0;                   // boot sector signature byte 0(0x55)
  unsigned char brSignature1;                   // boot sector signature byte 1(0xAA)
};

struct volumeID                                 /* BPB for FAT16 and FAT32 */
{
                                        // same at FAT16 and FAT32
  unsigned int  bpbBytesPerSec;                 // bytes per sector
  unsigned char bpbSecPerClust;                 // sectors per cluster
  unsigned int  bpbResSectors;                  // number of reserved sectors
  unsigned char bpbFATs;                        // number of FATs
  unsigned int  bpbRootDirEnts;                 // number of root directory entries(0 = FAT32)
  unsigned int  bpbSectors;                     // total number of sectors(0 = FAT32)
  unsigned char bpbMedia;                       // media descriptor
  unsigned int  bpbFATsecs;                     // number of sectors per FAT16(0 = FAT32)
```

```
  unsigned int  bpbSecPerTrack;              // sectors per track
  unsigned int  bpbHeads;                    // number of heads
  unsigned long bpbHiddenSecs;               // number of hidden sectors
  unsigned long bpbHugeSectors;              // number of sectors for FAT32
                                         // only at FAT32
  unsigned long bpbBigFATsecs;               // number of sectors per FAT32
  unsigned int  bpbExtFlags;                 // extended flags
  unsigned int  bpbFSVers;                   // file system version
  unsigned long bpbRootClust;                // start cluster for root directory
  unsigned int  bpbFSInfo;                   // file system info structure sector
  unsigned int  bpbBackup;                   // backup boot sector
  unsigned char bpbReserved[12];
                                         // same at FAT16 and FAT32
  unsigned char bpbDriveNum;                 // INT 0x13 drive number
  unsigned char bpbReserved1;
  unsigned char bpbBootSig;                  // extended boot signature(0x29)
  unsigned char bpbVolID[4];                 // extended
  unsigned char bpbVolLabel[11];             // extended
  unsigned char bpbFileSystemType[8];        // extended
};

typedef struct Dir_entry                     /* structure of DOS directory entry */
{
  unsigned char dirName[8];                  // filename, blank filled
  unsigned char dirExtension[3];             // extension, blank filled
  unsigned char dirAttributes;               // file attributes
  unsigned char dirLowerCase;                // NT VFAT lower case flags
  unsigned char dirCHundredth;               // hundredth of seconds in CTime
  unsigned char dirCTime[2];                 // create time
  unsigned char dirCDate[2];                 // create date
  unsigned char dirADate[2];                 // access date
  unsigned int  dirHighClust;                // high bytes of cluster number
  unsigned char dirMTime[2];                 // last update time
  unsigned char dirMDate[2];                 // last update date
  unsigned int  dirStartCluster;             // starting cluster of file
  unsigned long dirFileSize;                 // size of file in bytes
} Dir_entry;

#define        SLOT_EMPTY           0x00     // slot has never been used
#define        SLOT_DELETED         0xE5     // file in this slot deleted

#define        ATTR_NORMAL          0x00     // normal file
#define        ATTR_READONLY        0x01     // file is read-only
#define        ATTR_HIDDEN          0x02     // file is hidden
#define        ATTR_SYSTEM          0x04     // file is a system file
#define        ATTR_VOLUME          0x08     // entry is a volume label
#define        ATTR_LONG_FILENAME   0x0F     // this is a long filename entry
#define        ATTR_DIRECTORY       0x10     // entry is a directory name
#define        ATTR_ARCHIVE         0x20     // file is new or modified

#define        LCASE_BASE           0x08     // filename base in lower case
#define        LCASE_EXT            0x10     // filename extension in lower case

typedef struct Long_dir_entry                /* structure of long directory entry */
{
  unsigned char Longdir_Ord;                 // 00(0x00)
  unsigned char Longdir_Name1[10];           // 01(0x01)
  unsigned char Longdir_Attr;                // 11(0x0B)
  unsigned char Longdir_Type;                // 12(0x0C)
  unsigned char Longdir_Chksum;              // 13(0x0D)
  unsigned char Longdir_Name2[12];           // 14(0x0E)
  unsigned int  Longdir_FstClusLO;           // 26(0x1A)
  unsigned char Longdir_Name3[4];            // 28(0x1C)
} Long_dir_entry;

/* ------------------------------------------------------------------------ */
/*                         FAT32 포맷을 확인하고 초기화                         */
/* ------------------------------------------------------------------------ */

void Initialize_FAT32(void)                  /* initialize FAT32 */
{
  struct volumeID *BPB;
  struct partition PartInfo;
```

```
  TFT_string(0,27,Green,   Black,"********************************");
  TFT_string(0,29,Magenta,Black,"          FAT32 초기화          ");
  TFT_string(0,31,Green,   Black,"********************************");

  SD_read_sector(0, SectorBuffer);              // read partition table
  PartInfo = *((struct partition *) ((struct MBR *) SectorBuffer)->mbrPartition);

  SD_read_sector(PartInfo.partStartLBA, SectorBuffer);  // read start LBA sector
  BPB = (struct volumeID *) ((struct bootrecord *) SectorBuffer)->brBPB;
  FirstDataSector = PartInfo.partStartLBA;      // setup global disk constants

  if(BPB->bpbFATsecs)
    FirstDataSector += BPB->bpbResSectors + BPB->bpbFATs * BPB->bpbFATsecs;
  else
    FirstDataSector += BPB->bpbResSectors + BPB->bpbFATs * BPB->bpbBigFATsecs;

  SectorsPerCluster = BPB->bpbSecPerClust;
  FirstFATSector = BPB->bpbResSectors + PartInfo.partStartLBA;

  switch(PartInfo.partPartType)
    { case PART_TYPE_FAT32:                     // FAT32
      case PART_TYPE_FAT32LBA:
                        FirstDirCluster = BPB->bpbRootClust;
                        Fat32Enabled = 1;
                        TFT_string(8,35,Green,Black,"초기화 완료 !");
                        break;

      case PART_TYPE_FAT16:                     // FAT16
      case PART_TYPE_FAT16BIG:
      case PART_TYPE_FAT16LBA:
                        FirstDirCluster = CLUST_FIRST;
                        Fat32Enabled = 0;
                        TFT_string(4,34,Magenta,Black,"본 FAT32 파일 시스템은");
                        TFT_string(4,36,Magenta,Black,"FAT16 포맷의 SD 카드를");
                        TFT_string(5,38,Magenta,Black,"지원하지 않습니다 !");
                        Beep_3times();
                        while(1);
                        break;

      default:          TFT_string(4,34,Magenta,Black,"본 FAT32 파일 시스템은");
                        TFT_string(5,36,Magenta,Black,"이 SD 카드의 포맷을");
                        TFT_string(5,38,Magenta,Black,"지원하지 않습니다 !");
                        Beep_3times();
                        while(1);
                        break;
    }

  if(Fat32Enabled == 1)
    FirstFAT2Sector = FirstFATSector + BPB->bpbBigFATsecs;
  else
    FirstFAT2Sector = FirstFATSector + BPB->bpbFATsecs;
}

/* ------------------------------------------------------------------------ */
/*      각 디렉토리 엔트리에서 클러스터 넘버를 추출하고 총 파일수 파악       */
/* ------------------------------------------------------------------------ */

unsigned char fatGetDirEntry(U32 cluster)       /* get directory entry */
{
  unsigned char index,files = 0;
  unsigned long cluster_number, offset = 0;

  Dir_entry      *pDirentry;
  Long_dir_entry *pLDirentry;

  for(offset = 0; ; offset++)
    { pDirentry = (Dir_entry *) fatDir(cluster, offset);

      if(pDirentry == 0)
        return files;
      for(index = 0; index < 16; index++)       // 16 direntries
        { if(*pDirentry->dirName == SLOT_EMPTY)
```

```
          break;
        else
          { if((*pDirentry->dirName != SLOT_DELETED) && (pDirentry->dirAttributes == ATTR_LONG_FILENAME))
              { pLDirentry = (Long_dir_entry *)pDirentry;
                if(((pLDirentry->Longdir_Ord & 0x40) == 0x40) || ((pLDirentry->Longdir_Ord & 0x50) == 0x50))
                  { file_start_sector[files] = sector_cluster;
                    file_start_entry[files] = index;
                  }
              }

            if((*pDirentry->dirName != SLOT_DELETED) && (pDirentry->dirAttributes != ATTR_LONG_FILENAME)
                && (pDirentry->dirAttributes != ATTR_VOLUME) && (pDirentry->dirAttributes != ATTR_DIRECTORY))
              { if(((pDirentry->dirLowerCase & 0x18) == 0x18) || ((pDirentry->dirLowerCase & 0x18) == 0x10))
                  { file_start_sector[files] = sector_cluster;
                    file_start_entry[files] = index;
                  }

                cluster_number = (unsigned long)(pDirentry->dirHighClust);
                cluster_number <<= 16;
                cluster_number |= (unsigned long)(pDirentry->dirStartCluster);

                file_size[files] = pDirentry->dirFileSize;

                file_start_cluster[files++] = cluster_number;

                if(files > MAX_FILE)
                  { TFT_string(4,34,Magenta,Black,"본 FAT32 파일 시스템은");
                    TFT_string(4,36,Magenta,Black,"200개 이하의 파일만을");
                    TFT_string(9,38,Magenta,Black,"지원합니다 !");
                    Beep_3times();
                    while(1);
                  }
              }
            pDirentry++;
          }
      }                                         // end of sector
  }                                             // end of cluster

  return files;
}

/* ------------------------------------------------------------------------ */
/*      클러스터에서 디렉토리 엔트리 정보와 오프셋을 가진 섹터를 추출          */
/* ------------------------------------------------------------------------ */

unsigned char *fatDir(U32 cluster, U32 offset)  /* get directory entry sector */
{
  unsigned long index;

  for(index = 0; index < offset/SectorsPerCluster; index++)
    cluster = fatNextCluster(cluster);

  if(cluster == 0)
    return 0;

  sector_cluster =  fatClustToSect(cluster) + offset % SectorsPerCluster;
  SD_read_sector(sector_cluster, SectorBuffer);

  return SectorBuffer;
}

/* ------------------------------------------------------------------------ */
/*              FAT 체인으로 다음 클러스터를 찾음                             */
/* ------------------------------------------------------------------------ */

unsigned long fatNextCluster(U32 cluster)        /* get next cluster */
{
  unsigned long nextCluster, fatOffset, fatMask, sector;
  unsigned int  offset;
  unsigned char FAT_cache[512];

  if(Fat32Enabled == 1)
    { fatOffset = cluster << 2;                 // four FAT bytes(32 bits) for every cluster
```

```
      fatMask = FAT32_MASK;
    }
  else
    { fatOffset = cluster << 1;                  // two FAT bytes(16 bits) for every cluster
      fatMask = FAT16_MASK;
    }

  sector = FirstFATSector + (fatOffset/BYTES_PER_SECTOR); // calculate the FAT sector

  offset = fatOffset % BYTES_PER_SECTOR;         // calculate offset of entry in FAT sector

  SD_read_sector(sector, (unsigned char*)FAT_cache);

  nextCluster = (*((unsigned long*) &((char*)FAT_cache)[offset])) & fatMask;

  if(nextCluster == (CLUST_EOFE & fatMask))      // check the end of the chain
    nextCluster = 0;

  return nextCluster;
}

/* ------------------------------------------------------------------------- */
/*              클러스터 번호를 섹터 번호로 변환                                 */
/* ------------------------------------------------------------------------- */

unsigned long fatClustToSect(U32 cluster)        /* convert cluster to sector */
{
  if(cluster == 0)
    cluster = 2;

  return ((cluster-2)*SectorsPerCluster) + FirstDataSector;
}

/* ------------------------------------------------------------------------- */
/*              긴 파일명을 추출(13*15=195자까지 사용)                           */
/* ------------------------------------------------------------------------- */

unsigned char Get_long_filename(U08 file_number) /* check long file name */
{
  unsigned int  i, n = 0;
  unsigned int  dir_address, dir_number = 0;
  unsigned long dir_sector = 0;

  unsigned char ShortFileName[11];               // short file name buffer

  SD_read_sector(file_start_sector[file_number], SectorBuffer); // read directory entry
  dir_address = file_start_entry[file_number]*32;

  if(SectorBuffer[dir_address+11] == 0x0F)       // *** long file name entry
    { dir_number = (SectorBuffer[dir_address] & 0x1F) + 1; // total number of directory entry

      if(dir_number > 16)                        // if file name character > 13*15, return 2
        return 2;

      for( ; dir_address < 512; dir_address++)
        EntryBuffer[n++] = SectorBuffer[dir_address];

      if((dir_number*32) >= n)                   // directory entry use 2 sectors
        { dir_sector = file_start_sector[file_number];
          SD_read_sector(++dir_sector, SectorBuffer);

          i = 0;
          for( ; n < 512; n++)
            EntryBuffer[n] = SectorBuffer[i++];
        }

      dir_number = (EntryBuffer[0] & 0x1F)*32;  // last entry is short file name entry
      for(n = 0; n < 11; n++)
        ShortFileName[n] = EntryBuffer[dir_number++];

      extension = ShortFileName[8];              // get filename extension character
      extension <<= 8;
      extension += ShortFileName[9];
```

```
      extension <<= 8;
      extension += ShortFileName[10];
      return 1;                               // if long file name, return 1
    }

  else if(SectorBuffer[dir_address+11] == 0x20) // *** short file name entry
    { for( ; dir_address < 512; dir_address++)
        EntryBuffer[n++] = SectorBuffer[dir_address];

      for(n = 0; n < 11; n++)
        ShortFileName[n] = EntryBuffer[dir_number++];

      extension = ShortFileName[8];           // get filename extension character
      extension <<= 8;
      extension += ShortFileName[9];
      extension <<= 8;
      extension += ShortFileName[10];
      return 0;                               // if short file name, return 0
    }

  else                                        // if file name error, return 3
    return 3;
}

/* ------------------------------------------------------------------------- */
/*              짧은 파일명 출력                                              */
/* ------------------------------------------------------------------------- */

void TFT_short_filename(U08 xchar,U08 ychar, U16 colorfore,U16 colorback) /* display short filename */
{
  unsigned char ch1, i;
  unsigned int  ch2;

  Xcharacter = xchar;                         // start position
  Ycharacter = ychar;

  foreground = colorfore;                     // foreground color and background color
  background = colorback;

  for(i = 0; i < 11; i++ )                    // convert upper case to lower case
    { if((EntryBuffer[i] >= 'A') && (EntryBuffer[i] <= 'Z'))
        EntryBuffer[i] += 0x20;
    }

  for(i = 0; i < 11; i++)                     // display 8.3 format
    { if(i == 8)
        TFT_English('.');

      ch1= EntryBuffer[i];
      if(ch1 < 0x80)                          // English ASCII character
        {if(ch1 != 0x20)
           TFT_English(ch1);
        }
      else                                    // Korean character
        { ch2 = (ch1 << 8) + EntryBuffer[++i];
          ch2 = KS_code_conversion(ch2);
          TFT_Korean(ch2);
        }
    }
}

/* ------------------------------------------------------------------------- */
/*              긴 파일명 출력(52자까지 표시)                                 */
/* ------------------------------------------------------------------------- */

void TFT_long_filename(U08 xchar,U08 ychar, U16 colorfore,U16 colorback) /* display long filename */
{
  unsigned char ch1;
  unsigned int  ch2, i, entrynumber, charnumber, newindex, oldindex;
  unsigned char FileNameBuffer[512];

  Xcharacter = xchar;                         // start position
  Ycharacter = ychar;
```

```
  foreground = colorfore;                          // foreground color and background color
  background = colorback;

  entrynumber = EntryBuffer[0] & 0x1F;             // long entry number
  charnumber = (EntryBuffer[0] & 0x1F)*13;         // character number of file name
  oldindex = ((EntryBuffer[0] & 0x1F) - 0x01)*32;
  newindex = 0;

  for(i = 0; i < entrynumber; i++)                 // arrange file name
    { Filename_arrange(newindex,oldindex,FileNameBuffer);
      newindex += 26;
      oldindex -= 32;
    }

  for(i = 0; i < charnumber*2; i++)                // display long file name format
    { if(i >= 13*2*4)                              // limit length(13*4 = 52 character)
        { TFT_English('~');
          TFT_English('1');
          return;
        }

      ch1 = FileNameBuffer[i];
      if(ch1 == 0xFF)
        return;

      if(ch1 < 0x80)                               // English ASCII character
        TFT_English(FileNameBuffer[++i]);
      else                                         // Korean character
        { ch2 = (ch1 << 8) + FileNameBuffer[++i];
          ch2 = Unicode_to_KS(ch2);
          TFT_Korean(ch2);
        }
    }
}

/* ------------------------------------------------------------------------ */
/*              파일명 문자들을 순서대로 정리하여 재배열                          */
/* ------------------------------------------------------------------------ */

void Filename_arrange(U16 newx, U16 oldx, U08 *FileNameBuffer) /* arrange file name */
{
  FileNameBuffer[newx+0]  = EntryBuffer[oldx+2];  // 1
  FileNameBuffer[newx+1]  = EntryBuffer[oldx+1];
  FileNameBuffer[newx+2]  = EntryBuffer[oldx+4];  // 2
  FileNameBuffer[newx+3]  = EntryBuffer[oldx+3];
  FileNameBuffer[newx+4]  = EntryBuffer[oldx+6];  // 3
  FileNameBuffer[newx+5]  = EntryBuffer[oldx+5];
  FileNameBuffer[newx+6]  = EntryBuffer[oldx+8];  // 4
  FileNameBuffer[newx+7]  = EntryBuffer[oldx+7];
  FileNameBuffer[newx+8]  = EntryBuffer[oldx+10]; // 5
  FileNameBuffer[newx+9]  = EntryBuffer[oldx+9];
  FileNameBuffer[newx+10] = EntryBuffer[oldx+15]; // 6
  FileNameBuffer[newx+11] = EntryBuffer[oldx+14];
  FileNameBuffer[newx+12] = EntryBuffer[oldx+17]; // 7
  FileNameBuffer[newx+13] = EntryBuffer[oldx+16];
  FileNameBuffer[newx+14] = EntryBuffer[oldx+19]; // 8
  FileNameBuffer[newx+15] = EntryBuffer[oldx+18];
  FileNameBuffer[newx+16] = EntryBuffer[oldx+21]; // 9
  FileNameBuffer[newx+17] = EntryBuffer[oldx+20];
  FileNameBuffer[newx+18] = EntryBuffer[oldx+23]; // 10
  FileNameBuffer[newx+19] = EntryBuffer[oldx+22];
  FileNameBuffer[newx+20] = EntryBuffer[oldx+25]; // 11
  FileNameBuffer[newx+21] = EntryBuffer[oldx+24];
  FileNameBuffer[newx+22] = EntryBuffer[oldx+29]; // 12
  FileNameBuffer[newx+23] = EntryBuffer[oldx+28];
  FileNameBuffer[newx+24] = EntryBuffer[oldx+31]; // 13
  FileNameBuffer[newx+25] = EntryBuffer[oldx+30];
}

/* ------------------------------------------------------------------------ */
/*              한글 유니코드를 KS 조합형 코드로 변환                            */
/* ------------------------------------------------------------------------ */
```

```
unsigned int Unicode_to_KS(U16 unicode)          /* convert Unicode(유니코드) to KS(조합형) */
{
  unsigned char cho = 0, joong = 0, jong = 0;
  unsigned int value;

  value = unicode - 0xAC00;                      // 유니코드에서 '가'에 해당하는 값을 뺀다.

  jong  = value % 28;                            // 유니코드를 초성, 중성, 종성으로 분리
  joong = ((value - jong) / 28 ) % 21;
  cho   = ((value - jong) / 28 ) / 21;

  cho += 2;                                      // 초성 + 오프셋

  if(joong < 5)        joong += 3;               // 중성 + 오프셋
  else if(joong < 11)  joong += 5;
  else if(joong < 17)  joong += 7;
  else                 joong += 9;

  if(jong < 17) jong++;                          // 종성 + 오프셋
  else          jong += 2;

  return 0x8000 | (cho << 10) | ( joong<<5) | jong; // 조합형 코드
}
```

☞ 이 헤더 파일에서는 파일명 디렉토리 엔트리가 1섹터 분량을 넘지 않도록 195문자까지만 사용하는 것으로 제한하며, 나중에 MP3 플레이어 프로그램에서 TFT-LCD 화면에 파일명을 표시하는 공간이 5행으로 제한되는 것을 고려하여 파일명을 출력하는 것은 52자까지로 제한한다. 즉, 사용자가 퍼스널컴퓨터에서 SD 카드에 파일을 저장할 때 파일명은 파일의 이름과 확장자를 합하여 영문이든 한글이든 무조건 195자 이내로 사용해야 하며, TFT-LCD 화면에 파일명을 표시할 때는 최대 52문자까지만 표시하고 나머지 부분은 생략한다.

초기화 과정에서 SD 카드가 FAT32 형식으로 되어 있지 않으면 에러 처리하며, 영문 파일명은 항상 소문자로 바꾸어 출력하고, 한글 파일명은 모두 유니코드로 저장되어 있으므로 TFT-LCD 화면에 이를 출력할 때 KS 조합형으로 변환하여 처리한다.

(3) 전자앨범 프로그램(1) - 투명 글씨 사용

먼저 *OK-X128A1* 키트의 SD 카드에 저장되어 있는 BMP 그림 파일을 연속으로 읽어서 TFT-LCD 화면에 출력하는 전자앨범 프로그램을 작성하면 다음과 같다.

이 프로그램에서는 TFT-LCD 화면의 좌측 상단에 현재의 파일 번호와 파일명이 표시된다. 이처럼 그림의 위에 문자를 출력할 때 최대한 바탕의 그림을 손상시키지 않도록 하기 위하여 투명 글씨로 표시한다. 이런 경우에는 문자의 전경색만 지정하고 배경색을 사용하지 않는 투명 글씨 출력방식이 매우 유용하다.

그림 파일은 타이머를 사용하여 5초마다 자동적으로 넘어간다. 그러나, 만약 필요하다면 프로그램을 수정하여 시간 간격을 다르게 설정할 수도 있다. 이 프로그램에서는 SD 카드의 파일을 읽으면서 BMP 파일인지 여부를 확인하며, 만약 BMP 파일이 아닌 파일이 검출되면 이를 그냥 건너뛰어 다음 파일로 진행한다.

TFT-LCD 모듈의 화면에 그림을 표시할 때 BMP 형식의 그림은 240×320 해상도의 초상화 모드형과 320×240 해상도의 풍경화 모드형이 있다. 이에 대한 정보는 BMP 파일의 헤더 부분에 표시되어 있으므로 프로그램에서 이를 인식하여 그에 맞도록 화면 모드를 변경하면서 올바르게 처리하면 된다.

특히 BMP 형식의 그림에는 데이터가 화면의 아래 부분부터 저장되어 있기 때문에 이를 그대로 읽어서 화면의 위부터 출력하면 그림이 위 아래로 뒤집혀 보이게 된다. 따라서, TFT-LCD 화면에 BMP 그림 데이터를 출력할 때는 화면의 위부터가 아니라 아래부터 출력하도록 처리하는 것이 중요하다.

〈프로그램 Exp21_1.c〉 투명 글씨를 사용한 전자앨범 프로그램

```
/* ============================================================================ */
/*              Exp21_1.c : SD 카드의 BMP 파일을 사용한 전자 앨범               */
/* ============================================================================ */
/*                         Designed and programmed by Duck-Yong Yoon in 2010.   */

#include <avr/io.h>
#include <avr/interrupt.h>
#include "OK-X128A1.h"
#include "SD_card.h"
#include "SD_FAT32.h"

void TFT_filenumber(void);                      // display file number
void TFT_filename(U08 file_number);             // display BMP file name
void TFT_display_BMP(U32 sector);               // display BMP file of SD card

/* ---------------------------------------------------------------------------- */

volatile unsigned int timer = 0;                // 1 sec counter

unsigned char total_file;                       // total file number
unsigned char file_number = 0;                  // current file number
unsigned char BMP_type;                         // BMP image type(P=portrait, L=landscape)

/* ---------------------------------------------------------------------------- */

ISR(TCF1_CCA_vect)                              /* TCF1 CCA interrupt function */
{
  timer++;
}

int main(void)
{
  unsigned char i;
  unsigned char display_flag = 1;               // new screen display flag
  unsigned char filename_flag = 1;              // file name display flag

  unsigned long BMP_start_sector[MAX_FILE];     // BMP file start sector

  Initialize_MCU();                             // initialize ATxmega128A1 MCU
  Delay_ms(200);
  Initialize_TFT_LCD();                         // initialize TFT-LCD
  Initialize_SD();                              // initialize SD card
  Initialize_FAT32();                           // initialize FAT32 file system
  Beep();
  Delay_ms(1000);

  TFT_clear_screen();
  TFT_string(0, 6,Green,  Black,"******************************");
```

```
  TFT_string(0, 8,White,Magenta,"      BMP 파일  전자앨범         ");
  TFT_string(0,10,Green,  Black,"********************************");
  TFT_string(0,16,Cyan,   Black,"     240x320 포트레이트          ");
  TFT_string(0,20,White,  Black,"            또는                 ");
  TFT_string(0,24,Green,  Black,"     320x240 랜드스케이프        ");
  Delay_ms(3000);

  TCF1_CTRLA = 0x07;                          // FRQ mode
  TCF1_CTRLB = 0x01;                          // 32MHz/1024/(1+31249) = 1Hz
  TCF1_CCA = 32149;
  TCF1_CNT = 0;

  TCF1_INTCTRLB = 0x03;                       // enable TCF1 CCA interrupt
  PMIC_CTRL = 0x07;                           // enable HI, MED, LO level interrupt
  sei();                                      // global interrupt enable

  total_file = fatGetDirEntry(FirstDirCluster); // get total file number

  for(i = 0; i < total_file; i++)             // get start address of all files
    BMP_start_sector[i] = fatClustToSect(file_start_cluster[i]);

  file_number = 0;

  while(1)
    { if(display_flag == 1)                   // display BMP file, file number, and file name
        { Get_long_filename(file_number);     // check file name
          if(extension != 0x00424D50)         // if not BMP file, skip
            { if(file_number < (total_file - 1))
                file_number++;
              else
                file_number = 0;
            }
          else                                // if BMP file, display
            { TFT_display_BMP(BMP_start_sector[file_number]);
              if(filename_flag == 1)
                { TFT_filenumber();
                  TFT_filename(file_number);
                }
              display_flag = 0;
              timer = 0;
            }
        }

      if(timer >= 5)                          // go next file by 5 sec step
        { if(file_number < (total_file - 1))
            file_number++;
          else
            file_number = 0;
          display_flag = 1;
        }
    }
}

/* ------------------------------------------------------------------------ */

void TFT_filenumber(void)                     /* display file number */
{
  TFT_screen_mode(BMP_type);                  // screen mode(Portrait or Landscape)

  TFT_xy(0,0);                                // start position and color
  TFT_color(White, Transparent);

  TFT_English('(');
  TFT_unsigned_decimal(file_number+1,1,2);    // current file number
  TFT_English('/');
  TFT_unsigned_decimal(total_file,1,2);       // total file number
  TFT_English(')');
}

void TFT_filename(U08 file_number)            /* display BMP file name */
{
  unsigned char file_flag;
```

```
  file_flag = Get_long_filename(file_number);   // check file name

  if(file_flag == 0)                            // short file name(8.3 format)
    TFT_short_filename(8,0,Yellow,Transparent);
  else if(file_flag == 1)                       // long file name
    TFT_long_filename(8,0,Yellow,Transparent);
  else if(file_flag == 2)                       // file name is longer than 195 characters
    TFT_string(8,0,White,Transparent,"* 파일명 길이 초과 *");
  else                                          // file name error
    TFT_string(8,0,White,Transparent,"*** 파일명 오류 ***");
}

/* ------------------------------------------------------------------------ */

struct BMP_header{                              /* Header 14 bytes + InfoHeader 40 bytes */
 unsigned char signature[2];                    // 'BM'
 unsigned long file_size;                       // file size in bytes
 unsigned long reserved;                        // unused (= 0)
 unsigned long data_offset;                     // file offset to Raster Data

 unsigned long size;                            // size of InfoHeader (= 40)
 unsigned long width;                           // bitmap width
 unsigned long height;                          // bitmap height
 unsigned int  planes;                          // number of planes (= 1)
 unsigned int  bit_count;                       // bits per pixel
 unsigned long compression;                     // type of compression
 unsigned long image_size;                      // size of image
 unsigned long x_pixels_per_m;                  // horizontal resolution(pixels/meter)
 unsigned long y_pixels_per_m;                  // vertical resolution(pixels/meter)
 unsigned long colors_used;                     // number of actually used colors
 unsigned long colors_important;                // number of important colors. 0 = all
};

// Description : SD 카드에 저장된 BMP 이미지 파일을 TFT-LCD에 출력하기
// sector = BMP 이미지가 들어있는 파일시작 섹터번호
//
//          [B]          [G]        [R]
//           5            6          5
//       11111000    11111100   11111000
//           &            &          &
//        buf[0]       buf[1]     buf[2]
//
//          >> 3         << 3       << 8 (BGR 형태를 RGB 형태로 다시 배열)
//
//            [R]          [G]         [B]
// pixel = ?????        ??????      ????? = 16 bit

void TFT_display_BMP(U32 sector)                /* display BMP file of SD card */
{
  unsigned char buffer_control;
  unsigned int  i, pixel, sector_cnt;
  unsigned char BMPbuffer[512];                 // BMP data from SD card

  struct BMP_header *bmp_ptr;

  SD_read_sector(sector, BMPbuffer);            // read sector of BMP header

  bmp_ptr = (struct BMP_header *)BMPbuffer;

  if(bmp_ptr->width == 240)                     // if 240*320, Portrait screen(bottom --> top)
    { BMP_type = 'P';
      TFT_command(0x16); TFT_data(0x0088);      // (MV=0, MX=0, MY=1, BGR=1)
      TFT_command(0x02); TFT_data(0x0000);      // (x = 0~239)
      TFT_command(0x03); TFT_data(0x0000);
      TFT_command(0x04); TFT_data(0x0000);
      TFT_command(0x05); TFT_data(0x00EF);
      TFT_command(0x06); TFT_data(0x0000);      // (y = 0~319)
      TFT_command(0x07); TFT_data(0x0000);
      TFT_command(0x08); TFT_data(0x0001);
      TFT_command(0x09); TFT_data(0x003F);
      TFT_command(0x22);
    }
  else if(bmp_ptr->width == 320)                // if 320*240, Landscape screen(left --> right)
```

```
    { BMP_type = 'L';
      TFT_command(0x16); TFT_data(0x0028);        // (MV=1, MX=0, MY=0, BGR=1)
      TFT_command(0x02); TFT_data(0x0000);        // (x = 0~319)
      TFT_command(0x03); TFT_data(0x0000);
      TFT_command(0x04); TFT_data(0x0001);
      TFT_command(0x05); TFT_data(0x003F);
      TFT_command(0x06); TFT_data(0x0000);        // (y = 0~239)
      TFT_command(0x07); TFT_data(0x0000);
      TFT_command(0x08); TFT_data(0x0000);
      TFT_command(0x09); TFT_data(0x00EF);
      TFT_command(0x22);
    }

  for(i = 0x36; i <= 509; i += 3)
    { pixel  = (BMPbuffer[i] & 0xf8) >> 3;       // Blue
      pixel |= (BMPbuffer[i+1] & 0xfc) << 3;     // Green
      pixel |= (BMPbuffer[i+2] & 0xf8) << 8;     // Red
      TFT_data(pixel);
    }
  sector++;
  buffer_control = 1;

  for(sector_cnt = 0; sector_cnt <= 449; sector_cnt++)  // read next sector and output RGB data
    {
      switch (buffer_control)                      // rotate case 1, 2, 3
        { case 1: pixel  = (BMPbuffer[510] & 0xF8) >> 3;
                  pixel |= (BMPbuffer[511] & 0xFC) << 3;
                  SD_read_sector(sector, BMPbuffer);
                  pixel |= (BMPbuffer[0] & 0xF8) << 8;
                  TFT_data(pixel);

                  for(i = 1; i <= 509; i += 3)
                    { pixel  = (BMPbuffer[i] & 0xf8) >> 3;
                      pixel |= (BMPbuffer[i+1] & 0xfc) << 3;
                      pixel |= (BMPbuffer[i+2] & 0xf8) << 8;
                      TFT_data(pixel);
                    }
                  sector++;
                  buffer_control = 2;
                  break;

          case 2: pixel  = (BMPbuffer[511] & 0xF8) >> 3;
                  SD_read_sector(sector, BMPbuffer);
                  pixel |= (BMPbuffer[0] & 0xFC) << 3;
                  pixel |= (BMPbuffer[1] & 0xF8) << 8;
                  TFT_data(pixel);

                  for(i = 2; i <= 509; i += 3)
                    { pixel  = (BMPbuffer[i] & 0xF8) >> 3;
                      pixel |= (BMPbuffer[i+1] & 0xFC) << 3;
                      pixel |= (BMPbuffer[i+2] & 0xF8) << 8;
                      TFT_data(pixel);
                    }
                   sector++;
                   buffer_control = 3;
                   break;

          case 3: SD_read_sector(sector, BMPbuffer);
                  if(sector_cnt != 449)
                    { for(i = 0; i <= 509; i += 3)
                        { pixel  = (BMPbuffer[i] & 0xF8) >> 3;
                          pixel |= (BMPbuffer[i+1] & 0xFC) << 3;
                          pixel |= (BMPbuffer[i+2] & 0xF8) << 8;
                          TFT_data(pixel);
                        }
                    }
                  else                            // if last sector, read 54 bytes only
                    { for(i = 0; i < 54; i += 3)
                        { pixel  = (BMPbuffer[i] & 0xF8) >> 3;
                          pixel |= (BMPbuffer[i+1] & 0xFC) << 3;
                          pixel |= (BMPbuffer[i+2] & 0xF8) << 8;
                          TFT_data(pixel);
                        }
```

```
                    }
                    sector++;
                    buffer_control = 1;
                    break;
            }
        }

        TFT_command(0x16); TFT_data(0x0008);            // MV=0, MX=0, MY=0, BGR=1
        TFT_command(0x02); TFT_data(0x0000);            // x = 0~239
        TFT_command(0x03); TFT_data(0x0000);
        TFT_command(0x04); TFT_data(0x0000);
        TFT_command(0x05); TFT_data(0x00EF);
        TFT_command(0x06); TFT_data(0x0000);            // y = 0~319
        TFT_command(0x07); TFT_data(0x0000);
        TFT_command(0x08); TFT_data(0x0001);
        TFT_command(0x09); TFT_data(0x003F);
}
```

☞ 이 예제 프로그램에서는 BMP 형식의 그림이 초상화 모드형인 경우와 풍경화 모드형인 경우에 각각 TFT-LCD 컨트롤러를 어떻게 초기화하여 처리하는지 주목하여 이해하는 것이 중요하다. 이러한 처리 루틴은 당연히 TFT_display_BMP() 함수 내부에 위치한다.

이 프로그램에서는 투명 글씨 출력방식을 사용하여 최대한 바탕 화면의 그림을 손상시키지 않고 파일 번호와 파일명을 표시할 수 있어서 좋지만 여기에는 한가지 문제가 있다. 그것은 바탕 화면의 색깔이 글씨의 색깔과 같거나 유사하면 글씨를 알아보기가 어렵다는 것이다.

이를 해결하기 위해서는 글씨를 쓰고자 하는 부분의 바탕 화면 색깔을 인식하여 그에 어울리는 색을 선택하여 글씨를 출력하면 되지만 이는 상당히 어려운 처리 방법이다. 이보다 좀더 쉬운 해결 방법은 출력할 글씨에 이 글씨와 뚜렷하게 구분되는 색깔로 외곽선을 표시하는 것이다. TFT-LCD 모듈의 기본 헤더 파일 OK-X128A1.h에는 이러한 외곽선 처리 기능을 만들어 놓았으므로 사용자 프로그램에서 손쉽게 이 기능을 사용할 수 있다.

만약, 이 프로그램에서 그림이 넘어가는 속도를 변경하고자 하면 main() 함수에서 if(timer >= 5) 부분을 다른 시간값으로 수정하면 된다.

(4) 전자앨범 프로그램(2) - 외곽선 글씨 사용

앞의 전자앨범 단순히 투명 글씨를 사용하여 다소 문제가 있었고, 항상 일정한 시간 간격으로 그림이 넘어가므로 때로는 불편하였다. 이번 예제 프로그램에서는 파일명 글씨를 외곽선체로 출력하여 투명 글씨 문제를 개선하고, 4개의 키 KEY1~KEY4를 사용하여 여러가지 새로운 기능을 추가하고자 한다.

이 프로그램에서는 *OK-X128A1* 키트의 4개 키로 전자앨범의 여러가지 기능을 조작하는데, 먼저 KEY4는 그림이 넘어가도록 하거나 멈추게 하는 기능을 갖는다. 즉, 한번 KEY4를 누르면 SD 카드의 모든 BMP 파일을 5초 간격으로 차례로 반복하여 출력하며, 다시 한번 KEY4를 누르면 그림이 현재의 위치에서 정지되고, 또 다시 KEY4를 누르면 다시 5초 간격으로 넘어간다.

또한, KEY3은 글씨 출력 여부를 선택하는 키로서 한번 누르면 TFT-LCD 화면에 파일 번호 및 파일명을 표시하고, 또 한번 누르면 파일 번호 및 파일명을 표시하지 않도록 설정한다.

KEY1은 감소 키로 사용되고 KEY2는 증가 키로 사용되어 5초가 경과하기 전에도 그림을 넘길 수 있다. 즉, KEY1을 누르면 즉시 BMP 파일 번호가 감소하여 이전 파일로 돌아가고, KEY2를 누르면 즉시 BMP 파일 번호가 증가하여 다음 파일로 진행한다.

〈프로그램 Exp21_2.c〉 외곽선 글씨와 4개의 키를 사용하여 개선한 전자앨범

```
/* ========================================================================== */
/*      Exp21_2.c : SD 카드의 BMP 파일을 사용한 전자 앨범(외곽선 글씨 사용)       */
/* ========================================================================== */
/*                    Designed and programmed by Duck-Yong Yoon in 2010.  */

#include <avr/io.h>
#include <avr/interrupt.h>
#include "OK-X128A1.h"
#include "SD_card.h"
#include "SD_FAT32.h"

void TFT_filenumber(void);                      // display file number
void TFT_filename(U08 file_number);             // display BMP file name
void TFT_display_BMP(U32 sector);               // display BMP file of SD card

/* -------------------------------------------------------------------------- */

volatile unsigned int timer = 0;                // 1 sec counter

unsigned char total_file;                       // total file number
unsigned char file_number = 0;                  // current file number
unsigned char BMP_type;                         // BMP image type(P=portrait, L=landscape)

/* -------------------------------------------------------------------------- */

ISR(TCF1_CCA_vect)                              /* TCF1 CCA interrupt function */
{
  timer++;
}

int main(void)
{
  unsigned char i;
  unsigned char display_flag = 1;               // new screen display flag
  unsigned char filename_flag = 1;              // file name display flag
  unsigned char play_flag = 0;                  // play or stop flag

  unsigned long BMP_start_sector[MAX_FILE];     // BMP file start sector

  Initialize_MCU();                             // initialize ATxmega128A1 MCU
  Delay_ms(200);
  Initialize_TFT_LCD();                         // initialize TFT-LCD
  Initialize_SD();                              // initialize SD card
  Initialize_FAT32();                           // initialize FAT32 file system
  Beep();
  Delay_ms(1000);

  TFT_clear_screen();
  TFT_string(0, 6,Green,   Black,"******************************");
  TFT_string(0, 8,White,Magenta,"      BMP 파일  전자앨범      ");
  TFT_string(0,10,Green,   Black,"******************************");
  TFT_string(0,16,Cyan,    Black,"     240x320 포트레이트       ");
  TFT_string(0,20,White,   Black,"             또는             ");
```

```
TFT_string(0,24,Green,  Black,"      320x240 랜드스케이프      ");
Delay_ms(3000);

TCF1_CTRLA = 0x07;                              // FRQ mode
TCF1_CTRLB = 0x01;                              // 32MHz/1024/(1+31249) = 1Hz
TCF1_CCA = 32149;
TCF1_CNT = 0;

TCF1_INTCTRLB = 0x03;                           // enable TCF1 CCA interrupt
PMIC_CTRL = 0x07;                               // enable HI, MED, LO level interrupt
sei();                                          // global interrupt enable

total_file = fatGetDirEntry(FirstDirCluster); // get total file number

for(i = 0; i < total_file; i++)                 // get start address of all files
  BMP_start_sector[i] = fatClustToSect(file_start_cluster[i]);

file_number = 0;

while(1)
  { if(display_flag == 1)                       // display BMP file, file number, and file name
      { Get_long_filename(file_number);         // check file name
        if(extension != 0x00424D50)             // if not BMP file, skip
          { if(file_number < (total_file - 1))
              file_number++;
            else
              file_number = 0;
          }
        else                                    // if BMP file, display
          { TFT_display_BMP(BMP_start_sector[file_number]);
            if(filename_flag == 1)
              { TFT_filenumber();
                TFT_filename(file_number);
              }
            display_flag = 0;
            timer = 0;
          }
      }

    if(timer >= 5)                              // go next file by 5 sec step
      { if(file_number < (total_file - 1))
          file_number++;
        else
          file_number = 0;
        display_flag = 1;
      }

    switch(Key_input())                         // key input
      { case KEY1: if(file_number > 0)          // if KEY1, go previous file
                     file_number--;
                   else
                     file_number = total_file - 1;
                   display_flag = 1;
                   break;

        case KEY2: if(file_number < (total_file - 1)) // if KEY2, go next file
                     file_number++;
                   else
                     file_number = 0;
                   display_flag = 1;
                   break;

        case KEY3: filename_flag ^= 0x01;       // file name display ?
                   if(filename_flag == 1)
                     { TFT_filenumber();
                       TFT_filename(file_number);
                     }
                   else
                     TFT_display_BMP(BMP_start_sector[file_number]);
                   break;

        case KEY4: play_flag ^= 0x01;           // go or stop ?
                   if(play_flag == 1) cli();
```

```
                    else                sei();
                    break;

            default:    break;
        }
    }
}

/* -------------------------------------------------------------------------- */

void TFT_filenumber(void)                       /* display file number */
{
  TFT_screen_mode(BMP_type);                    // screen mode(Portrait or Landscape)

  TFT_xy(0,0);                                  // start position and color
  TFT_color(White, Transparent);

  TFT_outline(Blue);                            // enable outline Blue

  TFT_English('(');
  TFT_unsigned_decimal(file_number+1,1,2);      // current file number
  TFT_English('/');
  TFT_unsigned_decimal(total_file,1,2);         // total file number
  TFT_English(')');

  TFT_outline(Transparent);                     // disable outline
}

void TFT_filename(U08 file_number)              /* display BMP file name */
{
  unsigned char file_flag;

  TFT_outline(Red);                             // enable outline Red

  file_flag = Get_long_filename(file_number);   // check file name

  if(file_flag == 0)                            // short file name(8.3 format)
    TFT_short_filename(8,0,Yellow,Transparent);
  else if(file_flag == 1)                       // long file name
    TFT_long_filename(8,0,Yellow,Transparent);
  else if(file_flag == 2)                       // file name is longer than 195 characters
    TFT_string(8,0,White,Transparent,"* 파일명 길이 초과 *");
  else                                          // file name error
    TFT_string(8,0,White,Transparent,"*** 파일명 오류 ***");

  TFT_outline(Transparent);                     // disable outline
}

/* -------------------------------------------------------------------------- */

struct BMP_header{                              /* Header 14 bytes + InfoHeader 40 bytes */
 unsigned char signature[2];                    // 'BM'
 unsigned long file_size;                       // file size in bytes
 unsigned long reserved;                        // unused (= 0)
 unsigned long data_offset;                     // file offset to Raster Data

 unsigned long size;                            // size of InfoHeader (= 40)
 unsigned long width;                           // bitmap width
 unsigned long height;                          // bitmap height
 unsigned int  planes;                          // number of planes (= 1)
 unsigned int  bit_count;                       // bits per pixel
 unsigned long compression;                     // type of compression
 unsigned long image_size;                      // size of image
 unsigned long x_pixels_per_m;                  // horizontal resolution(pixels/meter)
 unsigned long y_pixels_per_m;                  // vertical resolution(pixels/meter)
 unsigned long colors_used;                     // number of actually used colors
 unsigned long colors_important;                // number of important colors. 0 = all
};

// Description : SD 카드에 저장된 BMP 이미지 파일을 TFT-LCD에 출력하기
// sector = BMP 이미지가 들어있는 파일시작 섹터번호
//
//          [B]          [G]        [R]
```

```
//          5            6           5
//      11111000     11111100    11111000
//          &            &           &
//       buf[0]       buf[1]      buf[2]
//
//        >> 3         << 3        << 8  (BGR 형태를 RGB 형태로 다시 배열)
//
//          [R]          [G]         [B]
// pixel = ?????       ??????       ????? = 16 bit

void TFT_display_BMP(U32 sector)                  /* display BMP file of SD card */
{
  unsigned char buffer_control;
  unsigned int  i, pixel, sector_cnt;
  unsigned char BMPbuffer[512];                   // BMP data from SD card

  struct BMP_header *bmp_ptr;

  SD_read_sector(sector, BMPbuffer);              // read sector of BMP header

  bmp_ptr = (struct BMP_header *)BMPbuffer;

  if(bmp_ptr->width == 240)                       // if 240*320, Portrait screen(bottom --> top)
    { BMP_type = 'P';
      TFT_command(0x16); TFT_data(0x0088);        // (MV=0, MX=0, MY=1, BGR=1)
      TFT_command(0x02); TFT_data(0x0000);        // (x = 0~239)
      TFT_command(0x03); TFT_data(0x0000);
      TFT_command(0x04); TFT_data(0x0000);
      TFT_command(0x05); TFT_data(0x00EF);
      TFT_command(0x06); TFT_data(0x0000);        // (y = 0~319)
      TFT_command(0x07); TFT_data(0x0000);
      TFT_command(0x08); TFT_data(0x0001);
      TFT_command(0x09); TFT_data(0x003F);
      TFT_command(0x22);
    }
  else if(bmp_ptr->width == 320)                  // if 320*240, Landscape screen(left --> right)
    { BMP_type = 'L';
      TFT_command(0x16); TFT_data(0x0028);        // (MV=1, MX=0, MY=0, BGR=1)
      TFT_command(0x02); TFT_data(0x0000);        // (x = 0~319)
      TFT_command(0x03); TFT_data(0x0000);
      TFT_command(0x04); TFT_data(0x0001);
      TFT_command(0x05); TFT_data(0x003F);
      TFT_command(0x06); TFT_data(0x0000);        // (y = 0~239)
      TFT_command(0x07); TFT_data(0x0000);
      TFT_command(0x08); TFT_data(0x0000);
      TFT_command(0x09); TFT_data(0x00EF);
      TFT_command(0x22);
    }

  for(i = 0x36; i <= 509; i += 3)
    { pixel  = (BMPbuffer[i] & 0xf8) >> 3;        // Blue
      pixel |= (BMPbuffer[i+1] & 0xfc) << 3;      // Green
      pixel |= (BMPbuffer[i+2] & 0xf8) << 8;      // Red
      TFT_data(pixel);
    }
  sector++;
  buffer_control = 1;

  for(sector_cnt = 0; sector_cnt <= 449; sector_cnt++)  // read next sector and output RGB data
    {
      switch (buffer_control)                     // rotate case 1, 2, 3
        { case 1: pixel  = (BMPbuffer[510] & 0xF8) >> 3;
                  pixel |= (BMPbuffer[511] & 0xFC) << 3;
                  SD_read_sector(sector, BMPbuffer);
                  pixel |= (BMPbuffer[0] & 0xF8) << 8;
                  TFT_data(pixel);

                  for(i = 1; i <= 509; i += 3)
                    { pixel  = (BMPbuffer[i] & 0xf8) >> 3;
                      pixel |= (BMPbuffer[i+1] & 0xfc) << 3;
                      pixel |= (BMPbuffer[i+2] & 0xf8) << 8;
                      TFT_data(pixel);
                    }
```

```
                sector++;
                buffer_control = 2;
                break;

        case 2: pixel  = (BMPbuffer[511] & 0xF8) >> 3;
                SD_read_sector(sector, BMPbuffer);
                pixel |= (BMPbuffer[0] & 0xFC) << 3;
                pixel |= (BMPbuffer[1] & 0xF8) << 8;
                TFT_data(pixel);

                for(i = 2; i <= 509; i += 3)
                  { pixel  = (BMPbuffer[i] & 0xF8) >> 3;
                    pixel |= (BMPbuffer[i+1] & 0xFC) << 3;
                    pixel |= (BMPbuffer[i+2] & 0xF8) << 8;
                    TFT_data(pixel);
                  }
                 sector++;
                 buffer_control = 3;
                 break;

        case 3: SD_read_sector(sector, BMPbuffer);
                if(sector_cnt != 449)
                  { for(i = 0; i <= 509; i += 3)
                      { pixel  = (BMPbuffer[i] & 0xF8) >> 3;
                        pixel |= (BMPbuffer[i+1] & 0xFC) << 3;
                        pixel |= (BMPbuffer[i+2] & 0xF8) << 8;
                        TFT_data(pixel);
                      }
                  }
                else                              // if last sector, read 54 bytes only
                  { for(i = 0; i < 54; i += 3)
                      { pixel  = (BMPbuffer[i] & 0xF8) >> 3;
                        pixel |= (BMPbuffer[i+1] & 0xFC) << 3;
                        pixel |= (BMPbuffer[i+2] & 0xF8) << 8;
                        TFT_data(pixel);
                      }
                  }
                sector++;
                buffer_control = 1;
                break;
      }
    }

  TFT_command(0x16); TFT_data(0x0008);          // MV=0, MX=0, MY=0, BGR=1
  TFT_command(0x02); TFT_data(0x0000);          // x = 0~239
  TFT_command(0x03); TFT_data(0x0000);
  TFT_command(0x04); TFT_data(0x0000);
  TFT_command(0x05); TFT_data(0x00EF);
  TFT_command(0x06); TFT_data(0x0000);          // y = 0~319
  TFT_command(0x07); TFT_data(0x0000);
  TFT_command(0x08); TFT_data(0x0001);
  TFT_command(0x09); TFT_data(0x003F);
}
```

☞ 이 전자앨범 프로그램은 기능이 단순해보일지라도 대부분의 독자 여러분에게 결코 이해하기가 그다지 만만한 프로그램이 아니다. 여기서는 BMP 파일을 액세스하기 위하여 이 예제 프로그램과 헤더 파일 SD_card.h 및 SD_FAT32.h가 서로 복잡하게 얽혀지면서 ATxmega128A1 마이크로컨트롤러, SD 카드, TFT-LCD 사이에 여러가지 기능들이 수행되기 때문이다. 그러나, SD 카드의 사용법이나 FAT32 파일 구조를 꼼꼼히 공부하면서 헤더 파일들과 예제 프로그램의 소스를 열심히 분석하여 보면 조금씩 이해를 해 나갈 수 있을 것이다.

(5) 전자앨범 프로그램(3) - 터치 스크린 사용

이번에는 전자앨범의 마지막 예제 프로그램으로서 터치 스크린을 이용하여 사람이 TFT-LCD 화면을 가볍게 터치하면 그림이 1장씩 넘어가도록 수정하여 본다. 이러한 방법은 TV 방송에서 뉴스나 기상예보를 할 때 종종 사용하는 것을 볼 수 있다.

〈프로그램 Exp21_3.c〉 터치 스크린을 사용한 전자앨범 프로그램

```
/* ========================================================================== */
/*      Exp21_3.c : SD 카드의 BMP 파일을 사용한 전자 앨범(터치스크린 사용)      */
/* ========================================================================== */
/*                          Designed and programmed by Duck-Yong Yoon in 2010.  */

#include <avr/io.h>
#include "OK-X128A1.h"
#include "SD_card.h"
#include "SD_FAT32.h"

void TFT_filenumber(void);                      // display file number
void TFT_filename(U08 file_number);             // display BMP file name
void TFT_display_BMP(U32 sector);               // display BMP file of SD card

/* -------------------------------------------------------------------------- */

unsigned char total_file;                       // total file number
unsigned char file_number = 0;                  // current file number
unsigned char BMP_type;                         // BMP image type(P=portrait, L=landscape)

/* -------------------------------------------------------------------------- */

int main(void)
{
  unsigned char i;
  unsigned char display_flag = 1;               // new screen display flag

  unsigned long BMP_start_sector[MAX_FILE];     // BMP file start sector

  Initialize_MCU();                             // initialize ATxmega128A1 MCU
  Delay_ms(200);
  Initialize_TFT_LCD();                         // initialize TFT-LCD
  Initialize_SD();                              // initialize SD card
  Initialize_FAT32();                           // initialize FAT32 file system
  Beep();
  Delay_ms(1000);

  Initialize_touch_screen();                    // initialize touch screen

  TFT_clear_screen();
  TFT_string(0, 6,Green,  Black,"******************************");
  TFT_string(0, 8,White,Magenta,"        BMP 파일 전자앨범       ");
  TFT_string(0,10,Green,  Black,"******************************");
  TFT_string(0,16,Cyan,   Black,"     240x320 포트레이트        ");
  TFT_string(0,20,White,  Black,"              또는              ");
  TFT_string(0,24,Green,  Black,"     320x240 랜드스케이프      ");
  Delay_ms(3000);

  total_file = fatGetDirEntry(FirstDirCluster); // get total file number

  for(i = 0; i < total_file; i++)               // get start address of all files
    BMP_start_sector[i] = fatClustToSect(file_start_cluster[i]);

  file_number = 0;

  while(1)
    { if(display_flag == 1)                     // display BMP file, file number, and file name
```

```
        { Get_long_filename(file_number);        // check file name
          if(extension != 0x00424D50)            // if not BMP file, skip
            { if(file_number < (total_file - 1))
                file_number++;
              else
                file_number = 0;
            }
          else                                   // if BMP file, display
            { TFT_display_BMP(BMP_start_sector[file_number]);
              TFT_filenumber();
              TFT_filename(file_number);

              display_flag = 0;
            }
        }

      Touch_screen_input();                      // input touch screen

      if((x_touch != 0) && (y_touch != 0))
        { Beep();
          if(file_number < (total_file - 1))     // if touch screen input, go next file
            file_number++;
          else
            file_number = 0;

          display_flag = 1;
        }
    }
}

/* ---------------------------------------------------------------------------- */

void TFT_filenumber(void)                        /* display file number */
{
  TFT_screen_mode(BMP_type);                     // screen mode(Portrait or Landscape)

  TFT_xy(0,0);                                   // start position and color
  TFT_color(White, Transparent);

  TFT_outline(Blue);                             // enable outline Blue

  TFT_English('(');
  TFT_unsigned_decimal(file_number+1,1,2);       // current file number
  TFT_English('/');
  TFT_unsigned_decimal(total_file,1,2);          // total file number
  TFT_English(')');

  TFT_outline(Transparent);                      // disable outline
}

void TFT_filename(U08 file_number)               /* display BMP file name */
{
  unsigned char file_flag;

  TFT_outline(Red);                              // enable outline Red

  file_flag = Get_long_filename(file_number);    // check file name

  if(file_flag == 0)                             // short file name(8.3 format)
    TFT_short_filename(8,0,Yellow,Transparent);
  else if(file_flag == 1)                        // long file name
    TFT_long_filename(8,0,Yellow,Transparent);
  else if(file_flag == 2)                        // file name is longer than 195 characters
    TFT_string(8,0,White,Transparent,"* 파일명 길이 초과 *");
  else                                           // file name error
    TFT_string(8,0,White,Transparent,"*** 파일명 오류 ***");

  TFT_outline(Transparent);                      // disable outline
}

/* ---------------------------------------------------------------------------- */

struct BMP_header{                               /* Header 14 bytes + InfoHeader 40 bytes */
```

```
  unsigned char signature[2];                         // 'BM'
  unsigned long file_size;                            // file size in bytes
  unsigned long reserved;                             // unused (= 0)
  unsigned long data_offset;                          // file offset to Raster Data

  unsigned long size;                                 // size of InfoHeader (= 40)
  unsigned long width;                                // bitmap width
  unsigned long height;                               // bitmap height
  unsigned int  planes;                               // number of planes (= 1)
  unsigned int  bit_count;                            // bits per pixel
  unsigned long compression;                          // type of compression
  unsigned long image_size;                           // size of image
  unsigned long x_pixels_per_m;                       // horizontal resolution(pixels/meter)
  unsigned long y_pixels_per_m;                       // vertical resolution(pixels/meter)
  unsigned long colors_used;                          // number of actually used colors
  unsigned long colors_important;                     // number of important colors. 0 = all
};

// Description : SD 카드에 저장된 BMP 이미지 파일을 TFT-LCD에 출력하기
// sector = BMP 이미지가 들어있는 파일시작 섹터번호
//
//         [B]          [G]         [R]
//          5            6           5
//       11111000    11111100    11111000
//          &            &           &
//        buf[0]       buf[1]      buf[2]
//
//         >> 3         << 3        << 8 (BGR 형태를 RGB 형태로 다시 배열)
//
//          [R]          [G]         [B]
// pixel = ?????       ??????       ????? = 16 bit

void TFT_display_BMP(U32 sector)                      /* display BMP file of SD card */
{
  unsigned char buffer_control;
  unsigned int  i, pixel, sector_cnt;
  unsigned char BMPbuffer[512];                       // BMP data from SD card

  struct BMP_header *bmp_ptr;

  SD_read_sector(sector, BMPbuffer);                  // read sector of BMP header

  bmp_ptr = (struct BMP_header *)BMPbuffer;

  if(bmp_ptr->width == 240)                           // if 240*320, Portrait screen(bottom --> top)
    { BMP_type = 'P';
      TFT_command(0x16); TFT_data(0x0088);            // (MV=0, MX=0, MY=1, BGR=1)
      TFT_command(0x02); TFT_data(0x0000);            // (x = 0~239)
      TFT_command(0x03); TFT_data(0x0000);
      TFT_command(0x04); TFT_data(0x0000);
      TFT_command(0x05); TFT_data(0x00EF);
      TFT_command(0x06); TFT_data(0x0000);            // (y = 0~319)
      TFT_command(0x07); TFT_data(0x0000);
      TFT_command(0x08); TFT_data(0x0001);
      TFT_command(0x09); TFT_data(0x003F);
      TFT_command(0x22);
    }
  else if(bmp_ptr->width == 320)                      // if 320*240, Landscape screen(left --> right)
    { BMP_type = 'L';
      TFT_command(0x16); TFT_data(0x0028);            // (MV=1, MX=0, MY=0, BGR=1)
      TFT_command(0x02); TFT_data(0x0000);            // (x = 0~319)
      TFT_command(0x03); TFT_data(0x0000);
      TFT_command(0x04); TFT_data(0x0001);
      TFT_command(0x05); TFT_data(0x003F);
      TFT_command(0x06); TFT_data(0x0000);            // (y = 0~239)
      TFT_command(0x07); TFT_data(0x0000);
      TFT_command(0x08); TFT_data(0x0000);
      TFT_command(0x09); TFT_data(0x00EF);
      TFT_command(0x22);
    }

  for(i = 0x36; i <= 509; i += 3)
    { pixel  = (BMPbuffer[i] & 0xf8) >> 3;            // Blue
```

```
    pixel |= (BMPbuffer[i+1] & 0xfc) << 3;     // Green
    pixel |= (BMPbuffer[i+2] & 0xf8) << 8;     // Red
    TFT_data(pixel);
  }
sector++;
buffer_control = 1;

for(sector_cnt = 0; sector_cnt <= 449; sector_cnt++)  // read next sector and output RGB data
  {
    switch (buffer_control)                    // rotate case 1, 2, 3
      { case 1: pixel  = (BMPbuffer[510] & 0xF8) >> 3;
                pixel |= (BMPbuffer[511] & 0xFC) << 3;
                SD_read_sector(sector, BMPbuffer);
                pixel |= (BMPbuffer[0] & 0xF8) << 8;
                TFT_data(pixel);

                for(i = 1; i <= 509; i += 3)
                  { pixel  = (BMPbuffer[i] & 0xf8) >> 3;
                    pixel |= (BMPbuffer[i+1] & 0xfc) << 3;
                    pixel |= (BMPbuffer[i+2] & 0xf8) << 8;
                    TFT_data(pixel);
                  }
                sector++;
                buffer_control = 2;
                break;

        case 2: pixel  = (BMPbuffer[511] & 0xF8) >> 3;
                SD_read_sector(sector, BMPbuffer);
                pixel |= (BMPbuffer[0] & 0xFC) << 3;
                pixel |= (BMPbuffer[1] & 0xF8) << 8;
                TFT_data(pixel);

                for(i = 2; i <= 509; i += 3)
                  { pixel  = (BMPbuffer[i] & 0xF8) >> 3;
                    pixel |= (BMPbuffer[i+1] & 0xFC) << 3;
                    pixel |= (BMPbuffer[i+2] & 0xF8) << 8;
                    TFT_data(pixel);
                  }
                 sector++;
                 buffer_control = 3;
                 break;

        case 3: SD_read_sector(sector, BMPbuffer);
                if(sector_cnt != 449)
                  { for(i = 0; i <= 509; i += 3)
                      { pixel  = (BMPbuffer[i] & 0xF8) >> 3;
                        pixel |= (BMPbuffer[i+1] & 0xFC) << 3;
                        pixel |= (BMPbuffer[i+2] & 0xF8) << 8;
                        TFT_data(pixel);
                      }
                  }
                else                           // if last sector, read 54 bytes only
                  { for(i = 0; i < 54; i += 3)
                      { pixel  = (BMPbuffer[i] & 0xF8) >> 3;
                        pixel |= (BMPbuffer[i+1] & 0xFC) << 3;
                        pixel |= (BMPbuffer[i+2] & 0xF8) << 8;
                        TFT_data(pixel);
                      }
                  }
                sector++;
                buffer_control = 1;
                break;
      }
  }

TFT_command(0x16); TFT_data(0x0008);          // MV=0, MX=0, MY=0, BGR=1
TFT_command(0x02); TFT_data(0x0000);          // x = 0~239
TFT_command(0x03); TFT_data(0x0000);
TFT_command(0x04); TFT_data(0x0000);
TFT_command(0x05); TFT_data(0x00EF);
TFT_command(0x06); TFT_data(0x0000);          // y = 0~319
TFT_command(0x07); TFT_data(0x0000);
TFT_command(0x08); TFT_data(0x0001);
```

```
    TFT_command(0x09); TFT_data(0x003F);
}
```

4. 실습 과제

(1) SD 카드를 SD 모드와 SPI 모드로 사용할 때 각각 어떤 장단점이 있는지 비교하여 설명하라.

(2) SD 카드의 V1.x와 V2.x에는 어떤 차이가 있는지 설명하라.

(3) 표준 SD 카드와 미니 SD 카드, 마이크로 SD 카드를 비교하여 설명하라.

(4) 헤더 파일 SD_FAT32.h에는 파일 액세스 기능중에서 파일을 읽는 기능만을 지원하고 있다. SD 카드에 파일을 쓰는 방법에 대하여 알아보라.

(5) 앞의 모든 전자앨범 예제 프로그램에서는 SD 카드의 파일을 읽을 때 이것의 파일 확장자가 ".BMP" 또는 ".bmp"인지를 확인한다. 그러나, 이것이 그 파일이 240×320 또는 320×240 픽셀 크기를 갖는 BMP 형식의 그림 파일이라는 것을 확인하는 것은 아니다. 따라서, 적합한 BMP 파일이 아닌데도 이를 화면에 출력하는 오류가 발생할 수 있다. 예제 프로그램 Exp21_2.c에서 파일이 240×320 또는 320×240 픽셀의 크기를 갖는 BMP 형식의 그림 파일인지를 확인하고, 만약 파일이 그것이 아니라면 TFT-LCD 화면에 파일 에러 메시지를 출력하고 다음 파일로 건너뛰도록 수정한 프로그램 Exp21_2R.c를 작성하라.

(6) 예제 프로그램 Exp21_3.c에서는 터치 스크린을 누르면 무조건 다음 화면으로 넘어간다. 이를 수정하여 TFT-LCD 화면의 하단에 적절한 크기로 좌우 방향의 화살표 모양으로 아이콘 메뉴를 만들고, 터치 스크린으로 각 아이콘을 누름에 따라 이전 화면 또는 다음 화면으로 넘어갈 수 있는 프로그램 Exp21_3R.c를 작성하라.

4.22 MP3 플레이어 프로그램

이 절에서는 *OK-X128A1* 키트에 기본으로 내장하고 있는 VS1033 CODEC을 사용하여 MP3 플레이어를 구현한다. MP3 플레이어는 1990년 후반에 처음으로 실용화된 최첨단의 디지털 오디오 기술로서 우리나라가 세계적으로 앞선 기술을 가지고 있다. 여기서는 먼저 MP3가 무엇인지 알아보고 MP3 플레이어의 기본적인 하드웨어 구조와 여기서 음악연주 프로그램을 작성하는 기술에 대하여 설명한다. 이렇게 만든 결과로 상업용 MP3 플레이어 제품에 버금가는 음질로 음악을 감상할 수 있다.

관련 내용	(1) 제3.1절 *OK-X128A1* 키트의 구조와 기능 (2) 제4.21절 SD 카드를 이용한 전자앨범 프로그램

1. MP3 플레이어의 구조와 기능

MP3 플레이어는 MP3(MPEG-1 Audio Layer-3) 형식의 디지털 음악 파일을 재생하는 디지털 오디오 플레이어(DAP ; Digital Audio Player)의 하나로서 1997년 12월 우리나라의 새한정보시스템에서 MPMan이라는 브랜드명으로 세계 최초로 개발하였고, 1998년 3월 독일 하노버에서 열린 세빗박람회에 MPMan F10 모델을 출품하여 큰 주목을 받았다. 새한정보시스템은 MP3 플레이어 사업을 전담하는 앰피맨닷컴을 설립하고 본격적으로 이 사업을 벌였으나 얼마 지나지 않아 사업 정책의 오류로 인하여 폐사하였으며, 그 이후 레인콤, 코원 시스템, 삼성전자, Apple, Creative Technology 등 여러 국내외 회사가 MP3 사업에 경쟁적으로 뛰어들었고 결국에는 우리나라의 앞선 원천기술마저 외국회사에 넘어가게 되었다.

(1) MP3의 개요

MP3는 디지털 음성 데이터를 고효율로 압축하여 부호화하기 위한 기술 규격이다. 이것은 원래 독립적으로 만들어진 규격이 아니라 캠코더 등에서 동화상을 압축하여 부호화하기 위한 국제표준규격인 MPEG(Moving Picture Experts Group) 규격중에서 영상이 아닌 음성 데이터를 압축하여 부호화하기 위한 부분으로 만들어졌다.

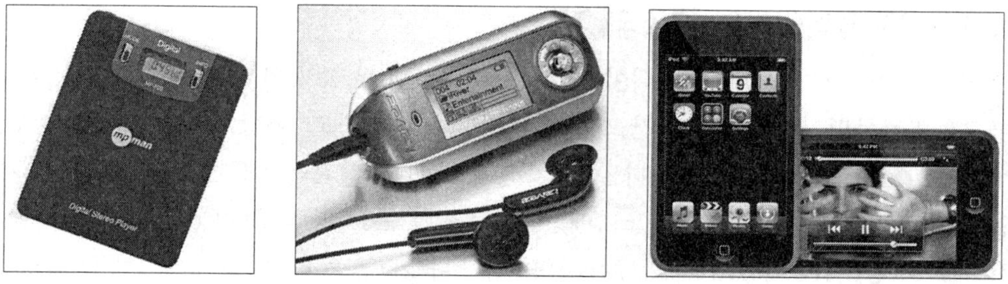

(a) MPMan F10 (b) 레인컴 아이리버 (c) 애플 아이팟

<그림 4.22.1> 상업용 MP3 플레이어의 몇가지 예

MPEG은 그 용도에 따라 MPEG-1, MPEG-2, MPEG-4, MPEG-7, MPEG-21 등으로 나누어지는데, 이것들은 서로 호환되는 다른 버전이 아니라 각각의 규격이 독립적인 기능과 용도를 가지는 규격이다. 예를 들면 MPEG-1은 음악용 CD-ROM이나 HDD 등에 동화상 데이터를 저장하기 위한 규격이고, MPEG-2는 DVD나 디지털 TV 방송 등에서 동화상 데이터를 취급하기 위한 규격이며, MPEG-4는 인터넷이나 이동통신, 디지털 TV 등에서 쌍방향(interactive)으로 동화상 데이터를 취급하기 위한 규격이고, MPEG-7은 동화상 데이터를 범용으로 검색하거나 관리하기 위한 규격이다.

이들 각각의 MPEG 규격은 대략 Part1(시스템), Part2(비디오), Part3(오디오) 등으로 나누어지며, Part3은 다시 데이터 압축률과 데이터 구조에 따라 Layer-1, Layer-2, Layer-3 등으로 나누어진다. MP3는 1991년에 ISO(International Organization for Standardization) 및 IEC(International Electrotechnical Commission)에서 공동으로 만든 MPEG-1 규격중에서 CD급의 음질을 가지고 1/10 이상의 데이터 압축률을 가지는 Layer-3의 오디오 압축 기술규격이다. Layer-1의 압축률은 1/4이고, Layer-2의 압축률은 1/6~1/8 정도인데 비하여 Layer-3의 압축률은 1/10~1/12 정도로서 매우 뛰어나다. 또한, 데이터 샘플링 레이트(sampling rate)는 32kHz, 44.1kHz, 48kHz 등을 사용하며, 음악 데이터의 비트 레이트(bit rate)는 Layer-1에서 32k~448kbit/s, Layer-2에서 32k~384kbit/s, Layer-3에서 32k~320kbit/s 범위이다. 동일한 데이터에 대하여 압축률을 높게 하면 비트 레이트는 낮아지며, 처리 엔진인 디코더에서는 데이터를 복원할 때 처리가 복잡하여 디코더의 부하가 커질 수도 있다.

이와 같이 MP3는 MPEG-1의 Layer-3에 해당하는 디지털 음악 데이터 압축저장 기술로서 이를 사용하면 기존의 CD 음악 파일을 최소 1/10 이하의 크기로 압축하여 저장할 수 있고, 여러번 복제 또는 전송을 반복하더라도 음질이 저하되지 않고 원래의 수준을 그대로 유지하는 장점을 갖는다.

(2) MP3 플레이어의 구조와 기능

MP3 플레이어는 불휘발성 데이터 저장장치에 MP3 포맷의 음악파일을 저장해놓고 마이크로컨트롤러가 이를 실시간으로 불러다 압축을 풀고 아날로그 파형으로 재생하여 스피커를 구동하는 소형 모바일형 가전제품이다. 이같은 MP3 플레이어는 데이터 파일 저장장치로 무엇을 사용하느냐에 따라 <표 4.22.1>처럼 CD(Compact Disk)형, 플래시 메모리형, HDD(Hard Disk Drive)형으로 나눌 수 있는데, 초기에는 CD형으로 시작하였으나 2002년 이후부터 현재까지는 소형경량화가 상대적으로 쉽게 가능한 플래시 메모리형이 주류를 이루고 있으며, HDD형은 2001년부터 이를 상품화한 Apple사가 강세를 보이고 있다.

또한, 초창기에는 MP3 플레이어 전용의 디지털 음악 재생용 기기에 불과하였으나 요즈음은 휴대전화, 디지털 카메라, FM 라디오, 전자사전, PMP(Portable Multimedia Player) 등에 MP3 플레이어 기능이 내장되는 복합기의 형태도 많아지고 있으며, 이것이 지원하는 음악 파일도 기본적인 MP3 형식 이외에 WMA(Window Media Audio), AAC(Advanced Audio Coding ; MP4) 등으로 점점 다양해지고 있고, 최근에는 MP3 플레이어에 .mpg, .wmv(Window Media Video), .avi(Audio Video Interleave) 등의 동영상 재생 기능까지 갖춘 고급형 기기들도 출시되어 인기를 끌고 있다.

현재 MP3 플레이어 제품의 시장동향을 보면 전체적으로는 데이터 메모리의 대용량화, 다양한 종류의 음악파일을 지원하는 멀티 포맷화, 휴대전화나 디지털 카메라 등에 MP3 플레이어 기능이 내장되는 복합 겸용화 등의 추세를 보이고 있다. 또한, 한편으로는 고해상도의 LCD 화면을 장착하고 동영상 재생기능과 터치스크린 기능을 장착하는 고급형 제품으로 발전하는 추세가 있는 반면에, LCD 화면을 사용하지 않거나 또는 아주 간단한 LCD 화면을 갖추고 손목에 차고 다니거나 미니 액세서리로 사용할 수 있는 정도의 초저가격형 제품도 인기를 얻고 있다.

〈표 4.22.1〉 MP3 플레이어의 주요 방식별 비교

방식	장점	단점	비 고
CD형	- 가격이 저렴한 CD 사용 - 일반 오디오 CD 겸용 가능	- 제품의 부피가 크다. - 사용자가 데이터를 직접 기록하는 것이 불가능하다.	- 초창기에 주로 사용
플래시 메모리형	- 소형경량화 가능 - 충격에 강하고 휴대가 용이. - 메모리 용량에 따라 다양한 가격으로 제품 라인업 가능	- 메모리 가격에 의존도가 높다. - 대용량화가 어렵다.	- 현재의 주력 제품
HDD형	- 대용량화에 유리 - PC 보조 저장장치로도 활용	- 충격에 약하다. - 대용량이 되면 가격이 높다.	- 애플사가 시장 주도

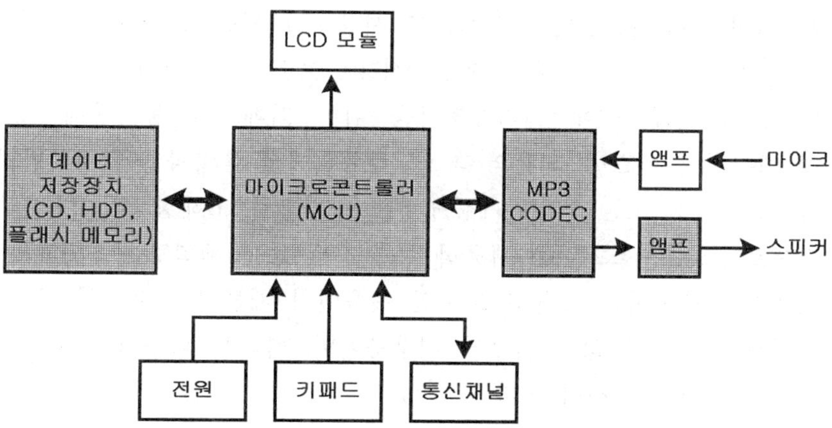

〈그림 4.22.2〉 MP3 플레이어의 기본 구조

MP3 플레이어의 일반적인 기본 구조를 블록도로 보이면 <그림 4.22.2>와 같다. 여기서 보듯이 MP3 플레이어는 마이크로컨트롤러가 데이터 저장장치에 저장되어 있는 MP3 형식의 음악파일을 차례로 읽어다가 MP3 디코더에 출력하여 음악을 재생한다. 데이터 저장장치로는 초창기에 CD를 사용하였으나 현재는 대부분 플래시 메모리를 사용하고 있으며, Apple사처럼 1인치 이하의 초소형 HDD를 사용하기도 한다. 향후에도 계속하여 플래시 메모리의 가격이 저렴해지면서 이를 장착한 제품의 강세가 상당히 지속될 전망인데, 보통 MP3 형식으로 한 곡의 용량이 3~4MB를 차지하는 것을 고려하면 1GB의 메모리를 장착하였을 경우 250곡 이상을 저장할 수 있다. 그러나, 동영상을 재생하는 등의 대용량 메모리가 필요한 경우는 역시 아직 가격적으로 HDD형이 우세하다. 이 책의 *OK-X128A1* 키트에서는 데이터 저장장치로서 SD 카드로 된 플래시 메모리를 사용한다.

MP3 플레이어의 마이크로컨트롤러는 고성능이 요구되기 때문에 일반 DSP 소자가 많이 사용되어 왔으나 요즈음에는 MP3 플레이어 전용으로 설계된 DSP 소자나 SoC 제품이 널리 사용되고 있다.

MP3 디코더는 MP3 형식의 데이터를 하드웨어적으로 빠르게 디코딩하는데 여기에는 스피커를 구동하기 위한 아날로그 출력 앰프(amplifier)를 함께 내장한 제품도 있고, 음성녹음을 위한 아날로그 입력 앰프와 인코더 회로를 함께 내장하고 있는 모델도 있다. 이와 같이 아날로그 신호를 디지털 값으로 인코딩하는 회로(coder)와 디지털 데이터를 아날로그 신호로 디코딩하는 회로(decoder)를 함께 내장하고 있는 소자를 코덱(CODEC ; Coder and Decoder)이라고 부른다. 현재 많이 사용되는 STA013은 MP3 디코더 소자인데 여기에는 오디오 출력 앰프가 내장되어 있지 않으므로 외부에 별도로 사용해야 하며, *OK-X128A1* 키트에서도 사용하고 있는 VS1033은 아날로그 입력 앰프와 출력 앰프까지 모두 내장하고 있는 MP3 CODEC 소자이다.

이밖에도 MP3 플레이어에는 기능조작을 위한 키패드와 동작상태 표시를 위한 LCD 모듈이 내장되어 있으며, 외부의 퍼스널컴퓨터에서 음악파일을 내려받기 위한 통신채널을 가지고 있다. 오늘날 고급제품에서는 화면으로 고해상도의 TFT-LCD를 사용하고 입력으로는 터치 스크린을 사용하기도 하며, 통신 채널로는 USB가 널리 사용되고 있다. MP3 플레이어는 소형의 모바일 제품이기 때문에 전체적인 부피를 줄이기 위하여 스피커를 내장하지 않는 경우가 대부분이며, 따라서 외부에 별도로 스피커 또는 이어폰을 연결하여 사용해야 한다.

(3) MP3 음악 파일의 구조

CD의 디지털 오디오 데이터는 충분히 좋은 음질을 유지하기 위하여 16비트 분해능에 44.1kHz의 샘플링 주파수로 A/D 변환하여 만들어지며, 재생도 이와 같은 포맷으로 D/A 컨버터에 의하여 수행된다. 따라서, 스테레오인 경우 이것의 데이터 비트 레이트는 44100×16×2 = 1,411,200bit/s에 이르게 되며, 이는 1분당 약 10MB에 해당하는 대용량의 데이터가 된다. MP3 포맷은 이 데이터를 약 1/10~1/12 정도로 압축하여 1분당 1MB 정도의 크기로 줄인 것이다. 이 때문에 MPEG-1의 Layer-3에 해당하는 MP3 포맷에서는 스테레오 채널 음악의 경우 128kbps의 비트 레이트를 표준으로 사용하고, 모노의 경우에는 64kbps의 비트 레이트를 표준으로 사용한다. 결국 MP3 음악 파일의 목적은 원래 데이터의 높은 음질을 그대로 유지하면서 데이터는 최대한 압축하여 파일을 작게 만드는 것이다.

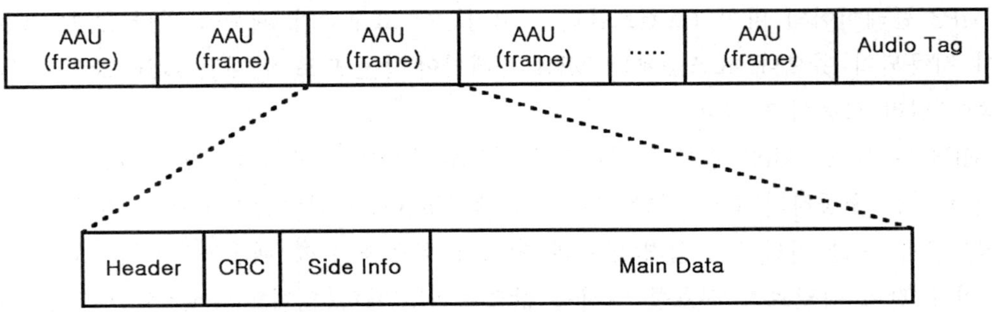

〈그림 4.22.3〉 MP3 파일의 프레임 구조

MP3 음악 데이터 파일은 <그림 4.22.3>에 보인 것처럼 기본적으로 프레임(frame)이라고 불리는 독립적인 AAU(Audio Access Unit) 단위들이 모여서 구성된다. 각 프레임에는 헤더와 오디오 정보, 음악 데이터 등을 포함하고 있어서 다른 프레임과 연계되지 않고 독립적인 기능을 수행하므로 하나의 프레임만을 별도로 분리하여 연주해도 해당 부분의 음악이 별 문제없이 정상적으로 연주된다. 마지막의 오디오 태그에는 MP3 파일에 대한 부가 정보를 가지고 있다.

각 프레임은 다시 헤더(Header), CRC(Cyclic Redundancy Check), 사이드 인포(Side Info), 메인 데이터(Main Data) 등으로 나누어진다. 헤더는 4바이트(32비트)의 길이를 가지며, 각 프레임의 음악 데이터에 대한 정보를 저장하고 있다. 헤더의 내용을 자세히 설명하면 <표 4.22.2>와 같다.

헤더에서 CRC를 사용하는 것으로 지정되면 헤더의 뒤에 2바이트(16비트) 길이의 CRC 데이터가 이어진다. 따라서, CRC의 사용 유무에 따라 프레임의 길이가 달라지며, 데이터 길이도 상황에 따라 달라지므로 프레임의 전체 길이는 일정하지 않다. 각 프레임의 헤더 내용은 대체로 일정하지만 하나의 파일에서 헤더의 내용이 여러 가지로 다른 경우도 있다. 예를 들어 대부분의 경우 하나의 파일에서 비트 레이트는 일정하지만, 음질은 그대로 유지하면서 더욱 높은 압축률을 사용하기 위하여 어떤 경우에는 프레임마다 비트 레이트가 달라서 비트 레이트 스위칭이라고 불리는 가변 비트 레이트 방식을 사용하기도 한다.

사이드 인포(side info)는 MPEG-1의 Layer-3에서만 사용하는 것으로 압축된 데이터를 복원하는데 필요한 여러가지 정보를 포함하고 있다. 사이드 인포는 모노 채널의 경우 136비트로 구성되고, 스테레오 채널일 경우 256비트로 구성된다.

메인 데이터는 실제의 음악 디지털 데이터가 들어 있는 부분으로서 MPEG-1의 Layer-3에서는 한 개의 프레임에 1152개의 샘플 데이터를 저장한다. 이 메인 데이터 내부는 다시 2개의 그래뉼(granule) 단위로 구성되는데, 각 그래뉼은 32개 서브밴드가 18개 샘플 데이터를 포함하므로 총 576개의 샘플 데이터를 가진다.

모든 프레임이 끝나고 MP3 음악 파일의 끝 부분에는 오디오 태그(audio tag)가 위치한다. 이것은 실제 연주되는 음악 데이터가 아니라 파일의 정보를 포함하는 부분이므로 MP3 플레이어로 재생하지 말아야 한다. 오디오 테그는 현재 ID3v1, ID3v1.1, ID3v2 버전이 있는데, 이중에서 ID3v1의 오디오 태그는 128바이트로 구성되며 그 내용을 상세하게 설명하면 <표 4.22.4>와 같다.

〈표 4.22.2〉 MP3 파일에서 프레임 헤더의 내용

b31 … b0: AAAAAAAA AAABBCCD EEEEFFGH IIJJKLMN

	비트 번호	길이(비트)	기 능
A	31~21	11	Frame synchronizer. 동기를 취하기 위한 비트로서 11비트가 모두 1로 되어 있다. MPEG Version 1과 2에서는 비트 31~20의 12비트를 사용한다.
B	20~19	2	MPEG version ID. MPEG 버전을 표시한다. 00 = MPEG-2.5 01 = MPEG-2.5 10 = MPEG-2.0 (ISO/IEC 13818-3 규격) 11 = **MPEG-1.0** (ISO/IEC 11172-3 규격) ※ V2.5를 지원하지 않는 규격에서는 비트31~20의 12비트를 프레임 동기 비트로 사용한다.
C	18~17	2	Layer description. 오디오 레이어 번호를 표시한다. 00 = (reserved) 01 = **Layer-3** 10 = Layer-2 11 = Layer-1
D	15	1	CRC protection bit. CRC를 사용하는지 여부를 표시한다. 0 = CRC를 사용하며, 헤더의 뒤에 2바이트(16비트)의 CRC 데이터가 놓인다. 1 = CRC를 사용하지 않는다.
E	15~12	4	Bit rate index. <표 4.22.3>에 보인 것처럼 비트 레이트를 표시한다.
F	11~10	2	Sampling rate frequency index. 데이터 샘플링 주파수를 표시한다. (MPEG-1) (MPEG-2) (MPEG-2.5) 00 = **44100Hz** 22050Hz 11025Hz 01 = **48000Hz** 24000Hz 12000Hz 10 = **32000Hz** 16000Hz 8000Hz 11 = (reserved) (reserved) (reserved)
G	9	1	Padding bit. 비트 레이트를 정확하게 지정된 값으로 맞추기 위하여 부가적인 비트를 덧붙일지를 표시한다. 0 = 부가적인 비트를 사용하지 않는다. 1 = 부가적인 비트를 사용한다.
H	8	1	Private bit. 특별한 용도가 없으며, 임의의 용도로 사용할 수 있다.
I	7~6	2	Channel mode. 오디오 데이터의 채널 정보를 표시한다. 00 = stereo 01 = joint stereo 10 = dual channel(stereo) 11 = single channel(mono)
J	5~4	2	Mode extension. joint stereo 모드에서 부가적인 정보를 제공한다. (Layer-1/2) **(Layer-3)** 00 = bands 4 to 31 Intesity stereo=off, MS stereo=off 01 = bands 8 to 31 Intesity stereo=on, MS stereo=off 10 = bands 12 to 31 Intesity stereo=off, MS stereo=on 11 = bands 16 to 31 Intesity stereo=on, MS stereo=on
K	3	1	Copyright. 음악 파일의 저작권이 있는지를 표시한다. 0 = 저작권이 없다. 1 = 저작권이 있다.
L	2	1	Original. 음악 파일이 원본인지를 표시한다. 0 = 복사본이다. 1 = 원본이다.
M	1~0	2	Emphasis. 엠퍼시스 특성을 나타낸다. 00 = none 01 = 50/15 ms 10 = (reserved) 11 = CCIT J.17

〈표 4.22.3〉 MP3 파일 헤더의 비트 레이트 지정

Bit rate index	MPEG-1.0 Layer-1	MPEG-1.0 Layer-2	MPEG-1.0 Layer-3	MPEG-2.0/2.5 Layer-1	MPEG-2.0/2.5 Layer-2/3
0000	free	free	**free**	free	free
0001	32 kbps	32 kbps	**32 kbps**	32 kbps	8 kbps
0010	64 kbps	48 kbps	**40 kbps**	48 kbps	16 kbps
0011	96 kbps	56 kbps	**48 kbps**	56 kbps	24 kbps
0100	128 kbps	64 kbps	**56 kbps**	64 kbps	32 kbps
0101	160 kbps	80 kbps	**64 kbps**	80 kbps	40 kbps
0110	192 kbps	96 kbps	**80 kbps**	96 kbps	48 kbps
0111	224 kbps	112 kbps	**96 kbps**	112 kbps	56 kbps
1000	256 kbps	128 kbps	**112 kbps**	128 kbps	64 kbps
1001	288 kbps	160 kbps	**128 kbps**	144 kbps	80 kbps
1010	320 kbps	192 kbps	**160 kbps**	160 kbps	96 kbps
1011	352 kbps	224 kbps	**192 kbps**	176 kbps	112 kbps
1100	384 kbps	256 kbps	**224 kbps**	192 kbps	128 kbps
1101	416 kbps	320 kbps	**256 kbps**	224 kbps	144 kbps
1110	448 kbps	384 kbps	**320 kbps**	256 kbps	160 kbps
1111	bad	bad	**bad**	bad	bad

〈표 4.22.4〉 MP3 파일에서 오디오 태그 ID3v1의 내용

```
byte 0                                       byte 31
  AAABBBBB BBBBBBBB BBBBBBBB BBBBBBBB
  BCCCCCCC CCCCCCCC CCCCCCCC CCCCCCCD
  DDDDDDDD DDDDDDDD DDDDDDDD DDDDDEEE
  EFFFFFFF FFFFFFFF FFFFFFFF FFFFFFFG
byte 96                                      byte 127
```

	바이트 번호	길이(바이트)	기 능
A	0~2	3	Tag identification. 태그의 시작을 알리는 문자열 "TAG"를 저장하고 있다.
B	3~32	30	Title(Song name). 음악 파일의 제목을 표시한다.
C	33~62	30	Artist. 음악의 연주자를 표시한다.
D	63~92	30	Album. 이 음악이 수록된 앨범의 제목을 표시한다.
E	93~96	4	Year. 음악 파일의 출판 연도를 표시한다.
F	97~126	30	Comment. 주석을 표시한다.
G	127	1	Genre. 음악의 장르를 표시한다. 0 = Blues 5 = Funk 10 = New Age 75 = Polka 1 = Classic Rock 6 = Grunge 11 = Oldies 76 = Retro 2 = Country 7 = Hip-Hop 12 = Other 77 = Musical 3 = Dance 8 = Jazz 13 = Pop 78 = Rock & Roll 4 = Disco 9 = Metal ..... 79 = Hard Rock

2. VS1033 오디오 CODEC의 구조와 기능

OK-X128A1 키트에는 VS1033 MP3 CODEC 소자를 사용하는 MP3 플레이어 회로를 내장하고 있는데, 이 회로를 블록도로 요약하여 보이면 <그림 4.22.4>와 같다.

OK-X128A1 키트에서 마이크로컨트롤러, TFT-LCD 모듈, SD 카드, VS1033이 모

두 기본적으로 +3.3V의 전원으로 동작하므로 이것들을 하드웨어적으로 인터페이스하는데는 아무 문제가 없다. 그러나, VS1033 소자에는 추가적으로 +2.5V 전원을 필요로 한다. 또한, ATxmega128A1 마이크로컨트롤러는 32MHz의 매우 높은 시스템 클록으로 동작하므로 192~320kbps의 높은 비트 레이트로 만들어진 MP3 음악파일을 무리없이 재생할 수 있다.

데이터 파일 저장장치로는 SD 카드를 사용하고 있으므로 퍼스널컴퓨터에서 음악파일을 직렬통신으로 내려받는 기능은 사용하지 않고 직접 퍼스널컴퓨터에서 음악파일을 SD 카드에 저장하여 가져오면 된다. SD 카드로는 FAT32로 포맷되는 표준형의 64MB~2GB 용량이나 SDHC형의 4GB~32GB를 모두 사용할 수 있다.

MP3 플레이어의 여러가지 기능 조작은 4개의 키 KEY1~KEY4를 각각 DEC, INC, FUNC, PLAY 키로 사용할 것이며, 이밖에 터치스크린을 사용할 수도 있도록 프로그램할 것이다.

스피커는 *OK-X128A1* 키트의 PCB 면적을 절약하기 위하여 컨넥터 CN8을 사용하여 외부에 장착하도록 처리하였다. 여기서 스피커는 시중에서 쉽게 구입할 수 있는 앰프를 내장형 MP3용 스피커를 사용하는 것이 좋다.

MP3 오디오 CODEC인 VS1033에 이 소자의 데이터 시트에서 권장하는대로 바로 스피커를 접속하여 사용하면 스피커에서 상당한 잡음이 들리므로 저자는 여기에 잡음 제거회로를 추가하였다. 이 잡음 제거회로는 <그림 4.22.6>에 보였듯이 간단하게 RC 필터를 사용하였지만 그 성능은 매우 탁월하다.

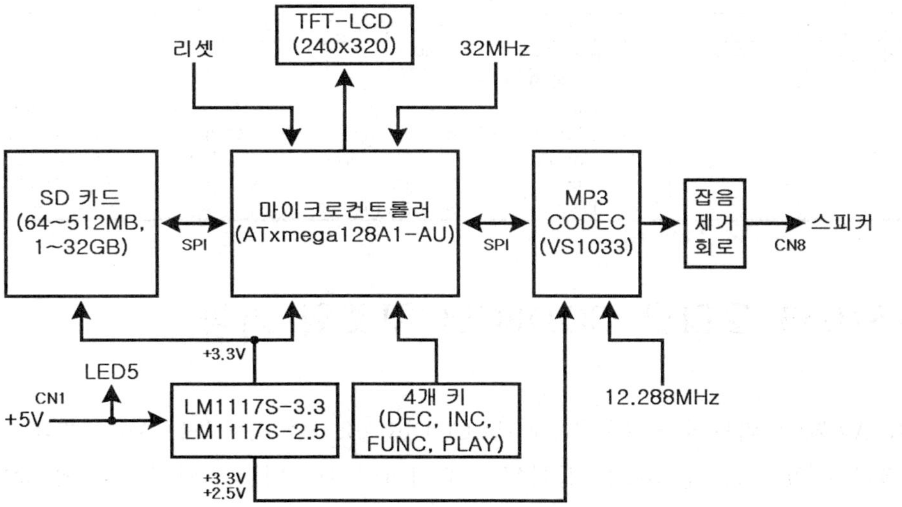

〈그림 4.22.4〉 *OK-X128A1* 키트에 내장된 MP3 플레이어 회로의 구성 블록도

(1) VS1033의 구조 및 특징

OK-X128A1 키트에 내장된 MP3 플레이어의 하드웨어 중에서 가장 중요한 부분은 무엇보다도 VS1033 오디오 CODEC이다. MP3 플레이어 프로그램을 작성하려면 이 소자를 제대로 이해하는 것이 매우 중요하다.

이제부터 이 소자의 구조와 기능을 요약 정리하여 설명한다. 먼저 VS1033 오디오 CODEC의 특징을 요약하면 다음과 같다.

① MP3, AAC, WMA, WAV, MIDI 음악 파일 포맷을 디코딩하여 재생할 수 있다. 그러나, 종래의 VS1003 모델에서는 AAC 포맷을 지원하지 않았었다.

② 마이크 또는 라인 입력의 아날로그 입력 신호를 IMA(International Multimedia Association) ADPCM(Adaptive Differential Pulse Code Modulation) 방식으로 인코딩할 수 있다.

③ MP3와 WAV를 위한 스트리밍(streaming)을 지원한다.

④ 음량(volume)은 물론이고 저음 강조 기능(bass)과 고음 강조 기능(treble)을 제어할 수 있다.

⑤ 스테레오 D/A 컨버터를 내장하고 있으며, 30Ω의 부하를 사용할 수 있는 스테레오 이어폰 드라이버 회로를 가지고 있다. I2S 통신 포트를 통하여 외부에 D/A 컨버터를 접속할 수도 있다.

⑥ 제어 명령 및 음악 데이터를 전송하기 위하여 마이크로프로세서와 접속하는데는 SPI 직렬통신을 사용한다. SPI는 부팅용으로도 사용될 수 있고, 디버깅 목적으로 UART 통신을 사용할 수도 있다.

⑦ 프로그램 메모리용으로 5KB의 RAM과 데이터 메모리용으로 0.5KB의 RAM을 가지고 있으며, SPI 데이터 수신용으로 2048바이트의 FIFO를 가지고 있다.

⑧ 디지털 회로의 전원으로 +2.5V를 사용하며, 아날로그 회로 및 입출력 회로의 전원으로 +2.8V 또는 +3.3V를 사용한다. 그러나, 종래의 VS1003 모델에서는 아날로그 회로의 전원으로 +2.8V의 전원만을 사용할 수 있었다.

⑨ 12.288MHz의 크리스털에 의하여 발생되는 클록으로 동작하며, 내부에서 이를 1배~4.5배로 체배하여 사용할 수 있다.

⑩ LQFP-48 및 BGA-49 패키지가 있다.

OK-X128A1 키트에서는 LQFP-48 패키지를 사용하는데 이것의 각 핀 이름과 기능을 요약하면 <표 4.22.5>와 같고, 전형적인 응용회로는 <그림 4.22.5>에 보였다.

〈표 4.22.5〉 VS1033의 외부 핀 이름 및 기능

핀 이름	번호	I/O형	기 능
CVDD0 CVDD1 CVDD2 CVDD3	5 7 24 31	전원	내부 코어의 전원(+2.5V).
AVDD0 AVDD1 AVDD2	38 43 45	전원	아날로그 회로의 전원(+2.8V 또는 +3.3V).
IOVDD0 IOVDD1 IOVDD2	6 14 19	전원	I/O 회로의 전원(+2.8V 또는 +3.3V).
DGND0 DGND1 DGND2 DGND3 DGND4	4 16 20 21 22	전원	내부 코어 및 I/O 회로 전원의 접지.
GND	35	전원	I/O 회로 전원의 접지.
AGND0 AGND1 AGND2 AGND3	37 40 41 47	전원	아날로그 회로 전원의 접지. (※ DGND, GND, AGND 단자는 VS1033과 가장 가까운 곳에서 서로 연결되어야 한다.)
XTALI XTALO	18 17	AI AO	12.288MHz 크리스털 입력. 12.288MHz 크리스털 출력.
SCK SI SO XCS XDCS/BSYNC DREQ	28 29 30 23 13 8	DI DI DO3 DI DI DO	SPI 직렬통신의 클록 신호. SPI 직렬통신의 입력 신호(MOSI). SPI 직렬통신의 출력 신호(MISO). SPI 직렬통신으로 명령을 전송하기 위한 칩 선택 신호.(low enable) SPI 직렬통신으로 데이터를 전송하기 위한 칩 선택 신호.(low enable) (BSYNC는 구모델 VS1001과 호환을 위한 직렬 동기 신호) 데이터 요청 신호.
XRESET	3	DI	VS1033 소자 리셋 신호.(low enable) 리셋 후 1.6ms를 지나서 사용.
RCAP	44	AIO	내부 기준전압을 위한 필터링 커패시터.
TEST VCO	32 15	DI DO	제조회사의 테스트용 단자.(IOVDD에 접속할 것) 제조회사의 테스트용 단자.(VCO 클록 출력)
LEFT RIGHT GBUF	46 39 42	AO AO AO	좌측 채널의 아날로그 출력 신호. 우측 채널의 아날로그 출력 신호. 헤드폰 또는 이어폰을 접속하기 위한 공통 신호.(접지시키지 말 것)
MICP MICN	1 2	AI AI	마이크 입력의 양극 신호. 마이크 입력의 음극 신호.
RX TX	26 27	DI DO	UART 수신 신호.(사용하지 않으면 IOVDD에 접속할 것) UART 송신 신호.
GPIO0/I2S_SCLK GPIO1/I2S_SDATA GPIO2/DCLK GPIO3/SDATA GPIO4/I2S_LROUT GPIO5/I2S_MCLK GPIO6 GPIO7	33 34 9 10 36 25 11 12	DIO DIO DIO DIO DIO DIO DIO DIO	범용 I/O 0 또는 I2S의 클록 신호.(100kΩ의 저항으로 풀다운할 것) 범용 I/O 1 또는 I2S의 데이터 신호. 범용 I/O 2 또는 구모델 VS1001과 호환을 위한 직렬 클록 신호. 범용 I/O 3 또는 구모델 VS1001과 호환을 위한 직렬 데이터 신호. 범용 I/O 4 또는 I2S의 좌측(0), 우측(1) 데이터 출력표시 신호. 범용 I/O 5 또는 I2S의 클록 신호. 범용 I/O 6. 범용 I/O 7.

※ DI : 디지털 입력, DO : 디지털 출력, DIO : 디지털 입출력, DO3 : 3스테이트형 디지털 출력
AI : 아날로그 입력, AO : 아날로그 출력, AIO : 아날로그 입출력

※ 사용하지 않는 모든 GPIO 핀들은 풀다운해야 한다.

※ 만약 GPIO0 핀이 풀업저항으로 IOVDD에 연결되면 SPI 통신으로 외부 EEPROM으로부터 부팅한다.

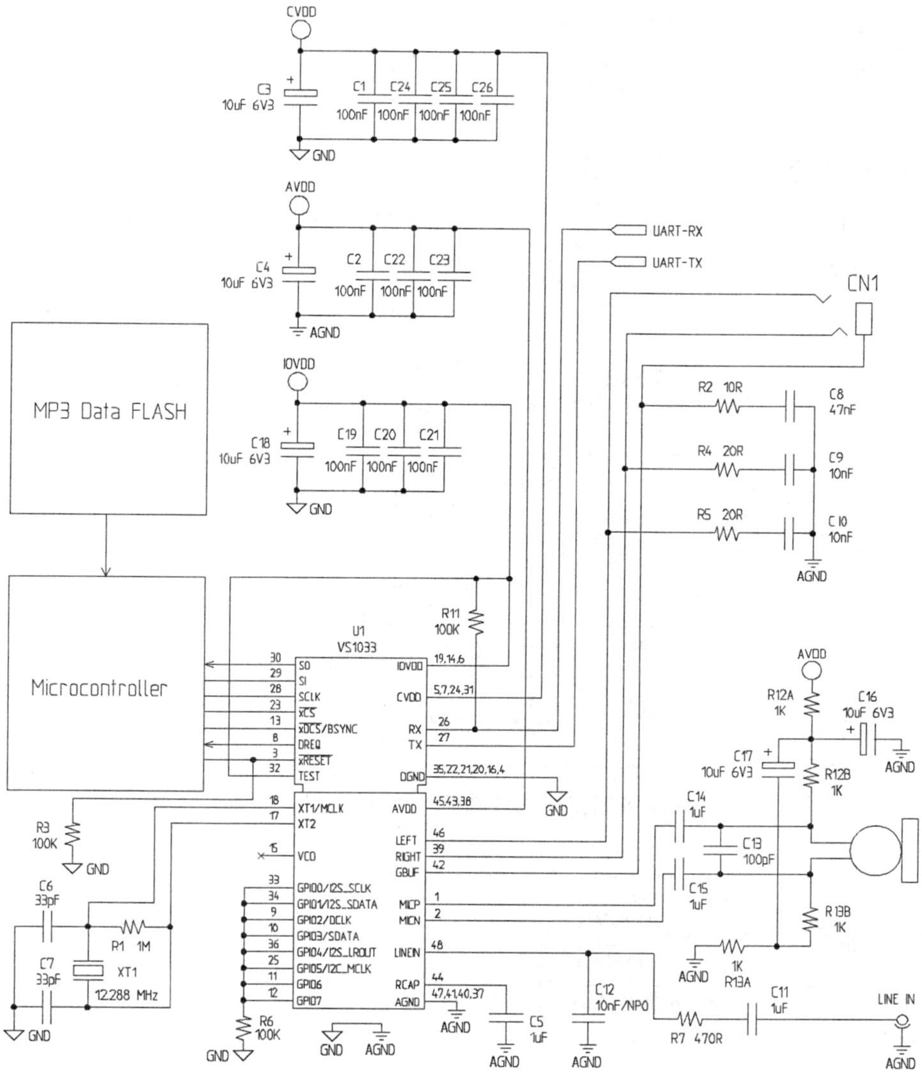

〈그림 4.22.5〉 VS1033의 전형적인 응용 회로

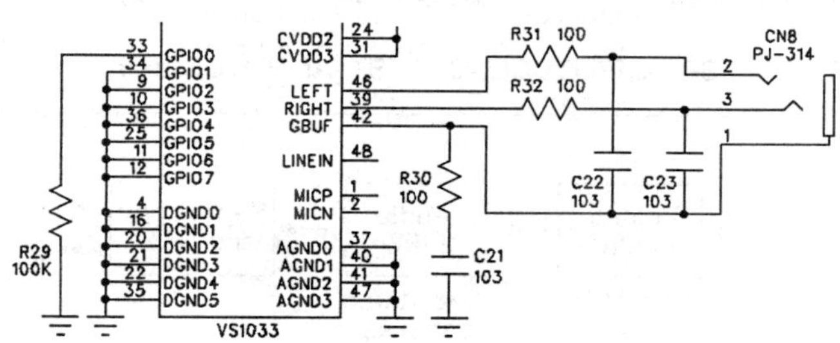

〈그림 4.22.6〉 *OK-X128A1* 키트에서 사용한 VS1033 스피커 출력의 잡음제거 회로

<그림 4.22.5>에 보인 VS1033 데이터 시트의 권장 회로는 스피커에 적지 않은 잡음을 출력하므로 *OK-X128A1* 키트에서는 이 부분을 <그림 4.22.6>처럼 수정하였다.

(2) VS1033의 기능 및 동작

VS1033의 기능적인 내부 블록도는 <그림 4.22.7>과 같고, VS1033이 데이터를 처리하여 음악을 재생하는 과정을 그림으로 보이면 <그림 4.22.8>과 같다.

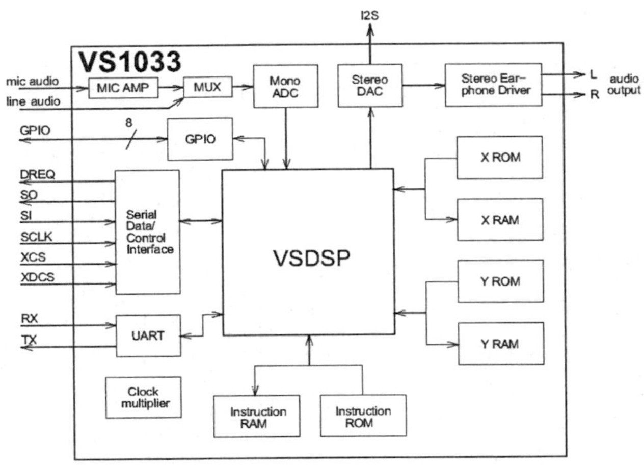

〈그림 4.22.7〉 VS1033의 내부 기능 블록도

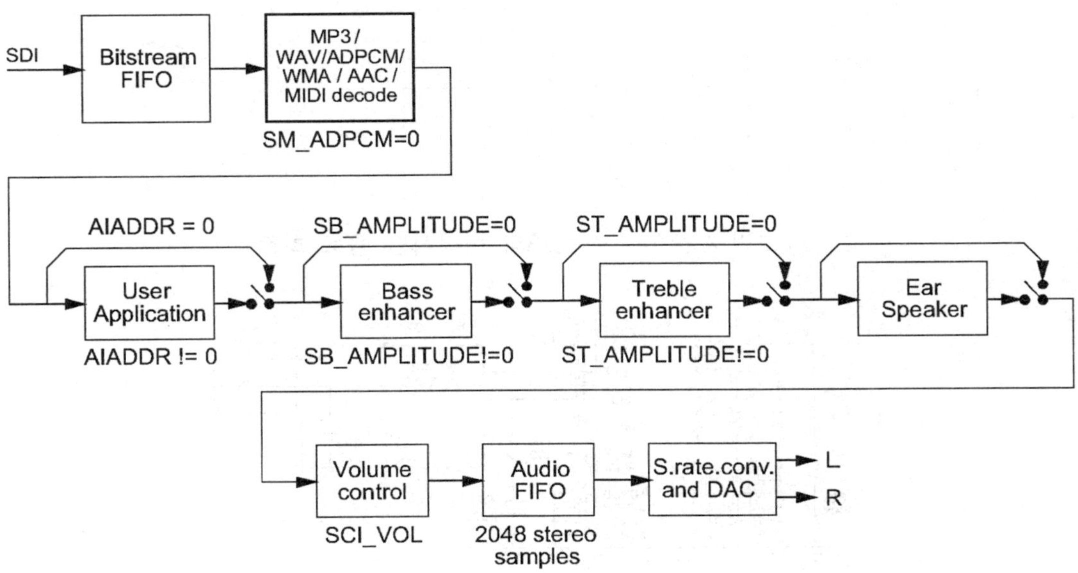

〈그림 4.22.8〉 VS1033의 데이터 처리 흐름도

<그림 4.22.8>에서 보듯이 SDI 버스로 MP3, AAC, WMA, WAV, MIDI 포맷의 음악 데이터가 입력되면 이것들이 디코딩되고 내부의 응용 프로그램을 거쳐서 저음 강조 기능과 고음 강조 기능이 처리된다. 그리고, SCI_MODE 레지스터로 이어스피커 처리 기능(EarSpeaker spatial processing)을 설정하였다면 이것이 처리된 후 음량 제어가 수행되고, 마지막으로 2048바이트의 오디오 FIFO를 거쳐서 스테레오 D/A 컨버터로 아날로그 신호가 재생된다. 여기서 이어스피커 처리 기능은 헤드폰으로 음악을 들을 때 보다 현장감 있게 음질을 처리하는 독특한 기능이다.

VS1033은 MP3 파일의 MPEG-1/2/2.5에서 Layer-3과 MPEG-1/2에서의 Layer-1, MPEG-1/2에서의 Layer-2 포맷을 모두 지원한다. 또한, AAC 파일은 MPEG2-AAC와 MPEG4-AAC 스트림을 모두 지원하며, WMA 파일은 WMA 2/4.0/4.1/7/8/9 버전을 모두 지원한다. WAV 파일은 대부분의 RIFF WAV 포맷을 지원하며, MIDI 파일은 일반 MIDI와 SP-MIDI 포맷을 지원한다.

(3) SPI 직렬통신을 사용한 마이크로컨트롤러 인터페이스

VS1033은 SPI 직렬통신을 사용하여 외부의 마이크로컨트롤러와 인터페이스된다. 마이크로컨트롤러가 칩 선택 신호 XDCS를 사용하여 SPI 통신으로 VS1033에게 데이터를 전송하는 방법을 SDI(Serial Data Interface) 버스라고 부르고, 마이크로컨트롤러가 칩 선택 신호 XCS를 사용하여 SPI 통신으로 VS1033에게 제어명령을 전송하는 방법을 SCI(Serial Control Interface) 버스라고 부른다. 이러한 SPI 통신 방식은 VS1002부터 그 이후의 모델에서 기본으로 사용되는데 이를 Native Mode 또는 New Mode라고 한다. 그러나, 초기의 VS1001 모델에서는 이와 다르게 데이터 전송에 BSYNC, DCLK, SDATA 신호가 사용되었는데 이를 Compatibility Mode라고 부른다.

VS1033의 수신 버퍼인 2048바이트의 FIFO가 데이터를 수신할 준비가 되어 있으면 DREQ = 1로 되는데, 이때는 적어도 32바이트의 SDI 데이터나 1개의 SCI 커맨드를 수신할 수 있다. 데이터 스트림 버퍼가 충분히 채워지거나 또는 SCI 커맨드가 실행중일 때는 DREQ = 0으로 된다.

SDI 전송에서는 칩 선택 신호 XDCS가 사용되고 SCI 전송에서는 칩 선택 신호 XCS가 사용되는데, 만약 SCI_MODE 레지스터에서 SM_SDISHARE = 1로 설정하면 XCS 단자가 2가지의 공통 칩 선택 신호로 사용된다.

VS1033에서 모든 타이밍은 CLKI 단위로 나타내는데 이것은 외부 크리스털의 발진 주파수 XTALI를 SCI_CLOCKF 레지스터로 체배한 값이다. 즉, XTALI를 4.5체배하여 사용한다면 CLKI = 4.5×XTALI에 해당한다. <그림 4.22.9>에 보인 것처럼 SPI 통신에서 클록 신호의 high 및 low 구간은 각각 2개의 CLKI 사이클 이상이면 되지만, VS1033의 데이터 시트에서는 홀드 타임까지를 고려하여 SPI 통신의 클록 주파수를 CLKI의 1/7 이하로 사용하는 것을 권장하고 있다.(데이터 시트의 초기 버전에서는 이것이 1/6 이하였음.) 따라서, *OK-X128A1* 키트에서처럼 VS1033 외부에 12.288MHz의 크리스털을 접속하고 이 주파수를 SCI_CLOCKF 레지스터로 4.5배하도록 설정하면 SPI 통신을 12.288MHz × 4.5 / 7 = 7.9MHz 이하로 사용하는 것이 바람직하다.

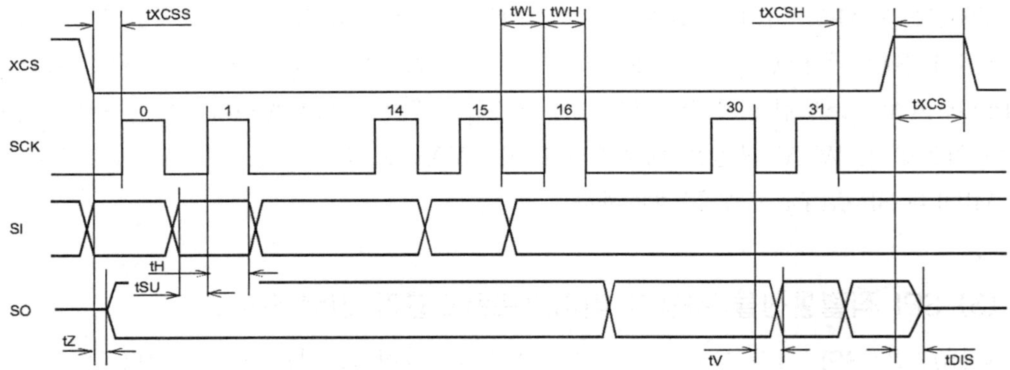

Symbol	Min	Max	Unit
tXCSS	5		ns
tSU	0		ns
tH	2		CLKI cycles
tZ	0		ns
tWL	2		CLKI cycles
tWH	2		CLKI cycles
tV	2 (+25 ns)		CLKI cycles
tXCSH	1		CLKI cycles
tXCS	2		CLKI cycles
tDIS		10	ns

〈그림 4.22.9〉 VS1033의 내부 기능 블록도

(4) SCI 버스에 의한 제어명령

VS1033은 외부의 마이크로컨트롤러로부터 SPI 직렬통신 포트에 XCS 칩 선택 신호를 사용한 SCI 버스를 통하여 제어명령을 전송받아 동작한다. 모든 제어명령은 16비트 구조인 각 제어 레지스터의 값에 해당한다. 이 제어 레지스터를 액세스하기 위한 SCI 버스 전송 프로토콜은

동작 바이트(1) + 어드레스 바이트(1) + 16비트 제어 레지스터값(2)

의 4바이트 형식으로 구성된다. 여기서, 동작 바이트는 쓰기(write) 동작 명령의 경우 0x02이고, 읽기(read) 동작 명령의 경우 0x03이다. 어드레스 바이트는 제어 레지스터의 번호에 해당하는 1바이트이며, 마지막 2바이트는 제어 레지스터에 쓰기 위한 값 즉 제어명령이다. 그러나, 읽기 동작의 경우에는 마지막 2바이트에 모두 더미 데이터로 0xFF를 전송하고 이때 리턴되는 값을 읽으면 된다.

마이크로컨트롤러가 VS1033에 제어명령을 전송하고 나면 내부에서 이 명령을 수행중인 동안에는 DREQ = 0으로 유지되며, 이 명령의 수행이 종료되고 나면 다시 DREQ = 1로 되므로 새로운 액세스 동작이 가능하다. SCI 버스를 사용한 제어명령 쓰기 및 읽기 동작을 파형으로 보이면 <그림 4.22.10> 및 <그림 4.22.11>과 같다.

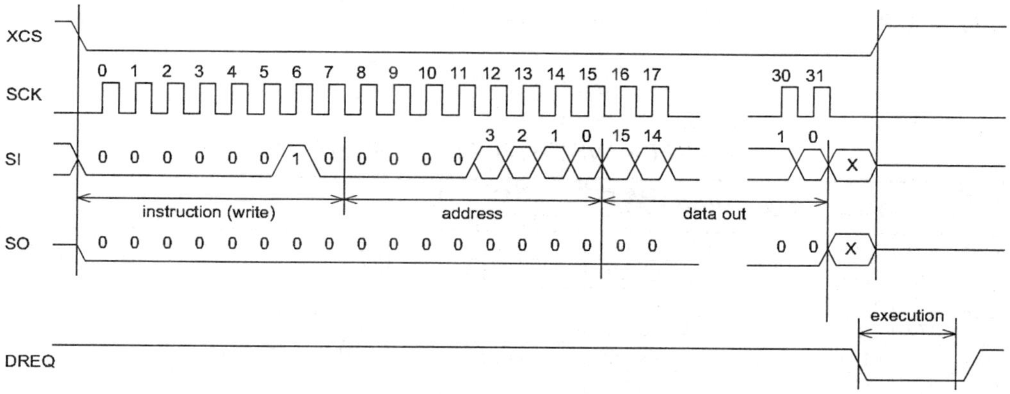

〈그림 4.22.10〉 VS1033의 SCI 쓰기 동작 타이밍

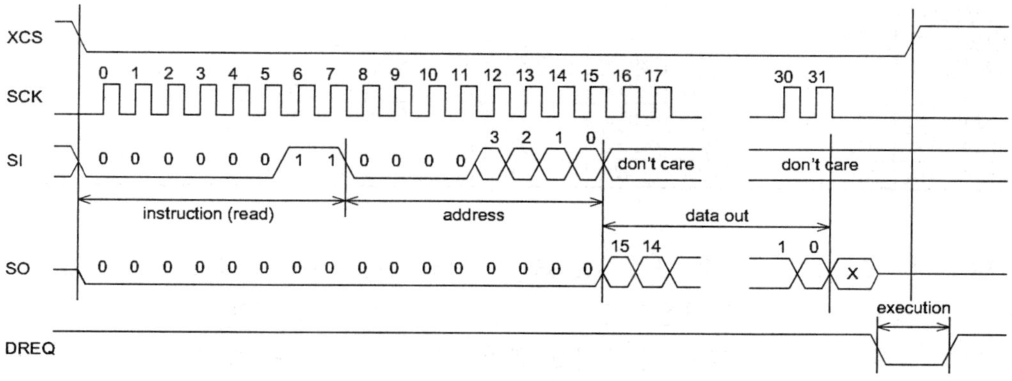

〈그림 4.22.11〉 VS1033의 SCI 읽기 동작 타이밍

먼저 SCI 버스를 사용한 제어명령 쓰기 동작은 칩 선택 신호 XCS를 low 레벨로 하고 나서 SPI 통신으로 4바이트를 전송하며, 마지막 바이트의 전송이 완료되면 XCS 신호를 다시 high 레벨로 되돌린다. 마지막 바이트의 전송이 완료되고 나면 VS1033은 이 제어명령을 수행하기 시작하며 이 동안에 DREQ = 0으로 만드는데, 수행 시간은 <표 4.22.6>에 보인 바와 같이 제어명령의 종류에 따라 다르며 이때는 마이크로컨트롤러가 SCI 버스로 새로운 제어명령이나 SDI 버스로 음악 데이터를 전송하지 말아야 한다.

SCI 버스를 사용한 제어명령 읽기 동작은 칩 선택 신호 XCS를 low 레벨로 하고 나서 SPI 통신으로 동작 바이트, 어드레스 바이트, 2바이트의 0xFF 더미 데이터 등을 차례로 전송하며, 마지막 바이트의 전송이 완료되면 XCS 신호를 다시 high 레벨로 되돌린다. 2바이트의 더미 데이터를 전송하는 동안에 리턴되는 수신값이 지정된 어드레스의 제어 레지스터 값이 된다. 제어명령 읽기 동작이 완료되고 나면 VS1033은 잠시 DREQ = 0으로 떨어지는데, 이 시간은 매우 짧으므로 마이크로컨트롤러 측에서 무시해도 좋다.

<표 4.22.6> VS1033의 제어 레지스터 요약

레지스터 어드레스	레지스터 이름	I/O형	디폴트 값	명령 수행 시간	기 능
0x00	SCI_MODE	R/W	0x0800	70 CLKI	모드 제어 (※ 리셋은 20000 XTALI 소요)
0x01	SCI_STATUS	R/W	0x000C	40 CLKI	VS1033의 상태 표시
0x02	SCI_BASS	R/W	0x0000	2100 CLKI	bass/treble 제어
0x03	SCI_CLOCKF	R/W	0x0000	11000 XTALI	클록 주파수 체배 설정
0x04	SCI_DECODE_TIME	R/W	0x0000	40 CLKI	디코딩 시간을 초단위로 설정
0x05	SCI_AUDATA	R/W	0x0000	3200 CLKI	여러가지 오디오 데이터 설정
0x06	SCI_WRAM	R/W	0x0000	80 CLKI	RAM 리드/라이트
0x07	SCI_WRAMADDR	R/W	0x0000	80 CLKI	RAM 리드/라이트를 위한 베이스 어드레스
0x08	SCI_HDAT0	R	0x0000	-	음악파일의 정보를 가진 헤더 데이터 0
0x09	SCI_HDAT1	R	0x0000	-	음악파일의 정보를 가진 헤더 데이터 1
0x0A	SCI_AIADDR	R/W	0x0000	3200 CLKI	응용 프로그램의 시작 번지
0x0B	SCI_VOL	R/W	0x0000	2100 CLKI	음량 제어
0x0C	SCI_AICTRL0	R/W	0x0000	50 CLKI	응용 제어 레지스터 0
0x0D	SCI_AICTRL1	R/W	0x0000	50 CLKI	응용 제어 레지스터 1
0x0E	SCI_AICTRL2	R/W	0x0000	50 CLKI	응용 제어 레지스터 2
0x0F	SCI_AICTRL3	R/W	0x0000	50 CLKI	응용 제어 레지스터 3

SCI 버스로 액세스할 수 있는 VS1033의 제어 레지스터를 요약하면 <표 4.22.6>과 같다. 이 제어 레지스터를 사용하여 할 수 있는 기능은 VS1033의 동작모드나 내부 기능 설정, 동작 상태나 파일의 헤더 정보 확인, 인코딩된 디지털 데이터 액세스, 사용자 프로그램 업로드 등이다.

■ SCI_MODE 레지스터

이것은 <표 4.22.7>에 나타낸 바와 같이 VS1033의 동작을 제어하는 기능을 설정한다. 디폴트 값은 0x0800으로서 SM_SDINEW = 1로 설정되어 SPI 직렬통신을 사용한 Native Mode로 동작한다.

<표 4.22.7> SCI_MODE 레지스터의 기능

비트	이름	기 능
0	SM_DIFF	좌측 신호 출력을 뒤집어 모노의 경우에는 차동 신호, 스테레오의 경우에는 가상 서라운드를 만든다.
1	SM_LAYER12	MPEG-1/2/2.5에서 Layer-3은 물론이고 MPEG-1/2에서 Layer-1과 Layer-2의 디코딩을 가능하도록 한다.
2	SM_RESET	VS1033을 소프트웨어 리셋시킨다. 리셋 후에 이 비트는 자동으로 0이 되며, 모든 제어 레지스터의 값은 변경되지 않고 유지된다.
3	SM_OUTOFWAV	WAV, WMA, MIDI 파일의 디코딩 기능을 정지시킨다.
4	SM_EARSPEAKER_LO	EarSpeaker 처리 기능을 설정한다. HI:LO 비트의 조합에 따라 3단계(01=minimal, 10=normal, 11=extreme)로 설정할 수 있다.
7	SM_EARSPEAKER_HI	
5	SM_TESTS	SDI 기능을 테스트하는데 사용한다.
6	SM_STREAM	MP3와 WAV 파일에서 스트림 모드로 동작한다. 스트림 모드에서는 데이터가 512바이트의 블록이 아니라 짝수 간격으로 전송된다.
8	SM_DACT	SDI 버스에서 클록 신호의 에지를 지정한다. 0이면 상승 에지로 동작하고, 1이면 하강 에지로 동작한다.
9	SM_SDIORD	SDI 버스에서 전송 비트의 순서를 지정한다. 0이면 MSB부터 전송되고, 1이면 LSB부터 전송된다.
10	SM_SDISHARE	SCI 및 SDI 버스의 칩 선택 신호를 XCS로 공유하여 사용한다.
11	SM_SDINEW	VS1002 이후의 Native Mode로 동작한다.(default로 설정됨)
12	SM_ADPCM	SM_RESET과 함께 이를 1로 설정하면 IMA ADPCM 레코딩 동작을 시작한다. 이때 SM_ADPCM_HP도 1로 하였다면 고역통과 필터가 동작한다.
13	SM_ADPCM_HP	
14	SM_LINE_IN	ADPCM 레코딩을 위한 입력을 선택한다. 0이면 마이크 입력 단자 MICP 및 MICN이 사용되고, 1이면 라인 입력 단자 LINEIN이 사용된다.
15	SM_CLK_RANGE	크리스털의 주파수 범위를 선택한다. 0이면 12~13MHz 범위이고, 1이면 24~26MHz 범위이다.

■ SCI_STATUS 레지스터

이것은 <표 4.22.8>에 나타낸 바와 같이 VS1033의 상태를 제어 또는 표시한다.

<표 4.22.8> SCI_STATUS 레지스터의 기능

비트	이름	기 능
15~7		(사용하지 않음)
6~4	SS_VER	칩의 버전. 000=VS1001, 001=VS1011, 010=VS1002, 011=VS1003, 101=VS1033
3	SS_APDOWN0	아날로그 출력 드라이버 전원 차단을 제어하거나 표시한다.
2	SS_APDOWN1	아날로그 내부 회로 전원 차단을 제어하거나 표시한다.
1~0	SS_AVOL	아날로그 음량을 제어한다. 00=0dB, 01=-6dB, 11=-12dB

▣ SCI_BASS 레지스터

이것은 〈표 4.22.9〉에 나타낸 바와 같이 저음 강조(bass) 및 고음 강조(treble) 기능을 설정하는데 사용된다.

〈표 4.22.9〉 SCI_BASS 레지스터의 기능

비트	이름	기 능
15~12	ST_AMPLITUDE	-8~+7의 범위에서 1.5dB 간격으로 treble 기능을 제어한다. 0으로 설정하면 treble 기능이 해제된다.
11~8	ST_FREQLIMIT	treble 기능의 주파수 하한선을 1~15의 범위에서 1000Hz 단위로 설정한다. 예를 들어 이를 5로 하면 5000Hz 이상을 treble 기능으로 처리한다.
7~4	SB_AMPLITUDE	0~15의 범위에서 1dB 간격으로 bass 기능을 제어한다. 0으로 설정하면 bass 기능이 해제된다.
3~0	SB_FREQLIMIT	bass 기능의 주파수 상한선을 2~15의 범위에서 10Hz 단위로 설정한다. 예를 들어 이를 10으로 하면 100Hz 이하를 bass 기능으로 처리한다.

▣ SCI_CLOCKF 레지스터

이것은 <표 4.22.10>에 나타낸 바와 같이 VS1033의 클록 주파수를 설정하는데 사용된다.

〈표 4.22.10〉 SCI_CLOCKF 레지스터의 기능

비트	이름	기 능
15~13	SC_MULT	12.288MHz의 주파수 XTALI를 체배하여 CLKI 주파수를 만든다. 000 = XTALI×1.0 100 = XTALI×3.0 001 = XTALI×1.5 101 = XTALI×3.5 010 = XTALI×2.0 110 = XTALI×4.0 011 = XTALI×2.5 111 = XTALI×4.5
12~11	SC_ADD	WMA 스트림을 디코딩할 때 SC_MULT로 체배하는 비율에 내부 디코더 펌웨어가 일시적으로 더하는 숫자이다. 00 = 0, 01 = 0.5, 10 = 1.0, 11 = 1.5
10~0	SC_FREQ	XTALI로서 12.288MHz 이외의 크리스털이 사용되었을 경우 이를 4kHz 간격으로 보정하기 위한 값을 설정한다.

▣ SCI_DECODE_TIME 레지스터

음악 파일을 디코딩할 때 현재 디코딩된 시간을 초단위로 나타낸다.

▣ SCI_AUDATA 레지스터

음악 파일을 디코딩할 때 현재의 샘플링 레이트와 채널 수를 표시한다. 샘플링 레이트는 2로 나누어진 값이 비트15~1에 저장되며, 비트0이 0이면 모노(mono)를 나타내

고 1이면 스테레오(stereo)를 나타낸다.

▣ SCI_WRAM 레지스터

VS1033의 내부 RAM에 사용자 응용 프로그램과 데이터를 업로드하는데 사용한다. 사용자 프로그램의 명령은 32비트로 구성되므로 big-endian 방식으로 2차례 연속하여 라이트/리드하며, 1개의 명령에 대한 액세스가 완료되면 내부에서 어드레스 포인터가 자동으로 1만큼 증가한다. 이를 처음 사용하기 전에 먼저 SCI_WRAMADDR 레지스터에 시작번지를 지정해야 한다.

▣ SCI_WRAMADDR 레지스터

SCI_WRAM 레지스터를 사용하여 VS1033의 프로그램 또는 데이터 메모리를 액세스하기 위하여 시작번지를 지정한다.

▣ SCI_HDAT0 및 SCI_HDAT1 레지스터

음악 파일의 헤더 정보를 나타낸다. MP3 파일의 경우 이 레지스터의 내용은 <표 4.22.2>와 <표 4.22.3>에 나타낸 바와 같다. 즉, <표 4.22.2>에서 보였던 32비트 헤더 정보 중에서 상위 16비트인 A~D는 SCI_HDAT1 레지스터에 저장되고, 하위 16비트인 E~N은 SCI_HDAT0 레지스터에 저장된다.

▣ SCI_AIADDR 레지스터

SCI_WRAMADDR 레지스터와 SCI_WRAM 레지스터를 사용하여 라이트한 응용 프로그램 코드의 시작번지를 지정한다.

▣ SCI_VOL 레지스터

아날로그 출력 신호의 음량(volume)을 설정한다. 이 레지스터의 상위 바이트는 좌측 채널에 대한 음량을 나타내고, 하위 바이트는 우측 채널에 대한 음량을 나타낸다. 각 채널의 음량 값은 0(0x00)~244(0xFE)의 범위에서 설정하며, 0일 때의 음량이 가장 크고 숫자가 증가할수록 음량은 작아진다. 설정하는 숫자가 1씩 증가함에 따라 각 음량의 값은 최대값에 대하여 0.5dB 간격으로 감쇄하는 결과가 된다.

만약 이 레지스터에 0xFFFF의 값을 라이트하면 VS1033은 아날로그 파워다운 모드로 설정된다.

■ SCI_AICTRL0/1/2/3 레지스터

이 제어 레지스터들은 사용자 응용 프로그램을 액세스하는데 사용된다.

(5) VS1033을 사용할 때 기타 유의할 사항

VS1033에서는 DREQ 신호가 SDI 동작과 SCI 동작에서 기능을 공유하고 있으므로 사용에 주의가 필요하다. VS1033의 수신 버퍼인 2048바이트의 FIFO가 데이터를 수신할 준비가 되어 있으면 DREQ = 1로 되는데, 이때는 적어도 32바이트의 SDI 데이터나 1개의 SCI 커맨드를 전송할 수 있다. 내부에 32바이트의 안전 영역을 가지고 있으므로 일단 DREQ = 1이 확인되었으면 더 이상 DREQ 신호의 상태를 확인할 필요 없이 무조건 32바이트의 SDI 데이터를 연속으로 전송할 수 있으며, 이러한 동작은 속도가 느린 마이크로컨트롤러를 사용하더라도 VS1033을 제어하는 것을 가능하게 한다. 따라서, 이와 같이 프로그램을 처리하면 웬만한 8비트 마이크로컨트롤러를 사용하더라도 않더라도 비트 레이트가 높은 음악파일을 충분히 재생할 수 있다.

또한, DREQ 신호는 현재 VS1033이 제어 명령을 실행하고 있는 중인지를 표시하는 용도로 사용된다. VS1033이 현재 임의의 SCI 커맨드를 실행중일 때는 DREQ = 0으로 된다. 따라서, DREQ = 1일 때 SCI 커맨드를 전송하여 DREQ = 0으로 되었다면 이 제어 명령의 실행이 완료되어 다시 DREQ = 1이 되기까지는 다음 SCI 커맨드를 전송하지 말고 기다려야 한다. 각 제어 명령의 실행시간은 명령의 종류에 따라 다르며 <표 4.22.6>에 보였다.

그런데, 때로는 DREQ = 0일 때 SCI 커맨드를 전송해야 하는 상황을 만날 수 있다. 이때 DREQ가 0인 상태는 VS1033이 SCI 커맨드의 실행중임을 나타내는 것인지 또는 SDI 데이터를 수신할 수 없는 상태를 나타내는 것인지를 구분할 수 없으므로, 이런 경우에는 현재 VS1033이 어떤 SCI 커맨드를 실행중이라고 가정하고 제어 명령의 최대 실행시간만큼 기다린 후에 다음 SCI 커맨드를 전송하는 것이 좋은 해결 방법이다. 제어 명령의 최대 실행시간은 SCI_AUDATA 및 SCI_AIADDR의 3200 CLKI이므로 만약 12.288MHz를 4.5체배하여 사용한다면 약 58μs 정도이며, 이들 명령을 사용하지 않는다면 그밖에 가장 실행시간이 긴 명령은 SCI_BASS 및 SCI_VOL의 2100 CLKI이므로 약 38μs 정도이다.

VS1033이 디코딩할 데이터가 더 이상 없으면 SCI_HDAT1 및 SCI_HDAT0 레지스터가 0으로 되면서 아날로그 출력은 나오지 않게 된다. 만약 VS1033에 디코딩할 데이터가 입력되지 않으면 VS1033은 아이들 모드(idle mode)로 들어가며, 이때는 정상 동작의 경우에 비하여 소비전력이 크게 낮아진다.

만약 WAV, WMA, MIDI 파일의 디코딩을 도중에 중단하려면 SCI_MODE 레지스터에서 SM_OUTOFWAV = 1로 설정하고 이 비트가 다시 0으로 되며 SCI_HDAT1 레지스터가 클리어될 때까지 DREQ 신호를 체크하면서 데이터를 전송해야 한다. 이 경우 WMA와 MIDI 파일이라면 음악 데이터를 계속 보내면 되고, WAV 파일이라면 0을 보내면 되며, 3초 정도의 시간제한을 두는 것이 좋다. MP3 파일은 이런 과정을 거치지 않고 연주를 중단해도 무방하다.

VS1033은 MP3, AAC, WMA, WAV, MIDI 음악 파일을 모두 디코딩하여 재생할 수 있으므로 이들 여러 종류의 파일이 서로 교대로 번갈아 연주될 수 있다. 그러나, 그럴 경우에는 종종 음악파일 포맷 인식에 문제가 발생하여 음악의 재생이 정상적으로 수행되지 않거나 VS1033의 동작이 멈출 수 있는데, 이런 경우에는 하나의 음악이 끝난 후 마지막에 2052바이트의 0을 SDI 데이터로 전송하면 된다. 그러나, 이 문제를 근본적으로 해결하기 위해서는 음악파일이 바뀔 때마다 VS1033의 소프트웨어 리셋을 수행하는 것이 더 권장할만한 방법이다. 이때는 소프트웨어 리셋을 수행하기 전에 먼저 2048바이트의 FIFO에 저장되어 있는 데이터의 디코딩이 완료되어 SCI_HDAT1 및 SCI_HDAT0 레지스터가 0으로 되는 것을 확인해야 한다.

VS1033의 소프트웨어 리셋은 SCI_MODE 레지스터에서 SM_RESET = 1로 설정하는 것으로 수행된다. 소프트웨어 리셋을 수행하고 나면 최소 2μs 이상을 기다린 후에 DREQ 신호를 체크해야 한다. 소프트웨어 리셋을 수행할 때 DREQ 신호는 최소 20000 XTALI의 시간동안 0으로 유지되는데 12.288MHz의 크리스털을 사용하는 경우 이를 시간으로 환산하면 약 1.6ms에 해당하는 시간이다. DREQ 신호가 다시 1로 되면 정상적으로 다음 곡의 음악 연주를 계속하면 된다. 그러나, 이처럼 VS1033의 소프트웨어 리셋을 수행하더라도 모든 제어 레지스터는 리셋 전의 값을 그대로 유지하므로 VS1033을 다시 초기화할 필요는 없다.

3. MP3 플레이어 프로그램

이제 *OK-X128A1* 키트에 내장된 회로와 VS1033을 사용하여 기본적인 MP3 플레이어 프로그램을 작성하여 보기로 한다.

ATxmega128A1 마이크로컨트롤러가 VS1033을 액세스하는데 관련되는 모든 기본 함수들은 다음과 같이 VS1033.h 헤더 파일에 만들어 두었으므로 MP3 플레이어 프로그램에서는 항상 이를 인클루드하여 사용하면 된다. 또한 SD 카드를 액세스하는데 필요한 SD_card.h 헤더 파일과 FAT32 파일 구조에 관련된 SD_FAT32.h 헤더 파일은 앞의 제4.21절에서 설명한 바와 같다.

〈헤더 파일 VS1033.h〉 VS1033을 액세스하기 위한 헤더 파일

```
/* ========================================================================== */
/*              VS1033.h : VS1033 Access Header File                          */
/* ========================================================================== */
/*                       Designed and programmed by Duck-Yong Yoon in 2010.   */

void Initialize_VS1033(void);                   // initialize VS1033
void VS1033_SCI_Write(U08 address, U16 data);   // write VS1033 control register
unsigned int VS1033_SCI_Read(U08 address);      // read VS1033 control register
void VS1033_SCI_Read_Hexadecimal(U08 address);  // read and display VS1033 control register
void VS1033_software_reset(void);               // VS1033 software reset to change music file
void VS1033_SetVolume(U16 volume);              // set volume to 5~250(range : 0~254)
void VS1033_SetBassTreble(U16 bass, S16 treble);// set bass(0~15) and treble(-8 ~ +7)

/* -------------------------------------------------------------------------- */

#define VS1033_RESET    0x20                    // VS1033 control signal
#define VS1033_CS       0x04
#define VS1033_DCS      0x02
//#define VS1033_DREQ   0x01                    // VS1033_DREQ signal
#define VS1033_DREQ_CHK ((PORTE_IN & 0x01) == 0x01)     // check VS1033 DREQ signal

unsigned int volume;                            // volume value 5 ~ 250(range : 0~254)
unsigned int bass;                              // bass value 0 ~ 15
signed int treble;                              // treble value -8 ~ +7

/* -------------------------------------------------------------------------- */

void Initialize_VS1033(void)                    /* initialize VS1033 */
{
  PORTD_DIR = 0xAB;                             // -VS1033_RESET = 1
  PORTD_OUT = 0xA8;

  PORTE_DIR = 0xBE;                             // -VS1033_DCS = -VS1033_CS = 1
  PORTE_OUT = 0xBE;

  PORTD_OUTCLR = VS1033_RESET;                  // reset VS1033
  Delay_us(1);
  PORTD_OUTSET = VS1033_RESET;
  Delay_ms(10);

  TFT_string(0,27,Green,  Black,"******************************");
  TFT_string(0,29,Magenta,Black,"        VS1033 초기화         ");
  TFT_string(0,31,Green,  Black,"******************************");
  TFT_string(0,34,Green,  Black,"                              ");
  TFT_string(0,36,Green,  Black,"                              ");
  TFT_string(0,38,Green,  Black,"                              ");

  SPIE_Mode0_250kHz();                          // must use below 12.288MHz / 7

  TFT_string(5,34,Cyan,Black,"VS1033 addr 0 : "); // read address 0(result = 0x0800)

  VS1033_SCI_Read_Hexadecimal(0x00);

  VS1033_SCI_Write(0x03, 0xE000);               // multiply 4.5 to XTALI

  TFT_string(5,37,Cyan,Black,"VS1033 addr 3 : "); // read address 3(result = 0xE000)
  VS1033_SCI_Read_Hexadecimal(0x03);

  SPIE_Mode0_8MHz();                            // must use below 12.288MHz x 4.5 / 7
}

void VS1033_SCI_Write(U08 address, U16 data)    /* write VS1033 control register */
{
```

```
  PORTE_OUTCLR = VS1033_CS;                     // -VS1033_CS = 0

  SPIE_write(0x02);                             // write instruction
  SPIE_write(address);                          // write address
  SPIE_write(data >> 8);                        // write control register
  SPIE_write(data);

  PORTE_OUTSET = VS1033_CS;                     // -VS1033_CS = 1
}

unsigned int VS1033_SCI_Read(U08 address)       /* read VS1033 control register */
{
  unsigned int HB, LB;

  PORTE_OUTCLR = VS1033_CS;                     // -VS1033_CS = 0

  SPIE_write(0x03);                             // read instruction
  SPIE_write(address);                          // write address
  HB = SPIE_write(0xFF);                        // read control regitser
  LB = SPIE_write(0xFF);

  PORTE_OUTSET = VS1033_CS;                     // -VS1033_CS = 1

  return (HB << 8) + LB;                        // return control register
}

void VS1033_SCI_Read_Hexadecimal(U08 address)   /* read and display VS1033 control register */
{
  PORTE_OUTCLR = VS1033_CS;                     // -VS1033_CS = 0

  SPIE_write(0x03);                             // read instruction
  SPIE_write(address);                          // write address
  TFT_hexadecimal(SPIE_write(0xFF),2);          // read control regitser
  TFT_hexadecimal(SPIE_write(0xFF),2);

  PORTE_OUTSET = VS1033_CS;                     // -VS1033_CS = 1
}

/* ------------------------------------------------------------------------------ */

void VS1033_software_reset(void)                /* VS1033 software reset to change music file */
{
  unsigned int command;

  command = 0xFFFF;                             // wait until HDAT1 =  HDAT0 = 0x0000
  while(command == 0x0000)
    { command = VS1033_SCI_Read(0x09);
      command |= VS1033_SCI_Read(0x08);
    }

  command = VS1033_SCI_Read(0x00);              // software reset
  VS1033_SCI_Write(0x00, command | 0x0004);
  Delay_ms(2);
}

void VS1033_SetVolume(U16 volume)               /* set volume(5~250) */
{
  unsigned int value;

  if(volume > 250) volume = 250;                // limit max volume
  if(volume < 5)   volume = 5;                  // limit min volume

  value = (254 - volume);

  VS1033_SCI_Write(0x0B, (value << 8) | value); // set left and right volume
}

void VS1033_SetBassTreble(U16 bass, S16 treble) /* set bass(0~15) and treble(-8 ~ +7) */
{
  unsigned int value;
```

```
  value = 0x050A;                               // treble limit = 5kHz, bass limit = 100Hz
  value = value + ((treble << 12) & 0xF000);    // treble = -8 ~ +7
  value = value + ((bass << 4) & 0x00F0);       // bass = 0 ~ 15

  VS1033_SCI_Write(0x02, value);                // set bass and treble
}
```

(1) MP3 플레이어 프로그램(1) - 키입력 사용

먼저 *OK-X128A1* 키트의 SD 카드에 저장된 MP3 음악 파일을 자동으로 읽어서 연주하는 MP3 플레이어 프로그램을 작성하여 보면 다음과 같다.

이 프로그램에서는 *OK-X128A1* 키트의 4개 키 KEY1~KEY4로 MP3 플레이어의 모든 기능을 조작하는데, 먼저 KEY4는 연주 또는 정지를 지시하는 기능을 갖는다. 즉, 한번 KEY4를 누르면 SD 카드의 모든 MP3 파일을 차례로 반복하여 재생하며, 다시 한번 KEY4를 누르면 연주가 정지되고, 또 다시 KEY4를 누르면 다시 연주가 재개된다.

또한, KEY3은 기능 선택 키로서 KEY1과 KEY2로 수행할 수 있는 기능을 선택한다. 즉, KEY3을 차례로 누르면 음악 선택, 음량 설정 변경(volume), 저음 강조 변경(bass), 고음 강조 변경(treble) 기능이 차례로 선택되며, 이렇게 KEY3으로 선택된 기능은 TFT-LCD 화면에서 >> 기호로 표시된다.

KEY1은 감소(decrement) 키로 사용되고 KEY2는 증가(increment) 키로 사용된다. 즉, KEY3을 사용하여 기능이 음악 선택 모드로 설정된 경우에는 KEY1을 누르면 MP3 파일의 번호가 감소하여 이전(previous) 파일로 돌아가고, KEY2를 누르면 MP3 파일의 번호가 증가하여 다음(next) 파일로 진행한다. 또한, KEY3을 사용하여 기능이 저음 강조 변경 모드로 설정된 경우에는 KEY1과 KEY2가 0~15 범위의 설정값을 각각 감소 및 증가시키는 기능을 수행한다. 마찬가지로 KEY3을 사용하여 기능이 고음 강조 변경 모드로 설정된 경우에는 KEY1과 KEY2가 -8~+7 범위의 설정값을 각각 감소 및 증가시키는 기능을 수행한다.

이 프로그램에서는 SD 카드의 파일을 읽으면서 현재의 파일이 MP3 형식의 음악 파일인지 여부를 확인하며, 만약 MP3 파일이 아닌 파일이 검출되면 이를 그냥 건너뛰어 다음 파일로 진행한다.

〈프로그램 Exp22_1.c〉 키로 조작하는 MP3 플레이어 프로그램

```
/* ========================================================================== */
/*                   Exp22_1.c : VS1033을 이용한 MP3 플레이어                    */
```

```
/* ========================================================================== */
/*                        Designed and programmed by Duck-Yong Yoon in 2010.  */

#include <avr/io.h>
#include "OK-X128A1.h"
#include "SD_card.h"
#include "SD_FAT32.h"
#include "VS1033.h"

void TFT_filename(U08 file_number);               // display MP3 file name, number, size
void TFT_volume(void);                            // display volume
void TFT_bass(void);                              // display bass
void TFT_treble(void);                            // display treble
void Check_valid_increment_file(void);            // check if valid file for increment
void Check_valid_decrement_file(void);            // check if valid file for decrement

unsigned char total_file;                         // total file number
unsigned char file_number = 0;                    // current file number

/* -------------------------------------------------------------------------- */

int main(void)
{
  unsigned char i;
  unsigned char func_mode = 0;                    // function key mode
  unsigned char play_flag = 0;                    // play or stop flag
  unsigned int  index = 512;                      // byte index in a sector
  unsigned int  loop = 0;                         // MP3 play loop counter
  unsigned long percentage;                       // play percentage

  unsigned long MP3_start_sector[MAX_FILE];       // MP3 file start sector
  unsigned long MP3_start_backup[MAX_FILE];
  unsigned char MP3buffer[512];                   // MP3 data from SD card
  unsigned long MP3_end_sector;                   // MP3 file end sector

  Initialize_MCU();                               // initialize ATxmega128A1 MCU
  Delay_ms(200);
  Initialize_TFT_LCD();                           // initialize TFT-LCD
  Initialize_SD();                                // initialize SD card
  Initialize_FAT32();                             // initialize FAT32 file system
  Beep();
  Delay_ms(1000);
  Initialize_VS1033();                            // initialize VS1033
  Delay_ms(1000);

  volume = 200;                                   // initial volume = 200
  VS1033_SetVolume(volume);
  Delay_ms(1);
  bass = 0;                                       // initial bass and treble = 0
  treble = 0;
  VS1033_SetBassTreble(bass,treble);

  TFT_clear_screen();                             // display basic screen
  TFT_string(0, 1,White,Magenta," OK-X128A1 키트  MP3 플레이어 ");
  TFT_string(0, 3,Green,  Black,"******************************");
  TFT_string(0, 6,Magenta,Black,">>");
  TFT_string(0,14,Cyan,   Black,"------------------------------");
  TFT_string(0,16,Cyan,   Black,"    파일 번호 : 000/000       ");
  TFT_string(0,18,Cyan,   Black,"    파일 용량 : 00000KB       ");
  TFT_string(0,20,Cyan,   Black,"    연주 진행 : 000%          ");
  TFT_string(0,22,Cyan,   Black,"------------------------------");
  TFT_string(0,24,Green,  Black,"   음량(Vol) :000%(000/250)   ");
  TFT_string(0,27,Green,  Black,"   저음(Bas) : 00 (00 ~ 15)   ");
  TFT_string(0,30,Green,  Black,"   고음(Tre) : 00 (-8 ~ +7)   ");
  TFT_string(0,32,Green,  Black,"------------------------------");
  TFT_string(0,35,Cyan,   Black,"      설계/제작 : 윤덕용      ");
  TFT_string(0,37,Magenta,Black,"  (http://cpu.kongju.ac.kr/)  ");

  TFT_volume();                                   // display initial play value
  TFT_bass();
  TFT_treble();
```

```
total_file = fatGetDirEntry(FirstDirCluster); // get total file number

for(i = 0; i < total_file; i++)                // get start address of all files
  { MP3_start_sector[i] = fatClustToSect(file_start_cluster[i]);
    MP3_start_backup[i] = MP3_start_sector[i];
  }

TFT_xy(21,16);                                 // display total file number
TFT_color(Cyan,Black);
TFT_unsigned_decimal(total_file,1,3);
file_number = 0;                               // display first file name
TFT_filename(file_number);
Check_valid_increment_file();

MP3_end_sector = (file_size[file_number] >> 9) + MP3_start_sector[file_number];

while(1)
  { while(VS1033_DREQ_CHK && (play_flag == 1)) // if VS1033 request MP3 data
      { if(index == 512)
          { if(MP3_end_sector == MP3_start_sector[file_number])
              { if(file_number != (total_file - 1))
                  file_number++;
                else if(file_number == (total_file - 1))
                  file_number = 0;

                TFT_filename(file_number);
                Check_valid_increment_file();

                MP3_start_sector[file_number] = MP3_start_backup[file_number];
                MP3_end_sector = (file_size[file_number] >> 9) + MP3_start_sector[file_number];
              }
            index = 0;
            SD_read_sector(MP3_start_sector[file_number]++, MP3buffer);
          }
        PORTE_OUTCLR = VS1033_DCS;              // -VS1033_DCS = 0
        SPIE_write(MP3buffer[index++]);         // write a byte of MP3 data to VS1033
        PORTE_OUTSET = VS1033_DCS;              // -VS1033_DCS = 1
      }

    loop++;                                     // display play percentage
    if((loop == 500) && (play_flag == 1))
      { loop = 0;
        percentage = MP3_end_sector - MP3_start_sector[file_number];
        percentage = (float)percentage / (float)(file_size[file_number] >> 9) * 100.;
        percentage = 100 - percentage;

        TFT_xy(17,20);
        TFT_color(White, Black);
        TFT_unsigned_decimal(percentage,0,3);
      }

    switch(Key_input())                         // key input
      { case KEY4: play_flag ^= 0x01;           // toggle play or stop
                   break;

        case KEY3: if(func_mode == 0)           // select function
                     { func_mode = 1;
                       TFT_string(0, 6,Magenta,Black,"  ");
                       TFT_string(0,24,Magenta,Black,">>");
                     }
                   else if(func_mode == 1)
                     { func_mode = 2;
                       TFT_string(0,24,Magenta,Black,"  ");
                       TFT_string(0,27,Magenta,Black,">>");
                     }
                   else if(func_mode == 2)
                     { func_mode = 3;
                       TFT_string(0,27,Magenta,Black,"  ");
                       TFT_string(0,30,Magenta,Black,">>");
                     }
                   else
                     { func_mode = 0;
```

```
            TFT_string(0,30,Magenta,Black,"  ");
            TFT_string(0, 6,Magenta,Black,">>");
          }
        break;

case KEY1: if(func_mode == 0)          // if func_mode == 0, select previous music
             { if(file_number != 0)
                 file_number--;
               else
                 file_number = total_file - 1;

               TFT_filename(file_number);
               Check_valid_decrement_file();

               MP3_start_sector[file_number] = MP3_start_backup[file_number];
               MP3_end_sector = (file_size[file_number] >> 9) + MP3_start_sector[file_number];
               index = 512;
             }
           else if(func_mode == 1)     // if func_mode == 1, set volume for decrement
             { if(volume > 5)
                 { volume--;
                   VS1033_SetVolume(volume);
                   TFT_volume();
                 }
             }
           else if(func_mode == 2)     // if func_mode == 2, set bass for decrement
             { if(bass != 0)
                 { bass--;
                   VS1033_SetBassTreble(bass, treble);
                   TFT_bass();
                 }
             }
           else                        // if func_mode == 3, set treble for decrement
             { if(treble > -8)
                 { treble--;
                   VS1033_SetBassTreble(bass, treble);
                   TFT_treble();
                 }
             }
           break;

case KEY2: if(func_mode == 0)          // if func_mode == 0, select next music
             { if(file_number != (total_file - 1))
                 file_number++;
               else
                 file_number = 0;

               TFT_filename(file_number);
               Check_valid_increment_file();

               MP3_start_sector[file_number] = MP3_start_backup[file_number];
               MP3_end_sector = (file_size[file_number] >> 9) + MP3_start_sector[file_number];
               index = 512;
             }
           else if(func_mode == 1)     // if func_mode == 1, set volume for increment
             { if(volume < 250)
                 { volume++;
                   VS1033_SetVolume(volume);
                   TFT_volume();
                 }
             }
           else if(func_mode == 2)     // if func_mode == 2, set bass for increment
             { if(bass < 15)
                 { bass++;
                   VS1033_SetBassTreble(bass, treble);
                   TFT_bass();
                 }
             }
           else                        // if func_mode == 3, set treble for increment
             { if(treble < +7)
                 { treble++;
                   VS1033_SetBassTreble(bass, treble);
```

```
                          TFT_treble();
                        }
                    }
                  break;

            default:   break;
          }
      }
}

/* ---------------------------------------------------------------------------- */

void TFT_filename(U08 file_number)              /* display MP3 file name, number, size */
{
  unsigned char file_flag;
  unsigned int  file_KB;

  TFT_string(3, 6, Red,Black,   "                                   ");
  TFT_string(0, 8, Red,Black, "                                     ");
  TFT_string(0,10, Red,Black, "                                     ");
  TFT_string(0,12, Red,Black, "                                     ");

  file_flag = Get_long_filename(file_number);   // check file name

  if(file_flag == 0)                            // short file name(8.3 format)
    TFT_short_filename(3,6,White,Black);
  else if(file_flag == 1)                       // long file name
    TFT_long_filename(3,6,White,Black);
  else if(file_flag == 2)                       // file name is longer than 195 characters
    TFT_string(3,6,Red,Black,"* 파일명 길이 초과 *");
  else                                          // file name error
    TFT_string(3,6,Red,Black,"*** 파일명 오류 ***");

  file_KB = file_size[file_number]/1024;        // calculate file size in KB
  if((file_size[file_number] % 1024) != 0)
    file_KB++;

  if(file_flag != 3)
    { TFT_xy(17,16);                            // file number
      TFT_color(Magenta,Black);
      TFT_unsigned_decimal(file_number + 1,1,3);
      TFT_xy(17,18);                            // file size
      TFT_color(White, Black);
      TFT_unsigned_decimal(file_KB,0,5);
    }

  TFT_xy(17,20);                                // display percentage = 0
  TFT_color(White,Black);
  TFT_unsigned_decimal(0,0,3);
}

void TFT_volume(void)                           /* display volume */
{
  TFT_color(Magenta,Black);
  TFT_xy(14,24);
  TFT_unsigned_decimal(volume*100/250, 0, 3);
  TFT_xy(19,24);
  TFT_unsigned_decimal(volume, 1, 3);
}

void TFT_bass(void)                             /* display bass */
{
  TFT_color(Magenta,Black);
  TFT_xy(15,27);
  TFT_unsigned_decimal(bass, 1, 2);
}

void TFT_treble(void)                           /* display treble */
{
  TFT_color(Magenta,Black);
  TFT_xy(15,30);
  TFT_signed_decimal(treble, 0, 1);
```

```
}

void Check_valid_increment_file(void)          /* check if valid file for increment */
{
  unsigned char file_OK_flag;

  file_OK_flag = 0;
  do{ if(extension != 0x004D5033)             // if not MP3 file, skip
        { if(file_number != (total_file - 1))
            file_number++;
          else
            file_number = 0;
          TFT_filename(file_number);
        }
      else
        file_OK_flag = 1;
    } while(file_OK_flag == 0);
}

void Check_valid_decrement_file(void)          /* check if valid file for decrement */
{
  unsigned char file_OK_flag;

  file_OK_flag = 0;
  do{ if(extension != 0x004D5033)             // if not MP3 file, skip
        { if(file_number != 0)
            file_number--;
          else
            file_number = total_file - 1;
          TFT_filename(file_number);
        }
      else
        file_OK_flag = 1;
    } while(file_OK_flag == 0);
}
```

☞ 이 프로그램에서는 MP3 파일명에 영문은 물론 한글 문자를 사용할 수 있으며, 파일명과 확장자를 합하여 영문이든 한글이든 무조건 195자 이내에서만 사용해야 한다. 그러나, TFT-LCD 화면에서는 여러 가지 정보를 디스플레이하기 위하여 파일명을 표시할 수 있는 공간이 4행으로 제한되므로 최대 52문자까지만 표시하도록 하였다.

여기서 SD 카드는 64MB~32GB 범위의 용량을 모두 사용할 수 있으며 반드시 FAT32 형식으로 포맷되어야 한다. 이 프로그램에서는 SD 카드에 기본적으로 최대 200개까지의 음악 파일을 저장하여 사용해야 하지만, 만약 ATxmega128A1의 내부 SRAM 용량이 허용한다면 SD_FAT32.h 파일에서 MAX_FILE의 상수값을 수정하여 이를 더 크게 늘릴 수도 있다.

(2) MP3 플레이어 프로그램(2) - 프레임 헤더 정보 표시

이번에는 앞의 예제 프로그램에 MP3 파일의 프레임 헤더 정보를 볼 수 있는 기능을 추가하여 보기로 한다. MP3 파일의 프레임 헤더에서 MPEG 버전, Layer 번호, 비트 레이트, 샘플링 레이트 등을 추출하여 화면에 실시간으로 출력하여 보면 MP3 음악 파일의 특징을 좀더 쉽게 이해할 수 있다.

다음은 앞의 Exp22_1.c의 예제 프로그램을 수정하여 MP3 파일의 프레임 헤더로부터 MPEG 버전, Layer 번호, 비트 레이트, 샘플링 레이트 정보를 실시간으로 추출하여 화면에 표시하도록 한 프로그램이다. 이러한 정보는 MP3 음악 파일에서 직접 추출할 수도 있지만, 여기서는 VS1033의 제어 레지스터 SCI_HDAT1, SCI_HDAT0을 읽어서 확인하는 방법을 사용하였다.

〈프로그램 Exp22_2.c〉 프레임 헤더 정보를 표시하는 MP3 플레이어 프로그램

```
/* ========================================================================== */
/*          Exp22_2.c : VS1033을 이용한 MP3 플레이어(프레임 헤더 정보 표시)      */
/* ========================================================================== */
/*                        Designed and programmed by Duck-Yong Yoon in 2010.  */

#include <avr/io.h>
#include "OK-X128A1.h"
#include "SD_card.h"
#include "SD_FAT32.h"
#include "VS1033.h"

void TFT_filename(U08 file_number);              // display MP3 file name, number, size
void TFT_volume(void);                           // display volume
void TFT_bass(void);                             // display bass
void TFT_treble(void);                           // display treble
void Check_valid_increment_file(void);           // check if valid file for increment
void Check_valid_decrement_file(void);           // check if valid file for decrement
void TFT_MP3_frame(U16 highbyte,U16 lowbyte);    // display MP3 file frame header information

unsigned char total_file;                        // total file number
unsigned char file_number = 0;                   // current file number

/* -------------------------------------------------------------------------- */

int main(void)
{
  unsigned char i;
  unsigned char func_mode = 0;                   // function key mode
  unsigned char play_flag = 0;                   // play or stop flag
  unsigned int  index = 512;                     // byte index in a sector
  unsigned int  loop = 0;                        // MP3 play loop counter
  unsigned long percentage;                      // play percentage

  unsigned long MP3_start_sector[MAX_FILE];      // MP3 file start sector
  unsigned long MP3_start_backup[MAX_FILE];
  unsigned char MP3buffer[512];                  // MP3 data from SD card
  unsigned long MP3_end_sector;                  // MP3 file end sector

  unsigned int  HDAT1, HDAT0;                    // MP3 file frame header information data

  Initialize_MCU();                              // initialize ATxmega128A1 MCU
  Delay_ms(200);
  Initialize_TFT_LCD();                          // initialize TFT-LCD
  Initialize_SD();                               // initialize SD card
  Initialize_FAT32();                            // initialize FAT32 file system
  Beep();
  Delay_ms(1000);
  Initialize_VS1033();                           // initialize VS1033
  Delay_ms(1000);

  volume = 200;                                  // initial volume = 200
  VS1033_SetVolume(volume);
  Delay_ms(1);
  bass = 0;                                      // initial bass and treble = 0
  treble = 0;
  VS1033_SetBassTreble(bass,treble);

  TFT_clear_screen();                            // display basic screen
  TFT_string(0, 1,White,Magenta," OK-X128A1 키트  MP3 플레이어 ");
```

```
TFT_string(0, 3,Green,   Black,"******************************");
TFT_string(0, 6,Magenta,Black,">>");
TFT_string(0,14,Cyan,    Black,"------------------------------");
TFT_string(0,16,Cyan,    Black,"     파일 번호 : 000/000      ");
TFT_string(0,18,Cyan,    Black,"     파일 용량 : 00000KB      ");
TFT_string(0,20,Cyan,    Black,"     연주 진행 : 000%         ");
TFT_string(0,22,Cyan,    Black,"------------------------------");
TFT_string(0,24,Green,   Black,"  음량(Vol) :000%(000/250)   ");
TFT_string(0,27,Green,   Black,"  저음(Bas) : 00 (00 ~ 15)   ");
TFT_string(0,30,Green,   Black,"  고음(Tre) : 00 (-8 ~ +7)   ");
TFT_string(0,32,Green,   Black,"------------------------------");
TFT_string(0,35,Cyan,    Black,"      MPEG-0.0 Layer-0        ");
TFT_string(0,37,Magenta,Black,"      000kbps  00000Hz        ");

TFT_volume();                                  // display initial play value
TFT_bass();
TFT_treble();

total_file = fatGetDirEntry(FirstDirCluster); // get total file number

for(i = 0; i < total_file; i++)               // get start address of all files
  { MP3_start_sector[i] = fatClustToSect(file_start_cluster[i]);
    MP3_start_backup[i] = MP3_start_sector[i];
  }

TFT_xy(21,16);                                 // display total file number
TFT_color(Cyan,Black);
TFT_unsigned_decimal(total_file,1,3);
file_number = 0;                               // display first file name
TFT_filename(file_number);
Check_valid_increment_file();

MP3_end_sector = (file_size[file_number] >> 9) + MP3_start_sector[file_number];

while(1)
  { while(VS1033_DREQ_CHK && (play_flag == 1)) // if VS1033 request MP3 data
      { if(index == 512)
          { if(MP3_end_sector == MP3_start_sector[file_number])
              { if(file_number != (total_file - 1))
                  file_number++;
                else if(file_number == (total_file - 1))
                  file_number = 0;

                TFT_filename(file_number);
                Check_valid_increment_file();

                MP3_start_sector[file_number] = MP3_start_backup[file_number];
                MP3_end_sector = (file_size[file_number] >> 9) + MP3_start_sector[file_number];
              }
            index = 0;
            SD_read_sector(MP3_start_sector[file_number]++, MP3buffer);
          }
        PORTE_OUTCLR = VS1033_DCS;             // -VS1033_DCS = 0
        SPIE_write(MP3buffer[index++]);        // write a byte of MP3 data to VS1033
        PORTE_OUTSET = VS1033_DCS;             // -VS1033_DCS = 1
      }

    loop++;                                    // display frame header or play percentage
    if((loop == 250) && (play_flag == 1))
      { HDAT1 = VS1033_SCI_Read(0x09);
        HDAT0 = VS1033_SCI_Read(0x08);

        if((HDAT1 & 0xFFE0) == 0xFFE0)
          if(((HDAT1 & 0x0006) != 0x0000) && ((HDAT0 & 0x0C00) != 0x0C00))
            TFT_MP3_frame(HDAT1,HDAT0);
      }
    else if((loop == 500) && (play_flag == 1))
      { loop = 0;
        percentage = MP3_end_sector - MP3_start_sector[file_number];
        percentage = (float)percentage / (float)(file_size[file_number] >> 9) * 100.;
        percentage = 100 - percentage;
```

```
      TFT_xy(17,20);
      TFT_color(White, Black);
      TFT_unsigned_decimal(percentage,0,3);
    }

  switch(Key_input())                          // key input
    { case KEY4: play_flag ^= 0x01;            // toggle play or stop
                 break;

      case KEY3: if(func_mode == 0)            // select function
                   { func_mode = 1;
                     TFT_string(0, 6,Magenta,Black,"  ");
                     TFT_string(0,24,Magenta,Black,">>");
                   }
                 else if(func_mode == 1)
                   { func_mode = 2;
                     TFT_string(0,24,Magenta,Black,"  ");
                     TFT_string(0,27,Magenta,Black,">>");
                   }
                 else if(func_mode == 2)
                   { func_mode = 3;
                     TFT_string(0,27,Magenta,Black,"  ");
                     TFT_string(0,30,Magenta,Black,">>");
                   }
                 else
                   { func_mode = 0;
                     TFT_string(0,30,Magenta,Black,"  ");
                     TFT_string(0, 6,Magenta,Black,">>");
                   }
                 break;

      case KEY1: if(func_mode == 0)            // if func_mode == 0, select previous music
                   { if(file_number != 0)
                       file_number--;
                     else
                       file_number = total_file - 1;

                     TFT_filename(file_number);
                     Check_valid_decrement_file();

                     MP3_start_sector[file_number] = MP3_start_backup[file_number];
                     MP3_end_sector = (file_size[file_number] >> 9) + MP3_start_sector[file_number];
                     index = 512;
                   }
                 else if(func_mode == 1)       // if func_mode == 1, set volume for decrement
                   { if(volume > 5)
                       { volume--;
                         VS1033_SetVolume(volume);
                         TFT_volume();
                       }
                   }
                 else if(func_mode == 2)       // if func_mode == 2, set bass for decrement
                   { if(bass != 0)
                       { bass--;
                         VS1033_SetBassTreble(bass, treble);
                         TFT_bass();
                       }
                   }
                 else                          // if func_mode == 3, set treble for decrement
                   { if(treble > -8)
                       { treble--;
                         VS1033_SetBassTreble(bass, treble);
                         TFT_treble();
                       }
                   }
                 break;

      case KEY2: if(func_mode == 0)            // if func_mode == 0, select next music
                   { if(file_number != (total_file - 1))
                       file_number++;
                     else
                       file_number = 0;
```

```
                    TFT_filename(file_number);
                    Check_valid_increment_file();

                    MP3_start_sector[file_number] = MP3_start_backup[file_number];
                    MP3_end_sector = (file_size[file_number] >> 9) + MP3_start_sector[file_number];
                    index = 512;
                  }
                else if(func_mode == 1)     // if func_mode == 1, set volume for increment
                  { if(volume < 250)
                      { volume++;
                        VS1033_SetVolume(volume);
                        TFT_volume();
                      }
                  }
                else if(func_mode == 2)     // if func_mode == 2, set bass for increment
                  { if(bass < 15)
                      { bass++;
                        VS1033_SetBassTreble(bass, treble);
                        TFT_bass();
                      }
                  }
                else                        // if func_mode == 3, set treble for increment
                  { if(treble < +7)
                      { treble++;
                        VS1033_SetBassTreble(bass, treble);
                        TFT_treble();
                      }
                  }
                break;

        default:    break;
      }
  }
}

/* ------------------------------------------------------------------------------ */

void TFT_filename(U08 file_number)              /* display MP3 file name, number, size */
{
  unsigned char file_flag;
  unsigned int  file_KB;

  TFT_string(3, 6, Red,Black,   "                              ");
  TFT_string(0, 8, Red,Black, "                                ");
  TFT_string(0,10, Red,Black, "                                ");
  TFT_string(0,12, Red,Black, "                                ");

  file_flag = Get_long_filename(file_number);   // check file name

  if(file_flag == 0)                            // short file name(8.3 format)
    TFT_short_filename(3,6,White,Black);
  else if(file_flag == 1)                       // long file name
    TFT_long_filename(3,6,White,Black);
  else if(file_flag == 2)                       // file name is longer than 195 characters
    TFT_string(3,6,Red,Black,"* 파일명 길이 초과 *");
  else                                          // file name error
    TFT_string(3,6,Red,Black,"*** 파일명 오류 ***");

  file_KB = file_size[file_number]/1024;        // calculate file size in KB
  if((file_size[file_number] % 1024) != 0)
    file_KB++;

  if(file_flag != 3)
    { TFT_xy(17,16);                            // file number
      TFT_color(Magenta,Black);
      TFT_unsigned_decimal(file_number + 1,1,3);
      TFT_xy(17,18);                            // file size
      TFT_color(White, Black);
      TFT_unsigned_decimal(file_KB,0,5);
    }
```

```
  TFT_xy(17,20);                                   // display percentage = 0
  TFT_color(White,Black);
  TFT_unsigned_decimal(0,0,3);

  TFT_color(White,Black);                          // clear MP3 frame header information
  TFT_string(12,35,White,Black,"0.0");
  TFT_string(22,35,White,Black,"0");
  TFT_string( 7,37,White,Black,"000");
  TFT_string(16,37,White,Black,"00000");
}

void TFT_volume(void)                              /* display volume */
{
  TFT_color(Magenta,Black);
  TFT_xy(14,24);
  TFT_unsigned_decimal(volume*100/250, 0, 3);
  TFT_xy(19,24);
  TFT_unsigned_decimal(volume, 1, 3);
}

void TFT_bass(void)                                /* display bass */
{
  TFT_color(Magenta,Black);
  TFT_xy(15,27);
  TFT_unsigned_decimal(bass, 1, 2);
}

void TFT_treble(void)                              /* display treble */
{
  TFT_color(Magenta,Black);
  TFT_xy(15,30);
  TFT_signed_decimal(treble, 0, 1);
}

void Check_valid_increment_file(void)              /* check if valid file for increment */
{
  unsigned char file_OK_flag;

  file_OK_flag = 0;
  do{ if(extension != 0x004D5033)                  // if not MP3 file, skip
        { if(file_number != (total_file - 1))
            file_number++;
          else
            file_number = 0;
          TFT_filename(file_number);
        }
      else
        file_OK_flag = 1;
    } while(file_OK_flag == 0);
}

void Check_valid_decrement_file(void)              /* check if valid file for decrement */
{
  unsigned char file_OK_flag;

  file_OK_flag = 0;
  do{ if(extension != 0x004D5033)                  // if not MP3 file, skip
        { if(file_number != 0)
            file_number--;
          else
            file_number = total_file - 1;
          TFT_filename(file_number);
        }
      else
        file_OK_flag = 1;
    } while(file_OK_flag == 0);
}

void TFT_MP3_frame(U16 highbyte,U16 lowbyte) /* display MP3 file frame header information */
{
  unsigned int MPEG10_Layer1[16] = {   0,  32,  64,  96, 128, 160, 192, 224,
                                     256, 288, 320, 352, 384, 416, 448,   0 };
```

```
unsigned int MPEG10_Layer2[16] = {   0,  32,  48,  56,  64,  80,  96, 112,
                                   128, 160, 192, 224, 256, 320, 384,   0 };
unsigned int MPEG10_Layer3[16] = {   0,  32,  40,  48,  56,  64,  80,  96,
                                   112, 128, 160, 192, 224, 256, 320,   0 };
unsigned int MPEG20_Layer1[16] = {   0,  32,  48,  56,  64,  80,  96, 112,
                                   128, 144, 160, 176, 192, 224, 256,   0 };
unsigned int MPEG20_Layer2[16] = {   0,   8,  16,  24,  32,  40,  48,  56,
                                    64,  80,  96, 112, 128, 144, 160,   0 };

if((highbyte & 0x0018) == 0x0018)               // MPEG-1.0
  { TFT_string(12,35,White,Black,"1.0");
    switch(highbyte & 0x0006)
      { case 0x0002 : TFT_string(22,35,White,Black,"3"); // Layer-3
                      TFT_xy(7,37);
                      TFT_color(White,Black);
                      TFT_unsigned_decimal(MPEG10_Layer3[lowbyte >> 12],1,3);
                      break;
        case 0x0004 : TFT_string(22,35,White,Black,"2"); // Layer-2
                      TFT_xy(7,37);
                      TFT_color(White,Black);
                      TFT_unsigned_decimal(MPEG10_Layer2[lowbyte >> 12],1,3);
                      break;
        case 0x0006 : TFT_string(22,35,White,Black,"1"); // Layer-1
                      TFT_xy(7,37);
                      TFT_color(White,Black);
                      TFT_unsigned_decimal(MPEG10_Layer1[lowbyte >> 12],1,3);
                      break;
      }
    switch(lowbyte & 0x0C00)
      { case 0x0000 : TFT_string(16,37,White,Black,"44100"); // sampling rate
                      break;
        case 0x0400 : TFT_string(16,37,White,Black,"48000");
                      break;
        case 0x0800 : TFT_string(16,37,White,Black,"32000");
                      break;
      }
  }
else if((highbyte & 0x0018) == 0x0010)          // MPEG-2.0
  { TFT_string(12,35,White,Black,"2.0");
    switch(highbyte & 0x0006)
      { case 0x0002 : TFT_string(22,35,White,Black,"3"); // Layer-3
                      TFT_xy(7,37);
                      TFT_color(White,Black);
                      TFT_unsigned_decimal(MPEG20_Layer2[lowbyte >> 12],1,3);
                      break;
        case 0x0004 : TFT_string(22,35,White,Black,"2"); // Layer-2
                      TFT_xy(7,37);
                      TFT_color(White,Black);
                      TFT_unsigned_decimal(MPEG20_Layer2[lowbyte >> 12],1,3);
                      break;
        case 0x0006 : TFT_string(22,35,White,Black,"1"); // Layer-1
                      TFT_xy(7,37);
                      TFT_color(White,Black);
                      TFT_unsigned_decimal(MPEG20_Layer1[lowbyte >> 12],1,3);
                      break;
      }
    switch(lowbyte & 0x0C00)
      { case 0x0000 : TFT_string(16,37,White,Black,"22050"); // sampling rate
                      break;
        case 0x0400 : TFT_string(16,37,White,Black,"24000");
                      break;
        case 0x0800 : TFT_string(16,37,White,Black,"16000");
                      break;
      }
  }
else                                            // MPEG-2.5
  { TFT_string(12,35,White,Black,"2.5");
    switch(highbyte & 0x0006)
      { case 0x0002 : TFT_string(22,35,White,Black,"3"); // Layer-3
                      TFT_xy(7,37);
                      TFT_color(White,Black);
                      TFT_unsigned_decimal(MPEG20_Layer2[lowbyte >> 12],1,3);
```

```
                        break;
        case 0x0004 :   TFT_string(22,35,White,Black,"2"); // Layer-2
                        TFT_xy(7,37);
                        TFT_color(White,Black);
                        TFT_unsigned_decimal(MPEG20_Layer2[lowbyte >> 12],1,3);
                        break;
        case 0x0006 :   TFT_string(22,35,White,Black,"1"); // Layer-1
                        TFT_xy(7,37);
                        TFT_color(White,Black);
                        TFT_unsigned_decimal(MPEG20_Layer1[lowbyte >> 12],1,3);
                        break;
      }
    switch(lowbyte & 0x0C00)
      { case 0x0000 :   TFT_string(16,37,White,Black,"11025"); // sampling rate
                        break;
        case 0x0400 :   TFT_string(16,37,White,Black,"12000");
                        break;
        case 0x0800 :   TFT_string(16,37,White,Black,"08000");
                        break;
      }
  }
}
```

☞ *OK-X128A1* 키트에서 이 프로그램을 실행하고 MP3 음악 파일을 연주하여 보면 거의 대부분의 MP3 음악파일은 MPEG-1.0, Layer-3이고, 샘플링 레이트는 44100Hz이며, 비트 레이트는 96kbps, 128kbps, 192kbps로 된 것이 많음을 알 수 있다. 드물게 음악 파일에 따라서는 곡의 중간에서 비트 레이트 스위칭을 사용하고 있는 것을 볼 수도 있다. *OK-X128A1* 키트에서는 ATxmega128A1을 32MHz로 동작시켰으므로 비트 레이트가 320kbps인 파일도 무난히 잘 재생하지만, 만약 시스템 클록이 8MHz 이하 정도로 낮아지면 마이크로컨트롤러의 처리 속도가 낮아서 192kbps 이상의 높은 비트 레이트로 된 파일은 음악이 자주 끊기며 정상적으로 재생하지 못하게 된다.

(3) MP3 플레이어 프로그램(3) - 터치 스크린 겸용, 5가지 음악파일

앞의 MP3 플레이어 예제 프로그램에서는 음악 파일이 MP3인 경우에만 이를 디코딩하여 음악을 연주하였으며 그 이외의 파일들은 무조건 건너뛰었다. 그러나, VS1033은 MP3, AAC, WMA, WAV, MIDI 형식의 음악 파일 포맷을 모두 지원하므로 이 예제 프로그램에서 이러한 5가지 포맷의 음악 파일을 모두 연주할 수 있도록 수정하는 것이 가능하다.

또한, 앞의 예제 프로그램에서는 연주에 관련되는 기능 조작을 4개의 키로만 수행할 수 있었다. 여기에 터치 스크린 기능을 추가하여 키와 터치 스크린 겸용으로 사용하면 훨씬 편리하다.

이처럼 앞의 MP3 플레이어 예제 프로그램 Exp22_1.c에 4개 포맷의 음악 파일을 모두 연주하는 기능과 터치 스크린 기능을 추가하도록 수정하여 보다 개선된 MP3 플레이어 프로그램을 작성하여 보면 다음과 같다.

〈프로그램 Exp22_3.c〉 터치 스크린 겸용의 MP3 플레이어 프로그램

```
/* ============================================================================ */
/*   Exp22_3.c : VS1033을 이용한 MP3 플레이어(터치스크린 겸용, 5가지 음악파일)  */
/* ============================================================================ */
/*                        Designed and programmed by Duck-Yong Yoon in 2010.    */

#include <avr/io.h>
#include "OK-X128A1.h"
#include "SD_card.h"
#include "SD_FAT32.h"
#include "VS1033.h"

void TFT_filename(U08 file_number);                // display MP3 file name, number, size
void TFT_volume(void);                             // display volume
void TFT_bass(void);                               // display bass
void TFT_treble(void);                             // display treble
void Check_valid_increment_file(void);             // check if valid file for increment
void Check_valid_decrement_file(void);             // check if valid file for decrement
void TFT_MP3_frame(U16 highbyte,U16 lowbyte);      // display MP3 file bitrate
unsigned char Icon_input(void);                    // input touch screen icon

unsigned char total_file;                          // total file number
unsigned char file_number = 0;                     // current file number

/* ---------------------------------------------------------------------------- */

int main(void)
{
  unsigned char i, key;
  unsigned char func_mode = 0;                     // function key mode
  unsigned char play_flag = 0;                     // play or stop flag
  unsigned int  index = 512;                       // byte index in a sector
  unsigned int  loop = 0;                          // MP3 play loop counter
  unsigned long percentage;                        // play percentage

  unsigned long MP3_start_sector[MAX_FILE];        // MP3 file start sector
  unsigned long MP3_start_backup[MAX_FILE];
  unsigned char MP3buffer[512];                    // MP3 data from SD card
  unsigned long MP3_end_sector;                    // MP3 file end sector

  unsigned int  HDAT1, HDAT0;                      // MP3 file frame header information data

  Initialize_MCU();                                // initialize ATxmega128A1 MCU
  Delay_ms(200);
  Initialize_TFT_LCD();                            // initialize TFT-LCD
  Initialize_SD();                                 // initialize SD card
  Initialize_FAT32();                              // initialize FAT32 file system
  Beep();
  Delay_ms(1000);
  Initialize_VS1033();                             // initialize VS1033
  Delay_ms(1000);

  Initialize_touch_screen();                       // initialize touch screen

  volume = 200;                                    // initial volume = 200
  VS1033_SetVolume(volume);
  Delay_ms(1);
  bass = 0;                                        // initial bass and treble = 0
  treble = 0;
  VS1033_SetBassTreble(bass,treble);

  TFT_clear_screen();                              // display basic screen
  TFT_string(0, 1,White,Magenta," OK-X128A1 키트  MP3 플레이어 ");
  TFT_string(0, 3,Green,  Black,"******************************");
  TFT_string(0, 6,Magenta,Black,">>");
  TFT_string(0,12,Cyan,   Black,"                    (000kbps)");
  TFT_string(0,14,Cyan,   Black,"------------------------------");
  TFT_string(0,16,Cyan,   Black,"     파일 번호 : 000/000      ");
  TFT_string(0,18,Cyan,   Black,"     파일 용량 : 00000KB      ");
```

```
TFT_string(0,20,Cyan,    Black,"      연주 진행 : 000%          ");
TFT_string(0,22,Cyan,    Black,"------------------------------");
TFT_string(0,24,Green,   Black,"   음량(Vol)  :000%(000/250)   ");
TFT_string(0,27,Green,   Black,"   저음(Bas)  : 00  (00 ~ 15)   ");
TFT_string(0,30,Green,   Black,"   고음(Tre)  : 00  (-8 ~ +7)   ");
TFT_string(0,32,Green,   Black,"------------------------------");
TFT_string(0,35,Cyan,    Black," KEY1   KEY2   KEY3    KEY4  ");
TFT_string(0,37,Magenta,Black," (DEC)  (INC)  (FUNC)  (PLAY) ");

Rectangle(  5,277,  51,315, Cyan);            // display touch key outline
Rectangle( 61,277, 106,315, Cyan);
Rectangle(117,277, 170,315, Cyan);
Rectangle(181,277, 234,315, Cyan);

TFT_volume();                                 // display initial play value
TFT_bass();
TFT_treble();

total_file = fatGetDirEntry(FirstDirCluster); // get total file number

for(i = 0; i < total_file; i++)               // get start address of all files
  { MP3_start_sector[i] = fatClustToSect(file_start_cluster[i]);
    MP3_start_backup[i] = MP3_start_sector[i];
  }

TFT_xy(21,16);                                // display total file number
TFT_color(Cyan,Black);
TFT_unsigned_decimal(total_file,1,3);
file_number = 0;                              // display first file name
TFT_filename(file_number);
Check_valid_increment_file();

MP3_end_sector = (file_size[file_number] >> 9) + MP3_start_sector[file_number];

while(1)
  { while(VS1033_DREQ_CHK && (play_flag == 1)) // if VS1033 request MP3 data
      { if(index == 512)
          { if(MP3_end_sector == MP3_start_sector[file_number])
              { if(file_number != (total_file - 1))
                  file_number++;
                else if(file_number == (total_file - 1))
                  file_number = 0;

                TFT_filename(file_number);
                Check_valid_increment_file();

                MP3_start_sector[file_number] = MP3_start_backup[file_number];
                MP3_end_sector = (file_size[file_number] >> 9) + MP3_start_sector[file_number];
              }
            index = 0;
            SD_read_sector(MP3_start_sector[file_number]++, MP3buffer);
          }
        PORTE_OUTCLR = VS1033_DCS;             // -VS1033_DCS = 0
        SPIE_write(MP3buffer[index++]);        // write a byte of MP3 data to VS1033
        PORTE_OUTSET = VS1033_DCS;             // -VS1033_DCS = 1
      }

    loop++;                                    // display MP3 file bitrate or play percentage
    if((extension == 0x004D5033) && (loop == 250) && (play_flag == 1))
      { HDAT1 = VS1033_SCI_Read(0x09);
        HDAT0 = VS1033_SCI_Read(0x08);

        if((HDAT1 & 0xFFE0) == 0xFFE0)
          if(((HDAT1 & 0x0006) != 0x0000) && ((HDAT0 & 0x0C00) != 0x0C00))
            TFT_MP3_frame(HDAT1,HDAT0);
      }
    else if((loop == 500) && (play_flag == 1))
      { loop = 0;
        percentage = MP3_end_sector - MP3_start_sector[file_number];
        percentage = (float)percentage / (float)(file_size[file_number] >> 9) * 100.;
        percentage = 100 - percentage;
```

```
      TFT_xy(17,20);
      TFT_color(White, Black);
      TFT_unsigned_decimal(percentage,0,3);
    }

  key = Key_input();                        // key input
  if(key == no_key)                         // if no key input, read touch screen icon
    key = Icon_input();

  switch(key)
    { case KEY4: play_flag ^= 0x01;         // toggle play or stop
                 break;

      case KEY3: if(func_mode == 0)         // select function
                   { func_mode = 1;
                     TFT_string(0, 6,Magenta,Black,"  ");
                     TFT_string(0,24,Magenta,Black,">>");
                   }
                 else if(func_mode == 1)
                   { func_mode = 2;
                     TFT_string(0,24,Magenta,Black,"  ");
                     TFT_string(0,27,Magenta,Black,">>");
                   }
                 else if(func_mode == 2)
                   { func_mode = 3;
                     TFT_string(0,27,Magenta,Black,"  ");
                     TFT_string(0,30,Magenta,Black,">>");
                   }
                 else
                   { func_mode = 0;
                     TFT_string(0,30,Magenta,Black,"  ");
                     TFT_string(0, 6,Magenta,Black,">>");
                   }
                 break;

      case KEY1: if(func_mode == 0)         // if func_mode == 0, select previous music
                   { if(file_number != 0)
                       file_number--;
                     else
                       file_number = total_file - 1;

                     TFT_filename(file_number);
                     Check_valid_decrement_file();

                     MP3_start_sector[file_number] = MP3_start_backup[file_number];
                     MP3_end_sector = (file_size[file_number] >> 9) + MP3_start_sector[file_number];
                     index = 512;
                   }
                 else if(func_mode == 1)    // if func_mode == 1, set volume for decrement
                   { if(volume > 5)
                       { volume--;
                         VS1033_SetVolume(volume);
                         TFT_volume();
                       }
                   }
                 else if(func_mode == 2)    // if func_mode == 2, set bass for decrement
                   { if(bass != 0)
                       { bass--;
                         VS1033_SetBassTreble(bass, treble);
                         TFT_bass();
                       }
                   }
                 else                       // if func_mode == 3, set treble for decrement
                   { if(treble > -8)
                       { treble--;
                         VS1033_SetBassTreble(bass, treble);
                         TFT_treble();
                       }
                   }
                 break;

      case KEY2: if(func_mode == 0)         // if func_mode == 0, select next music
```

```
                    { if(file_number != (total_file - 1))
                        file_number++;
                      else
                        file_number = 0;

                      TFT_filename(file_number);
                      Check_valid_increment_file();

                      MP3_start_sector[file_number] = MP3_start_backup[file_number];
                      MP3_end_sector = (file_size[file_number] >> 9) + MP3_start_sector[file_number];
                      index = 512;
                    }
                  else if(func_mode == 1)     // if func_mode == 1, set volume for increment
                    { if(volume < 250)
                        { volume++;
                          VS1033_SetVolume(volume);
                          TFT_volume();
                        }
                    }
                  else if(func_mode == 2)     // if func_mode == 2, set bass for increment
                    { if(bass < 15)
                        { bass++;
                          VS1033_SetBassTreble(bass, treble);
                          TFT_bass();
                        }
                    }
                  else                        // if func_mode == 3, set treble for increment
                    { if(treble < +7)
                        { treble++;
                          VS1033_SetBassTreble(bass, treble);
                          TFT_treble();
                        }
                    }
                  break;

        default:  break;
      }
    }
}

/* ------------------------------------------------------------------------ */

void TFT_filename(U08 file_number)            /* display MP3 file name, number, size */
{
  unsigned char file_flag;
  unsigned int  file_KB;

  TFT_string(3, 6,  Red,Black,   "                            ");
  TFT_string(0, 8,  Red,Black, "                              ");
  TFT_string(0,10,  Red,Black, "                              ");
  TFT_string(0,12,  Red,Black, "                        ");

  file_flag = Get_long_filename(file_number);   // check file name

  if(file_flag == 0)                            // short file name(8.3 format)
    TFT_short_filename(3,6,White,Black);
  else if(file_flag == 1)                       // long file name
    TFT_long_filename(3,6,White,Black);
  else if(file_flag == 2)                       // file name is longer than 195 characters
    TFT_string(3,6,Red,Black,"* 파일명 길이 초과 *");
  else                                          // file name error
    TFT_string(3,6,Red,Black,"*** 파일명 오류 ***");

  file_KB = file_size[file_number]/1024;        // calculate file size in KB
  if((file_size[file_number] % 1024) != 0)
    file_KB++;

  if(file_flag != 3)
    { TFT_xy(17,16);                            // file number
      TFT_color(Magenta,Black);
      TFT_unsigned_decimal(file_number + 1,1,3);
      TFT_xy(17,18);                            // file size
```

```
        TFT_color(White, Black);
        TFT_unsigned_decimal(file_KB,0,5);
      }

    TFT_xy(17,20);                              // display percentage = 0
    TFT_color(White,Black);
    TFT_unsigned_decimal(0,0,3);

    TFT_string(22,12,White,Black,"000");        // clear bitrate
  }

void TFT_volume(void)                           /* display volume */
{
  TFT_color(Magenta,Black);
  TFT_xy(14,24);
  TFT_unsigned_decimal(volume*100/250, 0, 3);
  TFT_xy(19,24);
  TFT_unsigned_decimal(volume, 1, 3);
}

void TFT_bass(void)                             /* display bass */
{
  TFT_color(Magenta,Black);
  TFT_xy(15,27);
  TFT_unsigned_decimal(bass, 1, 2);
}

void TFT_treble(void)                           /* display treble */
{
  TFT_color(Magenta,Black);
  TFT_xy(15,30);
  TFT_signed_decimal(treble, 0, 1);
}

void Check_valid_increment_file(void)           /* check if valid file for increment */
{
  unsigned char file_OK_flag;

  file_OK_flag = 0;
  do{ if((extension != 0x004D5033) && (extension != 0x00414143) && (extension != 0x00574D41) &&
(extension != 0x004D4944))
        { if(file_number != (total_file - 1))   // if not MP3/AAC/WMA/MID file, skip
            file_number++;
          else
            file_number = 0;
          TFT_filename(file_number);
        }
      else
        file_OK_flag = 1;
    } while(file_OK_flag == 0);
}

void Check_valid_decrement_file(void)           /* check if valid file for decrement */
{
  unsigned char file_OK_flag;

  file_OK_flag = 0;
  do{ if((extension != 0x004D5033) && (extension != 0x00414143) && (extension != 0x00574D41) &&
(extension != 0x004D4944))
        { if(file_number != 0)                  // if not MP3/AAC/WMA/MID file, skip
            file_number--;
          else
            file_number = total_file - 1;
          TFT_filename(file_number);
        }
      else
        file_OK_flag = 1;
    } while(file_OK_flag == 0);
}

void TFT_MP3_frame(U16 highbyte,U16 lowbyte)    /* display MP3 file bitrate */
{
```

```
  unsigned int MPEG10_Layer1[16] = {  0,  32,  64,  96, 128, 160, 192, 224,
                                    256, 288, 320, 352, 384, 416, 448,   0 };
  unsigned int MPEG10_Layer2[16] = {  0,  32,  48,  56,  64,  80,  96, 112,
                                    128, 160, 192, 224, 256, 320, 384,   0 };
  unsigned int MPEG10_Layer3[16] = {  0,  32,  40,  48,  56,  64,  80,  96,
                                    112, 128, 160, 192, 224, 256, 320,   0 };
  unsigned int MPEG20_Layer1[16] = {  0,  32,  48,  56,  64,  80,  96, 112,
                                    128, 144, 160, 176, 192, 224, 256,   0 };
  unsigned int MPEG20_Layer2[16] = {  0,   8,  16,  24,  32,  40,  48,  56,
                                     64,  80,  96, 112, 128, 144, 160,   0 };

  if((highbyte & 0x0018) == 0x0018)                // MPEG-1.0
    { switch(highbyte & 0x0006)
        { case 0x0002 : TFT_xy(22,12);             // Layer-3
                        TFT_color(White,Black);
                        TFT_unsigned_decimal(MPEG10_Layer3[lowbyte >> 12],1,3);
                        break;
          case 0x0004 : TFT_xy(22,12);             // Layer-2
                        TFT_color(White,Black);
                        TFT_unsigned_decimal(MPEG10_Layer2[lowbyte >> 12],1,3);
                        break;
          case 0x0006 : TFT_xy(22,12);             // Layer-1
                        TFT_color(White,Black);
                        TFT_unsigned_decimal(MPEG10_Layer1[lowbyte >> 12],1,3);
                        break;
        }
    }
  else if((highbyte & 0x0018) == 0x0010)           // MPEG-2.0
    { switch(highbyte & 0x0006)
        { case 0x0002 : TFT_xy(22,12);             // Layer-3
                        TFT_color(White,Black);
                        TFT_unsigned_decimal(MPEG20_Layer2[lowbyte >> 12],1,3);
                        break;
          case 0x0004 : TFT_xy(22,12);             // Layer-2
                        TFT_color(White,Black);
                        TFT_unsigned_decimal(MPEG20_Layer2[lowbyte >> 12],1,3);
                        break;
          case 0x0006 : TFT_xy(22,12);             // Layer-1
                        TFT_color(White,Black);
                        TFT_unsigned_decimal(MPEG20_Layer1[lowbyte >> 12],1,3);
                        break;
        }
    }
  else                                             // MPEG-2.5
    { switch(highbyte & 0x0006)
        { case 0x0002 : TFT_xy(22,12);             // Layer-3
                        TFT_color(White,Black);
                        TFT_unsigned_decimal(MPEG20_Layer2[lowbyte >> 12],1,3);
                        break;
          case 0x0004 : TFT_xy(22,12);             // Layer-2
                        TFT_color(White,Black);
                        TFT_unsigned_decimal(MPEG20_Layer2[lowbyte >> 12],1,3);
                        break;
          case 0x0006 : TFT_xy(22,12);             // Layer-1
                        TFT_color(White,Black);
                        TFT_unsigned_decimal(MPEG20_Layer1[lowbyte >> 12],1,3);
                        break;
        }
    }
}

/* ---------------------------------------------------------------------------- */

unsigned char icon_flag = 0;

unsigned char Icon_input(void)                      /* input touch screen icon */
{
  unsigned char icon;

  Touch_screen_input();                             // input touch screen

  if((icon_flag == 0) && (x_touch >= 5) && (x_touch <= 51) && (y_touch >= 277) && (y_touch <= 315))
```

```
      { icon = KEY1;
        icon_flag = 1;
        Beep();
      }
    else if((icon_flag == 0) && (x_touch >= 61) && (x_touch <= 106) && (y_touch >= 277) && (y_touch <= 315))
      { icon = KEY2;
        icon_flag = 1;
        Beep();
      }
    else if((icon_flag == 0) && (x_touch >= 117) && (x_touch <= 170) && (y_touch >= 277) && (y_touch <= 315))
      { icon = KEY3;
        icon_flag = 1;
        Beep();
      }
    else if((icon_flag == 0) && (x_touch >= 181) && (x_touch <= 234) && (y_touch >= 277) && (y_touch <= 315))
      { icon = KEY4;
        icon_flag = 1;
        Beep();
      }
    else if((icon_flag == 1) && (x_touch == 0) && (y_touch == 0))
      { icon = no_key;
        icon_flag = 0;
        Delay_ms(50);
      }
    else
      icon = no_key;

    return icon;
}
```

☞ 위의 예제 프로그램에서는 MP3, AAC, WMA, WAV, MIDI 포맷의 5가지 음악 파일을 모두 재생할 수 있기는 하지만 이러한 여러 종류의 파일이 교대로 뒤섞여 들어올 때 가끔 음악 파일 포맷을 정상적으로 인식하지 못하거나 VS1033의 동작이 멈추는 문제가 발생한다. 이것은 VS1033의 동작 특성상의 문제인데 이를 해결하기 위해서는 곡이 바뀔 때마다 VS1033을 소프트웨어 리셋시키도록 데이터 시트에서 권장하고 있다.

또한, 이제까지의 MP3 플레이어 프로그램에서는 VS1033에 SDI 버스로 데이터를 전송할 때 항상 1바이트마다 DREQ 신호를 확인하는 방법을 사용하였다. 그러나, VS1033의 내부에는 32바이트의 수신버퍼 여유 공간을 가지고 있으므로 일단 DREQ = 1로 검출되면 무조건 32바이트의 데이터를 전송하는 것이 가능하다. 이렇게 하면 마이크로컨트롤러가 1번에 많은 데이터를 전송하여 놓고 충분히 여유있는 시간에 다른 처리동작을 수행할 수 있으므로 보다 느린 마이크로컨트롤러를 사용해서도 VS1033을 이용한 MP3 플레이어를 구현할 수 있다.

(4) MP3 플레이어 프로그램(4) - 최종 완성판

이번에는 MP3 플레이어 예제 프로그램의 최종 완성판으로 DREQ = 1 신호를 1번 확인한 후에 32바이트의 SDI 데이터를 연속하여 전송함으로써 좀더 느린 마이크로컨트롤러도 사용할 수 있도록 하였다. 또한, MP3, AAC, WMA, WAV, MIDI 형식의 음악 파일 포맷을 모두 제대로 인식하여 연주할 수 있도록 파일이 변경될 때마다 VS1033을 소프트웨어 리셋하였다.

〈프로그램 Exp22_4.c〉 MP3 플레이어 프로그램 최종판

```
/* ========================================================================== */
/*  Exp22_4.c : VS1033을 이용한 MP3 플레이어(MP3/AAC/WMA/WAV/MIDI 재생, 최종판) */
/* ========================================================================== */
/*                      Designed and programmed by Duck-Yong Yoon in 2010.   */

#include  <avr/io.h>
#include "OK-X128A1.h"
#include "SD_card.h"
#include "SD_FAT32.h"
#include "VS1033.h"

void TFT_filename(U08 file_number);            // display MP3 file name, number, size
void TFT_volume(void);                         // display volume
void TFT_bass(void);                           // display bass
void TFT_treble(void);                         // display treble
void Check_valid_increment_file(void);         // check if valid file for increment
void Check_valid_decrement_file(void);         // check if valid file for decrement
void TFT_MP3_frame(U16 highbyte,U16 lowbyte);  // display MP3 file bitrate
unsigned char Icon_input(void);                // input touch screen icon

unsigned char total_file;                      // total file number
unsigned char file_number = 0;                 // current file number

/* ------------------------------------------------------------------------ */

int main(void)
{
  unsigned char i, key;
  unsigned char func_mode = 0;                 // function key mode
  unsigned char play_flag = 0;                 // play or stop flag
  unsigned int  index = 512;                   // byte index in a sector
  unsigned int  loop = 0;                      // MP3 play loop counter
  unsigned long percentage;                    // play percentage

  unsigned long MP3_start_sector[MAX_FILE];    // MP3 file start sector
  unsigned long MP3_start_backup[MAX_FILE];
  unsigned char MP3buffer[512];                // MP3 data from SD card
  unsigned long MP3_end_sector;                // MP3 file end sector

  unsigned int  HDAT1, HDAT0;                  // MP3 file frame header information data

  Initialize_MCU();                            // initialize ATxmega128A1 MCU
  Delay_ms(200);
  Initialize_TFT_LCD();                        // initialize TFT-LCD
  Initialize_SD();                             // initialize SD card
  Initialize_FAT32();                          // initialize FAT32 file system
  Beep();
  Delay_ms(1000);
  Initialize_VS1033();                         // initialize VS1033
  Delay_ms(1000);

  Initialize_touch_screen();                   // initialize touch screen

  volume = 200;                                // initial volume = 200
  VS1033_SetVolume(volume);
  Delay_ms(1);
  bass = 0;                                    // initial bass and treble = 0
  treble = 0;
  VS1033_SetBassTreble(bass,treble);

  TFT_clear_screen();                          // display basic screen
  TFT_string(0, 1,White,Magenta," OK-X128A1 키트  MP3 플레이어 ");
  TFT_string(0, 3,Green,  Black,"******************************");
  TFT_string(0, 6,Magenta,Black,">>");
  TFT_string(0,12,Cyan,   Black,"                     (000kbps)");
  TFT_string(0,14,Cyan,   Black,"------------------------------");
  TFT_string(0,16,Cyan,   Black,"      파일 번호 : 000/000     ");
  TFT_string(0,18,Cyan,   Black,"      파일 용량 : 00000KB     ");
```

```
TFT_string(0,20,Cyan,    Black,"     연주 진행 : 000%          ");
TFT_string(0,22,Cyan,    Black,"------------------------------");
TFT_string(0,24,Green,   Black,"   음량(Vol) :000%(000/250)    ");
TFT_string(0,27,Green,   Black,"   저음(Bas) : 00 (00 ~ 15)    ");
TFT_string(0,30,Green,   Black,"   고음(Tre) : 00 (-8 ~ +7)    ");
TFT_string(0,32,Green,   Black,"------------------------------");
TFT_string(0,35,Cyan,    Black," KEY1   KEY2   KEY3    KEY4  ");
TFT_string(0,37,Magenta,Black," (DEC)  (INC)  (FUNC)  (PLAY) ");

Rectangle(  5,277,  51,315, Cyan);            // display touch key outline
Rectangle( 61,277, 106,315, Cyan);
Rectangle(117,277, 170,315, Cyan);
Rectangle(181,277, 234,315, Cyan);

TFT_volume();                                 // display initial play value
TFT_bass();
TFT_treble();

total_file = fatGetDirEntry(FirstDirCluster); // get total file number

for(i = 0; i < total_file; i++)               // get start address of all files
  { MP3_start_sector[i] = fatClustToSect(file_start_cluster[i]);
    MP3_start_backup[i] = MP3_start_sector[i];
  }

TFT_xy(21,16);                                // display total file number
TFT_color(Cyan,Black);
TFT_unsigned_decimal(total_file,1,3);
file_number = 0;                              // display first file name
TFT_filename(file_number);
Check_valid_increment_file();

MP3_end_sector = (file_size[file_number] >> 9) + MP3_start_sector[file_number];

while(1)
  { if(VS1033_DREQ_CHK && (play_flag == 1))   // if VS1033 request MP3 data
      { if(index == 512)
          { if(MP3_end_sector == MP3_start_sector[file_number])
              { if(file_number != (total_file - 1))
                  file_number++;
                else if(file_number == (total_file - 1))
                  file_number = 0;

                TFT_filename(file_number);
                Check_valid_increment_file();

                MP3_start_sector[file_number] = MP3_start_backup[file_number];
                MP3_end_sector = (file_size[file_number] >> 9) + MP3_start_sector[file_number];
                VS1033_software_reset();      // VS1033 software reset to change music file
              }
            index = 0;
            SD_read_sector(MP3_start_sector[file_number]++, MP3buffer);
          }

        for(i = 0; i < 32; i++)               // send 32 data byte
          { PORTE_OUTCLR = VS1033_DCS;        // -VS1033_DCS = 0
            SPIE_write(MP3buffer[index++]);   // write a byte of MP3 data to VS1033
            PORTE_OUTSET = VS1033_DCS;        // -VS1033_DCS = 1
          }
      }

    loop++;                                   // display MP3 file bitrate or play percentage
    if((extension == 0x004D5033) && (loop == 250) && (play_flag == 1))
      { HDAT1 = VS1033_SCI_Read(0x09);
        HDAT0 = VS1033_SCI_Read(0x08);

        if((HDAT1 & 0xFFE0) == 0xFFE0)
          if(((HDAT1 & 0x0006) != 0x0000) && ((HDAT0 & 0x0C00) != 0x0C00))
            TFT_MP3_frame(HDAT1,HDAT0);
      }
    else if((loop == 500) && (play_flag == 1))
      { loop = 0;
```

```
      percentage = MP3_end_sector - MP3_start_sector[file_number];
      percentage = (float)percentage / (float)(file_size[file_number] >> 9) * 100.;
      percentage = 100 - percentage;

      TFT_xy(17,20);
      TFT_color(White, Black);
      TFT_unsigned_decimal(percentage,0,3);
    }

  key = Key_input();                        // key input
  if(key == no_key)                         // if no key input, read touch screen icon
    key = Icon_input();

  switch(key)
    { case KEY4: play_flag ^= 0x01;         // toggle play or stop
                 break;

      case KEY3: if(func_mode == 0)         // select function
                   { func_mode = 1;
                     TFT_string(0, 6,Magenta,Black,"  ");
                     TFT_string(0,24,Magenta,Black,">>");
                   }
                 else if(func_mode == 1)
                   { func_mode = 2;
                     TFT_string(0,24,Magenta,Black,"  ");
                     TFT_string(0,27,Magenta,Black,">>");
                   }
                 else if(func_mode == 2)
                   { func_mode = 3;
                     TFT_string(0,27,Magenta,Black,"  ");
                     TFT_string(0,30,Magenta,Black,">>");
                   }
                 else
                   { func_mode = 0;
                     TFT_string(0,30,Magenta,Black,"  ");
                     TFT_string(0, 6,Magenta,Black,">>");
                   }
                 break;

      case KEY1: if(func_mode == 0)         // if func_mode == 0, select previous music
                   { if(file_number != 0)
                       file_number--;
                     else
                       file_number = total_file - 1;

                     TFT_filename(file_number);
                     Check_valid_decrement_file();

                     MP3_start_sector[file_number] = MP3_start_backup[file_number];
                     MP3_end_sector = (file_size[file_number] >> 9) + MP3_start_sector[file_number];
                     index = 512;
                     VS1033_software_reset(); // VS1033 software reset to change music file
                   }
                 else if(func_mode == 1)    // if func_mode == 1, set volume for decrement
                   { if(volume > 5)
                       { volume--;
                         VS1033_SetVolume(volume);
                         TFT_volume();
                       }
                   }
                 else if(func_mode == 2)    // if func_mode == 2, set bass for decrement
                   { if(bass != 0)
                       { bass--;
                         VS1033_SetBassTreble(bass, treble);
                         TFT_bass();
                       }
                   }
                 else                       // if func_mode == 3, set treble for decrement
                   { if(treble > -8)
                       { treble--;
                         VS1033_SetBassTreble(bass, treble);
                         TFT_treble();
```

```
                        }
                    }
                  break;

        case KEY2: if(func_mode == 0)          // if func_mode == 0, select next music
                    { if(file_number != (total_file - 1))
                        file_number++;
                      else
                        file_number = 0;

                      VS1033_software_reset();
                      TFT_filename(file_number);
                      Check_valid_increment_file();

                      MP3_start_sector[file_number] = MP3_start_backup[file_number];
                      MP3_end_sector = (file_size[file_number] >> 9) + MP3_start_sector[file_number];
                      index = 512;
                      VS1033_software_reset(); // VS1033 software reset to change music file
                    }
                  else if(func_mode == 1)    // if func_mode == 1, set volume for increment
                    { if(volume < 250)
                        { volume++;
                          VS1033_SetVolume(volume);
                          TFT_volume();
                        }
                    }
                  else if(func_mode == 2)    // if func_mode == 2, set bass for increment
                    { if(bass < 15)
                        { bass++;
                          VS1033_SetBassTreble(bass, treble);
                          TFT_bass();
                        }
                    }
                  else                        // if func_mode == 3, set treble for increment
                    { if(treble < +7)
                        { treble++;
                          VS1033_SetBassTreble(bass, treble);
                          TFT_treble();
                        }
                    }
                  break;

        default:   break;
      }
    }
}

/* -------------------------------------------------------------------------- */

void TFT_filename(U08 file_number)                /* display MP3 file name, number, size */
{
  unsigned char file_flag;
  unsigned int  file_KB;

  TFT_string(3, 6, Red,Black,    "                              ");
  TFT_string(0, 8, Red,Black, "                                 ");
  TFT_string(0,10, Red,Black, "                                 ");
  TFT_string(0,12, Red,Black, "                          ");

  file_flag = Get_long_filename(file_number);   // check file name

  if(file_flag == 0)                              // short file name(8.3 format)
    TFT_short_filename(3,6,White,Black);
  else if(file_flag == 1)                         // long file name
    TFT_long_filename(3,6,White,Black);
  else if(file_flag == 2)                         // file name is longer than 195 characters
    TFT_string(3,6,Red,Black,"* 파일명 길이 초과 *");
  else                                            // file name error
    TFT_string(3,6,Red,Black,"*** 파일명 오류 ***");

  file_KB = file_size[file_number]/1024;         // calculate file size in KB
  if((file_size[file_number] % 1024) != 0)
```

```
    file_KB++;

  if(file_flag != 3)
    { TFT_xy(17,16);                              // file number
      TFT_color(Magenta,Black);
      TFT_unsigned_decimal(file_number + 1,1,3);
      TFT_xy(17,18);                              // file size
      TFT_color(White, Black);
      TFT_unsigned_decimal(file_KB,0,5);
    }

  TFT_xy(17,20);                                  // display percentage = 0
  TFT_color(White,Black);
  TFT_unsigned_decimal(0,0,3);

  TFT_string(22,12,White,Black,"000");            // clear bitrate
}

void TFT_volume(void)                             /* display volume */
{
  TFT_color(Magenta,Black);
  TFT_xy(14,24);
  TFT_unsigned_decimal(volume*100/250, 0, 3);
  TFT_xy(19,24);
  TFT_unsigned_decimal(volume, 1, 3);
}

void TFT_bass(void)                               /* display bass */
{
  TFT_color(Magenta,Black);
  TFT_xy(15,27);
  TFT_unsigned_decimal(bass, 1, 2);
}

void TFT_treble(void)                             /* display treble */
{
  TFT_color(Magenta,Black);
  TFT_xy(15,30);
  TFT_signed_decimal(treble, 0, 1);
}

void Check_valid_increment_file(void)             /* check if valid file for increment */
{
  unsigned char file_OK_flag;

  file_OK_flag = 0;
  do{ if((extension != 0x004D5033) && (extension != 0x00414143) && (extension != 0x00574D41) &&
(extension != 0x004D4944))
        { if(file_number != (total_file - 1))   // if not MP3/AAC/WMA/MID file, skip
            file_number++;
          else
            file_number = 0;
          TFT_filename(file_number);
        }
      else
        file_OK_flag = 1;
    } while(file_OK_flag == 0);
}

void Check_valid_decrement_file(void)             /* check if valid file for decrement */
{
  unsigned char file_OK_flag;

  file_OK_flag = 0;
  do{ if((extension != 0x004D5033) && (extension != 0x00414143) && (extension != 0x00574D41) && (extension != 0x004D4944))
        { if(file_number != 0)                  // if not MP3/AAC/WMA/MID file, skip
            file_number--;
          else
            file_number = total_file - 1;
          TFT_filename(file_number);
        }
      else
```

```
        file_OK_flag = 1;
    } while(file_OK_flag == 0);
}

void TFT_MP3_frame(U16 highbyte,U16 lowbyte)     /* display MP3 file bitrate */
{
  unsigned int MPEG10_Layer1[16] = {  0,  32,  64,  96, 128, 160, 192, 224,
                                    256, 288, 320, 352, 384, 416, 448,   0 };
  unsigned int MPEG10_Layer2[16] = {  0,  32,  48,  56,  64,  80,  96, 112,
                                    128, 160, 192, 224, 256, 320, 384,   0 };
  unsigned int MPEG10_Layer3[16] = {  0,  32,  40,  48,  56,  64, 80,   96,
                                    112, 128, 160, 192, 224, 256, 320,   0 };
  unsigned int MPEG20_Layer1[16] = {  0,  32,  48,  56,  64,  80,  96, 112,
                                    128, 144, 160, 176, 192, 224, 256,   0 };
  unsigned int MPEG20_Layer2[16] = {  0,   8,  16,  24,  32,  40,  48,  56,
                                     64,  80,  96, 112, 128, 144, 160,   0 };

  if((highbyte & 0x0018) == 0x0018)              // MPEG-1.0
    { switch(highbyte & 0x0006)
        { case 0x0002 : TFT_xy(22,12);           // Layer-3
                        TFT_color(White,Black);
                        TFT_unsigned_decimal(MPEG10_Layer3[lowbyte >> 12],1,3);
                        break;
          case 0x0004 : TFT_xy(22,12);           // Layer-2
                        TFT_color(White,Black);
                        TFT_unsigned_decimal(MPEG10_Layer2[lowbyte >> 12],1,3);
                        break;
          case 0x0006 : TFT_xy(22,12);           // Layer-1
                        TFT_color(White,Black);
                        TFT_unsigned_decimal(MPEG10_Layer1[lowbyte >> 12],1,3);
                        break;
        }
    }
  else if((highbyte & 0x0018) == 0x0010)         // MPEG-2.0
    { switch(highbyte & 0x0006)
        { case 0x0002 : TFT_xy(22,12);           // Layer-3
                        TFT_color(White,Black);
                        TFT_unsigned_decimal(MPEG20_Layer2[lowbyte >> 12],1,3);
                        break;
          case 0x0004 : TFT_xy(22,12);           // Layer-2
                        TFT_color(White,Black);
                        TFT_unsigned_decimal(MPEG20_Layer2[lowbyte >> 12],1,3);
                        break;
          case 0x0006 : TFT_xy(22,12);           // Layer-1
                        TFT_color(White,Black);
                        TFT_unsigned_decimal(MPEG20_Layer1[lowbyte >> 12],1,3);
                        break;
        }
    }
  else                                           // MPEG-2.5
    { switch(highbyte & 0x0006)
        { case 0x0002 : TFT_xy(22,12);           // Layer-3
                        TFT_color(White,Black);
                        TFT_unsigned_decimal(MPEG20_Layer2[lowbyte >> 12],1,3);
                        break;
          case 0x0004 : TFT_xy(22,12);           // Layer-2
                        TFT_color(White,Black);
                        TFT_unsigned_decimal(MPEG20_Layer2[lowbyte >> 12],1,3);
                        break;
          case 0x0006 : TFT_xy(22,12);           // Layer-1
                        TFT_color(White,Black);
                        TFT_unsigned_decimal(MPEG20_Layer1[lowbyte >> 12],1,3);
                        break;
        }
    }
}

/* ---------------------------------------------------------------------- */

unsigned char icon_flag = 0;

unsigned char Icon_input(void)                   /* input touch screen icon */
```

```
{
  unsigned char icon;

  Touch_screen_input();                               // input touch screen

  if((icon_flag == 0) && (x_touch >= 5) && (x_touch <= 51) && (y_touch >= 277) && (y_touch <= 315))
    { icon = KEY1;
      icon_flag = 1;
      Beep();
    }
  else if((icon_flag == 0) && (x_touch >= 61) && (x_touch <= 106) && (y_touch >= 277) && (y_touch <= 315))
    { icon = KEY2;
      icon_flag = 1;
      Beep();
    }
  else if((icon_flag == 0) && (x_touch >= 117) && (x_touch <= 170) && (y_touch >= 277) && (y_touch <= 315))
    { icon = KEY3;
      icon_flag = 1;
      Beep();
    }
  else if((icon_flag == 0) && (x_touch >= 181) && (x_touch <= 234) && (y_touch >= 277) && (y_touch <= 315))
    { icon = KEY4;
      icon_flag = 1;
      Beep();
    }
  else if((icon_flag == 1) && (x_touch == 0) && (y_touch == 0))
    { icon = no_key;
      icon_flag = 0;
      Delay_ms(50);
    }
  else
    icon = no_key;

  return icon;
}
```

☞ 이상에서 설명한 MP3 플레이어 프로그램은 결코 간단한 프로그램이 아니므로 독자 여러분이 이를 이해하기는 그리 만만하지 않을 것이다. 그러나, 제4.21절에서 공부한 SD 카드의 사용법이나 FAT32 파일 구조를 다시 꼼꼼히 공부하고, 이 절에서 설명한 VS1033의 기능 및 MP3 파일의 구조를 익히면서 프로그램의 소스를 열심히 분석하여 보면 조금씩 이해를 해나갈 수 있을 것이다. 임베디드 시스템 기술 분야에서는 항상 하드웨어에 대한 철저한 이해가 선행된 이후에 소프트웨어를 이해하도록 노력하는 것이 올바른 순서라는 점을 강조하고 싶다. 마이크로컨트롤러의 세계에서 하드웨어 없는 소프트웨어는 쓰레기에 불과하다. 여러분은 이 과정에서 필요하다면 보다 많고 자세한 관련 기술자료를 구하여 읽어야 한다. 필요한 자료는 인터넷에 무궁무진하게 많다. 이를 찾아서 나의 지식과 기술로 만드는 것이 중요하다.

이렇게 하여 궁극적으로 이 책의 예제 프로그램을 여러분이 모두 이해한다면 여러분은 마이크로컨트롤러의 고수준 프로그래머라고 해도 손색이 없을 것이며, 그러한 경지에 도달하면 이 MP3 플레이어 프로그램을 자신의 취향에 맞도록 좀더 수정 또는 업그레이드할 수 있게 될 것이다. 철저하게 수련을 하고 나면 새로운 창조가 가능하다.

4. 실습 과제

(1) MP3 CODEC 소자에는 어떤 것들이 있는지 조사하여 보라.

(2) MP3 CODEC 소자인 VS1003과 VS1033은 어떤 차이가 있는지를 요약하여 설명하라.

(3) 예제 프로그램 Exp22_4.c에서 새로운 곡이 바뀔 때마다 VS1033에서 소프트웨어 리셋을 수행하는 이유를 설명하라.

(4) 예제 프로그램 Exp22_4.c에서 TFT-LCD의 화면을 자신만의 개성을 살려 예쁘게 수정한 프로그램 Exp22_4R.c를 작성하여 보라. 예를 들어 음량, 저음, 고음 설정을 막대 그래프와 %로 표시할 수 있으며, 터치스크린 아이콘을 눌렀을 때와 누르지 않았을 때 서로 구분되도록 다르게 표시할 수 있다.

4.23 재미있는 응용 프로그램

이 절에서는 이제까지 ATxmega128A1을 공부하면서 이 책에서 익힌 *OK-X128A1* 키트를 응용하는 재미있는 몇가지 응용 프로그램을 작성하여 보면서 공부를 마무리하기로 한다.

관련 내용	(1) 제3.1절 *OK-X128A1* 키트의 구조와 기능 (2) 제4.5절 TFT-LCD 모듈 한글 출력 프로그램 (3) 제4.16절 DS1307 RTC 응용 프로그램 (4) 제4.19절 D/A 컨버터 응용 프로그램

1. Visiting Count 프로그램

첫번째의 재미있는 응용 프로그램으로서 *OK-X128A1* 키트의 TFT-LCD 모듈에 30자×20행의 영문 ASCII 문자를 출력하는 기능을 이용하여 재미있는 난수 응용 프로그램을 작성해 보기로 한다.

이것은 C언어의 난수(random number) 발생 기능을 이용한 일종의 주사위 프로그램으로서 난수에서 나올 수 있는 값을 4등분으로 나누어 각각 동서남북으로 전진하는 방법으로 진행한다. 즉, 난수 발생함수 rand()로 16비트 0x0000~0x7FFF 범위의 난수를 발생시켜서 그 난수값이 0x0000~0x1FFF라면 동쪽으로 1글자 이동(x를 1증가)하고, 0x2000~0x3FFF라면 서쪽으로 1글자 이동(x를 1감소)하며, 난수값이 0x4000~0x5FFF라면 남쪽으로 1글자 이동(y를 1증가)하고, 0x6000~0x7FFF라면 북쪽으로 1글자 이동(y를 1감소)한다. 처음에 출발하는 위치는 이를테면 30자×20행의 화면에서 중앙 부분인 x=15, y=10 좌표처럼 일정하게 지정할 수도 있고, 난수를 사용하여 이를 매번 임의의 위치에서 출발하도록 가변할 수도 있다.

그러면서 각 좌표에 해당하는 30×20=600개의 방에는 지나간 횟수(visiting count)를 메모리 배열에 저장한다. 이렇게 각 방을 돌아다니다가 외곽의 벽을 만나면 더 이상 진행하지 못하므로 그대로 그 자리에 머무르고 다시 난수를 발생한다. 이를 600개의 방을 단 1번씩이라도 모두 방문하여 남은 빈 방이 없게 될 때까지 계속하고, 10ms의 주기로 한 번씩 난수를 발생할 때마다 각 방의 방문 횟수를 화면에 표시한다.

각 방의 방문 횟수는 1글자만으로 표시해야 하므로 0~9값은 그냥 아라비아 숫자로 표시하고, 10~35값은 대문자 A~Z로 표시하며, 36~61값은 소문자 a~z로 표시한다. 대부분의 경우 이 범위 이상의 값은 잘 나오지 않지만 만약에 62 이상의 방문 횟수가 나오면 그 방은 *로 표시한다.

〈프로그램 Exp23_1.c〉 Visiting Count 프로그램(1)

```
/* ========================================================================== */
/*                    Exp23_1.c : Visiting Count 프로그램(1)                    */
/* ========================================================================== */
/*                        Designed and programmed by Duck-Yong Yoon in 2010.  */

#include <avr/io.h>
#include <stdlib.h>
#include "OK-X128A1.h"

int main(void)
{
  unsigned int random, total = 0;
  unsigned char key, i, j, count, visit_flag, x, y, table[30][20];

  Initialize_MCU();                          // initialize ATxmega128A1 MCU
  Delay_ms(200);
  Initialize_TFT_LCD();                      // initialize TFT-LCD

  TCC1_CTRLA = 0x01;                         // clock = 32MHz for seed of random number
  TCC1_CTRLB = 0x00;                         // normal mode
  TCC1_PER = 0xFFFF;

START:
  TFT_string(7,10,White,Blue, " Visiting Count "); // wait KEY1 to start
  TFT_string(3,20,Green,Black," Press KEY1 to start ! ");
  TFT_string( 3,30,White,Black," (Total Counts = ");
  TFT_unsigned_decimal(total,0,5);
  TFT_string(25,30,White,Black,") ");
  Beep();
  total = 0;
  key = 0;
  while(key != KEY1) key = Key_input();

  srand(TCC1_CNT);                           // initialize random number

  TFT_color(Green,Black);
  for(j = 0; j <= 19; j++)                   // clear visiting room
    for(i = 0; i <= 29; i++)
      { table[i][j] = 0;
        TFT_xy(i, 2*j);
        TFT_English('0');
      }
  visit_flag = 0;

  x = rand() & 0x001F;                       // starting position
  if(x > 29) x = 29;
  y = rand() & 0x000F;

  TFT_color(Magenta,Black);
  while(visit_flag == 0)
    { random = rand();                       // get random number

      if(random <= 0x1FFF)                   // 0x0000 - 0x1FFF
        { if(x != 29)
```

```
          { x++; table[x][y] += 1; } }
      else if(random <= 0x3FFF)                    // 0x2000 - 0x3FFF
        { if(x != 0)
            { x--; table[x][y] += 1; } }
      else if(random <= 0x5FFF)                    // 0x4000 - 0x5FFF
        { if(y != 19)
            { y++; table[x][y] += 1; } }
      else                                         // 0x6000 - 0x7FFF
        { if(y != 0)
            { y--; table[x][y] += 1; } }

      count = table[x][y];                         // display visiting count
      if(count >= 62) count = '*';
      else if(count >= 36) count = count - 36 + 'a';
      else if(count >= 10) count = count - 10 + 'A';
      else count = count + '0';
      TFT_xy(x, 2*y);
      TFT_English(count);

      visit_flag = 1;                              // check end
      for(j = 0; j <= 19; j++)
        for(i = 0; i <= 29; i++)
          if(table[i][j] == 0)
            visit_flag = 0;

      total++;                                     // increment total count
      Delay_ms(10);
    }

  goto START;                                      // if complete, go next stage
}
```

☞ 난수를 발생시키기 시작할 때는 srand() 함수로 난수의 seed를 제공하야 하는데 이 값을 항상 같은 상수값으로 주게 되면 난수를 발생하는 패턴이 늘 일정하게 반복된다. 이를 피하기 위하여 여기서는 포트 C의 타이머1을 설정한 후에 이것에 의한 시간값을 seed로 사용함으로써 매번 난수를 발생하는 seed가 달라지도록 처리하였다. 타이머의 동작을 설정한 후에 KEY1을 눌러서 프로그램의 동작이 시작되기 까지의 시간이 매번 일정하지 않기 때문에 seed가 달라지는 것이다.

위의 프로그램에서는 사방의 끝에 벽이 있다고 가정하고 이 벽을 만나면 거기서 더 이상 진행하지 못하도록 하였으나, 여기서 벽을 없애 동쪽 끝이 서쪽 끝과 연결되었다고 하고 남쪽 끝이 북쪽 끝과 연결되었다고 가정하면 동서남북 방향으로 이동이 훨씬 더 수월해질 수 있다. 다음은 위의 예제 프로그램을 이렇게 벽을 없애는 것으로 수정한 것이다.

〈프로그램 Exp23_2.c〉 Visiting Count 프로그램(2)

```
/* ========================================================================== */
/*                    Exp23_2.c : Visiting Count 프로그램(2)                    */
/* ========================================================================== */
/*                        Designed and programmed by Duck-Yong Yoon in 2010.  */

#include  <avr/io.h>
#include <stdlib.h>
#include "OK-X128A1.h"
```

```
int main(void)
{
  unsigned int random, total = 0;
  unsigned char key, i, j, count, visit_flag, x, y, table[30][20];

  Initialize_MCU();                          // initialize ATxmega128A1 MCU
  Delay_ms(200);
  Initialize_TFT_LCD();                      // initialize TFT-LCD

  TCC1_CTRLA = 0x01;                         // clock = 32MHz for seed of random number
  TCC1_CTRLB = 0x00;                         // normal mode
  TCC1_PER = 0xFFFF;

START:
  TFT_string( 7,10,White,Blue, " Visiting Count "); // wait KEY1 to start
  TFT_string( 3,20,Green,Black," Press KEY1 to start ! ");
  TFT_string( 3,30,White,Black," (Total Counts = ");
  TFT_unsigned_decimal(total,0,5);
  TFT_string(25,30,White,Black,") ");
  Beep();
  total = 0;
  key = 0;
  while(key != KEY1) key = Key_input();

  srand(TCC1_CNT);                                 // initialize random number

  TFT_color(Green,Black);
  for(j = 0; j <= 19; j++)                   // clear visiting room
    for(i = 0; i <= 29; i++)
      { table[i][j] = 0;
        TFT_xy(i, 2*j);
        TFT_English('0');
      }
  visit_flag = 0;

  x = rand() & 0x001F;                       // starting position
  if(x > 29) x = 29;
  y = rand() & 0x000F;

  TFT_color(Magenta,Black);
  while(visit_flag == 0)
    { random = rand();                       // get random number

      if(random <= 0x1FFF)                   // 0x0000 - 0x1FFF
        { if(x == 29) x = 0;
          else        x++;
          table[x][y] += 1;
        }
      else if(random <= 0x3FFF)              // 0x2000 - 0x3FFF
        { if(x == 0)  x = 29;
          else        x--;
          table[x][y] += 1;
        }
      else if(random <= 0x5FFF)              // 0x4000 - 0x5FFF
        { if(y == 19) x = 0;
          else        y++;
          table[x][y] += 1;
        }
      else                                   // 0x6000 - 0x7FFF
        { if(y == 0)  y = 19;
          else        y--;
          table[x][y] += 1;
        }

      count = table[x][y];                   // display visiting count
      if(count >= 62) count = '*';
      else if(count >= 36) count = count - 36 + 'a';
      else if(count >= 10) count = count - 10 + 'A';
      else count = count + '0';
      TFT_xy(x, 2*y);
```

```
      TFT_English(count);

      visit_flag = 1;                          // check end
      for(j = 0; j <= 19; j++)
        for(i = 0; i <= 29; i++)
          if(table[i][j] == 0)
            visit_flag = 0;

      total++;                                 // increment total count
      Delay_ms(10);
    }

  goto START;                                  // if complete, go next stage
}
```

이 예제 프로그램을 컴파일하여 *OK-X128A1* 키트에 다운로드하고 실행하여 보라. 이 프로그램을 실행할 때마다 동일한 과정을 반복하지 않고 매번 이동 경로가 달라지는 것을 볼 수 있는가?

2. 아날로그/디지털 시계 프로그램

두번째의 재미있는 응용 프로그램으로서 *OK-X128A1* 키트에서 DS1307 RTC를 이용하여 TFT-LCD 모듈의 화면에 아날로그(analog) 및 디지털(digital) 시계를 출력하는 응용 프로그램을 작성해 보기로 한다. 이 프로그램에서와 같이 아날로그 시계가 중시되고 디지털 시계가 부수적으로 포함되면 이를 아나디지 시계라고 부르며, 반대로 디지털 시계가 중시되고 아날로그 시계가 부수적으로 포함되면 이를 디지아나 시계라고 부른다.

이 응용 예제 프로그램은 저자가 근무하는 공주대학교 천안캠퍼스의 대학원 전기전자제어공학과 석사과정 학생인 장진욱 및 황준철 군이 각각 학기말 과제로 제출한 것을 참조하였다.

〈프로그램 Exp23_3.c〉 아날로그/디지털 시계 프로그램(1)

```
/* ========================================================================== */
/*          Exp23_3.c : DS1307을 이용한 아날로그/디지털 시계 프로그램          */
/* ========================================================================== */
/*                      Designed and programmed by Duck-Yong Yoon in 2010.   */

#include <avr/io.h>
#include "OK-X128A1.h"
#include "OK-X128A1_large.h"

void DS1307_initialize(void);                     /* initialize DS1307 RTC */
unsigned char DS1307_read(U08 address);           /* read DS1307 */
```

```
void DS1307_write(U08 address, U08 TxD);          /* write DS1307 */
void Increment(void);                             /* increment time */
void Decrement(void);                             /* decrement time */
unsigned char BCD_increment(U08 number);          /* BCD increment */
unsigned char BCD_decrement(U08 number);          /* BCD decrement */
void Cursor_left(void);                           /* go cursor left */
void Cursor_right(void);                          /* go cursor right */
void Draw_analog_clock(void);                     /* draw analog clock */
void Display_time(void);                          /* display analog and digital time */
void Draw_pin(void);                              /* draw hour, minute, second pin */
void Line_soft(S16 x1,S16 y1, S16 x2,S16 y2, U16 color); /* draw a soft line */

unsigned char year, month, date, weekday, hour, minute, second, second_old, start_flag;

int main(void)
{
  Initialize_MCU();                               // initialize ATxmega128A1 MCU
  Delay_ms(200);
  Initialize_TFT_LCD();                           // initialize TFT-LCD
  Beep();

  DS1307_initialize();                            // initialize DS1307 RTC

  TFT_cursor(Magenta);                            // display cursor by Magenta color
  Xcursor = 17;
  Ycursor = 36;

  start_flag = 0;

  TFT_string(3,1, White,Magenta," 아날로그 / 디지털 시계 "); // display title
  Draw_analog_clock();                            // draw analog clock
  TFT_string_large(3,36, Cyan, Black, "오전");  // display digital clock
  TFT_string_large(8,36, Green,Black, "00:00:00");

  while(1)
    { switch(Key_input())                         // key input
        { case KEY1 : Decrement();                // if KEY1, decrement time
                      break;
          case KEY2 : Increment();                // if KEY2, increment time
                      break;
          case KEY3 : Cursor_left();              // if KEY4, go cursor left
                      break;
          case KEY4 : Cursor_right();             // if KEY3, go cursor right
                      break;
          default   : Display_time();             // display time
                      break;
        }
    }
}

void DS1307_initialize(void)                      /* initialize DS1307 RTC */
{
  PORTF_DIR = 0xBA;                               // PORTF4 = 1 output for -TS_CS
  PORTF_OUT = 0xBA;                               // PORTF2 input for -TS_INT

  TWIF_MASTER_CTRLA = 0x08;                       // enable TWI master
  TWIF_MASTER_BAUD = 155;                         // 100kHz = 32MHz/2/(5+155)
  TWIF_MASTER_STATUS = 0x01;                      // idle state

  second =  DS1307_read(0x00);                    // if CH = 1, initialize
  hour =  DS1307_read(0x02);                      // if 24 hour system, initialize

  if(((second & 0x80) == 0x80) || ((hour & 0x40) == 0x00))
    { DS1307_write(0x00, 0x56);                   // second = 0x56
      DS1307_write(0x01, 0x34);                   // minute = 0x34
      DS1307_write(0x02, 0x12 | 0x40);            // hour = 0x12 AM (12 hour system)
      DS1307_write(0x03, 0x04);                   // weekday = 0x04(Wednesday)
      DS1307_write(0x04, 0x30);                   // date = 0x30
      DS1307_write(0x05, 0x06);                   // month = 0x06
      DS1307_write(0x06, 0x10);                   // year = 0x2010
    }
}
```

```
unsigned char DS1307_read(U08 address)           /* read DS1307 */
{
  unsigned char RxD;

  TWIF_MASTER_ADDR = 0xD0;                         // START + slave address + W
  while((TWIF_MASTER_STATUS & 0x70) != 0x60);    // WIF, CLKHOLD, ACK from slave ?

  TWIF_MASTER_DATA = address;                      // DS1307 address
  while((TWIF_MASTER_STATUS & 0x70) != 0x60);    // WIF, CLKHOLD, ACK from slave ?

  TWIF_MASTER_ADDR = 0xD1;                         // Repeated START + slave address + R
  while((TWIF_MASTER_STATUS & 0xB0) != 0xA0);    // RIF, CLKHOLD, ACK from slave ?

  RxD = TWIF_MASTER_DATA;                          // receive data
  TWIF_MASTER_CTRLC = 0x07;                        // NACK + STOP

  return RxD;
}

void DS1307_write(U08 address, U08 TxD)          /* write DS1307 */
{
  TWIF_MASTER_ADDR = 0xD0;                         // START + slave address + W
  while((TWIF_MASTER_STATUS & 0x70) != 0x60);    // WIF, CLKHOLD, ACK from slave ?

  TWIF_MASTER_DATA = address;                      // DS1307 address
  while((TWIF_MASTER_STATUS & 0x70) != 0x60);    // WIF, CLKHOLD, ACK from slave ?

  TWIF_MASTER_DATA = TxD;                          // write time data
  while((TWIF_MASTER_STATUS & 0x70) != 0x60);    // WIF, CLKHOLD, ACK from slave ?

  TWIF_MASTER_CTRLC = 0x03;                        // STOP
}

void Increment(void)                             /* increment time */
{
  if((Xcursor == 5) && (Ycursor == 36))          // in case of AM/PM
    { hour = DS1307_read(0x02);
      if((hour & 0x20) == 0x00) hour |= 0x20;
      else                      hour &= 0xDF;
      DS1307_write(0x02,hour);
    }
  else if((Xcursor == 8) && (Ycursor == 36))     // in case of hour
    { hour = DS1307_read(0x02);
      if((hour & 0x1F) == 0x12) hour = (hour & 0xE0) + 0x01;
      else                      hour = BCD_increment(hour);
      DS1307_write(0x02,hour);
    }
  else if((Xcursor == 11) && (Ycursor == 36))    // in case of minute
    { minute = DS1307_read(0x01);
      if(minute == 0x59)      minute = 0x00;
      else                    minute = BCD_increment(minute);
      DS1307_write(0x01,minute);
    }
  else if((Xcursor == 14) && (Ycursor == 36))    // in case of second
    { second = DS1307_read(0x00);
      if(second == 0x59)      second = 0x00;
      else                    second = BCD_increment(second);
      DS1307_write(0x00,second);
    }
}

void Decrement(void)                             /* decrement time */
{
  if ((Xcursor == 5) && (Ycursor == 36))         // in case of AM/PM
    { hour = DS1307_read(0x02);
      if((hour & 0x20) == 0x00) hour |= 0x20;
      else                      hour &= 0xDF;
      DS1307_write(0x02,hour);
    }
  else if((Xcursor == 8) && (Ycursor == 36))     // in case of hour
    { hour = DS1307_read(0x02);
      if((hour & 0x1F) == 0x01) hour = (hour & 0xE0) + 0x12;
      else                      hour = BCD_decrement(hour);
```

```
        DS1307_write(0x02,hour);
      }
    else if((Xcursor == 11) && (Ycursor == 36))   // in case of minute
      { minute = DS1307_read(0x01);
        if(minute == 0x00)      minute = 0x59;
        else                    minute = BCD_decrement(minute);
        DS1307_write(0x01,minute);
      }
    else if((Xcursor == 14) && (Ycursor == 36))   // in case of second
      { second = DS1307_read(0x00);
        if(second == 0x00)      second = 0x59;
        else                    second = BCD_decrement(second);
        DS1307_write(0x00,second);
      }
}

unsigned char BCD_increment(U08 number)         /* BCD increment */
{ unsigned char i;

  i = (number >> 4)*10 + (number & 0x0F);       // convert BCD to binary
  i++;                                          // incrment
  i = ((i/10) << 4) + (i % 10);                 // convert binary to BCD
  return i;
}

unsigned char BCD_decrement(U08 number)         /* BCD decrement */
{ unsigned char i;

  i = (number >> 4)*10 + (number & 0x0F);       // convert BCD to binary
  i--;                                          // decrement
  i = ((i/10) << 4) + (i % 10);                 // convert binary to BCD
  return i;
}

void Cursor_left(void)                          /* go cursor left */
{
  if     ((Xcursor == 17) && (Ycursor == 36)) { Xcursor = 14; Ycursor = 36; }
  else if((Xcursor == 14) && (Ycursor == 36)) { Xcursor = 11; Ycursor = 36; }
  else if((Xcursor == 11) && (Ycursor == 36)) { Xcursor =  8; Ycursor = 36; }
  else if((Xcursor ==  8) && (Ycursor == 36)) { Xcursor =  5; Ycursor = 36; }
  else if((Xcursor ==  5) && (Ycursor == 36)) { Xcursor = 17; Ycursor = 36; }
}

void Cursor_right(void)                         /* go cursor right */
{
  if     ((Xcursor == 17) && (Ycursor == 36)) { Xcursor =  5; Ycursor = 36; }
  else if((Xcursor ==  5) && (Ycursor == 36)) { Xcursor =  8; Ycursor = 36; }
  else if((Xcursor ==  8) && (Ycursor == 36)) { Xcursor = 11; Ycursor = 36; }
  else if((Xcursor == 11) && (Ycursor == 36)) { Xcursor = 14; Ycursor = 36; }
  else if((Xcursor == 14) && (Ycursor == 36)) { Xcursor = 17; Ycursor = 36; }
}

unsigned int Xcenter = 120;                     // center x,y of analog clock
unsigned int Ycenter = 160;

void Draw_analog_clock(void)                    /* draw analog clock */
{
 unsigned int i;
 unsigned int scale_out = 118;
 unsigned int scale_in1 = 112;
 unsigned int scale_in2 = 105;
 signed int Xstart, Ystart, Xend, Yend;

 for(i = 0; i < 60 ; i++)                       // draw clock scale
   if((i % 5) != 0)
     { Xstart = Xcenter + scale_in1*sin(3.141592/180*(i*6));
       Ystart = Ycenter - scale_in1*cos(3.141592/180*(i*6));
       Xend   = Xcenter + scale_out*sin(3.141592/180*(i*6));
       Yend   = Ycenter - scale_out*cos(3.141592/180*(i*6));

       Line_soft(Xstart,Ystart, Xend,Yend, Blue);
     }
 for(i = 0; i < 12 ; i++)
```

```
    { Xstart = Xcenter + scale_in2*sin(3.141592/180*(i*30));
      Ystart = Ycenter - scale_in2*cos(3.141592/180*(i*30));
      Xend   = Xcenter + scale_out*sin(3.141592/180*(i*30));
      Yend   = Ycenter - scale_out*cos(3.141592/180*(i*30));

      Line_soft(Xstart,Ystart, Xend,Yend, White);
    }

  Circle(Xcenter,Ycenter, 119, Cyan);            // draw outline
  Circle(Xcenter,Ycenter, 118, Blue);

  for(i = 4; i > 0; i--)                         // draw center
    Circle(Xcenter,Ycenter, i, Yellow);
}

void Display_time(void)                          /* display analog and digital time */
{
  second = DS1307_read(0x00);                    // new second ?
  if(second == second_old)
    return;
  else
    second_old = second;

  minute = DS1307_read(0x01);
  hour = DS1307_read(0x02);
  weekday = DS1307_read(0x03);
  date = DS1307_read(0x04);
  month = DS1307_read(0x05);
  year = DS1307_read(0x06);

  TFT_xy(8,36);                                  // display hour
  TFT_color(Green,Black);
  TFT_hexadecimal_large(hour & 0x1F,2);
  if((hour & 0x20) == 0x00) TFT_string_large(5,36, Cyan,Black, "전");
  else                      TFT_string_large(5,36, Cyan,Black, "후");
  TFT_xy(11,36);                                 // display minute
  TFT_color(Green,Black);
  TFT_hexadecimal_large(minute,2);
  TFT_xy(14,36);                                 // display second
  TFT_color(Green,Black);
  TFT_hexadecimal_large(second & 0x7F,2);

  TFT_xy(17,36); TFT_color(Green,Black);         // display home
  TFT_English_large(" ");

  Draw_pin();                                    // draw hour, minute, second pin
  Circle(Xcenter,Ycenter, 5, Green);
}

signed int Xstart_hour_old, Ystart_hour_old, Xend_hour_old, Yend_hour_old;
signed int Xcircle_hour_old, Ycircle_hour_old;

signed int Xstart_minute_old, Ystart_minute_old, Xend_minute_old, Yend_minute_old;
signed int Xcircle_minute_old, Ycircle_minute_old;

signed int Xstart_second_old, Ystart_second_old, Xend_second_old, Yend_second_old;
signed int Xcircle_second_old, Ycircle_second_old;

void Draw_pin(void)                              /* draw hour, minute, second pin */
{
  unsigned int i;
  unsigned int pin_hour, length_hour = 50, center_hour = 30;
  signed int Xstart_hour, Ystart_hour, Xend_hour, Yend_hour;
  signed int Xcircle_hour, Ycircle_hour;

  unsigned int pin_minute, length_minute = 70, center_minute = 50;
  signed int Xstart_minute, Ystart_minute, Xend_minute, Yend_minute;
  signed int Xcircle_minute, Ycircle_minute;

  unsigned int pin_second, length_second = 100, center_second = 80 ;
  signed int Xstart_second, Ystart_second, Xend_second, Yend_second;
  signed int Xcircle_second, Ycircle_second;
```

```
pin_hour = ((hour & 0x10) >> 4)*10 + (hour & 0x0F);     // convert hour to binary
pin_minute = (minute >> 4)*10 + (minute & 0x0F);        // convert minute to binary
pin_second = (second >> 4)*10 + (second & 0x0F);        // convert second to binary

Xstart_hour = Xcenter + 6*sin((pin_hour*30 + pin_minute/2)*3.141592/180); // calculate hour variables
Ystart_hour = Ycenter - 6*cos((pin_hour*30 + pin_minute/2)*3.141592/180);

Xend_hour = Xcenter + length_hour*sin((pin_hour*30 + pin_minute/2)*3.141592/180);
Yend_hour = Ycenter - length_hour*cos((pin_hour*30 + pin_minute/2)*3.141592/180);

Xcircle_hour = Xcenter + center_hour*sin((pin_hour*30 + pin_minute/2)*3.141592/180);
Ycircle_hour = Ycenter - center_hour*cos((pin_hour*30 + pin_minute/2)*3.141592/180);

Xstart_minute = Xcenter + 6*sin((pin_minute*6 + pin_second/10)*3.141592/180); // calculate minute variables
Ystart_minute = Ycenter - 6*cos((pin_minute*6 + pin_second/10)*3.141592/180);

Xend_minute = Xcenter + length_minute*sin((pin_minute*6 + pin_second/10)*3.141592/180);
Yend_minute = Ycenter - length_minute*cos((pin_minute*6 + pin_second/10)*3.141592/180);

Xcircle_minute = Xcenter + center_minute*sin((pin_minute*6 + pin_second/10)*3.141592/180);
Ycircle_minute = Ycenter - center_minute*cos((pin_minute*6 + pin_second/10)*3.141592/180);

Xstart_second = Xcenter + 6*sin(3.141592/180*(pin_second*6)); // calculate second variables
Ystart_second = Ycenter - 6*cos(3.141592/180*(pin_second*6));

Xend_second = Xcenter + length_second*sin(3.141592/180*(pin_second*6));
Yend_second = Ycenter - length_second*cos(3.141592/180*(pin_second*6));

Xcircle_second = Xcenter + center_second*sin(3.141592/180*(pin_second*6));
Ycircle_second = Ycenter - center_second*cos(3.141592/180*(pin_second*6));

if(start_flag == 0)                                 // initialize old value
  { start_flag = 1;

    Xstart_hour_old = Xstart_hour;
    Ystart_hour_old = Ystart_hour;
    Xend_hour_old = Xend_hour;
    Yend_hour_old = Yend_hour;
    Xcircle_hour_old = Xcircle_hour;
    Ycircle_hour_old = Ycircle_hour;

    Xstart_minute_old = Xstart_minute;
    Ystart_minute_old = Ystart_minute;
    Xend_minute_old = Xend_minute;
    Yend_minute_old = Yend_minute;
    Xcircle_minute_old = Xcircle_minute;
    Ycircle_minute_old = Ycircle_minute;

    Xstart_second_old = Xstart_second;
    Ystart_second_old = Ystart_second;
    Xend_second_old = Xend_second;
    Yend_second_old = Yend_second;
    Xcircle_second_old = Xcircle_second;
    Ycircle_second_old = Ycircle_second;
  }

if((Xend_hour != Xend_hour_old) || (Yend_hour != Yend_hour_old) || (Xend_minute != Xend_minute_old) || (Yend_minute != Yend_minute_old))
  { for(i = 3; i > 0; i--)                          // delete old hour pin
      Circle(Xcircle_hour_old,Ycircle_hour_old, i, Black);
    Line_soft(Xstart_hour_old,Ystart_hour_old, Xend_hour_old,Yend_hour_old, Black);

    for(i = 3; i > 0; i--)                          // delete old minute pin
      Circle(Xcircle_minute_old,Ycircle_minute_old, i, Black);
    Line_soft (Xstart_minute_old,Ystart_minute_old, Xend_minute_old,Yend_minute_old, Black);
  }

for(i = 3; i > 0; i--)                              // delete old second pin
  Circle(Xcircle_second_old,Ycircle_second_old, i, Black);
Line_soft (Xstart_second_old,Ystart_second_old, Xend_second_old,Yend_second_old, Black);

for(i = 3; i > 0; i--)                              // draw new hour pin
  Circle(Xcircle_hour,Ycircle_hour, i, Magenta);
Line_soft(Xstart_hour,Ystart_hour, Xend_hour, Yend_hour, Magenta);
```

```
  for(i = 3; i > 0; i--)                         // draw new minute pin
    Circle(Xcircle_minute,Ycircle_minute, i, Cyan);
  Line_soft(Xstart_minute,Ystart_minute, Xend_minute,Yend_minute, Cyan);

  for(i = 3; i > 0; i--)                         // draw new second pin
    Circle(Xcircle_second,Ycircle_second, i, Yellow);
  Line_soft (Xstart_second,Ystart_second, Xend_second,Yend_second, Yellow);

  Xstart_hour_old = Xstart_hour;                 // store old value
  Ystart_hour_old = Ystart_hour;
  Xend_hour_old = Xend_hour;
  Yend_hour_old = Yend_hour;
  Xcircle_hour_old = Xcircle_hour;
  Ycircle_hour_old = Ycircle_hour;

  Xstart_minute_old = Xstart_minute;
  Ystart_minute_old = Ystart_minute;
  Xend_minute_old = Xend_minute;
  Yend_minute_old = Yend_minute;
  Xcircle_minute_old = Xcircle_minute;
  Ycircle_minute_old = Ycircle_minute;

  Xstart_second_old = Xstart_second;
  Ystart_second_old = Ystart_second;
  Xend_second_old = Xend_second;
  Yend_second_old = Yend_second;
  Xcircle_second_old = Xcircle_second;
  Ycircle_second_old = Ycircle_second;
}

void Line_soft(S16 x1,S16 y1, S16 x2,S16 y2, U16 color) /* draw a soft line */
{
  int x, y;

  if(y1 != y2)                                   // if y1 != y2, y is variable
    { if(y1 < y2)                                //              x is function
        for(y = y1; y <= y2; y++)
          { x = x1 + (long)(y - y1)*(long)(x2 - x1)/(y2 - y1);
            TFT_pixel(x, y, color);
          }
      else
        for(y = y1; y >= y2; y--)
          { x = x1 + (long)(y - y1)*(long)(x2 - x1)/(y2 - y1);
            TFT_pixel(x, y, color);
          }
    }
  if(x1 != x2)                                   // if x1 != x2, x is variable
    { if(x1 < x2)                                //              y is function
        for(x = x1; x <= x2; x++)
          { y = y1 + (long)(x - x1)*(long)(y2 - y1)/(x2 - x1);
            TFT_pixel(x, y, color);
          }
      else
        for(x = x1; x >= x2; x--)
          { y = y1 + (long)(x - x1)*(long)(y2 - y1)/(x2 - x1);
            TFT_pixel(x, y, color);
          }
    }
}
```

☞ 아날로그 시계를 화면에 표시할 때는 움직이는 시계 바늘을 처리하는 것이 핵심이다. 바늘이 움직이려면 1초 간격으로 이전의 바늘을 지우고 새로운 바늘을 그려주어야 하며, 만약 이로 인하여 바탕의 이미지가 지워지면 다시 그려주어야 한다. 바늘을 지우고 다시 그릴 때 그 사이의 시간 간격이 크면 화면이 깜빡이는 것처럼 느껴지므로 화면의 깜빡임이 없도록 처리하는 것이 중요하다.

디지털 시계 부분을 처리하는 프로그래밍 기술은 이미 제4.16절에서 공부한 적이 있으며, 현재 시각을 설정하는 방법도 제4.16절에서 사용한 것과 같다. 아날로그 시계는 항상 내부의 DS1307을 이용하므로 디지털 시계에서 현재 시각을 설정하면 아날로그 시계는 자동적으로 이에 따른다.

헤더 파일 OK-X128A1.h에 포함되어 있는 직선을 그리는 함수 Line()은 화면처리가 빠른 반면 선을 그릴 때 점의 밀도가 낮게 표시되는 경우가 있으므로 이를 보완하는 Line_soft() 함수를 만들어 사용하였다.

위의 프로그램에서는 아날로그 시계에 1시~12시를 표시하는 시간이 글씨로 표시되어 있지 않으며, 시계의 시침, 분침, 초침이 길이만 서로 다를 뿐이고 모양이 유사하여 단조롭다. 또한, 디지털 시계에는 오전/오후와 시/분/초만 표시되고 연/월/일/요일은 표시되지 않는다. 다음은 위의 Exp23_3.c 예제 프로그램에 이러한 기능들을 추가하여 보다 세련된 아날로그/디지털 시계를 구현한 프로그램이다.

〈프로그램 Exp23_4.c〉 아날로그/디지털 시계 프로그램(2)

```
/* ========================================================================== */
/*           Exp23_4.c : DS1307을 이용한 아날로그/디지털 시계 프로그램           */
/* ========================================================================== */
/*                         Designed and programmed by Duck-Yong Yoon in 2010.  */

#include <avr/io.h>
#include "OK-X128A1.h"
#include "OK-X128A1_large.h"

void DS1307_initialize(void);                          /* initialize DS1307 RTC */
unsigned char DS1307_read(U08 address);                /* read DS1307 */
void DS1307_write(U08 address, U08 TxD);               /* write DS1307 */
void Increment(void);                                  /* increment time */
void Decrement(void);                                  /* decrement time */
unsigned char BCD_increment(U08 number);               /* BCD increment */
unsigned char BCD_decrement(U08 number);               /* BCD decrement */
void Cursor_left(void);                                /* go cursor left */
void Cursor_right(void);                               /* go cursor right */
void Draw_analog_clock(void);                          /* draw analog clock */
void Display_time(void);                               /* display analog and digital time */
void Draw_pin(void);                                   /* draw hour, minute, second pin */
void Line_soft(S16 x1,S16 y1, S16 x2,S16 y2, U16 color); /* draw a soft line */
void TFT_English_pixel(U16 Xpixel,U16 Ypixel, U08 code); /* write a English ASCII character */

unsigned char year, month, date, weekday, hour, minute, second, second_old, start_flag;

int main(void)
{
  Initialize_MCU();                                    // initialize ATxmega128A1 MCU
  Delay_ms(200);
  Initialize_TFT_LCD();                                // initialize TFT-LCD
  Beep();

  DS1307_initialize();                                 // initialize DS1307 RTC

  TFT_cursor(Magenta);                                 // display cursor by Magenta color
  Xcursor = 17;
  Ycursor = 36;

  start_flag = 0;

  TFT_string(3,1, White,Magenta," 아날로그 / 디지털 시계 "); // display title
  Draw_analog_clock();                                 // draw analog clock
  TFT_string_large(3,36, Cyan, Black, "오전");          // display digital clock
  TFT_string_large(8,36, Green,Black, "00:00:00");
```

```
  while(1)
    { switch(Key_input())                         // key input
        { case KEY1 : Decrement();                // if KEY1, decrement time
                      break;
          case KEY2 : Increment();                // if KEY2, increment time
                      break;
          case KEY3 : Cursor_left();              // if KEY4, go cursor left
                      break;
          case KEY4 : Cursor_right();             // if KEY3, go cursor right
                      break;
          default   : Display_time();             // display time
                      break;
        }
    }
}

void DS1307_initialize(void)                      /* initialize DS1307 RTC */
{
  PORTF_DIR = 0xBA;                               // PORTF4 = 1 output for -TS_CS
  PORTF_OUT = 0xBA;                               // PORTF2 input for -TS_INT

  TWIF_MASTER_CTRLA = 0x08;                       // enable TWI master
  TWIF_MASTER_BAUD = 155;                         // 100kHz = 32MHz/2/(5+155)
  TWIF_MASTER_STATUS = 0x01;                      // idle state

  second =  DS1307_read(0x00);                    // if CH = 1, initialize
  hour =  DS1307_read(0x02);                      // if 24 hour system, initialize

  if(((second & 0x80) == 0x80) || ((hour & 0x40) == 0x00))
    { DS1307_write(0x00, 0x56);                   // second = 0x56
      DS1307_write(0x01, 0x34);                   // minute = 0x34
      DS1307_write(0x02, 0x12 | 0x40);            // hour = 0x12 AM (12 hour system)
      DS1307_write(0x03, 0x04);                   // weekday = 0x04(Wednesday)
      DS1307_write(0x04, 0x30);                   // date = 0x30
      DS1307_write(0x05, 0x06);                   // month = 0x06
      DS1307_write(0x06, 0x10);                   // year = 0x2010
    }
}

unsigned char DS1307_read(U08 address)            /* read DS1307 */
{
  unsigned char RxD;

  TWIF_MASTER_ADDR = 0xD0;                        // START + slave address + W
  while((TWIF_MASTER_STATUS & 0x70) != 0x60);     // WIF, CLKHOLD, ACK from slave ?

  TWIF_MASTER_DATA = address;                     // DS1307 address
  while((TWIF_MASTER_STATUS & 0x70) != 0x60);     // WIF, CLKHOLD, ACK from slave ?

  TWIF_MASTER_ADDR = 0xD1;                        // Repeated START + slave address + R
  while((TWIF_MASTER_STATUS & 0xB0) != 0xA0);     // RIF, CLKHOLD, ACK from slave ?

  RxD = TWIF_MASTER_DATA;                         // receive data
  TWIF_MASTER_CTRLC = 0x07;                       // NACK + STOP

  return RxD;
}

void DS1307_write(U08 address, U08 TxD)           /* write DS1307 */
{
  TWIF_MASTER_ADDR = 0xD0;                        // START + slave address + W
  while((TWIF_MASTER_STATUS & 0x70) != 0x60);     // WIF, CLKHOLD, ACK from slave ?

  TWIF_MASTER_DATA = address;                     // DS1307 address
  while((TWIF_MASTER_STATUS & 0x70) != 0x60);     // WIF, CLKHOLD, ACK from slave ?

  TWIF_MASTER_DATA = TxD;                         // write time data
  while((TWIF_MASTER_STATUS & 0x70) != 0x60);     // WIF, CLKHOLD, ACK from slave ?

  TWIF_MASTER_CTRLC = 0x03;                       // STOP
}

void Increment(void)                              /* increment time */
```

```
  {
    if((Xcursor == 5) && (Ycursor == 36))          // in case of AM/PM
      { hour = DS1307_read(0x02);
        if((hour & 0x20) == 0x00) hour |= 0x20;
        else                      hour &= 0xDF;
        DS1307_write(0x02,hour);
      }
    else if((Xcursor == 8) && (Ycursor == 36))     // in case of hour
      { hour = DS1307_read(0x02);
        if((hour & 0x1F) == 0x12) hour = (hour & 0xE0) + 0x01;
        else                      hour = BCD_increment(hour);
        DS1307_write(0x02,hour);
      }
    else if((Xcursor == 11) && (Ycursor == 36))    // in case of minute
      { minute = DS1307_read(0x01);
        if(minute == 0x59)    minute = 0x00;
        else                  minute = BCD_increment(minute);
        DS1307_write(0x01,minute);
      }
    else if((Xcursor == 14) && (Ycursor == 36))    // in case of second
      { second = DS1307_read(0x00);
        if(second == 0x59)    second = 0x00;
        else                  second = BCD_increment(second);
        DS1307_write(0x00,second);
      }
    else if((Xcursor ==  10) && (Ycursor == 25))   // in case of year
      { year = DS1307_read(0x06);
        if(year == 0x99)      year = 0x00;
        else                  year = BCD_increment(year);
        DS1307_write(0x06,year);
      }
    else if((Xcursor == 13) && (Ycursor == 25))    // in case of month
      { month = DS1307_read(0x05);
        if(month == 0x12)     month = 0x01;
        else                  month = BCD_increment(month);
        DS1307_write(0x05,month);
      }
    else if((Xcursor == 16) && (Ycursor == 25))    // in case of date
      { date = DS1307_read(0x04);
        if(date == 0x31)      date = 0x01;
        else                  date = BCD_increment(date);
        DS1307_write(0x04,date);
      }
    else if((Xcursor == 19) && (Ycursor == 25))    // in case of weekday
      { weekday = DS1307_read(0x03);
        if(weekday == 0x07)   weekday = 0x01;
        else                  weekday++;
        DS1307_write(0x03,weekday);
      }
}

void Decrement(void)                               /* decrement time */
{
  if ((Xcursor == 5) && (Ycursor == 36))           // in case of AM/PM
    { hour = DS1307_read(0x02);
      if((hour & 0x20) == 0x00) hour |= 0x20;
      else                      hour &= 0xDF;
      DS1307_write(0x02,hour);
    }
  else if((Xcursor == 8) && (Ycursor == 36))       // in case of hour
    { hour = DS1307_read(0x02);
      if((hour & 0x1F) == 0x01) hour = (hour & 0xE0) + 0x12;
      else                      hour = BCD_decrement(hour);
      DS1307_write(0x02,hour);
    }
  else if((Xcursor == 11) && (Ycursor == 36))      // in case of minute
    { minute = DS1307_read(0x01);
      if(minute == 0x00)    minute = 0x59;
      else                  minute = BCD_decrement(minute);
      DS1307_write(0x01,minute);
    }
  else if((Xcursor == 14) && (Ycursor == 36))      // in case of second
    { second = DS1307_read(0x00);
```

```
      if(second == 0x00)        second = 0x59;
      else                      second = BCD_decrement(second);
      DS1307_write(0x00,second);
    }
  else if((Xcursor ==  10) && (Ycursor == 25))  // in case of year
    { year = DS1307_read(0x06);
      if(year == 0x00)          year = 0x99;
      else                      year = BCD_decrement(year);
      DS1307_write(0x06,year);
    }
  else if((Xcursor == 13) && (Ycursor == 25))   // in case of month
    { month = DS1307_read(0x05);
      if(month == 0x01)         month = 0x12;
      else                      month = BCD_decrement(month);
      DS1307_write(0x05,month);
    }
  else if((Xcursor == 16) && (Ycursor == 25))   // in case of date
    { date = DS1307_read(0x04);
      if(date == 0x01)          date = 0x31;
      else                      date = BCD_decrement(date);
      DS1307_write(0x04,date);
    }
  else if((Xcursor == 19) && (Ycursor == 25))   // in case of weekday
    { weekday = DS1307_read(0x03);
      if(weekday == 0x01)       weekday = 0x07;
      else                      weekday--;
      DS1307_write(0x03,weekday);
    }
}

unsigned char BCD_increment(U08 number)         /* BCD increment */
{ unsigned char i;

  i = (number >> 4)*10 + (number & 0x0F);       // convert BCD to binary
  i++;                                          // incrment
  i = ((i/10) << 4) + (i % 10);                 // convert binary to BCD
  return i;
}

unsigned char BCD_decrement(U08 number)         /* BCD decrement */
{ unsigned char i;

  i = (number >> 4)*10 + (number & 0x0F);       // convert BCD to binary
  i--;                                          // decrement
  i = ((i/10) << 4) + (i % 10);                 // convert binary to BCD
  return i;
}

void Cursor_left(void)                          /* go cursor left */
{
  if     ((Xcursor == 17) && (Ycursor == 36)) { Xcursor = 14; Ycursor = 36; }
  else if((Xcursor == 14) && (Ycursor == 36)) { Xcursor = 11; Ycursor = 36; }
  else if((Xcursor == 11) && (Ycursor == 36)) { Xcursor =  8; Ycursor = 36; }
  else if((Xcursor ==  8) && (Ycursor == 36)) { Xcursor =  5; Ycursor = 36; }
  else if((Xcursor ==  5) && (Ycursor == 36)) { Xcursor = 19; Ycursor = 25; }

  else if((Xcursor == 19) && (Ycursor == 25)) { Xcursor = 16; Ycursor = 25; }
  else if((Xcursor == 16) && (Ycursor == 25)) { Xcursor = 13; Ycursor = 25; }
  else if((Xcursor == 13) && (Ycursor == 25)) { Xcursor = 10; Ycursor = 25; }
  else if((Xcursor == 10) && (Ycursor == 25)) { Xcursor = 17; Ycursor = 36; }
}

void Cursor_right(void)                         /* go cursor right */
{
  if     ((Xcursor == 17) && (Ycursor == 36)) { Xcursor = 10; Ycursor = 25; }
  else if((Xcursor ==  5) && (Ycursor == 36)) { Xcursor =  8; Ycursor = 36; }
  else if((Xcursor ==  8) && (Ycursor == 36)) { Xcursor = 11; Ycursor = 36; }
  else if((Xcursor == 11) && (Ycursor == 36)) { Xcursor = 14; Ycursor = 36; }
  else if((Xcursor == 14) && (Ycursor == 36)) { Xcursor = 17; Ycursor = 36; }

  else if((Xcursor == 10) && (Ycursor == 25)) { Xcursor = 13; Ycursor = 25; }
  else if((Xcursor == 13) && (Ycursor == 25)) { Xcursor = 16; Ycursor = 25; }
  else if((Xcursor == 16) && (Ycursor == 25)) { Xcursor = 19; Ycursor = 25; }
```

```
   else if((Xcursor == 19) && (Ycursor == 25)) { Xcursor =  5; Ycursor = 36; }
}

unsigned int Xcenter = 120;                  // center x,y of analog clock
unsigned int Ycenter = 160;

void Draw_analog_clock(void)                 /* draw analog clock */
{
 unsigned int i;
 unsigned int scale_out = 118;
 unsigned int scale_in1 = 112;
 unsigned int scale_in2 = 108;
 signed int Xstart, Ystart, Xend, Yend;

 for(i = 0; i < 60 ; i++)                    // draw clock scale
   if((i % 5) != 0)
     { Xstart = Xcenter + scale_in1*sin(3.141592/180*(i*6));
       Ystart = Ycenter - scale_in1*cos(3.141592/180*(i*6));
       Xend   = Xcenter + scale_out*sin(3.141592/180*(i*6));
       Yend   = Ycenter - scale_out*cos(3.141592/180*(i*6));

       Line_soft(Xstart,Ystart, Xend,Yend, Blue);
     }
 for(i = 0; i < 12 ; i++)
   { Xstart = Xcenter + scale_in2*sin(3.141592/180*(i*30));
     Ystart = Ycenter - scale_in2*cos(3.141592/180*(i*30));
     Xend   = Xcenter + scale_out*sin(3.141592/180*(i*30));
     Yend   = Ycenter - scale_out*cos(3.141592/180*(i*30));

     Line_soft(Xstart,Ystart, Xend,Yend, White);
   }

  Circle(Xcenter,Ycenter, 119, Cyan);        // draw outline
  Circle(Xcenter,Ycenter, 118, Cyan);

  for(i = 4; i > 0; i--)                     // draw center
    Circle(Xcenter,Ycenter, i, Yellow);
}

void Display_time(void)                      /* display analog and digital time */
{
  second = DS1307_read(0x00);                // new second ?
  if(second == second_old)
    return;
  else
    second_old = second;

  minute = DS1307_read(0x01);
  hour = DS1307_read(0x02);
  weekday = DS1307_read(0x03);
  date = DS1307_read(0x04);
  month = DS1307_read(0x05);
  year = DS1307_read(0x06);

  TFT_xy(8,36);                              // display hour
  TFT_color(Green,Black);
  TFT_hexadecimal_large(hour & 0x1F,2);
  if((hour & 0x20) == 0x00) TFT_string_large(5,36, Cyan,Black, "전");
  else                      TFT_string_large(5,36, Cyan,Black, "후");
  TFT_xy(11,36);                             // display minute
  TFT_color(Green,Black);
  TFT_hexadecimal_large(minute,2);
  TFT_xy(14,36);                             // display second
  TFT_color(Green,Black);
  TFT_hexadecimal_large(second & 0x7F,2);

  TFT_xy(17,36); TFT_color(Green,Black);     // display home
  TFT_English_large(" ");

  Draw_pin();                                // draw hour, minute, second pin
  Circle(Xcenter,Ycenter, 5, Green);
}
```

```
signed int Xstart1_hour_old, Ystart1_hour_old, Xstart2_hour_old, Ystart2_hour_old, Xend_hour_old, Yend_hour_old;

signed int Xstart1_minute_old, Ystart1_minute_old, Xstart2_minute_old, Ystart2_minute_old, Xend_minute_old, Yend_minute_old;

signed int Xstart_second_old, Ystart_second_old, Xend_second_old, Yend_second_old;
signed int Xcircle_second_old, Ycircle_second_old;

void Draw_pin(void)                              /* draw hour, minute, second pin */
{
  unsigned int i;
  unsigned int pin_hour, length_hour = 65;
  signed int Xstart1_hour, Ystart1_hour, Xstart2_hour, Ystart2_hour, Xend_hour, Yend_hour;

  unsigned int pin_minute, length_minute = 80;
  signed int Xstart1_minute, Ystart1_minute, Xstart2_minute, Ystart2_minute, Xend_minute, Yend_minute;

  unsigned int pin_second, length_second = 100, center_second = 80 ;
  signed int Xstart_second, Ystart_second, Xend_second, Yend_second;
  signed int Xcircle_second, Ycircle_second;

  pin_hour = ((hour & 0x10) >> 4)*10 + (hour & 0x0F);    // convert hour to binary
  pin_minute = (minute >> 4)*10 + (minute & 0x0F);       // convert minute to binary
  pin_second = (second >> 4)*10 + (second & 0x0F);       // convert second to binary

  Xstart1_hour = Xcenter + 6*sin((pin_hour*30 + pin_minute/2 - 30)*3.141592/180); // calculate hour variables
  Ystart1_hour = Ycenter - 6*cos((pin_hour*30 + pin_minute/2 - 30)*3.141592/180);

  Xstart2_hour = Xcenter + 6*sin((pin_hour*30 + pin_minute/2 + 30)*3.141592/180);
  Ystart2_hour = Ycenter - 6*cos((pin_hour*30 + pin_minute/2 + 30)*3.141592/180);

  Xend_hour = Xcenter + length_hour*sin((pin_hour*30 + pin_minute/2)*3.141592/180);
  Yend_hour = Ycenter - length_hour*cos((pin_hour*30 + pin_minute/2)*3.141592/180);

  Xstart1_minute = Xcenter + 6*sin((pin_minute*6 + pin_second/10 - 15)*3.141592/180); // calculate minute variables
  Ystart1_minute = Ycenter - 6*cos((pin_minute*6 + pin_second/10 - 15)*3.141592/180);

  Xstart2_minute = Xcenter + 6*sin((pin_minute*6 + pin_second/10 + 15)*3.141592/180);
  Ystart2_minute = Ycenter - 6*cos((pin_minute*6 + pin_second/10 + 15)*3.141592/180);

  Xend_minute = Xcenter + length_minute*sin((pin_minute*6 + pin_second/10)*3.141592/180);
  Yend_minute = Ycenter - length_minute*cos((pin_minute*6 + pin_second/10)*3.141592/180);

  Xstart_second = Xcenter + 6*sin(3.141592/180*(pin_second*6)); // calculate second variables
  Ystart_second = Ycenter - 6*cos(3.141592/180*(pin_second*6));

  Xend_second = Xcenter + length_second*sin(3.141592/180*(pin_second*6));
  Yend_second = Ycenter - length_second*cos(3.141592/180*(pin_second*6));

  Xcircle_second = Xcenter + center_second*sin(3.141592/180*(pin_second*6));
  Ycircle_second = Ycenter - center_second*cos(3.141592/180*(pin_second*6));

  if(start_flag == 0)                            // initialize old value
    { start_flag = 1;

      Xstart1_hour_old = Xstart1_hour;
      Ystart1_hour_old = Ystart1_hour;
      Xstart2_hour_old = Xstart2_hour;
      Ystart2_hour_old = Ystart2_hour;
      Xend_hour_old = Xend_hour;
      Yend_hour_old = Yend_hour;

      Xstart1_minute_old = Xstart1_minute;
      Ystart1_minute_old = Ystart1_minute;
      Xstart2_minute_old = Xstart2_minute;
      Ystart2_minute_old = Ystart2_minute;
      Xend_minute_old = Xend_minute;
      Yend_minute_old = Yend_minute;

      Xstart_second_old = Xstart_second;
      Ystart_second_old = Ystart_second;
      Xend_second_old = Xend_second;
      Yend_second_old = Yend_second;
      Xcircle_second_old = Xcircle_second;
```

```
      Ycircle_second_old = Ycircle_second;
    }

                                                         // delete old hour and minute pin
  if((Xend_hour != Xend_hour_old) || (Yend_hour != Yend_hour_old) || (Xend_minute != Xend_minute_old) || (Yend_minute != Yend_minute_old))
    { Line_soft(Xstart1_hour_old,Ystart1_hour_old, Xend_hour_old,Yend_hour_old, Black);
      Line_soft(Xstart2_hour_old,Ystart2_hour_old, Xend_hour_old,Yend_hour_old, Black);

      Line_soft (Xstart1_minute_old,Ystart1_minute_old, Xend_minute_old,Yend_minute_old, Black);
      Line_soft (Xstart2_minute_old,Ystart2_minute_old, Xend_minute_old,Yend_minute_old, Black);
    }

  for(i = 3; i > 0; i--)                                 // delete old second pin
    Circle(Xcircle_second_old,Ycircle_second_old, i, Black);
  Line_soft (Xstart_second_old,Ystart_second_old, Xend_second_old,Yend_second_old, Black);

  TFT_color(Green,Black);                                // display hour number
  TFT_English_pixel(112,54, '1'); TFT_English_pixel(120,54, '2');
  TFT_English_pixel(62,68, '1'); TFT_English_pixel(70,68, '1');
  TFT_English_pixel(164,68, '1');
  TFT_English_pixel(28,104, '1'); TFT_English_pixel(36,104, '0');
  TFT_English_pixel(202,104, '2');
  TFT_English_pixel(18,152, '9');
  TFT_English_pixel(216,152, '3');
  TFT_English_pixel(32,202, '8');
  TFT_English_pixel(202,202, '4');
  TFT_English_pixel(68,238, '7');
  TFT_English_pixel(164,238, '5');
  TFT_English_pixel(117,252, '6');

  TFT_string(8,25, Silver,Black, "20");                  // display calendar
  TFT_hexadecimal(year,2);
  TFT_English('/');
  TFT_hexadecimal(month,2);
  TFT_English('/');
  TFT_hexadecimal(date,2);
  if(weekday == 0x01)       TFT_string(18,25, Silver,Black, "(일)");
  else if(weekday == 0x02)  TFT_string(18,25, Silver,Black, "(월)");
  else if(weekday == 0x03)  TFT_string(18,25, Silver,Black, "(화)");
  else if(weekday == 0x04)  TFT_string(18,25, Silver,Black, "(수)");
  else if(weekday == 0x05)  TFT_string(18,25, Silver,Black, "(목)");
  else if(weekday == 0x06)  TFT_string(18,25, Silver,Black, "(금)");
  else if(weekday == 0x07)  TFT_string(18,25, Silver,Black, "(토)");

  Rectangle(60,196, 180,218, Green);

  Line_soft(Xstart1_hour,Ystart1_hour, Xend_hour, Yend_hour, Magenta); // draw new hour pin
  Line_soft(Xstart2_hour,Ystart2_hour, Xend_hour, Yend_hour, Magenta);

  Line_soft(Xstart1_minute,Ystart1_minute, Xend_minute,Yend_minute, Cyan); // draw new minute pin
  Line_soft(Xstart2_minute,Ystart2_minute, Xend_minute,Yend_minute, Cyan);

  for(i = 3; i > 0; i--)                                 // draw new second pin
    Circle(Xcircle_second,Ycircle_second, i, Yellow);
  Line_soft (Xstart_second,Ystart_second, Xend_second,Yend_second, Yellow);

  Xstart1_hour_old = Xstart1_hour;                       // store old value
  Ystart1_hour_old = Ystart1_hour;
  Xstart2_hour_old = Xstart2_hour;
  Ystart2_hour_old = Ystart2_hour;
  Xend_hour_old = Xend_hour;
  Yend_hour_old = Yend_hour;

  Xstart1_minute_old = Xstart1_minute;
  Ystart1_minute_old = Ystart1_minute;
  Xstart2_minute_old = Xstart2_minute;
  Ystart2_minute_old = Ystart2_minute;
  Xend_minute_old = Xend_minute;
  Yend_minute_old = Yend_minute;

  Xstart_second_old = Xstart_second;
  Ystart_second_old = Ystart_second;
  Xend_second_old = Xend_second;
```

```
  Yend_second_old = Yend_second;
  Xcircle_second_old = Xcircle_second;
  Ycircle_second_old = Ycircle_second;
}

void Line_soft(S16 x1,S16 y1, S16 x2,S16 y2, U16 color) /* draw a soft line */
{
  int x, y;

  if(y1 != y2)                                  // if y1 != y2, y is variable
    { if(y1 < y2)                               //              x is function
        for(y = y1; y <= y2; y++)
          { x = x1 + (long)(y - y1)*(long)(x2 - x1)/(y2 - y1);
            TFT_pixel(x, y, color);
          }
      else
        for(y = y1; y >= y2; y--)
          { x = x1 + (long)(y - y1)*(long)(x2 - x1)/(y2 - y1);
            TFT_pixel(x, y, color);
          }
    }
  if(x1 != x2)                                  // if x1 != x2, x is variable
    { if(x1 < x2)                               //              y is function
        for(x = x1; x <= x2; x++)
          { y = y1 + (long)(x - x1)*(long)(y2 - y1)/(x2 - x1);
            TFT_pixel(x, y, color);
          }
      else
        for(x = x1; x >= x2; x--)
          { y = y1 + (long)(x - x1)*(long)(y2 - y1)/(x2 - x1);
            TFT_pixel(x, y, color);
          }
    }
}

void TFT_English_pixel(U16 Xpixel,U16 Ypixel, U08 code) /* write a English ASCII character */
{
  unsigned char data, x, y;
  unsigned int pixel[8][16];

  for(x = 0; x < 8; x++)                        // read English ASCII font
    { data = pgm_read_byte(&E_font[code][x]);
      for(y = 0; y < 8; y++)
        { if(data & 0x01) pixel[x][y] = foreground;
          else            pixel[x][y] = background;
          data = data >> 1;
        }
    }

  for(x = 0; x < 8; x++)
    { data = pgm_read_byte(&E_font[code][x+8]);
      for(y = 0; y < 8; y++)
        { if(data & 0x01) pixel[x][y+8] = foreground;
          else            pixel[x][y+8] = background;
          data = data >> 1;
        }
    }

  for(y = 0; y < 16; y++)                       // write in portrait mode
    for(x = 0; x < 8; x++)
      TFT_pixel(Xpixel + x, Ypixel + y, pixel[x][y]);
}
```

☞ 아날로그 시계 내부에 표시되는 캘린더는 8×16 픽셀의 작은 글씨를 사용하였으며, 시계 바늘의 크기를 고려하여 위치를 적절하게 선택하였다.

TFT_English() 함수는 가로 및 세로 방향으로 8픽셀의 간격으로만 영문 ASCII 문자를 표시할 수 있으므로 아날로그 시계에서 1시~12시의 숫자를 정확한 위치에 표시하기에는 부적합하다. 따라서, 여기서는 영문 ASCII 문자의 위치를 1픽셀의 단위로 지정하여 출력할 수 있는 TFT_English_pixel() 함수를 만들어 사용하였다.

3. 전자 수평계 프로그램

세번째의 재미있는 응용 프로그램으로서 *OK-X128A1* 키트에 장착하고 있는 3축 가속도 센서를 이용하여 TFT-LCD의 화면에 그래픽으로 전자 수평계를 구현하는 응용 프로그램을 작성해 보기로 한다. 이 프로그램을 실행하려면 *OK-X128A1* 키트의 MOD3에 지정된 3축 가속도 센서 모듈 myAccel3LV02를 장착하고 있어야 한다.

이 예제 프로그램은 저자가 근무하는 공주대학교 천안캠퍼스의 대학원 전기전자제어공학과 석사과정 학생인 이승용 군이 학기말 과제로 제출한 것을 참조하였다.

<프로그램 Exp23_5.c> 전자 수평계 프로그램(1) - 방향 표시

```
/* ======================================================================== */
/*          Exp23_5.c : myAccel3LV02 모듈을 이용한 전자 수평계 프로그램          */
/* ======================================================================== */
/*                        Designed and programmed by Duck-Yong Yoon in 2010.  */

#include <avr/io.h>
#include "OK-X128A1.h"

#define Xcenter 120                             // x-axis origin
#define Ycenter 160                             // y-axis origin
#define pin     90                              // pin length

signed long Xaxis, Yaxis;

void Line_soft(S16 x1,S16 y1, S16 x2,S16 y2, U16 color) /* draw a soft line */
{
  int x, y;

  if(y1 != y2)                                  // if y1 != y2, y is variable
    { if(y1 < y2)                               //              x is function
        for(y = y1; y <= y2; y++)
          { x = x1 + (long)(y - y1)*(long)(x2 - x1)/(y2 - y1);
            TFT_pixel(x, y, color);
          }
      else
        for(y = y1; y >= y2; y--)
          { x = x1 + (long)(y - y1)*(long)(x2 - x1)/(y2 - y1);
            TFT_pixel(x, y, color);
          }
    }
  if(x1 != x2)                                  // if x1 != x2, x is variable
    { if(x1 < x2)                               //              y is function
        for(x = x1; x <= x2; x++)
          { y = y1 + (long)(x - x1)*(long)(y2 - y1)/(x2 - x1);
            TFT_pixel(x, y, color);
          }
      else
        for(x = x1; x >= x2; x--)
          { y = y1 + (long)(x - x1)*(long)(y2 - y1)/(x2 - x1);
            TFT_pixel(x, y, color);
          }
```

```
    }
}

void Draw_frame(void)                                   /* draw frame */
{
 unsigned int i;
 unsigned int scale_out = 118;
 unsigned int scale_in = 103;
 signed int Xstart, Ystart, Xend, Yend;

 for(i = 0; i < 60 ; i++)                               // draw scale
   if((i % 5) != 0)
     { Xstart = Xcenter + scale_in*sin(3.141592/180*(i*6));
       Ystart = Ycenter - scale_in*cos(3.141592/180*(i*6));
       Xend   = Xcenter + scale_out*sin(3.141592/180*(i*6));
       Yend   = Ycenter - scale_out*cos(3.141592/180*(i*6));

       Line_soft(Xstart,Ystart, Xend,Yend, Blue);
     }
 for(i = 0; i < 12 ; i++)
   { Xstart = Xcenter + (scale_in - 5)*sin(3.141592/180*(i*30));
     Ystart = Ycenter - (scale_in - 5)*cos(3.141592/180*(i*30));
     Xend   = Xcenter + scale_out*sin(3.141592/180*(i*30));
     Yend   = Ycenter - scale_out*cos(3.141592/180*(i*30));

     Line_soft(Xstart,Ystart, Xend,Yend, Cyan);
   }

  Circle(Xcenter,Ycenter, 119, Cyan);                  // draw outer circle
  Circle(Xcenter,Ycenter, 118, Cyan);
  Circle(Xcenter,Ycenter, 103, Green);                 // draw inner circle
  Circle(Xcenter,Ycenter, 102, Green);

  for(i = 4; i > 0; i--)                               // draw center
    Circle(Xcenter,Ycenter, i, Yellow);
}

void Draw_line_wide(S16 x, S16 y, U16 color)           /* draw a wide line */
{
  TFT_pixel(x,      y,      color);
  TFT_pixel(x + 1, y + 1, color);
  TFT_pixel(x - 1, y - 1, color);
  TFT_pixel(x + 1, y - 1, color);
  TFT_pixel(x - 1, y + 1, color);
}

void Draw_pin(S16 Xsize,S16 Ysize, U16 color)          /* draw pin */
{
  unsigned char i;
  signed int x, y, Xend, Yend;

  if((Xsize != 0) || (Ysize != 0))                     // if zero, draw no pin and beep
    { Xend = Xcenter - (signed long)pin * (signed long)Xsize/sqrt(pow(Xsize,2) + pow(Ysize,2));

      Yend = Ycenter + (signed long)pin * (signed long)Ysize/sqrt(pow(Xsize,2) + pow(Ysize,2));

    }
  else
    { Xend = Xcenter;
      Yend = Ycenter;
      Beep();
    }

  for(y = Ycenter; y > Yend; y--)
    { x = Xcenter + (signed long)(y-Ycenter)*(signed long)(Xend-Xcenter)/(Yend-Ycenter);
      Draw_line_wide(x,y, color);
    }

  for(y = Ycenter; y < Yend; y++)
    { x = Xcenter + (signed long)(y-Ycenter)*(signed long)(Xend-Xcenter)/(Yend-Ycenter);
      Draw_line_wide(x,y, color);
    }
```

```
    for(x = Xcenter; x > Xend; x--)
      { y = Ycenter + (signed long)(x-Xcenter)*(signed long)(Yend-Ycenter)/(Xend-Xcenter);
        Draw_line_wide(x,y, color);
      }

    for(x = Xcenter; x < Xend; x++)
      { y = Ycenter + (signed long)(x-Xcenter)*(signed long)(Yend-Ycenter)/(Xend-Xcenter);
        Draw_line_wide(x, y, color);
      }

    for(i = 1; i < 8; i++)                          // redraw ceter point
      Circle(Xcenter,Ycenter, i, Magenta);

    for(i = 0; i < 5; i++)                          // display end point
      Circle(Xend,Yend, i, color );
}

void Write_accel(U08 reg, U08 data)                 /* write register of myAccel3LV02 module */
{
  PORTF_OUTCLR = 0x08;                              //  -CS = 0

  SPIF_write(reg);
  SPIF_write(data);

  PORTF_OUTSET = 0x08;                              //  -CS = 1
}

unsigned char Read_accel(U08 reg)                   /* read register of myAccel3LV02 module */
{
  unsigned char RxD;

  PORTF_OUTCLR = 0x08;                              //  -CS = 0

  RxD = SPIF_write(0x80 | reg);                     // transfer register address
  RxD = SPIF_write(0xFF);                           // read data

  PORTF_OUTSET = 0x08;                              //  -CS = 1

  return RxD;
}

void Initialize_Accel()                             /* initialize myAccel3LV02 module */
{
  PORTF_DIRSET = 0x08;                              // PORTF4 = 1 output for -CS
  PORTF_OUTSET = 0x08;

  SPIF_Mode0_1MHz();                                // initialize SPI

  Write_accel(0x20, 0xC7);                          // control register 1 - enable X,Y,Z
}

void XYaxis_input(void)                             /* read Xaxis and Yaxis */
{
  unsigned int i;

  Xaxis = 0;                                        // average of 32 times
  Yaxis = 0;
  for(i = 0; i < 32; i++)
    { while(!(Read_accel(0x27) & 0x08));            // ready ?
      Xaxis += ((Read_accel(0x29) << 8) | Read_accel(0x28)); // read X-axis
      Yaxis += ((Read_accel(0x2B) << 8) | Read_accel(0x2A)); // read Y-axis
    }
  Xaxis >>= 5;
  Yaxis >>= 5;
}

int main(void)
{
  unsigned char start_flag = 0;
  signed int Xaxis_old = 0, Yaxis_old = 0;

  Initialize_MCU();                                 // initialize ATxmega128A1 MCU
  Delay_ms(200);
```

```
    Initialize_TFT_LCD();                          // initialize TFT-LCD
    Beep();

    Initialize_Accel();                            // initialize acceleration sensor module

    TFT_string(5, 1, White,Magenta, " 전자 수평계 (방향) ");
    TFT_string(6,36, White,Black, "X축 기울기 = +0000" );
    TFT_string(6,38, White,Black, "Y축 기울기 = +0000" );

    Draw_frame();                                  // draw frame

    while(1)
      { XYaxis_input();                            // read acceleration sensor module

        if(start_flag == 0)
          { Xaxis_old = Xaxis;
            Yaxis_old = Yaxis;
            start_flag = 1;
          }

        TFT_xy(19,36);                             // display numerical data
        TFT_signed_decimal(Xaxis,0,4);
        TFT_xy(19,38);
        TFT_signed_decimal(Yaxis,0,4);

        if((Xaxis != Xaxis_old) || (Yaxis != Yaxis_old)) // delete old pin
          Draw_pin(Xaxis_old,Yaxis_old, Black);

        Draw_pin(Xaxis, Yaxis, White);             // draw pin

        Xaxis_old = Xaxis;                         // store current data
        Yaxis_old = Yaxis;
      }
}
```

☞ 이 프로그램에서는 완전 수평 상태에서 X축 기울기=0, Y축 기울기=0으로 표시되면 전자 수평계의 바늘이 없어지며 비프음을 울린다.

이 예제 프로그램을 컴파일하여 *OK-X128A1* 키트에 다운로드하고 실행하여 보라. 그리고 두손으로 *OK-X128A1* 키트를 잡고 360°범위에서 여러가지 방향으로 기울여 보면서 TFT-LCD 화면에 그래픽으로 수평계가 올바르게 경사의 빙향을 표시하는지 관찰하라. 수평계의 바늘 방향이 경사의 방향을 나타내는데, 바늘이 가리키는 방향이 경사가 낮은 쪽이다. 또한, TFT-LCD 모듈의 화면 하단에는 myAccel3LV02 3축 가속도 센서 모듈에서 읽은 X축, Y축의 데이터를 나타내는데, X축의 데이터는 -값이면 왼쪽이 높은 것이고 +값이면 오른쪽이 높은 것이며, Y축의 데이터는 -값이면 아래쪽이 높은 것이고 +값이면 위쪽이 높은 것이다.

위의 예제 프로그램에서는 TFT-LCD 모듈 화면에 그래픽으로 경사의 방향만을 나타내므로 항상 바늘의 크기가 일정하다. 이를 경사의 정도에 따라 바늘의 길이가 변하도록 수정한 프로그램으로 작성하면 다음과 같다.

〈프로그램 Exp23_6.c〉 전자 수평계 프로그램(2) - 방향/크기 표시

```
/* ============================================================================ */
/*          Exp23_6.c : myAccel3LV02 모듈을 이용한 전자 수평계 프로그램          */
/* ============================================================================ */
/*                          Designed and programmed by Duck-Yong Yoon in 2010.  */

#include <avr/io.h>
#include "OK-X128A1.h"

#define Xcenter 120                              // x-axis origin
#define Ycenter 160                              // y-axis origin
#define pin     90                               // pin length

signed long Xaxis, Yaxis;

void Line_soft(S16 x1,S16 y1, S16 x2,S16 y2, U16 color) /* draw a soft line */
{
  int x, y;

  if(y1 != y2)                                   // if y1 != y2, y is variable
    { if(y1 < y2)                                //              x is function
        for(y = y1; y <= y2; y++)
          { x = x1 + (long)(y - y1)*(long)(x2 - x1)/(y2 - y1);
            TFT_pixel(x, y, color);
          }
      else
        for(y = y1; y >= y2; y--)
          { x = x1 + (long)(y - y1)*(long)(x2 - x1)/(y2 - y1);
            TFT_pixel(x, y, color);
          }
    }
  if(x1 != x2)                                   // if x1 != x2, x is variable
    { if(x1 < x2)                                //              y is function
        for(x = x1; x <= x2; x++)
          { y = y1 + (long)(x - x1)*(long)(y2 - y1)/(x2 - x1);
            TFT_pixel(x, y, color);
          }
      else
        for(x = x1; x >= x2; x--)
          { y = y1 + (long)(x - x1)*(long)(y2 - y1)/(x2 - x1);
            TFT_pixel(x, y, color);
          }
    }
}

void Draw_frame(void)                            /* draw frame */
{
 unsigned int i;
 unsigned int scale_out = 118;
 unsigned int scale_in = 103;
 signed int Xstart, Ystart, Xend, Yend;

 for(i = 0; i < 60 ; i++)                        // draw scale
   if((i % 5) != 0)
     { Xstart = Xcenter + scale_in*sin(3.141592/180*(i*6));
       Ystart = Ycenter - scale_in*cos(3.141592/180*(i*6));
       Xend   = Xcenter + scale_out*sin(3.141592/180*(i*6));
       Yend   = Ycenter - scale_out*cos(3.141592/180*(i*6));

       Line_soft(Xstart,Ystart, Xend,Yend, Blue);
     }
 for(i = 0; i < 12 ; i++)
   { Xstart = Xcenter + (scale_in - 5)*sin(3.141592/180*(i*30));
     Ystart = Ycenter - (scale_in - 5)*cos(3.141592/180*(i*30));
     Xend   = Xcenter + scale_out*sin(3.141592/180*(i*30));
     Yend   = Ycenter - scale_out*cos(3.141592/180*(i*30));

     Line_soft(Xstart,Ystart, Xend,Yend, Cyan);
   }
```

```
  Circle(Xcenter,Ycenter, 119, Cyan);             // draw outer circle
  Circle(Xcenter,Ycenter, 118, Cyan);
  Circle(Xcenter,Ycenter, 103, Green);            // draw inner circle
  Circle(Xcenter,Ycenter, 102, Green);

  for(i = 4; i > 0; i--)                          // draw center
    Circle(Xcenter,Ycenter, i, Yellow);
}

void Draw_line_wide(S16 x, S16 y, U16 color)      /* draw a wide line */
{
  TFT_pixel(x,     y,     color);
  TFT_pixel(x + 1, y + 1, color);
  TFT_pixel(x - 1, y - 1, color);
  TFT_pixel(x + 1, y - 1, color);
  TFT_pixel(x - 1, y + 1, color);
}

void Draw_pin(S16 Xsize,S16 Ysize, U16 color)     /* draw pin */
{
  unsigned char i;
  signed int x, y, Xend, Yend;
  float radius;

  radius = sqrt(pow(Xsize,2) + pow(Ysize,2));     // scale
  if(radius > pin)
    { Xsize = (signed long)pin*(signed long)Xsize/radius;
      Ysize = (signed long)pin*(signed long)Ysize/radius;
    }

  if((Xsize != 0) || (Ysize != 0))                // if zero, draw no pin and beep
    { Xend = Xcenter - Xsize;
      Yend = Ycenter + Ysize;
    }
  else
    { Xend = Xcenter;
      Yend = Ycenter;
      Beep();
    }

  for(y = Ycenter; y > Yend; y--)
    { x = Xcenter + (signed long)(y-Ycenter)*(signed long)(Xend-Xcenter)/(Yend-Ycenter);
      Draw_line_wide(x,y, color);
    }

  for(y = Ycenter; y < Yend; y++)
    { x = Xcenter + (signed long)(y-Ycenter)*(signed long)(Xend-Xcenter)/(Yend-Ycenter);
      Draw_line_wide(x,y, color);
    }

  for(x = Xcenter; x > Xend; x--)
    { y = Ycenter + (signed long)(x-Xcenter)*(signed long)(Yend-Ycenter)/(Xend-Xcenter);
      Draw_line_wide(x,y, color);
    }

  for(x = Xcenter; x < Xend; x++)
    { y = Ycenter + (signed long)(x-Xcenter)*(signed long)(Yend-Ycenter)/(Xend-Xcenter);
      Draw_line_wide(x, y, color);
    }

  for(i = 1; i < 8; i++)                          // redraw ceter point
    Circle(Xcenter,Ycenter, i, Magenta);

  for(i = 0; i < 5; i++)                          // display end point
    Circle(Xend,Yend, i, color );
}

void Write_accel(U08 reg, U08 data)               /* write register of myAccel3LV02 module */
{
  PORTF_OUTCLR = 0x08;                            //  -CS = 0

  SPIF_write(reg);
  SPIF_write(data);
```

```
  PORTF_OUTSET = 0x08;                              //  -CS = 1
}

unsigned char Read_accel(U08 reg)                   /* read register of myAccel3LV02 module */
{
  unsigned char RxD;

  PORTF_OUTCLR = 0x08;                              //  -CS = 0

  RxD = SPIF_write(0x80 | reg);                     // transfer register address
  RxD = SPIF_write(0xFF);                           // read data

  PORTF_OUTSET = 0x08;                              //  -CS = 1

  return RxD;
}

void Initialize_Accel()                             /* initialize myAccel3LV02 module */
{
  PORTF_DIRSET = 0x08;                              // PORTF4 = 1 output for -CS
  PORTF_OUTSET = 0x08;

  SPIF_Mode0_1MHz();                                // initialize SPI

  Write_accel(0x20, 0xC7);                          // control register 1 - enable X,Y,Z
}

void XYaxis_input(void)                             /* read Xaxis and Yaxis */
{
  unsigned int i;

  Xaxis = 0;                                        // average of 32 times
  Yaxis = 0;
  for(i = 0; i < 32; i++)
    { while(!(Read_accel(0x27) & 0x08));            // ready ?
      Xaxis += ((Read_accel(0x29) << 8) | Read_accel(0x28)); // read X-axis
      Yaxis += ((Read_accel(0x2B) << 8) | Read_accel(0x2A)); // read Y-axis
    }
  Xaxis >>= 5;
  Yaxis >>= 5;
}

int main(void)
{
  unsigned char start_flag = 0;
  signed int Xaxis_old = 0, Yaxis_old = 0;

  Initialize_MCU();                                 // initialize ATxmega128A1 MCU
  Delay_ms(200);
  Initialize_TFT_LCD();                             // initialize TFT-LCD
  Beep();

  Initialize_Accel();                               // initialize acceleration sensor module

  TFT_string(3, 1, White,Magenta, " 전자 수평계(방향/크기) ");
  TFT_string(6,36, White,Black, "X축 기울기 = +0000" );
  TFT_string(6,38, White,Black, "Y축 기울기 = +0000" );

  Draw_frame();                                     // draw frame

  while(1)
    { XYaxis_input();                               // read acceleration sensor module

      if(start_flag == 0)
        { Xaxis_old = Xaxis;
          Yaxis_old = Yaxis;
          start_flag = 1;
        }

      TFT_xy(19,36);                                // display numerical data
      TFT_signed_decimal(Xaxis,0,4);
      TFT_xy(19,38);
```

```
        TFT_signed_decimal(Yaxis,0,4);

        if((Xaxis != Xaxis_old) || (Yaxis != Yaxis_old)) // delete old pin
          Draw_pin(Xaxis_old,Yaxis_old, Black);

        Draw_pin(Xaxis, Yaxis, White);              // draw pin

        Xaxis_old = Xaxis;                          // store current data
        Yaxis_old = Yaxis;
      }
  }
```

이 예제 프로그램을 컴파일하여 *OK-X128A1* 키트에 다운로드하고 실행하여 보라. 그리고 두손으로 *OK-X128A1* 키트를 잡고 360°범위에서 여러가지 방향으로 기울여 보면서 TFT-LCD 화면에 그래픽으로 수평계가 올바르게 경사의 방향 및 크기를 표시하는지 관찰하라.

4. 실습 과제

(1) 예제 프로그램 Exp23_1.c에서 seed=1로 일정하게 주고 실행하여 보라. 이렇게 seed 값을 일정하게 준 경우와 타이머를 이용하여 랜덤하게 준 경우의 차이점을 설명하라.

(2) 예제 프로그램 Exp23_3.c에 알람 기능을 추가한 예제 프로그램 Exp23_3R.c를 작성하라. 알람 기능은 오전/오후 및 시/분에만 적용하고, 알람 시간에 도달하면 1분동안 1초 간격으로 버저를 울리도록 하라. 알람을 설정하는 방법은 현재시각을 설정하는 것과 유사하게 설계하고, 알람이 on 상태일 경우에는 화면에 이를 적절하게 표시해야 한다. 예를 들어 알람의 on/off는 아날로그 시계에서 바늘의 회전축을 중심으로 캘린더의 반대 위치 즉 12시 방향에 표시하면 좋을 것이다.

(3) 예제 프로그램 Exp23_4.c에서 시계의 모양이나 표시 내용을 좀더 예쁘도록 자신의 개성을 살려서 수정한 예제 프로그램 Exp23_4R.c를 작성하라.

부록

OK-X128A1 키트 관련 자료

〈부록1〉 ATxmega128A1의 데이터 시트

〈부록2〉 키트 테스트 프로그램 kit_test.c의 소스

☞

〈부록 1〉에 실은 ATxmega128A1의 데이터 시트는 양이 많으므로 여기에는 필요한 일부분만을 발췌하여 싣는다. 나머지 부분들은 이 책에서 대부분 설명하고 있으니 거의 필요가 없지만, 이것의 전체를 보고자 하는 독자는 저자나 Atmel사의 홈페이지에서 직접 다운받아 사용하기 바란다.

〈부록 2〉에는 OK-X128A1 키트를 사용자가 처음 조립하고 나서 이것의 정상적인 동작 여부를 체크할 수 있는 키트 진단용의 테스트 프로그램인 kit_test.c의 소스를 실었다. 이 C언어 소스 파일과 이것을 번역한 kit_test-X128A1.hex 파일은 이 책의 예제와 함께 제공하므로, 자신이 직접 키트를 조립하는 사용자는 이를 가지고 키트를 테스트하면 된다.

〈부록 1〉 ATxmega128A1의 데이터 시트(부분 발췌)

Features

- High-performance, Low-power 8/16-bit AVR XMEGA Microcontroller
- Non-Volatile Program and Data Memories
  - 64K - 384K Bytes of In-System Self-Programmable Flash
  - 4K - 8K Bytes Boot Section with Independent Lock Bits
  - 2 KB - 4 KB EEPROM
  - 4 KB - 32 KB Internal SRAM
    External Bus Interface for up to 16M bytes SRAM
    External Bus Interface for up to 128M bit SDRAM
- Peripheral Features
  - Four-channel DMA Controller with support for external requests
  - Eight-channel Event System
  - Eight 16-bit Timer/Counters
    Four Timer/Counters with 4 Output Compare or Input Capture channels
    Four Timer/Counters with 2 Output Compare or Input Capture channels
    High-Resolution Extension on all Timer/Counters
    Advanced Waveform Extension on two Timer/Counters
  - Eight USARTs
    IrDA modulation/demodulation for one USART
  - Four Two-Wire Interfaces with dual address match (I^2C and SMBus compatible)
  - Four SPI (Serial Peripheral Interface) peripherals
  - AES and DES Crypto Engine
  - 16-bit Real Time Counter with separate Oscillator
  - Two Eight-channel, 12-bit, 2 Msps Analog to Digital Converters
  - Two Two-channel, 12-bit, 1 Msps Digital to Analog Converters
  - Four Analog Comparators with Window compare function
  - External Interrupts on all General Purpose I/O pins
  - Programmable Watchdog Timer with Separate On-chip Ultra Low Power Oscillator
- Special Microcontroller Features
  - Power-on Reset and Programmable Brown-out Detection
  - Internal and External Clock Options with PLL and Prescaler
  - Programmable Multi-level Interrupt Controller
  - Sleep Modes: Idle, Power-down, Standby, Power-save, Extended Standby
  - Advanced Programming, Test and Debugging Interfaces
    JTAG (IEEE 1149.1 Compliant) Interface for programming, test and debugging
    PDI (Program and Debug Interface) for programming and debugging
- I/O and Packages
  - 78 Programmable I/O Lines
  - 100 - lead TQFP
  - 100 - ball CBGA
  - 100 - ball VFBGA
- Operating Voltage
  - 1.6 – 3.6V
- Speed performance
  - 0 – 12 MHz @ 1.6 – 3.6V
  - 0 – 32 MHz @ 2.7 – 3.6V

Typical Applications

- Industrial control
- Factory automation
- Building control
- Board control
- White Goods
- Climate control
- ZigBee
- Motor control
- Networking
- Optical
- Hand-held battery applications
- Power tools
- HVAC
- Metering
- Medical Applications

8/16-bit AVR® XMEGA A1 Microcontroller

ATxmega384A1
ATxmega256A1
ATxmega192A1
ATxmega128A1
ATxmega64A1

Preliminary

8067J–AVR–02/10

1. Ordering Information

Ordering Code	Flash (B)	E²	SRAM	Speed (MHz)	Power Supply	Package(1)(2)(3)	Temp
ATxmega384A1-AU	384K + 8K	4 KB	32 KB	32	1.6 - 3.6V	100A	-40°C - 85°C
ATxmega256A1-AU	256K + 8K	4 KB	16 KB	32	1.6 - 3.6V		
ATxmega192A1-AU	192K + 8K	2 KB	16 KB	32	1.6 - 3.6V		
ATxmega128A1-AU	128K + 8K	2 KB	8 KB	32	1.6 - 3.6V		
ATxmega64A1-AU	64K + 4K	2 KB	4 KB	32	1.6 - 3.6V		
ATxmega384A1-CU	384K + 8K	4 KB	32 KB	32	1.6 - 3.6V	100C1	
ATxmega256A1-CU	256K + 8K	4 KB	16 KB	32	1.6 - 3.6V		
ATxmega192A1-CU	192K + 8K	2 KB	16 KB	32	1.6 - 3.6V		
ATxmega128A1-CU	128K + 8K	2 KB	8 KB	32	1.6 - 3.6V		
ATxmega64A1-CU	64K + 4K	2 KB	4 KB	32	1.6 - 3.6V		
ATxmega128A1-C7U	128K + 8K	2 KB	8 KB	32	1.6 - 3.6V	100C2	
ATxmega64A1-C7U	64K + 4K	2 KB	4 KB	32	1.6 - 3.6V		

Notes:
1. This device can also be supplied in wafer form. Please contact your local Atmel sales office for detailed ordering information.
2. Pb-free packaging, complies to the European Directive for Restriction of Hazardous Substances (RoHS directive). Also Halide free and fully Green.
3. For packaging information, see "Packaging information" on page 64.

Package Type	
100A	100-lead, 14 x 14 x 1.0 mm, 0.5 mm Lead Pitch, Thin Profile Plastic Quad Flat Package (TQFP)
100C1	100-ball, 9 x 9 x 1.2 mm Body, Ball Pitch 0.88 mm, Chip Ball Grid Array (CBGA)
100C2	100-ball, 7 x 7 x 1.0 mm Body, Ball Pitch 0.65 mm, Very Thin Fine-Pitch Ball Grid Array (VFBGA)

3.1 Block Diagram

Figure 3-1. XMEGA A1 Block Diagram

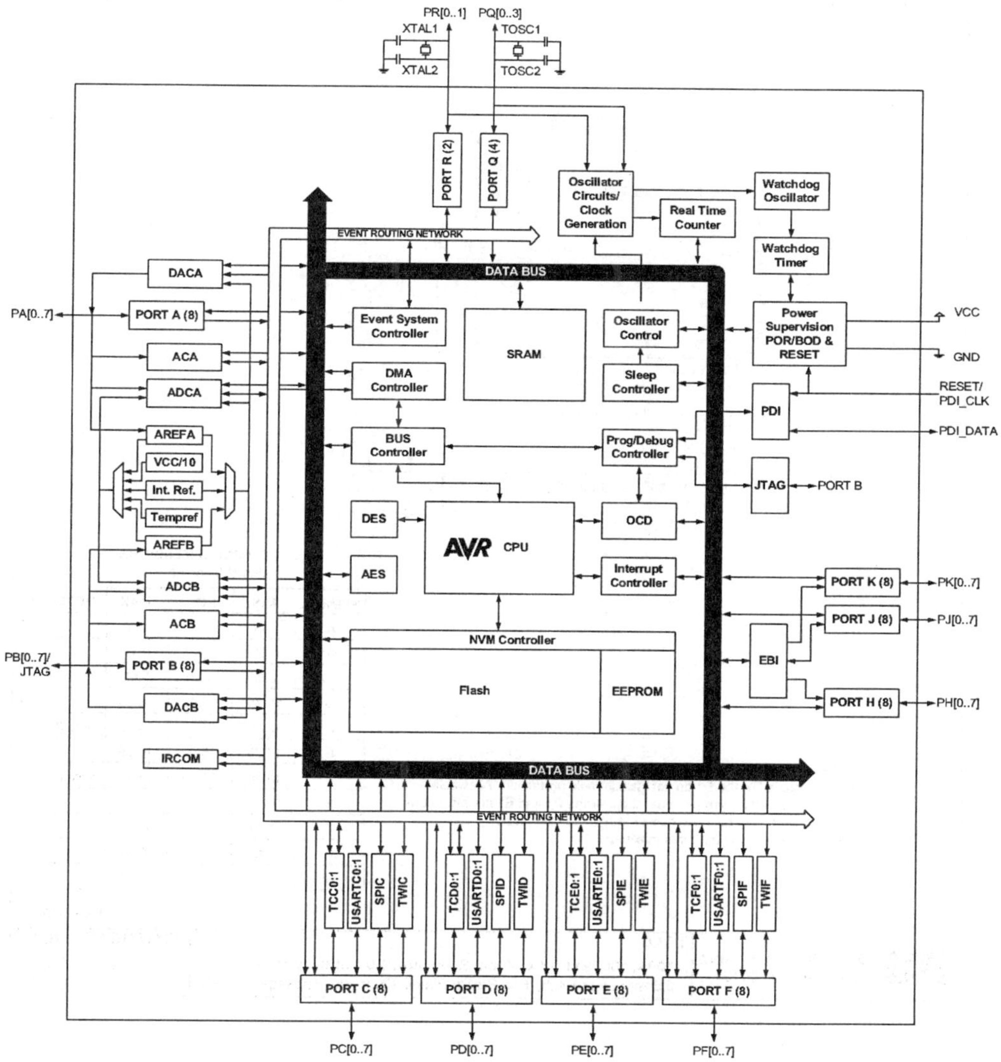

32. Packaging information

32.1 100A

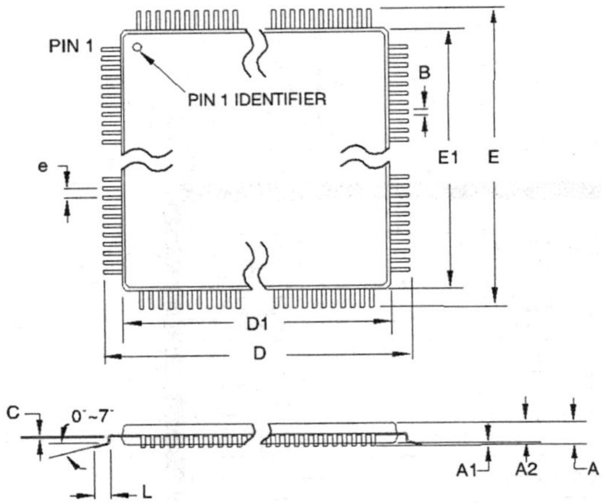

COMMON DIMENSIONS
(Unit of Measure = mm)

SYMBOL	MIN	NOM	MAX	NOTE
A	–	–	1.20	
A1	0.05	–	0.15	
A2	0.95	1.00	1.05	
D	15.75	16.00	16.25	
D1	13.90	14.00	14.10	Note 2
E	15.75	16.00	16.25	
E1	13.90	14.00	14.10	Note 2
B	0.17	–	0.27	
C	0.09	–	0.20	
L	0.45	–	0.75	
e	0.50 TYP			

Notes:
1. This package conforms to JEDEC reference MS-026, Variation AED.
2. Dimensions D1 and E1 do not include mold protrusion. Allowable protrusion is 0.25 mm per side. Dimensions D1 and E1 are maximum plastic body size dimensions including mold mismatch.
3. Lead coplanarity is 0.08 mm maximum.

10/5/2001

ATMEL 2325 Orchard Parkway San Jose, CA 95131	TITLE **100A,** 100-lead, 14 x 14 mm Body Size, 1.0 mm Body Thickness, 0.5 mm Lead Pitch, Thin Profile Plastic Quad Flat Package (TQFP)	DRAWING NO. 100A	REV. C

33. Electrical Characteristics

33.1 Absolute Maximum Ratings*

Operating Temperature .... -55°C to +125°C
Storage Temperature .... -65°C to +150°C
Voltage on any Pin with respect to Ground..-0.5V to V_{CC}+0.5V
Maximum Operating Voltage 3.6V
DC Current per I/O Pin .... 20.0 mA
DC Current V_{CC} and GND Pins............................... 200.0 mA

*NOTICE: Stresses beyond those listed under "Absolute Maximum Ratings" may cause permanent damage to the device. This is a stress rating only and functional operation of the device at these or other conditions beyond those indicated in the operational sections of this specification is not implied. Exposure to absolute maximum rating conditions for extended periods may affect device reliability.

33.2 DC Characteristics

Table 33-1. Current Consumption

Symbol	Parameter	Condition			Min	Typ	Max	Units
I_{CC}	Power Supply Current(1)	Active	32 kHz, Ext. Clk	V_{CC} = 1.8V		TBD		µA
				V_{CC} = 3.0V		TBD		
			1 MHz, Ext. Clk	V_{CC} = 1.8V		365		
				V_{CC} = 3.0V		790		
			2 MHz, Ext. Clk	V_{CC} = 1.8V		690	800	
				V_{CC} = 3.0V		1400	1600	
			32 MHz, Ext. Clk	V_{CC} = 3.0V		18.35	20	mA
		Idle	32 kHz, Ext. Clk	V_{CC} = 1.8V		TBD		µA
				V_{CC} = 3.0V		TBD		
			1 MHz, Ext. Clk	V_{CC} = 1.8V		135		
				V_{CC} = 3.0V		255		
			2 MHz, Ext. Clk	V_{CC} = 1.8V		270	380	
				V_{CC} = 3.0V		510	650	
			32 MHz, Ext. Clk	V_{CC} = 3.0V		8.15	9.2	mA
	Power-down mode	All Functions Disabled		V_{CC} = 3.0V		0.1		µA
		All Functions Disabled, T = 85°C		V_{CC} = 3.0V		2	5	
		ULP, WDT, Sampled BOD		V_{CC} = 1.8V		0.5		
				V_{CC} = 3.0V		0.6		
		ULP, WDT, Sampled BOD, T=85°C		V_{CC} = 3.0V		3	10	
	Power-save mode	RTC 1 kHz from Low Power 32 kHz TOSC		V_{CC} = 1.8V		0.52		
				V_{CC} = 3.0V		0.55		
		RTC from Low Power 32 kHz TOSC		V_{CC} = 3.0V		1.16		
	Reset Current Consumption	without Reset pull-up resistor current		V_{CC} = 3.0V		TBD		

Table 33-1. Current Consumption

Symbol	Parameter	Condition	Min	Typ	Max	Units
Module current consumption(2)						
I_{CC}	RC32M			395		μA
	RC32M w/DFLL	Internal 32.768 kHz oscillator as DFLL source		TBD		
	RC2M			120		
	RC2M w/DFLL	Internal 32.768 kHz oscillator as DFLL source		155		
	RC32K			30		
	PLL	Multiplication factor = 10x		195		
	Watchdog normal mode			TBD		
	BOD Continuous mode			120		
	BOD Sampled mode			1		
	Internal 1.00 V ref			85		
	Temperature reference			80		
	RTC with int. 32 kHz RC as source	No prescaling		30		
	RTC with ULP as source	No prescaling		1		
	ADC	250 kS/s - Int. 1V Ref		3.6		mA
	DAC Normal Mode	1000 kS/s, Single channel, Int. 1V Ref		1.8		
	DAC Low-Power Mode	1000 KS/s, Single channel, Int. 1V Ref		1		
	AC High-speed			220		μA
	AC Low-power			110		
	USART	Rx and Tx enabled, 9600 BAUD		7.5		
	DMA			180		
	Timer/Counter	Prescaler DIV1		18		
	AES			195		

Note: 1. All Power Reduction Registers set. Typical numbers measured at T = 25°C if nothing else is specified.
2. All parameters measured as the difference in current consumption between module enabled and disabled. All data at V_{CC} = 3.0V, Clk_{SYS} = 1 MHz External clock with no prescaling, T = 25°C.

33.3 Speed

Table 33-2. Operating voltage and frequency

Symbol	Parameter	Condition	Min	Typ	Max	Units
Clk_{CPU}	CPU clock frequency	V_{CC} = 1.6V	0		12	MHz
		V_{CC} = 1.8V	0		12	
		V_{CC} = 2.7V	0		32	
		V_{CC} = 3.6V	0		32	

The maximum CPU clock frequency of the XMEGA A1 devices is depending on V_{CC}. As shown in Figure 33-1 on page 69 the Frequency vs. V_{CC} curve is linear between 1.8V < V_{CC} < 2.7V.

Figure 33-1. Operating Frequency vs. Vcc

33.4 Flash and EEPROM Memory Characteristics

Table 33-3. Endurance and Data Retention

Symbol	Parameter	Condition		Min	Typ	Max	Units
	Flash	Write/Erase cycles	25°C	10K			Cycle
			85°C	10K			
		Data retention	25°C	100			Year
			55°C	25			
	EEPROM	Write/Erase cycles	25°C	80K			Cycle
			85°C	30K			
		Data retention	25°C	100			Year
			55°C	25			

Table 33-4. Programming time

Symbol	Parameter	Condition	Min	Typ(1)	Max	Units
	Chip Erase	Flash, EEPROM(2) and SRAM Erase		40		ms
	Flash	Page Erase		6		
		Page Write		6		
		Page WriteAutomatic Page Erase and Write		12		
	EEPROM	Page Erase		6		
		Page Write		6		
		Page WriteAutomatic Page Erase and Write		12		

Notes: 1. Programming is timed from the internal 2 MHz oscillator.
2. EEPROM is not erased if the EESAVE fuse is programmed.

33.5 ADC Characteristics

Table 33-5. ADC Characteristics

Symbol	Parameter	Condition	Min	Typ	Max	Units
RES	Resolution	Programmable: 8/12	8	12	12	Bits
INL	Integral Non-Linearity	500 kS/s	-5	<±1	5	LSB
DNL	Differential Non-Linearity	500 kS/s		< ±0.75		LSB
	Gain Error			±10		mV
	Offset Error			±2		mV
ADC_{clk}	ADC Clock frequency	Max is 1/4 of Peripheral Clock			2000	kHz
	Conversion rate				2000	ksps
	Conversion time (propagation delay)	(RES+2)/2+GAIN RES = 8 or 12, GAIN = 0 or 1	5	7	8	ADC_{clk} cycles
	Sampling Time	1/2 ADC_{clk} cycle	0.25			uS
	Conversion range		0		VREF	V
VREF	Reference voltage		1.0		V_{cc}-0.6V	V
	Input bandwidth			2000		kHz
INT1V	Internal 1.00V reference			1.00		V
INTVCC	Internal V_{CC}/1.6			V_{CC}/1.6		V
SCALEDVCC	Scaled internal V_{CC}/10 input			V_{CC}/10		V
R_{AREF}	Reference input resistance			>10		MΩ
	Start-up time					µs
	Internal input sampling speed	Temp. sensor, V_{CC}/10, Bandgap			100	ksps

Table 33-6. ADC Gain Stage Characteristics

Symbol	Parameter	Condition		Min	Typ	Max	Units
	Gain error	1 to 64 gain			< ±1		%
	Offset error				< ±1		mV
Vrms	Noise level at input	64x gain	VREF = Int. 1V		0.12		mV
			VREF = Ext. 2V		0.06		mV
	Clock rate	Same as ADC				1000	kHz

33.6 DAC Characteristics

Table 33-7. DAC Characteristics

Symbol	Parameter	Condition		Min	Typ	Max	Units
INL	Integral Non-Linearity	V_{CC} = 1.6-3.6V	VREF = Ext. ref		5		LSB
DNL	Differential Non-Linearity	V_{CC} = 1.6-3.6V	VREF = Ext. ref		0.6	<±1	
			VREF= AV_{CC}		0.6		
F_{clk}	Conversion rate					1000	ksps
AREF	External reference voltage			1.1		AV_{CC}-0.6	V
	Reference input impedance				>10		MΩ
	DC output impedance				270		kΩ
	Max output voltage	R_{load}=100kΩ			AV_{CC}*0.98		V
	Min output voltage	R_{load}=100kΩ			0.01		
	Offset factory calibration accuracy	Continues mode, V_{CC}=3.0V, VREF = Int 1.00V, T=85°C			TBD		LSB
	Gain factory calibration accuracy				TBD		

33.7 Analog Comparator Characteristics

Table 33-8. Analog Comparator Characteristics

Symbol	Parameter	Condition		Min	Typ	Max	Units
V_{off}	Input Offset Voltage	V_{CC} = 1.6 - 3.6V			<±5		mV
I_{lk}	Input Leakage Current	V_{CC} = 1.6 - 3.6V			< 1000		pA
V_{hys1}	Hysteresis, No	V_{CC} = 1.6 - 3.6V			0		mV
V_{hys2}	Hysteresis, Small	V_{CC} = 1.6 - 3.6V	mode = HS		25		mV
V_{hys3}	Hysteresis, Large	V_{CC} = 1.6 - 3.6V	mode = HS		50		
t_{delay}	Propagation delay	V_{CC} = 3.0V, T= 85°C	mode = HS			100	ns
		V_{CC} = 1.6 - 3.6V	mode = HS		70		
		V_{CC} = 1.6 - 3.6V	mode = LP		140		

33.8 Bandgap Characteristics

Table 33-9. Bandgap Voltage Characteristics

Symbol	Parameter	Condition	Min	Typ	Max	Units
	Bandgap startup time	As reference for ADC or DAC	1 Clk_PER + 2.5µs			µs
		As input to AC or ADC		TBD		
	Bandgap voltage			1.1		V
	ADC/DAC ref	T= 85°C, After calibration	0.99		1.01	
				1		
	Variation over voltage and temperature	V_{CC} = 1.6 - 3.6V, T = -40°C to 85°C		±5		%

33.9 Brownout Detection Characteristics

Table 33-10. Brownout Detection Characteristics[1]

Symbol	Parameter	Condition	Min	Typ	Max	Units
	BOD level 0 falling Vcc			1.6		
	BOD level 1 falling Vcc			1.9		
	BOD level 2 falling Vcc			2.1		
	BOD level 3 falling Vcc			2.4		
	BOD level 4 falling Vcc			2.6		V
	BOD level 5 falling Vcc			2.9		
	BOD level 6 falling Vcc			3.2		
	BOD level 7 falling Vcc			3.4		
	Hysteresis	BOD level 0-5		2		%

Note: 1. BOD is calibrated to BOD level 0 at 85°C, and BOD level 0 is the default level.

33.10 PAD Characteristics

Table 33-11. PAD Characteristics

Symbol	Parameter	Condition	Min	Typ	Max	Units
V_{IH}	Input High Voltage	V_{CC} = 2.4 - 3.6V	0.7*V_{CC}		V_{CC}+0.5	
		V_{CC} = 1.6 - 2.4V	0.8*V_{CC}		V_{CC}+0.5	
V_{IL}	Input Low Voltage	V_{CC} = 2.4 - 3.6V	-0.5		0.3*V_{CC}	
		V_{CC} = 1.6 - 2.4V	-0.5		0.2*V_{CC}	
V_{OL}	Output Low Voltage GPIO	I_{OH} = 15 mA, V_{CC} = 3.3V		0.45	0.76	V
		I_{OH} = 10 mA, V_{CC} = 3.0V		0.3	0.64	
		I_{OH} = 5 mA, V_{CC} = 1.8V		0.2	0.46	
V_{OH}	Output High Voltage GPIO	I_{OH} = -8 mA, V_{CC} = 3.3V	2.6	3		
		I_{OH} = -6 mA, V_{CC} = 3.0V	2.1	2.2		
		I_{OH} = -2 mA, V_{CC} = 1.8V	1.4	1.6		
I_{IL}	Input Leakage Current I/O pin			<0.001	1	µA
I_{IH}	Input Leakage Current I/O pin			<0.001	1	
R_P	I/O pin Pull/Buss keeper Resistor			20		kΩ
R_{RST}	Reset pin Pull-up Resistor			20		
	Input hysteresis			0.5		V

33.11 POR Characteristics

Table 33-12. Power-on Reset Characteristics

Symbol	Parameter	Condition	Min	Typ	Max	Units
V_{POT-}	POR threshold voltage falling Vcc			1		V
V_{POT+}	POR threshold voltage rising Vcc			1.4		

33.12 Reset Characteristics

Table 33-13. Reset Characteristics

Symbol	Parameter	Condition	Min	Typ	Max	Units
	Minimum reset pulse width			90		ns
	Reset threshold voltage	V_{CC} = 2.7 - 3.6V		$0.45{*}V_{CC}$		V
		V_{CC} = 1.6 - 2.7V		$0.42{*}V_{CC}$		

33.13 Oscillator Characteristics

Table 33-14. Internal 32.768 kHz Oscillator Characteristics

Symbol	Parameter	Condition	Min	Typ	Max	Units
	Accuracy	T = 85°C, V_{CC} = 3V, After production calibration	-0.5		0.5	%

Table 33-15. Internal 2 MHz Oscillator Characteristics

Symbol	Parameter	Condition	Min	Typ	Max	Units
	Accuracy	T = 85°C, V_{CC} = 3V, After production calibration	-1.5		1.5	%
	DFLL Calibration step size	T = 25°C, V_{CC} = 3V		0.175		

Table 33-16. Internal 32 MHz Oscillator Characteristics

Symbol	Parameter	Condition	Min	Typ	Max	Units
	Accuracy	T = 85°C, V_{CC} = 3V, After production calibration	-1.5		1.5	%
	DFLL Calibration stepsize	T = 25°C, V_{CC} = 3V		0.2		

Table 33-17. Internal 32 kHz, ULP Oscillator Characteristics

Symbol	Parameter	Condition	Min	Typ	Max	Units
	Output frequency 32 kHz ULP OSC	T = 85°C, V_{CC} = 3.0V		26		kHz

Table 33-18. Maximum load capacitance (CL) and ESR recommendation for 32.768 kHz Crystal

Crystal CL [pF]	Max ESR [kΩ]
6.5	60
9	35

Table 33-19. Device wake-up time from sleep

Symbol	Parameter	Condition(1)	Min	Typ(2)	Max	Units
	Idle Sleep, Standby and Extended Standby sleep mode	Int. 32.768 kHz RC		130		µS
		Int. 2 MHz RC		2		
		Ext. 2 MHz Clock		2		
		Int. 32 MHz RC		0.17		
	Power-save and Power-down Sleep mode	Int. 32.768 kHz RC		320		
		Int. 2 MHz RC		10.3		
		Ext. 2 MHz Clock		4.5		
		Int. 32 MHz RC		5.8		

Notes: 1. Non-prescaled System Clock source.
2. Time from pin change on external interrupt pin to first available clock cycle. Additional interrupt response time is minimum 5 system clock source cycles.

〈부록 2〉 키트 테스트 프로그램 kit_test.c의 소스

```
/* ============================================================================ */
/*              kit_test.c : OK-X128A1 키트 V1.0 하드웨어 진단 프로그램             */
/* ============================================================================ */
/*                        Designed and programmed by Duck-Yong Yoon in 2010.    */

#include <avr/io.h>
#include <avr/interrupt.h>
#include "OK-X128A1.h"

/* ---------------------------------------------------------------------------- */

void Display_screen(void);                     // display test screen
void Display_test(U08 current);                // display test number
void Test1(void);                              // Test 1
void TFT_portrait_mode(void);                  // set portrait entry mode
void TFT_landscape_mode(void);                 // set landscape entry mode
void TFT_8color_horizontal(void);              // display 8-color horizontal
void TFT_8color_vertical(void);                // display 8-color vertical
void TFT_color_gray(void);                     // display 4-color gray
void Test2(void);                              // Test 2
void Test3(void);                              // Test 3
void Test4(void);                              // Test 4
unsigned char Read_PSR(U08 index);             // read byte of Production Signature Row
void Test5(void);                              // Test 5
void Test6(void);                              // Test 6
void Test7(void);                              // Test 7
void TCN75_initialize(void);                   // initialize TCN75-5.0MOA sensor
signed int TCN75_read(void);                   // read temperature from TCN75-5.0MOA
void Test8(void);                              // Test 8
void Waveform_start(void);                     // start waveform by TCF0 OVF interrupt
void Test9(void);                              // Test 9
void Test10(void);                             // Test 10
void Set_tempo(unsigned char number);          // set tempo
void Play_note(unsigned int sound, unsigned int note); // play note
void Play_rest(unsigned int rest);             // play rest
void Test11(void);                             // Test 11
void DS1307_initialize(void);                  // check DS1307 RTC
unsigned char DS1307_read(U08 address);        // read DS1307
void DS1307_write(U08 address, U08 TxD);       // write DS1307
void Display_time(void);                       // display DS1307 time
unsigned char BCD_increment(U08 number);       // BCD increment
unsigned char BCD_decrement(U08 number);       // BCD decrement
void Cursor_left(void);                        // go cursor left
void Cursor_right(void);                       // go cursor right
void Increment(void);                          // increment time
void Decrement(void);                          // decrement time

/* ---------------------------------------------------------------------------- */

int main(void)
{
  unsigned int key = 0xF0, test = 1;

  Initialize_MCU();                            // initialize ATxmega128A1 MCU
  Delay_ms(200);
  Initialize_TFT_LCD();                        // initialize TFT-LCD

  TFT_string(1,10,White,Magenta,"OK-X128A1 키트 진단 프로그램");
  TFT_string(1,20,Cyan,   Black,"       2010년 6월 30일      ");
  TFT_string(1,25,Green,  Black,"         윤덕용 작성        ");
  TFT_string(1,30,Red,    Black,"  (협찬 : 도서출판 Ohm사)   ");

  PORTH.OUT = 0x0E;                            // booting LED and beep
  Beep();
  Delay_ms(100);
  PORTH.OUT = 0x0D;
  Beep();
  Delay_ms(100);
  PORTH.OUT = 0x0B;
```

```
    Beep();
    Delay_ms(100);
    PORTH.OUT = 0x07;
    Beep();
    Delay_ms(100);
    PORTH.OUT = 0x0F;
    Delay_ms(2000);

    Display_screen();                              // display test screen
    Display_test(test);                            // display test number


    while(1)
      { while(key == 0xF0)                         // wait key input
          key = Key_input();

        if(key == KEY1)                            // if KEY1, decrenment test number
         { key = 0xF0;
           test--;
           if(test == 0) test = 11;
           Display_test(test);
         }
        else if(key == KEY2)                       // if KEY2, increnment test number
         { key = 0xF0;
           test++;
           if(test > 11) test = 1;
           Display_test(test);
         }
        else if(key == KEY3)                       // if KEY3, ignore and skip
         key = 0xF0;
        else if(key == KEY4)                       // if KEY4, run test number
         { key = 0xF0;
           if(test == 1) Test1();
           else if(test == 2) Test2();
           else if(test == 3) Test3();
           else if(test == 4) Test4();
           else if(test == 5) Test5();
           else if(test == 6) Test6();
           else if(test == 7) Test7();
           else if(test == 8) Test8();
           else if(test == 9) Test9();
           else if(test == 10) Test10();
           else if(test == 11) Test11();

           Display_screen();                       // display test screen
           Display_test(test);                     // display test number
         }
      }
}

/* ------------------------------------------------------------------------------- */

void Display_screen(void)                          /* display test screen */
{
  TFT_clear_screen();                              // clear screen
  TFT_screen_mode('P');                            // portrait mode

  Rectangle(0,0, 239,319, Green);
  Rectangle(1,1, 238,318, Green);
  Rectangle(2,2, 237,317, Green);
  TFT_string( 1, 1,White,Magenta,"OK-X128A1 키트 진단 프로그램");
  TFT_string( 1, 4,Cyan,    Black,"   (1) TFT-LCD 컬러 테스트");
  TFT_string( 1, 7,Green,   Black,"   (2) TFT-LCD 한글 테스트");
  TFT_string( 1,10,Cyan,    Black,"   (3) TFT-LCD 그래픽 테스트");
  TFT_string( 1,13,Green,   Black,"   (4) 전원전압 테스트");
  TFT_string( 1,16,Cyan,    Black,"   (5) LED 출력 테스트");
  TFT_string( 1,19,Green,   Black,"   (6) 터치스크린 테스트");
  TFT_string( 1,22,Cyan,    Black,"   (7) 온도센서 테스트");
  TFT_string( 1,25,Green,   Black,"   (8) 아날로그 출력 테스트");
  TFT_string( 1,28,Cyan,    Black,"   (9) RS-232C 통신 테스트");
  TFT_string( 1,31,Green,   Black,"   (10) 스피커 출력 테스트");
  TFT_string( 1,34,Cyan,    Black,"   (11) 디지털 시계 테스트");
  TFT_string( 1,37,White,   Black," KEY1     KEY2      KEY4");
  TFT_string(24,37,Magenta,Black,"실행");
```

```
  Line( 58,296, 58,311, Magenta);                    // display up arrow(decrement test number)
  Line( 59,296, 59,311, Magenta);
  Line( 53,301, 58,296, Magenta);
  Line( 53,302, 58,297, Magenta);
  Line( 64,301, 59,296, Magenta);
  Line( 64,302, 59,297, Magenta);

  Line(122,296,122,311, Magenta);                    // display down arrow(increment test number)
  Line(123,296,123,311, Magenta);
  Line(117,306,122,311, Magenta);
  Line(117,305,122,310, Magenta);
  Line(128,306,123,311, Magenta);
  Line(128,305,123,310, Magenta);
}

void Display_test(U08 current)                       /* display test number */
{
  TFT_string( 1, 4,Cyan,   Black,"  ");
  TFT_string( 1, 7,Green,  Black,"  ");
  TFT_string( 1,10,Cyan,   Black,"  ");
  TFT_string( 1,13,Green,  Black,"  ");
  TFT_string( 1,16,Cyan,   Black,"  ");
  TFT_string( 1,19,Green,  Black,"  ");
  TFT_string( 1,22,Cyan,   Black,"  ");
  TFT_string( 1,25,Green,  Black,"  ");
  TFT_string( 1,28,Cyan,   Black,"  ");
  TFT_string( 1,31,Green,  Black,"  ");
  TFT_string( 1,34,Green,  Black,"  ");
  TFT_string( 1,current*3 + 1, Magenta,Black,">>");
}

/* ---------------------------------------------------------------------------- */

void Test1(void)                                     /* Test 1 */
{
  TFT_clear_screen();                                // clear screen
  TFT_screen_mode('P');                              // portrait mode

  Rectangle(0,0, 239,319, Green);                    // display title
  Rectangle(1,1, 238,318, Green);
  Rectangle(2,2, 237,317, Green);
  TFT_string(3,10,Green,Magenta,"(1) TFT-LCD 컬러 테스트");
  Delay_ms(1000);
  TFT_clear_screen();

  TFT_color_screen(White);                           // display full color(white)
  TFT_string(10,1,Black,Transparent,"백색 화면");
  Delay_ms(1000);
  TFT_color_screen(Red);                             // display full color(red)
  TFT_string(10,1,Green,Transparent,"적색 화면");
  Delay_ms(1000);
  TFT_color_screen(Green);                           // display full color(green)
  TFT_string(10,1,Red,   Transparent,"녹색 화면");
  Delay_ms(1000);
  TFT_color_screen(Blue);                            // display full color(blue)
  TFT_string(10,1,Cyan,  Transparent,"청색 화면");
  Delay_ms(1000);

  TFT_8color_horizontal();                           // display 8-Color(horizontal)
  TFT_string(13, 1,Black,Transparent,"백색");
  TFT_string(13, 7,White,Transparent,"흑색");
  TFT_string(13,11,Green,Transparent,"적색");
  TFT_string(13,16,Red,  Transparent,"녹색");
  TFT_string(13,21,Cyan, Transparent,"청색");
  TFT_string(13,26,Black,Transparent,"노랑");
  TFT_string(13,31,Red,  Transparent,"녹청");
  TFT_string(13,36,White,Transparent,"자홍");
  Delay_ms(3000);
  TFT_8color_vertical();                             // display 8-Color(vertical)
  TFT_string( 1, 1,Black,Transparent,"백");
  TFT_string( 1, 3,Black,Transparent,"색");
  TFT_string( 5, 1,White,Transparent,"흑");
  TFT_string( 5, 3,White,Transparent,"색");
```

```
  TFT_string( 9, 1,Green,Transparent,"적");
  TFT_string( 9, 3,Green,Transparent,"색");
  TFT_string(13, 1,Red,   Transparent,"녹");
  TFT_string(13, 3,Red,   Transparent,"색");
  TFT_string(16, 1,Cyan,  Transparent,"청");
  TFT_string(16, 3,Cyan,  Transparent,"색");
  TFT_string(20, 1,Black,Transparent,"노");
  TFT_string(20, 3,Black,Transparent,"랑");
  TFT_string(24, 1,Red,   Transparent,"녹");
  TFT_string(24, 3,Red,   Transparent,"청");
  TFT_string(28, 1,White,Transparent,"자");
  TFT_string(28, 3,White,Transparent,"홍");
  Delay_ms(3000);

  TFT_color_gray();                              // display 8-Gray(horizontal)
  TFT_string(13, 0,Magenta,Transparent,"밝음");
  TFT_string(12,38,Magenta,Transparent,"어두움");
  Delay_ms(3000);
}

unsigned int Color[8] =                          // 8-color data
   { White, Black, Red, Green, Blue, Yellow, Cyan, Magenta };

void TFT_portrait_mode(void)                     /* set portrait entry mode */
{
  TFT_command(0x16); TFT_data(0x0008);           // MV=0, MX=0, MY=0, BGR=1

  TFT_command(0x02); TFT_data(0x0000);           // window setting
  TFT_command(0x03); TFT_data(0x0000);           // x = 0~239
  TFT_command(0x04); TFT_data(0x0000);
  TFT_command(0x05); TFT_data(0x00EF);
  TFT_command(0x06); TFT_data(0x0000);           // y = 0~319
  TFT_command(0x07); TFT_data(0x0000);
  TFT_command(0x08); TFT_data(0x0001);
  TFT_command(0x09); TFT_data(0x003F);
}

void TFT_landscape_mode(void)                    /* set landscape entry mode */
{
  TFT_command(0x16); TFT_data(0x0028);           // MV=1, MX=0, MY=0, BGR=1

  TFT_command(0x02); TFT_data(0x0000);           // window setting
  TFT_command(0x03); TFT_data(0x0000);           // x = 0~319
  TFT_command(0x04); TFT_data(0x0001);
  TFT_command(0x05); TFT_data(0x003F);
  TFT_command(0x06); TFT_data(0x0000);           // y = 0~239
  TFT_command(0x07); TFT_data(0x0000);
  TFT_command(0x08); TFT_data(0x0000);
  TFT_command(0x09); TFT_data(0x00EF);
}

void TFT_8color_horizontal(void)                 /* display 8-color horizontal */
{
  unsigned int i, j, k;

  TFT_portrait_mode();
  TFT_GRAM_address(0,0);

  for(i=0; i<8; i++)
    for(j=0; j<40; j++)
      for(k=0; k<240; k++)
        TFT_data(Color[i]);
}

void TFT_8color_vertical(void)                   /* display 8-color vertical */
{
  unsigned int i, j, k;

  TFT_landscape_mode();
  TFT_GRAM_address(0,0);

  for(i=0;i<8;i++)
    for(j=0; j<30; j++)
      for(k=0; k<320; k++)
```

```
        TFT_data(Color[i]);

  TFT_portrait_mode();
}

void TFT_color_gray(void)                          /* display 4-color gray */
{
  unsigned int i, j, k, color;

  TFT_landscape_mode();
  TFT_GRAM_address(0,0);

  for(j=0; j<30; j++)                              // white gray
    { for(k=0; k<320; k++)
        { i = 0x1F - k/13;
          color = (i << 11) + (i << 6) + i;
          TFT_data(color);
        }
    }

  for(j=0; j<30; j++)                              // red gray
    { for(k=0; k<320; k++)
        { color = (0x1F - k/13) << 11;
          TFT_data(color);
        }
    }

  for(j=0; j<30; j++)                              // green gray
    { for(k=0; k<320; k++)
        { color = (0x1F - k/13) << 6;
          TFT_data(color);
        }
    }

  for(j=0; j<30; j++)                              // blue gray
    { for(k=0; k<320; k++)
        { color = 0x1F - k/13;
          TFT_data(color);
        }
    }

  for(j=0; j<30; j++)                              // yellow gray
    { for(k=0; k<320; k++)
        { i = 0x1F - k/13;
          color = (i << 11) + (i << 6);
          TFT_data(color);
        }
    }

  for(j=0; j<30; j++)                              // cyan gray
    { for(k=0; k<320; k++)
        { i = 0x1F - k/13;
          color = (i << 6) + i;
          TFT_data(color);
        }
    }

  for(j=0; j<30; j++)                              // magenta gray
    { for(k=0; k<320; k++)
        { i = 0x1F - k/13;
          color = (i << 11) + i;
          TFT_data(color);
        }
    }

  for(j=0; j<30; j++)                              // white gray
    { for(k=0; k<320; k++)
        { i = 0x1F - k/13;
          color = (i << 11) + (i << 6) + i;
          TFT_data(color);
        }
    }

  TFT_portrait_mode();
```

```
}

/* ------------------------------------------------------------------------ */

void Test2(void)                                        /* Test 2 */
{
  TFT_clear_screen();                                   // clear screen
  TFT_screen_mode('P');                                 // portrait mode

  Rectangle(0,0, 239,319, Green);                       // display title
  Rectangle(1,1, 238,318, Green);
  Rectangle(2,2, 237,317, Green);
  TFT_string(3,10,Green,Magenta,"(2) TFT-LCD 한글 테스트");
  Delay_ms(1000);
  TFT_clear_screen();

  TFT_string( 0, 0,Green,  Black,"******************************");
  TFT_string( 0, 2,Magenta,Black," OK-X128A1 트레이닝 키트 V1.0 ");
  TFT_string( 0, 4,Cyan,   Black,"     (TFT-32HX 보드 V1.0)      ");
  TFT_string( 0, 6,Green,  Black,"******************************");
  TFT_string( 0, 8,Black,  Black,"                              ");
  TFT_string( 0,10,Magenta,Black," (디스플레이 모드 = Portrait) ");
  TFT_string( 0,12,Black,  Black,"                              ");
  TFT_string( 0,14,Cyan,   Black,"    3.2인치, 240x320 픽셀     ");
  TFT_string( 0,16,Yellow, Black,"         65536 컬러           ");
  TFT_string( 0,18,Black,  Black,"                              ");
  TFT_string( 0,20,Red,    Black,"    16비트 CPU 인터페이스     ");
  TFT_string( 0,22,Black,  Black,"                              ");
  TFT_string( 0,24,White,  Black,"   컨트롤러/드라이버 HX8347   ");
  TFT_string( 0,26,White,  Black,"        (대만 Himax)          ");
  TFT_string( 0,28,Black,  Black,"                              ");
  TFT_string( 0,30,Red,    Black," 빨강 Red ");
  TFT_string(10,30,Green,  Black," 녹색 Gre ");
  TFT_string(20,30,Blue,   Black," 파랑 Blu ");
  TFT_string( 0,32,Yellow, Black," 노랑 Yel ");
  TFT_string(10,32,Cyan,   Black," 녹청 Cya ");
  TFT_string(20,32,Magenta,Black," 자홍 Mag ");
  TFT_string( 0,34,Black,  Black,"                              ");
  TFT_string( 0,36,White,  Blue, "윤교수의 마이크로프로세서 월드");
  TFT_string( 0,38,Green,  Black,"  (http://cpu.kongju.ac.kr/)  ");
  Delay_ms(5000);

  TFT_clear_screen();                                   // clear screen
  TFT_screen_mode('L');                                 // landscape mode

  TFT_string( 0, 0,Green,  Black,"****************************************");
  TFT_string( 0, 2,Magenta,Black,"      OK-X128A1 트레이닝 키트 V1.0      ");
  TFT_string( 0, 4,Cyan,   Black,"          (TFT-32HX 보드 V1.0)          ");
  TFT_string( 0, 6,Green,  Black,"****************************************");
  TFT_string( 0, 8,Black,  Black,"                                        ");
  TFT_string( 0,10,Magenta,Black,"      (디스플레이 모드 = Landscape)     ");
  TFT_string( 0,12,Black,  Black,"                                        ");
  TFT_string( 0,14,Cyan,   Black,"   3.2인치, 240x320 픽셀, 65536 컬러    ");
  TFT_string( 0,16,White,  Black," 컨트롤러/드라이버 HX8347(대만 Himax)   ");
  TFT_string( 0,18,Black,  Black,"                                        ");
  TFT_string( 0,20,Red,    Black," 빨강 Red    ");
  TFT_string(13,20,Green,  Black," 녹색 Green  ");
  TFT_string(26,20,Blue,   Black," 파랑 Blue    ");
  TFT_string( 0,22,Yellow, Black," 노랑 Yellow ");
  TFT_string(13,22,Cyan,   Black," 녹청 Cyan   ");
  TFT_string(26,22,Magenta,Black," 자홍 Magenta ");
  TFT_string( 0,24,Black,  Black,"                                        ");
  TFT_string( 0,26,White,  Blue, "     윤교수의 마이크로프로세서 월드     ");
  TFT_string( 0,28,Green,  Black,"       (http://cpu.kongju.ac.kr/)       ");
  Delay_ms(5000);
}

/* ------------------------------------------------------------------------ */

void Test3(void)                                        /* Test 3 */
{
  unsigned int i, x, y;

  TFT_clear_screen();                                   // clear screen
```

```
TFT_screen_mode('P');                               // portrait mode

Rectangle(0,0, 239,319, Green);                     // display title
Rectangle(1,1, 238,318, Green);
Rectangle(2,2, 237,317, Green);
TFT_string(2,10,Green,Magenta,"(3) TFT-LCD 그래픽 테스트");
Delay_ms(1000);
TFT_clear_screen();

Rectangle(0,0, 239,319, Magenta);                   // graphic show 1(line)
Rectangle(1,1, 238,318, Magenta);
Delay_ms(500);
for(x = 10; x <= 230; x += 10)
  { Line(x,0, x,319, Green);
    Delay_ms(50);
  }
for(y = 10; y <= 310; y += 10)
  { Line(0,y, 239,y, Green);
    Delay_ms(50);
  }
Delay_ms(3000);
TFT_clear_screen();

Rectangle(0,0, 239,319, Magenta);                   // (ramp)
Rectangle(1,1, 238,318, Magenta);
for(i = 0,x = 12,y = 20; i <= 34; i++,x += 12,y += 20)
  { Line(x,0, 0,y, Green);
    Line(0,319-y, x,319, Green);
    Delay_ms(50);
  }
for(i = 0,x = 420,y = 700; i <= 34; i++,x -= 12,y -= 20)
  { Line(x,0, 0,y, Red);
    Line(0,319-y, x,319, Red);
    Delay_ms(50);
  }
Delay_ms(3000);
TFT_clear_screen();

Rectangle(0,0, 239,319, Magenta);                   // graphic show 2(rectangle)
Rectangle(1,1, 238,318, Magenta);
for(i = 0,x = 114,y = 152; i <= 18; i++,x -= 6,y -= 8)
  { Rectangle(x,y, 239-x,319-y, Cyan);
    Delay_ms(50);
  }
Delay_ms(1000);
for(i = 0,x = 6,y = 8; i <= 18; i++,x += 6,y += 8)
  { Rectangle(x,y, 239-x,319-y, White);
    Delay_ms(50);
  }
for(i = 0,x = 114,y = 152; i <= 18; i++,x -= 6,y -= 8)
  { Rectangle(x,y, 239-x,319-y, Green);
    Delay_ms(50);
  }
Delay_ms(3000);
TFT_clear_screen();

Rectangle(0,0, 239,319, Magenta);                   // graphic show 3(circle)
Rectangle(1,1, 238,318, Magenta);
for(i = 10; i <= 160; i += 10)
  { Circle(120,160,i, Green);
    Delay_ms(50);
  }
Delay_ms(1000);
for(i = 160; i >= 10; i -= 10)
  { Circle(120,160,i, Red);
    Delay_ms(50);
  }
for(i = 10; i <= 160; i += 10)
  { Circle(120,160,i, White);
    Delay_ms(50);
  }
Delay_ms(3000);
TFT_clear_screen();
```

```
    Rectangle(0,0, 239,319, Magenta);               // (two)
    Rectangle(1,1, 238,318, Magenta);
    for(i = 10; i <= 120; i += 10)
      { Circle(120,80,i, Green);
        Circle(120,240,i, Green);
        Delay_ms(50);
      }
    Delay_ms(1000);
    for(i = 120; i >= 10; i -= 10)
      { Circle(120,80,i, White);
        Circle(120,240,i, White);
        Delay_ms(50);
      }
    for(i = 10; i <= 120; i += 10)
      { Circle(120,80,i, Cyan);
        Circle(120,240,i, Cyan);
        Delay_ms(50);
      }
    Delay_ms(3000);
    TFT_clear_screen();

    Rectangle(0,0, 239,319, Magenta);               // graphic show 4(sine)
    Rectangle(1,1, 238,318, Magenta);
    Line(120,0, 120,319, Magenta);
    for(i = 10; i <= 120; i += 10)
      { Sine(i, 0, Green);
        Delay_ms(20);
      }
    Delay_ms(1000);
    for(i = 10; i <= 120; i += 10)
      { Sine(i, 1, Blue);
        Delay_ms(20);
      }
    Delay_ms(3000);
}

/* ------------------------------------------------------------------------------ */

void Test4(void)                                    /* Test 4 */
{
  unsigned char i, j;
  signed int result;

  TFT_clear_screen();                               // clear screen
  TFT_screen_mode('P');                             // portrait mode

  Rectangle(0,0, 239,319, Green);                   // display title
  Rectangle(1,1, 238,318, Green);
  Rectangle(2,2, 237,317, Green);
  TFT_string(5,10,Green,Magenta,"(4) 전원전압 테스트");
  TFT_string( 5,20,White,Black,"+5.0V 전원 :");
  TFT_string(18,20,Green,Black,"+0.00V");
  TFT_string( 5,24,White,Black,"+3.3V 전원 :");
  TFT_string(18,24,Green,Black,"+0.00V");
  TFT_string( 5,28,White,Black,"+2.5V 전원 :");
  TFT_string(18,28,Green,Black,"+0.00V");

  ADCA_CAL = Read_PSR(0x20) + Read_PSR(0x21)*256; // copy calibration register

  ADCA_CTRLA = 0x05;                                // start CH0 of port A
  ADCA_CTRLB = 0x10;                                // 12-bit signed, right adjusted
  ADCA_REFCTRL = 0x02;                              // internal 1.00V reference
  ADCA_PRESCALER = 0x02;                            // 32MHz/16 = 2MHz

  for(i = 0; i < 20; i++)
    { ADCA_CH0_MUXCTRL = (5 << 3);                  // +5.0V(ADC5)
      Delay_us(100);
      result = 0;
      for(j = 0; j < 16; j++)                       // run A/D by 16 times
        { ADCA_CH0_INTFLAGS = 0x01;                 // clear interrupt flag
          ADCA_CH0_CTRL = 0x81;                     // start, signed mode, single ended
          while(!(ADCA_CH0_INTFLAGS == 0x01));      // wait A/D conversion complete
          result += ADCA_CH0_RES;                   // read A/D result
          Delay_ms(1);
```

```
      }
    result >>= 4;                                   // calculate average

    TFT_xy(18,20);                                  // display +5.0V power
    TFT_color(Green,Black);
    TFT_signed_float((float)result*11./2048., 1, 2);

    ADCA_CH0_MUXCTRL = (6 << 3);                    // +3.3V(ADC6)
    Delay_us(100);
    result = 0;
    for(j = 0; j < 16; j++)                         // run A/D by 16 times
      { ADCA_CH0_INTFLAGS = 0x01;                   // clear interrupt flag
        ADCA_CH0_CTRL = 0x81;                       // start, signed mode, single ended
        while(!(ADCA_CH0_INTFLAGS == 0x01));        // wait A/D conversion complete
        result += ADCA_CH0_RES;                     // read A/D result
        Delay_ms(1);
      }
    result >>= 4;                                   // calculate average

    TFT_xy(18,24);                                  // display +3.3V power
    TFT_color(Green,Black);
    TFT_signed_float((float)result*11./2048., 1, 2);

    ADCA_CH0_MUXCTRL = (7 << 3);                    // +2.5V(ADC7)
    Delay_us(100);
    result = 0;
    for(j = 0; j < 16; j++)                         // run A/D by 16 times
      { ADCA_CH0_INTFLAGS = 0x01;                   // clear interrupt flag
        ADCA_CH0_CTRL = 0x81;                       // start, signed mode, single ended
        while(!(ADCA_CH0_INTFLAGS == 0x01));        // wait A/D conversion complete
        result += ADCA_CH0_RES;                     // read A/D result
        Delay_ms(1);
      }
    result >>= 4;                                   // calculate average

    TFT_xy(18,28);                                  // display +2.5V power
    TFT_color(Green,Black);
    TFT_signed_float((float)result*11./2048., 1, 2);

    Delay_ms(500);
  }
}

unsigned char Read_PSR(U08 index)                 /* read byte of Production Signature Row */
{
  unsigned char byte;
  NVM_CMD = 0x02;                                 // READ_CALIB_ROW command
  byte = pgm_read_byte(index);
  NVM_CMD = 0x00;                                 // NO_OPERATION command
  return byte;
}

/* ------------------------------------------------------------------------- */

void Test5(void)                                  /* Test 5 */
{
  unsigned char i;

  TFT_clear_screen();                             // clear screen
  TFT_screen_mode('P');                           // portrait mode

  Rectangle(0,0, 239,319, Green);                 // display title
  Rectangle(1,1, 238,318, Green);
  Rectangle(2,2, 237,317, Green);
  TFT_string(5,10,Green,Magenta,"(5) LED 출력 테스트");
  Delay_ms(1000);

  for(i = 0; i < 2; i++)                          // LED1-LED4 on by 2 times
    { TFT_string(10,20,Magenta,Black,"           ");
      TFT_string(10,23,Green,  Black,"           ");
      TFT_string(10,26,Red,    Black,"           ");
      TFT_string(10,29,Cyan,   Black,"           ");

      TFT_string(10,20,Magenta,Black,"LED1 점등");
```

```
      PORTH.OUT = 0x0E;
      Beep();
      Delay_ms(500);
      TFT_string(10,23,Green,  Black,"LED2 점등");
      PORTH.OUT = 0x0D;
      Beep();
      Delay_ms(500);
      TFT_string(10,26,Red,    Black,"LED3 점등");
      PORTH.OUT = 0x0B;
      Beep();
      Delay_ms(500);
      TFT_string(10,29,Cyan,   Black,"LED4 점등");
      PORTH.OUT = 0x07;
      Beep();
      Delay_ms(500);
      PORTH.OUT = 0x0F;
    }
}

/* ------------------------------------------------------------------------ */

void Test6(void)                                /* Test 6 */
{
  unsigned char i;

  TFT_clear_screen();                           // clear screen
  TFT_screen_mode('P');                         // portrait mode

  Rectangle(0,0, 239,319, Green);               // display title
  Rectangle(1,1, 238,318, Green);
  Rectangle(2,2, 237,317, Green);

  TFT_string(4,10,Green,Magenta,"(6) 터치스크린 테스트 ");

  Initialize_touch_screen();                    // initialize touch screen

  if(touch_flag == 'A')
    TFT_string(11,7,Green,Black,"ADS7846");
  else
    TFT_string(11,7,Green,Black,"TSC2003");

  TFT_string( 1, 1,Cyan,   Black,"(0,0)");
  TFT_string(22, 1,Cyan,   Black,"(239,0)");
  TFT_string( 1,37,Cyan,   Black,"(0,319)");
  TFT_string(20,37,Cyan,   Black,"(239,319)");

  TFT_string( 2,16,Cyan,   Black,"   원시 데이터");
  TFT_string(16,16,Magenta,Black,"          x = 0000   ");
  TFT_string( 2,18,Magenta,Black,"          y = 0000   ");
  TFT_string( 2,22,Cyan,   Black,"   픽셀 데이터");
  TFT_string(16,22,Magenta,Black,"          x = 000    ");
  TFT_string( 2,24,Magenta,Black,"          y = 000    ");
  TFT_string(12,30,White,  Blue, "비프음");

  TFT_string( 6,35,White,  Black,  "스크린을 누르시오! ");
  Beep();

  for(i = 0; i < 200; i++)
    { Touch_screen_input();                     // input touch screen

      TFT_color(Cyan,Black);
      TFT_xy(21,16);                            // display 12-bit original X data
      TFT_unsigned_decimal(x_12bit,0,4);
      TFT_xy(21,18);                            // display 12-bit original Y data
      TFT_unsigned_decimal(y_12bit,0,4);
      TFT_xy(21,22);                            // display pixel X data
      TFT_unsigned_decimal(x_touch,0,3);
      TFT_xy(21,24);                            // display pixel Y data
      TFT_unsigned_decimal(y_touch,0,3);

      if((x_touch >= 96) && (x_touch <= 143) && (y_touch >= 235) && (y_touch <= 255))
        { Beep();
          Delay_ms(200);
        }
```

```
      Delay_ms(50);
    }
}

/* ---------------------------------------------------------------------------- */

void Test7(void)                                /* Test 7 */
{
  unsigned char i, j;
  signed int temp, result;

  TFT_clear_screen();                           // clear screen
  TFT_screen_mode('P');                         // portrait mode

  Rectangle(0,0, 239,319, Green);               // display title
  Rectangle(1,1, 238,318, Green);
  Rectangle(2,2, 237,317, Green);
  TFT_string(5,10,Green,Magenta,"(7) 온도센서 테스트");
  TFT_string( 5,20,White, Black,"LM35DZ(U5) 센서 사용");
  TFT_string(11,23,Green, Black,"+00.0도");
  TFT_string( 5,28,White, Black,"TCN75 (U9) 센서 사용");
  TFT_string(11,31,Green, Black,"+00.0도");

  ADCA_CAL = Read_PSR(0x20) + Read_PSR(0x21)*256; // copy calibration register

  ADCA_CTRLA = 0x05;                            // start CH0 of port A
  ADCA_CTRLB = 0x10;                            // 12-bit signed, right adjusted
  ADCA_REFCTRL = 0x02;                          // internal 1.00V reference
  ADCA_PRESCALER = 0x02;                        // 32MHz/16 = 2MHz

  TCN75_initialize();                           // initialize TCN75-5.0MOA sensor

  for(i = 0; i < 20; i++)
    { ADCA_CH0_MUXCTRL = (4 << 3);              // LM35DZ(ADC4)
      Delay_us(100);
      result = 0;
      for(j = 0; j < 16; j++)                   // run A/D by 16 times
        { ADCA_CH0_INTFLAGS = 0x01;             // clear interrupt flag
          ADCA_CH0_CTRL = 0x81;                 // start, signed mode, single ended
          while(!(ADCA_CH0_INTFLAGS == 0x01));  // wait A/D conversion complete
          result += ADCA_CH0_RES;               // read A/D result
          Delay_ms(1);
        }
      result >>= 4;                             // calculate average

      TFT_xy(11,23);                            // display temperature
      TFT_color(Green,Black);
      TFT_signed_float((float)result*100./2048., 2, 1);

      result = 0;
      for(j = 0; j < 16; j++)                   // run by 16 times
        { temp = TCN75_read();                  // read temperature from TCN75-5.0MOA
          result += (temp >> 7);
          Delay_ms(1);
        }
      result >>= 4;                             // calculate average

      TFT_xy(11,31);                            // display temperature
      TFT_color(Green,Black);
      TFT_signed_float((float)result*0.5, 2, 1);
      Delay_ms(500);
    }
}

void TCN75_initialize(void)                     /* initialize TCN75-5.0MOA sensor */
{
  PORTF_DIR = 0xBA;                             // PORTF4 = 1 output for -TS_CS
  PORTF_OUT = 0xBA;                             // PORTF2 input for -TS_INT

  TWIF_MASTER_CTRLA = 0x08;                     // enable TWI master
  TWIF_MASTER_BAUD = 155;                       // 100kHz = 32MHz/2/(5+155)
  TWIF_MASTER_STATUS = 0x01;                    // idle state
```

```
  TWIF_MASTER_ADDR = 0x9E;                          // START + slave address + W
  while((TWIF_MASTER_STATUS & 0x70) != 0x60);       // WIF, CLKHOLD, ACK from slave ?

  TWIF_MASTER_DATA = 0x01;                          // Pointer Register(Configuration Register)
  while((TWIF_MASTER_STATUS & 0x70) != 0x60);       // WIF, CLKHOLD, ACK from slave ?

  TWIF_MASTER_DATA = 0x00;                          // Configuration Register
  while((TWIF_MASTER_STATUS & 0x70) != 0x60);       // WIF, CLKHOLD, ACK from slave ?

  TWIF_MASTER_CTRLC = 0x03;                         // STOP
}

signed int TCN75_read(void)                         /* read temperature from TCN75-5.0MOA */
{
  signed int temperature;

  TWIF_MASTER_ADDR = 0x9E;                          // START + slave address + W
  while((TWIF_MASTER_STATUS & 0x70) != 0x60);       // WIF, CLKHOLD, ACK from slave ?

  TWIF_MASTER_DATA = 0x00;                          // Pointer Register(Temperature Register)
  while((TWIF_MASTER_STATUS & 0x70) != 0x60);       // WIF, CLKHOLD, ACK from slave ?

  TWIF_MASTER_ADDR = 0x9F;                          // Repeated START + slave address + R
  while((TWIF_MASTER_STATUS & 0xB0) != 0xA0);       // RIF, CLKHOLD, ACK from slave ?
  temperature = TWIF_MASTER_DATA;                   // receive data
  TWIF_MASTER_CTRLC = 0x02;                         // ACK
  temperature <<= 8;

  while((TWIF_MASTER_STATUS & 0xB0) != 0xA0);       // RIF, CLKHOLD, ACK from slave ?
  temperature += TWIF_MASTER_DATA;                  // receive data
  TWIF_MASTER_CTRLC = 0x07;                         // NACK + STOP

  return temperature;
}

/* ------------------------------------------------------------------------- */

volatile unsigned char data_count;
volatile unsigned int period_count;
volatile unsigned int DAC0_data[200], DAC1_data[200];

void Test8(void)                                    /* Test 8 */
{
  unsigned int i, x, y;
  float a;

  TFT_clear_screen();                               // clear screen
  TFT_screen_mode('P');                             // portrait mode

  Rectangle(0,0, 239,319, Green);                   // display title
  Rectangle(1,1, 238,318, Green);
  Rectangle(2,2, 237,317, Green);
  TFT_string(3,10,Green,Magenta,"(8) 아날로그 출력 테스트");

  DACA_OFFSETCAL = Read_PSR(0x30);                  // copy offset calibration register
  DACA_GAINCAL = Read_PSR(0x31);                    // copy gain calibration register

  DACA_CTRLB = 0x40;                                // dual channel operation
  DACA_CTRLC = 0x18;                                // reference voltage = external 2.5V, and right adjust
  DACA_TIMCTRL = 0x61;                              // set conversion interval
  DACA_CTRLA = 0x0D;                                // enable DACA DAC0 and DAC1
  DACA_CH0DATA = 0;
  DACA_CH1DATA = 0;

  TFT_string(1,20,Cyan,  Black,"DAC0 : 1kHz 톱니파(0 ~ 2.5V)");
  TFT_string(1,25,Yellow,Black,"DAC1 : 1kHz 삼각파(0 ~ 2.5V)");

  a = 4095./200.;                                   // calculate data of sawtooth wave
  for(x = 0; x < 200; x++)
    { y = a * x;
      DAC0_data[x] = y;
    }

  a = 4095./100.;                                   // calculate data of triangular wave
```

```
 for(x = 0; x <= 100; x++)
   { y = a * x;
     DAC1_data[x] = y;
   }
 i = 1;
 for(x = 101; x < 200; x++)
   { DAC1_data[x] = DAC1_data[100-i];
     i++;
   }

 Waveform_start();                          // start waveform
 while(period_count != 5000);               // wait 5 sec

 TFT_string(1,20,Cyan,  Black,"DAC0 : 1kHz 삼각파(0 ~ 2.0V)");
 TFT_string(1,25,Yellow,Black,"DAC1 : +1.0V 직류 전압       ");
 TFT_string(1,30,Green, Black,"DAC3 : 1kHz 삼각파(-4 ~ +4V)");
 Beep();

 a = 3276./100.;                            // calculate data of triangular wave
 for(x = 0; x <= 100; x++)
   { y = a * x;
     DAC0_data[x] = y;
   }
 i = 1;
 for(x = 101; x < 200; x++)
   { DAC0_data[x] = DAC0_data[100-i];
     i++;
   }

 for(x = 0; x < 200; x++)                   // calculate data of +1.0V
   DAC1_data[x] = 1638;

 Waveform_start();                          // start waveform
 while(period_count != 5000);               // wait 5 sec

 TFT_string(1,20,Cyan,  Black,"DAC0 : 1kHz 정현파(0 ~ 2.0V)");
 TFT_string(1,25,Yellow,Black,"DAC1 : +1.0V 직류 전압       ");
 TFT_string(1,30,Green, Black,"DAC3 : 1kHz 정현파(-4 ~ +4V)");
 Beep();

 for(x = 0; x < 200; x++)                   // calculate data of sinusoidal wave
   { y = 1638. * sin(x * 1.8 * 3.141592 / 180.) + 1638;
     DAC0_data[x] = y;
   }

 for(x = 0; x < 200; x++)                   // calculate data of +1.0V
   DAC1_data[x] = 1638;

 Waveform_start();                          // start waveform
 while(period_count != 5000);               // wait 5 sec
}

ISR(TCF0_OVF_vect)                          /* TCF0 OVF interrupt function(200kHz) */
{
 DACA_CH0DATA = DAC0_data[data_count];
 DACA_CH1DATA = DAC1_data[data_count];

 data_count++;
 if(data_count == 200)
   { data_count = 0;
     period_count++;
     if(period_count == 5000)               // if 5 sec, end this waveform
       { DACA_CH0DATA = 0;
         DACA_CH1DATA = 0;
         TCF0_INTCTRLA = 0x00;              // disable TCF0 OVF interrupt
         cli();
       }
   }
}

void Waveform_start(void)                   /* start waveform by TCF0 OVF interrupt */
{
 TCF0_CTRLA = 0x04;                         // int = 32MHz/8/(1+19) = 200kHz
 TCF0_CTRLB = 0x00;                         // normal mode
```

```
  TCF0_PER = 19;
  TCF0_CNT = 0x0000;                              // clear TCD0 counter

  TCF0_INTFLAGS = 0x01;
  TCF0_INTCTRLA = 0x03;                           // enable TCF0 OVF interrupt with high level
  PMIC_CTRL = 0x07;                               // enable HI, MED, LO level interrupt
  sei();                                          // global interrupt enable

  data_count = 0;
  period_count = 0;
}

/* ------------------------------------------------------------------------- */

void Test9(void)                                  /* Test 9 */
{
  unsigned char i, test_flag, rx_data;
  unsigned char character[9] = { "OK-X128A1" };

  TFT_clear_screen();                             // clear screen
  TFT_screen_mode('P');                           // portrait mode

  Rectangle(0,0, 239,319, Green);                 // display title
  Rectangle(1,1, 238,318, Green);
  Rectangle(2,2, 237,317, Green);
  TFT_string(3,10,Green,Magenta," (9) RS-232C 통신 테스트");

  TFT_string(9,13,White,Black,"CN7 컨넥터에");
  TFT_string(2,15,White,Black,"RS-232C 케이블을 접속하고");
  TFT_string(1,17,White,Black,"2번핀과 3번핀을 연결하시오!");

  TFT_string( 4,22,Cyan, Black,"송신 문자 : ");
  TFT_string( 4,25,Cyan, Black,"수신 문자 : ");
  Delay_ms(1000);

  USARTD0_CTRLB = 0x18;                           // RXEN = TXEN = 1 (USART0 of port D)
  USARTD0_CTRLC = 0x03;                           // 8 data, 1 stop, no parity
  USARTD0_BAUDCTRLB = 0xB0 + (3301 >> 8);         // 19200 bps
  USARTD0_BAUDCTRLA = 3301 & 0x00FF;
  Delay_ms(1);
  i = USARTD0_DATA;                               // dummy read

  test_flag = 0;
  for(i = 0; i < 9; i++)
    { USARTD0_DATA = character[i];                // transmit test data
      TFT_xy(16+i,22);                            // display transmitted test data
      TFT_color(Green,Black);
      TFT_English(character[i]);
      Delay_ms(10);

      rx_data = USARTD0_DATA;                     // receive test data
      TFT_xy(16+i,25);                            // display transmitted test data
      TFT_color(Magenta,Black);
      TFT_English(rx_data);

      if(rx_data == character[i])                 // data OK ?
        test_flag++;

      Delay_ms(500);
    }

  if(test_flag == 9)
    { TFT_string(10,30,Green,Black,"통신 OK !");
      Beep();
    }
  else
    { TFT_string(9,30,Magenta,Black,"통신 에러 !");
      Beep_3times();
    }

  Delay_ms(2000);
}

/* ------------------------------------------------------------------------- */
```

```
#define VLOA    36363                       // define note, octave 2
#define VLOAX   34322
#define VLOB    32395
#define LOC     30577                       // define note, octave 3
#define LOCX    28861
#define LOD     27241
#define LODX    25712
#define LOE     24269
#define LOF     22907
#define LOFX    21621
#define LOG     20407
#define LOGX    19262
#define LOA     18181
#define LOAX    17160
#define LOB     16197
#define MIC     15288                       // define note, octave 4
#define MICX    14430
#define MID     13620
#define MIDX    12855
#define MIE     12134
#define MIF     11453
#define MIFX    10810
#define MIG     10203
#define MIGX    9630
#define MIA     9090
#define MIAX    8580
#define MIB     8098
#define HIC     7644                        // define note, octave 5
#define HICX    7214
#define HID     6809
#define HIDX    6427
#define HIE     6066
#define HIF     5726
#define HIFX    5404
#define HIG     5101
#define HIGX    4815
#define HIA     4544
#define HIAX    4289
#define HIB     4049
#define VHIC    3821                        // define note, octave 6
#define VHICX   3607
#define VHID    3404
#define VHIDX   3213
#define VHIE    3033

#define NOTE32  1*3                         // define note length
#define NOTE16  2*3
#define NOTE16D 3*3
#define NOTE16T 2*2
#define NOTE8   4*3
#define NOTE8D  6*3
#define NOTE8T  4*2
#define NOTE4   8*3
#define NOTE4D  12*3
#define NOTE4T  8*2
#define NOTE2   16*3
#define NOTE2D  24*3
#define NOTE1   32*3

#define REST32  1*3                         // define rest length
#define REST16  2*3
#define REST16D 3*3
#define REST8   4*3
#define REST8D  6*3
#define REST4   8*3
#define REST4D  12*3
#define REST2   16*3
#define REST2D  24*3
#define REST1   32*3

void Test10(void)                                   /* Test 10 */
{
  TFT_clear_screen();                               // clear screen
```

```
    TFT_screen_mode('P');                             // portrait mode

    Rectangle(0,0, 239,319, Green);                   // display title
    Rectangle(1,1, 238,318, Green);
    Rectangle(2,2, 237,317, Green);
    TFT_string(3,10,Green,Magenta,"(10) 스피커 출력 테스트");
    Delay_ms(500);

    Set_tempo(4);                                     // set tempo

    TFT_string(3,20,White,Black,"도 레 미 파 솔 라 시 도~");

    Play_note(MIC,NOTE8);                             // play
    Play_note(MID,NOTE8);
    Play_note(MIE,NOTE8);
    Play_note(MIF,NOTE8);
    Play_note(MIG,NOTE8);
    Play_note(MIA,NOTE8);
    Play_note(MIB,NOTE8);
    Play_note(HIC,NOTE4);
    Play_rest(REST4);

    TFT_string(3,20,White,Black,"도 시 라 솔 파 미 레 도~");

    Play_note(HIC,NOTE8);                             // play
    Play_note(MIB,NOTE8);
    Play_note(MIA,NOTE8);
    Play_note(MIG,NOTE8);
    Play_note(MIF,NOTE8);
    Play_note(MIE,NOTE8);
    Play_note(MID,NOTE8);
    Play_note(MIC,NOTE4);
    Play_rest(REST4);
}

unsigned char tempo;

void Set_tempo(unsigned char number)                  /* set tempo */
{
  tempo = number;                                     // set tempo

  PORTD_DIR = 0xAB;                                   // PD7,5,3,1,0 output
  PORTD_OUT = 0xA8;

  TCD0_CTRLA = 0x04;                                  // f = 32MHz/8/(1+PER)
  TCD0_CTRLB = 0x13;                                  // CCAEN = 1, SS PWM mode
  TCD0_PER = 0x0008;                                  // default value
  TCD0_CCA = 0x0000;
  TCD0_CNT = 0;
}

void Play_note(unsigned int sound, unsigned int note) /* play note */
{
  TCD0_PER = sound;                                   // set period
  TCD0_CCA = sound >> 1;                              // duty = 50%
  TCD0_CNT = 0;                                       // start play

  Delay_ms(note*tempo*7);                             // note play time

  TCD0_CCA = 0x0000;                                  // speaker off(duty = 0%)
}

void Play_rest(unsigned int rest)                     /* play rest */
{
  Delay_ms(rest*tempo*7);                             // rest play time
}

/* ---------------------------------------------------------------------------- */

void Test11(void)                                     /* Test 11 */
{
  unsigned char key;

  TFT_clear_screen();                                 // clear screen
```

```
    TFT_screen_mode('P');                             // portrait mode

    Rectangle(0,0, 239,319, Green);                   // display title
    Rectangle(1,1, 238,318, Green);
    Rectangle(2,2, 237,317, Green);
    TFT_string(3,10,Green,Magenta,"(11) 디지털 시계 테스트");

    TFT_string(5,20,White,Black,"2000년 00월 00일(일)");
    TFT_string(5,23,White,Black,"   오전 12:00:00    ");

    DS1307_initialize();                              // initialize DS1307 RTC

    TFT_cursor(Red);                                  // display cursor
    Xcursor = 24;
    Ycursor = 23;

    while(1)
      { Display_time();                               // display clock

        key = Key_input();                            // key input
        if((key == KEY1) && (Xcursor == 24) && (Ycursor == 23))
          return;

        switch(key)
          { case KEY1 : Decrement();                  // if KEY1, decrement time
                        break;
            case KEY2 : Increment();                  // if KEY2, increment time
                        break;
            case KEY3 : Cursor_left();                // if KEY4, go cursor left
                        break;
            case KEY4 : Cursor_right();               // if KEY3, go cursor right
                        break;
            default   : break;
          }
      }
}

unsigned char year, month, date, weekday, hour, minute, second;

void DS1307_initialize(void)                          /* initialize DS1307 RTC */
{
  PORTF_DIR = 0xBA;                                   // PORTF4 = 1 output for -TS_CS
  PORTF_OUT = 0xBA;                                   // PORTF2 input for -TS_INT

  TWIF_MASTER_CTRLA = 0x08;                           // enable TWI master
  TWIF_MASTER_BAUD = 155;                             // 100kHz = 32MHz/2/(5+155)
  TWIF_MASTER_STATUS = 0x01;                          // idle state

  second =  DS1307_read(0x00);                        // if CH = 1, initialize
  hour =  DS1307_read(0x02);                          // if 24 hour system, initialize

  if(((second & 0x80) == 0x80) || ((hour & 0x40) == 0x00))
    { DS1307_write(0x00, 0x56);                       // second = 0x56
      DS1307_write(0x01, 0x34);                       // minute = 0x34
      DS1307_write(0x02, 0x12 | 0x40);                // hour = 0x12 AM (12 hour system)
      DS1307_write(0x03, 0x04);                       // weekday = 0x04(Wednesday)
      DS1307_write(0x04, 0x30);                       // date = 0x30
      DS1307_write(0x05, 0x06);                       // month = 0x06
      DS1307_write(0x06, 0x10);                       // year = 0x2010
    }
}

unsigned char DS1307_read(U08 address)                /* read DS1307 */
{
  unsigned char RxD;

  TWIF_MASTER_ADDR = 0xD0;                            // START + slave address + W
  while((TWIF_MASTER_STATUS & 0x70) != 0x60);         // WIF, CLKHOLD, ACK from slave ?

  TWIF_MASTER_DATA = address;                         // DS1307 address
  while((TWIF_MASTER_STATUS & 0x70) != 0x60);         // WIF, CLKHOLD, ACK from slave ?

  TWIF_MASTER_ADDR = 0xD1;                            // Repeated START + slave address + R
  while((TWIF_MASTER_STATUS & 0xB0) != 0xA0);         // RIF, CLKHOLD, ACK from slave ?
```

```
    RxD = TWIF_MASTER_DATA;                         // receive data
    TWIF_MASTER_CTRLC = 0x07;                       // NACK + STOP

    return RxD;
  }

  void DS1307_write(U08 address, U08 TxD)           /* write DS1307 */
  {
    TWIF_MASTER_ADDR = 0xD0;                        // START + slave address + W
    while((TWIF_MASTER_STATUS & 0x70) != 0x60);     // WIF, CLKHOLD, ACK from slave ?

    TWIF_MASTER_DATA = address;                     // DS1307 address
    while((TWIF_MASTER_STATUS & 0x70) != 0x60);     // WIF, CLKHOLD, ACK from slave ?

    TWIF_MASTER_DATA = TxD;                         // write time data
    while((TWIF_MASTER_STATUS & 0x70) != 0x60);     // WIF, CLKHOLD, ACK from slave ?

    TWIF_MASTER_CTRLC = 0x03;                       // STOP
  }

  void Display_time(void)                           /* display DS1307 time */
  {
    TFT_xy(5,20); TFT_color(Cyan,Black);            // display year
    TFT_hexadecimal(0x20, 2);
    year = DS1307_read(0x06);
    TFT_hexadecimal(year,2);
    TFT_xy(12,20); TFT_color(Cyan,Black);           // display month
    month = DS1307_read(0x05);
    TFT_hexadecimal(month,2);
    TFT_xy(17,20); TFT_color(Cyan,Black);           // display date
    date = DS1307_read(0x04);
    TFT_hexadecimal(date,2);
    weekday = DS1307_read(0x03);                    // display weekday
    if(weekday == 0x01)      TFT_string(22,20,White,Black,"일");
    else if(weekday == 0x02) TFT_string(22,20,White,Black,"월");
    else if(weekday == 0x03) TFT_string(22,20,White,Black,"화");
    else if(weekday == 0x04) TFT_string(22,20,White,Black,"수");
    else if(weekday == 0x05) TFT_string(22,20,White,Black,"목");
    else if(weekday == 0x06) TFT_string(22,20,White,Black,"금");
    else if(weekday == 0x07) TFT_string(22,20,White,Black,"토");
    TFT_xy(13,23); TFT_color(Green,Black);          // display hour
    hour = DS1307_read(0x02);
    TFT_hexadecimal(hour & 0x1F,2);
    if((hour & 0x20) == 0x00) TFT_string(10,23,White,Black,"전");
    else                      TFT_string(10,23,White,Black,"후");
    TFT_xy(16,23); TFT_color(Green,Black);          // display minute
    minute = DS1307_read(0x01);
    TFT_hexadecimal(minute,2);
    TFT_xy(19,23); TFT_color(Green,Black);          // display second
    second = DS1307_read(0x00);
    TFT_hexadecimal(second & 0x7F,2);
    TFT_xy(24,23); TFT_color(Green,Black);          // display home
    TFT_English(' ');

    if((Xcursor == 24) && (Ycursor == 23))
      { TFT_string(3,35,White,Black,"KEY1 : 시계 프로그램 종료");
        TFT_string(3,37,White,Black,"                        ");
      }
    else
      { TFT_string(3,35,White,Black,"KEY1 : 감소, KEY2 : 증가 ");
        TFT_string(3,37,White,Black,"KEY3 : 좌측, KEY4 : 우측 ");
      }
}

unsigned char BCD_increment(U08 number)             /* BCD increment */
{ unsigned char i;

  i = (number >> 4)*10 + (number & 0x0F);           // convert BCD to binary
  i++;                                              // incrment
  i = ((i/10) << 4) + (i % 10);                     // convert binary to BCD
  return i;
}
```

```
unsigned char BCD_decrement(U08 number)          /* BCD decrement */
{ unsigned char i;

  i = (number >> 4)*10 + (number & 0x0F);        // convert BCD to binary
  i--;                                           // decrement
  i = ((i/10) << 4) + (i % 10);                  // convert binary to BCD
  return i;
}

void Cursor_left(void)                           /* go cursor left */
{
  if     ((Xcursor == 24) && (Ycursor == 23)) { Xcursor = 20; Ycursor = 23; }
  else if((Xcursor == 20) && (Ycursor == 23)) { Xcursor = 17; Ycursor = 23; }
  else if((Xcursor == 17) && (Ycursor == 23)) { Xcursor = 14; Ycursor = 23; }
  else if((Xcursor == 14) && (Ycursor == 23)) { Xcursor = 10; Ycursor = 23; }
  else if((Xcursor == 10) && (Ycursor == 23)) { Xcursor = 22; Ycursor = 20; }
  else if((Xcursor == 22) && (Ycursor == 20)) { Xcursor = 18; Ycursor = 20; }
  else if((Xcursor == 18) && (Ycursor == 20)) { Xcursor = 13; Ycursor = 20; }
  else if((Xcursor == 13) && (Ycursor == 20)) { Xcursor =  8; Ycursor = 20; }
  else if((Xcursor ==  8) && (Ycursor == 20)) { Xcursor = 24; Ycursor = 23; }
}

void Cursor_right(void)                          /* go cursor right */
{
  if     ((Xcursor ==  8) && (Ycursor == 20)) { Xcursor = 13; Ycursor = 20; }
  else if((Xcursor == 13) && (Ycursor == 20)) { Xcursor = 18; Ycursor = 20; }
  else if((Xcursor == 18) && (Ycursor == 20)) { Xcursor = 22; Ycursor = 20; }
  else if((Xcursor == 22) && (Ycursor == 20)) { Xcursor = 10; Ycursor = 23; }
  else if((Xcursor == 10) && (Ycursor == 23)) { Xcursor = 14; Ycursor = 23; }
  else if((Xcursor == 14) && (Ycursor == 23)) { Xcursor = 17; Ycursor = 23; }
  else if((Xcursor == 17) && (Ycursor == 23)) { Xcursor = 20; Ycursor = 23; }
  else if((Xcursor == 20) && (Ycursor == 23)) { Xcursor = 24; Ycursor = 23; }
  else if((Xcursor == 24) && (Ycursor == 23)) { Xcursor =  8; Ycursor = 20; }
}

void Increment(void)                             /* increment time */
{
  if((Xcursor ==  8) && (Ycursor == 20))         // in case of year
    { year = DS1307_read(0x06);
      if(year == 0x99)       year = 0x00;
      else                   year = BCD_increment(year);
      DS1307_write(0x06,year);
    }
  else if((Xcursor == 13) && (Ycursor == 20))    // in case of month
    { month = DS1307_read(0x05);
      if(month == 0x12)      month = 0x01;
      else                   month = BCD_increment(month);
      DS1307_write(0x05,month);
    }
  else if((Xcursor == 18) && (Ycursor == 20))    // in case of date
    { date = DS1307_read(0x04);
      if(date == 0x31)       date = 0x01;
      else                   date = BCD_increment(date);
      DS1307_write(0x04,date);
    }
  else if((Xcursor == 22) && (Ycursor == 20))    // in case of weekday
    { weekday = DS1307_read(0x03);
      if(weekday == 0x07)    weekday = 0x01;
      else                   weekday++;
      DS1307_write(0x03,weekday);
    }
  else if((Xcursor == 10) && (Ycursor == 23))    // in case of AM/PM
    { hour = DS1307_read(0x02);
      if((hour & 0x20) == 0x00) hour |= 0x20;
      else                      hour &= 0xDF;
      DS1307_write(0x02,hour);
    }
  else if((Xcursor == 14) && (Ycursor == 23))    // in case of hour
    { hour = DS1307_read(0x02);
      if((hour & 0x1F) == 0x12) hour = (hour & 0xE0) + 0x01;
      else                      hour = BCD_increment(hour);
      DS1307_write(0x02,hour);
    }
  else if((Xcursor == 17) && (Ycursor == 23))    // in case of minute
```

```
    { minute = DS1307_read(0x01);
      if(minute == 0x59)     minute = 0x00;
      else                   minute = BCD_increment(minute);
      DS1307_write(0x01,minute);
    }
  else if((Xcursor == 20) && (Ycursor == 23))    // in case of second
    { second = DS1307_read(0x00);
      if(second == 0x59)     second = 0x00;
      else                   second = BCD_increment(second);
      DS1307_write(0x00,second);
    }
}

void Decrement(void)                             /* decrement time */
{
  if((Xcursor ==  8) && (Ycursor == 20))         // in case of year
    { year = DS1307_read(0x06);
      if(year == 0x00)       year = 0x99;
      else                   year = BCD_decrement(year);
      DS1307_write(0x06,year);
    }
  else if((Xcursor == 13) && (Ycursor == 20))    // in case of month
    { month = DS1307_read(0x05);
      if(month == 0x01)      month = 0x12;
      else                   month = BCD_decrement(month);
      DS1307_write(0x05,month);
    }
  else if((Xcursor == 18) && (Ycursor == 20))    // in case of date
    { date = DS1307_read(0x04);
      if(date == 0x01)       date = 0x31;
      else                   date = BCD_decrement(date);
      DS1307_write(0x04,date);
    }
  else if((Xcursor == 22) && (Ycursor == 20))    // in case of weekday
    { weekday = DS1307_read(0x03);
      if(weekday == 0x01)    weekday = 0x07;
      else                   weekday--;
      DS1307_write(0x03,weekday);
    }
  else if((Xcursor == 10) && (Ycursor == 23))    // in case of AM/PM
    { hour = DS1307_read(0x02);
      if((hour & 0x20) == 0x00) hour |= 0x20;
      else                      hour &= 0xDF;
      DS1307_write(0x02,hour);
    }
  else if((Xcursor == 14) && (Ycursor == 23))    // in case of hour
    { hour = DS1307_read(0x02);
      if((hour & 0x1F) == 0x01) hour = (hour & 0xE0) + 0x12;
      else                      hour = BCD_decrement(hour);
      DS1307_write(0x02,hour);
    }
  else if((Xcursor == 17) && (Ycursor == 23))    // in case of minute
    { minute = DS1307_read(0x01);
      if(minute == 0x00)     minute = 0x59;
      else                   minute = BCD_decrement(minute);
      DS1307_write(0x01,minute);
    }
  else if((Xcursor == 20) && (Ycursor == 23))    // in case of second
    { second = DS1307_read(0x00);
      if(second == 0x00)     second = 0x59;
      else                   second = BCD_decrement(second);
      DS1307_write(0x00,second);
    }
}
```

참고 문헌

[1] 윤덕용, AVR ATmega128 정복, Ohm사, 2006.
[2] 윤덕용, 졸업작품 만들기(VII) TFT-LCD 모듈 활용 마스터, Ohm사, 2009.
[3] ATxmega384A1/256A1/192A1/128A1/64A1 8/16-bit Microcontroller 데이터 시트, Atmel, 2010.
[4] avr-libc User Manual 1.6.7, 2010.

저자 소개

(1) 학력

1981. 2. 서울대학교 전기공학과 졸업
1983. 2. 서울대학교 대학원 전기공학과 졸업(공학석사)
1995. 2. 단국대학교 대학원 전기공학과 졸업(공학박사)

(2) 주요 경력

1982. 12.~1984. 5. 삼성전자(주) 종합연구소 근무
1984. 6. ~1985. 2. 한독(주) 컴퓨터기술연구소 근무
1985. 3. ~2006. 2. 국립 천안공업대학 전자계산기과/제어계측과 교수
2005. 3. ~현재 국립 공주대학교 공과대학 전기전자제어공학부 교수

(3) 저서

마이크로프로세서 응용실습 (1988, 자유아카데미)
16비트 마이크로프로세서 및 IBM PC 하드웨어 입문 (1991, 조원사)
마이크로프로세서 응용 -Z80 MASTER- (1998, Ohm사)
DSP 마스터 시리즈 ① - TMS320C31 마스터 (1998, Ohm사)
DSP 마스터 시리즈 ② - TMS320C32 마스터 (1999, Ohm사)
어셈블리와 C언어로 익히는 80C196KC 마스터(I) (2000, Ohm사)
어셈블리와 C언어로 익히는 80C196KC 마스터(II) (2000, Ohm사)
어셈블리와 C언어로 익히는 8051 마스터 (2001, Ohm사)
어셈블리와 C언어로 익히는 AT89S52 마스터 (2006, Ohm사)
프로세서 응용 시리즈 ① - LCD 모듈의 철저 활용 (2002, Ohm사)
프로세서 응용 시리즈 ② - LCD 모듈 활용 마스터 (2004, Ohm사)
프로세서 응용 시리즈 ③ - ATmega128을 활용한 졸업작품 만들기(I) (2005, Ohm사)
프로세서 응용 시리즈 ④ - 졸업작품 만들기(VII) TFT-LCD 모듈 활용 마스터 (2009, Ohm사)
AVR 마스터 시리즈 ① - AVR ATmega128 마스터 (2004, Ohm사)
AVR 마스터 시리즈 ② - AVR ATmega162 마스터 (2004, Ohm사)
AVR 마스터 시리즈 ③ - AVR ATmega8515 마스터 (2004, Ohm사)
고성능 AVR 정복 시리즈 ① - AVR ATmega128 정복 (2006, Ohm사)
고성능 AVR 정복 시리즈 ② - AVR ATmega1281/2561 정복 (2006, Ohm사)
고성능 AVR 정복 시리즈 ③ - AVR ATmega1280/2560 정복 (2006, Ohm사)
고성능 AVR 정복 시리즈 ④ - AVR ATxmega 패밀리 정복 (2010, Ohm사)

(4) 주 관심 분야

벡터제어 인버터를 이용한 유도전동기 및 동기전동기 서보제어 시스템 설계
마이크로프로세서를 이용한 자동화 시스템 및 제어계측 시스템 설계
기타 마이크로프로세서, 마이크로콘트롤러 및 DSP 응용분야
마이크로프로세서와 마이크로콘트롤러의 기초 및 응용분야 교육

Ohm사

실용 모터제어 시리즈①

직류전동기 제어 기술

이 책은 실제로 전동기 제어 시스템의 하드웨어를 설계하고 제어 프로그램을 작성하는 실용적인 기술을 다루고자 하며, 스스로 이 분야의 기술을 익혀서 졸업작품을 만들고자 하는 관련 학과의 학생이나 산업체에서 이 분야의 기술개발 업무를 수행하는 현장 엔지니어들에게도 도움이 될 것입니다.

제1장 전동기란 무엇인가
제2장 RC 서보모터의 제어기술
제3장 스테핑 모터의 제어기술
제4장 직류전동기의 제어기술
제5장 초소형 직류전동기의 속도제어
제6장 소형 직류전동기의 속도제어
제7장 OK-128DCM 직류전동기 제어 키트

실용 모터제어 시리즈 ③ - 단상 유도전동기 제어 기술(계획중)
실용 모터제어 시리즈 ④ - 벡터제어 인버터 설계 기술(계획중)

OK-128 DCM KIT

항목	사양	비고
1. MCU	ATmega128A-AU(16 MHz)	16 MHz 수정발진자 사용
2. ROM	MCU에 내장된 128KB의 플래시 메모리	프로그램 저장용
3. RAM	MCU에 내장된 4KB	스택 및 사용자 데이터 저장용
4. 프로그램 입력/실행	1. 표준 USB형 AVRISP mkII 다운로드 케이블 2. 병렬포트형 AVR ISP 다운로드 케이블	본 키트에서는 JTAG 에뮬레이터를 사용하지 못함
5. I/O	1. MCU 프로그램용 6핀 컨넥터	Atmel사의 AVR ISP 표준
	2. MCU가 직접 제어하는 기본 I/O 기능	
	① 3.2인치 240×320 픽셀 TFT-LCD 모듈	터치 스크린 기능 포함
	② 4개의 키입력 스위치(KEY1~KEY4)	
	③ +5V용 버저	
	④ 시스템 모드 설정용 2비트 DIP 스위치	
	⑤ RS-232C 직렬포트(CN5)	
	⑥ 12비트 2채널 D/A 컨버터 MCP4822	0~+5V 범위의 아날로그 출력 가능
	3. 모터제어를 위한 I/O 기능	
	① 3개의 RC 서보모터 제어 컨넥터 (CN6~8)	RC 서보모터 HS-311 사용
	② 2SC1815를 사용한 초소형 직류전동기 단방향 제어 컨넥터(CN9)	초소형 직류전동기 FM1502 사용
	③ IRF530을 사용한 소형 직류전동기 단방향 제어 컨넥터(CN10)	소형 직류전동기 RA-35GM 사용
	④ L298을 사용한 소형 직류전동기 양방향 제어 컨넥터(CN12)	소형 직류전동기 RA-35GM 사용
	⑤ 2상/4상 스테핑 모터 제어 컨넥(CN13)	스테핑 모터 NK243 사용
	⑥ 전동기 속도 및 방향 검출 컨넥터(CN11)	A상 및 B상 신호 입력
	⑦ 전동기 회전방향 표시용 LED(LED2~3)	LED2(적)=정방향, LED3(녹)=역방향
	⑧ 기준속도 입력용 가변저항(VR1)	A/D 컨버터로 읽음
	⑨ 전동기 전류 검출용 션트저항(R20)	A/D 컨버터로 읽음
6. 전원	+5V(3A 이상), +12V(1A 이상)	키트 내부에서 +3.3V를 만들어 사용함
7. PCB 외형	150 x 112mm 양면 에폭시 기판	

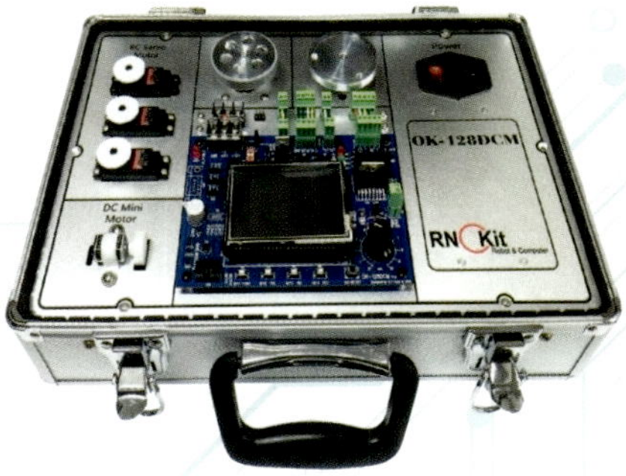

도서출판 Ohm사

실용모터제어 시리즈②

BLDC 모터 제어 기술

이 책은 실용 모터제어 시리즈의 두번째로서 현재 시대적으로 매우 각광받고 있는 BLDC 모터의 제어 기술을 취급한다. 전통적인 직류전동기와의 차이점을 이해하고, 이를 제어하는 시스템의 하드웨어를 설계하며 제어 프로그램을 작성하는 기술을 직접 독자들이 따라 하면서 단계적으로 익힐 수 있도록 설명할 것입니다.

제1장 전동기란 무엇인가
제2장 BLDC 모터 관련 실용지식
제3장 BLDC 모터 제어 관련 실용지식
제4장 전용 IC를 사용하는 BLDC 모터 속도제어 기술
제5장 MCU가 직접 처리하는 BLDC 모터 속도제어 기술
제6장 OK-128BLDC 트레이닝 키트

실용 모터제어 시리즈 ③ - 단상 유도전동기 제어 기술(계획중)
실용 모터제어 시리즈 ④ - 벡터제어 인버터 설계 기술(계획중)

OK-128 BLDC KIT

항목	사양	비고
1. MCU	ATmega128A-AU(16 MHz)	16 MHz 수정발진자 사용
2. ROM	MCU에 내장된 128KB의 플래시 메모리	프로그램 저장용
3. RAM	MCU에 내장된 4KB	스택 및 사용자 데이터 저장용
4. 프로그램 입력/실행	1. 표준 USB형 AVRISP mkII 다운로드 케이블 2. 병렬포트형 AVR ISP 다운로드 케이블	본 키트에서는 JTAG 에뮬레이터를 사용하지 못함
5. I/O	1. MCU 프로그램용 6핀 컨넥터 2. MCU가 직접 제어하는 기본 I/O 기능 ① 3.2인치 240×320 픽셀 TFT-LCD 모듈 ② +5V용 버저 ③ 모터 방향 설정용 토글 스위치(SW1) ④ 동작모드 설정용 2비트 DIP 스위치(SW2) ⑤ 기준속도 입력용 가변저항(VR1) ⑥ 모터 구동용 게이트 신호(UT, VT, WT) ⑦ 모터 구동용 PWM 신호(UB, VB, WB) 3. 모터제어를 위한 I/O 기능 ① BLDC 모터 제어 전용 IC 소자 LB11920을 사용한 모터 M1 접속 컨넥터(CN5) ② ATmega128A MCU가 직접 처리하는 모터 M2 접속 컨넥터(CN6) ③ 모터 회전속도 검출을 위한 홀센서 신호 4체배 회로(U8, 74HC86) ④ 모터 회전방향 검출을 위한 플립플롭 회로(U9, 74HC74) ⑤ 모터 전류 검출용 션트저항(R33)	Atmel사의 AVR ISP 표준 BLDC 모터 BL42S-24026N 사용 BLDC 모터 BL42S-24026N 사용 0.1Ω/1W/1%
6. 전원	+24V(2A 이상)	키트 내부에서 +12V, +5V, +3.3V를 만들어 사용함
7. PCB 외형	168×107mm 양면 에폭시 기판	

도서출판 Ohm사

다양한 실습이 가능한

ATmega128 기초와 응용1

이 책은 ATmega128의 기초부터 응용까지 활용할 수 있으며, AVR의 모든 기능에 대한 기초 예제와 센서, 블루투스, WiFi 등의 무선 모듈, LCD와 같은 다양한 응용 예제를 다루고 있어서, AVR을 입문부터 중급까지의 실험이 가능합니다.

제1부 ATmega128 기초
제1장 실습환경
제2장 ATmega128의 특징 및 구조
제3장 I/O 포트
제4장 외부 인터럽트
제5장 타이머/카운터
제6장 USART
제7장 A/D변환기
제8장 아날로그 비교기
제9장 EEPROM 액세스
제10장 SPI
제11장 TWI

제2부 ATmega128 응용
제1장 텍스트 LCD
제2장 센서
제3장 Bluetooth 무선 모듈
제4장 WiFi 무선 모듈

KUT-128_COM KIT

항목	사양
초음파 센서(HC-SR04)	초음파를 발생하여 거리 등을 계산하는데 사용
4Digit 7-Segment	4개의 숫자표시가 가능
Analog 가속도 센서(MMA7361)	X,Y,Z 3축의 Analog 출력
Digital 가속도 센서(MPU-6050)	I2C 통신이 가능하며 3축 가속도 센서+3축 자이로 센서+온도 측정 가능
WiFi Module	WiFi 통신용 모듈(USART1) ※ 주의 : Bluethooth 모듈과 동시 사용은 안되며 RS-232와는 가능
RS-232용 커넥터	MAX232를 사용한 RS-232통신(USART0)
WiFi용 Reset SW	WiFi 모듈 리셋 또는 공장 초기화 기능
Bluetooth Module(BC04)	블루투스 통신용 모듈(USART1) ※ 주의 : WiFi 모듈과 동시 사용은 안되며 RS-232와는 가능
2X16 Text LCD	2줄에 총 32개의 영문 표시 가능
ATmega128	ATmega128A-AU
LED Part	8개의 LED 제어
외부 인터럽트 SW	스위치 기능 또는 외부 인터럽트 발생용
3Color Dotmatrix	LED Part와 1Color Dotmatrix와 같이 사용할 수 없음 (플랫케이블 사용)
1Color Dotmatrix	LED Part와 3Color Dotmatrix와 같이 사용할 수 없음 (점퍼케이블 사용)

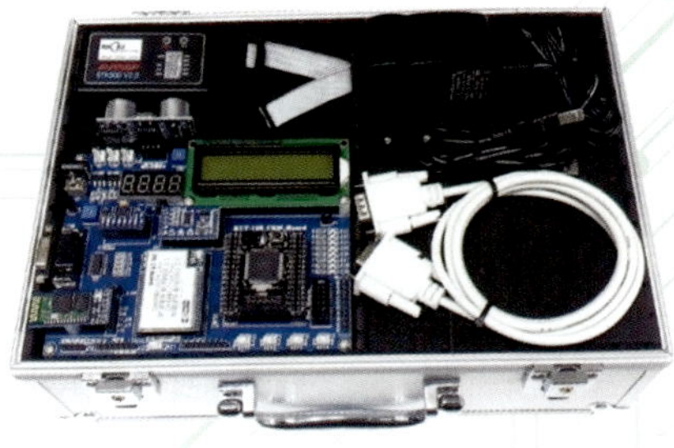

도서출판 Ohm사

다양한 실습이 가능한

ATmega128 기초와 응용2

이 책은 「ATmega128 기초와 응용 Ⅰ」에서 설명된 KUT-128_COM 보드 위에 도트매트릭스, 조이스틱, 스피커를 탑재하여 구현한 응용작품들에 대해 알고리즘과 처리 흐름도 그리고 프로그램을 자세히 설명하고 있습니다. 따라서 이 책을 통해 습득하게 되는 응용능력은 학생들의 창의적인 실기작품 및 졸업작품을 제작하는데 있어 좋은 길잡이가 될 수 있으리라 생각합니다.

제1장 KUT-128_COM 보드
제2장 7-세그먼트 활용
제3장 도트매트릭스 사용법
제4장 지렁이 게임
제5장 테트리스
제6장 반응감지 블록 피하기
제7장 Dot Watch
제8장 한글 시계
제9장 부록(AVR Studio 4.18 버전 프로그램)

KUT-128_COM 확장 KIT

항목	사양
초음파 센서(HC-SR04)	초음파를 발생하여 거리 등을 계산하는데 사용
4Digit 7-Segment	4개의 숫자 표시가 가능
Analog 가속도 센서(MMA7361)	X,Y,Z 3축의 Analog 출력
Digital 가속도 센서(MPU-6050)	I2C 통신이 가능하며 3축 가속도 센서+3축 자이로 센서+온도 측정 가능
WiFi Module	WiFi 통신용 모듈(USART1) ※ 주의 : Bluethooth 모듈과 동시 사용은 안되며 RS-232와는 가능
RS-232용 커넥터	MAX232를 사용한 RS-232통신(USART0)
WiFi용 Reset SW	WiFi 모듈 리셋 또는 공장초기화 기능
Bluetooth Module(BC04)	블루투스통신용 모듈(USART1) ※ 주의 : WiFi 모듈과 동시 사용은 안되며 RS-232와는 가능
2X16 Text LCD	2줄에 총 32개의 영문 표시 가능
ATmega128	ATmega128A-AU
LED Part	8개의 LED 제어
외부 인터럽트 SW	스위치 기능 또는 외부 인터럽트 발생용
3Color Dotmatrix	LED Part와 1Color Dotmatrix와 같이 사용할 수 없음 (플랫케이블 사용)
1Color Dotmatrix	LED Part와 3Color Dotmatrix와 같이 사용할 수 없음 (점퍼케이블 사용)
JoyStick Module	X, Y, Z(조이스틱 푸쉬) 출력
Piezo Buzzer	경고음, 알람등 표시

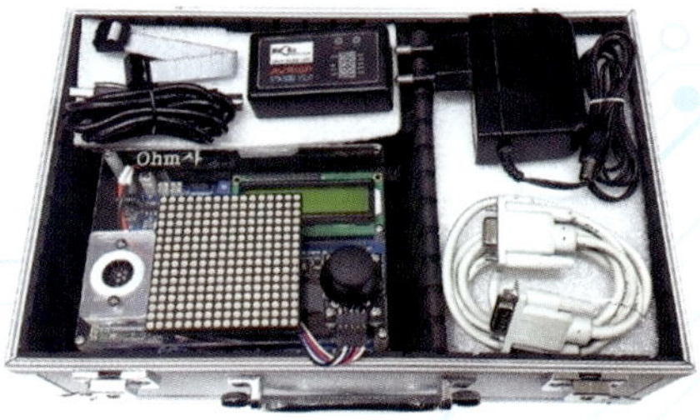

http://www.ohm.co.kr
E-mail : ohm@ohm.co.kr

소스는 홈페이지 자료실에 있습니다.

고성능 AVR 정복시리즈 4

AVR ATxmega 패밀리 정복 *-OK-X128A1 키트-*

초판인쇄	2010년 8월 25일
1판 5쇄	2017년 7월 10일
저 자	윤 덕 용
발 행 인	곽 종 학
발 행 처	도서출판 Ohm사
주 소	140-150 서울 용산구 갈월동 17번지 세기B/D
전 화	02-776-4868~9
팩 스	02-779-6757
등록번호	1975년 9월 12일 제3-3호

ISBN 978-89-7101-783-X 정가 48,000원